巴中市志

BAZHONGSHIZHI

巴中市地方志编纂委员会　编

上

方志出版社
Publishing House of Local Records

图书在版编目(CIP)数据

巴中市志／巴中市地方志编纂委员会编. —北京：方志出版社，2014. 7
ISBN 978－7－5144－1323－6

Ⅰ. ①巴…　Ⅱ. ①巴…　Ⅲ. ①巴中市—地方志
Ⅳ. ①K297. 13

中国版本图书馆 CIP 数据核字(2014)第 163888 号

巴中市志

编　　者：巴中市地方志编纂委员会
责任编辑：何明忠　齐　笑

出 版 人：冀祥德
出 版 者：方 志 出 版 社
地址　北京市朝阳区潘家园东里 9 号(国家方志馆四层)
邮编　100021
网址　http://www. fzph. org
发　　行：方志出版社发行部
(010)67110500
经　　销：各地新华书店
法律顾问：北京高文律师事务所
设计制版：成都市标点制版印务有限责任公司
印　　刷：深圳宝峰印刷有限公司

开　　本：889×1194　1/16
印　　张：113
字　　数：3180 千字
版　　次：2014 年 10 月第 1 版　2014 年 10 月第 1 次印刷
印　　数：0001～3000 册

ISBN 978－7－5144－1323－6/K·1078　　定价:768. 00 元

巴中市政区图

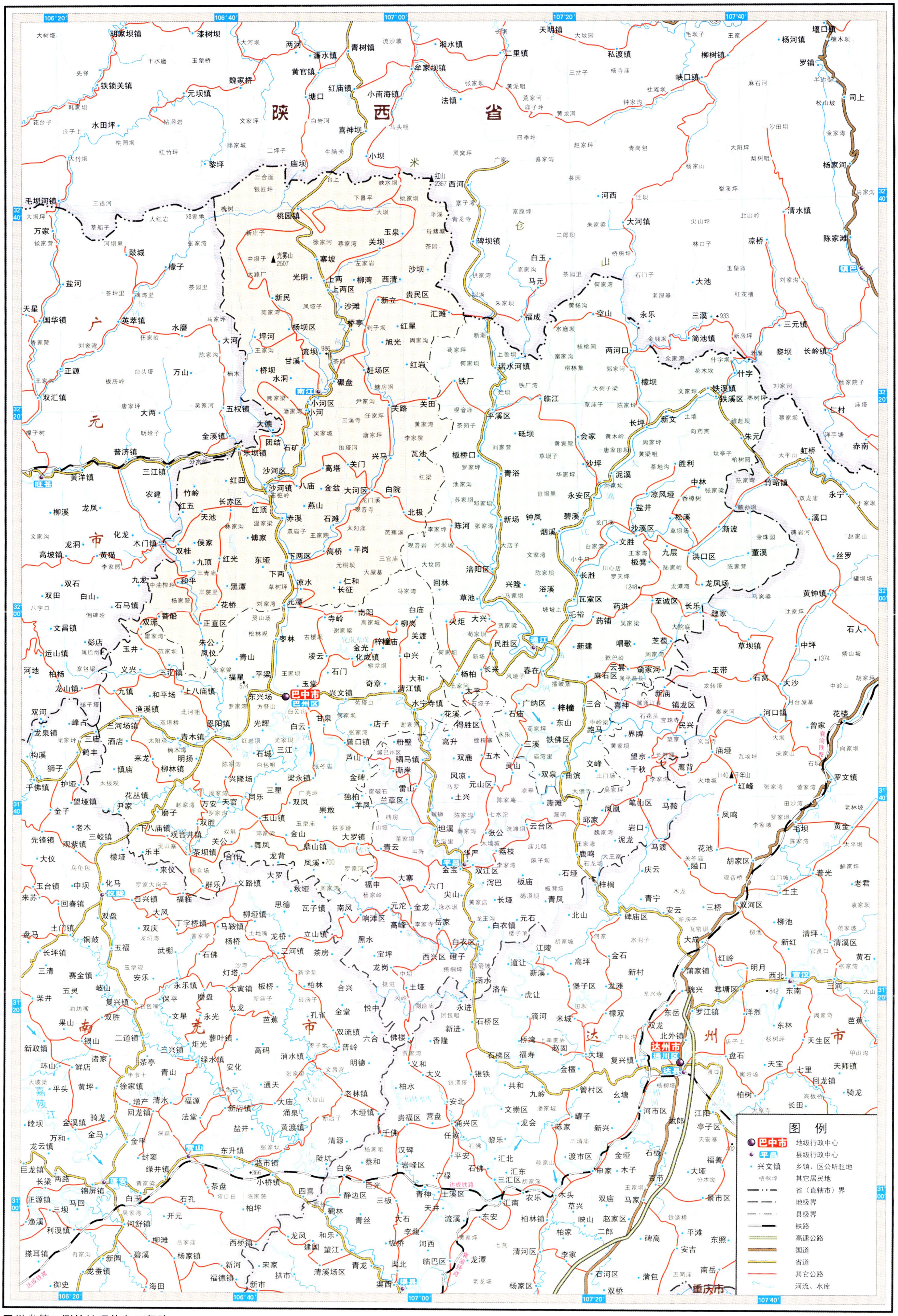

四川省第二测绘地理信息工程院

审图号：川S（2000）067号

建区设市

1993年7月，巴中地区成立。图为成立大会主席台一角

2000年12月，巴中撤地设市。图为省委、省政府授牌

1993年巴中地区成立时，巴城全景图

2000年巴中撤地设市时，巴城全景图

基础设施

省道101线南江县陈家山段

巴城江北大道

巴中市巴州区巴河大桥

巴人广场夜景

巴中市巴州区化成水库

通江县天然气工程

220千伏兴文变电站

产业产品

通江县天雾山白茶示范基地

平昌县无土蔬菜育苗基地

南江县金银花基地

油菜基地

南江县翡翠米基地

南江黄羊

木耳

南江核桃

巴州芦笋

平昌江口醇系列酒

通江银耳系列产品

平昌小角楼系列酒

新村建设

通江县诺水河镇玉皇坝田园新村

巴中市巴州区西华山连片开发新村

南江县铁炉坝新村

川北民居

名胜古迹

香炉山风光

国家级风景名胜区——光雾山

光雾山红叶

国家级风景名胜区——诺水河溶洞景观

红四方面军总指挥部旧址纪念馆

巴山游击队纪念馆

川陕革命根据地红军烈士陵园

川陕革命根据地博物馆

川陕苏区将帅碑林

全国著名的红军石刻标语——赤化全川

刘伯坚烈士纪念碑

南龛摩崖造像

世界平民教育家——晏阳初纪念馆

回风亭

北魏铜鍪

宋豆青模印莲瓣纹瓷碗

宋武士俑

大明通行宝钞

水宁寺石窟造像

千佛岩摩崖造像中七级浮塔雕像

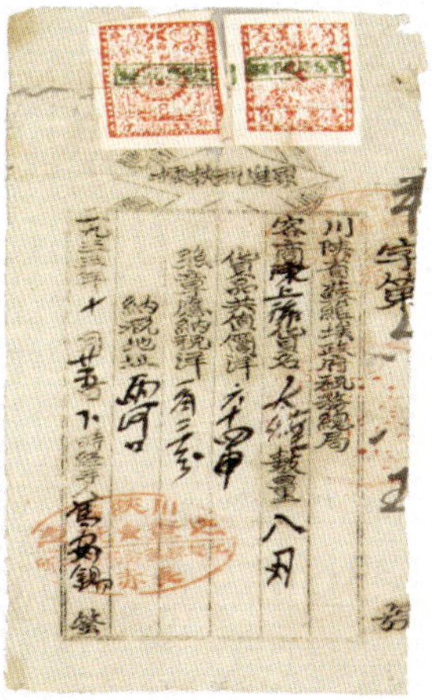

川陕苏区税务执据

川陕苏区叁串布币

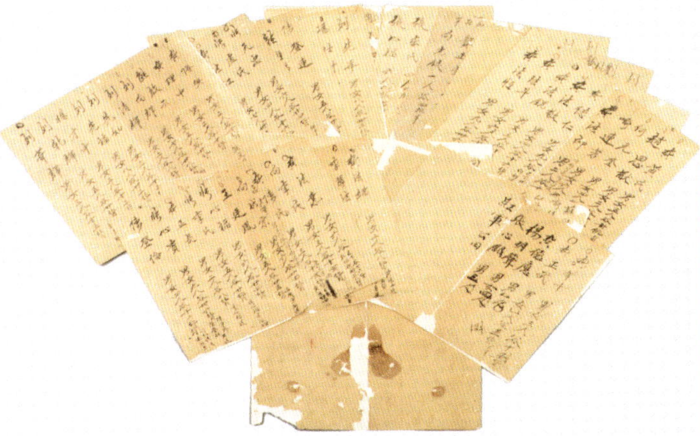

川陕苏区土地分配花名册

社会事业

百年名校——巴中中学

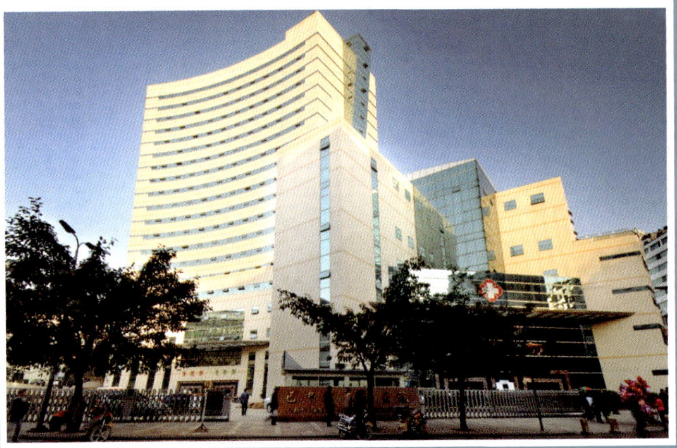

巴中市中心医院

平昌《翻身饺子》舞

巴山背二哥

群众健身活动

《巴中市志》编审机构

一、市地方志编纂委员会

（一）巴中市地方志编纂委员会（1999—2006 年）

主　　任：李克明　熊光林　雷洪金

副 主 任：苟必伦　张忠孝　宋仕珍　梁治辉　郭孝友　杨继孝　谭　毅　吴仲康　郑　涛　刘继承　谭启汉　欧文宇　向全国　郭宝渝　石文格　蒋豪雄　庞　聪　赵义祥

委　　员：郭宝渝　范申华　向荣华　李良才　李玉清　黄联学　黄友贵　郭学海　侯中文　朱　冬　李　鳌　彭耀学　魏文通　黄吉顺　李茂群　罗洪亮　庞元光　周尚平　邹仁见　何贻海　肖代文　魏　巍　廖伦志　李　映　杨天礼　沈万刚　张玉策　明国光　康远奎　段兴普　周仁义　李晓春　张长云　谷继礼　罗泉育　袁闻聪　周朝康　张家生　刘　凯　张根生　严　敏　马　云　段　勇　向凌波　李治华　余　跃　任小娟　蒲大乾　王永强　蒲开文　谢友先　聂步兴

（二）巴中市地方志编纂委员会（2006—2012 年）

主　　任：陈延荣

副 主 任：石文格　　蒋豪雄　　庞　聪　　唐　军　　赵义祥

王　闵

委　　员：马　云　　邬进川　　徐耀萍　　潘福光　　杜　标

段　勇　　李　毅　　刘新实　　田　渊　　李　鑫

向凌波　　李治华　　余　跃　　何可德　　任小娟

蒲大乾　　王永强　　蔡茂雄　　蒲开文　　张根生

陈　俊　　谢友先　　聂步兴

（三）巴中市地方志编纂委员会（2012—）

主　　任：魏文通

副 主 任：李余良　　谢家森　　王家富　　唐　军　　饶松柏

委　　员：魏光成　　王新民　　杜　标　　张玉林　　杨家聪

蒋豪雄　　胡平荣　　刘文全　　杨述兰　　陈昌贵

王继深　　李晓东　　李　明　　蔡茂雄　　夏长蓉

王锋华　　肖　平　　李玉君　　岳映兵　　张夕谦

聂步兴

二、巴中市地方志总编室

（一）总 编 辑：王　闵（2005—2012）

副总编辑：聂步兴　　岳俊峰

（二）总 编 辑：饶松柏（2012—）

副总编辑：聂步兴　　岳俊峰

三、《巴中市志》编纂部

主　　编：聂步兴

副 主 编：岳俊峰（2006.06—2014.10）

闫柱国（2007.04—2010.06，初稿总纂）

蹇黎明（2010.10—2014.10）

编　　辑：吴云波　王世品　王洪星　朱浩然　杨　娟

罗　娅　孙　印　杨　蛘　杨　红

资料收集：李恩明　张　钰　冯春明　李建军　向　俊

张　诚　张学忠　岳钊林　何　旭　鲜　圣

图片收集提供：贾小静　王兰雪　彭从凯　易　航

打　　字：李小榕

校　　对：朱浩然（初稿、送审稿）

责任校对：聂步兴　岳俊峰　蹇黎明

四、巴中市志评议（审）机构

（一）巴中市市县志评议委员会

主　　任：石文格

副 主 任：王　闵　聂步兴

委　　员：岳俊峰　郭安林　孟玉泽　冯其富　方友先

（二）《巴中市志》评议组

组　　长：郭安林

成　　员：邓尚贵　　周立邦　　孟玉泽　　熊　杰　　王春明
塞黎明　　王　胜　　秦万成

（三）《巴中市志》初审委员会

主　　任：王家富

副 主 任：王　闵

委　　员：郭　刚　　王尤忠　　于　军　　孙正泽　　夏　翰
袁　艳　　王　兰　　邓尚贵

五、《巴中市志》审查验收机构

（一）四川省市州志审查验收小组

组　　长：薛　康

副 组 长：马小彬　　敬全林　　罗亚夫

成　　员：余孝恒　　袁晓文　　李明保　　熊建中　　何瑞明
曾新苗

（二）省志编委市县志工作处审稿人员

邓　瑜　　朱艳林　　臧国亮　　张　华

序

“治天下者以史为镜，治郡国者以志为鉴”。地方志是资政存史教化的社会科学，历朝历代修志存史资政育人，市志是一个地方文明演进史和建设发展史。这部市志 42 篇 318 万字，系统记述巴中自民国以来到 2000 年的发展演进，堪称鸿篇巨著，时间跨度长，承载了近百年发展历程。

巴中历史悠久。巴中地处四川东北部，西抵广元，东邻达州，北接汉中，南连南充。地处中国地理南北交汇处，与成都、西安、重庆成几何三角。境内多处发现 5000 年前新石器时代遗址。巴中古属禹贡梁州之域。春秋时为巴子国辖地，秦和西汉时为巴郡地。北朝北魏宣武帝延昌三年（514 年）首置巴州。1932 年 12 月红军入川。建国后巴中进入社会主义建设时期。十一届三中全会后巴中进入改革开放时期。1993 年 7 月，国务院批准成立巴中地区。2000 年巴中撤地设市，全市步入历史发展新阶段。

巴中人文厚重。巴中山川秀丽，物华天宝，人杰地灵。穿越全境距今已有 3000 多年的米仓古道作为三大古蜀道之一列入申报世界文化遗产预备名录。这里孕育了众多的科学家、教育家、革命家、军事家和文化大家。有宋代杰出的天文学家“浑天仪”发明者张思训，有世界平民教育家晏阳初，有早期的无产阶级革命家刘伯坚，老一辈无产阶级革命家徐向前、李先念等曾在这里进行艰苦卓绝的斗争。当代巴中英才辈出，有英国皇家工程院士宋永华、有航天专家吴伟仁等，巴中涌现出全国先进人物和英模人物，成为地方英才和国家栋梁之才。

革命艰苦卓绝。第二次国内革命战争时期，中国工农红军第四方面军挥师大巴山创立“川陕革命根据地”，被毛泽东同志称之为“中华苏维埃共和国的第二个大区域”。巴中先后有 12 万多优秀儿女参加红军，有 4 万多人献出宝贵的生命，老区人民为共和国建立付出巨大牺牲做出重大贡献。

建设成就显著。中华人民共和国成立以来特别是党的十一届三中全会以来，巴中抓住建地设市机遇，加快改革发展步伐，推进发展改革稳定工作，经济和社会事业取得了长足发展，巴中发生历史性变化。胡锦涛总书记批示“要大力学习宣传王瑛同志的先进事迹”。国务院总理温家宝视察巴中时指出：“巴中扶贫攻坚的成就对全国扶贫工作具有普遍指导意义”。巴中被树为全国扶贫攻坚的一面旗帜，创造了闻名全国的“巴中经验”。在新的历史时期，市委、市政府带领全市人民发扬“红军精神”，发展“巴中经验”，坚持以科学发展观为指导，扩大对外开放，加大招商引资力度，提升投资环境、政务环境和社会环境，不断开创全市经济社会发展新局面。

特别是近年来，在党中央、国务院亲切关怀下，在省委、省政府坚强领导下，巴中市委、市政府抢抓历史机遇，组织广大干群奋力实施“两地两区一中心”发展战略，巴中改革发展攻坚突破，多项经济指标增速位居全省前列，全市统筹城乡追赶跨越加快发展，政治建设、经济建设、文化建设、社会建设和党的建设取得显著成就，在巴中发展史上具有里程碑意义，发展巨变上慰先辈下启来者。

盛世修志，功在当代，利在千秋。加快巴中发展必须把握规律性，富有创造性，把握历史纵贯线，呈现时代经典处，服务于全市改革发展需要。新编《巴中市志》是巴中市第一部市级社会主义新方志，是一项浩繁的系统工程。汇集了全市自然与社会、政治与经济、历史与现状，再现全市人民在革命与建设中取得的辉煌业绩和不朽精神，是一部辑录文献史料、益于资政教化的重要文本，是读者了解巴中权威性的典籍，是各级领导干部科学谋划发展的信史依据。

彰往而知来，借古当鉴今。《巴中市志》历经十年之功，集地方志工作者多年心血，是巴中历史上最全面系统翔实的“百科全书”，是全市文化建设史上的标志性工程。《巴中市志》的编纂出版是巴中发展史上的一件盛事，在推进“文化强市”的进程中，愿《巴中市志》成为加快发展的镜鉴之书，传承文明经世致用。让我们紧密团结在以习近平同志为总书记的党中央周围，贯彻李克强总理关于“修志问道，以启未来”的重要指示，认真落实刘延东副总理在全国地方志会议上讲话精神，用新的业绩谱写“中国梦”巴中新篇章，为巴中与全省全国同步建成全面小康而努力奋斗。

中共巴中市委书记　　李　刚

巴中市人民政府市长　　周喜安

2012 年 5 月 18 日

凡　　例

一、《巴中市志》（简称本志）坚持以马列主义、毛泽东思想、邓小平理论、“三个代表”重要思想和科学发展观为指导，服务建设有中国特色社会主义的总要求，全面系统记述巴中市自然社会的历史与现状，充分反映巴中人民在中国共产党领导下的革命业绩和建设成就，求实存真，力求思想性、科学性和资料性的统一。

二、本志断限。上限不限，下限为2000年。

三、本志记述范围。以下限时的巴中市行政区划为准。历史上属巴中辖区，而2000年不属巴中市管辖的地域，不在记述之列。除背景资料外，一律不上犯、旁侵。个别历史资料按此规定难以处理的，则依当时的行政区划记述，加上必要的注释或说明。1993年10月前，巴中县、通江县、南江县、平昌县隶属达县地区（专区）管辖，为便于记事和统计，在编纂中称“境内”；1993年10月后至1999年称“全地区”；2000年称“全市”。1993年10月—2000年12月的巴中市后括注“县级”字样，加以区分。

四、本志体裁。采用述、记、志、传、图、表、录，诸体并用，以志为主，力求体例完备，以利于多侧面、多方式反映一方自然与社会的历史和现状。

五、本志框架结构。采用篇、章、节、目，个别目下设子目、细目。各篇设置主要依据科学分类和社会分工，适当兼顾行政管理职能管辖范围。记述“单元”一般从“节”或“目”开始，特殊情况则从“子目”“细目”开始。为突出时代特点、行业特点和整体特征，志首设“专题记述”，篇首酌设无题小序。本志坚持“详今略古、详近略远、详独略同”的原则，采用“先早后晚、先因后果、先主后次”的记述方法，确定各志内容的记述重点，处理相关专志间的交叉重复。篇与篇、章与章、节与节，平起平坐；篇、章、节、目间，层层相辖；力求统属得当、归类得体。

六、本志文体。采用规范的语体文、记述体，以“第三人称”记述，一律不使用“我市”“本市”等“第一人称”称谓。文字以1986年10月国家语言文字工作委员会发布的《简化字总表》和国家语言文字工作委员会、新闻出版署1988年发布的《现代汉语通用字表》收录的汉字为准。标点符号以国家语言文字工作委员会和新闻出版署1990年3月修订发布的《标点符号用法》为准。

七、本志图表。图分前置彩图和随文配图，随文配图力求与记述内容配搭得体，图照来源于相关部门及人员，不记出处；表按a—b排序，a为篇序，b为篇内表序。

八、本志记述人物。设《人物篇》，凡入志人物，均坚持生不立传，以近现代人物为主（不分主客籍）的原则。对有突出事迹却不够立传标准的人物，采取以事系人的方法和表等形式进行记录。人物称谓，直书其名，不加褒贬之词；需突出人物身份的，姓名前冠以职务或职称。

九、本志历史纪年和公元纪年。中华人民共和国成立以前用历史纪年，括注公元纪年。清代及以前按各朝代帝王年号纪年，民国时期采用民国纪年书写。中华人民共和国成立以后用公元纪年。清代及以前纪年用汉字书写；民国及以后用阿拉伯数字书写。

十、本志专有名词、术语简称。对多次使用的专有名词、术语，在第一次使用时用全称（大事记除外），并括注简称，之后一律用简称。

十一、本志记述名称称谓。对记述的地名、政权、官职等名称，均以记事年代的历史称谓为准。古今地名有异，则括注现地名。

十二、本志统计数字。遵行1983年国务院颁布的《中华人民共和国统计法》的有关规定。属国家规定的统计项目，以统计局提供的数据为准；非国家规定的统计项目，以主管部门认定的统计数据为准；数字书写按1995年12月国家技术监督局发布的《出版物上数字用法的规定》执行。

十三、本志计量单位。以国务院1984年2月27日颁布的《关于在我国统一实行法定计量单位的命令》为准。由于本志记述时限长，为体现特定时期计量单位的原貌，使用特定时期计量单位，如石、斤、尺等。

十四、本志资料来源。由市级各部门、各县（区）志办提供的资料；四县（区）县志、部分事业志和年鉴；专题征集及口碑资料；相邻市、县（区）志书资料。

目　录

CONTENTS

第三篇　综合经济管理

第四篇　农　业

第五篇　林　业

第六篇 水利·水产

第七篇 畜牧业

第八篇 扶贫开发

第九篇 工 业

第十篇　交通运输

第十一篇　邮政·通信

第十二篇　城乡建设

第十三篇　环境保护

第十四篇　旅　游

第十五篇　商　业

第十六篇　粮　油

第十七篇　财　政

第十八篇　税　务

第十九篇　金融·保险

第二十篇　中共地方组织

第二十一篇　中国国民党地方组织

第二十二篇　民主党派·工商联

第二十三篇　人民团体

第二十四篇　地方权力机关

第二十五篇　地方政府

第二十六篇　政协地方组织

第二十七篇 人 事

第二十八篇 劳动和社会保障

第二十九篇 民 政

第三十篇 检 察

第三十一篇 法 院

第三十二篇　公　安

第三十三篇　司法行政

第三十四篇　军　事

第三十五篇 教 育

第三十六篇 科学技术

第三十七篇 文 化

第三十八篇 体 育

第三十九篇 卫 生

第四十篇　民俗风情

第四十一篇　县（区）概况

第四十二篇　人　物

附　录

CONTENTS

Part 3 The comprehensive economic management

Part 4 Agriculture

Part 5 Forestry

Part 6 Water conservancy · fishery

Part 7 Animal husbandry

Part 8 Poverty alleviation and development

Part 9 Industrial

Part 10 Transportation

Part 11 Post – Communication

Part 12 Urban and rural construction

Part 13 Environmental protection

Part 14 Tourism

Part 15 Commercial

Part 16 Grain and oil

Part 21 China local organization of Kuomintang

Part 22 The democratic parties · federations of industry and Commerce

Part 23 People's organizations

Part 24 The local authority

Part 25 The local government

Part 26 The local CPPCC organizations

Part 27 Personnel

Part 28 Labor and social security

Part 29 The Civil Affairs

Part 30 The prosecution

Part 31 The court

Part 32 The public security

Part 33 The administration of Justice

Part 34 Military

Part 35 Education

Part 36 Science and technology

Part 37 Culture

Part 38 Sports

Part 39 Health

Part 40 Folk customs

Part 41 County (District) survey

Part 42 Figure

Appendix

概　述

一

巴中市位于四川省东北部大巴山系米仓山南麓，北纬31°15′~32°45′、东经106°20′~107°49′之间。东邻达州市，南接南充市，西抵广元市，北连陕西省汉中市。东西宽131公里，南北长166公里，辖区面积12301平方公里。市人民政府驻地巴州区巴州镇，西南距成都市400公里，南距重庆市450公里，北距陕西省西安市650公里。2000年底，全市辖4县（区）、50个区（片区工委）、284个乡镇、2355个村民委员会、14688个村民小组，总人口253.29万人，其中非农业人口43.96万人。

巴中历史悠久，建置久远。东汉和帝永元三年（91年）始置汉昌县，北朝北魏宣武帝延昌三年（514年）首置巴州。南北朝梁普通六年（525年）置难江县。西魏大统中（535—551年）置诺水县。唐天宝元年（742年）更诺水县为通江县。明正德十一年（1516年）更难江县为南江县。之后，县、郡、州几经更替，数次分合，清乾隆元年（1736年），四川设五道，巴中属川北道保宁府，不辖县，通江、南江县和巴州独立并存。民国2年（1913年）改巴州为巴中县。1932年12月—1935年4月，红四方面军在境内设有1省、2道、2市、8县苏维埃政府。民国35年（1946年）11月，巴中县属地分设平昌设治局。民国37年（1948年），平昌设治局升县，正式分治，境内的巴中、通江、南江、平昌四县同属四川省第十五行政督察区。1950年后归属达县专区（地区）。1993年7月，巴中地区成立，巴中县改称巴中市。巴中地区辖巴中市（县级）、通江县、南江县、平昌县。2000年6月，国务院批准撤销巴中地区，成立地级巴中市，辖三县一区（县级巴中市改为巴州区）。

巴中地势北高南低，由北向南倾斜。构造形迹以褶皱为主，境内西北为龙门山北东向褶皱带，南西是川中北西西向褶皱带。北部为深切割中山、中切割中山，中部为中切割低山、浅切割低山，南部为丘陵，沿河两岸及台状山顶有平坝。最高海拔为北西部南江县光雾山（2507米），最低海拔在南部平昌县黄梅溪（268.3米）。境域山脉自大巴山西段与米仓山复合部南麓，入境山脉主要有36支，沿川、陕省界逶迤南下，直接或辗转从东、东北、北、西、西南五面延伸入境域，分成百余个走向不一的支脉，绵亘全境。境内河流属渠江水系，河流、溪沟从北向南，呈树枝状，汇入巴河后，转东南方出境汇入渠江。受地表水流强烈侵蚀和切割，致使岭高河深，沟壑纵横。以垂直线发育为主的河流呈树枝状层布，具有“V”“U”形河流特征，在洪水期落差大，水能蕴藏量丰富。市境属四川盆地中、北亚热带湿润季风气候区，四季分明，无霜期长，光照适宜，雨量充沛，气候温和。多年平均气温16.5℃~17.7℃，年均降雨量928.8~1217.5毫米，年均日照1088.5~1545.8小时，无霜期260~280天。

巴中资源丰富，物产富饶。有耕地16.67万公顷、园地8.03万公顷、牧草地3.84万公顷、水域3.14万公顷。水力资源蕴藏量81.42万千瓦，可开发量41.7万千瓦。矿产资源丰富，分布呈北富南贫趋势，已探明可供开采的矿产资源有煤、铁、金、石墨、大理石、石膏、花岗石、霞石、天然气等29种，其中，煤炭储量6190万吨，天然气储量1100亿立方米，磁铁矿8355万吨，霞石矿2100万吨，花岗石10亿立方米，大理石2亿立方米。生物资源多样，主要乔、灌木树种有78科308种，古树名木73种6442株；林业用地59.09万公顷，森林覆盖率35.57%，活立木蓄积2131.86万立方米。有中药材2000多种。有全国著名的肉用山羊新品种南江黄羊，有稀有树种“巴山水青树”。四县区均被国家列为商品粮、商品牛、商品猪和商品羊基地。农副土特产品达500多种，其中南江大叶茶“云顶绿芽”获国家金奖，通江“天岗银芽”获泰国罗马银奖，通江银耳清代即为皇室贡品，现已开发20多个系列产品，通江县为著名的“中国银耳之乡”。巴中市巴州区的川明参，南江县的金银花和核桃，通江县灯影牛肉亦享誉盛名。

巴中是革命老区，遗址众多。1932年12月—1935年3月，红四方面军告别鄂豫皖，越秦岭、翻巴山，从通江两河口入川，建立了苏维埃政权，旋即把苏维埃大旗插到通江、南江、巴中（平昌），创建了被毛泽东誉为“中华苏维埃共和国的第二个大区域”——川陕革命根据地。徐向前、李先念、王树声、廖承志、许世友等老一辈无产阶级革命家及446位共和国将军在巴中留下了光辉的战斗足迹，留下了著名的“智勇坚定，排难创新，团结奋斗，不胜不休”的红军精神。红四方面军总指挥部旧址纪念馆、川陕革命根据地红军烈士陵园、川陕革命根据地博物馆、川陕苏区将帅碑林和红军石刻标语群等革命旧（遗）址分布全市各地。

巴中风景秀丽，旅游资源丰富。巴中自然、人文景观众多，有国家重点风景名胜区光雾山·诺水河。光雾山深藏于大巴山、米仓山襟怀之中，流水一泓，迂回穿流其间，山色空蒙，水光潋滟，峰回路转，极尽幽深旷达之致。每年秋季，漫山霜叶红遍，层林尽染，游览者络绎不绝。景区辖区面积400多平方公里，核心景区7个、360多个景点，植物种类2300多种，野生动物195种，被有关专家誉为“国画风采，原始荒美”，有“彩林第一山”“中国红叶之乡”之美誉。诺水河素有“溶洞之乡”之美誉。共有300多个可供旅游参观的地下溶洞，“诺水洞天”就集中了123个，它们或临清溪，或处绝壁，有的需匍匐而进，有的要潜水而入，洞内可游面积在2万平方米以上的溶洞有牛角嵌、狮子洞、宋家洞、楼房洞、中峰洞等48个，洞中景观大都保持着原始风貌。中峰洞，又名佛光洞，分上、中、下三层，10大景区，36条支洞，72重迷宫，108般奇景，集雄、伟、壮、美、险、秀、奇、幽于一体；阡陌纵横，状如蛛网，峡谷深渊，气势磅礴，乳牙石林、琳琅满目；洞中有洞，洞洞相连，洞沿有景，景景妙绝，堪称“天下第一洞”。保存较好的隋唐石窟造像有65处、610窟、1.2万余躯。其中，南龛、西龛、水宁寺龛石窟为国家重点文物保护单位，通江县千佛岩石窟为省重点文物保护单位。

巴中地灵人杰、代有名流。蜀汉有右将军、宕渠侯勾扶。唐有兵部侍郎陈能，户部侍郎陈文汉，右补阙张署。宋代有侍中李森不畏权势，疏劾奸相王黼，颇受时人称道。巴州人张思训创作“浑天仪”以献太宗，其浑天仪用水银代水作动力，以防天寒凝冻。通江向佺抗御蒙古军，殉职后，被理宗皇帝赐以厚葬。明代有广东道监察御史向翀，清代向阁为揭露县茶课积弊，向礼部呈《呈茶课》，力请茶税改征白银。清代向玉轩历任翰林院侍讲、西安府布政史，吏部、山东乡试正主考，著有《西昆诗集》；李钟峨供职翰林院22年，历任福建、广西学政和《国史》《一统志》等馆纂修官，与其父李蕃、其兄李钟壁合著的《雪鸿堂集》选入《四库全书》，李蕃及二子合称“通江三李”；有为“东乡血案”上疏的清咸丰监察御史吴镇；有青城山长联撰写者李善济；有辛亥革命先驱、四川军政处总理兼财政司长董修武。有维新变法倡导者吴樵父子，川剧《蜀鹃啼传奇》为之颂扬。四川保路运动同盟会员孙洪震身先士卒，深受民众敬仰。川陕省苏维埃时期，巴中12万人参加红军，4万多人为革命献出生命，吴瑞林、何政文、傅崇碧等27人成为共和国第一代将军。无产阶级革命家、中华苏维埃共和国中央执行委员会委员刘伯坚，与左权、王稼祥指挥震惊中外的“宁都起义”，就义前写有《带镣行》《移狱》等英雄诗篇。有世界著名平民教育家和乡村建设开创者晏阳初，其平教乡改理论和实施办法在国内外广泛推行，对亚、非、拉50多个国家和地区的乡村改造起到积极的推动作用。有城市规划专家、中国农村规划的先驱和倡导者邱致中。有中国著名佛学家、民族文化知名学者唐仲容。有全国首届“十佳”少先队员成洁，并在全国开展学成洁、学“十佳”的活动。

二

巴中由于受区位劣势、交通瓶颈制约等诸多因素，一直发展缓慢。1993 年巴中地区成立至 2000 年，巴中人民发扬“红军精神”，艰苦奋斗，创造了全国闻名的“宁愿苦干、不愿苦熬”的巴中精神。抓住西部大开发机遇，以扶贫开发为中心，实施抓项目、兴产业、强工业的工业强市战略，以交通建设为突破口，强力推进基础设施建设，发展绿色经济、民营经济、旅游经济等三大经济，巴中贫穷落后面貌逐步改变。至 2000 年，全市国民生产总值（当年价）达 93.73 亿元，比 1993 年增长 2.62 倍，比 1949 年增长 106.74 倍；人均国民生产总值（当年价）由 1949 年的 53 元增加到 2720 元；地方财政收入 74339 万元，比 1993 年增长 1.58 倍，比 1949 年增长 1198.02 倍；农民人均纯收入由 1980 年的 144.49 元增加到 1331 元；城镇居民家庭人均收入由 1982 年的 374.7 元增加到 5150 元。

巴中农业持续发展。巴中素以农业为主。20 世纪 60 年代以前，由于农业生产条件差、农业技术落后、耕作粗放、自然灾害频繁等原因，粮食产量低，农业效益差，农业生产发展受到严重阻碍。1970 年，市境农作物播种面积 29.36 万公顷，粮食总产 62.59 万吨，经济作物产量 1.7 万吨，农业总产值 8.36 亿元。80 年代，随着农村实行家庭联产承包责任制后，以及农业基础条件的不断改善和农业生产新技术的推广和应用，农业得到迅速发展，粮食产量一路攀升。1990 年，境内粮食作物播种面积 28.56 万公顷，粮食总产 146.68 万吨，人均 364 公斤。1993 年巴中地区成立后，大力实施“科教兴农”战略，推广农业实用增产技术，实施“丰收计划”和“温饱工程”，粮食呈稳步增长趋势，经济作物也呈现出复种面积由小到大、产量由低到高、品种由少到多的发展趋势。1995 年，主要农产品产量 141.6 万吨，农业总产值 28.3 亿元。2000 年，全市粮食作物播种面积 29.45 万公顷，粮食总产量达 160 万吨，农业总产值 34.4 亿元，人均拥有粮食 453 公斤；油料种植面积 5.43 万公顷，总产 85058 吨；烟叶 0.31 万公顷，总产 5998 吨；茶叶 0.42 万公顷，采茶 584 吨；水果 0.79 万公顷，总产 28428 吨。推行农业产业化，提高农业综合生产能力，围绕优质粮油、果蔬、茶叶、中药材、食用菌等绿色食品，加快产品基地建设，有 8 个农产品符合绿色食品标准，获申报准入，19 个农产品获名优农产品，14 个基地获无公害农产品基地认证。

巴中工业稳步发展。清末民初，市境内仅有几十家手工业作坊及数家矿产采炼业。川陕省苏维埃时期，红四方面军在巴中境内始办各类企业 326 家，主要有兵工厂、造币厂、造船厂、纺织厂、被服厂、印染厂、斗笠厂等 20 多个门类。民国后期，有私营工业厂家（作坊）653 户，主营炼铁、铸造、采煤、造纸、纺织、印刷、酿酒、制陶、漂染、挂面、竹木器加工等 20 多个门类。至 1950 年，市境内工业总产值仅 980 万余元。1953 年后，逐步开办手工业生产合作社。从 1954 年起，积极发展集体企业，开始兴办国营企业。到 1957 年，境内兴办国营企业 46 家。1958 年，“大跃进”运动开始，工业由集体向全民过渡，国营企业猛增，至年底，国营企业达 269 家，集体企业 679 家，实现工业总产值 1.03 亿元。20 世纪 1970 年后，积极响应中央发展“五小”企业方针，陆续兴办水泥厂、缫丝厂、农机厂、罐头厂、齿轮厂、制药厂、栲胶厂、炸药厂、酿酒厂等中型企业，其他小型企业门类也相应增多。1979 年后，通过不断改造和发展，使食品、冶金、建材、丝绸、棉织等成为骨干行业。1988 年，有国有企业 163 个，实现工业总产值 5.39 亿元。20 世纪 90 年代后，加大工业改革力度，企业技改投入，采取拍卖、股份、租赁、兼并、破产等方式，推进结构调整和资产重组，优化资源配置、产业布局和发展环境，促进企业向集约化、集团化发展，初步形成了食品饮料、冶金建材、丝绸纺织和制药等产业，培育壮大了江口醇、小角楼、绿颂米业、南江冶金矿山等重点骨干企业。1993 年，全区有国有、集体工业企业 2.34 万户，工业总产值 11.74 亿元。1995 年，加大企业改制力度，组建有限公司 18 个，实行国有民营企业 3 个，国有小型企业和集体企业进行股份制改造 55 个。1997 年，按照“市场导向、全面开放、集约经营、滚动发展”的指导方针，加快工业发展，加大企业技改投入，全区在建项目40个，总投资1.48亿元，累计完成投资9840万元。全区乡及乡以上工业企业1020个，实现工业总产值9.21亿元。2000年，全市有限额以上工业企业72个，从业19018人，实现工业总产值4.08亿元，同比增长17.15%；新产品产值509万元；工业增加值2.18亿元。限额以下非国有及全部个体工业企业24039个，工业总产值18.48亿元，销售收入17.35亿元；全部附营工业企业314个，工业总产值1.5亿元，销售产值2.11亿元。

巴中商业蒸蒸日上。民国时期，因交通闭塞，商贸不活，仅2100余家小商小贩从事油、盐、酱、醋、粮、糖、烟、酒之类的日用品及杂品经营，桐、茶、耳、倍等则通过人力或船运到重庆、上海等地销售，大宗产（商）品多由陕西、重庆、南充、营山、渠县等外籍商贾经营。川陕省苏维埃时期，个体、集体、国营商业达3000余家。20世纪50年代初期，大力发展国营和供销合作商业，鼓励、扶持私营商业恢复发展。至1952年，社会商品零售总额达2271万元。1958年后，逐步形成城市以国营商业为主体，农村以供销合作商业为骨干的商贸流通体系。至1962年，社会商品零售总额增至8114万元。1975年，社会商品零售总额达1.65亿元，人均消费60.2元。1978年后，个体、集体、国有商业并驾齐驱，初步形成购销两旺。至1987年，各类商贸机构发展到2.69万个，从业4.41万人，商品购进总额7.23亿元，商品销售总额8.07亿元，社会商品零售总额5.4亿元。1993年，全区有批发零售贸易机构1.58万个，网点2.16万处，人员3.76万人；有餐饮业3469处，从业人员6426人。社会商品零售总额9.95亿元，社会消费品零售总额8.58万元，同比增长12.3%；外贸出口410万美元。1998—2000年，全市292个国有商贸流通企业，全面推行经营机制转换和产权制度改革，累计实现238个企业的资产重组。2000年，社会消费品零售总额31.02亿元，引进外资3.21亿元，用于建能源、建材、化工、轻工、机械、医药等行业，实现产值3.86亿元，外贸出口32万美元。

巴中畜牧业形势喜人。民国及以前，市境农民素有养猪、牛、羊及小家禽习俗。因饲养技术落后、交通不畅等因素，畜牧规模养殖和贩运少，商品率低下。1949年，境内出栏生猪10.7万头、牛1305头、羊9903只，畜蛋产量847吨，畜牧业产值1185万元。1950年后，鼓励和支持畜牧业发展，舒畅流通渠道，畜牧业迅速发展。至1957年，境内四县饲养猪108.18万头、牛55.21万头、羊5.76万只，禽蛋产量1600吨，肉类总产量1.98万吨，畜牧业产值2214万元。1977年，养猪168.23万头，养牛和马37.65万头，养羊22.68万只，禽蛋产量3667吨，肉类总产量3.89万吨，牧业产值6677万元。改革开放后，大力扶持饲养专业户和重点户，逐步将畜牧业发展成为优势产业。1992年，共饲养猪405.3万头、牛52.3万头、羊30.7万只、禽1023万只；肉类总产量14.1万吨，畜牧业产值7.8亿元。1993年后，不断调整畜牧产业结构，积极推广科学畜牧技术，加大畜禽疫病防治力度，增加畜牧业资金投入，加强商品畜禽基地建设，规范畜禽饲料、兽药、良种市场，全区畜牧业飞跃发展。2000年，以市场为导向，科技为依托，增加农民增收为中心，全面启动绿色畜牧产业工程，优化调整畜牧产业结构，大力发展以南江黄羊为特色的草食牲畜，畜牧业保持健康快速发展。1993—2000年，共发展生猪4142万头、牛526.3万头、羊497万只、禽13099.52万只，肉类产量173.9万吨，畜牧业产值95.59亿元。

巴中旅游业迅猛发展。巴中以得天独厚的自然风光、人文景观和红军文化构成了独特的旅游景观，有风景名胜区25处，精品景点560多个，其面积占全市辖区面积12%。1985年，以巴中县南龛石龛为依托，投资7万元开发了南龛公园。1986年7月，开发了通江县诺水河的狮子洞、牛角嵌及其山水风光。1986—1992年，诺水河风景名胜区共接待省内外游客14.97万人，旅游总收入65.58万元；南龛公园年收入7万元左右。1993年后，把旅游开发列入经济建设的重要组成部分。按照“政府主导、部门协作，企事业参与、全社会办旅游”的旅游开发思路，加强基础设施建设，改善旅游环境，打造旅游精品，提升景区形象，加大旅游对外宣传，旅游产业得到快速健康发展。至1999年，多渠道地筹措建设资金2亿多元，大力开发光雾山、诺水河两个风景名胜区。1994—2000年，全市旅游业共接待国内外游客359.87万人次，旅游直接收入8262.68万元。

三

随着工、农、商业的发展，境内交通、通信、城乡建设等基础设施建设竞相发展，巴中面貌日新月异。

巴中交通建设飞跃发展。民国时期，受地理条件限制，交通闭塞，货物运输靠内河船运和人力运输。内河船运除巴河下游平昌县外，多为季节性运输，运输能力0.85万吨，周转量120万吨公里；民间人力运输多为长途背运，运输效率低。1949年5月，市境第一条公路—唐巴公路巴（中）仪（陇）段建成。中华人民共和国成立后，把山区航道和公路建设，作为恢复发展经济、改善提高人民生活水平的重要措施。采用“民工建勤，民办公助”办法，修建了巴（中）南（江）、达（县）巴（中）、通（江）巴（中）3条县际间干道公路261公里，整修改造唐巴公路巴仪段，并通车。省属汽车运输站相继建立，开展货物运输业务。1958—1960年，全面兴起办交通热潮，共修建省、县级公路469公里，整治疏浚巴河及通江河干、支流航道470公里，新开辟通江、平昌内河29公里。1959—1961年，共完成长短途货物运输总量68.49万吨。1962—1965年，公路建设重点对已建成公路的改造提高，修建了部分重要粮、煤运输路线和经济开发路及县级公路，其技术标准和质量均有所提高。至1965年年底，省、县级公路达到975公里，巴中县实现区区通公路。1968—1969年，省属专业汽车运输企业仅完成货运总量23.03万吨，周转量2827万吨公里。20世纪70年代，将公路建设纳入农业总体规划，实行山、水、田、林、路综合治理，再次掀起修路高潮。1970—1978年，共修建县、社公路1492公里，其中社道1069公里；共修建公路桥梁148座，总长5097延米。各县全部实现区区通公路，公路运输市场空前活跃。1985年，汽车拥有量达到2030辆，交通运输企业共完成客运总量2943万人次、110200万人公里，货运量271万吨、3.1亿吨公里。1986—1993年，国家以工代赈共投入交通建设资金9816万元，修建县乡断头、联网路654公里。至1993年底，全地区机动车辆达到3481辆，其中客车549辆12477座，货车2523辆8493吨，拖拉机199辆，油三轮210辆。全地区客运线路增加到202条545班（次）。完成公路客运量544.3万人次、2.35亿人公里，货运量245.02万吨、21790.6万吨公里。1994年1月，始于广元旺苍县普济镇，终于南江县乐坝镇的普乐铁路全线铺轨贯通，全长23公里。1993—2000年，相继开展了以省干环线改造和县、乡标美路建设为重点的两轮交通大会战，总计投入资金22.63亿元，建成公路累计达到11153公里，其中省道685公里，县道943公里，乡道2273公里，村道6700公里，专用公路552公里。省、县、乡公路总里程中，达到二级公路标准的255公里，三级公路829公里，四级公路1336公里；水泥砼路265公里，沥青油路842公里。全市汽车拥有量9077辆，其中客车3709辆42775座，货车5368辆9103吨。各类客运线路510条，日发客班2200次，社会客运总量达到1263万人（次）、92631万人公里，社会货运量687万吨、36288万吨公里。

巴中邮政通信发展迅猛。民国初期，市境设邮电局3处，邮件传递靠步班邮路和马匹。川陕省苏维埃时期，共设邮路干线20多条，2000多公里；电信以军区无线通信为主，架设电话干线2000多公里。1953年后，大抓邮政通信建设，至1957年邮路总长达19752公里，有4县、48区、200多个乡通电话，电话交换机总容量为300多门。改革开放后，邮政通信持续、快速、稳定、协调发展。各县先后开通400门、1000门自动电话交换机。1980—1993年，邮政网络增加，服务网点延伸到村（居委会）、社，除少数步班邮路外，普遍采用自行车、摩托车、委办汽车，自办邮车相结合的邮运方式。途经市境的西安—成都光缆线路于1993年12月竣工投入使用后，全区长途线路达到180条。到1993年年底，局用交换机容量增至5000多门。从1994年起，先后又架设了巴中市（县级）至达川地区（达州市），巴中市—平昌县—通江县—南江县的架空电缆。1998年，又建成巴中—广元、巴中—南充、巴中—达县3条地埋光缆线路，并经过全省一、二期数网工程建设，巴中已成为全省一纵、二横、三环的省内二级干线汇接中心。到2000年年底，长途光纤线路达到5600芯公里，本地网光缆线路达到2429.29公里，长途线路达到7530路端，长途电话进入全国自动网，实现了国际国内直拨。无线寻呼用户达10万户，移动通信用户达4万多户。全市实现传输光缆化、交换程控化、移动通信、数据通信、多媒体通信等多种手段，覆盖全市四县（区）。长途自动交换机容量达10380路端，局用交换机容量达232116门，全市城乡电话机总容量达371837门，市话普及率提高到16.7部/百人，农话普及率提高到1.62部/百人。

巴中城乡面貌日新月异。民国末年，巴中县城有18条街、7条巷，城区面积1.5平方公里，房屋建筑面积19.3万平方米，多系穿斗结构，有石桥4座、渡口3处等公共设施；通江、南江县县城面积不足2平方公里，房屋面积4.95万平方米；平昌县城有约2500平方米的小街，瓦房200多间。四县共有集镇（场镇）251个，多为土木、穿斗结构房屋。中华人民共和国成立后，市境各县县城不断扩展街道，改造街、路、巷，配套、完善城市公用设施。至1985年，四县县城房屋建筑面积增到246.16万平方米，主要街道增至45条，多为混凝土路面；四县县城供电、排水、消防、公共卫生等公用设施齐全，县城内建成公路桥11座、吊桥2座、公园4个，城市绿化覆盖率达28.3%。其中，巴中县城有街、路、巷47条，城区面积扩大到6平方公里，房屋建筑面积101.66万平方米，5层以上砖混结构楼房占60%以上。有日产3000吨的自来水厂1座，吊桥1栋，南龛公园面积20公顷。四县有282个场镇（集镇），建街道189万多平方米，街面多为方块石或混凝土，少数场镇通自来水。1986年后，各县采取多渠道招商引资，开发新区，改造旧城，拉大城市区域框架。在建设中注重配套设施建设，拓宽、硬化街、路，美化、绿化城市，城市建设的日新月异。1993年后，实施旧城改造和新区建设，注重县城的绿化、美化、亮化和小集镇的公用设施建设。1994年起，巴中市（县级）恩阳镇、清江镇，平昌县白衣镇、驷马镇，南江县乐坝镇，通江县涪阳镇和铁佛镇相继被定为全省城镇建设试点镇。启动江北自来水厂一期、巴州大桥、达巴光缆等工程，首开石油液化气管道供气。1996年，全地区累计投入城市基础设施建设资金1.2亿元，以城市道路、供水、供气、绿化、公厕为重点，建成一大批市政公用基础设施项目。1997年，相继启动了南江县上下河街改造工程、断渠公园建设，通江县文化广场（红军广场）建设，平昌县110千伏引电工程，县城路灯工程的建成，进一步改善了城镇功能。1998年，全地区7个国家、省级试点小城镇完成建设投资3100万元，村镇新建投资住宅投资1.8亿元，新建各类市场1.7万平方米。1999年，累计完成城市基础设施建设投资1.5亿元，重点进行道路、供气、垃圾场、市场、公厕、园林绿化等公共公益设施建设。巴中市、平昌县开通天然气工程，南江县开通管道液化石油气工程。城市公共交通从无到有，出租车发展到926辆，基本形成以出租车和小公共汽车为主体的公共交通体系。至2000年，通江、南江、平昌三县城完成改建、新建、扩建房屋面积77.21万平方米，城区辖区面积达7平方公里。城市供电、供水、供气设施齐全，交通、商场、餐旅、娱乐等服务行业齐备，环卫、灯光、绿化等综合配套。先后完成南池小区第一、二期工程，新建宕梁、江北、后坝、南龛、回风、供销街、南坝等住宅区、办公区和商贸区。房屋竣工面积178.7万平方米，居民人均住房22平方米。新建设道路29条长1.5万米，打通道路卡口6处，新建街道8条长1.23万米，硬化街道30条长12.7万米，城区面积扩展为13.6平方公里。新建市场15万平方米，新增城市绿化面积68万平方米，修建人行天桥4座，并建成巴人广场。实施“亮化工程”，新增路灯1286盏。集镇建设以38个重点镇为结点，沿交通主干线和四县（区）环线公路分布。全市有5191个社实施了农房“五改三建”工程。

四

随着社会的进步、经济的不断发展，各项改革制度的不断深入，社会事业也突飞猛进地向前发展。

巴中教育事业成效显著。明清时期，市境儒学、书院、义学、私塾相互竞争，办学之风甚浓。民国元年，各县改书院、义学、私塾为小学堂。民国14年（1925年），实行新教育制度，教育事业有所发展。川陕省苏维埃时期，各地普办列宁小学，个别地方并建有彭杨军事学校、青年团校、省苏维埃学校、省护士学校、省妇女学校等专业学校。至1949年，有省立高中1所、县立完中1所、初中3所、女中1所、附设初中1所，有乡中心国民小学78所、保国民小学728所，在校学生23590人。1950年后，在恢复原有学校的基础上，大力捐资建校，发展教育事业。至1985年，共有各类公办学校4815所，其中幼儿园1924所，小学2723所，中学146所，中专3所，职业学校10所，成人学校9所；在校学生63.94万人；幼儿入园率为45.02%，小学入学率94.33%。1986年，贯彻实施《中华人民共和国义务教育法》，重点转向普及9年义务教育，调整中学布局，部分完全中学调整为职业学校，大部分附设初中改建为单设初中。同时实行分级办学、分级管理和校长负责制；发动群众集资办学，调动了各方面积极性。1993年，全区共设公办小学3109所，入学儿童25.59万人，入学率99.7%，巩固率99.2%；设公办中学306所，学生10.68万人；有教职工28222人，其中教师23827人。1995年全面实施"普九"工程，全民受教育的程度由"七五"期末的人均4.4年提高到6.8年。1996年达到部颁普及小学教育的标准（入学率99.0%，巩固率98.98%，合格率95.55%）。到2000年，全市每10万人接受大专以上教育人数为941人，比1990年提高4.82倍；接受高中（含中专）教育人数比1990年增长49.3%；15周岁以上人口识字率由1990年的79.99%提高到99.0%。

巴中卫生事业快速发展。川陕省苏维埃时期，市境建立了川陕省工农总医院和红四方面军总医院，积极开展苏区军民的防疫治病和卫生宣传。中华人民共和国成立后，巴中卫生事业蓬勃发展。各县相继成立了县人民医院、卫生防疫站、妇幼保健站、区卫生院、乡联合诊所等医疗卫生机构。20世纪70年代，农村普遍建立合作医疗制度。80年代，各县城建立健全中医院、西医院，区乡健全中西医结合卫生院。各级医疗卫生机构建立健全了卫生防疫保健体系，开展食品、公共场所、劳动、学校、放射卫生的监督监测。持续开展爱国卫生运动，先后开展了"五讲四美""全民礼貌月"除"四害"活动，落实"门前五包"卫生责任制，加大创建卫生城市和卫生城镇力度，加强城市环境综合治理，市容市貌大为改变。1986年后，经实施卫生事业重点县建设、"对口支援"、继续医学教育、人才引进、短期培训等各种措施，使医疗设备逐步精良，医疗技术不断提高，医疗环境大为改善。1994年，全区2617个医疗卫生单位共有房屋建筑面积33.15万平方米；国有、集体、私人医疗机构有床位7439张；专业医疗设备总值878万元。全区484个医疗机构门诊病人530.32万人次；入院治疗8.81万人；出院9.03万人，治愈率为74.54%、好转率16.82%、死亡率0.54%。先后实施妇幼卫生项目、世界银行贷款结核病防治项目、世界银行贷款综合性妇幼卫生项目、世界银行贷款秦巴卫生项目，有力扶持了巴中卫生事业。积极探索乡村一体化管理模式，加大推行力度，1996年全区2352个行政村，建村卫生站2316个，其中甲级村卫生站1403个。加快中医事业发展，突出中医特色，有县级中医机构4个，中药生产经营单位22个，中医药人员1482人。广泛开展卫生宣传教育，积极开展"送卫生下乡"活动，加大卫生村创建力度，创建各级卫生村92个。1999—2000年，全市组织105支医疗队、1114人次医务人员到农村巡回医疗，免费诊治病人20.76万人次、做手术104人，培训基层医护人员3443人次，对口援建单位73个次。2000年，有公办医疗卫生机构360个，医疗卫生人员7022人；村卫生站2316个、村卫生人员5528人。基本消灭了天花、霍乱、疟疾、脊灰、狂犬病等传染病。

巴中科技事业成果丰硕。民国时期，市境各县就设立有实业所（局）。中华人民共和国成立后，各县相继成立科技管理机构、科技研究所和技术推广服务机构。1955年，市境开始推广双季稻和冬水田改制技术后，不断引进和推广适应山区经济发展的重大科技成果。改革开放后，加强科技队伍建设，进行科技体制改革，加强科技项目实施和管理，加大科技经费投入力度，开展科技成果鉴定和成果推广。至1985年共实施科技项目183项，投入经费292.8万元。1986年起，重点实施国家星火计划项目—大巴山技术综合开发项目。1990年，南江县研制的无燃料自然烧结砖技术获国家专利，并列入国家“八五”重点推广项目。至1993年，先后实施银耳、刺梨、蜜饯、芦笋等系列产品综合开发项目105个，创产值1.31亿元。申请科技专利69件，其中发明专利15件、实用新型专利50件、外观设计专利4件；授权57件。1995年，实施“科技兴巴三十亿工程”。有各类专业技术人员达45816人，其中自然科学技术人员12923人。1997年，《南江黄羊肉用新品种选育》获国家科技进步二等奖。1998年，组织实施科技项目182个，实现产值18.5亿元，科技进步贡献率达35%。至2000年，先后推广“巴棉一号”、杂交水稻、新法生产银耳、南江黄羊、浸出制油、微型发电机、高节能烧结砖、电阻焊生产空罐、节能灯、水稻旱育秧、优质水果蔬菜、先进医疗技术、酒类技术等科技成果达110个。1994—2000年，全区实施地级及以上科技主管部门批准、支持的科技项目127个，共投入资金663.7万元；申请专利76件，授权53件。

巴中文化积淀丰厚。民国时期，市境内即有“以文会友、以文抒志”的民间组织和群众创作社团。川陕省苏维埃时期，广泛各种群众文化活动，开办有《红军》《苏维埃》《斧头》等各种报纸和刊物。新中国成立后，各地普遍建立文艺创作组，开展群众性创作活动。改革开放后，各地积极开展文艺、戏剧、歌舞创作，开展各种书画、根雕、剪纸、摄影等展览活动，举办了多种文艺调演、比赛和游园、登高节、银耳节、巴人文化艺术节等大型群众活动。一批有影响的戏曲、歌舞、剪纸、根雕、书画、诗歌、散文等文艺作品在全省和全国获奖。南江县新编历史剧《点状元》成为全国优秀剧作，并与《四姑娘》《易胆大》被列为全国三大著名川戏新作。向思楼版画《峡江行旅图》《巴山腊肉》等作品赴国外巡展，《巴山腊肉》获全国风俗画大赛佳作奖。苟翠屏诗歌《满庭芳·祖国颂》获1994年中国鲁迅文学奖，蔡东平的《黄昏开在草莓》等3首诗歌获“艾青杯”全国当代文学艺术作品大赛优秀奖。苟于芙《老师，我多想对你说》获《人民文学》当代征文大赛二等奖。李怀玉的《丰收在望》等5幅剪纸作品被中国剪纸家学会选用。严忠明的《一衣带水》获日本国际文化交流书画艺术展银奖，被收入东京文化档案馆。少儿歌舞《苞谷娃娃》和舞蹈《翻山铰子》参加四川电视台春节联欢晚会。王绍军《日历》、《远方的朋友》在全国诗歌散文大赛中获奖。1991年9月，首届通江银耳节期间，举行了盛大的民间艺术表演、大街游行表演和游园灯展，观众达十万余人。1994年，举行巴中地区建立一周年首届文艺调演。1993—1996年，共创作戏剧、影视、文学、诗歌等艺术作品3000余件（部、篇、幅、首），其中5部影视作品搬上荧屏，中央电视台播映3部，30余个戏剧小品搬上舞台，2个小品在四川《戏剧家》上发表。至2000年，先后举行了庆祝建区2周年、3周年、5周年、6周年、7周年及撤地设市等大型文艺汇演，并10多次为国家和省上在巴中召开的各种会议举办专场文艺演出。平昌县、巴州区为省级文化先进县（区），省级历史文化名城2座、名镇1座，省级文化先进乡（镇）12个。

五

纵观巴中发展的艰苦历程，由于受区位劣势、经济基础薄弱、交通瓶颈等因素制约，巴中的经济发展水平、城市化进程、社会事业发展程度、整个社会的文化文明状况仍存在着相当大的差距。勤劳朴实、负重自强、团结拼搏的巴中人，结合巴中市情，继续弘扬红军精神，发展巴中经验，发挥优势，大力发展特色产业，进一步调整经济结构，继续深化改革，扩大对外开放，促进社会事业不断协调发展，艰苦奋斗，真抓实干，以扶贫开发为中心，加强新农村建设，实施工业强市战略，推进以交通为重点的基础设施建设，实现超常规、跳跃式发展。巴中将更加充满生机与活力，更加繁荣和富强。

专题记述

一、巴文化

（一）“巴”的起源

“巴”名的起源古今说法不一。古人：一曰源于河流形状，曲折如“巴”字，故谓之“巴”；二曰出于动物形象，许慎《说文·巴部》：“巴，虫也，或曰像蛇”；三曰源于植物，《史记·张仪列传》：“苴、蜀相攻击”，“苴”音巴，其字遂以苴为巴。今人说法有四种：一是说蜀人谓平川为“坝”，巴、坝音近，居于平地而曰“巴”；二是说巴人称石头为巴，祖先居石穴，因而名“巴”；三是说巴人崇尚白色，“巴”是白的意思；四是说因山势陡峻险要，走路要爬，爬就是“巴”。

无论是学术界还是民间，对“巴”的理解都自之有理，持之以故。但物必有源，名必有因。相比而言，“巴”出自于动物更具说服力。许慎在《说文》中释“巴”为虫，而蛇在古代亦被称为虫。巴中境内许多地方仍称蛇为长虫，山东人亦称蛇为虫，可见巴、虫、蛇为同类。具体说，“巴”是“蛇王”，又叫蟒，体势盘曲，为象形字。不怀疑蟒令人望而生畏，然而称巴人善猎射、勇猛强悍也就不足为奇了。

再说伏羲、女娲“人首蛇身”的图腾形象。《海内经》曰：“西南有巴国，太日皋（伏羲）生咸鸟，咸鸟生乘厘，乘厘生后照，后照是始为巴人”。可见，伏羲女娲是巴人的先祖。《帝王世纪》、《列子·黄帝篇》、《淮南·说林训》均记载伏羲、女娲风姓，人首蛇身。由此可以说明，伏羲、女娲的人首蛇身，是以蛇克蛇，是带领民众同禽兽虫蛇，特别是巨大的虫蛇作长期斗争的英雄人物。伏羲氏把其后裔分封降居于长江之北的丹山、巫山和巴一带，后来裔孙们，又发展到长江以南的武落钟离山一带，古代就有“蛇巫山”一说。他们为了生存和发展，继承先代精神和经验；同蛇类进行不懈斗争。伏羲、女娲是母系氏族向父系氏族过度的交替时期，伏羲与女娲的风姓后人与蛇之间有着必然的联系，即风姓巴人与蛇有着必然的关系。伏羲、女娲与其风姓裔孙都是继往开来的元勋，由风姓族裔祭祀逐渐发展成为崇拜的神灵，也是必然的结果。直到汉代《鲁灵光殿赋》还有“伏羲鳞身，女娲蛇身”的绘画图像。从伏羲到后照到巴人其世代都是斩蛇杀虫勇士，世代传承斩杀蛇虫的经验与业绩，才改造了蛇的世界。对于先祖的崇拜、纪念与祭祀，是原始社会的信仰使然。伏羲、女娲的庙宇名、山名、地名又是巴族为风姓后裔而崇拜先祖的图腾说明。因此，可以说先有象形巴为大蛇之名，后才有斩杀此类大蛇为民除害的人，之后才有姬姓之巴与风姓之巴的融合和巴族所居之域也，才有巴地、巴山、巴水等名称，更才有巴豆、巴山豆、芭蕉等不胜枚举带“巴”字的植物名称。至于山、水形如“巴”字之说，更具可信。

1. 丹阳巴人·夷城巴人

远古巴人分布于长江南北两大区域。一支住在长江北面湖北境内的丹阳、丹山一带，叫丹阳巴人，也就是后来迁徙到巴山和陕西南迁入巴地的姬姓巴人融合后，并在大巴山米仓段南建立古巴国的巴人；一支住在长江之南的武落钟离山（清江宜都与恩施一带）即夷城巴人。

丹阳巴人 据《山海经·海内经》：“夏后启之臣孟涂，是司神于巴人，请讼于孟涂之所，其有血者，乃执之。是请生，居山上，在丹山西。丹山在丹阳南，丹阳巴属也”。《史记·楚世家》也记载周成王以子男之田封熊绎于楚蛮，姓羋氏，居丹阳，说明后来迁徙于大巴山一带，并在巴岭之南建立巴国的，是早期住于长江之北的丹阳巴人。故周成王才以丹阳之地赐封熊绎为楚子；同时也说明孟涂奉命入巴听讼，平时居于丹阳城，听讼到巴人属的大小丹山，掌握司神之权，《竹书记年》中也有把罪人流放到巫山给夏王朝当奴隶的记载。

相传伏羲让他的儿子咸鸟率领一部分降居于大江北面的丹山和巫山一带；后来又有他的裔孙降居大江以南的武落钟离山。《孟子·滕文公下》："水逆行，泛滥于中国，龙蛇居之，民无所定，下者为巢，上者为营窟"。由此可见先民的生存条件恶劣，特别是丹山、巫山一带，为了生存和繁衍，必须屠龙斩蛇及艰苦斗争，才能在此定居。

巫山、秭归、丹阳、丹山均接近江陵地带，都是后照巴人的聚居之地，而尤以丹阳最为繁盛。既是巴人以物易物的集市，又是巴族首领人物居住的地方，直至氏族社会的晚期。因此，把风姓太皞族的巴人称为丹阳巴人。丹阳巴人后来逐渐迁徙于汉中、大巴山一带，并建立政权。

夷城巴人 范蔚宗《后汉书·西南夷传》记载的传说和神话，对研究巴人文化提供有益的依据和启示。《后汉书》记载的巴郡南郡蛮，本有五姓：巴氏、樊氏、审氏、相氏、郑氏皆居于武落钟离山。为争夺首领，采取投剑于石穴，中者为君的办法，巴氏之子务相获得胜利，使得四姓折服；又令名乘陶船，若能浮者，当以为君，其实质是考察各族的制陶技术，又唯有务相独浮不沉者，务相被推举为五族的廪君。禀君有积储君长的双重含义。务相任廪君后，即率领族众，夷水（清江宜都与恩施一带）上行，让各族定居下来。在上行中，遭遇盐水女神（即女丑氏族，为母系氏族）阻挠。务相消灭了盐神，占领了女丑国地域，女丑人成为奴隶，慢慢被同化成巴人。并在清江上游恩施建立统治中心—夷城，夷城是依山傍水的雏形城邑。务相占据夷水流域，生活在这带的巴人称为"夷城巴人"。后来随着长期发展，人口繁衍，夷水流域不能供其生存，又向外扩张，分布于三峡之南和夷水之北，黔江、涪陵、重庆下游一带。

2. 大巴山的姬姓巴人

巴族是一个古老的民族，历史渊源可上溯到远古传说的五帝时代。兴起于西北高原的"黄帝"，其后裔之一为姬姓部落。武王克殷后，以其宗姬封于巴。在夏、商时期，巴人先祖逐渐迁至古沔水（汉水上游）流域（陕西南部），是江汉诸姬之一。此时，南移的巴人已从母系氏族长发展到父系氏族，并从原告的部落中剥离出来，另立宗氏、别为氏族。

巴部落在殷商时期始有记载。《尚书·牧誓》即记巴为"西士之人"。殷代中叶武丁时期，殷王朝不断用武力征服四周方国部族，巴为其中之一。史籍记载，武丁派其妻妇好率师进军沔水一带，同巴人发生激烈的战争。

商纣时期，在殷商王朝西方的周族日渐强大。在其首领姬昌（周文王）的统率下，联合被殷商王朝压迫奴役的方国部族进行兴周灭纣。巴人作为"西土之人"，又与周人同是姬姓，便参与其中。公元前1099—前1066年，武王姬发发动灭殷之役，史称"武王代纣"。在此役中，巴人从戎，为翦商联军，骁勇强悍的巴师作为讨伐殷商的前锋，参与牧野誓师，其勇冠于其他部族，对商纣政权的覆亡和周姬王朝的建立起到十分重要的作用。

西周王朝建立后，大封诸侯，陕西南移巴地的姬姓巴人和丹阳巴人被册封为诸侯，建立了国（与楚等），其首领称为巴子。春秋时期，南夷衰微，楚国崛起，由于地缘关系，巴初与楚、邓等国结成联盟，之后来又数度互相攻伐。最后，巴族被迫迁徙于长江流域的夔、巫一带，并逐步进入川东。战国初期，巴国的疆域"东至鱼腹（奉节），西至 道（宜宾），北接汉中，南及黔涪"（《巴州志》），在嘉陵江、长江、乌江流域之间，以川东地区为腹心。约在公元前4世纪前期，在楚国向巴国大举进攻中，巴国在陕南、湘西南、川东南和黔北的领地全部丧失。巴国的版图在广元以东，奉节以西，陕西汉中以南，阆、遂以北的地区（巴州改为巴中县时，参考公元前4世纪后巴国的实际疆域，巴中的版图约为巴国中心之区）。史载，公元前202年前后，刘邦为汉中王时，又派賨人为前锋，攻打关中地区，賨人性劲勇善歌舞。刘邦爱其舞姿英勇，命乐工学习。到唐代的清商乐中还有“巴渝舞”之名目。

在巴国境域内，生活着众多氏族和部落，除巴国王族的姬姓巴族外，还有賨、濮、苴、共、奴、獽、夷、蜑等部族，或是土著，或是从外徙来。巴中市的先民族属应为巴族的人，图腾崇拜为“蛇”，故史家又称賨人为蛇巴，板楯蛮。著名的巴蜀史专家邓少琴认为：“賨人即为板楯蛮，是巴族一支。”（邓少琴《巴蜀史迹探索》）

《舆地纪胜》卷162引《晋中兴书》说：“賨者、廪君之苗裔也，巴氏子务相……立为廪君，子孙列布于巴中（巴国疆域之中，非巴中市之巴中—引者著）。”“秦并天下，薄其税赋，人出钱四十，巴人谓赋为賨，遂因名焉”。賨人虽属廪君的一支，但自秦汉以来，其风俗、语言、信仰均与廪君有所差异。通江县、南江县、巴中市巴州区、平昌县的县志均记载：周慎靓王5年（公元前316年乙巳）秦惠文王遣张仪、司马错伐蜀，四县全均随巴国地归秦属。周赧王元年（公元前314年丁未），秦以旧巴国地置巴郡，四县全境隶之。南宋王象之在《舆地纪胜》中写通江县地理位置时，引郑渊《字江亭赋》：通江“依三巴之旧域，控全蜀之左隅”。《蜀中名胜记》记载：通江县之洞有二。“一曰蛇洞。志曰在县北四面里南坝寺（遗址在通江县空山乡中坝村沙塘子附近—引者注），唐建也。每岁端阳前后有蛇自柱础间出，沿阶满室，大小颜色非一种，然不为害。昔人传云三万四千尾，不可数也，按此即巴蛇洞云”。大巴山为川陕两省交界，或以巴岭山称之，山南山北，有以“神蛇戌”“巴蛇洞”而名其地者，大巴山即古称之蛇山。凡此种种山与蛇，洞与蛇的命名有可能是巴人的图腾崇拜。邓少琴认为：“凡此区域之中，即古代巴人活动之地，并不阻于秦汉之世所称之巴国、巴郡所载之范围”。（邓少琴《巴蜀史迹探索》）

在巴中市的境域内，山从巴名、洞从巴名、条条江河与巴字都有关，乐史《太平环宇记》将巴江释为“通江巴水”，《元丰九域志》始称郦道元《水经注》中的北水在巴江，释为巴河下游之水。很多有影响的巴蜀史专家认为“巴从蛇形”，在巴中市甚至更大范围内有“蒲道官斩巴蛇”的传说。按巴蛇是古代传说中的大蛇，《山海经·海内南经》载：“巴蛇食象、三年而出其骨”。

秦统一天下，收巴蜀之地，秦派遣兵将和大批中原人进入巴蜀屯兵、垦殖，开始华夏民族与巴族的民族融合。在通江县罗村发现的古碑记载，秦王嬴政扫荡六合、统一天下，即派武略将军景畴率众进入巴蜀，在公元前216年前后，开始对通江罗村一带进行垦殖。可为其佐证。先进的中原文化进入巴蜀，一方面加速了包括巴中在内的西南经济文化的繁荣，另一方面也为华夏族与古巴族的融合创造了良好的条件。在史籍中对古代巴族的生产、生活情况记载不多。司马迁在《史记·自序》里言及汉武帝元封元年（110年）曾奉使西征巴蜀以南，“南略邛笮，昆明报命”。司马迁《史记·西南夷列传》里，小如笮、徙、冉、马龙等部落，都为之分析种姓，辩明居徙，分别立传，而唯独于巴族无专门记载。其原由大概是在秦汉时期的民族融合中，巴族在政教措施、生活习俗、生产方式等诸方面已与中原的华夏民族没有显著的差异，更不同于边远的其他部族，在记载上不与徼外四夷相同。

古巴族与华夏民族没有显著区别，并不是完全融合。在巴中边远山区，大多数賨人不仅保留部分原始习俗，而且在很多地方还保留具有原始性质的部落群体和生活方式。《华阳国志》载：东汉顺桓之世，板楯蛮数反，蜀郡太守赵温恩信降服，于是宕渠生九穗之禾。该时期，巴中隶宕渠郡汉昌县。在东汉顺帝、桓帝时期（126—167年），包括巴中在内的宕梁郡不仅存在賨人，而且还存在夏人对賨人残酷的民族压迫和由此引起的民族反抗。由此推断，在蜀汉时期以后，巴中境内的巴族与华夏族才最后完成融合，成为汉族前身的华夏族之一部分。

（二）古巴国与巴子国

据史书记载巴子国，公元前15世纪大巴山系的巴人建立国家，即古巴国。后被秦惠王所灭。《后汉书》巴郡南郡蛮条下云："乃秦惠王并巴中，可巴氏为蛮夷君长，世尚秦女"。公周慎靓王定五年（公元前316年）巴子国为楚控制。由于年代久远，加之记载古巴国史料较少，研究者则忽略了古巴国或将古巴国混为巴子国。实际上，古巴国与巴子国是不同年代、不同幅员范围的两个国家。

丹阳巴人进入大巴山、汉中之后，繁衍日众，其猎牧、农耕不足以让其生存，需要扩展。但向东北跨越秦岭即进中原，西北面又属氐羌族的游牧之地，均不利于发展。大巴山米仓段的南面才适于猎牧，宜于农耕。巴人循山沿水在猎牧中，探出大行道即米仓道后，率领大部分巴人南下，进行开拓。

丹阳巴人开拓米仓道，进入古巴地后，嘉陵江之东、阆中、苍溪、南部、营山等成为活动范围。同时，由镇坪、紫阳进入万源的巴人，由镇巴进入通江的巴人都是分支繁衍的种族，以血缘为纽带，组合在一起。这支从长江北面迁徙而来的风姓巴人，便在巴地建立初具规模的巴人政权。

古巴国疆域，东至通江、万源，南接宕渠水，西极汉水之东，北有南江、汉中、城固一带。巴人的迁徙、开拓、定居以及建立古巴国，其过程长达几个世纪或者更长。《竹书纪年》曰："和甲西征，得一丹山"。《山海经疏笺·天荒北经》记载："阳甲一名和甲，阳甲三年，西征丹戎"。阳甲三年，约公元前15世纪，阳甲设都城在山东曲阜县，其西征全无所获，仅得丹山人迁徙后留下的空丹山。以历史条件和时间推算，丹阳巴人迁徙，应在阳甲之前—夏代末期和商代初年，古巴国的建立应早于该时期。该时期的巴人政权还是一个极不完善地权为机构，还没完全形成国家机能的部族在联盟。

巴子国的建立约公元前11世纪，比古巴国晚近4~5个世纪。巴国自遭受商王朝武丁、妇好征伐后，遂暂表臣服，戍守险要。商朝末，周武王伐纣，巴人与之共同对敌。在牧野之战，姬周王朝建立，姬周王朝在中国西南地区赐封巴子国，建都重庆丰都，也就有古巴州属巴子国地之说。

（三）巴国辖地

巴中古为《禹贡》梁州之域，后为古巴国的辖地。"巴"字起源于最早活动在川、陕、湘、鄂、黔之间的古巴人、巴族。

1. 巴人

据《山海经·海内经》载："西南有巴国，太皞伏羲之裔—后昭是为巴人。""太皞生咸鸟，咸鸟生乘厘，乘厘生后昭，是始为巴人。"

据远古传说，巴人是水上漂来的氏族。传说是到伏羲第四代为后昭。后昭有兄妹二人，长大成人后，有一年，兄妹二人率部族男女数百人，西行去圆先辈探天之梦到，并且想在西天找到好的地方扎下族根，繁衍生息。后昭兄妹用马匹驮着粮草等物，并将伏羲始创的八卦（连山易）一同带往西天。后昭兄妹一行沿黄河古道西行，在陕西、宁夏交界处，遭遇女娲氏部族追杀，后昭兄妹一行避开锋芒，小有伤亡，继续西行。月余后，后昭兄妹一行在青海东南又与西王母部族相遇。起初，西王母部族认为是异族侵犯，准备进行厮杀。后来，后昭兄妹向西王母表示友善，并配以画图讲明来意，尤其是所画的人物形象与西王母族相似，获得西王母族好感，西王母族热情留后昭兄妹和部族住下，互相交流语言和象形文字，后昭兄妹还向西王母族讲授八卦。两族通过坦诚交心，结下兄弟姐妹情谊。在后昭兄妹一行辞行时，西王母族还为其补充给养。

辞别西王母族后，后昭兄妹及其部族分两队西行。兄妹率队按西王母指引的盐岩山方向向青海南端行进，想在探寻盐岩之后再与另一队会合。数日后，果然在黄河与长江源头之间找到盐岩山，并命部族就地伐木建房住下。谁知住下当天夜里，天降大雨，且连日不停。（连日暴雨，黄河上游发大水，洪水东流被秦岭山脉和黄土高原阻挡，洪水倒流，造成“黄水朝天”之势。后人传说的“黄水朝天”，就是后昭兄妹遇到的事件）一天早晨醒来，只见四周汪洋一片，住地被洪水包围，还不时看到有西王母族人的尸体从洪水中漂来。住在较低地方的后昭部族，被洪水淹没，修建住房的树木在水上漂浮。后昭兄妹命部族伐木、拆房，用绳子将树木结成木筏，两三人搭配，分登一筏，各自逃生。后昭兄妹同乘一筏，任水漂流。三天后，后昭兄妹二人乘坐的木筏，漂流到巴山北麓靠岸后，在林中采摘野果充饥，然后寻找幸存族人，未见族人踪影（后来传说，只有两人被洪水冲到陕西镇巴，活下来）。在洪水退后，后昭兄妹重返西王母族辖地，见洪水劫后的惨景，又原路返回巴山北麓，并向南探寻，寻找理想的生息之地。待发现越往南走地势越低之后，后昭兄妹认为巴山高度适中，能抵挡洪水，且气候宜人，野果漫山，猎物遍地，是繁衍生息的理想天国。于是重返巴山南麓，并在此定居。然而，后昭兄妹一直为兄妹不便生育儿女苦恼，若兄妹成婚，有悖族规。过了很长时间，万般无奈，妹妹想出由天来断定的办法。于是妹执一针，兄执一线，“隔河穿针看天意”，哪知道穿针成功。虽是天意，兄妹还是惧怕。又过了一年，兄妹又采取“隔河合磨”作最后一次决定。兄妹二人隔河两岸，各在一岸，各拿着一扇磨盘，兄拿上磨盘，妹拿下磨盘，兄用长长的木棍串着磨盘，闭着眼睛将磨盘伸向对岸，与下磨相合，谁知两磨盘一合即成。兄妹二人不竟长叹道：“天意啊，天意！”于是，捧出八卦，供奉在圣石上，拜毕成婚。迄后，兄妹生下九女七男，按伏羲族谱世序排列，为伏羲第五代氏族“巴拉”（亦称“巴纳”）。相传是巴人的始祖。

巴山、巴水是巴人世代繁衍生息的地方，是孕育巴族文明的摇篮。“巴拉”的后代与相近的异族结合，在巴山南北和尾缘繁衍后代，又向湖北、湖南西部一带移居、开发，逐渐形成庞大的巴人族系。据研究巴人文化的学者说，留在四川东部境内的一部分巴人，古称“賨人”，也叫“板楯蛮”賨为古巴人对所交赋税的名称；板楯为古賨人使用的武器名。

2. 巴族

黄帝时代，巴人族人兴盛，为黄帝部落的一支民族—巴族，史称黄帝的亲族。在新石器时代，有一支住在赤、黑两穴的巴、樊、瞫、相、郑五姓人氏，在湖北武落钟离山（湖北长阳西）清江一带，长期过着狩猎生活。青铜器时代，五姓共同约定，实行五姓联盟组成部落，实行掷剑、划船比赛，获胜者立为君长（族长）。各姓中选派一名参加比赛，巴氏选派的代表名务相。比赛分两场进行：

第一场掷剑。在钟离山南岩处，有一碗口大圆洞，参赛者站在距离洞口数十米的地方，将剑掷入洞内的为胜者。比赛由5姓人氏现场监视。比赛开始，住在黑穴的樊氏子射箭手木登、瞫氏子狩猎手石力、相氏子捕鱼手木乍、郑氏子攀登手邸合，个个将剑掷出后，或是偏左或是偏右，或是偏高偏低，无人掷入洞内。住在赤穴的巴氏子务相，剑执手，弓箭步，头一望，眼一瞄，“嘘”的一声，剑入洞，剑柄露出洞口。第二场划船。清江河里，停着5条装满泥土的木船，水近船舷，若再加重量，船就会下沉，十分惊险。谁将船撑入江心，再上下各划300丈，船不沉水者为胜。黑穴等四氏的参赛者上船后，人和船俱沉水中。而赤穴务相上船，拨橹到江心，又往上下各划300丈后，将船撑回原处。

两场比赛结束，众人将务相拥回赤穴，吹响牛角，雀跃欢呼：“君长圣明，巴族吉祥！”务相被拥立为君，统率部族获取食物，故名“廪君”。廪，为粮仓，米粟收储、职聚之所，给养、俸禄的象征；廪君，巨而不可侵犯，为带领族人生活安好、子孙昌达的象征。

3. 巴国

务相当廪君后，率领钟离山的巴族，在清江流域种植食用作物，狩猎捕捞。廪君每天日出，吹响牛角，吆喝族人出门劳作；日没，又吹响牛角，号令大家回屋休息。这就是“日出而作，日没而息”一语的来历。廪君在带头劳动中，头包黄巾，身披麻袍，手执铜斧（司刀）。

经过数年的发展，组织族人迁入汉水流域，后又抵江汉平原，巴族部落在商王朝初中期，成为江汉流域众多方国之一。后来东进、西移、南下，直达湖北西部、四川东部、湖南西部、陕西南部等广大地区。其间，巴族方国受到夏族文化的影响，经济发展，势力日壮，先后在丹淅流域和涪陵、忠县、重庆一带建立国家—巴国，组建军队，在汉水流域等地，取代“巴蛇神”的统治。在廪君的统率下，各支巴族创造了古巴国历史。

周朝初期（武王九年），廪君率巴国军队参加武王在孟津的伐商联盟。第三年，伐纣大军从孟津渡过黄河，杀向牧野，直捣商都朝歌。巴国军队，十分勇猛善战，以鼓角慑敌，以战舞（巴渝舞）凌敌，以奋勇冲杀制敌，使商军兵败如山崩，纣王败逃，自焚而死。《华阳国志·巴志》说：“武王伐纣，实得巴蜀之师，巴师劲勇，歌舞以凌殷人，前徒倒戈。”意思是，武王讨伐殷纣王时，全靠得到巴蜀的军队，巴国的军队很强悍、很勇敢，以唱歌跳舞和打仗结合，使殷商的人害怕，殷商军队的先锋队一看到巴军歌舞善战的气势，便纷纷倒转戈矛去打殷商的军队。《华阳国志·巴志》又说，周武王打败殷商后，以其宗姬封于巴（封地丹淅流域，河南淅川县、湖北丹江口市、陕西丹凤县之间），爵之以子（周朝分公、侯、伯、子、男五等爵位）。巴国始称巴子国。巴国受封“子国”，巴族为周的亲族。廪君死后，魂魄化为“白虎”，巴人将蛇图腾改为虎图腾，以此纪念廪君。图腾是古代氏族的崇拜物，是一种族徽，是一个氏族的神圣标志。

春秋战国时期，巴人深受长江中游楚文化影响，楚的政治、军事、文化不断传入巴地，巴人的音乐歌舞也传到楚国，深受楚国喜爱。楚宋玉在其辞赋中描述的《阳春白雪》和《下里巴人》演唱情形说：“客有歌于郢中者，其始曰《下里》、《巴人》，国中属而和者数千人；其为《阳春》、《白雪》，国中属而和者数十人。”意思是说，巴子国传到楚国的“下里巴人”同声相和的人很多，而楚国的“阳春白雪”同声相和的人很少。充分体现巴人文化昌明的程度。

公元前 4 世纪至前 2 世纪的战国时期，巴子国和楚国常有互相吞并对峙之势，巴子国将军巴曼子（重庆市忠县人），在巴地曾留下“头断头不断，城许城还在”的动人史话。据《华阳国志》记载，巴子国将领巴曼子到楚国借兵平定内乱，因楚国想并吞巴子国而不借兵，巴曼子许诺，如果楚国能借兵给巴子国，巴方愿将荆城等三个城池割让给楚国。楚王听后，觉得是并吞巴子国的好机会，就同意借兵。随后，楚国借兵入巴，使巴子国平定内乱，楚国派使臣到巴子国向巴曼子索要三个城池，巴曼子说：“我许城是实，但巴子国的城是不能给的，可以用我的头去谢楚王。”说完，拔剑出鞘，用力一剑，将自己的头割下来。楚国的使臣，拿着巴曼子的头，复命楚王。楚王见到，感叹不已，说：“如果我能有巴曼子这样的忠臣，比要他的城更为满意。”遂命令以上卿的礼仪埋葬其首。巴曼子刎颈之日是三月初三，为纪念他，忠县群众每年三月初三亦有人开展纪念活动，巴东一带修建有巴曼子墓、庙。据《重庆古今谈》载：“今重庆通元门内有将军墓，即巴曼子墓。”《四川历史人物名胜辞典》载：“四川忠县城东附近的巴王庙后面，有一土阜，传为战国将领巴曼子观看士军演练的瞭望台，即‘巴子台’。”清代巴县县令王尔鉴曾在重庆市中区莲花池的巴曼子墓园题赞：头断头不断，万古须眉宛若见；城许城还在，年年春草青墓门。

4. 巴国遗风

巴中世代流传着巴人、巴族、巴国的遗风遗俗。比如巴人敬奉“坛神”，表示对先祖务相的信奉、敬仰。中华人民共和国成立前，在通江、南江、巴州、平昌的农村，黄昏时候，山垭路口处便响起“嘟哦—嘟哦”的声音，人们都知道这是某家晚上在“爨坛”、“扛神”。“嘟哦”之声是端公吹牛角，招来“白虎”灵魂，随他进入主家去驱邪撵鬼，除病消灾。“爨坛”、“扛神”的由来，传说是巴族祖先务相（廪君）死后，灵魂化为“白虎”，颇显神灵，受到族人世代尊祭。凡家中有人生病或有灾祸，无不求助先祖驱邪撵鬼。“爨坛”、“扛神”就是请端公到家装扮“务相”而进行的。端公是借用古时巴人傩戏来表演的。端公头戴“五佛冠”，肩披黄巾，手执司刀、令牌，口念咒语，如：“天地荒荒，江水泱泱，廪祖威威，镇邪除霜。”“巴族后生（某某）生病，虔请廪爷斩妖，以保平安。”随着锣鼓鞭炮声，进室内撵鬼，如患病者是小孩，则在撵鬼以后由端公背着小孩过刀桥。撵鬼结束，再行安神，将雕塑的坛神菩萨送上神坛，长期敬奉。在巴山一带，世世代代纪念廪君的习俗处可见。除人们敬奉“坛神”外，在修房造屋选择地基方面，也要左有“青龙”（山）、右有“白虎”（山），就是常说的“左青龙右白虎”。部分人家的堂壁挂“白虎出山”图。许多地方的石头，形象如虎，便起名“白虎石”或“白虎下山”。这些民间风俗印证，巴中与古巴国有着久远的历史渊源。

5. 巴（子）国的消亡

周慎靓王定五年（公元前316年），秦惠王派兵相继灭蜀国和巴国。巴国灭亡后，时有巴人奋起反抗。《后汉书·南蛮西南夷列传》记：“秦昭王时，有白虎数游秦巴汉之境，伤害千人，昭王募国中有能射虎者，赏邑千家金百镒。时有巴郡阆中夷人能作白竹为弩，乃登楼射杀白虎，邵王嘉之。”秦昭王募阆中夷人射杀白虎，实质上是利用嘉陵江流域的巴族 人（板楯蛮）镇压崇拜白虎的巴族人的反抗。秦推行“废分封，立郡县”，在巴蜀建立直属中央政权的巴郡和蜀郡，嘉陵江和綦江以东至湖北西（古巴国地域）为巴郡，嘉陵江和綦江以西至成都西部为蜀郡，巴、蜀两郡紧紧相连。巴中市属巴郡的地域。秦始皇统一六国后，虽对巴郡横征暴敛，但在统一西南的过程中，又对巴蜀的交通要道作大力开发。曾开辟一条由陕西南郑至牟家坝跨米仓山到上两河口入南江进巴中，以及南郑至牟家坝跨米仓山经碑坝入通江的两条古栈道。秦始皇修阿房宫和骊山墓，巴郡不少物资、劳力从这两条道路北运。据《史记·货殖列传》说：“巴蜀寡妇清，其先得丹穴，而擅其利数世。”说的是巴地有一寡妇名清，最先经营丹穴，就是生产朱砂的矿业，以发家致富。秦始皇曾遇之以礼，待之以宾，死后还为她诏筑“怀清台”。说明秦始皇的巴郡与皇都咸阳之间，经济、政治、文化交往十分密切。

（四）巴文化与蜀文化

古代巴、蜀为族称、国名，后作地名。四川省和重庆市在古代主要是蜀郡和巴郡的疆域，被称为巴蜀。商周时期，以蜀族、巴族为主建立两个王国，和中原的商国王朝、华夏族有着密切的联系。秦举巴蜀以后，巴国和蜀国被纳入秦国的版图。秦代至西汉早期，巴族和蜀族及其他族系已逐渐融合于汉族之中。通过辛勤地开发，将巴蜀大地建成“天府之国”，并在西汉王朝开发西南边疆地区中起到极大的作用。

古代文献中，记载巴人和蜀人，甲骨文最早有巴·蜀的记载。20世纪40年代初，考古文化中，正式提出“巴蜀文化”的命名。“巴蜀文化”是指以四川盆地为中心的巴蜀地区的文化，是长江上游滋润出来的，是在雄奇而美丽的巴山蜀水的怀抱里哺育出来的，是数千年世世代代以盆地为中心居住在和往来于这块神奇的土地上的人们创造出来的。既有属于华夏文化共性的一面，亦有区别于华夏文化圈内的其他地域文化，如中原文化、齐鲁文化、三秦文化、吴越文化、荆楚文化、松辽文化、岭南文化等不同的一面，这就是巴蜀文化的特色。

随着考古新发现和研究的深入，“巴蜀文化”分为巴文化和蜀文化。巴文化和蜀文化是两支不同的考古学文化，有各自的公布地区。两支考古学文化间有来往并互相影响。巴蜀文化发展到晚期，一方面巴族开明氏王蜀，作为异族的统治集团统治下的蜀国，大多数居民仍然是原先的蜀族，这样不但要容许他们在原始地生活，还得靠蜀族的上层来统治广大的蜀族居民，这在史书上称“变服从其俗”；另一方面，这时巴、蜀两国疆域相邻、犬牙交错、相互影响，所以在各自保留本民族的一些特点外，更多的是共同性。

巴文化不是蜀文化，蜀文化也不能包括在巴文化之中。既有着联系又有区别。一是渊源不同。

“早期巴文化”与“早期蜀文化”有不同的族源。巴文化源自湖北西部长江沿岸以宜昌白庙遗址为代表的“白庙遗存”，向上追溯到宜都石板巷子为代表的湖北西部的季家湖文化，向北达到汉水上、中游地区。蜀文化源于川西地区新石器时代晚期文化。二是文化面貌差异大。从陶器看，巴文化有自己的一套组合，折沿束颈鼓腹罐和釜是其主要炊器；蜀文化是另一套组合，以小平底罐为主要炊器。从生产工具看，巴文化以石斧、石石奔、石铲、石凿、骨铲为代表；蜀文化以石斧、石锛、石刀、石凿为代表，另外还可能使用木器。三是传统不同。巴文化进入晚期，由于巴族的开明氏在川西蜀国建立政权，这时川西地区蜀国的统治者是巴族的一支，带来许多巴文化的因素。但各自仍保留一些特点。

在秦灭巴蜀以后，巴蜀文化并未立即消失，而延续一段时间。由于秦在各方面大力推广秦人的生活方式和秦人的文化等，在巴蜀居民产生极大影响，这样巴人和秦人（包括中原人）的差异越来越小，以致后来融为一体。

巴蜀文化是一个博大精深的文化体系，主要包括政治、经济、军事、社会和精神文化等各个子系统，在不同的层面上展开他的内容。如前所述，经过数千年的深刻变化，巴蜀文化的许多文化因素已被历史的浪潮所淹没，但他的基本文化形态、人文精神和民俗风情却能长期植根并繁衍在这块土地上，积淀为传统，并区别于其他各种各样的地域文化。

二、历史文化

巴中历史悠久，既有史前人类遗迹，又有古巴国巴人史痕，建置有1900多年。从远古人到巴人，再到巴州、巴中人，在这块巴土上创造的历史和留存的文化，闪耀着灿烂的光辉。商、周、秦、汉，巴中的文化就较为繁荣，后尤以三国文化、隋唐文化、红军文化最为丰盛而精粹。

（一）商、周、秦、汉文化

商周时期，巴人文化就很有影响。武王伐纣，得巴蜀之师，巴师劲勇，歌舞以凌殷人，殷商军队纷纷倒戈，巴人是周灭商的有力助手。“巴师劲勇，歌舞以凌殷人”，其歌舞就是留传至今巴渝舞的肇始。

《后汉书·西南夷》记载：“巴人天性劲勇，初为汉前锋，数陷阵，俗喜歌舞，高祖视之曰：‘此武王伐纣之歌也’，乃命人习之，所谓巴渝舞也。”秦末的楚汉战争中，巴人以歌舞—巴渝舞凌敌，刘邦大加赞赏，命乐工学习，将此舞引为汉宫乐舞。

巴渝舞是巴人从民间产生的，从战争中演进而来的，是巴人—板楯蛮特有的战舞，也是巴民族的传统舞蹈。史传巴渝舞曲有《矛渝本歌曲》《安弩渝本曲》《安台本歌曲》《行辞本歌曲》共4篇，均用巴国少数民族语言演奏。杜甫《暮春题游泳瀼新赁草屋五韵》：万里巴渝，三年实饱闻。韩愈《送巴州杨使君》：万里歌钟相庆时，巴童击节渝儿舞。击节而舞，歌钟伴奏，十分喜兴。白居易《郡中春宴因赠诸客》：是岁时二月，玉历布春分。冉冉趋乐府，蚩蚩聚小民。薰草铺坐席，藤枝注酒樽。中庭无平地，高下随所陈。蛮歌声坎坎，巴女舞蹲蹲。写的是春分那天，州民聚集在乐府近郊，坐在薰草铺成的坐席上，用竹枝插入樽内吸酒，巴女踏着蛮鼓的节拍翩翩起舞。巴渝舞在巴国属地流传，且从巴地流传到皇宫。在巴中世代传承此舞，为人民群众喜闻乐见的舞蹈。

秦汉时期，刘邦在秦巴山山区厉兵秣马。刘邦为汉中王时，以川陕边境的41县为根据地，建成后方补给线。巴地出粮、出兵。南江县大坝的牟阳城、通江县永安的得汉城，均是汉时屯兵屯粮之处，尚留存汉代砖瓦。在巴中民间一直流传“萧何月下追韩信”的千古美谈。《史记·淮阴侯列传》

记载，鸿门宴后，汉王刘邦带领人马到南郑。一天，丞相萧何得知韩信逃走，来不及告诉汉王，急忙连夜追赶，追两天两夜，才把韩信追回来。萧何去见刘邦，刘邦大喜，问道："你怎么逃跑呢?"萧何回答说，自己不会逃跑，是去追逃跑韩信，并借机再三向刘邦举荐韩信，终于说服刘邦，拜韩信为统军大将军。后来韩信为灭项羽，助刘邦建立汉王朝立下汗马功劳。萧何追韩信追到何处？一说在汉中北部留坝一带，巴中民间传说追到南江光雾山一带。《蜀中名胜记》载："孤云两角，去天一握，有石刻萧何追韩信处，下有韩溪……"。孤云、两角、韩溪都在光雾山区，孤云山腰尚有"截贤岭"，原名寒溪河的"寒"叫成姓韩的"韩"。

（二）三国文化

三国时期，巴中是蜀汉政权的一隅之地，为蜀汉政权极尽人力、物力、财力。刘备西进巴蜀，平定益州（成都），夺取汉中，东征伐吴，至后来诸葛亮出师北伐，六出祁山等等，在巴中一带征集兵丁和粮饷。

据《古城阆中》记载，严颜取汉昌（巴中）时，汉昌守慑于严颜的威力，不战自降。巴中尚留有严公庙。

魏、蜀两国征战，巴中地处要冲。《三国志》载，汉献帝建安二十年（215 年），曹操攻汉中，张鲁退避汉昌；曹操为夺取巴土—宕渠的统治，令夏侯渊、张郃率大军从南郑南进，张飞与之在巴山南麓对峙 50 多天，最后张飞率 1 万精兵断其退路，与之激战于狭窄山道（相传战场在平昌县响滩镇到巴中柳林镇的虎头寨或南江县正直到木门一带），张飞沿线插旗，使曹兵不敢侵犯，最终大败曹兵，张郃"弃马缘山，独与麾下十余人从间道退"，从此巴土获安。平昌县响滩谯家寨建有汉车骑将军致谢碑。据传张飞率军途经响滩时军纪严明，不扰乡民，受到乡民热情款待，张飞为此而立"致谢碑"，碑的正面镌文："汉车骑将军张飞谢"。巴中城郊的插旗山，为当年张飞插旗的山头，旧时山上建有张飞庙。

《古城阆中》引《三国志》说，221 年秋，刘备东征伐吴前，由汉昌长史马忠亲送前线兵丁，一次就是 5000 人。刘备接见马忠，交谈时，深相契合，看中马忠是个人才，故马忠后成为蜀汉重将。

诸葛亮北伐（228—234 年），在巴地征兵更多。诸葛亮《后出师表》述："臣自到汉中，中间期年耳，然丧赵云、阳群、马玉、阎芝、丁立、白寿、刘郃、邓铜等及曲长、屯将七十余人，突将无前，賨、叟、青羌散骑武骑一千余人。"从这段话可以看出，诸葛亮北伐賨人（板楯蛮）居首位。《三国人物评传》载："228 年冬，诸葛亮大军出散关，围陈仓，粮尽退兵；231 年，诸葛亮再出祁山，粮尽退军。鉴于后勤不继，诸葛亮在汉中周围实行了两年大规模的屯兵屯粮后，234 年再度大举北伐。"两年军屯中，汉中与南江、通江接壤的米仓山是屯粮的重地。此间，诸葛亮曾在南江县的桃园、槐树之间，用石头垒起两座城以驻军，称"东古城"和"西古城"，在汉中和南江交界的山顶筑点将台号令三军。通江县宕河上游与陕西西乡接壤的"牧马河"，南江县槐树境内的"城墙岩""大小落旗山""公房坝"，南江县桃园的"麦子坪""火石坝""矿槽子""草鞋坝""纸厂坪"等，相传是诸葛亮在这一带屯兵期间，建造营房、以石生火起烟、放牧军马、打井、开矿、造纸、种麦、打草鞋等遗址。在南江县还有"孔明洞""诸葛寨"（亦称万人诸葛寨）等遗址。另传刘备夺取汉中时，部分大军经巴中进入的。据《陕西三省边防记》载："汉昭烈（刘备）取汉中，大军发葭萌（广元昭化），由广元、宁强正道入，张桓侯从定远、西乡间道而进。"通江县洪口一直有"张飞闯黑虎关"之说，通江与镇巴有"捞旗河""张飞晒旗坝"等，都是张飞大军行军留下的遗迹。

（三）隋、唐文化

巴中尚存的隋、唐文化遗址、遗迹众多。尤以隋唐石窟（亦称摩崖造像）遍布于巴州、通江、南江、平昌。

北魏孝武帝永熙三年（534年），魏好佛，寺庙遍布。在魏统治巴州30多年间，巴中始造石窟造像。据传，隋文帝曾下诏在巴州西龛山石窟造像。隋炀帝大业五年（609年），凿西龛及水宁寺（属巴中市巴州区）部分石窟。

巴中石窟造像，以造于唐代为最多。唐玄宗开元二十三年（735年），凿巴州南龛69号石窟（巴中市巴州区南龛山），乡贡明经党守业撰《造像记》于南龛。唐开元二十八年（740年），凿南龛释迦牟尼佛71号龛。唐开元二十九（741年），凿南龛老君洞及老君像。唐玄宗天宝十年（751年），造“七级浮屠”及碑记于南龛89号龛，造“舍利塔”于南龛88号龛。安史之乱后，巴州南龛造65龛毗沙门天王。唐肃宗乾元元年（758年），严武贬巴州刺史，先后修葺南龛佛寺，撰《奏请赐巴州南龛寺题名表》《题南龛光福寺楠木诗》，创西龛流觞亭和东龛精舍。唐僖宗中和元年（818年），兵部尚书张祎随帝入蜀，镌北龛7佛龛，有咏《巴州寒食晚眺》等诗作；其侄张曙随叔同到巴州，后中状元，撰有《击瓯楼赋》，巴中城内以状元命名的“状元街”“状元桥”“状元亭”“状元故宅”“状元墓”等遗址犹在。巴中市巴州区的南龛、西龛、北龛、水宁寺等地的石窟造像和通江县的千佛崖造像，都成于隋唐。据《旧唐书》记载：“贞观十二年十二月辛巳，右武侯将军上官怀仁大破僚于壁州。”是年，武则天回长安被太宗先为才人，后被高宗立为皇后，逐渐参与朝政。武后以弥勒佛身自诩，助脂粉钱两万贯在通江千佛崖广建佛龛，在西关外为母亲杨氏修建洪恩寺（旧西寺），供奉沙门五百，造弥勒佛像、将璧州诺水县命名“唐仙乡”。通江千佛崖有《邑宰罗通奉朝旨》的造像题记。古巴州在唐代先后开凿石窟59处、500余窟（龛），造像8000多躯造像。

唐代，巴州是流放皇族和贬官之地。从唐高祖到唐僖宗的年间，不少皇族被流放巴州，不少官吏被谪贬巴州。有唐高祖李渊第二十二个儿子滕王李元婴，唐太宗李世民之子纪王李慎、吴王李恪，唐高宗李治之子梁王李忠、武则天之次子雍王李贤，唐中宗李显之子襄王李重茂等都曾流放巴州。以后唐肃宗、唐代宗、唐德宗的重臣，如御史大夫严武、郄昂、史俊、乔琳、羊士谔等都曾谪贬巴州。被流放、谪贬巴州的皇族和官吏留下众多文化遗迹，最有影响的有，曾在江西南昌建滕王阁的滕王李元婴在巴山建滕王亭，杜甫《滕王亭子诗》“君五台榭枕巴山，万丈丹梯尚可攀”，镌刻于巴中西龛龙日寺石壁，尚清晰可见。唐上元二年（675年），立为雍王的李贤，被唐高宗立为太子，唐永隆元年（680年）被武则天废为庶人，唐开耀元年（681年）冬流放到巴州。不久，又得知其弟李显、李旦被废，太子尝作《皇台瓜辞》云：“种瓜黄台下，瓜熟子离离。一摘使瓜好，再摘令瓜稀，三摘尚云可，摘绝抱蔓归。”武则天甚忌，唐嗣圣（文明）元年（684年），命左金吾将军丘神绩逼令自杀巴州，葬于巴州。巴中城南郊太子坟址犹存。太子李贤被杀于巴州，唐神龙初（705年），唐王朝才遣使迎灵柩回京都长安陪葬乾陵。唐景云元年（710年），追谥太子为章怀。唐中宗被韦后毒死后，太子李重茂即位为殇帝。李隆基发动政变后，唐景云二年（711年），将废去的殇帝流放集州（南江县），并派500名军兵加以监视。南江城郊菖蒲涧的“太子洞”为李重茂避难的遗址。

谪贬巴州的唐朝官吏，大都是文人学士，在巴中留下了众多诗文佳作。如唐宪宗元和年间（807—811年）两度任宰相的李吉甫诬陷监察御史羊士谔，羊士谔被贬为巴州刺史，在巴州任职期间，留下很多诗作。正因为古巴州是皇族和官员的流放、谪贬之地，唐代至宋代很多著名诗人如王勃、李白、杜甫、岑参、韦应物、李商隐、陆游等，为缅怀或会见流放、谪贬的皇族和官员，亦留下众多诗作。

还有曾于907年在成都称帝的前蜀王建，在唐朝末年他称帝前，曾遥领壁州（今通江县）刺史，据通江民间传，不是遥领，是直接在通江任过刺史。王建出兵攻成都，壁州是他巩固的后方，他在壁州留下了许多古迹，如《壁州神庙石刻》刻有“王建极子庇丹”，“极子”的意思是“最高地位，特指皇帝之位，为登极”；还刻有“泛舟壁山之下，时小雨生凉，远山重翠，舟行六七里，浩然颇有江湖之兴，纵目极观，高潭满引，饮酣甚乐，赓作诗词，记一时之盛……”的情意。再如“王建崖”，崖上刻有王建石像。

巴中书院、学校，也始建于隋，历代都有发展。隋文帝开皇九年（589年），设巴州州学于治东，后为清代的宕梁书院。唐玄宗开元二十六年（738年），令县州、乡里置学，巴州建立丹梯书院于金榜山。唐德宗贞元十七年（801年），巴州进士封渲（舜卿）官朝散大夫、检阅尚书、吏部郎中兼御史中丞，撰《封氏闻见记》10卷，是尚存的巴中人最早的著作。

（四）宋、元、明、清文化

北宋太宗太平兴国元年（976年），巴州人张思训被选入汴京国子监攻读天文。北宋太宗太平兴国四年（979年），张思训以水银代替水作运转，改制成新型浑天仪，置于文明殿鼓楼下。宋仁宗庆历四年（1044年），令州县立学，巴州州学立于城西（巴中中学处），称云屏书院。宋徽宗宣和元年（1119年），宋朝抗金名将、副元帅宗泽，因“改建神屑宫不当”被罢职，谪贬巴州做州判。宋徽宗宣和六年（1124年）宗泽在巴州建“贤乐堂”，先后著有《贤乐堂记》《古楠赋》等文。南宋末年，抗元英雄、宋军四川安抚制置使余玠、都统张实，在巴州修筑得汉、小宁、平梁等城堡抵抗蒙军。在平昌的小宁城、通江的得汉城有许多摩崖石刻诗文。通江县永安镇得汉城尚存“地环三玉涧；天铸一铜城”石刻。

明洪武八年（1375年）三月，发行“大明通行宝钞”，巴州开始通行纸币。是年，太祖诏全国郡邑立学。巴州又在城西（巴中中学处）设学，并命名为司立社学。

清康熙四十二年（1703年），巴州修文庙明伦堂，建魁星楼（尚存）。清宣宗道光十年（1830年），知州陆成本见巴州城东南交界山低，应修塔以补其胜，于是捐出俸金修建巴州凌云塔于长鼻山（塔子山），塔体坚固（尚存）。清穆宗同治年间，武将雷辅天是朝廷忠臣。光绪三年至六年（1877—1880年），光绪皇帝为表彰雷辅天的功绩，亲自下令在雷辅天的家乡（巴中市巴州区化成镇雷家碥）修建墓碑。墓园格局壮观，墓碑精美，尚保存完好。

巴中文化繁荣，历代人才辈出。唐朝至清朝，中进士32人。唐朝有兵部侍郎陈能，户部侍郎陈文汉。宋代有天文学家张思训。明朝有皇帝器重的监察御史向翀，有敢杀皇帝国戚的司马荀璋。清朝有翰林岳贞、岳度父子参与编修《大清一统志》，有翰林吴镇、余堃在当朝身居要职。最有影响的是清代翰林李钟峨，在翰林院任职22年，历任《三朝实录》《国史》等馆纂修官，曾侍读乾隆。民间还有杨古雪、石瑞莪等才女。

三、巴中历史上的移民

据民国《巴中县志》载：“巴中民族古今递嬗在昔”。自公元前316年秦灭巴以来，在巴中历史上曾有五次移民。

秦灭巴、蜀之后，为加强对巴蜀地区的统治，从中原移秦民五万，越秦岭翻巴山进入四川，为首次移民入川。

西晋末年（约313—317年）开始，从陕西、甘肃民众翻越大巴山进入四川，为第二次移民入川。其移民多为汉人和部分少数民族。

北宋初年（961年），从北方陕、甘民众大规模进入四川，为第三次移民入川。移民多为汉人，也有氐羌族、回族等少数民族。

元末明初（1341—1368年），受战乱和自然灾害影响，四川人口发展缓慢，大部分土地荒芜，无人耕种，为增加税收收入，首次从南方（主要为湖北人）移民入川，为第四次移民入川。移民多为秦灭巴后东迁入湖北的巴蛇之巴和白虎之巴的后裔。

明末清初，张献忠进入四川，建立临时政权后，长期受战争、“大头瘟”“马眼眠”“马蹄瘟”等瘟疫影响，加之连年大旱，人口锐减。清顺治四年（1647年），达县、巴中、苍溪一带人口锐减，县城、州府所在之地，四处无人。据《通江县志》载，清康熙四十年（1701年）清查丁口时，全县摊丁入亩数仅“九百七十三丁三分”，折合4867人。清雍正六年（1728年），巴州仅有1984人。清康熙三年（1664年）开始，清朝连续出台鼓励外省人入巴蜀开垦荒地等系列优惠政策。如招还流遗、劝垦考官、招民优惠考绩以及对土地垦殖、移民户籍、减轻赋税和官府经济援助等。清康熙二十二年至清乾隆六十年（1683—1795年），移入四川的外籍人口达百万人以上，为第五次移民入川。移民主要为湖广人（湖南湖北和广西），也有江西人、广东人、福建人，少有北方人。移民在巴中定居后，以同乡同省聚会、洽谈商务为由，建立会馆，主要有湖广人会馆—禹王宫、江西人会馆—万寿宫、陕西人会馆—三元宫或真武宫或三圣宫、广东人会馆—龙母宫、福建人会馆—天后宫。

巴中的移民主要是湖北麻城、孝感一带。据民俗考证，湖北的土家族人为巴人后裔。其生活习俗、生产劳动和民间文艺等传播广，巴中人也习用之。如巴中民间祭奠亡人仪式—唱孝歌、演孝戏、吟诵祭文、葬法都与土家人一致。巴中民间人死后打锣鼓，湖北土家人称跳丧锣鼓；湖北土家人唱孝歌与巴中为亡人吟诵祭文的唱腔大同小异。民间男女的服饰、女人的发髻、过年用柏枝烟熏腊肉、用猪血和豆腐加工血丸、用青菜炮制酸菜等习俗与巴中农村习俗相似。在耕作上，通江县、南江县农村耕作习俗与湖北土家人与“春初斫山，众木尽蹶，至当耕时，伺有雨候，则前一夕火之，借其灰以粪。明日雨作，乘热土下种，则苗盛倍收”的记载大致。巴中民间的迷信活动的占卜与湖北土家人的占卜“巫俗击瓦，观其纹理分析定吉凶，谓之瓦卜”相似。在民间文艺方面，巴中在很多方面与湖北土家人相似，如“巴歌合唱，最早见之《楚辞》”“客有歌手郢中者，其始曰‘下里巴人’，国中属而合之者数千人”，与巴中唱薅秧歌相似。在唐代巴中普遍流行的渝儿舞与土家人的摆手舞或环摆相似。湖北土家人叫歌锣与巴中的薅草锣鼓相似。

四、巴中历史上的白莲教起义

巴中历史上农民起义以白莲教大起义时间最长，影响最大，通江冉文俦、冉天元领导的兰号起义和巴中罗其清、苟文明领导的白号起义最为有影响。

（一）白莲教起义的历史背景

农民运动本是阶级斗争的产物，封建统治阶级对广大农民的残酷剥削和压迫，“任吏胥作奸犯科锱铢较量，以致众怨沸腾，激而生变，官逼民反”（钦定剿平三省邪匪方略·序）正是点燃农民起义的导火绳。

清代中叶，贪污成风，政治腐败，“吏风益坏”“地方世豪侵占良民田产”，贫富两极分化异常突出。清乾隆军机大臣和珅“贪黩无厌，征求财货”“以首辅大臣，下与小民争利”，估算和珅家产竟值八亿两，相当于清朝20年的财政收入，且占地80万亩尚未计算在内。

在官吏、豪绅巧取豪夺，敲骨吸髓的盘剥下，许多农民流离失所，卖女为奴；加上天灾，农民背井离乡、四处流亡。嘉庆初年，流民散处（北京）城内外者，以万亿计。流民中的一支，逃往四川、陕西、湖北三省交界的南（山）、巴（山）老林。据《三省边防备览》：“流民之入山者，北则取道西安凤翔，东则取道商州郧阳，西南则取道重庆夔府宜昌。扶老携幼，千百为群，络绎不绝。夜宿沿途之祠庙岩屋或密林中”的茅草棚里，流民被称为“棚民”。他们租种地主的荒地，勤耕苦作，浸透血汗，换来的却是债主踏田收籽粒，板桶声停已断粮。更有差役兵弁的敲诈勒索，山民受其凌虐，无可申诉，无为申理，嚣然无复有生之乐。而清朝对白莲教农民起义实施的镇压和屠杀，引起官逼民反。据《川湖陕白莲教起义资料辑录》：“武昌府常丹葵奉命查办宜都教案，一意苛求，凡衙署寺庙，关锁全满……各令纳钱若干释放，其有少得供据者，立于惨刑，至以大铁钉人手掌于壁上，或铁锤排击多人，足骨立断”。达州知州戴如煌，贪劣残暴，乘机勒索敛财，私设的衙役竟达5000名之多。所以，压迫愈大，反抗愈烈，蓄之既久，其发必速。川湖陕这座火药库终于在清嘉庆元年（1796年）被点燃。川湖陕边区广大农民、棚民手工业者以白莲教的组织形式发动声势浩大的起义。

（二）白莲教的教义及政治主张

白莲教是一个糅合道教、佛教、摩尼教（明教）、迷信色彩相当浓厚的秘密教派。具有顽强的生命力，在民间广为传播。

白莲教教义的基本内容，寄托农民、手工业者、漕运纤夫等劳动人民朴素的政治理想。具体宣传主张有：1. “红阳劫尽，白阳当兴”，“清朝已尽”，指出光明将代替黑暗，清王朝将要灭亡。2. 主张不分男女老幼一律平等。如白莲教经文中有“或是男或是女本来不二，都仗着无生母一气先天”，“吩咐合今男和女，不必你们分彼此”。3. 宣称信仰白莲教，可以分得土地。“不携货粮，穿衣吃饭、不分尔我”、“习其教者，有患相救，有难相死，不持一钱可以周行天下”。白莲教宣传和追求的这种“平等”、“平均”的理想社会，充分反映处在封建地主阶级残酷剥削和压迫下的劳动人民对社会平等的憧憬、追求和抗争。同时，这种推翻封建统治，实现均田的革命主张，也极大地鼓舞白莲教教徒的士气。

（三）白莲教起义的经过

起义的缘起 清嘉庆元年（1796年）正月，湖北宜都、枝江人民在张正汉等率领下，揭竿而起。2月，湖北重镇襄阳城下，齐王氏（王聪儿）、姚之富响应起义，声势浩大，所向披靡，把白莲教反清武装起义的斗争推向高潮。《清史稿·谷际岐传》对白莲教起义的缘由描述，清嘉庆四年（1799年），御史谷际岐上疏曰：“教匪滋扰，实自武昌府同知常丹葵苛虐逼迫而起。当教匪齐林等正法于襄阳，匪徒各皆敛戢。常丹葵素以虐民喜事为能，清乾隆六十年（1795年），委查宜都县境，吓诈富家无算，赤贫者按名取结，纳钱释放。少得供据，立与惨刑。情节疑似，则解省城，每船载一二百人，饥寒就毙，浮尸于江。殁狱中者，亦无棺殓。聂杰人号首富，屡索不厌，村党结连拒捕。宜昌镇总兵突入遇害，由是宜都、枝江两县同变。襄阳之齐王氏（即王聪儿、齐林之妻）、姚之富，长阳之覃加跃，张正汉等，闻风并起，遂延及河南、陕西。此臣所闻官逼民反之最先最甚者也……”。

起义经过 在湖北起义军推动下，清嘉庆元年（1796年）九月，四川人民在以徐天德、冷天禄领导下，以达州、东乡（四川宣汉）为中心，发动声势浩大的起义。

清嘉庆四年（1799年）5月，王聪儿率领的襄阳起义军为摆脱数万清军主力的围剿，从湖北入豫西，奔陕南，胜利进行了纵横四省的千里长征，来到东乡附近，川湖起义军两大主力胜利会师，两支队伍，旌旗招展，声威赫赫，屯扎三十余里。各路义军纷纷响应，控制川东川北二十余州县的广大农村。这其中，就包括巴州罗其清、苟文明率领的白号义军和通江冉文俦、冉天元率领的兰号义军。

（四）白莲教起义的思考

清嘉庆元年（1796 年）爆发的川、楚、陕白莲教起义是清代规模最大的一次农民起义。组织者和基本骨干是白莲教教徒，参加起义的有川、楚、陕三省交界处，如南巴老林的棚民，各地贫苦农民和失业流民。起义历时 9 年，波及川、楚、陕、豫、甘五省，其声势、战绩对封建统治的打击，在历史上是罕见的。

白莲教起义的意义　一是沉重地打击了封建统治者；二是迫使统治者招抚流亡，化榛莽为桑麻；三是获物均分与男女平等主张已深入人心；四是人义之师受到人民广泛的支持和赞助，使白莲教起义能遍及 5 省，历时 9 年，战争中，有 400 余提督副将以下军官死于义军刀下，清朝耗费的军饷高达 2 万万两，人民负担更重。社会矛盾更尖锐，加速清王朝的衰败。

白莲教起义失败的原因　一是没有明确的政治纲领和奋斗目标，自始至终都以单纯的军事行动为主，没有建立巩固的根据地，进退失据，陷入被动；二是暴露出农民军事上的流寇主义，组织上软弱涣散的劣根性；三是没有建立起统一作战的指挥中枢，互不相率，盲目流窜，疲于奔命，人为地给官军造成从容部署，各个击破的可乘之机；四是投机变节分子，东乡首领王三槐等从内部对起义军的离间，破坏。

白莲教起义兴起和失败的启迪和思考　自古以来的封建统治者是始兴后衰，特别是在衰落时，统治者就穷凶极恶地镇压剥削人民，其罪昭著罄竹难书，至此激起农民反抗，是历史发展的必然规律。再则，在封建王朝，只要有农民起义，这个王朝就已走向灭亡的边缘，只要农民一起义就可以推动社会的进步和发展，社会一进步，生产力就得到解放，一个新的社会又会在历史的轨迹中诞生。

五、川陕革命根据地

（一）初期发展

1932 年 12 月中旬，中国工农红军第四方面军（简称“红四方面军”）按照钟家沟（陕南西乡县）会议关于“创建川陕革命根据地的行动”方针，翻越大巴山，方面军先遣队于是年 12 月 18 日占领川陕边界通江境内的两河口；是月 25 日，解放通江县城。接着挥师西渡通江河经鹦哥嘴、杀牛坪，下杨柏河，上清江渡，向巴中逼近；南渡通江河向南面发展，策应进攻巴中城。红军很快控制了以通江为中心的大片地区。1933 年 1 月 23 日解放巴中县城，2 月 1 日，解放南江县城，并继续向西发展。

红军解放通江、巴中、南江等县城后，奠定了建立川陕革命根据地的基础。1933 年 2 月 7 日在通江县城召开中国共产党川陕省第一次党员代表大会。大会选举产生了中国共产党川陕省委员会。党代会的中心议题是创建川陕边根据地的问题。大会通过了《关于目前的政治形势与川陕省委的任务》《发展党的组织与扩大红军》和立即召开川陕省第一次工农兵代表大会等重要决议，大会决定充分发动群众，在党的领导下，广泛开展分配土地的斗争，彻底打垮封建势力。大会后，中共川陕省委将全苏区各处产生的共产党组织与个别党员联合起来，形成中国共产党川陕省党的统一组织，使党的组织获得了巨大发展。各级地方党委和基层党组织也相继建立健全起来，建立了党的初步基础，确立了以无产阶级的先锋队共产党领导广大的穷苦工农群众在中国共产党的领导下，根据地各种群众团体也迅速地建立发展起来，如工会、贫农团、妇女生活改善委员会、少先队、童子团等，真是人人有组织，个个闹革命，为川陕苏区和红四方面军开辟了一个愈加巩固和能够迅速发展的新局面，促成了苏维埃政权和红军的伟大胜利。

奎星阁

红军进入川北以后，即按钟家沟会议精神，每解放一个地方，就首先建立村苏维埃政权组织。通过村的群众大会，实行普选，把那些最穷苦的、被群众认为最好的人选出来担任村苏维埃的主席和委员。接着建立乡、区和县苏维埃政权。红军解放泥溪场后，立即召开会议，建立了川北第一个县苏维埃政权——赤北县苏维埃政府。红军分兵三路解放通江后的第五天，于12月29日，在通江县成立了以旷继勋为主席的川陕省临时革命委员会，作为川陕省苏维埃政府正式成立前的最高政权机关。临时革命委员会成立后，除积极为川陕省第一次工农兵代表大会的召开做准备外，更主要的是放手发动群众，开展打土豪、分浮财、分田地、建立苏维埃、组建地方武装等工作。革命委员会派出大批宣传队，深入农村、乡镇、宣传发动群众，建立基层政权。1933年2月初，共建立赤北、赤江、红江、巴中、南江五个县和巴中特别市及陕南特别区苏维埃政府。2月中旬在通江召开川陕省第一次工农兵代表大会。

大会宣布《中华苏维埃共和国宪法大纲》为革命根据地的根本大法，这样就以法律的形式将革命已取得的成果固定下来，而且明确地指出了革命将继续争取的方向。大会通过的《川陕省苏维埃组织法》，对川陕省苏维埃政权的性质、任务作了明确的规定。大会讨论布置了关于土地革命和扩大红军，建立地方武装问题。大会选举以熊国炳为主席的川陕省苏维埃执行委员会，领导五县一市及一特区政府，人口100余万人。省工农民主政府成立后，即发布文告，号召广大人民动员起来，全面彻底实现土地革命，准备粉碎敌人的围攻。

中共川陕省委和川陕省苏维埃民主政府的成立，标志着川陕边革命根据地的初步形成。在中国西北部破天荒地建立了以工人阶级为领导，工农联盟为基础的工农民主专政的苏维埃政权，使几千年来受奴役受剥削的人民第一次参加了政权管理工作。这是红四方面军和川陕边人民的伟大胜利。

（二）反“三路围攻”

红军入川月余，先后解放了田颂尧控制的通江、南江、巴中三县，并抓紧时间，发动群众，建党建政，实行土地革命，使南京国民政府和四川军阀大为震动。蒋介石和国民党政府中的川籍要员纷纷电告各军阀停止混战，共同进攻红军。红四方面军决定采取“收紧阵地，诱敌深入，积极防御”的作战方针来打破敌人的“三路围攻”。在整个战局的发展过程中，广大指战员遵照徐向前总指挥的指示：“发动群众，采取积极防御的方针，逐渐收缩阵地、诱敌深入，利用川北山多的有利地形，在运动中阻击和消耗敌人，将肥的拖瘦，瘦的拖死，以便积蓄力量，最后反攻”，并将整个战局拟为三个阶段。

历时四个月的艰苦卓绝斗争，红军在军事上粉碎了以田颂尧为首的四川军阀的“三路围攻”，取得了完全胜利。总计毙伤敌旅长以下官兵14000余人，俘敌旅长杨杰等以下官兵万余人，缴长短枪支8000余支，机关枪200余挺，迫击炮50余门。红四方面军在通江县新场坝召开2000多人参加的群众大会，公审被俘敌军官。与会代表和群众历数反动军官到赤区拉夫派款、杀人放火、残害工农群众等罪恶。苏维埃法庭当众宣布罪行，敌军官不得不低头认罪伏法。

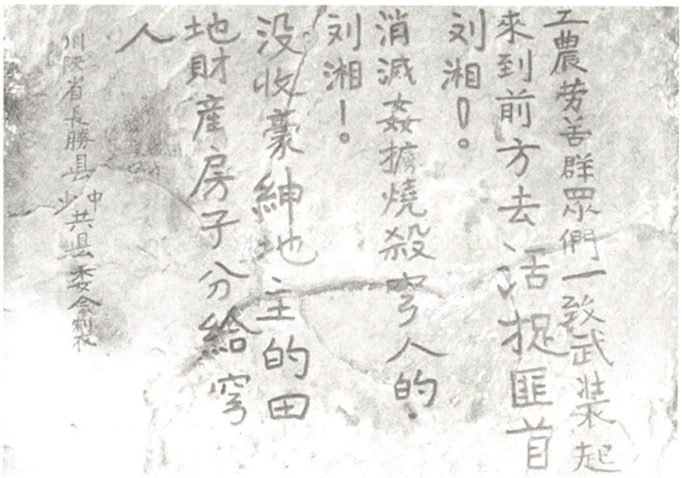

红军石刻标语（一）

红四方面军以劣势的兵力战胜优势的敌人，主要是坚决执行了“收紧阵地，诱敌深入”的正确作战方针和战术原则；红军广大指战员本身具备英勇顽强的战斗作风，勇往直前的拼搏精神；红军以农民群众为后盾，充分依靠人民的支援，发挥地方武装协同红军作战，从而保证了战役的胜利发展；红军得到了川陕省委和川陕两省地方党组织的大力协助。

反“三路围攻”胜利的重大意义在于：1. 迅速扩大和巩固了根据地。到1933年6月底，根据地范围北起陕南镇巴、西乡的庙坝、碑坝、简池、三元坝、长峪；南至巴中的下八庙、兴隆场和今平昌县的荔枝溪、澌滩、喜神、坦溪口、兰草渡和澌岸沱；东达万源的板桥、三溪、刘家坝至东岳庙；西抵广元的李家坝、王家至苍溪河东岸。根据地在赤江县、南江县、红江县、赤北县、巴中县苏维埃政府的基础上，新建立江口县、仪阆县、广元县、长池县、万源县、恩阳县工农民主政府。计人口140万，面积23000平方公里。这时老区已基本完成分配土地的任务，新区的土地革命正在开展和深入。2. 红军和地方武装，从数量到质量方面都有很大的发展和新的提高。作战过程中，主力红军进一步熟悉了川北的地形，掌握了川军的特点，取得了对川军作战的丰富经验，提高了山地作战的能力，练就了广大指战员能守能攻的本领。3. 加强了军民团结，密切了红军与川陕边人民的血肉联系。翻身农民从红四方面军的实际行动中看到红军是自己的军队，因而自觉地“一手握锄，一手拿枪”，踊跃投入武装革命斗争的洪流。4. 推动了根据地周围白区人民革命斗争的发展，进一步促进了敌人内部的分化。在红军胜利的鼓舞下，白区人民在中共地下党领导下，更加坚定地投入了反对国民党反动派统治的斗争。5. 红四方面军反三路围攻歼敌的数量超过了中央红军第二、三、四次反“围剿”和红四方面军在鄂豫皖的第三次反“围剿”歼敌的数量。为红军战史增添了光辉的一页，为土地革命战争做出了重要贡献。

（三）三次进攻战役和根据地的鼎盛时期

仪南战役 红四方面军和川陕革命根据地的人民，按照中共川陕省委第二次党员代表大会提出的任务，积极开展建设根据地的各项工作，扩编和整训部队，为发展苏区创造了条件。红四方面军为解决苏区军民的食盐问题（仪南战役前，不仅红军领导人加餐无盐，而且老百姓缺盐已半年多），打破敌人对根据地的经济封锁和制服田敌的反扑企图，决定利用军阀们相互观望无力发动新进攻的机会，集中主力，首先向田颂尧控制的仪陇、南部发起进攻，使根据地扩大到嘉陵江东岸，夺取仪陇、南部地区的大批盐井。历时半月的仪、南战役，总计歼敌3000余名，缴枪1000余支，解放了仪陇全县，控制了广元、昭化、苍溪、阆中、南部等县之嘉陵江东岸广大地区和陕南宁强的一小部分地区。大片盐井区的占领和继续生产，保证了根据地军民的食盐供应。当时随红军前往和陆续去南部运食盐的男女“运输队”约3000人。仅此战役结束时即“获盐100000余斤”。仪南战役不仅从军事上再次沉重地打击了田颂尧军，而且有力地打击了敌人对苏区军民的经济封锁，完全解决了苏区军民食盐的重大问题。

营渠战役 营山、渠县地处川陕苏区正南面，是杨森20军的防地。20军辖6个混成旅，共2万余人。红四方面军根据敌人的部署，决定先消灭突出于北端的玉山场、鼎山场和仪陇的立山场之敌，继后向南发展，突破敌人的纵深防御，相机歼灭它的主力。红四方面军分三路向敌进攻。营（山）渠（县）战役历时10余天，红军指战员有10天都在大雨中作战，十分艰苦。但广大指战员发扬了英勇斗争精神，特别是4军11师进攻鼎山场之敌，红30军进攻杨家寨、佛楼寺之敌，红9军73团和红30军一部进攻大庙之敌的三次激战中，发扬英勇顽强、不怕艰险的大无畏精神，取得了整个战役的胜利。整个战役计歼敌杨森之第1混成旅大部，第2、第3、第5混成旅各一部，第3混成旅旅长杨培元失踪于立山战斗中。毙敌第1团团长陈栋梁、第5团团长刘鸣九（被击毙于通天观）以下1000余人，缴获长短枪2500余支；解放了营山县城和营山、渠县大部及蓬安县嘉陵江以东的广大地区。根据地向南扩展100余里，新区90万群众获得解放。革命风起云涌，分田分粮，建立苏维埃政权和地方武装，热烈参加红军，群众情绪极为高涨。

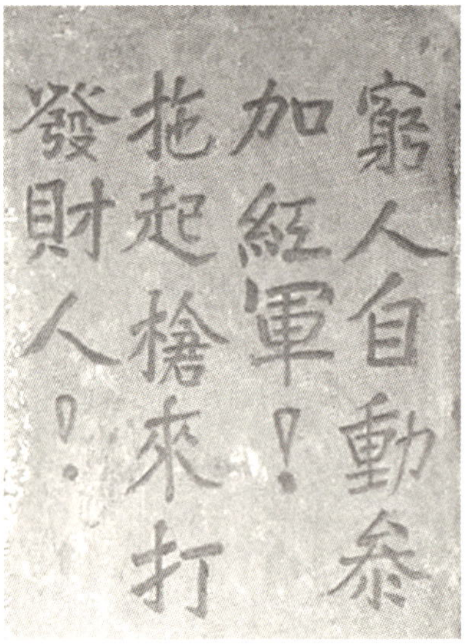

红军石刻标语（二）

宣达战役 红四方面军会师川东游击军，迅速组织“宣（汉）达（县）战役”。向盘踞宣汉、达县、万源、城口之敌第23军刘存厚部进攻。刘存厚从1924年起盘踞达县、宣汉、万源、城口四县，横征暴敛，敲骨吸髓，无所不用其极。刘存厚部所拥有15个团、3个独立营，近2万人。战役发起前，方面军总部召开各军领导干部会议，研究宣、达战役的作战方针和部署。根据敌人单线配置的兵力分散态势，决定集中兵力，实行中央突破，直插敌人后方，并在两翼实行辅助进攻。红四方面军总部要求各个部队行动迅速秘密，采取奇袭手段，抢占要隘，突破敌人防线。然后大胆迂回，猛打穷追，一鼓作气，歼敌制胜。刘存厚初不以攻城红军为主力，后又以为有凤凰山天险为依恃，可固守待援。惊闻红军入城后，刘存厚丧魂落魄，仓皇率少数亲信逃窜。在红军的猛烈攻击下，城内周绍武团大部被歼，全城即告解放。红军攻占刘存厚经营10年的川东北重镇达县，获得了许多物资及军事装备。红四方面军与川东游击军进至开江宝塔坝、开县杨柳关等地时即与刘湘部对敌激战，从而正式进入反“六路围攻”的时期。

三次进攻战役的意义 仪南、营渠、宣达三次进攻战役，从8月中旬开始到10月下旬结束，共经历了两个半月时间，英勇善战的红军在人民群众的积极支援和地方武装的配合下取得了巨大胜利，使红军和根据地的各项事业都得到了极大发展。

1. 随着三次进攻战役的胜利，红四方面军得到了大发展。整个方面军原有4万余人。三次进攻战役后，增加到7万人。川东游击军与红四方面军会合后，红四方面军达5个军、15个师，计8万多人。部队建立了自己的军工厂、被服厂、铁厂、炸药厂和斗笠厂，全面开展军工生产，加强了军队装备，储存了各种军事物资，基本上保证了红军战争的后勤供应。部队的军事训练得到加强，战斗技术不断提高，大大增强了战斗力。地方武装除陆续调补主力红军外，还有15000余人，赤卫军、少年先锋队等不脱产的群众武装近百万人。

2. 不仅更加巩固了以通、南、巴为中心的川陕革命根据地，而且由于新区的开拓，特别是川东游击根据地的汇入，大大发展了川陕革命根据地的疆域。在反“三路围攻”后的基础上，根据地向东西南北四面均有很大发展，东起万源边境及城口近郊，西抵嘉陵江沿岸，南达蓬安、营山、渠县、达县；北至陕南的镇巴、宁强。整个根据地纵400余里，横500余里，总面积达4200余平方公里，人口500余万。控制着通江、南江、巴中、仪陇、营山、达县、宣汉、万源等8座县城（今平昌、苍溪、蓬安县城尚未计算在内）。在川陕苏维埃政府领导下，建立了23个县和1个市的县级苏维埃政府，即南江、赤北、赤江、红江、巴中、陕南、江口、恩阳、嘉陵、苍溪、仪陇、长胜、英安、广元、长赤、营山、阆南、渠县、红胜、宣汉、达县、万源、城口和巴中特别市。达到了川陕革命根据地疆域的鼎盛时期。

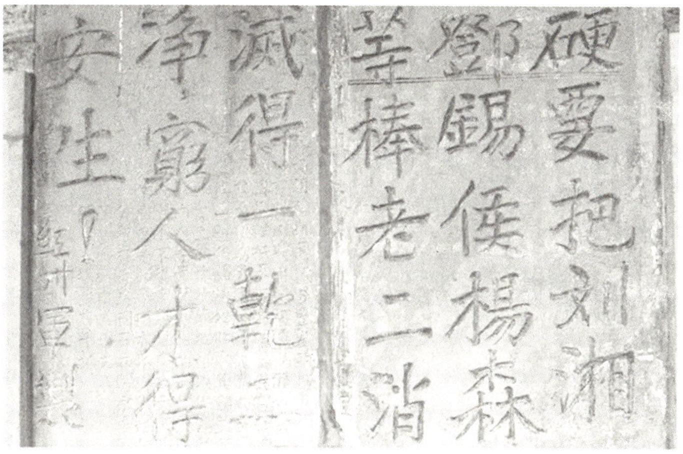

红军石刻标语（三）

3. 在红军主力开展三次进攻战役的同时，后方驻军和地方武装，广泛进行了清剿土匪的斗争。在苍溪、营山、蓬安、长胜、阆中等县即歼灭土匪3000余。在陕南、万源、城口等地歼灭了不少股匪，将长期盘踞大巴山的大土匪王三春赶到了镇巴、紫阳、城口边境。与此同时，后方驻军和地方武装严厉打击了形形色色的反动地主武装、民团、扇子会、神团以及散兵游勇等，使他们无力再随时袭击地方党政机关，巩固了后方，保卫了生产。根据地的社会治安达到了最安定时期。

4. 川陕革命根据地内的各项革命运动都得到了深入发展。农业方面，粮食获得丰收；工业方面，建厂造币，基本满足苏区经济建设及军民生活、生产的需要；军工方面，建厂扩厂，部分解决军需装备问题；文教卫生方面，各地办起列宁学校和医院；整治社会方面，戒烟运动成效显著；其他如邮电、交通、疏浚河道、修筑道路桥梁等都飞速发展；政治思想工作方面，党的宣传教育工作更加深入和广泛，党的组织得到快速发展，党员人数大幅度增加。各种群众组织也进一步建立健全。整个苏区呈现出一派繁荣兴旺的景象，达到了极盛时期。

5. 仪南、营渠、宣达进攻战役，红四方面军缴获战利品极多，为碎粉刘湘发动的六路围攻做了物资上的充分准备。

六、社会运动（活动）

（一）农民运动

打官轿　民国16年（1927年）3月，国民党（左派）县党部农民运动委员会在巴中县的兴文、清江一带建立农民协会，发展会员2000余人，革命情绪高涨。一天，县知事公署一官员乘轿到清江渡督收捐款，路经兴文落地门神（牛角村）时，农会会员数十人拦住官轿，提出“天旱不雨，庄稼无收，地主逼租，官府派款，求县太爷给我们一条生路哇！”这官员仗恃有荷枪跟班，企图以武力镇压。农会会员们一拥而上，齐声呼喊："打旱魃啊！"用锄把、扁担把官轿打得稀烂。随行衙役见势难挡，只好叩头求饶，方得脱身。

闹县衙 在"打官轿"之后，为进一步打击官府气焰，巴中县农委苟寿南、张诗州、姚希夷等一面联络县中学生，在县城到处张贴标语，声援农民抗捐斗争；一面发动兴文一带数百农民，肩扛犁铧耙钎，粪桶扁担，手牵耕牛生猪，开赴县衙大堂，声称以此抵交税款。他们将农具堆放一起，猪牛放进衙内，静坐示威。时至午后，猪牛饥饿，叫声不绝，四处奔跑，屎尿遍地。官府无奈，只得答应减免捐税。

反蒋示威 民国16年（1927年），蒋介石勾结四川军阀刘湘、王陵基，在重庆制造"三·三一"惨案。消息传到巴中，中共党员苟寿南立即翻印《请看今日之蒋介石》，连同传单、标语四处散发。4月30日清晨，清江昆山寨、龙门沟、铁炉沟和兴文龙城寨、苟家湾、魏家沟、岳家湾等地的农民协会会员和农民，在农会骨干王美一、魏兴中、张永开、张书元的带领下，排成整齐队伍，举着农会大旗，向清江渡进发，高呼"打倒帝国主义！""打倒土豪劣绅！""反对蒋介石叛变革命！"等口号。清江渡的团总、保正、豪绅闻风逃跑。游行队伍行至清江街道，赶场群众纷纷加入，形成巨大的洪流，涌入万寿宫大坝。王美一宣布大会开始，苟寿南以《请看今日之蒋介石》为主要内容，揭露蒋叛变革命、屠杀共产党人的滔天罪行，号召广大农民群众团结起来，为彻底解放自己而斗争。

上述三次斗争，在川东北造成很大震动。其后，清江、兴文的农民运动被田颂尧定为"川北第一党案"，清江乡团总苟元勋接到县知事密令，四处派兵捉拿农会负责人和骨干，王美一、张诗州、姚希夷等20余人先后被捕，中共党员苟寿南被通缉。

（二）抗日救亡活动

民国26年（1937年）"七七事变"后，全国城乡上下广泛开展抗日救亡活动。民国27年（1938年），日机轰炸云、贵、川的大中城市，全国抗日救亡活动的浪潮波及境内各县，各县人民积极参与抗日救亡活动。南江县编印的《收音消息》专辟"抗战国事"栏，介绍抗日消息。县长龙德渊曾写《抗战守土，人人有责》等文章，在全县开展"国难当头，抗战守土"的活动。是年7月，巴中县政府筹建"抗战阵亡将士纪念碑"。民国28年（1939年），巴中县成立抗日救亡动员委员会，县长孙为武兼任主任委员，各学校大都组建抗日文艺宣传队，演出《花子献金》、《长城月》等文明戏，大唱《保家乡》《当兵好》等抗日歌曲。是年7月，四川省动员委员会农村巡回工作团第三团到巴中视察，联合各界举行"七七"抗战2周年纪念大会，表演新剧《死里逃生》和曲艺、杂技等。并为救济成渝被炸同胞举行游艺劝募大会，募捐银元150余元。简师教师、中共党员杨正武、李雪峰等，在学生中教唱《大刀进行曲》《青年前进歌》《在太行山上》等抗日歌曲，编印《巴中之声》《老百姓》等刊物，发表抗日文章。

民国30年（1941年），南江县印发的《行政干部必读教材》中说："日本是我们的敌人，……发动战争，想灭亡中国，我们赶快团结起来，打倒日本"，"国家总动员……人力集中，物力集中，来争取最后胜利。"动员民众订立《国民公约》，"不违背国家民族利益，不做汉奸和敌人的内应……"在各级学校增设抗战时期"公民"课本，县设立初级中学和各乡中心小学，教唱抗日救亡歌曲。中小学师生还上街演出抗日"文明戏"。在抗日爱国的民族正气鼓动下，全县输送抗日壮丁1500多名。

民国31年（1942年），巴中县化成小学教师王叙伍等和学生一起，以抗日救国为内容，自编自排20多个新剧和曲艺节目，先后到仁和、南阳、寺岭、石门等地演出。其间，全县有1.3万人参军抗日，有40多名青年参加抗日远征军，奔赴太平洋战场印缅战区。民国32年（1943年），各县按财产多寡，分甲、乙、丙、丁四等，摊筹“同盟胜利公债”，群众热忱高潮。南江县仅10日便缴齐4.17万元公债。是年8月14日空军节，南江县人民响应“一县一机”的倡导，捐款2307.5元。同时，还成立第六航空救国分会。民国33年（1944年）4月，南江县举办“民众组训”，对年龄20—25岁的国民，进行抗战教育和训练。是年7月7日，南江县城隆重举行抗战7周年纪念活动，各界人士献金劳军，全县共献出6.24万元。县政府在公园坝建立“抗日救亡将士纪念碑”，表彰抗日牺牲将士。民国34年（1945年），南江县民众教育馆印发有关抗战书籍600余册，抗日歌曲数百首。

（三）剿匪征粮

1950年初，各县刚解放，土匪猖獗。各地为首聚匪数千人，持枪盘踞僻乡要隘之处，进行武装叛乱，攻打区、乡政府。同时，组织“红罗党”，勾结恶霸；利用“同善社”组成“西南民主同盟保民救国军”，企图做垂死挣扎。

面对土匪的猖獗，各县政府在县、区组织“剿匪治安委员会”，采取以军事清剿为主，政治争取为辅的方式。是年春，解放军驻县剿匪。部队进入剿匪地区，开始对主要股匪进行清剿。下半年，各股匪势焰顿减。到1953年，境内土匪全部肃清。

1950年2月，川北行政公署配给各县1949年、1950年中央粮碛米、地方粮任务。各县、区成立征粮治安委员会，按人口密度、田土好坏、产粮多少，以及国民党溃军在县境造成的损失情况，参照旧田赋银分配征粮任务，组织征粮工作队分赴各乡，采取自报田土面积、产量与调查摸底相结合，分乡落实征粮任务。到1951年1月，入库率93%以上，分别储存于各粮库、分仓、收纳库。在征粮中，查出常产田地面积，并在“挤黑田、反隐瞒”中，培养和涌现出农民积极分子，发展农会会员，成立农协会，查清户口。

（四）镇压反革命

1950年3月，根据中共中央《关于严厉镇压反革命分子活动的指示》和川北行署达县专区的部署，各县相继于1950年秋至1954年春开展第一次镇压反革命运动。整个运动分三个阶段进行。第一阶段，在剿匪征粮、清匪反霸、减租退押取得胜利的基础上进行的，采取以镇压为主，清理积案为辅的方法，把大张旗鼓的宣传和群众密、控告有机地结合起来。第二阶段，贯彻“依靠群众、深入摸底、坚持政策、彻底肃清”的方针，密切结合土改，召开大小诉苦会、控诉会、代表会、展览会、公审会等，发动群众起来镇压反革命，并结合“三反”“五反”，转入对民主党派、政府机关、民众团体、财贸企业、文教卫生等单位“中内层”的清理（亦称内部“肃反”）和对遗留积案的审结处理。第三阶段，遵照全国公安会议精神，“彻底肃清五个方面的残余反革命骨干分子”（即土匪、恶霸、特务、反动党团骨干、反动会道门头子），“继续清理‘中内层’”，扫清各方面隐蔽下来的反革命分子，重点打击“一贯道”“求济道”等反动会道门，摧毁其组织，惩办道首。

1955年7月至1956年2月，开展第二次镇反运动，实行内部肃反与社会镇反相结合。主要打击“美蒋特务间谍和各种反革命分子的破坏活动，破坏社会主义建设和改造的不法资产阶级分子、反动地主富农分子和刑事犯罪分子，继续肃清残余、漏网的反革命分子”。

（五）抗美援朝

1950年6月25日，朝鲜战争爆发，美国公开武装干涉朝鲜内政，发动朝鲜战争，把战火烧到中国东北边境，严重威胁新中国安全。是年10月8日，中央作出“抗美援朝、保家卫国”的决策，向全国人民发出以人力、物力、财力支援前线，打败侵略者号召。

1951年春，各县成立抗美援朝分会，各区、乡政府成立抗美援朝宣传小组，贯彻中央《关于进一步普遍开展抗美援朝爱国运动的指示》，县委、县政府及时作出安排部署，在城乡利用会议和街头广泛宣传川北区党委关于抗美援朝的《联合宣言》，发出捐款购买“川北妇女号”战斗机一架的倡议；宣传揭露美军以朝鲜为跳板，进而入侵中国的阴谋；公布侵朝美军的暴行，激发群众爱国热情；宣讲美军侵朝战争失道寡助的侵略性质，坚定抗美援朝必胜的信念。知识界、学生、公职人员、解放军指战员教唱《志愿军战歌》《保卫世界和平》等歌曲，演出《戳穿美帝纸老虎》《渔民恨》等剧目，书写“抗美援朝，保家卫国”“反对美帝国主义侵略朝鲜”“保卫胜利果实”等标语。是年6月，贯彻中央《关于推广和执行爱国公约的指示》，城乡单位和个人普遍订立“爱国公约”，内容包括拥护政府、保卫祖国、参加政治文化学习、参与政治运动、防空、防特、防投毒、努力生产（工作）、增产节约等项。同时，积极从物力、人力、财力方面支援前线，农民捐谷物，工商户捐现金或捐物资，部分人捐出金银首饰等，各地迎来以实际行动援朝的高潮。至是年7月，南江县订立爱国援朝公约10万份，给志愿军写慰问信1.1万多件、送慰问品5万多件，捐款2亿多元，其中妇女界捐款1.37亿元，黄谷23万公斤、银6.61万两。是年，境内各县广大民众踊跃送亲人参军，主动报名参加志愿军；各县千方百计搞好粮食生产，以实际行动支援抗美援朝前线。南江县参加志愿者的青年有2457人，政审和体检合格918人。

1952年3月，各县人民开展示威游行，强烈谴责美帝国主义在侵略朝鲜战争中使用细菌战的罪行。把“增加生产，厉行节约，以支持中国人民志愿军”作为中心任务。农村响应川北区“万户千组一百乡的增产创模运动”，多打粮食，按时按量缴纳“爱国粮”；城镇努力增产，节约开支，据实纳税。是年，南江县粮食总产达到0.62亿公斤，比1949年增产10%以上，有力支援前线抗战。

1953年，各县开展扩军工作，进一步宣传志愿军抗美援朝、保家卫国、保卫胜利果实的伟大意义，鼓励青年踊跃报名参加志愿军。是年，南江县有2290名青年参军。

（六）减租退押

1950年12月至1951年3月，各县开展减租退押运动。整个运动分四步进行。第一步，宣传政策。通过诉苦、算账，进行阶级教育，发动群众整顿农会，建立武装；第二步，普遍深入进行思想发动，加强农会、武装、政权工作，启发农民的斗争情绪，划成分，了解租佃关系，发动群众与地主斗争；第三步，开展减租退押的算账斗争；第四步，召开庆祝大会，分配胜利果实，动员布置生产。

经过减退清反运动，各县农协会员迅速发展，占农村总人口的30%以上；普遍建立自卫队，队员占农业人口的8%以上；并清洗了地富、狗腿、土匪，纯洁了组织。彻底废除旧乡保甲制度，民主建立乡村政权。通过这次运动，各地群众展开了抗美援朝及保卫世界和平的签名运动，掀起了春耕生产高潮。

（七）土地改革

1951—1952年，各县进行轰轰烈烈的土地改革运动。土改运动中，认真贯彻执行“依靠贫雇农，为了雇农，团结中农，中立富农，孤立消灭地主，保护工商，有领导、有秩序改变封建土地所有制，成为农民土地所有制，解放农村生产力，发展与扩大农业生产”的总政策。

1951年1月，巴中县成立土地改革工作委员会，县成立土改工作总团（下设分团、中队）。是年10月，南江县成立土地改革工作总团（下设分团，大组、小组）。是年11月，通江县成立组成土改工作团（下设总团、分团、中队）。土地改革任务分3期完成，至1952年4月，各县土地改革运动结束。整个土改分五个步骤进行。

第一步 发动群众，宣传政策。各县先后召开“各界代表会”，学习土改方针政策，了解情况，培养骨干积极分子，建立“三把刀子”（农会、政权、自卫队）。各乡召开贫雇农民代表会，整顿乡村农民协会和乡村政权组织，健全充实农民武装力量，发动群众诉受封建剥削的苦，明确开展土改运动的必要性，提高农民的阶级觉悟。

第二步 划分成分，分清阵线 。按照中央人民政府政务院颁行的《划分农村阶级成分的决定》，划出贫农、雇农、中农（含佃中农、富裕中农）、小量土地出租者、富农（含佃富农）、地主等阶级成分张榜公布，三榜定案（一般公布两榜），分清敌我阵线，明确依靠、团结的对象，有重点地开展反违法斗争。对恶霸地主、顽固地主交群众大会斗争，罪大恶顽固不化者交人民法庭制裁，摧毁农村封建势力。南江县划分出地主5341户2.06万人，占总人口7.4%；富农1840户1.38万人，占总人口4.97%；小土地出租1476户5191人，占总人口1.86%；工商业者180户866人，占总人口0.31%；佃富农49户402人，占总人口0.14%；中农1.41万户7.91万人，占总人口28.38%；佃中农3093户3.5万人，占总人口12.55%；贫农2.53万户11.79万人，占总人口42.34%；雇农1920户4552人，占总人口1.63%；其他654户1171人，占总人口0.42%。召开各种斗争会322次，参加控诉的达24万人，被斗争和公审的地主809户。

第三步 依靠贫雇农，没收地主财产 。通过清算地主阶级的剥削账，组织诉苦会，控诉地主阶级的剥削罪恶，打击顽固地主。依法没收地主的土地、多余房屋、耕畜、农具、粮食。随之依法征收富农出租的土地、房屋、山林和小土地出租者多余的土地，征收祠堂、庙、观、教堂、会产及其他公有土地。同时，各地普遍建立“一会三组”（乡设征没收委员会；村设分会，下辖催收组、清算组、保管组），没收地主五大财产及追收罚款。通江县没收征收3962户地主、2626户富农的田土1.65万公顷，房屋8.47万间，农具4.01万件，耕牛7027.5头。粮食（稻谷）4.67万石；共缴获胜利果实96.71亿元。南江县没收土地1.40万公顷、山林柴坡0.67万公顷、各种粮食120.28万公斤、房屋4.37万间、主要农具3.2万件、耕牛2.57万头、家具16、55万件，对地主罚款101.13亿元。

第四步 打击顽固分子，镇压反革命。南江县破获两起新的反革命组织，挖出特务40人，反动党团骨干分子30人，土匪170人，恶霸750人，其他150人；处死149人，死缓36人，无期徒刑287人，交群众管制240人，还收缴了武器、弹药若干。通江县逮捕58人，管制47人，斗争16人。

第五步 分配胜利果实，加强政权建设。按照规定原则，通过查田评产，计算预分，民主评议，委屈征收和没收的土地、财产等，分配给农民，并颁发土地证。

1953年上旬，各县开展土改复查工作，严密清查漏网敌人，解决妨碍生产的遗留问题，巩固成果。同时，落实少征多购、以产计征、依年计征、依法减免、增产不增税等农村征税并报政策。南江县新划出地主225户、富农119户、小土地出租35户、中农24户。通江县改正错划为地主的农户34户。

通过土地改革运动，各县实现耕者有其田，农民的生活初步改善。通江县互助组由2579个4.59万人，增加到5704个9.59万人；代耕队由463个8667人，发展到785个1.25万人。各区开办供销合作社有社员1.1万人。农民迫切工求学文化，民办初小、夜课班、读报班、识字班在村、组普遍建立；黑板报、山顶广播成为经常性的宣传工具。

（八）“三反”“五反”

1951年，境内各县先后召开会议，贯彻中共中央《关于实行精兵简政、增产节约，反对贪污、反对浪费和反对官僚主义的决定》，动员群众揭发资产阶级不法分子和国家机关中的贪污分子的违法犯罪事实。并制订工作方案，部署“三反”运动。1952年初，各县在县级各机关单位开展以反贪污、反浪费、反官僚主义为基本内容的“三反”运动。单位领导干部带头检查官僚主义，清出县级各单位和县政府各科室在两年内共浪费的资金。运动以反贪污为重点，整个运动分为捉“虎”阶段和追赃定案处理阶段。在捉“虎”阶段，层层摸底排队，检举揭发，坦白交代，开会斗争，运动中清出犯有贪污错误的人员；在追赃定案处理阶段，确定“真虎”“假虎”、贪污人数。运动后期，区别态度好坏，情节轻重，退赃快慢等不同情况，实事求是地定案进行处理。同时，各县政府颁发《工作制度建设草案》，建立会议、办公、报告请示与总结检查、学习、生活、保密、请假等制度。运动中，通江县清出贪污错误人员 347 人，占参加运动人数的 75.9%，共贪污 21 亿余元，其中大小“老虎”100 人；“真虎”56 人，“假虎”44 人，贪污 11 亿多元。依法逮捕法办 10 人，免刑 53 人，机关管制 1 人；共追回赃款 4 亿元。巴中县清查出贪污行为的干部 550 人，贪污金额 33.26 万元，其中“老虎”147 人，核定“老虎”59 人，贪污金额 10.3 万元，对 59 个“老虎”，给予行政处分 16 人，受到刑事处分 8 人。南江县开除公职 6 人，解雇 4 人，调出 1 人，降级 3 人，降职 1 人，记过 13 人。是年，在开展“三反”运动的同时，各县认真贯彻中共中央《关于在城市限期开展大规模的坚决彻底的“五反”运动的指示》，对工商界和财经部门开展“反行贿、反偷税漏税、反盗窃国家资财、反偷工减料、反盗窃国家经济情报”的“五反”运动。区乡的严重违法户调县城参加运动。各县召开县级机关团体及工商界坦白检举群众大会，县长作动员报告。各县成立工作组，先学习、宣传政策，消除怕罚款、怕补税、怕没收财产、怕当不法商人等顾虑，采取互相检举，自我交代，重在教育的方法。根据“多数从宽、少数从严，工业从宽、商业从严，一般商业从宽、抗拒运动商业从严”的精神，对违法户进行处理。通江县在 109 户工商业者中，揭发行贿 11 户 732 万元；偷税漏税 73 户 9718 万元；偷工减料 5 户 1476 万元；盗窃国家资财 10 户 732 万元；盗窃经济情报 1 户 108 万元。违法户共 100 户，总金额达 1.28 亿元。巴中县评定出守法户 277 户，基本守法 606 户，半守法、半违法 120 户，严重违法 17 户，完全违法 3 户，总计违法金额 4.16 万元。

1960 年，各县委决定在全县农村开展以“三反”为主要内容的整风运动。通过自我检查和会内外揭发等方式，清算基层干部中贪污、浪费、官僚主义问题，县社两级干部积极参加运动。县、区、社成立定案小组，深入管理区、生产队召开各种座谈会，反复清账查据，最后对少数确属贪污盗窃和违法乱纪的人，分别给予组织处理。“新三反”运动后期，转入制度建设，县委制定“农村干部十条公约”和政治工作、劳动管理、粮食管理、财务管理、生猪饲养管理等制度。同时，各县也在县级机关中开展“新三反”运动。运动中，通江县查出贪污分子 59 人，犯有严重浪费、官僚主义及其他错误的 212 人，反坏分子和不纯分子 30 人。整个“三反”运动定案处理 630 人，其中，党内 323 人，党外 307 人；党内受刑事处分 168 人，其中，逮捕 85 人，管制 81 人，劳教 2 人。巴中县有贪污、浪费和违法乱纪行为的 5667 人（其中严重贪污行为的 46 人），贪污盗窃现金 72.17 万元，粮食 145.08 万公斤，猪肉 2996 公斤，隐瞒私分粮食 407.23 万公斤，受到党纪或政纪处分的 43 人。

1963 年 3 月，中央发出《关于厉行增产节约和反对贪污盗窃、反对投机倒把、反对铺张浪费、反对分散主义、反对官僚主义运动的指示》，各县委先后召开三级干部会议，动员布置开展“新五反”运动。运动分两批在县级、区级单位进行。其步骤分为三个阶段，第一阶段，以阶级教育为纲，深入进行社会主义教育，交代政策，解除顾虑，动员干部自觉投入运动，重点反对铺张浪费、分散主义、官僚主义。第二阶段，发动群众检举揭发贪污盗窃、投机倒把行为，民主画线，经济退赔。第三阶段，进行组织处理，搞好思想建设、组织建设、制度建设。整个运动于 1964 年上半年结束。巴中县经过复查核实，犯有错误的干部 108 人，决定免予处分 91 人，给党纪、政纪处分 15 人。通江县揭发出犯依法盗窃、投机倒把错误的干部 97 人，占干部总数的 9.56%。

（九）农业合作化

从互助组、初级农业合作社到高级农业合作社，是变生产资料私有制为集体所有制的革命，是农业合作化和农村社会主义改造的必经之路。

互助组是农业合作化的组织形式之一，是将组员的土地、耕牛、农具等生产资料自愿组织起来互助互利，经济支出、收入核算仍归各户自理。党中央1951年12月制定《关于农业生产互助合作的决议（草案）》，发给各级党委、政府试行。各县先行试点，再派工作组下乡帮助各地组织，使互助组很快发展。1952年春耕开始，各县农民换工互助抢耕抢种、抗旱保苗、挖塘修堰，互助组发展到40多万人，其中以临时换工的互助组多于季节性互助组。1955年春，在巩固发展初级农业生产合作社的同时，对互助组进行联组。1955年底，各县基本实现互助合作化。

初级农业合作社是个体农民从劳动互助组走向高级农业合作社（简称“高级社”）的过度形式。1954年春，各县开始试办；是年秋，在丘陵低山区发展。1955年上半年，加快发展；是年下半年，通过贯彻落实毛泽东主席“关于农业合作化问题”的指示后，各县农业合作化运动形成高潮。到是年底，初级社大发展。

高级农业生产合作社是中国农民为共同发展农业生产自愿联合组成的社会主义集体经济组织。是农业生产合作社的高级形式，其集体化程度高于初级社，时称为“完全社会主义性质的”合作社。高级社把土地转归合作社集体所有，取消土地报酬，耕牛、大型农具等主要生产资料，折价收归全社所有，至于社员房屋、宅基、家畜、家禽、零星树木、果树、竹园，以及家庭副业和手工业工具等，仍归私人私有。各县于1956年春试办；是年秋，举办高级社骨干培训班，进行升（初级社升高级社）、扩、建工作。基本实现高级农业合作化，农业社会主义改造基本完成。1957年1—4月开展整社工作，采取整顿二、三类社，巩固提高一类社。到1958年9月底，经过再次并、升，随即迎来了人民公社化高潮。

（十）对手工业进行社会主义改造

私营手工业多系手工业工场和家庭手工业作坊，多属农闲附带经营。主要有锌罐、染织、轧花、榨油、挂面、酿酒、土陶、刊印文具、铁木农具加工等行业，比较专业的是铸锅、造纸业。中华人民共和国成立初期，县政府对缺乏资金或原料的个体手工业实行加工订货，包购包销；对失业的手工业者，帮助建立生产、服务小组进行生产自救。1950年，政府贷粮资助锅厂复工，恢复碗厂、铁罐厂、纸厂、农具厂、土染、袜业、木材业、轧花机、土布机等。1952年，对私营手工业进行普查登记。是年，手工业开始联营经销。

1953年，逐步引导个体手工业走合作化的道路。1955年，政府设立手工业管理科，并召开手工业代表大会，成立县手工业生产合作社联社。1956年，制定《手工业生产合作社联合社章程》。是年场镇手工业全部合作化，对农村手工副业仍允许分散自由经营。到是年底，对手工业社会主义改造基本完成。

（十一）对私营工商业社会主义改造

中华人民共和国成立初期，组织发展国营、合作经济的同时，对私营工商业实行利用、限制、改造政策。利用其有利于国计民生的积极作用，限制其不利于国计民生的消极作用，将私营工商业改造成为社会主义国营经济。1950年起，各县工商业联合会相继成立，并先后在区乡成立工商分会、同业公会。政府采取扶植发展私营工商业的方针，在城乡组织供应、运销、消费、食盐、缝纫、袜业、服务等合作社、联营社。1952年，遵照中共中央《关于在城市限期展开大规模的坚决彻底的“五反”运动的指示》，集中区乡的严重违法户在城关镇开展“五反”运动。“五反”运动后，部分私营工商户存在思想顾虑，有的消极经营，有的抽资歇业，使城乡物资交流发生暂时呆滞现象。

1953年，党在过渡时期总路线（“一化三改造”）公布后，对私营工商业进行社会主义全面改造，对资本家企业实行“赎买”和“四马分肥”政策，加以“利用、限制、改造”，取消私营商业批发，限制零售商品品种，控制经营范围和流动地区，由国、合商业占领市场阵地（时称“扩、挤、限、管”），私营商业大幅减少。1954年，调整产业，安排市场，统一经营范围，禁止跨行跨业，指导部分行业转业改向，半农半商户绝大多数停商归农。安排棉布、食盐、食油、白酒、食糖、粮食六个行业，对零售商本着“既要改造，又要给饭吃”和“国家需要与可能，私商自愿与申请”的原则，安排棉布、食盐、白酒、食油代销等。致使有一些地方无布商、无酒商，无盐商，形成合作社忙、私商耍、群众等的现象。后撤并国、合商业网点，让出部分市场和经营品种，降低批发起点，扩大批零差价，使私营商业营业额有所上升。

1956年，根据“统筹兼顾，全面规划，经济改组，全行业公私合营”的方针，各县成立对私改造办公室，各区成立私改工作组，试点后，分批铺开，实行全行业公私合营、合作，走合作化道路。至是年底，对私营工商业的社会主义改造基本完成。

（十二）粮食统购统销

1953年冬，学习贯彻中共中央《关于实行粮食计划收购和计划供应的决议》《关于实行粮食计划收购和计划供应的命令》，粮食由国家统购统销，禁止国家粮食部门以外的任何单位和个人经营粮食。各县由党内到党外，先干部后群众，逐级动员，采取多种宣传形式，广泛深入宣传粮食统购统销政策。粮食统购统销工作初期，群众接受的态度各异：贫农积极，中农次之，富农抵触。通过反复宣传政策，逐步被人民群众接受。

1954年，各县政府对全年粮食征收、统购工作统一布置，征购结合，一次进行，实行自报产量，扣除留粮按余粮派购。1955年8月，国务院发布《农村粮食统购统销暂行办法》，实行定产、定购、定销的“三定”政策，规定定产、定购三年不变，定销一年一变。是年9月，传达毛泽东《关于合作化问题》的指示，讨论秋征，落实“三定”。依各户田土面积、土质肥瘦、自然条件，按常年产量定产；分中低山区、高山区人均定产派购。定购，根据定产数，参照生产、生活水平，先内部试算，提出留粮标准，不统购农民全部余粮的原则，对中低山区每人留口粮190～210公斤（种子、饲料在外），计购比率为余粮的85%；高山区，每人留口粮205公斤，计购比率为余粮的84%。定销，支大于产的为定销户，实行一年一定。

从1956年小春起，豌、胡豆亦实行统购。采取派购与市场收购相结合的办法，按小春50%，豌胡豆40%控制到乡，直接派购到户（社），其余控制到区，由市场收购完成。是年，在贯彻“三定”基础上，粮食统购统销分大小春两次统购，以农业社为统购单位，带动单干户交粮。尔后粮食统购统销逐步形成制度化。

（十三）整风“反右”

1957年8月，各县委贯彻中共中央《关于整风运动的指示》和《组织力量反击右派分子的猖狂进攻》的指示后，一场反击资产阶级右派进攻的斗争在各县展开。各县委成立整风领导小组及办公室，实施对运动的具体领导。随即在各县开展以反对官僚主义、宗派主义、主观主义为主要内容的整风反右运动。各县采取分期分批、集中和分散相结合的办法，在县区机关、农村、工商企业、文教卫生、区乡财贸等各行各业进行，经历三个阶段。

第一阶段 各县集中县区党政机关干部进行整风学习，主要学习文件，领导动员并带头检查官僚主义、主观主义、强迫命令和生活作风等问题，发扬“知无不言、言无不尽”的精神，启发大家联系党的领导、农业合作化的优越性、粮食统购统销、新中国成立以来的政治运动等问题，运用大字报、小字报、大会、小会、来信、来访等多种形式，给党组织和领导干部提出批评、建议。在端正认识，消除顾虑的基础上，开展大鸣大放，大争大辩，让每个人说出“心里话”。通江县在县、区级机关整风中，有1757人参加，运动中共张贴大字报3.67万张，人均20.8张；提意见8.28万条，人均47.1条；巴中县党政机关干部共提意见10.57万条，经认定，正确意见占47.22%，基本正确占26.66%，错误意见占18.21%，攻击言论占7.91%。

第二阶段 在县区两级党政机关干部集中学习期间，当大鸣大放告一段落后，各县根据鸣放材料，分系统按单位全面开展反右派斗争。对参加整风的人，按毛泽东《关于正确处理人民内部矛盾问题》中的六条政治标准排一、二、三、四类；贯彻“依靠左派，团结中间派，分化孤立右派，打击右派”的方针，组织积极分子集中火力点名批斗，各县在机关、学校、工矿企事业和工商界中划出右派分子。同时，根据省委在工人、农民、士兵、营业员、小商小贩、城市贫民、农村医生等一部分人员中戴“反社会主义分子帽子”的指示，把思想认识问题当做政治问题划分反党、反社会主义分子（统称为“坏分子”）。对所划的反、坏、右分子或逮捕法办，或管制、劳教，或开除公职，或送农场监督劳动。凡反、坏、右分子，是领导干部的降职、降薪；是党、团员的开除党、团籍；是工会会员的开除会籍；是农业社社员的降为后补社员；部分人还被剥夺公民权利。由于“左”的影响，造成严重扩大化的错误，致使不少人蒙冤受屈，家属子女受到牵连。巴中县划出“右派”327人，其中教师115人，工商界11人。全县划出反党、反社会主义分子2812人。通江县划出“右派”分子173人，其中，机关和事业单位88人，文教卫生77人，工商界8人。划出反党、反社会主义分子1608人。南江县有193人被划为“右派”分子。

第三阶段 1958年初，各县转入整改，各单位成立整改小组，对鸣放中所提意见，制定整改方案，交群众讨论通过。最后，学习文件，指评反省，提高思想，总结鉴定。至6月中旬，运动结束。1959年，各县委遵照中央《关于右派分子摘帽的指示》，成立摘右工作领导小组及办公室，对整风反右和社会主义教育运动中的各种类型的反、坏分子进行清理、摘帽；社会上的地、富、反、坏分子按原来的身份对待，不再称反社会主义分子。1963年3月，根据中央指示精神，对划出反党、反社会主义分子作“一风吹”。至1963年底，巴中县摘掉“右派分子”帽子145人。至1964年3月，通江县摘掉“右派分子”帽子140人。1978年6月，根据中央关于全部摘掉“右派分子”帽子的决定，各县委成立“摘帽领导小组”，组织干部抓“摘帽”工作。至1979年9月底，通江县基本结束右派的摘帽和复查改正、安置工作。1982—1984年，通江县又复查反右案件570件，对在反右斗争中错划为“右派”的人，全部予以改正，收回安排工作75人，作退职退休处理7人，补发抚恤费8人，补发工资7人。其余各县全部予以摘帽。

（十四）“大跃进”

1958年，各县先后召开“学先进、反保守”的技术革命跃进誓师大会，布置工农业生产全面实现跃进的任务。随后，各县掀起“学、比、赶、超先进”的跃进誓师高潮。县、区、社单位和个人订立跃进计划，按“多快好省”修订跃进增产指标，并要求各行各业开展挑、应战。粮食部门提出实现“四无县”（无鼠雀、无霉烂、无虫害、无事故）要求，发动和组织群众“见缝插针，见空就种”，多种晚秋作物，保证粮食增产；税务部门提出实现“三无县”（无偷漏税、无差错、无拖欠）；

公安、政法、军事等部门“誓以挟泰山超北海之勇，诸葛亮之谋，掀起保卫工作大跃进”；卫生部门提出1960年实现“八无县”（无鼠、麻雀、蝇、蚊、蟑螂、臭虫、虱子、跳蚤）；农村各社队开展“打擂比武”，插红旗，拔“白旗”。

在农业“大跃进”中，各县提出“跃进再跃进，提前实现粮食亩产400公斤，棉花亩产30公斤，每户3～5头猪，争取上成都”的口号，要求实现“运输车子化，耕种机械化或半机械化”“苦战一冬春，全部实现水利化”，掀起技术革命的高潮。要开展高额丰收竞赛运动，要求双季稻亩产一律达到500公斤以上，中稻亩产500公斤的达到667公顷，其中40%的面积要亩产750公斤以上。庚即，各县发动群众“见缝插针，见空就种”多种晚秋作物，保证粮食增产。组织农业生产大军“大办农业”“大办粮食”，实行田间扎营，以女代男，挑灯夜战，做到起床、吃饭、休息、出工、收工“五统一”。1960年，各县遭受特大旱灾，粮食大幅减产，又大量外调粮食，大搞储备粮，致使社员口粮每天不足半斤原粮，只得大搞“代食品运动”，导致水肿病大量发生。通江县患肿病、干病8642人，开支肿病医疗费2万元。

在工业“大跃进”中，各县贯彻中共中央北戴河会议精神，落实“全党动员、全民动手，大力发展钢铁生产”的指示，全面开展“以钢为纲”的“大跃进”。各县为保证“钢铁元帅”升帐，县委成立钢铁指挥部及办公室，抽调脱产干部、农村青壮年（包括部分妇女）组织万人的“钢铁大军”上山“大战钢铁”，实行“大兵团作战”，一个以大办钢铁为中心的“大跃进”高潮很快掀起。按照“组织军事化、行动战斗化、生活集体化”要求统率钢铁大军。县、区、乡层层办炼铁厂，机关、学校人人投入大办钢铁，家家户户“献送废钢铁”运动。通江县铁溪、平溪和南江县杨坝、上两等地满山遍野砍树烧炭、挖矿建炉，大炼土窑铁、罐罐铁、烧结铁。高炉林立，烟囱四起，满山遍野都在砍树烧炭，挖矿建炉，大片森林毁于一旦。在四川省委书记李井泉的“烧结铁有把握，各地要普遍搞”，“不一定要烧24小时，只要矿石熔化就行了”的电话指示后，什么土窑、石灰窑、砖瓦窑、煅矿窑都在炼烧结铁，全部烧成“炉屎”。1959年5月，转为县办，采取“三固定”（人员、高炉、产量），制定五条纪律防止工人逃跑。通江县共建大小土高炉531个（投入生产148个），“洋”高炉4个。南江县共产生铁1.45万吨，每吨投入劳动力247个。大炼钢铁成本高，质量低，且影响农业生产，到1960年，便收缩下马。1960年、1961年连续遭受旱灾，为支援农业两次压缩职工。到1962年铁厂停办。

在“大跃进”中，除农业、工业“大跃进”外，各县还组织万人大军“大办交通”，成立筑路司令部，组成筑路民工团，抢修公路，疏通航道等。

（十五）人民公社化

1958年8月，各县认真贯彻中共中央《关于在农村建立人民公社问题的决议》，在农村掀起人民公社化运动。小社并大社，将高级农业生产合作社组建成“一大二公，政社合一，工、农、兵、学、商五位一体”的人民公社。公社实行半供给半工资制，社员的伙食全由社里包干供给，并按劳强弱、技术高低、劳动态度评定三等六级的工资，月工资最高8元，最低3元，平均5元。有的社队只发当月工资，多则发三四个月，即因无钱而停发。为使“生活集体化”，公社以生产队为单位，建立一至二个“公共食堂”。还以管理区为单位办起“敬老院”“幼儿园”，实行“吃饭供给制，劳动工资制”。通江县将86个乡组建为74个人民公社（一乡一社的62个，两乡一社的12个），入社农户8.01万户，40.33万人，占总人数、户数的99.4%。办“公共食堂”4622个，集中8.01万户26.21万人在食堂吃饭，实现“公共食堂化”。南江县建起73个“政社合一”的人民公社。共建4418个食堂。至是年10月，除部分农户未入人民公社外，全部乡镇组建为人民公社，宣布实现人民公社化。原乡人民委员会改为公社管理委员会，内设办公室、基建水利、农经、工业交通、文化卫生、财粮会计、武装保卫等机构和供销部、信用部；公社管理委员会下设管理区（1962 年改为大队）、生产队。

人民公社化前后，实行“组织军事化、行动战斗化、生活集体化”，将劳动力组成营、连、排、班。强调“一条心、一股劲、一个样”，取消自愿和有利于生产的原则，拆迁民房集中办食堂，砸锅罐炼钢铁，挖灶泥、墙壁作“肥料”，掀起大办“公共食堂”高潮，一个多月实现“公共食堂化”，成立洗衣组、缝纫组、托儿组、幼儿班、敬老院。是年 11 月 1 日起，实行半供给半工资制，社员的伙食全由社里包干供给，“敞开肚皮吃饭，鼓足干劲生产”。

共产风、浮夸风、瞎指挥风、强迫命令风、干部特殊化风，也伴随着公社化到处出现。随着“大跃进”和人民公社化运动进入高潮，各县高指标、高估产、浮夸风，泛滥成灾。1961 年上半年，贯彻《农业六十条》，进行整风整社运动，纠正“共产风”“浮夸风”“一平二调”。是年，各县公共食堂全部解散，恢复“按劳分配”原则，生产逐渐复苏，“左”的错误得以克服和纠正。

（十六）战胜三年自然灾害

继“大跃进”之后，1959 年各地又以高指标、瞎指挥、浮夸风和“共产风”为标志的“左”倾错误继续泛滥，掀起更大的跃进高潮，农业开展大面积“高产运动”。是年 6 月，境内各地夏旱接伏旱，致使田塘枯竭，沟渠断流，禾苗枯萎，粮食减产，各县增种晚秋作物，以弥补干旱所受损失。是年 9 月，降低口粮标准，机关干部每人每月 9.5 公斤，中学生 13.5 公斤，居民 8.5 公斤。粮食熟食品一律凭粮票供应，棉布、肥皂、香烟、白酒、食糖凭购货证购买。公社一些农民严重缺粮，水肿病人多，饿死百余人，连征购都交不起，公社还开展“反右倾”，大搞储备粮，强迫社员把救命粮送往管理区，农民叫苦不迭。

1960 年春节前夕，“为使民众春节愉快”，各地“公共食堂”在春节那天每人吃大米 1 斤、酒 2 两、糖果 2 两、猪牛羊鱼肉半斤。农民每人每天吃粮 8 两（即半斤），住院水肿病人每天另补助 2 两、食油 3 钱。是年 2 月，“发动群众，大种南瓜”，规定农村、机关、团体、厂矿、学校每人种 20～30 窝南瓜。是年 5 月初，为肿病干病、妇女子宫脱垂等病人办临时医院。是年 5—8 月，夏旱接伏旱，田土干裂，粮棉薯类作物成灾过半。是年 9 月中旬起，大抓粮食增产节约，战胜灾荒，保障城乡人民供应。各地利用冬春空闲时间大搞“代食品运动”。当年，达县地区下达粮食外调任务，支援京、津、沪、辽等大中城市。

1961 年是连续遭受自然灾害的第三年。各县安排粮食，增加农村劳力农忙口粮；增划自留地，人均达到一分四厘左右，并压缩工业劳力充实农业第一线。“公共食堂”解散后，口粮分配到户。是年 5—7 月，境内各地夏旱近 50 天，各县少栽水稻数万亩；是年 7 月又遭受伏旱，数万亩农作物受灾。面对再次旱灾，大种晚秋作物，大抓蔬菜生产；允许社员开垦与自留地面积同等的荒地耕种；省、地、县拨款解决群众口粮和医药费，并减免农业税征实，帮助群众渡过难关。

（十七）贯彻“八字方针”

1961 年夏秋之际，各地开始贯彻中共八届九中全会关于对国民经济实行“调整、巩固、充实、提高”的八字方针。调整农村生产关系。是年 6 月，公共食堂解散后，自是年 7 月起，按照中央关于《坚决纠正平调错误，彻底退赔的规定》，退赔拆迁的民房、财产等，是年 11 月，贯彻《农村人民公社工作条例（草案）》（即《农业六十条》），对农村基本核算单位由管理区下放到生产队的试点。至 1962 年夏，除个别公社外，一律实行以生产队为基本核算单位，实行“三级所有，队为基础”，将管理区改划为大队。恢复了自留地、自留山、饲料地，并鼓励社员发展家庭副业；场镇恢复集市贸易，调动了农民的生产积极性。与此同时，通过整风整社运动，纠正“三高”（高指标、高估产、高征购）、“五风”（共产风、浮夸风、命令风、干部特殊风和对生产瞎指挥风），并处理一批严重违法乱纪干部，使党群、干群关系好转。精减职工，压缩城镇人口。1959年5月，所有钢铁厂转为县办。1960年3月，精减民工，充实农业战线。是年8月，中央发出《关于坚决地认真地清理劳动力加强农业生产第一线的紧急指示》，1961年1—4月，又有大批工人离厂返社。1962年铁厂下马，煤炭企业精减职工，并于是年7月，精减压缩公社、大队干部，加强农业第一线。城镇吃商品粮人口基本保持到1957年人数。恢复轻工业和手工业生产，满足群众日常生活用品需要。1962年精减职工、压缩城镇人口继续进行，而土纸、土陶、锅罐、竹木铁业加工、针织、小五金、糖果等业则适当增人，并恢复县手工业管理局，组织生产，以解决生活生产用品供应紧张的矛盾。通过调整恢复，各县工农业总产值上升，粮食总产增加，人均分配粮食由1962年不足150公斤到1964年200公斤以上。

（十八）社会主义教育运动

从1962年11月起，各县在农村普遍开展以阶级教育为中心，以煞住单干思潮为重点，打击地富反坏嚣张气焰和封建残余势力的破坏活动，抵制资产阶级思想和资本主义倾向的社会主义教育运动（简称“社教”，亦称“四清”运动）。各县设立社会主义教育运动办公室。县委抽调县、区干部组成工作组，在人民公社开展社会主义教育运动。运动中，主要进行新旧社会、集体与单干、新旧两个市场的对比教育，坚定农民走集体化道路的决心和信心；进行阶级斗争、社会主义教育、组织贫下中农阶级队伍、“四清”（清政治、经济、组织、思想），要求干部参加集体生产劳动。同时，按《六十条》的规定，查处土地、林木及集体财产等问题。虽然对解决干部作风和经济管理等方面的问题起了一定作用，但由于把不同性质的问题都认为是阶级斗争在党内的反映，使不少基层干部受到不应有的打击和处理。

1963年初，各县开展以清工分、清账目、清财物、清仓库（亦称“小四清”）为内容的“社教”试点。是年10月中旬，从县、区、社抽调人员组成工作团、工作队，在部分公社、大队、生产队展开“小四清”运动。通过“揭阶级斗争盖子”、干部“洗澡下楼”，搞社史、村史、家史教育，清理和审定阶级成分，狠批“四大自由”，建立健全各种组织和各项制度等步骤，历时3个月。1964年1月中旬结束，以区建立领导班子，组成工作队，进行第二批“小四清”，是年4月下旬结束。两批“小四清”对公社干部的“四不清”问题基本搞清楚，大队、生产队向群众公布账目，并实行退赔。

从1963年起，各县在农村以宣讲中共中央《关于目前农村工作中若干问题的决定（草案）》、《关于农村社会主义教育运动中一些具体政策的规定（草案）》《农村人民公社工作条例修正草案》《即六十条》等为主要内容。对开展运动的人民公社所属财贸单位的“五反”（反贪污盗窃、反投机倒把、反铺张浪费、反官僚主义、反分散主义）运动也一并结合进行。并重点清理财经物资部门的经济损失、票证管理、财务账目，检查领导作风，以期解决财贸经营管理的两条道路斗争问题。县、区全民、集体所有制单位亦分批开展“五反”和“社教”运动，通过“揭阶级斗争帽子”，搞社史、村史、家史教育，清理和审定阶级成分，狠批“四大自由”；通过层层“洗澡下楼”“放包袱”，彻底揭露官僚主义、分散主义、铺张浪费和资本主义经营作风，大张旗鼓反对贪污盗窃和投机倒把活动。

1964年4月，南江县共揭发贪污盗窃、投机倒把和其他严重损害国家和集体利益的有2.45万户，共退赔金额17.74万元，土地201.33公顷，粮食2.5万公斤，公物1.72万件，布匹1900余尺。犯有“四不清”干部有1515人。38个公社的4.15万户农户中，通过审定成分，贫农为2.03万户，中农、上中农8853户，其他408户。通江县共40个公社、216个大队、1416个生产队、3.72万户，16岁以上的成年人7.69万人。受教育3.27万户，占总户数的88.6%；7.36万人，占成年总人数的

95.7%。公社、大队、生产队三级干部1.24万人中，对犯有较严重错误的136名干部给予党纪处分51人，行政撤职85人；对有单干活动的1342个生产队，退出田土0.10万公顷、大型农具5215件，种子6.19万公斤，耕牛272头、生猪79头；揭发出有各种破坏活动的地富反坏分子1823人，占四类分子总数的23%，先后批斗98人，逮捕12人，管理48人，劳教1人。

1964年5月起，各县分批组织"社教"复查工作团，遵照"双十条"精神，进一步解决敌我问题、"四清"问题、干部问题、阶级路线和两条道路斗争问题，真正做到人人过关，个个自危。将县、区干部中"四不清"严重和"有问题"的人遣送到"试验田"继续反省、交代问题，劳动改造。是年底，通江县划出有"错误严重"的干部（三类）121人，属"敌我性质"（四类）的干部101人。"四不清"严重和"有问题"的80余人遣送到杨柏、泥溪两处"试验田"继续交代问题并进行劳动改造。

1965年起，中共中央《关于农村社会主义教育动员中目前提出的一些问题》（亦称"二十三条"）下达后，各县召开干部会议，传达贯彻中央文件精神，并结合学习省委书记李井泉在南充县"五干会"上的讲话录音。随后，各公社分别召开"三干会"，宣讲"二十三条"。同时，县委组织力量纠正"社教"运动中打击面过宽的问题，对经济退赔实行"减、免、缓"；对原划为三、四类的干部进行核查。通江县核定三类干部143人，比原定数上升18.1%；四类干部66人，下降35%；受党政纪处分的69人中不宜留机关的62人，除法办、劳教、开除公职7人外，降薪送农场劳动45人，到"试验田"10人。是年6月至1966年"文化大革命"初，遵照"二十三条"的规定和省委的指示，全面展开"清政治、清经济、清组织、清思想"为主的"四清"运动（亦称"大四清"）。中共达县地委决定集中全地区"社教"工作队力量，分批分期对各县城乡开展"社教"。各县"社教"分团先后参加其他县的"社教"。各县则以贯彻"二十三条"为中心，在面上开展"四清"。1966年，社会主义教育运动停止，县委的"试验田"解散。

（十九）农业学大寨

1964年，中共中央和毛泽东发出"农业学大寨"的号召。是年起，各县委积极响应，开展"比、学、赶、帮"活动，各县人民掀起兴土、改土、造田的热潮。1966年后，各县正常的生产、生活秩序被打乱，党政机构完全瘫痪，"农业学大寨"被停止下来。同时，造反派对各县树立的"农业学大寨"先进典型进行批判，除少数社队外，多数社队处于低潮。

从1968年起，各县生产委员会再次把"农业学大寨"提上工作日程，各县选派人员集中到各地大寨点去学习改土治水的经验。随后，各县选择公社示点抓"农业学大寨"的样板。把主要精力用在改土建田、治山治水上。同时，各县在治山治水过程中，一边劳动，一边组织革命大批判和斗私批修，批判刘少奇、李井泉，批判采用大寨评记工分的办法，即一月或一季度评一次工分，而标准则是活学活用毛泽东思想、劳动态度、革命干劲等，于是出现七八十岁的老大爷、老太婆踊跃参加毛主席著作学习班，许多人晚上劳动不留名不要报酬等"好人好事"。到1969年，平昌县在地势高处修堰塘1口，拦山引水渠24条5000余丈，蓄水池20余个，造大寨田1.67公顷，地变田0.33公顷。

1970年，各县革委在规划农业发展计划时提出，"学大寨，赶浙江，革命加拼命，加速跨农纲"，深入开展农业学大寨的群众运动，要采取回忆对比、路线分析、斗私批私的办法，大宣传，大学习，大造舆论，大搞农田水利建设。是年，各县选派县、区、社、队代表参加省革委召开的农业学大寨会议。

从1971年起，各县革委每年都召开大型农业学大寨会议，要求把"农业学大寨"提到方向、路线的高度上来认识。而学习的内容主要是坚持政治挂帅、思想领先的原则；学习自力更生、艰苦奋斗的精神；学习爱国家、爱集体的共产主义风格。在措施上坚持大抓农田水利建设，各地农闲都要修建水库、堰塘、沙凼、引水渠，部分生产大队、生产队，常年有农田水利建设专业队；坚持改造田地，各县要求加厚田土1.5尺，在荒山荒坡大造大寨式梯田；坚持扩大复种面积；坚持自繁和引进优良品种；坚持做到人均一头猪，养猪造肥和造土化肥；坚持发展农业机械化。同时，县委、县革委还多次发出深入开展农业学大寨的决议。

1973年，各县抽调县、区、社三级机关干部，长期深入基层蹲点，抓先进带中间。县委、县革委所有领导坚持定期到试点生产队或工地，与普通农民同吃同住同劳动。学校师生每年也要抽时间参加劳动。是年，新华社、中央人民广播电台对南江县石板公社六大队“农业学大寨”的经验给予专题报道和高度评价。各县再次掀起农业学大寨的高潮。

1975年11月上旬，各地传达贯彻全国农业学大寨会议精神，回顾十年学大寨、五年赶昔阳的历程找出差距：一是粮食总产徘徊；二是农田基本建设修修补补，守旧摊子；三是耕作制度因循守旧，科学种田没有打开局面；四是农民分配低，穷队仍然很多，对国家贡献少。是年冬至次年春，出动大批劳力掀起治山治水高潮。各县大力表彰、奖励农业学大寨先进单位。

1976年，各县召开由四级干部参加的全县农业学大寨会议，传达华国锋“全党动员，大办农业，为普及大寨县而奋斗”的讲话精神，总结交流农业学大寨经验，安排部署“办好专业队，搞好农田基本建设”的工作。各县各地群众性的农田水利建设逐步转入专业队常年施工。县委、县革委和县级机关，坚持“三人工作一人干，抽出两人上前线”，⅓留机关，⅓搞基本路线教育，⅓下放抓农业学大寨。平昌县特别成立风滩电站指挥部，并启动一期工程。平昌县委常委平均每月参加集体劳动5.4天，区委主要领导平均每月参加集体劳动6.4天，公社党委主要领导平均每月参加集体劳动13天。全县水利工程开工2403处，新增灌面0.61万公顷，续建完工小水电3座，新开工11座，改造低产田0.24万公顷，坡地改梯田259.8公顷，修公路70余公里，修机耕道280公里。

1977年，各县委先后召开区、社党委书记和基本路线教育工作队队长电话会议和四级干部电话会议，传达总结第二次全国农业学大寨会议精神，并提出“全党全民总动员，大学大批促大干，艰苦奋斗创新业，两年建成大寨县”的口号。向全县人民发出《公开信》，倡议全县人民在县委领导下，认真落实党中央“抓纲治国”的伟大战略和全省农业学大寨会议精神，把深批“四人帮”、农业学大寨、工业学大庆的工作搞得更好。同时，各县召开农田水利基本建设会议，部署《为加快本县建成大寨县而奋斗》的各项工作，讨论并通过《1978—1980年农田水利基本建设初步规划》。会后，各地都把农业学大寨、建成大寨县作为重要工作不抓，通过群众性的突击队和专业施工相结合，各地农田基本建设的大干快上，生产条件逐步改善，抗灾能力不断增强。至1978年，南江县修建改土、改田0.4万公顷，新增蓄水量4000万立方米，新增灌溉面积0.67万公顷，植树造林、绿化荒山0.6万公顷，新增各种农业机械动力1.7万马力，发电量由71万千瓦时增加到350万千瓦时。被达县地区命名为大寨式公社1个；被县委命名为“大寨式大队”28个；8个公社和48个大队跳入学大寨先进行列。平昌县新开工水利工程1739处，完工1166处，新增塘库容水6874万立方米，超过中华人民共和国成立后水利工程蓄水总和。

党的十一届三中全会后，随着农村联产承包责任制的落实，农业学大寨群众运动逐步消失。

（二十）安置知识青年

1964年初，中央、国务院《关于动员和组织城市知识青年参加农村社会主义建设的决定（草案）》下达后，各县成立“安置领导小组办公室”。是年4—5月，首批重庆上山下乡知识青年分赴各县。随即建起社办农、林、牧、茶场安置知青。1968年，毛泽东发表“知识青年到农村去，接受贫下中农再教育很有必要”的指示，知青上山下乡形成热潮。1970 年 10 月，设立县革委“知识青年上山下乡领导小组”，接受安置知青（含重庆和本县）到部分生产队落户。1972 年起，区配备知青专干。1973 年 11 月，县革委内改设“知青工作办公室”（简称“知青办”），各区、社、队分别成立“知青办”“知青工作小组”。从 1974 年起，知青中有的陆续调离农村，被招生、招工或入伍、回城。1978 年中央 74 号文件下达后，对知青统筹安排，解决就业问题。直至 1980 年 10 月底全面结束知青工作。

（二十一）“清队”“一打三反”

1969 年 2 月，遵照毛泽东“清理阶级队伍”的指示，各县成立“清队”办公室与“斗、批、改”办公室合署办公。进行清理试点。1970 年 3 月，各县革委成立“一打三反”领导小组，区、社指定专人抓工作，与“斗、批、改”一起进行。各县抽调干部，组成“军宣队”，结合贯彻中央“一二·二五”批示，以“阶级斗争为纲”，开展“打击反革命破坏活动”“反对贪污盗窃、投机倒把、铺张浪费”和“清理阶级队伍”运动。发动群众“大检举、大揭发、大批判、大清理”，“深挖细查深藏的一小撮阶级敌人”。清查中，“开展忆苦思甜”教育，吃忆苦餐、唱忆苦歌、演忆苦戏，“忆旧社会无权之苦，比新社会有权之甜”，加深对旧社会、阶级敌人的仇恨。通过“查来路、查档案、查历史、查表现”“打一场深入持久的人民战争”。1971 年改设“一打三反”办公室。是年 4—9 月，又开展批判极“左”思潮，清查“反革命阴谋集团五一六”“反动组织三老会”（简称“批清”）运动，继续清理“九种人”，对有极“左”思潮的人，送进“一打三反”学习班，个别地区和单位办“批清”学习班。1972 年 7 月，宣布“批清”犯了方向路线错误。1973 年 2 月，对在“批清”中受审查、批斗的人恢复名誉、安排工作，恢复党团组织生活。“一打三反”运动持续到 1975 年。

（二十二）整党整风

为恢复和发扬党的优良传统和作风，各县委遵照党中央和省、地委的部署，在全县各级党组织中开展整党整风，进一步提高全县党员觉悟，纯洁党的组织和队伍。

1977 年 3 月起，各县委先后发出《关于加强领导班子革命化的决定》《关于开展整党整风试点工作的意见》，召开县级机关党员干部和以区为单位集中公社以上脱产干部，开展整党整风。1978 年起，为贯彻省委关于《开展“一批两整顿”（批判“四人帮”，整党整风和整顿各条战线）运动的几点意见》，各县委作出整顿企业和农村社队的部署。农村社队的“一批两整顿”在各区社基本路线教育工作分团（队）的指导下进行。整党整风运动主要学习《论十大关系》，揭批“四人帮”罪行，联系思想实际进行自查互帮，批判错误，肃清流毒和影响，把各级班子的思想作风整顿搞好，把群众的积极性引导到抓革命、促生产、促工作、促战备上来。整党整风分三个阶段进行。

第一阶段　大动员，大宣传，大学习，解决认识问题。重点开展“十批判”（狠批资本主义、派性、无政府主义等），把“四人帮”在各系统和各单位流毒深、影响大的谬论梳成辫子，抓住重点，逐一批判，把被他们颠倒的路线是非、思想是非、理论是非，统统纠正过来。

第二阶段　开展革命大批判，进行“三大讲”（县委领导和各单位领导首先带头讲，然后绝大多数单位选择受“四人帮”毒害较深又认识好、立场转变快的，现身说法讲，通过领导带头、典型引路，造成人人上阵的局面，大讲同“四人帮”及其在平昌的帮派势力作斗争的经历、经验和体验），对党员和干部的进行鉴定，对每个人的成绩、缺点、错误，重点是在第十一次路线斗争中的表现，作出全面的分析和估价，搞好思想整顿。

第三阶段　抓组织整顿和组织建设。先是发动群众，调查摸底。再开展“六查六看”（查看路线、斗志、思想、干劲、作风、团结等），总结工作，找出矛盾。然后开门整风，上帮下促。最后是“调整一批、处理一批、提拔一批”。在组织整顿和组织建设中，区别进行对待。平昌县对七个总支、37个支部进行改选，改建党委两个，新建支部三个，对33人进行组织处理（其中政治问题17人），挑选、考察、培养建党积极分子126人。在思想整顿的基础上，进行组织整顿和组织建设。平昌县对53个公社、426个大队、8个机关和厂矿企事业单位的班子进行重点整顿，对129名党员分别给予处理，对“五常”（常犯错误，常不改，常居下游，常伸手，常回家）干部进行清理。对其中的32名“五常”干部给予纪律处分，另有20余人被大会批评帮助，70余人受小会批评帮助。同时，在各级班子中，调整充实2876名干部。

七、“文化大革命”

1966年5月下旬，各县召开会议传达贯彻中共中央“五一六”通知和省委关于“文化大革命”的指示。各县委成立“文化大革命”领导小组，县级机关、厂矿、企事业单位普遍建立文化革命委员会或领导小组。县委随即派出工作组，到各中学、文化单位及全县社队领导开展“文化大革命”。是年6月初，各县级机关学校内部开始贴大字报，批判县内的“三家村”“四家店”，随即县委派工作组进驻部分中学和各文化单位。是年7月中旬，揪斗“反动学术权威”。是年8月8日，中共中央《关于无产阶级文化大革命的决定》下达。在“文化大革命”初期，实际是和大“四清”结合进行，主要贯彻中央“二十三条”进行“四清”。各县集中各中学教职员、工人代表、学生代表在县城进行“文化大革命”学习。是月，各中小学按中共中央《关于无产阶级文化大革命的决定》精神，由家庭成分为工人、贫下中农、革命干部的“红五类”学生组成“红卫兵”大队和“红卫兵”小队。“红卫兵”大队和“红卫兵”小队，为显示“不破不立”的革命精神，结队到城乡掀起“破四旧、立四新”（即破旧思想、旧文化、旧风俗、旧习惯，立新思想、新文化、新风俗、新习惯）的热潮。各县所有古建筑物上的龙凤图案、人物战场皆被视为“封、资、修毒草”而被铲除；众多有考究价值的石刻、碑碣被捣毁无遗；不少古旧书籍、字画被没收焚毁；一些店、堂被换上带有“革命意义”的名称；县川剧团演帝王将相、才子佳人的部分演员受到批判，积攒数十年的古装道具被化为灰烬；巴中县耗资数万元的化成水库“水阁凉亭”被拆除，历时上百年的恩阳白塔被炸毁。是年9月，派驻各中学、各文化单位的“文革”工作组，组织职工、学生围绕清华附中红卫兵《对当前形势的十点估计》、成都红旗中学革命造反队《用毛泽东思想分析、批判、处理一切》和北大附中《告全国人民书》等外来传单开展大辩论。是年10月初，选派红卫兵代表赴京接受毛泽东（第五次）检阅。红卫兵代表返回本地后，在学校成立“红卫兵总部”，红卫兵把大字报贴到县委机关大门外，勒令：“撤走工作组，自己闹革命”，并开始到外地“串联”。巴中县巴中中学教职工成立“毛泽东思想战斗队”，学生成立“红岩战斗组”，并召开师生员工大会，揭发批判工作组的路线错误。平梁莲花山林场“卫红战斗组”亦在县委门口张贴大字报，提出“闹翻巴中县，闹翻大巴山，闹翻全中国”。接着，各学校停课闹革命，社会上各种群众组织纷纷成立。一时间，大字报、大标语铺天盖地；“革命无罪，造反有理”“砸烂黑县委，自己闹革命”等口号，响彻巴城，揪出“走资派”的标语到处皆是；西北“炮战兵团”，陕西“军电（临）”、川大“八·二六”等省内外大串联的红卫兵，纷至沓来。是年11月，成立“大串联接待站”。成、渝等地的大学生相继到处“煽风点火”，组成“外地革命学生联络站”；当地“造反者”推波助澜，一时间“火烧”“炮轰”的大字报和“砸烂黑县委”，揪出“走资派”的标语随处可见。是年12月，红卫兵组织扩大到社会、机关、居民、工人纷纷成立

"造反组织"。各县"文化革命领导小组"奉指示在农村、机关、工矿企业成立"工人赤卫军""农民赤卫队",以保护机关单位不受冲击。

1967年2月上旬,上海"一月风暴""全面夺权"的浪潮波及各县。一些群众组织首先冲击党政机关,集中领导干部训话,逼迫签字交权。是月下旬,机关造反组织夺县人委、县委的权。继之各机关、学校、工厂、农村、街道几乎都被夺权,党政机关相继瘫痪,各级所有领导干部大多数被指斥为"走资派"而被"罢官",一律靠边站,被勒令检讨,接受批斗。有的被挂上黑牌,戴上高帽,游街示众;有的批斗中罚跪、含尿谷草、坐"喷气式",甚至遭到拳打脚踢;各区、社、大队、生产队亦相继效仿,对领导干部进行残酷斗争。"夺权"声中,各种名称的"造反团"一哄而起,"勤务员"和"司令"多如牛毛。是年3月上旬,人武部对县级各部门实行军事管制。根据中央军委下达的镇反命令,公安机关依靠部分群众组织先后三次拘捕"造反"头目和骨干(是年4月下旬全部释放)。是月下旬,各县生产委员会、军管会根据中共中央关于"停止大串联,实行革命派大联合,建立革命三结合的临时权力机构"的指示,组建县革委筹备委员会,即遭到造反组织的"造反",在各县上下揪"黑手""黑干将"。为贯彻中央发布的"公安六条"和"军委二一七公开信"精神,公安机关拘捕部分造反组织头目和骨干。区、社也采取同样行动(被称作"三月镇反")。是年5月,中央发出《关于解决四川问题的指示》(简称"红十条"),"三月镇反"被否定,抓捕人员全部释放。造反派立即掀起"反击二月镇反"的恶浪,砸烂公检法机关,迫使武装部"平反",一时间"转弯""亮相""消毒""请罪"的批斗会随处可见,部分干群被揪斗、关押、背大鼓、坐土飞机、遭受毒打。造反组织有的恢复,有的被改组,有的被砸烂,各县城乡逐渐形成两大派而长期势不两立。从此,社会秩序更加混乱,由"大字报,大辩论"的文斗,上升为群众组织对立两派,互相攻击,导致棍棒与刀枪的武斗。

1968年1月,各县贯彻中共中央"七三""七二四"布告,筹建县革委,至此,县的党、政、财、文权力统归县革委。在"文攻武卫"口号煽动下,是年3月起,两派群众组织从县人武部抢走枪支弹药;接着,另一派群众组织派人从外地抢回枪支弹药。两派的武斗队开设"兵工厂",自制枪支、弹药、刀矛等武斗武器。派性武斗由打瓦片仗、捅钢钎急剧上升到真枪实弹。是年4—6月,各县掀起"反右倾翻案风"的恶浪,成立"反右倾办公室",举办"反右倾学习班",各县"走资派""黑后台""黑干将""坏头目",迫害干群的刑法达20余种。数以万计的干群被打成"小爬虫""变色龙",挂牌游街,跳"爬虫舞"。是年7月,中国人民解放军执行"三支""两军"任务,贯彻落实中央"七三""七二四"布告,经省革委批准,各县相继成立县革命委员会,下设办事组、政工组、生产指挥组、人民保卫组。自此,各县党、政、财、文权力统归县革委。是年9月,贯彻中共中央"九五"命令,收缴武器,摧毁武斗工事,集中两派主要头目和武斗骨干学习。依法处理两派组织中打砸抢分子,至此武斗方息。通江县两派组织武斗中共挥霍国家、集体资财68万余元,粮食28万公斤。有4936人遭毒打,3980人不同程度致残,1292人丧生。巴中县在鼎山寨、新桥河、恩阳河等地,两派发生激烈枪战,先后打死128人。南江县共损失国家财产170多万元,粮食35万多公斤,非正常死亡100余人。武装期间,交通经常中断,人民生活急需物资难以运回,煤油、食盐、化肥、农药等极度短缺,城乡人民皆不安定,工农业生产遭受严重影响。继而,各级、各机关、团体企事业单位亦陆续建立革委会或革领组。县委机关首先成立"斗、批、改"领导小组,集中未进入县革委的所有干部,开展"斗私批修"。县人委、公检法机关的干部,亦分别进行"斗、批、改"。各县革委、人武部召开宣传教育工作会议,决定对学校管理体制下放,工人、贫下中农毛泽东思想宣传队进驻学校。是年11月,县革委、人武部召开抓革命、促生产、促工作、促战备动员大会,要求坚决贯彻中央"一二·二五"批示,把人心统一到"一抓三促"。同时,各县革委先后派出"军宣队""工宣队”“贫宣队”进驻厂矿、学校、机关、居委会、社企事业单位，成立“群众专政指挥部”，清理“阶级队伍”。在清队运动中，南江县清理干部群众1.05万人，大小会议批斗的4960人，划为“敌我矛盾”的425人，被打成“死不悔改的走资派”县、区社领导29人。是年12月，各县组织毛泽东思想宣传队，及力推行“三忠于”“四无限”，把“早请示、晚汇报”“天天读”、跳忠字舞推行到城乡，人人在开会、生产、吃饭之前，都要站在毛主席像前，背语录，唱《东方红》，祝毛主席万寿无疆。到1969年3月，90%以上的区、社和单位建立革命委员会或革命领导小组，宣称实现在“大联合”“三结合”“各县一片红”。

1970年3月，贯彻中央（1970）3号、5号、6号文件精神，县革委成立“一打三反”领导小组及办公室，区、社指定专人负责，与“斗、批、改”一起进行。领导小组派出工作队，结合贯彻中共中央”一二・二五“批示，以阶级斗争为纲，开展”打击反革命的破坏活动、反对投机倒把、反对铺张浪费、反对贪污盗窃的“一打三反”运动和清理阶级队伍运动。经历宣传动员、检举揭发、深挖犯罪、内查外调、落实材料等阶段。运动中，发动群众“大检举、大揭发、大批判、大清理”，揭阶级斗争盖子，大搞“上挂下联”，无限上纲上线，酿成大批错案。

1971年，改设“一打三反”办公室。是年4—9月，开展批判极“左”思潮，清查“反革命阴谋集团五一六”“反动组织三老会”（老干部、老红军、老党员）的“一批双清”运动。对有极“左”思潮的人举行“一打三反”学习班，个别地区和单位办“批清”学习班。巴中县举办学习班41个，先后进入学习班的干部的干部633人（次），有的经过大会批斗，受到各种处分；有的影响到党团组织生活恢复及安排使用、工资调整。是年6—8月，在县、区、社干部中开展“批陈整风”，以毛泽东《我的一点意见》为武器，对陈伯达剥画皮、列罪状。重点批判陈伯达的“天才论”，并在干部中开展“反骄破满”“斗私批修”，给县革委核心小组提意见。“9・13”林彪叛逃事件后，各县委于是年9月下旬至10月上旬，先党内后党外，先干部后群众，层层传达中共中央关于林彪叛逃的5个文件，各县抽调党员，组成宣讲队，分批向党员传达中共中央7个文件。分三步向群众传达，并批判林彪的《“571”工程纪要》。1972年7月，县革委宣布“批清”犯方向路线错误。1973年2月，通江县对在“批清”中受审查、批斗的75人恢复名誉，安排工作56人，恢复党团组织生活6人。是年11月，各县在批林整风中，各县委常委实行开门整风，并决定向全县人民进行阶级斗争、路线斗争教育。“解决方向、路线、道路问题”，“纠正资本主义倾向”。同时，县委成立基本路线教育工作团，下设“基本路线进行教育办公室”。

1974年2月，各县围绕“批林批孔”，学习《哥达纲领批判》《国家与革命》等6本马列著作。各地办“五七”干校，建“理论小组”聘理论辅导员。后期，“批林批孔”逐步发展为“评法批儒”，少数人公开把批孔、批儒的斗争矛头指向县委，贴出“砸烂孔家店，解放少正卯”的大字报，叫嚷要进行“二次革命”，妄图再次夺权。是年5月起，在城乡开展“基本路线教育运动”。初期，以贯彻党的十大精神，深入“批林斗敌”，把巩固无产阶级专政的任务落实到基层为主旨。其后，或“以无产阶级专政理论为纲”，“批林批孔”，学小靳庄；或批资本主义，限制资产阶级法权，解决农村方向、道路问题；或“以阶级斗争为纲”，反击“右倾翻案风”，抓经济领域内的阶级斗争，推动农业学大寨；或以揭批“四人帮”为主题，结合整党整风，整顿领导班子；或重点宣传贯彻党在新时期的总任务和新宪法，落实党在农村的有关经济政策。基本路线教育分三个阶段进行。第一阶段重在发动群众，层层开会动员，学习有关政策和无产阶级专政理论，培养理论骨干；各生产队建政治夜校，办大批判专栏，理论骨干带头写大批判文章；清查“四类分子”，逮捕一批，判管一批。第二阶段重在开展经济领域内的阶级斗争，解决方向、道路问题，查贪污、反盗窃、打击投机倒把活动；清理乱砍滥伐，收回多划自留地，制止包产包户、分田单干；对所清查出的经济问题，督促退赔兑现。

第三阶段重在整顿基层党组织，加强班子建设。将运动中涌现出的积极分子吸收入党、入团；改选大队、生产队领导班子；采取民主生活会的办法，整顿党风和工作作风，立足解决基层领导班子“软、散、懒”的问题。

1975年1月，县革委全委会决定对“一批双清”运动中形成的材料，按上级规定应烧的烧，应退的退。是年春，贯彻邓小平关于“整顿”的指示，对各行各业全面进行整顿，解决干部队伍中涣散、软弱状态，各县形势明显好转。

1976年2月，开展所谓“批邓、反击右倾翻案风”，批判“三项指示为纲”，批判“唯生产力论”。但广大干群心有余悸，态度消极，仍集中精力学大寨，改造山河，兴修水利，大抓工农业生产，运动名有实无。是年10月，粉碎江青反革命集团后，“文化大革命”结束。

1978年，在城乡开展的“基本路线教育运动”结束。从1979年起，对在“文化大革命”运动中酿成的大批错案，始得平反昭雪。1980年，撤销各县“革委会”，复置县人民政府。

八、“巴中经验”

（据张忠孝专文整理）

1993年7月5日，国务院批准将曾是第二次国内革命战争时期全国苏维埃第二大区域中心的通江、南江、巴中、平昌四县从原达县地区划出，设立巴中地区。是年10月28日，举行挂牌仪式，正式成立巴中地区。地委、行署带领339万人民团结拼搏，苦干兴巴，经济社会各项事业取得了长足的发展，创造了闻名全国的“巴中经验”，被树为“全国扶贫攻坚的一面旗帜”。“巴中经验”在巴中建区七年全地区人民艰苦创业、改变贫穷面貌的实践中孕育、形成、巩固和发展。

（一）“巴中经验”的创立和形成

“巴中经验”是巴中地委、行署率领全地区广大干部群众以邓小平理论和党的基本路线为指导，在改变贫穷落后面貌的若干实践中逐步形成的。

巴中建区时，全地区所辖四县（市）中，有两个国家贫困县、两个省定贫困县（市），全地区仅有28公里三级油路和20世纪50年代建成的4对长话线路，人均用电相当于全国平均水平的9%，人均财政收入31元，人均占有粮食不足400公斤，有特困村1079个，建卡贫困人口91万人，有3100多农户住窝棚、岩洞，近20万人患有地方病。面对如此贫穷落后的现状，地委书记韩忠信、行署专员周登全带领地委、行署一班人，坚持调查研究、吃透区情、实事求是、科学决策，提出了“狠抓基础，快上工业，活跃商贸，开发旅游”的兴区战略和“三年打基础，五年上台阶，十年迈大步”的阶段性奋斗目标，强调自力更生、艰苦奋斗，全力推动新区建设“超常规、跳跃式”地向前发展。

地委、行署清醒地认识到，巴中这样的内陆边远地区之所以贫困落后，既有历史的客观的因素，更有长期以来形成的封闭保守、僵化陈旧的不适应社会主义市场经济发展的主观原因。如果不从人们的思想深处去解决问题，那么建设发展巴中将是一句空话。所以，地委、行署从建区一开始，就坚持把解放思想作为全面推进全地区各项工作的“总开关”，决定在全地区范围内开展“解放思想、更新观念”的长期教育活动，使广大干部群众在思想观念上实现一个质的转变，达到最大限度地统一认识和发动群众，集中力量去搞好新区各项建设事业，进而实现脱贫越温、富民兴巴的远大目标。从1993年10月5日地委第一次扩大会议发出“解放思想、更新观念，为加速推进大巴山老区改革开放和经济建设而努力奋斗”的动员开始，地委先后在全地区范围内进行了三次较大规模、较长时间的

“解放思想”教育活动。地级领导通过集中学习、会议讲话、发表专文等形式，有的放矢地对封闭保守、以老自居、以穷自卑、山沟意识、地方保护主义、平均主义、形式主义、裙带关系等不良、落后的思想倾向进行了深刻剖析批判，并从各个侧面阐述了解放思想、更新观念的重要性和必要性，进一步证明解放思想是加快巴中发展的先决条件。强调必须打破僵化、冲破保守，开拓进取，勇于创新，从而进一步树立“实事求是、发展才是硬道理、三个有利于为标准”等适应改革开放和社会发展需要的新思想、新观念。由于思想解放、认识统一，地委、行署在坚持经济建设为中心的前提下，发扬敢闯敢干、敢为人先的精神，敢想别人不敢想的办法，敢做别人不敢做的事情、敢走别人不敢走的路子，不瞻前顾后，不徘徊摇摆，明确目标，坚定信心。抓住巴中建区的历史机遇，看到劣势中的优势，积极组织、精心运筹，从实际出发，选准突破口和着力点，动员全区人民，发扬红军精神，自力更生，发愤图强，真抓实干，艰苦创业。在狠抓农、工、商等各业协调发展、齐头并进的同时，掀起了以改造干环线公路为主的交通建设第一轮大会战，探索出了适应巴中旱山区特色的户办水利的新路子。

1993 年 11 月，地委、行署主要领导带队行程 1100 公里，全面考察了巴中地区公路状况后指出：“必须尽快打破制约巴中地区经济发展的交通瓶颈，下决心集中力量苦干大干，要树立办交通就是办企业的思想”；“交通建设是新区建设的突破口”。随后，地委、行署发出了“全区动员、全民动手、大办交通”的号召，各级党政积极响应，不等不靠，说干就干。从 1993 年冬开始，各县（市）全面发动群众，集中人力、财力、物力，开始了第一轮交通大会战，相继对巴水路、唐巴路、巴乐路、平驷路、通水路、通达路、沙南路、双江路、平通路、通前路等干环线公路进行了改造和修建。三年时间，每年成建制地组织几十万群众，进行全民会战交通。地级领导经常上路，县（市）领导常年住路，基层干部同筑路民工一起同吃、同住、同劳动，形成了“百万大军战巴中”的动人场面。共完成投资 7.76 亿元，改造干环线 683.9 公里，新修 83.7 公里，建成砼路 118.1 公里，油路 258.1 公里，新建大中桥梁 69 座 58.9.1 延米，隧道 939 米，打通了四条出境公路。巴中交通落后的面貌从此一去不复返，巴中从此铺就了通向山外市场的脱贫致富的大道。

针对“十年九灾、十灾九旱”的区情，地委、行署把“治水兴巴”作为农村工作的重中之重来抓，通过在通江县赤江乡天井村微型水利建设试点，因地制宜提出了全地区水利建设要走“中、小、微结合，以小、微为主”的路子，发动群众在旱山村、社集中成片地打井、建池，修建微水工程，在全地区掀起了大办微水和配套解决人畜饮水问题的兴修水利高潮。由于政策优惠、群众实惠，微水建设发展迅猛。三年多时间共投入资金 5 亿元，建成微水工程达 11 万口，配套修建了人畜饮水工程近百处，有效解决了近 30 万人、20 余万头牲畜的饮用水困难，从而促进了全地区水利建设大发展，实现了农业的增产增收，确保了农村的社会稳定。

交通面貌的改观、微水工程的发展，是“巴中经验”形成的基本标志。1996 年 9 月 8 日，在全省农田水利基本建设“通江会议”上，省委书记谢世杰充分肯定了巴中地区的水利建设和交通建设成就，认为巴中在大旱之年连年夺得丰收，得益于大办水利；短短两年多时间，全地区交通状况彻底改变，得益于地委、行署的正确决策和发动群众投工投劳苦干大干；这是一个了不起的成绩，应好好总结推广“巴中经验”。“巴中经验”第一次被正式提出。

省委、省政府的肯定，增添了动力。地委、行署从巴中实际出发制定的全地区“九五”和中长期社会经济发展规划，进一步从各个方面拓展“巴中经验”的内容。到 1996 年年底，巴中地区以江北新区为代表的城镇建设取得了瞩目的成绩，干部试任、干部交流走在全省前列，以“创五好、建五有”为主要内容的农村基层组织建设闯出了新路，“建引结合，以引为主”发展电力的能源建设迈出了大步，通信设施建设一举在省内领先，个体、私营经济得到了长足发展，农业“四大工程”进展良好，扶贫攻坚已有 20 余万人跨越了温饱。巴中地区在解放思想中前进，在艰苦奋斗中发展，完成了“三年打基础”的既定目标。1996年10月28日,《人民日报》发表了《大巴山的奇迹》一文,专门报道了巴中建区三年苦干实干、面貌大变的喜人成就。是年10月5日,省委专门组织了“巴中行”新闻采访团报道“巴中经验”。是年10月30日,《四川日报》在头版头条刊出了大型系列报道《关于巴中经验的报告》,面向全省正式推出和全面介绍“巴中经验”。

(二)“巴中经验”的巩固和发展

从1997年至1999年,全国政协副主席杨汝岱、洪学智,还有胥光义等老将军、老领导先后到巴中视察,中共中央办公厅、中共组织部、国家物价局等也派员到巴中调研,一致称赞巴中的工作,肯定了“巴中经验”。《人民日报》、中共中央办公厅《工作情况交流》、新华社《每日电讯》《经济日报》、中央电视台、四川电视台等报刊、电视媒体先后对巴中工作和“巴中经验”作了报道,省委、省政府将“巴中经验”正式写入了1999年《省委工作要点》和《省政府工作报告》。从誉满全川到走向全国,“巴中经验”在巴中人民不懈进取、继续苦干的历程中不断得到巩固和发展。

面对成绩和荣誉,地委书记周登全、行署专员李克明带领地委、行署一班人不骄不躁,宠辱不惊,沉着冷静,正确估价形势,科学运筹决策。高举邓小平理论伟大旗帜,认真学习江泽民总书记“5·29”重要讲话,遵循十五大精神,进一步解放思想、求实创新,适应新形势、新情况和新变化。地委集中智慧、高屋建瓴,提出了既符合巴中实际又不违背市场经济规律的工作思路,坚持以非公有制为主构建区域经济结构,坚持用扶贫攻坚统揽全局工作,发扬科学加苦干的巴中精神,脚踏实地,继续大干实干,加大力度推动各项工作的健康有序发展,以更开放的政策、更有效的措施,更出色的工作,更辉煌的业绩去夺取扶贫攻坚的最后胜利,进一步丰富、发展了“巴中经验”。

构建区域经济新框架。1997年6月12日,在地委学习会上,周登全集思广益,提出了“巴中目前正处在社会主义初级阶段的初级时期”的观点,地委、行署从客观区情出发,大胆探索适合边远贫困山区生产力发展水平的公有制实现形式和所有制结构,把个体私营经济作为巴中地区经济的主体来抓,全力构建以非公有经济为主的区域经济结构。通过进一步解放各级干部的思想,出台一系列刺激发展的政策措施,带动形成了全地区个体私营经济的发展高潮。通过实行“六统一、一监督”,切实优化了个体经济的发展环境,根治了“三乱”,理顺了体制,全国有8省、36地、市、县过3000人前来参观学习。在1998年8月25日“全省收费管理现场会”上,省委副书记、常务副省长张中伟肯定了“六统一、一监督”的措施和做法,认为这是治理乱收费的一大创举。通过对个体私营业主实行“公开评税”,杜绝了钻政策空子和讲人情、走后门,确保了公平、公开纳税,大大减少了国家税费的流失。通过采取“六抓”(抓重点、抓大户、抓服务、抓落实、抓整顿、抓建设)办法,推动了全地区个体私营经济的快速发展。到1998年底,全地区个体工商户销售收入或营业收入达到13.2亿元,从业人员达16.9万人,私营企业总产值达1.32亿元,农村贩运户发展到1.53万户。以非公有经济为主的区域经济结构逐步形成并发展壮大。

合理调整产业结构。坚持“深度开发第一产业,大力发展第三产业,积极促进第二产业”的产业结构调整思路,是巴中地区现实、理性的选择。巴中是一个“三农”(农村、农民、农业)地区,农业发展潜力很大,急需深度开发,为国民经济建设提供原始资本积累。工业是一个薄弱环节,长远讲必须下工夫抓好。但目前,最有发展前途的是第三产业,既能解决较多的就业人员,又能增加不少的财政收入,还能满足社会和各种服务需求,且费省效宏,前景无限。优先发展第三产业符合巴中区情,机会、条件已经成熟。所以,科学、合理地调整产业结构顺序,目的就是要加大马力启动第三产业的迅速蓬勃发展。

完善配套基本设施。(1)交通建设。从1997年春开始,巴中地区又一次掀起了以“完善干线、建设环线、配套路网”和以县乡标美路为重点的第二轮交通大会战。共完成投资6.41亿元，改造干环线89公里，建成砼路146公里、油路208公里，建成县乡标美路1182公里，新修村道741公里，并加强了路政管理，全地区公路网络基本形成。（2）通信建设。全地区市话经过扩容改造达78000门，移动通信可容纳用户17280户，农话交换机容量达27000门，有240个村开通程控电话。（3）能源建设。四县（市）均建有11万千伏的变电站，重点区镇建有35千伏的变电站，22万千伏变电站即将建成，全地区1998年人均用电上升到125千瓦时，解决了长期以来的缺电问题。（4）城镇建设。按照全地区“三线一环”的城镇建设格局和“八个一”的建设标准，完成三县一市城市总体规划，申报国家级的光雾山·诺水河风景名胜区规划，7个国家级、省级试点镇、建制镇规划以及88个集镇规划等并加快建设，在城镇基础设施建设上累计投资已达7.5亿元。全地区共完成工程建设投资10.42亿元，竣工城镇住宅面积近100万平方米。1998年11月中旬，先后在巴中召开了“全省加快地方公路建设现场会”和“全省城乡建设现场经济交流会”，会议要求在全省学习巴中的大办交通精神和推广巴中的城乡建设先进经验。

突出池园特色，建设文明新村。地委、行署始终坚持两个文明一起抓，成功探索出以“井、池、园、机配套，种、养、加、运结合”为特色的农村池园经济发展路子，并在此基础上不断赋予“五改三建”“三室两校”“三户一村”等精神文明建设内容，形成了山区特色的“文明新村”建设模式。“文明新村”使扶贫攻坚到村到户落到实处，为农民脱贫致富开辟新路，深刻改变农村、农民的传统形象，增进现代的文明、发展意识。1998年春，地委、行署在巴中市（县级）东兴场乡兴隆村进行“文明新村”建设试点，取得成功经验，有力地指导全地区“文明新村”建设工作。是年5月20日，“全省村镇建设工作暨现场经验交流会”在巴中召开，主要学习借鉴巴中村镇建设的新路子、新模式，特别是“文明新村”建设。“文明新村”建设成为深化巴中农村改革、发展的示范工程和农村两个文明建设一起抓的最佳载体，精神文明建设、农村各项工作都在文明新村建设中得到集中体现。地、县（市）的327个文明新村示范点辐射和带动全地区文明新村建设向纵深发展。

深化国企改革，积极扭亏脱困。全地区认真贯彻落实十五届四中全会精神，明确“抓好国有工业，带动集体企业，放手发展非公有制企业”的思路，大打企业扭亏增盈总体战，进一步树立振兴国有企业的信心。远学邯钢、近学竹坝，采取多种措施降本、增效。加大对全地区工业企业的兼并、联合、收购、破产和租赁经营的力度，把资产重组、招商引资作为推动工业结构调整、机制转换和提高效益的突破口。减轻企业负担，优化发展环境。1999年1—10月，全地区工业企业运行质量明显提高，企业经济效益显著改善。亏损企业同比减亏1900万元。国有企业增加值增长15%，盈利企业盈利额增长21%，亏损企业亏损额下降51%，节省成本费用1500万元。

狠抓科技增效、流通增收。（1）科技增效。由党政亲自抓科技工作，建立科技人员的贡献与待遇挂钩的利益分配机制，地区设立了科技奖励基金，注重基层的科技管理体系建设，解决好科技资金的短暂矛盾，提高“科技增效工程”实施质量。全地区先后对科技的各类投入近6亿元，民营科技企业56家。1998年全地区安排“科技增效工程”项目52项，经济和社会效益显著。（2）流通增收。通过注重流通载体建设，优化流通结构，发展壮大流通队伍和切实治理流通环境，流通工作在促进农民致富、财政增收和全地区经济发展上产生了明显成效。建区五年，全地区国内生产总值增加到75.52亿元，地方财政收入增加到2.65亿元，农民人均收入增加到1200元。

充分发挥劳动力资源。地委、行署把深度开发劳动力资源作为新区资本原始积累的根本途径。外抓劳务输出，内抓用好“两工”，合理引导农村富余劳动力的有序流动，利用各类职业学校进行技能培训，并引导一批能人回乡创业。全地区每年组织动员群众“两工”投劳折资达5亿元，每年劳务输出人数稳定在50万人次以上，劳务输出总收入保持在15亿元。1998年农民建池、建园、建家自愿投工投劳达到1380万个，折资1.3亿元。劳动力资本成为巴中地区最大的一笔建设资本投入。

不断扩大对外开放。敞开山门，扩大开放，招商引资，是振兴巴中地区经济的必由之路。建区以后，通过利用区域协作组织招商引资和组织企业参加各种形式的招商会、博览会、交易会招商引资等形式，开展全方位、多层次、广领域的招商引资工作，全地区内开放意识不断增强，投资的软硬环境明显改善，地区外投资企业逐年增多。到1999年，全地区有“三资”企业4家，引进区外合作项目212项，推动巴中地区国有企业的资产重组和机制更新，推进农业产业化进程，促进矿产资源的有效开发利用。

加强农村基层组织建设。用竞争机制选拔适应社会主义市场经济需要的乡村领导干部；把村务公开、民主管理进一步落到实处；推行“板块”运行方式，改进工作方法，增强服务功能；按照地委“三个四”的工作要求，提高村级组织建设的整体水平。1998年1月11日，地委书记周登全应邀向省委组织部副处级以上干部介绍“巴中经验”，特别是巴中抓基层组织建设的经验。是年3月11日，“全省农村基层组织建设和党员队伍建设工作会议”在巴中召开，省委副书记秦玉琴对巴中农村基层组织的新思路、新机制和新作法给予充分肯定，并要求全省各地认真学习“巴中经验”。

积极做好财政工作。地委、行署一班人充分认识到：巩固发展“巴中经验”，老百姓的热情很高，但物资承受能力却有限，决不能搞竭泽而渔。人民群众是创造“巴中经验”的主力军，为“巴中经验”出了力、流了汗、投了资，在老百姓手里还并不十分宽裕的今天，不能把财政增收提得过快、过高，否则会适得其反。因此，必须坚持“放慢增收速度，降低支出总额，抓住重点财源，确保收支平衡”的财政工作原则。通过节约开支、降低支出，达到尽量减轻人民负担、让人民休养生息的目的。

1997年年底，“全省第十三次扶贫工作会议”在巴中召开时，巴中地区已有54万人越温达标。1998年9月17日，国务院扶贫开发办主任高鸿宾等专程深入巴中、南江、通江、平昌调研扶贫工作，对“巴中经验”作出了高度评价，称“巴中地区扶贫工作卓有成效，有资格作为全国扶贫攻坚的一面旗帜”。1999年2月4日，中共中央政治局委员、书记处书记、国务院副总理温家宝在谢世杰等撰写的调查报告上批示：四川巴中地区扶贫攻坚的成就充分说明，只要找准路子，真抓实干，就能改变面貌。巴中的经验和他们在实践中形成的艰苦奋斗，苦干兴区，实干改变面貌，大干促进发展的巴中精神，对全国扶贫工作具有普遍意义。“巴中经验”得到了党和国家领导人的充分肯定和高度评价。是年4—7月，“全省第十四次扶贫工作会议”“全省农村精神文明建设工作座谈会”和“省军区扶贫经验现场交流会”先后在巴中召开，目的是进一步学习“巴中精神”，推广“巴中经验”。是年8月15日至11月5日，国务院决定在巴中地区举办四期培训班，对全国21个省、市、自治区，122个市、地、州，416个县、市、区的主管、分管扶贫工作的领导干部共1270人进行扶贫培训，旨在贯彻落实中央扶贫开发工作会议精神，学习“巴中精神”，推广“巴中经验”。国务院扶贫开发领导小组副组长胡富国、刘成果和国务院扶贫开发办主任高鸿宾等领导先后出席了培训班有关会议。培训期间，温家宝、曾庆红在国务院扶贫办上报的汇报材料上作了重要批示，肯定了巴中成功举办培训班和巴中的扶贫工作。值此，“巴中经验”已跨越时空，正式走向全国。是年11月中旬，在巴中举办的全国中西部地区乡镇党委书记培训班期间，通江、南江两县在继巴中市（县级）和平昌县之后又一举通过省扶贫越温基本达标验收。巴中市（县级）全面实现了在20世纪内基本解决农村贫困人口温饱的目标。

（三）“巴中经验”的内涵和实质

从巴中六年发展的历程中，不难看出：“巴中经验”是巴中地委、行署带领全地区人民，以邓小平理论为指导，立足区情，解放思想，开拓进取，紧紧围绕扶贫攻坚，突出以池园经济为特色的文明新村建设，发挥劳动力资源优势，强化基层组织保障，加速富民裕区的成功尝试。其核心是“扶贫攻坚”，途径是“劳务积累”，实质是“艰苦实干”，目的是“富民裕区”，关键是“党的领导”，从而体现出崭新的巴中精神、巴中速度、巴中效率、巴中模式等等。是邓小平理论在贫困地区的科学实践，是落实国家“八七”扶贫攻坚计划的成功范例，是巴中人民勤奋智慧的集中体现，是国务院扶贫开发办隆重推出的越温典型，更是省委、省政府领导自始至终精心培育的有效成果。是一个广角度、多层次、全方位的经验，其主要内容是：

符合区情的发展思路。建区之初，地委、行署从巴中地区的实际出发，提出“狠抓基础，快上工业，活跃商贸，开发旅游”的兴区战略。党的十五大后，又进一步提出了经济发展的“六大工作思路”，即：坚持以非公有制为主构建区域经济结构的发展思路；坚持“深度开发第一产业，大力发展第三产业，积极促进第二产业”的结构调整思路；坚持毫不放松抓好以交通为重点的基础设施建设的思路；坚持依靠科技增效、流通增收的思路；坚持依靠劳动力的有效开发利用的思路；坚持大开放促大发展的思路。通过这些思路的坚决实施，获得显著成效：1998 年与建区时的 1993 年相比，国内生产总值增长 2 倍，农民人均收入增长 1 倍以上；各项储蓄存款余额增长 3.3 倍；五年内完成全社会固定资产投资 43.71 亿元；全地区粮食总产达到 160.5 万吨，农民人均产粮 530 公斤；五年来农民实现自身积累达 40 亿元、外出务工总收入达 50 多亿元。1999 年全地区又整体实现越温达标。

基础先行的正确选择。地委、行署把大办交通作为全部工作的楔入点、突破口，进行两轮交通大会战。五年完成总投资 14.081 亿元，改建干环线 850 公里，建成县乡标美路 1356 公里，新修砼路、油路 540 公里；打通两条出省干道，全地区乡以上公路达 4000 公里，村通公路率提高至 78%。通信、能源、城市等基础设施建设都取得显著的成效，为区域经济发展创造必要条件。1998 年底，全地区城乡集市贸易增长 2.1 倍，社会商品零售总额增长 2.4 倍；外来投资企业达 206 家，利用外资 3236 万美元、内资 5 亿多元。

文明新村的发展模式。坚持以“五改三建”、发展池园、实现增收、富村裕民为主要内容的文明新村建设，按照“因地制宜，统筹规划，分段实施，逐步到位”的要求，全面落实“六通一有”，做到卫生井、白粉墙、石院坝、玻璃窗、卫生厨、石板路配套建设，初步展现山区农村的发展前景。1998 年底，全地区有 2205 个社达到新村建设标准，占社总数的 15%。文明新村建设涵盖整个农村工作，核心是“池园经济”，农户把打井、建池、修路、办园和发展农机相结合，实现饮水、灌溉、养殖、消防、美化“五位一体”，既解决人畜“保命水”、农作物“保苗水”，又促进种养加运业，发展了“生财水”。1998 年全地区池园经济总收入达到 25.2 亿元，40% 以上的贫困农民靠池园经济收入实现了越温目标。

市场经济的管理体制。坚持收费管理改革。主要是实施“六统一，一监督”，从源头和机制上遏制了“三乱”行为，为个体私营经济创造宽松的环境。1998 年全地区个体工商户达到 8.9 万户。提供税收 8500 万元。实行水利管理体制改革。通过租赁、拍卖、承包，放活现有小型水利工程“六权”，已拍卖山坪塘 1.76 万口，收回资金 2870 万元，拍旧建新，综合开发，提高农民兴水的积极性。大胆实行机关管理改革。根据地委“讲效率、突特色、创收入、抓样板、严奖惩”的要求，在各级机关严格实行经费包干、精文简会、轻车简从和绩效考核。建立村级财务管理制度。实行村年度新增财力的 70% 和代征、代收费用的手续费的 80% 由乡返还给村作为集体收入。1998 年，2118 个村从乡镇返还 840 万元，村均 3570 元，较好地解决集体经济“空壳村”的老大难问题。同时，开展“公开评税”活动，确保财政增收。

坚强有力的组织保障。人是生产力中起决定作用的因素，强有力地组织领导是“巴中经验”成功创造的关键。加强领导班子建设。坚持“三讲”，提高地、县市领导班子的政治理论素质、决策水平和工作能力。特别是地委、行署一班人，顶住压力，科学决策，真抓实干，取得显著实效。深化村级组织建设。全地区公推公选村干部11894名，村支书、村主任“一肩挑”和村干部兼社长，干部减少8997人，工资提高到村级350元、社240元，并实行养老保险制度。加强乡镇政权建设。实行公推公选，解决干部能上能下问题。推行乡镇工作“四大板块”运行方式，大大提高工作效率。

艰苦奋斗的创业精神。巴中精神是艰苦奋斗的精神，是“巴中经验”的灵魂，贯穿巴中建设的全过程。其主要表现：继承发扬红军精神。做到“智勇坚定，排难创新，团结战斗，不胜不休”。艰苦创业的实干精神。两任地委书记舍家抛口，长期战斗在第一线；两位地级领导以身殉职；30多位干部群众牺牲在建设战场上；先后涌现出一大批扶贫能人和建区英杰。致力扶贫的攻坚精神。全地区人民不哀、不怨、不畏、不屈，为跨越温饱、脱贫致富、奔向小康而不懈奋战、无私奉献。两个文明高度结合的创新精神。一切从实际出发，突破陈规，不走老路，因户制宜，重在建设，不断改善人民的生存、生产和生活环境。

（四）“巴中经验”的推广和启示

实践是检验真理的唯一标准，“巴中经验”的创造正是来源于伟大的实践过程。事实证明，只要路子对头，依靠群众，扎实苦干，不懈进取，那么在这苍茫的大巴山也自有“颜如玉、黄金屋、千钟粟”。全省第十四次扶贫开发工作会议后，迅速掀起“学习巴中经验，弘扬巴中精神”的热潮。国务院扶贫培训班结束后，“巴中经验”名扬全国，巴中成为全国困地区学习的榜样。“全国学巴中，巴中怎么办?”那就是要抓住机遇，迎接挑战，再添措施，继续苦干，以卓有成效的工作进一步巩固、丰富、发展和弘扬“巴中经验”。

发展“巴中经验”，就要继续坚持地委的工作思路。这个“思路”溯源于邓小平理论，符合巴中的客观区情，被实践证明是正确的，对今后巴中的发展仍有重要的指导意义。一切游离、动摇、怀疑都是错误的。为此，我们必须坚持“八个不动摇”：非公有制为主不动摇，产业结构顺序不动摇，继续抓基础设施建设不动摇，科技增效、流通增收不动摇，劳动力资源开发利用不动摇，扩大开放、促进发展不动摇，财政工作原则不动摇，始终抓好领导班子和干部队伍建设不动摇。否则，我们就可能自毁发展而一事无成。

发展“巴中经验”，就要继续建好文明新村。巴中是连片贫困地区，扶贫攻坚始终是我们统帅一切工作的出发点、着力点和落脚点，而最佳载体就是“文明新村”，抓好“五改三建”又是基本功。我们要用7~8年时间争取把全地区70%~80%的行政村建设成为“文明新村”，一件最大的扶贫工程、民心工程和德政工程。所以一定不能骄傲自满，一定不能浅尝辄止，一定不能搞形式主义，一定不能半途而废，真正做到两个文明一起抓，农民、集体、国家都增收，把实事办好、好事办实。用越温脱贫的实际行动去实现江泽民向全世界宣布的“中国共产党人决不把贫困带入21世纪”的庄严承诺和历史使命。

发展“巴中经验”，就要继续振兴工业经济。十五届四中全会为国有企业指明改革和发展的方向，中国即将加入世贸组织，又为工业发展提供历史的机遇。地委主要领导在工业调查中提出“抓国营、带集体，放手发展非公有制企业；抓成本、挖潜力，千方百计挤占市场；抓开放、讲效益，努力盘活现有资产；抓破产、减债务，依法消除历史包袱；抓班子、强管理，全面实现扭亏增盈”的要求，这是制止巴中地区工业滑坡的“一剂良方”，各级党委、政府和100家中小型企事业的厂长、经理必须认真贯彻，坚决实施，要满怀信心，努力工作，迎接巴中工业经济发展的又一个春天的到来。

发展“巴中经验”，就要继续创造良好的发展环境。实践证明，非公有制经济无论在第一产业、第二产业，还是在第三产业都是大有可为的，巴中地区现在不是多了，而是少了，要发展它，就必须继续坚持“六统一、一监督”“公开评税”等制度和办法。当前，一些地方“三乱”现象又有所抬头，应当高度警觉，有效制止，否则，就会坐失良机，误国害民。同时，还要继续大力抓好以第二轮交通大会战为中心的能源、通讯、水利、城市基础设施等建设，尤其要积极争取广（元）巴（中）高速公路的开工上马。为发展经济、富民裕区创造一个宽松、健康、有序的社会环境。

发展“巴中经验”，就要继续加强领导班子和干部队伍建设。事业的成功关键在党、关键在人。“巴中经验”产生的一个重要原因就是各级党组织的正确领导。当前不仅要继续抓好各级领导班子、党员、干部队伍建设，而且要从农村到工厂到社会事业各个领域，全面实施竞争上岗、政务公开、财务民主、年度考核办法，真正把各级党政领导班子建设好，把干部选配好，把党风、政风和社会风气搞正，团结带领全地区人民同心协力，奋发有为地投身到改革开放和社会主义现代化建设中去，巴中的明天一定会更加美好。

九、巴中古镇

巴中历史悠久，文化灿烂，人杰地灵，文化积淀丰厚，尚存有上千来建置历史的巴中古镇有5个。

（一）古镇沿革

1. 恩阳古镇。南北朝梁武帝普通六年（525年）始置义阳郡，同置义阳县，郡县同治，有1480余年的历史。

恩阳古镇

恩阳镇历史文化源远流长，赛龙舟、赶庙会、抬社火、扎彩船、舞狮子、演街头剧等民俗活动久负盛名；五子登科、千佛论法、红梅恋鹗、蒲道官斩巴蛇等许多神奇优美的传说远近闻名。规模较大而又成片保存完好的明、清时代古建筑群，具有典型川北民居风格。土木结构，青瓦屋面，木质穿逗式，三开间、二开间、单开间并存，其中文昌阁、禹王宫、武圣宫等最具代表性。镇内两河交汇，交通便捷，商贸繁荣，四面青山环绕，山川秀美，极盛之时，有大小商号150余家，盐店19家，饮食店60多家，客栈、茶坊、酒家50多家，有“小上海”之称。为四川省十大古镇之一。

2. 白衣古镇。始建于秦汉时期，有两千多年的历史，为古“柳州城”遗址。

平昌白衣翰林文化水乡古镇封大墙

清咸丰年间遭大火焚毁，唯有白衣观音庙幸存，时人称奇，故改名“白衣”。清光绪年间，受白衣籍皇太傅吴德溥所请，奉旨重建，取样皇宫，动用州巴两河十三年河道税银，耗时十多年方成规模，建成气势非凡的六庙三宫和庞大的吴氏官邸。整个建筑群雕梁画栋，红墙碧瓦，文人骚客，广遗墨宝，具有厚重的历史文化底蕴。文昌宫、紫云宫、白衣庵、禹王宫、节孝牌坊、吴氏官邸、永言乾钱庄等，门墙牌坊高插云天，气势恢宏，其刻花如神，造型雄伟，彩绘鲜艳，精美绝伦。

平昌县白衣古镇

3. 毛浴古镇。建于唐而盛于明清。其地三山环抱，二水交流，状如龙舌吸水，故有龙舌镇之名。

红四方面军毛浴政工会议旧址

通江毛浴古镇

宋淳熙十一年（1184 年）武功郎马金云屯戍于此，明末设副总府以节制川东北及陕南防务。其地上通汉沔，下连渠达，川陕湘鄂之交通，夔渝梁垫之往来，皆以此为捷径。唐代便于此置渡，是生铁、大米、木材、中药材等的重要屯集和转运地，有“小重庆”之称。旧时有酒楼百余家，磨房 30 多座，商家 300 余户。大都经营船筏、饮食、烟酒、杂货、土特产。极盛之时仅酒楼即达百余家，磨房 30 多座。川陕省苏维埃时期置赤江县于此，并召开了著名的红四方面军政工会议，诞生了“智勇坚定、排难创新、团结奋斗、不胜不休”的红军训词。

4. 板桥口古镇。北魏属符阳县所辖，始建年代无从考证。因两河交汇于此，其地有“二水洗铧”之形，时人于河面搭设木板桥以沟通两岸往来，故有板桥之名。

板桥口古镇

镇内有二郎庙属清道光十五年（1837 年）水灾后复修之貌。其间有大小殿堂厢房数十通，戏楼一栋。双龙抱柱、八卦金顶，其规模宏大，气势非凡。浮雕戏剧故事、山水人物、神话传说等，形态优美，工精艺巧。二郎神像儒服纶巾、正襟危坐，其余诸神各具情态，形象鲜明生动。板桥扼秦蜀要冲，邑米苍沃壤，由是人杰而地灵。历代英才辈出，文武兼备，绵绵不绝。古镇依山而筑，临水而建，石壁高垒，粉墙碧瓦，吊脚木楼曲折回环，参差错落，极具川北民居特色。

5. 长赤古镇。南北朝北周闵帝时（557 年）始置曲细县，隋大业三年（公元 583 年）更名长池县，有 1450 多年的历史。

镇内有龙池书院、禹王宫、五祖庙等。禹王宫建于清嘉庆二年（1797 年），呈四合院形，有正殿、厢房、戏楼之设。其建筑气势宏伟，飞阁流丹，雕刻精巧，彩绘鲜明生动，曲廊萦回，雕栏勾连。其地平坦开阔，四面群山环绕，林茂而水美，物阜而粮丰，是历代兵家必争之地。旧时商易繁荣，手工业发达，以生产银器和铜器为主，工艺精细巧绝。1933 年至 1935 年，川陕省苏维埃政府置长赤县。长赤县苏维埃政府，红三十军经理处、军械所、医院皆设于此。

长赤古镇

（二）建筑特色

巴中地处川东北，其建筑特色总体来说属川北民居的范畴，其朴实的格局最能体现原始的巴蜀风情。巴中古镇建筑内涵博大精深，式样繁多，其中蕴涵了能工巧匠、先贤圣哲们的许多奇思妙想，是无法复制的精神财富。巴中古镇因其在千百年历史的演进中，所承载的当时背景下政治、经济、军事、文化、城镇、商贸等不同功能，又各有其异曲之处。其共同特点是：

1. 风水为先，亲近自然。巴中场镇建设历来信赖风水理论，兴镇建宅无出其右。场镇规划以风水为本，所好为临水环绕，抱山独依的形制。巴中地处山区，人们偏好自然，顺理成章地选择在风景独善之地兴场立镇。先人们顺应天然，不拘泥于形式，格局依山就势，自然飘逸，体现出了自然与人文融合的环境观和生态观。

2. 因势利导，布局合理。巴中场镇建筑，在街市道路规划上，力求规整有序，但却不强求一致，道路主次分明，可弯可转，能上能下。两边民居重叠相交，错落有致，使整体风格与地形地貌、自然环境和谐统一，空间却变化莫测，既极富韵味，又具有艺术气氛和建筑内在的感染力。

3. 依山就势，灵活规划。巴中古场镇建筑，布局灵活，规划合理，顺应地势，融合自然。场镇或沿河而建，或依山而行，开合有度，能曲能直，在建筑上体现为“顺坡造房，顺山就势”的形制。这是先贤们后为克服不利地形的影响，巧妙地利用所处的自然条件，创造出的良好的生活空间。

4. 就地取材，外形独特。巴中古场镇建筑中所用的选材和用材办法，是因地制宜，就地取材，因材施计，使之更能适应建筑的不同需要，操作更为简便快捷。其建筑外形和色彩具有强烈的视觉效果，青砖碧瓦粉墙，院落重重，轻盈精巧，朴实自然。建筑的木构件做工精细，雕梁画栋，美观自然，具有很高的欣赏价值和艺术价值。

5. 层次分明，简便适度。巴中古场镇建筑的空间特色鲜明：轴线明确，平面灵活，变化有序，内外结合，层次丰富。其建筑遵循礼法，房屋主次分明，而从结构法度上看，建设不求宏大，讲究小巧得体、适度。平面空间讲究大小结合，小中见大，不仅善于利用前低后高的地形，而且能够使室内外的空间交融，取得开敞、外实内虚的效果。同时，受多雨、潮湿的气候影响，形成了“外围封闭，内庭开敞，出檐较长”的特征。它既适合自然气候条件，又以最经济、最简便的构造方法满足了人居的主要生活要求。

6. 外形杂陈，复杂多变。巴中古镇的建筑受外来文化的影响，花样杂陈，率性而为，使场镇多呈现极为复杂的轮廓。平昌县的白衣古镇就是一个受徽派建筑特色影响的典型例证。恩阳镇的禹王宫也或多或少受了安徽怀远禹王宫建筑风格的影响，万寿宫却是受江西赣派建筑风格的影响。

十、得汉城史实述略

得汉城位于四川省通江县城东北的得汉山上，距离县城 50 多公里。得汉山四周皆悬崖陡壁，高 30 余米，东临大通江河，南北皆深溪。“脉自火天山冈分支，东南下，长岭陡落，形如蜂腰……至此突起山峦，状似鹅头，四面峻壁，其上平衍，可容数万人”（民国吴世珍撰《续修通江县志稿》）。

相传刘邦“王汉中”，招募賨人平定“三秦”，丞相萧何留守巴蜀，并以得汉城为根据地，储粮屯兵，“汉高帝据此以通饷道”（明曹学佺著《蜀中名胜记》），击败西楚霸王，灭楚兴汉而得天下，故名。

得汉城因其险绝，素有“天铸一铜城”之誉。其地险扼秦蜀咽喉，“雄镇巴西”要冲，为历代兵家必争之地。从秦汉至宋元明清，从民国到红四方面军入川，它见证了中国历史发展进程中的几段极为重要的史实。

（一）得汉城与元蒙寇蜀

13 世纪，被称为“一代天骄”的成吉思汗及其子孙，凭借着强悍的蒙古骑兵，克西夏，灭金，败宋，降西域，铁蹄踏过俄罗斯，骄横不可一世。然而，踏遍欧亚大陆的蒙古铁骑南征途中在四川地区受阻长达50余年之久，使“先取全蜀，蜀平江南可定”的战略无法实现。宋开庆元年（1259年）“七月，蒙古宪宗蒙哥卒于合州城下，大军北还，合州围解”（柏杨著《中国历史年表》）。

在这场旷日持久的战争中，四川军民当时所以能抗御蒙古铁骑的进攻长达50余年之久，原因固然很多，但其中最重要的原因，是采取了“依山筑城，恃险拒守”的方针，构筑了一个规模庞大的“如臂使指，气势联络”（《宋史·余玠传》）的山城防御体系。在这些山城中最著名的是“金堂的云顶城、蓬安的运山城、苍溪的大获城、通江的得汉城、奉节的白帝城、合川的钓鱼城、南充的青居城、剑阁的苦竹城。姚遂《中书左丞李忠宣公行状》（《元文类》卷四十九）载，元人称此八城为‘四川八柱’，并说自从余玠‘议弃平土’，筑垒城池，‘号为八柱，不战而自守矣’”（曾星翔著《得汉城与四川八柱》）。

通江县得汉城全景

得汉城作为“四川八柱”之一，在自然地理方面是符合四川制置使余玠“依山筑城、恃险拒守，以步制骑，建立山城防御体系”战略方针的。其一，得汉城山势险峻，易守难攻，占有得天独厚的战略位置和地形条件。得汉城在“万山中崛起堑岩，四面峭绝，独西南二径，凌险转折而上，诚一夫当关之势”（明曹学佺著《蜀中名胜记》）。其二，得汉城“出泉，冬夏不竭……顶平数里，可以耕艺”（清顾祖禹《读史方舆纪要》）。《永安乡志》记载：“城内面积1500亩，耕地600亩……土壤肥沃，宜粮宜林”。这说明得汉城内面积广阔，水源充足，后勤保障条件较好。这在冷兵器时代，依恃山水之险，亦战亦耕，既可长期坚守，又不至于困死于山上。其三，“得汉城东二十里山顶上有石城，周三里，相传三国时筑，谓之擂鼓城”（清顾祖禹著《读史方舆纪要》），“擂鼓城，与得汉城对峙，巍然列嶂如屏……有警则击鼓相闻”（清道光《通江县志》）。两城互为犄角，互相呼应，便于实行统一调度和指挥，有利于更为有效地防御和打击敌人。

于是，“宋淳祐己酉（1249年）季冬，大使余学龙亲临得汉城山，视其形势，而授都统制张实，躬率将士，因险垒形，储粮建邑，为恢复旧疆之规”（明曹学佺著《蜀中名胜记》）。都统制张实奉命筑城，亲率通江军民，分工细致明确，责任到人，据得汉城摩崖石刻记载：“分任责者：总管王昌、金之福，钤路张虎臣，司整杜淮、王安、杜时顺、徐斯、李成、刘文德、刘清、梁福、陈宝、贺山进、李崇，制领郭俊、杜成、周仙周”。

得汉城的修筑，在抗元战争中占有非常重要的地位，对遏制蒙古军队（尤其是骑兵）的攻扰，坚持长期抗战，发挥了积极的作用。其一，通江得汉城是余玠所构筑的山城防御体系中的前线城池。余玠自宋淳祐二年（1242年）出任四川制置使，八年之间先沿长江，后逆长江各支流北上，建筑了20个成体系的山城。这些山城“皆因山为垒，棋布星分，为诸郡治所，屯兵聚粮为必守计……于是如臂使指，气势联络”（《宋史·余玠传》），“前方线则以合川钓鱼城为中心，由会注于钓鱼城下的嘉陵江以及嘉陵江支流沿线的多攻城、青居城、运山城、大获城、得汉城、小宁城、平梁城、大良城、铁峰城、沿沱江流域的云顶城所组成”（袁庭栋著《宋末四川的抗蒙战争》）。其二，余玠所构筑的山城防御体系，是以“四川八柱”为核心的。据《元史》记载，安西王相府给元朝廷的奏疏中说：“川蜀悉平，城邑山寨洞穴凡八十三，其渠州、礼义城等处凡三十三所，宜以兵镇守，余悉撤毁”（《元史·本纪第十·世祖》），这当然是言其大者要者，但仍可见其为数之多。在宋元钓鱼城之战中，合州城、渠县的礼仪城、通江的得汉城、巴州的平梁城等十数城互为犄角，牵制了蒙哥汗对钓鱼城的进攻。特别是通江的得汉城，在蒙哥汗大举征蜀，以重兵进攻得汉城的情况下，得汉城军民艰苦卓绝地坚守了24年，终因外无援兵，寡不敌众，于宋咸淳九年（1273年）被元蒙军队所破。

这些都说明，作为“四川八柱”之一的得汉城，在抗元斗争中的重要地位及其所发挥的作用，以及为抗击元蒙入侵所建立的不朽功勋。

（二）得汉城与鄢蓝之乱

明朝中后期，由于灾害频繁，荒旱连年不断，广大农民食不饱腹，衣不遮体，饿殍遍地。而地方官却残暴勒索压榨，劳苦百姓处于水深火热之中。于是，各地民众纷纷揭竿而起。明正德三年（1508年），曾因灾荒严重而流徙到四川巫溪当盐工的蓝廷瑞等聚众起事，“蓝廷瑞，自称顺天王，鄢本恕自称刮地王，其党廖惠称扫地王，众十万余，置四十八总管，延蔓秦楚间，转寇巴州……”（清道光《保宁府志》）。

明正德五年（1510年）二月，鄢蓝军经奉节、重庆、保宁进入通江境内，驻兵城北。四川巡抚林俊调兵屯住川东北各关隘，亲率左参议黄瓒、佥事钱朝凤、都指挥佥事陆振，自达州趋通江得汉城，欲行招抚。蓝廷瑞慑于官军压力，心甚动摇，“罗拜约降”。廖惠坚决反对，采取“密劫通江，以疑廷瑞”的策略，攻入通江城，杀死参议黄瓒，知县魏应时弃城逃遁。

通江县得汉城古石刻

是时，“都御史林俊檄惠（注：惠，即荀惠，邑人，刚毅有胆略。）督兵卫城，贼阵城北，惠击贼，贼走龙滩，”（清道光《通江县志》）。当蓝廷瑞、廖惠军撤军至龙滩河时，遭“逻回兵”袭击，损失较重。继又撤至门镇寺（今至城镇），又被明军追击，死伤800余人。当夜，蓝、廖设伏于松垭阻击明军，激战一天，“贼伏四起，惠（荀惠）力战死”（清道光《通江县志》）。鄢本恕闻蓝军失利，星夜回军驰援，两军在洪口会合后，越汉中至大巴山，退入陕西西乡山中。

通江城既陷，林俊迁县衙于得汉城，并且“驻此四年，以图恢复。”（清道光《通江县志》）林俊，字待用，莆田人。“正德四年起抚四川……会保宁贼蓝廷瑞、鄢本恕、廖惠等继起，势益张，转寇巴州。猝遇之华垄，单舆抵其营，譬晓利害，贼罗拜约降。淫雨失期，复叛去，攻陷通江。俊击败之龙滩河，遣知府张敏等追败之门镇寺，遂擒廖惠……”（《明史·林俊传》）。由此可见林俊胆识过人，谋略深远。

明正德六年（1511年）正月，鄢蓝之军利用川北防务空虚，又自湖广经巫溪、巫山一带再次挥师入川，克大宁，占通江，袭巴州，直取营山。八月，明总制御史洪钟设宴诱杀鄢本恕、蓝廷瑞等于东乡（宣汉），俘斩700余人。

明正德八年（1513年）正月，鄢蓝余部喻思俸、王长子率兵200余人，从昭化渡江，北攻阳平等地受阻，夜走黄坝，趋通江据险自守。被总兵时源包围，奋力突围，再次逃往陕西西乡山中，“越汉中三十六盘，至大巴山。官军追及，复大破之”（《明史·林俊传》），鄢蓝全军覆没。至此，鄢蓝之乱被平息，林俊因此“论功进右都御史”。

据清道光《通江县志》记载：“武宗正德五年，贼蓝廷瑞等破通江，巡抚林俊讨平之，驻兵得汉城四载”。也就是说，从明正德五年（1510年）二月，鄢蓝攻陷通江城，到明正德八年（1513年），鄢蓝全军覆没，这期间巡抚林俊移兵得汉城，县衙门也迁到得汉城，且侨治于此达四年之久。“鄢蓝之乱”平息后，县衙才得以迁回旧治。

（三）得汉城与白莲教起义

清仁宗嘉庆元年（1796年），“湖北、四川、陕西白莲教徒焚香起兵，时征苗军兴，各地失业之民无以谋生，多投白莲教，势遂更炽。清政府分别剿击，此灭彼起”（柏杨著《中国历史年表》）。是年九月，“通江县则有冉文俦与其侄天元、天泗及王士虎、陈朝观、李彬、杨步青、蒲天宝、景英作乱于王家寨”（清道光《通江县志》）。

嘉庆二年（1797年），“达州徐天德，东乡（宣汉）王三槐、冷天禄，巴州罗其清，通江冉文俦。天德、三槐等合陷东乡，踞张家观；其清踞方山坪，文俦窜王家寨，图据周家河，梗运道，且乘间与张家观合”（《清史稿·宜绵传》）。此时，四川地区共有白莲教军十余支，各有数千之众，“概以白巾裹首”，分别占据山区险要，筑垒防守。六月，“会襄阳贼齐王氏、姚之富、樊人杰等窜入四川，与徐、王二匪合屯开县南天洞，击破之，贼分走云阳、万县”（《清史稿·德楞泰传》）。襄阳白莲教由陕入川，与徐天德、王三槐等会合后，各路白莲教决定，按青、黄、蓝、白为号记，并设掌柜、元帅、先锋、总兵等职，确立各路教军的建制。九月，襄阳蓝号张汉朝经老官庙攻通江城，城陷，杀死县令涂陈策，烧毁县署、粮仓。

嘉庆三年（1798年），在白莲教军声势日炽的情况下，为了抗击白莲教军的进攻，继任通江县令徐廷钰、董曾特等“暂迁治于县北得汉城”，并更名为“安辑寨”。“安辑”即“安民辑众”，有“上宿民父母，安辑自无偏”（得汉城嘉庆壬戌石刻）之意。是时，清军在寨中接纳安置百姓，驻扎兵马，指挥剿击白莲教军。寨中“不但能屯官军之粮，抑又能阻流寇之路”（清道光《通江县志》），还可安军保民，县令徐廷钰亲书“固国不以山溪险，成城全凭众志和”于得汉城南门之上，以励斗志。

清嘉庆四年（1799年），仁宗帝任命勒保为经略大臣，统一指挥川、陕、楚、豫、甘五省军队，“勒保在川省令乡民分结寨落，匪始无由焚劫，且助官军击贼。其后陕、楚仿行，贼势乃促”（《清史稿·勒保传》）。勒保大力推行乡勇、团练、保甲制度，坚壁清野，筑堡结寨以守，同时采用“剿抚并用”的方针，到八月“贼势寖衰矣”。是年，“惠龄、勒保、德楞泰歼通江蓝号贼首冉文俦于麻坝寨”（清道光《通江县志》）。

至嘉庆五年（1800年）下半年，白莲教军日渐衰落。此后，教军虽然英勇作战，在个别战役中仍能取得不少胜利。但从全局看，教军在粮饷兵源方面遇到了无法克服的困难，斗争的规模和声势每况愈下，失散、逃离队伍的现象与日俱增。

嘉庆六年（1801年）正月，教军首领张士龙、赵建功、李大维被清军总督勒保擒获，就地斩杀。八月，通江蓝号元帅王士虎及冉学胜等率400余众，由陕南翻越巴山老林，至通江卢家湾，被勒保击杀，冉学胜被擒。

嘉庆七年（1802年）正月，“川省自筑寨练团，贼势十去其九。拟分段驻兵，率团协力搜捕余匪；遣熟谙军事之道、府，正、佐各员，分专责成。兵力所不到，民力助之；民力所不支，兵力助之：庶贼无所匿”（《清史稿·勒保传》），由此可以看出，清政府已经开始全面而彻底地清剿残余的白莲教军了。是年十一月，额勒登保“令穆克登布追贼通江铁镫台，擒景英、蒲添香、赖大祥，及湖北老教首崔连乐，晋三等侯。著名匪首率就歼，零匪散窜老林”（《清史稿·额勒登保传》），十二月，“疏告蒇功”。

而事实上，通江蓝号白莲教在冉文俦战死后，由冉天元接替大元帅，冉天元战死后，王士虎继为大元帅。在遭受清军不断打击和重创的情况下，转入巴山老林之中，一直继续坚持斗争，“至十年擒捕始尽”（清道光《通江县志》）。

得汉城，作为通江县抵御和抗击白莲教军的根据地和堡垒，“嘉庆三年（1798年），部堂勒保征剿白莲教匪，知县徐廷钰、董曾持、李嘉祐、刘铨常、臬使刘清，先后储粮团练于此”（清道光《通江县志》），县治亦侨治于此十余年。在这十余年中，得汉城在政治和军事上都发挥了极其重要的防御和打击作用。在白莲教军被彻底肃清后，通江县衙才于嘉庆“十二年（1807 年）仍回旧治”（清道光《保宁府志》）。

（四）得汉城与红灯教

民国 7 年（1918 年）3 月，“靖国军广安川北民军总司令”郑启和踞通、南、巴一带，巧立名目，大肆扩充军费。强迫老百姓普种鸦片，令通江县年筹“特别捐”30 万元，规定不分贫富每户交洋“十元半”，由此激起民众强烈反抗。是年 6 月，朱兆琼、张伯山、李子洪等联络县东北各乡民众，在上程家坝、下陈家坝、苦草坝、板桥口、空山坝、草池坝等地建立教堂，发展红灯教，并延请南江红灯教首岳文富（人称岳八神仙）的高徒传授刀枪技法，训练“神兵”，武装掀起反“十元半”的抗捐运动。红灯教的“神兵”们身穿红袍，头缠红巾，面涂朱砂，口喊刀枪不入，气势凶猛。是时，李子洪驻兵三包寺，刘承先驻兵狮子岗，张伯山驻兵得汉城，赵世开驻兵石鹅寺，邵承谟驻兵马鹿寨。朱兆琼自称“护民大总统”，或称“军民总司令”，下设千总、百总、哨长、十长等职。一时间通江县西北、东北皆为红灯教所据。

民国 8 年（1919 年）7 月，郑启和部在平溪河一带重兵清剿红灯教，捕杀红灯教神兵 30 多人。8 月，红灯教千总陈永福率神兵 300 余众，在阎家湾伏击郑启和副官张维驹部，毙杀 30 余人，11 月，神兵由 3000 多人猛增到 13000 余人，教徒由 1000 余人发展到 4000 余人。是月中旬，板桥口千总李子洪率神兵于写字岩伏击郑部陈绍康营，毙伤其 200 余人。

当郑启和部全力攻剿新场坝、铜钵山时，驻扎在得汉城的张伯山，趁势在铁溪、永安、沙溪一带发展力量，人数很快达到 5000 人，并在得汉城内制造土大炮，挖硝土熬制火药。12 月中旬，区保卫营长熊登武与郑部营长郝南陔攻得汉城，久攻未克，退驻锣坪、县坝、罗家坝一带。阴使司号员乔装潜入得汉城，以 150 元大洋收买红灯教守得汉城北门的赵雨田，郝营率兵轻易控制北、西、南寨门，神兵伤亡惨重，张伯山率领 500 人连夜逃至马鹿寨与邵承谟会合。

民国 9 年（1920 年）1—5 月，通江红灯教首领相继被杀，教徒和神兵亦有 3000 多人被捕杀。从民国 7 年（1918 年）6 月至民国 9 年（1920 年）5 月，轰轰烈烈的反“十元半”抗捐斗争被镇压。其间，红灯教首领张伯山部在得汉城驻守“历一年余”（《通江舆地词典》）。

（五）得汉城与红军入川

1932 年 10 月，中国工农红军第四方面军主力撤离鄂豫皖根据地，经过两个多月的艰苦转战，摆脱了敌人的围追堵截，于 12 月中旬到达陕西西乡县。12 月 15 日，红四方面军在西乡钟家沟召开团以上干部会议，决定向川北进军，开创川陕革命根据地。是时，巴山南面的川北地区，因军阀田颂尧正率部在成都参加内战，防务空虚。12 月 17 日，红四方面军总部以 73 师 217 团为先遣部队，先行出发，从西乡南下，翻越大巴山，向川北进军。主力部队于 19 日相继出动。“217 团在经过两天的急行军之后，于 12 月 18 日进占通江北部边界之两河口，守敌一个连闻风逃窜。21 日红四方面军主力通过两河口，继进泥溪场，即以 10 师向通江城东北之洪口前进，向东发展，到达瓦室铺后，又以 73 师经涪阳坝向通江城西北之平溪坝前进，向南江发展。红四方面军总部则率 11 师、12 师两师直趋通江县城，准备在攻占通江县后再向巴中发展。25 日，12 师先头部队解放通江城，守敌第 2 旅两个营及当地团防大部被歼。这样，红四方面军就乘敌兵力十分空虚之际，迅速地展开部队，控制了以通江为中心的大片地区”（《红四方面军战史》送审稿。转引自林超主编《川陕革命根据地历史长编》，四川人民出版社，1982）。

1933年1月23日，红军解放巴中县城。1933年1月26日，红军解放南江县城。由此，川陕革命根据地基本建立。

自红四方面军入川建立川陕革命根据地以后，苦草坝（通江县永安镇）就成为川陕省及红四方面军巩固的政治、军事、文化、经济的中心和重要的后勤保障基地。得汉城因其独特的地理优势和重要的战略位置，更是发挥了极其重要的和不可替代的作用。红四方面军的许多重要机关曾先后设置或迁移其上。仅机构名称、驻设或迁驻时间，按顺序先后赘列次于后：川陕省工农银行总行保卫科，1932年12月至1935年2月驻得汉城小坎子。川陕省经济总公社，1933年1月至1935年2月驻得汉城李氏祠。川陕省石印局，1933年1月至1935年2月驻得汉城岭岭上。其间，于1933年11月至1934年3月中旬石印局迁通江城。苦草坝特区俱乐部，1933年1月至1935年2月驻得汉城瓦窑坪。苦草坝特区蔬菜队，1933年1月至1935年2月驻得汉城大菜园。红四方面军高干中医院，1933年1月至1935年2月驻得汉城弯弯里。川陕省工农银行工农饭店，1933年1月至1935年2月驻得汉城小坝子。西北革命军事委员会，1933年2月至1934年4月驻得汉城弯弯里。其间于1933年7月至11月，迁通江县城。西北革命军事委员会电台，1933年2月至1934年4月驻得汉城弯弯里。其间于1933年7月至11月，迁设于通江县城北炮台山上的杜家坪。川陕省财政经济委员会，1933年2月至1935年2月驻得汉城李氏祠。苦草坝特区保卫局革命法庭，1933年2月至1935年2月驻得汉城大菜园。红四方面军被服厂（女被服厂），1933年3月至1935年2月驻得汉城岭岭上。川陕省总经理部，1933年6月至1935年2月驻得汉城李氏祠。川陕省工农银行总行，1934年1月至1935年2月驻得汉城小坎子。川陕省工农银行造币厂，1934年1月至1935年2月驻得汉城南门下城坡里。西北革命军事委员会彭杨学校（红军大学），1934年1月至1935年2月驻得汉城高鼓楼。中共川陕省委，1934年4月至1934年10月驻得汉城弯弯里。川陕省赤北县保卫局，1934年7月至1934年12月驻得汉城大菜园。此外红四方军还先后在得汉城设立了红军洗衣队、合作社粮食收购点，红军囤粮库等。

由于得汉城的重要作用，尽管红四方面军在此驻有重兵，但国民党军队和当地土匪还是多次偷袭进攻。据《永安乡志》记载：1934年7月12日，国民党党部28军18团（称一路军），20军12个团（称四路军），分别由邓锡侯、杨森统率，进攻得汉城，未逞。是年8月30日夜，蘑儿垭“难民团”胡本立、李宗品率土匪400余人，偷袭得汉城，未逞。9月下旬，胡、李再度率匪300余人，攻得汉城，遭到红军猛烈打击而败逃。

1935年2月下旬，红军奉命全部撤离得汉城北上。

巴中市志

大事记

民国元年（1912 年）

是年 境内各县裁警办团，设团练总局，推行“政、团合一”制；各地创办县商会、农会、教育会。

民国 2 年（1913 年）

是年 改巴州为巴中县，改江口分州为江口分县署。

民国 3 年（1914 年）

是年 巴中县李汝翼在川北道当选为国会议员。川北道改为嘉陵道，境内各县属嘉陵道。

民国 4 年（1915 年）

10 月 自 7 月至是月，巴中县渔溪、三汇等地“大头瘟”（脑炎）流行，死亡 850 余人。

是年 南江县马瑞麟当选为国民代表大会代表。

民国 5 年（1916 年）

是年 江口分县境内痢疫流行。兴隆场一地发病 3500 余人，死亡 1000 余人；佛楼寺场光华山发病率为总人口的 60% 以上，患者死亡过半。

是年 通江知事薛晋封冤杀杜星桥，被处死刑。

是年 王殿章任通江知事，力倡戒鸦片，且效果卓著。

是年 巴中知事张仲孝聘请李含菁等 13 人编修《巴中县志》。

民国 6 年（1917 年）

4 月 郑启和率部占据巴中。

是年 境内各县乡设团练办事处，办事处设团总，统管地方军政事务。

民国 7 年（1918 年）

3 月 驻达县靖国军总司令颜法基委任郑启和为纵队长，驻通江、南江、巴中县。郑为筹军饷，强迫农民种鸦片，规定种烟者交“特别捐”（户交洋十元半），未种者交“懒捐”。

6 月 通江县上程家坝朱兆琼联络县东北各乡民众组织红灯教，掀起阻抗军饷运动，反“十元半”。

民国8年（1919年）

5月 架设巴中至阆中军用电话线路，巴中县内始有电话通讯。

是年 境内各县提倡妇女不缠脚。

是年 境内各县学校教育开始推行白话文。

民国9年（1920年）

3月 驻南江的靖国军喻海清团与易复初团在南江县城发生火拼战，纵火烧毁县城民房70余座。

1—5月 通江县红灯教首领李子红等相继被擒杀，教徒和“神兵”惨遭屠戮者3000余众。

6月 川军第二十二师旅长潘文华由陕南回川，武力驱走郑启和，进驻巴中。

民国10年（1921年）

5月 军阀刘存厚部第二十一师师长田颂尧驻阆中，所属第十三混成旅驻防巴中。

是年 田颂尧巧立名目，“寓禁于征”，对民众课收鸦片“窝捐”“特别捐”“红灯捐”“瘾民捐”等。

民国11年（1922年）

春 刘蓝田进攻通江城。

是年 董珩主持编成《南江县志》。

民国12年（1923年）

春 北京大学毕业生赖虚室任巴中县中学校长，向师生宣讲北京“五四”运动实况。

秋 南江县大旱，土地失收，继以瘟疫流行，人民饥、病交迫，死者甚众。

11月 平昌籍共产党人刘伯坚被派到苏联莫斯科东方大学学习，任中共莫斯科支部书记。

民国13年（1924年）

7月 自2月至是月，境内大旱，连续百余日无雨，夏粮欠收，民众争食草根树皮、“观音土”（白泥），有的流亡他乡。

冬 通江县始有电话。

是年 巴中县知事马传芝主修《巴中县志》成稿。

是年 王三春打出“打富济贫”旗号，在南郑、南江交界地区破仓分粮。

民国 14 年（1925 年）

春 境内早期中共党员苟寿南从渝返巴中县，秘密进行革命活动。

是年 境内大旱，民无食，加之瘟疫四起，饿死病死无数。上海救生会派员到地赈济。

民国 15 年（1926 年）

秋 反对田颂尧重征捐税，巴中县城暴发第一次学生运动。

是年 南江县大河口李小谷集股创办太和丝厂，产品远销日本。

是年 吴世珍主编《续修通江县志稿》告竣。志稿未付梓。

民国 16 年（1927 年）

4 月下旬 巴中县兴文乡等地数百农民大闹县衙，反对苛捐杂税。

4 月 川北体育运动会在巴中县城举行，通江、南江、巴中、阆中、旺苍、仪龙、广元、昭化、剑阁县等 14 个代表队参赛。

初冬 反对田颂尧“百万大派款”，巴中县城暴发第二次学生运动。

是年 《巴中县志》（石印本）出版。

民国 17 年（1928 年）

3 月 中国国民党通江县第一届党员大会在县城召开。

夏 通江县“传字条子”活动兴起，纸条上书“打倒土豪劣绅，平分土地”等语。

10 月 反对田赋征收“毫厘归分”，巴中县城暴发第三次学生运动。

冬 境内各县改县署为县政府，改知事为县长。

民国 18 年（1929 年）

春 廖承志（化名何柳华）和罗世文到南江县开展中共地下工作，进行社会调查。

是年 国民党在南江县成立党务指导委员会。

是年 巴中县中学生破除迷信，捣毁县城城隍庙、东岳庙、龙母宫的神像。

是年 境内霍乱流行，死亡无数。

民国 19 年（1930 年）

是年 巴中由二等县升为一等县。

民国 20 年（1931 年）

秋　中共川东游击队党组织派周明理到南江正直坝一带开展地下工作。

是年　田颂尧在境内实行田赋“预征制”，粮税由一年三征增加到一年十四征。

是年　国民党巴中县党部执行委员会成立。

民国 21 年（1932 年）

12 月 18 日　红四方面军七十三师二一七团不战而下通江县北两河口。建立红军入川后第一个工农革命政权——两河口乡苏维埃政府。

12 月 23 日　红军在两河口筹备建立赤北县苏维埃政府。是日，发布《入川十大纲领》。

12 月 29 日　川陕省临时革命委员会成立，旷继勋任主席。西北革命军事委员会迁入通江县城，在县城置赤中市。

年底　红四方面军十一师、十二师进至巴中县清江渡，击溃田颂尧部 7 个团，毙伤 1000 余人，俘 600 人。

年底　红四方面军十一师政委李先念率部解放得胜山。

民国 22 年（1933 年）

1 月　自民国 21 年（1932 年）12 月末至是月，红军于旧通江县地置赤北、赤江、红江三县，后又增置苦草坝、洪口两特别区。

1 月 23 日　红十二师与十一师三十二团攻克巴中县城，旋即建立赤中县（2 月改为巴中市，7 月改名巴中特别市）。

2 月 7 日　中共川陕省第一次党员代表大会在通江县城召开。选举袁克服等 37 人组成中共川陕省委。

2 月 17 日　川陕省第一次工农兵代表大会在通江县城召开。选举产生川陕省苏维埃政府，熊国炳任主席。

2 月下旬　在通江县新场坝乡创建川陕革命根据地彭杨军事干部政治学校。

3 月 8 日　为粉碎敌人“三路围攻”，红军主动撤出巴中城。

3 月下旬　中共川陕省委在通江城组建妇女独立营。

4 月末　中共川陕省委机关迁至通江毛浴镇。

5 月 29 日　彭杨军事干部政治学校由通江迁至南江城（8 月改名红军大学）。

6 月 5 日　红十二师收复巴中城。

6 月 16 日　红军反“三路围攻”获得全胜。共毙伤敌人 1.4 万，俘敌万余人，缴获枪炮 8250 余支（门）。

6 月 25 日　中共川陕省第二次党员代表大会在通江县新场坝召开。到会代表 248 人，选出以袁克服为书记的新省委。

7 月上旬　红军在通江县城创办中共川陕省委党校，校长何柱成。

7 月上旬　红四方面军进行整顿扩编。由 4 个师扩编为 4 个军，计 29 个团，4 万余人。

7 月 川陕省党、政、军机关由通江陆续迁巴中。

8 月 8 日 中国工农红军川陕省军区指挥部在巴中特别市“武馆衙门”成立，张广才任指挥长。

10 月上旬 红四方面军总指挥徐向前在得胜场北山寺召开军以上干部会议，制定宣（汉）达（县）战役作战方案。

10 月末 红四方面军将缴获的刘存厚兵工厂的设备及 600 多名技术人员，在通江县扩建苟家湾兵工厂。

11 月初 川陕省巴中道在巴中特别市成立，领 12 县工农民主政府，谢富治任道委书记。

11 月 红九十七师师长冉南轩、九十八师师长蒋群麟在巴中特别市被张国焘杀害。

12 月 4 日 川陕省苏维埃政府工农银行在通江城正式成立，开始发行川陕省苏维埃政府铜币券和银币券，统一货币。

12 月 11 日 中共川陕省第三次党员代表大会在巴中特别市召开，选举周光坦为省委书记。

民国 23 年（1934 年）

2 月中旬 红四方面军总医院由通江县鹦歌嘴迁至沙溪嘴王坪。

2 月 川陕省党、政、军机关由巴中迁至通江。

春 在通江沙溪嘴成立川陕省游击总指挥部，总指挥周纯全。分东西南北 4 路，专门指挥各县独立营、团和游击队。

3—7 月 红四方面军总政治部錾字队在通江沙溪嘴景家塬高崖刻巨幅标语“赤化全川”。后称此崖为红云崖。

3 月 18 日 为粉碎刘湘“六路围攻”，红四方面军西线部队第二次撤出巴中城。

6 月初 中共川陕省委、川陕省苏维埃政府机关迁往通江沙溪嘴。

9 月 11 日 红三十军第二次收复巴中。

9 月末 红四方面军历时 10 个多月，付出 2 万余人伤亡的代价，粉碎“六路围攻”。毙敌官兵 6 万余人，俘敌官兵 2 万余人。

9 月 川陕省党、政、军机关复迁巴中。

10 月中旬 红四方面军总医院王坪烈士墓碑落成。

10 月下旬 川陕省第四次党代会在巴中特别市召开。

11 月 1—9 日 红四方面军在通江毛浴镇召开党政工作会。到会连以上政治干部 800 余人。张国焘作形势与任务的报告和总结，徐向前作军事报告，陈昌浩作党政工作报告。会议制定“智勇坚定、排难创新、团结奋斗、不胜不休”的四方面军军训。

11 月中旬 红四方面军军事工作会议在巴中清江渡召开，团以上军政干部参加。会上，总结反“六路围剿”的作战经验，决定加强部队军事建设，积极准备力量，以粉碎敌人正在发动的“川陕会剿”。

11 月中旬 西北革命军事委员会在通江涪阳坝召开重要会议。讨论并确定向西转移的路线、时间及部队与地方机关的行动方案。

12 月 11 日 川陕省第三次工农兵代表大会在巴中特别市召开，选举熊国炳为川陕省苏维埃政府主席，余洪远、祝义亭为副主席。

12 月 在通江毛浴镇建立中共川陕省特委，直辖赤江、赤北、红江、红胜、南江等县，何柱成任书记。

民国 24 年（1935 年）

3 月下旬 红军撤离通江县、南江县、巴中县，北上抗日。地方乡绅返乡，组织“清共委员会”“清共义勇大队”，搜捕、屠杀红军干部和家属。

5 月 巴中县将原 14 个区并为 6 个区，原 31 个乡（镇）划为 124 乡、4 镇。

冬 境内各县币制改革，实行法币制度。

是年 巴中县成立县禁烟委员会，禁种、禁运、禁售、禁吸鸦片。

民国 25 年（1936 年）

2 月 22 日 四川省政府发出通告：免去通江、南江、巴中、万源四县公粮。

2 月 通江由三等县升为二等县。全县共组编 34 联保、316 保、3025 甲。

春夏 春旱连夏旱，造成大灾荒。巴中县饥民结队北入陕南、南到南充一带乞食。全县饿死 8 万余人。

是年 巴中县实行联保制，将全县 6 区编为 5 区，128 乡（镇）改为 91 联保。

是年 境内普种罂粟，吸鸦片恶习蔓延。

民国 26 年（1937 年）

春 成立南江电报局，架设通省电话线。

4 月 四川省银行巴中办事处成立。

是年 境内各地连续干旱，有种无收，草根树皮掘食殆尽，酿成境内历史上难忘的“丙子、丁丑年”大饥荒。

民国 27 年（1938 年）

是年 巴中县城（宕梁公园）建立“抗战阵亡将士纪念碑”。

是年 建立巴中团管区，辖通江、南江、巴中、达县、开江、宣汉、万源县兵役征集和训练。（后改名通南师管区）。

是年 各学校进行抗日宣传，教唱《义勇军进行曲》《流亡三部曲》《芦沟桥问答》等歌曲。

民国 28 年（1939 年）

3 月 31 日 中国国民党通江县执行委员会成立。

6 月 20 日 通江县政府发出优待抗战军人家属训令。

6 月 通江县政府征集民工 400 余人，前往万源罗文坝修筑汉渝公路。

9 月 13 日 南江县中午日全蚀，天昏地暗，星辰出现。

民国29年（1940年）

5—7月 境内各县废联保制，实行乡镇保甲制。通江县划4个区、18个乡镇；南江县划分为3区16乡镇200保1888甲；巴中县划为30个乡镇。

民国30年（1941年）

7月10日 南江县改原乡镇甲、乙、丙三等为甲、乙、丙、丁、戊五等。全县3区16乡镇。

冬 日本飞机20架飞经巴中县化成上空，投弹13枚，其中1枚爆炸，炸毁民房1座。

是年 巴中县改划为40个乡（镇）。

是年 成立四川省特种工作委员会各县分会，进行清共活动。

民国31年（1942年）

5月 境内各县政府为了抗日，通令实行“一甲一丁”，如不愿服役，则强行抓丁。

7月 在解决“飞地”中，巴中县将和平乡、仁和场、枣林场等52处“飞地”划属南江县，南江县的顺兴场、东兴场、复兴场等13处“飞地”划属巴中县。

是年 巴中县30余名中小学生参加抗日远征军，赴缅甸、印度等国抗击日本侵略军。

民国32年（1943年）

8月 南江、通江县开展“一县一机”的献飞机运动。

是年 巴中县籍的世界名人晏阳初，在纽约举行的纪念哥白尼逝世100周年集会上，被推举为“现代世界十大伟人”之一。

民国33年（1944年）

2月 巴中县立高级中学增设高中班，招收通江、南江、巴中等县学生。

11月 国民政府行政院指令：巴中、平昌分治，准予设立平昌设治局。

是年 巴中恢复区署建置，将接收南江柏石乡改为凌云乡，全县划为4区、3镇、41乡。

是年 巴中县“天花”流行，死亡婴儿甚多。

民国34年（1945年）

8月5日 日本无条件投降，境内各县民众张灯结彩，鸣放鞭炮，欢庆胜利。

是年 通江、南江、巴中县成立特区委员会。

民国 35 年（1946 年）

2 月 私立奇章中学在化成开办。此校为通江、南江、巴中、平昌中共组织地下活动的重要阵地。

9 月 1 日 平昌设治局正式成立，由巴中、达县、通江划入部分政区组成，共辖 21 个乡镇。

11 月 开始修筑唐（家寺）巴（中）公路巴（中）仪（陇）段。

民国 36 年（1947 年）

1 月 四川省立巴中高级中学开办。

7 月 中共地下党组织在奇章中学成立中共通南巴工作委员会，魏文引任书记、王朴阁任副书记。

民国 37 年（1948 年）

5 月 撤销中共通南巴工作委员会，成立中共巴中县中心县委，辖通江、南江、巴中、平昌县委。

12 月 1 日 平昌设治局升为平昌县。

冬 巴中县奇章中学的共产党员转入农村，发动群众开展抗丁、抗捐、抗粮斗争，并在清江、中兴、化成建立地下武工队。

民国 38 年（1949 年）

12 月 19—27 日 南江、巴中、平昌、通江四县解放。

12 月 25—27 日 中共巴中中心县委指挥地下武工队和掌握的部分地方武装，在化成等地围困国民党胡宗南部溃军，迫使张缄三师 3 个团全部缴械投诚，同时收缴王凌云、岳奇、赵自立等残部枪械，将其官兵遣散。

1950 年

1 月 中国人民银行发行的人民币在境内各县流通。禁用国民政府的货币。

是月 境内各县县委、县人民政府相继成立。

4 月 中共通南巴工委在巴中成立，代中共达县地委直接领导通江、南江、巴中县委的工作。

秋 巴中县县中、女中合并为“川北公立巴中中学”。

10 月 龙鸣率川北区党委工作团 200 余人到巴中，开展减租退押工作。

1951 年

1 月 26 日 巴中县在第五区进行土地改革试点（称第一期土改，此后各县相继进行土改）。

3 月初 川北行署主任胡耀邦到巴中视察。

5 月 巴中县龙凤乡瓦子场划归仪陇县。

6 月 境内各县相继成立中苏友好协会分会。

7 月 巴中县复兴场渡口发生沉船事故，落水 36 人，死 28 人。

春至夏 境内各县广泛开展支援抗美援朝活动。

8 月 中央人民政府派出以王维舟为团长，余洪远为副团长的南方革命老根据地访问团川北分团到各地慰问，开展优抚追恤、征集革命文物工作。

10 月 1 日 南江县青龙乡、龙凤乡部分村、组划归旺苍县，白山乡划归苍溪县。

10 月 境内各县发行《毛泽东选集》第一卷。

1952 年

1 月 境内各地开展“三反”“五反”运动。

2 月 平昌县江口镇安装 10 千瓦发电机一台，供县城部分机关照明。

5 月 21 日 川北行署主任胡耀邦再次到巴中视察。听取通江、南江、巴中 3 县负责人的汇报。

6 月 巴（中）南（江）公路巴（中）沙（南江沙河）段竣工通车。该路系 1950 年冬动工修建。

夏 通江架通各区电话线。

8 月 31 日 中共通南巴工委改名中共巴中中心县委。

9 月 10 日 境内竹峪通江街及中和乡三村划归万源县属。

秋 境内部分小学试行五年一贯制教育。

1953 年

1 月 通江县北西河、碑坝两乡流行面肿病，死亡 72 人。

是月 巴中县第一座 50 千瓦火力发电厂建成，城区始用电灯照明。

3 月 30 日 撤销中共巴中中心县委。

7 月 1 日 境内各县开展第一次全国人口普查。

8 月 18 日 仪陇县响滩镇，南风、望崇、黑水等乡划归平昌县属。

11 月 境内各县对粮食、油料、植物油实行统购统销。

是年 巴中县对机关、学校、企事业单位的职工和革命残废军人实行公费医疗制度。

1954 年

1 月 境内各县开始对农村手工业和资本主义工商业进行社会主义改造。

2 月 1 日 南充汽车站首次开来 32 座客车 1 辆。自此，巴中始有客车运输。

7 月 通江县碑坝区除灰滩以外的 8 乡、41 村、3425 户划归陕西省南郑县属。

9 月 20 日 四川省巴中师范学校建成开学，首期招生 150 人。

是月 境内各县实行棉花统购统销，棉布、棉花凭票定量供应。

1955年

3月1日 境内各县发行新人民币，旧币1万元兑换新币1元。

3月 境内各县实行粮食“三定”（定产、定购、定销）。产、购一定3年不变。

7月1日 境内各县国家机关工作人员（包括中小学教师）全部实行货币工资制。

8月 境内各县开展镇压反革命运动，打击反革命分子和刑事犯罪分子。

9月 境内各县改县人民政府为县人民委员会。

11月 旺苍县大道、大德、大河、桥坝4乡的11个村划归南江县属。

是年 境内各县始行义务兵役制。

1956年

6月 达县专区决定将通江、南江、巴中、平昌四县游民集中在通江火天岗开办农场以收容教养（之后，收容范围扩大到达县专区11个县）。

7月1日 《南江报》《巴中报》创刊发行。

10月1日 《通江报》创刊发行。

10月 巴中县第一条县道公路恩（阳）渔（溪）路竣工。

12月 省运输公司第47队在南江县设立汽车运输站。

是年 进行第一次工资改革，境内各县被列为一类工资区。

1957年

1月 境内各县实行生猪计划收购，猪肉定量供应。

3月 南江县流行麻疹，死亡81人。

8月8—9日 巴中县暴雨成灾，河水猛涨，冲毁农作物0.33万公顷，倒塌房屋1200多间，死12人，伤25人。

9月 境内各机关单位开始整风学习，进行“大鸣大放”；之后，开展反右派斗争。

11月 四川省平昌师范学校成立。

12月1日 达（县）巴（中）公路竣工通车。

是年 境内各县实现农业合作化。

1958年

2月 通（江）巴（中）公路通车。

5月 各地组织学习、贯彻“鼓足干劲，力争上游，多快好省地建设社会主义”总路线。

8月23日 省长李大章、副省长张韶方到巴中县视察。

9月 境内各县相继建立人民公社。

10月 境内各县开办公共食堂。

是月 南江师范学校成立。

是月 南江县开展坡改梯、地改田、薄改厚的土地加工运动。

11 月 巴中县平梁公社绿化莲花山成绩显著，被评为全国先进单位，获国务院奖状。

是月 巴中县被评为“全国农业社会主义建设先进单位”，县委副书记周永开出席在北京召开的大会，获国务院奖状。

冬 通江县第一辆汽车（解放牌），在水口至中和公路线上投入运行。

1959 年

1—3 月 巴中县流行脑膜炎，发病 2586 例，死亡 254 人。

10 月 1 日 通（江）铁（溪）公路建成通车。纵贯通江瓦室、永安、铁溪三区，全长 85 公里。

11 月 南江沙河至旺苍的沙（河）旺（苍）公路建成通车。

冬 境内各县开展反“右”倾运动。

是年 境内各县推行国际公制基本计量制度。市制 16 两 1 斤改为 10 两 1 斤。

1960 年

1 月 平昌、通江、南江、巴中、万源五县护林联防委员会在平昌成立。

4 月 25 日 巴中县化成水库主体工程竣工，总库容 5000 万立方米。该库于 1958 年 12 月 10 日动工修建。

7 月 境内各县农村开展反贪污、反浪费、反官僚主义的“新三反”运动。

年底 境内各县开始纠正“大跃进”中的“平调风”“共产风”错误。

是年 境内各县严重发生水肿病。各县设立临时医院，对病人进行抢救治疗。

1961 年

4 月 中共中央政治委员、西南局第一书记、四川省委第一书记李井泉到巴中视察。

5 月 团中央书记胡耀邦、团省委书记李培根到巴中视察。

8 月 境内各县停办公共食堂。

12 月 南江县农业机械厂设计制造的万能加工机，参加阿联酋、古巴、几内亚、苏丹四国展出。

1962 年

1 月 境内各县开展打击投机倒把活动。巴中县查处投机倒把、贪污、盗窃、赌博集团 13 个。

3 月 境内各县实行“三级所有，队为基础”，以生产队为基本核算单位。

6 月 各地县内公路划分为省道公路和县道公路，实行分级养护。

9 月 南江师范并入巴中师范。

10 月 精简机构，下放人员。平昌县精减党政、企事业单位人员 13882 人回农村。

1963 年

3 月 各地积极响应“向雷锋同志学习”的号召，普遍开展“学雷锋、见行动”活动。

4 月 境内各县开展反对贪污盗窃、反对投机倒把、反对铺张浪费、反对分散主义、反对官僚主义的新“五反”运动。

5 月 境内各县农村开展清账目、清仓库、清财务、清工分的社会主义教育运动（简称“小四清”）。

12 月 20 日 平昌县由响滩、西兴、白衣 3 区 20 乡联合动工修建蹬子水电站。

冬 重庆首批上山下乡知识青年 102 人到南江插队落户。

1964 年

1 月 境内各县设立计划生育管理机构，开始抓计划生育工作。

5 月 平昌县驷马、雷山、坦溪、双鹿、双凤、土兴、风凉等公社首次发生牛出血性败血病（达县专区派医疗组协助防治，历时 3 个月，控制流行）。

是月 通江县恢复和发展社办林牧场。由 10 个增至 76 个，每个公社 1 个。

7 月 1 日 境内各县开展第二次全国人口普查。

是年 广泛动员安置城镇知识青年上山下乡。重庆知识青年到境内各地插队落户。

1965 年

9 月 4 日 境内普降 200 毫米以上暴雨，河水陡涨。巴中县淹死 30 人，伤 173 人，经济损失 500 万余元。

9 月 中共中央、国务院授予平昌驷马公社为全国“农业学大寨”先进单位。

12 月 巴中县川剧团 3 名青年演员参加西南局赴京汇报演出，在怀仁堂受到国家主席刘少奇、总理周恩来接见。

1966 年

春 各地掀起学习毛泽东著作高潮。

4 月 2—3 日 中共达县地委派出 3100 人的工作团到巴中，开展清政治、清组织、清思想、清经济运动（简称“大四清”）。

6 月 “文化大革命”运动开始。境内各县委派出工作组到各中学和文化单位，领导开展“文化大革命”。

8 月 境内各县机关、学校、企事业单位和城镇街道，普遍建立文化革命委员会或文化革命领导小组。

10—12 月 各中学选派师生代表组成“红卫兵”代表团，赴北京接受毛泽东主席检阅。

10 月 各县委设立“文化大革命”接待站，接待县内外“革命大串连”的“红卫兵”。

11 月 各县城乡到处书写、张贴毛主席语录，建立毛主席语录碑。

11—12 月 各县学校、机关、农村、街道陆续成立“红卫兵”组织，开展破“四旧”（旧思想、旧文化、旧风俗、旧习惯）活动，不少古典文学书籍被焚烧，建筑上的龙凤花草图案被铲除，剧团的古装道具尽毁无遗。

12 月 巴中县莲花山林场知识青年“卫红战斗组”在县委门口贴出第一张大字报，标题为“闹翻巴中县，闹翻大巴山，闹翻全中国！”全县为之震动。

是月 从 12 月 2 日“两派”（“造反派”“保守派”）群众组织争夺巴中县广播站播音室事件开始，“造反派”3 次抢占县广播站，停止播音 7 天。

1967 年

1—2 月 境内各县机关单位“造反派”争相夺权、夺印章，党政机关工作瘫痪。

7 月 各县将一部分公社名字改为适应“红海洋”需要的所谓时髦名称。如，“红胜、曙光、东升、解放、向阳、红卫、英雄”等。

8 月 1 日 巴中县在县城新市街召开万人大会，隆重发行《毛主席语录》。

1968 年

1 月 境内各县成立中国人民解放军军事管制委员会（简称“军管会”），对公安局、检察院、法院实行军事管制。

6 月 “造反派”大抓“黑干将”“变色龙”“小爬虫”，不少干部被游街示众、批斗、毒打，有的致残、致死。

冬 各县成立革命委员会，各区建立革命领导小组，各公社建立革命委员会。

是年 “两派”群众武斗升级。巴中县先后在鼎山、柳林、恩阳、平梁等地发生枪战，打死 120 余人。

1969 年

1—2 月 各地“造反派”肆意抢劫粮食、煤油、煤炭、化肥、食盐、猪肉、汽车等。

2 月 21 日 巴中县革委在玉山公社召开 6000 人参加的“清理阶级队伍现场会”。从此，全县大清阶级队伍，造成一批冤假错案。

9 月 各地执行中央“七三”“七二四”布告和“九五”命令，收缴枪支弹药，制止武斗。

10 月 工人、贫下中农毛泽东思想宣传队（简称工宣队、贫宣队）进驻各中、小学校。

年底 各县委、县人委、公检法机关相继成立斗批改领导小组，将干部分别集中进行斗、批、改。

是年 各地食盐实行凭票供应。

1970 年

2 月 各县配合“支左”部队，组成军宣队，分赴区、社宣传贯彻中央指示精神。

3 月 各地广泛开展打击反革命破坏活动，反对贪污盗窃、反对投机倒把、反对铺张浪费的“一打三反”运动。

4—5 月 各县抽调干部、民兵，组建民兵团，去陕西省镇巴县松树公社、达县渡市公社修筑襄渝铁路。

5 月 境内各县革委核心领导小组成立。

8 月 各县开展农村整党工作试点。

11 月 6 日 通江至平昌县长途电话安装载波机。

年底 各县在大队建立合作医疗站，配备赤脚医生 2～3 人。

1971 年

2 月 各县分期分批开展整党工作，先后恢复基层党委、党支部及党员组织生活。

4 月 各县开展“一批双清”运动，即批判极“左”思潮，清查“5·16”和“三老会”（老干部、老红军、老党员协会）。

9 月 各县传达中共中央关于林彪叛逃的相关文件。各地人民群众愤怒声讨林彪反革命集团的罪行。

秋 巴中县在县林场开办“五七”干校，集中县委、县人委机关部分干部，边参加劳动，边进行斗批改。

1972 年

3 月 29 日 各县革委成立多种经营领导小组，全面发展农村经济，正确处理粮、棉、油、麻、丝、茶、糖、菜、烟、果、药、杂 12 个字的关系。

5 月 通江县广播站至公社放大站使用载波设施传输节目信号，电话、广播同时开通。

8 月 13 日 巴中县恩阳转运站发生火灾，烧毁房屋 65 间和大量物资，损失 11 万余元。

10 月 平昌县城至镇龙公路竣工通车，全长 96 公里。

是年 巴中县麻疹病流行，染病达 16595 人。

1973 年

5 月 7 日 通江县洪口发生豆腐中毒事件，150 人中毒，因抢救及时，无一人死亡。

7 月 19 日 境内农村赶场日由 5 天一场改为 7 天一场。

是年 各县恢复使用“文化大革命”以前的公社名称。

是年 大中专、高初中招生实行推荐，出现升学“走后门”之风。

1974 年

2 月 各县开展“批林批孔”运动，伤害部分干部和群众。

7 月 各县划定社员自留山，落实林权。

9 月 13 日上午 南江县赶场公社白梅垭发生牵引式顺层滑坡泥石流，滑坡体长 1000 米，宽 350 米。死 159 人，伤 8 人，淹没牲畜 220 头，毁房屋 117 间，耕地 55.27 公顷。

9 月 平昌县响滩、西兴两区的 8 个公社抽调劳动力动工修建友谊水库。

是年 巴中县防疫站与南江、通江、平昌等县防疫站合作，在全长 500 公里的巴河水域设立 12 个水断面、24 个采样点，对水质污染情况进行调查。

1975 年

8 月 巴中县被评为“全国农业学大寨先进县”，县委书记盛永堂出席全国第一次农业学大寨会议。

9 月 21 日至 10 月 17 日 巴中县全面整顿社会治安，打击刑事犯罪，清查流窜犯。

10 月 平昌巴河大桥竣工通车，全长 284.9 延米。

是年 通江县开展第一次森林普查，全县林业用地面积 19.93 万公顷，森林覆盖率 23.1%。

1976 年

1 月 5 日 中共四川省委第一书记赵紫阳到巴中视察。

1 月 各县人民沉痛悼念周恩来总理逝世。

3 月 各县相继组织区、社党委书记和县级机关单位负责人到山西省昔阳县大寨大队参观学习。

是月 通江县城西门大桥竣工通车，全长 204 延米，是通江至广元、巴中、平昌的一座动脉桥梁。

7 月 巴中县在红岩公社红岩大队建成县火葬场，开始推行殡葬改革。

9 月 9 日 各县人民沉痛悼念毛泽东主席逝世。

10 月 各县召开群众大会，庆祝党中央粉碎“江青反革命集团”的胜利。

是月 巴中县在南龛坡建立电视差转站。

是年 巴中县城西 54 公里的长征公社（酒店乡）月亮岩发现商代文化遗址。

1977 年

4 月 各地开展“双打”（打击资本主义复辟势力，打击资产阶级帮派体系）斗争。

10 月 18 日 通江县人民医院成功抢救一名心脏骤停数分钟的病人。

是年 各县恢复大中专升学考试制度。

1978 年

4 月 通江县被农业部确定为商品牛生产基地县。

5 月 2 日 因修七道河水库，平昌县将得胜公社所属的 62 户、23.35 公顷田土划归通江县石庙公社管辖。

6 月 各县成立审干复查办公室，复查“文化大革命”中立案审查、处分、判刑的案件。

8 月 经省委、省革委考核验收合格，巴中被命名为“大寨”式县。

是月 各县开展真理标准问题的讨论，批判“两个凡是”的观点。

9 月 18—23 日 全省群众文化工作会议在巴中召开，到会 700 余人。

是年 巴中县组织25个肿瘤调查小组，对全县进行死亡回顾调查，查明1976—1978年患恶性肿病死亡率为66.44/10万。

是年 南江县被列为全国油桐生产基地县。

1979年

1月 各县委成立落实政策领导小组及办公室，县级各部门、各区社成立相应机构，纠正历次政治运动中的冤、假、错案。

2月 各县召开四级干部会议，贯彻中共十一届三中全会决议，将全党工作重点转移到经济建设上。

是月 各县贯彻执行中央《关于地主富农分子摘帽问题和地富子女成分问题的决定》，陆续摘掉地主、富农、反革命、坏分子（称“四类分子”）帽子。

4月 巴中县发生8~10级大风天气，刮垮房屋和猪牛圈2490间，砸死1人，伤17人，吹断树木210万余株。

10月 巴中县及甘泉公社被评为“全国群众体育运动先进单位”，分别获国务院奖旗、奖状。

是月 各县农村集市场期更为5天一场。

1980年

8月22—23日 巴中县普降大雨，雨量达240毫米，山洪暴发，河水猛涨，全县冲垮房屋6231间，淹死8人，伤40人。

10月 各县农村集市场期恢复为10天3场。

年底 各县撤销县革委，恢复县人民政府；设立县人民代表大会常务委员会。

是年 通江县广建红薯高温大屋窖。全县建3146个，窖薯0.85亿公斤。

是年 各县开始实行“划分收支、分级包干”的财政管理体制，达县地区确定在巴中县进行财政体制改革试点。

是年 各县开展地名普查工作。

1981年

3月 各县农村进行“联产承包责任制”试点。先期推行旱地联产承包责任制。

是月 各县开展以“五讲四美三热爱”为主要内容的第一个文明礼貌月活动。

4月6—12日 全国商品牛基地工作会议在巴中召开。

5月10—11日 中央顾问委员会副主任许世友在成都军区司令员尤太忠陪同下到巴中视察。

6月 各地组织学习《关于建国以来党的若干历史问题的决议》。

8月1—9日 四川省农村多种经营经验交流会在通江县召开。

是年 各县钩端螺旋体病流行。巴中县发病4840例、死亡111人，通江发病500例、死亡34人。

是年 空山黄牛定名为通江黄牛，收入《世界牛种名录》。

1982 年

春 各县农村全面推行联产承包责任制。

4 月 中共四川省委书记谭启龙到南江视察。

是月 徐向前元帅为红四方面军烈士墓碑题词。

7 月 1 日 各县进行第三次全国人口普查。

7 月 南江县被定为全国“三木”（杜仲、黄柏、厚朴）药材生产基地县。

10 月 巴中南龛公园建成。占地 20 余公顷，新建亭阁 12 座，拱桥 3 座，盘山砼公路 4 公里，登山石梯 1500 余级。

是月 巴中县缫丝厂被列为全省八家对外出口生丝重点厂之一。

12 月 18 日 达县地区红四方面军入川五十周年纪念会在通江召开。川陕革命根据地军史陈列馆落成开馆。

是年 南江大叶茶被评为全国地方优良品种。

是年 巴中县狂犬猖獗，咬伤 1224 人，发病死亡 23 人。县政府成立灭犬防病指挥部，全面开展灭犬。

是年 投资 1191 万元的巴中县三江电站全面竣工，1 号、2 号、3 号机组（4400 千瓦）投产。

1983 年

1 月 中央暨省委、省政府革命老根据地慰问团，到境内各县慰问老红军。

7 月 国家主席李先念为川陕革命根据地军史陈列馆题词，并题书“空山战役遗址”。

是月 境内首次发行《邓小平文选》。

8 月 5—9 日 四川省财政促进农村科普经验交流会在通江召开。

9 月 实行县级机构改革。巴中县县级部门由原 53 个减少到 23 个，平昌县由原 56 个减少到 33 个。

12 月 12 日 平昌县被国务院列入全国 100 个农村电气化试点县之一。

12 月 巴中县烈士陵园落成。园内“烈士纪念碑”镌刻国家主席李先念“为创建川陕革命根据地壮烈牺牲的烈士们永垂不朽!”的题词。

1984 年

4 月 各县改公社管理委员会为乡人民政府，改大队管理委员会为村民委员会，改生产队为村民组。

5 月 中共中央总书记胡耀邦为川陕革命根据地军史陈列馆题写馆名。

6 月 四川省首次银花生产研讨会在南江召开，到会 120 人。

7 月 1 日 川陕革命根据地博物馆举行揭馆典礼，全国各地曾在川陕苏区战斗过的部分老红军及省、地、县 100 多名代表参加，中央军委主席邓小平题写馆名，中共四川省委副书记聂荣贵、陕西省顾问委员会副主任陈远方剪彩。

7 月 国家主席李先念在中南海接见南江县县长郑友铭一行，并对山区建设作重要指示。

9月 联合国授予巴中县“野间扫盲奖”，奖给银质奖章1枚，奖碑1个，奖金5000美元。

10月 各县成立整党工作指导小组，分期分批开展整党工作。

是年 各县开始城市经济体制改革，在企业实行经济承包责任制。

1985年

3月 各县取消粮食统购、生猪派购，实行合同订购和市场收购。

是月 对国家机关、企事业单位职工进行工资改革，境内各县调为五类工资区。

9月10日 各地召开会议，庆祝第一个“教师节”。

10月25日 “二南公路”（南江县—陕西省南郑县）建成通车。

是月 水电部在巴中县召开农用电力载波通讯现场会。

11月29日—12月1日 中共四川省委书记杨汝岱到通江视察。

12月下旬 通江县举办乡镇企业首届产品展销会。共14个代表队300余人参加，展品500多种。

1986年

1月25日 南江县刺梨开发被轻工业部和四川省列为科技开发项目。

2月5日 平昌县兰草乡丁家村被省政府命名为“文明村”。

2月 平昌县被列为四川省茧丝绸商品基地县。

3月1日 巴中中学被列为全省首批重点中学。

4月10日 境内首个村级农村基金会在南江县兴马乡八村成立。

6月 各县人武部由军队建制改归地方建制，隶属当地党政及军分区双重领导。

6月30日 南江县第一座卫星电视地面接收站在城南塔子山建成并试播。

7月1日 通江县诺水河风景区正式对外开放。

7月9—10日 联邦德国北威州生态农业研究所草原饲料研究部副主任贝克霍夫博士和荷兰哈根罗农学院农经系讲师康姻霍尔斯特、国际问题顾问卡杜拉到平昌镇龙金垠坪、望京等牧场进行草原考察，并就联合种草养畜问题进行座谈。

7月18日 中央军委体育慰问团一行18人，赴平昌慰问老区人民，并举行篮球表演赛。

10月8—14日 四川省山区公路工作会在通江县召开。

10月9日 刘伯坚烈士纪念碑落成揭幕典礼在平昌江阳公园举行。中共中央、国务院、中央军委、全国政协和省、地党政军代表、江西省宁都县和大余县代表，老红军、烈士亲属、平昌在外工作的领导及县内工人、农民、知识分子、干部1600余人出席揭幕仪式。中共中央政治局委员、中央军委常务副主席杨尚昆剪彩，中顾委委员天宝、成都军区政委万海峰揭幕。

11月18日—12月2日 纪念红军长征胜利50周年，巴中县委、县政府派张品祥、熊光林等15人到北京开展慰问活动，受到张爱萍、杨得志、余秋里、洪学智等中央领导的亲切接见。

12月17日 四川省委副书记、省长蒋民宽视察巴中、平昌、南江等县。在平昌县检查“星火计划”实施情况。

12月18日11时20分 南江县汽车运输公司客车驾驶员夏和远驾驶8号客车，从贵民返南江，行至柳贵公路37公里加200米下坡转弯处翻于左侧88.7米的高岩下，造成死亡12人，轻、重伤27人的特大交通事故。

是年 巴中县被列为全国山羊板皮基地县之一。

1987年

1月7—9日 全国粮食储运座谈会在巴中召开。

1月 各县相继成立经济体制改革领导小组，下设办公室，全面启动城市经济体制改革。

是月 县对区、乡（镇）实行“定收定支，超收分成，结余留用，一定三年”的财政管理体制。

3月22日 四川省委书记杨汝岱视察巴中、平昌、通江等县抗旱救灾、春耕生产情况。

3月 南江县水利局在县城东庙子岭建成全县第一个商品鱼养殖基地—淡水养鱼场。

4月14日 《巴中县城市总体规划》经省政府批准正式实施。

5月5日 通（江）镇（巴）公路通车。公路全长16.2公里，沿线直接受益人口百余万人。

5月20—26日 全国第三次县（市、区）工会工作探讨会在巴中召开。

7月6日 巴中籍人、国际乡村建设学院董事长、联合国教科文组顾问、世界平民教育家晏阳初博士回国观光。巴中县委派县政协副主席黄道忠前往北京迎接和看望。

7月8—11日 奥地利UDI有限公司畜牧兽医专家罗斯博士和樊祖康先生（兼翻译）在省畜牧局生产处罗天福、王乃真的陪同下到南江考察山羊胞羔生产项目。

7月29日 四川省军区司令员张长顺一行12人，赴平昌镇龙老鹰村、顺天村了解贫困情况。

8月下旬 南江县流行“牛流行热病”。63个乡894头牛发病，经抢救防疫，仅死亡2头。

9月 开始在国营工业企业、集体企业和乡镇企业中，推行租赁承包经营责任制。

9月21日 平昌县民间文学资料收集、整理、编辑结束。该项工作历时5年，共辑录故事1264篇，歌谣11340首，谚语、歇后语10266条。整理出清样本10卷。

9月30日 四川省农村科协改革工作座谈会在平昌召开。

12月16日 四川省委副书记、省长蒋民宽一行到南江视察。

12月28日 平昌县被列入嘉陵江中下游及长江上游地区四个水土流失重点防区之一。

1988年

1月初 矿产部西南石油局320余人到通江铁溪区探测矿产资源。

1月13日 国务院公布红四方面军总指挥部旧址（文庙）为第三批全国重点文物保护单位。至此，通江县计有国家、省、地、县级重点文物保护单位104处。

2月 境内各县粮食价格全面放开。

3月6日 由阿根廷莫法等专家一行4人组成的国际农发项目考察团到巴中考察山羊系列开发项目。

4月10日 平昌县第一个水葬仪式在巴河举行。

5月1日 巴中县梁永大桥竣工通车，结束巴河汽车渡运历史。该桥于1984年12月5日动工修建。

6月 境内各县开始安装自动电话和有线电视。

8月 平昌县水上皮划赛艇队参加省首届划船锦标赛夺得金牌22枚，银牌16枚，铜牌6枚和团体总分第一名。

秋 通江县絮棉厂百花牌棉胎获中商部1988年优秀产品奖。

10 月 各县第二次国内革命战争时期肃反错案复查工作结束。

是月 通江县委党史办公室编写的《通江县苏维埃志》由省社科院出版社出版。

11 月 10—12 日 四川省委书记杨汝岱视察巴中县白云乡、甘泉乡。

11 月 19 日 平昌县西兴乡曙光村邵光阳，驾驶木质挂桨机动船，从八庙河三溪口客货混装、超重搭载下航至磴子乡八庙河小桥沟吞口滩沉没。溺死 11 人，物资损失 3731.88 元。

11 月 平昌县食品厂生产的“小角楼”酒获首届中国食品博览会铜牌奖。

1989 年

1 月 10 日 省政府批准巴中县升格为“控制开放区”。

4 月 15 日 川陕两省 28 县（市）的 815 名教师和省教育科研所在南江举行小学语文课研讨会。

4—5 月 南江县 9 个乡发生青枫叶致牛中毒事件。发病牛 342 头，死亡 157 头。

5 月 10 日 巴中县被评为“全国百个粮食收购大县”之一。

5 月 南江县人民法院在全省率先成立第一个“巴山女子法庭”。

6 月 12 日 四川省不发达资金流动现场会在平昌召开。

6 月上旬 南江县开展打击拐卖人口犯罪活动的专项斗争，查处案件 65 件，涉嫌犯罪 144 人，收审 100 人，逮捕 48 人，解救妇女儿童 41 人。

6 月 平昌县丝绸厂、县科委研创的 C3320 桑麻绸获国家专利。

7 月 7 日 各县开始进行第四次全国人口普查。

8 月 9 日 铁道部设计院总工程师李泽民一行到南江研究修筑普（济）乐（坝）铁路及乐（坝）南（江）铁路可行性方案。

8 月 18 日 通江县七道河水库淹没平昌土地长达 15 年的争议获圆满解决。

8 月 20 日 通江县王坪烈士陵园批准为全国重点烈士纪念建筑物保护单位。

8 月 29 日 首都 11 家新闻单位共 13 名记者到通江进行为期一周的采访，其主要目的是宣传老革命根据地中华人民共和国成立 40 年来的新变化新成就，及诺水河风景区的开发。

10 月 10 日 平昌县云台乡铺垭村 2 社社员王心平无证驾驶手扶拖拉机，搭乘 16 人，翻于高 9.4 米的荔枝桥下，造成 9 人死亡、5 人重伤的特大交通事故。

11 月 21 日 平昌县组建 140 余人的代表团，参加川、陕、鄂、豫 4 省 8 地市物资交流会，成交额 2538 万元。

是年 高 51 米、重 15 吨的调频和电视综合发射铁塔在巴中古楼山修建竣工。

是年 南江县双流乡小学教师陈喜朝自办全国第一家山洞博物馆——郑家洞苏区博物馆。

1990 年

1 月 1 日 南江县被联合国儿童基金会、人口基金会、卫生部列为加强中国基层妇幼卫生计划生育服务合作项目县。

4 月 1—6 日 四川省委书记杨汝岱先后到巴中、通江、南江等县视察工作。

4 月 23 日 平昌县白衣区发生“蜀毒蛾”（柏毛虫）危害柏树 403.4 公顷。

5 月 26 日 四川省确定平昌为国际妇幼卫生合作项目县。接受联合国儿童基金会和人口基金会 5 万美元的无偿援助。

5月 南江应用技术研究所发明的无燃料自燃烧结砖技术获得国家专利，并列入国家“八五”重点推广项目。

6月 南江县被列为国家以粮代赈项目县。

7月16日16时20分 平昌县磴子乡发生奇特水潮。该乡新街河边码头20平方米左右水面突然下沉1米左右，系在岸边的两只木船铁链被拉断，两分钟后水复原。同一时刻，相距5000米外的江陵庵桥下10平方米左右的河面突然冲起10米左右水柱，升降数次，几分钟后停息；相距2000米处冉家堰塘溢洪道处水位上涨2米左右，几分钟后停息。

8月1日 通江县被正式列为长江中上游防护林工程重点县。

8月9日11时30分 南江流坝乡金台村二社村民岳尚怀无证驾驶手扶拖拉机，搭乘12人，行至南（江）流（坝）公路5.3公里处，翻于28.6米高岩下，造成6人死亡，重伤3人的特大交通事故。

9月 巴中、南江、仪陇、南部、三台、盐亭、中江、金堂八县人民政府上书国务院，请求获国家一级干线西安至成都光缆线路途径八县境内。

10月11日 通江县城西发生重大翻船伤亡事故，死亡7人。

10月24—26日 四川牛快速育肥科研项目第四次协作会在通江县召开。

11月11日 通（江）南（郑）公路胜利通车。通南公路通江段始建于1966年，全长222公里，途经2县6区21个乡（镇）。

11月16日 通江县瓦室镇楼浴溪发生特大交通事故。县汽车运输二公司一客车从永安向县城进发，途经楼浴溪桥下时翻下3米高的乱石沟里，死亡6人，轻重伤56人。

12月13日 巴中化成水库发生重大沉船事故，30人落水，11人淹死。

1991年

1月17日 省经贸委、省军区投资23.83万元，在刘伯坚烈士的故乡平昌县龙岗乡建教学楼1590平方米落成。

1月24日 巴州镇被省政府命名为“省级历史文化名城”。

5月8日 刘伯坚烈士纪念碑被省政府列为“省级文物保护单位”。

5月31日 平昌县酒厂生产的“江口醇”、驷马曲酒厂生产的“神功酒”、小角楼酒厂生产的“牡丹醉”，在日本东京第三届世界“酒类”“饮料”质量评比博览会上分别获金、银、铜奖。

5月 南江县被省政府列入国家长江中上游防护林体系工程建设周边县。

6月5日 晏阳初博士史迹展览馆开馆。

9月3日 四川省委副书记、省长张皓若到巴中、通江、平昌、南江等县视察。

9月9—11日 首届通江银耳节隆重开幕。原中国人民解放军副总参谋长、时任全国政协常委、通江籍将军何正文等领导出席开幕式。

9月10日 川陕革命根据地经济技术协作区在通江成立。来自川陕革命老区的18个县、市、区的130名代表参加会议。中国老区建设促进会和四川省经协的领导为协作区首届执行主席通江县授牌、授印。

9月24—25日 澳大利亚驻中国大使馆技术合作处参赞桂凯瑞一行莅临平昌考察，就项目、资金落实情况进行会谈。

10月6日 四川省委常委、常务副省长蒲海清到南江主持召开处理广旺矿务局南江煤矿与南江地方煤矿资源纠纷协调会议。

10月27日　通江县诺江镇书院街与东街连接处发生特大火灾。这场大火有11个单位、31户职工、15户居民、16家个体户受灾，烧毁房屋3500平方米，损坏房屋2070平方米，火灾损失1562883元。同时，重点文物保护单位川陕省税务总局、戒烟局工农烟馆、红军宣传站、西北革命军事委员会旧址受到损坏。

1992年

1月10日　南江县桃园风景区管理处成立。

1月　民政部确定巴中县为农村社会养老保险试点县。

2月15日　平昌县五木乡汽车运输队07556号客车，从五木下行县城至得胜公路9公里加200米处，翻于39.3米岩下，造成死18人、伤30人，经济损失40余万元的特大交通事故。

2月27日　四川省人大常委会主任何郝炬，全国人大代表、核工业部九院党委书记李英杰，省人大常委委员、农委副主任盛永堂等到平昌荔枝、张公、元山、笔山4乡视察农田水利建设及丝绸厂、织布厂生产情况。

4月13日　中共四川省委、四川省政府命名平昌为“拥军优属模范县”。

5月8日　最高人民检察院授予平昌县检察院“全国模范检察院”称号。检察长唐文明被授予“全国模范检察干部”称号。

9月5日　通江县完成12个区76个乡515村3292个社的650148宗农户宅基地登记确权工作。颁发“集体土地使用证”142632册。

10月　广东汕头市客商在巴州镇组建首家外商独资企业——中汕经济开发公司。

12月2日　全国政协委员、敦煌艺术研究院院长、日本东京艺术大学特聘名誉教授段文杰等一行5人考察巴中石窟艺术。

12月23日　平昌县法院公开审理首例凤凰乡25位农民状告乡政府违法加重农民负担案。

1993年

1月1日　由台返乡同胞汪英敏投资50万元组建的平县首家台资企业平昌县旭阳公共汽车股份有限公司成立。

1月18日　巴中从南充引进国家1万伏输变电工程一期工程竣工通电。

2月15日　南江县光雾山风景区被省政府批准为省级风景名胜区。

3月2日　四川省委副书记、省长肖秧率省有关部门和重庆市委办公厅负责人在通江县召开通江、南江、巴中、平昌4县委书记和县长会议。会议首次提出“贫困山区要搞异地开发”的构想。

3月10日　省委办公厅转来中共中央总书记、国家主席江泽民为“红四方面军总指挥部旧址纪念馆”题写的馆名。

6月8日　平昌县被列为长江上游水土保持综合治理第三期重点县。

6月　平昌县笔山区境内发生猪瘟，死亡生猪3200余头。

7月5日　国务院批准达县地区划分为达川和巴中两个地区。巴中地区辖巴中市（县级）和通江、南江、平昌3县，面积12325平方公里，人口320万人。行政公署设巴中市。

7月31日　平昌县开通移动电话通讯网。

8月18日　中央、省、地纪委推广平昌县纪委查案工作“三个倾斜”（领导力量、人员摆布、经费投入）和“三个突破”（领导干部案件、经济案件、大要案件）的经验。

8月24日 中共四川省委、四川省政府在成都召开巴中、达川、广安、南充4地（市）筹备工作领导小组会议，宣布巴中地区筹备工作领导小组韩忠信任组长，周登全任副组长。

8月27日 巴中市（县级）撤区并乡建镇，将原12个区公所、1个区级镇、8个乡级镇、72个乡调整为60个乡镇。

9月8日 韩忠信任中共巴中地委书记，周登全、李克明、李开明任副书记，苟必伦、宋仕珍、王吉、梁廷寿任委员，宋仕珍任地区纪律检查委员会书记，王吉安任地委组织部部长。

9月19日 四川省政府第十三次常务会议，任命周登全为巴中地区行署专员，苟必伦、冉德玉、郭孝友、刘宗寿为副专员。

9月27日 巴中市（县级）人民医院成功抢救一例停止自主呼吸50多小时的病员。

9月28日 地委书记韩忠信主持召开地委第一次办公会议。会议通过中共巴中地委《关于加强自身建设的决定》。

9月29日 地委副书记、行署专员周登全主持召开行署一次专员办公会议，传达贯彻地委第一次办公会议精神，讨论行署、行署办有关制度，研究部署当前工作。

9月30日晚9点23分 巴中市（县级）机电公司驾驶员谭川红驾驶公司东风车到通江县会家乡装杠炭返回小（坪溪）会（家）公路3公里+200米处，由于路况不熟和驾驶室准坐3人实坐7人，致使车翻到40米高的悬崖下小河沟乱石滩上，7人当场死亡。

9月 省政府批准在巴中南龛公园建立“川陕苏区将帅碑林”。

10月1日 全地区开始实施机关事业单位工资改革制度。共有50051人参加新工资制度改革，人均月增资85.20元。

10月5—7日 中共巴中地委召开第一次扩大会议。会议集中讨论全地区改革开放和经济建设的发展思路，制定全地区经济发展5年计划和10年规划，将“狠抓基础、快上工业、活跃商贸、开发旅游”作为全地区经济发展总体战略。

10月6日 平昌县委、县政府决定取消不合理收费26项；取消各级要求农民出钱（物）的各项达标升级活动43项；纠正不按自愿原则，强制摊派行为的服务收费13项；纠正超标收费和搭车收费22项。

10月10日 通江县4000门数字程控电话开通。该工程投资880万元，使用重庆515厂生产的HJD04机。是全地区第一个开通程控电话的县。

10月13日 中共巴中地委机关报《巴中时报》正式出刊。

10月20日 四川省机构编制委员会发出《巴中地区地级机构设置人员编制通知》，同意巴中地委、行署设置办事机构32个，地级党政群机关暂定530名编制。地委、行署办事机构领导职数一般按2~3名配备，总职数控制在95人以内。

10月26日 巴中市（县级）南池市场隆重开市。该市场是经省政府批准的全省62个重点市场之一，面积2.3万平方米，一次性可容纳5000人入市交易。

10月26—27日 巴中地区名优特产品展销会、汽车展销会在南池市场相继开幕。来自成都、广汉、温江、浙江等地的20个代表团、196个企业及省内外19个汽车生产厂家产品参加展出，19个类别、2290个名优特新产品展销成交额1142万元，汽车展销成交额854万元。

10月28日 巴中地区暨巴中市（县级）成立大会在巴中市（县级）隆重举行。省人大常委会原副主任王鳌、副省长甘宇平、省政协副主席孔萨益多、省军区副司令员丁兆乾出席会议并代表省委、省政府向巴中地委、行署和地纪委授牌授印。省级机关、各地市州和巴中地区的1000余名代表参加会议。

10月29日 全地区农田水利基本建设会议召开。行署专员周登全要求把农田水利基本建设作为改善全地区农业生产条件、增加农业发展后劲的重点来抓，掀起今冬明春农田水利基本建设的热潮。

是月 巴中市（县级）中兴乡大排村农民彭典收获一个重31公斤的大茯苓，创全地区历史纪录。

11月1日 秦巴毗邻地区统战、政协理论研讨会第五次会议在南江召开，川陕两省6地市140余人参加会议。

11月6日 省第八届人大常委会第五次会议，任命韩忠信为省人大常委会巴中地区工作委员会主任，王思进任副主任，王显顺、朱承方为委员。

11月12日 《巴中时报》报道：南江县大理石公司在川陕交界的南江县桃园乡发现继"桃源红"之后的又一花岗石精品——"玛瑙红"。经省建材局和石材协会专家考察鉴定，此花岗石色泽柔和，明亮如镜，属省内独特产品，市场前景广阔。

11月17日 全地区遭受严重冰雹袭击，有7区、24乡、131村、457社、13210户、55147人受灾，造成经济损失1447万元。

11月18日 通江县投资1000多万元改造三条县城公路和诺江大街，揭开全地区基础设施建设的序幕。

11月24日 巴中城区首届机关运动会开幕，比赛项目有篮球、乒乓球、象棋、拔河等。

12月3日 地委、行署发出《关于全民动员加快交通建设步伐的决定》，提出今后几年全地区交通建设的指导思想和战略重点及政策措施。《决定》还提出近几年交通建设的目标任务。

12月11日 "巴中地区改革开放和经济建设赴京汇报会"在中国国际贸易中心（国贸大厦）举行，国家副主席荣毅仁致信希望"巴中在社会主义现代化建设中成为老区的模范"，全国人大常委会副委员长卢嘉锡、李沛瑶，全国政协副主席杨汝岱，原中组部部长陈野萍，老红军代表傅崇碧及中央19位副部级以上领导、61个部、委、室、台的代表共150余人出席会议。

12月18日 政协四川省第七届委员会第四次常务委员会审议同意，周登全任政协四川省委员会巴中地区工作委员会主任，李旭升任副主任。

12月24日 国家一级通信干线西安至成都光缆工程巴中段顺利埋设竣工。

12月26日 全地区开展"纪念毛泽东诞辰100周年"活动，地、市联合举行文艺晚会。平昌、通江举行毛泽东思想理论研讨会、毛泽东革命生涯图片展览。

12月29日 巴中地区首家外地投资公司——海南省经济投资开发公司兴办的巴中地区行亚俱乐部正式开业。

12月31日 按照国家扶贫攻坚标准重新摸底核查，通江、南江县为国家重点扶持贫困县，巴中、平昌县为省重点扶持贫困县。全地区有贫困乡132个，建卡贫困户196569户，贫困人口908571人，其中特困乡54个，特困人口近30万人。

1994年

1月1日 全地区实行新税制。

1月3日 成（都）南（南郑）公路南（部）巴（中）段改造座谈会在巴中举行。巴中市（县级）、南充市、仪陇县就该段公路改造前期协调工作达成一致意见。

1月8日 巴中市（县级）5000门程控电话割接开通。该工程投资1750万元，使用美国5ESS设备。

1月10日 台湾东盛发木业开发公司吴国俊与南江林业总场各投资50万元人民币建成四川东盛发木业发展有限公司。

1月14日 地委、行署在巴中市（县级）水宁寺镇召开全民动员改造干线公路现场会。各县市委书记、县市长和地级有关单位负责人参观达（县）广（元）公路巴中至水宁寺段改造现场，听取水宁寺、兴文、花溪等乡镇情况汇报。

1月17日 平昌县发生罕见的暴风雪，历时19个小时，降雪量达11.5毫米，深度25厘米，农作物遭灾面积0.75万公顷，压坏房屋195间，冻死耕牛1390头，建筑、交通、通讯损失760万元。

1月23日 南江4000门程控电话开通。该工程投资860万元，使用HJD04机。

1月25日 普（济）乐（坝）铁路全线铺轨贯通，庆祝大会在南江县乐坝镇隆重举行。普乐铁路始于旺苍县普济镇，终于南江县乐坝镇，连接四川北大门广元市，全长23公里，境内主干长1.5公里。除主线外，乐坝站建设有石油专线、煤炭专线、冶金铁矿专线、粮食专线等支线2046米；总投资2.2亿元，其中国家投资1.5亿元。

是日 全地区首次科技工作会议召开，研究部署科技工作任务。强调依靠科技进步，加速经济发展。

1月28日 通江县涪阳82号井天然气发电成功。

1月30日 中国人民政治协商会议巴中地区工作委员会成立。

2月8日 经国务院批准，巴中地区巴中市（县级）、南江县、通江县、平昌县被列入对外国人开放地区。

2月22日 中共巴中地委发出《关于进一步做好县（处）级领导干部交流工作的试行意见》，对全地区县（处）级领导干部交流工作提出明确要求。

是日 地委、行署发出《关于加快发展旅游业的意见》，提出“保护与开发并举，建设与利用并重，引资与筹资结合，基础设施建设和服务设施配套”，搞好巴中历史文化名城、通江诺水河、南江光雾山、平昌佛头寨等重点旅游资源开发，使旅游业成为全地区第三产业的支柱。

2月23日 地委、行署发出《关于加速发展农业和农村经济的意见》，提出全地区发展农业的基本思路和奋斗目标，发展重点及发展措施。

2月26日 巴乐公路11座大中桥梁实行公开招标建设。是全地区公路重点工程建设首次公开招标。

3月3日 地委、行署发出《关于加快全区工业发展步伐的意见》，提出全地区工业发展指导思想和奋斗目标，发展重点区域、主导行业和骨干企业及加快发展的政策措施。

3月10日 巴中市（县级）恩阳镇、南江县乐坝镇被批准为全省首批小城镇建设试点镇。

3月11—16日 全省广播节目评优会在巴中召开。南江县广电局选送的《山乡有个技术市场》获广电部一等奖。全地区12件作品获奖。

3月16日 巴中地区妇幼保健所被例为全国妇幼卫生过渡周期合作项目单位，并获联合国儿童基金会、人口基金会6万美元赠款。

3月28日 通江县人民医院成功地为65岁的妇女王玉莲取出寄生腹内30多年重14公斤的两块肿瘤。

4月7日 行署专员办公会议决定在全地区开展“交通发展年”活动，并同意地区交通局在巴（中）乐（坝）公路提前收取车辆通行费。

4月9日 “南江黄羊”推广技术综合开发项目被列为省“星火计划”项目。

4 月 10 日 四川省军区司令员丁兆乾到巴中主持达川军分区向巴中军分区进行的工作交接仪式。巴中市（县级）、通江县、南江县、平昌县人武部隶属巴中军分区领导。

4 月 12 日 通江中学代表地区参加四川省中学生田径运动会，获 3 金 2 银 3 铜，破 1500 米、5000 米两项省中学生运动会纪录。

4 月 14—15 日 四川省委书记谢世杰带领省委办公厅、省委研究室、省计委、经委、交通厅、财政厅、农工委、民政厅、乡企局、扶贫开发办，四川日报社的负责人视察巴中地区。

4 月 18—19 日 唐巴公路巴中段改建工程誓师大会在恩阳镇召开。巴中市（县级）乡镇党委书记、乡镇长以上干部 1000 余人参会。

4 月 24 日 省委、省政府在雅安向巴中地区赠送 10 辆“通工”牌小汽车，参加赠车仪式的省委书记谢世杰勉励老区人民加大马力快速发展。

4 月 25 日 普（济）乐（坝）铁路通车典礼在乐坝火车站隆重举行。

4 月 28 日 巴中地区运输总公司成立，同时宣布开展“百日安全”竞赛活动。30 多辆豪华型卧铺和软座客车、宣传车、战备车队横穿巴城。

4 月 南江乐坝镇被省列入首批 100 个小城镇建设试点镇。

5 月 28 日 通江县私营业主邱华德研制的“天然牌”中草药育肥剂被评为“中国首届金榜技术产品博览会”金奖。

5 月 平昌县境内普遭森林病虫害袭击，虫害多以桤木叶甲、风杨叶甲为主，发生面积 6453. 33 公顷，成灾 4500 公顷，造成直接经济损失 355 万元。

6 月 2 日 通江县春干夏旱严重，县委抽派 950 名干部奔赴抗旱第一线。

6 月 3 日 南江县被列入省供销合作社综合改革试点县。

6 月 18 日 以巴中市（县级）为寻呼中心实现全地区联网的巴中地区无线寻呼系统正式开台，本系统为 4 个信道。

6 月 19 日 全地区市内电话号码由 5 位升至 6 位，邮电局局号为“22”，市话号码 220000—225119，特服号码 3 位数不变。

6 月 22—23 日 四川省委常委、常务副省长蒲海青带领省政府办公厅、省政府研究室、省计委、经委、建委、财政厅、人行、工行、邮电局、农牧厅、扶贫开发办、四川日报社等部门负责人视察巴中地区。

6 月 23 日 国务院和省政府重新确定南江县、通江县为国定贫困县，巴中市（县级）、平昌县为省定贫困县。

是日 全地区首次土地拍卖在南江县城春场坝开发区成交，两宗分别为 700 平方米、580 平方米的城镇国有土地。

6 月 25 日—7 月 3 日 巴中地区组团参加四川省招商引资洽谈会和名、优、特、新产品博览会。共推出项目 25 个，6 个与外商达在协议或签订合同，总投资 11057 万美元，协议外资 6000 万美元，合同外资 51 万美元，签约金额居全省第 14 位。同时，引进区外国内资金 5000 万元。

6 月 29 日 3—24 时 全地区 3 县 1 市普降暴雨，降雨量达 110～127 毫米，山洪暴发，河水陡涨，人民财产和生产生活遭受严重损失；死 20 人，伤 45 人，损毁房屋 1. 57 万间，冲走大牲畜 259 头、生猪 4000 多头，毁坏耕地 0. 39 万公顷，3 条省县道公路、41 条乡村公路中断。全地区损失粮食产量 4500 万公斤以上，直接经济损失 8000 多万元。

是日 通江县汽车运输总公司一辆大客车行至南（江）通（江）路 74 公里 900 米（楼子乡漫水桥）处，突被洪水冲翻至河中，造成 19 人死亡。

7月1日 中共中央政治局常委、全国人大常委会委员长乔石为川陕苏区将帅碑林题词“革命业绩照史册，红军精神励后人”。

是日 巴中地区邮电局区内二级自办汽车邮运网路正式开通运行，全程780公里。

7月16—19日 四川省委常委、副省长张中伟带领省农牧厅、畜牧食品办、农机局等部门领导视察巴中地区。

7月23日 巴中地区首家中港合资企业四川金森实业有限公司成立暨巴中市（县级）夜沙龙开业。

7月25日 由国家机关团工委书记杜渊泉带队的中央、国家机关“青年志愿者”为老区送温暖服务队一行32人到地区开展送温暖活动。

7月28日下午 通江县城遭受冰雹暴风雨袭击，持续半小时，风力10级，冰雹直径3厘米以上。县城南门铁索桥被掀翻，县政府旁边几百年的皂角树主枝被折断。灾害造成1700多万元的直接经济损失。

8月10日 平昌县被农业部、国家计委列为“八五”第三批商品粮基地县，共落实国家投资450万元。

8月12日 省委、省政府对通江遭受罕见夏、伏旱发出慰问信。

8月16日 地委、行署发出《致全区县以上领导干部的公开信》，要求正确处理“治家”与“齐天下”的关系，管教好家属、子女与身边工作人员。

8月17日 省交通厅厅长刘中山冒雨视察巴中地区各县（市）改造的部分干线公路及桥梁建设，表态将省补助资金提前到位1000万元，支持巴中交通建设。

8月18日 通江县在成都召开“老区经济建设汇报会”。省人大常委会副主任孟俊修、副省长徐世群出席。拉开“希望工程”的序幕，先后从北京、成都、重庆、深圳、珠海等地获得各种捐赠物资1000多万元。

8月27日 巴中地区人民武装委员会第一次全体会议宣布省武委会关于成立巴中地区人民武装委员会，决定和地区武委员会组成人员：主任周登全，副主任李开明、苟必伦、洪显君、尹伯阶。

8月28日 平昌县5000门程控电话开通，将市话网号码由5位升到6位。该工程（包括光缆建设）共投资1800万元，使用的S1240设备。

8月28—29日 四川省委副书记杨崇汇带领省救灾办、省农牧厅领导到巴中地区视察旱情。杨崇汇强调：生产自救是压倒一切的当务之急。

8月下旬 巴乐公路二期工程15座大中桥梁建设竣工通车。

9月14—17日 四川省交通厅厅长刘中山视察全地区4县市公路建设。

9月15日 中国少儿基金会和全国妇联“春蕾计划”首次在平昌县泻巴乡举行50名失学儿童寄宿班开学典礼及捐赠仪式。

9月18日 四川省运输公司88队驻仪陇县一辆大客车，翻于巴（中）玉（山）路8公里处37米岩下，死4人，伤15人。

9月21日 巴中市（县级）110千伏输变电工程竣工。该工程总投资2864万元，开挖土石方3.8万方，完成工日18.5万个。工程升压后，年引进电力1.5亿千瓦时，相当于全市现供电量的3倍。

9月22日 中国畜牧兽医学会养羊分会肉羊专业组在南江北极种畜场召开全国肉羊学术交流会，来自全国13省市的30余名专家对全国山羊生产、品种改良进行学术交流，同时对南江黄羊新品种的培育提出意见和建议。

9月28日 地区燃气总公司在中行巴中分行开通石油液化气管道供气工程，实现全区石油液化气零的突破。

10月1日 巴中—平昌—通江光纤传输工程开通投入使用，该工程全长112.65公里，耗资381万元。

10月8日 被省文化厅援予四川省首批“文化先进乡镇”5个，4县市图书馆被文化部评为全国三级图书馆，通江县图书馆被评为“全国文明图书馆”。

是日 巴中市（县级）米面厂生产的“精制粉挂面”获国家科委中国新技术新产品博览会金奖。

10月14—17日 全国政协委员、国家科委专职委员陈祖涛教授在省科委副主任任绍辉陪同下到巴中考察。

10月15日 唐巴公路西华山隧道由地区交通局公开招标建设，铁道部隧道工程局四川省工程指挥部和铁道部第一工程局第五工程处中标承建。

10月20日 农业部、农科院资源考察组到巴中考察芦笋、沙参、银耳等农业珍稀品种生产、加工，并摄制专题片。

是日 通江县小坪溪至平溪35千伏输变电线工程竣工，结束平溪区8个乡无电的历史。该工程1994年3月动工，全长40公里，共投资360万元。

10月21—23日 地委、行署召开全地区农村工作会议。共计600余人参会，是建地区以来规模最大的一次会议。会议总结全地区农村工作经验，分析面临的形势，提出1995年及近5年农业、农村经济发展的目标任务和措施。

10月28日 地、市联合举行建区、建市一周年庆祝大会。并举行全地区及4县市建设成就图片展览和庆祝文艺晚会。

11月4—10日 美国安纳达可公司中国分公司总经理查德·胡克先生和总部派遣的高级地质专家托德·福勒先生，同西南石油地质局高级专家组成合作研究小组共13人，到地区实地考察通南巴构造带天然气项目。

11月12日14时 平昌邱家、凤凰等乡遭受特大冰雹袭击，瞬间地面积冰10余厘米厚，造成经济损失450多万元。

11月16日 地委、行署发出《关于进一步加快县级经济发展的意见》，提出全地区县级经济布局为：巴中市（县级）以食品、纺织、机械、皮鞋、商贸为主的加工贸易型体系；南江以冶金、建材、煤炭、森工为主的工业体系；通江以林牧特产品和天然气为主的资源开发体系；平昌以茧丝绸、酒类、电力为主的系列开发格局。

11月18日 巴中市（县级）900兆赫（大哥大）移动通信系统开通，该工程为A频段，8+2信道，总投资165万元。

11月19—21日 韩忠信、刘宗寿等地委、行署领导赴京汇报工作，先后受到全国人大常委会副委员长卢嘉锡、原国家主席李先念夫人林佳楣的接待。卢嘉锡在关于修建广元经巴中至达川铁路的请示上签字：“请铁道部考虑”。

12月2日 四川省委副书记杨崇汇考察平昌县张公乡微水工程，查看村民李渠荣“一口池救活一亩秧苗”现场。

12月6日 据《巴中时报》报道：全地区掀起第二次交通会战高潮，每日6万余民工和专业队在300余公里干线上拼搏，韩忠信、周登全等地委、行署领导深入现场办公，各县（市）党政领导同区、乡、村、社干群一起安营扎寨，同吃住同劳动，全地区各级干部参加义务劳动1万人（次），社会各界捐资捐物200万元，到工地慰问1300多次。

12 月 14 日　全地区首次农机工作会议在平昌县召开，研究新形势下农机工作走出困境，在支农服务中发展壮大问题，讨论行署《关于加强农机工作的决定》。

12 月 15 日　地级机关党员、干部、职工、共青团员向唐巴公路巴中段建筑民工捐款 21 万余元，猪肉、米、面、烟、酒、糖、医药等物折款约 3.1 万元，蔬菜等 10 万公斤。

12 月 29 日　成都长途汽车运输 7 队驾驶员高山，驾驶四川 01—23348 大客车，载客 26 人，行至南江下两至大河 16 公里 +900 米处，压跨路基翻于 50 米高岩下，造成当场死亡 7 人，轻重伤 15 人的特大交通事故。

1995 年

1 月 1 日　《巴中时报》由周二刊增期为周三刊并由邮局发行。

1 月 4 日　地区邮电局 168 声讯台开通面向社会服务。

1 月 5 日　全地区 4 县市公安局长、政委异地交流任职。

1 月 11 日　巴中市（县级）曾口镇开通 256 门程控交换机，同时开通光缆电路 30 条，实现与巴中市（县级）5000 门程控电话等位拨号，成为全地区第一个实现长话、市话、农话通信现代化的乡镇。

1 月 14 日　巴中地区巴（中）乐（坝）2 级砼路面铺筑工程竣工通车典礼在南江乐坝镇隆重举行。巴乐公路全长 64 公里，是巴中连接广元的主干线和重要的进出口省道，成为川东北地区第一条高等级公路。

1 月 15 日　地区广电局在巴中市（县级）清江镇进行利用小微波将镇广播站电视节目送至村，再从村接收点用有线电缆传输到农户试验成功。之后，该技术在全地区全面推开。

1 月 15—19 日　地区邮电局首次开通巴中—成都光纤、电报电路各一条，重庆方向的电报亦经成都中转，历时已久的电报通信不畅的问题得以解决。至此，全地区各县（市）电报电路全部实现传输光纤化。

1 月 16 日　通江县沙溪大桥竣工。该桥台建于 1992 年 3 月，桥长 155. 32 米，高 23. 08 米，为川北第一座悬链式空腹双肋石拱桥，总造价 14 万元。傅崇碧将军题写桥名。

1 月 25 日　四川省副省长徐世群到南江慰问教师，代表省委、省政府发给教师慰问金 4 万元。

2 月 1—3 日　四川省委副书记、省长肖秧视察巴中地区，与老区人民共度春节。先后看望慰问通江受灾群众、老红军，参观刘伯坚烈士纪念馆、川陕革命根据地博物馆和巴中江北新区建设工地，听取地、市县工作汇报，肯定巴中地区工作成就，对加强农业、乡企、公路、能源和搞好新地区开发建设讲意见。

2 月 2 日　四川省委副书记、省长肖秧在地委书记韩忠信、行署专员周登全和通江县委书记张忠孝等的陪同下，到通江县干休所慰问 25 位离休老红军及遗属。

2 月 13 日　巴中市（县级）被国务院、全国绿化委员会授予“全国造林绿化‘百佳县’”称号。

3 月 2—10 日　西南石油地质局与美国安纳达可公司及合作伙伴荷兰壳牌石油公司专家一行 12 人再次到巴中地区考察通江、南江、巴中构造带天然气项目。

3 月 5 日　巴中市（县级）清江镇、平昌县白衣镇被列为全省第二批小城镇建设试点镇。

3 月 7 日　全地区“万村书库”工程赠书仪式在巴中市（县级）隆重举行，向各县（市）300 个村赠送图书。“万村书库”工程是由全国文化扶贫委员会、四川省委宣传部等单位联合组织实施的一项全国性文化扶贫工程，确定为全国 20 万个贫困村各建立一个图书室。

3月10日 省林业厅同意南江县建立“四川省米仓山森林公园”，经营面积40155公顷，为省级森林公园。

3月16日 在京参加全国人大八届三次会议的南江县全国女人大代表梁大碧，《关于请求国家对四川巴中地区实行政策倾斜并纳入中央重点扶贫地区的提案》向中共中央总书记江泽民提交。同期，还向交通部部长黄镇东汇报南江交通情况。

3月17日15时58分 南江县小河区桥坝乡3村4社尹家大院发生火灾，受灾15户57人，烧毁房屋2500平方米。

3月20日 中共中央政治常委、中央军委副主席刘华清为川陕苏区将帅碑林题词：“川陕军民英勇奋战，历史功绩万古长存”。

3月21日 旅美华侨曾昭伍捐资60万元人民币，协办平昌县江口镇二完小，县政府将该校更名为“五丰育才学校”。

3月23日 地委、行署发出《关于依靠科技进步振兴巴中地区经济的决定》，提出“科技兴巴三十亿工程”奋斗目标。

3月29日 通江县涪阳镇被建设部批准为全国500个小城镇建设试点镇之一。

3月31日 通江县胜利乡通公路。从凉风垭到胜利乡的公路全长14公里，耗资近100万元。至此，通江76个乡已全部通车。

4月1日 地区将境内371.2公里省道公路及港航管理业务下放到各县管理。

是日 全地区开始实施“科技兴巴三十亿工程”。

4月6日 全国首批“中国特产之乡”命名大会在北京人民大会堂举行。通江县被命名为“中国银耳之乡”。

是日 省社科院、林业厅、省长防办、扶贫开发办联合在平昌举办社区林业项目评估培训班。达川、巴中两地区及平昌等有关部门50余人参加培训，联合国粮农组织工程师科威尔等应邀授课。

4月11—16日 中国数量遗传学专家、农业部顾问盛杰廉带领农业部委托省畜牧食品办组织的“八五”课题现场检测组一行，深入南江县的育种基地对部列“南江黄羊肉用品种选育”进行现场检测。

4月13日 联合国人口基金会、儿童基金会委托上海医科大学专家一行8人，根据随机抽样对通江县铁佛镇、新场乡、浴溪乡妇幼卫生合作项目进行为期5天的审评，各项指标达到合格。

是日 地委、行署发出《关于开展农村社会养老保险工作的通知》，提出经过试点，积极推进全地区农村社会养老保险事业。

4月14—16日 四川省副省长李蒙带领省政府办公厅、省经委、机械厅等部门负责人视察巴中地区，深入江口醇酒厂、巴中齿轮厂等重点企业进行调查；对巴中电力企业流动资金、交通建设资金缺口提出解决办法。

4月24日 中共巴中地委发出《关于进一步加强农村基层组织建设工作的三年规划》，要求实现五项目标：建设一个团结坚强和群众拥护的好班子，尤其选好一名书记；培养锻炼一支富有战斗力的好队伍；选准一条适合本地加快经济发展的好路子；完善一个好的经营体制，引导帮助农民走上富裕道路；健全一套体现民主管理、保证有效运转的管理制度。

4月25日 地委、行署举行欢送全国劳模进京、省劳模赴蓉座谈会暨授奖会。全地区评选出全国劳模3人，省劳模13人。

是日 中共巴中地委发出《关于进一步加强和改进学校德育工作的意见》，提出进一步调整和充实德育内容，积极探索和完善德育途径，加强德育工作基本建设，优化全社会育人环境，克服“一手硬、一手软”，把德育放到学校工作的突出地位，充分落实德育对青少年学生健康成长和学校工作导向、动力、保证作用。

5月4日 地委、行署发出《关于印发〈巴中地区7年扶贫攻坚计划〉的通知》，提出发扬自力更生、艰苦创业精神，打好扶贫攻坚战，到本世纪末，基本解决全地区19.66万建卡贫困户、90.86万贫困人口的温饱问题。

5月9日 巴中地区“诺水河——光雾山风景名胜区”被列入全省1995—2010年开发和改造十大旅游项目之一。

5月12日 四川省汽车运输公司61队驻平昌站一辆客车在湖南省兹利县宜二中乡高桥村翻下70余米的山坡，至13时零点45分，死亡12人，重伤18人，轻伤17人。

5月14日 南江公安局组织10个专案组，赴鲁、豫等10省市，破获拐卖人口案71件，打击处理人贩子138人，摧毁拐卖人口团伙6个，解救妇女儿童13人。

5月18日 行署决定建立巴中地区突发事件急救用药械储备金，同时成立巴中地区突发事件急救用药械储备基金会。

5月21日 南江镇个体驾驶员舒华光，驾驶小客车载客22人，途中搭乘10人，行至南（江）贵（民）公路27公里+150米转弯处，因制动失灵，致车驶出路面腾空撞向左侧岩石，悬于5米高的水沟上，造成死亡7人，轻重伤24人的特大交通事故。

5月23日 巴中市（县级）首次异地交流18名乡镇党政领导干部。

5月23—25日 省人大常委会主任杨析综一行视察巴中地区。杨析综对巴中地区农业、乡镇企业和人大工作提出重要意见，为唐巴公路题词：“天堑变通途”。

5月26日 地纪委、监察局作出地级机关娱乐、作风方面四项规定：不准用公款进娱乐性舞厅、私款进娱乐性场所；不准进包间、不准陪舞、陪喝、陪唱；不准进美容按摩院；不准参与卖淫、嫖娼活动。

5月26—29日 农业银行总行赴老少边穷地区送温暖调查组一行6人，先后深入南江杨坝营业所、信用社和通江农行、瓦室营业所、铁佛营业所和信用社调查并慰问行社职工，赠送慰问金5万元。

6月3日 珠海德光电子厂董事长梁辉伟先生一行3人到通江县考察劳务市场，与县就业局达成2000人的用工协议。

6月7日 行署发出《关于建立按时发放中小学教师工资保障机制的通知》。

6月12日 全地区建设工程招标工作会议在巴中市召开。要求建设工程招标工作要进一步规范化、制度化、法制化，延伸到各县（市）基层，区乡（镇）30万元以上建设工程、20万元以上装饰工程必须实行公开招标。

6月13日 南江至通江49公里干线公路竣工通车。该公路于1994年10月20日动工按山重四级标美泥碎路标准进行改造，投工21万个，完成工程投资449万元。

6月14日 通江农村教育摄影展在四川美术馆开展。

6月18日 地委决定对18名县处级党政干部实行异地交流任职，其中县（市）交流13人，地级部门交流5人。

是日 南江县长赤区吸取旱灾教训，集中人、财、物，掀起夏修水利高潮，每天上工23万余人，开工300多处。

6月27日—7月4日 省政协副主席韩邦彦一行到巴中调查普及九年义务制教育和《中华人民共和国教育法》贯彻落实情况。

6月30日 巴中市（县级）人民医院副主任医师辜天慧在国际人体科学大会上交流《去黏乙状结肠膀胱扩大术》论文，荣获“金杯奖”。

7月1日 巴中地区所辖巴中市（县级）、通江县、南江县、平昌县执行《四川省最低工资保障规定》，每月最低工资标准为125元。

是日 全地区开始实施《巴中地区企业职工工伤、生育保险暂行办法》。

7月2日1时15分 通江县平溪区砥坝乡5村1社颜卫平家因用火不慎引起火灾，受灾16户63人，烧毁房屋1876平方米，粮食40吨，木材45立方米，直接经济损失19万元。

7月10日 通江县被列为全国长江中上游水土保持治理县。

7月10—13日 日本某跨国公司商人林原博之、下岗之信和某超级市场董事长大田九宏一行3人赴通江与县土产公司签订银耳购销合同。

7月15—19日 四川省委书记谢世杰带领省农工委、计委、救灾办、扶贫办、水电厅等部门负责人视察巴中地区。

7月16日 南江县红四市场竣工开市，建设面积1万余平方米，总投资500万元，设门市100多个，摊位上千个，可同时容纳近万人进行交易。

是日 巴中市（县级）米面厂生产的特一粉银丝挂面、精制粉挂面、特一粉3个产品在'95国际食品及加工技术博览会上获3项金奖。

7月18日 中国民建、农工两个民主党派在巴中地区建立四川省委直属支部。

7月21日 中国工商总行副行长张庆寿一行4人在四川分行行长刘安均等陪同下到通江考察。总行决定为汉渝公路通江段柏油路一期工程解决项目资金贷款1300万元，今冬明春第二期工程再解决1700万元，对通江实施对口扶贫。

7月27日 地科委开发的国家专利产品“小学生数学演算器”鉴定会在成都市召开。该产品被列入省教学仪器供货目录。

7月28日 地委、人大工委、行署、政协工委、地纪委办公区落成典礼在江北新区隆重举行。

8月4日 地委党校举办区、乡（镇）党委书记区、乡（镇）长轮训班和首期女干部培训班。

是日 巴中地区电业局筹备处挂牌成立。标志巴中引进国家电力缓解能源瓶颈制约迈出重要一步。

是日 巴中市（县级）5000门程控扩容割接仪式在地区邮电局举行。至此，巴中市（县级）市话总容量达到1万门。该工程共投资640万元，使用美国5ESS设备。

8月8日 省交通厅调整全省国、省干线公路网，巴中地区新增省道公路309公里。至此，全地区共有省道公路740公里。

是日 省森林病虫防治试验站与南江森林病虫检疫站在南江民卫医院吴家垭板栗园发现国家检疫对象“栗疫病”、省检疫对象“栗瘿蜂”。

8月11日 国务院调查组一行4人到巴中对农业投入，粮、棉、油、猪收购，财政体制和财政政策进行调查。

8月15日 南江县政府对省、县两级文物保护单位断渠古人类遗址和皇柏林划定保护范围。

8月16日 地委、行署发出《关于大力发展玉米生产的决定》，提出以“立足区情，大上玉米，改革耕制，扩大面积，科学种植，提高单产”为指导思想，强力实施“231工程”。

8月18日 省高级人民法院在巴中地区中级人民法院召开全省告诉申诉工作座谈会川北片会。

8月23日 中国工商银行全体职工向通江县毛浴小学捐资10万元修建希望小学校舍。

是日 南江红山铁矿“铁、铜、钴、硫综合利用研究”项目被国家科委列入重点科技研究项目。

8月25日 全地区第三次工业普查工作会议召开。行署与各县市政府签订目标责任书。

8月26日 达（川）广（元）省干公路平昌县城至巴中市（县级）沙嘴河45公里2级泥结石标美路段改建工程竣工。该路改建工程未列入国家计划，未花国家一分钱，堪称巴中地区公路建设的典型之一。

9月2日 巴中地区组成10人残疾人体育代表团，参加四川省第三届残疾人运动会，获10金2银，列全省团体总分第6名，并获组织奖。

9月5日 地市隆重举行巴中大佛寺大桥竣工通车典礼。大佛寺大桥位于巴城北大门，横跨巴河沟通巴乐路至江北新区主干道。该桥长239米、高27米、宽18米，两跨主拱各长70米的双肋石拱水泥路面工程。

9月5—8日 全国城市卫生检查团四川省第五团检查考核巴中市（县级）创建卫生城市工作。

9月5—14日 中外联合赴南江考察组法国切博教授夫妇、北京林业大学李俊清博士一行对南江焦家河林区的水青树林进行科学考察，切博夫妇赞誉南江水青树质好、纹理清晰、坚硬不变形，在国际市场颇具竞争力。

9月17—18日 地委、行署召开全地区企业体改暨国有企业扭亏增盈会议。

9月22日 巴中市（县级）照台山陵园初具规模。该陵园计划总投资500万元，建成集传统丧葬习俗和现代殡仪文化于一体的经营性公墓。

9月24—29日 巴中组团参加汉中市“第七届中国西部商品交易会”，全地区4县市90多家企业的478种展品参展，实现成交购销总值1.56亿元。

9月26日 巴中市（县级）被列为中国—联合国儿童基金会贫困地区女童教育项目实验市，在石城、果敢两个乡开展女童教育项目实验工作。

9月 各县（市）延长土地承包期，实行增人不增地、放活土地使用权。对集体塘、库、堰、渠和专业性经营项目采取招标、租赁、拍卖、股份等多种形式，进一步落实管理责任。

10月1日 南江县实现乡乡通电话。

10月10—12日 农业部组织国内有关科研院校、畜牧生产与科技主管部门的领导与专家，在南江县对南江黄羊新品种进行审定并通过。

10月12日 “川陕苏区将帅碑林”奠基典礼在南龛公园举行，地、市有关部门领导和部分老红军参加典礼。

10月12—14日 全国人大常委会委员白尚武一行视察巴中，对巴中地区经济建设和社会治安等工作给予充分肯定。

10月13—15日 农业部在南江县召开“南江黄羊”鉴定会。来自全国近20个省、市60余名养羊专家，通过资料和现场鉴定，确认“南江黄羊”是中国目前肉用性能最好的山羊新品种。

10月13—22日 巴中地区三县一市全部建成无线寻呼及移动电话基站。

10月15日 通江县机械厂生产的微型水能发电机组系列产品，在全国新技术新产品博览会上获国家金奖。

10月16日 地委、行署发出《关于加快农田水利基本建设的决定》，提出“九五”期间全地区治水、改土、兴林目标任务。

是日 总投资55万元、占地1347平方米的省直机关援建的南江乐坝希望小学教学楼竣工。

10月16—20日 通江、南江、平昌县组成分团参加国家科委和省政府在成都举办的95中国新技术新产品交易博览会，共获11个金奖、3个银奖和组团奖，新技术新产品交易额618万元。

10月17—18日 成都军区参谋长陈显华中将在省军区副司令员罗烈文少将的陪同下，视察巴中军分区。对民兵预备役工作特别是民兵应急分队建设作指示。

10月17—19日 通江、南江两县被国家正式列入“秦巴山区世界银行扶贫项目”扶持范围。计划投入2.47亿元，项目覆盖33个乡、196个村43981户、180490人。

10月18日 南江县投资1260万元，装机2×1250千瓦，设计总发电量1290万千瓦时的高龙坎电站奠基。

10月24日 通江县絮棉厂生产的“百花牌”棉胎被解放军成都被装生产基地定为军用棉胎。

10月24—27日 交通部在山东省泰安市召开全国交通扶贫工作会议，巴中地区交通局局长鲜雄作《贫困地区自力更生大办交通的实践与启示》的典型经验介绍。

10月25日 地委行署《关于加强财政管理工作的意见》提出“强管、聚财、保平、消赤”的全地区财政工作思路。

10月25—29日 全地区组织有关单位、企业100人108个产品参加省政府在成都举办的95四川工业产品博览会，获金奖33个、银奖6个及组织工作一等奖，合同成交额2.3亿元，现场直销额120万元。

10月26—29日 全省以工代赈基本农田建设川东北片会在巴中召开。会议提出，挖潜力鼓干劲，实现省委省政府提出的2000年人均0.03公顷高产稳产农田改造目标。

10月27日 地委、行署发出《关于命名“小康示范村”的决定》。命名全地区26个村为“小康示范村”，其中巴中市（县级）14个，南江县4个，通江县3个，平昌县5个。

是日 地建委摄制的反映全地区村镇建设成就的专题片《老区：腾飞的翅膀》送展参加在中国革命历史博物馆举办的“全国小城镇和村庄建设成就展”，获二等奖。

11月1日 全地区开始全面实施《中华人民共和国劳动法》。

11月7—8日 中央组织部组织局副局长康能成、省委组织部副部长陈文光到巴中检查工作，肯定巴中地区基层组织建设工作成效，指出新形势下要全面加强农村基层组织建设。

11月8日 巴州镇被国家体改委、农业部、民政部、科委命名为“首届中国乡镇投资环境三百佳”之一。

是日 平昌县54名乡镇党委书记、乡镇长实行异地交流任职。

11月14日 通江县77个乡镇的181名党委正副书记、乡镇长实行异地交流任职。

11月15日 南江县生物蛋白厂年产3000吨菌蛋白生产线竣工验收投入生产，该生产线系国家科委、国务院生产办公室、财政部下达的“高浓度酵母细胞再循环连续发酵”高新技术项目。

11月16日 巴中地区邮电系统实行全员劳动合同制，成为巴中地区第一家实施全员劳动合同制的单位。

11月16—18日 全地区林业工作会议在通江召开。省林业厅纪检组长彭武明、地级有关部门领导、各县（市）委、县（市）政府领导及林业单位负责人120余人参加会议。

11月20日 通江川剧团创作的《教师变奏曲》，巴中市川剧团创作的《四舍五入》《灯谜》等3个小品代表地区参加四川省第6届戏剧小品比赛，共获9个奖项。

是日 南江县城第一座旅游文化公园——断渠公园正式动工修建。

11月21—22日 全地区召开旱育秧技术培训暨总结表彰大会。省农科院两位专家授课并作技术操作示范。

11月22日凌晨2时40分 通江县诺江镇鼓楼街发生特大火灾。该火灾由鼓楼街中段唐某某家起火，持续到凌晨4时才将大火扑灭。这场大火，烧毁4家住房，损坏房屋两间，8人丧身火海。

11月24日 地委第20次办公会议着重研究减轻农民负担问题，强调凡是《农民负担管理条例》

中没有规定的收费项目，任何单位都不准向农民伸手。

11 月 27 日 中共巴中地委发出《关于完善进一步加强农村基层组织建设工作三年规划的意见》，提出“创五好、奔小康”实现“16118”工程：培养 100 名优秀村党支部书记，树立 60 个先进村党支部，建设 108 个小康示范村，10 个先进乡镇党委，1998 年前 80% 的村基本达到“五个好”目标。

12 月 1 日 全地区水利建设管理工作现场会在巴中市结束。会议提出“把水利当作企业办，科技治水兴巴”战略思路。

12 月 1—2 日 四川省委常委、副省长张中伟带领省农牧厅、水电厅等部门负责人视察巴中地区农村工作。张中伟肯定巴中地区大力推广玉米生产、水利设施建设和山坪塘拍卖等工作，同时指出大巴山区的优势在山、林、牧，必然结合区情念好富民“山字经”，搞好农业“大合唱”，要求国家和省上的资金支持要及时到位，专款专用，讲究实效。

12 月 3—4 日 民政部救济救灾司副司长周建国、省民政厅厅长李洪仁率优抚救济工作组赴巴中考察。

12 月 5 日 行署专员办公会议同意巴中市（县级）政府关于将原来 20 个镇、40 个乡完善为 20 个镇、48 个乡的请示，同意巴中市（县级）新、老城区由巴中市（县级）统一管理。

12 月 6 日 南江县科委和林业局的《水青杠良种繁育及营造技术研究》被定为全省“九五”林业重点科技项目，南江水青椆定为国家二级保护植物。

12 月 9 日 巴中市（县级）被省政府评为全省首批高标准扫盲市。

12 月 15 日 平昌县委召开“三联工程”誓师大会。县、区、乡派出机关干部 300 名到后进村任职。

12 月 17 日 林业部将南江县、通江县、巴中市（县级）列为经济林基地县。

12 月 25—27 日 四川省委副书记秦玉琴视察巴中地区。先后考察唐巴公路、川陕革命根据地博物馆、地区广电局、巴中时报社、市棉纺厂、南江县洛坪村和华光村。

是日 巴中 3 号大桥竣工并举行竣工典礼。在巴中地区视察工作的省委副书记秦玉琴参加剪彩。巴中 3 号大桥全长 222.78 米，桥面净宽 21 米，桥高 27 米，为板肋拱段面分离式园柱墩大型石拱桥。1994 年 9 月 29 日奠基动工修建，历时一年零五个月，动用土石方 9.88 万立方米，工程总投资 1262 万元。

12 月 28 日 地委、行署发出《关于命名 1995 年度巴中地区文明单位和最佳文明单位的通知》。命名地农行等 28 个单位为地区文明单位；巴中地区汽车运输总公司等 9 个单位为最佳地级文明单位。

12 月 29 日 省长防林工程建设领导小组办公室检查验收确认巴中市（县级）长防林一期工程建设竣工达标。

12 月 30 日 南江被省委省政府评为“农村基层组织建设工作先进县”。

12 月 省委、省政府、省军区授予通江县为“拥军优属模范县”。

1996 年

1 月 3 日 通江至诚职业中学、平昌西兴职业中学、巴中渔溪职业中学、南江小河畜牧职业中学被确定为巴中地区重点职业中学。

1 月 5 日 中共巴中地委发出《关于制定巴中地区国民经济和社会发展“九五”计划和 2010 年远景目标的建议意见》，提出未来 5 年和 15 年经济社会发展的指导思想、发展主题和发展目标。

1 月 10 日 通江县大兴乡贾家梁村委主任贾维奇被民政部授予“全国优秀村民委员会主任”称

号并获“孺子牛”金牛奖。

1月12日 通江县畜禽繁育改良站承担的《南江黄羊扩繁利用效果研究》项目，历时4年，顺利通过省专家组鉴定。全县南江黄羊群1.82万只，选育群4285只。

是日 香港实业家邵逸夫捐资80万港元帮助平昌中学修建逸夫教学楼。

1月16日 《巴中时报》报道：据美国和荷兰两公司专家测定，通江县天然气储量1100亿立方米，居全省第二位。美荷两公司将与中国地矿部新兴公司合作投资在涪阳打风险井，进一步勘探。中国西南石油地质管理局将此项目列入“九五”重点开发项目。

1月25—29日 四川省副省长徐世群带领四川省'96春节教师慰问团莅区慰问。慰问团深入南江、通江、巴中慰问山区教师和了解校舍、教师住房和义务教育情况。

1月28日 唐巴公路巴中段通车典礼暨总结表彰大会在巴中市（县级）城西回风亭隆重举行。省委书记谢世杰及省交通厅、省公路局致电祝贺。副省长徐世群、省长助理李进、地委书记韩忠信、行署专员周登全、省交通厅副厅长王光四参加剪彩并讲话。唐巴公路巴中段，原路长66.5公里，改建工程全长50.3公里，达到山岭重丘二级标美路标准。共完成挖填土石方418万方，圬工砌体24.2万方，隧道939米，大、中、小桥梁14座1076延米，路堑69处，涵洞167道，征用土地149.46公顷，拆迁房屋12万平方米，完成总投资1.28亿元。

2月2日 通江县妇联组织万名妇女开展“5111”养殖能手赛。即，5000户户均养猪20头以上，1000户户均养羊50只以上，1000户户均养蚕8张纸以上，1000户户均种耳100瓶产耳40公斤。

2月8日 地委、行署、军分区召开巴中地区4县（市）人武部收归军队建制工作会议，部署全地区县（市）人武部收归军队建制工作。

2月10日 平昌中学希望杯教育奖励基金会成立。原平昌中学学生丹增、鲁梁平共捐资10万元和一辆吉普车。

2月19日 平昌县佛头山森林公园一期工程建成并对游人开放。该公园位于县城北阜，总面积365公顷，设计投资2300多万元，一期工程投资200万元。

2月20日 四川省卫生厅批准巴中、通江、南江3县人民医院为二等乙级医院。

3月1日 中国工商银行巴中地区分行开通全国联行及省辖往来电子汇兑网络，实现资金划汇在全国范围24小时内到账。

3月5日 巴中市（县级）城西35千伏变电站竣工投入运行。该工程1995年9月16日开工，完成工程投资610万元，年供电量4400万千瓦时。

3月6日 地委、行署发出《关于巴中地区地级党政机构改革方案的实施意见》。规定设置地级党政机构36个，其中地委办事机构6个，行署办事机构30个，另设部委局管理机构11个。地级人大、政协、法院、检察院、人民团体机关的机构改革与党政机构改革同步进行。

是日 地委、行署发出《关于巴中地区县、市、乡镇党政机构改革实施意见》。平昌为一类县，通江、南江为二类县，巴中为三类市，党政机构设置3个县原则上不超过32个，巴中市（县级）原则上不超过35个，县（市）纪委与县（市）监察局合署办公。

3月7日 地委、行署发出《关于加强乡镇党委、乡镇政权整顿和建设的意见》，决定用1年时间，分两批对全地区280个乡镇党委、乡镇政权进行整顿和建设。

3月7日 巴中地区妇联授予梁大碧、王萍、符锡均、陈芳英、张清秀、王菊华、张文英、张明碧、王正义、张芙蓉为“巴中地区十大女杰”。

3月10日 巴中市（县级）公安局被人事部、公安部授予1995年度“全国优秀公安局”称号。

3月12日 通江县被定为省地膜玉米高产栽培示范县。

3 月 13—18 日 省政协副主席章玉钧一行深入巴中地区工商企业、农村村社调查研究。

3 月 20 日 地委、行署从地、县、市、区、镇机关抽派 840 名党员干部组成 280 个工作组进驻乡镇开展乡镇党委、政权整顿建设工作。

3 月 21 日 地委、行署发出《关于 1996 年反腐败斗争意见》，强调坚持“两手抓、两手都要硬”，把反腐败斗争引向深入，为保证全地区改革、发展和稳定作出新贡献。

3 月 26 日 全地区科技大会召开。会议总结建地区以来的科技工作，部署“九五”和 1996 年工作目标任务，颁发 1993—1995 年度优秀科技成果奖。国家科委、省科委向大会发来贺电。

3 月 25—29 日 四川省反腐败成果展览巴中展区在巴中师范学校展出。

3 月 25—31 日 南江县、通江县、平昌县、巴中市（县级）人武部部分别召开收归军队建制交接大会。42 名人武干部重新批准登记入伍，24 名人武干部移交地方安置。

3 月 26 日 全地区农村工作会议召开。会议提出“先富带后富，后富帮穷户，干部帮贫户”观点。

3 月 28 日 继平昌被列为全国农村初级电气化县后，经国务院批准：南江县、巴中市（县级）、通江县被列为全国第三批农村初级电气化县。

3 月 30 日至 4 月 1 日 以农业部农垦局副局长刘传筑、省农牧厅厅长文正经等 6 人组成的农业部春季农村调查组赴巴中地区调查。调查组深入南江野羊溪、巴中兴文乡、通江铁佛镇等地开展农业和农村工作调查，检查指导春耕生产。

4 月 2 日 全地区乡以上机关、干部、广大共产党员开展帮带贫困农民脱贫致富活动，共落实帮带贫困户 87888 户。

4 月 3 日 地委、行署召开“快上工业动员大会”。要求全党动员，落实措施，加大马力实施地委、行署“快上工业”战略。

4 月 4—6 日 四川省委副书记、省长宋宝瑞视察巴中地区。通过考察 4 县市的华光村、园艺村、龙潭村、先锋村和邱家乡等地，并对当前农业、农村、农民问题讲重要意见。随同视察的省农工委、农业厅、财政厅、省财办、省农行、省政府研究室的领导，表示根据各自部门的职能，为巴中农业发展解决一些实际问题。

4 月 6 日晨 5 点 40 分 “二南”公路红四乡工段，出现山体滑坡，造成民工 6 人死亡，淹埋手扶式拖拉机 2 台和简易空压机 10 台的特大安全事故。

是日 巴中市（县级）与西南交大结为友好市校。西南交大副校长周明宽一行 7 人到巴中达成开展人才培训、技术攻关、信息交流与教学实验、成果推广等合作协议。

4 月 11—13 日 省佛协慈善功德会一行 17 人第四次到南江发放救助 815 名失学儿童救助金 54620 元，同时为修建二南公路遇难者的 6 户家属捐资 2400 元。

4 月 12—13 日 省军区司令员丁兆乾少将、巴中军分区政委张治荣大校赴南江人武部验收人武部归军队改制工作。丁兆乾提出：今后民兵预备役工作要继续服从服务于经济建设大局。

4 月 16 日 12 时 一辆由巴中开往万源的大客车行至通（江）铁（溪）路 81 公里处翻于 100 米陡岩下，当场死亡 16 人。地县领导组织当地 300 余人抢救伤员。

4 月 19 日 沙南公路二期硬化工程（铺砼）竣工通车。二期工程共投资 2140 万元，其中中国工商总行贷款 1000 万元。

4 月 22 日 四川省新闻出版局批准《巴中时报》从 1996 年 5 月 1 日起由周三刊增为周五刊，四开四版。

4 月 24 日 唐巴公路西华山隧道正式通过竣工验收，被评为合格工程。该隧道为双车道公路专用隧道，长939米，宽9米，高7米，于1994年10月动工，共挖运土石方7万余方。回填洞口路堤9万多方，总投资1500多万元。

4月28—29日 全地区“严打”第一次集中行动抓获违法犯罪人员295人，破获刑事案件56起，查处“六害”案件113起，收缴火药枪7支，管制刀具92把，火炮31箱；制造火炮的化学物品300公斤；挡获、追缴赃款赃物折款5.2万元。

4月29—30日 川陕毗邻地区17县（市）委办公室协作片会在平昌召开。

4月30日 地区运输总公司巴中客运站微机售票网络开通，售票、运调、营运、财务管理实现现代化。

5月1日 巴中地区会议电视系统正式投入使用。该系统共筹资40万元，引进全套64—1920KBIT/S会议电视网络设备，是全地区继程控电话、无线寻呼、移动通信开通后邮电通信事业又一次飞跃。

是日 中国银行巴中分行在巴中市（县级）城区开展“微笑服务月”活动，储蓄机构实行服装、笑脸、用语、导储、宣传“五统一”。

5月4日 通（江）前（进）公路通江段88.8公里三级山重标美路改造工程全线竣工。该路是通江通往陕西南郑县到汉中的出境公路，1995年12月动工改造，1万余名筑路大军冒风雪战严寒100天。省委书记谢世杰发来贺电。

5月5日 南江生物蛋白厂生产的“建友牌”酵母蛋白饲料在“首届中国饲料工业交易博览会”上获“国家级认证产品”证书。

5月6日 省公安厅厅长吕卓一行在荀必伦等领导陪同下，视察巴中地区公安工作和“严打”战役。

5月6—11日 南江县畜牧局王维春等出席在京召开的国际山羊大会，介绍南江黄羊育种成果。

5月7—8日 省公安厅政治部副主任黄兴华率四川省公安系统功模报告团赴巴举行报告会。省公安厅厅长吕卓出席报告会，并作讲话。地市党政机关干部、公安、武警、消防官兵、政法系统和企事业单位保卫干部及社会各界群众代表1200余人参加功模报告会。

是日 通江银耳大曲酒在'95中国丹东国际博览会上获金奖。

是日 通江县铁佛镇被列为第三批全省小城镇建设试点镇。

5月8日 经国务院批准，通江县被列入全国第三批300个农村初级电气化试点县。

5月9日 成都军区政委张志坚中将和省军区政委耿全礼少将到巴中视察。张志坚对巴中分区组建以来，在班子建设、民兵预备役工作和营区建设等方面的工作给予充分肯定，并就如何发扬红军精神，加强县级人武部正规化建设，领导干部讲政治问题作重要指示。

5月15—16日 省政府城市公共消防基础设施检查组到巴检查公安消防基础设施规划和维护使用状况。周登全、荀必伦及地级有关单位负责人参加检查和座谈会。

5月17日 全地区第二届名优茶评审会评出南江县平岗茶场“张公御茗”、平昌县林业局茶场“西兴万黑绿”、南江县龙虎山茶果厂“虎山银芽”、通江县龙王寨茶场“佛龙香茗”4种地级名茶。同时，通江县“天岗银芽”“天岗云雾”，南江县“云顶茗兰”“云顶绿芽”保持地级名茶，“南江大叶茶”保持地级优质茶。

5月20—24日 省人大常委会副主任牟绪珩一行赴巴视察“科技兴巴30亿工程”情况。

5月21日 地委、行署召开减轻农民负担工作会议。

5月23日 通江县被定为四川省1996年微水建设试点县。

5月24日 地委、行署召开小春农副产品收购工作会议，同时按省政府决定，地、县两级签订了消化1992年前粮食财务政策性挂账责任书，按1992年审计结论挂账数，由省承担70%，地、县政府承担30%，企业挂账自行负责。

5月27日 全地区国税征管改革工作会议确定“九五”期间全地区国税征管改革目标：国税系统按照建立“以自行申报、集中征收为基础，以计算机网络为依托，以专业稽查为重点，以加强管理和优化服务为保障”的新的税收征管模式。

5月31日21时 国务院副总理姜春云、四川省常务副省长张中伟打电话慰问遭受风雹灾害的南江县干部群众。地委书记韩忠信要求南江县委、县政府以搞好抗灾自救的实际行动感谢党中央、国务院和省委、省政府的关怀。

是日 投资400万元的地区燃气总公司管道供应石油液化气一期工程建成投入试运行，江北新区地级机关2300余户实现通气。该项目填补全地区管道供应石油液化气的空白。

6月2—6日 由省委宣传部、省政府新闻办公室组织《人民日报》《中国日报》《香港文汇报》等新闻单位的30多名记者参加的“革命老区开发开放宣传战役”采访团来区采访。采访团对地级党政领导、有关部门和4县市进行深入采访，并由记者个人捐赠2900元人民币扶持一所希望小学。

6月5日 成立巴中地区南江黄羊综合开发领导小组，完成申报并获得省和国家农业部南江黄羊新品种“命名”证书。

6月6—8日 由省林业厅、省社科院组成的社会林业项目评估论证组在平昌县完成考察论证，确定平昌县为“全省社会林业项目试点县”。

6月8—12日 省直机关党校副处级以上青年干部培训班学员考察南江，参观黄羊集散中心、沙河联盟村、小河华光村、桃园铁炉坝村等地。

6月10日 巴中地区各县（市）公安机要密码通信正式开通。

是日 行署公布南江县龙耳山、井坝，巴中市化湖—南阳为第一批地级风景名胜区。

6月11日 南江县乐坝镇省粮食储备库工程通过省、地、县联合检查验收。该库于1992年3月动工，1995年12月竣工，建粮仓2幢、容粮2500万公斤，铁路专用线800米及全天候作业货站台、粮贸大厦等设施，集批发、交易、餐饮、娱乐和中转运输服务于一体，是巴中地区最大的粮食集散和储备中心。

是日 巴中市（县级）三汇镇一辆农用车在三汇至雪山途中翻于21米高的岩下，造成8人死亡、重伤2人、轻伤2人的特大交通事故。

6月11—12日 四川省副省长甘宇平带领省长助理柳斌杰及省计委、省政府办、省政府研究室、财政厅、交通厅、省建委、省人行、省工行、省经贸委等部门负责人视察巴中地区城建、交通、工业等工作。视察组认为，工业化、城市化是巴中这样的贫困老区彻底脱贫致富的必由之路。

6月13日 地委召开民族宗教工作联席会议。要求允许合法正常的宗教活动，制止封建迷信及其他违法活动，严禁乱修乱建庙宇。

6月17日 四川日报社、四川金融投资报社和省农行在成都联合召开“以艰苦奋斗立行，以深度服务兴行，以人为中心建行，以逆向管理治行”为主要内容的农行“巴中模式”研讨会。

6月17—18日 省农业厅厅长文正经一行代表省政府到巴中地区视察旱情，为巴中地区解决600吨救灾化肥。地委委员、秘书长张忠孝陪同。

6月18—20日 四川省31城市1994—1995年“三优一学”创文明城市竞赛检查团第二分团团长翁蔚祥一行10人对巴中市（县级）进行为期3天的综合检查考核。

6月21日 通江县银、木耳新剂型产品问世。通江县天然食品深加工开发研制所，投入40万元，经半年时间的反复研究、实验，以科学的方法和先进的工艺，将银、木耳加工成块，具有保持它的天然成分及在水泡复原后外型不受损害的特点。解决贮存、运输、包装、防伪等多方面的难点，成为银耳固体系列饮品之后的又一新品。

6月21—25日　全省农业银行市、地、州分行行长学习会在巴中召开。

6月25日　省政府治理公路“三乱”检查组赴巴检查，评价全区治理公路“三乱”工作扎实、效果好。

6月25—27日　省供销社推进农业产业化理论研讨会在南江召开。来自全省部分地、市、州供销社主任，县、区供销社负责人代表60余人参加会议。

6月26日　地委、行署举行大会庆祝巴中地区在全省率先开通广播电视微波联网工程。大会通过微波联网系统在巴中市设立主会场，在南江、通江、平昌设立分会场。微波联网后，全区广播电视信号覆盖率分别提高40%。地级领导、地级部门和巴中市（县级）的领导及陕西汉中、四川广元、达川、万县等24个地市县广播电视局和电子工业企业代表在主会场参加会议。

7月1日　巴中组团带队参加省政府在陕西省西安市举办的“'96四川工业产品博览会”。江口醇酒厂、巴中罐头厂、巴中变压器厂3家企业的25个系列产品参展，现货、合同、协议销售成交额3100万元。巴中地区获组织工作一等奖。

7月3日　巴中地区进出口贸易合同成交总额174.1万美元，完成出口实绩76.3万美元。其中，地区进出口总公司合同成交出口额82.8万美元，巴中罐头食品进出口公司合同成交出口额76.8万美元、出口实绩14.35万美元。

7月15日　平昌县华严乡被列为省级技术综合开发试点乡。

7月17日23时　巴中市（县级）10个乡镇66个村302个社遭受持续2小时罕见的风雹袭击，造成直接经济损失2050万元。

7月18日　省交通厅“走红军长征路，看交通大发展”新闻采访组一行9人到南江采访报道交通建设情况。

7月22日　新华社军事部和《人民日报》海外版记者采访通江，并向县委、县政府赠送“追寻红飘带，携手新长征”锦旗。

7月23日　全省粮食系统多种经营工作会议在巴中市（县级）召开。省财办、财政厅、人行、农行、农发行、国税局负责人出席会议，各地、市、州粮食局长参加会议。省粮食局长董朝永作报告。

7月24日　新华通讯社《内参选编》第29期刊登张忠孝《扶贫攻坚调查纪事》，真实反映巴中老区1年扶贫攻坚变化和部分地区依然存在的贫困状况及党委和政府实施的脱贫政策措施。

是日　省计委在南江县主持召开乐（坝）南（江镇）铁路可行性研究报告评审会。省计委、省建委、省投资公司的王锡生、罗兴武、戴侣贤、李明华、郝赢、陈仁杰等11位专家和巴中苟必伦、刘宗寿及南江县领导参加，经考察现场和综合评审，通过乐南铁路可行性研究报告，确定A1K方案，即铁路等级为地方II级，下级（单线）18.9公里，总投资控制在2.7亿元内。

7月25日　地委、行署发出《关于加强村（居）民委员会建设的意见》，提出：用5年时间对全地区2358个村委会和139个居委依法进行整顿和建设，落实《中华人民共和国村民委员会组织法》和《中华人民共和国城镇居民委员会组织法》，开展村（居）民自治示范活动，推进基层社会主义民主政治建设，巩固和发展稳定的社会政治环境，推动经济建设和社会事业健康、持续地向前发展。

7月29日　地委、行署发出《关于发行唐巴公路巴中段铺柏工程建设债券的通知》。经省计委批准，在巴中地区行政区内重点在巴中市内发行债券1500万元，偿还期限5年，年利率为16.5%。

7月30日　平昌县被确定为“全国县级抗旱服务队建设示范县”。

8月6—8日 全地区首届检察工作会议在巴中市（县级）召开。地委书记韩忠信要求检察机关要求检察机关要进一步加大查办贪污贿赂、徇私舞弊大要案件和“严打”斗争力度，继续为经济建设和全地区的社会安定、经济发展做出更大贡献。

8月8日 通江司法局律师闫文佳在全省第一届“十大律师”评选活动中获四川省“十大律师”称号。

8月8—9日 全地区扶贫攻坚工作会议在南江召开。会议认为，10年扶贫，成效显著：全地区建卡贫困户由1986年的25.19万户、119.6万人减少到1995年底的15.22万户、70.15万人。会议提出：艰苦奋斗，合力攻关，苦战4年，告别贫困，在20世纪末完成扶贫攻坚任务。

8月12日 地区人大代表评议公安工作动员大会在巴中市（县级）召开。地委、地人大工委及全地区省、县市人大代表、公安处全体干警、消防官兵170余人参加会议。

是日 通江县通用机械厂生产的“农友”牌聚乙烯再生塑料管通过省卫生防疫部门检验，各项理化指标优于国家卫生标准。

8月14日 南江县首座双跨钢砼架式轻型桥樵河大桥完成桥面铺装。该桥系成（都）南（江）省道公路沙河至南江30公里二级标美砼路的配套工程，长187米，宽12.5米，高20.16米，造价299.5万元，1995年6月初动工修建，历时400天。

8月16日 中共巴中地委发出《关于整顿和建设企业党组织的试行意见》，提出用1年时间对全区15个县属企业党组织进行整顿和建设，达到好班子、好机制、好产品、好市场、好效益的企业改革目标。

8月17日 下午，通江县沙溪中学一级教师、优秀共产党员张奉德为抢救落水儿童献身，时年34岁。

8月21日 通过中国工商银行总行驻通江扶贫组内引外联，通江县与国家300家大型企业之一河南洛阳春都集团达成肉类供销（加工）协议，总行注入春都集团1000万元资金收购通江肉类产品。

8月23日 达川、巴中地区勘界工作队，在平昌县新庙乡三交村栽埋明确界限的第一界桩。

8月26日 省计委批准南江黄羊综合开发项目立项。建设内容及规模：包括羊场建设和饲料加工、黄羊纯繁基地建设、配套服务体系、羊肉加工等，形成年出栏种羊5万只、肉羊50万只、加工羊肉24万只能力，项目总投资4774万元。

8月28日上午 巴中地区GSM数字移动电话（简称“全球通”）正式开通，标志全地区移动通信业务跨入世界行列。

9月5日 巴中江北干道面硬化工程全线贯通。该干道总投资250万元，1000多名民工奋战4个多月，完成全长5.5公里的建设任务。

9月6—8日 全省农田水利基本建设会议在通江县召开。省委、省政府领导谢世杰、杨崇汇、张中伟出席会议并讲话。参加会议的省级有关部门负责人，全省各地市州分管领导和农口、交通、财政部门负责人及巴中地区地级领导，4县（市）分管农业的县（市）长参观了通江县农田水利基本建设现场。会议要求认真贯彻省委、省政府“治水兴蜀”的战略方针，以治水、改土、兴林、修路、办电、建园为主要内容，大搞农田水利基本建设，努力改善基本生产条件，提高综合生产能力，促进农业持续稳定发展。

9月7日 四川省委书记谢世杰、副书记杨崇汇、副省长张中伟等领导在巴中地委书记韩忠信、行署专员周登全、通江县委书记刘道平、县长王菲等的陪同下，走访看望通江县干休所的10多名老红军。

9月12日 为期5天的由陕、甘、川、宁4省16市主办的第八届中国西部商品交易会在甘肃平凉市降下帷幕。地区代表团实现交易额1.54亿元，合作交流项目8个，签约项目3个。

9月20日 地委、行署表彰1996年全地区“严打”集中统一行动中涌现出的109个先进集体和124名先进个人。

9月22日 《四川日报》报道：平昌籍农民张开典投资40余万元，在平昌县得胜镇修建一幢近1000平方米、容纳6个教学班的教学楼。

9月23日 全国政协委员、原省委组织部部长冯振武带领省委组织部工作组结束对巴中地区为期10天的考察。考察组对地委、行署的工作和巴中三年打基础取得的成就给予充分肯定。

9月23—27日 省人大老红军、老干部李林枝、秦传厚、宋仕永、杜世兴、金鉴、李止舟等一行17人，参观考察平昌、通江县和巴中市（县级），对巴中老区的巨大变化给予高度评价。秦传厚为公安处题词：“发扬红军精神，树立巴山警风。”

9月25日 巴中地区开展地级机关现有人员向国家公务员过渡试点工作，至10月底在地贸易局、粮食局、司法局三个单位进行。

9月27日 据《巴中时报》报道：国务院副总理邹家华为四川电视台和巴中电视台联合摄制的反映巴中地区交通建设成就的音乐电视艺术片题写片名：巴山之路。

是日 全地区隆重举办纪念红军长征60周年书展，地区新华书店展出以革命传统教育为主的各类图书2000多个品种、10余万册。

9月 通江县千佛崖唐代摩崖造像，被省政府公布为第四批文件保护单位。

10月4日 据《巴中周报》报道：巴中市（县级）农村通信建设一期工程全面竣工，实现传输光纤化、乡镇程控化，并与全国程控电话联网直拨。

10月5—11日 省委组织“巴中行”新闻采访团采访报道“巴中经验”。采访团由省委宣传部副部长杜江带队，中央和省级新闻单位的27名记者参加。采访结束，记者和各新闻单位负责人表示，不辜负省委的重托和此行的收获，努力把“巴中经验”宣传好。

10月6—7日 农业部农垦局副局长陈欣成视察全地区农垦工作。肯定南江县元顶子茶牧场“山上建场、山下建厂、城里建网”的产业化布局，指出通江县苦干兴办经济林再现“大寨精神”。

10月7日 通江县被列为“九五”国家商品粮基地县。

是日 珠海医药集团公司董事长兼总经理徐孝先捐资20万元修建的通江县铁溪镇希望小学竣工。

10月7—9日 政协四川省地区工委联系会在巴中召开，省政协和9地市政协60余人参会。省政协主席聂荣贵莅会并讲话。与会代表交流政协服务经济建设和在精神文明建设中发挥重要作用的经验。

10月8—10日 川陕鄂3省巴山地区护林联防委员会第39届会议暨林业经济发展经验交流会在南江召开。副省长张中伟发来贺电。四川省林业厅和护林防火办及8地22县共240余名代表出席会议。

10月10日 韩忠信接受《人民日报》驻川记者站站长罗茂城“‘巴中经验’有哪些特点”采访时指出：“巴中的发展变化主要依靠是发扬一种精神，用老区红军精神建设老区并赋予时代新内容，克服等、靠、要，有条件要上，没有条件创造条件上，坚持苦干不苦熬；用好一个动力，积极发动、组织、动员和依靠群众，巴中旧貌换新颜，没有农民的力量是不行的；坚持一个方针，即‘两手抓、两手都要硬’的方针，建地区伊始坚持两个文明建设一起抓，不以牺牲精神文明来发展巴中经济；抓住一个关键，关键在党、关键在人，培养一支高素质的干部队伍，用钢班子带出铁队伍”。

10月13日 中央电视台《神州风采》摄制组在巴中地、县领导陪同下，赴通江县城乡作专题采访，向王坪烈士陵园敬献花圈，支援陵园管理所修缮费20万元。

10月14日 地委、行署发出《关于首批133个整建乡镇验收合格的通知》。首批整建合格的乡镇133个，其中，巴中市（县级）31个，南江县36个，通江县38个，平昌县28个。

是日 《四川日报》刊登卢肇岗、邹瑾著报告文学《巍巍巴山魂》，全面反映巴中地区建区三年的艰苦创业历程，获第七届《四川日报》文学特等奖。

10月15—16日 四川省盐亭县委、人大、政府、政协参观团一行90多人，赴通江参观农田水利基本建设。

10月21日 由原国家主席李先念题写园名的"南江县红军石刻标语陈列园"正式建成开展，展出红军石刻标语65幅、图片40余幅，老红军、老干部墨迹30余幅。

10月24日 四川省委书记谢世杰听取"巴中行"新闻采访团汇报时指出：要通过宣传"巴中经验"激励全省干部群众斗志，弘扬"兴川精神"，进一步加快四川两个文明建设。

10月30日 即日起《四川日报》在头版推出大型系列报道《关于巴中经验的报告》，全方位介绍巴中经验，报告共三篇：《飞跃：思想观念的突破》《发展：增长点上下功夫》《动力：扎根在人民之中》，并配发巴中地区城镇建设、交通建设和农村经济发展的图片。

11月2—7日 省教委组织10名特级教师赴巴中市（县级）、平昌县为1000多名教师讲学献课。

11月6—7日 省赛艇、皮划艇基层训练点工作会议在平昌县召开。

11月7日 国家计划生育协会"幸福工程"在通江县全面启动，通江成为继宣汉之后四川省第二个实施该项目的县。

11月8日 浙江省嘉兴市向巴中地区贫困人口捐赠衣物26.6万件，接收仪式在巴中市（县级）江北新区举行。此次捐赠是民政部指定嘉兴市对巴中实行对口扶贫以来开展的第一次活动，今后两地市将在人才、资金、技术、项目等方面开展帮扶合作。

11月12—14日 川北、川中生产力布局规划座谈会在巴中召开。副省长邹广严，省长助理柳斌杰出席会议并作讲话。会议确定"九五"川北、川中地区产业发展的方向和重点：进一步强化农业基础，大力推进农业产业化进程；继续加强交通能源等基础设施建设，进一步改善投资环境；加快轻纺工业改进改造；逐步拓宽工业发展领域，积极稳妥地推进工业化进程；切实抓好科技教育事业的发展。省政府有关厅局及南充、遂宁、广元、达川、广安等市地有关领导和巴中地区韩忠信、李克明等领导参加会议。

11月13日 《巴中时报》报道：青年农民陈家均、吴勇、钱水强被团省委、省农业厅、林业厅、水电厅、青年联合会联合授予"四川省杰出青年农民"称号。

11月14日 中共巴中地委发出《关于加强社会主义精神文明建设的决定》，要求全地区各级党组织坚持党的基本理论、基本路线和基本方针，在牢牢把握经济建设中心，把物质文明建设搞得更好的同时，必须把精神文明建设摆在更加突出的位置，加强思想道德建设，培育"兴巴"精神，发展科技教育，繁荣文化艺术，培育"四有"新人。

11月15—18日 庆祝建区3周年全地区文艺调演在巴中市川剧团隆重举行，33个题材广泛、形式多样的文艺节目博得社会各界和广大观众的赞扬。经评审，《八仙颂巴中》《巴山领头雁》《包谷娃娃》《翻山铰子》《矿山情》《银耳花花》等节目获奖，林娟等42人获优秀演员奖。

11月18日 庆祝巴中地区成立暨巴中撤县建市3周年大会在巴中市（县级）隆重举行。省委常委、政法委书记王景荣、省人大常委会副主任李永寿、省政协副主席郝振贤、省军区副政委朱洪德、省政府顾问赵文欣及省纪委、省扶贫开发办、省农业厅、西南交大、陕西省汉中市，四川省南充市、广元市、达川地区、广安地区，旺苍、苍溪、仪陇县负责人，巴中地级领导、各县市负责人、地级机关干部及社会各界代表1200人出席庆祝大会。

11月18—25日 历时8天的全地区第二届名优特新商品展销会在巴中市（县级）江北新区举行，通江、南江、巴中市、平昌4县（市）、地级企业及个体私营户645个单位参展，展出酒类、食品、建材、土特产等17个大类2540个品牌，实现交易总额10564万元，比上届展销会增加630万元。

11月19日 巴中浸信医院暨巴中地区人民医院大楼在巴中市（县级）江北新区奠基，该院是海南刑氏置业有限公司在巴中投资的第一个项目，计划分期投入人民币2000万元，用2—3年时间建成现代化高水平的综合性医院。

11月19—23日 省人大常委会副主任李永寿在韩忠信、李克明、何茂兴等领导陪同下考察巴中地区工商企业后指出：要努力适应市场经济变化，转变投资观念和投资方针，采取“滚雪球”的办法，走自我积累自我发展之路，加速培养经济增长点和财源基地，打好扶贫攻坚战。

12月2日 全地区运输业第一家股份制企业——巴中九州运输有限公司成立，注册股本金800万元，鲜光宗任董事长。

12月5—6日 广安地区行署专员罗松柏率团20人参观考察巴中地区公路和水利建设。

12月7日 国务院办公厅处长余昌祥、国家文物局处长郭旃一行结束对巴中地区为期6天的考察。

12月11日 国家计委投资30万元在红军入川第一镇——通江县两河口乡建修“八一希望小学”。

12月23日 通江县政府决定维修红四方面军总指挥部旧址，由原一处三点（红四方面军总政治部、总指挥部和王坪烈士陵园）扩大到一处五点，新增列宁公园、川陕省委党校景点。

12月28日 地区长途电话3000线交换机割接开通。首期开放长途业务电话1400路端。

月底 通江县城区电视加密频道节目全面开通。

1997年

1月1日 《巴中时报》更名为《巴中日报》，仍为周五刊、四开四版。韩忠信题写《巴中日报》报名。

1月4日 地委、行署发出《关于进一步扩大对外开放的意见》，提出贯彻省委“以开明促开放，开放促发展，大开放促大发展”方针，以利用外资为龙头，以出口创汇和横向经济合作为重点，以企业为主体，外资、外贸、外经、旅游多管齐下，推动对外开放健康发展。

1月5—15日 省地矿厅地质环境监测总站总工程师姜泽凡、副总工程师李永建等6位专家到巴中市（县级）对巴河流域、巴中市（县级）城区地质环境开展调查评价工作。

1月7日 地委、行署作出《关于迅速解决农村贫困人口温饱问题的决定》，指出全地区贫困人口已由建地区时的90.86万人减少到55万人，要求巴中市（县级）41个乡的377个贫困村要于1997年、平昌县30个贫困乡的223个贫困村于1998年、通江县30个贫困乡的237个贫困村和南江县31个贫困乡的242个贫困村于1999年接受解决温饱的检查验收。从地、县（市）、区、乡（镇）选派2158名脱产干部进驻1079个贫困村扶贫攻坚。

1月9日 中国农业发展银行巴中地区分行召开成立大会。

1月10日 全长7.98公里的南江县贵（民）红（星）公路建成通车，巴中地区结束最后一个乡不通公路的历史。

1月12日 由平昌籍农民企业家、达川地区大梁山塑料制品厂张天仁先生捐资45万元创办的平昌县得胜镇平梁村大梁山希望小学落成。

1月17—18日 省委宣传部、省科委、省开发办、省农牧厅联合组织四川省科技下乡宣传团赴巴中地区开展97春季送科技下乡活动。省科技下乡宣传团分别向通江县、南江县政府赠送技术资料和科技年画，并在南江县大堂坝举行技术服务会，开展技术讲座和技术咨询活动。

1月25日 省委宣传部、省新闻出版局、省记协在成都举行向巴中地区捐赠新闻发布会，省委常委、宣传部部长席义方出席并讲话，中共巴中地委书记韩忠信致谢词。省级新闻部门向巴中地区捐赠书刊1.6万册，向通江县红四方面军总指挥部旧址纪念馆捐款30.9万元。

1月27日 地委、行署分别发出《关于巴中市和通江、南江、平昌县党政机构改革方案的通知》。4县市均设党政机构37个，机关行政编制2855名，比1996年减少866人。

是日 省委常委、宣传部部长席义方在周登全、李开明和平昌县党政领导陪同下考察平昌农村经济和公路建设，对巴中地区发生的巨大变化给予高度评价。

1月30日 通江县铁溪区新文乡境内发生一起特大交通事故。凌晨5时40分，河北省邯郸市一辆满载通江籍打工人员的大客车在通铁公路新文乡境内开下河滩乱石之中，当场死亡17人，抢救无效死亡3人，受伤44人。

2月13日 南江县城近万名职工和城乡居民在断渠公园举行游园活动，庆祝红军解放南江的传统节目——灯火节，并拉开断渠公园二期工程序幕。

2月19—25日 全地区人民沉痛悼念邓小平同志逝世。2月19日，邓小平同志逝世后，20日地委召开副地级以上干部座谈会，沉痛悼念邓小平同志逝世。全地区新闻宣传媒体及时转播中央新闻单位的宣传报道。2月21日，中共巴中地委发出《关于全区悼念邓小平同志逝世活动的通知》。25日，全地区党政机关、企业、事业、学校等单位下半旗致哀，各级各部门组织干部群众收看邓小平同志追悼大会的电视实况转播，停止娱乐活动一天。

2月25日 地委、行署发出《关于大力发展南江黄羊的决定》，提出把南江黄羊发展成为全地区的特色支柱产业，形成全国最大的生产基地。建立以南江北极种畜场、南江元顶子牧场、通江火天岗种畜场为中心，幅射4县市30个乡镇，2000户农户，年提供种羊10万只的南江黄羊核心群选育保种区，为全国各地提供优质种羊。

2月28日 省技术监督局、省供销社授予地区农资公司，通江、南江、平昌农资公司及所属兰草、涪阳、正直区供销社等18个单位为“农资商品经营质量信得过单位”。

2月 “南江黄羊肉用新品种选育”科技成果获省人民政府科技进步一等奖，获国家科技进步二等奖。

3月1日 省农水局局长李朝华一行考察平昌县兰草、白衣、元山、得胜等地农田水利基本建设及“川北大样板”建设情况。

3月1—2日 财政部监督司副司长周秉建一行到南江检查使用财政扶贫资金情况，对南江用好用活扶贫资金的经验与成就给予充分肯定。

3月2日 全地区首届环境保护会议提出走“高度保护生存环境型”和“高度节约资源型”道路，使经济发展与环境保护互相促进，共同发展。

3月3日 最高人民检察院政治部副主任兼地方干部部长王正义一行在省检察院领导陪同下视察巴中检察分院。

3月5日 共青团四川省委为表彰南江县关门乡青年周绪兵在双流县牧马山国际高尔夫球场务工中英勇救人的壮举，追授他为“舍已救人优秀共青团团员”光荣称号，号召全省团员青年向周绪兵学习。

3月8日 中国工商银行总行扶贫领导小组副组长朱芳带领总行第三批驻通扶贫组到达通江。

3月12—15日 巴中市（县级）在水利部、体改委、农业部召开的全国农村水利改革座谈会上被列为全国“农村水利改革试点县”，并作《兴办微型水利》的发言。

3月13日 地委、行署作出《关于进一步加强人口与计划生育工作的决定》，要求各级党委、政府加强领导，把人口与计划生育工作纳入本地区国民经济和社会发展总体规划，实行“一票否决制”，把人口计划生育与单位和主要负责人、分管负责人的荣誉、晋升、政绩严格挂勾，确保全面完成人口控制计划，切实做好计划生育工作。

3月17日 有24个县参加的历时7天的“四川省小额信贷扶贫启动培训班”在平昌县举行。

3月19日 地委、行署召开清理整顿乱收费会议，认真落实李鹏总理《关于巴中地区汽车收费情况的重要批示》和省政府《关于认真贯彻落实李鹏总理重要批示切实治理乱收费问题的通知》及国务院、省政府联合调查组提出的整改意见。会议决定取消“道路运输证”等汽车不合理收费7项，整改“出租车顶灯”等收费2项，规范“出租车经营权出让金”等收费8项，并以此为鉴，认真清理规范行政事业性收费，强化监督管理水平。

3月24日 省委、省政府授予巴中市（县级）齿轮厂高级工程师刘新侣“四川省有突出贡献的优秀专家”称号，享受省政府特殊津贴。

3月24—26日 中共阿坝州委常委、政法委书记三郎木滚率州、县交通局局长、县长、县委书记共48人赴巴中参观交通建设。

3月30日 通江县委、政府召开各部门“上山办企业”工作会。会后，全县86个县级部门积极行动，采取联办、租赁、股份合作、独资等多种经营形式，投入资金232.07万元上山搞开发，建设经济林0.22万公顷，发展山羊（含猪牛）2826头，兴办各类企业92个，其中两耳一菇生产园2个，茶园17个724.67公顷，银杏、板栗等干果园10个381.87公顷，雪梨、苹果、脐橙等鲜果园29个381.33公顷，三木药材园7个352.87公顷，桐园4个180公顷，桑园及其他经济林园7个126.67公顷，经济林苗圃2个15.27公顷，养殖基地14个。

3月31日 地委、行署命名37个单位为1996年度地级文明单位，14个单位为1996年度地级最佳文明单位。

4月4日 中共巴中地委发出《关于做好国有企业领导班子考核建设工作的意见》：通过对国有企业领导班子的严格考核，对不称职的降职、免职，不能“易地做官”；对滥用职权、以权谋私的坚决查处，真正建设一个政治上强、能够驾驭市场经济、清政廉洁的企业领导班子，尤其是配好厂长（经理）、党委书记、董事长。

4月4—5日 陕西省汉中市委书记白云腾、市长韩耀武率全市11个区县的主要领导、分管交通的领导和交通局长共60余人参观学习巴中地区公路建设经验。行署专员周登全，地委委员张忠孝陪同参观。

4月6日 地区总商会会刊《巴中工商界》杂志创刊。全国政协副主席杨汝岱、全国工商联主席经叔平等为该刊题词。

4月7日 据《巴中日报》报道：继1996年全地区4县市被列入四川省水利“川北大样板”后，经省农田水利基本建设指挥部派员检查，南江县、平昌县又被列为“川北样板”的示范县。

4月7—14日 在新都县举行的全省广播电视文艺节目评比会上，巴中地区送评的反映交通建设的大型音乐系列片《巴山之路》获得一等奖。

4月9—10日 省水电厅在南江召开“川北大样板”现场工作会议，来自“川北样板”区域的绵阳、广元、南充、巴中等地（市）及20个县（市）水利系统80余人参会。“川北大样板”旨在3年内解决上述川北旱区人畜饮水和旱地保苗用水难问题，以此推动全省解决“两水”问题。

4月9—14日 联合国教科文组织山地中心、中国科学院、水利部在成都举办喜玛拉雅—兴都库什山区农户给水工程区域咨询会议。巴中地区兴办山区微型水利解决“两保”（保命、保苗）用水图片资料，被会议遴选送展。

4月10日 经省有关部门批准，巴中地区享有外商投资1000万美元以下生产型项目审批权。

4月11—15日 农业部春耕生产组到巴中地区检查春耕生产工作情况。

4月21—30日 省地方电力局组织巴中、达川两地区对地方电力企业安全生产进行交叉大检查。

4月22日 南江县被省科委确定为科技扶贫综合开发试点县。

4月22—24日 省政协副主席刘绍先带领省政协人口组、省计生委、计生协会、计生管理学院有关人员一行11人到巴中地区，对扶贫开发与计划生育相结合情况先后到南江县、巴中市深入调研。

5月6日 平昌县墨水厂生产的“飞虎”牌蓝墨水荣获澳门国际文教体育用品博览会金奖。

5月7—9日 建设部城建司风景处、省建委规划处、国家风景名胜区评审组有关负责人和北京大学教授谢凝高、北京林业大学教授孙筱祥、省建委高级工程师钱振越组成专家评审组，考察通江诺水河风景名胜区申报国家风景名胜区项目。评审组对通江的自然风光、历史古迹和革命遗迹等风景名胜资源给予很高的评价。

是日 通江被列入全国“九五”期间第一批商品粮基地县。落实基地建设资金600万元，其中中央240万元。

5月8日 达（川）平（昌）110KV输变电工程举行奠基仪式。

5月9—10日 在北京召开的1997年度国家科技进步奖评审会上，《南江黄羊肉用新品种选育》被评为国家科技进步二等奖。

5月12—13日 华西医科大学党委书记吕重九考察巴中市（县级）人民医院和市制药厂，并与巴中市（县级）签订《关于华西医科大学支持帮助巴中市共同发展经济的意向协议书》。

5月20—25日 省人大常委会副主任孙自强率公安整改工作检查组，对巴中地区公安处，通江、南江县公安局进行检查。

5月21日 国务院总理李鹏题词“刘伯坚烈士永垂不朽”词碑迎接仪式在刘伯坚烈士纪念馆举行。平昌县委、县政府领导及县级机关干部职工参加。

是日 巴中地区四县（市）全部开通“129台”，实现无线传呼全省漫游。

5月23日 平昌中学、南江县南江镇第四小学、平昌县龙岗小学、巴中市（县级）青木初级中学被省教委命名首批省级校风示范学校。

5月25—26日 省委办公厅、省政府办公厅、省编委办公室组成省委省政府机构改革督办组一行5人到巴中地区检查工作。

5月26—29日 省委常委、省纪委书记沈国俊一行到巴中地区调查研究，通过深入4县市考察，高度评价全地区党风廉政建设和经济建设。

5月27日 省文化厅“文化先进县”“文化先进乡镇”检查验收组赴巴中检查验收，平昌县及双鹿乡等7个乡镇为第二批“四川省文化先进县”“文化先进乡镇”。

5月29日 巴中地区局部地区遭受强烈的风雹袭击，造成76个乡镇受灾，直接经济损失5970万元。灾情发生后，地委、行署紧急部署抗灾自救。

6月4日 川陕革命根据地博物馆进京参加纪念建党76周年展览，首次将川陕苏区和红四方面军的珍贵史料向首都人民展示。

6月6—10日 行署副专员王治寿率团参加国家科委、四川省人民政府在成都举办的97中国新技术新产品交易博览会，巴中地区参展项目26个，获金奖12项、银奖5项，技术合同交易额780万元，其中新产品销售额15万元。

6月11—12日 四川省秦巴扶贫世界银行贷款项目先导工程培训会在通江召开。会议要求各地认真学习通江县实施先导工程的经验。

6月11—13日 人事部职称司丁建权副司长在省人事厅、省职称处有关负责人陪同下考察巴中地区职称改革工作。

6月18—23日 由新华社、中国技术市场报社、中国科学报社、四川日报社、西南科技报社、四川电视台等13家新闻单位组成的“省科技新闻记者采访团”赴巴中采访。地委副书记、行署专员周登全主持情况通报会并回答记者“一把手抓第一生产力”的提问。

6月20—21日 省川北片区农业生产现场会在巴中召开。会议参观巴中市（县级）明扬乡、通江县民胜乡农业生产现场。

6月26日 巴中、广安、达川三地区联合举行“迎香港回归”大型集邮联展。本次邮展共设置展框10个，征集邮集85部，1600张贴片，展出各种邮品近1万张。地委委员、秘书长张忠孝词《香港回归》在新华社《内参》发表。

6月27日 地委召开会议，宣布省委决定：周登全任中共巴中地委书记，李克明任巴中地区行署专员，荀必伦、卢耸岗任巴中地委副书记，殷长任巴中地委委员、地纪委书记。

6月28日 中国工商银行巴中地区分行牡丹信用卡业务在巴中市区开办。

7月1日 中国政府对香港恢复行使主权。全地区人民收看中英香港政权交接仪式电视直播，举行丰富多彩的活动庆祝百年盛事。

7月3日 地委、行署发出《关于进一步加强土地管理切实保护耕地的决定》，提出加强土地利用宏观管理、严格建设用地审批管理、严格控制城市建设用地规模、加强农村土地管理、加强国有土地资产管理、加强土地执法监督检查和加强对土地管理工作领导等政策措施。

7月6—8日 省引智扶贫办公室副主任石明一行考察通江县引智扶贫工作，并确定通江县为全省引智扶贫示范县，为20户引智扶贫示范户引进国外优良小麦、高密度网箱养鱼、山羊等新品种新技术。

7月9日 据《巴中日报》报道：通江县215户住窝棚的特困户搬进“扶贫安居工程”新居。

7月10日 四川省公路养路费缴（免）讫专用号牌首发仪式暨新闻发布会在巴中举行。

7月14—20日 华西医科大学师生社会实践医疗卫生服务队一行31人，在巴中市（县级）开展为期一周的科技文化、医疗卫生服务下乡支农活动。为群众义诊1200余人（次），向特困户捐资600元，为希望工程捐资2800元。

7月23—29日 国家教委民族教育司副司长、四川省教委副主任周旺云一行检查巴中地区33所中小学实施国家贫困地区义务教育工程情况。

8月4日 全区地、县、乡三级干部大会在巴中市（县级）川剧团礼堂隆重召开。地级领导及地级部门负责人，各县（市）委、县（市）人大、政府、政协、纪委领导，各区乡镇（片区）的党政领导及部分村党支部书记共1100人参加会议。会议的主题是贯彻落实中央和省委的指示精神，总结建地区三年多的成绩，确定“五年上台阶”和“九五”期间经济社会发展战略措施，动员全地区人民弘扬“苦干兴巴”精神，巩固发展巴中经验，加快富民裕区步伐。

8月9日 南江县冶金矿山集团股份有限公司荣获'97四川工业企业最佳效益五百强和黑色金属矿采选业工业企业最佳效益十强称号。

8月11日 地区邮电局完成150、250兆赫省寻呼网王望山基站二期扩容，工程总投资58.69万元。同时，新建王望山基站（A）网开通，设30个信道，可容纳600个用户。

8月15日 外经贸部授予通江县、巴中市（县级）对外经济贸易公司进出口经营权。

8月17日 省政府追认抢救落水儿童牺牲的教师张奉德为革命烈士，通江县隆重举行命名暨纪念大会。

8月18日 南江乐坝粮食储备库被批准为“四川省南江国家粮食储备库”。

8月19日 李开明任四川省人大常委会巴中地区工作委员会主任。

8月26日 巴中市“110”报警服务电话开通。

8月30日 国家计生委确定在巴中市（县级）计生站进行生殖保健全程服务试点。

是月 通江会家乡建成电视卫星地面接收站。结束通江最后一个乡收看不到电视节目的历史。

9月1日 巴中地区首批国家“扶贫教育工程”学校南江县元潭乡中心小学、赤溪乡中心小学，通江县杨柏乡中心小学、板桥口乡城子山小学和两河口乡“八一希望小学”全部开学。

9月4日 地委、行署作出《关于大力发展庭院经济的决定》：以农户庭院为中心，种、养、加、建、运、服为重点，家庭自营，面向市场，全地区1998年实现庭院经济收入8000元以上的大户要占总农户的10%，农民年均纯收入要达到1300元，其中庭院收入占800元，人平实现特产税30元。

9月7—9日 建设部和省建委组织有关专家对南江光雾山风景区申报国家重点风景名胜区进行实地考察，认为该景区“秀、美、奇、怪、险”，是一个很有价值、不可多得的风景区。

9月13日 副省长敬正书在李克明陪同下深入巴中市（县级）、平昌县考察。敬正书强调：大灾之后要反思、要大干，打好“三秋生产”、小春播种和农田水利建设战役，并切实抓好减轻农民负担工作。

9月15日 南江县高塔乡青春村妇代会主任、第八届全国人大代表梁大碧被评为四川省“十佳”农村妇女。

9月16日 地区邮电局恢复开通成都至巴中645公里自办汽车邮路。

9月16—18日 全省计划生育宣传教育工作会议在巴中市召开，国家计生委、省计生委和省直机关单位及各地市州代表150人参会，会议肯定巴中市（县级）基本建立完善的计生宣传教育工作网络和制度，实现了教育规范化和社会化。

9月18日 秦巴毗邻地区统战政协联谊会在巴中市（县级）政协召开。

是日 四川省“幸福工程”项目工作研讨会在通江召开。国家“幸福工程”组副主任沈国祥、省计生协会副会长陈正年出席。

9月22—24日 省社科院院长刘茂才、副院长杜受祜一行6人赴巴中考察“巴中经验”。

9月23—27日 97西南六省区市投资洽谈会在成都举行，巴中地区40多家企业的300多种产品参展，实现成交额6010万元。

9月25—27日 全省国有林场苗圃工作会议在通江召开。省林业厅厅长曹正其、副厅长杨传帮、杨冬生及各地、市、州分管林业工作的负责人参加会议。会议传达全国国有林场苗圃工作会议精神，听取先进场圃的工作报告，交流工作经验，表彰先进集体和个人。

10月1日 巴城光纤加密电视开通，采用美国CI公司前端和光缆网传送十六套高质量电视节目。

10月8—16日 全国政协副主席洪学智在省委常委、省军区政委耿全礼、省政协副主席杨岭多吉陪同下视察巴中地区。洪副主席一行视察平昌、通江、巴中、南江城乡，参观红军旧址和纪念馆。洪副主市高兴地说，巴中地区的飞速发展出乎意料，特别是交通、通讯、城市建设、人民基本生活提高等方面取得的显著成绩令人振奋，但与发达地区比还存在一定差距，要继续弘扬红军精神，自力更生，艰苦创业。地委书记周登全，地委委员、秘书长张忠孝陪同视察。

10月10日　《诺水风光》专题片在中央电视台播放。

是日　平昌县白衣镇蒙溪村二社居民大院因小孩玩火引起特大火灾，烧毁房屋17间、粮食3万余斤，直接经济损失20余万元。

10月12日　中国人民解放军空军捐赠巴中市（县级）将帅碑林一架退役飞机，成空副参谋长张冀德、巴中市（县级）市长李树海参加交接仪式。

是日　省军区捐赠枣林乡灵山村修建"八一"小学款额30万元，省军区政委耿全礼出席捐赠仪式。

10月13日　副省长敬正书带领省救灾办、农机局负责人在行署专员李克明陪同下察看巴中地区四县（市）旱灾和抗旱自救情况。

10月13—14日　陕、甘、川、宁毗邻地区经联会第十二届年会在巴中召开。正在巴中视察工作的全国政协副主席洪学智莅会并致祝贺。4省（区）16地、市180多位领导和代表出席会议，四川省政府发来贺电，省委常委、省军区政委耿全礼、省政协副席杨岭多吉、省政府副秘书长袁福有到会祝贺。本届年会探讨交流各成员方贯彻落实党的十五大精神，加快改革和发展的新思路、新举措，达到相互借鉴、取长补短，促进联合协作，共同发展的目的。

10月14日　地区公安处禁毒支队破获一起贩卖海洛因案，收缴20克海洛因，抓获犯罪嫌疑人。

10月16—18日　秦巴毗邻县市区政协统战工作研讨会在巴中市（县级）召开。

10月18—22日　第九届中国西部商品交易会在绵阳市举行。巴中地区代表团420人参会，150多家企业参展产品12类、500多个品种，实现成交额1.96亿元，占交易会成交总额的3.2%，居4省16市第五位。

10月21日　通江县银耳科研所试验成功银耳袋料栽培技术，生产周期为40—45天，年产6～8季，产量比椴木木耳大幅度提高，质量接近椴木耳。

10月21—22日　副省长徐世群带领省卫生厅副厅长钟道友一行视察平昌县、巴中市（县级）的卫生工作，并解决部分卫生事业补助经费。

10月22—23日　省政协副主席曾平江率省政协文史委主任陈国志等专家学者一行17人视察巴中文史工作。

10月23—26日　澳大利亚斯纳公司执行董事维克·科普宁和曹建川先生到巴中考察投资项目，与有关部门达成霞石、花岗石意向性投资协议。

10月24日　长江水利水电开发总公司驻四川办事处处长唐家友和地区财政局长李鳌一行考察平昌县剪刀垭电站开发工作。

10月29—30日　川东北片区南充、遂宁、德阳、绵阳、广元、达川、广安、巴中8地市军转安置培训暨商品房修建座谈会在巴中召开，8地市人事局局长、军转办主任出席会议。

11月4日　巴中地区首届知名商标认定新闻发布会召开，"江口醇"等7件商标被认定为"知名商标"。

11月7—9日　省委副书记、副省长张中伟视察巴中地区扶贫攻坚工作，强调要加大扶贫攻坚力度，解决好饱而不稳、饱而不温、饱而不富的问题。地委书记周登全汇报建地区四年来的工作。张中伟深入巴中市（县级）兴文镇、花溪乡、大和乡、恩阳镇一些村社实地考察扶贫情况。

11月10日　川北小春田间管理暨改田改土工作会在巴中召开，达川、广元、巴中、德阳、绵阳、南充等地、市农业局长、农技站长、土肥站长参加会议。

11月16—17日　省旅游局将巴中旅游资源归纳定位为：诺水溶洞，光雾奇峰，红军文化，文物古迹。

11月19日 通（江）南（江）两县联合勘界协议在通江举行签字仪式。勘界全长93公里，涉及两县13个乡（镇）、30个行政村。

11月20—22日 副省长徐世群视察巴中地区，对建地区四年来教育总投入4.92亿元，新建教学、生活用房26.7万平方米，教师人平住房7.81平方米，输送大中专新生224321人的成就给予肯定，同时对建立与市场经济相适应的农村医疗卫生体制提出要求。徐世群一行视察巴中市（县级）、南江县一些乡村医院和风景名胜区，为光雾山风景区题词："光雾山雄奇秀甲天下"，"人间四月芳菲尽，南江红叶始盛开。"

11月22日 地区邮电局实现114台全地区集中查号。

11月25—26日 川渝毗邻地区工商工作联席会在巴中召开，万县、涪陵、南充、广安、达川、巴中等市地工商局长参加会议。

11月29日—12月3日 世界卫生组织计划免疫技术顾问诺瑞提先生和中国预防医学科学院柴锋女士赴巴中市（县级）和通江县考察消灭脊灰强化免疫活动开展情况并提供技术咨询。

12月1日 省委书记谢世杰，省委副书记、副省长张中伟，省委常委史志义，副省长敬正书赴巴中参加全省第十三次扶贫开发工作会议。出席全省扶贫开发会议的省委常委、省军区政委耿全礼，省人大常委副主任孙自强，省军区副政委程功明以及省扶贫开发领导小组成员，一百多名省级机关厅局单位负责人，对口扶持贫困地区的国家七部委、浙江省对口帮扶办代表，全省贫困地区各市、地、州委书记或市、州长、专员，扶贫开发办主任，农发行行长和贫困县、市、区的党委书记或县、市、区长，扶贫开发办主任，共计484人莅临巴中参会。

是日 全地区个体私营企业收费办证实行"一站式"服务。收费、办证部门将收费项目和标准公布于收费服务大厅，并在收费服务大厅一次性为个体私营企业主办理完毕有关证照。"一站式"服务标志地委行署"六统一、一监督"决策正式实施。

是日下午 谢世杰、张中伟、耿全礼带领省民政厅、财政厅、救灾办、水电厅、粮食局负责人，在周登全、李克明、张忠孝等巴中地区领导陪同下，察看平昌县双鹿乡等地灾情，听取平昌县委书记蒋东生的工作汇报。谢世杰指出，扶贫攻坚关键要在办实事、求实效、真心实意为农民上下功夫。

是日 地委、行署发出《关于第二批139个乡镇整建验收合格的通知》：经各县（市）自查和地区组织力量随机抽样验收，白庙乡、水洞乡、火炬乡、尖山乡等139个第二批整建乡镇和寺岭乡等7个第一批延期整建乡全部合格。

12月3日 谢世杰、张中伟、史志义、耿全礼带领出席全省扶贫开发工作会议的代表分成四个组交叉参观巴中市（县级）花溪乡天星村、清江镇塘坝村和元堡村、恩阳镇合治寨村、青木镇金包村、大河乡板凳垭村和北山村、明扬乡高店子村的微型水池、改土工程，山、水、林、田、路综合开发，井、池、园、房配套建设等农村形象扶贫现场。参观中，省委领导嘱咐随行的周登全、李克明等巴中领导，要继续做好农户"饱不而稳、饱而不温、饱而不富"的工作。

是日下午 省委副书记、省长宋宝瑞赴巴中参加全省扶贫开发工作会议并视察巴中市（县级）农村扶贫开发工作。

12月4日上午 四川省第十三次扶贫开发工作会议在巴中地区会议中心闭幕。谢世杰主持会议，宋宝瑞、张中伟、耿全礼讲话，史志义宣读省委省政府表彰长宁县、巴中市（县级）等9个县（市）率先解决群众温饱问题的决定。

是日中午 谢世杰、张中伟、史志义、孙自强等领导和省级各部门负责人参加巴中地委行署举行的工作汇报会。地委书记周登全主持会议，地委副书记、行署专员李克明代表地委行署汇报工作。谢世杰讲话指出：全省学巴中，巴中怎么办？要乘势而上，要艰苦奋战，要苦干兴巴，要富民裕区。

是日下午 全省扶贫开发工作会议结束后，谢世杰、宋宝瑞、张中伟、史志义、耿全礼、孙自强等领导带领省直机关负责人，同巴中地、市负责人一起，到巴中市（县级）白云乡马松林水库建设工地，同群众一起参加劳动。

12月5日 巴中市（县级）城区建设银行15个储蓄网点实现联网通存通取。

12月6日 地区邮电局建成巴中地区C3本地网，全地区电话号码由6位升至7位，使用统一区号“0827”。

12月8—12日 全地区依法选举出周登全等28名四川省第九届人民代表大会代表，其中省级机关派选6名，巴中地区内产生22名。

12月12日 广元市委书记彭渝率广元市各县区主要领导一行20余人到巴中参观学习，赞扬巴中从实际出发，在服务质量、科技含量上动真格、下真功，“巴中经验”令人信服。

12月15—18日 达（川）平（昌）110KV输变电工程调试成功，18日竣工典礼在达平110KV输变电管理站隆重举行。该输变电站每年可新增供电量1亿千瓦，实现税利700多万元。

12月16日 南江县畜牧局等单位完成的《南江黄羊肉用新品种选育》科技成果，荣获1996年度四川省人民政府科技进步一等奖。

12月18日 巴中地区运输总公司兼并巴中地区通江林化厂协议签字仪式在通江城举行。标志全地区首例国有企业跨行业跨区域兼并成功。

12月20日 南江县高龙坎电站建成投入运行。该电站总投资1800多万元，装机容量2×1250千瓦，年发电量110万千瓦时。

12月 全地区法院、检察院干部实行避籍交流。

是年 南江县争取国拨、集资、捐款54万元，使全县仅有的226户、925人结束长期住岩洞和窝棚的历史。

1998年

1月1日 省公安厅授予巴中地区公安处承担公民因私出国、赴台湾申请审批权。

1月4日晚11时 平昌县二运司（原群运社）火灾烧毁房屋28间，经济损失近20万元。

1月19日 省政协副主席陈昌智、省总工会副主席张莲花一行7人赴巴慰问部分特困企业、特困职工。

1月21日 地委、行署命名39个文明单位，17个最佳文明单位。

1月22日 日本无偿援助巴中地区妇幼保健院9万美元，项目签字仪式在北京举行。

1月25日 地区公安处禁毒支队破获一起贩毒案件，缴获鸦片12千克，抓获犯罪嫌疑人。

2月2日 地运司开行巴中至北京超长线客运班车。

2月11—12日 眉山地委书记李吉荣率团赴巴考察。考察团参观巴中市（县级）镇建设、南江公路建设现场。

2月18日 成都泰港集团董事局主席刘邦成与巴中市（县级）医药管理局负责人举行收购市制药厂部分资产签字仪式。泰港集团收购制药厂1820万元资产，组建四川巴中泰港制药有限责任公司。地委委员、秘书长张忠孝出席签字仪式。

2月19—23日 省政协副主席、农工民主党四川省委主任唐运张一行就引进波尔山羊新品种赴通江涪阳、平溪等地进行实地考察。

2月24日 行署安排部署全区“科技下乡”活动，王治寿要求认真贯彻省政府“科技之春”科普宣传月电话会议精神，重点抓好农村科技工作。

2月26日 省政府组织“长虹经验报告团”赴巴作报告。李克明要求认真学习长虹经验，不断探索新路，深化企业改革，搞好卖、租、股，努力实现五年上台阶目标。

2月28日 巴中地区参加第九届全国人民代表大会第一次会议的代表李克明、张照荣、梁大碧离巴赴京。

2月 国家体改委、水利部把通江列为全国农村水利改革（微水）试点县。

3月3日 省卫生厅厅长卓凯星赴通江县调研乡镇卫生体制改革。

3月7日 地委举行汇报会，周登全、苟必伦向由省高级人民法院党组书记李玉龙带队的省社会治安综合治理考评组汇报工作，省考评组肯定巴中地区综治工作取得的成绩与经验。

3月9—11日 省委统战部副部长、省工商联党组书记朱明亮率省政府检查组赴巴检查民营经济工作。提出巴中地区“以非公有制经济为主体构建区域经济框架”的发展思路和“六统一、一监督”的个体私营企业收费管理办法在全省有超前性，值得总结借鉴。

3月10日 全地区基础设施建设工作会议要求，抓住国家和省加大基础设施建设投资力度，推动经济发展的契机，加快加强投资项目工作，加快全地区基础设施建设。

3月11日 全省农村基层组织建设和党员队伍建设工作会议在巴中江北会议中心隆重召开。省委副书记秦玉琴出席会议作题为《以党的十五大精神为指导，继续深入推进农村基层组织建设》的主题报告。省委常委、组织部长陈文光主持会议。中组部组织局和省级有关部门负责人彭柏林、李任仕、魏宏、李丰、罗彤、周维莲、傅金凤、曾祥禄、罗强、黄光华、吴洪林及巴中地区周登全等领导、全省各地市州委组织部分管副部长、贫困县县委组织部部长、党建办主任及巴中地区各县市委主要领导、地级部门主要负责人共190人参加会议。

3月13日 巴中市（县级）被列为四川省生态农业试点县（市）。

3月13—14日 中国工商银行总行第四批扶贫组进驻通江、南江。

3月15日 全地区首家“3·15”消费者投诉服务中心在巴中市（县级）工商局成立。

3月16日 行署公布通江县“红四方面军总指挥部旧址”、南江县“长赤县苏维埃政府旧址”、巴中市（县级）“川陕省苏维埃政府旧址”、平昌县“北山寺壁画”等21处为地级文物保护单位。

3月17日 经省委、省政府审定批准：巴中地区邮电局、文体局、农行巴中地区分行、人行通江县支行、巴中市（县级）公安局交警大队、南江县邮电局、工行平昌县支行、平昌县涵水乡幸福村被评为1997年度省级文明单位。

3月24日 南江县下两区平岗乡8个村34个社全部开通程控电话，成为全地区第一个社社通程控电话的乡。

3月25—26日 省委副书记、副省长张中伟带领省水电厅长陈德静一行，视察巴中市（县级）、南江和平昌县的农业和农村工作，鼓励巴中地区再鼓干劲，再添措施，再夺丰收，努力使各项工作继续走在前面，成为川北大样板。

3月26日 四川省97秦巴扶贫世行项目完成情况检查验收总结会在南江召开，来自广安、达川、南充、广元、巴中5个地市的12个县市的30余名项目负责人参加会议。

3月28日 首家民营“巴中地区骨伤专科医院”在巴中市（县级）成立。

3月30日 经国务院批准，南江县正式列为全国山区综合开发示范县。

3月30日至4月1日 中央电视台《共和国的根基》摄制组赴南江县采访农村基层组织建设，分别对华光村、明月村、二南路、野正路进行现场拍摄。

4月10日 为期3天的全省公路用地确权暨公路路政、安全工作会在巴中结束。省交通厅副厅长李又、省公路局局长李华及全省各地市州交通局、公路局负责人参加会议。会议号召学习推广巴中、中江经验，全面推进公路用地确权工作。与会代表参观巴（中）乐（坝）路、沙（河）南（江）路确权现场。地委委员、秘书长张忠孝出席会议。

4月13—14日 副省长王金祥带领省政府有关部门负责人考察巴中地区工业经济、农业产业化情况。先后考察巴中地区汽车运输总公司、巴中制药厂等5家企业和巴中市（县级）凉水井乡、甘泉乡等村社。并指出：巴中地区发展工业不能搞高负债率和无竞争力产品，要用市场经济规律实现工业化进程。

4月14日 省委副书记、省长宋宝瑞在四川省加快基础设施建设（南充片区）巴中地区现场办公会上指出：当前巴中地区的基础设施建设要解决引电，要解决城市饮水和工业用水、农业灌溉用水，要加快天然气开发，解决城市和工业用气。

4月15日 通江县三合乡街道火灾，烧毁民房11间，烧死儿童1人。

4月20日 农业部发布公告正式命名“南江黄羊”。

是日 巴中市（县级）首家国有企业农机厂被民营企业成都东亿贸易有限公司承担债务或兼并。

4月22—25日 全省贫困县领导干部培训班在巴中地区举行。由省委组织部、省扶贫开发办举办的这期培训，旨在通过学习巴中经验，把贫困地区基层组织建设与扶贫攻坚紧密结合起来，确保按期完成国家和省“扶贫攻坚计划”。省级有关部门负责人和省部分贫困县分管领导共40余人参加培训。

4月25—28日 全国政协副主席杨汝岱视察巴中地区。杨副主席视察二南路、南江县碾盘乡苦竹村、明月村、断渠公园、黄羊畜产品交易中心，平昌县江口醇酒厂、张公乡龙泉村、通江县石庙乡万轮村，巴中市（县级）奇章乡元堡村、巴中市（县级）个体工商户私营企业办证收费服务中心、将帅碑林，对巴中地区的农业生产、农民生活、文明新村建设、工业发展等情况进行详细了解。杨汝岱讲话指出：这次来巴中看到巴中变化很大。巴中地区领导班子团结，思想解放，决策正确，工作扎实，走出一条山区经济发展的路子。

4月28日 巴中地区党政信息网络在地区机要局开通，实现与省党政网联网。

4月 南江县被国务院列入长江中上游水土保持重点治理县。

5月4日 地区公安处交警支队与团市委在巴城举行庆“五四”暨“告别不文明交通行为”万人签名活动。

5月5—7日 四川省粮食学会绵阳片区第七次学术研讨会在巴中召开。

5月8—9日 中国农业发展银行副行长马金声一行赴巴检查指导工作。

5月9日 省农科院、农牧厅、科委组织专家组验收平昌县兰草乡农民科研所承担的SW89—3243小麦高产试验，正式命名授牌该所为“四川省平兰农民科研所”，作为省农科院基层科研联系点。

5月13日 在全省科技表彰奖励大会上，巴中地区科技兴巴“三十亿工程”荣获省委、省政府科技兴川“千亿工程”成效显著奖。

5月15—16日 全省大春生产现场会在巴中召开，省委副书记、常务副省长张中伟，副省长敬正书出席并作讲话，省级综合经济部门、涉农部门领导，地市州专员、市长、州长及农业、水电局局长参加会议。与会人员参观巴中市（县级）清江镇塘坝村、奇章乡元堡村、大佛寺村的旱育秧、旱地改制、地膜玉米、聚土改土、稿杆覆盖栽培、田坎玉米、微型水利、池园经济等现场。周登全、李克明、张忠孝、熊光林陪同参观。

5月16日 省委、省政府在巴中地区会议中心召开全省减轻农民负担工作座谈会。省委副书记、常务副省长张中伟，省委常委、省纪委书记沈国俊，副省长敬正书出席会议并讲话。各地市州分管领导、省级机关部门负责人及巴中地区、县市负责人参加会议。

5月17日　省委常委、省纪委书记沈国俊视察巴中地区车辆收费办证大厅和巴中市（县级）个体工商户办证收费大厅，听取巴中党风廉政建设和反腐败工作及“六统一、一监督”、减轻农民负担、改进机关作风情况汇报。

5月19—20日　全省村镇建设工作暨现场经验交流会在巴中地区召开。省建委副主任杨燕及各地市州县建委负责人140余人出席会议。与会人员参观巴中市（县级）合治寨村、塘坝村、元堡村，平昌县的大梁村、创举村、天生村，南江县的东河村、乐坝农贸市场、明月村，通江县的红星村等村镇建设情况，大家对巴中地区“井、池、园、房、路”配套建设、“水、电、灶、厕、境”综合改造的村镇建设新路子、新模式给予高度评价。

5月20日　四川省1998年“国家扶贫教育工程“工作会议在巴中召开。省计委副主任扎喜旺登和省计委、省教委、财政厅有关负责人及全省国定贫困县所在地、市、州计委、教委负责人参加会议。

5月20—21日　巴中市（县级）龙背、鼎山、金山、凤溪等17个乡镇遭受百年罕见的暴风雨袭击，交通、通讯中断。垮塌房屋7000间，冲毁0.4万公顷农田和4座电站，10余万群众受灾，9人死亡，7人失踪。地市及时派出工作组慰问群众，组织抗灾自救。

5月22日　省纪委、公安厅、监察厅、财政厅、物价局、工商局、稽征局、技术监督局、环保局等9部门20余人到地区考察推广“六统一、一监督”工作，认为此项经验是巴中经验的新发展和为群众办的大实事，应当在全省进行推广。

是日22时30分至23日凌晨　南江县花桥乡沿溪河村二社，长1500米、宽700米的山坡整体滑坡，毁坏农房262间，造成39户151人无家可归，沿溪河电站被损坏，耕地损坏12.2公顷，直接经济损失800多万元。

5月26日　省工商局命名巴中南池市场、南江红四门市场、通江麻石市场、平昌江阳市场为省级文明市场。

5月29日—6月2日　省人大常委会副主任刘永顺带领《四川省城市园林绿化条例》检查组赴巴检查。检查组检查巴中江北新区、南江城区等城市园林绿化建设和风景名胜区建设情况。检查组认为：巴中地区城市园林绿化工作“潜力大、困难多、发展快、前景好”。

5月30—31日　副省长敬正书视察巴中、平昌、南江3县（市）灾情，慰问灾民。听取关于抗灾自救和当前农村工作的情况汇报，强调各级各部门要深入抗灾抢险第一线，帮助群众恢复生产，重建家园。

5月　通江列为国家秸秆养牛示范县。投资总额为300万元，赤江、麻石、浴溪、龙凤场、洪口5个乡（镇）为项目示范乡。

6月4日　赴京参加“全国十佳春蕾女童”表彰大会的巴中市（县级）恩阳镇麻石垭小学“春蕾女童班”学生杨丽春载誉归来。参会时，杨丽春受到国家副主席胡锦涛、国务院副总理李岚清等党和国家领导人亲切接见。

6月6日　“巴山罐头食品股份有限公司”在巴中市（县级）成立。该公司以四川省金凤现代农业股份有限公司投资700万元、原巴中罐头食品有限公司用固定资产投入1833万元组成，实现濒临破产的巴中罐头食品有限公司跨地区资产大重组。

6月10—12日　省委常委、省军区政委周光荣视察巴中地区。周光荣高度评价巴中经验及巴中地区军政军民关系。

6月12日 地委、行署召开全地区国有企业下岗职工基本生活保障和再就业工作会议，安排部署国企下岗职工基本生活保障和再就业工作。

6月15日 全国禁毒教育展览（四川片区）在巴中展出。

6月17日 仪陇县金城镇驾驶员陈贵安驾驶川R11336号北京213小车，由南江载客去汉中，行至二南路38公里+600米弯道处，路况不熟，超速行驶，致车辆驶出左侧路外翻于150余米高的岩下，造成车上6人全部死亡的特大交通事故。

6月27—28日 省委常委、省总工会主席甘道明一行赴巴中调研和检查下岗职工解困再就业工作，先后对巴中齿轮有限公司、巴中罐头食品有限公司的资产重组、引进资金、调整结构、下岗职工再就业进行实地调查。

6月28日 达（川）—巴（中）110KV输变电工程的第二段巴中—平昌110KV输变电工程竣工。

6月29日 日本中日问题研究会理事中村和弘一行在省农科院、外贸公司负责人的陪同下考察通江县食用菌生产情况，对通江食用菌生长环境、丰富的耳料资源尤其是椴木木耳栽培感兴趣，并与通江达成椴木食用菌购销关系意向性协议。

6月30日 省政协副主席、省委统战部部长陈官权检查南江统战政协工作。

7月1—5日 由省人大、省政府法治局、省农业厅组成的省减轻农民负担执法检查组，通过对南江县的水田坪村、巴中市（县级）凉水井村、天宫村的执法检查及听取南江县、巴中市（县级）人大、政府关于减负工作的汇报，认为巴中地区减负工作取得一定的成绩，并要求常抓不懈，防止负担反弹。

7月2日 四川省山区公路建设会议在南江召开。

7月2—4日 副省长邹广严带领省政府办公厅、省计委、省建委、交通厅、水电厅、财政厅、国土局、国家开发银行成都代表处一行13人赴巴中调研。

7月2—6日 省文史研究馆赴老区书画家写生团一行23人到南江断渠公园、桃园、贵民等风景名胜区写诗作画。

7月3—6日 全国政协委员、国务院扶贫开发领导小组成员杨钟及国家和省扶贫开发办有关负责人考察巴中地区扶贫开发工作。

7月6日 国家一级作家、四川省作协及重庆市作协副主席梁上泉到通江县讲析文学创作理论。

7月11日 巴中市（县级）公安局侦破巴中市（县级）兴文镇五谷村一起一次杀死4人的特大杀人案件，抓获犯罪嫌疑人。

7月上旬 南江县对10区2镇古树名木全面普查。全县有古树4068株，其中沙河镇联盟村四社八元山的1株银杏树树龄600余年。

7月17日 巴中地区石油公司及其所属通江、南江、平昌石油公司划归中国石油天然气集团公司签字仪式在巴中举行。

7月22日 98四川名优特新产品博览会上，巴中地区48户企业的85个产品参展，成交总额3500万元，现货成交758万元，31个产品获奖。

是日 因连降暴雨，达（川）广（元）公路平昌县白衣镇大河嘴滑坡400余米，错位6米，下陷4万平方米，造成公路、通讯、供电中断，12户住房受损。

7月24日 地委《关于对地级部门领导干部进行年度实绩考核建立能上能下制度的意见（试行）》，提出对担任实职的地级部门正副县级领导干部考核的主要内容及分值。规定凡“一把手”得分低于70分、副职低于65分的，自动辞职，组织免职。

7月25日—8月1日 老红军、全国干部教育协会副秘书长王定国在《人民论坛》杂志副总编、全国干部教育协会秘书长杨少平及省人大、省政协有关方面负责人陪同下考察巴中地区干部教育工作。

7月27日凌晨2时 通江县城西彭坎岩大桥70米的主拱齐整断塌。该桥于1996年6月建成使用，为空腹式1－70＋3－10型的长134米宽8.5米的石拱桥（9月25日，该案3名直接责任人被依法逮捕）。总造价125万元。

7月31日 地委制定《会议议事规则》，对地委委员会议（含地委书记办公会）、地委民主生活会、地委办公会议（含地委专题办公会）、地委扩大会议和工作会议、地委中心组学习会议及地委、人大工委、行署、政协工委、地纪委、军分区主要领导同志联席会议的议事范围、议事程序等作出规定。

7月31日—8月3日 副省长李达昌带领省财政厅负责人考察巴中地区南江、通江、巴中市（县级）的部分工业企业和农村庭园经济工作。

8月14—16日 科技部副部长韩德乾在省科委副主任任绍辉陪同下，视察南江县、巴中市（县级）的一些基层科委、黄羊集散中心和农村村社科技示范片和示范户，对巴中地区实施科技兴巴成绩给予充分肯定。

8月25日 全省收费管理现场经验交流会在巴中江北会议中心召开。省委常委、常务副省长张中伟，省委常委、省纪委书记沈国俊出席会议并讲话。省纪委副书记、监察厅长吴才荣主持会议。共人19个省级部门和21个地市州的负责人共80余人参加会议。与会人员参观巴中市（县级）个体工商户、私营企业办征收费服务大厅和巴中地区车辆征费办证第二大厅。

8月27日 地委作出《关于健全县处以上党委中心学习组理论学习制度的规定》。

8月28日 地区公安处完成人民警察聘任聘用制度改革。所有中层干部按管干权限先行免职，然后按条件聘请，聘任期2年；民警聘用期1年。

9月6日 中共南江县桃园镇委员会、南江县桃园镇人民政府挂牌成立。经四川省人民政府批准，新成立的桃园镇辖原南江县桃园、槐树2个乡，面积264.2平方公里，人口2500人，地处川陕交界的光雾山风景名胜区的腹心，是巴中地区“三线一环”城镇带上的重点镇之一。

9月10—14日 巴中地区组团参加在宝鸡举办的陕甘宁川毗邻地区经联会第十四届西交会。全地区170家企业、430种产品、36个项目参会布展，达成产权交易项目2项，总投资1200万元，资源开发项目3项，总投资960万元，实现商品成交额1.1亿元。

9月12日 地委、行署发出《关于实施农村特困户温饱工程的通知》，决定用3年左右的时间实现农村特困户基本越温脱贫。

9月17日 全省巴西陆稻暨有机洛合微肥推广现场会在通江召开。通江县是全省唯一的巴西陆稻重点示范推广县。省内5个地市州和15个县市区的代表出席会议并参观了通江县春在乡现场。

是日 地委、行署发出《关于切实做好当前减轻农民负担工作的通知》，要求各级党委政府要按讲政治、讲纪律的要求充分认识“减负”工作的重大意义，实行党政主要领导亲自抓、负总责的制度。

9月18—22日 省人大常委会副主任孙自强率省人大常委评议法院检查组一行5人，检查巴中地区各级人大评议法院工作。

9月19日 四川省军区为巴中市（县级）枣林乡灵山村修建的“八一”希望小学落成。

是日 山东省德州市为巴中灾区捐赠的17个火车匹38.5万件（床）衣被运抵乐坝火车站。之后，全地区民政部门及时将这批救灾物资分发给灾民。

9月21日 省农机局批准通江县为全省山区农机化先行县。

9月26日 通江县政府与维京群岛东霖实业有限公司（英属）总经理叶冠东（台湾）签订魔芋精粉加工协议。该公司租用县银耳酒业有限公司厂房，投资开办四川省宏茂食品有限责任公司，从事魔芋加工。

9月28日 地委组织部成立计算机应用技术培训中心，开展国家公务员计算机应用培训工作。

10月1日 巴中中学举行130周年校庆。地、市领导及上千名校友出席庆祝大会，副省长徐世群发来贺电。是日，南江中学在县人民大礼堂举行建校70周年庆祝活动。

10月11—16日 国际小额信贷财务管理研讨培训班在通江举办。美国金融专家托克先生和中国社会科学院农经所副研究员孙若梅、任长青，省扶贫办副主任冯永宽参加授课，全省11个从事小额信贷县的财务人员参加培训。

10月13日9时15分 南江县教委蒋鹏等人租乘一辆私营吉普车前往关田乡检查普教工作，行至双江路关路大桥处，因车速过快翻于11米高的河下，造成当场死亡5人，送往医院途中又死亡1人的特大交通事故。

10月17—18日 经省越温复查工作组检查验收，平昌县贫困户越温工作达到《国家八七扶贫攻坚计划》规定的越温标准，验收合格，14万建卡贫困人口越过温饱线。

10月17—22日 国务院扶贫开发领导小组办公室主任高鸿宾、副主任蒋晓华，省扶贫开发办主任颜继禄一行，在巴中地委、行署周登全、李克明、苟必伦、张忠孝等领导陪同下，分别深入巴中、南江、通江、平昌调查研究，对巴中经验作出高度评价。

10月20—24日 省作家协会采风团一行50人深入南江县光雾山风景区采风。

10月21日 全省劳务开发工作经验交流会川北片会在巴中召开，来自达川、广安、南充、广元、绵阳、遂宁等地市的农委主任、就业局局长、部分乡企局局长与区镇负责人参加会议。

10月24日 川陕渝19县（市）委办公室工作协作区第14次会议在通江召开。

10月26—27日 巴中市（县级）政府与澳洲新置业集团、重庆泰庆实业总公司在巴中市（县级）举行开发玉米生物工程洽谈会。代市长邹瑾与澳新集团总裁李宗篪、重泰总公司董事长和郭维凡签订正式筹建“巴中工程有限责任公司”的协议。总投资约2.6亿元，力争1999年投产，3年后实现产值6.8亿元。

10月27日 巴中地区邮电局分设为巴中地区邮政局、巴中地区电信局。

11月2日 巴中市（县级）申苑投资有限公司证券信息部开业，标志全地区首家投资证券信息市场诞生。

11月6—9日 省军区副司令员邹云华来区检查征兵工作。

11月10—12日 四川省加快地方公路建设现场会在巴中地区召开。会议总结近10年全省地方公路建设的经验，根据国家加快基础设施建设决策，部署自力更生、加大投入、加快四川二、三级路网建设的任务。与会人员通过参观巴中4县（市）公路建设的现场，认为巴中公路建设的辉煌成绩源于“巴中精神”“巴中精神”值得全省学习。

11月11日 川、渝六地（市）老干部工作信息会在巴中召开，会议主题是交流各地（市）加强老干局工作队伍建设的经验。四川省委老干部局副局长李德明，重庆市委老干部局副局长丁载宽，巴中地委副书记王吉安，巴中地区人大工委主任何茂兴，政协巴中工委副主任刘宗寿，巴中地委委员、组织部部长陈芳，巴中地区行署秘书长谭毅等领导出席会议。

是日 民建巴中地区总支部筹备组召开选举大会，朱仕华当选为首届主委。

11月18日 农工巴中地区总支部筹备组选举罗良娟为首届主委。

11月14日 全省城市电视台广告联播协作体年会在巴中召开。

11月16日 地委、行署发出《关于建立村级财政管理制度的试行意见》。提出建立村级财政管理制度。

11月18日 通江县陈河乡“川涪190号”天然气井开钻。该井开钻是为进一步查明资源，开发气田。

11月18—20日 四川省城乡建设现场经验交流会暨建委主任学习会在巴中地区召开。会议的主要任务是学习巴中精神和推广巴中城乡建设先进经验，总结工作，部署任务。省人大副主任刘永顺到会指导，副省长邹广严作书面讲话，省建委主任刘丹棱通报全省建设任务完成情况，安排部署1999年建设工作任务。

12月5日 川陕两省勘界工作会议在巴中召开，商定落实川陕沿线各县（市、区）勘界工作，省勘界办和达川、万源、广元、巴中等地市民政及勘界办负责人出席会议。

12月7—9日 省委常委、秘书长冯崇泰带领省委办公厅、省农工委等部门负责人考察巴中地区经济社会发展情况，地委委员、秘书长张忠孝陪同考察。

12月27日 平昌县江阳丝厂通过国际ISO 9002质量体系认证，成为全省丝绸行业首家获此殊荣的企业。

1999年

1月12日 巴中电信建成和开通通江、南江、平昌三县会议电视系统，并投资建成会议电视巴中地区行政公署分会场。

1月15—16日 来自北京和省内各地的文艺表演家江涛、付笛声、赵本山、任静、邓小林、白桦、罗文中、珊瑚、卓小燕等，在巴城灯光球场举行专场文艺演出。

1月16—21日 省委书记谢世杰、省委常委甘道明、副省长敬正书率省委“送温暖”慰问团赴巴。先后到南江国营林场、通江新场乡水产养殖场、巴中市（县级）丝绸厂等企业慰问。

1月27日 平昌县笔山区泥龙乡牛角村九社村民张得了在家非法生产鞭炮时，因药尘飞到蜂窝煤炉中引起爆炸，当场炸死4人，重伤1人，炸毁房屋6间，受灾3户12人，经济损失1.7万元。

1月30日 巴中市（县级）福兴乡吴坤德因无证驾驶单排座货车，翻于20余米高的岩下，造成死亡4人，轻重伤23人的特大交通事故。

2月4日 中共中央政治局委员、国务院副总理温家宝在省委书记谢世杰等人《赴广元、巴中的情况报告》的批示中指出：“四川巴中地区扶贫攻坚的成就说明，只要找准路子，真抓实干，就能改变面貌，巴中的经验和他们在实践中形成的艰苦奋斗，苦干兴区，实干改变面貌，大干促进发展的巴中精神，对全国扶贫工作具有普遍意义。”

2月8日 巴中天然引气工程点火成功并举行点火仪式。

3月2日 成立巴中地区地级行政事业性收费、罚没收缴大厅，并对外办公。

3月8日 巴中至南江110千伏输变电工程竣工典礼暨巴中电业局南江供电公司授牌仪式在南江县110千伏变电站举行。地委书记周登全，及南江县委负责人为巴南110千伏输变电工程竣工剪彩。

3月3—15日 省委常委、省委宣传部部长席义方一行18人，在地委书记周登全，地委委员、宣传部长蒋东生及南江县委负责人等的陪同下，察看南江县文明新村建设和农村精神文明建设。

3月15—16日 全省精神文明建设会议在巴中召开。省委常委、省委宣传部部长席义方到会作重要讲话，省委宣传部副部长、省文明办主任徐有胜主持会议并陪同席义方部长一行到南江、通江调研文明新村建设。

3月18日 投资1.6亿的巴中220千伏输变电工程奠基仪式在巴中市（县级）兴文乡举行。

3月20—21日 中央组织部派专门检查组到巴中检查指导基层组织建设。

4月2—3日 副省长敬正书、省扶贫开发办常务副主任黄德益一行8人，在行署副专员陈延荣等的陪同下，先后考察南江县水田坪村、铁炉坝村、黄金村、联明村，通江诺江镇城北新村等地文明新村建设。

4月5日 省计委主任陶晞晦、水电厅厅长陈德静察看巴中市（县级）化成水库病害整治情况。

是日 省计生委主任谢明道赴巴中检查指导工作，并针对巴中地区计划生育基础工作、经费投入、队伍建设等问题讲意见。

4月6日 英国国际开发署考察团长、机构分段专家凯瑟豪尔一行3人在水利部、省水电厅、省公安厅有关领导和专家的陪同下，到巴中市（县级）农村考察。

4月7—8日 副省长王金祥、省经贸委副主任周继尧等到巴中参加全省银行行长座谈会；检查督导烟草打假打私专项治理的贯彻落实情况。

4月8日 副省长王恒丰率省财办副主任秦川、省粮食局副局长陈金龙一行6人到巴中检查粮改工作。视察巴中市（县级）茶坝粮站、巴中国家粮食储备库等粮食企业。并指出，巴中地区抓粮改的做法与经验集中体现在茶坝粮站就是四川一个非常好的典型。

是日 副省长欧泽高一行8人，视察南江县正直区花桥乡灾后重建现场，并对救灾工作及基层民主政治建设、残疾人扶贫讲重要意见。

是日 四川省农村合作基金会清理工作会、金融工作会议在巴中召开。

4月10日 行署副专员张铃率四县（市）分管副县（市）长、地县（市）招商局（办）负责人共40余人赴西安参加“'99中国东西部合作与投资贸易洽谈会”。南江的金银花露饮料生产、霞石采选、黄羊开发，地区的互联网建设，通江的天然气民用工程，银耳开发及巴中的川明参开发等项目均与外地的企业集团、客商达成共同开发的协议。同时还与陕西汉中、南郑达成公路改造、联合开发光雾山、诺水河旅游资源的协议。平昌江口醇酒厂在会上签订600万元的销售协议。

4月13日 巴中市（县级）巴州镇驾驶员曾立勋驾驶陕E13293号212型北京吉普车搭乘5人，行至省道101线505公里+800米处，因操作不当，车翻下27米高的岩下，造成死亡3人、重伤2人的重大交通事故。

4月15—19日 全国政协委员、中国工程院院士、科技部陈祖涛夫妇和原兰州军区参谋长、老红军李培基夫妇一行到巴中视察工作。

4月17日17时30左右 通江县道桥公司组织民工在清除通水路彭坎岩大桥巴中岸引孔上作业的17人坠落，当场死亡5人，在医院抢救过程中死亡1人，轻重伤11人。此次事故为施工安全责任事故。是日，地、县党委、政府决定，对有关责任嫌疑人县交通局副局长谢大志、通江县道桥公司经理彭德春、爆破方案设计者县公安局干警陈佳、施工现场负责人李子强、领工员向义、县交通局局长张朝益停职审查。

4月18日 由地区粮食局投资4000万元，建筑面积1.5万平方米，按国家三星级酒店标准建成的巴中地区江北宾馆举行隆重的开业典礼。

4月21—22日 全省农发行收购资金封闭运行管理现场会在巴中召开。省分行行长帅启明、副行长朱小冬及各地、市、州分行、省分行、部分县支行行长和有关地级领导170余人参加会议。与会者现场参观巴中地区的8个粮站（库）执行“三制”、搞好收购资金封闭运行的情况。

4月24日 省委书记谢世杰，代省长张中伟一行8人赴巴视察工作，对文明新村的畜牧业发展给予了充分肯定，对种养畜工作的开展给予高度评价。

4 月 27—29 日　省妇联在巴中召开“双学双赛”“巾帼建功”活动经验交流会。会议期间，参观巴中市（县级）恩阳镇、元窝村以“巾帼蓄饮水工程”为龙头的“池园经济”建设及电力公司“巾帼文明示范岗”和地区棉纺厂女职工的技能比武。

5 月 6 日　北京军区司令部少将、徐向前之子徐小岩赴巴参观革命遗址，并为川陕革命根据地博物馆题词。

5 月 9 日　通江、南江部分地方遭受冰雹袭击，最大直径 20 ㎜，持续时间 10—15 分钟，造成经济损失达 1200 万元以上。

5 月 11—14 日　中央组织部原常务副部长赵宗鼐一行赴巴视察组织工作。

5 月 12 日　经省政府批准，巴河巴中至渠县三汇段（起止点为巴中城至平昌县元石乡黄梅溪）244 公里的航道技术等级被定为七级航道。

是日　四川普瑞实业有限公司转债收购市制药厂技术项目。

5 月 25 日　平昌县被国家计委列入“坡改梯”重点县投资计划。计划 1999 年投资 1800 万元，其中国家无偿补助 1000 万元，省无偿补助 200 万元。这是巴中地区到争取国家无偿投资最多的一个农业基础设施项目。

5 月 26—28 日　在地全区开展集中整治治安清查统一行动。全地区 185 名领导干部参加，共出动警力 1932 人次，治安积极分子 2527 人，车 125 辆投入集中统一行动。共侦破各类刑事案件 60 起，查处赌博、卖淫、嫖娼案件 36 起，摧毁团伙 4 个 14 人，抓获“三逃”人员 17 名。

6 月 4 日　《巴中地区志》《巴中年鉴》编纂委员会成立。

6 月 11 日　四川省工行地分行储蓄银行卡系统上挂成都省分行大机，实现全省对公、储蓄、银行卡、ATM、POS 五大应用一体化。

6 月 16 日　省政协副主席郝振贤、省政协副秘书长陈宏志一行 6 人，深入到巴中市（县级）、南江县，就文明新村和小集镇建设、旅游景点进行了视察。其间，参观考察巴中市（县级）恩阳镇元窝村，东兴场乡兴隆村。

6 月 25 日　巴中地区发现一起跨越川浙两省的非法制贩发票大案，地税、公安联合作战，成功破获，查获饮食（娱乐）业定额发票 1000 本共 78935 份，面值 7014550 元。之后，犯罪嫌疑人吴俊等被巴中市（县级）公安局刑事拘捕。

6 月 28—30 日　省军区扶贫经验现场交流会在巴中召开。省委常委、省军区政委周光荣，省长助理马开明等出席会议。

7 月 20 日　巴中移动通信从电信中分离出来，独立运行。

7 月 20—23 日　省政府粮改执法检查组组长、省粮食局局长李益良率省粮食局纪检组长瘳校椿一行 6 人赴巴检查粮改和粮改执法工作。并深入南江乐坝粮库、巴中市（县级）茶坝粮站、曾口粮站、芦山乡龙谭村、平昌城西国家粮食储备库等地调研。

7 月 23 日　地运司兼并通江运输公司签字仪式在通江县举行。

8 月 1 日　吴瑞林将军纪念碑在巴中市南龛山将帅碑林揭幕。

8 月 5 日　全地区各县、市分别召开公捕宣判大会。140 名犯罪嫌疑人被宣布逮捕，46 名罪犯被分别判处死刑、无期、有期徒刑，梁刚、何刚等 5 名罪大恶极的罪犯伏法。

8 月 7—12 日　武警总队政委余明强少将、副总队长孙剑光大校一行赴巴中支队检查指导工作。

8 月 8 日　中国新星石油公司总地质师周玉琦一行赴巴实地检查通南巴构造带天然气勘探情况。

8 月 8 日　巴中地区人才市场开业暨首届人才招聘会召开。省委组织部副部长、人事厅厅长蒋先继到会祝贺。

8月15—21日 全国贫困地区县级干部首期培训班在巴中举行。中共中央委员、全国扶贫开发领导小组副组长胡富国，国务院扶贫办主任高鸿宾，四川省副省长敬正书出席培训会。此次会议使参训的3个省、19个地（市、州）、65个县的300多名学员对“巴中经验”有更深刻的认识。周登全、李克明、张忠孝、王治寿等出席会议。

8月23—26日 全省2000年统计宣传工作会议在巴中召开，来自各地、市、州及有关县（市、区）近90名代表参加会议。

8月27日 通江县陈河乡被列为四川省科技示范乡。

8月30日 四川省川东北片区地方志工作经验交流会在巴中召开。省志编委党组书记、常务副主任秦安禄出席会议并讲话。

7月下旬至8月底 全地区除南江外出现了35—45天的高温伏旱天气，个别地方达50天，致使9.1万公顷农作物受旱，成灾6.1万公顷，造成经济损失1.5亿元以上。

9月1—6日 省政协副主席曾平江一行9人，深入巴中、平昌、通江、南江县考察基层计划生育工作。

9月1—7日 行署专员李克明、副专员张玲率团赴广元参加“第十届中国西部商品交易会”。交易会上，巴中共洽谈项目7个，协议金额9800万元，实现商品成交总额1.47亿元。

9月3—5日 原周恩来总理办公室副主任罗青长、原山东省委书记苏毅然一行到巴中考察。

9月6日 四川省党委系统信息工作川东北片区研讨会在巴中召开。

9月6—9日 四川省总工会新经济组织建会片区会在巴中召开。省总工会党组书记、常务副主席胡先春，正厅级巡视员李家钊出席会议并讲话。会议期间，现场参观并听取了南江乐坝陶瓷厂、水泥厂，平昌新星化工厂、瓷砖厂等单位新经济组织工会工作。

9月8日 巴中地区撤地设市论证会在成都举行，并顺利通过。

9月8—12日 李克明等领导率巴中地区经济代表团赴厦门参加“第三届中国投资贸易洽谈会”。达成11个投资项目意向协议，两个产品贸易协议。签约数居全省第一。

9月10日 “南江黄羊肉用商品种及杂交利用技术”项目被列为国家“九五”科技成果重点推广项目。

9月16—17日 全省扶贫信贷资金到村到户经验交流会在南江县召开。省扶贫开发办常务副主任黄德益等出席会议。攀枝花、盐边、泸州、叙永、达川、渠县、广安、广元、剑阁、绵阳等21个市（地、州），县（区）的扶贫办主任、项目股长参加会议。

10月12日 国务院扶贫领导小组、农业部常务副部长刘成果，国务院扶贫开发办副主任王国良，省政府副省长敬正书一行，考察巴中市（县级）扶贫工作。

10月上旬 省、地教育督导评估组对通江和南江县的基本普及九年义务教育和基本扫除青壮年文盲工作进行检查验收，认定达到合格要求。全地区三县一市实现“两基”目标。

10月13日—11月5日 全国贫困地区县级领导干部培训班第三、五、七期培训在巴中举行。全国扶贫领导小组副组长、农业部常务副部长刘成果，国务院扶贫办副主任王国良、蒋晓华、张磊，四川省副省长敬正书，省长助理马开明出席培训会。18个省、103个地（市、州）、351个县的854名学员参训。经国务院扶贫办测评，满意率为99.5%。国务院扶贫办在培训结束时给巴中地区赠送“扶贫攻坚的典型”的铜匾。参训学员向巴中地区赠送“扶贫攻坚的旗帜，实事求是的楷模”的锦旗。

10月30日—11月29日 澳大利亚无偿援助巴中地区卫生项目设计组组长凯伦·赫尔，公共卫生专家托尔·卡朋，社区卫生专家福布斯，农村卫生专家左业勤，澳大利亚驻华官员刘力利，澳大利亚国际开发援助署项目官员安德鲁，卫生顾问艾莉逊和卫生部项目办公室主任刘运国一行，对巴中地区县（市）乡（镇）村三级农村卫生状况进行实地考察，拟定无偿援助巴中地区农村卫生发展项目经费750万—800万澳元（折合人民币约4000万元左右）。

11月10日 澳大利亚驻华大使馆项目官员刘力莉和澳方项目专家组组长凯伦女士对通江县诺水河镇、永安区村以上医疗卫生机构以及县属医疗卫生单位开展的农村卫生服务情况进行实地考察和项目设计。

11月10—14日 地委、行署受省委、省政府的委托，对通江县、南江县越温达标进行检查验收。通江县、南江县顺利达标。

11月16日 全国中西部地区六省市乡镇党委书记培训班在巴中举行。解放军总后勤部原常务副部长胥光义，中组部原部委委员、秘书长何载，省扶贫基金会会长冯振伍，省委组织部副部长魏宏到会并讲话。

11月19日 通江县、南江县被列为1999—2000年中央财政科技产业化扶贫项目试点县。每年每个县由中央财政补助资金200万元。

12月10—18日 中央电视台第七套节目赴巴中完成2000年春节特别节目《巴山欢歌》的现场拍摄。节目对“巴中经验”和巴中精神作高度赞誉和充分肯定。

12月11—12日 全省排灌工作会议在巴中召开。省农机局副局长姜庆芳出席会议。

12月20日 巴中地区行政公署主办的《巴中年鉴（1999）》正式出版。

12月28日 国家立项1.25亿元的巴中污水处理厂建设正式开工。

是年 南江县累计报告艾滋病病例41例，已病死19例，现存活22例。

2000年

1月12日 巴中军分区召开领导班子调整交接大会。四川省军区副司令员邹云华少将宣读中央军委主席江泽民的命令和省军区党委的通知并讲话。全地区团以上干部参加会议。

1月18日 全地区两级法院是日召开公判大会，集中宣判罪犯60名。

1月29日 以省委常委、省纪委书记沈国俊为团长的省委、省政府春节慰问团一行到巴中慰问。

2月2日 通江县城文化广场一期工程竣工并对外开放。该广场于1998年7月17日破土动工，整个文化广场占地面积达5600平方米，预计投资1600万元。

2月17—18日 地委召开“抓住西部大开发机遇，丰富发展巴中经验”学习讨论会。会议围绕基础设施建设、生态环境保护和建设、经济结构调整、科技教育、改革开放五个重点进行讨论，研究巴中地区抓住本部大开发机遇，丰富发展巴中经验促进经济跨越式发展的措施和办法。

2月27日 全地区首批退耕还林政策兑现会在南江县凉水乡下坝村召开。下坝村61户退耕还林户领取每亩20元补助款和100公斤补助粮，并将土地使用证换成林权证。

3月2—6日 省委常委、宣传部部长柳斌杰深入巴中四县（市）视察县（市）“三讲”教育、农村基层组织建设、文明新村建设和宣传思想工作，并参加南江县“三讲”教育动员大会，听取地委、行署的工作汇报。

3月 地、市机关1000余人在巴州镇巴河岸浅滩子参加全民义务植树，共植树5000多株。地委、人大工委、行署、政协工委、军分区的领导参加植树。

3月30日 由国务院、省委、省政府无偿捐赠通江的150套广播电视设备已全部运抵县城诺江镇。该批设备将全部用于县内启动的“村村通”工程，也是党和政府对贫困地区群众关心、关怀的一项具体体现。

4月4—8日 省委书记周永康、省人大常委会主任谢世杰带领省扶贫办主任颜继禄、省以工代赈办主任王光四、省人大研究室副主任谢昆等省级部门负责人一行，深入到巴中四县市的有关部门及部分乡镇，检查了《中华人民共和国乡镇企业法》及《实施办法》的贯彻情况，考察农业结构调整、扶贫开发、基础设施建设和文明新村的情况。对各项工作取得的成绩给予充分肯定，并对如何抓住西部大开发机遇，发挥各级人大的职能作用，实现富民裕区的的目标提出要求。周登全、李克明、熊光林、张忠孝等全程陪同调研。

4月5—9日 巴中市（县级）招商局李邦伍、杜新科参加在古城西安举行的2000年中国东西部合作与投资贸易洽谈会，共签约项目8个，协议资金2.98亿元。

4月18日 江北宾馆被省旅游局批准为三星级旅游涉外饭店，并授予证书与牌子。

4月23日 省委常委、省委宣传部部长柳斌杰，地级领导周登全、李克明、王吉安、陈芳等参加南江县委民主生活会。

4月23—24日 省政协副主席曾平江，省政协教育委员会主任贾本乾，省政协教育委员会副主任、成都石室中学校长王绍华等一行9人，深入巴中市（县级）、平昌县对义务教育实施情况进行专项调查，对加快巴中教育发展问题提出宝贵意见。

4月28日 通江县瓦室区境内发生特大交通责任事故，一中巴车翻于河中，死亡18人。

5月5日 地区农机局引进机械化抛秧技术，在明扬乡三村示范成功。

5月14—16日 省委副书记、省长张中伟带领省政府顾问余国华、省政府副秘书长唐建军、省发展计划委员会副主任杜元耀、省经贸委副主任李伟、省财政厅谢维勤、省水利厅副厅长余国成、省农业厅副厅长赵学谦、省救灾办主任范敬超、省工行副行长尹万宪、省发行副行长刘征鸿一行到巴中检查指导工作。张中伟要求巴中地区进一步解放思想，扩大开放；调改结合，苦干实干；谋划长远，狠抓当前。并到南江县九青村察看灾情。

5月18日 巴中移动通信完成七期扩容工程建设，新增交换机容量2万门，新建宏蜂窝基站8个，扩容38个，新增载频128个；G网七期补点工程新建基站35个，交换机扩容1.5万门，扩容宏蜂基站4个，新增载频101个，搬迁基站6个。

6月7日 全地区各县、市村村通广播电视工程通过地级验收，确认合格。全地区实现100%的行政村通广播电视的目标。

是日 南江县桃园镇境内发生一特大交通责任事故，一中巴车翻于桥下，死亡14人。之后，行署专员李克明、副专员底瑜前往调查处理，并召开全地区交通安全工作紧急现场会。

6月17日 按照省局统一命题、统一考试时间、统一监考方式、统一阅卷的要求，举行全地区国税系统首次全员考试。全地区484名国税干部在3县1市的33个考场参加考试，及格率95.5%，平均成绩81.5分，22人不及格。

6月19—21日 省委书记周永康率省长助理马开明、省计委、经贸委、财政厅、农业厅、交通厅、水利厅等省级部门负责人到巴中视察工作。要结合自己的实际，实施生物工程，发展绿色食品，走产业化发展的路子。

6月23—27日 省委常委、省军区政委周光荣少将带工作组一行6人到巴中军分区检查指导“三讲”教育情况并作重要指示。

6月 国务院和四川省委、省政府先后发文，批准撤销巴中地区，成立地级巴中市。

7月1日 巴中地区全面推行“银行代收制”。全区496个单位的行政事业性收费全面实行“单位开票、银行代收、财政统管”办法，取消不合理收费项目15个，重新核定收费项目11个，暂停整改项目8个。

是日 中国人民保险公司巴中分公司正式开通“95518”人保服务专线免费电话，实行24小时服务。具有保险报案、预约投保、简章咨询等三大功能。

7月8—10日 中国干部教育协会常务副主席高狄，原黑龙江省委书记、省人大常委会主任孙维本，四川省人大常委会副主任李永寿，中国干部教育协会秘书长杨少平一行赴巴考察。先后视察南江黄羊养殖大户、巴中市园艺村、茨垭村，参观川陕苏区将帅碑林等地。

7月10—12日 三县一市对各辖区内的文化娱乐及电子游戏经营场所进行专项整治，没收游戏机、赌博机6个机种267台，关、停8家游戏机经营场所，取缔校园周边200米半径内的电子游戏5家，压缩小而差的7家，取缔电脑游戏3家，收缴游戏机电路板27块。

7月17—18日 全省扶贫贷款到村到户现场会在南江县桃园镇召开。省扶贫办、省农行专贷处负责人、各地市州扶贫办主任、农行行长以及全省贫困县县长共110人参加会议。

7月23—25日 科技部北京首都科技集团、2000年促进行动青年志愿者服务队专家组赴巴考察生物工程。其间畜牧专家孟庆翔、白可喻、富俊才等考察南江、通江、巴中畜牧业资源，并规划畜牧生物工程和绿色食品的发展项目。

7月27—31日 巴中地区“打拐”回眸图片展版在全区巡回展出，受教育群众达28万余人。

7月 《降低孕产妇死亡率和消除新生儿破伤风》项目在巴中地区启动实施。通江、南江、平昌县被列为项目县。三个项目县共得到国家支持的项目资金236.72万元，用于三县的产、儿科医生培训、乡镇卫生院产科设备装备、孕产妇的健康教育、贫困孕产妇的医疗救助。

8月3—11日 行署专员李克明率巴中地区代表团赴新疆乌鲁木齐参加2000四川省名优特新产品博览会。在博览会上，巴中展团共达成贸易协议3.5亿元，24个项目与外商达成投资协议。

8月15日 行署聘请王治寿等14位干部为行署首届督学。

8月16日 中共四川省委通知，同意成立巴中地区撤地设市领导小组，周登全任组长，李开明、李克明、苟必伦、王吉安、底瑜为成员。

8月18日 巴中地区四县（市）同时在所在城区集中召开宣捕宣判大会。司法机关依法宣捕犯罪嫌疑人141名，判决罪犯53名。

是日 巴中地区撤地设市筹备领导小组第一次会议召开。会议传达省委就巴中撤地设市工作提出的要求，研究地人大工委党组关于《巴中市人民代表名额暨第一届人民代表大会常务委员会组成人员名额建议意见的请示》《巴中市第一届人民代表大会筹备组建议名单的请示》。

8月28日 投资1.6亿的兴文220千伏输变工程竣工剪彩。省电力公司副总裁宴玉清出席工程竣工典礼。

是日 华通（集团）通江水泥有限责任公司在通江县朱元乡奠基。该公司是在县委、县政府出台一系列招商引资优惠政策的基础上而引进外资建立的。

8月30日 巴中地区撤地设市筹备领导小组第二次会议召开。会议研究召开中国共产党巴中市第一次代表大会及机构更名和确定办事机构职责等相关事宜。

8月 巴中地区电信局“九七”到县工程全面竣工。使全区电信业务受理、114自动查号，170电话费自动查询，112台障碍受理和电话费收缴实现自动化。

是月 巴中地区高考创历史新高。报考普通高校的考生5889人，上省最低控制线2706人，录入各类普通高校新生3411人，推荐保送生18人；成人高考报考6205人；普通中专、中师报考5009人，录入中专、中师新生3903人。

9月6—13日　巴中地区地方志评审小组，评审巴中市（县级）政府送审的《巴中县志》（1986—1993）送审稿。通过评审并提出修改意见，原则同意出版。

9月11日　移动电话三系统（客户服务系统、业务管理系统、账务处理系统）顺利割接投入试运行。该系统的建成，使移动服务涵盖范围更广泛，全球通客户可查询24小时前的通话费用和通话详单。

9月20日　巴中地区中级法院审结全地区首例煽动颠覆国家政权案。

9月23日　召开撤地设市筹备领导小组成员第三次会议。讨论地纪委《关于进一步转变作风、狠抓落实的意见》，研究机构、编制和人事调动、干部任免；研究中共巴中市第一次代表大会代表选举和代表名额分配等事宜。

10月1日　巴中电视台“精彩频道”开始试播。

10月8日—11月8日　省专家医疗队在巴中实施残疾人白内障复明手术。使全区322名盲人重见光明（其中人工晶体植入294例，常规手术28例）。

10月10日　巴中地区行署发出《关于加强森林生物资源保护的规定》，共10条。首次规定在全区范围内，全面禁止猎捕、经营、食用金雕、金钱豹、白鹤、四爪陆龟、黑鹿、熊、蛇、鸟等国家和省重点保护的256种以及国家和省保护的有益的或有重要经济、科学研究价值的818种陆生野生动物及其产品。

10月10—13日　全省农机排灌工作在巴中召开。省农机局副局长姜庆芳及各市、地、州农机局分管领导和排灌科（处）长共130人参加会议。

10月16—18日　全省以工代赈及公路通村工作会议在巴中召开。省农机局局长母世杰一行出席会议并讲话。

10月23—26日　省政协副主席、民进四川省主委荀建丽率省政协常委、学习委员会主任、教授刘德骥，省政协常委、副秘书长、学习委员会副主任汪义诚等一行，到通江县广纳爱国村、军史陈列馆、涪阳镇等地视察调研文明新村、农民增收减负、文物管理及小城镇建设等工作。

10月26—28日　省科技厅组织专家组赴南江县对南江县畜牧局、省畜科院、南江黄羊科研所、巴中地区畜牧食品局、四川南江黄羊原种场承担的《南江黄羊快长品系繁育》“九五”重点科研项目进行阶段验收并顺利通过。

10月28日　巴中地区公安处至地区交警支队、地区中级人民法院、地区检察分院、巴中市（县级）公安局的四条光纤电路正式开通并进入试运行，结束巴中地区公检法模似电路传输方式。

11月1日　全地区第五次全国人口普查开始登记。

11月3日　恒丰饭店被省旅游局批准为三星级旅游涉外饭店。

11月14日　撤地设市筹备领导小组第四次会议召开。会议研究行署驻成都办事处有关事项，研究中国共产党巴中市第一次代表大会代表候选人预备人选有关方案及地区电视台新设栏目事项。

11月28日—12月3日　美商（香港）联合国际开发投资集团有限公司、美国亚洲财团（香港）有限公司重庆代表处许志尧先生到巴中考察玉米生物工程项目融资情况。

11月28日—12月27日　全地区成功地举办庆祝巴中撤地设市文艺调演，并从中精选16个节目为巴中撤地设市庆祝会、党代会、政协会、人代会举行专场文艺晚会，受到了省、地领导、省上专家评委和各会议代表的一致好评。

11月30日—12月2日　中国共产党巴中市第一次代表大会召开，大会选举产生中国共产党巴中市第一届委员会委员37人，候补委员7人。选举产生中国共产党巴中市第一届委员会书记周登全，副书记李克明、王吉安、熊光林、蒋东生，常务委员会委员底瑜、彭耀学、梁治辉、陈克福、周泽政、李树海。

12 月 2 日 巴中市纪律检查委员会第一次全体会议召开，会议选举产生巴中市纪律检查委员会书记、副书记和常务委员。

12 月 7—9 日 政协第一届巴中市委员会第一次会议及政协常务委员会第一次会议在巴中举行。会议选举产生政协第一届巴中市委员会委员 302 人，常务委员会委员 34 人。选举产生政协第一届巴中市委员会主席苟必伦，副主席梁廷寿、刘宗寿、谭毅、何光烈、朱仕华、张照荣。

12 月 8 日 通（江）广（纳）路发生一起重大交通事故。一辆由广纳金堂村开往通江县城的长安小货车行至春在乡河对岸，不慎坠于 20 米高的河下，当场死亡 5 人，2 人受伤。

12 月 21—23 日 巴中市第一届人民代表大会第一次会议召开。李开明当选为市人大常委会主任，郭孝友、李玉清、李鳌、杨继孝、郭学海、熊启伦、李席海、经伟宪当选为市人大常委会副主任，袁太政当选为市人大常委会秘书长，李克明当选为市人民政府市长，熊光林、张玲、王治寿、陈延荣、王菲、侯必贵当选为副市长；兰新华当选为市中级人民法院院长；向守万当选为市人民检察院检察长。

12 月 26 日 巴中市一届人大常委会第一次会议召开。会议审议通过《巴中市人大常委会议事规则》《巴中市人大常委会任免国家机关工作人员办法》《巴中市人大常委会组成人员守则》《代表资格审查委员会人员名单》。

12 月 27 日 巴中市市委、市人大常委会、市政府、市政协同时举行挂牌仪式。省委常委、政法委书记王景荣、省人大副主任刘子寿、省政协副主席唐运张、省军区副司令员王炳文少将，省长助理王怀臣、省纪委常委、监察厅副厅长马来富等省领导出席挂牌仪式。

12 月 28 日 巴中市巴州区东华宾馆被市旅游局批准为二星级旅游涉外饭店。

12 月 29 日 市委一届一次全委扩大会议召开。会上讨论全市《“十五”计划（草案）》，安排部署 2001 年全市经济工作。

12 月底 巴中市巴州区化城、雪山移动通信基站相继开通。至此，巴中市巴州区各片区移动基站建站率达到 100%。

第一篇

地理

巴中市位于四川盆地东北部大巴山南坡。东汉和帝永三年（公元91年）建县，514年建州，1933年1月建川陕省，1993年7月建巴中地区。2000年12月建地级市，全市辖3县1区，面积12301平方公里。境内地层除泥盆、石炭系地层缺失外，从北到南，由老到新，自元生界至新生界地层均有出露。境内地质结构跨及米仓山台穹、大巴山弧形、川北台（坳）陷及川东新华夏四个二级构造单元。地势北高南低，北部为深切割中山、中切割中山，中部为中切割低山、浅切割低山，南部为丘陵，沿河两岸及台状山顶有平坝。境内全部山脉来自大巴山西段与米仓山复合部的南麓，沿川、陕省界逶迤南下，直接或辗转从东、东北、北、西、西南五面延伸入境域，分成百余个走向不一的支脉绵亘全境。境内河流总长度为2361.7公里，流域面积15193.5平方公里；除个别出境溪、河外，其余河、溪统归巴河，构成巴河水系，从南出境汇入渠江。境内土壤大致划分为6个土类、10个亚类、22个土属、61个土种，由于山区成土条件复杂，各县土属、土种不尽一致，物理性状差异大，化学性状一般为有机质含量低、氮贫、磷缺、钾富；土壤以微酸性为主，碱性甚少。境内气候共分三个大的气候区，即低山河谷暖热区、低中山温暖（和）区、中山温凉区。1961—2000年，年均日照数为1188.3～1612.2小时；1959—2000年，平均气温为16.0℃～16.9℃，年均降水量为1120.7～1730毫米。据2000年统计，境内共有耕地162610.8公顷，比1949年减少11.3%；土地后备资源14.59万公顷。境内共有乔、灌木308种，草、藤本421种，有森林面积43.73万公顷，森林覆盖率35.57%，活立木蓄积总量为2131.86万立方米。在境内植被丰富的北部共有野生动物670种，南部尚存290余种。境内矿产资源丰富，已探明的矿藏种类有铁、铝、钒、钛、钴、锌、钼、金、银等金属矿，有煤、石油、天然气、铀等能源矿，有硫、钾、长石、滑石、石墨、白云石、石棉、水晶、大理石、石灰石、花岗石、石英等非金属矿。境内旅游资源丰富，其中，光雾山、诺水河风景名胜区辖区面积850平方公里。境内旱、涝、风、雹、虫等自然灾害，岁岁不断，素有“十年九灾”之说。境内农作物主要病害66种、虫害109种、鼠害9种，森林病害48种、虫害99种；另有岩崩、滑坡、泥石流等自然灾害频繁发生。由于自然灾害的袭击，每年给境内经济造成的损失达3.5亿多元。

第一章　建置·区划

第一节　建置沿革

东汉和帝永元三年（公元91年）始置汉昌县。北魏正始二年（505年）年置大谷郡。北魏延昌三年（514年）大谷郡北置巴州。之后，境内州、郡、县并存。南北朝梁武帝普通六年（525年）置难江县。西魏大统元年（535年），萧梁占据巴州后，巴州领8郡10县1镇（仪陇县金城镇）。西魏大统中（535—551年）置诺水县。西魏恭帝二年（555年），又改梁之东巴州为集州，治南江，所领三郡无考。唐武德八年（625年），又于通江诺江镇置壁州，领通江、符阳、白石、广纳、太平五县。唐天宝元年（742年）更诺水县为通江县。后几经分合、废兴，宋神宗熙宁五年（1072年）废集州、壁州入巴州，巴州领县5（化成、难江、恩阳、曾口、通江），废郡。明正德十一年（1516年）更难江县为南江县。之后，县、郡、州几经更替，数次分合，清乾隆元年（1736 年），四川设五道，巴中属川北道保宁府，不辖县，通江县、南江县和巴州独立并存。民国 2 年（1913 年）改巴州为巴中县。

1932 年 12 月 29 日，中国工农红军第四方面军在通江城成立川陕省临时革命委员会。1933 年 2 月，在通江城正式成立中共川陕省委和川陕省苏维埃政府，治今诺江镇。1933 年 7 月上旬，川陕省党、政、军机关，从通江城迁驻巴州城。1934 年 2 月复迁通江城，是 6 月初又迁通江县沙溪嘴，是年 8 月还治通江城，是年 9 月 11 日复迁巴州城，直至 1935 年 3 月红军撤离北上。川陕省苏维埃按省、道、市、县、特别区的行政建制设置。1932 年 12 月至 1935 年 3 月，川陕省苏维埃相继建 2 道（巴中道、川东道）、2 市（巴中特别市、赤中市）、23 县（巴中县、长赤乡、南江县、江口县、广元县、恩阳县、嘉陵县、仪陇县、苍溪县、阆南县、长胜县、营山县、英安县、赤江县、赤北县、红江县、红胜县、万源县、宣汉县、达县、城口县、陕南县、渠县）、2 特别区（苦草坝特别区、洪口特别区）。1935 年 3 月，红军撤离巴境，境内三县恢复旧制。

民国 35 年（1946 年）9 月，原巴中、达县属地分设平昌设治局。民国 37 年（1948 年）11 月，平昌设治局升县，平昌县正式分治。境内的巴中、通江、南江、平昌四县同属四川省第十五行政督察区。1950 年，巴中境域设巴中、通江、南江、平昌四县，隶属达县专区。1968 年，巴中境域设巴中、通江、南江、平昌四县，隶属达县地区。

1993 年 7 月，巴中地区成立，巴中县更为巴中市（县级），巴中、通江、南江、平昌四县（市）隶属巴中地区，地区党、政、军驻地巴中市（县级）巴州镇。2000 年 12 月，巴中撤地设市，巴中地区更名为巴中市，县级巴中市改为巴中市巴州区，巴中市辖巴中市巴州区、通江县、平昌县、南江县。

第二节 境 域

东汉至晋末，境内辖地拥有巴州、通江（含 1954 年划给陕西省南郑县碑坝区）、南江（除 1954 年由陕西划入的桃园、槐树二乡）、平昌四县（区）及万源县西部、宣汉县西北部、达县西部、仪陇县北部、阆中县东北部、苍溪县东北部、旺苍县东南部的一部分乡（镇），总面积约 15968 平方公里。南北朝、两宋时期，巴州境域辖通江、南江、巴中、平昌县及万源西部、陕西南部碑坝片区、旺苍东南及东北部、苍溪东部、仪陇东北及东南部。面积约 16350 平方公里。元代与两宋时期略同，面积约 16070 平方公里。明正德九年（1514 年）后，巴州境域包括今巴中、通江、南江、平昌 4 县和万源西部，其东北延至青石关（南郑县回军坝北 30 里），北部延至巴峪关交南郑县界。清道光三年（1823 年），拨州地自镇龙关以东龙凤场起共场镇 14 处，归太平（万源市）县管辖后，面积大为缩小。境域东至绥定府（达州市）太平县界，东南至绥定府通川县（达县）界，西南至富源沟（营山县悦中乡境），西和西南至苍溪县界，北至陕西省汉中府（汉中市）南郑县（南郑县南部部分地区）和宁羌州界，东北至汉中府定远厅界，西北至广元界，面积约 1.3 万多平方公里。后经四川省数次区划调整，至 1985 年，巴中境域基本固定。东至通江县董溪乡的土墙坝，接万源市；南至平昌县的佛楼镇，临达州、渠县、营山交界处；西至巴中县三河场镇的千丘，与阆中市接壤；北至南江县光雾山镇的铁炉坝和陕西省南郑县的向阳镇毗连。东西最宽 119 公里，南北最长 163.8 公里，辖区面积 12301 平方公里。1993 年，巴中地区成立，四县（市），其疆境未变。至 2000 年，巴中撤地建市，三县一区，境域仍旧。

第三节 行政区划

宋代以前，巴中境域内区划无据可考。北宋咸平五年（1002年），境域内共划5县、44乡、15镇，其中化成县9乡4镇，恩阳县7乡3镇，曾口县5乡5镇、难江县7乡1镇、通江县16乡2镇。

明、清时期，实行乡、里、甲制。据《巴中县志》（1911—1985年）记载：明嘉靖二十一年（1542年），境域设1州2县（巴州、通江、南江），共辖24乡1里，其中本州内领14乡（化成、茶坝、鼎山、陵山、明山、玉山、在城、太平、长乐、万喜、秋溪、新德、新恩）；通江县领6乡1里（麻坝、长宁、南山、新昌、永丰、永安乡及罗马里）；南江县领4乡（崇清、长池、吴垭、平梁）。据清道光《通江县志》载：通江县明朝以前分七里（永丰、永安、新昌、麻坝、安仁、南山、长宁里）；《明一统志》载：通江县明朝编制6里。清道光年间（1821—1852年），域地仍设1州2县。据各州、县志书记载：巴州编户6里，分11乡、44甲（在街乡无甲分、上在城乡有5甲、中在城乡有4甲、下在城乡有5甲、新恩乡有4甲、新德乡有4甲、明山乡有6甲、鼎山乡有5甲、从化乡有4甲、太平乡有3甲）；通江县分5里46甲（麻坝里、新昌里、长宁里、南山里各辖10甲，安仁里辖6甲）；南江县划分为3乡（崇清、长池、吴垭）、49场。民国初，境内共划48乡266场，其中巴中县设31乡、137场，通江县设8乡79场，南江县辖9乡50场。

川陕省苏维埃时期，实行省、道、市、县、区、乡制。境内共划分为1省、2道（巴中、川东道）、9县（巴中、恩阳、长胜、赤北、赤江、红胜、长赤、南江、江口县）、67区、16市、1特别市、2特别区、405乡，各级名称都有"苏维埃"三字殿后。民国25年（1936年），地域划3县，县以下实行区、联保、保、甲制，并将民国初年的35区撤并为12区，下设155个乡（镇）联保，1474个保。

民国29年（1940年）实行新县制，取消联保制，实行县、乡、保、甲制。境内共划3县、8镇、56乡、843保，其中巴中县划2镇（城守、恩阳）、28乡、386保，通江县划为4区、5镇（诺江、广纳、泥溪、涪阳、洪口镇）、13乡、257保、2235甲，南江县划为3区、1镇（治城镇）、15乡、200保、1888甲。民国30年（1941年）的调整保甲、民国31—32年（1942—1943年）的"飞地"调整，3县区划，变动频繁。民国35年（1946年）9月1日，巴中、平昌分治，将巴中县所辖的第三区12个乡、第二区的4个乡、第四区的5个乡，达县所辖的3个乡，通江所辖的1个乡共25个乡新置平昌设治局。设治局又撤并4乡，局辖21乡，无区建制。民国37年（1948年）平昌县设治局升为县，民国38年（1949年）6月，巴中县恢复区制。时域地划为4县、16区、5镇、81乡、871保、9001甲。

1950年12月—1951年2月，境内废除旧乡保甲政权，建立4个县人民政府，改保为村，改甲为组。1951—1953年，境内各县除内部调整区划外，对县之间区划也进行调整。1954年，划出通江县的马口场归万源县属；划出通江县碑坝区所属的8乡归陕西省南郑县属；碑坝区的灰滩乡划归南江县属。以后各县又根据实际，分别于1957年调整大乡，1958年人民公社化的归并，1964年贯彻省"市镇建设指示"的调整及"文化大革命"的地名更变，1981年至1983年地名的正名和区划调整，至1984年改公社、大队为乡、村后，至1985年境内行政区划基本定型。境内共划为4县、45区（含7区级镇）、283乡、3乡级镇、2341村、28个居民委员会、1381组（组缺平昌县）。

自1986年后，各县（市）内的区划，除对村（居）进行个别的调整、归并外，无大的变更。从1989年起重点转为撤乡建镇。至1993年10月，巴中县完成撤县建市及撤区并乡建镇工作，将80个乡镇、13 个区镇撤并为 20 个镇、40 个乡；通江县、南江县撤乡建镇 11 个，其区划、政治中心、人口、土地均未变动。

1993 年巴中地区成立，对小集镇规模调整及撤乡建镇的调查、论证、审批和上报。1995 年全地区辖 3 县 1 市、269 个乡（镇）、2367 个村、14622 个社。至 2000 年底，全市完成撤地设市、撤市设区，撤区公所设片工委。

第四节　主要场镇

境内场镇多设在平坝、河谷处，后分布于公路沿线。据民国初统计，境内有场镇 266 个。后时废时兴。至 1993 年巴中地区成立，全地区以乡（镇）为市的场镇 293 个。1988—2000 年，全地区（市）新建集镇 42 个。其中，巴中市巴州区 21 个，通江县 9 个，南江县 7 个，平昌县 5 个。

至 2000 年底，分布在省道公路沿线集镇达 55 个，其中省道 101 线，自陕西省南郑县入境域北部，至西南部出境到南充市，途经境域光雾山、上两、桥亭、南江、东榆、沙河、赤溪、下两、元潭、枣林、巴州、东兴场、恩阳、下八庙等场镇；省道 201 线，自陕西省南郑县入境域北部，至东南部出境到达州市，途经境内新潮、诺水河、平溪、板桥口、青峪、新场、涪阳、草池、诺江镇、春在、麻石、三合、铁佛、曲滨、邱家、鹿鸣等场镇；省道 202 线，自广元市旺苍县入境域西部，至南部出境到达州市，途经境内乐坝及与省道 101 线重合的沙河、赤溪、下两、元潭、枣林、巴州和兴文、清江、水宁寺、驷马、坦溪、江口、白衣、涵水等场镇（与省道 101 线重合的未计入）；省道 302 线，自万源市入境域东部，至西部三河场出境到阆中市，途经境内朱元、铁溪、新文、长坪、泥溪、永安、碧溪、烟溪、长胜、瓦室、毛浴、诺江镇（与省道 201 线重合）、民胜、杨柏及与省道 202 线重合的水宁寺、清江、兴文、巴州（与省道 101 线、省道 202 线重合）和东兴场、恩阳（与省道 101 线重合）、青木、渔溪、三河场等场镇（重合的未计入）。

一、巴州镇

巴城钟鼓楼街旧貌

因古置巴州故名，素为川东北重镇，巴中市、巴中市巴州区、巴州镇治所。省道 101 线、省道 202 线、省道 302 线横穿其境。该镇建置久远，历史悠久。东汉和帝永元三年（公元 91 年）为汉昌县城；东汉建安十八年（213 年）为巴西郡治。南北朝北魏正始二年（505）为大谷郡治；北魏延昌三年（514 年）为巴州州治，西魏废帝 552 年为归化郡治。隋大业二年（607 年）为清化郡治。明正德九年（1514 年）复为巴州州治。民国 2 年（1913 年）为巴中县治；1980 年 7 月，升为区级镇；1981 年 11 月改城关镇为巴州镇。始建县城，在巴州镇钟鼓楼街与东岳庙街以东地带，面积不足 1 平方公里，后经逐年扩建，先后新建南泉寺街、西外街、新市街、宕梁街、小东门外街、中城北街、政府街、东城后街、太子街、东河街、西河街、水井街、老观桥路、南龛路、南池东路、南池北路、回风街、红碑湾路等。至 1985 年，镇有新老街道（路）34 条、街巷 13 条；治地小街子，辖 4 个街道办事处、1 蔬菜农场、6 村民组，总人口 3.46 万人，城区面积 8.6 平方公里。1993 年 7 月成立巴中地区后，巴州镇既为巴中市（县级）、巴州镇治所，又为巴中地区治所，是全地区政治、经济、文化中心。并将江北、宕梁、城守、光辉、平梁、东兴场、玉堂等7乡镇划入巴州镇。至2000年底，镇辖2乡、6个办事处、1个开发区管委会、48个村、15个居民委员会、78个居民组、321个村民组，辖区面积246.58平方公里，总人口20万人，其中城市居住人口11.4万人；城镇房屋建筑面积310万平方米，人均居住面积14平方米。

巴中市巴州区城区图

二、诺江镇

诺江镇位于巴中市东部、通江县南小通江下游东岸；居北纬31°55′，东经107°14′。北依炮台山，东枕蹇家山，西南濒诺水，与壁山、公山隔江相望；海拔342~360米；省道201和省道302线横穿其境。县城始建于南北朝西魏大统中（535—552年），为诺水县治。唐为壁州、始宁郡治。南宋时（1127—1279年），先后为通江县、上通江县县治。元至正四年（1344年）起一直为通江县治。于1932年12月至1935年3月为川陕省苏维埃首府。1950年更名为城关镇，1981年复名为诺江镇。1951年后，历经改建和新建，至1985年，镇内有街、路（诺江路）9条，总长4286米，壁山路、红江路初具规模。城内房屋建筑面积20.17万平方米，是1949年2.31万平方米的8.73倍。镇内置机关单位29个、厂矿30个、学校15所，县直属医院卫生单位7个、粮仓粮店4个，农贸市场4个，商店43个、旅食店23个。2000年，镇辖21个村、145个组、6个社区居委会、48个居民组，总人口11.2万人，其中非农业人口7.8万人。

通江县城图

三、南江镇

南江镇是南江县的政治、经济、文化中心，地处北纬32°21′，东经106°50′，省道101线纵贯其中。建城历史悠久，自南北朝梁普通六年（525年）立县治。南江初名难江，取“江水难涉”之义为名；明正德十一年（1516年），以南江河古名南屯河，乃以“南”易“难”改称南江镇为南江县治所。经隋、唐、五代、宋各代，州、郡、县三级治所，常在此并立。在清代中叶，南江镇为治城镇；清末，为南江县第一区所属的治城场；川陕省苏维埃时期，为南江县苏维埃驻地。民国24年（1935年），置南江县第一区治城联保；民国37年（1948年）设治城镇。1953年改为城关镇；1981年12月复名南江镇。民国后期的治城镇，辖区面积不足1平方公里，人口不足0.2万人，沿河的河街为主要街道。1949年12月19日，建立南江县解放委员会，后经改造和建设，至1985年，镇内有20多家工业

南江县城图

企业、30多家公司、30多家服务业；有完全中学2所，完全小学4所，成人、幼儿教育学校8所，有县直属医疗卫生单位5个，文化单位6个。镇内新建房屋面积24.34万平方米，全城房屋总面积达54.98万平方米。至2000年底，全镇辖2个办事处、4个居委会、7个村委会、22个居民小组、21个村民小组，辖区面积18.5平方公里，年末总人口46144人，其中非农业人口40417人。

四、江口镇

江口镇位于通、巴两河交汇处，省道202线巴（中）达（县）路段环城西南而过。该镇是达县通往通江、南江、巴中三县的咽喉，素有“川北重镇”之称。江口原名江阳，清初置江口镇；民国2年（1913年）建江口镇；1933年红四方面军置江口县苏维埃。民国28年（1939年）置江口乡；民国33年（1944年）改为江口镇。民国35年（1946年）9月1日，在江口镇置平昌设治局；民国37年（1948年），平昌设治局升为县后，江口镇为县治所，是平昌县政治、经济、文化中心。至1985年，城区面积2.8平方公里，街道4条、巷12条、路12条，总长1.5万余米；房屋建筑面积43.08万平方米，人均住房8.19平方米。有工业企业26个，服务门市386个，营业摊点2150个，机关单位60余个，各类学校21所，医疗卫生、文化娱乐机构健全。2000年，平昌县江口镇辖区面积172.17平方公里，其中耕地面积0.18万公顷；辖26个村、9个居委会、234个村民小组、61个居民小组。年末总人口15.2万人，其中非农业人口40430人。农民人均纯收入916元，国民生产总值3.43万元，粮食产量1.25万吨，油料产量1429吨，生猪存栏3.28万头，社会固定资产投资765万元，财政支出965万元。年末城乡居民储蓄余额98777万元。中学在校生41439人，小学在校生23135人，学龄儿童入学率98%。

平昌县城图

第二章　自然环境

第一节　地　质

一、地层

境内除泥盆、石炭系地层缺失外，从北到南，由老到新，自元古界至新生界地层均有出露。元古界的前震旦系、震旦系分布在南江北东部。古生界地层有二叠系、志留系、奥陶系、寒武系，主要分布在南江县的中北部及通江县北部和东部边缘；为一套滨海—浅海相碳酸盐岩、砂岩、泥岩、页岩组成。中生界的三叠系、侏罗系、白垩系分布极广，除巴中市巴州区、平昌县缺失三叠系外，其余各系各县均有。新生界地层不甚发育，仅有第四系松散岩石类零星分布于四县（区）河谷阶地、山间洼地上，多为冲、洪积物或堆积物，为砂质黏土及砂砾石组成。

（一）元古界

前震旦系　分布于南江县北东部金场坝至铁炉坝、光明、上两河、八角寨、草鞋坪、杨坝的尖山、后河一带，组成三个北背斜核部地层，呈北东东—南西西向分布。因岩岩浆浸入，使地层受到破坏，在北部零星残存，南部保留较完整。分布面积约140平方公里，不整合于震旦系之下；总厚度11440米以上。

震旦系　围绕元古界地层呈环状分布。下统缺失，上统直接沉积不整合于元古界变质岩或浸入岩体之上，以浅海相白云岩为主夹海滨相碎屑岩；总厚度420～980米。在南江县大坝、杨坝、汇滩均有出露。其上统灯影组，分四个岩性段。干河段，为海浸初期陆相—海滨相沉积，在南江县麻柳以东缺失，厚147米；杨坝段，具葡萄状构造及白云石晶铜，质纯含Mg高达21.5%，在南江县新立、贵民一带，厚200～400米；茶叶沟段，整合于杨坝段之上，以浅海相砂质白云岩及硅质岩为主，厚50～60米。猫儿坝段，整合于茶叶沟段之上，厚150～315米，产磷、铅、锌和萤石等。

（二）古生界

寒武系　以海滨—浅海相砂、页岩为主，夹砂泥质灰岩。在通江县北部边缘出露的厚度为140～750米，在南江县中北部甘溪、孔明洞、新立等地出露的厚度为1020～1230米。其中下寒武孔明洞组，平行不整合于震旦统灯影组之上；中寒武的陡坡寺组，整合于下寒武统之上，为干燥气候下浅海—泻湖相沉积。

奥陶系　分上、中、下三统，主要由浅海相灰岩、砂岩、晕石页岩组成。在南江县中北部的甘溪、桥亭、新立等地及通江县北部的新潮、空山坝等地零星出露。下奥陶统，平行不整合于寒武系中统之上；中奥陶统分场子坝组和宝塔组，平行不整合于寒武系之上；上奥陶统，整合于宝塔组之上。

志留系　由浅海相沙页岩夹生物碎屑灰岩组成。在南江县的甘溪、桥亭、新立等地出露，呈北东东—南西西向分布，厚793～998米；在通江县北部新潮、空山出露，厚640米。其中，下志留统龙马群，厚236～400米，平行不整合于上奥陶统之上；中志留统罗惹坪群厚240～668米，与下志留统龙马溪群整合接触。

二叠系　该系常形成山岭和悬岩。由两个海进旋回组成，每次旋回的底部为海浸初期海陆交替相的砂页岩、黏土岩夹薄煤层，其上为浅海相碳酸盐岩。分布在南江县的桥坝、甘溪、桥亭、红星等地，呈北东东—南西西向分布，厚273～1083米。分布于通江县铁溪、平溪区部分地区，出露齐全，呈东西向分布，厚492.5～517.5米。其中下二叠岩组有梁山组、栖霞组、茅口组，南江、通江北部部分地区均有出露。梁山组主要为铁铝质页岩，偶夹赤铁矿及劣质煤层；上二叠系分布吴家坪组、长兴组、大隆组，在南江县桥亭至红星一带发育，厚369米，桥亭以西厚度减小，仅36米。

（三）中生界

三叠系　主要分布在南江县桥亭、流溪坝、鹿角垭、齐坪等地及通江县北部地区，分别厚1509～1830米和602～1170米。中、下统为浅海相碳酸盐岩、泥页岩建造，上统为湖滨—河流沼泽相砂砾岩、砂页岩含煤建造。南江县的下三叠统有飞仙关组和铜街子组，平行不整合于二叠系之上；通江县的下三叠统出露了潮水、楼子和空山与河口之间，面积105.4平方公里。中三叠统嘉陵江组，在南江整合于铜街子组之上，在通江县出露于楼子、两河口以北和铁溪、朱元一带，面积173.4平方公里。上三叠统，在通江平行不整合于中三叠统之上，出露于铁厂、两河口一带；在南江须家河组，平行不整合于雷口坡之上；为暗红色含煤建造，有薄煤层并夹有菱铁矿；南江的上三叠统可采煤1～8层，通江县仅1～2层。

侏罗系　境内四县（区）均有分布。通江县分布在县北部和中部大部分地区，出露面积1503.5平方公里，为典型的内陆湖相沉积地层。南江县分布在县南部新华场向斜的南北两翼，在乐家坝、大黑滩、岳家河、南江镇、赶场溪、官禄口、新庙子、仁和均等地均有出露，呈北东东—南西西方向分布，为海滨相—沼泽相地层。巴中市巴州区出露的面积为266.6平方公里；平昌县出露面积为1215平方公里。该系分上、中、下三统。下侏罗纪白田坝组，厚115～345米，平行不整合于上三叠统须家河组之上，主要出露于南江县的赶场溪、官禄口，通江县的铁厂、临江、两河口一带；中部及上部夹砾岩、薄煤及菱铁矿透镜体。中侏罗统千佛岩组，分布在通江县平溪、檬坝及南江部分地区，整合于白田坝组之上。中侏罗统沙溪庙组，出露在通江县平溪至两河口、陈河至新场，南江县中部，平昌县涵水乡，属湖滨—三角洲相沉积。上侏罗统遂宁组，整合于沙溪庙组之上，属浅海相沉积；通江分布面积122.8平方公里；南江分布在南江镇一带，厚284～366米；平昌分布在涵水、白衣、长垭乡部分村、组，面积约47平方公里。上侏罗统蓬莱镇组，四县（区）分布较广。主要分布在巴中市巴州区北部白庙、柳岗、南阳、寺岭、枣林、青山乡北面和南部大罗、凤溪、龙背、午凤、关公、群乐等乡南面，通江县的涪阳、陈河、青峪、板桥口、砥坝、钟凤、会家、长坪、新文、朱元、董溪乡，平昌县的响滩、白衣、双江、笔山、云台、镇龙区的部分乡及南江县中部部分地区；巴中、通江、平昌出露面积2473.9平方公里，南江无数据。上侏罗统蓬莱镇组的上部为灰白色长石质砂岩与棕红色泥岩互层；中部为石英砂岩，偶夹薄层灰岩和泥灰岩；下部以棕红色泥岩为主；底部为一厚层状灰白色长石石英砂岩。

白垩系　下统城墙岩群，出露在巴中市巴州区内丘陵地区的10区4镇70乡，通江县的民胜、瓦室、永安、沙溪、洪口、麻石、铁佛、广纳等区，南江县的黑潭、石板滩、桅杆树、下两河口、大河口、沙河、兴马坎等地，平昌县的兰草、元山、得胜、云台、笔山、镇龙区的部分乡村。巴中、通江、平昌出露的面积为5327.88平方公里，南江无数据。该系分剑门关组、汉阳铺组、剑阁组。其中剑门关组地层由棕红色泥质粉砂夹青灰色厚层，块状中细粒含钙质长石石英砂岩组成，呈不等厚互层；汉阳铺组，由青灰色厚层中细粒长石石英砂岩和含岩屑长石石英砂岩，棕红色泥质粉砂岩，粉砂质泥岩组成，呈不等厚韵律式互层。剑阁组，由浅灰色厚层状细粒含钙质长石石英岩及棕红色粉砂质泥岩组成。

（四）新生界

新生界地层，境内不甚发育，除南江县有第三、第四系外，其余三县（区）仅有第四系。第四系主要分布在大通江、小通江、通江、巴河、南江河、恩阳河河岸及支流溪谷中。第四系更新统地层为棕黄色黏土、砂卵石混合沉积物；全新统地层上部是灰褐色或紫色泥沙，下部是砂砾卵石层。第四系，全市出露面积为115.8平方公里。第三系仅零星分布于南江县北穿洞子，斑竹园等地，处海拔1300～1500米的夷平面上的洼地或溶洞中，面积约10平方公里；下部为黄褐色薄层砂砾岩、砾岩、泥灰质呈基底式胶结而成，上部为灰紫色薄层灰质岩屑石英组成；厚4～12米。

二、构造

境内地质构造跨及米仓山台穹、大巴山弧形、川北台（坳）陷及川东新华夏四个二级构造单元。构造形迹以褶皱为主，断裂不发育；褶皱曲线呈弧形，岩层倾角变化频繁且有扭曲现象。境内西北为龙门山北东向褶皱带，北部是米仓山东西向褶皱带，东北与大巴山西向褶皱带相连，东南部邻华蓥山北东向褶皱带，南西是川中北西西向褶皱带。由于地处上述结构之中，并受其控制和影响，故越近中心，构造力愈微弱，褶皱呈环状排列，形成莲花状。褶皱由北向南形成30多个向（背）斜褶皱带。

（一）褶皱迹象

巴中市巴州区主要褶皱带有：南阳场背斜，位于南阳场东北，倾角为2°～13°，以西逐渐减少，至扫塘河之南西全部消失。巴中向斜位于巴州镇、石门乡、清江乡一带，轴线方向90°～95°，轴部平缓，岩层倾角1°～2°；东端缓缓抬起，消失于清江渡；西端在巴河北侧望王山翘起。恩阳向斜，轴线经磨子场、恩阳河、杏儿垭、三江口至羊凤场之东北，呈一向北突出的弧形，杏儿垭立于弧形的顶点。东端在羊凤场西翘起而消失，西端在磨子场之南缓缓抬起而消失，全长60余公里，内侧倾角1°～3°，外侧倾角2°～5°。兰草渡斜，位于县境东部，分布于平昌县兰草乡，巴中市巴州区复兴乡、甘泉乡一线。轴线方向140°～320°，两翼倾角2°～5°，与“巴中向斜”两端相接。

通江县的褶皱形迹有：什字坝复向斜，位于什字坝以东，向斜走向北30度西，穿越县境北部入镇巴县，南达万源市境，县内长约9公里。水洋坪复背斜，位于冉家坝以东，背斜走向北30°西，穿越县境北部入镇巴县，县内长约18公里。空山坝斜，由陕西南郑县进入空山乡挂榜岩南侧，东西走向，空山以东略向东北偏转，县内长约12公里。高坎子背斜，位于新潮北部边缘至空山南侧，东西走向，县内长18公里。上码头向斜，位于新潮南部到空山乡南部，东西走向，入空山乡后向东北方向偏转，县内长约16公里。牛角嵌背斜，从铁厂河经牛角嵌至两河口乡北部，入临江、空山边境后向东北偏转，东西走向，长约22公里。沈河沟向斜，位于楼子庙以北至临江北部，东西走向，长约16公里。楼子庙背斜，过楼子庙，东西走向，长约10公里。板桥口向斜，由板桥向西略偏南入南江县，县内长约10公里。南阳背斜，巴中南阳背斜向东延伸入通江西北回林乡北部，县内仅数公里。望月楼复向斜，位于望月楼至海鹰寺，主走向北偏西30°，长约12公里。澌波—庙碑背斜，位于胜利—澌波—董溪一线，基本走向北偏西30°，县内长35公里，向南延伸至万源市，北端倾伏于大通江河谷。泥溪复向斜，位于泥溪—盐井—龙凤场一带，基本走向北偏西40°，南端向万源市延伸，北端在大通江以西昂灭；翼展宽阔，褶皱舒缓，岩层水平或近水平产出，偏角4°～8°。烟溪场背斜，位于烟溪与长胜之间，长约13公里，主走向北偏西40°，为一短背斜。南教城向斜，位于瓦室铺与钟凤之间，长约12公里，主走向北偏西30°，为一向斜盆地。涪阳—五龙山背斜，从涪阳经新建至云坛入平昌县，北段基本走向北偏西40°，南段基本走向北偏西60°，县内长约35公里。乱石子背斜，位于三合与麻石边境，北至诺江镇，南端于通江、平昌边境的一小穹隆前倾伏，基本走向西北偏西45°，长约12公里。砦口河背斜，位于三合乡东南方向，基本走向北偏西45°，长约7公里。长滩河—沿山向斜，从火炬经梓潼，在跑马入平昌县，基本走向北偏西50°，县内长约38公里。百丈岩向斜，位于曲滨东南方向，基本走向北偏西40°，县内长约15公里。

南江县接构造层特征及压性结构面生成顺序、展布方向、空间分布的不同特点，县内构造可分为三个体系。即基底古北东向构造体系，印支期东西向构造体系，燕山期巴山弧形构造体系。其元古代基底古北东向构造体系，对于米仓山基底地层、岩浆岩和矿产生成、分布起着决定作用。古北东向构造体系展布米仓山基底部分，构造线呈北东45°～50°方向延伸，被东西向体系所包容，斜切、重叠和改造复活。以中晚期元古代地槽型沉积地层的强烈线状同斜褶皱、区划变质、深断裂—岩浆作用为特征。铁船山—水磨坝变向斜（包括4个向斜、两个背斜），猫儿背斜、茶叶沟逆断层、上两逆断层、亮垭子逆断层均属本构造体系，对基底矿生成和分布起着控制作用。印支期东西向构造体系，由基底断裂和盖层的东西向褶皱组成，褶皱以不对称的短轴皱曲为主，走向为北东80°左右，往西部转为北东60°～70°，影响地层为上震旦纪至侏罗纪。经东在大巴明显见燕山期大巴山弧形断褶带横跨其上，西面在宁强至广元一带与龙门山燕山期构造成归并关系。盖层褶皱一级构造形迹为米仓山复背斜，形状似箱状等斜褶曲。燕山期巴山弧形构造形迹在基底表现微弱，在东部碑坝以南老松树—猫儿寨一带，贝数条南北向压性断裂，显然为大巴山弧形构造的弧顶成分。在下两河一带为一系列走向北东70°的宽缓褶皱，延伸15公里，宽10公里。倾角5°~10°，有时可发现叠加翼部的横列式次级小褶曲，故称花边构造；新华向斜、龙门场背斜、新场向斜、新观背斜均属本构造体系。影响地层为侏罗系、白垩系，可归属龙门山新华夏构造体系。

平昌县地质构造形迹以褶皱为主，断裂有发育。褶皱曲线成弧形，岩层倾角变化频繁且有扭曲现象。东北部笔山、镇龙区受大巴山外弧褶皱影响，褶皱从东向西南逐渐减弱舒缓，形成百丈岩向斜、双山子背斜、寨河口背斜。岩层倾角5°~10°，走向与轴线平行。褶皱线向顺时针扭动，东南部涵水、元石受到川东新华夏系构造褶皱带形成的江陵溪向斜、堡子岭背斜的影响。其余区、乡分属仪、巴、平、莲花状构造，该构造由西向东形成响滩斜、坦溪口背斜、江口向斜、税家漕背斜。褶皱曲线由南向北从10°~30°转为330°~350°。全县地势，东北高，西南低，由东北向西南倾斜。

（二）断裂迹象

境内巴中、平昌县内的地质构造，未明显断裂，仅局部有微小错动，裂隙不发育。通江、南江地质构造均有断裂。通江断裂在中、低山区交界处，诺江镇北侧有一小型断裂；围绕通江断裂产生若干短小褶皱，主要有印顶寨向斜，草池—庙子垭背斜。南江县地质中的印支期东西向构造体系由基底断裂和盖层的东西向褶皱组成。基底断裂主要有沿基底边缘发育的压性断裂和挤压带及北东向压扭性断裂，北西和东北向构造规模小，不发育。北东向断裂有碑庙坝断裂带、大田角—牟家坝断裂带、柏笋坝—同包寨断裂带、木竹坝断裂带、黄龙断裂带。在沙坝—竹坝、关坝—水田坪、下两—新民等地都现断裂形迹，规模不大。在南江东部碑坝以南老松树—猫儿垭一带，见数条南北向压性断裂。庙坝断裂晚期做顺扭及南部侏罗系—白垩系地层中的构造属燕山期的产物，有利于储油。

第二节 地 貌

一、地貌轮廓

巴中属典型的盆周山区，位于川东北米仓山南坡，地势北高南低，由北向南倾斜。北部为深切割中山，中切割中山，中部为中切割低山、浅切割低山，南部为丘陵，沿河两岸及台状山顶有平坝。丘陵、平坝面积约为1243平方公里，占辖区面积的10%；山地占90%。最高海拔在北西部的光雾山，为2507米；最低海拔在南部的黄梅溪，为268.3米，高差2238.7米。中北部山地，低、中山界线明显。中切割中山一般700~900米，多窄谷；深切割中山切割高达1200米以上，多峡谷；中切割低山切割一般600米，多“V”形谷、平底谷，称山区平坝。三级阶梯状构造，从北到南逐渐降低。北部深切割中山海拔1500~2000米，中切割中山海拔1300~1500米，中部中切割低山海拔800~1000米。中部低山，大多海拔400~800米；南部丘陵分布在海拔350~600米之间；平坝分布在海拔268.3~400米之间。另外，境内还有流水侵蚀、沉积、扇形地貌和重力堆积、残积地貌及喀斯特地貌。

二、地貌分类

（一）台状山

台状低山 分布在巴中县的清江、曾口、鼎山、玉山、花丛、渔溪、雪山区，通江县的民胜、广纳、铁佛、麻石区，南江县的双流、和平、红光、长赤、燕山、大河、兴马乡及平昌县的得胜、元山、笔山、镇龙、云台、兰草区的全部或部分地区。最低海拔296米，最高海拔1000米，均由白垩系城墙岩群厚层砂岩与粉砂岩、泥岩互层侵蚀而成，岩层倾角3°~12°。因砂岩厚度大、抗风化力强，顶面平坦宽阔，陡岩与紫色泥（页）岩平台相间出现，形成桌状山、方山台地、假阶地、阶梯状平台等地貌。

台状中山 分布在通江县的至诚、龙凤场、板凳乡及西部板桥口乡一带。山体海拔1100~1300米，由白垩系城墙岩群砂、泥（页）岩互层组成，岩层倾角3°~11°。台面平缓宽阔，四面陡峻，多成峡谷，台状顶部多残存泥（页）岩“馒头山”。

（二）单面山

单斜低山 分布在南江县东南端的平岗、高桥、下两、黑潭、花桥、正直、凤仪乡，通江县西南部的民胜、麻石、毛浴乡及巴中北部的中兴、关渡、梓潼庙、金光、凌云、化成、玉堂、江北、平梁、青山、福星、白庙、柳岗、南阳、寺岭、枣林等乡的全部或部分地区。海拔在400~1400米之间，由白垩系城墙岩群厚层砂岩夹紫色泥（页）岩地层为主，岩层向南倾斜，为顺倾式单面山，岩层倾角10°~30°。大部分河谷因切割较深而呈“V”形谷。

单面中山 分布在通江县洪口、沙溪、永安、瓦室、涪阳、平溪、砥坝、会家、长坪、新文、胜利、中林、澌波、董溪乡（镇）和南江县中部偏北的竹岭、红四、团结、石矿、小河、南江镇、碾盘、赶场、关路、关田等乡（镇）的全部或一部分地区。海拔800~1800米，由蓬莱镇组、沙溪庙组、遂宁组、白田坝组、须家河组地层组成。顺倾坡度较大，倾角20°~35°，山谷多为峡谷。

（三）侵蚀中山

侵蚀褶皱中山 分布于南江县坪河、场坝、桥亭、新立、贵民一带。由三叠系、寒武系、志留系共同构成复式褶皱中山，海拔1500~1900米，河谷呈“V”字形。山体形态较复杂陡峻，多与褶皱形态一致。砂岩、砾岩、灰岩多形成较陡峻的山脊，多为岩层坡面。岩石质地坚硬，抗风化侵蚀力强，嶂峦重叠，山脊呈鱼背岭，谷坡大于45°。

侵蚀断块中山 分布于南江县新民、沙坝、大坝一带，为古老的断块状基底构造层的中山地貌。绝对高度1800~2200米，其中的光雾山为2507米，为巴中境域最高的山地。以元古代变质板岩、片岩为主，山脊狭长陡峻，坡度大于45°，成锯齿状山脊，近南北向展布，嶂谷和狭谷发育。

（四）岩溶中山

岩溶褶皱中山 分布在南江县桥坝、甘溪、流坝、红岩一线，由嘉陵江组及雷口坡组的厚层灰岩、白云岩、角砾状灰岩等形成岩溶地貌，海拔1200~1600米。溶沟、漏斗、落水洞、局部峰丛、小溶洼、小盆地多见。

岩溶单斜构造中山 分布在南江县北桃园的分水岭，贾阁山和槐树乡的熊尖岭以南一带。绝对高度1200~2000米，岩层倾角30°~50°。山为“峰丛”状锯齿形灰岩山脊，有100~200米的陡岩，绝壁、峡谷、嶂谷多，十分险峻；溶沟、丕芽、小漏斗、落水洞、小溶洼地等零星分布。

喀斯特地貌 分布在通江县铁厂、新潮、楼子、临江、空山乡一带及两河口、什字、朱元乡的部分地区。山体海拔1500~2000米，由三叠系、二叠系、志留系、奥陶系等地层构成。因流水溶蚀而形成漏斗，溶洞、峰丛、石芽坡、溶蚀谷、溶蚀洼等地貌。尤以地下溶洞为多，仅楼子、新潮两乡就有地下溶洞100多个，中峰洞的面积达13万平方米。通江全县峰林山、峰丛山的面积约400平方公里，其中金童山为典型的峰林山。

（五）丘陵

低丘　分布在巴中县中部恩阳河及其支流之字河两岸，巴河城守、光辉、三江、梁永、曾口、金碑、芦山一带，平昌县白衣、涵水之间。主要是由顶部质地较软、抗腐力较弱的泥岩组成的圆顶低丘陵，海拔450米以下，坡较平缓，大多在20°以下。

高丘　高丘面积约538平方公里。主要分布在巴中县西南部、中部的巴河、恩阳河、双桥河、鳌溪河两岸与平坝和低丘相邻地段及平昌县的白衣、磴子、岳家、高峰、金龙、元沱等乡部分村。顶部相对高度100～200米，一般坡度15°～25°，少部分坡度大于25°。地面形态为高丘地貌长条形，沟谷纵横交错，坦谷发育，宽100米左右，成平坦的丘间洼地，漕田多，土层厚，物产丰富。

（六）平坝

境域平坝，是相对山地而言，多分布在300～400米的低海拔区，具体分布在大小通江、通江、南江、巴河、恩阳河、斯滩河、之字河、双桥河两岸。由河流堆积的阶地和一些因沉积而形成的河曲小平坝，距河面高20～80米，坡度2°～5°，顺河流流向呈长条形。上部为棕、紫红色或灰褐色黏土、亚黏土或砂土，下部为砂砾卵石层，地下水丰富。总面积为1057平方公里，其中通江占827平方公里。通江的平溪坝、新场坝、涪阳坝、陈家坝，永安坝的面积均在2～8平方公里之间。另外，各县的台状山和台地顶部，也有平坝。如南江县的赶场坝、杨坝、正直坝，通江县空山坝、什字坝、得汉城、沙坝子、团鱼坝、绝生坝，巴中的茶坝、花丛、玉山，平昌的得胜、笔山、云台等地均有台地平坝分布。

第三节　山　脉

巴中全境属四川盆地盆周山区。全部山脉来自大巴山西段与米仓山复合部的南麓，沿川、陕省界逶迤南下，直接或辗转从东、东北、北、西、西南五面延伸入境域，分成百余个走向不一的支脉，绵亘全境。入境主要山脉有36支。

一、东面入境山脉

大巴山正干一脉南行万源市，辗转西南入境域东部平昌县。一支从镇龙乡入境，延伸为贾阁山、园顶子、老鹰寨、卧龙塞、烟灯寨、金子山等诸山。一支由三重山入境后分三支：一支经望京乡金龙台至牌乡罐子岭，止于喜神滩；一支入笔山乡的驷马山、砚山、笔山沿西南至泥龙乡马鞍山、金华寨；一支从笔山乡入凤凰乡鹤山、云台乡鹿盘山、板庙乡红云台、长垭乡猫儿寨，止于香炉山。

二、东北面入境山脉

大巴山正干东南行，由镇巴县、万源市次第入境域东北部，脉分四支：北支走宕水、钢溪河之间，中支走钢溪河、沙溪河之间，东南支走沙溪河、长滩河之间，南支走长滩、泥滩之间。

北支　西起两河口乡以东小南山，东至什字乡黄泥嘴以东万山寺南侧，南至钢溪河北岸之水口。山势走向均自北而南，山谷相间，其岭脊构成钢溪河及其支流中岭河、贾家河，黄家河之分水岭。自东而西有野鸡岭、老洞岩、伞包顶三山纵横其间。

中支　介于钢溪河、沙溪河之间，北起老君山—红岩寨一带，脉分六支延伸：一支万山寺—老君山支脉，呈北北西—南南东走向；老君山高1569米，为通江、镇巴、万源交界地；派生支脉有野鸡岭、寨包台、亮垭子、凤凰山等川陕界山。一支为红岩寨—包头山支脉；红岩寨海拔1357米，为铁溪主山；派生支脉有池坪山、百马山、青棡坪、梳头石、包头山、复庙山、扇子山、香炉山，止于澌波溪。一支为红岩寨—五台山—鹿鸣山支脉。一支为梳头石—五马石—悬爷庙—大梁城支脉。一支为干树枝梁—圆顶寺支脉。一支为佛爷山—古陵寨支脉。

东南支 界于范家河—沙溪河一线以南，大通江和通江东南，分数脉迤逦南延。一支为海鹰寺—花山寨支脉，海鹰寺海拔1907米，为通江、万源界山，派生的支脉有铧尖山、驴皮山、高家梁、休石坎、石牛山、城子山、梳头石、石婆山、杨家山、烟墩山、照园山、吕家梁、仙人垭、九子坡、红土城、马鞍山、何家山、周家岩、王坪、金家山、两面山、九龙山、乐天坪、马家山、川银山、鸡子顶、中间山、园山子、五台山、韩家山、尖山坪、岚翠山、何家山、陈家山、李家山。一支为龙池寨—草帽子梁—乱石子支脉，其中自印鼎寨东南支经徐家坡、磨子石入平昌县的三官塘，止于喜神滩西岸。

南支 介于米家河—杨家河东南侧，脉连平昌笔山。以廖家河为界，分南、北两支延伸。北支自牛盘山又分数支绵延，东南为烟灯寨，是通江、平昌界山，西南马桑包，西为敬子寺，北为鸡公寨；南支介于廖家河—杨家河以南。山地自东而西为陆家山、九龙庙、大佛寺、黄梁树、八庙岭、大寨梁、燕子岩；大部分地区海拔500~750米，最高峰755米。

三、北面入境山脉

北面入境的山脉，全系米仓山支脉。米仓山，东北与陕西地域相连，西接旺苍；向东经分水岭入陕西南郑县地，向西经巴峪、西郭寨、四方寨、万字格、大落旗山、小落旗山入旺苍县境。山脉沿川、陕省界，南至南江县玉泉乡分水岭分为东西两支：东支南行为铁船山，经南江、通江边境再南下入巴中境；西支西行为光雾山，经旺苍、阆中、仪陇等县边境入巴中西南面境域。北面入境山脉有四：一是入通江县境空山乡，二是入通江县境新潮乡安家河，三是入南江县境玉泉乡，四是入南江县境桃园乡金子山。

（一）入空山乡的山脉

该山脉是通江与南郑、西乡、镇巴三县的界山。脉自陕西佛头山往东南而下，至通江、西乡、南郑三县交界地，折向西南经木竹垭、挂榜岩、红寺林，呈东北—西南走向，构成川陕分水界岭。山体庞大，海拔超过2000米的山峰6座，分数脉南下：

猫儿山支脉 分南北两支，构为东北—西南走向。北支自陕西到龙池、尖峰寨蜿蜒而来，沿川陕界岭直达楼子庙西北小通江与鲁坝河交汇处。南支自挂榜岩往西南，沿川陕界岭逶迤而来，经南天山，三转山（1358米），迎风垭（1412米），折向西南到猫儿岭，止于平溪坝东北小通江与梓潼河交汇处。

龙头山——云雾山支脉 分南北两支，均为西北—东南走向。北支自空山坝南侧力桩椏（1609米），延至龙头寨，走檬坝塘。南支自柳林溪东北玉皇包，迤云雾山（主峰1908米）。至此，西走燕儿沟，东走四平山。

黑池梁——火天岗——梁椏子——大龙山支脉 北起黑池梁，南达诺江镇北鹰龙山，南北纵贯40公里，构成大、小通江的分水岭。其中高山有黑池梁（1814米），红土包（1557米）、肖家山（1381米）、大包梁（1668米）、铜包山（1539米）、光凤山（1759米）、乔顶寺（1529米）、灰包梁（1717米）、唐家老林（1679米）、青林寺（1576米）、树林包（1578米）、大包寨（1462米）、梁垭子（1507米）。

（二）入新潮乡安家河的山脉

该山脉由南郑县、南江县次弟入安家河，岭脊构成通江县和南江县水系的分水岭山脉分三支：北支大黑山—望远山—五台山，走诺水和金溪河之间；中支尖梁上—北岩洞，走金溪河与魏家河之间；南支大茅坡—百盘梁—大铁山，走魏家河与通江之间。

大黑山——望远山——五台山支脉 位于潮水坝、楼子庙西部，延及铁厂河大部、平溪西北部。山体呈东西走向，脉向南江境内银矿山蜿蜒西去。此支脉在通江境内经大黑山—望远山—五台山（1957 米），止于小通江上游西岸。

尖梁上——北岩洞支脉 纵贯金溪河以南、魏家河以北，包括涪阳区西部及平溪区西南部，脉分尖梁上与北岩洞二支：尖梁上自南江入境，分数支南下：东南支黄厢坪—黄印庙，止于板桥口；西南支经大松尖—三宝寺—北林坪—北岩洞，均沿通、南边境曲折南行。北岩洞（1507 米），位于涪阳、平溪二区与南江县交界地东测，脉分大包梁—草帽山、中梁上—天平山—香炉山、松尖子—香炉山—佛儿岩三支。其中的大包梁山脉有 1400 米以上的山峰 7 座；松尖子山脉往东南，至通江、南江、巴中三县交界的三叉溪旁，迤东南至大茅坡。

大茅坡 —— 百盘梁——大铁山支脉 此脉绵亘于民胜区大部、广纳区北部。脉分二支，一支走马家寨，一支走石垭子。马家寨正支南延经圆华山—天马山—沙泥坪，至杨柏河西测黄梁嘴。别支经火炬乡下八家坪、石门子延入巴中县官渡乡，制高点为下八家坪，西翼至官渡溪，东翼向南延伸，至张中坝分二支，一支经巴中的鸡公嘴入大河坝；一支经通江县杨柏乡双凤垭至巴中大和乡杀牛坪，再经大和、花溪两乡交界的火峰山、板凳垭、北斗山，入花溪乡香炉山，走新庙抵平昌县高坑河。此支的百盘梁山脉东南行至朽石坎，分脉入平昌县的得胜乡，过五木乡南天门再分两支延伸：一支经平昌县风凉乡万城寨、土兴乡铁城寨，止于坦溪乡孤山坪；一支经五木乡韩牛山、大元山到元山乡大寨山、张公乡高庙山，止于华严乡佛头寨。元山乡派生一支至灵山乡巴灵寨。

（三）入玉泉乡的山脉

该山脉是南江县北部的铁船山，位于玉泉东部、沙坝北部，海拔 2468 米。向东南与陕西省的碑坝及四川省的通江、巴中的山脉相连。经木竹垭、草坝、石筒垭、神门洞、明家山、龙神殿、帽子顶、黄柏椏、云光山、大树坝、土寨子、老土地、观音岩、大包梁、中梁山、任家山、大星包、云峰台、韩家寨、铜岭山、木竹山、三星寨、铁甲山、白鹤嘴、大锣山、红岩包伸入巴中境后分两支：一支为永宁寨，自南阳乡四方碑分脉，一支东南走，经梓潼庙乡圆顶寨、陈家嘴至奇章乡楼子山、保峰山抵双河桥；一支走西南，经店子梁抵化成水库。一支自寺岭乡分风头山、古楼山两脉；风头山经毛儿坪至江北乡风头山，再南经毡帽、望王山抵巴河；古楼山山脉的摩天岭（811 米），经斯连乡板凳垭入平昌县粉壁乡，沿金贵山、老牛山、雨台山、雷山、螺蛳顶，止于坦溪口。南江县铁船山脉南西经白鸽梁、松林塘（2412 米）、蓼 叶包、磨垭、石人山、鹰嘴岩、寨子山等 19 座山，经燕山乡、高桥乡抵下两乡。

由铁船山脉中派生的南山（1163 米），由红四乡北的夏家沟向南卷曲延伸，经红岩子、马鞍山、曾家山、华山、毛耙子垭（1460 米）、圆顶子等 11 座山，再沿巴中、南江界西南行单脊延伸于巴中县枣林乡西北，崛起一峰名狮子山（1460 米）为巴中县第一高峰，经青山乡西北人头山、望香台，复入南江县龙耳山，至巴中福星西北悬地庙，又转向南江朱公山，再折回巴中福星乡姜家坡、福星场，至麻石垭乡天星寨，走两路口，抵恩阳河。

由铁船山派生的印盒石山（1150 米），从南江县正直乡西部向西经石城寨、秤杆寨入巴中的三汇乡，从雪山起，东南行，经马鹿岩崛起一峰名高观山（1106 米），再经蹇家坪、李家嘴复入南江县凤仪乡，再到巴中福星乡西李家坝，走团包垭抵毛水口。南江印盒山向北经菩船、井坝、双流入苍溪县。

(四) 入桃园乡金子山的山脉

该山脉称光雾山(山顶2507米),是境域最高峰。从米仓山向南,经金子山、红岩子、大桃山、小光雾山、陈家山、打狗寨、文藏寨、黑山梁、黄草岩、石人山、黑松包等大山。光雾山向西经大硐山、母家山、铜包寨、香炉山、三角山、大岩山、鲁家山、黄家山、吴家山、朱家山、鹰咀岩至沙河;向南经癞子梁、磨盘寨、尖山、大白岩、九重岩到碾盘乡。

四、西面入境山脉

西面入境山脉,由米仓山西部南下苍溪、阆中县的山脉迤东分两处伸入巴境。

1. 从苍溪县入境的有5支山脉:一支为玉女寨,主脉来自苍溪县石马场,从巴中县境玉井乡苏家坡起,东南行至玉女村,崛起一峰名玉女寨(924米),再经牛顶颈分南北2支:南支经文童山,北支经土主庙、牛郎庙,同抵毛石小河。二支为汪家梁,主脉源于苍溪县龙山,入巴中境域义兴乡清泉寺村,至大鹅山分东西2支,分别经李家梁、高家梁同抵毛石小河。三支为新庙山,源于苍溪县龙山,从九镇乡八卦石入巴中,由西向东经包树梁、过街楼,至和平场乡新文村突起一峰,名新庙山(972米),脉分2支,一支抵渔溪河,一支抵恩阳河。四支为凌云寨,源于龙山,从三河场入巴境,由北向东经陡嘴子,至酒店乡突起2峰,一名凌云寨(650米),一名大同寨(645米),再经青木乡方坪梁抵渔溪河。五支为盛花山,主脉源于龙山,由镇庙乡殷家土扁入巴境,在文家梁突起一峰,名盛花山(780米);主脉由西向东,经花丛、柳林、明扬、兴隆场、石城至三江抵鳌溪河;沿途支脉8个,4个抵之字河、1个抵新民河、1个抵恩阳河、2个抵鳌溪河。

2. 从阆中鹤丰寺入巴境的山脉有烂寨子。从镇庙乡白果坪东南行,经三合寨至葫芦垭,崛起一峰名烂寨子(739米),再经尹家乡大包梁抵新民河。

五、西南面入境山脉

西南面入境山脉有5支。(1)云台山,主脉源于仪陇县中寨子,从巴中县下八庙尖山子入境,东北走向,经钱库岭至磨子乡山寨子。由此分支脉一条至印盒山,经双胜乡抵水磨沟,其间有5座山,制高点为云台山(745米);再分两支分别抵茶坝河、鳌溪河。(2)灵山寨,脉源仪陇县义和寨,从乐丰万寿寺入巴境,东北走向,经邓家土扁至观音井乡东北,突起一峰名灵山寨(612米)。再折向东南,至茶坝乡抵茶坝河。(3)章怀寺,主脉来自仪陇县福临场,从群乐乡五郎坪入巴境,东北走向,在茶坝、群乐与仪陇境交界处,横亘一山,名章怀寺(686米)。主脉东出巴境至仪陇河心乡,过子游寺,又由舞凤乡入巴境,经落花山至龙背乡大旗山,复出巴境至仪陇县秋树椏。此山在巴境内有6条支脉,名关公寨、落花山、大旗山、鼎山、胜前山、大寨山,绵亘巴境西南 。其中鼎山东分一支,经大锣场至茅寨子(819米)入平昌县青云乡、福申乡。青云乡一支从陈家岩派生两支,一支七孔子、大寨山、烟灯山,止于岳家乡;一支经卧龙寨、大茅坪、尖山坪等9座山,止于白衣乡凤凰山。鼎山北分一支,辗转数山经鸿鹄庙入平昌县兰草渡。胜前山,自鼎山分脉,辗转数山,南走,经独柏场、打牛背,亦入平昌县兰草渡。(4)由仪陇县入平昌县黑水乡,沿鸣高山、浪楼寨、高阳山、杨家山、黄家山、玉皇观,止于草庙子。(5)从营山县入平昌境,一支沿金凤山、天马山、玉龙山至土垭乡;另一支沿黑马山、狮子头、大垭口、毡帽山,到佛楼乡的铁顶寨后入渠县。

第四节　河　流

境内河流属渠江水系。由于受地表水流强烈的侵蚀和切割，致使岭高河深，沟谷纵横，以垂直线发育为主的河流呈树枝状层布，具有“V”“U”形河流特征。河流在洪水期猛涨猛降，落差大，水能蕴藏量丰富；枯水期，部分小支流干涸断流。境内河流总长度为2361.7公里，流域面积15193.5平方公里。境内除个别出境溪、河外，其余河流、溪沟统归巴河，构成巴河水系，从北向南，呈树枝状，汇入巴河后，转东南方出境汇入渠江。

一、巴河水系

巴河　源于南江县玉泉乡九根树，在南江境内称南江河，在巴中、平昌境内称巴河。它从源头起，流经关坝、上两、沙滩、桥亭、碾盘、南江镇、小河、石矿、沙河、赤溪、下两、凉水、元潭乡（镇），至枣林乡漩滩村入巴中市巴州区境。在巴中境内，有8条支流先后汇入。在枣林乡漩滩村，有李家河汇入；至巴州镇中坝，有来自檬子河、玉堂河汇合后的后河自东北汇入；至光辉乡青龙村，有东溪河自西北汇入；至三江口，有自西北来的恩阳河和自西南来的鳌溪河汇入；至梁永河，有自南来的双石龙江汇入；至曾口场，有自北来的阳台河汇入；至跳石溪，有自北来的店子河汇入；至金碑乡江临村，有自北来的黑潭河汇入；在金碑乡木莲溪流入平昌县。至兰草渡，与来自巴中鼎山的竹筏溪、长安河相汇；至坦溪口，与来自北方的驷马河相汇；至江口镇，与来自北方的通江相汇；至白衣乡三溪口，汇入磴子河、蒙溪河；至元石乡的黄梅溪出境，入达县江陵乡，后入渠江。境内流域面积11391.5平方公里。其中，南江境内2347.4平方公里、巴中3225.4平方公里、平昌5818.7平方公里（含通江3589.6平方公里）；主干河长275公里，其中南江境内121.7公里、巴中73.9公里、平昌79.4公里。从源头至出境，汇入的主要支流有赶场河、正直河、李家河、后河、恩阳河、鳌溪河、梁永河、双石龙江、阳台河、店子河、黑潭河、杨柏河、驷马河、磴子河、岳家寺河、蒙溪河、下河、通江、喜神河、澌滩河。

赶场河　又称明月江，发源于南江县铁船山南麓木竹垭，经沙坝、西清、新立、旭光、赶场、关路、兴马、大河、石滩、高桥，在下两河口注入南江河，全长95.8公里。

正直河　又称木门河，主河发源于旺苍县水磨乡，从旺苍县的东凡区（木门镇）入南江县西部境，经九顶、和平、正直、凤仪乡流入巴中市巴州区福星乡。在南江县的流域面积为416.8平方公里，县内河长38.3公里。

恩阳河　系巴河一级支流，主河发源于旺苍县水磨乡九指山西北。经南江县正直河，从凤仪乡入巴中市巴州区福星乡李家坝。至麻石垭乡毛水口，有毛石小河汇入；至恩阳镇起凤桥，有之字河汇入。蜿蜒向东南，至麻石垭乡石龙咀，有古溪桥河汇入；至三江乡，与西南的鳌溪河汇合后，在三江口注入巴河。主河全长139.4公里，流域面积2920平方公里；在南江境称正直河，长38.3公里，流域面积416.8平方米；在巴中境内长43.3公里、流域面积1183.5平方公里。

鳌溪河　古名深渡河，发源于阆中县望垭乡，从巴中西部尹家乡入境，经花丛、磨子、柳林、万安、天官、同乐、三星、三江等乡，距三江口乡1公里处汇入恩阳河。全长72.8公里，境内长67.5公里，流域面积646.75平方公里。该河入境后，在尹家乡有三溪沟、新民河两小溪汇入；至天官乡境，有茶坝河、黄柏溪汇入；至三星乡境，有苟家河汇入。

双桥河　又名哀戎水，由三组小河组成；一组名化成河，由发源于南阳乡、寺岭乡的蔡家河、牛心山河、雷家河、长滩河、吴家河等5条小溪组成；流经奇章乡，在清江乡木桥溪与三叉河汇合。另一组名三叉河，由发源于柳岗乡、白庙乡的贺家河、鲜家河、白家河、罗家河等4条小溪组成；流经梓潼庙、中兴、奇章等乡，至清江乡木桥溪与化成河汇合。再一组名九曲河，发源于南江县大门垭，流经白庙、关渡、大和等乡，在白庙乡境为干沟河、关渡乡境为长滩河、大和乡境为关桥河，至清江、花溪交界的水宁寺相汇。水宁寺以下，经斯连、花溪两乡交界处入平昌县境，至坦溪口注入巴河。主河道在巴中境长43.65公里，流域面积474.44平方公里。

杨柏河 有三源，均源于通江县民胜区。东为渡水溪，源出盘龙山、贾家梁之间；中为洞坪溪，源出圆华山、盘龙山之间；西为崩塘溪，源于尖山子、双凤垭之间。合流至三元桥为柳树河、冯家河挟泥巴子大沟、红岩沟之水自东入。自此南经太平乡入巴中市巴州区境为石柱河、花溪河；又南经驷马至坦溪口与巴河汇。流域面积294.4平方公里，河长17.8公里。

驷马河 别名石柱河，源于南江县平岗乡松尖子，流域面积847平方公里。经平昌县高升乡陈家土扁，流至沙嘴，纳杨柏河、新桥河两支流，于坦溪口注入巴河。平昌境内河长26.3公里。

通江 在通江县称通江，在平昌县称通河，是巴河水系的最大支流，主河长于巴河，流域面积次于巴河。在通江县境流程21公里，流域面积429.3平方公里。通江，在通江县小江口以北，汇入来自北方的大通江、小通江后，称通江，古称曹水。江水由北向南，流经通江县春载乡九根渡，至春载场南，有自东北来的墩子河汇入。又南经牛肋巴滩、三滩、沙坡子，至新桥河，有金河、刘家沟合流的姚家河自西北汇入。折西流至老官庙，有小南沟自东入、曲水河自西入。顺流至高坑，有白露溪自东入。又南流经深溪子，循广南坝，过佛钟滩有洗脚溪自西入。又东南流，至漸滩河处，有长滩河自东北汇入，入平昌县境。又南经平昌漸滩乡的牛肚滩、泥滩，经下老官庙，华严乡至江口镇汇入巴河。通江汇入的支流有24条，分别流经大通江、小通江、通江；流域面积3589.6平方公里，流程348公里。由北向南汇入的支流有大通江、小通江、沙溪河，长滩河。

大通江 亦名宕水，是通江的上段干流、发源于陕西省西乡县西河乡罗家沟，正源出于大巴山黄龙洞，由北东向西南流，在郎家河入通江县境。又南流，经两河口，汇西源高庄河。又南流至檬坝塘，檬坝河自西北来汇。又以罗家河坝、筏子坝，筏子溪自西入；再循佛字关，至长坪乡水口，钢溪河（76.3公里）由东北来汇。折西南流，有关渡沟自西入。经黄梁嘴至泥溪场，南泥溪自西北入。南流5公里，转西至小坪溪，有小坪溪（24公里）自西北汇入。又南流数里，拱桥溪自西入；循得汉城东麓，西至永安场夫子岩，何家沟自西南入；又曲曲南流至碧溪场，碧溪自西入。再流数里转西，过石笋坪，渔子溪自西南入。至烟溪场，有烟溪沟（长14.5公里）自西汇入。又南流小牛口，白雪垭水自西北入。下经鹿鸣山的湾滩、清滩、虎跳河，至啸口，沙溪河（全长156.5公里）自东北汇入。此下，河道渐宽，可行机动船。又南流，至瓦室铺折西流至九浴溪。又南流经石门子自西汇入。折东南流，至毛浴乡圆池河自东南入。又南流经双滩子，转西经龙滩，龙溪沟自西入。过小江口大桥，至小江口汇小通江后，南行入通江。自源头至小江口，全长142.1公里；境内流域面积2057.4平方公里。

小通江 古名诺水，是通江的上段干流，发源于陕西省南郑县广家乡大红岩，经碑坝、朱家坝，在什字河处入通江县新潮乡。入境后南流，纵贯诺水河风景区中心区域。出新潮乡，南流望乡台、阎王碥折东南流至玉皇坝，黄家河自西入；又南流至楼子庙西，鲁家河（流域面积325平方公里）自东北汇入；又南流，经金家坝，大小二干溪自西入；至平溪坝，有临江自东北汇入（临江长25.6公里）；再南流1公里，金溪河（全长10.1公里）自西来汇；又南流，至板桥口，阴象沟（长7.1公里）自西北汇入；又折东南，至三道湾，沙嘴郎沟（长14.4公里）自东北汇入；南流至青峪口，庞家河自东北汇入；经窄口子、邓家坝，有毛村溪、戚家沟先后自西入；至新场坝，有红岩河自东入、东家溪自西入；至涪阳坝，陈河自西汇入；南流至袁家坝，先后有岳家沟、红云溪、鹿浴沟、魏家河（长19.4公里）自东、自西而入；折东流5公里至黑窝子、何家场、下七叶坑至渡头铺，红花溪挟秦家沟之水自西南入；又折流至石牛嘴（有电站），翻电站堤坝，折东南流至五马桥为钓台河；至通江城南渡口，南寺沟自西南入；再东流至小江口汇大通江后，入通江折南流；自源头至此，流程153.8公里，流域面积1876.7平方公里；其中通江县境流程108.3公里，流域面积1102.9平方公里。

沙溪河　古名白石水，主源出陕西省镇巴县清水乡熊梁椿树坪，在凉风坎入通江境；西南流经澌波，至洪口场汇入范家河（长23.9公里）后，急转西北流至松溪又汇入余家河；又西南流，至沙溪嘴，有伏家河（长37公里）自东北汇入；再迂回流经文胜场，至啸口注入大通江；主河全长156.5公里，境内流域面积630.2平方公里。

长滩河　又名澌滩河，纵贯通江、平昌、万源三县市部分地区。有二源：东南源出万源市长石乡汉旺城，曲折西南流100余公里，经万源、平昌，至社口河入通江县境，北会东北源喜神河。东北源喜神河源出万源市海鹰寺东坡，在长乐乡凉州坝入通江县柳坝河。先后纳韩家河、赶场河，绕俞家河边界入平昌县境。经喜神西在社口河，与东南源汇。二源汇后为长滩河；又曲折西南流至跑马乡驻地，汇入长滩小河。又西流纳三合王家河诸溪，经刘家河至曲滨口，廖家河自东入；又折南流数里，沿通江、平昌县界西南流至澌滩河口，与通江相汇。境内河长32.3公里，流域面积373平方公里。

磴子河　源于巴中市巴州区龙凤乡龙神殿，流域面积941平方公里；经福申乡三岔河，至三溪口纳入三溪河；至响滩镇，纳南长河；至岳家镇两河口纳岳家寺河；至白衣镇三溪口纳蒙溪河（长48.9公里）。流至大河嘴，汇入巴河；在平昌境内河长47.6公里。

二、出境河

出境河主要有三：一是焦家河，发源于米仓山南的戴家河；由东向西，流经南江县大坝、桃园，在槐树乡出境，经旺苍县东河注入嘉陵江；境内流域面积402.2平方公里，河长53.2公里。二是洞滩河，源于平昌县鹿鸣镇红豆山；经石垭、青凤乡，沿平昌、达县边界至三溪口出境，入达县江陵溪注入巴河达县段；境内河长19.7公里，流域总面积114.6平方公里。三是下河，又名周家河，源于平昌县笔山镇王家山，流域面积145平方公里；经泥龙乡出境入达县梓潼乡，至牌庙乡汇入达县长滩河，至吴家沟注入巴河达县段；境内河长15.6公里。

第五节　土　壤

20世纪80年代初期，境内各县土壤普查中共划分和归并出6个土类、10个亚类、22个土属、61个土种。由于山区成土条体复杂，各县土属、土种不尽一致。其中，巴中县分4个土类、7个亚类、8个土属、42个土种、66个变种，通江县划分为6个土类、10个亚类、16个土属、38个土种，南江县划分为6个土类、10个亚类、20个土属、61个土种，平昌县划分为4个土类、7个亚类、22个土属、45个土种、68个变种。

6个土类，共有面积23.403万公顷，其中，水稻土面积13.18万公顷，占总耕地56.32%；紫色土78968公顷，占33.74%；黄壤14914公顷，占6.37%；黄棕壤5561公顷，占2.38%；冲积土995公顷，占0.43%；石灰岩土1795公顷，占0.76%。水稻土、紫色土、黄壤、冲积土，各县均有分布。其中水稻土、紫色土最多的是平昌县，分别为43105公顷、28035公顷，分别占总土壤的18.42%和11.98%；黄壤最多的是南江县，为10920公顷，占总土类的4.67%。黄棕壤最多的是通江县，为5255公顷，占总土类的2.25%；其次是南江；平昌、巴中无有。石灰岩土，亦分布在通江、南江二县，面积为1496公顷，占总土类的0.77%。

一、类型及分布

巴中市巴州区分三个土区。(1) 中部、西南部丘陵黄红紫泥土区。包括恩阳、茶坝两区的全部，宕梁、清江、曾口、花丛区的大部，玉山、渔溪、雪山区的少部分乡村，共50乡、437村。辖区面积124741公顷，占县总面积的48.69%；其中耕地31900公顷，占县总耕地的53%。区内海拔350～650米；有4个土类、9个土属、42个土种。(2) 东、东南和西部高丘窄谷黄红紫泥、棕紫泥土区。包括东部大和、花溪、斯连、店子等乡，东南部梁永、鼎山、金山、玉山、双凤、三星、同乐等乡，西部三河场、酒店、镇庙等乡及花丛、来龙、尹家等乡部分村，共26乡、203村。辖区面积57474公顷，占县总面积的25.03%，其中耕地14807公顷，占县总耕地的25.6%。区内海拔500～800米，其中600米居多。此土区有两个土类、6个土属、32个土种，主要为黄红紫泥土，棕紫泥土也占较大比例。(3) 北部低中山黄红紫紫泥、棕紫泥土区。位于关渡、凌云、福星、上八庙、和平场等5乡连接以北地区，与通江、南江、苍溪县接界的化成、平梁、雪山3区大多数乡及宕梁、清江、渔溪3区一部分村，共24乡、106村。辖区面积67334公顷，占县总面积的26.28%，其中耕地11240公顷，占县总耕地的18.54%。区内海拔700～1400米。区内有两个土类、5个土属、31个土种，其中以棕紫泥土为主，黄红紫泥土较少。

通江县土壤划分为三大区、五小区。水稻土分布在海拔1600米以下的广大区域，特别集中分布于平溪—泥溪—松溪一线以南的中山和低山区域。(1) 中切割低山紫色土区：包括广纳、铁佛两区全部和民胜、杨柏、长兴、大兴、赤江、云昙、麻石、春在、三合等乡，以及新建乡文笔、钥匙坡、苟家湾、石板店、阳望山村，毛浴乡浴江、龙江、新华、长江村，芝包乡陶家坝、干鱼沟、上东汇、下东汇、中东汇村，火炬乡除大茅坡外的9个村，共计22乡、171个村，辖区面积894.29平方公里。区内有稻田10988公顷，其中紫黄泥田土属占50.8%，紫泥田土属占42.7%。旱地土种有红石骨土、黄泥土、紫色夹沙土、夹沙黄泥土，计有面积7474公顷。(2) 中切割中山山地黄壤紫色土区，分为紫潮泥紫色土区和紫黄泥紫色土区，辖区面积1722.54平方公里，有田土20541.24公顷。其中紫潮泥紫色土区包括县境中西部小通江流域的板桥口、砥坝、青峪、新场、涪阳、陈河、草池、回林等8乡以及火炬镇大茅坡村，计63个村，辖区面积629.46平方公里，有稻田4060.68公顷、旱地2040.48公顷；土种有紫色冲积性水稻土、紫色夹沙田、黄泥田、红糯泥田、红石骨土、紫色夹沙土、潮沙土、爽沙黄泥土。紫黄泥紫色土区的范围包括大通江流域的至诚、药洪、唱歌、长乐、龙凤场、九层、沙溪、盐井、凉风垭、板凳、文胜、瓦室、兴隆、浴溪、药铺、长胜、永安、碧溪、烟溪、钟凤、沙坪等21乡，以及芝包乡龙家坪、金顶、赵家坪村，洪口乡刘家坪、铺丝坪、侯家院村，松溪乡杨家沟、祭田坝村，毛浴乡朝阳、高灯、迎春、龙溪村，长坪乡景家营、石岗村，泥溪乡除马家河以外的9个村，共165个村，辖区面积1093.1平方公里；区域内水稻土以紫泥田和紫黄泥田土属为主，共有稻田8937.6公顷；旱作土地主要有红石骨土、黄泥土、夹沙黄泥土、羊肝土，共有旱地面积5502.5公顷。(3) 深切割中山山地黄壤黄棕壤土区，下分两个土区。①是矿子黄泥土区，分布在铁厂、平溪、临江、楼子、新潮、空山6个乡及两河口除小南山以外的7个村，共46个村；有稻田753.5公顷、旱地4202公顷。主要水稻土种有矿子黄泥田、冷沙黄泥田、羊肝泥田、紫色夹沙田；主要旱作土种有油黄土、石渣子黄泥土、紫色夹沙土、铜片石土、大黄土。②是紫色土区，分布在铁溪、朱元、什字、新文、檬坝、会家、中林、澌波、董溪、胜利等10个乡，长坪乡除景家营、石岗村外的5个村，以及两河口乡小南山、泥溪乡马家河村，洪口乡永安坝、余家湾、牟家坝、古宁寨村，松溪乡竹家湾、胡家山、回龙场村，共71个村，辖区面积879.63平方公里；有水田2391.48公顷，旱作土3883.82公顷。主要水稻土种有黄泥田、红糯泥田、紫色夹沙田、羊肚泥田；主要旱作土有红石骨子土、黄泥土、夹沙黄泥土、羊肚土。此黄壤、黄棕壤土区，总辖区面积为150.07平方公里，田土面积11230.8公顷。

南江县各土层的水平分布。从正直——花桥——土地垭——下两——坪岗——七星包——天平山以北到红五——竹岭——二洞桥——兴马——焦家河，是黄红紫色水稻土和黄红紫色旱作土属。在乐坝——大红岩——白岭垭——薛家坪一线以南，分布的是棕紫水稻和棕紫旱作土。在乐坝的石板坡——亮垭子——彭家院（小河）——小屋溪（官田）一线，分布为灰棕紫色水稻土和灰棕紫泥土属。在水洞——马家铁厂——赶场一线和桥亭九重山至旭光，是暗棕色水稻土和暗紫泥土属。在五郎坪（小河）——火石垭——水洞——甘溪——齐坪坝（赶场）一带，为冷沙泥水稻土和冷沙黄泥土。黄色石灰岩土、红色石灰岩土、矿子黄泥水稻土和矿子黄泥土属，分布在甘溪——流坝、桥亭——旭光——红岩一带。在垂直分布方面，海拔800~1000米内，主要为黄壤，在山坡的中部为石灰岩土；在山坡中下部，溶湿洼地、溶湿盆地为矿质黄泥水稻土。县境北部1300以下是黄壤；1300~2100米为黄棕壤；从山顶到山脚，分布序列为石骨土——红砂土——红糯泥或黄泥土——黄泥土——红糯泥。在南部低山区，海拔700~900米的台阶，主要是农田，一般分布着黄泥田、黄泥土——红糯泥田、红糯泥土或羊肚泥田、羊肚泥土——朱砂土。海拔500~700米，多分布沙土、朱沙土等。中部溶蚀中山，从山顶到山脚土种分布顺序是森林土——鱼沙泥土——扁沙土——黄泥土。沿河两岸从河漫滩到二、三级台地土种分布顺序是沙土——潮沙田、潮沙土——潮泥田——小黄泥、卵石黄泥。此县共有水稻土26913公顷、冲积土165公顷、紫色土15229公顷、黄棕壤305公顷、石灰岩土972公顷、黄壤10920公顷，合计为54504公顷。

平昌县的土壤归并为三个土区。即：西南低山、高丘棕紫泥土区；西北低山黄红紫泥区；东北低山黄红、棕紫泥土区。上述第一土区由西兴、响滩、双江区全部及白衣、云台区的部分乡村构成，计25个乡201个村。土壤类型以棕紫泥为主，红棕、灰棕、黄红等紫泥次之；另有极少新冲积土和老冲积黄泥土、夹沙泥、石骨子。一般田多于土，宜种度广。第二土区由元山、得胜、兰草区的8个乡、124个村构成。土壤为黄红紫泥；土种以大红泥、灰沙泥、红糯泥为主，土层深厚，保水保肥力强，肥力中等。第三土区由云台、笔山、镇龙区及元石、长垭乡等19个乡、154个村的少部分中切割低山、大部分浅切割低山构成。农耕地分布在山坡和山顶台面，沟谷为乱石溪流，耕地少。土壤类型以黄红紫泥、棕紫泥为主；土种以夹沙泥居多，土脚浅，后劲差。该县共有水稻土43105公顷、紫色土28035公顷、冲积土187公顷、黄壤14公顷，共计71341公顷。

二、理、化性状

境内各县因地貌、地质各异，土种不同，造成有机质、氮、磷、钾含量多寡不一，物理性状差异较大。化学性状，一般为有机质含量低、氮贫、磷缺、钾富。土壤以微酸性为主，碱性甚少。以南江县为代表的北部土壤，以砾质壤土为主，该县砾质壤土占耕地面积的85.91%。其中，砂壤占耕地面积的0.02%、轻中重砾质轻壤土占32.59%、轻中重砾质中壤土占27.67%、轻中重砾质壤土占25.63%；黏土占耕地面积的10.57%。该县土壤以微酸性为主，中性次之，酸性和微碱性甚少；中性土占耕地的35.98%，微酸性占54.49%，酸性占8.86%，微碱性占0.64%。61个土种中，有41个含碳酸钙，平均含量为0.41%，变幅在0.002~2.566之间。61个土种中，农耕地养分平均含量为：有机质2.01%，全氮0.115%，碱解氮81PPM，全磷0.116%，速效磷5PPM，全钾2.33%，速效钾97PPM，阳离子代换量14.21毫克当量/100克土。

以平昌县为代表的南部土壤，来自紫色母质，成土过程以物理风化为主、化学风化次之。土壤发育浅，过沙过黏土壤少，质地较为适中。45个土种中，沙土占9.01%、轻壤土占39.3%、重壤土占38.5%、黏土占0.97%、砾质土占12.13%。表层土壤平均容量1.39克/立方厘米；表层平均孔隙度为40%~80%，为块状、片状结构，团粒结构土壤在5%以下，通透性能较差。营养成分中：有机质平均含量为1.28%，水稻土含量大于旱地，轻黏土的含量大于砾质土，砾质土含量大于沙土，森林草地含量大于农耕地。全磷含量平均为0.072%；速效磷含量平均为2PPM，属极低含量。全氮含量平均为0.072%，处于低范围；碱解氮含量平均为77PPM，普遍低于北部。土壤钾素含量一般较高，全钾含量平均为2.25%，其中含2.5%~3%的占49.52%；速效态钾含量平均为89PPM，其中含量100PPM~120PPM的占23.01%。土壤酸碱度属中性，适宜大多数植物生长；其中，pH值小于5.5的酸性土壤占4.97%，pH值5.5~6.4的微酸性土占29.61%，pH值6.5~7.4的中性土占9.07%，pH值7.5~8.3的微碱性土占56.35%。

第六节　气　候

境内属四川盆地中、北亚热带湿润季风气候区。共分三个大的气候区：低山河谷暖热区，具有春早、夏热、秋凉、冬暖的特点，四季分明，无霜期长，光照适宜，雨量充沛，气候温和；常有夏、伏旱、秋霪雨及风、雹等灾害天气。低中山温暖（和）区，具有日照充足，夏、伏旱频繁，冬长、春迟、夏短、秋早的气候特点。中山温凉区，分布在境域北部、海拔1100米以上，年均温度7℃~12℃，无霜期200天以下，年日照1000~1200小时，年降水量1500~1900毫米；气候阴冷多湿，春秋相连，冬长无夏；绵雨、低温、风雹灾害频繁。

一、日照

境内因受地貌差异及海拔高差影响，各县的日照时数不尽一致。据1961—1985年各县的气候资料记载：巴中县年均日照时数为1462.1小时，1977年为最多年，日照为1660小时；1961年为最少年，日照1210.4小时。时数以8月最丰，为219.3小时；12月最少，为65.7小时。通江县诺水镇，年均日照为1414.8小时；春季（3—5月）总日照为373.9小时，夏季（6—8月）为574.6小时，秋季（9—11月）为273.7小时，冬季（12月至次年2月）为192.6小时；海拔600米以下的日照为1100~1400小时，600~1000米为1000~1400小时，1000米以上为1000~1200小时。南江县年均日照时数1563.3小时，最多年为1834.3小时，最少年1262.5小时；月日照时数以8月最多，为209.8小时；2月最少，为77.8小时。平昌县年均日照时数1365.5小时，1972年最高为1690.2小时，1982年最低为914.2小时；月内日照时数最多的8月为221.5小时，最少的2月为54.2小时。从各县年均日照数占全年日出到日没日照总时数的比例（日照率）也不一样，巴中县占33%、通江县占31.2%、南江县占35%、平昌县占34%。每年各县最多日照月与最少日照月高低差为：巴中县153.6小时，南江县132小时，平昌县153.6小时，通江县夏季与冬季相差382小时。太阳总辐射平均值按每平方厘米计：巴中县为92千卡、通江县为90千卡、平昌县91.5千卡、南江县为90.75千卡。

1986—2000年，境内年均日照时数为1188.3~1612.2小时，从东南到西北日照递增；日照的季节变化明显，冬季日照时数最少，平均157.2~256.2小时，春秋季节一般在240.0~430.0小时之间，夏季日照充足，日照时间长，平均在540.0小时以上，占全年日照的37%～42%。

二、气温

据各县1959—1985年的气象观测，境内多年的平均气温为16.6℃，其中巴中县、平昌县均为16.8℃，通江16.6℃，南江县16.2℃。极端最高气温41.9℃，于1972年8月14日发生在平昌县，其次是40.4℃，于1969年7月29日发生在通江县。极端最低气温零下10℃，于1976年1月17日发生在平昌县。每年1月为最冷月，平均气温5.45℃（巴中5.6℃、通江5.5℃、南江5.1℃、平昌5.6℃）；最热的七八月，平均气温26.5℃（巴中县25.3℃、通江县27.05℃、南江县26.3℃、平昌县27.3℃）。南部与北部，因地势高低差异悬殊，使气温从南到北随地势升高而降低。海拔每上升100米，气温下降0.50℃～0.57℃，南北气温垂直差11℃；境内海拔最高处（南江县北），年均气温6℃，极端最低气温接近零下18℃。境内低山河谷暖热区，年积温5470℃～6200℃，无霜期250～280天。低中山温暖区，年积温5110℃～5460℃，无霜期230天以上；中山温和区，年积温4380℃～5110℃。中山温凉区，年积温2590℃～4380℃，无霜期200天以下。

1986—2000年，境内年平均气温16.0℃～16.9℃，气温南部高、北部低；年平均最高气温17.6℃（巴中市巴州区），年平均最低气温15.2℃（南江县）；年极端最高温度36.9℃～41.9℃，极端最低温度-4.7℃～-7.1℃；一年中盛夏季节（7—8月）温度最高，平均温度达26.0℃～27.3℃；冬季（12—2月）为最冷时期，平均温度在5.2℃～7.7℃之间，最低气温达-2℃～-7℃；春季（3—4月）气温变化幅度大，“倒春寒”天气明显。日平均气温稳定通过5℃的初日南部早于北部，最早在12月23日（巴中市巴州区、平昌县）、最晚在3月5日（南江县）；日平均气温稳定通过10℃的初日在2月21日至4月6日（南江县、通江县），终日在11月1日至12月14日之间；年平均积温为5025.8℃～5410.3℃。日平均气温稳定通过15℃的初日在3月24日至5月10日之间，终日在10月2日至11月9日之间，年平均积温为4214.2℃～4602.2℃。稳定通过20℃的初日在4月29日至6月21日之间，终日在9月2日至10月10日之间，年平均积温为3028.5℃～3328.1℃。境内日平均气温大于0℃的积温为5859.4℃～6206.4℃。日极端最低气温小于等于0℃的平均日数为7～16.6天，日极端最高气温大于30℃的平均日数为73.5～78.2天，大于35℃的平均日数为12～18天。巴中市巴州区平均有霜日26.9天、通江17.6天、南江27.4天、平昌10.5天。

三、降水

境内降水，主源于太平洋暖气流夹带的大量水分，在大巴山的阻滞和抬升作用下形成地形雨。年降水时空分布受东南季风的影响和地形条件制约，随高程的增加从南向北递增。海拔350～600米的地方，多年平均降水量为1000～1100毫米；600～800米为1100～1196毫米；800～1000米为1160～1230毫米；1200～1500米为1230～1730毫米；1500以上为1730～1970毫米。

1959—1985年，境内多年平均降水总量为1146毫升（巴中县119.8毫米、通江1127.3毫米、南江1198.7毫米、平昌1138.2毫米）。降水量最多的是：1982年平昌县降水1782.8毫米，1983年巴中县降水1845.2毫米、南江县1832.5毫米，1984年通江县降水1827.5毫米。年降水量最少的是：1959年巴中县降水751毫米、平昌县639.5毫米，1962年通江县降水768毫米，1979年南江县降水829.3毫米。四季降雨特点是夏多于秋，秋多于春，冬季最少。夏半年（5—10月）的降水量占全年降水总量的83.5%，其中巴中县占82.4%（923.2毫米）、通江县占87.1%（981.9毫米）、南江县占85.5%（1025.1毫米）、平昌县占79%（899.2毫米）；冬季（12月至次年2月）降水量占年均总量的1.8%（南江县）~4%（巴中县）。供水可靠程度90%以上年份降水量为：南部841毫米左右、北部788毫米左右；保证率50%以上年份可达1018~1140毫米。降水日数大于或等于0.1毫米的降水日，在南部为139天、在北部为130左右。据1959—1985年各县气象站观测记载，多年平均年蒸发量为111.5~1438毫米，其中巴中县蒸发量为1120.7毫米、通江县1111.8毫米、南江县1438毫米、平昌县1111.5毫米。在一般情况下，夏半年（5—10月）降水量大于蒸发量，冬半年蒸发量多于降水量。其中南江县除7、8、9、10四个月蒸发量少于降水量外，其余8个月的蒸发量均大于降水量，特别是5、6两月蒸发量比同期降水量多107.2毫米。

1986—2000年，境内年均降雨量1120.7~1203.1毫米，主要集中在每年5至10月，11至4月份为少雨时期；年降水变化呈双峰型，峰值出现在7月和9月，月平均降雨量在200.0毫米以上，降水的这种两高一低的“M”形特点是巴中常发生伏旱尤其是重伏旱的直接原因。降水的年际变化大，年最大降水量达1800.0毫米，年最少降水量只有680.0~720.0毫米；月最少雨量为0.0，最多为773.0毫米。冬季（12月至2月）境内平均降雨量21.9~46.6毫米，占年平均的2%~4%；春季（3至4月）235.9~302.3毫米，占年平均的20%~25%；夏季（7至8月）523.7~593.0毫米，占年平均的43%~45%；秋季（9至11月）356.7~359.9毫米，占年平均的29%~31%。全年连续最长降水日数为21天，出现在平昌县的10月份；最长连续无降水日数为46天，出现在巴中市巴州区的冬季；全年大于0.1毫米平均降水日数为140天左右，大于5.0毫米的平均降水日数为47~52天，大于10.0毫米降水日数平均为30天左右，大于25.0毫米的为12天左右。一日最大降雨量为263.8毫米；年降雨量大于900.0毫米的年份占85%以上。大雨开始期一般出现在4月，境内北部早于南部，终止期在10月；最早开始于2月，最晚结束于11月下旬；大雨日一年最多为25天，最少为2天。1986—2000年，全市（地区）年均蒸发量为985.5~1268.7毫米，其中巴中市巴州区985.5毫米，通江县1184.0毫米，南江县1268.7毫米，平昌县1045.1毫米。

四、风

1959—1985年，境内受地形影响，风向变化差别较大。巴中县常年冬季多偏西北风，夏季多偏东南风，春、秋季风向不定，但多为偏南风，阵风多为偏西北风。南江县以东北风为主，春夏间有东南、西南风和东风、南风，秋冬间有东南、西北、西南风和北风。通江县历年多偏东南风，频率达24%；次为偏西北风，频率12%。多年平均风速为每秒0.8~1.6米（南江县1.6米、通江县1.2米、巴中县0.8米）。大风地域多发生在山口及河谷地带，平均风速随着海拔高度的增加而增加。海拔500米左右的月均风速为0.1米/秒，海拔1000米以上的山区，平均风速为4米/秒以上。一年内，以春秋两季风力最大，日内则早晨少风，晴天下午以偏北风为主，瞬间最大风速达18米/秒。

1986—2000年，境内年平均风速为0.7~1.5米/秒，其中巴中市巴州区为0.7米/秒，通江县1.2米/秒，南江县1.5米/秒，平昌县0.9米/秒；年平均大风日数为1.6~3.4天，其中巴中市巴州区3.4天，通江县1.6天，南江县3.3天，平昌县1.9天。

第三章　自然资源

第一节　土地资源

一、耕地资源

据1949年统计，境内四县有耕地面积19.54万公顷。随后耕地呈逐年减少趋势。1950年至1980年，虽国家、集体、私人建设用地、交通用地、工矿用地增加量不大，土地整治增加耕地面积较多，但因人口的增长，人均耕地仍呈减少趋势。1980年，境内共有耕地19.16万公顷。到1990年，境内共有耕地17.42万公顷。之后，虽人口增长得到有效控制，但城镇建设步伐加大，以交通为主的基础建设迅速发展，工矿和私人建房占地猛增，每年新增耕地和减少耕地面积的逆差很大，故人均土地仍然逐年减少。1994年，年内减少面积0.1万公顷，年末实有耕地17.16万公顷。1998年，年末实有面积16.88万公顷。2000年，年末实有耕地16.26万公顷，其中水田10.06万公顷，旱地6.20万公顷。比1949年耕地总面积和农村人口人均耕地分别减少11.3%和14.8%。

二、土地后备资源

境内土地后备资源有荒山、荒坡、荒滩、中低产田土、低产园、闲散地、废弃地、田坑地、待开发水面等多种资源。

1952年，通江县通过普查，全县未利用地10.47万公顷，占辖区面积25.4%。

1980—1983年，各县先后开展土地资源概查。平昌县有草地、迹地、疏林地、难用地8.66万公顷，占辖区面积19.6%；南江县有各类后备资源9.43万公顷；通江县有各类荒山荒坡0.92万公顷，占辖区面积的22.47%，占待开发土地资源的73.2%；巴中县有各种闲散用地0.67万公顷，废弃地0.04万公顷。

1986年，境内各县开展土地利用现状调查。巴中县调查结果，全县未利用地5.05万公顷，占总土地面积的19.17%，其中，荒草地1.33万公顷，占26.27%；裸露土地164.6公顷，占0.33%；裸岩石砾地0.12万公顷，占2.93%；田坝田埂3.45万公顷，占70.39%；其他未利用地179.4公顷。通江县有未利用土地8.23万公顷，其中集体所有8.22万公顷。

1988—1990年，各县先后组织力量对荒山荒坡、待开发河滩、闲散地、废弃地、低产田土、田坝田埂、待开发水面等各类后备土地进行调查清理。巴中县田坝田埂3.66万公顷，荒山荒坡1.19万公顷；裸露土地0.02万公顷。通江县有待开发土地资源12.63万公顷，占辖区面积的30.7%，其中未充分开发利用潜力大的9.24万公顷，占辖区面积的22.47%。

1991年，各县开展农业后备资源调查。平昌县有荒山、荒地、荒水、荒滩、中低产田土、低产园地、低产水面等后备资源面积9.82万公顷，占总土地面积的44.07%。

1992年，南江县对土地后备资源开展专项调查。全县各类后备资源总量为6.36万公顷，其中，荒山荒坡面积0.92万公顷，占后备资源总量的14.4%。有中低产面积2.32万公顷，占后备资源总量的36.48%。有低产园面积0.3万公顷，占后备资源总量的4.71%。低产林面积0.26万公顷，占后备资源总量的40.09%。低产水面0.11万公顷，占后备资源的1.65%。有未利用地1.84万公顷，占全县辖区面积的20.1%。

1995年，通江县未利用面积3.3万公顷。南江县未利用土地面积3.43万公顷，其中，草地0.59万公顷；全县中低田地面积2.32万公顷，占后备资源的36.48%。

2000年，各县在耕地保护中，相应对土地后备资源进行了全面清理。全市有土地后备资源14.59万公顷，其中荒草坡11.1万公顷，裸露土地0.23万公顷，滩涂0.37万公顷，中低产田土1.93万公顷，低产园面积0.96万公顷。

第二节　植物资源

据1982—1984年各县植物资源调查表明，境域植物资源丰富，尤以北部为最，计有乔、灌木308种，草、藤本421种。中草药（含家种、野生，根、茎、叶、花、果）1386种，广泛分布在境域各地。乔、灌木林区多分布在北部山地，中部、南部亦零星分布。中药材资源最多的是通江、南江两县；牧草资源遍及境域。境域中部和南部，森林层次结构不明显，林相单纯，林下伴生马桑、黄荆、沙棘藤蔓、杜鹃等植物；北部森林成片的较多，但因砍伐过度，曾使森林面积锐减，经全面落实“停耕还林、还草”等政策，得到逐步恢复。至2000年，全市共有森林面积43.73万公顷，森林覆盖率35.57%，活立木积蓄总量为2131.86万立方米。森林面积和活立木蓄积量最多的是南江县，分别为15万公顷和863.3立方米；其次是通江县，分别为12.3万公顷和503.65万立方米。

一、品种

据20世纪80年代初期各县植被资源调查显示，境内植物计有729个品种。品种最多的是通江、南江县，巴中、平昌县次之。其中巴中县有木本植物140种（乔木100种、灌木31种、竹9种；珍稀古树有10种1万多株），饲用草239种；中药材200多种。通江县的植物品种有乔、灌木77科308种，饲用草320种（禾本科64种、豆科43种、菊科12种、莎草科10种、杂草类191种）；农田杂草计68科、342种；中草药169科、1386种。南江县的植物品种中，粮食作物16种、经济作物53种、蔬菜123种、果类37种、竹木200多种、草类295种；中草药1212种。平昌县有乔灌木50科160余种，野生纤维类53种、香料油脂类18科26种、淀粉类12科19种、染料类15种、野果类9科27种、茶类4科4种、烤胶类23科37种、蔬菜类30种、其他类18种；可食牧草238种（其中禾本科64种、豆科24种、莎草科10种、菊科26种、蓼科12种、杂草类95种、杂灌类7种），有毒有害草本植物12种；外地引进牧草16种；中草药147科350种。

境内木本植物主要种类有77科308种，其中有银杏科1种、松科10种、杉科3种、三尖杉科3种、柏科7种、罗汉松科1种、红豆杉科1种、苏铁科1种、木兰科5种、八角科1种、领春木科1种、樟科15种、马桑科1种、蔷薇科21种、腊梅花科1种、苏目科4种、含羞草科3种、蝶形花科7种、山茱萸科9种、八角枫科2种、蓝果树科1种、五加科4种、忍冬科8种、绣球科1种、全缕梅科1种、悬铃木科3种、黄杨科1种、杨柳科10种、桦木科7种、榛科7种、壳斗科23种、胡桃科4种、榆科6种、桑科8种、杜仲科1种、大风子科2种、山龙眼科1种、海桐科2种、梧桐科1种、锦葵科2种、藤黄科1种、大戟科2种、山茶科6种、杜鹃花科3种、桃金娘科5种、石榴科1种、卫矛科2种、冬青科3种、胡颓子科3种、鼠李科5种、柿树科2种、芸香科6种、苦木科2种、楝科2种、无患子科1种、青风藤科1种、漆树科5种、槭树科11种、七叶树科1种、省沽油科1种、醉鱼草科1种、紫葳科1种、马鞭草科3种、小檗科4种、千屈菜科1种、木通科3种、玄参科4种、紫金牛科2种、紫草科1种、椴树科1种、茄科2种、瑞香科1种、猕猴桃科5种、木樨科9种、径柳科1种、棕榈科2种、禾本科（竹类）16种。其中属国家一、二、三级保护木本植物14种，主要有银杏、红豆、大叶樟、黄桷树、楠木、飞蛾槭树、三尖杉等。

草、藤本植物，主要有64科421种。其中禾本科64种（如茅草、牛肋、假稻、铁线草、画眉草、狗尾草、野燕麦、蓑草等）、豆科22种（如紫云英、苜蓿、野大豆、野豌豆、野百合、甘菖藤、鸡眼草、铁马鞭等）、菊科53种（如各类蒿草、蒲公英、鱼鳅串、鬼针草、马兰、红花、牛蒡子、白木、木香等）、莎草科26种（如羊胡子草、牛毛毡、莎草、各类薹草、飘浮草等）、唇形科17种、（如二齿香、夏枯草、益母草、荆芥、龙胆草等）、蓼科15种（如了子草、何首乌、大黄、扁竹根、野菠菜等）、蔷薇科9种（如蛇莓、龙牙草、地榆、仙鹤草等）、寻麻科5种（如野麻、糯米团、虫蚁菜等）、茜草科5种（如鸡矢藤、茜草、锯锯藤等）、百合科9种（如薤白、肖菝葜、麦冬、川百合等）、伞形科16种（如水芹、野红萝卜、当归、独活、柴胡等），十字花科10种（如荠菜、旱菜、野油菜等）、玄参科12种（如通泉草、玄参、剪刀草等）、石竹科7种（如繁缕、漆枯草等）、报春花科6种（如过路黄、珍珠菜等）、毛茛科11种（如毛茛 、打破碗花花、黄连、芍药等）紫草科7种（如野烟苗、附地菜等）、堇菜科5种（如各类堇草、紫花地丁等）、藤黄科4种（如元宝草、连翘等）、鳞毛蕨科3种（如蕨苗、拳菜等）、苋科7种（如莲子草、牛膝、野鸡观等）、泽泻科5种（如泽泻、慈姑等）、车前科3种（即车前草类）、拢牛儿科3种（即老鹤草类）、木贼科3种、藜科3种、罂粟科2种、卷柏科5种（如江南卷柏、翠云草等）、桑科2种、桔根科7种、（如沙参、桔根、党参等）、天南星科4种（如半夏、魔芋等）、薯蓣科4种（如山药、老虎姜等）姜科4种（如生姜、莪术等）、旋花科4种（如田旋花、打碗花、牵牛花等）、葡萄科7种（如三叶岩爬藤、毛葡萄等）、大戟科6种（如铁苋菜、叶珠、地锦等）、眼子菜科3种、鸭跖草科3种、景天科3种（土三七、垂盆草、凹叶景天）锦葵科2种、马齿苋科2种（土人参、马齿苋）、藜科2种（地肤、藜）、金丝桃科2种（地耳草、贯叶连翘）。另外还有里白科、苹科、三白草科、木兰科、虎儿草科、酢酱科、柳叶菜科、薄荷科、金牛科、灯芯草科、石蒜科、远志科、马钱科、苔藓科、马鞭草科、檀香科、雨火花科等20多科30余种草本植物。

巴山水青冈

中草药有1386种，属贵重、稀有的中草药有34种，属大宗常用药材的50种。贵重中药材如天麻、杜仲、厚朴、金银花、黄连、枣皮、枸杞、党参、丹皮、五味子等。稀有中草药有麻布七（又名破骨七）、铁破锣（贝茜花）、羽叶三七（黄连三七）、朱砂莲（一点血）、一点红穿破石、佛手参、孩儿参、牛尾七（开口箭）、土贝母、金龟莲（雪胆）、山豆根、博落回（滚地龙）、千屈菜（败毒草）、降龙草、金耳环（石斛）、祖上麻、通草、大血藤、三尖山灵芝草（赤芝）、松萝（松寄生）、白茎鸦葱、倒地铃等。

二、分布

阔叶树，广泛分布在境域海拔300～1500米的地区。常绿阔叶建群种有桴石砾、蔓青棡、小叶青椆、细叶青椆；落叶阔叶建群种有水青椆、槭树、鹅尔栎、麻栎、槲栎、栓皮栎等。在海拔1200米以下的地区渗入柏木、马尾松等亚热带针叶树，尤以马尾松较普遍。在海拔1000米以上地区，华山松以散生态渗入，灌木以乔木更新幼苗为主，及常见的木竹、蓼竹、箭竹伴随；草本层以莎草、白茅、芒为多。经济林木有油桐、茶树、梨、苹、柿、漆等。

针叶树，广泛分布在境域北部，垂直分布于河谷到海拔2000余米的山地。低山，本属亚热带偏湿性常绿阔叶林区，因人类活动频繁，自然植被大多被破坏，残留面积甚微，而为次生林所代替，形成以马尾松、川柏为优势树种的亚热带暖性针叶林。在厚沙薄叶地段，常以马尾松占优势，柏树次之；在薄纱厚页地段，柏树则属优势，马尾松居次。兼有洋槐、香樟、桉树、桤木、千丈、泡桐等常绿阔叶树种。经济林木有油桐、柑橘、桑树、白蜡等。灌木层以黄荆、马桑为主。草本层多禾本科和莎草科。

针叶、阔叶混交林，介于亚热带常绿阔叶林带与亚高山常绿叶林带之间，分布于海拔1000～2000米的中山地带，而以北部山地最为典型。阔叶林代表类型为中山常绿落叶混交林，分布有栲属、石栎、青椆等优势树种，伴生樟科、山茶科、木樨科、交让木科、蔷薇科、五加科等常绿阔叶树种。落叶树以桦木科的桦属、漆树科的漆属、壳斗科的水青椆属、栎属为主。针叶林分布较阔叶林高，多出现在海拔1200米以上，主要树种有华山松、杉木和少数巴山松，下层杂以木竹成片分布。灌木针叶树以柃木、杜鹃最多，部分地区也有较多的棕榈。草本层以荩草、蕨、天麻、党参等为普遍。经济林主要有漆树、核桃、板栗、黄柏、杜仲等。混交林层外的攀绿植物以猕猴桃为多，大量分布在海拔1000～1400米之间。

由竹类植物组成的常绿木本群落，从北部中山到南部低山区都能生长繁殖。以慈竹、斑竹、水竹、木竹为优势种，其中慈竹、水竹多分布在农村住宅周围，木竹成片分布在北部中山上半部。

灌丛草地，分布在海拔800～1200米的山体之间。因受人类活动和自然环境的影响，呈片、带、斑块分布于森林线以下、耕地线以上或森林与森林之间，以及土层较厚的山坡中部或中上部，坡度在20°至40°左右。灌丛优势种有火炮筒、马桑、黄荆、杜鹃等，并有多种乔、灌木幼苗。草本层主要植物有禾本科的白茅、黄茅、芒、野古草，豆科的鸡眼草、甘葛，莎草科的金发草、褐绿薹草，菊科有千里光以及蕨生草丛和灌丛混合组成的草地。草地中夹有稀疏的以松、柏为主的高大乔木。

草丛草地植被，以禾本科为主，多呈块、带状，零星分布于低、中山区的森林之间、灌丛之间。此类型草地植被群落，以高禾草和杂类草见多。草丛建群种主要有禾本科的白茅、芒、野古草、荩草，豆科的鸡眼草、天芒苜蓿；杂草类有鸡矢藤、过路黄等。此类植被是天然的放牧和刈草地。

农林隙闲地草地植被，分布在田边、地角、沟边、路旁和房前屋后林地与耕地之间，零星小块，多呈线状或小块状，散布于山、丘、坝的隙间地。主要有禾本科的白茅、荩 草、马唐、狗牙根，豆科的鸡眼草、南苜蓿、甘葛，莎草科的香附子，披针薹草，菊科的青蒿、艾蒿、牛蒡子、蒲公英。还有露水草、铁线草、野花生及多种杂草类。此类植被，是饲草的主要来源。

第三节　动物资源

境内家养动物有生猪、黄牛、水牛、火羊、南江黄羊、各类鸡、各类鸭、鹅、马、驴、蜂、蚕、犬、猫、各类兔等。野生动物多分布在森林密布的北部，中、南部较少。近代，在森林面积的逐年减少、猎杀频繁、酷捞滥捕的情况下，境内动物资源遭到破坏。虎、豹濒于绝迹，珍稀动物遗留不多，其他动物逐年减少。经20世纪80年代调查，境内北部共有野生动物670种，其中鱼类4目、11科、44

属、47种；两栖类2目、7科、9属、20种，爬行类3目、7科、14属、21种，鸟类16目、41科、120属、176种，兽类7目、21科、52属、67种，昆虫类51科、410种，其他类169种。中南部地区尚存野生动物290余种，其中兽类22种、禽类49种、水族及两栖爬行类43种，昆虫类170余种。

一、兽类

黑 熊

此类动物，有猕猴、黑熊、貉、赤狐、沙狐、狼、豺、豹猫、金猫、金钱豹、云豹、大灵猫、小灵猫、果子狸、斑林狸、食蟹獴、黄鼬、黄腹鼬、鼬獾、水獭、狗獾、猪獾、黄喉貂、野猪、林麝、小麂、狍、毛冠鹿、苏门羚、斑羚、藏源羚、草兔、复齿鼯鼠、红白鼯鼠、豪猪、竹鼠、赤腹松鼠、长吻松鼠、岩松鼠、社鼠、青毛巨鼠、黄胸鼠、大足鼠、褐家鼠、针毛鼠、白腹巨鼠、小泡巨鼠、小家鼠、黑线姬鼠、龙姬鼠、高山姬鼠、巢鼠、刺猬、长尾鼹、鼩鼹、药老鼠、地老鼠、小蝙蝠、大鼠耳蝠、水鼠耳蝠、山蝠、长翼蝠、白腹管鼻蝠、皮氏菊头蝠、大蹄蝠、普氏蹄蝠。

二、鱼类

此类动物，有岩原鲤、中华倒刺鲃、鲤鱼、鲢鱼、鲫鱼、胖头鱼、白甲鱼、三角鲂、华鲮、鲦鱼、翘嘴红鲌、红鳍鲌、高体近红鲌、中华裂腹鱼、重口裂腹鱼、银飘鱼、布氏鳅鮀、草鱼、方氏鲴、黄尾鲴、桃花鱼、竿鱼、逆鱼、鳍鱼、高体鳑鲏、鯮鱼、红眼鱼、长江鱼岁、重唇鱼骨、铜鱼、华鳈、棒花鱼、银色颌须鮈、泥鳅、中华爬岩鳅、鲶鱼、角胡子、黄颡、斑鱼子、细体鮠、中华切胸鮡、刺结鲍、斑鳜、乌鱼、吻鰕虎、黄鱼幼鱼、黄鳝。

三、两栖类

大 鲵

此类动物，有大鲵、秦巴北鲵、中国林蛙、张琴蛙、棘腹蛙、黑斑蛙、绿臭蛙、隆肛蛙、光雾臭蛙、花臭蛙、泽哇、崇安湍蛙、棘皮湍蛙、饰姬、合征姬蛙、南江角蟾、小角蟾、宝兴齿蟾、斑腿树蛙、中华大蟾蜍。

四、爬行类

此类动物，有黄颔蛇、王字蛇、玉斑锦蛇、乌梢蛇、赤链蛇、翠青蛇、黑背白环蛇、颈槽游蛇、乌游蛇、锈链游蛇、虎斑游蛇、斜鳞蛇、菜花蛇、麻子蛇、烂草蛇、多疣壁虎、阑尾石龙子（脚蛇）、黄纹石龙子、草蜥、乌龟、鳖。

五、鸟类

此类动物，有雉科7种（如金鸡、花鸡、野鸡等），鹭科6种（如青庄、白鹤、绿鹭等），鸭科4种（如斑嘴鸭、绿头鸭等），鸬鹚科1种（水老鸭），鹰科4种（如金雕、雀鹰等），隼科1种，秧鸡科2种，鸻科2种，鹬科2种，反嘴鹬科1种，鸠鸽科3种（斑鸠类），鸱鸮科（猫头鹰类）4种，夜鹰科1种，杜鹃科6种（如布谷鸟、豌豆雀、阳雀等），翠鸟科3种，戴胜科1种，佛法僧科1种（三宝鸟），啄木鸟科5种，雨燕科2种，鸦科4种（如喜鹊、星鹊、松鹊等），卷尾科3种（铁林甲之类），黄鹂科 1 种（黑枕黄鹂），鹟科 61 种（如画眉、黑领噪眉、白喉噪眉、白颊噪眉、黄豆雀、相思鸟、寿带鸟、乌鹟、北红尾鸲、蓝歌鸲、铁老鸦、鹊鸲、三树莺、短翅树莺、褐柳莺、黄眉柳莺等），椋鸟科 2 种（八角、丝光椋鸟），河乌科 1 种（水老鸹），鹪鹩科 1 种（偷屎雀），岩鹨科 1 种（地麻雀），伯雀科 3 种（伯劳类），鹡鸰科 7 种（如点水雀、加加油、地麻雀等），鹎种 4 种（如白头翁、青拐子等），燕科 2 种（家燕、金腰燕），山雀科 4 种（山雀类），山椒鸟科 3 种（小灰雀、长尾三椒鸟等），雀科 11 种（如朱雀、金翅雀、黄喉鹀、凤头鹀、燕雀等），啄木鸟科 1 种（红胸啄花鸟），绣眼鸟科 1 种（青燕），文鸟科 3 种（麻雀、山麻雀、白腰文鸟），鸸科 2 种，白灵科、太阳鸟科各 1 种。

六、昆虫类

此类动物属无脊椎动物，境内计有 51 科、410 多种。其中，螟蛾科 15 种，夜蛾科 9 种，蚜虫科 9 种，叶蝉科 4 种，棉蚜科 1 种，麦蛾科 3 种，飞虱科 3 科，弄蝶科 1 种，象甲科 4 种，瘿蚊科 1 种，蟦象科 2 种，臭虫科 1 种，豆象科 3 种，叶甲科 6 种，天牛科 4 种，蝗科 3 种，灯蛾科 2 种，天蛾科 2 种，金龟子科 3 种，蟋蟀科 3 种，本虱科 2 种，毒蛾科 3 种，尺蠖蛾科 3 种，天杜蛾科 2 种，枯叶蛾科 4 种，小卷叶蛾科 3 种，扁甲科、蝉科各 1 种，蝼蛄科、蚧科各 2 种，螽斯科、蛀果蛾科、斑蛾科、龙虱科、巢蛾科、蓑蛾科、菜蛾科、粉蝶科、谷盗科、凤蝶科、家蚕蛾科、纹翅卵蜂科、谷蛾科、泥蜂科、胡蜂科各 1 种，叶蜂科 3 种，皮蝇科、蜜蜂科、白蚁科、鼻白蚁科、虻科各 2 种，瓢虫科 5 种，蚊科 3 种。其他昆虫有 6 目 16 种。

七、其他无脊椎动物类

此类动物，有原生动物 18 种，扁形动物 78 种，线形动物 56 种，有棘头动物、环节动物、软体动物、节肢动物 30 余种。其中的阿米巴、疟虫、滴虫、孢子虫、血吸虫、绦虫、蛔虫、钩虫、蛲虫、猪巨吻棘头虫等 160 余种动物属寄生虫或有害人畜健康的动物；有 20 余种危害农作物。

动物中，已知珍贵稀有动物计 37 种。属国家一级保护的动物有金雕、云豹、白鹤、四爪陆龟、黑麂、蟒、林麝 7 种。属国家二级保护动物有白腹锦鸡、红腹角雉，猕猴、大灵猫、水獭、麝、金猫、黑熊、雀鹰、短耳鸮、雕鸮、豺、马鹿、巨松鼠、岩羊、白冠长尾雉、锦鸡、棕背田鸡、鸦鹃、苍鹰、长耳鸮、长尾林鸮、鬼鸮、鸢、鱼鹰、林麝黄喉、貂、穿山甲、灰鹤、盘羊等 30 种。

动物中，可供观赏动物有 152 种，其中兽类 32 种、鸟类 118 种、两栖类 2 种。主要兽类有黑熊、野猪、豹猫、豪猪、红白鼯鼠、狼、豺、貉、果子狸、猪獾、狗獾、斑林狸、黄喉貉、藏原羚、大蹄蝠等。主要鸟类有五彩斑斓的野鸡，“绿林一枝花”的寿带鸟，羽冠奇特的戴胜鸟，巧学人言的八哥，凶猛好斗的伯劳、行动泽畔的白鹭、斑斓多姿的红嘴蓝鹊、“爱情之花”的相思鸟、“春的信使”杜鹃鸟、“捕鱼能手”鸬鹚、“林中歌手”画眉、“森林医生”啄木鸟、“黑夜猎手”猫头鹰。两栖动物可供观赏的有大鲵和弹琴蛙。

动物中，有药用动物 94 种，其中兽类 33 种、鸟类 33 种、爬行动物 4 种、两栖类 9 种、鱼类 15 种。主要名贵药材有麝香、熊胆、獭肝、猴骨、豹骨、龟甲、鳖甲、蛇蜕、鼯鼠类、蝙蝠类、鹭肝、鸢脑、雨燕巢等稀有药材。蟾蜍、鲫鱼、泥鳅、黄鳝、雉鸡、猫头鹰、嘴哨鸦、草兔等动物，皆有不同的药用功能。

第四节　水资源

一、地表水

境内地表水源自渠江水系巴河、南江河、恩阳河、大通江河、小通江河、通江河及嘉陵江水系东河之焦家河流域的大气降水。由降水形成的径流在地域上分布规律为：降水北多南少，从此向南随地势由高向低递减。河流均呈南北流向，树枝状分布。

据1959—1982年各县水文资料记载，境内四县多年平均地表径流量为73.84亿立方米，过境地表径流量为154.2亿立方米。

地表径流量年际差异大。如通江县年最大径流深为1200.4毫米（1964年），最小值是1959年的295.6毫米，相差达3.6倍。平昌县地表径流深最大（1964年）为1119.4毫米，最小年（1959年）为224.4毫米，相差895毫米。年内地表径流分配不均，一般以5—10月为汛期，径流占年总量为：北部通江县占84.4%，南部平昌县占79.4%；11月至次年4月为枯季，径流量占全年总量为：通江县占15.6%，平昌县占20.6%。各河流的水流量和水位，年际差异较大。如杜家河水文站1959—1980年观测，多年平均流量为每秒142立方米，最大流量（1965年7月13日）为每秒1.5万立方米，最枯流量（1979年1月10日）为6.07立方米/秒；多年平均水位（基面吴淞口）285.7米，最高307.1米，最低284.9米，水位变幅22.2米。而风滩水文站1954—1984年对巴河的观测表明，多年平均流量每秒达342.5立方米；最大流量（1965年8月5日）达2.67万立方米/秒，高出杜家河1.17万立方米；最小流量（1955年6月10日）每秒11.6立方米。多年平均水位275.5米，最高水位295.9米。最低水位274.5米，水位变幅21.4米。

二、河流泥沙

境内河流泥沙主要由暴雨对土壤的侵蚀产生。因巴河流域属大巴山暴雨区，暴雨强度大、流程短、汇流快，形成洪水陡涨陡落，造成水土流失。河流泥沙集中在每年5—10月的主汛期。

20世纪50年代以前，境内森林覆盖率高，植被好，土壤涵养性强，虽山洪多发，但水土流失不突出。后经毁林开荒，乱砍滥伐，铲草皮积肥，使植被遭到破坏，水土流失日趋严重。其河流含沙量也随区域的植被多寡而定，总的趋势是北部河流含沙量少，中、南部含沙量多。据1959—1980年各县水文资料显示，河流多年平均含沙量为：南部的平昌县每立方米水1.09公斤、北部的通江县为0.87公斤。但输沙量恰恰相反，多年平均输沙量为：南部的平昌县为125万吨、北部的通江县为397.6万吨；多年平均水土流失深度0.35毫米。水土流失的年内变化，同径流年内分配基本一致，一般以7月、8月、9月三个月最多，占年输沙量的80%左右；1月、2月、12月最小，占年输沙量的0.04%左右。

三、地下水资源

境内地下水的分布趋势为北部丰于南部，北部主要是岩溶水及变质岩裂隙水，岩浆岩风化带水；南部主要是裂隙水。其中巴中市巴州区的地下水，分为松散层孔隙水、碎屑岩孔隙裂隙水和基岩裂隙水；平昌县分为构造裂隙水和风化带网状裂隙水；通江县分为碎屑岩间隙裂隙水、基岩裂隙水和溶洞水；南江县分为松散堆积层孔隙水、碎屑岩层间裂隙水、基岩裂隙水、碳酸盐岩岩溶水。据1985年统计，境内地下水径流量为4.78亿立方米，开采利用0.7亿立方米，占地下水总量的14.64%。其中溶洞、井泉排泄量约3.2亿立方米，如巴中市巴州区江北、青山、枣林、鼎山、花丛等26处就有泉水1500多立方米。特别是在境域北部的牛角嵌、空山坝探明的两条地下河，汇入面积92平方公里；枯水期平均流量为每秒1069升，平水期平均流量为立方米/秒。

四、水质

巴河的主源南江河（一级支流）和另一级支流通江河的源头均在米仓山南麓、陕西省西乡县的分水岭以南，其水质属重型碳酸钙、盐酸钙软水，pH值介于7.4～8.0之间，稍偏碱性；矿化度在4.8～6.7毫摩尔之间，总硬度为101～105毫克/升，钾、汞、铬、铀及挥发酚的含量均超过标准，属一至二类水质标准，适合人畜饮用和工农业生产所需。除洪水期河水浑浊外，其余期间于北部为无色、透明水，但是巴河、通河中上游处因城镇污水的排入及农药化肥面源污染而使水质变差。地下水中的浅层井水与深层岩溶水的化学成分，各地不一致。如巴中县全属浅井水，水温多在15℃～20℃，矿化度0.5毫克/升，属低矿化淡水。通江县的浅层井水，矿化度小于0.5毫克/升，总硬度10～18德国度，pH值6.5～7.5，化学成分和物理性质较符合饮用水的水质标准。通江县的岩溶水，以重碳酸钙型水为主，矿化度为0.2～0.5毫克/升；次为碳酸钙镁水，矿化度小于0.2毫克/升；基岩裂隙水的矿化度为不足0.2毫克/升至1毫克/升。平昌县红层裂隙水，矿化度小于0.5毫克/升，PH值在6.8～7.5之间。

五、水力

境内水系网状发育，河水溪沟密布，流域面积50平方公里以上的河流86条，其中流域面积100平方公里以上的45条，1000平方公里以上的7条。河流在洪水期猛涨猛降，落差大，水能蕴藏量丰富；枯水期部分小支流干涸断流，水能贫乏。

境内河流，因海拔高低悬殊而使河流天然落差大，比降高。其中，最高落差1081米，（南江河，全长226公里），河道比降11‰；最低落差29.5米（巴中三江口的毛石河），河道比降0.7‰。由于天然落差大，平均比降高，使境内水能资源蕴藏量高达8124万千瓦，可供开发总量达41.7万千瓦，占总蕴藏量的51%。境内水能已开发占可开发量的8.89%，其中平昌县已开发1.09万千瓦、通江县已开发1.01万千瓦，分别占平昌、通江县可开发量的17.2%和0.9%。

2000年巴中市水资源统计

表1—1　　单位：亿立方米、立方米

项目＼县（市）	巴中市巴州区	南江县	通江县	平昌县	全　市
地表水资源量	13.40	23.60	27.10	10.10	74.20
地下水资源量	0.44	1.87	0.27	2.27	4.85
水资源总量	13.84	25.47	27.97	12.37	79.65
人平占有量	1201	4469	4218	1452	2483
容水量	40.70	13.30	26.50	108.30	—

2000年巴中市部分河流水能情况统计

表1—2　　单位：平方公里、公里、米、‰、万千瓦

干流名称	集雨面积		主河道长		天然落差	比　降	水能蕴藏量
	合　计	境　内	全　长	境　内			
巴　河	16605	16605	275	南江段121.70 巴中段73.90 平昌段79.30	南江段1346 巴中段54 平昌段33	南江段11 巴中段0.70 平昌段0.42	南江主要河流水能量21.80 巴中段4.15 平昌段5.60
通　江	8705	通江段4069 平昌段4636	52.10	通江段21 平昌段31.10	通江段18.10 平昌段27	通江段0.35 平昌段0.06	通江段2.71 平昌段4.59
大通江	4565	2057	142.10	94.60	318	3.30	22.74
小通江	1877	1103	153.80	108.30	217.60	2.50	9.04
澌滩河	1834	通江段373	129.10	通江段32.30	15	0.46	2.06
杨柏河	106.40	106.40	13.30	13.30	272	20.50	0.16
恩阳河	—	1184	—	43.30	29.50	0.70	2.45
鳌溪河	—	647	—	7.28	478	6.60	0.46
双桥河	474.40	474.40	43.70	43.70	927.10	29.66	0.32
双桥河支流九曲河	—	145.20	—	38.30	1269.60	33.10	—
双桥河支流三叉河	137.80	137.80	26.50	26.50	1043.20	37.20	—
正直河	—	417	—	38.30	47	1.20	—
焦家河	—	402	—	53.20	960	18.10	—

第五节　矿产资源

经1957—1985年国家、省、地地质部门几次勘探表明，境内的矿产资源较为丰富。其分布趋势是北富南贫，南江县最多，被誉为“地下百宝箱”，通江县次之，巴中、平昌县有少量发现。已探明的矿藏种类有铁、铝、钒、钛、钴、铜、铅、锌、钼、锡、金、银等金属矿，有煤、石油、天然气、铀等能源矿，有硫、磷、钾、长石、霞石、滑石、石墨、白云石、石棉、水晶、大理石、石灰石、花岗石、石英等非金属矿。开采具有一定规模的有铁、铝、煤、霞石、石墨、钾长石、大理石、石灰石、花岗石等8个矿产。境内有大小产地150余处，其中南江县有价值的矿床12个、矿点21个、矿化点37~47处；通江县有金属矿区（点）22个、能源矿区（点）14个，其他矿区（点）45个。

一、铁矿

至1985年已探明的铁矿有磁铁矿、赤铁矿、菱铁矿、黄铁矿、磁铁矿、菱铁矿总储量为3953万吨。境内赤铁矿区主要有6个。南江县柳湾乡竹坝磁铁矿区，共14个矿体，断续长1050米，储量1500万吨左右。南江县沙坝乡红山磁铁矿区，主矿带长800米，储量为1176万吨。南江县汇滩赤铁矿区，共10个矿点，矿体长30~215米，储量163.5万吨。南江县新民乡水马门磁铁矿区，共3个含矿层、14个矿体，长100~280米，储量200万吨左右。南江县坪河乡茅坡子磁铁矿区，共5个平行矿体，长200~300米，储量360.4万吨。通江县空山乡和潮水乡一带，已探明储量166.17万吨。2000年，南江铁矿储量为8544万吨。

磁铁矿石

菱铁矿，主要分布在通江县的铁溪、平溪两区的8个乡，品位为35%~43%。可采厚度0.2~0.6米，局部可达1~5米，已探明储量387.17万吨。矿床由东到西，东富中贫西一般，朱元、铁溪、什字乡为丰，两河口、临江、楼子、平溪等乡（镇）呈贫，铁厂乡石槽溪至白杨坝一带可采。

黄铁矿（又名硫铁矿），分布在南江县杨坝乡王家河、周家沟，坪河乡肖家沟，西清乡土墙坪，储量4万吨。巴中县内亦零星分布，储量不详。

二、金矿

重点产于南江县坪河乡和关坝乡。坪河乡于河床阶地高于河面1~10米的砾石层中，含金厚度0.25~0.6米，最厚0.9米，深3米，品位0.3~5.3克/吨。关坝乡沙金矿面积3平方公里左右，经有关部门1960年详查，获C1 +C2级储量2.8吨；分上下两层含金层，上层含金品位0.5~0.7克/立方米，下层长3000米，含金品位1.05克/立方米，分布在一、二级阶地底部。2000年，南江纯金储量为15吨。巴中市巴州区巴州镇中坝、杨家坝、南坝等地亦探明有沙金储藏，其含金品位较高，有工业开采价值，储量不详。

三、铜矿

此矿分布在南江县的汇滩乡垭上、大垭，上两乡大塞山，杨坝乡麻窝子，米仓山草鞋坪，关坝乡庙坝，经普查评价，总储量为780余吨。其中储量最多的是汇滩乡大垭和椏上。垭上矿化段有矿体5条、矿化体11条，呈对称弧形排列，呈透镜状、脉状产出；矿体长21～65米，厚2.61～5.94米，含铜品位0.5%～2.2%。大垭矿化带，有矿体1条、矿化体2条，长35～58米，厚0.07～1.72米，含铜品位0.87%～2%，主要矿物为黄铜矿、兰辉铜矿等。其次是上两乡大寨山的枫垭子铜矿，有3个矿体长30～70米，厚1～2.3米，氧化铜平均品位0.53%，估计储量100吨左右。2000年，南江铜矿储量为0.8万吨。

四、铅锌矿

产于南江县坪河乡和沙滩乡。坪河乡以北的银厂湾铅锌矿点，长20米，厚1米，铅品位0.39%、锌品位1.57%。沙滩乡的铅锌矿化层厚25米，由47条不连续矿化体组成，长80～300米，厚1～2米，最厚7米，深延30～50米；锌品位1.5%～10%，铅品位0.5%～1.5%；伴生镉、锗矿产。至1985年已探明C1+C2级总储量63084吨。在南江县竹坝亦有同类型铅锌矿化层，但规模小。

五、铝矿·霞石矿

该矿类有霞石铝矿和铝土矿两种。霞石铝矿区，分布在南江县坪河乡1公里处，沿北东——北东东向构造裂隙分布。合并为三条矿带，以中代为主，长200～520米，厚10～112米、平均厚37.9米，霞石品位30%～60%，铁辉石40%～50%经普查评价储量为3198万吨。铝土矿主要分布在通江县铁溪（镇）的龙滩河、大河坝，干树子、马罗寨，朱元乡羊戏石、偏岩子，什字乡八里坪、张家河、重山坪等9个矿区。至1985年已探明储量705.2万吨，可采厚度0.8～1.2米，含铝品位为40.7%～47%，但硅含量高。由于采煤使铝土矿大量损失，至1985年已损失储量183.57万吨。

优质霞石矿

六、银矿

银矿分布在通江县什字乡银矿河、铁溪（镇）石人地均有零星分布，品位低，未开采。

七、煤矿

烟煤，分布在通江县铁溪、什字、朱元3乡（镇），以K1为主采层，沉积一般走向长1000～3000米，可采厚度0.4～1.2米，理论储量1091万吨。20世纪80年代后，年开采量达万余吨，主要用于工业。

无烟煤，分布在南江县的团结、小河、水洞、甘溪、流坝、碾盘、赶场、红岩等地及通江县的两河口、临江、铁厂、平溪等乡（镇）。一是上三叠系王家坡页岩段，二是上三叠系须家河煤层为主。前者含煤厚度不大，以无烟煤为主；后者含煤层3～16层，可采煤2～10层，厚度0.2～1.1米；理论储量4303.45万吨，其中无烟煤占97.68%。2000年，南江县煤储量为4000万吨。

八、钾矿

钾长石矿，分布在南江县坪河乡周家沟、何家坝。周家沟4条矿体，长115~352米，宽24~91米。氧化二钾含量10%~11%，属伟晶岩型矿床，批准D级储量333.9万吨。何家坝共圈出13条矿体，一般长100~150米，宽30~40米，氧化二钾含量在10%以上，2000年储量为20万吨。

钾矿石，主要分布在通江县铁厂乡李家河，楼子乡大干溪，新潮乡火圈子、阴背湾，两河口乡王家坪。矿石分绿豆岩、砂页岩、水云母页岩、河页岩4种钾矿，至1985年已探明总储量为2018万吨。绿豆岩钾矿，有李家河、大干溪、王家坪3个矿点，矿体长400~1500米，平均厚度0.4米，采高30~40米，含钾品位8.5%~10.1%，地质储量35.38万吨。砂页岩钾矿分布在火圈子，矿体长8000米，平均厚40米，采高200米，品位4.1%~4.69%，储量1814.54万吨。水云母岩钾矿分布在阴背湾，矿体长8000米，平均厚度0.3米，采高200米，品位6.09%，储量56万吨。河页岩钾矿分布在阴背湾，矿体长8000米，平均厚4米，采高200米，品位5.78%，储量112万吨。1976—1979年曾开采利用作钙镁钾肥，因发酵易凝结、无销路而停采。

九、石墨矿

此矿主要分布在南江县杨坝乡尖山、坪河一带。至1985年已探明总储量为278.1万吨。尖山有12条全矿带，长100~200米，宽20~70米，延深250~450米，平均含矿率75.6%，储量169.6万吨。坪河有24条石墨矿体，长100~300米，平均厚13.34米，最大延深200米，平均含量15.03%，总储量108.5万吨。2000年，南江县石墨矿储量为770万吨。巴中县亦有零星分布，含量少，储量不详。

十、大理石

大理石主要分布在南江县的上两、杨坝、汇滩等乡，以及通江县的空山乡、楼子乡、新潮乡；麻石、铁佛等地也少量分布。至1985年已探明储量3400多立方米。质量以上两乡为较好，深灰、灰色、粉红色，且具黑色条纹。汇滩乡大理石，呈翠绿色，色泽鲜艳。2000年，南江大理石储量为1亿吨。

十一、石灰石

石灰石主要分布在通江县的朱元、铁溪、什字、两河口、空山、临江、平溪、新潮、楼子、铁厂等乡（镇），以及南江县的流坝、杨坝、桥坝、新立等乡。矿体以三叠系雷口坡组岩层为主、嘉陵江组岩层为辅，至1985年已探明储量69158万吨（通江49158万吨），其中铁厂乡储量最多，为11676万吨，占总储量的16.89%。矿体中，氧化钙占41.2%~51.1%，氧化镁占0.9%~5.9%，氧化硅占2%~3.5%，三氧化二铁占1.2%~2.8%。2000年，南江县石灰储量为2亿吨。

十二、石英石

主要分布在通江县铁溪乡龙滩河、罗村，什字乡的木叶子、高家岭，铁厂乡的苏家场，新潮乡的李家湾、罗家沟、英茶湾，南江县甘溪一带。至1985年，已探明总储量为555.06万吨。矿体层数1~3层，厚度0.2~3.5米，矿体长155~310米，品位82%~98%。以甘溪矿为佳，抗压强度为856千克/半立方米，孔隙度6.69%。2000年，南江石英砂矿储量为5000万吨。

十三、石油、天然气

此类矿产资源，在全市均有分布。主要分布在通江县“涪阳坝构造”范围内，以涪阳、陈河、新场、青峪乡为主。20 世纪 50 年代后期和 70 年代初，西南地质局第二普查大队先后在陈河乡钟家沟、母家梁，新场乡杨家坝等地进行钻探。至 1987 年，新场乡杨家坝探井开始出气燃烧，后封闭。据已得的地质资料证明，“涪阳坝构造”是四川省第二大油气储集构造，圈闭范围 838 平方公里，估计储量为 300 亿 ~470 亿立方米。2000 年，据有关专家介绍，通江县天然气储量达 5500 亿方。同时，国家地质队于 1957—1985 年曾三次在巴中县的枣林、南阳、花丛、芦山、石城等乡及平昌县的响滩、元沱一线试钻，均证明地下分布有石油、天然气，属旺苍、南江、巴中、通江、达县储油带，其储量不详。

十四、石膏

此类源主要分布在通江县两河口乡的王家坪、新家沟，临江乡的唐家营，楼子乡的大干溪，铁厂乡的沈家河、莫家河、青㭎坡，以及南江县水木河、顾主坝等地。矿体层数 1 层，长 25 ~ 100 米，厚度 1 ~ 6 米，含石膏口品位 75% ~98% 。至 1985 年，已探明储量为 39. 3 吨。20 世纪六七十年代曾有小量开采。2000 年，南江县石膏储量为 20 万吨。

十五、其他

硫铁矿 分布在通江县两河口乡马家河，空山乡高桩河、杨家河，临江乡盖铁河——钻洞子——弹子岭，楼子乡大干溪、塘二坪，新潮乡孙家岭等地。至 1985 年，已探明储量为 169. 56 万吨；品位在 3. 2% ~11% 之间，可采厚度 0. 20 ~ 0. 25 米。1958—1959 年曾在矿区内的局部地点开采过。

磷矿 分布在南江县新立、沙滩、汇滩乡。新立乡含磷层 15. 4 ~ 22. 65 米，分上下两层，上层长 50 米，下层长 2200 米。初探 C1 + C2 级储藏量为 104. 68 万吨，2000 年探明储量 20 万吨。

花岗石 分布在南江县荀家湾、灵官堂、西清、天坪河、中坝、金场坝、小南沟等地，储量为 1. 5 亿立方米；2000 年储量为 3000 万立方米。

滑石 产于南江县上两乡鱼观井，共三条矿体，分别长 600 米、78 米和 97 米，含矿率分别为 12. 2% 、7. 5% 和 3. 1% 。储量为 15 万吨。

石棉 产于南江县坪河乡空木桥，光明乡烂泥沟，新民乡牡丹园，柳弯乡之竹坝等地；初查储量为 4516. 7 吨；2000 年储量为 28 万吨。

蛭石 分布在南江县北 3 个乡和中部北极乡，储量 50 万吨。

另外还有南江县新立乡的萤石，坪河乡孙家岭的水晶，上两乡新房子的钴，坪河乡的钒、钢玉，以及通江县朱元、临江等乡的膨润土（亦名观音土）、高岭土（又名瓷土）等均有蕴藏，其储量不详。建筑物用的河沙、卵石、砾石、青绵石、白绵石等遍及全市，其量无数。

第四章　自然灾害

第一节　气象灾害

巴中境内属亚热带和季风性湿润气候，南北气温相差5℃左右，气候变化莫测。有史以来，旱、涝、风、雹、虫、兽等自然灾害，岁岁不断，素有“十年九灾”“十灾九旱”之说。

一、特大干旱

农谚云：“小旱20（天）、大旱30（天）”。按省气象局统一标准，4月下旬到7月上旬，连续20天降雨总量少于30毫米为夏旱；时段累计天数20～29天为偏旱。偏旱后无日降水量多于25毫米，以累计量日平均少于15毫米达到30天的为大旱。虽出现日降水多于25毫米，但两段偏日数相加达到50天，或两段达到偏旱标准相加超过40天亦为大旱。

境内旱灾记载最早的是通江、南江两县。明正德初（1506—1509年），两县荒旱连年，数千名饥民聚众起义，并攻邻县。明嘉靖五年（1526年）和明隆庆四年（1570年），两县大旱，国家免田租、免税粮。清康熙二十三年（1684年），境内四县夏旱，粮食歉收，饥民四散。清乾隆二年（1737年）、九年（1744年）、三十二年（1767年），清嘉庆十八年（1813年）、十九年（1814年），清同治二年（1863年），清道光二年（1822年）、六年（1826年）、十三年（1833年）、二十年（1840年），清光绪三年（1877年）、十七年（1891年）、二十七年（1901年）、三十年（1904年），境内各县遭受不同程度的春旱、夏旱、伏旱。造成缺水栽秧，田禾枯死，粮食歉收，米粮奇贵；旱年冬到翌年春，灾民大饥，民食树皮，死者甚众。

民国13年（1924年）至民国15年（1926年），境内各地在遭受连续两年特大旱灾之后，又遭受两次暴雨袭击。粮食无收，饥民易子而食。仅巴中、通江两县饥民因草根树皮挖掘殆尽而跳河、服毒、自焚、饿死者达20万余众。民国24年（1935年）至民国26年（1937年），境内连续大旱，田土龟裂、水泉枯涸，粮食无收。农民挖草根、剥树皮，采松花，咽粗糠、谷草。民国27年（1938年）至民国38年（1949年），境内又相继发生大的旱灾6次，遭受涝灾、雹灾、洪灾10余次，致使农民收成大减，十室九空，饥馑严重，民心惶惶，焦急万状。其中，民国36年（1947年）通江县有19乡（镇）的10.23万人受灾；农作物受灾面积9557亩，损失7成，损失折款7.46万元。

1951—1957年，境内局部地区共发生四次旱灾。1951年2—7月，通江县有11个乡发生特大旱灾，田龟裂、禾枯萎、粮歉收；1952年，通江、南江局部地区大旱；1955年，巴中、通江发生春旱连夏旱，受灾面积0.8万公顷，粮食受损3万多吨；1957年7月17日起，平昌县连续干旱52天，水稻减收50%。

1959—1961年，境内各地连续三年遭受20年未有的大旱灾。除了持续的夏旱连伏旱外，尚伴有雹灾、虫灾、水灾，使农作物严重减产，故有“一干一令（霖），一个罄尽”的农谚。三年中，仅巴中县便减产粮食10.4万吨，棉花减产1841吨，通江、南江仅1959年便减产粮食7.08万吨。

1962—1985 年，境内各县遭受不同程度旱灾。巴中县 1962 年春、夏旱 63 天，1965 年夏旱 37 天，1970 年夏、伏旱 40 天，1972 年夏、伏、秋旱 58 天，1980 年春旱 35 天，1985 年夏旱 32 天；通江县 1962 年夏旱 52 天，1969 年夏旱、伏旱 50 天，1970 年夏、伏旱 97 天，1972 年夏、伏旱 74 天，1974 年伏旱 41 天，1975 年夏、伏旱 70 余天，1976 年伏旱 42 天，1980 年和 1982 年各夏旱 60 天；南江县分别于 1965 年、1972 年发生夏旱 60 天、伏旱 28 天；平昌县分别于 1963 年、1969 年、1973 年、1976 年、1977 年、1978 年、1981 年遭受不同程度的干旱、高温天气。受灾较严重的有：巴中县于 1972 年农作物受灾 6.67 万公顷，通江县 1972 年受灾作物 40 万公顷，南江县 1972 年损失粮食产量 2500 吨，平昌县于 1975 年受灾作物 16 万公顷。

1986—1989 年，境内各地遭受四次旱灾。其中巴中县农作物受灾 1 万公顷，18 个重灾乡（镇）的 16 万人口和 14 万头牲畜缺水饮用，粮食作物严重减产。通江县少栽水稻 0.63 万公顷，农作物受灾 2 万公顷，有 13.7 万人、8.8 万头牲畜饮水困难。平昌县受灾农作物面积 8.13 万公顷，损失粮食 1.43 万吨，有 65.3 万人、55.5 万头牲畜出现饮水困难。

1990 年 5 月中旬至 6 月 14 日，境内四县普遍高温少雨，持续干旱 32 天，四县平均总降雨量为 26.9 毫米。四县有 47 个区 281 个乡 2269 个村 14126 个组 267 万人受灾。大春作物受灾面积 12.47 万公顷，塘库干枯 7580 口，溪河干枯 965 条，有 33 万人、24.6 万头牲畜缺水饮用。

1992 年 9 月下旬至 1993 年 6 月，境内先后出现两次严重旱灾。总降水量仅 30.5 毫米，为多年平均值的 6.8%，总降水量不足总蒸发量的十分之一。其中平昌县作物受灾 2.17 万公顷，各种作物经济损失 420 万元。

1994 年，自 5 月 3 日后，全地区陆续遭受夏旱，一直持续到 6 月 24 日才得以缓解，各地干旱日数均超过 50 天。5 月中旬，南江县、巴中市（县级）、通江分别降雨 9 毫米、14 毫米和 6.5 毫米，是 27 年来最小值。5 月下旬，南江县滴雨未下，巴中市（县级）、通江县也仅有 1.4 毫米和 0.5 毫米降水，为历史罕见。进入 6 月仍连晴高温，旱情持续发展，最大雨日雨量不到 10 毫米。到 6 月 15 日，全地区 95% 的山平塘干涸，88% 的水库无水可放，0.6 万公顷秧母田严重干裂，109 万人、128 万头牲畜严重缺水饮用，计划栽插水稻仅栽 50%，有 598 个村的 10 万农户未开秧门；已栽水稻中，断水 2.67 万公顷，开裂 1 万公顷。3.33 万公顷已播玉米中，有 2.53 万公顷受旱。435 所中小学因严重缺水而影响正常的教学秩序，200 余家工商企业停产停业。夏旱刚过，伏旱又至。7 月 13 日气温达 40.5℃。8 月中旬，测得土壤平均含水率仅为 20.4%。全地区 319.5 万亩大春农作物严重受灾，其中：水稻断水开裂 90 万亩，棉花、烟叶等作物干死 25 万亩。高温伏旱还造成 198 万人、205 万头牲畜饮用水极度困难，255 座小型电站被迫停止发电或减少发电，300 多家工商企业和乡镇企业被迫停产。

1995 年，自 2 月下旬以后，全地区一直干旱少雨。特别是进入 5 月，气温日渐增高，未出现一次大于 25 毫米的降水过程。全地区 23469 口山平塘全部干涸，775 座中小型水库和石河堰 80% 无水可放；整个工程蓄水减至 1.2 亿方，有效水不足 3000 万方，1.87 万公顷秧母田不同程度脱水。到 5 月 30 日，全地区仅栽水稻 0.92 万公顷，占计划的 8.4%；已栽种的 3.33 万公顷玉米，有 1.2 万公顷因旱萎蔫或死苗；1.87 万公顷春洋芋枯萎死苗 0.73 万公顷；红苕、棉花、烟叶因旱无法栽种。因旱缺水造成供电紧张，农村照明用电中断，人畜饮水十分困难，不少地方出动拖拉机、汽车运水保人畜。到 6 月 5 日，省政府派飞机到巴中实施人工降雨成功，旱情初步缓解。6 月 6 日后再度出现干旱少雨，到 6 月 20 日，全地区栽水稻 9.6 万公顷，完成计划的 92.3%；但有 2.8 万公顷稻田开裂，1.53 万公顷稻田严重脱水。有124万人和135万头牲畜不同程度缺水，其中有24个场镇严重缺生活用水。

1996年，夏旱始于6月9日，一直持续到7月8日。旱期，各地降水显著偏少，比常年同期偏少70%~80%，未出现一次大于25毫米的降水过程，且分布极不均衡，造成溪河断流，24469口山坪塘全部干涸，792座中小型水库和石河堰无水可放，水利工程蓄水减至8500万立方米，有效水仅3000万立方米左右，降至历史最低值。到7月上旬，全地区尚有20余万亩水稻无法栽插，仅平昌县得胜、高升、粉壁等乡（镇）就有759户未开秧门；红薯仅完成计划的50%。已栽种作物普遍受旱严重，水稻5.93万公顷出现脱水，3.8万公顷严重开裂，0.33万公顷出现枯黄死苗；玉米0.73万公顷萎蔫，0.5万公顷雌雄花期不遇；2.13万公顷红薯萎蔫和死苗。全地区有57万人、52万头牲畜饮用水发生困难，25个场镇严重缺水，部分地方水价涨至每担2.5元，学校、工业、商业、群众生活无不因旱缺水而受到严重影响。

1997年6—8月，全地区仅五个降雨日，降雨量为108毫米，除部分遭受暴风雨及冰雹灾害地区降了少许雨水外，其余地方均为高温干旱天气。其中6月9日至29日，降水仅22.3毫米，比历年同期偏少75%，比干旱严重的1996年也少降26毫米；日最高气温达35.6℃。全地区277个乡镇、2358个村、71.2万户274万人受灾，成灾人口8.2万户220万人；受灾面积16.06万公顷，成灾7.8万公顷，特重灾5.33万公顷，绝收2.93万公顷。经济损失1400多万元。有42万人、45万头牲畜饮用水严重困难，14个场镇严重缺水饮用，部分中小学因缺水而影响正常教学秩序，部分乡镇水价涨至每担2.5元，个别缺水严重的地方要到5公里外的小河背水饮用。

1998年，入春后降水持续偏少，春旱严重。4月份日照偏多43小时，平均气温较常年偏高3.5℃~4.5℃，最高气温超过32℃，是有气象记录以来的同期最高值。3—4月降水40至60毫米，较历年同期偏少60%至70%。到5月1日，全地区工程蓄水仅1.1亿方，有效水不足5000万立方米。常年蓄冬囤水田2.67万公顷，1997年秋仅蓄0.67万公顷，全部断水开裂；有145个乡镇、162.5万人不同程度受灾。小春作物受旱10.4万公顷，其中5.2万公顷严重受旱，部分枯死绝收，4.67万公顷春玉米大面积出现萎蔫，20%干死。持续高温还造成小麦高温逼熟，1.33万公顷秧母田不同程度脱水，0.33万公顷断水开裂。棉花、烟叶等经济作物苗床死苗率达10%以上，移栽死苗达15%~20%。全地区90万人、95万头牲畜饮用水困难，47个场镇不同程度缺水，停产、半停产工商企业110多家。入秋以后，降水持续偏少，造成小春作物炕芽、出苗不齐，给工农业生产和群众生活带来了严重困难。9月份降水仅30.4~92.5毫米，比常年偏少60%~86%，月平均气温22.4℃~23.5℃，比常年偏高0.9℃~1.5℃。10月份降水42.5毫米，比常年偏少65%，月平均气温17.7℃~19.1℃，比常年偏高1.9℃。秋干持续发展，对小春生产构成严重威胁，全区8.33万公顷小麦出苗率仅63%，4.4万公顷油菜严重受旱；有42万人、48万头牲畜发生饮用水困难。1999年，全地区出现春旱、夏旱和伏旱。自1998年9月1日到1999年3月6日，全地区平均降雨量仅110.2毫米，特别是1月中旬到2月底长达50多天无降水。4月至5月降水仍然偏少。全地区有112个乡镇1031个村的5.53万公顷小麦、2.33万公顷油菜受旱，0.73万公顷小麦基本绝收。小春粮食总产比1998年减产8.2万吨，减17.8%。入夏以后，干旱持续发展。6月份仅降水68.4毫米~115.9毫米，较历年同期少三成以上，比1998年同期偏少六成以上。全地区计划栽插水稻只完成89%。从7月15日开始，境内又遭受长达30多天的伏旱袭击，局部地区长达45天。7月15日至8月25日，降水仅117.2毫米至217毫米，比1998年同期偏少40%至60%；日平均气温多在35℃以上，最高气温达38℃，地表温度达50℃以上。8.27万公顷水稻有近56%严重脱水；有40%的水稻因抽穗、扬花时值干旱，造成“胎里死”。据统计，全地区水稻因旱损失9600万公斤。

2000年1—5月初，境内遭受严重旱灾。总降雨量70.2～101.7毫米，较历年同期偏少51%～59%，较1999年同期偏少30%～50%，日照时数偏多，日平均气温偏高0.1℃～0.6℃。小春粮食减产4万吨左右，大春“五苗”（秧苗、玉米苗、苕苗、烟苗、蔬菜苗）严重受旱；经济林木造林育苗损失面积30%以上。工程蓄水占应蓄水的69.2%，比正常年景少20%。全市先后有137个乡镇140万人、45万头牲畜出现饮水困难，67个乡镇城镇供饮水工程中断，工程蓄水仅能栽插水稻3.33万公顷。

二、暴雨洪涝

境内洪涝灾害的史料记载最早的是清乾隆二十五年（1760年）元月十六日，“巴河洪水泛滥，水位上升8.8丈”。境内普降暴雨是乾隆三十五年（1770年）五月、七月，特别是五月，暴雨成灾，河水泛滥，澌滩河上街被水冲毁。（《平昌县志》载）

清嘉庆十一年（1806年）至民国38年（1949年），境内较大的洪灾达20余次。民国7年（1918年）9月5日，大雨如注，平地水深尺余，巴中城城墙崩二三十丈、裂三四十丈。民国15年（1926年）5月30日，寅卯之交，河水骤至，江口水位上涨7.3丈；巴中淹没城根，沿河乡场、田宅多被冲刷；通江县署大门外石梯和石狮子被淹没，沿江居民半淹没，惨不忍睹。

1952年6月下旬至7月上旬，境内连续暴雨，山洪暴发，受灾作物0.1万公顷。通江县瓦室铺楼驿溪及下码头20多户房屋全被洪水冲毁；平昌县淹死10人，粮食和商业部门损失粮食、食盐4.75万公斤；巴中县冲垮房屋2019间。

1954年7月13—20日，境内大部分地区连降大雨和暴雨。平昌雨量213.6毫米，通江城关镇降雨273.4毫米，两县作物受损0.1万公顷，垮房150间、死人15人、死牲畜25头，冲毁农田0.06万公顷。仅通江一县就损失粮食122.65万公斤。

1957年7月，巴中遭洪灾，城区中坝被淹，恩阳、梁永、三江等地沿河场镇大部分房屋被淹，农作物受损0.33万公顷，冲走仓库粮食1.19万公斤，冲倒和冲走房屋1270间、死亡12人、受伤25人，冲垮桥梁92座，冲坏塘1271口。

1964—1965年，境内各地普降暴雨，河水猛涨，沿江作物受损，加上局部地方大面积滑坡，崩山损林，冲毁房屋，塌死人畜，损失惨重。仅1965年境内四县因洪水猛涨而淹没耕地1.4万公顷，损失房屋6083间，死亡64人，死牲畜376头，加损粮、损物，直接经济损失达2276万元。巴中恩阳镇6条正街有4条被淹，冲走、冲垮房屋783间；通江澌波、松溪祭田坝等街道房屋全被冲毁，毛浴乡和老官庙街道房屋被淹没；平昌江口镇大小桥湾一带水封屋檐；南江县冲毁农作物0.12万公顷。

1973—1974年，境内四县先后遭受水灾及旱灾。1973年四县受灾面积4.47万公顷，粮食减产40%左右。1974年7—9月，境内普降暴雨，大通江河日降雨289.3毫米，小通江河262毫米；江口镇203毫米；南江河259毫米。特大洪峰水位高达23米以上，超1926年的水位记录。通江、南江、平昌三县有53个公社，受灾面积达2.13万公顷，直接经济损失716万元。其中，平昌县冲垮房屋1839间；通江县的潮水坝、楼子庙、平溪坝、新场坝、涪阳坝和县城西街、南街及春在场、广纳场等处均被洪水淹没，全县共冲毁民房6104间。通江、平昌、南江三县因灾死亡214人、伤8人。

1975年7月9—15日，平昌、通江连降暴雨，江口镇日降雨143毫米，通江城123毫米；有4030户居民受灾。淹没、冲毁农作物0.67万公顷；冲毁水库、山坪塘131口（座），垮房2471间；因灾死亡20人，冲走、淹死牲畜89头，直接经济损失250余万元。

1978年平昌县遭洪灾，1980年巴中县遭暴雨袭击，1981年南江遇洪灾，1982年平昌、通江暴雨成灾，1985年平昌、通江受洪灾。其中1982年7月，平昌最大日雨量293.1毫米，通江梓潼公社日降雨量280毫米。通江三次暴雨经济损失800多万元，平昌毁水利设施1002处，倒输电线137杆公里，直接经济损失620余万元。

据各县气象资料记录：巴中县从民国元年（1912年）至1985年共发生洪水灾害26次，其中较严重的12次；平昌县1959—1980年，由一日大暴雨形成的偏涝12次、大涝2次，由连续大雨形成的偏涝9次、大涝2次；南江县1959—1984年，有16年出现洪涝灾害，也有降雨量未达洪涝标准，但降雨强度大而造成洪涝灾害。

1989年7月7日至10日的特大洪灾，境内四县有263个乡1988个村135万人受灾，受灾面积15.87万公顷，成灾3.6万公顷，损失产量2922万公斤，伤亡137人（通江127人），房屋塌损7421间，死牲畜767头，冲走粮食100吨，淹没场镇26个（通江25个），山地滑坡1701处（南江1600处），经济损失3485万元。

1993年6月27日至28日，境内四县（市）遭特大暴雨袭击，持续时间长达38小时，日降雨量高达215.5毫米，造成20年来罕见的洪涝灾害，共有291乡（镇）2151个村284.7万人受灾；农房受损1.44万户3.6万间，其中全部倒塌的有1272户4426间；死8人，伤46人，死大小牲畜1330头；冲毁农田0.08万公顷，垮石堰2.05万米，垮塘库677口，大滑坡1.09万平方米；农作物受灾11.6万公顷，成灾8.87万公顷，直接经济损失7784万余元。

1994年6月24日、6月29日、11月12日，巴中地区3次出现较大范围的强降雨天气过程，暴雨成灾。6月24日、6月29日两次暴雨过程雨量均超过100毫米。6月29日，通江县汽车运输总公司一辆正在运行中的大客车，被突如其来的洪水冲走，当场死亡20人。11月12日，通江县、南江县、巴中市（县级）、平昌县分别降雨127.6毫米、111.89毫米、169毫米和81毫米，暴雨中心巴中市（县级）雪山镇降雨量超过250毫米，巴河水位上涨7.2米，通江河水位上涨13米，暴雨、洪涝造成死亡28人，重伤59人，轻伤69人，损毁房屋1.36万间，粮食作物受灾5.22万公顷，经济作物受灾1.8万公顷，冲毁田土0.5万公顷，毁坏水利设施9845处，公路垮塌324处。暴雨还诱发山崩、垮岩、滑坡等山地灾害45处，交通堵塞，通讯中断，毁坏山林、耕地，冲毁住房。11月12日，南江县红四乡四村三社因洪涝造成山体滑坡、4公顷耕地被毁，8户村民37人无家可归。

1996年7月17日至20日，南江、巴中、通江部分地方遭受特大暴雨洪灾的袭击，全地区有57个乡（镇）、10.5万人不同程度受灾，农作物受灾面积达1.67万公顷，因灾损失粮食1117万公斤，损坏房屋6788间，圈舍倒塌打死生猪470头，打死（伤）耕牛18头，因灾死亡2人，直接经济损失2074.36万元。

1998年5月20日至21日、7月7日至9日、7月19日至21日，全区大范围普降暴雨，发生洪灾，部分地方发生山地灾害。“5·20”特大洪灾，暴雨中心巴中市（县级）鼎山镇过程雨量314毫米。7月7日至9日南江县城降水323.1毫米，上两、杨坝等地高达396毫米。部分地方旧灾未除，新灾又至，重复受灾。全地区累计受灾乡镇239个、人口174.9万人次，因灾死亡33人，失踪2人，伤95人；损坏房屋3.47万间，倒塌房屋7376间；因灾造成无房、无衣、无粮的“三无”户1319户5249人；农作物受灾5.37万公顷，成灾4.27万公顷，绝收0.67万公顷；毁坏耕地0.77万公顷，其中0.17万公顷短期内难以复耕；损坏水利设施1642处，毁坏小型电站11座，其中8座电站报废，冲毁江河提防2000公里；损坏公路577.3公里，损坏桥梁29座，损坏通讯、输电线路245公里，造成灾区交通、通讯、供电一度中断。22个场镇进水，3800人一度被洪水围困，紧急转移安置3010人，46所中小学被迫停课，424家工商企业停产、停业。灾情特别严重的“5·20”特大洪灾，暴雨伴随大风、冰雹，因灾死亡17人，失踪2人，伤31人；倒塌房屋2860户6294间，其中全倒塌536户2218人无家可归；9.8万亩农作物严重受灾，水利工程出险621处，山体滑坡冲毁电站8座，损毁输电线路145公里，省、县道公路塌方42.3万立方米，挡墙垮塌17.6万立方米，路基沉陷1.41万米，冲毁路面37.4万平方米，冲毁桥梁25座，直接经济损失1.96亿元。

1999年入汛以后，全地区局部地区遭受洪涝灾害，共有2.28万公顷农作物受灾，倒塌房屋1034户4130间，因灾死亡2人，死亡大牲畜4万头，损失粮食945万公斤，直接经济损失1100万元。7月26日、28日，8月1日，平昌县镇龙区连续三次遭受暴雨袭击，造成房屋倒塌22间，猪牛圈舍16间，冲毁新建的干道公路100多处，垮塌土石方3000多立方米，造成交通中断，水冲、沙压水稻、玉米、烟叶等农作物413.33公顷，33.33公顷基本绝收，损失粮食产量50万公斤，直接经济损失100多万元。

2000年6月1日到7月15日，巴中市（县级）降雨量达801.1毫米，通江县887.3毫米，南江583.3毫米，平昌754.4毫米，分别占1—7月总降雨量的80%以上，6月1日至6月3日、6月25日至28日、7月11日至13日3次暴雨成灾。10月10日至12日境内再次出现暴雨天气过程，降雨87.8毫米至133.7毫米，全地区有10.2万户38万人受灾，其中重灾户1.4万户4.9万人。粮食作物受灾5.05万公顷，成灾1.27万公顷，绝收0.17万公顷，其中水稻受灾1.8万公顷，成灾0.72万公顷；玉米受灾1.88万公顷，成灾0.21万公顷；经济林木受灾650万株，冲毁新造林地0.3万公顷，其中，退耕还林0.11万公顷，损毁耕地0.29万公顷；21座中小型水库（其中小Ⅰ型5座、小Ⅱ型16座）、175座山坪塘出险；冲毁公路路基272公里，损毁公路挡墙、护坡7200处，公路塌方88.5万立方米；损毁农村高低压输电线路342公里，通讯线路176公里；房屋倒塌3500户1.2万间，其中房屋全倒塌420多户1320间；企业停产、半停产125家。

三、大风雹灾

据各县气象部门统计：巴中县自民国19年（1930年）至1985年的56年中，出现7级以上大风103次，其中较为严重的有民国19年（1930年）、民国38年（1949年）、1955年、1964年、1979年；自民国12年（1923年）至1985年共出现冰雹24次，其中较为严重的有民国12年（1923年）、民国26年（1937年）、民国37年（1948年）、1958年、1965年、1973年、1976年、1981年。

平昌县自1961年至1981年的21年间共出现17米/秒以上风速的大风98次，最多年7次，最少年1次，各月间以4月、5月、7月、8月、9月居多，具有明显的阵性和局部性。自1959年至1983年，全县共降雹33次，最高年（1978年）降雹5次，最低年（1971年、1981年）降雹1次。

南江县自1959年至1985年，全县共出现45次风灾，其中1983年就有6次，风向偏东北风，风速28米/秒。一般在秋冬多为寒潮大风，影响范围广、持续时间长，但风速不大；在春夏多为雷雨大风，多与冰雹相伴。自1959年至1985年的26年间，全县降雹15次，最多年（1963年）降雹3次。

通江县自1951年至1985年，共发生风雹灾51次。县境内4—6月和8月为风雹多发季节。北部新潮、临江、空山、长坪、中和等乡为雹灾频发地，每年平均1~3次；冰雹路径与山脉走向中心轴线的方向基本一致。县境内20世纪50年代平均每年出现1.7次，60年代5.8次，70年代1.5次，20

世纪 80 年代 3.9 次，20 世纪 90 年代 3.5 次；降雹最多的区域是至诚、永安、铁溪、平溪区，时间在 4—8 月出现概率较大。

1984—1986 年，境内巴中、通江、平昌三县局部地区遭受 18 次风雹袭击，最大风力 10 级，一般 7～9 级，降雹时间长达 10～20 分钟，最大雹粒 50 毫米，一般 20～30 毫米，造成房屋被掀，竹木折断，作物打烂，通讯和电力设施受损。3 年共造成经济损失 2300 多万元，其中损失粮食 0.8 亿多公斤，损失房屋 968 间。遭灾最严重的是巴中县玉山区，于 1985 年 5 月 12 日遭受了 1950 年以来最大的风雹袭击，下雹持续 10 分钟，雹粒最大直径达 50 毫米，风速 18 米/秒，全区小麦受灾 8006 亩、毁房屋 10 间，倒电杆 36 根，吹断广播线路 12 公里。

1989 年 5 月下旬、7 月 24 日和 29 日，通江、南江三次遭受雹灾，直接经济损失 516 万元。

1990 年 5 月 12—14 日及 7 月 9—10 日，巴中、南江遭受两次狂风暴雨、冰雹袭击，降雹时间持续 15—45 分钟，农作物受灾达 2.67 万公顷。7 月 9 日，通江有 36 个乡镇遭大风冰雹。8 月 3 日，巴中有 3 个乡遭风雹灾害袭击，直接经济损失 365.56 万元。

1991 年 3 月 8 日、4 月 29 日、5 月 1 日、7 月 24 日、6 月 19 日、7 月 21 日、8 月 14 日、9 月 1 日，通江城区先后出现大风，损失粮食 295 万多公斤，损毁农房 57 间、铁索桥 5 座；巴中遭受 9 级大风并伴暴雨和冰雹，经济损失 1840 万元。

1994 年 5 月 2 日 3 时至 6 时、5 月 3 日 5 时 40 分至 7 时 20 分，全地区遭受特大风雹、暴雨袭击。7 月 28 日，通江遭受持续 30 分钟的大风冰雹袭击，雹粒密度为 20～40 粒/平方米，雹粒直径 30 毫米以上。全地区有 30 个乡（镇）804 个村 22.51 万户 83 万人不同程度受灾，农作物受灾面积 3.6 万公顷，损失粮食 2616 万公斤，油菜 197.3 万公斤，损坏房屋 1.57 万间，伤 18 人，死牲畜 467 头，直接经济损失 5843.5 万元。

1995 年 6 月 7 日、9 日、11 日，8 月 21 日，9 月 23 日，全地区局部地区先后遭受 5 次风、雹袭击，其中通江遭受 3 次特大风、雹灾害，损失惨重。其中 6 月 11 日的风力 9 级，风速 27 米/秒，冰雹最大直径 2.5 公分、3 两重，最大密度 130～150 粒/平方米，降雹持续 10～20 分钟。因灾造成交通受阻、通讯中断，人伤畜亡，房屋倒塌，竹折树断，粮经作物打烂入泥。全地区共有 7 个区 33 个乡 315 个村 23.56 万人不同程度受灾。农作物受灾 1.67 万公顷、成灾 1.27 万公顷，绝收 0.4 万公顷。吹断树木 125 万根，损失房屋 185 间，打死农民 1 人，打死耕牛 1 头。

1996 年 5 月 27 日 18 时，南江县、通江县、巴中市（县级）部分地方遭受了建区以来最大一次风雹暴雨灾害袭击。降雹时间长达 55 分钟，密度 300～500 粒/平方米，持续降雨约 50 分钟，降雨量达 70 毫米。全地区 48 个乡（镇）307 个村 5.67 万户 22.5 万人不同程度受灾，粮食作物损失 1054 万公斤。

1997 年 5 月 4 日，平昌、通江部分地区遭受风雹袭击，66 个乡镇不同程度受灾，受灾农作物 1.27 万公顷，其中绝收 0.1 万公顷；大风吹垮农房 61 间，砸伤 2 人，损失小春粮食 460 万公斤，油菜 30 万公斤，直接经济损失 1570 万元。5 月 14 日，全地区均遭风雹灾害袭击，有 33 个乡镇不同程度受灾，受灾农作物 0.73 万公顷，其中绝收 0.15 万公顷，损失粮食 590 万公斤；损坏房屋 1050 间，其中垮塌 50 间；狂风吹断输电线、通讯线，灾区电力、通信中断，直接经济损失 3000 余万元。5 月 29 日，全地区再度遭受风雹灾害的强烈袭击，55 个乡镇受灾，损毁农作物 1.27 万公顷，其中 0.2 万公顷尚未收获的小麦被冰雹全部打落，颗粒无收，0.34 万公顷水稻、玉米、红苕苗被打死打烂，损坏房屋 1400 余间，其中垮塌 50 多间。共损失粮食 750 万公斤，直接经济损失 3000 多万元。

1998 年 3 月 19 日至 25 日，全地区出现区域性寒潮大风天气过程，气温下降 4℃ ~5℃，山区遭受雪灾，积雪厚度 20 厘米，造成 101 万亩各类大小春作物受灾，小麦大量倒伏，油菜跳荚，移栽玉米受冻，大春五苗烂种死苗。4 月 15 日和 23 日全地区两次出现较大范围的强对流天气过程，45 个乡镇不同程度遭受大风冰雹袭击，风力 21 米/秒，雹粒大似核桃，小似胡豆，降雹密度大，造成 1.67 万公顷农作物受灾，其中绝收 0.08 万公顷，损毁房屋 2530 间，直接经济损失 1700 多万元。

1999 年 5 月 9 日和 7 月 18 日，全地区局部地方遭受严重风雹灾害，因灾减产粮食 3200 万公斤，直接经济损失 2000 多万元。

2000 年 5 月 9 日，通江、南江局部地区发生风雹灾害，风力达 5 级以上，降雹密度 80 ~100 粒/平方米，有 16 个区镇、30 个乡镇、201 个村、5.5 万户、19.2 万人不同程度受灾。损失粮食 171 万公斤，直接经济损失 180 万元。

第二节 生物灾害

一、农作物病虫鼠害

境内农作物主要病虫害 175 种（病害 66 种、虫害 109 种）。水稻病虫害 48 种（病 10 种、虫 38 种）；麦类病虫害 17 种（病 9 种、虫 8 种），玉米病虫害 12 种（病 4 种、虫 8 种），薯类病虫害 12 种（病 7 种、虫 5 种），豆类病虫害 15 种（病 8 种、虫 7 种），棉花病虫害 18 种（病 6 种、虫 12 种），麻类病虫害 4 种（病 2 种、虫 2 种），烟叶类病虫害 11 种（病 5 种、虫 6 种），糖料类病虫害 3 种（病 1 种、虫 2 种），油菜病虫害 12 种（病 5 种、虫 7 种），蔬菜病虫害 23 种（病 9 种、虫 14 种）。对水稻危害最大的有 3 病（稻瘟病、赤枯病、纹枯病）、3 虫（三化螟、二化螟、稻苞虫），对玉米危害最大的是玉米螟，对红苕危害最大的有黑斑病、蛀虫，对小麦危害最大的是锈病、白粉病，对油菜危害最大的有蚜虫、菌核病，对棉花危害最大的是黄枯萎病、棉铃虫、棉蚜虫、红蜘蛛、金刚钻，对烟叶危害最大的有黑胫病、花叶病、根腐病、土蚕、烟青虫、蚜虫。

境内老鼠种类有：大家鼠、小家鼠、白腹鼠、黄腹鼠、褐家鼠、中麝鼠、黑线姬鼠、安化家鼠、长吻鼠、鼯鼠等 9 种。对玉米、小麦、豆类、水稻、红苕等农作物均有为害，春播时，老鼠掏食玉米种子，造成玉米面积严重缺窝。玉米收获期老鼠田间偷食玉米，造成损失。小麦、豆类、红苕、水稻等作物播种和即将成熟时，亦常遭鼠耗。

巴中县 1961—1992 年，先后发生较大病虫害的有 1961 年的棉花红铃虫害，1962 年的红苕软腐病，1963 年的水稻螟虫，1964 年的小麦腥黑穗病，1965 年多种作物的毛虫为害，1976 年的小麦锈病，1977 年的水稻赤枯病，1979 年的玉米螟虫，1980 年的鼠害，1984 年的水稻苞虫，1985 年的水稻稻瘟病，1986 年的小麦水蝇，1987 年的水稻稻苞虫和玉米螟虫，1988 年的鼠害，1991 年的稻飞虱，1992 年的稻瘟病。共损失作物产量和鼠耗粮食 5162 万公斤。

平昌县 1952—1992 年，共发生较严重的病虫害 24 次，其中最严重的是 1991 年的水稻虫灾和山鼠为害。主要虫害有稻苞虫、稻飞虱、百丛虫，受害水稻 28 万亩，占栽插的 67.6%，使全县少收稻谷 1516 万公斤，鼠吃玉米种子、叶、茎、果实及水稻寄秧、茎、果，共损失粮食 300 多万公斤。1992—1993 年连续遭受稻瘟病袭击，成灾面积 2.4 万公顷，共减产稻谷 7600 多万公斤。

通江县自20世纪70年代后期起，几乎每年都要遭受水稻稻瘟病、小麦锈病、白粉病和稻苞虫、玉米螟、蚜虫及山林鼠害。1991—1993年，连续3年遭受稻瘟病和稻苞虫的危害，损失产量300多万公斤。

南江县1974—1982年，几乎每年都遭水稻螟虫、稻瘟病、稻苞虫，小麦锈病、白粉病、小麦蚜虫、麦水蝇，油菜白粉、油菜蚜虫的危害，共损失产量3899.65万公斤。其中，水稻损失3771.65万公斤，小麦损失112.57万公斤，油菜损失15.39万公斤。

1993年，境内农作物发生病虫害31.75万公顷，损失粮食6.23万吨，其中水稻稻瘟病发生6.32万公顷，损失粮食4.46万吨。巴中市（县级）发生稻瘟病2.83万公顷，损失粮食1.9万吨；平昌县发生稻瘟病1.35万公顷，损失粮食2.25万吨。

1994年，全地区发生农田草害10.16万公顷，损失粮食1.18万吨，油菜867.1吨；发生病虫害27.47万公顷，损失粮食2.15万吨，油菜446.5吨。巴中市（县级）发生赤霉病1.98万公顷，损失小麦7476.5吨；发生麦蜘蛛1.29万公顷，损失2247.7吨。

1995—1996年，全地区发生农作物病虫害40.19万公顷，损失粮食3.2万吨，油菜2722.7吨；发生草害8.91万公顷，损失4.92万吨。巴中市（县级）发生水稻螟虫5.31万公顷，损失产量0.73万吨；平昌县发生油菜菌核病0.56万公顷，损失产量2706吨。

1997年，由于上年冬天气温偏暖，病虫基数高，小麦抽穗扬花期又遇连续阴雨，导致小春病虫害偏重发生。境内小麦赤霉病发生4.27万公顷，麦蜘蛛发生3.67万公顷，油菜菌核病发生0.76万公顷。大春生产由于品种抗病性减弱，冬暖病虫基数高，夏旱严重等，导致水稻病虫害发生15.8万公顷，其中：稻瘟病发生1.42万公顷，螟虫发生7万公顷，纹枯病发生2.87万公顷。玉米病虫发生5.73万公顷，其中纹枯病发生1.02万公顷，黏虫发生0.23万公顷，玉米螟发生4.53万公顷。

1998—2000年，全地区（市）共发生病虫害70.57万公顷，损失粮食6.2万吨、油菜1913吨。小麦赤霉病发生面积2.47万公顷，平均病虫率42%、病叶率17%；小麦蚜虫发生面积4.23万公顷；油菜蚜虫发生面积1万公顷；水稻稻瘟病发生面积5.56万公顷；直接损失182万元。

二、森林病虫害

20世纪50年代，境内局部地区遭受柏毛虫、松稍螟、小蛀虫、表枫蝶、银波天社蛾为害，其中通江县的杨柏、太平、石庙、三溪、双凤乡，平昌县的白衣区、西兴区、响滩区的大部分乡镇，南江县的黑潭乡、玉泉乡等地区危害最严重。受害柏树、松树一片枯黄，甚至枯死，危害面积累计达0.1万公顷。60年代，通江县的董溪、杨柏、太平等地先后遭柏木毒蛾幼虫和柏毛虫、油桐黄蜘蛛为害，受灾面积186公顷。70年代，南江县大坝林区发生小蛀虫危害华山松造成成片死亡，林区油桐受黄蜘蛛危害，核桃受举肢蛾、天牛危害，落果率达30%～60%。沙坝林场华山松遭蛀虫危害。两林区死亡华山松达2000多立方米。另有西清、东垭、沙坝等公社受甲虫、蚜虫等危害，受害面积9000多亩。南江各地苗圃的杉苗发生立枯病，死苗80%以上。巴中南阳林场的3.54公顷杉林出现少量黄化。1976年国营通江县空山坝林场磴子山林区200公顷华山松发生小蛀虫甲为害，树叶焦黄，部分枯死。

据1980年各县病虫害调查，境内尚有森林病虫害147种（病48种、虫99种）。其中马尾松病虫害16种（病6种、虫10种），华山松病虫害18种（病7种、虫11种），杉树病虫害5种（病3种、虫2种），柏树病虫害5种（病3种、虫2种），桦木虫害3种，油桐病虫害15种（病7种、虫8种），漆树病虫害8种（病2种、虫6种），核桃病虫害18种（病4种、虫14种），青冈病虫害21种

（病 6 种、虫 15 种），油橄榄病虫害 8 种（病 3 种、虫 5 种），桤木虫害 3 种，板栗虫害 4 种，桉树病虫害 2 种（病 1 种、虫 1 种），刺槐虫害 4 种，泡桐虫害 2 种，枫香病虫害 3 种（病 1 种、虫 2 种），慈竹病虫害 4 种（病 2 种、虫 2 种），木竹病虫害 6 种（病 5 种、虫 1 种），水竹虫害 2 种。对森林危害最大的病虫鼠害共 27 种。（1）病害：针叶树病害主要有松疱锈病（检疫对象）、煤污病、华山松落针病；阔叶树病害主要有黑斑病、溃疡病等；苗圃病害主要有立枯病、赤枯病、猝倒病等。（2）虫害：针叶树虫害主要有蜀柏毒蛾、天牛（包括双条天牛，检疫对象）、华山松大小蠹、木蠹、华山松松针蚧、松蛸螟、油松球果不卷、小枣螨；阔叶树虫害主要有银杏天蚕蛾、舞毒蛾、栎毛虫、枯叶蛾、芫菁、螨虫、蚧虫、蚜虫；苗圃害虫主要有地老虎、蝼蛄、蛴螬。（3）鼠害：黑腹绒鼠。分布在海拔 1000 米以上的地方，主要危害杉木、柳杉等树种，危害方式是啃食根基部；松鼠。分部在海拔 1000 米以下，主要危害马尾松，其次是柏木、杉木、柳杉等，危害方式是啃食树皮，马尾松受害最重的单株树皮被啃食 90%。

1986—1991 年，境内局部地区遭受柏毛虫危害，其中巴中县 5 年成灾 0. 12 万公顷，占发生面积的 15%。

1992 年，境内发生森林病虫害 1. 4 万公顷，重灾 0. 65 万公顷，主要是柏毛虫、桤木叶甲、麻柳叶甲，经济损失 650 万元。

1995 年，全地区继 1987 年暴发柏毛虫成灾后又一次周期性暴发，成灾面积 0. 8 万公顷，其中重灾 0. 3 万公顷。

1996 年，全地区有 60 个乡镇遭森林虫害，以蜀柏毒蛾（柏毛虫）危害为主，经济损失达 1560 万元。平昌县有 10 区 28 个乡镇受害，受灾面积 0. 91 万公顷，直接经济损失 430 万元。巴中市（县级）暴发了自 1950 年以来最严重的柏毛虫危害，发生面积达 1. 63 万公顷，其中重度发生面积 0. 88 万公顷，最高虫口密度达 3000 头/株，灾情主要分布在茶坝、关公、玉山、舞凤、凤溪、恩阳、石城、东兴场、兴文等 43 个乡镇。严重危害的地方成片柏木林鳞叶和嫩枝、嫩皮被全部啃食，仅剩树干和主枝，形同火烧。由于 1995 年森林病虫大面积暴发，1997 年再度大流行，全地区蜀柏毒蛾发生 3. 24 万公顷，占全区森林病虫发生面积的 71%，比 1996 年上升 24%，其中，轻度发生 1. 73 万公顷，平均虫口密度 150 头/株；中度危害 0. 94 万公顷，平均虫口密度 500 头/株；重度危害 0. 57 万公顷，平均虫口密度 1500 头/株，高者达到 3000 头/株。全地区柏木有虫株率达 80% 以上，严重威胁着森林资源的安全。

1997—2000 年，巴中市巴州区各类病虫害（主要是蜀柏毒蛾）累计发生面积为 7. 76 万公顷，其中轻度发生 6. 45 万公顷，中度发生 1. 21 万公顷，重度发生 0. 1 万公顷。成灾面积 0. 03 万公顷，占防治面积 4. 5‰，做到了有虫不成灾。

三、畜禽病害

据 1953 年、1972 年、1981 年三次普查，境内共有各类畜禽常见病 106 种。猪病 34 种，占 32. 1%；牛病 42 种，占 39. 6%；其他畜禽病种 30 种，占 28. 3%。发病多、死亡率高，损失较大的疾病，主要是猪瘟、猪丹毒、猪肺疫、牛炭疽、牛出败、鸡新城疫、禽霍乱、狂犬病、牛霉稻草中毒和青？叶中毒、猪食盐中毒以及硝酸盐中毒等十多种，其中威胁畜牧业生产健康发展，尤以传染病为最。境内历史上曾严重危害畜牧业生产的一些主要病有：猪瘟，俗称“烂肠瘟”，是由猪瘟病毒引起的一种急性、热性、败血性传染病。病症是微血管变性，内脏器官出血，坏死和梗死。发病不分品种、年龄、性别，一年四季均可发病，死亡率极高，为危害生猪发展的主要传染病。猪丹毒，俗称“打火印”，为猪的常见病之一。病原为猪丹毒杆菌，急性时表现为败血症，亚急性时在皮肤上出现菱形疹块；夏季多发，冬春呈散发，多地方流行。牛炭疽，俗称“急性黄”，病原为炭疽杆菌，患牛脾脏急性肿大2~3倍，皮下及浆膜下层之结缔组织呈血性胶样润浸，表现为急性败血症，为人畜共患的烈性传染病。鸡新城疫，俗称“鸡瘟”，是鸡类一种急性败血性传染病，具有高度的传染性和很高的死亡率。

1990年至2000年期间，境内共发生畜禽疫病灾害2248起，家畜发病32.77万头、死亡19.46万头，禽兔发病235.85万只、死亡147.26万只，经济损失达30亿元，人均年均减收8.5元。通江县于1953年、1956年、1962年、1964年、1971年、1985年因猪瘟共病死生猪4.35万头，其中1971年冬共病死生猪2.35万头，为历史上因猪肺疫死亡数最多的一年。南江县于1953年、1962年、1965年、1976年、1977年因牛病流行而病死耕牛1389头，其中1962因牛出败血症死亡580头，为县内历史最多的一年。平昌县于1956年、1968年因病死猪638头、死牛424头。巴中县1953年、1960年、1963年、1967年、1973年、1976年、1979年、1981—1985年、1988—1990年、1992—2000年共发生29次畜禽传染病流行。因猪瘟、猪丹毒、猪肺疫流行而病死和深埋处理的生猪达7.66万头；因牛炭疽、牛出败、中毒病、狂犬咬等因而死牛达1.18万头，其中1976—1979年死亡1.04万头；因鸡瘟、支气管炎等病而病死、扑杀鹅、鸡达4.81万只，其中1992年4月、6月，曾口镇寿星村冯光义孵抱的小鹅死于小鹅瘟病达2.3万只。

第三节　地质灾害

20世纪50年代及以前，境内地质灾害较少发生，之后，受挖塘凿堰、土地加工、建修公路基础设施建设影响，地质灾害发生频繁。据《通江县志》记载：1950—1985年，通江地质灾害22次，《巴中县志》记载5次，《南江县志》记载5次。1986—2000年，平昌县统计发生大小地质灾害4972处，巴中县（市、区）发生大的地质灾害16处。

1954年夏天，南江县高桥乡黄梁村一社发生山崩，山岩从600米高处崩垮到460米高程处。崩垮途中砸死过路伐木村民4人、砸伤1人。1957年，南江县贵民区公所后山滑坡，区公所房屋被砸坏，区文书杨大明夫妇殉职。

1962年10月12日，巴中县雪山区玉井公社五大队农民李洪章屋后垮岩，砸死6人，重伤3人。

1964年9月14日，通江县沙溪区文胜公社五大队二队（扒岩子）山地滑坡，流距长600米、宽500米，流失土地30公顷，损失民房32间、家用具和物资折款4.28万元。是月，南江县下两乡蕨潭沟滑坡，将沟堵塞，成为一座湖泊。

1965年6月中旬暴雨，通江县毛浴公社三大队（圆池河）山地滑坡，流失土地20公顷，一袁姓人家的整套房屋被埋葬河底，河流阻塞，汇成长约3华里的水面，淹没公路，行人改坐车为行船。是年8月31日黎明，巴中县鼎山公社钟林大队四队罗明华屋后岩石崩垮砸烂房屋三间，砸死3人；9月4日凌晨4时，巴中县青山公社二大队老相坪滑坡宽200余丈、长150丈，崩田13.34公顷，垮塌房屋141间。9月5日午后3时，巴中县白庙公社三大队白岩湾有46.67公顷面积向板溪下滑约300米，塌房21座，损田地16.67公顷。

1974 年 8 月 31 日 5 时许，巴中县鼎山乡中村四社罗国华屋后岩石突然崩塌，砸烂房屋 3 间，老母和妻儿当场被砸死。巴中县白庙乡四村 4 个社 75 户，因山崩受灾 55 户，其中 12 户村民的房产全部埋在土里。是月，巴中县平梁乡安桥村方块石梁发生崩塌，从山顶直奔下河，滑体长 8 华里、宽 3 华里，有 80 户村民受灾，倒塌、埋没房屋 18 座 2231 间、猪牛圈 142 间、家具 233 件，塌死猪牛 9 头，破坏耕地 32.4 公顷。是年 9 月 14 日 9 时，南江县赶场区旭光公社白梅垭的一个组，从海拔 1650 米高处滑到海拔 750 米的赶场公社九村齐平寺的宽谷中。造成 159 人死亡、8 人受伤，死牲畜 220 头，毁没房屋 117 间、耕地 830 亩。据查灾核实，这次滑坡速度为 17 米/秒，泥石流纵体长 1000 米、横宽 350 米，泥石流体堆面积 24.8 万平方米，水沟沟底堆积面积 9.5 万平方米，沟坡堆积面积 70 万平方米，滑坡区造成一个长 750 米、面积 24.8 万平方米，总体积 995.4 万立方米的泥石流堆积体。

1983 年，通江、巴中两县共发生 41 处山地滑坡。8 月 6 日，通江县长滩公社吴家坡山地滑坡，流距长 400 米、宽 150 米，流失泥石 24 万立方米，使河流阻塞，农田淹没，有 49 户、228 人受害，损农田 146 亩、民房 157 间。10 月 5 日至 8 日，因连降大雨，通江县澌波公社发生 10 亩以上的山地滑坡 31 处，受灾 50 户，损农田 33.33 公顷、民房 249 间，猪牛圈 86 间，公社粮管所的两幢粮仓受损，被迫搬迁。是年，巴中县三汇公社雪山大队三队农民范代荣房后垮岩 50 多立方米，毁坏房屋 4 间，砸死 5 人。

1984 年，平昌县高峰乡新农村三社滑坡，滑坡带长 1300 米左右、宽 300 米左右，相对高差 150 米左右（此处又于 1993 年、2003 年先后发生滑动）。是年 9 月 24 日大雨，通江县文胜乡中坪村七社（高岩子）山地滑坡，38 户、198 人受灾，损农田 13 公顷、民房 75 间。

1989 年，平昌县元山镇石寨村一、二、三社滑坡，滑坡体相对高差约 200 米，南北长约 1500 米，东西宽约 800 米，平均厚度约 5 米，规模约 60 万立方米（2003—2005 年下滑速度加快，灾情十分严峻）。

1991 年 6 月 12 日，巴中县遭受多年不遇的暴雨袭击，造成滑坡崩塌，损毁耕地面积 2 万公顷，占总耕地面积 34.8%，两座水库大坝滑坡出险，57 口堰垮坝，11 座水电站被淹，7 座乡道公路桥被冲垮，倒塌房屋 2989 间，死亡 12 人，死牲畜 751 头，总计经济损失达 4800 万元。

1993 年 10 月 15 日，平昌县镇龙中学因遭暴雨，造成学校后山坡发生约 2500 立方米的泥石流，将学校建筑场基石推凸达 50 厘米。

1994 年，平昌县界牌乡东龛村八社滑坡，滑坡体长约 160 米、宽约 200 米，坡高约 100 米，规模约 32 万立方米。

1998 年，全地区因暴雨洪灾导致山地灾害发生 35 处。5 月 20 日，巴中市（县级）凤溪乡、龙背乡、果敢乡、金山乡因遭特大暴雨袭击，造成山体滑坡，泥石流严重，冲毁农田 142 公顷，垮塌房屋 267 座、1560 间。5 月 21 日下午 5 时，通江县洪口区松溪乡赵家湾村发生山体滑坡，滑体长 1000 米、宽 100 米，面积 10 公顷，造成山林、农田、民房损毁，直接经济损失 650 万元。5 月 22 日，南江县花桥乡二村二社发生大面积山体滑坡，滑体面积 1.05 平方公里，造成 39 户、262 间房屋全部垮塌，151 人无家可归，泥石流淹没电站 1 座，装机 320×2 千瓦，毁坏耕地 11.33 公顷；冲毁农家粮食 7.5 万公斤，死畜禽 764 头（只）。5 月份总经济损失 1000 万余元。7 月 2 日，平昌县双鹿乡文明村盘龙山处出现古滑坡体复活，滑坡体长 100 米、宽 300 米、厚 1 米，体积 12 万立方，受损房屋 71 间，受灾人口 55 人，毁山林 3 公顷，滑体上 12 户农民，7 户情况危急。7 月 5 日，平昌县金龙乡在街右侧发生滑坡，长约 110 米、宽 85 米、厚 5 米，体积 4.7 万方，受损农田 0.4 公顷，房屋 30 间，受灾人口400人，毁林1.33公顷，危害公路1500米，损失45万元。7月22日，平昌县张公乡梅坪村大转弯处，出现古滑坡复活，滑体长216米、宽65米、厚5米，坡度40度至45度，主滑体后壁陡峭，高4.5米，基石裸露、裂隙发育、土质疏松、危机四伏，水源充沛，一触即发，其中一块60立方米巨石向前移动75米。此次滑坡，毁农田0.3公顷、山林0.33公顷、树520根、公路216米，62人的房屋受威胁，经济损失20余万元。是年平昌还出现新的山地滑坡20处，威胁5个场镇，受灾农田57公顷，损毁房屋556间，受灾户595户、6034人，死大牲畜133头，加上毁粮、毁林、毁渠、毁公路、塘库等，经济损失达783万元。

1999年，通江县共发生滑坡51处，其中大型地质灾害密度为55处/100平方公里。平昌县因暴雨导致友谊水库两处大面积滑坡，滑体总长2.4千米，造成400余米渠道和两户农户住户垮塌，水库左干渠瘫痪；土兴乡胜玉村七社发生山地滑坡，坡体上部有农户15户、62人、70间住房受到危及。是年10月16日，南江县东垭乡罗山坪发生滑坡面积100平方米，土石方150万立方米，受灾人口150人，大部分房屋被毁坏。

2000年，由于长期持续干旱，加上连降暴雨，全市共出现150多处山体滑坡，泥石流5处。6月28日，平昌县云台乡碗山村一社山体滑坡，滑体长300米、宽85米、厚15米，造成5户、33人的27间房屋倒塌，损毁猪牛圈舍24间，砸死猪牛25头。7月13日，通江县诺江镇诺江中路柳树湾滑坡，滑体长122.8米，公路拉裂和沉陷，裂口宽10.8厘米，沉陷0.2—0.5米，滑坡整体向外推移1.2米，直接受灾单位10个，居民100多户，毁坏房屋206间2120平方米，倒塌房屋1400平方米。10月11日，南江县长赤区天池乡三村一社发生山体错位，出险山体长150米、宽180米，裂缝最宽30厘米，错距40厘米，危及周围农户17户65人的生命财产安全。10—11月，平昌县马鞍乡黄梁村三、六社，元山乡长岗村五社丝树垭先后滑坡，危及农户91户420人，损坏道路500米、农田4公顷、林木1200株、粮食1500公斤、房屋4间、猪牛圈5间，直接经济损失120余万元。

巴中市志

第二篇

人　口

民国及以前，境内百姓“多子多福”观念浓厚，多子女家庭普遍，加之政府无控制措施，致使人口出生率相当高；但因自然灾害、疾病、兵祸、匪患、生活艰苦的影响，人口死亡率高于出生率。至1949年年底，境内四县仅有人口166.15万人。1950—1958年，随着生活水平的提高，年均增长人口达2.97万人。1959—1961年因遭受自然灾害，年均减少人口2.16万人。1962年后，政府鼓励生孩子，加之生活水平的提高、医疗条件的改善，使人口增长率成直线上升。1962—1979年，年均增长人口5.36万。从1971年起，各级政府把计划生育工作纳入议事日程。从1979年起，限制无计划二胎，经济制裁三胎，奖励生育一胎。1987年后，境内各县大力提倡和鼓励晚婚晚育、少生优生、一对夫妇只生一个孩子，境内人口增长率得到有效控制。据1990年第四次全国人口普查，境内人口出生率为15.85‰、人口自然增长率为9.14‰，分别比1971年减少22.22个和20.57个千分点。1993—2000年，全地区（市）各级政府认真落实计划生育基本国策，大力推行计划生育“三结合”（计划生育与发展经济相结合，与帮助农民致富奔小康相结合，与建设文明幸福家庭相结合），促进人口计划与经济社会的协调发展。通过宣传教育、奖惩办法、节育措施的有机结合，其出生率、自然增长率一直保持在国家规定的指标内。据2000年第五次全国人口普查，2000年全市人口出生率为8.78‰、自然增长率仅2.97‰，分别比1993年减少5.8和4.37个千分点。全市总人口343.56万人，比1953年增长95.85%；人口密度为每平方公里279.29人，其中，巴中市巴州区为每平方公里486人，比1953年增加226人，南江县增加95人；男女性别比为106.72，比1953年的99.68上升7.04。

第一章　人口变化

第一节　数　量

清末民初，境内共有人口1225221人，其中通江县238385人（1909年）、南江县204337人（1912年）、巴中县（含平昌）782499人（1910年）。

民国前期，境内兵祸、匪患、自然灾害相继为患，民无宁日，人口数量明显下降。据民国14年（1925年）2月16日《国民公报》载：四川各地大旱，通江、南江、巴中饥民吃尽山根树皮，饿死者3/10，据新编《巴中县志》载：民国15年（1926年）5月和民国19年（1930年）8月，县境两次发生洪涝灾害，其后疟疾、湿瘟（肝炎）、天花、麻疹等疾病蔓延。至民国22年（1933年），全县总人口下降到511826人。23年间，全县人口减少270673人，年均减少11768人。

川陕省苏维埃时期，境内约12万余人参加红军，1935年春随红军撤离境内。民国25年（1936年），通江县北平溪等12乡匪患损失人口3764人。民国26年（1937年），抗日战争伊始，丁壮多被征集。加之境内自然灾害频繁，人口死亡甚多，据民国34年（1945年）统计，境内人口仅有726578人，比民国元年（1912年）下降28.84%。民国35年（1946年）9月，巴中、平昌分治，平昌人口为23214户、168908人，巴中为49972户、342609人。

1949年年底，境内四县共有人口1661450人，比1945年增长1.29倍。通江县351183人、南江县280008人、巴中县644559人、平昌县385700人，呈前减后增趋势。

1950—2000年，境内四县人口发展经历了增长——减少——猛增——稳定四个阶段。即1950—1958年为增长阶段。9年增加266867人，年均增加29651人。1959—1961年为减少阶段，3年减少64808人，年均减少21602人；1962—1979年为猛增阶段，18年增加964698人，年均增加53594人；1980—2000年为稳定阶段，1980年人口自然增长率为9.48‰，1993年人口自然增长率为7.34‰，2000年人口自然增长率为2.97‰。21年间，境内增加578186人，年均增加27532人。

1949—2000年巴中人口变化统计

表2—1　　单位：人、‰

年度	人口数量	出生率	人口自然增长率	年度	人口数量	出生率	人口自然增长率
1949	1661450	29.47	20.11	1975	2736059	33.45	25.30
1950	1674438	27.94	18.47	1976	2768087	27.43	18.67
1951	1695399	27.70	18.58	1977	2791806	23.08	15.20
1952	1722639	29.58	20.83	1978	2812146	18.29	11.39
1953	1754177	27.69	19.00	1979	2838214	19.52	12.61
1954	1840503	25.99	17.84	1980	2857396	16.07	9.48
1955	1869620	24.82	16.07	1981	2879498	16.53	9.51
1956	1910434	22.21	15.38	1982	2899590	11.70	4.85
1957	1934963	21.37	11.75	1983	2905590	9.52	2.40
1958	1941305	19.99	3.11	1984	2914613	9.01	2.14
1959	1902988	13.62	-23.18	1985	2931052	11.58	4.97
1960	1851102	8.90	-25.54	1986	2968767	17.46	11.34
1961	1838180	9.37	-6.14	1987	3016487	15.62	9.33
1962	1873516	28.31	18.82	1988	3070601	15.52	9.34
1963	1920603	39.47	27.30	1989	3109342	15.11	8.56
1964	1969040	39.29	25.64	1990	3144190	15.85	9.14
1965	2022963	38.38	27.66	1991	3167555	14.06	7.49
1966	2074388	37.56	26.91	1992	3189575	14.36	7.15
1967	2125606	38.60	27.81	1993	3206797	14.58	7.34
1968	2199133	41.95	31.51	1994	3214979	15.19	8.37
1969	2273248	38.96	29.36	1995	3289173	15.38	8.77
1970	2363472	39.76	30.70	1996	3328919	14.07	7.54
1971	2435593	38.07	29.71	1997	3356777	12.87	6.76
1972	2518238	39.47	30.34	1998	3366367	12.54	6.48
1973	2599467	36.48	28.97	1999	3377157	9.92	6.89
1974	2673280	38.96	31.16	2000	3435582	8.78	2.97

第二节　分　布

境内人口分布历来呈北寡南众之势。通江县的民胜、广纳、铁佛、诺江镇等低山区人口密度最高，麻石、瓦室、涪阳、永安等中山区次之，铁溪、沙溪、洪口、至诚等高山区最低。南江县人口分布以南部中低山区较密；以北部高寒山区稀少，人口多集中于河谷平坝、山腰台地及丘陵坡梯等地域。巴中县人口分布呈南稠、北稀、中部密的特点。

1953 年 7 月，第一次全国人口普查，平昌县人口密度为每平方公里 200. 04 人，巴中县为每平方公里 260. 28 人，南江县为每平方公里 85. 64 人。

1964 年 7 月，第二次全国人口普查，巴中县人口密度为每平方公里 282. 22 人。南江县人口密度为每平方公里 103. 30 人，县北的贵民区每平方公里 42 人、上两区 14 人；县南的城关区 121 人、大河区 113 人、长赤区 217 人。平昌县人口密度为每平方公里 218. 90 人。

1982 年，第三次全国人口普查，通江县人口密度为每平方公里 145 人；南江县北高山区（贵民、上两、杨坝）人口密度为每平方公里 53 人，县南中低山区（城关、大河、沙河、正直、下两）为 262 人。1985 年，南江县人口密度为每平方公里 154 人，其中县北每平方公里 97 人，县南每平方公里 221 人，县城每平方公里 3400 人；巴中县人口密度为每平方公里 415. 65 人，其中县北每平方公里 199. 94 人，县南每平方公里 394. 19 人，中部每平方公里 457. 94 人；平昌县人口密度为每平方公里 331 人，其中元山区每平方公里 376 人，镇龙区每平方公里 228 人，江口镇每平方公里 4706 人。

1990 年，第四次全国人口普查，巴中县人口密度为每平方公里 441. 62 人；除巴州镇外，人口密度最大的是恩阳区，每平方公里 534. 41 人；人口密度最小的区是化成区，每平方公里 316. 73 人，人口密度最小的乡是南阳乡，每平方公里 145. 53 人。通江县人口密度为每平方公里 159. 04 人。

1993 年，巴中地区成立，全地区人口密度为每平方公里 260. 69 人，其中巴中市人口密度为每平方公里 449. 59 人，通江县人口密度为每平方公里 161. 07 人，平昌县人口密度为每平方公里 368. 79 人，南江县人口密度为每平方公里 166. 77 人。

2000 年，第五次全国人口普查，全市人口密度为每平方公里 279. 29 人。江北经济技术开发区人口密度为每平方公里 462. 9 人，巴中市巴州区为每平方公里 486 人，通江县为每平方公里 171. 5 人，平昌县为每平方公里 404 人，南江县为每平方公里 181 人。

第三节　迁　徙

据史料记载，境内曾多次移民。据新编《通江县志》载：秦灭蜀后，“移秦民万家实之”，县始有移民活动记载。东汉末年，南阳、三辅居民避乱入川，亦多有来境内定居者。唐末五代，中原的“衣冠之族多避乱在蜀”，普通百姓亦大批进川，境当其锋。南宋初年，金兵大举南侵，随着全国性的北民南迁，有大批陕、甘居民进入境内定居。明洪武中，第一次湖广填四川，“徙楚实蜀”，自楚迁入者“插占为业”。康熙十九年（1680 年），第二次湖广填四川，湖广之民陆续“奉旨”移居境内。民国后期，境内民众因匪患、天灾、兵祸而迁徙他乡者，时有发生。

1953 年，据第一次全国人口普查统计，南江县迁入 1162 人，迁出 1152 人。1957—1958 年，通江县接收南部、蓬安、仪陇、大竹、渠县等县移民 2371 户，8887 人。1959 年，通江县内遭受自然灾害，兼之政策失误，民生困顿，铁溪、平溪等区，间或有百姓迁往陕西避灾。

1964—1978 年，境内各县接收重庆上山下乡知识青年，使迁入人员大增。1964 年，据第二次全国人口普查统计，南江县迁入 2652 人，迁出 4412 人。1979 年后，境内绝大多数知青返回原籍就业。

1980—1985 年，巴中县因征兵、升学、结婚、就业、工作调动等原因，共迁入人口 81611 人，迁出人口 73088 人。

20 世纪 80 年代后，农民和下岗工人外出务工的“打工潮”在境内应运而生。外出务工人员在外成家立业定居者也不乏其人，犹以青年女性居多。同时，外地到境内经商办厂或定居者间或有之。1990 年统计，通江县外来务工或经商的有 1608 人，户口在通江县，外出务工经商一年以上的 2735 人。

1991—1993 年，巴中县（市）人口迁徙主要因工作调动，大中专毕业生分配，投亲靠友，务工经商等因素，共迁入 16519 人，迁出 18338 人。

据 2000 年通江县第五次全国人口普查统计，通江县外出半年以上人口 43094 人，占户籍总人口的 6.16%；来自省内其他市县共 1918 人，来自省外 918 人，总数占本县流出半年以上人口的 6.58%；县内各乡镇相互流动共 16907 人，其趋势主要自高山区流向低山区，自乡村流入城镇。同时，加上大中专毕业生和复员退伍军人在外就业定居者，流出县外人口大大高于外地流入县内人口数。

第二章　人口构成

第一节　性　别

境内人口性别，在明洪武年间曾列男妇之数。至清嘉庆元年（1796 年）始分男丁女口。据新编《通江县志》载：清道光二十七年（1847 年），县清查在册新旧民数，男 37575 丁，女 32494 口。民国中后期，由于连年战乱和天灾，个别年度个别地区的女性人口多余男性。民国 30 年（1941 年），通江县男 77735 人，女 78040 人，性别比为 99；民国 34 年（1945 年），巴中、通江两县男 279913 人，女 287678 人，性别比为 97.3（女性为 100）。民国 38 年（1949 年），通江、南江两县人口中，男 317803 人、女 313388 人，性别比为 101.41。

1953 年，第一次全国人口普查，境内四县总人口 1780254 人，其中男 888720 人，女 891534 人，性别比为 99.68。1964 年，第二次全国人口普查，境内四县总人口 1945575 人，其中男 986146 人，女 959429 人，性别比为 102.78。

20 世纪 80 年代前，境内各县男女性别较为正常，之后男女性别比逐年呈上升趋势，在青少年和婴幼儿年龄段尤为明显。1982 年，第三次全国人口普查，境内四县总人口 2891749 人，性别比为 103.98。1985 年，境内 2931052 人口中，男性 1503996 人，女性 1427056 人，性别比为 105.39。

1993 年，全地区总人口 3206797 人，其中，男 1662552 人，女 1544245 人，性别比为 107.66。其中，巴中市（县级）性别比为 109.88；通江县性别比为 106.22；南江县为 108.33；平昌县为

105.33。2000年，第五次全国人口普查，全市总人口3289246人，男1698059人，女1591187人，男女性别比为106.72。其中，巴中市巴州区男女性别比为108.21，南江县为109，通江县为106.9，平昌县为102.91。

第二节 年 龄

至民国时期，境内尚无准确的人口年龄统计资料，其年龄结构不详。但因生活水平低，医疗条件差，而造成人均寿命短，高寿者较少。抗日战争期间的户口统计虽有壮丁数，皆着眼于兵源，亦不能反映人口的年龄构成。

1953年7月，第一次全国人口普查，巴中县少年儿童系数42.84%，老年人口系数9.57%，年龄中位数20.77岁，属年轻型。1964年7月，第二次全国人口普查，通江县人口年龄中位数16.69岁，属年轻型；平昌县人口年龄中位数19.7岁，中位数以上和中位数以下的人口各占一半；南江县0～14岁人口占总人口的33%，男60岁以上、女55岁以上的人口占总人口的13%；巴中县少年儿童系数39.14%，老年人口系数7.10%，年龄中位数19.54岁，属年轻型。

1982年第三次全国人口普查，平昌县人口年龄中位数19.6岁，人口平均寿命65.23岁；通江县人口年龄中位数20.03岁，少年人口比例为38.44%，50岁以上老年人口占14.36%，属年轻型；巴中县少年儿童系数37.41%，老年人口系数8.99%，年龄中位数23.64岁，属成年型；南江县0～14岁人口占总人口的37%，男60岁以上、女55岁以上以上的占总人口的9%。1990年，第四次全国人口普查，通江县人口年龄构成属成年型中期，年龄中位数为23.88岁；巴中县0～14岁儿童占总人口的24.45%，15～59岁劳动力人口占总人口的62.79%。

2000年第五次全国人口普查，全市人口年龄中位数为24岁左右，属成年型。0～14岁人口929435人，占总人口的28%；15～64岁人口2153239人，占总人口的65%；65岁以上人口206572人，占总人口的6%。

第三节 民 族

境内为汉民族聚居地，少数民族极少。因迁徙、通婚、工作调动等，逐步增加少数民族。境内有文字可考的第一个民族为巴族——板楯蛮，亦称賨人。周慎靓王五年（公元前316年），秦惠文王伐蜀灭巴，巴归秦属后，中原的华夏人不断入境垦殖，賨人遂接受华夏人先进的文化和耕作技术。华厦人对賨人进行民族压迫和经济剥削，致使賨人多次进行武装反抗。由于华夏族统治者的残酷镇压和“恩信”拉拢，賨人在蜀汉时期融合于汉族的前身华夏族。

晋太安至永和初，巴“为僚所据”，成为僚人主要聚居地之一。在人口数量上，僚人比土著居民占绝对优势。唐代中叶，大部分僚人便被“熟化”，史称“熟僚”。熟僚以务耕织为主，其生活习惯与汉族无异。所余部分居住偏僻山林，称为“生僚”。生僚以渔猎为主，生性剽悍，勇猛多智，不满汉族统治者的剥削压迫，常进行武装反抗。据道光《通江县志》载：唐僖宗中和年间（881—885年），壁州刺史郑凝绩，为“除狡獠，乔居于保谷”。县境僚人与汉民的最后融合于南宋。

南宋灭亡后，蒙古人入驻中原。随之有少量蒙古人到巴定居，但多系官吏及其家属员兵丁，被汉民称为“鞑子”。

清初，到县内定居的满人多系八旗子弟或军人，后因调移而星散。清嘉庆二十五年（1820年），湖广受灾，流迁巴中的灾民中有4户回族，后又有回民陆续从阆中等地迁巴。

20世纪50年代后，因工作、婚姻关系等，境内少数民族逐渐增多。1953年第一次全国人口普查统计，巴中县有回、满2个少数民族。1964年，第二次全国人口普查统计，平昌县有回、藏、苗3个少数民族；南江县有回、侗、满、藏4个少数民族，13人；巴中县有回、满、藏、蒙古、苗、彝6个少数民族，121人。1982年，第三次全国人口普查统计，巴中县有回、满、藏、蒙古、苗、彝、壮7个少数民族，161人；平昌县有回、藏、苗、壮、布依、满、白、水、羌、京、仡佬、傈等少数民族，28人；南江县有回、藏、苗、彝、壮、蒙古6个少数民族，27人。1985年，通江县进行人口统计，有回、藏、土家、彝、高山5个少数民族，21人。

1990年，第四次全国人口普查，通江县有回、藏、彝、满、侗、土家、高山、土8个少数民族，57人；巴中县有13个少数民族，241人，大多数居住在巴州镇和恩阳镇。2000年，据第五次全国人口普查统计，全市共有34个民族，其中少数民族33个，2164人，占全市总人口的0.07%。少数民族中，人口最多的是蒙古族，741人，其次是回族，384人。

2000年巴中市各县（区）民族人口数统计

表2—2　　　　单位：人

序号	县(区)／民族	全　市	巴中市巴州区	通江县	南江县	平昌县
		3289246	1185862	676370	593720	833294
1	汉　族	3287082	1184845	676155	593454	832628
2	蒙古族	741	357	65	73	246
3	回　族	384	215	32	62	75
4	苗　族	151	67	13	16	55
5	藏　族	137	60	14	23	40
6	彝　族	137	65	13	18	41
7	壮　族	123	57	5	14	47
8	朝鲜族	110	40	15	16	39
9	维吾尔族	76	30	8	14	24
10	满　族	60	24	18	5	13
11	土家族	59	22	11	4	22
12	布依族	58	22	8	8	20
13	侗　族	41	15	6	5	15
14	羌　族	23	11	0	2	10
15	黎　族	12	10	0	0	2
16	瑶　族	8	6	0	0	2
17	土　族	6	4	1	0	1
18	傣　族	5	3	0	0	2
19	仫佬族	4	1	0	0	3
20	仡佬族	4	3	0	0	1

续表2—2

序号	县(区) 民族	全　市	巴中市巴州区	通江县	南江县	平昌县
		3289246	1185862	676370	593720	833294
21	白　族	3	0	1	1	1
22	哈尼族	3	0	1	1	1
23	傈　族	2	1	0	1	0
24	佤　族	2	0	1	0	1
25	高山族	2	0	0	0	2
26	水　族	2	2	0	0	0
27	纳西族	2	0	0	2	0
28	达尔族	2	0	2	0	0
29	普米族	2	0	1	0	1
30	畲　族	1	0	0	0	1
31	布朗族	1	0	0	0	1
32	塔吉克族	1	0	0	1	0
33	京　族	1	1	0	0	0
34	独龙族	1	1	0	0	0

第四节　文　化

清末，巴州、南江县有大学生38人，其中有4人到比利时、日本等国留学。

民国时期，境内农村小学学龄儿童入学率为20%左右，文盲或半文盲占农村人口的80%左右。民国34年（1945年），巴中县有大专文化程度的330人，高中文化程度995人，初中文化程度3487人，小学文化程度84271人，合计89443人，占总人口的22.6%；文盲占77.4%。

民国37年（1948年），通江、平昌两县受过高等教育的14人，中等教育4296人，初等教育168294人。文盲半文盲占总人口的53.78%。

1950年后，境内各级政府加大教育投入，恢复和发展中小学教育，积极开展以扫盲为中心的农民和职工教育。至1952年，南江县有高小或初小文化程度的42091人，占总人口的14.6%，初中或高中文化程度的1589人，占总人口的0.5%，文盲、半文盲242002人，占总人口的84.82%。1964年第二次全国人口普查，境内各县有大学（含大专）学历1307人，初中和高中学历52312人，小学文化程度496616人。文盲和半文盲776657人（不含平昌县），占总人口的39.44%。

1978年后，巴中的教育事业又有新的发展。1982年第三次全国人口普查，境内南江、平昌、巴中3县有大学（含大专）学历2132人，高中（含中专）学历45568人，初中文化程度249161人，文盲、半文盲562001人。1984年统计，通江县6岁及以上人口538299人，有大学（含肄业）学历526人，高中14197人，初中71799人，小学230732人，文盲、半文盲221045人。

1990年第四次全国人口普查，通江县总人口中，小学以上文化43.97万人，比1982年增加12.25万人，增长38.62%；15岁以上人口中，文盲及半文盲13.1万人，占20.01%，比1982年下降7.15个百分点。巴中县6岁及以上人口99.36万人，有小学以上文化74.32万人，占74.79%。其中，大学（含大专）2597人，高中（含中专）35123人，初中19.49万人，小学51.06万人；文盲、半文盲25.04万人，占25.2%。

2000年第五次全国人口普查，全市6岁及以上人口2941582人中，有研究生67人，大学本科4425人，大学专科27490人，中专53518人，高中120075人，初中847695人，小学1532547人，扫盲班57328人，未上过学298437人。文盲占总人口的10.15%。

第五节　职　业

清代，境内各县因工业、商业及其他非农行业发展缓慢，90%以上的人口均以农业生产为生计。

民国时期，境内各县在农闲季节亦有少数青壮农民外出，从事木材、医药、纸张、棉花和百货经营，多以出卖劳动力为主。据民国5年（1916年）省内务统计处“通江县人口职业类别表”载：全县有议员14人，官吏4人，公吏24人，教员105人，生徒468人，僧侣教徒872人，医士124人，矿业489人，商业13482人，渔业46人，其余系从事农业人口。民国36年（1947年），巴中县总人口中，在业人口223213人，占总人口的55.75%。其中，从事农业186609人，工业（手工业）20101人，商业、服务业12028人，交通运输业2665人，公务人员及其他职业1810人。不在业人口43267人，占总人口的10.81%。

1950年后，随着国民经济建设计划的实施，各项社会事业的迅速发展，劳动者就业的机会增多，劳动者的行业与职业结构由单一型向多样型发展。1952年，据南江县统计，全县社会劳动力107962人，从事农业99713人，工业（手工业）6328人，商贸586人，运输、邮电业152人，科技文教、医疗卫生587人，党政机关、社会管理工作529人。1963年，境内加强农业第一线，从事农业劳动的占在业人口的93%。

1978年，境内各县的工作重点转移到经济建设上，各行各业蓬勃发展，劳动者从业趋于合理化、多样化。1982年第三次全国人口普查，境内四县有在业人口1486802人，其中，农、林、牧、渔业劳动者1371053人，占在业人口的92.21%。1990年第四次全国人口普查，通江县、巴中县有在业人口1118619人，其中，农、林、牧、渔业劳动者1034133人，占在业人口的92.45%。

1993年，巴中地区成立时，全地区有劳动力资源191.30万人，有社会从业人员159.54万人。第一产业118.33万人，第二产业21.36万人，第三产业19.85万人；全部单位从业人员13.34万人，个体户从业人员2.90万人，私营企业从业人员0.06万人。

2000年，第五次全国人口普查统计，全市166934人的从业人口中，国家机关、党群组织和企事业单位负责人1473人，占0.88%；专业技术人员6041人，占3.61%；办事人员1837人，占1.12%；商业、服务人员7582人，占4.54%；农、林、牧、渔、水利业生产人员144848人，占86.77%；生产、运输设备操作人员及有关人员5098人，占3.05%；不便分类的其他劳动者55人，占0.03%。在全市30601人未工作人口中，在校学生6072人，占19.84%；料理家务8582人，占28.04%；离退休3484人，占11.38%；丧失劳动能力9718人，占31.76%；从未工作正在找工作1174人，占3.84%；失去工作正在找工作626人，占2.05%；其他945人，占3.09%。

第三章　婚姻家庭

第一节　婚　姻

民国时期，境内受“早婚早得子”“多子多福”“好女不嫁二夫”等封建思想影响和束缚，在男女婚配年龄上通行早婚，且多属于封建包办婚姻。

1950年，《中华人民共和国婚姻法》颁布后，明确规定废除封建包办婚姻，实行婚姻自由，一夫一妻，提倡晚婚的新制度。但20世纪50年代初的包办婚姻和早婚、早育的现象在农村仍很普遍。1964年，平昌县统计，全县15岁以上人口为452831人，其中未婚人数为115014人，配偶303499人，丧偶33304人，离婚1014人。巴中县18至49岁育龄妇女147011人，占总人口的20.33%；法定起点婚龄18692人，占总人口的2.59%。

1980年，新《中华人民共和国婚姻法》颁布实施，法定结婚年龄较1950年提高了两周岁。1982年，第三次全国人口普查，巴中县15岁以上人口为678052人，其中未婚162992人，已婚515070人；已婚人数中，丧偶52491人，离婚1655人。南江县15岁以上人口为325067人，其中未婚的83954人，50岁以上的孤老有492人，占0.05%；有配偶的215473人，其中15至19岁的1018人，占15至19岁总人数61070人的1.6%，比“文化大革命”时期的早婚人数大大减少；丧偶24517人；离婚1123人。

2000年，第五次全国人口普查统计，全市15岁及以上人口197535人中，未婚20473人，新婚有配偶156309人，再婚有配偶5470人，再婚1014人，丧偶14269人。

第二节　家　庭

境内各地家庭结构分为复合家庭、核心家庭、联合家庭和独身家庭。复合家庭，祖孙三代结合，一般为五六口之家；核心家庭，由夫妇和未婚子女组成，一般为四五口之家；联合家庭，弟兄不分家，老小在一起，“四世同堂”或“五世同堂”，家庭人数多达十数人或数十人；独身家庭，即光棍汉、孤寡老人，一人生活。

清嘉庆元年（1796年），通江、南江二县有家庭户41489户，170984人，平均每户4.12人。清宣统元年（1909年），通江县家庭户增至50109户，238353人，平均每户4.76人，平均每户4.76人，平均每户4.12人。清宣统二年（1910年），巴中县家庭户159096户，782499人，平均每户4.92人，平均每户4.92人。民国元年（1912年），南江县有43885户，204837人，平均每户4.67人。民国35年（1946年），巴中、平昌二县有家庭户80356户，536834人，平均每户6.68人。

民国及以前，每个家庭由长辈男性掌权；男人死后由有能耐的女性长辈掌权。1950年后，男女平等，都是家庭主人。境内各地家庭结构中的复合家庭和联合家庭减少，核心家庭增多，户均人数下降。1953年第一次全国人口普查，巴中、南江、平昌三县有家庭户289398户，1384334人，户均人数4.78人。至1964年第二次全国人口普查，巴中、平昌、南江三县家庭户增至341503户，1562028人，户均人数减少到4.57人。

1982年第三次全国人口普查，巴中、南江、平昌三县有家庭户514977户，2294586人，户均人数4.46人。1990年，第四次全国人口普查，巴中、通江二县家庭户户均仅3.4人。

1993—1998年，全地区家庭户由847001户增加到880165户，年均增加5527户；人口由3206797人增加到3392590人，年均增加30965人；户均人数由3.79人增加到3.85人。

2000年第五次全国人口普查，全市家庭户887115户中，一人户占6.13%，二人户占15.47%，三人户占23.84%，四人户占28.04%，五人户占17.95%，六人户占5.72%，七人户占1.83%，八人户0.58%，九人户占0.25%，十人及以上户占0.19%；一代户占19.52%，二代户占54.31%，三代户占24.74%，四代户占1.41%，五代户及以上户占0.02%。

第四章　人口控制

第一节　计划生育政策实施

1956年下半年起，境内各县开始宣传节制生育政策。从1964年起，各县先后成立计划生育领导小组，并相继开展计划生育的试点工作。

1971年，各县按照国务院“一个不少，两个正好，三个多了”的口号，把计划生育纳入议事日程。1972年，各县制定了1972—1975年人口生育规划，提倡晚婚。提倡夫妇一生中，一般有两个孩子为好；两个孩子之间间隔4至5年为宜。多子女夫妇应落实节育措施。1974年，各县执行“晚、稀、少”（提倡男25周岁、女23周岁结婚为晚婚；生第二个孩子要与第一个孩子间隔四年以上为稀；一对夫妇只生两个孩子为少）政策，实行“三安排”，即适合晚婚年龄的夫妇，才能安排生育第一胎；已有一个孩子并满四周岁以上，才能安排生育第二胎；已有两个孩子，因病残经检查不能成为正常劳动力者，可再安排生育第三胎。

从1979年起，各地相继制定限制无计划二胎生育措施，并发出了“晚婚、晚育、少生、优生”的号召。各县遵照中央和省革委的指示：对已生一个孩子而又自愿节育的夫妇给予奖励，发给独生子女证，其子女凭证明入托儿所、幼儿园、小学；有病可优先住院医疗。干部、职工（包括临时工）的独生子女由所在单位每月发给儿童保健费5元。保健费、保健工分发至孩子14周岁为止。农村独生子女的口粮，按成人基本口粮分配，并划给两个人的自留地。在新建住房时，优先解决住宅地基。

1980年1月起，各县对超生子女的职工由单位每月分别扣发父母总工资的10%；社员分别由生产队扣减父母总劳动工分的10%，超生子女吃议价粮至14周岁。对无计划生育第二个孩子者，从其子女出生之日起直到14周岁止，征收无计划生育费。职工分别征收夫妇双方基本工资的5%，农村社员每月征收夫妇双方劳动工分的5%。办理“独生子女证”后，又生第二个孩子，除按上述规定处理外，并限期扣还所享受的一切优待。1981年，对超生子女者，根据情节和态度，一次性征收超生费200～300元，并从子女出生之日起至14周岁，征收其父母总工资或劳动总工分的10%，从第三个孩子起，每超生一个孩子，递增5%。农村社员超生的子女不划包产地、增种地、自留地，并收回1~2人的自留地。对超生育的父母，从怀孕第四个月起直到孩子满一周岁，夫妇双方不能评为先进生产（工作）者，不提薪、不提职、不参加评奖。

1984年，各县根据中央要求，提出照顾确有实际困难的群众生育二胎的意见：国家干部和职工、城镇居民有下列特殊情况之一者，可以生育第二胎：第一个孩子有非遗传性病残，不能成为正常劳动力的；再婚夫妇合计只有一个孩子的；婚后五年以上不育，抱养了一个孩子后又怀孕的。农村除执行上述三条外，凡属具有下列特殊情况之一者，还可以照顾生育第二胎：儿弟兄只有一个有生育能力，其他夫妇女方在35周岁以上未怀孕的；三代单传（祖父、父亲、本人都是独生子女）的；独生子与独生女结婚的；居住在海拔1000米以上，周围五华里无住户的单家独户；因公致残，相当于二等乙级残废军人的；男到独女家落户的；无儿无女户抱养一个子女，并尽到赡养老人义务的。

1985年，各县对超计划生育三孩者，一次计算，征收超生子女费1000~1600元，超计划生育二孩者，一次计算，征收超生费500~800元。凡干部、职工超生二胎者，从怀孕第三个月起，两年不提薪、不提职、不评奖、不享受困难补助，影响一次调资升级。

1987年7月，贯彻实施《四川省计划生育条例》，提倡和鼓励晚婚晚育。1988年3月，境内各县贯彻中央再次提出的现行计划生育政策：提倡晚婚晚育、少生优生，提倡一对夫妇只生育一个孩子；国家干部和职工、城镇居民除特殊情况经过批准外，一对夫妇只生育一个孩子；农村的某些群众确有实际困难，包括独女户要求生二胎的经过批准可以间隔几年后生第二胎，无论哪一种情况都不能生三胎。

1992年1月，执行省纪委制发的《关于共产党员违反计划生育政策法规党纪处分的若干规定（试行）》的通知，对违反计划生育政策法规的共产党员，按照规定进行处理。

1993—2000年，全地区（市）各级党委、政府认真落实基本国策，在实际中作中，坚持“三不变”（既定的人口控制目标不变，现行的生育政策不变，各级党政“一把手”亲自抓，负总责不变），落实“三为主”（宣传教育为主、避孕为主、经常性工作为主），推行“三结合”（计划生育工作与发展经济相结合、与帮助农民致富奔小康相结合、与建设文明幸福家庭相结合），促进了人口计划与经济社会的协调发展。根据中央、省、地规定，细化各级党政“一把手”亲自抓、负总责的内容和要求，制定和执行计划生育“一票否决”的实施办法。在落实“三为主”上注重提高计划生育工作质量。

第二节　宣传教育

1956年下半年，境内各县开始宣传节制生育，配合《农业发展纲要》宣传，在各县开展避孕节育宣传教育。1957年4月，通江县召开县属机关团体、学校负责人会议，印发《为什么要节制生育》宣传资料1万余份。1965年，巴中县计划生育领导小组与县卫生科、县科协联合举办计划生育图片展览，在全县巡回展出3个月。

1971年，境内各县组织毛泽东思想宣传队，从县、区医院抽调医务人员，深入农村巡回宣传，开展计划生育手术。各区建立计划生育宣传技术队伍，区医院负责配合区、社妇女干部深入一个公社，逐社逐队开展工作。1973年，各县结合“农业学大寨”，层层召开多子女夫妇和晚婚青年会议，受教育面达30%。

1975年，各县组织计划生育小分队，落实计划生育宣传手术人员。在各级党委的领导下，小分队深入到大队、生产队和社员家里，反复宣传中央文件精神，宣讲实行晚婚和计划生育的重大意义。利用广播、黑板报、办专栏、写标语等形式进行大张旗鼓的宣传。同时，组织农村业余文艺宣传队，编演“早婚害了我”“计划生育好处多”“计划生育问题解答”等文艺节目，深入到大队进行演出。

1977 年，根据国务院“五五”期间人口规划要求，各县共青团、妇联、武装部积极主动宣传，对未婚青年进行晚婚、晚育和社会主义法制教育，宣传“晚、稀、少”政策和计划生育的重大意义。广播站、电影院利用广播和幻灯宣传计划生育方针政策，表扬好人好事，公布计划生育进展情况。从上到下通过广播、简报、展览、文艺宣传等多种形式，把党和国家关于计划生育的方针、政策、措施，宣传到家喻户晓。

1980 年 9 月，中共中央发表《关于控制我国人口增长问题致全体共产党员、共青团员的公开信》（简称《公开信》）后，各县迅速行动，广泛宣传贯彻，掀起了报名领取“独生子女光荣证”的高潮。各区、社组织召开独生子女家长座谈会或代表会，反复宣传提倡一对夫妇只生一个孩子的重要意义。1982 年 2 月，中共中央、国务院发出《关于进一步做好计划生育工作的指示》后，各县翻印中央和省委文件发到基层单位宣传贯彻，采取召开计划生育工作先进代表会议，表彰先进集体、先进个人，兑现奖惩等形式，全党动手、各方支持，开展计划生育宣传月活动。县、区、社至大队党政领导干部和县级各部、委、办、局、行、院、校的负责人亲自宣讲；干部群众受教育面达 90% 左右。

1987—1992 年，结合《四川省计划生育条例》的颁布和《四川省流动人口计划生育管理办法》的制定，各地采取会议、广播、专栏、板报、标语等各种形式进行广泛宣传，并对贯彻执行情况加强督促检查。

1993 年，全地区各级计划生育部门采取有力措施，加大计划生育宣传力度，在改变人民群众的生育观念上大做文章。各县（市）铅印《四川省计划生育条例》发到村，利用广播、电影、电视、录像、标语、板报、专栏、文艺演出等形式广泛宣传《四川省计划生育条例》。全地区各级计划生育部门印发国家计生委统一编制的计划生育宣传标语，新书写计划生育宣传标语 8000 余幅。巴中市、平昌县举办培训班，增强广大计划生育干部依法行政的观念。通江县诺江镇组织在县城务工、经商、办企业的各类流动人口学习《四川省计划生育条例》，加强流动人口计划生育管理。南江县杨坝区采取边宣传、边动员、边落实的办法，狠抓计划生育政策法规的落实，在县人民法院的支持和配合下，融政策服务和强制执行为一体，依法强制执行计划生育案件。1994 年 3 月下旬，地区人大工委、地区行署领导分别作了《四川省计划生育条例》宣传动员电视讲话。全地区计划生育工作会议之后，各县（市）党政牵头，层层召开专门会议，组织宣传小分队，深入各区（镇）传达、宣传、贯彻地区计生工作会议精神；编印《计划生育政策法规汇编》6000 册，发至各级干部手中，层层宣讲。

1995—1997 年，各地采取会议、广播、专栏、板报、标语、文艺演出等各种形式，在全地区广泛深入地开展以法律、法规为主体，国情国策、现行生育政策、人口理论、人口与计划生育基础知识和农村适用技术为重点的系列宣传教育工作。全地区各报刊、电台、电视台开辟计划生育栏目，地区计生委开办人口与经济栏目，举办计划生育系统成果展，制作《攻克天下第一难》系列报道电视片，扩大计划生育的直观宣传。全地区各地山岩上、道路旁、街道间到处可见计划生育规范性标语，巴中市（县级）清江区的计划生育“百里宣传线”、通江县计划生育石刻标语等群众喜闻乐见的宣传形式，引导群众树立文明、进步、科学的婚育观念，全地区宣传教育面达 90%。

1999—2000 年，全地区（市）切实开展“婚育新风进万家”活动和宣传品进村入户工作，引导群众树立新的婚育观念。巴中市巴州区将 4000 张宣传单向社会散发和张贴，“1999 新曲目——婚育新风进万家”，向社会昭示计划生育工作将用新的方式向群众提供方便、周到、优质的服务活动；对全地区（市）818 个村进行规范性建设，使计划生育的宣传教育、技术服务在村级全面落实。各县

（区）充分利用当场天办好当场天节目，利用“空中杂志”树婚育新风。全地区（市）通过制发信息、舆论传播、培植典型、巡回演讲、文化“三下乡”等多种形式，把推动社会进步的新文化、新思想、新观念向群众广为传播，极大地转变了群众的婚育观念。全地区（市）大部分地方晚婚晚育蔚然成风，少生快富成为新时尚，“先生财、后生孩”使千家万户率先富裕起来，“五好家庭”、文明家庭比比皆是。全地区（市）宣传品进村入户率98%，育龄群众受教育面达90%以上。

第三节　计划生育措施

1958年3月，通江县在城关镇开展节育避孕试点工作，并从县人民医院、防疫站及镇人民委员会抽调8人组成工作组，全面推广节育避孕工作。从1963年冬起，各地相继开展计划生育的试点工作。

1971年，境内各县先后成立以县委副书记或县革委副主任为主任的县计划生育委员会（领导小组），配备2~3名工作人员。县城各系统、各单位，各区、社革委相应成立计划生育领导小组，并有一名负责人分管此项工作。1972年，各县制定了1972—1975年人口生育规划，提倡晚婚。1973年，国务院将人口计划第一次正式纳入国家计划后，各县认真落实人口计划工作，采取自报会议、群众评定、自下而上、上下结合的方法，把计划、措施落实到人。1974年，各县贯彻执行中央精神，切实加强计划生育工作的领导，县、区、社落实一名副书记抓计划生育工作，区成立计划生育办公室，做到各级有人抓，层层有人管。各县实行“五定”“五包”（定人员、定时间、定任务、定规划、定措施，包宣传、包发动群众、包政策落实、包术前动员和术后访问、包手术质量）的责任制度，充分利用典型事例教育引导群众实行计划生育。境内仅20天时间落实节育措施1037人。

1976年，各县计生委将“五五”人口增长计划分别下达到区、社，指标落实到人，巴中县委提出“计划生育工作大治快上，各级领导带头”的要求，县委常委15人，应落实节育措施14人，全部落实；区、社党委正、副书记320人，应落实节育措施296人，落实290人；大队正副党支书、正副主任及生产队队长11966人，应落实节育措施11039人，落实10756人。

1978年，平昌县委提出，生产要大上、人口要大降，人口自然增长率要降到5‰。据统计，1978年平昌县人口出生率降到11.92‰，人口净增率降到5.34‰，提前三年完成中央关于“争取三年内把我国人口自然增长率降到10‰以下”的任务指标。南江县对区、社党委和革委实行“五定”和“五统一”，即，思想上定根，议程上定位，组织上定人，工作上定措施，时间上定任务；统一认识，统一领导，统一计划，统一部署，统一评比检查。是年全县人口自然增长率由1971年的32.26‰下降到9.38‰，达到国家人口规划的要求。

1980年，各县认真贯彻预防为主、避孕为主的方针，积极落实节育措施。为解决群众的实际困难，组织县医院外科、妇产科医生对历年来在节育手术上的后遗症和并发症患者进行鉴定。1981年，各县开展“三查”（一查党团员干部是否带头只生一个孩子，二查育能夫妇是否落实有效节育措施，三查有无计划外怀孕）活动和“三不漏”和“三带头”（对未领独生子女证的夫妇、未落实节育措施的夫妇、非计划怀孕的夫妇，一个不漏地进行思想政治教育，并充分发挥党团员、干部带头落实节育措施、带头只生一个孩子、带头做好计划生育工作）活动。各级党委、政府结合实际情况，制定规章制度，既坚持说服教育，又采取必要的行政措施。1982年，各县组织计划生育大检查。检查的主要内容是“五查五比，”即：一查领导重视，比组织健全；二查宣传声势，比部门配合；三查人口计划执行情况，比“三高”（晚婚率、计划生育率、一胎率）“一低”（多胎率）；四查奖惩兑现，比

“三个责任制”（计划生育合同制，粮、钱、人三大指标一齐包的干部岗位责任制，卫生医疗单位试行节育技术责任制）的建立；五查节育技术指导，比节育措施的全面落实。

1983 年，各县建立经常性的计划生育工作制度，落实各级干部计划生育岗位责任制；推行计划生育工作的承包责任制，层层签订合同，一级抓一级；建立科学的人口管理制度，造册建卡，一月一核对，一季度一检查，建好人口档案；建立健全节育技术责任制度；建立定期学习、汇报、研究工作的制度，县、区、社、大队每月分别召开一次汇报研究会。1985 年 11 月，平昌县委制发《关于计划生育工作若干问题的规定》，本着分类指导的原则，对群众经申请、审批，允许生育二胎。

1988 年，巴中县对计划生育、晚婚晚育、独生子女奖励、超生处理、节育技术、流动人口计划生育管理等作出 17 条具体规定。

1993 年，地委、行署把人口与计划生育工作纳入经济和社会发展总体规划，建立健全“一把手”负总责的责任制。并广泛开展创建“计划生育合格村”的活动，巴中市（县级）、通江县分别有 60%、35% 的村达到计划生育合格村的标准；南江县、平昌县把“计划生育合格村”与小康示范村结合起来，一并考核，一举奖励；巴中市（县级）作出《关于创建计划生育红旗县的决定》，提出 11 条主要创建措施。在全市推行计划生育“三结合”模式，全面实施少生快富奔小康工程。

1994 年，地、县（市）、区、乡（镇）调整充实了人口与计划生育领导小组成员，坚持两项指标同时下达，同时考评奖惩。巴中地区人口与计划生育领导小组分别于 1 月、8 月和 12 月，三次组织调查组，对四县（市）的 36 个乡（镇）、36 个村、203 个社、13045 户，进行“封闭式”抽样调查，基本摸清全地区计划生育工作的家底，形成《巴中地区 1993 年度人口与计划生育目标管理责任制执行情况分析》《“八五”人口计划前期执行情况分析》《“九五”人口计划调整意见》《2010 年人口规划框架草案》等重要资料。

1995 年，全地区先后将合格村创建、后进村整改、“三结合”帮扶、流动人口办验证率、行政执法、村民自治等纳入目标考核的重要内容。地委、行署与各县（市）委、政府签订《人口与计划生育目标管理责任书》，明确出生率、计划生育率、自然增长率、统计质量、统筹提留、财政投放、“三结合”等具体的量化考核标准。各县（市）按照地区的要求，均执行“双向目标管理”。严格执行生育政策，对照顾生育区域实行稳定一类地区、从严把握二类地区、严格控制三类地区。对照顾生育对象坚持按程序申报，按条件审批，并张榜公布，公开接受群众的监督。全地区照顾生育指标 6450 个，占总出生人数的 8.8%，比 1994 年下降 0.9 个百分点。在下达人口生育指标的工作中始终坚持反复调查，反复核实，发证到人，持证生育。全年下达生育指标 59000 个，持证生育率达到 84.6%。全地区在对计划生育工作中乱开生育政策口子、乱发生育指标、乱定处罚标准等违法行为清理中，对 13 个乡（镇）党政主要领导、135 个村干部和 11 个计划生育干部给予相应的纪律处分。地委、行署制发《关于开展计划生育“三结合”工作意见》，组织召开全区计划生育“三结合”工作现场暨经验交流会。地委、行署对各县的综合考核中，将计划生育“三结合”纳入其中，并将计划生育工作“三结合”纳入全地区《国民经济和社会发展“九五”计划和 2010 年远景目标》总体规划。年内全地区共组织 500 余人次深入到近 400 个村开展调查研究，治虚打假。

1997 年，地委、行署制发《关于进一步加强人口与计划生育工作的决定》，就组织领导、宣传教育、依法行政、科技服务、经费投入、规划统计等一系列问题，作出了操作性强、便于量化考核的决定，解决计划生育部门人员、经费等具体问题。各县（市）委、政府切实加强领导，把计划生育工作列入重要议事日程。全地区制发《乡镇计划生育行政执法领导小组职责》《乡镇计生办主任执法职责》《乡镇科技药管人员执法职责》，建立乡镇行政执法重大案件报告制度，持证执法、亮证收费制度、错案责任追究制度、计划生育政务公开制度。

1998 年，巴中地区将人口与计划生育实行“双线”（党政线、计生线）考核，将计划生育经费投入纳入党政考核的重要内容，确保责任、措施、投入三到位。1999 年，地委、行署制发《关于实行计划生育工作责任区制度的通知》。地区计生委对 1999 上半年人口计划执行情况进行封闭式调查，对 1991—1998 年人口计划生执行情况进行复查并分县（市）形成调查分析通报，随后深入四县（市）调查研究。全地区计划生育“三结合”工作由主要依靠人、财、物的办法转向主要依靠送文化、送技术、送规划、送措施，把有限的资金用在对特困计生户的帮扶上。在“三结合”资金投入上，地区计生委大力推广南江县“以羊换羊，滚动发展”的办法，调动计划生育“三结合”户和帮扶部门双方积极性。1994—1999 年，全地区各县（市）在计划生育目标考核中制定“黄牌警告”制度、“一票否决”制度、“末位淘汰”制度和计划生育责任追究实施办法。六年间，人口计划出生 87730 人，实际人口出生 73284 人，减少人口出生 14446 人。

2000 年，市委、政府确立“政府总揽、部门配合、群众参与、成片规划、分类指导”的“三结合”工作思路，探索出规范化管理、规模化帮扶、产业化开发、一体化推进的计划生育“三结合”工作模式。同时，把开展计划生育“三结合”帮扶活动及效果、对计划生育户的优先优惠政策落实纳入政府对各级各部门年度目标考核的重要内容。

第四节　节育技术

1956 年，境内各县避孕节育实行群众自愿原则，避孕药具全是自费，节育手术费用除享受公费医疗者外，其余一律自费。各县在县医院、县妇幼保健站、区卫生所和部分联合诊所设避孕门诊或避孕指导室和避孕药品“无人售货台”，以方便群众节育。1958 年 3 月，通江县在城关镇开展节育避孕试点工作，一个月内，做绝育手术 12 人，人工流产 4 人，推销避孕套 250 个、避孕药膏 12 套、子宫帽 1 人，多子女夫妇节育避孕的占 45%。1966 年，由于受“文化大革命”的影响，落实节育措施的育龄夫妇显著减少，人口出生率一直高达 38‰～43‰。

1978 年，国家提出“晚、稀、少”的具体要求，各地相继制定限制无计划二胎生育措施，使晚婚率达 94%，人口自然增长率下降到 11.92‰。

1980 年，巩固和发展独生子女工作，认真贯彻预防为主、避孕为主的方针，积极落实节育措施。境内一胎率由 1979 年的 39.61% 上升到 59.12%，多胎率由 1979 年的 15.60% 下降为 11.92%，男晚婚率达到 96.54%，女晚婚率达到 96.87%。1983 年，各县按照一个孩子的安环、两个孩子以上的节育为主的技术决策，狠抓节育措施落实。

1986 年后，各县相继建立计划生育避孕管理站和计划生育宣传技术指导站，装备有电影机、放像机、投影仪、X 光机、显微镜、无影灯、吸引器、宣传救护车、手术器械，负责区、乡（镇）计划生育宣传、技术指导。各级服务站坚持“面向基层，方便群众，服务上门”的方针，相继建立完善管理制度，促进服务站不断完善指导功能和服务功能。1991 年，平昌县举办乳胶试剂、B 超检查早孕培训班。巴中县开展超前服务，减少计划外怀孕。坚持每季度普查一次早孕和安环情况，视其情况采取补救措施。选用节育环孕情监测，推广使用新技术。

1986—1992 年，平昌县计划生育宣传技术指导站为区、乡（镇）培训业务技术人员 876 人次，做节育手术 4289 例，为基层解决节育难题 496 人次，出诊抢救 80 人。1993 年 8 月 3 日至 9 月 20 日，对四县（市）、12 个区（镇）、12 个乡（镇）、12 个村、72 个社、4234 户群众使用药具避孕的 2482 人进行调查研究，使用长效药 1376 人，短效药 104 人，外用药 301 人，避孕套 711 人。通过随访、座谈、调查和广泛征求意见，找到了大巴山区育能夫妇最易接受的避孕药具品种——长效药、避孕套。至年底，全地区使用药具避孕 40483 人（其中使用长效药 14531 人，短效药 5411 人，速效药 3100 人，外用药 4777 人，避孕套 12664 人），应用率达 96%，随访率、有效率达 98% 以上，占综合节育率的 7.2%。

1995 年，巴中地区计生委制定提高全地区科技服务水平，搞好孕前管理的措施和办法，提高综合避孕节育率，计划生育工作也由孕后补救向孕前服务型转化。同时，对全地区乡以上计生服务站进行普查，对 213 个服务站颁发“许可证”。指导各县（市）举办技术服务人口培训班 7 期，共培训 234 人。各县（市）组织技术服务人员进村入户，向群众提供避孕药具，传授避孕方法，定期开展孕情环情检查，加大科技服务的力度。1996 年，对全地区 214 个计划生育服务站进行调查摸底，掌握实情。全地区节育手术 90548 人，无一例严重并发症和恶意性医疗事故，综合避孕达到 89.98%。全地区共使用药具避孕 44678 人，外用药膜 3256 人，避孕套 10492 人，皮下埋植 13656 人，临时用药具 457 人。应用率达 96%，随访率达 98.3%，有效率达 98%。占综合节育率的 7.5%。

1997 年，全地区完成综合避孕 73337 人，综合避孕率达到 90.71%。1999 年，新建成乡计划生育服务站 10 个，实现全地区规划建设站 251 个的目标。四县（市）新添置技术服务设备投资 93.6 万元，使 57 个区（片区）、乡（镇）服务站分别达到甲、乙级站标准。通过科学手段定期对育龄妇女进行查环、查孕、查病，进行新婚知识，不孕和性病等咨询服务。实施出生缺陷干预工程，推广科技成果“斯利安”，努力降低新生儿神经管畸型发病率。全地区综合节育率达 89.94%，节育措施及时率达 90%。

2000 年，推广使用安全、简便的避孕节育技术和方法，提高节育措施实施应用的有效率，为稳定低生育水平和促进育龄群众的身心健康提供可靠的技术保障。全市年度避孕节育 44591 例，综合避孕节育率达92%，及时率 96%，节育手术并发症控制在 5‰以内。在加强等级站评审工作中，全市评审为甲、乙级站占已建站的百分比分别为通江县 24%，南江县 40%，巴中市巴州区 40%，平昌县 45%。分别在巴中市巴州区、平昌县宣传技术指导站培训科技人员，大力推广使用长效避孕针 DMPA。经过调查分析，全市出生缺陷性疾病为 12‰，女性生殖道感染率为 58.9%。通江县综合节育率达 91.18%，避孕 6780 例，放环 6597 例，皮埋 74 例，补救 792 例，取环 1373 例。

第五章　人口管理

第一节　人口普查

据新编《通江县志》载：唐贞观元年（627 年），县普查户口以清理田赋为主要目的，项目分“户”“口”统计填报。唐天宝元年（742 年）普查户口亦局限于此。唐乾元元年（758 年），再度普查过户口。宋雍熙四年（987 年），普查户口，不记丁口数，以清“主”“客”户数为主。明洪武年间普查户口，除统计户数外，还列男妇之数。明正德八年（1513 年），普查户口亦遵旧例。清康熙四十年（1701 年）普查人口，以落实田赋为主要目的，未统计男女实数，仅以丁银计算；清嘉庆元年

（1796 年）普查人口的项目，不仅统计户口，且分男丁女口。清道光十四年（1834 年）普查人口，为颂扬盛世，以清查“滋生户口”为重点。清道光二十七年（1847 年）“奉文清查在册新旧民数”。清宣统元年（1909 年），再度进行人口普查。民国 4—5 年（1915—1916 年），县全面普查户口。除照前例登记户、丁、口数外，对出生人数、死亡人数等进行清查登记。民国 28 年（1939 年），县对保甲、户口普查登记。不仅登记户、丁、口数，出于抗战需要，对丁壮（16～50 岁男性）数亦进行统计。民国 30 年（1941 年）实施新县制后，整编保甲，普查户口。按区、镇、乡、保、甲分别统计，逐级汇总。此次普查，对平均每户人口数、性别比、人口平均密度均作统计。

1953 年，结合普选，开展第一次全国人口普查，以是年 6 月 30 日 24 时为标准时间。普查项目有姓名、性别、年龄、民族与户主的关系。普查结果，境内四县人口数为 1754177 人，其中非农业人口占总人口的 3.86%，农业人口占总人口的 96.14%；城镇人口占总人口的 1.73%；乡村人口占总人口的 98.27%；男性人口占总人数的 50.61%，女性人口占总人数的 49.39%，男、女性别比为 102.45（以女性为 100，男性对女性的比例）。

1964 年，进行第二次全国人口普查，以是年 6 月 30 日 24 时为标准时间。普查项目有姓名、性别、年龄、氏族、与户主的关系、文化程度、职业、阶级成分、出生年月等。境内四县总人口 1969040 人，其中，非农业人口占总人口的 4.61%，农业人口占总人口的 95.39%；城镇人口占总人口 2.18%，乡村人口占总人口的 97.82%；男性人口占总人口的 50.65%，女性人口占总人口的 49.35%，男、女性别比为 102.63。

1982 年，进行第三次全国人口普查。普查时间统一为是年 7 月 1 日零时。所查 19 项中，有 13 项按人填报，即姓名、与户主的关系、性别、年龄、民族、常住人口的户口登记状况、文化程度、行业、职业、不在业人口状况、婚姻状况、妇女生育的子女数和现存活子女数、1981 年育龄妇女生育状况有 6 项按户填报，即户的类别、本户住址、本户人数、本户 1981 年出生数、本户 1981 年死亡数、在本地登记户口而外出一年以上的人数。此次普查运用电子计算机处理数据。普查结果，境内 4 县总人口 2899590 人，其中非农业人口占总人口的 4.95%，农业人口占总人口的 95.05%；城镇人口占总人口的 2.57%，农村人口占总人口的 97.43%；男性人口占总人口的 51.02%，女性人口占总人口的 48.98%，男、女性别比为 104.16。

1990 年，进行第四次全国人口普查。普查时间统一为是年 7 月 1 日零时。普查结果，境内四县总人口 3144190 人。其中，非农业人口占总人口的 7.47%，农业人口占人口的 92.53%；城镇人口占总人口的 7.70%；农村人口占总人口的 92.30%；男性人口占总人口的 51.80%，女性占总人口的 48.20%，男、女性别比为 107.45。

2000 年，进行第五次全国人口普查，以是年 11 月 1 日零时为标准时间。全市普查登记人口为 3326300 人（包括外来人口，不包括外出人口）。全市登记人口中，男性占登记人口的 51.63%，女性占登记人口的 48.37%。性别比为 106.74；0～14 岁的人口占登记人口的 28.33%；15～64 岁的人口占 65.51%；65 岁以上的人口占 6.16%。同 1990 年第四次人口普查相比较，0～14 岁的人口比重上升 2.88 个百分点，15～64 岁的人口比重下降 3.24 个百分点，65 岁以上的人口比重上升 0.36 个百分点。民族构成方面，汉族人口为 3325635 人，占登记人口的 99.98%；各少数民族人口为 665 人，占登记人口的 0.02%。同 1990 年第四次全国人口普查相比较，汉族人口增长 6.28%；各少数民族人口增长 64.20%。同 1990 年第四次全国人口普查相比较，每 10 万人中具有大专及以上程度的由 230 人上升到 973 人；具有高中和中专程度的由 3519 人上升到 5217 人；具有初中程度的由 18145 人上升到 25820 人；具有小学程度的由 45173 人上升到 46655 人；文盲率由 1990 年第四次全国人口普查的

20.47%下降到9.21%，下降11.26个百分点。同1990年第四次全国人口普查相比较，城镇人口的比重上升了4.79个百分点。

第二节 流动人口管理

从20世纪80年代开始，境内各县乡村两级建立流动人口登记卡。1988年，巴中县规定：凡外出务工、经商的人员应到乡计生办办理计生合格手续，否则村组不得让其外出，违者对当事人予以处罚；各工商行政管理部门、各机关单位、人民团体、企事业单位，对未持乡以上计划生育部门发给的“计生合格手续”的人一律不准发给执照或招聘做工，违者处以发照单位1000元罚款。

1989年后，采取政府牵头、计生部门专管、部门协作、条块结合等办法，实行群防群治，联控联管综合治理；与邻近县共建周边流动人口计生管理协作网。1992年9月，在安康召开的全国流动人口计划生育工作会议上，交流学习了巴中流动人口计生管理经验，并号召全国推广学习。是年底，巴中县流动人口4.8万人，其中，育龄妇女3980人，计划生育率87.6%，比1991年增加15%。1993年，全地区结合实际，落实流动人口计划生育管理“五定”责任制，即定外出时间、定外出地点、定节育措施、定联系人、定时寄回计生证明。巴中市（县级）流动人口2.95万人。其中，育龄妇女2540人，计划生育率90%，比1992年上升2.4%。

1994—1998年，巴中地区流动人口实行流入与流出共同管理，流出办证、流入验证。1998年国家《流动人口计划生育工作管理办法》颁布后，对流动人口计划生育按照属地管理的原则，积极探索，建立“党政重视、定位社区、双边共管、综合治理”的管理模式。对农村流动人口实行“五个一”，即落实一项可靠的避孕节育措施，签订一份计划生育服务协议，办理一份“婚育证明”，选定一名当地干部作外出期间的计划生育联系人，每季度对流入人员查验一次婚育情况。在城市建立“12345”的城市计生工作管理办法，即建好一个网络，完善两个制度，签订三类合同，严把四道关口，开展五项服务。

2000年6月，川陕渝鄂豫五省（市）18市（地、州）流动人口管理协作会在巴中召开。巴中介绍流动人口管理经验。对流动人口及城市计划生育管理坚持以把好“三关”、搞好“两协作”、开展“一服务”为工作重点。把好“三关”，即把好外出务工经商人员“流动人口计划生育证明”办证关，年内全市共签发“流动人口计划生育证明”7.3万个，占应签证的68%；把好验证关，全面查验“流动人口计划生育证明”，在查验证明的同时，补办证明4300多人；把好签订计划生育合同关，年内共签订计划生育合同86450份。搞好“两协作”，即外出务工人员、留乡务农人员分别建立协作组，在生产上互相支持、技术上互相学习、生活上互相关心、生育上互相监督、经济上互相帮助。开展“一个服务”，即把过去重点在农村推行的计划生育“三结合”推广到城市及流动人群中开展为流动人口提供生产、生育、生活方面的服务。通过管理，城市及流动人口计划生育由1996年占计划外生育总数的23%下降到18%。

第三节　优生·优育·优教

一、优生

1980年，新《中华人民共和国婚姻法》颁布后，各地开展宣传教育活动。宣传贯彻执行优生法规和当地党委、政府对优生要求的规定。着重宣讲："直系血亲和三代以内的旁系血亲，以及患麻风病未经治愈或患其他疾病在医学上认为不应结婚的人，禁止结婚"等内容。在宣传贯彻中，各地聘请专家宣讲优生学，组织区社分管领导、医务人员、专职干部听讲，并收看优生学知识的电影、幻灯宣传片，指导广大人民群众生一个健康孩子。1982年秋，各地组织放映电影科教片《生一个健康的孩子》，对广大干部群众进行优生科学知识教育。为严格限制有遗传性、先天性疾病的婴儿出生，各县制定病残照顾二胎审批条件，第一个孩子是非遗传性疾病、不能成长为正常劳动力的，才能批准照顾生育二胎。1990年以后，境内各县视力残疾、听力语言残疾、肢体残疾、智力残疾、精神残疾等五类残疾人口较20世纪80年代前大幅度减少。

二、优育

开展卫生宣传、普及科学育儿知识，加强儿童的卫生保健工作，以达优育目的。1980年，平昌县妇幼保健站在华严公社的佛头、蜈蚣大队进行了儿童保健试点。试点中，0～7岁儿童13429人，保健率为94.82%。是年，对0～7岁儿童及独生子女免费驱蛔药110934人，驱虫面达88%，有效率达95.3%；对2个月至7岁儿童口服麻痹糖丸117549人。1980—1981年境内四县对独生子女作健康检查，检查面占96.22%，并建立独生子女健康手册。1982年，开展新生儿建卡工作，对1岁以内儿童进行卡介苗划痕，建立卡介苗接种卡。产前检查率也由1978年的56.3%提高到1982年的80.36%。1982年新法接生率达到96%。1990年，妇女生育平均年龄21.2岁左右。2000年，妇女生育平均年龄22.4岁左右。

三、优教

1978年后，各县成立幼托领导小组，负责儿童的优教工作，推动幼托组织发展。到1979年底，境内幼儿入园率达77.4%。1981年实行农业生产责任制后，各县采取多种形式办园，许多地方由队办幼儿园逐步走向大队办园。年底，儿童入园、托率为81.5%。到1983年，多数公社中心小学开办学前班。对于早期开发幼儿智力、培养幼儿良好道德品质、提高人口素质创造条件，为普及小学教育、提高教学质量打好基础。2000年，全市适龄儿童小学入学率100%，初中入学率98%，每1万人口中受过中等教育的人数达到200人，受过高等教育的人数达到120人，人口平均学习年限达9年，15岁以上人口文盲率14%左右。

第三篇

综合经济管理

中华人民共和国成立后，境内各县为使国民经济有序健康发展，先后建立健全计划、物价、市场、统计、审计、质监、药监、安监、国土等综合经济管理部门，以加强综合经济的行政管理。

通过管理及经济结构的调整，国民经济得以健康发展。至2000年，全市国民生产总值达93.73亿元，比1993年建立巴中地区时增长2.62倍，比1978年（改革开放初期）增长22.67倍，比1965年（“文化大革命”前）增长38.86倍，比1949年（民国末期）增长106.74倍；地方财政收入也由1949年的62万元陆续上升为1952年的357万元、1965年的1860万元、1978年的2682万元、1992年的1128万元、2000年的26500万元。2000年，人均国民收入达2720元，比1993年增长2.36倍，比1986年增长7.37倍，比1975年增长27.04倍，比1952年增长51.31倍，比1949年增长74.56倍。

第一章　经济概要

第一节　经济总量

一、国民生产总值

民国时期，境内交通闭塞，生产力低下，流通不畅，国民生产总值甚微。据1949年统计，境内国民生产总值仅8749万元（当年价，下同），人均53元。

1950年后，通过采取平分土地、农业合作化、对私改造、公私合营、“大跃进”、人民公社化、国民经济调整等一系列经济改革措施，使国民生产总值快速增长。至1965年，辖区四县国民生产总值达23527万元，人均118元，分别比1952年增长1.06倍、1.07倍。

1966年“文化大革命”运动开始后，因派性斗争，生产停滞不前。1971年后，开始“抓革命、促生产”，辖区经济逐渐复苏。至1975年，辖区国民生产总值36009万元，人均133元，分别比1965年增长53.05%、12.72%。

1978年后，工作重心从政治运动转移到经济建设上来，通过大抓基础设施建设，大上工业，狠抓农业、活跃商贸，国民经济快速发展，国民生产总值直线上升。1992年与1978年比，国民生产总值由39648万元上升到219093万元，增长4.53倍；人均国民生产总值由142元上升到689元，增长3.85倍，占全国人均国民生产总值2063元的33.4%，占全省人均国民生产总值1367元的50.4%。

1993年后，加快经济体制改革步伐，大力发展民营经济，积极改制国营、集体经济，努力扭亏增盈，大抓交通、能源、通信、城乡等基础设施建设，使全区经济飞跃发展。2000年与1993年相比，国民生产总值由258914万元上升到937348万元，增长2.62倍，年均增长37.43%；人均国民生产总值由810元上升到2720元，增长2.36倍，年均增长33.69%。2000年，人均国民生产总值占全国6951元的39.13%，占全省4744元的57.34%，分别比1993年增长11.51个百分点、13.86个百分点。

二、地区生产总值

中华人民共和国成立前，境内无中型以上水库，无一条公路，基础薄弱，经济落后。

1950—1992 年，境内各县通过有计划地开展各项经济建设，兴修水库、电站，修筑公路，兴办邮电，推广农业生产新技术，创办工厂，基础设施逐步改善，生产力水平逐渐提高，经济总量不断扩大。国内生产总值由 1949 年 34050 万元增长到 1992 年的 238073 万元，增长 6 倍，年均增长 4.7%。人均国内生产总值由 1949 年的 205 元增长到 1992 年的 746 元，增长 2.6 倍，年均增长 3.1%。一、二、三产业的增加值由 1949 年的 29739 万元、1313 万元、2998 万元分别增长到 1992 年的 160575 万元、34245 万元、43253 万元，分别年均增长 4.1%、8.1%、6.6%；一、二、三产业在国内生产总值中占的比重由 1949 年的 89.9∶2.3∶7.8 演变为 1992 年的 67.4∶14.4∶18.8。

1993 年，地委、行署制定跳跃式经济发展战略和“三年打基础、五年上台阶、十年迈大步”的阶段性目标，发展途径由建区之初的“狠抓基础，快上工业，活跃商贸，开发旅游”演变为 1996 年以后的“一手抓农业，一手抓工业，协调发展第三产业，量力而行搞基础建设”，再演变为 1998 年以后的“坚持以非公有制经济为主体构建区域经济结构；坚持量力而行继续抓好基础设施建设；坚持科技增效，流通增收；坚持劳动力资源有效开发；坚持大开放促大发展”五大发展思路。围绕地委、行署的工作思路，负重自强，艰苦创业，真抓实干，战胜连续特大自然灾害，实现了经济超常规、跳跃式发展。国内生产总值由 1993 年的 240263 万元增长到 2000 年的 442817 万元（90 价），净增 202554 万元，年均增长 9.1%。人均国内生产总值由 1993 年的 749 元增长到 2000 年的 1253 元，增加 504 元，年均增长 8.0%。1993 年人均国内生产总值为全国的 27.1%、全省的 42.9%。2000 年人均国内生产总值为全国的 34.4%，比 1993 年上升 7.3 个百分点，为全省的 51.6%，比 1993 年上升 8.7 个百分点。第一、二、三产业的增加值，1993 年分别为 155108 万元、37918 万元、47237 万元，2000 年分别为 223702 万元、81664 万元、137451 万元，分别增长 1.4 倍、2.2 倍、2.9 倍，分别年均增长 5.4%、11.4%、16.5%；第一、二、三产业在国内生产总值中占的比重由 1993 年的 64.6∶15.8∶19.6 演变为 2000 年的 50.5∶18.4∶31.1。

三、农业和农村经济

20 世纪 50 年代初期，境内农业因粗放经营，产量不高，产值低微，农民难以解决温饱。1952 年，境内农业总产值为 52119 万元，粮食总产量 45.85 万吨，油菜子产量 2161 吨，肉类总产量 7103 吨，虽分别比 1949 年增长 32.93%、11.61 倍、56.7%、95.89%，但与全国相比，粮食人均占有量比全国人均占有量（285 公斤/人）少 17 公斤/人，肉类人平 4.15 公斤，比全国人平（5.89 公斤）少 1.74 公斤。

1953 年后，因“大跃进”“浮夸风”“文化大革命”等运动给农业带来较大的损失，至 1975 年，农业及农村经济一直在起伏中发展。1975 年与 1965 年相比，农业总产值由 88247 万元上升到 90761 万元，粮食总产量由 65.26 万吨上升到 73.31 万吨，肉类产量由 26221 吨上升到 29710 吨，农村经济收益分配总收入由 15793 万元上升到 20884 万元。

1978 年后，通过出台一系列稳粮增收的惠农政策，加大资金、科学技术的投入力度，在发展粮食作物、经济作物、多种经营的同时，大力发展乡镇企业和养殖业，农业和农村经济发展步伐加快。1992 年与 1978 年相比，农业总产值由 118668 万元上升到 267625 万元，其中，种植业产值（14.45 亿元）上升 74.38%、粮食总产量（152.38 万吨）上升 83.19%，林业产值（19392 万元）上升 1.61 倍，肉类总产值（14.07 万吨）上升 2.8 倍。乡镇企业总产值（71451 万元）增长 6.16 倍，农村经济收益分配总收入（23.68亿元）增长7.04倍。1992年，粮食人均占有量479公斤，是全国人均占有量（380公斤）的1.26倍，是全省人均占有量的1.22倍；肉类人均占有量44.25公斤，是全国人均占有量（25.2公斤）的1.76倍，是全省人均占有量的1.11倍。

1993年后，全地区先后实施以微水建设和玉米工程为重点的“四大工程”，发展“井池园机配套，种养加运结合”的“池园经济”，做好改水、改路、改厨、改厕、改圈、建池、建园、建家的“五改三建”工作，改善农民生产生活条件，搞好农田水利基本建设，狠抓林业结构和畜牧业结构调整，战胜连年旱灾，为粮食作物的稳产高产和农民增收奠定坚实的基础。2000年农业总产值达到36.72亿元，是1993年的1.44倍，年均增长5.3%。1993年、1994年农业总产值呈负增长，分别为-4.64%和-6.3%；粮食在稳产的基础上大幅减产，分别减产23.11%和10.16%；油料分别减产23.4%和12.6%；乡镇企业产值分别增长54.61%和49.68%；农村经济收益分配总收入分别减少5.16%、增长35.8%。1995年、1996年农业总产值呈两位数增长，分别为18.3%和11.6%；粮食增幅分别为34.5%和9.8%；乡镇企业产值分别增长40.44%和59.37%；农村劳务输出100多万人次，劳务收入23.4亿元。1997—2000年，农业总产值增幅都在5%以内，呈平稳态势。农业内部产业结构逐步优化，种植业比重逐步下降，畜牧业比重逐步上升，但林果业、渔业比重很小，以粮、猪为主的特征仍很突出；大力组织和引导农村剩余劳动力劳务输出，全市农村劳务输出累计达到212万人次，劳务输出收入62.2亿元，是全市地方财政收入24.64亿元的2.52倍，切实保证了农民增收；乡镇企业发展由弱到强。乡镇企业总产值和营业收入分别为227.53亿元和234.46亿元，分别比1993—1996年增长1.59倍和1.99倍，分别年均增长96.83%和66.45%。2000年，粮食、油料、肉类产量分别达到160.0万吨、8.5万吨和28.3万吨，分别是1993年的1.4倍、1.9倍、2.0倍，分别年均增长4.8%、9.4%、10.2%。

第二节　经济结构

一、所有制结构

中华人民共和国建立后，境内生产关系经历四次较大变革。1950—1956年，全民和集体企业产值由少到多，稳步发展，占全部社会总产值的0.1%～15%；私营企业和个体户经济占主导地位，占全部社会总产值的99.9%～85%。1957—1978年，全民和集体经济迅猛发展，占17%～80%；私营和个体经济大幅度下降，占83%～20%。1979—1992年，实行经济体制改革，以公有制为主体，多种经济成分并存，全民和集体经济占75%～65%；私营和个体经济占25%～35%。1993—2000年，由计划经济向市场经济过渡，后期以市场经济为主，大力发展非公有制经济，私营企业和个体工商业快速发展，占全部社会总产值的38%～45%；全民和集体经济，占62%～55%。

1978年后，境内各县在巩固国有、集体经济的基础上，积极鼓励支持私营、个体经济的发展，时称非公有制经济。1993年后，巴中地委、行署制定“六统一、一监督”（统一办理证照、统一收费范围、统一收费渠道、统一收费标准、统一收费行为、统一监督检查，建立行政监督制度）的一站式服务制度，并对个体户和私营企业实行公开评税，促进了私营经济的快速发展。至2000年，全市共有个体私营企业101198户，比1993年增长2.95倍，年均增长21.7%，增长最快的是1997年，增幅为88.7%，增长最慢的是1996年，增幅为3.0%；个体私营企业从业人员达到205943人，比1993

年增加176353人，增长5.96倍，年均增长31.9%；个体私营经济产值及营业额为11亿元，比1993年增长30.8倍，年均增长63.9%；私营经济提供税收0.53亿元，占当年全市财政收入的38.4%，比1993年增长1.6倍，年均增长14.7%。非公有制经济国内生产总值为20.1亿元，比1993年增长3.2倍，年均增长22.8%。非公有制经济国内生产总值在地区国内生产总值占的比重为45.3%，比1993年上升26.2个百分点。

二、产业结构

（一）总体结构　民国时期，在国民生产总产值中，境内农业总产值占绝对优势。1949年，境内第一产业（农、林、牧、副、渔业）占国民生产总值的89.78%，第二产业（工业、建筑业）占2.31%，第三产业（商贸、运输、通信、金融、服务业）占7.91%。1957年完成“一化三改造”，1958年“大跃进”，1962年国民经济调整后，产业结构发生了变化。至1975年，境内第一产业占全民生产总值的比重下降到74.09%，第二产业上升到10.29%，第三产业上升到15.62%。1978年后，在改革开放中，大力调整产业结构。至1992年，境内第一产业占国民生产总值的比重下降到61.78%，第二产业上升到15.9%，第三产业上升到22.32%，分别比1978年下降10.71个百分点，上升4.43个百分点，上升8.27个百分点。1993年成立巴中地区后，不断加大产业调整力度，坚持深度开发第一产业，大力发展第三产业，积极促进第二产业，使产业结构发生剧变。2000年与1993年比，第一产业占国民生产总值的比重，由63.58%下降到45.16%，下降18.42个百分点；第二产业由15.55%上升为16.48%，上升0.93个百分点；第三产业由20.87%，上升到38.36%，上升17.49个百分点。

（二）农业结构　民国时期，境内的农业以种植业为主，其次是畜牧业。1949年，在农业总产值中，种植业占72.02%，林业占2.72%，畜牧业占15.27%，副业占6.93%，渔业占0.06%。1950年后，为了发展经济，保障供给，不断调整农业内部结构。至1957年，在农业总产值中，种植业占81%，畜牧业占11.06%，林业占2.53%，副业占5.6%，渔业占0.19%。1975年在农业总产值中，种植、养殖、林、副、渔业所占比重，分别为67.99%、20.09%、5.6%、6.11%、0.21%。1985年，种、养、林、副、渔业占农业总产值的比重，分别比1975年下降13.84个百分点，下降0.36个百分点、上升8.32个百分点、上升5.45个百分点、上升0.43个百分点。至1995年，种、养、林、副、渔业所占农业总产值的比重，分别为47.28%、36.68%、6.91%、7.43%、1.7%。1995年后，全区大力发展优质高产种植业，使复种指数、单位产量大幅度提高，虽种植面积逐年减少，但种植业产值却逐年增多。到2000年，种植产值占农业总产值的比重则上升到58.86%，比1995年上升3.85个百分点；林业产值占6.48%，比1995年减少0.43个百分点；牧业产值占32.6%，比1995年减少4.08个百分点；渔、副业产值占2.36%，上升0.46个百分点。

（三）工业结构　1952年，以食品纺织为主的轻工业产值占工业总产值的80%。其后，机械、煤炭、森林工业有较快发展。1978年，轻工业产值占68%，重工业产值占32%。1980年以后，食品工业发展较快。1993年，轻工业产值占82%，重工业产值降为18%。1994年以后，建材工业发展较快。2000年，轻工业产值占60.69%，重工业产值占39.31%。

三、固定资产投资结构

1950年、1952年、1957年、1962年、1965年、1970年、1975年的7年中，境内国营单位固定资产投资仅5523万元。其中，生产性投资占77.83%，非生产性投资占22.17%。

1978年，境内各县加大投入，大力开展交通、能源、通信、建筑、环保等基础设施建设工作。

1981 年，境内固定资产投资总额为 6749 万元。其中，国营单位占 45.04%，集体、私人占 54.69%；基本建设占 27.13%，更新改造占 17.91%，其他占 54.69%。

1985 年，固定资产投资总额 18476 万元。其中，国营单位占 32.52%，集体、个人占 67.48%；基本建设占 11.01%，更新改造占 15.37%，其他占 73.62%。1990 年，固定资产投资总额为 33749 万元。其中，国营单位占 23.81%，集体、私人占 76.19；基本建设占 11.97%，更新改造占 7.37%，其他占 80.66%；分别比 1986 年增长 91.61%，减少 9.14%，增长 9.14%、4.46%，减少 8.79%，增长 4.32%。

1993 年后，全区经过两轮“交通大会战”，光缆建设、固定电话和移动电话改制扩容，220 千伏、110 千伏输变电工程和低压配网改造，城市建设等基础设施建设和一系列技改项目的实施，全社会固定资产投资连年增长，交通、通信、电力三大经济发展“瓶颈”制约大大缓解，生产能力不断提高。1993—2000 年，全社会固定资产累计投资达 86.88 亿元。2000 年，全社会固定资产投资额是 1993 的 5.6 倍，年均增长 27.7%。

1993—2000 年，完成公路建设投资 13.18 亿元，改造干线公路 763 公里，改造县乡标美路 23719.4 公里，新建村道公路 3846 公里，铺筑沥青水泥路 833 公里，交通建设获得交通部“平原学山东，山区学巴中”的殊誉。完成通信建设投资 5.5 亿元，光缆长度达 3079.29 公里，乡镇光缆覆盖率达 77%；市话、农话交换机容量 17.35 万线，市话用户 65926 户，农话用户 41356 户，市话普及率 15.51%，农话普及率 1.46%；A 网交换机基站 7 个，C 网交换机基站 108 个，乡镇覆盖率 50%，移动交换机容量 10.75 万门，移动用户 35000 户，移动电话普及率 1%；寻呼基站 91 个，本地网覆盖率达 95%，省网一频点覆盖率达 80%，省网二频点、三频点及国网覆盖主要城镇。建成 220 千伏输变电线路一条、110 千伏输变电线路 4 条，供电量比建区前增长 1.2 倍，村通电率达到 42.87%。建成初具规模的 5.5 平方公里的江北新城，三县县城和恩阳、乐坝等重点集镇建设进程加快，城镇功能进一步完善。

第三节　招商引资

一、经济交流

1987 年 10 月，平昌县参加重庆五市五地区举办的物交会，推介平昌特优产品，成交 2381 万元。12 月，平昌县组团参加北京首届百货展销会，有白酒、棉纱、棉胎、被面、果脯、蜜饯、甜叶菊糖浆、粉丝、香肠等 20 多个品种参展，5 个品种销售一空，成交金额 150 余万元。

1989—1990 年，境内各县组团先后参加四川省经济技术物资协作会、川陕鄂豫四省八地市第四届物资文化交流会、四川省物资文化交流会、深圳荔枝节中港科技产品交流会、湖北荆门四省八地市第五届经济技术交流会。1990 年，平昌县举办“平昌县科技物资交流会”“首届平昌港江阳之秋物资交流会”，宣传推介平昌地方产品特色，为招商引资奠定基础。

1991 年 9 月 9—11 日，首届通江银耳节期间，召开川陕边贸秋季“物交会”，设展馆 16 个、地方交易市场 7 个，展出产品 1000 多个。全国 10 个省、市的 1600 位客商参加，商品成交总额达 5383.41 万元。是年 10 月 21—25 日，境内各县在达县参加鄂、豫、陕毗邻地第七届物资交流会，其中通江县商品成交额 1442 万元。

1992—1998 年，境内各县政府、经协办与企业一道共同组织企事业单位参加“西交会”等重大经贸活动5次；在北京、重庆、成都组织重大经贸、招商活动5次。在县外组织和参与联谊的各界人士300人次，协进协出各种物资1800万元。与广东汕头高平区、重庆南泉镇、江苏如东县缔结为友好市县。在北京、成都、广州、西安、海南、重庆、乌鲁木齐、格尔木、深圳等地开设驻外窗口，聘请经协顾问200人。

1994年4月10日，巴中地区组团赴西安参加“'99中国东西部合作与投资贸易洽谈会”，共40人参会。9月1—4日，四省十六市第十一届西部交易会在广元召开，地区组团参加，并设置招商引资馆，积极开展招商引资工作。2000年5月，全地区组团25人，参加成都“2000年中国沿海企业产品博览会暨四川投资洽谈会”。会上联络客商180人，草签投资协议3个，意向金额5000万元。

二、招商成果

1987年，平昌服装公司引进开江织染厂资金80万元联办平昌纺织厂。白衣乡引进重庆资金10万元，联合兴办渝白食品加工厂。

1990年7月，平昌县纺织厂与成都青羊区成华公司合资200万元联办服装厂。1991年，平昌县纺织厂与陕西长安棉纺厂融资100万元联合兴办销售公司。

1992年，平昌县纺织厂在成都金牛区（省扶贫开发区）征地1公顷，引进扶贫开发资金600万元，兴办蓉昌服装厂，生产出口服装。中英合资在南江县洛坪工业开发村兴建“英南有色金属厂”，由英国剑桥建设金融集团财务公司提供资金700万美元。通江县引进达县地区百货公司退休职工资金10万元，在毛浴乡小学后山承包荒山3.3公顷发展种、养业。

1993—1998年，全地区引进区外客商20家、区外企业20家，引进资金1500万元。引进项目有：简阳铁合金厂租赁（地方）外贸公司硅铁厂生产硅铁，成都高友燃气公司在平昌兴建C5管燃气工程，海口龙胆饼业公司办饼干厂。同时利用外资发展卫生事业、兴办希望小学（地方）等。

1999年，全地区引进外资1700万元，年实现产值1670万元，实现税金102万元，提供就业岗位481个。引进项目有：江苏溧阳房地产开发公司对巴中市（县级）观音井片区旧城实施改造，成都东亿公司巴中公司实施车辆检测及修理项目，巴中南国房地产开发有限公司对鼓楼街片区实施改造开发，巴中昶明食品厂新建豆干系列食品生产项目。

至2000年，南江县共引进项目149个，引进资金4.7亿元。工业项目46个，资金8987万元；农业食品项目25个，资金4600万元；基础设施项目46个，资金3.08亿元；商贸旅游项目32个，资金2613万元。通江县先后引进“台湾”宏茂公司、澳大利亚华侨吕崮先生、江苏省如东县洋口港开发建筑集团、山西省孝义市柱濮镇高养领先生、香港华通公司资金共3050万元，开发魔芋、银耳产品及养殖业、水泥等项目。

2000年，全市引进外资3700万元，年实现产值9122万元，税金213万元，提供就业岗位996人。引进项目有：成都康乐公司新办苎麻产业化项目、力博农业开发公司新办种养殖项目、四川迪生啤酒集团在巴中建设灌啤酒生产线项目、四川中兴纺织有限责任公司收购巴中棉纺厂项目和巴中新时代房地产开发公司对南池下河段实施治污改造。

第二章　名优特产

巴中名优特产主要有通江银耳、南江黄羊、空山黄牛、南江翡翠米、南江大叶茶，平昌江口醇酒、小角楼酒、金银花、核桃、板栗、川明参、油桐、竹子、天麻、银杏、杜仲、桑蚕、花生、大鲵、“含笑牌”银丝粉、高瘦率商品猪、龙头面等数十种。

第一节　动植物类

一、空山黄牛

通江县空山乡具有2000多年的黄牛养殖历史。空山黄牛又名通江黄牛，是适应性强，有山地放牧耐粗特性，繁殖力强、育肥性能良好、肉质细嫩、风味独特、绿色生态的地方黄牛良种。1982年，农业部委托全国肉牛繁育协作组进行实地调查后，将通江空山黄牛定名为通江牛，收入《世界牛种名录》。空山黄牛成年公牛体高1.28米，体斜长1.52米，胸围1.82米，体重478.7公斤；成年母牛体高1.15米，斜体长1.43米，胸围1.68米，体重388公斤。20世纪90年代，随着畜牧业的发展，空山黄牛的养殖得到长足发展，其存栏和出栏量大幅增加，同时大力发展深加工，其“灯影牛肉”和牛肉干系列产品远销俄罗斯及东南亚等国家。到2000年，空山黄牛分布于通江、南江、巴州、平昌、万源、达州等县、市（区），存栏总数22万头。以通江县空山乡的黄牛质量最佳，亦称“空山黄牛”。属役肉兼用型地方品种，性情温顺，行动敏捷，适应性强，役用性良。

通江黄牛

二、南江黄羊

南江黄羊是多品种杂交，历经多年选育和多代自群繁育而成的肉用山羊新品种。具有毛黄褐色、体格高大、繁殖力强、肉用性能良好等特点。1954年起，南江县先后三次从成都、大邑、金堂等地引进四川铜羊、金堂黑羊和含有努比羊血缘的杂种公羊与本地山羊，在元顶子牧场混牧，并通过扩繁与本地山羊杂交。在杂交基础上，从中选择被毛褐色、体格高大，肉用性能良好的后代进一步自群繁育。1973年由达县地区畜牧主管部门定名“南江黄羊”并作为地方良种后，南江县科委、达县地区科委先后开展《南江黄羊选优去劣》《南江黄羊提纯复壮》的科学研究。1980年，“南江黄羊的培育”列为四川省内地畜牧业重点科研项目，有计划地开展南江黄羊的培育工作。1983年，省科委组织省内同行专家教授组成南江黄羊新品种验收及技术鉴定组，通过资料和现场考察，认定南江黄羊为肉用山羊新品种。1986年，“南江黄羊综合技术开发”项目，被列入省“星火计划”。1991年，农业部以“南江黄羊肉用品种选育研究”为课题，列入全国畜牧业“八五”重点科研项目。至1994年，选育特一级羊4712只，等级羊7230只，纯繁基础母羊20919只，品种羊33546只，分别完成项目计划的157%、120%、104.6%和67.1%。1995年，“南江黄羊新品种”通过国家级鉴定，达到了新品种的要求标准。专家组一致认为“南江黄羊是目前国内肉用性能最好的山羊新品种，将填补我国肉用山羊新品种空白，南江黄羊新品种的育成居国内领先水平”。1997年5月，《南江黄羊肉用新品种选育》获国家科技进步二等奖。1998年4月17日，中华人民共和国农业部批准“南江黄羊”为肉羊新品种，誉为“目前国内唯一经过培育、肉用性能最好的山羊新品种”，并颁发“畜禽新品种（配套系）证书”。2000年，全市南江黄羊饲养量达82万只，并向省内外提供羊种2.3万只。

南江黄羊

三、通江银耳

民国《通江续志稿》载：通江银耳人工培育成功在清光绪六七年间（1880—1881年），陈河乡雾露溪畔九湾十八包为其发祥地。清光绪二十四年（1898年）前，陈河、涪阳一带已普遍种植，年产量200公斤至12.6万公斤。通江银耳具有耳片厚、易炖化、色泽纯、胶质重、天然生长无污染等特点。经有关部门化验，子实体富含蛋白质、多糖体、维生素B和丰富的铁、磷、钙、镁、硫等微量元素，其蛋白质中所含的氨基酸达19种，具有极高的药用价值和食用价值。银耳性中平，味甘，具有滋阴养胃、补脑强心、益气和血、生津止咳的功效，为高血压、动脉硬化、阴虚火旺病人的调养佳品。银耳所含的多糖对肿瘤细胞有抑制作用。通江银耳在清代即作为贡品供奉朝廷。20世纪90年代后，通江银耳分为出口、内销两部分。出口部分主要靠福建客商经香港出口东南亚；其内销部分主要销往成都、重庆、武汉等城市。1978年，通江县被列为全国银耳基地县；1995年，通江县被命名为“中国银耳之乡”；2004年，被批准使用“原产地域产品保护”标志，并获国家无公害食品认证。历年来，改进栽培技术，培育产业基地，加大科研力度，研发系列产品，发展银耳产业，其产量大幅增加，研发的银耳食品、银耳饮料、银耳保健品、银耳化妆品等系列产品达数十种，远销国内外。1996年，全县共销售通江银耳4.87万公斤。1997年，全县共有通江银耳购销企业10家。上海、广州、福州、厦门、重庆、成都、武汉、西安等35个大中城市均设有通江银耳经销机构，从业人员480余人。1980—1997年，全区经销的通江银耳已累计突破100万公斤，销售产值累计突破5000万元。1998—2000年，生产通江银耳26.4万公斤。福建、浙江、北京、河南、陕西、广东、成都、重庆、万源、巴中等地客商云集通江收购通江银耳，产品供不应求。

通江银耳

四、南江翡翠米

“南江翡翠米”是历经漫长的自然繁育和无数次推优选定的品质优、产量高、抗性好的长粒、籼

翡翠米

型稻谷品种加工而成。其米粒细长、整齐饱满、晶莹润泽、饭粒爽口、柔韧软滑，米色及粥色微绿似翡翠，具有无污染、营养丰富、饭粒光亮油润、口感柔韧、略带糯性等特点。主产于南江县中低部山区，尤以南江县长赤为优。长期畅销于成都、攀枝花、甘南等地区，曾出口法国、古巴等国家。南江翡翠米以“绿色特性、优良品质”多次荣获国家、省、部级奖励，系由南江县农技站和长赤翡翠米业有限公司共同协作，推优选定的无公害绿色品种，是巴中市最先获得“A级绿色食品”认证的米类产品，曾出口法国、古巴。是“四川省著名商标”、国家“原产地域产品保护”标志和国家无公害产品认证，其原料基地被农业部认定为“无公害农产品基地”。“长赤”牌系列翡翠米先后获“'97中国新技术产品博览会银奖”、“'98 四川用户满意产品”称号、“'99 四川名优特产品博览会银奖”。2000 年，翡翠米生产销售达 140 万公斤，产品供不应求。

五、南江大叶茶

南江大叶茶是多年对优良茶树繁殖培育而成的，为全国地方良种。其叶椭圆形，叶色绿，叶面微隆、有光泽，叶身稍内折，叶缘平或微波，叶尖渐尖，芽叶生育力强，具有长势旺，持嫩性强，芽叶黄绿色、茸毛多等特性。1958 年，南江县茶果站在流溪乡牡丹村发现该地茶树与其他茶树迥异，遂选择优良植株繁殖培育，定名为“南江大叶茶”。南江大叶茶盛产于南江县汇滩、流溪、元顶子山等高山茶区，产地森林环抱，云雾缭绕，雨量充沛，土地肥沃，无公害，茶叶含富硒和 30 多种人体必需的氨基酸及微量元素。1965 年，中国茶叶学会将“南江大叶茶”定为全国 21 个地方良种之一。1982 年，被评为全国地方良种。1985 年，全县种植面积 3.3 公顷，所辖区域内 48 个乡（镇）的 171 个自然村。1987 年，以“南江大叶茶”为原料，成功研制出“云顶绿芽”“云顶茗兰”，被四川省评为优质名茶。1990 年，“云顶绿芽”“云顶茗兰”分别获得中国西部地区“陆羽杯”第一、第三名。1992 年，“云顶茗兰”和“云顶绿芽”双双获中国首届农业博览会银奖（2001 年被选为北京中南海专供品）。1995 年 10 月，在农业博览会上“云顶茗兰”“云项绿芽”双获金奖。2000 年 5 月，“云顶茗兰”“云顶绿芽”双获国际（成都）茶叶博览会银奖。

六、南江金银花

南江金银花有 8 大类、32 个品种，细毡毛忍冬中的优良变种为该县主产种。富含绿原酸、木樨草苷、芳樟醇等 30 多种挥发油和三萜类化合物、10 多种无机元素。具有广谱抗菌、抗病毒、抗炎及解热、保肝、降压、降血脂、增强免疫功能、延年益寿等作用，是常用中药材之一。主产于海拔 800—1400 米的巴山深处，产品天然，气味芬芳，具有无污染、无农残、无公害等特点。南江金银花茶，色碧、味甘（微回甜）、天然、质佳，口感良好、汤色靓丽、花形秀美，是常用的天然保健饮品。早在 20 世纪 60 年代初，南江县在全国率先人工栽培金银花时，南江金银花就享誉全国。1981 年 5 月，南江县被国家定为全国金银花生产基地县。1985 年南江金银花产量达 26 万公斤。南江县从 1997 年开始，建起以金银花为原料的深加工企业，从金银花中提取植物中间体——“绿原酸”，成为出口产品。“金银花露”饮料，被省卫生厅批准为“加药饮料”，产品远销省内外。1999 年 10 月，南江县被中药现代化科技产业（四川）基地协调领导小组定为金银花种植示范县。2000 年，栽种 0.67 万公顷，年产 200 万公斤以上。

七、巴州川明参

巴州川明参俗称沙参，又名土人参，伞形科草本植物，疗效与保健功能与野生人参相似，是秦岭大巴山南麓特有气候条件下的多年生绿色植物。具有300多年栽培历史，曾是古代宫廷御用贡品，通体黄亮白润，形状细长规整，质地坚实硬脆，断面纹理清晰，粉质充足细嫩，其味甘甜，富含18种氨基酸、糖、钙、维生素和多种微量元素，具有安胃养胃、润肠解毒、清利肺热、益肝明目、强筋补血气之功效。主产于巴州区渔溪镇，通常称为渔溪川明参，是迄今为止优良的川明参品种。研制的川明参泥生产技术获国家发明专利权。形成了川明参种植、生产、加工、销售产业链，先后建立了省级农业标准化示范区、绿色产品认证基地，培育了多家生产企业，研制出川明参饮料、罐头、茶叶、保健酒等系列产品，荣获“四川省名优特新农产品”称号、“西部博览会金奖产品”称号等，产品远销北京、上海、成都、重庆、广州、深圳等20多个大中城市。

巴州川明参

八、南江核桃

南江县核桃栽培历史悠久，始于汉代，迄今已有一千余年历史。到20世纪70年代初具规模，并驰名省内外。南江县被国家林业局命名为“中国核桃之乡”。南江核桃具有果实饱满、壳薄、香味十足等特点。南江“米仓山”牌核桃获全国首家“有机食品认证”，在第二届四川·中国西部国际农业博览会和首届中国核桃节上获金奖。“米仓山”牌核桃、“米仓山”牌核桃仁荣获国家AA级绿色食品标志认证。

第二节　副食品类

一、江口醇酒

江口醇酒是国营平昌县酒厂创造的名牌产品。江口醇酒起源于晚清，距今已有130余年历史。1879年，江苏无锡知县、海州（今连云港）道员廖纶晚年辞官回乡（平昌县江口镇南台山），建造酿酒作坊，综合众家之长，苦心钻研，制作试验，成功酿造出“南台酒”（“江口醇”酒的前身）。采用优质红粮和山泉，辅以大巴山特有的20多种中草药制曲，经独创的“窖中窖”复式发酵工艺生产而出，酒质上乘，浓酱兼香，深受广大消费者喜爱。1952年，在平昌县城关镇文化街建成国营酒厂，沿袭“南台酒”制作工艺，生产“江口醇”酒。1988年江口醇系列酒“魁牌”曲酒，被中商部评为优质产品，获四川省优秀产品金奖。1991年生产的“江口醇”在日本东京举办的第三届酒类质量评比博览会上获金奖。1992年9月

江口醇酒

23 日，38 度和 52 度“江口醇”在四川首届“巴蜀食品节”展销会上获金牌奖。1995 年 8 月 25 日，52 度“江口醇”白酒和“爱立得”保健酒，在日本东京第十三届国际食品博览会上分别获金、银奖；1997 年 4 月 25 日，“江口醇”白酒在第五届中国专利新技术、新产品博览会上获金奖；9 月 3 日，江口醇系列酒获“四川省免检产品”称号。1999 年 9 月，通过 ISO 9001∶2000 国际质量管理体系认证，享有自主进出口业务经营权。1998—2000 年，江口醇酒产品系列，先后获“四川省名牌产品”“中华老字号产品”“中国驰名商标”等称号，成为全国酒类知名品牌。“江口醇”系列酒的“诸葛酿”“马六甲”“爱立得”“金复来”等酒品出口日本、韩国、泰国、马来西亚、越南等国家和中国香港、澳门、台地区，并在全国 28 个省、市、自治区建有分销网络，年营业收入 5 个亿，创利税 3800 余万元。

二、小角楼酒

小角楼酒起源于明末清初，平昌县小角楼酒厂在 20 世纪 80 年代将其创立为品牌产品。小角楼及其系列品牌酒，具有浓、酱、清三香合一，回味悠长的独特风格。畅销全国及东南亚地区，曾三年蝉联全国销量第一。先后获得“中商部优质产品奖”“′92中国最佳质量金奖”“省优秀产品奖”“四川省牛年群众最喜爱产品”“′99川博会金奖”“四川名牌”“四川老字号”“国家质量达标食品”“中国知名白酒信誉品牌”“中国驰名商标”等荣誉和 86 项国家专利。“小角楼”及其系列酒在国内 20 多个省、市、自治区内建立销售市场 480 多个。其中“酒罐酒”被国家指定为人民大会堂宴用酒。

小角楼酒

第三节　绿色食品

2000 年，市农业局牵头实施绿色食品示范园建设。按照三新（新技术、新设施、新品种）、三高（高标准、高产出、高效益）和三农（设施农业、效益农业、观光农业）的要求，完成 5 个绿色食品示范园的选址、规划和启动任务。园区面积 413.33 公顷，辖 8 个村、30 个社、1200 户、5900 人。全市申报部丰收计划 4 项（通江县玉米优质及专用品种推广，南江县茶叶无性系栽培技术，巴中市、平昌县双低油菜栽培技术），争取资金 12.3 万元；示范县、乡站建设，争取体系建设经费 13 万元；探索农业高科技示范园建设，为通江县争取资金 10 万元；申报 2001 年部丰收计划 2 项，“跨世纪青年农民培训工程”项目 2 项，申报 1999 年工作项目奖励 3 项（粮食生产目标完成二等奖，玉米增产一等奖，百、千、万活动组织一等奖），获取资金 1.7 万元；申报“三下乡”活动先进个人奖 1 名。全市有金银花等 19 个农产品获名优农产品，巴州区三江镇等 14 个基地获无公害农产品基地认证。经省专家认定，巴中芦笋，南江“云顶茶叶”、长赤翡翠米，平昌江口醇酒，通江两耳一菇、天岗云雾茶，巴州龙头牌特一粉、巴州牌系列挂面等品种基本符合绿色食品标准要求，获得申报准入。

2000年巴中市绿色食品、有机食品标志产品

表3—1　　单位：公顷、万吨

企业名称	产品名称	等　级	认定规模	
			面　积	产　量
巴中市龙头面业有限公司	①巴州牌10个挂面产品 ②龙头牌绿稷大米	A	2667	0.47
南江县元顶子茶场	云顶牌5个茶叶产品	AA（有机）	100	0.03
南江县长赤米业有限公司	长赤牌翡翠米	A	667	0.58
通江县火天岗茶场	天岗牌2个茶叶产品	A	667	0.27
南江县油脂有限公司	亦奇牌菜籽油	A	667	0.17
南江县林产品公司	米仓山牌2个核桃产品	AA（有机）	360	0.30
巴中寿星果业有限公司	泰寿牌3个水果产品	A	667	1.04
平昌县皇山茶叶加工厂	皇山牌茶叶	有机食品	20	0.01
巴中市向往集团有限公司	跨越牌猪用混合饲料(推荐生产资料)	A	—	0.10
通江银耳集团有限公司	雪花牌银耳、木耳、香菇3个产品	A	—	0.50
巴中市绿颂米业有限公司	绿颂牌4个大米产品	A	2667	1.50
南江县茗芸茶叶有限公司	茗芸牌2个茶叶产品	有机食品	67	0.04
南江县华香面业有限公司	华香牌3个挂面产品	A	800	0.25
通江罗村茶叶有限公司	罗村牌3个茶叶产品	有机食品	200	0.05
合　计	42个产品		9553	5.35

1949—2000年巴中市部分年度经济发展主要指标

表3—2　　单位：万元、元

项目／数目／年度	国内生产总值	人均国内生产总值	工农业总产值	地方财政收入	地方财政支出	固定资产投资总额	农民人均纯收入	城镇居民家庭人均收入
1949	34050	204.94	40118	92	48	50	—	—
1952	37831	219.61	53700	357	211	114	—	—
1957	45342	234.33	87100	797	788	189	—	—
1962	54681	291.86	71244	1397	865	324	—	—
1965	61286	302.95	96034	1860	1109	581	—	—
1970	74595	315.62	92948	1759	1488	535	—	—
1975	92639	338.59	110028	2225	2836	748	—	—
1978	106190	377.61	146337	2682	3498	1646	—	—
1980	118115	413.37	149427	2522	4619	3566	144.45	374.70
1985	159811	545.23	240626	3056	9814	18416	294.72	576.40
1986	170694	574.96	264937	4744	10043	17613	285.82	717.90
1987	181884	602.97	277048	5833	10200	18406	304.64	785.30

续表3—2

年度	国内生产总值	人均国内生产总值	工农业总产值	地方财政收入	地方财政支出	固定资产投资总额	农民人均纯收入	城镇居民家庭人均收入
1988	192835	628.00	299026	7370	11476	20498	358.10	932.50
1989	205135	659.74	324118	8169	13098	17985	404.49	1063.20
1990	216644	689.03	321222	9364	16321	33749	480.93	1207.20
1991	227979	719.73	356348	9603	18147	21532	495.47	1379.20
1992	238073	746.41	375839	11289	23312	27280	541.04	1520.20
1993	240263	749.23	372647	13976	31513	34318	521.93	1908.20
1994	252809	779.80	395762	17528	36789	57303	658.00	2534.70
1995	282904	860.11	428054	17953	36194	75004	787.05	4006
1996	319690	963.93	498240	22398	43076	87944	845.00	4521
1997	357461	1065.40	530938	23414	49344	88851	1060.00	4793
1998	387939	1143.49	540684	26553	50756	141296	1192.00	5431
1999	669800	1955.51	972900	27100	60700	164000	1254.00	4003
2000	706200	1991.76	991000	26500	77400	193800	1310.00	4513

说明：生产总值1949—1998年按1990年不变价格计算，1999—2000年按当年价计算。
1949—1980年固定资产投资额仅有国有单位，其余年份为全社会。

第三章　人民生活

第一节　国民收入

民国时期，境内国民收入主要靠农业。民国38年（1949年），境内人均国民收入仅36元，是全国人均国民收入63元的57.14%，是全省人均国民收入43元的83.72%。

中华人民共和国成立后，随着经济逐步发展，国民收入也逐年增多。1975年与1952年相比，境内人均国民收入由52元上升到97元，增长86.54%，年均增长3.76%。1975年人均国民收入占全国、全省人均国民收入的比重分别为35.53%和61.39%，比1952年的差距分别增大14.47%和26.61%。

1978年后，国家财政加大对贫困地区的扶持力度，使国民收入逐年增加。至1985年，境内人均国民收入达到314元，其中农村住户人均收入451.8元，城镇居民人均收入576.4元。人均国民收入分别占全国、全省人均国民收入674元和484元的46.59%和64.88%，接近1952年的水平。

1992年与1986年相比，人均国民收入由325元增加到641元，增幅为97.23%；农村住户人均总收入由410.37元增加到802.95元，增幅为95.66%；城镇居民家庭人均收入由576元增加到

1520.2元，增幅为1.64倍。虽境内城乡居民收入逐年提高，但与全国、全省人均收入相比仍有较大的差距。境内人均国民收入占全国、全省人均国民收入的比重由1986年的43.51%和63.11%下降到1992年的37.64%和55.4%。

1993年后，全区各级政府积极争取中央财政支持，加大扶贫力度，加强经济建设，组织劳务输出，努力增加国民收入。至2000年，人均国民生产总值由1993年的810元增加到2000年的2720元，增幅为2.36倍。农村住户人均收入由1993年811元增加到2000年的2034元，增幅为1.51倍；农民人均纯收入由499元增加到1331元，增幅1.67倍；城镇居民人均可支配收入和人均现金收入，分别由1695元、2401元增加到5150元、7990元，分别增长2.04倍、2.33倍。

第二节　生活消费

一、消费水平

民国时期至20世纪50年代初，境内居民贫穷落后，商品购买力低下。1952年，境内社会商品零售总额仅2271万元，人均13.18元。1953年后经济逐步发展，人民生活水平逐步提高。1962年，境内社会商品零售总额增至8114万元，境内1873516口人人均43.31元，比1952年增长2.29倍。1975年，社会商品零售总额达1.65亿元，人均消费60.2元，占全省人均消费量的64%。

1978年后，境内经济建设突飞猛进，人民生活水平不断提高。昔日的物资紧缺、凭票供应、商品“走后门”的现象不复存在。至1980年，境内社会商品零售总额达2.7亿元，人均94.49元，分别比1975年增长63.64%和56.69%。1980年，农村人口人平生活费支出119.7元；1982年，城镇人口人均生活费支出345.3元。后经10年的经济发展和贫困扶持，使境内人民逐步越过温饱线，生活水平逐年提高。至1990年，境内社会商品零售总额增至7.86亿元，同比增长2.9%，比1980年增长1.91倍；境内人均消费支出250元，比1980年增长1.65倍，分别占全省、全国人均消费支出49.3%和34.2%。农村住户生活消费人均支出464.2元，城镇居民人平支出生活费1042.6元，分别比1985年增长72.82%和83.52%。

1993年后，全地区通过一系列扩大内需、刺激消费的政策，使消费品市场一直稳中有升。至2000年，社会消费品零售总额达23.59亿元，是1993年的2.75倍，年均增长24.99%。农村住户人均生活费支出1204元，城镇居民人平消费性支出4790元，分别比1993年增长1.13倍和2.13倍。国有企业职工平均工资4835元，事业职工平均工资6724元，机关干部平均工资8050元；分别比1993年增长1.5倍、2.27倍和2.39倍。

二、消费结构

民国时期至20世纪50年代初期，境内人民生活消费结构简单，除粮食、肉类、食盐、鲜蛋、食用油、棉布、烟、酒、糖等消费品外，其余商品消费极少。1952年，境内人民人平消费贸易粮12.17公斤（农民自给自足除外）、肉类4.15公斤（含农民自给自足）、食盐6.33公斤、卷烟16.83支、白酒0.6公斤、棉布1.19米、化纤布0.39米。

1953年后，人民生活消费品历经了计划供应、凭票（证）供应、高价供应几个阶段。主要消费品中，水产品、茶叶、呢绒、绸缎、手表、自行车等商品也逐步占有一定比例。至1975年，16种主要生活消费品中，粮食、肉类人均消费281.88公斤，鲜蛋、食用油、水产品、盐、食糖等食品人均消费10.49公斤；酒类、茶叶等人均1.49公斤；棉布、化纤布、呢绒、绸缎等人均5.95米；卷烟人均6.82包；每万人中，有手表9.85只，有自行车2.04辆。

1978年后，随着改革开放政策不断扩大，产（商）品种类和产量不断增多，人民生活由温饱型向小康型迈进，消费品结构发生了质的变化。1985年，农村住房人平生活费支出268.61元中，生活消费品支出占97.29%，文化、生活服务支出占2.71%；生活消费品中，食品占67.9%，衣着占13.27%，日用品占5.61%，文化娱乐用品占0.63%，其他占12.59%。城镇居民人均生活费支出568.1元中，购买食品、衣着、日用品、文化娱乐用品、书报杂志、医药、燃料、房屋等商品支出519元，非商品支出（房租、水电费、学杂费、交通费、文化娱乐费、邮电费、保育费、医疗保健费、修理服务和其他费）49.1元。食品占总支出的49.43%，衣着占10.88%，日用品占8.36%，文化娱乐用品及文化娱乐费占9.66%，医药及医疗保健占2.39%，房屋及建筑材料和房租占7.89%，其他占11.39%。

1993年后，人民生活水平逐年提高，人们消费观念转变，消费结构随之变化。至2000年，农村住户人平生活费支出1260元，比1993年增长1.23倍。生活消费支出中，食品占59.52%，衣着占4.37%，居住占10.08%，家庭设备、用品及服务占4.13%，医疗保健占4.76%，交通、通信、文化、教育、娱乐、服务及其他占17.14%。以上各生活消费品所占比重，分别比1993年减少11.1%，增长2.18%、6.72%，减少0.12%，增长0.5%和6.17%。城镇居民家庭人均支出6599元中，食品占34.11%、衣着占10.32%、居住占10.37%、设备用品占6.26%、医疗保健占2.8%、交通通信占3.94%、娱乐文教服务费占5.89%，非消费性支出26.31%；各生活消费品所占比重，分别比1993年减少3.77%，增长2.35%、4.26%、0.87，减少0.06%，增长1.27%、2.79%、16.24%。2000年，每百户居（村）民中，拥有洗衣机价值5.92元、电风扇55.79元、电冰箱1.97元、自行车14.87元、摩托车2.24元、电话机4.21元、寻呼机1.84元、彩色电视机17.26元、黑白电视机73.29元、录像机1.45元、影碟机6.57元、组合音响5.66元、收录机22.5元、照相机1.57元；洗衣机、电冰箱、彩色电视机、黑白电视机、收录机、照相机分别比1993年增长24.7倍、8.85倍、25.51倍、91.36%、62.28%、3.49倍。

第四章　计划管理

第一节　管理体制

民国时期，境内各县国民经济和社会发展先后由县政府（知事公署）实业局、建设科主管。由于经济发展处于自发状态，基本上未实行计划管理。

中华人民共和国成立后，国民经济实行有计划、按比例发展。1950年至1954年7月，各县计划管理纳入县财政经济委员会内，每年由上级财委下达控制性指标安排生产、流通和基本建设。1954年，各县人民政府成立计划统计科，根据国民经济有计划、按比例发展的方针，开始对全县国民经济各部门实行直接计划和间接计划相结合的管理制度。对国营和公私合营企业实行直接计划管理，对农业、手工业和私营工商业实行间接管理。商品流通计划依专署下达数分别落实到有关单位、部门和地区执行。

1958年人民公社化后，进行全面“大跃进”。国民经济计划严重脱离实际，片面强调高指标，计划失调。1962年，贯彻中央“调整、巩固、充实、提高”的方针，计划管理实行“条条为主，条块结合”的原则，各项计划编制比较实际。1966年下半年，开始“文化大革命”，无政府主义思潮泛滥，计划管理大多流于形式，至1970年始得逐步纠正。此后，采取“由下而上，上下结合，块块为主，条块结合”的方法编制各项计划。1975年以后，国民经济计划中开始编制人口发展计划，重点为出生人口计划。1976年，增编社会总产值、工业总产值和国民经济收入等综合性指标，计划经济管理日趋科学化。

1979年以后，对计划经济管理进行改革，较长时期忽视价值规律和市场机制的高度集中管理方式开始改变。着手实施扩大指导性计划，缩小指令性计划，计划项目由繁而简，推行“统一计划，分级管理，经济手段与行政措施相结合，经济权力、经济责任与经济效益相结合”的新的经济计划体制。1981年至1985年的第六个五年计划（简称“六五”计划）期间，实行计划调节为主，市场调节为辅，缩小指令性计划范围，扩大指导性计划。1986年至1990年的“七五”计划期间到1992年，进一步缩小计划范围，且计划指标中逐步减少指令性计划实物指标，增加指导性价值指标。

1993年巴中地区成立时，计划经济正逐步向市场经济过渡，部分农副产品、日用小商品和服务修理行业的劳务流动等完全由市场调节。计划主要包括国民经济和社会发展计划综合指标、农村经济计划、工业和交通运输计划、固定资产投资计划、对外贸易出口创汇计划、主要商品流转计划、重要生产物资分配计划和其他社会发展计划等，多为指导性计划。在计划中，只有物资分配计划是实物指标，其余计划都是价值指标。

1994—2000年，指令性计划逐年减少，以实物指标为主的物资分配计划也逐步减少。

第二节　综合计划

1993年巴中地区成立时，全地区人均国内生产总值为全国的27.1%、全省的42.9%，人均财政收入为全国的7.3%、全省的17.3%。地委、行署根据巴中与全国、全省经济发展水平差距较大的实际情况和自身条件，确定“超常规、跳跃式”发展思路，到“九五”末的奋斗目标是“翻两番、脱贫困，奔小康”，即国内生产总值在1980年的基础上翻两番，农村在解决温饱问题的基础上实现稳定脱贫，人民生活向小康迈进。在发展思路和总的目标框架下，本着“量力而行，尽力而为”的原则，安排经济发展各主要指标。是年12月，编制《巴中地区国民经济和社会事业发展1994年建设计划和1995年框架》《巴中地区国民经济和社会发展“八五”计划及“九五”规划主要指标》，包括主要综合指标、农业经济、工业生产和效益，商品和物资、固定资产投资、资源利用、债券发行、社会事业等9个计划。

从1994年起，参照上年实际，衔接省计委下达的计划，确定当年全区国民经济和社会发展计划，提出下年国民经济和社会发展建设计划以及再下各年度发展框架。

通过“八五”“九五”计划的实施，到2000年年底，全市国内生产总值为44.3亿元，完成计划的90.3%，年均增长8.2%，欠计划的1.2个百分点；人均国内生产总值为1285元，完成计划的95.2%，年均增长8.2%，欠计划1.2个百分点；工农业总产值为88.5亿元，完成计划的79.8%，年均增长5.7%，欠计划5.3个百分点；一、二、三产业在国内生产总值所占比重分别为50.5∶18.4

:31.1，第一产业高出2.9个百分点，第二产业低5.8个百分点，第三产业高出2.9个百分点。

在年度计划安排中，国内生产总值计划安排最好的是2000年，计划84.4亿元，完成84.01亿元，占计划99.5%；完成计划最差的是1994年，计划36.67亿元，完成33.92亿元，占计划的92.5%；计划最保守的是1996年，计划55.6亿元，完成59.59亿元，超计划7.2%。工农业总产值计划安排最好的是1996年，计划49.00亿元，完成49.82亿元，占计划的101.7%；完成计划最差的是1998年，计划60.00亿元，完成54.07亿元，占计划的90.1%。财政收入1994年至1996年超额完成计划12%以上，其中1995年超计划最多，达25.9%；1998年、1999年计划安排科学合理，分别完成102.3%、98.9%。社会消费品零售总额计划安排最好的是1994年，计划11.71亿元，完成11.56亿元，占计划的98.7%；安排计划最冒进的是1998年，计划24.00亿元，完成20.58亿元，占计划的85.8%；唯一超计划的是1995年，计划13.8亿元，完成14.55亿元，超计划5.4%。经济增长速度实际完成的与计划有较大差异，1994年计划增长10.0%，实际增长5.2%，欠计划4.2个百分点；1990年、1995年、1997年尽管都计划增长10%以上，实际都超计划1.8个百分点以上，其中1997年超过计划3个百分点；1998年计划较合理，计划增长10%，实际增长9.6%；1999年、2000年由于考虑到国际、国内经济大环境影响，都只计划增长8%，实际1999年仅为5.7%，欠计划2.3个百分点，2000年为7.0%，欠1个百分点。

第三节　分类计划

一、生产计划

民国时期，境内生产计划随岁入岁出计划而订。

1950年后，较长时间只编制工农业生产计划，本着“统筹兼顾、适当安排、积极可靠、留有余地”的原则，使计划指标比较切合实际。如第一个五年计划（1953—1957年）时期，巴中、南江两县粮食计划产量36300万公斤，实际完成35964万公斤，完成计划的99.07%；工业计划总产值968.4万元，完成1197万元，为计划的1.24倍。

第二个五年计划一开始，农村建立“政社合一”的人民公社。农业追求高指标，层层高估产，浮夸虚报；工业实行“大办”，盲目建厂。编制计划围绕“大跃进”这个宗旨，使计划指标严重脱离实际，导致农业大幅度减产，工业严重亏损。以巴中县为例，“二五”期末（1962年）与“一五”期末比，农业总产值、粮食总产量、棉花产量、油料产量、生猪圈存、耕牛存栏数，分别下降18.3%、31.8%、9.9%、19.2%、30.5%、8.4%；工业总产值下降47.1%。

1962年在贯彻国民经济调整方针中，吸取“大跃进”失败的教训，根据生产力水平，量力而行编制生产计划，基本切合实际。第三、第四个五年计划时期，正值“文化大革命”运动时期，各县计委工作近乎瘫痪，一些年份计划无人编制。

1979年后，计划管理工作逐步走上正轨。在计划体制改革中，逐步扩大指导性计划，缩小指令性计划。1983年起，工业生产计划只直接下达预算内工业企业，其他单位一律以总产值控制指标下达主管部门掌握；农业生产计划只下达水稻、玉米、红苕、小麦、油菜、烟草等作物种植面积、产量，允许承包单位或个人在完成国家任务的前提下，有安排生产的自主权。由于坚持宏观经济管住、微观放开搞活，推行多种形式的生产经营责任制，综合运用各种经济杠杆，加强经济信息和预测工作，致使“六五”计划制订切实，完成较好。1985年，境内巴中、南江两县计划完成工农业总产值

（80 年不变价）71206 万元，实际完成 72023 万元，完成计划的 101. 15%。

“七五”计划（1986—1990 年），根据国家经济建设布局，本着既要保持国民经济的稳定增长，又要为下一个十年经济打基础，坚持从实际出发，着眼长远，立足当前，依靠科技，面向市场，以提高经济效益为中心，以“改革强县、科技立县、廉政兴县、依法治县”为战略思想而编制的。经计划的实施，境内四县累计实现工农业总产值 148. 64 亿元，比“六五”期间净增 43. 95 亿元，增长 41. 98%；“七五”末的 1990 年国民收入 17. 08 亿元，比“六五”期末的 1985 年增长 7. 9 亿元，增长 86. 06%。

“八五”计划（1991—1995 年），立足现有基础，发挥资源优势，深化体制改革，提高经济效益。“八五”计划实施结果累计实现工农业总产值 192. 87 亿元，比“七五”增长 29. 76%。“八五”末的 1995 年，农业总产值计划 27. 5 亿元，完成 99. 27%，农业增加值计划 17. 8 亿元，完成 153. 43%；乡镇企总产值计划 25 个亿元，完成 95. 32%；粮食计划 145. 2 万吨，完成 97. 52%；肉类总产量计划 23. 72 万吨，完成 70. 91%；工业总产值计划 17. 2 亿元，完成 98. 43%；工业增加值计划 5. 3 亿元，完成 116. 6%；农民人均纯收入计划 630 元，完成 109. 37%。

“九五”计划（1996—2000 年），提出“坚定不移地把农业放在国民经济首位，全面发展和繁荣农村经济”。提出到 2000 年年底农业总产值达到 36. 0 亿元，年均增长 5. 0%；农业增加值达到 42. 0 亿元，年均增长 4. 9%；乡镇企业总产值达到 100 亿元，增长 3 倍；农民纯收入达到 1300 元。“九五”计划，主要农产品体现“稳粮调结构”思想，粮食产量未下达大幅度增长计划，且粮食产量中专门下达玉米产量，突出对旱作农作物的重视。“九五”计划中主要农产品计划有 14 种。计划到 2000 年年底，实现粮食产量 170 万吨，玉米 50 万吨，油料 10 万吨，棉花 0. 4 万吨，蚕茧 2 万吨，烟草 1. 4 万吨，茶叶 0. 5 万吨，水果 6 万吨，立木蓄积蓄量增加到 2000 万立方米，出栏肉猪 320 万头，肉类品产量 25 万吨，南江黄羊基础母羊 3. 5 万只，出栏商品肉羊 100 万只，水产品产量 2 万吨。工业计划中，行署确定了“快上工业”的思路，“九五”期间提出了“工业带农业、两业促百业”的发展途径，各项工业经济效益计划指标都定得“快”而“高”。计划到 2000 年年底工业总产值达到 37 亿元，年均增长 21%，工农业总产值比由 1995 年的 13. 2：66. 8 演变到 48：52，食品工业产值 4. 9 亿元，纺织工业产值 4. 6 亿元，建材工业产值 1. 8 亿元，机械工业产值 2. 1 亿元，冶金工业产值 1. 2 亿元，森林工业产值 0. 7 亿元，医药工业产值 0. 3 亿元，皮革工业产值 0. 4 亿元，化学工业产值 0. 6 亿元。经过五年努力，到 2000 年年底，全市农业总产值从 1995 年的 28. 3 亿元增加到 36. 7 亿元，完成计划的 101. 9%，年均增长 5. 3%，超计划 0. 3 个百分点；农业增加值由 1995 年的 28. 5 亿元增加到 43. 4 亿元，完成计划的 103. 3%，年均增长 5. 3%，超计划 0. 6 个百分点；农民纯收入由 1995 年的 787 元增加到 1310 元，完成计划的 102. 4%。实现粮食产量 160. 0 万吨，为计划的 94. 1%；玉米 42. 9 万吨，为计划的 85. 8%，油料 8. 5 万吨，为计划的 85. 0%；棉花 0. 11 万吨，为计划的 27. 5%；蚕茧 0. 26 万吨，为计划的 13%；烟草 0. 74 万吨，为计划的 52. 9%；茶叶 0. 06 万吨，为计划的 12%；水果 2. 8 万吨，为计划的 46. 7%；活立本蓄积量 2151 立方米，为计划的 107. 6%；出栏肉猪 3. 2 万头，为计划的 97. 5%；肉类品产量 28. 3 万吨，为计划的 113. 2%；水产品产量 1. 91 万吨，为计划的 95. 5%。工业总产值实现 19. 9 亿元，为计划的 53. 7%，年均增长 6. 5%，欠计划 14. 5 个百分点，工农业总产值之比为 31. 0：69. 0，工业欠 17 个百分点；在各行业产值中，食品、建材、纺织完成稍好一点，超过 30%，其余的不足 10%。主要工业产品计划中，实现发电量 1. 8 亿千瓦时，为计划的 49. 1%；水泥产量为 27 万吨，完成计划的 45%；铁矿产量 26. 54 万吨，完成计划的 26. 5%；花岗石板材、镁白石耐火材料、墙地砖、木地板、皮革等产量仅为计划的百分之儿，其中花岗石产量为 1. 36 万平方米，为计划的 1. 2%。

二、流通计划

中华人民共和国成立后，流通计划、商品指标的编制和下达均依据上级部门下达的任务安排到各部门、各单位执行。属于工业品生产资料由物资部门负责，一部分由农机、林业部门负责，属于日用工业品生活资料和农产品收购、农业生活资料供应，由商业、粮食、供销、医药、农资、外贸等部门负责。国家把工业品、农产品划分为一、二、三类分别进行管理。关系国计民生的重要产品作为第一类，实行统购、统配、属指令性计划；属于次要的，但又是必需品作为第二类，实行派购、优先定购、收购供应，为指导性计划；属于辅助的但又是有益的日用工业品、农副产品作为第三类，由市场调节，不下达计划，实行自由购销。

1957 年，农副产品的第一类共 23 种，第二类 62 种。1979 年后经过多次调整，到 1983 年生产资料分配计划品种由过去 265 个品种调减为 37 种；第一类农副产品计划品种只有粮食、食用植物油、棉花、木材 4 种；第二类农副产品计划品种由过去的 72 种缩减为 40 种。

1984 年后，实行多渠道、少环节的开放式生产资料市场，凡国家未列入计划分配的物资允许进入市场自由购销，生产企业有权出售产品。主要计划物资分配，归口由县计划委员会统筹安排，由物资部门按计划供应。商品计划管理的两种指标中，属指令性计划的仅有 93 个，其中，工业生产资料 30 个、日用工业品 8 个、食品 4 个、其他 51 个；属指导性计划 89 个，其中，生产资料 37 个、日用工业品 36 个、食品 3 个、农资 10 个、医药 3 个。

“七五”期间（1986—1990 年），各县在安排下达好年度计划的同时，完善编制了各县“商品流通第七个五年计划”。同时，适时抓住实施中长期计划的不断补充、完善和抓好实施年度计划的督促、检查和协调工作。对工农业生产急需的主要物资的综合平衡和工业生产原料、能源问题，作了几次协商调整。把国家分配的石油商品从严掌握，基本实现了“使用恰到好处”；对国家指令性计划分配的钢材等统配物资，立足于“保证重点，兼顾一般，确保生产”，基本满足了一些单位主要生产资料的需求。至 1990 年，圆满完成了化肥、粮食、盐巴、石油等主要物资的调拨、运输计划。商业饮食业实现收入 14238 万元，比“六五”期末的 1985 年增长 8390 万元，增长 143. 47%。

“八五”期间（1991—1995 年），在建立社会主义市场经济体制新形势下，坚持市场和计划两种手段，加强宏观调控，做好经济发展的预测和策划，从观念上解决计划与市场的矛盾，按“权、责、利相结合”的原则，把计划安排的重点转向中长期规划的制定和国家政策的贯彻实施上。各县计委除积极调控化肥分配计划外，还努力作好石油商品需求计划的申报工作；牵头并参与药品、钢材市场的整顿工作，并收到明显成效。1995 年，全区商贸餐饮业实现生产总值 21912 万元，比 1991 年增长 39. 41%。

“九五”期间（1996—2000 年），全市每年都下达了主要商品流转计划和物资分配计划。根据国家和省的统一要求，结合巴中市实际，粮食、食用植物油、生猪、食糖、棉花、紧压茶、化肥、农药、农用薄膜、盐、成品油、卷烟、烟叶、中药材、蚕茧、民用煤 16 种商品列为计划管理，其中，食用植物油、生猪、食糖和民用煤为指导性计划，其余为指令性计划。对钢材、有色金属、汽车、农膜、化肥、煤炭等重要生产资料作了计划分配。计划钢材主要用于农业、农机具生产、重点建设项目、科技三项费用、地方分成、重点技改和国家、省安排的指令性生产等。钢材计划从 1998 年后不再安排。计划有色金属的主要用途是：铝用于炼钢、制导体和科技三项费用等；铜用于科技三项费用；锌用于加工救灾铅丝、生产干电池和科技三项费用。有色金属计划从 1997 年起未作安排。计划汽车主要用于工农业生产、公检法司和行政机关用车。汽车计划 1998 年起未作安排。计划农膜、化肥主要用于正常农业生产、玉米“温饱工程”配套、救灾、粮棉定购奖售等。化肥计划从 1999 年未作安排。计划调运煤主要用于省统配煤、省燃料公司市场民用煤和发电用煤。2000 年，全市计划分配农膜 500 吨、煤炭调运 3 万吨。

三、固定资产投资计划

从 1952 起，境内各县不断进行固定资产投资。“一五”时期，投资额小，基本建设材料由国家安排。1958—1960 年，全民“大办工业”，投资项目达 23 个，因超越供应物资的承受能力，造成停工待料，使竣工时期延长。1962 年进行国民经济调整，开始用自筹资金进行小型基本建设项目，以补充国家计划内大中型项目的投资不足。各基本建设项目须经济计划部门批准并通过银行监督拨款，先存后用；同时将投资计划项目由 23 项缩减为 13 项，其余关、停、并、转。1965 年规定的基本建设项目审批权限为：用自有资金安排基建项目 1 万元以上，由专区计委审批，1 万元以下按隶属关系分别由专区主管部门和县计划部门审批。自 1963 年至 1977 年，投资集中在农田水利、交通、能源和地方工业上，仅巴中一县就累计投资 2243. 52 万元。

1978 年后，本着先吃饭后建设的方针，依靠国家财力、物力搞好财政、信贷、物资三平衡。对全民所有制单位基建投资规模采取指令性计划，对集体所有制单位基建投资实行指导性计划，集体投资新建企业，改、扩建的乡镇企业，个体投资新办企业都由计划部门审定批准。全民所有制单位，凡单项工程生产性项目投资 5 万元以下和非生产性项目投资 3 万元以上者一律报县计委批准，5 万元以上的生产性项目和 10 万元以下的非生产项目由县计委报地、省计委审批；集体所有制投资 100 万元以上的项目由县计委审批后转报上级计委批准，100 万元以下由县审批。1984 年 1 月起，以城镇住宅标准进行严格控制，凡城镇和厂矿职工住宅建设，规定以中小型户为主，建筑面积平均控制在每户 50 平方米以内。1981—1985 年，境内固定资产投资总额为 5. 17 亿元，其中国有单位投资 1. 75 亿元；基本建设投资 8116 万元。

1986—1992 年，境内各县紧紧围绕“打出口，破瓶颈、强干道、上等级、硬化干道路面，提高通过能力”的交通建设方略，从实际出发制定重点交通建设项目。同时加强通信设施和城乡基本建设的计划管理，与银行、财政部门相互配合，把固定资产总规模控制在合理的范围内。

1993 年后，全区将建设项目划分为基础性项目、公益性项目和竞争性项目，资金能自求平衡的竞争性项目不再经计委或经委审批。投资计划管理按国家规定的体制进行，3000 万元以上的生产性项目和 1000 万元以上的非生产性项目由地区计委审批。巴中地区计划委员会编制了 1994 年至 2000 年的全部年度固定资产投资计划和“九五”固定资产投资计划。在年度计划中，从 1994 年起将房地产开发纳入全社会固定资产投资计划。财政性投资资金、银行贷款投资、证券投资和借用国外贷款投资的总量实行指令性计划管理。国有单位投资规模是指令性计划，集体所有制投资规模为指导性计划，个体经营和其他经济成分投资规模为预测性计划。“九五”计划中，计划全社会固定资产投资规模五年累计达到 36. 7 亿元国有单位投资 23. 3 亿元，其中基本建设投资 13. 5 亿元，技术改造投资 7. 3 亿元。

到 2000 年年底，五年合计完成全社会固定资产投资 35. 6 亿元，为计划的 97. 0%；国有单位完成投资 20. 5 亿元，为计划的 88. 0%，其中，基本建设投资 16. 4 亿元超计划 21. 5%，技改投资 3. 6 亿元，仅为计划的 49. 3%，在固定资产投资项目中，将投资额在 1000 万元以上的项目列入重点项目计划，共 43 个，总投资 102. 42 亿元。“九五”期间计划投资 38. 14 亿元，其中，农业项目 7 个，能源项目 6 个，交通项目 4 个，邮电项目 2 个，城建项目 2 个，建材项目 5 个，轻纺项目 4 个，化工项目 1 个，冶金项目 2 个，机械项目 1 个，医药项目 1 个，商贸项目 2 个，社会事业项目 4 个。1994—2000 年，全市竣工投产的重点项目有：唐（家寺）巴（中）公路巴中段、巴（中）乐（坝）公路、成（都）南（江）公路沙南段、巴（中）平（昌）公路、通（江）前（进）公路、二南（南江—南郑）公路改造，巴州区江北客运中心，南江乐坝车站，大佛寺大桥，巴州区三号大桥，市级机关基本建设，江北水厂一期工程，市会议中心、江北防洪堤，巴州、平昌、通江国家商品粮基地县，乐坝国家粮食储备库，220kv 和 110kv 输变电工程，南江、通江火电厂扩容，南江高龙坝电站，农村电网改造一期工程，回风 CNG 汽车加气站，巴州程控电话扩容和寻呼、移动通信工程，玉堂水库和化城水库病害整治，通江、平昌生态综合治理县一期工程，南江赶场小学、乐坝小学、元潭小学、黑潭小学和通江药洪小学、杨柏小学等“国家扶贫教育工程”和通江两河口“八一”希望小学工程等。新开工的重点项目有：南江黄羊、通江银耳产业化、白云石综合开发，巴中市污水处理厂，天然气民用工程，回风国家粮食储备库，通江、平昌生态综合治理县二期工程等。1995—1999 年，实际完成固定资产投资 75.85 亿元，占计划的 119.11%。

四、其他计划

（一）“农转非”计划

1994—2000 年，国家对农业人口转化成非农业人口（即农转非）实行计划管理。“农转非”是计划经济时代的户籍制度，起源于 20 世纪 80 年代初期，后随着户籍制度的改革逐渐失去意义。计划经济时期，每年按农业人口总数的 1.5‰控制转入城镇。“农转非”结构，由安置型为主逐步向服务于经济建设方向转化。安排的重点是：保证国家重要建设的需要；保证从农村招收大学、中专、技校学生的需要；保证民办教师转为公办教师的需要；保证小城镇户籍制度改革试点的需要；保证招工、招干的需要；保证机关干部、职工和专业技术人员家属、子女“农转非”的需要；保证老红军和特等、一等伤残军人及其特殊工种老工人家属、子女“农转非”的需要；保证有突出贡献的厂长（经理）和个体工商户业主本人及家属、子女“农转非”的需要；保证公、检、法等部门家属、子女“农转非”的需要；保证乡镇基层站人员“农转非”的需要。

1994 年，省分配给巴中“农转非”计划指标 22260 人，其中，戴帽指标 19760 人，机动指标 2500 人。戴帽指标中，国家建设征地农转非 4526 人，顶替招工 230 人，乡镇聘用干部转录用干部 118 人，专业技术和党政干部家属 700 人，公安管理的一般职工居民家属 580 人，“两劳人员”（劳动改造人员和劳动教养人员）23 人，乡镇企业有突出贡献人员 120 人，农村基层计划生育人员 179 人，乡镇农机站人员 55 人，远洋船员家属 15 人，民办教师转公办教师 210 人，正式干部 5 人，省试点集镇 4000 人。戴帽指标均系政策性很强的指标，由有关部门严格按照国家政策规定办理，除收取必要的工本费外，不能收取任何费用。机动指标主要用于重点集镇经商办企业人员、有突出贡献的个体工商户和私人企业家、落实政策人员、商业、粮食、供销、医药等系统集体企业业务骨干，艰苦行业 20 年工龄以上老职工子女及解决矛盾突出的政策又一时照顾不到的问题，并补戴帽指标之不足，如城镇黑人黑户、行政企事业单位长期半边户、困难户、长期亦工亦农人员、招聘录用的五大生、工矿企业的技术骨干、乡镇企业有突出贡献人员、工作突出的国土管理员等。

1994—2000 年累计下达“农转非”指标 50332 人，其中，计划控制 16016 人，建设征地用 7637 人，小城镇建设用 9000 人，法院、检察院派驻“两劳”单位干部家属用 39 人，大学、中专、中师和技校学生 4940 人，招聘干部转为公务员 408 人，民办教师转为公办教师 620 人，乡镇卫生院和中医机构 950 人，乡镇基层站 3944 人，企业 1956 人，其他 22 人；追加机动 4800 人。

（二）大中专招生计划

1994—2000 年，大中专学校招生都实行计划管理。巴中地区 1994 年下达地区内中师、成人中专学校招生计划和达川地区中专学校在巴中地区招生计划。从 1995 年起，只下达地区内中师、中专和成人中专学校招生计划。1994—1997 年普通中师、中专学校招生计划实行指令性计划与指导性计划相结合，计划分为国家任务、委托培养和自费三部分，普通中专学校举办的干部职工中专班招生计划为成人中专教育计划。1998 年后，中师、中专招生实行全面并轨，即不再将计划分为国家任务、委托培训和自费生三部分，但并轨后继续实行定向招生。定向招生主要为重点建设、边远山区、城镇集体企事业单位、乡镇企业和民营企业培养人才。1994—2000 年，普通中专、中师和成人中专招生计划为 1179 人，其中普通中专 2907 人、中师 4203 人、成人中专 4681 人。

（三）大中专生分配计划

1994—1996 年，省、地计委下达了以指导性为主的大中专毕业生分配计划，大中专毕业生分配计划为 3648 人，其中，本科生 291 人、大专生（含委培）1579 人、中专生 584 人、中师 1194 人。1996 年有部分大中专学生实行“双向选择”（即不再由国家统包统分，而由用人单位自主选择毕业生和由毕业生自主选择用人单位）。1997 年以后全部实行“双向选择”，县、市计委和地级部门向地计委报大中专毕业生需求计划，地区计委汇总后上报省计委。

（四）人口计划

1993 年后，每年都制订人口数量计划和人口自然增长计划。其中，1995 年全地区计划人数为 333 万人，计划增长 10. 76‰；实际人口占计划数的 98. 62%，实际增长占计划的 102. 23%。1998 年计划 340 万人、自然增长 9. 63‰，实际人口、自然增长分别占计划的 99. 78% 和 63. 76%，分别比 1995 年增长 1. 18%，减少 38. 47%。2000 年计划人口数为 345. 4 万人、自然增长 7‰，实际人口与自然增长分别占计划的 99. 88% 和 108. 57‰，分别比 1997 年增长 0. 02% 和 45. 57%。

第五章　物价管理

第一节　商品价格

一、农副土特产品价格

民国 12 年（1923 年），谷价每石（1 石折合 60 公斤）值银价一元零九分（一元银元制钱 800 文，1 元零九分银元折制钱 872 文），民国 13—21 年（1924—1932 年）连年遭受灾害，农作物歉收，物价暴涨。谷价由每石 872 文（制钱）涨至每石 4440 文。川陕省苏维埃时期，苏区政府采取一系列发展生产、限制物价的措施，物价稳中有降，主要农副产品和猪肉价格降幅较大。

1934 年，食盐价格由每公斤 4000 文下降到 3000 文，猪肉价格由每公斤 2400 文下降到 400 文，中米价格稳定在每升 600 文左右。到民国 25 年（1936 年）中米每升上涨到 1820 文。民国 30 年（1941 年）中米价格在民国 25 年（1936 年）的基础上提高 23 倍，民国 31 年（1942 年）比上年同期上涨 2 倍多，民国 32 年（1943 年）比上年同期上涨 25%，民国 33 年（1944 年）比上年同期增长 8 倍，民国 34 年（1945 年）比上年同期增长 21. 6 倍，民国 35 年（1946 年）与上年相对稳定，至民国 36 年（1947 年）中米价格与民国 31 年（1942 年）相比累计上涨 43 倍。其余粮食品种价格均随米价涨跌而波动。中米、稻谷、小麦、玉米的比价（以米价为标准）关系：1945 年为 1∶0.4∶0.96∶0.81；1947 年比价为 1∶0.4∶0.92∶0.9；比值变化不大。上米、中米、下米的级别比价关系（以中米价为标准）：1942 年为 1.13∶1∶0.88；1945 年为 1.03∶1∶0.96；1947 年为 1.04∶1∶0.97。其他农副产品及日用品价格同比上升。

中华人民共和国成立后，境内农副土特产品价格渐成稳中有增趋势发展。至 1956 年，境内稻谷每 50 公斤由 1952 年的 3.10 元提为 4.50 元，上涨 45.16%；大米每 50 公斤由 1952 年的 4.65 元提为 5.2 元，上涨 11.83%；小麦每 50 公斤由 1952 年的 4.50 元提为 5.20 元，上涨 15.56%；油菜子由 1952 年的 84.20 元提为 85.50 元，上涨 1.54%；生猪每市担（折合 50 公斤）由 1952 年的 19.00 元提到 25.50 元，上涨 34.21%。

1957 年，将所有农副土特产品分为三个类别，第一类由中央直接管理；第二类由中央和省级直接管理，或委托本地县级政府机构代为管理；第三类由地级管理或由地级委托县级管理。第一类（实行统购统销）23 种，第二类（国营、合作商业机构掌握收购）62 种，第三类（自由购销的物资）为不属于第一、二类物资的所有其他物资。

1958 年起，一、二类农副产品一律实行国家和地方的统一价格，相应对三类农类产品，采取一系列控制措施。同时针对天灾人祸、市场物资匮乏情况，扩大凭票供应范围，使 60% 以上的人民生活必需品价格保持正常增长的稳定状态。1962 年，稻谷价格每 50 公斤市价 25.00 元至 27.00 元，与牌价 9.50 元相比，高出 1.63～1.84 倍；大米每 50 公斤市价 38.00 元，比牌价 13.80 元高出 1.75 倍；鲜苕每 50 公斤市价 2.20 元，比牌价 1.70 元高出 29.41%；土烟每公斤市价 2.50 元，比牌价 1.56 元高 60%；包菜每公斤市价 0.08 元，比牌价 0.05 元高 48.15%；其余品种与牌价基本持平。

1963 年，将主要粮食品种综合平均价提高 20%～25%。1964 年 4 月起，将城镇统销价格提高到与统购价格持平。10 月又将粮食平均销价提高 10.40%。

从 1965 年起，整顿三类农副土特产品价格，合理安排三类农副土特产品的价区、城乡差价和运杂费、等级、最低保护价，妥善协调毗邻地区之间、品种之间、产销地域之间的价格，对各种价格进行有升有降的调整。产品（商品）价格变动面为 48%。至 1966 年共提价 28 个品种，综合平均价由每 50 公斤 7.70 元，提高到 9.70 元，提高 25.9%。同一粮种同一级别，各县城乡同价。其中每 50 公斤大米 13.80 元，大豆 15.00 元，面粉 16.00 元，糯米 18.00 元，绿豆 15.00 元，玉米粉 10.50 元。

1973 年，农副土特产品收购价格调整 34 个品种，调升 10%～20%。土烟收购价由 50 公斤 43 元调为 50 元，上升 16.3%；生猪收购价格调升 4.9%。4 月，调整了零星农副产品的城乡差价，取消了城乡差价的综合差率；降低了城乡差价中的运杂费；适当减少了农产品收购的物价类区，将区乡农产品收购价比县城低 4.55%，调整到只低 2.1%。按调整的各种小杂农副产品收购价平均计算，区、乡收购价平均提高 2.54%。1974 年，肉黄牛平均收购价由每 50 公斤 46 元调到 54 元，肉水牛由 42 元调为 50 元。

1978 年，粮食统购价格全省统一，平均每 50 公斤由 10.50 元提为 12.79 元，提高 21.64%；油菜子每 50 公斤由 28 元调为 35 元，提高 21.42%；毛棉籽每 50 公斤由 8 元调为 10 元，提高 25%；花生果每 50 公斤由 26 元调为 34 元，提高 20.77%；皮棉每 50 公斤（标准皮辊棉 27 毫米）由 118 元调为 135.70 元，1980 年又由 135.70 元调为 149.30 元，两次分别提高 15% 和 10%；生猪每 50 公斤由 47 元调整为 57.12 元，1980 年又调整为 61.10 元，两次分别提高 21.53% 和 6.69%；菜（肉）牛每担 50 公斤（活黄牛估膘净肉）由 53 元调整为 67 元，提高 26.42%；鲜鸡蛋每 50 公斤由 62 元调整为 82 元，提高 32.26%；青毛茶每 50 公斤由 91 元调整为 104 元，提高 14.29%；红毛茶由每 50 公斤 103 元调整为 130 元，提高 26.21%。1980 年将桐籽收购价格由每 50 公斤 28 元调整为 37 元，提高

32.14%。桐油收购价提高21.95%。

1985年，改革粮、棉、油、生猪等农副产品统购派购制度。粮食、油料实行合同定购，定购价格按倒三七比例计价。实际执行价格按每50公斤计算：小麦20元，稻谷16.50元，大米22.80元，糯谷18.90元，糯米26.30元，胡豆22.10元，麻豌豆22.10元，白豌豆24.40元，玉米15.80元，高粱14.00元，大豆34.50元。油菜子、花生果按倒四六比例计价（统购价占40%，超购价占60%）计算合成价格，实际为：每50公斤油菜子44.20元，花生果42.90元。脱绒棉籽、毛棉籽价格按顺四六比例价（统购价占60%，超购价40%），计算实际合成价格为：脱绒棉籽每50公斤12.40元，毛棉籽每50公斤10.90元。销售价在非农人口定量供应部分执行统销价格，农村购买部分一般执行比例价，实行购销同价。生猪取消派购后，实行指导价管理，中等每50公斤最低62.00元，最高70.00元。

1992年，稻谷定购价由0.36元/公斤调为0.53元/斤；大米收购价由0.52元/公斤调为0.74元/公斤；玉米由0.44元/公斤调为0.45元/公斤；小麦由0.42元/公斤调为0.60元/公斤；稻谷、小麦、玉米三种粮统销价格按每公斤中等质量标准品提高0.22元。

1995年，调整棉花收购价格：标准级皮辊棉（三级27毫米）由每公斤10.88元提高到14.00元。同时每50公斤1—5级棉花由省财政给予价外补贴15元；地区在国家定价和省级补贴基础上再补贴85元；每50公斤6级至等外级棉花，在国家定价和省级补贴的基础上再补50元。标准皮辊棉实际收购价格为8元/市斤。锯齿棉不分等级，每50公斤另加衣分亏损补贴28元。棉籽收购价格为光棉籽每50公斤，一级收购价55元，二级50元，三级47元；毛棉籽收购价低于同级光棉籽收购价的7%。年内生猪收购保护价为6.00元/公斤，猪肉毛白差率控制在60%，一级猪肉售价11.00—12.00元/公斤；大型肉联厂收购生猪可加价10%左右。并对小麦、玉米、水稻等三种主要粮食品种增加价外补贴：小麦每50公斤补贴4元，中等稻谷每50公斤补贴10元，玉米每50公斤补贴12元。对农民结算价格按此顺加，并按“谁用粮、谁负责”的原则由用粮单位自行消化。稻谷、小麦、玉米定购价对农民实际结算价格为：小麦1.10元/公斤，稻谷1.20元/公斤，玉米1.16元/公斤。

1996年，根据销价=购进成本+费用+合理利润的价格原则，制定成品粮食销售指导价：每公斤标一米2.94元，标二米2.82元，特米3.08元，标粉2.4元，特二粉2.62元，特粉2.86元，玉米粉2.4元，玉米2.08元。年内干正茧供应价由每公斤62元调为66元，干次茧由21元/公斤调为23元/公斤。是年，棉花收购价格：标准级皮辊棉（3级27毫米）700元/50公斤。棉花供应价（中准级价）：标准级中准价（含税供应价）：一级855元/50公斤、二级861元/50公斤；级内锯齿棉衣分亏损补贴，不分等级均补贴28.53元/50公斤（含税）。棉籽收购价：光棉籽一级45元/50公斤，二级40元/50公斤，三级37元/50公斤，毛棉籽收购价按低于光棉籽7%的品质差率安排。

2000年，境内粮油收购价格原则上保持稳定，略作调整。油菜子收购指导价继续保持130元/50公斤，在10%以内上下浮动，实行一县（市）一价。小麦、玉米、稻谷等品种等级差价由原来的0.04元/公斤调为0.06元/公斤。

二、工业生产资料价格

民国26年（1937年）原煤价格为每公斤1.6元（法币）；民国32年（1943年）上涨为126.5元/公斤（法币）；民国37年（1948年）6月，煤炭价格上涨为每50公斤23万元（金圆券）。

中华人民共和国成立以后，加大重视重要工业生产资料价格管理。1952—1962年，相继核定生铁、毛铁、电力、工业用水的价格，生铁出厂价为每吨155.71～186元；土钢出厂价每吨864～870元，零售价878.33～942.50元/吨；毛铁出厂价每吨225～350元，零售价每吨248～404.67元；原煤每吨出厂价格 4.93 ~7.40 元，零售价每吨 27.46 ~28.95 元；焦煤出厂价格每吨 24 ~32.63 元，零售价 54.44 ~66 元；电力平均出厂价格每千瓦小时 0.24 ~0.27 元；自来水平均价格 0.30 元/吨。

1964—1965 年，调整煤炭、水泥、汽油、柴油、电力、自来水。煤炭销价，平均每吨由 24.98 元调为 25.71 元；水泥出厂价由平均每吨 142 元调为 80 元，降低 43.66%，销价由平均每吨 197.67 吨调为 135 元，降低了 31.7%；56#汽油由平均每吨 1125.67 元调为 1036.83 元；0#柴油由每吨 699.83 元调为 625.50 元，1965 年专区火电厂电力价格下调，生产用电每千瓦时均价 0.12 元；自来水平均每吨调为 0.385 元。

1966—1973 年，生铁出厂价平均每吨由 154.30 元调为 177.14 元；逐年累计提高 22.84 元/吨。1974—1979 年，生铁出厂价调为每吨 150 元，比 1973 年下降 15.32%。自来水中工业用水价格略有下降，到 1979 年自来水价格降为 0.23 元/吨；水泥平均每吨（矿渣 400#）出厂价为 153.33 元，1970 年调为 122.40 元，1974 年调为 99.62 元，1979 年调为 76 元/吨。275#矿渣硅酸盐，火山灰质硅酸盐和粉煤灰硅酸盐水泥出厂价（带包装）核定为 65 元/吨。至 1979 年电力出厂价平均每度由 0.1371 元调为 0.1107 元，零售价由 0.2171 元调为 0.1796 元/千瓦时。

1980 年，除煤、电力、天然气外，其他生产资料均取消原定不高于国家定价 20%、省定临时价 10% 的规定，按稍低于当地市场价格出售，参与市场调节。1986 年，生铁价格调为每吨 470 元，钢材价格提高 45%，普通 425、325、275#硅酸盐水泥价格分别调为 105 元/吨、95 元/吨、80 元/吨。1988 年调整水泥、钢铁、原煤厂销价格。境内煤炭平均每吨出厂价调为 26.70 元，焦炭价格调为平均每吨 101.58 元；炼钢生铁每吨由 385 元调为 520 元，提高 29.87%；铸造生铁每吨价格由 385 元调为 520 元，提高 35.06%。

1990 年，调整部分生产资料价格。非生活用水调为 0.40 元/吨，炼钢生铁价格调为每吨 710 元，铸造生铁价格为 750 元/吨；热轧方（圆）钢乙类沸腾钢 1241 元/吨调为 1340 元/吨。乙类镇静钢由 1301 元/吨调为 1400 元/吨；热工字钢乙类沸腾钢普通型和轻型平均每吨由 1333 元调为 1425 元，该类镇静钢普通型和轻型平均每吨由 1394.50 元调为 1505 元。原煤、焦煤价外增加维修费和发展基金各 1 元，合并执行价外加收费用为：原煤 6 元/吨，块煤 8 元/吨，精煤 11 元/吨，焦煤 16 元/吨。

1993 年，冶金动力用煤、焦煤等价格全部放开，由生产企业自主定价。交售电厂的煤炭统一执行价格为 85 元/吨，比 1992 年提高 38.46 元/吨；普通工业用电调为 0.234 元/千瓦时；全区生活用水调为 0.48/吨，生产用水调为 0.58 元/吨，商业用水调为 0.68 元/吨。

1994 年，各县（市）70#汽油 2895 元/吨，0#柴油 2530 元/吨，灯用煤油 2500 元/吨。螺纹钢中准价 3250 元/吨，冶轧薄钢 4300 元/吨。

1996 年，凡供电企业发电用煤，均按现行出厂价一律提价 8 元/吨。电力价格放开，由各县统一制定，实行一县一价。南江县三电综合售价为，农业排灌用电 0.26 元/千瓦时，直售电价 0.42 元/千瓦时；化肥生产用电 0.37 元/千瓦时，国网电价 0.19 元/千瓦时；生活用电 0.50 元/千瓦时，营业用电 0.86 元/千瓦时；生产用电实行时段电价 7—19 点 0.44 元/千瓦时，19—23 点 0.50 元/千瓦时，23—次日 7 点 0.39 元/千瓦时。

1998 年，全地区综合供水价格实行一县一价，每吨外加 0.30 元的地方建设基金，其中巴中市（县级）供水综合价格为 1.50 元/吨，平昌 1.6 元/吨，南江 1.5 元/吨，通江 1.70 元/吨。90#汽油（标准品）零售价格为 2810 元/吨，0#柴油（标准品）零售价格为 2585 元/吨。

2000 年，巴中市国网供区农村电力销售价，居民用电 0.77 元/千瓦时，非居民照明用电 0.92 元/千瓦时，生产用电 0.75 元/千瓦时，农业排灌用电 0.30 元/千瓦时，非工业用电 0.80 元/千瓦时。大宗工业用电 0.55 元/千瓦时。通江县农村电力销售价，区场镇居民、村民用电、生活用电 1.2 元/千瓦时，营业用电 1.40 元/千瓦时，除区、场镇以外的农村。生活用电 1.35 元/千瓦时，农业生产用电 1.20 元/千瓦时，农业排灌用电 0.30 元/千瓦时。南江县农村电价，农村居民生活用电 1.00 元/千瓦时，农业加工用电 0.65 元/千瓦时，农业排灌用电 0.30 元/千瓦时。平昌农村电价，居民村民生活用电，非居民照明用电、商业用电统一执行电价 1.28 元/千瓦时；农业生产用电 1.10 元/千瓦时；场镇自来水用电 1.00 元/千瓦时；农业排灌用电 0.30 元/千瓦时。

三、农业生产资料价格

民国时期，境内农业生产资料单一，绝大部分不参与市场流通，由农民自制和互通有无。生产资料随行就市，以米粮丰歉、贵贱作为价格的晴雨表。可谓“一粮管百价”。

中华人民共和国成立后，境内各县组建手工业合作社（农具社、缝纫社等），负责农资产品的组织经营和中小农具的制作供应。价格由县以上物价管理机构制定。1954 年“666 粉”（农药）销价 1.84 元/千克，1956 年调为 1.24 元/千克。尿素价格为 0.66 元/千克。1961 年，制定硫酸、硝铵、炸药等 13 种化工产品价格，硝铵炸药出厂价格定为 1312 元/吨。1965 年，尿素价格调为 0.70 元/千克，比 1956 年提高 6%；硝铵、炸药出厂价调为 821.33 元/吨，比 1961 年下降 37.4%，零售价 750 元/吨。是年调整农药价格，“666 粉”销价调为 0.50 元/千克，比 1956 年下降 59.68%。敌百虫（美曲膦脂）销价调为 2.99 元/千克。1971 年，硝铵炸药出厂价调为 762.17 元/吨，比 1965 年下降 7.2%，最终销售价 665.50 元/吨，比 1965 年下降 11.27%。

1974 年，尿素销售价格调为 0.45 元/千克，比 1965 年下降 35.71%；碳铵出厂价格调为 166.25 元/吨，比 1971 年上调 10.83%，零售价格 190 元/吨不变。硝铵炸药出厂价调为 570.51 元/吨，比 1971 年下降 25.15%，销售价调为 560.33 元/吨，比 1971 年下降 15.8%。农药“666 粉”销售价调为 0.40 元/千克，比 1965 年下降 20%。敌百虫（美曲膦脂）销售价调为 1.82 元/千克，比 1965 年下降 39.13%。1979 年调整农机产品价格和地方“五小”工业中的化肥价格，硝铵炸药出厂价调为 451.29 元/吨，比 1974 年下降 20.9%，销售价格调为 414 元/吨，比 1974 年下降 26.11%。

1980 年，农用塑料软管出厂价格调为 3600 元/吨，销售价格调为 4100 元/吨。农用薄膜销售价格调为 3430 元/吨，硝铵出厂价保持 1979 年价格不变，销售价格调为 417 元/吨，比 1979 年上调 0.72%。

1983 年，对含氮 17% 以上，水分 3.5% 以下的优质碳铵厂价、销售价进行核定后，执行全省统一出厂价 155 元/吨，当地一级品零售价增加 6 元/吨；磷肥以销售价 130 元/吨为基础，在 12.5% 的幅度内浮动。1984 年，氯化铵出厂价格由 210 元/吨调为 240 元/吨，上浮 14.29%。销售价格由 280 元/吨调为 310 元/吨，提高 10.7%。聚氯乙烯农用地膜实行浮动价，上浮不超过 5%。

1987 年，对尿素实行 最高限价管理。边远山区尿素价格不准超过 680 元/吨。农膜出厂价由 3410 元/吨调为 4710 元/吨，销售价调为 5800 元/吨，提高 38.12%；地膜出厂价 3860 元/吨调为 5200 元/吨，提高 34.72%，销售价调为 5800 元/吨，提高 29.7%；微膜出厂价由 4200 元/吨调为 5500 元/吨，提高 30.95%。碳铵零售价 320 元/吨，多效肥（有效成分 28%）售价 466.88 元/吨，颗粒复合肥售价 522.19 元/吨。

1992 年，农用“三膜”平均零售价格 7600 元/吨，其中农膜 7385 元/吨，地膜 7620 元/吨；微膜 7794 元/吨，均价比上年提高 2.7%。综合出厂价格 7404 元/吨。碳铵（有效成分 16.8%）售价调整为 430 元/吨，比上年提高 7 元/吨；多效肥（有效成分 28%）调为 710 元/吨，每吨上调 31 元，提价 4.57%；颗粒复合肥（有效成分 28%）调为 800 元/吨，每吨提价 61 元，提高 8.25%；杂交水稻种子下调为 5140 元，每吨下降 890 元，降低 14.76%；杂交玉米种子下调为 2260 元/吨，每吨下降

120元，售价降低5%。计划外0#柴油上调为2050元，比调价前（1980年为1865元/吨）上调185.00元/吨，上浮9.92%。

1994年，对议价尿素实行最高限价管理。其平价部分统一零售价880元/吨，议价部分零售价（最高限价）1200元/吨不变（均为地区供应价）。农用氯化铵价格调为380元/吨；工业用氯化铵价格为420元/吨；颗粒硝铵销售价为630元/吨。省以上加工的混合肥价格保持不变，计划外实行一县一价。农膜出厂价7450元/吨，销售价实行最高限价管理，当年最高限价8200元/吨。地膜、微膜出厂价统一为7500元/吨，最高销售限价8360元/吨，比1993年销售价格有所降低。

1997年，粮棉奖售及专项尿素（含扶贫、救灾尿素）推行全省统一零售价格1740元/吨。省农资公司对各县（市）调拨价分别为：巴中，1445.83元/吨；南江，1425.27元/吨；通江，1384.47元/吨；平昌，1430.83元/吨。议价尿素最高限额2300元/吨，并实行调节基金制度管理。氯化铵（最高销售限价）：巴中市1260元/吨，通江县1300元/吨，平昌县1280元/吨，南江县1260元/吨。农膜零售价：巴中市11700元/吨，平昌县11700元/吨，南江县11900元/吨，通江县11800元/吨。地膜、微膜零售价：巴中、平昌统一为11800元/吨，南江12000元/吨，通江县11900元/吨。0#柴油批发价3800元/吨，零售价3.5元/升；70#汽油批发价2800元/吨，零售价2.3元/升；90#汽油批发价3000元/吨，零售价2.5元/升。水稻、中熟品种：地区种子公司对巴中市收购价格为3.47元/公斤；“二优838”收购价为2.77元/市斤。

2000年，计划内外农膜出厂价和销售价比上年均有上调。计划内农用膜出厂价7700元/吨，由省补贴400元后实际按出厂价为7300元/吨；计划外农用膜出厂，执行全省统一最高限价9200元/吨。计划内农用膜各县零售价为：平昌县8220元/吨，巴州区8280元/吨，通江8270元/吨，南江8420元/吨。计划外农用膜最高零售价限价为10200元/吨。

四、生活必需品价格

民国时期，境内生活必需品价格秩序、经营方式通过地方政府予以监控。川陕省苏维埃时期，政府对粮食、棉花（土布）、铁质农具和铁质生活日用品，食盐、糖、部分由外地输入的日用工业品和手工业品、药品、纸品、粮酒、菜油、猪肉、煤（洋）油、火柴等进行分时段的不同限价管理。

1953年，参加集市贸易的杂粮、蔬菜的价格和交易，由市管会、粮食、供销等部门在物价部门配合下，对其进行管理。粮食购销差价、季节差价、品质差价、地区差价一律按中央和省级的规定进行核定，同一市场、同一时间、同一品质规格的商品购销价完全相同。

第一个五年计划开始，境内凭票定量供应物资高达100多种。实行供给的生活资料中，食油、盐、猪肉按市场零售价计算。粮食按国家统购价计算。有固定工资收入的干部、工人、教职员工及工商、饮食行业用粮的价格则按统销价执行，公社自产的蔬菜分品种制定平均价。

1958—1962年，取消批发价，实行统一倒扣率作价，以批发站所在地零售价为基础，按统一倒扣率核定调拨价。国家掌握的生活必需商品由国家统销地点一次性向公社批发，无批发价的零星少数商品采取代销形式。部分非必需的生活消费品实行高价销售。后多次降价，到1965年，高价商品实行计划分配，凭票证平价供应或平价敞开供应。1971年，粮食、猪肉、红糖、铁锅、铁罐、火柴、肥皂等购销价格持平和价格倒挂，国家对经营、生产该种商品的单位实行财政补贴。

1972年，对人民生活必需品价格和人民生活息息相关的非商品收费标准、农副产品加工费标准进行重点审查调整。调整后煤炭出厂价提高23.7%，使棉花、针棉织品、粮食、食盐、火柴和重要副食品的价格保持稳定；适当降低部分百货、文化用品、化纤、呢绒、纺织品、毛毯等和五金交电的价格。

1979 年，大幅度提高 20 个粮食品种统购价格，其中，大米统购价为 16.9 元/50 千克，大糯米 20.10 元/50 千克，小糯米 18.80 元/50 千克，绿豆 25.00 元/50 千克，大豆 20.00 元/50 千克。国家收购的超购粮部分，在统购价基础上加价 50% 左右。其中大米、糯米、大豆超购价不超过统购价的一倍；小麦、玉米及杂粮不超过统购价的 60%。

1983 年，将麻豌豆、胡豆价格上调 22.5%；白豌豆价格上调 30%；铁锅零售价 2.81 元，提高 27.7%；红糖零售价（中等）调为每吨 58 元，调高 13.7%；火柴出厂价由每件 14.80 元调为 20.30 元，调升 37.16%，零售价每盒由 0.02 元调为 0.03 元；鲜牛奶价格由每公斤 0.40 元调为 0.48 元；消毒牛奶收购价格由每公斤 0.48 元调为 0.52 元。再次放开一批小药品和部分医疗器械与小商品价格，实行企业定价。

1987 年，生猪收购保护价为 1.4 元/千克，毛白差率在 56% 以内。棉花价格调为 180.70 元/担（1 担 =100 斤），稻谷收购价提高 0.36 元/千克，棉纱价格在牌价的 5% 上下浮动、坯布浮动幅度不超过 7%。1988 年调整火柴、白糖、铁锅、酒等产品厂销价格。火柴统一出厂价调为每件 28.50 元，提高 35.71%；城乡零售价每盒 0.04 元，提 33.33%。白糖批发价每公斤调为 2.73 元，批零差率由 12% 改为 13%。锅厂生产的大斗锅，由每吨 750 元调为 850 元，提高 13.33%。52K 图版纸价格调为 2200 元/吨，提高 25.71%；巴山 38 度散装陈曲酒价格为 8.36 元/千克。灯用煤油仍实行双轨制价格。1989 年，15 ~40W 普通灯泡销售平均价格调为 0.68 元/只，城乡散装食盐分别调高 72.2% 和 55.56%，袋装盐价格提高 61.9%；铁锅比上年价格每吨提高 94.12%，每口锅平均价格调为 8.25 元，提高 31%。

1990 年，调整棉纺织价格。普通白布零售价上调 25%；浅色涤棉细布每米零售价由 4.86 元调为 5.16 元，提高 6.20%；印染布实行国家指导价，各类印染布上下浮动幅度为：漂色布 15%、花布 20%。棉纱价格调整后，其制成品价格作相应调整。棉纺织品进销差率为 12%，针棉织品为 13%。计划内红糖交商业部门收购的出厂价格由每吨 1950 元调为 2200 元，提高 12.82%。

1992 年，对有关国计民生的重要商品价格严格管理，一般商品价格放开；对属于生活资料的垄断商品、短线商品严格管理。对全兴大曲 60 度、52 度和 38 度白酒价格实行浮动价格管理。对 75 厘米以上的汗衫、背心、漂布、包布、纯毛毛线、食糖、灯泡、省内产国产名酒实行变价申报备案管理办法。粮食销售实行购销同价，有工资的非农人口每月给粮价补贴 5 元/人。

1994 年，提高三种主要粮食品种的定购价格，稻谷定购价调为 55 元/50 千克，小麦 51 元/50 千克、玉米 46 元/50 千克。灯用煤油批发价 2500 元/吨，煤炭含税出厂价 104.24 元/吨。居民生活用气井口价格为 430 元/立方米，小袋精盐批发价 896 元/吨，散装精盐 825 元/吨。

1996 年，提高三种主粮定购、销售价格，对定购以外的议价粮食实行保护价敞开收购。小麦、稻谷、玉米定购价分别为每 50 公斤 68 元、72 元和 72 元，价外补贴同时取消。最低保护价为：小麦 64 元/50 千克，稻谷 66 元/50 千克、玉米 66 元/50 千克。全区居民生活用水价格略有提高，其中，平昌居民生活用水调为 1.00 元/吨，通江为 1.10 元/吨。灯用煤油价格调为 3200 元/吨；加碘食盐零售价，县城以上市场 1.40 元/千克，未贴防伪标志的碘盐 1.30 元/千克；农村市场每公斤加 0.02 ~ 0.10 元的城乡差价，以补贴增加的运杂费。

1998 年，粮食实行顺价销售，不准再发生新的亏损。保护价调整为：中等稻谷 61 元/50 千克、小麦 64 元/50 千克、玉米 60 元/50 千克。食盐价格仍由国家统一管理，定、调价权限在中央和省级以及受其委托的地级物价部门。其他生活消费品价格权限全部放开，由企业在物价部门指导下按照上级物价部门的有关作价原则和方法核定价格。

1999—2000 年，全市农村市场食盐零售价格，在县城零售价基础上加不同价区的城乡差价：一价区每公斤加0.06元，二价区每公斤加0.08元，三价区每公斤加0.10元。县城以上市场复合膜袋装盐2.00元/千克，1公斤装的袋 装1.90元/袋，2.5公斤的袋装盐4.70元/袋。火柴销售价实行最低保护价，其中木梗火柴最低销售价为41.00元/件，蜡梗火柴低销售价为43.00元/件。全市生活用水价格平均为1.10元/吨。

五、贵重商品价格

1950—1952年，政府取缔金银的货币地位，取缔金银作为商品的流通方式，不准买卖。一些进口和国产手表、收录机成为贵重的物品。所有重要贵重的物品价格，均由政府直接管理。

1962年，国家对各类手表、自行车实行高价政策，敞开供应。巴中县销售高价手表84支，每只平均价20元左右。1966年，取消手表、自行车等地区差价，执行全国统一价。“文化大革命”后期，境内市场上的收录机、手表和留声机、收录机价格由国家直接管理。机关单位团体使用的三轮警用摩托、北京吉普车、轿车、解放牌卡车及其他大型运输车辆、船舶，均实行计划价格。农用运输车、拖拉机、抽水机及其他农用机械，价格由国家统管。

1972年，国产半导体收音机价格下调26.50%。属国家重要资源的地下矿产，稀有金属，有色金属及其制成品价格统属国家统管。20世纪80年代初，自行车、手表、两轮摩托车，农用机械、缝纫机、收音机、黑白电视机、小屏幕彩电等被视为珍贵物品。1985—1986年，逐步放开电冰箱、洗衣机、自行车、黑白电视机、国产手表、电风扇、收录机、收音机价格。国家对其实行指导价管理。

1988年，提高彩电价格，并相应规定不同规格的上浮幅度。1989年，对彩色电视机实行专营管理，增加特别税和国产化基金。1990年，电子工业和尖端科技转向民用市场。具有高技术含量的大型家用电器、电脑、大屏幕彩电、便携式通讯设备和其他大型电子设备、专用机械设备、小轿车、摩托车等成为贵重商品。

1994年，全地区各类轿车出厂价为：桑塔纳330K.104000元/辆，切诺基B72021、135000元/辆（含税）、奥迪100四缸机219000元/台（含税），标致505S608 、125000元/台，标致505GL、127000元/台，夏利TS7100、63000元/辆，云雀GHK7060 、50000元/辆，捷达125000元/辆、富康ZX系列131000元/辆，奥拓SC7080 50000元/辆。

1995年，巴中地区内黄金饰品零售价不超过140元/克。1996年，把99.9%纯度的黄金售价调为138元/克。是年7月，2000型桑塔纳出厂价14.55万元/辆（不含税），普通型中准出厂价9.4万元/辆（不含消费税），浮动幅度10%，流通环节经营管理费率调为8%。1997年3月，将纯度99.9%的黄金饰品零售价格调为131元/克，9月再次下降为122元/克，1998年6月调整为110元/克（99%以上含量）。1999年8月，黄金饰品（99%以上含量）零售价再次下调为97元/克。是年11月，99%以上含量的黄金饰品零售价格由97元/克上调为115元/克。到2000年，一般手机零售价格由数千元降为千元以下；数字寻呼机零售价由1995年左右的两三千元一台降为不到100元/台；而进入市场的民间精细手工工艺美术品奇货可居、价值不菲，如根雕、微雕等，价格高达每件数万元。

六、药材及药品价格

中华人民共和国成立初，药品、课本属垄断性商品。历次物价大检查和价格清理整顿，均被列为重要的监审、整治和清理项目。从产地收购的麝香、杜仲、黄连、黄柏、厚朴、党参、沙参等执行计划价格，其余中药材实行指导价管理。1981年起，逐步放开部分小药品、小医疗器械和化学试剂、玻璃仪器等厂销价格，普通中药材购销价格仍由省上统管。

1985—1986年，对省以上管理指导的麝香、杜仲、厚朴、黄柏和由地县管理的党参、沙参、桔梗、黄连等中药材品种，地县物价部门则区别不同情况，制定最高限价、浮动价和最低保护价。省外入口的鹿茸、阿胶、人参、虫草、珍珠及各种海产药物以及其他特殊进口药品，价格由省以上物价部门管理。

1993 年，乙酰螺旋霉素片等 7 种药品平均出厂价格下降 44 .13%，平均零售价格下降 44.69%，其他不合理的药品价格也一并作了调整。1994 年，统一降低青霉素、感冒通、法莫替丁、病毒唑（利巴韦林）等 6 种药品厂销价格。

1996 年，青霉素钠针剂平均出厂价由 0.395 元/支调整为 0.48 元/支，提高 21.5%；零售价平均由每支 0.545 元调为 0.66 元/支，提高 21.1%。头孢 4、5、6 号及羟氨苄胶囊等药品出厂价格平均由 11.30 元调为 9.26 元，下调 18.05%；平均零售价由 17.62 元调为 12.75 元，下调 27.64%；将硫酸链霉素针剂出厂价调整为 0.56 元/支，批发价 0.67 元/支，零售价 0.77 元/支。全地区调整 163 种药品厂销价格，其中，上调 9 个，下调 31 个，其余的价格持平。医疗用血价格调整为 121 元/100 毫升，其他成分血价格亦作相应调整。

1998 年，继续核定和调整一批省管药品价格和部分新药试销价格。“莱可丽”氟化泡沫治疗牙病每人收费 8 元；“三勒浆”礼品装（30ml×12 支）出厂价 71.13 元/盒，零售价 99.80 元/盒；“兴仁”牌脐疗护肾袋出厂价 40 元/袋，批发 48 元，零售 55 元；乾乐胶（盐酸黄酮脂胶）（0.29×12#）批发 59.10 元/板，零售 68 元/板；富血康（100ml 瓶装）批发价 17.80 元/瓶，零售 205 元/瓶；通天口服液批发 17.30 元/盒，零售价 19.90 元/盒；美声喉泰（新规格 1.6 克×16 粒）批发价 2.18 元/盒，零售价 2.50 元/盒。生化口服液 100ml 盒装：批发价 138 元/盒，零售价 158 元/盒。

1999 年，物价部门和医疗单位对现行药价进行全面清理，重新核定价格，对 40 种省管药品 21 类 210 种中央管理的药品价格重新审定公布。其中，青霉素钠粉针的指导价格为：已通过 GMP 认证的企业生产的 80 万单位 0.62 元/支，160 万单位 1.08 元/支；未通过 GMP 认证的企业生产的 80 万单位 0.51 元/支，160 万单位 0.90 元/支。批零差率 25%，浮动幅度 15%。同时，将卫生防疫系统经营的商品，全部纳入物价部门管理范围。

第二节　价格管理

一、监督检查

20 世纪 50 年代初，境内各县控制主要物资、货币投放，冻结市场商品调价，对农副产品价格和关系国计民生的生产、生活资料价格进行监督检查。对抬价、杀价、抢购商品实行限价销售；督促各行业明码标价，公买公卖；纠正各种价格偏差，打击欺行霸市，人为操纵物价，袖手议价，黑市交易等行为。1954 年，对农副产品、生产资料、人民生活必需品的价格及国家统一差价率政策、优扣政策、价格优待政策和统购统销价格政策的贯彻执行情况进行监督检查。

1956—1965 年开放自由市场以后，境内各县，注重对市场自由贸易商品的价格秩序、三类农副土特产品和工商业品的审价消差工作、对边远山区手工业品的价格和服务行业收费标准、饮食行业毛利率超标、凭票供应商品价格运行情况、定量供应商品、质量和价格、价外补贴落实情况、商业利润比例、高价商品价格和高价政策范围等进行监督检查。并对工业、手工业、维修业、运输业、旅食业不按规定作价、虚报成本、自定自调价格等予以纠正和强制性整改。

1967 年，冻结物价，淡化物价监督检查工作，境内市场物价一度混乱，压级压价收购，提级提价销售等随意提价削价，变相涨价等现象抬头，影响人民生活秩序。1972 年，境内各县对工业、手工业部门的各种产品出厂价，机（排）灌、电（排）灌和农机供应价格、加工收费标准；商业部门的收销价、调拨价；交通部门的支农运输价格，木船、机动船运价，物资部门的各种综合运杂费、调拨价、供应价；卫生部门的收费标准和中西药价格；粮食部门的粮油收销价格和调拨价，粮食副产品价格，对外加工收费标准；其他企事业单位的有关价格和收费标准，各种服务性收费标准等，进行审价和清理，纠正价格错误，处罚价格违法行为。

1979—1981 年，对任意涨价、变相涨价，短斤少两，掺杂使假，以次充好等不法行为，分别不同情况进行批评教育和行政处罚；对国家规定的工农业商品零售价、批发价和非商品收费标准进行检查；对各种议价商品的批发价和零售价进行清理；工商企业和服务单位的收费标准和商品价格悬牌公布，明码实价；对议价商品标明最高零售限价，以利群众监督执行。

1982—1986 年，境内各县坚持重大节日大检查与日常监督相结合；查零售与查批发相结合；专业检查与部门自查相结合，依法检查、依法治价，边检查、边宣传、边建立规章制度。对群众生活必需的主副食品、蔬菜、日用工业品的价格，重要工农业生产资料价格和其他可能影响集市贸易物价稳定的商品价格等进行重点检查。同时，对农用物资、农机、农排（灌）用电的价格及农用物资和农业机械流通销售环节中以次充好、质价不符和机电价外加价行为进行重点清理，整治各种价格违法反弹现象。对人为操纵物价、转手倒卖破坏物价秩序的价格违法行为给予严厉惩处。

1990 年后，境内价格机制进一步市场化，价格管理职能发生转变。各县把物价监督检查的重点放在具有垄断性质的商品、服务、非商品收费、重要的和稀缺的资源性商品等一系列属政府调控的价格目录方面。对商业门市、摊点、粮油、蔬菜、肉类价格开展了国庆、春节等节日大检查，查处倒卖国家紧俏商品以及欺行霸市、掺杂使假、短斤少两等价格违法行为。

1995 年，全地区物价大检查的主要内容有四项：即粮油副食、蔬菜和其他生活日用品、服装、絮棉、针棉织品等商品价格；化肥、棉花、油菜、蚕茧的价格；行政事业性收费和重要的经营性收费项目和收费标准；餐饮、娱乐、副食、服装、家电和与人民生活密切相关、群众反映强烈的商品价格和收费标准。年内，地区成立农业生产资料，邮政、文教卫生、行政事业性收费和经营性收费等专项检查组，对各行业（部门）的价格行为进行监督检查。全区共查处违法案件 69 件，查处非法所得 13. 38 万元，其中没收上缴财政 9. 56 万元，罚款 1. 24 万元。

1996 年，检查行政事业性收费单位 2845 个，收费总额 11404. 82 万元，其中，自立项目收费 173 项，金额 102. 5 万元；扩大收费范围 127 项，金额 414. 92 万元，提高标准收费 185 项，金额 336. 39 万元。按政策规定取消不合理收费 173 项，金额 102. 5 万元，降低收费标准 185 项，金额 226. 39 万元。检查门市、摊点 7800 个次，处罚价格违纪违法案件 13400 件，上缴财政罚没金额 9. 1 万元。年内明码标价普及率为 90% 以上，巩固率超过 85% 。评定“物价计量信得过”单位 100 家，其中县级 87 家，地级 13 家，省级 3 家，国家级 1 家。全年各项检查共查处价格违法案件 151 件，查处违法金额 138. 39 万元，处罚没金额 75. 27 万元，其中罚款 2. 69 万元。

1997 年，全地区在对成品油、农业生产资料和中小学教辅教育类图书价格、行政事业性收费标准和税收以及教育、医疗收费、人民生活必需品价格和收费标准等行业专项检查中，共取消各种收费 166 项，降低收费标准 54 项，暂停整改收费项目及标准 119 项。全区行政事业性收费许可证年审 4829 户，换发收费许可证 2795 个，行政事业性收费年审面达 98% 。没收教育、卫生、农资、石油等部门非法所得 21 万元，罚款 0. 5 万元。

1999 年，各县（市）重点开展收费、粮价、农村电价、房地产和物业管理收费、下岗职工再就业收费，电信和药品及交通运输收费、涉及人民生活必需品的分批次检查，共查处价格违法案件 193

件，实施经济制裁192.67万元。在粮食收购中，对低价收粮者处理后，退还售粮户价差款19.2万元；在涉农收费检查中，对38个涉及价格违法行为单位给予行政处罚和经济制裁，退还群众31.26万元，没收上缴财政9.14万元。在交通收费检查中，查处违法案件12件，没收非法收入36万元。在对行政事业性收费检查中，结合“六统一、一监督”（统一办公场地、统一收费范围、统一收费标准、统一收费渠道、统一票款分离、统一监督检查和行政监督机构）实施情况，查处地区卫生生局在医生执业考试中自立项目、自定标准收费40余万元的典型案例，并对其进行行政处罚和经济处罚；在对医疗系统价格违法行为检查中，将查出价格违法所得10万元，退还消费者4万多元，没收上缴财政6万元。

2000年，除日常性价格检查和“五一”“十一”、春节等重大节日市场价格检查外，还开展“黄金周”旅游价格、电价、公安系统收费、医疗服务、中小学教育收费和粮食价格等专项检查。在旅游景点门票价格专项检查中，对桃园、光雾山、诺水河等省级风景名胜区内“天门洞”“莲花洞”等处重复收取门票案件进行查处。在电力价格检查中，对巴中电业局及所属各县（区）供电公司上半年电价执行情况进行检查，共查处违法金额355万元，依法没收非法所得40万元。在对公安系统收费专项检查中共查处违法所得133万元。在对医疗部门检查中，共查处医疗部门乱收费48万元，没收违法所得12.99万元。在对中小学教育收费检查中，平昌县对县内违反价格法规的学校进行了经济制裁，实施经济制裁总额243万元。南江县共查处违法金额27.8万元，实行经济制裁7.3万元。在粮食价格检查中，查出南江县压价收购粮食72万公斤，少付粮农11.42万元粮价款的违法案件，依法没收违法所得0.5万元上缴财政，退还粮农11.53万元。年内，还对种子、农药、农膜、化肥、农村电价、农副产品等涉农价格和收费以及人民生活必需品价格进行检查。全市共查处各类价格违法案件174宗，涉及违法金额711.48万元，实施经济制裁486.20万元。

二、管理机制

民国前期，政府未出台有关市场物价管理的政策措施，地方政府对物价波动听之任之。民国中后期，政府虽对大米、猪油、食盐、土布等主要生活资料的价格加以管理，但市场价格与政府定价差距甚大，价格实际操纵在资本家和投机商手中。投机奸商囤积居奇，哄抬物价，无序竞争，致市场混乱，物价一日数变。

中华人民共和国成立后，境内各县边稳定物价，边建立专门的物价管理机构，制定工农商品价格的分级管理制度，明确各级管理权限，切实加强价格管理。1952年，各县社会商品零售物价总指数比1950年上升4.9%，比1951年上升2.3%，市场物价呈平稳势态。1953年国家对粮食、油料、棉花、棉布等物资（商品）实行统购统销，实行统一计划价格管理。1956年11月，境内由川北行署物价部门及同级业务主管部门管理的价格包括工业原材料、农业生产资料、农副土特产品、副食品、日杂、废品、药材等7类134种。1958年，减为114种。1961年，集中物价管理权限，稳定18类人民生活必需品价格，境内定量以外的糖果、糕点、酒类，自行车、钟表等紧俏商品实行高出牌价几倍的高价政策，敞开供应，其定价权限仍在省及中央。1963年后，集中原来分散管理商品的物价管理权限，实行集中领导，分级管理，将价格管理工作任务分解到各相关部门，对原由市场调节的三类农副产品价格收归省和地区管理，进一步完善高度集中的计划价格管理体制。

1978年中共十一届三中全会后，逐步对统得过多、管理过死的价格管理体制进行改革。物价管理由单一的国家定价转变国家定价、国家指导价和市场调节价三种形式。1980年，部分一、二类农副产品在生产单位完成统购派购任务后，多余部分，商业、粮食部门实行议价购销，允许有涨有落，高进高出，低进低出，亦允许企业自定新产品试销价。除省管12种中药材购销价格外，其余下放到地、县管理。1981 年放开第一批计 435 种小商品价格。国家对放开价格的管理权限实行市场调节，企业定价的商品制定指导价、最高限价、最低保护价及其具体作价办法和相关的价格计算公式。1983 年先后三次放开小百货、小五金、小交电、小针织制品、小药品、化学试剂、玻璃仪器和部分医疗器械等 13 类 1298 个品种价格，由工商部门在浮动幅度不超过 25% 的范围内协商定价。1985 年，对生产资料和重工业产品实行“双轨制”价格，即计划内价格由国家定价，计划外价格由企业根据有关规定自主定价。1986 年，先后放开黑白电视机、电冰箱、洗衣机、收录机、自行车、80 支以上棉纱及织物等多种商品价格。重新修订农产品价格管理目录，将地区管理的农产品购销价格分别减少到 19 种和 17 种。大米、玉米、小麦、油菜子、生猪、茶叶、名贵药材等产品仍按国家规定价格执行。1988 年 7 月对 13 种名烟和 13 种名酒由国家定价改为市场调节，并提高部分高中档卷烟和其他粮食酿酒价格。

1989—1991 年，对已放开的粮油、猪牛肉、议价粉条等副食品；黑白电视机、电冰箱、洗衣机等家用电器；照相机、干洗机、修理收费等 10 类 46 个品种实行提价申报和调价备案制度。同时继续有计划有步骤地对一些矛盾较为突出的价格进行结构性调整；放开部分酒类产品价格管理权限；在商业、供销部门实行零售商业价格放开试点，除国家定价管理的商品，其余商品定价、调价、核价权全部放给企业，由企业自主定价。

1992 年，相继放开一大批由政府控制的商品价格和服务收费，价格管理亦由直接控制为主转为“水平控制、动态管理、间接调控”。1993 年，除政策性调控的主要工农业生产资料和生活资料价格仍由省级物价部门调控掌管外，其余价格项目一律由地区管理。其项目 18 类，其中政府定价的 12 类，政府指导价 6 类。到 1996 年，社会商品零售价格涨幅平缓，国民经济运行实现“软着陆”。1997 年价格涨幅进一步回落，商品零售价格总水平只比上年上升 3.2%。1998 年，总供给大于总需求，市场疲软，价格再度回落，商品零售价格总水平呈现负增长，比上年下降 2.1%。1999 年，价格改革不断深化，市场价格体制的主体地位得到巩固和加强，价格较为宽松，商品零售价格总水平仍呈负增长，但价格波动不大，走势平稳。

2000 年，以企业为定价主体，进一步规范定价行为，完善价格申报备案制度，严格价格审批权限，认真清理涉农收费，切实减轻农民负担。对电价和自来水收费实行一县一价，一年一次调价听证会。停止对新的行政事业性收费项目的审批，坚持行政事业性收费由省级以上审批的制度。继续实行物价工作的分级管理体制和岗位目标责任制，物价成为全区社会经济发展和社会资源配置的杠杆。

三、集市贸易价格管理

民国时期，集市贸易价格不在国家管理的范围之内，其自发性和盲目性强。贸易秩序和价格秩序混乱，市场上价格欺诈、哄抬物价、投机倒把、囤积居奇，打压倾销等扰乱集市贸易价格正规化的现象普遍存在。中华人民共和国成立以后，各县人民政府根据市场供求状况，规范市场贸易价格。

1950—1952 年，三年国民经济恢复时期，市场物资丰富，集市贸易价格稳中有降。大米每担价格在 3.00 元至 3.50 元之间，小麦价格为每担 2.50 元至 3.00 元，玉米为每担 2.00 元，而国家收购牌价为：大米每担 4.50 元、小麦 3.15 元至 3.50 元，玉米 2.40 元至 2.60 元。集市贸易价格比国家牌价低 30% ~50%。经济作物和土特产品的国家收购牌价与市价基本持平。

第一个五年计划初期，集市贸易中的粮食价格高于国家牌价，随后强制粮食价格与国家牌价持平。蔬菜与粮食副产品价格由价格主管部门规定最高限价，并实施产销直接见面、减少中间环节等一系列控制物价的措施。至 1957 年境内集市上大米每担售价 8.30 元，比国家牌价 6.40 元高出 30% 以上，猪肉市价每公斤 1.40 ~2.00 元，比国家牌价每公斤 0.70 元高出 1 倍到 1.8 倍；花生每公斤市价

0.4~0.60 元，比国家牌价高 1.2~1.6 倍；鸡蛋每公斤市价 1.60 元，比牌价高 1.6 倍。

第二个五年计划期间，市场物资供应紧张，商品奇缺，集市贸易价格直线上升。1960 年，大米最高市价达到 6.00 元/公斤，比国家牌价高出 37 倍；鸡市价卖到 10.00~12.00 元/公斤，比国家牌价高出 7~8.5 倍。鸭、兔卖到 14.00~16.00 元/公斤，比牌价高出 12~14 倍；猪肉在集市上已基本绝迹。蔬菜每担平均市价为 60 元，高出牌价 30 倍以上。南瓜市价为每公斤 1.00 元至 1.20 元；青菜、萝卜市价为每公斤 0.80 元至 1.00 元，比牌价高出 5 倍至 7.6 倍。随后集市贸易价格除淡旺季小有起落外，其余大部分品种的市价与牌价基本持平。1965 年，大米市价为 0.76 元/公斤，比国家牌价高 1.75 倍，白菜市价为 0.06 元/公斤，萝卜为 0.04 元/公斤，包菜为 0.08 元/公斤，莴笋 0.10 元/斤与牌价相差不大。猪肉市价最高时为 2.00 元/公斤，比牌价高 0.5 倍。鸡、鸭、兔、禽蛋价格随猪肉价格涨落而变化。

1966—1976 年，对集贸市场实行缩小、限制、代替的办法，一方面冻结物价，另一方面减少赶集时间，实行每周星期日赶集的“七天一赶场”的办法。同时，关闭粮、棉、油市场，实行一个渠道经营，一个价格运行。粮食、油脂和棉花管死，不许进入集市贸易。允许进入集市贸易的品种，物价部门和工商部门，定时在各主要市场悬挂国家限价和相关品种的国家牌价，以影响集市价格走向。此间，由于市场物资紧张、供需矛盾突出、价格僵化，致使各种比价关系失调，市场贸易价格一直走高。大米集市贸易价格比国家牌价高出 5 倍至 6 倍，其他农副产品市场贸易价格普遍比牌价高出 2 倍以上。

1979 年以后，集市贸易价格开始回落，大米价格每公斤 0.80 元左右。1985 年大米集市贸易价为每公斤 0.40 元至 0.48 元之间，市价与牌价持平；猪肉价格，1979 年每公斤市价 2.40 元，比国家牌价高 13.2% 至 22.6%，鸡、鸭与禽蛋价格与猪肉价格基本持平。蔬菜混合平均价，1979 年为 6.00 元/担，1980—1985 年保持在每担 5.00 元左右。

1986 年后，主要农副产品价格进一步放开，物价部门及时出台粮食定购价和保护价，协调、疏导和调整不合理价格结构，对重要商品和上市自由交易的主要商品价格实行指导价管理和限价销售措施，管好集市贸易中与人民生活紧密相连的粮食、蔬菜、副食，燃料和水产品价格。1998 年以后，物价部门结合《中华人民共和国价格法》《中华人民共和国行政处罚法》和《中华人民共和国刑事诉讼法》等的贯彻实施，严厉打击欺行霸市、哄抬物价以获取高额利润和制售假冒伪劣商品以及随意变动属于国家管理的价格项目等各种价格违法活动，以保护国家、集体和个人、生产者、经营者和消费者的共同利益，维护良好的贸易环境和价格秩序。

到 2000 年，集市贸易秩序良好，价格协调稳定。进入集市贸易的品种价格与国家收购价基本相符。大米价格最低 1.60 元/公斤，糯米价格 2.4 元/公斤，面粉每公斤在 2.00 元至 2.6 元之间，玉米每公斤 0.90~1.20 元。新鲜蔬菜混合平均价每担 40 元左右。土特产品和经济作物，因其需求量扩大，产品一直走俏，集市贸易价格大幅上涨。蚕茧销售价格为 1750 元/50 公斤；芝麻每 50 公斤为 250 元；银花每 50 公斤为 3500 元以上；木耳市价每 50 公斤为 2300 元至 2500 元；天麻每 50 公斤市价 6500 元至 8000 元；香菇市价每 50 公斤为 1300 元至 2200 元，平均价超过 1700 元。

第三节　价格调控

一、工农业产品交换比价

民国时期，境内工业、手工业随工具改良和工艺水平提高，加工成本逐渐降低，制成品与原材料之间的交换比例逐步缩小。以稻谷1市担（120斤）为标准，民国25年（1936年）可换酒5.25公斤。到民国29年（1940年），可换酒15公斤以上；民国38年（1949年）可换酒18.25公斤；民国25年（1936年），每担稻谷换食用植物油6公斤；民国38年（1949年）可换食用植物油8.25公斤。民国25年（1936年），每担棉花换土窄布12.2公尺，民国29年（1940年）可换土窄布18.75公尺。后因棉价上涨，到民国38年（1949年），每担棉花只换布11.4公尺。食糖则以农民自制的苕麻糖、糯米糖为主。市场上的白砂糖、红糖价格受农产品价格影响较小，成品糖与原材料之间的交换比较稳定。自民国25—38年（1936—1949年），以色布为代表的入口布料交换比价一直保持每担稻谷换色布3.25米左右。生活必需品中的食盐、铁器、火柴、洋油（煤油）和部分生产用品等交换比完全掌握在经营者手中。一市担稻谷，民国25年（1936年）换食盐10.8公斤或火柴325盒；民国29年（1940年）换食盐6公斤或火柴77盒；民国38年（1949年）只能换食盐4.4公斤或火柴55盒。

中华人民共和国成立后，通过逐年调整工农业产品剪刀差逐渐缩小。稻谷1950年每担2.70元，1985年为16.50元，比1950年提高5.1倍；1950年每担小麦3.15元，1985年为20元，35年间价格上涨了5.3倍；中等玉米1950年价格为每担2.40元，1985年提高到15.80元，35年间价格提高5.6倍；中等胡豆1950年每担3.60元，1985年每担22.10元，35年中价格上涨5.1倍。经济作物中以菜籽、棉花、土烟、桐籽为主，其中油菜子，1950年价格为每担7.20元，1985年为每担44.20元，35年中提高5.1倍；三级棉花，1950年每担71.80元，1985年127元，35年中提高0.77倍；土烟二级未税价，1950年每担20.00元，1975年为43元。中等油桐籽价格，1950年为每担2.6元，1985年为45元，35年中提高16.3倍。农业副产品以生猪、鸡蛋、蚕茧为例：乙级生猪价格，1950年为每50公斤19.00元，1985年为68元，35年中提高2.6倍；鸡蛋，1950年每50公斤售价15.00元，1985年售价110元，35年中价格上涨6.3倍。水产品以鲤鱼为例：1950年甲级鲤鱼每50公斤销售价8元，1985年为200元，价格上涨24倍。农副土特产品价格的提高，促使一部分以此为原材料的工业品价格上涨。以1950年为基数，1985年白糖、白酒、红糖、白布、火柴、肥皂等6种工业品零售平均价格上涨35.6%，而食盐、搪瓷面盆、口杯、胶鞋、热水瓶、灯泡、铁锅等以工矿产品为原料的工业品价格却下降28.2%；白糖、丁级纸烟、白酒、色布、花布、汗衫、胶鞋、搪瓷面盆、肥皂、热水瓶、手电池、火柴、青霉素、煤炭、煤油、氮肥、食盐等日用消费品中，只有纸烟、白酒、火柴、肥皂等4种商品价格提高，其余品种均有不同程度的下降。

1985年以后，政府进一步调高主要粮食品种收购价，将大部分农副土特产品价格放开。对工业品价格进行改革，市场商品价格指数普遍降低。工农业产品的价格走势更趋平稳，价位更加合理。

二、价格动态监测

民国时期，政府制定的物价管理调控措施，无法贯彻执行，市场物价环境极其恶劣。

中华人民共和国成立后，境内各县采取有力措施控制和调整市场物价。1953年开始，各县对各种重要商品（物资）价格，实行国家计划价格管理体制，严格系统化的价格动态监测措施，对部分特种产品实行重点控制。从第二个五年计划开始，国家实行重要生活资料凭票供应制度，对各类主要消费品和生产、生活必需品价格采取计划分配、定量供应、政策性价格补贴，打紧商业利润等措施以稳定、控制物价总水平。

从1981年起，逐步放开小商品价格实行市场调节和由企业自定价格，物价管理由直接管理转变为间接调控，对省以上管理指导的品种区别不同情况，确定最高限价、浮动价和最低保护价。

1986年后，各县采取六条措施控制物价涨幅：即蔬菜、肉类、禽蛋和三种主要粮食品种价格及生猪收购实行保护价，猪肉销售实行最高限价；国家定价的品种不提价、不放开，化肥、种子、农药、农用石油产品、农用电价等为重点管理品种。中小农具中的定价权收回县上，由物价局统一定价；继续执行国家和省、地规定的各种价格补贴政策和税收减免措施按规定继续执行；治理整顿各类行政事业性收费和具有垄断地位的经营性（服务性）收费；以市场经济发展和人民生活安定为导向进一步完善企业改革措施，促进物价稳定；加强集市贸易价格的疏导管理，推广普及红、蓝、绿三色标价签的使用，发行《统一商品标价签文件汇编和商品目录》，开展“物价计量信得过”活动。年内物价涨幅为4.5%。

自1989年开始，对市场零售物价指数和社会物价总水平实行目标管理责任制，从整体和全局目标出发制定局部、阶段和个体控制指标。年内全区指数为11.5%，比上级下达的低1.5个百分点，比1988年下降6.5个百分点。

1992年，价格调控由直接调控为主，转变为“水平”控制、动态管理、间接调控。国家下达社会（市场）零售物价控制指标为10%，巴中县当年实现控制指标为5.6%，比国家下达的控制指标低4.4个百分点，其余各县社会零售物价上涨指数在5.6%~6.9%之间，走势平稳。

1996年，全地区商品零售物价指数为8.7%，比计划控制目标降低了2.3%。其中，城市价格指数为9.1%，比上年回落5.6个百分点，农村价格指数8.5%，比上年回落5.8个百分点；居民消费价格指数10%，比上年回落5.8个百分点；农业生产资料价格指数14%，比上年回落29.8个百分点。年内积极推行价格改革，疏导价格矛盾；加强价格监审和价格运行的动态监测，坚持成本调查和价格调研，完善和强化价格调控管理手段。通过一系列价格调控手段，全区社会商品零售物价上涨4.2%，比上年回落4.5个百分点；居民消费价格上涨6.4%，与上年同比下降3.6个百分点；农业生产资料价格相对平稳，涨幅为3.8%，比上年下降10.2%。

1998—1999年，清理取消抑制通货膨胀期间对部分生产资料、生活资料的临时性价格干预措施；保留完善种子等价格调节基金，新建自来水等价格调节基金，最大限度地发挥政府运用经济手段调控市场物价的职能；进一步完善市场价格运行监测预警系统，搞好价格的动态监测和价格调研，创造良好价格环境。全区社会商品零售物价指数实现97%，居民消费价格指数实现99%，市场物价稳中有降。

2000年，地委、行署确定全地区商品零售物价指数和居民消费价格上升总水平实现1%和3%的目标。物价部门对此采取三项措施，即：继续完善物价工作目标管理责任制，从微观管理出发实现物价水平宏观控制目的；继续清理取消一些抑制、限制消费的价格干预措施，刺激消费、引导生产和调节资源配置的价格政策；进一步完善市场价格运行的监测预警机制，加强对重要生产资料、生活资料、重要农产品价格和生产、经营成本的监测。年末，全市社会商品零售物价指数实现99.1%，居民消费价格指数同比上升1%。

三、价格补贴优待

（一）粮食价格补贴

20 世纪 50 年代开始，境内各县先后实行价格优待补贴刺激生产者发展生产和向国家交售产品的积极性，保持市场物价稳定人民生活，促进生产、经营和消费良性循环。

境内由中央财政负担的粮食补贴有：中央专项储备粮油费用、利息补贴；国家储备粮油（1980 年以后新增了五〇六、甲字粮）费用补贴；按比例由中央财政负担的军供粮油补贴；中央对地方粮食风险基金的补贴和国务院规定的其他应由中央财政负担的补贴。由省财政负担及垫付的补贴有：省级储备粮食费用、利息补贴；按比例应由省级财政负担的军供粮油补贴；其他应由省级财政负担的补贴。由地、市、县财政负担及垫付的补贴：国家周转库存粮费用补贴；地、市、县储备粮食费用、利息款；国家储备粮油（1980 年以前储备粮油、甲字粮）费用补贴；其他应由地、市、县财政负担的补贴。

（二）奖售性质的补贴

1961 年 3 月 6 日，达县专署规定，无论任何单位和个人，向国家出售肥猪一只，奖售贸易粮 25 公斤，棉布 4 尺；向国家出售鸡蛋 0.5 公斤，奖售贸易粮 0.5 公斤。11 月，达县专署规定，人民公社向国家出售桐子 50 公斤，奖售贸易粮 5 公斤，棉布 4 尺，煤油 1.25 公斤；当年收购花生、芝麻、菜籽等食用植物油料，除按标准奖售粮食外，每收购花生 50 公斤奖售棉布 1.5 尺；菜子 50 公斤，奖棉布 18 尺；油菜子 50 公斤，奖售棉布 1 尺；蓖麻 50 公 斤，奖售棉布 2 尺。

1965 年超购加价 12%；1966 年再次取消超购加价，改为提高收购价 17.1%；1971 年粮食超购加价累计提高 30%；1972 年超购加价 30%；1979 年起粮食油料超购加价均为 50%。

1980 年起棉花收购实行超购加价，当年超购加价 30%；实行合同订购的合同价，按“倒三七比例价”或按“倒四六比例价”收购后仍按统销价出售；发生的差额由政府、财政补贴。是年 7 月 5 日开始实行晒烟价格补贴。1984 年 5 月 22 日起，将无梗糊米毛烟每担价外补贴提高为：一级 17 元，二级 13 元，三级 11 元，四级 6 元，五级 3 元，等外级 2 元；将无梗白毛烟价外补贴提高为：每担一级 15 元，二级 11 元，三级 9 元，四级 4 元，五级 1 元。1980 年，棉花收购从新棉上市起实行价外补贴：一、二级每担 20 元，三级 15 元，四级 10 元。超购部分，在超购加价基础上，再实行价外补贴。是年，收购红碎茶每担价外补贴 20 元，功夫红毛茶 1－8 等每担补贴 15 元，绿毛茶每担补贴 5 元。至 1984 年 1 月取消。

（三）支农优待

柴油支农优待 1956 年国家对农用拖拉机和联合收割机田间作业用的柴油价格，按当地牌价减 24%；1965 年和 1967 年扩大优待范围，农业用柴油全部实行优待，并将 24% 的优待率改为分区定额优待，平均每吨农用柴油优惠 80 元；1972 年由 80 元扩大为 120 元。1980 年把优待价改为按牌价供应，季（月）后给予定额补贴；1982 年改为核定基数的办法（基数内补贴 50%）。1982 年 11 月取消补贴。

水泥支农优待 自 1958 年开始实行水泥支农优待价，每吨比非支农价低 10 元。

木材支农优待 1964 年 10 月起开始实行木材农支农优待价，至 1981 年元月起取消优待价，改由财政给予差价补贴，木农具厂销价不变。

运输支农优待 自 1967 年，汽车运输支农物资，每吨公里运价 0.15 元，比普通运价低 0.04 元。

农机修理支农优待 自 1967 年开始实行农机修理支农价，1981 年 9 月 10 日取消此项优待。

（四）粮差物贴

1996 年 6 月 1 日起，国家调高粮食销售价格后，属政策性的口粮，国家对低收入城镇居民实行定向补贴 8 元/月。补贴对象包括在校大学生、特困企业职工、民政优抚对象和两劳人员。此外在工薪阶层人员的工资中增加粮差和物价津贴项目，其标准为每月 8 元，副食津贴为 5 元。

四、建立价格调节基金

1988 年，境内各县开始建立价格调节基金。第一批建立价格调节基金的品种有电力、种子、蚕种、蚕药、汽油、柴油和化肥等。1990 年，巴中县利用化肥价格调节基金对小化肥价格给予补偿调节，使该县小化肥零售价比毗邻县每吨低 20～40 元，全县小化肥供应量比上年上升 6. 8%，电力价格降低 2 分/千瓦时。利用石油价格调节基金，使计划外石油售价降低 200 元/吨，石油供应量同比增长 1. 3 倍。

1989—1992 年，境内各县均建立 100 万元以上的价格调节基金，分别用于调节价格，扶持企业更新设备，扶持农业发展，帮助企业搞活商品流通，有效平抑市场物价。巴中县 1992 年价格调节基金总额达到 182 万元，用于调节专项商品（物资）价格 51. 21 万元，用于扶持企业更新设备的 63. 09 万元，用于扶持农业 8 万元，用于帮助企业搞活商品流通 40. 6 万元。

第四节　收费管理

一、行政事业性收费

1982 年以前，境内行政事业性收费，主要由业务主管部门和职能部门，制定收费项目和收费标准，编制预算外资金征收、解缴和使用计划，并由人民政府发文下达执行。随后行政事业性收费成为一种特殊形式的价格。1985 年，对群众普遍关心的学杂费进行重点清理，并规定：学杂费，城区每生每期交费金额初小 3 元，高小 3. 20 元，初中 3. 60 元，高中 4. 00 元；乡村学校按县城同类学校低 2 角。代管费按实际发生金额收取。1988 年，分别公布第一批 38 项和第二批 30 项清查批准的行政事业性收费项目和收费标准，并颁发收费许可证使用财政局统一印发的行政事业性收费收据。1990 年，清理出收费项目 11234 个，经整顿取消 53 个，金额 101. 4 万元；降低收费标准 48 项，金额 95. 63 万元；暂停收费项目 170 个，减轻不合理负担 3617. 44 万元。

1993 年，境内各县对行政事业性收费进行年度审验。各县平均年审率 90%，年审收费项目 8426 个，其中，合法收费 7673 个，乱收费项目 853 个，乱收费金额占收费总额的 4. 8%。审验没收非法收入 131. 78 万元，其中，退还用户 125. 09 万元，取消或暂停收费项目 563 个、降低标准 4 项；为企业和群众减轻不合理负担 1412 万元。

1994 年，先后三批取消行政事业性收费项目。其中，第二批取消公安部门身份证加急费、司法部门公证加急费、民政部门等级认证费、工商部门各类年审费、劳动部门职业介绍许可证年审费、民办职介机构年审费和管理费及中小学部分收费等共 18 个部门的 68 个收费项目。第三批公布取消的行政事业性收费项目共 49 项，其中包括向社会团体收取的年审费、年检费、企业法人登记公告费、私营企业保证金、房地产开发企业管理费、各类考试押金、水资源开发费、大桥桥下船舶通过费、增容和报装接洽费等。

1995 年，调整全区城市房屋拆迁管理费。全区四县（市）收费标准略有差异。巴中市区住宅拆迁管理费按不超过房屋拆迁补偿安置费用的0.5%收取，非住宅拆迁管理费按不超过拆迁补偿费的0.7%收取。通江、南江、平昌三县收费标准相同，住宅拆迁管理费按不超过拆迁补偿费的0.6%收取，非住宅按0.8%收取拆迁管理费。年内取消6项收费，降低3项收费，调整2项收费。

1997年，全地区共取消不合法收费项目148个，降低标准的收费项目51项，暂停整改的20项。行政事业性收费年审面达99.1%（应审4500个、实审4460个单位部门），审查合格的2560个，基本合格1850个；审查行政事业性收费总额18775万元，其中合法收费18295万元，不合法收费480万元。

1998年，全地区围绕“清费、治乱、减负”总目标，抓住重点进行专项治理。2月，公布取消第一批行政事业性收费项目29项，涉及工商、税务、建设、外贸、交通、公安、保密等8个部门。3月，取消22个收费项目，降低收费标准11个。10月，取消20个收费项目，涉及文化、公安、建设、旅游、广播电视、林业、口岸等7个部门。此外，还取消交通运输管理及医药卫生、邮电、教育等部门的部分不合理收费。全年共取消不合法收费项目108个。

1999—2000年，地、县（市）各收费部门共保留512个收费项目。其中，中央批准的376项，省批准的136项；纳入中央财政预算的100项，纳入地方财政专户管理的412项；共分管理性收费、工本费、证照性收费、资源补偿性收费、检测服务性收费、公共工程性收费、培训性收费和其他收费等8类。2000年，行政事业性收费实行“银行代收制”，继续保留个体私营、车辆办证、建设项目等办证收费实行收费大厅“一站式”服务。全市应参加年审的收费许可证4153个，实际参加年审4098证，年审面达98.7%；审验合格的3650证，基本合格425证，不合格23证，不合格率为0.5%；合法收费32346万元，不合法收费147万元（属违纪资金）。

二、经营性收费

民国时期，经营性收费完全由经营者和各行业自定，同一服务内容的收费标准因人、因时而异。到20世纪70年代末，境内经营性收费项目主要有：理发、汽车运输（客货运输）、照相、缝纫加工、农机具加工修理、旅馆、医疗门诊、挂号费、注射费、出诊费、体检费、公园门票、电影票、刻章、印刷、油漆、印字，各类管、线、灯、表安装，钟表修洗、摆渡、修理电筒、锁子、水笔、雨伞、修补鞋子以及粮食、副食品粗加工等费，各种木、竹、藤、石制品的加工制作费用等等。其中属于手工业加工收费的主要由企业（或经营者个人）定价或与顾主当面议价，属半机械加工的经营服务主要实行指导价管理。1979—1986年，旅馆、缝纫加工、照相、电影和录像票价、公园门票、溜冰收费、中小农具加工修理、刊刻印章、各类管线、灯表安装费、钟表修洗、摆渡、广告、防疫化验、妇幼保健等收费下放地县管理；各类粮油副食的粗加工，各种竹、木、藤、石制品的加工制作费用，修理电筒、锁子、水笔、雨伞，修补鞋子、掌鞋底、补衣服、油漆印字等经营收费，均由企业或个体经营者定价或由企业、个体经营者与雇主根据市场行情和物价水平当面议定。旅馆收费无论国营、集体、个体经营均统一核定甲、乙、丙、丁4个等级。旅馆经营者严格按规定的等级标准收费。

1992年，各县将客房铺位分为6个等级标准，并制定各等级相应的收费标准；男、女和不同发式分别规定最高限价；营业性歌舞厅、卡拉OK厅、三轮车、板车运费、房屋出售进行成本调查核算，重新核定收费标准。当年，各种重要收费单位持证收费率90%以上。旅馆、宾馆、招待所收费实行旺季上浮价格；放开浴室、照相、洗染、修理业（除主要家电外）、录像放映、歌舞厅、音乐茶座、卡拉OK厅票价。文艺演出、体育演出，公园、游乐场、汽车、摩托车修理等定调价权改为行业定价。城市交通收费改由地区物价部门管理。公有住房房租，砖混结构成套旧住房全区每平方米0.153元，新房每平方米0.35元。公有住宅砖混结构成套住房全区平均出售价格调整为每平方米

184.64 元。

1993—1995 年，影响国计民生的经营服务性收费仍由政府定价。其他收费价格分别实行政府指导价和经营（服务）自主定价或经营服务者与接受服务者根据市场行情协商定价。实行政府定价的价格项目，一部分特别重要的项目由省直接管理，另一部分则由省委托地县物价部门代管。属地县代管的价格项目，地县物价局在定调收费标准时，按省物价局制定的经营性收费作价办法核定收费标准，连同经营成本等资料一并报省审核备案。

1996 年，地区物价局核定一系列公用电话收费标准。市话 0.50 元 3 分钟，区乡电话 0.25 元/次，市内传（寻）呼 0.80 元/次，代办长途电话加收 1 元代办费，长途电话被叫未摘机应答 0.50 元/次。12 月，调整全区公用电话代办户服务费标准：市话通话费 0.3 元/前 3 分钟，市内传（寻）呼 0.70 元/次，农村电话营业区间通话费 0.50 元/次（3 分钟），其中服务费 0.35 元/次；农村电话营业区间通话费 0.50 元/次（1 分钟），其中服务费 0.20 元/次；国内国际长途电话按显示金额收费，其中服务费按 10% 收取，不足 1 元收 1 元；市话打农话 0.50 元/次（1 分钟），其中服务费 0.2 元/次，取消公用电话代办户代办 200 长话业务和 108 业务服务费项目。

1997 年，地区物价局制定全区餐饮业收费标准和加价率。凡未申报等级的餐饮经营者，餐食品毛利率不得超过 30%，自制酒水毛利率不得超过 25%，制成品酒水毛利率不得超过 25%。是年，地区物价局公布区内各县（市）房改售房价格，巴中市（县级）410 元/平方米，平昌、通江、南江三县 400 元/平方米。

1998—2000 年，房地价格、房租价格、家电维修、汽车修理和其他重要服务价格由地区以上物价部门统筹安排；重要服务价格实行变价申报备案制度。在医疗和教育部门建立完善收费登记卡制度；将公有住房房租调整纳入价格调控计划；旅游服务业和游览观光点门票价格由地区物价部门审核备案，发文公布。春运超长汽车客运票价在基础运价上上浮 20%，取消加班和返程空车上浮 30% 的规定。超长线路、跨省线路需包车运输，由客运方和乘客双方协商确定，其票价最高不超过基础票价的 50%。1999 年，对各行政部门，公、检、法、司部门收取的不体现行政职能的公证服务，律师事务所、会计师事务所、审计事务所、价格事务所等实施各种服务职能时，所涉及的服务费项目和收费标准的制定由省统一制定审批。除广播电视器材外的零售品种价格由地区物价局规定作价办法，企业按作价办法制定具体的品种价格，报地县物价局审批备案。器材管线安装费（含人工费），由企业按当地市场行情定价后报同级物价部门审核备案。

第五节　价格服务

一、价格评估认证

1993 年成立巴中地区后，全地区物价部门开展价格评估和价格认证工作，主要接受委托对工商企业和事业单位经济活动中有争议的商品价格和有形与无形的资产进行评估；对房地产、宗地进行价格评估；对企业在承包、转包、兼并、转让、租赁、抵押、破产等过程中财产和物品及清仓物资进行价格评估；接受法院、检察院、公安、工商、海关、财政、审计、保险等部门的委托，对罚没物、无主物、抵押、扣押、没收、追缴、纠纷财物、保险财物的理赔和其他索赔物、拍卖物、赔偿物品等有形和无形资产进行价格评估和认证；接受委托对国有资产管理部门管理的资产和国有企业在清产核资中涉及的各种财产进行评估认证；为司法部门提供具有法律效力的“赃物估价鉴定结论书”，为其他服务对象出具“财产估价鉴定结论书”；接受委托，为企事业单位和工商业零售部门调整商品价格和制定收费标准进行可行性论证；帮助企事业单位拟定调价方案；提供基建工程造价核算方案，提供投资项目价格效益评估；接受委托对企业定价资格进行评审认证，从事企业定价许可证的发证和年审工作。1997年上半年，全地区完成评估136宗，评估金额377.27万元。1999年完成价格评估认证216宗，评估总额达5264.63万元。2000年，全市完成评估认证406宗，评估金额4206.9万元。

二、成本调查

中华人民共和国成立初期，物价部门主要对粮食及其他农产品、粮食副产品、肉类、土特产品、药品、林产品、工业手工业产品、轻纺工业产品进行成本调查。20世纪60年代开始，省农业成本调查部门把巴中县作为全省33个成本调查重点县之一，其调查品种类别有粮食作物、经济作物、木材、药材等4类19种，后减少到4类9种。

1975年开始，成本调查工作实行年报制。每年以物价主管部门为主体，组织同级粮食、商业、供销、工交、土产等部门分别对本部门价格项目进行成本调查，并将调查资料在规定期限内上报同级物价主管部门，由物价部门统一汇总上报。通过准确详细的成本调查，进行深入的价格调研活动，对存在的价格问题与获得的成本资料进行分析论证，写出详细科学的调查报告、成本效益分析报告和有关价格矛盾的分析与预测，提出相应的价格调整与协调措施，为价格主管部门调整价格和制定价格管理的政策法规，制定符合市场经济规律的计划价格、保护价格以及市场调节价格，为科学调整产业结构和资源配置及物流方向，提供系统的基础资料。

1976—1978年，巴中县在固定的调查品种中，白肋烟生产成本调查一直固定在清江区中兴公社八大队一生产队，1979年调查点定在七大队二生产队；其余品种进行选点调查。1980—1981年选在恩阳公社二大队二生产队；1982—1985年选在同乐公社（乡）三大队三生产队。1986年，成本调查仍以同乐公社（乡）三村三社和花丛乡（原花丛公社）一村四社为调查点。调查品种主要有：水稻、小麦、玉米、桑蚕、生猪等。

1993年以后，地区物价局成本调查队，负责全地区成本调查工作和本区各类商品调定价前的成本预审调查与价格预测工作。成本预审的主要内容是：近几年农产品的产量、销量、总成本、单位成本、生产（销售）费用、销售税金、销售价格、利润及其他有关资料的审核。1995年，巴中市（县级）和通江县被定为国家成本调查重点县（市）。巴中市（县级）主要调查品种有水稻、小麦、玉米、桑蚕、生猪；通江县主要调查品种有水稻、小麦、玉米、油菜子、油桐。1997年巴中市（县级）成本调查点主要农产品成本调查资料显示：水稻、玉米、小麦三个主要粮食品种总产量比上年减产6.9%，产值比上年上升8.3%；以生猪为代表的养殖业生产数量比上年有少量增加，产值却下降3.27%；蚕茧产量下降1.8%，产值下降30.2%。粮食产量下降后，政府及时给予补贴，弥补因减产带来的损失。年内三种主要粮食品种平均每亩生产成本为217.11元，比上年增加5.19元，上升2.4%。其余年份成本调查及调研分析结果也都以表格逐年上报上级物价部门。1998年，通江县物价局被评为全省成本调查先进集体。

1992—2000年，全市社会零售物价上涨87.63%，农村零售物价上涨85.17%，居民消费品价格上涨108.72%。其中，粮食价格上涨1.51倍，副食品价格上涨1.36倍，蔬菜价格上涨2.23倍，服务项目价格上涨4.08倍，农业生产资料上涨1.38倍。

第六章　工商行政管理

第一节　工商管理体制

民国时期，境内各县设有建设科，行使工商行政管理职能。1933 年，红四方面军在巴中（含平昌）、通江、南江县建立县苏维埃政府，川陕省、县苏维埃政府下设财政经济委员会，管理工商和市场。

1950 年，境内各县人民政府设工商科，各区设工商助理员。1951 年，各县先后成立了由工商科管理、领导下的市场管理委员会、工商联合会。各区成立市场管理委员会和工商联合分会。1952 年，各县工商科设计量检定员 1 人，负责检定管理度量衡。1953 年，各县先后成立了计量检定站，属工商科管理。

1956 年，各县先后撤销工商科，成立县商业局，保留县、区市场管理委员会管理市场，打击投机倒把活动。1961 年到 1964 年，境内各县人民委员会先后恢复工商行政管理科。各县市场管理委员会、计量检定站归属工商行政管理科管理。

1966 年，平昌、通江、南江三县工商行政管理科先后与县商业局、县供销合作社、县外贸采购站合并为“商业局”，实行统一领导、分开办公。继后，巴中县工商行政管理局革命领导小组成立，与县商业局革命领导小组实行两块牌子、一套班子。1971 年 10 月，南江县工商行政管理局成立，撤销县、区市场管理管理会。各区设立工商行政管理所。1972 年到 1978 年，通江、平昌、巴中三县工商行政管理机构，先后从县商业局分离出来，与县市场管理委员会合并办公；以后，撤销县、区市场管理委员会，设县工商行政管理局，各区、镇设工商行政管理所。

1978 年，境内各县工商行政管理局内设机构不断健全、完善。各区、镇工商行政管理所内，设酒类专卖管理所，一套人马、两块牌子。各县主要交通要道的场镇，设市场检查站，加强对流通物资的检查。

中共十一届三中全会后，纠正了“左”的倾向。工商行政管理工作任务更加具体化，概括为“六管”“一打”“一制止”。即：管理城乡集市贸易、管理工商企业登记、管理经济合同、管理商标、管理广告、管理个体经济；打击投机倒把活动，监督检查机关、团体、企事业单位的经济活动并查处违法行为；制止商品流通中的不正之风。

1984 年后，境内各县工商行政管理机关内部机构的设置进一步加强和统一。依照《中华人民共和国经济合同法》有关规定，各县成立经济合同纠纷调解仲裁委员会，各区、镇设经济合同纠纷调解庭。依照有关工商行政管理法律、法规的规定，各县先后成立了挂靠在工商行政管理部门的由同级工商行政管理机关指导、管理的 6 个协、学会（分会）：即县个体劳动者协会，各区、镇个体劳动者协会分会，县私营企业协会，县消费者协会，各区、镇消费者协会分会，县工商行政管理学会。

1993 年 9 月，成立巴中地区工商行政管理局，辖巴中市和通江、南江、平昌县工商行政管理局，负责组织、指导、协调全地区的工商行政管理工作，贯彻执行党和国家的经济政策，贯彻实施工商行政管理法律、法规，监督管理工商企业和市场各种经济活动，检查处理经济违章违法行为，保护合法经营，取缔非法经营，保证社会主义市场的健康发展。

1994年4月8日，巴中地区个体劳动者协会、巴中地区私营企业协会分别成立，挂靠巴中地区工商行政管理局，接受其指导、管理。

1997年12月26日，巴中地区消费者权益保护委员会成立。原巴中市和通江、平昌县消费者协会先后更名为县、市消费者权益保护委员会。

1998年，根据国务院《工商行政管理体制改革方案》，全地区工商行政管理机关实行垂直管理。1999年4月19日，巴中地区工商行政管理局的人、财、物，由原来的巴中地区行署管理、领导，上划四川省工商行政管理局直接管理、领导。是年5月16日，巴中市（县级）和通江、南江、平昌县工商行政管理局的人、财、物上划四川省巴中工商行政管理局直接管理、领导。

第二节　市场管理

一、市场建设

1950年，市场管理费由税务机关管理，用于市场开支，年终节余缴作地方财政收入。这时期的市场建设资金靠地方财政划拨。巴中县两次投资14230元，修建了巴中县城第一和第二人民市场，可容纳3000多人参加交易。1951年，平昌县投资3150元，修建了楠木耕牛市场，面积1334平方米。

1953年，市场管理费由市场管理机关按上市产品成交额的3‰收取，后调整为5‰收取，起收点为2元，用于市场管理机关、人员费用开支和积累市场建设资金。1953年至1960年，巴中县投资3.37万元，改扩建县城人民市场和修建城关牲畜市场。通江县投资2.2万元，修建县城农贸市场和钟鼓楼街人民市场，共5000平方米。南江县投资0.8万元，修建县城和大河区人民市场，共1200平方米。

1963—1967年，南江县集资先后建起了县城下河街和沙河、长赤、正直、下两等区瓦顶砖混结构人民市场5座、牲畜市场2座，共投资4万元，面积4600平方米。巴中县改建县城综合市场和新建恩阳人民市场，投资3.04万元，面积1600平方米。各县区、乡场镇由当地政府划拨一批牲畜交易市场土地，植树绿化建成露天市场。集市交易场所环境逐步不断改善。

“文化大革命”期间，取缔自由市场，多年来建设的各类市场，绝大部分被侵占、平调，有的出售或改为其他用房，几乎没有固定市场。

1980年后，市场管理机制、人员进入国家编制，市场收费由国家统一规定。境内各县多方集资，有计划、有步骤、有领导的加强市场建设。到1990年，建设有钢混、砖混结构的多功能固定综合、专业等各类市场19个，26241平方米。

1993年10月后，为大力发展市场经济，进一步改变以街、路、桥为市，市场经济、交易秩序混乱，影响交通、安全的局面；走多方集资，多形式、多渠道、多方位兴办建设市场的路子。本着谁投资，谁受益，统一管理的原则，把市场建设发展作为“县长工程”“区、乡（镇）长工程”抓。从多方面给予建设发展市场的优惠政策，鼓励支持部门建，企业、厂矿建，区、乡（镇）政府建，村、社、街道和个人兴办和建设市场。各地市场内和摊区市场的售货架、货柜、货台、凳、肉案桌、架、秤、尺等服务设施不断增加。大大方便了买卖双方交易。全区投资1602.47万元，新建和改扩建市场28个，恢复和发展山货、牲畜、粮食等各类市场11个。全省62个重点市场之一的巴中市（县级）南池市场开业，南江红四门市场、通江壁州市场、平昌同州市场等专业市场建设速度较快，短期内即投入使用。各地还有一批简易棚盖市场相继投入使用，有效地促进了地方经济的发展。

1994年，全地区市场建设由工商部门独家办市场转变为各部门、个人独资、合股办市场。投资790万元新建各类市场17个、18963平方米，省列重点市场4个。因势利导培育各类专业市场11个，其中当年成交额超过100万元的7个。集贸市场成交额28706万元，占社会商品零售总额的34%，比上年同期增长55.6%。

1996年，在进一步改造巴中南池市场、通江壁州市场等省列重点市场的同时，投资308万元新建、改扩建乡镇集贸市场28个、15000平方米，新增摊位230个。至此全地区以巴中南池市场、通江壁州市场、南江红四门市场、平昌江阳市场为重点，各区、乡（镇）农村集市为辐射点的市场网络基本形成。

1997年，新办各类市场12个、105000平方米。积极培育各类市场，尤其以农副土特产品、畜禽产品专业批发市场发展迅速，全区各类市场达338个，成交额69080万元。同时，对农资、粮油、成品油、金融等专营商品市场进行重点整治，维护了主渠道经营，保护了消费者和农民利益。中共十五大召开后，地区工商局大胆探索市场办、管脱钩的新路子。先后对通江壁州市场和南江红四门市场部分产权进行拍卖，并将拍卖金全部用于偿还建市场贷款。

1999年，支持发展农村集贸市场6个，狠抓运销大户的发展，运销户发展到18222户，纳税2000元以上运销大户发展到6481户。到2000年，全市共建各类市场323个，572883平方米，比建区时的1993年增加176个，面积增加37889平方米。有23个地级文明市场。

二、集市管理

（一）场期

巴中县　清宣统二年（1910年），巴中全县有集市的场镇120个。民国35年（1946年），巴中与平昌分治，平昌设治局，划归平昌56个集镇，巴中所辖集镇63个。各场镇集市赶场日期，交替为农历每月逢“一、四、七”“二、五、八”“三、六、九”日期赶场。1952年，赶场日期为白日场；牲畜市场农历每月逢二、五、八日期赶场。1956年后，时落时起，赶场日期不断改变。1958年，由农历3天一场次，改为公历5天一场次。关闭粮食、耕牛、生猪市场。1969年后，由5天一次，改为逢“一、十”，统一10天一场期。1972年，改为全县星期日，统一7天一场次。1974年，由星期日7天统一场次，改为各场镇市场交错5天一场次。1976年，又由交错五天一场次，改为星期日7天统一场期。1978年，又恢复各场镇交错5天一场次。全面恢复粮食、耕牛、生猪市场。1981年，恢复按历史习惯交错3天一场次。全县集贸市场繁荣、稳定。到1984年，全县有集市的场镇89个。

通江县　清道光年间县属场镇有62个，民国前期县属场镇有64个，民国后期县属场镇有72个。1978—1985年县属12区76个场镇，另县城诺江镇为白日场，其余各场镇集市赶场日期交替为农历每月逢“一、四、七”“二、五、八”“三、六、九”“四、七、十”日赶场。

平昌县　民国35年（1946年），平昌分治，全境21乡，辖56个赶场集镇。各场镇交错为农历每月逢“一、四、七”“二、五、八”“三、六、九”“四、七、十”日赶场。中华人民共和国成立初，平昌全县设8区、49乡，沿袭历史习惯赶场集镇和赶场日期，全县集贸市场迅速恢复，不断发展，日趋活跃。1958—1981年，全县集市贸易，时而兴旺，时而衰退，有的甚至关闭，赶场日期不断改变。1958年10月，全县由历来农历各场镇交错3天赶一场次，改为公历每月逢十、二十、三十，统一10天赶一场次。1962年，又由10天赶一场改为每逢星期日统一7天赶一场次。1966年，由逢星期日赶场，改为每月逢一、六日期，统一5天赶一场次。1973年，又恢复每逢星期日统一赶场日期。1979年，由逢星期日赶场，改为各场镇交错5天赶一场次。1981年，全县恢复历史习惯公历各场镇交错3天赶一场次。1981年至2000年，全县场期稳定，有赶场集镇59个。

南江县 1950年前，南江县内有固定赶场日期的集镇51个。赶场日期，各场镇交错每月农历逢“一、四、七”“二、五、八”“三、六、九”日期赶场。1950年后，行政区域的调整变动，复兴等场镇划规巴中县辖，九龙、青龙、木门等场镇划规旺苍县辖。南江县内有赶场的集镇38个。赶场日期，沿袭历史习惯3天赶一场次。1958年，大跃进，人民公社，粮食、牲畜等大部分市场关闭。赶场日期由各场镇交错农历3天赶一场，改为公历每月逢一、六日期，统一5天赶一场。1962年，经过调整，集市贸易复兴，恢复各场镇交错公历3天赶一场。全县恢复赶场的集镇36个。“文化大革命”期间，赶场日期由各场镇交错3天赶一场，改为每月逢一、六日期，5天统一赶一场。后又改为每逢星期日统一7天赶一场。其集市贸易兴衰与巴中、平昌、通江集市起落相一致。1978年，恢复固定赶场日期，各场镇交错3天赶一场次。1981年，集市恢复发展到52个。1982年至2000年，场期稳定，赶场的集镇发展到59个。

（二）市场交易管理

民国时期，由政府建立专门的机构管理市场交易和收费。民国34年（1945年），巴中县国民政府设立公营市场，制定了管理办法。通江、南江县和平昌设治局由当地商会管理市场交易和收费。国家对社会商品流通活动进行管理和监督，保护合法经营，制止非法活动，打击投机倒把，管理市场物价，促进商品流通。

1950年至1952年，各县为建立集市贸易新秩序，确定市场管理，以检查物价、调剂供求，打击投机奸商、协助税征、保证市场供应为重点。在市场交易中，严格制止抢、套购、抬价压价等非法活动。实行公买公卖，老少无欺。对市场使用的度量衡器具进行严格检验。禁止场外交易对上市商品分类划地段交易。改“经纪”为“交易员”。

1953年，国家对粮食、油料、棉花实行统购，禁止私营工商业自由收购、经营，打击违反统购统销政策的违法活动。1956年，肥猪、茶叶、银耳、黑木耳、棕片、生漆、重要中草药材等主要农副产品实行派购，由国营供销合作社购销。完成国家统、派购任务后的多余产品，可以售给供销合作社，也可以以国家牌价为指导，允许进入市场自由交易。耕牛指定县供销合作社生产资料经营部和区供销社组织，进行地区间的余缺调剂，不准自由买卖。集市贸易受限制，境内各县粮食、牲畜市场关闭，部分区、乡场镇集贸市场也自行倒闭。

1957年，国家对农副产品划分为三类管理。一类有粮、棉、油（包括油脂、油料）3种，实行统购统销；二类有生猪、茶叶、桐籽、棬籽、重要中药材等51种，实行派购，加强管理；三类不属于一、二类的产品，国家不经营放开的家禽、幼畜、蔬菜、柴、草等小宗农副产品、小手工业产品，小杂货等，允许上市自由交易。完成统、派购任务后的一、二类物资也允许进入市场调剂。对上市交易物资的管理，实行自由议价，既允许农民正当贸易，又要限制业商性贩运。集市贸易又开始复苏，平昌全县年集市贸易成交总额为1440万元，南江全县农民对非农业居民出售的商品年零售总额达246万元。1958年，实行“大跃进”，人民公社化，自留地、家庭副业被取消，农副产品实行统一分配，集体交换，集市贸易冷落，市场管理机构、人员削减。

1962年，贯彻执行国民经济“调整、巩固、充实、提高”的方针，恢复自留地、家庭副业，开放发展集贸市场，恢复历史习惯赶场日期，集市贸易又复兴。市场管理机构、人员逐步充实。对市场的管理，坚持“管而不死、活而不乱”的原则，打击制止投机违章违法行为。1961年，通江县全县61个场镇集贸市场的恢复，年集市贸易成交总额达365万元，占社会商品零售总额的24.8%。1962年，平昌全县57个场镇集市贸易成交总额达811万元。巴中、南江县经过试点，不断总结，全面恢复了区、乡集贸市场，日趋繁荣活跃。

从1966年开始，集市贸易受到强烈冲击。把自留地、家庭副业、集市贸易当做“资本主义尾巴”、产生“资本主义的条件和土壤”进行批判、砍杀。进行地区封锁，严格限制上市产品、交易活动。集贸市场关、停频繁，赶场日期改变频繁。政府市场管理机构工作瘫痪。

1980年前后，境内各县先后恢复历史习惯赶场日期。各县恢复发展粮食、禽蛋、蔬菜、水果、生猪、耕牛、柴草、竹木、日杂、工业品、百货、花鸟等集贸市场。国务院《城乡集市贸易管理办法》贯彻实施后，开放搞活集市贸易，取消一切不合理的规定和限制，大力疏通渠道，鼓励发展长、短途贩运，引缺泄余。对集市贸易的管理，坚持“管而不死、活而有序”的原则，管理与服务相结合。打击制止欺行霸市、黑市交易、短斤少秤等违章违法活动。各场镇集贸市场设公平秤、尺、服务台、商品寄存室，增设货摊、货架，牛市设牛棚草栈等服务设施，多渠道集资，多种形式修建扩建集贸市场，为商品交换提供良好的交易环境。

1985年后，经济体制改革，计划经济缩小，市场调节扩大，实行多渠道、多结构、多层次、多种价格的商品交换形式。冲破了集市贸易只是调剂余缺、互通有无的场所，而成为工农业生产和城乡人民生活不可缺少的主要流通渠道。市场管理领域也不断拓宽，由单一管理集贸市场，转变到管理社会主义统一大市场。

1991年，集市贸易管理坚持“放而有度、管而有法，活而有序”的原则，不断提高市场管理的组织化程度和规范管理水平。强化市场监督管理，打击假冒伪劣商品，扫黄打非，打击走私贩私和扰乱市场经济秩序的违法活动。整顿农资、粮油、棉花、蚕茧、石油、医药、文化等市场，规范市场经营行为；不断培育、完善市场机制，完善管理规范，完善服务设施，使辖区各县城乡市场健康有序地发展。

1993年10月后，全方位开放集贸市场。除少数计划管理物资和实行专营的商品外，所有放开的农副产品、日用工业品、工矿产品和生产资料，都允许多渠道经营。巴中地委、行署要求，放手搞活流通，在流通领域要形成多种经济成分、多种经营渠道、多种经营方式的新格局。打破国营商业独家经营，克服片面强调主渠道经营，打破地区封锁、部门分割和行业垄断，不准擅自设关卡，严格制止市场“三乱”（乱检查、乱收费、乱罚款），大力发展中介组织和经纪人队伍，鼓励支持竞争，加速经济活动商品化、市场化、竞争化进程。采取“先放开后完善，先搞活后规范，先予之后取之”的措施，加快各类专业市场的发展，为企业、农业定向市场提供“舞台”。对市场培育发展，因势利导，逐步建立起一个多种类、多形式、多层次、多功能的集市贸易网络。

到2000年，全市集市贸易成交总额达9.32亿元，比建地区时的1993年增长4.4倍。粮食、副食、日用工业品、矿产品、牲畜、农副产品等专业和批发市场蓬勃发展。农资、汽车、运输、钢材、石油、建筑建材、房地产、文化、劳务、信息、科技等生产资料和生产要素市场也有较大发展。

三、市场监督

（一）市场登记与年检

20世纪50年代起，各级工商部门把市场开办登记作为规范管理，促进商品流通的一项重要工作来抓。到1994年4月底，全地区全面完成商品交易市场登记工作，登记各类市场153个，其中工商部门办149个、乡村办1个、联办1个，其他办2个。在做好市场登记工作的同时，按照分级登记、分级年检的原则，加强市场年检。其中1999年1月10日至4月20日，对全区1998年度已登记管理的各类市场进行了重点年检。年检结果，全区共有各类市场314个（包括沿街、沿路为市），比上年度减少24个，占7.6%。经工商行政管理部门登记的245个，已年检245个，占应年检的100%，其中停办注销2个。全区314个市场中，生产资料市场2个，消费品市场312个，其中综合市场257

个，农副产品市场 24 个，工业品市场 31 个；参与市场内经营的国有企业 1328 户，集体企业 2905 户，个体私营业主 30476 户，年成交额 83553 万元，比上年增长 24.5%。

（二）市场清理整顿

粮食市场整顿 1998 年，全区各级工商行政管理部门按照“管住收购，规范批发，搞活零售”的原则，强化宣传，优化粮食市场管理环境；清理整顿，规范粮食市场经营秩序；抓住工作难点，加强日常监督管理；加大查处力度，打击违法经营。1999 年至 2000 年，地、县（市）工商局建立粮食市场巡查队，各工商所建立巡查组，全区配备巡查人员 319 人。各巡查队（组）节假日不休息，昼夜值班，尤其是对公路沿线、重点码头、乡（镇）市场进行巡查，对非法收购粮食的行为进行有力的监管。

成品油市场整顿 1994 年 8 月，巴中地区工商局配合经贸委等部门开始对全区成品油市场进行整顿。全区审查合格发证的成品油经营企业 127 户，比整顿前的 505 户减少 378 户，其中批发企业 5 户，比整顿前的 16 户减少 11 户。审查合格的零售网点 437 个，比整顿前的 814 个减少 377 个。对 55 家药品经销和医疗机构进行自查和抽查。抽查药品生产企业、药品经销企业 27 个，医疗机构 21 个。查出有收受回扣的单位 9 个，回扣金额 5.89 万元，回扣违法行为涉及交易额 128 万元。经工商部门处理的回扣案件 7 起、罚没款 2.8 万元。

市场综合整顿 1993 年起，地、县（市）工商部门采取经常检查与突击检查相结合，综合检查与专项检查相结合的办法，利用元旦、春节、五一、国庆节期间大抓市场检查，整顿市场秩序，查处市场违法活动。1993 年查处市场违章违法行为 3846 起，罚没金额 36788 元，取缔市场违法活动 586 起，受理消费者投诉案 1803 件，评选“无假冒伪劣”商品店（门市）16 个。1994 年，狠抓粮油、农贸、成品油、食盐、生猪、蚕茧、医药等市场整顿，查处非法经营 5768 件，罚没金额 8.62 万元。

1998 年，立足“四打”，切实维护市场经济秩序。一打不法粮商。全区工商部门坚持“管住收购。规范批发、搞活零售”原则，在全区范围内开展了打击不法粮商，维护粮食收购秩序的专项斗争/普查粮食收储、批发企业 186 户。个体粮食经营户 1474 户，查处粮食违章违法案件 401 件，没收粮食 30 万公斤、查处违法经营粮食 81 万公斤。二打走私贩。围绕走私汽车、照相机、香烟等重点商品进行广泛宣传，全面检查，专项打击。三打制假售假。年内开展以粮、棉、油成品油、农资、蚕茧、药品、食盐等重要商品为重点的专项整治工作，共捣毁制假窝点 18 个，查处假、劣种子 37.5 吨，化肥 189.5 吨，香烟 1700 多条，药品 1 万余瓶（盒），非法出版物 0.17 万册，过期食品 3500 多公斤。四打违法经营。在全地区范围内进行证照清查，查处无证照经营行为，共补发证照 767 户，补税费 30 多万元。

1999 年，认真落实市场巡查制，进一步规范交易主体行为。在巡查中查处市场违章违法案件 4320 件；以建立文明小集镇和城市创卫为重点，开展了集市、摊点、卫生的专项整治和规范化管理。广泛开展政策宣传，印发资料 19600 份，办专栏 368 处，利用电视、广播宣传 998 次，出动宣传车 209 台次、1860 余人次，深入 281 个企业和 840 户个体粮食加工户宣传政策，帮助建章立制，监控粮源；建立粮食巡查队（组）64 个、配备巡查队员 319 人，巡查非法收购、运销粮食 719 起，查堵粮食 2788 吨。

2000 年，投资 26 万元，整改消除市场事故安全隐患 159 处。对全市 323 个集贸市场进行了登记，年检 313 个，集市贸易成交额达 93241 万元，比上年上升 21.47%。在粮食市场专项整治中，清理各类粮食经营、加工、网点 2976 户，取缔无照经营 63 户，对全市 1100 户用粮企业和粮食加工大户建立了台账。清理整顿歌舞厅、电子游戏厅、美容按摩厅等 992 户，取缔不合格经营户 67 户。共查处各类违法违章案件 726 件，其中立案查处 131 件。在“红盾百日”执法行动中共立案查处各类案件

75 件。

（三）市场执法

20 世纪 50 年代起，境内四县工商行政管理部门按照各级党委、政府的要求，坚持以法律为准绳，依法开展市场执法检查。1994 年，以宣传法律法规为重点，培训企业法人代表 906 人，工商干部 612 人次。结合“二五”普法广泛宣传法律法规，各类市场主体法制观念普遍增强。进行案件评查和执法检查，受理复议案 3 件。年内，按照国家局和省局的统一部署，有效地开展了 4 次专项治理，对农资、种子、饮料、药品、猪肉、蚕茧、棉花等市场进行了综合整治，共查处假冒伪劣商品案件 63 件，违法经营化肥 6664 吨，农药 3.2 吨，农膜 4.5 吨，种子 508 吨，劣质、变质饮料、食品、糕点等 5.3 吨。1996 年，先后健全了对企业登记后的动态管理和回访制度，对 94 户违反企业登记法规、不按期年检、隐瞒企业实际情况的企业进行处罚，依法注销 2473 家企业。配合“打黄扫非”，清理不良文化现象，对 40 件冠有不良文化名称的厅、店、条幅广告等进行限期整改。全区共查处粮油、蚕茧、成品油、化肥等重要商品市场中各类违法案件 352 起，取缔违法经营网点 83 个。1997 年，开展执法交叉检查，认真进行案件审核和复议，减少行政诉讼案件发生。年内，严格按照《中华人民共和国公司法》等法律法规依法登记，强化年检，把住了市场准入关。

1999 年，抓住企业年检的契机，清理“三无”企业 265 户，清理无照、无证企业 524 户。组织执法人员对经营易爆物品的企业、个体户进行专项清理，检查企业、门市、摊点 456 个，查处违法生产经营案件 56 件，取缔违法生产经营 53 户；配合相关部门关闭、封炸小煤井 63 口。查扣违法经销卫星地面接收设施 87 件（套）、查处贩黄案 5 件、查处违法经销药品案 2 件、查处违法经销粮食案 109 件，没收粮食 168300 公斤。重拳出击，展开“红盾百日执法行动”。年底，共出动执法人员 2300 人次，共检查门市摊点 2 万余个，查封涉嫌不合格化肥 135 吨，农膜 4 吨，假种子 21.3 万公斤，假农药 460 瓶，假洗衣粉 630 件、假冒“战斗”肥皂 223 件，病死猪肉制作腌腊制品 3800 公斤，假冒名牌床垫 28 件，劣质糖果 5000 公斤，扣留电脑 17 台，盗版色情光盘 5300 余张，非法印刷品 2.2 万余张，冒牌商标标志 2100 余套。

第三节　企业注册登记与管理

一、企业登记

1951 年，境内各县开始对工商企业进行登记管理。凡从事工商业生产，经营开业、变更的，必须在县政府工商科办理登记，核发营业执照，承认其生产、经营合法权，受国家法律保护。1953 年下半年，开始对城乡私营工商业进行普查登记和行业调整。1955 年到 1956 年，对私营工商业进行社会主义改造。私营工商业改变成公私合营企业、个体工商业户、工业、手工业、运输业等，组成合作商店、组、厂、社。1957 年，对工商企业进行清理登记发照。1958 年，实行“大跃进”、人民公社后，工商企业登记管理工作停顿。

1962 年，根据国务院颁发的《工商企业登记管理试行办法》，开始对国营、地方国营、公私合营、合作社营和个体工商户进行清理整顿和全面登记。重新划分经营范围，调整网点布局，取缔无照经营。1964 年，对工商企业进行清理整顿登记。各县成立工商企业清理整顿登记领导小组，先行试点后全面展开，重新核发营业执照。1965 年，开展工商企业复查换照。1966 年，“文化大革命”开始以后，工商企业登记管理工作停滞。企业的开、停、并、转失去了控制，市场经济秩序混乱。

1978年中共十一届三中全会后，国家先后发布《工商企业登记管理条例》《中华人民共和国公司法》《中华人民共和国中外合资企业法》《中华人民共和国外资企业法》《公司登记管理条例》《企业法人登记管理条例》《企业法人年检办法》等一系列法律、法规和规范性文件。明确规定了工商企业登记的范围、事项和登记核准后依法享有的权利，必须承担的义务和责任；明确规定了工商行政管理机关在企业登记管理工作中的职权范围、遵循的原则和程序，明确规定了违反企业登记管理规定的罚则。1980年，开展工商企业普查登记，逐步建立“经济户口”。随着“对外开放，对内搞活”和“富民”政策的深入贯彻实施，1981年以后，各类工商企业有了较快、较大地发展。为理顺经营秩序，规范企业的开办和生产经营行为，1985年前后，开展了清理党政机关、党政干部经商办企业和清理整顿公司企业，换发全国统一“营业执照”等工作，进一步促进了企业健康发展。

1993年9月以后，巴中地区工商行政管理局在企业登记中，立足于服务巴中经济建设，尽力为发展搞活企业多办实事。进一步建立健全完善登记管理规范化、程序化制度，实行登记管理审批程序公开。改革登记注册前置审批制度，按照国家产业政策和“国家调节市场、市场引导企业”的运行机制，搞好宏观调控，把好产业结构关；按照《中华人民共和国公司法》和企业登记管理有关法规规定，严把市场主体准入关，使登记注册企业达到设立条件完备，登记手续齐全，注册资金准确到位的规范要求。

二、管理与监督

（一）改革审批程序

1995年，巴中地区工商局认真贯彻落实《中华人民共和国公司法》和《公司登记管理条例》，按照经济体制改革总的目标要求，结合新建地区企业发展的实际，采取了5条特殊的政策和措施，鼓励和支持企业面向市场，参与市场竞争。简化登记程序，将原来注册登记的5个程序减为2个，即“一审一核”制，将法定的30天内受理核准缩短为10天。允许急事急办，特事办。认真做好企业登记注册前的咨询服务、登记中的代办服务和登记后的回访服务。推行名称预先准核制，避免多个组建人使用同一名标，影响登记时效。精简企业登记注册的前置条件。

1996年，改革企业登记管理制度，规范登记程序。各地将登记注册应提交的文件、证件和章程，须载明的事项翻印悬挂，将规范的登记资料范本公开在办事场所，将注册程序制成图表方便咨询办照人，改以前受理、调查、核准、发照、公告五个程序为一审一核两个程序并限其在10天内核准发照。

1997年以后，坚持从服务地方经济建设的大局出发，在不违背登记管理法律法规的前提下，争取“特事特办、急事急办、难事试办、好事多办”的特殊措施，及时办理企业登记注册。

2000年，在改革前置审批办法中，对法律法规规定的前置审批项目继续贯彻执行，对省级各部门颁发的文件和对省以下各级颁发的各项前置审批项目，一律不作为企业登记注册的前置条件。及时为外来投资企业和改制企业办理登记注册手续，办理外来投资企业登记33户，改制企业25户。尽力缩短办照时间，提高办事效率，企业办照时间不得超过7天。新登记注册内资企业415户，外商投资企业3户，吸引外资182万美元，累计发展外资企业6户，依法注销企业1126户，依法吊销74户。累计登记内资企业9318户，其中，法人企业1516户，有限公司193户，股份有限公司1户。国有企业3229户，集体企业5598户，联营企业15户，股份合作企业49户。新发展个体户8866户，私营企业134户。个体户累计达到100590户，私营企业608户，从业20.7万人。

（二）年检与清理整顿

从1993年起，巴中地区工商局坚持一年一度的检审工作。当年，应参加年检的企业3370户，实际检审3320户，其中，法人企业1661户，不具备法人资格的独营企业1659户，年检面达98.6%。

通过年检，变更登记事项的1766户，其中，注册资金增加20%以上的企业71户，减少20%以下的企业123户；全地区企业注册资本额达124476万元。注册资金到位率达103.9%，变更法定代表人和负责人的185户；变更经营地址或住所的企业22户；经济性质改变的10户，因经营不善已停歇业、办理注销登记的98户；发生经营性亏损企业86户，亏损额为5848.85万元；清理出党政机关接受挂靠企业27户，金融机构兴办非金融企业11户；年检中支持企业改、转、租、包、卖和划小核算单位的企业124户，全地区出卖企业6户，回收资金90多万元。

1998年，各级工商部门把规范登记管理、查处无照经营作为工作的重中之重，纳入目标考核。地、县（市）领导分片包干，中层干部具体抓落实，工商所干部实行分段定任务，定职责、定奖惩，确保1999年4月底全面完成个体工商户验照贴花和私营企业年检工作。在验照贴花和私营企业年检过程中，坚持“五个结合”：即验照与宣传政策法规相结合，验换照与监督管理、规范市场主体行业相结合，验照与取缔无证经营相结合，验照、年检与发展个体私营经济相结合。地区工商局及时纠正和查处与《中华人民共和国公司法》相违的人和事，大力整治市场秩序，查出改变登记事项企业310户次并督促办理了变更登记，清理“三无”企业13户，并依法予以注销，查处违反登记管理法规行为94起，处罚款1.4万元。通过定期检查制度实施，查出有12户公司的董事长和副董事长由管干部门任命，有26户公司的股东属拉郎 配，有7户公司未开展经营活动，有56家公司注册资本未到位。

1999年，对逾期不参加年检的204户企业吊销营业执照，其中吊销地级企业执照18户。外资企业年检率达100%，对整治不合格的1户外资企业拟报请省局吊销营业执照。个体工商户验照贴花率达99.26%，私营企业年检率100%，依法注销个体工商户3925户，私营企业21户。按照省局部署开展了清理取缔无照经营的专项整治。共出动工商干部1890人次，个协干部3100余人次，对85个乡（镇）进行了“拉网式”普查，共清理无照经营2203户，对符合条件的补办营业执照1230户，处罚853户，批评教育260户，查处面达98%。

第四节 经济合同管理

一、签订鉴证

民国时期，实行经济合同的有工商、运输、加工、租佃、典当、买卖土地、房产等，统称“契约”“合约”，也称“合同”。虽无专设管理机构，但深受世俗遵从。它既是签约双方恪守的准则，又是排解纠纷的依据。

1950年开始实行经济合同，按照产品规格、数量、质量、价格、交货时间、地点、结算方式等主要内容签订各类经济合同。各县人民政府工商科是合同管理机关。专业公司对于较大的收购、加工、订货等，无论公与公还是公与私之间，大都签订合同。国营公司、财政部门与私营工商业都签订合同，要求公平合理、公私兼顾。1953年以后，开始实行计划经济，合同失去作用，停止办理合同工作。1979年，贯彻执行“改革、开放、搞活”方针，合同再度兴起。1981年12月，《中华人民共和国经济合同法》颁布后，全面实行合同制。工商行政管理机关对合同的管理，主要是实行鉴证备案、监督检查，对合同纠纷的调解仲裁，确认无效合同，查处违法合同，推行统一的合同示范文本，帮助指导有经济合往来的企事业单位落实合同管理组织机构，管理人员和制度，开展“重合同、守信用”活动。1993年9月，《中华人民共和国经济合同法》修改后，合同纠纷实行民间仲裁。工商行政管理机关只对一般合同纠纷的调解，不再承担仲裁任务，各县经济合同仲裁机构撤销。工商行政管理机关对合同的管理，增加了对动产抵押物的登记，加强对欺诈违法合同的查处。地区工商局号召各级工商部门，向群众广泛宣传新经济合同法。

1993—2000 年，工商部门重点突出合同鉴证和备案管理。在鉴证中工商部门认真指导企业正确的签订合同，对容易引起的混淆和引发纠纷的词句仔细推敲，把合同鉴证与合同解忧工程结合起来，与宣传合同法律、法规结合起来。2000 年，在鉴证的 5767 份合同中，建议当事人修改的有 87 份。通过合同鉴证指导企业正确的签订与履行合同，当年为企业挽回损失 60 多万元。

二、监督检查

1993 年，通过检查，经工商行政管理部门确认无效合同 98 件，为企业挽回损失 888 万元。1994 年，各县（市）工商行政管理部门组织人员，对各企业的履约情况进行了检查，共检查各类经济合同 102243 件，金额 104683 万元。其中实际履行合同 48279 份，履行率达 46%。通过检查，对履行好的企业予以表彰，对履行差的企业提出了改进措施和具体要求。

1996 年，全地区工商行政管理系统从 5 月下旬开始集中两个月时间，对全区有合同往来的企业进行普遍检查。采取一看、二听、三查的办法，共检查企业 878 家，通过检查督促各企业建立健全合同管理规章制度，强化自我约束机制。通过检查、宣传有关法律法规，促使依法签订、依法履行，并针对合同管理中的实际情况，提出了改进措施，为使企业经济合同步入法制化、规范化管理轨道起到了积极的促进作用。新的《中华人民共和国经济合同法》修改出台后，对合同纠纷实行协议仲裁制度，而双方当事人往往难以达成仲裁协议的，各级工商部门仍然把它列为自己的办事议程之一。

1993—2000 年，各级工商部门每年都要接受一些合同纠纷案件，为企业或当事人挽回经济损失。其中，1994 年，各级工商部门严格执行仲裁协议制度，依法受理，依法仲裁，有效地维护了合同当事人的合法权益。1996 年，全区共查处各类违法合同行为 67 件，违法金额 1100 万元，其中建筑合同 48 件，违法金额 830 万元，对严重扰乱社会经济秩序的违法行为，给予严厉打击。1997 年，以清理整顿建筑市场为契机，查处违法虚假合同 30 件，为企业挽回损失 108 万元。1999 年，行政调解合同纠纷 18 件，涉及争议金额 876 万元，结案率 100%。查处欺诈等违法合同 52 件，结案 50 件，结案率 96%，罚没款 6.8 万元。2000 年，重点查处建设工程承包合同、买卖合同、保险合同、供水、电、气合同中的违法违规行为，立案查处违法合同案 35 件，结案 33 件。

三、动产抵押

1993 年后，工商行政管理机关对合同的管理增加地对动产抵押物的登记，加强对欺诈违法合同的查处。1996 年，地区工商局对各县（市）分管合同的局长和合同科（股）长进行培训，学习《中华人民共和国担保法》《企业动产抵押物登记管理办法》以及具体操作程序。由地区工商局分管领导、科长，带领各县（市）分管局长、合同股（科）长，到南充、广元、达川学习取经。同时，各县市积极宣传、印发了宣传资料 3000 多份，主动向当地党委、政府汇报，争取领导重视，积极召开部门协调会，争取部门配合。

1999 年，全地区办理动产抵押登记 62 件，主债权金额 23080 万元，合格率 100%。2000 年，认真贯彻《中华人民共和国担保法》和《企业动产抵押物登记管理办法》，开展企业抵押物登记工作，每件登记都到现场实地勘验，在登记后，经常深入企业了解生产经营状况，了解资金的使用和还贷情况，使企业与银行都能自觉地履行自己的义务，行使自己的权利，年内办理抵押物登记 58 件，抵押物价值 17600 万元。

四、“重合同、守信用”活动

1993 年前，境内四县有“重合同守信用单位”256 个，其中省级 15 个，地级 37 个，县级 204 个。1993 年建区后，地、县（市）工商部门深入企业，协助企业争创“重合同、守信用”单位，提高企业管理合同的自律能力。坚持不定比例，不搞照顾，不定指标，不搞平衡的“四不原则”，合格一个命名一个，年年复查，不能保持荣誉称号者坚决撤销，保证命名质量。1993 年，全地区共命名“重合同、守信用”企业 252 户，其中省级 13 户，地级 67 户，县级 182 户，撤销 20 个。对个别经济合同管理差，经济损失较大的企业公开点名批评，有力调动企业参加“重合同、守信用”活动的积极性。全地区申请申报“重合同、守信用”企业占经济合同往来企业数的 30% 以上。同时在开展“重合同、守信用”活动的基础上，各县市局开展了评选优秀合同管理厂长（经理），优秀管理员，采购供销员活动。全地区评出 1993 年优秀合同管理厂（经理）135 人，优秀合同管理员 58 人，优秀采购员 34 人。

1996 年全地区省、地、县级“重合同、守信用”企业进行全面复查，根据《四川省重合同守信用企业考核办法》的规定，结合复查的实际情况，巴中市（县级）染织总厂、南江县植物油厂、平昌县轴承厂、通江县第二建筑工程公司等 94 户企业保留地级“重合同、守信用”企业荣誉称号；撤销巴中市（县级）鼎山金属制品厂、平昌县镇龙区供销合作社、通江县广纳区粮油管理站等 3 户地级“重合同、守信用”企业荣誉称号。同时，在 100 家企业申报地级“重合同、守信用”企业中，通过层层把关，严格审查、验收，有 79 家企业符合“重合同、守信用”企业标准。四川巴中国家粮食储备库、巴中市渔溪供销合作社、南江县农业生产资料公司、通江县水泥厂、平昌县磷肥厂等 79 家企业被地区工商行政管理局命名为 1996 年度“重合同、守信用”企业。

1999 年，加强合同管理，增强企业的合同自律意识，规范企业的合同行为，进一步防范合同欺诈和违法合同，促进“重合同、守信用”活动更加广泛深入地开展。成立“四川省巴中地区重合同、守信用企业协会”；评选命名“重合同、守信用”企业 172 户，其中省级 39 户，地级 61 户，县级 72 户。

2000 年在加大宣传力度增强服务功能的基础上，严格“重合同、守信用”标准和要求，做到不搞照顾，宁缺毋滥，所推荐、评审、命名的 172 户省、市、县级“重合同、守信用”企业都是合同管理较好、信誉高、经济效益较好的企业。撤销 8 家不合要求的“重合同、守信用”企业。复查命名“重合同、守信用”企业 172 家，其中省级 36 户，市级 62 户，县级 74 户。

第五节　商标管理

一、商标注册

民国时期，境内四县没有取得注册商标的产品。1965 年，随着地方工业的发展，巴中县罐头厂生产的红烧全蹄等猪肉罐头，报经国家工商总局批准，首先取得“巴山”牌注册商标。

1982 年 8 月，国家颁布《中华人民共和国商标法》（以下简称《商标法》），对商标注册审批权限、程序作了明确规定。地方工商行政管理局对申请商标注册的核转和印制、使用监督管理，促进生产者保证和提高商品质量，维护商标信誉；查处侵权、假冒违法商标，保护商标专用权。

巴中地区成立后，全地区各级工商管理部门宣传贯彻执行《商标法》，并集中人力、集中时间对商标印制使用进行全面检查整顿，积极帮助企业创名优产品。至2000年，全地区累计发展注册商标326件，其中，1993年申请商标注册14件，核准21件，续展注册商标6件，办理注册商标转让5件。1994年，新注册商标6件，续展11件。全区累计注册商标277件。申请“马德里”国际注册商标1件，填补了区内国际商标申请注册的空白。1995年，申请注册商标33件，累计有效注册商标286件。1996年，新注册各类商标4件，续展商标23件，全区累计有效注册商标252件。1997年，商标健康发展，企业包装意识明显增强，全区累计注册商标204件，当年申请注册各类商标25件。1998年，申请注册商标19件，核准商标15件，有效商标206件。1999年，加强对商标的管理，全区有效注册商标206件，验证商标202件，依法办理商标注册19件，续展7件。2000年，申请注册商标22件，比上年增长13.8%，有效商标达202件。

二、商标法规宣传

1993年，地区工商局印发有关宣传资料500多份，并对商标验证工作的具体操作进行规范性的指导。1994年，针对山区一些企业商标意识差，不会使用和保护商标这一知识产权的现状，联系实际，利用有线电视、广播、报刊、墙报、标语、专栏等形式大造声势，掀起学习宣传《商标法》的热潮，先后印发商标法规汇编1.5万余册，召开企业负责人座谈会300余人次，为全区商标工作的开展打基础。

1997年，针对大部分企业商标意识较淡漠，企业效益差，产品销路不好，商标使用率低，导致不注意商标的使用和管理，各级工商部门深入企业，对《商标法》进行了大张旗鼓的宣传，以提高人们对商品使用的认识，自觉维护知识产权。1998年，以《商标法》颁布实施十五周年为契机，掀起商标法律法规学习宣传新高潮。各县（市）因地制宜办专栏、电视专题讲座8次，举办商标使用企业和印制企业负责人学习会，参会人员500余人，印发宣传资料10000份，结合商标验证工作，规范商标使用，为24户企业建立和完善管理制度100多条。

2000年，利用商标印制、企业检查、知名商标推荐、企业年检和“3·15”宣传活动等，印发宣传资料3000份；召开商标使用企业负责人学习会，参会人员200余人，办专栏、板报3期，通过报纸、简报宣传200条次。通过各地行之有效宣传和不懈工作，全市申请商标22件，比上年商标申请量增长13.8%，有效商标达202件。

三、创名牌商标

1991年，推荐“江口醇”“神雾”“牡丹醉”参加国际酒类及饮料质量评选，分别获国际金、银、铜奖。1992年7月，推荐平昌县食品公司、糖酒集团公司等8个企业参加全省巴蜀食品节著名商标评选，“江口醇”白酒，“川平”植物油获得金奖，“小宁杯”酒获中国酒文化金奖，古马特醋获得银奖，“露漫斯”银耳饮料获得优秀奖，“江口醇”、“爱立得”酒获“中华国产精品”称号。

1994年，地区工商局把指导企业争创名牌商标作为自己的重要职责，要求各级工商部门对每件商标逐一分析，选择本地区企业规模大、效益好、能适应消费需求的产品为突破口，鼓励企业创自己的名牌。平昌县、巴中市（县级）工商局于年初帮助本地企业制订商标发展战略，收到明显成效。“江口醇”“小角楼”酒，“巴州”牌挂面和“龙头”牌精米，“晶莹”维C饮料等分别荣获省政府新产品博览会金、银奖。

1997年，根据国家工商行政管理总局有关商标管理规定，在进行大量市场调查的基础上，巴中地区行署批准，平昌县墨水厂“飞虎”牌墨水，巴中市（县级）粮油食品加工厂“含笑”牌粉条、粉丝、淀粉、豆制品，平昌县酒厂“江口”牌酒，平昌县食品厂“小角楼”牌酒，通江县火天岗种畜场“火天岗”牌茶叶，巴中市（县级）米面厂“巴州”牌挂面，平昌县复合肥厂“天源”牌复合肥等7个商标被认定为巴中地区首届知名商标。

2000年，有针对性地选择地方特色产品的企业进行重点指导、服务，引导它们科学制定适合自身的商标战略，开展以商标为中心的企业整体形象宣传，培育独特的企业文化，克服商标使用上的短期行为。市工商局以著名商标企业“江口醇酒厂”和“小角楼酒厂”为样板，组织召开全区知名商标使用企业负责人现场会。通过两酒厂内部商标管理规范化、制度化建设和走名牌兴厂之路，推动全区企业商标管理和发展。继1999年著名商标“江口”牌后，增添著名商标“小角楼”牌。完成全市第二届知名商标认定，知名商标达到9件。

四、规范商标印刷

1993年以后，地、县（市）工商部门加强对商标印制企业的监督管理。1994年，全区共有指定商标印制单位15户，其中国有性质7户，集体性质8户。全年印制企业共印制商标93件，约4000万套。加强对商标指定印刷单位的管理，要求他们按照《商标印制管理规定》对承印的商标标志进行审查，并建立印制档案（包括合同、样稿）。工商部门定期对印制企业进行检查，查看印制档案。

1998年，地区工商局把加强商标印制管理、维护印制市场秩序作为有效打击和预防假冒商标行为的重要手段，并把对印制企业的检查作为年内专项治理的重点。全地区各级商标监督管理机关出动人员150余人次，检查企业100余户。为规范商标印制行为，堵塞假冒侵权源头，首先加强《商标印制管理办法》的学习宣传，以增强印制企业业务人员的商标法律意识；并帮助建立和规范商标印制和承接、审查、印制和出入库登记制度；在每半年对商标指定印制企业和非指定印制企业的检查中，查商标注册证与所印样标是否一致，印制委托人所提供资料是否齐全有效合法，出入库登记是否清楚，模具留毁有无完备手续。在检查中对印制制度尚未健全、不规范的如实指出并提出书面整改意见。

2000年，全市共有商标印制企业19家，印制商标标志210万件（套），印制金额35万元。在商标印制企业推行《商标印制单位量化考核管理办法》，进而规范商标印制、销毁、建档、出入库登记制度。凡年度考核60分以下者为不合格单位并取消其印制资格，考核90分以上者予以通报表彰。

五、查处违法商标

1993年，巴中地区工商局坚持“六查”，即：一查“商标注册证”是否齐全，二查使用的商品与注册商标是否一致，三查注册商标的印制管理，四查企业有无自行改变注册人名义、地址和转让商标的行为，五查注册商标续展情况，六查有无应使用而未使用的注册商标的商品的行为。通过商标验证，帮助25户企业完善了内部管理制度。

1994年，各县（市）完成对286件注册商标的验证。在商标验证工作中依法使用商标230件，占验证的80.4%；改变注册人名义、地址、文字、图形或组合的16件；连续三年停止使用的商标29件；擅自许可他人使用注册商标4件。全年查处商标违章违法案件32件，罚款6370元。1995年，着力保护知识产权，查处商标领域里的不正当竞争行为。

2000年，全市多次组织打假保名优专项治理。结合专项清理和“两整顿”工作，共查处假冒“剑南春”的“剑郎春”“剑琦春”酒72瓶，假冒“茅台”酒22瓶，仿冒“文君”的“交君”“夫君”“女君”“丈君”酒115瓶，假冒“绵竹大曲”34瓶，假冒“虎豹”西裤50条、“金利来”80条、“力士”“立白”和“舒肤佳”香皂400个；清理服务商标和驰名商标专用权的专卖、专销点店堂、招牌25件；查处商标违法案件24件，其中一般违法案件10件，没收并销毁商标标志60.49万张（套），处罚款64315元。在两次重大执法活动中，确定重点保护企业、重点保护产业和名品，积极开展反仿冒、保护名优商标、反误导、保护消费者权益、反传销、保稳定行动。主要查处仿冒名酒、“维维”豆奶、“喜之郎”、“立白”洗衣粉、香皂、“南极人”保暖内衣等侵权商标行为，收缴仿冒名酒2070瓶。与企业联手“打假维权”，赴重庆云阳、开县一带查抄制作仿冒“小角楼”酒瓶窝点1处，查扣仿冒酒瓶3000个，半成品10000个，模具100套，案值110万元。在运用商标监管职能，查处假冒侵权商标，保护知识产权时，特别是对南江黄羊、通江银耳、平昌江口醇、小角楼酒等为主的“名牌”“名品”进行重点保护查处违法商标案件24件，端掉侵权商标制假窝点5个，清理专卖店、特约经销点27个。

第六节　广告管理

一、广告宣传

1993—1994年，巴中市（县级）、平昌县工商局有针对性地对巴中罐头厂、巴中市米面厂、平昌县江口醇酒厂和小角楼酒厂拟订广告宣传计划，指导企业加强广告宣传攻势。平昌县江口醇酒厂年投入广告宣传费约100万元，完成销售收入800万元，实现税利170万元，分别占上年的88%和12%。“江口醇”“小角楼”“集州”牌酒，“晶莹”牌维C饮料，“巴州”挂面和“龙头”精米在省博览会上分获金银奖。

1996年，集中组织部分广告主、广告经营单位业务人员和广告专（兼）管员，系统学习《中华人民共和国广告法》（以下简称《广告法》）及特殊商品的广告管理办法。为使学为所用，方便实际操作，采取集中学、会上提、一起议、分别叙的方法开展学习，为配合培训工作，地区工商局汇编《现行广告管理法规汇编》之一、二，共300册。同时结合“3·15”开展打击虚假违法广告活动咨询服务，发放宣传资料4000余份，接受群众咨询500余起，进一步增强广告主、广告经营者和消费者的法制观念。

1998年，各地采取多种形式，利用各类媒介，组织学习《广告法》《户外广告管理办法》《店堂广告管理办法》及药品广告、医疗广告等广告法律法规。全区举办各类培训班6次，参加培训人员200余人，翻印资料2000余份。平昌县工商局宣传有安排、有阵地、有内容，通过多次上门指导，使其涌现出了“江口醇”“飞虎”等著名品牌。

2000年，利用纪念《广告法》实施5周年，在全社会掀起以《广告法》为核心的广告法律法规学习宣传热潮。市工商局翻印《广告法》《户外广告登记管理规定》和《店堂广告管理暂行办法》等宣传资料近2万份发至企业和消费者。各分局因地制宜召开广告经营单位座谈会，利用“3·15”上街传授辨别虚假广告，接待广告咨询600多人次，开展电视讲座，办理专栏专刊73期次，出动宣传车17辆次。为检验宣传活动是否深入有效，举办由广告监管干部和广告经营单位共同参与的全市“小角楼”杯广告知识竞赛，为广告业健康发展创造良好氛围。

二、广告业务发展

20世纪50年代，境内商品经济发展缓慢，对广告的作用和广告事业也没有引起足够重视。

1982年6月2日，国务院颁发《广告管理暂行条例》后，境内各县广告事业不断发展，广告管理工作进一步加强。到1989年，境内共有广告经营单位17户，从业654人，当年营业额358.4万元。广告种类和形式，由开初的电影放映、幻灯宣传和经营，发展到电视、电台、报刊等新闻媒体经营、宣传及开办广告张贴专栏、开设路牌、灯箱、霓虹灯、橱窗等广告。

1994 年 10 月，全地区共有广告经营单位 31 家，从业人员 194 人，年营业额 59.8 万元。其中，国有性质 9 户，集体性质 20 户。按广告经营形式分，10 月份开业的广告公司 1 户、报社（兼营）1 户、兼营广告业务的电视台和有线广播分别为 4 户和 19 户，户外广告 365 处、4870 平方米，张贴广告 18600 份，横幅广告 248 处，空飘广告 24 处，广告栏 98 处、1200 平方米。

1996 年，各级广告监督管理部门采取多种形式，利用多种媒介，扩大企业知名度，指导运用广告战略实施营销，深入广告经营单位协助建立广告业务登记审查制度、合同制度、存档制度、送样备案制度、报表及收费备案制度和法规学习制度等，规范广告经营行为。各地采取很多措施扶持发展广告业。全地区广告经营单位 25 户，广告从业人员 399 人，广告经营额 127 万元，其中，广告公司 2 户，从业人员 16 人，企业广告费投入近 1000 万元；霓虹灯广告 102 件，电子显示牌 23 处，路牌 240 块，公交车载体 185 件，立体造型 3 件。江口醇酒厂 1996 年的广告费达 758 万元。1997 年，发展广告经营单位 30 家，广告营业额达 169 万元。

1998 年，各地结合广告业的发展纲要，主动深入生产企业、服务企业等宣传广告法律知识，培养和增强他们的广告意识。取得“广告经营许可证”的单位 24 户（县市办理“临时性广告经营许可证”的 14 户），从业人员 427 人，广告营业额 363 万元，广告经营单位净增 3 户，从业人员和广告额分别比上年增长 16%、114.8%。

2000 年，全市广告经营单位发展到 35 户，从业 383 人，广告经营额 620 万元。当年查处虚假违法广告案 59 件，共处罚没款 4 万元。同时将店堂广告登记纳入年终目标考核，城区登记率不低于 50%。在店堂、户外广告清理整顿上，采取集中人员、集中时间，先城区、后农村，先易后难，合力攻坚，突破阻力；在工作方法上，先调查摸底，宣传法律法规；并分段包户发送通知，限期清拆，整改或办理登记；对逾期不办理的登记的上门督办，对拒不办理的依法予以处理；对符合条件的，予以受理并在店堂右下角加贴不干胶店堂广告登记证。年内共办理户外广告登记 2000 余份，店堂广告登记 1250 户，拆除破烂陈旧、有不良文化内容广告牌匾 116 块。

三、广告监督管理

印刷品广告管理 1998 年，工商行政管理部门深入印制企业查是否取得印制资格、是否配备有广告审查员和建立了广告档案，是否查验客户提供的证明材料；对散发、张贴的广告主动出击，追根溯源，查是否经行业主管部门审查内容，是否经工商行政管理部门登记。通过“面上清、暗中擒、端窝点、查厂家”，共查出违法印刷品广告 35 件，收缴违法印刷品广告 120000 余张。其中，药品类广告 6 件，80000 余张，医疗类、保健品广告 13 件，20000 张；招生、招工、招聘各类广告 7 件，10000 张，其他商品和服务广告 9 件 10000 张，处罚款 3000 多元。在印刷广告管理上，鉴于经营流动性大、散发面宽、广告内容夸大其词、言过其实和利用专家、患者名义、形象宣传等违法现象突出等问题，地区工商局于 1999 年、2000 年先后对其进行清理整顿并制定出规范性管理措施，凡在区内散发、印制特殊商品或服务的印刷品广告采取集中登记、定点印制、委托散发、地域管理原则，加强印刷品广告管理。全市共查处违法印刷品广告 36 起，收缴各类违法印刷品广告 170 万张，处罚款 12000 余元。

户外广告管理 由于户外广告面宽量大，随意性强，制作不规范，尤其是一些职能部门对特殊商品广告管理未尽其职，导致广告用语不规范。1996 年，地区工商局统一建立户外广告承接登记审查制度、送审备案制度、建档制度。凡广告经营单位制作发布的广告有违背《广告法》和不符合社会主义精神文明建设要求达5次以上的，停止其广告承接业务，有效地促进了户外广告规范有序、美观大方、文明健康。在日常检查中取消内容不实及含有不良文化灯箱广告12处，路牌广告1块，条幅广告27幅，通报批评10起，销毁张贴广告1125张。

资质检查 1998年年初，对从事广告经营业务的65户广告单位进行集中资质检查，原已取得广告经营主体资格有30户，检查面达100%。通过对已取得广告经营主体资格的30户检查，90%的单位配备有广告审查员，60%的单位有广告专业岗位技术资格人员，建立和完善广告经营制度的有20户，占70%，广告档案有据可寻的仅14户，收费标准公开的11户。在检查中对制度不健全、档案不完整的提出整改建议，广告专业岗位技术资格人员配备不够的作好培训准备工作并督促其限期达到标准。通过检查，对其8户缺乏资金、人员和专业技术的广告经营单位取消资质。2000年3月1日至4月30日，全地区共检查广告经营单位31户，广告管理制度健全较好的占检查数的75%，设立广告审查员的占检查数的95%，广告经营状况良好并无严重违法的占检查数的90%；广告档案，基本规范，有据可查的占检查数的82%。对检查中发现的问题，分类梳理，分别作出行政建议，广告经营单位也制订出具体整改措施，对逾期未整改的，交依据有关广告管理法律法规予以处罚。全年新登记广告经营单位4户，增长13%，广告经营额达620万元，比上年增长9.3%。

日常监督 从1993年起，坚持日常监督管理为主，以查处虚假违法广告为重点，不断完善广告经营的各项规章制度，坚决杜绝质量低劣、格调低下的广告进入市场。1998年，认真抓了烟草、药品、医疗、食品、保健品、房地产、招工（生）、致富信息等特殊商品和服务广告的监督管理和发布前审查登记工作。对发布上述类型的广告严格条件，划定范围，确定时间，定点发布，维护市容整洁美观和消费者的合法权益。全区共办理各类户外广告发布登记证186件，并建立完整规范的户外广告档案。巴中地区邮政局和巴中市投资有限公司分别投资150万元和80万元在巴中市繁华区域设置电子显示屏，在未取得批准条件下擅自设置并从事广告经营活动，地区工商局积极出击，耐心宣传，依法对这两起作出处罚款7000元，没收非法所得22000元，并限期办理“电子显示屏登记证”的决定，从而确保了广告市场的公平竞争。1999年，进一步加强广告市场管理，对25家广告经营单位进行全面检查，合格率100%，广告营业额567万元，增长110.4%。2000年，全市集中时间、集中力量，开展广告市场整治行动。全市集中于8月中旬同卫生、药监等部门一道对辖区媒体7月份以来发布广告进行现场审查、查验证明、查阅档案，共检查广告媒体9户，出动35人次，查验医疗广告123条，药品广告85条，保健食品广告30条，拆除牌匾、移动式广告牌和户外广告33块，收缴印刷品广告2万张，停止发布27条。对检查中集中表现的问题，市工商局提出了六条整改措施，并责成媒体自己制定出整改方案。

四、查处违法广告

1993—1994年，集中对播种季节的药、肥、种广告，夏季饮料、食品广告和元旦、春节前后供应物资广告实施统一整治，防止商品经销者为推销质次价廉、假冒伪劣商品滥用广告词诱导消费，确保了农业生产的需要和人民群众身心健康。

1996年，查处各类广告违法案63件，罚款2万元，其中，涉及广告主61件，虚假广告11件，非法经营广告业务15件，食品广告7件，药品广告4件，广告年检率达100%，查出各类 问题19条，并分别提出整改措施。全年共收缴销毁无合法证明的或非法张贴广告526张，横条幅广告8幅。

1997年，查处虚假违法广告55件，罚款2万元，促进了广告的健康发展。1998年，全地区查处各类虚假违法广告48件，处罚款22400元，停业整顿3户，清除乱张贴广告125600张，没收非法印制广告品120000张，取缔擅自设置、发布的户外广告270余件。

1999 年，以资质检查为突破口，依法查处虚假违法广告 62 件，清除乱张贴违法广告 12.5 万余张，处罚款 4 万元；将其违法广告率控制在 8% 以内。2000 年，把维护广告市场秩序，确保消费者合法权益作为工作落脚点，以广告日常监管为重点，专项整治为突破口，对广告市场进行不定期巡查，致使广告违法率低于 6%，户外虚假广告违法明显减少。全市共查办各类违法广告案 59 件，罚没款 4 万余元，销毁违法印刷品广告 170 万张。8 月份，对医疗保健食品广告进行了集中整治，检查广告媒体 9 户，查验医疗广告 123 条，药品广告 85 条，保健食品广告 30 条，撤除违法广告牌 33 块，收缴印刷品广告 2 万余张，停止发布广告 27 条。查处变相传销案 1 件，涉案人员 1 人，扣留摇摆健身器 7 台。清理“专卖店、特约总经销”等招牌字号 25 件，查处建筑领域中的违法合同案 6 件。

第七节　经济检查

一、打击投机倒把

1950—1952 年，境内各县开始打击投机奸商兴风作浪、囤积居奇、哄抬物价、买空卖空、偷税漏税、扰乱市场秩序等投机倒把活动。

1953 年，国家对粮食、油料、棉花实行统一计划管理。打击不法商人操纵粮、油、棉花（包括土布、土纱）市场，倒卖重要中药材、重要农副土特产品，贩卖毒品等违法犯罪活动。

1958 年“大跃进”、人民公社化后，连续三年严重自然灾害，市场供求矛盾突出，物资匮乏，投机倒把犯罪活动猖獗。一些投机倒把分子用高价买进各种购物票证（含布票、粮票、肉票、棉票、油票和工业券），在国营商场（店）卖出，转手加价，黑市高价出售，不仅严重影响农副产品收购，影响日用工业品的供应，而且严重危害社会经济秩序。1962 年，全面开展打击投机倒把活动。到 1963 年底，境内四县共查处投机倒把转手倒卖耕牛、粮食、生猪、日用工业品等生产、生活资料和各类票证违法犯罪案件 548 件，移送司法机关依法逮捕法办 30 人，共处罚没款 4.7 万元。

1966—1976 年，倒卖耕牛、化肥、农业机械、各种无价票证、粮食和走私贩私等违法犯罪活动突出，严重扰乱市场，破坏工农业生产。各县革命委员会对投机倒把案件的查处，因受“左”的思潮影响而扩大化，把正当的贩运活动和正当的包工、加工、运销等，当做投机倒把进行打击。

1978 年中共十一届三中全会后，清除“左”的思潮，对“文化大革命”中扩大化错误处理的经济案件进行清理纠正。把打击的重点放在乘改革之机，钻改革开放的空子，内外勾结，倒卖汽车、钢材、化肥等重要生产资料、紧销耐用消费品，倒卖金银、文物、珠宝、毒品、票证、证券、走私贩私，制售假冒伪劣产品、欺行霸市、骗买骗卖等破坏社会主义经济秩序的违法犯罪行为上。1978—1989 年，境内四县共查处投机倒把经济违法案件 227 件，共处罚没款 114.73 万元，移送司法机关逮捕法办 8 件。

1994—2000 年，以维护公平竞争，保护消费者合法权益为重点，打击制止不正当竞争行为和垄断行为。查处不正当竞争、侵权商标、虚假违法广告、违法经济合同和制造销售假冒伪劣商品、走私贩私、欺诈销售、非法盗版图书、录音录像制品、黄色淫秽物品等违章违法案件 4233 件，共处罚 357.27 万元。其中，查处投机倒把案件 965 件，制造销售假冒伪劣商品案件 1025 件，损害消费者权益案件 282 件，不当竞争行为案件 47 件。

二、案件查处

1993年，全地区各地工商部门认真宣传贯彻《中华人民共和国反不正当竞争法》（以下简称《反不正当竞争法》）和《中华人民共和国消费者权益保护法》（以下简称《消费者权益保护法》），深入持久地开展“打假”活动。共查处各类经济违法案件292起，罚没金额12.94万元，并对一批案件公开曝光处理。其中，查获制售假冒伪劣商品（产品）16起，没收销毁假冒伪劣物品16种，其中，假化肥1287.5吨，劣质农膜0.46吨，假种子10.7吨，劣质食盐96吨，劣质肥皂25140条，劣质电器10件，旧服装95件。

1994年，全地区经检部门面向市场、突出重点，积极打假、打骗、打私、打非及制止不正当竞争行为，共查处各类经济违法违章案件441件，罚没金额达21.02万元。在查处案件中，各县（市）坚持重点打击破坏工农业生产和危害人民身体健康的违法行为。平昌县、巴中市（县级）密切配合，捣毁设在巴中江北的黑饮料生产厂家，收缴非法印制商标20万套，劣质饮料、汽水43200瓶，废旧雪碧、高橙、健力宝等空瓶7000余个。通江县查获县粮食劳动服务公司销售假冒红梅烟80件，违法金额达16万元，依法没收了库存假烟2324条，处以罚款4.7万元。平昌县抓住县食品厂“小角楼”注册商标被侵权的线索，派员赶赴达川，查扣平昌县糖酒公司达川分公司瓶装“小角楼”酒18820瓶，价值4万余元；跟踪追查到达川龙凤酒厂，查扣侵权商标5000套，外包装纸箱1428个，合格证1000张，依法予以惩处。

1995年，全地区共查处各类经济违法违章案件347件，罚没金额33.42万元。违反《投机倒把行政处罚暂行条例》57件，违反《反不正当竞争法》3件，违反《消费者权益保护法》63件，违反进口商品管理有关规定9件，违反其他法规213件。在查处案件中，各县（市）坚持重点打击破坏农业生产，危害人民身体健康的违法行为，把食品、药品、化妆品、农资、饮料等商品作为监督管理的重点，开展三次专项治理。第一次在春节前后，重点打击制售灌注水猪肉，假劣营养品和保健食品的违法行为，检查国营、集体企业及个体户12000余户，实施经济处罚187户，罚款3.2万元，责令停业54家，限期整改45家。第二次在春耕期内，打击制售伪劣农药、种子、化肥等违法行为，整治农资市场秩序，检查农资经营网点3200个，查处无照经营410户，取缔违法经营户520户，查处非法经营农药3200瓶，农膜4500公斤，各类化肥1723吨，立案120件，罚没金额10万余元。第三次专项治理，整顿夏季饮料市场，对全区饮料生产、经销企业、摊点进行了全面检查，重点打击生产、销售假冒伪劣饮料的违法行为，共检查各类饮料生产销售企业及摊点556家，查获变质饮料18000瓶，罐头5800余听，糕点340公斤，“三无”袋装饮料43000余个，缴获假冒商标标志27万套，处罚款7万余元。

1996年，全地区各级经济检查部门依据法律法规授权，突出执法重点，加大执法力度，集中力量抓重点问题和热点问题，在抓好日常监督管理的同时，把执法重点放在依法严厉打击严惩破坏工农业生产、严重损害消费者利益、严重危害人民身体健康和生命安全、严重扰乱社会经济秩序的违法行为上，以维护正常的社会经济秩序。当年查处的案件中，适用《反不正当竞争法》案件13件，处罚没款12050元；适用《消费者权益保护法》案件31件，处罚款15200元，为消费者挽回经济损失17.8万元。在开展公平交易执法年系列活动中，共查处各类经济违法案件316件，处罚款23.8万元，查处的物资有假烟1852条、假酒7489瓶、假劣饮料24392瓶，劣质种子39.6吨，不合格肥料86吨、假劣农药0.82吨、冒牌洗衣粉3000袋、侵权商标111.3万套、虚假广告11315份。在开展药品回扣专项检查中，先后组织药品生产、经销和医疗单位551家进行自查，在自查基础上进行抽查和重点检查，发现给予收受回扣的单位9个，回扣金额5.89万元，回扣违法行为涉及交易额128万元，立案查处回扣违法案件7件，处罚款2.8万元，并没收伪劣药品297盒（瓶）、伪劣中药17公斤、医药器械25件。

2000年，按照《工商行政管理机关处罚程序暂行规定》，认真开展案件的核审工作。全年共核审立案案件402件，核审率100%。对符合听证条件的23件案件，督促办案机构履行告知程序，确保当事人的合法权益。共有4件行政诉讼案件，2件审结后胜诉，2件未结。共受理行政复议案件7件，其中维持3件，变更1件，撤回复议申请3件。

第八节　保护消费者权益

一、体制机制

1990年前，各县消费者权益保护工作划归市场管理工作中。1991年后，各县成立消费者权益保护委员会（以下简称“消委”），属社会团体，挂靠在县工商局，其日常工作仍由市场管理机构办理，实行两块牌子，一套工作人员。1997年，巴中地区“保护消费者权益委员会”成立。

各级消委组织成立后，积极开展工作，配合工商、物价、质检、防疫等部门，对市场进行定期不定期的监督检查。1991年5月以后，巴中县消委在13个区镇相继成立消委分会，76个乡镇建立消委监督站。其余各县消委组织先后在区乡建立分会。平昌县于1997年安装消费者投诉热线电话。1998年3月15日，巴中市（县级）成立“巴中市工商局‘12315’消费者投诉服务中心”，并在工商局市场管理科划出消费者权益保护工作，设置“巴中市工商局消费者权益保护科”，76个乡镇组建消费者投诉站，共有专兼职消协人员443人。消委以协调为主，“12315”中心以服务为主，消费者权益保护科以监督管理执法为主，形成相互配合、上下联动的工作机制。

二、“3·15”宣传

1993年，各地消协组织在维护广大消费者的权益中加大宣传力度。巴中县消协共印发保护消费者权益法规汇编5500册，印发宣传资料9600份。1993—1998年，平昌县消协共编写《消费者须知》等宣传资料3.6万份，刊板报102期，办《通讯》165期。1994年通江县消协利用“3·15”纪念日，举行2000余人参加的集汇，印发宣传资料13500册，书写宣传标语50条，出动宣传车3台，放映专题片《“九三”国际消费者权益日纪念游园活动》和反映通江县工商行政管理局的专题片《闪光的红盾》，张贴打假成果影片100余张。

2000年，结合“3·15”消费者权益保护日，市工商局与市消委围绕“明明白白消费”为主题，系统地宣传《消费者权益保护法》和《反不正当竞争法》等法律、法规，通过广播、电视、报刊、悬挂横幅、板报、宣传车等形式进行了前期宣传。“3·15”纪念日宣传活动盛况空前，并组织邮政、电信、寻呼、燃气、农资等企业参与宣传活动，现场为消费者提供咨询服务。散发宣传资料11万余份，接待咨询3万人次，受理现场投诉800余件，公开销毁的一批假冒伪劣商品200余种、6000余件、价值20余万元。

三、受理消费者投诉

1990年，各地消委积极发挥协会作用，配合工商、物价、质检、防疫等部门，对市场进行监督检查，对部分商品实行售前检验。1991年6月，平昌县检测经销毛呢布料、棉絮、服装等89个品种，假冒伪劣商品26种，占44%，无厂名，无合格证、不符合卫生标准等劣质商标93个品种，价值9.21万元。至1993年年底，巴中县消委配合有关部门组织市场检查82次，检查门市网点8007户，查出各种假冒伪劣商品9816件，价值348万元，处理消费者投诉案件7260件，为消费者挽回经济损失51.2万元。1994年，通江县消委利用"3·15"宣传日活动，现场接受消费者投诉27件，涉及录像、烟、酒等假冒商品7000余元。至1997年，地区工商局共办理消费者投诉案723件，查处侵犯消费者权益案192件，投诉金额达336.4万元。

第九节　个体私营经济管理

一、企业发展概况

1950年前，巴中（含平昌）县只有个体小商小贩700多户，通江、南江县各有300多户。

1950年开始恢复国民经济，个体工商业有了较大的恢复和发展。1951年，平昌县个体工商业发展到4055户，通江县发展到3021户，从业人员3358人。1952年，南江县个体工商业发展到5369户，巴中县发展到3000多户。

1956年，私营工商业社会主义改造，商人走公私合营道路，纳入国营商业轨道，只在边远山村保留部分亦农亦商个体工商户。平昌县第一批走上公私合营和合作店（组）个体工商业4809户，剩下个体工商户很少。南江保留个体工商户677户，通江167户。1957年，巴中县保留个体工商户1019户。

1958年实行人民公社化。合作店（组）再次改组、合并，乡村合作店（组）一律纳入人民公社统一经营管理。个体工商户只剩下一些老弱病残人，经营小水果摊、修补摊。巴中县仅存个体工商户300多户，南江县4户，平昌县40户。

1961年，对个体工商业政策作调整，恢复发展个体工商业。巴中县共恢复发展850户，其中商业553户，饮食业117户，服务业42户，手工业138户。平昌、通江、南江各县也有恢复和发展。

1966年，"文化大革命"时期，把个体工商业视为资本主义的尾巴，有的令其停业，有的被赶到农村，濒于消失。

1981年，国务院发出《关于城乡非农业个体经济若干政策性规定》等一系列文件后，对个体经济的发展，在资金、货源、场地、税收、登记办照等方面充分给予方便和优惠，城乡个体经济开始起步。到1985年底止，境内四县城乡个体工商户发展到29091户，从业人员33224人，注册资金1334万元。

1986—1990年，对个体经济的发展，虽大力支持，多方扶持，但由于资金、场地、负担过多过重等多种原因，有所下滑。据1989年年底统计，境内实有城乡个体工商业总数23633户，从业人员27266人，注册资金总额2269.41万元。有城镇个体工商业6734户，从业8418人；农村16899户，从业18848人。

1993年，地委、行署把发展个体私营经济作为建立社会主义市场经济体制的重要组成部分。地、县（市）工商部门广泛宣传政策，制定落实规划，千方百计抓发展。全地区当年发展个体工商户5230户、5673人；私营企业21户、246人。1994年，全地区新登记注册个体工商户9116户，从业9502人，分别比1993年增长36.94%和36.2%；私营企业33户，雇员348人，分别比上年增长73.3%和72.4%。全地区个体工商户和私营企业统计数分别为35043户（不包括备案经营的8014

户）和78户。累计注册资金6206万元，实现工业产值和营业收入27325万元，上缴税金2375万元，占全区财政收入21.88%。有3家私营企业的3种产品进入国际市场，1家私营企业研制的“中草药育肥剂”获“中国首届金榜技术与产品博览会金奖”。

1996年，个体私营经济取得突破性发展。全地区新发展个体工商户11773户，2.8万人，私营企业88户，雇工1099人。全区累计发展个体工商户52601户，108198人，私营企业211户，2517人，分别比1995年底增长28.8%、35%、71.5%和77.5%。个体私营经济累计注册资金达1.68亿元，年创产值和营业收入10.2亿元，当年创税实现5000万元，比上年增长38%，占本级财政收入的25%。一大批种植、养殖、加工、贩运户初具规模，在调整农村产业结构、产品结构和资源配置中发挥了巨大作用。

1997年，新发展个体工商户2616户、4616人，私营企业12户，雇工96人。分别比上年增长2%、10.4%、9.6%和7.5%。全地区个体工商户累计达到39831户、48965人，私营企业137户，1384人，个体工商户和私营企业分别比建区前增长3倍和7倍。个体私营经济累计注册资金达3.05亿元，年创产值和营业收入15.9亿元，当年创税实现7000万元，比上年增长33.4%，占本级财政收入的30.4%。

1999年，认真贯彻地委、行署有关对外开放和招商引资规定，提供政策优惠，简化办照手续，促进个私企业发展。年内新发展个体户4307户，私营企业41户。个体户累计发展到95824户、私营企业474户，从业人员183065人，分别比上年增长8.9%、8.5%、21.5%和27.3%。为国家创税9928万元，比上年增长16.5%。

2000年年底，全市个体工商业发展到100590户，从业198075人，私营企业发展到608户，从业7886人。个体、私营企业注册资金总额51190万元，为国家缴纳税收10182万元。

二、个私协管理

1979年后，境内各县先后成立个体劳动者协会和私营企业协会。按行政区划，各区、镇成立个协分会，各乡（镇）和大的行业成立劳动者协会和私营企业协会。充分发挥个协、私协组织对个体工商业者、私营企业进行自我教育、自我管理、自我服务的“三自”作用。

1994年9月28日，地区工商局、地区个协在平昌召开个体私营经济管理工作的局长、个协会长，秘书长、基层分会的代表40人参加会议。11个个协基层分会交流经验，全地区43个个协基层组织达标，占基层个协（分会）总数的81.1%，其中县（市）个协4个，占达标的100%；个协分会39个，占达标部分的79.6%。至1999年，全地区4个县（市）均成立了个协，共49个分会、48个行业分会、233个乡级自管委员会、807个自管小组，个协管理员2137人，其中专职87人，兼职2050人。

三、收费监督

1997年11月25日，中共巴中地委、巴中地区行署印发《关于对个体私营企业收费实行统一管理的暂行规定》（以下简称《规定》），指出：为认真落实党的十五大精神，进一步营造宽松的发展环境，促进个体私营经济的快速发展，对个体工商户、私营企业的收费和监管作出“六统一、一监督”（统一办理证照，统一收费范围，统一收费渠道，统一收费标准，统一收费行为，统一监督检查，建立行政督查制度）的规定。12月1日，全区全面实施“六统一、一监督”办法。是日，地委书记周登全、行署专员李克明、副专员张玲到地区工商局和巴中市视察，检查对个体私营企业收费管理实行“六统一、一监督”的落实情况。12月9日，四川电视台《今晚10分》栏目组就巴中地区对个体私营企业收费管理实施“六统一、一监督”进行专题采访，地委副书记卢笃岗、行署副专员张玲分别介绍情况并接受记者采访。

1998年2月13日，四川电视台《今晚10分》栏目以《改革的今天之六》为题，报道巴中地区对个体私营企业收费管理实行“六统一、一监督”的经验和做法。3月17日，国家计委、国家物价局特派员办公室常务副主任张元杰到巴中考察后，高度评价巴中地区“六统一、一监督”的做法。3月24日，地区工商局组织调查组，到巴中市调查研究“六统一、一监督”的运作情况，向地委、行署提出了“巩固、拓展、深化、完善”的建议。截至7月底，新华社、《人民日报》《中国改革报》《中国经济日报》《四川日报》等10多家报刊社相继报道巴中地区实行“六统一、一监督”的改革措施和经验。河南、甘肃、山西、陕西、四川等7省、25个地、市、县的近3000人先后到巴学习考察。8月24日，全省收费管理“六统一、一监督”现场会在巴中地区召开。到年底，全地区设立统一办证收费大厅39个，其中地级4个，县级4个，区镇31个，涉及统一收费项目150个。

1999年，地区工商局成立“六统一、一监督”领导小组，切实加强对贯彻落实“六统一、一监督”的领导，并多次深入各分局所属的办证收费大厅检查督促。各分局局长定期或不定期地现场办公，分管局长长期坚持及时解决各种具体问题，从而加强了对“六统一、一监督”工作的领导和协调。平昌县城在厅内办公，到厅办证收费的由12个单位增加到14个，工作人员由14名增至18名，新办各种营业执照1747个，换发2546户；办理各种许可证643个，收取各类规费99.5万元。巴中工商局针对1998年“六统一、一监督”工作中出现的一些问题，在调查研究的基础上，提出了“一坚定”“二规范”“三到位”“四落实”的工作要求，即坚定不移地贯彻落实地委、行署的“六统一、一监督”规定，规范办证程序和执法行为；做到领导到位，服务到位，监督到位；人员落实，制度落实，优惠政策落实，奖惩落实。在大厅工作实行“三条线”的运行机制，即日常服务组，主要负责大厅的办证收费工作；执法检查组，主要负责定期检查，查处无照、无证经营和其他违章、违法行为；监督组，主要由纪检监察部门牵头，组织财政、物价等部门参加，负责对各行政执法机关的执法监督。在贯彻“六统一、一监督”规定的同时，积极支持和配合“公开评定税费”工作。通过公平评定税费工作，查处无照经营户1520户，补交税费15万元。

第七章　质量技术监督管理

第一节　计量监督管理

一、计量管理

民国时期，境内计量使用的度器有布帛尺、营造尺、正裁尺、商尺，个别地方还有苏尺、杭尺、广尺、鲁班尺等；量器有升、斗（斛）、箩、提，还有张口斗、梅斗、京斗；衡器有戥子、刀钮石头砣木杆秤、绳纽石头砣木杆秤，既有三毫三面的，也有三毫四面的。尤其衡器混杂，量值和单位不统一，1斤有14两、16两、18两、20两、24两、32两，有“三面秤”（一面为16两1斤，一面为20两1斤，一面为24两1斤），还有多面毫秤、转弯秤、赶山道秤（即量增大而误差逐渐变大，如10

斤大1斤，20斤大2斤），还有蔑篓秤等。各行业按惯例选用，卖菜的秤，20两1斤；卖茶的秤，18两1斤；卖药的秤，26两1斤；卖糖的秤，22两或24两，甚至有32两1斤。当时群众中流传："糖三果四烟八钱，卖肉的秤设窾窾"。在民国16年（1927年），境内各县先后成立县度量衡检定室，主要负责在县内推行"度、量、衡"器，以国际公制为标准制。当时虽有法规，付诸实施的极少，有检定室、但多为虚设无人问津，以致计量器具参差杂乱，量值极不一致。市场上大斗大秤进，小斗小秤出，短尺少寸、克斤扣两的现象十分普遍。

1958年，境内各县相继建立县计量检定所，计量专门管理机构，主要是以修理、检定衡器为主，实施监督管理很少。1959年6月25日国务院发布《统一计量制度的命令》，确定米制为全国的基本单位制度后，在全县开展推广米制、限制英制和废除16两秤工作。在"文化大革命"期间，计量监督管理工作也曾被说成是"管、卡、压"，使计量工作的开展受到影响。

1978年，计量监督管理工作逐渐得到加强和改善，形成比较完整的量值传递和计量测试体系，有衡器、电工仪表、血压计、压力计等标准器具。

1984—1985年，结合贯彻实施国务院《统一计量制度的命令》，境内各县统一计量单位制度建设，使境内计量工作得到加强，特别是在厂矿落实《全国厂矿企业计量管理实施办法》。在当时的150个企业中有137个建立计量管理机构，并进行计量定级。截至1984年年底，境内四县经计量定级、升级考核合格的工业企业有平昌风滩电站、巴中丝厂、通江龙溪沟酒厂、南江磷肥厂等125家企业获得了计量定级达标。其中，有12家企业达到二级，113家企业达到三级，并对计量合格的企业颁发了"计量二级、三级合格证书"。有7家企业，单项计量合格。巴中丝厂获得二级计量合格证书，改变了用煤不计量的损失浪费现象。

1995年后，将工业企业计量定级、升级 工作转移到质检机构的计量认证上。

至2000年，全市共有涉及质监、农业、建设、交通、环保、粮食、药监、气象等8个行业13家实验室取得资质认定证书，具有出具公证数据资格，可以开展700个项目的检测工作。

二、计量检定

民国16年（1927年），境内各县建设科先后设置"度、量、衡"检定室。各县配备工作人员2名，其中检定人员1名、传令兵1名（又称公差），配有标准秤和石砝码。检定室主要取缔旧杂制，推行16两市制秤，检定工作有名无实。

中华人民共和国成立初期，由于境内四县工业基础薄弱，生产、流通和生活中使用的计量器具，仅限于"度量衡器具"。当时，境内有4家度量衡器生产制造者。由于缺乏法制管理，标准器普遍失准，不合格度量衡器具流向市场，导致市场混乱，一些不法商贩乘机利用秤、尺作弊，克扣消费者。1950年各县根据川北行署《度量衡管理暂行办法》规定，设立"度量衡检定所"，负责本县度量衡器的检定管理。并首先筹备建立度量衡检定标准器，将1支一市尺长标准量端器和30公斤砝码作为检定标准器。

1950年10月，国家颁布《中华人民共和国度量衡管理暂行条例（草案）》，各县度量衡检定所依据"暂行条例""暂行管理办法"对境内4家衡器制造者的标准砝码逐件进行检定调修，并对秤、尺产品实行出厂检定。1952年，商业部门一直沿用铅锡制作的量提计量酒、油等液体，引起铅锡中毒，严重危害了人民的身体健康。根据国家卫生部、商业部、工商行政管理局联合发出《关于废除铅锡量提的通知》，各县度量衡制造厂负责制造竹量提，县度量衡检定所负责提供生产竹量提质量标准及产品出厂检定。之后，各县度量衡检定所提供1斤、0.5斤、1两3个规格质量标准和一套铜质标准器（铜质标准量由国家工商行政管理局度量衡处检定合格），组织了竹量提生产，并承担了产品出厂检定。

1954 年 9—12 月，境内各县人委组织检定人员对国营、合作及私营的衡器及量器进行全面大检查。共计受检砝码 1307 公斤，木杆秤 814 件，量器 89 件。

1959—1960 年，境内四县对本县交易计量器具进行全面检查，共检定木杆秤 1.47 万支，台秤 304 台、案秤 128 台，有效地制止利用计量器具进行投机倒把、牟取暴利的行为。

1964 年，境内四县开展长度的量端器，质量中的天平、砝码及酒精计等计量检定工作，改变了以往只能对台秤检定而不能对秤砣的检定；只能对木杆秤检定而不能对直尺检定；只能对油、酒提检定而不能对酒精计的检定的现象。

1965 年，境内各县组织检定人员下公社，共检定 196 个公社、1268 个大队、8468 个生产队和 1112 个门市部的各种计量器具 2.67 万件；修复不合格器具 7128 件；没收不合格计量器具 296 件，批评教育 204 人。

1971 年，结合“一打三反”和“一批三清”运动，境内四县共检定计量器具 1.83 万件，修复不合格秤 1.25 万件，不准使用的 168 件。共完成 152 个区、168 个公社、868 个生产队的计量器具检定工作。

1980 年，境内各县由省计量局新增标准器有：83 块量块 1 盒，硬度块 1 套，光洁度标准块 1 盒；长度标准器有：标准卡尺（大、小）37 件，角度尺 4 套（件），水平仪 4 件；温度计量标准器有：毫沸计 1 件，圆周电子电位差计 1 件；电磁学计量标准器有：万能电表 2 支，钳形电流表 1 支，非顾表 1 支。基本涉及各种领域计量器具的简易计量器具的检定工作。

1985 年 7 月，随着工农业生产的发展，各县在度量衡检定所的基础上，检定项目由简单的度量衡，发展到长度、热工、力学 3 大类 12 种，即长度：线纹尺、尺模；热工：温度计、热电偶、压力表、高低压氧气表；力学：天平、砝码、秤、砣、容量。

1990 年，省计量管理局将 18 个检定项目下放县计量测试所。至 1993 年，完成其中 12 项检定项目：准确度为 0.03% 以下各种直流电位差计（直流电位差计以检 0.05% 级为主，0.03% 级于 1991 年下半年开展，至 1994 年仅检定 3 台）；0.2 级以下直流、交直流两用伏特表、安培表、瓦特表；三等以下热电偶；除一、二等外各种水银度计；标准压力表；光学高温计；三等以下量块；各种平面平晶；二等及以下砝码；材料试验机；洛、布氏硬度计；转速表。由于技术力量薄弱和缺少标准器及配套设备，对 0.05% 直流电桥、0.02% 以下各种电阻箱、二等以下活塞压力计、二级角度块等 6 个项目没有开展。

1995—1997 年，全地区先后开展了台秤、案秤、木杆秤、地秤、天平、血压计（表）、压力表、加油机、售油机、量提、水表、电能表、电流互感器、电压互感器等 14 种计量器的强制检定和非强制检定工作。累计检定各种计量器具 38 万台（件）次，受检面、受检率分别达 95% 以上，受检合格率达 100%。

1998—1999 年，全地区重点开展涉农计量器具的强制检定，共检定、修理各种计量器具 6.02 万（件）次。同时，为巩固木杆秤淘汰成果，先后对各县（市）城区及重要场镇的固定摊位和经营门市进行强制淘汰，禁止木杆秤作计量交易工具。

2000 年，市计量检定测试所以建立计量标准为中心，集中人力、物力、财力，开展新检定项目，在长度、热工、力学、电学、化学计量检定的基础上，开设了无线电、心电图机、脑电图机、大质量、电子计价秤、转速、汽车里程计价器、汽车里程表、流量、燃油加油机等检定项目。

三、计量改革

民国时期，境内计量制度混乱，度量衡器具繁杂，量值不一。

1950年，川北行政公署发布《关于度量衡检查办法的通知》，废除或改制各种旧度量衡器具，计量制度一律采用国际公制（即米制，或称公制）；在城市和农村的市场交易中，以国际公制为基础制定的市制，得到推广。

1959年6月，国务院发布《关于统一计量制度的命令》，规定国际公制为全国的基本计量单位，在全国范围内推广使用。由于1958年，各县都建立计量测试所。到1986年，境内四县已基本建立起长、热、力、电4大类计量传递、检测体系，为公制计量器具的推广使用、监督检查提供了保证。

1966年6月，“文化大革命”期间，各县的计量工作陷于停滞。“文化大革命”之后，结合计量工作整顿和国家统一要求，各县计量站开始推行法定计量单位。

1978年1月，境内各县标准计量局与卫生局、商业局联合发出《关于改革中医处方用药计量单位的通知》，要求县、区卫生局（科）、商业局、供销社、计量所、人民公社、医院、疗养院、医药公司等单位认真贯彻，开展中医处方用药计量单位的改革。自1981年7月1日起，中医处方用药一律采用米制计量单位，同时废除旧杂制计量单位。

1984年2月，国务院发布《关于在我国统一实行法定计量单位的命令》，规定计量单位一律使用《中华人民共和国法定计量单位》。

1985年3月至1986年9月，境内四县标准计量局先后制定实施计划，举办法定计量单位骨干学习班20期，培训骨干1200多人；印发宣传手册、新旧计量单位对照表、宣传卡片、通俗宣讲材料、宣传画等材料6万份。各县标准计量局出动宣传车，对法定计量单位进行广泛宣传，收到明显效果。

1986—1990年，各县计量单位改制工作按照《实施计划》的要求逐步开展。1991年9月，经达县地区标准计量局对各县29个部门（其中，政府机关5个、新闻出版1个、科学医疗技术1个，文化教育1个，工交企业10个，质检机构1个，商业贸易10个）法定计量单位实施情况进行检查。检查结果表明：政府机关、新闻媒体、企事业单位的公文、统计报表、宣传报道均采用法定计量单位；制定、修订的地方技术标准、计量检定规程、学术论文以及技术情报资料等，已从1990年10月起全部采用法定计量单位；仪器仪表生产企业已有75%的厂家制定使用非法定计量单位过渡计划，其中已有86家生产压力表的企业使用法定计量单位的压力表；四县木杆秤生产厂使用法定计量单位已生产出1.7万支杆秤；是年底可以全部实现法定计量单位；引进纯英制产品、设备、计量仪器仪表还没有使用法定计量单位，但是一些成套引进的生产线上所带的仪器仪表仍有使用非法定单位的情况。由于引进设备未经计量部门审批，非法定计量单位的仪器仪表随生产线进入的情况仍有发生；商业局系统的200多个摊点，粮食局的273个粮店，分别在1988年1月和4月全部采用了法定计量单位。供销社系统的778个门点，二轻局系统的大部分门点也分别于1989年第一、二季度采用了法定计量单位。有商业、粮食、二轻等4个系统的价格价签，涉及非法定计量单位更换为法定计量单位的占总数的95%。市制的衡器已改制1.2万台，计划到1999年全部改完。截至1990年年底，本地非法定计量单位的计量器具已改制完毕，各行业全面完成了向法定计量单位过渡。

从1992年7月1日起，境内各县对液体石油类商品交易实行法定计量单位。凡在石油类商品的计划、调拨、入库、出库、批发、零售等环节中开票、计价收费、填写报表等，一律使用法定容量计量“升”和它的倍数、分数单位，如千升、毫升等；原用的“千克”（公斤）一律停止使用。受温差影响的液体密度取中间值换算，即汽油换算密度为0.7350克/毫升、柴油0.84克/毫升、煤油0.815克/毫升。

1994年，全地区贯彻执行国家技术监督局，国家工商行政管理局联合发出的《关于在公众贸易中限制使用杆秤的通知》精神。各县要求各有关部门、企业、事业单位和个体工商户本着“分期分批、逐步实施”的原则，限制使用、逐步淘汰木杆秤。1996年底，淘汰集市贸易市场中的“公平秤、出租秤和杆秤”。1997年年底，淘汰县城和列入省重点小集镇贸易市场中固定摊位的杆秤。1998年年底，全面淘汰集市固定摊位的杆秤。

至2000年底，全市各行各业均使用法定计量单位，城镇集市贸易中固定摊位的木杆秤，基本淘汰；但农民入市交易农产品，仍然使用木杆秤。

四、计量执法

民国18年（1929年）起，《度量衡法》和与此法相关的《度衡标准方案》等11部法律、法规相继出台，对违法处罚作出具体规定，并在公粮开征及商用、民用活动中开展执法，具体由各县检定员负责实施。由于各地机构多为虚设，付诸实施的极少。

中华人民共和国成立后，国家和地方政府高度重视计量立法和执法工作。1954年9月，境内各县对国营、合作企事业单位和个体商贩使用的衡器、度器开展为期77天的普检普修。共受检砝码5228公斤，衡器3276件，度器356件，并对不合格的禁止使用。1954年至1966年的13年间，累计没收不合格秤1.13万件，批评教育260人。

1966—1976年“文化大革命”期间，计量执法工作处于停滞状态。1978年中共十一届三中全会以后恢复正常。

1979年4月至5月，达县地区对境内各县衡器进行为期1个月的执法检查，共检查240个公社、1652个大队、1.14万余个生产队、3520个部门，各类秤支14.27万件，其中不合格452件，衡器失准率达70%以上。

1984年，境内各县宣传贯彻《计量管理条例》，共培训宣讲骨干748人，组织45人的宣讲队，写标语4850张，宣传画1020份，印发资料5600余份，办法制专栏84处，领导广播讲话86次，收听群众达140万人次。在元旦、五一、国庆、春节期间，先后开展市场、物价、卫生、计量大检查，参加检查的达1800人次，被检单位872个，受检项目1264个。对违反计量法规的104个单位和144起违法行为进行了严肃处理，共没收不符合规定的计量器具1504件，罚款1540元。

1985年，为贯彻执行《中华人民共和国计量法》（以下简称《计量法》），境内各县成立贯彻《计量法》领导小组，召开宣传贯彻《计量法》动员大会，培训骨干1144人，写标语6000幅，印发资料1.2万余份，组织20个144人的工作队对通江、南江、巴中、平昌计量器具进行全面大检查。检查单位1400个，受检项目2240个，没收不符合规定的计量器具916件。同时，在县城开展“物价计量信得过”活动，如平昌县，先后有糖酒公司、月华商店、棉胎厂的销售门市部、百货公司中心商店的针织门市部被授予“物价计量信得过”单位，并挂红匾。

1986年，各县先后6次对市场交易使用中的计量器具进行检查，出动检查1080人次，时间36天，共检查各类企、事业单位和个体工商户1.58万户，其中个体户5928户。查出利用计量器具谋取非法利益的违法行为3260件，占被检查单位的11.7%，没收不合格计量器具4508台（件），并处罚款1.88万元。1987年对生产、经销单位的定量包装商品计量准确性进行计量执法检查，重点检查76个国营企业的70个品种、1.33万个定量包装，计量不准确的达5160个。

1989年，各县对市场计量执法采取派义务执法人员定点划片包干的办法，从早到晚为消费者复秤，使其个别思想不健康的经营者利用计量器具要秤谋取非法利益的行为有所收敛。同时，为保证计量器具新产品量值准确可靠，组成专门的计量执法人员历时3个月，对市场经销的计量器具、商店和从事生产、修理计量器具人员进行监督和考核。全年共检查生产木杆秤，酒、油量提、竹木直尺厂家以及304家个体商户和40家经销单位用于交易的计量器具12.87万件。巴中县对广安县磐石乡个体秤工何立伟生产经销1443支不合格秤支作销毁处理，并处以罚款500元，对用于交易的709台（件）不合格的计量器具，处罚款2000元。

1990年，各县为纠正在执法中的不正之风，制定“七不准”制度：即一不准执法人员在转、提、调、进和评级工作中徇私舞弊，坚持按集中制的原则办事；二不准以工作之便吃、拿、卡、要钱物；三不准在交往中收受礼物；四不准乱收费、乱罚款、乱摊派，损害国家、集体和群众利益；五不准为家属、子女或亲友经商办企业提供方便获取个人好处；六不准以权谋私、损公肥私、权钱交易、损人利己；七不准贪污抓拉，侵占公物，乱发证件。全年四县共检查1316个部门，30多个项目，取缔生产资格的20家，占总数的1.52%；限期改进的40家，占3.04%；罚款的53家，占4.18%；全面合格和基本合格的124家，占9.42%。

1995年，为庆祝《计量法》颁布10周年，巴中地区技术监督局开展工矿企业计量法律咨询活动，接待群众12万余人，印发各种宣传资料8万余份，并用3个月时间，对全市40个区、240个乡（镇）开展了以粮食、蚕桑、农资和商贸计量、包装为重点的计量执法大检查。共检查1万余个国营、集体单位，检查计量器具、产（商）品和包装商品2万余台（件、袋），查处在收购中扣斤压两，以多报少，欺骗群众的有632家。同时，抓住群众关心的粮油、农资、建材、副食品等“热点”问题进行标准量的监督检查，并在媒体公开“曝光”不合格产（商）品380余种、5.6万余件实物。在曝光中的蜂窝煤，国标规定重量120型1.25千克，实际仅有1~1.1千克；水泥50千克，实为45~47千克。最突出的是一秤两砣、伸缩重点刀架秤、加铅砣、突底油提子。为此，向企业派驻计量监督指导员。

1996年，针对定量包装商品短斤少两情况，巴中地区技术监督局组织在全区对定量包装商品进行监督抽查，共抽查10个企业，检查37种定量包装产品77个样。计量准确的7个样，计量有正负偏差和超出规定差的达70个样。凡是外销紧缺产品一般都超出标准规定重量，内销的产品都少量。巴中地区技术监督局对扣斤压量严重超标的3家企业进行了处罚。

1998年，加大《计量法》《四川省计量管理条例》的宣传贯彻力度和强度。规范8家社会公正计量机构的建立和管理；在各县城内基本淘汰了双面弹簧秤、台秤，有效地防止“短斤少两”行为的发生；抓好三个法定计量技术机构、检定人员的考核、验收和新颁证授权工作。至1999年，共检定计量标准器具和用于贸易结算、安全防护、医疗卫生、环境监测等方面的强制检定计量器具12万余台（件），年平均合格率由72.1%上升到98.3%。

2000年，巴中市质量技术监督局，根据《计量法》《强制检定的工作计量器具目录》及《依法管理的计量器具目录》的规定，对全市专用计量器具进行强制检定；对全市范围内生产、经销定量包装商品的单位开展计量监督检查。共检查生产企业72家，检查样品97个品种批次，合格的46个批次，合格率为44.3%。所抽检商（产）品普遍存在短斤少两现象。如水泥净含量标准50公斤，实际重量48公斤；奶粉标准净含量500克，实际重量470克；白糖标准净含量500克，实际重量为480克。对此，市质监局责成各县（区）对存在的问题进行整顿，发出限期整改通知。

第二节　标准化监督管理

一、管理机构沿革

民国时期，境内各县工业落后，多为家庭小作坊，规模小、设备差、效率低，无标准化。中华人民共和国成立后，境内工业起步晚，标准化的许多具体工作并未开展。1978 年 11 月境内各县挂牌成立标准计量管理局，开始启动标准化工作。境内各县依据党和国家的有关方针、政策、法令组织修订地方标准，开展企业标准化工作，督促和检查标准的贯彻和执行，以及对进口技术设备标准化的审查工作。1991 年，各县按照省政府的要求，撤销“标准计量管理局”，成立“技术监督局”，标准化工作职能未变。1999 年 12 月，成立四川省巴中质量技术监督局，并实行省以下垂直管理体制，标准化工作得到进一步加强。

二、工业标准化

1978 年，境内各县相继挂牌成立标准计量局，开展境内的标准化工作。1979 年开始，各县标准化工作围绕“加强管理、打好基础、积极发展”的方针，在监督与管理两个方面采取多种措施，促进标准化工作发展。1980 年年底，境内四县各行业设立标准化机构 70 余个，配备专（兼）职人员 284 人。平昌县执行国家标准的产品 79 个、部颁标准 32 个、企业标准 156 个；当年获质量成果 96 项，经济效益 45.8 万元；创省优产品 4 个、地区行优标准 13 个。

1981 年，《机械制图》和《形位公差》两项重要基础标准在各县认真落实，统一了境内机械制图和形位公差标准化工作，促进了基础标准化工作发展。

1983 年初，境内各县对主要工业产品执行标准状况进行调查，经查有工业企业 300 多家，主要生产白酒、农机、粮油、丝绸、糖果等产品 800 多种，其中许多产品无标准，不具备批量生产的条件，质量不高。各县对老无标产品进行整顿。巴中县对二轻局 4 个企业的 9 种产品进行指导，以点带面，推动采标工作的全面开展，到 1983 年年末，县二轻局 14 种产品，全部采用国标，90% 以上的产品都经过鉴定，使全县工业产品采标率提高、质量状况有较大改观。

1984 年，各县标准计量局在抓采标的基础上重点抓产品免检的工作，对工艺先进、质量稳定、用户满意、产品标准资料齐全的轻工业产品和日用品，采取主管局提名，符合技术标准要求可予免检的措施，加快了产品提质增效的速度。1985 年，平昌的江口醇、小角楼酒，巴中的猪肉罐头、蚕丝，南江的糖果，通江的银耳等 38 种产品进行入市免检，促进了企业发展。

1986 年，境内各县对二轻、农机、商业、交通 5 个部门所属 15 个企业的 42 种产品全部纳入省级定期监督目录进行监督抽查。经监督检验，全部产品达到国家标准，巴中的猪肉罐头、平昌的轴承、通江的银耳大曲等产品各项指标均达到国内同类产品先进水平。南江县植物油厂的“一级菜籽油”达到国内先进水平，产品经国家监督抽查在全省名列前茅。

1987 年，从 9 月 1 日对凡质次、无邮政编码的标准信封一律不再使用，各县在 1—3 月分别在当地组织了印刷行业、邮政、机关事业单位统一信封标准宣传贯彻会，保障了与全国邮件统一标准的实施。是年巴中县印刷厂、平昌县印刷厂被省邮政局批准为统一信封标准印制信封的定点生产企业。

1989 年，各县根据国家技术监督局的统一布置，组织开展《食品标签通用标准》实施贯彻工作。并会同经委、商业局对食品、米面等 7 个行业的 22 家企业，6 大商场和 4 个食品批发采购部门进行摸底检查，在四县22家生产企业的520种食品标签中，只有92种符合国家标准要求，仅占17.7%；6大商场和4个批发部的食品标签只有10%符合标准要求。为此，达县地区标准计量局组织专门班子，采取办班培训、专题指导等形式对各县范围内食品生产、经销企业进行规范，并定期进行监督检查。1990年，达县地区标准计量局组织4次大检查，检查境内106个生产企业使用的397种标签，合格率89%；检查107个经销单位的1096种食品标签，合格率40%。达县地区标准计量局对不合格的单位分别给予批评教育、限期改正等处理，并会同工商部门对问题严重的粮油食品厂、糖果食品厂等单位给予罚款、停产整顿、查封、取缔等处理。

1990年初，达县地区标准计量局对境内主要工业产品状况进行调查，当时境内共有工业企业500多家，主要产品800多种，其中未经鉴定的产品近百种，而且许多产品无标准，不具备批量生产的条件，质量不高。为此，地区标准计量局决定开展老产品的补充鉴定工作，加快老产品的整顿，争取在短期内使工业产品质量状况有较大改观。截至1991年年底，境内四县共进行产品鉴定107项，其中，新产品鉴定16项，老产品补充鉴定91项。各县对工艺先进、质量稳定、用户满意，标准资料齐全的轻工业产品和日用品，采取主管局提名，符合技术标准要求可予免鉴的措施，加快了老产品补充鉴定速度，全年四县共免鉴8种产品。

1993年年底，各县对二轻、机械、交通、商业、粮食等5个专业局15个企业已鉴定投产的42种产品进行回访，新产品产值占15个企业总产值的44.9%；新产品利润占总利润的41.4%。巴中市罐头厂生产的“红烧猪肉”罐头，各项指标均达国内同类产品先进水平，仅该新产品的产值占该厂总产值的57.4%。巴中变压器厂的“高压三相硅整流器”和“中低压三相硅整流器”达到国内先进水平，节能效果显著，1台100千瓦的高频设备，1年可节电1.6万度，提高生产效率15%~20%，被川东电业管理局全面推广采用。

1995年，全地区大力宣传贯彻GB/T19000等系列标准，协助企业建立健全质量保证体系，确保企业产品质量稳步提高。1996年，巴中市（县级）、通江县企业已有10种出口创汇产品采用国际标准。

1997年，全地区重点加强标准化服务型管理，举办《化妆品通用标签》《水泥包装袋》《公共场所卫生》等标准的培训班，培训800人次。并对蚕桑、烟叶、棉花从收购、加工、调拨、储备等环节的质量标准进行监督检查，向社会、企业和群众提供标准化咨询服务达3600人次，为企业制、修订标准25个。指导帮助企业采用国外先进标准50多项，为企业制订、修订、审查备案标准80多个。同时开展ISO9002标准认证咨询工作，帮助巴中市齿轮有限公司、南江县磷肥厂、南江水泥集团公司等企业培训质量检验人员20人，为企业标准认证工作奠定基础。

1998年，平昌县被省政府列为全省消灭无标生产试点县，通过宣传发动，调查摸底、建标立制、颁发证书等工作，顺利通过验收，使工业产品标准覆盖率达到95%以上。是年工业企业执行标准91个，其中执行国家标准66个，企业标准20个，地方标准5个。

2000年，全市四县（区）基本消灭工业产品“无标生产”企业，并通过国家技术监督局验收合格。全市共有572家工业生产企业采用国家标准237个、采用国外先进标准54个、采用国际标准65个，采用行业、地方标准、企业标准216个；为“工业强市”提供了基础保障工作。

三、农业标准化

1998—1999年，巴中地区实施种子生产专业化、加工机械化、质量标准化、品种布局区域化，开始探索走农业标准化之路。首先组织力量对全地区农业标准化进行调查摸底研究，共调查54种农产品，其中28种有标准（执行国家标准的13种，执行部级标准的15种，执行地方标准的8种）。巴中地区技术监督局与农业部门、林业部门、科技部门制定立区立县农副产品标准38个，有力地为农业提供了科学种田的用力依据。

2000年，为使广大农民进一步了解什么是农业标准化，农业标准化给农业、农村、农民带来什么好处，全市组织农业标准化技术人员11人，深入20个农业标准化示范区域，向广大农民进行农业标准化知识和农业标准化政策的宣讲，积极引导农民学标准、用标准、不断增强农民实施标准的主动性，发挥农民在标准化生产中的主体作用，不断推进农田向车间、农民向工人的跨越。7月巴州区申报建立国家级“芦笋”“蜜柚杂柑”示范项目获国家质检总局批准。通江县开始制定银耳系列生产技术规程及产品标准。南江县初步确定南江黄羊、金银花、翡翠米、核桃、板栗为全县重点农业标准化示范项目。

第三节　质量监督管理

一、产品质量管理

20世纪50年代，在手工业者中，开展反偷工减料，反粗制滥造斗争。1958年“大跃进”中，由于工业仓促上马，企业设备简陋，技术人才缺乏，原材料不足，甚至寻找代用品维持生产，造成产品质量低劣，冶炼生铁不合格，织布质量粗糙，肥料不肥的质量状况。

1979年，境内由各县经委负责全面质量管理的推行工作。按照国家和省经委统一部署，先后开展了企业调查摸底，开办全面质量管理学习班，组织推行全面质量管理试点，召开质量管理成果发表会，进行经验交流、创优质产品、表彰奖励等工作。

1980—1985年，贯彻执行国家经委颁布的《工业企业全面质量管理暂行办法》，各县先后建立产品质量监督检验所、建筑工程质量监督站、计量测试所、纤维检验所、酒类科研所等监督和测试机构，把单纯的自查、互查推进到全面质量检验和管理。各企业每年都开展“五查”活动，即查质量第一的思想，查“五老四严”的作风，查生产工艺流程，查质量检验制度，查提高质量的措施。同时开展QC活动，运用PDCA循环，从设计、试制、生产、辅助和售后服务等过程予以全面管理，把不合格产品消灭在生产过程中。各企业结合自己实际制定出《质量管理实施细则》《质量管理奖惩办法》等制度。粮食、香料、糖化、织染、丝绸、塑料、水泥、造纸、轴承、钢材等企业购置理化检验、质量检验等设备，形成一套完整的质量管理体系。通过质量管理，至1985年，巴中罐头厂、丝厂、齿轮厂、印刷厂、织布厂、酿造厂、变压器厂、粮油食品厂、米面厂、榨油厂、肉联厂等主要国营企业，产品合格率达99%以上，创优质产品18种，其中7种打入国际市场，年出口创汇720万美元。平昌县工艺品印刷厂在1982—1985年中，开展4个PDCA循环，分别突破彩印、油墨粘纸浸张、商标表现光泽、材料消耗等技术难关，设计印制的“川酒”“小角楼”“古马特醋”“童装”“古壶”“绿豆香窑”等瓶贴商标，先后获省地优秀、优质奖。

1989年3月，为加强对推行全面质量管理工作的指导，各县经委增设质量管理股，负责工交系统质量管理工作。1990年，质量管理工作移交技术监督局，各县按其职能要求，健全质量管理工作机构，充实人员，加强对质量管理工作的领导。

1991年，各县为促进企业走质量效益之路，在本地大力开展推进GB/T9000质量管理体系标准，协助企业建立健全质量保证体系，确保企业产品质量稳步提高。平昌技术监督局与省技术监督局联手在平昌县江口醇酒厂、平昌二丝厂推行GB/T9000质量管理体系标准，经过三年的运行，于1993年6

月有两家企业在巴中地区首获国际标准质量管理体系认证证书。

1994 年，巴中地区技术监督局局高度重视企业发展和产（商）品质量管理，以质量求生存，以质量求发展。9 月 25 日在巴州镇组织全区 80 余个企业，130 个产品参加街头展销活动，宣传巴中本地制造的产品，现金收入 20 万元，合同金额 100 万元。同时，在全区范围内开展“打假”活动 4 次，查处假冒伪劣产（商）品 286 件，56 个品种。

1998 年，全地区通过引导企业进一步增强质量意识，制订提高产品质量的计划和规划；对产品质量不稳定企业，建立 ISO 9001 系列标准质量管理和质量保证体系，管理上给予指导，技术上给予支持；实施名牌战略，鼓励、支持企业产品创名优，在“3·15”“9 月质量月”和重要节日，组织多种形式的名优产品宣传和展示展销活动，利用川博会和西部交易会的机会，协助企业把名优产品推向更大市场；积极协助对执行工业生产许可证产品的生产企业指导申报资料和帮助企业完善生产条件和资格，以及对部分重要工业产品执行生产许可证情况进行检查；加强质量监督抽查，坚持定期监督、统检和市场抽查相结合的方法，全面监督产（商）品质量。全年共检查生产、经销企业 1812 户，抽查产（商）品 2113 批次。生产企业产品批次合格率为 56.03%，市场商品批次合格率为 47.26%；扩大质量监督领域，围绕“质量兴县、质量兴区，大力实施名牌战略”的工作思路，全面履行质量管理和质量监督行政执法两大职能，强化执法监督力度，促进企业质量效益上台阶等方式加强产品质量管理。

1999—2000 年，按照省质监局的部署，围绕深化企业改革和工业结构调整，提高巴中质量总体水平为重点，加大质量监督管理力度。对工业生产企业规模小、底子薄、质量差的现状进行分析、研究，向地区行署提出“质量振兴”意见。并把质量监督管理的宣传工作放在首位，利用“3·15”“9 月质量月”等活动大规模宣传产商品真假辨识、咨询活动 3 次，接受群众咨询 300 余人次，接受处理投诉 100 多起。全区（市）近 100 家企业的厂长（经理）参加新《中华人民共和国产品质量法》（以下简称《产品质量法》）知识测试和全面质量管理知识培训；落实质量工作行政领导责任制，帮助企业加强质量基础工作，建立质检部门和企业新型关系。在国有、集体、非公有制企业、个体户中选择 7 家作为重点服务对象；大力实施名牌战略，通过行署确定的 4 户双优企业、8 户重点企业和 15 个地方优质工农业产品生产企业的产品质量状况进行调查建档，定期帮助指导，培育了 13 个地级名牌产品和 1 个省级名牌产品；有 3 家企业被列为第五届争创名牌产品企业。坚持定期监督、统检和市场抽查相结合的办法，全面监督产（商）品质量，使全区工业产品质量稳定提高率达到 90%，主要工业产品质量等级品率达到 78% 以上，质量总体水平有所回升。

二、优质产品奖励

1979 年，《中华人民共和国优质产品奖励条例》颁布后，各县经委成立优质产品评审委员会，开展地方创优质产品奖评审工作。当年，境内四县共有 75 种产品荣获地方优质产品称号。1980—1985 年四县共获省、部优质产品奖 37 项，其中巴中荣获省、部优质产品奖 18 项、平昌 11 项、通江 4 项，南江获省部优质产品 4 项。以后每年评选 1 次，省、地和县先后陆续出台并完善优质产品的评审标准、程序和办法，以及激励措施。1986 年，国家暂行停止此项工作。

1990 年，国家恢复名牌产品奖，各级政府于 1991 年成立名牌战略推进委员会，办公室设在质量技术监督局。1993 年，平昌江口醇酒厂生产的“江口醇”牌白酒，获得四川省人民政府第一届名牌产品称号。

1994 年，在四川省“'94 名优特新产品博览会”上，全区评出金奖产品 16 个、银奖 20 个、优秀产品 5 个，名列全省第 3 位。

1995 年，全区 75 个企业的 108 个产品参展省博会，有 33 个产品获金奖、6 个产品获银奖。是年 12 月，平昌江口醇酒厂生产的“江口醇”牌白酒、小角楼酒厂生产的“小角楼”酒获得第二届四川省名牌产品称号。

1997 年，通江县复混肥厂严把质量关，其产品备受欢迎，并获四川省博览会银奖。

2000 年，平昌江口醇酒业公司生产的“诸葛酿”酒，巴州区龙头面业生产的龙头面获第六届四川省名牌产品计划项目。

三、生产许可证管理

1988 年 9 月前，境内各县经委开展工业产品生产许可证管理工作。按国家要求，境内涉及发证的生产企业产品有白酒、低压电器、水泥、钢材、冷轧带肋钢筋、塑钢门窗、过磷酸钙、复混肥、压缩液化气体、电线、眼镜等。

1988 年 9 月后，随着机构改革，各县生产许可证管理工作由经委转移到技术监督局。1989 年 1 月，境内各县完善生产许可证工作机构，配备一名负责人分管，并设办公室，承担日常工作，生产许可证工作得到加强。

1990 年，各县技术监督局许可证办公室于 10 月 1—20 日先后召开无证查处动员大会。会后，各许可证办公室立即组织开展对市场涉及工业商品生产许可证范围内的产（商）品进行检查。巴中县出动执法人员在巴州镇一农户后院里查获一起没有任何手续，利用回收的废旧机油用来炼制机油的非法炼油点并对回收的 500 公斤废旧机油进行现场封存。

1994 年 9 月，全地区组织举办涉及白酒、化工试剂、电度表、自行车、高压锅、消防器材、农业机械、肥料、低压电器、一次性输液器，一次性验血器、水泥、日用电器、洗衣机等 20 余种产品生产销售的产（商）品企业计 120 家的培训班。邀请专家讲学，对无证查处工作和对无证产品生产企业、经销无证产品的单位进行立案审查及处理方法进行讲解。经培训考核，聘任地方级许可证审查员 16 人，无证查处检查员 69 人。

1989 年 4 月至 1995 年，为加强地方产品的质量管理，境内各县（市）先后对红砖、低压配电装置、冷饮制品、肉罐制品、农肥制品、五小工业 6 种产品以及热处理、电度、铸造、锻造 4 大工艺试行地方产品准产证制度。于 1995 年，地方产品准产证制度给予取消。

1998 年，四川江口醇酒业（集团）有限公司、四川小角楼酒业有限责任公司、南江双冠曲酒厂等 8 家工业产品生产企业获全国工业产品许可证书。

2000 年，全市对小麦粉、大米、食用植物油、酱油、醋五种食品实行市场准入制度；对 120 家生产企业从业人员进行培训。四川省巴中龙头食品有限公司、巴州区梁永醋厂等 11 个企业获得食品生产许可证书。

四、查处质量违法案件

1993 年，按照国务院《关于严厉打击和经销假冒伪劣商品违法行为的通知》精神，对危害人身安全健康的产（商）品，经销生产假冒伪劣种子、农药、化肥、饲料、农机产品等农用生产资料和医用过滤器的一次性输液器等行为进行重点打击。

1994 年 3 月，巴中地区“打假”工作领导小组成立。行署副专员刘宗寿任组长，严德贵、张玲为副组长，刘多发等 10 人为成员。领导小组下设办公室，由严德贵任办公室主任。是月，全地区技术监督系统 120 人参加全国统一行政执法资格考试，均获得质量监督执法监督员证。1994 年 9 月，成立巴中地区技术监督局稽查大队，负责对全区生产、流通领域的产（商）品进行检查，查处、调解、仲裁质量、计量、标准、违法纠纷案件等工作。

1995年，质量监督以“质量为中心，标准计量为基础”，加强质量法制宣传，全地区举办各种宣传活动28次，受教育面达100万人次；把宣传贯彻《产品质量法》与三五普法教育结合起来，与司法部门共举办质量法讲座2期，讲课达80小时，全区机关事业单位干部授课面达100%；加强对城乡结合部、县交界处、贸易集散地、交易批发市场、娱乐场所、舞厅、卡拉OK厅等管理薄弱环节和无人管理的“死角”的监督管理；对流通领域群众反映强烈的重点产品和经销不符合国家强制性标准的产（商）品如米、面、油、糖果、食品等12大类531个品种进行质量监督检查，同时与各级政府、相关部门建立打假工作目标责任制。

1997年，共检查企业168个，抽检产（商）品1108批次，批次合格率85%，为企业挽回经济损失350万元。查处违法案件280多起，处罚款4.5万元。在“查大案、端窝点”质量监督执法中，平昌、巴中技术监督局查处劣质煤油烧伤大案2起和冯寿文自制假冒价值12万元的江口醇酒造假案。全地区集中专业质量执法人员30余人对全区旱情严重的地区进行专项抽水机监督检查。对抽水机扬程达不到高度、损害农业、农民利益、欺骗农民的行为，责令经销商退换，保护了广大消费者的利益。全地区查获浙江永康县利用制皮革机设备翻新，冒充新设备给平昌、巴中等皮革生产企业。平昌、巴中技术监督局执法人员按照《产品质量法》的有关规定，依法追究经销商的责任，为企业追回经济损失16万元。

1998年，以“查大案、端窝点、整市场、清柜台、抓专项、保名优”为重点，出动520人次，查处假冒伪劣产（商）品标值总额6660万元，捣毁制售假窝点32个，整顿市场17个，为企业挽回经济损失4400余万元。

1999年，针对全地区流通领域汽油质量掺杂和冒充标号的质量状况较为严峻的局势，集中开展汽油加油站点的监督检查。共检查360家汽油加油站、点，抽查121家企业，抽查批次720个，产（商）品抽查面达98%，抽查结果合格率为67.3%。同时，加大抽查的频率，对40家企业发出限期整改通知书，对12家企业严重经销不合格的汽油经销商顶格处货值金额3倍的罚款。通过整顿，全区汽油质量有所好转，年底再次全面监督抽查检验合格率为86.4%，上升19.1个百分点。

2000年，在各县主要城区街道开展以“规范市场、促进消费”为主题的系列宣传活动。在活动中，全市共出动1000余人次，现场受理质量违法案件668起，端掉制假售假窝点31个，查处假冒伪劣商品标值92万余元。出动宣传车80车次，悬挂标语1100条（幅），散发宣传资料120万份，发布质量公告6期，发出质量问卷调查3000余份，推荐“用户满意单位”25个。进行大规模宣传和商品真假辨识、咨询活动6次，接受群众咨询7000余人次，接受处理投诉300多起。

第四节　产品质量检验

1979年，境内开始推行全面质量管理，各县标准计量局设置质量检验所。建所初期，各县只有一个检验室即综合室，从事糕点、冰棍等产品的简单检验。之后，各所的业务建设得到加强，检验条件、检验手段、检验技术人员和检验范围迅速扩大。

1980年，在国家、省标准局和县政府的支持下，境内各所购置先进检测仪器，并从其他单位、学院调转一批技术人员，使质检所的发展登上新台阶，成为国家经济监督、行政监督、技术监督三大重点监督之一。针对乡镇企业在发展中技术人员素质不高产品质量合格率低的情况，技术检验机构主要是对乡镇企业生产的白酒类、简易家具类、砖瓦类、蜂窝煤等产品进行部分项目检验。在对境内

200 多家红砖生产企业进行的监督抽查中，发现质量管理缺失问题较为普遍，产品出厂质量检验手段极为缺乏。为此，各县标准计量局对红砖生产实行质量检查合格证制度，督促企业加强生产过程中的质量控制和质量管理，以提高产品质量。

1981 年 7 月，各县对辖区的冷饮产品（汽水、汽酒、冰棍、雪糕等）进行抽样调查，35 个冷饮制品生产企业 95% 以上均属无标生产，抽样检验合格率仅为 20% 左右，仅 3 个企业有简陋化验室，质量问题十分突出。是年起，各县加强对冷饮制品生产的监督管理，并规定企业必须按标准进行生产，必须拥有必要的检测、检验手段，必须制定完善的质量管理制度。

1982 年 2 月，各地对“拳头”产品加大质量抽查力度，使产品抽查合格率由 50% 提高到 80%。各县生产的白酒，每月到厂抽样进行监督检验，将检验结果予以通报，并参加标准计量局质量分析会，对其质量状况进行分析评议，查找质量问题存在的原因，及时帮助企业解决，促进“拳头”产品质量的提高。

从 1988 年起，各地的产品质量监督检验机构为帮助一些企业解决自身检验能力不足，无法稳定控制产品质量状况的问题，开始进行委托检验。委托检验所依据的各项技术标准、检验周期等由委托方提出要求。主要是为无检验能力的企业提供定期检验服务，出具产品检验报告；帮助企业分析、解决产品质量上存在的缺陷和问题；为企业与消费者在产品质量方面的纠纷提供仲裁检验。

1993 年，按照服务企业的宗旨，对全地区产品生产情况和产品抽检编制监督检验目录，规定具体的抽样时间、范围、品种、重点，分别印发给企业使其了解抽检品种、次数、时间，防止盲目抽样，增加企业负担。是年，为更进一步减轻企业负担，规定抽样合格品检验不收费、不合格产品收费，促进企业自觉提高产品质量。

1994—1995 年，把服务的重点从什么产品都检确定到对以“三个重点”（涉及人身、财产安全、身体健康的产品，影响国计民生安全的工业产品，消费者、社会反映质量问题突出的产品）和“六个转移”（监督的领域从单一的生产领域、流通领域转移到生产、流通并重，监督的产品从技术含量低、档次低和日用小商品向技术含量高的产品和高档消费品转移，监督的对象从国有企业、城乡集体中小型企业向个体私营企业、股份企业、专业市场转移，监督的地域从县城、郊区向边远山区、乡、镇转移，由小而全向食品安全转移，将坐等上门送检向主动下企业抽查转移）的产品进行质量检验为重点。工作重心的转移，设备、精度的提高，人员素质的提升，产品质量监督检验的公正性、科学性、服务性亦相应提高。

1996 年，全地区技术检验机构按照地区技术监督局以区级重点产（商）品、省级以上优质产（商）品为重点，编制《巴中地区受检产（商）品目录》，定期对全区列入受检目录的产（商）品予以监督检验。检验批次 3300 次，涉及 1500 个企业。重点监督检验 133 个企业，212 种产品；流通领域检验产品 12 大类、54 种；建筑市场建筑材料 17 种产品。9 月，全地区各检测机构开展检验产品对比试验监督考核，巴中地区粮油质检站、巴中龙头面业、平昌县粮油质检站获省级优秀检测单位，巴中罐头厂、巴中市（县级）粮食局获合格检测单位。平昌县粮油质检站、巴中市（县级）油脂有限公司获食用植物油优秀检测单位，巴中地区粮油质检站、巴中罐头厂获合格检测单位。

1997 年，地区技术监督局针对全地区小作坊多、生产工艺简单又分散在各家各户，质量安全监管困难大的现状，下达专项抽查计划对平昌、通江两县生产白酒的企业进行专门普查。产品抽查 537 批次，涉及 513 家，抽样合格率为 64.7%，不合格产品主要指标包括甲醇、杂醇油、水分、酒精度等。

1998 年，监督检验的重点为边远乡镇集市和生产设施、原料、水质及生产出来的半成品、成品上。全年列入监督检验目录的产品 13 种，共抽 808 个样，产品合格率为 79.55%。对境内 63 个乡镇集市的79个品种进行产品质量监督检验，共检验562批次，合格418批次，批次合格率为74.38%，不合格144批次，占26.52%。2000年，巴中市产品质量监督检验所正式设立，成为全市十多个重点检验所之一。

第五节　特种设备管理

1997年6月前，特种设备安全监察工作由劳动部门管理。1997年7月，国务院确定将原劳动部门承担的锅炉、压力容器、电梯、压力管道、起重机、客运索道、大型游乐设施、防爆电器等特种设备的质量管理及安全监察职能划归质量技术监督部门。1999年12月，巴中地区特种设备安全监察工作正式从地区劳动局移交给四川省巴中质量技术监督局。2000年，巴中质监局为加强对该项工作的监管，专门设立特种设备监察科，配备了具有专业技术经验的管理人员3人。当年4月成立巴中地区锅炉检验所，主要承担在用锅炉定检、锅炉安装验收；在用压力容器定检、压力容器安装验收；在用电梯定检、新装电梯验收；压力管道安装验收；压力管道在线全面检验。为确保特种设备安全，全区质监系统以液化石油气、CNG钢瓶安全管理为重点，加强对锅炉、压力容器、电梯、游乐设施、客运索道等特种设备安装监察工作。巴中质监局首先针对全区液化石油气管理混乱无序，存在安全隐患情况，制定了专项治理措施，对液化石油气钢瓶安全和充装量等主要问题开展整顿。全年取缔非法和存在安全隐患的液化气充装站点5家，强制报废过期液化罐800余个。

第八章　药品监督管理

民国时期，境内因交通、技术、物力、财力等诸多历史原因，普遍缺医少药，大部分场镇仅有一家中药铺。巴中县境内共有从事中药材批发业务的择药店17家（县城6家、农村11家），有中药零售铺151家（县城19家、农村132家）。1950年后，各县开始注重人民健康，着手发展医药事业，除在各县设立中药材公司、医药公司外，还恢复发展私营药业。各县政府卫生科开始对药品市场进行管理，重点是对特殊药品进行监督管理。1952年国务院颁发《管理麻醉药品暂行条例》后，各县重点对毒、麻、剧、限药品加强管理，对非法贩卖麻醉药品的犯罪分子给予严惩，直至判刑。

1956—1982年，境内药品一律实行专业化经营，取消药材市场，严禁私商从事药品批发业务。医药行业只能向国营医药批发单位进货，不得乱跑市场或自购自销。对二类和贵重药材由县中药材公司统一购销，除受委托的供销社可代购代销外，其他单位和个人均不得插手和非法倒卖；西药中的40个品种亦列入计划购、销品种。

1983年后，药品经营渠道逐步放开，国营、集体、个体、私营药业蓬勃发展。出现无证经营、超范围经营、超方式经营、制售假劣药等违法犯罪行为，扰乱了医药市场秩序，损害消费者健康。1985年7月，国家颁布《中华人民共和国药品管理法》（以下简称《药品管理法》）后，药品市场的管理步入了法制化轨道。各县医药、卫生管理部门，除对药品生产、经营、使用单位实行“许可证”管理制度外，还配合工商、质监、公安、药检、供销等部门，依法规范医药市场。

1994—1998 年，巴中地区卫生局、医药局组织药政、药检、药品监督力量，配合工商、质监、公安、经贸等部门，先后进行 6 次大的药品市场整顿，共查处无证批发药品单位和个人 350 家次，查处假劣药品 8330 个品种批次，货值 58.37 万元，处罚款 24.61 万元；当众销毁假劣药品货值 28 万元，并依法取缔了无证经营药品行为，对违规行为责令限期整改。

1999 年 7 月，成立巴中地区药品监督管理局，内设稽查支队、市场监督科、医疗器械科、药品安全监察科等执法科室（队），专门从事全区的药品监督管理职能。至 2000 年，全市规范发展药品生产企业 7 家，医疗器械生产企业 2 家，配制灭菌和普通制剂单位 5 家，药品批发企业 28 家，药品零售企业（含分支机构）793 家，医疗器械经营企业（含分支机构）82 家，共有药品、器械经营企业 917 家，从业人员 3000 余人。

第一节　药品生产监管

民国时期，境内无药品生产厂家。各场镇中药铺（店）根据医生处方，对中药材进行加工炮制。农村少数医生也加工一些膏、丹、丸、散等制剂。药品炮制加工质量，同业公会间或过问或管理。平常凭良心办事。药品炮制质量按古代“炮制办法”检验，要求“所切槟榔不见边”“所切附子飞上天”“南星半夏亮光片”等。药物烧、炒、炙、蒸等炮制，亦有严格标准。

1952 年，各县卫生科等部门在对药品经营单位的检查中，加大药材加工炮制的干预力度，对不按操作规程办理的，纳入“三反”“五反”运动进行教育。

1958 年后，各县相继开办制药厂和建立医院制剂室。各县人民委员会便对药品的生产进行严格管理。1959 年，各县人委规定：各医疗机构和制药厂不得擅自生产麻醉药品，不准勉强生产医药用品；未经批准和鉴定合格，不得擅自加工制造中药膏、丹、丸、散。

1978—1979 年，巴中县制药厂按照《四川省药品标准》和《中国药典标准》生产健脾糕、灭菌注射用水、葡萄糖注射液、葡萄糖氯化钠注射液、龙胆苏打片等药品供应市场。县卫生部门随时对其检查，要求厂家严格按《标准》生产，亦不准超批准范围生产，对不合格产品严禁出厂进入市场销售。

1980 年后，各县相继成立药品质量检验所，对药品生产质量开始规范化管理。先后对巴中制药厂生产的 26 种、南江制药厂生产的 1 种药品进行监督抽验，对不合格产品严禁出厂。1981 年，各县对县、区、社（乡）医院制剂室进行检查验收。经检验，原土法生产的大输液和中草药制剂，大多不符合质量要求。此后，便停业整顿，对符合生产条件、药品质量良好的制剂室，颁发由省卫生厅批准的“制剂许可证”；对不合格的予以全部关闭。巴中县只保留了县人民医院、县中医院、恩阳、宕梁区卫生院 4 个制剂室，其余 90 个制剂室全部关闭。1982 年，巴中制药厂、南江制药厂均建立干部、工人、技术人员三结合的质量检验机构，并建立自检、互检、专检制度；坚持职工上下班、进出车间更换服装制，用以防尘防菌，进一步保证药品质量。

1985 年 7 月实施《药品管理法》后，各县对申请办药品和医疗器械生产及临床制剂的单位，实行“许可证”制度，根据办厂（制剂室）环境、技术力量、设备、配方等条件，进行立项，层层审核，并报上级主管部门批准，核发“生产许可证”。

1988 年，各县开始重新换发生产许可证，凡经验收合格的药品生产单位和个人，由县医药局、卫生局报经上级主管部门批准，发给“药品生产企业合格证”“药品生产企业许可证”。凭以上证件到工商行政管理部门核发“营业执照”。至 1991 年，各县制药厂、中药饮片加工厂、医院制剂室，均换（核）发“许可证”，达到依法生产的要求。1994 年，巴中地区卫生、药政部门根据省卫生厅的安排部署，开始换发药品生产许可证。地区卫生局成立核发证件工作领导小组，结合全地区实际，制发巴中地区核发药品生产企业、医疗单位配制制剂“许可证”实施细则和考评验收办法。对照标准，严格考核，全地区完成整改合格的药品生产企业 7 个，医疗单位灭菌制剂、普通制剂 5 个。所换证件，有效期 5 年。

1995 年 9 月初，地区卫生局组织药政、药品监督员协同成都市锦江洁净技术研究所技术人员集中 10 天时间深入各县、市医院灭菌制剂室、巴中制药厂大输液车间等五个净化系统进行全面静态测试。按照卫生部制定的药品生产企业质量管理规范（GMP）要求和医疗单位《制剂规范》标准，对洁净度级别进行重点检测，针对存在的问题，从硬件添置，软件完善等方面提出改进措施和意见，并按《药品管理法》有关条款予以处罚，限期整改至产品合格为止。

1996 年，各级医疗卫生单位切实发挥医院药事管理委员会（小组）的作用，根据医院临床用药需求，编制《基本用药目录》提交药事管理委员会审定后，坚持从国营医药商业主渠道进购药品，严禁从个体药贩或非主渠道采购药品。与此同时督促和指导各县（市）灭菌制剂室和巴中制药厂大输液车间抓好净化设施的改造工作。7 月至 8 月，协同成都市锦江洁净技术研究所技术人员集中 40 余天时间先后对平昌县、南江县、巴中市（县级）人民医院、巴中市（县级）第三人民医院的灭菌制剂室灌装间净化设施进行改造、安装调试，总耗资 8 万余元。改造后的制剂灌装间洁净度经用 YOG—6 型尘埃粒子计数器、动静态测试，结果均达到局部 100 级，符合卫生部制定的《药品生产企业质量管理规范》（GMP）要求和医疗单位生产《制剂规范》标准。同时对全区各县市人民医院、中医院共 9 个单位生产的制剂包装标签进行全面检查，并对报经省卫生厅批准的 43 种灭菌制剂 166 种普通制剂更换注册文号，建卡立档，避免了过去一些单位不经批准擅自配制制剂的行为，并严格按规定执行报批报检制度。

1998—2000 年，卫生部门对 5 个灭菌制剂室、4 个普通制剂室生产品种均进行批批抽检考核，从硬件设备到软件制度管理督促依照制剂标准进行生产，对质量不合格的严禁出厂使用。

第二节　药品经营监管

一、药品监督管理

民国初期，境内始有药品经营流通组织，如药材帮、择药行等。同业公会干预其药品质量，但药品未炮制前亦无管理。

川陕省苏维埃时期，红四方面军总医院院务部兼司药政，以组织购买、采集、运输药品和加工炮制为主要任务，大多和医疗活动融为一体。

20 世纪 50 年代初期，各县人民政府责成卫生、工商部门具体抓药品经营管理工作。1954 年各县先后组成伪劣药品检查组，对城区西药商贩、中药铺（店）经营的药品进行监督检查。检查表明，中药材普遍存在以次充好、以假充真、分量不足等问题。随后组织药品从业人员学习，进行教育；对国营和私营中药材经营户，作出经营品种和数量的规定。

1955—1981 年，境内药品一律实行专营，取消药材市场，禁止私营商业从事医药批发业务。医药行业只能向国营医药单位进货。对于二类和贵重中药材中的黄连、当归、三七、贝母、人参等 30 个品种，由县中药材公司统一收购、供应。除受委托的供销合作社可代购代销外，其他单位和个人不得多方插手和非法倒卖。西药中的青霉素针、土霉素片、胰岛素片，维生素 B1、B2、B3 片，四环素片等 40 个品种，亦列入计划供应品种。各县人委于 1963 年对流散医务人员作出规定：个体医生不能设西药柜，其用药可在指定行医范围内的药店和医疗机构配方；边远地方，可带保健箱，由当地卫生部门证明予以供应药品，草药医生可摆草药摊；其他任何人不得无证行医售药。1974 年，南江、通江两县商业局、卫生局、工商局先后联合发出通知，严格中药材市场管理。规定凡属国家计划管理的药材，一律不准上市；除经营单位，其他任何部门和个人不得收购；各级医疗卫生单位，应在规定供应区内购药。1978 年，平昌、巴中卫生局、药检所在工商、公安部门配合下，对县内药物摊、店进行清理。对先后流入境内的伪劣天麻、阿胶、砂仁、竹黄、川贝、草乌进行没收、封存和销毁处理。1980 年，境内各县遵照达县地区卫生局、医药管理局、工商局、公安局联合发出的《关于加强城乡散在行医卖药人员管理的通知》精神，进行广泛宣传，并清理查处。巴中县清理出卖假药的行医售药人员 258 人，借医行骗的 29 人，并进行处理。

1982—1983 年，各县卫生局、医药局、药检所、中药材公司组成药品（材）市场整顿检查组，对本辖区的中药材、西药销售市场进行清理整顿。平昌县从 18 个中药材经销单位中，清查出流入县内的伪劣天麻、贝母等 10 多个品种，价值 7.1 万元；巴中县取缔非法行医卖药人员 203 人，没收假劣药品 30 余公斤。各县在各地放映药政管理幻灯片，宣传药品管理法规，让其依法经营。

1983 年后，药品经营逐步转向市场化。是年四川省医药局将原贵重药材的三类品种调减为麝香、贝母、杜仲、黄柏、厚朴等 7 种，对其中的 5 种由中药材公司按国家牌价全额收购，不许上市和议价购销。出售黄连、川芎实行派购基数，三类药材完成派购任务后，黄连、川芎实行议购议销，允许多渠道经营。

1985 年 7 月后，实施《中华人民共和国药品管理法》后，各县重点对药品经营单位和个人加强药品质量源头管理。药品经营者必须要持有卫生部门核准颁发的“药品经营许可证”和“临时药品经营准许证”，方能从事经营活动。各县对药品经营企业依法逐个检查验收，举办药品从业人员培训班，组织药品从业人员体检，完善药品经营设施，对符合条件的换发“药品经营许可证”，实行亮证经营。经营企业和个人随时接受医药、卫生、工商等部门的质量检查，如经营假劣药品则要立即停业整顿或吊销经营证照；凡外地到境内行医售药者，先到卫生局、药检所报到，对手续和经营的药品审查检验后出具证明，再到工商所签发“入场证”，方能行医售药，否则依法查处。

1988 年底，境内各药品经营单位经达县地区卫生局统一考核后，重新核发“药品经营许可证”和“携带药品准许证”，基本达到持证经营的法律要求。凡无“药品经营企业合格证”“药品经营企业许可证”“携带药品准许证”（下称“三证”）和“营业执照”的，或“三证一照”不全的，不准从事药品经营业务，并由工商、卫生、医药、公安等部门予以取缔。

1990 年后，医药、卫生等部门除注重药品“证照”管理外，重点放在药品采购管理上。1994 年各县（市）医药、卫生管理部门对期满的药品经营企业“合格证”“许可证”进行重新审核、换发。通过考试确定资格，符合条件者发给巴中地区统一制作的“上岗合格证”，凭此证换发经营企业“合格证”及“许可证”；不够资格的，不许可经营药品。

1994—1995 年，医药、卫生部门针对医疗单位外出采购药品数额越来越大，药品质量不易控制的情况，为预防假劣药品进入使用环节，药政部门采取措施，在年初制定药政工作要点中作为重要工作内容。对医疗单位药品质量进行抽样检验，同时还重点强调医疗单位药品采购管理办法，要求切实发挥医院药事管理委员会（小组）的作用，编制医院“基本用药目录”，并按基本用药目录采购药品，严禁从个体药贩手中或非主渠道采购药品。对医院灭菌制剂实行质量跟踪管理，严格执行报批、报检、注册管理制度。

1997—1999 年，药政管理部门除继续发挥各级医疗卫生单位药事管理委员会（小组）的作用，根据本院临床用药计划编制（基本用药目录），坚持在国有医药主渠道进货外，还采取措施对外地厂家在巴中的直销人员，严格审查其“三证”情况，凭“三证”复印件及“法人委托书”登记。并组织药政、药检力量深入各级医疗单位监督检查，杜绝从非主渠道及个体药贩手中购进药品。

2000 年，全市通过两次市场检查，药品市场均在原基础上实行“两证一照”，严格核准经营地址、范围，经营秩序基本正常。经检查，全区（市）未见开办或变相开办中药材专业市场及药品集贸市场现象，基本保证了药品经营企业和个人竞争有序、依法执业、合理布局。

二、医药企业 GSP 认证

1999 年，地区药监局对医药企业推行 GSP 达标认证，督促企业积极开展 GSP 认证工作。地区药监局组织地、县（市）医药工商企业有关人员到绵阳、资阳、眉山等地考察学习，并制订了全区 GSP 达标认证规划，制发实施 GSP 认证工作的意见。于 11 月中旬在通江举办 60 多人参加的 GSP 达标工作骨干培训班，提出“重点突破、整体推进、分步实施”的指导方针。至 2000 年底，巴中地区医药站、中药材站、怡和连锁和市医药有限责任公司等四家企业通过省局的验收，被首批认定为全省 GSP 达合格企业。同时，通江、南江、平昌医药总公司也在积极创造条件，完善相关的软、硬件设施，及时争取省局的 GSP 达合格验收。

第三节　药品质量检验

一、检验设备

1978—1984 年，境内先后成立平昌、通江、巴中药品检验所，由于场地、资金、技术等原因，一直无药品检验室和成套检验仪器，只能作一些理化和显微鉴定，假劣药品必须依靠达县地区药检所检定。1981 年 5 月，平昌药检所率先建筑一幢药检楼房，建筑面积 638.7 平方米。1982 年增设化测、生测、中药、菌检、动物等科室，并逐年增购检验仪表。至 1985 年，该所设备较全，尚有电冰箱、培养箱、天平、干燥箱、显微镜、酸度计、光度比色计、圆孔水浴箱、水溶箱、真空泵、电动离心器等 14 台（件）。至 2000 年，巴中所辖四县（区）药检所，其房屋、仪器基本配套。通江新建房 674 平方米，各种检验仪器及试药等基本设备齐全。巴中地区药检所于 2000 年 5 月通过省药监局、技术监督局的评审，验收合格；其组织机构、科室设置、仪器设备、质保体系、检验技术已初具规模；已购买检验楼 700 余平方米，购各类设备 62 台（件），基本能满足全区药品的常规检验。

二、质量抽验

1950—1977 年，达县地区无检验机构，检查药品质量全凭感观，其准确度不高。1977 年 10 月成立达县地区药品检验所后，全区药物质检一律由地区药检所负责。1978 年 8 月 7 日至 22 日，达县地区卫生局、商业局、供销社、药检所组成达县地区药品质量检查组，对巴中、南江、达县、大竹 4 个制药厂的药品质量进行检查。各厂为保证质量，都建立生产操作规程、岗位责任、称量复核、交接班、检验合格出厂等制度。

1980 年，达县地区药检所在巴中境内共抽验药物 147 个品种，合格率为 59.86%。同时，全所抽出 26 人次深入达县、巴中、南江、大竹 4 个制药厂和 12 个县（市）调查了解药品生产质量情况，协助改进工艺流程和建立健全各项管理制度，使药品质量逐步提高。

1981 年，达县地区药品检验所协助巴中、南江等 4 个制药厂建立了自检、互检、专检制度。各厂增设菌检化验设备，新设灭菌室、无菌生产室等机构，以保证药品生产质量。

1985 年，境内四县报达县地区药检所的检品 267 个，其中送检 217 个，抽样 50 个，送检合格率为 70%，抽检合格率为 38%。

1993—1995 年，巴中地区共抽验药品 1257 个（包括监督抽验 401 个），其中，平昌药检所完成 345 个，通江县药检所完成 326 个，分别占年初计划的 100% 和 156.26%。巴中市（县级）药检所完成 445 个，南江完成 134 个，总合格 1023 个，合格率 81.38%。1995 年药品生产企业抽检 11 个，合格 10 个，合格率 91%；经营企业抽检 345 个，合格 292 个，合格率 84.7%；医疗单位抽检 215 个，合格 191 个，合格率 88.8%；个体抽检 203 个，合格 151 个，合格率 74.3%；医疗单位灭菌、普通制剂 62 个，合格 57 个，合格率 91.9%。代省药检所抽验质量考察品种 12 个（批次），重点放在药品生产企业、药品经营企业和基层医疗单位。各级卫生行政部门和药检所严格监督，依法实施抽验计划，为保证药品质量，净化药品市场提供公正、科学、准确的技术保证。

1996 年，全地区共完成检品 991 个（包括监督抽检 363 个）。平昌县药检所完成 551 个，通江县药检所完成 212 个，巴中市（县级）药检所完成 228 个，完成率均达 100%，通过检验总合格 710 个，总合格率 71.9%，不合格 281 个，不合格率占 28.1%。药品生产企业抽验 25 个，合格 25 个，合格率达 100%；药品经营企业抽检 112 个，合格 82 个，合格率 73.2%；医疗单位抽验 295 个，合格 229 个，合格率 77.6%；村卫生站及社团办医机构、个体行医卖药人员抽验 514 个，合格 353 个，合格率占 68.6%；医疗单位灭菌、普通制剂 45 个，合格 41 个，合格率 91.1%。

1997—1998 年，全地区共完成检品 3078 个（包括监督抽检 797 个）。平昌县药检所完成 1205 个，通江县药检所完成 637 个，巴中市（县级）药检所完成 882 个，南江县完成 217 个，完成率均达 100%。药品生产企业抽检 18 个，合格 17 个，合格率达 94.4%；药品经营企业抽检 818 个，合格 577 个，合格率 70.54%；乡以上医疗卫生单位抽检 741 个，合格 591 个，合格率为 79.76%；医疗单位灭菌、普通制剂抽检 81 个，合格 69 个，合格率 85.19%；村卫生站及社团办医机构、个体行医卖药抽检 1393 个，合格 919 个，合格率为 65.97%。通过有计划抽验，主动发现假劣药品，为全区各级药政部门严格监督提供了技术支撑。

1999 年，共完成检品 2008 个，占计划的 145.93%；合格 1477 个，合格率 73.6%，同比增长 0.3 个百分点。2000 年，全市共完成药品抽验 2061 批次，合格 1776 批次，合格率为 86.2%；不合格 285 批次，不合格率为 13.8%；不合格率较上年同期下降 13 个百分点。同时针对不少假劣药品流入边远场镇的实际情况，及时扩大药品质量抽验覆盖面，确保农村地区用药质量的不断提高。

第四节　特殊药品监管

民国时期，颁布有关药品使用监管的法规。川陕省苏维埃时期，省、市苏维埃政府设戒烟局，主管查禁鸦片毒品的工作。

20 世纪 50 年代起，各县医药、卫生、公安、工商、供销等部门，按国家政策、法令，逐步加强对毒、麻、剧、限药品制剂的严格管理。1953 年，各县卫生院建立麻醉、剧毒药品管理小组，对特殊药品实行专柜、专账管理。1959 年各县根据省卫生厅《关于加强麻醉药品的管理，严禁擅自生产和销售麻醉药品的通知》精神，使用麻醉药品的医务人员，必须经省卫生厅批准；使用的麻醉剧毒药物必须经过卫生行政机构审查。

1964 年，各县对限制性剧药的麻黄针片、粉剂，铵钠加片、针、粉剂，复方甘草片，复方樟脑酊等不准在市场零售，由县医药公司统一经营，医疗单位凭证明供应。1965 年，执行《毒性中药管理暂行办法》，对砒石（红、白砒）、汞、生白附子、生马钱子、生川乌、生草乌、天雄、斑蝥、葛上亭长、地坦、红娘、生巴豆、生半夏、生南星、生狼毒、生藤黄、生甘遂、洋金花、闹羊花等 30 多种中药材和中成药，规定了使用范围和最大限量。

1972 年，境内扩大麻醉药品的供应范围和限量，区卫生院由二级限量改为一级，装备公社卫生院也供应二级限量的麻醉药品。县、区、公社、厂矿医疗机构均确定一名院长分管麻醉药品管理工作，实行专人负责、专柜加锁、专用账册、专用处方、专册登记的“五专”管理制度。并要求医务人员正确使用麻醉药品，规定医士以上医务人员由院长授予处方权，其处方保存 5 年，备查。

1978 年，执行国家《麻醉药品管理条例》后，各县对药店进行整顿，各医疗卫生单位对麻醉药品实行专柜、专人、专账、专册登记、专用处方的“五专”管理。对西药中的一类毒药如苯丙胺、三氧化二砷等 10 多种，只限于供给医疗单位配方使用，其处方权放到医师一级。二类毒药的毒毛旋花子 K（G）针剂、盐酸麻黄碱、胺钠咖针（片）剂等 20 多种，可由医疗门市部零售，但购买者必须持医师处方笺方能发售。

1980 年，各县卫生局针对少数单位因管理不善而导致个别食麻药成瘾的流弊，及时传达卫生部转发的《关于河南省扶沟县陈长荣滥用麻醉药品的通报》。重点在直属医疗卫生单位广泛宣传教育，并对各级医务人员提出严格要求，以保证对麻醉药品的正当使用。

1982 年 5 月，按照省卫生厅，达县地区卫生局麻醉药品检查组，对境内各县建卡使用麻醉药品的单位进行监督检查。对麻醉药品的管理制度、措施、处方书写、使用剂量及违法事件进行详查。平昌县被抽查单位 12 个（县级 2 个、区级 5 个、公社卫生院 5 个）。通过对使用保管制度全面检查评比，平昌县卫生局、平昌县人民医院、平昌县卫校，平昌县兰草、云台区卫生院，平昌县岳家公社卫生院等 6 个单位被达县地区卫生局评为 1982 年度麻醉药品管理先进单位。

1983 年 5—6 月，达县地区麻醉药品 7 个检查组分赴境内各县，对毒、麻、剧、限等特殊药品的管理、使用情况进行检查。其中“五专”管理制度健全的占 41%，麻醉药品账物相符的占 67%，处方书写合格的占 27%，无处方权开方及超剂量药品较上年大为减少。在检查使用毒、剧、限药中，“三专”（专人管理、专用处方、专用账册）制度健全的占 24%，处方书写合格的占 28%。

1985 年 7 月，实施《药品管理法》后，各县进一步加强了特殊药品监督管理。1986—1990 年，各县卫生局依照《药品管理法》，对麻醉药品加强“五专”（专人负责、专柜加锁、专用账册、专册登记、专用处方）管理，对毒、剧药品实行“三专”（专人负责、专柜加锁、专用账册）管理。对晚期癌症病人使用麻醉药品，实行核发“镇痛专用麻醉药品供应卡”制度。如违法转让、伪造供应卡，由卫生执法人员依法查办。

1991—1993 年，各县转发卫生部和省卫生厅《关于医疗单位麻醉药、精神病药品计划供应办法的通知》，并提出实施意见。重申麻醉药品的管理办法与法律规定，以保证用药安全。并加强医药采购渠道管理，对违反购药规定的给予及时处理；对违反《麻醉药品管理办法》的单位和个人给予严肃处理和教育。

1994 年后，巴中地区卫生局、医药局针对特殊药品管理失控就会给社会造成危害的实际，一直将特殊药品的管理列为药政工作的重要内容。对全区医疗、科研计划使用麻醉药品制定了具体意见、对癌症患者使用麻醉药品依法实行“专用卡”制度。由于行政区划调整，巴中地区麻醉药品供应点未设置布点之前，达川一度停供。巴中地区卫生局一面督促地区医药站准备仓储、仓库，购置设备、充实人员，按“五专”要求做好供前准备；另一方面立即向省医药局、省卫生厅请示，争取在巴中医药站设立二级麻醉药品供应点，并决定在麻醉药品供应点批准后，在全区换发新卡实行计划供应。为切实做好此项工作，各县、市药政部门也十分重视特殊药品管理，严格规章制度，严格审批程序。

1995 年 6 月，国家卫生部、医药局正式批准巴中设立二级麻醉药品供应点，从 7 月 1 日起投入供货运行。全地区实行特殊药品“印鉴卡”制度，各用药单位按“五专”要求申请计划，审批机关严格把关审批申购计划。是年，全地区计划发放（卫生、计生）“印鉴卡”182 个，实际发放 96 个，其中县级医疗、计生单位 16 个，区级 70 个，乡级 10 个，为保证全区医疗用麻醉药品做好准备工作。

1996 年，全地区依照《麻醉药品管理办法》和《麻醉药品经营管理办法》的规定，对全区具备麻醉药品、一类精神药品使用资格的乡以上医疗卫生单位和计划生育部门共 120 个单位核发了使用“印鉴卡”一式四种印鉴。在核发过程中，始终坚持严格印鉴核对、严格资格审查、严格按程序办理的“三严”措施，促使供购单位严格把麻醉药品、一类精神药品的“五专”管理制度落到实处。巴中地区一度时期麻醉药品、一类精神药品管理失控，出现倒买倒卖、随意调拨，转借“印鉴卡”给他人、开大处方等问题。地区卫生局高度重视，采取有效措施，迅即发出《关于对全区麻醉药品、一类精神药品经营、使用单位进行监督检查的紧急通知》，并会同当地公安部门对全区麻醉药品经营使用单位进行了检查，及时打击一批违法作案的投机分子，同时对持卡单位认真核实账物，分级建卡立档，强化特殊药品的管理。

1997 年 5 月上旬，地区卫生局专门召开全区药政工作会议，专项部署特殊药品管理工作。为把“禁毒”和加强“毒品”管理工作落到实处，卫生局把加强特殊药品管理工作提到议事日程，层层落实责任制。对麻醉药品、一类精神药品的采购确定专人专管、制定防范措施。对违者且造成事故的要追究当事人的责任；医院开具的癌症病人诊断证明书以及麻醉药品处方除法律规定外，还必须由医务科审核签章方能生效；医院手术室凡有麻醉药品固定使用基数的必须采取交接班制度，使用后，空安瓿交回药房补足基数；四是门诊癌症病人凭“专用卡”取药时必须交回空安瓿方能发药。同时对库房、门诊药房麻醉药品、一类精神药品实行专用账册、专册登记管理制度，院长、分管院长经常过问，督查麻醉药品使用情况。对麻醉药品专管人员实行账、物、卡分开管理，互相监督，定期盘存账物。从而提高了广大医、护、药技人员对麻醉药品、一类精神药品共同重视、共同防范的责任心和法律意识。

1998—2000 年，对全区（市）麻醉药品、一类精神药品使用单位“印鉴卡”进行严格审核换卡，建立地、县、区、乡二级档案网和四级监督网，对特殊药品经营使用监督率达 100%，有效杜绝医院处方医师不按规定乱开处方和开大处方滥用麻醉药品的行为。依照《麻醉药品管理办法》有关规定，对全区（市）各级各类医疗卫生单位处方医师进行麻醉药品法律法规及专业知识培训考试考核，对 824 名合格医师颁发统一制作的处方医师资格证。

第五节　企业许可管理

1985 年 5 月起，境内各县宣传贯彻执行《药品管理法》，开始对药品生产、销售、制剂单位实行许可准入制度，并核发“三证”（药品生产许可证、药品企业经营许可证、医院制剂许可证）。凡无以上证件者，均不得擅自生产、销售药品，如经发现无证生产、销售则视为非法，药政部门将依法予以行政处罚。是年，各县对药品从业人员进行培训，并进行考试考核，对合格者核发“三证”允许从业；对不合格者进行停业整顿。

1988 年，各县开始重新换发“三证”，凡经验收合格的药品生产、经营单位和个人，由县医药局、卫生局报经上级主管部门批准，发给“药品生产、经营企业合格证”“药品生产、经营企业许可证”。凭以上证件到工商行政管理部门核发“营业执照”。至 1991 年，各县医药公司、中药材公司、制药厂、中药饮片加工厂、医院制剂室，医药公司下伸的批发部、供销社代批发点，全民、集体、个体药品零售单位，均换（核）发了“许可证”，达到了依法生产、经营的要求。

1994 年，巴中地区卫生、药政部门根据省卫生厅的安排部署，开始换发“两证”（药品生产许可证、药品经营许可证）。地区卫生局成立核发“两证”工作领导小组，结合全区实际，制发巴中地区《核发药品生产企业、药品经营企业、医疗单位配制制剂“许可证”实施细则》和“考评验收办法”。并召开专门工作会议，共 71 人参会。为使核发证件工作依照标准，保证质量，规范整改，各县（市）卫生局分期分批对辖区各级各类药品从业人员进行药品政策法规和药学专业知识的岗前培训，全区共培训从业人员 2800 余名。培训结束，先后给 1800 余名考试考核合格者发给了由地区卫生局统一制作，各县（市）卫生局签发的药品从业人员“上岗合格证”。8 月下旬，地区卫生局、医药局组成考评验收小组，历时 21 天，对相继完成自查整改工作的通江、平昌、巴中、南江四县（市）进行考评验收。对照标准，严格考核，全区完成整改合格的药品批发企业 64 个，生产企业 7 个，医疗单位配制制剂 8 个，依照程序逐级审查上报省卫生厅发证。截至 1995 年 6 月，全区已完成药品生产企业 7 个，药品批发企业 69 个，医疗单位灭菌制剂、普通制剂 5 个，药品零售企业 103 个，个体药品经营单位 363 个的“许可证”发放工作。并使全区 3000 多名药品从业人员持地区卫生局统一印制的“上岗合格证”上岗，依法规范执业。所换证件，有效期 5 年。

2000 年，根据国家和省关于换（发）证工作的总体部署，市药监局及时制定全区药品生产、经营、医院制剂等换发证工作实施方案，集中人力、财力，依照程序，严格标准，完成了五年一度的“药品生产企业许可证”“药品经营企业许可证”和“医院制剂许可证”初验审核工作。截至年底，全市已完成初验合格的 6 家药品生产企业、28 家药品批发企业（网点）、9 家医疗单位制剂换发证相关材料的上报申验换证工作。同时地区药监局按照 33 条标准对全区 793 家药品零售企业进行验收，其中合格的达 656 家，其相关的换发证资料已报省药监局备案。是年，根据《医疗器械监督管理条例》的规定，按照省药监局的具体部署，市药监局迅速组织本辖区内申请换证的医疗器械生产、经营企业依照四川省医疗器械生产、经营企业的验收标准，全面督导、严格要求，通过自查整改，逐步完善各项制度和措施。并受省局委托组织市级医疗器械“许可证”换证审查员对申报材料的形式审查及现场实地验收，基本达到医疗器械生产、经营企业的标准。

第六节　药品行政执法

一、执法体系

自 1985 年 7 月正式实施《中华人民共和国药品管理法》后，各县开始进行药品执法体系建设。各县在卫生局内设药政股、药检所，在医药局（公司）内设业务股或市场管理股，从事药品的生产、经营和药品质量管理。在具体管理中质监、工商、公安等部门参与其中。在行政执法中，各自为政，管理混乱。

至 1993 年，各县卫生局基本成为药品监管的立体单位，先后完善县、区、乡、村四级药品监督网络，各级都配有专人抓药品市场监督管理工作。

1994 年，巴中地区卫生局为加强执法体系建设，建立健全药政执法机构，继续完善和巩固县、区、乡、村四级药品监督网。成立以执行《药品管理法》为主体的执法科，并建立药政监督机构，任命地级药品监督员四名，指导和协调监督各县（市）药政执法、药检工作。各县（市）及时完成到期药品监督员、检查员的聘任工作。巴中市（县级）、平昌县卫生局先后依法组建卫生执法股，充实执法人员，强化药品监督管理。由于新建地区资金紧缺，房屋设备奇缺，在地区药检所尚未组建之前，为使全区药品质量抽样监督工作正常开展，地区卫生局委托通江、平昌县药检所（经国家计量认证合格的法定单位）代地区卫生局对 1994 年全区药品产、供、使用单位的药品进行有计划抽样，并委托实施监督抽验。

1995 年，为巩固和完善县、区、乡、村四级药品监督网络建设，责成各县（市）卫生局认真做好各级药品监督员、检查员的到期聘任工作，并建立健全卫生综合执法机构和药品监督机构。至 11 月，全地区共设置地级药品监督机构 1 个，县、市级监督机构 4 个，区、乡、镇级监督机构 96 个。任命地级药品监督员 4 人，县（市）级药品监督员 35 人，区、乡、镇级药品检查员 372 人，村级药品管理报告员 2105 人；县（市）级药品检验机构 3 个，通过省级鉴定计量认证合格的单位 2 个。

1998 年，实施食品卫生执法主体的转移，强化卫生行政执法职能，提高卫生执法的权威性。通江县卫生局充分利用原有食品卫生监督力量和技术，实行卫生局"出牌子、盖章子、审案子"，防疫站"管摊子、跑腿子、办案子"的做法，使全县食品卫生工作面貌大为改观。

1999 年 7 月成立巴中药品监督管理局后，内设稽查支队、市场监督科、药品安全监察科等执法科室；并重新聘用了县、区、乡、村药品监督员，使全区药品执法体系进一步完善。

二、药品市场整顿

1952 年，达县专署号召各县人民政府严厉查处销售假劣药品行为。平昌县在全县医药商店查出伪劣中药 1947 公斤、西药 135 瓶、针剂 280 支，并当众销毁。是年 4 月，平昌县在贯彻国务院《麻醉药品管理暂行条例》中，对非法贩卖麻醉药品的重大犯罪分子 41 人，分别给予判行、管制处理。

1953 年，境内各县于二、三季度先后进行一次较全面的检查，平昌县没收了罗宇文等人在江口镇贩卖的"清道丸"等假劣药品。

1978—1982 年，境内各县根据市场情况，不定期地开展药品市场的整顿工作。平昌县于 1978 年 10—11 月在镇龙、元山、响滩等区查处伪劣药品 58 种，计 1400 余公斤，当众销毁，令其停止销售。1979 年，巴中全县清查出游散行医卖药的 602 人（外地 69 人），其中，卖草药 258 人、卖兽药 113 人，借医行骗 29 人、贩卖假药 10 人、巫医 19 人，投机倒把 12 人、游医 161 人，后被检查组分别进行登记或取缔。1982 年 3—12 月，平昌县医药局、卫生局联合组成药品质量检查组，对全县医药市场进行全面整顿。查出元山、笔山供销社收购外地流入伪劣药品黄连、枳壳、乌梅、葛根、贝母等近 10 个品种，计 809 公斤，全部销毁。同时，查出县中药材公司经营的药材中，有质量低劣、变质、虫蛀、混杂不清的 24 种药品，计 1.7 万公斤，均被清理出库报废；清理出县医药公司有应淘汰的 96 个品种，价值 7218 元的药品，后作销毁处理。

1985 年 7 月，贯彻实施《药品管理法》，达县地区药检所抽派 32 人次，深入到境内各地，配合各县药政执法人员对基层医药部门和药业摊店进行检查，对不符合条件的企业，督促其改进，对个体医药人员进行全面清理。通江、南江、巴中、平昌四县共查出假劣药品 1.63 万公斤，1022 盒、3.88 万片、1205 支、5256 包、103 瓶，霉烂变质和淘汰药 5.6 万公斤（片、支、包、盒），后全部当众销毁，并对有质量问题的经营企业进行停业整顿，对符合条件的准许从业；对屡教不改的，取缔经营权。是年 7 月 19 日至 9 月 1 日，平昌县在 375 个药品生产、经营单位中查出、销毁假劣中药材 254 公斤、假药187盒、霉变药3.5万余公斤、淘汰药5000余公斤。

1986—1992年，各县每年由卫生部门牵头，配合医药、工商、供销等部门对本县药品市场进行3—5次的大清查。从医院、药厂内部查起，一直查到市场上的门市、摊店。7年中，仅巴中、通江两县就查出假劣药品2433个品种批次，价值23.69万元。之后，对所查的假劣药品进行集中销毁，并对经营、使用假劣药品情节严重的分别给予批评教育和经济处罚，几年中仅通江县就处罚款2.18万元。

1993—1995年，在全面核发“许可证”的同时，由巴中地区卫生局、医药局、工商局制定措施，联合并印发《关于进一步整顿医药市场的通知》。各县（市）卫生局积极组织药政、药检、药品监督力量与有关部门密切配合，组成联合执法队5个，在全地区范围内对药品产、供、用单位及各药品摊点进行认真清理整顿。各县（市）共进行6次大检查，共查药品生产企业7家，经营单位533家，乡以下医疗使用单位269家，各级厂矿企事业医务室、诊所、个体行医1260家，畜牧、计生单位药业摊点218家；共查出无证批发药品单位和个人128家次。查出假劣中西药4875个品种批次，其中，中西假药163个品种批次，中西劣药3245个品种批次；中药2439公斤，西药127万片，针剂6.2万支，货值总额39.31万元，处罚款14.03万元。查处非法经营248家次，停业整顿51家次，关闭证照不全的经营者469家次。巴中市（县级）卫生局、药检所在巴中市（县级）公安局的大力配合下，于1994年在茶坝镇破获一起最大制售假药案，现场查获假药12个品种（批次），货物折款12万余元，假土霉素散片80余千克，假地咪等药片5000余片；同时查获涉及全国11个药品生产厂家的瓶签、空瓶案。

1996—1997年，全地区每年组织联合执法队15个，开展监督检查3次以上，检查药品生产、经营、使用单位及个体行医卖药人员，社会办医机构共3665个，监督检查率达100%。检查药品生产企业5个，药品经营企业（批发、零售）343个，对333个乡以上医疗卫生单位使用药品，9个医疗单位配制灭菌、普通制剂，2975个村卫生站及社会办医机构、个体行医卖药人员进行监督检查。两年共查处制售假劣药品违法案件1480起，查获中西假劣药1238个品种（批次），129.2万片（支、盒、公斤），按正品计算标示价值8.84万元，处罚款5.74万元；取缔非法药品经营单位和摊点31家次，销毁假劣药品价值7.84万元。

1998—1999年，全地区共组成联合执法队15个，每年共四次检查药品生产企业，药品经营企业，医疗单位使用药品及个体行医卖药人员，社会办医机构共3407个，检查面达100%。检查药品生产企业4个，药品经营企业（含批发零售）434个，对321个乡以上医疗卫生单位使用药品，7个医疗单位配制灭菌制剂、普通制剂，2641个村卫生站及社会办医机构、个体行医卖药人员进行监督检查。两年共查处制售假劣药品违法案1651起，共查获中西假劣药品2217个品种（批次），19.19万片（支、盒、包、公斤），按正品计算标示价值额10.22万元，处罚款4.84万元。取缔非法经营药品单位和摊点（个人）118个次，限期整改的15个，销毁假劣药品价值6.55万元。

2000年，全市药监部门按照省、地关于整顿和规范药品市场秩序的总体要求，精心组织，全力推进“春季整治”“夏季攻势”的两次大检查，严厉打击制售假劣药品、医疗器械等违法行为。全区共查处药品违法案件724起，没收假劣药品标示价值4.5万元，没收违法所得和罚款35.5万元。其中地区药监局直接查处的药品典型案件20余起，没收假劣药品标示价值3.1万元，处罚款22万元并全部上缴国库。通过对王某某假劣药品案、陈某某零售长期从事批发药品案、岳某某以兽药冒充人药案等典型案件的及时查处和公开曝光。

第九章　统计监督管理

第一节　专业统计

一、农业统计

1950—1952 年，境内各县主要对稻谷、玉米、甘薯、高粱、黄豆、绿豆、马铃薯、花生、芝麻、棉花、甘蔗、烟叶、大麻、小麦、大麦、蚕豆、豌豆、油菜子、苦荞等农作物的播种面积、单产量、总产量进行统计上报。

1953 年，贯彻国家统计局颁发的《农业生产定期统计报表制度》，统计报表在保证完成上级所布置任务的前提下根据本地党政需要在表中补充填报内容。是年，各县建立人口、户数、耕地面积、播种面积、亩产、总产量、生猪、耕牛、羊、家禽、水产品等指标，共计 6 个表种。分月报、半年报和年报报表。其后，随着农业生产体制的不断变化，1956 年，县农业统计工作开展了由基层上报，层层汇总的全面统计。

1958 年 8 月 1 日起，原由县委办公室或农村工作部进行的进度统计改由县计委负责。坚持中心工作开展到哪里统计工作就跟到哪里，做到领导需要什么就统计什么。纳入农村进度统计的共 7 个表种、38 个指标。

1962 年，开始纠正“大跃进”错误。统计局与有关部门紧密配合，对“大跃进”以前的各项统计数字进行全面核实，尤其是粮棉总产量；在农作物产量统计中，恢复抽样调查方法，即以随机抽样的方法抽出公社、大队、生产队直至田块实行实割实测，据以推算全县产量。农业统计恢复正常。

“文化大革命”期间，统计干部下放劳动，农业统计资料残缺。1961 年、1968 年，农业年报均以生产进度统计进度推算。1970 年又进行补报。1973 年，统计干部归队，农业统计工作得以恢复。

1981 年，农业统计由只统计集体部分扩大到全社会。1984 年，农业年报农业产量改过去的季报和一次年报，改为核实大、小春两次产量为年报，并增加 5 个表种，分别是农村社会总产值，设置 5 大项 22 个指标，农村经济收益分配与效益表，农业商品产值表，农村固定资产结构表，专业户和新经济联合体表。1989 年，取消专业户和新经济联合表。值此，农业统计报表体系由农村政治经济体制改革前的农业生产统计，农村经济综合统计报表等三部分组成。

1990 年以后，陆续增加反映农业现代化和小康建设进程的相关指标，主要有农业机械化总动力、化肥施用量、通公路村、通电村、通电话村及农村用电量、农民纯收入及环境、乡镇 GDP 总量、财政收入、退耕还林等指标。

1993 年，巴中地区统计局对各种表的报送时间、技术要求、报送程序、报送方式等提出了具体要求。通过搜集掌握第一手资料、逐项检查、调查分析、汇总填写，地区和各县（市）统计局都按省上要求的综合表和基层表，按时按质地报送各种资料，满足当地党政领导科学决策，指导工作和上级业务部门汇总的需要。

为全面认真贯彻 1996 年全省农业年报会议精神，各县（市）广泛宣传《中华人民共和国统计法》和《四川省统计管理条例》，整个年报工作基本上做到了严格执行国家方案，范围明确、口径统一、报表完整、农村非农行业产值、乡村人口等主要经济指标，与农业、畜牧、粮食、乡企、计生、公安等有关部门数据印证评估，未发现任何大的差错。在各项定期报表工作中，特别是大小春粮食产量上报之前，地区统计局先后深入到巴中市花丛、柳林、清江和南江县长赤、上两等乡镇，了解农作物产量趋势情况，并充分利用农民收入调查和其他专项调查印证农业统计数据，保证了定期报表的准确、及时上报。

二、工业统计

民国时期，境内工业只有酿酒、制粮、纺纱、织布、土陶、土纸、铸铧等手工业作坊。多系家庭生产，规模小、产量少，未开展工业统计。

1952 年，各县首次开展工业统计，为编制国民经济第一个五年计划提供依据。1956 年，各县国营、公私合营、合作社营、私营等企业不断发展。本着区别对待的原则，在不同经济类型的企业分别建立月、季、年报制度，并编写简要文字分析，工业统计制度由省统一制定直接发往独立核算工业企业执行，县统计部门负责业务指导。

“大跃进”时期，全国提出统计工作要为中心工作服务，工业统计定期报表由 1957 年以前的 1 种增加到 1958 年的 4 种。1959 年，实施工业企业技术革新统计报表、工业净产值和工业企业机械化程度统计报表。

1960 年，各县工业统计重点统计主要产品产量、品种规格、商品产值和完成订货合同、产品质量、主要技术经济定额等。1961 年，工业统计年报制度增加有关工业调整情况的统计内容，统计范围扩大到人民公社，并恢复月报、年报制度。1965 年，又充实反映生产设备、生产能力、技术状况等指标。

“文化大革命”期间，受“统计无用论”影响，工业统计只保留了工业总产值、主要工业产品产量和劳动生产率报表。1970 年 5 月，恢复工业定期统计报表制度。1974 年，主要统计产值、产量、质量、消耗、劳动生产率、可比产品成本降低率、利润和流动资金等 8 项工业经济指标。

1980 年，工业年报设置了净产值综合性指标。1982 年，实施国家对工业企业按季考核公布主要经济效益指标的办法，县统计部门按月报送、按季公布 16 项经济效益指标。1985 年，各县统计局要求各企业按月及时准确填报经济效益表。1987 年，县工业年报开始实施计算机超级汇总。在超级汇总过程中，实行严格审查，分级负责。在企业自查、主管部门审查后，再由上而下进行审查。1992 年 4 月，各县成立工业经济评价考核领导小组办公室，负责对工业主管局工业企业产值、销售、利税等近 40 个经济效益指标，分期进行评价考核上报公布。1993 年，贯彻落实国家《修改工业经济评价考核指标实施方案》，从 8 月份开始，用新指标报送 7 月份资料，由原来的 32 个指标减为 20 个。

1995 年前，工业统计主要采取全面统计，通过各主管部门和乡及乡以上的企业填报表进行统计。1998 年开始，对规模以上的企业进行全面统计，规模以下的工业由各乡镇和主管部门负责向统计局报表。地、县（市）报表无迟报、缺报现象；没有趋势性差错，地区上报省工交处的报表没有技术性差错，县（市）上报到地区的报表技术性差错很少；地区上报省上的所有表都实行了计算机软盘传输，县（市）给地区报表时，除巴中市（县级）就近实行送审外，都实行传输。

1998 年以后，工业统计在分类和指标体系、统计口径等方面都有较大变化。将原来的乡及乡以上改为规模以上和规模以下，规模以上的工业企业包括全部国有和年销售收入 500 万元以上的非国有工业企业。同时，为便于对重点工业企业的考核和及时掌握重点企业的经营情况，平昌的江口醇酒业集团和小角楼酒业集团等除向县统计局报送各种定期报表和年报外，还要从网上直接向县（市）统计局及主管工业的部门报表。

1999年，工业统计由全面统计转向非全面统计，即年报填报范围由乡及乡以上全部独立核算的工业企业改为国有企业和年销售收入500万元以上的非国有工业企业。2000年，为全面掌握工业生产状况，开始对规模以下工业企业进行抽样调查，主要指标有工业总产值、从业人员等。

三、商贸统计

20世纪50年代初期，各县商业统计由各业务主管部门负责，国家统计系统商业统计的重点是完成经常性的统计任务和各项一次性调查；按月、季收集资料计算零售、批发市场的公私比重，反映国家调控市场和经营比重的变化及经济恢复时期任务的完成情况，协助监督商业部门贯彻国家统计报表制度。统计部门开始试编社会购买力平衡表。从1957年起，每年编报一次社会商品零售额平衡总表。

1958—1965年，国家改革国合商业统计报表制度，原国合商业统计报表制度由国家统计局会同各部门分别制发。1958年改为“统一制定，联合颁发，分别上报，分别综合”，即由国家统计局会同各商业部门统一制订国合商业统计报表制度，由各商业部门执行。1965年又改为“统一要求，分别制订，联合颁发”；改革国合商业商品流转统计指标体系。“文化大革命”初期，县商业统计工作中断。1970年后，县国合商业先后恢复本部门商业统计报表制度。

1981年，县商业统计增加工业部门商业零售额和农副产品收购及集体商业购销存等218个指标。1986年3月，开始贯彻实施社会商业统计。1987年，电讯月报由国合商业总体转变到以社会商业为总体，由2个表增加到4个表；指标由1986年的92个增加到1987年的624个；表式月报3个表，其中工业产品销售报表和乡镇企业商品零售及农副产品收购报表1985年改为季报，1987年1月起改为月报。到1988年，各县商业统计形成了完整的流转统计指标体系。至此，商业统计指标体系和调查内容基本稳定下来，至2000年，无多大变动。

四、固定资产投资统计

1952年，各县开始执行固定资产投资统计制度，主要指标有投资额、新增固定资产、新增生产能力（或效益）3个部分。1953年，根据投资多少，建设规模大小，分别填报固定资产投资报表。“大跃进”时期，将电讯月报改为电讯旬报，并对指标体系作了大幅度调整。1958年，增加“停工工程项目一览表”“国家计划外投资运用情况表”和“主要机械实有情况表”。在综合报表方面开始进行项目统计，增加“本年实际完成投资额的资金来源表”“自营建设单位年末主要建筑机械实有情况表”“各种房屋每平方米单位造价调查表”，以及“1958年全民办工业、交通水利情况调查表”。1959年，各县继续执行电讯月报，取消“全民办工业、交通、水利情况调查表”，增加自营单位建筑施工基本情况表（1960年又取消）。1961年，增设“计划外建设项目及完成投资额情况表”。1962年，开始填报“停建项目工程维护费用情况表”。

1963—1965年，固定资产投资指标体系基本定型。基本建设统计由项目、投资、新增固定资产、新增生产能力和房屋建筑面积统计五个部分组成；统计分组按管理系统、事业种类、隶属关系、建设规模、资金来源、用途等划分指标体系。1968—1972年，统计机构撤销，固定资产投资统计工作中断。1973年，恢复固定资产投资统计工作。并遵照上级规定，基建统计由按计划统计改为按性质统计。1977年又恢复到按计划统计。

1978年后，国民经济迅速发展，基础设施建设步伐加快，固定资产投资额逐年增大，统计工作得到加强。各县先后执行“城乡集体所有制基本建设投资统计表”和“基本建设项目停缓建表”。1981年，统计范围相应扩大，基建统计专业由原来只统计全民和城镇集体所有制建设项目扩大到对农村社队的固定资产完成情况和城乡建设等方面的情况进行统计。1982 年又增加农村固定资产投资完成统计和新增生产能力统计等。1985 年 2 月，各县始试行报送固定资产投资完成额；6 月，各县建筑安装施工企业实行财务半年报，并开始报送基本建设等部门核对项目；计划数以计委为准，资金来源与建行衔接，投资完成额由施工企业和建设单位共同填报。1987 年，固定资产投资统计定期报表在 1980 年的基础上又增加了全民、住宅、全民基建财务拨款、全民措施财务拨款月报表。

1991 年，各县统计局进一步加强固定资产投资统计管理，强调必须坚持项目定期统计报表制度和项目竣工验收制度。不论是列入固定资产投资年度计划，资金来源如何，用何种名义，均进行新开工统计登记和竣工统计报告。1993 年 8 月 20 日，实行“建筑一套表”统计，内容包括人、财、物、产、供、销等。1995 年 4 月 20 日，开始推行固定资产投资项目统计管理责任制。凡计划总投资在 5 万元以上的各种经济类型的基本建设、更新改造、房地产开发和其他投资项目，在正式开工时均必须与统计局建立统计工作责任制，签订《投资项目统计管理责任书》。1996 年，开展对 500 万元以上固定资产投资项目进行快速调查。1998 年，建筑企业统计范围由原来的国有企业扩大到全社会，资质等级扩大到四级以上企业；统计对象比 1997 年成倍增长。1999 年，全地区固定资产投资总额突破 6 亿元大关，比上年增长 10.7%，比建立巴中地区之初增长 4 倍以上；房地产开发投资 5300 万元以上，比上年增长 1.6%。截至 2000 年 9 月，全市基建投资单位（项目）91 个，比上年同期增长 21%；房地产开发企业 21 个，比上年同期增加 13 个，增长 1.6 倍以上。

五、综合核算统计

各县综合统计工作始于 1953 年，主要负责整理历史资料和统计方法制度管理。是年起，各县统计部门按月汇编印制“国民经济主要统计报表”，送县委、县政府领导及有关部门。

1962—1965 年，因受“大跃进”的影响，综合统计分析偏离实事求是的轨道。其间，巴中县统计局围绕党的中心工作，整理了一批比较系统的综合历史资料。1961—1962 年，对 1949—1962 年的农业、工业、商业、文教、卫生、基本建设、劳动工资等统计资料，逐年进行全面收集整理，汇编成《巴中县统计历史资料》。“文化大革命”中，统计工作受到严重干扰和破坏，综合统计基本处于停止状态，综合统计年报全部被精简。

1977 年，各县统计局恢复综合统计工作。1980 年起，各县设立综合统计和平衡统计。综合统计主要负责县域经济和社会发展基本情况统计，发布国民经济和社会发展统计公报，定期监测国民经济运行情况，向党政领导和各有关部门提供统计调查资料和统计新闻资料，编印统计年鉴资料。负责对交通、邮电、人口、国土资源、环境保护、建设、卫生、教育文化体育艺术和广播电影电视、科学技术、金融保险、财政税务、政法、民政、气象、物价等部门的基本业务统计进行指导，对部门业务报表的抄报、抄送制度进行管理；负责进行小康监测统计。1993 年，城市基本情况统计纳入综合统计。综合统计相关表种的统计指标涉及第一、二、三产业主要指标。平衡统计主要负责对国民经济的工业、农业、建筑业、交通运输邮电业、商业五大物质部门的物质产品进行核算，以物质产品平衡表体系的国民总产值和国民收入为主体，以及对国民财产进行统计。

1996 年，综合平衡统计改设为综合统计专业和国民经济核算统计专业，并设综合统计核算机构。当年开始进行乡镇国民经济核算，将国民经济核算扩大到乡镇级。此制度，至 2000 年无变化。

六、社会统计

20 世纪 50 年代初期，社会统计工作主要由各业务主管部门负责进行，统计指标体系尚未形成，基本县情方面有田亩统计、人口统计、户政户籍统计。1953 年，各县卫生部门开始执行卫生统计定期报表制度，主要指标有卫生机构、床位、人员等基本情况。随后教育、文化、广播、体育、民政、政法等部门亦分别贯彻执行国家定期统计报表制度。到1955年，卫生部门的卫生统计报表，增加到30余种；教育部的教育统计报表，一年统计两次，学年初统计开学后学校的基本情况；学年末统计一年来的变化情况及学生的考试成绩等。县电影院、电影放映队、川剧团、文化馆、图书馆、博物馆等单位亦按上级主管部门要求报送半年报和综合统计年报。

1958年后，卫生部门填报的卫生统计报表的种数减少了¾，其中卫生事业综合年报表由1955年的71项指标减少为1960年的40项；教育统计报表由两次填报合并为一次填报。1964年，教育统计增加反映半工半读、半农半读教育制度推行情况表。“文化大革命”时期，境内各项社会统计工作基本停止。1978年起，增加对科研、体育方面的统计。

1980年，全面恢复社会统计工作。文教、卫生、政法等部门先后建立专业社会统计机构，并逐步配备专职统计人员。1984年，境内各县按照国家统计局和省统计局的要求，全面贯彻落实普通教育、职工教育、成人教育、技工培训、科技、专利、技术市场、科协、文化、出版、广播、电影、电视、环保、卫生、体育、公安、检察、法院、司法、民政、档案、保险等定期的社会统计报表制度，包括月、季、半年和年报，统计范围基本上是全社会的。

20世纪90年代，社会统计资料的收集，一般是每年年终进行一次。收集方法，按照《中华人民共和国统计法》（以下简称《统计法》）和国家及省民政、公安、计生、法院、气象、环保、国土等部门与国家及省统计局联合发出的有关文件规定，各地的这些部门在向上一级部门报送统计报表和统计分析资料的同时，都要抄送当地统计部门。统计部门通过全面收集、整理并按照有关规定向上级统计部门报送和向领导机关及全社会提供咨询服务。

七、劳动工资统计

1950—1957年，境内各县劳动工资统计由组织、人事及业务部门直接收报上级部门。报表种类有3种年报表。

1959年，执行全国统一的劳动工资统计制度。按月进行全民所有制单位职工人数、工资、劳动生产率的进度统计；按季统计各部门各类人员的人数、工资、劳动福利费用等各项分类资料；按半年、年统计职工人数、工资、劳保福利费用等各类分项资料。布置有年报表14张，月、季、半年报表共15张。1960年，年报减少了工业企业按规模分组的职工人数分布情况，工业、建筑安装企业与自营建设单位分月的职工平均人数、工资总额与劳动生产率，个体、私营、合作化组织及城市街道民办企业事业劳动者人数，工人工时利用情况，按工种与技术等级划分的建筑安装工人实有人数等综合统计年报表；增加反映国民经济各部门1957年底前老职工工资和按主管系统的职工综合统计年报表。1961年，定期报表由1960年的15张减为6张，并纳入统计部门统一办理。1962年，针对统计部门负担太重的实际情况，将统计部门统一组织上报改为条、块分别上报。统计部门按地域即以“块块”为主综合上报上级主管部门，按系统即“条条”综合报送上级主管部门和同级统计部门。此办法一直实行到1965年。“文化大革命”期间，劳动工资统计制度受到严重破坏，一度时期曾以定期报表代替年报，致使劳动工资统计资料不全。

1978年，劳动工资统计工作得以全面恢复。1982年，改全民和集体所有制的人数和工资季报为月报。1983年新增“合同制职工”的有关统计指标。1984年恢复城乡劳动力资源与分配平衡表的编制工作。从1986年开始，合同制职工人数分类、国营企业奖励基金提取和使用情况、保险福利费用及工人工时利用情况，由县劳动部门负责统计；职工人数与工资、职工增减变动情况及劳动生产率、城乡劳动力资源与分配平衡等反映国情国力的基本统计由县统计部门负责统计。1987年，劳动工资统计定期报表范围扩大，时间提前。全民城镇集体和各种所有制形式单位均要求报送月报。县统计局不断加强基础工作，制订建立《职工增减花名册》和《职工工资总额构成情况》台账。

从1991年1月起，开始执行《关于工资总额组成的新规定》，各县统计局印发到基层单位执行。1993年，劳动工资年报主要有企业（单位）基本情况、职工人数和劳动报酬表两种。1994年，定期报表主要有季报（职工人数和工资）、半年报（职工人数变动情况）两种。同时，地、县（市）统计局开展清理起报单位，收集基层报表。到2000年，年报表和定期报表只有一种主表。由于劳动工资表种和指标变动大，近20多年的多数统计指标前后既不连贯、又无可比性。

八、交通邮电统计

1951年，各县交通部门开始执行由交通部门制定建立的公路、内河统计制度，对通车通航里程、运输工具、客货运输量及周转量等主要指标进行调查统计；县邮电部门按照省邮电总局要求，对营业、收、发、包裹、发行等主要指标进行统计，按规定填报生产任务完成情况，按月汇总上报省局。统计资料在上报上级主管业务部门的同时，并报县统计科。1953年，为适应计划经济的需要，各县开始建立运输邮电综合统计。自1955年起，交通运输统计范围逐步由系统内所属运输企业扩大到系统外的运输企事业单位和民间运输，实行统计部门和运输部门同时向上报送统计报表的双轨制度。

1958年，根据国家统计局规定，各县停止实行地方交通统计双轨制，交通统计仍由县交通局收集和提供，统计部门主要调查研究和整理综合性运输邮电统计资料。1960年，各县开展运输装卸、搬运工机械化、半机械化程度和运输一条龙情况调查，以及县、公社、运输企业（专业队）的发展情况调查。1962年，又对全县大牲畜力车数量进行了调查。

“文化大革命”期间，因各县统计机构被撤销，运输邮电业统计工作处于瘫痪状态。

1978年后，交通运输、邮电事业统计工作得到恢复和加强。不仅恢复了原有统计报表，而且还建立了非交通系统重点单位自有载货汽车（10辆及以上）单位的运输统计制度。邮电运输统计范围和内容相对扩大和充实。1986年起，仍恢复实行县统计局综合汇总上报统计报表制度。交通统计由县交通局汇总报送县统计局，县交通局和统计局分别上报；非交通系统的载货汽车运输抽样调查改由以交通部门为主，统计部门协助。在内容上，除对运输邮电业的实物量指标进行统计外，还增加了按价值量反映的运输邮电业总产值、净产值等指标。至此，运输邮电业统计的各项表种指标进一步系统化、规范化。

到1989年，各县统计局负责的综合运输邮电统计有：反映全社会的民用车辆拥有量，反映全社会的民用运输船舶拥有量，反映交通系统和非交通系统的全社会客货运输（吞吐）量，反映交通邮电系统和非交通邮电系统的独立核算运输邮电单位产值，反映非交通系统民用载货汽车抽样调查总体推算表。各县运输邮电部门的业务统计有：公路系统的公路里程、民用机动车年末拥有量、公路机动车私人拥有量、公路部门营运机动车、公路部门旅客运输量、公路部门货物运输量、公路运输主要技术经济指标、国营公路运输企业主要财务成本指标等；内河系统的内河航道里程、民用运输船舶拥有量、水运部门机动运输船拥有量、水运部门客货运输量、分地区水运部门客货运输量、水运主要技术经济指标、直属水运企业主要财务成本指标，以及公路、水运分货类运输量等；邮电系统的邮电通信企业基本情况、邮电局所及邮电线路、邮政主要设备及长途电信线路、电信主要设备、邮电业务量、邮电通信服务水平、邮电通信企业主要财务指标、邮电业务量完成情况等。此统计内容，至2000年无变化。

第二节　统计调查

一、农村住户调查

1954 年，国家统计局制订颁发《1954 年农民家计调查方案》，开展全国范围的农家收支调查。1956 年，各县确定调查点，开展农家收支经常性登记工作。其调查内容包括现金收支日记账、农家收支调查员登记册和农家收支定期统计报告表三大部分。

1963—1965 年，各县按平坝、丘陵、山区等不同类型，选择 3 个调查点。从 1966 年“文化大革命”开始到 1974 年，农家收支调查工作完全处于停顿状态。1975 年，各县选择代表平坝、丘陵、山区三类地区的调查点，对农家收支进行调查。

1980 年，贯彻省统计局《关于扩大农村经济调查点的通知》，各县农经调查点由 3 个扩大到 6 个，增加固定调查户。1983 年，农村住户调查增加社会情况内容，各县扩大调查点。经过调查，各县区为单位建立调查点，固定调查户。每个调查点均聘有 1 名初中以上文化程度、具有队会计水平的调查员，每户均有专人记账。

1993 年，在继续维持原达县地区统计局确定的农村住户调查的基础上，对部分调查户进行了调整，重新确定调查对象和调查范围。1995 年，开展农民纯收入抽样调查网点抽选工作，采取县抽乡、乡抽村、村抽户三级等距抽样方法，合理确定抽样。调查的内容包括农村居民所在地乡、村的发展情况。包括地理、效能、通信、水利、土地、农林牧渔业、教育、卫生、乡镇企业、人口、劳动力等情况共 74 项指标；调查户的家庭基本情况调查，包含人口、文化、医保、低保、生产性固定资产、耐用性消费品、粮食结存等，共 105 个指标，主要反映被调查户的人口及其素质和基本经济、生活情况，由被调查户年终填报；居住情况调查，包括卫生设备、取暖、饮用水、道路、住房面积及其结构、价值等共 37 个填报指标；劳动力与就业情况调查，包括每个家庭成员的基本情况、16 岁以上不在校人口中本年度外出务工和未外出务工人员情况等共 50 个指标；农业生产结构调整与农业生产科学技术应用情况，包含土地面积、农林牧渔占用面积、畜牧产品价值等 52 个指标；现金和实物收支情况调查，即农民纯收入调查。

为保证县以下样本网点的代表性，1995 年建点以后，根据国家和省的要求，于 1999 年实施县以下调查网点轮换工作，其轮换标准是每五年为一周期，每年轮换 20% 的调查户。

二、城镇居民调查

1980 年，境内各县根据省、地统计局安排，对城镇居民进行选户调查。采取等距抽样方法选定具有代表性的居民户为调查对象。调查内容为城镇职工及其家庭的经济收支、就业人数、供养人口等基本情况。其后，在城区职工中选出 3040 户记账户，作为经常性调查。建点后，实行分户填好登记卡，并对记账户进行业务培训，弄清指标含义。同时，为增强代表性，调查对象有所扩大。至 1984 年，调查内容增加了耐用消费品拥有量和职工居住设施。其间，还进行过专项调查。按国家统计局布置，在职工生活调查中，增加 1980 年、1981 年人口出生、死亡数字，用以推算两年城镇人口出生率、死亡率和自然增长率。1985 年，各县统计局采用随机抽样方法，开展居民纯收入情况调查。

随着城市经济改革不断深化，就业门路拓宽，收入渠道一元化格局被多元化代替，城镇各种类型家庭不断涌现。1986 年，各县城镇职工生活调查改为城镇职工住户调查，其调查和内容亦随之扩大。

1988 年起，各县城镇职工生活调查统计，采用国家统计局统一制订的记账本和综合表式。此统计内容，至 2000 年无变化。

三、农业调查

（一）土地资源调查

1959 年 2—3 月，巴中县开展土壤普查鉴定工作。2 月 14—21 日，通过恩阳公社试点，为全县培训土壤普查骨干 145 人。2 月底，普查工作全面展开，至 3 月 25 日结束。普查中，各公社以生产队为单位分别组成若干普查鉴定小组，分片包干，同时进行。普查结果：全县土壤共 25 种 29 类，其中夹沙土、石骨土、死黄泥土共 4.13 万公顷，占总耕地面积的 59.03%；黄泥、冷浸田、夹沙黄泥共 1.37 万公顷，占总耕地面积的 24.3%；查清全县有平坝土地 0.94 万公顷，占总耕地面积的 13.39%；属于台地的有 1.50 万公顷，占总耕地面积的 21.36%；属于浅丘的有 1.76 万公顷，占总耕地面积的 25.08%；属于高丘的有 1.59 万公顷，占 22.73%；属于山岭有 1.22 万公顷，占 17.43%。

1980 年 7 月，在巴中县范围内开展农业自然资源调查工作，为达县地区农业自然资源调查和农业区划工作试点县。此次调查全县从县级机关抽调行政领导干部和办公人员 56 人，从各有关部门抽调业务技术人员 234 人，组成农业自然资源综合调查工作队，先集中县上进行业务培训，然后到东方红、双凤、高岭 3 个公社试点。整个工作 10 个月完成。

1990 年，巴中县开展土地利用现状调查工作，整个调查工作分为六个阶段进行。至 1994 年 10 月结束，历时四年，共形成数据成果、图件成果、文字成果和专题科研成果、数据成果 29 项。1996 年 7 月，根据国家土地管理局和省、地的安排部署，巴中市（县级）开展土地利用现状变更调查工作。市政府办公室印发《巴中市开展土地利用现状变更调查工作方案》，对整个工作作出部署。整个工作历时 5 月，至 11 月底结束，共耗资 34 万元，完成外业调绘和内业汇总，查实全市幅员总面积为 25.66 万公顷。

（二）农业产量调查

20 世纪 50 年代，对农业产量调查，除全面统计外，主要采取典型调查推算的方法。5 月选择有代表性的平坝地区、丘陵地区和高山区，就小春作物产量，在上、中、下不同等级的地块，进行实收实测；8 月，就大春作物产量，进行实地调查。

1964 年 5 月，巴中县第一次运用抽样调查方法调查小春作物产量。在全县 798 个大队中，抽取 11 个大队、60 个生产队、271 个田块；在 137 个田块抽样本 1198 个，另 134 个田块整块收割。通过两个方面调查推算，基本测出全县接近实际的亩产、总产。1965 年 6—7 月，在店子公社八大队三队、宕梁公社三大队三队、清江公社八大队二队，对大春粮食产量进行调查。同时，在农村还多次对耕地面积、农作物播种面积、农业灾情、农村购买力、农民住房等进行典型调查和重点调查。

“文化大革命”中，各县统计工作基本处于瘫痪状态，农业产量调查被迫中断。

中共十一届三中全会后，农业产量调查进一步加强，除采取全面调查统计外，又恢复了典型调查和抽样调查推算等方法。1980 年，对大、小春粮食产量进行抽样调查，以生产队为单位，组织队委干部、老贫农、科研组长、会统人员深入田间，根据作物长势进行估产，分大队报县，以作等距抽样依据。巴中县在全县 804 个大队中抽选 15 个大队，抽选田块 136 块，7.27 公顷，取样 1008 个进行实割、实测，对其他作物进行座谈了解。调查结果推算全县小春粮食产量 11278 万公斤，比实际数少 4%，准确率达 96%。大春产量抽样调查，共抽选 46 个生产队、田块 27.40 公顷，进行整块单打、单晒、单过秤。结果推算全县粮食总产量为 31130 万公斤，准确率达 93%。

1984 年，农村统计改为农村经济统计，农产量统计仍实行大小春分季核实。历年调查的实测作物有小麦、水稻、玉米。对实测作物调查的实测阶段，各调查点利用排队卡片按照亩产由低到高排列，采取随机起点，对称等距抽样，每点抽取10个田地块，每个田地块抽5~10个小样本，单独丈量样本田地块进行割、打、晒、车、称重，取得相关数据，然后汇总计算全县的简单平均亩产，再乘全面统计的播种面积，推算出全县产量。至1988年，各县仍采取层层简易抽样调查的办法，着重在调查点进行粮食产量调查；区乡各抽有代表性的组、户，按照抽样调查的程序，搞准大小春粮食产量，乡分村报区，区分乡报县。

1990年，各县采取用中点对称等距抽样和随机起点对称等距抽样方法抽选调查社和调查户。1994年起，对农产量调查方法又作了一些改进，实行科学抽样，科学预测与全面调查、农村住户调查相结合，确保粮食产量数据的真实性。1999年，巴中地区小春作物遭受历史上从未有过的特大持续干旱和大面积的病虫害，为了真实、准确地核实全区小春减产情况，5月12—25日，巴中地区统计局对全地区小春农作物产量进行了调查。调查主要采取等距抽样调查，即市抽乡、乡抽村、村抽社、社抽户，全地区共抽选22个乡内的46个村、204户作为抽样样本，涉及农业人口843人，耕地面积37.05万公顷。同时，还采用目测法、查测法、割测法等调查方法。通过这些调查，取得接近实际的小春粮食产量数据，得到地区人大工委、地区行署领导的肯定。

四、人口调查

从1952年起，定期人口统计由各县公安部门承担。其统计表式、指标项目，按照国家统计局的要求，逐级汇总上报。各县公安部门在报送上级公安部门的同时抄报县综合统计部门，并由综合统计部门向党政领导及业务主管部门统一提供。1987年后，各县人口统计分三个系统进行。县综合统计部门主要担负大规模的人口调查，包括每10年一次的人口普查，5年一次的简易普查，每年一次的人口变动情况抽样调查。县公安部门每年末进行一次人口统计，主要指标有年末人口总量，全年“出生、死亡、迁入、迁出”四项变动，农业、非农业人口数量等。县计划生育部门，主要指标是与计划生育有关的内容，主要报表有月报、季报、年报；起报单位为计划生育基层单位，逐级审查汇总；人口统计资料的对外提供和发布统计公报，由综合统计部门负责。

（一）1%人口抽样调查

1987年，巴中县被省抽中为全国1%人口抽样调查县，应调查范围为5乡1镇，最终样本量约为18806人。主要调查项目有总人口、总户数、男女性别、年龄、出生死亡等项目。整个调查工作分三个阶段进行。6月，重点抓宣传、动员、准备；6月18日，县在恩阳镇开展培训试点；7月1日，开始正式登记。全县共调查5乡1镇的18个村（含街道）、92个村（居）民小组，4532户，18877人。其中：城镇3156人，占调查人数的16.7%，男性人口9526人，女性人口9351人，性别比例为102；常住人口的户口登记状况为：在18877人中，户口在本地的是18721人，户口在外地的109人，户口待定47人；从文化结构看：在调查的18877人中，大学生4人，占被调查人数0.02%；高中471人，占2.50%；小学7951人，占42.12%；不识字或识字很少（扣除0~5岁）5930人，占31.41%。从三个半年的出生死亡来看：全县1986年出生率为7.9‰，死亡率为4.4‰，自然增长率为3.5‰；1987年出生率为7.9‰，死亡率为4.4‰，自然增长率为3.5‰。这次调查共计耗资1.31万元。1995年，巴中市再次被抽中为全国1%人口抽样调查县（市）。市按照上级统一要求，成立巴中市1%人口抽样调查领导小组及其办公室，各抽中乡镇亦成立相应机构；市政府统筹解决了调查经费，保障了调查工作的顺利完成。

1995年3月，南江县被抽中开展全国1%人口抽样调查县。县政府成立以副县长肖天仁为组长的1%人口抽样调查领导小组，统计，公安，计生等14家单位负责人为成员，并抽调专人组成办公室，负责日常工作。经过半年时间的努力，高质量、高标准完成了全县1%人口抽样调查任务。被抽查的乡镇有长赤镇、红四乡、乐坝镇、关坝乡、八庙乡和石矿乡。被调查的家庭户为2237户，人口为8095人，其中男4045人，女4050人，集体户为17户、117人。外出半年以上人数为726人。1994年10月1日至1995年9月30日，出生人口为195人，其中男109人，女86人，死亡人口为57人。0岁至5岁人口为860人。从受教育的情况看，未上过学的1476人，小学3540人，高中414人，大专以上48人。在业人口4960人，正在寻找工作的46人，企业停业等待安置的2人。

（二）人口变动抽样调查

1984年，巴中县被抽中为全国人口变动情况抽样调查县。全县抽中乡（镇）级样本单位4个，村（居）民小组级样本单位16个，共792户、3152人。为了搞好此项调查，督促有关部门密切合作，高质量完成调查任务，县政府成立“巴中县1984年人口变动情况抽样调查办公室”，由统计局局长赵克河任办公室主任，副局长朱竹生，公安局副局长兰桂武、计生委杨洪秀任副主任；从公安局、计生委、统计局抽调8名业务人员具体负责。全县抽中乡（镇）一级样本单位共成立4个办公室，抽调办事人员12名；抽中的16个村（居）民小组，每组设一名调查登记员，共16个；县、乡（镇）办事机构和调查登记员共36人，其中参加过第三次全国人口普查的18人。

人口变动情况抽样调查主要步骤：一是组织动员，培训人口抽查员。12月17—19日，县政府主持召开抽样调查工作会议，进行广泛宣传，提高思想认识。同时，对抽查工作人员进行业务培训，学懂弄通人口抽查登记表的填写方法、指标含义。二是调查登记。10月20日，县抽查办公室出动全体人员，深入抽中乡（镇）检查人口底册的编造情况，解答问题；各抽中乡（镇）开始调查登记，编造准确的调查底册。三是集中县上进行手工汇总编码，实行奖惩，任务分解到人头。这次调查共开支经费2112元，其中省拨1700元。经省抽查办公室检查验收符合巴中人口增长的实际情况。

第三节　统计普查

一、人口普查

境内各县按照国家的统一安排部署，1953年开展第一次全国人口普查。之后，1964年、1982年、1990年、2000年分别开展第二次、三次、四次、五次全国人口普查。

二、工业普查

全国第一次普查于1950年进行，名为第一次全国工矿企业普查。四川省只在较大的工业企业区进行，普查范围小，指标也不多。境内四县均未进行。

1986年，各县开展第二次全国工业普查工作。普查的标准时点是1986年12月31日。普查的主要内容有六大类，即：工业企业基本情况；产品产、销、存情况；原材料、燃料、动力消费和库存量；工业设备拥有量及生产能力；劳动工资；财务状况等。本次工业普查的主要对象是全民、集体性质的工业企业。包括采掘、机械制造、电力、纺织、服装、粮油肉加工、造纸、印刷、酿造等工业行业。是年各县工业普查办公室选择不同经济类型的企业与省同步进行试点。1987年，根据工业普查的各项数据为不同类别、不同行业、不同部门、不同经济类型等多层次地进行手工汇总，并将手工汇总表汇集成《第二次全国工业普查资料汇编》。这次工业普查历时三年多，查清了各县独立核算工业企业的基本情况、工业再次生产全过程的主要活动；查清了各县工业行业细类和各种产品工业结构；

查清了工业企业拥有的工业设备实物量、价值量和技术状况；查清了各行业的生产能力及其利用程序；查清了工业企业的经济效益情况；查清了工业企业职工的构成和素质状况。

1995年年初，各地、县（市）开展第三次工业普查。地、县（市）分别成立第三次工业普查领导小组，巴中地区第三次工业普查领导小组由分管工业的副专员刘宗寿任组长，行署副秘书长姚义贤、地区统计局局长庞元光任副组长。各县（市）成立普查机构。普查的标准时点为1995年12月31日零时。普查内容为工业企业基本情况、财务状况、劳动情况，工业产品生产、销售、库存总量，主要工业产品产、销、存，附营工业单位生产情况，工业企业原材料，能源消耗与库存，能源加工转换，工业企业科技活动情况，主要工业经济技术指标，主要工业生产设备及其新旧程度（已安装设备），主要工业生产设备状况，主要工业产品质量，主要工业产品销售收支情况，工业企业部分合资基本经营情况等16个方面。

三、农业普查

1994年初，根据国务院《关于开展第一次全国农业普查的通知》，确定首次全国农业普查的时点标准为1997年1月1日，时期标准为1996年1月1日至12月31日。普查的对象是全区范围内多种类型的农业生产经营单位，农村住户，乡镇企业、行政村和乡镇。地、县（市）分别成立第一次全国农业普查领导小组及办公室，县以下乡镇，部门亦组建了农普机构。村建有农普小组，社确定有普查员，形成了农业普查网络。经过宣传动员，落实经费，划定区域、培训试点、登记复查、数据录入、成果开发转化等，于1999年全面完成普查任务。

四、第三产业普查

根据国务院《关于开展第三产业普查的通知》和省、地统一安排，巴中地区从1993年秋开展第三产业普查工作。普查范围包括境内各种经济类型第三产业企业、事业、行政单位和社会团体，以及第一产业（农业）、第二产业（工业和建筑业）下属的第三产业单位。普查表设有反映第三产业机构和人员方面的指标，有反映第三产业经营活动情况的指标，有反映第三产业实物资产的指标。全国统一制发的普查表共3张，甲表为执行企业会计制度的单位填报，属性指标9个，数量指标20个；乙表为执行事业、行政会计制度的单位填报，属性指标10个，数量指标34个；丙表第三产业个体户抽样调查表，属性指标6个，数量指标8个。普查的标准时点为1993年12月31日，时期资料为1993年1月1日至12月31日。1993年已撤销的单位由保存会计资料的单位填报。

五、基本单位普查

从1996年8月开始，巴中地区开展第一次全国基本单位普查工作。普查的对象为所有法人单位及法人单位所附属的产业活动单位，其中，包括各类企业法人、事业法人、机关法人、社团法人和其他法人，以及这些法人所附属的农业、工业、建筑业、交通运输业、工业、建筑业、批发零售贸易业、餐饮业、服务业、行政事业单位和社会团体等产业活动单位。普查的主要内容是基本单位的经济类型、所属行业从业人员、企业规模、营业状态等各单位的基本属性和主要标志。普查的标准时点为1996年12月31日零时。巴中市基普办把基本单位划成文卫、党群、农水、财贸、工交、地级单位等六大片，分片定人包干，巡回指导业务，并引入约束机制，使全市现场登记一次成功；普查表回收后，抽调专人，采取流水作业、交叉复审方式完成审核编码工作；数据处理，实行一人一机，分机录入，合并汇总方式。

第四节　统计服务

一、调研与分析

1955 年，各县开始对报表中的各项数字和实际情况作简要分析，指出全国经济运行中存在的问题简要分析，指出全县经济运行中存在的问题和解决这些问题应采取的措施。

1958—1966 年，贯彻毛泽东大兴调查研究之风的指示和 1962 年 4 月中共中央、国务院《关于加强统计工作的决定》，以及 1963 年国务院发布的《统计工作试行条例》精神，各县统计人员做出一些调查分析报告。

“文化大革命”初期，各县统计机构被撤销，统计分析随之停止。1973 年，贯彻落实中央领导关于统计工作的指示，统计人员陆续到位，但由于干扰未解除，到 1976 年统计分析仍难以开展。

中共十一届三中全会后，统计工作全面发展，统计分析工作进入新的发展阶段。1979 年，在农业统计方面，主要开展了大小春粮食产量及棉花、油料、生猪等项统计分析；在商业方面开展了农业生产资料需求、社会购买力等项统计分析。1982—1985 年，开始对出人口预测、国民经济发展情况、农业生产情况，工业生产简报、国营商业经济效益主要指标考核、社会购买力预测等进行分析。1986 年后，各县统计部门不断加强专题分析和宏观监测分析，组织人员撰写专题分析文章，深刻地反映社会经济发展中的一些矛盾，为领导决策提供参考。

1993 年巴中地区统计局成立后，地、县（市）统计局均办有《统计调研》《统计资料》《统计信息》等刊物。地区统计局每季度末召开经济形势分析会，通过收集大量资料并进行整理，对全区经济运行情况进行通报，并对存在的问题及原因和应采取的对策进行系统、全面地分析。1996 年，主要进行第三次全国工业普查的登记、数据录入处理和资料开发工作，首次全国农业普查和全国基本单位普查的大量前期准备工作。农民人均纯收入抽样调查、1% 人口抽样调查、人口变动情况抽样调查、500 万元以上投资项目快速调查，工业经济评价考核、县域经济评价考核、企业扭亏增盈调查、NPA 儿童监测、城镇职工生活质量抽样调查，以及开展全区劳务输出人数与收入调查、农副产品生产成本调查、个体私营经济调查等。这些调查成果都在一定程度上为各级党政领导作出有关决策提供了及时、可靠的依据。

1997 年，地区统计局开展了几项较大调查研究活动，形成具有较高决策参考价值的调查报告，受到好评。在深入调查研究的基础上撰写的《加速发展个体私营经济是促进我区经济“五年上台阶”的必然选择和希望》得到地委、行署决策采用；《现实的目标，科学的决策——当前经济形势与对策》被全地区县级以上领导干部学习会议作为会议材料采用；与工商、地税等部门一起对全地区农村综合经济，农副产品生产成本、农村税源等进行调查，《加大劳务输出力度，推动农村脱贫进程》受到地委、行署高度重视，决定全地区把劳务输出作为农村经济的一大新的增长点来抓。

1998—2000 年，在调查研究的深度和广度上下工夫，力争全方位、多层次地反映农村经济的新情况和新问题，注重时效性，强化针对性、提高采用率。先后组织农村劳务输出调查、农村经济综合情况调查、农民负担调查，参与行署组织的税源调查和小康监测、脱贫验收等调查活动，负责设计统计调查方案，指导实施调查。完成县域经济评价考核，工业经济评价考核、农民人均纯收入调查、新国民经济核算、NPA 儿童监测、妇女监测、贫困监测、固定资产投资快速调查，个体私营经济等调查任务。此外，开展了房屋及其占用土地调查、加快基础建设投资调查、农村集体投资调查、人口变动调查、中小学生德育调查、旅馆业调查、商品交易调查等调查活动。

二、统计信息

20 世纪 60 年代初，各县编辑统计资料汇编，印发《统计历史资料》等统计信息。由于受右倾错误影响，造成诸多数字不实。20 世纪 70 年代末，各县整理编辑《国民经济统计资料》，汇集中华人民共和国成立后的大量统计资料，反映当地基本情况、人口变动、农业生产、气象资料、工业生产、交通邮电、商业外贸、财政金融、文教卫生、劳动工资、物资基建等。同时，对本县历史沿革、行政区划、地理位置、地形特征、河流分布、土壤结构，以及经济发展概况等作了文字叙述。

巴中县统计局于 1985 年编出《四川省巴中县国民经济和社会发展统计历史资料》，时间断限为 1978—1985 年，指标内容除包括《四川省巴中县国民经济统计资料（1949—1977）》的全部项目外，还增加了经济效益、社会总产值、国民收入、消费与积累、农村住房调查、城镇居民收支调查，以及 1980 年来统计制度所增设的各种指标。当年起，县统计局编印《统计资料》小刊，将统计分析资料，搜集整理的国民经济和社会发展主要指标进行横向对比、历史对比，以及年报主要指标辑入小刊，到 1987 年共出 155 期。

巴中地区统计局成立后，一方面按月整理出全区国民经济和社会发展宏观监测指标，按月公布全区工业经济评价考核情况，按时向全区发布国民经济和社会发展统计公报；另一方面编印出资料丰富、内容翔实的《领导手册》；整理、编撰《巴中地区 1949—1993 年统计历史资料》。1996 年 7 月，历时 3 年收集、整理的《巴中统计 46 年鉴》出版发行。截至 1996 年底，全地区基本形成定期开发信息资源制度和相应的信息书刊体系。

1997 年 1 月 15 日前提供年报、公报主要指标；2 月份向全区发布了国民经济和社会发展统计公报；每月 8 日前发布工业经济评价考核动态，坚持每年编印一本《领导手册》或《统计年鉴》。在地委、行署召开的许多大型会议及日常工作中，统计部门都能及时提供所需要的统计数据。此外，编辑出版了《巴中地区第三次全国工业普查资料》。

1998—2000 年，坚持调研与开发并重，充分发挥统计资料的时效性。根据日常掌握的大量社会经济信息，结合省局下达的 8 项调查工作所收集的资料，为全面反映全区社会经济发展的详细情况，向全地区发布《国民经济和社会发展统计公报》；出版《领导手册》和《乡镇经济》；编辑出版《巴中统计五年鉴》，为各级领导及社会公众分析研究区情，认识区情提供翔实依据；按月编辑出版了《全区国民经济主要指标》及《工考动态》；通过局《统计资料》简报及时提供、反映、分析全地区经济运行状态的信息，提出有关建议，并与行署办联合按季对全区国民经济运态态势进行一次全面的分析和预报；为全区“十五”规划的编制完成《建区及“九五”计划以来巴中经济和社会发展情况的分析研究》和《“十五”时期巴中经济面临的环境态势与发展目标探讨》两篇专题文章，为省政府编印的《四川五十年》撰写巴中部分的文字材料。

三、统计宣传

1993—1994 年，地区统计局抓统计工作开展情况、统计执法、统计成果、统计知识等的宣传，取得预期效果。地、县（市）统计局上报、投稿的信息、文章共被有关报刊、广播电台、电视台采用达 200 多篇（条），做到了报上有名、广播有声、电视有影、名望提高，位子摆正。南江、平昌县贯彻新制度的经验先后被省局《统计工作动态》采用，在全省产生了很好的影响。

1996—2000 年，全市统计部门抓住时机大力进行统计宣传。宣传《统计法》的修改和《四川省统计管理条例》的颁布。结合几次大型的全国性普查，特别是农业普查，通过广播、电视、报刊、标语等多种方式进行大力宣传。及时为地委、行署领导提供反映巴中建立地区以后经济建设成就的统计数据，出版《巴中统计 46 年鉴》《领导手册》，还坚持不间断地按月整理全地区宏观经济监测指标，每年与行署合作对全地区经济运行态势进行一次较全面的分析。及时向上级业务主管部门反映全区统计工作动态，实现了省统计局《统计工作动态》上年年有巴中地区统计工作的动态。对过去的工作进行认真总结，在此基础上而写成《踏平坎坷出大道》，分别被《中国信息报》《中国统计》及地区《巴中文学》《信息博览》等刊物采用。

第五节　专业管理

一、业务管理

（一）统计报表管理

1953 年，按照省政府有关规定，要求各级各部门机关，对各部门所填报的表格，必须负责批阅，不能放任自流；对指导业务、制定政策、编制计划关系不大的统计表格，应尽量少制或不制；对一些可发可不发的表格，要严格审查控制。凡通过批准的统计表，都应认真监督检查，贯彻执行。同时，规定凡是上级主管部门下发的统计报表，没有批准机关文号数，均应视为非法报表，拒绝填报。

1954 年，贯彻实施国家统计局《关于制订及审批调查统计报表的暂行办法》和省统计局制定印发的《四川省关于制订及审批调查统计报表的实施细则》，从而使全县统计报表的管理和统计数据的发布有章可循。

1958 年，由于“浮夸风”的泛滥，“报表万能”论的影响，统计报表的管理工作被视为清规戒律而受到批判，各级各部门都有制发统计报表的权利。一度时期内为了满足无数个“大办”的需要，除年报、季报、月报外，很多统计还按旬、五日以至每日上报，形成报表多、乱现象，致使基层难以应付，只好上面乱要，下面乱报，造成统计数据严重失真。

1962 年，按照省人民委员会关于清理精简统计报表的安排，各县统计局认真开展统计报表清理工作，分别不同情况，采取保留、修订、简化、取消的办法加以处理。巴中县清理结果：现行统计报表达 395 种，其中月报、五日报、旬报、电讯月报等进度统计报表达 58 种。通过清理精简，报表种类减少，例如发往农村的仅 4 种表格，指标仅 125 个。

1963 年，各县统计局对县级单位统计报表开展清理。共清理出统计报表 422 张，其中由中央制的 215 张，占 53%；省级单位制发的 123 张，占 29.8%；地级单位制发的 52 张，占 21.62%；县级单位制发的 22 张，占 4.43%。通过精简，对各部门发往系统外的统计报表精简了 10 张，指标 1153 个，其中发往农村填报的 3 个表，指标 472 个。

“文化大革命”期间，统计报表管理制度遭到严重破坏，在“统计无用论”的影响下，随意削减统计报表，造成统计资料不能全面反映社会经济发展情况，残缺不全。

1978 年，恢复成立县统计局，统计报表管理工作得到逐步加强。1981 年，各县人民政府再次重申统计报表由县统计部门和业务部门负责组织、审查、管理；各部门因工作需要制发统计报表或对上级制发的统计报表作补充，均应按国家统计局《关于统计报表的暂行规定》和省上的补充规定办理审批手续，凡未经审批和未报上级备案的报表，填报单位有权拒绝填报，并可检举揭发；业务部门对本系统执行的统一报表，要编印成目录，发给有关单位按目录所列的统计报表进行填报。各部门对现行统计报表的指标体系、调查方法、报送程序、部门分工等方面存在的问题进行认真清理，对那些过时、重复、繁琐的不适应新情况和新的管理体制的报表和指标，提出改革意见，报主管部门和县统计部门作了彻底清理。

1983年12月，《统计法》颁布实施，使统计报表的管理工作走上法制轨道，城市和农村的统计报表多乱情况有了很大好转。1990年，全面推行农村统计一套表制度，不断探索根治报表多乱现象的经验。

1993—2000年，各级部门认真实施《统计法》和《四川省统计管理条例》，不断加大统计执法力度，通过执法，促进统计报表管理法制化、制度化、规范化。设计统计报表本着精简、实用原则，删去可设可不设的指标；能够用季报的，不能弄成月报，尽量减轻基层工作量；对随意布置统计报表和任务的单位或个人，给予坚决抵制。

（二）统计资料管理

1981年，各县按照国家、省政府的规定，对外提供和公开发表社会经济统计资料方面，首先明确统计资料保密程度，各县的社会经济统计资料分为绝密资料、机密资料和非机密资料三个部分。凡涉及国家安全的重要统计资料，均属绝密资料；凡涉及国家经济实力的数字，均属机密资料；凡反映一般社会经济情况的数字属于非机密统计资料。对外提供和公开发表社会经济统计资料，实行分级管理。凡涉及绝密、机密内容的全面性和地区性的统计资料，各级各部门、各单位都不得对外提供和公开发表；属于非机密的统计资料，才可对外提供和公开发表。

1983年12月，《统计法》颁布实施，对统计资料的管理和公布作出明确规定，各县遵照执行。

1995年，四川省颁布《四川省统计管理条例》。各县（市）统计主管部门在继续广泛宣传、贯彻实施《统计法》的同时，大力宣传贯彻《四川省统计管理条例》，不断加强对辖区内统计资料的管理，依法公布统计资料。查处违反统计资料管理和公布的有关规定的违法行为，从而使统计资料管理与公布步入法制轨道。1996—2000年，全市统计工作以经济建设为中心，完成农业、工业、交通、邮电、商贸、劳资、建筑投资、科技、人口、农民纯收入、社会事业以及国民生产总值、乡镇国民生产总值、核算等国家定期报表任务，同时对社会经济发展情况进行统计监测、考评和分析，并定期发布统计公报和统计信息，为社会各界提供统计咨询服务。

（三）统计数据质量控制

1953年后，随着县政府统计机构的建立，专业人员的配备和各项专业统计制度的贯彻实施，统计数据质量的控制管理得到不断加强。

1958年，根据达县专区通知，原由县委办公室或农村工作部进行的进度统计，从8月1日起改由县计委负责，统一向下布置任务。进度统计基本是执行日报，有的执行半日报；指标繁多，分组细致，报表大量增加，泛滥成灾。统计数字不仅数出多门，互相矛盾，甚至随意编造。

1962年，各县统计局与各有关部门紧密配合，分工协作，对“大跃进”以来的各项统计数字进行了全面核实。通过大量事实证明，各种统计数字都有浮夸、虚报，其中最为突出的是粮食、棉花产量。为正本清源，对大多数指标进行了修订，使其符合各县客观实际。

“文化大革命”时期，统计工作几乎被取消，处于瘫痪状态。1967年、1968年都是以进度统计推算年报统计资料。1969年未进行年报工作。1970年进行补报，其指标极其简单。1970—1972年，贯彻国务院召开的全国统计工作会议精神，强调运用统计数字指导工作，部分专业人员重返统计岗位。但统计业务仍未正常进行，统计数据零乱不齐，甚至严重失真。

中共十一届三中全会后，为适应经济发展的需要，全面恢复农业、工业、商业、建筑业、基本建设投资、交通邮电、财政金融、劳动工资、人口等专业统计制度，拓宽统计范围，充实统计内容。同时，不断加强统计数据质量管理。20世纪80年代，对数据质量控制，建立统计台账；落实统计人员岗位职责，对各局报送的报表，按月、季、年报进行记分登记，考核评比，发现问题，及时纠正；建立统计数据检查验收制度，对各局送的报表，均严格审查，方能汇总。90年代，各县（市）统计局在不断加大统计执法力度的同时，大力进行基础建设，建立健全乡镇统计网络，配合专职统计人员，并明确规定统计干部必须“约法三章”，严禁编造统计数据，对外使用数据必须数出有据，未经评估的专业报表不得上报。

从1995年起，地区统计局建立重要数据质量评估制度。地区和各县（市）统计局年报期间，对粮食总产量，油料总产量生猪出栏头数，农民人均纯收入，乡镇企业总产值等重要指标开展了专项分析研究和质量检查，并根据农业、粮食等部门掌握的情况，结合农村住户人平产粮相互进行了评估论证，确保年度公报指标数与年报定案数一致。至2000年，相继建立控制数据质量五项制度，即培训学习交流制度，报表收发制度，重点数据监控制度，质量评估制度，建立健全进度台账、历史台账制度。

二、信息自动化建设

从1950年到“文化大革命”结束，各县统计工作使用的计算经历了先由算盘为工具到后来的计算尺、手摇计算机及算盘并用，工效低、误差大。20世纪80年代以后，各县逐步开始使用电子计算器和微型电子计算机。

巴中地区统计局成立后，加强全地区统计现代化建设。1994年，各县（市）统计局配备微机486台。1999年1月起，地区统计局加强计算机的使用和管理，实行定人、定机、定专业。达到了对财务算化，工业与交通统计、综合与平衡统计、农业与农经统计、社会（劳资、科技）统计、投资与建筑统计、商贸与物资能源统计、名录库与清杀病毒工作、网络与传输工作站、机关打字和对外培训均配备专机设备，计算机人员负责软件开发和技术指导，40岁以下人员负责上机数据录入操作。对计算机设备的使用年限、价值、设备管理计算机房的规章制度均提出明确的要求。到2000年，全市共有统计人员102人，其中计算机应用操作人员79人；专用服务器1台，个人微机48台，人均拥有量为47.06%，打印机23台，网络联控设备13台；利用微机直接处理为数据量为3498.82万字段，人均44.29万字段。

三、执法检查

1988年11月21日，国家统计局制发《统计法规检查暂行规定》。各县在贯彻执行中，组织开展统计执法大检查。巴中县从1989年4月6日开始，在全县首次开展统计法规大检查。检查分宣传动员、自查互查和总结评比三个阶段进行，历时40天，至5月16日结束。通过检查发现主要存在统计法规宣传力度不够，个别领导干部和统计人员法制观念淡薄；在县级相关中，乱发报表、随意公布统计数字的现象仍然存在；迟报统计数字，执法不严，违法难究时有发生等三个方面的问题。平昌县从1989年4月5日起，历时两个多月，在全县开展了统计法规执行情况大检查。通过抽查的15个单位中，有统计违法的单位9个，违法案件9件，其中虚报7件，屡次迟报1件，非法报表1件。1990—1993年，采取定期或不定期相结合的办法，对统计法规贯彻执行进行检查。

1994年7—9月，地区统计局与各级监察、法制部门密切配合，在全地区开展声势浩大的《统计法》执行情况大检查。共有2500多个单位进行自查，参加自查人数5000多人次，共查出虚报、瞒报89起，拒报、迟报136起。随后，各县（市）监察、法制、统计部门与有关主管部门密切配合，组成44个抽查小组，抽调180多人对280个起报单位进行抽查，对一些涉及领导政绩及关系到国计民生的重要统计指标进行重点检查，共查出数字质量差错24例，虚报、瞒报16例，迟报27例，削弱统计力量13例。对所查出的问题95%以上进行处理。1995年，抽查单位有巴中市（县级）轻工机械厂、皮革厂、植物油厂、农机供应公司、巴中地区川东饲料厂、华兴建筑公司、金属门窗工业公司、巴中丝绸厂、三河丝厂、色织布厂、地区枣儿垭页岩砖厂、花丛中心粮站、市食品公司、石油支公司等。抽查内容为是否设立了统计机构或配备有专兼职统计人员；有无拒报、迟报统计报表的行为。

1997年为国家统计局确定的全国统计执法年。地、县（市）党委、人大、政府和统计主管部门加大统计执法检查力度。8—10月，巴中市（县级）统计局同市人大、纪委、法制局组成农业、劳资、工业、商贸4个执法小组，在全市范围内开展统计执法大检查。全市有306个单位开展自查，重点抽查单位46个，共查处各类统计违法案件6件，通报批评单位4个，限期整改单位2个。

1999年，地区及各县（市）人大与统计局联合行文，安排统计执法工作。各级统计部门在人大的监督指导下，开展统计法制宣传、教育、查处工作，使更多的统计人员及一些领导干部受到一定的统计法制教育。在此基础上，进行较大规模的统计执法大检查。全地区共有3200个单位开展自查，自查面达80%。在自查的基础上，全地区组织89人，组成28个检查组进行检查。

四、统计违法处理

1988年4月，巴中县财政局、工商局、税务局、统计局联合制定《关于违反〈暂行规定〉的处罚意见》。平昌县1989年6月开展的执法大检查中，立案查处9件，给予经济处罚和通报2件，批评教育7件。县政府通报岳家乡、西兴乡政府虚报人口的统计违法行为，决定取消岳家乡双竹村、西兴乡曙光村1988年先进村荣誉及村干部享受的财政补贴工资再加一倍的奖励，并责令有关人员做出深刻检讨，要求各级政府引以为戒，依法统计，依法行政。

巴中地区建立后，地委、行署重视统计执法工作，要求地区统计局等相关部门严肃处理统计违法行为。1994年，巴中市（县级）统计局开始统计执法工作，查处统计违法案件。执法人员在无现成案例的情况下，依靠群众智慧，坚持选易后难，边学边干，从查处最简单的迟报、拒报等统计违法行为开始，发展到重点查处统计数字弄虚作假、编造政绩以牟取私利等“数字腐败”案件。是年，查处虚报产值利润骗取政绩的违法单位7个，有2个单位篡改基层起报单位统计数据受到查处。

1997年，各级统计部门在各级监察、法制部门的大力支持与配合下，全地区基层起报单位自查面达95%以上。之后又组织有关人员组成工作组，共对全区317个基层单位进行重点抽查，共查出各类统计违法行为103件，立案查处18件，当年结案14件，对单位和个人处以罚款10件共计金额7.29万元。

1998年，全地区统计违法立案处理38起，当年结案26起，给行政警告处分2人，党内警告和严重警告处分各1人，取消荣誉称号2起，罚款20起共计金额12.9万元，通报批评23起。

1999年，共查出统计违法行为258起，其中，立案查处25起，当年结案19起，决定给单位和个人罚款13起，罚款额13.85万元；责令限期整改10起，通报批评6起，建议给予行政处分1起、2人。通过抓统计法制建设，特别是对一些典型违法案件的查处，对治理统计环境、提高统计数据质量起到了极大的推动和促进作用。

2000年，市、县（区）统计执法大队、执法队依法成立，为统计执法规范化、制度化、经常化奠定了基础。在年度内开展对辖区内的中央、省、市驻巴单位的统计执法检查工作，先后依案查处金融、气象、电力、石油等单位瞒报劳动工资、拒报基建投资、虚报产值利润等统计违法行为，分别给予通报批评、限期改正、书面检讨和处理罚款等处理处罚。巴州区供电公司在2000年1—6月的生产经营中，实际亏损205.9万元，上报数仅为36.5万元，虚报工业利润169.4万元，虚报率464%。区统计局排除阻力，依法查处，给予书面检查、通报批评，处以罚款5500元等处罚处理。

第十章　审计监督

第一节　财政审计

民国24年（1935年）川政统一前，境内各县无审计管理机构，亦未开展审计业务。此后，各县财政局间或提及审计，但从未执行。1953年各县财政局开始配备专门审计人员，履行审计业务。1983年各县成立审计局。从1984年起至1987年年底止，各县审计局每年都抽派人员，参加县财政对县级行政、事业单位和重点企业编报的年度决算进行汇编审计。另外，根据上级审计机关的安排，有计划地开展对财政收入支出的专题调查，探索财政审计新路子，为财政审计打基础。

1988年初，根据达县地区审计局《关于授权各县（市、区）审计局审计同级财政一九八七年度财政决算的通知》精神，通江、南江、平昌县审计局组织业务骨干，第一次开展对同级财政决算进行审计。各县采取全面审计与重点检查相结合，账面审计与审计调查相结合的方法，通过抽查金库、调查农行、工行、建行等商业银行，延伸到相关的一级预算单位，摸清财政、税务的基本情况，开局良好。南江县审计局查出南江县财政局隐瞒截留农业税、违规退库、虚列支出、挤占挪用专项资金及周转金、“拨改贷”等违纪违规金额1046万元（包括未纳入总预算核算的专项基金632万元）。依法进行了审计处理处罚，缴入县级金库42.25万元。通江、平昌县审计局查出县财政局多提超收分成，擅自给财政局机关拨款搞基建，税务局对减免税把关不严、虚列支出等违纪违规问题，依照财政法规对违纪违规行为作出相应的处理处罚决定。

1989—1993年，《中华人民共和国审计条例》颁布实施后，各县审计局一方面实行对同级财政年度决算进行审签，另一方面对区（镇）、乡财政决算进行审计。在实施对同级财政年度决算审签时，达县地区要求各县财政决算按时上报，在审签过程中发现的问题得到纠正，并统一口径“同意先报后审”。在实施对区（镇）、乡财政审计时，把工作的重点放在揭示问题、维护财经纪律上。在对1992年、1993年区（镇）、乡（镇）财政审计中，不断总结经验，拓展审计思路，把减轻农民负担作为审计的一项重要内容，同时延伸审计到区税务所。

从1994年开始贯彻实施《中华人民共和国审计法》（以下简称《审计法》），由财政决算审签发展到实行同级预算执行情况的审计。与此同时，对财政决算采取“上审下”的方法，使财政审计有了新的发展。1994年，地区审计局首次开展对通江、南江两个县财政决算的审计。1995年，按照《审计法》的规定，全地区审计系统第一次全面开展对同级财政预算执行情况的审计。同时，组织开展对部分区乡财政决算的审计。1996年，地区审计局除继续开展对同级财政预算执行情况的审计和各县市审计局对区乡财政决算审计外，组织开展对全区财政预算外资金的专项审计检查。1997年、1998年，地区审计局既对同级财政预算执行情况进行审计，1997年又对通江、南江县财政决算进行审计。同时继续组织开展对区、乡财政决算的审计。1999年、2000年地区审计局不仅每年对同级财政预算执行情况进行审计，而且在1999年对南江县、巴中市（县级）财政决算进行审计，同时每年组织实施对区、乡财政决算的审计。

第二节 金融保险审计

1985年，根据审计署的部署，通江、南江、平昌县审计局对县农业银行1984年财务决算进行审计。1987年，根据审计署的部署，通江、南江县审计局对县工商银行1985年、1986年财务决算进行了审计。通江县审计局对县建设银行1985年至1986年度和1987年1—8月地方财政委托贷款利息收入分成、代征建筑手续费收入进行专项审计。

从1990年起，对金融部门实行“两年一审，一审两年”的轮审制度。1990年，通江、南江、巴中、平昌县审计局对县农业银行、县工商银行、县建设银行1988年和1989年财务收支进行了审计。各县审计局查出金融行业乱挤、乱列、乱摊成本费用，漏缴税费等共性问题，违纪金额85.57万元。并对违纪问题作出处理决定，提出改进意见，帮助完善措施，保证金融资金合理运用。

1991年，通江、南江、巴中县审计局对县人民银行、保险公司1989—1990年度财务收支进行了审计。通江县审计查出违纪违规金额23.66万元。其主要存在乱摊成本，基建挤入成本，截留隐瞒收入，漏缴税费等问题。南江县审计发现乱摊乱挤费用，漏提、少提税费，漏交“两金”等问题，追缴入库1.46万元。1992年，通江、南江县审计局对县建行、工行、农行1990年、1991年度财务收支进行了审计。1993年，通江、南江、巴中县审计局对县人行、县建行、县保险公司1991—1992年度财务收支进行审计。

从1994年起，对各县（市）的金融保险企业由地区审计局直接进行审计，县（市）审计局只负责审计地方非银行金融机构。1994年，地区审计局组织各县（市）金融审计人员，对全区农业银行、工商银行资产、负债、损益进行审计。1995年，地区审计局根据审计署的安排，对巴中地区中国银行1994年度和全区建设银行1994年度资产、负债、损益进行审计。1996年，地区审计局根据审计署的安排，对全区保险公司系统1995年度和农业银行系统1995年度资产、负债、损益进行审计。1997年，地区审计局根据省审计厅授权对农行系统一次性审计的通知精神，对全区农业银行系统1996年度资产、负债、损益进行审计。1998年，地区审计局根据省审计厅授权对“中保系统”一次性审计的通知精神，对全区保险公司1997年度资产、负债、损益进行审计。1999年，地区审计局根据审计署的安排，对全区建设银行、工商银行系统1998年度资产、负债、损益进行审计。2000年，地区审计局对地区财产保险公司进行审计，共收机动车及三者责任保险费666.78万元，赔款支出828.68万元，加上各项税费支出，全年共计亏损263.52万元。

第三节 行政事业审计

各县审计局1984—1986年对行政事业单位实行就地审计。1987—1993年，对行政事业单位实行定期报送审计。

通江县审计局1984年4—9月对县卫生局1981—1984年3月财务收支进行试审，查出违纪违规金额39万元，其中私设“小钱柜”6.75万元，收缴财政8.84万元。1986年，审计文教局、农业局、工交局等9个单位。1987年3月，县审计局和财政局联合发出《关于在行政事业单位进一步推行定期报送审计的通知》，对20个单位1—8月的财务收支进行定期报送审计，共审计总金额1859.80万元，查出违纪金额9.74万元，收缴财政0.34万元，调账归垫13.32万元。1988年对县财政局、税务局、林业局等33个单位实施定期审计，共审计金额1959万元，查出违纪违规金额68万元，收缴财政1万元。在审计中采用边审、边纠、边帮的办法，共帮助建制建账32个单位。1989年审计公安、税务、交通、计生委等30个单位，审计资金总额549万元，查出违纪金额40万元；受党纪政纪处分4人，移送司法机关处理2人。是年还对29个行政事业单位实行半年定期审计，审计金额455万元，查出违纪金额25万元。1990年对县委行政科、政府行政科、县人大、政协、纪委等27个县级行政事业单位进行审计，把重点放在肃贪倡廉、反对奢侈浪费上。对一些单位挤占挪用事业费、滥发奖金实物和各种津、补贴、请客送礼、虚列支出、滞留罚没收入、私设“小金库”等问题进行严肃处理，收缴财政16.59万元。1991年共审计23个行政事业单位，审计总金额795万元，查出违纪违规金额108万元。1993年，强化行政事业单位定期审计监督，先后审计工商局、民政局等5个单位，审计资金总额821万元，查出违纪违规金额161万元，收缴财政4万元。

南江县审计局1985年对县交通管理站1983—1984年财务收支进行审计，查出违规金额9万余元，收缴财政2万元。1986年，对南江县城建环保局1984—1985年度财务收支进行审计，查出漏缴税费、挪用治理污染资金、违规购置专控商品等违规问题，缴入财政金额1.42万元。1987年对文教局、林业局、水电局、农业局、卫生局、科委、科协、民政局等11个行政事业单位实行定期报送审计。对审计查出的问题，分别进行了纠正和处理。1988年对县委、县人大、县政府和县民政局、水电局、农业局、林业局等18个一级预算单位进行了审计，查出违纪资金162.81万元，纠正了一些账目错误问题。1989年，针对行政事业单位违纪行为主要发生在基层，资金管理出现上清下不清的新动向，把行政事业单位定期审计工作重点放在基层财务收支审计上。采取定期审计与专项审计相结合、审计预算内资金与预算外资金相结合、审计一级预算单位与二级或基层预算单位相结合、确定审计年度范围与追溯以往年度相结合的“四结合”审计方法，完成一级预算单位定期审计34个，二级或基层预算单位27个，查出违纪违规金额126万元，决定缴入财政12万元。1990—1991年，县审计局采取全面审计与重点审计相结合的方法，先后审计县法院、县检察院、县科协、县计生委、县农业局、县广播电视局、县人民医院、县民政局等61个部门、单位，查出预算内转预算外、挤占挪用专项资金、违规购买专控商品、漏缴税费、请客送礼、隐瞒收入、虚列支出、虚拟经济事项报支、偷漏税费违纪违规金额257万元，上缴财政5.74万元。1991年专项审计县教委1989年度管理的教育经费及其教育附加费的收支情况，审计资金总额225万元，查出虚列专项经费支出转暂存，重报支出，股室私设“小金库”等方面的违规问题，上缴财政0.60万元。1992年对技术监督局1991年、稽征所1990—1991年、县文化局及群众文化中心1991—1992年财务收支进行了审计，查出违规购买专控商品、截留财政收入、不合规票据报支、挪用专款等问题，审计决定缴入财政1.16万元。1993年对县林业局1990—1992年财务收支进行审计，查出挤占挪用造林补助费和育林基金、虚列支出、偷漏税费及“两金”等违规问题，上缴财政9.40万元；在对县工商局1991—1992年财务收支审计中，查出罚没收入未缴财政、应缴未缴农发基金，收缴财政1.07万元；是年，对县交通局、运管所、路政管理所1990—1992年行政事业性收费收支情况的审计，查出滞留罚没收入、发票丢失等问题，决定上缴财政0.40万元。

巴中县审计局1984年对县林业局1983年度育林基金的收、管、用进行专项审计，查出林业局违纪违规问题39.59万元，其中多收少报育林基金8.90万元，支少报多育林基金0.41万元，罚款收入漏交财政0.08万元，无计划和超计划基建挪用育林基金等19.15万元，行政事业费支出、福利费支出、建房支出挪用育林基金5.70万元。1984年，审计局与有关部门配合审计了群众意见大的交通局，查出交通局有问题金额29.83万元，其中以“发奖”为由私分公款0.35万元，伪造单据、虚列支出、截取工程专项资金转为账外小钱柜0.35万元，扩大开支范围0.62万元，违规购商品1.66万元。根据有关规定对问题进行处理处罚。1985 年参与县纪委专案组检查县工商局，发现滥发钱物 3.38 万元，乱收费 1.65 万元，组织所属集体企业倒卖矿山救护车 1 辆，牟利 0.21 万元。1986 年根据省、地审计部门安排，对县教育经费、公路养路费和公安罚没收入等进行审计，查出违纪金额 225.89 万元，上缴财政 9.97 万元。1989 年为贯彻落实宏观调控措施，充分发挥审计监督作用，严肃财经纪律，探索定期送达审计的路子，确定了对县政府行政科和县卫生局的财务收支试行定期送达审计，共查出违纪违规金额 5.40 万元，并全部作了处理。1990 年，对县级 19 个一级预算单位、6 个二级预算单位进行定期审计，查出违纪违规金额 9 万元，收缴财政 3.60 万元。1991 年对巴二中、县广播局等 28 个行政事业单位进行了审计。1993 年审计行政事业单位 41 个。

平昌县审计局 1984 年对县林业局 1983 年度育林基金的收、管、用进行了专项审计，查出林业局隐瞒收入、错征错计、挪用育林基金搞基本建设、扩大开支范围挤占育林基金等违纪金额 8.86 万元。1985 年对县交通局、城建局、财政局专项资金进行就地审计，查出违纪金额 28.38 万元，收缴财政 1.17 万元，归还原资金渠道 7.39 万元。1986 年对县公安局、文教局、县养路段专项资金进行了就地审计，查出违纪金额 76.23 万元，收缴财政 0.35 万元，归还原资金渠道 37.65 万元。从 1985 年对行政事业单位实行定期报送审计试点到 1990 年，共审计 212 个单位，查出违纪金额 231.81 万元，收缴财政 0.19 万元。

1994 年，地区审计局根据审计署和省审计局的安排，组织力量对通江县、南江县国家级贫困县扶贫资金，对全地区执法部门罚没收入进行了审计。1995 年，对全地区 16 户公、检、法、司机关 1994 年度办案收费、罚没款物等财务收支进行审计。1996 年，对全区企业职工养老保险基金、失业保险基金和全区 1994 年、1995 年度国有土地使用权出让金进行审计。1997 年，地区审计局根据审计署和省审计厅的安排，组织力量对全地区 1995 年、1996 年度计划生育经费进行审计。1998 年，对全地区工商、物价系统行政事业性收费和罚没款物收支，对全地区 1995—1997 年底开展向残疾人献爱心捐赠两元钱活动财务收支，对全地区公安机关 1996 年、1997 年收费、罚没收入财务收支，对全地区住房公积金进行审计。1999 年，对全地区法院系统 1997—1998 年度财务收支，对全地区 1998 年度企业职工养老保险基金进行了审计。

2000 年，市审计局根据审计署和省审计厅的安排，组织力量对全市工商行政管理部门财务收支，对全市 1998—1999 年度排污费征收、解缴、分配和使用情况，对巴中地区及平昌县新华书店财务收支进行专项审计。在工商行政管理部门财务收支的审计中，审计查出截留应交预算收入 29.85 万元，隐瞒收支 91.13 万元，漏缴税费 1 万元，违规使用票据 0.47 万元，虚列支出 63.85 万元，平昌工商分局预算外资金未缴存财政专户 78.02 万元。在排污费征收、解缴、分配和使用情况的审计中，审计查出隐瞒截留预算收入 10.31 万元，挤占挪用环保补助资金和污染源治理专项资金 64.90 万元，巴州区环保局 1999 年度滞留排污费收入 2.35 万元。在巴中市及平昌县新华书店的审计中，审计查出偷税及附加 4.12 万元，1998 年经内部财务清理后补记入账冲减固定资产 14 万元，获得价差 6 万元在“营业外收入”科目核算，导致偷税及附加 4.12 万元。1998 年度，平昌县新华书店违规取得租车费发票 1 张，在“管理费用—差旅费”科目列支租车费 0.60 万元。

第四节　农业资金审计

1997 年，地区审计局根据审计署和省审计厅的安排，组织力量对全区 1994—1996 年度扶贫资金进行了审计。审计表明，扶贫贷款用于种养业的比重未达到规定要求，一些地方和部门未经批准调整计划和项目，擅自改变扶贫项目实施地点，以工代赈资金配套差，到期的扶贫贷款回收较差，挤占挪用扶贫资金257.11万元，欠拨扶贫资金321.81万元，超范围发放和划转扶贫资金101.16万元。提高利率发放扶贫贴息贷款229万元，多计收利息22.72万元，截留以工代赈资金5.95万元，乱收费5.68万元，私设“小金库”4.28万元。

1998年，地区审计局对全地区水利专项资金、1991年至1997年度林业生态建设资金进行审计。1999年，对全地区农业综合开发资金、1997年至1999年6月底扶贫资金进行审计。2000年，对全市国有土地使用权出让金进行审计。审计结果表明，截留出让金净收益256.05万元。其中，巴州区4个管委会及国土局截留234.79万元；通江县国土局截留15.26万元；平昌县国土局截留1万元；平昌县财政局将国土出让金收入转作其他财政收入5万元。南江县县城新区管理委员会、县拆迁办将收取的出让金884.14万元未纳入预算管理，直接坐支用于城市基础设施建设和旧城拆迁。通江县国土局提高标准收取土地管理费53.22万元。平昌县国土局、巴中地区国土局收取的土地方面的行政性收费133万元未纳入财政专户管理。巴中市（县级）回风管委会以征地协议和普通收款收据列支“公益性建设支出”（实际项目并未开工）500万元。巴中市（县级）南坝管委会在“管理费—其他费用”中列支个人所得税32.52万元。巴中市（县级）国土局、南坝管委会以处理三角债的形式，少列收支19.30万元。

第五节 企业审计

巴中地区工业基础薄弱，工交商贸企业以中小型为主。20世纪80年代，各县审计机关对企业的审计重点是针对盈亏大户和采取承包经营形成的企业。随着企业经济体制改革的深入，90年代以后，逐渐向转制过程中对企业资产负债和损益的真实性进行审计监督。

通江县审计局1985年对县物资供应公司、广纳粮站和植物油厂1984年的财务收支进行审计，查出违纪违规金额179.20万元，收缴财政20.30万元。特别是广纳区粮站串通区供销社填开假发票列报支出，套取现金近万元，集体私分受到经济处罚，并通报全县。1989年对县电力公司、烟草公司等25个企业进行审计，查出违纪金额154万元。1990年大力开展企业承包经营审计，对县属103户承包企业采取分级分层次进行兑现审计。1991年对第一轮承包到期的33户企业进行终结审计。通过审计发现：①盈亏不实，33户企业中有23户不同程度存在；②潜伏亏损大，隐患多；③包盈不包亏，重奖不重罚，缺乏风险机制；④合同内容、条款不完整，标的不明确，兑现难以考核；⑤签订承包合同时，资产、债权、债务未清查核实，造成承包后遗留问题多，责任难分。1993年审计国有企业7户，审计资金总额7，848万元，查出违纪违规金额123万元，收缴财政4万元，罚款2.58万元。

南江县审计局1988年围绕国务院关于“实行承包经营责任制，由国家审计机关及其委托的其他审计组织，对合同双方及企业经营者进行审计”开展工作。在对1987年租赁承包企业兑现审计期间，针对承包租赁合同中带倾向性的问题，先后对县水泥一厂、县水泥二厂、县磷肥厂、县印刷厂、县二轻包装厂等14户承包租赁合同及附本，进行审计调查与剖析。对二轻包装厂租赁承包中，不按程序承包租赁，导致该厂截至9月底亏损11.47万元的后果而终止合同和其他一些企业承包租赁合同中不规范，承包基数畸高畸低等问题，向被审计单位、主管部门和县政府领导及时提出建议，有效地促进企业在新的承包经营中的经济效益。1992年，开展对县磷肥厂与水马门铁矿企业审计。1993年开展县水泥厂承包经营审计、竹坝铁矿财务收支审计以及企业转换经营机制、煤炭基金、以电养电基金的审计调查，重点体现“审、帮、促”。除对重大违纪违规处罚外，一般违规问题促进企业自查自纠，自我监控与完善。

巴中县审计局1987年对多种形式的企业承包经营活动进行了审计监督，促进了经济体制改革的深化。1991年度重点对巴中县罐头厂、县百货公司、综贸公司、外贸公司等单位的租赁、承包经营进行审计。1992年，围绕县委、政府的中心工作，把审计放在抓重点上，县罐头厂1991年是亏损大户，针对其经济效益进行了调查分析，提出“加强原材料、劳动工资定额管理”建议后，1992年上半年每吨芦笋罐头材料比1991年节约140公斤，共节约物资消耗63.50万元。1993年在审计丝绸厂时，发现该厂汽车队原材料20多万元无明细账，成本在厂部凭估算，针对这种现象，审计建议加强内部控制制度和财务核算，帮助建立了账目，使企业能有效地对该队实施规范化管理，提高了经济效益。

平昌县审计局1985—1990年对商业、粮食、农资、电力、医药、物资、烟草、外贸行业等60个重点企业进行了审计，查出违纪金额833.79万元，决定收缴财政41.68万元，调账抵亏51.07万元，补交税金23.16万元。

1994年，地区审计局组织力量对巴中市（县）罐头厂、平昌县丝绸厂和全区烟草公司财务收支进行了审计。在罐头厂、丝厂的审计中，审计查出：资产不实。平昌县丝绸厂库存积压多年的丝织品、化纤布年久变质，成本与销价倒挂，潜亏达124.40万元，物资盘亏11.78万元，固定资产应报废而未报废44.31万元，三年以上且未发生过经济往来的呆账应收款达23.48万元。巴中市（县级）罐头厂1993年初资产总计为6，296.20万元，审计核实为7，492.50万元。负债不实。平昌县丝绸厂少提应付利息57.57万元，少提大修理基金16.17万元；巴中市（县级）罐头厂1993年初负债总计为6，209万元，审计核实为7，339.60万元。损益不实。平昌县丝绸厂少转各种产品成本238.93万元，应列当期费用而列待摊费用和待处理财产损失达512.38万元，同时将出差的差旅费、丝织车间废品损失等50.31万元列入待摊费费，将房屋维修费0.33万元列入大修理基金，1993年度少报亏损876.92万元。在烟草公司的审计中，审计查出：乱发奖金补贴7.05万元。其中：南江县公司5.50万元；巴中市公司1.55万元。挤占成本费用24.31万元。其中：南江县公司5.13万元；巴中市（县级）公司2.61万元；平昌县公司13.57万元；通江县公司3万元。漏缴代管专卖罚没及变价收入5.59万元。其中：南江县公司2.28万元；巴中市（县级）公司3.31万元。南江县公司违规列支“人寿保险”2.72万元。漏提漏交“两金”2.70万元。其中：平昌县公司1.55万元；通江县公司0.48万元；巴中市（县级）公司0.67万元。漏计“营业税”4.09万元。其中：通江县3.89万元；巴中市（县级）公司0.20万元。通江县公司截留坐支“川烟返还税”7.27万元。通江县公司将厂方汇入的“促销奖”7.28万元长期滞留在“其他应付款”账户中。巴中市（县级）公司在“川烟补贴”中重复提取“福利基金”3.01万元。

1996年，地区审计局根据审计署和省审计厅的安排，组织力量对全市农资行业、医药行业进行审计。在农资行业的审计中，审计查出：省上的计划指标不能完全兑现到位，全区1995年度由省分配供应计划尿素为23，742.50吨，而实际供应到位的尿素只有20055吨，占计划供应尿素的84.47%；倒卖计划，加价出售计划内尿素共计非法牟利17.88万元；农资市场的专营还没完全理顺，查出非法经营化肥163吨；巴中市（县级）农资公司将以前年度的利润隐匿，造成1995年度损益不实金额7万元；巴中市（县级）农资公司1995年度乱挤乱摊成本费用7.52万元，虚列集团公司机关费用1万元。在医药行业的审计中，审计查出：偷漏各种税费1.30万元，乱挤乱摊成本4.70万元。

1997—2000年，地区审计局根据四川省审计厅的安排，组织力量对巴中地区邮电局财务收支、对工交企业不合理的负担、对地区交警支队等6部门1996年度车辆收费的收、管、用等情况、对南江应用技术研究所出售情况、对巴中地区外贸局财务收支进行审计。通过对巴中地区邮电局的审计，查出未办专控商品审批手续购买小汽车、空调27.41万元，偷税3.64万元，私设“小金库”1.84万元。通过对工交企业不合理负担的审计，查出企业主管部门向其下属收取管理费0.22万元；有关部门向企业摊派或要求赞助、资助财物4.75万元；有关部门强求企业参加有偿培训、有偿咨询6.39万元。通过对地区交警支队等6部门1996年度车辆收费的收、管、用等情况的审计，查出地区交警支队1996年度共收费212.22万元，未向省交警总队解缴，均用于自身基本建设。巴中地区运管处财务隶属于省公路运输管理局，实行统收统支，1996年度共收费566.86万元，共支出559.60万元。巴中地区稽征处全区处（所）共收费3，408.52万元，向省局上缴3，380.23万元，下余28.29万元弥补机关经费不足。巴中地区地方税务局车辆管理所全年共收取车辆登记费2.33万元，上缴地税局征管科2万元，用于购买登记证和镜框，结余0.33万元。巴中地区工商局全区共收取汽车验证服务费113.06万元，上缴省工商局5.61万元，下余107.45万元全额用于地区及四县（市）机关经费开支。巴中地区财产保险公司共收机动车及三者责任保险费666.78万元，赔款支出828.68万元，加上各项税费支出，全年共计亏损263.52万元。通过对南江应用技术研究所出售情况的审计，查出应交未交国家税费8.57万元，企业资不抵债76万元。

第六节　固定资产投资审计

南江县审计局1987年在基本建设实施“三保三压”（确保生产经营稳步增长、保证企业资金需求、保住盈利水平不降、压缩成本费用、压缩资金支出、压缩资金占用）和“双增双节”（增产节约、增收节支）中，对57个投资项目，建筑面积39，495平方米的资金来源审计审签中，查出资金来源不当和不落实未予审签批准项目13个，减少建筑面积5，860平方米，压缩基建投资43万元。1988年，审计核实自筹资金建设项目25个，资金来源有问题或资金不足的项目4个，资金26万元；停缓建项目1个，资金6万元。1989年，县审计局对自筹资金来源审计的42个项目中，总投资406.62万元，自筹资金落实的377.42万元，自筹资金缺口29.20万元，有问题项目8个，对有问题项目控制报批5个，金额23.20万元，停缓建项目3个，金额6万元。1991—1993年，先后对南磷路、贵民长滩河至西清公路、红山铁矿基建、“二南”公路改造工程使用的“以工代赈”资金和信用贷款资金进行审计。查出长西公路、红山铁矿违规金额29.80万元，挽回经济损失6.10万元，追回赃款2.20万元，3人被移送检察机关立案查处。1992年，继续开展自筹基本建设资金审计核实，基建财务决算审签，当年查出损失浪费41万元，对违纪违规金额58万元的问题进行处理。

通江县审计局1984年通过对县计委、建行、城建等部门初步调查，发现前几年在基建管理上严重失控、不按计划、乱摆摊子、乱挪资金搞计划外基建等违纪违规相当突出，在已完和在建的105个项目中，按工程进度计算，资金缺口达60多万元。县建筑公司用流动资金和银行贷款包揽工程，先后垫支30万元；县卫生局1981年挤占农村医疗费21万元修建综合楼；县文教局挪用教育事业费20万元修建“教研大楼”。针对这些问题，县委、县政府主持召开有关部门负责人会议，强调按国家有关规定办事，从而刹住了乱挪资金、乱修乱建歪风。1986年，自筹基建事前审计项目4个，查出挪用专项资金52万元，擅自扩大基建规模，使基建资金、基建计划失去宏观调控与管理。县农业局以三站和危房改造名义报批计划指标26万元，修建六楼一底局办公住宅楼2571平方米，投资50.90万元，基建工程上马后资金严重不足，挪用“两杂”补助款、上年度暂存款和农行贷款15.80万元，全部用于基建。县工交局不仅挪用养路费17.14万元修建机关办公楼，而且将1985年年底以前企业上缴的更改资金、利润分成等25个项目100.04万元用于修建车库、购买汽车等。1987年审计自筹基建单位8个。对县交通局将养路费15万元转为自有资金修建三楼一底1296平方米的办公住宅楼，作出停建待处的决定。1990年，对自筹基建资金进行审计调查，查出1988—1989年自筹基建投资项目85个，投资总金额3039.12万元。针对全县自筹基建资金管理混乱，基建规模膨胀，难以控制的局面，向县委、县政府提出治理整顿基建市场的建议，得到认可。1991年，重点抓了七道河水库工程投资效益的审计。该工程系民办公助，计划投资1196.32万元，于1975年12月动工，已修建16年之久，长期出现并反复发作"投资饥饿症"。通过审计向广纳区公所提出制止"跑、冒、滴、漏"，加快工程建设速度，尽快完工投产发挥效益的建议。1992年，在继续抓好自筹基建资金和停缓建项目跟踪审计的同时，重点对县火电厂进行审计，共审计金额1612万元，查出违规金额46万元。1993年，针对县内仍存在基建膨胀，对开工前资金来源审计把关，对新上基建项目是否有计划、资金是否有保障、来源是否有政策等进行调查核实，防止基建项目盲目起哄。

巴中县审计局1986年首次对全县自筹基本建设资金来源进行审计，共审计16个单位，审计资金279万元，占自筹基本建设资金的94.50%，其中资金来源不正当的有101万元，占审计资金的36%，制止乱挪资金搞基本建设近21万元。1989年对自筹基建资金共审计了29个项目，总投资金额627万元，查出违规金额290万元，占所报资金的30%，同时配合计委、建委、财政、国土等部门对城区的固定资产投资在建项目进行了跟踪检查，对条件不具备或不符合国家产业政策的12个项目，吊销其计划，调销投资211万元，决定缓建项目20个，缓建投资626万元。1990年对全县74个自筹基建项目资金进行了审计，对四个技改项目的资金来源、四个停缓建项目进行审计，审计覆盖面达100%。1993年对23个基本建设项目进行审计，其中，开工前项目16个，竣工审计项目7个，审计投资总额3588万元，已完成投资额2636万元，查出超规模投资192万元，资金不落实765万元，高估冒算15万元，挤占工程成本1万元，偷税9万元。

平昌县审计局1986年对全县103个单位，自筹基建资金来源开工前资金落实进行了审计，总投资1570.75万元。通过审计，压缩基建规模资金不落实或来源不正当269.49万元，占17.17%。

1996年，巴中地区审计局根据省审计厅、地区行署的安排，组织力量对全区37个固定资产投资竣工决算项目进行了审计。审计查出：建设单位已签证的竣工决算工程价款结算中，多计冒算、虚报冒领的工程款而核减投资597.93万元，压价少计、误计漏算工程款保护施工企业合法利益而核增投资52.70万元，核增核减品迭后净削减投资545.22万元；查出概算外超投资1464.84万元；查出偷漏及欠税209.99万元；审计查出违规挤摊基建成本金额208.67万元，已作调账和削减基建投资处理；挽回损失浪费金额75.14万元；审计查出其他违法违纪金额12万元，均已移送司法机关处理。

1997年，地区审计局根据省审计厅、地区行署的安排，组织力量对全区50个固定资产投资竣工决算项目进行审计。审计查出：多计冒算、虚报冒领的工程款而核减投资353.10万元，压价少计、误计漏算工程款保护施工企业合法利益而核增投资79.61万元，核增核减品迭后净削减投资273.49万元；概算外超规模13850.23平方米；偷漏税金76.70万元；违纪违规挤摊基建成本11.62万元。审计中发现，一些建设单位或中标施工队伍将部分中标工程转包，致使工程质量得不到保障，个别人从中牟取好处，给国家造成经济损失，以《审计简报》的形式向地委、地人大、地行署及有关部门反映了这一问题。

1998年，地区审计局根据省审计厅的安排，组织力量对地区环保局、巴中市、通江县环保局环保资金进行了审计。审计查出：巴中地区环保局1997年共征收排污费18.70万元未缴解同级金库，纳入财政预算管理，单位自行坐支。通江县环保局挤占、挪用环保治理资金及环保补助费29.89万元；通江县环保局少交营业税及附加0.48万元；通江县环保局1997年度年终决算时，在环保补助费中预提职工福利费 0.20 万元；巴中市（县级）环保局 1997 年在事业经费中列支应由个人负担的费用 0.12 万元。

1999 年，地区审计局根据省审计厅、地区行署的安排，组织力量对全区 50 个固定资产投资竣工决算项目、全区建委系统财政、财务收支进行审计。在固定资产投资竣工决算项目的审计中查出：多计冒算、虚报冒领工程款 2477.78 万元，挤占投资成本 856.22 万元，概算外投资 782.78 万元，超规模、超标准 1582.10 万元，偷漏税金 21.26 万元，挪用其他资金搞基本建设 39 万元，损失浪费 326.84 万元，挪用侵占建设资金 106.40 万元。在建委系统财政、财务收支的审计中查出：乱收费 30.71 万元，应缴未缴财政预算收入 23.16 万元，偷漏营业税及附加 15.98 万元，南江县房管所偷漏所得税 1.34 万元，预算外资金未缴存财政专户 223.69 万元，截留、转移、隐瞒收入 9.14 万元，平昌县招标站违规向外单位借出资金 50 万元，平昌县建委将工程竣工决算涂改加大结算金额 1 万元，个人非法所得 7.38 万元，江北管委会下属城管科用“一般性收费收据”收费 15.06 万元未入账，私设“小金库”。

2000 年，市审计局对巴中市（县级）江北管委会江北新区主西干道工程竣工决算进行审计。审计查出：提高取费标准，多计工程价款 12.88 万元；违规增补标的基数，多计工程价款 55.02 万元；调整水泥价差多计工程价款 3.32 万元；多计取大型机械进出场费 6.90 万元；高套定额，多计工程价款 10.26 万元；现场签证内容重复，多计工程价款 15.99 万元；政策性文件执行错误，多计工程价款 3.23 万元；隐蔽工程施工记录签证不实，多计工程价款 39.38 万元；提高取费基数，多计工程价款 4.76 万元；应纠未纠预算错误，多计工程价款 15.89 万元；计算错误，多计工程价款 73.30 万元；经现场检测、勘验，部分砼路面出现较长、较大的裂缝 13 条，需返工修复的砼路面面积 30.163 平方米，按正常修复程序计算，应扣减返工修复的工料款 0.29 万元；多计取一期工程优良工程奖 1.04 万元；重复列支工程价款 11.78 万元；少计工程价款，审增工程投资 27.45 万元。一、二、三期工程共计审增 27.45 万元，审减 253.95 万元，增减品迭后净审减工程价款 226.50 万元。

第七节　外资运用审计

从 1986 年起到 1990 年年底止，南江县审计局每年一开始就对林业外资项目 A 部分财务收支及实施情况进行审计。该项目总投资 2640.60 万元，其中，国外投资 1156.10 万元，国内投资 1484.50 万元。经过 5 年的建设期，营造人工林 4010 公顷，新建公路 119 公里，建房 1439 平方米，设备采购 52 台。存在的主要问题是挤占、挪用项目资金 19.14 万元，工程项目未严格按基本建设程序办事，个别项目预算无人审核，超年度计划投资，合同签订无依据或按估算签订合同，乱发补贴钱物等问题。通江县审计局 1991 年 3 月，首次审计县内第一家使用外资的饲料厂技改工程。通过审计，在资金使用效益上，该厂两年工期一年完成，减少资金利息 44.80 万元，投产创利 20.90 万元，不增加投资可扩大建筑面积 1034 平方米。巴中县审计局 1989 年首次开展了外资运用审计，对县级三个世界银行贷款项目执行单位进行了审计，总投资 645 万元，其中世界银行贷款 323 万元，国内配套资金 129 万元，查出有问题资金 55 万元。平昌县审计局 1990 年对国际农发基金会平昌畜牧贷款项目 1989 年执行情况进行了审计，总投资 1480 万元，其中世界银行贷款 800 万元，国内配套资金 680 万元，查出财务管理混乱等问题。

1996 年，地区审计局根据审计署和省审计厅的安排，组织力量对全区 1995 年度世行贷款“地方病和传染病控制项目”“综合性妇幼卫生项目”进行审计。在地方病和传染病控制项目的审计中查出：国内配套资金未落实1.97万元；应列未列固定资产0.98万元；1995年，巴中市（县级）结防所购买4床高绒被计款0.20万元，用于送礼，列入项目工程成本；项目工程支出超支0.95万元。巴中市（县级）结防所1995年度项目工程支出10.95万元，而财政拨入配套资金10万元，超支0.95万元。在综合性妇幼卫生项目的审计中查出：国内配套资金未落实20.25万元，挪用项目资金0.84万元。

1997年，地区审计局根据审计署和省审计厅的安排，组织力量对全区1996年度世行贷款“综合性妇幼卫生项目”进行审计。审计查出：国内配套资金未落实30.74万元；提款报账费用不真实3.70万元；地、市财政局未按有关规定建立该项目还贷准备金2278.82美元；地区财政局收取项目手续费944.97美元；巴中市（县级）卫Ⅵ贷款办公室未及时将世行贷款25000美元分配给下属项目单位；市卫Ⅵ项目办公室收到的世行贷款招标采购物资部分质量较差，其中因质量太差确实无法使用积压库存设备有8台（件）。

1998年，地区审计局根据审计署和省审计厅的安排，组织力量对全地区1997年度世行贷款“传染病与地方病控制项目”进行审计。审计查出：国内配套资金未落实632.44万元；挤占挪用项目资金85.62万元；南江县秦巴扶贫项目开发办巧立名目，乱收红四乡世行站、红顶乡世行站项目规划设计、评估论证费1.81万元；巴中市（县级）财政局未及时拨付卫Ⅵ项目贷款资金46111美元；南江县结核病防治所提款报账费用不合规5.62万元；巴中市（县级）结防所欠付乡、村医生督导化疗管理费6.52万元。

1999年，地区审计局根据审计署和省审计厅的安排，组织力量对全区1998年度世行贷款“传染病与地方病控制项目”进行审计。审计查出：国内配套资金未落实613.89万元；挤占挪用项目资金135.26万元；滞留项目资金615.52万元；项目资金转贷不合理43.35万元；“贫困四”土建工程超计划投资20.17万元。通江县计委下达“贫困四”19个项目学校土建投资428.60万元，建筑面积9621平方米，而实际投资为448.77万元，实际建筑面积10371平方米，超计划投资20.17万元，超面积750平方米。

2000年，市审计局根据审计署、省审计厅的安排，组织力量对全区1999年度世行贷款“传染病与地方病控制项目”进行了审计。审计查出：挤占、挪用项目资金25.67万元；滞留项目资金563.25万元；截留项目资金12.59万元；擅自变卖项目物资108.92万元；国内配套资金1999年未落实756.88万元；南江县卫生局向世界银行申请卫Ⅷ项目报账的费用中，证据不足的金额有16.21万元；1999年通江县世行教育贷款办公室将贫困四项目资金存款利息收入2.38万元列入“留成收入”科目，未作还贷准备金。

第八节　经济责任审计

1986年12月31日，审计署发出《关于开展厂长（经理）离任经济责任审计工作几个问题的通知》，开始进行经济责任审计。

1987年5—7月，南江县审计局根据县政府委托，首次对南江县茶厂厂长离任的经济责任进行审计。重点审计厂长在生产经营活动中行使决策权的效果性和效率性，主要经济技术指标完成情况的真实性和效益性，贯彻执行国家财经法纪的合法性。查出因经营失策而导致亏损15.17万元、因决策失误盲目扩建饮料厂，仅20个月就亏损12.31万元，偷漏税款1.14万元等问题。是年9月，受县政府委托，向县第11届人大常委会第四次会议作《关于试行南江县茶厂厂长离任经济责任审计调查的情况汇报》，引起县人大的高度重视，做出《关于推行厂长（经理）离任经济责任审计的决议》，规定“凡是有厂长（经理）离任的全民所有制国营企业，主管部门或组织、人事部门必须委托审计部门对他们实行离任经济责任审计”的规定。

通江县审计局1988年对县龙溪沟酒厂的财务收支和厂长离任进行审计，查出该厂各类有问题资金414.28万元。1989年对县物资局及所属企业经营责任审计，共审资金总额139万元，查出违纪金额19万元。1992年对工业、供销、商贸等8个企业经济责任实施审计，共审资金总额1287万元，查出违纪违规金额16万元，收缴财政3万元，罚款0.30万元。1993年3—5月对外贸公司经理任期内经营活动和各项资产、负债情况进行审计，查出该公司三年亏损86万元，负债达107万元。

巴中市（县级）审计局于1997年建立健全干部离任进行审计制度，1999年完成对4个县级部门法人代表和20个乡镇长的离任审计工作，查出有问题资金132万元，收缴财政19万元。2000年，加大审计力度，落实领导干部任期经济责任审计工作，全年共对7名领导干部任期经济责任实施审计，其中，企业法人代表2名，乡镇党政“一把手”5名，经过审计共查出违纪金额823万元，决定收缴财政11万元，应由个人清退违法所得1.20万元，应由领导追回资金2.30万元，为被审单位挽回经济损失117万元。在被审计的7名科级领导中，晋升2人，平级调动3人，免职2人。

平昌县审计局于1996年建立健全干部离任审计制度，县政府出台《关于平昌县干部离任审计试行办法》，规定凡是法定代表人离任必须由审计部门实行离任经济审计。1996年至1999年，完成了对4个县级部门法人代表和4个企业经理的离任审计工作，查出有问题资金212万元，收缴财政8万元。2000年共对9名领导干部任期经济责任实施审计，其中，企业法人代表1名，县级行政事业单位法人代表8名，经过审计共查出违纪金额677万元，收缴财政17万元，应由个人清退违法所得0.85万元，为被审单位挽回经济损失77万元，被审计的9名领导干部晋升1人，平级调动7人，免职1人。

第九节　审计行业管理

一、监管内部审计

1983年，国家恢复审计制度后，根据我国国情，审计署作出在部门、单位内部建立审计机构，配备审计人员，国家审计机关负有对部门、国有的金融机构和企业事业组织的内部审计进行指导和监督的责任。巴中地区审计局成立后，为及时掌握全区内部审计工作进展情况，对全区内部审计机构、人员配备、完成项目等情况进行摸底。

1995年5月，巴中地区审计局根据四川省审计局72号文件精神，组织力量对所辖县、市的内审机构、人员进行了调查，全区有内审机构133个，内审人员488人，其中：专职95人，兼职393人，摸清了机构建立、人员配备情况。1996年9月24日，巴中地区第二届地级部门内部审计工作联席会议召开，29个内审单位44人参会。截至年底，地级部门已建内审机构34个，其中，专职机构16个；已配内审人员56人，其中专职人员24人。

截至2000年年底，市级部门建内审机构37个，其中，专职机构20个；配内审人员96人，其中，专职人员31人。计生委、电信、工行、农行、文教、公安、卫生等部门的内审工作，在维护本部门的合法权益，堵塞漏洞，提高管理水平，促进社会效益与经济效益同步增长等方面取得成效。

二、监管社会审计

1994 年 2 月 15 日，巴中地区审计事务所成立，为全民自收自支事业单位，正科级。

1995 年 12 月 22 日，地区审计局组织召开全区第一次社会审计工作会议，各县、（市）审计局局长、审计事务所所长参加会议。1996 年 3 月 8 日，巴中地区审计事务所信发分所成立，该分所行政上隶属于地区邮电局领导，业务上受地区审计事务所管理和指导。

截至 1999 年 6 月 30 日，巴中地区审计事务所全面结束脱钩改制工作。巴中地区审计事务所人员全部交由巴中地区人事劳动局人才交流中心代管。

第十一章　土地管理

第一节　土地制度

一、所有制

（一）私有制

民国时期，境内各县土地均属私有。其中地主阶级占有大量土地。民国 21 年（1932 年），巴中县占人口 10% 的地主、富农占有 70% ~80% 的土地，占人口 60% ~70% 的贫农、雇农所占土地不足 10%。南江县地主、富农占全县总人口的 5%，却占全县耕地总面积的 80%。中农、贫雇农占全县总人口的 95%，却仅占全县耕地总面积的 20%。

1933 年，中国工农红军第四方面军在境内颁发《中华苏维埃共和国土地法》和《关于土地问题的布告》，进行土地改革。通江县全县 2.4 万农户 13 万多人分得土地 1.67 万公顷，并颁发土地使用证书。平昌县没收地主、富农和庙产、学田 0.44 万公顷，分给雇农、贫农 28000 多户。南江、长赤（现长赤区）县没收地主、富农土地 15 万亩，约 3 万户贫雇农人均分田 1 亩以上。

民国 24 年（1935 年），红军撤离后，境内各县恢复到民国前期的土地制度，但经过此次土地革命后，各阶层占有土地的情况日渐变化。1949 年，巴中县地主、富农占总人口的 9.29%，占总耕地的 46.42%，人均 0.51 公顷；小土地出租占总人口的 1.25%，占总耕地面积的 3.48%，人均 0.26 公顷；中农占总人口的 50.06%，占总耕地面积的 31.89%，人均 0.06 公顷；贫雇农占总人口的 36.93%，占总耕地面积的 15.59%，人均 0.04 公顷；工商业者和其他成分占总人口的 2.47%，占总耕地面积的 2.62%。通江县各阶层田权分配为自耕农占 43.3%，半自耕农占 30%，佃农占 26.7%。

中华人民共和国成立后，境内各县于 1952 年先后开始进行土地改革，废除几千年来地主占有大量土地的封建土地所有制，各阶层的土地占有量发生根本性变化。巴中县没收地主土地 2.07 万公顷，征收富农出租土地 4325 公顷，工商业者出租土地 214.5 公顷，学田、庙产、会产、祠产 1566 公顷，共 3213 公顷，分得土地户数 79533 户，占总农户的 61%。各阶层人均土地占有变化为：地主由土改前 0.73 公顷下降到 0.10 公顷；富农由 0.31 公顷下降到 0.16 公顷；中农由 0.06 公顷上升到 0.11 公顷；贫农由 0.04 公顷上升到 0.09 公顷；雇农由 0.02 公顷上升到 0.18 公顷。平昌县征收没收耕地、园地 7650 公顷，林地 3312.89 公顷，分给贫农、雇农和部分中农。各阶层土地占有量为：地主人均 0.17 公顷，比土改前减少 0.57 公顷；富农人均 0.29 公顷，比土改前减少 832 公顷，小土地出租人均 0.2 公顷，比土改前减少 0.01 公顷；中农人均 0.18 公顷，比土改前增加 0.02 公顷；贫农人均 0.13 公顷，比土改前增加 0.06 公顷；雇农人平 0.17 公顷，比土改前增加 0.15 公顷；其他阶层人均 0.05 公顷。

（二）集体所有制

1952 年土地改革后，境内各县逐步开展互助合作运动，相继建立互助组和初级农业生产合作社。在初级社中，农民土地入股分红、土地两权分离，农民拥有所有权、集体拥有使用权。1956 年春，分批转并高级社，在高级社中，农民只是社员，不再是土地所有者，耕地、山林、宅基等土地，一律属于合作社农民集体所有。在高级社中，除自留地外，农民对土地既无所有权又无使用权，两权同一，属于集体。

1958 年，各县将乡转建人民公社，管理区实行政社合一，集体土地属于人民公社所有。人民公社土地所有制度经历两个阶段，以“四固定”（劳动力、土地、耕畜、农具）为标志之前实行基本社有制，之后实行三级所有队为基础。基本社有制时期，取消自留地、自留山、宅基地的土地个人使用权，同属于公社集体。1961 年 2 月，各县完成“四固定”，土地固定给生产队使用，生产队为基本土地所有者，公社、大队拥有部分所有权；10 月下放食堂，重划自留地，承认社员对自留地、宅基地的长期使用权。

1983 年，改公社为乡，公社、大队、生产队三级政社隶属关系不复存在，实行劳动群众集体土地所有制，其中农业生产合作社为集体土地的主体，几乎拥有全部集体土地，属农民集体经济组织的集体厂矿企业事业单位基本未拥有土地所有权。为调动农民生产积极性，1982 年起实行以家庭为单位的联产承包责任制，耕地由农户按人口平摊承包，长期使用，以推动农业生产的发展。农村土地包括宅基地、自留山和自留地属集体所有。农民承包经营土地由农业生产合作社发包，其土地所有权不变，承包者对土地拥有使用权、作物种植自主权和产品支配自主权。至 2000 年，各县虽几经土地承包调整，但其所有制性质一直未变。

二、土地使用制度改革

（一）城镇用地制度改革

从 1988 年起，境内各县根据《中华人民共和国城镇国有土地使用权出让转让培训条例》和《划拨土地使用权管理办法》及《四川省城镇国有土地使用权出让、转让实施办法》《四川省转让、出租、抵押国有土地使用权（划拨部分）补交出让金暂行办法》等有关规定，分别制定一系列促进土地使用制度改革的政策，对土地使用权依法出让、转让、出租和抵押等方面的问题作出具体规定。并由国土部门对城镇固有土地转让、出租、抵押行为进行清理，按规定标准补交出让金。此间，平昌县对场镇居民利用宅基地街道、城乡结合部、公路两侧进行经营活动的按每月每平方米 0.3 ~0.5 元收取使用费。

1994 年，全地区进一步确立土地使用制度改革的指导思想、目标、任务和基本内容，对供地方式、土地市场建立和发展，土地资产收益及分配、土地资源配置及开发利用等作出明确规定。是年江北新区协议出让给巴中地区建设银行，地区房地产综合开发公司、地区丝绸公司等单位土地 9 宗，出让面积 106.7 亩，出让金收入 129.54 万元。

1997 年，加大改革力度，规范土地市场，深化国有土地使用制度改革。进一步扩大土地有偿使用范围，对新增建设用地（含各开发小区用地），除法规、政策有明文规定的外，一律实行有偿出让；盘活存量国有土地，把闲置和利用不合理的存量划拨土地，推向市场，投入供给，推行建设用地内部挖潜办法，优化用地结构，提高土地利用率，发挥黄金地段黄金效益。减少城郊土地尤其是耕地的占用；加强对企业改制中土地资产的管理，支持企业改革，搞好地价评估，正确量化土地资产价值量，防止国有资产流失、促进土地资源合理配置；依法规范土地市场行为，按照“公开、公平、公正竞争”的原则，将土地使用权出让引入竞争机制，减少协议出让。凡是商业、旅游、娱乐、房地产用地及“黄金口岸”地块，按照政府公布的基准地确定出让底价，实行招标、拍卖，逐步提高招标、拍卖在整个出让中的比重。年内，全地区协议出让地块 34 宗，出让土地面积 10.09 万平方米，有偿出让收入 940.2 万元，出让金 122.3 万元；流转土地 30 宗，面积 1.5 万平方米，总金额 224.5 万元，均为转让方式；划拨土地使用权地块 54 宗，面积 80.46 万平方米。

1999 年，全地区城镇国有土地使用制度改革基本走上规范化、法制化、正规化。是年，平昌县出让新征土地 6 宗，面积 9372.4 平方米，出让存量土地 11 宗，面积 38967 平方米；通江县出让存量土地 13 宗，面积 40862 平方米；南江县出让新征土地 5 宗，面积 8368.4 平方米，出让存量土地 9 宗，面积 38967 平方米；巴中市（县级）出让新征土地 4 宗，面积 8235.8 平方米；出让存量土地 14 宗，面积 41327 平方米。

（二）农村用地制度改革

土地经营制度 1961 年，实行“三级所有、队为基础”后，境内各县集体土地一律由生产队统一经营，对农民管实行“评工记分、按劳分配”办法。1979 年，将不便集体耕种的边远零星小块和田边地角土地，按土质、面积核定产量，划归社员种植，自管自收，产量列入分配。1980 年，推行“水统旱包”责任制，即水田由集体耕种，旱地定产承包给社员户或联组耕作，超产全奖，短产全赔。1983 年，全国农业技术承包工作经验交流会后，各县农村推行大包干的农业生产责任制，即家庭联产承包责任制。将水田旱地分等定级，确定产量，按人数划拨产量相应的土地，承包到户，以定产产量分摊农业税，定购粮、油料、提留款任务。1988 年，各县对农户承包土地的方式采取“三田制”（口粮田、责任田、机动田）或“两田制”（口粮田、责任田），对土地承包者人均留足 0.3～0.4亩口粮田，其余作责任田和机动田。口粮田按面积负担农业税，同时负担各种提留的上缴，或按照“三七”“四六”或对半开的办法，承包给种田能手。平昌县与农户签订租赁和责任承包合同 7.32 万份，土地面积 2.53 万公顷。全县 58 个乡、2 个镇，采用“三田制”或“两田制”的 43 个乡，234 个村、2830 个农业社。1990 年起，境内各县调整农户包干田土，逐步将人均承包土地，人均负担提留的“双平均”改为“租赁制”“两田制”（口粮田、机动田）与“双平均”三种形式并存。1995 年，各县县委、县人民政府就“稳定完善土地承包关系，放活土地使用权”发出通知，延长土地使用权，分乡成立工作队，村成立工作组，县（区）抽人分赴各乡检查、指导，与农户签订土地承包合同。平昌县，秋播前与全县 488 个村 185630 户农户 708531 人，签订了农业承包经营合同，承包经营土地 4.14 万公顷。至 2000 年，各县土地承包形式未变。

征地补偿 民国 19 年（1930 年），境内征地补偿标准为：凡申报过地价的，按申报地价补偿；申报地价后经过转移的按最后转移地价补偿；未申报地价的，由主管地政机关依照近三年平均地价估定补偿。民国 35 年，征用土地应给予的地价补偿及迁移费，均由用地人负担，并缴地政机关转发。1953 年中央人民政府公布《关于国家建设征用土地的办法》，对征地补偿安置作出规定，1957 年 10 月进行修改，1958 年 1 月公布施行。人民公社建立前征用土地，已补偿的不退回，未补偿的不再补偿。1970 年，各行各业支援农业，在完成基本建设项目的同时，加工一些田和土送给社、队，以利于农业生产的发展。征地补偿、安置仍无明确规定。1981 年，各县颁发《关于城乡建房和其他用地管理的规定》，使重用地、轻补偿的倾向得到纠正。1982年贯彻国务院《国家建设征用土地条例》和《村镇建房用地管理条例》和《四川省土地管理暂行条例》。至此，境内征地补偿和招工安置工作走上法制管理轨道。1983年，征用土地补偿费标准为被征耕地前三年平均年产值5倍。园地、鱼塘、宅基地等土地补偿标准为征用面积平均每亩产值的5倍。林地和牧草地补偿标准为所在生产队耕地（或牧地）平均每亩年产值的2~4倍。安置费补助标准为征用耕地的，每1农业人口为被征耕地每年年产值的3倍，每亩耕地的安置费最高不超过其年产值的10倍。1988年，国家、集体及城乡非农业居用征用集体土地按被征耕地前3年平均年产值5倍计算，征用其他土地（非耕地）按被征土地前五年平均产值3倍计算。安置补助费为征用集体耕地，需要安置的每一个农业人口为被征耕地上年产值的3倍计算，非耕地按被征前年产值1.5倍计算。拆迁补偿为每平方米50~80元，有主坟、山坟搬迁每座100元，一律交坟主。1990年起，随物价上涨，集体土地征用补偿标准日渐提高。1995年，耕地征用补偿标准为被征耕地前3年平均产值的5~6倍，非耕地按耕地产值的3倍计算。青苗补偿标准中为蔬菜队年产值每亩标准是：一等地1500元，二等地1460元，三等地1300元，三等地外600元；粮食队年产值每亩标准，一等地1000元，二等地850元，三等地700元，三等地外600元。1999年，全区耕地和非耕地征用补偿标准基本稳定于1995年的标准，青苗补偿费标准提高，蔬菜队每亩年产值标准，一等地1800元，二等地1700元，三等地1300元，三等以外900元。粮食队每亩产值标准为，一等地1200元，二等地1050元，三等地1000元，三等以外800元。

土地统征　1991年前，境内各县国家基本建设和城镇集体建设用地都是用地单位经批准后与被征地单位自行协议征地。1992年，各县由国土局代表县人民政府对农村集体所有的土地依法实行统一征用，由土地统一征用办公室与被征地单位协议，按法律政策规定进行补偿、安置，并由土地统征办与建设用地单位签订统征包干协议，报转、审批用地材料，按项目进行统一划拨出让土地。对土地基本被征完的村民小组，按政策规定，报经省人民政府批准，实行“全征全转”，采取办企业、单位招工、自谋职业等多渠道、妥善安置好剩余劳力，解决失地农民后顾之忧。1995年，全区统征耕地135.53公顷，非耕地27.67公顷。2000年，全市统征集体土地205.67公顷，统征非耕地58.2公顷。

有偿流动使用　境内集体土地有偿流动使用始于20世纪90年代初。其流动形式有四种：即将村社集体土地入股与单位联合开发，对入股的土地、物资、现金、劳力、技术进行股份确认；将村、组土地直接出租给单位开发，集体按年收取租金；村、社与农户联合开发庭院经济；依法取得集体土地使用权，以出租地上建筑物、附着物随同出租宅基地。将批准建房的土地修成房屋后，出租给机关、企业职工和进城务工经商的农民居住，个人收取租金。1992年，平昌县水土保持办公室、县林业局、镇龙乡人民政府、镇龙区水管站、镇龙乡有关村、社共17个单位联合将肖家坡茶园，常年种植水稻的田每亩按100元折算入股，疏林荒坡地每亩按50元折算入股，股份的确认以现金为准，每1000元为一股。镇龙乡入股土地267公顷，折资2万元，股份20，镇龙乡1村4、5、8、9社入股土地63.73公顷，折资4.78万元，股份47；其他9个村社投劳112600个工日，每个工日10元，折资112.6万元，股份112；县水土保持办公室投资现金119.8万元，股份1198，投入技术折股现金7万元，股份70；镇龙乡投资现金25万元，股份250，投入技术折股现金3万元，股份30；镇龙区水管站投入技术折股现金7万元，股份70。为加快发展步伐，县开发办投入扶贫贴息贷款15万元，并以贴息贷款与银行贷款利息之差额，折成股份，其红息交镇龙乡人民政府用于扶持贫困户发展生产。到1995年，终将90.4公顷山土开挖成梯台茶园，种植茶树。2000年，全市土地有偿流转进一步规范化、规模化。据统计，全市村、社以土地入股与单位联合开发的6.67公顷以上场（园）8处，面积约132公顷；村、社将土地出租给单位开发的10处，面积约58公顷；村、社与农户联合开发庭院经济4113处；有4620多户将合法修建的房屋出租收取租金。

第二节　土地利用

一、用地计划

20 世纪 80 年代初，境内各县各类建设用地和城镇、农村住宅用地均无年度计划。单位和用户用地实行逐级报批，要多少批多少，报多少批多少，报者心中无数，批者笔下无底。从上到下强调加强土地管理，制止乱修乱建，但批少占多、不批自占、批次占好、批而不用等现象屡有发生。

1985 年，各县在贯彻执行省政府《关于立即制止乱占耕地加强土地管理的通知》中，对乡镇、企业、公路建设、小集镇建设和民房住宅建设用地申报、审批等事宜作出过严格规定，但境内用地仍未达到计划管理。实际占地与批地数有增无减，收效甚微。

1987 年，各县开始实行用地计划管理。通江县按不超过全县总耕地 3‰进行计划安排，把非农业用地控制在 117 公顷之内，巴中县按 1966 年底总耕地面积的 4.5‰安排用地计划。

1988 年起，各县在用地计划管理中，坚持统一管理，一支笔审批，一个印章有效的管理体制，实行招标控制、依法审批、全程管理等基本制度，用地管理逐步法制化、制度化、正规化。1988—1997 年，地区下达给巴中市（县级）非农业建设用指标 752 公顷，执行结果实际用地 545.65 公顷，节约用地 206 公顷，占计划招标的 27.4%。上级分配平昌县国家建设、集体建设、农房建设、农业建设四项耕地指标 196 公顷，非耕地 163 公顷；实际审批各类建设用地 13659 件，耕地 35.8 公顷，节余指标 160 公顷，节余 81.72%，审批非耕地 117 公顷，节余指标 46.6 公顷，节余 28.55%。

1999 年，经省人民政府批准实施的《巴中地区土地利用总体规划》1997 年至 2010 年非农建设占地 7608 公顷，其中占用耕地 3530 公顷，规划期内补充耕地 7000 公顷。规划按 1997 年至 2000 年和 2001 年至 2010 年两个时段安排。1997 年至 2002 年 6 年规划指标分别为：圈外项目用地 2007.4 公顷，其中耕地 993 公顷；城镇用地 868 公顷，其中耕地 394 公顷；农村居民用地 95 公顷，其中耕地 43 公顷；开工新增耕地 2600 公顷，整理新增耕地 592 公顷。

2000 年，全市非农建设用地共 2734.12 公顷，其中耕地 1152.31 公顷，分别占整个规划期指标的 36% 和 33%，占同期规划指标的 66% 和 73%；圈外单独选址项目用地 1715.88 公顷，其中耕地 692.82 公顷，分别占规划期指标的 33% 和 43%，占同期规划指标的 73% 和 85%；城镇建设用地 508.29 公顷，其中耕地 278.2 公顷，分别占规划期指标的 23% 和 29%，占同期规划指标的 39% 和 49%；农村居民点用地 509.95 公顷，其中耕地 181.29 公顷，分别占规划期用地的 237% 和 190%，占用期规划用地的 99% 和 89%；补充耕地 1219.54 公顷，其中土地开发 760.66 公顷，土地整理 458.88 公顷，分别占规划期指标的 15% 和 23%，占同期规划指标的 42% 和 37%。

二、规范用地

1950—1987 年，境内各县建设用地管理，大都停留于用地审批管理，对征地前的论证和划地后的监督甚少。1988 年起，各县开始对各类非农业建设用地实行全程管理，把规范用地列入用地管理议程。1989 年，平昌县对用耕地 2 公顷以下，非耕地 4 公顷以下的建设用地，在项目审批前，项目选址定点，可行性报告审查，项目设计审查等每一个环节，坚持由国土部门参加，签具意见并实行界定范围、核实面积；超过规定标准的由省、地国土部门派人参加；项目建设中到现场检查用地情况；项目竣工后参加验收，核发“土地使用证”。

1990 年，各县采取“五公开”“五不准”“四统一”管理办法。五公开，即：公开乡政府审核上报的建房户名单；公开县府批准的结果；公开收取税、费的标准；公开占地的等级和位置；公开违法占地的处理结果。五不准：即：不准优亲厚友，超计划指标；不准行贿受贿，敲诈勒索；不准临时上报批地（除特殊情况外）；不准弄虚作假；不准用地单位及个人自定土地等级（以包产到户定级为准）。四统一，即：统一接收建房单位及个人的用地申请；统一向乡政府汇报；统一时间定点放线；统一组织监察队伍，巡回监察和竣工验收。

1993 年，各县在坚持服务与管理并得原则，依法征地，简化手续，提高效率，保证重点建设用地的同时，对越权批地、未批先占情况进行专项清理和严肃处理。通江县当年审批的 3172 平方米农房用地，全符要求。

1994—1996 年，各县（市）在进一步强化建设用地计划管理的同时，全面清理非农业建设闲置土地。对清查出来的闲置地，凡能复耕的，责令其限期耕种；对批准使用或超过出让合同约定的，动工开发期限满一年未动工的闲置地，可以收取土地荒芜费并限期动工建设；对项目、资金不落实，近期难以开展建设的，进行限期复种或调整使用；土地闲置满二年的，依法收回土地使用权，重新安排使用；对原批准用地面积过大，造成部分土地闲置的，经报原审批机关复查，按有关规定予以核减；对越权批地、无权批地和擅自占用导致土地闲置的，严格按照土地管理法律、法规和有关规定做出严肃处理。

1997 年，全地区对 1991 年 1 月 1 日以后的各类非农建设用地进行全面清查处理，同时冻结非农用地占用耕地审批一年。通过清理各类非农建设用地 82136 宗 1626 公顷（耕地 528 公顷），对未批用地 2475 宗 213.9 公顷（耕地 64 公顷）、非法批地 232 宗 2.8 公顷（耕地 1.06 公顷）、改变批准用途 323 宗 2.47 公顷、闲置 424 宗 17.9 公顷（耕地 8.2 公顷）逐一进行处理。共查处各类违法案件 176 件，拆除非法建筑 25 起，罚款 18.2 万元，收回闲置土地 3 宗 0.5 公顷，限期复耕 5 宗 0.56 公顷，查封违法占地砖瓦窑 26 个，还耕 1.2 公顷，注销国有土地使用证 25 宗，申请法院强制执行 5 宗，补交出让金 45 万元。

1998 年，全地区共清查非法转让、出租、抵押土地使用权 1090 宗，收取土地收益金和补交出让金 170 多万元；办理国有土地使用权出租（抵押）许可证（证明书）85 份，办理变更登记 2736 宗。四县（市）对旧城拆迁腾出的国有土地加大依法管理和合理利用的力度。全地区共拆迁腾出国有土地 196 宗，面积 8.8 万平方米，依法办理出让手续 132 宗，面积 8.1 万平方米，收取出让金 67 万元。对经营性用地全部实行了有偿、有限期的使用。年内全区共出让国有土地 21 宗，面积 5 万平方米，收取出让金 20 万元。

1999 年，按照“一要吃饭，二要建设”的原则，严格执行农用地转用和土地征用的审批制度，农用地转用必须符合土地利用总体规划、土地利用年度计划确定的农用地转用指标，必须符合城市、集镇规划；严格审核建设项目用地资料，对建设项目的用地位置、数量和类别进行反复论证和比较。全区共报批村民建房 5199 宗，面积 11.02 公顷（其中耕地 6.1 公顷），国家建设、集体建设用地 41 宗，面积 3.9 公顷（其中耕地 2.39 公顷），乡村道路建设农用地转用 8.62 公顷（其中耕地 1.86 公顷）。关于耕地占补平衡的问题，根据有关规定，采取用地单位同县人民政府签订《开发复垦耕地协议书》，明确耕地开垦地点，完成时间，开垦数量和质量要求，并适当收取耕地保证金的办法加以解决。

三、利用现状

民国至中华人民共和国成立后的 1955 年，境内土地利用现状无据可考。1955 年后农业合作社至中共十一届三中全会召开后的1980年，境内各县林地、园地、牧草地、交通用地、居民点及工矿用地等虽各年有异，但因计划经济体制限制，故各县土地利用现状变幅较小。

1980年后，随着农村经济体制改革，农业种植结构调整，交通事业发展，城镇和国家建设规模的扩展，境内土地利用现状变化日渐加大。1985年，平昌县土地资源调查统计，全县耕地面积71340公顷，园地1670公顷，林地59978公顷，牧草地11304公顷，居民建设及工矿用地11164公顷，交通用地925公顷。1990年，通江县年末耕地面积38433公顷，园地356公顷，林地1893333公顷，牧草地12780公顷，城镇村及工矿用地4085公顷，交通用地4308公顷，水利面积1173公顷，未利用地33730公顷。

1993年，巴中地区成立后，各县先后对土地利用情况开展调查登记。至2000年，全市耕地面积23.4万公顷，其中灌溉水田4.14万公顷、望天田10.33万公顷、水浇地0.73万公顷、旱地8.06万公顷、菜地0.07万公顷、园地7.38万公顷，其中果园1.8万公顷、桑园3.4万公顷、茶园0.04万公顷、其他园地2.18万公顷。林地64.6万公顷，其中有林地48.3万公顷，灌林地6.77万公顷，疏林地5.32万公顷。未成林造林地2.97万公顷，迹地0.03万公顷，苗圃0.04万公顷。牧草地3.84万公顷，其中天然草地3.82万公顷，改良草地4公顷，人工草地133公顷。其他用地6万公顷，其中畜禽饲养地0.37万公顷，设施农业用地13.3公顷；农村道路473公顷；坑塘水面7.93万公顷，养殖水面120公顷，田坝4.64万公顷，农田水利用地0.14万公顷。居民点工矿用地6万公顷，其中城市0.05万公顷，建制镇0.25万公顷，居民点5.5万公顷，工矿用地0.12万公顷，特殊用地0.02万公顷。交通用地0.47万公顷。水利设施用地0.33万公顷，其中水库水面0.32万公顷，水工建筑0.02万公顷。未利用地10.67万公顷，其中荒草地7.77万公顷，裸土地0.22万公顷，裸岩石砾地0.59万公顷，其他未利用地0.16万公顷，河流水面0.6万公顷，其中河流水面1.57万公顷，滩涂0.37万公顷。

第三节　耕地保护

民国至中华人民共和国成立后的农业合作社之前，土地私有，土地所有者惜土如金，各县非农占地极少，耕地保护未列入重要议程。1953年后，国家建设和农民建房等占地数量日渐增多，耕地保护亦相应成为各级政府的重要工作。1958年，境内各县根据《国家土地征用办法》结合本地实际，对土地征用的申报程序、审批权限等作出具体规定。1959年，各县对"早征晚用、多征少用、征而不用、不征而用"等问题进行全清理。通江县清查出未批占用土地17.8公顷；巴中县清查出批少占多土地7.8公顷，批而不用土地6.1公顷；平昌县清查出不批而占土地19.5公顷。时因"一平二调"干扰，清查出的问题未作出处理。1966年，各县对机关、学校、厂矿等单位使用土地的情况开展全面检查。通江县清理出多征少用土地1.8公顷，未予补偿的1.14公顷，应补办手续的2.16公顷。1986—1990年，各县根据国家和省上的有关规定，进一步从用地申报、审批程序、占地补偿、违规处理、计划控制和申报审批办结时限等方面作出严格规定，推进耕地保护规范化、程序化进程。

1995年，全地区在进一步强化建设用地计划管理的同时，对非农业建设用地闲置情况进行全面清理，并分别不同情况进行复耕、核减、收回、补偿等处理。

1997年，地、县国土部门围绕耕地总量动态平衡战略目标，不断加大耕地保护力度。地区国土局制发《占用基本农田审批管理意见》，县（市）人民政府制发《基本农田保护实施办法》，从规划管理、占用审批，占地费用收取及使用，违法占地查处等方面作出全面具体规定建立和实行占用基本农田许可制度，损失补偿、地力补偿制度、环境保护和年检制度。年内，全地区耕地面积保有量控制在25万公顷以上，省农田保护区面积保存量控制在20.76万公顷以上。抓好土地利用总体规划修编的同时，继续大力搞好土地开发复垦。年内开发复垦土地0.1万公顷，其中耕地超过0.02万公顷。

1998年，全地区从下到上建立基本农田的保护网络，形成占地依法，违法必究，占补平衡的耕地保护格局。是年全地区耕地保有量控制在24.9万公顷，基本农田保护区面积保有量控制在20.7万公顷以上。同时加大土地开发复垦的力度，采取股份制合作开发、集中开发、农户开发、占补开发等形式，共开发复垦土地873.33公顷，其中耕地458公顷。

1999年，全地区四县（市）级和284个乡（镇）级土地利用总体规划全面完成，形成文字数据成果资料1500余份，图件成果资料1800余张。年内，全地区农用地转为建设用地18.79公顷，其中耕地10.89公顷，分别占计划指标的6.7%和5.4%。在规范农村“三类”建设用地行为上，全地区组织力量在调查摸底试点的基础上，制定《巴中地区农村“三类”建设用地报批暂行方案》，确保年度计划的实施。同时全区共开发整理土地项目309个，面积690公顷，新增耕地面积657.43公顷。

2000年，全市耕地保护工作重点满足基础设施、小城镇建设、生态退耕、农业产业结构调整的需要，土地开发复垦力度进一步加大，土地集约利用水平进一步提高。市、县国土管理部门在1996年基本农田划定成果基础上，按照省政府批准实施的《土地利用总体规划》下达的指标，对全市基本农田进行调整划定。调划后的基本农田面积共20.25万公顷，报经上级主管部门验收通过。以耕地保护为中心，积极提供建设用地服务。市、县（区）土地管理部门充分掌握用地信息，及时满足以重点建设为主的各项建设用地需要。对达广高速公路巴中段工程、农网改造工程、化成水库整治工程、污水处理、滨河路改建等重点建设项目，实行从项目的论证到现场勘验、材料审核的“一站式”服务，保证项目顺利实施。同时，市国土局和市检察院联合对全市农村“三类”建设用地进行清理整顿，对清查出现的批非占耕、批少占多、批甲占乙等问题进行纠正，对有违规行为的单位和个人依法进行处理。土地复垦力度加大。通过基层报、图上查、实地看、综合评、各县（区）积累一批可供开发的后备资源。通江、南江县开发出以农村宅基地退耕和零星地整理为主的省级试点小城镇和农村“三类”建设用地补充耕地项目，经验收合格。年内，全市实现经省政府批准的土地开发项目共45.5公顷，整理、复垦增加耕地面积13.2公顷。

第四节　地籍管理

民国时期，境内地籍管理仅限于公产登记、土地呈报及公产分布和租谷数额调查。1933年，各县苏维埃政府接收旧有公、学、庙产作为红军公田，没收土豪劣绅土地，分给无田少地的农民，并颁发土地使用证书。民国28年（1939年），境内各县开展公学、庙产清理登记，且造具调查分布统计表。通江县查得公学、庙产48处，分布全县15个乡镇，计收租谷204129石。民国31年（1942年），巴中县组织专业技术人员，对所辖第三区（平昌县）的193个保进行地籍测绘。民国33年（1944年），境内各县办理土地呈报、改进复查更正工作。巴中县当年呈报“土地改进成果”总面积8.75万公顷。民国35年（1946年），通江县对通学产进行逐一调查登记，全县共有公学产田土275公顷，年收押金22742元。

1951—1952年，各县对土地进行丈量，巴中县耕地面积为6.45万公顷，平昌县为4.87万公顷。1957年各县对土地进行普查，平昌县普查耕地面积4.15万公顷，其中田3.7万公顷、土1.95万公顷。1962年，各县开展林业“四固定”工作，在山林权属上，实行所有权与使用权分离。山林权属由大队、生产队、社员逐块划定。社员房前屋后、自留地、自留山和坟山林木划给社员长期使用。1974 年，各县落实林权，始发林权证。

1986 年，各县开展大规模的非农业建设用地清理。平昌县共清理出 1983 年以来各项建设占地 0.12 万公顷，其中按规定审批的 0.08 万公顷，越权审批 64.53 公顷，未经审批的 154.8 公顷，占而未用的 57.8 公顷。

1994 年，各县开展建制镇土地和集体土地地籍调查和登记发证工作，至 1995 年全面结束。据统计，通江县建制镇面积 3.93 平方公里，建制镇土地 5730 宗。县城所在地建制镇面积 2.7 平方公里，土地 2870 宗，发证 1785 份。建制镇外国有土地 667 宗，发证 667 份。集体土地建设用地 147683 宗，发证 145167 份。

1998 年，全地区各级国土部门集中精力对清查出的各类违法占地进行依法处理。据统计，全地区 1991 年 1 月至 1996 年 12 月底止各类建设用地共 41000 多宗 800 多万平方米，各种违法占地 4200 多宗 63 万平方米，占总用地宗数的 10%，根据四川省人民政府《关于非农业建设用地清查中有关问题处理意见的通知》和有关土地法律法规，分别给予处理。其中拆除 16 宗，面积 2400 平方米；没收 4 宗，700 多平方米；补办用地手续 4180 宗，面积 2400 平方米。

1999 年，全地区初步形成以规划为龙头，以计划为依据的土地供应机制。国有土地除法律规定的建设项目采用划拨方式供地外，其他一律以出让方式供地。全年全区共计划拨地 3.259 公顷，出让供地 151 宗，4.372 公顷，土地出让合同金额 45609.6 万元。开展待开发土地现状调查。全地区成片土地后备资源 4346 公顷，超过 4 公顷以上的 1917.3 公顷。土地价格管理逐步法制化、规范化。全年地价事务所共评估土地资产 7632 万元。依照土地利用规划和城市规划，积极支持国有企业战略性改组，发挥土地资产效益，帮助国有企业减债，脱困。认真开展变更调查。完成日常变更登记 7338 宗，其中农村建设用地使用权变更调查 1540 宗，登记发证 4923 户，为 1632 户的房改房土地使用权依法进行调查，登记和发证。主动与银行协调配合，开展土地抵押登记工作。全地区共办理土地抵押登记 86 宗。

2000 年，全市共出让、划拨供地 126 宗，面积 21.36 公顷。通过对待开发土地现状调查，全市国家级、省级可开发、复垦后备资源面积为 4041.6 公顷，编制分布图 200 幅。全年评估土地资产 2357.23 万元，同时对地价执行情况进行监督检查。年内，市、县（区）国土部门认真开展土地变更调查和西部土地资源调查。调查结果：全市土地利用现状变更调查年初耕地为 24.88 万公顷，年内减少耕地 0.38 万公顷，新增耕地 60 公顷，年末耕地总面积为 24.5 万公顷，基本农田 20.25 万公顷；15～25 度坡耕地 9.49 万公顷，25 度以上坡耕地 1.9 万公顷；与银行协调配合，开展土地抵押登记工作，全市共办理土地抵押登记 44 宗。

第五节　土地监察与执法

一、执法监察

民国 35 年（1946 年），国民政府颁行《土地法》及《土地法实施法》，境内部分县呈请设置地政科，承接即将撤销的地籍整理办事处的地政业务。时因无果，故两法实施和土地管理成为空话。

1954—1970 年，各县对农村建房占地管理较松，占多占少，根据需要，无所谓合法与非法。公益事业占地基本是无偿使用，若占农耕地，多以减免公粮、征购作集体补偿。

20 世纪 70 年代初开始，各县把各类用地管理纳入重要议程，年复一年地对各类建设用地开展清理和执法监察。

1979 年，达县地区纪委到通江县清理调查城区少数党员干部“营建私房、搞不正之风”的情况，查出建私房 87 户，打好地基者 57 户，占地 23112 平方米，有 128 户占用城镇周围生产队田土 18141 平方米，12 户占用蔬菜队土地 1570 平方米，26 户占用农场土地 3401 平方米。

1986 年，省委乐至土地管理工作会议后，境内各县按宣传教育、清理登记和逐一核实、分类查处两个阶段，开展对非农业建设用地的清理和执法监督。平昌县共清理出各类非农业建设用地 1851 公顷（非耕地 1115 公顷），其中违法地占面积 105.8 公顷。

1989 年，各县根据省纪委、监察厅、建委、国土局《关于对城镇职工、干部个人建造住宅加强管理的通知》精神，对辖区内干部职工倒卖房屋、宅基地、土地征用书的，住公房出租私房的，非法占地建修新房的，单位购买私房，出租出售房屋偷税漏税的，其他变相买卖的“三违”行为开展全面清理。平昌县清理出“三违”行为 1289 户，其中干部 349 户。共清出违法占地面积 24238 平方米，共处罚款 72100 元，收取土地损失费 436300 元，其中无手续建房占地 1151 平方米，处罚款 3000 元，拆除没收房屋 920 平方米，地基 231 平方米；超占土地面积 23318 平方米，处罚款 168200 元，收取土地损失费 342300 元，拆除没收面积 734 平方米，改变土地使用权性质占地 2386.3 平方米。收取土地损失费 24500 元，不确权面积 7800 平方米。

1990 年，各县加大干部“三违”建房清理力度。巴中县通过逐户登记、调查、建卡，全县共有 2412 户干部职工修建私房，有“三违”行为的 816 户，占建房总户数的 33.8%。截至 1991 年 2 月底统计：全县处理 729 户，占地面积 18225 平方米，依法拆除、没收 11 户，占地面积 450 平方米；受到党纪、政纪处分 15 人，收取各种税、费及罚款 45.52 万元。

1993 年，各县进一步强化执法手段，通江县强制执行土地违法案件 5 件，处罚款 0.02 万元，收取土地损失费 0.06 万元，面积 260 平方米，恢复耕地 17.3 公顷。同时对影响、反映强烈的土地违法案件，乱占耕地和不按规划用地少数基层领导干部无视土地管理法律法规，不批自占土地等行为进行严肃处理。全年共查处各类违法用地 152 件，其中大案要案 15 件，结案率达 100%，处罚款 11.2 万元。

1995 年，全地区在城镇结合清理整顿土地隐形市场认真贯彻省政府清理越权批地和荒芜土地的通知。巴中市（县级）共清理出违法占地案件 12 件，面积 1163 平方米；清理荒芜土地 6 宗，耕地面积 2.96 公顷；在农村查处村民土地违法案件 8 件，全年违法占地发案率仅 0.6%，违法占地结案率 98%。南江县查处各类土地违法案件 1911 件，土地权属争议 13 件，指导区、乡查处土地案件 186 件。

1997 年，调整监察工作的重点和方向，实现“三个转变”。由查处单一的违法占地建房到重点清理整顿城镇土地市场秩序，闲置、荒芜土地和查处大要案件的转变；以土地资源管理为主到土地资源、资产管理并重的转变；单靠群众信访举报到主动深入现场，巡回检查，及时发现和查处土地违法行为的转变。年内全地区共查处土地违法案件 276 件，拆除非法建筑物 25 处，收回闲置国有土地 5 宗 1.84 公顷，限期复耕 8 宗 1.23 公顷，查封违法占有耕地建砖瓦窑 37 座，还耕 1.27 公顷，注销国有土地使用证 25 件，申请法院强制执行 7 宗，补交出让金 55 万元。

1998 年，全地区各级土地执法机构查处土地违法案件 190 余起，结案 187 起。各县（市）根据违法占地的新特点，普遍采取“追踪监察、信访监察和巡视监察”的办法，加大违法占地的查处力度。四县（市）在上年完善土地监察网络的基础上，普遍建立村级土地监察员，各社社长为土地信息员。全地区共建立村级土地监察组织 2600 多个，土地监察人员达 13000 多人，反映监察信息一千余条。

1999 年，全地区各级政府重点查处了违法批地、占地、炒卖、炒买土地行为，实现土地执法“有法必依、执法必严、法必究”的工作目标，维护土地资产营运安全和土地市场的正常秩序。加强对监察系统人员的学习培训。同时建立《土地巡回执法检查制度》《土地违法案件督办》《错案追究制度》《年度表彰制度》等 10 多种内部监督机制。集中力量清理农村集体土地非法转让进行非农业建设和国有土地资产流转，炒卖土地行为。行署组织联合检查组，对各县（市）城乡结合部和公路沿线土地使用情况进行重点清理整顿，共清理 1558 宗，面积 18.94 公顷，收回土地流失资金 63 万元。全地区共查处土地违法案件 255 宗，34.51 公顷，发案率 4.8%，查处 250 件，结案率 98.1%。

2000 年，贯彻实施新《中华人民共和国土地管理法》，通过执法检查、巡查、群众举报、上级交办等途径，查处一大批土地违法案件和建设项目未批先用以及政府非法批、用地行为。对城乡结合部、公路沿线用地进行重点清理，对不符合规划的用地依法强制拆除。全市查出闲置土地 75 宗，43.4 公顷。集中组织用地单位对上访要求补偿的问题逐一调查核实，并进行登记造册，督促用地单位限期落实。对弄虚作假，指甲批乙、批非占耕、批少占多等骗取批准用地手续的行为进行了依法处理。全年共查出违法案件 285 件，依法处理 279 件。

二、“三无”乡镇活动

1993—1997 年，严格按照“三无”（无违法批地、无违法管地、无违法用地）乡镇考评标准，狠抓“三无”乡镇活动的宣传教育、国土管理机构和制度的建立；规范检查验收程序。将“三无”活动纳入当地政府目标考核和领导任期政绩考核的重要内容，分别在四县（市）各确定一个“三无”试点乡镇，定期检查督促，指导该项活动的开展。全年“三无”达标的 115 个占乡镇总数的 41%，连续两年达标的 98 个，连续三年达标的 65 个。

1998 年，国土部门在各县（市）确定五个“三无”乡镇联系点，进行定期检查指导，年终考核验收。各县（市）采取“三无”乡镇“四公开”的办法，提高“三无”乡镇活动水平。即：开展对象公开、标准公开、责任人公开、奖励公开。全区年初共规划“三无”乡镇 123 个，通过检查验收合格 114 个，占全地区乡镇总数的 42%，超过省上下达的任务。

1999 年，全地区各级政府和国土管理部门加强“三无”乡镇活动的管理，将此纳入年终目标考核，分专人负责，从上到下普遍做到有班子，有目标、有计划、有检查、有奖惩。全区共有乡镇 284 个，“三无”乡镇达标共 151 个，占 53%，比 1998 年提高了 11 个百分点。

2000 年，加大宣传的力度，提高干部群众土地管理的法制意识，增加积极支持参与的自觉性，重点对乡镇村领导干部进行宣传教育，使其自觉依法办事，成为“三无”乡镇活动的带头人。全市把“三无”乡（镇）活动开展与土地管理结合起来，把耕地保护、土地开发整理纳入活动内容，使“三无”乡（镇）活动在内容上创新、在质量上提高。全市共有乡（镇）284 个，“三无”乡（镇）达标 130 个，达标率为 46%，并将通江、南江两县定为土地执法模范县。

第十二章　安全生产监管

第一节　安全教育

一、全民培训

1952年，境内各县贯彻执行党中央提出的“安全与生产并重”的方针，以会代训公安、民政、厂矿、企业负责人200余人次。

1956年，推行《工厂安全卫生规程》《建筑安装工程安全技术规程》《工人职员伤亡事故报告规程》法规，各县人民政府举办厂矿企业负责人、安全员、会计（统计员）政策法规培训会，参训人员630余人。各厂矿企业以会代训职工1740人。

1960年，境内各县、区、公社层层培训消防人员、护林防火管理员；大队（管区）培训农药保管员、施药员，培训计2.3万人次。

1970年，结合“斗、批、改”运动开展“查思想、查纪律、查制度、查领导”的安全生产“四查”活动，掀起全民教育培训的高潮。培训内容以安全生产法规、安全生产有关知识为主。

1977年，各县普遍推行教育培训和安全生产检查评比活动相结合的办法，在培训中长才干，在检查评比中找差距，推进全民安全教育培训扎实深入地开展。

1982年，贯彻执行《四川省厂矿企业劳动安全条例》，各县人劳局分期培训矿山（煤矿）放炮工、瓦斯检查员、各企业业主、司炉工、水处理工、高空作业人员、烟花爆竹厂安检员，学习安全法规及安全生产知识，对考核合格的2200余人分工种颁发了“××作业操作证书”。

1987年，深入开展“百日安全竞赛”活动，各县公安、二轻、商业、供销、水电、农机、乡企、港监等单位普遍组织干部、职工学习安全法规，参加安全法规考试人员3.2万余人。考试成绩90分以上人数占70%，使干部职工知法、守法、执法的自觉性进一步提高。

1990年，《四川省劳动安全条例》颁布后，境内各县政府及时组织召开学习贯彻《条例》动员大会，组织劳动局、安办企业主管局、企业负责人学习《条例》、讲《条例》、用《条例》，并分片负责深入厂矿企业、单位、社区培训骨干，宣传贯彻《条例》。厂矿企业、单位社区均以1～2周时间组织干部、职工学习讨论，将提高安全意识，完善安全措施，落实到安全生产中去。

1994年，地、县（市）安办把安全教育和技术培训贯穿于安全工作的全过程。各地、各行业部门在宣传工作中主动深入到厂矿、车间、班组、车站、码头、农村，把安全教育普及到最基层。巴中、平昌农机监理站多次深入到区乡场镇及农机使用专业户的田间、地头进行图片展出和安全常识教育，以增强农民安全意识。通江、南江安办深入厂矿和乡镇宣传劳动安全法规，特别是防火工作的宣传，基本达到家喻户晓，人人皆知。为提高技安人员的安全意识和业务水平，各县共组织技安人员培训班53期，培训各类特种作业人员1824人次，全地区特种作业持证上岗人员达97.4%。厂矿企业对临时工、合同制工、新进厂的青工，坚持先进行安全生产教育和技术培训，经考试合格后才准许上岗操作。巴中电业集团公司452名职工全部进行安全知识、业务技能培训，对7名考试不合格者实行待岗。

1996年，地、县（区）安办开展安全生产法规培训教育活动。9月，对30多个地级单位安全生产第一、第二责任人，安全管理科长进行考试考核。县区各级政府和部门负责人、企业领导、安全管理人员的培训工作有序地开展，其中平昌县粮食局对所属公司、站、队、校的法人代表、分管领导、安全干部72人进行集中安全法规、理论、知识培训。

1999年，全地区共组织各类培训班62期，培训各类特种作业人员1532人，特种作业人员持证上岗率达98.2%。电力、乡镇企业对本行业特种作业人员普遍进行一次安全教育再培训，坚持做到持证上岗。通过各类形式的教育培训，提高职工“不伤害自己，不伤害他人”的意识，减少人为的不安全因素。

2000年，市、县（区）以特种作业人员为重点，全面组织安全培训。各县（区）、市级相关部门、生产经营单位全年共举办各类培训班60余期，培训5906人，使特种行业作业人员持证上岗率达100%。

二、宣传教育

1952年，境内各县宣传贯彻党中央提出的“安全与生产并重”的方针，发行宣传资料800余份，书写宣传标语1.3万余幅。把“安全与生产并重”有关内容列入夜课学校识字班中班教材。

1956年，推行《工人安全卫生规程》《建筑安装安全技术规程》《工人职员伤亡事故报告规程》，印发宣传资料6200余份，设宣传咨询台200余处，接受咨询1.4万人次。

1959—1960年，境内各地以会议场地、公共食堂、交通要道张贴安全生产标语，办墙报、板报；公安部门印发《消防知识》资料3200余份；供销部门印发《农药保管及使用知识》手册4500余份；《森林防火公约》《院户防火公约》《单位消防公约》普及率达90%以上。

1978年，境内各地广泛推行“安全值日”“安全值周”“安全值班”等挂牌制度，责任落实到领导、落实到人员。县、区经常开展“五查”活动（查领导，是否重视安全生产；查组织，是否健全；查计划、布置、检查、总结、评比，是否记录在册与生产同时进行；查隐患整改，是否卓有成效；查事故，是否不了了之），有力地推动全民安全文化活动的开展。

1982年，在宣传贯彻《四川省厂矿企业劳动安全条例》中，各县印发宣传资料4.5万余份，举办安全图片展览6处，设咨询台8处，接受咨询1.2万余人。广播、电视、电影、剧团等单位密切配合，宣传安全法规、安全知识。

1987年，各县开展“百日安全竞赛”活动，举办安全法规知识考试、安全法规知识抢答、安全技能比赛、安全图片展览、安全先进单位表彰、安全先进单位典型报道、安全隐患曝光等多种形式，使活动开展得有声有色，安全事故显著下降。

1991年5月，各县开展“全国第一个安全生产周”活动，举办安全图片展览、发放安全生产资料、开展安全生产咨询等活动，接受安全宣传教育达5万余人。

1993年，全地区组织民众参加全国“第三个安全周”活动，以“勿忘安全，珍惜生命”为主题，以控制事故为目的，开展“不伤害自己，不伤害他人，不被他人伤害”为主要内容的安全活动。各企业主管部门结合行业特点开展自查和互查；增强职工安全生产意识，提高自我防范能力，积极购置、发放安全设备和防护用品，投入资金130万余元，做到“安全周”无事故发生。

1994年，地、县（市）安办及各部门密切配合，积极开展第四个“安全生产周”“交通反违三月”“交通百日安全竞赛”“11·9”消防日等主题活动。通过活动的开展，形成人人关心安全，事事注意安全的良好社会生产氛围。在“11·9”消防宣传活动日中，南江县举行有1600名中小学生参加的消防知识普及教育示范班授牌及“11·9”动员大会，把安全意识植根于学生中。

1995年，地委、行署为开展第五次“安全生产周”活动，召开专题会议研究部署。各县（市）政府、各部门紧紧围绕“治理隐患，保障安全”这一主题，认真制订实施方案，精心组织安排，使整个活动深入扎实地开展。精心组织，加强对“安全生产周”活动的领导。全区各级政府、各个部门、各类行业共成立“安全生产周”领导小组267个，签订“安全生产周”责任书2451份。广泛宣传，提高全民安全生产意识。各县（市）、各部门围绕“治理隐患、保障安全”这一主题，采取有线电视、广播、报刊、电影、宣传车、印发宣传材料、办培训班、安全知识竞赛、讲座、标语、办专栏（墙报）等多种形式，大力宣传《中华人民共和国劳动法》和安全生产的法律、法规，普及安全生产知识，大造声势，引起社会上的普遍关注，增强全社会的安全意识。巴中市（县级）、平昌县纪委和地邮电系统组织全县（市、局）企业职工参加了全省“百万职工知识竞赛”活动，参加人数达15739人。在全粮食系统召开了各层次的宣传教育专题会167次，参加1.36万人次。切实把“安全生产周”变成“安全教育周、纠正违章作业周、事故整改周”，增强全民安全意识。

1999年，采取多种形式、多渠道广泛开展第九次全国“安全生产周”活动，行署召开地级各部门负责参加动员会，并对活动开展情况进行抽查；巴中电视台还对部分单位开展“安全生产周”活动情况进行连续报道。各县（市）也紧紧围绕“安全、生命、稳定、发生”这一主题，狠抓安全生产宣传。“安全生产活动周”中，出动宣传车26台次，参加活动单位达98.5%，共张贴各类标语14060幅，办黑板报、墙报、板报1301处；组成6个检查组，被检查单位182个，查出隐患数量510起，整改次数达98%，被检查企业增加安全投入达92.5万余元。各县（市）在认真组织开展“交通百日安全宣传活动”、“11·9”消防日、“百日安全无事故活动”基础上不断总结经验，加大舆论宣传攻势，地区公安局交警支队与地教委联合开展的“中小学生安全教育”活动，收到很好的效果。学生放学回家列队在马路边行走被全国扶贫工作会议代表及省上领导誉为巴中交通安全的一道风景线。

2000年，全市组织各安委会成员单位和部分企业开展“安全生产宣传咨询日”活动，共设200多个宣传咨询、法规服务台，1万多人参加宣传咨询活动，悬挂安全标语、图片200多幅，出动巡回宣传车50余辆次，现场发放宣传资料30余万份，为群众现场提供安全生产政策法规咨询和法律服务120余件次，组织“遵章守法，关爱生命”安全生产文艺演出4场。各类报刊、广播、电视设置第四个“全国安全生产月”活动专题专栏节目，刊播安全生产公益广告30余条。以《巴中日报》《安监时讯》《安全广角》《安全视点》《安全曝光台》等安全生产专题栏目，常年宣传报道安全动态、信息广告。在《巴中日报》《中国安全生产报》等报上刊发了140多篇安监新闻。同时，全市各生产经营企业单位广泛开展安全生产知识竞赛及演讲。配合省“安全生产维权天府行”活动，在巴州区梁永镇、平昌县白衣镇和江口醇集团公司，开展安全生产问答卷、法律咨询等活动，广泛宣传、讲解安全生产法律法规和从业人员权利和义务，收到预期效果。

第二节　安全监督

一、煤矿安全监督

民国时期，通江、南江县20余家煤矿全系人工开采，产量低，销量小，挖煤工人地位低下，亦无安全保障。民国35年（1946年），通江县铁溪煤矿垮塌，压死矿工2人。

1952年，南江县开办第一个国营煤矿，由一名副矿长分管安全，建立安全生产管理制度，落实大小班长、安检员、放炮员、瓦斯检查员、矿工安全生产职责，是年，无事故发生。次年该矿经验在达县地区200余家煤矿推广。1959年，通江县安全生产领导小组抽调干部14名组成3个检查组，分赴铁溪、平溪所辖煤矿，协助建立基层煤矿安全领导小组，改井下用桐油灯照明为煤油灯照明，改人力运煤为板车运煤，改独眼井通风为双眼井通风，使安全事故下降，企业利润增长。1961—1965年，南江县安委会办公室采取“两依靠”（依靠主管局、依靠各厂矿）、“两坚持”（坚持监督检查、坚持整顿治理）进行安全监督，全县煤矿数由191个下降到170个，并关闭不安全小煤矿。

1972年，通江县各煤矿根据煤层厚度确定保安矿柱密度大小。巷道改木料衬砌为石料衬砌；改木质轨道为轻便钢轨，改煤油灯照明为电瓶或矿灯照明，矿井内普建“防身洞”。1979年，南江县各煤矿改自然通风为机械通风，消灭“独眼井”，并配齐瓦斯检验员，定期检查，减少事故。

1981年5月，通江县安全生产领导小组与县人劳局在崩口塘召开煤矿企业主要负责人、技术干部和瓦斯检查员会议，学习安全法规，培训安全骨干，组织安全检查，查出重大隐患51起，给刘家坪煤井和广纳煤厂分别拨款3000元、2000元，限期解决通风、照明等问题。

1993年11月，巴中市（县级）经委、市劳动局安检科组织人员到红岩煤矿深入井下进行安全检查，查出该矿存在重大隐患直接影响安全生产。机械通风未形成，总回风巷垮塌，部分通风巷不规范，造成井下通风困难，由于风力不足，6号煤层开采无法进行。当地10余家乡办煤矿蚕食该矿资源，多处与该矿的井道灌道掘通，尤以金溪镇煤矿为最，将该矿的主巷道340米处击穿两处，作为通风巷并继续延伸掘进，直接威胁着该矿井安全。该矿多年未招收井下固定职工，井下工人年龄老化，特种作业人员多为临时工代替，不符合《中华人民共和国矿山法》规定要求。为及时整改，避免重大事故发生，检查组采取3条措施：召集有关部门和矿山技术管理人员到该矿现场专题研究采掘和井下通风问题，投入资金增设通风设备或自然通风巷；请巴中市政府出面与旺苍县人民政府协商该矿与当地乡镇煤矿资源、开采范围和安全管理办法；请求巴中市政府给一定的用工政策，该煤矿井下特种作业人员保持相对稳定。是年，通江县安办3次会同法制局、矿管委、乡企局先后对22个煤矿进行全面检查，查出事故隐患240处，提出整改措施150条，落实安全生产责任制12处。对不具备安全生产条件的代家湾煤矿、马口石煤矿责令停产，限期进行整改；对基本具备安全条件的34个乡镇煤矿颁发“四川省煤矿矿井安全条件合格证”，对通江县、南江县、巴中市（县级）的红岩等5个煤矿进行瓦斯等级确定。

1995年，地、县（市）安全管理办公室，积极开展贯彻《中华人民共和国矿山法》、《中华人民共和国矿山安全法》的执法检查，检查6个国营煤矿安全，查出隐患45件，其中顶板隐患10件，机电管理隐患12件，通风瓦斯隐患8件，爆炸物品管理隐患5件，其他隐患10件，所查隐患限期得到整改。南江县安办会同县矿务局、乡企局先后对28个乡（镇）煤矿进行全面检查，查出事故隐患64起，提出整改防范措施50条，落实安全生产措施60条。

1996年，地区人事劳动局与地区冶金煤炭局、地安办分两次对全地区9个国有冶金、煤炭企业进行安全检查，查出煤矿企业隐患70件，对查出事故隐患和“三违”（违章指挥、违章操作、违反劳动纪律）人员进行严肃处理。针对全区一些煤矿违章使用非煤矿专用炸药从事井下爆破作业问题，由地安办牵头进行严肃查处，并召开劳动、公安、冶金、煤炭、乡企、物资等单位负责人参加的联席会议，禁止非煤矿专业炸药从事井下爆破作业问题，确定专营专销单位，有效杜绝事故的发生。南江县分别对所属的6个乡28个小煤矿进行检查整顿，对不具备安全生产条件的3个煤矿进行封闭。

1997年，地区安办会同有关局，检查国有和乡（镇）煤矿21个，查出安全隐患178处，发限期整改通知书5份，提出整改意见40条。

1999 年，各级安办及有关部门先后 3 次组织检查组对 7 个矿井进行炸封，对 15 个安全生产条件较差的小煤矿发出定期整改指令书，对 150 名矿长进行任职资格复审考试。

2000 年 6 月，全地区四县（市）所有乡镇煤矿停止作业，开展自查、整改。重点是“一通三防”（通风、防冒顶、防水渗、防瓦斯爆炸）工作和安全装备。对 20 个乡（镇）煤矿进行认真检查整顿，对 13 个乡（镇）煤矿进行停产整顿，不具备安全生产条件的五一煤矿和证照不齐的马口石等 9 个煤矿责令关闭和炸封，保留 2 户国营煤矿和 11 个乡镇煤矿，保留率占 59.1%。同时，坚持治理与整顿相结合，南江县煤矿企业购置瓦斯检验器 26 台、风表 30 只、放爆电话 40 对、局部风扇 24 台、柴油发电机 4 台、变压器 3 台，整治巷道 1.2 万米，共投入资金 185 万元，并完善矿山安全目标管理制度。煤电公司等矿井实现机采机运，机械通风，工人上下班机运并设置瓦斯监控等设备，煤矿安全生产得到有力保障。

二、非煤矿山安全监督

民国时期，南江、通江县有 10 余家私营的铁矿、铜矿、金矿，全系土法生产，无安全生产条件。巴中、平昌有 20 余家采石场、砖瓦场、窑场均是手工操作，无基本安全条件，伤亡事故时有发生。

中华人民共和国成立后，非煤矿山迅速发展，尤以南江县为最，铁矿、硫铁矿、霞石矿、石墨矿、石膏矿、石灰石矿陆续上马。

1954 年，各县对非煤矿山开展安全生产大检查，加强安全技术培训，改善劳动条件。1956 年，推行国务院颁布的工业工作“三大规程”（《工厂安全卫生规程》《建筑安装工程安全技术规程》《工人职员伤亡事故报告规程》），各厂矿建立健全安全机构，制定安全制度，抓措施，治隐患，纠正违章行为，使企业生产正常进行，伤亡事故大幅度下降。

1958 年冬，组织大批农民到通江、南江县炼钢铁，职工猛增，各厂矿普遍成立安全领导小组，由一副职专管此项工作。

1964 年，各县对全民所有制企业职工，实行防护用品发放制度。1973 年，对从事有毒和高温作业的铸铁工、红炉工、充电工推行保健食品制度，并开展防止矽尘和有害射线危害工人健康为重点的防尘防毒活动，采取通风散热、风扇排热、隔离热源、提供清凉饮料等措施防范，对 47 名矽肺病职工进行住院治疗。1980 年，各县革命委员会规定每年 5 月为“安全生产月”，对企业的安全生产开展检查评比，督促企业订立《安全生产公约》，实行群防群治。

1994 年、1995 年，地区安办分别对 24 家、19 家非煤矿山的安全管理进行执法监察，查出事故隐患 16 件、12 件，对查出的事故隐患和违规人员进行严肃处理。1996 年，地、县安办除对非煤矿山合法企业加强日常监督外，并联合国土资源管理部门、工商行政部门对 40 余家无证非法从事开采活动的采石场、沙场、页岩砖厂及时予以打击。对安全生产违法行为和重大隐患采取强有力措施制止，推进非煤矿山安全整治的深入开展。

1997—2000 年，地、县（市）安办认真贯彻落实《四川省劳动安全生产条例》等有关安全生产法规，进一步落实企业主体责任，加强基础工作，提高安全管理水平，建立健全非煤矿山安全生产长效机制。督促 210 个企业建立各项安全生产责任制及安全生产规章制度。督促企业规范设置安全警示标志标牌 1800 余个。督促企业给从业人员提供符合国家标准和行业标准的劳动防护用品，督促从业人员正确佩带和使用防护用品。督促企业按规定投入安全设施经费用于机械通风、安全电压、顶板支付，设置防水阀门投入费用 1000 万余元。加强对非煤矿山的监督、检查，每年对每矿检查达 2 ~ 5 次，共发隐患整改指令 1900 余份，发现场检查记录 1700 份，发复查意见书 830 份，查处安全隐患 1100 条，整改率达 95%。4 年间，共发生坍塌、冒顶、物体打击、高处坠落、透水和放炮各类伤亡事故24起，死亡23人，与1994年比分别上升1.5%。

三、危险物品安全监督

民国时期，危险化学品及民爆物品自购、自产、自销、自管，出现伤亡事故自理。1950年起，各县主管安全部门将易燃易爆危险物品列入公安机关管理范围，规定凡生产和销售爆炸物品，必须经过批准，爆炸物品只准售给国家或集体公司，禁止私有私用。1957年，又将黑色炸药、雷管导火线、汽油、煤油、酒精列入管理之中。凡运输危险化学品及易燃易爆物品，必须在安全部门办理准运许可证，确定专人专车押运，分开贮藏，用户经安全部门审批购买。1959年2月，南江县将县城中放置的炸药、雷管、搬迁到离城5公里的仓库存放，对爆炸物品和剧毒农药，根据各区的需求量按计划下达。针对用雷管炸鱼累次出现事故的现象，县人民政府发出《关于清缴散失在群众中的爆炸物品的紧急通知》，对县内爆炸物品进行全面清缴。巴中县安全部门协助县石油库制定安全管理“五严、十不准”制度（五严：严格进行交接班、严格执行操作规程、严格遵守劳动纪律、严格控制供油指标、严格执行有关安全规章；十不准：防火、防爆区不准吸烟和存放易燃物品，上班不准带小孩，上班不准打瞌睡，临班前不准喝酒，不准使用汽油等易燃物品擦洗设备和工具，安全设备不齐全不准使用，值班人员不准顶替，不是自己分管的设备和工具不准动用，安全措施不落实不准检修，检修后的设备未经彻底检查不准启动）。该库1958—1984年间，安全生产无事故，被商业部、四川省人民政府分别授予“安全管理先进单位”“安全生产先进单位”。

1985年，平昌县安全部门培训爆破人员481人，经考核合格者发给作业证。单位及个人需爆破时，由安全部门指定专人爆破。同时将全县500个生产烟花鞭炮的厂家和个人进行清理整顿，经审查后，符合规定的17家发给合格证，余者令其停业。

1994年，地、县（市）安办组织力量对6家烟花爆竹厂、75家鞭炮生产厂家进行检查整顿，其中5家烟花爆竹厂安全生产条件合格，准许生产；1家不合格，令其停产。鞭炮厂有62家合格，占82.6%，不合格13家占17.3%，予以关闭。同时，对锅炉压力容器、起重机械、避雷设施进行监测检验。锅炉定期检验61台，定检率达98%。

1996年，地、县（市）安办对民用燃气、石油库、站、点、鞭炮厂家及120余家经营单位进行专项检查整治，查出隐患50起，督促整改50起，确保危险化学品及民爆物品安全。

四、道路交通安全监督

（一）公路交通安全监督

民国时期，通江、南江两县及平昌辖区均无公路，更无机动车辆。民国38年（1949年）5月，唐（新都唐家寺）—巴（中）公路、巴—仪（陇）段基本完成路基。20世纪50年代，巴（中）—南（江）公路、达（县）—巴（中）路、巴（中）—通（江）路、沙（河）—旺（苍）路相继通车。至此，境内四县西北至广元，西南至成都，南至重庆，东至达县，基本通车。

1952年，巴（中）—南（江）路巴（中）沙（河）段建成，南江县委配备专职交通安全管理员3人，负责道路交通监察，处理交通事故。至50年代末，境内四县均建立交通运输管理站。1966年，“文化大革命”运动开始，交通安全监督工作瘫痪，超速、超载、无证驾驶、拦车、抢车事故增多。1970年，恢复交通运输管理站，行使交通安全管理权，交通秩序逐步好转。1978年，各县成立交通监理站，以交通安全监督为中心，负责交通管理和维持交通秩序，组织安全检查监督，开展安全教育，对各种机动车辆进行技术鉴定，处理交通事故。1979年，贯彻“预防为主，安全第一”方针，检查机动车辆1670台次，处理违章151人次。批评教育82人，扣证43人。1981年起，各县安办与监理站每年开展“春运安全”（12 月至次年 2 月）、“文明月”（3 月）、“百日安全竞赛”（8～10 月）月活动，实行人、车、路综合治理。结合年检年审，对驾驶员进行交通规则、机械常识的技术考核，对超速、超载、人货混装、无证驾驶的，及时纠正或制止，对交通事故严肃处理。至 1990 年，共检查各种车辆 13.45 万台次，处理违章案件 4.7 万次，纠正摩托车违章 4371 次，举办违章肇事驾驶员学习班 346 期，2423 人次。

1994 年，巴中市（县级）对城区交通秩序采取“定人员、定地段、定时间、定责任”的监督办法，实行“弹性管理”，避免脱节现象，以地区客运总站、市运输公司等客运单位为重点，由市交通局、交警大队分别负责联系管理，建立健全安全制度，督促落实安全例会。7 月，成立以市公安局分管领导为组长，交通局、交警大队、安办领导为副组长的交通秩序整顿小组，召开近 200 人参加的动员大会，会后对载人车辆、驾驶员全面开展五查：查车况是否良好，查驾驶员载人资格是否符合，查“安全思想”是否树立，查违章行为是否纠正，查安全事故是否得到处罚。通过整顿，共检查客运车辆 218 台次，合格率为 85%，对不合格的个体客运车辆及驾驶员，扣车 18 辆，限期下车 5 人，处罚 12 人次。全年共受理各类交通事故 153 件，死亡 44 人，伤 136 人，直接经济损失 19.2 万元，与上年同期相比，四项指标分别上升 62.7%、下降 10.9%、上升 74.6%、上升 85%；事故结案率为 95.2%。通江县加强路检路查，注重动态监督，全年纠正交通违章 51426 辆次，发生交通车辆事故 189 次，比上年同期发案 225 件增加 64 件，死亡 21 人，轻重伤 57 人，直接经济损失 6.17 万元，死亡数比计划控制数少 4 人，未发生特大交通事故。

1995 年，交通安全监督首先从“春运”抓起，坚持严把客运车辆检验关，驾驶员审查关，客运载人数量关等“三关”。“春运”高峰时期，根据大批学生离校返校这一情况，地、县（市）安办主动与教委一起，把工作做到每所学校，并与客运单位联系，做好车辆安排，落实安全措施，无交通事故发生。地、县（市）政府和安办、交通等部门相继发出通知，在全区开展“压事故，保春运”紧急行动。6 月，全区开展“第八个交通安全日”活动，地、县（市）安办与交通、公安、宣传部、电视台、广播电台、报社通力合作，加大宣传力度，使交通安全工作做得深入扎实。1—6 月全区仅发生交通事故 27 起，死亡 31 人，伤 100 人，直接经济损失 7.33 万元，较上年同期稳中有降。

1997 年，全地区以中小学安全教育为龙头，把交通安全教育全面推向社会。5 月，地区在平昌县坦溪乡小学召开的“全区中小学交通安全教育现场会”，宣传推广该校 20 年如一日，对学生进行交通安全教育的优良传统，届届相传的经验，在全区上下形成轰动效应。南江、巴中的“少年警校”，通江的“黄小帽”活动，均体现出特色，受到省公安厅高度评价。年内，又抓车祸逃逸案件的查处，对驾驶人员肇事后想一跑了之、逃避责任的车祸案件，集中优势兵力，领导包案，逐案查处，先后侦破逃匿案 32 件，查处率达 98%。

1998 年，交通安全推行典型引路，把中小学生交通安全教育推向高潮。在全地区公路沿线，普遍实行“教师示范制”“路长负责制”“路面监督制”，在学生中全面实行自觉遵守秩序、文明行路、礼貌让车的良好风尚。安办及交通部门超前思维，科学决策，提高驾驭交通安全局势的能力。首先抓紧春运前期工作，把源头监督作为春运安全的重中之重，把监督的重点摆在路面管理的主战场，以主干线、长线为监督之最，实行主要领导包线，分管领导包片，中层干部包段，上门讲安全、查隐患，上路纠违章、查事故，杜绝群死群伤车祸发生。全年共发生交通事故 250 件，死亡 62 人，伤 209 人，直接经济损失 78.58 万元。

1999 年，重点抓好道路交通安全的治理整顿。通江县彭坎岩桥梁垮塌事故发生后，地委、行署把抓交通工程安全列入全区工作重点之一，对道路交通在建工程进行停工专项治理整顿，聘请专家对全区所有交通桥梁、隧道、大型人工构造物的安全情况进行鉴定，对有隐患的 40 余处采取了封闭交通、限速限载、设置危险标志，维护加固处理，确保道路交通和在建工程安全，杜绝类似事件再次发生。抓好交通专业运输企业的监督，对专业运输企业资产重组后，大量进入的融资、挂靠车辆进行清理整顿，确保融资、挂靠车辆大量进入后不影响专业运输企业管理。抓好长线和超长线客运安全，采取分档次落实安全责任制，建立超长线客运中途检查服务站和强制休息点等办法，确保长线和超长线客运安全。加强对乡道路短途客运安全监督，采取资产重组等形式，将个体客运纳入专业运输企业统一管理，规范区、乡客运市场，强化对农用运输车的管理等形式，使区乡道路交通事故得到有效遏制。强化对重点路段的专项管制，南江县对陈家山 13.7 公里冰雪危险段，除积极筹措资金修筑防护栏外，冬季还抽调公安交警、运管等方面的人员上山设站，实行交通管制，使原来每天都有事故发生的路段得到很好的治理。

2000 年，市、县（区）安办及交通、公安等相关部门层层加强领导，深入客运单位，检查客运车辆状况，审验客运驾驶员资格，强化源头监督，严密路面监控。全市春运期间，无一特大交通事故发生，重大和一般交通事故呈下降势头。是年，狠抓“百安”活动开展，认真贯彻执行《四川省道路交通客运管理规定》，强化客运管理。全年检查客运车辆 112638 辆，吊扣证照 272 个，扣车 134 辆，查处无牌无证车 943 辆，其中强制报废 212 辆；查出客运超载 1982 次，其中超载 20% 以上的 296 辆次，卸客转运 6212 人；查处人货混装 732 辆次；查处违章驾驶员 12462 人次，其中治安拘留 54 人，当场处罚 4963 人，警告和批评教育 5872 人次。全年全区发生道路交通事故 451 起，死亡 165 人（其中死亡 3 人以上 9 起共 36 人，伤 84 人；死亡 10 人以上事故 2 起，死亡 32 人，重伤 18 人），占全区各类死亡人数的 91.16%，受伤 241 人占 99.17%，直接经济损失 136.2 万元，占 77.2%，创历年之最。

（二）水路交通安全监督

川陕省苏维埃时期，巴中特别市、巴中县及赤北、赤江、红江县由交通局负责县境航运安全工作。

民国 27 年（1938 年）通江县在毛浴镇设巡河差 1 人，专管往来船只。

中华人民共和国成立后，境内各县人民政府注重水上交通安全的管理。1951 年春，平昌县成立内河航运管理站，对船运人员进行审查，评考驾长，登记，发证，对船只核定吨位，标明吃水线。对港籍、船号建立船泊档案，颁发《安全守则》和《驾长安全条例》，建立港航监督岗，成立水上派出所机构。1952 年 3 月，巴中县分别在红岩河、三江码头设立水上安全检查站，专办船只出入港手续和安全检查，对查出来的三、四类船只，限期整修和改造。1953 年 10 月 15 日，通江县第一次考评驾长，参考船工 25 人，录取前驾长 8 人，后驾长 5 人。自此，该县人民委员会制定《关于维护渡口秩序，保证渡运安全的规定》。1960 年，巴中县在梁永、三江口，平昌县在狮子滩、大淋滩、深浪滩分别建立安全监督岗。通江县安全部门在船工中坚持“起航会”“滩头会”“终航会”等安全教育制度，并将深溪子渡口安全渡运 11 年树为先进典型；将安全航行 32 年的南门渡口木船驾长苟先发树为航运安全旗帜。1974 年，南江县安全部门制定《渡口守则》，渡船定员限额，一年一维修，渡口划定封渡线。1981 年 7 月，各县贯彻省制定的《农副业船、渡口船、渔船安全管理办法》，对各类船只进行检验发证，对驾长考核发证，加强对船只的检查审验。

1995 年 5 月 16 日至 31 日，地区安办与地区交通局深入四县（市）港航管理单位、航运企业、有船泊乡（镇）进行码头、渡口、船泊检查，共检查出水运行业管理单位 9 个，有船乡（镇）、航运企业 8 个，渡口码头 21 处，检查船泊 365 艘，查处“三无”（无证照、无船籍、无吨位）船泊 38 艘，治理港船隐患 14 处。对巴中市（县级）化成水库水管所用 20 个汽油桶浮筒上面搭长 20 米，宽 10 米的平台，用作营业性卡拉 OK 舞厅的重大隐患进行现场查处，维护了港航管理的正常秩序。

1996 年，水上交通安全坚持“企业负责，行业管理，国家监察，群众监督”的体制和“安全第一，预防为主”的方针，水上运输实现客运周转量 587.83 万公里，占计划的 120%，货运周转量 132.8 万公里，占计划的 133%，水上交通行业安全事故为零。

1999 年，重点抓了船舶的技术改造，在全地区大力推广小型机动船舶，监督船员和驾长的培训及水运市场的规范化建设，促进全地区水路安全工作。

2000 年，平昌县编委将全县 11 个专职管船员正式列入乡（镇）政府编制序列，以加强基层水上安全监督工作。

五、消防安全监督

民国时期，境内各县未设消防安全监督机构。

1950 年，境内各县贯彻“以防为主，以消为辅”的方针，消防安全部门置有水枪、水池、沙包等消防设施，开展经常性的消防工作。

1954—1955 年，境内成立消防委员会 49 个，义务消防队 320 个，有消防队员 17250 人。城乡每年大检查 2 次。消防基层组织定期召开座谈会，查火情隐患，添消防措施。

1956 年，平昌、万源、通江三县安全部门建立消防联防制，开展森林联合防护活动。1960 年，联合防护活动又增加巴中、南江两县，并成立联防委员会，在平昌县召开联防工作会议，开展以防火为中心的森林防护工作，实行分县负责，划片包干，山有人管，林有人护，事有专责，互联互救的联防责任制。

1961 年，境内各县安委会整顿消防组织，时有消防委员会 46 个，消防领导小组 731 个，群众义务消防队 3107 个，队员 1.23 万人。设消防池 79843 口、消防缸 28642 个、沙包 157734 个、水枪、水叉 1.62 万支、灭火器 3520 部，以防患于未然。

1975—1978 年，各县相继成立消防股，配备消防警车，购置 12 马力和 20 马力的汽油机以及石棉管，大小泡沫灭火器及消防栓器材，为消防安全奠定物质基础。

1981 年，境内各县安委员会和安办，以文明生产为目标，狠抓整顿，改善劳动条件，加强安全生产技术培训，组织全县性消防安全生产大检查。检查企业 2453 个，查出消防隐患 847 起，尤以电线老化、消防措施不力为最，通过整治，消除隐患。同时，制定了“十不准”（不准点无罩灯、不准院内照火把、不准乱拉乱接电线、不准仓库保管室烧火取暖、不准小孩玩火、不准乱堆乱放易燃物、不准将火柴和引火物放在小孩能拿的地方、不准烘烤衣物和熏腊肉时离人、不准将热灰倒在易燃物的旁边、不准乱丢烟头）和“层层包”（县级单位包区、区级单位包公社、公社单位包大队、大队干部包生产队、生产队干部包社员、家长包小孩、老师包学生、单位包职工、护林员包林段）等防火措施。

1984—1985 年，各县安办与公安局联合举办消防业务培训班 12 次，培训各局、公司主管防火领导、库房保管员 1700 余人，学习防火知识和消防器材使用保管及维修方法。给城区 15 所中学、24 所小学，1.5 万余名学生上防火知识课。举办消防电视和广播讲座 6 次，向广大群众宣讲防火灭火知识。

1994 年，全地区各级安监部门以宣传贯彻公安部《机关、团体、企业、事业单位消防安全管理规定》为契机，加大城乡防火、文化娱乐场所、商（集）市贸场重点的消防监督力度，开展安全疏散专项监督，督促重点消防单位加大消防装备和设施投入，落实整改措施，落实责任人，落实“城镇联防”“院户联防”，使城乡消防管理向正规化、制度化、系统化迈进。

1995 年，地区安办配合有关部门先后于元旦、春节、“五一”“八一”“十一”等节假日对城区防火进行专项监督。是年，南江县公安消防部门对全县46个重点防火单位落实了责任人；对公共文化娱乐场所、库区的21个隐患突出点，落实整改；对农村大院采取"院户联防"措施，登记造册，责任落实到村、社和人头。连续8年无森林火灾，林业总场辖区32年无森林火灾，受到林业部、四川省政府和川陕鄂联防指挥部表彰。

1996年，各县（市）安办，及有关部门针对本地、本部门实际，加强对城乡防火、文化娱乐场所、商（集）贸市场的安全监督力度。通江县先后两次对全县96个企业、13个区（镇）、4个国营林场、2100户居民、526个个体经营摊点、9个文化娱乐场所、19处消防设施进行了监督检查。其他县（市）对公益设施火险隐患等突出问题进行专项研究，解决了供电照明线路老火、防火设备不足、防火措施不力等突出问题。全区共查出火险隐患266处，发限期整改通知书18份，添置灭火机546具、火灾报警器47台。

1999—2000年，重点对城乡消防安全布局、建筑防火、安全措施、安全组织、消防设施和消防管理等方面进行全面整治，控制重特大火灾事故发生。

六、建筑行业安全监督

民国时建筑行业无安监机构。建筑人员采取以师带徒方式，传授土、木、石、砖、瓦等手工艺术，修房造屋。

1952年，境内各县城关工人联营，有组织地进行劳动。1958年，各县成立建筑社。1981—1985年，各县城区先后建立160个建筑公司和建筑队，其中有技术管理人员（含安全生产管理员）412人，除承包本县建筑外，还到县外承包建筑工程。各县安全部门，不定期监督各建筑队高空作业施工现场，使用安全帽、安全带、设立安全网、安全岗。同时，对建筑行业器材堆放、机电使用强化监督，严格按照规程执行。对施工人员经常进行安全教育、安全检查，定期开展"安全月""百日安全赛"活动，消除安全隐患。此外，协助县建筑工程质量监督站对县内外建筑施工，建筑材料进行质量监督，检查、测试，提醒建筑企业对质量不合格的材料不购买、不使用；对工程不合格的建筑坚持不交付使用；交付使用的工程，实行包安全制度。

1990年，《四川省安全条例》颁布后，境内各县安委会先后开展规模较大的安全执法监督，共监督建筑施工单位207个，施工工地215处，预制场34处，建筑面积11万平方米，对184个具备安全施工条件的建筑单位颁发了"建筑施工安全许可证"，发出限期整改指令51份。

1992年，境内各县安委会组织力量先后用7～10天对180个建筑工地进行抽查，重点对井字架、卷扬机、电动葫芦、吊车的安全性能进行一次全面检查，对10个单位和安全生产责任者、4名违章指挥的企业领导、17名违章作业人员、80名违章机动车辆分别进行处罚。

1993年，境内安全部门对157个建筑企业施工安全资格进行年审，发出整改指令64份，责令购置安全网1710床、安全帽2700顶，对符合施工安全资格的140个建筑企业准予认证，并颁发证书。对153个单位的避雷设施进行检测；对发证满年的700名普通电工和500名建筑登高作业人员进行复查考核换证。

1994年，地区安办对在巴中市内建筑施工65个单位进行"三同时"监督（与主体工程同时设计、同时施工、同时投产），检查57个，不合格2个令其停业整顿。

1995年，地、县（市）安办认真开展建筑行业安全执法监督。对辖区内的各类建筑施工现场和装饰装潢工程进行逐一检查，对巴中市（县级）境内的89个建筑单位、183个施工建筑现场进行3次执法检查，共发隐患整改书51份，现场处罚款3处，停工整顿工地2个。加强危房鉴定整改工作，全区共鉴定整改危房58处，下发整改通知书57份，督促治理隐患37处，限期整改50份。10月，地安办会同有关部门对巴中市（县级）农机厂汽车综合性检测站主厂房进行鉴定，定为一类危房并令其停止使用，避免重大事故发生。

1996 年，地区安办配合有关部门对 19 个地级建筑施工现场和装饰装潢工程加大了执法监督力度，重点对安全资格认证、建筑防护设施、起重机械、职工劳动保护及安全教育进行检查。共查隐患 208 件，发限改通知书 3 份，处罚款 1.5 万元；调解处理工伤事故 3 起；对两个地级、四个县（市）级建筑企业补（换）发安全资格证书。同时加强对危房的鉴定整改工作，对巴中市（县级）恩阳工商所、花溪农机站一类危房进行强制拆除，消除了垮塌危及人身安全事故的隐患。

2000 年，市、县（区）安办监督建筑市场 187 个，当场整改 159 起，限期整改 8 起，投入安全防护设施 80 万元。对两起越级设计、承包、无安全设施、偷工减料的建筑企业给予重处重罚。

第三节 重大安全事故案例

自 1950 年始，境内各县发生的各类安全伤亡事故，按有关法律法规给当事人分别给予追究刑事责任、党纪政纪处分及治安处罚，达到惩戒责任者、教育群众提高全民安全意识的目的。

1959 年、1961—1965 年、1971—1985 年的 21 年中，共发生各类安全事故 1494 次，年平 71 次；死亡 730 人，年均 35 人；重伤 721 人，年均 34 人；直接经济损失 99.83 万元，年均 4.75 万元，事故处理率 96%。其间，1979—1985 年中，发生交通事故 385 次，死亡 125 人，伤 170 人，经济损失 16.34 万元。在事故处理中，追究刑事责任 9 人，治安拘留 16 人，扣证 87 人，记过、警告处分 34 人，罚款 131 人、23 万余元。

1987—1992 年，平昌县共发生交通事故 286 次（年均 47.7 次），死亡 98 人，伤 324 人，直接经济损失 54.95 万元。在处理中追究刑事责任 13 人，治安拘留 19 人，扣证 100 人，记过、警告 8 人，罚款 315 人、16.9 万元。

通江县《安全生产监督管理志》载：1959—2000 年，全县共发生安全事故 1207 件，年均 34.48 件；死亡 930 人，年均 20.65 人；重伤 600 人，年均 10.70 人；直接经济损失 680.25 万元，年均 19.43 万元；事故处理率达 98%。

1993—2000 年，全地区共发生各类安全事故 2470 件，年均 308.75 件；死亡 1035 人，年均 129.37 人；受伤 2209 人，年均 276.13 人；直接经济损失 1760.23 万元，年均 220.29 万元，事故处理率 98.5%。其中 1999 年 4 月 17 日，通江县道桥公司在组织民工清理彭坎岩公路拱桥残体时，发生重大垮塌责任事故，当场死亡 5 人，在医院抢救过程中死亡 1 人，轻重伤 11 人，直接经济损失 32 万余元。是年 5 月 18 日，通江县对该事故进行严肃处理。

表 3—4

巴中市 1993—2000 年各类安全事故统计表

单位：件、人、万元

年份	事故总数	死亡人数	受伤人数	直接经济损失	其中																															
					交通				煤矿				非矿山				建筑				火灾				农机				农田				其他			
					事故人数	死亡人数	受伤人数	经济损失	事故人数	死亡人数	受伤人数	经济损失	事故人数	死亡人数	受伤人数	经济损失	事故人数	死亡人数	受伤人数	经济损失	事故人数	死亡人数	受伤人数	经济损失	事故人数	死亡人数	受伤人数	经济损失	事故人数	死亡人数	受伤人数	经济损失	事故人数	死亡人数	受伤人数	经济损失
1993	379	183	359	299.31	153	84	160	85.35	—	—	—	—	—	—	—	—	—	—	—	—	47	1	1	50.90	—	—	—	—	—	—	—	—	179	98	195	163.06
1994	181	128	115	156.13	107	78	97	47.80	8	7	1	5.5	22	20	5	21.37	—	—	—	—	37	6	7	70.90	4	4	1	2.5	—	—	—	—	3	13	4	7.70
1995	149	95	143	182.16	64	60	126	45.11	8	7	6	7.30	6	8	3	10	8	10	4	33	58	8	2	85.90	5	2	2	0.85	—	—	—	—	—	—	—	—
1996	126	100	78	164.10	77	70	27	54.30	7	5	10	16.20	6	4	10	12	6	9	15	27	25	7	11	43.40	2	2	6	5.20	3	3	5	6	—	—	—	—
1997	542	118	622	251.67	455	87	607	69.57	6	6	—	6	9	9	5	11	4	9	—	6.90	65	4	10	157	3	3	—	1.20	—	—	—	—	—	—	—	—
1998	29	110	226	141	250	62	209	78.58	5	5	—	66.20	8	6	3	13.50	2	2	—	4	9	2	3	8.70	1	4	—	7	3	3	—	3	12	26	7	—
1999	334	120	423	389.62	282	102	392	179.96	2	2	2	17	5	6	2	42.56	12	4	10	35.10	8	—	—	81.60	3	3	4	11.20	4	1	6	8.20	18	2	7	20.02
2000	469	181	243	176.40	451	71	241	136.20	4	3	—	11.30	2	2	—	5	2	2		9	9	2	2	13.40	—	1	—	—	1	1	—	1.50	—	—	—	14
合计	2470	1035	2209	1760.03	1839	714	1859	696.87	40	35	19	69.50	58	55	28	115.80	34	36	29	115	258	30	36	512	18	18	13	27.95	11	8	11	18.70	212	139	213	204.70

第四篇

农 业

境内农作物栽培方式和农业技术应用经历由传统粗放型向现代科技型的转换过程。民国时期，落后粗放的栽培方式和技术阻碍着农业生产的发展。

中华人民共和国成立后，各级政府采取一系列有效措施，推动农业技术的不断更新和进步，特别是巴中地区建立后，伴随着改革开放的步履，农作物栽培技术大步向科技型转化。尤以水稻、玉米、棉花、油菜、红薯等大宗品种突出。同时在施肥、除草、病虫防治等方面的科技型技术亦广泛得到推广应用。随着农业基础条件的不断改善和农业生产新技术的推广和应用，全市主要农作物产量成直线增长趋势。全市经济作物呈现出复种面积由小到大、产量由低到高、品种由少到多的发展总趋势。

2000 年，按照“三新”（新技术、新设施、新品种）、“三高”（高标准、高产出、高效益）和“三农”（设施农业、效益农业、观光农业）的要求，完成 5 个绿色食品示范园的选址、规划和启动任务。有 8 个产品基本符合绿色食品标准，有 19 个农产品获名优农产品，有 14 个基地获无公害农产品基地认证。

第一章　生产条件

第一节　耕　地

1949 年，境内四县有耕地面积 19. 54 万公顷，人均耕地 1. 83 亩。随后耕地呈逐年减少趋势。至 2000 年末，全市耕地减少到 16. 26 万公顷，农村人口人均耕地 0. 84 亩。与 1949 年比较，耕地总面积和农村人口人均耕地，分别减少 11. 3% 和 14. 8% 。

1994—2000 年巴中市耕地变化情况

表 4—1　　单位：亩

类别＼数量＼年份	1994	1995	1996	1997	1998	1999	2000
年初总面积	2588055	2573865	2565600	2556540	2457660	2532529	2520713
年内增加面积	510	4395	1725	4485	3805	3429	6560
年内减少面积	14700	12660	10800	13365	18927	15245	88111
年末实有面积	2473865	2565600	2556540	2547660	2532529	2520713	2439162
其中水田	1592415	1579245	1579650	1551465	1544652	1530819	1508697
旱地	981450	986355	976875	996135	987904	989894	930465
人均耕地	0. 87	0. 88	0. 86	0. 86	0. 85	0. 85	0. 84

第二节　劳动力

1949 年，境内共有农村人口 1595934 人，其中有农村劳动力 733593 人，占农村人口的 45.97%；1960 年，境内农村人口 1709248 人，农村劳动力 747788 人，占农村总人口的 43.75%；1980 年，境内农村人口 2733927 人，农村劳动力 1090622 个，占农村人口的 39.89%；1993 年，境内农村人口 2933533 人，农村劳动力 1487301 个，占农村人口的 50.7%。

1996 年，全地区共有农村人口 2914760 人，有劳动力 1398393 个，占农村人口总数的 47.98%，劳动力中男劳动力 735541 个，女劳动力 662852 个。1998 年，全地区共有农村人口 2999102 人，有劳动力 1417947 个，占农村人口总数的 47.28%，劳动力中男劳动力 738208 个，女劳动力 679739 个。2000 年，全市有农村人口 3021489 人，有劳动力 1473921 个、占农村人口总数的 48.78%，劳动力中男劳动力 763383 个，女劳动力 710538 个。

1994—2000 年巴中市农村劳动力资源

表 4—2　　　　单位：个

类别 \ 年份		1994	1995	1996	1997	1998	1999	2000
农村人口		2931959	2921477	2914760	2997328	2999102	2979330	3021489
劳动力	总　数	1441586	1391873	1398393	1440031	1417947	1455206	1473921
	占农村人口(%)	50	47.50	46.90	48	47.30	48.80	48.80
男劳动力		752956	329377	735541	733336	738208	757053	763383
女劳动力		668630	1062496	662852	206695	679739	698153	710538

第三节　农　具

一、传统农具

境内农民长期使用传统的手工农具从事生产，劳动强度大、效率低，严重制约农业生产发展。农民生产、农副产品加工全靠手工操作。其传统农具有以下几类：耕作农具。铁木制品以犁、耙、锄头为主；木制品有扯板、粪桶、粪瓢等。锄头的品种较多，有挖锄、薅锄、月锄、鹰嘴锄、点锄之分。收割、晾晒农具。铁制品有镰刀、铡刀；木制品有拌桶、风车、背架、扬杈；竹制品有背篼、箩筐、挡席、晒席、烘笼子；竹木制品有连架；石制品有碾滚子。镰刀有板镰、锯镰、拐镰之别。尤以背篼的品种为多，有大小单背（俗称篾丝背篼）、大小夹背、大小花篮、小摇篮。烘笼子是阴雨天烘粮食的工具，在境内一些高山地带普遍使用。碾滚子在低山区是稻麦碾场脱粒的主要工具。提水农具。木制品有龙骨水车，随着机电提灌的发展已不多见。竹制品有戽水篼，在抗旱抢栽水稻时，使用仍较普遍。加工器具。木制品有碾子；石制品有磨子、碓窝；木石制品有碾子。磨子分大磨、小磨、腰磨、水磨。

二、新式农机具

1953年，境内各县人民政府提出改革旧式农具并引进少量新式步犁，手抽压式喷雾器等新式农具，满足农业生产需要。1954年，各县成立农具改革办公室和农机科研所，亦建一些农机生产企业，有的还延伸到区乡。到1958年，人民公社成立，各地把改革旧式农具，研制新式农具推向高潮，各公社各大队（当时村改大队）都成立农具改革攻关小组，集中五匠人员（铁匠、木匠、石匠、泥土匠等）专门研究和试制新式农具。经五年计划的实施，境内各地大量采伐树木，研制出各种五花八门的改良农具，如机耕船、绳索牵引机、手动插秧机、插秧船、水田耕作机、朴滚船、压桩机、打谷机、棉花中耕机、小麦割晒机、谷物烘干机、木轮架子车等。

从1956年起，各地开始引进煤气机、柴油机、水泵等农业机械。同时，国家不断加大投资力度，区、公社相继成立农机管理站，国家大量地将柴油机、水泵、打米机、磨面机、粉碎机、拖拉机、车床等投放到公社农机站。20世纪60年代后期至20世纪70年代初期，各公社农机站普遍安装打米机、磨面机、粉碎机，都有拖拉机，有车、刨、钻等车床，主要开展打米、磨面、粉碎、轧花、挂面、榨油等业务。境内电力提灌站和机动提灌站亦应运而生，固定提灌站最多时达1000余座。各县成立农机企业，由生产犁铧、锄头、镰刀等简单工具，发展到生产打米机、压面机、轧花机、汽车钢圈、轴承、齿轮和机器零配件。有些产品远销国内各省市及日本、中国香港等。

到1983年，境内有各种农用动力机械2.02万台/2.64万千瓦和配套机具7万余台（套），其中有柴油机1.47万台、汽油机864台、电动机1185台、大中型拖拉机570辆、手扶式拖拉机1539辆、农用汽车262辆、机动喷雾器748台、水泵5065台、打谷机1.7万台、脱粒机7382台、打米机8760台、磨面机8437台、饲料粉碎机5288台、轧花机3572台、榨油机487台、手动喷雾器2.24台。

从1985年开始，家庭经营农机的专业户、大户不断涌现，农副产品加工机械、小型提灌机械和农用运输机械深受群众欢迎，发展迅速，形成农业机械由集体经营向个体经营和联户经营的转型期。

1993年，巴中地委、行署提出“以小型为主、户营为主、效益为主”的三为主发展方针，作出加强实现农业机械化的决定，制定发展农机事业五年、十年规划。到2000年，全市农机拥有量达到18.23万台（套）54.82万千瓦，其中柴油机4.5万千瓦，汽油机0.89万千瓦，电动机4.61万千瓦，水泵1.68万部，排灌机械1.87万台，拖拉机1172台，微耕机1487台，农用车4282台，打米机4.11万台、磨面机2.545万台，脱粒机1.27万台，饲料粉碎机3.64万台，机动喷雾器746台，其他半机械化农具31.59万台（套）。全市用机械进行农田灌溉的占40%、水稻收割的占85%、粮食加工的占80%、机械植保的占75%、农业生产资料和农副产品运输占70%，基本实现了机械化或半机械化。

第四节　肥　料

一、农家肥

民国时期至20世纪50年代，境内农业只有自然肥料施用。20世纪70年代后，虽普遍施用化学肥料，但农家肥一直被重视；在科学施肥中，仍强调重施农家肥。其农家肥种类甚多，主要有人畜肥，沼气肥，灰肥，堆沤肥及土杂肥，饼肥，绿肥。

二、化肥

随着农业生产的发展，化学肥料被逐步推到主导地位，1954 年始施硫酸铵，1959 年始施硝酸铵，1963 年始施尿素。1970 年后施用碳酸氢铵和氯化铵。在施用氮肥的同时，磷肥、微量元素肥、复合肥也逐步派上用场。1975 年平昌县共建菌肥厂 78 个，生产菌种供生产队堆制菌肥，施用面积 0.4 万公顷。1976 年后，菌种经多代繁衍，混杂退化，肥效递减，生产逐渐停止。1976 年杂交水稻制种，用“九二〇”喷施母本穗部，解决“包颈”，提高授粉率。1977 年推广“增产灵”，提高作物结实率，增加粒重。1980 年后，对沟田、冷浸田、下湿田施用硫酸锌。同时普遍推行磷酸二氢钾、氮磷钾硼多效肥及复合肥。随着化学肥料的运用，菌肥和激素也先后在农业生产上推广。1982 年推广“三十烷醇”，用以浸种及叶面喷施，刺激作物生长发育、壮苗、早熟、增加粒重。

到 1992 年，化肥施用总量达 8035 吨。1993 年，农村经济发展步伐加快，农民经济条件逐好转，化肥用量进一步增大。1994 年化肥施用总量 91723 吨，2000 年增大到 108480 吨。

1994—2000 年巴中市农用化肥施用情况

表 4—3　　　　单位：吨

年份 类别	1994	1995	1996	1997	1998	1999	2000
合　计	91723	102697	98605	102397	105418	106892	108480
氮　肥	48329	52575	52040	50885	52767	54300	55062
磷　肥	15245	15908	15975	17359	18213	16220	18160
钾　肥	6523	7662	5021	5908	6355	6547	6570
复合肥	21626	26552	25569	28245	28038	29825	28688

第五节　农村能源

一、小水电

从 20 世纪 60 年代开始，境内各县采取区与区、社与社联办方式，陆续兴办农村小水电站，供照明、打米、磨面、轧花、机械提灌用电。1978 年中共十一届三中全会后，水电经营体制改革，大都收归各县水利电力公司，形成“三减一增”的农村水电格局（乡村办电站减少、装机容量减少、发电量减少、用电量增加）。至 1994 年，全市乡村水电站 476 个，装机容量 16859 千瓦，发电量 22139 万千瓦时，农村用电 6832 千瓦时。2000 年，全市乡村办水电站减少到 62 个，装机容量 4625 千瓦，发电量 827 万千瓦时，农村用电 11376 千瓦时。

二、沼气

20 世纪 70 年代开始，境内各县先后成立沼气办公室，支持和发动农民兴办沼气，但因资金、条件、技术和认识等问题，除少数试点村、社外，推广效果差。至 1985 年，境内共建沼气池 2.8 万余口。之后，随着电力、煤炭业的发展，沼气池建设逐年萎缩。1993 年巴中地区行署将沼气发展职能划归建设局。2000年以后，农村能源建设职能划转给市农业局，随即成立农村能源办公室。市政府作出加快农村沼气建设的决定，全市坚持“农民投入为主体，项目投入为导向，社会投入为补充”的原则，采取财政投一点，支农资金扶持一点，信贷资金支持一点的筹资办法，建立户建、联户建、股份合作制建等多层次、多方位、多渠道的投入机制，并先后出台沼气兴办的优惠政策，推动沼气建设进程。

第二章　农业体制

第一节　国　有

南江县元顶子茶场（南江县元顶子牧场）　其前身属1951年建于巴中南龛坡之“川北耕牛繁殖场”的一部分，属川北行署直管。1953年“川北耕牛繁殖场”迁址南江下两元顶子。1954年，该场下放给巴中县管，更名为“巴中县耕牛繁殖场”，1955年3月划属南江县管，更名为“南江县元顶子牛场”。1962年“南江县元顶子牛场”定为国营农垦企业性质，更名为“南江县元顶子牧场”。主要任务是引进、培育良种耕牛、奶牛、黄羊。元顶子牧场由元顶子场本部和北极分场组成，共占地0.5万公顷，其中元顶子场本部占地0.16万公顷，北极牧场占地0.34万公顷。1964年，分出北极分场单独建立“南江县北极种畜场”，独立核算，两场均由当时的南江县人民政府农业水利科（局）主管。1981年农、牧两局分设，元顶子牧场划归农业局主管，北极种畜场划归畜牧局主管。1994年，元顶子牧场因以生产茶叶为主，而改名为“南江县元顶子茶场”。1994—2000年，元顶子茶场生产的云顶牌“云顶茗兰”“云顶绿芽”，先后获得巴中地区“优质名茶”奖、四川省优质名茶“甘露杯”奖、中国国际食品博览会银奖、农业部金奖、中国北京国际农业博览会金奖、中国西南国际农业博览会金奖等称号。现有辖区面积0.17万公顷，其中茶场面积243公顷，企业职工131人。

南江元顶子茶叶基地

巴中市巴州区蚕种场　巴州区蚕种场其前身为巴中县蚕种管理站，于1971年1月成立，场址于巴中县南坝工业园老观桥路58号。隶属于巴中县农业局，系财政差额拨款事业单位。1993年5月，上划为巴中地区茧丝绸集团总公司管理。1998年8月，地区茧丝绸集团公司撤销，按原隶属关系划回巴中市。1999年3月，巴中市人民政府将此划归巴中市经委管理。场部占地面积1.34万平方米，现有生产厂房6幢，建筑面积12万平方米，办公室一幢0.5万平方米，职工住房三栋7200平方米。

至2000年，该场有职工136人，其中离休1人，退休90人，退养9人，在职36人。核定编制122人。

巴中市巴州区良种场　1950年，巴中县将民国时期的县农技推广所改为县农业试验场。1951年8月，场址从玄庙观迁到新牌坊，改名为县农场。1955年更名为县示范繁殖场。1958年迁到江北台。1962年定为事业单位，实行企业管理。1965年更名为棉花原种场。1982年场址迁到南兔坡。1985年6月更名为棉花原种场。1985年6月更名为稻麦良种场。该场初建时，只有土地2公顷，土改时划入公田，土地面积增至11.3公顷。1965年接收耕牛场土地，耕地面积扩大到19.64公顷，人员增至128人。以后，随城镇建设发展，耕地陆续被征用，到1985年，土地减少到14.86公顷，其中耕地11.4公顷，果园2.7公顷，堰塘5口占地0.73公顷，人员减少到95人。1993年，巴中稻麦良种场更名为巴中市良种场。下辖4个良繁队和1个奶牛场、1个食醋厂，4队土地与罐头厂联办占用，江北台1队土地6.67公顷因建地区被征用，下剩土地面积7.3公顷。职工人数78人，其中退休人数42人。1995年政府修建川陕苏区将帅碑林，将场南兔山顶（三队）7.3公顷土地租用。2000年，巴中市良种场更名为巴州区良种场。土地面积7.3公顷，职工人数88人，其中退休人数40人。

通江县柞蚕种场　1959年2月，通江县陈河公社陈家坝村（现陈河乡陈家坝村4社）建立国营通江县柞蚕原种繁殖场（简称柞蚕种场），属全民事业性质，实行企业化管理，隶属县农林水利科。建场时，从陈河森林经营所调入工人7名，共有职工8人。1964年5月，经省人民政府批准，归农业局领导，以繁殖柞蚕良种为主。1967年1月，在泥溪公社建立分场。1984年，由县蚕丝公司主管。1985年，县人民政府行文规划柞蚕种场蚕专用林地0.33万余公顷，主要分布在陈河乡五村、七社、六社境内。1986年2月，由县农业局主管。1991年，由县丝绸公司主管。1995年，由巴中地区丝绸集团公司主管。2000年，由县农业局主管。场部占地1.33公顷，有生产制种房5000余平方米，办公住宿楼2000余平方米，其经费来源由财政全额拨款供给，有职工22人（在职12人，退休10人），主要从事省农业厅下达的四川省唯一的柞蚕种资源保护和研发工作，育有川08、川06、通江、河33、秋2、辽2六个品种。

通江县良种场　通江县良种始建于1951年4月，1952年4月正式成立国营通江县农场（简称农场），场址在通江县城外西寺村。1963年7月更名为通江县示范繁殖农场，1980年5月，更名为国营通江县良种场，实行差额预算企业管理。全场现有职工37人，其中高级农艺师3人、农艺师、经济师、会计师共16人、高级工5人，中级工5人，有土地面积10.2公顷，其中城南农业科研用地约2公顷，泥溪职工5人，1.86公顷，城效良种繁殖基地6.34公顷。该场在引进、繁育农作物优良品种试验、示范、推广农业新技术等方面贡献突出。仅“十五”期间争取项目资金40余万元，引进推广新技术6项，新品种12个，繁育农作物优良品种28万公斤，累计推广覆盖6.67万公顷以上，先后参与和独立承担“商品粮基地建设”“粮食三百工程”“川东北马铃薯基地建设”等项目建设和重大农业课题研究，推动了全县农业产业化和新农村建设进程。

平昌县良种场　平昌县良种场始建于1952年2月，由县城主场和白衣分场组成。时有职工20人，其工资由财政支付。1963年9月更名为平昌县示范繁殖农场，经费来源为收支两条线，不足部分由财政补足。1971年2月更名为平昌棉花原种场，主要从事棉花原种示范及推广工作。1985年9月复名为平昌县良种场，核定事业编制36人，财政实行事业费差额补贴。至2000年，全场有在职职工57人，其中在岗职工13人，离岗待业14人。另有退休人员18人，供养人员12人。县城原有土地17.07公顷，因城市建设不断加快，国家机关建设及政府公益事业（公路、绿化、街道，公园，安居工程等）建设，先后被无偿划拨或无偿占用，绝大部分职工无从就业，导致良种场转轨，由农业经济转变为工商服务经济。

第二节 集 体

1953年，境内各县试办初级农业社，土地入股，山林和耕牛折价入社，收入按“土四劳六”或“土三劳七”“土二劳八”的比例分配，系半社会主要性质的合作经济组织。至1955年，南江县建立初级农业社1141个，入社农户4236户，占总农户78%。巴中县组建初级农业社2131个，入社96051户，占总生产的70%。平昌县建立初级农业社1366个，入社88556户，占总农户的98%。

1956年，增内各县试办高级农业社，土地收归集体所有，取消土地分红，收入按劳动工分分配，时称完全社会主义性质的农村经济组织。至1957年，通江县建高级农业生产合作社1704个，入社农户占总农户的96.85%，经营土地4.47万公顷。平昌县1392个农业合作社中，有高级社1377个。巴中县建立高级社2005个，入社13893户，占总农户的99.3%。南江县建设高级社1401个，入社57503户，占总农户的95%。

1958年，《中共中央关于在农村建立人民公社问题的决议》下达后，境内各县立即由点到面，全面开展人民公社化运动。是年境内各县基本实现人民公社化，实行“一大二公”的政社合一体制，将高级社合并为耕作区（后改为管理区）。境内四县共有人民公社279个，辖耕作区3027个。耕作区为基本核算单位，取消社员自留地、自留山，耕牛和生猪收归集体饲养，并举办公共食堂，分配上曾一度“吃饭不要钱”“按月发工资”。劳动生产上实行组织军事化，把公社、大队、生产队编成民兵营、连、排实行统一指挥；在工作上，一度时期“三高”（高指标、高产量、高征购）、“五风”（共产风、浮夸风、命令风、干部特殊风，生产瞎指挥风）严重泛滥。1961年，按照中共中央《关于农村人民公社当前政策问题的紧急指示信》（亦称“十二条”）精神，人民公社恢复劳动定额，按件计分多劳多得。是年底，按中共中央《关于农村人民公社工作条例》（亦称“六十条”）规定，将核算单位下放到生产队，解散公共食堂，恢复社员的自留地、自留山、允许社员私人养猪。

1966年“文化大革命”开始，各级党政机关瘫痪，批判“三自一包”“四大自由”“割资本主义尾巴”，推行“标兵工分”“政治工分”，按劳分配制度受到冲击。

1977年，部分生产队推行“小段包工到组，超产奖励”办法，其土地集体性质不变。1978年起，试行联产计酬生产责任制。1980年，实行生产队统一计划，统一产量和质量要求，统一投资，统一劳动工分定额，统一分配，小段包工到组，超产给予奖励的制度。1981年，一些生产队划小作业组，将水田划到作业组，集体劳作，统一经营分配；将旱地联产承包到户、到组或实行农活小段包工、定额计酬等形式的生产责任制，时称水统旱包。1982年，全面推行家庭联产责任制，90%以上的生产队将土地划分到户（所有权属集体），原则上生不添，死不退，联产计酬，并实行“交足国家的，留足集体的，剩下都是自己的”分配原则。1983年，在坚持户营为主的前提下，取消土地限种作物和限制发展家庭副业等规定，完善承包经营事项。1984年，全面实行包干到户生产责任制，原生产队集体债务分摊到户，个人与集体债务清算后或分解到户，或摊拨信用社贷款。至1985年，农户普遍与生产队签订土地承包合同，其承包期15~20年不变，承包开发的荒山荒坡30年不变。

1988年，纠正在包干到户中把集体经济分光的倾向，把“双层经营”模式作为农村综合改革的重点，实行家庭分户经营与集体统一经营相结合，发展集体企业。

1994年，在原地耕地承包到期后再延长30年不变，开荒造林、改土等从事开发性生产的承包期更长；荒山、荒坡、荒水、荒滩谁开发谁受益，在承包期内使用权可继承转让；承包期内“增人不增地”“减人不减地”，坚持土地集体所有权，在不改变土地用途的前提下，经发包方同意允许土地使用权依法有偿转让。1997 年，境内部分村、社把山林和山坪塘经营权交给农民，允许拍卖、租赁、承包。第一轮承包到期的地方按规定延长其承包期，并按“明晰所有权、稳定承包权，放活使用权”的原则对土地有序流转。是年，全区签订农业承包合同 74.8 万份。

1998 年，农村土地实施第二轮承包，承包期 30 年不变，换发土地经营权证书 73.4 万份，签订土地承包合同 75.1 万份。1999 年，换发土地经营权证书 4.9 万份，签订土地承包合同 75.6 万份。

第三节　个　体

民国时期，境内各县除少量学田、庙产、族产为公众所有外，其余土地均属私有。各阶层之间土地占有量悬殊较大。巴中县土改时统计，全县有地主、富农 57541 人，人均占有耕地 7.7 亩；2756 户小土地出租，人均占有 3.97 亩；57263 户中农，人均占有 0.96 亩；54196 户贫、雇农，人均占有 0.64 亩；4329 户工商业者及其他成分，人均占有 0.39 亩；公、庙、学、祠产占总耕地的 2.38%。平昌县地主阶级占全县总土地面积的 29.9%，为贫农占有量的 9 倍。因土地占有不平衡，租佃制盛行。纳租方式分钱租、谷租、份租、帮工分租数种。

1932 年 12 月至 1935 年 3 月，川陕省苏维埃政府开展打土豪、分田地斗争，没收地主、富农的土地、竹木、山林、房屋、耕牛、家具，分给工人、贫农等。1935 年，红军撤离后，土地占有恢复到民国初期模式。据民国 30 年（1941 年）12 月《川农情报》称：通江纳租方式，种类颇多，大体上钱租占 11%，谷租占 44.1%，份租占 31.2%，帮工分租占 13%。

1950 年，境内各县开展“减租退押”运动，限定出租者将原定地租减少 25%（亦称“二五减租”），并退还佃户的全部押金。平昌县佃农获得减租现金及实物折币共 24 亿元（旧人民币）。

1951 后，开展土地改革运动，没收地主的土地、房屋、耕牛、家、农具及粮食，征收富农出租的土地和房屋，分配给贫农和雇农，实现了耕者有其田的民众夙愿。

1952 年，川北区党委号召农民在自愿的基础上组织劳动互助组，实行换工互助制度。至 1953 年，境内四县建立互助组 33689 个，有 25.71 万户农户参加互助组，占总农户的 80.02%。其土地产出全归农户私人所有。

第三章　农作物种植

第一节　粮　食

民国时期，境内四县粮食生产耕作粗放，品种低劣，灾害频繁，产量低而不稳。1949 年，境内四县粮食作物总面积 25.06 万公顷，粮食产量为 361662 吨，人均 145 公斤。中华人民共和国建立后，国家鼓励农民发展粮食生产，粮食产量逐年增长。到 1957 年，境内粮食作物总面积 30.5 万公顷，粮食总产 682215 吨，人均 376 公斤。其后，因人口增长过快，粮食总产量虽然增加，人均粮食却稳中有降。1978 年，四县粮食作物总面积 28.38 万公顷，粮食总产 985625 吨，人均 364 公斤。1985 年粮食总产 1226435 吨，人均 449 公斤。1986 年后，新品种、新技术的应用和推广，粮食产量逐年上升。至 1990 年，粮食作物总面积 28.56 万公顷，粮食总产 1466832 吨、人均 497 公斤。

1993 年，巴中地区建立后，地、县（市）农业部门立足区情，大力实施“科教兴农”战略，突出农业实用增产技术的推广与应用，加速农业科技成果转化与应用，农业连年丰收。1995 年，全区组织 532 名科技人员分赴 154 个乡镇，开展科技承包和服务工作，使全地区在连续三年严重自然灾害的情况下，粮食总产达到 142 万吨，比上年增长 34.9%。1997 年，地、县（市）农业部门组织科技人员 345 人，实行定人员、定规模、定产量、定规范、定奖惩的“五定”责任制，共建立农业新技术推广基点 75 个，丰产示范片 66 个，科技承包面积 6.53 万公顷。全地区水稻、玉米、红薯增温育苗推广面 95% 以上，推广旱育秧 3.67 万公顷，示范抛秧 333.33 公顷，水稻宽窄行规范化移栽占 95%，杂糯间栽 3 万公顷；三环唑浸秧、施稻灵带药移栽推广面达 82%；玉米肥团方格苗移栽面达 90.2%。全年粮食作物总面积 31.3 万公顷，粮食总产 155.6 万吨。

1998 年，全地区农业系统下派近 1000 名农业科技人员，深入生产第一线，建立农业新技术示范片 33 个，科技承包面积 6.8 万公顷；以建立种子产业化和普及良种应用为目标，良种普及率、种子精选率、包衣率和标志统供率进一步提高。同时，走适合节水旱作农业之路，旱粮占粮食总产的比重达到 64.7%，比 1995 年提高 10 个百分点。全地区粮食作物总面积 31.9 万公顷，粮食总产 160 万吨，比上年增长 5.2%。

2000 年，市委、市政府组织召开科技兴农大会，制定鼓励科技人员下乡承包和服务的优惠政策，提高地区科技进步奖金标准，实施“科技一把手工程”，建立健全“科技三联”（联重点科技项目、联科技人员、联科技示范户）制度，实施“科技兴巴三十亿工程”，开展送科技下乡活动，推动全市粮食丰产丰收。全市粮食作物总面积 29.4 万公顷，总产稳定在 160 万吨，人均 529 公斤。

水稻 水稻乃境内大宗粮食作物，产量占全年粮食总产半数以上，占大春粮食 70% 左右。民国时期，境内四县水稻栽播面积长期徘徊在 8.67 万公顷至 10 万公顷之间，籼稻为水稻中的主要品种，最高年平均亩产不超过 200 公斤。中华人民共和国建立后，水稻栽播面积基本稳定在 10 万公顷左右，亩产、总产稳步增长。1957 年，水稻总面积 12.37 万公顷，总产 405074 吨，亩产 218 公斤。1978 年水稻总面积 8.67 万公顷，总产达到 434710 吨，亩产 319 公斤。20 世纪 80 年代初，杂交水稻逐步普及，育秧和栽培技术不断革新，水稻产量增长幅度加大。1985 年，栽插水稻 10.48 万公顷，总产 65.6 万吨，亩产 417 公斤，人均 240 公斤。1994 年，栽插水稻 10 万公顷，总产 45.3 万吨，亩产 302 公斤。1997 年，水稻面积 9.35 公顷，亩产 386 公斤，总产 54.3 万吨。2000 年，栽插水稻 8.5 万公顷，亩产 438 公斤，总产 56 万吨。

玉米 民国至 20 世纪 70 年代末，境内玉米主要分布在通江、南江两县高中山区。时为两县主食之一。20 世纪 80 年代初，巴中、平昌两县，趋利避害走旱路，玉米生产从无到有、由少到多，逐步发展到大面积种植。随着杂交玉米的推广普及和玉米栽培技术革新，不仅种植面积逐年扩大，而且产量逐年上升。1949 年，境内四县玉米种植面积 2.36 万公顷，亩产 49 公斤，总产 1.75 万吨。1957 年，种植面积 1.97 万公顷，亩产 83 公斤，总产 2.47 万吨。1985 年，种植面积 2.43 万公顷，亩产 202 公斤，总产 7.38 万吨。1994 年，种植面积 3.38 万公顷，亩产 196 公斤，总产 9.9 万吨。1995 年，地、县农业局采取“五定三统”，即定地点、定人员、定规模、定产量、定奖惩和统一方案、统一规程、统一行动的办法，促进全区样板示范规模扩大，规格提高。全区玉米播种面积 3.97 万公顷，亩产 273 公斤，总产 16.25 万吨。通江县在麻石、铁佛、民胜、广纳、空山等地建 0.2 万公顷玉米示范片，平均亩产达 498.2 公斤，曲滨大佛寺和空山龙池两个高产攻关点平均亩产分别达 632 公斤和

605.8 公斤。南江县在铁炉坝、水田坝、鱼洞坡等地建立高中低山三大玉米示范区，面积达 0.26 万公顷，平均亩产 514.3 公斤。桃园镇铁炉坝村二社黄存林，海拔 1500 米，种植的 73 单交玉米最高亩产达 806.4 公斤。巴中市在明扬、恩阳建立万亩玉米示范片，平均亩产达 491.8 公斤。平昌县在驷马—白衣、双江—六门、元山—得胜、西兴—响滩五片 8 区 25 个乡连片建玉米丰产示范片 0.31 万公顷，平均亩产达 417 公斤，最高亩产达 700.5 公斤。2000 年，全市种植面积 6.06 万公顷，亩产 471 公斤，总产 42.9 万吨。

玉 米

小麦 民国期间，小麦播种面积较少，产量很低。通江县在民国中后期，小麦播种面积 0.47 万公顷左右，总产 8 万石上下，最高年平均亩产 1.4 石。中华人民共和国建立后，境内各县把小麦生产作为全年粮食生产“首战必胜”的硬仗打。小麦面积不断扩大，产量增长很快。1957 年，种植面积 6.2 万公顷，总产 7.76 万吨，亩产 83 公斤。1978 年，种植面积 7.98 万公顷，总产 18.92 万吨，亩产 158 公斤。1985 年，种植面积 8.04 万公顷，总产 26.52 万吨，亩产 216 公斤。1990 年，种植小麦 8.36 万公顷，亩产 217 公斤，总产 120.63 吨。1994 年，种植面积 8 万公顷，总产 27.58 万吨，亩产 228 公斤。1998 年，种植小麦 8.51 万公顷，单产 282 公斤，总产 35.95 万吨。2000 年，种植面积 6.74 万公顷，亩产 295 公斤，总产 29.8 万吨。

甘薯 甘薯俗称“红苕”。民国时期，甘薯属贫苦农民主粮，产量甚低。通江县民国 29—37 年（1940 年—1948 年），种植面积最少 1.2 万亩，最多 2.4 万亩；产量按 5 斤折 1 斤原粮计算，总产低至 50 万公斤，高至 620 万公斤，常产 300 万公斤。中华人民共和国成立后，甘薯面积逐年增加，至 1957 年达到 3.97 万公顷。随着种植面积的增加，产量亦逐年上升。1978 年，种植面积 4.78 万公顷，亩产 258 公斤，总产 18.51 万吨，1985 年，种植面积 3.26 万公顷，亩产 237 公斤，总产 11.6 万吨。1990 年，面积 3.19 万公顷，单产 242 公斤，总产 11.58 万吨。1994 年，种植面积 3.81 万公顷，总产 10.6 万吨，亩产 184 公斤。2000 年，种植面积 4.04 万公顷，总产 16.6 万吨，亩产 273 公斤。

土豆 土豆俗称“洋芋”，分春秋两季种植。高中山区种植大、产量高、质量好。民国后期，通江县每年种植 4 万亩左右，按 5 斤折一斤粮计，总产在 250 万公斤。中华人民共和国建立后，土豆种植面积变化和产量增减近似于红苕生产，种植面积 1957 年 53 公顷，1978 年 0.12 万公顷，1985 年 0.083 万公顷，1990 年 0.15 万公顷，1994 年 0.25 万公顷，2000 年 0.31 万公顷。产量按 5 斤折 1 斤粮计，1957 年总产为 95 吨、1978 年 1665 吨、1985 年 1745 吨、1990 年 5200 吨、2000 年 8548 吨。

豆类 胡豆、豌豆、大豆历来是境内各县均有种植习惯。因产量低，在民国时期主要以间套种植为主。中华人民共和国成立后，豆类作物种植逐有所发展。1998 年后，随着种植结构调整，豆类作物种植面积和产量直线上升。1994 年，种植面积 0.99 万公顷，总产 1.96 万吨。2000 年，种植面积 0.95 万公顷，总产 2.58 万吨。

其他粮食 境内尚有大麦、燕麦、黍类、荞子、绿豆、小豆、巴山豆等小杂粮，多属套作，面积较少。

第二节　油　料

境内低中山区为油菜主产区。民国期间种植量小，通江县民国元年仅种油菜0.8公顷。民国30年，通江种植油菜0.15万公顷，其后面积稳定在0.09万公顷左右，亩产均不足50公斤。1949年境内种植油菜0.26万公顷，亩产35公斤，总产1379吨。中华人民共和国建立后，油菜种植面积和产量逐年增加。至1955年，境内四县共种植油菜0.65万公顷，亩产54公斤，总产量2537吨。1965—1976年，常年种植面积徘徊在1.3万公顷和1.5万公顷之间，最高的1976年，种植面积1.16万公顷，亩产36公斤，总产6286吨，最低的1964年，种植面积1.06万公顷，亩产56公斤，总产8849吨。中共十一届三中全会后，油菜成为境内种植结构调整的主要项目，至1981年，境内四县油菜种植面积达到1.6万公顷，亩产82公斤，总产2.27万吨。1982年，省政府把棉花指令性计划调整为指导性计划后，油菜种植面积和产量大幅度上升。1993年，全区油菜种植面积达2.79万公顷，亩产98公斤，总产4.11万吨。2000年，全市种植油菜达4.65万公顷，亩产98公斤，总产6.82万吨。

第三节　桑　蚕

清光绪三十四年（1908年），巴州（巴中县前身）知州娄黎然提倡饲养柞蚕（山蚕），著有《柞蚕浅说》一书，但养者甚少。此间，巴州还建蚕桑学堂，聘技师讲授植、栽、培、壅诸法。清末民初，境内各地开始栽桑养蚕。巴中县乡间植桑多者二三千株，少者亦数百株。民国元年（1912年）通江放养山蚕（柞蚕）1户，放种8000株，产茧32000枚。民国4年（1915年），平昌南木场农民胡德轩在楠木寺周围植桑树40余亩。民国6年（1917年），通江从南充引进桑苗数万株栽植。民国18年（1929年），平昌澌岸乡李显达从巴中蚕桑学堂毕业回家，在米粉垭栽桑树千余株。民国20年（1931年），巴中大兴栽桑养蚕，产茧大增，仅花丛太和丝厂收茧2万公斤。民国29年（1940年），通江县引进伏桑20400株栽植。随后，茧贱伤农，毁桑者甚多。至1949年，巴中县仅存桑树57.9万株，产茧量仅为0.55万公斤；平昌县仅有养蚕户200余家，年产茧800余公斤；通江县年产仅500公斤。农业合作化后，境内各县蚕桑事业发展较快，1956年，中共中央发出“巩固现有蚕区，迅速开辟新蚕区”的指示后，各县把蚕桑生产作为多种经营骨干项目。平昌县培训育苗栽桑技术人员1000余名，实行任务、土地、劳力、责任、奖惩“五落实”办法，育苗20公顷，植桑280万株，被达县专区列为桑蚕重点县。至1966年，全县养蚕2300张，单产21.5公斤，总产49.67吨。通江县在楼子、平溪等地放养柞蚕种878公斤，产茧42.5吨，且引蓖麻蚕种400盒产茧0.32吨。巴中县在镇庙、南阳、柳岗、白庙、中兴等六社放养柞蚕种60公斤，产茧1300公斤。“文化大革命”中，境内各县蚕桑业时起时落，巴中县桑树，在3000万~3300万株，至1976年全县产茧79.6万公斤。平昌县养蚕种5839张，产茧81.66吨。

1978年后，境内蚕桑生产直线上升。至1980年，平昌县建小蚕共育室4200个，实行小蚕共育，大蚕饲养推行“定任务、质量、产值、供应、奖赔”的“五定”责任制，发春蚕种6980张，夏蚕种3998张，秋蚕种6283张，晚秋蚕种8100张，产茧434.33吨，较上年翻番。巴中县桑树达9067万株，县蚕种场生产蚕种5万张，年产茧145.7万公斤。通江县全年养蚕种5080张，产茧99.2吨，创历史最高纪录。

1981年后，随农村经营方式的改革，境内各县蚕桑生产方式、技术手段、组织形成、发展趋势各异。至1983年，巴中县蚕种场制种7万张，桑树由1.2亿株减少到8000万株，蚕茧总量为146.7万公斤。通江成下滑势态，养蚕2040张，产茧36.2吨。平昌县以专业户为依托，以共育室为纽带，实行小共育，大蚕喂养，上蔟管理科学措施。全县13万户蚕农，养蚕5.3万余张，单产19.6公斤，总产在1983年首次突破1060吨大关的基础上，猛增到1943张。年内蚕桑收入3000元以上的2户，2000元以上的6户，1000元以上的16户，5000元以上的82户。

1986—1993年，境内各县把蚕桑作为种植结构调整和农民增收的骨干项目，大力推动蚕桑事业发展。通江县以市场为导向，以基地为依托，以科技为支撑，以“公司+基地+农户”为途径，加快桑蚕发展，实现产业化经营。连续建成杨柏、大平、长兴、三溪、广纳、东山、文峰、春在、陈河、梓潼、火炬、民胜等14个乡（镇）的桑蚕基地，集中连片，发展6个“三高示范片”，栽桑4000万株，建园0.2万公顷，全县桑树总量达6000万株，年均产茧200万公斤，茧收入3000万元。

1999年，随着丝绸市场开始复苏，价格逐步上涨。地县（市）各级通过行政引导，市场宣传，加之粮茧比价上升，收购服务改善，农民栽桑养蚕积极性得以恢复。全地区育桑种217公斤，新栽桑800万株，嫁接良桑1200万株，发种13.8万张，产茧223.4万公斤。

2000年，坚持“优化服务上质量，主攻单产效益，适量育栽求发展”的蚕桑生产思路。通过广播、电视、报纸宣传，提高农民对茧丝绸市场经济规律的认识，改善收茧办法，合理执行茧价政策，确定正茧收购保护价11.55元/公斤，调动了农民养茧的积极性。同时改分散养蚕为集中收蚁和小蚕共育；改传统养蚕为科学养蚕，改“口袋”蚕户为标准蚕房，强化消毒防病工作，杜绝有养无收现象。全市育桑种1200公斤，新栽桑树8200万株，嫁接良桑1200万株，发种12.95张，产茧169.2万公斤。

第四节　烟　叶

清末民初，境内各县均有土烟（晒烟，俗称叶子烟）种植。民国中后期，土烟种植日渐普遍。多数农民利用房前屋后宜植地方种植。烟叶品种有大黄烟、二黄烟、金黄烟、青烟，柳叶烟，芭蕉烟等。尤以通江杨柏、刘坪（今铁佛）、麻石、会家、沙溪、八里坪（什字乡属）、张家梁（洪口乡属）等地为优质烟叶产区。南江的沙河、长赤、正直、上两、赶场等区种植亦广。巴中县尤以驷马、白衣、土兴种植最多。石庙场虎家坝所产土烟“虎叶子”，灰白色，味正，方香浓郁，远销省内外。因种烟技术差，生产方式落后销路不畅等因素，产量甚微。据统计，1949年，境内四县共种植烟叶0.3万公顷，亩产46公斤，总产生2073吨。

1952—1954年，各县把烟叶生产列入多种经营项目，实行计划种植，将计划下达到各农业生产合作社。1958年，各县成立“多种经济委员会”，烟叶列为30个多种经营项目之一，层层下达烟叶种植任务。由于缺乏种植技术和自然灾害，导致种烟计划落空，烟叶生产下滑。至1960年，境内四县共种烟叶0.09万公顷，亩产58公斤，总产785吨。

1963年，各县贯彻“以农为主、以副养农、综合经营”的方针，适当发展多种经营，烟叶在20多个多种经营项目中，处弱势地位，直到1973年的10余年中，种植面积一直徘徊在200公顷~530公顷之间，总产量一直徘徊在230~620吨之间。之后，各县调整农、林、牧、副、烟、药、杂结构，境内烟叶生产开始回升。1974年，各县相继引进白肋烟、白毛烟新品种，各级政府把烟叶生产纳入议程，主管部门大抓特抓，至1978年，境内四县共种烟叶0.3万公顷，亩产92公斤，总产4178吨。

1982年，各县掀起种烟叶高潮。四县共种烟叶0.95万公顷，亩产115公斤，总产16441吨。平昌、南江两县，社社、队队种烟，其中毛烟占白肋烟、白毛烟的53.5%。但因销路受阻，产品积压较多，故各县对种烟计划进行调整、压缩，烟叶产量减少。

1984年，各县烟草公司成立。大力调整种烟布局，选择土壤、气候适宜的区域大种白肋烟、白毛烟。通江、南江、平昌三县坚持“稳定晒烟、大上白肋烟、试种烤烟”的布局，巴中县把清江、大河、光辉等42个乡列入烟叶生产重点乡，其中烟叶基地乡28个。至1988年，境内四县植烟1.06万公顷，亩产101公斤，总产16053吨。

1990年后，通江、平昌、南江三县白毛烟种植分布日渐缩小，巴中县毛烟始终分布在29个乡种植。1992年，巴中县把大力发展的白毛烟，稳定生产白肋烟，积极试种香料烟，作为烟生产的指导思想，把光辉、清江、花溪、三江等33个乡列为毛烟基地，并由县、区、乡政府和烟叶技术员，发展生产示范点103个。是年通江县烟叶最高年重达13万担，被评为全国烟叶生产先进称号。至1993年，全区四县共植烟叶1万公顷，亩产76公斤，总产11484吨。当年巴中县的毛柳烟被列入国家烟叶专卖局公布的《名晾晒烟名录》。

1994年以后，因烟草公司库存烟叶无销路，形成卖烟难现象，各地烟叶生产积极性受挫，烟叶生产下滑，境内四县仅值烟叶0.54万公顷，亩产70公斤，总产6188吨。至1996年，四县植烟面积减少到0.43万公顷，亩产105公斤，总产6756吨。

2000年，按照调整布局，主攻质量，控制种植，以销促产、积极稳妥的原则，种植烟叶0.31万公顷，总产5998吨。其中种植白肋烟567公顷，收购17234担，白毛烟133公顷，收购4699担；收购烤烟673担。

第五节　蔬　菜

境内有南瓜、冬瓜、北瓜、金瓜、瓠瓜、黄瓜、西瓜、菜瓜、苦瓜、茄子、海椒、白菜、青菜、芹菜、萝卜、豇豆、莲藕、生姜、葱蒜、四季豆等50个品种。后又引进花菜、二金条海椒、大白苦瓜、地瓜、大小平头莲花白、红嘴燕、豇豆、良种茄、甜菜、福水大白菜、纹白菜、福东一号白菜等。民国初期，农民种菜以自食为主，城郊农民种菜部分或大部分出售。据统计，1949年境内四县共种蔬菜6512公顷。其后国家制定对菜农供应口粮和减免粮食定购任务等优惠政策，促进城郊村社发展蔬菜生产。至1958年，境内种植蔬菜1508公顷，1961增加到16556公顷。1962年，坚持以粮为纲，蔬菜生产受到冲击，面积逐年减少。1964年为7572公顷，1966年减少至654公顷，1967年仅为548公顷。1968年后逐年回升，至1972年回升到652公顷。1993年，巴中地、县（市）政府采取多种措施发展蔬菜生产，开放蔬菜市场，打通流通渠道，增加品种，推广温床、大棚，育苗移栽等新技术，种菜面积逐年扩大。1994年，全地区种菜22867公顷，1996年增加到27893公顷，2000年增加到32107公顷。

第六节　其他作物

一、花生

民国时期，境内各县部分农户利用沙壤种植花生，多数自食，少数在市场出售，且零星分散，种植面积较少。1949 年，境内四县共种花生 184 公顷，亩产 69 公斤，总产 189 吨。中华人民共和国成立至 1981 年，境内花生量起伏式发展状态。1950 年，面积 201 公顷，亩产 77 公斤，总产 232 吨。1953—1957 年，面积在 200 公顷左右，总产在 250 吨左右。1959 年，面积增加到 909 公顷，亩产 70 公斤，总产增加到 950 吨。1960 年后，花生面积和产量逐年减少。到 1965 年，面积减少到 112 公顷，总产减少到 90 吨。1972 年，境内四县花生面积仅 70 公顷，亩产仅 58 公斤，总产仅 61 吨。1973 年起开始回升，至 1980 年，面积 575 公顷，亩产 76 公斤，总产 607 吨。1981—1983 年，面积在 66 公顷 ~ 1066 公顷之间，产量在 880 ~ 4800 吨之间。1984 年起，境内花生生产逐年增长，1985 年，花生面积 2888 公顷，亩产 121 公斤，总产 5229 吨。1992 年，四县花生面积增到 4280 公顷，总产增至 6119 吨。1993—2000 年，花生面积在 3733 公顷 ~4867 公顷之间，亩产 153 公斤左右，总产 14851 吨左右。

二、糖料

境内糖料以甘蔗为主。民国期间各县均有种植甘蔗的习惯，也有以红薯作糖料的习惯（俗称红苕糖）。据统计 1949 年，境内糖料面积 353 公顷，亩产 1289 公斤，总产 6832 吨。1950 年起，糖料生产开始发展，至 1952 年，四县糖料面积 507 公顷，亩产 1545 公斤，总产 11833 吨。之后几年，糖料生产起伏不定，1953 年，面积 4053 公顷，总产 9221 吨。1957 年，面积降到 191 公顷，总产降到 3984 吨。1959 年，面积增至 611 公顷，总产增至 12720 吨。次年面积又降至 415 公顷，总产降至 7380 吨。1961 年起，糖料生产逐年滑坡，1962 年，面积 122 公顷，总产 1376 吨，至 1967 年，面积降到 61 公顷，总产降到 1034 吨。1970 年，降到历史最低点，面积为 32. 2 公顷，总产仅 694 吨。1971 年起，呈缓步回升发展状态。至 1975 年，面积回升到 72. 5 公顷，总产回升到 1297 吨。1976—1984 年，境内糖料生产，面积在 73 公顷 ~ 167 公顷之间，总产在 860 ~ 3900 吨之间。1985 年起，各县把粮料作为经济作物的骨干品种之一，自此，糖料生产逐年增长。1986 年，面积 298 公顷，亩产 2152 公斤，总产 9631 吨。

1992 年，面积增至 675 公顷，总产增至 15394 吨。1993 年，全区糖料面积增加到 1038 公顷，产量增至 22037 吨。之后逐年有所下降，至 1996 年，除甘蔗外，引进种植甜菜 18 公顷，亩产 889 公斤，总产 2400 吨，全区糖料面积 733 公顷，总产 14487 吨。2000 年，糖料面积 1047 公顷，单产 1427 公斤，总产 22408 吨。

三、麻类

据晋《华阳国志·巴志》记载，西周康五初年（公元前 1026 年），境内即有麻类种植。民国期间，许多农户利用房前屋后，坡坡平台种植苎麻自用，其产量很低。1949 年，境内四县种麻 415 公顷，亩产 33 公斤，总产 265 吨。1950—1962 年，境内苎麻面积在 267 公顷—547 公顷之间，总产在 130 ~ 520 吨左右。1963 年起，呈滑坡状态，至 1968 年，面积减至 128 公顷，总产降至 31 吨。1972 年面积为 89. 2 公顷，总产 21 吨。1976 年，下降到历史最低点，四县植麻面积仅 80. 7 公顷，亩产 27 公斤，总产仅 42 吨。之后直到 1982 年，境内植麻面积在 66. 7 公顷 ~ 106. 7 公顷左右，产量在 34 ~ 97 吨左右。1983 年起，开始回升，至 1985 年，引进新品种种植黄麻 59. 5 公顷，亩产 143 公斤，总产 1277 吨。植麻总面积 1005 公顷，亩产 111 公斤，总产 1680 吨。1982 年，植麻面积 549 公顷，总产 3107 吨。黄麻 129 公顷，总产 146 吨。从 1988 年起，麻类生产起伏不定，至 1993 年，面积增至 1211 公顷，总产减少到 1569 吨，其中黄麻面积 716 公顷，总产 928 吨。1996 年，全地区植麻 293 公顷，亩产 45 公斤，总产 201 吨。2000 年，麻类面积 540 公顷，黄麻 140 公顷，亩产 66 公斤，总产

140吨。

四、中药材

境内四县药材资源丰富，以通江、南江为优。其品种有黄连、厚朴、在麻、麝香、大黄、麦冬、半夏、白芷、杜仲、桔梗、柴胡、苦参、沙参、石菖蒲、百部、车前草、鱼腥草、木通、勾藤、芦竹根、灵仙、淡竹叶、山豆根、杏仁、白芍、百合、红枣、栀子、藿香、乌梅、板蓝根、香附子、粉葛、金钱草、艾叶、夏枯草等常用中药材300余种。民国时期，绝大部分为野生，很少人工栽培。中华人民共和国成立后，各县逐步开始人工栽培。据统计，1958年，境内四县种植药材面积94.9公顷。随后药材人工栽培面积时增时减。1961年，药材面积419公顷，1962年降至119.5公顷，1970年290公顷。1972年增到652公顷，1974年增至1172公顷，1977年增至1582公顷。1980年，减少到840公顷，1988年又减少到350公顷。1991年回升到1146公顷。1993年增至3162公顷，1995年增至4207公顷。1996年又减少到2373公顷，2000年回升到4113公顷。

五、棉花

民国时期，境内小面积种植棉花，产量低，纤维短。民国元年（1912年），通江种棉400亩，亩产皮棉仅2.5公斤。民国34年（1945年），通江植棉753公顷，亩产皮棉7.3公斤。民国36年（1947年）6月，通江鸣盛乡大石桥（今大兴乡）成立棉花生产合作社，有会员200人，推进棉花生产。1949年，通江县种植棉1175.46公顷，亩产皮棉7.5公斤；平昌县种植棉1500公顷，亩产皮棉6公斤。中华人民共和国成立后，政府鼓励发展棉花生产，棉花种植面积和产量成直线发展趋势。1952年，川北行署农林所派植棉工作组驻辖区四县指导棉花生产，当年境内种棉花1.23万公顷，亩产皮棉8公斤。1952年开始，实行品种和栽培技术革新，到1957年，棉花种植面积2.13万公顷，亩产皮棉12公斤。1959年，各县搞区域化种植，棉花面积增至2.95万公顷。1963年，调整为2.48万公顷。1966年，棉花成为辖区大宗经济作物，各县成立棉麻生产领导小组，组织棉麻工作组分赴各公社指导棉花生产，植棉面积238.5万公顷，亩产皮棉44公斤。平昌县植棉0.7万公顷，亩产皮棉104斤，居全省第四位，达县地区第一位。1972年，境内植棉2.38万公顷，亩产24公斤。平昌县驷马公社连续四年皮棉亩产超过百斤。1980年，进一步改良品种，更新栽培技术，境内植棉2.39万公顷，亩产皮棉21公斤。1981年，国务院将棉花种植面积的指令性计划调整为指导性计划，境内植棉1.7万公顷，亩产皮棉14公斤。随后，植棉面积和产量逐年减少，仅部分农民自产自给。1985年，境内植棉0.14万公顷，亩产皮棉29公斤。1993年，植棉面积0.34万公顷，亩产35斤，1996年，植棉0.47万公顷，单产76公斤，总产5426吨。2000年植棉面积0.38万公顷，亩产22.5公斤，总产2519吨。

六、茶叶

境内茶叶生产历史悠久。据道光《通江县志》载：北宋时，通江茶叶甚销邯爽，以茶易马。清雍正中期，通江茶叶乐蓬州2750～4200公斤。南宋时期，就有官方在南江收取茶税。明正统年间，“金杯茶”列为贡品。民国初，巴中县农会在治城乡南龛坡下种茶树2000余株，未获成功。通江县年产细茶2800公斤，粗茶9700公斤。民国25年（1936年）通江县产绿茶12.05吨。民国36年，通江县产茶15吨。南江种茶220公顷，产品主销陕西、甘肃等地。1949年，境内四县共有茶园面积83公顷，茶叶产量122吨。之后，境内茶叶生产发展十分缓慢，1955年，四县茶园面积1725亩，茶叶产量230吨。

1956 年起，各县号召农业合作社和人民公社种植茶树，发展茶叶生产，但技术措施、组织领导不到位，其发展缓慢，至 1963 年，四县茶园面积 267 公顷，茶叶产量 150 吨。之后在以粮为乡的影响下，茶叶生产滑坡，到 1970 年，四县茶园面积减少到 99.3 公顷，茶叶产量 156 吨。

1970 年，各县开始把茶叶生产列为多种经营项目之一，巩固旧茶园，开辟新茶园，境内茶叶生产发展较快。至 1975 年，四县茶园面积 2929 公顷，茶叶产量 235 吨。

1978 年中共十一届三中全会后，各县一手抓植茶面积扩展，一手抓加工工艺改进，变脚蹬手操为机械揉搓。茶叶品种在提高四川中小茶群体的基础上，先后从浙江、福建引进灌木型中小叶茶群体，从云南引进半乔木型大叶茶群体。至此，境内茶叶生产品种增多，面积扩大，产量逐年上升。1980 年，境内植茶面积 5269 公顷，茶叶产量 255 吨。至 1985 年，四县植茶面积 5545 公顷，茶叶产量 951 吨。

1986 年起，部分茶园株型矮、叶肉差，产量低而被淘汰。加大老茶园改造，换植新品种，至 1989 年，植茶面积减少到 4566 公顷，茶叶产量减少到 788 吨。

1990 年起，境内各县在加强原有茶园科学精细管理的同时，因地制宜，科学规划新建茶园茶场，使茶叶生产得到恢复性发展。至 1993 年，全地区植茶面积 6241 公顷，茶叶产量 721 吨。1994 年，植茶面积 6314 公顷，茶叶产量 693 吨。1995 年，茶叶面积 5750 公顷，产茶 683 吨。1996 年，植茶面积 5839 公顷，茶叶产量 715 吨。2000 年，茶叶面积 4157 公顷，产茶 584 吨，其中红色茶 378 吨，粗茶 206 吨。

七、水果

民国期间，境内一些农户常在房前屋后栽种柑橘、桃子、李子、梨子、樱桃、橙子等水果及少量核桃、板栗等干果。但大都品质差，产量低。据统计，1949 年，境内四县果园面积仅 14 公顷，水果总产量为 2765 吨，其中柑橘 53 吨。

中华人民共和国成立后至 1956 年，境内各县从政府到农户均未对水果生产引起重视，基本处于自然发展状态，水果生产发展十分缓慢。至 1956 年，四县水果面积一直在 14 公顷左右，总产在 3000 ~3500 吨。

1957 年起，各县在多种经营生产中，大力提倡发展水果生产，但一无计划，二无部署，绝大多数地方亦无行动，水果生产一直裹足不前。1966 年，“文化大革命”开始，水果生产更是无人问津。至 1970 年，境内四县果园面积仅为 23.9 公顷，总产仅为 1729 吨，其中柑橘 125 吨。

1971 年起，境内各县把水果生产作为多种经营的项目之一，坚持思想、组织、计划、行动四落实，致使水果生产逐年递增。至 1980 年，四县果园面积 1588 公顷，水果总产 5172 吨，其中柑橘 460 吨。

1981 年，各县把水果生产列入重要议程，各县成立水果生产领导组，各区成立水果生产办公室，抽调专人；各乡设立水果生产技术员，层层下达任务，落实责任，水果生产发展速度加快，至 1985 年，境内四县果园面积达 3518 公顷，总产 14012 吨，其中柑橘 3011 吨。1992 年，四县果园面积猛增到 9011 公顷，总产 17900 吨，其中柑橘 7751 吨。

1993 年，全地区水果生产随着地委、行署“三年打基础、五年迈大步、十年上台阶”的经济发展战略，呈逐步上升趋势。至 1996 年，全地区果园面积达 941 公顷，总产 18288 吨，其中柑橘 8244 吨。至 1998 年，全区果园面积增加到 6990 公顷，总产达 25457 吨，其中柑橘 4645 吨。

2000 年，全市果园面积减少到 4814 公顷，其中苹果园 2377 公顷，柑橘园 1933 公顷，梨园 146 公顷，葡萄园 186 公顷，其他果园 172 公顷；水果总产量 28425 吨，其中苹果 3527 吨，柑橘 11711 吨，梨子 7111 吨，柿子 1968 吨，其他 4108 吨。

1949—2000 年巴中市主要农作物播种面积和产量

表 4—4　　单位：万亩、公斤、吨

年　度	一、粮食作物合计			（一）小春粮食			1. 小麦		
	面积	单产	总产	面积	单产	总产	面积	单产	总产
1949	375. 84	96	361162	129. 28	51	65493	49. 00	50	24288
1950	379. 94	97	367476	132. 53	52	68603	50. 15	51	25448
1951	379. 63	101	384621	133. 51	53	71226	50. 64	52	26486
1952	396. 38	115	456776	128. 79	60	77203	59. 77	59	35315
1953	399. 96	121	483707	130. 51	64	83271	63. 43	62	39622
1954	403. 74	131	529395	132. 33	67	88569	66. 42	66	43830
1955	411. 59	128	526971	139. 75	71	98534	69. 65	72	50328
1956	431. 75	154	663933	146. 70	82	120230	75. 18	85	64080
1957	457. 15	149	682215	161. 82	85	137061	93. 09	83	77617
1958	437. 30	157	687285	163. 54	91	148053	96. 30	89	86053
1959	395. 92	138	544889	147. 49	82	121166	92. 06	82	75499
1960	451. 48	116	527291	207. 50	78	162396	139. 69	80	111440
1961	472. 19	111	524109	217. 43	60	131354	147. 82	60	88496
1962	448. 00	109	488835	197. 59	58	115533	128. 86	54	69095
1963	422. 84	138	583666	164. 20	58	94932	99. 62	57	57171
1964	406. 02	149	602979	155. 34	67	104186	94. 99	67	62328
1965	403. 33	159	640375	149. 38	71	106560	92. 33	68	62435
1966	401. 96	182	730625	147. 95	78	115727	89. 49	76	68238
1967	396. 30	178	705340	147. 77	81	120420	91. 43	86	78520
1968	387. 48	154	597545	142. 54	77	109570	88. 82	86	76025
1969	385. 31	161	620500	140. 61	81	113590	88. 54	87	76830
1970	386. 23	162	627585	141. 01	91	128195	88. 45	90	79695
1971	389. 49	203	789410	144. 15	111	159875	90. 41	114	103160
1972	389. 30	177	690585	147. 73	95	141005	95. 41	97	93000
1973	397. 95	195	774135	157. 76	102	160620	102. 34	105	107190
1974	397. 20	199	790970	156. 89	104	163405	102. 88	111	114215
1975	394. 94	187	739895	155. 72	96	148945	103. 23	100	103725
1976	397. 81	194	772445	158. 42	112	177970	106. 39	119	126155
1977	405. 76	225	912559	168. 38	117	197330	112. 52	113	126735
1978	425. 65	232	985625	189. 72	147	279580	119. 66	158	189165
1979	440. 10	234	1030490	192. 34	158	304160	130. 88	170	221860
1980	429. 76	242	1039205	179. 62	160	287085	131. 98	155	204545
1981	446. 99	238	1062745	187. 48	150	281640	139. 00	149	206560
1982	443. 63	245	1088450	183. 64	173	317895	138. 04	177	244575
1983	446. 35	273	1217393	179. 74	203	365424	134. 31	206	276344
1984	442. 35	289	1279470	178. 00	207	367820	132. 53	203	269025
1985	412. 41	297	1226435	162. 86	218	355840	120. 63	216	260005

续表4—4

年 度	一、粮食作物合计			（一）小春粮食			1. 小麦		
	面积	单产	总产	面积	单产	总产	面积	单产	总产
1986	407.83	293	1196670	160.09	214	342603	119.55	210	250902
1987	410.99	294	1207142	160.62	209	336217	119.95	208	249478
1988	415.39	301	1248477	160.12	149	239091	119.56	148	177481
1989	428.92	317	1359039	165.86	218	361036	125.02	221	276010
1990	428.43	342	1466832	167.73	217	364671	125.35	217	272414
1991	432.44	348	1503833	169.07	237	401369	126.93	245	313311
1992	429.73	357	1534802	167.15	249	416614	125.28	259	324117
1993	418.28	280	1172112	162.96	244	398020	120.89	250	302263
1994	431.00	243	1046535	162.73	225	365616	120.48	228	275853
1995	441.41	319	1415960	168.99	258	436675	124.37	272	338287
1996	474.66	318	1510041	170.43	224	391516	125.25	266	334100
1997	469.52	334	1555995	172.03	228	449855	126.44	271	342543
1998	478.47	353	1600454	173.98	271	472273	127.69	282	359539
1999	473.52	335	1577823	164.87	235	388038	120.58	225	270908
2000	441.68	362	1600024	145.87	285	415721	101.13	295	298342

续表 4—4（1）

年 度	2. 胡豆			3. 马铃薯			（二）大春粮食		
	面积	单产	总产	面积	单产	总产	面积	单产	总产
1949	23.83	50	11999	12.66	67	8436	246.56	120	295669
1950	24.11	51	12203	13.51	70	9508	247.40	121	298873
1951	25.45	52	13249	14.13	73	10274	246.12	127	313395
1952	26.15	59	15534	13.52	71	9569	267.58	142	379573
1953	25.93	64	16546	14.28	79	11239	269.45	149	400436
1954	27.09	66	17972	14.23	80	11416	271.40	162	440826
1955	25.78	57	14698	18.51	89	16410	271.84	158	428437
1956	28.22	67	18868	22.16	101	22487	285.05	191	543703
1957	22.93	88	20222	13.79	103	19297	295.33	185	545154
1958	22.35	88	19719	19.62	120	23478	273.76	197	539232
1959	20.97	75	15845	18.08	105	18997	248.42	170	423723
1960	25.88	73	18995	20.10	83	16824	243.98	150	364895
1961	26.69	51	13584	15.90	90	14269	254.75	154	392755
1962	24.84	60	14887	12.01	122	14680	250.40	149	373302
1963	24.25	59	14390	11.74	104	12182	258.63	189	488734
1964	24.61	68	16715	11.96	96	11430	250.68	199	498793
1965	24.74	75	18455	11.20	108	12125	253.95	210	533815

续表4—4（1）

年度	2. 胡豆			3. 马铃薯			（二）大春粮食		
	面积	单产	总产	面积	单产	总产	面积	单产	总产
1966	26. 18	84	22012	14. 19	93	13203	254	242	614898
1967	26. 28	64	16940	14. 30	76	10925	248. 54	235	584920
1968	25. 04	46	11530	12. 35	92	11320	244. 95	199	487975
1969	23. 06	49	11295	12. 27	103	12575	244. 70	207	506910
1970	22. 92	91	20800	12. 25	90	10990	245. 22	204	499390
1971	24. 03	86	20610	12. 81	105	13510	245. 34	257	629535
1972	24. 03	80	19250	13. 92	80	10660	241. 57	228	549580
1973	24. 67	69	17115	13. 64	115	15630	240. 19	255	613515
1974	23. 47	67	15635	15. 20	111	16940	240. 31	261	627565
1975	22. 43	71	15850	16. 30	93	15095	239. 22	247	590950
1976	21. 74	64	13870	15. 95	116	18435	239. 40	248	594475
1977	19. 97	74	14715	23. 35	149	34690	237. 38	301	715229
1978	15. 09	96	14510	47. 25	127	59985	235. 93	300	706045
1979	11. 13	98	10875	44. 20	132	58425	247. 75	293	726330
1980	8. 85	88	7750	34. 30	182	62385	250. 15	301	752120
1981	9. 06	89	8065	35. 46	153	54420	259. 51	301	781105
1982	10. 08	97	9805	32. 33	167	54005	259. 99	296	770555
1983	10. 49	121	12727	31. 43	196	61629	266. 61	320	851969
1984	10. 51	127	13340	30. 53	223	68140	264. 35	345	911650
1985	8. 94	129	11530	27. 99	231	64640	249. 55	349	870595
1986	9. 63	126	12142	27. 45	232	63590	247. 74	345	854067
1987	9. 68	122	11771	27. 57	225	62162	250. 37	348	870925
1988	9. 86	98	9651	27. 16	160	43549	255. 28	395	1009386
1989	9. 47	111	10503	27. 96	230	64437	263. 06	379	998003
1990	9. 31	120	11172	29. 60	240	71050	260. 70	423	1102161
1991	9. 08	133	12050	29. 62	231	68298	263. 38	419	1102464
1992	9. 16	117	10714	29. 48	245	72276	262. 59	426	1118188
1993	9. 80	106	10397	28. 73	263	75614	255. 33	303	774092
1994	9. 14	107	10004	28. 76	251	72225	268. 69	253	680919
1995	9. 29	118	10953	30. 96	253	78338	272. 42	357	979285
1996	8. 97	118	10607	31. 78	122	38753	304. 23	367	1118525
1997	8. 66	119	10345	32. 41	271	88085	297. 49	376	1106140
1998	8. 11	133	10761	33. 81	276	93307	304. 49	371	1128181
1999	8. 44	101	8494	32. 35	316	102303	308. 65	388	1189785
2000	7. 55	162	12213	33. 36	291	97036	295. 81	400	1184303

续表 4—4（2）

年　度	1. 稻谷			2. 红薯			3. 玉米			4. 大豆		
	面积	单产	总产	面积	单产	总产	面积	单产	总产	面积	单产	总产
1949	150. 69	160	240944	28. 07	88	24723	35. 46	49	17522	10. 37	39	3999
1950	151. 11	160	242190	29. 37	89	26222	35. 87	51	18240	9. 84	41	4034
1951	151. 54	168	254800	29. 68	93	27606	34. 48	52	18494	9. 16	44	3993
1952	165. 42	182	301420	41. 39	104	43148	34. 80	63	22070	8. 89	50	4403
1953	170. 07	188	319764	40. 40	111	44700	34. 30	68	23265	9. 16	50	4600
1954	178. 07	200	356896	40. 35	120	48395	31. 01	72	22453	8. 51	60	5080
1955	147. 73	201	296225	53. 46	147	78511	46. 60	80	37220	10. 80	65	7055
1956	181. 22	239	432345	51. 04	156	79861	32. 21	55	17790	7. 65	61	4705
1957	185. 61	218	405074	59. 54	170	101468	29. 60	83	24668	7. 23	75	5398
1958	191. 96	212	343838	70. 85	219	155477	24. 73	104	25744	5. 96	79	4696
1959	162. 73	185	301180	50. 17	187	94224	23. 34	83	19360	4. 55	73	3330
1960	110. 76	157	174012	80. 60	188	151858	38. 15	74	28320	4. 82	63	3028
1961	140. 32	170	238757	74. 59	171	127522	24. 20	64	15482	3. 17	48	1518
1962	120. 23	156	187243	82. 04	180	147853	34. 20	87	29659	2. 96	56	1648
1963	162. 95	210	341370	64. 08	189	120686	22. 40	91	20375	2. 98	72	2161
1964	167. 48	229	383060	54. 41	165	90089	21. 20	97	20665	3. 05	63	1908
1965	163. 57	234	382405	56. 80	200	113795	24. 17	119	28655	3. 11	115	3580
1966	167. 32	258	431247	54. 39	240	130421	24. 51	151	36897	2. 03	196	3975
1967	169. 09	272	459825	50. 13	187	93805	21. 97	99	21775	1. 61	129	2070
1968	163. 52	225	367530	51. 58	170	87125	22. 61	107	24225	1. 93	165	3190
1969	157. 09	215	337260	54. 55	222	121125	24. 74	146	36025	2. 51	212	5330
1970	165. 12	222	365995	50. 42	183	92325	23. 05	129	29790	2. 07	227	4690
1971	165. 99	269	447010	52. 30	255	133490	21. 58	159	34245	1. 87	293	5470
1972	168. 30	250	421425	48. 48	192	93075	20. 33	114	23105	1. 31	377	4945
1973	145	277	402025	66. 39	240	159085	22. 41	168	37720	1. 80	302	5445
1974	161. 51	290	467760	51. 75	221	114260	21. 63	161	24890	1. 34	269	3615
1975	163. 84	272	446450	48. 88	221	108210	21. 41	125	26665	1. 39	262	3645
1976	165. 23	259	428440	47. 62	247	117445	21. 40	164	35020	1. 42	408	5785
1977	157. 53	307	484135	52. 22	303	158120	22. 05	234	51519	1. 37	411	5635
1978	136. 07	319	434710	71. 77	258	185095	23. 36	302	70595	1. 68	319	3410
1979	129. 57	334	432215	71. 99	264	189840	40. 94	214	87755	0. 94	354	3340
1980	138. 68	350	484700	58. 16	252	146320	49. 56	195	96760	0. 85	456	3880
1981	149. 29	345	515215	91. 34	232	142600	44. 89	218	97845	0. 66	291	1920
1982	145. 01	361	523325	58. 90	213	125160	51. 48	193	99615	0. 88	284	2490
1983	160. 35	386	619605	55. 12	239	131829	45. 56	175	79886	1. 12	349	3918

续表4—4（2）

年度	1. 稻谷			2. 红薯			3. 玉米			4. 大豆		
	面积	单产	总产	面积	单产	总产	面积	单产	总产	面积	单产	总产
1984	158. 29	424	670835	53. 30	244	129940	43. 98	197	86700	2. 53	263	6640
1985	157. 30	417	655915	48. 96	237	116065	36. 46	202	73800	2. 06	452	9300
1986	156. 71	406	635873	47. 46	246	116811	37. 13	202	75162	2. 31	432	9982
1987	153. 26	407	623783	48. 18	268	129149	42. 87	222	95154	2. 62	289	7570
1988	146. 72	469	688089	51. 91	288	149467	49. 93	278	138972	2. 26	385	8712
1989	156. 43	450	703972	52. 35	251	131537	48. 59	276	134343	1. 79	422	7566
1990	156. 74	507	794364	47. 84	242	115813	50. 01	323	161427	1. 99	462	9188
1991	156. 85	493	773010	46. 40	272	126229	52. 61	331	173944	2. 19	314	6881
1992	156. 79	509	797334	47. 20	271	127949	51. 03	310	158095	2. 10	437	9180
1993	155. 30	343	533218	45. 22	243	109887	47. 89	222	106557	2. 39	323	7734
1994	150. 47	302	452611	57. 41	184	106096	50. 70	196	99604	2. 33	141	3305
1995	144. 86	428	620379	50. 98	329	168158	59. 51	273	162523	2. 98	164	4908
1996	150. 47	419	630128	56. 28	256	144131	75. 84	429	325866	2. 43	140	3409
1997	140. 43	386	542599	55. 66	235	130915	85. 07	489	416503	4. 56	121	5542
1998	144. 41	391	565240	58. 86	225	132539	88. 94	462	410524	3. 28	190	6251
1999	125. 68	404	508019	66. 60	246	163548	96. 84	508	492289	4. 93	197	7938
2000	127. 68	438	558798	60. 63	273	165513	91. 05	471	428690	4. 63	162	7492

续表4—4（3）

年度	二、经济作物面积	1. 棉花			2. 油料		
		面积	单产	总产	面积	单产	总产
1949	22. 66	11. 28	7	791	5. 12	35	1802
1950	23. 13	12. 15	7	893	5. 35	37	1972
1951	30. 09	17. 79	8	1421	6. 22	37	2298
1952	30. 61	18. 47	8	1585	6. 78	39	2624
1953	31. 28	19. 34	8	1587	7. 39	41	3019
1954	35. 07	21. 52	10	2158	9. 23	46	4293
1955	38. 70	23. 82	11	2559	11. 25	54	6059
1956	37. 99	24. 09	9	2240	10. 47	60	6294
1957	45. 54	31. 85	12	3976	10. 40	65	6759
1958	48. 92	33. 65	13	4258	12. 41	59	7262
1959	61. 24	44. 20	20	8856	13. 99	44	6264
1960	63. 57	42	7	3100	18. 43	41	7657
1961	60. 49	39. 99	7	2609	18. 15	28	5050
1962	53. 02	33. 75	9	3195	16. 71	27	4538
1963	54. 43	37. 19	15	5743	15. 69	30	4687

续表4—4（3）

年　度	二、经济作物面积	1. 棉花			2. 油料		
		面积	单产	总产	面积	单产	总产
1964	56.39	38.22	18	6812	16.48	56	9173
1965	55.09	37.61	21	7907	16.09	46	7411
1966	53.79	35.78	44	15574	16.65	42	7020
1967	54.04	25.99	33	11878	16.79	52	8718
1968	52.05	35.19	17	6077	15.91	40	6347
1969	51.41	35.06	24	8249	15.37	39	5982
1970	52.06	35.75	24	8710	15.18	45	6806
1971	53.84	35.80	28	10102	16.33	63	10302
1972	54.23	35.72	24	8425	16.51	53	8718
1973	56.10	35.71	33	11822	17.29	56	9705
1974	58.12	36.05	29	10535	17.67	48	8545
1975	59.28	35.91	27	9839	17.87	40	7207
1976	59.21	35.98	19	6993	17.91	37	6538
1977	62.96	35.89	37	13125	18.67	49	9176
1978	65.66	3598	32	11340	19.64	65	12813
1979	62.57	35.73	33	11616	20.36	78	15796
1980	61.41	35.82	21	7358	20.42	89	18176
1981	69.88	25.62	14	4814	26.34	94	24635
1982	52.10	8.09	19	1541	26.03	115	29998
1983	42.19	8.06	13	1082	23.68	135	32080
1984	44.27	6.73	26	1722	24.97	106	26500
1985	57.49	2.11	29	605	36.97	101	37422
1986	63.12	0.53	42	223	43.23	97	41715
1987	70.20	0.23	36	82	44.39	98	43652
1988	71.12	0.17	45	75	44.86	90	40175
1989	78.89	0.67	52	346	45.24	100	45099
1990	77.26	0.95	47	445	45.95	100	46082
1991	79.70	3.06	48	1479	49.03	114	56094
1992	87.46	5.31	47	2493	50.65	113	57128
1993	87.83	5.09	35	1804	48.69	96	46634
1994	95.89	3.38	27	1021	49.39	78	38761
1995	91.69	3.53	42	2889	52.96	106	56230
1996	97.78	7.08	76	5426	50.63	106	53863
1997	90.28	7.40	39	1505	50.84	109	55812
1998	89.59	5.87	36	2088	53.98	111	59724
1999	94.42	5.01	41	2072	64.43	98	63391
2000	118.35	5.63	45	2519	81.48	104	85058

续表 4—4（4）

年度	3. 甘蔗			4. 烟叶			5. 麻类			6. 药材	7. 茶叶		8. 水果	
	面积	单产	总产	面积	单产	总产	面积	单产	总产	面积	面积	总产量	面积	总产量
1949	0. 53	1289	6832	4. 49	46	2073	0. 62	33	205	—	0. 10	122	0. 021	2765
1950	0. 54	1361	7357	4. 01	43	1727	0. 62	34	211	—	0. 10	123	0. 021	2960
1951	0. 41	1418	5777	4. 66	43	2018	0. 63	35	223	—	0. 10	138	0. 021	2969
1952	0. 77	1545	11833	3. 78	44	1682	0. 69	37	255	—	0. 11	146	0. 021	3018
1953	0. 61	1517	9221	3. 05	48	1447	0. 69	39	271	—	0. 11	176	0. 021	3148
1954	0. 57	1595	9028	2. 89	53	1534	0. 71	41	290	—	0. 11	178	0. 021	3267
1955	0. 31	1505	4651	2. 46	53	1311	0. 79	42	330	—	0. 17	230	0. 021	3396
1956	0. 27	1655	4445	2. 22	54	1192	0. 83	46	381	—	0. 17	246	0. 021	3559
1957	0. 29	1392	3984	1. 95	57	1105	0. 91	58	524	—	0. 17	224	0. 036	4306
1958	0. 34	1469	5024	1. 75	60	1050	0. 61	50	309	0. 14	0. 17	269	0. 036	4573
1959	0. 96	1323	12720	1. 19	66	792	0. 70	63	442	0. 17	0. 21	302	0. 036	3552
1960	0. 62	1185	7380	1. 34	58	785	0. 60	38	230	0. 58	0. 35	244	0. 047	3744
1961	0. 33	839	2803	0. 87	67	584	0. 51	41	211	0. 63	0. 35	142	0. 047	1807
1962	0. 19	742	1376	1. 65	56	913	0. 41	32	131	0. 18	0. 35	183	0. 047	2472
1963	0. 15	1183	1807	0. 86	61	528	0. 26	36	94	0. 20	0. 40	150	0. 047	1871
1964	0. 15	1898	2800	0. 90	73	656	0. 32	27	87	0. 25	0. 18	159	0. 047	1953
1965	0. 16	1286	2090	0. 54	70	377	0. 23	51	116	0. 38	0. 18	168	0. 047	1774
1966	0. 12	1723	1988	0. 31	71	222	0. 38	14	52	0. 34	0. 18	193	0. 047	2153
1967	0. 09	1124	1034	0. 37	72	265	0. 29	17	48	0. 39	0. 18	162	0. 047	1933
1968	0. 05	1460	721	0. 27	87	232	0. 19	22	42	0. 30	0. 18	136	0. 035	995
1969	0. 06	1347	795	0. 28	99	276	0. 18	19	35	0. 38	0. 18	155	0. 035	1885
1970	0. 05	1434	694	0. 37	97	357	0. 14	60	85	0. 44	0. 15	156	0. 036	1729
1971	0. 07	1346	883	0. 46	90	412	0. 17	19	31	0. 73	0. 72	173	0. 085	1992
1972	0. 07	1293	952	0. 56	74	414	0. 14	16	22	0. 98	1. 05	173	0. 102	1152
1973	0. 09	907	788	0. 79	79	625	0. 11	52	59	1. 43	1. 72	205	0. 33	1374
1974	0. 12	816	1010	1. 32	92	1215	0. 14	81	109	1. 76	3. 04	192	0. 31	1855
1975	0. 11	1192	1297	2. 55	59	1497	0. 21	31	66	1. 64	4. 40	235	0. 43	3302
1976	0. 12	730	866	2. 45	66	1615	0. 12	27	33	1. 66	6. 04	238	0. 82	2440
1977	0. 17	919	1580	3. 45	97	3344	0. 14	24	34	2. 37	6. 58	276	1	3332
1978	0. 21	1097	2319	4. 55	92	4178	0. 15	30	46	2. 42	6. 92	252	1. 16	4756
1979	0. 25	1539	3917	1. 73	90	1556	0. 19	28	52	2. 08	7. 56	295	0. 93	4908
1980	0. 17	847	1447	1. 69	108	1833	0. 10	51	53	1. 26	7. 90	255	2. 34	5172
1981	0. 15	1089	1668	4. 96	109	5411	0. 22	38	85	1. 04	7. 81	405	3. 02	5358
1982	0. 06	1148	715	14. 26	115	16441	0. 16	60	97	1. 09	7. 27	488	3. 52	7549
1983	0. 06	1642	823	5. 77	101	5843	0. 30	77	229	1. 41	7. 39	545	4. 43	10117
1984	0. 13	1634	2199	6. 03	121	7271	0. 42	71	297	1. 89	8. 74	743	4. 96	15921
1985	0. 33	1992	6628	7. 97	120	9591	1. 51	111	1680	2. 69	8. 32	951	5. 28	14012
1986	0. 45	2152	9631	8. 70	121	10561	2. 78	41	1134	1. 24	6. 31	857	5. 51	16056

续表4—4（4）

年　度	3. 甘蔗			4. 烟叶			5. 麻类			6. 药材	7. 茶叶		8. 水果	
	面积	单产	总产	面积	单产	总产	面积	单产	总产	面积	面积	总产量	面积	总产量
1987	0.52	1856	9658	9.77	114	11120	8.23	38	3107	0.87	6.44	886	6.39	17789
1988	0.58	1679	9701	15.88	101	16053	3.92	45	1775	0.53	6.84	897	7.39	15802
1989	0.63	1727	10883	24.16	108	26101	2.38	62	1467	0.99	6.85	788	8.77	22088
1990	0.65	2121	13863	21.04	107	22594	3.53	84	2960	1.06	8.18	994	10.03	20024
1991	0.71	1955	13828	15.32	87	13370	3.39	107	3626	1.72	8.68	789	10.30	26356
1992	1.01	1520	15394	16.51	92	15115	2.72	89	2424	2.50	9.21	754	13.52	17900
1993	1.56	1415	22037	15.11	76	11484	1.82	86	1569	4.73	9.36	721	15.12	27170
1994	1.04	18680	12908	8.12	76	6168	1.12	67	755	8.79	9.70	693	14.35	18293
1995	0.97	20800	13395	4.34	103	4507	0.75	66	547	6.31	7.63	683	15.20	20031
1996	1.10	21526	14487	6.46	105	6756	0.91	98	893	3.56	14.12	715	13.95	18288
1997	1.54	14204	14616	6.06	131	7946	1.11	109	1215	3.37	7.58	809	12.38	20258
1998	1.03	1570	16218	5.03	112	5639	0.62	60	370	3.72	6.95	761	12.39	25457
1999	1.07	1622	17389	3.39	117	3956	0.38	54	203	4.82	5.26	817	10.06	24058
2000	1.57	1427	22408	4.63	129	5998	0.81	33	265	6.17	6.24	584	11.82	28425

第四章　农业技术

第一节　耕作制度

一、稻田耕制

一年一熟　民国时期，境内四县稻田多为一年一熟制。20世纪40年代末至50年代初，境内四县年冬囤水田面积7.33万公顷，占水稻栽种总面积的70%左右。巴中县年冬囤水田2.47万公顷左右，占水稻栽种总面积的65%～75%；平昌县年冬囤水田2万公顷左右，占水稻栽种总面积的65%～75%。通江县年冬囤水田1.53万公顷左右，占水稻栽种总面积的68%～77%。南江县冬囤水田1.33万公顷，占水稻栽种总面积的64%～75%。土地改革后，虽耕作制度逐步改革，但因水利灌溉保障率低，冬水田仍为水稻保栽的重要措施，至1953年，境内四县每年仍有冬水田10.33万公顷左右。1956年起，境内各县大幅度减少冬水田面积，变一年一熟为一年两熟。至1960年，冬水田面积减少到6.33万公顷。此间，平昌县改0.27万公顷稻田种植棉花，因多种原因造成大面积减产。1961—1971年，境内各县吸取干旱损失教训，四县年冬囤水田8.67万公顷左右，巴中县年冬囤水田2.67万公顷左右，平昌县年冬囤水田2.27万公顷左右，通江县年冬囤水田2.13万公顷左右，南江县年冬囤水田1.6万公顷左右。1972年，境内各县再次减少冬水田面积，1973年又遇严重夏旱，水稻栽种面积和稻谷总产大幅度下降。是年秋，境内四县年冬囤水田恢复到8万公顷左右。1976年的后，水利工程大量投入灌溉，冬水保栽作用削弱，面积逐年减少，至1980年，境内四县冬水田面积减少到6.6万公顷。1981年后，分户经营的联产承包责任制，激励农民变一季田为两季田的积极性，冬水田面积逐年锐减。至1983年，冬水田面积仅为4.4万公顷，其中巴中1.13万公顷，平昌1.2万公顷，通江1.06万公顷，南江0.93万公顷。随后一大批剩余劳力从农业上分离出来，外出打工、兴办第三产业，从事农业生产的劳动力减少，导致一年一熟的冬水田、冬炕田逐年增加。1993年，巴中地区建立时统计，全区一年一度的冬水田，冬炕田8.2万公顷，其中巴中市（县级）2.8万公顷，平昌县2.1万公顷，通江县1.9万公顷，南江县13.8万公顷。2000年，全市一年一熟稻田8.4万公顷，其中巴州区2.87万公顷，平昌县2.27万公顷，通江县1.8万公顷，南江县1.47万公顷。

一年两熟 民国至中华人民共和国成立初期，境内两季田有油菜—水稻，胡豆—水稻，大麦—水稻和小麦—水稻4种两熟制。其中小麦—水稻两熟制，产量高，增产潜力大，面积逐年增加。至1975年，巴中县麦—稻制由1952年4949公顷，增加到12385公顷，净增150%，单产由258公斤上升到567公斤；油—稻制由1952年的1017公顷，减少到355公顷，豆—稻制由1952年的2803公顷减少到406公顷。中共十一届三中全会后，境内各县不断优化农作物种植结构，小麦和豆类作物减少，油菜种植面积逐年扩大，则油—稻和麦—稻两种形成的两熟制成为境内各县的主要模式。1985年，平昌县麦—稻制面积3.13万公顷，占水稻播种总面积的46.2%。油—稻制面积1.73万公顷，占水稻栽播总面积的29.7%。通江县麦—稻制面积1.9万公顷，占水稻栽播面积的44%，油—稻制面积1.9万公顷，占水稻栽播总面积的21.3%。随后，由于农业生产的劳动力结构发生变化，水稻一年一熟面积增大，形成油—稻、麦—稻两种熟制减少趋势。1993年，巴中地区成立时，全地区油—稻面积3.2万公顷，占水稻栽播面积的31%，麦—稻面积4.76万公顷，占水稻面积栽播的46%。2000年，全市油—稻两熟面积2.47万公顷，麦—稻两熟面积3.44公顷，分别占水稻栽播总面积的29%和44%。

一年三熟 20世纪50年代中期，境内各县先后试种双季稻，改稻田一年一熟为一年三熟。1955年，巴中县在飞凤观农业社试种双季稻0.31公顷，两季亩产400公斤。次年，各地普遍推广，但种植成功者少，农民抵触性大。1956年，平昌县在城守、响滩、白衣、兰草4个区试科双季稻80公顷，其中单产量高的澌岸乡亩产50公斤。1957年，平昌县双稻季扩大到0.08万公顷，亩产50公斤以上的139公顷，颗粒无收的173公顷。1972年，平昌县再次推行双季稻，在城郊、响滩、西兴、白衣、兰草等区种早稻352公顷，晚稻99.7公顷；晚稻平均亩产13.5公斤。1973年，巴中县在城守公社南坝大队抓住“两个20号”（早稻在4月20号前栽完，晚稻在7月20号前截完），保大面积试种双季稻栽早稻4.2公顷，亩产320公斤，晚稻5.7公顷，亩产202.5公斤，两季平均亩产572.5公斤。平昌县成立水稻科研协作组，先后从江苏、湖南和达县雇请双季稻栽培技术人员7名，在白衣、城西公社农科站和涵水公社共15公顷小面积上作麦、早稻、晚稻三熟制栽培技术指导，平均亩产525.5公斤。但大面积上的双季稻产量仍低。1974年，巴中县设立双季稻办公室，称双季稻为“革命稻”，号召大种、特种。1975年，平昌种植早稻659公顷，平均亩产207公斤，种植晚稻411.7公顷，其中73.3公顷无收，有收的平均亩产57公斤。1976年，巴中县从江苏、达县、渠县聘请农业技术员31人驻县指导。全县种植双季稻239.3公顷，平均亩产340公斤，比当年单季稻增产8%，但扣出成本后，实际上得不偿失。南江县在长赤等地把试种双季稻，准备大面积实行三熟制，但效果不佳。1979年后，境内双稻种植面积减少。1980年以后，境内四县先后停种双季稻。

二、旱地耕制

一年两熟 民国时期，境内除海拔800米以上的山地实行冬季停耕，春种马铃薯和玉米的一年一熟制，或两年、三年一熟的轮耕外，旱地和无水栽秧的旱田，绝大部分为一年两熟。

中华人民共和国成立后至20世纪60年代前，境内各县旱地小春种小麦、油菜、胡豆（蚕豆）、豌豆，马铃薯等，大春种玉米、红薯、黄豆、小豆、棉花等。20世纪70年代，境内各县不断优化两熟作物品种搭配。普遍推广小麦—红薯，洋芋—红薯，豌豆—红薯，小麦—棉花，油菜—红薯，油菜—棉花等两熟模式。20世纪80年代，增温育苗，地膜覆盖、川林播种等农业新技术普遍推广运用。境内部分海拔较高的山区，也积极采取措施变旱地一年一熟为一年两熟。至1993年，巴中地区成立时，全地区旱地两熟制面积13.3万公顷，占旱地总面积的50%。之后，地、县（市）政府根据干旱频繁，保落率低的实际情况，坚持水路不通走旱路的以旱治旱战略。旱地两熟制随旱地作物面积拉长，逐年增多。2000年，全市旱地作物地两熟制面积21.3万公顷，占旱地作物总面积的76%。

一年三熟 民国38年（1949年）至中华人民共和国成立初，境内各县虽有少量小麦—玉米—红苕和小麦—玉米—黄豆三熟制，但因作物品种、栽培技术和气候等多种因素制约，收效不大，推广面很小。农业合作化和农业学大寨时间，境内旱地一年三熟制，逐步昨到推广和运用。巴中、平昌两县多以“麦—玉—苕”“麦—玉—棉”“麦—玉—苕”“芋—玉—苕”为主要模式。通江、南江两县多以“麦—玉—苕”“芋—玉—苕”“麦—烟—苕”“麦—绿（配）—棉”为主要模式。1974年，巴中县推行小麦—玉米—红苕带状轮作制411.3万公顷。平昌县成立旱地科研协作组，推广“双一八”（地厢1.8尺宽条幅种一幅小麦、留1.8尺空行作次年玉米行，等收后创厢栽红苕）和“三五、二五”（3.5尺宽幅种小麦，2.5尺空行次年再种玉米两行，等收后的宽幅创两个厢栽红薯）的三熟带状种植方式。该县西兴区三熟制面积增至0.11万公顷。仅玉米产量较上年增加141万公斤。1981年经省政府批准，境内三熟制种植面积由指令性计划调整为指标性计划，各级政府采取突破性措施大抓玉米生产，致使旱地三熟制面积逐年扩大。1985年，境内旱地三熟制面积6.07万公顷，占旱地作物面积的2%。1985年以后，各县油菜面积逐年增大，棉花、烟叶逐年减少。加之冬水田和冬炕田增多，旱地作物面积相应减少。境内旱地三熟制呈下降趋势。模式以“麦—玉—豆”三种最多。1993年，巴中地区成立时，全地区旱地三熟制面积2.73万公顷。2000年，全市旱地三熟制面积2.93万公顷，占旱地三熟制面积11%。

三、间种、套种

境内各县为提高复种指数，除改变熟制外，普遍采取间套方式，如小麦间套豌豆，红薯间套芝麻，绿豆、玉米间套黄豆、小豆等，一直沿用至今。

套种亦为境内各县的历史习惯，20世纪60年代起大力推广，20世纪80年代套种面积逐年扩大，如小麦套种玉米，玉米套种红薯，小麦套种棉花，马铃薯套种玉米，马铃薯收后套种红薯、马铃薯套种荞子，荞子收后套种红薯等等。

第二节 农作物品种改良

一、繁育供应

民国时期，境内农民有“添田不如换种”的信念，采用块选、穗选和轮换等方法提高作物单产。抗日战争时期，境内先后引进岳池早稻、宜宾竹垭谷、巴州谷和美国铁杆谷等稻种；川福麦、三月黄、金大2905等麦种；美国王皮、“莫字101”等棉种以及南瑞苕、红眼马铃薯、爪哇蔗、“台湾”蔗和可利玉米等良种，在小块土地或局部地带试种繁育。20世纪50年代中期，贯彻国家农业“八字”方针，农作物种子推行自繁、自选、自留、自用、国家辅之余缺调剂的“四自一辅”办法，余缺调剂由粮食部门管理。

1956年，贯彻“四化一供”（种子生产专业化、加工机械化、质量标准化、品种布局区域化，以县为单位组织统一供种）方针，地、县相继建立种子公司。1982年，推行“地繁、县制”办法，杂交水稻、杂交玉米种子由地区种子公司繁殖生产，杂交一代种由各县种子公司制种生产。

1983年，地、县种子公司先后在生产条件好的乡镇和国有良种示范农场建立良种生产基点，各县按供需计划制种。至1985年，境内各实行繁育——收购——供销一条龙的繁育推广体系，基本上是自繁自收，自用，满足农民需要。1986年后，实行“四化一供”办法，即种公司实行生产基地区域化，生产专业化、质量标准化、加工机械化和全县种子一律由种子公司统一供种，进一步完善了良种推广体系。1993年，巴中地区成立后，地、县种子公司直接与有制种经验和生产条件好的村、社签订制种“双杂”合同，积极引进农作物新品种进行示范推广，负责境内农作物优良品种的组织、收购、储存、供应，推动境内农作物品种更新。

1998年，开展第四次品种换代，坚持“四统一、一监督”（统一供应良种、统一技术规程、统一技术培训、统一标牌展示，在地区新品种联合大示范领导小组的监督下），确保良种、良法、良技配套。开展汕优149、Ⅱ优162、岗优151、Ⅱ优838、成单16等五个新品种示范项目。中心示范面积任务200公顷，完成306.7公顷，带动面积任务0.16万公顷，完成面积0.24万公顷；辐射面积任务0.15万公顷，完成0.34万公顷。全地区种子精选率杂交水稻、杂交玉米100%，小麦、油菜等80%以上；种子包衣率杂交玉米47%、小麦52%、水稻13%；标牌统供率杂交水稻、杂交玉米、杂交油菜95%，小麦胡豆等45%。全地区组织供应杂交水稻岗优系列、Ⅱ优系列、汕优系列、早熟组合良种130万公斤，杂交玉米成单系列、川单系列、掖单系列等良种152万公斤。

2000年，在开展常规农作物良种繁育试验示范及组织供应的同时，承担了“蔬菜良种繁育基地建设”项目。全年投资170.4万元租用土地、建修大棚、修建贮藏库、培训技术，引进西芹、西兰花、心灵美萝卜等25个优良菜种，育苗220万株。

二、品种更新

水稻 民国期间及20世纪50年代初，境内水稻均系高杆品种，不耐旱，易倒伏。常年种植以大白粘、坨坨黄、齐黄粘、八月旱、江南谷、青冈粘、马尾粘、蛮谷、白云粘、盖叶粘、三黄粘、江南粘、西洋粘、乌脚粘、大红边粘、麻糯谷、白糯谷等为主；北部中高山区以黄秋早、落花早、小红边粘、白米粘、马尾粘、青冈粘、毛香谷、望脑二、白谷子、洋谷子、小蛮谷等为主。1955年，首次引进“中农4号”“胜利籼”“银坊粳稻”试种。1958年，引进“川大粳稻”。20世纪60年代，先后引进“珍珠矮”“广场矮”“矮砣151”“陆矮8号”“南京2号”“金小青”“广解2号”“广选3号”“台选矮”“内中152”“省农20925”等品种。1963年，境内有水稻品种103个，其中引进53个，大量种植的有银坊粳稻，中农4号，南特号（早稻），浙场3号（晚稻），南京1号、2号，岳农1号，灌县麻谷等。1965年，从广东引进珍珠矮、广场矮、二九矮、矮子粘及农垦58等8个矮秆品种，其特性耐旱、抗倒，次年大面积推广。1970年后，引进早稻品种有矮脚南特，泸洋早，青小金早，广解9号，朝阳1号。晚稻品种有跃进4号，桂花黄，双平头，红糯以及中矮品种成都矮3、4、8号，泸成2号，泸成17号，广选3号，广矮3784等。1971年，从广汉引进“泸成17号”“战矮8号”“广矮1号”等矮稻品种，1972年大面积推广，1973年基本普及。1974年，水稻品种增至206个，其中矮秆和中矮秆109个。1976年引进杂交水稻“三系”（不育系、保持系、恢复系）品种9个，用以配制杂交水稻种，当年试种杂交水稻、大田亩产400~500公斤，杂交稻种子亩产25公斤左右。1977—1978 年，各县先后派出农业科技人员到海南租田耕种，加速杂交水稻种的繁殖。其后“自繁自用”，连年制种。至 1985 年杂交稻制种实现自给。1986 年起，各县种子站与制种村、社直接签订杂交水稻制种合同，组织收购、供应辖区内杂交水稻种子。1993 年巴中地区建立后，水稻品种进一步优化。至 1998 年，先后引进汕优 149、Ⅱ优 162、岗优 151、Ⅱ838、成单 16 等。2000 年，引进冈优 1577、三小优 63、冈优 22、冈优 881、冈优 621、冈优 725、Ⅱ优 725。境内主要品种有冈优 527、冈优 725、Ⅱ优 838、Ⅱ优 7 号、Ⅱ优 725、冈优 881、讪优 149 等品种。

小麦　民国时期，品种多为三月黄、白麦子、沱麦、鱼儿麦、陕麦、白麦子、红花麦、粑齿麦、六棱麦、青冈麦、芒大麦、米大麦、燕麦等。1950 年，引进南大（中大）；是年秋，引进川农 51、山农 205、蜀万 28 等新品种。至 1963 年，境内小麦品种达 121 个，其中引进品种 15 个，南大 2419 和山农 205 占播种面积 70% 以上，川农 51 和蜀万 28 因锈病严重，种植减少。1964 年引进“大头黄”“竹叶青”“山农 205”“友谊麦”“阿波”“阿尔矮”等品种，以“山农 205”“阿波”适应性强。1967 年至 1974 年，先后引进川麦 5 号、雅安早、6585－10、6585－5、阿二矮、繁六、繁七、红鱼子、红毛重穗、毛颖阿夫、406B、豌豆小麦、甘麦 11 号、足农 9 号、川麦 8 号、川育 6 号。1977 年后，由繁六代替阿波品种，从 1980 年至 1982 年，引入绵阳 11 号、川育 6 号的同时，引进 78－7、119－2353、荆阿等品种。1984 年，又引进绵阳 15 号、19 号。1985 年，引进绵阳川、川育 6 号、绵阳 15 号、绵阳 20 号、绵阳 12 号等品种。主推品种有绵阳 11、12、15 号等品种。1993 年，引进川麦 28、绵农 2 号、绵农 4 号。主推品种有川麦 20 号，川麦 44、川农 26、绵阳 20 号，绵阳 15 号等品种。1998 年，引进川育 32、川麦 107、绵阳 26、绵阳 19“81—5”等品种。主推 品种有绵阳 11、12、15 号，绵农 4 号、绵阳 26 等品种。2000 年，引进品种有绵阳 30 号，绵阳 28 号，川麦 18 等品种。主推品种有绵阳 19，81—5，川麦 32、川麦 107 等品种。

玉米　民国时期及 1950 年，境内玉米品种有大肚肚、悄悄黄，二般早、大黄包谷、小黄包谷、白包谷、糯包谷、六十早、野鸡啄等。1954 年，引进金皇后、白马牙。1958 年引进南充秋子，推行品种间杂交。至 1963 年，玉米品种 17 个。1965 年，调入门福 5 号和维尔 156、157、158 等杂交品种。1974 年以后，境内各县落实杂交玉米繁殖经济措施，先后开始杂交玉米种植、制种试验，繁殖自交系，育单交种，双交种，三交种。玉米品种 26 个，其中自交系 8 个，杂交种 6 个。至 1977 年，玉米杂交种基本普及。1978 年，从山东、河北调入杂交种子鲁单 3 号、烟三 6 号、郑单 2 号，至 1979 年，玉米品种增至 36 个，其中自交系 10 个，杂交种 16 个。1980 年起，改换杂交组合，推广丰产 1 号、丰三 1 号、中单 2 号、郑单 2 号。1983 年，改分散育种为集中育种，平昌县在城东、新民、麻石、土兴 4 个公社育种 152.07 公顷，产杂交种 25.2 万公斤，除满足本县用种外，还调出 9 万公斤。1984 年起，平昌县以华严、土垭两乡的 6 个村作为全县玉米育种基地。1993 年，杂交玉米品种结构进一步合理。1998 年，引进成单系列、川单系列、掖单系列等良种，供种量 152 万公斤。2000 年，引进临奥 4 号、农大 95、临奥 19、农大 3138、登海 9 号、临奥 1 号、农大 108、农大 133、川单系列，成单系列等品种。主推品种有都单地 2 号、73 号单交、成单 14、11 名奥 1 号、成单 19、登海 9 号、临奥 14 号等。

红薯　民国时期，境内红薯品种有广藤薯、白泡薯、黄皮薯、红皮薯、疲地薯等。1952 年，引进南瑞薯。产量高、品质好，翌年基本普及。20 世纪 60 年代初，引进胜利 100 号、红旗 4 号，但品质差而被淘汰。1970 年后，陆续引进 52－45、胜利百号、华北薯、越南薯、湘皮黄皮、66－14、陕薯 1 号、川薯 27、宿芋 1 号等品种，产量虽高，但食味和耐贮性不如南瑞薯。1979 年，境内有红薯品种 16 个，南瑞薯栽插面积占 70% 左右。1980 年后，水稻、小麦、玉米产量增加，红薯多作饲料，南瑞薯亦因黑斑病感染严重，栽插面积逐年减少。1993 年，引进南薯 88、川薯 27。主推品种有南薯 88、余薯 18 两个品种。1998 年，引进川薯 101 新品种，主推品种南薯 88，余薯 18，川薯 27 等品种。2000 年，引进南薯 99 新品种。

马铃薯 境内有传统品种白花马铃薯、兰花马铃薯、红马铃薯、乌马铃薯、鸡窝马铃薯、黄马铃薯、米花马铃薯、太白马铃薯等。20 世纪 50 年代中期，引进“巫峡马铃薯”；20 世纪 60 年代后期引进“东北马铃薯”；20 世纪 70 年代引进“德国马铃薯”“弥科马铃薯”“金苹果”“克瘦”等新品种。其中东北马铃薯和弥科马铃薯种植面积为多。1985 年，主推产品有红昭马铃薯，宣汉马铃薯、东北马铃薯、巫峡马铃薯、马尔康马铃薯，空山马铃薯等品种。1993 年，引进川芋 2 号、安薯 56、川芋早等新品种。主推品种有空山马铃薯、克星 2 号、川芋 2 号、安薯 56 等品种。1998 年，引进川芋 5 号、川芋 39 等品种。主推品种有空山马铃薯、川芋早、安薯 56、川芋 2 号、川芋 5 号等品种。2000 年，引进川芋 4 号、川芋 5 号等，主推品种有空山马铃薯、川芋 39、川芋 4 号、川芋早、川芋 5 号，安薯 56 等品种。

空山马铃薯

杂粮、豆类 境内小春豆类有大胡豆、米胡豆、大白豌豆、麻豌豆等品种。大春有大豆、小豆、绿豆、巴山豆、白云豆、赤豆等品种。20 世纪 70 年代引进西昌大胡豆、渠县红胡豆、东北大豆种植，其他品种仍旧。2000 年引进“泸杂四号”、高油黄豆、开豆 4 号、丰豆 8 号、日本大富大豆。

麦类 境内有元麦（米大麦）和带颖元麦（毛大麦）和毛大麦两种，常作酿酒原料和牲畜饲料。民国时期，间有种植南麦、燕麦和荞麦等低产作物的习惯，1949 年以后，除天旱或水稻收割后利用种小麦作物前单歇期播种部分荞麦外，南麦、燕麦在集体化生产后均被淘汰。

高粱 境内有高杆高粱、短高粱、糯高粱（谷称红粮），多作酿酒和牲畜饲料。

棉花 境内棉花有草棉、小洋棉（中美棉）、中棉等品种。1951 年，引进德字 531 号和鸡脚德字棉。20 世纪 50 年代末，基本普及。1957 年，引进“贷字 13 号”棉花。1963 年，引进彭泽强、岱福棉、洞庭 1 号。1964 年，引进“鄂火棉”“中棉 2 号”“短技棉”（俗称“随便长”）。1970 年，平昌得胜、元山、兰草等棉花重点生产区发生棉花枯萎病、黄萎病危害，先后从全国各地引进 10 多个抗病品种。经试验筛选确定 73－27、86－1 为最佳抗病品种。1974 年后，境内先后引进达棉 1 号、达棉 2 号、达棉 3 号、巴棉 1 号、巴棉 2 号和羔山棉、岱红棉、湘棉、新疆大桃、黄麻棉、中棉 5 号、向阳棉、派克斯特等 30 多个品种，经过试种，除达棉、巴棉和洞庭 1 号外，其余品种均被淘汰。1980 年，引进川杂 1 号、川杂 2 号，开始种植杂交棉，后又引进“鲁棉 1 号”“泗棉 1 号”等，以“鲁棉 1 号”种植面积最多。1981 年，境内各县将棉花生产指令性计划调整为指导性计划，种植面积逐减少。至 2000 年，棉花种子由植棉农户自选自育。

油菜 境内油菜传统品种有“金黄油菜”“马尾油菜”等。1953 年，引进“胜利油菜”（亦称日本油菜），因丰产性能好，出油率高，成为 20 世纪五六十年代的当家品种。1957 年引进白菜型拱震桥、玉米砂红两个早熟品种，作为棉花前期作物。1964 年，引进协作 1 号、长角油菜、川油 2 号、鄱阳油菜，经过试种，以胜利和川油 2 号为大面积种植品种。1971 年以后，先后引进万油 5 号、川油茶叶、江南 19、江南 302、越岭油菜等。金黄油菜和胜利油菜仍有部分种植。1973 年，引进甘蓝型川油 9 号、丰收 4 号、萝卜油菜及白菜型越岭油菜。由于相互串粉品种退化。1979 年后，推行轮作换茬。引进红南 302、东晚、红油 2 号和红油 19 选。1985 年，主推品种有西南 302 号、中油 821、胜利

4 号、波兰油菜、越岭油菜等品种。1993 年，引进蓉油 3、4 号，秦油 2 号。1998 年，引进蜀杂 6 号，蜀杂 7 号、油 70 开 7 号，蓉油 6 号、8 号。2000 年，引进绵油 11、德油 5 号、蓉油 12 号。主推品种有蜀杂 7 号、蓉油 4 号、秦油 2 号，蓉油 6、8 号，德油 5 号等品种。

花生　民国至 1972 年前，境内一直种植传统品种，俗称“罗花生”。1973 年后，引进早熟品种伏花生。1978 年，引进天府 3 号、天府 4 号优良品种种植。1985 年，主推品种有天府 6 号、扯蔸花生、天府 3 号，天府 4 号。1993 年，主推品种新增天府 8 号。1998 年引进天府 10 号，天府 3 号，海花一号，花 37 等品种。至 2000 年，主推品种有天府 8 号、天府 6 号、天府 3 号、花 37，海花 1 号等品种。

芝麻　芝麻产量低，收购价格不稳定，农民种植少，品种优劣不大引起重视。1979 年前种植传统品种，之后引进白芝麻。至 2000 年，境内传统芝麻和白芝麻种植并进。

麻类　1. 苎麻：1980 年前一直沿袭民国期间传统品种，1980 年引进大竹红麻、青杠麻、红梗大叶胖、红皮小麻品种。2. 黄麻：1974 年前境内不种。1974 年引进黄麻，开始种植，但产量低数量小。20 世纪末基本停种。

烟叶　境内烟叶品种有土烟（俗称叶子烟），民国至今农户年种少量，用于自给。1974 年，引进白肋烟。1976 年，引进毛柳烟后，使境内烟叶产量大增。

糖料　境内糖料作物有甘蔗（分红甘蔗和白甘蔗）。1959 年，引进“甜萝卜”。1979 年，引进甜叶菊在平昌县内部分区、社种植。

果类　境内常见果树有柑、橘、橙、柚、梨、桃、李、杏白果、七里香梨、中华猕猴桃、柿子、樱桃、葡萄、林檎、枣、拐枣、核桃、板栗等。1959 年，从苍溪、江津、合川、重庆等地调入苍溪梨、金川课、锦橙、白柚、红橘、苹果等良种果苗。1980 年，先后调进红橘种子开始栽种。1973 年，引进温州蜜橘、茂汶苹果。1984 年，引进山东葡萄。2000 年，引进“七月鲜枣”，核桃温 -18。

茶叶　境内素有种茶习惯。传统名优产品有罗村枇杷茶、浴溪翰林茶、九层兆园山茶、新潮大叶茶、通江小叶茶。1973 年后，先后引进浙江“群体小叶茶”、“柳叶茶”、杭州“余杭桉叶茶”、福建“福鼎大白茶”、云南“大叶茶”。茶叶种植，以海拔 900 米左右地区的适应性最好，播种面积大，产量亦高。

中药材　境内各县中药材品种有红花、菊花、薄荷、桔梗、川芎、荆芥、藿香、茴香、紫苏、百合、玄参、生地、白药、苡仁、芥子、白芷、白术、丹参、扁豆、泽泻、天冬、防风、大黄、射干、知母、银花、大力子、杜仲、黄柏、连翘、茱萸、栀子、枳壳、木瓜等。

蔬菜　境内蔬菜，品种繁多。1949 年统计有 50 多个品种，后又引进部分优质菜。瓜果类菜有南瓜、冬瓜、丝瓜、瓠瓜、笋瓜、甜瓜、香瓜、苦瓜、黄瓜、菜瓜、佛手瓜、土耳瓜、粉瓜、茄子、番茄。果实类有豌豆、四季豆、刀豆、娥眉豆、白云豆等。以茎叶做菜的有青菜、白菜、苤菜、花椰菜、榨菜、空心菜、瓢儿菜、菠菜、芹菜、苋菜、甜菜、藤儿菜、韭菜、芫荽、葱、莴笋、芦笋、高笋。以地下茎或块根做菜的有萝卜、胡萝卜、大头菜、大蒜、魔芋、生姜、地瓜、藕、荸荠、团葱。以花为菜的有黄花、花菜。以野生植物做菜的还有斑鸠叶、蕨菜、臭黄荆叶制作凉粉和野生食用菌、木耳等。

桑树　民国至 20 世纪 50 年代中期，境内以湖（伏）桑最佳，鲁桑、嘉宝桑亦佳，拓桑次之，荆桑、草桑、鸡爪桑叶小而薄，饲养力差。之后先后引进“湘桑”“小官桑”“新一枝赖”等。

1994—2000 年巴中市两杂制种繁植推广情况

表 4—5

单位:亩、公斤

年度	一、水稻合计			(一)杂交水稻									(二)常规稻					
				小计			1. 一代推广			2. 制种			小计			其中糯稻		
	面积	单产	总产	面积	单产	总产	面积	单产	总产	面积	单产	总产	面积	单产	总产	面积	单产	总产
1994	1500495	301	452611	142779	305	435556	1419090	306	433996	8700	180	1560	72705	235	17055	25545	229	5849
1995	1448550	428	420379	1405350	432	605867	139234	434	603209	13005	205	2658	43200	336	14512	40590	332	13453
1996	1504695	418	630128	1475055	422	622218	1465515	423	619983	9540	235	2235	29640	267	7910	20775	277	5753
1997	1404255	386	542599	1372650	388	531471	1364490	388	529398	8160	254	2073	31605	352	11128	31200	349	10889
1998	1444050	391	565240	1430226	393	561443	1421685	394	559719	8541	201	1714	13824	276	3807	13591	278	3772
1999	1256218	404	508019	1219372	507	—	1218487	—	—	885	294	—	—	—	—	—	—	—
2000	1276808	438	558798	1252164	442	553803	1242964	444	551728	920	226	2075	24644	203	4995	4380	218	955

续表 4—5

年度	二、玉米合计			(一)杂交玉米									(二)常规玉米		
				小计			1. 一代推广			2. 制种			小计		
	面积	单产	总产	面积	单产	总产	面积	单产	总产	面积	单产	总产	面积	单产	总产
1994	507000	196	99640	488310	199	97207	484470	200	96756	3810	117	446	18690	131	2433
1995	595065	273	162523	563220	279	156763	557475	280	155999	5745	133	764	31845	181	5760
1996	758445	429	325866	7293000	440	320583	721470	443	319167	7830	194	1516	29145	178	5183
1997	850785	489	416503	837540	495	414474	828645	492	411589	8895	280	2485	13245	154	2029
1998	889365	462	410544	883170	460	405695	876555	461	404134	6620	236	1561	6195	783	4849
1999	968396	508	492289	—	—	—	932562	515	479506	—	—	—	—	—	—
2000	910467	471	428690	894327	475	424622	887	477	423312	6520	201	1310	16140	252	4068

1994—2000 年巴中市农作物优良品种推广情况

表 4—6　　　　单位：万亩、吨

品种＼数量＼年份	1994	1995	1996	1997	1998	1999	2000
双低油菜面积	11	9.80	12	13.10	11.70	12	14.80
优质小麦面积	20.50	22.20	25	28.80	32.30	35.90	37.10
优质水稻面积	25.80	27.50	29.40	31.10	35	36.60	37.80
优质玉米面积	19.90	20.70	21	23.60	29	35	44.40
优质大豆面积	0.30	0.70	1.10	1.20	0.90	0.70	1.20
优质红薯面积	25.70	26	28.40	29.50	32	38	41.40
优质茶叶产量	162	169	172	193	198	208	317
优质水果产量	1095	1380	1740	2040	2150	2400	3073
优质柑橘产量	970	995	1030	1001	995	1045	1038

第三节　栽培技术

一、水稻

民国时期至 20 世纪 50 年代初，境内农民栽培水稻习惯平水秧田，满田撒种（时称铺盖秧），栽插多为 7－8 寸“四方笼”、每窝 8 片左右。转青后用脚板薅秧，人工除稗。1953 年，推广泥水选种，平“新式秧田”（4 尺厢、8 寸人行道），稀撒谷育壮秧。1956 年起，推行开沟作厢、排水晾底、紧皮下种、泥浆落谷、湿润管理的“湿润育秧”法在试种双季稻的 1956 年和 1957 年，利用玉米空行或空土搞旱地晚稻育秧。1971 年，再次推广双季稻，早稻秧苗采用晒坝铺土撒种盖膜的方法育秧。1980 年后，杂交水稻推行温室两段育秧。先在温室育出二片叶，再按 1.5 平方寸的规格寄栽于秧田，培育多蘖壮秧。平昌县农技站试以青草、稿秆、牛粪等酿热物酿热升温育秧，亦获成功。栽培方式，开始推广少秧密植，6 平方寸窝距，每窝 5～6 片。1956 年，推行“密植三匀”（窝行距匀，每窝秧片数匀、栽插深浅匀），栽“铲秧”（用铲子将秧苗带土铲起置于秧船或盆内，放入田中，边栽边将秧船向前移动，每窝秧苗都要带有秧母田的肥泥土）和“粪包秧”（用猪牛粪与泥浆调成糊状盛入秧船，每栽一窝先将秧苗在秧船内醮上肥泥浆）。1959 年，片面强调密植，推行 3×6（寸）的单行条栽（称蚂蚁出洞）和 2×（2+5）（寸）的双行条栽（称双龙出海），每窝用秧七八片，造成大幅度减产。1978—1985 年，推行牵绳打厢，定距填行，4×6（寸）条栽，杂交水稻规格定为 4×7（寸）条栽和 4×（9+5）（寸）和宽窄行条栽。水稻施肥多以牛粪，或“踩青”作底肥。1981—1985 年，推行“氮、磷、钾兼施”“底肥追肥一道清”“配方施肥”，效果良好，但由于肥料的生产、调运、供应时期和农事季节不尽协调，其施肥方法难以全面推行。

1986 年以后，境内各县农业部门围绕水稻这一大宗产品，积极从事新技术的示范与推广，至 1992 年，水稻栽培技术水平明显提高，温室两段育秧、薄膜育秧、宽窄行条栽、杂交水稻推广成为水稻增产的主要措施。境内水稻温室两段育秧面积占育秧总面积83%，宽窄行条栽8.12万公顷，占水稻总面积87%，杂交水稻制种面积391.3公顷。

1993年，地、县农业部门在巩固、提高原有水稻丰产技术应用水平的同时，积极从事旱育秧、水稻半旱式栽培、宽窄行条线、杂交良种等新技术的引进、试验、示范和推广普及。全区1994年旱育秧面积1.97万公顷，占水稻育种面积的29.8%。1995年，全地区旱育秧面积2.15万公顷，占水稻育秧面积37.5%；半旱式栽培水稻60公顷；推广宽窄行条栽面积7.8万公顷、占水稻栽插面积的81%；推广杂交水稻面积6.38万公顷，占水稻总面积的66.5%。

水稻栽培

1996年，全地区培训水稻旱育秧推广专用技术人员57万人次，印发技术资料42.5万份，配套资金22.7万元，建立生产示范片26个，示范户面积867公顷，单产526.3公斤，大面积推广旱育秧栽培技术2.71万公顷，占水稻栽种总面积的27%。

水　稻

1998年，全地区组织309个高、中、初级科技人员投入旱育秧栽培示范推广工作，培训技术人员55万人次，印发技术资料71万份，配套资金28.8万元，建立生产示范片2.3公顷，面积2866.67公顷，单产542.7公斤、大面积推广4.04万公顷，占水稻总面积41.9%。是年，全地区水稻推广半旱式栽培面积400公顷；推广宽窄行条栽面积6.51万公顷，占水稻总面积的80.7%；推广杂交水稻面积9.63万公顷，占水稻总面积的89%。

2000年，在281个乡（镇），2357个村建立旱育秧丰产示范区32个，示范面积5707公顷。南江县12个中心示范片，面积1040公顷，平均亩产达625.8公斤；巴州区13个中心示范片0.2万公顷，平均亩产达526.5公斤；平昌县5个中心示范片0.13万公顷，平均亩产达590.9公斤；通江2个中心示范片0.13万公顷，亩产达589.3公斤。在高产示范推广后的影响和带动下，全市旱育种栽播面积2.89万公顷，占水稻总面积的33%。全市半旱式栽培0.35万公顷，半旱式栽培已逐步成为冷浸田、槽泥田的主要栽培方式。全市宽窄行条栽面积7.91万公顷，占水稻栽插面积92.9%；推广杂交水稻8.29万公顷，占水稻栽插总面积8.51万公顷的97.4%。

二、玉米

栽培方式　民国时期，玉米系点播，平坝开窝稀肥直播。中华人民共和国成立后，玉米栽培方式逐步改进。20世纪80年代前，境内玉米生产播种偏迟。早玉米“小满”播种，“芒种”结束，故有“芒种忙忙种”和“桐子开花才下种”的农谚。迟玉米待小春收割后播种，收成极少。之后，改迟播为早播，并逐年改露地直播为“方格育苗”“肥团育苗”“塑料薄膜育苗”。至1985年此类育苗方法成为玉米生产播种的固定模式。1990年，以旱治旱，走旱路夺丰收，成为政府指导农业生产的新思路。玉米生产成为境内农作物主要品种之一，栽培方式随之发生改变。各县农业部门采取各种措施，示范推广玉米栽培新技术，头一年小春播种时按“二五”或双“三七”等规格模式预留玉米行。冬天一闲二翻三压培肥地力，次年直播或育苗移栽。至2000年，此种方式成为境内玉米栽种的固定模式。

杂交玉米　20世纪70年代末，杂交玉米种开始在境内种植。1993年，地、县（市）农业部致力于杂交玉米的优化换代和制种工作。1994年，全区杂交玉米面积2.75万公顷，占总面积3.38万公顷的81.4%。1998年，玉米杂交面积5.78万公顷，占玉米总面积5.93万公顷的97.4%。2000年，全市杂交玉米面积6.02万公顷，占玉米总面积6.07万公顷的99.2%。基本实现玉米杂交化。

玉米施肥　传统施肥方式为种时的农家干、稀肥为底肥，出苗返青后，以稀肥为追肥。1980年后，以农家肥和化肥为底肥，管理阶段仍以农家稀肥和化肥前期攻苗，中期攻杆，后期攻花。1993年以后，配方施肥逐步应用到玉米生产上。1995年，全区玉米配方施肥面积0.73万公顷。1998年，玉米配方施肥1.7万公顷，占玉米总面积5.93万公顷的31%。2000年，玉米配方施肥1.83万公顷，占玉米总面积6.01万公顷的30.3%。

地膜覆盖　20世纪80年代前，玉米为通江、南江部分高山地区的主要粮食作物，除少数地方在小面积上推行地膜覆盖外，大都采取直播方式，地温低，出苗晚，雀、鼠损失大，出苗率不高，产量很低。之后，境内各县把玉米生产提上议程，随之玉米地膜覆盖，薄膜育苗和直播地薄覆盖两种形式，作为增加地温，提高播种季节的有效措施。1994年，在实施玉米温饱工程中，地、县（市）农业部门采取良种、良法、良壤配套办法，开展玉米高产示范攻关，攻关试验玉米地膜覆盖1.07万公顷，增产60万公斤，分别完成原计划任务的114.2%和142.8%；在大面积上推广地膜育苗栽培面积1.87万公顷，地膜覆盖直播2.56万公顷。随后，玉米种植面积逐步扩大，地膜覆盖面逐年增加。1998年，全区玉米地膜育苗栽培2.71万公顷，直播地膜覆盖栽培面积2.93万公顷，地膜覆盖总面积6.97万公顷，占玉米播种总面积5.93万公顷的95.1%。至2000年，全市玉米地膜育苗栽植面积3.25万公顷，直播地膜覆盖面积2.39万公顷，地膜覆盖总面积5.63万公顷，占玉米总面积6.07万公顷的92.8%。

三、小麦

播种技术　境内小麦生产的历史习惯偏重迟播，一般是“立冬”开始，“小寒”结束。有“三个月种、一个月黄”之说。且以撒播为主。民国时期，采用直播撒播或犁沟播。直播窝距8寸至1尺，每亩用种15斤左右。1953年后，改撒播为窝播，对壤土和夹沙土推行窄幅条播，温汤浸种，重施底肥，增施追肥。1954年后，推行小麦地预留空行，棉花穿林播种。1959年，推行高度密植，全部撒播，每亩用种30～40公斤，“卫星田”每亩用种50～60公斤。致使植株纤弱、穗短、粒少，单产低。1961年后，恢复窝播和条播。1972年，推行“麦－玉（米）－薯（红苕）”带状种植法。1979年起，推行早耕炕土，深沟直厢，精细整地，疏株密植（4×6寸连窝点播和条沟点播），重施底肥，早施分蘖肥，稳施拔节肥，后期追施叶面肥等一整套技术措施。1993年，地、县（市）农业部门在巩固、提高、升华原有小麦生产栽培技术的同时，进一步加大力度应用推广小麦丰产实用栽培技术：

小窝疏株密植　1994年，全区推广小麦疏株密植5.29万公顷，占小麦播种总面积8万公顷的66.2%。1995年，小麦蔬株种植面积5.56万公顷，占小麦总面积的49.1%。1998年，小麦蔬植密植6.23万公顷，占小麦总面积的62.1%。2000年，小麦疏株密植6.24万公顷，占小麦播种面的72.4%；

稻茬麦免耕　1993年以后，地、县农业部门经过试点试验和小面积示范，取得稻茬麦免耕栽培成功，以后推广面积逐年扩大。1994年，全区推行稻茬麦免耕栽培0.34万公顷；1995年推广稻茬免耕栽培0.55万公顷；1998年，推行稻茬麦免耕栽培0.65万公顷。2000年推广稻茬麦免耕栽培面积0.58万公里。

小麦配方施肥 1994年和1995年，地、县农业部门根据小麦生长各个时期的需肥特点，开始小麦配方施肥的试验和推广。1996年，开始大面积推广。1998年小麦配方施肥4.34万公顷，占小麦面积的51%。2000年，小麦配方施肥4.15万公顷，占小麦总面积6.73万公顷的61.6%。

四、红薯

育苗 常规为农历二月下种，大窝深挖重施底肥，新苗出土后，重施氮肥，促进生长。这种露地育苗的习惯育苗方式，出苗慢、栽插迟、产量低。1954年，推行“土温床”育苗。1970年后，推广酿热物（青草、稿秆、牛粪、稀粪等）温床和露地床盖膜育苗，提高地温、加速生长，提前半个月栽插。1972—1974年，先后推广苕蒂头和试验薯藤尖越冬作种，效果均不理想。1976年推行“太阳贮温床”育苗。1977年，推行塑料薄膜育苗，效果甚佳。至2000年基本普及。

栽培 旧习整地为单厢窄埂。1950年后，改为宽厢高埂，双行错窝栽植，夹厢施肥。1971年后，全面推广早栽、厚土，选用良种，以及大栽“堆堆薯”，高产“一条龙”的经验（即催芽、育苗、早栽、施肥、收获、贮藏一整套措施）。1979年后，逐步推行旱地改制，实行麦—玉米—红薯带状轮作。20世纪70年代中期开始推行薄膜育苗，因资金问题，推广面积小。1979年后，逐步推行旱地改制，实行麦—玉米—红薯带状轮作。20世纪80年代初，联产责任制后，农民加大投入，地膜育苗得到较好应用。1993年，巴中地、县（市）农业部门，在进一步推行麦—玉—薯带状轮作方式的同时，大力推广红薯地膜育苗栽培技术。1994年，地膜育苗栽培面积3.47万公顷，占红薯栽插总面积3.83万公顷的90.7%。1995年，红苕地膜栽种3.39万公顷，占红薯总面积的99.9%。1998年，红薯地膜栽培3.42万公顷，占红薯栽种面积87.15%。2000年，地膜育苗栽培面积3.32万公顷，占红苕栽插总面积的4.04万公顷的82.1%。

储藏 红薯储藏难度大。20世纪60年代初，推行“红薯打包”，效果好而推广不力。1975年，推广“高温大屋窖”储藏，效果极佳。20世纪80年代后，包产到户，高温大屋窖被拆毁殆尽。随后农户自觉恢复“红薯打包”储藏。20世纪90年代开始，推广运用红薯保鲜剂，效果亦佳。

五、马铃薯

民国至20世纪60年代栽培方式简单粗放，按一定距离打窝或开行，在窝（行）内灌农家稀肥，用手均匀把拌好的种子坐在窝（行）内，再施农家干肥，最后掩土。出苗后除草施肥一次，便等收挖。之后，马铃薯栽种面积逐年扩大，栽培技术随之不断进步。1993年，先后推行“良种精选、催芽早播；带状种植、聚土垄作；增磷增钾、重底早追；防病治虫”等优质高产配套技术，促进马铃薯优质高产。1994年，为提高复种指数，增加旱地熟制，为马铃薯创造光照充足，土壤深厚疏松肥沃环境，辖区内普遍推广垄作带植技术，一般5~6尺开厢，种幅（粪厢）分别种马铃薯3~4行，窝距4~5寸，错窝密植。实施面积达1.09万公顷，占马铃薯总面积1.91万公顷的57.1%。亩植株数5000~5500的为0.31万公顷，占16%；亩植株数5500-6500的为0.71万公顷，占36.9%；7000株以上的为0.25万公顷，占13.2%。2000年，突出齐苗后的中耕除草，追肥培土，防病治虫，抗旱排湿。全市综合防治蚜虫、瓢虫、晚疫病、病毒病的面积达0.45万公顷，占应防面积的83.3%。追肥两次以上的达1.24万公顷，占马铃薯总面积2.22万公顷的55.8%；追肥三次以上为0.69万公顷，占马铃薯总面积的31.5%。抽苔初期喷施多效唑控制徒长0.21万公顷，占马铃薯总面积的9.6%。

六、杂粮

胡豆生长期较长，产量较低，种植面积小，多为开窝点播。豌豆在民国前期种植较多，后种植面积逐年减少。1952 年以后，改大面积净作种植为山坡小块台地种植。1978 年以后，多为“满小青”（种田边地角及荒坡的非耕作地）和“连豌麦”（在小麦播种时，混撒少量豌豆种子）。大豆分早熟、迟熟两类，占面积不多，多为间套种植或利用田埂及小块地种植。绿豆，多为在玉米、红薯地作间套或利用田埂种植。赤豆产量很低，山区多为间套，其余多种于边远薄土或间套地边，通常多种于瘦薄地。高粱亦当做间套种植，抗旱力强，多种于坡地瘦薄土和田边地坝。

七、经济作物

棉花　民国时期，境内小面积种植棉花，产量低，纤维短，历为小春作物收割后播种，以点播为主。1951 年，国家鼓励发展棉花生产，川北行署农村所派植棉花工作组驻辖区各县指导。1954 年，推行小麦地预留行，穿林直播，并开始推行“五打”技术（打徒长枝、顶心、赘芽、旁尖、老叶），20 世纪 60 年代初普及。自 1964 年起，推行“方格育苗”“肥团育苗”的栽培技术，提倡重施底肥，早施苗肥，稳施蕾肥，猛施花肥，补施铃肥的施肥办法。此间境内各地特别强调棉花中耕除草，普遍认为早中耕地发暖，勤耕中耕地不板；豆薅三道颗粒圆，棉薅九道不用弹。坚持对棉花地进行早中耕，勤中耕、雨后必中耕。20 世纪 80 年代初，连绵秋雨且时间长（时称烂八月）直接影响棉花产量和质量。各地采取推珠晾行、打叶短枝、摘挑摊晾、微火烘烤等办法抗击秋淋。

油菜　境内油菜生产历来以点播为主。1954 年，推行育苗移栽，改等行距为宽窄行栽植，效果良好，但推广不力。20 世纪 70 年代初，为缓和大小春作物季节矛盾，提倡油菜到田，大苗移栽。在施肥上提倡重施早施追肥，补施“蕾肥”，巧施花肥。1979 年，推行轮作换茬。20 世纪 80 年代初，又推广根外施硼肥，促进增产。1993 年，油菜栽培技术随着种植面积增加不断更新和优化。1994 年，全地区完成油菜优质高产综合栽培技术项目 1.84 万公顷，平均亩产 128 公斤，亩增 22 公斤。壮苗移栽 2.47 万公顷，占油菜总面积 2.82 万公顷的 87.4%。1998 年，完成油菜优质高产综合栽培技术项目 1.84 万公顷，超计划 0.50 万公顷，平均亩产 128 公斤，亩增产 22 公斤，新增产值 1514 万元。2000 年，油菜壮苗移栽 3.94 万公顷，占油菜总面积 4.65 万公顷的 84.8%，实施油菜高产综合栽培项目 2 万公顷，占油菜总面积的 43%，平均亩产 137 公斤。在推广应用综合高产栽培技术的同时，市、县（区）农业部门先后引进和推广油菜配方施肥和免耕油菜栽培技术，至 2000 年，全市油菜配方施肥面积 2.74 万公顷，占油菜总面积 5.09 万公顷的 53.8%，油菜免耕栽培技术 0.95 万公顷，占油菜总面积的 17.6%。

1994—2000 年巴中市主要农业实用技术推广情况

表 4—7　　　　单位：万亩

年度	小麦小窝疏株密植	稻茬麦免耕栽培	免耕油菜栽培	水稻半旱式栽培	水稻旱育秧	水稻宽窄行条栽	水稻抛秧栽培	玉米地膜覆盖栽培	红薯地膜育苗栽培	水稻杂交一代推广	玉米杂交一代推广	配方施肥	稿秆还田	旱地一三熟	旱地一四熟
1994	79.40	5.10	0.30	0.20	29.60	123.40	0.50	28.60	52.10	81.30	41.30	97	22.50	38.40	9.60
1995	83.40	8.30	0.20	0.90	32.20	117	0.70	40.50	50.90	95.70	55.70	82	40.70	40.30	11.70
1996	88.80	2.40	1.10	0.70	38.40	109.60	1.10	41.90	54.70	98.80	75.50	138	38.40	50.70	19.80
1997	82.40	8.80	0.80	1.40	39.70	97	1.30	43.30	50.60	103.50	83.50	274	49.70	51.20	15.40
1998	93.60	9.70	2.40	0.60	40.50	109.30	1.90	40.70	51.30	116.70	86.70	382	51.50	49.30	18.50
1999	97.80	12.20	0.50	0.30	41.60	116.70	2.40	46.60	60.40	124.80	91.80	411.70	57.40	64.90	16.50
2000	93.46	8.65	5.70	5.18	44.20	118.60	3.70	48.70	49.80	124.30	90.30	413.60	57	56	21.70

第四节 作物保护

一、主要病虫害

民国时期，境内农作物不同程度地遭受各种病虫危害，据民国27年（1938年）8月，《四川省通南巴垦殖视察督导报告书》载："农作物病虫，冬季作物大麦最多，沿途所见病极为普遍者，为坚黑穗病，无田无之。最盛者占10%；条纹病亦常见。小麦黄锈病与黑锈病境内常见。据农人口述，稻之白穗病颇多，似即螟虫危害；又谐有火烧病者，亦似为稻热病。此外，玉蜀黍之钻心虫与黑穗病多为农家所痛苦云"。中华人民共和国成立后，农作物病虫危害随着作物品种的不断引进、推广，生态逐步失常，天敌资源减少，病虫种类增多，危害相应加重。

水稻　病害有稻瘟病、纹枯病、胡麻叶斑病、云形病、稻恶苗病、稻粒黑粉病、稻苗绵腐病、稻褐鞘腐败病、赤枯病；虫害有三化螟、二化螟、大螟、稻纵卷叶螟、显纹卷叶螟、稻筒巢螟、稻螟蛉、普通黏虫、劳氏黏虫、白脉黏虫、直纹稻包虫、隐纹稻包虫、稻眼蝶、黑尾叶蝉、黄绿短头叶蝉、小绿叶蝉、白翅叶蝉、电光叶蝉、大青叶蝉、稻食根叶蝉、稻赤斑黑冻蝉、白背飞虱、白脊飞虱、稻褐飞虱、灰飞虱、拟褐飞虱、花飞虱、稻蚜、中华稻蝗、短额负蝗、非洲蝼蛄、稻负泥虫、稻象 、稻缘蝽、稻褐蝽、二点蝽、大稻缘蝽、稻蓟马、稻管蓟马、鳃蚯蚓、铁甲虫。

麦类　病害有条锈病、叶锈病、秆锈病、白粉病、赤霉病、纹枯病、腥黑穗病、散黑穗病、大麦坚黑穗病；虫害有麦长管蝶、麦二叉蚜、小米蚜、麦水绳、麦蜘蛛、非洲蝼蛄、黏虫、麦叶蜂。

玉米　病害有大斑病、小斑病、黑粉病、玉米锈病；虫害有土蚕、玉米螟、大螟、黏虫、金钟、没葫芦、中华稻螟、玉米蚜。

薯类　病害有黑斑病、软腐病、灰霉病、绿霉病、早疫病、晚疫病、病毒病；虫害有麦蛾、茗天蛾、金花虫、块茎蛾、二八星瓢虫。

豆类　病害有大豆纹枯病、轮纹病、褐斑病、赤斑病、锈病、霜霉病、病毒病、炭疽病；虫害有豌豆象、绿豆象、豆夹蛾、卷叶虫、豆元青、豆秆潜蝇、陌蝽。

棉花　病害有立枯病、炭疽病、角斑病、黑果病、枯萎病、黄萎病；虫害有土蚕、棉蚜、红蜘蛛、金刚钻、棉铃虫、叶跳虫、红铃虫、棉大卷叶虫、棉小卷叶虫、棉盲蝽象、棉茎木囊蛾、蛞蝓、枯、黄麦病。

麻类　病害有炭疽病、病毒病；虫害有麻叶蛾、宁麻天牛。

烟叶　病害有炭疽病、病毒病、角斑病、麦枯病、黑筋病；虫害有土蚕、烟蚜、烟青虫。

糖料　病害有赤腐病；虫害有蔗蚜、蔗螟。

油料　病害有白锈病、霜霉病、菌核病、病毒病、黑斑病、褐斑病；虫害有菜蚜、缢管蚜、潜叶蝇、跳蝉、大猿叶虫、小猿叶虫、菜青虫。

蔬菜　病害有软腐病、霜霉病、青枯病、早疫病、白锈病、褐斑病、病毒病、炭疽病、白粉病、轮纹病；虫害有菜蚜、菜青虫、菜粉蝶、小菜蛾、土蚕、蜗牛、蛞蝓、芜菁、黄守瓜、叶跳虫、根蛆、斜纹夜蛾、银纹夜蛾等。

上述病害中，水稻的稻瘟病、稻粒黑粉病；棉花的枯、黄萎病，系20世纪70年代后期引种传入，而稻苞瘟、稻螟蛉、稻蓟马、赤斑黑冻蝉、雪腐等乃随生态失调而猖獗。

二、病虫测报

民国时期，境内无植保专业机构，未进行农作物病虫预测。1950—1957 年，植物病虫防治工作先后由各县建设科和农技站进行技术指导，亦未田间预测。1958 年后，各县先后建立农作物病虫测报点，开始进行越冬虫口密度调查。1970 年后，各县结合县内实情，在一些重点乡镇建立测报点从事农作物病虫测报。通江县 1974 年 11 月，《稻虫测报》载："据全县 13 个病虫测报点所在生产队调查，水稻螟害率平均为 2.5%，好的队为 1%，基本控制了螟虫危害。"1975 年，各县逐步建立县、区、社病虫测报网，后又在一些区、社建立测报点，并分别对不脱产测报员进行等级培训。1977—1979 年，各县从县到社（公社）建立测报点，并根据不同地势和方位确定重点测报点，测报网络基本形成。1980—1981 年，各县植保站根据地区下达的水稻螟虫、稻纹枯病、棉花蚜虫、红蜘蛛、小麦蚜虫、白粉病、马铃薯晚疫病的测报任务，按照全国统一测报方法，进行田间调查，及时向地区和省上书面汇报。通江县将赤江公社千佛大队和碧溪公社六大队作为县站测报验证点，长期预报准确率达 80% 左右，中、短期达 90% 以上。1982 年 3 月上旬，通江县在火炬、杨柏两公社部分生产队和县农科所麦地调查，发现小麦条锈病出现中心病株和中心病团。同时，据泥溪、碧溪等公社反映，锈病开始点片发生，及时建议"各地一旦发生病株，应当即防治，封锁中心病团，将病害消灭在点片发生阶段"。

1985 年，各县植保站开展点面调查，既为上报提供农作物病虫资料，又为地方政府指导农业生产提供依据。1990 年，各县病虫测报工作进一步加强，平昌县植保站与全县 60 个乡测报点和 12 个重点测报点，密切配合，对主要农作物病虫危害情况广泛开展调查测报，先后即发《病虫预报》19 期，提出防治措施 130 余条。

1993 年，各县（市）确定业务水平高的技术干部从事测报工作，由一名植保副站长具体负责，实行定岗定责，从福利上兑现解决后顾之忧，调动测报人员工作积极性，扩大和完善群众测报点，形成病虫预测预报网络，全地区共设置群众测报点 21 个。在预测的基础上进行系统测报和大面积普查，集体会商后及时发布预报，准确地预测重要病虫的发生期、发生程度和防治适期，指导大面积病虫防治工作，全地区共发布《植保情报》74 期。尤其是水稻，由于地区内地形复杂，海拔悬差大，品种多，栽插期长的特点，各县（市）植保站落实专人抓稻瘟病预测预报，关键时期组织业务强、技术精的流动普查队，通过系统调查和大面积普查，集体会商后及时准确地发布稻瘟病预报 24 期，为及时挑治叶瘟、控制颈瘟提供依据和措施。

1995 年，境内气候异常，麦蜘蛛、蚜虫、螟虫严重发生，地、县测报人员深入田间，准确掌握病虫情况，及时发布病虫情报，指导大面积的病虫防治工作。仅大小春全区发布病虫情报 84 期，向各级领导书面汇报病虫情况 58 次，给当地党政领导进行防治决策，指挥大面积病虫防治提供依据。

1996 年，全地区有 34 名植保技术干部长期战斗在农业生产第一线，开展病虫调查，提出防治对象，作出防治规划，指导病虫防治，及时为地方政府开展防治工作提供科学依据，全区共印发病虫情报 75 期，印发技术资料 25 万份到农户。

2000 年，全市各县成立测报组，配专职测报员 3～5 人，扩大增设群测点，实行目标考核，坚持专业测报与群众测报相结合，系统调查与大面积普查相结合，及时进行"两查两定"，加大对暴发性、迁飞性害虫及流行性病害的监测力度。对小麦蚜虫、小麦赤霉病，玉米螟虫、黏虫，油菜菌核病，水稻稻瘟病，水稻螟虫、稻飞虱、稻苞虫等病虫的发生程度、防治时间及时进行预测预报。全市发布病虫情报 95 期 1.5 万份，电视预报 12 期，准确率 95% 以上，各种情况汇报 21 期，为指导全市病虫草鼠防治工作发挥了重要作用。

三、植物检疫

20 世纪 70 年代初开始，各县先后成立农作物病虫普查小组，将农业技术干部和生产队科研小组成员编成若干普查小组，对农作物病虫害进行普查。通江县 1973 年 4—6 月，对至诚、平溪、铁溪、洪口四个高山区的 14 个公社，38 个大队，94 个生产队的麦田进行全面普查，查出小麦腥黑穗发病面积 200 多公顷，病田平均病穗率 11.6%；7 至 9 月对民胜、广纳、铁佛、麻石四个主产棉区的棉田进行全面普查，查出枯、黄萎病发病 4 个区 6 个公社，22 个大队，158 个生产队，面积 52 公顷。1974 年，通江县组织区、社植保员对四个主产棉花区的棉花枯、黄萎病进行复查。查出发病 4 个区、13 个公社、37 个大队、157 个生产队，面积 420 公顷。

1980 年 8 月，平昌县农业局组织技术干部 57 人，对全县 10 个区 60 个公社的棉田进行枯、黄萎病普查，查出枯、黄萎病危害面积 0.27 万公顷。同时，西兴、白衣、得胜、兰草、云台五区小麦腥黑穗病进行普查，查出发病公社 21 个，96 个大队，474 个生产队，发病面积 0.2 万公顷。

1984 年，境内各县先后经省农牧厅批准，配备专职植物检疫员，并颁发农牧渔业植物检疫员证，配发统一植检服装。1985 年 9 至 10 月，通江县植保站派出专人与县茶果站的技术人员一道，对柑橘栽培较多的民胜、赤江、长兴、石庙、药铺等 10 个乡镇、12 个村、4 个果园、33 户专业户种植的产果柑橘树 1.3 万株进行普查，查出主要虫害卵量 19200 粒。其中重害田每 100 丛稻有幼虫 149 条，卵 114 粒，按 70% 羽化计，每丛稻幼虫 3 条，可使水稻减产三成。

1990 年，巴中县植保站定点系统调查三块稻田，一号田品种为泸科三号，二号田品种为 83108，三号田品种为泸朝一号。6 月 10 日，始查病情，仅三号田发生病害，病丛率为 2%，病株率为 0.3%，病情指数为 0.1。如此坚持每旬逢五、十调查，直至 8 月 15 日调查时，三田平均调查率为 66.7%，病株率为 35.6%，病情指数为 16.5%。其中一号田泸科 3 号发病较迟，于 7 月上旬始发病害，病情上升快，成为重病田。至 8 月 15 日病丛率达 92%，病株率为 63.6%，病情指数 29.6，乃三个水稻品种中易感病品种。二号田“83108”发病最晚，末次调查时，病情指数仅 7.7，乃调查中较抗病品种。

1993 年，植物检疫工作认真贯彻执行检疫法律、法规、规章，使产地检疫和调运检疫进一步规范法制化。1994 年，各县（市）植保部门，按计划和工作规程进行产地检疫，把“两杂”制种、烟草、中药材、果苗作为产地检疫重点，在生长季节中组织技术干部和种子，烟草、药材等相关部门的领导一道深入田间进行病虫调查，及时指导农户用药防治。全地区实施产地检疫 857 公顷，较 1993 年增加 28%，其中水稻 523 公顷，玉米 185 公顷，烟草 816 公顷，蔬菜 58 公顷，中药材 18 公顷，果苗 33 公顷。

1996 年，重点抓水稻、玉米、杂交制种和水果、药材、烟草的产地检疫工作，坚持产地检疫与病虫防治相结合，控制稻粒黑粉病的发生。全地区产地检疫面积 1.13 万公顷，其中杂交水稻 0.07 万公顷，杂交玉米 367 公顷，烟草 0.67 万公顷，水果、药材 0.36 万公顷。为社会提供健康种子 337 万公斤，苗木 120 万株。同时对种子、苗木、花卉生产、经营单位进行注册登记 291 户，为搞好产地检疫工作奠定基础。地区统一成立执法领导小组，组织执法队伍统一对全地区违章调运案件进行查处，按照行政处罚法规定程序查处种苗违章调运案件 7 件，罚款 4000 元；在出川要道设立“巴中地区植物检疫签证处”，共签发检疫证书 308 份，其中省间证书 195 份；地站与还巴中市专职检疫员联合开展果品、药材、花卉、蔬菜市场检疫工作，查证复检 850 车次。全年共实施省间调运种子 20 批、100 万公斤，苗木 10 批、198 万株，植物产品 156 批次、198 万公斤。

2000 年，市、县（区）植检协作，扩大产地检疫范围，全市产地检疫面积 967 公顷，其中双杂种子 633 公顷，检疫合格种子 105 万公斤，苗木 88 公顷，检疫合格苗木 780 万株，中药材 0.23 万公顷，其他农产品245公顷，签发检疫合格产品214万公斤。同时，抓住西部大开发和种子经营市场化机遇，及时通过报纸、电视向社会公布检疫办证程序和办证电话，改变工作作风，组织全体专职检疫员开展上门服务。全市省间调运种子65批次、34万公斤；苗木12批次、135万株；植物产品156批次、27万公斤；省内调运种子65批次、56万公斤；苗木13批次、21万株；植物产品45批次、68万公斤。与工商部门密切配合，以市场检疫促进调运检疫，全市共组织16名专（兼）职检疫员常年进入农贸市场和种子经营单位开展检疫工作，及时纠正无证调运行为。

四、病虫防治

民国时期，农作物病虫害多数让其自然生殖，防治形式一般有五种：境内植被较好，生态平衡，农作物病虫受自然气候和天敌制约；部分农户多留冬水、少种小春、清洁田园、采青压田消灭病虫源；部分农民利用热能、瓦罐密闭、窒息灭除虫害；个别虫种，农民采取人工捕捉；以水中渗尿及麻柳叶、五朵云、土烟骨等取汁兑水，土法自制杀虫剂防治病虫。

20世纪50年代，病虫防治措施较之民国有所更新：①推广抗病良种。如小麦推广南大2419、凡六、绵阳11、绵阳15号等，减轻黑穗病、锈病和白粉病危害。②推行田园“三光”（谷桩拔光、田周草皮铲光、作物稿秆处理光），消灭病源和减少越冬虫口密度。③土洋结合，以土为主。农民主要采用撒扬尘、打白灰、泡烟草石灰水、制土农药石硫合剂等，防治稻、麦、棉、烟虫害。自1953年始试用六六六粉防治害虫。④抓住成虫生理特性的趋光性，点（安）灯诱杀成虫。诱虫灯，始用油灯和200支光气灯，后用电灯。随着农村照明电源的使用，逐步推广交流电黑光灯诱杀害虫。

20世纪60年代，推广稻田“三矮”品种和棉麦套作等系列配套技术，对减轻病虫危害起到一定作用。推广以“三迟变三早”为中心的农业技术，顺应自然，躲过病虫危害。南江县共销国家生产的六六六粉495吨、DDT160吨，其他农药155吨，土农药生产、使用更为广泛，治虫面积年平1.67万公顷左右，占耕地面积41.8%。

20世纪70年代后，农作物病虫防治工作更加进化，境内各县除继续施用土农药、土办法和国家生产的六六六、DDT防治病虫外，开始实行生物防治。1973年起，境内各县先后引进农作物病虫天敌“金小蜂”“赤眼蜂”放养。1973年9月，通江县植保站派员到仪陇学习试养金小蜂防治棉花红铃虫经验。11月，引入蜂种，翌年春放蜂52300只，受益棉田42.4公顷。平昌县放蜂48800只，受益面积113公顷。

巴中县1976年首次用化学除稻、麦杂草25余公顷，1978年发展到692.3公顷，1979年增加到1394公顷，1980年达到2147公顷。

1982—1985年，境内各县先后推广“7216”苏云金杆菌杀虫剂生物农药防治稻苞病，收到减少病毒、费省效宏的效果。此间，各县还采取单用和混用“敌草隆”防治水案板的试验、示范。巴中县共计化学除草2.5万公顷，年均达5040公顷。

1993年，农作物病虫草鼠害防治成为确保农业增产增收、农产品安全、生态环境安全的重要技术措施。1994年，防治工作中，以小麦赤霉病和水稻稻瘟病统防统治为重点，坚持“统一组织、统一时间、统一药剂、统一方法、统一技术规范、统一防效”的“六统一”措施，对稻瘟病采取处理稻草、药剂浸种、三环唑浸秧、挑治叶瘟、统治颈瘟、规范化栽培、科学管水、施肥等综防技术措施，以社为单位统筹资金统一购药，计划到户；以村为单位统一组织机具、人员进行防治；以乡为单位统一确定防治时间；分县统一组织药剂；分户按受益多少进行结算。全地区大春出动机动喷雾器2498台，手动药械24万具，小春出动机动喷雾器1260台，手动机具14万具。全地区全年病虫草鼠发生面积41万公顷次，防治面积44.28万公顷次，达108%，挽回产量损失12万吨，增加纯收入1.45亿元。其中统防统治面积 17.37 万公顷次，机防面积 13.22 万公顷次。稻瘟病综合防治中，全区浸种面积 1.29 万公顷，占 71.7%，三环唑浸秧和施送嫁药 9.46 万公顷，占栽插面积 94.6%，防治稻瘟病 12.82 万公顷（次），占发生面积的 23.5%；统防统治面积 11.86 万公顷次，占防治面积 92.5%，统筹资金 252 万元，出动机动喷雾器 2498 台，新组建专业机防队 84 个，机防面积达 9.02 万公顷次，占防治面积的 70.3%，挽回稻谷损失 2846.5 万公斤，实际损失由去年的 4525 万公斤下降到 101.7 万公斤。

1995 年，全地区小春作物病虫发生面积 10.6 万公顷次，防治面积达 9.86 万公顷次，占 93%。其中小麦病虫发生面积 10.25 万公顷次，防治面积 9.25 万公顷次，占发生面积 90.3%；挽回经济损失 2.2 万吨。

1997 年，全地区开展大规模的春季农田（农舍）统一灭鼠活动，统一筹集经费、统一用药品种、统一配兑毒饵、统一投放时间、统一组织检查，取得良好灭鼠效果：农田灭鼠面积 16.9 万公顷（次），占总耕地的 94.74%；农舍投饵 72.6 万户，占总农户的 95%；农田鼠密度由 15.92% 降到 1.64%；农舍鼠密度由 17.12% 降到 1.6%；玉米被害株率由常年平均 25.6% 降到 1%，挽回粮油损失 94225.52 吨，实际损失 4483.28 吨。结合气象预测，及早预测预报、狠抓防治，全地区小春病虫实际发生 10.1 万公顷（次），防治 9.37 万公顷（次），挽回损失 15303.32 吨，实际损失 8980.40 吨。同时，各县（市）分别采取培训技术、现场示范等办法加大化学除草力度，超额完成全地区 4.67 万公顷化学除草任务，打开全地区化学除草新局面。

2000 年，全市小春作物采取“选用良种、药剂拌种、化学除草、后期枪药”的综合防治技术。大春针对雨水偏多，稻瘟病偏重发生的情况，采用“药剂浸种、带药移栽、挑治叶瘟、预防颈瘟”的防治策略。从种子处理、药剂浸秧、带药移栽抓起，搞好以稻瘟病为重点的病虫草鼠综合防治工作，全市种子处理 150.7 万公斤，占用种量 95%；三环唑、丰登浸秧 2.67 万公顷；喷雾法带药移栽 4.27 万公顷。全市农作物病虫草鼠发生面积 42.3 万公顷（次），防治面积 38.6 万公顷（次），占发生面积 93%。共挽回粮食产量损失 12.2 万吨，把病虫草鼠损失控制在 2% 左右，全区粮食比 1999 年增产 1.71 万吨。

第五节 农技队伍

一、队伍状况

据 1949 年统计，境内四县农业系统共有技术人员 119 人，其中由财政供给的专业人员 8 人，从事农业技术推广和农业试验场、蚕桑等种植业工作的人员 11 人。此外，在民间有个体兽医（俗称“牛大夫”）、“骟匠” 680 人，平均每个乡镇 2～3 人。

20 世纪 50 年代初，人民政府对农技人员予以培训，为农业生产服务。1953 年后，中等农业学校和农业院校毕业生陆续分配到区。至 1958 年，农业专业技术人员增至 674 人，其中全民所有制单位 193 人（从事种植业 127 人，林业 28 人，畜牧业 31 人，气象工作 7 人）；集体所有制单位 458 人（主要是民间个体兽医转入人民公社兽医协会）。1961 年后，各县通过短期培训，培养出一批农技人员，并陆续接纳四川省达县农业学校及其他院校毕业生。1965 年，有专业农技人员 1160 人（其中从事种植业 730 人，畜牧业 430 人）。“文化大革命”期间，部分专业农技人员改行，另接纳一批农业院校毕业生（含“社来社去”）。1978 年，有农业专业技术人员 1393 人，其中全民所有制单位 795 人（从事农业种植业服务站 404 人），集体所有制单位 598 人。1981 年起，在农业专业技术人员中试行评定专业技术职称，并与待遇挂钩。但其施行办法欠规范，配套制度不完善，1983年暂停评聘，1987年恢复。1988年，境内四县共有技术职称的技术人员72人，其中高级职称10人，中级职称17人，初级职称45人。20世纪90年代初，为扩大和健全乡镇农业服务体系，招收部分农民技术员为国家干部。1992年，境内四县有技术职称的农业技术人员300人，其中高级职称19人，中级职称121人，初级职称170人。1993年，巴中地区共有农业技术人员391人，其中高级职称33人，中级职称149人，初级职称209人。此后，农业技术队伍伴随职称评定的不断开展，规模不断壮大，素质不断提高。1998年，全地区共有技术职称的农业技术人员756人，其中高级职称44人，中级职称314人，初级职称398人。至2000年，全市有专业技术人员870人，比1993年增长15.08%，其中高级职称53人，中级职称362人，初级职称455人，分别比1993年增长20.45%、15.29%、14.32%。

二、农技体系

（一）科学实验小组

农业合作化后，境内科学实验活动迅速发展。四县先后建立各种类型科学实验小组591个，负责贯彻土、肥、水、种、密、保、工、管农业“八字宪法”；种好“三田”（即实验田、种子田、高产田），从事品种比较、施肥、治虫等科学实验；改造冷浸田；提高复种指数，改革耕作制度等综合试验。

1964年，平昌县建立科学实验小组129个，组员872人，试验田55.5公顷，遍及全县10个区33个公社。1966—1976年“文化大革命”中，绝大部分名存实亡。中共十一届三中全会后，农村科学实验小组逐步恢复，且迅速发展。1980年，巴中县有各类科学实验小组473个、5897人，涉及全县11个区49个公社。1982年起，农村实行联产责任制、土地分户经营，各种类型的科学实验小组自行解散。

（二）政治技术推广站

1965年，境内四县按照中共中央西南局要求由人民公社建立政治技术推广站，公社社长兼任站长，共青团委书记兼任副站长，公社副教导员兼任指导员。大队设组，由团支部书记或副指导员任组长。生产队设小组，由政治工作员或副队长任组长，并设农业、林业、畜牧、卫生保健员等。公社每十天上一次课，学习《毛泽东选集》和政治时事。根据农事季节结合生产实际实地教学，现场传授。大队、生产队根据公社上课内容进行传达贯彻，具体落实。

1966年，平昌县60个公社，社社建立政治技术推广站，有学员18636人。但实际上许多都是徒有形式。之后，因受“文化大革命”运动冲击，先后自行解散。

（三）四级农科网

20世纪70年代初，境内四县先后着手建立健全农村科学实验网。县上兴办示范繁殖场和各种农业技术推广组织，公社建立科学实验站，大队建立科学实验组，生产队建立科学实验小组。1974年，境内各县从县到公社、大队、生产队四级科学试验组织基本建立，大都具备“三专”（领导、基地、技术员）、“四有”（试验项目、活动、记载、成果）条件，起到五大作用（先锋、桥梁、参谋、骨干、辅导作用）。

1975年1月，四川省革命委员会发文，要求全省各县在两三年内普及农科网。境内各县进一步加强领导，采取措施，推进四级农科网规范化进程。1976—1993年，各县根据农村经营体制的改革，先后建立县农科所、大队农科队、生产队农科组。县农科所负责新品种的试验、示范、观察、鉴定；旱地改制和小麦、棉花高产试验；并负责对县以下各级农科组织的技术指导。1983年机构改革后，撤销县农科所。公社农科站，针对生产上存在的问题制订科学实验计划；向大队、生产队农科组织普及农科知识；指导、帮助、检查、督促大队、生产队的科学实验活动；种好种子田、试验田。中共十一届三中全会后，农村经营体制改革，公社农科站日渐削弱。1982 年后因农业生产实行联产承包责任制，各公社农科站基本停止科研活动。大队农科队，针对大队农业生产上的问题制订全大队科研计划；种好种子田、试验田、高产田，为生产队提供良种；检查、指导、督促生产队科学实验活动。1982 年以后，大队农科队和生产队农科组随农业生产责任制改革自行解散。

（四）科研协作组

1973 年以后，各县由县科委牵头，先后成立旱粮、水稻、棉花、小麦、肥料等科研协作组。

旱粮科研协作组 以攻旱地改制为主攻方向，综合研究轮作套种形式，品种培育与选择，种植密度、施肥方法等。各县旱粮科研协作组为全县实验筛选出一三熟制种植方式：小麦—玉米—红薯；马铃薯—玉米—红薯；马铃薯—玉米—红薯；胡豆—玉米—红薯；油菜—玉米—红薯。一四熟制种植方式有：小麦（或马铃薯）—早玉米—红苕—大玉米；小麦—玉米—红薯—秋荞子。

水稻科研协作组 以稻田耕作制度改革、杂交水稻繁殖、制种和大面积高产示范为主攻方向，且以双季稻和改造冬水田为科研重点。巴中县水稻科研协作组分别开展早、晚稻品种组合试验、稻田三熟制试验、早晚稻品种试验、早晚稻高产栽培试验和杂交水稻繁殖、制种和高产示范。为全县试验筛选出早晚稻良种 28 个，其中中熟品种 5 个，宜于山区良种 9 个，宜于平坝良种 7 个，早晚稻栽培规格 3 种，稻田三熟制形式 4 种。

小麦科研协作组 以小麦新品种试验、鉴定及高产栽培、带状轮作形式产量探索为主要任务。通江县小麦科研协作组通过具体试验摸索，为全县小麦探索丰产栽培经验措施 6 条，高山、平丘适宜小麦良种 13 个。

棉花科研协作组 以棉花高产栽培技术探讨、品种鉴定试验和新品种选育、新技术试验为主攻方向。平昌县成立棉花枯、黄萎病科研协作组，深入到发病面积大、危害程度重的得胜区的 4 个公社、33 个大队、196 个生产队进行全面普查，先后引进陕棉 4 号、抗病洞庭棉、401、73－27、62－200、86－1、112 等 30 多个抗病品种进行试验、鉴定。从中筛选出 73－27、86－1 两个抗病丰产优质品种。

肥料科研协作组 以绿肥种植方式、紫云英＋瘤菌拌种、紫云英翻压时间、数量及施用方法和稻田养萍、“5406”、菌种提纯、接种堆制、菌肥施用方法及增产效果试验示范为主攻方向。平昌县肥料科研协作组在棉田预留行内种紫云英，麦收后在麦行套种柽麻、田春等短期绿肥，促进棉花三桃（伏前桃、伏桃、秋桃）齐结，增产 30% 以上。

（五）新型农技体系

1993 年，全区农技推广体系不断改革和创新。1995 年，地、县（市）农业局认真研讨新时期农技服务体系在改革中保稳定，在创新中求发展的对策措施，创新机制，自我发展。一些乡站拓展自我发展空间，租荒山、办果园，与企业签合同，实行贸工农一体化，推动科技向生产力转化。

1997 年，按照“四个确保”（确保农技推广体系的稳定和发展，确保农技推广队伍的稳定、确保技术装备不断改善、确保合法权益不受侵害），围绕“一稳两创”（稳定体系、技术创新和服务创业）开展工作。切实做到业务工作“五抓”（抓清理整顿和人员素质的提高，抓规范管理，抓基础设施建设，抓实体建设，抓好科技推广）和管理工作“五落实”（落实财政对农技事业的投入，落实农技干部的工资，落实农业科技人员的优惠政策，落实基础设施建设的资金投放渠道，落实农技推广机构的保障措施）。

2000 年，全市 279 个片区、乡（镇），有专兼职科技干部和秘书长 604 人，建立农业技术推广站 264 个，占 94.3%；年内新建站 5 个；“四有”乡站 181 个，占 68.5%；全市 2358 个村，建村站 576 个，占 22%。林建农技推广协会 13260 个，科技示范户 68320 人。农技推广体系共办实体 284 个，向农民提供良种4500多吨，各类化肥8.4万吨，农膜184吨，销售农副产品17000多吨，成为农村经济发展的市场主体之一。基层农技推广人员799人，平均每乡站有3人以上；其中中专以上学历519人，占17%；有技术职称的579人，占72.4%，其中中级156人。区乡农技站住宅、门市和办公等总建筑面积32103平方米，每站平均121.6平方米，门市20701平方米，完成总投资950万元；各种仪器设备设施完成投资360万元。

三、农技教育

民国时期，各县由县农推所和农会负责农技教育。派员到区、路开展农业科技的引进、示范和推广教育。民国34年（1945），巴中县开展对农民进行水稻增灿减糯措施普及教育。民国36年，通江县按照“救旱工作办法”劝导农民多种包谷、黄豆、绿豆等耐旱作物，实施以旱治旱科技教育。中华人民共和国成立后，各级政府逐步把对农民的科技教育纳入工作议程，采取多种措施，加强农民科技教育。农技教育的主要方式有学校教育、技术培训、经验交流、专题讲座、科技宣传等。

（一）学校教育

1958年前后，境内各县先后在不同时期举办农业初、中级学校，为社队培养具有农业知识的农民。1958年，通江县举办农业初级中学，其后不久因大办粮食而中断，招收一个班的53名学生，经过一年学习，初步掌握了农业技术基础知识，回社队后成为大办粮食的骨干。1965年，复办农业初级中学面向农村招收中、小学文化程度的回乡青年40名，实行社来社去，半耕半读，学制三年，发毕业证书，后因“文化大革命”运动，停课“闹革命”，学生自动解散。

20世纪70年代，各县党校先后设置农技专班，对大队支书和大队长进行分批轮训。平昌县党校先后招收三个农技专班，培训大队一级干部158人。

1978年，各县成立科学种田广播学校，承担对农村基层干部、知识青年、社队科技人员和小学教师进行农业基础知识和栽培技术的普及教学。1980年，各县农业局、文教局、科协等单位配合，在部分公社兴办农民文化技术学校，县区农技干部承担专业教学。通过农闲多学，农忙少学，边学边用，学用结合的教学方法，为社内各队培养农民技术员。

20世纪80年代初，各县先后成立中央农业广播学校分校。1983年通江县成立中央农业广播学校通江分校，至1985年，农学专业完成四门功课的学习计划，统考结果，四科结业186人，三科结业137人，两科结业160人，一科结业195人。

（二）技术培训

从1955年到1980年，除“文化大革命”动乱干扰外，境内四县普及采用有三种方式开展技术培训。一是以会代训。每公社、大队、生产队分别召开一次大小春总结会。小春在7月或8月，大春在11月或12月，参加人员除县、区、乡（公社）农技人员外，尚有部分社队代表参加。会议除总结大、小春工作经验教训外，还针对所出现的主要问题及解决办法进行技术辅导。二是现场参观。集体生产时期，一般在每年推广新技术和生产关键时期开展。其内容为作物栽培、良种繁育、植物保护、土壤肥料等。通过现场参观学习，取得经验，学会操作技术，以推动全面。三是专业训练，每年由县或区、乡（公社）选择恰当时候进行专业技术培训，如：水稻增温育苗、红薯保鲜、小蚕共育、桑果嫁接、化学除草等，请农技专业干部上技术辅导课，为村、社训练专业技术人员。

四、综合教育

1981年后，农村经营体制由集体生产变为分户经营，经济体制由计划经济体制变为社会主义市场经济体制。生产关系的变化和利益格局的碰撞，给农技教育工作带来许多障碍，各县尽管采取了一些传统教育方式，但实际效果并不明显，在部分地方、部分农户中一些陈旧滞后的生产方式回潮。对此，各县采取发展科技示范户，组织科技人员开展科技承包，开展科技示范片、示范村活动，实施科技入户工程等办法，农技教育逐步适应于分户经营农村经营体制。

1993 年，围绕地委、行署发展农村经济的总体思路和部署，结合农村实际情况，不断探索和提升农村教育新方法、新措施，农技教育重显生机。1994 年，地区内共建立示范基点 133 个（处），示范面积 0.17 万公顷，共开展以会代训 50 多次，现场培训 848 次，广播讲座 581 次，版报宣传 144 处（期），印发技术资料 1.72 万份，培训面达 25.83 万人次。同时利用农校、农广校、中心等教育阵地，对农民开展不同专业、不同学科的短期、中期职业技术培训。举办临时性、季节性的短期培训 122 期，培训人数 120 万人次。

1998 年，地、县（市）农业系统坚持把发展农业的“宝”押在依靠科技进步和提高劳动者素质上来，实施科教兴农战略，建立健全病虫统防、肥料统配、技术统训、种子统供的农业综合服务体系，科技贡献率达到 42%，比上年提高 5 个百分点，以提高农业劳动者素质和劳动生产率为目的，开展科技培训 3.1 万场次，培训人员 158 万人次，印发技术资料 30 多万份，举办各类专题技术讲座 100 多场次，并与有关部门一道深入开展送科技、文化、卫生“三下乡”活动。

2000 年，市农业局按照农业厅科教处的要求，重点围绕三大工程（百、千、万工程，计生“三结合”工程和绿色食品开发工程），开展绿色工程培训，全市三大工程共培训农村基层干部和农民 15 万人次。开展基层站再培训。与人劳局密切协作，对全市农村基层站包括乡村站人员、农业职称晋职人员、转聘用干部人员，围绕主业和主要农业技术和盖膜栽培、旱作节水农业、绿色食品知识等进行培训，培训人数 4000 人次。开展学历培训。与市组织部、计生委、教委紧密协作，以乡镇班为依托，对基层党政干部、农技推广人员、村社干部、专业大户、个体工商户等开展学历培训。全市参加农科大专自考 80 人，中专学历培训 820 人。

1987—2000 年巴中市农业技术队伍情况

表 4—8　　　　单位：人

县（区）	1987 年			1988 年			1989 年			1990 年			1991 年			1992 年			1993 年		
	高级职称	中级职称	初级职称	高级职称	中级职称	初级职称	高级职称	中级职称	初级职称	高级职称	中级职称	初级职称	高级职称	中级职称	初级职称	高级职称	中级职称	初级职称	高级职称	中级职称	初级职称
巴中市(区)	5	7	11	4	6	15	5	19	28	7	27	33	8	31	39	6	36	48	11	44	57
通江县	2	3	7	2	5	12	2	18	23	5	21	28	5	26	34	5	29	45	10	37	57
南江县	2	2	6	2	2	5	2	3	6	2	11	7	3	12	29	3	14	35	3	29	33
平昌县	3	5	9	2	4	13	7	17	25	6	23	31	4	28	37	5	32	42	9	39	62
合　计	12	17	33	10	17	45	16	57	82	20	82	71	20	97	139	19	111	170	33	149	209

续表 4—8

县（区）	1994 年			1995 年			1996 年			1997 年			1998 年			1999 年			2000 年		
	高级职称	中级职称	初级职称	高级职称	中级职称	初级职称	高级职称	中级职称	初级职称	高级职称	中级职称	初级职称	高级职称	中级职称	初级职称	高级职称	中级职称	初级职称	高级职称	中级职称	初级职称
巴中市(区)	14	54	62	16	62	96	17	71	101	19	88	107	15	99	123	19	112	137	17	113	57
通江县	10	50	73	10	54	82	12	59	91	12	70	13	12	74	112	13	77	120	13	82	57
南江县	3	31	38	4	32	39	4	37	40	4	49	43	5	52	46	6	68	42	6	74	33
平昌县	11	49	78	11	56	87	13	67	98	13	82	105	12	89	117	15	96	128	17	93	62
合　计	38	184	251	41	213	304	46	234	370	48	289	268	44	314	398	53	353	427	53	362	209

第五章　农机作业

境内属深丘地形，沟谷纵横，溪河交错，田地小块分散，农业机械化发展相对缓慢。农业机械作业主要包括机耕、机播、机收、提灌、脱粒、加工、运输、植保等。2000 年底全市农机拥有动力 54.82 万千瓦，平均每亩耕地有机电动力 0.24 千瓦。但发展不平衡，各环节农机化作业水平差距大，特别是南江、通江等高山区乡镇，农机化发展水平大大低于浅丘地区。但全市农机化发展速度纵向比较，发展速度还是比较快的，特别是巴中地区成立以来的几年，农机事业有了长足发展，农业机械化在农业生产、农村人民生活中广泛应用，水平不断提高。全市农田耕作 12%、农田灌溉 40%、机械植保 75%、水稻收割 85%、粮食加工 80%、农副产品运输 80% 实现了机械化。

第一节　机耕机播

境内耕地因田块小，分布零散，20 世纪 60 年代中期引进拖拉机后，只在大面积的田块内作一些示范性的耕作，机耕面积很少。到 1983 年以后，土地由户经营，拖拉机主要从事运输作业，基本未从事土地耕作。

农机图

耕整机

1996 年，全地区引进耕整机，由于耕整机体小，便于调头，小块地，水旱田都可作业，群众能够接受。2000 年，重庆产“合盛牌”1Z－105 型微耕机进入巴中，该机动力性好，体积小，重量轻，耕耙同步，水旱田均可使用，深受群众欢迎。到年底，全市已拥有各型微耕机 1030 台，机耕作业 4 万公顷次，占总耕地面积 12%，其余区域农作物播种仍是手工操作。

第二节　机械植保

1953 年，境内个别地方就引进了单管抽压式手动喷雾器，用于农作物病虫防治，并很快得到普及，机型也不断增多，有圆筒压缩背幅式、方桶压缩背幅式等。到 20 世纪 60 年代，境内已拥有各型喷雾器、喷粉器 2.8 万余台。1973 年，机动喷雾（粉）器开始在区域内使用，机动喷雾器以汽油机作动力，每台机器一天的作业量可达 1 公顷～1.3 公顷，并可作森林病虫防治，工效比手动喷雾器提高 8～10 倍。到 2000 年，全市有手动喷雾器 24.3 万部，机动喷雾器 1746 部，每年机械植保农作物面积达到 17.3 万公顷（次），占应保作物面积的 95%。

第三节　机械收割

1955 年，各县自制的手动打谷机投入使用，开始使用手工机械进行水稻收割，工效比人工提高一倍。1966 年，各县引进机动脱粒机，主要用于在晒场脱粒小麦（实行生产责任制，一家一户生产后便自动淘汰），工效高，但危险性很大，很多人在脱粒时将手臂拉进机器喂料口而被轧断。

20 世纪 80 年代后期，手工打谷机经过改进，安装上 4～5 马力汽油机或小型电动机后，由机器作动力，工效可提高 3～4 倍。现在全区 80% 的水稻收割是使用的动力打谷机。

1997 年，全地区引进一台联合收割机，在大块旱田作业，因使用效果不佳，未得到推广。2000 年，全市引进广西产钭挂式收割机，可用于水稻收割的配套机具，也可割倒小麦，然后用人工背回晒场脱粒，但机器性能差，常出故障，同时对倒伏的稻、麦无法收割，不受农民欢迎，未曾推广。到年底，全市有机动背负式收割机 1287 台，机动脱粒机（打谷机）1.68 万台，手动打谷机 2.15 台，全市机械脱粒粮食 260.7 万吨，占全市粮食总产量 85%。

第四节　机械提灌

巴中十年九旱，特别是春、夏旱灾频发，严重影响和制约农业生产。对此，国家一直重视水利建设。20 世纪六七十年代，以国家投资为主体，兴建了一大批与水利工程配套的固定提灌站，发展了一大批流动抗旱机具。到 1984 年，境内各县共投资 3 亿多元（其中国家投资 1.9 亿元）建设固定提灌站 1100 余座，控灌面积达到百万亩，拥有抗旱机具 4700 余台（套），在抗御自然灾害、促进农业增产中发挥了重要作用。

1983 年，农村实行土地承包责任制，提灌站管理失控，损毁严重。到 1986 年，提灌站损毁 30%，部分保留下来的因缺乏保养维修也大部分无法使用。

1987 年，根据农业生产的需要，各县农机局都成立了抗旱服务队，进行流动作业，同时农民也自发地购买小型抽水机械，提灌事业又有新的发展。

1993 年，开始实施以工代赈农机提灌项目，提灌规范性建设和宏观调控作用增强。并根据过去积累的经验提出走“四为主”的建设之路，即：机灌与电灌并举，以机灌为主；固定与流动并重，以流动为主；大中小微结合，以小微型为主；分散与集中兼顾，以相对集中为主。建立“谁投资、谁受益”的多种投资渠道。体积小、重量轻、成本低的小型提灌机具快速增长，同时出现了农民户建、联户建固定式提灌站农户。

1997 年，《四川省农村机电提灌管理条例》颁布实施，固定提灌站产权明晰，得到有力保护，使部分瘫痪的提灌站又恢复了生机。是年，全省开展“农田水利基本建设的‘李冰杯’竞赛”活动，推动巴中农机提灌建设。巴中地区以提灌建设为主的“李冰杯”竞赛农机项目连续八年获得一、二等奖。

到 2000 年底，全市有固定式提灌站 1129 座，提灌动力机械 1.76 万台，微喷灌机械 406 台（套），年提水 2.6 亿立方米，灌溉农田 6.67 万公顷次。

第五节　农副产品加工

1962 年，巴中开始使用打米机碾米，以后又引进了磨面、粉碎、榨油、轧花、茶叶加工等机械，使主要农产品加工摆脱了对手工和人畜力的依赖，即节省了时间，也减轻了体力强度。

到 2000 年底，全市拥有碾米机 4.11 万台，磨面机 2.54 万台，轧花机 120 台，榨油机 3106 台，茶叶加工机械 352 台，淀粉加工机械 827 台，青饲料切碎机 2.64 万台。完成粮食机械加工 136 万吨，机械化作业水平达到 85%。

第六章　农业基本建设

第一节　农业区划

一、巴中县区划

1980 年 7 月，巴中县成立县农业区划委员会，下设办公室，从县级各部门、各区乡抽调干部和科技人员 415 人，招聘农业技术员 95 人，共 510 人，组成综合区划组、农业资源组、水资源组、林业资源组、畜牧资源组、农机区划组、多种经营组、行政后勤组、土壤化验室等，进行农业区划工作。历时 1 年零 3 个月，至 1981 年 9 月全面完成。对全县土壤、气候、水资源、生物资源、能源等进行全面细致的调查，查清其历史和现状、优势和劣势，为各级党政按照自然规律指导农业生产，合理利用自然资源，充分挖掘生产潜力，提供了科学的依据。全县分期分批进行，划分为 3 个农业区

（一级区）、3 个亚区（二级区）：

一级农业区　为中、西南部中低丘粮、经、工副业区，共 437 个大队，有农业人口 550709 人，耕地 3.54 万公顷，占全县总耕地的 55.05%，是县内粮、棉、油、桑主产区和工副业集中区。地势相对低下，海拔多在 300～600 米之间，坡坎小，有较好的机耕条件，光热资源亦优于其他地区；水利条件较好，占全县工程有效蓄水的 57.4%；宜大力发展种、养殖业和工副业。

二级农业区　为东、东南、西部高丘、低山粮、经、土特产区，共 207 个大队，有农业人口 241255 人，耕地 1.64 万公顷，占全县总耕地的 25.55%。地势略高，切割较深，起伏较大，水利条件差异大，东南部工程蓄水保灌面积占耕地的 60% 左右，为全县最好地区；而西部工程蓄水保灌面积仅占 28%。区内分 3 个亚区：东部大和乡至店子乡，为稻、麦、油桐、山羊区；东南鼎山乡至玉山乡，为稻、麦、油、桑、黄花区；西部三河场乡至镇庙乡，为稻、玉米、桑、药、山羊区。

三级农业区　为北部低、中山林、牧、粮区，共 160 个大队，有农业人口 189774 人，耕地面积 1.24 万公顷，占全县总耕地面积的 19.4%。全区面积为 6.73 万公顷，占全县总面积的 26.3%，仅次于一农业区。其中林、牧地占 65.8%，居全县之首，为县内林、牧集中区。地势高，切割深、起伏大，土地瘦薄，光热条件差，水土流失及旱、洪、风、雹灾害严重。全区分两个亚区：东北部白庙乡至福兴乡，为松、柏、牛、羊、稻、蜡、耳区；西北部三汇乡至九镇乡为松柏、牛、稻、药、果区。

二、通江县区划

1981 年 3 月开始，通江县历时三年完成县级农业资源调查和综合农业区划。全县农业分南部低山区、中部中山区和北部中山区。

南部低山区　涪阳——五龙山鼻状构造以南为南部低山区。包括民胜、杨柏、火炬、大兴、长兴、太平、苗南、广纳、石庙、三溪、东山、梓潼、春在、麻石、三合、铁佛、双泉、文峰、跑马、曲滨等 20 个乡全部及草池、回林、赤江、云昙、新建等乡部分村组，辖区面积 838.53 平方公里，占全县总面积的 20.4%。有农户 49853 户，占总农户的 42.1%；人口 231468 人，占全县农业人口的 41.1%。区内耕地 1.68 万公顷，占全县耕地 38.9%。田 1.01 万公顷，占区内耕地 60%；土 0.68 万公顷，占 40%。粮食总产占全县 42.3%，其中水稻产量占 48.4%，小麦产量占 51%。油菜子产量占全县 53.9%。垦殖指数为 20.28%，稻田水旱两熟制占 64%，旱地三熟制较普遍。生猪饲养量和出肥量均占全县 40% 以上；油桐产量占全县 30% 以上；蚕茧占全县 95%。区内林地少，森林覆盖率低。共有林地 20 万亩，占全县 8.9%，森林覆盖率仅为 9.6%，活立木蓄积量 36.6 万立方米，占全县总蓄积量 14.1%。林业产值仅占农业总值 4.68%。

中部中山区　涪阳——五龙山鼻状构造以北，火天岗——云雾山——五台山山脊以南为中部中山区。其范围包括至诚、药洪、芝苞、唱歌、龙潭、长乐、洪口、九层、沙溪、文胜、板凳、盐井、瓦室、兴隆、浴溪、药铺、毛浴、长胜、涪阳、新场等 20 个乡全部，龙凤场、松溪、永安、泥溪、碧溪、回林、陈河等 7 个乡大部分，火炬、赤江、新建、云昙、草池、青峪、板桥口等 7 个乡小部分，共 34 个乡、201 个村、1356 个居民组。辖区面积 1362.75 平方公里，占全县总面积 33.1%；有农户 44664 户，占总农户 37.7%；农业人口 212774 人，占全县农业人口 37.8%。区内经济林分布广，尤以银耳、油桐、五倍子、茶叶为主。有草山草坡面积 10.6 万公顷，其中山地灌丛草地 9.39 万公顷，农林隙闲草地 0.046 万公顷，是全县发展畜牧业的重点区域。生猪饲养出栏占全县 36.2%，耕牛圈存占全县 38.85%，山羊圈存占全县 46.1%。陈河、涪阳的银耳，浴溪、九层的五倍子，浴溪、至诚、药洪的茶叶，均在全县名列前茅。银耳产量占全县总产 85%，五倍子占 70%，茶叶占 45%。区内田高水低，水源缺乏，多数农田缺乏灌溉保证。有水库 29 座，山坪塘 1876 口，总蓄提水量

1721.8万立方米，有效灌面0.45万公顷，占农耕地29.4%。春干、夏旱、秋淋的频率为70%～80%。陈河、新场、涪阳、兴隆、浴溪、碧溪、永安一带为农作物病虫害多发区。

北部中山区 县境北部中山区，以火天岗——云雾山——五台山为南界，北抵陕西，东接万源。其范围包括平溪、铁厂、楼子、新潮、临江、砥坝、铁溪、什字、朱元、新文、长坪、檬坝、两河口、空山、钟凤、烟溪、会家、沙坪、凉风垭、胜利、中林、董溪、澌波等23个乡全部，青峪、板桥口、陈河、永安、泥溪、碧溪、龙凤场、松溪等8个乡小部分，共31个乡、161个村、844个居民组。辖区面积1915.3平方公里，占全县总面积46.5%；有农户23908户，占总农户20.2%；农业人口119209人，占全县农业人口21.1%。区域属深切割中山区，山高坡陡。林业用地面积8.44万公顷，占全县林业用地57.24%，人均0.72公顷。其中疏林地4.88万公顷，占区内林业面积57.04%。森林覆盖率25.5%。木材蓄积量123.08万立方米，占全县47.3%。草山草坡面积9.96万公顷，占全县48.4%，人均占有草坡0.83公顷。山地多，旱粮比重大。旱粮播种面积1.33万公顷左右，占粮田面积75%；产量2750万～3000万公斤，占粮食总产65%以上。尤以玉米为最，其播种面积占全县的70%，产量占60%。多种经营项目以银耳、木耳、生漆、茶叶、核桃、猕猴桃、中药材等为主。木耳和生漆的产量均占全县80%以上，茶叶产量占45%以上。农田灌溉率为全县最低区域，仅有小水库6座，山坪塘384口，总蓄提水量697.4万立方米，有效灌面0.21万公顷，占区内农耕地19.18%。因固定耕地少，荒地轮歇开垦，致使植被少，水土流失严重。

三、南江县区划

1982年11月开始，南江县历时三年多，完成全县区划工作任务。全县农业区划分综合农业区、种植业区两大类。

综合农业区划 依据发展农业的自然资源和经济技术社会条件，初步将全县划分为三个综合农业区，并按照方位、地貌特征和主要优势产业来命名。三个综合农业区是：Ⅰ南部低山种植业、养殖业区；Ⅱ中部低、中山以林为主的多经区；Ⅲ北部中山林、牧、矿区。Ⅰ区包括：正直、花桥、朱公、凤仪、黑潭、和平、双流、菩船、长赤、红光、付家、红顶、天池、侯家、九顶、双桂、元潭、下两、凉水、东垭、高桥、平岗、长征、仁和、沙河、八庙、高塔、赤溪、燕山、大河、石滩、金盆等32个乡（镇）。辖区面积11.43万公顷，占全县辖区面积的30.1%，属人多地少区域。本区气候温暖，四季分明，热量丰富，光热适宜，雨量充沛，在气候分区上属南部中低山温热区；本区种植业，是粮食主产区，也是稻麦主产区。Ⅱ区包括：红四、竹岭、红五、乐坝、团结、小河、石矿、碾盘、水洞、南江镇、关门、兴马、瓦池、白院、北极、赶场、关路、关田、甘溪、流溪等20个乡（镇）。辖区面积9.04万公顷，占全县辖区面积的26.1%。本区气候温暖，春迟秋早，雨量多于南部而少于北部，光热条件次于南部而优于北部，热量随高度的增加而明显减少，年平均气温13～15℃，在气候区划上，本区属中部低、中山温暖区；本区种植业，仍以水稻为主，但在粮食产量构成的比重上，较南部区明显减少。Ⅲ区包括：桥坝、红岩、旭光、桥亭、沙滩、杨坝、坪河、新民、西清、柳湾、新立、红星、贵民、汇滩、上两、光明、寨坡、关坝、玉泉、桃园、甘溪等21个乡（镇）。辖区面积14.16万公顷，占全县辖区面积的43.8%。本区气候温凉，春迟秋早，雨水较多，一年内基本是春秋相连，冬长无夏，热量差、湿度大，春寒和秋淋比较严重，年均气温在13℃以下；本区种植业，以玉米为主，水稻次之，其他作物更次之。

种植业区划 种植业区划包括粮、棉、油、麻、丝、茶、糖、菜、烟、果、药、杂等作物的生产条件、分布组合和发展方向的地域特点，以及各个区域发展不同类型种植业生产的适宜程度的研究。通过调查按照种植业的地域差异的规律和全县种植业发展的方向、措施的分区原则、依据和命名方法，将全县分为三个种植业区。即：南部稻、麦、油、桑、果区（代号Ⅰ区）；中部低、中山粮、油、茶、果区（代呈Ⅱ区）；北部中山粮、茶、药、杂区（代号Ⅲ区）。Ⅰ区包括：正直、花桥、朱公、凤仪、黑潭、和平、双流、菩船、长赤、红光、付家、红顶、天池、侯家、九顶、双桂、元潭、下两、凉水、东垭、高桥、平岗、长征、仁和、沙河、八庙、高塔、赤溪、燕山、大河、石滩、金盆等32个乡（镇）。自然条件优越，劳力充足、交通方便，有利于发展稻麦油桑果等多种作物生产，但也有障碍因素，如秋淋造成小春播种期和生长期严重湿害，部分乡村水利设施不足是大春不能按时栽插的主要原因。Ⅱ区包括：红四、竹岭、红五、乐坝、团结、小河、石矿、碾盘、水洞、南江镇、关门、兴马、瓦池、白院、北极、赶场、关路、关田等18个乡（镇）。自然条件和社会经济条件次于南部而优于北部区，适宜水稻、小麦、玉米、洋芋、红苕、油菜、花生、茶叶、水果和蔬菜等多种作物生长，但总的来说生产条件和生产水平都比较差。Ⅲ区包括：桥坝、红岩、旭光、桥亭、沙滩、杨坝、坪河、新民、西清、柳湾、新立、红星、贵民、汇滩、上两、光明、寨坡、关坝、玉泉、桃园、甘溪、坪河、新民等24个乡（镇）。气候、土质、经济技术、交通条件都比较差，不利于发展粮食生产，优势不在种植业，而在林、牧和乡镇企业。但本区土地辽阔，生物资源丰富，发展多种经营具有明显的优势。为合理布局农业生产，按照农作物本身对生态条件的要求，对各主要农作物进行生态适宜性分区。将每种作物按生态要求分为最适宜区、适宜区、次适宜区、不适宜区。

四、平昌县区划

1981年10月开始，平昌县历时三年多，至1984年11月完成全县农业区划工作任务，获得省、地两级表彰。全县农业区划分三个大类：沿河及南部深丘粮油果桑经作区（海拔300～500米）包括响滩区40个村，西兴区45个村，白衣区39个村，双江区30个村，兰草区51个村，江口镇一个村。北部、西部低山粮桑果油区（海拔200～700米），包括元山区张公乡6个村，土兴乡铁城10个村，元山乡石寨10个村，风潮乡4个村，灵山乡5个村；得胜区五木乡7个村，双鹿乡7个村，得胜乡14个村，高升乡3个村；双江区尖山牌坊、八庙、七星村；金宝乡石庙、凌云村；响滩区六门乡8个村，大寨乡6个村，福申乡4个村；兰草区青云乡11个村。东部低山粮油茶药区（海拔600～900米），包括白衣区长垭乡2个村；元石乡云顶村，云台区云台乡14个村，澌滩乡9个村，邱家乡8个村，鹿鸣乡6个村，石垭乡11个村，青风乡8个村，板庙乡9个村；笔山区笔山乡10个村，凤凰乡5个村，泥龙乡8个村，岩口乡9个村，马鞍乡8个村，千秋乡5个村；镇龙区正龙乡9个村，新庙乡6个村，喜神乡9个村，界牌乡5个村，望京乡12个村，民兴乡4个村。

第二节　改土改田

民国时期，境内各县土壤改造方式原始简单，即在田边地角打沉沙池，每年春将沉沙泥土地起挑到地内增厚土层；深挖深耕，切断树根，减少树根对土壤肥力的吸收；每年冬春修复垮塌田土地坎；深挖深耕，增强土壤稳水稳肥能力；冷浸烂泥重施牛肥增加地温；扎冬水、留抗地、半种植半闲，增加土地产出能力。

20世纪50年代，农户或农业生产合作社在冬、春农闲时仍沿用传统方法进行改田改土。1963年，各县选择有代表性的生产队，对其农耕地的土壤质地、养分质量、产量水平等予以典型调查。嗣后，对中低产田类中的冷浸下湿田、死土类、沙薄土类采取挖沟排水、死黄泥掺沙、薄土垫厚等手段逐步予以改造。1966—1972年，受“文化大革命”干扰，改田改土处于自流状态。1973年，把改田、改土作为农业学大寨式农田达到平（水平梯田、梯地）、厚（运动场地0.5公尺以上）、壤（不过粘、过沙）3条标准，力求地埂牢固，沉沙有凼，排灌有沟，坎上有树，稳产高产。在有水利保证的条件下，改冬水田为两季田。是年，改田改土4.2万余公顷。

1974—1978年，境内各县把改田改土重点放在把"馒头山"变成"海绵田办造小平原"，把斜挂在山坡上的"三跑田"（跑水、跑肥、跑土）变成高产稳产的"三保田"（保水、保肥、保土）以及改造冬水田、下湿田、坡改梯、建果园、建茶园等方面，共改田改土5.53万公顷。

1979年，各县在组织专业队开展常年农田基本建设的同时，每年冬季组织庞大的农田基本建设大军，一手抓农田水利建设，一手抓土地加工。1980年，境内土地加工总数6.27万公顷，其中坡改梯2.6万公顷，土变田1.8万公顷，薄变厚1.86万公顷。1981年后，境内四县土地下户，分户经营，不少农户投劳投钱，大力开展土地加工整治。1989—1993年，境内四县共投资3267.26万元，改造中低产田土0.79万公顷，其中冬水田0.08万公顷，下湿田0.14万公顷，土改田37公顷，坡改梯0.5万公顷，超计划4.1%，配套植树造林593公顷，其中经济林455公顷。累计投工1640.6万个，建农田排（灌）渠系2460条，长648.97公里；机耕道27条，长33.4公里；便民路1283条，长442.45公里；蓄水涵2956口，容积16.4万立方米；粪池9592口，容积4.5万立方米；深沙地5158口，容积2.6万立方米；便民桥2557座；便民井863口；便民池147口；坡改梯砌筑地埂81632条，长6249公里；整治坡面水系建"三沟"50643条，长4509公里。

1994年，全地区有63个乡镇，96个村、424个社承担国家项目投资改造中低产田土任务4144公顷。通过项目实施，全地区累计完成改造中低产田5440公顷，现金总投资1586.73万元，总投工1214.64万个。新建农田排（灌）渠系1061条，长383.4公里；改良土壤10.79万立方米，砌筑地埂89397条，长5118.7公里；配套建机耕道32条，长29.8公里；修整田间道路417条，长84.3公里；建便民池48口，饮水井81口，桥、涵、闸、孔共1.13万处；坡改梯配套建"三沟"17682条，长1925.3公里；建"三池"14866口，容积29.86万立方米；配套植树0.092万公顷（成片造林413公顷）。扩大灌面0.096万公顷，恢复改造灌面0.18万公顷，新增排涝0.12万公顷，除渍0.07万公顷，新增耕地120公顷，治理水土流失0.51万公顷。

1995年，全地区共63个乡镇、24个村、298个社，以"抓一带一"（国家项目改造一亩、带动面上改造一亩）方式承担国家项目投资改造中低产田任务0.42万公顷；实际完成改造面积0.43万公顷，占任务的101.9%。通过项目实施，带动面上改造中低产田土0.26万公顷；现金投资1443.06万元，总投工1550.3万个；挖填土石1486.1万立方米，配套植树0.11万公顷。结合中低产田土工程改造，聚土改土0.23万公顷（垄作覆盖467公顷）。

1997年，省下达全地区中低产田土改造任务0.67万公顷（项目争取0.27万公顷），实际完成0.68万公顷（项目完成0.29万公顷），占任务的102.3%（项目占任务的105.2%）。总投工1690.8万个（技工305.1万个），挖填土石1688.6万立方米（石方168.5万立方米），现金总投资1722.5万元（中央、省投入913.1万元，地方配套344.8万元，群众自筹464.6万元）。新建农田排灌渠系433条，长129.9公里；砌筑地埂74263条，长6201.3公里；建耕作道路1217条，长189公里；建提灌站27处，新增提灌能力360千瓦；平整农田0.45万公顷；调整田形0.16万公顷；配套植树920万株。通过改造开发，扩大灌面253公顷，恢复改善灌面0.25万公顷，新增除涝（渍）面积0.15万公顷，建优质农产品基地204个，面积0.35万公顷，扩大农作物播面积0.58万公顷，治理水土流失0.61万公顷。

1998年，争取到位资金1220万元，比上年增加100多万元。坚持以国家项目启动，以群众自办工程为主体，共完成改田改土面积1.01万公顷，比上年增加0.33万公顷，投工2182.2万个，挖填土石2004.4万立方米。现金总投入3333.2万元，比上年增加487.2万元，增长17%。改造区内比改造前新增粮食产量2.33万吨，增加产值3850万元，增加纯收益1508万元。

2000年，全市坚持把农业综合开发与农村产业结构调整、生态环境建设、文明新村建设、特色产业基地建设、绿色食品示范园区建设相结合，进一步夯实农业基础，提高农业综合生产能力。全市改造中低产田1.13万公顷，其中国家项目完成0.66万公顷，群众庭园改土0.47万公顷。开展聚土改土0.36万公顷，田坎建设0.33万公顷。修建农田排灌渠273.8公里，成片造林1.3万公顷，退耕还林0.85万公顷，人均高产稳产农田320公顷。按照“政府引导、市场运行、公开招标、竞争办园、农户参与、产业带动”的原则，建立6个绿色食品示范园区，面积413公顷，完成农田基建和水利排灌工程土石方5万立方米，调整田形817公顷，建立排灌渠系1500米。有26个单位87位个体开发参与荒山拍卖、租赁承包和中低产田土改造开发，投入资金1821万元，群众自筹资金1852万元。

第三节　种植结构调整

民国期间，境内巴中、平昌两县绝大多数农户，围绕吃饭和穿衣问题年复一年的“粮棉安天下”。通江、南江两县有“靠山吃山，靠水吃水”的习惯，除粮棉生产外，利用山区的自然优势，发展中药材、茶叶、木耳、银耳、干果等土特产。1952—1954年，农村互助合作时期，境内农作物仍以粮、棉为主。1955—1977年，各级政府倡导以粮为纲，全面发展，中共中央提出“粮、棉、油、麻、蚕、茶、糖、菜、烟、果、药、杂”12字方针，号召大力调整农业产业结构。但因计划经济体制的羁绊和“以粮为纲”的影响，以及1958年到1960年，因灾害和瞎指挥形成的饿肚皮的沉痛教训，使广大干部群众“先饱肚子，后说票子”的思想观念根深蒂固，导致境内农业结构调整成为纸上谈兵的空话。中共十一届三中全会后，境内各县采取多种措施优化农业结构，但是在由计划经济到市场经济转轨过程中，又出现了许多“上下争利”“官民争利”“谷贱伤农”“流通受阻”等不良现象。由此，使干部群众产生了“不敢调”“调什么”“如何调”的多种心理状态。自20世纪80年代中期开始，境内各县逐步理清农业结构调整思路。

1986年，境内各县以“稳粮增油、粮油双增”为指导思想，调整控制冬水，改善冬炕，稳定油菜，并做到有利充分利用土地，积极推行旱改和稻田改制；有利提高单产，实行小麦、油菜下地轮作；有利于大春荐口衔接，提倡小麦、油菜下地，油菜、大麦、胡豆下田；有利综合效益，尽量扩大小麦和豆类作物面积。通江县在至诚乡进行结构调整试点。通过四年调整，到1989年底，全乡粮食总产达到4097吨，人均395公斤，比调整前净增36公斤，增长10%，人均收入由196元上升以487元，纯收入由133元上升到341元。

1989—1993年，境内各县（市）对土地实行深度开发，综合利用，大力调整粮经结构，加快“三高农业发展，因地制宜、大力发展多种经营”。巴中市坚持“稳粮食，增油料、上多经”的发展思路。在粮食生产上着力扩大“双杂”覆盖面，“双杂”推广面由1985年的75.9%上升到95%以上。并制定《蚕桑生产发展五年规划》，把蚕桑生产再次推向高潮。育种2027公斤，挂苗0.12万公顷，新建桑园0.09万公顷，新栽桑1.5亿株，超过新中国成立40多年的总数。至1993年底，全市桑园总面积0.99万公顷。桑树总量3.1亿株，农业人口人均300株，嫁接良桑2300万株，改造低产桑园0.14万公顷，良桑化程度提高到50%以上。

1994年，全地区抓好农作物品种引进、试验、示范推广，扩大良种覆盖面。通过新品种的引进、繁育、推广，使全地区良种覆盖面达到87%，其中新品种推广率为37%。突出规模经营。以改造中低产田土项目为载体，建立“三高”农业基地32个，面积0.26万公顷，其中粮油基地8个0.16万公顷，良桑基地12个0.04万公顷，水果基地5个0.03万公顷，干果基地3个426公顷，药材基地3个0.01万公顷，水禽基地1个0.01万公顷。举办全区首届名优茶评选活动，组织专家对通、南江、平昌选送的13个茶样进行了内质、外形评审，评出了创新名茶7只，其中选送5只参加省第三届“甘露杯”评选，均获得“甘露杯”奖。

1998年，围绕提高农业生产力水平，以池园经济为特色，突出多种经营。坚持调整粮食品种结构，适当扩大豆类和杂粮种植面积；调整粮经结构，扩大经济作物种植面积调整品质结构，扩大优质高效品种的种植面积；调整就业结构，向农业以外转移更多的劳动力。全区水果面积达2.53万公顷，产量达5.8万吨，比上年增加0.8万吨，增长10%；茶叶面积达0.73万公顷产量达1500吨，比上年增加100吨，增长7%；烟叶0.4万公顷，产量达5万担，比上年增加0.5万担。经济作物总产值达9.2亿元，比上年增长10%，农民人均从经济作物中增加纯收入30元。形成了水果、茶叶、油料、蔬菜和种子生产基地。同时，在农村大力推广“井池园机配套、种养加运结合”的新模式，以建设文明新村为目标，把建池、建园、建家结合起来，以增收为突破口，以池园经济为途径，专业大户为主体，骨干产业为支撑，典型示范为手段，培育农村专业大户5.2万户，人均纯收入超过了3000元。

1999年，加大优质油、优质果、优质茶和优质菜等多经项目发展力度，增大质高价优品种的份额。全地区“双低”油菜推广面扩大10%以上，改造果园发展优质水果0.33万多公顷，改造低产茶园0.13万公顷。建立农业新技术推广基点38个，丰产示范片34个，面积达8万公顷。杂交水稻、杂交玉米良种的精选率达100%，小麦良种的包衣率分列为15%、48%和55%；杂交水稻、玉米和油菜的标牌统供率均达到96%。全区累计建成文明社4627个，占总数的16.5%，其中年内新建2443个，涌现各类池园经济大户8.5万户。全地区劳务输出人员53万人，比上年增加4万人，收入比上年增加2亿多元。具有巴中地方特色的品牌优势，如茶叶、银耳、南江黄羊等进一步上档次上规模。通过结构调整，在灾多灾重和农产品价格大幅度跌落的情况下，全地区农民人均纯收入比上年增加70元。

2000年，抓住国家对农业实行战略性结构调整的历史机遇，以“面向市场、依靠科技、区域布局、优化品种、改善品种结构，提高经济效益，实现农业可持续发展”为总体思路，以优质、高产、高效和名、优、特、新、稀农产品为目标，在确保粮食总产稳定的前提下，正确处理增量与增质、优质与大众、质量和价格的关系，农业产业结构调整起步好。调整粮食品种结构，扩大优质新品种推广面。全市共引进水稻、玉米、红薯、小杂粮等农作物新品种25个，建立了8个引种示范点，推广优质稻种38万公斤，面积2.33万公顷，比上年扩大1.67万公顷，优质玉米比上年扩大0.73万公顷。调整水旱结构，调减水稻1.33万公顷，相应增加旱作1.33万公顷。调整农业内部结构，扩大多种经营面积0.2万公顷。调整就业结构，输出劳务55万人，比上年增加3万人，收入比上年增加2亿元。调整所有制结构，发展农村各类专业大户10万多户。推出巴州区三江乡发展特色农业、南江乐坝镇发展非农产业和巴州区园艺村调整种植结构的先进典型。

第七章　食用菌

第一节　银　耳

境内的通江县是中国特产之乡组委会命名的“中国银耳之乡”。民国《通江续志稿》载：通江银耳人工培育成功在清光绪六七年间（1880—1881年），陈河乡雾露溪畔九湾十八包为其发祥地。清光绪二十四年（1898年）前，陈河、涪阳一带已普遍种植，年产量200公斤至12.6万公斤。通江银耳具有耳片厚、易炖化、色泽纯、胶质重、天然生长无污染等特点。经有关部门化验，子实体富含蛋白质、多糖体、维生素B和丰富的铁、磷、钙、镁、硫等微量元素，其蛋白质中所含的氨基酸达19种。通江银耳在清代即作为贡品供奉朝廷。

20世纪50年代，开始推广新法生产，主要措施为“五改”：一改依靠风力传播孢子产耳为人工接种产耳，二改自然获取光、温、水、气为人工控制光、温、水、气，三改山坡沟壑耳堂为薄膜荫棚围墙耳堂，四改单纯自然给养为人工辅助给养，五改春秋砍山为冬季砍山。通过“五改”，使银耳产量有所增长。

自20世纪70年代起，县、地区、省科研部门不断下达银耳新法生产的科研课题，并按期结题，不但使段木银耳产量大增，还推广了瓶栽、袋栽银耳新技术。据1950—1985年统计，通江银耳总产量达40.62万公斤，其中1985年20万公斤。

1986年，通江县委、县政府作出《关于大力发展两耳生产的决定》，全县共接种银耳70万瓶，总产量达15万公斤，为历史最好水平。1987—1996年，银耳产量在10万公斤左右，其中1996年仅7万公斤。此后，在各界人士的关心和呼吁下，又将银耳生产纳入政府重要议事日程，县上成立银耳系列产业化领导小组，通过召开银耳生产现场会、签订银耳生产目标责任书、举办银耳生产技术培训班等措施，使通江银耳生产再度辉煌。1999—2000年，共接种椴木银耳65万瓶、袋栽银耳50万袋，共生产银耳25.9万公斤，种植范围已发展到53个乡镇。

第二节　黑木耳

境内通江、南江两县盛产黑木耳，尤以通江黑木耳为质优。比银耳起源更早，最早发现于原始森林栎林间的腐木表面，民间采作野菜食用。20世纪70年代，通江耳民开始椴木栽培黑木耳。20世纪80年代末期有了突破性发展，常年栽培菌种25万瓶左右。1998年，通江全县共接种黑木耳菌种26万瓶。2000年，开始实施黑木耳袋料栽培试验项目，试生产10万袋；同时接种椴木黑耳菌种25万瓶，产耳15万公斤，生产总值720万元。

通江黑木耳

第三节　香　菇

境内各县（区）均产香菇，尤以通江县的香菇量大、质优。通江的香菇原为野生，20 世纪 70 年代开始椴木栽培，一年接种，三年收获。1971 年，通江县种香菇 23 万平方米，交巴中罐头厂鲜菇 82 吨，收入 12.5 万元。1979 年停收，遂自行加工盐渍菇 48.2 吨销售。1977 年，南江县建香菇生产基地 15 个，栽培香菇菌种 9500 瓶，均获成功。1982 年、1984 年、1985 年，南江县产香菇 3.08 万公斤。1997 年，通江县开始栽培木屑袋料香菇 810 万袋，产量大增。1998—2000 年，通江全县共接种椴木香菇 295 万瓶，产菇 175 万公斤；共接种袋料香菇 810 万袋，产干菇 101 万公斤，创历史最高纪录。2000 年上半年，干菇收购价为 20 ~ 30 元/公斤，下半年低于 15 元/公斤；内销鲜菇均价 2 元/公斤。

香　菇

第八章　管　理

第一节　农业计划管理

从 1953 年起，开始实行国民经济“五年计划”。第一个五年计划（1953—1957 年），充分发扬民主，经社员反复讨论，在服从国家计划与适当照顾市场需要的同时，因地制宜种植，挖掘生产潜力，制定增产措施。

第二个五年计划（1958—1962 年），由于“三高”（高指标、高估产、高征购）、“五风”（浮夸风、共产风、命令风、瞎指挥风、干部特殊风）刮起，生产力与生产关系极不适应，后两年虽经纠正和改进，但仍未恢复，所订计划大都落空。三年恢复时期（1963—1965 年），各县成立“长期规划办公室”，制定 1963—1965 年农业生产计划，在实施中，认真贯彻执行《六十条》，调动了农民的生产积极性。经过实施，各项经济指标完成较好。

第三个五年计划（1966—1970 年），全面“文化大革命”，计划管理机构瘫痪，农业生产计划由各县农林办公室安排，因派性干扰，计划大都落空。

第四个五年计划（1971—1975 年），由各县革委安排农业生产计划，其所订经济指标各县完成较差。1975 年，通江县计划粮食总产 2 万公斤，实产 1.56 万公斤，完成计划的 78%；棉花计划总产 396 万公斤，实产 84.47 万公斤，完成计划的 21.5%；油菜计划总产 450 万公斤，实产 157.22 万公斤，完成 35%；其他多种经营计划均未完成。

第五个五年计划（1976—1980 年），农业发展的总任务是以党的基本路线为纲，深入开展农业学大寨运动，基本实现农业机械化，进一步巩固人民公社集体经济。

第六个五年计划（1981—1985年），随着农村经济体制改革，逐步推行以户营为主的大包干生产责任制，计划管理相应地进行改革，把过去统得过细过死的计划管理改为各级政府部门只控制宏观指标。在粮食生产上实行合同订购制，县只管计划总量，各区乡自求平衡，农户按合同订购任务向国家交售，并执行两种价格，即合同内按国家收购价计算，合同外的按议购价计算，其余粮油由农民自己安排，使农民在生产上有了一定自主权，生产得到较快发展。

自第七个五年计划（1986—1990年）起，到2000年止，各县先后制定的第八个五年计划（1991—1995年）、第九个五年计划（1996—2000年）。这三个五年计划的重点是坚持社会主义市场经济体制，加速农林产业结构和种植结构调整，深化农村经济体制改革，强化农业技术推广，开拓创新，建立农产品安全质量体系，提升农产品科技含量，发展无公害“三高”农业。

第二节　农村经济管理

一、财务管理

自1953年至1981年，社队贯彻执行“民主办社（队），勤俭办社（队）”的方针，建立健全财务管理制度，发挥人力、物力、财务的效用。社队在制定各项计划、分配方案等，通过社员大会讨论决定。集体钱、粮、物、票的收支和社员的投工投劳及时清理核实，做到账款、账实、账据、账表、账账“五相符”，按月张榜或口头向社员公布。大队每月集中生产队财务人员进行一次集体办公，检查财务，交流民主管理经验。生产队每月过“队日活动”一次。

1982年，农村实行联产责任制后，境内各县、乡、村分别分期对原集体生产时期的财产、财务、村级财政财务、税费收缴财务、基本建设财务、国拨支农财务等进行多次全县性、全乡性的普遍清理和重点清理。1986—1990年，通江县清理出违法行为的村社16个，计188人，金额5.52万元；有挪用行为4282人，金额62.7万元；侵占集体财物折币7.48万元；拖欠集体资金343人，90.8万元；社员欠集体103万元；社欠村62万元；村欠乡28万元。

1995年，各县（市）纠正农村在收购农副产品中扣缴各种款项向农民乱摊派的错误做法，并作出政策性规定。如：鼓励农民多交农副产品，丰收不限收，受灾不起购；收购中坚持等级标准，不压级压价；一律现金总付，不向农民打白条；坚持户交户结，不准代扣各种款项向农民乱摊派。

1996年，针对农村乱收费乱摊派，乱罚款的违规行为，着力治理“三乱”，巴中市（县级）组织力量对村级财务进行清理。查处违纪违规金额455.5万元，其中挪用资金294万元，挤占资金198万元，平调资金40万元，超限额向农民乱摊派23.5万元。通过清审，限期退赔收回318万元，维护了集体和农民的合法权益。

1999—2000年，对乡、村两级不良债务进行清理。以自查为主，各县（市）组成巡回指导组，并对农村民间高息借贷、重复计征、滞纳金、违规收费等问题进行核实处理。村、社现金统一专人管理；做到不准白条抵库、不准借支挪用、不准公款私请、不准坐支、不准设小金库等五不准；统筹提留由乡农经站统一管理；生产性和非生产性现金支出一律坚持凭据审批制度，严格控制非生产性支出。

二、收益分配

（一）粮食分配

民国时期，境内各县一家一户生产，大都自产自食，收支自理。而部分靠租地主、富农的田地耕种的农户，所产粮食一般以对半或四六分成等交租形式进行分配。

中华人民共和国成立后，经过土地改革，广大贫农、下中农分得了土地，逐步由个体生产组织起来，本着互助互利原则建立互助组，粮食全属个人支配。初级社到高级社时期（1954－1957年）实行“劳六土四”的分配制度，即劳动工分占六成，土地分红占四成。粗细粮按分配总量求出比例分类搭配，好坏兼搭，分配到户，并允许社员自行调剂。每年大、小春收获后和年终决算前，组织人员和发动群众反复核实产量，制订分配方案，贯彻执行国家、集体、个人三兼顾政策和坚持各尽所能，按劳分配的原则。参加分配的粮食主要是集体自产粮，其次是出售农副产品后国家给的奖励粮。并坚持先国家后集体再社员的原则，既反对多扣少分，影响社员口粮的倾向，又反对少扣多分、分光吃光的倾向。

人民公社化初期（1958—1961年），改村为管理区，大办公共食堂，实行伙食供给制，提出“敞开肚皮吃饱饭，鼓足干劲搞生产”的口号，规定社员一律进公共食堂，吃饭不拿钱，实行工资制，劳动八小时。粮食分配按中共四川委规定：“必须保证留足各项作物单位面积和扩大复种面积所需的种子以稻麦每亩20公斤，胡豆25公斤，豌豆17.5公斤，大豆20公斤的留种标准计算；保证完成国家粮食征购任务，农业社必须留储备粮和饲料粮；社员口粮一般每人以250～300公斤为宜，多余部分售给国家，以解决社和社员现金周转的需要。”

1959—1961年，因连续三年自然灾害，使粮食大幅减产，在分配上给“三兼顾”带来很大困难，国家用库存粮食解决社员生活和外调，粮库空虚，社员基本生活不能保证。1961年秋后开始纠正“共产风”的错误，贯彻《六十条》（草案），体制下放，实行“三级所有，队为基础”的核算制度。管理区对生产队实行“三包一奖”，原收回自留地重新划归农民耕种。在粮食分配上，采取包“五保户”，照顾困难户，口粮按人劳“三七开”的比例分配到户。

1963年，对社员口粮分配办法做重大改进，实行基本口粮与工分、投肥分粮相结合的办法，按“一二七开”或“二八开”进行分配，即口粮总数的七成作为基本口粮，按人分配，二成按工分分配，一成按投肥分配，或八成作基本口粮按人分配，二成作为100%，以70%按工分分配，30%按股肥分配。坚持在口粮分配上，既要有利于调动社员集体生产积极性，又要确保“四属”“两户”的吃粮不低于全队一般水平。

1964年，口粮分配全年拉伸计算，实行“三七开”或“二八开”，即口粮分配总数中以70%作为基本口粮按人均分配，30%作为工、肥分粮；或以80%作为基本口粮，20%作工、肥分粮。两种分配的工、肥粮均为“一九开”，即90%按工分分，10%按股肥金额分。儿童的基本口粮，实行三岁以下分半个人的，三岁以上按成人分一个人的基本口粮。社员的口粮标准：在一个队内以户按人计算，最高不得超过275公斤，若超过者采取削减，将其超过部分作为储备粮，或作统购、换购卖给国家。单身汉和双身户分一个半和两个半人的口粮。

1966年，对社员口粮分配实行“三岁以下的小人分基本口粮的七成，三岁以上的分基本口粮的全份”。

1971年，贯彻“备战、备荒、为人民”的战略方针和深挖洞、广积粮、不称霸的指示。境内不少队提留的储备粮有高达占可分配粮食的5%～10%；社员人均口粮一般限制在250公斤左右。1973年，贯彻“积极发展集体养猪，继续鼓励社员养猪”的方针，社员每出售一头肥猪除国家奖励粮食外，生产队还要奖售粮食10～15公斤；产仔牛和合格种公牛每头留粮10～15公斤。对小孩分粮，实行三、五、七岁，分四、六、八成的基本口粮，七岁以上的按成人分粮。

1979年，根据省、地委指示，改进实物分配办法，扩大按劳分配比重，人均分配口粮200公斤以下的队实行二八开，200公斤以上的实行一二七开或一三六开，亦可采取工分分粮加照顾的办法。

1981年，着重推行工分粮加照顾的分配办法：一是确定吃照顾粮的人员：年龄未满16周岁的少年儿童和16周岁以上的在校初、高中学生；55周岁以上的女社员，60周岁以上的男社员；计划内生育的产妇产假期、病残人员；五保户和退休职工吃平均口粮。二是确定吃照顾粮标准，生产队将社员分配口粮以70%按分粮人口计算出每人应吃照顾粮的数量，小孩仍按折成分配，独生子女吃整个人的照顾粮，超生子女吃议价粮。三是工、肥分粮：投肥分粮按口粮总数的10%计算，除去照顾粮和肥料分粮外，其余一律按社员劳动工分分配。吃照顾粮的社员所得工分也同样参加分粮分钱。

1983年以后，集体土地全部承包到户，以户包干经营，农户每年只按国家定购合同出售农产品和公社（乡）分配的提留任务，其余由农户自己安排。每年年报，各级只通过基点调查，推算全社会的粮食分配情况。至2000年，全市粮食总产160万吨，人均产粮529公斤。

（二）收入分配

1954年，境内各农业社将入股社员的土地和社员入社土地所产实物一并以通产量折价，加上社内经营的副业和土特产收入，为全年总收入；再扣除社员投资的种子、肥料等即生产股份基金和公有化股份基金后，其余部分按土地入股占四成，劳力占六成的比例进行分配。

1955年，分配中保证绝大多数社员的劳动报酬（包括劳动奖金）和土地报酬，以及归还投资的总和占全社总收入的80%～90%；公积金、公益金、行管费和统一预留下年现金投资、种子等，占总收入的10%～20%。贯彻劳动报酬适当高于土地报酬的分配原则。凡社员当年的生产投资不论物资或现金全部归还社员。其超过投资部分则应按规定加息，其利息在总收入内付给。

1957年，农业社除完成国家农业税外，根据社内发展生产的需要和增长水平，提留一定数量的公积金、公益金，其比例为全年纯收入总数的8%～10%。生产费用，在粮食作物地区控制在总收入的20%以内，经济作物地区（产棉区）控制在30%以内，分给社员部分占总收入的60%～70%。干部的误工补贴一般不超过全社全年实际劳动日总数的2%。“五保户”采用社会救济（初级社时减免公粮），社内用公益金和义务劳动等办法解决。

1958年，成立农村人民公社后，收益分配贯彻执行省委“在增产部分以社六社员四或社七社员三的原则，适当多提一点公共积累。社员每人分得现金比上年增加不得超过10元，经济作物地区不超过20元”的规定。

1959年后，实行以管理区为基本核算单位，下设生产队只核算副产物等少量收入。普遍实行“半工资半供给制”。在总收入中除国家税金按实支实报外，公共积累提留占总收入的8%～10%，以公共积累数作为100%，再以10%上交县联社，40%上交公社，50%留管理区用于扩大再生产。生产费、管理费扣留30%左右，社员分配仅占总收入的55%。在社员分配数中，工资和供给部分各占50%，以工分计算作为发工资的依据。生产队的核算：按权力下放规定，生产队的生猪和三类产品的经营收入由生产队核算，自负盈亏。其分配比例是：在总收入中，以25%作为生产费用，30%抵发社员工资，40%退还社员生猪折价款，5%作公共积累。以积累为100%，上缴公社10%，交管理区20%，生产队留70%用于扩大再生产。

1962年，体制下放，实行以生产队为基本核算单位，收益分配按《六十条》规定执行。

1963年，坚持生产费用控制在总收入的25%，经济作物特多的地区不得超过30%；公积金为可分配部分的3%～5%，公益金2%；行管费0.5%，个别生产队规模大的不得超过1%。大队办公费用按生产队户数分摊，每月应控制在2～3元，限于开支灯油、买纸等。公社、大队不得以任何方式或借口向生产队提取和挪用资金。

1972 年，农村分配中，“土地征用费一律留作积累，扩大再生产；土地租用费，根据租用年限和租金多少，分年份额参加分配，征用、租用土地上的青苗补偿费参加当年分配”。

1975 年，公社和大队企业分配，采取企业单独核算，公社统付盈亏的办法，在全年总收入中扣出生产费用，税金和劳动报酬（包括生活补贴）等外，其余全部纳入公社积累，以 40% ~50% 用于企业扩大再生产（包括新建企业），50% ~60% 用于农业“四化”和农田基本建设，亦可用一部分扶持困难队和大队企业。

1983 年后，因农村集体土地全部包干到户经营，生产队不再统一核算分配，县、区、乡经营管理干部每年通过基点调查，推算全社会的收益分配等情况。1986—1988 年，农民完成国家税收和各项提留后，分配部分占总收入的 60% ~70%。1993 年，全区农民年均收入 499 元。随后农村经济发展建设加快，总收入直线上升。2000 年，全市人均纯收入 1331 元，比 1993 年净增加 873 元，增长 166.7%。

第三节　承包合同管理

1986 年后，境内农村经济体制改革进一步深入，普遍推行以家庭为单位的土地承包合同制，签订烟叶收购合同 23.16 万份、生猪订购合同 59.7 万份，境内调整土地承包合同 9.8 万户（份），调整土地 0.91 万公顷，填发土地管理手册 63.5 万份。

1988 年开始，境内四县农业承包合同由县统一合同文本，当年签订土地承包合同 23.6 万份，工、副业承包合同 11.1 份，进一步明确发包方和承包方的权、责、利，改变了以前在合同管理上的混乱局面，使农业承包逐步走上制度化、法制化。是年 10 月，县乡（镇）成立农业承包合同管理委员会，村成立合同管理小组，其职能是：宣传、贯彻承包合同的法律、法规；制订承包合同的具体方案；统一印刷合同；组织管理人员的业务培训，搞好咨询服务；负责跨地域承包合同的签证和监督实施；调解承包合同纠纷。

1998 年，第二轮土地承包，四县（市）农村签订第二轮土地承包合同 72.42 户，占总产户数 93.7%；填发土地经营权证书 68.8 万户，土地登记造册、建卡的 62.5 万户，占 87 万%；全面结束第二轮土地承包工作的 13520 个社，占 92%；“大稳定、小调整”的社 6320 个，占 43%。

2000 年，农村双层经营承包制进一步巩固，家庭经营日趋完善，集体统一的职能大为减弱，不少村、社集体经济成空壳。一些农户地土地进行掠式经营，乱占和荒芜土地现象严重，土壤肥力下降。对此，各县（市）采取“大稳定、小调整”的办法，调整和转包土地 8 万户，耕地面积 2.69 万公顷。同时，加强对农村承包合同的监督管理，成立村级合同管理小组 2068 个，占村总数的 88%，且配专职业务管理人员专司其责，使合同管理逐步规范化、制度化。

第四节　农民负担管理

一、农业税

1950—1951 年，由部队同地方干部组成征粮工作队组驻保甲征粮，实行合理负担的政策，采取“累进计征”法，以民国末期的税率不变，按田土多寡，按户计征，大户还需附加木柴和稻草（每

100斤粮征柴草各10斤左右)。

1958年起,废除原来以户为单位计征的比例税制,并适当调整常年产量,以保证征收任务的完成。是年,达县专区分配通、南、巴、平四县提高产量指标12%,平均税率为14.2%,按此任务分别确定各乡的提产比例和税率。

1964—1971年,各县组织工作组到社队,合理调整征购任务,稳定农民负担,安排群众生活,按调两头中间不动的原则,仍贯彻执行"三定"(定产、定购、定销)政策。1972年根据各地旱灾的不同程度,本着轻灾少减,重灾多减,特轻不减,特重全免的原则,核定农业税减免指标。

1988年后,各县实行大包干生产责任制,以户经营田土,农业税一般按人分摊,部分地方按包产产量分摊,税款均由农户缴纳。

二、提留

自1954年建农业社至1982年间,农村社队每年分配时,在总收入中按规定提留公积金、公益金、生产底垫金、其他等,作集体扩大再生产和公益福利事业等开支。1983年后,集体提留的项目逐渐增多。有农业税,架设输电线路费、广播标准化整网费、村社干部误工补助、民办教师工资、幼儿教师报酬、烈军属优待款、"五保户"照顾款、特困户扶持款、民兵训练误工补贴、会计训练误工补贴、农业技术倡导费、群协和组织活动费、输电线、广播维修费、办公费、文娱费、计划生育宣传费、建档费、行管费、财务管理误工补贴、看山报酬、管水报酬、抽水费、公杂费、乡村公路维修费、生猪看槽保健费、公社待摊项目款等30多项,人均金额不等,低者20多元,高者40余元。随后,基本建设和公益事业增多,农民负担越来越重。

巴中地区成立初期,农民负担除农业税外,还涉及"三提八统"(即向农民提取公积金、公益金、管理费,统筹教育附加费,计划生育费、民兵训练费、卫生费、广播事业费、文化费、民勤代劳金、优抚金)、子女入学、农业用水、农民建房、婚姻登记、计划生产、报刊征订、电费、农机监理、摊派集资等。对此,地县(区)党委、政府把减轻农民负担列入重要议程,认真贯彻落实省委、省政府公布取消的45个涉及农民负担的收费项目。清理废止加重农民负担文件58份,取消收费项目119个,减轻农民负担2236万元;砍掉乱集资项目30个,摊派项目15个,达标项目44个,涉及1200万元;查处坑农民违纪案件28件。

1994年,全地区组织36个检查组重点抽查52个乡镇108个村435户农户,清理涉农负担文件75个,修改文件53个,取消收费项目58个,减轻农民负担925.04万元。1995年,地区监察局开展整顿化肥流通秩序的监督检查,督促物价、供销、工商、农业等部门落实化肥来源,畅通销售渠道,稳定销售价格。废止农民不合格负担文件41个,砍掉不合理负担项目118个,减负总额2300万元。1996年,查处涉农负担案件22件,砍掉不合理收费108项,取消不合理负担金额1248万元。全区农民负担总量控制在上年人均收入5%以内,集资由1995年人均230元降到159元。

1997年,地委、行署废止不符合《决定》的文件4个,各县(市)和部门清理废止各自出台的与《决定》相悖的文件,涉及收费项目108个,减少农民不合理负担3055万元。地纪委、监察局印发《关于平昌县灵山乡党委、政府加重农民负担问题的通报》,给予乡党委书记吴某某留党察看一年的处分,责成元山区督促该级退还收取的发展基金,划转摊派多收的税费。

1998年,中央政治局委员、中央书记处书记、国务院副总理温家宝对中办、国办信访局《群众反映》刊载的巴中市(县级)八庙镇党委、政府聘请法律服务所人员,采用非法手段收取农民的税费问题批转后,地纪委、监察局立即组织调查,查清该镇党委、政府聘请法律服务所工作人员收取税费,且由欠款农户支付15%的代收费和5%的收款人员生活费。服务所人员在收费中先后对五村一社、五社、六社部分村民采取打骂、罚站、罚跪、戴手铐等手段，引起村民强烈不满。为此责成有关单位给予司法局局长、长兴法律服务所所长、下八庙镇党委书记等6人党政纪处分；对参与事件的5名聘用人员给予治安拘留5~20天的处罚；地纪委、监察局在全区通报。当年查处涉农负担案件60件，给予党政纪处分15人，移送司法机关处理7人，免去乡镇党委书记职务4人，降职使用乡镇长2人，通报批评7件，取消和砍减不合理收费68项3339万元，提出监察建议25条。

1999年7月26日下午，巴中市（县级）羊凤乡政府派畜牧站站长、出纳员和乡财政所工作人员会同村主任、社长到四村村主任，一社社长到村民许某家收取修建梁（永）鼎（山）公路以资抵劳下差款220元，许无现金交纳，发生争执，几经周折后，收款组收走许家麦子90公斤、谷子92公斤。许想不通，于次日3时左右服灭鼠药“闻到死”，其夫发现后，即送卫生院抢救无效死亡。地纪委、地监察局给予鼎山工委、羊凤乡及村社11名有关党员干部党政纪处分、治安拘留的处分。8月18日地纪委发出《关于巴中市羊凤乡在催收“两工”以资抵劳中因工作方法不当造成村民许期秀服毒身亡恶性案件的通报》。2000年，地委先后在“桃园会议”和“三讲”教育中制定减轻农民负担的具体措施，减轻农民负担总额3866.83万元。

2000年，开展自查、抽查，及时查处加重农民负担的人和事。积极开展减员分流，全市共清理临时人员6505人，减少支出2732万元，其中乡（镇）统筹减少支出1694万元，为农民减负1694万元。全年农民人均负担134元，比上年降低9元。清理“三乱”，开展了中小学乱收费、农村电价、报刊发行专项治理。清理乱收费项目26项，金额2706万元，其中中小学收费项目20个，金额1948万元，电力收费项目6个，金额758万元。积极做好合作基金会兑付工作，已兑付股金代管金22956万元，兑付率达82.3%。积极推行村条公开，财务公开，依法治村，民主管理。认真做好特困群众和受灾户的生产生活安排，在农村建立了特困户最低保障制度。

第五节 农机管理

一、农机机务管理

从1986年开始，县级农机监理站就严格对使用农业机械的操作手和农用车驾驶员进行严格的技术考核，对合格的坐式机械操作手发给操作证，对行走机械的驾驶员核发驾驶证，操作手和驾驶员必须持证上岗。

1988年，各县农机局组织各区、乡机务管理人员200余人，历时4个月，开展农业机械普查建档活动，共填写普查登记表格10余万份，建卡8.2万张，按农用车、拖拉机、座机和提灌机械四大类组卷400余册，将县、区、乡三级机务档案全面建立，为强化机务管理奠定基础。以后随着情况的变化，农用车、拖拉机档案管理进一步规范和完善，而座机建卡、建档工作有所削弱，乡镇机构改革后，个别乡镇对已建立的档案也有毁坏。

2000年，全市累计核发农机操作证，驾驶证和技术等级证1.28万本；共设农机专业维修网点294个，维修技术人员2367人，基本做到了小修不出村，大修不出乡。同时每年春秋播种，收割前，农机部门还组织农机技术人员下乡到户维修，保证了农业机械用时的正常运转。

二、安全监理

农机安全监理，主要由农机主管部门、地方人民政府、农机监理、乡镇农机站齐抓共管，具体工作由县农机监理站，区、乡农机站负责。自1993年至2000年，全地区农机安全监理主要是认真宣传，贯彻农机安全生产方针、政策、法规，制定并组织实施各种农业机械的安全技术标准；负责对农业机械及其配套机具进行技术检验；对驾驶操作人员进行考核和核发牌证；实施技术监督和安全管理，纠正和处理农机作业和农用车辆营运中的违章行为；报告和调查处理农机事故，分析事故原因，提出防范措施。特别是农用运输车辆增多后，地区农机局采取层层签订安全责任书，经常性的开展“人盯人、人盯车、人盯路”的路检路查活动，严格控制带病车和报废车上路，严格控制人货混装，严格控制超载行驶，组织驾驶员按月开展安全日活动等一系列措施，杜绝了农机操作和农用车行驶中的安全事故发生。

三、项目管理

从20世纪50年代中后期开始，国家对农机化事业的发展就投入了大量资金。为使用好国家项目资金，各级政府和主管部门制订了严格立项制度、申报制度、资金管理制度、工程监理制度、项目验收制度。专人负责，层层把关，使农机部门实施的所有项目基本上做到了群众满意，上级放心。

（一）粮食专项发展资金

粮食专项发展资金用于粮食生产基地县农业机械化发展，从1988年开始至1993年结束。国家投入平昌县专项资金34万元，在白衣、元山成片发展提灌为主的农业机械，共建固定式电灌站3座，发展农机作业机械236台/1842千瓦，添制提灌机具217台/1488千瓦，项目由平昌县农机局实施，验收后交当地管理使用。

（二）粮食自给工程项目

粮食自给工程从1991年开始，该项目落实到南江县，由县农机局实施。第一阶段1991年至1995年国家投入专项资金58万元，用于提灌机械更新（占60%）和农机服务体系建设（占40%）。第二阶段从1996年至2000年，国家共投入资金178万元，主要用于提灌建设、农机新技术、新机具推广、农机综合服务队建设和农机技术培训。该项目在实施中，共建固定式提灌站9座、饮灌站6处、喷灌站2处、推广液肥深施器4.5万套、微耕机37台、机动脱粒机146台（套）、电动催芽机37台（套）、培训农机技术员5345人。

（三）农机化先行县项目

农机先行县项目从1998年开始，首先在通江县实施。每个项目县国家投资100万元，分三年实施。项目要求地方财政要匹配资金，主要用于农民购买大中型农业机械的补贴。通江县在实施项目中推广耕作机械230台，播种机械400台，收获机械20台。

（四）以工代赈项目

以工代赈农机项目从1995年开始实施，主要用于农机提灌和机耕道建设。到2000年，国家共投入全市以工代赈农机项目资金1020万元，在全市四县（区）使用，共修复提灌站184处、新建饮提灌站226处、新建村道公路860余公里。

巴中市志

第五篇

林　业

巴中地处长江上游，是四川省重点集体林区和生态脆弱区，全市林业用地面积占辖区面积48%。林业既是全省绿色生态屏障的重要组成部分，又是巴中社会经济发展的重要内容。巴中林业具有生态地位重要、生物多样性丰富、发展速度快、森林覆盖率高、活立木蓄积量大、当地群众依赖性强等特点，对全市生态建设和地方经济发展具有重要作用。

第一章　资　源

第一节　林　地

民国25年（1936年），四川省建设厅森林调查员曲仲湘在全面调查通江县森林后宏观记述通江县森林概貌为："通江县境山脉，由巴山迄逦而成……全县山势不甚高，普通皆在二千五百公尺左右。柏树之生长地带均低，松树之生长地带较高，青杠及其他杂木生长地带均低。高山区域人迹绝少地带则多灌木丛林，皆不成材之杂木，混生于密厚之毛竹（木竹）中。故依全县森林情形论，当以柏树为惟一之木材也，其成材之百分比虽小，惟其面积之大，产量之多，亦大可注意之区域也！"（摘自1939年《四川月报》第九卷，第五期）。

民国27年（1938年），曲仲湘在《渠河上游万源及通、南、巴森林调查报告》称："通、南、巴三县森林树种类及分布情形完全一致"。"各处成材林、幼木材及丛杂之灌木林等所占面积二分之一以上"。"凡近河地带多丛生之混合林，再高地带，则为松树杂木丛林，其他如板栗、核桃、梨子等在人力的保护下，亦能成小规模之树林。散生树木以黄楝、橡子、枫扬之类的普遍"。"虽无大规模之森林，然较小之成材林及丛杂之灌木林所在皆是，耕种田地所占面积非常稀少。调查所过之处，隐天蔽日，行走困难，树木之产量，堪称丰富"。

1959年4月，四川省林业厅勘察设计院森林勘察队赴通江县开展森林资源综合调查。调查结果：通江县林业用地21.82万公顷，其中有林地9.79万公顷、灌木林地0.49万公顷、未成林造林地3.98万公顷、荒山荒地7.49万公顷、采伐迹地0.09万公顷、火烧迹地26.67公顷、侵蚀地13.33公顷。

1975年8月，境内四县开展森林资源一类调查，调查工作于翌年2月结束。通江县林业用地面积17.93万公顷，其中林地、疏林地9.47万公顷。

1982—1984年，境内四县开展林业区划工作和森林资源二类调查。

1993年，全地区各类土地面积123.19万公顷，林业用地59.58万公顷。林业用地中，有林地37.70万公顷，无林地6.37万公顷。1998年底，全地区有林地面积42.01万公顷，占全地区林业用地面积60.03万公顷的70%。

2000年，全市各类土地面积122.95万公顷，林业用地59.12万公顷。林业用地中，有林地43.75万公顷，无林地4.12万公顷。

第二节 森 林

一、植被类型

全市森林植被可分为阔叶林、针叶林、竹林、灌木林四大类。其中，阔叶林分为常绿阔叶林、常绿与落叶混交林、落叶林；针叶林按林木种类分为柏木林、马尾松林、华山松林、巴山松林、油松林、杉木林；灌木林分为慈竹林、木竹林。

二、树种

《通江县林业志》（1990年版）记载：据铁溪、平溪、洪口、沙溪、瓦室等区乡林场调查，查阅其他资料后初步统计，全县有乔灌木77科308种。《南江县林业志》（手稿）记载：南江县乔灌木的种类有200多种，其中落叶乔木24科42属77种，常绿乔木9科18属32种，落叶灌木17科24属43种，藤本植物9科11属19种；乔木中珍贵的有红豆、银杏、香樟、楠木，散生于县境各地。《巴中市巴州区林业志》（1986—2000年）记载：巴中市巴州区有乔木100余种，竹类10多种，灌木30多种。《平昌县林业志》（打印稿）记载：全县有乔木、灌木及藤本植物70科249种。

三、林木蓄积

1993年，巴中地区成立之初，全地区活立木蓄积1561.09万立方米，其中林分蓄积1326.36万立方米，疏林蓄积73.96万立方米，散生木蓄积41.07万立方米，四旁树蓄积119.7万立方米。1998年，全地区活立木蓄积1831.6万立方米。2000年，全市活立木蓄积量达到2131.85万立方米，其中林分蓄积1850.69万立方米，疏林蓄积14.18万立方米，散生木蓄积26.14万立米，四旁树蓄积240.84万立方米。

四、森林覆盖率

《通江县林业志》（1990年版）载：民国时期，根据曲仲湘的记述，通江县森林覆盖率逾50%。1951年目测调查计算减至41%，1959年降到25%。1975年一类资源调查森林覆盖率仅21%，1982年全县森林覆盖率则减少至15%（其中南部低山台地为5.6%，中部中山区为14.8%，北部中山区为20.4%）。1993年森林覆盖率为35.48%，有林地覆盖率为57.1%。2000年森林覆盖率为44.38%，有林地覆盖率32.02%。

据巴中市（县级）森林资源年报统计，1993年森林覆盖率为38.03%，有林地覆盖率32.64%。2000年森林覆盖率为46.46%，有林地覆盖率35.78%。

《南江县林业志》（手稿）载：中华人民共和国成立初，森林覆盖率较高。1958年“大办钢铁”，大肆砍伐森林，到20世纪70年代，森林覆盖率降至21.5%。1978年后，全县森林覆盖率逐渐提高，1984年为40%，2000年为47.10%。

《平昌县林业志》（打印稿）载：1985年底全县森林覆盖率为15.7%，2000年上升到36.50%。

1998年，全地区森林覆盖率为32.6%。1999年，全地区森林覆盖率为34.09%。2000年统计，全市森林覆盖率为35.5%。

2000 年巴中市各类林地面积情况

表 5—1　　　　　　　　　　　　　　　　　　　　　　　　　　单位：公顷

统计单位	总面积	林业用地															非林业用地		有林地覆盖率（%）	森林覆盖率（%）
		林业用地合计	有林地								疏林地	灌木林地	未成林造林地	苗圃地	无林地		非林业用地合计	其中：四旁树占地面积		
			有林地合计	林分					经济林	竹林					无林地合计	其中：宜林荒山、荒地				
				林分合计	用材林	防护林	薪炭林	特用林												
巴中市巴州区	256565.90	95726.00	91805.50	89279.50	22044.80	66321.10	226.50	687.10	2416.30	109.70	660.20	1583.00	185.90	7.20	1484.20	727.20	160839.90	25818.90		
集体与个人	252898.10	94071.20	90232.90	87717.10	21856.20	65407.00	226.50	227.40	2406.10	109.70	660.20	1583.00	120.10	7.20	1467.80	726.10	158826.90	25808.80	35.78	46.46
国有	3667.80	1654.80	1572.60	1562.40	188.60	914.10	—	459.70	10.20	—	—	—	65.80	—	16.40	1.10	2013.00	10.10		
通江县	412560.00	223049.00	132092.00	122641.00	78744.00	29676.00	12059.00	2162.00	8813.00	638.00	7496.00	38232.00	24056.00	125.00	21048.00	9006.00	189511.00	12790.00		
集体与个人	392399.00	203070.00	116330.00	107794.00	67665.00	26027.00	11977.00	2125.00	8287.00	249.00	6882.00	37593.00	22759.00	118.00	19388.00	8057.00	189329.00	12790.00	32.02	44.38
国有	20161.00	19979.00	15762.00	14847.00	11079.00	3649.00	82.00	37.00	526.00	389.00	614.00	639.00	1297.00	7.00	1660.00	949.00	182.00	—		
南江县	338280.00	197888.00	163206.00	158210.00	87044.00	61690.00	8378.00	1098.00	4280.00	716.00	1190.00	20806.00	2840.00	9.00	9837.00	8492.00	140392.00	20967.00		
集体与个人	287871.00	148840.00	118747.00	114332.00	74593.00	31149.00	7590.00	1000.00	3968.00	447.00	1106.00	17504.00	2279.00	—	9204.00	8003.00	139031.00	20880.00	48.25	47.10
国有	50409.00	49048.00	44459.00	43878.00	12451.00	30541.00	788.00	98.00	312.00	269.00	84.00	3302.00	561.00	9.00	633.00	489.00	1361.00	87.00		
平昌县	222720.00	74561.00	50443.00	49589.00	28389.00	19991.00	1141.00	88.00	802.00	52.00	2910.00	6046.00	6279.00	7.00	8876.00	8873.00	148159.00	10271.00		
集体与个人	221906.00	73747.00	49769.00	48931.00	28020.00	19706.00	1141.00	84.00	786.00	52.00	2900.00	5981.00	6237.00	—	8860.00	8857.00	148159.00	10271.00	22.65	36.50
国有	814.00	814.00	674.00	658.00	369.00	285.00	—	4.00	16.00	—	10.00	65.00	42.00	7.00	16.00	16.00	—	—		

2000 年巴中市森林面积蓄积情况

表 5—2　　　　单位：公顷、立方米

统计单位	活立木总蓄积	林分类型	林分面积蓄积																						疏林		散生木蓄积	四旁树蓄积	小径竹吨数
			林分合计		用材林各龄组面积蓄积								用材林各龄面积蓄积				防护林		薪炭林		特种用途								
					合计		幼龄林		中龄林		近熟林		成熟林		过熟林														
			面积	蓄积	面积	蓄积	面积	蓄积	面积	蓄积	面积	蓄积	面积	蓄积	面积	蓄积	面积	蓄积	面积	蓄积	面积	蓄积	面积	蓄积			
合计	21318569	总计	419719.50	18506946	216221.80	9588606	73546.00	1913467	74971.60	3451737	42674.60	2611353	24973.40	1609061	56.20	2988	177679.10	8423528	21804.50	344329	4015.10	150483	12256.20	141724	261472	2408427	71680
	4769161	柏木	97096.60	3859285	44182.10	1767268	22790.10	526640	15279.20	895072	4228.10	248212	1882.60	97151	2.10	193	51816.40	2034585	73.70	1242	1024.40	56190	3574.60	31343	111835	766698	—
	236107	油松	7219.00	226390	3022.00	54942	487.00	2208	2190.00	31909	263.00	13971	82.00	6854	—	—	4171.00	171006	26.00	442	—	—	235.00	4923	29	4765	—
	868864	华山松	19876.00	845676	19125.00	808574	4052.00	69216	10089.00	351572	3719.00	299413	1265.00	88373	—	—	740.00	36757	—	—	11.00	345	810.00	10444	8133	4611	—
	69718.38	马尾松	135604.50	6413829	87452.30	4099575	25781.20	922278	29673.30	1351140	21952.60	1287232	10027.40	537245	17.80	1680	46888.90	2248639	487.00	10362	776.30	55253	3563.40	40387	82063	435559	—
	137	落叶松	1156.00	137	156.00	137	156.00	137	—	—	—	—	—	—	—	—	—	—	—	—	1000.00	—	20.00	—	—	—	—
	472352	杉木	12522.00	451374	10137.60	330490	4469.00	72812	1650.40	76564	3106.60	128790	911.60	52324	—	—	2332.50	115256	6.00	95	45.90	5533	619.20	12081	3629	5268	—
	2651709	栎类	56644.00	2598993	18325.00	899257	5353.00	105694	6375.00	247070	3002.00	206780	3595.00	339713	—	—	26472.00	1484528	10738.00	188760	1109.00	26448	2171.00	25312	24926	2478	—
	797151	山毛榉	11546.00	785715	1644.00	189314	90.00	6552	86.00	8976	626.00	74381	842.00	99405	—	—	9728.00	594564	174.00	1837	—	—	80.00	1502	—	9934	
	1048145	桦木	20368	940974	6565.00	315802	986.00	28661	4202.00	217826	733.00	31855	644.00	37460	—	—	13803.00	625172	—	—	—	—	127.00	2618	3339	101214	—
	574194	桤木	7965.00	481168	7089.00	443939	188.00	7908	2048.00	121580	2483.00	178238	2370.00	136213	—	—	668.00	32732	208.00	4497	—	—	46.00	1199	8747	83080	—
	2928911	软阔	49722.40	1903405	18523.80	679308	9193.70	171361	3378.70	150028	2561.30	142481	3353.80	214323	36.30	1115	21058.30	1080289	10091.80	137094	48.50	6714	1037.00	11915	18771	994820	71680
集体与个人	17258930	—	358774.10	14472712	192134.20	7921840	67928.90	1783226	67009.10	2989839	36899.70	2053711	2040.90	1092134	55.60	2930	142289.00	6141943	20934.50	327047	3416.40	81882	11548.20	131733	247234	2407251	44198
国有	4059639	—	60945.40	4034234	24087.60	1666766	5617.10	130241	7962.50	461898	5774.90	557642	4732.50	516927	0.60	58	35389.10	2281585	870.00	17282	598.70	68601	708.00	9991	14238	1176	27482

第三节　古树名木

境内古树种类较多，常存的古树有柏木、黄连木、青㭎、铁坚油杉、银杏、楠木、马尾松、暖木、桂花树、香樟、杉木、皂角、鹅掌楸、铁杉、黄栌树、红豆树、高山栲、栾树、菩提树等。1997 年 12 月，参照《四川省古树名木普查建档技术方案》确定的标准，对全地区的古树名木进行为期 8 个月的普查。通过普查，全地区共有古树名木 6442 株，其中一级古树名木 2211 株，占 34.3%；二级古树名木 4231 株，占 65.7%。共涉及 38 科 62 属 73 种。主要树种为柏木，共 4884 株，占总株数的 75.8%；其次是黄连木和银杏分别占总株数的 4.6% 和 3.3%。1000 年以上的特大古树名木 18 株，占总株数的 0.3%。树龄仅 18 年的名木 5 株，生长在平昌县刘伯坚烈士纪念馆。在仅存品种中，株数不足 10 株的有 48 种，占总种数的 65.8%。单株种数 17 种，占总种数的 23.3%。全地区有两块原始的山毛榉古树小区，面积为 0.15 万公顷。全地区古树名木分布范围广，全地区 288 个乡镇中，有 250 个乡镇有古树名木分布，占乡镇总数的 86.8%；分布比较零星，除南江县皇柏林的 2309 株分布较集中外，其余均为零星分布，平均每 2 平方公里有 1 株，有 24 个乡镇只有 1 株，有 38 个乡镇没有古树名木；古树名木数量少，以全地区 328 万人口计，平均 510 人有 1 株；分布地域偏僻，主要分布在边远山区乡镇，尤以巴中市（县级）白庙乡，南江县北极乡、白院乡、朱公乡，通江县陈河乡、回林乡，平昌县得胜乡等乡镇分布较多；古树的历史及神话民间传说多，有 26 株在民间有神话传说，如通江县的暖木（待皇树）等。有珍贵稀有树木品种存在，属国家二级保护的树种有银杏、杜仲 2 种，国家三级保护的树种有梓叶槭等 4 种。

待皇树

第二章　营林造林

第一节　种苗生产

一、种子采集

中华人民共和国成立前，境内各县群众一般无采种习惯，虽有少量采集，多作食用或药用。

20 世纪 50 年代初，境内四县开始季收油桐、茶籽、青㭎、杜仲、漆树、枞树、板栗等种子。采种纳入林业生产计划。

1964 年后，境内四县在自采种、自育苗、自造林的“三自方针”的指导下，采种逐年增多。1981 年，达县地区林业局设立种子检验室，加强境内四县林木种子的质量管理。

1984 年，达县地委、行署为实现省委、省政府提出“三年完成盆周绿化栽植任务，1990 年完成盆周山区县绿化栽植任务”的目标，要求全地区从种苗入手，突击三年，每年育苗 0.53 万公顷。三年间达县地区共采各种树种 132.29 万公斤，通江县、南江县、巴中县、平昌县是主要采种区。

1995 年，建设南江县长赤黑池子马尾松种子园和巴中市（县级）1.33 万公顷柏树省级采种基地，0.67 万公顷马尾松省级采种基地以及南江县、通江县、平昌县马尾松、柏树县级采种基地，保证巴中地区优质良种的需要，并为其他省、地提供优质的种源。1994—2000 年，境内四县（市、区）均建立林木良种基地，加强种源管理。对各良种基地落实专人管护，专人采收，对种子进行专仓储存，并按规定和技术要求将种子送省检测。

二、苗木培育

民国 25 年（1936 年）2 月，通江县始建苗圃，自采自育本地经济林木，播种繁殖或接木压条。苗圃培育有刺槐、板栗、核桃、油桐、柏树、桉树、梧桐、花椒、桃、李等。是年，南江县在玄庙观设置林业苗圃，有园丁 2 人，年育洋槐、油桐、桑、柏、杉等树苗 100 万余株。

中华人民共和国成立初，境内四县植树造林多沿用挖野生苗、点桐子或竹子分蔸栽植，育苗造林少。1952 年，部分县开始划拨土地，先后建立苗圃。1956 年，通江县有国营苗圃 15.41 公顷，年产苗 1400 万株。1963 年，境内四县国营苗圃迅速发展。1966—1976 年，各国营苗圃难以为继，仅有少数社队坚持育苗。

1982 年后，境内四县普遍以专业户、联产承包形式进行育苗。在育苗中采用塑料薄膜温床育苗、分段排栽新技术。

1992 年后，育苗以国营育苗为依托，集中办好骨干苗圃。改分散育苗为集中培育，实行规模化育苗、规范化经营、科学化管理。一般以 2～6.67 公顷为 1 个育苗点，最大的近 20 公顷，形成育苗基地与速丰林基地和长防林工程造林配套，县内调剂使用，加快绿化步伐。通江县推广应用容器育苗和 ABT 生根粉无性繁殖新技术，推广营养袋育苗 50 万袋，完成大田育苗 212.2 公顷，容器育苗 50 万袋。

1994 年，全地区各级党政和林业部门在发动群众育苗、扩大苗源，确保大面积造林绿化苗木的同时，增加投入加强苗圃基础设施建设。四县（市）均建骨干苗圃，修灌溉设施。同时，将部分大中专毕业生充实到苗圃工作，提高育苗技术水平。

1995 年，地区中心苗圃在“三个一”（帮助苗圃组建一个好领导班子，搞一个好规划，选择一个好项目）上下工夫，培育各类优质苗木和名贵花木的大型综合苗圃。同时抓县级苗圃建设，充分利用其育苗专业技术队伍，大力培育各类名、特、优、新经济林苗木。对乡村骨干苗圃、重点苗圃、示范苗圃加强指导。全地区形成以国有苗圃和区、乡苗圃为主的苗木繁育网络。1997 年 9 月，四川省国有林场苗圃工作会议在通江县召开。

2000 年，市中心苗圃在巴中市回风管委会龙舌坝村，租地 3.33 公顷，与市西华山苗圃联办，设回风中心苗圃和西华山、青包山两个分圃。中心苗圃总规模 11.48 公顷，共培育各类合格苗 126 万株。同时，在南江县上两乡桂花园村建立巴中市中心苗圃名优经济林苗木繁育基地，面积 3.33 公顷；在通江县苗南办事处建立巴中市中心苗圃名优生态林苗木繁育基地，面积 4.67 公顷。并完成库房、作业管护房、蓄水池、改土等 14 项基础设施建设。

三、良种引进

民国时期，境内各县民间引进树种有洋槐、桤木等，数量较少。

20世纪50年代初，境内四县从成都等地引进法国梧桐、美国青皮桐苗、白扬、桤木、楠木、扁柏、泡桐等种子进行培育推广。1954年，境内四县先后引进大叶桉、柳叶桉、蓝桉、薄皮桉、二叶桉等。20世纪60年代后，境内四县先后引进雪松、日本落叶松、滇柏、柳杉、池杉、水杉、银桦、云南松、油松、意大利杨、露丝柏、藏柏等优良树种进行培育。1967年，达县专区从重庆引种油橄榄，在达县、巴中县试种。1975—1976年，从重庆、简阳等地大批引进泡桐根和种子，在境内育苗造林。到1980年，境内四县均引进数十个油橄榄品种进行栽培。

1986年，南江县长赤黑池子良种场引进露丝柏建种林13.33公顷。1988年，南江县建一代半马尾松种子园42.8公顷，其中采种区40公顷、收集区2.8公顷。是年，巴中县南阳林场从省林业厅种苗站引种日本落叶松和秃杉。

1994年，巴中市（县级）南阳林场引种印度藏柏成功。1996年7月，南江县引进23种速生桉树进行育苗造林试验，定植秃杉引种试验林1.33公顷，墨西哥柏示范林20公顷，藏柏母树林13.33公顷；引进试验水蜜桃12公顷，洞庭枇杷2.67公顷，中华猕猴桃26.67公顷，引进金花、崇化、丰水、北京24梨、北京27梨品种5个。1997年，巴中市（县级）从省内外引进良种名优茶树10种。是年，南江县引进美黑核桃、云南大泡核桃、新疆串子核桃、红豆杉试种成功；大坝分场引进红豆杉扦插5000余株，成活95%。

1998年9月，南江县引进成都红梅穗条新品种，对关门乡万亩红梅进行低改。是年，巴中市（县级）南阳林场引进三倍体毛柏杨。1999年，南江县从省林科院引进速生丰产树种三倍体毛柏杨7个品种和南抗四季杨；巴中市（县级）南阳林场从成都引进四季杨、日本巨桉；通江县引种南抗杨试验获得成功，并推广栽植，其成活率达95%以上。

2000年，南江县引进加拿大珍稀树种红豆杉，巴中市巴州区从陕西引进元宝枫，通江县引进克隆三倍体毛柏杨1.77万株。同时，引进藏柏、三倍体毛柏杨、南抗杨等速生树种和大五星枇杷、油桃、雪枣、漾鼻核桃等名优经济林品种，并获成功。

四、种苗管理

民国25年（1936年），通江县在县城西寺设立苗圃，南江县在玄庙观设置林业苗圃，进行育苗和种苗管理。

20世纪50年代，巴中县采取树苗培育与采种并行，政府拨款补助；平昌县委托社队集体育苗，专人管理，定数量、定质量、定报酬等。

1987年，通江县安排专人负责采种育苗工作，在农村实行专业户育苗，乡村林场办苗圃，进行集中指导和管理。同时，鼓励育苗专业户多育苗、育好苗，对育苗在0.13公顷以上的专业户给予经费补助。

1994年，巴中地区发生历史上罕见的自然灾害，造成许多新育苗木干死。四县（市）结合实情，采取搭荫棚，浇水灌溉等措施将苗木损失降低到最低程度，并对夏旱干死苗采取秋季补育等办法，确保育苗任务的完成。

1995年，全地区四县（市）各乡（镇）林业站坚持数质并重，“五率”（即种子合格率、基地供种率、良种使用率、一级苗木出圃率、容器苗率）并举，坚持使用优质种源区或基地种子，禁止使用劣质种源种子和三级苗木。并大力推广先进实用技术，着力抓优良种源培育，树林疏伐改造、种实病虫害防治、种子检验、无性繁殖，以及地膜覆盖育苗、容器育苗、ABT 生根粉扦插育苗等先进育苗技术，组织林业科技人员深入种苗生产基地开展技术指导和技术服务，开展技术培训，提高种苗生产的质量。对进入流通的种苗坚持"两证"（检验证、检疫合格证），否则不得购买和使用。对没有使用良种壮苗的生产单位，不给予工程造林项目计划，不给予资金扶持。

1997—2000 年，地区（市）林业局采取五条措施，加强对种苗的管理。明确四县（市、区）林业局是种苗生产、经销的主管部门，县内外调剂调运种苗经林业局审核同意；竞价采购，由种苗站统一供苗，统一到县林业局结算种苗款；依法、凭证经营种苗，苗木供应商必须持有林木种苗生产、经营许可证，名优特经济林木要必须持有科研部门签发的"林木品种质量鉴定书"，必须达到国家 I、II 级标准，并由技术人员鉴定验收，方可出圃；鼓励支持县国有苗圃、育苗专业户按照工程建设计划，组织苗木生产；实行质量保证金制度，苗木供应商在结算种苗款时，按照成交额的 10% 预留质量保证金，质量鉴定合格后，一次性返还供苗方。

第二节　植树造林

一、全民造林

民国 4 年（1915 年），农商部规定每年清明节为植树节。民国 17 年（1918 年）4 月，国民政府将清明植树节改为总理逝世纪念植树仪式。每年 3 月 12 日，境内各县均举行植树典礼，栽植纪念树，宣传植树意义，提倡植树造林。

中华人民共和国成立后，在"普遍护林、重点造林、合理采伐利用"方针指导下，群众造林效果明显。1952 年 11 月，达县专署召开首届农业劳模代表大会，境内造林、护林模范受到表彰。1953 年，境内四县在造林中执行"谁造谁有"的政策，提倡互助合作造林。

1956 年，境内四县响应"绿化祖国"的号召，广大青少年踊跃参加植树。造林地点由四旁零星植树，向荒山成片造林发展。由于苗木缺乏，大部分靠挖野生苗栽植，成活率仅 20% ~30%。1958 年，在实行林业基地化、林场化、丰产化的浪潮中，境内四县始试办社队合作林场。办场形式主要有公社办林场、大队办林场、联队办和队办林场等四种。

1958—1960 年，境内四县林业生产受"左"倾思潮影响，高指标、瞎指挥和浮夸风严重。1961—1962 年，境内四县落实中央《关于确定林权、保护山林和发展林业的若干政策规定（试行草案）》精神，进行林权划分工作。贯彻"谁造谁有"的造林政策，纠正"一平二调"（"平均主义和无偿调拨物资"简称）之风。由于造林成效差，个别地方虚报现象严重。

1963 年，在调整国民经济过程中，对社队林场进行调整，保留办得较好的场。1964 年，重庆和本地城镇知识青年上山下乡安家落户，各地农村纷纷举办社队林场，安置知识青年。是年 5 月，通江县恢复和发展社办林牧场，全县社办林牧场由 10 个增加至 76 个，有大队办林牧场 24 个。1965 年，境内四县响应省委、省政府发出的"为社会主义立功，为子孙后代造福"的号召，积极参加植树造林活动。1966 年后，林业生产基本处于停滞状态。大批知识青年返回城市，社队林场减少。

1971 年，境内四县贯彻执行"国造国有，社造社有，队造队有和鼓励社员在房前屋后或生产队指定的地方种树，自种自有”的政策，提高广大群众造林积极性。

1980 年，境内四县增派区、公社林业员，负责区、公社林业生产规划和落实工作。林业“两制”（林权所有制和管理责任制）工作的落实，社员又开始在自留山上植树造林，并出现造林专业户。1982 年后，国家进一步放宽林业政策，给社员划分自留山，允许在房前屋后、田边地角造林。

1983 年，在农村广泛推行联产承包的林业生产责任制，将大面积荒山荒地承包给林业专业户造林经营。

1985 年，不断建立和完善行政领导责任制，境内四县按省政府下发的《绿化责任书》要求，向省政府提报完成县绿化任务的规划。县、区、乡层层签订《绿化责任书》，制定限期绿化的措施，明确行政首长一、二把手抓林业。1986—1987 年，巴中县通过省绿化委员会的检查验收，实现造林绿化“栽植达标”。

1990—1992 年，境内四县以兴办集体“绿化工厂”，发展农户“庭园经济”为动力，大力营造小林园、小竹园、小果园、小茶园、小桑园、小药园等。巴中县实现“基本绿化”达标。

1993 年后，造林绿化工作开始以市场经济为导向，走“三高”（高质、高产、高效）的林业发展路子。对林种树种结构进行调整，增大经济林木的比重。狠抓银杏、板栗，杜仲、黄柏、厚朴药材（简称“三木”药材）和竹子的发展。

1994 年，巴中地区绿化委员会成立，挂靠地区林业局。是年 2 月，地区绿委召开首次全地区绿化工作会议，作出《加快绿化步伐，确保 1997 年绿化全区的决定》。落实政府首长造林绿化任期目标责任制，签订双向造林绿化责任书，实行逐级负责，一级抓一级的造林绿化责任制。制定 1994—1997 年造林绿化规划和 1994—2010 年经济林发展规划，为全地区林业发展的战略。坚持多渠道筹措资金，通过财政拨、部门挤、银行贷、群众筹等途径解决造林绿化资金不足的矛盾。巴中市（县级）筹资 50 多万元，平昌县向银行低息贷款 10 万元用于造林绿化。同时，交通、教委、水电等部门筹资，解决公路、河流和校园绿化资金。注重优化林种结构，绿化树种侧重于“三木”药材、干鲜果品等经济林木和乡土树种，林分的组成上经济林和混交林的比重增加，全地区 1.9 万公顷成片造林中，经济林 0.74 万公顷，占 39%。

1995 年，全地区坚持造林绿化与保持水土、绿化国土、充分发挥林业的“三大效益”相结合，与小康村建设相结合，与争创全国造林绿化“四佳”（千佳村、百佳乡、百佳县、十佳城市）活动相结合，与实现阶段性绿化目标相结合，与当地群众脱贫致富相结合。同时，层层签订保护发展森林资源《目标责任书》，严格检查验收，逗硬奖惩，并纳入各级领导干部的政绩考核内容。各级党政领导坚持兴办造林绿化示范点，全地区有 1108 名党政主要领导兴办绿化示范点 629 个，面积 0.78 万公顷。大抓结构调整，推动骨干项目的发展。通江县大抓耳林改造和五倍子基地建设；南江县大力发展板栗、核桃为主的干果林；巴中市（县级）、平昌县狠抓“三木”药材和蚕桑基地建设。全地区新造经济林 0.84 万公顷。巴中市（县级）被评为全国造林绿化“百佳县”，巴中市（县级）巴州镇玉堂村、南江县寨坡乡水田坪村被评为全国造林绿化“千佳村”。

1997 年，全地区在总结大力发展集体经济林场园的经验教训基础上，着力抓农户庭院经济林建设，全地区有 12.4 万户农户新建庭院经济林 0.81 万公顷。南江县把户均建 0.07 公顷庭院经济林作为全县扶贫攻坚工程；巴中市（县级）在花溪、南阳等乡、村搞池园经济林示范点建设；通江县实施经济林建设“四个万字号”示范工程（即两河口、空山万亩干果林，永安、至诚、沙溪万亩茶园，平溪万亩杜仲林，涪阳万亩耳林改造）；平昌县继续扩大佛头山等经济林示范工程，完善股份制场园和租赁制场园；平昌县搞庭院经济林示范，面积200余公顷。是年，全地区用于造林绿化累计投工945.4万个，投资4852.5万元，其中中央、省投资205万元，地方财政投入290万元，林业部门投入278万元，机关单位及个人投资746万元，农民群众自筹投入3213.5万元，农口部门从工程资金中挤出120万元用于植树造林。

1999年，全地区把发展池园、庭院经济林作为调动千家万户参与林业建设的手段和消灭绿化死角、提高绿化水平、美化农户庭院、致富山区群众的重要途径。全地区共新建池园、庭院经济林8.2万户，面积0.48万公顷。

1997—2000年，每年组织专业技术队伍深入区、乡、村、社、户规划设计，实行林业局领导包片，科、股、室包区，技术人员包工程，区站包乡，乡站包村，一手抓示范工程，一手抓面上造林。各县（市）成立督查工作组，负责对行动情况、进展情况和实施质量进行督查。各县（市、区）坚持以农民投工、投劳、投资和乡村自筹为主，国家补助为辅的投入机制，坚持“谁受益、谁负担”的原则，鼓励单位和个人积极投资兴办绿色企业。采取多形式、多层次、多渠道筹措资金。向上积极争取工程造林项目资金、世界银行贷款、扶贫贷款；用活用够农民应投的义务工、积累工；以乡镇或村为单位人均筹借5元种苗费；加大拍卖、租赁、承包“四荒”（荒山、荒坡、荒丘、荒滩）的力度，增加投入；聚集社会闲散资金，鼓励集体、个人、企事业单位投资兴办绿色企业；地方财政安排部分资金，交通部门从养路费中安排资金确保公路绿化，水电部门从水保投资中安排不低于18%的资金用于水系绿化，建委从城市配套费中安排资金用于城市绿化。

二、国营造林

民国26年（1937年），通江县有造林场地3处、3.67公顷，供机关、学校植树。是年，南江县何雁秋等人倡议筹建“巴山资源垦殖公司”，在大坝等地群众中散发树木种子，组织群众造林，后因土地权属争议不决，垦殖受阻，造林无着而告终。民国31年（1942年），省民盟成员鲜英派其侄鲜维扬等到通江县龙凤场建立“福众垦殖社”，种植油桐133.33公顷，47325株，为通江县成片造林之始。

1951年8月，川北行政公署农林厅林业局接管鲜维扬创办的“通江桐林场”（福众垦殖社），成立川北行署通江林场，负责指导达县专区各县采种、育苗、护林和林野调查。1953年该场撤销。

1956年，根据国家提出的“依靠社队集体造林为主，积极发展国营造林”方针，确保国家大规模建设用材需要，在公有林成片（2000公顷）的地区建立森林经营所，开展抚育、更新、林副产品经营工作。1958年，积极发展国营造林，林地面积达1500公顷以上地区建立国营林场。境内建立国营林场10余个，开始大规模国营造林。在国营林场建场初期，政府每年将造林任务和投资经费下达各场，并按建场设计规划和实施方案组织一年一度的作业设计和生产。林业工人或雇用社会劳力或动员相邻区社群众、学生突击造林。按设计树种，采种育苗、整地（穴状、带状、块状、全垦）方式和规格，栽植方法（直播、植苗或拌泥浆栽植），抚育管理等项要求进行生产，从事科学研究。是年，通江县陈河森林经营所在过街楼、老林湾等地采用环山带状整地16.67公顷；次年春，栽植柏树，套种黄豆、小豆农作物；连续五年间种后，调查苗均高1米，根径2.7厘米；七年后郁闭成林。海鹰寺、黄柏厂、五台山等林场实行杉木与桦木、毛柏杨混交，每年抚育两次，五年郁闭成林。

1981年，各国营林场除按政府指令计划组织生产外，作业前开始推行作业设计，与之配套的生产管理责任制的落实，使国营造林形成检查验收制度。1985年，国营林场进行二类调查，通江县国营造林保存面积7911.2公顷，国家累计投资达369.7万元。

1986年后，随着育林资金来源的变化，林场经费严重不足。为适应改革的需要，各林场在完成造林任务的同时，积极开展多种经营，增加收入。

1988年，各国营林场仿行工业企业对人事、工资、劳动制度进行改革和探索，进一步强化林场承包经营体制。

20世纪90年代初，各国营林场（所）坚持以营造为基础，开发多种经营，既搞护、育、造、采，又搞开发利用，实现自给有余，新造大面积速生用材林，改造低产林。

1998年，全地区完成成片造林2.39万公顷。1999年，全地区完成成片造林2.1万公顷，其中公益林0.91万公顷，商品林1.19万公顷。2000年，全市完成成片造林2.78万公顷。

三、工程造林

（一）飞播造林

1971年，通江县对全县荒山荒坡进行调查，宜于飞播造林的2.37万公顷，因播区分散和其他原因，改用人工点播。次年秋，通江县播马尾松种子4500公斤。到1977年，通江县飞播造林0.16万公顷。1982年，通江县飞播造林暂停。

1987年，南江县开始飞播造林，面积为508.6公顷。至1989年，南江县累计飞播面积达到1401.67公顷。

1990年，达县地区表彰奖励的8个飞播造林先进集体中，巴中县林业局和平昌县笔山区公所受到表彰。

1996年，省林业厅结合巴中地区实际，安排飞播造林0.77万公顷，其中通江县0.24万公顷，南江县0.19万公顷，平昌县0.33万公顷。涉及22个乡（镇），17个播区，103个小班，树种为马尾松和华山松。根据计划安排和省营林调查队的规划设计，各项目县及时组织飞播用种，抓住春秋两季开展飞播工作。全地区共采收马尾松种13814公斤，华山松9470公斤，青枫种子33350公斤，投劳6.7万个，投资（包括投劳折资）75.3万元，完成飞播造林0.78万公顷。

1997年，省营林调查队规划设计巴中地区通江县、南江县、平昌县飞播造林23个乡，12个播区，128个小班，设计面积0.83万公顷。各项目县及时组织采收和调运树种马尾松9345公斤、华山松9732公斤、油桐7500公斤，完成飞播造林0.56万公顷。

1998年，全地区完成飞播造林0.7万公顷。1999年，全地区完成飞播造林0.79万公顷。2000年全市完成飞播造林1.08万公顷。

（二）速丰林建设

1976年，境内四县始造速生丰产用材林。

1980年，省政府确定全省60个县为速生丰产林基地县，其中通江县、南江县被确定为速丰林基地县。按规定新造速丰林到1990年前保存面积达0.67万公顷，且集中成片，每小片不低于2公顷，成活率达90%，活立木年生产量不低于0.7立方米/亩，20年后每亩出材10立方米。从造林到成林每亩国家投资15元。

1981—1989年，南江县速生丰产林基地建设，完成造林面积2.77万公顷，占全县造林面积的95.99%。其中1984年省林业厅检查验收南江县速生丰产林面积0.73万公顷，为省下达任务的两倍，获省三等奖，并获省扶持基金73.16万元。1989年，通江县营造速丰林2239.3公顷，通过检查验收，合格面积1715.7公顷，成活率93%，占总面积的76.6%。

1990年，省政府把通江县列为第二期速丰林2.67万公顷、长防林7.13万公顷建设的重点基地县。是年底，省、地对一、二期速生丰产用材林进行验收，通江县合格面积为1.7万公顷。

1994年，全地区营造速丰林0.24万公顷，涉及通江县、南江县、巴中市（县级）、平昌县的64个乡，13个林场，421个小班，15个造林树种。主要用材树种有马尾松、杉木、华山松、柏木、桤木等，另有“三木”药材、五倍子、板栗等经济林树种。用材林面积1846.8公顷，占所造速丰林总面积的76.4%；经济林569.58公顷，占23.6%。

1995年，全地区完成速生丰产用材林基地造林合格面积为0.29万公顷。按树种分，杉木类232.82公顷，松类1060.94公顷，速生柏105.34公顷，桤木等软阔179.2公顷，其他用材树种242.81公顷，经济树1031.34公顷。成活率均在90%以上。

1997年，全地区共完成速丰林建设面积0.3万公顷，涉及全地区62个乡、152个村、12个国有林场。共计290个小班。按树种分，杉类530.52公顷，松木类753.24公顷，柏木类130.67公顷，银杏350.6公顷，软阔501.46公顷，硬阔235.6公顷，竹类129.33公顷，经济林395.47公顷。各树种平均成活率达92%。

1998年，全地区共营造速丰林一类面积为0.26万公顷，占省林业厅下达任务0.24万公顷的110.3%。其中，巴中市（县级）完成628.24公顷，通江县779.46公顷，南江县753.08公顷，平昌县486.25公顷。

1999年，省林业厅下达给巴中地区速丰林建设任务466.67公顷，并全部落实到平昌县。该县落实到32个乡镇，86个小班，实际完成任务557.33公顷。

2000年，南江县完成速生丰产林0.23万公顷，其中经济林园0.17万公顷，用材林0.06万公顷。

（三）长江中上游防护林建设

1989年，四川省长江中上游防护林建设工程启动。1990年，巴中县、通江县、平昌县被列为首批长江中上游防护林工程重点县。是年，巴中县在司城乡、花溪乡、曾口镇启动，实际完成长防造林0.07万公顷，占任务的106.3%。平昌县将坦溪、金宝乡列为试点乡，随之扩大到白衣、华严、岳家、大寨、土兴、元沱、尖山、粉壁、澌岸、金龙、响滩、涵水、江口镇等乡镇，投劳380万个，投资420万元，完成长防造林1.4667万公顷。

1991年3月，通江县首选7个乡为长防林基地乡，毛浴乡、广纳乡、苗南乡、赤江乡为长防林启动乡，并在毛浴乡长江村举行启动奠基仪式。是年5月，南江县被列为国家长江中上游防护林体系工程建设周边县。是年，巴中县在上八庙镇等17个乡（镇）全面铺开，把长防林工程纳入农田基本建设，投工36.5万个，完成长防工程造林0.08万公顷。至年底，通江县共落实配套资金7.7万元，群众自筹种苗资金19.5万元，投劳3.5万人次，投工14.5万个，完成长防造林9000公顷，其中重点长防造林3000公顷。

1992年，通江县长防作业设计分布于6个区、10个乡（镇）、69个村、312个社、446个小班，面积3027.5公顷。是年，南江县参加全国200个长防林工程建设县达标竞赛，以高起点、高要求、高质量推进长防林工程建设。

1993年，省下达巴中地区长防林重点工程造林任务0.53万公顷，完成0.86万公顷。国家共投资补助费用81.3万元。其中，中央投资40.7元，省9.5万元，地、县31.1万元，分别占50.0%，11.7%，38.3%。集体集资和个人捐赠为23.3万元，群众投工投劳274.6万个，参加工程建设达139.1万人次。

是年11月，巴中市（县级）代表四川省长江防护林工程建设成效检查验收的基层单位，经林业部“长防工程”检查组实地检查验收，巴中市（县级）被评为四川省第一期长防林建设县（市）的第一名。巴中市（县级）四年共完成工程造林0.87万公顷，其中重点工程造林0.35万公顷。

1994年，全地区完成长防工程造林1.45万公顷，占地区安排计划1.16万公顷的125.3%；其中，重点工程造林0.66万公顷，一般造林0.79万公顷。中央和地方共投资175万元，其中中央投资91万元，地方配套84万元；群众自筹88.1万元，投工256万个，投劳108.5万人次。

1995—1996年，全地区完成长防工程造林2.87万公顷，其中重点工程造林1.9万公顷，占省长防办下达1.63万公顷的116.53%。投劳150.8万人次，投工861.2万个。

1997年，全地区完成长防造林1.27万公顷。其中，重点工程造林0.9万公顷，占省长防办下达0.79万公顷的113%，一般造林完成0.37万公顷。总投资342.8万元，投劳38万人次，投工247.6万个。

1998年，全地区共完成长防营造林1.27万公顷，其中重点工程造林0.81万公顷，占省长防办下达0.77万公顷的106.1%。工程建设完成投资227.4万元。其中，中央投资85.2万元，省投资24.2万元，地方、部门自筹118万元；投劳66.5万人次，投工289万个。

1989—1999年，全地区累计完成长防造林12.69万公顷，其中重点造林6.51万公顷，一般造林6.18万公顷。在重点工程造林中，按造林方式分，人工植苗3.51万公顷，直播0.47万公顷，封山育林1.2万公顷，低质林改造0.89万公顷，幼林抚育0.44万公顷。在长防体系建设中，其他部门造林0.46万公顷，综合开发治理0.17万公顷，四旁植树2.93万公顷。长防工程建设共计投入资金3183.3万元。其中，国家投资677.2万元，占总投资的21.3%；省配套113.9万元，地区40.4万元，县233.8万元，部门投资661万元，群众投资1457万元（包括投劳折资），投工2990万个，工程建设覆盖4个县（市）、256个乡（镇）、231.1万人。

（四）退耕还林

1999年10月，巴中地区四县（市）均被列为全省退耕还林工程试点县（市）。根据《巴中地区1999—2010年退耕还林总体规划实施方案》，全地区规划实施退耕还林7.13万公顷。是月，省天然林资源保护和退耕还林工程领导小组下达巴中地区1999—2000年退耕还林试点任务计划0.8万公顷。其中巴中市（县级）0.13万公顷、南江县0.23万公顷、通江县0.23万公顷、平昌县0.2万公顷。“退一还二”（退耕还林草实行退一亩耕地，还二亩林草地）荒山造林0.53万公顷，其中南江县0.15万公顷、通江县0.14万公顷、平昌县0.11万公顷、巴中市（县级）0.13万公顷。通江县退耕还林试点涉及9个区、28个乡镇、144个村、640个社、1.4558万户、2335.5公顷；平昌县涉及35个乡镇、197个村、942个社、1.6569万户；南江县涉及10个区、44个乡镇。

2000年2月，根据省政府将退耕还林补助粮食按每亩50公斤兑现到退耕农户手中的要求，是月27日，巴中地区退耕还林首批政策兑现大会在南江县凉水乡潘家坡召开，凉水乡潘家坡61户退耕农户首批领到补助粮食，由此拉开全地区补助粮食兑现序幕。是年底，全市退耕还林（草）8000公顷任务全面落实到152个乡、588个村、2087个社、6.2389万户，实际完成退耕还林（草）8467公顷。完成“退一还二”荒山造林5553公顷，兑现粮食3600万公斤，现金补助2400万元，种苗补助880万元。

（五）天然林保护工程

1997年，省天然林资源保护工程领导小组办公室将巴中地区列入天然林资源保护工程区。1998年

10月1日起，停止南江县魏家坝林场、大坝林场的大小兰沟，通江县空山综合林场施业区范围内所有天然林的采伐，并严禁任何单位和个人乱砍滥伐林木和毁林开垦，严禁违法运输木材，违者依法从严惩处。是年11月，行署决定，在全地区范围内凡未经人为措施而自然起源的原始林和天然次生林一律停止经营性采伐，由此，巴中地区天然林保护工程全面实施。是年，全地区天然林资源保护工程公益林建设完成人工造林368公顷，封山育林3075公顷；省安排巴中地区第一批天保工程资金（国债转贷）计划200万元，到年底累计完成投资285万元，其中国债拨款100万元，自筹资金185万元。

1999年，南江县、通江县、平昌县被列为全国天然林资源保护工程实施重点县，被列入面积26.3万公顷。是年，全地区完成人工造林476公顷，封山育林0.69万公顷，人工促进更新2万公顷；投资414.9万元，其中，中央投资199.2万元，地方投资215.7万元。

2000年，全市完成天然林资源保护工程公益林建设人工造林2400公顷，封山育林90.67公顷。森林管护作业设计全面完成，达54.8万公顷，并开始实施。天然林资源保护工程种苗建设起步良好，天然林资源保护工程投资4399.2万元。

（六）以工（粮）代赈工程

1991年，境内四县开始实施林业类以工（粮）代赈，至1998年结束。

1991—1998年，各级政府和林业部门根据林业的特点和实际，采取择优、择重、择急、择穷的办法，实施该工程。其间，国家共安排林业代赈粮138.53万公斤，折合人民币122.89万元，工业卷烟16.52万元，计划实施项目40个，营造经济林0.33万公顷。地方配套投资105.72万元，群众投劳近100万个、折资165万元。实际完成项目43个，营造经济林0.35万公顷、用材林190公顷，占计划数的116%；修复水毁公路5.2公里，修建600立方米蓄水池1口，架设高压输电线33公里。在营造的经济林中，五倍子林1285公顷，占36%；干鲜果品基地林0.08万公顷，占22.6%；“三木”药材等药用植物林0.13万公顷，占37%；改造耳林333.33多公顷，占9%。项目涉及四个县（市）的50多个乡（镇），80多个村，200多个社及部分国有林场、苗圃。受益群众近1万余农户、10余万人。

四、义务植树

境内民间历有在庙宇、祠堂、庭院、交通要道、墓地植树培果的习俗，亦有栽植纪念树的传统。

民国34年（1945年）3月12日，为纪念孙中山逝世，通江县举行各界人士国民精神总动员大会，会后，开展义务植树活动。民国36年（1947年），通江县城区义务植树4550株。

中华人民共和国成立后，境内四县义务植树更加广泛。

1981年12月，第五届全国人民代表大会第四次会议通过《关于开展全民义务植树运动的决议》后，境内四县人大常委会发布《开展全民义务植树运动实施细则》，各级党政领导带领群众，履行植树义务。1982年，境内四县相继成立绿化委员会，负责造林绿化的培训、指导和督促，推动全民义务植树活动。

1986年，通江县义务植树参加人数1.95万人，成片造林533.4公顷，零星植树352.42万株。1986—1988年，南江县参加义务植树47.24万人，义务植树562.44万株，四旁植树4612.8万株。

1991年，境内四县普遍利用电视、报刊等开展全民义务植树10周年纪念宣传活动。城乡普遍开展栽植各种纪念树、纪念林活动。义务植树始向基地化、规范化方向发展。

1993年，巴中地区成立后，各级高度重视义务植树活动，并进行统一部署，狠抓具体实施。

1995 年，地区林业局在植树节前夕，进行广泛宣传动员，并根据职工人数，将任务落实到单位、地段、人头，对未参加的职工，按规定收取“以金代劳”绿化费，使义务植树走上制度化。是年 3 月 3 日，巴中地级机关 516 人参加植树活动，栽植 8000 多株。巴中市（县级）义务植树以城区南龛公园为重点，在全市各乡镇建立义务植树点 50 余处。

1993—1995 年，巴中市（县级）成片义务植树近 0.33 万公顷，零星植树 5100 多万株，育苗 23.33 公顷，并营造“青年”“妇女”“民兵”等各种纪念树 0.17 万公顷，仅城区义务植树就对南龛公园、王望山、西龛山、北龛山、白塔山、插旗山、阴灵山等进行绿化。

1996 年，全地区参加义务植树人数 167.9 万人，占应参加人数的 96%；成片造林 512.12 公顷，四旁零星植树 1008.6 万株，栽植花草、灌木 14.403 万株（盆），培育绿篱 1430 米，抚育幼林 0.09 万公顷，建立义务植树基地 1019 个，栽植面积 0.12 万公顷，绿化长度 384.6 公里。全地区“以金代劳”人数 4.17 万人，收取“以金代劳”绿化费 5.96 万元。

1997 年，全地区在开展义务植树活动中，切实做到“四个结合”，即开展义务植树与悼念邓小平相结合，与建设经济林园和发展农户庭院经济林园相结合，与帮扶贫困村社相结合，与干线公路的绿化、城镇绿化、森林公园植物景观培育、校园绿化、河流绿化相结合。通过义务植树，绿化公路 453 公里，河流绿化 1080 公里，场镇绿化 312 处、校园绿化 966 处、公园绿化 2 处，共义务植树 1033 万株，参加人数 187.3 万人。

1999 年，全地区义务植树 1070 万株，建义务植树基地 120 处，面积 173.33 公顷，参加义务植树 208 万人次。

2000 年 3 月 7 日，地、市两级机关职工 4000 多人，在巴中市（县级）巴州镇浅滩村河边停耕地栽植麻柳 2 万株，面积 4.67 余公顷，拉开全地区以义务植树绿化退耕地的序幕。组织发动在校学生、机关青年在巴河北岸河滩地义务栽植麻柳 5000 多株。通江县组织“保护母亲河”签名募捐活动，以“5 元捐植一棵树，200 元捐植一亩林”为主题，募捐资金 1400 余元，购树苗 7000 多株，发动 1000 多名帅生在诺江镇城南三社秋景山开展保护母亲河，绿化希望工程示范林植树活动。至年底，全市建义务植树基地 195 个，1200 公顷。

第三节　经济林建设

境内主要经济林品种有油桐、耳林、油茶、核桃、五倍子、漆树、银杏、竹子等。

1993 年，巴中地区成立后，全地区经济林的多种效益协调发挥，通过果园承包、庭院经济林建设、苗木培育、应用林业先进适用技术等，增加收入。部分乡村通过发展经济林，拓展财源，壮大集体经济，形成财源基地。

1994 年后，地委、行署对巴中地区区情进行调查研究后，制定出“绿山富民兴区”战略，把林业列为“四大工程”（加大旱地改制力度，大力发展玉米生产；狠抓林业结构调整，大力发展经济林；在稳定生猪生产的同时，大力发展畜牧业；大搞农田水利建设，努力改善生产条件）之一，在调整林种结构、充分利用宜林荒山荒地方面，对宜林荒山荒地实行有偿转让。

1995 年 12 月，林业部将巴中地区四县（市）列为国家江南山地综合开发区，将南江县、通江县、巴中市（县级）列为经济林基地县。

1996年初，地委、行署将林业列入全地区农村实施的“四大工程”之一，并作出《关于大力发展经济林加速林业综合开发的决定》，指出山区的优势在山，希望在林，大力发展经济林加速林业综合开发是绿山富民奔小康的重大举措。四县（市）分别制定发展经济林的现状图、规划图、作业设计图和说明书，掀起经济林建设新高潮。全地区将林木及宜林荒山荒地实行租赁、合股经营、公开拍卖等多种形式，有偿转让192起、0.83万公顷。

1997年，地区调整农村产业结构，大力推广以大办庭院经济林为主，实行井池园配套，种养加结合的池园经济建设新路子。全地区将林木及宜林荒山荒地偿转让111起、0.55万公顷。通江县作出《关于全民动手，快速高效建设一百万亩经济林的决定》，出台《部门上山办企业的管理办法》，先后有86个部门、单位采取联办、租赁、股份合作等形式，投入资金230多万元，兴办各类干、鲜、药材基地92个，0.21万公顷，带动全社会大办经济林。四县（市）对经营无力、亏损严重、管理困难的果园、药园、桑园、茶园等进行拍卖、租赁、承包。按照“谁投资、谁受益”的原则建立利益机制，将承包期由30年不变延长到50年不变，并允许继承、转让，吸引社会各界参与经济林建设。同时，选派基层技术人员参加省、市（地）组织的经济林培训班，聘请四川农业大学和省林科所的专家、教授亲临实地授课讲解。全地区共参加省、市（地）经济林培训班11次，县（市）自办培训班123期，培训1.8万人次。注重林业实用技术推广，通江县推广“银杏丰产经营技术”后，全县年增加银杏产量126吨，产值504万元，果核质量由820粒/公斤提高到520粒/公斤。

1999年，全地区实施山区林业综合开发项目3个，其中，南江县在桥亭乡龙门村建设良种核桃基地73.33公顷，栽植良种泡核桃3.4万株，投工7000个，投资50万元（含群众投劳折资41万元）；平昌县在镇龙、望京等5个乡镇高标准造林85.53公顷，投工6000个，总投资24万元（含群众投劳折资17万元）；通江县在平溪、涪阳等区镇完成低产耳林改造206.67公顷，投工5000个，投资48万元（含群众投劳折资37万元）。

截至2000年，全市有经济林12.13万公顷（其中耳林3.47万公顷），未投产（花果）面积7.8万公顷。经济林产品总产量5.8万吨，年总产值3.1亿元，占地方农业总产值的7.2%。“九五”期间，新营造经济林3.67万公顷，其中建设庭园经济林20.1万户、2.28万公顷，改造低产林2.47万公顷。南江县建立以核桃、板栗为主的干果产业基地0.33万公顷，“三木”药材、金银花0.23万公顷；通江县建立“两耳一菇”（银耳、黑耳、香菇）食用菌基地1.13万公顷；巴中市巴州区建立以柑橘、枣为主的水果基地0.27万公顷，川明参0.1万公顷；平昌县建立以蚕桑、竹为主的工业原料基地0.17万公顷。一批以“通江银耳”“南江毛峰”“巴州川明参泥”为龙头的林特产品产业，逐步形成产供销一条龙的产业发展之路。全市共育经济林苗786.87公顷，占育苗面积的43.6%。初步建立以市中心苗圃为主，四县（区）国有骨干苗圃为辅，个体育苗大户为补充的经济林育苗基地，并提供大五星枇杷、磨盘柿、泡核桃等10余个名优经济林新品种，1600多万株，在满足全市内用苗外，外销陕西省汉中市，成都、绵阳、南充等地。

表 5—3

2000 年巴中市人工林面积蓄积及四旁树情况

单位：公顷、立方米

统计单位	已成林人工林面积	林分类型	林分面积蓄积																				经济林面积	竹林面积	疏林		未成林造林地面积	四旁树	
			林分合计		用材林各龄组面积蓄积								用材林各龄面积蓄积				防护林		薪炭林		特种用途								
					合计		幼龄林		中龄林		近熟林		成熟林		过熟林														
			面积	蓄积	面积	蓄积	面积	蓄积	面积	蓄积	面积	蓄积	面积	蓄积	面积	蓄积	面积	蓄积	面积	蓄积	面积	蓄积			面积	蓄积		面积	蓄积
合计	262766.60	合计	188753.50	8005595	108433.80	4656067	45610.00	1126807	34793.60	1844828	18742.60	1134203	9236.40	547364	51.20	2865	69757.40	3172006	10354.40	159494	207.90	18028	13851.40	161.70	4747.10	51712	33360.90	47373.60	2195731
	59232.00	柏木	59232.00	2438264	29873.10	1136242	16768.10	30824	8541.20	571977	3026.10	175192	1535.60	80637	2.10	193	29295.10	1299100	26.10	519	37.70	2403	—	—	966.70	8802	4187.60	16082.20	756616
	3491.00	油松	3491.00	47695	1838.00	34951	487.00	2208	1053.00	13486	216.00	12403	82.00	6854	—	—	1653.00	12744	—	—	—	—	—	—	210.00	239	—	1019.00	4500
	13403.00	华山松	13403.00	710854	13065.00	694103	2853.00	53051	5754.00	279940	3398.00	286464	1060.00	74648	—	—	332.00	16638	—	—	6.00	113	—	—	232.00	2329	2190.00	39.00	2535
	69025.40	马尾松	69025.40	33336318	40081.30	1977271	14970.20	563459	13419.30	671098	7975.50	442098	3878.40	198936	17.80	1680	28812.30	1446888	—	—	131.80	12159	—	—	1821.10	20071	13261.70	6844.80	431477
	2085.00	落叶松	2085.00	15940	2085.00	15940	2032.00	14778	53.00	1162	—	—	—	—	—	—	—	—	—	—	—	—	—	—	20.00	—	395.00	—	—
	7037.80	杉木	7037.80	316815	5100.60	229163	1062.00	31116	1519.40	69525	1976.60	99602	542.60	28920	—	—	1937.20	87652	—	—	—	—	—	—	494.40	8422	1101.60	626.20	5045
	3305.00	栎类	3305.00	95932	2299.00	78250	1569.00	51301	562.00	7781	168.00	19168	—	—	—	—	567.00	8776	422.00	8565	17.00	341	—	—	279.00	3020	482.00	103.00	2478
	2632.00	桦木	2632.00	173830	433.00	20938	150.00	4500	260.00	14806	23.00	1632	—	—	—	—	2199.00	152892	—	—	—	—	—	—	90.00	1877	—	359.00	94658
	42555.40	软阔	28542.30	869947	13658.80	569209	5898.70	98151	3631.70	215053	1959.30	97644	2137.80	157369	31.30	992	4961.80	147316	9906.30	150410	15.40	3012	13851.40	161.70	633.90	6952	11743.00	22300.40	898422
	2531.00	桤木	2531.00	174291	1903.00	146192	319.00	22735	950.00	78200	454.00	31780	180.00	13477	—	—	628.00	28099	—	—	—	—	—	—	64.00	1199	0.00	363.00	29791
	40024.40	硬阔	26011.30	695656	11755.80	423017	5579.70	75416	2681.70	136853	1535.30	65864	1957.80	143892	31.30	9927	4333.80	119217	9906.30	150410	15.40	3012	13851.40	161.70	569.90	5753	11743.00	21937.40	868631
集体与个人	186606.70	—	173437.80	7098130	94385.20	3826468	41156.90	1047364	29419.10	1532971	15374.70	792121	8383.90	451205	50.60	2807	68513.00	3096656	10354.40	159494	185.20	15512	13007.20	161.70	4585.10	50911	31395.10	47361.30	2194555
国有	16159.90	—	15315.70	907465	14048.60	829599	4453.10	79443	5374.50	311857	3367.90	342082	852.50	96159	0.60	58	1244.40	75350	—	—	22.70	2516	844.20	—	162.00	801	1965.80	12.30	1176

1989—1999 年巴中长防工程建设情况

表 5—4　　单位：万公顷

年度	范围	任务完成情况														其他部门造林	治沙工程区综合开发治理面积	四旁植树	工程实施后净增森林林面积	森林覆盖率	
	实施县、市（个）	合计		重点工程完成情况						一般营造林完成情况										工程实施前（%）	工程实施后（%）
		规划任务	实际完成	小计	植苗	直播	封育	低质林改造	幼林抚育	小计	植苗	直播	封育	低质林改造	幼林抚育						
1989	1	0.35	0.35	0.11	0.11	—	—	—	—	0.24	0.24	—	—	—	—	—	—	0.13			
1990	2	0.92	0.91	0.30	0.26	—	—	—	0.03	0.65	0.59	—	0.03	0.03	—	0.08	—	0.20			
1991	3	0.96	0.96	0.37	0.31	—	0.07	—	—	0.59	0.37	—	0.18	0.04	—	0.12	—	0.27			
1992	4	1.39	1.40	0.75	0.35	0.10	0.23	0.07	—	0.65	0.25	0.11	0.20	0.06	0.03	0.09	—	0.27			
1993	4	1.13	1.14	0.57	0.32	—	0.18	0.07	—	0.57	0.21	—	0.27	0.06	0.03	0.02	—	0.33			
1994	4	1.33	1.33	0.76	0.47	0.09	0.15	0.03	0.02	0.57	0.32	0.07	0.07	0.07	0.03	0.01	—	0.27			
1995	4	1.13	1.16	0.68	0.33	0.08	0.13	0.07	0.07	0.48	0.13	0.17	0.07	0.09	0.02	0.02	0.01	0.27			
1996	4	1.59	1.59	0.91	0.33	0.14	0.07	0.19	0.17	0.56	0.17	0.05	0.19	0.13	0.02	0.03	0.02	0.33			
1997	4	1.37	1.37	0.82	0.52	—	0.03	0.19	0.08	0.55	0.29	—	0.10	0.14	0.02	0.05	0.03	0.33			
1998	4	1.27	1.26	0.77	0.27	0.07	0.19	0.17	0.07	0.52	0.25	—	0.17	0.08	0.02	0.02	0.05	0.33			
1999	4	1.23	1.22	0.47	0.23	—	0.13	0.10	—	0.82	0.28	0.15	0.24	0.10	0.05	0.02	0.06	0.27			
合计	4	12.67	12.69	6.51	3.50	0.48	1.18	0.89	0.44	6.20	3.10	0.55	1.46	0.80	0.22	0.46	0.17	3.00	8.27	28.50	35.20

第三章　森林保护

第一节　封山育林

境内民间素有“禁山”之传统。民国时期，进行小面积封山，意在保护山林，严禁烧山垦植。

1950—1952 年，根据川北行政公署《关于实行封山，禁止人畜擅入林区践踏摧毁或放火烧山破坏森林的通知》精神，通江县、南江县等把封山育林纳入林业工作计划，普遍建立护林小组，有重点地实行封山育林。主要是把公有、私有林，特别是将水源涵养林、水土保持林、风景林、寺庙林进行保护，对有母树、有萌芽力伐桩的残林迹地实行封禁，在禁区内竖立标记，划出四至界限，禁止入山。同时，各级农会普遍制订护林公约。1953—1954 年，巴中县先后在奇章乡、平梁乡莲花山、凌云乡鼓楼山等地实施封山育林。

1955 年，境内四县针对在封山育林中存在的硬封、死封，以及权利、义务不明等问题，修订护林公约和各种制度，进一步加强封山育林工作。

1958—1960 年，在“大办钢铁”“大办公共食堂”时期，封山育林制度难以执行，林木损坏严重。

1963 年后，境内四县恢复封山育林工作。四县人民委员会发出布告，严禁乱砍滥伐和毁林开荒。“文化大革命”时期，把封山育林批判为“懦夫懒汉”办法，封山育林工作再次受阻。

1978 年后，境内四县加强封山育林工作，在封山育林区普遍建立“六不准”制度（不准人畜进山，不准毁林开荒，不准毁林搞副业，不准挖再生树苗，不准砍伐幼树，不准在林内铲草皮积肥），对幼林和竹林实行轮封或半封，山火警戒期全封，以保护山林。

1986 年，通江县严格执行封山育林政策，达 2.35 万公顷；平昌县实行“林权不变，统一封山，林主付酬，专人看管，签订合同，奖赔兑现”措施，全县落实专人管护山林 3.48 万公顷，专业护林人员达 3464 人。1987 年，平昌县对集体山、代管山和责任山以及村民自留山统一以组为单位进行守护，全县共配备护林人员 4750 人，新建护林哨棚 1860 个，家家制定护林公约，签订护林责任书。1986—1987 年，南江县封山育林 3.06 万公顷。

1988 年，境内四县执行林业部《封山育林管理暂行办法》，采取“以封为主，封育结合”的原则。1989 年，平昌县将所有宜林地，不分山头地块，面积大小，有林无林，不管国营林、集体林、自留山一律封山，3 年内禁止人畜进山，禁止开山割草砍柴。是年，通江县封山育林 1.05 万公顷。

1993 年后，封山育林任务在长防林工程建设中进行安排，与防护林工程同时进行。1994 年，平昌县对新造林地按照“开发一面山，营造一片林，留下一批人”要求，对新造林地栽种后立即封山。

1996 年，南江县封山育林 0.31 万公顷。1996—1997 年，通江县封山育林 1466.7 公顷。1998 年，全地区封山育林 1.06 万公顷。

1999 年，全地区新封山育林 0.79 万公顷。通江县坚持统筹规划、成片开发、综合治理和因地制宜的原则，采取封山育林与人工促进天然更新相结合，对封山育林打碑设界，落实封育管护人员 35 名，集体林区完成封山育林 666.7 公顷。2000 年，全市在天然林保护工程中，封山育林 1360 公顷。

第二节　护林防火

民国时期，境内林农守护私有山林，寺庙、社团公有林木的防火，各业有规定盟约。川陕省苏维埃时期，川陕省苏维埃政府严令保护森林，通江县兴隆乡蒋家沟留有红四方面军石刻护林标语："保护森林，防止敌人放火烧山！"。

20世纪50年代初，境内四县依照《西南地区护林暂行办法》，相继建立护林组织和护林防火机构。同时，建立联防机制，开展森林联合防护活动。1953年，通江县发生森林火灾191次，毁林2773.33公顷，毁树36.55万株。1957年3月，通江县、南江县、陕西省南郑县联合成立护林联防委员会，并在通江县平溪区召开川陕两省三县护林联防会首届会议，制定联防章程和实施细则。1960年1月，通江县、南江县、巴中县、平昌县、万源县等五县在通江县瓦室区召开五县联防护林会议，成立五县联防护林委员会，制定《联防护林暂行办法》。是年12月，川、陕、鄂巴山地区护林联防第三届会议在通江县召开，讨论制定联防决议和暂行办法。

1974年起，境内四县护林防火办公室改季节防火办公为常年办公，建立健全规章制度，逐步加强护林防火工作。以多种形式，深入林区开展护林防火宣传，进行护林防火大检查，落实森林防火措施，消除山火隐患。

20世纪80年代，境内四县贯彻国务院《关于加强护林防火的通知》，进一步落实防火责任制。以每年1月1日—5月31日为森林防火期，其中，2月1日—4月30日为森林防火警戒期。各地结合火源种类和群众生产、生活用火习惯，对林区野外用火制定火源管理办法，发动群众，订立护林防火公约，遵守用火规定。除严格遵守限制用火的"六不烧"（未经批准不烧，风大不烧，天气干燥不烧，不开好防火线不烧，无人看管不烧，无打火工具不烧）外，在林区用火管理上普遍推行"十不准"（不准在林内烧灰积肥、不准在林内烧炭、不准烧山逐兽、不准小孩在林内玩火、不准在林内吸烟、不准在林内烤火、不准在林内野炊、不准在林内上坟烧纸、不准在林内打火把、不准毁林搞副业）等火源管理办法。在森林防火警戒期中，重点地区加强入山管理，实行入山登记和巡逻检查，控制入山人员带火种入林。

1994年起，全地区推行森林防火责任制。地区每年组织人员对各县（市）的林业生产、保护管理、执法监督进行一次全面检查，立卷备查，作为领导干部任期考核的基础。同时，对各项任务没完成的挂"黄牌"警告。对做出成绩的予以表彰奖励，加薪晋级；对搞得不好的，追究责任。同时，向四县（市）下达森林火灾次数和烧林面积控制指标。行署与四县（市）签订责任书，签订县、区、乡、村、社行政责任书2661份，落实一、二、三责任人7983人。

1995年，地区林业局、地区公安局在川陕交界的大坝林区组建南江县公安局大坝林区派出所，选调8名林业公安干警包片驻点，负责国有林场4万余公顷国有森林的林区社会治安和森林消防工作。通江县林业公安科派出12名干警采取定员、定点、驻包8个国有林场。巴中市（县级）公安局、林业局针对春游、登高野外用火增多的特点，先后派出200余名干警，组织100余名干部职工和护林人员，在城郊的南龛山、塔子山、莲花山、阴灵山等地巡逻值勤，确保节假日春游、旅游活动人员和森林资源安全。平昌县林业局出资3000多元，在县城街道和防火示范区制永久性标语13处。年内，全地区发生8次火警，2次荒火，因发现及时，组织快，行动迅速，未发生火灾事故。

1996年，地、县（市）在防火期出动宣传车27辆次，深入林区宣传《中华人民共和国森林法》《森林防火条例》等法律法规。组织林业公安干警深入林区进行防火安全知识教育和专项治理。地、县（市）林业公安科对干警实行分段划片管理，警长负责，干警驻点（场、厂、所）包干负责。县（市）林业公安干警针对辖区的风景名胜区，旅游人员多、火险突出特点，在元旦、春节期间，24小时在林区轮流巡逻，保证风景区内治安秩序和无山火事故发生。全年，全地区开展消防安全检查76次，整改山火隐患105起，消除山火隐患27起，清理茅棚42个，强令撤除25个，清理民工310人，纠正违章用火2起，签订安全合同200份，建立健全流动人口登记站32个，处罚违章用火5人。

1998年，开展森林防火工作检查，从严控制火源。普遍实行林区野外用火管理制度，坚持完善生产性用火管理办法，通江县、南江县88个林区乡实行“用火证”，发“用火证”32份，批准用火36人；坚持“入山许可证”，凡是进入林区作业的人员都必须经批准，领取入山证，有43个林区乡发放“入山许可证”4000份，批准入山人员4360人；在国有林区设立防火检查站、哨、卡，落实检查人员；在防火关键时期采取特殊措施，通江县、南江县对42个林区乡发布防火戒严令，戒控面积达26万公顷；地、县（市）护林防火指挥部实行挂牌值班制度，定期不定期抽查辖区内的值班情况。

1999年，全地区普遍实行野外用火管理制度，坚持完善生产用火管理办法。在防火警戒期或高火险段凡是因生产性用火都必须由县级林业主管部门批准，或由县政府委托乡政府审批。在审批用火手续时，严格把好用火责任人、用火监控措施、用火时间三关。全地区设立防火检查岗哨、检查站、护林栏480处，上岗593人，巡山护林员增至1.5万人。截至年底，全地区建防火瞭望台26座，高倍望远镜18部，微型发电机14台，水泵5台，各种无线电台103部，微机、传真机各1部，防火指挥车7辆，风力灭火机17台，扑救工具1395件。全地区国有林场组建专业或半专业扑火队伍14支210人；集体林区组建以民兵为骨干的义务扑火队6344支、113178人。南江县在大坝国有林场组建20人专业扑火队。

2000年，全市开展安全大检查，进行林区综合治理，整改防火隐患。通过检查督促，共发现隐患73处，提出整改措施25条，发限期整改隐患通知书71份，整改山火隐患71件。处理违章用火33人，其中治安处罚7人。森林防火工作坚持群防群治，强化火源管理，开展宣传教育，继续保持无森林火灾发生。全市共建防火检查站8个，永久性防火宣传碑45个，清扫防火隔离带110公里，新建生物防火林带30公里。巴中市巴州区连续41年、平昌县连续34年、通江县连续16年、南江县连续8年无森林火灾事故发生。

第三节　病虫害防治

一、病虫害查报

1960年，平昌县开展森林病虫害普查，主要有油桐炭疽病、柏木根腐病、立枯病；害虫有柏毛虫、松梢螟、竹象鼻虫、核桃毛虫、乌柏毛虫、洋槐云蛾、柳树毛虫、柏树捻心虫、竹椿象、竹蚜虫、金龟子、地老虎等。

据1980—1982年，达县地区对森林病虫害普查结果表明，主要森林病虫害和种类、分布及发生情况，丘陵平原岭谷地区（海拔多在300~600米之间）松毛虫、松梢害虫、松赤枯病等分布广，发生严重；中部低山台状、桌状丘陵地区（海拔多在600~800米之间）松毛虫、柏毛虫、松梢害虫分布广，发生严重；北部大巴山、米仓山中段高山区（海拔多在1000~2000米之间）华山松大小蠹虫、双条杉天牛、华山松落针病、胡桃长足象分布普遍。平昌县有森林病害16种，虫害19种；通江县有森林昆虫8目46科241种，其中，森林害虫184种，天敌昆虫47种，资源昆虫10种；南江县抽样调查2700株，采集害虫46种，标本280种，树种受害面积0.13万公顷。

1988年，南江县对7个区、17个乡和4个林场的森林植物病虫害检疫对象进行调查，主要病害有松疱锈病、泡桐丛枝病、枣疯病，虫害有白杨透翅蛾、樟束蚧壳虫、白杨潜叶蛾、栗瘿蜂等。是年，平昌县开展病虫害调查，共采集病害标本30套，虫害标本10套；通江县开展森林植物检疫对象专题调查，发现病害15种，虫害32种。

1991年1月，通江县开展森林病虫越冬代调查，参加人员86人，调查森林面积3万公顷，直接调查面积1万公顷。设调查样地316个，路线调查250条。调查的主要病害种类有松庖锈病、松落针病、杉木黄化病、华山松针叶白粉病等病害；主要虫害有柏毛虫、松毛虫、松叶蜂、桤木叶甲、油松球果、小卷蛾、松梢螟等。重点调查各国营林场华山松中幼林所发生的松庖锈病发生的面积和危害情况。

1993年起，地、县（市）林业部门注重森林病虫害预测预报，因虫施治。1994年，全地区共抽调技术人76人，设样地864个，线路调查392条，监测面积15.4万公顷，监测率达75%。全地区统一布置测报3次，发预测报告5次。

1995年，全地区参加调查人员181人，设线路点642个，标准地862个，调查面积19.13万公顷。调查结果表明：蜀柏毒蛾0.99万公顷，桤木叶甲0.32万公顷，马尾松梢害虫发生0.23万公顷，华山松松针蚧发生0.43万公顷，马尾松舞毒蛾发生0.03万公顷，共计发生虫害面积1.99万公顷，其中轻度0.86万公顷，中度0.73万公顷，重度0.4万公顷。疱锈病（含华山松、马尾松）发生0.23万公顷，华山松落针病0.13万公顷，油松赤枯病0.1万公顷，共计发生病害面积0.46万公顷，其中轻度0.19万公顷，中度0.14万公顷，重度0.13万公顷。全地区包括华山松大小蠹、马尾松赤枯病及其他病虫和鼠害面积共计3.04万公顷。是年，通江县开展森林病虫害预测2次，预报2次，对全县2.45万公顷人工林，4.77万公顷天然林，4.67万公顷经济林，计11.89万公顷的森林病虫害进行调查监测，监测率达63.6%。

1996年3月，对森林病虫害开展复查工作。全地区参加调查人员251人，设线路40条，标准地966个，调查面积21.2万公顷，监测覆盖率75%。根据复查情况，及时向全地区发出蜀柏毒蛾将大面积暴发的虫情预报。是年7月，重点开展蜀柏毒蛾第一代的调查工作，调查面积6万公顷，监测率79%，发生面积0.95万公顷。对华山松疱锈病，核桃果象的发生动态进行监测，并提出防治措施。南江县建立以桥亭乡为中心，72个乡和1个国有林场测报网络，准确地监测板栗疫病发展趋势。

1998年，在越冬代病虫情况调查的基础上，全地区又开展两项工程项目的目标病虫复查。南江县、巴中市（县级）、平昌县蜀柏毒蛾为害面积3.01万公顷，通江县华山松针蚧为害面积0.3万公顷。根据调查结果，及时制定工程项目实施方案，绘制作业区划设计图，把作业点具体落实到山头、地块，有效避免防治工作的盲目性。全地区共完成工程防治面积3.03万公顷，超计划防治106%，成灾率为零。

1999年，对全地区四项工程项目的目标病虫进行复查，通江县、南江县森林鼠害为害面积0.6万公顷，核桃病虫为害面积0.2万公顷；巴中市（县级）、平昌县蜀柏毒蛾为害面积2.11万公顷、柏木丽松叶蜂为害面积0.7万公顷。全地区共完成工程面积3.34万公顷，占计划195%，成灾率为零。其中森林鼠害下达任务0.13万公顷，完成防治0.47万公顷；核桃病虫下达任务0.2万公顷，完成防治0.2万公顷；柏木丽松叶蜂下达任务0.07万公顷，完成防治0.63万公顷。

2000年，对全市工程项目的目标病虫复查结果，通江县、南江县核桃病虫为害面积0.6万公顷；平昌县蜀柏毒蛾为害面积0.31万公顷。根据调查结果，及时制订工程项目实施方案，绘制出作业区划设计图，把作业具体落实到山头、地块。

二、科学防治

民国时期，境内林木病虫危害时有发生，文字记载较少。

20 世纪 50 年代，主要是柏毛虫危害严重。1953 年，柏毛虫在巴中县、平昌县等地蔓延，柏木大面积遭受危害。1957 年，通江县林木虫害成灾面积 13.33 公顷。1959 年，柏毛虫危害平昌县、巴中县等，严重危害面积达 200 多公顷。是年，在巴中县、平昌县等毗邻地带建立森林病虫危情报网 20 处，开展联合防治。1964—1966 年，境内四县普遍发生油桐黄蜘蛛危害，造成油桐产果量连年下降。1966 年 4 月，达县地区开展防治油桐黄蜘蛛，并召开防治油桐黄蜘蛛工作会议，防治效果达 70%~90%。

20 世纪 70 年代，境内华山松、马尾松松梢害虫发生严重。1976 年，通江国营空山林场蹬子山 200 公顷华山松林发生小蠹虫危害，树叶焦黄，树皮沁出油脂，部分枯死。

20 世纪 80 年代，境内发生的主要虫害有柏毛虫、松毛虫、松梢害虫、竹笋夜蛾、银波天社蛾；病害有松赤枯病、华山松落针病、竹竿锈病、苗木立枯病等。1986 年 11 月，通江县 2333.3 公顷华山松受松疱锈病严重危害。是年，平昌县岩口乡红旗茶场马尾松发生松梢小卷蛾 66.7 公顷。1987 年，通江县林木病虫害发生面积 1000 公顷，成灾 100 公顷，防治 333.3 公顷。

20 世纪 90 年代初，境内松毛虫、松梢害虫和松赤枯病发生面积下降，柏毛虫、松叶蜂、舞毒蛾、桤木叶甲、杨树天牛和竹类害虫等大面积发生。1990 年，通江县森林病虫害总发生面积达 4466.7 公顷，防治病虫害 3200 公顷，占总发生面积的 72% 左右，其中采取营林措施防治松疱锈面积 1333.3 公顷，用化学防治柏虫害面积 1533.3 公顷，防治后的成灾面积 12 公顷，全县成灾率为 0.12‰，实现“有虫不成灾”。

1994 年，在调查摸清虫情、制订合理防治方案的基础上，进行及时科学的防治，最大限度地减少损失。进行防治专门业务培训，全地区共举办 5 次培训，培训 570 人；因病虫而异，合理选药，及时防治，对全地区中、重度危害的森林病虫，采取化学药物、人工物理和营林措施进行综合防治，并根据实际情况分类防治。巴中市（县级）枣林乡发生马尾松舞毒蛾危害后，及时进行扑灭防治，安排人工刮卵 150 公斤。

1996 年，受气候影响，全地区森林病虫发生面积明显上升。为控制灾害减少损失，采取因林因虫而异，分类防治。对虫源地重治、早防，防止蔓延扩散；对大面积危害林分进行化防、物防和生防结合控制灾害；以行政手段和经济奖惩措施相结合调动各级干部和群众参与防治。全地区共动用机具 60 台，组织专业防治队 38 个，投入资金 120 余万元（含林主集资、群众投劳），防治蜀柏毒蛾面积 2.57 万公顷，其中化学防治 0.59 万公顷，生物防治 0.32 万公顷，人工物理防治 1.63 万公顷，灯光诱杀成虫 34.5 万公斤。

1998 年，在工程防治项目的实施过程中，开展科技知识应用推广，加强技术贮备工作。将全地区主要目标害虫的防治方法、技术要点印成资料，分发到各农户，讲解防治的技术要领，特别是蜀柏毒蛾 NPV 生物制剂可解决柏木林与桑田交错矛盾，并现场演示。全地区共印发技术资料 5 万余份，直接受教育的农民达 7 万余人次。是年，全地区发生病虫鼠害 4.48 万公顷，通过工程防治与生物防治相结合，国家、集体投入资金防治与谁造林谁受益谁防治相结合，防治面积达 3.97 万公顷，成灾率为零。同时，省核桃病虫综合防治技术研究取得进展，被试验的 3 万株挂果树保果率达 90%。

1999 年，全地区发生森林病虫鼠害 5.36 万公顷，其中病害 0.26 万公顷，虫害 4.5 万公顷，鼠害 0.6 万公顷，完成防治面积 4.88 万公顷，成灾率为零。利用各种形式开展技术培训工作，举办核桃病虫害防治专题讲座，共印发技术资料4万余份，开展工程治理专题讲座40余期，直接受培训人员达8万余人次。

2000年，全市共发生各类病虫害面积4.08万公顷，其中病害0.29万公顷，虫害3.52万公顷，鼠害0.27万公顷，完成防治3.86万公顷，成灾率为零。完成工程防治面积0.58万公顷。在核桃病虫防治中，主要采用化学防治、人工拣拾落果防治、清除虫源、整形修枝、施肥管理等五项措施进行综合治理。

三、森林植物检疫

1988年，境内四县将森林植物检疫工作纳入保护森林资源的重要议事日程，并成立森林植物检疫机构，配备专业检疫人员。

1989年，平昌县共检疫调动木材260立方米，果品20吨，苗木50万株，并对全县64个苗圃、10个采种基地进行产地检疫。1990年，南江县首次开展产地检疫，组织6个普查队，对苗圃地、种子生产基地全面进行现场检疫。

1991年，巴中县对0.07万公顷苗圃地、4万公顷马尾松、3.33万公顷柏木采种基地进行产地检疫。现场调运检疫287次，签发检疫证296份，调运检疫率95.4%，检疫合格率98.5%，产地检疫率占92.5%，合格率99%。通江县共签发植物检疫证1250份。

1993年后，四县（市）森林防疫检疫站和各区、乡林业站、木材检查站相互配合，严把产地检疫和调运检疫两道关口。1994年，全地区产地检疫林木种子12吨，检疫率达96%；苗木检疫7124万株，检疫率71.24%。调运检疫中，检疫木材3.56万立方米，检疫率达100%，竹材168.5吨，检疫率62.75%，平均检疫率达80%。

1995年，针对巴中重点林区林木种类多和市场经济活跃，特别是经济林苗木调运频繁的实际，加强检疫工作，防治危险性病虫传入。全地区实施林木种子调运检疫55吨，木材调运检疫33.17万立方米，竹材685吨，调运检疫率达到100%，产地检疫种子60吨，苗木1595万株，检疫率达85%。处理违章调运10起。

1996年，地、县（市）贯彻执行《植物检疫条例》《检疫条例实施细则》和林业部新颁发的《森林植物检疫对象名单》《应施检疫的森林植物及产品名单》，制定相应的保障措施，严把产地和调运检疫关口。全地区产地检疫种子600吨，苗木1400万株，花卉5万株，检疫率87.6%；调运检疫木材3.25万立方米、竹材310吨，检疫率100%。

2000年，全市继续严格执行《植物检疫条例》，加强产地检疫和调运检疫，防止危险性病虫的传播。通江县对43.33公顷苗圃进行产地检疫，检疫率为100%，对调运出境木材5661.138立方米，竹材505吨、林木种子45814公斤、苗木162万株、果品26吨、花木192吨、药材5000公斤进行调运检疫，检疫率为100%。

第四节 天然林资源保护

1998年，巴中地区天然林资源保护工程全面实施。是年9月28日，南江县在陈家山举行停采仪式，宣布封斧封锯，正式拉开全地区天然林保护工程实施的序幕。

1999年6月，地区林业局要求，天然林停采区内，各木材加工单位和个人务必全部拆除加工设施，所有设施按规定撤除。在工程实施中，各县（市）按照“林权不变、全面封山、专人看管、报酬分担、严格验收、奖惩兑现”的原则，分类落实管护办法和责任。国有林实行招标制，按标的结算管护人经费、兑现奖惩；零星国有林由县（市）林业局统一管理，所在乡（镇）林业站监督，承包管护人员报酬在森林管护人员经费中统一列支；乡办林场或村办重点林场的管理体制不变，按实际情况调整管护人员，其报酬除补助的森林管护人员经费外，另从多种经营项目中解决；村组集体封山林及农户经营的责任山、自留山，稳定现有林地、林木权属，在“集体封山林原管护、报酬筹集方式不变，责任山、自留山自管为主”的基础上，由林业站职工按区域承包，落实森林资源管护责任。同时，按林班、小班或行政区域管护责任落实到山头、地块，落实到单位、个人，签订管护责任书，设立封山标志。对工程区内天然林实施全面管护，提高工程区内天然林森林郁闭度灌木和草木覆盖度。

1999—2000 年，各地切实加强森林资源的保护管理工作，采取措施，加大天然林保护工作力度。各地派出工作组，深入到林场、企业检查停采情况，对涉及天然林的采伐许可证一律作废。通江县、南江县组织林政、公安等执法人员深入重点天然林区督查停采情况，开展巡山护林，防止违禁采伐和乱砍滥伐林木。同时，到各木材检查站稽查木材运输情况。

第五节　野生动物保护

中华人民共和国成立后，国家采取多种措施保护管理野生动物资源。1954 年，林业部加强狩猎工作管理，并多次发布指令，要求切实加以保护。由于境内民众对野生动物认识不够，片面强调打猎除害，对部分珍稀动物和鸟类一度未加限制地进行猎捕，境内野生动物资源遭到不同程度的破坏。

1978 年后，境内四县根据中央、省、地有关政策、法令，采取各种措施，加强对野生动物资源的保护管理。1982 年，中央和省决定每年开展一次“爱鸟周”活动后，境内四县在“爱鸟周”和“保护野生动物宣传月”活动中，以《中华人民共和国野生动物保护法》《陆生野生动物保护实施条例》等为主要内容，采取各种形式，广泛开展保护野生动物的宣传，普及野生动物知识。

1987 年，通江县提出保护虫、鼠的天敌—鸟、蛇，发布蛇、青蛙和野生动物的布告，禁止捕捉贩卖。

1991 年，平昌县加强野生动物保护，对野生动物核发收购许可证，实行限量收购。1992 年，通江县对全县野生动物进行摸底调查，并按照规定实行驯养繁殖许可证、特种捕猎证、经营许可证等制度，加强保护和管理。

1993 年起，全地区开展“维护生态平衡”“珍惜自然资源”的主题宣传活动。地区行署依据《中华人民共和国野生动物保护法》《四川省〈中华人民共和国野生动物保护法〉实施办法》，结合本地实际，制发相关文件。是年，通江县先后发布保护益鸟、青蛙、野生动物的通告和布告。

1997 年，全地区对野生动物普查统计表明，全地区有野生动物 203 种，其中，兽类 54 种，鸟类 123 种，爬行类 15 种，两栖类 11 种。同时，根据野生动植资源管理面宽量大，物种多、难度大的特点，逐步摸索出限物种、限数量、限时间，分县、区轮歇和卡流通、卡运输、卡费用征收的集中管理制度，逐步理顺驯养、繁殖、经营、利用的管理秩序。

1998 年，地委、行署将野生动植物资源管理纳入领导干部任期目标管理与四县（市）政府领导签订目标年度管理责任书，实行年度考核。四县（市）实行目标管理，对区、乡、镇和各级林业部门实行双向考核，落实行政责任、部门责任，强化职能部门的职责，把保护野生动植物资源的责任落实到区、乡、场、站、所。是年，加大保护野生动物宣传，提高群众保护意识，规范猎捕、驯养、繁殖、经营野生动物行为，共办理驯养繁殖经营许可证7个。加大对非法猎捕、经营野生动物的查处力度，共查处违法案件43件，缴获野生动物1419头（条），其中放生1130头（条），处理违法人员57名。是年12月，对通江县壁州市场非法经营野生动物产品进行搜查，查出各类野生动物产品600余公斤，其中有国家二级保护动物红腹锦鸡（死体）12只，对相关违法人员进行行政处罚。

1999年4月下旬，全地区广泛宣传《四川省〈中华人民共和国野生动物保护法〉实施办法》，会同四县（市）对1998年的7户养殖经营户进行年审，对合法养殖经营的签具意见重新换发新证，对条件不具备的或有严重违法活动的予以取缔。年内，全地区共审核养殖户4户，停止重点林区南江县和通江县境内的驯养繁殖及经营活动，收回发放的正副本13套。

2000年，全市共核发驯养繁殖户2户，停止平昌县境内的驯养、繁殖户2户。四县（区）均关闭野生动物经营市场。市内2户驯养繁殖户严格遵守猎捕限额，做到捕一放二，放幼蛇12000条。重点县（区）签发布告，停止野生动植物资源的过度利用，关闭经营市场，并在一些破坏野生动植物资源较为突出的地方开展专项治理。市政府制发《关于加强森林生物资源保护的规定》，在全市范围内，禁止猎捕、经营、食用国家和省重点保护野生动物及四川省有益的或有重要经济、科研价值的野生动物。

第四章　林业经济

第一节　国有林场经营

境内农民历有“靠山吃山”“靠水吃水”之俗。中华人民共和国成立后，国家对林业组织采伐，支援社会主义建设，并加大对新造林木培育，丰富山区的森林植被。1951年8月，川北行政公署农林厅林业局接管鲜维扬创办的“通江桐林场”（福众垦殖社），成立川北行署通江林场，为境内首个国营林场。1953年，撤销川北行署通江林场，并移交通江县，更名为地方国营通江县建通林场。1957年，地方国营通江县建通林场更名为通江县农林场，随后移交达县专区公安处。1958年，根据国家“依靠社队集体造林为主，积极发展国营林场”的方针，境内先后建立国营林场12个，其中通江县7个（铁厂河林场、五台山林场、海鹰寺林场、黄柏林场、空山林场、南教城林场、陈河森林经营所），南江县4个（大江口林场、沙坝林场、大坝森林经营所、沙河坝经营所），巴中县1个（南阳林场）。1963年5月，南江县沙河坝经营所成立，于1987年并入大江口林场。

1991年，南江县国营林场成立，下属分场有大江口、沙坝林场和大坝森林经营所及魏家坝、玉泉林场。1992年，南江县国营林场更名为南江县国营林业总场，其下属的五个分场变更为林场。

1993年，巴中成立地区后，随着国家对林业生产布局的调整，全地区的森林工业主要为国有林场经营活动。

1994年，全地区国有林场深化内部改革，强化内部管理，较好地完成生产、经营、销售和经济任务。完成育苗3.76公顷，造林325.67公顷，营造经济林41.87公顷，改造低产林70.67公顷，中幼林抚育0.38万公顷，经营性采伐101.33公顷，生产木材3.1233万立方米。生产胶合板520立方米，刨花板2300立方米，纤维板1300立方米，单板800立方米。同时，各林场发展多种经营，提升国有林场的经济实力。通江县种植“三木”药材29.33公顷，种植中草药55公顷，生产食用菌种3.5万瓶，接种香菇4.2万瓶，银木耳345瓶，人工栽植天麻1750窖，新建茶园13.33公顷，兴办小型养殖场7个，收入达52.1万元。巴中市（县级）南阳林场加强编织袋生产经营，实现销售收入16.3万元；开发野生资源“山露菜”粗加工，实现销售收入4.8万元。

1995年，全地区国有林场共培育各类苗木3.28公顷；人工造林291.2公顷，其中速丰林85.33公顷，长防林165.33公顷。在新造林分中经济林63.07公顷，占22%；中幼林抚育2809.73公顷。经营性采伐27公顷，生产木材5.3526万立方米。全年，全地区共销售木材3.4063万立方米，胶合板396立方米，刨花板1872立方米，纤维板883立方米，单板819立方米，其他加工产品67立方米。通江国有林场新修林区公路14.5公里；南江县国有林场新修林区公路4.86公里，生产刨花板150立方米，锯材350立方米，产值达300多万元；通江县各林场集资在县城开窗口、建厂房，进行木材深精加工，增加产值；巴中市（县级）南阳林场创办塑料编织厂，产值达96万元，开辟林场发展新路。同时，各国有林场在抓好后续森林资源培植、完成各项生产任务的前提下，利用林场资源优势，发展种植业、养殖业等多种经营，全地区国有林场（所）共饲养牛、羊、猪2137头（只），接种食用菌8.3万瓶，窖栽天麻5470窖，种植粮、蔬菜68.87公顷，发展药用植物46.67公顷，收获香菇1.75万公斤、天麻1500多公斤、蜂蜜1250公斤、粮食4.9万公斤、蔬菜7500多公斤，增加收入200多万元。

1998年，进一步深化国有林场改革，改变单一的木头经营体制，从山情、林情、场情出发，加快产业结构调整，多门路、多方位筹集资金发展多种经营，利用林区资源走“自选项目、自筹资金、自我经营、自我发展、自加压力、自担风险”的林区自营经济之路。全地区自营经济累计发展户数674户（个），从业人员1083人，创造产值1100多万元，实现收入875万元。

1999年1月，南江县国有林业总场撤销，其下属的五个林场独立。至此，全地区15个国有林场中，规模在1万公顷以上的大型林场2个（南江大坝经营所、南江大江口林场），0.33万~1万公顷的中型林场1个（通江县海鹰寺林场），0.33万公顷以下有12个。国有林场以“分流一个人，管护一片山，林中搞开发，致富一家人”的方式，实现林场生产、经营机制的转变。家庭林场以林场职工家庭为基本核算单位，以国有森林资源为经营对象或依托，实行种、养、加、林、工、贸等多种手段保护林木，以开发林区资源获取粮食及林副特产品等为主要来源的营林经济形式。全地区国有林场兴办家庭林场121个，人员174人。

2000年，通过林场自营经济和多种经营发展，抓好农户庭院建设，继续保持林业产值稳定增长。全年产生漆150吨，油桐籽9760吨，干竹笋690吨，核桃276吨，板栗912吨，林业产值8.1亿元，其中林业部门产值4.48亿元。

2000 年巴中市各国有林场基本情况

表 5—5 单位：公顷、立方米

县 区	林场名称	成立时间	规模(公顷)	蓄积量	备 注
通江县	陈河森林经营所	1956 年 12 月	2819. 80	102055	
	空山坝林场	1958 年 6 月	1853. 13	147940	
	五台山林场	1958 年 8 月	1585. 53	137494	
	海鹰寺林场	1958 年 9 月	3976. 53	247415	
	铁厂河林场	1958 年 10 月	2403. 73	85259	
	黄柏厂林场	1958 年 10 月	2799. 73	140931	
	空山综合林场	1971 年	3302. 20	117693	原为通江县云雾山伐木厂，1982 年更名通江县空山综合林场。
	南教城林场	1963 年 1 月	1043. 60	58741	
南江县	大坝林场	1956 年 12 月	18254. 40	848000	
	沙坝林场	1956 年 12 月	2782. 40	127000	
	玉泉林场	1958 年 4 月	5279. 87	360000	原为南江县伐木厂，1985 年更名为南江县玉泉林场。
	魏家坝林场	1965 年 6 月	10738	376043	原为达县专区南江伐木厂，1971 年更名达县地区南江伐木厂，1985 年后更名南江县魏家坝综合林场。
	大江口林场	1957 年 3 月	13701. 47	471000	
巴中市巴州区	南阳林场	1958 年 12 月	1197	150624	
平昌县	五峰林场	1959 年	332. 80	19244	原为平昌县伐木厂，先后更名为平昌县更新队、镇龙白家坟经营所。

第二节 林副产品

一、土特产品

境内是山货、药材的重要产地。山货主要有黑木耳、银耳、香菇、茶叶、油桐、核桃、板栗、五倍子、竹笋、柿子、生漆、松脂、棕片、桃、李、橘子、魔芋、川明参、柚子等。木本药材主要有黄柏、厚朴、杜仲、栀子、女贞子、川楝、杏仁、乌梅、枳壳、木瓜、天麻、银花、当归、枣皮、黄芪、沙参、红花等。《南江县林业志》（手稿）载：1978 年，全县中药材普查，县境有植物药材 1200 种，矿物药材 3 种。

二、林化产品

境内林副产品丰富，主要林化产品有松香、栲胶、五倍子单宁酸、柏木油。20 世纪 50 年代，境内四县由供销社组织脂农生产和经营松香。1959 年，在南江县下两、正直建立年产 100 吨的松香厂（车间）。1960 年，林业部投资在通江县修建年产栲胶 300 吨的达县地区通江栲胶厂。1964 年，该厂建成投产，其产品由林业部、轻工部下达计划，对口定点供应。20世纪70年代中期，由于松树资源锐减，松脂缺乏，各地松香厂先后停产。20世纪80年代后，栲胶产销直接见面，议购议销。1983年，通江栲胶厂建成年生产力100吨的五倍子单宁酸车间，并由单一的五倍子单宁酸发展为磺化单宁、倍酸、焦倍酸等系列产品。20世纪90年代，栲胶由于原料枯竭、价格上涨、市场供过于求等因素停产，五倍子单宁酸亦由于市场变化而停产。1997年，巴中市（县级）恒通香料有限公司成立，年生产柏木精油300吨，年产值800万元。

第三节　科技开发

1978年，省林科院与南江县合作，建立马尾松地理种源试验基地。第一期试验项目3.6公顷，第二期（1980年）试验项目1.73公顷。1982年，通江县承担省科委“五倍子繁殖增产技术及质量管理研究”课题，五倍子生产列入开发项目之一。1984年，境内墨西哥柏引种对比试验项目1公顷。1986年，境内良种板栗穗园开发面积0.67公顷。

1989年3月，巴中县国营南阳林场试验研究由省林木种子站提供印度进口的藏柏种子2.5公斤，播种育苗0.03公顷。1990年，该场用正交试验的方法，在蒿枝坪工区营造试验林3公顷。

1992年，省林业厅检查验收1.5代马尾松种子园重点科技攻关项目，确定为国家级一代半林木良种场。是年9月，省林科委下达“海拔800~1800米速丰林营造技术研究”课题，经实测取得第一手资料完成报告，省林科院验收合格。“八五”期间，境内四县先后开展林木良种繁育技术研究及推广，经济林集约经营丰产技术的研究，低产、低效林分改造技术的研究，巴山青㭎驯化技术，桦木直播造林技术，大叶杨扦插育苗技术，马尾松种子园营建技术研究，华山松疱锈病防治技术研究，主要森林病虫害气象观测与预测预报，核桃低改技术等研究。

1991—1993年，巴中县国有南阳林场又分别在五马槽、酢房沟、鼓楼工区营造藏柏示范林13.67公顷。通过四年的定期观察记载（包括育苗期、造林后的生长节律、物候期、年终期、越冬情况、施肥试验等项），数据表明藏柏引种育苗、造林成功。

1995年，全地区组织广大科技人员开展科技兴林工作，开展送科技下乡和林业实用技术的推广。700多人次参加送科技下乡活动，印发各种林业实用技术资料10万余份，举办多种形式的林业实用技术培训班120期，培训各类人员10.5万人次。“华山松疱锈病综合防治技术研究”“不同马尾松林林分生态效益研究”获省政府科技进步二等奖。是年，南江县“水青㭎良种繁育及营造技术研究”被定为全省“九五”林业重点科技项目，南江水青㭎被定为国家二级保护植物。1994—1996年，巴中市（县级）林业局对“马尾松梢害虫综合防治试验和应用”课题进行专项试验研究，经过三年室内试验和林间观察，首次查明巴中马尾松梢害虫的主要种类（油松球果小卷蛾、松梢螟、球果螟三种），并找出油松球果小卷蛾等优势虫种。同时，对油松小卷蛾在巴中发生世代、生活史、习性及其发生的环境条件的关系进行研究，为防治提供可靠的科学依据。通过观察，发现防治松梢害虫的适宜时机，并进行多种防治试验，筛选出经济、高效、适用的药剂及剂量，为大面积防治奠定基础。该项研究达到省内同等研究先进水平，填补巴中地区对松梢害虫研究的空白。

1997年，全地区共有500多人次参加送科技下乡活动，印发技术资料45000余份，举办林业实用技术培训班32期，培训人员2700余人次。

1998 年，全地区有 232 人次参加送科技下乡活动，共印发技术资料 70500 份，举办技术培训班 25 期，培训人员 4000 多人次，132 人参与技术承包。

1999 年，地区林业局与地区林学会组织开展首届林业优秀论文评选，共评出优秀论文 6 篇，编辑出版《林果致富百例》。地区森林病虫害防治检疫站主持承担的省级科研课题“核桃病病虫害综合防治技术研究”，通过省、地鉴定，总体研究达到国内同类研究的先进水平。通江县林业科技推广站完成的“银杏丰产经营技术研究”获巴中地区二等奖。

2000 年，开展三倍体毛柏杨引种试验，核桃、银杏优良种资源选择与繁育技术研究，核桃芽苗砧嫁接技术研究与推广等。大力推广林木菌根、ABT 生根粉、银杏丰产实用技术。截至 2000 年，全市共推广各类林业实用技术 30 多项，技术推广实验 20 多项，开展科技攻关 10 多项，完成科研论文 30 多篇。林业科技增效超过 5000 万元。

第五章　林政管理

第一节　林业管理体制

民国时期，境内各县先后设蚕桑局、实业所、建设科等，兼管林业工作。川陕省苏维埃时期，设土地委员会，负责管理土地分配和农林生产。

中华人民共和国成立后，各县政府（县人民委员会）内设建设科、农业科、农林科、农林水利科等，主管林业工作。“文化大革命”时期，各县革命委员会下设生产指挥组农林组。20 世纪 70 年代初，境内四县先后成立农林局、林业局，负责林业工作。

1993 年 10 月，巴中地区林业局成立，主管全地区林业工作。1994 年 1 月，成立巴中地区绿化委员会、护林防火指挥部，分别由行署专员、分管副专员任主任、指挥长，下设办公室于地区林业局。地区林业局直属的有林业科技推广站、林业调查规划设计大队、林业科学研究所、森林病虫防治检疫站等事业单位和林产公司、林产化工厂两个直属企业。是年 4 月，地区林业局制发《关于开展基层林业站建设达标活动的通知》，全地区共核定林业站编制 1043 名，进一步明确林业站是管理、服务、经营一体化的基层事业单位。各林业站人员统一由县（市）林业局管理，在征求当地政府意见的基础上，站长（或副站长）、会计、出纳等管理人员由县（市）林业局确定。

1995—2000 年，按照国家林业局《林业站管理办法》，全地区（市）理顺林业站由县级林业行政主管部门和所在地乡镇政府双重领导的管理体制，做到基层林业站机构落实、编制落实、人员落实、经费落实。至 2000 年，全市有林业站 334 个，其中派出机构 109 个，双重领导 225 个，核定编制 784 名，实有人员 809 名。有乡村护林人员 3012 名，其中专职 682 名、兼职 2330 名，人员管理实行双向管理，既受乡、村行政部门管理，又受片区、乡（镇）林业站的业务管理。是年，巴中撤地设市后，巴中地区林业局更名为巴中市林业局。

第二节 山林权属

清末，四川劝业道署统计，通江县官林面积占林地面积0.05%，公林面积占0.18%，私林面积99.67%，公私林面积占0.1%。川陕省苏维埃时期，地方山林无条件没收，大片森林收归苏维埃政府管理，小块林地、山林竹园分给贫苦农民。民国时期，除庙宇及部分墓地的林木属宗族或寺庙所有外，其余山林均为私有。

1950年，西南军区《大森林收归国有的实施办法》中规定："非经人工抚育的天然林，所有权不明的森林，地主所有的森林，其面积在33.33公顷以上者，全部收归国有。地主森林面积不满33.33公顷者，暂归当地农协会代管"。此后境内经历几次大的变化。

1951—1952年，土地改革中，川北行政公署所属各县，贫农、中农的山林仍归私有。没收、征收地主富农的山林。其中天然林面积在6.67公顷以上，或其附近便于管理在6.67公顷以下者，收归国营；不便管理或零星小块天然林一般分给农民；庙宇、教堂、祠堂等土地附属之森林均予征收。确定一批大树、古树为公有树。没收、征收之经济林中，茶林由年产500公斤以上的归国有，桐林一般分给农民，耳林全部分给农民。

1956年，开始实行林木折价入社，除留给社员房前屋后零星树木和少量自留山外，其余山林树木均折价入社。1958年，除国营林外，原农业社的集体山林、社员自留山和房前屋后树木全部入社。

1960年，根据中共中央《关于农村人民公社当前政策问题的紧急指示信》精神，各地对森林、树木和林地所有权亦随之进行调整和确定。1961年，中共中央发出《关于确定林权、保护山林和发展林业的若干政策规定（试行草案）》后，达县专区开展清理山林权属，确定林权，建立健全分级管理制度。至1963年初，国家、集体山林权属基本确定，并划给农民自留山和房前屋后的树木竹子。"文化大革命"时期，境内乱占乱垦，乱砍滥伐，扰乱山林权属，很多地方收回农民的自留山。

1978年，根据中共中央、国务院《关于保护森林、发展林业若干问题的决定》，放宽林业政策。1981年，境内各县分批开展明确划分林权，建立健全林木管理责任制工作。各县集体和农户确权发证的分别占96%、97%，山林权属基本稳定。

1986年10月，省委、省政府发出《关于稳定国有森林、林地权属，保障国营林业企事业单位经营自主权的通知》后，境内将林权管理工作重点放在国营林的确权颁证方面。

1987年，通江县开展国营林定权发证工作试点，发证单位包括国营林业采伐企业、林场、经营所、飞管站、自然保护区、苗圃、学校、科研基地等，以及管理国营林的一切非林业单位及尚未建立机构管理的国营林。应发证的林种包括防护林、用材林、经济林、薪炭林、特种用途林。同时，对1981年以来落实的林业"两制"工作进行复查，补发部分林权证，埋石錾界明确林权林界。

1991年，境内开展国有林定权发证工作，对国营森林、林木、林地重新登记造册，落实四至界畔，颁发"四川省国有林权证"。至1992年，通江县七场一所一苗圃应发证2.04万公顷，其中实发证1.86万公顷，未发证1826.4公顷。

1998年，进一步明确山林权属，完善经营管理体制，四县（市）开展换（发）"林权证"的工作。通江县发证率达40%以上。

1999年，按政策规定，对坡耕地退耕还林后，农户原持有的土地使用证换发成林权证，对没有土地使用证的坡耕地核发林权证，统一纳入林地管理。

2000 年，全市在开展集体社员林权证颁证试点的基础上，全面开展林权颁证工作，明确林权一定 50 年不变。

第三节 采伐管理

民国时期，境内使用和出售木材，多为采伐。并因木材加工和木材贩运次第兴起，其木材采伐数量较大。川陕省苏维埃时期，川陕省苏维埃政府规定："不许砍伐桐子树烧……"；"凡有材料的森林，要与大家兴蓄与培养，严厉禁防随便砍伐"。1949 年，国民政府冻结木材自由流通，停止一切采伐。

中华人民共和国成立后，随着国家建设项目的增加，木材采伐量日益增多。1951 年，平昌县伐木厂成立，其主要业务为收购木材。1952 年，川北伐木公司第四伐木厂进驻通江县，亦称西南伐木厂，采伐国有林木 6000 株。

1953 年，省政府制发《四川省森林经营管理办法》，境内四县在贯彻执行中建立相应的采伐管理制度。1956 年，境内四县高级农业合作社实行林木折价入社，因未偿还价款，局部地方出现乱砍滥伐。1958 年，境内四县相继组建县伐木厂（场）。1958—1960 年，境内四县"大炼钢铁""大办公共食堂"，乱砍滥伐林木严重，森林资源锐减。

1961 年，境内四县公社合作食堂下放，并开展划分林权工作，乱砍滥伐基本得到制止。1965 年，达县专署组建专区南江伐木厂。1966 年，"文化大革命"运动开始后，森林采伐制度受到严重干扰。1967 年 9 月，中共中央、国务院发出《关于加强山林保护管理，制止破坏山林树木的通知》，境内四县广泛宣传贯彻，清理处理乱砍滥伐案件，毁林现象有所遏制。

1971 年，达县专区南江伐木厂和达县专区万源伐木厂合并成立达县地区南江伐木场，年产木材 3 万立方米。1979 年，境内对森林实行合理采伐，其每年采伐量不得超过生长量。

1980 年后，进一步控制采伐量，实行"计划一本账，审批一支笔，砍伐一把斧"制度，采伐登记。1984 年，《中华人民共和国森林法》颁布实施，严格控制森林年采伐量，境内统一实行"一限四证"（即采伐限额指标不能突破，采伐、运输、经营、加工凭证）的监督管理制度，加强森林资源保护管理。1985 年 10 月，达县地区南江伐木场划归南江县管理。巴中县、平昌县伐木厂先后撤销。

1986 年，境内四县认真贯彻《中华人民共和国森林法》，严管采伐，放宽流通，清理超批超砍，解决重采轻造的矛盾。同时，严格执行木材采伐省限额到县、县限额到乡，一律凭"采伐许可证"采伐木材，收取育林费。

1991 年，境内四县执行采伐林木使用全国统一的森林采伐许可证，与年度采伐计划相一致。对农民自用材的采伐要指定用途，采伐地点和树种，注重加强培植业用材的采伐管理。由区林业站发放采伐许可证，由乡（镇）管理监督，严禁无证采伐和超计划采伐。国营林业生产单位必须建立和完善伐区设计、审批、拨交和验收制度。集体林木的采伐亦执行该制度。同时，各级政府每年对限额采伐执行情况和森林资源的消耗状况进行一次检查，建立健全森林资源统计制度。

1994 年，继续执行"一限四证"林木采伐规定，严格执行森林资源消耗全额管理和限额采伐制度。在林木采伐管理上进一步明确森林年采伐限额是国家对森林资源实际限额消耗的法定控制指标，属国家指令性计划。各地对地、县（市）下达的年森林资源消耗全额管理中的各项和分项指标，根据当地的实际资源状况，分解到村、社、农户，不准挪用和突破，不准跨年度使用。对胸径5厘米以上的各类林木的采伐消耗实行全额管理、限额采伐。采伐林木坚持由乡镇政府审批，乡镇林业站核发采伐许可证并监督采伐；乡村林场的间伐和集体林木的间伐及一次进行5立方米以上的采伐由地区林业局核发"采伐许可证"，由乡（镇）林业站监督采伐。对越权审批，违反采伐程序和超限额指标采伐林木者，要依法追究当事人和单位负责人的责任。同时，按照采伐管理的有关规定，集体和国有林坚持先伐区调查设计、拨交作业，青山检尺台账，检查验收一套行之有效的采伐管理程序。

1998年，严格执行木材年度限额采伐计划，严把采伐审批、施工作业质量关，杜绝超限额、超计划、超越审批权限的行为发生。是年10月，对全地区天然林一律实行禁伐，并按"停、造、转、保"的总体要求，相应落实转产、人员分流等一系列有效措施，确保天然林保护工程的顺利实施。全地区共办理林木采伐许可证13000份，办证率达90%。

2000年，严格采伐限额管理和木材销售、加工、运输管理，坚持在计划内严格控制审批，规范办证程序，杜绝超限额、超计划现象。编制完成"十五采伐限额计划"。

第四节　木材经营管理

民国时期，境内木材由木商经营，自由买卖，议购议销。木材加工无专业木材加工厂，采用手工锯材。

20世纪50年代，全国范围内实行木材统一调配，将木材生产和流通纳入计划轨道。境内四县均先后建立木材公司（购销处），并按计委下达计划，与农村社队签订木材收购合同，实行订约收购。同时，四县城关建立木器生产合作社或木材加工厂，区、公社供销合作社亦农具加工厂，从事木材加工。木材运输实行凭证运输。木材主要由四县农林部门统一管理，固定木材市场，组织定点供应。林业部门领导经营木材销售业务，集中产区的木材列为国家统一收购物资，购销业务归木材公司经营。

20世纪60年代，林业主管部门对木（竹）运输、检查实行统一管理。其间，平昌县、巴中县木材公司先后建起木材支农加工厂，设立支农修配门市部，建立木材支农点，生产农具和经营农具修配业务。南江县伐木场在林区办加工厂，生产锯材、汽车货箱、利用采伐、造材、加工剩余物生产包装箱、纸夹板等。1967年10月，境内四县执行中共中央、国务院《关于加强山林保护管理，制止破坏山林、树木的通知》，维护木材市场秩序。

1981年，境内四县经省政府批准后，设立木材检查站，依法进行木材运输检查。是年，境内四县执行达县地区行署《关于加强木竹自由市场管理的通知》，关闭林区及毗邻公社、镇的木、竹自由市场。

1984年，境内80%以上的木材检查站被撤销后，为维护木材正常流通秩序，保护森林资源，运输木材出县、出地区必须在地、县林业主管部门办理运输证明。是年4月，省委、省政府指示："进一步放宽林业政策，加快改革步伐"，规定林区和毗邻地区可以有计划地开放木材自由市场。之后，木材指令性计划缩小，实行多渠道经营。集体林区取消木材统购，开放木材市场，实行议购议销，产销直接见面。

1985年，全部放开木材市场，允许林农和集体的木材自由上市，实行议购议销，单位和个人取得营业执照后可以经营木材。同时，木材加工厂遍及城乡，国营木材专业加工厂生产逐步下降。1986年，巴中县下八庙木材检查站设立，配备专职人员4人，执行木材运输检查任务。

1988—1990年，境内四县经省政府批准，先后恢复各地木材检查站。同时，随着木材放开经营后，四县按照国家有关部、委《关于整顿和调整木材及林副产品费用分担问题的通知》规定的收费标准收取育林资金、更改资金（简称“两金”）。1989年，巴中县对“两金”征收规定：木材及木、竹产品价计征育林基金12%，更改资金8%；五倍子、单宁酸、松香、松节油、栲胶等林副产品按收购金额的5%征收；生漆、黑白木耳、香菇、白蜡、核桃、棕片、木本药材、木柴、木炭等按收购价8%征收；按每立方米3元的标准征收林政管理费；林区管理建设费，由经营者按松、柏原木每立方米8元，其他木材每立方米5元缴纳。是年，通江县严把木材调运、运输签证、运输检查验证“三关”，加强木材运输管理，对全县经营木材和加工木材的单位进行清理，对发放的木材经营和加工许可证正本15个、副本34个，进行逐个审查。1990年，各县按照中央和省、地统一部署，开展清理乱收费、乱摊派、乱罚款的工作。对“两金”采取暂停、缓收等办法进行调整。是年，南江县销售出地区木材2.5万立方米，出县木材733.47万立方米、薪材1248吨、杂竹487.97吨。1992年，巴中县实行商品木材一本账管理制度，主要木材市场有巴州镇、恩阳、清江、化成、白庙等，负责验证和征收育林基金。1986—1992年，境内四县实行经营（加工）木材许可证的核发管理制度，木材经营（加工）仍以林业部门的专业公司为主。

1993年后，地、县（市）林产品公司主要从事林产品和林副产品经营。随着改革逐步深化和市场经济的建立，一些国有公司缺乏竞争力，经营状况逐年下降。木材运输实行省林业厅统一印制木材运输证，按出省、出地区不同情况，由省、地林业主管部门分级发证，强化对木材运输的监督管理。同时，随着国家宏观政策的调整，除重点产材县外，木材经营（加工）逐步向非林业行业和个体工商户开放，有关木材经营（加工）的地方性法规也逐步建立。是年，巴中市（县级）办理出境运输证225份，出境木材1170立方米，竹类30吨，竹木种子3.75万公斤。

1998年，全地区共办理木（竹）材经营许可证正本61个，副本168个，木（竹）材加工许可证95个，木（竹）材运输证6250车（次），实现凭证采伐、经营、运输的良好林政秩序。

2000年，全市禁止任何形式的代销业务和林木、野生动物及产品和其他林产品的非法经营、运输活动，有力地制止林业“三乱”现象。是年，根据国家《收费许可证管理办法》的规定，育林基金由林业部门依据《中华人民共和国森林法》负责征收、管理、使用，用于发展林业的专项基金。

第五节 林政执法

中华人民共和国成立后，境内四县开始对涉林案件进行查办。1953年6月，巴中县处理盗伐公树、毁林开荒、浪费公有林木案件7起，对涉案人员分别给予检讨、警告、撤职、判处有期徒刑等。1950—1959年，通江县处理毁林案件92件，其中判有期徒刑43人。1962年，平昌县对挪用、盗窃、乱伐木材进行清理，通报云台公社超越森林管理权限，擅自批准砍伐国营林的事件。

1974年，通江县对平溪等公社乱砍滥伐案件进行查处。1978年，平昌县对石板公社苟某多次盗伐树木、镇龙公社刘某偷伐7000多株幼树等事件进行处理。1979年，巴中县重点查处乱砍滥伐案件40余件，并公开审判，收到“办理一案，教育一片”的效果。

1981年，通江县发生毁林案件901件，损失树木3.6074万根，案件涉及136个单位、765人，立案审查120件，逮捕14人，行政拘留2人，党纪政纪处分42人，处罚款4320元。1984年《中华人民共和国森林法》颁布实施后，境内四县加强宣传，提高法律意识。1985年，平昌县共清理出前五年破坏森林案件300余件，其中判刑4人，纪律处分57人，没收木材204.3立方米，罚款1.4万元；巴中县查处毁林案件193件，判刑6人，行政拘留108人，追回木材668.7立方米，罚款、补费1.7万元。通江县成立森林派出所，配干警7名，查处毁林案件49件，判刑2人，拘留15人，党纪政纪处分7人，罚款1.5万元，没收木材63.6立方米，赔偿损失9961元，补栽树木2.5万株。

1986年，通江县受理各类森林案件262起，揭发违法人员267人，其中干部116人，群众151人；揭发出盗伐、滥伐林木2130余立方米。逮捕犯罪人员5人，报捕待批11人，行政拘留24人，党纪政纪处分4人，罚款63人，追回木材429.6立方米，挽回经济损失8.59万元，责令赔损44人，没收非法所得并补种树木。同时，调处林权林界纠纷8起，帮助林区建立治安联防组织8个。1987年，平昌县林业公安科成立，查处1985—1987年乱砍滥伐、盗伐林木案件367件，毁坏林木2000立方米，立案查处2起，行政拘留3人，党纪政纪处理2人，罚款、赔偿损失5万余元。是年，通江县受理各类森林案件114件，查破103件，打击处理违法犯罪分子111人，其中逮捕2人，直接起诉8人，行政拘留3人，林政罚款67人，金额2.7万元，没收木材60立方米，赔损4.78万元。1988年，南江县侦破毁林案件177件，处理192人，其中逮捕8人、拘留8人、行政处罚180人，没收木材32.62立方米，罚款1303元，赔偿损失6577元。1989年，平昌县立案查处2起20人团伙盗伐国有林木材案。是年，通江县共查处各种森林案件46起，其中逮捕3人，直接起诉3人，治安拘留11人，行政处罚193人，收缴木材291立方米，罚款12.20万元；查处违法违章的林政案件25件，其中非法经营木材7件，非法运输木材14件，伪造倒卖林业票证1件，其他3件，受行政处理的24人，没收和强制收购木材48.58立方米，行政罚款3200元。

1990年，平昌县破获佛楼乡先后作案23次的盗伐木材团伙案。通江县共查处林业行政案件79件，其中盗伐滥伐65件、73人，木材120立方米，没收木材16立方米，挽回损失2.5万元，罚款5000元，行政拘留8人，警告处理1人；乱捕乱猎2件，乱捕国家二类保护动物黑熊4只，没收和罚款3500元；乱收乱购，无证运输12件，没收木材28.54立方米，共处罚款1751.31元。1992年，南江县查处各类毁林案件133件，其中刑事案件30件、治安案件18件、林业行政案件85件，处罚189人次。

1993年，巴中地区成立以后，四县（市）重视涉林案件查办，注重办案质量。通江县共受理各类森林案件130起，共处理94人，其中逮捕11人，林业行政处罚74人，其他处罚9人，收缴木材120立方米，幼熊2只，挽回经济损失13.2万元。南江县查处各类毁林案件262件，处罚321人次，收缴木材折款6.19万元。

1994年，全地区开始利用专项斗争查处违法案件，打击非法猎捕、经营、利用野生动物及其产品的违法犯罪活动。南江县查处各类毁林案件442件，其中刑事案件35件、治安案件47件、行政案件97件，处罚652人，逮捕6人、拘留1人、治安处罚27人次。1995年，通江县查处野生动物案件1件；南江县查处各类破坏野生动物案件39件，处罚49人，基本控制破坏野生动物资源的现象。

1997年，地区先后制发《关于开展严厉打击破坏野生动物资源违法犯罪活动的通知》《关于认真开展保护野生动植物资源专项治理，专项斗争的通告》后，四县（市）集中查破一批违反野生动物保护法规的刑事和治安案件。南江县破获河南省新野县沙堰乡李某等人非法在南江县桥坝乡捕捉国家二级动物猕猴案，收缴猕猴6只，兽夹、橡皮泥、尼龙网等猎捕工具16件。地区公安处在南江县桃园乡破获吴某捕捉大鲵案，收缴大鲵4只。平昌县捣毁两个地下收购活蛇窝点，收缴活蛇1024公斤。全地区查处野生动物案件31件，打击处理各类违法犯罪人员49人，其中追究刑事责任2人，治安处罚7人，林政处罚30余人次；收缴国家二级保护动物23只（头），其中猕猴8只，黑熊1只，锦鸡5只，大鲵4只，长耳鸮3只，岩隼2只；没收、扣留活蛇及其产品2082公斤，征收、追缴野生动物资源管理费2.8万元，罚款7680元。

1998年，地、县（市）野生保护部门和林业公安密切配合开展经常性的清查处理。平昌县组织警力80余人次，出动车辆17台（次），查处可疑场所17处，车辆130余次，收缴活蛇1950余条，火枪1支，火药2.5公斤，处罚违法人员18人，林业行政罚款7500元，放生活蛇1700余条。通江县查获县外贸公司在禁猎期中，收购活蛇938.58公斤，调销该公司“驯养繁殖许可证”和“经营许可证”，并处罚款3.755万元。全年，全地区清查受理的各类案件达43件，清查处理违法人员57人，没收实物3119只，其中蛇类2513条，拘留违法人员7人，行政处罚50人，罚款47554元。

1999年，全地区共查处破坏森林资源案件1309件，其中刑事案件9件，治安案件26件，行政案件1281件。在森林专项斗争中，查获河南省南阳市官庄镇刘某等在通江县猎捕157只猕猴重大案。

2000年，全市共查处破坏森林资源案件908件，其中刑事案件46件，治安案件26件，行政案件836件。打击处理违法犯罪人员435人，刑事处罚42人，治安处罚68人，行政处罚350人，党政处分56人，罚款7.5万元，没收木材134立方米，补办手续23起，挽回经济损失70多万元。加大野生动物违纪违法案件打击力度，共受理案件84起，处理违法人员106人，罚款4.8万元。

2000年巴中市森林采伐限额执行情况

表5—6 单位：立方米

统计单位	年森林采伐限额	采伐证发放蓄积量	实际采伐量	按消耗结构					按采伐类型			
				农民自用材	培植业用材	工副业烧柴	生活烧柴	其他	主伐	抚育间伐	其他	杂竹（吨）
合　计	254070	94261	173830	64389	23467	3713	77154	5107	55469	58384	59977	17961
集体与个人	217150	77448	160061	64389	11716	3643	76823	3490	55464	46357	58240	13511
国　有	36920	16813	13769	—	11751	70	331	1617	5	12027	1737	4450
其中:地方小采×	4125	732	883	—	583	—	—	300	—	583	300	1415
国有林场	29750	15448	11737	—	10556	—	331	850	—	10887	850	3035
零星国有	2420	325	574	—	274	—	—	300	5	219	350	—
非林业单位	625	308	575	—	338	70	—	167	—	338	237	—
巴中市巴州区	87185	41000	41200	22454	1916	—	16450	380	13534	11111	16555	11000
集体与个休	85650	39084	39284	22454	—	—	16450	380	13529	9200	16555	11000
国　有	1535	1916	1916	—	1916	—	—	—	5	1911	—	—
通江县	69860	21162	55405	9577	17066	2643	24569	1550	9577	31578	14250	2880

续表5—6

统计单位	年森林采伐限额	采伐证发放蓄积量	实际采伐量	按消耗结构					按采伐类型			
				农民自用材	培植业用材	工副业烧柴	生活烧柴	其他	主伐	抚育间伐	其他	杂竹（吨）
集体与个人	50250	10297	48594	9577	10586	2643	24238	1550	9577	24767	14250	30
国　有	19610	10865	6811	—	6480	—	331	—	—	6811	—	2850
南江县	78325	16819	59505	18382	3136	1070	34000	2917	18382	14086	27037	4081
集体与个人	63250	13107	54682	18382	—	1000	34000	1300	18382	11000	25300	2481
国　有	15075	3712	4823	—	3136	70	—	1617	—	3086	1737	1600
平昌县	18700	15280	17720	13976	1349	—	2135	260	13976	1609	2135	—
集体与个人	18000	14960	17501	13976	1130	—	2135	260	13976	1390	2135	—
国　有	700	320	219	—	219	—	—	—	—	219	—	—

第六篇

水利·水产

巴中境内河流众多，河网密布，除北部焦家河属东河流域外，其余属渠江一级支流—巴河流域，主要河流水能理论蕴藏量为85.5万千瓦。境内山高沟深，水资源利用程度低，容易遭受洪涝灾害袭击和春、夏、伏旱的威胁，影响农业生产发展。为摆脱干旱对农业的制约，充分利用有限的水资源，党和政府十分重视水利建设，建立专管机构，配备专业人员，制定实施计划和方针政策，不断加强督导。1956—1992年，各县先后掀起二次水利建设高潮。1993年10月，巴中地委、行署“狠抓基础，快上台阶”，“治巴先治水，治水奔小康”的战略决策指引下，四县（市）掀起第三次水利建设新高潮。

巴中地处川北老旱区，为解决人畜饮水困难，各级政府和水利部门，广泛发动群众，采取井、池、窖结合，蓄、引、提并举，分散与集中结合，大力兴建户办饮水工程。同时，为解决“白水养鱼无人问，临江结网课渔税”历史状况，加大水产渔政管理，引进名、特、优水产品种，以“三个丰收计划”为龙头，大力发展高产、高质、高效的“三高”渔业。在防汛抗旱及河道管理上，建立健全防汛机构，做好防汛安排，召开防汛会议，编制“防汛预案”，坚持汛期值班制度。

第一章　水利建设

第一节　灌溉工程

一、蓄（引）水工程

巴中地处川北老旱区，历来重视蓄（引）水工程建设。据史籍可考，元代中叶（1320年前后），通江县钥匙坡（新建乡境）乡绅马洪等人，捐白银1000锭，修建鹿角溪大埝全长1500余米，灌田20余公顷。明《保宁府志》记载：巴州有堰31处。清乾隆五十六年（1791年），通江县鹦哥嘴（民胜镇境）乡民何文、何大、赵润等人修建红花溪大堰，全长1000余米，将红花溪水引到赵家沟、铁炉沟等地，灌田13.33多公顷。清嘉庆十五年（1808年），“湖广填四川”定居巴州得胜山的王、姜、毛、纪、贺、涂、胡、林等八姓人氏，在场西修塘2口。两塘上下相连，占地面积0.07公顷，可灌田0.4公顷，于塘右石壁上刻有“湖广塘”三字为纪（1971年在改建水库中被毁）。清道光八年（1828年），通江县广佛寺（民胜镇方山村境）僧人广云、广友、绪兴、绪成、绪孝、绪礼、绪义等，带领僧众修建广佛寺堰塘，用清方条石、桐油石灰灌浆圈砌，容水500立方米，可灌田0.67余公顷。清光绪二十一年（1874年），通江县新店子（新文乡春溪沟村）岳、杨、李、冉四姓人氏筹钱20吊（2万个），兴建田坝沟大堰，长700米（在石壁上凿埝长500米，宽0.33米），引水到田竹垭，灌田2.67余公顷，堰侧垂碑刻铭为记。民国3年（1914年），巴中县知事邱志岳成立县农会，倡导修堰凿塘，栽桑种桐，两年内全县修塘500余口。民国10年（1921年），巴中县江阳乡（属平昌县）薛家沟民众修一引水埝，长0.3公里，年引水0.8万立方米，可灌田1.72公顷。民国26年（1937年），通江县在连续两年大旱之后，全县修补旧塘41口，可灌田18.67公顷。20世纪30年代，巴中县三星乡人王建屏组织人力在自家土地上修塘3口，可灌田13.33余公顷。民国30年（1941年），国民政府行政院颁发《非常时期强制修塘凿堰暂行办法》，责令各县成立水利委员会，号召每保修建堰塘一口。民国31年（1942年）8月24日，四川省粮食督导团总督导胡子昂、副总督导李先闻等到通江县视察农业，见水源奇缺，农业疲弊，向省水利局呈文，建议由省拨水利贷款，在新场乡任家坝、李家坝修建马桑岩大堰。是年，巴中县城两个解甲还乡的军官李子献、叶良一倡议在城守镇王望山李家碥下麻柳树河修建"清溪堰"。由县水利委员会副主任王建屏、工程股主任魏建德设计施工，拦水建筑物为矩形石坝，长15米、高7米，顺李家碥下开挖土渠2公里，预计引水灌田66.67公顷左右。所需经费，先由李、叶二人向巴中县银行及农业银行贷款6万元，后由该乡受水民众分期偿还。民国32年（1943年），省拨贷款3500元（法币），开工修建马桑岩大堰。至民国33年（1944年），马桑岩大堰完工，共可灌溉农田33.33余公顷，仍有效益。至民国35年（1946年），清溪堰建成，开始受益。至1949年10月，巴中县共有塘2845口，其中堪用者1115口；共有堰渠213条，堪用者37条；蓄引水量约130万立方米，可灌田266.67公顷。南江县有塘1041口，蓄水量为78万立方米，有效灌面约0.07万公顷；有堰513处，水量160万立方米，约可灌田533.33公顷。通江县有塘254口，活水堰45条（灌田1.33公顷以上者），工程蓄引水量195万立方米，有效灌面440余公顷。平昌县有塘309口，引水埝6条。

1951年4月，巴中县政府发出《关于小型水利工程建设的有关方针政策的指示》，各地开始修塘凿堰。1951—1957年，巴中县新修塘3601口，小型水库4座，整修旧塘1115口，增加蓄水量2055万立方米，平均每年增加293.6万立方米；增加灌溉面积0.46万公顷，年均增加0.06万公顷。平昌县新修塘1696口，整修旧塘373口。南江县新修塘44口。到1958年，通江县建成各类灌溉工程709处，其中水库4座，塘630口，引水埝7条，工程蓄引水量515万立方米，有效灌面0.12万公顷。

1958—1970年，新修水利灌溉工程，除中型水库外，大都没有通过开工前的勘测设计和上报审批程序，多为边勘测、边设计、边施工的"三边"工程。主要有巴中县鼎山区龙洞沟水库、兴隆场乡水井沟水库。1970—1980年，平昌县新开工修建水库270座，多为"三边"工程，导致229座（占84.8%）中途停建，工程病害突出。

1982—1984年，全面开展水利工程查安全、定标准，查效益、定措施，查综合经营、定发展计划（简称"三查三定"）工作。据1985年末统计，境内四县共有各类水利工程30891处，中型水库3座，小（Ⅰ）型水库23座，小（Ⅱ）型水库314座，山坪塘23459口，石河堰378处，引水埝1751条，机电提灌站761台、21427千瓦，合计蓄引提水能力38680万立方米，有效灌面5.94万公顷。据巴中县和平昌县统计，在"三查三定"中，共有小（Ⅱ）型水库182座降为塘，占原有小（Ⅱ）型水库384座的47.4%；有1822口山坪塘降为池，占原有山坪塘17480口的10.42%。

从1989年秋起，大力开展山坪塘改造。境内四县根据山区水利实际，总结出"加埂护坡、挖心扩肚、渠凼配套，增加水方"的山坪塘改造技术要点。始终坚持高质量、高规格、高标准，特别注重坝埂内外护坡的工程质量，确保所有工程"一劳永逸""永管千秋"。1991年冬起，平昌县各级党政干部每人率先承包一处工程，纷纷带头学石匠、搞水利，实干兴水，以点带面，全面推进。1989—1991年，平昌县共投入劳动工日6244万个，劳平204个，自筹资金4111万元，人均54.08元，完成5279口山坪塘工程的更新改造扩建，其中优质工程3083处、良好工程1265处，占改造工程总数的82.4%。1991年，平昌县被水利部评为"全国水利建设先进县"，奖励工程经费71.5万元。

据1993年10月统计，全地区有62个乡（占总乡数23%）无小（Ⅱ）型水库，160个村（占总村数6.8%）无山坪塘；已有灌溉工程，经过数年运行，年久失修，效益衰减，50%的水库有不同程度的病害，30%的山坪塘亟须整治，70%的渠道需防渗治漏。1993—1994年，全地区动工各类水利工程13924处，完工13827处，整治维修水库141座，续扩新建水库24座，改造山坪塘4631口，配套各类防渗渠道779条、1276公里；完成土石方1299万立方米；新增水量275万立方米，恢复水量420万立方米；新增灌面0.13万公顷，恢复改善灌面0.48万公顷。

1995年12月中旬，地委、行署召开全地区农田水利基本建设流动现场会后，全地区积极投入冬春农田水利建设主战场，高峰日全地区投入劳动力达到54.7万人，占农村总劳动力的36.6%。年内，全地区整治山坪塘4062口（其中达到标准化的4000口），整治小（Ⅰ）型水库4座，新建续扩小（Ⅱ）型水库13座，修建防渗石渠220公里，新建山坪塘586口，整治病害水库28座，共增加有效蓄水175万立方米.

1996年9月至1997年3月底，全地区开展以灌溉工程为中心的农田水利基本建设“双百大会战”，日高峰投入劳动力达106.3万人，突破“上劳100万，大干100天”的计划，较1995年日高峰投入劳动力多29.5万人；投入劳动积累工日4987万个，占全年计划4000万个的124.7%；劳平投工33个，较1995年同期增加12.2个；动工各类水利工程15.12万处，占计划的111%；完工14.92万处，占动工数的98.7%。整治中型水库2座，小型水库102座，占计划的100%；新建、续扩小（Ⅱ）型水库27座，占计划的158.8%；新建山坪塘418口，完工327口；整治配套防渗渠道1722.8公里，占计划的121%。

1998年6月下旬统计，全地区共完成各类水利工程90255处，占计划的158%，其中续扩、新建、整治水库64座，新建防渗渠道421公里。在秋修中，又动工各类水利工程6278处，其中整治病害塘库33处，修复水毁渠道86公里。

1999—2000年，在灌溉工程上，重点抓“1130”工程建设。即：巴中市（县级）化成水库枢纽病害整治工程。1998年11月30日动工，经过两年奋战，累计完成投资4625万元（2000年度2180万元），完成土方开挖21.35万立方米，开采回填石碴料47.27万立方米，浇筑砼12367立方米，钢筋402吨，完成劳动工日25.8万个。新建南江县官房沟水库。该库一期工程设计加坝9.5米，达到库容172万立方米。经过充分准备，于1999年5月13日破土动工，到2000年5月竣工蓄水，新增蓄水能力138万立方米，新增灌面166.67公顷。续扩、改建小（Ⅱ）型水库30座。1999年底前，有20座基本完工，16座通过验收。2000年，新修续修小水库12座。

二、提灌工程

1950—1984年，境内四县共投资3亿余元（其中国家投资1.9亿元）建设固定提灌站1100余座，控灌面积达到6.67万公顷，拥有抗旱机具4700余台（套）。之后，农村实行土地承包责任制，提灌站缺乏管理，损毁严重。到1986年，提灌站损毁达30%，部分保留的因缺乏保养维修亦大部分无法正常使用。

1987年，根据农业生产的需要，境内四县农机局成立抗旱服务队，进行流动作业，部分农民自发购买小型抽水机械，提灌事业又有新发展。

1993年后，开始实施以工代赈农机提灌项目，提灌规范性建设和宏观调控作用增强。并根据已有经验提出机灌与电灌并举，以机灌为主；固定与流动并重，以流动为主；大中小微结合，以小微型为主；分散与集中兼顾，以集中建设为主。建立“谁投资、谁受益”的多种投资渠道。到20世纪90年代中后期，体积小、重量轻、成本低的小型提灌机具快速增长，同时出现农民户建、联户建固定式提灌站。

1997年，《四川省农村机电提灌管理条例》颁布实施后，固定提灌站产权明晰，得到有力保护，部分瘫痪的提灌站又恢复使用。

1998—2000年，国家对提灌建设的投入不断加大，农村经济的快速发展，家庭投入提灌建设的资金增多。到2000年底，全市有固定式提灌站1329座，提灌动力机械24644台，微喷灌机械906台（套），年提水3.6亿立方米，灌溉农田8.67万公顷次。

1956—2000年巴中各类灌溉工程

表6—1　　　　单位：万立方米、万公顷

项目＼数目＼县名		巴中市巴州区	南江县	通江县	平昌县	合计
总处数		17559	4673	6197	6169	34598
中型水库	处　数	1	1	—	1	3
	总库容	6565	2100	—	1730	10395
	兴利库容	2869	1006	—	640	4515
	有效灌面	0.11	0.13	—	0.09	0.33
	保证灌面	0.09	0.11	—	0.06	0.26
小（Ⅰ）型水库	处　数	13	3	8	6	30
	总库容	2372	579	1075	900	4926
	兴利库容	1223	437	760	783	3203
	有效灌面	0.45	0.09	0.22	0.15	0.91
	保证灌面	0.36	0.08	0.17	0.12	0.73
小（Ⅱ）型水库	处　数	152	35	116	73	376
	总库容	3129	953	2502	1383	7967
	兴利库容	2139	727	2018	1142	6026
	有效灌面	0.47	0.22	0.46	0.27	1.42
	保证灌面	0.38	0.17	0.35	0.23	1.13
山坪塘	处　数	10390	3507	4404	5679	23980
	蓄水容量	6970	1347	2624	3807	14748
	有效灌面	1.47	0.26	0.56	0.81	3.10
	保证灌面	1.18	0.19	0.42	0.57	2.36
引水埝	处　数	60	925	686	174	1845
	引水能力	118	663	863	194	1838
	有效灌面	0.02	0.17	0.24	0.04	0.47
	保证灌面	0.02	0.14	0.19	0.04	0.39
石河堰	处　数	290	20	—	81	391
	蓄水能力	835	160	—	128	1123
	有效灌面	0.12	0.04	—	0.03	0.19
	保证灌面	0.10	0.04	—	0.02	0.16

续表6—1

项目	数目	巴中市巴州区	南江县	通江县	平昌县	合计
机电提灌	处　数	111	158	81	152	502
	台　数	161	159	146	240	706
	千　瓦	5236	2137	2330	6555	16258
水轮泵站	处　数	—	13	2	3	18
	台　数	—	19	2	3	23
其他工程	处　数	6542	11	900	—	7453
	蓄水能力	143	7	30	—	180
	提供水量能力	20050	6078	7229	8558	42515
	有效水量	14815	4616	6430	7110	32971
	有效灌溉面积	2.81	0.99	1.54	1.47	6.81
	占耕地面积%	51.31	32.10	40.49	33.08	40.53
	其中：田面积	2.10	0.88	1.48	1.03	5.49
	保证灌溉面积	2.26	0.82	1.17	1.11	5.36

第二节　微水工程

据《平昌县水利电力志》记载：民国时期，“农民为抗御灾害，习惯于在山顶、山腰、田头地角、房屋周围挖坑蓄水，用于灌溉、沉沙、栽藕、养鱼、洗涤、防火，1949 年计有蓄水池 100 余口。1950 年，县政府号召农民整修塘堰、挖蓄水池防旱抗旱，到 1952 年挖蓄水池、挑沉沙坑 300 余口。1964 年，在‘五亩一坑，十亩一凼’的号召下，当年发展到 2900 余口，作抗旱和喷洒农药用水及施肥之用。1977 年，为开辟喷灌水源，又于田头地角建喷灌池 1493 口。喷灌废弃后，部分改种或废填，1985 年尚存 1622 口。”《巴中县志》（1994 年版）记载：“蓄水池多数为 20 世纪 50—60 年代防治水土流失所挖掘，1978 年发展喷灌中又修建一批，1985 年全县有池 4457 口，可蓄水 68 万立方米，灌溉 0.02 万公顷，主要用于旱地浇灌”。《巴中年鉴》（巴中县）记载：“1986 年后，县政府采取适当奖励，实行‘谁建设、谁负担、谁使用、归谁所有’的政策，动员部分农民或农业社，自己动手修建一些小堰塘、小石河堰、引水埝、蓄水池等微型工程，解决旱片死角的灌溉问题。至 1993 年末，全县共建小堰塘 1969 口，蓄水池 1008 口，引水埝 17 条，小石河堰 69 处；新增蓄水能力 500 万立方米，新增灌溉面积 0.08 万公顷，改善灌溉面积 0.09 万公顷。”

1993 年冬，巴中地区水电局通过实地选择，确定在巴中市（县级）甘泉乡园艺场村、宝珠村进行微型水利试点建设。通过科学规划，重点部署，统筹安排，两村共筹资 7.2 万元，建成标准化蓄水池 24 个，改造山坪塘 3 口，修建 3.5 公里防渗石渠，开挖回填土石方 4850 立方米，投劳 1.48 万个，新增有效蓄水 8030 立方米，恢复蓄水 3730 立方米，新增灌面 4.47 公顷。

1994 年秋，省、地委领导到通江县赤江乡“饮水贵如油，灌溉望天愁”的天井村检查工作，并把该村作为地委、行署在全地区“实施抗旱自救，大搞微型水利脱贫致富”的示范点。在地、县水电局和有关部门的帮助下，天井村仅一个冬春就建成融灌溉、养殖、种植、消防、美化环境“五位一体”的微水池103口。次年，在遭受大旱的情况下，该村粮食总产量达90.1万公斤，比正常年增产12.8万公斤（增长16.56%）。

1993—1995年，全地区微水建设共投入资金8500余万元，其中群众集资6800余万元，占80%；共投入劳动积累工日1800多万个，人均投劳20个以上，共建成微水工程8万多处，新增蓄水量1600多万立方米，解决和改善0.55余万公顷土地、0.19万公顷桑园、1280万株果树和12.3万余人的生产生活用水。1996年，通江县被定为“四川省1996年微水建设试点县”。

池园新村

1998年，体改委、水利部将通江县列为“全国农村水利改革（微水）试点县”。1997—2000年，全地区（市）共修建微水工程66928处。为加速解决旱山村人畜饮水和农业灌溉用水，通过反复实践论证，确立“狠抓骨干，突出两保，挖潜配套，改革增效”的治水方略和“打井、建池、井池配套”的建设思路。在实践中，采取“井池并举，井外建池，井水池蓄，丰蓄枯用”的办法，推行“一户一池、井池配套、池园结合”的模式。仅1999年，全地区农民池园经济收入大增，人均收入2000元以上的池园经济大户5.2万户。

第三节　饮水工程

1978年前，境内民众饮水多采取打水井或引山泉水进行饮用。1979年，巴中县结合龙洞沟水库工程扫尾，县财政局、水电局拨款2万元，开始修建鼎山场镇人畜饮水供水站及水池等农村建修人畜饮水工程。1980年后，平昌县成立人畜饮水工程指挥部，由县长兼任指挥长，下设办公室，并着手人畜饮水工程的规划、勘测、设计及施工。省以实物（粮、棉、布）代赈安排资金98.4万元，扶持革命老根据地人民解决饮水难。通江县农民多聚居在高山地和陡峭山坡上，特别是北部空山、两河口、新潮、楼子等乡属熔岩地带，峭壁悬岩，漏斗密布，人畜饮水异常困难。1980—1982年，通江县先后两次拨款13.8万元，支持社队修建人畜饮水工程。

1983—1984年，巴中县修建茶坝区所在地场镇及中兴、独柏两个乡场镇的自来水站。据通江县1984年普查，全县有138个村、1591个居民组、4.7万多户、27万多人、29万多头牲畜饮水困难。是年冬，省政府拨出粮食、棉布以工代赈解决贫困山区人畜饮水困难。两年中，投资212.16万多元（含投劳），修建饮水工程520处，蓄水15.4万立方米，新修引水渠15条、全长19.7米，挖井5000口，架设各种管道9250米，解决4.25万人、3.3万多头牲畜饮水困难。

1985年，平昌县由一户或联户新建小型饮水工程1370处，分散解决1.27万人、1.41万头牲畜的饮用水。巴中县修建玉山、平梁区所在地场镇和午凤、三合、白庙乡场镇的自来水站；群众自筹资金、水电局参与勘测设计所建成9个场镇供水站，共13处，解决3.61万人、2.66万头牲畜的饮用水困难。

至1993年底，全地区已解决47.52万人、39.94万头牲畜的饮用水困难，其中建成区、乡场镇供水站175处。

1994年初，四县（市）编制《1994—1998年解决人畜饮水困难的规划》，并完成《巴中地区乡镇供水2000年发展规划》。据统计，全地区有266个场镇缺水，占场镇总数的90.5%；农村缺水人口达124.56万人，占总人口的38.4%；缺水农户多分布在占全地区总村数67%的旱山村。地委、行署把解决严重缺水地区人畜饮水困难列入"稳粮增收奔小康"的重要基础设施建设之一，纳入对四县（市）工作考核的重要内容，充分利用国家粮食、工业品以工代赈资金作启动，发动群众自力更生兴建小型人畜饮水工程，把全地区人畜饮水建设推向新高潮。是年，建成较大人畜饮水工程17处，完成投资340万元，其中地方配套及群众自筹140万元，解决2.8万人、2.5万头牲畜的饮水问题。

1995年，全地区动工人畜饮水工程1295处，完工980处。建蓄水池（窖）692个、17.5万方米，修引水渠（管）288条、265.7公里，铺设输供水管道436条、192.4公里；投入工日85万个；完成投资1731.8万元，国家补助资金1247.3万元，乡村及群众自筹484.5万元；建成乡镇供水站14处，改造乡镇供水站18处，兴建农村集中供水工程136处；新解决7.1万人、5.8万头牲畜的饮用水困难。诺江镇、赤江、广纳、八庙、乐坝、甘溪等6个乡镇基本解决人畜饮水困难。1996年，通江县水电局被评为"全省'八五'人畜饮水建设先进单位"。

1997年，根据"两保水"建设"川北大样板"第一次"南江会议"的精神，进一步在旱山村、缺水村深入发动群众打井建池，广辟水源，解决"两保水"，为扶贫攻坚创造条件。全地区累计建成各类人畜饮水工程11381处，其中打井6652口，建蓄水池4522处，累计投入资金1871万元，解决10.43万人、10.45万头牲畜的饮水困难。

1998年，全地区新解决农村建卡缺水户21.1万人、20.5万头牲畜的饮用水困难。1999年，又解决25万人、23.9万头牲畜的饮用水困难。是年6月，通过自查，全地区已基本解决农村建卡户人畜饮水困难。据对四县（市）自查验收，全地区多渠道多层次筹措资金8340万元，在283个乡（镇）、1426个村、5914个社兴建各类人畜饮水工程4.84万处，其中打井4.1万口，引山泉（溪）5200处，建农村自来水站2245处，全面解决建卡缺水户10.3万户、46.35万人、50.6万头牲畜的饮用水困难。

2000年，全市仍把解决农村饮水问题作为实事来抓，重点放在边远山区缺水户、缺水规划区遗漏缺水户及个别缺水的乡场镇。全年共解决建卡缺水户3.9万户；筹资120万元，兴建响滩、五木供水站，结束0.8万人缺水的历史。并先后编制《巴中市农村人饮规划》《巴中市以工代赈"十五"水利建设规划》。

1998年巴中地区人畜饮水情况

表6—2　　　　单位：个、户、万人

县市		合计	巴中市（县级）	南江县	通江县	平昌县
建卡	乡镇数	283	76	71	76	60
	村数	1426	522	222	306	376
	社数	5914	2013	512	1055	2334
	户数	102976	16565	16038	25184	45189
	缺水人数	46.35	7.95	7.53	10.85	20.02

续表6—2

县 市			合 计	巴中市（县级）	南江县	通江县	平昌县
修建工程及解决人数	打 井	眼 数	40835	11163	2072	5778	21822
		人 数	27.92	5.58	1.86	4.84	15.64
	引山溪（泉）水	处 数	5197	2607	711	1110	769
		人 数	5.85	1.24	1.38	2.72	0.51
	水 窖	处 数	18	—	18	—	—
		人 数	0.05	—	0.05	—	—
	集中供水	处 数	2245	171	1018	464	592
		人 数	12.43	1.03	4.24	3.31	3.85
	其他工程	处 数	188	172	—	—	16
		人 数	0.12	0.10	—	—	0.02
	合 计	处 数	52101	17731	3819	7352	23199
		人 数	46.35	7.95	7.53	10.85	20.02

第四节 重点工程

一、化成水库

位于巴中市巴州区化成镇场前、石柱河上游，集雨面积91.5平方公里，多年平均径流深603毫米，设计径流深340毫米。1958年12月10日开工，1960年4月完成主体工程。均质土坝，高45米、长220米、顶宽5米，设计洪水位42米，正常蓄水位38米，库容4822万立方米，死水位35米，死库容3906万立方米。防洪标准：设计重现期50年，校核重现期200年，溢洪道埝顶中槽高程38.6米，净宽10米，溢洪水深4.89米，最大泄洪流量1298立方米/秒。取水建筑物有：电灌站1座，吸水扬程34米，最大取水量0.5立方米/秒；竖井1座，底坎高程35米，宽1.7米，高2.5米，放水流量3.4立方米/秒，灌溉面积0.11万公顷。干渠：右长31公里（防渗1公里），过水流量1.8立方米/秒；左长15公里（防渗7公里），过水流量0.5立方米/秒；支渠长53公里（防渗26公里）。补给灌区水源设施有：小（Ⅰ）型水库1座，补水量10万立方米；山坪塘44口，补水量25万立方米。库区有可耕土地0.27公顷，养鱼水面258.4公顷。坝外建电站1座，引库水发电，装机325千瓦/台，年发电量80万千瓦时。1995年，省计委、水电厅批准增设放空底洞。1998年11月24日，又批复由省水利设计研究院设计的《枢纽病害整治及新增效益初步设计方案》，投资9890.84万元。是月30日，破土动工。枢纽整治完工后，总库容为6565万立方米，兴利库容由916万立方米增加到2869万立方米，新增有效库容1953万立方米；左、右干渠取水口整治和西干渠取水口隧洞完成，新建和改造渠道99.245公里，有效灌溉面积由0.11万公顷增加到0.44万公顷，新增灌溉面积0.34万公顷，改善灌面0.05万公顷。同时，每年向巴中城区提供生活原水1100万立方米，充分发挥防洪、灌溉、饮水、养殖、旅游等综合效益。

二、龙洞沟水库

位于巴中市巴州区鼎山镇龙王滩，磴子河支流肖家河上游，集雨面积10.2平方公里，总库容830万立方米，有效库容310万立方米。1970年9月开工，1980年3月建成。该工程为一主库、四副库，主库集水面积6平方公里，4座副坝，3条连通隧洞，增加集水面积4.2平方公里，多蓄水52万立方米。拦水工程：主库坝高39.6米，顶长93米，顶宽5.5米，均质土坝；一副库坝高24.3米，顶长50米，宽3.5米，均质土坝；二副库坝高17米，顶长71.2米，宽2.6米，土石混合坝；三副库坝高25.84米，顶长57.7米，宽1.8米，石质拱坝；四副库坝高15米，顶长28.7米，宽1.2米，石质拱坝。引水隧洞：有压连通隧洞3条，均用条石衬砌。放水设备：主库置放水洞3个，与东、西、北干渠衔接；主库设放空底洞1个，长238米。放水设施均有竖井、闸阀装置，启闭自如。溢洪设施：主库及一、二副库均设有溢洪道，防洪标准，设计重现期50年，校核重现期500年。主库溢洪道埝顶高程617.5米，埝顶净宽8米，溢洪水深2.5米，最大泄量为49立方米/秒，三、四副库为滚水坝，埝顶溢洪。设计灌面0.07万公顷，有效灌面0.16万公顷，保证灌面积0.13万公顷。

三、玉堂水库

位于南江县红光乡玉白村，恩阳河支流沙溪河上游，坝址以上主河道长16.79公里，集雨面积42.85平方公里。设计总库容2100万立方米，有效库容1006万立方米，灌溉面积0.15万公顷，有效灌面0.09万公顷。枢纽由主坝、副坝、导流坝、左右溢洪道、灌溉放水塔、放空塔组成；配套干渠27.1公里，支渠83.6公里，提灌站5处。由达县地区水电设计院设计，南江县水电局承建。1959年11月动工，1967年灌溉受益，1982年竣工。1988年1月，大坝内坡坝顶出现裂缝，1989年、1996年两次进行病害整治。防洪标准，按百年一遇洪水设计，1000年一遇洪水校核。大坝整治后，坝高37米，坝顶长210米，宽5米；副坝高6.4米，顶宽4.2米，长58米；导流坝高8.3米，顶宽3.8米，轴线长70米，左右溢洪道顶高程676米；灌溉放水塔由圆筒竖井、电动丝杆、手动闸门组成，最大放水流量3.1立方米/秒，放空塔设计流量6立方米/秒，并建上下电站分别装机75千瓦和125千瓦。该库有在职工作人员46人，水库固定资产额1420.4万元。1998年实现总收入73万元。

南江玉堂水库

四、官房沟水库

位于南江县长赤镇永新村官房沟，集雨面积4.3平方公里。由南江县水电局勘测设计队设计，设计总库容629万立方米，死库容360万立方米，有效库容207万立方米，滞洪库容62万立方米，灌溉面积0.03万公顷。1976年动工修建，1981年因缺乏资金而停工，1999年元月动工续建。续建工程设计总库容177万立方米，有效库容126万立方米，死库容15万立方米，库水面积0.2平方公里，大坝为均质土坝，高10.9米，顶长120米，宽4米。防洪标准，按50年一遇洪水设计，500年一遇洪水校核。在圆山寨建容量700立方米的清水池，解决下游166.67公顷农田的灌溉及1万人、0.85

万头牲畜的饮用水困难。

五、七道河水库

位于通江县石庙乡，属小（Ⅰ）型蓄水工程。集雨面积6.4平方公里，借水面积4.6平方公里。砼防渗面板、刚性斜墙砌石坝。设计坝高48.6米，总库容593.5万立方米，有效库容438万立方米；主干渠两条，长40.37公里。1973年4月通江县水电局初设大坝为条石单拱坝，后更改为刚性斜墙砌石坝。是年7月成立工程指挥部，由县委副书记刘家庆任指挥长；1975年12月破土开工，由广纳区投资投劳。至1979年底后改由三溪、石庙两公社续修。截止1993年，基本完成一期工程，坝高42米，可蓄水350万立方米；设计灌面0.16万公顷，有效灌面0.12万公顷。配套左干渠9公里，因经常水毁，灌溉效益甚微。

六、流里河水库

位于通江县铁佛镇尖山坪村，集雨面积4.2平方公里。均质土坝高22米，总库容189.5万立方米，有效库容140万立方米；左干渠9公里，右干渠5公里，支渠5条27.4公里，灌溉铁佛镇500公顷田土。由达县地区农水局勘测设计。1959年11月开工，由铁佛区公所抽调劳动力修建，1960年、1967年停工，1974年11月竣工。工程总造价230万元，投劳7.8万个。该库管理所有管理人员7人，建有渔场0.67公顷。

七、友谊水库

位于平昌县南风乡与仪陇县立山乡交界处，下游为磴子河支流南长河，坝基海拔高程460米，设计利用集雨面积19.2平方公里（其中借水面积7.2平方公里），枢纽占地50公顷。均质土坝，底宽232.89米，顶宽4米，坝高38.95米，顶长198米，坝顶高程498.95米。总库容1730万立方米，其中有效库容650万立方米。隧洞正埝闸门控制泄洪，最大泄洪流量130立方米/秒；竖井为手电两用螺杆式启闭门输水，设计放水流量2.5立方米/秒。灌溉西兴、响滩两区8乡、46村、222农业社、耕地0.2万公顷。1984年根据完成规模，复查核定灌面0.11万公顷。水库因在团结治水中得到仪陇县支持而命名。1974年8月破土动工，1979年12月枢纽工程竣工。1980年水库开始下闸蓄水，1981年11月蓄至正常蓄水位495.14米，坝体在蓄水过程中发生渗漏现象。1982年4月至1985年7月，对枢纽工程补作地质勘探，对坝体、坝肩进行帷幕灌浆处理，1985年12月投入使用，运行正常。水库管理所定员40人。

八、长岩水库

位于平昌县岩口乡长岩村罐子寨下，下游为巴河支流碑庙河，集雨面积2.3平方公里，坝址海拔高程678米。坝体为干砌石黏土斜墙坝，土工复合膜防渗，最大坝高30.33米，坝顶宽4.5米，坝轴线长86米。总库容138万立方米，有效库容118万立方米。灌溉岩口乡土坝、老君、柏林、长岩、双渠等5个村19个社346.67余公顷耕地，其中提灌133.33余公顷。1958年初勘设计，定为小（Ⅱ）型，是年动工修建坝高3米。1973年设计扩为小（Ⅰ）型，坝高28米，是年冬动工，至1981年完成29.7米，打通溢洪隧洞，并完成放水设施建设，修建浆砌石干渠14.36公里。在1994年“8·27”洪水中，水位上升至27米时，土坝内坡左右端出现两个漩洞，最大直径达18米，坝轴线内侧全部开裂，最大缝宽9厘米。是年10月，平昌县水电局采用复合土工膜全坝面防渗整治方案，同时对外坝面进行修整护坡。至是年底，完成整治方案，水库正常运行。

九、恩阳镇人畜饮水工程

位于巴中市巴州区恩阳镇东登科寺下，从恩阳河瓦窑滩提水，扬程 94.5 米。历经恩阳公社初建、巴中县水电局与恩阳区公所联建、巴中市（县级）水电局扩建三个历史阶段。1990 年报省批准列为以工代赈建设项目，于 1991 年 4 月动工。在建设过程中，将建设规模日供水能力由 2000 立方米扩大到 1 万立方米，于 1997 年 6 月建成投产。建设项目有：提水泵房输电线路，砌石、钢筋砼清水池（蓄水容量 1080 立方米），多孔旋流反映、塑料斜管沉淀、重力无阀过滤的水质净化流程处理设施，供水主管道长 5282 米，分支管网长 16588 米；管理和住房 1 幢（1118 平方米），鱼池 1 口（300 平方米）。至 1999 年，又陆续完建清水池 1 口（容量 450 立方米），安装二级提水加压机泵 1 台，供水管道 3364 米。累计总投资 302.78 万元。该工程的供水范围达 3.4 平方公里，内有 5 个街道居委会、47 个行政事业单位、30 家企业、58 个服务行业、6 所中小学校，共计 1.5 万多人。同时，还解决邻近 3 个村、6 个社、184 户、750 人、800 头牲畜的饮用水，19.87 公顷蔬菜园圃、21 户 0.73 公顷甲鱼、商品鱼养殖基地的灌溉用水。工程建成后，成立恩阳镇自来水公司进行管理，有职工 32 人。

十、大茅坪饮灌工程

位于巴中市巴州区白云乡大茅村一社，工程由五部分组成：一是蓄水 10 万立方米的小（Ⅱ）型松林水库；二是提水泵及 320 米输水管；三是按国家标准设计原水 300 立方米的水厂，占地 990 平方米；四是 5000 余米供水管网；五是长 2000 米的灌溉渠道。共解决大茅村、白云村、红垭村及场镇共 4400 人、4500 头牲畜的饮用水，灌溉农田 133.33 公顷。于 1997 年 1 月动工，年底竣工。累计开挖土石方 2.4 万立方米，安砌条石 100 立方米，投入工日 2.5 万个，总造价 62 万元。其中，国家补助 16 万元，受益分筹 24 万元，大茅村自筹现金 4 万元，投劳折资 18 万元。

十一、铁佛镇供水工程

位于通江县铁佛镇，该镇常住人口 6800 人。位于低山高台地貌区，水源奇缺，蓄水困难。为解决人畜饮水问题，通江县水电局技术人员精心勘测、科学论证，设计在原有供水工程上扩建，修建沙田坝拱坝蓄水为水源；同时进行净化设施的技术改造，水质达到国家二级卫生标准。供水工程，蓄水坝高 15 米，安装引水塑料管道 1500 米，蓄引工程投资 15 万余元，于 1995 年 11 月动工，1997 年 1 月底全面完成。投入运行情况良好，被省水电厅领导、专家誉为“全省乡镇人畜饮水工程的一流工程”。

十二、涪阳镇供水工程

位于通江县涪阳镇，供水工程始建于 1987 年 7 月，日供水规模为 120 吨，供水人口 2000 人。1995 年，该镇被列为 500 个国家级小城镇之一，场镇规模不断扩大，住镇人口迅速增加，供水矛盾突出。1996 年 9 月，供水工程技改方案获得批准，工程由通江县水电局设计，日供水能力 1000 吨。于 1997 年 3 月动工，总投资 45.8 万元（国家投资 30 万元，地方集资 15.8 万元）；新建 120 平方米管理房 1 幢，旋流反应池 6 个，斜管平流沉淀池及无阀过滤池，改造 300 立方米蓄水池 1 口，1997 年 9 月竣工投入使用。工程运行良好，已建成引水管道 1800 米，供水主管道 4 条 3650 米，拥有用水户 458 户，供水人口 0.54 万人，辐射场镇 1.01 平方公里。由涪阳供水站管理，日供水量达 300 立方米，年实现利润 1.5 万元。

十三、空山坝人畜饮水工程

位于通江县空山乡，该乡平均海拔1300余米，地属碳酸盐岩区，溶洞裂隙发育，难以截蓄地表水，辖区内无塘无库，加之地下水出露位置低，人畜饮水极度困难。1986年，国家以工代赈建饮水工程，由于源流细微，仅能供100余人饮用。随着场镇发展，人口增加，饮水困难，日益突出。1997年，在空山乡开展扶贫攻坚中，世界银行贷款23万元，国家以工代赈资金34万元，总投资95.57万元。投劳4.82万个工日，引水于五福坝，流量10立方米/秒，建取水池1口（容量3立方米），架设引水管14.8公里，蓄水于何家营，容水1000立方米；安装供水主管道28公里，解决乡场镇和中坝、龙池、七星3个村、3000余人、4700多头牲畜饮水困难。

十四、驷马镇供水工程

位于平昌县驷马镇，供水工程于1994年1月动工，1995年7月完工，总投资120万元。由平昌县水电局勘测设计队设计、施工。该工程在石柱河马骡滩取水，提水扬程96米，提水管道直径100毫米，放水主管道长1700米，供水管网分三条街，主管总长3800米。修建供水厂房2幢，有供水员工7人。经过运行发展，已形成有用水户342户、3200人，日供水105吨，日收入236.5元的供水规模。

十五、铺垭供水工程

位于平昌县铺垭场，供水工程由平昌县水电局勘测设计队设计，于1995年3月开工，1997年4月竣工。总投资95万元，其中国家投资70万元，地方自筹25万元。该工程在磴子河（云台、荔枝两乡交界处小河沟）建一浆砌条石拱坝，集雨面积12平方公里，设计供水规模335立方米/日，供水人口5000人。提水扬程为210米，提水管道长840米；输水管采用直径100毫米聚乙烯管，埋设地下0.7米，总长740米。修建生产厂房2幢、职工住房1幢，共332平方米，其中反滤池、过滤池、清水池200立方米。滤水设施采用先进的塑粉滤水技术，为该县优质供水工程。工程建成后，解决场镇党政机关学校1500人、居民180户的生活用水，5个工业企业的生产用水，10公顷农田的灌溉用水。

附：三轮水利大会战

第一轮水利大会战　1956—1969年，境内四县传达贯彻《全国农业发展纲要（草案）》后，四县掀起第一轮水利建设高潮。其中1956年巴中县城守乡黑石腔、中兴乡大排、义兴乡解放等水库；平昌县金宝乡黑山沟，胜利、华严乡跃进等水库；通江县双泉乡澌溪沟、维新乡（火炬乡）坟坪坝、东山乡硝洞沟、铁佛乡谭家湾、石龙门，洪口乡平河子等水库；南江县赤溪乡老林沟水库等，均陆续动工修建。1958年，巴中县开工水库16座，绝大多数成为施工时间长的“胡子工程”。通江县沙河子水库、流里河水库、澌溪沟水库，南江县玉堂水库、刘家沟水库、玉乐水库、蓼叶水库、养生水库、井坝水库等也是在期间开工的。从1963年11月起，各地普遍修建石河堰，建立机电提灌站。至1969年，四县共修建石河堰481处，水轮泵站212个，建立机电提灌站195处，安装提水机具485台（套）、6649.55千瓦。

第二轮水利大会战　1970—1992年，境内四县掀起第二轮水利建设高潮。其中1970年巴中县的龙洞沟水库、后溪沟水库、黄垭水库、团结水库、斯连水库、堤河水库；平昌县的友谊水库、庆丰水库、利华水库、人民水库；通江县的湾田河水库、七道河水库、大石桥水库、石门子水库、大井坝水库；南江县的杨家沟水库、唐家嘴水库等开工修建，称之为“农业学大寨的成果”。到1978年底，四县共建成各类水利工程1270处，蓄引提水总能力16212万立方米，有效灌溉面积2.12万公顷。1986—1992年，各县继续贯彻“配套为主，小型为主，当年见效为主”的治水方针，本着“需要、自愿、量力、实效”的建设原则，动员群众积极进行小型水利和人畜饮水工程建设，从各县的实际出发，把治水重点放在续修配套、除险加固、修复水毁等工程项目上。平昌县共投入水利建设资金5056.88万元（其中群众筹集2994.74万元），劳动积累工日4391万个，累计完成17座水库的续修、扩建、整治、配套，改造山坪塘4141口，新建塘1066口，池升塘388口，续建石河堰80处，引水埝174条，渠系配套4221条、3201公里（新建879公里，维修1431公里，防渗891公里），建成人畜饮水工程510处，新增蓄引提水量1976.1万立方米，新增有效灌面0.69万公顷，恢复改善灌面1.29万公顷。

第三轮水利大会战 1993年10月，四县（市）积极响应地委、行署大办水利的号召掀起第三轮新高潮。四县（市）采取超常规的举措和毅力，抓住不放，一抓到底。其中巴中市（县级）四大班子分别抓好一个乡镇示范点，25名市级领导分别挂包34个重点工程，60个市级部门对60个乡镇的农田水利基本建设实行对口支援；各级领导和单位对挂包乡镇实行包任务完成、包施工质量和安全、包自筹资金和劳动积累工到位、包物资供应和具体问题解决的“四包”责任制。全市最高投入劳动力达27.2万个，较1992年同期增长30%，计投工544万个工日，共筹资金125万元，完成的1934处工程，合格率达96%。

1995年，全地区掀起多层次、多渠道、多形式大办水利的高潮，初步走出一条“挖潜—兴修—改革—新建”的小型水利建设之路。全地区累计动工各类水利工程11008处，投工3718万个，投入自筹资金2800余万元，新增有效灌面0.08万公顷，恢复改善灌面0.45万公顷；新解决7.1万人、5.8万头牲畜的饮用水困难；水利工程汛末蓄水达2.1亿立方米，占目标任务的80%。同时，各县（市）狠抓微水建设，推动全地区小微型水利建设步入一个新的台阶。全年累计新建微型水利工程15436处，超过下达目标任务的13倍。

1997年，全省农田水利基本建设工作会在通江县召开后，全地区呈现出“地、县（市）领导指挥干，党员干部带头干，部门扶持帮助干，政策优惠激励干”的火热场面。高峰日投入劳动力106.3万人，较1996年多29.5万人，人均投资60元，共完成各类工程14. 92万处，建成标准微水池4.7万口，占年计划的151%；饮水工程3153处，打井2.1万口；新增灌面0.07万公顷，占年计划的214%，解决旱地浇灌面积0.75万公顷；累计有效灌面达6.58万公顷，占耕地面积17万公顷的38.7%；解决10.4万人和1万头牲畜的饮用水困难，分别占年计划的143%和146%。巴中地区荣获“全省农田基本建设‘李冰杯’竞赛水利项目三等奖”。

1998年，全地区共投入水利建设资金1.76亿元，其中争取国家补助资金3300万元；投入劳动积累工日6016万个；动工各类水利工程13.05万处，完工11.07万处，其中建各类人畜饮水工程6.56万处（含打井5.6万口）；新解决农村建卡缺水户21.1万人、20.5万头牲畜的饮水困难，占省下达计划的131.9%和137%；新增蓄水能力260万立方米，恢复蓄水能力900万立方米，新增灌溉面积0.07万公顷，占省下达计划的125%，恢复改善灌面0.61万公顷；新建微型水利12090处，占省下达计划的120%，新增旱地浇灌面积0.24万公顷。

1999年，全地区动工各类水利工程9.4万处，占计划的135%；完成积累工日7351万个，投入各类资金1.9亿元，分别比1998年同期增长59%、49%；建微水池8191口，其中蓄水100立方米以上的6970口；修水窖627口，打井4.9万口，解决25万人、23.9万头牲畜的饮用水困难；新增蓄水能力439万立方米，占计划的150%；增加有效灌面0.08万公顷，占计划的121%；恢复改善灌面

0.69 万公顷，占计划的 140%；增加节水灌溉面积 0.1 万公顷，占计划的 150%。

2000 年，全市围绕市委、市政府提出的水利建设要求，狠抓水利设施的增效工程。通过升库扩容、治漏护坡、开沟凿埝、渠系配套和防渗等措施，充分发挥已成水利工程的作用，全年塘升库 7 座，治漏护坡 1307 座，建标准渠 204 公里，整治渠道 8.55 公里，新增和恢复蓄水能力 880 万立方米，新增和改善灌面 0.79 万公顷。狠抓户办微型水利的特色工程。全年共建成庭院水土保持工程 3 万户，稻鱼工程 0.2 万公顷。狠抓水资源开发利用的增收工程，培养扶持水利大户成为纳税大户。全市 1.8 万户水利大户，年创收 0.85 亿元，为国家上缴利税 700 余万元；水利经济总收入达 1.5 亿元，实现综合经营产值 0.15 亿元。狠抓水利体制、投入机制改革的创新工程。在工程建设上，坚持“谁建设、谁管理、谁所有、谁受益”。在管理体制上，实行中型水库国有，事业性质，企业化管理，自负盈亏；小型水库采取卖、租、股、包等办法，进行管理经营；山坪塘公开拍卖经营权；微水工程自建、自有、自用。全市在水利建设的投入上，形成“政府以奖代补、农户自建为主、换工互助，部门强化服务”的新格局。全年投劳 8087 万个工日，投资 2.6 亿元。至年底，全市共有各类水利工程 34598 处，合计蓄引提水能力 42515 万立方米，有效灌溉面积 6.81 万公顷，占总耕地面积的 40.53%。巴中旱区治水特色“扶贫攻坚，治水为先”经验受到国务院和水利部充分肯定，全国有 21 个省、直辖市、自治区 1200 余名干部到巴中参观学习。

第二章　水土保持

第一节　水土流失状况

民国时期，境内绝大部分地方农民素有打横山埝、挖沉沙池和顺山开厢、带状种植等保持水土的习俗，加之森林茂密，植被良好，虽山洪多发，但水土流失并不突出。

1952 年 12 月，中央人民政府政务院发出加强水土保持工作的指示后，从互助组到农业社，每年冬春围绕农田基本建设，增加横山埝、沉沙池，改直流为横流，改急流为缓流，且在地边加埂，改坡为梯，改地为田，加上水利工程增加，水土流失更为减少。从 1958 年冬，“大办公共食堂”开始，到 1961 年秋，下放公共食堂为止，“大办公共食堂”大量砍树烧柴，“大办交通”、“大修水利”大造木架、木框、木轮的架子车、鸡公车，“大炼钢铁”大量砍树搭“窝棚”、烧“木棒垂”，森林资源遭到破坏；加之，亩产“万斤粮”，要施“万斤肥”，大量铲草皮、“剃光头”，甚至用柴草“大熏土肥”，出现满山遍野“处处冒烟”，大量植被遭受严重损毁，不少山坡层林尽无，黄土裸露，水土流失严重。

1970 年后，在“农业学大寨”中，实行“治水与治山相结合”，进行部分土改田、坡改梯。在“种满种尽、寸土必争”的号召下，开荒种植破坏植被，造成新的水土流失。据 20 世纪 80 年代初实测统计：巴中县水土流失面积达 1563.36 平方公里，占辖区面积的 60.9%。平昌县水土流失面积 1506.89 平方公里，占辖区面积的 67.6%。据风滩水文站（巴河）21 年、七里沱水文站（南江河）20 年、杜家河水文站（通江河）15 年的实测资料：多年平均输沙量为 125 万吨，多年平均输沙模数为每平方公里560.1吨；最大年输沙量566万吨，输沙模数每平方公里1631吨；最小年输沙量9.9万吨，输沙模数每平方公里28.5吨。

1982年8月，境内四县相继成立水土保持协调小组及办公室，配备技术人员和专职干部，根据“防治并重，治管结合，因地制宜，全面规划，综合治理，除害兴利”的方针和“从上至下，集中成片，连续综合治理”的原则，实行以小流域治理为单元，采取工程措施与生物措施相结合，坡面治理与沟谷治理相结合，田间工程与耕作措施相结合的办法，有计划有步骤地全面开展水土保持工作。1984—1985年，巴中县成片造林1.48万公顷，植树2.3亿株，新挖沉沙凼2万个，打横山埝2685条，坡改梯、土改田0.14万公顷。平昌县在驷马河（石柱河）小流域的得胜区和兰草区的6乡、20村、133组，开展综合治理工作，采取定质、定量、定时间的分级承包责任制，经检查验收合格发给补助费。至1985年止，共治理面积41平方公里，占总面积的69.3%；总投资51.84万元。1985年底，通江县停耕还林104.2公顷，修建横山埝23条、长5.99万米，背水沟153条，边沟163条，地边加埂6200米，坡地改梯田30.33公顷，有效控制水土流失。

1993年，全地区完成水土流失治理面积129.37平方公里，占下达任务的93.2%。是年，巴中市（县级）、南江县、通江县被列入省第六批以工代赈水土保持重点治理县，下达以工代赈资金170万元，以粮代赈粮食31万公斤，要求完成巴中司城河、茶坝河，南江绝滩沟、杨坝河，通江杨家河、坝子沟等8条小流域73.5平方公里的治理任务。至年底，实际完成以工代赈水土流失治理面积64.07平方公里，占年计划的87.2%。

1994年，四县（市）治理小流域主体工程基本完成，累计完成坡改梯0.09万公顷，营造水保林0.52万公顷，其中经果林0.15万公顷，建蓄水池880个，沉沙凼2.35万个。1995年，全地区治理水土流失面积168.7平方公里，占年计划的118%。1996年11月底统计，全地区完成水土流失治理任务148.6平方公里，占年度计划167.2平方公里的88.9%。

1997年7月，地区成立水土保持委员会，进一步加强对全区水土保持工作的领导。全地区共完成水土流失综合治理面积167.6平方公里，超额完成省下达166平方公里的治理任务。

1998年5月，行署制定《巴中地区水土保持1998年度工作目标责任制》，制定奖惩、考评办法，地、县（市）均成立以分管领导任组长，水电、人事、监察等部门负责人为成员的考评领导小组。全地区完成水土流失治理面积241平方公里，占目标任务的133.89%。

1999年，继续坚持以小流域为单元，以样板示范工程引路，以坡改梯、经果林建设为重点，以培育流域支柱产业、发展流域经济、帮助群众脱贫致富为核心，以防治水土流失、改善生态环境为目的，推行山、水、田、林、路、园综合治理，初步形成以小流域为单元的水土流失综合防治体系。

2000年，全市选择10条小流域开展“创建精品小流域”活动。1993—2000年，投入水土流失防治资金3010万元，累计治理水土流失面积1399.5平方公里，年均治理200平方公里。1999—2000年，共完成水土流失治理面积391.5平方公里，占省下达任务360平方公里的108.7%。

第二节 综合防治

据巴中县农林水利科《1950—1955年水土保持工作量统计表》载：完成农林措施173.4万公顷，其中田间工程（坡改梯、修地埂）567.67公顷，种草14公顷，改良耕作（横坡带状种植、顺坡开厢）1152.53公顷；完成林业措施1811.8公顷，完成水利措施20997处。1956年4月，通江县提出认真贯彻“治河必先治山，保水必须保土”的水土保持方针，制定砌石垒坝、挖排水沟、沉沙池、蓄水池及改善耕作方法、在25°以上的坡地停耕还林等一系列方法。年内，全县停耕还林360公顷，建谷坊5座，沟头防护186.67公顷，护岸12.6公里，挖大沙池、泡青池2450口，改良耕作技术0.18万公顷，种植牧草、饲料366.67公顷。1957年，通江县新建水土保持初步控制面积0.28万公顷，造林0.01万公顷，建果园3.87公顷；打抗旱井2781口、大沙凼9525口，横山埝6592条，引洪浇地0.04万公顷。

1958年，境内四县贯彻执行"预防与治理兼顾，治理与管护并重"的水土保持方针，并大力开展水保法规宣传。通江县书写："种地不砌坝，冲成光板板；种地不刨沟，犹如强盗偷"；"石头底下有碗油，不搬石头没搞头，石头搬了变成地，一季可以顶两季"；"开荒三年，土地跑完，打上新田，能管万年"等宣传谚语。

1970年，境内四县开展山、水、田、林、路综合治理。在"农业学大寨"中，进行土地加工，大造水平梯田，对保持水土起到积极作用。1982年8月，境内四县有计划、有步骤、有目标地开展水土流失治理工作。1983年，南江县被列为"全省治理水土流失示范县"，国家拨专项经费10万元，重点治理木门河流域流溪河、龙潭河两条支流44.2平方公里范围内的34.6平方公里。1984年，对黑潭河小流域137.6平方公里的水土流失治理进行规划，于1985年开始第一批30平方公里的治理。

1986—1990年，通江县被列为"全国'以工代赈'水土保持小流域综合治理重点县"，利用国家以工代赈治理水土流失，先后对白汝溪、流里河、斑竹溪、固家河、铁坝沟、石板溪、王家河等7条小流域开展综合治理，面积125.7平方公里。国家"以工代赈"（棉花、棉布）折币133.72万元，实际转化金额114.98万元。1989年，长江中上游水土流失重点防治工程（简称"长治"工程）启动后，平昌县被首批列为"长江上游水土保持实施县"。1983—1993年，巴中县共治理水土流失面积121.78平方公里，折合1.25万公顷。其中白云乡堰龙溪流域13.8平方公里，地跨鼎山、大罗、风溪乡镇的崔家河流域29.88平方公里，茶坝乡茶坝河流域9平方公里，渔溪区之字河流域5.5平方公里，地跨恩阳、兴隆场、明扬乡镇的狮儿桥流域（水井沟水库库区及集雨区）5平方公里，化成水库集雨区的凌云、寺岭、南阳、化成、金光乡镇共51.1平方公里，地跨上八庙、司城乡的司城河流域7.5平方公里。

1994年，四县（市）先后制定《水土保持法实施办法》《水土流失防治费、水土保持设施补偿费管理使用办法》和《水土保持方案审批制度》《水土保持年查年审制度》《水土保持监督检查人员管理制度》。地、县（市）相继成立水土保持监督检查站，全地区形成地、县、区、乡四级水保监督网络。同时，地、县（市）水保执法部门先后对巴中市（县级）先行页岩砖厂、通江县铁佛区小煤窑、平昌县丝绸厂和页岩砖厂等单位造成人为水土流失的案件，重点进行查处。全年查处水土流失案件35起，收取防治费、补偿费（简称"两费"）1.3万元。

1995年，全地区立案查处人为水土流失案件13起，收缴"两费"及罚款26万余元。全地区审批《水土保持方案》300余件，发放"水土保持方案合格证"和"水土保持许可证"各240本。l996年，全地区立案查处人为水土流失案件23起，行政复议水保案件1起，收缴"两费"25万元。全地区审批《水土保持方案》102件。1997年，地区联合执法队与南江县进行联合执法，从5月初到9月底，先后立案查处水土保持违法案件18起，收缴"两费"32万元。全地区共立案查处41件。

1995—1998年，通江县、巴中市（县级）、南江县相继被列入"全国长江中上游水土保持治理县（市）"。至1998年，在实施"长治"工程中，全地区共完成水土流失治理面积752平方公里，实施治理小流域38条，完成土石方4220.92万立方米，总投工日2429.74万个，总投资9497.7万元，其中国家投资1089.8万元，省、地、县配套407.9万元，治理区群众自筹8000万元；改造坡耕地建设基本农田0.63万公顷，营造水保林1.76万公顷，栽植经果林1.08万公顷；实行封禁治理2.35万公顷，保土耕作 1.71 万公顷；兴建塘堰 1082 处，蓄水池 24500 口，灌排渠 1042 公里，水平截流沟 1267 公里，沉沙凼 28.3 万个。1998 年，结合巴中实际情况，地区把水保防治工作的重点从单一抓农村转移到农村、城市一起抓。巴中市（县级）被定为地区城市水土保持工作试点和全省城市水土保持试点市，并编制出《巴中市水土保持总体规划》《南池河小流域水土保持规划》和《回风、城守小流域水土保持规划》。同时，将《水土保持方案》审批工作纳入地区建设项目服务大厅，接受申报《水土保持方案》217 件，审批 189 件。

1999 年，巴中地区及四县（市）均被列为“全国水土保持生态环境监督管理规范化建设试点”。全地区审批《水土保持方案》165 件。巴中市（县级）根据城市减灾和沿河土地开发的要求，编制出《巴中市城区段城市防洪规划》，编制上报《巴中市城市水土保持生态环境建设规划》。在市内确定重点监督区、重点预防保护区、重点治理区，并设置标志牌，确定江北新区为水土保持生态环境建设示范园区。为加强城市水保基础建设，投入 1.26 亿元建设日处理 6 万吨的污水处理厂，一期工程自筹资金 1500 万元；投资 1360 万元，完成南池河综合治理一期工程；建成长 2.56 公里的江北防洪堤，开工建设长 2.5 公里的老城区滨河路带防洪堤工程；投资 100 多万元，建设长 4.1 公里的环城公路护坡工程；改造旧城面积 200 多万平方米，增加绿化面积 3 万多平方米，在城区、城郊整治沟、凼、渠、池水保工程 300 多处，治理城郊水土流失面积 28 平方公里，建设 10 个倾倒垃圾和弃土的场点。1998—1999 年，全地区共查处水保违法案件 268 件，收缴“两费”71.8 万元。

2000 年，“长治”工程通过 12 年的实施，全市累计完成治理面积 1088.1 平方公里，治理小流域 62 条，完成土石方 6682 万立方米，投劳 3826 万个，投资 11086 万元，其中国家投资 1820.25 万元。完成坡耕地改造、建设基本农田 0.86 万公顷，栽植经果林 1.41 万公顷，营造水保林 2.76 万公顷，封禁治理 4.11 万公顷，保土耕作 1.74 万公顷。新建塘堰 1282 处，蓄水池 36560 口，灌排渠 1264 公里，水平截流沟 1465 公里，沉沙凼 32 万个。全市治理水土流失面积 1386 平方公里，占应治理面积的 17.63%。全市收缴水保“两费”42 万元，查处水保案件 46 件。平昌县被财政部、水利部命名为“水土保持生态环境建设示范县”，通江县万家沟、平昌县花溪沟两条小流域被命名为“水土保持生态环境建设示范小流域”。

第三节　水保工程

一、肖家坡茶场

位于平昌县东北魏家河小流域镇龙乡，海拔高度 1120 米，辖区面积 400 公顷。由于长期乱砍滥伐，过度垦荒，水土流失严重。1994 年冬，进行开发治理，办茶场，成立平昌县五峰茶叶股份公司，将土地、劳力、技术等折资入股，公司注册资金 358 万元。1998 年 3 月，大棚茶全面上市。全年产名茶 355 公斤，产优质茶 2200 公斤，大宗茶 4425 公斤，实现收入 135 万元。2000 年收回全部投入。

二、大梁山茶场

位于平昌县西北驷马河流域得胜镇大梁山，与通江县接壤。由于长期荒芜，风雨侵蚀，水土流失逐年加剧。1991 年冬，经过勘测、论证、规划，对大梁山进行综合治理，建设 17 公顷高标准茶场。到 1999 年，年产茶 1.1 万公斤，其中名茶 950 公斤，年产值达 94.5 万元，缴税 14.8 万元，获利 18.6 万元。1996 年，“北山翠茗”获“全国农业博览会金奖”。

三、贾家梁茶园

位于通江县西陈家河小流域大兴乡贾家梁村，属“长治”水保重点工程，面积66.67公顷，于1995年动工，1996年底竣工。全面完成茶园坡改梯66.67公顷，安砌条石地埂1.55万米，修筑拦山堰、排洪沟14条长1680米，修路7条长1150米，沉沙凼8个、容积64立方米，蓄水池5口、容积5848立方米，管理房540平方米，安装揉茶机、榨油机、打米机、磨面机、粉碎机等加工机具5台。工程总投资65万元，投劳8.35万个，共动用土石方8.5万立方米，其中石方1.35万立方米。该园由通江县水保办、民胜水利水保站与贾家梁村联合管理及经营，年实现总产值15万元，实现利润5.5万元。

四、杨家寨杜仲园

位于通江县东北甑子河小流域铁溪镇桅杆坝村，系通江县水保办与铁溪镇桅杆坝村共同兴建股份制水保工程。第一期于1994年10月至1995年4月，完成栽植面积30公顷；第二期于1995年10月至1996年3月，完成栽植面积36.67公顷。至1999年，66.67公顷杜仲苗木长势良好，最矮株2米，最高株4米以上。

五、落山坪示范基地

位于南江县南绝潭沟小流域东垭乡，地处海拔800～900米，辖区面积588.33公顷。1962年，因山体滑坡造成乱石成堆，水土流失严重。1993年，以工代赈治理水土流失，通过改田改土，培植经济林木，调整产业结构，取得明显的经济和社会效益。通过治理，完成以条石砌筑地埂为主的坡改梯33.33公顷，挡土墙长6500余米，增加耕地面积3.33多公顷；新修山坪塘1口，排洪引水渠400米；修建道路2条，长1600米；栽植经果林53.33公顷，22个优良品种，4.86万株。在工程配套治理中，修建蓄水池25口，户均1口。累计完成工程量6.5万立方米，投入劳动工日8.8万个，户均投工500个；总投资108万元，其中自筹及投劳折资60万元。通过治理，土地由薄变厚变肥。1994年，玉米亩产由300公斤增加到900公斤，比治理前增长2倍。1995年，在果园内套种以西瓜为主的优良瓜菜品种20多个，每亩瓜菜收入1500元。示范基地人均产值2430元，人均纯收入1213元。1996年，该基地产果1万公斤，人均纯收入突破1300元。1998年，产水果55万公斤。

六、铧厂梁水保工程

位于南江县西南长赤镇永新村，山上黄土裸露，草木不生。1999年，列入“长治”工程，实施规模改土。整个工程规划改土66.67公顷，其中铧厂梁中心片区工程改土40公顷，农户庭园改土26.67公顷，由南江县水电局、长赤区公所共同组织实施。投入劳动工日7.5万个，开挖土石方5.1万立方米，安砌保土石墙1.5万米，复耕面积40公顷。该工程按照统一规划、统一设计、统一标准，对相邻官房沟水库淹没区的13户住户进行移居安置，解决农户耕种土地。复耕土地种植地膜花生20公顷，地膜玉米20公顷。

七、漫淌坡综合开发

位于巴中市巴州区巴州镇浅滩村，辖区面积0.8平方公里，海拔高度430～570米。由于长期受自然和人为因素的影响，水土流失严重，年流失泥土7580吨，70%的耕地保水保土保肥力差，农业发展缓慢。1995年，巴中市（县级）水保办全面规划设计，与浅滩村采取股份合作制形式进行治理开发。从1995年冬开始，到1999年4月，共完成土石方8.67万立方米，投入劳动工日5.81万个，资金43万元；改造坡耕地33.33公顷，修排灌沟渠1500米，建蓄水池56口，沉沙凼87口，整治堰塘3口，建管理房300平方米，修公路1.7公里，开挖沟槽栽植黄花梨、苹果6.67公顷，2.08万株；达到山、水、田、林、路、沟、凼、渠、池综合配套，水土流失得到有效治理，泥土流失量减少93%，蓄水量增加1.37万立方米，粮食每亩增产31.5公斤。1996年，采用集约化新技术栽培的6.67公顷黄花梨、苹果，实行业主制经营管理。1998年产果3万公斤，1999年产果10万公斤，2000年产果30万公斤，产值达48万元。

八、擂鼓寨综合治理

位于巴中市巴州区巴州镇城守办事处擂鼓寨村、柏杨村、大连村交界地，涉及3村7社，辖区面积1.87平方公里。山高坡陡，土地瘠薄，保土保水保肥能力差，年泥沙流失量6432吨。该水保基地是实施南池小流域治理的重点工程，由区（市）水保办和所辖村社共同投资兴建，工程集修路建渠、改土建池、林果栽植为一体，实行山、水、田、林、路、沟、凼、渠、池综合配套，突出“科学规划，合理布局，成片集中，规模发展”的特色。自1998年8月动工，完成坡改梯33.33公顷，栽植经果林13.33公顷，营造水土保持林6.67公顷，保土耕作6.67公顷，筑土硬6000米，开挖定植果树沟槽4万米，建蓄水池10口，沉沙凼115个，修建排灌渠道2500米，环山公路2000米，石板路3条900米。从西南农大引进优质果苗，采取矮、密、早、丰、优集约化栽培，共栽苹果1万株、银杏1万株、黄花梨2万株、柚子5000株。到1999年7月，投资70万元，投工5.4万个，完成土石方工程4.5万立方米。该工程采取生物、工程、农耕三大措施相结合，按股份合作制方式进行经营管理。

九、七里茶场

位于平昌县尖山乡，1997年春，在水保综合治理中建成，后历经扩展，拥有优质大青绿茶233.33公顷，工人50人，占地800平方米的制茶厂房1幢，制茶机械1套，集住宿、餐厅、会议为一体。该场属村办股份制集体企业性质，由七里村6个农业股份社组成，每社所投土地按6.67公顷为一股，现金投资按每1000元为一股，投劳按100个劳动工日为一股。茶场实行一套人马、两块牌子的管理模式。场内设守山组、采茶组、制茶组，保管员、总保管员、销售科、会计、副场长、场长。

十、龙池河小流域治理

位于南江县城西南50公里，辖区面积49.24平方公里，辖红顶乡、长赤镇的15个村，人口22391人。属木门河水系，下两河口中低山中度流失区，官房沟水库小（Ⅰ）型和中型玉堂水库的主集雨区，第四期“长治”工程小流域。1999年，长赤片区“长治”工程指挥部以续建官房沟水库、妥善安置移民为切入点，以绿化荒山、完善水系为重点，采取联村、联社、户、专、群相结合的办法，开展山、水、林、田、路综合治理。完成25.76平方公里的治理任务，坡改梯285.07公顷，营造以松柏为主的用材林427.2公顷，以黄荆、槐树为主的薪炭林237.87公顷；发展以银花为主的经济林303公顷，以梨、枣为主的果木林110.73公顷；封禁管育幼林1081.4公顷；推广保土耕作127.87公顷；续建小（Ⅰ）型官房沟水库一座，大坝加高10.9米，库容177万立方米，扩大灌面0.02万公顷，解决长赤镇2万居民生活用水困难；新修塘堰6座，多功能蓄水池420口，排灌沟渠66公里，沉沙凼4000个，专用公路1.2公里。累计投入劳动工日55万个，完成土石方82.5万立方米，投入资金641.40万元，包括国家补助77万元，地方匹配25万元，群众自筹及投劳折资539.40

万元。2000年，该流域已形成6.67公顷柚园、6.67公顷枣园、66.67公顷梨园、66.67公顷藕园、666.67公顷银花园等长短结合的水保产业化格局。植被覆盖率提高到54.5%，土地利用率提高16个百分比点，年侵蚀量降低74.0%，农业人均可支配收入1382元，比1998年增长256元。实现由粗放型治理向集约型治理、防护型治理向开发型治理、小流域经济向产业化发展等一系列的转变。

第三章　防汛抗旱

第一节　防　汛

民国时期，境内各县均无防洪组织，洪灾发生后，靠群众自防自救。中华人民共和国成立后，各县相继建立防洪机构，每年汛前对防汛的重点河段、重点工程、重点单位进行全面检查，并做好抢险准备。1953年夏，巴中县防洪委员会成立，下设联络、巡检、抢救、善后处理组，在恩阳、曾口设立分会。1955年，境内各县防洪委员会更名为防洪大队，下设通讯、检查、抢救组，区、乡设立中队和分队。其机构在每年汛前（5月份）恢复，汛后（10月份）撤销。每次洪灾发生后，各县均组织工作组，分赴灾区调查灾情，做好善后处理工作，除发动群众生产自救外，亦发放救济粮款及调减征购任务。是年9月11—16日，巴中县两次暴雨，洪水猛涨，城乡参加抢运物资人员达1.18万人，共抢运粮食113.28万公斤，油类1.7万公斤，食盐6.68万公斤，棉花1.96万公斤，白酒0.9万公斤，油菜子1.57万公斤，油枯1万公斤，肥田粉0.25万公斤，猪皮0.5万公斤，纸张0.83万公斤，煤炭、石灰1.15万公斤，以及火电厂、骨粉厂机器设备等。

1961年，境内四县防洪大队更名为防洪指挥部。1965年8月31日，巴中县发生严重洪灾后，全县抽调工作人员229人，组成7个救灾工作组，深入受灾严重的恩阳、石城、三江、梁永、曾口等地，安排群众生活，组织医务及建筑人员，为灾区群众治病、修缮房屋。同时，修建防汛工程，提高防汛能力。1966—1967年，巴中县先后建成三江龙家坝、城关大沙坝、石城青州坝3处防洪堤。1976年，巴中县又建成城关中坝、宕梁一大队、蔬菜农场（桑园坝）防洪堤。全县防洪堤总长8.5公里。1979年，境内四县防洪指挥部更名为防汛抗旱指挥部。

1982年，巴中县江河管理指挥部成立，与防汛抗旱指挥部实行两块牌子，一套班子，配备专职副主任1名。按《河道管理条例》要求，组织公安、城建等部门对河道进行全面检查，本着“谁设障、谁清除”的原则，对影响行洪安全的进行严肃处理，有效制止在警戒水位线以下的乱修乱建行为。是年，巴中县在城关、三江、曾口、恩阳、三汇等地河边，树立简易水标尺。1983年，巴中县拨款2.5万元，采取“民办公助”的办法，在中坝红庙子修建一座浆砌条石、围墙实心的救生高台，高2米，面宽500平方米。是年8月，平昌县发生严重洪灾后，组织工作组深入灾区开展生产自救，调减征购粮16万公斤，免征农业税2.7万元，供应粮食3万公斤，发放救济款1.1万元，帮助灾民尽快恢复生产。1985年，巴中县在大佛寺至大沙坝、南池至老官桥等河段，建设防洪“三线”（基本河槽水位线、警戒水位线、保证水位线）标志，用钢筋混凝土浇筑而成。

1986年以来，境内各县城镇河段的“三乱”（乱建、乱修、乱倒）现象日益严重。巴中县在巴州镇、恩阳镇、三江、梁永、曾口等沿河场镇，共拆出乱建房屋6处，清除乱堆乱放物品和垃圾2000余立方米。1987年，通江县制定《通江县城区防洪抢险预案》，有效发挥防洪抢险效能。同时，对小通江城区段实施清障防洪措施，拆除严重阻碍行洪的105家滨河住房。是年，巴中县拨款4.5万元，整修中坝防洪大堤基础。

1991年，境内四县贯彻执行“安全第一、预防为主、有备无患”的方针，实行防洪安全行政领导负责制。是年，巴中县拨款5.4万元，整修中坝救生台，新建麻柳湾堤防1.5公里；拨款1.5万元在石城青州坝修建救生台1座。1992年，通江县在至诚乡、新场乡分别修建堤防工程。

1993年，巴中市（县级）巴州镇拨款5万元，修复麻柳湾及王爷庙河堤；通江县动工兴建诺江镇西街堤防。至年底，全地区共建有防洪堤6.7公里，救生高台2处；共发生河道障碍45处。

1994年3月，巴中地区防汛抗旱江河管理指挥部成立，各县（市）指挥部亦相应调整，建立岗位责任制。是年，地区水电局发出《关于认真做好河道清障工作的通知》，要求各地防汛、河道主管部门，抓紧制定清障计划，落实清障责任制，加快清障步伐。通江县防汛抗旱指挥部对县建筑公司页岩砖厂技改工程、林业局职工王某某建私房向河道倾倒弃土，进行严肃处理。同时，四县（市）组织力量，本着“统一领导、分级管理、落实措施、归口包干”的原则，对重点城市、水利工程、防洪工程、河道清障、山地灾害，码头仓库的防汛工作进行大检查。在汛期前作好抢险准备，地区财政局安排资金1万元购置防汛抢险急需物资；地区水文站坚持24小时值班，及时通报雨情、汛情和水文预报，编印《降雨过程情况反映》《巴河水情》4次；通江县对陈家沟水库等18处病险水利工程进行整治，对35公里公路、5处桥涵进行维修加固，对不能安全度汛的各类工程、险工险段、沿河工矿、低洼地带、仓库物资等制定防汛预案，落实防汛抗旱汽油20吨，柴油50吨，资金10万元，抢险人员2500人。

1995年3月5日—4月5日，全地区开展汛前安全大检查，重点是病险水库，尤其是三类水库。主要检查防汛组织机构建立、行政首长负责制落实、岗位责任制落实、规章制度健全、抢险人财物落实、度汛方案以及大坝是否存在裂缝、沉陷、滑坡、渗漏及蚁穴等情况。巴中市（县级）对155座水库进行全面检查。通江县动工修建新场乡救生高台。

1996年，全地区确定防汛重点部位57处，观测人员274人，组建抢险队367个，人员1.02万人，准备麻袋1.8万条、草袋1万条、铅丝1吨、汽油180吨、柴油200吨、水泥800吨、木材100立方米、防洪石料8000立方米、救生船150只、临时救生台250处、探照灯120个、汽车176辆、拖拉机350台。是年起，各县（市）在汛前安全检查中，对影响河道行洪障碍物逐一造册登记，明文通知，限期清除。1995—1996年，全地区新建防洪堤10处，救生高台2处。

1998年5月，巴中地区防汛抗旱江河管理指挥部更名为巴中地区行署防汛抗旱指挥部，各县（市）相继进行调整和更名。

1999年，全地区组织抢险队374个，1.24万人，防汛重点部位观测人员714人；沿河67个乡镇相应制定“村自为战，人自为战”的防汛预案，配备救生衣600件、探照灯15个、对讲机15部、冲锋舟3艘外，准备麻袋1.12万条、草袋3500条、编织袋1.4万条、铅丝0.5吨、柴油125吨、水泥370吨、防洪石料1930立方米、木材80立方米、救生船60只、汽车120辆、拖拉机110台、照明灯255个等防汛抢险物资。入汛以后，落实领导、值班人员防汛岗位责任制，各级防汛机构坚持24小时值班，随时注视雨情、汛情和灾情的发生，及时传达上级的防汛指令，负责上报汛情、灾情。

至2000年，南江县共拆除影响河道安全行洪的违规建筑3处，取消基建项目5处，审批涉河建设项目15起。全市共有防洪堤20处、长28.52公里，救生高台10处。

第二节 抗 旱

民国时期，境内农民在水利工程极少的情况下，素有对冬水田三犁三耙，做好田边，蓄深蓄满的扎蓄冬水田经验，进行抗御干旱。旱象来临时，进行临时堵溪截流，采取戽水、车水、担水等各种办法进行灌溉，由于受条件限制，规模小、收效微，仅能抗御小旱。大旱来临时，多采取“拜雨”、“禁屠”、做“雨会”、唱“雨戏”、耍“水龙”、赶“旱魃”等迷信活动，向天祈雨。民国25年(1936年)大旱，巴中县数百农民“祈雨”进城，捣毁县政府大堂，县长狼狈外逃。民国37年(1948年)，巴中县遭遇春夏连旱，农历四月二十二日，县长下令：“准予禁屠五日”。

中华人民共和国成立后，每逢大旱，境内各县组织力量，组成若干工作组，分赴旱情严重的区、乡协助工作，检查督促。并提出“抗旱是压倒一切工作的中心”，组织工、农、兵、学、商昼夜奋战，采取提、车、戽、挑、抬、端（用面盆）方法进行抗旱。1959年，巴中县一农民诗人作：“千条龙、万条龙，首尾相接上高峰；抗旱抗得天低头，乾坤掌握人手中”，对抗旱场面进行真实描写。

20世纪60年代，境内四县一批蓄水工程投入使用，少数社队修建机灌、电灌和水轮泵站进行抗旱。20世纪70年代后，境内四县主要采取机电提灌抗旱。平昌县在巴河沿岸建成电力提灌站15处，装机39台、1598千瓦，提水能力85.7万立方米，坦溪、金宝、华严、白衣、长垭5个公社154余公顷水稻能及时栽插。巴中县，1965—1970年，每年拨款5万~10万元；1971—1975年，每年拨款10万~15万元；1976—1980年，每年拨款在20万元以上（其中1978年拨款30万元，1979年达100余万元）进行抗旱。

1986年，通江县投入抗旱资金16.5万元，主要用于提灌抗旱和简易倒虹设施的塑料软管抽取余水灌溉抗旱。1988年5月，通江县抽调200名干部组成抗旱工作队，分赴各地组织抗旱。1988—1989年，巴中县供电部门从南江县高价购进火电550万千瓦时，补贴性转供农村提灌之用。

1991年，通江县成立“人工降雨防雹指挥部”和“人工降雨办公室”。是年5月24日，通江县实施人工降雨，共发射降雨弹197枚，全县降雨量达102~155.1毫米。1986—1993年，巴中县在恩阳、司城、梁永、双胜等乡新建从江河取水的提灌站9处，新增灌面100公顷；在玉堂、下八庙、司城、平梁、化成等乡更新电灌站设备5处，新增灌面33.33余公顷；新建电灌站变死库容为有效库容的水库有21座，新增灌面0.09万余公顷。同时，加强抽水机手业务培训，共培训350名新机手。

1993—1994年，先后组建地区、巴中市（县级）、平昌县、通江县、南江县抗旱服务队。巴中市（县级）投资13万余元，购置成套机具设备。1994年，为抗御连续的春、夏旱和严重的伏旱，全地区先后投入资金780万元，出动抗旱队110支、2570人（次），动用抗旱机具4116台（套），划拨油料586吨，专线供电340万千瓦时，抢修各类渠道128条、69公里。是年9月，通江县水电局被定为“省抗旱服务体系建设试点县试点单位”，并签订“抗旱服务体系建设试点工作项目责任书”。1996年、1997年，平昌县、巴中市（县级）先后被国家防汛抗旱总指挥部列为“全国抗旱服务体系建设重点县（市）”。

1998年10月，行署制发《关于进一步加强全地区抗旱服务组织建设的通知》，要求各级政府切实加强抗旱服务组织的队伍建设，增加抗旱服务组织建设的投入，积极探索抗旱服务组织建设机制，加强抗旱服务组织的管理。按照“产权明晰，权责明确，政企分开，管理科学”的方针运行，切实加强管理。是年，平昌县抗旱服务队大力引进推广使用“FA旱地龙”；通江县新添置人工降雨高炮6门，进一步增强抗旱能力。

1999 年春，巴中遭受历史罕见的大旱，地委、行署组织各方面力量，全党动员，全民动手，采取切实有效措施进行抗旱。在抗旱救灾中，做到领导到位、资金到位、设备到位、督促到位。各级领导实行分片包干，组织抗旱；地区财政挤出抗旱资金 100 万元，各地累计发放贷款 150 多万元，用于抗旱；四县（市）购置、安装、抢修各类提灌机具 1.3 万多台，出动抽水机具 5000 余台（套），机械打井队 50 多支，分赴干旱严重地区，解决抗旱保苗和人畜饮水困难；各级水利部门派出 10 多个工作组，检查督促抗旱救灾落实情况。平昌县“FA 旱地龙”的宣传面达到 80%，使用面达到 50%，销售数量 5 吨。

2000 年底，全市共有市、县（区）抗旱服务队 5 个，区、乡（镇）抗旱服务队 71 个，村级 152 个，共有职工 304 人，办公、经营用房和仓库、维修用房 466 平方米，固定资产 39.3 万元。1994—2000 年，国家补助的抗旱服务专项资金和自筹资金达 650.35 万元，其中国家补助 592 万元，购买抗旱机具 780 台（套）、3158 千瓦，输水管 1.67 万米，提水能力达到 1.55 万立方米/小时。

第四章　水产养殖

第一节　养殖概况

境内四县素有在江河、塘库、稻田养鱼的习俗，但规模养殖少。

1957 年，《全国农业发展纲要》提出“农、林、牧、副、渔全面发展”的方针后，境内四县相继成立国营水产繁殖场—鱼种站，结束“白水养鱼无人问，临江结网课渔税”的状况。

1978 年后，境内四县鱼种鱼苗生产和江河、工程水面及稻田、池塘养鱼普遍发展，渔业生产不断上升。20 世纪 70 年代，巴中县年产成鱼仅 20 万 ~35 万公斤。自实行联产承包责任制后，产量成倍增加，至 1985 年，年产成鱼 104.5 万公斤。

1993 年 10 月后，地委、行署重视水产事业的发展，将水产业作为革命老区人民脱贫致富的骨干项目。1994 年 6 月，行署制发《关于大力发展水产业的通知》，全地区把水产业作为农村产业结构调整的重点，加快渔业改革步伐，增加城乡市场水产品有效供给，促进渔业经济快上新台阶。是年，全地区改建、扩建、新建苗种培育池 26.67 公顷，增设苗种供应点 150 余处，个体养鱼户发展到 5.1 万户，有 30 多个村兴建集体养鱼场，以精养建鲤、彭泽鲫、草鱼为主，并养殖美国鮰鱼、中华鳖、大口鲶、乌鳢等新品种。全年水产品总产量达到 900 万公斤，比 1993 年 820 万公斤增长 9.11%；渔业总产值达到 1 亿元，比 1993 年增长 9.7%。

1995 年 5 月，行署制发《关于大力发展水产业的意见》，进一步强调把渔业生产纳入“九五”区域经济发展规划和农业统一安排、统一部署，把水产业与农业综合开发、菜篮子工程建设、山坪塘改造、中低产田改造结合起来，确保“九五”期间水产业大发展。全地区水产品总量达到 1050 万公斤，比 1994 年增加 150 万公斤，增长 16.7%；渔业生产总值达 1.26 亿元，比 1994 年增长 26%；渔业为农民人均增收 9 元。

1996 年，为实现全地区水产业超常规、跳跃式地持续发展，大力发展高产、优质、高效的“三高”渔业，狠抓“五化”建设（基地建设规模化，养殖工作科学化，养殖品种名优化，生产服务一体化，经营方式多样化）。全地区水产品总量达1260万公斤，渔业生产总值实现1.5亿元；特别是以稻田养鱼和微水工程综合养鱼为主体的家庭养鱼蓬勃发展，效益显著，渔业收入1000元以上的农户达3.1万户。

1997年，地委、行署在《关于大力发展庭园经济的决定》中指出，充分利用池塘、微水池、江河水面大力发展水产业。全年实现水产品总量1420万公斤，渔业生产总值1.8亿元。2000年，全市水产品总量达到1910万公斤，渔业生产总值实现2.47亿元。

第二节　渔业生产

一、鱼苗鱼种

20世纪60年代前，境内稻田、池塘养鱼的鱼苗鱼种来源，主要为鱼类自然发展，品种多为鲤鱼和鲫鱼。1965年12月，巴中县引进湖北省沙市市（荆州市）长江水产研究所（中国水产科学研究院长江水产研究所）人工繁殖的青鱼、鲢鱼、草鱼、鳙鱼（简称“四大家鱼”）种110万尾，在化成水库及清江、城关部分塘库养殖。1965—1974年，境内各县鱼种站进行人工繁殖鱼苗。1978年5月，达县地区水产站在平昌县举办大规格鱼种技术培训班，经培训的15名学员分别在华严、泻巴、岳家、兰草、双凤（高升）等公社建立鱼种培育点33个，修培育池7.33公顷，培育2~3寸大规格鱼种。

20世纪80年代初，境内四县部分中小型水库相继开办鱼种繁殖场。平昌县渔种站、渔业社采取与大队、生产队联营和向队租地建池的办法，扩建培育池0.61公顷。1982年，平昌县共培育出大规格鱼种904万尾投放水面。1983年，南江县玉堂水库开始实施鱼苗人工繁殖实验，建简易产卵池1个，进行人工孵化，建0.4公顷培育池、0.53公顷青鱼池，年繁殖水花鲢1亿尾。至1985年，巴中县、平昌县、通江县年生产鱼苗能力达9800万~11400万尾。南江县有鱼种培育池2.33公顷，鱼种网厢0.13公顷，年培育3寸以上鱼种300余万尾。

1986年以来，通江县水产站陆续从简阳、蓬安、达县、长寿、大竹等地渔种站引进优质鱼种，常年引进鱼苗300万~500万尾，引进品种有红鲤、呆鲤、日本白鲫、埃及胡子鲶、草鱼、鲢鱼和杂交鲤鱼等。1986—1993年，巴中县不断调整鱼苗鱼种的品种，草鱼由70%降到40%，鲤鱼由20%增加到25%，花白鲢由20%增加到35%。全县年生产鱼苗7000万~8500万尾，年生产鱼种2000万~4000万尾，除满足本县需要，外销南江、旺苍、广元、苍溪、西充等地。

1994年，大力发展水产业，全地区生产鱼苗1.8亿尾，鱼种1.05亿尾，分别比1992年增长11%和8.5%。四县（市）水产工作站在鱼种生产管理中，把坚持质量标准作为抓好鱼种生产的突破口，由渔政监督管理站和水产技术推广站负责实施，对渔种站、渔业社、水库、渔场的种亲鱼进行检验，登记造册，实行种亲鱼标准化档案管理，保证一尾一卡，对不符合亲鱼标准的就地淘汰，作为商品鱼处理，有效地保证鱼种质量。

1995年，积极鼓励和引导水管单位和有条件的农民发展鱼种生产，全地区鱼种生产单位和个人达到300多家，年产水花1亿尾，规格鱼种7000多万尾。全年，全地区鱼苗生产达到3.02亿尾，比1994年增加1.22亿尾，增长67.8%；鱼种生产达到2.1亿尾，比1994年增加10.5亿尾，增长1倍。

1996年，进一步抓基地建设，抓科技承包，抓名优特新引进，抓鱼种市场管理，促进渔业生产发展。1998年，通江县发展特种水产养殖，引进美蛙种苗，发展美蛙养殖户500家。全县生产各类水花2500多万尾，培育大规格鱼种500万尾，寸片300万尾；培育养蛙苗种100万只，大口鲶苗种5万尾。

1999年，全地区鱼苗生产达3.92亿尾，较1998年增长12.1%，较1994年增长1.2倍；鱼种生产达1118吨，较1998年增长14.6%。

2000年，全市鱼苗生产达4.4亿尾，鱼种生产达1271吨，分别比1999年增长12.35%和8.65%。通江县、南江县分别建起大鲵人工驯养和人工繁殖场。

二、池塘养鱼

20世纪50年代前，境内部分农民在宅院旁边挖水池，用于栽藕养鱼，一般从江河采集藻草鱼卵或捕捞小鱼进行放养，在年头岁节或来客时捕捞食用。20世纪50年代，各级政府号召农村利用塘堰养鱼，增加副业收入，养鱼业渐渐兴起。20世纪60年代，在“左”的影响下，渔业生产多为只放不养，似管非管，产量不高。巴中县塘、库、堰、田年产成鱼仅20万~35万公斤。1978年后，随着农村体制改革，池塘养鱼发展较快。1985年，平昌县对5595口山坪塘普遍实行承包合同制，采取肥水放鲢鳙，瘦水养草鱼，有效提高单产。池塘养鱼水面占宜渔水面的85.4%，捕起成鱼25万公斤，平均亩产40公斤。

1986—1993年，随着人们饮食结构的不断变化，市场需求不断增加，农民建池养鱼的逐年增加。据巴中县统计：1986年有300多户，年产鱼1000多公斤；1987年增加到3000多户，年产鱼1.5万多公斤；1990年发展到1万户，年产鱼7.5万余公斤；1993年达1.92万户，年产鱼14万余公斤。

1994年，全地区把池塘高产养鱼作为发展水产业“三个丰收计划”（池塘养鱼丰收计划、水库养鱼丰收计划、稻田养鱼丰收计划）之一。对1.41万口山坪塘进行清淤加固，设置保鱼水位线，推广颗粒饲料精养。全地区高产水面达到466.67公顷，其中亩产225公斤以上达326.67公顷。巴中市（县级）大抓基础设施建设，合理搭配放养品种，推广颗粒饲料精养等措施，共产成鱼597.6吨，平均亩产199.2公斤，其中亩产达235.1公斤有140公顷。

1996年，在继续引导农民抓好原有池塘的养殖外，提出“微水发展我发展”的口号，充分利用已建成的1.5万口、具有水面133.33余公顷的蓄水池发展渔业养殖。全地区池塘养鱼产量达6000吨，实现收入6000多万元；有2.1万余户农户均投资500元以上发展家庭养鱼，总计投入资金3300万元，其中投资0.5万~1万元的有1200多家，1万元以上的有180家。通江县赤江乡天井村利用76口蓄水池，掀起户户养殖商品鱼的热潮，社长向忠平除培育鱼种收入3000多元外，饲养成鱼2200多尾，收入近2万元。平昌县社员家庭养鱼产量共670吨，亩均产鱼37.5公斤，亩均渔业收入390多元。至年底，全地区已建成的67650口微水池中，有70%养鱼，其中80%的池养鱼收入超过200元。

1997年，据调查，全地区共2260口蓄水池中，有1734口池养鱼，养鱼收入200~500元的农民738户，占养鱼总户的32.6%；500元以上的367户，占16%。巴中、平昌等县（市）组织技术人员到重点渔业乡镇巡回举办技术培训班，提高农民科技养鱼水平；部分县（市）组织水产专家与养鱼农民或单位签订技术承包合同，实行利益共享、风险共担。渔业科技的普遍推广，提高养殖技能，效益明显增加。巴中市（县级）平梁乡凤谷村农民马有志利用225平方米的蓄水池养殖草鱼、鲤鱼，收入近1000元。平昌县有1万余户渔业收入达2500元以上，有100户渔业产值超万元。通江县有15家利用池塘进行大口鲶培育和养殖，年产量10吨，产值达40万元；养殖团鱼8处，产量500公斤，产值达15万元；养殖美蛙3家，生产蝌蚪3万只，养成商品蛙500公斤，实现产值8万余元。

1999年，全地区以池塘为主体的个体养殖户中，渔业产值达10万元以上的有30户，5万~10万元的有140户，1万~5万元的有1087户，0.1万~1万元的有16386户。

2000年，全市蓄水池养殖实现户均增收80元以上。巴中市巴州区白云乡土地垭村二社21口蓄水池开展澎泽鱼养殖，通过6个月饲养，平均每池产成鱼65.2公斤，实现产值825.6元，利润434.4元。

三、水库养鱼

20世纪50年代，境内四县陆续开始设计、修建水库，水库建成后，便开始进行水库养鱼。20世纪60年代，巴中、平昌等县人工繁殖鱼苗成功后，向水库投放草、鲢、鳙等鱼种，规格以乌仔、寸片为多。1960年，巴中县在化成水库258.4公顷宜渔水面中陆续投放草、鲢、鳙等鱼种，常年捕捞量0.75万~1万公斤。1977年，平昌县青凤公社熊家湾水库修建鱼种培育池0.13公顷，实行固水放鱼，固鱼投料。

1986年，境内四县认真贯彻《中华人民共和国渔业法》，养鱼业得以较快发展。1987年，平昌县友谊水库实施大水面施肥养鱼和网厢养鱼。1988年，平昌县友谊水库在库面养鱼的经验基础上推广集约化养殖新技术，开辟干渠微流水和高密度胡子鲶养殖新途径。实施网厢养殖面积32平方米，投放鱼苗2647尾，产成鱼475公斤；投放胡子鲶种8000尾，产成鱼1475公斤；干渠微流水养殖面积0.11公顷，投鱼苗7325尾，产成鱼900公斤。是年，南江县玉堂水库开展网厢养鱼试验，并成功。投放网厢8只200平方米，获折合亩产6.8万公斤的好业绩，创达县地区最高单产水平。通江县将水产养殖业列为扶贫项目之一，并首次实现网厢养鱼，在流里河水库设置网厢56平方米，投放鱼苗9800尾，收成鱼400公斤。

1990年起，巴中县化成水库试行网厢养鲤鱼。是年，平昌县熊家湾水库养鱼面积达157.2公顷，产成鱼126.2万公斤；通江县网厢养鱼面积300平方米，分布在铁佛镇流里河水库、浴溪、诺江镇等地，主要养殖草鱼、鲤鱼等。到1993年，巴中县化成水库设置网厢6只，共96平方米，投放鱼种1440公斤，养成鱼11620公斤，产值达12.11万元。

1994年，全地区将水库养鱼作为水产业“三个丰收计划”之一，狠抓中型水库水产基础设施建设，完善苗种培育基地，增制捕捞网具；狠抓小型水库大规格鱼种投放，推广投草投肥精养。大力发展网厢养鱼，网厢养鱼面积达到0.3公顷。全地区水库养鱼面积0.07万公顷，其中亩产125公斤以上的533.33公顷。巴中市（县级）水库养鱼614公顷，产成鱼47.6万公斤（含网厢养鱼），平均亩产52.2公斤，其中丰收计划266.67公顷，产成鱼435万公斤，平均亩产108.75公斤。

1995年，平昌县水产技术推广站承包雷山乡青年水库养鱼，投资3.7万余元，安装成鱼网厢260平方米，投放鲤鱼种1000多公斤，花白鲢鱼种6万余尾，获成鱼1万公斤。是年，南江县玉堂水库网厢养鱼进行职工承包经营，扩大养殖规模，单产水平稳定提高。同时，又先后在石板堰水库、井坝水库开展网厢养鱼。

1996年，平昌县发动职工承包、租赁水库水面，进行网厢养鱼。同时，全县小型水库相继发展集约化养鱼。青年水库安装种鱼网厢50平方米，养殖大口鲶，产成鱼1600多公斤。友谊水库网厢养鱼产成鱼7500公斤，庆丰水库、九龙桥水库的成鱼产量都比1995年增长30%以上。

1998年，南江县水库网厢养鱼面积达3300平方米，网厢养鱼成为商品鱼供应主要来源。通江县新建小体积网厢养殖场3处，实行水库养鱼2处，水库养鱼总产量超过50万公斤。

2000年，巴中市巴州区化成水库在枢纽工程病害整治期间，网拦库湾53.33余公顷，开展精养；下八庙镇红旗水库、玉山镇团结水库，成鱼亩平产量达200公斤以上。南江县水库网厢养鱼达8万公斤。通江县水库养鱼率达70%，年产成鱼达70万公斤，水库养鱼水面超过266.67公顷。

四、稻田养鱼

境内农村素有稻田养鱼习俗，一般为冬囤水田，特别是临河的上埝田及活水田，主要养殖鲫鱼或鲤鱼，其数量不等。20世纪80年代，境内四县鼓励农民发展商品生产，稻田养鱼得以发展。1982年，平昌县坦溪公社立垭村农民张金斗在0.08公顷稻田养鱼，获成鱼50公斤，平均亩产41.7公斤。1985年，平昌县稻田养鱼面积2000余公顷，成鱼产量15万公斤。

1986年，通江县推行“合作经营，以库带塘”的养鱼方针，县水产站在诺江镇城北村租用0.05公顷稻田进行半旱式养鱼试验，起垅种稻、厢沟放鱼，秧苗返青后投放寸片草鱼、鲤鱼200尾。是年，平昌县稻田养鱼产成鱼19.6万公斤；巴中县稻田养鱼50.67公顷。

1988年，境内四县相继开展“千斤稻、百斤鱼”丰产片养鱼工程建设，稻田养鱼成为部分农民发展庭院经济的项目之一。平昌县在金宝、华严等9个乡开展“千斤稻、百斤鱼”示范片工程，在华严、金宝、灵山等乡建稻鱼丰产示范工程412户，面积39.33公顷，成鱼产量0.88万公斤。巴中县水产站在白云、三江乡进行27.07公顷稻田养鱼丰产指导片，总产成鱼1.62万公斤，亩产成鱼40公斤，稻谷575公斤。

1989年，通江县90%以上的行政村均实行稻田养鱼，总面积117.33公顷，其中10公顷稻田养鱼收成较好。1990年，巴中县稻田养鱼面积达0.33万公顷；通江县稻田养鱼573.33公顷，稻田养鱼丰产片13.33公顷，发展农民家庭养鱼户3200户。

1992年，平昌县丰产片面积达480公顷；通江县稻田养鱼0.08万公顷，丰产片186.67公顷。1993年底，平昌县稻田养鱼面积达0.33万公顷，亩产提高到14.4公斤，比1985年增长80%，总产成鱼70.4万公斤，比1985年增长179.9%。

1994年，地区将稻田养鱼作为水产“三个丰收计划”之一，并以巴中市（县级）、平昌县稻田养鱼为重点，逐步全面推广。全地区稻田养鱼1万公顷，实现“千斤稻、百斤鱼”的面积达0.33万公顷，“千斤稻、千元钱”的达0.77万公顷，整乡综合技术开发达0.77万公顷。平昌县实施稻田养鱼0.33万公顷，比1993年增长2%，其中亩产50公斤成鱼面积达0.13万公顷，比1993年增长5%。

1995—1996年，地区水电局制发《关于实施18万亩稻田养鱼丰产计划的通知》，地区成立实施稻田养鱼丰产计划领导小组，四县（市）及重点乡（镇）亦成立相应机构，将稻田养鱼工程建设与修建囤水田、蓄水池有机结合。同时，举办培训班，对乡（镇）水产技术人员进行培训，每个重点乡镇有3~5名技术骨干，并编写稻田养鱼技术资料发放到养鱼户。四县（市）组织水产技术人员与乡村签订稻田养鱼增收技术承包合同，地区对成效显著的县（市）和人员进行国家补助资金15%。至1996年10月下旬，全地区共完成稻田养鱼计划面积1.07万公顷，其中标准化工程稻田养鱼666.66公顷。1996年，全地区稻田养鱼总产量320万公斤，稻谷总产量6.4亿公斤，稻鱼总产值1.29亿元，分别比1995年增长6%、10%、10.3%。全地区为稻田养鱼工程投劳140多万个工日，投资700多万元，修建标准化养鱼稻田666.66公顷，其中通江县333.33公顷，巴中市（县级）133.33公顷，平昌县133.33公顷，南江县66.67公顷。稻田养鱼年均亩产成鱼75公斤以上，稻谷500公斤以上，为指导全地区稻田养鱼起到典型示范作用。通江县被定为“四川省1996年稻田养鱼试点县”。

1997年1月，地区水产局主持，巴中市（县级）水产站协作，实施3.33公顷稻田养殖云斑鮰技术项目。至是年11月，3.33公顷稻鱼高产示范片平均亩产云斑鮰51公斤，稻谷509公斤。从实施情况看，云斑鮰冬囤水田平均亩产51.9公斤，深沟养殖平均亩产49.8公斤，加上水稻产量，每亩纯收入增加810元。其中在平梁乡深沟养殖试验2公顷，平均成活率达87.1%，总增重11.3倍，亩产最高为69公斤，最低为41公斤。在恩阳镇马鞍村示范0.33公顷稻田，平均亩产成鱼51.4公斤，稻谷510.7公斤。

1998年，继续实施稻田养鱼丰产计划，发展稻田养鱼0.2万公顷，其中规范化养殖266.67公顷。1999年，全地区有稻田养鱼纯收入增加500元以上的户1.78万户，超过1000元的户6300户。巴中市（县级）大力推广池田结合的稻田养鱼，在水宁寺、奇章、果敢、磨子等6个乡镇、17个村、20个社、902户农民的80公顷稻田中，实施“双千田规范化稻田养鱼示范推广项目”，其中示范点面积6.67公顷，推广面积73.33公顷，示范点平均亩产成鱼101.5公斤。开展的“巾帼扶贫稻田养鱼工程试点”项目，重点在农村贫困户和计划生育户中实施，共规划580户，稻田66.67公顷。平昌县狠抓鸡啄田、低产田、冷浸田的改造，发展稻田养鱼，涵水乡花桥村和幸福村、雷山乡群英村、灵山乡民意村等成为稻田养鱼丰产的样板，平均亩产成鱼80公斤，户均增收800余元。通江县平溪镇聂家坝村20公顷稻田养鱼，平均亩产稻谷508公斤，成鱼118公斤，综合产值达到987元，纯收入570元。南江县把长赤区作为稻田养鱼的示范片，安排基建资金10万元。

2000年，全市发展稻田养鱼0.2万公顷，其中规范化稻田养鱼266.67公顷。稻田养鱼纯收入增加200~500元的有9700户，超过1000元的有3200户。

1996—2000年巴中养鱼情况

表6—3　　　　面积：公顷、万公斤、公斤/公顷

年度	项目＼县区	合　计	巴中市巴州区	南江县	通江县	平昌县
1996	面　积	15636	5609	2745	1715	5567
	总　产	1001.70	483.50	88.10	145.60	284.50
	单　产	641	862	321	849	511
1997	面　积	18984	5951	3149	1750	8134
	总　产	1191.30	564.70	102	120.40	404.20
	单　产	627	949	324	688	497
1998	面　积	17415	5954	3141	1752	6568
	总　产	1332	652	101.80	192.70	385.50
	单　产	765	1095	324	1100	587
1999	面　积	18011	5623	2503	1914	7971
	总　产	2149	883.40	297.10	271.80	696.70
	单　产	1193	1571	1187	1420	874
2000	面　积	20119	6115	3156	2340	8508
	总　产	1704.70	874.40	108.30	271.90	450.10
	单　产	848	1430	343	1162	529

第五章　水政管理

第一节　水利工程管理

一、水利工程管理体制

民国时期，国民政府虽号召修塘凿堰，但未实际投资水利建设，水利设施以私有制为主，国有水利设施极少。两户或几户联建工程实行自修建、自受益、自管理。宗族出资修建工程，由“会首”负责管理，工程维修、用水制度，则自立章法，照章办事。

中华人民共和国成立后，塘堰等水利设施为村组公有财产，实行公修、公有、公管、公用的管理体制。1951 年初，各县设置农田水利指导员 1 ~ 2 人，行政上受当地政府领导，业务上受各级水利机关指导。

1955 年，平昌县城守乡、石阶乡联建全县第一座示范水库—龙桥沟水库竣工后，管理实行“两会一所制”，即由受益两村 15 组代表大会选出灌区管理委员会，设立水库管理所，制定放水制度，执行用水公约。是年 12 月，通江县召开农业社水利委员及塘、堰长会议，主要解决加强水利工程的管理养护问题，并建立管理组织，订立用水公约，健全管理制度。

20 世纪 60 年代后，境内四县各农业社普遍推行“包工管水”办法，将塘堰包给塘长或社员管水，定时间、定蓄水、定报酬，一年一定，汛末蓄满，按所灌面积计算报酬。之后，取消“包工管水”责任制，库、塘、堰管理责任不明，权限不清。1962 年，境内各县贯彻执行水利部《关于加强水利管理的十条意见》。

20 世纪 70 年代，境内四县执行“建管并举”的方针，由于建设任务重，“重建轻管”现象较为普遍。1978 年后，境内四县按照全国水利管理工作会议要求，加强水利管理。巴中县制发《巴中县水利管理条例（讨论稿）》和《建设大寨式水利管理单位的五条标准》。通江县革委农工部重新组建 10 个小（Ⅰ）型水库管理所。平昌县组织县、区、公社水利干部 40 余人，清查水利工程管理状况，采取实测和调查相结合的方法，对工程安全、工程效益、综合利用、管理现状等进行全面清查。

1981 年后，境内四县相继在区设立水利电力管理站，为水电管理基层职能部门，进一步加强水利工程管理。巴中县全面推行“五定”责任制（一定工程蓄水量，二定实灌面积，三定工程安全，四定综合利用，五定报酬）。1982—1984 年，通过对水利工程“三查三定”和“定权发证”工作，对每个工程落实管护范围，处理遗留问题，与工程所在地的村、组签订协议书，埋设界桩，颁发定权证。

1986 年，境内四县继续实行所长承包、专业组承包、专业户承包、专人承包等四种责任制。从 1988 年起，境内四县先后将各类水利工程一律归口到水利行政部门管理，分级负责。巴中县化成水库归县水电局管理；龙洞沟、后溪沟水库属国管工程，县委托鼎山、平梁区公所管理；其余小（Ⅰ）型、小（Ⅱ）型水库，由所在区水电管理站管理；山坪塘和石河堰，由乡（镇）水电管理站管理。平昌县 6 座中型和小（Ⅰ）型水库归县水电局管理，62 座小（Ⅱ）型水库、区乡场镇饮水工程、水保工程、水电站和电力提灌站归所在区水利站管理。至1993年，全地区共有各类水利工程3万余处，建立有管理机构109个，人员523人，未设管理机构、由专人管理的256个。

至1994年7月，全地区确权划界发证水利工程25145处，划定管理用地5847.6公顷，保护用地1400.47公顷。其中发放“国有土地使用证”80本，“集体土地建设用地使用证”25065本。

1995年2月，南江县小河乡在连续遭受两年特大旱灾后，采取“卖塘修塘”新举措。通过在一个社以1立方米容积1元钱的价格出卖3口塘，共获7600元，并用于其他塘的整治维修。巴中市（县级）梁永镇大梁村作为山坪塘拍卖试点之一，仅六天就拍卖山坪塘18口。是年8—9月，四县（市）相继在梁永、荔枝、燕山、大兴等6乡镇12个村进行试点，拍卖123口，占总171口山坪塘的72%；回收资金18.63万元，占拍卖成交金额22万元的84.7%。至年底，全面完成全地区水电行业清产核资工作，除对27个国有企事业、行政单位进行资产清查，核定资本金、产权界定、价值重估等工作外，对国管以下30682处工程的资产进行统计，合计总资产50417万元，负债13865万元。

1997年，对全地区382座小型水库的大坝开展注册登记工作，共整理登记表册382套、1528份，并进行微机汇总。至年底，全地区累计拍卖小型水利工程2.3万处，占总数的98%，回收资金3000万元。在拍卖过程中，坚持放活“七权”（放活产权、管理权、开发权、经营权、转让权、继承权、处置权），“五不限、一公开”（买卖双方不限区域、不限对象、不限规模、不限时间、不限资金来源，一律公开竞价出售），做到“五个结合”（拍卖与乡、村、社培植骨干财源相结合，与机关单位干部职工分流相结合，与村、社发展壮大集体经济相结合，与农田水利建设相结合，与当地脱贫致富和小康村建设相结合）。是年，通江县将新场乡、梓潼乡作为小型水利管理体制改革试点乡，在全县掀起拍卖山坪塘高潮。

1999—2000年，全地区进一步落实《四川省水利工程管理条例》，采取边学习、边宣传、边贯彻、边落实方式，理顺管理体制，对3座中型水库进行委托管理。对小型水利工程进行重点检查，对已成工程重点检查其病害状况、管理状况，有无毁坏行为；对在建工程重点检查设计是否科学合理，设计单位是否具有相当资质，建设过程中有无质量问题，发现一处，纠正一处。

二、用水管理

中华人民共和国成立前，境内各县普遍采用拦河扎堰、堵溪截流，打横山埝、引水渠，挖蓄水池、鱼鳞坑，筑漩眼、堵漏洞、捶裂缝、拖田边等蓄水保水办法和措施。中华人民共和国成立后，各型水利工程陆续竣工蓄水，为做好合理灌溉，充分发挥工程效益，在灌溉用水上，坚持以队（组）为基层用水单位，坚持专人管理，坚持一把锄头放水制，坚持统一管理、统一安排、统一放水、统一配水的制度；不跨乡、村的工程，由本灌区拟定规章制度和用水公约，跨乡、村工程，由上一级管理机构主持召开灌区代表大会，民主制定用水制度，并解决用水中的具体问题和纠纷，确保灌溉顺利进行。

1962年，巴中县化成、鼎山（旧）龙洞沟、金碑黄垭、甘泉宝珠等4座水库开始计收水费。1963年，平梁后溪沟、大和张中坝、群乐玉朵、双凤鼓楼等14座水库开始计收水费。所收水费主要用于工程维修和管理人员工资之用。“文化大革命”期间，除化成、龙洞沟、后溪沟等几处工程坚持用水收费外，多数工程未严格用水收费。1979年统计，巴中县141座水库中，收水费的42座，年收水费仅4万~5万元。

1980年，境内四县水利管理实行承包责任制后，水利工程普遍开始计收水费，其收费标准不统一。1983年7月，巴中县统一收费标准。1985年，巴中县计收水费47.49万元；平昌县6070处水利工程中，有3793处计收水费，年计收水费8.89万元。

1992 年，境内四县水利工程实行归口管理。平昌县 5732 处工程建立各种形式的管护承包责任制，汛末蓄水总量 5765 万立方米。

1994 年春灌期间，全地区各级水利主管部门组成春灌用水工作组，奔赴各骨干、重点、难点水利工程灌溉区，检查春灌用水设施、电灌机具，落实用水管理的规章制度，解决具体问题，为春耕生产提供用水服务。全地区水库工程灌溉水费收取 114.24 万元，比 1993 年增长 38.2%，比 1990 年增长 72.7%。

1995 年，全地区水利工程农业水费亩平由 6～8 元提高到 15～20 元。收取方式一种是以现金计收，由当地政府统一收取后交工程管理单位；另一种是以每亩计收黄谷 13 公斤，由粮食部门代收，按当年当地市场价格支付现金给工程单位，工程管理单位按所收现金的 3% 作为手续费付给粮食部门。

1996 年汛末，全地区各类水利工程蓄水量为 2.36 亿立方米。到 1997 年 3 月初，实蓄水量 2.29 亿立方米，全地区保栽水稻 8.07 万公顷，占计划栽插面积 10.11 万公顷的 79.8%。水利工程保栽 4.93 万公顷，冬囤水田保栽 1.84 万公顷，靠自然降雨保栽 1.29 万公顷。

2000 年，全市水利工程保春灌，计划 7.33 万公顷，完成 7.67 万公顷，水利工程汛末蓄水达到 2.9 亿立方米。同时，随着水利产业政策的颁布实施，加快水利工程经营管理改革，逐步树立“水是商品”的观念，促进供水价格改革。

三、病（险）塘库整治

民国 31 年（1942 年），通江县对第一区的诺江镇、广纳镇、麻石乡、铁佛乡、毛浴乡、鸣盛乡（民胜镇），第三区的涪阳镇、新场乡，第四区的洪口镇、沙溪乡的旧塘整理 105 口，开凿新塘 35 口。

1952 年，通江县东山乡五村群众在防旱抗旱运动中，自发修筑高约 6.5 米的土堰 1 座，因系土法所筑，遇洪水即毁，损毁严重。翌年 3 月，发动和组织群众，采用石料修砌，筑堰 4.75 米，共用民工 2000 多个。

1958 年冬起，境内四县水利建设赶工图快，强求进度，忽视质量，水利工程病害隐患严重。据《巴中县水利电力志》记载：“1970 年以来，随着水库工程竣工的增多，病险工程大量出现。自 1972 年以来，整治病险水库列入水利建设的议事日程。据 1974 年 11 月统计，73 座水库中，病险库达 50 座之多，占 68.5%。”

1984—1993 年，境内四县共整治病险水库 107 座，其中危险水库 96 座，病害水库 11 座。同时，完善水库大坝检查观测设施 286 处，占应设数的 78%。平昌县青年水库因始建于“大跃进”时期，追求施工进度，放松质量管理，土坝渗漏严重，长期带病运行。1989 年秋起，平昌县对青年水库进行整治，根治病害。采取“无纺布”2320 米作滤层整治大坝渗漏，用板石和条石对大坝内外护坡，坝轴线长 170 米，高 17.7 米，护坡高 1.2 米；建成高标准溢洪道长 120 米，宽 10 米，高 1.8 米；新修人行桥 1 座，长 170 米，高 1.2 米；新建防浪墙 1 道，长 170 米，高 1.2 米，培厚加坝高 9.7 米。于 1990 年 7 月完成整治任务。

1993 年冬，在小型水库普查和“位置重要水库登记”的基础上，对全地区三类中、小型水库逐一重点检查，实行分类排队，分级负责。四县（市）负责小（Ⅰ）型水库以上工程及重点小（Ⅱ）型水库，各区（片）站负责其余小（Ⅱ）型水库。本着“预防为主，安全第一”的原则，落实 105 万元资金，将 32 处病险工程整治列入冬春农田水利基本建设重点工程。对 57 座水库实行降低蓄水位（或限制蓄水），增加临时溢洪道等临时度汛措施。对 166 座病险水库提出整治方案，限期整治。全年，全地区动工 126 座水库病害工程整治，完工 9 处。

1994年4月，对全地区366座中小型水库的安全状况进行全面检查，重点是166座病险水库工程。地区水电局重点检查3座中型水库和龙洞沟、九龙桥等7座重点小（Ⅰ）型水库及4处在建的水利工程。年内，全地区共修复水毁工程1100处，整治病险水库141座。

1996年，四县（市）将病险工程整治列入水利建设首位，全地区动工整治592处（其中水库31座）。到是年5月中旬完工558处（水库17座），扫尾34处（水库14座）。汛前，全地区出动检查组57个，参检人员369人，共检查水利工程2.3万多处，中型水库3座，小（Ⅰ）型水库32座，小（Ⅱ）型水库363座。

1998年汛期，全地区连遭暴雨，水利工程损毁严重。灾情发生后，地、县（市）积极筹措资金，发动灌区群众投劳集资，狠抓水毁工程修复。全地区抢修病险水库32座，修复水毁渠道23.2公里，修复山坪塘109口，引水埝10处7公里。地、县（市）财政投入水毁修复资金35.77万元，自筹资金22.08万元，投劳9.08万个工日。

1999年，为确保水利工程安全度汛，全地区全面落实行政首长负责制、值班责任制、技术责任制、汛情传报责任制、部门责任制等五项责任制。全年，全地区修复水毁工程9447处，整治山坪塘6494口，整治渠道1026公里，恢复改善灌溉面积1.32万公顷，占计划的132%。

2000年，全市先后完成15座小（Ⅰ）型水库的安全鉴定工作，整治病险水库16座。

四、水利工程经营管理

20世纪80年代，境内四县开始对水利工程进行综合经营管理。1982年，随着农业生产责任制的推行，平昌县涵水、石垭、华严、五木、元山等公社水利工程，率先推行责任承包。其后，各县陆续开展水库养鱼和综合经营，计收水费和综合经营成为水利工程管理经费来源的两大支柱，实行以水养水，经费自给。1985年，平昌县开展综合经营的工程5322处，占应开展工程5740处的93%，经营人员5153人，经营收入15.13万元。1990年，平昌县水利工程经营的总产值为37.07万元。1992年，平昌县工程经营总产值30.5万元，其中农业水费10.64万元。

从1993年起，按照水利部“一把钥匙，两个支柱”的要求，全地区深化内部改革，以市场为导向，以经济建设为中心，以工程为依托，开展渔、农、工、商、游等综合经营项目，取得较大成效。利用广阔水面，开展水库粗养、精养、网厢养鱼及鱼种培育，全地区水库养鱼共捕捞成鱼22.37万公斤，收入108.25万元，占总收入的26.7%。水库管护区土地建林果园、养殖园，办加工厂，有条件的搞旅游设施。通江县大井坝水库利用库区耕地荒坡，采取长短结合，种植果树、药材、银耳、木耳、魔芋、烟叶等，收入6万余元；巴中市（县级）化成水库实行资金内聚外引，将水面对外出租经营，同时，职工集资入股筹措资金20万元，建饭馆、茶园、竹木楼、游泳池，购置快艇和游乐船、橡皮船等娱乐设施，年接待游客近3万人次。1994年，全地区水库工程灌溉水费收取114.24万元，比1993年增长33.2%，比1990年增长72.7%；全地区水库发电收入65.24万元，城镇工业、生活供水收入37.90万元。1995年，巴中市（县级）化成水库实现产值173.5万元，上缴税利11.8万元，职工人均增收200元以上。1993—1995年，全地区各类水库拥有固定资产11亿元，养鱼水面0.15万公顷，土地661.2公顷。

1996年，全地区加强基层水利人员和骨干工程管理人员培训，共培训248人。1998年，平昌县先后举办两期水产技术培训班，培训网厢养鱼、稻田养鱼和鱼病防治等养鱼技术，全年水利工程水产养殖总收入20万元，区乡水管站发展塘库网厢养鱼、稻田养鱼总收入达50万元；全县75座水库总收入达183万元，比1996年增长72.6%。南江县以玉堂水库为重点，抓点示范，以大带小，全面改革运行机制。巴中市（县级）以水兴粮、兴牧、兴渔、兴果、兴工，促进种、养、加、运有机结合，开发库区、池闲置土地资源兴建果、桑、药等经济林园3.5万个，栽植经济苗木205万株，新增收入5800万元；利用水面水源发展养殖、加工业，年投放鱼苗2亿尾，养鸭50万只，办酿酒、屠宰、水产品加工等企业2000余家，促进水利工程综合开发。

2000年，全市水利工程管理单位综合经营收入1500万元，比1999年增加200万元，增长15.4%。全市水利经济总收入达到1.5亿元，比1999年增加0.2亿元，增长15.4%。

第二节　江河管理

1954—1956年，通江县整治平昌至毛浴段171公里大通江河道，小江口至前进乡（陕西省南郑县）177公里小通江河道。

20世纪80年代初，境内各县相继成立江河管理指挥部，开始对境内江河进行管理。1984年，境内各县贯彻落实《四川省江河管理暂行规定》，江河管理逐步步入法制轨道。1987年9月，通江县对小通江河城区段实施清障防洪措施，清理保证水位线以上的行洪卡口、河床垃圾，拆除严重阻碍行洪的105家滨河房屋。到1990年底，境内各县对境内主要河流沿岸的场镇、村庄均设立防洪水位标尺。

1994年，全地区贯彻落实《四川省河道管理实施办法》，同时废止1984年颁布的《四川省江河管理暂行规定》。

1995年，全地区加强河道管理，广泛宣传河道管理政策法规，全地区受教育群众达80%。加大政策投入，制定切实可行的河道管理配套法规，合理开发利用河道资源，防治水害。是年5月，地区防汛抗旱江河管理指挥部开始对全地区河道行洪范围内的土地进行确权划界，地区成立确权划界领导小组，各县（市）亦成立相应机构。至1996年1月，全地区确权划界工作全面结束。通过全面调整，现场踏勘，实地测量，地址调查，签订协议，绘制图表，立桩定界等工作，对南江河、通江河、恩阳河、巴河等主要河道，按20年一遇的洪水频率标准，测定出水域面积共8085.95公顷，河洲沙滩2352.53公顷，淹没岸线属农民耕种的土地934.27公顷。按照管理范围的设计和规定标准，划定土地面积79.28平方公里，明确权属归国家和集体所有，由河道主管机关管理。通江县以被列为“全省江河管理执法试点县”为契机，制发《关于贯彻〈中华人民共和国河道管理条例〉的决议》《关于征收河道工程修建维护管理费的报告》《通江县河道管理实施办法》等地方性配套文件。同时，各县（市）结合自身实际情况，参照通江县江河管理的具体办法，制定一整套地方性配套文件。各县（市）对境内河道实行统一管理，按照分级管理的原则，按流域、水系和行政区域建立河道专管机构。四县（市）共建立河道管理和砂石管理站22个，有管理人员175人。举办水法规培训班，对管理人员进行轮流培训，考试合格颁发上岗证，并对工程建设和砂石开采实行许可制度。1995—1997年，全地区累计发放“工程建设许可证”98处，“砂石开采许可证”235处，查处乱修乱建案件34起，其中强行拆迁房屋3处、800平方米，河道清障17起，对“三乱”（乱倒、乱建、乱采）现象处以罚款9.8万元，收取砂石管理费22万元。

1998年，通江县被评为“全省河道管理与执法试点工作先进县”。至1999年底，南江县共办理砂石开采许可证300余个，查处违法乱采滥挖案件14起，审批建设项目15起，取消基建项目5处，拆除违规建筑3处。

2000年，全市对河道采砂再次进行整顿，彻底取缔非法采砂活动，遏制“三乱”现象发生，确保涨水行洪安全。

第三节 渔政管理

清道光二年（1822 年），四川省保宁府巴州正堂（平昌县泻巴乡）渡船码头石壁镌刻："严禁药毒河取鱼禁碑"。民国 12 年（1923 年）6 月 13 日，巴中县江口分县知事重申清嘉庆禁令："泻巴河（龙王潭）上从狗掌子滩、下至落磨滩，从示禁之日起，无论何人不准来此捕鱼，倘有嗜利之徒抗不遵从者，准该地团甲人等抓获送案，处以相当之罪，决不宽容"。

1958 年 3 月，巴中县人民委员会发布《关于加强水产繁殖保护的布告》，规定禁渔期和禁渔区。禁渔期为 3 月 4 日至 4 月 30 日；禁渔区为碧石乡从琵琶滩起至张家湾止，旱谷乡从元窝子起至琵琶滩止，石城乡从琵琶滩起至黑翁潭止，曾口乡从黑坎子河起至苗家河止，梁山乡从平滩子起至老贼滩止，三江乡从白家河起至皂角滩止，城守乡从手爬岩起至后河子止，宕梁乡从章家河起至碑垭河止，江北乡从新桥河起至红岩河止。对违反规定者，按《治安管理处罚条例》第七条处理。其后，境内四县均适时发布通知、通告或布告，公布禁渔期和禁渔区。

1979 年，《水产资源繁殖保护条例》《关于保护水库安全和水产资源的通令》《渔政管理工作暂行条例》《四川省水产管理暂行条例》等法律法规颁布后，境内四县水产渔政部门进行广泛宣传。1980 年起，境内四县根据相关条例法规，结合本县实际情况，制定相应的实施意见和具体规定。1983 年，南江县发布《南江河穿心店至祖师潭为常年禁渔区的公告》，对禁止捕鱼的区域进行规定。1984 年 1—8 月，通江县共处理违反渔政管理的案件 56 起，其中由公安机关处理拘留 5 人，罚款 230 元；由渔政主管部门处理 51 起，收赔偿损失款 1287 元，没收渔船、渔具 30 件，收增殖费 1576 元。1985 年，南江县先后制发《关于加强渔政管理的意见》《关于加强保护娃娃鱼和洋鱼的通知》《关于严格遵守禁渔区规定的公告》《关于加速发展渔业生产、保护水产资源的通知》，并对渔业法规进行广泛宣传。是年，巴中县发布《布告》，划定三江大檬滩，上从钟嘴起，下至三江电站大坝止，为全年禁渔区。1979—1985 年，巴中县共没收非法捕鱼网具 281 张、渔船 5 只，查处炸鱼案件 300 余起，处罚 530 人次，罚款 4.34 万元。

1986 年 11 月，《中华人民共和国渔业法》颁布实施后，境内四县进行广泛宣传。是年，境内四县相继成立渔政监督管理站，配备专兼职渔政管理人员。1987 年，南江县为专职渔政管理人员颁发"渔业检查证"，并统一着装上岗，依法开展渔政检查。1989 年 11 月，《四川省〈中华人民共和国渔业法〉实施办法》颁布实施，对渔业养殖、捕捞、资源增殖与保护及法律责任进行规定，渔业进入依法兴渔、治渔、管渔的法治轨道。

1994 年，全地区结合"二五"普法，利用电视台、有线广播和各种报刊，对《中华人民共和国渔业法》《四川省〈中华人民共和国渔业法〉实施办法》（简称"两法"）开展为期一个月的宣传活动。全地区印发宣传资料 1.5 万余份，书写标语 5000 余幅，印发通告 2100 余份，办宣传专栏 21 期，组织宣传车行程 350 公里，电视宣传 15 次，广播、电影宣传 730 次，全地区 150 多个乡、500 多个村、150 多万人受教育。是年，对全地区渔业牌照、证章重新颁发，全地区渔船共办证 533 只，占总数的 70%，收取资源增殖费 4.2 万元。同时，四县（市）对天然水域的禁捕实行划片、分段管理。组织渔政人员采取白天检查与夜间巡逻相结合，重点检查与面上检查相结合，江河检查与市场检查相结合的方式，进行全方位的立体保护，对焦点和难点实行重点管理。在春繁禁捕期间，全地区共查获违法案件 130 件，违法人员 305 人，没收滚钩 103 连、网 160 张、渔船 3 只，处罚款 16343 元。南江县查破赶场乡梁坪村五社毒鱼案件，处罚款 3 人，共计 7500 元；通江县破获非法贩运大鲵案 4 件，毒鱼案3件，依法收审2人，逮捕判刑1人，收缴非法所得5543元。

1995年，地区统一制作渔船牌照和“内陆水域渔业捕捞许可证”，全地区750只、320吨非机动渔船换证率达85%，并对水獭、鱼鹰等捕鱼动物进行清理，限期进行自然淘汰。在3月5日至5月10日的鱼类春繁禁捕期间，全地区共印发“两法”宣传资料1.8万余份，书写标语6100余幅，在重点河段利用沿岸乡镇广播电视台宣传42次，查处违禁案件24件。全地区查处渔政违法案件203件，违法人员410人，没收滚钩300连，网500张，渔船2只，处罚款2.5万元。

1996年，巴中地区渔政执法队成立，统一着装上岗。全地区共查处违禁毒、炸、电鱼案28起，地区渔政执法队查处毒鱼、炸鱼事件13起。平昌县结合“三五”普法和“严打”斗争，加强对渔事案件的查处，全年查处团伙毒鱼案1件、炸鱼案4件、电击鱼案2件，共处罚违规人员95人次，处资源增殖、补偿费1.75万元，调解渔事纠纷2起。

1997年，地区水产渔政公安执勤室成立，加大渔政执法力度。通江县查处渔政违法案件47起。平昌县渔政监督管理站与县公安局水上派出所联合组成检查组，对巴河白衣以上、风滩以下河段水域，进行有针对性的突击检查，查获尖山乡三房村四社4人在黄家店以上河面非法电捕鱼活动，除暂扣3只渔船外，没收手摇电话机3部，胶丝条网4张，4人共处罚款750元。全地区查获违法案件261起，违法人员354人，结案率78.5%。

1998年，以县（市）渔政监督管理站为主，对乡镇水产人员进行法律知识培训，坚持持证上岗，统一执法，加大执法力度，严厉打击各种违法行为，全地区渔政案件查处率达95%以上。1999年禁捕期间，平昌县重点打击电鱼等违法捕鱼行为，共查处35起，没收大小电鱼器12台，网具20张，处罚款和资源损失费1.2万元。巴中市（县级）对宕梁红岩河、杨家滩，恩阳枇杷滩，曾口东溪濠、人渡口、张公滩等重点产卵场地进行重点监管，共查处违法行为26起，没收网具48张，处罚款1000元。

2000年，全市出动渔政宣传车30台（次），印发宣传资料4000余份，书写大幅标语2000多幅，对渔业法规进行广泛宣传。全市共查处渔政案件52起，其中电鱼46起，炸鱼6起；没收电捕鱼器56台，违规网具21张；刑事拘留4人。全市非机动渔船650只、160.5吨的渔船牌照放发率达到100%。为保护和增殖江河渔业资源，在巴中市巴州区恩阳、水宁寺，平昌县坦溪、兰草、高升、磴子，通江县永安、铁溪、平溪等河段，投放3寸规格的各类江河定居性鱼类30多万尾，共计投资16万元。

第四节　水政执法

1988年7月1日，《中华人民共和国水法》颁布后，境内各县结合“二五”普法进行宣传学习贯彻。平昌县抽调干部15人，深入水利工程第一线，进行宣传。并在用水矛盾突出的缺水乡镇，大力宣传计划用水、节约用水。1991年，平昌县《中华人民共和国水法》普法覆盖面达80%以上，受教育人数达57.5万人次，增强依法治水、管水、用水的新观念。1992年，南江县通过各种会议，运用《水利电力简报》、墙报、宣传车等形式，开展《中华人民共和国水法》等法规宣传。1986—1992年，平昌县共查处各类水事违法案件499起，占发案数的95%，挽回经济损失82.54万元，行政处罚147人，追究刑事责任12人，共调处水事纠纷206起。

1993年，四县（市）相继建立健全水政水资源机构。是年，通江县依法调解水事纠纷5起。1994年3月，全地区利用庆祝“世界水日”和《中华人民共和国水法》颁布六周年之际，采取注重实效，点面结合，面向社会等方式进行广泛宣传。四县（市）将《中华人民共和国水法》等水法规制成录音带，在全地区230个（县、区、乡）广播站播放；出动宣传车5辆，设立街头咨询宣传台43个、210场次，书写标语5100余幅。加强水资源管理的基础工作，对全地区水资源状况进行调查、评价，开展水中长期供求计划的编制，水资源费的测算工作，完成《巴中地区水中长期供求计划》编制（为全省第一个）。通江县铁溪区有8个取水单位办理“取水许可证”，交清水资源费欠费1800多元；泥溪乡成立乡水电管理站，落实专管人员，制定用水管水制度，并安装水表，以表计收水费。加大水事案件查处力度，巴中市（县级）抽调14人组成水政执法队，对2个单位、4个建筑施工队乱倒砂石废土阻塞河道的违法行为进行处罚，除责令限期清除外，收缴清障费3万余元，水资源费6万余元。同时，依法强制执行市自来水公司拒缴水资源费一案。平昌县对江阳丝厂、县蜜饯厂破坏水土保持案进行处罚。是年10月，通过地、县（市）水政人员调查了解，依法调处南江县正直区修建龙江电站淹没巴中市（县级）三汇镇、上八庙镇土地、森林要求赔偿的历时30年的水事纠纷。南江县对乐坝镇轧钢厂、供水站、水泥厂等单位争相拦河取水纠纷进行调解。

1995年，全地区配备专职水政监察员19人，兼职水政监察员176人。地、县（市）先后成立水利电力巡回法庭和行政复议委员会。地区水电局举办水政监察人员培训班，提高处理案件能力。通江县成立水利公安执勤室，有法警及工作人员14人。巴中市（县级）将防洪、水保、水政组成联合执法大队，先后查处河道违法案件17起，收缴清障费55万元，罚款2万元；查处水保违法案件10起，收缴防治费、补偿费12万元。1993—1995年，全地区共发生各类水事违法案件178起，结案率达96%。1994—1995年，全地区共发生水事纠纷325起，调解321起，调解率达98.8%；地、县（市）共举办培训班47期，培训人员400余人次。

1996年，地区组织7人专职执法队，先后深入巴中市（县级）、南江县等，依法查处渔政违法案37起，收缴电鱼工具5套，捕鱼器具127套，渔船3只，罚款3100元，征收水产资源补偿费7800元。全年共查处各类水事违法案件82起，调解水事纠纷67起。是年，巴中市（县级）、平昌县组织专业执法队，实行“三块牌子、一套人马”，集发证、收费、查处为一体，实行岗位职责和目标考核制度，工作绩效与工资、奖惩挂钩。

1997年6月，地区水政监察支队成立。其后，四县（市）亦先后成立水政监察大队，依法行政，实行“六统一”（统一执法队伍，统一着装持证上岗，统一管理，统一颁证，统一收费标准，统一查处违法案件）。平昌县配备执法人员6人，解决办公室2间，安装电话1部，购置照相机2部，配备两轮摩托车、三轮摩托车各1辆，购买防身电警棍3根。是年，完成《巴中地区水资源调查与评价》编制，并进行取水口、退水位水质的监测，对城市取水安装量水设施，全面开展取水证年检，进行老取水户的换证和新取水户的发证工作，实现分级、限额管理。制发《关于巴中地区水资源费征收管理办法的通知》，进一步规范水资源费的收支管理。

1998年，对全地区重要河段的渔业违法行为进行查处，先后查处电鱼13起，炸鱼8起，毒鱼6起，没收非法所得1.2万元，处罚款3万余元。对通江县诺水河风景区非法捕捞和收购国家二级保护动物大鲵的违法人员吕某某等3人进行严肃查处，没收违法所得5000余元，处罚款2万余元。全年共查处水事案件85件，处罚130多个单位或个人，挽回经济损失120多万元；共调解水事纠纷160余起。是年，全面完成四县（市）水资源调查评价的编制工作，基本结束“取水许可证”换发，注销17户，新办11户，全地区共办理发放“取水许可证”227户（个）。加大水资源费的征收力度，对不按时缴纳水资源费的通江县电力公司、广旺矿务局南江煤矿、巴中市（县级）自来水公司等单位，进行严肃查处，追收历欠水资源费6万多元。对四县（市）1993年以来征收的水资源费进行全面清理和检查。

1999 年，全地区专职水政监察员增加到 57 名，兼职水政监察员 216 名。在《中华人民共和国水法》宣传周活动中，共书写宣传标语 2500 余幅，印发宣传资料 6000 余份，组织巡回宣传车行程 1060 公里。是年，对全地区主要河流、重点河段的水质进行监测和分析，基本掌握水资源的水质状况。在平昌江口醇酒厂进行水平衡测试的试点工作。组织四县（市）对河道排污口的分布、排污情况进行调查摸底，全地区主河道共有日排污 10 吨以上的排污口 21 个，日排污量达 400 余吨。对全地区 275 个取水户的取水许可证进行年审，全地区除发电、农业用水未安装取水计量设施外，共安装量水设施 36 处，占应安装 44 处的 82%。成立地区节约用水办公室，全地区节约用水、计划用水步入法制轨道，全地区征收水资源费 25 万元。

2000 年，市政府发布《关于保护巴河水资源的暂行规定》，规定巴河水质的近期、远期目标，对巴河两岸从事有可能影响和破坏水质的生产生活活动作严格限定。完成巴河及其干流工农业生产取用水情况、排污情况及社会经济情况的全面调查，确定巴中、平昌两个城区段为全省长江流域一级开发利用区奠定基础。并完成《巴中市集中供水水源地保护规划》的编制工作，在全市重点水域设立四个水质监测断面，定期进行监测。全年，全市依法征收水源费 10.5 万元；查处水事案件 47 件，依法对南江煤矿电厂拒不缴纳水资源费进行行政处罚。

巴中市志

第七篇

畜牧业

民国时期，境内农户一般每年养猪1～2头，三四户人供养一头牛，饲养山羊和禽类较少。其产值占家庭总收入10%左右。

中华人民共和国成立后，从牲畜品种到数量及单产，均逐年有所提高。境内四县到第一个五年计划结束时，牧业产值比1950年提高1.5倍。1959—1961年自然灾害时期，牧业产值有所下降。之后，中央作出经济调整，畜牧业产值又逐年回升。“文化大革命”时期，畜牧经济处于徘徊阶段，发展不大。从1978年开始，改革开放政策增强农户养猪积极性，生猪存栏数、出栏数逐年上升。1979年，境内四县畜牧业产值占农业总产值的20%左右，仅次于种植业，跃居多种经营的首位。至1985年，境内四县生猪出栏119.8万头，出栏肉牛12.73万头，肉羊15.69万只，肉兔7.04万只，肉类总产量5612.3万公斤；牧业产值达1895万元，人均牧业收入47.73元。

1986年后，畜牧业不断由产品经济向商品经济转化。农户那种“养猪为过年，养牛为耕田，养禽为换几个油盐钱”的小农经济意识不断改变，畜牧业产值进一步提升。据1988年统计，境内各县生猪出栏188.5万头、牛出栏4.2万头、羊出栏10.6万只、禽出栏593.6万只，肉类总产量12200万公斤，畜牧业产值6.91亿元。

1993年，巴中地区成立后，根据地委、行署的统一部署，四县（市）将畜牧业提高到重要议事日程，畜牧业和种植业、林业等齐头并进，畜牧业产值以年递增率12.1%的速度逐年上升。2000年，全市出栏生猪311.8万头，出栏商品牛18.4万头，出栏兔33.84万只，出栏南江黄羊32.87万只；畜牧业产值达16.27亿元，畜牧业产值占农业总产值比重达43.81%。

第一章　畜禽品种

第一节　地方品种

一、家畜

（一）猪

境内地方品种猪主要有盆周山地猪和青峪猪。

盆周山地猪　从20世纪50年代起，被列为地方优良猪种，主要产于大巴山麓深丘地区，全身黑色、体型适中、耐粗饲、产仔多，饲养量大，俗有“黑毛猪儿家家有”之称。此类猪种头成倒置等腰三角形，嘴长粗微宽，岔口深，额宽且皱纹不规则，耳大、根硬、下垂稍向前倾，背腰平直，单背脊居多，腹大不拖地，尾长，皮薄，毛稀，尾部发育较好，乳房匀称排列6～7对；耐粗饲，抗病力强，产仔率平均12头，成活率平均为97.2%；屠宰率平均为69.1%，100公斤以上的肥猪可达78%；公猪3～5个月配种。此种猪因日增重较慢，后被逐步改良淘汰。至20世纪90年代，全地区仅少数边远山区乡村饲养。1998年，巴中地区将南江县、通江县共10个乡规划为该品种保护基地乡。

青峪猪　青峪猪为盆周山地猪种之一，是川北边缘山地和大巴山区的代表猪种。以通江县青峪、板桥口、砥坝等乡所产猪只为代表类型，尤以青峪乡猪只为最佳，故此得名。此猪种耐粗性好，适应性强，花板油多，肉味香浓，属中熟、中型肉脂兼用型山地型地方品种。1978 年，经省、地畜牧部门考察鉴定，正式定名为“青峪猪”，列为盆周山地猪种之一。该种猪的体貌特征与盆周山地猪相似。在长期的饲养过程中，养殖户根据青峪猪的头式，将该猪分为笔杆嘴、八挂头、狗脑壳三个类型。其中狗脑壳为青峪猪中最多的一个头型。

（二）牛

巴中农户素有养牛的习俗，已有 2000 多年的养殖历史。古有《广韵》：犘牛重千斤，出巴中。司马相如《上林赋》：“牛庸、旄、貘、犛”。境内牛地方品种分黄牛和水牛两类，丘陵和山区主要以黄牛为主，平坝以水牛为主。根据历年统计资料显示，黄牛占牛总数的 60% 以上。20 世纪 90 年代起，随着牛的优良品种引进，加快发展肉用型牛，地方品种牛饲养呈逐年减少趋势。

本地黄牛皮毛多呈黄色，粗壮结实，头大额宽，颈长适中，颈峰高隆，背平腰直，腹大而圆，前高后低，肌肉发达，毛细光亮。母牛一般 1.5 ~2 岁发情，3 岁初配，产仔率较高，平均三年产两胎，生育期最高可达 30 年。公牛雄性强，繁殖率较高，配种年限平均为 15 年，最高可达 25 年。成年母牛平均体重为 340 公斤，正常挽力为 86 ~95 公斤，最大挽力为 290 公斤。成年公牛体重 440 公斤，正常挽力 120 公斤左右，最大挽力为 330 公斤左右。

本地水牛皮毛青灰色，性情温顺，易调教，耐粗饲，适应强，体型高大，腰平背直，四肢发达，臂部肌肉丰满，步伐稳健，役用性能极好。母牛一般在 2 岁开始发情，3 ~3.5 岁初配，平均 5 年产三胎，生育期长达 20 年。公牛配种率较高，配种期平均 12 年，高达 18 年。成年牛挽力强，日耕水田 0.13 公顷左右，使役年限为 14 ~16 年。

（三）羊

境内地方优良品种羊主要有南江黄羊，其品种源于南江县黄羊原种场（原称“北极牧场”），主产于南江县和通江县北部山区，后在全市大范围推广。南江黄羊是多品种杂交，历经多年选育和多代自群繁育而形成的肉用山羊新品种。1998 年，被农业部正式命名，喻为“目前国内唯一经过培育肉用性能最好的山羊新品种”。南江黄羊皮毛呈黄褐色，个体之间深浅略有差异，毛短紧贴皮肤，富有光泽，被毛内层着生少许灰黑绒毛，前胸及前肢前缘有黑色被毛。鼻梁两侧有一对浅色条纹，背部有一条宽窄不等的黑色背线。公羊颜面毛色较黑，条纹不显，前胸颈肩腹部及大腿被毛深黑而长。体格高大，发育良好，繁殖力强，产肉性能好，板皮质量高。结构紧凑，背腰平直。前胸深宽，肋骨开张，尻宽而斜，体躯近似圆桶形。其中有角羊占 60%，无角羊占 40%，无角较有角颜面清秀。颈长短适中，公羊较粗壮，母羊轻薄而长，乳房发育良好，多呈梨形。成年公羊体重为 66.87 公斤，体高为 76.75 厘米，体长 79.82 厘米，胸围 93.13 厘米。成年母羊体重为 45.64 公斤，体高 67.22 厘米，体长 71.71 厘米，胸围 83.25 厘米。体格高大，产肉性能好，成年羊屠宰率为 55.65%。性成熟早，繁殖力强，在常规放牧饲养条件下，2 月龄即有性行为表现，3 月龄可出现初情，4 月龄可配种受孕。最佳初配种年龄为母羊 6 ~8 月龄，公羊 12 ~18 月龄。群体平均年产 1.82 胎。羊板皮面积宽大，板皮结实，厚薄均匀，含脂适度，坚韧性好，拉力较强。具有较强的泌乳特性。据 5 个月泌乳期挤奶测定，只平产奶量为 162.27 公斤，而泌乳高峰出现在第 3 ~5 个泌乳周，最高日产奶为 2.7 公斤。

（四）其他家畜

兔　本地兔个体较小，毛色灰色、黄色皆有，一般成年兔体重 2 ~2.5 公斤。

犬　境内城乡群众素有养狗习俗，农村养狗主要用于看家护院；城镇多养宠物狗，供玩赏取乐。20 世纪 80 年代初，境内流行狂犬病，各级政府大力灭狗，导致养狗大幅度减少。至 2000 年，全市养狗数量不足1万只。其品种主要有本地土狗、猎狗、狮子狗、北京狗、广东肉狗等。

猫　境内城乡皆有豢养。农村养猫主要用于防鼠，城镇饲养多用于玩赏。品种主要有本地猫、波斯猫等。

马、驴　民国时期至中华人民共和国成立初期，境内各县交通不发达，马、驴为主要交通运输工具。1950年统计，境内有马、驴640匹。之后，随着境内交通现状逐步改善，马、驴数量锐减。据2000年底统计，全市有马、驴近50余匹。

二、家禽

境内地方品种家禽主要有鸡、鸭、鹅等。

鸡　境内地方品种鸡俗称“土鸡”，分布较广，适应性强，耐粗饲，觅食力强。全身红黄色，或浅黄色等。成年公鸡体重2.5～3.5公斤；成年母鸡2～2.5公斤，年产蛋100～150枚，蛋重0.045公斤，有抱巢性。

土鸡养殖场

鸭　地方品种鸭俗称本地鸭，全身麻、白、黑、灰相间，近似于野鸭。成年公鸭体重1.5～2.0公斤。成年母鸭1.4～2.0公斤，年产蛋120～160枚。

鹅　境内鹅品种主要为引进品种，以狮头鹅居多。

三、蜂

境内养蜂历史悠久，中华人民共和国成立后，农村部分家庭将养蜂业作为家庭副业进行发展。20世纪80年代初，境内各级政府支持鼓励农民发展养蜂业，不断增大养蜂投入，更新养蜂技术，引进新蜂种、改造旧蜂箱，有力促进养蜂业发展。至2000年，全市主要蜂种有S—地中蜂、易蜂、小金蜂等。

第二节　品种改良

一、猪种改良

民国时期，境内各县生猪品种改良称“换种”，由民间自发进行异地、异种交配繁殖。20世纪50年代初期，逐步引进少量的内江猪、荣昌猪、太湖猪与本地猪进行杂交改良。1964—1966年，境内四县加快发展生猪养殖业，加大生猪品种改良。四县先后建立人工授精站，开展生猪改良工作。至1980年，生猪品种改良面达50%。

1981年起，境内四县生猪品种改良以提高瘦肉率为主，开始引进长白、约克等种猪，采用人工授精，受孕率达到90%左右。1987年，境内四县相继恢复、新建改良工作站，引进杜洛克、汉普夏、苏联大白猪等优良种猪，推行“生猪双推五改”（“双推”指推广经济杂交和仔猪补饲；“五改”指改自然交配为人工授精，改单一饲料为配合饲料，改熟饲为生饲，改“吊架子”饲养为新法一贯育肥，改喂大肥猪为适时屠宰）实用技术，逐步普及二元杂交，改良面达65%。

1990年，巴中县建立和完善生猪改良站点80个；平昌县引进长白种猪7头，大约克种猪167头，并在县内61个乡镇进行改良配种；通江县采取农户自筹一半，国家补助一半的方式，引进良种公猪，与本地猪杂交配种；南江县生猪人工授精1.29万窝。

1993年，四县（市）推行塑料软瓶低精量输精技术配种母猪，形成以县为依托，以乡镇为骨干的生猪杂交改良体系，并淘汰劣质种公猪。其中，巴中市（县级）先后淘汰劣质种公猪259头。1995年，南江县对38个改良站点的良种公猪进行鉴定和年审，淘汰不合格的种公猪6头；通江县杂交配种3.68万窝次，改良面达70%；平昌县引进长白、大约克良种公猪180头。

1997年，全地区开始推行三元杂交改良，进一步提高生猪品质。巴中市（县级）先后发展瘦肉型杂交一代母猪10213头；通江县从省畜科所引进母猪配套系3组，全县配种公猪149头，选育杂交一代母猪1.7万头，三元杂交改良全面起步。

1998年，行署制发《关于切实抓好生猪品种改良工作的通知》，促进生猪品种结构调整，提高瘦肉型猪比重。各级政府把生猪改良纳入经济工作目标考核，健全以县（市）改良站和良种繁育场为中心，乡镇改良站（点）为依托，民营配种站（点）为重点的生猪杂交改良体系。除在通江县、南江县各留10个乡镇为本地猪选育保种区外，其余乡镇全面实施生猪二元杂交改良。全地区引进良种公猪230头，总数达到652头，乡平均良种瘦肉型投产种公猪2.3头，年累计杂交配种75万窝次，比1997年增长32.5%，受胎率达90%，生猪二元杂交面达80%。引进新荣昌Ⅰ系（NRS）纯种母猪130头，发展"长X约"杂一代母猪制种基地，开展"杜X长X约"三元杂交，三元杂交面达18%。兴建良种母猪繁殖场64个。

1999年，全地区全面启动生猪三元杂交，引进良种公猪128头，总数达746头，乡平均2.6头。强制淘汰本地公猪340头，生猪改良站点达689个。建立荣昌Ⅰ系（NRS）母猪扩繁基地37个。新建LY母猪繁育场1个，引进饲养加系长白公猪3头、约克母猪50头。全年改良配种达41.6万窝次，其中二元杂交配种32.6万窝次，杂交改良面达82%，三元杂交面达21.9%。

2000年，全市以生猪三元杂交改良为重点，建立完善市LY母猪繁育场，全年提供LY杂交母猪178头，选育二元杂交母猪累计8.42万头，强制淘汰劣质种公猪722头，引进三元杂交良种公猪185头。建立完善生猪改良站（点）752个，良种公猪912头，杂交配种42万窝，其中三元杂交13万窝；生猪杂交面达93%，三元杂交面上升30.8%。

二、牛种改良

1956年起，境内四县开始牛种改良。至1966年，逐步引进秦川牛、荷兰牛、晋南牛等种公牛，采取本交为主方式，改良本地牛。20世纪70年代末，境内四县开始引进西门塔尔牛、摩拉水牛、涪陵水牛等良种牛冻精，以冷配为主，实行人工授精。通过改良，境内杂交牛凸现出生长发育快，体型大，拉力强，肉质好等特点。

1977—1982年，巴中县、南江县、平昌县、通江县先后被农业部确定为耕牛生产发展基地，各县采取本地自筹与国家补助的办法，筹集资金，大量购进优良牛种，建立耕牛改良配种站点，培养技术人员，购买先进设备，牛种改良取得良好效果。其中平昌县建立牛改站点21个，引进西门塔尔黄牛和摩拉水牛改良本地牛，配种3100窝次，产仔牛1530头。通江县从陕西乾县购进秦川牛2头，实行流动配种的方法，在18个人工输精点冷配本地母牛931头，受孕率达38.3%。

1987—1990年，全国商品牛基地被压缩后，牛改专项资金同时被取消，境内四县采取有效措施，完成上级下达的牛改任务。其中南江县8个耕牛输精配种站点，年冷配黄牛1700头，水牛360头；平昌县建立牛改站点21个；通江县采取"缩短战线，巩固成果"措施，稳步开展牛改工作。

1993—1996年，全地区引进利木赞、安格斯、海福特等肉牛性能较好的良种牛。同时引进中国黑白花、荷兰黑白花等奶牛品种，促进奶牛业发展。平昌县配种良种牛2500窝次，产仔牛1200头；

通江县从四川阳坪牛场引进西门塔尔种公牛 5 头，实行牛改鲜冻并举，常年配种 5000 头左右，受孕率达 72%左右，牛肉产量达到 1680 吨；南江县累计配种良种牛近万头，产杂交仔 8000 余头。

1998 年，巴中地区畜牧食品局先后引进细管冻精配种 28 万窝次，改良面达 20%。1999 年，全地区引进西门塔尔、夏洛来、秦川牛及摩拉水牛，并购进冻精和细管精液，建立改良配种站 23 个，其中人工授精站 16 个。全年改良配种达 8167 头，其中细管精液人工授精 2100 头，牛改面达 11.3%。

至 2000 年，全市牛改点达到 30 个，改良本地牛 9260 头，改良面达 21%。

三、羊种改良

1954 年起，南江县元顶子牧场开始从成都、大邑等地引进四川铜羊和金堂黑羊与本地羊进行混牧配种改良本地山羊。至 1972 年，初步形成南江黄羊培育课题研究组，以北极种畜场和元顶子牧场为基地建立育种核心群，提高羊种品质。1980 年，"南江黄羊的培育"列为四川省内地畜牧业重点科研项目，有计划地开展南江黄羊的培育工作。

1986 年，南江黄羊开发项目被列入四川省"星火计划"，建立南江黄羊配种点 141 个，配种 6000 余窝次，产羔 1.32 万只。1991 年，南江黄羊被列为全国畜牧业"八五"重点研究科研项目，选择一代母羊 268 只，公羊 51 只进行重点培育，在 48 个乡镇中改良面达到 65.7%。

1993 年起，选育基础母羊 4200 只，基础公羊 470 只进行繁育。至 1995 年，经国家鉴定，南江黄羊有等级羊 1.08 万只，特一级羊 4600 只，达到新标准。

1997 年，南江黄羊研究成果获科技进步二等奖。1998 年，全地区大力推进南江黄羊与本地山羊杂交改良，发展肉山羊生产，推广黄羊杂交配种 6 万窝次，产杂交羊 10 万只，成活率达 80%。

1999 年，在抓好南江县、通江县、巴中市（县级）30 个南江黄羊纯种扩繁的基础上，发展圈养山羊与实施南江黄羊与本地山羊杂交为重点。全年改良本地山羊配种 7.56 万窝次，改良羊达 11.3 万只。

2000 年，经改良的南江黄羊新品种被国家正式确定，并向四川省及其他省市推广。全市南江黄羊饲养农户为 15.8 万户，占农户总数的 20.4%，饲养量达 70.8 万只，比 1993 年增长 6.2 倍，羊改良面达 65%。

第二章　饲草饲料

第一节　饲草资源

境内草山草坡多，牧草资源丰富。据 1981 年牧草资源普查，境内可作饲草的植物 432 种，其中禾本科 73 种，豆科 44 种，莎草科 18 种，菊科 45 种，杂草类 110 多种，灌藻类 26 种，其他 116 种；适口性良好的 182 种。可食牧草，草地类型为山地疏林草地有马尾松、柏木、杉木、油杉、华山松、白茅、芒禾草、香附、五节芸等；山地灌丛草地有黄荆、马桑、火棘、青㭎、映山红、枫杉、白茅、芒禾草、杂草等；山地草丛草地有白茅、荩草、五节芸、黄背草、细炳草、野背草、芒禾草、香附、杂草类等；山地放牧草地有野蛟古草等；农林隙地、闲地草地有白茅、马唐、荩草、芒禾草、牛筋草、杂草类等。

平昌县镇龙草场由镇龙、民兴、望京、喜神等乡，21 个村，100 个村民组构成，东西宽 17.25 公里，南北长 18.35 公里，海拔最低 800 米，最高海拔 1338 米，面积 1.02 万公顷，其中耕地 0.55 万公顷，林地 0.14 万公顷，草山草坡 0.67 万公顷，其他 88.87 公顷。

通江县有 0.33 万公顷以上成片草场 5 块，总面积 2.61 万公顷，主要分布在胜利乡、铁厂乡、板桥口乡等。有 0.13 万公顷以上的草场 16 块，总面积 3.53 万公顷，主要分布在芝包乡、至诚乡、龙凤场乡、董溪乡、澌波乡、钟凤乡、泥溪乡、会家乡、回林乡、陈河乡、朱元乡等。有 0.07 万公顷以上的草地 17 块，面积约 1.76 万公顷。

南江县有 333.33 公顷以上的草场 37 块，分布在 55 个乡及元顶子牧场和北极种畜场，且多为连片分布。有各类草山草坡 8.96 万公顷，其中草丛草地 3.17 万公顷，疏林草地 1.43 万公顷，灌丛草地 2.35 万公顷，零星草地 0.93 万公顷，农隙草地 1.08 万公顷。草山草地占全县幅员总面积的 26.06%，其中万亩以上草场 16 块，占草地总面积的 33.4%。

巴中市巴州区有可利用草山草坡及林地草地 13.85 万公顷，占全区辖区面积的 54.1%，人均草地 0.13 公顷左右。其中 0.07 万公顷以上的有 25 块，占草山面积的 31.38%；0.03 万～0.07 万公顷的有 26 块，占草山面积的 8.37%；0.02 万～0.03 万公顷的草山 19 块，占草山面积的 3.66%。各类型草地饲草年产量 12.65 亿公斤。

2000 年底，全市有草山草坡 46.8 万公顷，占辖区面积的 38%。其中可利用草山 38 万公顷，可利用率为 81.2%，有连片分布的草地 62 块 11.2 万公顷，占草地总面积的 24%。除草山草坡牧草外，另有稻草、玉米茎叶、红薯藤等农副产物，年均产量 190 亿公斤以上，载畜量可达 300 万个黄牛单位，为牲畜越冬的主要饲草来源。

第二节　良草引进

民国时期，境内饲草靠荒山草坡自行繁衍，无良草引进记载。20 世纪 50 年代起，境内四县先后开始引进良草种植。

1952 年，巴中县耕牛繁殖场从武汉种畜场引进苜蓿草种 180 克。1953 年，巴中县从奥北牧场引进苏联优质牧草野豌豆、红三叶、苜蓿、猫尾草、野麦草、饲用萝卜、黄花草木樨、苏丹草等种子各 200 克，进行品种观察试验。

1958 年，南江县首次引进人工培植的高产水浮莲种 3.5 公斤，在县农场进行放养，长势良好。1965 年，南江县从达县专区种猪场引进水白菜种子 3 公斤，在小河公社上游大队进行种植。

1975 年，平昌县从达县地区种猪场调回紫云英种子 150 公斤，在白衣、响滩、双江、兰草等区推广种植。是年 5 月，又从达县地区畜禽品种改良站购回聚合草进行推广种植。1978 年，南江县从达县地区种猪场引进聚合草苗 5 万多株，分别在县内低山区、中山区和高寒山区的 15 个生产队，2 个公社农场、1 个公社茶场、4 个公社畜牧兽医站及 2 个国营牧场进行种植，种植面积 24.4 公顷（不含 2 个国营牧场）。全县年总产 19.73 万公斤，平均亩产 586 公斤，其中关路公社一大队五队种植 0.01 公顷聚合草，总产 2500 公斤，亩产 1.25 万公斤，其产量最高。1979 年，巴中县从达县地区种猪场购回聚合草 20 多万株，在甘泉、恩阳进行试种成功后，县革委农村工作部专门对聚合草种植作出具体部署，并组织放映“聚合草”科教片进行宣传。

1980 年春，南江县从成都等地引进红三叶草、白三叶草种粒各 2.5 公斤，分别在元顶子牧场和北极种畜场及碾盘公社、平岗公社、白院公社集体羊场进行试种。是年8月，北极种畜场作为达县地区不同海拔高度优良牧草栽培试验课题参试单位，试种红、白三叶草和本地三叶草共5.5公斤。通江县从省、地畜牧局购进三叶草、黑麦草、墨西哥玉米草等种子进行试种。通过栽培试验，三叶草和黑麦草具有生长迅速，分蘖与抗病力强，产草量高，蛋白质含量丰富，牲畜适口性好等优点，适宜于通江县栽培。

1983年10月，达县地区畜牧局分配给南江县黑麦草种子35公斤，次年春在元顶子牧场、北极种畜场以及小河、燕山等乡试种成功。1982—1983年，南江县先后从省、地畜牧局引进白三叶草种子90公斤、红三叶草种子5公斤，在元顶子牧场、北极种畜场、小河乡跃进村建立白三叶草种子基地34.93公顷，收种50公斤。

1984年，平昌县从省草原工作总站引进多年生黑麦草、白三叶草、墨西哥玉米等种子350公斤，在金宝、华严乡养牛、养兔专业户中种植23.33公顷，生长较好；从四川省畜牧局、石柱县、兰山牧场引进多年生黑麦草、贵州红三叶草、新西南白三叶草、紫花苜蓿、苇状羊茅、非洲狗尾草等20多个品种进行区域性试验。是年8月，平昌县掀起大面积人工种草热潮，半月内利用停耕还牧地、丢荒地、轮歇地、桑园果园地、粮草套作种植优良牧草410.67公顷，因缺乏栽培管理技术，人工种草经济效益不佳。南江县种植黑麦草45.87公顷，其中建立黑麦草种植基地32.53公顷。

1985年，境内四县进行引进牧草区域性试验，主试品种有红三叶草、白三叶草、多年生黑麦草、墨西哥玉米、苇状羊茅等；次试品种有鸡脚草、苏丹草、球茎叶芦、扁穗牛鞭草等。其中南江县收购黑麦草种子2750公斤；从省草原工作总站引进少量墨西哥玉米、鸡脚草、岸叶一号及扁穗牛鞭草等优质牧草在北极种畜场开展小区种植试验。

1990年，巴中县先后完成“引进牧草区域试验”“扁穗牛鞭草品种选育驯化区域试验”“四川内地栽培草种区域性试验”和“引种牧草区域试验”协作课题及全省首次农区万亩飞播牧草项目。联合国农发资金会畜牧专家到飞播区考察，给予巴中县高度评价。

1994年，地委、行署作出大力发展种草养畜决定，地区成立“人工种草养畜示范推广项目组”，统一指导全地区种草养畜工作。

1997年，巴中市（县级）购进多年生黑麦草种1400公斤、一年生黑麦草种600公斤及白三叶草种1500公斤，并邀中国农业科学院土肥所专家指导种子种植。是年，在国家、省投资下，与四川省民航管理局签订飞机播种合同，在梓潼庙乡园顶寨进行全省首例农区万亩飞播33.33公顷。

1999年，省畜牧食品局与巴中市（县级）签订《种草养畜项目建设协议书》，实施种草养畜项目。至2000年，全市人工种植优良牧草1.33万公顷，其中黑麦草0.87万公顷，聚合草0.17万公顷，白三叶草0.12万公顷，紫花苜蓿0.13万公顷，苏丹草（高丹草）0.05万公顷。

第三节　饲料品种

一、精饲料

境内农民饲养畜禽常用精饲料主要有玉米、红薯、大麦、马铃薯、米糠、豆类、麦麸及其他杂粮等。

二、青饲料

境内农民饲养畜禽青饲料品种繁多，按类别主要分为种植和野生两大类。种植青饲料主要有牛皮菜、鲜（干）红薯藤、藤儿菜、胡豆苗、各类豆叶、瓜类等；野生青饲料主要有构树叶、杏叶、岸板草、鹅卵草、剪刀草、侧儿根、山芩草、竹节草、肥猪苗、野鸡冠花、母猪藤、指甲头、清明菜等各种无毒野草野菜。

三、工农业副产物饲料

境内农民亦用工农业副产物饲养畜禽，且种类繁多，有各种豆类的秆、壳，玉米茎、叶、芯，油菜壳、花生壳、统糠、酒糟、醋糟、枯饼、骨粉、蚕蛹、油枯、血粉、糠麸等农副产品、副产物和农作物下脚料，以及约占粮食总产量30%的畜禽用粮。

四、配合饲料

20世纪60年代初，境内开始发展饲料工业，亦开始用配合饲料饲养畜禽。1979年，南江县粮食局将原粮油机厂改建为饲料厂。1982年，南江县大河、正直、长赤、下两等区建立饲料加工厂。次年，省拨款5万元，自筹资金2万元，南江县建立年产15万公斤的饲料厂。至1984年，南江县粮食系统建饲料厂11个，畜牧部门建饲料厂2个，其他系统建饲料厂5个。生产配合饲料和预混料275万公斤。1984年后，境内四县采用大、中、小结合，国家、集体、个人齐上的方针，大力发展饲料工业，由粮食部门独家经营逐步发展到粮食、畜牧、乡镇企业及专业户多家经营格局。粮食部门充分发挥资金雄厚、原料充足的优势，重点生产配合饲料；畜牧部门利用技术优势，重点生产预混合料和添加剂；乡镇企业利用加工设备和农村多余粮食的特点，进行配合料生产。饲料类型由单纯的混合料发展到配合料、预混料、浓缩料、添加剂4个种类。饲料品种由单一的育肥饲料发展到按不同畜禽品种、不同生长阶段、不同生产性能对各种营养物质需求，生产仔猪开食料、仔猪补饲料、生长育肥料、产蛋鸡料等7个饲料系列。同时，逐渐引进推广川府、希望、芙蓉、正大、铁骑力士等近50个名优饲料产品。从1995年起，私营饲料企业逐渐兴起，至2000年，省、地饲料主管部门加大管理力度和政策支持，逐步规范和完善饲料的产、供、销环节，饲料企业发展良好。全市仅巴中市巴州区就有添加剂预混料厂4个（其中国有1个），浓缩饲料厂7个（其中国有1个），年产、销和推广各类饲料6.963亿公斤，其中配合饲料6.6亿公斤、浓缩饲料3300万公斤、添加剂预混料330万公斤。农户自配饲料12.11亿公斤，科学养猪面达95.5%。

第四节　收贮加工

境内农民素有收贮饲料的习俗。民国时期至20世纪50年代中期，其收贮饲料方法简单原始。农作物的茎叶以晒贮为主，如稻草堆成垛或架于树上，用于冬季喂牛；红薯藤割后在屋檐或房架上晾干，加工成粉末喂猪。薯类多以窖贮为主，尤以红薯为典型，为生猪催肥主食。1956年，境内各地开始推广青贮技术。南江县发出《关于抓紧作好红苕藤青贮工作的通知》后，全县由点到面逐步推广青贮饲料。平昌县推广坑和窖进行密封饲料青贮方法。

1957年，通江县先在涪阳、永安、广纳、民胜等地重点示范，青贮饲料数量达10多万公斤。随后，在全县广泛推行青贮饲料新技术。1958年，南江县再次发出《关于大力发展饲料青贮的通知》，规定每头猪青贮薯藤500公斤，牛青贮玉米秆750公斤，草150公斤。年内完成牛头平玉米秆青贮285公斤，薯藤猪头平1540公斤。是年，通江县推广薯藤青贮饲料125万公斤，并基本普及马铃薯叶青贮，其中沙溪公社水贮马铃薯叶80万公斤，并编制水贮青饲料技术要领口诀：“石板要开得厚，水泥要填好缝，四周要筑得紧，池子才不漏气，修池不宜深，两米最适宜，饲料要踩紧，装完才加水，一次装满池，随时水淹青，取时层层抓，切莫掏洞等”。

1959 年，巴中县普遍推广红薯藤青贮，将大面积推广饲料青贮作为开发利用资源、发展节粮型畜牧业的战略措施来抓，全县 1.13 万公顷红薯藤和其他青饲料得以合理利用，青贮饲料年均 8400 万公斤。1966—1976 年，受“文化大革命”运动影响，饲料青贮工作未有效开展。

1980 年起，平昌县和通江县除青贮饲料外，同时采取干贮办法。每年秋初，农户在锄玉米地、菜地杂草时，将草晒干在屋内或堆成垛进行贮存，每户收贮青干草约在 25 万公斤左右。其中通江县赤江公社千佛大队饲养奶牛户，每户头贮青干草 500 公斤；平昌县年均打晒青干草 1380 万公斤，玉米秆、叶、壳等贮存 775 万公斤。

1981 年，巴中县根据草山草坡资源普查，针对除牲畜常年消耗的鲜草外，另有 5 亿公斤的野生饲料，可收贮 2 亿多公斤青干草的优势，决定在全县 20% 的社开展青干草贮存试点。全年全县收贮青干草 500 万公斤。1982 年，巴中县共贮青干草 4509.1 万公斤，其中 3 个区，16 个乡，1200 个生产队，牛头平贮备青干草 500 公斤以上。1984 年，平昌县收贮稻草和农副秸秆、茎叶总计 1.16 亿公斤，平均每头牛 1267 公斤，其中稻草占 64.6%。

1986 年，境内各县加强对农户的技术培训，先后印发《青贮饲料技术要点》《红苕藤的青贮方法》《灰窑式连续青贮法》等实用技术资料，并开办青贮饲料及科学养猪培训班。1987 年，巴中县共开展红薯打浆、胡豆叶、聚合草、黑麦草、三叶草等青贮品种，年青贮量达 2870 万公斤。

20 世纪 90 年代初，牲畜饲料结构和方式发生变化，生猪饲料生喂逐步普及，青贮饲料量逐步减少。至 2000 年，全市仅有少数农户，采取青贮方式贮备生猪饲料，耕牛仍采取干、青常规方式贮备越冬饲料。

第三章　畜禽饲养

第一节　养　猪

境内农户素有养猪的传统习俗，其养殖历史悠久，且数量为六畜之首，素有“富不丢书，穷不丢猪”“有儿有女要读书，有吃有穿要喂猪”之说。

民国时期，境内各县各年度养猪数量各异。据《巴中县志》（1994 年版）记载：民国 4 年（1915 年），全县养猪 4 万头左右，出槽 1.8 万余头。民国 25 年（1936 年），全县养猪 7.1 万头，出槽 3.4 万头。据《南江县志》（1992 年版）记载：民国 29 年（1940 年），全县养猪 2.6 万头。民国 33 年（1944 年），全县养猪达 10 万头。1949 年底，平昌县生猪年饲养量 7.584 万头；通江县生猪饲养量 7.0898 万头，户均 0.2 头，其中圈存 5.4536 万头；巴中县养猪 12.3456 万头，出肥 5.4550 万头，出栏率为 49.1%，肥猪个体重 47.5 公斤；南江县养猪 3.9915 万头。

1951 年，达县专区分别拨给巴中县、平昌县、通江县、南江县养猪贷款 1 万元，支持养猪困难户。1954 年，境内四县发出“关于发展毛猪生产”的通知，要求依靠互助组、合作社有计划有步骤地发展，在原有基础上每两户增养一头毛猪的计划。机关、学校、部队在不妨碍卫生，浪费粮食的原则下，适当提倡养猪。

1957年，境内四县贯彻“私有私养公助为主，集体饲养为辅”的养猪方针，集体养猪量相应增多。境内四县养猪82.8万头。1958年，通江县采取平调折价入社的办法将13万头私有猪统归集体饲养。

1958—1960年，境内四县兴办百、千、万头集体养猪场，推行“四定”（定饲养头数、定上调任务、定出售价款抵发工资比例、定食堂吃肉标准），“三包”（包工、包成本、包产量），“一奖”（超产奖励）的饲养管理责任制。由于缺乏饲养管理经验及饲草饲料，生猪发病死亡严重，饲养量大幅度下降。1960年底，境内四县仅有生猪48.76万头。

1962年，境内四县贯彻执行“公私并举、以私养为主”的养猪方针，集体猪下放给社员私养，鼓励繁殖仔猪，并对每繁殖成活1头仔猪，国家奖售饲料粮，其中集体猪每头2.5公斤，私人猪每头2公斤，境内猪饲养量开始恢复。1963—1964年，充分调动群众的养猪积极性，执行社员每交售活重65公斤的肥猪1头，国家奖售粮食25公斤，奖布票1公尺的奖励规定。收购肥猪实行“购留各半、卖一留一”的政策。到1964年底，境内四县生猪存栏恢复到71.45万头。1965—1966年，境内各县对社员养猪实行“四帮”，即：帮猪源（集体赊欠）、帮资金（发放贷款）、帮建圈（集体出劳）、帮饲料（解决青饲料），解决部分群众养猪困难，缓解猪肉供应紧张局面。

1972—1974年，境内四县成立畜牧业家禽业委员会，贯彻执行“积极发展集体养猪，继续鼓励社员养猪”的方针，作出“关于大力发展养猪业的决定”。规定各生产队（村民组）必须养集体母猪5~7头；每2~3.33公顷土地有一个集体养猪场；把修建猪圈纳入农田基本建设项目，把猪饲料种植计划安排到粮食种植计划之中；强调达到一人一猪，一亩一猪。商业和粮食部门对私人养猪，实行发放肥猪预购定金和预拨奖售粮政策，进行鼓励。1974年，境内四县共养生猪96.82万头。1975—1977年，注重集体养猪，强调集体猪比例要达到总数的30%以上，取消“公有私养”，继续提倡一人一猪，一亩一猪。

1978年后，境内四县农村推行家庭承包联产责任制，将集体猪全部折价归社员饲养，扶持养猪专业户和重点户，推广直线育肥和配合饲料喂猪的科学饲养技术。取消生猪统购派购政策，采取合同定购。至1985年底，境内四县生猪饲养量达到231.84万头。

1988年，境内四县贯彻执行省政府《关于扶持生猪生产改进生猪购销政策的通知》规定，继续奖励千家万户养猪，有计划地帮助农民实行专业化生产，稳定以粮换生猪的政策。生猪经营坚持多渠道、多层次、多种经济成分的流通体制，收购价格随行就市。

1990年起，境内四县兴建商品瘦肉猪基地，围绕杂交繁育、饲料加工、防疫检疫三大体系建设，生猪杂交面、配合饲料生产和用量逐渐提高，生猪生产持续稳定增长。通江县将养猪业作为县域经济发展的支柱产业，生猪生产达74万头；南江县存栏生猪42万头，出栏生猪30万头。

1991—1993年，境内四县大力发展养猪，畜牧部门积极推广科学养猪技术。至1993年，境内四县（市）存栏生猪达196.4万头，出栏生猪达203.7万头。

1998年起，全地区抓好千家万户家庭养殖，培植规模养殖户，发展畜牧产业化，将畜牧业列为经济发展，财政增收的支柱产业并纳入调整农村经济结构及池园经济建设的重要内容。全年出栏生猪295.8万头，人均出栏生猪数居全省第三位。1999年，全地区出栏生猪304.6万头，增长3%；存栏生猪267.5万头。

2000年，全面启动绿色畜牧产业工程，优化调整畜牧业结构，推广普及“优质商品猪生产”配套技术，实施“商品瘦肉型猪生产基地建设”等项目，全市生猪养殖保持健康快速发展。全年全市出栏生猪311.86万头，存栏生猪275万头。

第二节　养　牛

民国时期，境内饲养的耕牛主作役用，且多集中于富户和部分自耕农饲养。1949年统计，境内四县养牛21.5万头。

中华人民共和国成立后，境内四县全面开展爱国护畜运动，并首次开展耕牛保健、保险工作。1951—1952年，境内四县贯彻执行川北行政公署颁布的《牲畜繁殖奖励暂行条例》和西南军政委员会制定的《农业畜牧业丰收奖励暂行办法》，鼓励发展耕牛。至1953年，境内四县耕牛饲养量达27.62万头。

1954年后，耕牛折价入股归农业合作集体所有。饲养方法仍由原户喂养，农业社付酬。同时，执行每成活1头小牛，政府奖励细粮15公斤的耕牛繁殖奖励政策和淘汰老弱病残牛政策。1957年，该奖励政策修改为“凡农业社或个体农民饲养的耕牛，每生1头小牛，按水牛17.5公斤、黄牛15公斤标准，给予一次性细粮奖励，随生随奖”。是年，通江县耕牛饲养量达9.4万头。

1958年后，耕牛收归大队或公社所有，取消繁殖奖励政策，加之连年干旱，草料缺乏，牛繁殖率低。1962—1963年，境内四县将耕牛下放给生产队（村民组）所有，改集中饲养为队有户养。并执行“种公牛繁殖奖励”和“仔牛断奶折价分成”的规定，恢复耕牛繁殖奖励贸易粮和奖售饲料粮政策。同时，总结推广通江县新建公社发展耕牛的“六定”（定人员、定工分、定繁殖、定草料、定耕作面积、定膘度），“一交”（交牛肥任务），“一奖”（超产奖励）责任制，开放耕牛市场。1967—1971年，境内四县在继续推广“六定一交一奖”责任制的同时，推广“选、骟、换”种公牛经验。各地关闭牛市，不准随便销售耕牛。1971年底，境内四县饲养量上升到40.08万头。

1972—1977年，境内四县实行“四禁止”（禁止私人养牛、禁止开放牛市、禁止进山割草、禁止分配卖牛收入）、“一限制”（限制出售、宰杀），耕牛饲养量有所下降。1978年，通江县被农业部确定为“商品牛基地县”。是年后，境内四县实行农村经济体制改革，允许私人养牛，取消屠宰限制，广辟销售渠道。集体耕牛实行“三拿工分”（基本工分、肥料工分、使役工分）和“四定一奖”（定人、定肥、定使役、定草料，超产奖励）饲养管理责任制。仔牛断奶折价，采取随行就市，对半分成。

1982年，境内四县完善农村联产承包责任制，将耕牛折价到户，牛权归户所有。1984年后，境内四县全面推行农业生产责任制，调动农民养牛积极性，私人养牛日益增多，并出现一批养牛大户，少则3头左右，多则7～10头。1985年底，境内四县共养牛38.25万头。是年，通江县被农牧渔业部评为“全国商品牛先进基地县”。

1986年起，境内四县充分利用牧草资源，开发草山草坡，大搞种草养牛；加强商品牛基地建设，完善技术配套措施，稳定牛改队伍，实行目标管理，快速育肥肉牛。是年，巴中县把“积极发展牛、羊草食牲畜”列为畜牧生产重点之一，年末存栏牛10.23万头；通江县存栏牛9.71万头，其中劳役牛6.39万头；南江县存栏牛7.5万头，出栏牛4333头；平昌县存栏牛9.4万头，出栏3377头。1989年起，境内四县实施“四川省淘汰役牛短期育肥示范推广”及“秸秆氨化肉牛育肥”等项目，牛饲养量大增。

1990年，境内四县存栏牛44万头，出栏4.2万头。1993年，全地区存栏牛47万头，出栏牛6.8万头。

1994 年，通江县制发《关于大力发展畜牧业的决定》，提出抓肉牛生产基地建设“十、百、千”工程（年出栏牛 10 头的1000 户、100 头的 10 户、1000 头的 1 户），全县饲养牛 16. 1 万头。1995 年，全地区出栏牛 10. 1 万头，存栏牛 47. 5 万头。1997 年，全地区肉牛出栏 12. 4 万头，圈存牛 54. 7 万头。

1998 年，通江县被列为“国家秸秆氨化育肥肉牛示范县”，投资 300 万元，赤江、麻石、浴溪、龙凤场、洪口 5 个乡镇为项目示范乡。通过项目实施，全县牛出栏年增长 10% 以上，牛存栏年增长 8% 以上。

2000 年，根据全市人均养牛量居全省农区第一位的优势及草山草坡及秸秆资源丰富的特点，推广普及“肉牛短期快速育肥”等配套技术，实施“秸秆养牛示范县建设”等项目，进一步加快肉牛养殖产业化发展，扩大牛改，巩固肉牛育肥基地，全市肉牛发展初步走上产业化之路。全市出栏牛 18. 4 万头，存栏牛 62. 4 万头，其中良种优质肉牛占 25% 。

第三节　养　羊

清宣统二年（1910 年），四川省牧业道编《四川省牧业道第四次统计》农务第二十六表（统计）记载：南江山羊存栏 2030 只。

民国元年（1912 年），据四川劝业道记载：通江县养有山羊 280 只。民国 30 年（1941 年），四川农业改进所统计通江县养羊 2000 只。1949 年，境内四县养山羊 18380 只，其中南江县养羊 4447 只。

1950 年起，境内四县鼓励农户利用山区资源，发展养羊，同时提高山羊皮张的销售价格，稳定私养方式。高、中山区以群放为主，低山区以圈养或拴养为主。至 1965 年，通江县羊饲养量达到 6953 只。1966 年，平昌县存栏山羊 13469 只，南江县养羊 14993 只，巴中县国营三汇牧场饲养山羊达 1400 只。

1967—1968 年，境内四县对山羊实行限养禁养政策，提出“想要粮，先灭羊”“要育林、灭羊群”，少数社队采取扣社员口粮等办法限养禁养山羊，山羊饲养数量下降。1969—1975 年，境内四县取消限养禁养政策，提倡“户养几只羊，不愁油盐酱”，允许社员“上工带把镰，下工带把草”，提高农户养羊积极性。

1978 年起，境内四县实行“公养私养并举，以私养为主”的方针。对私人养羊，采取在资金、技术方面进行扶持和指导，并提高收购价格；对集体养羊，发放无息贷款，建立集体羊场。是年，南江县山羊存栏 50728 只；通江县羊饲养量达 140493 只，出栏 64118 只。1979 年，随着农村经济体制改革的逐步深入，山羊饲养量大幅上升。是年，南江县山羊存栏 83122 只，集体养羊场增加到 121 个，饲养山羊 9237 只，外贸收购羊皮 33931 张，外调种羊 2100 只，肉羊 13530 只；巴中县饲养山羊 35565 只；通江县饲养羊 161257 只；平昌县山羊圈存 52092 只。

20 世纪 80 年代初，随着政策进一步放宽，鼓励农户私人养羊，巴中县、通江县、平昌县从南江县引进部分南江黄羊品种，改变本地羊群结构，山羊饲养有新的发展，并出现一批养羊专业户。1983 年，平昌县存栏羊 73106 只，出栏 52674 只；通江县饲养羊达 101219 只，出栏羊 51419 只。1984 年，巴中县除饲养肉用山羊外，从陕西省富平县引进奶山羊 109 只，产鲜奶 2297 公斤，为县城职工、居民提供鲜奶。1985 年，南江县存栏山羊 44235 只，出售和自宰羊 38742 只。

从 1986 年起，境内四县根据国家计委、农牧渔业部等部门的联合指示精神，进一步加大山羊饲养力度。1989年，巴中县被列为“国际农发山羊系列开发项目县”，项目总投资1600万元，山羊饲养量达117610只，养山羊总收入2269.47万元。1993年，全地区存栏羊19.6万只，出栏羊14万只。

从1994年起，充分开发利用本地草山资源，调整牧业生产结构，实现畜牧业由耗粮型向节粮型，粗放型向集约型转变，改善本地山羊品质，提高繁殖率、产肉量、个体量、板皮质量等重要生产性能，加快皮肉山羊发展速度。南江黄羊新品种通过国家级鉴定，南江黄羊品种羊达4.87万只，基础母羊3.22万只，等级羊1.08万只，特一级羊0.456万只，填补中国肉用山羊新品种空白。

1996年后，地委、行署将南江黄羊育种成果转化为生产力，把加快南江黄羊发展作为增加农民收入的重要举措和调整畜牧业内部结构，突出地方特色产业。1997年，全地区出栏羊29.85万只，存栏羊35.19万只。

1998年，地委、行署加快南江黄羊发展，积极开展南江黄羊的保护扩繁和推广，建立县、乡、村科技服务网络，推广繁育改良、氨化秸秆养羊等实用技术，不断扩大养羊面，提高出栏率和商品率。全地区南江黄羊饲养量达52万只，全地区60%的村有养羊户，有千村羊60个、百羊户30余户。2000年，全市存栏羊51.2万只，出栏羊53.4万只，分别比1993年增加31.6万只和39.4万只。

第四节　养　兔

境内农户历有饲养兔的习俗，多为皮肉兼用型本地兔种，主要用作食用。民国36年（1947年），南江县户均养兔0.17只。1949年，南江县养兔4503只，通江县养兔3892只，平昌县存栏肉兔250只。

中华人民共和国成立后，鼓励支持农民发展养兔生产。1952年，南江县存栏兔6321只。1954年，平昌县号召农户发展家兔，增加副业收入。至1955年底，平昌县存栏兔16800只。1958年，养猪、牛为畜牧发展的重点，兔饲养处于自然发展状态。1959—1961年，境内遭受严重自然灾害，生猪减少，肉食供应紧张，兔肉成为主肉食，每只成兔价格在20～30元，养兔数量急剧增加。1962年底，平昌县养兔276462只，南江县存栏兔149140只，通江县养兔206976只。之后，随着生猪饲养量的增加，兔饲养减少。

1978年后，境内四县贯彻执行“多种经营、全面发展”方针，各种小家畜禽得到新的发展。同时，随着外贸出口的需要，兔毛价高、销路好，各县充分利用本地自然资源，大力发展长毛兔，掀起饲养长毛兔热潮。1982年，巴中县为发展长毛兔生产，专门制发文件，召开重点公社养兔工作会议，将南阳公社作为养兔典型示范，推动长毛兔发展。全县家兔饲养达40064只，其中长毛兔11893只。1984年，平昌县笔山乡首建长毛兔良种繁殖场，繁殖幼兔1482只，提供成年种兔50余只，销售兔毛57公斤。1985年底，平昌县长毛兔发展到12200只，提供兔毛35公斤，兔肉20500公斤；通江县养兔10023只；南江县养兔12991只，其中长毛兔存栏10666只；巴中县养兔5.2万只，其中长毛兔1.2万只。

1987年后，因种兔、销售、政策扶持、资金投入等多种因素，特别是兔毛价格下跌严重，兔饲养量持续下滑。1990年，南江县饲养肉兔5000多只，平昌县饲养兔27970只，通江县饲养兔8800只。

1996年，全地区养兔生产开始回升，其中通江县饲养兔2.08万只，平昌县出栏肉兔5862只（年末存栏6694只）。之后，全地区积极发展家兔生产。1998年，巴中市（县级）利用饲草饲料资源和以工代赈资金，发展肉兔生产，扶持养兔大户1000户。通江县饲养兔5.27万只。

1999 年，全地区建立种草养禽兔专业户 2620 户，养殖禽兔 43.1 万只。2000 年，全市将养兔业作为畜牧产业化经营的重点，坚持良种繁育，科技推广，发展兔业生产基地建设和养兔大户建设，引进推广良种禽兔 590 万只，占出栏禽兔总数的比重达到 39%。

第五节　养家禽

境内农户历有养殖家禽的习俗，为传统的家庭副业，其种类有鸡、鸭、鹅等，以鸡为主。民国 29 年（1940 年），四川农业改进所统计，通江县养鸡 78377 只。民国 32 年（1943 年），南江县养鸡 23.2 万只。1949 年，平昌县家禽存栏 9 万余只，巴中县养鸡 30 万只，通江县家禽存栏 21 万只。

中华人民共和国成立后，境内四县鼓励农民发展家庭副业，家禽发展较快。1957 年，平昌县养鸡 37.11 万只，养鸭 1.42 万只，养鹅 200 只。1958 年，通江县家禽存栏达 43.5 万只，其中鸡 40 万只，鸭 3.5 万只。1959—1962 年，境内四县遭受严重自然灾害，家禽饲养量下降。1962 年后，境内四县允许私人饲养家禽。

1978 年后，随着农村政策放宽，鼓励农民发展家禽，各地掀起“养鸡热”。1983 年起，境内四县不断出现家禽饲养大户，有规模不等的国营和私人饲养场，促进家禽饲养业的大发展。同时，引进海赛斯、来航鸡、宾白鸡、罗斯、星杂 579、红育、白洛克等鸡种和金定鸭、康贝尔鸭、樱桃谷鸭、大头鹅、狮头鹅、皖西白鹅等鸭鹅品种。

1985 年，巴中县被列为“四川省水禽生产基地县”，实施“农户养鸭配套技术开发课题”，水禽业成为养殖生产重要项目，促进养鸭业发展。是年，巴中县养鸡 120 万只，养鸭 35 万只，养鹅 3000 只；平昌县家禽存栏 66 万余只，养鸡专业户 784 户，养鸭专业户 485 户；通江县家禽存栏 62.08 万只，其中鸡 60.9 万只，鸭 1.1 万只；南江县养鸡 57.2 万只，养鸭 6.6 万只，养鹅 1417 只，有养鸡大户 420 户，养鹅大户 3 户。

1990 年，通江县饲养家禽 180.5 万只，平昌县饲养家禽 168.26 万只，巴中县水禽饲养达 211.5 万只。

1993 年后，全地区引进良种家禽，与本地家禽进行杂交改良，家禽饲养快速发展。至年底，全地区家禽存栏 401.7 万只，出栏 736.0 万只。

1998 年，巴中市（县级）明杨乡柯文龙与上海市珍禽养殖场以联营联销的方式，投资 100 余万元，建巴中珍禽养殖场，采取“以禽还禽、以禽扶禽、滚动发展”模式，扶持农户 130 户参与珍禽养殖。全年出售美国七彩山鸡、鹧鸪、黑凤鸡 3 万余只。

1999 年，大力发展适销对路的特种家禽养殖，引进樱桃谷鸭、山地乌骨鸡等良种家禽 350 余万只，增养家禽 242.3 万只，增收 3876.8 万元。全地区出栏禽 1403 万只。2000 年，全市家禽存栏 697.2 万只，共出栏 1621.4 万只，比 1993 年存栏数增加 295.5 万只，出栏数增加 885.4 万只。

1990—2000年巴中畜牧业发展情况

表7—1　　单位：万头、万只、亿公斤、亿元、%

年度	猪		牛		羊		禽	肉类总产量	畜牧业产值	占农业总产值比重
	出栏	存栏	出栏	存栏	出栏	存栏	出栏	存栏	存栏	
1990	188.50	196.50	4.20	44	10.60	19.70	593.60	37.05	12.20	6.91
1991	198.50	197.00	4.00	45.30	12.60	20.00	626.50	37.31	13.10	7.57
1992	203.50	201.80	5.60	46.70	13.50	17.20	658.00	36.50	14.10	7.80
1993	203.70	196.40	6.80	47.00	14.00	19.60	736.00	40.17	14.30	8.42
1994	218.00	216.40	8.90	48.20	16.30	20.60	645.00	37.51	18.40	8.62
1995	261.80	231.20	10.10	47.50	19.70	19.40	759.00	47.50	18.00	10.38
1996	284.80	258.20	10.90	51.80	25.50	27.40	939.00	64.20	21.80	11.40
1997	288.20	262.30	12.40	54.70	29.80	35.20	1035.00	66.43	21.80	12.03
1998	295.80	263.20	13.70	57.20	34.80	40.30	1112.60	75.03	24.20	13.29
1999	304.60	267.50	16.60	59.70	43.90	45.80	1403.20	84.27	27.10	15.24
2000	311.80	275.00	18.40	62.40	53.40	51.20	1621.40	69.72	28.30	16.27

注：畜牧业产值均系1990年不变价

第四章　疫病防治

第一节　疫　病

1986年，农牧渔业部发出《关于开展全国畜禽疫病普查的通知》后，1988—1990年，境内四县先后对畜禽疫病进行全面普查。普查结果表明，境内常见畜禽疫病分为人畜共患病、牛羊疫病、猪疫病、禽病、寄生虫病等类。其中人畜共患病有口蹄疫、结核病、布氏杆菌病、破伤风、炭疽、狂犬病；牛羊疫病有牛瘟、烂舌病、粉膜病、传染性鼻气管炎、白血病、副伤寒、副流感、牛出败（俗称“清水症”）、牛气肿疽（又名“黑腿病”）、羊痘；猪疫病有猪瘟（俗称“烂肠瘟”）、猪肺疫（俗称“锁喉疯”）、猪丹毒（俗称“打火印”）、猪喘气病、乙型脑类、伪狂犬病、传染性萎缩性鼻炎、细小病毒病、猪钩端螺旋体病、仔猪副伤寒、仔猪白痢、流感；禽病有鸡新城疫（又称“亚洲鸡瘟”）、禽霍乱、马立克病、法氏囊炎、鸡白痢、鸡传染鼻炎、鸭瘟、小鹅瘟；寄生虫病有牛血吸虫病、牛锥虫病、牛羊肝片吸虫病、犊牛新蛔虫、猪旋毛虫、猪囊虫、鸡球虫、兔球虫、兔疥癣。

至2000年，通过重点防治，注射疫苗，严防流入等措施，除个别地方零星发病外，基本得到有效控制，其发病率普遍降低。

第二节 防 治

民国时期，境内各县无畜禽疫病防治机构，畜禽疫病由民间兽医采用中草药进行医治，患疫病畜禽死亡严重。

1951年，川北兽疫防治队在境内四县的交通要道及历史疫区进行猪丹毒、牛出败的防治注射。是年，在平昌县注射猪、牛2860头，在巴中县注射预防牛出败15000头、猪丹毒4505头。1953年，境内各县实行生猪、耕牛看槽保健制度，同时，在用中草药熬制“太平药”，用草木灰和石灰粉刷圈舍的基础上，继续推进预防注射，进行中西药兼治。是年，通江县注射猪肺疫苗654头、猪丹毒苗3490头、牛出败苗3412头、牛炭疽苗2082头。1954年4月，平昌县在坦溪、沔巴等历史疫区乡采取“早期、重点、密集、连续”办法，对牲畜实行免费防疫注射牛出败6132头，猪丹毒5151头。是年通江县注射猪肺疫654头。

1963年，境内四县贯彻执行“以饲养管理为主，预防注射为辅”方针，继续开展牲畜防疫注射的同时，各地陆续成立爱畜小组，制定爱畜公约，搞好圈舍卫生，开展群众性的“一吃”（吃预防药）、“二熏”（夏秋用香樟叶、柏桠、皂角、硫黄等熏烟消毒）、“三消毒”（用5%的石灰水，30%草木灰水刷圈消毒）、“四检查”（对牲畜市场、屠宰场、集体养猪场、交通沿线进行健康检查，对牲畜市场进行入市初检，成交复检，散市消毒）、“五泡”（用银花、苍术、贯仲、大蒜、生姜泡后作饮水或放猪食锅内泡黄）的防疫灭病措施。20世纪60年代中期，各县逐步建立县、区、公社三级兽疫防治网，对猪、牛逐步实现包防疫、包诊疗、包骟割、包技术指导的看槽保健制度，实行猪“四针”（猪瘟、猪丹毒、猪肺疫、仔猪副伤寒）、“牛三针”（牛炭疽、牛出败、牛气肿疽）、“禽一针”（鸡新城疫）的常年预防注射，牲畜疫病率普遍降低。

1978年后，境内四县加大各种防疫知识的宣传力度，通过现场参观、短期培训等方式逐步普及常见病预防及治疗知识，提高防疫技术，按“定、包、奖”的原则，制定消灭猪瘟的防疫计划，推广使用疫苗，促进预防注射，开展群防群治，对新发现的疫点，进行及时扑灭，牲畜发病死亡数明显减少。1985年，平昌县生猪发病1.96万头，占生猪存栏数0.84%；牛发病2557头，占存栏数2.76%；死亡135头，占发病数的5.27%，占存栏数0.14%。

20世纪90年代初，境内四县在抓畜禽防疫接种的同时，全面开展综合预防。每年开展预防注射工作，做到头头注射、只只免疫。1991年，巴中县组织开展畜禽圈舍普遍消毒、畜禽普服预防药、普用新药驱杀体外寄生虫、普及科学技术的“四普”活动，收效良好。

1993年，全地区贯彻执行国务院《中华人民共和国家畜家禽防疫条例》，坚持计划免疫与强制免疫相结合，专业防治和群防群治相结合，加强防疫工作。以控制和消灭猪瘟、猪丹毒、猪肺疫、牛出败、牛炭疽、鸡新城疫、鹅瘟、鸭瘟、羊瘟、畜禽体内外主要寄生虫病为重点，采取市场与院户相结合，春秋普打与常年补打相结合，做到头头注射，只只免疫。同时发动群众，推广普及畜禽疫病综合防治技术，抓好基础防疫工作，极大减少畜禽疫病的发生。

1997年，全地区贯彻执行《中华人民共和国动物防疫法》，开展猪瘟、猪丹毒、猪肺疫、牛出败、鸡新城疫的免疫注射，对猪、牛口蹄疫普查、监控、消毒、预防注射和牲畜驱虫等工作，注重畜禽圈舍环境卫生，控制传染病的发生和流行。

1998年，全地区坚持“集中普打、常年注射”的制度，保证防疫密度，畜禽死亡率符合国家规定的标准。

1999年4月初，达川、陕西汉中等地区相继发生牲畜W疫情后，全地区组建179个临时消毒实施小组购置机动喷雾器47台，使用复合酚、菌毒敌等消毒药8300万公斤，对全地区农户集中的畜禽圈舍、牲畜集中放牧地、饲养用具进行普遍消毒。同时，购回W疫苗5万毫升，重点对与陕西、达川交界的农户所养猪牛羊及南江黄羊原种场、扩繁场进行紧急免疫接种，建立边境牲畜口蹄疫免疫带，有效遏制疫情传入。

2000年，全市全面推行“仔猪骟割初免—春秋普打普免—流通检查补免”新的动物免疫程序，确保生猪免疫的质量和效果。规范动物免疫标识管理，免疫发证，做到一猪一证，证随猪走，以证控免。采取“合同到村到社，直接对户服务收费”的办法收取规费。全年完成生猪257.4万头、牛28.05万头、羊5.36万只、禽91.53万只的免疫任务，杜绝重大疫情的发生。

第三节　检　疫

1951年7月，陕西省凤县、宁强县等地牛瘟流行，危及境内南江县。按省政府要求，南江县在沙坝、桃园设立临时性防疫检查站，开展检查工作。1953年，通江县在广纳乡试点，开始进行市场和屠场检疫。是年，陕西、甘肃及西康等地先后发生牲畜口蹄疫，南江县转发《四川省防治牲畜口蹄疫暂行办法》，开展群众性防疫检疫工作，广泛开展口蹄疫防治宣传。1956年，平昌县发出《关于开展牲畜市场检疫工作的通知》，分别在得胜、驷马、响滩、岳家、城关镇等地首先开展市场检疫工作，实行入市初检，成交复检，散市消毒，严格控制病畜上市。是年，巴中县在各区乡设立牲畜检疫站，开展市场检疫、屠场检疫和运输检疫，对屠场做到宰前预检，宰后复检。南江县先后在长赤、正直、城关等地进行市场、屠场牲畜检疫，到9月底，市场检疫猪2.59万头，检查出病猪288头；检疫牛1796头，检查出病牛35头。1958年，境内各县发展集体养猪，不准社员私养，牲畜交易市场停市。

1961年后，境内四县加强市场、屠场和交通运输检疫工作，恢复市场检疫。1963年，巴中县在枣林、清江、水宁寺、城关、下八庙等交通要道设立检疫站，对装运牲畜进入县境的车辆进行消毒放行。1965年，通江县由兽防、税务、市管三家联合进行市场检疫，在43个场镇开展市场检疫工作。1966年，为控制二号病（口蹄疫）流行，境内各县加强“三场一线”（市场、屠场、饲养场、交通沿线）检疫。巴中县在水宁寺、双石桥、枣林设立交通检疫站，实行对人、畜、车辆出入消毒。

1970年，达县地区农林局委托平昌县在涵水、驷马设立临时检疫站，对出入境的车辆及行人进行严格的消毒，控制疫病的蔓延及传播。1977年，南江县对调运的畜禽及产品，严格实行检疫，并按规定填发由农业部门签发的检疫凭证。同时对运输检疫和填发凭证收费标准做出规定。

1980年，境内四县按照《四川省家畜家禽及其产品检疫暂行办法》，建立健全家畜家禽及其产品的检疫制度，提高检疫技术，改进检疫手段，改变市场检疫条件，进一步加强动物防疫检疫工作。1982年，通江县颁发“兽医检疫人员工作证”，检疫上市生猪9.49万头次，查出猪瘟566头，补注疫苗8000头（次）。

1987—1993年，境内四县贯彻执行《中华人民共和国家畜家禽防疫条例》，对兽医卫生检疫员进行严格考核，重新调整检疫队伍，任命检疫员350人，建立地域性检疫点98个。

1994—1997年，全地区把产地检疫作为工作重点，坚持动物必须凭产地检疫证明屠宰或交易，出境动物凭产地检疫证明核取出境动物检疫合格证并实施消毒，填发消毒证明方能出境。

1998年，本着“合理布局，分类指导，统一管理，多方配合”的原则，根据“设备现代化，制度规范化，操作程序化，管理科学化”目标要求，依法行使动物防疫、检疫，抓好屠宰、产地检疫，严禁病畜禽及其产品进入市场，全地区屠宰检疫率达90%，产地检疫率达80%。

1999年4月初，达川、陕西省汉中等地区相继发生牲畜W疫情后，在达川、万源、陕西省接壤的边境公路依法设立临时性防疫监督检查站23个，对出入境的动物及其产品进行检查，对所有入境车辆进行彻底消毒。共查处从达川、陕西省入境的动物及产品1494头（只）和1187公斤，其中无害化处理动物产品378公斤、销毁309公斤，禁止入境偶蹄动物7600多头。同时，制定《防检疫执法程序》，从动物免疫、产地检疫、屠宰检疫、驻厂（场）监督、市场、运输监督等各环节，建立程序化执法体系。全地区动物产地检疫率达50.7%，屠宰检疫率达100%。

2000年，全市将动物检疫工作的重点转移到产地、屠宰环节，产地检疫率达70%，屠宰检疫率达100%。

第四节　防疫队伍

民国时期，境内各县无畜禽疫病防治机构，仅有少数民间兽医（亦称“牛大夫”），医治牛、马、猪等大牲畜疾病。

1951年，川北兽疫防治队成立后，在境内四县先后成立分队，开始给猪、牛进行预防注射。1956—1958年，境内四县先后成立畜牧兽医工作站，每站配备专职干部3~5人，经费实行财政拨款。其职责是控制和消灭本地畜禽疫病并提出防治措施，组织供应防治疫病的药械供应，培训提高民间兽医人员的技术水平。同时，各区、乡（社）先后成立畜牧兽医站，负责对畜产品屠宰、加工、运输进行检疫，实行“宰前预检、宰后复检”，并在赶场天对县、区、乡（社）牲畜交易市场进行“上市初检，成交复检，散市消毒”，严禁病畜上市。1965年，各县畜牧兽医部门为区、社、队培训兽医和防疫员，建立基层防疫队伍。

1985年2月，国务院发布《中华人民共和国畜家禽防疫条例》后，境内各县进一步加强队伍建设，在防检站内配备兼职执法管理人员。同时，成立兽医卫生监督检验所与防疫检疫站，实行两块牌子、一套班子的管理体系。

1993年，巴中地区成立后，各级兽医卫生监督检验所与防疫检疫站分设。同时，加强队伍培训，提高业务水平，尤其是加强兽医卫生检疫员业务能力和执法水平。

2000年，全市有畜牧兽医工作机构320个，从业人员2165人。其中高级畜牧师、兽医师职称的24人，初、中级职称1480人，科技人员占总职工数的70%。有牧政执法人员1016人，其中动物防检执法人员958人，种畜禽管理75人，兽药管理113人，饲料和饲料添加剂管理130人。

第五章　畜牧科技

第一节　科技人员

民国时期，境内各县均无专业畜牧兽医人员培训机构，仅有少数民间兽医采用放痧、洗口、扎针、修蹄、中草药灌服等传统技术，对牲畜进行防病治病。

中华人民共和国成立后，随着牧业发展，境内四县积极培养畜牧兽医专业人才。1953 年，境内四县建立兽防机构，其人员主要有上级派业务技术干部、经省地短训后被分配人员、从民间兽医中选聘具有较高业务水平人员等。从 20 世纪 60 年代起，境内四县畜牧部门职工主要是国家统一分配的大、中专毕业生。同时，各县将民间兽医组织起来，招收或选聘部分热爱兽医工作人员，从事基层畜牧业务工作，形成县、区、乡三级业务网。

至 1985 年底，境内四县共有畜牧兽医技术人员 167 人。至 2000 年，全市畜牧系统从业人员 2165 人，其中畜牧、兽医专业技术人员 1592 人，占从业人员的 73.5%；大专以上学历 159 人，占 9.9%；中专以上 942 人，占 59.1%；高级职称 24 人，占 1.5%；中级职称 313 人，占 19.7%；乡镇基层站中级职称以上 1335 人；有畜牧推广研究员 3 人，有高级畜牧师 11 人，高级兽医师 11 人。

第二节　科研成果

民国时期，畜牧兽医科研工作均无史料记载。

1952 年，巴中县耕牛繁殖试验场，引进荷兰种公牛 2 头，改良本地黄牛，其配种、受孕、产犊、成活和生长适应性均获得满意效果。是年秋，该场引进苜蓿、红三叶草、猪尾巴牧草，试种 0.05 公顷获得成功。1954 年，平昌县白衣农场学习苏联秸秆、壳类加工喂猪试验，参试生猪 21 头效果较好。用肥皂洗治猪丹毒 577 头，治愈 460 头，治愈率占 79.53%。南江县推广白砒卡耳治疗猪丹毒的试验计 397 头，治愈 355 头。1961 年，通江县畜牧站在南教城农场总结出防治牛青棡叶中毒活麻豆浆汤的验方效果明显。1963 年，达县专区畜牧站组织调查组对通江县空山黄牛进行调查，使该品种被确定为保纯复壮推广的地方良种。1966 年底，通江县畜牧站从荣昌县引进“革命草”（又名水花生）试种一次成功。1971 年，平昌县推广水浮莲栽培和保种工作取得显著成绩。1973 年，达县地区在畜牧工作会议上对南江县畜牧站编写的“南江黄羊研究”课题论文予以肯定，并作为地方良种在全地区推广。

1978 年后，畜牧科学研究、项目试验纳入科学技术成果管理。巴中县引进牛冻精，开展牛畜改良试点研究，建立商品牛基地县，获农业部奖锦旗一面及奖品。

1981 年，巴中县完成牛畜改良任务，扩大养牛数量，被农业部授予“全国商品牛生产基地先进县”称号，获 1500 倍显微镜 1 部。1982 年，南江县畜牧局派员参加达县地区畜牧局主持研究的“黄牛杂交改良效果调查研究”课题获达县地区行署授予科学研究三等奖。1983 年，南江县畜牧局协助省畜科所完成“盆周山区肉牛有效杂交组合”课题获四川省重大科技研究成果三等奖。

1984 年，平昌县畜牧局根据四川省畜牧兽医研究所下达的科研课题，对多花黑麦草、贵州红三叶草、新西南白三叶草、非洲狗尾草、瑞士多年生黑麦草、苇状羊茅、紫花苜蓿等 8 个牧草品种进行田间试验。该 8 个牧草品种被省选定为盆周山区主要牧草品种，省畜科所授予平昌县畜牧局科研二等奖。是年，通江县饲草饲料站编写的“饲料青贮技术示范推广”获省农牧厅科技项目三等奖。

1986 年，南江县承担的“生猪育肥配套技术应用”项目获达县地区畜牧局牧业科技进步四等奖。通江县畜牧局完成的“青峪猪调查”获农业部一等奖和省政府科技进步二等奖，“通江黄牛调查”获省政府科技进步四等奖，“黄牛杂交改良效果调查研究”获省政府科技成果三等奖；“六十个家庭兔场推行成套技术经济效益分析”获省农牧厅科技进步三等奖。

1987 年，巴中县承担“国际农业发展基金会畜牧贷款项目”“生猪三大体系建设项目”“饲料青贮项目”“肉牛育肥项目”“养鸭配套技术开发项目”等科技项目研究获得成功，分别受到农牧渔业部、省农牧厅、省畜牧食品局表彰奖励。通江县畜牧局完成的“深切割中山区家庭放牧小羊场经济效益分析”获省农牧厅科技成果四等奖。

1989年，通江县完成的“用新药驱除猪体内外主要寄生虫防治技术推广应用”获省畜牧食品办科技进步三等奖，完成的“肉牛短期快速育肥技术推广”获达县地区科技进步三等奖。南江县畜牧局承担“南江县大面积推广科学养猪成套技术”项目研究获省农牧厅科技进步四等奖，“用新药驱除猪体内主要寄生虫防治技术推广应用”项目获省农牧厅科技推广三等奖，“用新药阿苯达唑驱除牛、羊体内主要寄生虫防治技术推广应用”项目获省农牧厅科技成果推广三等奖，“应用新药驱杀猪、牛体内外寄生虫”项目获省农牧厅科技成果推广三等奖，“南江黄羊生产综合技术开发”项目获省政府“星火计划”银质奖。

1990年，巴中县畜牧局承担的“新药防治技术推广”“种草养兔配套技术研究”“草山资源调查”等项目研究获得成功后，分别获得省农牧厅、省项目领导小组现金和物资奖励。南江县畜牧局承担的“七五”省、部重点科研项目“南江黄羊选育技术研究”和“南江黄羊肉用性能选育和开发利用研究”两课题由农业部、省畜牧局进行现场鉴定验收后，分别获省农牧厅科技进步一、二等奖。通江县畜牧局完成的“大面积推广养猪存栏技术”获省畜牧食品办牧业科技进步四等奖，完成的“四川省淘汰役牛短期育肥技术示范推广”获农业部丰收二等奖。1991年，由通江县畜牧局主持完成的“活体培植牛黄组合研究与推广”获达县地区科技进步一等奖。

1993年，南江县畜牧局承担的“提高黄母牛繁殖技术应用研究”课题获省农牧厅科技进步一等奖。通江县畜牧局开发肉羊生产，实施“肉用山羊两改一防技术示范推广”协作项目获省政府科技进步三等奖；“南江黄羊扩繁及杂交利用效果研究”获省畜牧食品局科技进步三等奖。

1994年，南江县畜牧局承担的“肉牛育肥综合技术推广”项目，经省畜牧食品办组织鉴定验收，获省农牧厅科技进步一等奖。是年8月，农业部授予巴中市（县级）畜牧局肉牛短期育肥综合技术推广二等奖。是年12月，省畜牧食品局授予巴中市（县级）畜牧局肉牛短期育肥综合技术推广项目一等奖。通江县完成的“秸秆氨化肉牛育肥综合技术示范推广”获农业部丰收三等奖，合作完成的“提高黄、水牛产肉力综合技术示范研究”获省政府科技进步二等奖，完成的“通江牛黄菌种研究”获巴中地区科技进步二等奖，并获省畜牧食品办科技进步三等奖。

1995年，巴中市（县级）畜牧局完成“提高黄水牛产肉力综合技术研究示范”获省政府二等奖。是年，由南江县畜牧局承担的“肉山羊增产配套技术”获农业部丰收计划一等奖，“南江黄羊前期生长发育规律研究”获巴中地区科技进步一等奖。

1996年，南江县畜牧局承担的“南江黄羊肉用新品种选育”课题获省政府科技进步一等奖，“大巴山区肉用山羊秸秆利用配套技术示范推广”项目获省畜牧食品局科技进步一等奖。

1997年，南江县畜牧局承担的“南江黄羊肉用新品种选育”课题获国家科技进步二等奖，“提高南江黄羊繁殖性能选育技术研究”项目获省畜牧食品局科技进步二等奖，“南江黄羊杂交利用效果观测”项目和“南江黄羊育种体系建设研究”项目分别获省畜牧食品局科技进步三等奖，“南江黄羊在大巴山区推广利用效果观测”项目获达川地区科技进步二等奖。

1998年，巴中市（县级）畜牧局能繁母牛繁殖力综合技术示范获省政府三等奖。2000年，巴中市巴州区畜牧局完成的“嗜群血蜱防制技术研究项目”获省畜牧食品局三等奖。

附：南江黄羊研究

从1954年起，南江县先后三次从成都、大邑、金堂等地引进四川铜羊、金堂黑羊和含有努比羊血缘的杂种公羊与本地山羊，在元顶子牧场混牧。1955年后，逐步转移到北极种畜场，继续混群放牧饲养，并通过扩繁与本地山羊杂交。在杂交基础上，从中选择被毛褐色、体格高大，肉用性能良好的后代进一步自群繁育。1972年，初步形成南江黄羊育种群体，并在县内试行推广。1973年，由

南江黄羊

达县地区畜牧主管部门定名“南江黄羊”并作为地方良种后，南江县科委、达县地区科委先后开展“南江黄羊选优去劣”“南江黄羊提纯复壮”的科学研究。1977 年，成立南江黄羊育种领导小组，下设黄羊科研小组，由王维春任组长，陶志豪任副组长，使黄羊的培育推广获得良好进展。1978 年，省委、省革委为南江县黄羊育种科研组颁发了“南江黄羊的培育”重大科技成果奖状。

1980 年，“南江黄羊的培育”列为四川省内地畜牧业重点科研项目，其主要研究单位为南江县畜牧兽医站，北极种畜场和元顶子牧场进行协作，专门成立课题小组，并从县畜牧兽医站北极种畜场和元顶子牧场抽调技术人员充实科研小组，由王维春任组长，具体负责育种工作，制订育种方案，有计划地开展南江黄羊的培育工作。以两场为基础，建立育种核心群，进一步提高羊群品质，选育出体形外貌基本一致，生产性能良好，遗传性能较稳定的羊群。

1983 年，省科委组织省内同行专家教授组成南江黄羊新品种验收及技术鉴定组，通过资料和现场考察，认定南江黄羊经过多年培育，体形外貌具有一定特征，体格高大，肉用性能良好，繁殖力高、遗传性能较稳定，基本形成适宜山区放牧饲养的肉用山羊新品种群（即南江黄羊新品种）。是年，省科委颁发南江黄羊技术鉴定证书。1984 年，“南江黄羊新品种群”获省政府重大科学技术研究成果三等奖。

1986 年初，“南江黄羊综合技术开发”项目被列入省“星火计划”。在大河、正直、下两等区和 13 个乡及 2 场的范围内实施建立南江黄羊配种点 141 个，配种 6000 余窝（次），完成选育户 375 户，选育能繁母羊 7736 只，后备母羊 3176 只，产羔 13175 只，并开展育肥试验，提高繁活率试验。

1990 年，开发南江黄羊纯繁新区课题组，在杨坝、坪河、新民等乡进行南江黄羊纯繁及与本地山羊的杂交试验与规则，结果表明该品种杂交改良效果显著、适应性强，为南江黄羊被列为省内外重点推广的杂交改良本地山羊的优良品种提供依据。

1991 年，农业部以“南江黄羊肉用品种选育研究”为课题，列入全国畜牧业“八五”重点科研项目。是年，省畜牧局下达“肉用山羊‘两防一改’技术示范”项目，在南江县及省内共五县（市）实施，达到预期目标。至 1994 年，选育特一级羊 4712 只，其中基础母羊 4238 只、公羊 474 只、等级羊 7230 只、纯繁基础母羊 20919 只，品种羊 33546 只，分别完成项目计划的 157%、120%、104.6%、67.1%。

1995 年，“南江黄羊新品种”通过国家级鉴定，2 场 3 区 16 乡纯繁区内南江黄羊品种羊已达 48645 只，基础母羊 22265 只，等级羊 10818 只，特一级羊 4595 只，达到新品种的要求标准。专家组一致认为“南江黄羊是目前国内肉用性能最好的山羊新品种，将填补我国肉用山羊新品种空白，南江黄羊新品种的育成居国内领先水平”。

1998 年 4 月 17 日，农业部批准“南江黄羊”为肉羊新品种，并颁发“畜禽新品种（配套系）证书”。确认四川省南江县畜牧局为培育单位，四川省畜牧兽医研究所、四川省畜禽繁育改良总站、南江县北极种畜场、南江县元顶子牧场、南江黄羊育种科研所、达川地区畜禽品种改良站为参加培育单位。是年 7 月 1 日，省政府在成都举行南江黄羊命名颁证仪式。南江黄羊因生长发育快、适应强、产肉率高、繁殖力强、肉质细嫩等显著特点，深受国内各地的普遍欢迎。2000 年，全市南江黄羊饲养量达 82 万只、出栏 37 万只，并向省内外提供种羊 2.3 万只。

第八篇

扶贫开发

巴中由于受区位劣势、交通瓶颈制约等诸多历史原因束缚，加之，连年都遭受不同程度的旱、涝、风、雹、雪、低温寒潮等自然灾害，境内人民长期处于贫困之中。至1986年，境内四县有贫困人口112.86万人，占总人口296.88万的38.02%。1987年后，大打扶贫攻坚战，实施开发式扶贫和“八七”攻坚扶贫，通过资金、项目加大扶贫投入力度，扶贫成效明显。1995年，地区制发《巴中地区7年扶贫攻坚计划》，提出全地区上下，发扬自力更生、艰苦奋斗精神，打好扶贫攻坚战，以及通江县、南江县被国家列入“秦巴山区世界银行扶贫项目”扶持范围后，加大扶贫资金投入力度。至2000年，全市累计解决温饱人口达80.65万人。在扶贫工作中，主要采取层层落实党政一把手负责制，重点扶持贫困乡、村和特困户，积极向上争取加大资金投入力度，领导联片帮村、部门挂包扶持，大办经济实体，加大社会帮扶力度，加大智力扶贫力度，坚持发展生产与控制超生人口相结合，发展“短、平、快”的产业项目，加大扶贫资金的监督力度等有效措施，扶贫工作取得显著成效。

第一章　贫困状况与扶贫规划

第一节　贫困状况

1979年，境内四县贫困人口所占比例较大，其中南江县共有严重贫困户2618户、9965人。

1986年，境内四县共有贫困户25.62万户、112.86万人。其中人均纯收入120元以下的18.67万人，人均纯收入200元的24.5万人，人均纯收入150元的35.87万人，人均纯收入320元的22.43万人，人均纯收入400元的11.39万人。通江县、南江县被国务院列为全国首批重点扶持的贫困县，巴中县、平昌县被定为全省扶贫开发重点县。1989年12月，省委、省政府批准通江县提前一年跨越温饱线。

1993年底，按照国家扶贫攻坚标准重新摸底核查，全地区有贫困乡132个（其中特困乡54个），人均纯收入不足300元，特困人口近30万人；建卡贫困户25.19万户，贫困人口119.60万人，分别占农户总数的33.8%和农业总人口的40.6%。

1994年6月，国务院重新确定通江县、南江县为国家贫困县，省政府亦重新确定巴中市（县级）、平昌县为省定贫困县。至年底，全地区建卡贫困户有2.038万户、9.394万人基本实现扶贫攻坚目标。

至2000年，全市有1个国定贫困县（通江县）、3个省定贫困县（南江县、平昌县、巴中市巴州区），全市尚未解决温饱的人口15.44万人。

第二节　扶贫规划

从1986年开始，境内四县开展有计划、有组织、大规模的扶贫开发工作。并成立专门机构，安排专项资金，制定扶贫政策，对传统的救济式扶贫进行彻底改革，确定开发式扶贫方针。

从1987年起，通江县编制出《通江县贫困地区2000年经济社会发展规划》，确立通江县脱贫致富“三步走”（1990年前解决大多数农民的温饱，1995年前实现稳定脱贫，2000年前向小康迈进）。同时，提出帮助贫困地区脱贫致富要从改革入手，从发展着眼，改变单纯的救济方式，创新开发方式扶贫，增强“造血”功能。

从1990年起，境内四县扶贫开发工作转入第二步，即由单纯的救济式扶贫转为开发式扶贫的新阶段。并按省上规定的贫困户“五个一”（一人半亩至一亩产稳产农田，一户一亩林果园，一户一年出售一个黄牛单位的商品畜，一户从农田生产中转移一个劳动力，一户学会一至两门适用技术）的标准要求，各区（镇）、乡（镇）规划，狠抓落实，开发脱贫工作逐年稳步推进。

1994年，根据“国家‘八七’扶贫攻坚计划”和“四川省‘七一一八’扶贫攻坚计划”要求，全地区开始实施“八七”攻坚扶贫。四县（市）坚持“狠抓基础、调整结构、开发资源、建设支柱”的发展战略，按照因地制宜、发挥优势、突出效益的原则，采取“统一规划、综合设计、统一评估、一次批准、分年实施、分批解决温饱”的办法，完成贫困村、贫困户1994—2000年扶贫项目一次性规划。通江县制定的《通江县“三七”扶贫攻坚计划》，即从1994年开始，用7年时间集中人力、物力、财力及社会各界力量，基本解决全县30万贫困人口的温饱问题，到2000年确保全县贫困人口按1990不变价计算95%以上人均纯收入达到500元，粮食400公斤和“五个一”标准要求。南江县制定《南江县“三七”扶贫攻坚计划》，从1994—2000年，集中人力、物力、财力，动用社会各界力量，用7年左右时间，基本解决农村30.4万贫困人口的温饱问题和“五个一”标准要求。巴中市（县级）制发《关于实施国家“八七”扶贫攻坚计划的安排意见》。年底，全地区建卡贫困户有20384户、93940人基本实现扶贫攻坚目标。

1995年5月，地委、行署发出《关于印发〈巴中地区7年扶贫攻坚计划〉的通知》，提出动员全地区上下，发扬自力更生、艰苦创业精神，打好扶贫攻坚战，到2000年基本解决全地区19.66万建卡贫困户、90.86万贫困人口的温饱问题。是年8月，为实现“四川省‘七一一八’扶贫攻坚计划”目标，四川省扶贫开发领导小组与巴中地区签订目标责任书，地委、行署与各县（市）签订目标责任书，并明确考核内容和奖惩办法。要求，1999年巴中市（县级）脱贫达标验收，2000年通江县、南江县摆脱国定贫困县达标验收，2000年平昌县摆脱省定贫困县的达标验收。1999年各县（市）扣除五保户和无劳力、长期扶不起来需要救济的救济户外，90%以上的建卡贫困户要达到“五个一、四个一”标准并实现“四个一”的基础条件：人均纯收入（按1990年不变价格计算）500元以上，人均占有粮食400公斤以上；人均有半亩至一亩稳产高产粮田，户均有一亩找钱地或人均有二三十株经济林木的小庭园，户均有一个种养业的多种经营骨干项目，户均有一个劳动力转移出来从事第二、三产业。按此标准，全地区人均达到稳定解决温饱的贫困户数与人口数分年度是：1994年20.4万户（占贫困户的10.4%）、人口9.39万人（占10.3%）；1995年2.66万户（占13.6%）、人口12.27万人（占13.5%）；1996年3.34万户、人口15.40万人，各占17.9%；1997年3.52万户、人口16.27

万人，各占17.9%；1998年3.61万户、人口16.71万人，各占18.4%；1999年3.36万户、人口15.58万人，各占17.1%；2000年1.12万户、人口5.24万人，分别占5.6%和5.8%。95%以上的人畜饮水问题得到解决；所有乡（镇）和95%以上的集贸市场、商品生产基地通公路；95%以上的乡（镇）用上电；所有乡（镇）通电话并建有邮政网络，50%以上的乡（镇）实现程控电话联网。初等教育普及率达到100%、青壮年非文盲率达到95%以上；90%以上青壮年劳动力掌握1～2门实用技术；在改善医疗卫生条件上，防治达标率90%以上；计划生育率达到95%以上，人口自然增长率控制在9.8‰以内。

1997年1月，地委、行署作出《关于迅速解决农村贫困人口温饱问题的决定》，要求巴中市（县级）41个乡的377个贫困村要于1997年，平昌县30个乡的223个贫困村要于1998年，通江县30个乡的237个贫困村和南江县31个乡的242个贫困村要于1999年接受解决温饱的检查验收。

1998年9月，地委、行署发出《关于实施农村特困户温饱工程的通知》，决定用3年左右时间实现农村特困户基本越温脱贫。是月，地区扶贫开发领导小组会议提出以扶贫攻坚统率农村工作，转变观念，加强领导，确保1998年平昌县越温达标和解决全地区7万贫困人口的温饱问题。

2000年，全市抓住西部大开发机遇，发展特色扶贫产业，整体推进文明新村建设，启动移民扶贫工程，并统一规划，分步实施。

第二章　扶贫方式

第一节　资金扶贫

1975年起，境内四县开始抓扶贫工作。1979年起，南江县把扶贫作为救济的重点，国家拨付社会救济费16.46万元，集体筹集资金52.33万元。

1981年，南江县扶贫资金国家拨出9.13万元，集体筹资2.93万元。1983年，南江县扶贫资金采取国家发、群众投、集体筹、银行贷的“四结合”方式，并使用扶贫周转资金扶持贫困户，发放扶贫资金3.46万元。1984年，平昌县发放扶贫款9.38万元。是年9月，为解决革命老根据地和边远山区人民的温饱问题，国家拨给境内四县赊销款以济，其中拨给南江县赊销款1002万元。1985年，平昌县支持扶贫款11.76万元。

1986年，通江县被列为国务院扶贫开发重点扶持县和四川省扶贫开发定点县，并提出由单纯的救济方式，创新开发式扶贫。1987年，通江县投入231万元扶贫贴息贷款，开发实施投资少，见效快的地膜栽培、苎麻、猪、牛、羊、兔等11个项目。“七五”期间，平昌县国家投入各类扶贫资金2320万元，加工扶贫贴息贷款561万元，提供税金325万元、利润1659万元。

1990年起，通江县扶贫开发工作由单纯的救济式扶贫转为开发式扶贫的新阶段。至1993年，通江县开发式扶贫资金总量为6594.1万元，平均每年732.6万元，其中以工代赈资金3385.1万元，扶贫贴息贷款 3209 万元；平昌县共投入扶贫资金 2587 万元，其中中央新增专项贴息贷款 2234 万元（种植业 500.5 万元，养殖业 299.5 万元，加工业 1434 万元），富县项目贷款 333 万元，省财政贴息贷款 20 万元；南江县中央新增扶贫贴息贷款 2562 万元。

1994 年，全地区根据“国家‘八七’扶贫攻坚计划”和“四川省‘七一一八’扶贫攻坚计划”要求，开始实施“八七”攻坚扶贫。是年 8 月，全地区扶贫专项贷款中，省、地共安排 2240 万元，地区调剂数 220 万元，分配各县（市）2020 万元；省、地人民银行下达 500 万元。是年 9 月，地区下达南江县水泥厂联办煤矿煤炭开采 45 万元；下达扶贫专项贴息贷款项目资金中，南江县乐坝废旧物资中转站 80 万元，小河空心生产线 80 万元，宪家湾铁矿 55 万元，水洞乡联办煤矿采煤 45 万元，种养业项目和小城镇建设项目 175 万元。是年 11 月，下达扶贫专项贴息贷款项目资金中，通江县食品公司牛羊肉基地建设 40 万元，铁佛流里河养鱼 30 万元，璧州市场 30 万元，至诚魔芋加工 50 万元。地区批项目 97 万元，通江县电力公司诺江 35 千伏输变电 49 万元，通江县机械厂液压油缸生产线 48 万元；南江县分配指标 780 万元，其中切块到县 610 万元，省留专项贴息 170 万元；巴中市（县级）分配指标 620 万元，切块到市 500 万元，省留专项贴息 120 万元，加上占用地区指标 270 万元，总规模 890 万元；平昌县分配指标 650 万元，其中切块到县 450 万元，省留专项贴息 200 万元；地区下达巴中自来水有限责任公司江北水厂扶贫专项贴息贷款 330 万元。至年底，全地区到位各类扶贫贷款 3570 万元，比巴中地区成立前增长 2.3 倍。

1995 年，通江县、南江县被国家列入“秦巴山区世界银行扶贫项目”扶持范围，计划投入人民币 2.47 亿元，项目覆盖 33 个乡、196 村、43981 户、180490 人。是年 7 月，省下达巴中地区扶贫专项贷款分配指标 3240 万元，贴息 1580 万元，不贴息 1660 万元；通江县 680 万元，南江县 610 万元，巴中市（县级）500 万元，平昌县 450 万元；种植业项目 871 万元，养殖业项目 662 万元，加工业项目 1132 万元。全地区实际到位各类扶贫资金 3670 万元，其中切块资金 2190 万元，省留资金 750 万元，异地开发资金 50 万元，省贴息贷款 580 万元。

1997 年，通江县扶贫贷款中贴息 590 万元，南江县 1830 万元贷款中贴息 540 万元，巴中市（县级）1500 万元贷款中贴息 430 万元（含小额信贷 50 万元），平昌县 1350 万元贷款中贴息 380 万元（含小额信贷 50 万元）。是年 4 月，通江县正式启动“秦巴山区世界银行扶贫项目”先导工程，共 5 个分项 46 个子项目，投资 457 万元，覆盖 5 区 9 乡 24 个村。

1998 年，地区下达新增扶贫资金计划，其中扶贫信贷资金 760 万元，以工代赈资金 630 万元，财政扶贫资金 140 万元。是年，下达省财政扶贫配套资金 300 万元，其中有偿 200 万元，无偿 100 万元；并要求各县按财政扶贫资金管理规定，将资金落实到审定的项目上。全地区争取到位各类扶贫资金 13596 万元，比 1997 年增加 1571 万元。

1999 年，全地区共争取扶贫资金 20164 万元，其中扶贫信贷资金 13980 万元，财政扶贫资金 800 万元，支援不发达地区发展资金 146 万元。全地区世行贷款项目计划投资 3.15 亿元，实际完成投资 2.47 亿元，占年度计划的 78%；累计完成投资 6.48 亿元。年末，对全地区挪用扶贫资金进行全面的清理整顿，清理出 368.22 万元违规资金。

2000 年，全市有计划地组织实施移民扶贫试点工程，全市移民 148 户、596 人，安排资金计划 50 万元，其中通江县 15 万元、南江县 18 万元、巴中市巴州区 7 万元、平昌县 10 万元。同时，积极争取扶贫投入，全市各类扶贫资金总量达 21287 万元，其中扶贫信贷资金 12580 万元，财政扶贫资金 3194 万元，以工代赈资金 3308 万元，支援不发达地区发展资金 166 万元，世行贷款资金 2039 万元。

第二节　项目扶贫

一、种植养殖扶贫

“七五”期间到1993年，主要扶贫项目安排在种植业、养殖业、加工业方面。“八五”期间，全地区实施各类扶贫开发项目113个，其中种养业项目78个，加工业及基础设施建设项目35个。主要有银耳交易建设项目、野生食品保鲜项目、银耳脱水加工项目、陈河森林经营所项目、系列蘑菇生产项目、优质水果种植项目、巴西陆稻种植项目等。

1994年，全地区实施各类扶贫开发项目113个，其中种养业项目78个，加工及基础设施建设项目35个。1997年，通江县被列为“全省引智扶贫示范县”，将苗南办事处、城东办事处、陈河乡的20户农户列为引智扶贫示范户，在示范户中，分别引进推广国外先进成熟的小麦、高密度网厢养鱼、马铃薯、农户储粮、蔬菜、饲料、黑核桃、山羊等新品种、新技术。1998年，全地区实施种养、林果业等扶贫项目300多个，覆盖1079个贫困村。

1999年，全地区共发展种、养、林果业项目107个，其中种植业67个，养殖业25个，林果业15个。通江县在秦巴山区世界银行扶贫项目区内大力实施劳务输出、人畜饮水、种养及林果业项目，完成投资2687万元，提款报账回补资金1245.8万元，落实配套资金1252万元，实施项目46个。平昌县安排切块信贷贫困资金176万元，发展种养业项目25个，林果业项目4个，安排到户资金137.5万元，分配到45个乡、78个村、844户。

2000年，全市按照“建特色产业化基础，创山区致富典型”的总体目标，结合实施生物工程，集中力量培植骨干优势产业，实施产业化扶贫。全市共投入产业化项目扶贫资金3000多万元，重点扶持以南江黄羊为主的畜牧业、以金银花为主的中药材深度开发、以通江银耳为主的食用菌系列、以高粱为主的酿酒原料、以芦笋为主的食品饮料系列开发等产业。南江县建成南江黄羊、无公害银花和优质核桃基地1个，平昌县建酿酒原料高粱基地0.33万公顷，巴中市巴州区种植芦笋0.1万公顷，通江县发展椴木银耳227万瓶。

二、以工代赈扶贫

1984年开始，国家实施以支持贫困地区基础设施建设为主要内容的以工代赈工程，重点实施县乡公路、农田改土、人畜饮水等基础设施建设项目。1985年，通江县投入以工代赈资金965万元。1989年，平昌县投入以工代赈项目资金25万元，群众集资80万元，修建人畜饮水蓄水池87口。1986—1989年，通江县累计投入以工代赈资金1007.1万元。1987—1989年，平昌县投入以工代赈项目资金45万元，群众集资287万元，完成各类水利工程10667处。

1990年，平昌县投入以工代赈项目资金45万元，群众集资180万元，投工4.8万个，修建人畜饮水工程26处，解决4万人、2.4万头牲畜的饮水困难。1990—1992年，平昌县投入扶贫资金640万元，其中以工代赈项目资金西南部低山深丘粮经养殖安排3个区20个乡集中成片改造田2933.3公顷，实施三叉河流域坡改梯803.3公顷，植树造林5533公顷，建水保工程137处。1990—1993年，通江县累计投入以工代赈资金1530万元。

1994年，围绕地委、行署制定的经济发展战略，制定择优、择急、择重选择项目，相对集中资金、物资保重点的以工代赈管理办法，因地制宜，重点安排交通、基本农田、人畜饮水建设项目。1991—1995年，南江县使用以工代赈资金（物资折资）2557.21万元，用于交通、水利、农业、畜牧、林业等项目。其中交通543.72万元，水利975.25万元，农业946.37万元，畜牧40万元，林业51.87万元。

1996年，全地区实施以工代赈，完成新改建唐（家寺）巴（中）公路巴中至南部、达（川）通（江）公路、二南（南江县至陕西省南郑县）公路等交通建设，改造中低产田项目等基本农田建设。1986—1996年，境内四县（市）共争取以工代赈资金2.67亿元。

1999年，全地区争取以工代赈资金2680万元，其中通江县835万元，南江县905万元，巴中市（县级）485万元，平昌县455万元。主要用于人畜饮水、小型水利、水土保持、农机、农业、林业、畜牧、交通、小水电、农村通讯等项目。

2000年，全市以工代赈项目本着上下结合、条块结合的原则，突出文明新村建设、通村公路、改田改土、人畜饮水等重点项目，全市新建和改建通村公路840公里，建人畜饮水工程4.8处，铺设供水管道97公里，解决缺水户1.2万户、3.7万人的饮水困难，整治病害塘库25处，建微型水利工程760处，新增有效灌面0.15万公顷，恢复和改善灌面0.25万公顷，改造中低产田土0.21万公顷，治理水土流失面积26平方公里。

三、部门挂包扶贫

20世纪80年代，在实施开发式扶贫中，境内各县切实开展部门挂包（定点）扶贫。1986年，平昌县26个部（局）帮扶24个贫困乡，下派驻乡帮扶干部84人。1987年，南江县确定49个县级单位定点扶贫46个乡，下派9名干部到区任副区长，73名干部到乡任副乡长。1988年，通江县落实干部扶贫责任制，实行县级领导干部分工负责，定点挂钩，分片包干，落实贫困户承包人32717人，共抓扶贫基点216个，派出驻点干部500多人。至1989年，通江县派出46名科技干部到区、乡担任科技副区长、副乡长，组织500名科技干部参加77个科技项目的承包，同时实施智力开发，举办各种科技培班，培训贫困户14.5万人次。是年，平昌县26个县级部门承包31个贫困乡，派驻乡帮扶干部69人。

1990年，平昌县实行县级部门包乡扶贫责任制，按照“点上不脱贫、部门不脱钩”的原则，建立完善帮扶机制。是年，通江县不断完善县、区、乡领导干部分片联系包项目制度并纳入任期目标管理，落实县、区、乡级单位抓扶贫联系点一定五年不变，不脱贫，不脱钩。继续实行机关干部、党员联系2~3户贫困户，以农业生产合作社为单位对贫困户“双包”，加强扶贫资金和物资的使用管理。通江县委机关选派25名干部到扶贫村分别兼任支部副书记或村委会副主任。1998—1992年，达县地区有8个地级机关帮扶平昌县6个特困乡。

1993年，巴中地区有12个地级机关帮扶平昌县12个特困乡，先后为特困乡争取扶贫资金12万元，借调周转资金1.3万元。

1995年，地区组织实施地级部门对口扶持特困乡村的工作。全地区16个地级部门挂包5个特困乡、21个村，共派出机关干部78人（次）深入乡村驻点扶贫，注入扶贫资金、以工代赈和其他资金40万元，实施项目18个。21名地级领导分别联系21个贫困村，地级部门领导联系30个贫困村，地级部门联系62个贫困村、联系小城镇50个。全地区317个县（市）级单位派出2100多人（次）深入贫困乡村驻点扶贫。

1996 年，通江县广泛开展对口帮扶，县委、人大、政府机关各抓一个扶贫样板点，副县级以上领导干部各抓一个扶贫联系点，副局长以上领导干部每人联系一个贫困村，乡、村、社干部、党员结“穷亲”包户扶贫。1997 年 1 月，地委在通江县空山乡召开扶贫攻坚现场会后，从地、县(市)、乡镇选派 2158 名脱产干部进驻 1079 个贫困村扶贫攻坚。通江县确定农业局、林业局、水电局、畜牧局、民政局、交通局、农发行、开发办等 8 个部门对空山乡进行包村定项目扶贫，并从党政机关事业单位中抽调 20 人进入空山乡决战贫困。至 1998 年，空山乡扶贫攻坚战取得首战胜利，建 14.5 公里的标准引水渠，解决 3 个村 2600 人的饮水困难，新修场镇三级标美路 2 公里，村道公路 5 公里，投资 40 万元解决照明，开通乡镇光纤程控，为 49 户窝棚户、岩洞户解决住房，新修微水池 256 口，改井 273 口，栽植干果、“三木”药材经济林 53.33 余公顷。是年 8 月，南江县确定 49 个县级部门、36 名县级领导、262 名部门领导、48 名区级领导，帮扶 41 个贫困乡、242 个贫困村。

1999 年 4 月，全省第十四次扶贫开发工作会议在巴中召开后，全地区加大部门帮扶工作力度。通江县组派 34 个扶贫攻坚工作队共 310 余人，分赴 34 个贫困乡（镇），与村社干部同吃同住，督导各项扶贫工作的落实。1995—1999 年，通江县先后争取国家工商总行、省直工委、省计生委、省国土局、西南石油地质局等上级部门的对口扶持，扶贫资金投入 1.4 亿元；秦巴扶贫世行贷款投入 1.08 亿元，覆盖 9 个特困乡、80 个村、9.2 万贫困人口。

2000 年，全市部门帮扶与新村建设相结合，以池园经济为特色，“五改三建”（改水、改路、改灶、改厕、改善居住环境，建池、建园、建家）为重点，以改善贫困农民生产、生活条件和稳定增加收入为目标，科学规划，整体推进文明新村建设。全市共投入文明新村建设资金 9600 万元，新建成文明新村 395 个。同时，组织实施移民扶贫试点工程，全市完成搬迁贫困户 195 户，建移民街 9 条、移民点 12 个。

第三章　扶贫成效

第一节　扶贫措施

1986—1993 年，境内四县扶贫措施主要采取，加强领导，强化中心意识，把解决农民温饱作为各级党政的中心工作来抓。从上至下建立健全扶贫开发组织机构，县成立领导小组办公室，区、乡确定分管领导并抽调专人办公。同时层层签订目标责任书，采取包扶对象、登记建卡、实行面对面指导。层层承包，落实责任。平昌县在摸清贫困家底、明确重点、弄清扶贫对象之后，落实 26 个县级部门承包 31 个贫困乡，常年派驻工作队 100 人以上；通江县、巴中县、南江县各县级部门实行对口承包、专人承包、奖惩挂钩。大办经济实体，帮扶特困户务工。抓重点攻薄弱，促进平衡发展。从农业结构上重抓种养业、加工业，突出“短、平、快”项目，从产业结构上重抓县域龙头产业。1988年，平昌县蜜饯厂生产蜜饯63.4万公斤，实现营业总产值462万元，上缴税金21.3万元，利润19.9万元，产品畅销全国13个省、市，获国家、部级多种奖励。上级帮扶，及时指导。省军区、省经贸委及地级部门实行挂包帮扶，解决科技、信息、资金、物资等方面的问题，同时为兴办教育、交通、劳务输出、产品出口创汇等提供优惠条件。

1994年5月，地委、行署向中央办公厅、国务院办公厅、国务院扶贫开发办公室请求将巴中地区三县一市列为国家机关定点扶贫对象。是年6月，通江县、南江县被列为国定贫困县，巴中市（县级）、平昌县被列为省定贫困县。是年11月，通江县、南江县被中国工商银行总行定为定点扶贫县。1995年，地委、行署决定，进一步加快全地区小城镇建设步伐，地级各部门对口扶持一个小城镇。

从1997年起，全地区强化工作措施，加大扶贫攻坚力度。层层落实党政“一把手”负责制，加大扶贫攻坚领导力度；重点扶持贫困乡村和贫困户；充分利用劳动力资源，积极向上争取，加大资金投入力度；领导联县（市）帮村，下派干部，加大帮村扶户力度；动员全地区干部发扬“排难创新”的红军精神，加大农户“五个一”建设力度；广泛动员，加大社会扶贫力度；思想教育与技术培训相结合，加大智力扶贫力度；发展生产与控制超生人口相结合；充分利用报纸、广播、电视、专题培训等多种方式，加大舆论宣传；按照标准定期检查强化责任，及时补救，加大资金监督力度。

1999年5月，巴中地区扶贫开发领导小组强调，进一步丰富发展巴中经验，加快越温脱贫步伐。以抓池园经济为特色的文明新村建设，以“五改三建”为基础，井、池、园、机配套，种、养、加、运结合全面推进农村经济的发展；以农民增收为重点的农村工作，大力发展畜牧业，突出发展南江黄羊，大力发展小家禽、水产，积极发展商品牛，稳定发展生猪，实现农村年均畜牧业增收40元以上。

2000年，对全市农村贫困残疾人从事种植业、养殖业、手工业和家庭副业实行扶贫攻坚。采取对农村残疾人直接小额信贷；发挥扶贫实体、基地的作用，辐射到户，带动到户；机关、单位、城乡组织及党员、干部和各界人士“帮、包、带、扶”到户；优惠政策落实到户、科技推广到户、技术培训到户、生产服务到户；城乡落实最低生活保障制度，农村落实“五保”供养（在吃、穿、住、医、葬方面给予村民的生活照顾和物质帮助）制度，广泛开展社会互助等方式扶贫。

第二节　扶贫效益

1986年后，境内四县在国家的扶持下，通过广大干部群众艰苦努力，兴修公路827公里，改建电网1.76万千瓦，扶持种植业项目64个，养殖业项目19个，加工业和富县企业项目165个。按照“七五”温饱标准（人均纯收入200元、人均占有粮食300公斤），经省委、省政府检查验收，巴中县、平昌县于1988年，通江县、南江县于1989年越过温饱线。到1993年，帮助贫困户实现“四个一”基础条件的有5.41万户、28.59万人。

据1993年底统计，全地区有建卡贫困户19.66万户、贫困人口90.86万人；有地方病11种、16.87万人；有4个乡、42.1%的村不通公路；有21.0%的村和44.0%的农户未通电；65.60万人、56.71万头牲畜饮水困难；87.5%的水土流失面积亟须治理。全地区国民经济和社会发展18项主要指标综合指数（按国际发展中国家经济发展动态测算），比全省平均人均慢7.8年，比全国平均水平慢13.9年，人均工业总产值和人均财政收入慢于全国40年。鉴此，地委、行署制定全地区扶贫攻坚步骤：两年打基础，四年上台阶，五六年达到稳定解决温饱的基本条件。即：1994—1995年为打基础阶段，突出产业结构调整、“四个一”建设和基础设施改善；1996—1997年上台阶为阶段，狠抓“四个一”完善，文化和卫生状况明显改观。

1995年，按照“九五”新标准（人均收入500元，人均占有粮食400公斤），并实现“四个一”条件，全地区贫困户减少到15.22万户，贫困人口减少到70.15万人，有2万余名残疾人通过扶贫解决温饱。全地区农村还有10万贫困残疾人，其中8万人不能参加生产劳动，可通过扶贫开发解决温饱的有2万人，尚不能参加生产劳动的残疾人可实行社会保障解决温饱。

1998年，省委、省政府检查验收，巴中市（县级）、平昌县越过温饱线。是年10月，国务院扶贫开发办公室主任高鸿宾深入巴中地区实地考察扶贫工作，对巴中地区扶贫工作给予高度评价，指出巴中地区是“艰苦的条件，创造性的工作，一流的水平”，“巴中经验”是“池园经济加劳务积累”的“扶贫经验”，巴中地区完全有资格成为“全国扶贫攻坚的一面旗帜”。

1999年，按照省扶贫开发领导小组《关于贫困县扶贫攻坚解决温饱检查验收办法的通知》所确定的标准，通江县、南江县相继越温达标。至此，全地区实现整体基本解决农村贫困人口温饱问题的阶段性目标。全地区有14.35万人基本达到地委、行署确定的温饱线。

2000年，全市贯彻落实党的扶贫政策，继续坚持扶贫到村到户，全市贫困农民人均纯收入达965元，人均占有粮食343公斤。越温成果得到进一步巩固提高，贫困人口下降到15.4万人。截至年底，全市累计解决温饱人口80.65万人，其中2000年解决6.24万人。

1993—2000年巴中扶贫开发基本情况

表8—1 单位：万元、万人

年度		县（市、区）名	扶贫资金投入							解决温饱					备注
			合计	信贷资金	财政资金	以工代赈	开发资金	一般信贷	世行资金	贫困乡	贫困村	当年解决温饱人口	累计解决温饱人口	尚未解决温饱人口	
1993年		合计	—	—	—	—	—	—	—	146	1079	—	—	90.86	
	其中	通江县	—	—	—	—	—	—	—	34	237	—	—	30.49	
		南江县	—	—	—	—	—	—	—	31	242	—	—	25.84	
		巴中市(县级)	—	—	—	—	—	—	—	41	377	—	—	10.28	
		平昌县	—	—	—	—	—	—	—	40	223	—	—	24.25	
1994年		合计	6202	3360	276	2566	—	—	—	—	—	9.90	9.90	80.96	
	其中	通江县	1477.50	780	16.50	681	—	—	—	—	—	3.10	3.10	27.39	
		南江县	1488.50	780	46.50	662	—	—	—	—	—	2.80	2.80	23.04	
		巴中市(县级)	2061	1150	42	869	—	—	—	—	—	1.40	1.40	8.88	
		平昌县	1046	650	42	354	—	—	—	—	—	2.60	2.60	21.65	
		地级	129	—	129	—	—	—	—	—	—	—	—	—	

续表8—1

年度		县（市、区）名	扶贫资金投入 合计	信贷资金	财政资金	以工代赈	开发资金	一般信贷	世行资金	解决温饱 贫困乡	贫困村	当年解决温饱人口	累计解决温饱人口	尚未解决温饱人口	备注
1995年		合计	7053	3030	622	2821	—	580	—	—	—	10.80	20.70	70.16	
	其中	通江县	1654.50	830	31.50	793	—	—	—	—	—	3.30	6.40	24.09	
		南江县	1674	860	39	775	—	—	—	—	—	2.60	5.40	20.44	
		巴中市（县级）	1595	530	46	719	—	300	—	—	—	2	3.40	6.88	
		平昌县	1717.50	780	123.50	534	—	280	—	—	—	2.90	5.50	18.75	
		地级	412	30	382	—	—	—	—	—	—	—	—	—	
1996年		合计	6487	3470	287	2130	—	600	—	—	—	11.10	31.8	59.06	
	其中	通江县	2271.50	1120	26.50	1125	—	—	—	—	—	2.90	9.30	21.19	
		南江县	2013	1070	28	915	—	—	—	—	—	2.10	7.50	18.34	
		巴中市（县级）	1043.50	620	53.50	70	—	300	—	—	—	4	7.40	2.88	
		平昌县	1044	660	64	20	—	300	—	—	—	2.10	7.60	16.65	
		地级	115	—	115	—	—	—	—	—	—	—	—	—	
1997年		合计	12025	7785	1580	2060		600	—	—	—	17.10	48.90	41.96	
	其中	通江县	3439	2180	459	800	—	—	—	—	—	4.30	13.60	16.89	
		南江县	3518	2280	438	800	—	—	—	—	—	3.90	11.40	14.44	
		巴中市（县级）	2543	1720	249	274	—	300	—	—	—	2.50	9.90	0.38	
		平昌县	2525	16.50	434	186	—	300	—	—	—	6.40	14	10.25	
		地级	—	—	—	—	—	—	—	—	—	—	—	—	
1998年		合计	14542	8930	1386	2680	—	700	846	—	—	11.10	60	35.38	
	其中	通江县	4577	2830	366	946	—	—	435	—	—	2.58	16.18	14.60	当年返贫1万人
		南江县	4465	2775	370	909	—	—	411	—	—	1.12	12.52	13.33	
		巴中市（县级）	2683	1665	309	359	—	350	—	—	—	0.20	10.10	2.12	当年返贫2.1万人
		平昌县	2439	1310	313	466		350	—	—	—	7.20	21.20	5.33	当年返贫2.1万人
		地级	378	350	28	—	—	—	—	—	—	—	—	—	
1999年		合计	21615	13980	2090	3148	146	800	1451	—	—	14.35	74.35	21.68	
	其中	通江县	7202	4339	750	853	22	200	1038	—	413	6.39	22.57	8.47	当年返贫0.26万人
		南江县	6981	4389	710	1135	34	300	—	—	—	5.93	18.45	7.57	当所返贫0.17万人
		巴中市（县级）	4007	2887	305	685	30	100	—	—	—	0.58	10.68	1.64	当年返贫0.10万人
		平昌县	3417	2365	317	475	60	200	—	—	—	1.45	22.65	4	当年返贫0.11万人
		地级	8	—	8	—	—	—	—	—	—	—	—	—	

续表8—1

年度	县（市、区）名		扶贫资金投入 合计	信贷资金	财政资金	以工代赈	开发资金	一般信贷	世行资金	解决温饱 贫困乡	贫困村	当年解决温饱人口	累计解决温饱人口	尚未解决温饱人口	备注
2000年	全市		22287	12580	3194	3308	166	1000	2039	—	—	6.24	80.65	15.44	
	其中	通江县	6761	3510	1032	747	35	300	1137	—	—	2.44	25.01	6.03	当年返贫1.30万人
		南江县	6657.50	3500	1028.50	890	37	300	902	—	—	2.18	20.55	5.39	当年返贫1.40万人
		巴中市巴州区	4454	2790	501	912	51	200	—	—	—	0.47	11.15	1.17	当年返贫2.40万人
		平昌县	3989.50	2380	607.50	759	43	200	—	—	—	1.15	23.80	2.84	当年返贫2.70万人
		市级	425	400	25	—	—	—	—	—	—	—	—	—	

第九篇

工 业

巴中自然资源丰富，由于交通、技术、人才、财力、物力等诸多历史原因，其资源开发利用差，工业发展缓慢。清末民初，境内仅有几十家手工业作坊及矿产采炼业。川陕省苏维埃时期，红四方面军在境内始办企业326家，主要门类有兵工厂、造币厂、造船厂、纺织厂、被服厂、印染厂、斗笠厂等20多个。民国后期，境内有私营工业厂家（作坊）653户，主营炼铁、铸造、采煤、制纸、纺织、印刷、酿酒、轧花、制陶、漂染、挂面、推粉、竹器加工等20多个门类。

1953年，逐步开办手工业生产合作社。1954年起，积极发展集体企业，开始兴办国营企业。1958年，境内国营企业猛增。1962年，在贯彻中央“调整、巩固、充实、提高”的国民经济调整中，进行关、停、并、转，开始压缩工业企业。到1965年，境内四县全部工业企业由1958年的1136户减少到456户。

1966—1969年，境内多数企业停产，工业生产总值回落到1955年的水平。1970年后，积极响应中央发展工业方针，陆续兴办水泥厂、缫丝厂、农机厂、罐头厂、齿轮厂、制药厂、栲胶厂、炸药厂、酿酒厂等中型企业，其他小型企业门类也相应增多。

1979—1993年间，通过不断改造和发展，食品、冶金、建材、丝绸、棉织等成为骨干行业。

1994年，地委、行署针对全地区工业基础脆弱，不少企业的生产经营面临严重困难的实际，提出“快上工业”的决定，明确“市场导向、全面开放、集约经营、滚动发展”的指导方针，全地区乡及乡以上工业企业1020个。

1998年，各级加大工业改革力度，狠抓结构调整和资产重组，跨地区、跨部门、跨所有制企业兼并、联合有较大突破，一批影响全地区工业大局的重点企业生产经营状况逐步好转。

2000年，因部分企业停产、破产及资产重组等原因，有限额以上工业企业72个，从业人员19018人；全地区限额以下非国有及全部个体工业企业24039个；全部附营工业活动单位314个。

第一章　所有制结构

第一节　国有企业

川陕省苏维埃时期，红四方面军在境内兴办兵工厂、被服厂、斗笠厂、织布厂、绑腿厂、皮件厂、铁厂、锅厂、焦煤厂、盐井、纸厂、碗厂、糖厂、酒厂、粉坊、铧厂、脚码子厂、造币厂等326家，均为国营企业。

1953年，境内有国营企业19家，工业产值139.8万元。1954年后，通过公私合营及新办厂矿。1958年，通江县、南江县“大办钢铁”，加之工业由集体向全民过度，境内国营企业增至592个，工业产值3144万元。

1959—1961年，在国民经济调整中，进行关、停、并、转，使国营企业保留较少。到1965年，境内仅有国营企业48家，工业产值2224万元。

从1966年起，“文化大革命”期间，原辅材料缺乏，多数企业处于停产、半停产状态。至1976

年，逐步恢复正常。至1978年，境内有国营企业127家，工业产值8148万元。

1981年后，对企业进行调整，电力、食品工业发展较快，纺织、缝纫、机械、酿造、缫丝等行业也有较大发展。至1985年，即“六五”计划末期，境内127个国营企业，实现工业产值达3.67亿元。其中独立核算单位93个，实现利税总额2848万元（利润1682万元）。

1988年，境内有国营企业163个，比1987年增长3.8%；实现工业总产值5.39亿元，同比增长12.22%。其中独立核算企业104个，比1985年增长8.3%；实现工业总产值4.46亿元，比1987年增长16.7%；产品销售收入3.65亿元，比1987年增长36%；实现利税4453万元（利润2968万元），比1987年增长66.84%。

1993年，全地区有国有企业188家，从业人员4.19万人，从业人员比1990年增长10.85%；实现工业总产值4.99亿元，同比减少0.9%。独立核算国有企业113家，从业人员2.52万人；工业总产值、工业增加值、产品销售收入，分别比1990年增长9%、增长1.19倍和增长29.43%；上缴税金2288万元、实现利润-1019万元，分别比1990年减少7.2%和增亏984万元。

1995年，全地区大抓企业改制及帮助企业调度资金，企业逐步恢复生机。全地区组建有限公司18户，3户企业实行国有民营，55户国有小型企业和集体企业进行股份制改造；对14户重点企业进行资金扶持，使企业恢复性发展。是年，全地区有国有企业210家，从业人员4.11万人，同比增长28%和17.77%；实现工业总产值5.31亿元，同比增长12.26%。独立核算国有工业增加到131个，从业人员3.12万人，同比增长19.1%和33.3%。由于各种历史原因，亏损企业增加到63户，亏损额达7635万元，分别增长16.7%和81.74%。

1997年，全地区拥有国有工业企业（含国有控股）200家，年实现工业总产值4.55亿元。其中独立核算工业企业115家，资产12.4亿元，从业人员2.43万人，年销售收入、工业总产值、社会贡献总额分别达到5.91亿元、6.37亿元和0.6亿元。国有工业主要分布于食品、饮料、纺织、冶金、煤炭、机械、建材、电力、化工等行业，主要产品有粮油、饮料酒、生丝、丝织品、原煤、铁矿石、轴承、齿轮、水泥、发电、供电、磷肥等。国有企业在全地区工业中占有主要份额，其资产和工业总产值占全地区乡及乡以上工业的68%和50%。有27户国有企业年销售收入逾500万元，占全地区逾100万元的工业企业的60%。年销售收入逾1000万元的有平昌江口醇酒厂、巴中市（县级）肉联厂、巴中市（县级）棉纺厂、巴中市（县级）电力公司、通江县肉联厂、南江县冶金矿山集团有限公司、巴中市（县级）丝绸厂、平昌县江阳丝厂、巴中市（县级）龙头面业有限公司、南江县电力公司、南江县油脂公司、平昌县电力公司、南江县水泥集团公司、通江县电力公司、南江县国有林场、南江县磷肥厂等16个单位。平昌江口醇酒厂销售收入达6098万元。

1998年后，国家实行抓大放小政策，重点抓年销售收入500万元以上的企业（称“限额以上企业”）。到2000年，全市限额以上国有企业44个，从业人员12340人，工业总产值2.4亿元，产品销售收入4.11亿元，实现利润378万元（应缴所得税84.4万元），首次实现巴中建地设市以来的扭亏为盈；15个亏损企业亏损371万元，利税总额3978万元。有附营国有企业99个，工业总产值1.3亿元，产品销售值1.24亿元。在限额以下企业中，有国有控股企业60个（亏损18个），从业人员17281人；工业总产值6.11亿元（新产品产值458万元）；工业增加值2.11亿元；实现利税总额5330万元。

第二节　集体工业

民国时期，境内无乡及乡以上集体企业。1952 年后，逐步开办手工业生产合作社。1954 年春，对农村手工业和资本主义工商业进行社会主义改造后，集体所有制企业始有较快发展。1958 年，境内各县成立工业局，将县、区属手工业转为地方国营企业，公社手工业社转为社办企业。时有社队以上集体企业 679 个、从业人员 5640 人，实现工业产值 1751 万元。

1962 年，对国民经济进行调整，将原过度为国营的手工业企业一律恢复为集体性质，对下放到人民公社的企业一律恢复为独立核算企业。至 1965 年，境内有集体工业企业 408 家，从业人员 3238 人，工业总产值 1651 万元。

1978 年，境内四县将二轻局县以下的企业划归社队企业，境内有集体企业（含下放的社队企业）1405 个，从业人员 5758 人，工业总产值 8221 万元。

1981 年后，二轻集体企业有所发展，食品、电力、纺织、机械、建筑建材、酿造、印刷等 12 个门类发展速度较快。至 1985 年，境内拥有集体工业 1100 个，从业人员 6062 人；工业总产值 1.57 亿元，是 1965 年的 9.5 倍。

1990 年，境内有集体工业 1033 个，从业人员 8.73 万人；实现工业总产值 1.91 亿元，比 1985 年增长 21.66%。乡及乡以上独立核算的集体工业总产值为 1.59 亿元，工业增加值 2558 万元，销售收入 1.32 亿元，实现利税 1054 万元。

1993 年统计，全地区集体工业发展到 1507 家，从业人员增至 12.11 万人；实现工业总产值 2.78 亿元，比 1990 年增长 45.55%。乡及乡以上独立核算的集体工业总产值为 1.81 亿元，工业增加值 0.61 亿元，分别比 1990 年增长 13.84% 和增长 1.38 倍；产品销售收入 1.52 亿元，利税 274 万元，分别比 1990 年增长 15.2% 和减少 74%。

1995 年，全地区集体企业减少到 1166 个，从业人员减少到 10.51 万人，工业总产值 3.46 亿元（乡办工业 1.92 亿元），同比增长 1.17%（乡办工业减少 22.3%）。乡及乡以上独立核算集体企业 182 个，从业人员 1.65 万人，同比减少 1 个和增长 10.74%；工业总产值 1.86 亿元，工业增加值 3089 万元，产品销售收入 1.99 亿元，同比持平 44.63% 和减少 24.33%；实现利润 -3399 万元、税金 1233 万元，同比增亏 2658 万元和增长 12.49%。350 户村办企业中，从事煤炭采选业的 19 户、非金属矿采选业 10 户、其他矿采选业 2 户，食品饮料加工制造业 160 户，纺织服装业 33 户，木竹藤棕制品业 23 户，化学原料及化学制品业 3 户，非金属矿物制品业 43 户，金属制品业 15 户，机械设备制造业 4 户，其他制造业 5 户，电力自来水生产供应业 33 户；工业总产值 2710 万元，年缴税金 100.5 万元，自有资金 473.4 万元。

1997 年，全地区拥有集体企业（含乡村工业）1113 家，资产达 4.59 亿元，从业人员 1.25 万人，销售收入、社会贡献总额分别达到 2.45 亿元和 0.11 亿元。主要分布于纺织、食品、农用肥料化工等行业。年销售收入逾 500 万元的企业有 12 家。其中逾 1000 万元的有巴中市（县级）复合肥厂、平昌县丝绸厂、南江县乐坝水泥厂、平昌县双江丝厂等 4 户企业。全地区有村办工业 425 个，工业门类 18 个；从业人员 2618 人；实现工业总产值 6120 万元，产品销售收入 5170 万元，实现利润 180 万元。

到 2000 年，全市限额以上集体企业由 1998 年的 8 家减少到 4 家（亏损 1 家），从业人员 592 人；实现工业总产值 2320 万元，销售产值 2941 万元（出口交货值 610 万元），工业增加值 469 万元，产品销售收入 2870 万元，实现利润 29.5 万元，亏损企业亏损 3.8 万元。有附营集体工业 201 个，工业总产值5533万元。有限额以下集体工业企业138个，从业人员5180人，工业总产值9765万元，上缴税金352万元，自有资金3027万元。

第三节　私营·个体企业

民国中后期，境内有私营工业厂家（作坊）653户，主营炼铁、铸造、采煤、制纸、纺织、印刷、石墨、漂染、打铁、制糖、酿酒、酿醋、挂面、推粉及竹木器加工等20多个行业。据1949年不完全统计，境内城镇合作及个体工业总产值851万余元，其中轻工业824万元，重工业27万元。

1958年后，私营企业转入社队集体企业，境内农村无私营企业。1978年后，国家实行“开放搞活”政策，逐步恢复私营企业，主要从事米面加工、饲料粉碎、缝纫、酿造、烧砖、烧瓦、制陶、舀纸及木竹、石器加工，实现工业产值2869万元。到1985年，境内村及村以下工业企业实现工业总产值6733万元，城镇合作及个体工业实现产值63万元。

1986年，通江县城乡个体工商户发展到4920户，从业人员5039人，其中城镇906户，从业人员920人；农村4014户，从业人员4119人。1986—1989年，境内村及村以下工业实现工业总产值4.95亿元，每年递增31.25%。1989年，城镇合作及个体工业实现产值273万元。

1990年，境内私营、个体企业发展到22723个，从业人员增到2.82万人。其生产行业除原有的手工业外，逐步发展运输、建筑、建材、化工、丝绸、采煤、发电、食品、铸造等行业，且基本实现机械化。据1993年统计，全地区村及村以下工业企业年产原煤0.34万吨、石灰2.8万吨、工业用原木2.2万立方米，加工大米、小麦粉、挂面、菜籽油、桐油、豆制品、淀粉、粉丝、白酒、软饮料、精制茶等4616吨，加工服装195万件、皮鞋1.6万双、家具239万件、水泥砖100万块、水泥预制构件4万立方米、泥砖2.86亿块、瓦6901万片、卫生陶瓷2.2万件、手工工具2.2万把、菜刀2.4万把、剪刀0.7万把、中小农具435万件、发电410万千瓦时。全地区有城乡私营（联营）企业及个体企业25520个，从业人员55242人，实现工业总产值3.67亿元。

1995年，据第三次工业普查，全地区实有合作经营、私营、个体工业企业21481户，同比减少13.3%；从业人员42662人，减少21.7%。全年共实现工业总产值6.33亿元，同比减少6.2%。

1996年以后，地委、行署把发展民营（私营）企业作为振兴经济的重要措施。至1997年，全地区民营工业企业恢复发展到2.44万家，比1995年增长13.58%；从业人员5.29万人，同比增长1.46倍；销售收入和工业总产值分别达到16亿元和15.16亿元。上缴税金1171万元，同比增长39.24%；自有资金9458万元，增长16.71%。民营企业主要分布于粮油食品加工、建材、服装、家具等行业。民营工业占全地区工业比重由1993年的31%增加到52%；工业增长速度快于全地区工业平均增长速度，工业总产值由1993年的3.67亿元增加到15.16亿元，增长11.49亿元。

到2000年，全市有个体、私营企业2.39万个，其中私营企业626个，联营企业3个，个体企业2.32万个、其他企业32个；从业人员6.3万人，其中私营5913人、联营61人、个体5.54万人、其他1548人；工业总产值17.48亿元，其中私营3.22亿元、联营152万元、个体1357亿元、其他6874万元；产品销售16.45亿元，上缴税金2829万元；自有资金1.72亿元。

第四节　其他企业

1995 年，巴中地区首次建“三资”企业 1 户，从事人造板制造业。累计投资 49.1 万元，当年实现工业总产值 22 万元，产品销售收入 19.5 万元，利润 -5.2 万元，缴税 1.9 万元。

到 1999 年，全地区有其他经济类型工业企业 40 家，其中股份合作企业 19 家、有限责任公司 14 家、股份有限公司 6 家、港澳台商独资企业 1 家，从业人员 6866 人。全年实现工业总产值 2.47 亿元，产品销售收入 2.11 亿元，上缴税金 1437 万元；自有资金 1.19 亿元。

2000 年，全市有其他企业 38 家，其中股份合作企业 9 家、有限责任公司 21 家、股份有限公司 6 家、外商独资企业 2 家；从业人员 6242 人。工业总产值 2.31 亿元，产品销售收入 2.17 亿元；上缴税金 1465 万元，自有资金 1.28 亿元（港澳台商 211 万元）。

第二章　工业门类

第一节　非金属采掘

一、煤炭

境内煤炭资源以南江县最为丰富，其次是通江县。清道光元年（1821 年），通江县钢溪河、朱元庙，南江县水马门等地的采煤业逐渐兴起。至民国时期，南江县发展到 4 家，通江县先后在南垭土地、岩口子、张耳岩、罗村、板凳岩、对台石等地办煤厂 7 家，有煤井 40 余口。由于靠人力开挖，条件差、产量低，销量亦少。

1950 年，通江县罗村、毛坪子煤厂开始复产，年产原煤 1700 多吨。1952 年，南江县底板河煤矿（称国营煤矿）建立，年产煤 315 吨。是年，南江县在水洞乡开办煤厂。1953 年，巴中县在旺苍县金溪乡开办煤厂。1955 年，通江县曾家湾、河口溪、刘家坪三家成立公私合营煤厂。1958 年，境内四县开办国营煤厂 5 个、集体小煤厂 3 个，年产煤 15 万吨。

1959 年，巴中县劳教煤厂移交工业部门管理，年产焦煤 500 余吨；通江县产原煤 3.7 万吨、焦煤 4579 吨。1962 年 3 月，平昌县渠县煤矿，因煤层薄而关闭撤销。1962 年，通江县因铁厂关闭，精减煤炭职工 547 人；南江县煤矿因开采过量，积压严重。1962 年，境内共采煤 11.8 万吨。

1967—1970 年，巴中县、平昌县相继在旺苍县金溪岩台子及达县大堰公社和水马门，分别投资 100 万、10 万元兴建巴中县红岩煤矿及平昌友谊煤矿。南江县有 5 个区自筹资金，分别在水洞、樵家岩等地办小煤窑。

1981 年后，国家允许农民个体或联办煤厂，社队企业兴办小煤窑迅速发展。至 1985 年，境内四县有煤炭企业 42 个，有职工 2664 人，年采煤 32.9 万吨。其中南江县底板河煤矿有职工 74 人，年产原煤3.5万吨。1949—1992年，境内四县共采煤565.67万吨。

1993年，全地区有煤炭采掘业26家，年产原煤38.74万吨，其中乡村工业产煤3.8万吨；有烟煤7.52万吨、无烟煤31.22万吨；工业总产值0.17亿元。是年，南江县底板河煤矿盈利15.43万元。

1995年，全地区有乡及乡以上煤炭采选业62家，有煤炭采选设备239台（套）；矿井设备229台（套），选矿设备10台（套），闲置设备2台（套）。全年生产原煤46.17万吨，折标煤32.98万吨，工业总产值2219.8万元。其中全部独立核算企业17家（亏损8家），从业人员2143人，实现工业总产值1203万元，产品销售收入1558.4万元，上缴税金189万元，实现利润32.8万元。

1997年，全地区有煤炭工业68家，产原煤50.3万吨（乡及以上工业产48.5万吨），其中无烟煤37.8万吨（乡以上36.5万吨），有烟煤12.5万吨（乡以上12万吨），工业总产值3082万元。

1998年后，全地区进行企业改制，主抓限额以上的企业。是年6月，南江县底板河煤矿改制，成立南江县煤矿有限公司，有职工451人，各类专业技术人员52人，总资产1132万元，控制煤炭贮量达300万吨，产品销巴中、仪陇、剑阁、绵阳、什邡、汉中等地。

2000年，全市限额以上煤炭采选企业5个（亏损2个），从业人员541人；工业总产值365万元，产品销售收入673万元，亏损企业亏损19万元，利税总额33.7万元。南江县煤矿有限公司创产值233万元，实现利税67万元。

二、其他非金属矿

境内其他非金属矿主要有大理石、硫铁矿、石墨、石灰矿、石棉、石膏、萤石、土砂石等。1985年，境内有大理石厂5家。1981—1985年，境内共开采大理石荒料139万立方米、生产大理石板材2.4万平方米，开采硫铁矿5092吨，生产石墨2720吨，生产石灰石2万吨。

据1993年统计，全地区有其他非金属矿采选业9家，其中土沙石开采业7家、石灰石开采业1家、其他开采业1家，年产石灰石3万吨、硫铁矿1万吨，工业总产值0.2亿元。全部独立核算的其他非金属采选业5家，亏损1家，从业人员1150人；工业总产值1716万元，产品销售收入447万元，实现利税-142万元。是年，南江县大理石公司在川陕交界的桃园乡发现继“桃园红”之后的花岗石精品“玛瑙红”，并属全省独特产品。

1994年，全地区有其他非金属采选业22家，其中土沙石开采业21家，其他开采业1家；年产石灰石1万吨（乡以上1万吨）、石膏1.3万吨，工业总产值0.07亿元。是年，南江县将“桃园红”花岗石矿山年产花岗石岩2000立方米扩大到5000立方米生产规模。

1995年，全地区非金属矿采选业中，有土砂石开采业19家，石墨、石膏等矿采选业4家；有采选专用生产设备67台，其中采矿设备28台、选矿设备39台；年产石灰石10万吨、萤石1500吨、硅石5700吨、大理石荒料267立方米、花岗石荒料1.83万立方米、石墨2371吨、石膏1.77万吨。工业总产值1748万元。

1997年，全地区18家非金属矿采选业年产石灰石10万吨、萤石3700吨、花岗石荒料2.2万立方米、石墨1985吨、石膏1.5万吨，工业总产值1943万元。其中独立核算企业3家，工业总产值857万元。

2000年，全市限额以上的其他非金属采矿业由1998年的3家增至4家（亏损3家），从业人员1400人；工业总产值1378万元，同比增长17.28%；产品销售收入1596万元，实现利润-56万元，利税总额-15万元，同比增长75.4%。

第二节　冶金工业

一、铁矿采选

南江县是境内唯一从事采选铁矿的。18 世纪末，南江县开始土法采矿炼铁。至民国初年，南江县北部山区尚有 20 多个铁厂开采铁矿。民国后期，南江县先后有 22 家铁厂采矿。1949 年，南江县年产铁矿石 638 吨。

1958 年，南江县发现铁矿达 100 余处，开采达 70 多处，采铁矿石 4.65 万吨。1962 年，南江县炼铁采矿全部停止。

1970 年，南江县兴办岳家河铁厂，重新开采水马门、火石垭铁矿。是年，南江县筹建水马门铁矿。1971 年，水马门铁矿出矿，年产矿 200 余吨。1977 年，南江县又兴建竹坝铁矿。1985 年，水马门铁矿和竹坝铁矿产铁矿石 3.52 万吨。1949—1992 年，南江县共采铁矿石 135.83 万吨。

据 1993 年统计，南江县铁矿采选业有 8 家，年产铁矿石原矿 35 万吨、铁精矿 14 万吨，工业总产值 0.2 亿元。其中水马门铁矿和竹坝铁矿采掘铁矿 21.81 万吨，工业总产值 1302 万元，实现利税 281 万元。

南江采矿业

1995 年，全地区有乡以上铁矿采选业 15 家，有采选专用设备 165 台（套），其中采矿设备 123 台（套）、选矿机械 42 台（套）。年产铁矿石原矿 35.18 万吨、铁矿石成品矿 13.22 万吨、铜精矿 20 吨，工业总产值 2392 万元。是年 10 月，以竹坝铁矿为龙头改制成立南江县冶金矿山集团有限公司，系南江县首家股份制企业。

1997 年，全地区有铁矿采选业 10 家、铜矿采选业 1 家、金矿采选业 1 家，年产铁矿石原矿 28.8 万吨、铁矿石成品矿 16.48 万吨、铜矿 1.3 万吨，工业总产值 3802 万元。

1999 年，南江县冶金矿山集团有限公司先后出资控股兼并南江县霞石矿业有限公司，收购旺苍县李家河铁矿，收购南江县土墙坪铁矿，收购一家加油站，并分别成立分公司。至 2000 年，南江县冶金矿山集团有限公司有资产 1.2 亿元，注册资金 950 万元，有职工 998 人，各类专业技术人员 138 名。主要产品铁精矿年产量 23 万吨，霞石粉 2 万吨，年实现利税 500 多万元，为四川省工业企业最佳经济效益 500 强、四川省黑色金属采选业 18 强。1998—2000 年，境内限额以上黑色金属矿采选业 2 家，从业人员 1208 人。实现工业总产值 5820 万元，工业增加值 1951 万元。产品销售收入 8923 万元，实现利税总额 1520.4 万元，其中利润 525 万元。

二、炼铁

境内炼铁工业分布在南江、通江两县。唐代初期，通江县始有炼铁，主要为李培基将军炼铁制戈矛。18 世纪中期，南江始有炼铁，分布于桃园、关坝、贵民、黑岩等地。清末民初，南江县炼铁地方逐渐南移；通江县铁溪、朱元庙、元坝子、武童坪、田坝、木窑子、桐子塬、鲁家河、八里坪、大河坝、肖家河等21处均办过小铁厂。民国后期，通江县铁溪、朱元等乡共办大小铁厂40余家。南江县在贵民乡马鹿沟和县城附近的碾盘、草庙子、火石垭、罗家坝、流溪坝、石门坝等12个地方开办铁厂19家。均为土法炼铁，设备主要是土高炉、风箱、铁钩、铁连架，炉体小，产量低。

1950年后，通江县的崩口塘、朱元庙、田坝3家私营铁厂在政府扶持下率先复产；南江县的何记铁厂、幸福铁厂和新民铁厂联营开办。是年，通江县、南江县共产生铁824吨。1957年，通江县、南江县共产生铁5179吨。1958年，平昌县投资在通江县平溪区铁厂公社兴办平昌铁厂，在万源县竹峪区兴办万昌铁厂，总投资524万元。通江县在中和、渠家坝、大河坝、田坝、楼子等地办5个总厂、辖21个分厂；南江县共建铁厂24个（含南江、南部、仪陇三县联办工厂）。是年，境内共产生铁1.49万吨。除少数铁厂属半机械化生产外，其余均系土高炉炼铁，大多数铁厂亏损严重。1959年，通江县生铁生产被评为四川省三个优胜县之一。1962年4月，平昌县在通江县平溪区铁厂公社开办的铁厂停产关闭；通江县、南江县所有铁厂停办，仅存平昌县开办的万昌铁厂。

1970年后，南江县在小河公社岳家河建5立方米的储热式热风炉1座，集采矿、采煤、炼焦、炼铁为一体的综合性企业。省冶金厅在通江县投资新建大河坝铁厂，建容积16立方米机械高炉1座。1971年，大河坝铁厂产生铁621吨。至1978年，通江县、南江县共产铁3485吨。1980年后，由于焦炭、生铁成本高，通江县铁厂再次停办，南江县铁厂转产生产水泥。

三、土钢·毛铁

1933年后，南江县罗家坝（乐坝乡）冶炼土钢，在冶炼土钢时冶炼毛铁。1949年，产毛铁124吨。1952年，产毛铁212吨。1956年，南江县建立土钢生产合作社，工人80人。1957年，产土钢106吨。1958年，南江县又在小河公社建土钢厂。1962年，小河公社土钢厂停办。1963—1972年，南江县土钢产量一直保持在20~40吨。1969年，南江县毛铁产量仅110吨。随着机制钢材增多，质次价高的土钢失去销售市场，毛铁和土钢分别于1972年、1973年停产。

四、炼铜

境内炼铜亦在南江县。1958年3月，南江县在关坝始炼铜，置炼铜炉5座，工人54人，产铜17吨。1961年，关坝炼铜厂停办。是年4月，南江县在上两公社建铜厂，年产粗铜3.85吨。1962年，上两公社铜厂停办。1971年，南江县又在杨坝建县级铜厂，工人41人，产粗铜2.5吨，产值1.2万元。1973—1980年，南江县共产粗铜26吨，产值14.3万元。1982年10月，杨坝县级铜厂停办。

五、炼铅·锌

境内炼铅、锌亦在南江县。1958年，南江县在汇滩公社办厂，工人53人，年产铅锌2.11吨。1959年，汇滩公社铅锌厂迁赶场公社枫箱树河坝，工人增加到391人，生产粗铅39吨、粗锌112吨。1962年，因国民经济调整，铅锌厂停产关闭。

第三节　电力工业

一、电力建设

（一）电源建设

火电　20世纪50年代初期，境内开始火电建设。1951年3月，川北行署主任胡耀邦莅巴视察，特许贷款2亿元办火电厂。是年9月，巴中县在县城北门河岸修建40千瓦火电发电厂。1953年1月，该厂正式投产。是年，平昌县火电厂、通江县城关人民电厂先后投产，装机容量33千瓦。1957年，巴中县增装煤气机和12千瓦发电机，用于晚上照明，白天供工业用电。1959年，南江县安装的20千瓦柴油发电机组正式投产。到1975年，平昌县已拥有装机容量40台、355千瓦、年发电量20万千瓦时的火电厂。1985年，通江县开始在小坪溪修建装机2台、6000千瓦的大型火电厂，南江县在城西小河乡修建2台、6000千瓦的中嘴火电厂。1986年6月，西南电管局将南充2×1500千瓦汽轮发电机组无偿调拨给巴中县。1987年，南江县的中嘴火电厂投产发电。1988年12月，巴中县2×1500千瓦火电厂投入试运行，工程总投资751.36万元。1990年，通江县第一台3000千瓦的小坪溪火电厂正式投产。1991年，巴中电力公司对火电厂2#、3#锅炉等部件进行技术改造。1997年，通江县小坪溪火电厂第2台3000千瓦的发电机组，南江县火电厂3#机扩建工程终期规模3×3000千瓦的发电机组，均正式投产。2000年3月，通江县火电厂停止发电。

水电　1955年，境内四县均开始水电站的勘测、设计工作。1958年9月，平昌县龙潭溪水电站建成投产，装机1×10千瓦，白天供打米、轧花，夜晚供附近社员照明。1959年1月，巴中县渔溪电站建成投产，装机1×20千瓦，供渔溪街道照明。是年10月，通江县青峪公社自筹资金1.2万元建成县第一座高水头小流量的小型水电站，装机1×12千瓦；南江县建成庙子岭电站，装机345千瓦，年发电量90万千瓦时，供县城照明。截至1976年，巴中县、平昌县、南江县共建水电站161处，装机容量7482千瓦，年发电量1062万千瓦时。截至1978年，通江县建水电站49处，装机52台、2006千瓦，年发电量495万千瓦时。1978年后，境内相继修建平昌县风滩电站（装机2×3200千瓦）、巴中县三江电站（装机容量6400千瓦）、通江县九浴溪电站（装机容量5600千瓦）。至1985年底，境内共有水电站238处，装机286台、36756千瓦，年发电量9783万千瓦时。1994年，全地区地方电站新投产6处，新增装机容量1713千瓦，完成发电量1.956亿千瓦时。

1995年，全地区新建、扩建、技改在建小水电站13处、15台，总装机容量7500千瓦。1996年，全地区电源建设项目投产7处，装机10台，新增容量2600千瓦，占年计划2400千瓦的108.3%。1997—1998年，南江县高龙坎水电站、巴中市（县级）三江电站技改增容等骨干工程相继竣工投产。巴中市（县级）三江电站新增装机容量2100千瓦，总投资606.3万元。1999—2000年，南江县小巫峡电站等建成投产。境内新增电源装机容量3750千瓦，新增发电量1700万千瓦时。

主要电站（厂）　三江水电站。位于巴中市巴州区三江乡大檬滩，集水面积6003平方公里，多年平均流量为111立方米/秒。坝高17.3米，坝长170米，利用水头14.3米，引用流量65.2立方米/秒，装机4台，总容量6400千瓦。1975年11月，上民工520人备料。1990年竣工。1997年10月，开始进行技改增容。1998年10月，完成技改增容，总装机容量达到8500千瓦，年发电量2721万千瓦时。

高龙坎电站。位于南江县关门、石滩两乡，由蓄水工程、引水渠系、发电厂三部分构成。蓄水工程—关门河水库，集水面积72平方公里；引水渠系工程设计为石渠，总长5.2公里，输水流量1.9立方米/秒，获水头197米；装机2×1250千瓦。1995年10月动工。1997年12月投产运行。2000年，年发电600万千瓦时。

中嘴火电厂。位于南江县城西3.5公里处的小河乡中嘴，占地面积4.38公顷。1985年开工建设。1987年投产发电，装机容量2×3000千瓦。1994年三号机扩建。1997年投入运行，达到终期规模3×3000千瓦，系南江电网的主要骨干发电厂。2000年，电厂有职工264人。

九浴溪电站。位于通江县瓦室镇。1975年12月破土动工。1981年6月，四号机组1600千瓦投产。1982年5月，三号机组2000千瓦投产。1984年9月，第一期工程全部竣工，投劳329.54万个，总计投资1583.52万元，设计装机4台、容量7600千瓦。2000年，装机容量7000千瓦，年发电量3850万千瓦时。

通江县火电厂。位于通江县永安镇小坪溪。1988年4月动工修建，设计规模2×3000千瓦+2×20T炉/h。1990年11月建成投产，装机容量2×3000千瓦，年发电量1700万千瓦时，投资总额1078万元。1997年，续装投产二号机组，达到设计规模。2000年3月，通江县火电厂停止发电。

风滩电站。位于平昌县江口镇巴河干流大风滩处。为河床式厂顶溢流，坝轴线长247.71米，坝高11米，控制流域面积17200平方公里，总库容3600万立方米，设计单机引用流量37立方米/秒，装机容量2×3200千瓦。1977年10月动工建设，1980年12月投产发电。共投劳627.46万工日；总投资1464.85万元。2000年装机6400千瓦，年发电量3079万千瓦时。

（二）电网建设

输电线路　20世纪50年代至60年代初，境内各地在建设小火电厂和水电站的同时，架设低压输电线路，从厂、站直供需电用户。1965年3月和12月，巴中县办化成、红星两电站相继投产之后，为与青滩电站并网运行，建立县电网，始架通三站高压线路。是年6月，平昌县亦架设从龙潭溪电站至县城10千伏输电线路4公里，与县电力公司联网。通江县架设石牛咀电站至城关、民胜等地6千伏高压输电干线10公里，支线10.42公里。1970年，南江县初步建成县城小电网。1974年，巴中县共有10千伏输电线路347公里，低压输电线路1194公里，安装变压器158台、1.41万千伏安。1977年，南江县火电厂第一台机组投产后，先后架设3条10千伏输电线路，以及红渠电站到碾盘公社的10千伏两线一地制线路。1978年7月，平昌县从铜坑电站再架设20.2公里的10千伏输电线路，两线一地制，将电输入县城联网。1980年，平昌县又从铜坑架设10千伏线路至高升电站。至1982年，平昌县10个区、60个社84.6%的大队、58.7%的生产队、55.7%的农户架通输电线路。至1985年底，平昌县共建85千伏输电线路54.9公里，10千伏高压供配电线路1689公里，低压线路6830公里，安装输配电变压器1097台、53492千伏安，总投资2861.75万元。巴中县10千伏高压线路增加到1228公里，低压线路增加到4629.4公里，用电村、组、农户，分别达到60%、44.1%、40%。南江县共建35千伏输电线路40公里，10千伏输配电线路562公里，低压线路1148公里，安装配电变电器207台18000千伏安。通江县共建35千伏输电线路2条、59公里，6~10千伏线路405公里，0.4千伏线路945公里。1993年底，全地区共有35千伏输电线路403.1公里，10千伏线路4914公里，低压线路16280公里，配电变压器（10/0.4）3433台、139158千伏安。至2000年底，全市共有110千伏输电线路5条、222.8公里，其中仪陇福兴至巴中74公里，达县复兴至平昌56.4公里，平昌至巴中56.4公里，巴中至南江58公里、至通江52公里。共有35千伏输电线路638公里，10千伏线路6124公里，低压线路22402公里，配电变压器4734台、21525千伏安。四县（区）均达到农村初级电气化标准。

变电站 1978年，境内四县始建变电站。至1992年，境内共建变电站7处，规模为11×34660千伏安。1993年底，全地区共有35千伏变电站15座，64600千伏安，其中巴中4座、23050千伏安，南江县5座、19500千伏安，通江县2座、8800千伏安，平昌县4座、13450千伏安。1996年，与国家电网合资建成巴中至平昌、巴中至南江、巴中至通江110千伏输变电工程，全地区新增电源装机容量26703千瓦，新增35千伏变电站3座，主变容量14200千伏安；通电乡100%，通电村98%，通电户95%。1997年6月，省电力工业局与巴中地区行署签订共同筹资建设220千伏巴中变电站协议。1999年3月开工，是年12月开始安装调试。2000年4月，完成安装工程和投运前的调试工程。至是年底，全市国家电网输变电站工程基本就绪。其中有220千伏主变电站1座，有110千伏变电站5座，总容量23.25万千伏安。有35千伏变电站25座，其中巴中市巴州区10座，通江县5座，南江县4座，平昌县6座。

农网改造 1998年7月，巴中地区开始一期农村电网建设与改造工程。工程总投资为2.6亿多元，省电力公司共分9批计划下达，逐年施工陆续完工。至2000年，共计完成110千伏变电站新建（改造）3座、新增主变容量83兆伏安，35千伏变电站新建（改造）25座、新增主变容量89.35兆伏安；完成110千伏线路新建（改造）151公里，35千伏线路新建（改造）311.28公里，10千伏线路新建（改造）1877.5公里，低压线路新建（改造）264公里；新增（更换）高能耗配电变压器1444台、容量46.67兆伏安，完成户表改造30000户。一期农村电网建设与改造基本完善全市电力骨架网络建设，解决6个无电乡、5个无电村的用电问题。全市乡通电率达100%，村通电率达97.83%。共计完成投资26255万元。

二、电力营销

（一）发供用电

1963年前，巴中县年发电240万千瓦时，除供给县城照明外，先后为渔溪、枣林、奇章、清江等场镇供电。1966年，平昌县、通江县、南江县年发供电141万千瓦时，工业用电占40.9%，农业灌溉占4.5%，生活照明占54.6%；农村有19个公社、30个大队、82个生产队、1951户通电。至1978年，境内四县年发供电1980万千瓦时，其中工业用电950万千瓦时，生活用电1030万千瓦时。

1985年，境内四县年发电量10862万千瓦时，其中水电9783万千瓦时，火电1079万千瓦时；通电乡281个，占总乡数的100%，通电村1335个，占总村数的57.76%，通电户25.08万户，占总户数的37.75%。

1993年10月统计，全地区年发电量17096万千瓦时，其中巴中市（县级）4500千瓦时，南江县5210千瓦时，通江县3102千瓦时，平昌县4284千瓦时。用电负荷共16.3万千瓦，其中县办工业9.52万千瓦（占58.4%），乡镇企业1.39万千瓦（占8.53%），电力提灌1.35万千瓦（占8.28%），生活用电3.1万千瓦（占19.02%），其他0.94万千瓦（占5.77%）。

1994年起，发展地方电力以“东水西火，水火并举，外引内联，一点趸售”为指导思想，四县（市）地方电网并网运行，形成区域性跨县电网，扩大供电覆盖面。

1997年后，巴中引入国电将地方大中型电站联网运行，供电质量（电压稳、电量足）大为提高，农村用电逐年增加。至2000年，联网供电量达16172万千瓦时，比1999年增长23.9%；售电量14647万千瓦时，比1999年增长26.43%。

（二）电价管理

1952年，平昌县火电厂建立之初，收费标准按灯泡容量计，一月每瓦0.02元。为防止用户增容量，电厂在每只灯泡插口处加以铅封。1962 年起，境内开始使用电表计价，每月 25—30 日查表收费，每千瓦时 0.70 元；表零灯泡每瓦 0.09 元，按月缴纳，逾期不缴者，加收 0.05% 的滞纳金。1966 年 9 月，平昌县水电局确定各类用电电费标准为每千瓦时农业提灌用电 0.06 元，工业生产用电 0.18 元，机关、居民照明用电 0.34 元，农村社员生活用电 0.25 元；未进表的零星灯泡，农村每月每瓦 0.03 元，机关、居民每月每瓦 0.05 元，收音机按电子管计每月每只 0.10 元。是月，通江县调整电价，农业提灌由每千瓦时 0.06 元调为 0.05 元，照明用电由 0.40 元调为 0.18 元，生产用电由 0.30 元调为 0.15 元；无电表的用户，15 瓦的灯泡，月小由 0.81 元调为 0.65 元，月大由 0.84 元调为 0.67 元，每夜供电 4 小时 30 分；个人用交流收音机，每月收费由 0.81 元调为 0.55 元。

1972 年 11 月，巴中县革命委员会生产指挥部规定，每千瓦时农业排灌用电 0.04 元，工业生产 0.10 元，照明 0.16 元。1973—1977 年，平昌县电价经过四次调整。从 1977 年 6 月起，境内四县执行达县地区统管电价：社队办的“五小”企业、电影放映站、剧场、摄影、商品性粮油加工用电，用量在 3 千瓦以上每千瓦时 0.12 元，3 千瓦以下按照明电价收费；照明电每千瓦时 0.20 元，零灯每瓦每月 0.05 元，一般坚持有表供电；农用提灌、电犁、脱粒、防洪、育秧用电，每千瓦时 0.04 元，非商品性的打米、磨面、粉碎等农产品加工用电，每千瓦时 0.06 元；趸售电每千瓦时 0.05 元。1985 年，境内各县执行电价为每千瓦时大工业（指两部制电价）0.08 元，普通工业 0.12 元，城镇照明 0.20 元，农村照明 0.16 元，农用抽水 0.06 元，生活用电 0.06 元，农村高压趸售 0.08 元。

1994 年，针对全地区对电价进行调整，上网电价平均上调 0.02 元/千瓦时，销售电价平均上调 0.05 元/千瓦时。

1996—1997 年，地、县（市）电管部门配合物价部门对销售电价又作调整。1998 年，全地区加快农电改革，对四县（市）市的 13 个区、34 个乡镇、52 个村、95 个社、240 户农户进行深入调查。调查表明，由于农电体制不健全，管理混乱；供电设备不匹配，线路老化，电损过大；价格管理松驰，价格行为不规范，多头定价，随意加价等原因，造成实行趸售转供的乡镇和独立站网售电价格高于国网、县（市）网直供区价格，边远农村村民用电价格大幅度高于城镇近郊农民和区乡场镇居民电价。之后，行署制发《关于加强农村电价电费管理切实减轻农民负担的通知》，有效地遏制了农村电价管理的“三乱”（乱摊派、乱收费、乱加价）现象。

1999 年。地区在巴中市（县级）进行“两改”（改制、改造）“一同价”（城乡同网同价）试点，实行一户一表，管理到户，抄表到户，收费到户；对电管人员，当月线损、电费回收考核到人，与工资奖金挂钩。是年秋，农村电价每千瓦时已控制在 0.80 元以内，其他各县也有不同程度下降。

2000 年，全市电力企业把降低农村电价、减轻农民负担作为窗口服务工作，加强农电管理，理顺内部关系，加快农网建设和改造。

第四节 食品业

一、食品加工业

民国时期，境内普遍使用擂子、石碾、石磨进行米面加工。民间素有在每年冬腊月普遍熏制腊肉和灌制香肠习俗。川陕省苏维埃时期，苏维埃政府在通江县内开办米面加工厂 70 余家，用擂子、石磨加工军粮。民国 30 年（1941 年）后，巴中县城、恩阳等地开始使用手摇挂面机加工条面。到民国后期，巴中县米面加工坊发展居境内之冠，有石擂坊 50 余家，日产大米 10 石（每石约 75 公斤）；有磨坊37家，日产面粉250公斤。20世纪50年代初，境内共有米面加工厂、组75个，其中巴中县日产大米3.5万公斤。1952年，平昌县率先成立联营屠宰场，加工肠衣2.7万付。之后，通江县、南江县先后建食品加工厂，加工腊肉、香肠、咸肉等，销往汉中、镇巴、南郑及省内各地。

20世纪60年代，境内四县成立食品公司，各区设食品经营站。主要加工猪肉、牛肉、羊肉、禽蛋等，生产方法以烟熏、火烤、盐渍为主。各县粮站增设米面车间，增购柴油机、打米机、磨面机等，扩大加工能力。

20世纪70年代，境内四县机制米面加工逐渐普及到大队，米面加工点增至170多个，每年工业产值仅通江县就达350万元左右。肉类加工以冷冻为主。通江县生产的灯影牛肉、灯影羊肉、五香牛肉等地方名特产品，远销省内外。

1981年，境内四县建立肉类联合加工厂，生产分割肉、腌腊肉、五香牛肉、板鸭、动物油脂等产品。是年8月，平昌县江口镇浸出油厂建成投产，年产植物油能力8500吨。1985年，通江、平昌、巴中三县肉类联合加工厂有工人497人，产品有颗子牛肉、肉松、香肠、蝴蝶猪头、荷叶肚、板鸭等20余种，实现肉类加工总产值1516万元。境内共有粮油加工企业198家，年加工大米15.1万多吨、面粉2.64万多吨、条面0.9万多吨，年产值0.5万元。1949—1992年，境内生产食用植物油20.55万吨。

1993年，全地区有乡及乡以上食品加工业163家。其中碾米业66家、磨粉业2家、条面加工37家、饲料制造业7家、植物油加工业34家、屠宰及肉类蛋类加工业13家。年产大米5.34万吨、小麦粉1.81万吨、条面1.51万吨、食用植物油9790吨、桐油875吨、冻畜肉35万吨、畜肉制品45.8万吨；工业总产值2.09亿元。

1995年，全地区有食品加工业228家，其中碾米业95家、磨粉业4家、米面制造业30家、植物油加工业61家、屠宰业3家、肉制品加工业17家、其他食品加工业7家；有食品加工专用设备1259台（套）。年产大米44.64万吨、小麦粉15.49万吨、杂粮粉285吨、面条2.32万吨、米制品112吨、食用植物油1.94万吨、精炼食用植物油2063吨、产畜肉7068吨、肉制品267吨、动物油脂71吨；工业总产值2.26亿元。

1997年，全地区有食品加工业152家，其中粮食加工业111家、植物油加工业25家、屠宰及肉类加工业11家、水产品加工业1家、其他4家；年产粮、油、肉食品71.32万吨。工业总产值2.18亿元。是年12月，平昌县江口镇浸出油厂改制成立平昌县油脂有限责任公司，系国有控股企业，拥有产量80吨的预榨、浸出、精炼一条龙生产线，主要专用、通用设备95台（套）。

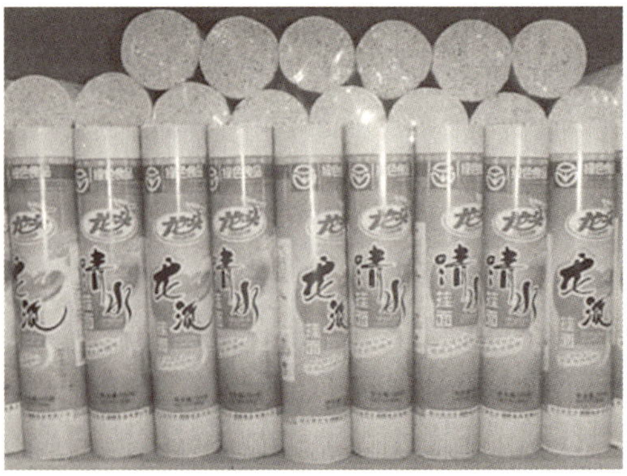

巴中龙头食品有限公司龙头牌挂面

1999年，全地区限额以上食品加工业15家（亏损12家），实现工业总产值5168万元，同比减少16.2%；工业增加值1777万元，同比减少11.2%；产品销售收入7589万元，实现利税－108万元（利润－341万元），同比减亏90%。

2000年，全市限额以上食品加工业减少到10家（亏损4家），减少33.3%；从业人员766人，同比减少45.44%；其中粮食5家（亏损3家）、植物油加工业3家、屠宰及肉禽加工业2家（亏损1家）；实现工业总产值6284万元，同比增长21.6%。全市有附营食品加工业92家，工业产值8733万元，销售产值1.31亿元。是年，巴中市巴州区龙头面业有限公司被授予四川省农业产业化龙头企业、国家A级绿色食品生产企业，有以“巴州牌龙头面粉”为骨干的高档次绿色食品8个，实现工业总产值2450万元，销售收入2200万元，创利税20万元。平昌县油脂有限责任公司有员工326人，资产总额914万元，年创产值1603万元，实现利润8.2万元，上缴利税35.8万元；其主导产品有“川平”牌国标二级菜油、国标二级桐油、色拉油、小磨香油、洗洁剂和脱模剂等。

二、食品制造业

民国时期，境内各县城及区乡场镇，均办有糖果糕点作坊，自产自销，品种单一。巴中县办有100个蔗糖厂，年产蔗糖150余万公斤。20世纪50年代初，通江县贸易公司、南江县供销社分别在城关镇建糖果糕点加工坊及生产小组，沿袭传统工艺，生产米花糖、薄荷糖、鸡蛋糕、桃糕、桃片等80多个品种，年产糖糕600多吨。1958年，巴中县始建罐头食品厂，厂房面积4764平方米，招工277人，购置罐头食品生产线。1959年，该厂试产红烧猪肉和黄豆罐头46吨，产值14万元。1967年，生产的原汁猪肉罐头开始出口西欧等地。

20世纪70年代，境内大部分区供销社糖果加工组停产，年产量下降。1972年，通江县罐头厂开始生产“灯影牛肉”“灯影羊肉”“五香牛肉”等地方名特产品。1979年，巴中罐头食品厂年生产能力增加到8000吨，出口罐头数量首次跃居全国前列，被轻工部、外经贸部定为全国44家罐头出口专厂之一。

1980—1983年，仅通江县、平昌县生产的糖果糕点品种达170多个，年产糖果糕点900余吨，产值140余万元。1985年，境内年产糖果糕点0.34万吨，实现产值434万元。主要产品有桃片糕、面包、冰糖、怪味胡豆、月饼、橘子硬糖、米花糖、蛋糕、白麻香酥等200多个品种。至1989年，境内罐头产品发展到4个大类100多个品种，畅销国内外，每年获利润均在300万~500万元之间。1968—1989年，巴中县罐头食品厂累计生产各类罐头5万多吨，创产值1.84亿元，平均每年创外汇500万美元以上，被轻工部评为“国家二级企业”。1990年后，因产品出口量低，加工企业连年亏损。1959—1992年，境内共产罐头15.03万吨。

1993年，全地区有乡以上食品制造业27家，其中糖果业9家、蜜饯业1家、罐头食品业5家、调味品业6家；年产糖果1531吨、糕点261吨、饼干112吨、方便主食品396吨、面包16吨、硬包装罐头8460吨、软包装罐头4032吨、酱油84吨、食醋562吨、豆制品185吨、粉丝236吨；工业总产值0.78亿元。

1995年，全地区有食品制造业29家，其中糕点糖果业7家、罐头食品制造业8家、发酵制造业1家、调味品制造业6家、其他食品制造业7家。主要生产设备有105台（套）。年生产糖果、蜜饯果脯、糕点、饼干、酱油、食醋、豆制品、淀粉、粉丝等2904吨，生产罐头8645吨；工业总产值6646万元。

1997年，全地区有食品制造业24家，年生产糖果178吨、糕点179吨、饼干19吨、罐头279吨、酱油514吨、食醋258吨、调味品及豆制品393吨、淀粉1377吨、粉丝1373吨；工业总产值1574万元。其中独立核算企业14家，工业总产值1326万元。是年，巴中市（县级）罐头食品厂全面停产。

1998—2000年，全地区（市）限额以上食品制造业由9家（亏损6家）减少到7家（亏损4家），从业人员由914人减少到677人。实现工业总产值5484万元，工业增加值1274万元；产品销售收入6196万元，利税总额68万元（利润-174万元）。

第五节 饮料业

境内最早的饮料制造业主为白酒业，白酒业尤以平昌县为最早。明末清初，民间便有酿醪糟、酊缸酒的小作坊，以白衣乡“小角楼小酢酒”尤为驰名。晚清时期，江苏无锡知县、海州道员廖纶在江口建“南台酒坊”。民国时期，境内四县普遍酿制白酒，有小作坊400余家，家庭酿酊缸酒遍及千家万户，多系自酿自饮。到1949年，境内四县自酿酊缸酒的约4万多户。

1951年，国家对酒实行专卖，取缔私营酿酒，并禁酿“酊缸酒”。1952年，境内开办国营或联营酒厂31家，年产大酢酒900余吨。是年4月，国营平昌县酒厂（平昌江口醇酒厂）建立。1958年9月，国营平昌县酒厂投产，年产酒130吨。是年，平昌县小角楼酒厂建立。1959年，后因农业欠收，原料缺乏，境内白酒产量有所下降。1962年，境内仅产白酒1007吨。

20世纪70年代，各县酒厂添置设备，进行半机械化作业，白酒产量大增。1970年，国营平昌县酒厂改木桶发酵为地窖发酵，并生产曲酒。1977年，境内产酒4258吨。1978年后，允许社队办酒厂，各地小酒厂应运而生，年产酒6271吨。至1985年，境内有酒厂303个，年产酒3.48万吨；地方国营酒厂有职工2000余人。1988年，国营平昌县酒厂生产的“魁牌”曲酒被中商部评为优质产品，获四川省优秀产品“金奖”。1991年，国营平昌县酒厂生产的“江口醇”在日本东京举办的第三届酒类、饮料质量评比博览会上获金牌奖。1949—1992年，境内共产白酒29.86万吨。

1993年，全地区有乡以上饮料制造业93家，其中白酒制造业84家、软饮料制造业3家、制茶业6家。年产白酒6624吨、啤酒113吨、黄酒113吨、葡萄酒1193吨、碳酸饮料20吨、果汁饮料619吨、精制茶20吨；工业总产值0.36亿元。

1995年，全地区饮料制造业发展到153家，其中酒精制造业4家、白酒制造业128家、碳酸饮料制造业2家、果汁饮料2家、其他饮料业2家、制茶业15家。有酒类生产设备13台、饮料生产设备16台、茶叶加工设备15台。年产发酵酒精787吨、饮料酒1.38万吨、软饮料877吨、冷冻饮料326吨、精制茶297吨；工业总产值4012万元，工业增加值1547万元。

1997年，全地区饮料制造业减少到135家，年产白酒1.33万吨、碳酸饮料57吨、果汁饮料120吨、其他软饮料530吨、精制茶327吨；工业总产值6038万元。

1998年，平昌县小角楼酒厂实现工业总产值2800万元，销售收入2000多万元，创税金600多万元。生产“小角楼酒”“金爵小角楼”“金钟小角楼”“酒罐酒”等系列品牌酒。

1998—2000年，全地区（市）限额以上饮料制造业由5家（亏损4家）减少到2家，从业人员由671人增加到712人。三年实现工业总产值9425万元，工业增加值9459万元；产品销售收入1.95亿元，实现税利4447万元（利润657万元）。全行业有资产8840万元，负债5982万元，负债率67.67%。有附营饮料制造业98家，工业总产值633万元，销售产值847万元。

第六节 纺织业

境内农民历来就有自种棉花织土布及养蚕缫生丝的习俗。民国12年（1923年），巴中县民生工厂开始使用脚踏纺纱机，可同时出纱25根，每人一天可纺纱1.5公斤左右；织布用木制宽口机，能织出1.2米宽的“洋布”。民国13年（1924年），通江县敬培元的民生纺织厂购织机21台，招工200

人，开始织宽口面布，不久停产。民国15年（1926年），平昌余衡禄在岳家开办的民生工厂，购织机23台，雇工30人，织土宽布，年余倒闭。民国后期，各县均引进32根头的铁木结构纺纱机纺纱，仿制木铁结构纺织机织布。1949年，仅平昌县便有土纺4600余家，年产纱4.5万余公斤；土织2030户，年产土窄布3.2万匹。据1951—1953年调查统计，南江县城乡织布的有1840家；巴中县有织布机5655台；通江县有织土布的218家，从业人员294人，年产土布6.7万匹。1955年后，私人纺织业逐渐被集体或国营纺织业取代。

1958年，巴中县城守公社建有县办缫丝厂，通江开办地方国营缫丝厂。其中巴中缫丝厂规模2240绪，1959年投产120绪，用人力摇车缫丝，年产丝5吨；1960年购置新设备，生丝产量增至13吨。至1960年，各县均建立地方国营针织厂、棉织厂、织染厂。各县棉纺织厂不断投资更新改造设备，布的花色品种逐渐增多。并实现机械化操作，产量不断上升。

中兴纺织生产车间

1982年5月，巴中县农机二厂转产成立工农织布厂。是年，巴中缫丝厂被列为全省8家对外出口丝定点厂之一。1985年5月，巴中县缫丝厂更名为巴中县丝绸厂。是年，通江县、南江县、巴中县共产棉布544.4万米，产值642万元；平昌县产脱脂纱布36万米，产值21.3万元。1986年，巴中县丝绸厂生产的“K11梅花牌”白厂丝获中国丝绸公司“优质产品奖”。是年4月，巴中羽绒制品厂建成投产。1987年11月，巴中县织布厂更名为巴中县棉纺织厂。1949—1992年，境内四县共产棉布1.05亿米，共产丝织品1596万米。

1993年，全地区有乡及以上纺织业24家，其中棉纺织业9家、麻纺织业1家、丝绸纺织业10家、针织品业3家。年产棉麻纱508吨、棉混纺纱472吨、棉布1318万米、棉混纱交织布443万米、纯化纤布76万米；床褥单0.09万条、袜子86万双、纯麻袋50万条、丝568吨、丝织品268万米；工业总产值1.67亿元。

1995年，全地区纺织业增到32家，其中棉纺织业10家、丝绢纺织业18家、针织业4家。主要生产设备有棉纺纱绽2.24万锭、棉纺机械98台、轧花设备9台、丝纺设备262台、缫丝机3.7万绪、针织设备450台、丝绢印染设备3台、针织品设备74台（套）。年产棉84吨、纱1301吨、线11吨、布1824万米、帘子布28万吨、丝534吨、丝织品175万米、袜子67万双、针织手套1万副；工业总产值1.61亿元。

1997年，全地区有纺织工业24家，年产纱2124吨、布1313万米、丝556吨、丝织品198万米。工业总产值1.31亿元，工业销售产值1.46亿元。1998年，巴中市（县级）丝绸厂改制成立巴中市（县级）茧丝绸总公司，是集桑、蚕、种、茧、丝、绸、贸、工、农、产、供、销一体化的国有中型企业。

2000年，巴中市（县级）棉纺织厂与浙江华兴经贸有限公司共同组建四川中兴纺织有限责任公司，引进民营资本210多万元，总投资400万元，对252台窄幅布机进行改造，新安装206台宽幅布机和相关配套设备，有年产坯布400万米、创产值1400万元的生产能力。巴中市（县级）茧丝绸总公司产白厂丝51吨、坯绸21万米，实现利润13万元，上缴税金183万元。巴中市（县级）羽绒制品厂具有年产水洗羽（毛）绒300吨，各类羽绒制品15万件（床、只）生产能力，共完成工业总产值1.01亿元，实现销售收入9182.84万元，创汇700万美元，上缴税金280万元。1998—2000年，全地区（市）限额以上纺织业由10家（亏损8家）减少到7家（亏损1家），从业人员由5741人减少到4552人。三年实现工业总产值3.12亿元，现价值3.1亿元，工业增加值9096万元。实现产品销售收入2.85亿元，实现利税总额187万元。

第七节　缝纫业

民国初期，境内各县民众所穿服装、鞋、帽皆为手工制作，缝一件男长衫需花1~2个工日。民国16年（1927年），法国传教士魏姓初携缝纫机到巴中县，在县城开办首家缝纫厂。之后，平昌县、巴中县陆续购入缝纫机于城乡开办缝纫社（组）。至民国末期，巴中县城乡缝纫店有97家。各县城均有鞋帽缝纫业，生产瓜皮帽、布鞋、皮褥、皮鞋等。1956年，境内各县相继成立鞋帽生产合作社，巴中县、平昌县鞋帽生产合作社共有工人67人，生产布鞋8819双、皮鞋303双。境内城镇组织成立缝纫合作社（组）71个，农村缝纫户全部转为社队副业户，手工缝纫基本淘汰。至1958年，通江县、平昌县属缝纫社改为地方国营被服厂，从业人员306人。1962年，通江县、南江县缝纫社改为城关鞋帽社，生产逐步由手工步入半机械化。

1962—1966年，巴中县鞋帽总产值由2.26万元增至16.77万元。1975年，平昌鞋帽社产布鞋9400双，生产风雪帽、太空帽等8个品种计1万顶，年产值12.7万元。1980年，巴中县在南龛山新建厂房5756平方米，工人增到198人，有专用机器设备12台（套），产塑料底布鞋、塑料凉鞋、单帽、棉帽等36个品种。1985年，仅巴中县、平昌县鞋帽业就创工业总产值302万元，利税40万元。境内四县共有集体服装厂131个，从业人员1618人，实现总产值1445万元。1957—1992年，境内四县共产布鞋729万双。

1993年，全地区有乡及以上缝纫业21家，其中服装制品业18家、制鞋业3家。年产衬衫43.4万件、西服6.25万件、童装25.27万件、防寒服0.02万件、布鞋29.7万双，工业总产值0.01亿元。1995年，全地区有服装及其他纤维制品业24家，主要设备有服装加工机械315台（套）。年产服装407万件，工业总产值1270万元。其中独立核算企业6家，从业人员392人，产品销售收入1124万元，上缴税金55.2万元，实现利润12.8万元，同比扭亏为盈。

1997年，全地区有服装及其他纤维制品业16家，其中服装制造业13家、制鞋业3家，年产服装320万件，其中梭织服装291万件、针织服装29万件、羽绒服装0.67万件；工业总产值646万元，产品销售值717万元。其中独立核算企业6家，工业总产值449万元，销售产值489万元。

2000年，全市有附营服装及其他纤维制品业4家，工业总产值15万元，当年价产值21万元，销售产值20万元。

第八节　化工工业

一、专（日）用化学产品业

民国时期，境内最早生产的化学产品是火药，系从硝土中提炼土硝，配以硫黄、木炭制成黑色火药，其原料搭配比例为“一硝二磺三碳子”，用于狩猎和开采石料。

20世纪50年代，境内大兴农田水利建设，土炸药（火药）用量大增。1955年，巴中县在县城北门河岸办骨粉厂，属地方国营企业。1958年，巴中县骨粉厂更名为巴中县化肥厂，生产骨粉、综合肥、固氮菌肥等。1958 年 3 月至 1960 年，南江县先后建达县专区磷肥厂，生产钙镁粉；建南江县小河化肥厂，土法生产过磷酸钙、自生固氮菌、胡敏酸钠、骨粉等。1962 年，因国民经济调整，南江县小河化肥厂及达县专区磷肥厂相继停办。

1960 年，巴中县开办恩阳火柴厂，手工生产，有工人 60 余人。1961 年，恩阳火柴厂生产散装火柴 770 余件，亏损 0.9 万元。是年，巴中县花丛区自办火药厂，有工人 10 余人，亦连年亏损，于 1963 年停办。1964 年 4 月，通江县栲胶厂建成投产，属县办企业。1972 年，通江县栲胶厂升为地属企业。1974 年，通江县栲胶厂生产栲胶 360 吨，一级品占 97.5%。1965 年、1970 年、1976 年，通江县农业科、南江县和平昌县物资局，先后开办炸药厂，年产炸药 1000 余吨。

1975 年，南江县沙河、赤溪、八庙、长赤、北极、白院、赶场等 11 个公社建立腐殖酸肥料厂，生产腐殖酸肥料 582 吨，因无销路而先后停办。是年 10 月，南江县在原达县地区磷肥厂厂址新建南江县磷肥厂，生产硫酸 4643 吨、普钙 61 吨。1983 年，通江县栲胶厂建成年生产力 100 吨的五倍子单宁酸车间，并由单一的五倍子单宁酸发展为磺化单宁、倍酸、焦倍酸等系列产品。

1985 年，通江县原“五一”木船社转产办火柴厂，生产蜡梗火柴。至是年，境内 3 个油漆厂，完成涂料产值 27.1 万元；2 家火柴厂产火柴 2.49 万件，产值 53.48 万元；1 个炸药厂产炸药 390 吨，工业产值 43 万元，利税 5.1 万元。1974—1985 年，通江县栲胶厂共生产栲胶 7510 吨、五倍子单宁酸 224 吨。1986 年，通江县在诺江镇寨子石街兴办县日用化工厂。1987 年，通江县日用化工厂生产日用化妆品 633 瓶，护肤护发品 7.44 万瓶，洗发膏、痱子水 5.65 万瓶。1966—1992 年，境内共生产磷肥 9.54 万吨。

1993 年，全地区有乡及以上专（日）用化学工业 11 家，其中复合肥厂 3 家、磷肥厂 1 家、专用化学产品制造厂 2 家、日用化学工厂 5 家。年产磷肥 2 万吨、复合肥 0.15 万吨、油漆 2 吨、有机颜料 50 吨、顺丁橡胶 97 吨、栲胶类产品 155 吨、肥皂 1 吨、合成洗涤剂 5.4 吨、火柴 1.2 万件，骨胶 108 吨、自行车外胎 211 万条。工业总产值 0.1 亿元。

1995 年，全地区有专（日）用化学制品业 20 家，其中化肥制造业 4 家、化学农药制造业 1 家、有机化学产品制造 4 家、专用化学产品制造 5 家、日用化学产品制造 6 家。主要生产设备有硫酸生产设备 5 台、肥料生产设备 2 台，有机化学产品制造、专用化学产品设备、合成材料生产设备各 1 套。年产硫酸 1.07 万吨、化肥 12 万吨、油漆 8 吨、涂料 1.48 吨。工业总产值 2035 万元。1996 年 5 月，通江县生物菌肥厂建成投入生产，生产菌肥 0.3 万吨。

1997 年，全地区有专（日）化工产业 19 家，年产烟化爆竹 506 万元、煤制品 7244 吨、硫酸 1.17 万吨、磷肥 3230 吨、合成复合肥 1.05 万吨、油漆 12 吨、建筑涂料 286 吨、栲胶 29 吨、合成洗衣粉 9 吨、化妆品 9.4 万元。工业总值 2926 万元，销售产值 5051 万元。其中独立核算企业 15 家，工业产值 2283 万元，工业销售产值 4344 万元。

1998—2000 年，全地区（市）限额以上专（日）化工制造业由 7 家（亏损 4 家）减至 4 家（亏损 2 家），其中化肥业 3 家、林化厂 1 家，从业人员由 827 人减至 705 人。三年实现工业总产值 6700 万元，现价值 8126 万元，工业增加值 1662 万元；产品销售收入 1.14 亿元，实现税利 -214 万元（利润 -322 万元）。2000 年末，全市专（日）化工企业资产 5894 万元，负债 4797 万元，资产负债率 81.39%；所有者权益 1097 万元（实收资本 760 万元），同比增长 1.5%。有该类附营行业 2 家，工业总产值 16 万元，当年价值 22 万元，销售产值 22 万元。

二、制药业

1958—1959 年，巴中县商业局和南江县商业局分别与县人民医院联建制药厂，生产红药水、十滴水、碘酒、小檗碱、肝精康复片等。1960 年，生产康复散、十滴水、陈皮酊、姜酊、大蒜酊、陈皮糖浆、红药水、紫药水、虎骨木瓜酒、熊骨酒、五加皮酒等。1962 年，南江县制药厂转产食品业。1962 年，巴中县医药公司在县城何家祠堂办制药厂，生产精制小檗碱、麦精鱼肝油等 20 余个品种。1963 年和 1964 年，巴中县 2 家制药厂先后停产。1970—1972 年，巴中县、南江县制药厂相继复产。新生产干酵母、健胃片、小儿安等品种；生产氢氧化铝凝胶、五味子止咳糖浆、穿心莲片、ABC 片、LC 片、四环素片、氯霉素胶丸等产品。1981 年，南江县制药厂因质量不合格转为中药饮片加工。是年，巴中县制药厂试制成功桔梗冬药片、复方桔梗片、维生素 B1 片、四环素片等 15 个新品种，投入批量生产。1984 年，巴中县制药厂批量生产中、西药品 38 种。1985 年，巴中县制药厂迁县城郊南坝，生产中西药品 22 吨，工业总产值 144 万元。

1994 年，全地区有乡及乡以上医药制造业 2 家，年产解热镇痛散 8 吨、维生素药 14 吨、诊断用药 15 吨、片剂 15 万片、大输液 6 万瓶，工业总产值 981 万元。

1995 年，全地区有医药制造业 2 家，其中化学药品制剂业 1 家、动物药品制造业 1 家；有西药发酵、结晶糖化、干燥、蒸发、片剂、粉剂、中药生产设备 35 台（套）。年产化学药品 1239 万支（片、瓶、粒），工业总产值 604 万元。

1997 年，全地区有医药制造业增至 4 家，其中化学药品制剂业 1 家、中药材加工业 1 家、动物药品制造业 2 家。年产化学原料药 37 吨、工业总产值 491 万元，工业销售产值 630 万元。

1998—2000 年，全地区（市）限额以上医药制造业 1 家（亏损 1 家），从业人员 199 人。三年实现工业总产值 921 万元，工业增加值 348 万元，产品销售收入 1333 万元，实现税利 -175 万元（利润 -258 万元）。2000 年末，全市医药制造业有资产 2769 万元，负债 2191 万元，资产负债率 79.13%，同比减少 48.9 个百分点；所有者权益 578 万元（实收资本 500 万元），同比亏转盈。

三、塑料制品业

1971 年，巴中县城关镇率先在胜利街开办塑料厂，生产各类塑料瓶。1980 年后，巴中县又兴办 5 个集体塑料厂，生产薄膜、瓶、罐、盒等。1982 年 2 月，平昌县华严公社太平村有 57 人兴办塑料厂，为县酒厂生产塑料瓶盖。1983 年，平昌县五金厂生产封闭异型塑料瓶盖，年产量 70 吨。1984 年 2 月，平昌县五金厂又投资 30 万元，添置设备 16 台，建成 4 条生产线，年产塑料瓶盖、塑料打包带、滴塑瓶盖、吸塑装饰品等 204 吨，总产值 117 万元。到 1985 年，境内有塑制品企业 10 个，有职工 809 人，年生产塑料制品 743 吨；工业总产值 553 万元

1994 年，全地区乡及乡以上塑料制品业 13 家，其中塑料薄膜业 2 家、塑料包装箱及容器业 6 家、其他塑料制品业 5 家，年产聚氯乙烯 16 吨、聚乙烯制品 311 吨、聚丙烯制品 1 吨、农用薄膜 187 吨、塑料棒管材 60 吨、聚烯烃塑料编织袋 20 万条；工业总产值 296 万元。

1995 年，全地区有塑料制品业 10 家，主要生产设备 38 台（套）。生产废旧塑料回收再制品 39 吨、聚氯乙烯制品 442 吨、聚乙烯制品 143 吨、聚丙烯制品 98 吨、其他塑料制品 1910 吨；工业总产值 549 万元，同比增长 85.5%。

1997 年，全地区塑料制品业增至 14 家，其中有薄膜制造业 1 家、编织品制造业 3 家、包装箱及容器制造 2 家、日用塑料杂品制造业 5 家、塑料鞋业 3 家。年产塑料制品 803 吨，工业总产值 1340 万元，工业销售产值 1362 万元。其中独立核算企业 8 家，工业产值 764 万元，工业销售值 740 万元。

1998—1999 年，全地区限额以上塑料制品业 1 家（亏损 1 家），从业人员 30 人。两年实现工业总产值 29.6 万元，工业增加值 14.5 万元；产品销售收入 92 万元，实现利税 -15 万元（利润 -23 万元）。年末有资产 113 万元，负债 105 万元，资产负债率 123.6%。2000 年，全市有附营塑料制品业 2

家，工业总产值190万元，销售产值230万元。

第九节　建筑材料业

境内最早的建筑建材产品主要是火砖（土砖）和房瓦，均属修房时雇用匠人烧制，按需生产。1951—1952年，平昌县、巴中县公安局先后在县劳改农场开办砖瓦厂。1952—1956年，平昌县劳改农场砖瓦厂累计生产青砖138万块、青瓦139万匹。1956年，南江县、通江县亦在城关成立砖瓦生产合作社，区、乡也相继成立砖瓦生产社（组）。1958年，共产砖5428万块、土瓦483万匹，产值150元。1958年7—9月，巴中县、平昌县先后开办水泥厂，以石灰、黏土为原料。

20世纪60年代，平昌县、巴中县建筑公司开始生产水泥预制件。1960年，平昌水泥厂停办。1962年，巴中县水泥厂停产关闭。1968年，南江县建筑公司生产槽型混凝土预制板4280平方米。

1970年4—9月，境内四县先后新办和恢复水泥厂4家。1972年，4家水泥厂均开始批量生产。1973年，南江县水泥预制板厂改槽型为空心预制板，年产5万平方米。1975年后，砖瓦业发展较快，仅平昌县生产砖900万块、瓦281万匹。1977年，各县水泥厂进行整顿，并投资进行技术改造，扩大生产能力，年产水泥达1万余吨。1978年8月，通江县水泥厂建立。到1979年，境内有水泥预制板厂（车间）12个。主要生产电杆、空心预制板、梯踏步、挑梁、花窗等。至1985年，巴中县水泥厂转产碘酒，境内仍有水泥厂4家（南江县2家、平昌县1家、通江县1家），年产水泥4.91万吨。境内共开办水泥制品厂（车间）20个，共产预制板7498张、水泥砌块516块、水泥电杆1.81万根，预制件4113立方米，其他预制件4000余立方米，总产值155万元。平昌县高升乡玻纤厂、巴中县梁永玻纤厂，年产玻纤800吨，产值8万元。1949—1992年，境内共生产砖23.33亿块、瓦9.33亿匹。1959—1992年，境内共生产水泥86万吨。

1993年，全地区乡及以上建材业发展到46家，其中水泥制造业5家、水泥制品业5家、水泥预制构件业15家、砖瓦制造业10家、陶瓷制品业6家、石墨及碳素制品业1家、玻璃纤维制品业1家。年产水泥熟料11.22万吨、水泥11.22万吨、水泥电杆0.2万根、水泥砖2亿块、水泥预制构件1567万立方米、砖1808万块、大理石1万平方米、墙地砖125万平方米、日用陶瓷63.3万件、玻璃纤维纱10万吨；工业总产值0.38亿元。

1995年，全地区建筑建材业增至88家，主要设备有水泥煅烧设备7台、粉磨设备15台、烘干设备6台、选粉设备2台、水泥包装设备7台、水泥制品模具3套（台）、砖瓦设备30套（座、台）、石灰生产设备47台、加气混凝土设备1台、玻璃及其制品生产设备5座（台、套）。有年产煅烧水泥26万吨、砖7970万块、玻璃制品35万吨的能力；年生产水泥熟料12.5万吨、水泥13.4万吨、水泥压力管6万米、水泥电杆3216根、水泥砖48万块、水泥预制构件5.4万立方米、石棉水泥瓦460平方米、砖7380万块、瓦2000万匹、石灰144吨、花岗石板材3.9万平方米、平板玻璃3.6万平方米、玻璃马赛克1721平方米、釉面砖8.1万平方米、日用陶瓷40万件；工业总产值6667万元，同比增长55.81%。1996年7月，以南江县水泥一、二厂改制成立南江县水泥集团有限公司，为股份制企业。

1997年，全地区有非金属矿物制品业75家，年产水泥熟料3.53万吨、水泥24万吨、水泥电杆402根、水泥砖4万块、水泥预制构件23.4万立方米、砖6.23亿块、瓦3.85亿匹，石灰1.2万吨、大理石板材2.87万平方米、花岗石板材14.6万平方米、釉面砖27万平方米、墙地板900平方米、日用陶瓷105万件；工业总产值11670万元，工业销售值13251万元。是年11月，平昌县水泥厂体制改革成立平昌县百坚水泥有限责任公司。

1999年，通过平昌县百坚水泥有限公司引进湖山技改项目的续建竣工投产，南江县非金属矿业公司的技改和引资扩建，南江县水泥二厂改扩建项目的可研、立项和建成投产，南江县乐坝陶瓷厂建成投产，巴中市（县级）江北页岩砖厂隧道窑的改造投产以及平昌县陶瓷厂与广东佛山引资嫁接等项目的逐一落实，全地区建材工业出现新的经济增长点。全行业盈利781万元。

2000年，全市乡及乡以上建材企业实现工业总产值1.43亿元，同比增长4.2%，实现利税1393万元。其中系统内县以上建材重点企业完成工业总产值9978万元，同比增长39.3%；工业增加值实现3491万元，同比减少19.6%。亏损企业亏损面降低为14%；全行业盈亏相抵后盈利501万元。

第十节　金属制品业

境内历有用生铁铸铧之习俗，用于犁田。清同治六年（1867年），通江县长坪穿心店锅厂开始铸锅罐。至清末，通江县发展到4家。民国初期，通江县长坪关溪坝、黄梁嘴等地先后办厂15家，均以长坪锅厂命名。川陕省苏维埃时期，赤北县苏维埃政府在长坪、泥溪一带办厂6家，年产锅罐4500余件。民国后期，南江县先后办锅厂8家，工人100余人；通江县办锅厂40多家。至1949年底，锅厂大部分停产。

1951年，通江县、南江县锅厂相继复产。1952年，通江县、南江县锅厂年产锅罐7.8万件。1954年后，通江县、南江县锅厂分别转为公私合营或国营工厂。1958年，境内各县及区、公社办铁木农具社，主要是铸铧，满足本地市场需求。同时，铸造火锅、铸管件、铸锅罐的加工制造，供生活之需。1958—1961年，境内锅厂大部分停产，产量下降到0.7万～0.8万口之间。1962年，各锅厂相继恢复，年产锅罐5万口。1974—1977年，境内年产锅罐增至9.56万件。1977年，南江县农机修理厂始产铸铁管件760吨，至1979年产918吨，因无销路而停产。通江县也在此间生产铸铁管件用于引水。1980年以后，土法生产的锅罐不适应市场，通江县长坪锅厂引进机压锅生产技术及设备，使产量、质量大幅度上升。南江县土法生产质次价高的锅罐，不适应市场，于1982年停止。至1985年，通江县长坪锅厂年产锅罐仍有5.41万件。

1986年后，随着现代化生活的需求，电器、金属门窗类的金属制造业应运而生。至1993年，全地区乡以上金属制品业56家，其中工具制造3家、建筑用金属制品业2家、铁制小农具47家、其他金属业2家。年产电炉硅铁合金0.06万吨、铝合金门窗3万吨、铸铁锅16.5万口、台钻1.12万台；工业总产值0.16亿元。

1995年，全地区金属制品业减少到40家，主要生产设备有60吨以上电炉1座，1500～4999千伏安铁合金矿热炉1座、熔炼炉2台、拉丝机1台。年产铁合金480吨、延压黄金2.7万克、铁制小农具67万件、金属门窗1711吨、铸铁锅21.3万口、炉具8500个、燃气热水器42台；工业总产值952万元，同比减少60%。其中独立核算企业10家（亏损4家），从业人员486人，工业总产值671万元。

1997年，全地区有金属制品业30家，年产铁合金205吨、铁制小农具515万件、金属门窗300吨、铸铁锅15万口；工业总产值1445万元，工业销售产值1482万元。其中独立核算企业7家，工业总产值566万元，销售产值604万元。

1998—1999年，全地区有限额以上金属制品业1家（通江县长坪锅厂），从业人员97人，两年实现工业总产值223万元，产品销售收入205万元，实现利税－37万元（利润－55.5万元）。有资产

178 万元，负债 246 万元，负债率 138.2%，同比增长 24.3 个百分点；所有者权益 -68 万元（实收资本 69 万元）。

2000 年，全市有附营金属制品业 5 家，工业总产值 97.3 万元，现价销售产值 106 万元。

第十一节 机械业

一、农业机械业

民国时期，境内金、银、铜、铁、锡五业俱全，尤以铁业居多，均系手工操作。

1954 年后，境内四县先后成立手工业合作社。1958 年 7 月后，境内四县成立县级农业机械厂，区乡成立农具厂 400 余家。各县农机厂相继生产棉秆剥皮机、红薯切片机、手摇脚踏打谷机、小麦播种机等半机械化农具。

1963—1970 年，南江县机械厂试制打谷机、脱粒机、水轮泵、粉碎机；平昌县机械厂先后生产轴承和脱粒机；巴中县农机修配厂、城关农具厂生产打谷机、轧花机等产品。仅巴中县就生产各类农业机械 4350 台。1970—1975 年，南江县共生产打谷机 187 台、粉碎机 57 台、压面机 228 台、水轮泵 361 台、水轮机 34 台。

1979 年后，平昌县农机厂转为轴承厂；巴中县农机一厂转产汽车齿轮；南江县积压 1239 台粉碎机无销路，亦转产他业。到 1985 年，境内有机械工业 111 家，通江县、巴中县、平昌县农机产值达 621 万元。1949—1992 年，境内共生产中小农具 7302 万件。

据 1993 年统计，全地区有乡及以上的机械业 43 家，其中轴承制造 1 家、汽车零部件制造 3 家、专用设备制造 8 家、交通运输设备制造（修理）10 家、电气机械及器材制造 4 家、其他制造 17 家。年产农用水泵 10 万台、轴承 270 万套、矿山设备 20 吨、食品机械 1687 台、榨油机 519 台、饲料粉碎机 32 台、造纸机械 1 吨、中小农具 325 万件、电除尘设备 1 吨、微型电机 2000 台、电力变压器 3.16 万千伏安、裸线 12 吨、钢芯铝胶线 4 吨、普通电灯泡 3.2 万只；工业总产值 0.35 亿元。其中独立核算企业 22 家（亏损 6 家），工业总产值 3335 万元，产品销售收入 4056 万元，实现利税 281 万元。

1995 年，全地区有农业机械制造业 34 家，其中粮油制造设备制造业 5 家、农林牧副水业机械制造业 17 家、其他 12 家。主要设备有 1661 台（套），车辆 208 辆。年产粮食加工机械 2027 台、油脂加工机械 439 台（套）、粮油食品制造机械 9616 台（套）；工业总产值 1418 万元，同比增长 79.3%。

1997 年，全地区有农业机械制造业 46 家，年产粮食加工机械 6760 台、油脂加工机械 260 台（套）、食品加工机械 4004 台（套）、中小农具 132 万台、收获机械 342 台、场上作业机械 10 台；工业总产值 2812 万元，工业销售产值 3244 万元。其中独立核算企业 11 家，工业产值 1132 万元，销售产值 1488 万元。

1998—2000 年，全地区（市）有限额以上农机制造业 3 家（亏损 1 家），其中粮油加工设备制造业 2 家、机械化农具加工业 1 家，从业人员由 1998 年的 797 人减至 664 人。工业总产值由 1998 年的 710 万元增至 854 万元；工业增加值由 356 万元上升到 489 万元；产品销售收入由 996 万元增至 1231 万元，实现利税由 -465 万元（利润 -535 万元）增至 63.4 万元（利润 -16 万元）。企业资产由 4776 万元减至 4706 万元，资产负债率由 62.8% 上升到 63.1%；所有者权益由 1778 万元减至 1737 万元。

二、普通机械业

1959—1961 年，巴中县通用机械厂先后生产 C610 车床、手摇绞车、手搬钻、6 尺皮带车床等工业设备机械和金属切削机床共 121 台，多用于县内区、公社农具厂。1967 年，巴中县城关农具厂生产冲斗式水轮机和定浆式水轮机，后因产品销路锐减而停产。

1974—1977 年，巴中县城关农具厂共生产金属切削机床 108 台。1978 年 3 月，巴中县恩阳区农具厂购回 P902 圆盘机印刷图纸，回厂试制成功，投入批量生产。

1979 年，平昌县农机厂转产轴承。1982 年，平昌县轴承厂加入省轴承联合公司，定点生产 5 个规格的轴承。至 1985 年，平昌县轴承厂的碳钢轴承型号达 12 个，年产 100 万套。至 1992 年，境内共生产轴承 728.5 万套。

1994 年，全地区有普通机械制造业 9 家，其中轴承制造业 1 家，通用零部件业 3 家，其他 5 家。年产起重机械 80 吨、轴承 217.5 万套、液压件 4.4 万件、标准紧固件 17 吨、铸钢件 30 吨、铸铁件 26 吨；工业总产值 0.27 亿元。其中独立核算企业 5 家（亏损 1 家），从业人员 1232 人；实现工业总产值 2568 万元，产品销售收入 2976 万元，实现利税 264 万元（利润 52 万元）。

1997 年，全地区普通机械制造业减少到 7 家，其中轴承和阀门制造业 1 家、零部件制造业 3 家、铸锻件制造 1 家、机械修理 2 家。年产轴承 109 万套、标准紧固件 16 吨、齿轮 9.6 万个、铸件 782 吨；工业总产值 1710 万元，工业销售值 2013 万元。其中独立核算企业 6 家，工业产值 1662 万元，销售值 1978 万元。

1998—2000 年，全地区（市）有限额以上的普通机械制造业 2 家，其中轴承和阀门制造业 1 家、通用零部件制造业 1 家；从业人员由 1867 人减至 271 人，均属亏损企业。工业总产值由 279 万元增至 1044 万元，工业增加值由 105 万元增至 198 万元；产品销售收入由 745 万元增至 986 万元，实现税利由 -957 万元（利润 -1036 万元）增至 113 万元（利润 -6.8 万元）。资产负债率由 111.1% 减至 99.5%；所有者权益由 -600 万元增加到 22 万元。

三、交通机械业

民国 26 年（1937 年），平昌江口同集运输行生产木船，驶往重庆，船同载物一并出售。至民国 38 年（1949 年），平昌造船工增至 70 余名，年生产船只 150～260 只。1951 年 12 月，川北行政公署在平昌县城守镇刘家村（金宝乡光辉村）设立造船厂，有工人 200 余人，年产木船 220 只、1572 吨位；因滞销，于 1952 年 9 月搬迁。1953 年，平昌县成立船具社。1957 年，平昌县船具社更名为江阳曙光船具修配厂。1960 年，江阳曙光船具修配厂更名为平昌县交通机械厂，有工人 131 人，生产木船 84 只、1578 吨位。1967 年，平昌县组建钢质造船队，制造人力铁船 1 艘，载重 13 吨。1976 年，平昌县试制 12 马力小客船 2 艘和钢质浅水拖轮 1 艘。1977 年，巴中县航运机械转产汽车修配和提炼再生油；平昌县建国营汽车修配厂，有工人 25 人，年产值 6.7 万元。1978 年，平昌县五金厂生产汽车配件 2350 件，产值 3.1 万元。1979 年，巴中县巴州镇胜利街道农具厂更名为汽车配件厂，生产汽车制动鼓、轮胎螺丝、离合器拉杆等。巴中县农机一厂转产齿轮厂，年综合生产能力 12 万件。1985 年，平昌县船运机械厂有职工 47 人，生产各型船舶 32 艘、987 马力，总产值 45 万元。是年，巴中县齿轮厂、巴中县汽配厂、平昌县三个修理厂（队）共有工人 606 人，工业总产值 100 余万元。

1994 年，全地区有交通运输设备制造业 17 家，其中汽车修理 16 家、汽车零部件制造 1 家；工业总产值 572 万元，其中独立核算企业 5 家（亏损 2 家），从业人员 327 人；实现工业总产值 291 万元，工业增加值86万元，产品销售收入288万元，实现利税11万元（利润-8万元）。

1997年，全地区交通运输制造业减少到14家，其中汽车配件制造业1家、汽车修理业11家，其他修理2家；工业总产值892万元，工业销售产值1066万元。其中独立核算企业5家，工业总产值164万元，工业销售产值181万元。

1998—2000年，全地区（市）限额以上交通运输制造业仅存3家（亏损1家），从业人员由245人减至173人。工业总产值由125万元减至111万元，工业增加值由514万元减至32万元；产品销售收入由118万元增加到124万元，实现利税由9.5万元（利润-7万元）增加到10万元（利润2万元）。资产由1032万元减至877万元，资产负债率由91%减至80.2%；所有者权益由94万元增加到174万元。

第十二节 电器制造业

1965年，巴中县电厂电器仪表修饰组生产变压器。1974年8月，被省计划委员会纳入国家生产计划，生产74台、3000千伏安。1978年，巴中县建立变压器厂，附属县电力公司，年生产253台、1.66万千伏安的产品。1985年，生产530台、4.75万千伏安。1974—1993年，境内共生产变压器58.3万千伏安。

1994年，全地区有电器制造业6家，年产变压器8万千伏安、裸铝线20吨、钢芯铝胶线128吨；工业总产值516万元。其中独立核算企业4家（亏损1家），从业人员312人；实现工业总产值507万元，工业增加值131万元；年产品销售收入646万元，实现利税72万元（利润-13万元）。

1997年，全地区有电气机械及器材制造业6家，年产微型电机100台、变压器3.98万千伏安、钢芯铝胶线3吨、绝缘制品4吨、灯泡0.8万只、计量仪517件；工业总产值277万元，工业销售产值310万元。其中独立核算企业4家，工业产值271万元，销售产值299万元。

1998—2000年，全地区（市）限额以上电气机械及器材制造业由1998年的2家（亏损2家）减少到1家，从业人员由132人减至11人。工业总产值由130万元减至56万元，产品销售收入由194万元减至8万元，实现税利由-144万元增至4.8万元，其中利润由-165万元增至3.8万元。负债率由138.3%减至109%；所有者权益由-351万元增至-19万元。

第十三节 造纸业

清咸丰元年（1851年），通江县空山坝五福纸厂成立，系境内第一家造纸厂。至清道光年间，南江县已拥有数十家造纸厂。民国中期，境内各县有土纸厂400余家。土纸（草纸）均系农户兼营，以嫩慈竹为原料，经石灰加水腐烂，用土漆竹帘舀纸，多用于祭祖、祭神焚烧。川陕省苏维埃时期，通江县苏维埃政府派袁玉武在两河口东部开办工农纸厂，年产毛边纸600余担，供苏区办公用纸。

1950年，境内四县有私营纸厂100余家。1954—1956年，各县组建造纸生产合作社13个。1958年，通江县国营红旗纸厂和平昌县皮纸厂成立，年产纸80余吨。1959年，平昌县国营机制纸厂和南江县纸厂成立，日产机制纸640多公斤，年产值2万余元。

1962年，南江县、巴中县纸厂和通江县红旗纸厂因亏损而关闭。平昌县国营机制纸厂更为造纸生产合作社，添置设备 8 台（套），日产量 1 吨以上。通江县有集体纸厂 8 家，年产土纸 50 吨，产值 10 万～15 万元。1964—1966 年，平昌县集体纸厂年产机制纸 91 吨，产值 13 万元；平昌县皮纸厂并入手工业局纸厂，年产纸 92.4 吨。

1970—1976 年，通江县重建国营红旗纸厂；平昌县国营机制纸厂转为国营造纸厂，更新改造设备 14 台（套），年产打字纸、二号有光纸、卫生纸 520 吨。1974 年，巴中县印刷购置生产纸箱成套设备，年产纸箱 25 万个，彩印商标、标签 2000 余万印。1979 年，通江县红旗纸厂开始生产打字纸、拷贝纸、糖果包装纸，年产 190 余吨。巴中县城守、双胜、花丛公社亦开始办机制纸厂，年产纸 600 吨左右。平昌县先后建国营江口纸厂和涵水、佛楼公社联办纸厂，年产纸能力 2000 余吨。

1981 年后，平昌县相继办瓦楞包装箱厂 5 个，可产一瓦两平、两瓦三平等纸箱 20 余个品种。1982 年，平昌县国营纸厂开始生产瓦楞原纸、凸版纸、有光纸、书写纸等，但无效益，仅 1983 年就亏损 14.54 万元。1984 年，平昌县包装箱厂生产各类包装箱 32 万个，产值 47.5 万元，利税 4.8 万元。1985 年，巴中县、平昌县、通江县产纸 3616 吨，产值 321 万元。是年，境内有 13 个包装装潢企业，主营制箱、制盒、制袋、制罐和彩印商标、标签等业务。1984—1985 年，南江县生产少量毛边纸；平昌县国营纸厂并入江口纸厂。1965—1992 年，境内共生产机制纸及纸板 3.24 万吨。

1993 年，全地区有乡及乡以上造纸业 5 家、机制纸及纸板制造业 4 家。年产机制纸 2502 吨，其中书写纸 467 吨、卫生纸 1860 吨；机制纸板 2699 吨。

1995 年，全地区造纸业增至 15 家，其中有机纸及纸板制造业 6 家、加工纸制造业 1 家、纸制品业 8 家。主要设备有造纸机 8 台，其他造纸专用设备 5 台，有年生产各类纸 4380 吨的能力。实产纸浆 4954 吨、机制纸及纸板 4908 吨、手工纸 5 吨、纸制品 120 万平方米；工业总产值 2440 万元。其中独立核算企业 6 家（亏损 4 家），从业人员 1099 人，工业总产值 2226 万元。

1997 年，全地区造纸及纸板制品业减至 7 家，其中造纸业 5 家，纸制品业 2 家；年产机制纸 2020 吨、机制纸板 1048 吨、纸制品 2 吨；工业总产值 1427 万元，工业销售产值 1287 万元。其中独立核算企业 4 个，工业总产值 1244 万元，销售产值 991 万元。是年，平昌县国营造纸厂改制成立平昌纸业有限责任公司，有固定资产 336 万元，年创工业产值 258 万元，税利 24 万元。

1998—2000 年，全地区（市）有限额以上造纸及纸板制造业 1 家（亏损 1 家），从业人员 92 人。工业总产值每年 200 多万元，工业增加值 17 万余元；产品销售收入 170 万余元，实现利税 18 万余元。有资产 250 万元，资产负债率 90.4%。

第十四节　印刷业

清顺治年间，通江进士向玉轩晚年辞官还乡后，在赤江乡创办九成书铺，印刷《四书》《五经》等书籍。清道光七年（1827 年），通江刘坪场张天成在土城寨开办印书坊。清同治三年（1864 年），通江过街楼王树坊创建垂云书院，刻版印刷《四书》《五经》《幼学琼林》《千家诗》《寿世保元》等 10 余种古籍。清光绪十一年（1885 年）、清光绪三十二年（1906 年），巴州王思贵及通江县蹇文亨、蹇文翰分别在巴州、通江县城开办“集思斋”书铺及承鸿印刷社，用木刻板印刷启蒙教材《三字经》《贤文》等。

民国时期及川陕省苏维埃时期，境内共有私人印刷业 14 家。川陕省苏维埃政府曾在通江县设铅印、石印、木印三局，为造币厂印刷纸币和布币，为国家出版局印刷书刊和文献等。

1950 年，南江县、巴中县政府均办机关石印社，印刷文件、布告；平昌县开办文化印刷社，通江县私营印刷户发展到 5 家。至 1957 年，南江县、通江县印刷厂归属县报社，平昌县和巴中县将私营印刷社合并成立印刷生产合作社。1958 年，巴中县、平昌县印刷厂（社）并入报社。1966 年，平昌报社停办。1969 年，南江报社停办，恢复南江县印刷厂。巴中县人民印刷厂迁宕梁，引进光明树脂板工艺，拥有磨板机、晒板机、腐蚀机、海德宝印刷机、电化铝机、自动胶印机、立飞印刷机、照相机、异型钢刀切纸机等设备。是年 6 月，平昌报社复刊，国营印刷厂复业。1970 年，通江报社停办后，改为县印刷厂。1970 年，平昌报社添置设备 5 台，完成印件 8.89 万印，产值 10 万元。1972 年，平昌报社停办，更名为县印刷厂，同时改造平台印刷机，实现生产自动化。1973 年，巴中县人民印刷厂更名为县印刷厂，5 个街道印刷社亦陆续改为机印。

1978 年后，平昌县印刷业先后倒闭 20 家，存 10 家，创产值 77 万元。1980 年，巴中县先后有 4 个公社及 2 个单位办小印刷厂；通江县城关五金文具社更名为县工农印刷厂，县文教局成立印刷厂。1982 年，南江县印刷厂新上塑料编织袋生产线，购设备 5 台（套）。1983 年，南江县印刷厂产值增到 45.2 万元。

1985 年，境内四县共有印刷业 28 家，有工人 1260 余人，有固定资产原值 570.3 万元，年产值 853 万元。各县均有制印书刊、黑白照片等现代机器设备。

1993 年，全地区乡及以上印刷业发展到 15 家，年产书刊印刷品 5622 万令、胶印印刷品 9 万对开色令、本册 241 万本；工业总产值 0.19 亿元。其中全部独立核算企业 12 家（亏损 4 家），从业人员 1352 人，工业总产值 1849 万元。

1995 年，全地区有印刷业 21 家，其中书报刊印刷 5 家、包装装潢印刷 1 家、其他 15 家。主要生产设备有制版设备 2 台，印刷设备 196 台，装订设备 8 台。年产单色印刷品 23 万令、多色印刷品 7167 对开色令、塑料印刷 1.43 万印；工业总产值 1164 万元，同比减少 63.6%。其中独立核算企业 16 家（亏损 8 家），从业人员 1343 人；工业总产值 1091 万元，工业增加值 310 万元，产品销售收入 1317 万元。上缴税金 107 万元，实现利润 -120 万元，同比增亏 103 万元。

1997 年，全地区有印刷业 26 家，年产单色印制品 4605 万令、多色印制品 1778 万对开色令、塑料印刷 1056 万印；工业总产值 2329 万元，销售产值 2697 万元。其中独立核算企业 17 家，工业总产值 985 万元，工业销售产值 1220 万元。

1998—2000 年，全地区（市）限额以上印刷业由 1998 年的 5 家（亏损 5 家）减至 3 家，从业人员由 471 人减至 198 人。三年实现工业总产值 1050 万元，工业增加值 420 万元。产品销售收入 1177 万元，利税总额 -403 万元（利润 -553 万元）。企业资产由 2088 万元减至 1383 万元，负债率由 115.8% 升到 207%。

第十五节　木·竹·藤·草加工业

民国时期，境内农村众多木工（木匠）利用农闲时节，自产自销或上门加工木制品。其制作工具为传统的锯、斧、凿、刨等，生产农具家具 20 多个品种。民国末年，境内木材加工户发展到 300 余家。民间用竹藤棕草为原料编织席、筐、筛、篓、椅、箱、盘、帽、鞋、绳等生产、生活用品达 30 余种。1953—1954 年，境内四县相继成立竹藤社。主要生产竹藤工艺品和包装品，年产竹席、藤椅、棕衣、棕褡、草帽等 30 多万件。1954 年，木材由国家统管后，私营加工逐渐消失。各县供销社相继成立木器生产合作社，负责木制农具和家具加工。1958 年，大多木器社过度为地方国营木材加工厂。1961 年，境内四县木器加工企业仍为集体所有。木器加工木材由县计划委员会下达指标，县生产经理部委托各供销社定点生产和销售。1962 年后，木材缺乏，木材供应计划削减，各县木器社时做时停，大部分转产。

1978 年后，木材市场逐渐开放，社队企业及个体木工又开办一批木器厂，各县木器厂亦恢复生产。南江县木材加工厂生产板材和包装箱，兼营来料加工。通江县、平昌县木材加工厂发展到 100 多家，年产 53 万多元。1980 年，通江县建立包装材料厂，后改为木材综合加工厂，年产纤维板 2000 吨左右。1981 年，南江县二轻局兴办家具厂，采用机械化或半机械化生产。1984 年 9 月，平昌县在江口镇文化街办国营沙发厂，试产弹簧中档沙发。1984 年，南江县竹藤工艺社转为纸包装生产；平昌县竹藤厂转产五金塑料制品。1985 年后，平昌县沙发厂试产四用床式沙发、带柜式沙发等 20 余个品种、2800 余件（套），产值 14 万元，利润 1.3 万元。是年，巴中县、通江县、南江县有乡以上开办的木材生产企业 18 家，从业人员 221 人，年产值 427 万元。巴中县宕梁、果敢等乡 100 余农户兼营藤竹制品，年产藤椅达 7000 余把。

1993 年，全地区有乡及以上木、竹、藤、草制品 14 家，其中人造板制造业 3 家、木制品业 2 家、家具业 9 家。年产胶合板 91 万立方米，木质纤维板 0.4 万立方米，刨花板 1 万立方米、木制家具 377 万件；工业总产值 0.36 亿元。其中全部独立核算企业 6 家（亏损 2 家），从业人员 1487 人；工业总产值 2008 万元，产品销售值 1692 万元；产品销售收入 1715 万元，实现利税 143.2 万元。

1995 年，全地区有木、竹、藤、草制品业 19 家，其中锯材、木片加工业 3 家、人造板制造业 4 家、木制品业 3 家、木家具业 9 家。有木竹加工设备 53 台、人造板设备 29 台（5 套）、家具制造设备 13 台。年产锯材 960 立方米、人造板 7910 立方米、生产用木制板 43 万元、竹藤棕草制品 6 万元、家具 19.77 万件；工业总产值 551 万元，同比减少 69.4%。其中独立核算企业 10 家（亏损 9 家），从业人员 672 人，工业总产值 414 万元，产品销售收入 429 万元，上缴税金 33.4 万元，实现利润 -169.2 万元。

1997 年，全地区有木材加工及竹藤棕草制品业 24 家，年产锯材 3276 立方米、人造板 6918 立方米、生产生活用木制品 1110 万元、竹藤棕草制品 52 万元、家具 81 万件；工业总产值 1297 万元。

1999 年，全地区附营木材加工及竹藤棕草制品业 3 家，实现工业总产值（不变价）19 万元，现价销售产值 22.6 万元。

第十六节　其他工业

一、自来水生产供应业

20 世纪 50 年代前，境内城乡用水，以井水、河水为主。1958 年，巴中县 4 家工厂开始在巴河安装水泵，修建小型水塔，自行抽水使用。1965—1966 年，平昌县、南江县相继建修自来水厂，于次年投产；饮用供水人口不足县城总人口的 10%。1970 年后，通江县、巴中县亦开始修建自来水厂，日产水 2000 余吨。之后，各县陆续新建自来水厂，兴建净水池，新增配套设施，铺设压力水管，新增输水管道，并进行分级供应。至 1985 年，境内四县县城均有自来水厂，有供水管道 23 公里，年产水 326 万吨，基本解决城市生产、生活用水。

到 1993 年，全地区有乡及以上自来水生产供应业 7 家，自来水供应 773 万吨。至 1994 年，增到 16 家，其中生产 1 家、供应 15 家；自来水供应 1092 万吨。

1995 年，全地区有自来水生产、供应业 13 家，年产自来水 883 万吨，供应 331 万吨；工业总产值 397 万元。其中独立核算企业 4 家（亏损 1 家），从业人员 456 人；工业总产值 291 万元，工业增加值 332 万元，产品销售收入 598 万元，上缴税金 63 万元，利润 -73 万元。

1997 年，全地区自来水生产业增至 15 家、供应业 6 家，年产自来水 2454 万吨、供应 2454 万吨；工业总产值 735 万元，工业销售产值 1542 万元。其中独立核算企业 6 家，工业产值 396 万元，工业销售产值 1026 万元。

1998—2000 年，全地区（市）限额以上自来水生产供应业 4 家，其中生产 1 家、供应 3 家，从业人员 553 ~ 681 人。三年实现工业总产值 1136 万元，工业增加值 1705 万元，产品销售收入 3923 万元。实现利税 530 万元，其中利润 245 万元。期末有资产 7437 万元，资产负债率 51.08%。

二、文体用具业

民国初期，巴州城张文方从事胶墨和毛笔制作，所做毛笔性能良好，素有“文方名笔”之称。民国 5 年（1916 年），通江县邓天璧赴日留学回县后，自制粉笔，并用于课堂教学。民国 24—27 年（1935—1938 年），广安吕义祥、南充李树山先后到巴中县招徒制毛笔和胶墨。其后，巴中县发展到 20 家，南江县有毛笔厂 1 家、制墨厂 4 家。巴中县年产毛笔 2 万余支、墨 500 余公斤，畅销近邻各县。

1956 年，南江县、巴中县均成立城关文具生产合作组，用传统工艺制造毛笔、墨锭、砚台、笔筒。1967 年，南江县生产各类羊毛笔 3.4 万支、胶墨 440 公斤、砚台 350 块，于 1976 年停产。1977 年，巴中县文具印刷厂从陕西省引进造墨水技术，研制成功蓝黑墨水、红色墨水，投入批量生产。

1980 年，平昌师范校试制出蓝黑墨水，注册“巴山牌”，年产 7 万瓶，产值 1 万元。1982 年，巴中墨水注册“南龛牌”商标，年产 100 余吨。平昌师范学校墨水厂更名为平昌县墨水厂。1984 年，平昌县墨水厂与重庆红岩墨水厂，签订经济技术合作协议，建成墨水生产线，年产墨水 42 万瓶，工业产值 8 万元。

1993 年，全地区有独立核算文化用品制造业 7 家（亏损 3 家），从业人员 162 人；工业总产值 184 万元，工业增加值 51 万元，产品销售产值 100 万元；实现利税 19 万元。

1995 年，全地区有文化体育用品制造业 15 家，其中文具制造 4 家，本册制造 9 家、教学标本制造 1 家、玩具制造 1 家。年产墨水 211 吨、本册 1278 万本、玩具 26 万元；工业总产值 357 万元。

1997 年，全地区文教体育用品制造业减至 8 家，其中文化用品制造业 7 家、玩具制造业 1 家。年产本册 1285 万本、玩具 21 万元，工业总产值 251 万元，工业销售产值 319 万元；其中独立核算企业 6 家，工业总产值 173 万元，工业销售产值 249 万元。

1998—2000 年，全地区（市）限额以上文化用品制造业减至 3 家（亏损 1 家），从业人员 46 人，其中文具制造业 1 家、本册制造业 2 家。三年实现工业总产值 377 万元，工业增加值 168 万元；产品销售收入 520 万元，实现税利 29.7 万元（利润 -0.5 万元）。期末企业有资产 225 万元，资产负债率 68%。

三、橡胶制品业

1975 年，平昌县城东公社自筹资金 9 万元，兴办翻胎厂；翌年元月投产，因原料供不应求，生产停滞。1977 年，平昌县翻胎厂负责通江县、南江县、巴中县等县拖拉机、汽车轮胎的翻新业务。1978 年，平昌县翻胎厂又投资 31 万元修建厂房，添置设备，年翻胎能力 1.5 万条。

1979 年，巴中县红岩、柳岗两公社合资兴办红柳翻胎厂，年翻胎 1000 多条。平昌县翻胎厂更新设备，改进管理办法，开展质量攻关，年翻胎 4320 条，产值 121 万元，盈利 4.02 万元，产品畅销 15 个县、市。1982 年，平昌县翻胎厂进行工艺改革，提高翻胎质量，在 1983 年全省翻胎实地测试鉴定中获省同行第二名。

1985 年，境内有翻胎厂 2 个（巴中县红柳翻胎厂、平昌县翻胎厂），共有工人 150 人，实现产值 374 万元。其中平昌县翻胎厂年翻胎 5641 条，获税利 3.9 万元。

1994 年，全地区有橡胶制品业 5 家，年产橡胶类产品 122 吨，轮胎外胎 5 万条、内胎 3 万条；工业总产值 139 万元。其中独核算企业 2 家（亏损 2 家），从业人员 122 人；实现工业总产值 131 万元，产品销售收入 140 万元，实现利税 -35 万元（利润 -44 万元）。

1995 年，全地区有橡胶板、管、带制造业 1 家，胶鞋制造业 1 家，轮胎翻新业 2 家，其他 1 家。生产设备有切胶机、开炼机、轮胎定型硫化机、硫化胶鞋注射成型机、硫化罐等设备 19 台（套）。年产轮胎外胎 1.04 万条、普通三角带 1.65 万 A 米，工业总产值 663 万元。其中独立核算企业 5 家（亏损 4 家），从业人员 366 人；工业总值 652 万元，工业增加值 239 万元。

1997 年，全地区有橡胶制品业 3 家，年产外胎 5994 条、三角带 2 万 A 米，工业总产值 512 万元，工业销售价值 508 万元。其中独立核算企业 2 家，工业总产值 332 万元，工业销售值 370 万元。1998 年后，全地区橡胶制品企业停产。

四、木材采运业

1951 年夏，平昌县伐木厂成立，从事木材收购业务。川北伐木公司在南江县的大河、关门、茶园、新店，通江县的瓦室、钟风、陈河等地，采伐国有林木 6 万余株。1957 年，通江县成立县木材收购站。1959 年，又成立通江县伐木厂。1960 年，南江县伐木厂成立，从事国营林常年砍伐。1950—1970 年，境内共采伐原木 45.04 万立方米。1971—1985 年，境内共采伐原木 67.28 万立方米。1950—1985 年，境内共调销木材 158.65 万立方米，其中通江县 60.44 万立方米、南江县 87.3 万立方米、平昌县 10.91 万立方米。1958—1993 年，境内共采原木 122.1 万立方米。

1994 年，全地区有乡以上木材采运业 3 家，年产工业木材 3 万立方米、竹材 26 万立方米，工业总产值 99 万元。1995 年，全地区 3 家木材采运业，有木材装卸设备 8 台，年采伐木材 2.43 万立方米，工业总产值 1197.4 万元。其中独立核算企业 2 家（亏损 2 家），从业人员 1575 人；工业总产值 1188.4 万元，产品销售收入 1274.4 万元，上缴税金 158.3 万元，实现利润 -162 万元。

1997 年，全地区有木材采运业 2 家，采运原木 5.71 万立方米、工业木材 4.26 万立方米，工业总产值 996 万元，销售产值 1201 万元。

1998—1999 年，全地区限额以上的木竹采运业由 1998 年的 2 家（亏损 2 家）减至 1999 年的 1 家，从业人员由 1263 人减至 259 人。工业总产值由 646 万元减至 314 万元，实现税利由 -225 万元（利润 -303 万元）增至 -5.6 万元（利润 -47 万元）。资产负债率由 37.6% 降至 30.2%。

五、制革业

民国初期，吴仕昌在通江县书院街开设皮鞋铺，生产皮底布鞋。民国 33 年（1944 年），常伍曾在巴中县玉山乡办皮革厂，生产皮箱。境内各县均有皮匠，主要为富户缝制皮褂、皮褥、皮袍等。川陕省苏维埃时期，红四方面军在通江县新场坝开办皮革加工厂，生产皮带、步枪带、手枪弹带等军用品。1958年，通江县成立皮革制鞋厂，年产皮革100余双。1962年，通江县皮革制鞋厂改为城关皮鞋社（集体）。1979年9月，通江县成立县皮革厂，年产皮鞋900双，加工皮革800张。1980年，巴中县恩阳公社开办制革厂，年产皮鞋7万余双。至1985年，巴中县、通江县有皮革厂3家，工人429人，实现工业总产值183.3万元，有固定资产97.2万元。1953—1992年，境内共生产皮鞋157.1万双。

1993年，全地区有乡以上皮革、羽绒制品业8家，其中制革业1家、皮革制品业6家，羽绒制品业1家，年产轻革2万平方米、皮鞋31.53万双，工业总产值0.15亿元，产品销售收入1369万元，实现利税-225万元。

1995年，全地区有皮革、羽绒制品业8家，主要生产设备4台（套）。全年鞣制皮革2.3万张、产轻革2.82万平方米、重革8吨、皮箱1300只、皮鞋14.5万双，羽毛（绒）127吨，羽绒被2.83万条、羽绒枕头4.07万只；工业总产值1510万元，同比减少11.8%。其中独立核算企业7家（亏损2家），从业人员767人，工业总产值1497万元；产品销售收入1476万元，实现利润-153万元，同比增亏6.3%。

1997年，全地区有制革业1家，皮制品业8家、羽毛（绒）制品业2家；年产皮鞋21万双，工业总产值1208万元；其中独立核算企业7家，工业总产值862万元，工业销售产值996万元。

1998—2000年，全地区（市）限额以上羽毛（绒）制品业1家（亏损1家），从业人员192人。实现工业总产值每年170多万元，亏损额达180万余元。

六、工艺美术

民国时期，境内民间艺人在节庆或婚丧之期作彩船、花灯、龙舟、灵龛等工艺品出售，或代人加工。各县亦有艺人开办雕刻铺，刻制官房图记及私人印章。20世纪50年代，通江县仅县城就有刻印业3家。1960年，巴中县城关镇于民主街开办工艺美术制镜厂，生产各式民用镜，加工锦旗，刻制吊牌。1970年，巴中县城民主街3个家庭妇女组建“三八”刺绣厂，通江县城关镇亦办刺绣厂。20世纪80年代，境内各县城关镇相继开办城镇工艺美术厂、私营工艺美术厂，从事吊牌制作，装饰装潢，花圈、花篮及其他工艺品制作。至1985年，巴中县城关镇刺绣厂工人由1980年的32人减到11人，完成产值8.1万元；巴中县城关制镜厂有工人11人，实现总产值12.3万元。

1995年，全地区有工艺美术、其他生活用品业26家，工业总产值845万元。其中独立核算企业6家（亏损2家），从业人员424人；工业总产值409万元，产品销售收入609万元，上缴税金30万元，利润0.7万元；年末有资产1529万元，负债1412万元，负债率92.3%。

1997年，全地区有工艺美术及其他生活用品制造业22家。工业总产值1086万元，工业销售产值1206万元；其中独立核算企业7家，工业产值515万元，销售产值586万元。1998年后，全地区工艺美术行业，发展迅速，且种类繁多，主要有室内外装饰设计、广告设计、手工制画、灯箱制作、十字绣等。

第三章　乡镇企业

第一节　企业概况

民国时期，境内各县均有糟坊、粉坊、油坊、豆腐坊（简称“四坊”）和泥匠、木匠、铁匠、石匠、篾匠（简称“五匠”）以及烧砖、熬糖、烤酒、打米、磨面等传统工副业。据民国 38 年（1949 年）统计，南江县有农村“五匠”597 人，小酢坊、小粉坊、小油坊 203 家；平昌县有农村“五匠”1080 人，除“四坊”外，亦有在场镇经商办店的 197 家。

中华人民共和国成立后，境内四县农村工副业迅速发展。1950—1952 年，境内四县支持家庭副业以合作方式扩大生产经营规模。1956 年，境内四县农村工副业大部分纳入集体经营。1958 年，农村合作企业称“社队”工副业。公社、大队采取季节性与常年性相结合，企业与副业相结合，固定工与临时工相结合的办法，坚持农业、工业两不误，社队企业数量及总产值猛增。1962 年，国民经济调整，公社企业数量锐减。巴中县公社企业由 1958 年的 398 个调整下降到 213 个。

1978 年，境内四县先后将农村原属国营的粮、油、酒等企业和县以下原属二轻局管理的轻工企业划属公社，由社队企业局管理。到 1980 年底，平昌县划给社队企业管理的二轻企业 207 个，粮油加工企业 241 个，商办酒厂 397 个，棉花加工企业和其他企业 108 个。

1980 年后，社队企业再度受“三挤”（以小挤大、以洋挤土、以先进挤落后）、“三争”（争原料、争资金、争市场）的影响，发展速度缓慢。1983 年，境内社队企业产值仅 1.55 亿元。

1984 年，根据国家《关于开创社队企业新局面的报告》精神，境内四县积极发展乡镇企业。通江县乡镇企业总数达 2170 个，从业人员 18960 人，实现总产值 740 万元，占农业总产值的 9.4%。

1985 年，国家加强经济宏观控制，紧缩银根，乡镇企业在困境中坚持“紧中求活、少中求好、通力合作、共渡难关”的方针，稳中仍有发展。1990 年，境内四县乡镇企业坚持乡办、村办、联户办、个体办，乡镇企业“四轮”齐驱，优化行业结构，增强对社会有效供给。巴中县、平昌县乡镇企业产值超过 1 亿元，巴中县城守乡、平昌县华严乡产值超过 500 万元，有 11 个工业企业产值超过 100 万元。

1993 年，地区贯彻执行“积极扶持、合理规划、正确引导、加强管理”的方针，加强对企业的指导、管理、监督、协调和服务，全地区乡镇企业 54640 个，从业人员 88786 人，实现乡镇企业总产值 110471 万元，比 1992 年增长 29.43%；实现乡镇企业利润 3975 万元，比 1992 年增长 7.2%；上缴国家利税总额 6063 万元；为农民人均创收 50 元。其主要产品产量，除原煤、砖、石灰、机制纸及纸板、饮料酒、食用植物油、皮革、服装等比 1992 年减少外，铁矿石、发电量、铁制农具、棉布、生丝、皮鞋、配（混）合饲料等均呈上升趋势。

1994 年 3 月，地委、行署发出《关于加快发展乡镇企业的意见》，提出把加快乡镇企业发展作为全地区经济工作的战略重点，走“大力发展促速度，加强管理增效益，发展与提高并重”之路，“抓好项目上规模，兴办小区求突破，多轮驱动求发展，抓好骨干上档次”。

1995 年，全地区各级乡镇企业管理部门突出项目和改制两个重点，坚持在发展中提高，在提高中发展。全地区乡镇企业达 5.9 万个，从业人员达 11.3 万人；实现产值 23.2 亿元，营业收入 23.7 亿元，分别比 1994 年增长 40.4% 和 46%；为农民人均创造纯收入 95.6 元。巴中市（县级）粗丝厂、平昌县龙凤丝绸厂、南江县杨坝水电开发工业公司、通江县涪阳银耳公司等 9 个乡镇企业分别获“全国乡镇企业管理基础工作达标单位”称号。

1996 年，全地区乡镇企业新上、技改乡村集体项目 205 个，完成投资额 1.8 亿元，其中总投资 50 万元以上的骨干项目 32 个；组建股份合作制企业 200 家；部分小微亏企业开始实行兼并和拍卖；“学邯钢、强管理、降成本、增效益”活动开展面 85%；开发新产品 39 个，引进新技术、新工艺 35 项，引进新设备 12 台（套）。完成乡镇企业总产值 37 亿元，实现乡镇企业营业收入 37.9 亿元，税金 9576 万元，净利润 1.13 亿元。乡镇企业系统出口产品企业 11 家，实现总产值 2998 万元，出口产品交货值 1273 万元。

1998 年，全地区乡镇企业系统继续以卖、租、股为主要形式，构建以非公有制经济为主的所有制结构框架。桑园、果园、茶园、畜场、禽场、林场等农业企业，在乡镇企业中的比重，由 1997 年的 2.1% 上升到 5%。商业贸易、饮食服务、交通运输等第三产业在乡镇企业中的比重，由 1997 年 19% 上升到 22.9%。全地区改制企业 2182 家，占 1997 年底集体企业个数的 76%。其中出售 770 家，股份合作制改造及新建股份合作制企业 139 家，租赁 243 家，兼并及其他产权转让形式的 1030 家。通过改制，盘活固定资产 2190 万元，新增乡镇企业产值 5475 万元，新创税 860 万元。

1999 年，全地区新改制企业 272 家，其中股份合作制 83 家、拍卖 85 家，租赁 66 家，其他形式 58 家。通过改革，收回资金 643 万元，盘活存量资金 4500 万元。乡村集体企业亏损面比 1998 年下降 0.5 个百分点，负债率比 1998 年下降 1.1 个百分点，利润总额比 1998 年增长 1.5%。全年完成乡镇企业总产值 61.1 亿元，占全地区农村社会总产值的 50.7%；基本完成乡镇企业增加值 12 亿元，实缴乡镇企业税金 1.3 亿元，占全地区财政收入的 21.79%；完成乡镇企业营业收入 60.95 亿元，比 1998 年增长 4.5%；实现利润 1.5 亿元，比 1998 年增长 1.5%，为农民人均创造纯收入 274 元。

2000 年，全市新改制企业 38 家，盘活存量资产 2100 万元，占闲置资产 4600 万元的 45.7%。市、县配合乡镇企业部门，以巴州镇、南江镇、江口镇、诺江镇、乐坝镇等五大重点区域为重点，大力发展农产品加工工业，积极抓好薯类制品、畜产制品、蔬菜制品、蘑芋制品、菌类制品、茶叶制品、酒类制品、丝绸制品、蜜饯制品等 9 大绿色食品和建材制品及 20 个骨干企业的发展。通过一系列措施的具体实施，全市乡镇企业发展到 82187 个，从业人员 219727 人；实现乡镇企业总产值 63 亿元，实现乡镇企业增加值 13.03 亿元，占全市总额的 16.9%；实缴税金 1.7 亿元，占全市财政收入的 23.7%。在国民经济中，营业收入 62.4 亿元，实现利税 1.7 亿元，为农民人均创造可支配收入 252 元。

第二节　企业属性

一、乡镇（公社）办企业

民国时期，境内乡（镇）未办企业。川陕省苏维埃时期，部分乡苏维埃政府兴办制衣厂、鞋帽厂、织布厂等给红四方面军制衣、制帽、扎鞋。1949—1955 年，农村手工业和副业属个体经营。

1956年，农业合作化后，农村手工副业逐步纳入集体经营。1958年，全民大办工业，境内各公社先后开始兴办企业（简称“社办企业”）。至1961年，社办企业初具规模，仅平昌县社办企业总数达497个，从业人员2765人，总产值138万元，年利润97万元。1962年，国民经济调整，社办企业精减人员，大办农业，企业数量减少，规模缩小。南江县社办企业下降到107个，产值由1958年的75.3万元，下降到56.4万元。1963年，境内各地社办企业再次兴起。1964年，各公社成立“五匠管理委员会”，将石匠、木匠、泥瓦匠、鞋匠、缝纫等组织起来，为农业生产和人民生活服务。社办企业得以恢复性发展。巴中县兴办社办企业594个，其中工业企业284个，农业企业104个，供销服务企业197个；全年实现产值392万元，利润103万元，上缴税金87万元。

1966—1976年，受“文化大革命”运动干扰，大部分社办企业厂垮人散，社办企业经济效益大幅度滑坡。1978年，各县重新发展社办企业，社办企业迅速恢复和发展。至1979年，境内社办企业897个，从业人员9178人，实现产值6400万元、利润1785万元。

1980—1990年，为社办企业极困时期，底子薄弱，设备简陋，资金极度紧缺，原辅材料供不应求。1993年，全地区乡（镇）办企业1606个，从业人员7781人，创产值7986万元，实现利润1933万元，上缴税金1047万元。

1995年，随着社会主义市场经济体制的逐步建立和完善，乡镇集体企业的传统优势逐步减弱，政企不分，管理滞后，企业产品科技含量不高，市场竞争力不强，一些乡办企业出现严重亏损，处于停产或半停产状态。年底，全地区乡（镇）办企业仅991个，从业人员28093人，创造产值1682万元，实现利润996万元。

1996年后，进一步加大乡镇企业改革力度，按照“产权明晰、责任明确、政企分开、管理科学”的要求，采取股份合作制及兼并、拍卖、租赁、破产等形式，对全地区95%以上的乡（镇）企业进行改制。部分乡（镇）建筑企业仍由乡（镇）采取承包或租赁方式进行经营。到2000年，全市乡（镇）集体企业3176个，从业人员16562人，创造产值15722万元，实现利润1692万元。

二、村（大队）办企业

1958年，人民公社化初期，以管理区（大队）为基本核算单位，兴办企业。主要靠“一平二调”，物资由生产队筹，劳力由生产队出。企业员工在企业劳动，回队评记工分参加分配。一些大队办企业规模很小，吸引力弱，仅为农业生产和群众生活，力所能及的生产（维修）一些产品、器具。1961年，基本核算单位下放，原平调生产队的人、财、物一律退还生产队，使大队办企业严重挫伤，濒临倒闭。1966年起，“文化大革命”期间，村（大队）企业自然发展。1978年后，村（大队）企业步入健康发展阶段，境内四县村（大队）办企业696个，从业人员1991人，总产值855万元，实现经营收入478万元。主要集中在各县城郊公社和公社集镇附近。1980年底，平昌县驷马公社龙台村有村办企业13个，其中建筑队1个、建材厂1个、运输队1个、餐旅店2个、农具修配加工组2个、村属果园3个、养殖场2个、药房1个、砖瓦厂1个；从业人员73人，全年实现产值8.8万元，经营收入9.2万元，创造利润3.6万元。

1985年，境内村办企业发展到872个，从业人员3970人，实现产值1493万元，创造利润621万元。1986年起，境内各县把乡镇企业作为发展农村经济的突破口，村办企业进一步得以发展，至1992年，境内村办企业发展到1103个，从业人员5560人，实现产值1995万元，利润838元。

1993年，全地区村办企业1808个，其中工业企业612个，农业企业509个，其他企业687个；

从业人员 7781 人，实现产值 3611 元，利润 922 万元。

1994 年起，各县（市）扩大乡镇企业规模，提高乡镇企业产品质量，村办企业实现稳健发展。至 2000 年，全市村办企业数量、质量、结构、效益发生明显变化。村办企业 1575 个，从业人员 9074 个，实现产值 4895 万元，实现利润 1643 万元。

三、联办企业

1973 年后，境内社队企业在发展过程中，逐步形成公社与村、村与社联合办企业，公社与公社、村与村、社与社联合办企业，不分单位和行业联合办企业等三种形式的联办企业。1978 年，平昌县有不同规模和类型的联办企业 77 个，从业人员 395 人，实现产值 83 万元，创造利润 15.8 万元。

1986—1990 年，境内联办企业优势突出，效益可嘉。据 1990 年统计，境内四县联办企业有 83 家，从业人员 782 人，实现产值 263 万元，创造利润 97 万元。1991 年，各县先后出台各种优惠政策，为联办企业营造宽松环境，联办企业进一步得到巩固和发展。至 1993 年，全地区有联办企业 119 个，其中工业企业 56 个，农业企业 21 个，其他企业 42 个；从业人员 1086 人，年创产值 491 万元，实现利润 119 万元。

1994—1997 年，四县（市）采取措施，加强对联办企业的引导，促进联办企业发展。1997 年底，全地区有各种不同规模和类型的联办企业 811 个，从业人员 9240 人，实现产值 3070 万元，创造利润 978 万元。

1998 年起，四县（市）引导联办企业进行产品结构调整，帮助联办企业加强内部管理，把联办企业与国营、集体企业等同对待。至 2000 年，全市联办企业 3520 个，从业人员 36706 人，实现产值 13098 万元、比 1993 年增长 26.68 倍；创造利润 3605 万元，比 1993 年增长 30.29 倍。

四、个体私营企业

1973 年后，境内个体私营企业部分由原农户副业和手工业作坊转化形成，大部分是在农村发展多种经营和社队企业大发展中兴办的。1978 年，境内共有个体私营企业 173 家，从业人员 1976 人。

1981 年，各县把个体、私营企业发展列为各级党政重要工作目标，个体私营企业得以迅速发展。平昌县得胜公社七渠村利用传统优势和紧靠场镇的区位条件，积极支持鼓励农户发展个体企业；全村 197 户人家，有 188 户开办酿酒、酿醋、造纸、打米、制鞭炮、打草鞋、炸麻花、磨豆腐、加工魔芋、制麻糖等个体私营企业 193 个。到 1985 年，境内个体私营企业 18976 个，从业人员 23385 人，实现产值 795 万元，经营收入 804 万元。个体私营企业主要从事运输、饮食、服务等。

1993 年，全地区个体私营企业 49618 个，从业人员达 60133 人。1995 年以后，除乡办、村办、联办集体企业及国有企业改制为个体私营企业外，各级政府把发展个体私营企业作为发展乡镇企业的主体，对个体私营企业实行“四当”（即当信息向导、当技术顾问、当账房先生、当解难友人），全地区个体私营企业快速发展，成为全地区乡镇企业的主力军。

2000 年，全市个体私营企业 70491 个，从业人员 155045 人，实现产值 23.8 亿元，利润 6.42 亿元，分别为 1993 年个体私营企业总数、从业人员、产值和利润的 1.1 倍、0.8 倍、22.1 倍和 5.7 倍。

第三节　企业门类

一、种植·养殖企业

（一）种植企业

境内种植企业包括果园、林场、药园、茶场（含制茶）、苗圃、蔬菜、食用菌等。从1953年起，种植企业发展较快。至1958年，境内四县共发展种植企业106个，其中果园48个、林园15个、药园22个、茶园12、苗圃5个、蔬菜社5个。随后，境内四县贯彻粮、棉、油、麻、丝、茶、糖、菜、烟、果、药、杂“十二字”方针，种植企业发展更快。1965年，境内四县种植企业达到144个，总产值达到41.5万元。1978年后，多种经营被列入农村经济工作的重要内容。至1990年，境内四县种植企业总数165个，实现产值59.7万元。此后，各县在农村经济工作中坚持调整结构、优化粮经比例，种植企业快速发展。

1993年，全地区进一步把调整、优化农业结构，作为脱贫致富奔小康的战略措施。全地区种植企业总数198个，其中果园61个、林园45个、药园57个、茶园22个、苗圃6个、蔬菜社7个，食用菌4500平方米。种植企业总产值63.7万元。

从1994年起，四县（市）组织发动机关干部职工深入乡村划片包干，集中精力、时间、资金、物资，大力开发经济林。至1996年，全地区种植企业发展到676个，其中规模6.67公顷以上的种植企业108个。1997年，全地区把发展庭院经济作为新农村建设的重要内容。至2000年，全市种植企业1670个，其中果园555个、林园325个、药园363个、茶园396个、苗圃13个、蔬菜社18个，食用菌18500平方米。种植企业总产值197.4万元，是1993年的3.1倍。

（二）养殖企业

境内养殖企业分家畜养殖、家禽养殖、水产养殖三大类型。1976年后，境内集体养殖业逐步兴盛。各县采取召开会议、培育典型、组织参观、悬奖攻关等多种措施，发展集体养殖和私人养殖业，大办千猪场、万猪场。除耕牛外的其他养殖业数量少、规模小。

20世纪80年代初，实行养殖规模化、品类多样化。1985年，境内四县养殖企业136个，其中家畜养殖企业63个、家禽养殖企业52个、水产养殖企业21个。1987年后，随着农村双层经营体制的推行，大部分养殖场承包到个人，实行社队统一指导，分层分户管理。至1992年底，境内四县养殖企业发展到169个，其中家畜养殖企业74个、家禽养殖企业57个、水产养殖企业38个，并开始出现鹿、鹌鹑、黄鳝、鳖等养殖业。

1993年后，地、县（市）把以畜牧业为主的养殖业作为全地区经济跨越式发展的重要产业，养殖企业迅速发展。至1997年底，全地区养殖企业达1042个，其中家畜养殖企业521个，家禽养殖企业344个，水产养殖企业177个。1998年后，地、县（市）进一步加大以家畜为主的养殖业发展的改革力度，加大资金投入和政策倾斜。到2000年，全市养殖企业呈现出规模扩大、品位提高、类型增多、效益增强的良好势头。全市养殖企业达1162个，其中家畜养殖企业533个，家禽养殖企业321个，水产养殖企业308个。养殖企业产值285.6万元，比1993年增长143.1%。

二、工业企业

清末，境内纺织、缫丝、砖瓦、酿造、榨油、竹木器、土陶等手工业作坊、工场兴起。民国时期，个体手工业门类增多，达40多种，以家庭手工业为主。1949年，境内手工业门类有60余种。

1954年，农村手工业者开始按行业特点组建为铁器、竹器、木器、缝纫、弹花、轧花、五金等合作社。1958年，农村以多种形式办工业，主要有由农业生产合作社经营的工副业转为公社统一管理，组织农民土法兴办农药厂、化肥厂、铁木农具厂等。1961年，国家实行“调整、巩固、充实、提高”方针，少数企业保留国营性质，退回集体的农村手工业企业由县手工业管理局管理。1964年，农村经济结构调整，部分公社陆续新建抽水、打米、磨面、木制器具、铁制农具、砖瓦、修理、糖坊、粉坊等企业。其间，个体手工业逐渐恢复发展，仍称农村工副业。1976年，境内四县社队企业中有工业企业784个，主要有打米、磨面、铁制农具、服装、小五金、修理、印刷、造纸、锉刀、红炉、竹器、轧花、土陶等。1977年后，境内社队工业逐步发展到纺织、食品、轻工、化工、机械、建材、能源等多种门类，形成以纺织、食品为主，多门类协调发展格局。1978年，境内社队工业企业817个，实现产值17838万元，占境内社队企业总产值的18%。

1993年，全地区乡镇工业1702个，实现产值61710万元。其中乡办工业产值20379万元，占乡镇工业企业总产值的63.8%。2000年，全市乡镇工业企业433个，实现产值190071万元。其中乡办工业产值15815万元。

三、建筑企业

境内乡镇建筑队主要源于农村“五匠”。1958年后，逐步将农村“五匠”组织起来，成立集体建筑队，并逐步发展扩大。

1983年，个体私营建筑队纳入社队企业范围。1989年，国家压缩固定资产投资规模，部分乡镇建筑队处于半停工或停工状态。1992年后，乡镇建筑企业再度发展。

1993年，全地区乡镇建筑企业进一步发展壮大，乡镇建筑企业中有工程师197人，其中高级工程师68人。施工机具由初期的“一把砖刀走天下”逐步装备起混凝土搅拌机、井式提升机、塔吊、挖掘机、卷扬机等，建筑队资质等级也逐步提高。全地区乡镇建筑企业116个，实现产值8054万元，利润351万元。1995年，全地区乡镇建筑企业91个，实现产值15654万元，利润958万元。1998年，全地区乡镇建筑企业58个，实现产值14127万元，利润826万元。

2000年，全市乡镇建筑企业37个，实现产值14381万元，利润831万元。分别比1993年建筑企业产值、利润增长1.8倍和2.4倍。

四、运输企业

民国时期至20世纪50年代，境内客、货运输主要靠水上木船运输。1958年，平昌县驷马公社购置南京牌汽车一辆，从事汽车运输。20世纪80年代，始办专业汽车运输企业和摇篮运输装卸队，据1980年平昌县社队企业局统计，全县有运输企业277个，其中公社办69个，大队办208个；工人965人，其中公社办354人，大队办611人；产值212.28万元，其中公社办166.44万元，大队办45.84万元。

1985年，境内乡镇交通运输业4253个，工人6093人，产值2672万元。1987年，巴中县明扬卫生纸厂厂长何文龙筹资200万元，购置大卡车43辆，办农民运输公司，从事煤炭、化肥等农用物资运输，为缓解山区“运输难”作出积极贡献，被授予“全国劳动模范”“农民企业家”称号。

20世纪90年代，农民外出务工、经商人员增多，部分务工人员回到家乡从事客运和货运，公路运输业迅速发展。1993年，地、县（市）把公路建设作为振兴巴中经济的基础工程，全民大办交通，乡镇公路运输业进一步发展。1995年，全地区乡村公路运输企业33个，从业人员210人，实现产值235万元，其中集体运输企业21个，从业人员147人，产值146万元；联户、个体运输企业12个，从业人员63人，产值89万元。随着市场经济体制的健全与完善，运输企业竞争激烈，优胜劣汰。到2000年，全市乡村公路运输业7个，从业人员184人，产值296万元，其中集体运输企业2个，从业人员28人，产值83万元；联户、个体运输企业5个，从业人员156人，产值213万元。

五、服务企业

1978年，境内各区社兴办旅馆（店）241个，从业人员640人。1979年起，境内部分公社、大队兴办社队企业供销经理部，为社队企业产品购销开辟流通渠道。之后，部分供销经理部转为农工商联合企业，部分由个人承包，部分倒闭。20世纪80年代初，供销经理部被个体商业代替。1982年，各县大力发展专业户，区社餐旅馆业发展迅速。1984年，个体企业被纳入乡镇企业范围，供销企业迅速发展。至1990年，境内乡镇旅馆业617个，从业人员2215人。随后，集体兴办的旅馆业经过承包、转让、拍卖等改革，逐步转变为私营企业。1993年，各县构建以非公有制经济为主体的县域经济框架，大力扶持非公有制经济，乡镇供销服务企业进一步发展。全地区乡镇餐旅馆业发展到1309个，从业人员4980人。1997年，全地区乡镇企业系统供销企业707个，营业收入527万元。2000年，全市乡镇企业供销服务企业874个，营业收入672万元，分别是1993年的1.6倍和2.5倍。全市乡镇餐旅馆业发展到2435个，从业人员12840余人。

巴中市志

第十篇

交通运输

巴中地处川东北盆周山区，大山横亘，深丘绵延，溪河交错，历来交通闭塞，运输不便。民国时期，境内物资运输多靠内河木船和人力运输，其内河航道多为季节性通航。

中华人民共和国成立后，各县加大山区航道和公路建设力度。采用“民工建勤，民办公助”的办法，先后修建巴（中）南（江）、达（县）巴（中）、通（江）巴（中）3条县际干道公路，境内交通状况初步得到改善。1958—1960年，全面掀起全民办交通的热潮，共修建省、县公路469公里。1970年后，各县将公路建设纳入农业总体规划，实行山、水、田、林、路综合治理，再次兴起第二次修路高潮。平昌县、南江县、通江县先后实现区区通公路。

1981—1985年，境内公路建设在坚持“民工建勤，民办公助”的基础上，依靠群众，依靠社会，实行国家以工代赈补助和“谁受益，谁修路”等多渠道筹资，调动各方面积极性，加快公路建设。

至1993年底，全地区各级公路已达到8851公里，机动车辆达到3481辆，客运线路增加到202条、545班次。之后，地委、行署制定“狠抓基础”的战略决策，把交通建设作为经济发展的重中之重来抓，并相继开展以省干环线改造和县乡标美路建设为重点的两轮交通大会战。

2000年，全市已成公路达到11153公里，其中省道685公里，县道943公里，乡道2273公里，村道6700公里，专用公路552公里。每100平方公里密度达到90.5公里，比1993年前增加18.7公里。全市100%的乡镇和85%以上的村通公路；有39个区、99个乡通油路或砼路。

第一章　设　施

第一节　人行道

一、古道

民国时期，境内有出川干、支古道10条，总长约2500公里，到陕西边境县治里程总长约3750公里，主要分布在南江县、通江县境内。米仓古商道自南江县龙神殿起始，北到陕西汉中，南延伸至巴中、平昌，出境入达县，为境内与陕西汉中民间商贸运输的主要通道。通江县内大小巴山路、通西、通镇等古道，是通往陕西省南郑、西乡、镇巴等县贩运食盐、铁制品、山货及日用百货的重要路径。

境内县治间及周边县相通的主要人、畜力运输干道约22条、2250公里。与万源、达县、宣汉、仪陇、南部、营山、南充、旺苍、广元等县相通的人行道约3750公里。其中，巴（中）南（部）、平（昌）南（部）、平（昌）万（源）等人行道主要为食盐运输；巴（中）南（充）、平（昌）达（县）等路为棉布、丝绸、日用百货、锅、碗及山货的商贸运输要道。自巴州至保宁府（阆中市）古驿道，再经盐亭、三台、中江、广汉到成都，全程450多公里，是轿舆、滑竿到省城人力客运的通衢。

米仓道　为秦蜀之孔道，又称汉中大道。秦汉时代自陕西汉中（南郑）入蜀，分金牛道（川陕公路一段）和米仓道。米仓道从陕西循濂水河谷翻越米仓山，再循南江河谷入四川的一条军事和运输古道。北接陈仓道（又叫北栈道，经宝鸡至南郑）至京都长安，南下川中腹地。其道路修筑沿米仓山，无路可通的悬崖绝壁穴架木，修成栈道，自巴峪关，经汉平关、阳平关，数百里纵向山岭连成一线通途。明嘉靖八年（1529 年）廉访史杨源在大、小巴山之间设巴峪关，为陕南入川孔道，并设驻兵大坝巡检。清初，在巴峪关设塘递三所，直到清道光年间乃为场镇开设店铺，给养过往客商，延至清末始废。

米仓古道

南江县境内米仓道干道线起自汉中濂水河谷，经姚家营、草塘坝、周家坝、青树子、红庙堂、喜神坝、小坝、官仓坪、巴峪关、大坝、龙神殿、九角山、光雾山、关坝至南江县城，再经东榆铺、石矿坝、沙河坝场、长赤、双河抵达巴中三汇场，直通保宁府（阆中市）；南下由南江县城经东榆铺、石矿坝、八庙垭、赤溪场、下两河口、元潭至巴中县城；东经南江断渠、甑子垭、糖坊坝、大显岩、关路口、关田至通江县界；再通江县城入平昌得胜山至元山场、张公场抵平昌江口镇，顺东南而下泻巴、长垭、元石，出境抵绥定府（达县）江陵溪，总长约 600 公里。

长安古道

大巴路、小巴路　又称大、小通江河路。起于陕西汉中（南郑县），翻越大巴山、小巴山，途经陕西镇巴县天池寺、南郑县小天池入通江县境，沿大、小通江河谷道，两路南交，纵贯通江全境，南至达州巴渠。为秦入蜀后，商贾贩盐往来巴渠间两条大道，总长 635 公里。

通（江）南（郑）、通（江）西（乡）、通（江）镇（巴）三条人行道，是通江至陕西南郑、西乡、镇巴的主要干道，总长约 535 公里。在明、清前为商旅要道，通江县出产的生铁、铁制品及山货、土特产多由此路人力运销陕西南部。通（江）镇（巴）干道“林深险峻，为川陕要隘，川陕民客，挟货贸易者，往往取道于此”。曾设置太平厅，川陕鄂三省官员常会哨于九员关。清代，在峡口、大巴关、龙池场置巡检司和关卡。

二、驿道

通江县境东经羊浴口（毛浴乡）至竹峪关，县西北沿诺水夏江口（涪阳镇）经两河口至陕西南郑，县东北沿宕水水口至崩口塘，皆为通陕南驿道。唐代兴驿馆，通江县境设铺递 27 个。北宋建隆二年（961 年），“军卒代民役”增设“急脚铺”，实行邮驿军事化。清代，以巴州为中心，开辟巴州至通江、南江、保宁（阆中市）、渠县三汇 4 条驿站，580 公里，设置递铺司兵 50 人。清光绪年间（1884 年），驿道的传邮功能逐步被国家邮政取代，其交通功能仍继续保持和发展，主要为人力客货运输服务。清宣统二年（1910 年），各县先后设置邮局，巴通、巴南、巴保、巴汇 4 条驿道成为主要邮路。

川陕省苏维埃时期，川陕省苏维埃政府开辟以通江为中心驿站性质的环线交通网站，传递军事情报和运输物资。设通江县涪阳坝、马家坝、老观庙、毛浴及巴中县清江交通总站，下辖陕西南郑程家坝（福成乡），通江县大河坝、洪口、苦草坝（永安镇）、长坪、长滩及平昌驷马等分站。巴中至通江 90 公里驿站，设巴中、石笋塘、佑垭口、清江、杨柏、鹦哥咀（通江县民胜镇）、通江 7 个招待所。南江县苏维埃交通局在沙河子、八庙垭、赤溪场、下两河口、大河口、正直、木门等驿道均设运输招待所。

第二节　公　路

一、省道

民国38年（1949年）5月，省道唐（家寺）巴（中）公路巴（中）仪（陇）段66公里路基、桥涵工程竣工后，筑路工程遂停。巴仪路为境内第一条公路。

1951—1957年，相继修通巴（中）南（江）、达（县）巴（中）两条省道，并对唐巴公路巴仪段进行全面整修改造。1958—1960年，先后修通通（江）巴（中）、通（江）铁（溪）及沙（河）旺（苍）3条省道。1960年底，境内省道6条，总长434公里，均为简易泥结碎石公路。至1993年10月前，省道公路总里程达到山岭重丘二级公路标准78公里，三级公路166.5公里，四级公路122公里，等外级路67.5公里，铺装沥青油路28公里。等级公路和路面铺装分别占总里程84.4%和6.4%。

1993年11月至1999年，全地区开展两轮群众性交通大会战，先后对全地区434公里省道。其中通宣公路平昌至涵水段42公里及环线公路原县道二南、通前、达通、踏三公路286公里，按山重二级至三级公路标准进行路基改造和铺筑高级或次高级路面。改造后，提高到二级路177公里，三级路378公里；铺装砼路239公里，沥青油路318公里。其间，根据四川省干线公路网规划调整，1995—1997年，先后将原县道二南、达通公路通平、平达段，踏三、通前及省道通铁路延伸修建的通江县朱元乡至万源市竹峪段，计6条（段）290公里纳入省道管养，省道公路里程增加到724公里。

2000年底，全市省道公路实有里程684.7公里，通过改造缩短行车里程39.3公里。二、三级公路和高级、次高级路面铺装分别占里程的37.2%、55.2%和81.4%。

广（元）开（江）公路巴乐段　北起广元市，经红土垭、旺苍、巴中、平昌、达州（达县）、座柳、开江、任市，止于重庆市梁平县，全长484.4公里。该路东与襄渝铁路相连，北与宝成铁路相通，是全市物资集散和联系成都、广元、达州及陕西、甘肃等省市的重要出口通道。境内巴乐段起于巴中市回风亭，经枣林、元潭、赤溪、沙河北上，止于南江县乐坝镇，与成（都）南（南江县桃园）公路接线，全长62公里。巴中市巴州区境18公里，南江县境44公里。

1951年初，川北行政公署交通厅决定修建巴（中）南（江）公路。先期修建巴中至南江沙河段50公里，国家补助大米348.91万公斤。1952年6月竣工。完成土石方72.89万立方米，修建桥梁24座，涵洞238道。竣工不久，多数傍山地段被洪水冲毁，未能正常通车。1954年，四川省交通厅补助3.46亿元进行整治，新、改建桥9座，增设涵洞16道，对全线路面进行铺筑，增设护栏、护坡和标志牌、里程桩，并对少数急弯、陡坡进行改造。1958年5月，南江县动工修建沙（河）旺（苍）公路沙河至乐坝段12公里，公路民勤岁修拓宽路基和修建石质涵洞。1959年3月竣工。

1978年2月至1983年，达县公路养护段巴中养路段对达（县）广（元）公路巴中至沙河段11公里至13公里，南江县境112公里至114公里进行拓宽改造，铺筑巴中县城进出口道沥青油路3公里，改建大溪口、大佛寺、施家沟、黄家沟4座公路桥，新建沙河大桥及两端引道改线工程；新建石箱拱涵26道；旺苍县界牛项颈迂回线截弯改直后，缩短路线1公里，国家投资251.85万元，被改造的4公里道路提高到三级路标准。

1987—1990 年，由国家投资，对巴广公路巴中县回风亭至枣林 11 公里路段，按山重二级公路标准进行路基拓宽改造，并全部铺筑成沥青油路。

1991 年 8 月，巴广路巴中枣林至南江乐坝段 48 公里，按山重二级公路改造，总投资 5000 万元，工期 5 年。于 1992 年 4 月相继开工，至 1993 年 11 月完成路基改造工程量 80%，投入资金 1302 万元，占计划资金 71.87%。

1993 年 10 月，地委、行署将巴乐公路改造列为新区重要基础设施建设项目，贷款投入资金 533 万元。采取群众突击与专业施工队相结合，昼夜加班修建。至 1995 年 1 月，全面完成改造。巴乐公路改造工程，累计开挖土石方 138.48 万立方米，安砌挡土墙 14.06 万立方米，水沟路缘石 3.36 万立方米，修建大中桥梁 15 座 1467 延米，小桥 25 座 675 延米，石箱拱涵 198 道 257.3 延米，铺筑砼路面 48 公里，总投资 7535 万元。巴乐公路改造后，日均交通量达到 1500 余次车，最高交通量 4000 次车，车辆时速提高至 40～45 公里。是全地区第一条高等级公路。1999 年，四川省干线公路网调整，划归省道 202 线广开公路。

广（元）开（江）公路巴平段　东起巴中市宕梁，经兴文、清江、水宁寺，由北入平昌县界沙嘴，经驷马、坦溪、龙潭溪、江口镇、三房湾、大河咀至涵水，全长 130 公里。其中巴中市巴州区境长 45 公里，平昌县境长 85 公里。

民国时期，巴中县水宁寺至达县被列为大巴山“设防”公路。民国 36 年（1947 年）4 月，四川省公路局派员踏勘。民国 37 年（1948 年）初，设大巴山公路工程督导处于达县，达县、平昌、巴中三县成立筑路委员会，开工修建。至民国 38 年（1949 年），仅修达县至马踏洞路基 9 公里，马踏洞至平昌驷马间断土路，因筹款困难，遂半途而废。

1956 年 5 月，四川省公路局派第二测量队对达（县）巴（中）公路进行测设。达巴公路全长 207 公里，其中平昌县境 85 公里，巴中县境 45 公里。是年冬，达县、平昌、巴中三县组织民工 1.5 万人，同时动工修建，国家每公里补助工料费 5000 元。巴中至平昌涵水抵达县杨家桥界 130 公里于 1957 年 11 月底竣工，是年 12 月 1 日达巴公路全线竣工通车。巴中至平昌段修建工程，开挖土石方 88.46 万立方米，投入建勤工日 175.1 万个。修建桥梁 22 座，涵洞 313 道，设巴中红岩，平昌望江咀、濛溪、驷马 4 处汽车渡口。

1982 年冬至 1983 年春，巴中县开展收回公路留地工作，利用民勤岁修对达巴路巴水段 45 公里，路基加宽至 8.5 米，接长涵洞及安砌人工构造物 5040 立方米。计开挖土石方 11.38 万立方米，群众义务投工 19.89 万个工日。

1988 年 7 月起，巴中县对达巴公路巴中境 163 公里至 203 公里路段，分期进行加宽配套改造。1989 年 3 月起，平昌县对境内达广公路 50 公里至 53 公里路段进行加宽改造，并铺筑砼路面 0.8 公里。1992 年 10 月，采用“民工建勤，民办公助”办法，对平昌县江口镇至涵水段 42 公里按山重二级公路标准进行改建。1993 年 6 月，基本完成改建工程，开挖土石方 168 万立方米。1993 年冬至 1994 年春，巴中市（县级）累计抽调民工 6.5 万人次，投劳 31.13 万个工日，对巴水路 45 公里及万阿公路巴中境水宁寺至通江县界南垭庙段（原巴通公路）13 公里，按山重三级公路标准进行改造，并同步进行标美公路建设。1995 年 5 月，完成全路路基改造。

1995 年 3—9 月、1996 年 1—9 月，分别完成巴中至水宁寺段 34 公里、水宁寺至平昌界沙咀 11 公里人工双层沥青油路铺装工程。广开公路巴水段路基改造及沥青路面铺装，总计投资 2264 万元，其中银行贷款 1800 万元，义务投劳 520 万个工日。

1995 年 8 月，完成平昌县江口镇龙潭溪至沙咀（称平驷段）43 公里泥结碎石标美路工程。改造后，平驷段比原路线缩短 4 公里，长 39 公里。是月，平昌县江口镇至涵水段 37 公里沥青油路铺筑工程全面竣工。1996 年 5 月，完成路基整治、桥梁建设，并制作安装全段警示桩 4331 个，标志牌 522 个。1996 年 8 月底，该段沥青油路铺筑工程竣工。平驷段改造工程共投资 7500 万元，其中农民投劳折资 3000 万元，投劳 300 余万个工日。是年，又对平涵段安砌石水沟、路缘石，并设置警示桩 2750 个，共投劳 150 万个工日，投资 3500 万元，其中农民投劳折资 2000 万元。1999 年，四川省干线公路网调整，划归省道 202 线广开公路。

成（都）南（江）公路巴仪段 起自成都市梁家巷，经新都、唐家寺、金堂、中江、三台、盐亭、仪陇、巴中至南江县桃园，全长 610 公里，除成都至唐家寺、建兴至南部与国道 212 线、108 线重复 60 公里外，实际里程 550 公里。该线原称唐（新都唐家寺）巴（中）公路，1984 年，四川省公路局调整省道路线，其南端从唐家寺延至成都，北端从巴中延至南江县桃园，改称成南公路。巴仪段起于巴中市回风亭，经东兴、麻石、恩阳、明阳、磨子、柳林、下八庙，抵仪陇县界双石桥，长 159 公里。

民国时期，唐巴公路作为紧急“设防”公路修建，由四川省自筹经费，分次修建。至民国 21 年（1932 年），成都至南部 274 公里全路相继初通。南部至巴中 148 公里，穿越山岭重丘地带。民国 37 年（1948 年），四川省政府令省公路局筹修，预算工程经费 360 万金圆券，折合黄谷 12 万市石。是年 11 月，动工修建，路基、路面由民工担任，桥涵工程由仪陇第三工程总段负责。民国 38 年（1949 年）5 月，完成路基工程，路面未铺筑。是年 6 月，巴仪路只勉强通车一次后交通中断。

1951—1956 年，巴中县成立巴仪路整修委员会，组织沿线群众累计投工 28. 18 万个工日，利用民勤岁修对唐巴公路巴仪段进行三次大规模全面整修，铺筑全线泥结碎石路面，清理水沟，改急弯 20 余处，采备养护石料 4300 立方米，巴仪路恢复正常车通。

1978 年 9 月至 1979 年 10 月，由达县公路养护总段工程队负责施工，对巴仪路巴中回风亭至县城进出口 3 公里路段，按三级公路标准进行改造，路基、路面宽度分别增加到 9 米和 6. 5 米，新建柳津大桥 1 座。1980—1983 年，国家又投资 15. 3 万元，铺筑城市进出口道沥青油路 3 公里。1985 年，国家以工代赈补助资金 37. 75 万元，对恩阳镇 2 公里场镇路段进行改道，新建二级公路 2133 米，路基宽 16 米。全县统一按农村劳力人均借资 15 元，借工 5 个，按每个工日折资 5 元标准发放债券；同时向行政事业单位干部职工每人借资 80 ~ 200 元的办法筹措建设资金。

1994 年 4 月，巴中市（县级）成立唐巴公路段改建工程指挥部，下设恩阳、明阳、下八庙 3 个指挥所。是年 6 月，地区行署成立巴恩公路建设领导小组。是年 7 月，巴中市（县级）以乡（镇）为单位，组成 68 个施工大队，正式动工改建。巴中市（县级）负责全线路基改建和 6 座中小桥修建，地区交通局负责西华山隧道和 8 座大中桥梁工程的施工建设。巴中段改建工程，深挖路堑 69 处 12985 延米，高填路堤 29 处，单处填料 2 万 ~ 4 万立方米。40 万民工先后参与筑路。1995 年 4 月底，完成路基改造和泥结碎石路面铺筑；是年 7 月，全线大中桥梁相继建成，是年 12 月 8 日西华山隧道贯通，巴仪段山重二级公路改建全面竣工。成南公路巴仪段改建后的新线长 50. 3 公里，比原路线缩短 13. 2 公里。全线线型流畅，无回头弯道，除一处弯道半径为 60 米，其余均为 200 ~ 400 米；纵坡除一处为 6. 8%，其余皆为 3% ~ 4%，车辆时速由 25 公里提高到 40 公里以上。共挖填土石方 418 万立方米，圬工砌体 24. 2 万立方米，修建隧道 1 处 939 延米，桥梁 14 座 1076 延米，涵洞 167 道 3718 延米。民工义务投劳 564 万个工日，总投资 1. 2726 亿元。

1997 年 2 月至 9 月，对巴仪段已铺筑的油路及公路附属设施进行完善。巴仪段路基改建及路面铺装工程总计投资 1. 57 亿元，其中四川省交通厅补助 2155 万元，省以工代赈办公室补助 1140 万元，民工投劳折资 1642 万元，地、市机关干部职工及工商个体户集资 326. 54 万元，社会捐款 85 万元，银行贷款1500万元，发行公路建设债券1358万元。

成（都）南（江）公路沙南段　起于南江县沙河乡，经石矿、小河至南江县城车站，长30.6公里。

1952年6月，原巴南公路巴中至沙河段建成通车后。是年11月，南江县动工修建沙南公路，修路建勤民工2500余人，以区乡编队，划段包干，每45天轮换一次。1953年11月，修建工程竣工。开挖土石方48.9万立方米，修建桥梁23座，其中石台木面桥8座，小河便桥1座；涵洞149道，安砌石堡坎4处，里程桩30个，木质标志牌47个，国家投资85.99亿元，农民义务投劳43.89万个工日。1960年、1964年、1983年，国家先后投资68万元，由达县公路养护总段工程队分别将沙南路原建的低水位石台木面桥、洛平木桁桥及沙河低水位石台木面桥改建为大中型悬链线空腹式石拱桥，并将新建的沙河大桥三面引道1734米加宽改直，达到三级公路标准。

1984年，国家投资16.22万元，由达县公路养护总段巴中养路段施工，将南江县城出口路段3公里铺装为沥青油路。1986年，利用国家山区公路建设粮棉布以工代赈资金，对南江县城至小河6公里道路，按山重二级路标准进行改造。

1994年10月，南江县成立沙南公路改造指挥部，抽调民工1.4万人，分段对沙南公路按山重二级公路标准进行改造。1995年5月，完成一期路基改造及泥结碎石路面铺筑工程。其中改线新建7.87公里，旧线改造20.53公里。沙南公路改造后，实际里程28.4公里，比原路缩短里程1.6公里。开挖土石方76.8万立方米，回填21万立方米，砌挡墙护坡、路缘碎落台37处1969米，圬工砌体17.89万立方米；改建中小桥21座423延米，修建石箱拱涵94道917延米。

1995年7月，沙南路二级改造工程开工，组织27个专业施工队，进行合适线砼路面铺筑和洛平、樵河大桥的建设。1996年7月，砼路面及桥梁建设工程竣工。沙南公路改造累计投劳189万个工日，农村劳均7个工日，总投资5459.4万元，其中路基工程1553.4万元，路面工程2095.5万元，桥涵及附属设施工程1810.5万元。交通部补助200万元，省交通厅补助600万元，银行贷款及部门借款3890.4万元，职工集资180万元，农民投劳折资589万元。沙南公路改造施工中，因公死亡24人。

成（都）南（江）公路二南段　起于南江县城关中咀大桥（南川大桥），经桥亭、上两、魏家坝、桃园，止于川陕界台上，入陕西省境喜神坝，至南郑县。台上至南郑段长47.8公里，南江县境长88.2公里。二南公路是境内出省重要通道之一。

1958年，为开采南江贵门竹坝铁矿，经省有关部门同意，由南江县与南充专区在关坝合办红旗铁厂，并修建南江县城至上两区治40公里公路。是年8月，南江县组织民工1万人动工修建县城至桥亭25公里路线。是年10月，南充专区组织仪陇县、南部县、阆中县民工3万人参加修建桥亭至关坝的31公里路线。至1959年5月，南桥段25公里修通。1961年12月至1962年12月，修通桥亭孔明洞至沙滩7公里。1964年4月至1965年3月，修通沙滩至上两10.6公里。自此南（江）上（两）公路40公里全线贯通通车。共开挖土石方143.3万立方米，修建石台木面桥19座，涵洞209道，开凿隧道1处33延米，半隧道1处，累计投入建勤工日189.68万个，国家投入资金89.62万元。20世纪60年代后期，达县地区伐木厂为便于森林采运，修通上两至魏家坝简易公路36.8公里。

1983年，南江县为打开出境北大门，沟通四川至陕西的战略通道，决定修建魏家坝至川陕交界处台上段19.5公里省际断头公路。1985年10月，完成修路任务。开挖土石方38.85万立方米，修建桥梁5座170.4延米，涵洞129道902.4延米，道班房1座245平方米，共投劳47.45万个工日，国家以工代赈补助164万元。是月，陕西省南郑县境喜神坝至台上新建的接线公路18公里竣工，自此二南公路全线贯通，结束了川陕两省“一山相隔，车绕千里”的历史，南江县至陕西省汉中市公路行车里程缩短277公里。1985年12月至1988年4月，国家动用粮棉布以工代赈补助资金233.07万元，南江县投劳94万个工日，对上两至魏家坝36.8公里原简易林区公路进行改造、改建，新线路缩短里程8公里。

1991年，南江县成立二南公路改造指挥部。至1992年12月底，完成二南路马跃溪至三官坝14.6公里改线工程建设。总投资455万元，其中国家以工代赈补助300万元，县贷款245万元，投入标准工日79.9万个；开挖土石方62万立方米，新建大桥1座76.4延米，半隧道2处460延米，砌挡墙3.98万立方米。马三段改线后，比原路缩短6公里。

1993年，对二南路南江城关至马跃溪、上两至寨坡28.8公里等外级公路进行全面改造，达到四级路标准。二南路改造后，实有里程82.2公里。1995年，二南路纳入省道管养。是年，省交通厅逐年分期分段对省道101线进行全面改造。是年10月，南江县成立二南公路改造指挥部，组织10万民工对马跃溪至台上79.2公里进行全面改造。至1996年7月，完成南江县南门至断渠山重二级路7公里，马跃溪至银河灌、魏家坝至台上三级路45.4公里，银河灌至魏家坝四级路26.6公里的路基改造工程。二南公路改造后，缩短里程3.2公里，实有里程79公里。

1993—1998年，二南公路改造工程，累计投劳268.2万个工日，全路改线1.6公里，改弯50处长500米，降坡250处长34公里，加宽60公里，开挖土石方114.03万立方米。修建堡坎9150米，浆砌水沟8.8万米，安砌路缘8.8万米，安砌防护墙0.105万米，共计石砌体13.8万立方米；新建涵洞128道1088延米，改建中小桥5座198延米，开凿石质隧道2处60延米。铺装砼路面76.5公里，计11.9万立方米；铺装沥青油路5.7公里，计4.55万平方米；全线安设标志牌、桩、线。总计投资8222万元，其中国家补助937.17万元，地方自筹、集资和贷款4952.8万元。

万（源）阿（坝）公路通水段 起自重庆市城口界，经万源、通江、巴中、阆中、梓潼、江油、北川、茂县、黑水、中壤口、龙日坝、阿坝，止于分水岭，全长1209公里，其中重复里程166公里。是四川省干线公路网横向干线。通水段起于通江县诺江镇，至巴中市巴州区水宁寺，与广开公路接线。长51公里，其中通江县境长38公里，巴中市巴州区境内长13公里。

民国38年（1949年）1月，省政府训令通江县政府“查大巴山公路，现奉令变更计划。至建通巴一线，已列在人巴山公路第二期工程以内”。所需经费自筹，义务征工修筑。后因政局动荡，“设防”公路并未实施修建。

1956年，达县专区批准修建通（江）水（宁寺）公路，由通江县、巴中县共同承担。是年11月，通江县先期动工，共征调建勤民工1.27万人次突击修建。1957年4月，通江县组建1500人的常年筑路队。至1958年2月，通江段38公里竣工。至是年3月底，巴中县修通境内13公里，自此通水公路全线竣工通车。1987年，通水路划归省干线城（口）广（元）公路。之后，通水公路通过30余年的改造养护，至1993年基本达到山重四级公路标准。

1994年，经省计划委员会批准立项，对通水段51公里按山重三级公路标准进行改造，并同步建成标美路。是年4月，通江县组织建勤民工，自筹和借贷资金，对县境38公里道路动工改造。至1995年9月竣工。铺筑砼路面6公里，沥青油路32公里，新建彭坎岩大桥1座135延米。挖填土石方34.43万立方米，投劳116.89万个工日，工程总投资2061.7万元，银行贷款940万元，地方筹贷954.7万元。同期，巴中市（县级）抽调民工对境内水宁寺至通江界南垭庙13公里路段按山重三级标准进行改造，至1995年5月完成路基改造。1996年1—9月，又将该段公路全部铺装成沥青油路。1999年，四川省干线公路网调整，划归省道302线万（源）阿（坝）公路。

万（源）阿（坝）公路通竹段 起自通江县诺江镇，经毛浴乡高石梯、瓦室、永安、铁溪、朱元，止于万源市竹峪。全长108公里，其中通江县境长100公里，通江县城至高石梯11公里为县道通（江）万（源）公路重复线。

1958年初，通（江）中（中和乡）公路由达县专区交通局测设组及四川省公路局测设队分段分别测设，县城至高石梯11公里按旧六级公路标准施工修建，高石梯至中和85公里按简易公路施工修建。至1959年3月，通中路96公里基本建成。共投劳278万个工日，耗资52.12万元；开挖土石方588万立方米，铺压碎、片石12万立方米，修建桥梁19座，石台木面涵洞22道，在水口设置汽车渡口1处。1972年6月至1973年5月，修通通江中和至万源县竹峪界箭口垭4.2公里县际断头公路，通中公路向东延伸至竹峪，为通江县东部重要的出境通道。投入劳力21.46万个工日，开挖土石方18.15万立方米，国家补助资金14.19万元。1975年、1980年达县地区交通局两次补助资金7万元，对该段4公里道路进行全面整修。

1983—1984年，铺筑通竹公路通江县城进出口沥青油路1公里，改造九浴溪至瓦室2.5公里低水位路线。1987年，通竹段划归省干线城（口）广（元）公路。1995年划归省道城（口）阿（坝）公路。

1998—1999年，国家补助以工代赈资金，对通江县公路按山重四级泥结碎石标美路进行全线改造。1999年，四川省干线公路网调整，划归省道302线万（源）阿（坝）公路。

万（源）阿（坝）公路踏三段 东起巴中市巴州区恩阳镇踏泥桥，与成南公路接线。经青木、渔溪、三合，西止阆中市界三庙沟，长30公里。

1956年，巴中县修建踏泥桥至渔溪段公路17公里，为巴中县第一条公路。测设标准低，道路质量差。1962—1963年，巴中县渔溪区利用民工建勤对踏渔段进行全面整修，巴中县拨部分经费对大树垭陡坡改线。1965年，达县专区交通局拨款1万元，将踏泥桥石台木面改建为石拱桥。1975年，修通渔溪碑坡至三合公社5.7公里社道公路。1981年冬，修通三合至阆中县界三庙沟断头公路7公里，投劳10万个工日，国家补助资金5万元。三（合）三（庙沟）段修通后，打通了巴中到阆中，连接国道210的出境通道。1982年，达县地区交通局拨款30万元，县财政拨款3万元，巴中县交通局组织技术力量，将黑龙滩低水位桥改建为石拱桥。

1997年，巴中市（县级）将踏三公路列为全市经济发展重点建设项目，并由市代管。是年12月，组织9个乡镇13万民工，按山重二级公路标准进行全线改建。1999年底，完成踏（泥桥）渔（溪）段17公里二级路改建工程，挖填土石方42.2万立方米，修建中型桥梁2座174延米，涵洞64道960延米，安砌挡墙2145立方米，水沟路缘石15.8公里。

2000年9月，完成踏渔段16.5公里沥青油路铺装工程。是年底，踏三段改建工程竣工，其中二级路29公里，三级公路1公里。路基改建及路面铺装工程累计投资2460万元，投劳250万个工日。四川省以工代赈办公室补助450万元，建勤民工投劳折资2010万元。

通（江）宣（汉）公路通前段 起于通江县新潮，经平昌、达州罗江及宣汉，止于重庆市开县界，全长325公里，其中重复里程15公里，通江县、平昌县境内长167.6公里。通前段起自通江县城诺江镇西门大桥，经赤江、涪阳、新场、青峪、板桥口、平溪、楼子、新潮，至陕西省南郑县前进乡界，全长91公里。

1958年8月，为开办通江平溪钢铁和涪阳石油钻探，遂决定修建通（江）平（溪）公路。由达县专区交通局测量队按旧六级公路标准测设。1959年11月，通江县抽调民兵近7000人先期修建县城至涪阳段29公里，开工不久，因自然灾害严重停建。1966年11月，通江县征调建勤民工4000人，再次修建通涪段公路，至1967年10月竣工通车。1975年11月至1977年10月，修通涪阳至平溪段公路34公里。1979年11月至1983年，修通平溪至楼子段公路10公里。

1986年，交通部将楼子乡至陕西南郑县前进乡界18公里长的省际断头公路列入粮棉布以工代赈建设项目。1987年7月，动工修建，采用半机械化施工作业。1988年12月，通前段新改建工程全面竣工。新建大中桥梁7座541.7延米，小桥6座85.6延米，涵洞104道936延米。投资642.11万元。通前公路历经22年分段修建，累计投劳484.27万个工日，开挖土石方1128.3万立方米，总投资720.3万元。1993年，基本达到山重四级路标准。

1994年12月至1996年5月，通江县抽调公路沿线区乡建勤民工对通前公路进行路基改造，建成三级路63公里，四级路24.8公里，并铺筑过境场镇路段砼路面3公里。全线路基宽度达到7.5米，路面宽6米。挖填土石方71.9万立方米，安砌挡墙6.5万立方米，水沟及路缘石8.95万立方米，新建中小桥3座，改造旧桥3座，修建涵洞83道。共投劳107.12万个工日，投资1744.9万元，比预算节约投资755万元。1995年，通前公路划入省道干线201线通（江）开（县）公路。

1997—1998年，通江县采用地方自筹资金、国家补助的办法，铺筑通江至平溪段三级砼路面60公里。1999年，四川省干线公路网调整，划归省干线通宣路。是年12月至2000年4月底，对平溪至南郑县前进乡界22.45公里路段进行路基整治，铺装平溪至牛角嵌段砼路面12.35公里。通前段经过改造后，实有里程87.7公里，比原路缩短里程32公里。全段铺装砼路面75.35公里，占总里程88.2%。

通（江）宣（汉）公路通平段　起于通江县城诺江镇，自城东小江口与县道小（江口）魏（家）路接续线，经春在、麻石、三合、铁佛、曲滨，止于平昌县界邱家乡太和山；南下至平昌界邱家与平（昌）镇（龙）公路接线，经鹿鸣，入达县梓桐，抵达州市，全长146公里。通江县境长56公里。

1970年，通江县按简易公路测设，组织民工分段修建通江小江口至曲滨段道路。1974年4—10月，国家补助5.4万元，建勤民工投劳7.75万个工日，从小江口大桥东端改线，新建小江口至春在6公里，取消春在公社汽车渡口。1978年，建成通江小江口至曲滨段43公里道路。

1983年12月至1984年3月，达县地区交通局补助资金14万元，通江县投劳6.3万个工日，修通曲滨至平昌界邱家太和山界15.2公里县际间断头公路。是年，通江县投劳18.91万个工日，对春在至曲滨段36公里已成简易公路，按山重四级路标准进行全面整治。1985年1月至1986年10月，国家补助粮棉布以工代赈资金607.7万元，通江县投劳302.9万个工日，分两期对境内达通公路小邱段50公里进行全面改造、改建。同期，达通公路达县梓桐至平昌鹿鸣段新建和改造三级路工程亦竣工，达通公路146公里全线通车。通平段56公里道路新建及改造工程，累计投劳384.96万个工日，总投资814.66万元，共开挖土石方854.5万立方米，修建大中桥梁7座620延米，旱桥5座403延米，涵洞223道246延米；安砌挡土墙50处26726米，全线人工构造物总长27.75公里。

1994年7月至1995年12月，通江县对通平段进行路基拓宽改造，路基宽达8.5米，路面宽7.5米，并全路铺筑成沥青油路。因油路铺筑后期工程在冬季施工，路面病害严重。1996年7—9月，采取建勤民工与专业施工队相结合，对路面工程进行整治完善。投劳72.81万个工日，投资1640万元。1997年，通平公路纳入省道管养。

通（江）宣（汉）公路平达段　起于达州市界梓桐，经平昌县鹿鸣、茨藤垭、邱家至通江县界曲滨，长20.6公里。该段路系达县、平昌、通江三县县际公路。

1979年，达县地区交通局将达县梓桐至平昌鹿鸣段25.7公里（达县境5.06公里，平昌县境20.6公里）列入新建计划，按山重四级公路标准测设。是年冬，两县组织民工修建，工程进度缓慢，时续时断。至1983年，平昌县修通茨藤垭至达县梓桐界16公里，达县境5公里亦同期完工，国家投资15.5万元。1985年，国家投入粮棉布以工代赈资金11.53万元，动工修建邱家至通江县境曲滨界断头公路4.6公里。同期，国家投入以工代赈资金63.04万元，对达通公路达县境雷坑至梓桐、梓桐至平昌县邱家，按山重三级公路标准进行改造提高。平达段20.6公里路基拓宽达到8.5米，路面宽6

米。至1986年10月，达通公路平达段新建和改造工程全面竣工。是年，纳入平昌县道养护。

1996年，平昌县组织民工对平达段按三级泥结碎石标美路进行改造，拓宽路基，改弯降坡，接长涵洞，安砌水沟路缘石。计开挖土石方74万立方米，安砌水沟路缘石5.7万立方米，投资772万元。是年，划入省道干线201线通（江）开（江）公路，纳入省道管养。1999年，四川省干线公路网调整，划归省干线通宣路。是年底，又将该段20公里全部铺装为沥青油路，投资448万元。

二、县道

1956年10月，巴中县修通境内恩阳镇至渔溪区长17公里公路，系境内第一条县道公路。1958年，在全民办交通的热潮中，境内各县积极修建地方道路。至1962年，境内相继修建南新、恩双、枣化、焦茶、巴玉、梁鼎、甘平、野正、南沙、赶关、小魏、通涪、平泥等煤铁及粮油运输线21条，总长466.3公里。其中巴中县8条151.7公里，通江县2条67.7公里，南江县5条165.1公里，平昌县81.8公里。1963—1965年，国民经济调整，压缩基本建设，公路建设重点转为已成公路的改造提高。其间，仅修建巴中县凉曾、通江县洪观，续建南上公路沙溪至上两段，计42.6公里县道公路。1964年，巴中县凉曾公路修通后，实现全县区区通公路。1966年，南江县动工修建赶（场）大（和）公路关路至大和段19.4公里，工程时续时断。至1969年，该路基本修通，道路质量差。1967—1969年，巴中县、通江县、平昌县未修建公路。1969—1971年，南江县修建新（民）沙（河坝）公路，仅修建6.3公里，耗资90万元。1970年后，境内各县生产工作秩序逐步恢复正常，公路交通建设得到发展。至1976年，境内修建县公路18条（段），总长394.7公里。公路等级标准和修建质量均有所提高，其中山重四级公路达到148公里，简易公路246公里。1978年后，境内新建县级公路的测设技术标准和施工质量明显提高。

1985年起，国家动用库存的粮棉布及工业品实行以工代赈，扶持贫困地区交通建设。1977—1989年，境内共修建公路15条（段），总里程275公里。其中，国家投入以工代赈补助资金1659.18万元，通江县、南江县、平昌县累计投入建勤工日900余万个，相继修建二南公路南江魏家坝至川陕界台上断头路19.4公里，崩万公路通江铁溪区八里坪至陕西省镇巴县伍家乡万僧寺断头路8公里，通前公路通江平溪至陕西省南郑县前进乡断头路18公里，达通公路通江曲滨至平昌邱家及平昌邱家至达县梓桐段19.8公里，共计65.2公里。自此二南、通前、崩万三条出川公路及达通地、县出境公路全线贯通。与此同时，对境内已成部分县公路进行重点改造，提高技术等级。主要有崩万公路八里坪至崩口塘8.2公里，二南公路上两至魏家坝36公里，达通公路通平、平达段70.6公里，通前公路平溪至陕西省南郑县前进界28公里，南新公路4公里，野正公路13.8公里，柳大公路关路桥引道1.06公里，正双公路龙潭河桥引道0.8公里，平得公路12.2公里，三立公路14.3公里，改造总里程190公里。达到山重三级公路标准107.4公里，山重四级公路82.6公里。

1993年，全地区共有县级公路39条，总长1158.6公里，达到山重三级公路80.1公里，山重四级公路416.1公里，等外级公路662.4公里，铺装砼路面、沥青油路9.2公里。

1995—1997年，南江县道二南路88公里、平昌县道达通公路邱家至鹿鸣段20.6公里、通江县道达通公路曲滨至邱家段55.2公里、通前公路63公里、中竹路4.2公里、巴中市（县级）踏渔公路17公里，共6条248公里，先后被纳入省道管养。

1997—1999年，全地区开展标美路建设工程，对全地区县级公路进行改造提高。县道改造里程741公里，占总里程78.6%。其间，1998年乡道铁（厂河）关（田）路32公里被改建为山重三级环线公路，纳入县道管养。

2000年，全市有县级公路38条，总长943.4公里，其中，巴中市巴州区15条266.8公里，通江县 8 条 184.5 公里，南江县 8 条 229.3 公里，平昌县 7 条 262.8 公里；山重三级路 416.2 公里，山重四级路 342.7 公里，等外级路 184.5 公里，分别占总里程的 44.1%、36.3% 和 19.6%。等级公路比 1997 年增长 2.9 倍，等外级公路减少 375 公里。铺装砼路面 14 公里，沥青油路 432.2 公里，路面铺装率达到 47.3%，较 1993 年增长 48.5 倍。

三、乡道

1959 年，南江县修建正直黑潭桥至黑潭公社街道 1 公里、双流至店子 4 公里；平昌县修建元岗寺至坦溪 12 公里、红庙至达巴公路口 2 公里。1968 年，平昌县修建元岗寺至土兴 6 公里。

1970 年冬，境内四县人民公社兴起修建地方道路高潮。1970—1978 年，境内四县共修建社道路 114 条 1069.4 公里。巴中县修建社道 33 条 269 公里，全县 81 个公社全部通公路，是达县地区第一个实现社社通公路的县；南江县修建社道 27 条 312.3 公里，通公路的公社达 71 个，占全县公社总数的 97.3%。通江县、平昌县社道公路总长分别达到 214 公里和 233 公里，70% 以上的公社通公路。社道公路建设均按等外级公路标准测设施工，路况质量差，最大纵坡高达 15%，最小平曲线半径仅 7 米。

1979—1993 年，境内共修建社（乡）道 116 条 1140 公里。其中，1985—1993 年，利用国家扶持贫困地区山区公路建设粮棉布及工业品以工代赈补助资金 1800 余万元，修建县际、社（乡）际间断头路、联网路 65 条 623 公里，改建社（乡）道 9 条 77 公里。先后修通巴中至平昌、仪陇、阆中、苍溪；通江至平昌、南江、万源及陕西省镇巴县；南江至巴中、旺苍；平昌至通江、巴中、达县、万源、宣汉、营山等县际断头公路 35 条，总长 241 公里。

1994—1998 年，全地区新建乡道 10 条 86.2 公里，基本达到山重四级公路标准。同时，国家投入以工代赈补助资金 338.15 万元，改建乡道 114 公里。其间，1994—1995 年，通江县自筹资金 53.94 万元，投劳 25.2 万个工日，修建胜利乡至凉风垭乡的公路 14 公里，至此全县 76 个乡（镇）通公路。1997 年 5 月，南江县贵（民）红（星）公路建成，全县 73 个乡（镇）通公路。

1997—2000 年，境内已成乡道中的重点经济、资源开发及风景区旅游路线，按山重三级或山重四级公路进行改造提高，建成标美路。至 2000 年底，全市 2272.7 公里乡道中，达到山重三级公路 34.4 公里、山重四级公路 941.7 公里，等级公路占乡道总里程 42.9%；减少等外级公路 940 公里。同时铺装砼路面 9.2 公里、沥青油路 88.6 公里，占总里程 4.3%。

四、村道

1958—1960 年，为实现“道路网，车子化”，境内各县人民公社突击修建架车、独轮车道，总长近万公里。通江县、南江县主要修建为“大办钢铁”运输木炭、矿石用的板车道，板车道一般路基宽不足 3 米，均未铺筑路面，质量很差。至 1960 年，板车道路基垮塌过半。1962 年，大办农业，废路还耕，境内仅保留架车道 150 公里。

1975—1978 年，境内四县把修建农村机耕道作为发展农业生产，改善社队交通条件，为农业机械化耕种奠定基础的一项重要措施。各县人民公社自选线路，筹集资金，组织劳力，利用冬闲修建机耕道。境内共修建机耕道 370 条，总长 1463 公里。同时，对部分机耕道进行改建。

1978 年后，在“要致富，先修路”口号的鼓舞下，境内村道公路建设发展较快。1978—1985 年，南江县小河、正直、沙河、长赤、下两、赶场、大河、上两等区自筹资金 53 万余元，投劳 120 万个工日，修建村道公路 39 条，总长 214 公里；平昌县修建村道 115 条 274 公里。至 1985 年，境内新建简易村道公路 429 条 1514 公里。村道公路路基一般宽 3 ~ 5 米，路面宽 3 米，部分里程铺筑碎石路面，并配套建有桥涵，路况质量有所提高，可通行中小型拖拉机和汽车。

1993年，全地区共有村道公路4470公里，均属等外级道路。此后，各县（市）把村道公路建设作为改善生产和生存环境，建设文明新村，脱贫致富奔小康的重要工程，纳入全地区“林、池、园、路”配套，“种、养、加、运”相结合的农村经济发展的总体部署。以村为单位，采用群众投劳与投资相结合，国家给予适当资金补助的办法，组织群众积极修建村道公路。1994—1996年，全地区新建村道公路1110公里，仅通江县1994年就修建村道公路158公里，整修改建村道公路314公里。1996年底，全地区2360个行政村中，有1345个通公路，通村公路率57%。1997—1999年，新建村道公路741公里，桥梁8座350余延米，国家共补助资金451万元。巴中市（县级）兴文镇、通江县新场乡、南江县沙河乡、平昌县元山镇实现村村通公路。1999年底，全地区共有村道公路1213条，总长6382公里。其中，巴中市（县级）587条2814公里，通江县179条1321公里，南江县236条1142公里，平昌县220条1100公里。全地区有1847个村通公路，公路通村率达到78%。巴中市（县级）有744个村通公路，公路通村率90%；3599个社通公路，公路通社率70%。通江县、南江县、平昌县公路通村率亦分别达到66.7%、70%和85%。

2000年，全市村道公路建设坚持自力更生为主，换工互助为辅，交通部门以奖代补，乡镇统一使用义务工，村统一使用积累工，对修路涉及的房屋拆迁、土地占用、青苗补偿由村民委员会采用自治方式解决，实行辖区包干建设的办法进行修建。全市共修建村道公路378公里。巴中市巴州区新建村道公路31条104公里，改造135公里，铺装砼路面9.5公里，尹家乡实现村村通公路。南江县沙河区新建村道公路24公里，整治210公里，投资100余万元，全县7个乡67个村公路通村率达到91%，42.9%的乡实现村村通公路。至年底，全市村公路总里程达到6700公里，85%的村通公路。

五、专用道

境内专用公路是由工矿、农林、水电等部门投资修建，并负责养护。主要为本部门生产和生活服务的公路，部分由国家投资，以“民工建勤，民办公助”的办法修建成综合运输公路。专用公路主要分布在通江县和南江县的煤铁厂、农水林业森工场站。1959年，修建了巴中城关至县丝厂、宕梁至县水泥厂，通江大河坝铁厂至崩口塘，平昌濛溪至磴子河电站4条专用公路，长5.6公里。1960—1965年，南江县修建煤铁、水库专用路5条25.5公里。

1965—1976年，为开发山区森林资源，通江县、南江县群众投劳，国家补助资金，修建南江县大坝至映水坝、新民至沙河坝、上两寨坡至盘龙垅塆，通江县关溪至云雾山4条林区专用公路，总长96.5公里。1970年，为支援襄渝铁路建设用材，南江新沙林区公路列为“三线”建设项目修建。由达县地区组建南江新沙公路建设指挥部，巴中县、南江县民兵团8000余人参与修建。1971年5月，全线竣工，长38.5公里，国家投资110万元，投劳90万个工日。1979年，南江县玉泉公社组织群众义务修通至关坝4公里，延伸接通汉（中）碑（坝）公路后，成为南江大坝林区至陕西的运输线。

1978年以后，随着社会经济的发展，境内专用公路逐年增多。通江县采取国家投资、贷款和自筹等办法，投资179万元，修建林区公路119公里，县内云雾山、空山、黄柏、海鹰寺、铁厂河、南教城、陈河等林场、伐木场均通公路。

1980—1986年，南江县共修建专用公路18条143公里。至年底，全县专用公路达到40条，总长320公里。其间，巴中县、平昌县也相继修建林区、水电、旅游等专线16条，长64公里。巴中县南龛公园、西龛公园、三江水电站，平昌县刘伯坚烈士纪念碑，通江县沙溪乡王坪村红四方面总医院旧址及烈士陵园等专用公路先后建成，部分路线铺装成砼路面或沥青油路。

1986年后，通江县、南江县部分专用公路经过改造提高，联网纳入县道管养。至1993年，全地区有专用公路74条，长549.5公里。

1993—1996 年，平昌县修建专用公路 2 条 4 公里，达到山重二级至山重四级公路标准，并铺装砼路面 2 公里。

2000 年，全市共有专用公路 76 条，总长 552 公里。其中山重二级公路 4.5 公里，山重四级公路 24 公里，等外级公路 523.5 公里。有高级、次高级路面 7 公里，其余皆为泥结碎石路或土路。

1949—1998 年巴中公路建设情况

表 10—1　　　　单位：公里

年度	合计		省道		县道		乡道		专用道	
	条（段）	修建里程	条（段）	修建里程	条（段）	修建里程	条（段）	修建里程	条（段）	修建全程
1949	1	66	1	66	—	—	—	—	—	—
1950	—	—	—	—	—	—	—	—	—	—
1951	—	—	—	—	—	—	—	—	—	—
1952	2	116	1	50	—	—	—	—	—	—
1953	3	146	1	30	—	—	—	—	—	—
1954	—	—	—	—	—	—	—	—	—	—
1955	—	—	—	—	—	—	—	—	—	—
1956	4	163	—	—	1	17	—	—	—	—
1957	5	293	1	130	—	—	—	—	—	—
1958	12	515. 20	1	51	6	171. 20	—	—	—	—
1959	29	755. 30	2	107	8	112. 50	3	15	4	5. 60
1960	32	776. 50	—	—	1	12. 20	—	—	2	9
1961	34	841. 20	—	—	2	64. 70	—	—	—	—
1962	38	946. 90	—	—	4	105. 70	—	—	—	—
1963	40	950. 90	—	—	—	—	—	—	2	4
1964	43	987	—	—	2	34. 60	—	—	1	1. 50
1965	44	995	—	—	1	8	—	—	—	—
1966	46	1026. 40	—	—	1	19. 40	—	—	1	12
1967	48	1083. 10	—	—	2	56. 70	—	—	—	—
1968	49	1089. 10	—	—	—	—	1	6	—	—
1969	51	1114. 50	—	—	1	19. 40	—	—	1	—
1970	57	1162. 10	—	—	1	15. 60	4	30. 60	1	1. 40
1971	63	1280. 70	—	—	4	78. 60	—	—	2	40
1972	71	1366	—	—	1	41. 50	4	31. 60	3	12. 20
1973	76	1397. 30	—	—	1	4. 20	1	8. 10	3	19

续表10—1

年度	合　计		省　道		县　道		乡　道		专用道	
	条（段）	修建里程	条（段）	修建里程	条（段）	修建里程	条（段）	修建里程	条（段）	修建全程
1974	97	1610. 20	—	—	2	44. 50	17	160. 90	2	7. 50
1975	123	1816. 50	—	—	3	54	19	166. 90	4	25. 40
1976	157	2194. 80	—	—	2	60. 60	26	245. 20	6	32. 50
1977	179	2446. 40	—	—	3	95. 70	18	148. 40	1	7. 50
1978	212	2831. 10	—	—	2	28	25	277. 90	6	78. 80
1979	222	2937. 30	—	—	—	—	9	94. 20	1	12
1980	244	3094. 80	—	—	1	14. 30	15	114. 50	6	28. 70
1981	261	3243. 90	—	—	2	13	13	131. 60	2	4. 50
1982	271	3330. 40	—	—	—	—	3	31	7	55. 50
1983	279	3403. 20	—	—	1	16	4	38	3	18. 80
1984	291	3494. 10	—	—	—	—	6	53. 30	6	37. 60
1985	300	3583. 40	—	—	4	53. 20	4	30. 80	1	5. 30
1986	324	3851. 80	—	—	—	—	17	154. 20	7	114. 20
1987	338	3983. 40	—	—	—	—	12	118. 40	2	13. 20
1988	352	4144. 90	—	—	1	36. 80	13	124. 70	—	—
1989	356	4177. 60	—	—	1	18	2	11. 20	1	3. 50
1990	364	4258. 70	—	—	—	—	8	81. 10	—	—
1991	369	4309. 00	—	—	—	—	5	50. 30	—	—
1992	374	4388. 40	—	—	—	—	5	79. 40	—	—
1993	376	4418. 10	—	—	—	—	2	27. 70	1	2
1994	380	4420. 60	—	—	—	—	1	2. 50	—	—
1995	381	4434. 60	—	—	—	—	1	14	—	2
1996	385	4461. 10	—	—	—	—	3	24. 50	1	—
1997	388	4474. 90	—	—	—	—	3	13. 80	—	—
1998	390	4506. 30	—	—	—	—	2	31. 40	—	—

2000 年巴中市省道公路建设情况

表 10—2 单位：延米、公里

路线名称	起止地名	修建标准	技术指导				路面结构	修建年月	备注
			路基宽度	路面宽度	最大纵坡	最小半径			
一、广开公路	南江乐坝至达县杨家桥	—	—	—	—	—	—	—	—
1. 巴乐段	巴中市回风亭经枣林、元潭、赤溪、沙河至乐坝	简易	6. 50 ~ 7. 50	4	12. 30	10 ~ 15	泥结碎石	巴中至沙河段 1951 年 2 月至 1952 年 6 月	原属达广公路
2. 巴水段	巴中宕梁经兴文、清江、水宁寺至平昌县界沙咀	旧六级	6. 50	3. 50	8 ~ 10	15 ~ 20	泥结碎石	1956 年 11 月至 1957 年 11 月	原属达广公路
3. 平昌段	自达县杨家桥界经平昌县涵水、白衣、江口镇、坦溪、驷马至沙咀	旧六级	6. 50	3. 50	10	12 ~ 15	泥结碎石	1956 年 5 月至 1957 年 11 月	原属达广公路
二、成南公路	成都市梁家巷至南江县桃园	—	—	—	—	—	—	—	—
1. 巴仪段	巴中市回风亭经东兴、麻石、、恩阳、明阳、磨子、柳林、下八庙至仪陇县界双石桥	简易	6 ~ 8	3	8 ~ 10	15 ~ 25	泥结碎石	1948 年 11 月至 1949 年 5 月	原属唐巴公路
2. 沙南段	南江沙河经石矿、小河至南江县城车站	简易	5 ~ 7	3	8 ~ 13	15 ~ 25	泥结碎石	1952 年 11 月至 1953 年 11 月	—
3. 二南段	南江城关中咀大桥经桥亭、上两、魏家坝、桃园至川陕界台上	简易	5 ~ 6	3	—	—	泥结碎石	南江至上两段 1958 年 8 月至 1965 年 6 月；魏家坝至台上段 1983 年 4 月至 1985 年 10 月；上两至魏家坝 1985—1988 年	原系县道，1995 年纳入省道管养
三、万阿公路	四川省万源市至阿坝	—	—	—	—	—	—	—	—
1. 通巴段	通江县城经苗南、民胜、杨柏至巴中县界	简易	6 ~ 7	3 ~ 3 50	8	15 ~ 25	泥结碎石	1956 年 11 月至 1958 年 2 月	—
2. 水通段	巴中水宁寺至通江县界仙人嵌	简易	5 ~ 6	3	8	15	泥结碎石	1957 年 8 月至 1958 年 3 月	—
3. 通竹段	通江县城经高石梯、瓦室、永安、铁溪、朱元至万源市竹峪界箭口垭	简易	5 ~ 6	3. 50	14	15	泥结碎石	通江城关至中和段 1958 年 2 月至 1959 年 3 月；中和至竹峪界段 1972 年 6 月至 1973 年 5 月	其中中竹段 4. 2 公里原为县道，1997 年纳入省道管养
4. 踏三段	巴中恩阳踏泥桥经青木、渔溪、三合至阆中市三庙沟界	简易	5 ~ 6	3. 50	8 ~ 14	9 ~ 15	泥结碎石	踏泥桥至渔溪段 1956 年 2—10 月；渔溪至三合段 1975—1981 年	原属县道，1996 年纳入省道管养
四、通宣公路	通江县至宣汉县、重庆市开县界	—	—	—	—	—	—	—	—
1. 通前段	通江县西门大桥经赤江、草池、涪阳、新场、青峪、板桥口、平溪、楼子至陕西南郑县前进乡界	四级	6 ~ 7	3 ~ 4	—	—	泥结碎石	通江至涪阳段 1966 年 11 月至 1967 年 10 月；涪阳至平溪 1975 年 11 月至 1976 年 10 月；平溪到至楼子 1979 年 11 月至 1981 年 3 月；平溪至前进界 1987 年 7 月至 1989 年 12 月	原属县道，1997 年纳入省道管养
2. 通平段	通江小江口经春在、铁佛、曲滨至平昌界	简易三级	7. 50 ~ 8. 50	6	—	—	泥结碎石	—	原属县道达通公路，1997 年纳入省道管养
3. 平达段	达县梓桐经平昌鹿鸣、茨藤垭、邱家至通江曲滨界	三级	6. 50	3. 50	8	15	泥结碎石	—	原属县道达通公路，1998 年纳入省道管养

表 10—3

2000 年巴中市县道公路建设情况

单位:公里、延米、%、万元

县(区)	路线名称	起止地名	公路里程	修建标准	路基宽度	路面宽度	最大纵坡	最小半径	路面结构	公路等级	投资	竣工年月	改造后公路等级质量							总投资	改造时间
													改造里程	路基宽度	路面宽度	砼路里程	沥青油路里程	山重三级里程	山重四级里程		
巴中市巴州区	枣化路	巴中枣儿垭经石门、凌云至化成	14.50	六乙级	5~6	3.50	10	10	泥碎	四级	1.60	1958.07	14.50	7.50	6.50	0.30	14.20	14.50	—	566	1998 年
	恩双路	巴中恩阳经司城、上八庙至南江双河界	31.90	简易	5~6	3.50	10	10	泥碎	等外	3.16	1958.11	23.50	7.50	6.50	—	23.50	23.50	—	1858	1998—1999 年
	柳花路	巴中柳林风鸣垭至花丛	10.70	六乙级	6	3.50	8	15	泥碎	四级	1.50	1959.02	10.70	7.50	6.50	—	10.70	10.70	—	780	1998—1999 年
	焦茶路	巴中焦垭经观音井至茶坝	14.50	简易	5~5.60	3.50	12.50	12	泥碎	四级	2.20	1959.03	14.50	7.50	6.50	—	14.50	14.50	—	412	1998—1999 年
	马兴路	巴中恩阳马鞍山至兴隆场	12.60	简易	5~6	3	12	9	泥碎	等外	0.75	1959.11	12.60	7.50	6.50	—	—	—	12.60	—	1999 年
	枣平路	巴中枣儿塘至平梁	2.20	六乙级	5~6	3.50	10	10	泥碎	等外	0.40	1959.12	2	7.50	6.50	—	—	—	2	—	1999 年
	巴玉路	巴中园艺场经白云、梁永、双凤至玉山	43.70	六乙级	6.50	3.50	11.50	11	泥碎	四级	54	1961.05	43.50	7.50	6.50	1.50	42	43.50	—	4260	1997—1999 年
	梁顶路	巴中梁永经果敢至顶山	21.60	六乙级	6	3.50	9.80	11	泥碎	四级	51.32	1962.04	21.60	7.50	6.50	0.25	21.35	21.60	—	1064	1998—1999 年
	凉曾路	巴中凉水井经甘泉至曾口	15.60	简易	6.50	3.50	8	15	泥碎	四级	24.94	1964.05	15.20	7.50	6.50	0.40	15.20	15.60	—	577	1998 年
	清白路	巴中清江经中兴至白庙	19.40	简易	6	3.50	11.80	9	泥碎	四级	25.68	1966.11	14.60	7.50	3.50	—	—	14.60	—	269	1999—2000 年
	凌风路	巴中凌云至风头山 701 站	15.60	简易	6	3	12	9	泥碎	等外	43.60	1970.05	8.30	6	3	—	8.30	—	8.30	—	1998—2000 年
	歇南路	巴中歇台子经寺岭至南阳	12.40	简易	5	3	14	18	泥碎	等外	1.30	1971	12.40	6	—	—	12.40	—	12.40	—	1998—2000 年
	高双路	巴中高店子经万安至双庙	20.80	简易	6	3.50	15	8	泥碎	等外	1.10	1975.03	—	—	6.50	—	—	—	—	—	—
	渔龙路	巴中渔溪经九镇至苍溪龙山界	13.90	简易	6	3.50	10	20	泥碎	等外	16.90	1975	12.60	7.50	6.50	—	—	—	12.60	567	1998 年
	曾金路	巴中曾口经店子、芦山至金碑	17.60	简易	6	3.50	12	10	泥碎	等外	1.40	1976.04	8	7.50	6.50	—	—	—	—	160	2000 年
小计	15 条	—	266.80	—	—	—	—	—	—	—	146.16	—	214.40	—	—	2.15	162.20	158.50	55.90	10513	—

续表10—3

县（区）	路线名称	起止地名	公路里程	修建标准	路基宽度	路面宽度	最大纵坡	最小半径	路面结构	公路等级	投资	竣工年月	改造后公路等级质量							总投资	改造时间
													改造里程	路基宽度	路面宽度	砼路里程	沥青油路里程	山重三级里程	山重四级里程		
通江县	火杨路	通江火炬至杨柏	12.20	简易	6～4.50	3.50	—	—	泥碎	等外	3	1960.03	12.20	7.50	6	—	—	—	12.20	180	1997—1998年
	小魏路	通江小江口经毛浴、药铺、药洪、至诚至万源市魏家界	55.50	简易	6	3.50	—	—	泥碎	等外	76.32	1962.04	23.50	7.50	6.50	—	23.50	23.50	—	1858	1998—1999年
	观洪路	通江观音井岩至洪口	19	简易	5～5.60	3～3.50	—	—	泥碎	等外	12.50	1964	19	6.50	5	—	—	—	19	—	1998年
	通洗路	通江广纳、三溪至平昌县界洗脚溪	38	简易	6～7.50	3.50～4	—	—	泥碎	四级	11.78	1971.03 1981.04	38	7.50	6	—	38	38	—	2.90	1997—1998年
	至沙路	至诚镇至沙溪	20	简易	5～6	3～3.50	—	—	泥碎	等外	17.50	1978	20	6.50	5	—	—	—	20	—	1998年
	高麻路	通江高石梯至麻石	2.20	六乙级	5～6	3	—	—	泥碎	四级	3	1971.04	—	—	—	—	—	—	2	—	1999年
	崩万路	通江崩口塘至陕西镇巴伍家界万僧寺	16.20	简易	5～5.70	3～6	—	—	泥碎	四级	80	1984.07	16.20	7.50	6	—	—	16.20	—	126.36	1985年
	双江路	通江金溪河经铁厂河到南江关田界	21.40	简易	5～6	3	—	—	泥碎	四级	48.15	1979.01 1985.06	21.40	6.50	5.50	—	21	21	—	602.35	1997—1998年
小计	8条	—	184.50	—	—	—	—	—	—	—	236.50	—	126.40	—	—	—	59	75.20	51.20	1117.70	—
南江县	野正路	南江野羊溪经长赤、玉堂、黑潭至正直	43	简易	5～6	3	—	—	泥碎	等外	5.56	1958.12	43	7.50	6.50	5	38	43		4900	1997—2000年
	南新路	南江县至新民	34.50	简易	5～6	3.50	—	—	泥碎	等外	—	1959	—	—	—	—	—	—	—	—	—
	樵岳路	南江樵河桥至岳家沟	9	简易	5～6	3.50	—	—	泥碎	等外	—	1959	—	—	—	—	—	—	—	—	—
	甘坪路	南江甘溪西沟至坪河	21	简易	5	3.50	10～15	5～15	泥碎	等外	27	1961.04	—	—	—	—	—	—	—	—	—
	关大路	南江关路至大河	21.30	简易	—	—	—	—	泥碎	等外	—	1969.02	21	7.50	6.50	4.50	16.50	21	—	2900	1998—1999年
	正双路	南江正直至双河	23.50	六乙级	5	3.50	—	—	泥碎	等外	—	1975.05	23.50	7.50	6.50	—	—	—	23.50	—	2000年
	柳贵路	南江柳垭子至贵民	37	简易	5～6	3～3.50	—	—	泥碎	等外	—	1977.08	36.60	—	—	—	—	—	36.60	1000	2000年
	双江路	南江马跃溪经赶场、关路、关田至通江铁厂河界	40	简易	6	3.50	—	—	泥碎	等外	38.73	1986	38.40	6.50	5.50	2.40	36	—	38.40	2474	1995—1999年
小计	8条	—	229.30	—	—	—	—	—	—	—	71.29	—	162.50	—	—	11.90	95	64	98.50	11274	—

续表10—3

县（区）	路线名称	起止地名	公路里程	修建标准	路基宽度	路面宽度	最大纵坡	最小半径	路面结构	公路等级	投资	竣工年月	改造后公路等级质量							总投资	改造时间
													改造里程	路基宽度	路面宽度	砼路里程	沥青油路里程	山重三级里程	山重四级里程		
平昌县	平得路	平昌县城经张公、元山、五木至得胜	42	简易	6.50	3.50	—	—	泥碎	四级	48	1958.01	42	8.50	7	—	24	42	—	2120	1995—1999年
	驷兰路	平昌驷马经雷山至兰草	13	简易	6	—	—	—	泥碎	四级	1958	—	—	—	—	—	—	—	—	—	—
	平镇路	平昌县城经荔枝、云台、邱家、凤凰、笔山、望京至镇经	96	六乙级	6.50	3.50	9	25	泥碎	等外	—	1972.06	96	7.50	6.50	—	39	—	96	3034	1997—2000年
	三响路	平昌三房湾经岳家、金龙、元沱至响滩	38.50	简易	6.50	3.50	8	15	泥碎	四级	—	1974.06	38.50	7.50	6	2	20	38.50	—	2600	1998—2000年
	江佛路	平昌江陵奄经西兴、龙岗、土垭至佛楼	43	简易	6	3	—	—	泥碎	等外	—	1976	22	7.50	6	—	20	22	—	160	1997年
	元洗路	平昌元山经灵山洗脚溪	16	简易	6	3	8	15	泥碎	四级	5.2	1977	16	7.50	6	—	16	16	—	1180	1998年
	响立路	平昌响滩至仪陇立三乡界	14.30	简易	6	3	10	15	泥碎	四级	10	1980.12	—	—	—	—	—	—	—	—	—
小计	7条	—	262.80	—	—	—	—	—	—	—	—	—	214.50	—	—	2	119	118.50	96	9094	—
合计	38条	—	943.40	—	—	—	—	—	—	—	—	—	718.80	—	—	16.10	435.20	416.20	301.60	—	—

表 10—4

1992—2000 年巴中省属公路改造技术状况

单位:公里、米、%、万元

路线名称	起止地名	公路里程		公路技术标准				路面结构(公里)			公路等级(山重)			投资总额	开竣工时间
		改造前	改造后	路基宽度	路面宽度	最大纵坡	最小半径	砼路里程	沥青油路里程	泥结碎石里程	二级	三级	四级		
广开公路巴乐路	巴中市回风亭至南江县乐坝	61	61	9.50	8	12	800	48	13	—	61	—	—	7535	1992 年至 1995 年 1 月
广开公路巴平段	巴中市宕梁至平昌县涵水	45	45	7.50～9	6.50～7.50	10	25	4.20	40.80	—	3	42	—	2264	1993 年 12 月至 1996 年 9 月
成南公路巴仪段	巴中市回风亭至仪陇双石桥界	66	50.70	9	7.50	3～4	200～400	3.64	47.06	—	50.70	—	—	12726	1994 年 4 月至 1997 年 2 月
成南公路沙南段	南江县城至沙河镇	30	28.40	8.50	7.50	7	60	28.40	—	—	28.40	—	—	5449.40	1994 年 10 月至 1995 年 12 月
成南公路二南段	南江县城中咀大桥至川陕界台上	88.20	79	8.50	7.50	7	60	73.40	5.60	—	7	45.40	26.60	8222	1995 年 10 月至 1998 年 10 月
通宣公路平驷段	平昌县龙潭溪至沙咀	43	39	8.50	7	3～7	40	—	39	—	39	—	—	7500	1994 年 1 月至 1996 年 8 月
通宣公路平涵段	平昌县城至涵水	42	37	8.50	7	—	—	—	37	—	37	—	—	3500	1992 年 4 月至 1996 年 8 月
通宣公路通前段	通江县城至陕西省南郑县前进乡	91	87.80	7.50	6	—	—	75.40	—	12.40	—	63	24.80	2423	1995 年 12 月至 1998 年
通宣公路通平段	通江县小江口至平昌县邱家界	56	55.20	8.50	7.50	—	—	—	55.20	—	—	55.20	—	1640	1995 年 7 月至 1998 年 8 月
通宣公路平达段	平昌县邱家至达县梓桐	20.60	20.60	8.50	7	—	—	—	20.60	—	—	20.60	1220	—	1997—1999 年
万阿公路通水段	通江县城至巴中水宁寺	51	51	7.50	6.50	—	—	6	45	—	—	51	—	3337	1995 年 10 月至 1996 年 9 月
万阿公路通竹段	通江县城至万源市竹峪界	100.20	100	7.50	6.50	—	—	—	—	100	—	100	—	—	1997—1999 年
万阿公路踏三段	巴中恩阳踏泥桥至阆中三庙沟	30	30	8.50	7	—	—	—	15	15	29	1	—	2460	1997 年 12 月至 2000 年
合　计	—	724	684.70	—	—	—	—	239	318.30	127.40	255.10	378.20	51.40	—	—

第三节　桥　梁

一、人行桥

境内溪河纵横，山涧交错，历代修建人行桥梁众多。种类有漫水跳磴桥、独木桥、栈桥、石梁桥、石拱桥、天生桥、旱桥和索桥等，共400余座。20世纪50年代后，除新建部分人行桥外，并将尚存的部分古桥改造为县、乡（社）公路桥。1954年，南江县修建槐树乡白头滩铁索桥，是境内第一座铁索桥。20世纪70年代起，通江县、南江县为发展山区工农业生产，方便群众交通，部分厂矿和区乡（社）因地制宜，相继修建铁索桥。至2000年，全市共有铁索桥31座，总长3328延米；尚存古桥不足90座。

二、公路桥

民国末期，境内唐巴公路巴仪段66公里，仅新建水井小石拱桥及新桥河漫水桥，对古溪桥和柳津桥等人行古桥改造为公路桥。

1951—1966年，境内四县共修建公路桥157座4091延米。其中省道8座2058延米，县道62座1659延米，乡（社）道14座374延米。小桥和漫水桥占桥梁总延米的62.8%。桥梁大多是中小型简易石台木面木梁桥，部分漫水桥和木桥，桥面狭窄，承载量低，抗洪能力弱。20世纪60年代以后，地、县交通部门采取省道国家负担，县道民办公助的办法，有计划地分期分批对境内省、县道中的石台木面桥、漫水桥全面改造，改建为石拱桥。1963—1966年，达县公路养护总段工程队相继改造了省道巴（中）南（江）、达（县）巴（中）、唐巴公路巴仪段、通（江）铁（溪）等路线中的石台木面桥、便道漫水桥共40座1433延米。巴中县、平昌县改造县道石台木面桥12座。

洪口大桥

1967—1977年，境内共修建公路桥梁148座5097延米。其中大中桥梁47座3507延米，占桥梁总长的68.8%；大桥座数及延米比1966年底增加13倍和15.6倍。1971—1974年，四川省交通厅及达县地区交通局投资238.5万元，改建省道通铁路石台木（梁）面桥及爬河便道漫水桥7座601延米。1972—1977年，修建的省道达巴路巴中、江口、平昌大桥，唐巴路恩阳大桥、巴广路柳津桥及通铁路的水口、崩口塘、九浴溪大桥，均为等截面空腹式大型石拱桥，长度在120~400米，主孔单垮40~70米，为全省最大单孔跨径公路桥梁之一。1975—1978年，巴中县自筹资金，民工建勤修建社道桥梁15座508延米，其中永红桥长102米。南江县在新建公路桥梁的同时，将县道石台木面桥19座396延米，全部改造为石拱桥。

1978年，境内公路建设迅猛发展，大中型桥梁成倍增长，石台木（梁）面桥及低水位漫水桥的改造进度加快。1978—1993年，境内共修建公路桥梁269座13691延米。其中大中型桥梁142座11227延米，分别占桥梁总座数及总长度的55.7%和82.1%。其中，1979—1984年，国家投资189.68万元，将省道巴广路南江县境沙河、巴中县道恩双路新桥河及平昌县道平镇路滑石滩、江佛路江陵庵4座低水位漫水桥，423延米，改建为石拱桥。1986—1987年，国家以工代赈补助资金122万元修建的南江县乡道桐子湾大桥长116米，关路大桥长129米。1988年5月，国家粮棉布以工代赈建设的巴中县道巴玉路梁永大桥竣工通车，总投资248.28万元，437延米，主拱6孔，跨径50米，桥头接线引道长1570米，为境内县道最长的公路桥。1978—1989 年，境内省道巴广公路加宽改造，对原修建的部分小孔径石拱桥进行改建。改建的巴中县境大溪口、大佛寺、师家沟、后河、巴河及南江县境黄家沟、下两、和平、马掌铺、大板、小板等 11 座大中型桥梁，1109 延米，国家投资 759.73 万元。1978—1993 年，通江县共修建桥梁 85 座 5345 延米，其中，东门溪、小坪溪、铁佛等大桥 18 座 2513 延米，筏子坝、什字坝等中桥 31 座 1860 延米，五马桥、金杭坝等小桥 36 座 9721 延米。通铁公路原建的 12 座石台木（梁）面桥及 5 座爬河便道漫水桥全面改建为大中型石拱桥 12 座 1425.5 延米，国家投资 504 万元。

1995 年 1 月，通江县沙溪大桥竣工。该桥长 155.32 米，高 23.08 米，为川北第一座悬链式空腹双肋石拱桥，由傅崇碧将军题写桥名。1994—2000 年，境内共修建公路桥梁 112 座 7884 延米，其中，省道 74 座 5551 延米，县道 27 座 1539 延米，乡道 11 座 850 延米；大中型桥 87 座 7320 延米，占新建桥梁总长的 93%。至 2000 年底，全市共有已成公路桥梁 682 座 30261 延米，其中，省道 317 座 16807 延米，县道 164 座 6611 延米，乡道 195 座 6661 延米，专用公路桥 6 座 182 延米；大型桥 75 座 12403 延米，中型桥 214 座 10438 延米，小桥 371 座 6488 延米，漫水桥 21 座 932 延米。

2000 年巴中市部分古桥

表 10—5　　　　单位：延米

桥　名	所属县	修建时间	桥　型	规　格			所属乡镇	跨越河流	备　注
				长	宽	高			
卢公桥	巴中市巴州区	清乾隆四年(1739 年)	石桥平桥	—	—	—	宕梁乡	—	
蹬子河桥		清雍正十年(1732 年)	石板平桥	—	—	—	兴文乡	—	
老鹳桥		清乾隆十年(1745 年)	石拱桥	—	—	—	城守乡	—	改为公路桥
古溪桥		明洪武十一年(1978 年)	石拱廊桥	47	6	17	恩阳镇	鹿溪河	1957 年改为公路桥
渔溪凉桥		清乾隆三十三年(1786 年)	石礅木面廊桥	45	4	11	渔溪镇	渔溪河	1996 年水毁,另建公路桥
灵江桥		清光绪辛卯(1891 年)	双孔石拱廊桥	59.60	6	12	关渡乡	灵江河	
老拱桥		明　朝	石拱桥	31	5.50	9.80	茶坝镇	茶坝河	1977 年改为公路桥
佛坎子桥	通江县	明弘治二年(1489 年)	石板平桥	19	4	4	铁佛镇	—	
铁山桥		明崇祯四年(1630 年)	石板平桥	—	—	—	广纳镇	—	
五马桥		明成化(1465 年)	石拱桥	—	—	—	诺江镇	—	1967 年改为公路桥
关夫子桥		明初(1369 年)	石拱桥	5	1.30	1.40	永安镇	—	
老街桥		明末(1643 年)	石拱桥	7	5	2.50	永安镇	—	
漏坎岩桥		清嘉庆(1796 年)	石拱桥	3.20	1.40	2.50	永安镇	—	
小和平桥		明初(1369 年)	石拱桥	36	4	8	永安镇		1965 年修建永红公路时被炸毁
龙凤桥		清道光四年(1842 年)	石拱桥	—	—	—	大兴乡	—	
长河坝桥		清同治十二年(1886 年)	石拱桥	—	—	—	诺江镇	—	水毁,1983 年重建
黄梁河桥		清同治十三年(1887 年)	石拱桥	—	—	—	曲滨乡	—	1967 年改为公路桥
飞雁桥		清同治年间	石拱桥	—	—	—	檬坝乡	—	
复兴桥		清道光十三年(1833 年)	石拱桥	—	—	—	碧溪乡	—	
观音桥		清道光十八年(1838 年)	石拱桥	—	—	—	毛浴乡	—	
高　桥		清光绪三十三年(1907 年)	石拱桥	—	—	—	青峪乡	—	
朱元桥		清光绪三十四年(1908 年)	石拱桥	—	—	—	朱元乡	—	

续表10—5

桥　名	所属县	修建时间	桥　型	规　格			所属乡镇	跨越河流	备　注
				长	宽	高			
高桥河桥	通江县	清光绪十二年(1832 年)	石板桥	20	1.60	—	龙凤场乡	—	
三元桥		清光绪二十一年(1895 年)	石板桥	—	—	—	杨柏乡	—	
梨元桥		清　朝	石板桥	20	1.70	1.50	泥溪乡	—	
回龙桥		清光绪二年(1876 年)	石拱桥	—	—	—	春在乡	—	
万安桥		清道光年间	石板桥	—	—	—	杨柏乡	—	
继善桥		清光绪十九年(1893 年)	石板桥	93	2.30	1	沙溪镇	白石水	
龚王桥		清光绪十三年(1887 年)	石板桥	6	2	8	三溪乡	—	
枫尘桥	南江县	清道光十二年(1832 年)	石拱廊桥	20.50	5.80	6.30	赶场乡	—	
白院寺桥		清道光年间	石台木面廊桥	15	3.40	—	白院乡	—	
乐善桥		清咸丰六年(1856 年)	石板桥	30	5	8.50	长赤乡	—	
咸丰桥		清咸丰年间	石台木面桥	15	4	15	沙坝乡	田坝沟河	
三叉桥		清光绪二十二年(1896 年)	石台木面廊桥	18	5.50	—	八庙乡	三叉河	
龙门溪桥		清光绪十年(1884 年)	石拱桥	24	4.60	5.20	大河乡	郑家沟河	
石龙沟桥		清光绪年间	石拱桥	10	3	8	和平乡	石龙沟河	
和平沟桥		清光绪元年(1875 年)	石拱桥	30	4.20	10.50	和平乡	拱桥河	1978 年改为公路桥
花拱桥		清　末	石拱廊桥	12	5	17	花桥乡	马家沟河	
张家溪桥	平昌县	明　朝	石板桥	10	2	—	云台乡	—	改为石拱桥
议事桥		清顺治年间	石板桥	15	4.50	—	涵水乡	—	改为石拱桥
喜神滩桥		清康熙年间	石板桥	4.50	1.50	—	喜神乡	—	
观音桥		清嘉庆十二年(1806 年)	石板桥	—	—	—	长垭乡	—	
玉溪桥		清道光二十四年(1844 年)	石拱桥	20	1.50	—	元山乡	—	
板　桥		清道光年间	石板桥	10	4	—	岳家乡	—	改为公路桥
太平桥		清咸丰三年(1853 年)	石板桥	11	1.50	—	风凉乡	—	
老官桥		清咸丰七年(1857 年)	石拱桥	21	3	—	云台乡	—	改为公路桥
三福桥		清同治三年(1864 年)	石板桥	—	—	—	元石乡	—	
济川桥		清光绪四年(1878 年)	石板桥	—	—	—	元石乡	—	
天生桥		清光绪五年(1879 年)	石板桥	—	—	—	元石乡	—	
永定桥		清光绪五年(1879 年)	石板桥	—	—	—	风凉乡	—	
蒿枝洞桥		清光绪九年(1883 年)	石拱桥	—	—	—	南风乡	—	
踏水桥		清光绪十三年(1887 年)	石拱桥	24	1.30	—	岳家乡	—	
天顶桥		清光绪十七年(1891 年)	石拱桥	15	1.30	—	岳家乡	—	改为公路桥
高桥河桥		清　初	石拱桥	23	3	—	望京乡	—	改为公路桥

2000 年巴中市省、县、乡道 130 延米以上的桥梁

表 10—6 单位:延米、万元

县(区)	桥梁名称	所在路线	里程桩号或桥址	结构式样	桥长		桥面宽		桥高	设计荷载		投资	修建时间	备注
					全长	孔数-跨径	净宽	人行道		汽	拖挂			
巴中市巴州区	恩阳桥	成南公路巴仪段	417 公里 +800 米	石拱桥	296.20	4-40 7-10	9	2×2	24.70	15	80	91.50	1972 年 9 月	原建桥面宽为 7+2×0.75 米,1992 年 5 月拓宽改造增宽
	柳津桥		42 公里 +288 米	石拱桥	207.80	4-32 3-12	7	1.50×2	22	15	80	67.08	1978 年 6 月至 1979 年 11 月	原 1 孔 8 米石拱桥公路改线新建桥
	新石匣子桥		414 公里 +000 米	石拱桥	140	3-20	—	—	—	20	100	79	1994 年 7 月至 1995 年 7 月	成南公路巴仪段改建新建桥
	鹿溪河桥		420 公里 +140 米	石拱桥	165	4-16 1-65	—	—	—	20	100	136	1994 年 7 月至 1995 年 7 月	成南公路巴仪段改建新建桥
	兴隆大桥		428 公里 +924 米	石拱桥	116	1-40 5-10	—	—	—	20	100	102	1994 年 7 月至 1995 年 7 月	成南公路巴仪段改建新建桥
	大佛寺桥	广开公路巴乐段	3 公里 +600 米	石拱桥	108.80	2-32 1-12	7	0.75×2	16	20	100	10	1981 年	原为 1 孔 8 米石拱桥,公路改线新建
南江县	下两桥		29 公里 +000 米	石拱桥	130	1-40 1-20 3-10	7.50	—	26	13	60	39.60	1977 年 6 月至 1978 年 10 月	原 2 孔 8 米石拱桥,公路改线新建
巴中市巴州区	大佛寺大桥		—	石肋板拱拱桥	239	2-7	15	1.50×2	27	20	100	350	1994 年 11 月至 1995 年 9 月	—
	巴中 3 号大桥		—	板肋拱断面分离式石拱桥	222.80	3-60	15	3×2	27	20	100	1260	1994 年 9 月至 1995 年 12 月	原为 3 孔 6.50 米石台木面桥,改线新建
	后河大桥		巴州镇东宕梁	石拱桥	164	3-35 3-12	9	2.20×2	18.60	20	100	302.40	1984 年 10 月至 1989 年 12 月	—
	巴河大桥		—	石拱桥	324	—	9	2×2	30.80	20	100	322.80	1987 年 10 月至 1989 年 12 月	公路改线新建
	枣林大桥		—	石拱桥	158	1-70 5-10	9	—	—	20	100	150	1992 年 12 月至 1995 年 1 月	广开公路巴乐段改造新建

续表10—6

县(区)	桥梁名称	所在路线	里程桩号或桥址	结构式样	桥长		桥面宽		桥高	设计荷载		投资	修建时间	备注
					全长	孔数-跨径	净宽	人行道		汽	拖挂			
南江县	朱家店大桥		—	石拱桥	148	1-70 2-10	9	—	—	20	100	140	1992年12月至1995年1月	广开公路巴乐段改造新建
	马掌铺大桥		—	石拱桥	135	1-70 1-10	9	—	—	20	100	138	1992年12月至1995年1月	广开公路巴乐段改造新建
	野洋溪大桥	广开公路平昌段	—	石拱桥	170	1-70 1-10	9	—	—	20	100	150	1992年12月至1995年1月	广开公路巴乐段改造新建
平昌县	濛溪河桥		70公里+929米	石拱桥	140.40	2-37 4-10	6.70	—	24.20	15	802	32.70	1965年8月至1966年8月	原石台木面桥，水毁后新建
	平昌大桥		116公里+831米	石拱桥	284.90	4-50 4-10	7	1.50×2	40.70	20	100	20.20	1973年10月至1975年10月	—
	江口桥		115公里+054米	石拱桥	151.68	1-50 3-20 1-10	7	0.75×2	28.20	20	100	75	1973年1月至1974年5月	—
	元缸石大桥		24公里+408米	石拱桥	136	1-18 1-60 1-18	9	—	20.70	20	100	—	1994年	广开公路平昌段改造新建
	坦溪桥		33公里+242米	空腹式石拱桥	223	4-16 1-70 1-30	9	—	32	20	100	—	1994年	广开公路平昌段改造新建
	马骡滩桥		14公里+819米	石拱桥	211.80	1-38 1-36 1-70 1-30	9	—	19	20	100	—	1995年	广开公路平昌段改造新建
巴中市	巴中大桥	广开公路巴水段	巴中市红岩河	空腹式石拱桥	400.38	6-40 10-10 2-5	9	2×2	22	15	80	119	1967年10月至1970年4月	原桥面宽7+2×1(米)，1992年12月拓宽改造增宽
南江县	中咀桥		506公里+650米	石拱桥	175	2-60	9.50	1.50×2	12	20	100	68	1982年1月	—

续表10—6

县(区)	桥梁名称	所在路线	里程桩号或桥址	结构式样	桥长		桥面宽		桥高	设计荷载		投资	修建时间	备注
					全长	孔数-跨径	净宽	人行道		汽	拖挂			
通江县	通江大桥	万阿公路通水段	0公里+900米	—	204	2-5 6-10	7	0.75×2	28.20	15	80	73	1974年6月至1976年2月	—
	彭坎岩大桥		3公里+900米	空腹式石拱桥	135.30	1-70	8.50	0.75×2	42	20	100	178.50	1995年4月至1996年4月	1997年7月27日因质量事故垮踏
	东门溪桥	万阿公路通竹段	0公里+700米	石拱桥	152.30	4=25 2-10	9	0.75×2	17.05	15	80	42	1997年6月至1998年12月	公路改线新建
	诺江大桥		1公里+100米	石拱桥	150	1-90 1-23	9	0.75×2	22	20	100	105	1990年5月	—
	九浴溪大桥		16公里+200米	石拱桥	147	1-70 2-15	6	0.75×2	20	15	80	47.50	1973年6月至1974年5月	原为便道爬河桥改线新建
	烟溪大桥		34公里+000米	石拱桥	235	4-50 3-15	6	0.75×2	30	15	80	105.50	1984年	原石台木面桥
	小坪溪桥		48公里+300米	石拱桥	300.54	4-50 4-15	8	0.75×2	26.50	15	80	94.52	1977年3月至1979年3月	原为便道爬河桥改线新建
	泥溪大桥		55公里+800米	石拱桥	133.50	2-30 1-15 2-20	8	0.75×2	23.70	15	80	45.44	1979年5月至1981年6月	原为石台木梁(面)桥改线新建
	青峪桥		47公里+600米	空腹式石拱桥	165	2-70	6	0.75×2	26	20	100	47.62	1981年4月至1982年5月	—
	大浪溪桥		53公里+700米	空腹式石拱桥	145	1-70 2-10	6	0.75×2	18	13	80	25	1979年4月至1980年4月	—
	曲滨大桥	通宣公路通达段	72公里+100米	空腹式石拱桥	167	1-60 3-20	7	0.75×2	26	20	100	46.70	1985年12月	粮棉布以工代赈新建
	小江口桥		115公里+600米	空腹式石拱桥	228	3-50 3-10	7	0.75×2	28	15	80	85	1974年4月至1977年12月	国家补助20万元

续表10—6

县(区)	桥梁名称	所在路线	里程桩号或桥址	结构式样	桥长		桥面宽		桥高	设计荷载		投资	修建时间	备注
					全长	孔数－跨径	净宽	人行道		汽	拖挂			
巴中市巴州区	黑龙滩桥	万阿公路踏三段	5公里+700米	空腹式石拱桥	138	1－50 4－10 3－6	7	—	18.50	15	80	36.30	1984年1月	达县地区交通局补助35.5万元
	梁永大桥	巴玉路	24公里+400米	石拱桥	437	6－50 1－27 4－10	7	0.75×2	32.50	20	100	248.28	1985年9月至1988年5月	粮棉布以工代赈新建
	雪山大桥	恩双路	巴中市(县级)三汇镇	石拱桥	146	2－40 1－10	8.50	—	18.50	20	100	210	1998年8月至1999年12月	公路改造新建
通江县	广纳大桥	通洗公路	20公里+000米	石拱桥	264.80	3－70 5－15	7	2×0.75	31.60	20	100	438	1992年7月至1997年	公路改造新建
	石嵌子大桥		21公里+900米	石拱桥	151.60	1－70 2－18 1－10	7	2×0.75	42.80	20	100	—	1998年1月	公路改造新建
	干嵌子桥		—	石拱桥	171	—	—	—	—	—	—	165.40	2000年	—
南江县	正直桥	正双公路	0公里+200米	石拱桥	181	6－20	7.50	—	21	13	60	26	1978年1月	—
	关路大桥	双江公路	27公里+060米	石拱桥	132	1－80	7.50	—	17	10	60	75	1986年9月至1987年9月	粮棉布以工代赈新建
	黑潭桥	野正公路	32公里+600米	石拱桥	132	1－18	8.50	—	13	20	100	100	1949年4月	原为多孔漫水桥，公路改造新建
	黄角树大桥	下大路	—	石拱桥	202.60	2－60 2－10	10.50	—	26.20	20	100	286	1995年5月	—
平昌县	通江河	平镇公路	1公里+304米	石拱桥	333	1－15 2－115 2－15	7	2×0.70	45	20	100	435	1989年	—

续表10—6

县(区)	桥梁名称	所在路线	里程桩号或桥址	结构式样	桥长		桥面宽		桥高	设计荷载		投资	修建时间	备注
					全长	孔数-跨径	净宽	人行道		汽	拖挂			
通江县	长滩河大桥	—	7公里+010米	石拱桥	134	1-60	6	2×0.75	18.60	20	100	—	1995年	—
	平溪大桥	平临公路	0公里+000米	石拱桥	158	2-60 2-4	6	2×0.75	22	20	100	—	1988年	—
	幸福大桥	沙胜公路	0公里+800米	石拱桥	150	1-70 2-10	8	—	15	—	—	156.50	1992年6月至1995年5月	—
	洪口大桥	洪澌公路	沙溪河上段	石拱桥	242	2-70 1-18 1-25	7	2×1.50	—	—	—	—	1999年	—
平昌县	兰草桥	坦兰公路	—	石拱桥	223	1-40 2-70 1-15	—	—	—	20	100	370	2000年	—

第四节　隧　道

1961—1965 年，修建二南公路南江至下两段时，开凿沙滩孔明洞隧道 1 处 36 延米，拐拐潭半隧道 1 处。1976 年，修建柳贵路时，开凿二道关隧道 1 处 21 延米。1991—1992 年，改建二南路马跃溪至三官坝段，新开凿红鱼洞、半边猪、拜开潭、铡刀岩公路隧道 4 处 402.8 延米，其中红鱼洞隧道长 252.9 米，半隧道 2 处 460 延米。国家投资 55.3 万元，农民义务投工 3.28 万个工日，开凿石方 1.91 万立方米。二南、柳贵公路隧道、半隧道，全系人工开凿，石质坚硬，隧道一般宽 5 米，高 4.5 米。

至 1993 年，全地区共有公路隧道 5 处 438.8 延米，半隧道 3 处 500 余延米。隧道工程总投资 58.82 万元，投劳 3.88 万个工日，开凿石方 2.12 万立方米。

1994 年，省道成（都）南（南江县桃园）巴仪段全线改建，在巴中市（县级）回风亭前 4 公里龙舌坝处设计西华山中型隧道，全长 939 米，为单洞双车道，净高 6.25 米，行车道宽 7.5 米，隧道东西两端进出口长 1 公里。是年 10 月 28 日，正式开机钻洞。1995 年 12 月 8 日，隧道东西两端贯通。1996 年 1 月 25 日，西华山隧道工程全面竣工通车，为巴中地区省道第一处中型公路隧道。西华山隧道工程共凿钻石方 6.82 万立方米，拱盔及支承墙浇筑钢筋混凝土 1.22 万立方米，铺筑砼路面 1.06 万立方米，国家总投资 2000 万元。

西华山隧道

1997 年 4 月，西华山隧道出现衬砌开裂，渗水严重，路面下沉断裂，边墙基础掉脚，拱顶多次局部垮塌等质量病害。地、市先后投资 16.5 万元，对隧道病害进行整修。是年 4—11 月，二南路新开凿桂花园隧道 1 处 41 延米，国家投资 41 万元。1997—1998 年，南江县二南路全线 6 处隧道，按山重三级公路标准进行改造，增设道内排水及光缆照明设施，铺装砼路面。

1999 年 4 月，省交通厅公路局组织专家、工程技术人员等召开西华山隧道病害整治方案评审会，查明造成隧道严重病害的主要原因。是年 7 月，西华山隧道封闭，停止车辆通行。2000 年 8 月，原隧道承建施工单位对隧道进行整治。

第五节　航　道

巴中境内有通航干、支河流 9 条，河道总长 1233 公里，可通航里程 1048 公里。巴河发源于米仓山南麓，全长 388 公里，通航里程 296 公里，境内流长 221 公里。由北向南纵贯南江、巴中、平昌 17 个乡镇，是境内内河航运主要干道，也是境内四县至达县、渠县、合川、重庆的水上运输枢纽。主要支流恩阳河、神潭河、鳌溪河、大小通江河、沙溪河、曲滨河等河道形成以巴河为主干，沟通沿河乡镇的天然水网，流域面积 3.84 万平方公里。

川陕省苏维埃时期，川陕省苏维埃政府建立土地委员会，下设水利局，局设水利工程科，专事组织群众凿滩疏河，发展与利用苏区河道运输。1933 年 8 月，川陕省苏维埃水利工程科先后发动 50 万民工，历时 3 个月，疏通了巴中至江口（平昌县）、江口至小江口（通江县）到苦草坝（通江县）、小江口至涪阳坝（通江县）长150公里的河道。1934年，川陕省苏维埃水利工程科又组织以赤北县、苦草坝特别区民众为主的疏河队伍，疏通了以苦草坝为起点，经钢溪河通向陕南的长100余公里的河道，沟通了川陕间常年水路运输。同时，红四方面军总经理部也承担了疏浚河道的部分工程施工。

1950—1956年，建立专业航道队，采取专业队与民工相结合的办法，对境内干支河道进行有计划地大规模整治和养护。先后疏浚南江河、神潭河、通江河、巴河等航道375公里，水位普遍提高，木船运输装载量增大，水运航次时间缩短。

1958—1960年，为适应粮铁水运量大的需要，重点整治巴河干支流险滩200余处，在巴河安设棒标、夜航灯标，并在通江河龙滩、南江河赶场、巴河澌岸、黄毛溪等滩险设置人力、畜力绞滩机、起重机。同时开通大通江毛浴至长坪，两河口至水口，曲滨河砦口至澌岸，喜神至砦口新航道151.5公里。1960年底，境内河通航里程由551公里延伸到656公里。

20世纪70年代，四川省内河航运管理局拨款70.4万元，先后对南江河牛肋巴滩险，通江河长胜至长坪67.5公里航道及巴河平昌至渠县三汇镇航道中17个重点滩险进行整治；投资52.45万元在通江河、恩阳河修建青滩、石牛咀、沿溪河船闸和南江沙河溢流调节坝，内河航道明显改善。巴河平昌至三汇127公里航段，枯水期航道深0.7米，常年可通行10～28吨位船舶，中洪水期可通行小型机动船；平昌以上航道枯水期航道深0.5米，可通行6～15吨船舶；通江河、恩阳河等支流水位提高，常年通航。巴中、平昌改革航道养护工具，建造机动、电动钢质绞关船，航道养护基本实现半机械化。

1980年后，巴中、通江、南江三县集体航运企业全部转产，平昌县集体航运企业调整产业结构，大幅削减运力，专业航道养护中止。内河航道由沿河场镇组织船户自行淘滩拣槽，维持通航。1953—1984年，对大、小通江河199公里航道进行疏浚整治，国家共投资97.44万元。1963—1985年，巴河航道常年工程维护，国家累计投资200.47万元。

1993年，全地区航道里程891公里。由于水上运输萎缩，仅有部分乡镇河段断续通航，常年维护航道200余公里。1994—1995年，全地区投入巴河、通江河航道常年维护费18万元。2000年统计，巴河及其支流内通航里程共669公里，其中七级航道140公里，八级航道221公里，九级航道243公里。通航电站水库38个，库区航道532公里。

第六节　渡　口

境内古渡设置有史可考，起自西魏大统（535—537年），在通江县城设西门（关）、南津渡。清末民初，境内渡口开始增多。巴河、通江河要津渡口多为义渡；分支小河流多为民渡，只临时或季节性经营。民国初期，境内有义渡31处，其中巴中县城关红岩、北门、恩阳、三江渡口；通江县城关南津、西门、渡口铺、毛浴、肖口、广纳渡口；南江县城东门、大河乡龙门、龙潭河渡口；平昌县江口镇官渡、衙门、望江咀、兰草、蒙溪、龙门咀渡口，为要津渡口。民国38年（1949年）5月，唐巴公路巴仪段初通，四川省公路局转入养护，在巴中县恩阳河设立公路渡口，有木驳船一只载重15吨，配置渡工6人，进行单车人力渡运。是年6月，仅渡运汽车一辆，之后因路况质量差，交通中断，渡口闲置。

20世纪50年代初，巴仪公路经过整修，恢复交通，恩阳渡口车辆渡运量逐年增加。公路渡口设施简陋，渡运驳船多为15吨单车载运木质船，未修建码头引道，利用河流两岸公路作引道停泊；车辆渡运靠横缆钢索人力背拉牵引，夜间和稍遇洪水即停渡。驳船每次只能载运汽车一辆，河面宽者往返一次需要30~40分钟，河面窄亦需要20分钟左右，渡运效率低。1950年后，渡口实行统一管理，专业公渡试收过渡费，用于船只维修。1954年，境内四县先后设置短航渡口管理所，县城及重点场镇的大中型渡口纳入专业公渡，实行过渡收费，以渡养渡。是年，恩阳渡口渡工陈开科改革渡船抬跳为船头压跳，省交通厅将该技术在全省公路渡口推广使用。1957年，达巴公路建成通车后，设立平昌望江咀、檬溪、驷马、巴中红岩4个公路渡口。1958—1960年，境内省道通（江）水（宁寺）、通（江）铁（溪）公路及县道南（江）桥（亭）、平（昌）泥（滩子）、通（江）万（源）、巴（中）玉（山）公路建成后，相继设立通江县西门、水口，南江县东门，平昌县刘家河，通江县高石梯及巴中县梁永6个公路渡口。

1962年，渡口划分县、公社管理，县城及区社场镇重点渡口由县渡口管理所直接经营管理，公渡实行财政补贴，统收统支，其余港口由所在农村人民公社管理，实行以渡养渡。20世纪60年代中期，加强渡运安全管理，改善公路渡口设施，投资更新驳船，载重量增加到20~30吨，建造部分铁（钢）质船舶，可一次载运汽车2~3辆，修建两岸石质码头引道。省道恩阳、红岩、驷马、檬溪、望江咀渡口，配置机动汽划船拖运，夜间及中洪期水位可渡运车辆。1965—1977年，檬溪、驷马、巴中、恩阳、水口、巴河、通江大桥先后建成，境内7个省道公路渡口全部实现桥梁化；县道公路渡口实现桥梁化占50%。1978年，达县地区交通局拨款7万元为巴中梁永渡口新造铁质驳船1只，船身长21米，宽4.5米，可同时装运两个挂车或三个单车。1978年后，个体渡船及村社集体经营的副业渡船，逐年发展。

1982年，梁永渡口增设卷扬机代替人力牵引渡运，车辆渡运时间由每次40分钟，缩短为10分钟。至1985年，境内共有人行渡口273处，其中专业渡口45处，农村集体及个体渡口225处，季节性港口6处；渡船281只，其中人力木船171只，机动船10只，年旅客渡运量158万人次。

至1990年，境内县级公路仅存的4个渡口，除南江县道下两渡口进行渡运车辆外，其余公路渡口均被桥梁代替，并陆续被撤销。

1995年4月，全地区港航管理体制改革，精简渡运管理机构，除平昌县保留18处专业渡口外，巴中、通江、南江三县（市）的专业渡口均被撤销。是年5月，南江县下两黄桷树大桥建成通车，全地区公路渡口全部实现桥梁化。

1997年，全地区有渡口308处，其中专业渡口18处，民营渡口290处，年均客运总量468万人次。2000年，全市有渡口205处，渡船191只，其中机动渡船8只，非机动渡船183只。

第七节 铁 路

1991年4月24日，开始建设广元市旺苍县普济镇至南江县乐坝镇的地方铁路，为二级地方铁路。1994年1月25日，普乐铁路全线铺轨贯通。普乐铁路全长23公里，架桥梁22座、开隧道9条、砌渠涵92处。除主线外，乐坝站建设有石油专线、冶金铁矿专线、粮食专线等支线2046米。国家投资1.5亿元。

第二章　运　输

第一节　人力运输

民国时期，境内各县均设有轿铺、滑竿行，经营人力客运，有轿子、滑杆 180 余乘，专业轿夫 400 余人；长途货运力夫千人以上。人力运输北到陕西汉中、西安及甘肃天水，南至南部、营山、南充、成都、重庆等地，主要运出木耳、茶叶、生丝、药材、铁器、黄表纸等，运回棉花、日用百货、盐巴、粮食及陕甘土特产品。山区长途背运，路少则数百里，多者上千里。

中华人民共和国成立后，各县先后成立县搬运工会。1952 年，境内有码头装卸、长途运输专业工人 800 余人。实行劳力、货源统一调配，统一结算。1953 年，巴中县、南江县搬运工会购置架子车 240 余辆，进行公路短途货物运输。以后各县公路增多，架子车货运逐年增长。1955 年，各县搬运站改制为县群众运输管理站，实行政企合一，将各区场镇的专、副业运输工人组织成立区群众运输队（组），专业运输增加到 1146 个，完成货物运输量 3.05 万吨。1956 年，境内建立巴中县、通江县、南江县、平昌县 4 个群众运输合作社。1957 年后，由于县区公路建设的发展，公路运输量日益增大，境内人力长途背运逐渐淘汰，以短途运输和车站、码头装卸为主。专业运输工人减少，运输工具向畜力架、板车发展。1958 年 10 月，各县群众运输合作社转为地方国营搬运公司。1959—1961 年，通江县、南江县除专业运输工人近千人外，各铁厂、矿山、人民公社亦组建专业钢铁运输队 9000 余人，短途集运生铁 23.4 万吨，粮食 5.53 万吨。

1962 年 5 月，按照国民经济“调整、巩固、充实、提高”的方针，境内各县国营搬运公司先后恢复为集体运输合作社。通过调整，巴中县、通江县、南江县、平昌县群众运输合作社有职工 1000 余人，有人畜力板、架车 700 余辆。1963—1965 年，恢复成立各区、公社专业群众运输队组，各县成立区交通运输管理站，加强对民间散车、散船和闲散劳力的管理。

1973 年，境内共有群众运输合作社（队）44 个，职工 1422 人，完成货物运输量 8.49 万吨，周转量 174.92 万吨公里。1978 年，为发展社队企业经济，境内群众运输业只保留 4 个县级运输合作社及 13 个运输队，其余 20 个群众运输队及职工 479 人，固定资产 48.06 万元，全部移交当地社队企业管理。

1980 年后，境内专业人力运输被淘汰，部分转入车站、码头从事搬运装卸作业；群众运输企业相继购置汽车，参加公路运输，并开展商业经营，规模性民间人力背运大幅度减少。

1986—2000 年，区乡专业群众运输机构和人员全部解体，自此农民进城务工，以背篼、架车，人力运输社会散件物资，装卸车辆货物。

第二节　畜力运输

境内在汉唐时期就设有驿道。驿马通行，驿站备人夫、马骡，供传递文书及过境官员使用。明清时期，境内至汉中的古道上，驮运往来频繁。清乾隆三十年（1765 年），张自芳《新辟石梁渡风洞子疏》记：经通江至汉中，“不少捷走之驼马……若夫牛马负贩……尤络绎不绝焉”。

川陕省苏维埃时期，境内驮运盛极一时。红四方面军总后勤部马号排有 600 多匹军马驮运粮食、枪炮、弹药。红四方面军骑兵营有 300 多匹战马，在战争空隙亦参加驮运。红江县苏维埃在新场坝抽调少先队员和民工，组建 70 多匹骡马的运输队，往返于新场坝、南江县、旺苍县之间，专为新场坝经理部驮运物资。

1956 年，南江县城关、沙河、下两三个公路沿线的场镇搬运组，购装畜力架车 7 部，往返巴南公路运输物资。是年 12 月，通江县群众运输管理站组建驮牛运输队，在民胜、苗南、毛浴等乡发展驮牛运输。1958 年，平昌县群众运输公司自制人畜合拉车 30 部、畜力大板车 16 部，养役力牛 60 头；巴中县搬运社有畜力板车 8 辆、四轮平车 5 辆；通江县有驮牛 80 余头，通巴公路通车后，将驮运改为牛拉大板车运输，副业驮运队解体。1960 年，巴中县畜力板车发展到 16 辆、四轮平车发展到 24 辆；通江县驮牛发展到 50 头，人畜力板车、架车完成货运量 6953 吨。1962 年，通江县有畜力板车 36 辆。1965 年，南江县有畜力车 102 辆，通江县人畜力板车、架车货运量 9996 吨。

20 世纪 80 年代后，随着境内公路建设的快速发展，机动车辆逐渐增多，畜力运输市场缩小，其畜力运输逐步被淘汰，只有少数边远山区有少量个体运输户养马驮运，或少数副业工从事人畜力板车运输。

第三节　船舶运输

民国时期，随着农业、手工业不断发展，境内物资交流增多，水上商贸运输较为繁荣。巴中县、平昌县内河航运较为发达，港区里樯橹林立，商贾云集，“白日千人拱手，夜晚万盏舟灯”。1949 年统计，境内共有木船 585 只，运力 3290 吨，年货长航运量仅为 0.65 万吨，周转量不足百万吨公里。

1952 年，川北行政公署交通厅、南充航运公司在巴中、平昌港成立运输站、联运站，投入木船 360 只，从事水运。是年，境内民间木船发展到 1902 只、9756 吨，专、副业船工、船民达到 4480 人，专业木船年货运量增加到 6.5 万吨，周转量达到 1831 万吨公里。

1954 年起，巴中、平昌、通江港航运输管理部门根据个体船户自愿互利、国家帮助的原则，逐步建立互助的初级合作社。至 1955 年底，境内 95% 以上的木船已发展为具有集体经济成分的初级木船运输合作社。1956 年 3 月，境内民间木船运输业全部实现合作化，建立巴中港城关、曾口、恩阳，平昌港曙光、江阳、常胜，通江港五一等 11 个木船运输合作社，共有社员 4680 人，木船 1570 只、14400 吨。同时，根据码头分布情况，将农村个体船只编为队组，由当地人民公社管理。1953—1956 年，境内共完成货运量 54 万吨，周转量 13853 万吨公里。专业木船完成货运量 43.2 万吨，周转量 11082 万吨公里。1957 年，境内专业木船达到 1689 只，运力 15416 吨，完成货运量 22.6 万吨，周转量 5770 万吨公里，营运总收达到 228.9 万元，为水运历史最高水平。

1958 年 10 月，境内四县木船运输合作社合并，分别成立地方国营巴中县、平昌县、通江县、南江县航运公司，下辖 10 个木船运输队，共有专业木船 1853 只，运力 11638 吨，工人 3476 人。1958—1961 年，总计完成粮、铁等重点物资运输 135.2 万吨，周转量 29338 万吨公里。

1962 年 4 月，境内 4 个国营航运公司转为集体所有，分别成立巴中县城关、曾口、恩阳，平昌县曙光、江阳、常胜，通江县五一，南江县下两 8 个木船运输合作社，有职工 2263 人，木船 811 只，运力 6513 吨。

1970—1975年，各集体木船合作社开展县内短途客货运，阻航河段先后修建船闸，航线增长，运输生产有所回升。1975年，境内货运量达到13.19万吨，周转量1700万吨公里；客运量12.85万人次，周转量64.95万人公里。

1978年后，内河运输实行国营、集体、个人一起上，国家在政策上对个体船户给予扶持。境内个体船在农村副业船的基础上开始发展短途客、货水上船舶运输。

1979年2月，巴河主航道平昌风滩电站大坝截流，巴中港航道由154公里减少到55公里，平昌港航道由140公里减为107公里，中断平昌至三汇黄金航线，从此渠河长航运输不复存在。

1980年，境内航运企业调整运输生产结构，以水运为辅，开展多种经营，相继成规模的转产。1981年，境内集体航运企业仅保留木船287只、2645吨，机动船8艘、55吨，巴中县、平昌县集体航运企业直接从事水运职工占职工总数26.6%；通江县、南江县木船运输合作社停航转产。

1988年，境内乡镇个体船舶达到336只（艘）、17940吨。1992年，巴中县第一、二航运公司解体。1993年，全地区乡镇个体船舶增加到432只（艘）、1450吨，其中机动船22艘，遍布境内干支河流。

1994年后，全地区航务管理体制改革，全面开放水运市场。鼓励扶持乡镇船舶发展，放开经营范围，同时对港口、码头进行全面普查和规划，加强水运基础设施建设。1997年，全地区个体船舶发展到704只（艘），运力4804吨。其中机动客货船335艘、2338.6千瓦；客货运输总量占全地区水运总量98%以上；有机动客货船162艘、907.4千瓦。

1999年，全地区水上运输完成社会客运量280万人次，周转量860万人公里；货运量86万吨，周转量383万吨公里。

至2000年，全市拥有各类船舶1003艘，总吨位5428吨。其中机动船492艘，非机动船425只，农用船86只。全年客运量280万人次，周转量860万人公里；货运量86万吨，周转量383万吨公里。客、货运输量及周转量比1993年分别增长143.6%、60.3%和608.3%、444.8%。

第四节　车辆运输

20世纪50年代初，境内有唐巴公路巴仪段、巴南公路149公里，巴中县、南江县始有车辆运输。主为货物运输，其物资运输计划、车辆调度由四川省南充汽车运输公司南部车站负责。1951年，巴中县政府购买道奇牌货车1辆，载重2.5吨，为自用生产车。1952年，该车转交给县供销社经营。1954年，唐巴公路巴仪段经整修通车，南充汽车运输公司在巴中县设立汽车客运售票处，首次开行巴中至南充客车。1956—1958年，省道达巴公路建成通车，南充、重庆汽车运输公司先后在巴中县、南江县、平昌县、通江县建汽车运输站，开通巴中至南充、达县，南江至巴中，通江至巴中、达县客运线路5条，营运里程639公里。同时，省、地汽车运输公司调派驻站货车，对境内物资进行计划运输。1956—1961年，南江县、巴中县、通江县等县属工业、食品、供销、商业等单位陆续购置各型货车13辆，运力38吨，从事货物运输。1959年起，达县专区汽车运输公司汽车3队、四川省钢铁运输公司汽车2、3、4、6队先后驻点巴中县，有货车60辆，对境内四县物资进行运输。1959—1961年，完成货物运输总量68.49万吨。仅巴中县就外调运出粮食24.3万吨，棉花3.25万吨，生猪1.5万头，其他农副产品7.5万吨。

至1962年，境内客运年均运量约2万人次，周转量180余万人公里。1963年后，随着国民经济的恢复和发展，人民生活水平逐步提高，境内客流量、周转量逐年增大。1964年，四川省汽车运输第47队（简称省汽车47队）购置大客车1辆、40座，经营巴中至达县客运，年客运量13.14万人次。1966年，省汽车47队客车增加到5辆、151座，省属通江县、南江县、平昌县汽车站驻站客车达25辆、1080座。客运线路和营运里程不断延伸，固定开行巴中至达县、广元、南江，通江至巴中、达县，南江至巴中、广元，平昌至达县、渠县等10条中长途客运班线，营运里程1326公里；同时开通区公社场镇短途客运线路23条。年底客运量达到46.97万人次。至是年底，境内单位及人民公社自备货车增至22辆，运力78吨。1963—1966年，省汽车47队将运输方向“以钢为纲，以运保钢”转移到按“农、轻、重”的秩序运输，把支援农业放在首位，坚持支农保重的服务方向，实行支农物资优惠运输，内部推行“包、定、奖”经济责任制，促进运输生产稳定上升。共完成货物运输量46.52万吨，周转量5681.25万吨公里。1967—1969年，受“文化大革命”运动干扰，境内交通运输企业停工停产，车辆分散，通江县、南江县、平昌县车站无车驻站；客运线路不畅，旅客运输时断时续，其运输量和周转量大幅度下降。1968年，省汽车47队车辆完好率仅为56.7%，完成货运量7.08万吨，周转量6584万吨公里，货运量、周转量比1966年分别下降50.5%和63.25%。

1970年后，境内运输生产逐步恢复正常，县属地方交通运输开始发展，境内四县先后建立汽车队，从事专业运输。至1972年，境内企事业单位自备汽车达到89辆，运力296.5吨。1975年，境内县属汽车队共有货车23辆，运力96吨，完成货运量1.6万吨，周转量116万吨公里。1977年，省汽车47队客车发展到38辆、1477座，通江、南江、平昌车站驻站客车增加到30辆、1245座，共开行地、县中长途客运线路17条，区公社短途客运线路38条，日发长、短途客班72次，年旅客运输量174.82万人次。

1978年后，境内公路客运市场逐步开放，形成县县办客运，队队办客运的新局面。是年4月，省革命委员会为扶持地方交通运输业发展，从省汽车运输公司无偿调拨货车67辆给境内各县汽车队。境内各县属国营、集体交通运输企业发展到9家，拥有货车108辆，挂车33辆，总运力529.5吨。同时，随着经济快速发展，公路客货运输量大幅度增长，自备汽车快速发展。并支持和保护个体、联户运输业发展，民营货车开始出现。1978—1980年，通江县汽车运输公司，南江县、平昌县、巴中县汽车队先后购置大客车18辆、750座，从事县内区公社公路旅客运输。集体交通运输企业和非交通部门的企事业单位，亦始购置客车经营。

1983年，境内从事公路客运的省、县属交通专业运输企业共7家，营运客车117辆、4710座。完成旅客运输量516万人次，周转量19874万人公里，旅客运输量比1977年增长2倍。是年，境内企事业单位自备货车发展到454辆，运力1560吨，除自货运输外，并从事社会运输。部分县属非交通部门行业车队亦开始购置大、小客车，从事县区公社客运业务。巴中县有民营货车13辆，平昌县有民营货车1辆，从事社会运输。1981—1985年，省、县交通专业运输企业通过车辆技术改造，货运车辆向大型、拖挂、高速发展，货物运输量和周转量大幅度递增。同时，中央、国务院《关于农村经济体制改革》文件下发后，境内民营货车，尤其是农用小型汽车得到快速发展。

1985年，公路旅客运输营运线路实行“三级平衡，三级管理”，跨省、市和地、县客运线路，由交通部门专业车队（公司）的客车担任；非交通部门的专营客车，经过检查具备客运条件，由县交通主管部门就近安排客运线路，参加旅客运输的社会车辆，在县境内实行“定车定线，划片包干”的办法。境内省、县属交通专业运输企业增至15家，拥有客车199辆、7894座，设置业务组9个，代办站35个。共开行长、短途客运线路156条、203班次，农村夜宿班增加到24条、55班次，区乡客运线路133条、175班次，农村夜宿班线增加到24条、24班次。完成旅客运输量823.03万人次，周转量31274万人公里。省汽车47队货车拥有量达到91辆，挂车11辆，总运力808吨；县属交通专业运输企业货车发展到180辆，挂车85辆，总运力1151吨。巴中县民营货车增至115辆，运力

460吨，年货运量15.6万吨，周转量1736万吨公里；平昌县有汽车运输专业户29户，拥有货车31辆。1986年底，境内民营货车拥有量达到241辆，运力870吨。

1987年后，调整运力结构，增大客运运力，改善客运站点经营条件，向长途客运发展。购置高、中档及小型客车，对客运车辆实行承包经营。1988年，省汽车47队首次开通巴中至成都、重庆直达长途班线，跨地、县客运线路增至14条，完成客运量330.72万人次，周转量14788.2万人公里。是年，境内民营货车居于货运市场主导地位，省、县属交通专业运输货车经营开始萎缩，货运量、周转量大幅下降。1989年，境内民营货车拥有量424辆，运力1715吨，年货运量39.75吨，周转量3368.91万吨公里。

1990年起，境内部分个体私营运输户开始购置15座以下的小型客车，从事县城、区乡短途客运经营。巴中县有民营小型客车9辆。1991年，巴中县汽车运输公司90%的货车停驶，货运实载率由1989年的97.9%下降为84%。境内县属交通专业运输企业对货车实行抵押承包经营，并逐步将车辆下放给个人经营或转为单一的客运。南江县汽车站停办货运业务。1992年，巴中县民营小型客车发展到144辆、1416座；通江县民营小型客车达到20辆；南江县、平昌县先后发展民营小型客车53辆。至年底，境内民营汽车达745辆，其中小型客车217辆、2511座，货车528辆、2093吨，年货运量549.2万吨，周转量5252.4万吨公里。1987—1992年，境内民营汽车累计完成货运量279.59万吨，周转量21780.5万吨公里。1991—1992年，由国家投资新建通江县、南江县汽车客运站，巴中县汽车运输公司自筹资金改建汽车客运站1个，县属交通专业运输企业客运环境得到改善。1986—1993年，巴中地区成立前，境内四县县属交通专业运输共完成货物运输量132.4万吨，周转量16315.5万吨公里。达县地区汽车运输公司巴中汽车总站逐年调整客、货运力结构，大力发展旅客运输业务，减少货运运力。巴中汽车总站货车由1987年的105辆、525吨，减少到1993年的29辆、145吨。

1993年10月，全地区经营公路旅客专业运输企业共9家，客车290辆、11788座。其中巴中汽车总站及通江县、平昌县车站有客车130辆、5145座；四县（市）交通专业运输企业5家，有客车160辆、6643座。全地区共开行客运线路202条、545班次，其中跨省超长线路6条、6班次；跨地区、县线路55条、103班次；区乡线路141条、436班次。公路运输管理实行“先放开，后引导；先发展，后规范；先无序，后有序”的方针，大力发展民营汽车客、货运力，开放、培育运输市场，制定扶持优惠政策，促进全地区民营运输大发展。大部分非交通部门行业车队管理差，运效低，亏损严重，自行解体，客、货车辆转让给个人经营。

1994年4月，巴中地区汽车运输总公司（简称地区汽车运输总公司）成立，辖巴中、通江、南江、平昌4个汽车运输站及省汽车47队，拥有客车110辆、4400座。在运输生产上重点开发跨省、市、地区超长和中长途线路旅客运输。在客运经营上推行单车财产股份合作制，鼓励职工个人融资更新购置高、中档大型卧铺客车。同时，将货车全部下放给职工个人经营及汽车驾校从事教学培训用，停止货车业务。

1995年，地区汽车运输总公司各型客车增至141辆、5083座，开行客运线路72条，年发客车3258班次，完成客运总量218.7万人次，周转量32587万人公里。

1997年，全地区交通专业运输企业投入车辆更新资金2025.6万元，增置大客车133辆、3462座。共开行客运线路383条、1399班次，客运线路和班次、跨省线路和班次及跨地区（县）线路和班次，比1994年分别增长83.3%和16.3%，428.5%和89.4%，1068%和270.3%。地区汽车运输总公司客车增加到218辆、7398座，开行客运线路115条，年发客班41337次，客运量达到344.8万人次，周转量273521.7万人公里，比1994年分别增长324.6%和107.6%。全地区民营汽车达2923辆，其中货车1483辆，运力6500吨；小型客车1080辆、8077座。城市出租车199辆，其中巴中市（县级）出租车150辆。民营汽车货运量达到449万吨，周转量31145万吨公里。

1998年，全地区交通专业运输企业，以市场为导向，逐步向规模型集团化经营，汽车客运站成倍增长，农村客运场站建设有较大发展。地区汽车运输总公司经四川省交通厅批准先后成立省汽车运输第159队、158队，与平昌、通江汽车站实行“站队合一”，以队为主的运输管理体制。南江县汽车运输公司与县装卸运输公司、南江县车站合并成立南江县交通运输总公司。全地区有非交通部门国有自备货车120辆、338吨，客车68辆、1407座；集体经营货车70辆、206吨。全年完成货运量23吨，周转1780万吨公里；客运量82万人次，周转量609万人公里。全地区民营汽车增至3717辆，其中小型客车2172辆、19433座，货车1545辆、5473吨。全年完成客运量628.4万人次，周转量29505万人公里；货运量254万吨，周转量31145万吨公里。

1999年，按照“稳定超长客运，发展农村客运，规范城市客运”的原则，对超长客运及时掌握客流动态和信息，调整班次，加强安全教育，提高服务水平；对农村客运采取积极引导，规范管理，取缔农用车、摩托车载客，引导个体私营业户建立运输协会，建成16个农村客运站；对城市客运，重点规范出租车管理，成立巴中市（县级）出租车经营者协会，城市出租车发展到889辆，是1993年的9.5倍。地区汽车运输总公司江北客运中心站建成投入使用，为交通部一级文明车站，日发班可达500多个客运班次，日客运量可达1.5万人次，开行百余条班线。同时，行署把区乡场镇汽车站建设纳入城镇建设总体规划，采取多元投资方式，社会集资办站，实行股份制经营。全地区公路运输完成社会客运量1650万人次，周转量98500万人公里；货运量1100万吨，周转量53413万吨公里。

2000年底，全市有国有交通专业运输企业3家，客车736辆、17981座，其中市汽车运输总公司拥有客车590辆、14275座，县属南江县交通运输总公司和平昌县汽车运输公司拥有客车146辆、3724座。全市共开行客运线路506条，日发客班2197次，其中跨省（市）线路47条、87班，跨市线路77条、254班，跨县65条、290班，市内线路296条、1543班次，超长途客运线路21条、23班。市、县属交通专业运输企业共完成旅客运输量668.1万人次，周转量73254.9万人公里，其中市汽车运输总公司完成客运量574.5万人次，周转量57449.9万人公里；县属交通专业企业完成客运量93.6万人次。全市非交通部门国有客车全部转让给个人经营，国有货车122辆、507吨，集体经营货车70辆、206吨，全年完成货运量22万吨，周转量1308万吨公里。全市共新、改建巴中市巴州区玉山、清江，通江县铁佛、广纳，南江县正直、长赤，平昌县驷马、元山、邱家、白衣、响滩、涵水等13个农村场镇汽车客运站，总投资1704万元，站点面积7600平方米，农村场镇汽车客运站总数达到15个。全市共有民营汽车8154辆，其中小型客车2724辆、2416座，城市出租车263辆、1052座，货车5167辆、8285吨。完成客运量465.9万人次，周转量18622万人公里；货运量587万吨，周转量33821万吨公里。民营客、货汽车拥有量和运力比1992年分别增长12.76倍、8.78倍和3.61倍，货物运输量和周转量比1992年分别增长9.67倍和5.44倍。

1985—2000 年巴中机动车辆统计

表 10—7　　单位:辆、万吨、万吨公里、万人、万人公里

项目/年度	机动车辆合计	客车						货车				拖拉机		油三轮		其他车辆		公路客货运输量			
		大客车	座	中巴车	座	小型出租车	座	大货车	吨位	小货车	吨位	辆	吨位	辆	吨位	特种车	小汽车	货物运输 运量	货物运输 周转量	旅客运输 运量	旅客运输 周转量
1985	2030	190	7534	—	—	—	—	1840	7620	—	—	—	—	—	—	—	—	—	—	—	—
1986	2564	264	9775	—	—	—	—	2300	10365	—	—	—	—	—	—	—	—	—	—	—	—
1987	3545	122	4823	—	—	—	—	1564	7092	275	550	1584	1406	—	—	—	—	—	—	—	—
1988	3975	136	5490	—	—	—	—	1787	8147	225	450	1827	1430. 20	—	—	—	—	—	—	—	—
1989	3962	126	5085	—	—	—	—	2031	8976. 50	231	462	1547	1277	—	—	—	—	—	—	—	—
1990	3597	144	5508	—	—	—	—	1847	7995. 40	429	858	1152	9215. 50	—	—	—	—	—	—	—	—
1991	3594	180	6234	—	—	—	—	1989	8528	646	1292	779	678. 50	—	—	—	—	—	—	—	—
1992	3940	203	6954	198	2925	—	—	2012	8635. 20	845	1690	478	448	204	408	—	—	—	—	—	—
1993	3481	334	9152	215	3225	—	—	1728	6902. 50	795	1590	199	194	210	420	—	—	—	—	—	—
1994	4539	278	—	301	4515	67	402	1122	5049	900	1800	215	215	232	464	25	1399	245	20647	724	42195
1995	5680	350	—	594	8910	262	1572	1096	4932	1261	2522	297	297	164	328	25	1631	339	29581	810	59785
1996	6303	331	—	587	8805	341	2046	992	4464	1481	2836	371	371	317	634	23	1923	340	20180	8846	67856
1997	7531	288	—	726	10890	587	3522	1040	4680	1525	3050	356	356	806	1612	24	2179	347	21260	1031	96830
1998	10502	270	—	989	14835	833	4998	1104	4968	1762	3524	594	594	1191	2382	24	3735	370	22670	1254	98493
1999	12706	242	—	615	9225	889	5334	1175	5287. 5	2221	4442	828	828	1390	2780	24	4692	250	18392	1052	82237
2000	15628	292	9977	994	11928	2423	13771	1042	5002	3335	4348	595	595	2123	4346	24	4800	687	36288	1263	92631

1955—2000年巴中境内省、地属交通专业运输企业客货运输统计

表10—8　　单位：辆、吨、万人、万吨、万人公里、万吨公里

年度＼项目	车辆拥有量					挂车		运输量		运输周转量	
	总数	客车	客座	货车	吨位	数量	吨位	客运量	货运量	客车	货车
1955	2	1	35	1	5	—	—	—	—	—	—
1956	6	1	35	5	20	—	—	—	—	—	—
1957	11	5	195	6	24	—	—	—	—	—	—
1958	52	7	275	45	180	—	—	—	—	—	—
1959	126	8	303	118	464	—	—	—	—	—	—
1960	130	10	378	120	492	36	129	3. 24	14. 16	—	1699. 89
1961	166	12	458	154	551. 50	29	87	7. 29	11. 01	—	5135. 22
1962	125	13	514	112	460	67	201	7. 38	10. 23	—	988. 83
1963	268	13	514	255	1620	67	201	8. 78	30. 89	—	8862. 62
1964	272	16	606	256	1624	12	23	26. 23	36. 79	—	7483. 05
1965	292	21	799	271	1669	19	32	30. 23	39. 73	—	8033. 19
1966	200	30	1115	170	865	42	79	46. 88	25. 93	—	4097. 69
1967	178	42	1536	136	582. 50	71	134. 50	58. 72	20. 43	—	2866. 40
1968	184	44	1580	140	600	71	134. 50	49. 14	9. 92	—	1148. 08
1969	191	46	1624	145	620	71	134. 50	53. 24	13. 11	—	1678. 20
1970	195	50	1784	145	620	71	134. 50	55. 92	19. 03	—	2992. 98
1971	208	53	1910	155	660	71	134. 50	77. 97	22. 14	—	2894. 94
1972	224	49	1750	175	740	95	194. 50	94. 83	24. 37	—	3385. 15
1973	223	48	1710	175	740	95	194. 50	81. 98	22. 88	—	2978. 54
1974	231	56	2036	175	740	80	194. 50	112. 52	22. 80	—	2912. 88
1975	238	62	2383	176	732. 50	80	194. 50	117. 76	26. 57	—	3178. 57
1976	239	63	2423	176	912. 50	80	194. 50	125. 97	24. 97	—	2932. 10
1977	244	68	2722	176	892. 50	80	194. 50	174. 82	27. 89	—	3182. 76
1978	257	73	2891	184	996	90	203	179. 56	31. 42	—	3950. 45
1979	253	71	2856	182	982	90	203	285. 97	28. 42	9372. 35	3929. 45
1980	270	74	3000	196	1052	120	333	350. 97	27. 74	11243. 99	3846. 33
1981	265	76	3090	189	1010	112	322	370. 06	32. 5	11960. 15	4249. 31
1982	267	76	3085	191	1024	111	353	364. 18	34. 83	12649. 22	4432. 32
1983	269	78	3165	191	1024	111	353	345. 53	27. 76	13652. 02	3299. 22
1984	277	91	3640	186	987	—	—	410. 01	31. 55	16265. 05	4911. 78
1985	272	103	4120	169	1016	—	—	493. 70	32. 15	18922. 14	5561. 78
1986	268	100	4025	168	1011	—	—	546. 28	32. 21	18883. 32	5478. 73
1987	295	107	4430	188	1126	—	—	571. 07	29. 67	20372. 69	5249. 43
1988	269	111	4671	158	932	—	—	531. 18	27. 67	22442. 02	3758. 42
1989	256	106	4524	150	965	—	—	479. 46	24. 92	21461. 54	3351. 32
1990	260	111	4810	149	945	—	—	463. 64	22. 20	23462. 79	2651. 91
1991	295	153	6456	142	919	—	—	517. 78	20. 30	27033. 65	2199. 06
1992	306	176	7680	130	860	—	—	397. 57	15. 89	24694. 33	875. 56
1993	189	130	5145	89	625	—	—	269. 91	14. 4	20086. 87	1577. 57
1994	92	68	2287	24	120	—	—	81. 20	—	131789	—
1995	165	141	5083	24	120	—	—	218. 70	—	17893. 40	—

续表10—8

年度＼项目	车辆拥有量					挂车		运输量		运输周转量	
	总数	客车	客座	货车	吨位	数量	吨位	客运量	货运量	客车	货车
1996	198	174	6950	24	120	—	—	310.20	—	24823	—
1997	242	218	7398	24	120	—	—	344.80	—	27352.70	—
1998	256	247	7073	9	45	—	—	261.80	—	26085.10	—
1999	485	478	11341	7	35	—	—	454	—	50096	—
2000	645	590	14257	5	25	—	—	574.50	—	57449.90	

第三章　交通运输管理

第一节　公路管护

一、公路养护

1952年，境内第一条省道唐巴公路巴仪段经过整修通车后，随即进行建勤性季节养护。1953年，巴南公路修通后，巴仪路、巴南路改为常年性群众建勤养护，疏通水沟，填补坑槽，普遍栽植行道树。1954年，绵阳、南部养路段调专业养路工人20名，对巴仪路建勤养路社员进行技术指导，实行道群共养。1957年1月，南部养路段设立巴中养路工区，接养巴仪公路，建立道班进行专业养护。达巴、通水等县道相继修通后，干、支线公路养护由各县交通科统一管理，采取以农业社为单位，划片包干或组织常年养护队，实行民工建勤养护。国家按公路等级每月补助养路费4~6元。1958年，养路费增至10~20元。重点养护巴南、达巴、通水3条县干道261公里，其他行车量小的支线公路，只进行季节性养护。1959年，根据统一领导，分级管理的原则，达县专区成立公路养护总段，巴中、通江、南江、平昌县先后成立县养路段（队），设养路道班（队）34个，有专业工人560余人，对境内干、支公路668公里进行常年专业养护。

1962年，境内公路养护里程增至915公里。是年8月，公路养护体制实行省、县、公社分级管理，省道省养，县道县养，社道社养，专用道由单位自养。境内达巴、巴南、通水、通铁、沙旺5条县际干道纳入省道，连同唐巴公路巴仪段共434公里，分别由达县公路养护总段巴中、通江养路段管养；其余481公里县道由各县养路段（队）负责管养。省、县公路分级管养后，省道设养护（渡口）道班25个，专业道工397人；县道专业道工228人。县道由于线长人少，经费不足，除行车量较大的重点路线由专业工人养护外，一般路线实行季节性或突击性养护；其余未纳入养护计划的公路，由当地公社组织社员进行季节性养护，如遇大的水毁工程，由县交通科拨专款整修。1963年起，贯彻“切实调整，加强养护，积极恢复，逐步提高”的养护方针，国家对县道养护经费投入增多，实行定额包干制，每月公里增至30~40元。省、县养路段全面加强组织制度建设，严格劳动纪律，开展职工技能培训，各道班建立“一长四员”（班长，原始记录员、料具保管员、学习辅导员、绿化管理员）岗位责任制，实行管理干部驻班劳动制度。省、县道好路率开始逐年上升，省道好路率达69.1%，比1962年增长19.1%。1965年，县养公路里程增至526公里，设道（渡）班62个，有养路职工417人。1963—1965年，各县开展大规模全民公路植树造林义务活动，绿化省、县公路600余公里，成活率在80%以上。1966年，受“文化大革命”运动干扰，公路失养失管，好路率下降，乱砍滥伐行道树，公路绿化率大幅度下降。

1974年，养护工作始有好转，生产秩序恢复正常。1975年，贯彻“全面养护，加强管理，统一规划，逐步改善”的养路方针，在继续执行“一网四化”（建成四通八达的公路网，路线标准化、路面黑色化、路树林荫化、养路机构化），养好路面为中心的同时，按“平、宽、直、实、固”的质量标准，对巴广、达巴、通铁等公路有计划地进行技术改造，提高道路标准和通过能力。省道好路率达到81%，县道达到69%，分别比1969年增长45%和39%。是年，根据国务院《关于加强公路养护管理工作的指示》中“公社公路由人民公社管理”和“养护公路范围内的路线，交通部门给予补助”的规定，境内实行对已成社道由当地公社采用建勤季节性养护，或每年公路民勤岁修时进行突击性整修维护，国家每年公里补助养护经费30元。境内社道公路增至419公里。同时，在公路养护中，开始运用养护生产机具，省、县公路配置碎石机、手扶拖拉机、柴油机动三轮车及压路机、洒水车等机具，提高养护质量和工效。1978年，境内社道公路增至1091公里。地、县交通部门将行车量较大的重点社道、联网路纳入养护计划，当地人民公社抽调社员或建勤代表建立道班，实行亦工亦农常年养护。公社道班由当地区、公社负责管理，县交通局配置1～3名业务干部负责公社养公路经费、养护计划安排和路况质量检查。同时，省、县公路养护推行多种形式的养护经济责任制和大中修工程施工管理责任制，年公里养护成本逐年下降，好路率大幅度持续上升。

20世纪80年代，养护机具得到普遍使用，自卸汽车、推土机、装载机、沥青洒布机、拌和机等机具拥有量成倍增长。1982年后，随着农村联产承包责任制的实行，社道路群众养护人员的建勤加补贴分配方式改为工资制，由公社进行统筹，在村民提留资金中解决，国家补助不足部分。1984年，完成对省道巴仪、通水、巴广、通铁、沙南等5条路线的县城进出口道拓宽改造，铺筑沥青油路12公里。境内省道平均好路率达50.6%。1985年，境内县养公路里程增至1141公里，完成平均好路率达39.5%；省道基本绿化里程230公里，县道124公里。是年，境内乡道公路养护1190公里，有专业养护道班155个，养路人员近700人。各县加强对乡道养护计划管理和技术培训，推行多种形式的经济承包责任制，实行季检年评，公路养护质量逐年提高，晴雨通车里程大幅度增长。1987年，境内省道平均好路率提高到60.4%，县道提高到45%。1988年起，国家将乡道养护经费纳入提留统筹经费，实行群众集资投劳养护。

1990—1992年，在全省“公路三年变样”，开展“学同乐”劳动竞赛活动中，境内省、县公路养护职工自力更生创建整形路510公里，标美路100公里，县道平均好路率由1990年57.31%提高到64.3%。巴中县完成好路率65%，通江县省道好路率由1990年的80.5%提高到87.1%。

1993年10月，巴中地区公路管理局成立，负责全地区公路的建设、管理和养护。设置4个县（市）公路养护段，2个省公路养护段，共有道班206个，养护职工1732人，其中道工1528人，管理人员164人，工程技术人员40人。全地区管养省道431公里，县道1158.6公里。地区交通局对纳入乡养计划的乡道路每月公里补助材料费20元。1984—1993年，国家共投入巴中省道公路养护资金2280.75万元，占1958—1993年投资总额的70.3%；1985—1993年，国家投入巴中县、南江县、平昌县县道养护资金共计2071.31万元。

1995年4月，除省道广开公路巴乐段61公里由巴乐公路管理所管养外，其余370公里省道路及人、财、物按行政辖区下放给各县（市）管养，实行省、县养路段合并。按照“一县一段一中队”公路管养体制要求，四县（市）分别成立公路养护管理段，及巴中市（县级）巴仪公路、南江县沙南公路管理所。完成沥青油路大修150公里，整治场镇过境烂路22公里，新增绿化里程35公里。全地区省、县道优良路达到1183公里，比巴中地区成立前增加103公里。公路绿化里程1124公里，占宜林进程86.7%，比1993年提高37.3%。巴中市（县级）养护的省、县公路406公里全部达到绿化标准。

1996年1月起，改乡养公路按月补助经费为以奖代补，将国家拨付的乡道养护经费，由县（市）交通局对各辖区内的乡道进行奖励。重要乡道、联网路由地区协调，建立道班进行常年性养护，推行公里养护成本包干和"三定一奖惩"（定人员、里程、质量标准，超任务奖、差任务惩）的养护责任制，按月（季）检查考核；对行车量小的乡道实行分段承包给沿线村民家庭养护，同时每年冬季由乡镇组织民工集中时间、劳力对辖区乡道进行一次突击性岁修。

1997年，全地区省道养护里程增至724公里，县道养护里程911.2公里，有道班159个，养护职工1767人。投入资金2200万元，对全地区三年打基础改造的451公里省干线及环线路进行维护、完善。投资6698.2万元，创建省道成南公路223公里、广开公路142公里省级文明样板路。1998年，加强日常公路养护，全年完成沥青油路大修10公里、中修44.4公里，创建省级文明样板路170公里、地级文明样板路84公里，完成公路绿化106公里。省道好路率达73.6%，县道好路率达64%。

1999年，国家投入省道养护费1454万元，县道养护费731万元。省、县道养护费比1997年805万元增长171.4%。全年新铺沥青油路232公里，砼路面28公里。全地区乡道管养里程1848公里，晴雨通车里程达1776公里，占养护总里程96%。

2000年，全市公路养护机构设四段三所，有道班154个，职工1771人，其中养路工1172人，机关管理人员205人，后勤人员47人，三产业人员275人，专业技术人员72人。管养省、县道1628公里。省道二、三级公路占总里程92.4%。高级、次高级路面铺装率达到81.4%；县道三、四级公路占总里程76.1%，路面铺装率达到47.8%，共管养砼路面255公里，沥青油路753.5公里，泥结碎石路619.5公里。省、县道好路率分别达到74.5%、64%。全市2273公里乡道中，等级公路达到919公里，占养护里程的40.4%，首次铺装砼路面和沥青油路97.8%公里；绿化里程978公里，占宜林里程的78.6%，乡道公路有较大改变。

二、养路费征管

1957年起，境内四县正式开展公路养路费征收工作，计征货车2辆，征收养路费0.61万元，由四川省交通厅大竹公路交通管理站负责征收。1958年9月起，人力架车每月1元，人力板车按吨位分月征收，0.8~1吨的每月1.50元，1吨以上的每月2.50元。畜力车按套数分月征收，单套每月1.50~2元，每加一套加收1~1.50元。1959年3月起，拖拉机养路费每吨每月75元，或按营运收入的6%征收。从事专业运输的汽车按营运收入的6%计征养路费，机关、厂矿的汽车按每月每吨75元征收。

1960年11月起，专业从事运输的人力架车、板车按运输收入的1.2%征收，畜力车按运输收入的1.5%征收，无营运收入的人力车每车每月征收0.60元，畜力车仍按套数分月征收，单套1.50元、双套2.10元、三套2.70元、多套3.30元。1958—1962年，境内各类养路费先后由达县专区交通局、四川省交通厅达县车辆管理所征收。从1964年1月起，无营运收入的畜力车单套每月征收1.70元，双套每月征收2.40元。是年，提高汽车养路费标准，按营运收入的12%征收。拖拉机养路费以24马力折算1吨按月征收，或按当地汽车养路费的40%征收。

1973年7月，四川省交通厅将拖拉机、小型柴油机动三轮车及各类型简易柴油机动车的养路费征收业务，委托各县交通局办理，由县交通运输管理站代征。所征费额县交通局提留70%，用于县公路养护，其余30%上缴省公路管理局。是年9月起，单位自用拖拉机和小型柴油车以20马力折算

1吨，每月每吨的养路费标准为人民公社和国营农场32元，机关和学校48元，服务业、商业和厂矿96元。1977年，境内计征各类机动车辆增加到143辆，年征收养路费85万元。1957—1977年，境内共征收养路费527.61万元。1978年10月，境内四县先后成立省属交通监理站，负责机动车辆交通安全监理和养路费征收。

1980年6月起，汽车养路费按营运总额的12.5%征收。是年12月起，从事专业运输的畜力车按运输收入的2.5%征收养路费。1981年3月起，公路养护部门的拖拉机和简易机动车不纳养路费。是年11月起，个人和联户承包的拖拉机按服务业、商业和厂矿自用的拖拉机标准减半征收养路费。1983年10月起，解放牌CA—10型汽车经过技术改造取得合格证的，三年内不征增载吨位的养路费。是年11月起，私营汽车、个人承包的汽车、公社和生产队的汽车一律按吨位征收养路费，每月每吨96元。1984年4月起，拖拉机养路费全年按9个月征收。是年12月起，拖拉机养路费每月每吨按28.80元标准征收，年初一次性缴清的给10%～20%的减征优惠；对两轮摩托车和侧三轮摩托车每月每辆分别征收5元、7元，一次性缴纳的，每年分别征收50元、70元。从1985年1月起，拖拉机养路费按每月每吨34.50元征收；从事专业运输的汽车按营运收入的15%征收，其余社会车辆按每月每吨115元征收。

1987年4月，全省道路交通管理体制改革，撤销地、县交通监理处（所）机构，分设公安交通警察和交通稽查征费机构，分别隶属公安、交通主管部门领导。境内四县成立交通稽查征费所，负责公路养路费及附加费的征收。境内在册征费机动车辆增加到1953辆，年征养路费1327万元。

1990年，调整公路养路费收费标准，三轮摩托车、小四轮车养路费每月每吨130元，人力单车每人每月10元，畜力车每辆每年18元，农用运输车每月每吨115元，拖拉机每月每吨46元。1987—1992年，境内累计征收养路费及其附加费4050.08万元。

1993年，全地区在册征费车辆3405辆，其中营运客车1124辆、11657座，货车1850辆、7400吨，三轮车431辆，年征收养路费1040万元，货附费155万元。

1994年，调整公路养路费收费标准，客车每吨每月190元，货车每吨每月160元，中型客车每吨每月320元，小型出租车每辆每月400元，两轮摩托车每辆每月10元，三轮摩托车每辆每月12元，拖拉机每吨每月80元，农用车每吨每月180元。

1997年，全地区执行新的公路养路费征收标准，客车每吨每月210元，货车每吨每月170元，中型客车每吨每月330元，小型出租车每辆每月410元，两轮摩托车每辆每月15元，三轮摩托车每辆每月17元，拖拉机每吨每月85元。

1998年，全地区征收汽车养路费2652万元，征收客附费1016万元，征收货附费240.9万元，征收车辆购置附加费1522万元。1999年，全地区征收汽车养路费2664万元，征收客附费817万元，征收货附费221.3万元，征收车辆购置附加费1517万元。

至2000年，全市在册计征车辆增加到5586辆，其中营运客车3810辆、26126座，货车1776辆、6755吨，征收养路费3414万元，货附费259万元，客附费926万元，车辆购置附加费1428万元。养路费及附加费征收总额比1993年增长4.04倍。

第二节　路政管理

民国时期，境内民间运输客、货业务被地方封建把头和帮会头目操纵，并在个体运输者运费中，抽取10%左右手续费。川陕省苏维埃时期，省苏维埃在交通委员会下设运输处、交通局，专管水陆交通运输。

中华人民共和国成立初，从搬运工会提取专业运输工人收入的3%作为管理费，货物托运方缴纳运费2%，作为文教经费。民间运输市场基本是货源自找、运价自议。1955年起，境内各县群众运输管理站加强对民间运输业管理，贯彻执行统一货源、统一调配、统一运价的“三统”政策管理。1957—1959年，为衔接交通运输部门车船及民间运输工具，综合均衡各物资部门运输计划，各县相继成立运输计划委员会、交通运输指挥部，统一管理参加营运的车船和民间运力，按计划分配货源、调动运力，保证运输市场协调发展。1958—1961年，境内公路沿线农村社队和个人随意侵占路基或挖削边坡种植粮食、蔬菜，个别把公路留用地和路肩划作社员自留地，造成边沟不畅，涵洞淤塞，路面损坏，路基垮塌，路幅狭窄，行车困难，危及交通安全的现象十分普遍。

1962年7月，境内各县加强公路路政管理，严禁在公路两旁种植农作物、修建房屋及其他损害公路的行为，明文规定公路留用地范围，妥善解决养护取土和生产队的矛盾。侵占公路搞“增种”的现象基本得到遏制。1960—1962年，对公路汽车运输实行统一货票、统一运价、统一运费结算、统一行车记录、统一客车班次的“五统”管理办法。民间运输业贯彻“面向农村、山区，为农业、手工业、市场供应及城乡物资交流服务，为人民吃穿用服务”的运输方针。专业运输企业建立健全生产制度，改善经营管理，公共积累增加，集体经济得到发展。1963—1965年，境内四县先后建立区（镇）交通运输管理站，加强对区公社群众专业运输队组和农村散车、散船的副业运输人员及工具的管理。

1969—1973年，境内四县成立战备运输指挥部、联合运输办公室，保障国防三线建设物资运输。对公路运输市场的车辆实行控制运力增长，社会车辆归交通部门统一管理，纳入县统一运输计划，实行“三统”管理。1969年，境内四县交通运输管理站成立后，加强对群众运输市场管理和清理整顿工作。1975年，开展“以阶级斗争为纲，清理整顿运输市场”工作。对城乡社会人畜力架车及人力搬运从业者进行登记、检验发证，执行统一货源、统一调配、统一运价、统一票据的“四统”管理，对农村人、畜力架车、木船、拖拉机作自货自运限制；对城乡从事民间运输个体劳动者进行清理取缔。

1978年以后，加强对客货汽车运输、汽车维修、搬运装卸、运输服务市场的管理整顿。对汽车客运线路、站点、班次、运价实行统筹安排和审批，实行车辆营运许可证、营运证及年度检验审批制度，维护合法运输，取缔非法经营。

1980年，境内四县交通指挥部对交通专业及社会企事业单位自备货车，实行统一调度、平衡运力运量，按月（季）下达运输计划，办理准运手续；对计划调运的大宗粮食、原煤、化肥、农药、种子、农膜、食盐、食油，以及抢险救灾物资运输进行运输计划和运价管理。

1982年冬至1983年春，境内四县利用民工建勤对境内省、县、社道开展收回公路留地，加宽路基工作。原则上省、县公路两侧水沟以外各收回留地3米，社公路两侧各收回1.5米，共收回留地553.87公顷，加宽公路1940余公里。对收回的留地全部登记建档，打桩定界，基本做到田路分家。1983年7月，国务院发布《关于加强路政管理，保证公路安全畅通的通知》后，各县组织交通、公安、安全、监理、农机等部门人员，上路下区社宣传贯彻，对违反该《通知》规定的违章违规行为，进行整顿治理，公路管理秩序有所好转。

1986年，对公路运输市场进行治理整顿，加强交通稽查和刹风堵漏，打击纠正运输单位和从业人员偷漏税收、无证经营、自定运价、非法印制和使用货票，以运谋私等违章违纪行为，较好地发挥交通专业运输的骨干作用，完成政府下达的重点物资运输计划。

1987年，国务院和省人大常委会先后颁发的《中华人民共和国公路管理条例》《四川省公路路政管理条例》实施后。1988年，境内四县相继成立县路政管理领导小组及办公室，实行相关部门协调配合，齐抓共管，互相监督制约的综合整顿治理办法，严格控制省、县公路两侧建筑红线，大力整治过境场镇烂路，县交通局和省、县公路养护段设置专职路政管理员 2 ~3 名，统一着装，持证上岗，依法对公路进行管理。

从 1990 年起，对客运市场实行省、地、县三级平衡，三级审批，“四定”（定站点、线路、班次、时间）、“五统一”（统一许可证、经营证、线路牌、票据、价格）管理；加强对个体联户私营大小客车、旅游车、出租车的规范管理，提高运输服务质量。

1991 年 3 月，境内四县养路段及达县公路养护总段巴中、通平分段先后成立路政管理所或路政管理中队，配置专职路政员 5 ~8 人，配备公路巡查专车，进行常年公路管理，排除路障，纠正违章。

1993 年 10 月，巴中地区成立后，全面开放货运、搬运装卸和运输服务市场，货运取消额度控制，除抢险救灾、战备和重点物资运输外，运价全面浮运。在发展运力的同时，做好引导服务工作，强化依法治运，加大对客运线路、站点、营运机动车辆检测、年审换证、汽车维修业的管理整顿，实行“征、管、查、处”分离制度。

1994 年 7 月，行署制发《巴中地区公路路政管理若干规定》，加强公路建、管、养一体化综合治理，推行路政管理“政府负责，交通牵头，社会共管，路政机构实施”责任制。是年 8 月 25 日—10 月 11 日，集中力量对全地区省干道及重点县道共 806 公里，开展清除公路路障行动，共清除堆码物 2000 平方米，拆除砖瓦窑、摊点 130 处，违章建房 19 户、723 平方米；撤除违章检查、收费站 3 个，以路桥代市场镇路段 12 处。同时，行署制发《巴中地区客运出租车管理暂行办法》，由各级公路运输管理部门对出租车实行行业管理。

1995 年，行署规定，个体私营运输户不允许经营大客车和从事跨县旅客运输；严禁将机关单位工作用的破旧小汽车转让给个体户从事公路营业性客运。公路运输管理部门根据全地区道路运输管理实际，在区乡（镇）建立公路运输站、停车场站及道路运输协会为一体的行业管理新模式。

1997 年起，全地区建立完善路政管理网络，以路政管理大队、中队为基础，把养路道班班长和当地区、乡、村、社负责人纳入网络，建立辖区路政管理责任制，解决管养分离的矛盾。

1998 年 1 月，《中华人民共和国公路法》正式实施后，全地区公路路政管理工作进一步加强，公路沿线单位和个人爱路护路的法制观念提高，违章违规事件大幅下降。是年 3 月，完成省、县公路留用地确权 98 宗，918.53 公顷，占总里程 18.1%。设置永久性界桩 5160 根，投入经费 84 万元。同时，地区成立清理整顿办公室，地、县（市）交通部门在相关部门配合下，在全地区范围内开展个体私营客货运输、汽车维修及运输服务市场的治理整顿，规范运输行为、建章立制。取缔“五无”（无道路运输许可证、营运证、准驾证、规费收讫证和营运引路牌）车辆 1700 余辆，对个体运输车辆加强资格、挂靠运输企业资质、车辆安全技术、驾驶员准驾证、运力额度控制和营运线路、乡镇发车站点、车辆维修厂（点）质量等环节的审查与管理。

1999 年，行署制发《关于加强全地区公路路政管理的规定》，明确规定地区内省道和环线公路的管理由地区交通主管部门主管；县、乡道由所在县（市）交通主管部门主管。保持公路洁净，严禁在公路和公路两侧建筑控制区内倾倒弃土和垃圾。其余公路及其两侧 3 米内由养护部门负责保洁，3 米以外由当地村社负责保洁。同时，加强城镇道路管理，把城镇道路管理纳入“巴中经验”的重要组成部分，特别抓好城市进出口、乡镇干环线上农户的管理，树立“谁管辖范围谁负责”，严禁乱堆乱倒现象发生，规范形象、树立典型、树立样板，以点辐射带动管理工作，确保城镇道路畅通。

2000 年，全市开展“道路运输管理年活动”，对超长客运和城乡客运市场进行专项治理。清理规范超长客运线路，取消终身制；统一出租车标志，对客运经营权拍卖；对城市“面的”实行限量发展，出租车控制发展，取消人力、电动三轮车客运；强化源头管理，严格市场准入关和参加道路营运企业、驾驶员资质、车辆技术状况等审查；取缔非法车站，合法车站一律对外开放。

第三节 航运管理

民国时期，境内巴河、通江河干支流内河木船运输，由船主与客商双方协议自由定价承运。南江县航道管理由县实业局管理。川陕省苏维埃时期，省苏维埃在交通委员会下设运输处、交通局，专管水陆交通运输。

中华人民共和国成立后，为加强民间木船运输业的管理，实行计划运输。1951 年春，平昌县成立内河航运管理站，建立港航监督岗，负责内河航运安全管理。1952 年 9 月，南江县航管分站成立，隶属平昌县内河航运管理站。是年，实行统一货源、统一调配、统一运价的“三统”管理，并统一国家税费征收率。1956 年后，大宗物资运输由托运单位向各县航运管理站报送运输计划，木船运输合作社与粮食、铁厂等物资部门签订运输合同，由县交通主管部门根据“保证重点，照顾一般”的原则，逐月平衡衔接，再下达给各木船运输社和各物资托运部门共同执行；零星物资运输由承托方办理。各木船运输社船舶由县航运管理站统一调配运输，执行国家各个时期规定的水运货运价格。1962 年，通江县人委制定《关于维护渡口秩序，保证渡运安全的规定》。

1978 年后，多种经济成分的水运企业得到发展，“三统”管理逐步开放，取消区域航线运输的限制，实行以计划经济为主，市场调节为辅的水运市场管理体制。

1981 年 9 月起，境内贯彻省制定的《农副业船、渡口船、渔船安全管理办法》，对各类船只进行检验发证，对驾长考核发证，加强对船只的检查审验。1986 年后，境内水运市场逐步开放，航务港监部门加强对水运市场的监督管理。

1990 年 10 月至 1992 年 4 月，境内四县开展水运市场清理整顿工作。健全乡镇船舶船员“三证一线”（经营许可证、营运证、驾驶证和航线）责任管理制，规范水运开业、停业、客货运输和服务，船舶检验、维修保养、运输价格及单证、规费征收等业务。旅客运输实行定船舶、定载客人数、定驾驶乘务人员、定码头航线、定班次时间的“五定”管理；执行国家规定的水运客货运输价格政策，对短途货运每吨公里单价按省规定幅度调升 30%，实行一港一价。对货运加强调控，县政府下达的重点物资实行指令性运输，凡粮、煤、棉 100 吨以上大宗物资运输，报县航运管理部门平衡下达调运计划，由专业航运企业完成运输任务。

1994 年 1 月，巴中地区航务港口管理处和巴中地区港航监督处成立。全地区水运市场全面开放，在大力发展水运的同时，加强对乡镇船舶和水运市场的依法监督管理。允许偏远水域个体船舶先发展，后完善手续，在政策上支持优先发展高中档客船、旅游船。新开业水运，由船户申请，村社加意见，当地乡镇政府负责安排码头航线，进行客货运输。1995 年 4 月，地区先后将港航管理业务下放到各县（市）管理。

1998 年，乡镇船舶安全管理建立县、乡、村、船主四级安全责任制，层层落实目标责任，层层把关，乡镇船舶安全管理做到规范有序。全年水上运输行业无安全事故发生。

2000 年，加强“三无”船舶（无船名船号、无船舶证书、无船籍港的船舶）清理，进一步落实乡镇船舶四级管理责任制，分期分批对驾长和船员进行应知应会和安全技能培训，对水路运输进行地毯式、拉网式检查，并对发现的问题进行及时整改，全年无安全事故发生。

第十一篇

邮政·通信

自秦汉起，境内开设驿道，设置邮亭、驿站或传馆，主要传递官方文书，民间通信仍靠人捎带。明末清初，随着商务发展，始有私人“民信局”开设。清宣统二年（1910年），巴州始设邮政局。民国2年（1913年），设电报局，境内始有电信通信。

川陕省苏维埃时期，设川陕省电信局、赤色邮政局，以通江县为中心，沟通苏区各县邮电通信。之后，邮政、电信几分几合，并逐步发展。中华人民共和国成立后，境内邮件运递由步班逐步发展到自行车班和委办汽车邮路，并设置市内电话。从1973年起，对邮政网路进行多次调整，增加邮政运输的投入，建立以自行车班、摩托车班、委办汽车运输为主。有计划扩建和改造长途线路，境内四县开始使用载波电路终端机。

20世纪80年代，邮政网络增加，服务网点延伸到村、社（居委会），加快邮件传递速度，邮政业务范围逐步扩展，新开办集邮、邮政快件、邮政特快、邮政广告、邮购业务、国际邮政、邮政金融、代理业务等。

1993年10月后，建立巴中地区邮政网络新体系，实现省、地、县，县到区（镇）自办汽车邮运网络，并成为省二级邮件处理中心。到2000年底，长途电话进入全国自动网，实现国际国内直拨。全市无线寻呼用户达10万户，移动通信用户达4万多户，并与全球200多个营运商合作，开通170多个国家和地区国际漫游业务。全市实现传输光缆化、交换程控化、移动通信、数据通信、多媒体通信等多种手段，覆盖全市四县（区），联通世界的公用电信网。

第一章　邮　政

第一节　邮　路

境内邮驿始于周代，秦代巴子国与秦国信使驿站建立。汉、唐、明、清时期，设有铺递和驿站，所辖各县设底塘铺，沿线设铺。以巴州为中心，分东、西、南、北路。东路设5铺，直达通江；西路设6铺，交仪陇去保宁（阆中市）达成都；南路设3铺，交渠县三汇达重庆；北路设3铺，交南江去南郑经汉中达长安（西安市）。在邮件运递中，水路用船，陆路用马兼人力步班，铺递干线总长度达4000多公里。

民国元年（1912年）1月，巴州、南江县、通江县先后由邮政代办所改设邮政局。巴州干线邮路4条，即巴保（阆中市）路、巴汇（渠县三汇镇）路，巴南（陕西省南郑县）路、巴通（通江县）路。境内干线步班邮路长达3000公里。

川陕省苏维埃时期，川陕省苏维埃政府设立川陕省赤色邮政局，以通江县为中心，沟通苏区各县间邮路，共20多条干道邮路，以马匹和步班邮路为主，达2000多公里。

1951年后，境内四县邮路进行多次调整。至1985年，通江县开设委办汽车邮路6条，总长度达300余公里，有自行车邮路289公里，步班邮路399公里；平昌县有委办汽车邮路4条，总长度达468公里，自行车邮路1条，25公里，各乡（镇）承包邮路30条，总长度448公里。

至1992年，境内邮路开设成都至巴中、巴中至达县，巴中至通江、巴中至平昌，巴中至南江，形成了邮运转运枢纽，总长度达2000多公里。

1993年10月，巴中地区邮电局成立，建立以自办邮车为主体的邮政网络新体系，地区局至各县局的二干线邮路，先后恢复开通成都至巴中、南充至巴中，巴中至广元3条省内干道邮路，地区内邮路总长度3885公里，其中自办汽车邮路1647公里，委办汽车邮路148公里，其他邮路2090公里。1994年7月，巴中地区邮电局地区内二级自办汽车邮运网路正式开通运行，全程780公里。是年，通江县城至各区开设自办汽车邮路总长度780公里，区至乡（镇）自行车邮路523公里，步班邮路141公里。1995年，平昌县至各支局委办汽车邮路一律调为自办汽车邮路。1996年，南江县至区一律调整为自办汽车邮路。1997年9月，地区邮电局恢复开通成都至巴中645公里自办汽车邮路。

1998年，全地区邮路总长度达4960公里，开通二级邮路2条，乡镇全部达到逐日或间日通邮。2000年底，开通巴中至广元自办邮路。巴中市巴州区邮路发展到4724公里，实现76个乡（镇）、812个村、5022个社通邮。南江县10个区，73个乡（镇）、525个村、2473个社通邮；步班邮路41条，总长度3149公里；自行车邮路18条，长300公里；摩托车邮路长60公里；自办汽车邮路1条。通江县12区，74个乡（镇）、524个村、3306多个社通邮。平昌县10区，61个乡（镇）、487个村、3932个社通邮，投递线路达7280公里。

第二节　邮政网点

从1952年起，境内四县根据行政区划调整，先后在各区设置邮电支局，乡镇（公社）设邮电代办所或自办所，在场镇的村设邮电代售处，在城市增设营业厅（室）。1998年，邮政服务网点遍布城乡。至2000年底，全市共设置邮电支局44个，乡（镇）代办所（或自办所）286个，邮电代销点（村）2054个，城市营业厅（室）18个，形成以县邮政局为中心，农村邮电支局为辐射点，村（居）委会、社为基础的邮政网通信格局，邮电服务网点遍布城乡。

第三节　邮政设施

民国时期，境内各县邮政局的设备简陋，局房靠租用，运递邮件靠肩挑和背运，邮差每人一个背架，一把油伞，一盏纸糊灯笼；邮政营业及邮件处理除单册、日戳外，配备有钩秤、夹钳、保险柜、分拣格等简易设施。中华人民共和国成立后，开始对邮政通信设施进行有计划的调整和改造。1978年后，邮政基础设施建设步伐加快。1980—1992年，通过省邮电局逐年拨款和各企业自筹资金，境内先后新建44个邮电支局和200多个乡（镇）邮电所工作房，总面积达到5万多平方米。同时，对大部分支局、乡（镇）邮电所的工作房进行装修，软硬件设施均达到规定标准。

1993年10月后，集中资金，统筹规划，加快建设，先后在四县（市）新建邮电生产大楼，职工住宅楼。

1996年3月，巴中市（县级）西外邮电营业厅正式对外营业，是全地区第一个标准化邮电综合服务厅，首次实现邮政传统业务计算机综合处理。

1998年，围绕市场需求变化，加大投资力度，新建邮政综合服务亭15个，新购专用运钞车8辆，投资70万元安装LED电子显示屏，地区邮政枢纽楼和邮车站开工建设，完成12个支局（所）装修及改造。

1999年，地区邮政枢纽楼和邮车站竣工投入使用，新增ATM自动柜员机3台并投入使用，建成EMS站点查询系统和集邮邮资票品管理计算机系统，新建邮政综合服务亭5个。开展设备整治，通过维修、调动、更新、报废等手段，提高设备完好率和利用率。

至2000年底，全市新建邮政工作房和职工住房面积达7万多平方米，总投资达3亿多元。建成邮政报刊服务亭89个，邮政报箱1万户。巴中白云台邮政大楼竣工投入使用后，进出口邮件实现机械化分拣封发和自动化装卸，成为省二级邮件处理中心。全市有邮件运输车辆40余辆，实现市到县、县到区（镇）自办邮路汽车运输网络。同时，邮政业务处理向科技化发展，全市报刊发行、邮政金融、速递业务、机要通信、电子化营业窗口等采用计算机进行综合处理。特别是邮政金融业务同全省建设银行自动取款机联网交易，同全国邮政绿卡工程系统联网，实现全国范围内的通存通取；全市邮政办公系统采用计算机综合处理，实现自动化办公系统与省局联网。

第四节　邮政业务

一、信函

1950年6月，境内始开办国内快递邮件业务、国内保价信函业务、代收货价业务。是年7月，函件分为本埠和外埠函件，同时撤销图书小包业务，开办存局候领邮件业务和代购物业务。是年9月，开办快递小包业务。是年12月，又开办存证信函业务和邮电公事免费邮件。1951年，开办装现钞保价信函业务。1953年1月，撤销国内快递业务，同时将新闻纸改为定期出版物，并入印刷品邮件。是年2—3月，先后撤销存证信函业务和商务传单业务。1955年，代办私营工商业委托的代收货价业务。1957年10月，停办保价印刷业务。1958年1月，撤销新闻业务并入印刷品，贸易契改为事务文件，聋者文件改为盲人读物邮件。1961年8月，撤销装现钞保价信函业务。是年10月，开办特种挂号信函业务，限寄内容为粮票、油票、布票、棉票、粮食迁移证、粮食关系转移证、共青团组织关系，全部按特种挂号信函寄递。1969年，停办存局候领邮件、代收货价和货样业务。1973年，撤销事务文件并入印刷品寄递。1980年7月，开办代发广告业务，同时恢复存局候领邮件业务。是年8月，恢复代收货价业务。1990年7月，撤销快递小包、代收货价业务。1991年12月，开办中国邮政贺年（有奖）明信片业务。至2000年，信函业务无变化。

二、包件

民国18年（1929年），巴中县邮政始办商品包裹业务。1935年，境内开办代收航空货物包裹业务。1950年，后分小包、包裹、图书小包三类。1950年7月，撤销图书小包业务。是年9月，开办快递小包业务。1953年7月，包裹的最大限量改与小包同，撤销小包名称。1980年，个人交寄的价值在30元以上的包裹必须保价，机关团体是否保价由用户自定。1985年9月，开办专用袋包裹业务。1990年7月，撤销变通包裹和保价包裹名称，撤销用户专用袋包裹和快递小包业务。1996—2000年，国内包裹一律采用一个标准和一种资费，将包裹处理费改为挂号费。

三、报刊发行

1950年起，巴中县邮政始办报刊发行业务，与私商报贩并存。从1953年起，实行定额、定期、计划发行预订制度，即每年的2、5、8、11月为预订下一季度，年度报刊时间，报纸至少订一个月，杂志至少订一季度、报刊费由邮政机构预订，向报刊发行局统一要数缴款，同发报刊局向报刊社结算付款。书籍、图片、课本等非定期出版物，由新华书店发行。邮政局发行的报刊，报刊社付给邮局报刊订价款总额20%的发行费和5%的邮政运输费。1954年起，实行报纸破月，杂志破季收订。

1956年7月，巴中县委机关报《巴中报》创刊，邮电局为发报刊局，负责该报总发行任务。《巴中报》最高发行量达2万多份，最少时0.7万余份。

1982年，开办杂志零售业务。1984年，开办报纸零售业务。1985年，各支局（所）开办报刊零售业务。

1995年1月，《巴中时报》交邮局发行，巴中地区邮电局为发报刊局。是年，地区邮电局报刊发行业务实行计算机综合处理。次年，全地区各县邮电局的报刊发行业务均采用计算机综合处理。1996年11月，实行收投合一的新体制，地区邮电局设报刊收投公司，经营管理上独立核算。全年订销报纸期发数26238份，订销杂志期发数19486份，月均投递报纸累计数36.52万份，投递杂志累计数2.21万份。

1998年，取得巴中日报社、巴中广播电视报社、巴中周报社、信息与发展编辑部、华西都市报社的“四报一刊”的邮发（代投）权，占有《华西都市报》《成都商报》《成都晚报》《蜀报》的全地区的发行市场。圆满完成省委下达的党报党刊发行任务。

1999年，对《巴中日报》及主要报刊实现早报早投，保证巴中市（县级）内上午见报，各县下午见报，对畅销报刊上门收订、投递到户。

2000年，报刊发行突出党报党刊发行，抓行业报刊的征订分送，加大自费订阅报刊订阅力度；开展报刊有奖订阅，免费赠送安装邮政信报箱活动；增设服务台席，延长报刊征订时间，采取上门收订，送报到户等措施，报刊发行取得成效。

四、机要通信

1950年前，机要通信称作交通或机要交通，负责传递各级政府、军队的机要文件，具有高度的机密性和政治性。1951—1952年，机要与军邮合并，故又称军邮。在地方党委机关内设专职通信班，负责党、政、军机关机要文件的传递任务。

1957年，境内各级党委将机要通信移交邮政机构管理。对机要通信的质量要求高，毁损率、差错率均为零。是年7月，境内各县邮电局设机要室，配专职机要业务员，负责处理机要业务，配专职机要押运员，负责机要文件总包的押接任务。

1981年起至2000年，对机要文件的使用范围放宽，除县团级以上的党、政、军机关外，县属国民经济部门也可交机要文件。机要通信不以盈利为目的，收费低，业务量小。

五、集邮

1982年，境内始办集邮业务，发纪念邮票、特种邮票、编号邮票559种，集邮册、放大镜、夹子等集邮工具相继配套，供集邮爱好者选购。集邮票品种类、数量均由省邮电局集邮公司确定，实行计划供应。

1988年后，境内四县成立集邮协会。在川、陕、鄂三省集邮联展中，巴中师范校高级教师朱占文送展专题类《光辉的历程》邮集获三等奖，系巴中首次在省外邮展中获奖。1991年7月，境内四县在通江县举行集邮联展。

1994年10月，巴中地区集邮协会成立，面向全国首次发行纪念封、纪念戳各一枚。1995年11月，地区集邮协会、集邮公司创办《巴中邮苑》，向广大集邮爱好者传播集邮知识，开办集邮业务讲座，先后在巴中师范校附小、恩阳建立集邮分会。南江县、通江县、平昌县集邮协会相继换届改选，巴中、通江城区职工集邮协会成立。

1997 年 6 月，巴中、广安、达川三地联合举行“迎香港回归”大型集邮联展，共设置展框 10 个，征集邮集 85 部，1600 张贴片，展出各种邮品近 1 万张。1998 年，利用各种会议和大型庆典活动宣传集邮业务，实现收入 215.5 万元。1999 年，地区集邮公司改革分配制度，调动职工积极性，开展主动服务，在全省第十四次扶贫开发工作会和公路现场会，销售邮品 20 万元。

2000 年，加大邮品销售力度，开发具有地方特色的邮品——《光雾山》风光明信片。开展集邮巡回展，取得良好效果。全市集邮协会会员达 568 人，集邮爱好者 1.5 万人。多次参加全国、省、市集邮展活动，并获得各级邮展奖。

六、邮政快件

1988 年 1 月，巴中县开办邮政快件业务，相继在各支局（所）办理此项业务。邮政快件突破传统邮件分类方法，凡适合邮寄的各类信息载体和物品均可作邮政快件交寄，收寄时按给据函件处理，寄件人认为贵重的资料和物品等可作保价快件交寄。在指定转口局不论件数多少，一律直封，减少经转层次，不受固定封发关系束缚，选择最佳路邮和最快的运输工具，缩短各个环节的处理时限，有效地加快全程传递速度。1998 年 7 月，国家邮政总局为降低邮政成本，增加全网效益，撤销邮政快件业务。之后，全地区贯彻执行，亦撤销。

七、邮政特快

1997 年 9 月，巴中地区始开办邮政特快专递业务，相继在全地区各级邮电局（所）办理。全年收寄邮政特快 310 件。

1998 年 4 月，地区邮政局设立速递公司，负责邮政特快专递业务的经营发展和管理工作。同时，代理进出口特快专递邮件及货物、样品的报关手续，办理国内国际进出口货物的航空和海上运输业务，提供出口商品从生产到发运目的地，进口商品从港口到货主手中的全程服务。

2000 年，全市收寄邮政特快达 5.73 万件，业务收入达 131 万元。

八、邮政广告

1998 年 5 月，巴中地区邮政局设邮政广告公司，开办邮政广告业务。因缺乏经营管理经验，专业亏损达 14 万元。1999 年 10 月，强化经营管理，改革内部分配制度，发展户外广告、广告策划、广告代理等业务，业务扭亏转盈。2000 年，邮政广告业务加快发展，实现收入 53.5 万元，盈利 7.9 万元，上缴利润 7.8 万元。

九、邮购业务

1995 年 5 月，巴中地区始开办邮购业务，地区邮电局设邮购公司专门进行经营发展和管理工作。开发以种子、饲料等农资产品系列，以平昌小角楼、通江银耳为品牌的名优土特产系列，以可口可乐等日常生活品系列。1996—2000 年，邮政商店、邮购超市在境内各级邮政机构拓展兴起。

十、代理业务

1943 年，境内巴中县邮政办理代售印花、税票业务。1953 年，停办该业务。

1987 年，境内开始代理职工工资，单位与邮电部门签订《工资转储蓄协议书》，在发薪日前，将代发工资总额和手续费转入邮电局在银行的账户，并将职工姓名和工资金额等资料送邮电局，邮电局为每个职工设置存款账户，划入账户之日起即计息，职工凭存折补登存款和提取，亦可用该存折续存。

1988 年起，受财政部门委托，代销代兑国债业务，在国债发行期内，邮政机构采取柜台销售、信函、电话预约销售办法，向城乡居民或各种基金组织推销，销售款额按规定期交当地财政部门上缴国库。代兑国债业务，由邮政部门按规定计付债券本息，向债券持有人收回债券，兑讫的国债券交财政部门处理，并办理结算手续。是年，开始代理保险业务，保险公司为邮政代办网点提供宣传资料、凭证和印鉴，并为邮政代办保险人员提供培训和业务指导。邮政部门受理被保人投保，按保险业规定程序办理有关手续，并按规定时间将保险费余额划转保险公司账户。

1999 年起，开始代理离退休职工养老金。社会保险部门为确保按时给离退休职工发放养老金，与邮政部门签订协议。在发放日前，将离退休职工养老金总额和手续费转入邮政局在银行的账户，并将离退休职工姓名和养老金额送达邮政局，邮政局为用户设置个人账户，划入账户之日起计息，离退休职工凭存折补登存款和支取。同时发给邮政绿卡，在全国通存通取。

第五节 资 费

清代，邮政资费分为岸资、外资、内资三种。计费重量以盎司为标准。函件岸资平信每重 0.25 盎司收银 2 分，单明信片收银 2 分，新闻纸、贸易契、货样每重 2 盎司收银 2 分，挂号费收银 4 分。本埠邮件收费 0.5 分，外埠邮件收银 2 分。1904 年 9 月，将邮政资费提高一倍，仍为原来标准的¼。1910 年 8 月，调整邮政资费，将盎司改为克，每重 20 克或其零数为一个计费单位。本埠函件每重 20 克或其零数收银 0.5 分，外埠函件每重 20 克或其零数收银 3 分。从 1911 年 4 月起，将新闻纸减半收费，书籍、印刷品邮件亦作相应调整。

1922 年 11 月至 1932 年 9 月，五次调整邮政资费，国内互寄平信由 3 分调为 4 分、6 分，后改调 5 分。1935 年 4 月，开办小包邮件业务，采取均一邮资费，后改为分区收费办法。之后，国民政府发行纸币，改收银元为收法币，物价暴涨，货币贬值，邮政资费频繁调整。1948 年 8 月，改收法币为收金圆券，用户交寄平信须用邮票多到整个信封不够粘贴。

从 1950 年 5 月起，执行新的邮政资费标准。平信 800 元，平快信 1600 元，新闻纸 600 元；明信片单 400 元，加收成本费 100 元；明信片双 800 元，另加收成本费 200 元，挂号费 2400 元，更改地址或撤回邮件费 3200 元；新闻纸总包 200 元，新闻纸普通 100 元，新闻纸主卷 160 元，印刷品 240 元；保价最高额装钞 160000 元，普通保价 80000 元，印刷品起重由 50 克改为 100 克。包裹资费沿用中华邮政办法，按路程远近，采取一地一费计费办法。邮政汇兑资费，按银行汇率收取汇费，未通汇局按汇款金额 3% 计收汇费，最高不超过 10% 。1951 年 3 月至 1957 年底，邮政汇总资费每笔汇款不论金额大小一律收费 0.20 元。

从 1958 年 1 月起，按全国划分为 200 多个包裹计费区，实行一区一费计费办法，两地之间互寄不管实际行程，均按统一标准收费。同时，将包裹分为普通包裹、航空包裹分别核定。包裹起重单位由 500 克调为 100 克。包裹资费变动或调整，由邮电部下发业务公报通知，各级邮政机构修改包裹资费表，按时执行。是年，邮政汇总资费调整为按汇款金额的 1% 计收汇费，不足 0.10 元者按 0.10 元计收；电报汇款加收电报费、附言费，其中分普通和加急两种，普通电汇加收电报费 0.75 元，加急电汇加收电报费 1.5 元，附言费以实际字数计收，最高以 20 字为限。邮政快件资费按 100 克计算，每 20 克或其零数计收 0.5 元，101 克至 5000 克，每 100 克或其零数加收 0.8 元，最高限重 5000 克。

1991 年 12 月，邮政快件资费调整为起重 100 克或其零数计收 0.8 元，续重 101 克或其零数加收 1 元。邮政特快专递、函件、包件计费统一，起重 200 克（不足 200 克按 200 克计）收费 20 元，200 克以上每续重200克或其零数加收6元。代理业务费按代理业务种类，由邮政部门与被代理单位签订《代理协议》，由被代理单位按时付给邮政机构相应的业务代理费。至2000年，邮政资费无变化。

第二章　通　信

第一节　电　报

一、有线电报

（一）电报网络

民国8年（1919年）5月，驻军纵队长郑启和架设由保宁（阆中市）经巴中至通江有线电报电路1条。民国14年（1925年），始架巴中至达县交通线路1条，全长189公里，作专用报路。民国16年（1927年），田颂尧驻防巴中、通江、南江，重新改架巴中至通江电报线路为单铁线的军用专线。民国28年（1939年），西安至重庆线路动工修建，途经境内南江、巴中。民国30年（1941年），该线竣工投入使用。至此，境内电报电路达8条，南由巴中经渠县进出口电报可达重庆，北经广元可达陕西省南郑县，西经广元转成都，东经通江、万源进出口电报。是年，巴中县始设摩尔斯电报机3部。随后，通江县、南江县亦开始使用应响机。

1988年6月，巴中县率先开通至重庆的全自动转报系统。1991年9月，巴中县恩阳支局始配PE-FAX－18型传真机2台。随后，境内各县邮电支局均配备传真机，区乡电报结束话传电报历史。1992年9月，达县安装BFP－10型用户电报及低建数据集中器，安装TDM11架。境内四县邮电局安装TDM各1端，与达县对开，用于用户300B和SQB长途传输。

从1993年起，全地区各县（市）先后开始装配自动转报系统，配置载报机，通过载报电路传送电报。

1995年1月，地区邮电局首次开通巴中—成都光纤电报电路1条，重庆方向的电报亦经成都中转，解决历时已久的电报通信不畅等问题。之后，平昌县、通江县、南江县各开通1条至成都的光纤电报电路。至此，全地区四县（市）电报电路全部实现传输光纤化。

2000年，全市利用北京金溢翰林技术开发中心生产的DN－826本地网电报分组传真服务系统，撤销县中心报房，取消原有电报电路，实现市中心报房集中处理和集中管理，通过分组网实现点对点的传输方式传递电报。

（二）电报业务

民国24年（1935年）7月，交通部颁发国内电报业务通则，境内各县电报业务种类分为5类，即：官军电报、局务公电（含纳费公电）、私务电报（分为加急、寻常、交际、新闻、加急新闻电报5种）、公益电报（分为航行安全、气象、水位、赈务电报4种）、特种电报（分为邮转电报、铁路电线经转电报、国内船舶无线电报、特约减价电报4种）。各类电报传递顺序为防空电报、航空安全电报、官军电报、气象电报、水情电报、加急公电、纳费业务公电、加急电报、加急新闻电报、寻常公电、寻常电报、新闻电报、账务电报、迟缓公电。

1950 年，境内四县电报种类分为军政电报、局务电报、私务电报、公益电报、特种电报（含邮转电报）、国内船舶无线电报，新闻电报 5 类。

1962 年 4 月，根据邮电部《关于调整邮电服务水平的若干规定》，对电报业务种类及其传递顺序和时限进行调整，一级为防空和天气电报；二级为事故、水位及特急业务公电；三级为特级军政、国际政务和公益电报；四级为加急军政、加急国际新闻、加急新闻、加急业务公电，纳费业务公电；五级为军政、国际新闻、新闻、加急国际、普通、加急普通、加急公务电报；六级为国际普通、普通、业务公电、公务公电；七级为国内书信电报。一、二、三级电报传递时限不变，四级以下传递时限放慢。其中四、五级电报的局内发出时限调整为 40 分钟，投送时限为 2 小时，全程时限在直达路由上传递为 160 分钟，非直达电路传递时限为 240 分钟；六级电报局内发出时限为 70 分钟，投送时限为 240 分钟，夜间可以停送。全程时限直达路由传递为 330 分钟，非直达路由传递为 480 分钟；七级电报规定在 1 ~6 级电报之后处理，全程时限无论直达或非直达电路均为 24 小时。

1981 年，境内四县执行邮电部颁发《新的国际报话业务规程》，落实电报业务种类、传递等级和时限。1990 年 9 月，境内四县正式开办礼仪电报业务。是年 10 月，又开办请柬电报、庆贺电报、吊唁电报。1991 年 2 月，境内四县开办国际电报业务。至 2000 年底，电报业务种类、传递时限无大的调整。

（三）电报资费

从民国 16 年（1927 年）9 月起，境内各局统一执行寻常电华文明语每字省内收银元 8 分，省外 1 角 6 分；华文密语及洋文加倍。新闻电报仍为华文每字 3 分，洋文每字 6 分。一等官电华文不分明语、密语照寻常电半价收费，洋文照寻常电全价收费的收费标准。

民国 38 年（1949 年）3 月，交通部拟定新的电报资费计算公式和电报价目基数表，国内电报价目 = 基数 × 总倍数，总倍数 = 50% 米价 + 30% 报纸价 + 20% 电料价。境内各县贯彻执行。

从 1949 年起，电报每字 100 元，加急 200 元，译文费 50 元。

从 1950 年 3 月起，以人民胜利折实公债为 0.07 分作为电报资费计价单位，如公债牌价涨落达 20% ~25% 时，则按旬或按月调整资费。随着物价逐渐平衡，是年 11 月起，统一核定每个计价折实单位，不再按旬或月调整。同时调低国内电报资费，计算标准，将华文明语省内每字 0.8 减为 0.6 个计价折实单位，省外为 1.2 减为 0.9 个计算折实单位。其他各类电报照原价普遍降低 25%。

1953—1957 年，国内电报资费未作变动。1958 年 1 月，统一全国电报资费率，取消分区计价和“公私有别”“军政优待”的办法，简化计费手续。中文每字 0.03 元，加急加倍；新闻每字 0.01 元，外文加倍收取。

从 1983 年 12 月起，国内电报资费调整，中文每字 0.07 元、新闻每字 0.02 元、汇款电报每份 1.00 元、译电费每字 0.005 元，外文、加急业务加倍收取。

1992 年 12 月起，全国统一调价为中文每字 0.13 元，新闻每字 0.05 元，汇款电报每份 2.00 元，译电费每字 0.01 元，加急电报加倍收取。国际电报按经转的路由分别收取，香港每字 16.35 元，澳门、台湾分别为 13.20 元。至 2000 年，电报资费无变化。

（四）电报投递

民国时期至 20 世纪 50 年代初，境内四县电报局、邮电局均配备兼职的电报投递员，同时负责传呼电话。

1950 年后，加急电报随到随送。白天投递员每天上午 8 点至下午 8 点，有报就送。1958 年，“大跃进”时期，每人每天投递频次约在 10 次左右。1962 年，每天上午 8 点至下午 8 点分三个班次，早班连小夜班，中班上午12点至下午6点，在保证电报投递不逾限的情况下，原则上1小时1次，遇有加急电报，电报房值班人员临时代投。

1982年后，境内广泛开展电报“专送”业务，即对超出直投范围的电报，收报人又要求投送的，双方签订合同，遇有电报就专送到收报单位或收报人，并向收报人收取专送费（按里程的远近计算，最高每次不超过1.20元）。地（市）、县支局以邮电局为中心，其半径为市、地5公里，县（区）3公里，支局2公里，在此范围内的单位、厂矿、城镇居民的来报随收随投。超出以上范围的来报（主要是农村电报），随邮政班次传递。邮政班次分日班、间日班、三日班、四日班、周班等。

到1985年，电报投递量最大的巴中局电报班投递人员达3人，自行车3辆，随后配摩托车1辆。在城区电报投递范围逐步由1公里扩大到3公里。最高日递电报量达300份。之后，为减少投递遇限，改为45分钟一次。

1995—2000年，随着电报量的大幅度减少，投递频次相应减少到4～5次。农村来报的投递，通过邮送环节到乡代办所后张榜公布招领。加急电报由支局话务员预先电话通知到乡代办所，由代办所人员带口信或者通过乡广播站通知收报人到支局领取。

二、无线电报

1932年12月，红四方面军进驻通江县，随带两部电台设毛浴镇，之后迁往通江县城北杜家坪大院。红四方面军攻破绥定府（达县）时缴获2部电台，在陕南战役中先后缴获3部电台，红四方面军共5部电台。红四方面军设总台，总台与中央苏区和各军进行联络外，同时担负抄收新闻、侦察敌台、破译敌台密码以及侦破敌人行止的任务。

民国28年（1939年）8月，在通江钟鼓楼设立四川省第十七政务台。之后，电台迁王岳庙，编制6人。民国29年（1940年）5月，四川省无线电总台在成都成立，先后设总台第一、第二、第三总机和一个监察台。南江为总台第一总机的15个分台之一，通江台为第二总机的9个分台之一。抗日战争期间，巴中的江口场（平昌县）设立无线分台，除与省总台通报外，并与通江、巴中、三汇（渠县三汇镇）、达县等处直通电报，专为江口军米运输站服务。巴中县在手管局内设有无线电台1部。各分台一般均为15瓦手摇发电收发报机。

1950年1月，原民国政府设立在通江无线政务十七分台由当地县军管会或政府暂行接管。接管后，机器上交，电台人员并入长途电信工作。巴中县政府接管巴中邮政局、电信局和电管所后，随即撤销无线电台，将设备调往南充。

1966年初，无线通信网络停止传递业务，转入备用。有线电路阻断时，备用无线电台用以传递电路调度，气象和报刊新闻电报。是年9月和10月，通江和南江邮电局先后分别开始安装55型A、B端25瓦电子管收发报机各1台。

1970年2月，设置无线通信的县电信局，只配备一主一备电台。1971年，平昌县革委安装小“八一”晶体管15瓦短波收发讯机各1台，配专职报务员2人。1972年，巴中县邮电局安装55型25瓦电子管收发讯机A、B端各1台。

1979年4月，平昌县邮电局安装小“八一”晶体管15瓦短波收发讯机各1台。1980年，巴中、通江和南江三县邮电局分别将无线电台改换为小“八一”晶体管15瓦短波收发讯电台（一主一备）。

1981年7月，川北地区遭受历史上罕见的特大洪水灾害，巴中、通江、南江至达县的电路全部中断，历时半个月。为保障巴中、通江电报通信的畅通，除启动备用无线电台外，省邮电管理局紧急调用车载电台到巴中，输送巴中和通江至达县经转重庆的进出口电报。通江电报由巴中收发，南江电报通过旺苍和广元转口进出。

1993年前，境内各县无线电台每天必须定时和达县地区邮电局无线电台会晤，并作好会晤记录，严格纳入月度和年度指标考核。同时，每年省邮电管理局组织一次无线电台联络会晤演习，要求呼之即应，联络通畅。

1994年，巴中地区四县（市）将55型晶体管电台淘汰，改换为IC－P530收发讯15瓦电台，巴中市（县级）现业一主一备，其余三县各为1台。自此，巴中地区无线网络脱离达川地区，组成巴中地区无线电台联络网络，并于1994年5月1日零时，开通启用巴中至成都的无线人工报路。由报务班定时与成都和三县会晤，会晤的时间及频率呼号都有严格的规定。至2000年，无变化。

第二节　长途电话

一、网路

（一）长途线路

民国8年（1919年），架设由保宁（阆中市）经巴中至通江的军用报话专线1条，为境内长途线路之始。民国14年（1925年），始架巴中至达县交通线路1条，全长189公里，作为专用电报线路。川陕省苏维埃时期，架设以通江、巴中为中心通往万源、南郑、达县、平昌、南江、旺苍、广元、苍溪、仪陇、南部、南充等地的电话线路，边建边撤，干线总长度达2000多公里。同时，恢复巴中县清江、恩阳、鼎山等地电话线路，将清江电话线与通江县涪阳连通，形成前后方贯通的电话网络。民国26年（1937年），又增架巴中经通江到万源、巴中到平昌报话线路2条。民国29年（1930年），架设巴中至广元单铁线路1条，广元、南江、巴中增设长途电话业务，并与通江、万源连通。民国30年（1941年），西安至重庆线路竣工，途经巴中，新增长途报话线路5条。民国32年（1943年），架设南江至陕西省南郑县防空电话线路1条，全长140公里。至此，境内长途报话电路达到12条。

20世纪50年代初，对原有的长途线路进行全面修复、整治，由单线改双线，铁线改铜线。1958年7月，按照省邮电局要求，境内各县开始自行维修巴中经通江至万源的长途电话线路。1959—1989年，平昌、巴中、南江、通江先后开通载波电路，由电子管到晶体管，由单路载波终端机到3路、低12路、高3路、高12路、超12路载波电路。1970年7月，巴中县（701）微波站建成，1973年正式投入使用，利用微波电路疏通长途电话。到1989年，巴中县长途线路达到63条。可直达成都、重庆、南充、广元、旺苍、仪陇、达县、通江、平昌、南江等地。

1990年9月，巴中、南江、仪陇、南部、三台、盐亭、中江、金堂8县请求国家将国家一级干线西安至成都光缆线路途经8县境内，于1993年12月竣工投入使用，巴中地区长途线路由半自动进入全自动拨号。1994年，又先后架设巴中至达县，巴中至平昌、通江的架空电缆。是年5月，长途电话进入全国自动网，实现国际、国内直拨，电话号码由6位升7位。

1998—1999年，根据四川省SDH通信系统建设项目要求，巴中地区相继建成巴中—达县，巴中—南充，巴中—广元三条地埋光缆线路。经过全省第一、二期数网工程建设，巴中地区成为全省一纵、二横、三环的省内二级干线汇接中心。到2000年，巴中市长途光缆线路达到5600芯公里，本地网光缆线路达到2429.29皮长公里，长途线路达到7530路端。

（二）长途传输

民国时期，长途有线通信传输采用架空有色金属线，为单铁线，线径一般采用F1.6，后逐步采用双铁线，线径F4.0。为提高通话质量，又将部分铁线改为铜线，并同时抽幻线。长途传输主要靠架空明线，并使用“摇把子”振铃，本局与对端局接通后，再经振铃接通用户通话，整个通信过程为人工操作。

中华人民共和国成立后，国家投入大量资金改变通信落后面貌，对长途电路进行有计划的扩建和改造。1972年后，长途电话使用载波电路传输，由电子管载波发展到晶体管载波。

1990年9月，国家一级干线西安至成都光缆线路途经南江、巴中县。1993年12月，竣工投入使用，巴中地区长途电话进入全自动拨号，甩掉“摇把子”，实现长途电话直拨。同时，为保证长途光缆传输网的安全可靠、畅通，按照省邮电局规划巴中地区在省内组建的长途传输格开网和环型网占有极其重要的交汇中转地位，巴中地区为省内六条长途干线光缆的终端局和中转局。

1994年10月，完成成都至巴中，巴中至达县，达县至重庆光缆传输设备安装，各开通一个34mb/3计480条PCM话路，成都至重庆开通3个34mb/3计1440条PCM话路，所用光电设备为引进美国AT&T公司生产的140mb/3光电合一设备。巴州、江口、柳林镇分别为中继站。1995年10月，巴中—达川，巴中—平昌—通江架空光缆线路竣工投入使用，由此通江、南江、平昌、巴中均实现与成都和达川的长途电话相互自动拨号，形成以巴中为中心的长途传输网，组建巴中地区本地网。1996年12月，巴中地区长途电话3000线交换机割接开通，首期开放长途业务电话1400路端。

1998—1999年，巴中地区先后建成达川—巴中，巴中—南充，巴中—广元三条地埋光缆线路。1999年12月，四川省SDH光缆通信二期工程完工，采用SDH2.5G/3传输环状网制式，利用9个环连接全省17个地（市），提供75000个2MD，总共涉及17个地（市）和11个县，巴中地区成为全省二级干线汇接中心。

到2000年，全市公用通信网实现人工网向自动网转变，由模拟技术向数字技术过度，并构成以程控、光缆、数字微波等通信手段为主的立体化、多功能、高质量的信息传输系统。

（三）交换网

民国时期，境内长途交换设备简陋。川陕省苏维埃时期，红四方面军总部有1部20门交换机，10多部电话单机。1934年，红四方面军总部交换机达100门，各军部20门，师部10门总机。民国24—30年（1935—1941年），通江、南江、巴中三县的长途设备一般均只有1部电话单机进行长话和话传电报的接转。民国26年（1937年），通江安装磁石供电两用20门电话交换机1台。其中装有7部电话供地方政府用，属地方电信，同时负责接转长话。民国30年（1941年），巴中县始安装磁石供电两用10门电话交换机1台，电话墙机3部，1部为营业员使用，1部为隔音间用户接电话用，1部作话传电报用。民国36年（1947年），南江县电话管理所安装人工单式磁石电话交换机1台，容量10门，对外转接长途电话。

1953年6月，平昌县安装20门桌式交换机1台，为长话市话合设台；开放平昌至达县、巴中、通江3条长话电话。1955年，平昌县将20门桌式交换机更换为10门落地式交换机。1956年，巴中县改换供电两用10门电话交换机为20门落地式交换机。南江县将10门桌式磁石电话交换机更换为西门子20门横卧式按电键交换机1台。1959年，平昌县长话市话台分设，将10门落地式交换机更换为30门落地式交换机。1964年，巴中县长途台分设为2台，每台10门。1967年，南江县改换西门子20门为广州生产的磁石电话交换机3台，容量3×100门，合设长市台。1978年，南江县分设长途台，安装人工长途磁石交换机1台，容量30门。之后，随着长途线路和长话业务量的增加，由市话1台配合30门专用长途台共同接续长话。巴中县市话HJ905型400门纵横制自动电话交换机投入使用。各县长途电话通过人工磁石交换机进行接转，为保证长途来话接续优先，通过技术革新，加装长途来话插入强拆电路。市、农话用户挂长话，只需拨打“113”，通过人工长途台挂拨长途电话。

1985年，平昌县更换人工长途HJ262－50型磁石交换机1台，容量50门。巴中县市话交换机更换为HJ921型1000门纵横制自动电话交换机后，长途电话单独设置接续台。增加ZB607型引入试验架，JTY02型长机电源架，JZ11G型记查系统中继架和JTS08型长途人工接续台2台4座席，新配

HJ2621－100 型农话磁石电话交换机 2 台，DD14 半自动拨号台 1 台。原有的长、市、农磁石电话交换机全部被撤换。1989 年 12 月，南江县引进旧设备为日本 C23 市话自动交换机集装箱 1000 门，配备人工长途交换机 JT80 型 80 回线，和记查台 JT80 型 10 回线。

1990 年 1 月，平昌县引进旧设备为日本 C23 市话自动交换机集装箱 1000 门开通投入使用。1993 年，平昌县为满足市话用户发展需要，临时扩装 ZXJ2000 型 200 门程控电话交换机。通江县首先在全地区开通长市合一 HJD04 型 4000 门数字程控电话交换机。1994 年 8 月，SI240 型数字程控电话安装开通后，淘汰 C23 型 1000 门市话自动电话交换机，ZXJ2000 型程控电话交换机移交支局使用。是年 10 月，达川—巴中—平昌—通江光缆投入使用后，开通通江县—巴中市（县级）的 30CH 数字中继电路，实现两地电话的互相直拨。巴中市（县级）SESS/R 型 5000 门数字程控电话开通后，引进美国 AT&T 公司设备，配置长途线路 360 条，市农中继 120 条，设长、市、农合一局（兼作市话汇接局）。南江县开通 HJD04 型 4000 门数字程控自动电话交换机，撤除原 C23 型 1000 门旧设备，以及人工长途磁石台，采用共电磁石人工接续台 JT06 二台和记查台 JTY01 一台，通过人工接转南江局的长途电话。平昌县亦开通 SI240 型 5000 门数字程控电话。

1998 年 12 月，巴中地区 C3 长途交换局投入试运行，次年 3 月正式投入使用。C3 长途局采用长途程控 1980 路端，长市中继 1050 条。C3 长途局开通后，将原有的西城局 SESS/R 型 10000 门的长市合一局的 540 长途线路路端割接过来。同时将原有的人工长途台至 TLS 局的人工转自动和自动转人工电路一并割接，使新建的 TLS 局承担巴中地区所有来、去、转话业务。原 TLS 局的西城局（扩容后）作为独立的市话局，与 TLS 局之间设长市中继。C3 建成后，长话网中的程控长话局和人工长途局并存，实现国际、国内直拨。到 2000 年，无变化。

二、长途电话业务及资费

（一）国内长途电话业务

民国初期，各县长途电话业务分属县电报局（电信局）经营。川陕省苏维埃时期，川陕苏区电信通信，主要为党、政、军服务，不对外营业，总部设电话队，军、师部设电话。排负责架线、值机、修理，在通信沿线设立电话站，不分长、市、农话。1934 年，苏区电话队达到 160 多人。民国 25 年（1936 年）12 月，交通部施行《国内长途电话营业通则》，分长途电话通话种类的叫号、叫人、传呼 3 种，每种分加急、寻常 2 类。国内长途电话接续顺序和等候时间其原则是先重点后一般，先中央后地方，先加急后平常，同类电话以挂号先后为序。民国 29 年（1940 年）2 月，巴中县正式开放长途电话业务。开办寻常电话和加急电话 2 大类，包括寻常叫号、寻常叫人、寻常传呼、加急叫号、加急叫人、加急传呼 6 种业务。

1950 年，各县增办“预告电话”与“定时通话”特别业务。1958 年 1 月，邮电部将国内国际长途电话接续顺序分为 8 类。

1977 年底，邮电部将长话业务种类调为 8 种，即代号电话、特种电话、首长电话、紧急调度电话、军政电话、新闻电话、普通电话、公务业务电话。

1984 年 12 月，境内各县执行邮电部颁发的《长途电话业务新规程》。长途电话业务分 3 大类，即国内长途电话（用人工或半自动方式接续的电话）、长途自动电话、会议电话。国内长途电话业务种类由 8 种调整为 6 种，即代号电话、长途自动电话、紧急电话、政务电话、普通电话、公务业务电话。1985—1992 年，境内长途电话在接续方式上采用立即接续制。

1994 年，全地区先后投入程控交换设备，全部开放用户直拨长途电话业务。1996 年 7 月起，全地区执行邮电部新颁布《长途电话业务规程》规定，国内人工长途电话业务种类由 6 种调为 4 种，即代号电话、紧急调度电话、政务电话、普通电话、公务电话；接续顺序为第一类代号电话，第二类紧急电话，第三类政务电话，第四类加急电话、普通电话、公务业务电话。

到2000年底，全市长途直拨有权用户达到12万多户，年通话量达到3868122次。

（二）长途电话资费

民国28年（1939年）5月，境内各县执行交通部制订《国内长途电话三分钟制价目计算标准》，按空间距离确定为66个等级。每10公里，资费0.20元，最高6000公里，资费22.00元。民国36年（1947年），因物价上涨，长话资费增加4倍。

1951年5月，因资费偏低，不敷成本，照原价提高20%～30%，并对军政电话实行照寻常电话减半收费。1952年1月，再次提高25%，并将原军政新闻等为半价收费，改由一般长途电话收费。

从1957年8月起，实行夜间减价电话，每日18：00～24：00时，按规定的价目7折收费。0：00～7：00时按规定的价目减半收费。星期日和法定假24小时一律按规定价目减半收费。

从1958年1月起，全国将36个计费等级改为18级，2000公里以上不再分级，取消地区差，统一资费。是年2月起，夜间电话时间从0：00～7：00时提前为20：00时至次日7：00时。是年4月1日起，开放星期日和法定假日，从0：00～24：00时通话一律按通话费的半数收费。是年8月起，适当降低长途电话资费，并将在降低资费的同时，把按次计费制度，改为按分计费制度。各县贯彻执行。

从1960年9月起，执行长途电话通话费一律按实际通话时间计算，取消首次按3分钟计算的规定。起算费每张电话收费不满1角的按1角收取，同时取消长话销号费、叫人、传呼电话附加费。1962年，长途电话资费又重新按13级划分和制定收费标准，各县依表自行计算。

从1987年9月起，通过农话线的每张长话，加收过线费0.45元。根据长途电话业务种类的发展变化，以及新的增值业务的发展和资费的局部调整，邮电部分别于1987年11月、1990年1月、1994年4月、1996年1月及时汇编整理《国内公众电信业务资费表》下发邮电各企业执行。

从1996年12月起，简化国内长途电话计费等级由原12个等级简化为4个等级。同时规定继续执行国内长途电话每分钟收取0.20元的邮电建设附加费。

1998年3月，按照公布的长途电话费（包括通话费，叫人费及传呼费）规定，分段计费。是年7月起，在国内实行午夜长话优惠办法即0：00～7：00时段内通话，话费按通话资费的30%收取，试行期一年。1999年8月，将国内午夜长话优惠办法试行期再延长一年。自此以后，国内长途电话资费，除午夜电话优惠办法（试行）于2000年1月公布的优惠办法有所修改外，余者均同于1998年3月公布的国内长途电话资费。普通电话，各种公用电话，（IC卡、磁卡、投币、有人值守、营业窗口电话）和各种类卡式电话（200卡、300卡、201卡）应执行国内长话，节假日优惠和分段优惠办法。普通电话，IC公用电话和各类卡式电话执行国际及港澳台电话的节假日优惠和分段优惠办法。对于通话中跨越时段的1分钟，按前时段费率计费。

（三）国际电话业务及资费

1984年，南江县出口香港电话2张。为境内最早办理港澳台长话的县。

1985年后，境内各县邮电部门开放的国际电话业务有4种，遇险电话、政务电话、业务电话、私务电话。接续顺序分为6类，遇险电话、政务电话、加急电话、加急私务电话、普通私务电话、普通业务电话。等候时间为直达电路为10分钟，非直达为40分钟。随着长途电话自动化的发展，国际国内长话的时限，不再作具体的规定和要求。

国际电话资费分普通、加急两种，加急电话按普通电话价目加倍收费。国际电话的基本价目，由邮电部与需开放地点的有关国家和地区商定公布，价目和路由也随时在商定变化。2000年，全市执行信息产业部、发展计划委员会、财政部规定的，国际及港、澳、台电话计费单元由1分钟缩短为6

秒钟，国际电话不再区分被叫地点，统一调整为每6秒钟0.80元，港、澳、台电话不再区分广东省和内地呼叫统一调整为每6秒钟0.20元。

第三节　本地电话

一、市内电话

（一）市话线路

从民国26年（1937年）起，境内各县在城内架设木质电杆通往城乡，城内亦有杆线设备，城内电话用户一般不附挂在杆路上，主要是利用18#皮线和26#7股皮线搭挂屋檐挑梁或走墙壁的办法引入用户，另有部分搭挂城内的区乡明线杆引入用户。

1953年底，巴中县城内电话用户线路共有14对公里。1954年1月起，正式按市话进行管理后，逐年按市话要求对市话线路进行改造，添设木质电杆，使用架空明线线径由1.4毫米增大为2.0毫米。至1957年，境内有市话杆路5.7杆公里，明线长76.5线对公里。1958年，巴中县首次在市话线路出局的两个方向使用铅包纸隔电缆，电缆长0.87皮长公里。

1973年，新架巴中大桥电缆1.5杆公里。至此市内电话电缆杆路达2.45杆公里。1974年起，境内各县始用水泥电杆用于市话杆路。1978年10月，巴中县HJ905型纵横制自动电话开通后，为适应用户发展的需要，先后对市话线路进行整治。经过整治和改造，不规范和混乱的市话线路得到改善。到1979年底，市内电话杆路较为正规，市话电缆形成一定规模，在用户密集地方装分线箱，城区内主干线路架设电缆，城内除长途电话线外，主干线路均取消明线，用户电话由就近的分线箱通过下杆线引入，在城郊外保留明线杆路。

1982年，对市话线路全面进行整修。1985年6月，市话交换机扩为HJ921型1000门纵横制交换机。同时对市话进行网调，增加出局电缆，满足扩容后发展用户的需要。网调后，出局电缆达到1050线对公里，市话杆路总长度达19.3杆公里，其中架空电缆9.3杆公里，架空明线10杆公里。电缆芯线总皮长673公里，架空明线长度为25线对公里。有300对的交换箱3个，共有分线箱47个，共有7/82钢绞吊线13公里，水泥电杆350根，注油电杆84根，市话线路基本实现电缆化。到1989年11月，市话出局电缆达1150线对公里，市话电缆配线逐步向办公大楼和集中居住区以及郊外延伸。大量采用塑包塑隔（HTA）电缆，淘汰铅包纸隔（HQ）电缆，不再被采用铅包塑隔（HPVQ）。

1992年，HJ921型纵横制自动电话交换机再次扩容1000门，同时进行市话网调。到1993年底，市话出局芯线长度为6276公里。市话水泥杆路达28杆公里，明线长度达28线对公里，共有水泥电杆622根，注油电杆90根。

1995年，为配合达巴架空光缆建设，达—巴光缆入城段从巴中市（县级）工会门口经过青年街口到邮电局第二次埋设地下水泥管孔，全长351米，孔长达3.156公里。为改变市容市貌，随着城市街道改扩建以及路面硬化，市内电话的地下管道采用塑料管进入地下管道，逐步形成地下管网。随着SESS/R型5000门数字程控电话的开通，开始大规模的市话网调。

1996—1999年，开始启动市话“户线工程”。到2000年，巴中市巴州区内市话出局主干电缆已达54000线对公里，其中江北的出局主干电缆13800线对公里，西城的出局主干电缆40200线对公里；主干电缆芯线达54718.7线对公里，其中江北主干电缆芯线为14567线对公里，西城主干电缆芯线为40145.7线对公里；配线电缆容量达62418线对公里，其中江北配线电缆容量达16390线对公里，西城配电缆容量为46020线对公里；配线电缆的芯线总长度为66645线对公里，其中江北的配线电缆芯线长度为20125线对公里；西城的配线电缆长度为46520线对公里。通江、南江、平昌县的市话网络建设，经过历年的整治、大修、改造、延伸，将木杆改水泥汗，单线改双线、铁线改铜线、架空明线改电缆及地下电缆管孔，加速市话网调建设，各县（区）市话网络达到规范化和规模化。

（二）市话交换网

民国33年（1944年），巴中县电管所在城内装有西门式总机20门。到1950年，电管所内共有磁石总机2台，分别为20门和10门各1台，城区内共有电话用户22户。1951年10月，改换为50门落地式磁石总机1台，原有的10门和20门2台总机备用。1953年，开始把市内电话有县内电话（即后称之农村电话）用户分开分机安装，市内电话使用50门磁石交换机，市话装机用户达41户，县内电话则分装在原20门总机上。是年底，又划分出长途电话，独立设台与市话使用总机。

1978年10月，开通HJ905型400门用户型纵横制自动电话交换机后，市话用户单机改装为自动电话机（转盘拨号），成为全省最早在县城开通使用自动电话的8个县之一。1979年，巴中县丝厂安装磁石交换机20门，其中厂内用户6户，接入邮电局的中继线1条。是年起，又逐步扩充磁石电话交换机。

1981年，35千伏变电站安装磁石用户小交换机20门，安装站内用户1户，接入邮电局的中继线1条。通江、南江、平昌三县局市内用户交换机安装数量少，发展较缓慢。到1984年，自动和磁石两种电话交换机混装的容量达700门。1985年6月，为满足市话发展的需要，投资42万元扩容改装为HJ921型1000门局用纵横制自动电话交换机，并投入使用，拆除原HJ905型机。

1992年4月，扩容HJ921型自动电话交换机1000门，总容量达2000门，年末市话用户达1334户。1993年，临时再扩容用户型程控电话交换机500门，市话混装的两种电话交换机的容量达到2500门，年末市话用户达2300户。是年8月，通江县首先开通长市合一局HJD04型4000门数字程控电话交换机，原C23型纵横制1000门集装箱报废。是年10月，巴中地区邮电局成立后，加快市内电话建设。

1994年1月，巴中市（县级）开通SESS/R型5000数字程控电话，原有的市内混装为2500门电话机拆除，HJ921型机报废。同时借用西—成光缆数字电路开通巴中—成都为30条中继电路，实现两地间的长途电话直拨。南江县开通长市合一局HJD04型4000门数字程控电话交换机，巴中—南江两地间的中继电路30条，实现两地间电话直拨。是年6月，巴中地区市内电话由5位升至6位，局号为“22”，市话号码为22000—225119，特殊号码3位数不变。是年8月，平昌县投资1800万元开通长市合一局SI240型5000门数字程控电话，拆除C23型用户型纵横制旧设备。是年10月，巴中—平昌—通江光纤传输工程开通投入使用，平昌与通江先后与巴中开通光纤数字电路各30条，实现与巴中两地间电话直拨。

1995年1月，巴中市（县级）曾口镇开通256门程控交换机，同时开通光缆电路30条，实现与巴中市（县级）5000门程控电话等位拨号，是全地区第一个实现长、市、农话通信现代化的乡镇。是年8月，巴中市（县级）西城扩容SESS/R型5000门数字程控电话开通后，容量达到10000门。三次临时扩容的JS－1型1500门小交换机全部撤除。

1996年起，按照省邮电局市内用户交换机限制发展的要求，对于原有的用户交换机，通过邮电局与之协商可以将用户小交换机拆除，小交换机内的原有用户可以直接进入局用交换机用户；除正常的月租费和通话费外，装机费用全免。

1997年12月，利用意大利贷款引进S125型数字程控电话交换机25000门，初验投入试运行。其中巴中市（县级）江北526局10000门，中继2460条；通江县723局5120门中继1530条；南江县823局5120门中继1530条；平昌县623局5120门中继1590条。其中巴中市（县级）江北526局为纯市话局。通江、南江、平昌县逐步过度，兼作各县的长市合一局和农话汇接局，替代通江、南江县原有 HJD04 机和平昌原有 SI2J/E 型机。至此，全地区 SI2J/E 型机只作单一的市话分局利用，而后逐步扩容补充淘汰。是年，巴中地区 C3 本地网建成，全地区电话号码由 6 位升至 7 位，使用统一区号“0827”。

1998 年 8 月，巴中市（县级）西城 523 局 SI2J/E 型 20000 门数字程控电话初验完工投入试运行。SI2J/E 型交换机，除模拟用户 20000 线外，配置数字中继 2400 线、128 个 ISON 用户，NO.7 信令设备等。

2000 年，巴中市巴州区江北 528 局开通华为公司生产的 C&C08 机 10000 线，中继线配置分别到 C3 局 6 个 DTM，到 523 局 7 个 DTM 到 526 局 9 个 DTM。并同时在现业 11 个农村交换点安装华为 C&C08 机的 ONV 模块局，均为 256 线。到年底，除巴中市巴州区安装的 C&C08 机的模块局外，其余全市的模块局主要为 SI2J/E 的 JRSV，共 163 处。全市的市内用户交换机不复存在。

（三）市话业务

1978 年，境内各县加快市话发展速度。1993 年，全地区市话容量达 4500 门，用户 3338 户。1994 年后，充分发挥本地网的优势，开展多种业务订货会、展销会；利用元旦，春节开展大酬宾活动，降低初装费等发展市话业务。同时，深入机关、团体、学校积极发展集团用户，一次性装机 50 部以上者，优惠 20% ~50% 的装机费用；为发展住宅电话，深入街道、社区、城郊进行现场装机。1996 年起，全地区电信部门开通磁卡、IC 卡电话业务。业务量和业务收入每年以 20% ~25% 速度增长。

到 2000 年，全市业务总量完成 1.065 亿元，交换机容量达到 174479 门，实占 132929 户，市话普及率由 1993 年的 2.03 部/百人提高到 16.7 部/百人，公用电话发展到 8000 多部。

（四）市话资费

1951 年 3 月，邮电部颁发《市内电话营业暂行通则》，各县执行全国统一的市内电话业务资费政策。1958 年 1 月，按邮电部规定，各县实行新的市内电话收费标准，将市话计收月租费的等级由原来的 6 级简化为 3 级，并调整用户种类，除住宅电话列为甲种用户外，其余均列为乙种用户。公用电话通话费由每次 4 分调整为 5 分，装机费分为 15 元和 7.50 元两种。其中收 15 元者由局方供给作为引入线用的或正副机间线路用的 40 米以内线料和附属材料，超过 40 米部分以及在引入线以上需要新线路的材料由用户负担全部费用。

1981 年 1 月起，调整跨市县的市内电话用户月租费，每部电话或每对中继线按长途电话两地间的基本价目 9000 分钟收费；专线每对按 6000 分钟收费。用户自建自有自维的线路，每部电话或每对中继线按 4500 分钟收费，专线免收。

1986 年 11 月，省邮电管理局和省物价局调整市内电话初装费和月租费。巴中县市内电话月租费上浮 15%。超次收费仍维持原规定，每超一次收 0.04 元。

1987 年 8 月，各县执行省邮电管理局和省物价局规定维修标准，包修话机成渝两城市每月收包修费 2.50 元，其他市、地、县每月收包修费 2.00 元，未包修的话机，邮电局派人上门维修或送交市话局维修的，材料按实际消耗计费，人工费按市内电话业务规程实施细则有关规定执行。

1988 年 9 月，各县根据邮电部规定，对原向社会免费提供的通信服务的部分特种业务“114”（市内查号）、“117”（报时）、“121”（气象预报）改为有偿服务，纳入市话计时计费收费。

1989 年，市内电话包月制收费改为计次制收费。是年 6 月底，巴中县计次制设备安装投入试用。是年 8 月起，正式改为计次制收费。

1991 年 1 月起，各县各单位建房每平方米收取城建邮电配套费 2 元，私宅每平方米 1 元。

1994 年 3 月起，全地区用户传真机月使用费标准，由每月 195 元调整为 100 元。取消长途直拨有权用户的开户费和月使用费。取消双音频电话选机费。1996 年 1 月起，全地区执行新的市内电话资费标准。

2000 年 12 月，本地网营业区内电信、资费、计费单元由 3 分钟一次，改为按首次 3 分钟，以后每分钟计费 1 次。首次 3 分钟资费标准为 0. 18 元，以后每分钟资费为 0. 09 元。

二、农村电话

（一）农话设施

民国时期，驻防部队为加强防务和治安，先后在各县架设乡村电话线，供驻军使用。驻军撤离后，线路遭破坏。抗日战争时期，为加强防空防务，各县架设部分线路作防空监视哨用。1945 年后，线路设备及部分人员交乡村电话管理所。到 1949 年底，境内农村电话线路达 1400 多杆公里，均为木质电杆。

1956 年，达县地区架线队到通江县架设乡村电话线路，通江县乡乡通电话。1950—1958 年，境内各县对农村电话线路进行大修、改造和新建，县到区、区到乡实现通电话。1958—1960 年，农话杆路达到 2000 多公里。1963 年，农村电话收归省邮电局管理后，开始进行全面整治，由单线改双线。1971 年起，县至区改木电杆为水泥电杆。1973 年，各邮电支局安装使用单路载波机或 3 路载波机，个别支局开通低 12 路。各支局实现实线、幻线、载波交换，交换机由 10 门增加到 30 ~ 50 门，各公社仍使用单机通话。

1982 年，全省开展农话“三升级”（机线设备、人员技术水平、服务质量）活动，经过五年的全面整治，农村电话通话质量和服务水平得到明显改善和提高。

1990—1997 年，各县（市）邮电局对农话中继线路由铁线改铜线，由磁石交换机改程控交换机。1998 年，全地区所有支局架空光缆完工，实现农村电话全面改制工作。是年，南江县下两区平岗乡 8 个村 34 个社全部开通程控电话，成为全地区第一个社社通程控电话的乡。通江县共架通乡村电缆 200 杆公里，架设光缆（附挂）88. 2 杆公里，41 个村实现通电话。

到 2000 年，全市所有区（镇）、乡（镇）及部分村、社实现国际、国内直拨，农村交换机容量达 71000 多门。

（二）农话业务

民国时期，农村电话供驻防部队和政府使用，不对外开放。1955 年，各地开放农话业务。业务范围有普通电话、农话副机、同线电话、用户小交换机、分机、公用电话、临时电话、中继线和专用电话，同时办理租用电路、代维设备和租杆挂线特别业务。1973 年，开放计时电话。1980 年，推出区内电话和区间电话两种业务，区内电话按设备又分为普通电话、电话副机、同线电话、合用电话等。区间电话按不同的服务对象分为代号电话、特种电话、紧急调度电话、政务电话和公务、业务电话。

1993 年，全地区农村电话 2574 部，农村电话普及率 0. 09 部/百人。1995 年，全地区农村电话 4334 部，农村电话普及率 0. 15 部/百人。1998 年，全地区农村电话 15588 部，农村电话普及率 0. 64 部/百人。2000 年，全市农村电话 40356 部，农村电话普及率 1. 35 部/百人。

（三）农话资费

1953 年 1 月，各级党政机关实行免费，叫人电话每次（3 分钟）0. 10 元，传呼电话每次 0. 20 元，加次 0. 10 元，销号 0. 02 元。1955 年，农村电话业务开放到区、乡，党政机关仍实行免费，企业团体收费。计费标准为在交换区内通话均不收费，如经两个总机转接的电话按实计费，每次叫号电话 0. 10 元，叫人 0. 15 元，销号 0. 03 元。

从 1958 年起，党政军使用农村电话实行收费，其标准为固定通话费每部话机每月 10 元，计次通话费为叫人电话 0. 15 元，传呼首次 0. 20 元，加次 0. 15 元。1963 年 7 月起，农村电话实行“全面收费，以收养支”的政策，传呼费由0.03元调为0.05元，固定包月用户每户每月以5元作基数，另按所辖单位数累计计费。

1978年，单位使用农村电话不分有机或借机，一律实行固定通话费，农村中继电路往来电话根据通话量多少也实行固定通话费。农话用户通话实行按次计费，叫人电话每次0.25元，传呼电话首次0.30元，加次0.25元，销号费0.05元，公用电话每次0.05元。

1996年12月，对农话收费标准进行下调。农话基本月租费即甲种用户7.60元，乙种用户12元，通话费按农村电话营业区内由每3分钟0.13元提高到1998年的0.14元；营业区间通话费由每分钟0.30元提高到1998年的0.50元。

第四节　移动通信

一、移动网络

1992年，各县利用原达县地区无线移动通信网连接公众市话网，开通无线寻呼。1993年后，各县组建450兆公用无线移动通信网基地台。1994年6月，以巴中市（县级）为寻呼中心实现全地区联网的巴中地区无线寻呼系统正式开台，该系统为4个信道。是年11月，巴中市（县级）开通MHZ（大哥大）移动通信系统，该工程为A频段，8+2信道，总投资165万元。巴中市（县级）、通江县、南江县、平昌县开通无线电话集群系统，实现全地区漫游。1995年10月，南江县、通江县、平昌县先后开通900兆赫蜂窝移动电话，至此，全地区四县（市）全部建成无线寻呼及移动电话基站。

1996年，完成DDN网和900mhz移动交换局（A网）的安装调测及交换基站20个信道的扩容工程，建成巴中市（县级）王望山铁塔，高70米；平昌县佛头山移动基站，开通900mhz数字蜂窝移动电话（G网），实现全国漫游。1997年，建成数字数据网。1998年，开通覆盖国内外的公用计算机信息服务联网，实现资源共享、数据库检索，基本形成三级结构的N0.7信令网、综合服务网和支撑网。1999年，完成G3M数字移动通信30000线电话交换局的设备安装、调测、割接开通，投入使用。

中国移动通信巴中分公司

2000年，开始筹建第二移动交换局，完成巴中到成都A1、A2两套数字倍增设备，缓解电路拥塞，交换机总容量达到6.5万门；光缆传输1000多皮长公里，二干传输243公里，本地网传输1940杆公里；移动基站95个（A网10个、G网85个）；完成省到市、区办公网OA系统建设，建成综合服务网（计费系统、网管系统、业务处理系统）和会计电算化系统。全市片区（镇）移动通信覆盖率达100%，50%的乡镇及重要公路沿线和风景区通移动电话；国内联网漫游达到全国所有省、市、县城市，与全球200多个营运商合作，开通170多个国家和地区国际漫游业务。

二、移动业务

1992年，境内开通无线寻呼业务，发展数码寻呼机用户500多户。1994年，对无线寻呼系统进行改造，由人工到自动，开通126台、127台、128台，由数码机到汉字机，用户达到1502户。1995年，巴中地区开通移动A网，次年10月开通G网，经营的主要业务有全球通、神州行、本地通、数字数据业务，其他业务有语音信箱、短消息、信息点播、IP电话、800业务、手机银行等。号码资源有139、138、137、136、135号段，后逐步增加151、153、159号段。联通公司C网建成，分配号段有131、132、133、134。全地区无线寻呼机用户5184户，移动电话644户。1996年，全地区无线寻呼机用户12082户，移动电话1622户。1997年，全地区四县（市）全部开通129台，实现无线寻呼全省漫游。全地区无线寻呼机用户26584户，移动电话10798户。1998年7月，无线寻呼升级，开通198台、199台，实现全国联网漫游。全地区无线寻呼机用户45422户，移动电话17849户。到2000年底，巴中移动公司、联通公司依靠网络优势和号码资源，积极发展移动通信业务。市、县（区）以自建营业厅为骨干，以业务代办点、代售处、合作营业厅为依托，构建社会化营销渠道网络体系。全市无线寻呼用户达93476户，移动电话用户达39087户。

第五节　数据通信

一、公用分组交换数据（PSPDN网）

1993年后，巴中地区公用分组交换数据网由省统一组织设计、施工。1995年下半年开通使用。全省网由23个地（市、州）及130县（市、区）分组交换中心构成，网络覆盖省城的75%，网络设备配置端口总数为3844。巴中地区数字中继线由PPN—100分组交换设备G.703接口板引出，经分组交换机房配线架，接至载波室音频配线架。巴中地区模拟中继线由PPN—100分组交换设备V.24接口板引出，经调制解调器，分组交换机房配线架，接至载波室音频配线架。巴中地区所辖县（市、区）数字中继线由PPN—100/3分组交换设备V.24接口板引出，经集装架接线模块，接至综合传输机房（或其他机房）的音频配线架。模拟中继线由PPN—100/3分组交换设备V.24接口板引出，经调制调解器，集装架接线模块，接至综合传输机房（或其他机房）的音频配线架。各局用户线由PPN—100及PPN—100/3分组交换设备V.24接口板引出，经调制解调器，分组机房配线架（或集装架接线模块），接到测量室（总配线室）总配线架，再接用户线。

1996年12月底，巴中分组交换进行终局扩容。1997年5月，完成初验转入试运行。扩容后各局分组交换主机增容均采用在设备原有机框上插板扩容方式，扩用户端口，不增加中继端口。

二、数字数据网（DDN网）

从1997年11月起，省DDN网到县工程进入试运行。省DDN网到县工程是在地市州局的DACSII扩容作为省网的骨干层。在各地市州局新设一架IDNX70组成DDN网接入层，在各县局设置一台IDNX20作为用户层接点。到县工程以上期所建立地州局的DACSII网络拓扑为基础并对其拓扑结构有所调整及扩展到县。到县工程由地、市、州节点和县局点组成。到县工程在各市地州局新设置一套IDNX70作为接入层节点。各县局设置一套IDNX20作用户层接点，并在成都设网管中心对IDNX70及IDNX20进行管理。巴中利用IDNX70的CEPT板的EI与成都、南充节点的IDNX90相连，巴中局IDNX70的2Mb/S的数字电路连接。

三、公众多媒体通信网

1997年，四川省公众多媒体通信网开始在全省范围内建设。1998年1月，开通使用。巴中地区局多媒体网络节点为新建节点，配置路由器 PPP 服务器。局域网交换机，PC 工作站，激光打印机，并配一台接入服务器。巴中节点至成都节点（天府热线）的中继电路传输采用 DDN 网 IDNX70 的 V. 35 串行接口电路，接口速率为 512kb/s，与电话网互连，通过接入服务器直接和市话程交换机 2M 中继电路相连。巴中节点的多媒体系统由路由器、服务器、局域网、交换机等组成，并且采用 LANswitch 为交换核心，把局域网设备划分为三个 VLAN、VLAN 之间的访问受局域网交换机的访问控制表（ACL）限制。第一个 VLAN 包括 PPP 服务器和 NAX4000，第二个 VLAN 包括信息服务器，第三个 VLAN 包括数据管理维护 PC 工作站。

1999 年，四川省公众多媒体通信进行一期扩容。是年 12 月，巴中配合完成巴中节点的扩容，巴中节点在原接入服务器（NAX4000）新增 2 块用户接口模块；在路由器上增加一条到成都节点的中继电路，该电路接 DDN 的 V. 35 串行接口电路，速率为 128kb/s；由于巴中路由器与 DDN 设备不在同一机房（路由器在信息机房，DDN 设备在数据机房），中间专线距离较远（45 米）超过 15 米，故在巴中节点增配一对调剂解调器。在增加硬件的同时，增加相应系统软件。其中预付卡软件 1 件、AIMD 1 件。另外，为满足扩容对 DDN 网宽带的要求，又增加一条 DDN 网巴中至成都的 2M 中继电路，在巴中节点 DDN 设备上增配一块 CEPT 电路板。

2000 年 6 月，四川公众多媒体通信进行二期扩容，巴中电信局配合完成巴中节点的扩容。该期工程巴中增加拨号端口 180 个，ISDV 端口 60 个，并在原 Cisco4500 路由器新增一块信道化 EI（CN－CEIV）电路板，可接专线用户，新增接入服务器型号为 MAX－6000；为业务发展对带宽的要求，本工程通过对 Cisco4500 的调配，巴中节点为 Cisco4500 路由器通过一条 2M 的 DDN 链路上连至成都 A 节点的 7513 路由器，通过一条 2M 为 DDN 链路上连至成都 B 节点的 7513 路由器。本期工程巴中节点新增一架集装架接入服务器，并在原 Cisco4500 路由器上插板。同时根据需要增配一架 DDF 架均安装在原主机房内。

第六节　其他通信

一、会议电话

1958 年，境内各县开始办理会议电话业务。巴中县邮电局技术员利用长江牌电子管收音机改装成会议电话终端机（简称会议机），并在达县地区各县进行广泛推广应用。境内四县共改装会议机 337 部。

20 世纪 60 年代，境内各县逐步改用 59B 交直流会议电话终端机（电子管）以及曙光牌电子管会议机。从 1971 年起，会议电话终端机换代，县和区会议电话室逐步使用 JH262－I 型晶体管会议机。1977 年后，又逐步改用 SH262－II 型晶体管会议机。

1979 年起，境内各县的会议电话汇接台开始使用巴山牌共桥式电子管会议电话汇接机。1981 年，先后改用 JHT26 全桥式晶体管汇接机，并在境内各县安装使用，会议电话质量有较大改善，可利用两条上级电路，同时开两场电话会议，可一次性汇接 24 个用户。

1993 年 7 月，巴中县安装开通全桥式晶体管会议电话汇接机，可同时召开两场会议，一次性可汇接 48 个用户。同时淘汰 JHT26 型全桥式晶体管 24 路汇接机。

1996 年 5 月，巴中地区邮电局新安装开通 HDJ－S 数字时分程控会议电话汇接机，可汇接 100 个会议电话用户，用户可为二线制或四线制，以巴中地区程控电话交换机（SESS）汇接局的数字接口为2M。是月，巴中地区会议电视系统投入使用。该系统引进全套64—1920KBIT/S会议电视网路设备，是全地区继程控电话、无线寻呼、移动通信开通后邮电事业又一次飞跃。

1999年1月，建成和开通三县会议电视系统。是年5月，巴中本地会议电视网初验投入试运行。巴中本地会议电视网系统采用Viewpoint2000会议电视设备共有四个分会场，以巴中为主会场，并设控制室，行署和各县级分会场通过2M传输与巴中控制室的MCU相连。同时主会场的华为终端通过模拟转接桥设备与省会议电视网的CLI公司的会场电视终端相连，相互交换模拟的视频和音频信号，实现省网和本地网会议电视图像和声音的相互交换。

二、微波通信

1970年3月，北京通往川、黔、云、桂四省入川后的第一个中继站巴中县风头山微波（701）工程动工兴建。是年7月，完成土建工程。是年8月，安装600条微波机一套。是年10月，全线开通，试转国庆节电视节目。1973年10月，正式投入使用，业务范围主要传送电视、长途电话、报纸传真、国际广播等。

1992年6月，巴中微波站正式移交给达县地区邮电局，人、才、物划归巴中县邮电局接收管理。此后，微波设备停开。

三、无线接入（ETS）

1999年10月，巴中地区正式开通ETS。ETS基站首先在巴中市（县级）王望山和平昌县佛头山投入使用。后逐步扩容风头山、八庙、元顶子和麻石。2000年，全市基站数共8个，信道数达240个，实际安装用户数达1150个。

四、增值业务

（一）电话网（PSTN）增值业务

磁卡电话　1995年3月，巴中地区首台磁卡电话机在巴中市（县级）内新市街街心花园安装投入使用，其后在巴中城内共安装6部磁卡电话机，随之各县也相继安装1部磁卡电话机。2000年1月止，封存全国性电话磁卡，并不再销售，用户原有电话磁卡亦继续使用。

IC卡电话　1998年8月，巴中地区始办IC卡电话业务，全地区分别安装IC卡公用电话机54户。至是年底，全地区累计达246户。至2000年，全市IC公用电话用户累计全年销售IC卡28887张，完成IC卡销售收入106.3万元。

声讯业务系统　1995年1月，巴中地区始办“168”声讯业务，并开通“123”音乐台。是年底，对“168”声讯台进行扩容。1999年12月，为开拓信息市场以及拓展新的业务增长点，对其“168”声讯系统进行改造，同时将西城局房设备迁至江北电信楼。通过改造后，市话“522”“526”局均可使用。2000年11月，再次对“168”声迅系统进行改造，对原系统平台进行更换，增加人工声讯业务应用系统，拓展新业务。

（二）数据网（ISDN）增值业务

IP电话（lnterner protocol phone）　1999年3月，巴中地区开通17908IP记账卡业务。是年11月，开通17909主叫计费IP电话业务。2000年，全市共销售IP电话卡7912张，完成销售收入38.3万元。

窄带综合业务数字网（N－ISDN）　1998年10月，巴中地区开通N—ISDN业务。N—ISDN为用户提供多种不同类型终端的接入，为用户提供本地、长途、国际电话、数据通信、会议电视等多种通信方式的综合服务。

（三）智能网（IN）业务

1998年10月，巴中地区始办被叫集中付费业务（800业务）。1999年1月，始办记账卡呼叫业务（300业务）。是年6月，始办校园卡业务（201卡业务）。

第三章　经营管理

第一节　质量管理

1981年，境内各县邮电局成立全面质量管理领导小组。在各班组、支局、职能股室普遍建立QC小组，各工种设置不同的质量指标，共设置经济技术指标19项。同时，各QC小组针对本工种质量指标要求，选择课题，开展经常性的QC活动并举办各种成果发表会。先后参加省、地、县举办的成果发表会，受省、地邮电局表彰的优秀QC小组共42个，受县政府表彰的优秀QC小组共31个。

从1990年起，全面质量管理QC活动，逐步过度为方针目标管理，把专业技术指标和全局的经济技术指标分解下达到专业、班组、支局。同时把组织管理手段和数据统计方法结合起来，从定性管理转向定量管理，做到用图表体现，数据说话，控制质量。1990—1993年，各县邮电局每年制定《全县邮电工作方针目标展开图》和《方针目标追踪检查表》。巴中地区邮电局制定《邮电服务工作奖惩办法》及《邮电窗口规范服务等级标准（试行）》。1995年，巴中地区邮电局制定《公用电话管理办法》及《提高邮电服务质量，树立邮电新形象的通知》，向社会公布举报电话：222444#；后改为“180”投诉台和“112”障碍台。

1997年，巴中地区邮电局达到C级服务标准。1998年，巴中地区邮电局制定《巴中地区电信用户投诉组织管理办法》和《巴中电信服务质量监督处罚办法》，为全地区服务质量上B级标准推进。1999年9月，巴中地区电信局江北营业厅被命名为“四川省第二批文明服务示范窗口单位”。

第二节　生产管理

20世纪50年代前，邮电生产管理工作由局长负责，职工入局后，先进行业务培训，以师代徒跟班学习，对各项规章制度的执行情况，除日常监督外，省邮电局不定期的派视察员到局检查、指导。之后，开始整建生产管理机构和工作制度。1955年，设置邮政、电信管理员及各生产班组长、值班长、支局长，分别对生产现场的组织管理工作。建立生产岗位责任制、保密责任制和安全生产责任制。1957年，电信生产现场相继设置值班长，负责日常生产管理和现场指挥调度，并分别制定了生产班组长、值班长、值班员职责和生产监督检查制度及汇报制度，初步推行生产定额管理。1960年，电信以长途通信为纲，会议电话挂帅，开展电路质量升级活动。1966年，各生产班组建立职责，实行班组的民主管理。

1973年，贯彻省邮电局制定的《企业管理标准》和开展企业整顿达标活动，在生产管理上，从基础工作抓起，进一步健全完善各项规章制度，严格监督检查，做到检查内容、项目、频次、周期四落实。

1993 年 10 月，巴中地区邮电局设置邮政、电信科、农村通信科，负责日常生产组织管理与现场指挥调度。各县局也分别设置邮政股、电信股、农话股，严格按照“标准化班组、支局”进行管理。1996 年，在全地区范围内开展“树邮电新风、创优质服务的竞赛活动”。地区局不断加强营业窗口硬件设施建设，改善服务环境，制定《邮电服务质量监督检查管理办法》，提高窗口的服务质量。各专业管理员不定期地到各县局或生产现场按作业计划和质量指标进行抽查、组织业务会审，并按季通报，年度进行评比考核。

1997 年，巴中 C3 本地网建成，制定《C3 本地网长话资费标准》和《113 人工长话业务管理办法》，使广大用户使用通信更加方便。同时，邮电经营服务部和运行维护部按照发展建设、生产运行、经营服务三条线组织邮电通信生产，以市场为导向，服务为宗旨的思路，以网络管理为龙头，以运行维护为保证，以提高接通率为中心，以网络安全可靠为基础，搞好网络运行维护质量和后台支撑工作。

1998 年 10 月，邮电分营后，巴中地区电信局设置市场经营部、运作维护部、移动通信科。各生产管理部门都制定管理范围和职责，使生产管理工作更加明确、具体。

1999—2000 年，中国电信、中国移动通信、中国联通以及网通和铁通先后进入巴中电信市场，相继发展。各电信运营商利用各自的优势发展电信业务。不断调整经营策略，占领电信市场。大力开发长话业务，灵活运用价格杠杆，在巴中电信首次探讨试行套餐服务；抓本地电话业务，大力发展城镇第二部电话和有效益的农村电话；加大宣传力度，以优惠政策推进机关、企业、个人上网业务；大力开发程控新业务，激活话务量；推行村通工程与村、社联建、自建方式，促进农村通信业务发展；在本市范围内大办公话超市，与其他电信运营商竞争市话市场；大力推进四个营销渠道建设，充分调动各片区经理、农村统包人员业务发展的积极性和主动性；加强与大客户沟通协作，保住存量，发展增量；开展多种劳动竞赛和业务促销活动，刺激用户消费；通过多渠道、多层次、全方位的业务宣传促进电信业务的发展。

第三节　技术管理

1950 年前，技术管理由电信局长和线务段段长负责管理。1956 年，设地方电信技术员，负责新架地方电信线路的设计、施工、验收。1960 年，成立机线班，开展以打通全程电路质量的升级活动，建立省、专县会议电话网，确保以粮、钢为中心的通信任务的完成。巴中县局利用收音机改装电话会议机 100 多部，在全县 72 个人民公社设置交换点。1963 年，农村电话线路进行单改双。1965 年，晶体管会议电话机投入使用。1970 年 10 月，55 型电传电报打字机投入使用。

20 世纪 50 年代至 80 年代，机线设备维护管理建立每天早晨试线呼叫制度、机线设备检预修制度、机线设备巡检巡修制度、机线人员包机包线制度、机线人员每月编制作业计划等规章制度，技术管理员严格按制度和作业计划进行检查，并作为机线人员出勤、奖励考核的依据。

1973 年后，大抓机线标准化整治，对长、市、农话机线设备由单路载波，增至 3 路，低 12 路，高 3 路，高 12 路及微波电路，提高通话质量。

1978 年，各县邮电局设置电信技术管理员和农话技术管理员，并组织技术力量，组装单路载波机 10 余部，提高县区线路传输能力。1979 年，400 门自动电话投入使用后，技术人员研制出长途电话强拆器，解决通市内电话时不能通长途电话的矛盾。

1981 年 1 月起，在电信技术管理中，全面执行邮电部颁发的《载波电话技术维护规程》《农话线路维护规程》《电源维护规程》等。

20 世纪 90 年代初，国家一级干线西（安）—成（都）光缆途经巴中。次年又先后架设达县—巴中、巴中—平昌、平昌—通江的架空光缆。1994 年，又先后建成巴中—达川、巴中—南充、巴中—广元三条地埋光缆线路，至此，巴中成为全省一纵、二横、三环的省内二级干线汇接中心。同时，全地区加快 C3、C5 改制，逐年扩容，建成 C3 本地网，进入全国自动网，实现国际国内直拨。2000 年，巴中市电信局编制《巴中市电信通信“十五”规划》。

第四节　物资管理

1950 年前，邮、电两局的物资供应均为直接向省管理局申领，各局只登记收入、发放数量。通信设备归生产部门使用、保管。

1950 年后，物资供应由省管理局计划统筹，按季供应，结算费用。各县局每年均按统筹目录编报供应计划，财务部门负责结算物资费用的账务，掌握费用计划；物资供应部门负责编造用料计划，管理材料账卡；库房管理人员负责收发材料，管理库房实物，对入库材料坚持检查验收，自筹材料，须经主管领导审批。对物资费用账、材料账、库存实物都要坚持半年清查核对一次，做到账实相符、账账相符。

1958 年，大力发展农村通信，器材紧缺，省邮电局无法供应，允许各县邮电局自购。1962 年清产核资后，为加强材料管理工作，配备 1 人，兼管供应、总务。1973 年，配备专职供应员，负责生产用器材，单册的计划、申请、采购、保管和发放。1976 年，又配备仓库保管员，实行物、账分管。同时，结合复查储备定额，对库房进行标准化整改，经过整改，做到材料重件落地，轻件上架，分类排列，编号建卡，整齐有序，使库房管理工作走向正规。

1978 年后，邮电物资供应逐步由计划经济向市场经济过渡，由单一地满足本地企业物资供应转到参与市场竞争。物资供应工作的管理，按照市场经济规律，运用市场机制，搞好物资筹供工作，为通信建设和经营服务。

1993 年，巴中地区邮电局设立多经科（供应科），负责物质供应管理。1994—2000 年，全地区（市）邮电系统物资供应率达 90% 以上。

第五节　基本建设管理

一、建设资金管理

1980 年前，邮电通信建设资金来源主要靠国家拨给，少数技术改造资金通过设备折旧提成积累。20 世纪 80 年代，国家把基本建设投资和技术改造投资，统称固定资产投资，改变单一由国家拨款的制度，国家给邮电通信建设，以优惠政策增加企业自筹资金，各级政府支持集资和给予低息贷款和拨款，利用外资，市话建设收取初装费、改制费等多渠道筹集资金，实现国家、地方、集体、个人一起上的邮电通信建设局面。1993 年后，加快邮电通信建设步伐，通江、南江、平昌、巴中四县（市）相继成立通信建设集资办公室，全地区共筹集邮电建设资金 1000 多万元，企业贷款建设上程控电话、建网络。至 2000 年，固定资产总投资达 5.4 亿元，除折旧报损外，净值达 2.3 亿元。

二、邮电通信建设规模

1986年开始，巴中县邮电局上400门自动电话交换机，经多渠道筹措资金，于1991年、1992年分别扩容1000门。1993年，巴中地区提出“两年打基础，三年大发展，五年迈大步的超常规，跳跃式的通信发展战略和阶段性奋斗目标”。到2000年底，电信通信实现“通筋络、搭骨架、建八网、促两化”的基本目标，初步形成以巴中市为心，覆盖四县（区）多层次，全方位的现代通信格局。全市电信通信已基本建成以光纤传输、程控交换、移动通信、数据通信等现代通信手段为主的本地通信网。四县（区）实现交换程控化，交换机总容量达174479门，比1993年前增长22.58倍；实装用户132929户，比1993年前增长20.4倍；市话普及率由1993年前的2.03部/百人提高到16.7部/百人，农话普及率由1993年前的0.08部/百人提高到1.62部/百人；建成西安—成都、巴中—达州、平昌—通江、巴中—南江、南江—通江、巴中—广元传输光缆5500芯公里，实现市内，县间传输光纤数字化；市外长途传输经国家大通路一级干线西安—成都光纤，实现国际国内直拨。长途电话达到7530路端，是1993年前的125.5倍，“村通工程”建设取得阶段性成果，全市86%的乡（镇）已完成改制，建成程控电话和光纤传输；1192个村开通程控电话，较远的山区有30个乡（镇）开通无线接入（ETS）电话。1994—2000年底，移动通信共建A网、G网、C网基站220个，光缆传输1800多公里，本地网传输3000杆公里，二干传输300多公里，本地网传输3000杆公里，移动用户达到近10万户，覆盖区（镇）100%，开通全球170个国家和地区国际漫游业务；巴中市成为省二级邮件处理中心，电子化、计算机广泛运用，邮电科技水平不断提升。

三、邮电通信建设工程管理

1993年后，地区邮电局根据邮电部制定的《邮电基本建设管理办法》《邮电基本建设程序规定》《邮电基本建设统计文件编制和审批办法》《邮电基本建设竣工验收办法》等法规文件，加强和规范通信建设管理、严格按建设程序办事。进行规划管理，根据企业发展战略和市场需求，对社会进行充分调查，结合现有网络资源状况，做好网络结构、布局、能力、投资等的规划和投资效益的分析，每年八月底前编制一次滚动规划上报省局。计划管理，在滚动规划的基础上，结合财务指标、业务发展指标和网络资源状况，科学合理的编制本地网次年投资预算方案，上报省局，各县局根据省、地区邮电局下达的年度计划，自行组织项目的实施。实施工程管理，包括工程立项、工程勘察设计、施工、验收交接、工程结算审计等全程管理。工程器材管理，工程器材的组织、保管、运输由地区邮电局集中统一管理。订货、验收、收货及入库保管、发料、领料必须填写清单，工程完工后的余料，折旧料收缴等都要进行登记建账。为加强工程建设管理，先后制定《巴中地区邮电局邮电通信建设管理办法》《邮电通信建设工程监督检查考核办法》《邮电通信建设工程结算审计办法》《固定资产投资管理办法》等，确保工程建设顺利进行。

巴中市志

第十二篇

城乡建设

民国时期，境内各县城镇规模小，街道狭窄，房屋简陋，城镇公共设施缺乏。中华人民共和国成立后，境内各县对城镇进行逐步规划，不断扩展和改造街道，加大旧城改造力度，配套、完善城市公共设施，城市绿化面积不断增大。20世纪80年代起，各县采取多渠道招商引资，开发新区，改造旧城，拉大城市区域框架。同时，注重公共配套设施建设，拓宽、硬化街（路），美化、绿化城市，城市建设的日新月异。逐步加快乡镇建设，不断提高建设整体水平。1993年，巴中地区成立后，编制、完善城市总体规划，实施旧城改造和新区建设，加大城市基础设施建设投入，启动建设以城市道路、供水、供气、绿化、环卫、亮化为重点的一大批市政公共基础设施项目。发展城市公共交通，形成以出租车和城市公交为主体的公共交通体系。注重村庄和集镇规划，实施小康村建设，扩大集镇试点，加快小城镇建设试点镇建设，推动小城镇综合配套开发，积极改善村镇居民生产、生活条件，推进乡村城市化步伐。出台优惠政策，加大资金投入，推进农村能源建设。加强城市综合管理，加大执法监督力度，规范建筑市场，强化建筑工程质量。2000年，全市城市化水平达18%，城市供电、供水、供气设施齐全，交通、商场、餐旅、娱乐等服务行业齐备，环卫、光亮、绿化等综合配套。

第一章　规　划

第一节　城市规划

民国15年（1926年），田颂尧部规划在巴中县署东侧修建宕梁公园，经4年施工，初具规模。民国16年（1927年），巴中县知事常震川规划拆除从西门到南门一带残垣城墙，扩建街市，后因各种原因，仅修建长春楼等少量建筑。

20世纪50年代初，境内四县均先后对城市建设进行规划，因各种原因，均未全部实施。1950年，川北行政公署民政厅厅长王叙伍到巴中县，会同县政府对巴中县城建设发展作出初步规划，确定巴河东岸宕梁一带为工业区，城西以巴中中学为基础扩建成文化区，城南逐步发展为新的居民区，将城内东西走向的两条主街拓宽、改直。1959年，通江县决定按3万人的规划编制出县城第一个长远发展规划。南江县亦对县城建设进行规划。省城市勘测设计院编制巴中城市建设总体规划，绘制规划设计图册全套，后未能实施。

1973年，平昌县制订“沿山临江，分区集中，以老城为基础，城区范围由近及远向龙潭溪、渭子溪、喻家溪扩展”的规划。1980年，巴中县制订城市规划图纸7张，城区规划面积为4平方公里。1983年，平昌县完成《平昌县城总体规划方案》，总布局采取沿河按3个台阶发展。1980—1983年，南江县经过调查研究、勘察设计，编制《南江城市总体规划》，城区规划总面积为17.52平方公里，并逐步进行实施。巴中县经重庆交通学院土木系对县城进行遥测，范围扩大到13平方公里，并编制南池小区、南龛公园规划。1984年，通江县聘请省规划院首次完成《通江县城总体规划》。

1985年，巴中县开始编制《1985—2000年县城建设总体规划》，确定3个保护区、1条古商业街、12个景点，绘制彩图58张，并制作出总体规划模型，被批准实施。是年，通江县编制出《通江县城总体规划》，规划年限近期为1990年，远期至2000年，城市总面积为1.85平方公里。是年，省政府批复实施《南江城市总体规划》。

1987年4月，省政府批复《通江县城总体规划》，规划年限近期为1990年，远期至2000年；人口增长近期2万人，远期2.5万人；县城范围东起小江口，西迄石牛嘴，总面积1.85平方公里；城市性质为以全国第二苏区首府为重点的革命历史名城。是月，省政府批复《巴中县城总体规划》。1988年，通江县完成县城轿房沟、南门、西街等小区详规。1989年，巴中县完成《巴中县城总体规划》编修，县城性质为革命历史文化名城，以发展轻纺、食品工业为主；城市人口近期5万人，远期10万人；用地规划远期7平方公里，规划控制范围13平方公里；县城总体布局为多中心组团布局，共分9个小区，构建5个城市中心；公建指标按（5万~10万人）市级设置。1989年，该修订规划获四川省优秀规划项目，巴中县获“全国县城规划工作先进单位”。

20世纪90年代起，境内四县依据《中华人民共和国城市规划法》和《四川省〈中华人民共和国城市规划法〉实施办法》，编制城市总体规划，城镇体系规划；按照总体规划修编原有规划，制定小区详细规划。

1990年，巴中县再次修订县城总体规划，规划期限近期2000年，远期2010年；规划人口15万人，用地12平方公里，规划范围100平方公里。1985—1991年，巴中县先后完成南池小区一期、二期工程规划，后坝居住区规划，旧城改造详细规划，南坝工业区规划，面积192公顷；完成回风粮食大库、巴中中学等单位建设规划，面积22公顷；完成旧城居民保护区、革命旧址保护区、古商业街保护地段详细规划，面积9.8公顷。并编制江北小区、回风小区道路网控制规划。详细规划覆盖率旧城达90%，新区达50%。

1992年，南江县启动县城春场坝新区控制性详规。是年，巴中县编制完成《巴中历史文化名城保护规划》，规划包括名城总体规划、风景名胜区规划、若干景点景区设计三大部分，绘制图纸近100张，整理文字资料3.4万字。

1993年，巴中地区成立后，编制《巴中地区城市总体规划》，实施旧城改造和新区建设。是年，巴中市（县级）调整完善江北开发区详细规划，完成状元桥住宅区详细规划。通江县聘请省规划院对县城总体规划进行首轮编修，并完成。规划期限近期为1993—2005年，远期1993—2010年，远景1993—2050年；县城性质拟定为省级历史文化名城，以发展农副产品加工为主的山区小城；人口规模2000年达6万人，2010年达10万人；城市结构布局为以老城为依托，沿小通江河两岸向东西延伸，南至苟家湾，北至海拔550米左右的地区，形成以小通江河为轴心的一江两岸三片相对集中的布局结构。

1994年，省政府批准《巴中市城市总体规划和巴中市历史文化名城保护规划方案》。是年，完成《通江县城总体规划》编制工作。在巴城新区建设规划中，地级机关办公和住宅楼房的建设总体布局采用成片布置与分散布置相结合，即大部分单位和部门成片布局在江北小区地段，少数单位和部门在白云台、江北和状元桥小区地段，基本做到规划设计理想、点面结合、配套齐全，具有现代都市意识的新型城市格局。小区内成片规划布局有29个部门（706人），共占地12.53公顷，总建筑面积10万平方米，其中办公用房1.4万平方米，职工住宅6万平方米，公用设施2.6万平方米。小区外规划的有11个部门（194人），共占地7.07公顷，总建筑面积2万平方米，其中办公用房0.3万平方米，职工住宅1.6万平方米，其他设施0.1万平方米。小区外规划的政法部门有4个单位（200人），共占地6.4公顷，建筑面积为2万平方米，其中办公用房0.3万平方米，职工住宅1.6万平方米，其他设施0.1万平方米。同时，给军分区、武警支队和消防支队落实规划土地8.67公顷。

至1995年底，全地区城镇体系规划通过省建设委员会论证。完成平昌县、南江县县城总体规划修编工作。巴中市（县级）、通江县、南江县开展详细规划工作，完成巴中市（县级）江北新区13个建设项目的建设性详规及17个临街单体建筑设计方案的审查、审批工作。

1997年，省政府批准《平昌县城总体规划》，完成小区详规5个。平昌县重点发展以酿酒为主的农副产品加工业的工贸型城市；依托巴河两岸各类台地发展城市，形成各台相对独立、功能明确、配套完善、交通便捷，山、水、城相互交融的生态园林城市；近期规划为2001—2005年，远期为2001—2020年；县城远期重点沿巴河两岸台地向东西延伸发展，形成以巴河为轴，南北两大片区、五大组团式城市结构，按组团划分城市功能；规划范围75平方公里。是年，南江县完成县城上下河街改造控制性详规，编制完成南门口小区、公园坝小区、王公祠小区、红星小区、西门沟小区、回龙桥小区等6个小区和32幢商住楼建设性规划，并编制县城上下河街绿化、亮化、消防、通信、排污管网等专业规划。

1998年，《巴中市（县级）城市总体规划编修》和《通江县历史文化名城保护规划》通过省建设委员会评审，《南江县城总体规划》报省政府待批。全地区城市规划覆盖率达80%。

1999年底，巴中市（县级）较好的开展控制性详细规划工作，完成城市详细规划8个、专业规划8个。通江县城南新区控制性详细规划标准较高，具有一定示范作用。省政府批复实施《南江县城总体规划编修》，以发展建材、风景旅游为主的工贸型城市，城镇人口近期2000年控制在6万人以内，远期2010年控制在10万人以内，城市用地规模近期控制在3.27平方公里以内，远期控制在5.97平方公里以内。

2000年，全市完成城市详细规划12个、专业规划16个，完成江北中心广场等10个项目的规划方案设计招标。

第二节　乡镇规划

从20世纪80年代起，境内四县始对集镇进行建设规划。1985年，平昌县对全县48个乡镇进行粗线条规划，占应规划乡镇的80%。是年，南江县开始在6个区公所驻地进行集镇测绘和资料收集整理，并编制集镇总体规划。随后，对其余区镇和13个重点乡集镇的总体规划进行勘测，编制沙河、长赤、下两、红光、乐坝、坪河、上两等区域集镇总体规划。

1986年，巴中县制发《关于加强小集镇建设有关问题的通知》，开始开展小集镇规划工作。1987年，巴中县开展区集镇总体规划编制，并完成恩阳镇、渔溪镇总体规划编制。1989年，通江县启动县域集镇规划工作。巴中县完成清江、曾口、化成、玉山、鼎山、茶坝、花丛、雪山等8个区集镇总体规划编制，完成12个乡场镇总体规划，并对恩阳古镇保护更新规划作修编，对渔溪总体规划进行完善和调整。

1991年，巴中县完成化成、清江、玉山、明扬、青木、枣林、花丛、曾口、梁永、群乐、鼎山、三江、江北等12个乡镇总体规划修编。至1992年，通江县先后完成平溪、洪口、沙溪、铁溪、铁佛、广纳等乡镇规划编制工作。

1993年后，根据《村庄和集镇规划建设管理条例》规定，全地区加快村镇建设步伐，并对集镇和村进行规划建设试点，带动全地区村镇建设发展，提高村镇建设整体水平。巴中市（县级）完成水宁寺镇总体规划。

1994年，全地区有15个集镇完成规划修偏，有27个中心村、23个自然村完成粗线条规划。通江县完成诺水河风景名胜区总体规划的编制工作。平昌县对白衣、驷马两个省级试点场镇进行总体规划。1987—1994年，南江县先后编制完成赶场、正直、大河、上两、和平、黑潭、双流、朱公、燕山、八庙、高塔、赤溪、红顶、元潭、关门、东榆、桃园、流坝等乡集镇总体规划，重点调整完善长赤、沙河、红光、乐坝、坪河、傅家、九顶、上两等8个集镇规划。

1995年，全地区小城镇规划坚持把握超前性原则，从大经济、大区域范围规划小城镇发展，对小城镇布局、规模、基础设施和综合服务功能，按照农村城市化、现代化的标准作新的安排和调整，使小城镇规模平均扩大到2平方公里，工业、商贸、文教、生活等功能分区进一步明确，镇区主要干道宽度调整到24～30米，供电、供排水、通信等设施容量扩大，对学校、医院、文化娱乐设施等制定长远发展计划。强调小城镇与周边农村、城镇以及中心城市之间的经济联系，在区域规划指导下调整和完善小城镇规划，保证规划的连续性和合理性。从实际出发，因地制宜，突出特色，针对各城镇不同的特点，充分发挥各自独特的优势。在建设类型上初步形成近城卫星型、风景名胜旅游型、边界贸易型等各具特色的小城镇模式，在布局上构成多形式、多元化的新格局。全地区有85%集镇和60%村庄完成粗线条规划，对约15%集镇粗线条规划进行调整和完善。全地区城镇体系规划通过省建委论证。清江镇、白衣镇总体规划通过省建委评审。南江县完成光雾山风景名胜区总体规划的方案编制。

1996年，南江县按“两点一线”的集镇规划布局，再次对元潭、兴马、红光、贵民、坪河等重点集镇规划进行调整。

1997年，加大各试点镇规划建设实施力度，加强对主街道两侧和镇区标志性建筑的设计评审力度。编制完成建制镇规划1个（累计完成比率达97.3%），编制完成集镇（级）总体规划20个（累计完成55.93%），调整完善村庄规划5个。第四批省级试点镇驷马镇总体规划通过省建委评审。全地区城镇体系规划通过省建委专家评审。

1998年，完成《巴中地区农村村庄建设目标》编制工作。《巴中地区“三线一环”城镇带规划编制草案》把干线公路上各级城市、集镇、村庄、居民点纳入一个系统，作为城镇发展群体统筹考虑，各地用区域经济发展的观点搞好各级城镇规划。加大对规划资金的投入，累计投入村镇规划经费60余万元，完成镇（村）规划22个，调整完善规划12个，建制规划完成率达100%，一般集镇规划完成率达53%。1999年11月，平昌县开展二级集镇第二轮总体规划编制，先后对白衣、驷马、云台、涵水等集镇进行总体规划编制。全地区建制镇规划编制完成率达到100%，年内完成集镇规划16个，村庄规划19个。累计完成编制集镇规划139个，中心村规划1960个。

2000年，突出小城镇规划。乡镇规划编制工作中，坚持做好三种规划（即土地利用总体规划、城镇建设规划、经济社会发展规划）相互协调，科学合理，并适度超前。规划期限为近期5年，远期10年，规划人均用地面积不突破100平方米。规划成果为“七图三书”（即区位关系图、乡镇域现状分析图、村镇总体规划图、镇区现状分析图、镇区建设规划图、镇区工程规划图、镇区近期建设规划图；规划纲要、规划说明书、基础资料汇编）。试点镇作主要街景立面图。年内完成集镇总体规划10个，村庄规划22个。

第二章　建　设

第一节　城市建设

民国时期，境内各县公共设施缺乏、简陋。县城规模为清末旧貌，街道少且窄，房屋旧。通江县城有小街道12条，巴中县有街巷25条（其中街18条，巷7条），街宽多为4~5米。房屋多为土木穿斗结构，且有少数茅屋。居民生产、生活用水为井水或河水。照明有煤气灯、煤油灯、清油灯、桐油灯、蜡烛等。污水排放多经土沟、石渠或暗沟直接排入河内。巴中、通江两县城共有桥梁14座、渡口6处，供沿河两岸城民来往公用。休闲场地，巴中县城东建有宕梁公园，通江县城北建有诺江公园（1933年更名为“列宁公园”），南江县城建有中山公园，江口镇（平昌）建有王爷庙公园。

中华人民共和国成立后，境内各县城随着房屋、人口增多，不断扩展和改造街道，加大旧城改造力度，配套、完善城市公用设施。房屋多为砖混结构，生产、生活用水为自来水，照明为电力，污水采取地下管网排放，环境卫生建有公厕和洒水车、垃圾清运车，电影院、档案馆等文化设施齐全，城市绿化面积不断增大。1956—1958年，通江县全面整修县城五条主要道路，总长2360米，街面宽7.3~14米，为三合土和石板路面。1971年5月，通江县自来水厂建成，开始供水。1977年，通江县整修县城街道，镶铺方块石街面长300米，街面约1500平方米；改铺沥青路长850米，路面9200平方米。

至1985年，境内四县城除供电、排水、消防、公共卫生等公用设施齐全外，巴中、平昌、南江、通江县城分别建成日产3000吨、3000吨、1500吨、1000吨自来水厂各1个。四个县城有公路桥11座、吊桥2座、公园4个。城市绿化覆盖率达28.3%。巴中县城有街、路、巷47条，城区面积扩大到6平方公里，房屋面积101.66万平方米，5层以上砖混结构楼房占60%以上。有供水管道5762米，排水沟11513米，南龛公园面积20余公顷。通江县有3路10街4巷，房屋面积46.44万平方米，县城机关居民用电263.89千瓦时，排水沟4340米，公厕11座，洒水车1辆、果皮箱139个。南江县有街道7条，公路桥4座，吊桥1座，房屋面积54.98万平方米，供水管道10500米，公厕11座，垃圾箱（桶）134个，县城植树112万株。平昌县城区面积2.8平方公里，街道5条、巷12条、路12条，房屋面积43.08万平方米，排水沟4800米，公厕13座。

1986年后，境内四县采取多渠道招商引资，开发新区，改造旧城，拉大城市区域框架。在建设中注重配套设施建设，拓宽、硬化街（路），美化、绿化城市，城市建设日新月异。1988年，通江县先后实施轿房沟改造、迁建自来水厂、修建南门索桥等工程，县城范围扩大到3.7平方公里，常住人口增至1.8万余人，房屋多为砖混及框架结构、面积达54.44万平方米，城区供水管道增至5659米，城区庭院植树20余种、1万余株；城市环卫、道路、桥梁、供排水等市政设施快速发展。巴中县打通街心花园至南池小区通道，长221米、宽2米。至1992年，通江县建成南门大桥，东、西客运站，改建环城路，修建壁州市场。

1993年，四县（市）实施旧城改造和新区建设，并注重城市绿化、美化、亮化和小集镇的公用设施建设。巴中市（县级）街道达51条、长57公里，累计新建、改扩建城市道路29条，铺筑沥青和砼路面18.5万平方米，新辟滨河路380米，改扩建城市桥梁4座，扩建巴中汽车客运站，新建巴河大桥和后河大桥，新辟环城公路4公里；有商业门市1800多个，市场8个，旅馆、招待所47处，中小学18所，医院9所，影剧院4座，综合性球场3个，灯光球场2个；开通城市公共汽车2条线路。是年3月，通江县最大的农副产品和日用工业品集散中心壁州市场竣工开业。是年10月，省政府批准的全省62个重点市场之一的巴中市（县级）南池市场开市，其面积达2.3万平方米，一次性可容纳5000人入市交易。是年12月，南江县城大堂坝拆迁建设工程竣工，共投资200万元，拆迁民房21户、单位13个，原狭窄陈旧的县城中心面貌得到有效改善。

黑化后的江北大道

1994年，全地区全面实施经济发展战略，改善城市基础设施，注重工程质量。启动江北自来水厂一期工程、巴州大桥工程，达巴光缆等工程，兴办回风洗车场。通江县城修建1300米防洪堤。是年9月，地区燃气总公司在全地区首开石油液化气管道供气。全地区四县（市）新增城市供水能力1.15万吨/日、增加19%，新增燃气用户2500户、气化率达8%，新增营运车辆86辆、客运总量10.3万人次，新增城市道路3.56公里、6.4万平方米，新增城市防洪堤0.5公里，新增城市园林绿化面积1公顷、城市人均公共绿地面积达2.3平方米，生活垃圾日清运量新增1.05万吨，推广城镇生活污水净化沼气池56处。

1995年，江北水厂一期工程、巴中大佛寺大桥工程、江北新区气化站相继竣工。南江县红四门市场竣工开市，该市场建设面积1万余平方米，总投资500万元，有门市100多个、摊位1000余个，可同时容纳近万人进行交易。是年，全地区新增城镇供水能力1.9万吨/日，新增燃气用户2500户，整治下水道83公里，新建城镇水冲式公厕10座，建化粪池13个。市政公用设施建设投资7000多万元，完成水、电、气、闭路电视、通信等各种管网7000米。

1996年，全地区累计投入城市基础设施建设资金1.2亿元。各地以城市道路、供水、供气、绿化、公厕为重点，建成一大批市政公用基础设施项目。全地区新增城市道路6.5公里，硬化路面25万平方米；新增城市公共绿地8万平方米，购置花卉、盆景8万余盆；新增城市供水能力0.8万吨/日，自来水普及率达96%；新增燃气用户2600户，气化率达35%；新建水冲式公厕8座，新装路灯240盏。总投资1260万元的巴中三号大桥工程竣工。投资400万元的石油液化一期工程建成投入运行，江北新区地级机关2300余户通气。巴中江北新区长2760米的江北主干道和长2400米的湖江路路面硬化工程完成。

1997年，南江县上下河街改造工程、断渠公园建设；通江县启动文化广场（红军广场）和诺江大道配套光彩工程建设，建成东门及南门等农贸市场，打通长3公里工业区街道；平昌县110千伏引电工程及县城路灯工程的建成，城镇功能进一步改善。全地区硬化道路11万平方米，新增城市供水能力0.7万吨/日，整治下水道12.5公里，新装路灯690盏，新、改建公厕6座，新建市场1.6万平方米。

1998年，以城镇干道、进出口通道，水、电、气、市场等基础设施为重点，形成城镇基本框架，改善城镇开发环境。完成城市基础设施投资0.72亿元，新增城市道路面积4万平方米，硬化道路5万平方米，完成巴（中）—仪（陇）天然气引气主体工程，新增城市燃气用户2300户，新增城市日供水能力4.5万吨，新辟城市垃圾场3个，建垃圾中转站12个，添置洒水车3辆，新增城市园林绿地58公顷。

1999年，累计完成城市基础设施建设投资1.5亿元，重点进行道路、供气、垃圾场、市场、公厕、园林绿化等公共公益设施建设。巴中市（县级）江北新区滨河路的建成，江北、状元桥市场的投入使用，巴（中）—仪（陇）天然气引气工程成功实施，城市功能大为提高。新增道路7.5公里，新增滨河路1.2公里，新增城镇日供水能力7.2万吨，新辟垃圾场2个，新建垃圾中转站25个，新建水冲式公厕9座，新增园林绿地68公顷，新增城市燃气用户4800户，燃气普及率达到38%。巴中市（县级）、平昌县开通天然气工程，南江县开通管道液化石油气工程。城市出租车发展到926辆，基本形成以出租车和公共汽车为主体的公共交通体系。全地区规划垃圾场67处，购置运输垃圾车63辆，添置果皮箱351个，建垃圾池269处，规定停车场范围58处。

绿化后的江北

2000年，先后完成南池小区第一、二期工程，新建宕梁、江北、后坝、南龛、回风、供销街、南坝等住宅区、办公区和商贸区。房屋竣工面积178.7万平方米，居民人均住房22平方米。全市城市化水平达到18%，为1993年的2.25倍。新建道路29条，新建街道8条，硬化街道30条，城区辖区面积扩展为13.6平方公里。新建市场15万平方米，新增城市绿化面积68万平方米，修建人行天桥4座，并建成巴人广场。实施“亮化工程”，新增路灯1286盏，安装霓虹灯1586盏。通江县、南江县完成万吨水厂扩建工程，巴中污水处理厂建设进展顺利，通江县、南江县启动天然气工程，新增城市天然气用户5200户。

第二节　乡镇建设

民国时期，巴中县有11个区场镇、82个乡场，通江县有64个场镇，南江县有45个场镇，平昌县境有场镇22个。房屋以穿斗结构瓦房和草房为主，亦有少数穷人住岩洞。街多为一条独街，多数场镇建有庙宇、宗祠，开设有药铺、商店、学校，饮水为人力挑运井水或河水，照明普遍使用桐油灯、清油灯。

1950年，据调查统计，境内通江、南江两县农村共有房屋592.94万平方米，其中瓦房占63.45%，草房占36.55%。1952年后，境内四县场镇增多，通江县增至89个，平昌县增至55个，南江县增至64个。各场镇建有乡（镇）政府机关、学校、卫生院、粮管所、供销社、食品点、信用社、邮电所、兽防站等企事业单位。农房建设出现高潮，以改草房为瓦房，傍旧房建新房为主。1953年11月，通江县制发《关于农村修房子问题的意见》，对农民建房进行规定。

1978年后，允许农业人口进入集镇建房，务工经商，场镇建设加快发展。场镇新建房屋渐以砖木、砖混结构为主体。同时，随着农村生产发展，人民生活逐年提高，农房建设再掀高潮，房屋建设注重增强室内光线，逐步沿河、沿公路和场镇附近建独家小院，更换板壁为砖门面、玻璃窗、石灰粉刷墙壁等。

至1985年，境内四县共有场镇（集镇）282个，初建街道189万多平方米，街道多为方块石或砼路面，多数集镇居民使用“小水电”照明，少数场镇通自来水。通江、南江、平昌三县农村建房面积达3694.59万平方米，人均住房达12.6平方米。通江县各场镇新建街道长5280米，改造街道330米。

1986年后，境内四县乡镇建设逐步加快，建设整体水平不断提高。1988年，平昌县在场镇建设试点的基础上，全面推开，全县场镇新建和改造房屋22317平方米，建公厕2座，整治街道150公里。通江县维修、新建的场镇街道122条、5万平方米。1987—1992年，巴中县集镇完成各类房屋面积584万平方米，人均居住面积达24平方米，改扩建街道25.68公里，新建自来水站22个，新建公厕14座，新修、整治下水道19公里，各区场镇主要街道均安装路灯，茶坝、恩阳、鼎山建有农贸市场，5个场镇建有电视差转台，集镇功能日趋完善。1990—1992年，通江县40多个乡镇建有简易农贸市场，平溪、涪阳、洪口、麻石等区场镇建有综合市场，重要场镇建有小型多功能的禽蛋、粮油等市场，城乡商品流通繁荣活跃。

1993年，巴中地区成立后，贯彻落实《村庄和集镇规划建设管理条例》，加快村镇建设。1994年3月，地委转发《巴中地区建设小康村实施意见》，确定用3年时间建设全地区108个小康示范村。全地区集镇试点扩大到26个，村试点87个，带动全地区村镇建设发展，提高村镇建设整体水平。是月，巴中市（县级）恩阳镇、南江县乐坝镇、通江县涪阳镇被批准为全省首批小城镇建设试点镇。是年，全地区新建农贸市场20余个，新增村镇道路18公里，硬化路面3万平方米，新建自来水厂6个；全地区村庄用电普及率达60%以上；新建村镇住宅67.57万平方米，其中农民建住宅13万平方米；村镇新建公共经营性和生产性建筑25.15万平方米。平昌县元山区粮站投资200万元修建的同兴市场开业。试点镇共收取城镇建设增容费近800万元，征用土地60公顷，上报各类项目60余个，总投资2.2亿元，落实项目20余个，到位资金近1000万元，转移农村富余劳动力5000余人。

1995年，全地区集镇道路、供排水、公厕、绿化、电力、通信、市场等基础设施建设加快发展。是年3月，地委、行署制发《关于加快城镇建设步伐的决定》，指出全地区城镇现状为城镇人均用地40平方米，道路面积4.5平方米，绿地0.97平方米，用水量0.06立方米，用气普及率12%，城市化水平仅10%，远低于全国全省水平。同时成立地区城镇建设指挥部。之后，在全地区建设工作会议上，提出在基本解决交通问题后，全地区基础设施建设重点转移到城镇建设，用两年时间振兴城镇经济，从根本上实现全地区经济从农村向城镇转移，行署分别与各县（市）签订城镇建设目标责任书。是月，通江县涪阳镇被建设部批准为全国500个小城镇建设试点镇之一；铁溪、铁佛、平溪被列为巴中地区重点建设集镇。巴中市（县级）清江镇、平昌县白衣镇被列为全省第二批小城镇建设试点镇。是年10月，地委、行署命名全地区26个小康示范村，其中巴中市（县级）14个，南江县4个，通江县3个，平昌县5个。按照“以点带面、分类指导”的原则，坚持以基础设施先行，推动小城镇综合配套开发。全地区88个公路干线场镇全部实现过境道路和主要街道硬化。累计投入基础设施建设资金2.6亿元，新增城镇道路26.2公里，硬化道路68万平方米；新增村镇道路10公里；新增公共绿地3.2万平方米，栽植行道树34万余株；修建各类市场5万平方米；新增城镇供水能力

1.93 万吨/日，整治下水道 83 公里，新建水冲式公厕 10 座；安装路灯 408 盏；全地区建制镇自来水普及率达 91%，集镇自来水普及率达 95.25%。

1996 年 5 月，通江县铁佛镇被列为全省第三批小城镇建设试点镇。1997 年，围绕农业产业结构调整，以小城镇建设为重点，因地制宜搞好小康村庄建设，积极改善村镇居民生产条件和生活条件，加快全地区乡村城市化步伐。全年村镇建设累计投入建设资金 2.52 亿元，新改建村镇住宅 80.63 万平方米，其中农民建房 57.15 万平方米；公共和生产经营性建筑 23.52 万平方米；新增村镇道路 55 公里；新增园林绿地面积 4 公顷。村镇农户在着力抓好庭园经济建设的同时，大力实施“五改三建”工程。有 50 个村庄、近 5 万农户建成文明石板道路到院入户，每户农户对房屋进行白灰粉墙、座脊，安装玻璃窗；农村的改水、改灶、改厕、改路、改善居住条件与建池、建园、建家有效结合。巴中市（县级）恩阳镇合治寨村、平昌县白衣镇大梁村、南江县下两区东河村等村庄建设，改变农业生产条件和农村生活环境，创造具有生态农业特色的大巴山农村村庄的新形象。各试点镇加大规划建设实施力度，先后改善和完成城镇主街道建设，加强对主街道两侧和镇区标志性建筑的设计评审力度。南江县乐坝镇基本实现城镇建设与经济发展同步。全地区建制镇累计投资 3788 万元，新增道路 10 公里，新增排水管道路 7.5 公里，新安装路灯 494 盏。

1998 年，全地区 7 个国家、省级试点小城镇大力发展小城镇支柱产业，培育新的经济增长点。完成建设投资 3100 万元，实现社会总产值 4.07 亿元，财政收入 1773.5 万元，农民人均纯收入达到 1220 元。1993—1998 年，全地区实施“五改三建”工程的农户累计达 15 万户，农民新建住房 320 万平方米，改造农房 400 万平方米，农民人均住房面积达 14.26 平方米，新建文明石板路 3340 公里，打井 4 万口，近 10% 的村庄基本实现标美公路进村连社，文明石板路到院入户，大部分村庄基本实现饮用自来水或卫生水，农民生产、生活条件得到极大改善。1993—1999 年，全地区累计投入村镇建设资金 6.51 亿元，建制镇自来水普及率达 95.5%，人均绿化面积 2 平方米；一般乡镇自来水普及率达 75%，人均绿化面积 3.21 平方米，平均每年建村镇住宅约 100 万平方米，公共建筑 20 万平方米，生产性建筑 10 万平方米。共建成文明新村 337 个、社 2205 个；新建农房 320 万平方米，改建农房 4000 万平方米；新建乡村公路 3846 公里，村社公路 7800 公里，联户石板路 1.23 万公里，有 1983 个村、9765 个社通公路，分别占村、社总数的 83% 和 66%；有 80% 的农户达到“粉壁墙、石院坝、水泥地、玻璃窗”的住房条件，80% 的农户用上自来水或卫生水，83% 的乡（镇）、193 个村实现电话国际国内直拨；村通电率达 91%，广播电视入户率 82%。

2000 年，全市分布大小集镇 280 个，集镇密度为每 40 平方公里一个，高于全省平均水平。完成村镇建设投资 3.45 亿元，新建住宅 10 万平方米，新建村镇公共和生产性建筑 28 万平方米。全市有 5191 个社实施农房“五改三建”工程，文明社达 35.3%。

第三节　建筑及房地产业

1949 年，境内四县有土、木、石匠 3 万余人从事建筑业。

20 世纪 60 年代起，境内四县陆续成立建筑社或建筑工程公司，有组织地从事房屋修缮。农村建房仍以“五匠”人员为主体分散从业。1965 年，通江县制发《关于农村“五匠”人员组织起来的意见》，开始由生产队和社办林场统一管理农村“五匠”人员，全县有铁、木、竹、石、泥匠人员 5000

余名。20 世纪 80 年代，境内四县建筑业初具规模。据 1985 年统计，境内巴中县、南江县、平昌县共注册合格的建筑单位 73 个，有固定职工 14971 人，其中专业技术人员 669 人。

1993 年后，全地区大抓建筑业的发展、资格审查和建筑队伍的输出。1994 年，全地区确立“建立机构、发展企业、培育市场、加强管理”的工作方针，积极引导房地产业发展。地、县（市）建立房地产管理局和房地产交易所，有房地产开发企业 10 家。房地产综合开发率比 1993 年增长 25 个百分点，开发总量增长 24 个百分点；发放产权证书 1853 个，发放租赁许可证 1730 个。新建城镇住宅建筑面积 6 万平方米；解决城市住房困难户 721 户。全地区建筑业队伍发展到 156 家，其中设计 12 家、施工 116 家、装饰 28 家，完成建筑业总产值 3. 62 亿元，建筑竣工面积 42 万平方米；实现利润总额 1260 万元，上缴税金 1040 万元，分别比 1993 年同期增长 26. 5%、20%。建筑劳务输出达 15 万人次，实现纯收入 2 亿元，分别增长 25%、42%。

1995 年，按照“健全市场，搞活流通，突出重点，以质兴业，坚持发展，保持协调”的基本思路，加快以推行住宅综合开发建设体制为重点的住宅建设步伐。全地区解决城镇住房困难户 225 户，普通住宅投资占房地产开发投资总量的 80% 以上。同时，建立房地产交易中心，促进房地产流通。全地区建筑业队伍发展到 176 家，其中设计 15 家，施工 127 家，装饰 34 家。完成建筑业总产值 4 亿元，实现利润总额 1000 多万元，分别比 1994 年增长 16%、10%；建筑劳务输出 15 万人次，增长 15%。

1996 年，全地区有国有、集体建筑施工企业 111 个，装饰装修企业 10 个，完成建筑业总产值 4. 2 亿元，建安劳务产值 3. 6 亿元，年创利税 5200 万元。成建制劳务输出 15 万人次，建筑劳务输出产值达 6 亿元。全地区竣工城镇住宅面积 30 万平方米，解决 75 户人均居住面积在 4 平方米以下的住房困难户和无房户的住房问题。人均居住面积达到 8. 85 平方米，住房成套率达 56%。完成房地产开发投资 70% 以上。

1997 年，全地区竣工城镇住宅建筑面积近 26 万平方米，人均使用面积达 16. 2 平方米，住房成套率达 47%，住房设计、使用功能和建造质量明显改进。以旧城改造为龙头，完成房地产开发量 5000 余万元，竣工商品房屋 6 万平方米。

1999 年，全面启动经济适用住房建设。完成住宅施工面积 47 万平方米，住宅竣工面积 31. 8 万平方米。完成经济适用住宅开发项目 36 个，施工面积 36. 16 万平方米，完成投资 1. 13 亿元，竣工面积 25. 16 万平方米。共办理各种房屋产权登记 5665 件，面积 29. 5 万平方米，交易额达 1. 54 亿元；办理抵押登记 1060 宗，面积 10. 58 万平方米，抵押价值达 2. 54 亿元。全地区公有住房出售全面结束，累计出售公有住房 25. 58 万平方米，共 5600 套，进入住房资金专户 8674. 02 万元，住房公积金累计归集额达 860 余万元。全地区有各类建筑设计单位 14 个，建筑施工企业 109 个，装饰装修企业 5 个，预制构件企业 95 个，建设监理企业 1 个。完成建筑业总产值 7. 5 亿元，建筑劳务输出 23 万人次，劳务收入 8. 5 亿元，成建制建筑劳务输出队伍 43 个，近 4. 8 万人次，完成建筑安装劳务产值 4. 9 亿元，实现利润 1570 万元，上缴税费 1960 万元。

2000 年，全市房地产业发展到 29 家，房地产中介服务机构 5 个。完成房屋开发投资 3 亿元，施工房屋面积 55. 8 万平方米，竣工房屋面积 30. 5 万平方米，完成住宅投资 2. 1 亿元，竣工住宅面积 25. 4 万平方米。其中经济适用房完成投资 1. 82 亿元，施工面积 28. 2 万平方米，竣工面积 15. 3 万平方米。房地产业成为开发、经营、管理和服务等多种经济活动的综合产业。共有建筑设施队伍 16 个，建筑施工企业 114 个，建设监理企业 1 个，拥有各类专业技术人才 4560 人，中级职称以上专业人才

1833人。完成建筑业总产值13亿元，建筑劳务输出10.5万人次。

第四节　农村能源建设

20世纪60年代，境内四县采取区与区、社与社联办方式，陆续兴办农村小水电站，供照明、打米、磨面、轧花、机械提灌用电。

20世纪70年代初，境内四县先后成立沼气办公室，支持和发动农民兴办沼气，因资金、技术等问题，除少数试点村、社外，推广效果差。1973年5月，通江县第一口沼气池建成投入使用。1978年后，水电经营体制改革，农村水电形成“三减一增”格局（社队办电站减少、装机容量减少、发电量减少、用电量增加）。1979年，巴中县推行厕所、猪圈、沼气“三结合”建池，效果良好。

20世纪80年代，境内农村能源建设从单一的推广沼气技术发展到推广省柴节煤灶、微水电、节能砖瓦窑等农村能源开发与节约技术。1985年，平昌县被列为“国家推广省柴节煤灶试点县”。境内共建沼气池2.8万余口。之后，随着电力、煤炭业的发展，沼气池建设逐年萎缩。1986年，巴中县有9300户建省柴节煤灶。1987年，平昌县被列为“全国沼气建设重点县”，南江县被列为“全国农村节能改灶重点县”。1989年，通江县新建沼气池160口，新建微型水电站12座、装机68.5千瓦，新改省柴节煤灶12150户，累计建省柴节煤灶59970户。

沼气工程

1990年，通江县被列为“四川省省柴节煤灶试点县”。1987—1990年，平昌县共建沼气池6227口。1991年，巴中县进行改灶示范点建设，推动改灶工作，全县推广省柴节煤灶10400户。通江县被评为“全省微水电建设先进县”，改省柴节煤灶68117户，新建微型水电站23座、装机114千瓦。

1993年，巴中县建沼气池1.21万口，改建省柴节煤灶16.6万户。至1994年，全地区乡村水电站476个，装机容量16859千瓦，发电量22139万千瓦时，农村用电6832千瓦时。

1995年，通江县共建农村家用沼气池5900口，推广沼液浸种5333.33公顷，改建省柴节煤灶11万户，推广微水电站1371座，装机容量1500千瓦，建成城镇生活污水净化沼气池71口，计3500立方米，城镇生活污水处理率达29%。1996年，结合农村文明新村建设，继续突出沼气池建设，科学推广沼液浸种、沼液养猪、沼液治虫、沼液施肥等新型项目，形成一批沼气化村社。1998年，通江县推广节能灶2500户，新建沼气池260口，推广沼液浸种面666.67公顷，沼液养猪5000头。

1999年，结合天然林保护工程和文明新村建设，推广省柴节煤灶，加大农村能源建设。全地区新建农村家用沼气池5630口，推广省柴节煤灶1.47万户。

2000年，市政府作出加快农村沼气建设的决定，各县（区）坚持“农民投入为主体，项目投入为导向，社会投入为补充”的原则，采取财政投一点，支农资金扶持一点，信贷资金支持一点的筹资办法，建立户建、联户建、股份合作制建等多层次、多方位、多渠道的投入机制，并先后出台沼气兴办的优惠政策，推动沼气建设进程。全市乡村办水电站减少到62个，装机容量4625千瓦，发电量827万千瓦时，农村用电11376千瓦时。

第三章　城乡建设管理

第一节　城乡建设管理体制

民国时期，境内各县政府内先后设实业所、实业局、建设科等，主管建设事宜。川陕省苏维埃时期，各县设建设局，后改为建设委员会，负责建设管理。

20 世纪 50 年代初，各县政府设建设科，主管城镇建设。村镇建设由区、乡行政机关直接领导。1958 年，各县人民委员会内设建设委员会，主管县城的远、近期房屋建修和街道的规划、设计、改造工作。下设办公室、规划组、设计组和房屋修建大队。

20 世纪 70 年代后期，境内四县先后成立房地产管理所（主管县城房屋维修，公房建造和房租收取）、城市建设管理办公室（统一管理县城各街道的维修、清洁卫生、路灯、绿化和公房建设）等。

20 世纪 80 年代初，境内四县成立县城乡建设环境保护局，主要负责县城和场镇的规划、建设、房地产、建筑（含设计）、建材、环境保护和沼气（农村能源）的全面管理。之后，各县建设环境保护局更名为县建设委员会，管理辖区建设事业，包括工程建设、城市建设、村镇建设、建筑建材业、房地产业、房改、市政公用事业和测绘行业、环境卫生、市容市貌、城市道路、城市用水、城市燃气、城市公交和风景名胜、旅游规划、设计管理、环境保护、农村能源建设。

1993 年 10 月，巴中地区建设环保局成立。1995 年 3 月，巴中地区建设环保局增挂巴中地区建设委员会牌子，与地区建设环保局实行两块牌子、一套班子。

1996 年 3 月，撤销巴中地区建设环保局，设立巴中地区建设委员会，巴中地区环保局为地区建委管理的二级行政机构。巴中地区建委直属有建筑勘测设计院、规划设计院、房地产管理局、建设监察支队、建设工程招标工作站、建设工程质量安全监督站、建设工程质量检测中心、建设工程造价管理站、建设人才培训中心、房地产交易中心等单位。

2000 年 12 月，巴中撤地建市后，巴中市建设委员会成立。

第二节　监督管理

一、执法监督

20 世纪 80 年代后，境内四县坚持依法治建，加强和改进建设行政管理工作。建立健全建设行政执法队伍，落实建设行政执法责任制，制定规范性文件，规范建设执法行为。

1994 年起，全地区先后制订并实施《巴中地区建设工程招投标实施办法》《巴中地区建设环保局局属企业管理暂行办法》《巴中地区建设工程报建管理暂行办法》《巴中地区非生产性基本建设竣工验收暂行办法》《巴中地区生产性基本建设竣工验收暂行办法》等规范性文件。各县（市）先后制定城市总体规划、房地产拆迁、环境卫生等管理办法。同时，运用报刊、电台、电视台、宣传车、宣传栏、标语、举办培训班、印发宣传资料等多种形式，对建设法律、法规进行广泛宣传，并列入普法内容。1996年，全地区组织大型建设法规宣传活动3次，书写各类标语1893幅，办宣传板报48期，出动宣传车62台次，印发宣传资料13340份，受教育群众达70万人次。

1998年，在城镇建设方面，四县（市）制发《城镇建设规划管理规定》《村镇规划审批程序》等；在房地产业方面，地、县（市）制订《住房制度改革实施办法》《房屋产权登记办法》《房屋拆迁安置实施办法》《房地产开发企业申办项目的规定》；在建筑方面，制订《招投标管理实施细则》《基本建设竣工验收办法》《工程建设监理制度》；其他方面，有《城市供水管理办法》《城市市容市貌和环境卫生管理办法》等。同时，根据建设部的通知，及时取消有关收费项目，对原有规范性文件进行清理，并先后制订《地级基本建设项目内容管理监控程序》《巴中地区建设工程项目实施“六统一、一监督”的实施方案》《关于进一步加强招投标管理工作的通知》《关于进一步加强造价管理的通知》《巴中地区村镇房屋所有权登记发证工作实施细则》《巴中地区建设行政执法责任制实施方案》等规范性文件。

2000年，为确保建设行政执法做到有法可依，执法必严，切实纠正执法中不同程度存在的“以权代法、以言代法、以罚代法”的现象，制订和完善行政执法和程序制度、行政复议和诉讼责任制度、行政执法监督检查制度、执法责任考核奖惩制度、行政执法错案责任追究制度、政务公开制度、法律法规定期学习制度，并逗硬执行。1998—2000年，组织大型建设法律、法规宣传活动8次，共书写各类宣传标语6000幅，办宣传板报156期，出动宣传车166台次，印发各种宣传资料4万余份。

二、规划管理

从20世纪80年代起，境内四县开始加强城市规划管理。1986年，通江县制定城镇规划暂行规定，加强规划管理。巴中县建立县城总体规划审批管理制度，制发《巴中县城镇规划暂行规定》。1987年，平昌县成立城市建设市容管理监察队，维护县城总体规划，贯彻城市管理法规等。1988年5月，省建委在全省推广巴中县制定的地方规划管理办法。巴中县对县城规划区内各项建设活动坚持完善“一书两证”（“定点通知书”“建设用地规划许可证”“建设许可证”）。1989年，通江县成立县城乡建设管理监察队，主要实施城市规划的监察管理。

1990年4月，《中华人民共和国城市规划法》颁布实施后，境内各县认真贯彻实施，城市规划及管理工作步入法制化轨道。是年，南江县城乡规划建设管理监察队成立，加强城乡规划、建设管理。1993年，巴中县办理建设用地许可证136件，收取规划管理费1.8万元。

1996年，地区对各县（市）城市规划实施情况进行检查，查处违章建设201处，发停建通知书119件，拆除违章建筑108处，依法配合工商拆除沿街摊点、货棚418处，调解纠纷47起，纠正和罚款36件，办理群众来信来访15件。

1999—2000年，各地先后健全城市规划建筑方案专家评审制度，实行“规划一张图，论证一道关，报批一个口，审批一支笔”。“一书两证”（“规划选址意见书”“土地使用证”“建设许可证”）发放率达100%，违章建筑查处结案率达95%以上。巴中市（县级）拟定《巴中市城市规划审批办法》（草案）加以规范。

三、城镇管理

1978年后，境内四县先后成立城市管理职能部门，负责城市规划、城市建设、环境卫生、市容市貌、交通秩序、市政公用事业等管理。并制定颁布城市管理的规范性文件，建立健全建设行政执法队伍，落实行政执法责任制，规范建设执法行为。

20世纪80年代后，境内四县先后组建环境卫生管理所，负责清运城内生活垃圾。各县投入经费，在街道设垃圾箱、果皮箱、垃圾点，在城外设垃圾场。对街道居民和单位实行“门前三包”（清扫保洁、绿化、美化）责任制，定期检查落实。

1993年，巴中地区成立后，进一步加强城镇管理，并作为形象工程来抓。

1996年，全地区各县（市）通过创建国家和省级卫生城市，继续开展城市环境综合整治工作，进一步加强城市管理，改善城市环境。巴中市（县级）采取“四增加一规范”（增加环卫设施、增加保洁面积、增加保洁人员、增加日清运次数，规范广告、标语管理）的办法，进一步加大城市管理力度。平昌县采取县级单位包片、部（局）级单位包段、各单位和居民户门前包干的层层卫生责任制，形成全民投入、全民参与局面，城市管理走在全地区前列。

1998年，地区先后召开加强公路、集镇管理工作现场会和爱城镇守规章文明礼貌教育工作会议，出台一系列加强城镇管理工作的制度。在村镇进行市容市貌综合治理。先后开展“文明市民”“三户评选”活动，创卫活动，创建“文明单位”“文明小区”“文明集镇”等活动。各地居民意识、卫生意识、窗口意识普遍增强，村镇街道净化、美化、标语规范、占道和乱摆摊点现象得到有效遏制。结合人员分流，组建城镇管理“三支队伍”（环卫队伍、综合执法队伍、文明形象规范队伍）。继续贯彻“人民城市人民管”的方针，认真推行“门前三包”责任制，采取自修门前路，自栽门前树，自画门前美，自保门前洁的办法，集聚管理资金，添置卫生设施解决垃圾乱倒，新建停车场解决车子乱停，修建综合性农贸市场解决以路代市以及城镇绿化、美化等老大难的问题。各县（市）加强城市综合管理执法，对各集镇公路沿线的环境卫生也进行整治，建立规范管理制度，制订城镇市容市貌和环境卫生管理规定，并向市民印发城管创卫手册。集镇也实行“三定”“三专”“三规范”（堆码定点，市场定位，打晒定场；有专业执法队，乡镇有专人管，村社街道有专人负责；规划规范，管理规范，行为规范）的管理方法。通过一系列措施，全地区城镇规划、建设、环卫、市场、交通、治安、绿化、广告标语基本做到规范化管理。

1999年5—6月，全地区组成5个检查组（1个城市组，4个集镇组），对四县（市）“三线一环”上各级城镇的管理情况进行检查，共检查64个城镇。地、县（市）实行综合执法和专业执法相结合，积极开展创建“文明城市”“文明集镇”“文明村庄”活动，建立完善规章制度，加强城镇规划、建设、环卫、市场、交通、治安、绿化、广告标语等为重点内容的规范化管理。

2000年，全市城镇管理加强宣传教育和严管重罚，城镇管理基本步入正常化、制度化、规范化管理轨道。

四、建筑市场管理

1978年后，境内四县先后成立城市管理职能部门后，开始对县域内建筑市场进行管理。

20世纪80年代，随着改革开放不断深入，城镇建设迅猛发展，建筑企业不断增多。境内各县建设主管部门加强建筑市场管理，对企业资质进行严格年审，对违规违法企业进行处理，加强从业人员培训和管理。

1993年后，全地区加强建筑企业资质管理，严格资质标准，督促企业注足资金，充实技术人才，加强技术培训，增强实力；对一些实力确实较差的企业采取注销和合并的办法，取缔“皮包”公司，增强建筑企业活力。

1994年，全地区共发放“规划选址意见书”141件、“建设用地许可证”245件、“建设工程许可证”299件，对140家建筑施工企业、城市燃气企业和房地产开发企业进行资审（其中建筑企业118家，燃气企业12家，房地产开发企业10家）；查处违法建筑78起，建筑面积达11264平方米；调解房屋纠纷26起；拆除违章建筑24起；查处违法占地16起，违法用地1600平方米。

1996年，全地区开展建设工程项目执法监察年和建筑工程质量安全专项治理年活动，掀起建设工程执法大检查高潮。是年3月、11月分别对全地区建设工程执法情况进行检查。全地区共实施执法监察工程243项，总建筑面积80万平方米，总投资3.9亿元；查出无证设计15项，无证、越级施工10项，未报建工程45项；查出有质量隐患工程14项，未经招标工程20项，拖欠工程款40项；收到群众举报信函20多件、电话50多次。对反映的问题通过口头或书面回复70多次。对查出一般性问题当场进行处理，手续、证件不完备的限期完备手续，工程质量方面的问题，责令立即停工，限期整改；对建设单位违反规定和设计、施工单位违反规定造成工程质量或其他影响的进行查处；对长期以来未解决好的粮食、文教等部门无证设计的问题，研究处理意见。对无设计能力的单位进行取缔。

1997年，地、县（市）分别组成执法监察组对全地区1993年以来的在建工程、竣工工程进行清理，共查处无证设计6起，未经招投标69起，未经竣工验收擅自投放使用3起，未经质监62起，对19个有施工安全隐患的工程提出整改方案。

1998年8月，地区建委下发《关于清理整顿砼预制构件企业的通知》，重点查处无证经营、越级生产、未经建设行政主管部门审批发证从事经营活动行为。对城镇建设中的规划和建设管理情况以简报等形式进行通报表彰或批评，并提出改进意见，对不执行建设法规的违法违章建设进行严肃查处。共查违规建筑312件，限令强制拆除46件，依法配合工商等有关部门拆除沿街摊点货棚205处，调解纠纷56起，办理群众来信来访15件。对116家建筑企业进行资质年检，取缔不合格8家，对83个预制构件厂进行整顿，补办证35家。在城镇建设中实行建管并重，双重并举，规范建设行为。推行工程建设监理制度，成立全地区首家监理企业，对5个建筑工程实行监理。

1999年，认真贯彻实施《中华人民共和国建筑法》，严格执行准入、清出制度，依法治建，规范建设市场行为。对114个建筑企业进行资质年检，取缔不合格企业5个。在年检中完成企业改制，改组股份制企业14个。对95个预制构件厂场进行清理检查，吊销、停业25个，新申报资质19个。

2000年，加强建筑市场安全和现场管理，积极推进工程建设监理制，对23个建设工程实行监理，建筑面积12.8万平方米，总投资5000万元。同时，切实加强监理专业人才培养，全市监理从业人员达120余人。

五、房地产管理

民国时期，各县公学产由县政府学田局管理。城乡庙宇、宗祠、会馆房屋分别由会首、族长管理。私房私有，允许自由买卖和出租，需办理契约签证和收取契税。

中华人民共和国成立初，各县城乡公房由县政府财政科管理。之后，各县根据《中共中央关于城市公共房产问题的决定》，接管民国时期县政府各机关一切公共用房和设备，清理县城内外祠堂、寺庙、会馆，分配给各机关和企事业单位使用。1954年，各县贯彻执行国务院《关于国家建设征用土地办法》，由民政部门管理土地征用事宜，按征地多少报省、县审批。社员建房占地由本人申请，生产队、生产大队（村）签署意见报公社（乡）审批，县计划委员会核准划拨。机关、企事业单位住用的公房，所有权属国有，县财政按国家规定标准统一收取房租，作为地方财政收入。1958 年，农村公房交人民公社管理，由城镇街道居委会管理公房。

1964 年，各县人民委员会收回公房管理权限，由县财政科统一管理，街道居委会协助。是年，通江县分期分批对公房进行全面清理，全县城乡有公房 3380 间、52000 平方米。1966 年后，受“文化大革命”运动干扰，建房用地管理混乱，乱占土建修房屋现象严重。

1972 年后，境内四县房地产管理逐步恢复正常。各县所有公房和城镇土地征用均由建设部门和县计委统一管理，统筹安排。1982 年，《四川省土地管理暂行条例》实施后，各县组织力量，先后对 1979 年以来的城乡各类建房用地、城镇公房进行清查。1979—1982 年，南江县和平昌县公私建房占用土地 659. 6 公顷，其中未经批准的占 15. 23%。主管部门针对不同情况，采取停建、拆除、没收、罚款和补缴土地补偿费等办法，进行处理。对强占、盗卖、擅自拆毁、私自转让公房的行为，按不同性质进行处理（罚）。

1985 年后，各县凡在城镇规划内修建房屋，需经城建规划部门批准，按规划面积建修并缴纳土地征用费后，发给“城乡建设征拨土地批准书”“城乡建设许可证”（简称“两证”），方能施工。农村建房手续，由本人申请，逐级审批，亦由县主管部门发给“两证”，才准予开工。1986 年，各县城镇职工住房享受福利性分房。同时，各县相继成立房地产管理所，负责城镇公私房屋管理，组织实施房屋普查，办理房屋产权发证工作，并对直管公房进行管理、维修，收取房租。

1991—1993 年，境内各县进行第一次住房制度改革后，党政、企事业单位不再统建职工福利房，一律实行集资建房。

1994 年 2 月，巴中地区住房制度改革领导小组成立。是年，开始办理房屋抵押登记。1995 年 3 月，行署决定在地级机关建立住房公积金制度。是年 5 月，行署批转《关于地级机关住房公积金缴存和支取办法的报告》，制定《巴中地区深化城镇住房改革的实施细则》，出台《关于实行住房公积金制度的决定》，制定住房公积金管理办法，并全面组织实施。

1996 年，全地区住房制度改革全面推行，收取住房公积金 100 万元，完成全地区住房成本价和标准价的测算报批工作，全面提高公有住房租金标准，基本达到职工年工资的 5%。稳步开展清房工作，全地区副科级以上干部开展自查。共清理整顿无证房地产开发企业 7 家，并完善手续。清理国家公有住房出租 19 起，调解房地产纠纷 28 件。

1997 年，进行第二次住房制度改革，将部分产权转换为全产权。是年 11 月，行署制发《巴中地区地级单位公有住房（租赁）办法》。全地区拥有房地产开发资质等级的企业增加到 18 家，规范房地产中介服务机构 4 个。有 8 人通过全国房地产注册估价师考试；共办理各种产权登记 4100 件，交易额达 5000 万元，办理抵押登记 1500 余件，抵押价值达 1. 5 亿元。先后办理地委办、行署办等单位和个人房屋产权 164 件，地区房地产开发总公司等开发商经营的交易房登记 102 件，为地级各商业银行提供抵押登记办理“他行权证”71 件，从事房地产评估项目 132 宗，办理“商品房预售许可证”5 件，房地产开发项目“一书一册”5 件。

1998 年，清理整顿房地产开发企业和开发项目，对 16 家房地产开发企业通过资质年检，补办企业的资质证书。共办理各种房屋产权登记 1141 件，办理房屋抵押登记 84 宗，地级房改工作完成 68 个单位房改方案，审批 45 个单位售房工作，共 1600 余套，收回房款 8. 9 亿元。

1999 年，办理各种房屋产权登记 5665 件，办理房屋抵押登记 1060 宗；公有住房出售结束，累计出售公有住房25.58万平方米，共5600套，进入住房资金专户8674.02万元，住房公积金累计归积额达860余万元。

2000年，根据《巴中市深化城镇住房制度改革，加快住宅建设发展的实施办法》，全市全面停止实物分房，住房分配逐步实行货币化。在推进住房货币化进程中，主要采取停止福利分房，各单位原有公房的出售全部实行全额成本价出售，不再享受任何优惠；切断实物分房的源头，停止单位集资建房和个人联建房；适度发展经济适用住房，以解决低收入居民家庭住房问题等措施。积极深化城镇住房制度改革，住房公积金累计归集额达1834万元，职工人数为14500人。

六、勘察设计管理

20世纪80年代初，境内四县相继建立规划设计部门，开展建筑工程勘察设计业务，加强勘察设计管理。

1995年后，根据国务院制定的《建设工程勘察设计合同条例》《中华人民共和国注册建筑师条例》，建设部、国家工商行政管理局制定的《建设工程勘察设计合同管理办法》《建设工程勘察设计市场管理规定》，省人大常委会颁布的《四川省建筑管理条例》《四川省工程勘察设计市场管理处罚实施细则》，依法加强全地区建设工程勘察设计行业管理。凡在巴中地区内从事勘察设计活动，未经验证注册，无注册证明；未办理鉴证手续，方案图无鉴证印章的勘察设计，建设行政主管部门不评审规划建设方案，不进行初设评审，不办理招投标手续，不签发开工许可证，不组织竣工验收，不办理产权证书。对无证、越级设计；伪造、涂改、转让、出借资质证书、图章、图鉴；乱挂靠，拉外单位人员设计；抬价压价，私收勘察设计费；扰乱勘察设计市场等不法行为的单位或个人，处以5000元至5万元的罚款。注册建筑师违反注册建筑师执业规定和未经注册，擅自从事注册建筑师业务的，除没收违法所得外，并处以违法所得五倍以下的罚款。对建设单位未按规定选择相应的勘察设计单位，擅自更改设计文件，处以工程总造价的0.5%～2%的罚款。

1998—2000年，严格执行施工图设计文件审查制度，坚持未经审查同意一律不准使用，并同时把地勘报告、装饰装修设计等纳入施工图审查内容。同时，建立健全勘察设计质量责任制。

七、工程招投标管理

1993年，巴中地区招投标工作监督组成立，制定《巴中地区建设工程施工招投标实施办法》，不断完善、修正招标程序，采取抽、借、请、调的办法组织力量，按时保质完成每轮投标。并率先在地级机关基建工程实行招投标。地级机关基建工程招标面达100%，全地区施工项目招投标面达50%。

1994年1月，巴中地区建设工程招投标监督小组成立，负责对地区建设工程招投标工作业务实施监督。是年3月，巴中地区地级机关基建工程首次招标决标会议公开举行，22个地区内外建筑施工企业参加投标，通过公开招标决标，广元市元坝区市政建筑公司等7个施工企业中标。是年10月，地区纪委、地区监察局制发《关于严肃建设工程招标纪律的通知》，从党风廉政建设的高度强调招投标工作的重要性和严肃性。

1995年6月，全地区建设工程招标工作会议召开，对全地区建设工程招标工作进一步规范化、制度化、法制化，将工作延伸到各县（市）基层，规定区乡（镇）30万元以上建设工程、20万元以上装饰工程必须实行公开招标。

1996年，全地区共计完成招投标工程62个，占建筑工程面的93.6%，招投标工程总投资139225

万元，建筑面积2729901平方米，引进建设资金4000余万元。地区招投标工作站完成建筑工程招投标17个，总投资4895万元，节约工程造价393万元，建筑面积88749平方米，招投标工程占建筑工程的97%。部分道路、桥梁、能源、交通、原材料等重点工程建设项目和较大型的非生产性建设项目及住宅建设均实行公开招投标。

1997年，规范建筑市场行为，将建设工程招投标工作作为治理整顿建筑市场的重要措施，推行30万元以上的建筑工程、20万以上的装饰工程一律实行公开或邀请招投标制度。在招标工作中，坚持严格把好各个环节，对建设单位的招标条件和设计、建筑投标单位的资质均进行严格审查。同时，不断完善招标管理实施办法，在修改和完善实施办法的基础上，进一步明确投标队伍的资格审查办法、标的编制、评标、决标等各项实施办法，招标工作走上程序化、规范化、科学化的轨道。地区招标站坚持以点带面，率先抓好地级机关建设工程招投标工作。加强对各县（市）招投标工作的指导、检查和督促。结合建筑工程执法大检查，对全地区的建设工程招投标工作进行全面检查。

1998年，设立建筑有形市场2个，建立评标专家网络，推行招标登记制度，对中标项目实施跟踪管理，工程报建率达92%，招投标率达94.85%。全地区造价管理咨询机构编制建设工程预算项目142个，工程造价1.95亿元，审查结算项目54个，审减造价448.92万元。

1999年，宣传贯彻《中华人民共和国招标投标法》，地区和四县（市）先后设立建筑有形市场，全面推行专家评标制。工程报建率达100%，招投标率达100%。同时，建立健全建设工程造价审核确认制度，切实加强工程造价管理，接待处理造价咨询和调解造价纠纷18起。

2000年，修订完善《巴中市建设工程施工招标评标办法》，进一步规范评标工作。全市工程报建率达100%，招投标率达100%。进一步完善建设工程造价审核确认制度，共编制建设工程预算项目70个，工程造价1.1亿元；审查结算项目45个，审减造价393万元。

八、工程质量监督

1985年，境内四县先后成立建筑工程质量监督站，对县内建筑施工、建筑材料进行质量监督、检查、测试工作。对竣工工程不合格的，坚决不准交付使用；交付使用的工程，实行包修制度。20世纪80年代末，各县主要对建筑产品进行监督，凡厂家无合格证的建筑产品一律不准使用；对房屋基坑及房屋质量的检查仅凭经验与直觉。

20世纪90年代初，境内各县开始使用检测仪器，对建筑材料进行抗拉（压）力测试，进一步提高工程质量。

1994年，巴中地区质监站成立后，针对“一城三站”（地区质监站与县级巴中市质监站、乡企局质监站）同在巴中市（县级）开展监督工作的混乱局面。是年7月底，将地、市质监站合并，理顺体制，确保监督工作的科学性、公正性、权威性。1995年，针对全地区建设工程质量总体水平不高的状况，把工程质量综合治理列为工作的重中之重来抓。

1996年起，全地区严格执行巴中地区建设工程监督管理程序。到是年4月底，共受监工程共250幢，监督面积60万平方米，竣工单位工程30个，其中优良工程7个，工程合格率达100%，优良率达23.3%，监督覆盖率达到85%，受监工程从未发生过一起房屋垮塌事故。监督员严把基础、主体、验收“三关”，做到基础验槽、主体验收、装饰样板、安装样板、屋面工程、等级核定“六到位”。累计查处工程质量事故85起，重大质量事故2起，隐患25起，处理质量投诉51起。地区建设工程质量检测中心对在建工程进场建材进行全过程检测。完成对巴中市（县级）60余家预制厂（场）的检测工作，对进场预制构件进行经常抽检，从根本上把住工程质量关。全地区受监工程面积86万平方米，工程质量监督覆盖率达88%，施工工程质量合格率达98.6%，优良率达27.4%。

1998年，全面落实《巴中地区建筑企业工程质量管理责任制》，按照设计文件和有关技术标准对所承建的工程施工质量负责，依法建立健全全面质量管理体系。全年文明施工率达91%，工伤事故频率比1997年降低2.5‰，工程质量监督覆盖率达96%，竣工工程质量合格率达100%，优良率达32%。1999年，全地区建设工程质量监督覆盖率达98%，竣工工程质量合格率达100%，优良率达27%。

2000年，加强工程质量监督、安全和现场管理，确保建设工程质量安全，全市未发生一起重大工程质量安全事故，工程合格率达100%，优良率达28%。

第十三篇

环境保护

20 世纪 70 年代前，境内民众环境保护意识淡薄，环境污染较为严重。之后，随着环境保护机构的建立，各县以宣传实施环境保护相关法律、法规为契机，采取多种形式，广泛开展环保教育，提高环境保护意识。同时，历年在“6·5”世界环境日和“4·22”世界地球日期间，开展环保主题宣传活动。开展环境保护监测，增添监测设备，加大人才培训，加强监测能力建设。开展环境治理，有效治理废水、废气、废渣，处理固体废弃物，治理噪声污染，加强电磁辐射安全管理。20 世纪 90 年代起，普遍推行环境保护目标责任制，并层层签订目标责任书。加强饮用水水源保护和城镇生活污水治理工程管理，严格控制城镇环境质量，创建卫生城市，大力开展城市环境综合治理。组织开展环保执法大检查，严肃处理环境污染事故。加强生态环境的保护与建设，推进生态村、生态乡和生态县建设，确保生态平衡。2000 年，全市环境空气质量、环境噪声达到国家标准，饮用水水源得到有效保护，城市脏、乱、差得到有效治理，实施一系列生态建设工程，生态环境建设进入新的发展阶段。

第一章　宣传教育

第一节　环保宣传

20 世纪 70 年代前，境内四县环境保护意识淡薄，废水、废气、废渣（简称“三废”）污染问题严重。20 世纪 80 年代，境内各县相继成立环保机构，加强环境保护工作，并开展声势浩大的环境保护宣传活动。在“6·5”世界环境日活动期间，围绕环保宣传主题，通过领导发表广播电视讲话、电视字幕宣传、公共场所悬挂标语、举办知识竞赛活动或文艺晚会、组织宣传车宣传、制作固定性标语或宣传画、宣传专栏、板报、墙报、中小学生有奖征文活动等各种形式，广泛宣传环境保护的法律法规、方针政策、措施办法。1988 年，南江县组织 20 多个单位开展“6·5”世界环境日文学作品征文活动，农民、工人、干部、学生积极参与投稿，共收文稿 413 篇，评奖 24 篇。

1993 年 10 月，巴中地区环境保护委员会成立，加大环保宣传力度。1994 年，全地区征订《中国环境报》《环境导报》《四川环境工作通讯》《环境工作通讯》300 余份，创办环保简报 100 余期、板报 20 余期。同时，利用“4·22”世界地球日和“6·5”世界环境日开展宣传活动。行署副专员苟必伦在《巴中时报》上发表“经济要大上，环保要跟上”署名文章；各县（市）政府分管领导发表电视讲话，张贴横幅标语 30 余幅。巴中市（县级）散发《环保法图解》80 余套，平昌县召开纪念座谈会，南江县镌刻巨幅石刻标语 2 幅。

1995—1996 年，地区 11 个部、委、局统一行动，联合开展“巴蜀环保世纪行”活动。在“4·22”世界地球日和“6·5”世界环境日期间，开展以车船码头为重点的宣传活动。各县（市）做到电视上有图像、广播里有声音，分管县（市）长及人大常委会主任发表广播电视讲话。在县（市）城区及重点区乡场镇累计张贴、悬挂临时标语 66 幅、永久性标语 4 幅；有线电视字幕宣传 38 次；开展纪念活动 11 次，印发宣传资料 1500 多份，分发机关、学校、厂矿等单位和社会群众。

1997 年，全地区把宣传教育的着力点放在突出重点、加大力度、提高效果上。同时，加大环保宣传投入，投入宣传经费4.6万元。在“4·22”世界地球日和“6·5”世界环境日期间，开展形式多样，内容丰富的环境宣传教育活动。在《巴中广播电视报》开辟“环保之窗”栏目；地区电视台播放“巴山环保行”专题片；南江县在有线电视台开辟“南江环保工作巡礼”栏目，录制播放10集环保系列片《绿水、青山永相伴》专题片；巴中市（县级）、南江县在城区主要交通路口设立4个环保宣传咨询站，并印发宣传资料8000份。

1998年，充分利用地、县电视台及《巴中日报》《环境保护导报》等宣传舆论阵地，宣传环保政策、法规和科普知识。开展纪念活动8次，印发宣传资料5000余份；地、县电视台播放环保专题片和宣传字幕56集次。

1999年，在“4·22”世界地球日和“6·5”世界环境日期间，开展形式多样的宣传活动，增强民众环保意识。设置环保知识宣传咨询台，印发环保科普、法律知识宣传资料近万份，出动宣传车21台次，悬挂各种宣传标语280多幅。南江县拍摄并播放“拯救地球就是拯救未来”为主题的电视系列片。同时，全地区将国务院颁布的《建设项目环境保护管理条例》作为宣传重点，各县（市）针对建筑市场环境保护意识差的情况，组织建筑业环境保护法规培训班，全地区编印《建设项目环境保护管理条例》宣传资料1万余份，发放到各相关企事业单位和区、乡（镇）及个体经营者。

2000年，将环保宣传教育纳入年度工作重点。在江北主干道上悬挂宣传标语10幅；对治污不力和污染老大难问题的单位予以曝光，进行舆论监督。各县（区）悬挂标语50幅，印发环境保护宣传资料3万余份，设环保咨询服务台10次，电视台播放标题新闻200余条。各县（区）结合本地“一控双达标”（“一控”指污染物总量控制；“双达标”指工业污染源要达到国家或地方规定的污染物排放标准，空气和地面水按功能区达到国家规定的环境质量标准）工作实际，组织学生、老人、机关企事业单位有关人员参加的环保宣传游行队伍。通过形式多样、有声有色的宣传教育，进一步提高环境保护意识。

第二节　环保教育

1979年9月，《中华人民共和国环境保护法》（试行）颁布后，境内四县以实施法律为契机，将环境保护法宣传资料发到公社、场镇、学校、工矿企业和城区各单位，开展环保教育。20世纪80年代起，境内四县大力宣传、贯彻《中华人民共和国水污染防治法》《中华人民共和国大气污染防治法》《中华人民共和国环境保护法》，并广泛开展环保法规教育。1980年，通江县召开环保专题会议4次，举办环保专题讲座20余次。

1992—1993年，境内四县集中统一开展环境保护教育活动。活动形式采取学习、辅导、培训、讲座、知识竞赛、文艺演出、咨询服务等。以公民为主体，以各行各业的负责人为重点，以广大青少年为对象，以掌握环保法规、政策和有关知识为主要内容。通过活动的开展，重在提高全民环境保护意识。巴中县中小学组织开展“只有一个地球”征文活动，共收征文125篇，有10篇获奖。亦开展“环境与发展十大对策”活动，收集各类征文作品125件。

1993年后，全地区采取多种形式，广泛开展环保法律、法规教育。地区将环保法规纳入“二五”普法内容，组织厂长、经理300余人进行考试。

1995年，结合执法大检查，对环境热点和难点问题，在有线电视上进行公开曝光。注重中小学环保法规教育，采取抓点带面的办法，把普及环保知识纳入教学计划，在小学三年级以上每学期安排10学时环保知识课。四县（市）将环境保护法律、法规的宣传教育列为“二五”普法的重要内容。

南江县除对部门、区、乡领导培训外，还举办企业法人环保法规培训班，参训人数达112人次。平昌县把环境保护相关法律、法规作为区、乡干部党校培训教材，并摄制专题宣教片。巴中市（县级）举办“环保法规知识竞赛”。通江县举办环保法规知识有线电视广播讲座52次，举办环境保护法培训班2期；通江县实验小学成立“红领巾环保监督岗”，在城镇开展“创文明卫生城”活动，增强干部群众和少年儿童的环保意识。

1996年，《中华人民共和国固体废物污染环境防治法》和《中华人民共和国环境噪声防治法》颁布后，地、县（市）将环境保护相关法律、法规印成宣传资料下发各地，并开办环保法制宣传专栏，悬挂相关标语，进行法制教育。

1997年，根据《全国环境宣传教育行动纲要》，全地区将环境教育纳入学校素质教育的一部分。全地区联合开展以“生命之水”为主题的少年百科知识竞赛活动，收到环保征文350篇，其中85篇获奖。全地区中小学开展环保知识课，并组织学生参加各种环保教育活动。

1998年，全地区将环境保护法纳入“三五”普法内容。进一步抓好学校环境教育，制定环境教育计划，指导环境教育教师培训，促进学校环境教育不断提高。利用小学自然常识课、中学生物课在全地区中小学开展环保知识教育。组织全地区中小学生参加全国“青少年生物知识百项活动”，并有3项作品获奖。

1999—2000年，加大环境保护法制教育力度，注重环保系统内部职工法制教育和培训；通过会议进行法制培训，加强环保法制意识教育。在全市中小学开展环境保护知识问卷调查和创建“绿色学校”活动。

第二章　生态保护

第一节　自然资源保护

20世纪70年代前，境内民众环境保护意识较淡薄，乱砍滥伐、过度开荒造成自然资源破坏较为严重。

1978年后，境内四县积极采取措施，加强生态环境的保护与建设，确保生态平衡。通过开展植树造林、封山育林、保护天然林、治理水土流失等有效措施，不断加大资金投入，加快自然生态保护与建设，森林覆盖率不断提高，自然生态逐渐恢复平衡。1986年5月，通江县将中林乡黑龙池定为风景保护区。是年11月，诺水河风景名胜区被省政府列为全省重点风景名胜区。1989年，光雾山风景名胜区被达县地区行署批准为地级风景区。1992年，黑龙池风景保护区被建设成自然保护区。1993年12月，光雾山风景名胜区被列为省级风景名胜区。

1994年，全地区成片造林1.9万公顷，封山育林1.33万公顷，全民义务植树1969.3万株，其中长防林工程造林0.85万公顷，新增绿化面积1.9万公顷，绿化覆盖率达32.5%。国家一级保护动物3种，二级保护动物16种，省级保护动物27种。全地区建成省级自然保护区2个，省级风景名胜区2个。

1995—1996年，四县（市）政府与有关单位签订《荒山绿化责任书》《长江防护林责任书》《保护林区责任书》，把荒山荒坡绿化、林区保护作为绩效考核的重要内容。按照“林木资源消耗量低于生长量”原则，切实把“生态防护林管死、商品用材林管住、工业原料林管活”，严格执行“一限三证”（采伐限额、采伐许可证、木材运输证、木材经营加工许可证），并把限额采伐纳入政府和林业主管部门的“双线”考核。同时，认真执行国家“加强资源保护，积极驯养繁殖，合理开发利用”野生动物保护方针，禁止无证买卖、经营，乱捕乱杀、加工野生动物，特别是珍稀动物。各县（市）木材检查站对野生动物贩运严格把关，认真查处，对破坏野生动物资源违法行为进行严厉打击，发现贩运、捕杀青蛙、蛇等动植物害虫天敌的，除全部没收、放归大自然外，对责任人处以罚款。平昌县、巴中市（市）组织力量深入农贸市场、收购点、火锅店及饮食店，收缴大量的青蛙、蛇、鸟类和野生动物皮张。南江县、通江县对收购娃娃鱼（大鲵）、洋鱼者进行严惩。

巴山水青枫

1997年，通江县诺水河、南江县光雾山相继被省政府批准为省级自然保护区。1998年，省、地、县投资30多万元完成自然保护区勘察、自然资源现状调查，编制生态保护规划。南江县光雾山自然保护区划定保护区域，并设置界桩、界牌，公布相关保护规定。该自然保护区包括桃园、光雾山玉泉、大坝、槐树三乡，北至陕西省界，面积34988公顷；保护区内大部分地区森林覆盖率在90%以上，有草山10万公顷、森林17万公顷、木材蓄积量700万立方米，巴山水青枫3000公顷，野生动物26目、61科、195种。截至1998年底，全地区成片造林9.2万公顷，封山育林4.67万公顷，全民义务植树5000万株，其中长防林工程造林3.87万公顷，新增绿化面积10万公顷。全地区绿化覆盖率达39.3%，全地区完成水土流失治理面积519.9平方公里。

1999年，对诺水河、光雾山两个省级自然保护区的区域和功能进行划分，划定核心区、缓冲区和实验区，界桩、界牌建设完成率达85%。对自然保护区进行经常性检查，制止违法采矿和破坏植被等情况发生，加大自然保护区管理力度。是年，通江县被国家科委列为第三批重点地区生态环境建设综合治理工程项目实施县。

2000年，加大诺水河、光雾山两个自然保护区建设和保护力度，并设立标志牌，对保护区的功能区进行划分，基本摸清自然保护区现状和保护物种。全市累计自然保护区面积占全市辖区面积比例达13.3%。诺水河自然保护区重点抓生态环境建设，对25度以上的坡地退耕还林140公顷，沿河两岸实行封山育林，人工种草500公顷；公路两旁的坡、台全部种草和灌木，人工种草50公顷，草地建设与保护100公顷，培植公路绿化带5公里，人工造林60公顷，营造经济林53.33公顷；新建渠堰2条6.4公里，新建蓄水池4口，山坪塘1口。是年，通江县制定《通江县国家生态环境建设综合治理工程项目管理实施细则》，工程项目由小通江河流域诺水河、临江、平溪、板桥口、青峪、新场等乡镇组织实施。

第二节　农业生态保护

20世纪70年代前，境内各县毁林开荒种粮，开展粮食生产自给，森林面积逐渐缩小，水土流失严重，自然灾害频繁，农业生态受到破坏，出现“山上开了荒，山下遭了殃”现象。1978年后，境内四县重视农业生态环境保护，开展植树造林、农田水利建设，恢复农业生态平衡。

1981—1983年，境内四县对农业自然资源进行调查，划分农业区划。按照有利于粮食自给有余、合理利用和保护资源、发展山区生态、提高农业经济效益、实现农业生态平衡的原则，确定农业以林为主、农林牧结合、农工商协调发展的方向。1984年，境内四县进一步提高对改造农业生态环境重要性认识，县、区、乡三级分别对农业生态环境建设作出五年、十年规划。

1986年，通江县确定以三溪乡爱国村为农业生态环境保护示范点，带动全县农业生态环境改善。是年6月，达县地区农业生态环境会议在通江县召开，会议肯定爱国村维护生态平衡，促进农业发展经验。1988年起，境内四县开始建立农业生态示范点、生态农业示范区、生态文明村和生态家园。至是年底，通江县创建农业生态环境保护单位、自然风景保护区各1个。1989—1991年，通江县继续加大爱国村农业生态环境建设，选定诺水河风景区和黑龙池为自然森林保护区，引导推动全县生态环境保护建设。同时，扩大农业生态示范点范围，主抓“一区、七镇、两条江”，即诺水河风景区和诺江镇等七个镇，大通江、小通江流域生态建设。涵盖20个乡、50个村、10个社、25000户的生态示范。

1992年，境内四县全面实施“八五”期间农业生态环境建设发展计划。把农业生态环境建设纳入工作议事日程，将“八五”农业生态环境保护建设任务分解到各乡、村、社，农业生态环境保护建设呈现出新局面。通江县规划确定生态乡12个、生态镇7个，生态村46个、生态社92个，生态户23000户。

1993年后，地委、行署注重农业资源保护，加强农业生态环境保护建设。通江县对各区镇的饮用水水源、风景游览及保护区划定；在13个区（镇）成立环境保护管理站，配备专职环境保护管理员，做到自然生态环境保护工作有人抓、有人管；在全县推广爱国村发展生态农业的经验，大力发展森林。

1995年起，地区在总结通江县三溪乡爱国村生态农业建设经验基础上，分别在各县（市）抓生态示范村、乡各1个。环保部门会同农业部门完成了生态村、乡建设规划；协同乡镇企业局加强乡镇企业环境管理的操控力度；配合水电局开展水土流失防治工作和农村改水工程。在中低产田土改造和水土保持方面，坚持山、水、林、田、路综合整治，工程、生物、化学、农耕措施配套实施，完成中低产田土改造0.42万公顷，治理水土流失，年减少水土流失约300万吨。在农作物病虫害、草鼠害的综合防治方面，推广使用高效、低毒、低残留农药，耕作、生物、人工防治并举，淘汰“六六粉”，杀虫脒等剧毒农药使用，以保护植物病虫害天敌。在改良土壤结构、提高保养水肥能力方面，积极推广农家肥，大力种植绿肥，增强土壤抗冲刷能力。同时，无公害耕作栽培技术在全地区起步，南江县元顶子茶场运用该技术，将云顶系列名优茶申报国家绿色产品标志。完成通江县陈河乡、南江县桃园镇生态农业乡规划建设，完成4个生态农村建设。全地区水土流失治理面积123平方公里。

1996年，在生态农业保护方面，探索出“井池园机配套，种养加工结合”为特色的池园经济，在修路、建池的基础上，把打井、建园、建院紧密地结合起来，“五改三建”相配套，农业生态环境进入良性循环。是年，通江县确定陈河乡为农业生态环境保护示范乡，并狠抓林业发展，植树种草，全乡绿化覆盖率达到86.3%，森林覆盖率达到67.8%，节能改灶2500口，建沼气池300口。该乡被全国绿化委员会授予“全国造林绿化百佳乡（镇）”称号。南江县确定桃园镇为农业生态环境保护示范乡。1998年，全地区新建农业生态示范乡4个。

1999年，开展农业生态环境综合整治，推进生态村、生态乡和生态县建设，保护农村生态环境。加强乡镇工业环境管理，引导乡镇工业调整产业结构，合理布局，提高科技含量，减少污染。通过“长防工程”小流域等水土流失综合治理，大力开展植树造林及水源涵养林保护，积极实施长江中上游防护林、封山育林及天然林保护工程等一系列生态建设工程，加强林业和农业生态环境建设，生态环境建设进入新的发展阶段。

2000年，完成《巴中市生态环境调查报告》，提出建设巴中五大生态保护区设想，为巴中实现“生物工程”打下坚实基础。通江县全面完成“九五”期间农业生态环境保护示范目标计划。

第三章　环境监测

第一节　监测能力建设

20世纪80年代，境内四县相继建立环境保护监测站，配备监测设备，主要进行排污费征收、环境宣传、人才培训、基础设施建设。同时，选派人员到外地学习环境监测业务，提高监测分析工作能力。1986—1989年，南江县投入经费5万元，购置环境监测常规应用的天平、烤箱、冰箱、分光光度计、pH仪及常用化学试剂。

从20世纪90年代起，境内四县开始环境质量监测和污染源监测工作，并建立法定的环境监测制度；逐年扩大监测范围，增加监测内容，发布环境质量状况公报，定期报告县域环境质量状况；综合分析质量监测和污染源监测结果，提出改善环境质量对策，为污染控制提供技术支持，为公正执法提供基础数据，为环境管理提供科学依据。

1994—1996年，坚持“环境管理必须依环境监测，环境监测必须为环境管理服务”工作方针，切实加强监测能力建设。建立以地区环境科研监测站为中心的环境监测网络。加强环境监测设施设备建设，有可见分光光度计、酸度计、离心机、生化培养箱、干燥箱、冰箱、电磁搅拌机、天平等管理仪器设备62台，能正常开展水质、噪声、降尘、降水、烟尘、酸雨、生物等项监测。组织监测业务目标竞赛活动，定期演兵练武，提高人员素质，夯实技术基础，提高基层监测站的技术水平，为环境管理服务。坚持以“提高整体素质，先预测效能”为目标，对各县（市）监测站进行业务考核，提高业务水平，加大质控力度。

1997—2000年，在加强监测站基础设施建设的同时，强化监测部门队伍建设，对全体职工进行素质教育，增强全体干部的凝聚力和战斗力。在监测经费严重不足，仪器、设备陈旧落后，办公条件差的情况下，想办法，添措施，确保证监测工作的顺利开展。

第二节 环境质量监测

从20世纪50年代后期起，境内工业废气、各类烟尘、废水废渣散发恶臭气味、有毒有害气体造成局部大气环境污染。20世纪70年代起，由于场镇人口增加，生活污水、垃圾、人畜粪便直接排放，工业废水、废渣、有毒有害物质等对水体直接污染。20世纪80年代中期起，工业、建筑、机动车辆、歌舞娱乐、燃放鞭炮等产生噪声扰民；有放射性物质、危险化学品及有害物质、电磁辐射等对人体健康影响；对农田土壤、农产品污染，有剧毒农药及其他有害物质；对生态环境破坏，有工业“三废”，乱采滥伐林木、滥捕猎杀野生动物、滥施化肥等。

1983年7月，城乡建设环境保护部颁发《全国环境监测管理条例》后，境内四县贯彻执行，始开展环境监测工作。1984年，境内四县执行《四川省环境监测管理若干规定》，凭感观监测始对大气、水质、噪声进行监测。1985年7月，全省增设降水酸度监测站，指定通江县为酸雨测报二级站，设2个采样点，在1月、4月、7月、8月、10月逢雨必测。1986年起，南江县对城区附近的农机厂、兴茂大理石厂的噪声进行昼夜监测。1987年12月，省、地环保部门委托南江县对广旺矿务局南江煤矿环境评价做监测，对矿区进行大气的二氧化硫、氮氧化合物、飘尘、噪声、杨家河河水采样，并编写出相关环境监测报告书。之后，又为县磷肥厂扩建2万吨硫酸厂、五氧化二磷磷肥生产的环境监评资料监测和县水泥二厂建设60万吨旋窑生产的环境影响评价作背景值监测。

1989年起，境内各县开展所在城镇的大气、水质和噪声监测工作。通江县设大气监测点4个，监测TSP、SO_2、NO_2；地面水质监测断面2个，监测水温、pH值、SS、电导率、BOD、COD；酸雨监测点3个，监测时间为1月、4月、7月、8月、10月；降尘监测点5个，每月监测一次；环境噪声监测点4个，年内选定一个月的一天24小时连续监测；污染源管理的企业个数自定。1990年12月，平昌县始对县城主城区粉尘自然沉降量进行测试，将县光荣院设置为清洁对照点，设监测点5个，监测统计降尘量2.50~8.62吨/平方千米·月，冬春季降尘量高于夏秋季。是月，对工业企业、医疗单位及较大餐饮服务业污染源进行监督性监测，掌握排污单位污染物排放浓度和总量，以核查排污申报的准确性。废水监测以工业废水、医疗污水、餐饮废水监测为主，废气对锅炉、炉窑的烟尘、烟气进行监测。1989—1990年，南江县开展环境质量背景值监测，监测点设在南江河城区段上游的碾盘，下游设在黄金桥处，各设1个断面，分四季采样，监测pH值、电导率、色度、浊度、化学需氧量、生化需氧量、高锰酸盐指数、氨氮、硝酸盐氮、西硝酸盐氮、氟化物、悬浮物、六价铬、总硬度、总磷、氯化物、硫酸盐、砷、水温、嗅和味等。

1991年，巴中县开始开展对巴州镇空气悬浮物微粒、二氧化硫和氮氧化合物、交通干线噪声例行性监测，并对39个单位实行监督性监测。平昌县开始对巴河平昌段4个水质监测断面（通河取水塔控制断面、龙潭溪对照断面、老鹰石控制断面、泻巴消减断面）和3个水期（3月枯水期、8月丰水期、11月平水期）进行例行监测；同时，对7个企业生产废水进行监测。1992年，境内各县贯彻执行《四川省工业污染源监测管理办法》，对工业废水，废气（粉尘、烟尘），物理污染（工业噪声、振动、辐射、电磁波等），有害固体废弃物，污染治理设施净化效率进行监测。是年7月，通江县对城区环境噪声标准适用区域（合计约2平方公里）划分为六个类区进行管理。昼间为6时至22时，夜间为22时至次日6时。环境噪声控制类区划定后，县环境监测站按规定设立监测点，进行测定噪声强度，为执法监督控制提供数据。巴中县巴河水质监测新增五日生化需氧量、六价铬、总铬、氨氮等项目。1993年，巴中县完成城区3个点大气监测和巴河大佛寺桥对照断面、手傍岩控制断面、曾口人渡河消减断面等10个项目的地面水监测，以及城区4个点区域噪声和3个点交通噪声监测，共获数据3636个。平昌县将污染源监测增加到县丝绸厂、翻胎厂、纸厂、米面厂、植物油厂、食品厂等单位，监测项目由6个增加到18个，监测频率从1年1次增加到每季度1次。1989—1993年，南江县对县城分块划片定点，昼夜进行噪声监测，为县城功能分区和城建规划提供环境监测信息。

从1994年起，全地区贯彻环保总局《关于进一步加强环境监测工作的规定》，用监测技术手段对一切违反环境保护法规行为进行监督，为环境保护执法提供科学依据。坚持"环境管理必须依靠环境监测，环境监测必须为环境管理服务"，完善监测管理制度，提高技术水平和应急监测能力，为环境管理做好超前服务。以监测数据的"准、快、全"为目标，扎实完成环境质量监测、环境管理制度服务监测、污染事故及环境纠纷仲裁监测等四项任务。

1995年，全地区环境质量明显好转，二氧化硫日均值为每立方米0.13毫克，比1994年降低0.01毫克，优于大气环境质量二级标准；总悬浮微粒日均值为每立方米0.52毫克，比1994年降低0.05毫克；降水pH值为6.1，与1994年持平；五日生化需氧量为每升3.8毫克，与1994年基本持平，优于Ⅲ类水质标准；高锰酸盐指数为1.49毫克，优于Ⅰ类水质标准；区域环境噪声昼夜等效声级为76分贝，优于78分贝的政府目标。是年，通江县建立噪声达标区0.5平方公里。

1996年，平昌县开始降水pH值监测，对1月、4月、7月、8月、9月、10月降水进行全面监测，共获监测数据2146个。通江县始设功能区噪声5个点，交通噪声3个点，建噪声达标区0.1平方公里。

1998年，全地区完成大气、水质、交通和区域环境噪声监测，共获监测数据3100余个，出具监测报告217份。同时，开展污染源监测、监督性监测和仲裁监测。1999年，全地区共获大气、水质、交通和区域环境噪声监测数据3000余个，出据监测报告185份。

2000年，开展"一控双达标"工业污染源在线监测工作，及时准确提供全市省控断面地表水情况监测任务。全市共获大气、水质、交通和区域环境噪声监测数据3500个，出据监测报告200余份。其监测结果表明：空气污染有所减轻，但总悬浮颗粒物污染明显增高。全市二氧化硫年日平均值为0.039毫克/立方米，控制在国家环境空气质量二级标准（0.15毫克/立方米）以内。氮氧化物污染略有升高。全市氮氧化物年日均值为0.058毫克/立方米，控制在国家环境空气质量二级标准（0.10毫克/立方米）以内。总悬浮颗粒物污染日均值为0.468毫克/立方米，超过国家环境空气质量二级标准（0.30毫克/立方米），超标倍数为0.56倍。全市降尘量为9.46吨/平方公里·月，酸雨pH值年日均值为5.37。地表水质状况保持稳定。以巴河巴州区段为例，pH值年日均值为8.19，悬浮物年日均值为23.43毫克/升，总硬度年日均值为9.59毫克/升，溶解氧年日均值为7.02毫克/升，高锰酸盐指数年日均值为3.08毫克/升，BOD年日均为1.72毫克/升，非离子氨年日均值为0.018毫克/升，亚硝酸盐指数年日均值为0.35毫克/升，电导率年日均值为329.73，以上指标除亚硝酸盐氮超标2.5倍，其余指标都未超过国家地表水二类水域环境质量标准。

第三节　其他环境要素监测

1987年6月，平昌县监测站参与达县地区环境放射性水平调查业务。通过水样、表土样、剖面样的调查，了解本地放射性污染因素的自然本地水平。

从20世纪90年代起，境内四县环境监测站编报环境监测季报、年报，加强统计工作，疏通信息渠道。

1994年，编报环境监测季报、年报，获各种数据2600个。对国家、省、地立项和其他较大的生产性项目、房地产开发项目，均于开工或投产前进行环境影响评价现状监测工作，防止建设项目产生新的污染。

1996年，开展环境污染纠纷仲裁监测工作，主要是针对噪声扰民、垃圾污染、锅炉炉窑烟尘污染、污水污染水源及农田等污染纠纷仲裁提供监测数据。在开展环境污染情况调查监测和污染事故监测中，重点加强河流水质污染的调查监测工作。同时，承担建设项目竣工环保验收监测和污染源限期治理达标验收监测。

1997—2000年，各年度完成大气、水质、交通和区域环境噪声监测，开展污染源监测、监督性监测和仲裁监测。发布环境质量公报，为省、地（市）环保决策提供可靠依据。2000年8月下旬至11月底，完成生态环境现状综合调查，摸清全市生态环境状况，并建立完善一套完整的软件资料。完成规模化畜禽养殖业污染情况调查。

第四章 环境治理

第一节 废水治理

20世纪70年代末，境内四县开展水污染防治，加强水质管理，先后对废水污染大户进行整治。

20世纪80年代初，境内各县开始重视饮用水源保护，规范化整治排污口，建沼气池、化粪池，处理生活废水，实现达标排放，防止污染河水。1980年，通江县工业企业和生活废水排放48.45万吨。1981年起，巴中县对污水污物进行综合治理，城镇新建沼气池17口，总容积2048立方米，年处理生活污水1.4万吨。1982年，因西南石油局在通江县陈河乡钻井报废后固井不牢，造成钻探废水泄漏，污水日流量500立方米，直接经地面排入河流，污染耕地0.3公顷，死亡耕牛56头。1985年，《中华人民共和国水污染防治法》颁布实施后，境内各县进一步加强水质管理工作，对造纸厂、肉联（食品）厂、林化厂、酒厂、丝绸厂、玻璃厂、医院等废水进行治理，促使废水排放达到规定标准。是年，通江县废水排放总量增至164万吨，采用等标污染负荷法评价，废水中BOD5增加。通江县米面厂建容积13立方米洗麦废水沉淀池1个；通江县栲胶厂建废水、废渣过滤澄清池6个，容积503立方米，将澄清的水通回循环利用。巴中县对废水采取沉淀、过滤等办法，处理废水44.17万吨，占排水总量的20%。1972—1985年，平昌县累计建沼气池16293口，总容积17万立方米，使用率90%以上，处理粪便30余吨；城镇机关房屋建化粪池9口、360立方米，年处理粪便97.2吨。1986年，平昌县对县城896处厕所进行调查，建化粪池16口、沼气池5口。1987年，据南江县工业企业抽样调查，全年工业用水240.06万吨，工业废水排放为132.75万吨，万元产值排放废水539吨，经处理的10.86万吨，处理率为8.2%，废水中主要污染物含量悬浮物5385.58吨，化学需氧量2.06吨，五日生化需氧量2639.92吨，砷0.211吨，硫化物25.57吨，氨氮0.0016吨，氟化物0.41吨。按等标污染负荷法评价，工业废水对水体的主要污染源为酒厂、磷肥厂、肉联厂。是年，通江县造纸厂研制"膨化射流切换器"，治理"三废"效果显著，其中废水中残碱含量每升5克降为2克，减轻对河水污染。巴中县投资15.7万元，完成县肉联厂屠宰废水沼气化处理、县酿造厂生产废水治理等项目，共治理生产废水79.11万吨。1988年，平昌县酒厂制定废水治理方案，采用余热废水回收废酒糟液；县江口纸厂物化法浆料，减少污染物排放量。1989年，通江县新增废水处理能力6000吨，县林化厂废水经过治理，实行水渣分流，白水回流循环利用。是年，西南石油局对陈河乡报废钻井完成固井施工。

1990年，境内四县认真贯彻执行《中华人民共和国水污染防治法》和《水污染防治法实施细则》，加强水污染管理。划定饮用水源保护区，严禁放养禽畜、从事旅游活动，禁止向河岸倾倒垃圾，杜绝污染。开展治理整顿，调整产业结构，限期治理重点污染源；强化管理措施，依法控制污染；开展排放申报登记，实施排污许可证；制定和实施水环境目标管理；推广先进的防治技术。是年，平昌县植物油厂废水采用封闭沉降净化处理，县酒厂改发酵工艺为膨胀生产酒料，酒糟液真空处理，减少污染排放量。通江县商办酒厂废水废渣排放到河流，严重污染县造纸厂生产用水，投产1月后被迫停产。1991年，通江县机械厂投资1.09万元，增设废水循环设备1套，节约用水5000立方米，减少废水排放量4500立方米。平昌县医院对病毒废水进行生化、消毒处理。1992年，巴中县投资10.12万元，治理县造纸厂污染，使吨纸用水由300吨降至200吨；完成县酒厂机制酒液中分离糟作饲料废水治理。是年，平昌县对县城生活粪便废水治理发出通知。1993年2月，通江县制发《关于加强城镇生活污水净化沼气工程建设的意见》，把污水净化沼气工程纳入发展规划，与城镇建设结合做到“三同时”（同时设计、同时施工、同时投产），对敞开式旱厕限期改造，使生活废水达到根本治理。并对13个单位新建楼房工程，执行“三同时”制度进行监理，建污水净化沼气装置（化粪池），达到污水粪便无害化处理。巴中县完成县丝绸厂水冲渣、县罐头食品厂生产废物综合治理，降低废水中含碱量。

1994年后，全地区认真贯彻执行《四川省饮用水水源保护条例》，划定河段饮用水水源保护区范围，制定《城区饮用水水源保护管理办法》，对城区饮用水水源保护工作形成规章，依法执行。地区对各县（市）城区饮用水水源保护区的划分进行审查确认。各县（市）制作《城区饮用水水源保护区通告》标牌，将保护区范围及禁止的活动种类进行公布。南江县将碾盘乡穿心店养生潭上游1000米处和下游100米处之间，确定为水源一级保护区，禁止一切污染水源活动。是年，通江县对诺江镇辖区内沿河两岸144个单位263幢楼房污水、粪便排放情况进行调查，建化粪池67处，建蓄粪坑91处；有105幢房屋污水、粪便直接排放，尤其是医疗污水危害严重；污染纠纷达30余件。县政府对污水污染严重、危害较大的9个单位作出限期整治决定，推动城区污水粪便治理达标排放进程。并与7个县级部门签订环境目标责任书，将污水、粪便治理列入为重要内容。1995年，平昌县江口纸厂进行技改，回收中段废水，实行水循环利用，减少废水排放量，以废旧纸为主要原材料进行再生纸板生产，降低废水中悬浮物浓度。通江县把县城区单位办公楼、住宅楼生活污水、粪便治理纳入“三同时”管理范围，所有楼房均修建污水粪便无害化处理设施（化粪池），污水排放全部符合标准；长坪锅厂技改项目执行“三同时”制度达标95%。1994—1995年，全地区年处理工业废水224.73万吨，工业废水综合利用率分别达到29.8%。

1996—1997年，加强城镇生活污水治理工程管理。各建设单位必须把生活污水治理纳入统一计划，统一建设，统一管理；凡承担生活污水治理工程的单位，必须持有“四川省环境污水治理证书”，接受环境保护部门的监督检查。治理工程经验收合格才能投入使用。全地区贯彻执行国务院限期取缔、关闭、停产土法生产企业的决定。通江县对属关停、取缔的通江县造纸厂实施破产处理。巴中市（县级）对属取缔、关停对象的100余家土法造纸和电镀厂进行分类排队，制定关停、取缔时间表，并进行督办。平昌县江口纸厂关闭化学制浆车间，取缔、关闭驷马卫生材料厂、江口镇宏兴造纸厂。地区制发《关于饮用水源保护区的划定的通知》，各县（市）在城镇设立饮用水源保护区标志牌，公布相关保护规定，遏制饮用水源污染。通江县制定《通江县城区饮用水水源保护管理办法》，划定小通江河诺江镇河段饮用水水源一级保护区为千佛岩自来水取水点下游100米（水磨坎）至上游1000米（石牛嘴电站）的水域及河岸两侧纵深各200米的区域（从河道正常水位线起算）；二级保护区从一级保护区上界起上溯2500米（邹家河坝）的水域及河道两岸纵深200米的区域；准保护区从二级保护区上界起上溯5000米（何家场）的水域及河道两岸纵深200米的区域。

1999—2000年，完成各城区饮用水源保护界定，规范化整治排污口。同时，对区乡场镇集中供水的生活饮用水水源划定保护区，整改不符合水源条件的取水点。对各地主要河流水环境容量进行全面调查，重新审查划定主要河流水环境功能类别。开展工业污染源“一控双达标”，将治理废水污染列为重要项目之一。1999年，通江县工业废水排放量178吨，下降12%。2000年，全市完成重点污染源排放口规范化整治64个，其中设警告标志牌7个，提示标志牌57个。平昌县对江阳丝厂、县丝绸厂、县陶瓷厂、县纸厂、平昌小角楼酒厂、平昌江口醇酒厂等11家企业排污口规范化整治，树提示性标志牌。通江县重点污染单位工业废水排放总量185吨，COD削减2.9吨，悬浮物去除4932吨，废水排放达标97.5%；县医院、县中医院采用自动同步双虹吸医疗污水定量消毒装置，废水中大肠菌群数低于100个/L。全市饮用水水源保护区总长34.4公里，水域面积68.8平方公里；四县（区）饮用水水源保护区长8.6公里，水域面积17.2平方公里。保护区划分为一级、二级和三级，并设置界碑和标志；四个保护区设排污口3个，保护区地表水水质达标率为98%，巴中市巴州区为96%，通江县、南江县、平昌县均达到100%。

第二节 废气治理

20世纪80年代初，境内四县开展“三废”治理，通过技术改造减少污染物排放总量，降低排放浓度，控制各种锅炉、窑炉、茶炉、营业灶、食堂大灶排放的烟气黑度和烟尘浓度，改造炉灶和型煤（蜂窝煤）生产，减少煤烟排放，控制大气污染。1981年，平昌县通过废气治理，城市年减少废气3458.62万标立方米、烟尘41.79吨、二氧化硫44.576吨；平昌县酒厂改造蒸汽锅炉后，年减少排放废气110万标立方米，县米面加工厂取消鼓风机2台。1982年，因西南石油局在通江县陈河乡钻井报废后固井不牢，造成钻探废气泄漏，方圆1000米以内有硫化气味，含量为500PPM，井台附近居民经常出现头晕发呕现象。是年，通江县废气排放总量9469.13万标立方米，其中二氧化硫592.52吨、烟尘40吨。1985年，巴中县对23台工业锅炉安装消烟除尘设备，处理废气8585.82万标立方米，有害气体降低3108.94万标立方米，处理率达32.6%；将草坝街至回风亭规划为无烟区，将辖区内锅炉搬迁至城外，不能搬迁的改造除尘设备，提高除尘效率，推广居民生活型煤化，减少城区煤炭黑烟。通江县废气排放总量23603.45万标立方米，其中二氧化硫438.6吨、烟尘139.5吨。1986年，平昌县对14家工业锅炉和4座炉窑安装消烟除尘设备，277个机关食堂和139家餐饮服务业全部改烧蜂窝煤，减少烟尘排放。是年7月，通江县对26家企业进行调查显示，工业废气排放量21493万标立方米，废气治理主要采用水膜除尘和旋风除尘，有2台旋风除尘器和8台水膜除尘器废气处理率63.15%，基本实现无黑烟化。1987年，据南江县工业调查显示，全县工业废气总排放33141.18万标立方米，万元产值排废气13.28万标立方米，生产工艺废气15112.13万标立方米；净化处理14890.64万标立方米，处理率44.9%，废气中主要污染物二氧化硫660.78吨、氮氧化物161.71吨、一氧化碳214.59吨、氟化氢6.99吨、烟尘613.66吨、碳氢化合物20.18吨、三氧化硫10.07吨、硫酸雾13.06吨；大气主要污染源是火电厂、磷肥厂、酒厂、水泥厂、坪河石墨矿；废气主要污染物为二氧化硫、烟尘、氮氧化合物；主要行业为建材业、电力蒸气、化工业等。是年，通江县划定诺江镇城区为烟尘控制区，加强烟尘排放管理。县林化厂继续完善烟尘排放治理设施，县煤建公司开展炉灶改造和型煤（蜂窝煤）加工，诺江镇居民型煤化达到95%，减少煤烟排放，控制大气污染，达到无黑烟标准。同时，在城区饮食业、食堂推广普及烧型煤。1988年，平昌县254家餐饮服务业和4298户居民基本普及烧型煤，改善大气环境质量。1989年，通江县在城区开始推广使用液化气作燃料。1989—1990年，通江县改灶120台，先进炉灶使用面达到95%以上；80%以上各种炉、灶、窑排放烟气黑度和70%以上炉、窑及工业生产设施排放烟尘浓度达到国家或地方标准。

1993年，平昌县12台锅炉均安装除尘设备，废气处理率达82.4%。巴中市（县级）大气质量$SO_2$0.1毫克/立方米、NOx0.083毫克/立方米、TSP0.6毫克/立方米。1994—1995年，全地区加大环境污染治理力度，共完成工业污染治理项目108个，累计投资2465万元。年处理工业废气79480.13万标立方米、综合利用和处理工业废气处理率68%。1996年，通江县工业企业烟尘排放407.1吨，比1986年下降98.1%，粉尘排放100吨，SO_2排放635.1吨。

1997年，随着餐饮服务业发展，油烟、烟尘等废气污染居民环境较为突出。全地区环保部门对饮食服务业单位散烧原煤进行监督管理，餐饮业必须设置收集油烟、异味装置，通过烟囱排放，不影响居民生活环境；锅炉、炉灶必须燃烧型煤或其他清洁燃料，禁止烧散煤。同时，对城区餐饮业进行清理整治，油烟污染环境问题有所控制。是年，通江县与联合（成都）汽车引擎净化中心签订协议书，合作治理汽车排放污染，改善大气环境。

1998年，全地区烟尘控制区覆盖率达90%，民用型煤普及率达100%，城市（电）气化率达25%。平昌县陶瓷厂改湿发为干发，球磨为雷蒙，改直冲式烟道为往复式，实现二次燃烧，降低烟尘浓度，烟气林格曼黑度由五级降到一级。

1999—2000年，对52家污染企业实行达标排放，其中依法关停17家，治理达标35家，达标率为100%，全面完成“一控双达标”任务。通过企业排污达标，实现烟尘削减率93%，粉尘削减率96.8%。从严控制新污染，对新扩、改、建项目的“环评”制度和“三同时”制度执行率100%。执行《饮食业油烟排放标准》，监督管理餐饮业油烟污染，强制管理餐饮业安装符合要求的油烟污染净化设备。建成烟尘控制区5平方公里，城市气化率达35%，启动城市公交车油改气工程。

第三节　固体废物处理

固体废弃物主要包括工业固体废物、生活垃圾及医疗废物等，尤以生活废渣为主。1981年，通江县工业废渣排放总量为6.87万吨，其中冶金废渣6万吨、粉煤灰和炉渣0.72万吨、其他废渣0.15万吨，处理废渣300吨。1985年，境内各县开始推广废渣制空心砖作建筑材料。通江县林化厂、植物油厂、造纸厂、木棕厂、棉织厂等企业先后用废渣制空心砖。平昌县轴承厂、玻璃厂等企业利用炉渣生产空心砖，年处理废渣2150余吨，处理率占23.9%。南江县工业废渣量1.5003万吨，废渣处理0.5544万吨，废渣综合利用0.4820万吨。巴中县火电厂建炉渣砖车间，处理炉渣1.8万吨，制炉渣砖1.9万立方米，创产值61万元。

1986年，境内四县贯彻执行省政府《关于加强城市环境综合整治的决定》，对生活垃圾进行清运和定点倾倒。通江县诺江镇诺江中路设垃圾桶200个、果皮箱20个，诺江中路和主要街道生活垃圾严重污染环境问题得到治理。1988年，平昌县翻胎厂投资生产砂砖和煤渣砖。通江县工业废渣综合利用率提高到85%，其中用废渣制空心砖86万余匹。

1991年，境内各县开始推广页岩砖生产时，用煤矸石粉碎作为参混料，既消化煤矸石，又增加砖的结构力。平昌县翻胎厂共利用煤渣2.1万吨，生产砖77.5万匹。1990—1992年，通江县购置垃圾运输车2辆，增设垃圾点3个，垃圾站3个，新购垃圾桶70个，在城南村征地1.33公顷新建垃圾场。日清运垃圾15吨，生活垃圾清运率达到80%。

1993年，全地区把医疗废物纳入重点污染防治内容，建立医疗废物消毒、焚烧、填埋制度，纳入目标责任制管理。严格禁止医疗废物混入生活垃圾或直接倾入河流。

1994—1995年，全地区加大环境污染治理力度，年处理综合利用和处理工业废渣3.85万吨，工业废渣综合利用率达到37.72%，工业“三废”综合利用产值、利润分别达到95.6万元、38万元。

1998年，南江县中咀火电厂投资百万元建成煤渣砖生产车间和煤渣砖生产线，处理大量煤灰和炉渣。全地区工业固体废物综合利用率62%，工业固体废物综合治理率46%，生活垃圾无害化处理率22%。

1999—2000年，继续加大固体废物排放监督管理。以创建生态城市为契机，加强城市脏、乱、差治理，对生活垃圾实行统一管理、定点倾倒，禁止向沿河两岸河堤、道路两侧、街道绿地、城市空地、城郊地区倾倒生活垃圾、建筑垃圾、建筑弃土；禁止清运垃圾、弃土的车辆沿街撒漏。通江县建成垃圾无害化处理场，面积1.945公顷。

第四节　噪声污染治理

1987年，境内四县贯彻执行《四川省城市环境噪声管理暂行办法》，主要对交通噪声、工业建筑噪声、社会生活噪声等三类噪声进行管理。各类机动车辆行驶在城区禁止使用高音喇叭，夜间（22时至次日6时）行车以灯光示意，装有警报的车辆，只准在执行任务时使用。生产活动产生的噪声必须采取合理措施，符合规定标准；新建项目必须有防治噪声设施，做到“三同时”要求，不在居民稠密区、文教区、医院、机关、科研等单位附近建有噪声污染的工厂；城区禁止使用高音喇叭，商店、家庭用音响发声设备。

1991年，通江县造纸厂安装“膨化射流切换器”，治理噪声污染，噪声由90分贝降到50～60分贝，达到规定排放标准。1992年，境内各县组织开展建筑施工噪声排放申报登记工作，对噪声实行执法管理。通江县火电厂在建设中对主要噪声源采取消声和隔音措施，达到规定标准。巴中县环境噪声质量状况为全县64.6分贝、居民文教区58.9分贝、一类混合区67.7分贝、二类混合区62.8分贝、交通干线76.6分贝。1993年，巴中市（县级）环境噪声质量状况为居民文教区57.1分贝、一类混合区62.0分贝、二类混合区64.3分贝、交通干线71.4分贝。1989—1993年，南江县对县城分块划片定点，昼夜进行噪声监测。

1994年7月，加强高考期间环境噪声管理工作，会同公安、文化、教育等部门联合行动，对噪声排放单位和个体经营者，做到提前通知、昼夜巡查、专人值班。全地区一切建筑施工单位禁止排放建筑施工噪声，严禁一切单位和个人燃放鞭炮，城区内禁止机动车辆使用高音喇叭，娱乐场所禁止在休息时间营业。1995年9月，通江县规定在县城（镇）范围内，禁止使用高音喇叭，进入噪声控制区的机动车辆一律使用电喇叭；歌舞厅、夜总会、音像厅等文娱场所及商业经营场所的经营者，必须申报办理环境保护手续，有措施控制音量，符合工业企业厂矿噪声标准。

1997年6月起，全地区文娱场所逐步装备隔音、吸音设备。音响造成的环境噪声，白天控制在

60分贝内，晚上控制在50分贝以内。通江县对城区文化娱乐场所环境保护情况进行大检查，共检查娱乐城、歌舞厅、酒吧等45家，基本上都无隔音、消音措施，普遍存在严重超标，噪声60分贝以上9家，70分贝以上32家，80分贝以上4家。平昌县划定噪声功能区域，界定禁鸣区。工矿企业噪声主要为机械噪声等，并作限时限值作业。在县城江口镇辖区禁止燃放烟花爆竹。

1998年，全地区重点抓中考、高考期间“禁噪”执法监察，保护中学毕业生复习考试环境。全地区环境噪声达标覆盖率47%。1999年，全地区噪声达标区建设达3.2平方公里，占建成区的23.2%。

2000年，开展高考禁噪专项整治工作，成立“禁噪”领导小组和巡查执法队伍，设立举报电话，采取领导带班、专人值班、昼夜现场巡查等措施。同时，开展社会生活噪声污染的专项执法检查工作，对饮食、服务、娱乐行业进行重点检查和整治，基本解决群众投诉多、影响大的噪声扰民问题。全市噪声达标区达5平方公里。巴中市区居民区等效声级为65.85分贝，超标10.85分贝；混合区为75.2分贝，超标15.2分贝；工业集中区为69.9分贝，超标4.9分贝；交通干线两侧为76.9分贝，超标6.9分贝。全市区域环境噪声年日均值为72.4分贝。城市交通干线噪声年日均值为74.6分贝。以上除二类混合区和交通干线噪声年日均值未超标外，其余均超过国家环境噪声标准。通江县对诺江镇辖区燃放烟花鞭炮实施管理，禁止在各公共场所，生活、经营区域，机关单位，住宅区燃放烟花鞭炮。

第五节　电磁辐射安全管理

1998年4月，根据国家环保总局《电磁辐射环境保护管理办法》和省环保局《关于进行全省电磁辐射环境污染源调查的通知》精神，制定《巴中地区电磁辐射环境污染源调查的实施方案》，对整个调查工作进行周密的安排。是年5月中旬，完成全地区电磁辐射污染源调查的基础工作任务。完成包括广播电视、通信、雷达、工业、科研、医疗高频设备、交通、电力等有电磁辐射在内的共15个单位的调查，其中有广播电视7个，邮电通信6个，医院1个，电力1个。按总功率分，广播电视0.701千瓦（其中微波0.002千瓦），通信系统0.2345千瓦，工科医0.1千瓦，高压输电线18.6公里，升降站各11400千瓦。获数据800余个，摸清全地区电磁辐射污染源的底数，为环境管理奠定基础。

1999—2000年，学习宣传《四川省放射性污染防治管理办法》，加强城市医用放射性污染物管理。使用放射性同位素的医院，对放射性污染物按产生日期，同位素种类进行分类清理，集中暂存安全场所，严防散失，并报省辐射环境管理监测中心进行处置，同时报当地环境保护部门备案。并规定，放射性污染物应该用环保部门提供的专用容器分类装置，以便及时收贮；放射性废物必须交四川省城市放射性废物库处置，各地环保局指定专人负责，每年对辖区内的放射性污染物进行检查、督促，及时处理。

第六节　城市环境综合整治

20世纪50年代前，境内各县城区范围较小，住户分散，生活垃圾无序倾倒。1957—1963年，境内四县雇请清洁工清扫街道，将垃圾搬运到城外。1964—1966年，境内四县防疫站雇请人员清运垃圾。20 世纪 70 年代后期，建石砌垃圾堆放点，定期用板车运到河边倾倒。20 世纪 80 年代初，境内各县组建环境卫生管理所，负责清运城内生活垃圾。先后使用手扶拖拉机、自卸垃圾车，将垃圾运到城外河边或深沟处倾倒。

1986 年，境内四县贯彻执行全国城市环境保护工作会议精神，各县在街道设垃圾桶、果皮箱、垃圾点，在城外设垃圾场。街道实行门前“三包”责任制，定期检查落实。1987 年，各县划定城区为烟尘控制区，加强烟尘排放管理。要求街道居民燃烧实现无煤化，减少煤烟排放，控制大气污染，达到无黑烟标准。1989—1992 年，各县城改进炉灶，扩大改进炉灶使用面，推广使用液化气作燃料，城市烟尘控制区达到规定标准。加强各县城的交通噪声、工业建筑噪声、社会生活噪声的管理。

1993 年后，全地区采取多种措施对城镇环境质量进行严格控制。1995 年，行署与四县（市）签订城市道路硬化标准为重点的城市环境综合整治任务目标责任书。到 1996 年底，城市各项环境质量指标达到和优于省级要求标准。空气总颗微粒物 0.29 毫克/立方米，二氧化硫年日平均值 0.066 毫克/立方米，饮用水水质达标率 98% 以上，城市地面水 COD 平均值为 4.2 毫克/升，区域环境噪声平均值为 62 分贝，城市交通干线噪声平均值为 74 分贝，环境噪声达标覆盖率达到 36%，民用型煤普及率 95% 以上，烟尘控制区覆盖率 65%，工业固体废物综合利用率 38%，工业固体废物综合处理率 43%，城市（电）气化率达到 15%，城市污水处理率 10%，生活垃圾无害化处理率 12%，建成区绿化覆盖率 9.5%。

1997 年，巴中市（县级）以建“卫生城市”为目标，采取综合措施，大力开展城市环境综合整治工作。开展巴河巴城段及南池河综合治理和污水处理厂的前期准备工作，组建两河综合治理及污水处理厂筹备小组。经省环保局考核评比，巴中市（县级）城市环境综合整治为全省县级市第一名。

1998—2000 年，开展城市环境专项整治，对城市热点、难点环境问题进行及时处理。尤其是对城市脏、乱、差和饮用水源保护加大力度，重点落实“门前三包”和清理卫生死角工作，对部分部门发出限期整改通知，对其污染源进行限期整改。1999 年，计划整治污染源 20 个，实际完成 25 个，其中污水排污口 12 个、废气排放口 6 个、噪声源 7 个，固体废物处理量达到 22 万吨。城区环境综合整治定量考核人部分指标优于 1998 年标准。2000 年，对四县（区）城市严格实行环境定量考核和监测，全市城市环境质量比 1999 年提高两个百分点，在城市综合整治定量考核中名列全省前茅。

第五章　环境管理

第一节　目标规划管理

20 世纪 80 年代，境内四县坚持对环境保护进行宏观管理，实行长计划、短安排，每年编制环境保护年度计划，每个五年计划执行结束前两年，编制下一个五年计划和长远规划。各县把“三废”治理纳入基本建设程序，执行“三同时”制度，征收排污费纳入目标考核。1986 年初，根据国家环境保护工作“七五”计划，境内各县制定城镇环境综合整治，工业企业污染治理，工业污染源调查，农业生态环境保护，环境管理办法，创建清洁文明工厂活动等工作任务目标。

1990 年起，境内四县执行省政府决定，普遍推行环境保护目标责任制，实行行政首长负责。把环境保护工作目标列入行政首长任期目标和议事日程，纳入政绩考核主要内容，并分解到各部门，部门分解到企业，层层签订目标责任书。

1994—1995 年，全地区实行环境保护目标责任制，行署与各县（市）签订环境保护目标责任书，建立纵向到底（专员—县长—区、镇长）、横向到边（政府领导—行业主管负责人—企业负责人）的环境保护责任制体系。将环境保护各项任务目标以责任书的形式层层分解落实。同时，编制巴中地区环境保护“九五”计划和 2010 年长远规划，提出“到 2000 年，工业污染和生态破坏得到控制，城镇环境质量基本稳定”的目标，科学地筛选出重点控制和生态建设项目，并纳入巴中地区国民经济及社会发展计划，确定在巴中地区实施“巴河流域综合整治”项目。各县（市）亦编制本县（市）环境保护“九五”计划和 2010 年长远规划。

1998—2000 年，在认真总结“九五”计划环境保护工作实施经验基础上，编制出本区域的环境保护“十五”计划和 2015 年长远规划。继续加大环保目标管理，把环境保护工作纳入当地政府工作重要议事日程，党政“一把手”负总责。将省政府下达巴中的环保目标任务进行分解，地（市）每年与各县（市、区）签订环境保护业务目标责任书，并加大目标任务完成情况的检查、考评力度。

第二节　环保项目管理

20 世纪 80 年代起，境内四县坚持新建、扩建等基建项目和技术改造项目可行性研究时，进行环境影响评价；项目实施中，实行“防治污染及其他公益的设施”与主体工程同时设计、同时施工、同时投产（使用）制度，并对全过程进行严格监督，以制止新的环境污染源产生。1980—1987 年，通江县共有 19 个建设项目（新建 9 个、扩建 2 个、改建 8 个），总投资 4297.75 万元，其中环境保护设施投资 218.83 万元，执行“三同时”制度的 18 个，执行率为 95%。

1994 年，全地区在审批项目标准上，坚持凡不属国家产业技术政策禁止的项目，坚决支持其上；凡能治理，但因资金缺口，一时难于同步的，允许其先上，待后补课；凡综合利用项目，积极鼓励其上；凡有利于巴中地区经济发展的项目，坚持让道其上。完成恩阳、乐坝、涪阳三个省级试点镇建设规划中环保评价与审查工作。抓好建设项目环评及“三同时”管理工作。全地区新上有污染的建设项目 25 个，其中地级 3 个，均填报环境影响报告表，其污染治理设施均得到较好落实。组织完成江北、南坝、乐坝开发区环评方案编制任务，并实施。地、县（市）均建立“环评”和“三同时”台账。

1995 年，全地区环保项目管理，行署下达既是省级试点城镇又被确定为巴中地区“工业走廊”乐坝镇和恩阳镇、涪阳镇省级试点城镇及江北开发区“环评”任务，坚持“先评价、后建设”原则；把新、扩、改建项目环境污染控制指标及环保投资计划纳入巴中地区社会经济发展规划及年度计划；行署在与各县（市）政府，地区环保局与各县（市）环保局签订的目标责任书中规定并明确具体内容和考核、奖惩办法；在巴河流域综合整治和城市环境综合整治等工作中，将建设项目环境管理程序和职责作出明确规定。据统计，全地区新扩、改建项目 28 个，工程总投资 9800 万元，其中环保投资 456 万元。

1997 年，全地区开展污染治理项目 6 个，竣工 3 个，环保投资 102 万元。执行建设项目环境管理法规，建设项目环境影响报告书（表）执行率为 100%，“三同时”执行率为 90%。巴中地区的两项省级环保基金贷款项目，安排贷款资金 50 万元。南江县中咀火电厂灰渣综合利用项目竣工交付使用，该项目总投资72万元，其中省贷环保基金30万元，企业自筹42万元。通江县植物油厂项目，综合利用油脚废料近200吨，生产酸化油1200吨，隔离剂800吨，回收原料价值7.5万元，综合利用产品产值17.75万元。是年，开始筹建巴中市（县级）生活污水处理厂，并编制污水处理厂项目可研。

1998年，治理南江县中咀火电厂粉煤灰和平昌县陶瓷厂烟尘环保项目。南江县、平昌县确定专人督查督办，建立项目进度督查回复制度。两项治理任务均于是年11月底前全面完成，并验收合格投入使用。其中，南江县中咀火电厂投资26万元，通过扩建灰渣砖生产线消化二期扩容工程增加粉煤灰，添置一机一釜，生产设备增至三机两釜，日生产粉煤灰砖由3.62万匹增至7.23万匹，日利用粉煤灰70吨。平昌县陶瓷厂投资3.2万元，改烟道直冲式为往复式，通过二次烧成，减少烟尘浓度，林格曼浓度由五级降至一级；投资27.83万元，改湿法制坯为干法制坯，生产用水由2000吨/月下降到300吨/月，消除水污染。

1999—2000年，对3个省控和23个地控重污染企业的达标时间和相应考核指标进行安排。共办理建设项目环境管理手续111个，环评制度执行率达到100%，申报项目投资达到852万元，全部执行“三同时”制度。2个省控和11个地控重点污染企业基本达到标准排放，烟尘控制区和噪声达标区建设分别达到3.2平方公里，占建成区的23.3%。巴中市生活污水处理厂获省计委、省环保局批准立项建设，建设总规模为8万吨/日，厂区按两个系统布置，单系统处理污水4万吨/日。

第三节　排污费征收

1980年10月起，境内四县贯彻执行《四川省排放污染物收费与罚款的暂行办法》。排污费收入足额缴入同级政府金库，列入财政专户管理。各县财政列“环境保护基金”专户，用于重点环境污染经济项目的补助金。1981年，平昌县征收排污费3.34万元，占应收7.57万元的44%。南江县对超标排污的县酒厂、磷肥厂、火电厂等20个单位，实行收费管理。通江县征收排污费1.1595万元。1985年，巴中县征收排污费20.93万元，除上缴外，以留存资金补助11个企业治理15个污染项目。1986年，南江县征收排污费18.2万元，通江县征收6.9万元。

1990年起，境内各县建立污染源治理专项基金，无偿使用。南江县征收排污费14.7万元，通江县征收8.1万元。1992年7月，按国家有关政策规定，按季申报排污种类、数量、浓度、强度，经县环境监理站审核，作为征收排污费的依据，按规定时间交纳排污费，逾期不交纳的，每天增收滞纳金1‰。排污费列入国家预算内专项基金管理，按照“先收后支，量入为出，计划列支，专项使用”的原则安排使用。同时，开征建筑施工超标污水、超标噪声排污费。

1993年7月起，境内各县贯彻执行《四川省征收污水排污费暂行规定》，对所有企事业单位和个体经营者向水体排放含有污染物废水的，均缴纳污水排污费，超过规定的污染物排放标准的，应缴纳超标排污费；同一排污口已缴纳超标排污费的，不再缴纳污水排污费；污水排污费征收标准为每吨污水0.03元。是年8月，开征超标排污费，即从1993年1月1日起，对新排污超标的企事业单位，缴纳排污费后，仍未达到规定标准排污，从开征第三年起，每年提高征收标准5%。对新建项目超标排放，及有污染治理设施而不运行，或擅自撤除的，实施加倍征收。同时，污水排污费的80%列入“污染源治理专项基金”专户，20%补助给同级环保部门用于事业发展。

1994年，在兼顾企业承受能力基础上，采取一系列强有力征管措施。定死基数，超收给奖，并规定奖惩办法；严明纪律，不乱开口子。对企业征多、征少，监理人员不得擅作主张；开源挖潜，拓展征收面。与1993年相比，新增收费单位20余个；强化管理，依法征收。取缔议价收费和人情收费，坚持依法征收。对久拖不缴的单位，依法申请法院强制执行，经法院强制执行收回的排污费4万余元。全地区实现排污费入库数54万余元。1995年1月起，超标排污费的70%用于重点污染源治理的补助、30%及其他四项收入，除上缴部分外，用于环保部门业务补助、自身建设以及环保综合性治理项目。通江县征收排污费12万元，南江县征收20.4万元。

1997年，拓宽排污费征收面，加大收费力度。全地区征收排污费78.8万元，较1996年增加近30%。征收户数761户，较上年增加近20%。所收排污费中，建筑业29.6万元，纺织行业7.6万元，电力业4.1万元，轻工业15.8万元，乡镇工业4.6万元，饮食业4.5万元，其他行业12.4万元。按排污种类分别是废水超标收费16万元，废气3.5万元，废渣2.9万元，噪声27.3万元，排污水费0.8万元，共收入50.5万元。同时，对排污费收、管、用进行清查、自查。

1999年9月，开始征收餐饮、娱乐业超标排污费。对全地区餐饮、娱乐业向环境排放超标污水、废气、废渣、噪声等污染物，按国家规定缴纳超标排污费。有监测条件的项目，以监测数据为收费依据；对污染物不便监测和计量的，按定额收费标准和用水总量计征超标排污费；对月缴纳300元的排污者实施监测，按实测数据收费。其定额收费标准为火锅（汤锅）污水、油烟雾按每吨水收费0.8元，超征费每月25元；一般餐饮、娱乐业污水、油烟雾、噪声按每吨水收费0.7元，超征费每月20元。全地区征收排污费90万元。

2000年，全市通过分片包干、责任到人，全面启征第三产业排污费，加大力度征收建筑施工场地噪声排污费，排污费征收继续保持稳中有升，实现排污费入库100.30万元。南江县征收24.66万元，通江县征收20.3万元。

第四节　环保执法

20世纪80年代初，境内四县成立环境保护机构，贯彻执行《中华人民共和国环境保护法》（试行），坚持“以法促管，以管促治”。1984年，巴中县对汽车47队、县榨油厂、县猪鬃厂等单位排放大量工业废水，污染南池水体的污染事件，依法进行严肃处理。1985年，平昌县对黄连素厂废水污染鱼塘毒死池鱼5000余尾，县城建局工地排污水污染老街自来水，分别罚款100元、300元，并通报批评。1986年，境内四县对拒缴排污费、不执行环境监理处罚决定的排污单位，环境保护部门向当地人民法院提出申请强制执行。1987年，平昌县对驷马酒厂连续四次污染驷马河流域事件，作出责令驷马酒厂完成废渣处理，并处以罚款。1989年，平昌县对22家企事业单位环境污染事故隐患进行大检查，对存在隐患的县糖果厂、卫生材料厂等下达限期整改通知书。

1990年起，境内四县开始实行环境监察员制度，环境监察证件、证章由省环境保护局统一制作。1992年5月，境内各级环境保护部门始行使行政处罚权。通江县对全县45个厂矿企业的18个重点企业和3个林场、4个重点区进行检查，查出9个单位拖欠排污费16.7万元，3个企业未申报排污登记，24个建设项目中有3个未报送环境影响报告书，有6个执行“三同时”制度不完善，查处非法捕猎、倒卖国家二类保护动物小黑熊案。

1994年起，全地区组织开展环保执法大检查，并对各县（市）自查进行巡回检查。1993—1994年，通江县共查出违反环境保护法规的案件148起，涉及23个单位239人，对所有案件进行依法处理。

1995年，全地区共查处各类环保违法案件18件，查出拖欠排污费企业26家，拖欠金额30余万元，足额征收率78%；应报送排污申报登记的企业203家，实际申报196家；新、扩、改建项目180

个；环保制度执行率达87%，环保设施运转率达97.2%。

1996年，行署制发《关于贯彻国务院限期取缔、关闭和停产违法生产企业决定的通知》《贯彻四川省人民政府关于加强环境保护工作的决定的通知》。全地区环保行政执法人员佩戴环保总局颁发的新环境管理执法标志，持"四川省环境保护行政执法证"和"四川省环境保护行政执法监督检查证"。通江县对12个重点企业进行环境保护执法检查。

1997年1月，对全地区15种土法生产企业关、停、并、转情况和执法情况检查，取缔关闭土法生产企业4个。1994—1997年，全地区共发生环保案件78件，结案率达95%。

1998年，全地区以建设项目环境管理、城镇饮用水水源保护、重点污染企业以及城镇噪声管理为重点进行全面监督检查。加大行政执法力度，全地区立环保案件23件，依法处罚1件。1990—1998年，平昌县共查处污染案件21件。

1999年5月，各县（市）建立环境管理政务"五公开制度"（即公开办事机构和人员身份、公开工作制度和工作程序、公开排污费征收标准、公开行政处罚情况、公开举报电话和投诉部门），地、县（市）相继成立环境管理执法队、大队、支队，规范环境保护行政执法职责，制发环境保护行政处罚案件办理工作规则，设定环境保护行政许可事项。全地区总检查次数1454次，其中污染防治设施现场检查42次，设置运转率97%，建设项目现场监督215次，新建项目"三同时"执行率达到100%，限期治理项目现场检查40次；发放许可证255份，现场检查40次；排污申报1106家，现场检查988次；其他监督检查56次。全年依法立案18件，依法处罚12件，行政复议2件，无行政诉讼案件发生。

2000年，全市严格依法行政，加大执法力度，重点对大气、水、噪声和固体废物排放严格督促管理。总计处理污染纠纷37起和信访案例250余宗。现场执法1210次，其中污染防治设施现场检查110次，建设项目监督检查300次，新建和限期治理项目现场检查401次，排污申报现场检查399次，依法立案10件，处罚10件。

巴中市志

第十四篇

旅游

巴中旅游资源富集，主要以自然风光和红军文化为特色的旅游资源得天独厚。有风景名胜区25处，精品景点560多个，其面积占全市辖区面积12%。有彩林第一山、盛唐彩雕第一、最大的红军将帅碑林、中国红军石刻标语之王，是中国红叶之乡、中国溶洞之乡，是旅游资源大市和全省旅游发展重点市。在自然景观中，有光雾山国家级风景名胜区、诺水河省级风景名胜区，米仓山、天马山、镇龙山、空山等森林公园；红军文化中，有红四方面军总指挥部旧址纪念馆、刘伯坚烈士纪念馆、红四方面军王坪烈士陵园、巴山游击队纪念馆、“赤化全川”及“平分土地”等红军石刻标语等红色经典景区。千佛岩石窟、南龛石窟、西龛石窟、北龛石窟、水宁寺石窟享誉盛名。1993—2000年，巴中把旅游开发列入经济建设的重要组成部分。按照“政府主导、部门协作，企事业参与、全社会办旅游”的旅游开发思路，加强基础设施建设，改善旅游环境，打造旅游精品，提升景区形象，加大旅游对外宣传，旅游产业得到快速健康发展。2000年，全市旅游开发投入达5086万元，接待游客93.5万人次，旅游总收入达1.1193亿元。

第一章　旅游景观

第一节　自然景观

一、光雾山国家级风景名胜区

光雾山国家级风景名胜区位于南江县北部边缘，由桃园、大坝、大江口、神门、小巫峡等片区组成，辖区面积830余平方公里，主峰海拔2507.4米，因长年云遮雾绕而得名。景区气势雄伟辽阔，重峦叠嶂，峰林俊美，洞穴幽深，山泉密布，林海浩荡，胜景众多。被有关专家誉为“国画风采，原始荒美”，有“彩林第一山”“中国红叶之乡”之美誉。1989年，被达县地区行署批准为地级风景区。1993年12月，被列为省级风景名胜区。1998年，被列为国家级风景名胜区。

光雾山主峰　位于南江县西北新民、光明两乡交界处，为米仓山分支。四周千峰簇拥、重峦叠嶂、古木参天、花草奇异、动物珍稀、药材名贵、矿产丰富。主峰高耸入云端，夏日如冬，四季多雾。主峰顶原有建于唐代佛寺，名灵幻寺。主峰顶西侧的重石子埫，有大小天生叠石24个，妙趣横生；有3米见方之扭扭石，用手轻推，石则转动摇晃而不离位。主峰顶正中有酷似盆景的柏树、杜鹃、炉花、梅花等古树奇花无数，古怪异常，香气沁肺。通往主峰顶沿路有观音岩、顺垭树、方田坝、瓦房坝、李家坝、土地坝、鸡头坝、金堂坝、万名碑、鸳鸯村、蛇藏石等地名，且每处都有美妙传说。

光雾山红叶　红豆杉、巴山水青枫、银杏等珍稀树种构成光雾山红叶景观。具有面积大、气势壮观，色彩鲜艳、五彩斑斓，种类多、内容丰富，品位高等特色。红叶景区面积430平方公里，金秋十月，万山红遍，层林尽染。颜色变化以蓝、绿、黄、橙、红为主，红叶景观绚丽多彩。红叶观赏期达两月有余，分五彩斑斓、层林尽染、万树飘丹等三个阶段观赏。其树种达1000余种，尤以巴山水青枫、槲树、黄栌、枫树、槭树、红桦、黄羊木、银杏等最为奇特，其中巴山水青枫是冰河时期的植物“活化石”，其纯林和混交林面积超过30平方公里，是分布最集中、面积最大、原始森林保存最完好的一片。

桃园景区　是光雾山核心景区之一。清代，为纪念三国刘备、关羽、张飞结义建寺而得名。景区四周奇峰林立、绵延逶迤，烟霞萦回，清丽出尘。由雄浑壮丽的焦家河、幽静深邃的韩溪河、石林成阵的燕子岩、秀雅迷人的普陀山和洪荒神秘的万字格五个景区组成，景点360多个。焦家河景区核心景点有黄桷坝、月琴坝、麦子坪、龙架烟云、莲花洞、小寨日出、赤壁巍巍、女儿峰、仙女观景、两河口瀑布、金墩（船桩）、马恋韩溪、天门溶洞、结义石人、巴山日出、七眼洞、落旗山、桃园寺、铁炉坝、汉王台等；韩溪河景区核心景点有金塔夕阳、大佛临银河、犁辕岩、巨柱岩厨、棋盘石、寒清宫、翠屏峰、截贤岭、五连潭、黑龙潭、金针峰、挡墙等；燕子岩景区核心景点有十里画屏、七音石、无神沟、火石塘、猫儿岩、南天门、穿心眼、松树梁、观音井、银凤湾、四方寨、天柱峰、七女峰、羚羊坡、燕子洞、燕岩石林（峰丛）、三炷香两根蜡等；普陀山景区核心景点有山阴道、巡洋舰、梦花坝、双塔对峙、骆驼峰、龙王坝龙洞、普陀村等；万字格景区核心景点有石林迷宫、原始密林、绿衣怪石、钟鼓楼、杜鹃林、百灵群落、木兰坪等。

大坝景区　地处米仓山南坡，景区面积24.70平方公里，以四周原始森林为特色。森林资源丰富，植被保存完好，阔叶林、针叶林、混交林原始成片。地形地貌奇特，兼有高山、平原和水乡风貌。其山秀如峨眉，林幽如青城，水清如九寨，为国家森林公园。2万多公顷原始森林中，有以巴山水青枫为主的百余种珍稀树种，有百余种珍稀动物和千余种名贵药材。其主要景观有古牟阳城、古巴峪关、古米仓道、古官仓坪遗址和香炉山、米仓山、大小兰沟、龙形山坝等景点。

大江口景区　位于光雾山西部，面积31平方公里，以溪流森林景观为特色。对外开放的核心景观有十八月潭、鸳鸯坝等。其中十八月潭景观以动感强烈、组赋精巧的水石景观和原始森林为特色，面积16.4平方公里。18个奇特怪异碧潭分别为金龟潭、神童潭、吉运潭、长寿潭、云梯潭、情侣潭、月牙潭、宝石潭、五彩潭、赵公潭、回龙潭、四方潭、婚纱瀑布潭、千绿潭、桂花潭、新月潭、玉兔潭、仙女潭。其潭泉交融、动静迷离、绿树叠瀑、山水共生、相映成趣。蓝天、白云、绿树、山花、泉流、碧潭形成色彩缤纷的自然世界。人游其中，身被大自然融化，心被碧潭水净化，有超凡脱俗、心静如山的感觉。

神门景区　因有核心景观“神门洞”而得名。景区面积256.4平方公里，景点280多个。景区内有成阵的峰峦、成片的石林、伟岸的崖壁、密布的溶洞、纵横的秀水、参天的古树、浩瀚的林海、蔓绕的藤萝，系自然构成的一幅绝妙的山水画卷。有长滩河、夏家沟、神门洞、黄金峡、懒蛇梁等五大核心景区。长滩河景区以绝壁如画的峡谷山崖和清幽秀美的溪流碧潭及神秘奇异的溶洞为特色，夏家沟景区以突兀、高耸、嵯峨的峰丛群为特色，神门洞景区以石笋、岩洞为特色，黄金峡景区以形神各异的石林和峡谷飞瀑为特色，懒蛇梁景区以古朴淳厚的田园乡情为特色。其主要景点有铁船山、石人山、蟒洞孔、神门洞、懒蛇梁、汇滩石林、刘家岭花园、神女峰、夏家沟石林、水观音、千年棱罗树、柔情瀑布、景洞子、司马懿石像等。

小巫峡景区　因山和峡相似于长江三峡的大巫山和大巫峡而得名。景区面积10余平方公里，有景点100余个。集奇峡、秀洞 、雄峰、怪石 、湖泊、云海于一体，春夏秋冬，景色奇幻。其地质地貌被誉为“秦巴瑰宝、川北一绝”，素有“天下第一奇峡”之美誉。溶洞密布，景象万千，探明的有岳家洞、阳鱼洞、景洞、双龙洞、猴子洞、飞云洞等20余个，开发的主要景点有五彩洞、穿花洞、阳鱼洞、群龟出峡、毛公像、阎王刑、金猴望山、小巫山十二岸等。

二、诺水河风景名胜区

诺水河风景名胜区位于通江县北部，由诺水洞天、临江丽峡、空山天盆、唱歌石林等四大片区，辖区面积525平方公里。紧邻陕西省汉中市，东有“秦川锁钥”护持，西与“剑门蜀道”相连，景区秀水中流，奇泉遍地，险峰兀立，怪石丛生，关隘、峡谷、风瀑、溶洞、暗河比比皆是，素有“中国溶洞之乡”美誉。1986年11月，被省政府列为省级重点风景名胜区。

诺水洞漂流

诺水洞天景区 辖区面积约170平方公里，有著名景点270余处。以岩溶地貌为主，地形复杂，地貌奇特。诺水河南北贯通，两岸群峰耸峙，沟壑纵横，林海茫茫，山、水、石、林，各呈姿态，尤为128个地下溶洞令人叹为观止。可谓山山有洞，洞中有洞，洞洞毗邻，各具特色。洞内可旅游面积在2万平方米以上的溶洞有牛角嵌、狮子洞、中峰洞、宋家洞、楼房洞、龙湖洞、仙人洞、仙女洞等40余个。溶洞或临清溪、或处绝壁，有的须匍匐而进，有的需潜水而入，洞中景观都保持着原始风貌。已开发的有中峰洞、狮子洞、宋家洞、楼房洞等，景观奇特，独树一帜。三潮水、变色泉、风泉、跳鱼泉等异彩纷呈，蔚为壮观。牛角嵌阴河龙潭水潺潺、别有洞天，仙人洞观赏仙女飞天图、石佛群生，狮子洞琳琅满目奇幻景、地下宫殿，楼房洞精湛艺术自然成、艺苑仙宫。中峰洞，又名佛光洞，为景区最大溶洞。集雄伟、险峻、奇丽、神秘于一体。分上洞、中洞、下洞三层，大洞、中洞、小洞三种，旱洞、水洞、风洞三类。由上、中、下、水、峡五部分构成，是一座多层次、多类型、多特色的地下溶洞世界。全长15公里，面积60万平方米，可游面积20万平方米，已开发7000米，分12大游览区，36条支洞，72重迷宫。洞内阡陌纵横，状如蛛网，峡谷深渊，气势磅礴，乳笋林立，石芽参差。洞有三个出口，洞道空间大，冬暖夏凉，气候宜人，洞内温度、湿度、空气皆优。洞内有仙风神韵的瑶池仙境，奇幻异象的巴人风情，仰天长叹的霸王别姬，参禅悟道的万佛朝圣，天造地设的巴国遗风，紫微高照的佛光普照，水光山色的天河放舟，岁月镌刻的沧海桑田，是一座地下奇城。洞内1600米时空隧道、10000余米的洞内水域及洞外的空中栈道，其恢宏壮观的气势令人折服，被誉为“天下第一洞”。另有金童山景点，山顶双峰相依，形如金童玉女，脉脉含情，卓然玉立，高耸入云。

临江丽峡景区 由临江、白山、黑木沟三个片区组成，主要分布在诺水河镇、空山乡一带，辖区面积约120平方公里，是连接“诺水洞天”景区与“空山天盆”景区的纽带和走廊。整体呈树枝状，主峡长5公里，宽5~25米，相对深度620~750米，两岸山峰海拔1400~1500米，峡谷相对深度700~750米，两岸陡壁如削，谷中林深似海。谷底河水奔涌，远远望去，犹如一条巨龙，在山间蜿蜒盘旋，吞云吐雾，时隐时现。峡谷系长年流水冲蚀而成，两岸绝壁上一道道层次分明的层理线犹如五线谱，是一部水的历史档案。谷底，一个个小潭如新月，似宝葫，被白色流水串在一起，就像蓝宝石项链一样闪闪发光。潭水清澈沌净，绝无污染，潭中游鱼历历可见。峡谷地势险峻，133公顷原始森林保存完好，把峡谷遮挡得严严实实，即在亭午夜分，也难见曦月。绝壁上的参天大树，有若老妪凫水，有若壮士托天，有若美女梳头，有若太公垂钓。各种飞禽走兽嘻游其间，构成一个神秘多彩的生物世界。峡谷内瀑布飞流直下，形态万千，最为著名的有珍珠瀑、鱼跳瀑、间歇瀑、凌云瀑等。

空山天盆景区 辖区面积160平方公里，有著名景点80余处。奇特的喀斯特地貌造就1333.33平方公里的高山盆地，盆底平坦，盆周层峦叠嶂，高耸入云，137个山峰，终年云蒸霞蔚，景色变幻无穷，宛如一个“天然盆景”。景区四周的崇山峻岭中，保存有2666.67公顷原始森林和1333.33公顷竹海，有植物1000多种，分15个群系、12个群系组、4个群系纲，其中国家重点保护的原生珍贵植物有14种。有野生动物103种，分5纲、32目、87科、230属，有国家重点保护的一、二类珍稀动物29种。空山坝因峰丛山、峰衬山、漏斗型落水洞、溶洞甚多，地表少有水流而得名。其岩溶地貌典型，类型多样，山间盆地宽阔，长岭峰丛围合，天象景观资源丰富，绿色景观迤逦迷人，峡谷幽深神秘，暗河高瀑壮观，红军文化底蕴深厚，民风民俗质朴淳厚，被誉为“世外桃源、人间仙境”，一部《空山》电视纪录片将空山推向全国、享誉中外。地处深山，古迹甚多，有闻名千古的汉代古刹栾巴寺和熊荐寺、白马寺。具有巴人遗风和川北民俗，山歌子、情歌、巴山背二歌、劳动号子等品类繁多，特色鲜明。空山坝是红四方面军著名战役—空山战役的主战场，其革命遗迹、遗址比比皆是，主要有空山坝战役遗址、空山坝高级军事会议旧址、将军树、红军寨、空山战役战壕、红军洞、红椿垭与大小骡马战斗遗址、李先念骨灰撒放区等。空山国家森林公园面积11511公顷，由挂宝岭原始风光游览区、天香峰森林文化游乐区、鹰爪岭森林野营游乐区、空山坝岩溶风光游览区和猴子岩峡谷风光游览区等五大景点构成。

唱歌石林景区 又称麻坝石林，辖区面积14平方公里。景区四周悬崖绝壁，顶平宽缓，沟壑交错，古木参天，树木茂密，仅东西两侧羊肠小道可通寨顶，大有“一夫当关，万夫莫开”之势。寨北陡崖下有方圆66.7余公顷的平坝，石林坐落其间。陡峭突兀的青石山冈，绵亘十余里，构成一座神秘莫测的石头城。城内有大小山包120余个。城上怪石环列，犹如天兵神将，戎装戒备。而城中石林三五成簇，参差交错。石柱高低错落，参差有致，前簇后拥，形态万千。其著名石景有唐僧朝圣、仙女思凡、太公钓鱼、空山鸟语、石鸟归林、壮士出征、天罗地网、魏征面君、群马奔腾、天兵神将、定海神针及寨中寨、城中城、一百零八罗汉包、二十四个亮晃晃等30余处，各种奇形怪石100余个。景区内有唐代初年始建古庙二郎庙（俗称牛屎嵌）、门镇寺（又名红云寺）遗迹，有宋朝兵部侍郎故居遗址及墓葬。清嘉庆年间，白莲教蓝号义军大本营设于此。尚存较为完好的石寨3处、寨门5道、石刻门联2幅、碑记1座。

三、其他自然景观

南阳自然风景区 位于巴中市巴州区城东北，由天马山、五马槽、蒿枝坪、南天门、四方碑等5个游览点组成。天马山，山势峻峭，似天马行空，故得名。松杉并茂，灌木丛生，山花遍野，百鸟争鸣，如诗如画，景色宜人。五马槽，其形如槽，周有五山，势如奔马，直趋于槽，故名“五马奔槽”。沟壑纵横，重峦交错，山峰林立、松柏如海，有“罩筋藤”“鸳鸯树”“鲤鱼塘”“混人坪”等景点。蒿枝坪，其坪森林茂密，荆棘遍布，乃珍禽奇兽栖息之所，可见锦鸡、野鸡以及獐、鹿、狸、兔、白猴、马狼、金钱豹等种类繁多的野生动物，可谓天然动物园。南天门，原名老土地，因岩有土地石像而得名。四方碑，清咸丰三年（1854年），当地拔贡张才，为培植文风，在山顶立宽2米、高6米的石碑，名为四方碑。1996年5月，被行署公布为第一批地级风景名胜区。

阴灵山 位于巴中市巴州区城西，海拔1388米。山势峥嵘，路径崎岖，曲折登峰，巨石茫撑，若即悬天际。主峰峰俊，山顶为一巨石独立，似撑擎天，顶为一平台，约500平方米，建有观音正殿，可容数百人。主峰三面若刀劈斧削，悬岩百丈，俯瞰山下，群山尽收眼底，仰视高空满云近日。主峰四周怪石林立，形状各异。莲花观后路旁有一巨石，形若人头，头戴军帽，面向巴河，凝神专注，故名“人头石”。送子宫后崩裂的巨石上悬挂一石长五米，似从山外飞来，故名“飞来石”。主峰后巨石下有一长6.5米的石通道，能容一人低头蹲膝而过，故名“低头石”。另有“晒经石”“老君石”，其传说奇妙。山中林木茂密，古树尤多。有树龄600年，人称“树王”的黄桷树；有阴灵山独有、树龄逾千年的“九地斧”。亦有逍遥树、弥勒章、牛王柏、洞宾杉、处女松等各具奇异。其树或长于石缝、或长于悬崖，有的高大挺拔，有的蜿蜒曲折。山中泉水潺潺，有一处泉水流量大，水质清澈，甘甜芳香，传说可治百病，人称“神水”，泉称“观音泉”。

王望山 位于巴中市巴州区城北，古名“北山”，又名“王蒙山”或“望王山”。其山陡峭巍峨，逶迤绵延。据《巴中县志》载：王真人得道于此，真人名蒙故名王蒙山。唐元宗控白驴至此以望京阙曰：此去京师不远……故名“王望山”。或云：“唐章怀太子常登此山以望京阙”，故名“望王山”。唐代，此山建有玉皇观、驾鹤亭。传说为王蒙道成，驾鹤飞升之处。明代建有白云亭以寓元宗白驴之意。玉皇观内有造型精湛，威严肃穆的玉皇、老君等神像。民国时期，每年农历正月十五日，来朝山赶会的人络绎不绝。其山四周险要，古有寨堡，右寨石墙遗址尚存。

天马山 位于巴中市巴州区东北部，景区面积1748公顷，有景点27个，林相、气相、水体、生态景观突出。气候四季分明，适宜百余种针、阔树，竹种、27种藤蔓、60余种草本、30余种苔藓和10余种菌类生长，有豹、野猪、麂子、锦鸡、猕猴、猫头鹰等30余种野生动物。森林壮阔，季相鲜明。地质年代久远，地貌类型多样；天象丰富，绚丽多彩；溪瀑多姿，平塘潋滟。山岭重峦灵异，有气势磅礴的天马山、妩媚多姿的十岭九大湾、四季锦绣的修行十三峰、形态逼真的五马朝天、地势平旷的山原丘陵等景观。

猕 猴

天马山林海

镇龙山 位于平昌县，辖区面积2553公顷。有镇龙五峰林海景区、江口镇佛头山景区、白衣水乡古镇景区。主要景点有佛头山佛光、狮岭夕照、贾阁林涛、五龙捧圣、天鼓地音等。具有生物多样性、景观多样性、人文特色性特征，生态旅游资源极为丰富，人文旅游景观比比皆是。五峰林海景区有美丽的天然林和茂密的人工林，漫山遍野堆绿耸翠，沟谷壑畔郁郁葱葱，林间小溪流水潺潺，山体雄浑，皱褶扭转。海拔1200米以上的山峰54座，其中有5座山峰呈五角形分布，形成“五龙捧圣”之势。五峰林海300米的空山坡内有长40米的林间小道，人行其上咚咚作响，轻踩轻响，重踏重鸣，五音谐和如天籁之音，谓之天鼓地音；东北角的五龙湖，湖水曲折，形似卧龙，湖面如镜，倒影迷人。最高峰贾阁山看跳跃的日出、硕大的太阳、厚积的云海、多姿的月相；五峰林海附近的邓家湾等处古墓石雕精美，清光绪民居完好如初，黄梁古树破巨石景观独特。以刘伯坚烈士纪念馆、川陕苏区革命文物陈列馆为代表的红军文化，以极乐寺、佛光寺为代表的佛教文化，以神奇佛光闻名的佛头山森林公园，以白衣水乡古镇历史文化构成镇龙山的丰厚文化底蕴。

皇柏林景区 分布于南江县城南9公里镇江庙至下两柏杨场坪的沿江西岸，绵延40多公里地段，有森林古柏、苍翠挺拔，百态千姿，便是闻名遐迩的南江皇柏林。古柏林占地近33.33公顷，古柏2900余株，胸径一尺以上的古柏达2800多株，最大的径围有4余米，最高达30余米。沙河镇洛坪村一株死树胸径1.2米，高32米，切片数年轮为525岁。皇柏林初植何时，无文字碑记可考，民间众说纷纭。传说有刘邦植，故名汉柏；有张飞植，故又名张飞林。又说，章怀太子李贤曾于柏林避难，后称“皇柏”；某皇妃将于此沿途种植，后称“皇柏林”。见诸文字的清道光七年（1827年）《南江县志》载：“南江县城西南东榆铺起，沿河古柏蜿蜒百余里，随山脉起伏，如龙脉掩映。士人云，明邑令杨某，植树以护山径，勿使洪水啮堤，以保民地也”。皇柏林历代禁伐，派专人看护，具册交接。1978年，南江县建皇柏林管理所，由专人及乡村联合护林植树。1979年，皇柏林被定为达县地区文物古迹林保护。皇柏林已成为外地游客观光胜地，县城居民节假日休闲去所。

第二节 人文景观

一、历史人文景观

断渠景区 位于南江县城郊，以断渠公园为主体的“断渠水上乐园”“龙华寺”“琉璃寺”等，以及“太子洞”“天榜山”“三春墓”“西佛寺”“普陀寺”“凉水寺”等景点。断渠面积2平方公里，分前、中、后三横渠加一纵渠，纵横绵延长十余里。自南台阶入前渠，渠内石径回环，藤蔓绕壁，曲径通幽。巨石形态杂陈而不显凌乱，渠道深入浅出而不现荒凉。时而如进阴曹地府，时而如履阳光大道。数以万计之石形态迥异，百态千姿。有天生的石屋、石桥、石船、石人、石马、石龙、石虎、石鹰、石兔、石卵、石蛋，或尖如仙人利剑，或圆如金菇出土，或扁似龟壳开窍。其望夫石、三生石、金镶石、玉卵石、七星石、朝阳峡、太屋洞、一线天、舍身石、返魂路、野人谷等，均有动人故事或美妙传说。断渠是古人类的洞穴群居地，在1700多年前就开始筑堡建寨、建房，如“四方寨”“三春寨”及后来的红军寨等。渠内堡中有堡、寨中有寨、屋中有屋。1995年，建立断渠公园，供人们观光旅游、休息、养疗、文化娱乐和科学考察等综合性文化游乐场所。

龙耳山景区 位于南江县正直镇和朱公乡接壤地，辖龙耳寺和井坝水库景区。其山高1400余米，形似龙耳，故得名。其山挺拔独秀，群山环拱，重峦叠嶂，古木参天，数千株古柏，数千亩林带；悬崖陡峭，怪石嶙峋，顶峰凌空，云环雾绕，晨蒙雾海，暮披彩霞，曲径通幽，鸟语花香。环顾四山苍翠欲滴，俯视清江似龙远去。林中有寺，寺美如画。寺建于北宋，乃蜀之名寺，香客如云，名士如雨，梵音动地，诗题满壁。1996年5月，被行署公布为第一批地级风景名胜区。

巴中市巴州区南龛山石刻

南龛石窟 位于巴中市巴州区城南1公里的南龛山腹地。南龛石窟依山开凿，东西长252米，南北宽45米，存有造像176龛、2700余躯。所凿龛窟以大佛洞最为密集，大窟小龛、密如蜂房，鳞次栉比，规模宏大，雕龛玲珑，金碧辉煌，是巴中石窟中规模最大、保存最好的一处。造像有隋末及初唐佛教艺术的遗风，主要是盛唐及唐中晚期作品，宋至明清时期作品极少。造像题材除两龛道教造像外，皆为佛教造像。佛教造像中既有大量的显教造像，又有较多的密宗和净土宗作品。南龛石窟雕刻精美，楣檐别具一格，碑刻、题记较多，保存完好，是研究唐代石窟艺术的重要实物资料。

西龛石窟 位于巴中市巴州区城西2公里的西龛山中。存有造像59龛、1900余躯，分布在佛爷湾、流杯池、龙日寺三地。三处造像混为一体，组成雕龛玲珑、规模宏大的石窟群。西龛石窟始凿于隋朝，多为盛唐前后作品。除1个窟为清代儒、道造像外，皆为佛教造像。主要题材内容有“释迦说法像”“西方净土变”“释迦多宝说法”“弥勒说法”“华严三圣”“一佛二弟子二菩萨”“毗卢佛”“弥勒佛说法”“千佛”“观音菩萨”等。

北龛石窟 位于巴中市巴州区玉堂乡北龛村苏山之麓。有造像24龛、近300躯。除1龛是清代的“三清”造像外，皆为佛教造像。主要内容有“释迦说法”“一佛二菩萨”“释迦多宝说法”“毗卢佛”“弥勒佛”“七佛”“药师、地藏、观音”等。多为盛唐前后作品。

水宁寺石窟 位于巴中市巴州区清江镇、水宁寺镇、花溪乡三地交界处。存有造像27龛、300余躯。水宁寺石窟系盛唐前后的佛教艺术作品，主要内容有“药师三尊”“释迦说法”“释迦弥勒并坐说法”“一佛二菩萨二力士”“观音善财龙女”“释迦多宝”等。全国石窟专家、敦煌研究院院长段文杰将其评为“水宁寺盛唐彩雕全国第一”。

千佛岩摩崖造像

千佛岩石窟 位于通江县诺江镇千佛村。分布在东西长100米、南北宽30米的石崖上，人称“千佛崖”。开龛于唐龙朔三年（663年），终于开元七年（720年），前后历时57年。依山开凿造像54龛、3000余躯，龛窟密集，气势恢宏，工艺精湛，是通江县摩崖造像中规模最大最集中的造像。建筑系双重檐、巴壁式，面阔五间25米；穿斗式木结构，青瓦屋面，四角微翘。千佛岩摩崖造像题材广泛，内容丰富，既有密宗造像，又有显教造像，有佛、菩萨、弟子、护法神、供养人等。整个造像群由净土变、天龙八部、说法图、七级佛塔、千佛屏等龛窟组成。刻有释迦牟尼、观世音、大世智、四佛、三世佛、药师佛、护法力士、供养人、乐伎等。龛窟的主要形制有单层方形龛、外方内圆龛、双重方形龛、方形龛、拱形龛等；雕刻手法有深浮雕、浅浮雕、线刻，部分龛窟的力士还出现镂空的雕刻手法。造像中最大龛窟宽3.7米、高3.3米、深2.2米，最小龛窟宽0.15米、高0.20米、深0.05米。造像大如真人，小如手指，规模宏大，装饰华丽，雕艺精细，栩栩如生。其造型优美，雕刻精细，线条流畅。既有初唐时期的简朴，又有盛唐时期的风韵，是研究唐代建筑、雕塑、彩绘、服饰、音乐、舞蹈、佛教等珍贵的实物依据，有较高的历史、艺术和科学价值。尤其是高3.7米的七级浮雕佛塔龛和四佛跏趺并坐龛，前为仿西安大雁塔，其人字形斗拱并重叠使用，除西安大雁塔门楣石上的线刻外，是仅有的例证，后者则违反三佛、五佛并坐之常规，十分罕见。1962年，省政府公布为省级文物保护单位。1996年9月，省政府重新公布为第四批省级文物保护单位。造像具有重要的研究和保存价值，是祖国珍贵文化遗产的重要组成部分，是进行历史唯物主义、爱国主义教育的重要场地。

晏阳初博士史迹展览馆　位于巴中市巴州区塔子山。1890年，晏阳初出生在四川巴中县域，1990年病逝于美国纽约。他曾在20世纪初与陶行知等人发起中华平民教育促进会，其后陆续创办中国乡村建设学院、菲律宾国际乡村改造学院等。先后担任国际教育促进会主席和联合国教科文特别顾问。1943年，他与爱因斯坦等人一道被评为“现代世界最有革命性贡献的十大伟人”之一。王光英、程思远、陈香梅、陈立夫、蒋经国、孔德成等皆有墨宝赠送。为纪念巴中籍的世界伟人，1991年，修建晏阳初博士史迹展览馆。馆内收集有关晏阳初博士的生活及办公用品、著作、资料、照片等1000余件，收集名人名家题词、书画200多幅。

二、红色旅游景观

红四方面军总指挥部旧址纪念馆　位于通江县诺江镇文庙街，北依炮台，前临诺水。旧址原系通江文庙，始建于宋嘉祐七年（1062年），后毁。明景泰壬申年（1452年）在旧基重建。清咸丰四年（1854年）进行大修缮，改双重檐歇山式为单檐悬山式，保留原建筑的基础及土木结构。整个建筑依山就势，呈梯形布局，逐次升高。川陕省苏维埃时期，红四方面军总指挥部即设于此。红四方面军总政治部紧靠总指挥部左侧，是红四方面军及川陕苏区最高政治机关。红四方面军总指挥徐向前、政委陈昌浩、副总指挥王树声、参谋长曾中生在此运筹帷幄，指挥红四方面军和川陕苏区地方武装、人民群众，粉碎国民党的“三路围攻”和“六路围攻”，以及重大战役，为中共党史、中国革命史写下光辉篇章。1980年7月，被省政府公布为省级文物保护单位。1982年，辟为川陕革命根据地军史陈列馆。1984年，时任中共中央总书记胡耀邦题写馆名。1988年1月，国务院公布为第三批全国重点文物保护单位。1992年，经中宣部批准更名为红四方面军总指挥部旧址纪念馆。1993年，中共中央总书记、中华人民共和国主席、中央军委主席江泽民题写馆名。1995年，被中共四川省委、省政府命名为爱国主义教育示范基地。1999年，经国家文物局批准，进行全面修缮。纪念馆拥有11个展室、5个部分展览内容，展陈川陕革命根据地武器装备、枪支弹药、各种货币、文献印章、报刊墨迹等200余种、3000余件，并以图表模型、沙盘景厢，真实再现红四方面军创建川陕革命根据地的战斗史实。

争取苏维埃中国红军石刻标语

列宁公园　位于通江县城北炮台山下。民国初年，国民党驻军营长刘喆建诺江公园，园内有城隍庙、桓侯祠、文庙、学宫等古建筑。川陕省苏维埃时期，红四方面军总部及张国焘、陈昌浩、徐向前等主要领导进驻于园内，并将诺江公园更名为列宁公园。张国焘、徐向前、陈昌浩、王树声、傅钟等领导常在园内小洋楼“五一村”议事和召开重要会议，研究制定创建川陕苏区的重大方略。少先队、赤卫军、儿童团亦常在园内开展军训和文体活动。园内古树参天，曲径通幽，水池、花坛、楼亭等建筑众多，尚存有“活捉刘湘”“消灭刘湘”“武装拥护苏联”等大型红军石刻标语。列宁公园是全国唯一用外国领袖名字命名的革命纪念公园。

红四方面军王坪烈士陵园 位于通江县沙溪镇王坪村，占地50万平方米。1934年7月，红四方面军总医院由鹦歌嘴迁于沙溪镇王坪村后，为褒扬革命烈士，纪念广州暴动七周年，开始在王坪烈士墓区修建墓碑。时任总医院政治部主任张琴秋题写碑名，绘制图案，由石匠罗吉祥等二十余人镌刻雕琢，是年10月落成。烈士墓碑由碑帽、碑体、碑座组成。碑帽高0.87米，呈塔状，顶部嵌有一大一小两个球形帽，四角微翘；碑体正中竖刻着“红四方面军英勇烈士之墓”，两旁是一副对联，上联“为工农而牺牲”，下联“是革命的先驱”，横批“万世光荣”，碑体左右两侧分别镌刻着手枪和步枪图案。碑座高1.5米，宽1.62米，上面镌刻着铁锤、镰刀、五星图案。烈士墓碑前一张石供桌，两侧各安放着一门石雕的迫击炮。烈士墓占地南北宽500米，东西长1000米，安埋7000多位烈士，其中师团级以上的有30多名。1952年8月，中央南方革命老根据地访问团川陕分团赴通江访问，在此举行隆重的追悼大会。1979年，县政府将王坪烈士陵园定为全县重点文物保护单位。1980年，被省政府公布为四川省重点文物保护单位。1982年4月，原红四方面军总指挥徐向前为该园题词：“学习革命先烈们的不怕艰苦困难献身革命的精神，为实现祖国的四个现代化建设而奋斗！”1985年，扩建为王坪烈士陵园。1987年8月，省政府核实公布为省级重点烈士纪念建筑物保护单位。1988年1月，国务院将其公布为全国重点文物保护单位。1989年8月，国务院批准将其列入全国烈士纪念建筑物保护单位。1991年7月，通江县将王坪烈士陵园更名“红四方面军王坪烈士陵园”。1995年，中共四川省委、省政府命名为首批省级爱国主义教育基地。该园是全国唯独仅有的红军为自己牺牲的烈士建造的墓碑，也是全国最大的红军烈士陵园。

王坪烈士墓墓碑

“赤化全川”“平分土地”红军石刻标语 “赤化全川”红军石刻标语位于通江县沙溪镇景家塬左侧红云崖顶部，每个字高5.5米，宽4.7米、字道深0.35米，大的笔画宽0.7米，笔画槽里可以仰卧一个人，字间距离为7.1米，在30里外仍清晰可见。1934年4月，红四方面军总政治部錾字队在景家塬左侧悬崖上，镌刻赤化全川石刻标语。该标语由巴中县恩阳镇一姓张的小学教员书写，20

多名石匠历时4个月完成錾刻。著名诗人梁上泉以此为题材写下长诗《红云崖》。该石刻为全国最著名的红军石刻标语，被载入《辞海》和《中国名胜词典》。1980年，被省政府公布为四川省重点文物保护单位。“平分土地”红军石刻标语位于通江县至诚镇佛耳岩顶部，每个字高5.7米，宽4.9米，笔画宽0.65米，深0.1米。1934年，红四方面军第二十八团扎营九子坡，历时两个月完成錾刻。该石刻号称“标语之王”。

红四方面军党政工作会议旧址 位于通江县毛浴乡街道。1934年11月1—9日，红四方面军在毛浴镇召开著名的全军党政工作会议，会期历时9天，到会连以上政治工作干部800余人。会议讨论当时的形势与任务，总结反“六路围攻”以来的党政工作，通过《四方面军政治与党务工作决议案》，制定《团政治处暂行工作细则》《军、师政治部的暂行工作细则》，制定著名的“智勇坚定、排难创新、团结奋斗、不胜不休”四方军军训，同时表彰反“六路围攻”中功绩突出的部队。张国焘、徐向前、陈昌浩等红四方面军高级领导人出席会议并作党政工作报告。此次会议是红四方面军政治工作建设的一次重要会议，鼓舞广大指战员的革命意志，解决不少实际工作问题，并对纠正某些错误做出一些有益的规定，同时也是冲破“川陕会剿”的有力准备。

空山战役遗址 位于通江县空山乡。1933年1月，蒋介石委任田颂尧为“川陕边区剿匪督办”，田颂尧纠集38个团，近6万人马对红四方面军进行“三路围攻”。同时，军阀刘存厚的8个团，威胁红军左翼。当时红军仅有2万余人。根据敌人长途跋涉、疲惫不堪、孤军深入、易于消灭等弱点，红10师、11师、12师和73师，集中力量采取断敌后路、分割包围等战术，经过3天激战，毙、伤、俘敌参谋长李汉城以下官兵5000余人，缴获长短枪3000余支，机枪20余挺，迫击炮50多门，取得粉碎敌“三路围攻”的决定性胜利。1983年7月，国家主席李先念亲笔题写“空山战役遗址”。

川陕革命根据地博物馆 位于巴中市巴州区南郊南龛山，其前身是巴中县人民文化博物馆。1961年，更名为川陕革命根据地巴中纪念馆。1979年3月，更名为川陕革命根据地博物馆，邓小平题书馆名。1982年10月，动工修建新馆。1984年7月，新馆落成。该馆占地13300平方米，建筑面积4527平方米，有陈列室2545平方米。主题建筑为陈列大楼，配套设施包括红军石刻陈列园、文物库房、办公楼、观光廊榭、红军石刻园等，有馆藏文物资料2万余件。是中国地方专题博物馆，为全国青少年教育基地、四川省爱国主义教育基地。

川陕苏区将帅碑林 位于巴中市巴州区南郊南龛山顶，占地面积8公顷。1993年，省政府批准建立。碑林主要由红四方面军主要将领纪念像园、碑林长廊、红军将士英名纪念碑、红军陵园、楹联长廊、标志碑、观景台、刘伯坚烈士纪念像园、吴瑞林将军纪念碑、红军纪念碑、红军魂、奉献碑、国防林、思源湖等景点构成。园内安放“歼六”战斗机1架，“三七”高炮2门。建有银杏园、奇石园，栽植各种名贵树木8000余株。绿化面积达4.2万平方米。共嵌碑4280余块，其中红军将士个人纪念单碑3280块，红军英名、烈士名录268块，领导题字题词、楹联碑732块。共刻红军英名、烈士名录13.2万人，其中红军将士10415人，红军烈士121585人。1927—1937年牺牲的团、师、军职烈士808人，仅女红军479人；西路军、失散红军、在乡红军3246人；鄂、豫、皖的红军烈士3.2万人。为四川省爱国主义教育基地，四川省国防教育基地和全国爱国主义教育示范基地。

川陕省苏维埃政府旧址 位于巴中市巴州区城西新市街，原为“学田局”（又名劝学所）“专成衙门”“守备衙门”“武官衙门”。1933年6月，川陕省苏维埃政府由通江迁设于此。是年8月，在此召开川陕省第二届工农兵代表大会。1934年12月，在此召开川陕省第三届工农兵代表大会。1980年，被省政府公布为四川省重点文物保护单位。

巴中特别市委旧址 位于巴中市巴州区中城街。20世纪20年代中期，国民党将领叶良一在此建公馆，呈四合院布局，砖、石、木混合结构，分前、中、后堂，占地600余平方米，为仿哥特式建筑，整体设计精巧，结构严谨，格调高雅。1933年，红四方面军在此建立中共巴中特别市委和巴中特别市苏维埃政府。1980年，被省政府公布为四川省重点文物保护单位。

抗战阵亡将士纪念碑 位于巴中市巴州区南郊南龛山。民国27年（1938年）7月5日，巴中县"七七"抗战纪念筹备委员会决议在宕梁公园内修建抗战阵亡将士纪念碑，由民国16年（1927年）田颂尧部驻军旅长谢庶常之"德政碑"改建而成。1960年，因建房拆毁。1985年，修复于川陕革命根据地博物馆右侧，高11.9米，直径1.8米，砖石结构，四方八棱形，三面镌刻"抗战阵亡将士纪念碑"9个大字，一面刻县政府《修复记》，碑座刻徐向前、洪学智、许世友等题词和诗文，四周建石栏杆围护。

刘伯坚烈士纪念馆 位于平昌县江口镇佛头山景区内，占地2.24万平方米。1983年12月，奠基修建。1986年10月落成，杨尚昆亲临落成典礼，邓小平、叶剑英、聂荣臻等分别题词。碑正面嵌邓小平题写"刘伯坚烈士纪念碑"，背面刻黄镇书《烈士生平传略》。背面照壁为黑色大理石诗屏，镶嵌烈士遗作《带镣行》。刘伯坚烈士纪念馆由刘伯坚烈士纪念碑、生平事迹陈列室、江阳碑林和川陕苏区平昌县革命文物陈列馆等组成。为四川省重点文物保护单位和四川省爱国主义教育基地。

北山寺军事会议旧址 位于平昌县得胜镇北山寺。北山寺兴建于明末清初，该寺坐北向南，占地0.66公顷，依地势高低环山层层叠架，布局小巧玲珑，建筑为穿斗结构。1933年10月初，徐向前在得胜山北山寺主持召开红四方面军军以上干部会议，研究宣达战役的作战方针和部署，根据敌人单线配置的部署，决定集中兵力，实行中央突破，直插敌人后方，并在两翼实行辅助进攻。

红四门旧址 位于南江县城。该门原为县城上河街水码头处的明代古城墙东门的迎晖门，高约5米、宽约8米。1933年2月1日，红四方面军73师攻占南江县城，部队从城墙大门入城，将迎晖门改錾成红四门，而得名。尚存有"庆祝红军伟大胜利""武装拥护苏维埃"等红军石刻标语。

长赤县苏维埃旧址 位于南江县长赤镇。1933年，红四方面军反"三路围攻"后，建立长赤县苏维埃，其党政机关设于长赤镇禹王宫。禹王宫始建于清嘉庆二年（1797年），龙凤兽禽花卉书文等雕刻保存尚好。亦有"谁是世界上的创造者；只有我们劳苦的工农""铲除封建势力，实行土地革命"等红军石刻楹联。1980年，被省政府公布为四川省重点文物保护单位。

巴山游击队旧址 位于南江县桃园镇。1935年2月，红四方面军开展"陕南战役"后，中共川陕省委书记、游击总指挥周纯全同红四方面军政委陈昌浩讨论决定组建"川北边区守留阵地游击队"（简称"川北游击队"、后称"巴山游击队"）。由4师、12师36团一营教导员刘子才任司令，司令部设桃园麦子坪。下辖三个大队，由4军、31军部分官兵和南江、英安（旺苍县境内）两县的地方干部以及南郑小坝、喜神坝的游击队组成。是年2月20日，扩编成1个"独立师"，同时成立一个县委。师长刘子才、副师长李光荣、政委王天海、县委书记吴善礼，师部设台上。是年2月24日，又将红庙堂游击队编入"独立师"，其编三个序列营，方面军总部派去20多名连级干部、发给五六百支枪，共约1000人，100余干部大部分是通南巴籍。1935年春，红四方面军退出川陕苏区北上后，"独立师"在南江县与南郑县接壤的川陕界上，继续执行"红军三大任务"，固守川北与陕南间200里阵地，并向陕南纵深发展。师部由台上移至岩房坪，活动在小坝、喜神坝、黄虎岭、红庙堂、秦家坝，打击民团神团，建立地方武装和苏维埃政权，独立师发展到1200人，纵横约500平方公里，且屡战屡胜。1936年6月，独立师改编为2个队和1个独立连，并在南江县大河镇召开会议，决定依托大巴山，在南江和南郑交界地区重建根据地。抗日战争爆发后，国民党军队加大力量对巴山游击队进行严密围困封锁，并不断发动进攻。游击队在极端艰苦的处境下，与敌浴血奋战，坚强不屈。最后，终因弹尽粮绝，全体将士壮烈牺牲。

第二章　旅游开发

第一节　旅游规划

20 世纪 80 年代初，国务院发布《关于加强旅游工作的决定》后，境内四县开始旅游规划工作。1981 年，通江县对诺水河风景名胜区进行勘测和全面规划。1987 年，重庆建筑工程学院派员对诺水河景区资源进行全面普查，并对诺水河景区进行总体规划。

1993 年，地委、行署提出“狠抓基础、快上工业、活跃商贸、开发旅游”的工作方针。地区旅游局根据巴中旅游资源现状及四县（市）发展规划，拟定《巴中地区发展旅游业十年规划和五年计划》。是年，南江县制发《南江县旅游业发展十年规划和“八五”计划》。

1994 年，地委、行署相继出台《关于加快发展旅游业的意见》和《巴中地区行政公署办公室批转地区旅游局关于加快发展我区旅游业若干问题的意见的通知》，提出“保护与开发并举，建设与利用并重，引资与筹资结合，基础建设与服务设施配套”，搞好巴中历史文化名城、通江诺水河、南江光雾山、平昌佛头山等重点旅游资源开发，使旅游业成为全地区第三产业的支柱。同时提出“建好一支队伍，狠抓两个基础——交通、通讯，坚持三个开发——资源开发、客源开发、产品开发”的工作任务和措施。通江县制定《通江县旅游业发展十年规划和“八五”计划》。平昌县专题研究旅游发展规划，落实“江阳公园扩建”“佛头山森林公园”“双江水上乐园”三个项目的规划论证。

1995 年，地区旅游局制定《四川省巴中地区旅游业发展“九五”计划和 2010 年长远规划》，将光雾山、诺水河景区综合开发作为“九五”期间重点建设项目及时向三峡经济协作区联合发展办公室报送巴中旅游业发展规划和旅游信息采集表，力争将巴中旅游业纳入三峡经济协作区旅游业总体规划。并规划全地区首批旅游景区（点）及旅游线路，规划旅游区（点）11 个，旅游客运线路 18 条，推出五条精选线路向社会公布。是年 5 月，《四川三峡经济区旅游发展规划》将巴中地区“诺水河——光雾山风景名胜区”列入 1995—2010 年开发和改造十大旅游项目之一。

1996 年，按照“高标准、高质量、一步到位”的要求，分别请省规划设计院、省林业设计院等部门编制光雾山风景名胜区、南阳森林公园、佛头山森林公园总体规划。同时，编制、完善旅游业“九五”计划及 2010 年长远规划。配合城建部门，在全地区城镇体系规划中，将五个旅游集镇列入体系规划，完善旅游线路规划。是年起，南江县按照“保护自然景观和人文景观的风貌，维护景区生态平衡、各项建设设施应当与景区环境协调”等规定，先后编制断渠公园的总体规划和桃园接待中心、铁炉坝接待点、大坝接待站等详细规划及桃园景区的焦家河、韩溪河、燕子岩等核心景区的控制性规划，以及桃园镇、焦家河村、铁炉坝村的村镇建设规划。为景区资源保护、利用、开发与建设提供科学依据。

1997年，在完成诺水河、南阳、佛头山森林公园总体规划的基础上，完成光雾山风景名胜区总体规划。对《巴中地区旅游业发展“九五”计划和2010年长远规划》进行修改后，完成诺水河镇、桃园镇场镇规划。四川省旅游局实地考察巴中旅游资源特色、品位后，将巴中地区旅游开发纳入全省旅游开发规划。

1998年，行署出台《关于加快发展旅游业的决定》，对全地区旅游总体规划提出明确要求，并将诺水河、光雾山、南龛坡列入全省旅游规划。南江县制订《1998—2000年旅游经济发展规划》。

1999年，地委、行署将旅游业列为全地区重点发展的支柱产业，并要求各单位、各行业围绕重心，调整工作计划，参与旅游开发，营造“全党抓旅游，全民办旅游”的氛围。

第二节　景区建设

20世纪80年代初，通江县成立诺水河风景名胜区管理所，负责对景区的自然环境和景点进行勘测。1982年，通江县成立诺水河风景区建设指挥部，开始筹备开发诺水河风景区。1983年，巴中县开发建设南龛公园，修建川陕革命根据地博物馆。1985年，通江县集中人力、物力开发建设诺水河风景区。是年7月，诺水河景区狮子洞对外开放。1986年7月，诺水河风景区正式对外开放。1988年8月，启动诺水河景区金童山游山道、观光亭建设。1989年3月，诺水河景区宋家洞、牛角嵌景点对外开放。是年9月，诺水河景区斑竹园微型电站动工修建。

1990年，诺水河景区牛角嵌旅游接待设施投入使用。是年7月，诺水河景区仙人居动工建设。是年10月，诺水河景区斑竹园拦河坝工程启动建设。1992年5月，诺水河景区斑竹园——望乡台河段水上游乐项目投入使用。是年，南江县正直区双流小学教师投资兴建全国第一家山洞博物馆——郑家洞红军遗物展览馆，为龙耳山景区增添旅游亮点。

1993年，南江县对光雾山、米仓山、小巫峡、皇柏林、断渠、桥坝响水洞、坪河鸳鸯峡等景区景点进行摸底调查，收集录像、照片和资料，拟定《开发光雾山风景名胜区可行性论证报告》。巴中市（县级）开始建设川陕苏区将帅碑林。

1994年，通江县争取建设资金25.8万元，完成诺水河风景区楼房洞道路建设，牛角嵌公路加高及场地平整，新开发卡拉OK、酒吧等娱乐项目，并与省邮电局达成协议，在诺水河风景区投资40万元建邮电支局，开通风景区的程控电话。南江县赶场区多渠道筹措资金60多万元，投劳2万多个，完成小巫峡景区一期开发工程，并对外开放。是年，南江县对光雾山风景名胜区范围进行考察界定，并建立档案。

1995年，南江县为配套开发光雾山风景区，首先开发断渠公园。一期工程预计投资990万元，是年筹集资金100万元，并开工建设。国家旅游局下达给巴中旅游产品开发资金50万元，旅游点厕所补助资金4万元；省旅游局补助开办费5万元，补助旅游点厕所建设资金4万元；省建委补助风景资源保护费4万元；省水电厅补助诺水河风景区小水电建设资金10万元；省农业厅、省扶贫办下达诺水河风景区配套设施建设扶贫款45万元；省财政厅下达旅游周转金30万元；共152万元，加快旅游区（点）建设步伐。诺水河风景区配套建宾馆1500平方米，床位70张，以及餐饮、娱乐和购物设施；化湖旅游假度村首期工程建竹楼12个，床位36张，水上娱乐城150平方米及配套的水上游乐设施。

1996年，全地区多渠道筹措建设资金535万元，开发景点、配套设施。通江县诺水河风景区争取资金64万元（其中省旅游局、省建委补助4万元，扶贫资金60万元），完成诺水楼宾馆、斑竹园小水电站、仙人洞多功能厅、牛角嵌娱乐场所建设，实施楼房洞、仙人洞、情人沟开发前期工作及133.33公顷经济林营造项目。南江县争取资金66万元（其中省旅游局、省建委补助4万元，以工代赈42万元，扶贫资金20万元），完成光雾山桃园宾馆改造及焦家河景点标志牌工程，修通断渠公园石级游山道4.8公里，林区游览道800米，修建公园围墙540米，修铺油路0.66公里。南江县断渠公园一期工程基本建成，并举行春节游园活动。巴中南阳森林公园争取林业部门资金220万元，新建2000平方米宾馆，林区交通道路3公里。化湖度假村投资430万元在治理坝堤病态工程同时，配套旅游接待服务设施，开发景点。平昌县投资155万元（省林业部门60万元，县财政70万元，自筹25万元）开发佛头山公园，完成入园车行道1.88公里，园内游山道3.6公里，建景点亭廊2处，配套服务设施3处，园内植被达25.8万株；运用社会资金60万元，开办水上游乐项目。1993—1996年，为改善旅游基础设施建设，通江县先后投入7300万元，修通联网路，增加出境（省）路。投资450万元，拉通小坪溪——平溪——风景区的35千伏输电线路；投入3000万元，扩建万门程控电话，实现风景区国际国内直拨；投入800万元，在县城修建金华大厦、凯源宾馆等，在诺水河镇修建“仙人居”“诺水楼”。同时，还修缮王坪烈士陵园、红四方面军总指挥部旧址纪念馆，加固部分红军石刻标语。

1997年，按照“争取支持，依靠自己”和“谁投资，谁受益”的原则，广泛筹措资金，开展旅游服务设施建设和基础设施建设。全地区各主要景区实现电话程控化。全地区投入1180万元开发景点配套设施，诺水河景区腹地2公里道路硬化，小水电站机房电机、线路建设；改造狮子洞灯光设施，新建仙人洞娱乐中心，开办文化长廊，新建会议室，完成停车场硬化，新开办水上漂流项目，完成中峰洞开发的前期工作；完成南江断渠公园2.3公里的林间石级游山道、1000米围墙、三处门楼、七处亭廊、一处牌坊的建设，完成光雾山景区彭家坝至燕子岩、两河口至韩溪河10公里游山路建设；完成平昌佛头山森林公园新建紫竹园宾馆和2个茶园、华夏五千年文明史碑廊。南江县投资3000余万元完成县城至光雾山景区50余公里砼路工程，实施南江县至诺水河景区旅游环线道路改造。巴中市（县级）投资近100万元改造枣林到阴灵山环山公路。通江县投资400余万元完成景区火电输入电网架设。平昌县投资120万元改造县城至佛头山森林公园3公里公路。

1998年，坚持“政府主导、部门协作、企业参与、全社会办旅游”的旅游开发思路，改善全地区县级旅游开发大环境。巴中市（县级）投资近600万元改造枣儿垭至化湖景区19公里公路，投资近100万元改造平梁至莲花山公路，投资100万元开发南龛山景区游乐项目。通江县投资3000余万元将县城至诺水河景区65公里道路改建成三级砼路面，新建游山道2公里、改建5公里，建移动电话基站，投资77万元安装架设平溪至诺水河35千伏输电电路，投资43万元安装平溪至诺水河的光缆线，投资125万元在诺水河景区建邮电服务大楼，投资8万元新建景区化粪池和厕所，引资250万元在诺水河景区建桑拿浴、诺水消闲城、水中楼娱乐城、陕川红酒家、日月峡餐厅、诺水农业观光所等10个项目。南江县投资近5000万元将县城至光雾山景区82公里的二南公路改建成三级砼路，投入80万元将上两区35千伏电网接到桃园镇，投资50万元在光雾山桃园镇建成BP机传呼站和大哥大机房，光雾山景区投资80万元建日产500吨自来水厂，投资15万元完成集镇街道、人行道绿化和路灯安装，投资 80 万元改造桃园至槐树横贯景点的旅游公路 18 公里（其中硬化 5 公里），投资 53 万元开发莲花洞，投资 500 万元在光雾山韩溪河建水电站并开发水上游乐项目，投入 200 万元启动断渠三期工程并建水上乐园，投资 8 万元建设入园砼路面 1.5 公里，筹资 500 万元建静水山庄和林海山庄，投入 150 万元改造桃园宾馆。平昌县投资 280 万元完成佛头山森林公园大门、游山道、亭阁、历史碑林、绿化、花卉、园林工程。通江、南江两县分别投资 800 万元、1000 万元将南江县至诺水河景区 75 公里的道路改造成三级油路。

1998 年，南江县全面拓宽铺筑县城至光雾山景区至汉中方向二级砼路标美路，铺筑双江路三级砼路标美路，铺设光雾山景区 14 公里游山砼路面和燕子岩游山小道，开通光雾山景区传呼和无线通信。通江县拓宽县城至诺水河景区二级砼路标美路，拓宽改造县城至沙溪镇红四方面军王坪烈士陵园泥结石路面，架设诺水河景区国家电网，开通光缆程控电话，建成传呼基站，新建小型接待设施两处、新增床位 100 余个。巴中市（县级）全面改造市区至阴灵山、化湖、南阳森林公园公路，改造阴灵山街道和游山小道，改造东华宾馆。按二星级标准改造天力宾馆，按三星级标准建设江北宾馆和恒丰饭店。

1999 年，全地区加快旅游基础设施建设。通江县投资 900 多万元实施平溪至诺水河景区（川陕边境）21 公里的砼路建设，投资近 1000 万元完成通（江）平（昌）线通江段 43 公里油路建设，投入 150 万元完成诺水河景区输变电及通讯线路安装，投资近 100 万元重点修缮红四方面军总指挥部旧址纪念馆和红四方面军王坪烈士陵园。南江县完成县城经光雾山景区至陕西南郑县的陈家山段砼路建设，新修铁炉坝至大坝森林公园 20 余公里公路，改造大坝至魏家坝公路，投资 30 万元完成移动电话基站，筹措资金 100 万元对外开放莲花洞、天门洞、燕子岩等景点，投资 180 万元完成大江口、大坝森林公园接待服务设施建设，启动神门风景区景点、景观建设。巴中市（县级）完成枣儿垭至化湖道路改造硬化，投资近 300 万元改造凌云至南阳森林公园道路，投资 150 万元实施南龛、川陕苏区将帅碑林景点及基础环境建设，加快南阳森林公园景点开发和配套旅游服务项目。平昌县投资 100 万元完善佛头山森林公园建设，并开发水上旅游项目。

2000 年，全市旅游开发投入达 5086 万元，景区环境建设投入达 2300 多万元，投资 170 多万元维修红四方面军总指挥部旧址纪念馆，投资 180 万元加固南龛龛窿山体。南江县投资 200 万元修建彭家坝至燕子岩至樱桃树河坝 8 公里游览道及 1.5 公里公路，投资 280 万元新建碑沟口水上娱乐项目，投入 100 多万元在长赤玉湖景区修建宾馆。通江县按照“规划管严，经营放开”的原则，广泛吸收县内外客商投资旅游业，促进资源开发。吸引个体投资 540 万元先后开发诺水河龙湖洞和中峰洞，架设至中峰洞输电线路。巴中市巴州区筹资 800 万元硬化凌（云）南（阳）公路，投资 600 万元在南阳森林公园修建 3 处服务设施。平昌县投资 100 万元硬化佛头山景区公路，投资 500 万元在白衣度假区修建接待设施。

第三节　旅游效益

截至 1987 年 8 月，通江县诺水河风景区接待全国 19 个省、市游客达 5 万人次左右，门票收入达 1.06 万元。1986—1990 年，通江县诺水河风景区共接待国内旅游人数 9.97 万人次，旅游总收入 47.68 万元，住宿费收入 5.72 万元，饮食营业收入 10.54 万元，旅游商品收入 8 万元，交通费收入

17.5 万元，其他收入 2.88 万元。1991 年，通江县诺水河风景区接待游客 2.79 万人次。

1993 年，全地区旅游业得到有序开发，旅游效益明显提高。诺水河风景区接待游客 2 万人次，旅游企业实现产值 95 万元，较 1992 年增长 178.2%。

1994 年，全地区旅游业接待游客 42.20 万人次，景区、景点直接收入 113.6 万元，比 1993 年增长 22.1%。陕西省游客到诺水河、光雾山风景区旅游达 1.5 万人次以上，比 1993 年增长 3 倍。

1995 年，通过开展“中国·四川·巴中”民俗风情游活动，全地区旅游景区（点）接待游客 59.91 万人次，旅游业直接收入 356.07 万元，其中门票收入 153.92 万元，餐饮收入 93.46 万元，住宿收入 71.22 万元，购物收入 14.48 万元，其他收入 22.99 万元，上缴税金 35.6 万元，实现利润 51.27 万元，旅游业回笼货币 1800 万元。1996 年，全地区接待游客 32.6 万人次，旅游直接收入 207.5 万元，创利税 19.17 万元，旅游业回笼货币 1893 万元。

1997 年，以办好“1997 中国旅游年巴中活动”为主线，抓周边地（市）的客源市场，配套推出观光旅游、会议旅游、民俗风情游、度假休闲游等旅游项目，游客达 52.15 万人次，与 1996 年同期增长 59.97%；旅游直接收入 565.79 万元，比 1996 年增长 112.27%；创利税 81.48 万元，比 1996 年增长 325.04%；旅游相关行业回笼货币 3267.1 万元，比 1996 年增长 72.59%。

1998 年，全地区接待海外游客 15 万人次，接待国内游客 37.3 万人次，旅游直接收入 868.6 万元，相关行业回笼货币 2800 万元。通江县将旅游业列为通江支柱产业之一，以诺水河风景区为龙头，全力发展旅游业，以达到“旅游兴县”之目的。全年接待游客 10 万人次，其中景区（点）接待游客 5 万人次，直接收入 331 万元，旅游相关行业回笼货币 1400 万元；旅游产品销售收入达 20 万元，游客直接购物金额达 30 万元。

1999 年，全地区接待国内游客 64.5 万人次，接待海外游客 108 人次，实现旅游收入 1500 万元，旅游相关行业回笼货币 4500 万元。

2000 年，全市接待游客 93.5 万人次，比 1999 年增长 45%，旅游总收入达 1.1193 亿元，比 1999 年增长 82%，上缴税费 531.9 万元。通江县抓住“五一”和“十一”两个假日黄金周，积极拓展客源，接待游客 6.8 万人次，旅游直接收入 780 万元，带动相关行业回笼货币 2500 万元。

第四节　旅游企业

1994 年，全地区发展旅游企业 23 家。巴中市（县级）化湖实业公司兴办化湖旅游度假村，并与市体委联合举办龙舟赛，观众达 3000 多人次。平昌县第一汽车运输公司为旅游定点企业，共开旅游专车 50 个班次，运送游客 2000 多人次。

1996 年，全地区有旅游直属企业 4 家，职工 152 人；有旅游定点企业、定点饭店、定点文化娱乐场所 23 家，企业职工 1900 人；景区场镇由国家、集体、个人兴办的餐旅馆 86 家，从事经营、服务人员 800 余人；有娱乐点 11 处，开办旅游工艺品生产厂 5 家。1997 年，全地区旅游直属企业 6 家，职工 170 人；旅游定点企业发展到 23 家，职工 1500 人；旅游商品 53 种（其中新产品 16 种），江口醇、米仓醇、刺梨露、渔溪咸菜、巴中四特等畅销省内外；新办餐旅馆 130 余家。

1998 年 3 月，组建巴中地区首家股份企业旅行社——巴山旅行社，与国内 100 余家旅行社建立业务信息网络。同时，大力提倡发展非公有制旅游企业，非公有制旅游企业和旅游个体服务业迅猛发展。全地区新增非公有制旅游企业150余家，从业人员2000余人。诺水河景区牛角嵌兴办个体饭店（餐饮店）23家，新办娱乐项目16家，兴办股份制企业4家（工艺品、砚石厂、腊肉食品厂等）。诺水河景区沿线集镇办个体餐饮店77家，兴办文化娱乐场所9家，旅游项目解决农村富余劳动力500多人。光雾山桃园镇兴办个体餐旅店15家，办个体根雕厂1家。巴中市（县级）南龛山有个体私营者50余家，平昌县佛头山森林公园有个体私营者20余家。

1999年，投资1.2亿元分别建成江北、恒丰、金穗、林海、茂源等五家宾馆，建筑面积4.8万平方米，新增接待1000人住宿、2000余人就餐。江北宾馆、恒丰饭店达到三星级宾馆的硬件条件标准，提供就业600余个。有非公有制旅游企业350家，从业人员1800人。申报省级旅游商品定点企业7家，定点商品4类，从业人员500人；地、县旅游定点企业10家，从业人员1800人；新建旅游公司1个，筹建旅行社3家，旅游服务公司、旅游运输公司3个。配合“文明新村”建设，大力发展农家乐观光旅游，全地区开办农家乐30余处，从业人员达150人。

2000年，全市有星级宾馆4家，其中江北宾馆、恒丰饭店为国家三星级旅游涉外饭店，巴中市巴州区东华宾馆、平昌县金穗宾馆为国家二星级旅游涉外饭店。有省级旅游商品定点企业4家，定点商品4类，省旅游定点企业10家，新建旅游公司1个，旅行社发展到3家，筹建旅游运输公司1个，开办农家乐200余处，非公有制旅游企业发展至350余家。

第三章　旅游管理

第一节　旅游宣传

1985年，通江县对诺水河景区资源进行全面考察，摄制《川陕边境一明珠》《诺水奇观》等录像资料，开展对外旅游宣传。1986年，南江县上两区副区长黄治新自费3000余元深入桃园景区调查并拍摄主景照片，撰写的新闻专集被四川人民广播电台采用播放。1987年，省作协、省文联与南江县联合举办“桃园风景笔会”，开展旅游宣传。1988年，四川省青年作家王敦贤历时几月的调查，编撰出版《南江桃园记胜》，在全国发行。

1990年，通江县多次到北京、成都、重庆、珠海等地进行对外宣传活动，邀请国内外80多家新闻单位到通江观光采访，播发宣传诺水河风景区的专稿2000余件，摄制电视专题片7部，出版《巴山胜景》等专著10部，印发图片宣传资料10万余份，提高诺水河风景区的知名度。

1991年9月，通江县举办“首届通江银耳节”期间举行旅游推介会，效果甚佳。1992年，南江县组织拍摄《桃园风光》电视风光片，印制《桃园景区画册》，并在《四川日报》《通川日报》进行宣传。

1993年，加大旅游宣传力度，提高巴中知名度，拓展客源，招商引资。举办“巴中地区自然风光、人文景观图片展览”，促进巴中走向外界，外界了解巴中。南江县加大对光雾山风景区宣传促销力度。摄制光雾山风景区录像专题片，并在省、县及成都电视台播放；在省、地报刊发表宣传专题文章；印制光雾山画册，并向省、地、县相关部门赠送；通过召开新闻发表会、旅游促销会，进行文字宣传、图片展示和播放专题宣传片，提高景区对外影响力。

1994年，在巴中市（县级）举办旅游风光图片展览3期，在巴中电视台播放《巴山览胜》专题片3次，推出5个旅游开发招商引资项目。地区组团参加“1994年四川投资洽谈会”和“1994中国（深圳）旅游景点展示招商会”，并举办风光图片展，播放风光录像片，发放旅游资料，广泛宣传巴中旅游资源优势，开发现状及潜力。将诺水河、光雾山风景区综合开发纳入四川三峡经济区招商项目向国内外推出。各县（市）加大对外宣传的力度，通江县利用录像、图片、文字、标语等多种形式先后在巴中、达川、成都、重庆、汉中等市宣传诺水河风光，并邀请重庆电视二台拍摄风光片，与重庆钢铁公司、嘉陵江机械厂达成组团旅游协议。南江县重新拍摄《光雾山风光》影视片，先后在省电视台、成都电视台、巴中电视台、南江有线电视台播放；在成都两次举行光雾山风光展；先后接待汉中市旅游局和成都十多家涉外宾馆、旅行社组织的考察，达成组团旅游协议。

1995年，制定《1995中国（四川巴中）民俗风情游活动方案》，向外重点推出两个民俗节庆活动（阴灵山观音庙会、化湖龙舟赛），推介五条精选旅游线路（巴中——阴灵山，巴中——化湖——南阳，巴中——南江皇柏林——南江县城——桃园，巴中——通江县城——诺水河溶洞，巴中——诺水河溶洞——南江小巫峡——桃园），八个专项旅游项目（阴灵山庙会文化之旅、佛教石刻艺术考察、三国遗迹寻踪、光雾山原始生态游、诺水溶洞探奇、农家乐周末度假之旅、化湖水上之旅、桃园满山红叶十月游）。组织地区旅行社在巴中市（县级）举办旅游环线展销会。展销会期间，播放电视广告3次，报纸广告2次，办展板11块，展出图片179幅，发宣传传单1500余张。在“9·27”世界旅游日，地区旅游局以“世界旅游组织服务世界旅游业二十年”和“访民俗风情，游巴山胜景”为主题进行广泛的宣传。通江县与重庆沙坪坝区联姻，组织300多名重庆学生在诺水河风景区开展夏令营活动。南江县通过《光雾山风光》专题片和主要景观录像片，参与北京、成都、汉中、巴中等地的交易会展播，并发放“稀世奇观光雾山，笑迎八方宾客来”宣传资料，同时邀请建设部风景名胜区专家顾问钱振越等到光雾山深入考察和评价宣传。

1996年，积极办好“1996中国度假休闲游巴中活动”。各县（市）在主要场镇、旅游景点张贴广告、标语，宣传度假休闲游活动，并利用广播、电视、报刊、图片展、编印散发宣传资料等形式，在成都、重庆、西安、汉中、达川、广元、南充及周边城市举行宣传活动。全地区开展宣传促销活动10次，办图片展11次，展板51块，展出图片321幅，参观人员达26万人次。组织旅游产品物交会2次。通江县拍摄《诺水风光》影像集，并印制《诺水奇》《诺水赞》宣传读物。南江县利用巴中地区庆祝建区三周年活动对光雾山风光照片、画册、“红色南江今更红”文字图片和《断渠风情》展介，进行宣传。

1997年，强化宣传促销，开拓客源市场。全地区利用报刊、杂志、电视、电台、图片等各种形式，先后在成都、绵阳、西安、重庆、达川、广元、汉中等大中城市开展促销活动20余次，推出旅游图片展50余次，展板500余块，展出景点图片25000余幅次，参观者达130万人次；向省地县报刊送稿53篇，发表25篇，其中地级以上发表10篇；电视宣传113次，其中地级以上67次。是年6月，《光雾山风光》在四川电视台播放；是年10月，《诺水河风光》在中央电视台《走南闯北》栏目播放；通江县出版有关诺水河专著4刊号2万册，制作发行《诺水风光》台历、挂历1.7万册，制作《诺水风光》《临江丽峡》两部录像带，摄制《诺水河风景影集》。全地区举办春节游园和民俗节庆活动，并在诺水河景区成功举办旅游节。

1998年，按照“整体宣传促销”原则，利用电视、报刊等宣传媒体进行广泛宣传。巴中市（县级）在《西南旅游》办专刊，全面宣传巴中市（县级）人文景观、自然风景。通江县利用《通江报》《巴中日报》《四川党建内参》宣传诺水河风光，诺水河景区在达川、巴中、广元、汉中及周边县、市进行电视宣传达50多次，同时推出宣传展板16块，照片100余幅，开展街头宣传达30余次，并将全套宣传资料在宝鸡市举办的西交会上发放，出版《诺水河景点介绍》一书，制作巴中风光台历近万册。南江县制作《光雾山风光》折叠画页2万册，出版《红色南江今更红》宣传画册，编辑创办《断渠景点名录集》及《光雾山》等书刊。摄制《巴蜀胜景——光雾山》录像带、VCD光碟在周边地、市、县播放达16次。在省基层党组织建设现场会、省公路建设现场会、省城乡建设会中推出风光照片展板9块，展出13次。邀请中央电视台拍制《光雾山风光》电视片。邀请省作协的诗人、作家在桃园举办笔会。巴山旅行社利用旅游展板、宣传资料、旅游线路图，进行街头宣传，开展旅游咨询活动，先后派员七次去成都、西安、北京等地高等院校宣传巴中奇山秀水和红军文化，发放宣传资料20万份，并推出红军文化旅游线路。在《巴中广播电视报》开设巴中旅游专栏。

1999年，按照“统一布置，联合促销，发挥优势，主动出击”的宣传促销思路，坚持“立足区内，开发周边，逐步向大城市延伸”的客源市场开发原则，开展多形式、多层次的宣传促销活动，取得较好效果。成功完成“重走长征路，将帅故里游”旅游线路开发巴中考察活动，发放宣传资料4500余份。省电视台到巴中无偿拍摄播放红军文化宣传片；南江县邀请省电视台《四季风》栏目组，摄制《光雾山风光》专题片，并制作VCD光碟，在省电视台连续播放3次；全地区办旅游宣传展板35块，展出图片300余幅，分别在西安、绵阳、广元、达川等地展出30余次，参观者达20余万人次；在各种报刊发表旅游宣传文章30余篇，开展电视宣传35次，发送宣传资料1.3万份。为宣传组织北方客源，光雾山、诺水河景区分别在陕西省汉中市等地设立宣传窗口，南江县与汉中市汉台区签订联合开发川陕旅游线路协议。

2000年，先后参加“西安旅游交易会”“成都沿海企业贸易投资洽谈会”“重庆市第二届旅游交易会”“厦门第四届中国投资贸易洽谈会”等全国性旅游促销活动，推出大型宣传展板66张，发放宣传资料6万份。集中在《四川地图册》《四川旅游消费指南》《四川导游》《中国旅游》《新华社参考消息》《人民日报海外版》《四川经济日报》等刊物上专版宣传巴中旅游。通过中央电视台七频道、四川卫视、陕西有线电视台、巴中电视台等制作专题片、风光片滚动播出。与《西部旅游》杂志社合作首次编印出版《巴中旅游指南》大型旅游宣传资料；南江县印制宣传资料1.2万余份和《光雾山》邮资明信片5000套、35000张，制作《光雾山》VCD光碟2000张；通江县印制宣传资料1.5万余份，制作诺水河风光挂历3000份；巴中市巴州区出版《巴中石窟研究》。

第二节　旅游行业管理

20世纪80年代初，通江县、巴中县开始开发建设诺水河景区和南龛公园，亦进行旅游行业管理。

20世纪90年代，通江县诺水河风景区管理处、南江县桃园风景区管理处相继成立，加强景区资源保护和行业管理。通江县出台关于诺水河风景区旅游资源保护文件及布告；南江县制发《关于加强光雾山风景名胜区自然生态环境保护的通知》。

1993年，行署办公室制发《关于开发旅游资源有关事项的通知》。全地区利用广播电视、标语、宣传栏，宣传资源保护的法律法规，强化法律意识，提高保护风景旅游资源的自觉性。同时，加强旅游安全管理。1995年，南江县制发《关于加强光雾山风景名胜区管理布告》和《关于加强断渠公园保护的通告》。

1996年，加强全地区旅游市场管理，树立巴中旅游形象，成立旅游市场综合治理协调小组，行署办公室制发《关于加强旅游市场管理的通知》。对重点旅游景区（点）、旅游服务单位、旅游定点企业进行全面调查，并对发现的问题进行治理整改。为规范旅游企业行为，实行“旅游经营许可证”，对乱设摊点、环境卫生状况差的旅游区（点），实行限期整改。诺水河风景区在开放的景区（点）设立环境卫生管理牌，派专人管理。光雾山风景区配合环境保护部门对焦家河上游刨花板厂的污染问题进行治理。化湖度假村设立环境卫生管理岗，对旅游环境进行管理。加强景区（点）旅游服务单位的综治安全、道路交通、食品卫生、消防安全管理。主要景区（点）均成立安全应急小分队，建立各项制度，责任落实到人，对重要景区（点）沿线的交通道路、旅游餐饮、旅游接待服务设施进行经常性检查，排查隐患，跟踪整改。同时，及时受理投诉、调解纠纷、化解矛盾，减少旅游投诉。并在旅游服务行业中开展“让客人高兴而来，满意而归，绝不让游客带着矛盾离去”活动。

江北宾馆

恒丰饭店

1997年，加强旅游行业文明建设，规范行业行为，提高从业人员素质，树立爱岗敬业风尚和巴中旅游形象。诺水河风景区重点实施沿线农房粉白座脊、美化环境、治理脏乱差等。光雾山桃园镇借助街道建设，规范旅游服务摊点，改善场镇环境，治理焦家河污染等。各旅游企业建立健全安全管理机构，完善安全管理制度，增添安全设施设备。加强从业人员岗位培训，提高队伍素质，改善服务质量。

1998年，制定《巴中地区旅游行业管理办法》，对所有旅游企业进行定点管理、涉外管理，实施旅游经营许可制度、员工上岗资格证制度、质量保证金制度、定期报表制度等。大力宣传并实施涉外饭店星级评定标准，按标准监督天力宾馆、江北宾馆、恒丰饭店改造建设。审核确定一批旅游定点企业，并筛选上报一批省级旅游商品定点生产企业。举办旅游法规、服务质量标准、服务技能培训班，120余人参训。把旅游安全管理作为行业管理重点，督促旅游企事业单位全面落实安全生产责任制，并组织安全大检查3次，排查各种安全隐患20余处。

1999年，全地区重点抓以宾馆饭店管理为主的行业管理，邀请省饭店管理专家对全地区涉外饭店进行饭店管理讲座、检查指导和技能培训，提高管理水平和服务技能。推行旅游经营许可制度、持证上岗证制度，发放上岗证300余个。按照全省整顿和规范旅游市场秩序的总体部署，全地区以涉旅安全为突破口，以景区环境整治为重点，共排查安全隐患40余处，制定安全措施20余条；查处野导2名，不规范旅游合同1份，查处无证人员非法操作旅游业务5人次，查处旅行社不正当竞争案件1件，查处高抬市价、宰客事件3起，全地区旅游市场逐步规范。

2000年，重点抓对旅游涉外饭店的管理。先后邀请锦江、岷山、金叶等饭店管理公司对巴中江北、恒丰、东华、金穗宾馆员工进行现场培训，参训人员达600余人，提高宾馆、饭店的管理水平和服务技能。开展创星活动。全市开通投诉电话“96927”，受理旅游投诉案件5件，结案5件。

第十五篇

商 业

民国时期，境内交通闭塞，商贸不活，仅经营油、盐、酱、醋、粮、糖、烟、酒等日用品，桐、茶、耳、倍等山货靠人力背运或水运到重庆、上海等地销售，大宗产（商）品多由陕西、重庆、南充、营山、渠县等外地商贾经营。川陕省苏维埃时期，境内商业蓬勃发展，生产及购销极为活跃。1958 年后，境内形成城市以国营商业为主体、农村以供销合作商业为骨干的商贸流通体系，商业出现购销两旺。1978 年后，境内国营、集体、个体私营商业并驾齐驱，初步形成购销两旺、市场繁荣的商贸大流通体系。至 1987 年，境内各类商贸机构发展到 2.69 万个，从业人员 4.41 万人。

1993 年，全地区有批发贸易机构 976 个，网点 2186 处，从业人员 7114 人，全地区社会商品零售总额 9.95 亿元，社会消费品零售总额 8.58 万元。1996—2000 年，全面推行经营机制转换和产权制度改革，累计实现 238 个企业的资产重组。国有商贸企业总体实现同比减亏目标，供销社系统全面扭亏。2000 年，全市商品购进总额 22.88 亿元，商品销售总额 23.47 亿元，社会商品销售总额 31.02 亿元，社会消费品零售总额 23.59 亿元。

第一章　商业体制

第一节　国有商业

川陕省苏维埃时期，苏维埃政府财政经济委员会或红四方面军总供给部开办公营商业，为境内最早国有商业。公营商业主要有经济公社、国营药店、工农饭店、招待处、粮站、饲养场、经理部等。主要收购和销售盐、糖、棉花、布匹、草鞋、纸烟、电筒、粮食、油脂、药材等军需民用物资。省苏维埃在区以上设经济公社 27 个，通江县 15 个地方设有经济公社。经济公社总社有 60 余人，县分社一般有 20 ~ 30 人。

20 世纪 50 年代，境内四县国营商业以商业局、粮食局、盐业批发部为主。20 世纪 60 年代，新增物资、外贸、农机、木材、医药等商业机构。其中商业局下辖百货、五金交电、煤建、食品、蔬菜饮食服务、糖烟酒等 6 个公司。1978 年后，国营商业增设批发网点，扩大购销业务。至翌年，境内有国营商业、饮食服务机构 1057 个，从业人员 6934 人。1980 年，境内零售商品额为 1.23 亿元，占全社会零售商品总额的 45.37%。1985 年，境内有国营商业服务业机构 1553 个，从业人员 9699 人，分别比 1979 年增长 46.9%、40%。社会商品零售额 1.27 亿元，占全社会商品零售总额的 28.6%，比 1980 年下降 16.7 个百分点。

1986 年，境内四县对国营企业实行全面改革，划小核算单位，实行分级分权管理，扩大工业品下乡，部分小企业通过承包、租赁等形式转为集体或个体经营。先后推行门市、柜组、批发部、车间核算、单独核算、奖惩挂钩；对批发企业实行“三定一包”（定销售、定利润、定资金、包安全）；对零售企业实行“五定一包”（定销售、定利润、定资金、定费用、定库存、包安全）。从 1987 年起，境内四县对各类企业全面推行承包经营，一定三年不变。

1990 年，境内四县全面推行商贸体制改革，对国营企业推行“四放开”（品种、价格、用工、分配放开）国有民营的经营体制。1992 年，境内有国有商业机构 2480 个，从业人员 1.84 万人，分别比 1989 年增长 27.8%、31.8%。其中国有餐饮业由 1989 年的 42 个、482 人，分别增、减到 52 个、354 人；国有服务业由 1989 年的 43 个、382 人分别增至 68 个、466 人。国有社会商品零售总额 3.15 亿元，占全社会商品零售总额的 34%，比 1989 年增长 5.6 个百分点。1993 年，全地区有国有独立核算商业批发企业 87 个、网点 750 处、从业人员 3551 人，有国有零售机构 67 个、网点 912 处、从业人员 5420 人，有国有餐饮业 2 个、网点 25 处、从业人员 236 人。零售社会消费品 2.75 亿元，占全社会消费品零售总额的 32.14%。

1996—1997 年，全地区对国有企业积极稳妥地推进"股、租、卖"为主要形式的产权制度改革。按照建立现代企业制度的总体要求，试行产权制度改革、股份制改革、组建企业集团、国有民营改革。改革模式有一改、二集、三租、四卖，即对企业实行改制。组建企业集团，实行产、供、销、种、养、加工一条龙的服务集团；对基层店、柜、组实行承包租赁经营，经营业务全面开放；对边远和区乡网点、闲置资产实行出售。全地区 81 个公司改制面达 78%，其中在组建或试行股份有限责任公司和股份制的 21 家，占总企业数 3%；组建企业集团 8 家。全地区 1034 个门市网点中，全部实行抽本经营或租赁经营；拍卖网点 20 个，回收资金 350 万元。全地区有国有法人批发机构 135 个，附营单位 10 个，网点 2175 处，从业人员 1.24 万人；有国有法人零售机构 36 个，活动单位 21 个，网点 320 处，从业人员 2864 人；有餐饮法人机构 6 个，活动单位 9 个，网点 42 处，从业人员 539 人。全年商品购进 13.46 亿元，商品销售总额 14.15 亿元。大中型企业商品销售收入 4.59 亿元，实现利润 237 万元，首次实现扭亏为盈。

1998 年，坚持以产权制度改革为突破口，抓国有、带集体、放手发展非公有制经济。采取出售、租赁、股份制、股份合作制、拍卖、破产、零价转让、分块搞活等多种形式，加快企业改革步伐。全地区贸易局系统有 55 个独立核算国有企业，商品销售总额 3.9 亿元；粮食部门有独立核算企业 162 个，商品销售总额 2.55 亿元；石油企业销售网点 94 个，销售收入 1.2 亿元；烟草企业 5 个、48 个网点，销售收入 3.17 亿元。上述四种国有企业共完成商品销售收入 10.82 亿元。全地区限额以上国有企业完成商品购进总额 5.67 亿元，销售总额 6.57 亿元，利润总额 -659 万元。

2000 年，全市国有商业系统完成商品销售额 1.94 亿元，同比增长 9.5%；粮油购销企业实现销售收入 1.97 亿元；外贸部门转口贸易 32 万美元，实现零的突破；石油系统销售收入 1.3 亿元，纳税 304 万元；烟草部门销售收入 4.39 亿元，实现利润 455 万元，上缴税金 800 万元。全部国有经济完成社会消费品零售总额 4.37 亿元，占全社会消费品零售总额的 18.5%，同比下降 3.5 个百分点。

第二节　集体商业

川陕省苏维埃时期，境内各级苏维埃政府积极组建合作商业的合作社，为境内最早的集体经济组织。合作社分为消费合作社和生产合作社。消费合作社与贫民合作社为一类型，生产合作社与种子合作社、耕牛农具合作社为一类型，尤以贫民合作社声誉更著。消费合作社遍布各区、乡城镇和交通要口。其经营形式由工农群众集资购买盐、粮、油、糖、布匹、纱线等消费物品，再出售给消费者，并将销售利润按股分红。生产合作社经营种类有织布、炼铁、制糖、烤酒、榨油、造火药等 20 余种。民国后期，境内各县试办消费合作社、生产合作社，因管理不善而解体。

1951—1953 年，境内各县相继成立供销合作社，主要从事农村商品零售和农副产品购销。1953 年底，境内共建城市消费合作社 4 个，农村中心合作社 45 个，乡分销社 183 户，入社者有 27.08 万股。社会商品零售额1751万元，占全社会商品零售总额的77.1%。

1956年，开展私商改造后，部分转为国营，部分组成合作店组成为集体企业。至1957年，境内共有合作店组2163户，从业人员8586人。县以下基本达到乡乡有供销合作分社，初步在农村形成以供销合作社为主渠道的供销商业体系。集体企业共零售商品3553万元，占社会总零售的69.3%。1958年后，供销合作社与国营商业合并，成为全民所有制商业。县城合作店组纳入国营商业统一管理、统一核算。

1962年，境内四县又恢复供销合作社的集体性质，恢复合作店组独立核算。1966年7月，国营、合作商业再度合并。1975年10月，再次恢复各县供销社集体性质，各县设棉麻、农资、土产、日杂等4个专业公司。

1978年后，境内四县集体商业服务业蓬勃发展，大量开办乡镇企业商贸公司、二轻工业供销公司、劳动服务公司、农工商联营公司等集体商业服务业。到1985年，境内集体商业发展到5341户，从业人员1.34万人，其中，供销社管理机构63户、1561人，供销社经营机构2742户、4733人；其他集体商业2519户、5355人。商品零售额2.31亿元，其中，农业生产资料销售6920万元，分别占全社会商品零售总额的52%、15.6%。

1988年，境内有集体商业7453户、1.45万人，其中供销合作商业从业人员比1987年增长6%，饮食业比1987年减少89户，服务业增加60户。社会商品零售总额2.88亿元，占全社会商品零售总额的42.8%，比1986年下降5.5个百分点。

1991年，境内有集体商业6462户、1.37万人，分别比1990年减少720户、356人，其中供销社比1990年增加157户、619人。集体商业商品零售（营业）额3.54亿元，比1990年增长1%，占全社会商品零售总额的40.7%。

1993年，全地区有独立核算集体批发贸易机构20个、网点567个、从业人员1351人，有零售机构75个、网点3281个、从业人员5309人，有餐饮机构6个、网点11个、从业人员39人。社会商品零售总额3.35亿元，占全社会商品零售总额的33.6%。全年商品购进总额3.06亿元，商品销售总额3.94亿元，实现利润-838万元。

1995年，全地区集体商贸业中，有批发业法人机构62个、附营单位9个、网点2652个、从业人员5410人，有零售业法人机构21个、附营单位18个、网点1832个、从业人员2791人，有餐饮业法人机构8个、附营单位48个、网点907个、从业人员2493人。全年商品购进5.71亿元，商品销售总额6.46亿元，社会消费品零售总额3.41亿元，占全社会消费品零售总额的23.5%，所占份额比1993年减少10.1个百分点。

1997年，全地区大中型集体企业商品购进总额1.09亿元；小型集体企业商品购进4.65亿元，销售5.35亿元，餐饮业收入1072万元。社会消费品零售总额2.95亿元，占全社会消费品零售总额的15.5%，所占比重比1995年减少8个百分点。

2000年，全市限额以上集体企业完成社会消费品零售总额2.19亿元，占全社会消费品零售总额的9.3%。全市供销社系统充分发挥在棉花、化肥、农药等重要涉农商品经营中的作用，共完成商品购进总额2.6亿元，商品销售总额3.66亿元；社办工业销售5507万元，实现利润53.2万元。供销社系统在改革中累计分流安置人员2571人，有25%的企业进行产权制度改革，建立有限责任公司10个，股份合作制企业8个，合伙制企业3个。

第三节　个体私营商业

民国初期，境内各县均成立商会，各行业均有行帮。以个体私营户为主的商贸、餐饮业约2100家；主要行业有粮、盐、糖、百货、银耳、山货、木材、纸、棉、水果、医药、烟酒、杂货、布匹等10余个。

川陕省苏维埃时期，苏维埃政府保护工商业，恢复农村集贸市场，发展自由贸易，并实行轻税或免税扶持私营商业。私营商业形式主要有农民将农副土特产品、加工产品投入市场交易，城镇居民开张营业，从白区来的个体商贩进入集市等三种。共有私营商业1000余家。民国后期，境内各县个体私营商业发展到28个行业，3600余家，从业人员4200余人。1949年，因货币贬值，物价猛涨，部分个体私营商业关闭，境内各县个体私营商业不足1000家。

从1951年起，对个体私营商业采取保护政策，个体私营商业恢复发展到2.05万家。1956年，在对个体私营商业改造中，大部分转为合作店组，境内各县农村保留小商贩5526家，从业人员7316人。1958—1968年，个体私营商业被视为资本主义后，逐步减少，仅巴中县保留水果经营业和修补业300余家，平昌县、通江县仅存60余家。

1978年后，国家允许发展个体私营商业，并在资金、货源、场地、税收、市场管理等方面充分给予支持，个体私营商业逐步恢复、发展。到1980年，境内个体有证商业发展到1251家，有证饮食、服务业分别发展到303家、389家，餐饮服务业从业人员2053人；社会商品零售额163万元。至1985年，境内各县均成立个体劳动者协会，保护个体工商业户合法权利。至1986年，境内个体有证商业增至1.54万个、从业人员1.83万人，个体有证饮食业2721户、从业人员3304人，个体有证服务业3900个、从业人员4154人，个体餐饮服务业2.2万户、从业人员2.58万人；社会商品零售总额达8334万元。1988年，境内个体商业户比1986年增长57.25%，服务业增长1.1倍，饮食业增长31.8%；社会商品零售总额达1.4亿元，比1986年增长68%。

1991年，境内有个体有证商业1.5万户、从业人员1.68万人，个体有证饮食业2977户、从业人员3633人，个体有证服务业6542户、从业人员4446人，分别比1990年增长16.2%、9.6%、6.1%。社会商品零售总额1.77亿元，比1990年增长8.5%，是1980年的109倍。

1993年，全地区商贸餐饮个体私营机构达1.9万个，网点1.96万处，从业人员2.8万人。其中，商业批发网点869处、从业人员1829人，零售网点1.52万处、从业人员1.99万人，餐饮业3461户、从业人员6328人；个体商贸批零及餐饮机构、人员分别比1992年减少17.2%、11.1%。社会消费品零售总额2.46亿元，比1992年增长23%。

1998年，全地区新发展个体工商户1.24万户、私营企业90户，分别比1997年增长16.4%、25.8%。个体私营经济年销售总额达13.7亿元，占全地区社会商品零售总额的47.4%；纳税8520万元，占地方财政收入的32%。个体运销户达1.53万户，纳税2000元以上的大户3360户。

2000年底，全市个体工商户（含工业、商业）达10.06万户、私营企业达608户，分别比年初增长5%、28.3%；注册资金达7.2亿元，产值（营业额）分别比年初增长16%、11.4%；纳税1.02亿元，同比增长8.4%。兴办各类市场313个，其中规范和完善各类专业市场15个。个体私营户零售消费品13.5亿元，占全社会消费品零售总额的57.2%，居全社会6种经济成分之首。

1993—2000 年巴中贸易系统经营情况

表 15—1　　单位：万元

年度	汇总企业个数		商品销售收入	销售成本	全部费用	投资收益	补贴收入	营业外收支净额	利润总额				盈利企业盈利	亏损企业亏损	上缴税利
	合计	亏损个数							合计	商业	工业	其他			
1993	42	27	23075	19966	4354	117	—	-388	-2110	-1974	-76	-60	145	2255	587
1994	131	92	27350	24214	4875	246	23	250	-1435	-1178	-89	-78	99	1444	880
1995	122	90	22613	20496	5236	240	191	186	-2606	-2341	-90	-85	46	2652	724
1996	114	82	25194	22469	6379	141	292	4	-2992	-2869	-56	-67	37	3029	817
1997	101	65	30553	27496	6058	257	476	311	-1674	-1565	-77	-32	92	1766	1082
1998	43	31	15091	13964	3340	108	169	495	-1236	-1146	-53	-37	330	1566	674
1999	41	33	7826	6976	2876	17	172	144	-1075	-920	-25	-130	20	1095	503
2000	57	34	20687	15318	5409	11	434	1409	1290	—	—	—	1741	451	2004

1993—2000 年巴中贸易系统资产情况

表 15—2　　单位：万元

年度	流动资产					固定资产合计	无形及递延资产	资产总计	负债				资产负债率（%）	所有者权益
	合计	应收账款	存货	其他应收款	待处理损失				合计	短期借款	长期负债	应付账款		
1993	13299	2242	8902	2675	575	6608	79	20629	21104	12296	2338	2897	102.90	-475
1994	13499	2917	6827	2171	490	9207	55	23333	25015	14265	3019	2732	107.20	-1682
1995	14091	3370	5999	1958	765	12995	66	27680	29559	15775	4163	3068	106.10	-1699
1996	13906	4053	4443	2916	694	13655	71	27901	32074	17639	4262	2394	114.96	-4173
1997	13475	3898	4228	3263	747	13590	114	27317	32929	17296	2512	2113	—	-5612
1998	10687	3831	3604	1958	561	8734	97	19648	26924	12611	8571	2176	137.12	-7294
1999	8857	2887	2707	1823	550	8237	74	17300	25820	12543	1164	2001	149.25	-8520
2000	14360	3480	6020	2368	1027	10078	236	24674	29280	12115	1580	3864	118.66	-4606

第二章　生产资料经营

第一节　农业生产资料

一、化学肥料

1953 年，巴中县、南江县、平昌县开始试销化肥（硫酸铵），因农民不适应，销售困难，年仅售化肥 10 吨。1955 年，为适应农业合作化运动发展，境内各县供销社做到“技术在前，推广在后”，部分基层社采取将少量化肥免费赠送农民试用。各级供销社主动配合农林部门举办技术训练班，帮助互助组、农业社培训化肥使用技术，选派干部深入农村，进行肥效试验，让农民逐渐认识了解化肥，其销路逐步打开。至 1957 年，境内四县农村普遍使用化肥、骨粉、颗粒肥等化学肥料。

20 世纪 60 年代，境内四县农业全面推行水、旱轮作，改一季为两季、三季，提高复种指数，需肥量明显增加。境内各县除经营化肥外，增加过磷酸钙、尿素、氨水钙镁磷肥、硝酸铵、碳酸氢氨、氯化钾等品种。为鼓励生产，对部分经济作物和农副产品实行奖售或换购化肥政策。各种化肥除按奖售或换购政策规定供应外，一般只供应全民和集体所有制单位，不对个人销售。1977—1980 年，境内四县增加复合肥（多效肥）、硫酸锌（微量元素）等化学肥料供应。

20 世纪 80 年代初，境内四县农村推行各种承包责任制，化肥供应转向分户进行。其中氮肥主要实行凭票（证）供应。1986 年，通江县从省外组织计划外氯铵、碳铵、磷肥等 11288 吨。1987—1989 年，境内各县化肥供需矛盾突出，货源紧张。各县供销社到山西、河南、河北、陕西、天津、甘肃、湖南、福建等 18 个省市组织各种化肥 9.88 万吨，满足农业生产的需要。

1990—1993 年，境内四县供销社围绕专营，开展多方位、多层次、多功能、多形式农资技术服务。1994 年，全地区各级供销社先后设立农资商品检查站，严把农资商品质量关。通过清查，共收缴各种假化肥 2931 吨，假农药 800 公斤，假农膜 6000 公斤。1997 年，随着农业生产和化肥工业发展，化肥销售数量显著增加，据统计，全地区共销售化肥 27.55 万吨，其中尿素 3.18 万吨，碳铵 14.71 万吨，复合肥 3.65 万吨，硝酸铵、钾肥 0.96 万吨，磷肥 5.05 万吨。

1998 年，全地区供销化肥 291213 吨。之后，随着“农资专营”政策放开，化肥计划配置向市场化发展，不再通过供销社主渠道经营。

二、化学农药

1953 年，境内四县供销社开始经营六六粉，年销售 12 吨。1954 年，境内四县供销社开始经营农药械，化学农药增加了二二三、西力生、赛力散、硫酸铜等品种。1958 年，境内四县供销社发扬“一根扁担，两个箩筐”精神，普遍开展送药、送械到社（队）供应活动。年农药销售量达 660 吨。

1960 年，境内四县增加敌百虫（美曲膦酯）、二硝散、鱼藤精、氯丹、乐果等农药销售业务。1961—1962 年，由于国民经济处于困难时期，农药年销售量由 1958 年的 660 吨分别下降到 420 吨、390 吨。1964 年，对部分失效、减效、有药害农药和部分土制农药，进行削价和报废处理。

1970 年，随着耕作制度改变，植保范围扩大，新增经营农药品种“稻瘟净”“退菌特”“马拉松”“亚胺硫吟”“敌敌畏”“1605”“保棉丰”等。1971 年，试验推广防治水稻白叶枯病的“敌枯松”和防治小麦赤霉病的“托布津”“多菌灵”等。1975 年，境内各县供销社开始经营用化学除草的农药品种“除草醚”“敌草隆”，尔后又增加“扑草净”“二钾四六”“五六酚钠”等品种。

1979—1980 年，防治水稻虫害的农药新增加甲基杀虫醚、乙基杀虫醚、呋喃丹等品种。到 1982 年，境内各县供销社系统的农药品种（含各种规格、剂型）达 78 种，销量达 685 吨。1984 年，境内各县禁止工业生产、商业销售六六粉和二二三等农药。推广低毒高效杀虫双、除虫菊脂类的“富士一号”、“二号叶肥”“磷酸二氢钾”“锌肥”等新农药。到 1985 年，境内各县供销社系统销售农药仅 150 吨，品种约 40 种。1988 年，境内各县建立农药专营机构，理顺销售渠道，年销量达到 762 吨。

20 世纪 90 年代中期，全地区兴办“庄稼医院”，设立农药专店 139 个，农药销量年年稳中有升。国家对农业生产资料流通体制进行改革，部分企业农药经营业务开始实行个人承包经营，农资专营格局受到冲击。1998 年，全地区供销农药 613 吨。到 2000 年，全市农药销量比正常年份下降 40% 以上。

三、土化肥（农药）

1954 年，境内四县供销社开始经营土化肥、土农药（简称“两土”），解决商品肥、农药不足。

同时，通过协商，供销社将各机关团体、学校、工厂厕所及公共厕所进行统一分配，为农业社提供无偿使用。1956—1957 年，境内四县供销社共组织土杂肥 30 余种、6.93 万吨，供应土杂肥 6.6 万吨。1958 年，推广种植双季稻，化肥、农药供应日趋紧张，为弥补化肥、农药不足，供销社派出大量人员帮助社队发展“两土”工作。各县主要加工骨粉、颗粒肥和土农药。1959 年，通江县开展大造“土化肥”运动。

1969—1973 年，境内四县供销社经营的土化肥以“5406”菌肥为主，土农药以水牛尿合剂为主的生物农药。至 1972 年，境内各县办菌肥厂、菌药厂 4547 个，生产“5406”菌肥 4692 万公斤，“920”菌药 5384 公斤，土农药 46 万公斤，50% 生产队使用土化肥，一般增产在 15% 左右。1978 年后，随着化学工业迅速发展，“两土”逐渐被化学工业品取代。

四、农具

川陕省苏维埃时期，合作社经营有镰刀、锄头、铧等农具。20 世纪 50 年代初，境内四县供销社开始经营中小农具，主要有铁、木、竹、棕四个大类，20 多个品种。1954 年，境内各县供销社开始经营新式步犁、双轮单铧犁以及打谷机、喷雾器等农具和农械。经营的传统农具有铁、木、竹、棕、麻、陶等 80 余个品种。1956—1960 年，境内四县成立手工业联合社，与供销社保持代加工和购销农具业务。各县供销社经营的半机械化农具主要有架架车、打米机、磨面机、压切面机、榨油机、农业排灌机械，以及配套的电动机和汽车零件。

20 世纪 60 年代中后期，境内四县供销社本着“就地取材、就地加工、就地供应”原则，用生产家具材料，解决农具生产原材料不足的困难。1964—1970 年，境内四县供销社增加打米机、磨粉机、压切面机经营业务。

20 世纪 70 年代，境内四县打米机、磨面机、榨油机、压切面机、粉碎机等农具销量逐渐增加。

20 世纪 80 年代后，农业生产由集体转为户营，手工业开始实行离社承包，与供销社脱离加工关系，供销社经营环节销售逐渐减少，以市场化配置为主。到 1981 年，境内四县推广使用铁犁头、铁耙、铁风车、竹木风车、塑料粪桶、粪瓢等农具，基本满足生产需要。同时，随着提灌站建成并投入使用，推广使用提灌机械。到 1983 年，境内四县推广使用的农具有大中型拖拉机、手扶式拖拉机、农用汽车、机动喷雾器、水泵、打谷机、脱粒机、打米机、磨面机、饲料粉碎机、钆花机、榨油机、手动喷雾器等。据统计：1983 年 5 月底，通江县有 1854 户个体或联户经营农业机械，有拖拉机 313 台、4801 马力，各种动力机械 1418 台、16387 马力，配套机具 950 台。1985 年开始，个体经营农机专业户、大户不断涌现，农副产品加工机械、小型提灌机械和农用运输机械发展迅速，形成农业机械由集体经营向个体经营和联户经营转型。

1993 年，地委、行署提出“以小型为主、户营为主、效益为主”的三为主发展方针，加快实现农业机械化。1997 年，全地区推广化肥深施机具 5 万套，微耕机 153 台，推广微水泵 8155 台套，微型加工机械 5920 套，微型喷灌机具 124 台，各类农机具 341942 台（件）。1999 年，全地区推广节水新机具 1.1 万台套，引进 34 台小型收割机，累计推广化肥深施机具 29 万套。

2000 年，整顿农机供应及农用油料经营网点市场，打击假冒伪劣农机产品专项治理，净化农机供应市场。全市农机拥有量达到 18.23 万台套、54.82 万千瓦，其中水泵 1.68 台套，排灌机械 1.87 万台，拖拉机 1172 台，微耕机 1487 台，农用车 4282 台，打米机 4.11 万台、磨面机 2.545 万台，脱粒机 1.27 万台，饲料粉碎机 3.64 万台，机动喷雾器 746 台，其他半机械化农具 31.59 万台套。推广割禾器 150 台，引进试验示范小麦撬窝播种机和机械化抛秧机具，有稻种催芽机 4 台。

五、农膜

20世纪60年代末，境内四县开始在蔬菜作物上小面积试验使用农膜覆盖育苗移栽技术。1971年，境内四县全面推广农膜育棉苗。1975年，境内四县开始用农膜温床育红薯尖越冬成功，并全面推广。1976年，境内四县发展农膜育红薯温床，农膜温室育秧等。到1978年，境内供应农膜数量为680吨。

1981年后，境内四县开始在玉米作物上用农膜覆盖育苗移栽。到1985年，境内各县供销社供应农膜用于红薯、水稻、玉米等作物育苗移栽数量达到3025吨。1986—1988年，境内各县积极扩大地膜覆盖范围，花生、甘蔗、蔬菜等作物亦推广地膜育苗，农膜销量达780吨。

20世纪90年代，随着供求关系变化，放开经营政策，供销社主渠道经营农膜格局逐步结束。1998年，全地区供销农地膜473吨。到2000年，全市市场动态供应农地膜仅200吨。

第二节 工业生产资料

民国时期，境内金属材料有生铁、土钢、板铁，北部地区属自产自销，中南部地区均从渠县三汇及通江、南江购入，用于导铧和加工家具、工具。建筑材料中的木材，多属自伐自销，年销木材2万多立方米。川陕省苏维埃时期，生产合作社经营有铁、煤、火药等工业生产资料。

20世纪50年代，金属材料、机电产品、建筑材料、木材等产品列入计划供应范畴，由各县计划委员会下达计划，专业公司（局）组织供应。木材、钢材、汽车、水泥、炸药等作统购统配供应。主要产（商）品有生铁、土钢、铁线、圆钢、方钢、板车轮胎、炸药、导火线、传动皮带、胶管、玻璃、轴承、原木、水泥等计划产品，购销品种达90余种。

1962年后，境内四县开始大量销售交流电机、变压器、工业轴承、电动机、农用汽车、钢筋、钢管、钢条、圆钢、焊锡、铝材、炸药、水泥、玻璃、轮胎、传动带、油毛毡、柴油机、电动机、汽油机、拖拉机等200余种商品。年销售金属材料3000吨左右、机电产品1000余套、水泥1800余吨、木材1.6万立方米、炸药240余吨。

1978年后，境内四县开始自行组织物资购销业务。1979年后，建筑材料市场放开，水泥、玻璃、油毛毡等物资购销数量逐年增多。1980年，年销售水泥达1.5万余吨。之后，机电产品改变单一计划供应方式，采取多渠道进货；钢材仍按计划分配，多渠道销售。1985年，年销售钢材1.19万吨、电动机1.56万千瓦、汽车171辆、炸药9910吨、水泥6.71万吨、变压器2.25万千伏安、铝芯线672吨、木材2万多立方米。1988年，各县物资部门除向省、地专业公司组织进货外，并直接与厂矿、专业市场、贸易中心建立业务关系，年购销物资5000余万元。1990年后，物资垄断经营逐步取消，市场经济占主导地位，除炸药、雷管、导火线、汽车外，其余物资均实行多渠道经营。1991年，境内四县物资商品销售总额3000多万元。

1993年，全地区有独立核算的材料、机械、电子设备批发机构30个，网点58处，从业人员274人。其中，木材批发业2个，网点3处，从业人员24人；机械电子设备业5个，网点13处，从业人员71人；有再生物资回收批发业2个，网点11处，从业人员52人；化工材料批发业2个，网点6处，从业人员15人；金属材料批发业8个，网点22处，从业人员96人；建筑材料业1个，网点3处，从业人员14人。全年商品购进总额3540万元，其中物资供销商业购2971万元；木材业购80万元，化工材料批发业购462万元；购建筑材料74万元，购黑色金属材料1226万元，购有色金属材料504万元，机械电子设备882万元，再生物资回收312万元。商品销售总额4023万元，其中销售木材

191 万元、机械电子设备 961 万元、再生物资回收销售 400 万元、化工材料 465 万元、建筑材料 64 万元、金属材料 1942 万元。企业有资本金 1206 万元，有资产 3608 万元，资产负债率 98.2%；商品销售收入 5236 万元，亏损 148 万元。

1995 年，全地区有法人批发机构 25 个、附营单位 3 个、网点 467 处、从业人员 1257 人。全年商品购进总额 4462 万元；商品销售总额 9594 万元，其中批发 4416 万元、零售 5178 万元；销售化工材料 1542 万元、木材 1502 万元、建筑材料 112 万元、金属材料 1133 万元、机械电子设备 860 万元、再生物资 445 万元。

1997 年，全地区有批发机构 26 个，网点 366 处，从业人员 1385 人。共销售材料、机械、电子设备 3.77 亿元，其中销汽车类 525 万元、建筑材料 697 万元、木材 1358 万元、化工材料及制品 2.75 亿元、黑色金属材料 1629 万元、有色金属材料 323 万元、机电设备 4465 万元、再生物资类 1162 万元；批发 3.56 亿元，零售 2136 万元。独立核算企业有流动资产 2708 万元，有固定资产净值 2287 万元；商品销售收入 4660 万元，亏损 359 万元，其中，化工材料业亏损 11 万元、木材业亏损 225 万元、机电设备业亏损 15 万元，再生物资回收批发业亏损 34 万元。

1999 年，全地区限额以下企业商品销售总额 3677 万元，其中化工材料业销售 682 万元，木材业销售 190 万元，建筑材料业销售 30 万元，金属材料业销售 537 万元，再生物资回收批发业销售 2238 万元；共批发 2510 万元，零售 1167 万元。

1993—1999 年巴中市（县级）物资系统经营情况

表 15—3　　单位：个、万元、人

项目/年度	汇编企业个数		商品销售收入	销售成本	费用总额	其他收益	利润总额	上缴税利	资产			负债			所有者权益			年末职工人数
	合计	亏损个数							合计	应收款项	存货	合计	短期借款	应付款项	合计	实收资本	未分配利润	
1993	20	12	5729	4963	845	-43	-314	145	1762	583	640	1563	727	639	199	310	-91	682
1994	17	9	3327	2832	754	42	-230	94	3536	1151	843	3573	1856	827	-37	474	-516	731
1995	18	17	2970	2525	1011	-50	-622	43	4495	1532	793	4705	2414	1614	-210	498	-1154	812
1996	23	21	3052	2595	1109	3	-689	69	4702	1470	836	4981	2713	1470	-279	499	-1276	905
1997	21	18	2868	2366	862	83	-200	105	4323	1490	506	5255	2907	1898	-932	478	-1912	2084
1998	3	3	375	323	89	-19	-18	—	955	731	24	1020	680	273	-32	—	—	73
1999	14	12	791	614	297	8	-115	42	2264	986	146	2462	1152	1139	-198	271	-974	441

第三章　生活资料经营

第一节　食品饮料

民国时期，境内各县食盐经营多由小商贩从南部县人力背运回本地销售。食糖销售以红糖为主，多属本地自产；白糖价高（约需 35 市斤稻谷交换 1 市斤白糖）。糖果糕点以糖麻饼、花秆糖等销量较大，多产于渠县、内江、苍溪、广元等地。禽蛋自产自销，逢场交易。肉类有猪、牛、羊、小家禽等，县城和大集镇有坐商屠店专购专宰专销，小场镇由养畜户于逢场日雇请屠工宰杀出售。巴中县平均年销肥猪1万~2.2万头，其他各县均在1万~1.5万头；境内年销牛、羊1000余头（只）。酒类由酿酒作坊自产自销，批零兼售。产销的白酒属小酢酒（酊缸酒），年销量120多吨。民国18年（1929年）和民国30年（1941年），分别实行酒专卖，查禁小酢，收效甚微。

1950年后，境内四县相继成立糖烟酒公司、食品公司。食糖、肉食、禽蛋、酒类等食品饮料的批发业务逐步由小商贩转为各专业公司经营。猪肉由国家统购、统销，取消私宰、私售；取缔私人酿酒，由集体、国营酒厂酿造。至1958年，境内年销售食糖300~600吨，销售猪肉400~500吨，销售白酒500~2000吨。1959—1961年，境内遭受严重自然灾害，商品短缺，食糖、猪肉、白酒等商品实行定量凭票供应，销售量大幅度减少。

1965年后，国民经济逐步好转，食糖、白酒敞开供应，年销食糖1000余吨、白酒1600余吨，猪肉仍实行定量供应。1967—1971年，商品供应再度紧张，食糖、白酒等再次实行凭票（证）供应。

1979年，随着国民经济快速发展，商品货源逐年丰富，各种食品饮料敞开供应。1980—1985年，境内年销售糖3700~13100吨，销售酒类12000~16000吨。1985年，销售生猪14.94万头、肉牛9918头、羊1.78万只、禽蛋648.3吨。

1993年，全地区商业有独立核算食品饮料批发机构14个，网点360处，从业人员1191人；有零售机构44个，网点926处，从业人员2362人。其中糕点、糖果和饮料批发机构2个，网点39处，从业人员144人；零售机构20个，网点705处，从业人员1976人；肉禽蛋及其制品批发机构6个，网点183处，从业人员716人；蔬菜、果品批发机构3个，网点106处，从业人员41人；其他食品饮料批发机构3个，网点32处，从业人员129人；零售机构15个，网点221处，从业人员424人。全年商品购进总额2.86亿元，销售总额3.48亿元。其中销售生猪51.2万头，鲜蛋130万公斤，水产品6.28万公斤，食糖9828吨，酒1.44万吨，茶叶10.3万公斤。

1995年，全地区食品饮料批发机构、网点、从业人员分别增至40个、3117处、9296人；零售机构中，有法人机构20个、附营单位30个、网点8030处、从业人员9630人。全年批发业购进3.44亿元，销售3.81亿元；零售业购进2.41亿元，销售2.73亿元。独立核算批发、零售业全年营业收入5.48亿元，亏损536万元。

1996年，全地区批发业购进4.49亿元、销售4.48亿元；零售业购进1.18亿元、销售1.21亿元。独立核算批发、零售业商品销售收入4.61亿元，利润总额-2010万元。1998年，全地区限额以上批发业商品购进额1.5亿元，销售额1.55亿元；限额以下批发业销售2.5亿元，零售业销售5607万元。限额以上独立核算批发业销售收入1.2亿元，实现利润68万元。

2000年，全市限额以上批发法人企业和活动单位商品购进2亿元，销售2.2亿元。独立核算企业商品销售（营业）收入1.6亿元，亏损850万元。

第二节 针（纺）织品百货

民国时期，巴中县有针纺织品百货商店数百家，平昌有绸缎商200余家。经营商品主要有本地自产自销的土布、土纱、布袜、麻布、土纸、毛笔、墨锭、布鞋、土碗、土锁等，县城也经营有从成都、重庆、南充、汉中等地购回的宽布（时称洋布）、皮鞋、胶鞋、汗衫、背心、绸缎、搪瓷、毛巾、肥皂、机制纸、成品衣服、呢绒、丝帕、化妆品、卫生用品等商品。

川陕省苏维埃时期，经济公社下设百棉、纺织等合作社，主要销售布匹、衣物、棉花及其他棉织品。

20世纪50年代初，境内四县先后成立百货推销组、百货公司、供销社、日杂公司，私商也竞相发展。各县经营商品品种400多个，阴丹布、直喷呢、哔叽、咔叽、华达呢、灯芯呢布、呢绒、绸缎、肥皂、香皂、搪瓷、火柴、暖水瓶、针织品、床单、机制纸、棉毛衫、钢笔等用品销售量大。1954年后，棉布实行凭票定量供应。1958年后，肥皂、香皂、搪瓷面盆、胶鞋、电池、纸张等供应紧张，亦凭购买证供应。1961年后，针纺织品和部分日用小百货也实行凭票（证）供应，对紧俏的手表和部分针织品实行高价销售，其中手表高于原价的1.8～2倍，针棉织品高于原价3倍以上。1966—1971年，受“文化大革命”影响，交通受阻，货流不畅，各县销量锐减。1972年后，线、纱、灯芯绒、涤棉布、化纤织品、深士布、被面、手电筒、水瓶、牙膏、缝纫机、肥皂、乒乓球等品种由各县商业局计划分配；棉布、花哔呢、大哔呢、运动衫、松紧布、民用锁、打火机、煤油炉、泡沫凉鞋等品种由各县百货公司进行供应。

1978年后，棉布、百货商品大量增加，并逐步取消票证。棉布、针纺织品、百货、日杂用品的经营品种，由1978年的4500多种增加到1980年的5500多种。其中30种商品为一类计划商品，50多个品种为二类平衡商品，余者为三类选购商品。1980年后，主要商品销售中，销棉布1459万米、呢绒14.4万米、绸缎17.32万米、服装101万件、皮鞋26.2万双、缝纫机48.2万架、手表589.17万只、汗衫背心114万件、搪瓷面盆12万个、暖水瓶21.4万个、肥皂194.5万块等。

1993年，全地区有纺织品、服装、鞋帽批发机构4个，网点106处，从业人员153人；零售机构38个，网点1689处，从业人员2364人。全地区有大中型日用百货、文体用品批零机构50个，网点901处，从业人员3755人。全年商品购进总额1.76亿元，销售总额2.48亿元，其中销售棉布10.15万米、呢绒3.5万米、绸缎1.88万米、服装44.4万件、针织内衣裤55.9万件、鞋类4.55万双。

1995年，全地区纺织品、服装、鞋帽批发机构、网点、从业人员分别增至30个、1408处、3581人，零售机构、网点、从业人员分别增至64个、1.32万处、1.7万人；纺织品、鞋帽、服装批零网点及从业人员增至3559处、7919人；日用百货批零网点、从业人员分别增至9331处、1.4万人。全年商品总购进2.39亿元，总销售2.58亿元，利润亏损342万元。1996年，纺织品及百货商业有批发、零售机构83个，网点2.13万个，从业人员2.9万人。商品购进总额增至2.61亿元，销售总额达2.76亿元。其中销售布13.57万米、呢绒0.11万米、绸缎0.31万米、服装34.25万件、针织内衣裤171.6万件、鞋28.69万双、钟表眼镜类248万元、日用百货和文化用品4489万元、化妆品20万元。

1997年，全地区商品销售收入2.77亿元，亏损891万元。2000年，全市销售收入1.21亿元，亏损370万元。

第三节　五金交电化工

民国时期，境内化工原料有土靛、土漆等，通江县张坤山曾经营进口法国染料。五金商品多为小手工业者自产自销的铁钉、刀、剪刀、锯皮、刨片、铁锁、门扣等土制产品；亦有少量机制产品，时称“洋货”，如洋锁、洋钉、洋钢、洋剪、洋锉等。

20世纪50年代初，巴中县百货公司在各县设推销组，经销五金、交电、化工产品。五金类有铁丝、圆钉、匠作工具、门窗铁件等品种；交电类有自行车、电线、灯泡、电器、仪表、家用电器等品种；日用化工类有纯碱、苏打、油漆、染料、涂料等品种。20世纪60年代初，境内各县成立五金机电经理部，经营交电五金化工商品 100 余个品种。商品多来自广元、重庆等地。据 1965 年统计，巴中县、南江县销售收音机 221 部、铁丝 148 吨；通江县、平昌县销售利润额 10 余万元。1978 年后，各县大办小水电，交电商品需求量大增，五金、化工商品销量亦与日俱增。各县从万县、达县、广元、陕西等地组织货源应市。1980 年后，各县普遍经营收录机、电视机、电风扇、电冰箱、洗衣机等家用电器。据 1985 年统计，境内四县共销售电视机 4930 台、收录机 7205 台、收音机 9929 台、电风扇 5239 台、电冰箱 83 台、洗衣机 992 台、自行车 7426 辆、圆钉 311 吨、铁丝 270 吨、电灯泡 92.5 万只。巴中县销量居四县之首。境内四县销售纯碱 145 吨、油漆 98 吨。平昌县、通江县销售五金、交电化工商品收入达 598 万元，盈利 27.68 万元。

1993 年，全地区有独立核算的五金、交电、化工业批发机构 1 个，网点 11 处，从业人员 49 人；商品购进总额 610 万元，销售总额 501 万元。年批发电视机 2288 台（彩电 34 台）、录音机 186 台、电风扇 1290 台、洗衣机 117 台、电冰箱 105 台；销售收入 501 万元，利润 2 万元，纳税 15 万元。有独立核算零售机构 11 个，网点 56 处，从业人员 364 人；年购进商品 2443 万元，其中内贸系统购 1473 万元，物资供销部门购 631 万元；商品销售 3042 万元，其中内贸部门销售 2513 万元，物资供销部门销售 529 万元；零售电视机 3478 台（彩电 450 台）、录音机 904 台、录像机 1 台、电风扇 2720 台、洗衣机 324 台、电冰箱 295 台。商品销售收入 6795 万元，亏损 101 万元。

1995 年，全地区批发机构增至 6 个，网点 129 处，从业人员 531 人；零售机构 11 个，网点 601 处，从业人员 934 人。年商品批零购进总额 3048 万元，批零销售 3465 万元；批发零售电视机 1416 台（彩电 291 台）、录音机 251 台、录像机 13 台、电风扇 312 台、洗衣机 287 台、电冰箱 52 台。

1996 年，全地区商品购进 5545 万元，其中从生产者购进 2503 万元，从批发、零售贸易业购进 3460 万元；商品销售总额 5774 万元，其中批发 2497 万元，零售 3277 万元。独立核算企业有流动资产 2235 万元，固定资产原值 1860 万元。全年批零企业共销照相机 15 架、自行车 774 辆、电视机 645 台（彩电 176 台）、录音机 114 台（组合音响 114 台）、家用电风扇 408 台、家用洗衣机 115 台、电冰箱 13 台。

1998 年，全地区大中型企业销五金、电工器具 122 万元、生活电器 31 万元、自行车类 29 万元；小型企业销五金、电工器具 1589 万元、生活电器 4536 万元、音像器材 577 万元、自行车类 732 万元。大中小型批发业有流动资产 1761 万元，固定资产净值 1311 万元；商品销售收入 2706 万元，亏损 147 万元，纳税 20 万元。大中型零售业商品销售收入 841 万元，亏损 68 万元，纳税 54 万元。大中小型零售业共销售商品 4733 万元。

2000 年，全市限额以上的批发商业销售商品 1580 万元，其中批发 925 万元，零售 655 万元；限额以下零售商业商品销售 536 万元，其中批发 164 万元、零售 372 万元。

第四节　日用杂品

民国时期，境内日用杂品多由小商贩经营，经营品种有手工生产的铁锅、铁罐、土碗、土杯、篾席、篾筛、篾扇、棕扇、草鞋、草帽等家具和炊具。细瓷碗、瓷盅、瓷杯销量少。平昌的篾席、棕扇远销达县、渠县、营山、仪陇、重庆、汉中等地。

1952 年后，日杂用品由各县供销社系统经营，并对私商开展批发业务。经营品种主要有草席、草帽、草鞋、草绳、锅、罐、勺、铲、火钳、瓷碗、瓷盘、瓷杯、瓷碟、竹椅、藤椅、木盆、木箱等，共计 100 余个品种。其中的铁锅销量最大，通江县 1953 年销 3826 件，南江县 1958 年销 2.14 万件。1962 年，日杂经营品种达 300 余个；锅、罐、碗实行计划分配，年销售日杂商品总额达 70 万元，盈利21万元。1977年，对计划分配的锅、碗、罐优先供应农村，年销铁锅14.71万件。

1978年后，随生产工艺更新，产品升级换代，除经营传统品种外，先后增加塑料、玻璃、钢、铝制品及沙发、细瓷器、电热杯、高脚杯、广口瓶等新品种，品种增至400余个。各县日杂公司在市场竞争中，不断更新品种，增加与健全经营网点，加强横向联系，与全国26个省、市600多个单位建立购销关系，经营效益逐步好转。至1985年，境内四县的日杂品种增至2300余种，销售总值达4800多万元。

1993年，全地区有大中型日用杂品批发机构3个，网点66处，从业人员274人。商品购进总额458万元，销售总额828万元。独立核算单位有资本金69万元，有资产401万元，资产负债率105%；商品销售收入816万元，亏损129万元，纳税25万元。有日用杂品零售机构11个，网点29处，从业人员60人；全年商品购进346万元，销售526万元；企业有资本金43万元，有资产439万元，资产负债率58%；商品销售收入584万元，实现利润16万元，纳税4万元。

1995年，全地区有批发机构4个，网点100处，从业人员275人；有零售法人机构2个、附营单位15个，网点1583处，从业人员1916人。批发、零售商品业购进总额852万元，其中从生产者购进355万元，从批发、零售贸易业购1481万元，从其他渠道购16万元；商品销售总额2072万元，其中批发634万元，零售1438万元。

1998年，全地区大中型批零日用杂品业销售化妆品7万元，小型企业销693万元；大中型批零日用杂品业销钟表、眼镜类20万元，销日用品101万元；小型企业销钟表、眼镜类228万元，销日用品4388万元。大中型批发业商品销售收入362万元，亏损11万元，纳税4万元。大中型零售企业零售日用品128万元，小型零售业零售3885万元。

1999年，全地区限额以上的批发业商品销售325万元，其中批发167万元、零售158万元；限额以下零售业商品销售总额328万元，其中批发163万元，零售165万元。

第五节　餐饮业

民国时期，通江县、南江县因交通不便，商旅稀疏，餐饮业不发达。县城仅有大小饮食店10多家，大的场镇有饮食业7～8家，且多逢场营业。巴中县商业较发达，餐饮业则较为兴旺。据民国36年（1947年）年统计，巴中县餐饮业达1756户，从业人员2446人，其中城区153户、287人；较大的场镇均开设有炒菜馆，经营卤鸭、板鸭、凉粉、油饼、麻花、醪糟等小吃。各县城均有经营特色食品的餐饮店，如巴中县城黎国洪的卤鸭、板鸭，李登明的灌汤包面；通江县南街水洞门杜文登的方酥饼子；平昌县江口场的桂花汤圆、牙子蒸馍等，深受顾客青睐。

1950年后，餐饮业逐年增多。据1952年统计，境内四县共有餐饮业3952家，从业人员5875人。1953年后，国营食堂、合作食店、私人食店竞相发展。1956年，组织饮食业走合作化道路，全行业公私合营、合作，原则取消个体经营。巴中县仍有私营餐饮业727户、1092人。1958年，个体户多数被汲收入合作店组，其余改商为农或转入其他行业。1962年后，调整所有制关系，餐饮业得到恢复性发展。到1965年，餐饮业零售额上升到390万元。1968—1971年，受“文化大革命”影响，餐饮业受到冲击，大部分餐馆、食店无法正常营业。1970年，境内餐饮业营业额下降为172万元。

1972年后，境内餐饮业营业额逐年回升。1978年后，随着城乡市场开放，农业连年丰收，个体商贩与劳务输出人员增多，境内餐饮业蓬勃发展。到1985年，境内国营、集体、个体经营的餐饮业网点达4375处，从业人员6633人，年营业额达2696万元。各餐厅、食店的烹饪技术竞相提高，服务质量普遍改善，各饮食服务公司餐厅日常供应的品种达25个以上。各县餐饮行业除满足本地消费市场外，还组织厨师向外地发展。其中巴中县商业局、供销联社同中央党校行政管理局联营在北京颐和园门口兴办“自得园”餐厅，经营正宗川菜，年实现利润12万元。

1986年后，随着改革开放政策的逐步深入，私营个体餐饮业占领市场份额逐步扩大，国营市场份额逐步缩小。到1991年，境内国营餐饮业仅有经营网点55个，从业人员1500余人，营业额2300多万元。

1993年，全地区有独立核算的国有集体餐饮业9个，网点38处，从业人员353人；其中经营正餐4个，网点32处，从业人员334人；经营小吃5个，网点6处，从业人员19人。另有附营单位4个，从业人员4人。社会消费品零售总额375万元；企业有资本金600万元，有资产989万元，负债530万元，资产负债率53.6%；营业收入350万元，亏损6万元。

1995年，全地区法人餐饮机构增至14个，附营单位67个，网点5995处，从业人员1.45万人；其中，国有22个（附营19个），网点75处，从业人员707人；集体56个（附营48个），网点907处，从业人员2493人；股份制2个，网点3处，从业人员86人。

1996年，全地区国有集体餐饮业减少到65个，网点、从业人员分别减至5669处、1.43万人；其中法人机构15个，附营单位50个；正餐业11个，网点2338处，从业人员6798人；快餐网点409处，从业人员1329人；其他餐饮业54个，网点2922处，从业人员6129人；个体私营网点5497处，从业人员1.32万人。同比分别增长20%和35.2%。所有餐饮业，营业面积100平方米以下的4890个，100平方米以上779个。餐饮业社会消费品零售总额9334万元。国有正餐业有资本金208万元，有资产2040万元，资产负债率80.7%；营业收入931万元，亏损48万元；纳税51万元。1997年，全地区餐饮业零售社会消费品1.34亿元。大中型餐饮业营业收入1223万元，亏损25万元；资产负债率103.6%，同比增长23个百分点。

1998年，全地区限额以上的餐饮业零售社会消费品1.15亿元；有营业面积3650平方米；营业收入991万元，亏损14万元；纳税50万元。年末有资产858万元，资产负债率105.2%。1999年，全地区限额以上法人餐饮机构2个，资产负债率下降4.2个百分点；亏损增至140万元。

2000年，全市共有独立核算的餐饮机构228个，同比减少5.8%；其中中型企业11个、小型217个；另有附营餐饮业87个，同比减少21.6%。全市2个限额以上餐饮业年内营业收入996万元，同比增长65.2%；实现利润1万元，同比减亏141万元；纳税48万元，同比增长50%；年末有资产894万元，增长20%；资产负债率100.8%，同比减少0.4个百分点。

第四章　石油煤炭经营

第一节　站库建设

1962年7月，中国煤业建筑器材公司四川省南江县公司和通江县公司分别成立，经营煤炭、建筑器材，兼营石油。1963年，平昌县在县城东侧修建石油库1座，面积55平方米。1965年，通江县修建油库1座，750平方米。1970年，南江县石油煤建公司成立，并在沙河、长赤等地建立转运站或油库房。1972年，平昌县在县城西侧雷坡石修建石油库1座，2650平方米（含宿舍）。1977年8月，通江县在城西新建油库1座，并投入使用。至1978年，巴中县石油公司有煤库坪6800平方米，石油库16675平方米，设有燃料店，主要经营煤炭、煤油、柴油、汽油、机油、石灰、沥青。1981年，通江县扩建城西油库，12700平方米，有金属油罐24个，储油量1500吨。是年，平昌县将县城西油库搬迁到喻家溪，14520平方米，库内有大、小油罐19个，溶油量670立方米。1983年12月，通江县建蜂窝煤厂1个，日产蜂窝煤12吨。1984年2月，通江县成立石油煤建公司车队，实行独立核算。是年，平昌县喻家溪油库加油站建成投产使用，有油罐车12辆。平昌县蜂窝煤厂占地10000平方米，从业人员40人，年生产型煤200吨。南江县石油煤建公司有仓储面积1000平方米，其中煤建400平方米，石油600平方米；金属油罐27个，溶油量1150立方米，油罐车3辆，营业门市3个。

1992年，开始修建乐坝油库。是年5月，南江县液化石油气供应站成立，经营液化石油气以及液化罐、炉具等。1994年底，地区石油公司同广元车务段合作，引进资金，征地0.2公顷，投资86.1万元，建成大佛寺加油站和500立方米储油站1座。1995年，乐坝油库建成并投产，库容总量5620立方米，有各类储油罐50个，占地面积1.72公顷，有专用线298米，收发油鹤管10组、输油管线4068米。1996年，江北加油站建成，并投入营运。总投资88.9万元，占地720平方米，储油量为45立方米。是年7月，同广元金利燃气公司联营，投入10万元，在大溪口建成液化气冲装站，购置瓶1000个，经营液化气、灶具、热水器等燃气业务。1998年，设立润特油经营部，共有职工3人。至是年底，巴中市（县级）石油公司在11个区建有石油煤建站，38个乡镇建有经营网点；有1个汽车队、1个蜂窝煤厂、1个商场经营部、1个润油经营部；广元元坝中转站吞吐量2万吨，回风亭油库有卧式油罐50立方米10个、30立方米20个、3座土油气，润油库房1座，油罐8个，年吞吐量2万吨；建加油站11座（回风、红岩、恩阳、柳林、焦垭、野羊溪、清江、曾口、化成、兴文、城中）。

乐坝油库

2000年，市石油公司采取多种措施，加快新建、收购、租赁加油站步伐。坚持以新建、收购口岸好的加油站为主，以技改扩容为辅的工作方针。在加油站收购上，全市35个社会加油站从建设规划、土地使用、房屋面积、日销量、出售报价等重要环节进行摸底调查。对口岸好、日销量在2~5吨的东华、玉皇、桃园、中嘴加油站达成收购协议。在加油站新建、技改包装上选点论证通江县城西，平昌县城中，巴中市巴州区恩阳、梁永、回风加油站，并通过立项申报、批复。完成新建、收购加油站7座，技改加油站2座，租赁加油站1座，加油站总数增加到15座。通江县建区加油站2座（铁佛、至诚），城区加油站5座，各区均建有加油门市（点）。平昌县在8个区建石油煤建站，加油站3座。

第二节　石油煤炭销售

民国15年（1926年），英国商人在通江县城关设亚细亚火（煤）油公司。民国27年（1938年），在江口场汉中路（平昌）开设美孚洋油（煤油）公司推销店，年销售量约0.5吨。川陕省苏维埃时期，苏维埃政府从外地购回少量煤油供党、政、军机关和军工医疗等企事业单位使用。煤炭用于炼铁和加工小农具，通江县、南江县年销售3000吨。

1953年，境内各县供销合作社开始经营煤炭，县百货推销组对区供销社调购煤油，用于照明。年销售煤炭500多吨，销售煤油20多吨。1956年后，国家对桐籽、桐油实行统购统销，加之机械工业的兴起，煤油、汽油、柴油、润滑油的购销量逐年增加。据1960年统计，境内共销售煤油、汽油、柴油9500吨，销售煤炭5500吨。1962年7月，境内各县成立石油煤炭公司，专营石油品类的批发业务。对石油实行统购统配，计划管理，照明用油先农村后城市；车辆用油，确保重点。1965年，对农田排灌用油一律按就地批发价每吨优惠50元供应。境内共销石油类3670吨，年销煤炭9067吨。1970年后，城镇生活用煤及锅炉用煤逐年增加，加之火电厂用煤量大增，煤炭供不应求。各县煤建公司派技术员到机关、学校食堂建节煤社，以缓解供需矛盾。1975年，境内共销煤炭2.96万吨，是1965年的3.26倍。1978年后，机械、车辆普遍增多，对石油类的需求量相应增大，出现供不应求的局面。境内各县石油煤建公司通过节约能源、加强库储、开辟横向货源、实行“油折”计划定量供应等一系列措施，基本保证供应。1980年，境内共批发零售石油类2.06万吨，是1965年的5.61倍。1981年后，各地城镇生活用煤、行业用煤凭票供应，每吨差价补贴9元。同时各县开始生产蜂窝煤，大搞“节煤灶化”“蜂窝煤化”，以达节约能源、缓解用煤日益增多的局面。由于各类车辆的猛增，石油类供应紧张，各县对车辆用油实行单车考核，并暂时停驶部分车辆。在凭“油折”供应平价油的同时，大量供应高价油；并严格控制非生产用油，调供计划外用油，使供求矛盾得以缓解。1985年，境内批发零售石油类2.35万吨，比1980年增长0.29万吨；销售煤炭9.46万吨，比1980年6.38万吨增长3.08万吨。1986年后，石油经营实行双轨制，计划内按平价供应，计划外按市场价格销售。城镇人口用煤仍实行价差补贴，凭票供应；部分县对机关单位伙食团凭粮折人均补贴煤炭90公斤。1991年，境内批发零售石油类2.4万吨，销煤炭近10万吨。

1993年，全地区有独立核算的煤炭零售业1个，有石油制品零售业5个，网点149处，从业人员1020人；年购煤炭15万元，购石油制品4941万元；销售煤炭62万元，销石油制品4344万元，其中，汽油批发2470吨、零售3888吨，柴油批发3076吨、零售4197吨，煤油批发210吨、零售791吨。煤炭石油制品业共有资本金834万元，有资产1846万元，负债1638万元；商品销售收入4736万元，盈利70万元；纳税92万元。

1996年，全地区有独立核算的石煤批发机构7个，网点567处，从业人员1365人。全年商品购进总额8156万元，其中从生产者购进1434万元，从批零贸易业购进6722万元；全年商品零售总额1.11亿元。共销石煤制品1.35亿元，同比增长37.76%；其中批发7748万元，零售5777万元；煤制品385万元，石油制品1.31亿元。在石油制品销量中，销汽油1.57万吨、柴油1.05万吨、煤油1322吨，共2.76万吨，同比增长12.2%。年内销售收入7317万元，实现利润20万元，上缴税利60万元。

1998年7月，石油部门上划中石油集团公司。巴中设销售分公司有加油站点129个，其中加油站35个，具有接卸能力的加油站1座，库容800吨；有销售网点94处，年销各类成品油6万吨，同比增长2.6倍。全年限额以上的批发业商品购进总额6003万元，销售收入7307万元，利润9万元；年末有资产3661万元，负债3655万元，资产负债率99.8%，同比增长12.9个百分点。限额以下销售收入2256万元。1999年资产负债率111%，累计亏损397万元。煤炭及其制品购销业务，一律推向市场，全部由私营或个体工商户经销。

2000年，中国石油天然气股份有限公司巴中销售分公司购进各类成品油5.8吨，比1999年增长17%；销售各类成品油5万吨，同比增长18%；实现销售收入1.3亿元，纳税304万元。乐坝油库接卸各类成品油47271吨，其中接卸汽油16851吨，柴油92350吨，煤油871吨，润油203吨。发出各类成品油46242吨，其中汽油16957吨，柴油28413吨，煤油728吨，润油153吨。实现吞吐料总量93513吨，储油罐年平均周转次数11.4次，实现费用总额400915.44元。润特油公司销售各种特油403吨，实现利润2万元。

1994—2000年中石油四川公司巴中分公司主要经营情况

表15—4　　单位：吨、万元

年度	成品油	销售收入	税金	利润	上缴利税	固定资产投资
1994	7100	6101	910.97	18.35	5.09	21
1995	9191	8921	1869.31	18.35	3.60	28.35
1996	12585	12158	2323.94	27.46	6.26	29.50
1997	13823	11225	2521.86	28.25	4.72	32.10
1998	42655	45800	9325	210	9	189
1999	39438	39175	10406	240	49.31	210
2000	47505	45995	12145.90	230	-118.19	304.24

第五章　烟草·医药·盐业经营

第一节　烟叶购销

一、烟叶收购

20世纪50年代前，境内无专业烟叶收购机构，所产土烟（又称叶子烟）多属自产自销，亦有小商贩收购贩运到外地销售。1952年，境内各县供销社开始收购土烟。南江县、巴中县、平昌县收购土烟15.55吨。巴中县收购均价400元/吨，平昌县为440元/吨。1957年，境内四县收购土烟85.95吨，其中巴中县收购55.75吨，居四县之首，收购均价为440元/吨；平昌县收购均价为600元/吨。

1960年，境内四县共收购土烟365.2吨，其中巴中县居四县之首，收购201.9吨，均价为600元/吨。1964年，境内四县共收购土烟300.7吨，其中巴中县收购196.85吨，仍居第一，均价为960元/吨。1966年，境内四县共收购土烟178.3吨，其中巴中县居第一，南江县次之。

1971年，境内四县共收购土烟240.2吨，其中巴中县占总数的55.62%，其均价为734元/吨。1973年，境内各县相继引进白毛烟、白肋烟新品种试种成功。四县共收购毛烟、白肋烟、土烟（简称“三烟”）337.5吨。土烟收购量有增无减，收购量达333吨。1975年，境内四县共收购“三烟”1305吨，其中白肋烟965吨，毛烟74.5吨，土烟263.6吨。通江县白肋烟、白毛烟和巴中县土烟分别居四县之首。1978年，境内四县共收购“三烟”3885吨，其中白肋烟2985吨。通江县白肋烟占总数的40.68%，中高档占40.7%，均价为1080元/吨。

1982年，境内四县土烟收购锐减，白肋烟收购大增，共收购烟叶1万吨。其中通江县收购白肋烟2500吨，居四县之首；巴中县收购毛烟2325吨、土烟116吨，均居四县之首。

1984年，境内各县相继成立烟草公司，并大力发展白肋烟、白毛烟（简称“两烟”），取消土烟收购。巴中县白毛烟、通江县白肋烟分别居四县之首。通江县白肋烟中高档占41.5%（均价为1360元/吨），白毛烟中高档占63.2%（均价为1520元/吨）。1987年，境内四县共收购“两烟”5640吨，是1984年的2.75倍。1989年，境内各县收购白肋烟、白毛烟、烤烟（简称“三烟”）1.77万吨。其中南江县收购“三烟”5510吨，白肋烟居四县之首。

1991年，境内四县收购“三烟”比1990年减少59.36%。其中通江县收购白肋烟1050吨，均价为1900元/吨，比1990年增加25%。

1994年，巴中地区遭受严重自然灾害，收购白肋烟、白毛烟2785吨，比1993年减少25.2%。巴中市（县级）收购白毛烟占总数96.23%。南江县收购“三烟”呈下降趋势，比1993年下降77.26%。1997年，全地区针对市场行情，适度发展烟叶，促进产销平衡。全地区收购“三烟”仅4020吨。

2000年，全市收购“三烟”1110吨，比1999年增长2.49倍。其中白肋烟增长2.23倍，白毛烟增长3.09倍，烤烟为20吨。南江县收购“三烟”居全市之首。巴中市巴州区毛烟均价3020元/吨，通江县白肋烟均价3760元/吨，平昌县白肋烟均价为3340元/吨。

二、烟叶销售

民国时期，境内农户种植土烟多为逢场自行销售，贴补家用。亦有小商贩贩运到外地销售，数量为每次50公斤左右。民国37年（1948年），土烟销售均价每公斤4000元。1950年，每公斤5000元。

1954年，境内各县供销部门组织收购土烟，并在本地或调往外地销售，其销价由国家统一核定。同时，亦有烟农在本地零售。1958年后，取消集市贸易，土烟销售由供销社独家经营。1961年，恢复集市贸易，农民种植土烟可向供销社交售，亦可进入集市。从1963年起，为满足市场需要，各县供销社每年从什邡县调入10～15吨糊米毛烟销售。

1973年，达县地区引进白肋烟试种成功后，境内四县的白肋烟由达县地区外贸公司开始向比利时、荷兰、日本等国家试销。通江县试销0.6吨，巴中县试销1.19吨。1974年，境内四县被列入达县地区白肋烟出口基地县。各县外贸公司根据地区下达的出口计划，按出口烟标样对白肋烟进行精选、整理、包装，优先调达县地区复烤厂复烤，统一外销。境内出口白肋烟76吨，出口率55.6%。至1976年，境内各县贸易公司先后与河北省张家口，辽宁省沈阳、营口及浙江省部分烟厂建立业务关系。1979年后，境内烟叶销售大部分采取产销直接见面。1974—1984年，境内各县外贸部门按达县地区进出口公司的白肋烟出口“标样文字”进行精选，共出口白肋烟6.63万吨。

1985年，境内各县烟草公司接管烟叶业务后，收购的烟叶仍交达县地区复烤厂，由达县烟草分公司按各县公司所签订的销售合同统一销往烟厂。是年，境内四县共出口白肋烟385吨，出口率为17.4%。1987年，通江县、南江县、平昌县共调销白肋烟2920吨，占收购量的98.6%，调销毛烟740吨；巴中县销售毛烟总额达415万元，比1986年增加15.47%。境内四县销售给厂家及烟叶供销公司共59家，其中白肋烟厂35家，白毛烟厂24家。是年，通江县获“全国白肋烟出口基地县”后，境内各县增大出口率和提高合格率。各县烟草公司注重质量，对出口烟进行严格精选，杜绝霉、烂、破损超限及青片、黄片、花片、洋葱皮、油压印、水压印等15种烟叶混入。

1988—1992年，境内四县白肋烟内销3.85万吨。各县由于烟叶多，挑选加工面宽量大，挑选整理人员少，出现烟叶包装不严，缺斤短两，装车串级，未按合同等级调运等现象，调出烟叶降级损失较为严重。其中，平昌县1989年调销“两烟”2005吨，级、数差损失达7.14万元。1974—1993年，境内四县共出口白肋烟1.22万吨，出口率为17.78%。其中1985—1993年，各县共收购白肋烟5.07万吨，出口8741吨，出口率为17.24%。按内销价计算，共损失752.77万元。

从1994年起，全地区无白肋烟出口计划。1994—1996年，针对烟叶市场疲软、库存量大、烟厂欠款多等具体问题，建立完善奖惩机制，调整充实销售人员，开拓培育巩固市场，加大收欠力度等措施。共销售烟叶1.01万吨，回收烟叶欠款5661万元，占应收货款的70%。

1997—1999年，在烟叶销售疲软的环境下，烟草企业积极地促销库存烟叶和催收烟厂欠款，并按“以销定购、以购定产”原则，组织发展烟叶生产，保证供需平衡。至1999年底，全地区共销售“两烟”4255吨，共收回烟叶欠款4571万元。

2000年，全市仅销售“三烟”470吨，库存烟叶775吨，回收货款363万元。烟厂欠款达1387.6万元，欠款烟厂达12家。

第二节　卷烟经营

民国时期，境内称卷烟为“六成行”，亦习称纸烟、香烟、洋烟。卷烟品牌主要有哈德门、派蒙拉、苏一士、强盗牌、大刀牌、胜利门、维多利亚、三穗、菲力普，雪茄烟有单万象、满园香、双万象、双金鸡、百合叶，水烟主要有香纸绵烟、大黄绵烟、二黄绵烟等品牌。机关企事业单位职工主要消费乙、丙级香烟，农民主要消费丁、戊级香烟，雪茄烟较普遍。据统计，民国5—10年（1916—1921年），境内各县年销售卷烟营业额在2000~8000元，年人均消费卷烟额约0.01元。川陕省苏维埃时期，经济公社除销售卷烟外，亦开办烟丝厂，将土烟制成长5寸宽3寸烟饼（约4两重），按成本进行销售。民国33年（1944年），平昌民本实业股份有限公司从上海、重庆购进美国“菲力普”牌高级香烟50箱在市场销售。

20世纪50年代初，境内四县私营卷烟商贩加入公私合营，开展“带货下乡、送货上门、集市摆摊、勤进快销”活动，卷烟销量大增。同时，中国烟酒专卖公司达县分公司在巴中县设立烟酒专卖分销处，负责烟制品调拨，其调拨进销价格差由中国烟酒专卖公司制定。各县销售卷烟主要品牌有玉叶、经济、双鱼、恒大、秧歌、双斧、劳动、自由钟、三穗、学文化、海军、黄金龙、高塔、勤劳、兰鹰、南昌、井冈山、玉兰、劳动英雄、前进、兰雁、黄河、红炮台、甲秀、模范、雪山、泸江、人参、万象、腰鼓、大象等30余个品牌，其中简装卷烟及雪茄烟占60%以上。1953年，平昌县年销卷烟达336箱，年人均消费卷烟1.88包。

20世纪60年代，受自然灾害影响，卷烟原料短缺，卷烟市场供应紧张，境内各县实行“以人定量，凭票供应”，卷烟消费量骤然下降。1962年，平昌县销售卷烟145箱，年人均消费卷烟仅0.79包，比1952年减少56.6%。境内调拨卷烟产地有上海、贵州、云南、天津、河南、许昌、西昌、成都、重庆、什邡等烟厂。卷烟主要品牌有大象、黄金叶、朝阳桥、金河、大刀等70多个品牌。其中雪茄烟占品牌5%左右；卷烟中新装占50%左右，精装占25%左右，简、嘴装占25%左右。卷烟等级中，甲、乙级卷烟少，丙、丁、戊级卷烟和雪茄烟居多。1965年，通江县销售卷烟700余箱，甲级占0.14%、乙级占11.28%、丙级占28.58%、丁级占34.88%，雪茄烟占25.12%。是年，随着国民经济形势好转，货源增加，卷烟恢复平价供应。同时，各县大批调入云南“经济”牌廉价烟（每包0.08元），卷烟消费量恢复性增长。通江县、南江县、平昌县共销售卷烟2173箱，年人均消费4.1

包，分别比1956年增长71.1%和68%。1966年，受“文化大革命”影响，卷烟销量再度下滑。

1978年后，随着经济形势逐渐好转，境内各县卷烟市场快速发展。1979年，境内四县共销售卷烟2.22万箱，年人均消费1.95条，分别比1969年增长3.3倍和2.4倍。

1984年，境内四县相继成立烟草专卖局（公司）后，烟草经营受国家专卖政策保护，卷烟不再多渠道进货。卷烟调拨价仍由达县烟草分公司下达计划在绵阳分公司广元仓库进货，实行送货制。同时，卷烟需求量不断增加，卷烟销售量呈直线增长。境内四县共销售烟草制品4.06万箱，年人均消费3.49条，比1978年的1.15条增长2.03倍。卷烟销售品牌逐步由简装、精装卷烟及雪茄烟向嘴装、听装、精品卷烟过度。卷烟消费开始向甲级烤烟型及高档混合型方向发展。1985年，平昌县调拨卷烟1.27万箱，其中甲级占0.92%、乙级占26%、丙级占44%、丁级占20.4%、戊级占6.44%，雪茄烟占2.24%，进口烟占0.05%。

1986年，省、地烟草部门在下达卷烟计划时多以川烟为主。境内四县烟草行业实现商品销售收入4905万元，利润增至62万元，固定资产增至64万元，分别比1984年增长1.32倍、1.3倍和3.57倍。至1989年，境内四县烟草商品销售总额达1.04亿元，同比增长25%，实现利润总额277万元。

1991—1993年，省、地烟草部门下达购销计划中川烟比重达80%~90%，并列入指令性计划。各县（市）采取“确保计划，向外调剂，方法多样，提高效益”购销策略，积极调剂增值烟，弥补川烟亏损。

1993年，全地区销售卷烟量达7.11万箱，年人均消费5.57条。其中川烟销售占总销量的80%，丙、丁、戊级卷烟占80%以上。

1994年，全地区烟草公司先后进入云南卷烟交易市场，巴中市（市）、平昌县、通江县烟草公司获二级批发权。在进货时严把“三关”（进货、市场、效益关）。全地区购进卷烟6.18万箱，其中川烟3.4万箱。全地区销售卷烟6.32万箱，其中甲级占27.23%，乙级占57.49%，丙级占14%，丁、戊级占1.28%，嘴烟占67%。同时，随着国家开始调整卷烟产业结构，全地区卷烟由简、精装及雪茄全部过渡到嘴装、听装、精品卷烟。销售的卷烟品牌有青城、山城、重庆、红芙蓉、白芙蓉、梅花、川红椒、三峡、攀枝花、翠竹、方竹、霜叶等80余个川烟品牌；国外品牌主要有三五、万宝路、寿百年、帝中宝等。

1995年，全地区烟草行业积极配合川内卷烟厂，开展四川卷烟品牌宣传活动，并价格优惠川烟经营户，川烟产品逐步占领市场。全地区共经销卷烟品牌达149个，其中7个精装，2个雪茄。卷烟品牌中省外烟123个，川烟26个。同时，川烟中的甲级烟消费相对增加，丙级烟所占比重仍最大。

1997年，全地区年人均消费卷烟5.28条。共销售卷烟品牌171个，比1994年增长54%，其中精装2个、雪茄1个。省外烟品牌仍占68%以上。

1998年，巴中烟草分公司制定《省外烟调入管理制度》，规范各县（市）烟草公司调剂行为。同时，为争取云南增值卷烟，采取多种方法，增加调拨计划。全地区调入卷烟6.58万箱，其中川烟3.53万箱，省外购进2.44万箱，其他购进6145箱。购进总数、川烟、省外烟分别占计划的94%、64.3%、162.3%。1999年，全省实行卷烟品牌定向准销管理办法，各县（市）烟草公司按省烟草公司公布的品牌范围内选择本地准销品牌。是年，第二批本地产烟准销品牌23个，省外卷烟准销品牌有17个。

2000年，全省卷烟销售实行统一批发价，全市购进卷烟6.073万箱，其中川烟4.6014万箱，省外烟9456箱，分别占计划的92%、109.6%和39.4%。相互调剂3897箱。全市销售卷烟6.3308万箱，其中川烟销售4.9468万箱。销售额达3.4亿元，同比下降2.8%。全市市场销售卷烟106个品牌，其中国外烟7个，国内省外烟51个、省内48个。国内省外烟购自11个卷烟厂，在全市内畅销有 15 个品牌；省内烟购自 7 个卷烟厂，畅销品牌 11 个。销售川烟中，嘴装占 100%，甲级占 3.8%、乙级占 27.7%、丙级占 61%，丁戊级占 7.5%。全市烟草行业实现销售收入 4.39 亿元，实现利润 356 万元。

1994—2000 年巴中烟草系统卷烟销售情况统计

表 15—5　　　　单位：箱、万元

项目 \ 年度		1994	1995	1996	1997	1998	1999	2000
销售金额		14789	21573	26231	36180	35039	34979	34011
销售数量		63214	65413	63345	74901	65126	65015	63308
类别	甲　级	17207	368	—	—	2067	1800	2402
	乙　级	36344	18920	—	—	10089	4123	4852
	丙　级	8855	15626	—	—	22809	31270	38078
	丁、戊级	808	3863	—	—	2969	2868	4136
	嘴　烟	42369	33973	—	—	65126	65105	63308
	川　烟	40327	38777	40915	44696	37521	40061	49468
年末库存		4450	5864	7531	6663	8128	7731	5238

1994—2000 年巴中烟草系统经济效益情况统计

表 15—6　　　　单位：万元

项目 / 数目 / 年度	资产总计	负债总计	产（商）品销售总额				利润总额				上缴税利
			卷　烟				卷　烟				
			合计	二级公司	三级公司	烟叶	合计	二级公司	三级公司	烟叶	
1994	6756.80	5838.50	14788.50	5166.60	8764.50	857.41	169.66	456.59	190.60	-477.53	566.32
1995	8805.90	7640.50	20497.50	6955.80	12402.30	1139.40	495.51	336.19	130.49	28.83	701.58
1996	8645.00	6594.30	25502.50	7645.20	16279.90	1577.40	1106.54	473.56	573.60	59.38	868.33
1997	10639.70	7986.00	35033.50	11239.20	21268.80	2525.60	824.35	414.30	59.52	350.53	1211.36
1998	11668.90	8798.70	31747.60	11136.20	18664.00	1947.40	386.41	514.52	-370.07	241.96	853.95
1999	12551.60	9724.90	34816.60	6107.30	27438.10	1271.20	1.84	8.66	-103.99	97.17	668.07
2000	12728.30	10271.30	43949.30	18218.00	25439.90	291.40	56.56	—	—	96.32	914.81

第三节　医药经营

民国时期，境内各县场镇均设有中药店（铺）或药摊经营药物。同时，经营人丹、万金油、苏打片、十滴水、红汞、碘酒、头痛粉等 50 ~ 60 种西药。西药剂型分针、片、粉、酊等类，针剂主要有“九一四”“六〇六”“盘尼西林”等。外购中药一般在汉中、广元、南充、达县、万源等地；外购西药以成都、重庆为主，汉中、广元次之。

川陕省苏维埃时期，川陕苏区的医疗器械和药品主要来源途径分缴获、购买、采集、自制和代替等。其中购买药品是川陕苏区解决药品缺乏的重要途径。经济公社负责药材收购。川陕苏区各医院派人到万县、重庆、达县、南充等地购买。同时，各医院成立专业采药队，采集药材达200余种。

20世纪50年代初，境内四县私营、集体药店竞相发展，经营中、西药品种达400余种。1955年后，医药产品实行分级管理、统一渠道。中药材分三个渠道经营，大宗主要药品由国营中药材公司经营，农村由供销社代销；中、小宗药材经营由国营公司、供销社、私商各占⅓；国家调剂外的大宗中药材，由国营公司经营50%、供销社经营30%、私商经营20%。西药及医疗器械由百货公司经销。

20世纪60年代初，境内四县成立医药公司后，医药经营由省公司或地区安排计划，县公司实施，利润上缴省库。中、西药专业公司均在各区供销社设网点，开展中、西药代批发业务。

1975年，境内中、西药经营品种达1300余种，平昌县、南江县药品药械总购进254万元，销售267万元。1978年后，医药实行多渠道经营，执行计划经济与市场调节相结合，打破区域界限。对毒药、麻醉药等特殊药品、名贵紧缺药品实行专店、专人经营，限量供应。

1984年，中药材除麝香、杜仲、甘草、厚朴及特殊、紧缺西药、医疗器械由专业公司统一经营外，其余品种全部放开经营。境内中药材、中成药经营品种达1200余种，西药品种2000余种。1985年，通江县、南江县、平昌县销售中药、西药、中成药1061万元。

1993年，全地区拥有独立核算药品及医疗器械（简称药业）批发机构8个，网点57处，从业人员373人。其中西药批发业5个，网点28处，从业人员188人；中草药及其制品批发业3家，网点29处，从业人员185人。商品购进总额2239万元，其中西药1140万元，中药1039万元；中药材收购124万元。商品销售总额2278万元，其中，西药1016万元，中药1262万元；批发1651万元，零售627万元。

1996年，全地区有批发药业8家，网点132处，从业人员825人。商品购进总额1819万元，商品销售总额2519万元。其中医药局系统独立核算药业6个，商品销售1576万元（其中，药品类797万元、器械类83万元、化玻类25万元、中药材394万元、中成药277万元）。利润总额－392万元，其中，西药类亏266万元，器械类亏21万元、化玻类亏4.5万元、中药材亏89万元、中成药亏11万元。

1998年，全地区有独立核算药业6户，在职职工725人。商品销售收入1158万元，同比下降26.6%；其中药品类565万元、器械类49万元、化玻类13万元、中药材272万元、中成药211万元，其他47万元。年亏损406万元，其中药品类亏150万元、器械类亏8万元、化玻类亏4万元。

2000年，全市6家药业均亏损，累计亏损达2761万元，其中商品销售收入1107万元，亏损871万元。企业期末资产6324万元，负债7903万元，资产负债率达124.97%。

第四节　盐业经营

民国时期，境内各县食盐由私商经营。民国7年（1918年），平昌有盐商93户，江口场开设有“永昌恒”盐号，在镇龙、笔山、兰草、土兴、元山设食盐推销店。巴中县是南部食盐进入通江县、南江县及旺苍、平昌部分地区的要道，巴中县恩阳河和清江渡为主要食盐集散市场，恩阳河逢场成交量在500票以上，大部分转运南江、旺苍；清江渡次之，约半数转运通江、平昌。川陕省苏维埃时期，苏维埃政府组织群众开井熬盐。通江县开井31口，仅南寺沟3口井产盐，每挑水熬盐4～8两。同时，红四方面军占领南部、阆中、嘉陵江东岸一带盐区，发布食盐生产条例和经营盐业条例。省苏维埃组织六县6000多民工运盐。民国31年（1942年）4月，川北盐务管理局推行食盐官营，在巴中设盐务分局，下辖通江、南江两个支局，后因运输困难，于是年8月撤销。根据《盐专卖条例》规定，“盐的生产、收购、运输、销售统由国家专卖之”，销售由专卖机关在集散地设立盐仓，就仓发盐。民国35年（1946年），境内盐业由“民制、官收、官运、商销”改为“民制、民运、民销”，食盐趋于稳定，价格下降，小商贩运销食盐增多，人们需求趋于稳定。

1950年，巴中县成立盐业公司，通江县、平昌县成立盐务分销处，主要销售南部散装盐。平昌县销售食盐1493吨。1952年9月起，境内食盐实行定量供应，城市每人每月0.63公斤，农村每人每月0.75公斤。境内四县共销售食盐7906吨。1953年8月，达县盐务分局成立后，在境内四县设分销处。1958年，境内统销自贡盐。之后，境内先后从省外调入海盐，与川盐合销。1959—1961年，食盐实行定量凭票供应。1963年，境内停销省外盐。1965年起，为防治地方性甲状腺肿大，开始供应加碘盐。同时，食盐实行敞开供应。1967—1971年，食盐再次实行凭票（证）供应。

1982年起，盐实行指令性计划管理，按国家计划进行购销经营，不准自由运销。1983年，境内四县成立盐业支公司，隶属达县分公司。境内始有小包装碘盐供应。1980—1984年，境内年销食盐1.9万~1.99万吨。1985年，境内四县共销售食盐27630吨。1986年，境内食盐供应分散装、小包盐两种，价格一般在0.35~0.40元。1988年10月，平昌县、通江县发生食盐抢购风波后，实行凭票定量供应食盐，发放达县地区统一印制的购盐票，每人月发1张，共发四年48张。

1990年2月，境内四县开始贯彻实施国务院颁布的《中华人民共和国盐业管理条例》，食盐管理进入法制轨道。1986—1990年，通江县年均调入食盐6000吨，年均销售食盐5500吨；平昌县共调入食盐42274吨，销售食盐40357吨；南江县共调入食盐21529.38吨，销售食盐19526.19吨。

1993年，巴中地区盐政稽查处成立后，四县（市）亦成立盐政市场稽查所，独立行使盐政执法权。全地区销售食盐8万吨。1994年7月，调整食盐价格，散装500克由零售价0.35元调整到0.50元；小包盐500克由0.38元调整到0.55元。是年8月，国务院颁布《食盐加碘消除碘缺乏危害管理条例》后，逐步取消散装食盐，一律供应小包装食用碘盐。1991—1995年，通江县年均调入食盐5500吨，年均销售食盐5200吨；平昌县共调入食盐25720吨，销售食盐26368吨；南江县共调入食盐25050.29吨，销售食盐26623.92吨。

1996年1月起，全地区取消散盐供应，小包碘盐加贴全省统一防伪标志，零售价格500克由0.55元调整到0.70元。1000克装小包盐调整到1.35元。由塑料单层小包装逐步过渡到复合膜小包装加碘食盐，有效地保证含碘食盐质量和防治碘缺乏病效果。是年5月，国务院颁布《食盐专营办法》，对食盐生产、运输、批发实行“许可证”制度。

1998年12月，四川省人大常委会颁发《四川省盐业管理条例》，进一步明确食盐生产、运输、批发、零售实行“许可证”制度，坚持凭证经营，一摊一证进一步规范盐业零售经营行为。1999年10月，全地区取消单层塑料小包装，改供复合膜小包装加碘食盐，复合膜袋装加碘食盐零售价格500克装为1.00元，1000克为1.90元，2500克装为4.70元。1996—2000年，通江县年均调入食盐5300吨，年均销售食盐4800吨；平昌县共调入食盐27710吨，销售食盐29870吨；南江县共调入食盐33318.13吨，销售食盐25012.05吨。

第六章　农副产品及废旧物资购销

第一节　农副产品购销

民国时期，境内农副产品由私商经营。各县各场镇均有生猪市场，牛市场以通江县麻石、洪口，南江县下两、乐坝，巴中县清江、恩阳和平昌得胜、响滩等地最为繁荣。其中平昌得胜牛市年销售耕牛2000头以上，是川东北各牛市集散流通的枢纽。

1952年，境内各县先后成立供销合作社，开始收购农副产品，实行为国家代购和自营两种办法。为国家代购主要有粮食、油菜子、棉花、苎麻、桐油、生猪、禽蛋、茶叶、畜产品等大宗产品，供销社自营主要有各类土特产品、中药材、肉食、干杂副食和日用杂品等。境内基层供销社收购总额为121万元。1954年，境内各县相继成立国营食品公司，统一管理和经营生猪，区、乡生猪业务由供销社经营或委托代购。禽蛋纳入派购，法定价格，农村按户（人）定任务。1955年，农副产品实行分类归口经营。国营贸易公司经营第一类产品33种，二、三类产品由供销社经营。供销社在境内重点场镇建立耕牛市场34个。1956年，境内各县相继成立农产品采购局，负责棉花、麻类、菸类等产品收购，粮食部门负责经营油类、芝麻、花生等油料。生猪由国营食品公司经营，并在区、乡设点收购，形成购销网络，承担原供销社经营的生猪业务，实行“一条鞭”式经营。1957年，各县撤销农产品采购局，棉花、麻类、菸类、茶叶等产品经营业务由供销社主管。供销社按“二类严，三类宽”市场管理原则，二类产品由79种调减为53种，对基层社经营范围适当放宽。境内四县有生猪市场200余处。

1960年，家禽购销采用国营食品公司和供销合作商店多渠道流通，划定地区产销直接挂钩，组织家禽上市交易。收购禽蛋与供应食盐、白酒等生活品挂钩，未完成禽蛋派购任务的减少供应或不供应，城市居民实行定量供应，经营亏损由财政给予补贴。1962年，对收购各种农副产品、畜产品和紧缺中药材实行奖售和留量政策。供销社经营农副产品主要有棉花、麻类、菸类、茶叶、干鲜瓜果、畜产品、日用杂品和粮油、禽蛋等。是年，对耕牛实行“有计划的调剂，与市场成交相结合”办法，执行一牛一卡，凭卡购牛。1963年，境内收购三类农副产品达600余种，收购额950余万元。

1977年，境内各县供销社开始与生产队联营农副产品。1978年，对生猪收购采取定购、统一收购和派购。规定农民完成定购任务后，生猪只能卖给国营食品公司及其委托的供销社。是年，供销社开始经营蚕茧业务。从1979年起，生猪收购实行“购留各半”派购办法，农民完成生猪派购任务后，允许上市出售。

平昌县生猪基地

1983年，国家调整农副产品购销政策，

取消生猪、鲜蛋派购，各级供销社开展粮食、油料、肉食、禽蛋等议购议销业务，农副产品全部放开实行市场调节。到1985年，境内完成农副产品收购达3837万元，比1952年增长40倍。1986年，生猪收购实行合同定购，食品、供销、粮食部门和个体工商户开始经营生猪收购及销售业务。同时，开放耕牛市场，进行自由选购和交易。1987年，境内出现收购生猪“打白条”现象。20世纪80年代后期，全面推行承包经营责任制，农副产品购销活跃。农副产品购进达4127万元。

20世纪90年代初，境内四县供销社本着快收快调，薄利多销原则积极经营，全系统增设农副产品收购网点108处。到1993年，境内收购农副产品额达4670万元。

1994年，全地区向规模、质量、效益发展，培植大量的农产品资源。对生猪执行“定点屠宰，集中检疫，统收税费，分散经营”办法，取缔生猪屠宰黑窝点。到1997年，全地区收购生猪9万余头，棉花20万公斤，粮食1250万公斤，各种油料762万公斤，农副产品销售达到95%以上。

1998年，全地区贸易系统农副产品收购总值达12700万元。1999年，全地区贸易系统农副产品收购达7689万元；全地区供销系统农副产品收购达4440万元。

2000年，除极少数农产品实行政策性经营外，其余全面放开经营。全市供销系统及时调整经营结构，紧紧抓住生猪和粮油收购、加工、销售，坚持以购促销，以销促购的经营理念，及时发展生猪基地。全市供销社系统生猪合同定购量达26万头种，农副产品销售达到5277万元。全市各耕牛市场及民间销售牛达18万头以上。

第二节　废旧物资收购

从20世纪50年代起，境内四县供销社代购代收废旧物资，收购品种主要有废铜、废铁、废锡、废橡胶、废纸、废布等20余种。1957年，境内供销社系统采取签订预购合同等方式收购废铜、废锡。各县收购废铜28110公斤、废锡3900公斤。1958—1962年，四川省人民委员会制发《关于组织回收废杂铜及铜制器皿的通知》后，境内四县采取“无论完整的或残缺的，大的如机器，小的如布渣，凡是个人或单位不需要的都要说服卖给供销社”办法，掀起以废杂铜、废钢铁为主的废旧物资收购热潮。

20世纪70年代，境内四县实行收购废品，变无用为有用，变一用为多用，变破旧为崭新。1978年，境内四县共收购废钢铁26.72万公斤，废塑料6.33万公斤，废纸8.37万公斤。

20世纪80年代，境内四县采取突击回收和常年收购相结合的办法，收购部门人员深入各单位采取就地验收、过秤、付款方式，方便交售，推动废旧物资回收工作。1990年，境内四县回收总额达到830万元。

1995—2000年，境内废旧物资回收企业新增报废汽车回收拆解、废旧塑料加工、工副食品零售等收购新业务。2000年，全市回收拆解报废汽车1495台，回收废旧物资6300余吨，销售额超过1300万元。

第十六篇

粮 油

民国时期，境内粮油购销主要通过集市贸易进行，部分富户商贾囤积居奇，操纵粮食市场，粮油价格波动大。从20世纪50年代起，普遍推行粮油统购统销政策。20世纪80年代，取消粮油统购，改为合同定购。国家粮食政策从统购统销改为定购统销、议购议销“双轨”并行。20世纪90年代，实行购销同价，粮食流通体制进一步向商品化、市场化推进，保留粮食定购数量，价格随行就市。之后，取消粮食统购政策和口粮定量供应办法，保留城镇人口粮食供应。在国家宏观调控下粮食自由流通，从收购到批发，由国有粮食企业统一经营，发挥主渠道作用。1993年，放开收购价格，并建立保护价收购制度，保护种粮积极性。1996年，全面放开粮油市场，实行多渠道经营，进一步完善粮油价格机制，按保护价敞开收购农民余粮。同时，深化粮食流通体制改革，全面落实敞开收购、顺价销售、收购资金封闭运行三项政策，加快国有粮食企业改革，提高市场竞争力。1991—2000年，境内粮食收购数量达11.12亿公斤。

第一章　收　购

第一节　粮食收购

民国初年，境内各县田赋以丁粮、银两、元并算法，实行征洋。国民政府所需粮食皆向粮户筹集。民国2年（1913年），南江县共筹集粮食6210石（约93.2万公斤）。川陕省苏维埃时期，苏维埃政府采取没收、征发、收购、公粮、公田产粮、接收国民政府粮食等办法筹集粮食。通江县共筹集粮食2330余万公斤。民国27年（1938年），境内部分田赋实行征收粮食，开始向农户购粮。民国30年（1941年），境内田赋一律改征实物，实行征一购一。同时，各县配征省、县级公粮。民国34年（1945年），通江县配征省级公粮431石，县级公粮9320石。

1950年，征收公粮是国家向从事农业生产、有农业收入的单位和农户收取，并逐级落实到户。是年，川北行政公署配给通江县公粮任务638.75万公斤；平昌县征收公粮574万公斤。1953年，粮食开始由国家统一经营，实行计划收购与计划供应（简称统购统销）。境内四县统购粮食5704.5万公斤。1953年7月至1955年6月，通江县统购粮食1958.5万公斤。1955年8月，境内四县执行国务院《农村粮食统购统销暂行办法》规定，实行定产、定购、定销的“三定”政策。定产、定购“一定三年不变”，增产不增购，灾年减免；定销一年一定。境内四县统购粮食7296.5万公斤。1957年，粮食征购本着国需民用，彼此兼顾原则，厉行增产增收。之后，粮食统购任务逐年增加。1960年，境内四县统购粮食12247.5万公斤。

1962年，贯彻中央“调整、巩固、充实、提高”方针，兼顾国家、集体、个人利益，本着“多产多购、少产少购、受灾减购、重灾免购”原则，调减统购基数，稳定农民收入。境内四县统购粮7840万公斤。是年起，为填补灾区统购差额，对增产生产队完成统购任务后再超购部分粮食。通江县、巴中县超购粮食98.5万公斤。1963年，国家对部分生产队完成征购任务，留足种子、口粮、饲料、储备粮后尚有的余粮，在自愿的基础上进行议价收购，用于市场调节。其收购价在规定价幅度内，大米、糯米、大豆在统购价基础上加价 50% ~100%，小麦、玉米等加价 50% ~65%，议价品种除鲜红薯外不限。是年，境内四县统购粮食 8295.5 万公斤，超购粮食 677.5 万公斤，议购粮食 35 万公斤。1963—1964 年，国家用化肥票、棉布证及部分日用工业品票向农村社员户或生产队及有节余粮的机关、厂矿、企事业单位换购部分粮食，所换购粮食照价付款，平昌县换购粮食 360.5 万公斤。1965 年，境内四县执行中央关于稳定农民负担的指示，对原有征购基数分类排队，依照田土面积、生产水平、留粮标准等具体情况，反复对比平衡。实行粮食征购“一定三年”和超产、超购、超奖的办法，促进粮食生产。1967 年，实行超购和征购任务一并下达，同时结算。1969 年后，停止粮食议购。

1972 年，执行将粮食统购任务“一定三年”改为“一定五年”不变，继续执行超购奖励政策。境内四县统购粮食 6206 万公斤，超购粮食 61.5 万公斤。1976 年，执行粮食统购任务“一定三年”不变政策，适当调整定购基数，进一步稳定农民粮食负担。1979 年 5 月，境内四县恢复粮食议购议销，由粮食部门统一经营。四县统购粮食 7828 万公斤，超购粮食 2331 万公斤，议购粮食 731 万公斤。

1980 年，境内四县先后成立粮油议购议销公司，独立核算，自负盈亏，各粮管站、所设立议价经营门市部。统一粮油议价经营，在粮食多渠道经营中开展议购，扩大议销范围。1981 年起，落实大山区生产方针，适当减轻山区和长期低产缺粮队的征购负担，彻底解决同一生产队又购又销的问题。是年，随着农村家庭联产承包责任制的推行，巴中县试行统购粮食“交售合同制”。同时，国家敞开议购，不限品种、数量，不限时间、对象，允许多渠道经营，活跃城乡经济。1983 年，实行粮食购销三年包干办法，完成粮食统购任务后，可实行多渠道经营。是年 9 月，省政府调减盆周山区和革命老根据地粮食征购任务。境内四县统购粮食 7669 万公斤，超购粮 14959 万公斤。1963—1984 年，境内四县共超购粮食 5.58 亿公斤，年均超购 2536.2 万公斤。

1985 年，改革农产品统派购制度，取消粮食统购，实行合同定购。粮食部门与农户签订合同，一年一定。采取大、小春任务一起定，主粮、杂粮品种一起定，粮食、油料一起定，平价、议价一起定的办法。合同定购品种有稻谷（大米）、小麦、玉米、大豆、胡豆、豌豆、糯米等。合同定购的粮食实行优惠价，即按“倒三七”比例计价，定购粮的 30% 按原统购价计款，70% 按原超购价计款，然后加全计算为比例综合收购价（简称比例价）。签订定购合同，奖售化肥，发放预购定金。巴中县、通江县、平昌县分别签订合同 22.2 万份、9.5774 万份和 15.4 万份。是年，境内四县停止超购。

1986 年 1 月，为保护和鼓励种粮、售粮积极性，适当减少合同定购粮数量，扩大市场议价收购比重。在合同定购任务以外，国家下达议购任务（国家委托代购）列为“议转平”，品种只限于大米、小麦、玉米，议购价不低于比例价。是年 10 月，省政府决定从当年大春粮食收购起，将“国家委托代购”改为“计划议购”纳入国家收购计划，只限于定购品种。是年，按规定对定购粮食实行化肥、柴油、预购定金“三挂钩”政策，调动农民种粮积极性。境内四县执行省政府规定挂钩标准：每 100 公斤合同定购贸易粮供应平价优质标准化肥 10 公斤，平价柴油 3 公斤，发放预购定金大米 8 元，小麦、玉米分别为 4 元。通江县实收粮食 2743 万公斤，其中小麦 626.5 万公斤、大米 1728 万公斤、玉米 181 万公斤、小杂品种 207.5 万公斤。南江县实收粮食 3036.9 万公斤，平昌县入库粮食 3805 万公斤。

1988 年，粮食定购任务改按耕地面积、人口、水源、土质等条件平衡分摊，逐级落实到户，由乡政府下达任务通知书，粮管所与村民委员会签订交售合同。同时，改进粮食合同定购“三挂钩”物资和资金兑现办法，化肥票随定购粮任务通知单发放，分次购买；柴油实行“平转议”，由粮食部门在支付定购粮价款时，直接将柴油平议差价款付给农民手中（每 100 公斤定购粮补挂钩柴油平议差价款1.8元），然后粮食部门与石油部门结算。通江县预购定金188万元，其中70万元用于县农资部门储备化肥，118万元发放到户。南江县合同定购1473.69万公斤，平昌县收购粮食3772万公斤。

1989年，采取“大稳定，小调整”措施，提高平价化肥挂钩标准，挂钩柴油的平议差价款直接付给交粮农民，预购定金折算成实物（化肥、农膜、菜枯、桐枯等）兑现。南江县粮食入库3377.95万公斤，通江县收购粮食5000万公斤，平昌县收购粮食3377万公斤。是年11月，为力争多购，对议购粮油实行重奖。境内四县执行达县地区行署制定的完成粮食定购、“议转平”任务，给粮食商业职工人均增发一个月基本工资的奖励政策。是年12月，境内四县严格执行省政府规定的大米最低限价每公斤1.2元，挂牌收购。

1991年起，按国务院决定，将“合同定购”改为“国家定购”，作为农民应尽义务，必须保证完成。原定购任务、品种不变，“三挂钩”政策、标准不变；改原“一年一定”为“一定三年”，改原由乡（镇）政府填发“合同定购粮油通知单”为由县政府填发“国家定购粮油通知书”。同时，由于国家紧缩银根，信贷资金吃紧，农副产品销售不畅，销货款回收差，导致境内四县粮食、烟草等农副产品收购“打白条”现象出现。是年5月，省政府下发通知，强调收购资金做到“三落实”（资金来源单位、数量、时间落实），保证收购不向农民“打白条”，收购单位清收挤占挪用的资金投入收购，银行安排好信贷资金横向融通，财政及时核拨补贴款，严禁任何单位和个人挤占挪用收购资金，若出现收购“打白条”，追究行政领导责任，加速商品调销价款结算，回笼资金投入收购。是年10月，为防止谷贱伤农，保护种粮积极性，稳定社会，省政府决定对大米实行按保护价敞开收购。通江县收购粮食4708.5万公斤，平昌县收购粮食3495万公斤，南江县收购粮食2954.9万公斤。

1992年2月，在保证完成国家定购的前提下，对粮食实行常年放开经营。是年7月，强调坚持定购、议购一齐抓，鼓励多议购，议价经营快进快出，进一步向粮食商品化，经营市场化方向推进，继续保留定购数量，放开购销价格，实行随行就市。是年10月起，大豆、绿豆、豌豆、糯米退出定购。是年11月起，四川省除“三州”外，实行“双放”（放开收购、放开粮价），达县地区实行“单放”，即销售价格放开，收购不放开，并继续执行国家粮食定购政策。之后，出现粮源减少，国有粮食企业收购粮食困难，国家粮食库存下降，市场粮价上涨，国家采取抛售中央和省专储粮食用于平抑粮价。

1993年，省政府取消“双放”，恢复国家定购政策和粮食收购计划。国家定购粮实行“保量放价”，即保留定购任务，放开收购价格，保护种粮积极性。改进粮食定购“三挂钩”兑现办法，即以货币方式在收购价格之外，将挂钩物资平议差价和预购定金利息支付给农民。是年2月后，境内四县建立粮食收购价格保护制度，对主要粮食品种实行保护价收购。保护价按不低于国家合同定购价制定，相应建立中央、省两级粮食风险基金制度，保证保护价收购政策落实。从此，除国家定购外，一直执行国家按保护价敞开收购农民余粮的政策。是年5月，国务院关于深化粮改的通知提出，粮食工作实行省长负责制（亦称“米袋子”省长负责制），负责保持“三个稳定”（稳定粮田面积、粮食产量、粮食库存）、“两个平衡”（粮食总量平衡、地区平衡），省、地、县、区、乡各级都制定政府首长负责制，一级认一级，层层负责。国家粮食收购任务的下达、保护价收购政策的执行和收购资金的筹措等层层签订目标责任书，落实监督检查、考核奖惩制度。

1994年，全地区“精心组织，全员行动，打好粮油入库攻坚战”。实行“五长”（县、区、乡、村、社长）、“四联”（联责、联绩、联利、联奖惩）责任制。早抓及时抓，做到政策早宣传，任务早落实，措施早制定，收购早准备。积极筹措资金，坚持做到户交户结，杜绝收购“打白条”。工商、物价、财政、公安、粮食等部门密切配合，管好收购市场，理顺收购渠道。严格执行收购政策，做到不压级压价，坚持质量标准，一价收购到底。提高服务质量，增设收购网点，全力以赴抓收购，早开门、晚关门，达到党政、群众、企业三满意。全地区入库粮食1.91亿公斤。

1995年，国家为抑制通货膨胀，不用提价方式而采用价外补贴办法增加农民收入。是年3月，中央决定实行“米袋子”省长负责制。根据省政府贯彻意见，全地区从行署专员到乡（镇）长，逐级签订《“米袋子”目标管理责任书》。并制定考核办法，从地、县到区乡，从政府到部门，层层把完成国家粮食定购任务纳入“双向”目标责任制进行考核，实行奖惩。银行、财政、工商等部门密切配合，积极筹措收购资金，保证粮食入库工作顺利进行。全地区入库粮食总量1.85亿公斤，比1994年多购5797万公斤，其中国家定购粮食1.09亿公斤；计划收购7594.9万公斤，超省下达任务4450万公斤的70.67%。

1996年，为补偿粮食生产成本，缩小定购价与市场价的差价，调动种粮、售粮积极性，促进粮食生产的长期稳定发展，决定适当提高粮食定购价。粮食定购价实行中央指导下的省政府定价。在粮食连年丰收，粮食市场出现供大于求，市场粮价不断下滑，出现增产不增收的情况下，取消奖励政策，全面实施保护价收购。1997年8月，全地区贯彻落实国务院关于按保护价敞开收购议价粮政策。粮食部门按省政府确定的保护价，做到敞开收购、常年收购，不拒收、不限收、不停收、不压级压价，解决农民卖粮难问题。

1998年8月，国务院相继颁发《粮食收购条例》和《粮食购销违法行为处罚办法》后，粮食购销正式纳入法制轨道。全地区认真贯彻落实，严格收购纪律。全地区粮食收购入库总量1.85亿公斤，完成省下达定购任务6590万公斤，按保护价敞开收购粮食1.15亿元。1999年10月起，定购价和保护价合并为综合价。从此，国家所需计划收购的粮食执行保护价。

2000年，全市全面落实中央关于粮改的各项政策，把“按保护价敞开收购农民的余粮”作为控制粮源、夯实经营基础、保护农民利益的重要工作抓。在收购中，严格实行收购目标责任制，做到常年常时挂牌敞开收购，延时服务，依时服务，依质论价，优质优价，质价相符率达98%以上；并实行户交户结，农税征实，全面实现收购资金封闭运行，未出现“打白条”现象。全年收购入库粮食总量8725.5万公斤，其中完成国家定购任务2975万公斤，按保护价敞开收购5750.5万公斤。

第二节　油料收购

境内各县素有种植油菜、花生、芝麻、棉花、油桐、蓖麻等油料作物习俗，其中油菜、花生、芝麻、油桐种植面积较大。民国时期，部分富户、商贾开设榨房，向市场收购油料，加工油品，或以油换料。民国38年（1949年），境内四县种植油菜3540公顷，总产186.34万公斤。

从1950年起，境内四县开始征购油菜子，通江县收购油菜子395.5公斤抵征大米583.5公斤。1953年11月，境内四县开始收购棉籽、花生、芝麻、油桐籽。通江县、平昌县、南江县收购油菜子33万公斤，巴中县收购油菜子28.74万公斤。1954年，根据中央《关于实行油料计划收购的决定》，境内四县对油菜子实行统购。收购计划由省、地、县层层下达，分配到乡，不向农民分户派购，采取宣传鼓励办法，动员农民积极出售。并规定，农民出售油菜子，必须进入指定市场，除留足必须口油外，全部卖给国家，任何机关、团体和个人都不得直接向农民采购，对私商收购贩运进行限制和取缔。花生亦列入统购范围。是年6月起，农民出售棉花时，应按一定比例出售棉籽。通江县、平昌县、南江县收购油菜子256.5万公斤、油桐籽315.5万公斤，巴中县收购油菜子105.1万公斤、花生8.93万公斤、芝麻12.18万公斤、棉籽118.62万公斤。1955年起，油料收购改为管理收购，境内四县实行“多产多得、增产多留”政策，首先划片定通产，再按政策划分余油户、自给户、缺油户，然后对余油户核实统购任务。余油户标准，按每人年留油菜子 5 公斤为限，不足者不统购，超过者定统购，完成统购后多余的油菜子再超购 90%。油桐籽实行管理收购，以榨定点，以点定量，就地收购。1956 年，境内四县以农业社为单位，协商签订销菜籽返枯合同，继续贯彻“多产多得、增产多留”政策。各县粮食部门从供销合作社接收植物油脂料经营管理。1957 年，芝麻实行管理收购，不准私商经营。棉籽实行统购。蓖麻籽、油桐籽列为二类产品，实行派购。是年 10 月，达县专区制定桐油统购统销办法，逐级分配派购任务到乡，动员桐农按规定价格交售；由农业合作社统一管理的桐林，所收桐籽一律集体交售；禁止私人经营桐油，不准私开小榨坊，所有油坊只能为国家加工，不得自行收购原料加工售油；农民自用桐油，国家按比例奖售，即每交售桐籽 50 公斤，可按优惠价（比销售牌价低 5%）售给桐油 1 公斤。1958 年起，对油菜子统一实行“全购全供加奖励”办法，农业社所产油菜子除留足种子外，全部卖给国家。以社为单位，每出售 50 公斤油菜子奖售菜油 1 公斤，作为口油，并奖售化肥 15 公斤，奖给布票 3 市尺。

1961 年起，芝麻实行收购奖励政策。1962 年，油菜子收购实行“三定一留”（定面积、产量、统购，给农民一定留量），按“多产、多购、多留”和“少产、照顾、少留”原则，一般人均生产油菜子 10 公斤左右的队，按“留三购七”比例定购，较低的队按“四六开”或“对半开”定购，人均产量不足 1 公斤者，国家不统购。定购方式先为“一年一定”，后依照粮食实行“一年三定”和“一年五定”。完成统购任务后超售的油菜子，实行奖售物资或加价收购。是年起，油桐籽实行派购到队，产多少收多少，全部收购，奖售（励）煤油、大米、布票、化肥。1963 年，境内四县开始开展油菜子议购议销业务，议价幅度高于统购价的 50% ~100%。1966 年，境内四县油菜子收购贯彻“包干定购，对农村只购不销”政策，不再实行奖售（励）。油、籽兼收，以籽为主。1969 年，通江县、平昌县、南江县收购油菜子 87.5 万公斤、油桐籽 568.5 万公斤，巴中县收购油菜子 104.83 万公斤、花生 0.2 万公斤、芝麻 0.75 万公斤、棉籽 32.36 万公斤。

1970 年 8 月，棉籽列为统购品种，随棉统购，油、籽兼收。统购比例不少于产量的¼，收购棉籽奖售化肥，关闭棉籽（油）交易市场，超购加价幅度提高。1971 年起，食用油料随粮定购，定料不定油，超购数加价奖励。芝麻收购实行“ ·定三年”，超购部分按统购价加价 30%。1976 年起，对生产队超计划增产的油菜子，改为“购七留三”。对花生、芝麻收购实行“一定五年”。1978 年，生产队交售花生统购任务，30% 按统购价加价 30%，超交部分全加价。每交售 50 公斤花生奖售标准肥 20 公斤。1979 年 5 月后，大幅度提高油菜子统购价格，超购油菜子加价幅度由 30% 增加到 50%；生产队超产的油菜子，由“购七留三”改为“购留各半”。提高芝麻购价，按统购、超购各半计价。同时，恢复油菜子议购。

1980 年起，境内四县实行“定基数”办法收购油桐籽，巴中县定基数 200 万公斤，通江县定基数 235 万公斤，对社队参照前三年收购实绩，逐队签订交售合同；基数外交售，按统购价加价 10% 收购。1981 年起，收购油桐籽 80% 按统购价、20% 按议购价（在统购价基础上加价 50%）结算，并实行“粮经挂钩”，每交售桐籽 50 公斤，补助供应大米 10 公斤，返还桐枯 30 公斤（仅对集体）；统由粮食部门经营。1983 年起，境内四县对油菜子收购实行计划控制和按固定比例计算办法，在核定收购计划内，以 40% 按统购价、60% 按超购价付款；超计划以外的由农民自行处理，或按统购价收购。1984 年起，油菜子实行敞开收购，继续按“倒四六”比例计价。是年 10 月，省政府将桐籽（油）由二类商品改为三类商品，放开价格，取消奖售，以粮食部门为主，实行多渠道经营。

1985 年，油菜子、花生、芝麻等食用油料同粮食一起实行合同定购。以县为单位，完成定购任务后，允许开展自由购销，实行多渠道经营，价格随行就市。是年，油桐籽实行议价收购。境内四县收购花生 103.52 万公斤。至 1987 年，境内四县相继停止棉籽（油）购销业务；花生实行自由购销。

1988 年 4 月，境内四县执行油菜子定购价由“倒四六”提为“倒二八”。是年 6 月，油菜子定购实行价外补贴，在比例价基础上，每 100 公斤加价外补贴 9. 2 元（菜油加 26. 2 元）。

1990 年，全省对油菜子实行统一综合价收购（定购与议购合并），不再执行油菜子收购价外补贴。由粮食商业企业统一收购、统一价格、统一返枯标准。农民剩余的油菜子由粮食部门敞开收购。1991 年，油菜子实行国家定购。1992 年 3 月，省政府将油菜子收购价调整为每公斤 1. 41 元（比 1991 年降低 0. 15 元），同时取消油菜子收购无偿返枯的政策。调价后，粮食部门挂牌敞开收购，保护农民利益。收购以粮食部门为主，允许供销社、乡镇企业等多渠道经营，鼓励多渠道积极向省外推销。所有经营者必须执行省定收购价。是年，境内四县粮食部门停止芝麻购销业务。

1993 年，油菜子退出国家定购后，每年由省下达收购计划，按省指导价收购。1995 年，省政府规定油菜子收购保护价每公斤 2. 6 元。1996 年，全地区油菜子收购严格执行最低保护价。同时，停止油桐收购业务。

1998 年，全地区油菜子收购执行“两统一”政策，即统一价格（中等每公斤指导价黄色籽 2. 34 元，黑色籽 2. 22 元）、统一由粮食部门收购。全地区收购油菜子 3502 万公斤。

1999 年，全地区油菜子实行“一主多辅”办法收购，以粮食购销企业收购为主，允许多渠道参与收购。全地区收购油菜子 2938 万公斤。

2000 年，全市粮食部门认真执行敞开收购目标责任制，在收购中切实做到便民利民，优质优价，常年常时按保护价敞开收购，帮助农民实现增产增收。粮油购销企业实行对优质粮油优价收购，做到单收、单储、单销售。同时，与农民签订优质粮油生产、收购合同，做到生产与市场衔接，通过合同导向，发展订单农业。与农民签订收购合同 10 万份，收购优质粮油 1000 万公斤。

第二章　销　售

第一节　粮食销售

民国时期，境内各县公教人员口粮，政府从田赋中拨薪金谷或从地方征募积谷中支拨食米；城镇居民用粮向市场购买；驻军粮食供给由政府统一办理，按官价就地购买；工业、商业生产经营用粮均向市场购买。

川陕省苏维埃时期，苏区机关工作人员口粮全部实行供给制，每人每月 15 ~ 17. 5 公斤，由县、区苏维埃内务委员审核，凭支拨令按月拨支。部队粮食亦实行供给制，每人每天定量供给 0. 5 ~ 0. 75 公斤。其中部队粮食供给，由红四方面军总供给部下设粮秣科（处），各军、师亦设相应机构，负责粮食供给；地方武装由区、乡苏维埃供给。通江县共筹措红军军粮 2334. 5 公斤。

20 世纪 50 年代初，境内四县机关、团体、学校、厂矿、企事业单位人员，按每人每天 0. 5 ~ 0. 75 公斤口粮标准，由用粮单位造具表册，经粮食部门核定供应。城镇居民仍向市场购买。行业用粮多购于市场或粮食公司。部队粮食由政府用所征公粮保障供给。1953 年，粮食实行统购统销后，城镇居民口粮一律实行计划供应。一般居民每人每月12.5~15公斤，逐户核实，凭证供应；国家机关单位职工口粮，实行“凭证掌握，控制供应”，由单位分季分月编制用粮计划，粮食部门核实发证，凭证购买。部队凭军用粮料票及团以上证明，向当地或行军沿途粮食部门领取或购买粮料。对工商行业用粮采取掌握供应的办法。同时，贯彻“统筹兼顾，适当安排”和“及时收购，同时安排”方针，对人口多、土地少，在正常年景下所产粮食不能自给的生产队，国家实行统销；对遭受严重自然灾害的地方，本着“自力更生为主，国家扶持为辅”原则，区别不同情况，给予粮食返销。1954年起，对种植经济作物的生产队，自产粮食不足最低留粮水平的，由国家评定缺粮数量，发证供应。1955年8月，国务院发布《市镇粮食定量供应暂行办法》后，境内四县核实供应人口，评定供应等级，核发“市镇居民粮食供应证”，实行粮食定量供应，定量供应标准分为四类九等。工业用粮由达县专区平衡供应数量，向各县下达供应计划。工商行业用粮实行按户定量供应，标准按每户每月平均销量计算，由用粮单位申报，粮食部门审核平衡，发给工商行业用粮证，凭证供应。同时，国务院发布《农村粮食统购统销暂行办法》后，农村粮食统销实行一年一定。对经济作物区农民口粮供应，略高于当地农民口粮标准。巴中、平昌及通江、南江的低山区主产棉花，棉花种植面积占耕地面积20%的生产队，口粮标准为190~200公斤（原粮），不足部分由国家补供。是年，境内四县开始供应饲料粮，凭粮食部门发给的市镇饲料证供应，其中役牛、骡马每头每月定量供应75公斤，种公牛月供应100公斤、母牛80公斤、种禽0.5~1.5公斤。1956年3月，巴中县成立城关红星蔬菜生产合作社，菜农口粮实行粮菜挂钩，其基本口粮以略高于产粮队年人平180公斤（原粮）或按城镇居民月人均12.5公斤（贸易粮）为标准，由国家统一供应到队。1958年3月起，对熟食业出售的米饭一律收取粮票。对专业蔬菜队凡完成三大类蔬菜（大市菜、精细菜、调味菜）月生产计划的，国家每人每月平均供应基本口粮13.5公斤。各县人民公社“大办公共食堂”，农民口粮统一留管理区（队），各公共食堂分期到管理区秤粮，实行供给制，所有人口一律到公共食堂吃饭，人们谓之曰：“敞开肚皮吃饱饭，鼓足干劲搞生产”。同时，为鼓励农民发展多种经营，在农民留粮尚不宽裕的情况下，国家对农民积极繁殖家畜，交售比较紧缺的农副产品和中药材，按规定奖售一定数量的粮食，并根据生产发展、产品需要和市场变化，按规定奖售一定数量的粮食和调整奖售品种和标准。1959年，对面食、切面、米粉、年糕、饼干、面包、糕点等，均收取粮票。各类食品收取粮票数量，按所用粮食多少确定。是年9月起，降低党政机关干部口粮定量标准，县级机关降为每人每月9.5公斤。

1960年8月起，境内四县执行省委《关于计划用粮节约用粮的指示》，机关干部、厂矿企业职工、学校教职员工和学生，每人每月节约0.5公斤，18岁以上成人居民每人每月节约0.25公斤。机关干部实际供应9公斤。是年起，驻军凭购粮证购粮，过境军队及部队出差人员则凭军用粮料票购买或领取粮料。1961年，境内机关团体职工和城镇居民口粮供应为11.5公斤。是年起，农户向国家交售桐籽、桐油等均奖售粮食。1959—1961年，巴中县农村缺粮返销共3382万公斤（贸易粮），年均1127.33万公斤；平昌县返销2666.5万公斤，年均888.83万公斤。1962年8月起，对农村食宿的中学生口粮用县机动粮补足到16公斤。1963年，调整区、社干部和部分城镇居民口粮标准。公社干部调为每月15公斤，区级机关干部、企业职工月定量为13.5公斤，城镇10周岁以上儿童及居民调为12.5公斤。农副产品奖售粮达20余种。1965年，口粮实行分等定量供应办法后，城镇定量人员因劳动、工作发生临时变化，由所在单位按月申报，粮食部门按规定项目、标准核实，给予粮食补助指标，包括会议补助、出差补助、机动粮、保健补助、特殊补助、劳动补助、病员补助、中学生补助、林业采伐工补助等。1966年，境内四县对厂矿单位试行口粮和补助粮包干供应办法。1967年，境内四县民办中小学教师吃机动粮的改为吃社队粮。

1973年起，境内四县对机关团体、厂矿企业实行“两定”（定口粮水平，定补助粮水平）、“一包”（包干）、“三落实”（基本口粮落实到人、工种粮落实到班组、粮食标准落实到单位）办法，一般居民口粮供应办法不变。是年，对来自农村食宿的中学生口粮实行“管补不管带”办法，对每人每月定额补助贸易粮5公斤。1976年，国家计划招收的“社来社去”中学生按普通中学生定量标准补差，学生自带的口粮购销同价。1977年，专业蔬菜队人均每月供应贸易粮由13.5公斤调整为14公斤。1978年起，军队口粮按大米70%，面粉30%的比例供应。1979年，境内四县对党政机关、企事业单位的补助粮实行包干供应。通江县有185个单位、3650人实行包干供应。收购农副产品实行粮食补助。是年起，对工厂超计划、超限额多耗的粮食，国家不供应平价粮，由单位购买议价粮解决；用粮单位在核定定额内节约的粮食，允许单位留下来用于生产。

从1982年3月起，境内四县全面实施《四川省市镇人口口粮定量标准》。是月，蔬菜由蔬菜公司统一经营，“粮菜挂钩”，以菜定粮，之后随着农业联产承包责任制的推行，蔬菜生产以户经营，菜农自产自销。蔬菜队口粮每月供应15公斤，发证到户，分月供应。是年11月起，武装部队执行解放军的粮食供应标准，每人每月供应口粮20公斤，使用军用粮票。1954—1984年，巴中县共供应饲料粮888万公斤，南江县共供应饲料粮511.5万公斤。1954—1985年，巴中县副食酿造业共用粮2028.5万公斤，年均63.39万公斤；南江县工业用粮共2600.5万公斤，年均用粮81.27万公斤。巴中县共为食品业（不含副食、酿造）供应粮食5281万公斤，通江县共为副食品业（不含酿造）供应粮食2890.5万公斤。1963—1980年，通江县共给农副土特产品及中药材奖售、补助粮1806.5万公斤；1962—1984年，南江县共给各类奖售、奖励、补助粮3665万公斤；1963—1985年，巴中县共给各类奖售、补助粮8977万公斤，其中经济作物奖售粮2829.5万公斤，年均123.02万公斤。

1986年，对市镇粮食供应坚持“合理分配，稳定水平，保证正常必须”原则。商业用粮改为议价供应，市镇饲料粮逐步走上市场调节。对农村“三无户”（无口粮、生财无道、借贷无门）或称“双缺”户（无粮、无钱），或称重灾户、特困户、“五保户”缺粮问题，国家每年安排部分返销粮进行解决。平昌县安排返销粮58万公斤。1987年，南江县农村销售粮食422.8万公斤。1989年，对新批准的菜农，一律供应议价粮油；对农村缺粮，国家只保证“双缺”户（含重灾户）供应，一般缺粮户由议价粮解决。

1992年4月起，粮食购销同价，“工种粮”实行议价供应。企业职工人月均15公斤口粮包干供应，低于15公斤的不变。其余市镇人口定量口粮标准不变。是年11月，放开粮食销售后，市镇居民不再实行凭证凭票定点限量平价供应粮食的办法，定量标准仍然保留，四川省粮票（卷）不再流通，库存粮票清点封存。全国粮票只作部队官兵外出使用，由部队后勤部统一发放，粮食部门只收不发。同时，市镇饲料粮计划供应停止。

1993年11月起，为平抑市场粮价，保障市镇人口粮油供应，省政府要求粮食部门按国务院规定，挂牌降价敞开销售，发生的亏损由省财政解决。并挂牌敞开销售作为纪律检查。全地区先后将3000万公斤中央专储粮抛售市场，分解到各县（市），并将1400万公斤救灾粮及时供应给灾民。1994年4月，对军粮供应体制进行改革，粮食部门为军粮供应的职能部门，负责筹措军粮资源，按国家确定统销价供应部队。全地区向所驻部队供应粮食8.15万公斤。是年5月后，按国务院决定，实行粮食销价放开，取消经济作物奖售粮、补助粮。1986—1994年，省、地共给境内各县以工代赈粮2138.92万公斤，年均237.66万公斤。

1995年5月起，巴中地区市镇人口口粮供应标准为每人每月居民10公斤，中专学生15公斤。1996年6月，省粮食局、省物价局联合制发《关于调整国家粮食销售价格的通知》，将国家粮食的销价与市场价格基本持平，不再倒挂，取消“市镇居民粮油供应证”。城镇居民逐步走上市场购买粮食，国家定量供应口粮的办法自动停止。农村粮食统销、返销亦不复存在。1997年后，蔬菜生产经营完全纳入市场轨道，购销价格放开，随行就市，菜农口粮供应停止。农村缺粮逐步走上市场调节。

1998 年，全地区坚持执行粮食顺价销售政策，促销增效。组织 280 余人的促销队伍，开拓市场，加大促销力度。是年 6—12 月，全地区顺价销售粮食 1. 15 亿公斤。

1999 年，国家加大长江中上游地带生态环境保护力度，按省政府规定，实行“以粮代赈，退耕还林”政策，每退耕一亩，国家供应粮食 150 公斤。全地区计划试点退耕 0. 8 万公顷，供应粮食 1200 万公斤。全地区顺价销售粮食 1. 021 亿公斤。全地区四县（市）设立专门军粮供应门市部，挂牌销售军供粮食油料。

2000 年，全市各级粮食部门层层建立粮食促销机构，强化促销目标激励机制，加大联利联酬力度，组织 300 余名专业促销队伍，开拓市场，新增设销售网点 110 处，新增自选、连锁、超市 19 个，开展配送服务，送粮上门，拓展、培植销售渠道，构筑销售网络，培育品牌促进销售。南江县的“长赤牌”翡翠米年销售收入达 1300 多万元。全市顺价销售粮食 1. 55 亿公斤。切实做好退耕还林粮食供应工作，完成省政府下达的 0. 8 万公顷退耕还林粮食供应任务，共兑现粮食 1800 万公斤，其中稻谷 900 万公斤，小麦 540 万公斤，玉米 360 万公斤。

1953—1984 年巴中国家统购贸易粮食统计

表 16—1　　　　单位：万公斤

县名 / 数量 / 年度	巴中县	南江县	通江县	平昌县	合　计
1953	3109. 50	1073. 50	706. 90	1542. 50	6432. 40
1954	2088. 00	1372. 50	1280. 50	2099. 50	6840. 50
1955	2556. 00	1143. 50	895. 00	1779. 00	6373. 50
1956	2887. 50	1240. 50	1117. 50	2998. 50	8244. 00
1957	2875. 00	1335. 00	1282. 50	2820. 50	8313. 50
1958	4239. 00	1711. 00	1950. 50	3109. 50	11010. 00
1959	4531. 00	1849. 50	2194. 00	3284. 00	11858. 50
1960	3932. 00	1785. 00	1957. 50	3029. 00	10703. 50
1961	4236. 00	1990. 50	1936. 00	3086. 00	11238. 50
1962	2439. 00	1471. 50	916. 50	1704. 50	6532. 00
1963	2571. 00	1577. 00	1323. 00	1785. 50	7256. 50
1964	2194. 50	1467. 50	1029. 00	1697. 00	6387. 50
1965	2070. 00	1536. 00	1144. 00	1601. 50	6351. 50
1966	2764. 00	1525. 00	1167. 50	1770. 00	7226. 50
1967	1989. 50	1126. 00	1134. 00	2053. 00	6302. 50
1968	2024. 00	785. 00	893. 50	1230. 00	4932. 50
1969	2035. 00	1375. 50	358. 50	2241. 50	6010. 00
1970	1826. 00	1210. 50	937. 00	2104. 00	6077. 50
1971	2640. 50	1389. 50	1232. 50	2081. 00	7343. 50
1972	2031. 50	927. 50	805. 50	1518. 50	5283. 00
1973	2623. 00	1509. 50	1142. 50	2111. 50	7386. 50
1974	2349. 00	1424. 00	1350. 50	2108. 00	7232. 00

续表16—1

县名 / 数量 / 年度	巴中县	南江县	通江县	平昌县	合　计
1975	2777.00	1707.50	1102.50	1049.00	6635.50
1976	1963.50	1379.50	1142.50	2047.00	6532.50
1977	2475.50	1459.50	1276.00	2067.00	7278.00
1978	2625.00	1307.50	1279.50	1851.00	7063.00
1979	2627.50	1103.50	1224.00	1845.00	6800.00
1980	2615.00	1455.50	1182.00	1966.50	7219.00
1981	2553.50	1105.50	1255.00	2114.50	7028.00
1982	2520.50	1245.50	552.50	1742.00	6060.50
1983	2748.00	916.50	891.50	2208.50	6764.50
1984	1813.0	0324.50	483.50	1492.50	4113.50
总　计	84730.00	42830.00	37132.90	66137.50	230830.40

1985—1990 年巴中粮食合同定购统计

表 16—2　　单位：万公斤

县名 / 数量 / 年度	巴中县	南江县	通江县	平昌县	合　计
1985	3265.50	755.50	2058.00	2269.00	8348.00
1986	3162.50	772.50	1885.00	2048.50	7868.00
1987	2777.30	738.50	1832.00	1940.00	7287.80
1988	2614.70	730.00	1579.00	1886.00	6809.70
1989	2456.00	659.00	2338.00	1756.50	7209.50
1990	2447.20	639.50	2352.50	1759.00	7198.20
合　计	16722.70	4295.00	12044.50	11659.00	44721.20

1991—2000 年巴中国家粮食定购、计划收购统计

表 16—3　　单位：万公斤

县名 / 数量 / 年度	巴中市巴州区	南江县	通江县	平昌县	合　计
1991	6301.90	1770.00	2222.50	4229.00	14523.40
1992	4806.50	527.00	1983.50	3251.50	10568.50
1993	4282.80	914.50	1429.50	3254.50	9987.30
1994	4455.40	1250.50	1293.50	2893.00	9556.40
1995	6679.00	1583.00	1846.50	3393.50	13169.50
1996	5013.80	2586.50	1645.50	2857.50	11099.80

续表16—3

县名 数量 年度	巴中市巴州区	南江县	通江县	平昌县	合　计
1997	6598.60	2384.50	2384.50	4818.00	16387.60
1998	3018.30	2645.50	2645.50	2634.50	9521.80
1999	2532.40	1044.50	1179.50	2240.00	6816.40
2000	3564.40	1687.50	1491.00	2816.00	9558.90
合　计	47073.10	13607.50	18121.50	32387.50	111189.60

第二节　油料销售

民国时期，境内各县城镇居民食用植物油，均从市场购买。1954 年，境内四县对市镇人口实行口油计划供应。按以粮带油的办法，随粮发证，每人每月控制在 0.25 公斤。农民按规定标准自留油菜子，以籽换油。从 1956 年起，工业用油按月编造计划，核实供应。1957 年起，城镇居民口油实行“定量供应”，采取“一份粮、一份油，油随粮走”办法，每人每月仍供 0.25 公斤，凭购粮证按月供应。商业用油发购油证，凭证购买；工业用油由用油单位申报计划，经批准供应。1958 年，城镇居民口油定量降为每月 2 小两（合 62.5 克）。1959 年，城镇居民口油定量再度降为 1 小两（31.25 克）。对农村“水肿病人”每人每天供应 0.01 公斤。同时，为保证城镇居民油供应，压缩工商行业用油。巴中县食品仅供油 1.2 万公斤，比 1958 年供应 16.16 万公斤减少 92.6%。

1961 年，境内四县开始给城镇专业蔬菜队的农民供应食油，每人每月 0.1 公斤。1962 年 7 月起，境内四县城镇居民口油为每人每月供应 0.08 公斤。解放军、警察、复员老兵等，每人每月食用油标准为一类灶 0.5 公斤，二类灶 0.75 公斤，三类灶 1 公斤，尉级军官供应 0.63 公斤，校级以上军官 1 公斤。省间流动人口均实行凭全国通用粮票带油的供给办法。是年，工业、饮食、糕点、熟食行业用油，根据国家计划安排，由主管部门编造计划，平衡到堂、店、厂，凭证按月供应。1963 年 8 月起，城镇居民口油定量恢复到每人每月 0.25 公斤。是年，议销油脂坚持“量入为出，先入后出，有议购才有议销，有议购库存才能议销”原则，取正常议销和市场抛售两种方法。1964 年，对农村没有种油菜的生产队，或完成统购任务后留量不足、长期缺油农民，达县专区安排专项食油指标，在 2～6 个月每人供应 0.25 公斤，落实到户，造册登记，由户直接到指定地点购，分两次供完。巴中县供应指标为 1.25 万公斤。1965 年起，油料收购实行留量政策，农村坚持只购不销。1968 年，粮油集市贸易关闭，停止食油议销。1971 年起，菜农口油提高到每人每月 0.15 公斤。1979 年 5 月，省粮食厅发出《关于开展粮油议购议销业务的通知》后，又开始食油议销。

1980 年 9 月起，为适当进行粮油余缺调剂，集体伙食单位和居民个人，均可凭粮票和购粮证上的节余粮食指标，换购平价食油，6 公斤粮票换购 1 公斤食油，不限数量。1981 年 7 月起，境内四县城乡供应半高价菜油，改善城镇居民食油供应状况。同时，行业用油改为补助行业计划外用油，限制供应半高价菜油。1961—1985 年，南江县农村统销口油共 124 万公斤。1962—1985 年，通江县工商行业用油共 167 万公斤；通江县农村统销口油共 106.5 万公斤。1979—1985 年，通江县共议销食用植物油 22.4 万公斤。

1986 年，境内四县城镇非农业人口人均口油月定量增加到 0.25 公斤。1987 年，停止半高价菜油销售后，议价销售量不断增加。1987—1990 年，通江县销售议价菜油 309.2 万公斤。1991 年 4 月，提高粮油购销价，食油实现购销同价。同时，取消口油定量供应。1992 年，国家对食油销价完全放开，居民口油实行放开销售。行业用油全部向市场购买。1986—1992 年，巴中县农村统销口油共 28.5 万公斤。

1993 年起，停止菜油平价供应，除军供油按规定价外，全部改为市场价供应。通江县议销菜油 334.4 万公斤。1994 年 1 月，制定粮油挂牌销售价，敞开销售，平抑市场粮油价格。此后，国家不断下达粮油抛售计划，市场粮油价格逐步回落。

1998 年 6—12 月，全地区顺价销售食油 273.5 万公斤。1999 年，全地区顺价销售食油 198 万公斤。2000 年，全市各级粮食部门层层建立促销机构，组织专业促销队伍，开拓市场，培育品牌促进销售。南江县的“亦奇牌”二级菜籽油以质量赢得市场，销量达 220 万公斤。

1984—1991 年巴中油菜子统购定购入库统计

表 16—4　　　　单位：万公斤

年度＼数量＼县名	巴中县	南江县	通江县	平昌县	合　计
1954	105.13	73.50	123.50	59.50	361.63
1955	162.55	80.00	98.00	70.50	411.05
1956	175.16	95.50	116.50	106.50	493.66
1957	184.33	116.00	117.00	158.00	575.33
1958	210.60	115.00	160.00	165.50	651.10
1959	193.82	94.50	87.00	120.00	495.32
1960	191.14	137.50	133.50	188.00	650.14
1961	171.33	92.00	66.00	119.50	448.83
1962	71.71	36.00	36.00	53.50	197.21
1963	101.52	37.00	57.50	85.50	281.52
1964	153.14	76.50	72.50	126.00	428.14
1965	161.94	86.00	95.00	281.00	623.94
1966	88.47	42.50	95.50	120.50	346.97
1967	125.46	63.50	81.50	123.00	393.46
1968	53.56	20.00	28.50	56.50	158.56
1969	107.66	35.50	30.00	22.00	195.16
1970	117.85	46.00	65.50	95.00	324.35
1971	105.63	41.00	64.00	100.50	311.13
1972	100.87	44.50	62.00	99.50	306.87
1973	107.33	50.50	63.50	110.00	331.33
1974	104.39	55.00	63.00	97.50	319.89
1975	109.42	41.00	64.00	84.50	298.92
1976	95.80	28.50	55.50	85.50	265.30
1977	110.86	43.00	64.50	110.50	328.86
1978	122.61	51.00	75.50	131.00	380.11
1979	226.09	106.00	173.00	230.00	735.09

续表16—4

县名 数量 年度	巴中县	南江县	通江县	平昌县	合　计
1980	496. 09	160. 50	232. 50	355. 50	1244. 59
1981	774. 16	316. 00	330. 00	491. 50	1911. 66
1983	931. 51	291. 50	518. 50	563. 00	2304. 51
1983	514. 98	278. 00	323. 50	437. 50	1553. 98
1984	632. 29	311. 00	323. 00	945. 50	2211. 79
1985	1053. 19	685. 00	600. 50	640. 00	2978. 69
1986	1940. 10	408. 50	409. 00	202. 40	2960. 00
1987	1400. 02	328. 50	321. 00	364. 00	2413. 52
1988	978. 14	964. 50	136. 00	308. 80	2387. 44
1989	430. 00	230.　00	250. 00	308. 50	1218. 50
1990	1039. 28	229. 00	252. 00	161. 10	1681. 38
1991	1572. 30	1212. 00	1253. 00	362. 50	4399. 80

第三章　储　运

第一节　仓　储

一、粮食仓库

民国初期，境内通江县、南江县、巴中县均设有常平仓、监仓、社仓、济仓、积仓等五种仓。其中，巴中县常平仓、监仓设县署门左侧，社仓、济仓、积仓皆散设民间。川陕省苏维埃时期，红四方面军在境内设有粮库，专为红军储存粮食，亦称“军粮库”“军粮站”“粮食站”。1933 年，通江县有红军地方粮库 132 处，525 间仓房。主要有苦草坝粮库、徐家坝军粮库、唐家河军粮站、哨口军粮站、空山坝军粮库、严家坪粮仓。其中苦草坝粮库有装粮 9 处，仓房 48 间，共储粮 208. 5 万公斤。江口县（平昌）苏维埃在得胜、镇龙、麻石、江口等地利用宗祠、庙宇、民房作粮仓，收公粮、打粮、献粮，共收储粮食 255 万公斤。至民国 25 年（1936 年），巴中县的社仓、济仓皆废，唯存积谷仓，多设于县、区、乡治地。民国 26 年（1937 年）9 月，省政府令各县建仓积谷。通江县建公仓 57 处，实储谷 9. 8 万公斤。民国 30 年（1941 年），境内各县开始修建木板仓。巴中县整修扩建仓房 10 处，132 座，容量 47. 2 万公斤；通江县建木板公仓 11 处，38 座，容量 142. 6 万公斤。至民国 32 年（1943 年），南江县有粮仓 22 座，容量 80 万公斤。民国 35 年（1946 年），巴中、平昌分治后，巴中县有粮仓 17 处，容量 548. 25 万公斤，有 5 处为集中仓，12 处为非集中仓或收纳仓；平昌建集仓 48 座，容量 25 万公斤。

1950 年，巴中县接收原有公仓 104 座、容量 383 万公斤，借用民仓 870 座、容量 495. 5 万公斤，土屋22间、容量69.5万公斤，并利用祠堂庙宇修建木板仓，解决仓容不足的困难。通江县接管3处32座简易仓、容量72万公斤，接管2处民仓14座、仓容20万公斤，利用祠堂庙宇改建木板仓41座、容量216.5万公斤，改建120座、容量525万公斤，购置民仓改建11座、容量72.5万公斤，租借民仓20处、容量328万公斤。南江县建木板仓、木板地平仓和木料仓棚共计69处。1951年，平昌县在兰草、城守等地建木仓和简易仓棚，容量542.5万公斤。1954年，境内四县始新建苏式仓（砖木结构）。其中，巴中县在恩阳、城关，通江县在毛浴、铁佛、广纳，平昌县在城西、白衣等地分别建有苏式仓。

1960年后，境内四县多建有房式仓和石仓。南江县建片、卵石石墙仓21处，石拱仓和小型石板仓各1处。巴中县茶坝和化成曾试建拱形仓。1969年起，境内四县贯彻“分散、隐蔽、靠山、机动”的储粮方针，粮仓既小型分散，又适当集中。原有仓库分布不当，仓式简陋的，逐步迁建改建为基建房式仓和堆粮仓。1971年后，境内四县推广北方修建土圆仓经验，修建草泥结构土圆仓。通江县共建土圆仓34处、容量300万公斤，南江县建17处。因不抗风雨、潮湿，先后垮塌报废。

1983年后，境内四县在粮源充足、运输方便、位置适宜的交通要道修建一批砖木结构房式仓。同时，各县修建中转大仓库。1984年8月，经商业部批准，巴中县回风粮库动工修建。1985年4月，平昌县城西粮库动工修建。至是年底，境内四县共有粮食仓容量4.67亿公斤。其中，巴中县容量1.52亿公斤，平昌县容量1.36亿公斤，通江县容量0.971亿公斤，南江县容量0.815亿公斤。1986年6月，南江县太子洞粮库动工修建。是年11月，巴中县回风粮库竣工，总投资425万元，建筑总面积1.42万平方米，其中仓房面积9709平方米，仓容2650万公斤。1988年5月，平昌县城西粮库投入使用，有仓房9幢，仓容2250万公斤。1986—1989年，通江县建仓容600万公斤。

1990年，国家建立粮食储备制度。1991年5月，南江县太子洞粮库竣工并投入使用，总投资237.88万元，库区占地面积2.42万平方米，有散装房式仓4幢，每幢仓容250万公斤，幢粮高度5米。是年10月，通江县石牛嘴粮库动工修建，是融粮油购、销、加、调、存为一体的粮食仓储设施。是年12月，平昌县城东粮库动工修建。

1992年3月，经商业部批准，并由商业部直接投资修建的南江县乐坝国家粮油储备库动工修建。是年6月，通江县朱家湾粮库动工修建。是年9月，通江县石牛嘴粮库全面竣工，建成3幢仓库1104.84平方米，仓容250万公斤，晒坝2545平方米，共计投资105.3719万元。

1993年5月，通江县朱家湾粮库建成3幢钢筋砼拱板屋盖粮仓，库容1500万公斤、占地4200平方米，建晒坝3500平方米，共投资650万元。是年6月，国家粮食储备局将平昌县城西粮库命名为四川平昌国家粮食储备库，为国家第二批粮食储备库。是年，平昌县城东粮库建成投入使用，占地面积2.886万平方米，仓容2700万公斤。1994年，南江县乐坝国家粮油储备库被命名为四川南江乐坝省粮油储备库，其粮库建设和铁路专线建成并交付使用。是年8月，四川巴中国家粮食储备库扩建竣工，增加建筑面积1.27万平方米，粮食仓容4850万公斤。全库占地7.13公顷，共有基建房式仓28幢，总容量7500万公斤。

四川巴中国家粮食储备库

1995年底，四川南江乐坝省粮油储备库全面竣工，建成拱板型散装房式仓1250万公斤，粮油铁路专线830米，总投资2407.54万元。1996年6月，国家粮食储备局将四川南江乐坝省粮油储备库命名为四川南江国家粮食储备库。1997年，四川平昌国家粮食储备库10号仓建成，增加仓容250万公斤。

1998年11月，经国家计委、国家粮食储备局批准，下达四川南江国家粮食储备库扩建仓容0.5

亿公斤，21 米跨散装平房仓 6 幢，计划总投资 2689 万元，为中央财政全额拨款。

2000 年，全市有 5 个独立国家粮食储备库。投资 2726 万元新建 5000 万公斤仓容的四川南江国家粮食储备库竣工投入使用。四川巴中国家粮食储备库 2500 万公斤仓容扩建计划上报立项。

二、油罐油库

民国时期，境内各县的私营油商储油多用木桶、篾篓。1950 年，南江县加工篾篓、木桶 300 余个用以储油。1960 年，达县专区粮食局调配给通江县铁制小扁桶 350 个、木桶 400 个。南江县建石砌油池 6 个。1962 年，通江县在毛浴粮站试建石砌油池 1 个、容量 5 万公斤，之后，在城关、铁佛、广纳、民胜等地粮站修建油池 20 个、容量 20 万公斤。1963 年，巴中县恩阳、城关粮站购置 22 个钢板油罐，每个容量 5000 公斤。随后，在全县推广，大罐容量达 100 吨。1965 年，巴中县在水宁寺、玉山、茶坝、花丛、渔溪、恩阳等地修建石砌油池 12 个，每个容量 2.5 万公斤。1970 年后，南江县购置卧式钢板油罐 60 个。至 1975 年，巴中县各区粮站、公社粮管所均建有 2.5 万 ~5 万公斤的油池。1980 年，通江县为满足储油需要，县粮食部门试制钢板油罐 42 个、容量 21 万公斤，并配给各区粮站和部分粮管所储油。1982 年，通江县植物油厂制钢板油罐 5 个、容量 100 万公斤。1978—1982 年，巴中县又增置钢板油罐 100 余个。1983 年，南江县修建立式钢板油罐 9 个。1985 年，巴中县有食用油钢板油罐 156 个、容量 176.75 万公斤，油池 23 个、容量 68.5 万公斤；非食用油钢板油罐 21 个、容量 11.8 万公斤，油池 23 个、容量 69.5 万公斤。通江县有钢板油罐 58 个、容量 175.6 万公斤，油池 50 个、容量 127.5 万公斤。其中食用油池 21 个，非食用油池 29 个。南江县有储油容器 102 个，容量 150 万公斤。其中食用油 95 个、容量 148.5 万公斤，非食用油 3 个、容量 1.5 万公斤。

1991 年，南江县有钢板油罐 16 个、容量 160 万公斤。1991—1992 年，通江县粮油中转库在县植物油厂分三次建储油罐 4 个、容量 180 万公斤。四川巴中国家粮食储备库经三次扩建，油罐 3 个，总容量 220 万公斤。1994 年，四川平昌国家粮食储备库建大型油罐 2 个，总容量 100 万公斤。

第二节　保　管

民国时期，国民政府制定有《粮食保管暂行通则》《粮食管理须知》《粮食害虫防治暂行办法》等，但粮仓粮食霉烂、虫蛀及盗卖粮食等现象时常发生。

20 世纪 50 年代初，境内四县开展保粮业务，建立仓储制度，定期检查、翻晒，防火防盗。同时，达县专区组织开展储粮害虫大普查，普查表明，有常见害虫 14 种，其中有 7 种危害较为严重。主要采取晒、扬、筛、溜和压盖密闭等方法防治虫害。1954 年，境内四县全面开展“无虫粮仓”活动。1955 年，境内四县开展无虫、无霉、无鼠雀、无事故（简称“四无”）粮仓活动。1956 年，南江县开展保粮竞赛，并制定防治条例，实行粮食入库后聚热杀虫和冷冻杀虫等办法。1958 年 7 月，平昌县成立“四无”粮仓指导委员会，并组织 2.4 万余人参加创建“四无”粮仓活动。通过防治，有 38 个公社、1189 处民仓、4494 万公斤粮食达“四无”，占总库存的 64.3%。是年底，平昌县“四无”粮达 11000 万公斤，占总库存的 92.5%，达到“四无”粮仓县标准。巴中县“四无”和“基本四无”粮仓占储粮总量的 98.49%。1959 年，境内四县在全面巩固“四无”粮仓基础上，相继开展了无虫、无霉、无鼠雀、无事故、无异味、无变色、无病疫（简称“七无”）粮仓活动。平昌县 92% 粮食达到“七无”标准。

1961 年，境内四县以化学剂防治害虫为主。用氯化苦、二硫化碳、磷化锌、磷化铝、磷化钙等药品进行熏蒸。平昌县处理虫粮1550万公斤。之后，随着粮食大量外调，库存微薄，粮食储藏保管工作处于“收进拿出”状态，“七无”粮仓活动亦随之消沉。

1972年，境内四县开展油品、油料“四无”（无酸败、无渗漏、无参混、无油垢）活动。1977年，境内四县相继推行低氧低药（简称“双低”）储粮办法。巴中县“四无”粮油占储量的95%以上。1978年，南江县储粮油2551万公斤，“四无”粮油达2477万公斤，占97.1%，达到“四无”粮仓县标准。1979年，境内四县围绕“双低”储粮，开展仓库整洁化、完好化、无缝化（简称“三化”）仓活动。

1980年，通江县“双低”储粮1496万公斤。1984年，平昌县“双低”储粮3650万公斤，达到“三化”仓标准储粮553万公斤。1985年，巴中县被商业部授予“全国粮食仓储工作先进单位”，通江县“双低”储粮3003万公斤，占总库存量的45%。

1986年，境内四县筹措资金分期分批开展“三化”仓建设，对不符合“三化”标准的仓库，通过维修达标。1987年12月，境内四县贯彻执行商业部修订颁发的《国家粮油仓库管理办法》，粮油仓储管理向规范化、制度化、科学化发展。南江县库存粮油4983万公斤，“四无”4488万公斤。1989年，通江县大规模地建立机械通风设备，一般采用地槽通风的方式。

1994年7月，国家粮食储备局制发《“四无粮仓”和“四无油罐”评定办法的补充规定》，增加“一符”标准，即做到保管账、统计账、会计账与实物数量相符的账实相符。之后，全地区按照“一符四无”要求，坚持规范化管理，开展检查、普查活动，并形成定例。

2000年，全市库存粮油7.38亿万公斤，列入“四无”鉴定的粮油7.14亿公斤，均达“一符四无”标准。其中机械通风储粮3.78亿公斤，占稻谷库存的46%；“双低”储粮1.16亿公斤，占库存总量的15.74%；电子测量储粮6.96亿公斤，占库存总量的94.39%；58个粮食购销企业全部达到“一符四无”储粮标准。

第三节　调　运

川陕省苏维埃时期，苏维埃政府成立有陆路运输队和水路运输队。陆路运输队中著名的有红四方面军总经理部骑兵营、妇女工兵运输连及省、县（特区）、区、乡苏维埃政府运输队。红四方面军总经理部骑兵营专设有米面加工厂运输队。妇女工兵运输连主要运输粮食，其运输工具为一块布单，平时，布单为褥子或被子；运粮时，将布单卷成筒子，两头一扎，为运粮的口袋。水路运输队由苏维埃政府集中船只统一组建而成，以渡口为单位，把修旧、新造的三四只船编为一个组，四五只船编为一个队，由红军和政府工作人员随船同行，重点运输粮食。1933年，红四方面军总部在通江县毛浴建立100余人运输队，从巴中县运粮到毛浴，人均运粮25~50公斤，三天运一次。是年12月，川陕省苏维埃政府召开粮食工作会议，布置反围攻中的粮食集运和供应工作，从达县、宣汉运至通江县涪阳坝、苦草坝的粮食150万~250万公斤。是年，江口县（平昌）苏维埃政府造木船197只，将达县、渠县部分集中在江口的军粮，经通江河运至通江县苦草坝，供红军给养。至1934年，共运军粮25.83万公斤。1933年12月至1934年12月，红四方面军在通江县跳上、哨口、毛浴等地组织两个船队，有大小木船62只，先后为通江城运谷子（稻谷）9次，从江口的观音阁运谷子100多万公斤到毛浴。1933—1935年，川陕省苏维埃政府和红军调运粮食，大部分靠人力运输。通江县境内集中人力运输粮食达34次，共运粮711.59万公斤。

民国29年（1940年），南江县调民工3.13万人运碛米51.5万公斤。通江县粮食调运由私商组织，毛浴、铁佛等地粮食市场集散量大，雇船运往合川、重庆等地出售。民国30年（1941年），田赋改为征实，境内各县粮食集运多靠人力。民国31年（1942年），境内各县成立粮食储运处，承运外调军粮业务。巴中县粮食外运主要靠木船运输，并设船业公会，下分五个联运社，共有木船222只，装载量1057吨。民国35年（1946年），各县储运处裁撤后，调运业务归县田粮管理处统管，实行“配额调配制”，外调内拨后，调运任务均由省田粮管理处下达。民国38年（1949年）5—7月，通江县外调稻谷24万公斤。

1950年后，按照中央关于粮食“统一调拨、统一库存”规定，境内四县根据上级下达调拨计划，结合本县粮源区划、交通条件及仓容储存情况，分月编制调拨计划。主要靠人力集运至巴河、通河、恩阳河沿岸，再由木船运输。平昌县木船运输粮食至渠县三汇39.5万公斤。1951年10月，达县专区下达平昌县调运三汇糙米37.5万公斤任务，时逢枯水期，船运不济，平昌县组织7000余进行背运。1952年秋，通江县首批外调重庆军粮大米335万公斤、小麦75万公斤、黄豆1.5万公斤，调遂宁救灾黄谷375万公斤。同时，新制木船50只，并组织民工157961人次，长途运粮至平昌县。1953年，巴中县始用汽车外调粮油，用汽车运粮15车次，运出粮食5.5万公斤。是年，通江县调出糙米198.5万公斤、小麦64万公斤、玉米3.5万公斤。1950—1953年，巴中县共用木船运粮2009船次，运出粮食1607万公斤。1954年，成都军区从雅安调拨军车20辆，突击巴（中）——芦（南部芦溪）物资运输。巴中、南江县粮油用汽车运到芦溪中转，从嘉陵江航运南充、重庆等地。1957年，南充汽车运输公司在巴中县设立运输站，从南充直接调车运输，巴中、南充粮油汽车运输数量日益增加。1958年，通江县始用汽车外调粮油。1959年8月，达县汽车运输公司派汽车队常驻巴中，负责巴中、南江县粮食运输。其后，为支援北京、天津、上海、沈阳等城市粮食供应，重庆运输公司、省钢铁运输公司、省粮食厅、省商业厅、济南军区等分别派汽车队驻境内四县运输粮食。

1960—1961年，巴中县汽车运粮3.31万车次，运出粮油1.16亿公斤；通江县汽车运出粮食5652.5万公斤；南江县汽车运出粮食4825万公斤。1954—1962年，巴中县用木船运粮1.59万次，运出粮食1.27亿公斤；年均1989船次，运量1591.56万公斤。通江县木船调运渠县三汇粮食813.5万公斤，占全县调运任务980.5万公斤的82.46%。之后，随着境内公路交通的改善，水运粮食比重日渐缩小。1964年后，境内粮食调运业务实行计划调拨。

20世纪70年代，境内四县外调粮油大部分采取汽车运输，县内粮油集运亦以汽车运输为主。1971—1976年，通江县给温江县调运豌豆、胡豆种40万公斤，给西藏调“甲字粮”大米100万公斤。1976—1977年，按中央和省的统一安排，境内四县从省外调入玉米和红粮。其中南江县从省外调入玉米和红粮75万公斤。

1985年，通江县调西藏大米200万公斤，调成都大米100万公斤，调贵州小麦125万公斤，全年调出粮食1797万公斤。1986年，南江县调出粮食931.3万公斤。

1993年3月，贯彻国务院关于“粮油产销直接见面”政策，省内地区间粮油购销实行合同制，为保证本地区粮油购销总量平衡，调剂当地品种余缺，就品种、数量、质量、交货时间、价格、奖金、办法、费用划分等项签订合同。

1995年后，粮食市场疲软，购销合同难订，实行“两条腿”走路办法，一方面仍下达粮油调拨计划，一方面动员各县（市）自谋销售渠道。

1997年，随着粮油市场放开，议价粮油一律实行自由购销，取消粮油议价调拨计划。

1952—2000年，巴中市巴州区共调出粮食16.16亿公斤，食油1234.7万公斤；调入粮食4664.5万公斤，食油11.9万公斤。平昌县调出粮食10.09亿公斤，调入粮食1.41亿公斤（含通江、巴中调运中转部分）。通江县调出粮食5.93亿公斤，油品（料）3261万公斤。南江县调出粮食4.04亿公斤，油品（料）2439万公斤；调入粮食7821万公斤，油品（料）543万公斤。共计调出粮食36.22亿公斤，调入2.66亿公斤。

第十七篇

财政

民国时期，国民政府设立财政机构，发银票，设金库，划分国土收支，编制财政预算，整理旧税，清理公产，推销公债。境内财政收入主要靠田赋、契税和37种工商各税，以及规费、公产、罚没收入，县田赋收入、历书工本费、特许费、保甲捐、国民学校、经费收入等项。财政支出中，以官署经费和地方武装经费为主，教育、实业、慈善等项开支，除以自有产业租佃收入或基金、利息、自收自支外，不足部分则在田赋、契税、肉税项下征收附加，以作弥补。川陕省苏维埃时期，境内省、县苏维埃均成立财政经济委员会，负责财政经济工作，执行和制定一系列财政工作政策。同时，合理使用财政收入，厉行节约，严格财经纪律。

中华人民共和国成立初，境内各县政府设财政科。1958年，境内各县财政科与税务局合并成立财政局。财政收入主要有农业税、农业附加税、农业特产税、契税及14种工商各税和企业收入、规费、罚没收入、债券收入等。财政支出先后实行报账制，纳入财政预算。1961—1979年，境内各县财政机构历经财政、税务分设与合并。1979年，境内各县恢复财政局。

20世纪80年代初，境内各县先后建立区、乡财政机构。1983年，实行地方财政包干后，地方财政预算支出主要包括经济建设费、社会文教科学费、行政费、社会福利费、其他费等。随着干部职工工资水平的提高、经济建设规模的扩大、社会事业的发展，财政支出逐年增大。同时，企业实行利改税、工商各税的增加、耕地占用税的开征及农业税类的调高，财政收入亦同步增长。

巴中地区成立后，建立地区财政局。全地区加大税源培植和征管力度，层层建立财政收入目标责任制，狠抓财源调查，调整征管力量，加大“促产培源”力度，帮助企业扭亏增盈。财税部门认真执行“加强征管、堵塞漏洞、清缴欠税，惩治腐败”的治税方针，规范纳税人纳税行为，优化办税服务，达到应收尽收，全地区财政收入大幅度增长。至2000年，全市财政收入达26494万元，财政支出达77350万元，收支差额均由中央、省财政补助运行。

第一章　财政收入

第一节　收入概况

民国初期，境内各县财政收入主要是田赋和税捐，其次是烟酒公卖收入和公产收入。各县的收入统入国库，由国库支付，无地方财政。

川陕省苏维埃时期，财政收入主要是向剥削者实行没收和征发，对工商业者征收统一累进税、国营工矿企业收入、经济公社和合作社的经营利润，以及战争缴获。征收特种税、营业税、入口税、出口税。川陕省苏维埃政府《川陕苏维埃税务条例（草案）》规定，对工商业者实行工商累进税制。凡现洋流动资本在150元以上的工商户，一律按累进税制征收，大小商业、手工作坊和屠宰牲畜均有纳税义务。通江县工商累进税约占县内财政收入的17%。

民国24年（1935年），川政统一，境内各县财政收入有田赋、契税、屠宰税附加、公学产、杂捐及其他收入等。民国29年（1940年），除税课收入外，新增加租金使用费、特许费、规费收入等。

民国 31 年（1942 年），财政收入主要有营业牌照税、使用牌照税、筵席及娱乐税、屠宰税、房捐等五项税捐，以及中央划拨的田赋、契税、营业税、遗产税、印花税（部分）和其他杂项收入。在税收上采取增加税种、提高税率，农业上采取征实、征购、征借、筹募积谷、加征县级田赋等办法集聚资金。

中华人民共和国成立初，境内农业税只有分成收入，占总收入的比重仅 14.41%，企业收入占 12.24%，其他收入占 13.16%，工商税收所占比重最大，占总收入的 62.12%。1958—1965 年，农业税收因体制调整全额入地方金库，其占总收入的比重上升到 27.41%，企业收入随着企业的增加、生产的发展，所占比重也上升到 29.99%，工商税收则相应下降到 38.1%，其他收入占 4.5%。1966—1975 年，境内企业收入占总收入的 39.23%。1976—1980 年，境内财政收入中，工商税收占 63.48%，企业收入占 11.5%，农业税占 24.32%，其他收入占 0.7%。1981—1990 年，实施利改税，工商各税分别占到总收入的 94.77% 和 92.59%，企业收入退库分别占 16.18% 和 16.87%，农业各税占 19.77% 和 17.82%，其他收入为 2.14% 和 6.46%。

1991—1992 年，财政收入的其他收入中增加社会保险基金、预算调节基金，占财政收入的比重上升到 17.17%，工商各税相应降为 74.1%，农业各税占 16.73%，企业收入退库占 8%。

1993 年，巴中地区成立后，按照“狠抓基础、快上工业、活跃商贸、开发旅游”的发展战略，全地区实现财政收入 13976 万元，比 1992 年增收 2686.9 万元，增长 23.80%。1994 年，全地区地方财政收入完成 12699 万元，其中“两税”收入完成 4829 万元，地本级收入从零起步，完成 109.5 万元。

1995 年，全地区财政工作坚持“强管、辟财、促平、消赤”的财政工作运行新机制，全地区完成地方财政收入 17953 万元，占年初预算的 122.2%，较 1994 年增长 41.3%。其中工商税完成 7263 万元，同比增长 44.27%；农业“四税”完成 6125 万元，同比增长 21.21%；完成上划中央“两税”收入 4862 万元。

1996—1997 年，全地区围绕“消赤促平保稳定、扶贫攻坚奔小康”的财政工作方针，强化财政管理，执行适度从紧的财政经济政策，稳中求进。1997 年，全地区地方财政收入完成 23414 万元，剔出农业税和农业特产税政策性减免 2966 万元，同口径比 1996 年增长 15.98%。其中工商税收完成 11426 万元，同比增长 18.38%；农业“四税”完成 8836 万元，比 1996 年下降 7.91%；完成上划中央“两税”收入 4970 万元，增长 3.60%。

1998 年，全地区贯彻落实中央实施积极的财政经济政策，实施各项改革，执行各项保障政策，培植财源，加强财政管理，狠抓增收节支，取得显著成绩。全地区地方财政一般预算收入完成 26553 万元，占预算的 105.22%，比 1997 年增长 12.38%；完成上划中央“两税”收入 5305 万元，增长 6.7%。

1999 年，贯彻落实地委、行署关于“放慢增收速度、降低支出总额、抓住重点财源、确保收支平衡”的指导思想和“适度从紧、总量控制、突出重点”的预算安排原则，全地区各级财政部门坚持改革、培育财源、增收节支、加强管理，完成财政收支目标任务。全地区财政一般预算收入完成 27065 万元，占预算的 107.95%，比 1998 年增加 512 万元，增长 1.93%；完成上划中央“两税”收入 5451 万元，比 1998 年增长 2.7%。

2000 年，大力推行财政改革，狠抓财源建设，加强财政监管，实施增收节支。全市财政一般预算收入完成 26494 万元，占预算的 116.92%，同比增长 14.70%。地本级一般预算收入完成 1768 万元，占年初预算的 208.0%，同比增长 51%；完成上划中央“两税”收入 5562 万元，占预算的 94.20%，同比增长 1.2%。

1950—1993 年巴中财政收入分类比重

表 17—1　　　　单位：万元、%

项　目	收入合计	各项税收			企业收入	其他收入
		小　计	工商税	农牧业税		
一、绝对数						
经济恢复时期	613	562	382	180	—	51
“一五”时期	3133	2744	1985	759	95	294
“二五”时期	9750	6180	3419	2761	2900	670
1963—1965 年	6813	5140	3005	2135	1416	257
“三五”时期	8487	7458	3419	4039	371	658
“四五”时期	9906	9073	5296	3777	657	176
“五五”时期	12230	11605	7531	4047	482	143
“六五”时期	14844	15571	11422	4149	-997	270
“七五”时期	35480	32966	25620	7346	488	2026
1991—1993 年	36290	31324	23517	7807	711	4255
二、相对数（以收入合计为 100）						
经济恢复时期	100	91.70	62.30	29.40	—	8.30
“一五”时期	100	87.60	63.40	24.20	3.00	9.40
“二五”时期	100	63.40	35.10	28.30	29.70	6.90
1963—1965 年	100	75.40	44.10	31.30	20.80	3.80
“三五”时期	100	87.90	40.30	47.60	4.40	7.70
“四五”时期	100	91.50	53.40	38.10	6.80	1.70
“五五”时期	100	94.90	61.60	33.30	3.90	1.20
“六五”时期	100	104.90	76.90	28.00	-6.70	1.80
“七五”时期	100	92.90	72.20	20.70	1.40	5.70
1991—1993 年	100	89.80	67.40	22.40	-2.00	12.20

注：“一五”时期为 1953—1957 年，“二五”时期为 1958—1962 年，“三五”时期为 1966—1970 年，“四五”时期为 1971—1975 年，“五五”时期为 1976—1980 年，“六五”时期为 1981—1985 年，“七五”时期为 1986—1990 年

1952—1992 年巴中部分年度地方财政收入

表 17—2　　　　单位：万元

年　度	总　计	通江县	南江县	巴中县	平昌县
1952	357	139	30	132	56
1957	797	252	210	219	116
1962	1397	238	219	561	379
1965	1860	442	304	666	448
1970	1759	389	342	639	389
1975	2225	469	363	973	420

续表17—2

年　度	总　计	通江县	南江县	巴中县	平昌县
1978	2682	607	457	1076	542
1980	2522	538	482	905	597
1985	3056	398	465	1349	844
1986	4744	786	787	2033	1138
1987	5833	984	945	2549	1355
1988	7370	1263	1265	3120	1722
1989	8169	1407	1605	3368	1789
1990	9364	1759	1917	3715	1973
1991	9603	2119	2058	3394	2032
1992	11289	2334	2106	4465	2384

1993—2000年巴中财政一般预算收入统计

表17—3　　单位：万元

年　度	一般预算收入	农业各税	工商各税	企业收入	其他收入
1993	13976	2783	9049	931	1213
1994	12699	5025	4574	697	2403
1995	17953	6125	5593	1055	5180
1996	22398	9627	7043	164	5564
1997	23414	8836	8634	442	5502
1998	26553	10394	10499	439	5221
1999	27065	8843	11561	587	6074
2000	26494	9895	7841	638	8120
合　计	170552	61528	64794	4953	39277

备注：其他收入＝当年收入—农业各税—企业收入

1993—2000年巴中财政收入统计

表17—4　　单位：万元

年　度	预算收入	补助财力	专项补助	年　度	预算收入	补助财力	专项补助
1993年	13976	3736	9323	1997年	23414	11570	13192
地区本级	—	472	1103	地区本级	990	1660	2546
县　级	13976	3264	8220	县　级	22424	9910	10646
巴中市（县级）	5292	718	2854	巴中市（县级）	7829	3056	2998
南江县	2724	742	1399	南江县	4871	1973	2621
通江县	3303	837	1676	通江县	4988	2191	2374
平昌县	2657	967	2291	平昌县	4736	2690	2653

续表17—4

年 度	预算收入	补助财力	专项补助	年 度	预算收入	补助财力	专项补助
1994 年	12699	9125	9567	1998 年	26533	11658	11678
地区本级	110	1572	3025	地区本级	1131	1671	3038
县 级	12589	7553	6542	县 级	25422	9987	8640
巴中市（县级）	4590	2392	2163	巴中市（县级）	8961	2978	2530
南江县	2794	1427	1111	南江县	4798	2047	1952
通江县	3068	1674	1489	通江县	5808	2272	2271
平昌县	2137	2060	1779	平昌县	5855	2690	1887
1995 年	17953	8870	7939	1999 年	27065	16270	15467
地区本级	382	1497	2125	地区本级	1584	1767	4097
县 级	17570	7373	5814	县 级	25481	14503	11370
巴中市（县级）	5737	23921	1856	巴中市（县级）	8834	4115	3888
南江县	4346	1414	1209	南江县	5025	3187	2656
通江县	3935	1652	1240	通江县	5836	3540	2511
平昌县	3553	1915	1509	平昌县	5786	3661	2315
1996 年	22398	9132	10001	2000 年	26494	23149	22989
地区本级	966	1590	2746	市本级	1768	3110	2109
县 级	21432	7542	8255	县 级	24726	20039	20880
巴中市（县级）	6948	2388	2447	巴中市巴州区	8535	6130	7040
南江县	5254	1506	1790	南江县	5278	4275	4478
通江县	4807	1674	1729	通江县	5267	4685	5097
平昌县	4423	1974	2289	平昌县	5646	4949	4265

第二节　收入来源

一、农业各税

民国元年（1912 年），境内各县田赋、契税承袭清末赋额。民国 2 年（1913 年），将田赋正供（即地丁）易名为田赋正税，津贴、捐输、新捐三项合并易名田赋附税，正附税合并征收。火耗、平余等一律取消。民国 3 年（1914 年），按正附之和加收征解费一成。民国 6—23 年（1917—1934 年），境内防区制兴，各县驻军频繁移防，各县驻军筹措军费，巧立名目，加重赋税，田赋由一年两征继而四五征，甚至多达七八征，所征赋额竟增至十余倍。借垫不敷，又强行预征，预征普遍征二三十年。

川陕省苏维埃时期，川陕省苏维埃政府废除国民政府一切田赋、丁粮，实行统一累进税。开征的农业税（亦称公粮），是由农民在自愿的原则上，在数量规定范围内，向苏维埃捐助粮食。数量按每个成年人、老人、孩子在每年吃穿足够之外剩余的粮食而定。

民国24年（1935年），川政统一，整理田赋，减轻附加，田赋定一年一征，照定额附加另征三倍临时军费。是年12月，省政府决定，按田赋定额加收一倍的保安费。民国30年（1941年）1月，按田赋正额加征临时国难费三倍。是年3月，又提高为五倍。民国35年（1946年）起，田赋实行中央、省、县三、二、五三级分成制。

中华人民共和国成立后，改田赋为农业税。国家对农业税采取按“常年产量，依率计征，依法减免，增产不增税”的稳定负担政策。同时，按常年产量，农业特产税随农业税依率计征。契税执行中央人民政府政务院、川北区行政公署先后颁布《契税条例》和实施细则。1952年，境内各县农业税按中央简并后的24个税级执行。1956年，对土地停止征收契税，契税征收只限于房屋。1958年，境内各县执行中央颁布的《农业税条例》，废除以户为单位的累进税制，改为按社计税的比例税制（即由统一税率改按平均税率）。是年8月，取消地方附加，停征农业税附加。

1979年，境内农业税征收执行50元起征点的办法。1984年，农业税起征点执行期满，全面恢复依率计征农业税。1987年，境内全面恢复征收农业特产税，并实行单列计征。是年4月起，境内四县开征耕地占用税。1988年9月，境内执行国务院《中华人民共和国城镇土地使用税暂行条例》，按纳税人实际占用的土地面积计征城镇土地使用税，并采用幅度差别税率。

1994年前，农业特产税和农、林、牧、水产品税归并征收，实行大宗品种全国统一税目、税率。

1995年，全地区征收农业特产税的农业特产品有烟叶产品、园艺产品、水产品、林木及林产品、食用菌、药材、牲畜产品、贵重食品等。其税费、税率按国家和省政府的统一规定执行。农业特产税列入预算管理，全额入库。

1997年4月，全地区按要求冻结非农业建设项目占用耕地一年。是年7月，《中华人民共和国契税暂行条例》颁布后，规定契税率为3.5%。是年10月，全地区执行省财政厅、省地税局的规定，契税率按4%执行。

2000年，全市农业各税收入61789万元，其中农业税29612万元，农业特产税31041万元，耕地占用税265万元，契税261万元。

二、工商各税

民国元年（1912年），境内各县承袭清税制。民国2年（1913年），划分国家税和地方税，其中国家税17种，地方税20种。是年11月，境内各县开征印花税。民国4年（1915年），境内各县开征烟酒税。民国6—23年（1917年—1934年），境内防区制兴，各驻军为扩张其势力，把持财政，自成体系，税收官吏由驻军委派，自立捐税，自收自支，其苛捐杂税多达几十种。

川陕省苏维埃时期，根据《川陕苏维埃税务条例（草案）》规定，境内实行统一累进税；开征特种税（对象是银耳、鸦片、屠宰）、营业税、入口税、出口税。

民国24年（1935年），川政统一，创办营业税，开征统税，裁并杂捐。民国25年（1936年）后，先后开征薪给报酬及公债利息所得税、营利事业及证券存款利息所得税、非常时期过分利得税、货物税。民国28年（1939年）后，各种苛杂摊派陆续增加。

中华人民共和国成立后，废除一切苛捐杂税。1950年1月，统一征收的中央税和地方税有14种，货物税、工商业税（包括坐商、行商、摊贩的营业税及所得税）、印花税、房产税、薪给报酬所得税、存款利息所得税、遗产税、交易税、屠宰税、特种消费行为税、使用牌照税、盐税、关税。是年7月，将货物税和印花税的税目、税率进行简并调整；将房产税、地产税合并为城市房地产税；遗产税、薪给报酬所得税暂不开征。境内实际征收的有11种。

1953年，税制改革，工商税收的税种有商品流通税、货物税、工商业税、盐税、利息所得税、印花税、牲畜交易税、屠宰税、城市房地产税、车船使用牌照税、文化娱乐税等11种。1958年，税制改革，在基本保持原税赋的基础上，合并税种，简化纳税办法，将商品流通税、货物税、营业税、印花税合并成工商统一税。通江县工商各税征收总额达165.93万元。1959年，境内停征利息所得税。

1961年11月，省指定试点征收集市交易税。1962年5月，全面开征集市交易税。1963年，调整改进工商所得税负担。1966年，停征文化娱乐税。工商税种有工商统一税、工商所得税、屠宰税、集市交易税、牲畜交易税、车船使用牌照税、城市房地产税、盐税等8种。1973年，试行行业税，将企业应交的工商统一税及其附加、城市房地产税、车船使用牌照税、屠宰税合并为工商税。对国营企业只征收工商税，集体企业只征收工商税和工商所得税。按行业和产品设计工商税税目、税率。多数国营企业简化后，只有一个税率计税的单一税制。改革后的税种有工商税、工商所得税、车船使用牌照税、集市交易税、牲畜交易税、屠宰税、城市房地产税、盐税等8种。

1980年，开征中外合资企业所得税和个人所得税。1982年，开征外资企业所得税和烧油特别税，试行增值税。通江县工商税收入达462.09万元。1983年，全面实行利改税，开征建筑税、国营企业所得税和调节税。1984年，开征国营企业工资调节税、集体企业和事业单位奖金税、城市维护建设税，资源税和集体企业所得税。1986年，恢复征收房产税、车船使用税。1988年，恢复征收土地使用税。1991年，停征建筑税，开征固定资产投资方向调节税。经过税制改革，工商税收增加到31种。

据统计，1950—1992年，境内工商各税总收入为76554万元，占财政总收入的70.46%；1993—2000年，全地区（市）工商各税共收入64794万元，占财政总收入的37.99%。

三、企业收入

民国时期，境内有煤、铁、纺织、土陶、锅罐、铁器、木器、缫丝、制造、制糖和商业、运输等企业，规模较大多为集股经营，其他均以手工业为主的私营厂（坊）和个体经营的店（铺）。

中华人民共和国成立初，境内企业收入主要是国营企业上缴国家的利润，也包括部分年度上缴的基本折旧基金、固定资产变价收入、多余流动资金、资金占用费等。

1953—1957年，境内企业收入占财政总收入的10.24%。1958年起，由于企业下放、上划，大部分集体所有制企业转为全民所有制，以及进行企业调整，企业收入起伏不定。1960年，境内企业收入占财政总收入的52.43%。1962年，通过调整，境内企业收入占财政总收入的36.16%。1963—1965年，境内企业收入占财政总收入的20.27%。1966—1975年，境内企业收入占同期财政总收入的1.8%。1976—1980年，国民经济得以较大恢复和发展，境内企业收入在对肉蛋、棉花、煤炭实行价差补贴，并在企业收入中退库、抵减收入后，仍占财政总收入的11.5%。

1981—1985年，各种价差补贴，加之粮食亏损企业下放和利改税的实施，利润改为所得税、调节税上缴，同时财政对企业的固定资产投入由国家无偿投资改为企业有偿使用，部分实现利润归还基建和专项贷款，企业收入相对下降。1986—1990年和1991—1992年，由于企业归还专项贷款和利改税，加之外贸等亏损企业的下放，以及企业收入净退库等因素，企业收入逐步减少。1993—2000年，全地区（市）企业收入4953万元，占地方财政一般预算总收入的2.9%。

四、其他收入

民国时期，境内其他收入主要有规费、公产、罚没收入，县田赋收入、历书工本费、保甲捐、国民学校经费收入等项。

中华人民共和国成立后，境内其他收入有规费收入、公产租赁及变价收入、罚款及没收物资变价收入、清仓收入、没收敌逆产收入、清理“小公家务”收入、“三反”和“五反”收入、以前年度支出收回、清理处理冻结存款收入、历年农业税尾欠收入、土地证照费收入、契税收入、公用事业收入等。1952 年前，实行统收统支，属省级收入。1953 年、1958 年，建立县、专级预算后，为县、专级财政收入。1953—1992 年，境内纳入地、县财政收入总额，占同期预算收入的 3.08%。1993 年，全地区财政其他收入 1213 万元，占同期预算收入的 8.68%。2000 年，全市财政其他收入 8120 万元，占同期预算收入的 30.65%。

五、债券收入

中央债券　民国时期，向百姓摊派不同币制的债券有 10 余种。民国元年（1912 年），发行军需公债、临时军需公债、有奖公债。民国 3—6 年（1914—1917 年），发行国内公债。民国 25 年（1936 年），发行复兴公债。民国 26—29 年（1937—1940 年），发行救国公债。民国 27 年（1938 年），发行军需公债、国防公债、金融公债、美金公债。民国 28 年（1939 年），发行建军公债。民国 29 年（1940 年），发行战时公债。民国 30 年（1941 年），发行建设公债。民国 31—36 年（1942—1947 年），发行同盟胜利公债。民国 36 年（1947 年），发行短期库券、美金公债。民国 37—38 年（1948—1949 年），发行黄金短期公债。民国 38 年（1949 年），发行爱国公债。由于币制贬值，物价飞涨，百姓所持债券随即便是废纸。

1950 年，发行第一期胜利折实公债。该期公债以实物为计算单位，单位定名为“分”，每分合实物，大米 3 公斤、面粉 0.75 公斤、白细布 1.33 米、煤炭 8 公斤。发行对象主要是城市工商业者、城乡殷实户。除通江县、南江县经济条件差未分配任务外，巴中县 12000 分，平昌县 4000 分。从 1951 年起，该公债采取抽签办法分 5 年偿还，年息 5 厘。1954—1958 年，国家发行有五期国家经济建设公债，年息 4 厘，本金每年抽取偿还。

1981 年起，开始发行中华人民共和国国库券。发行对象主要是国营、集体企业，企业主管部门和地方政府。机关事业单位、农村富裕社队适当认购，个人自愿认购。年利率 4 厘。1982 年，国库券发行扩大到城乡个人，年利率调整为单位购买为 4%，个人购买 8%。

1983—1984 年，发行的国库券，单位购买的发给收据，可记名，可挂失；个人购买的仍发给国库券。采取一次抽签，按发行总额，分 5 年偿还。单位购买的，不举行抽签，按购买总数，平均分 5 年偿还。1985 年起，提高国库券利率，单位购买的年息 5%，个人购买的年息 9%。偿还期为 5 年，发行后的第 6 年，一次性还本付息。个人购买 1000 元以上的，开给收据，可以记名和挂失。当年国库券可在银行抵押贷款，个人购买的可以在银行贴现。1986 年起，调整国库券利率，单位购买的年息 6%，个人购买的年息 10%。

1988 年，发行的国库券为 3 年期。1989 年，开始发行特种国债，其发行对象为经济条件较好的全民集体企业、私营企业、金融机构、企业主管部门、事业单位、社会团体和全民所有制企业职工退休养老基金管理机构，交通部门车辆购置附加费管理机构。国债偿还期为 5 年，年息 15%，到期一次性还本付息。是年，发行保值公债，其发行对象为城乡职工、居民、个体工商业户、各种基金会、保险公司等。债券偿还期为 3 年，到期一次性还本付息。年利率按人民银行 3 年定期储蓄存款利息浮动，加保值贴补率，外加一个百分点。1990 年，继续发行特种国债。1989—1990 年，国库券利率调整为年息 14%。1991 年，国库券利率调整为年息 10%。

1992 年，发行国库券分 3 年、5 年期两种，年利率 3 年期 9.5%、5 年期 10.5%。发行方法改为上柜销售，自愿认购，废止派购。1987—1993 年，巴中县共发行国债 1974.31 万元，其中职工购买

1265.11 万元，农民购买 200.2 万元，企业购买 115.3 万元。

1998 年，全地区组织凭证式国债发行 1100 万元，办理国债兑付上划 170.1 万元。1999 年，省下达通江县增发国债补助款 86 万元。

地方债券 民国时期，四川省政军当局把发行债券作为筹措经费的重要来源。民国 5 年（1916 年），杨森发行军需公债。民国 9 年（1920 年），督军熊克武连续三次发行军事有奖公债，省军事主管机关先后 5 次发行军事有奖公债、临时军事公债。民国 12 年（1923 年），川东督办但懋辛、督理杨森各发行公债 1 次。民国 14 年（1925 年），省财政厅发行临时军事公债。民国 15 年（1926 年），第 21 军发行军需库券。民国 16 年（1927 年），发行短期军需库券。民国 21 年（1932 年），第 21 军发行田赋公债、第一期整理重庆金融库券、第一期整理川东金融公债、第一期盐税库券、第二期整理川东金融公债、军需债券。民国 22 年（1933 年），第 21 军发行第二期盐税库券、印花烟酒税库券、田赋公债、第三期整理金融库券、短期库券。民国 23 年（1934 年），第 21 军发行第三期盐税库券、"剿赤" 公债、第二期田赋公债。民国 24 年（1935 年），发行四川善后公债、整理四川金融库券。民国 25 年（1936 年），发行四川善后公债。民国 26 年（1937 年），发行四川赈灾公债。民国 27 年（1938 年），发行四川赈灾公债。民国 28 年（1939 年），发行亚兴公债、两次建设公债。

1958 年 8 月，省人民委员会发行 1959 年地方经济建设公债 5000 万元，年息 2 厘。从 1960 年起分 5 年偿还，每年抽签一次，本息一次付给。

1993—2000 年巴中农业各税统计

表 17—5　　单位：万元

年度	小计	农业税	农业特产税	耕地占用税	契税
1993	2783	2145	561	28	49
1994	5025	3455	1527	22	21
1995	6125	3584	2451	33	57
1996	9627	5306	4226	32	63
1997	8836	4042	4703	13	78
1998	10394	4498	5723	3	170
1999	8843	3193	5470	8	172
2000	10156	3389	6380	126	261
合计	61789	29612	31041	265	871

1993—2000 年巴中工商各税统计

表 17—6　　单位：万元

年度	小计	产品税	增值税	营业税	集体企业所得税	个体工商业户所得税	个人所得税	个人收入调剂税	土地增值税	城建税	车船税	房产税	屠宰税	资源税	城镇土地使用税	国有企业奖金税	国有企业工资调节税	印花税	工商税滞纳金
1993	9042	1888	1999	3965	94	131	—	47	—	208	32	284	283	46	28	1	1	26	9
1994	6035	—	1553	2125	—	—	166	—	—	292	34	257	466	87	29	—	—	26	—
1995	7265	—	1562	2585	—	—	326	—	2	426	40	432	1670	92	46	—	—	51	33

续表17—6

年度	小计	产品税	增值税	营业税	集体企业所得税	个体工商业户所得税	个人所得税	个人收入调剂税	土地增值税	城建税	车船税	房产税	屠宰税	资源税	城镇土地使用税	国有企业奖金税	国有企业工资调节税	印花税	工商税滞纳金
1996	9588	—	1520	3588	—	—	538	—	1	439	38	548	2545	251	36	—	—	65	19
1997	11426	—	1574	4839	—	—	971	—	4	405	49	544	2792	110	51	—	—	58	29
1998	12684	—	1684	5260	—	—	1276	—	10	425	67	615	3021	202	45	—	—	79	—
1999	14142	—	1743	5854	—	—	1568	—	13	460	57	668	3465	184	45	—	—	854	—
2000	10925	—	1157	3285	—	—	1056	—	41	624	66		4696	—	—	—	—	—	—
合计	80107	1888	12792	315201	94	131	5901	47	71	3279	383	3348	18938	972	280	1	1	390	90

注：本表工商税收合计以收入总表数字为准，明细项可调整；本表工商税包括屠宰税，收入总表不包括

1993—2000 年巴中各产业 GDP 及工商税收

表 17—7

单位：万元、%

年　度	GDP				工商税收收入		备　注
	总　额	一产业	二产业	三产业	总　额	占二三产业比重	
1993	254700	157100	42300	55300	9049	9.27	工商税收收入包换上划中央、省级收入
1994	339200	193500	62100	83600	6531	4.48	
1995	447400	284700	71100	91600	8016	4.93	
1996	595900	359600	96100	140200	8354	3.54	
1997	697500	402300	113300	181900	10077	3.41	
1998	754600	415400	124600	214600	12548	3.70	
1999	785500	415200	126700	243600	13673	3.69	
2000	840100	433800	134700	271600	17842	4.39	

1993—2000 年巴中企业收入统计

表 17—8

单位：万元

年　度	合　计	国有企业所得税	国有企业上缴利润	国有企业亏损补贴	地方国有企业缴调节金	国有资产经营收益
1993	931	76	975	-132	12	—
1994	8027	25	8142	-140	—	—
1995	1055	324	831	-100	—	—
1996	164	237	5	-78	—	—
1997	442	509	26	-93	—	—
1998	439	469	—	-65	—	35
1999	587	501	—	-48	—	134
2000	638	575	—	—	—	63
合计	4953	2716	2649	-656	12	232

1993—2000 年巴中其他收入

表 17—9　　单位：万元

年度	合计	其他收入/类	预算调节基金	罚没收入	工商罚没	政治罚没	物价罚没	其他罚没	行政性收费	专项收入	基金收入	备注
1993	1208	618	—	—	13	124	5	287	63	98	—	1994 年专项收入从其他收入分离，单独作为收入反映，审计罚没 13 万元反映在其他收入内
1994	1902	791	—	—	10	268	3	559	131	140	—	
1995	3458	1579	—	—	39	689	31	699	213	208	—	
1996	3017	205	4	—	23	981	3	1470	142	189	—	
1997	5338	199	—	—	20	618	3	1527	343	—	2628	
1998	2934	95	—	2195	—	—	—	—	404	240	—	
1999	6312	46	—	2557	—	—	—	—	391	334	2984	
2000	3564	57	—	3178	—	—	—	—	—	329	—	
合计	27733	3590	4	7930	105	2680	45	4542	1687	1538	5612	

第二章　财政支出

第一节　支出概况

民国初期，境内各县财政支出沿清制。各县政府经费概由国库统拨统支，地方公益事业经费由各县在田赋、契税、肉税等项附加及自有产业基金收入中支拨。财政支出中，以官署经费和地方武装经费为主，教育、实业、慈善等项开支，除以自有产业租佃收入或基金、利息、自收自支外，不足部分，由田赋、契税、肉税项下征收附加，以作弥补。民国 6—23 年（1917—1934 年），境内防区制兴，军政各费就地筹拨，事业单位各自为政，地方财政收支混乱，财政支出以军政费用为主。

川陕省苏维埃时期，财政支出主要有军费开支、政府经费、经济建设和文卫事业支出、优抚救济支出等。民国 24 年（1935 年），川政统一，县级预算制度建立，财政支出逐年增加。民国 26 年（1937 年）7 月，抗日战争爆发后，国防费用剧增，对机关、团体、学校的公费及薪俸等开支，一律折减核发。之后，境内军费有增无减，财政连年赤字。民国 37 年（1948 年），币制改革加剧通货膨胀，境内财政趋于崩溃。

中华人民共和国成立后，财政本着“取之于民、用之于民”的原则，统筹兼顾，全面安排。各县财政支出均实行报账制。1953 年，建立县级财政，各县的支出纳入县级预算。1958 年，达县专区在县级总预算和专级预算的基础上，根据省份预算统一安排各县财政支出。

1983 年，实行财政包干制后，地方财政的支出主要包括经济建设费、社会文教科学费、行政费、其他支出等方面。随着工农业生产的发展和经济建设规模的扩大，各方面的支出有很大增长。

1993 年后，巴中地区财政支出坚持按照先拨付职工工资，再安排其他的顺序和先弥补年初职工工资性支出缺口，再弥补以前年度欠账的原则打紧安排。

1994年，在预算安排和资金调度上，严格按照“一保工资、二保救灾、三保农副产品收购和社会稳定”的支出序列，调整支出结构，控制支出总量，压缩一般支出，保证重点需要。同时，注重资金调整，保证教师和干部职工的工资发放。是年，及时拨付180万元救灾款和1500万元农副产品收购资金。

1995年，财政工作按“支出从紧”要求和“量入为出”原则，从严控制支出，压缩赤字。建立和完善制度，遏止支出增长。加强编制管理，控制人员膨胀，全地区压缩不应由财政供给人员1400余人。制定地区对县（市）行政经费定额考核办法，实行行政经费下管一级。建立小汽车、会议、电话费等管理制度，实行会议公用业务经费包干办法。在预算安排和资金调度上，严格执行“三保”原则，即保工资、保救灾、保稳定，调整支出结构，压缩一般支出，保证重点需要。在保工资支付时，首先保证全地区教师的工资发放，对抗灾救灾资金及时调度支付到重灾地方和群众手中。

1996—1997年，认真执行《中华人民共和国预算法》，坚持平衡预算。按照适度从紧的原则，从严控制支出，消化调资等新增因素，确保预算执行不留赤字。增强预算“刚性”，严格执行年初预算，对各机关不予追加预算。控制财政供养人员，对财政供养人数进行清理，实行编制卡管理，把机关人员压缩到最低限额。加强行政经费定额考核管理。县（市）党委、人大、政府、政协领导经费包干到人，超支不补，节余留用。设立教育经费专户，加强教育经费管理。加强专项拨款管理，执行检查，严格考核，确保专款专用，对挤占、挪用、贪污专款的从严查处。通过支出管理，确保农业、教育、救灾、政法、科技等投入的适量增长和及时到位。

1998—1999年，严格预算管理，坚持收支平衡，消化预算财力倒差额。全地区各级财政均实行零基预算。地级对机关实行按编制90%预算经费和节编奖励政策，超编人员一律不预算经费。加强机关经费和重点支出项目的监督管理。对会议费、车辆燃修费、通讯费、差旅费等公务费均实行预算包干和单位包干管理，超支不补，节余留用。

2000年，调整支出结构，提高财政支出预算中社会保障性支出的比重，确保“两保资金”（社保、低保资金）不留缺口；继续落实“三三”制筹资原则，加大企业清欠力度；完善社会保障支付体系，加强社保资金支出管理；加强养老保险基金、失业保险基金的扩面征缴工作。将“两金”扩面、征缴工作纳入目标管理，争取上级对巴中社会保障政策倾斜和资金支持。全年共筹社会保障资金5624万元，筹集国有企业下岗职工基本生活费978万元，筹集企业离退休费2919万元，社会保障资金总支出3757万元，基本保证全市离退休人员养老金、下岗职工生活费、失业人员生活救济费的及时发放。

1952—1992年巴中部分年度财政支出

表17—10　　　　单位：万元

年　度	总　计	通江县	南江县	巴中县	平昌县
1952	211	39	60	87	25
1957	788	190	162	354	182
1962	865	193	193	288	191
1965	1109	240	246	367	256
1970	1488	362	314	449	363
1975	2836	661	580	861	734
1978	3493	782	760	1082	869
1980	4619	966	1005	1525	1123

续表17—10

年　度	总　计	通江县	南江县	巴中县	平昌县
1985	9814	2018	2014	3153	2629
1986	10043	2358	2123	3041	2521
1987	10200	2241	2106	3353	2500
1988	11476	2424	2334	3999	2719
1989	13098	2769	2645	4498	3186
1990	16321	3331	3411	5348	4231
1991	18147	3982	3612	6057	4496
1992	23312	5243	4539	7896	5634

1981—1992 年巴中财政支出分类比重

表 17—11　（以支出合计为 100%）　单位:%

项　目	"六五"时期					"七五"时期					1991—1992 年	
	1981 年	1982 年	1983 年	1984 年	1985 年	1986 年	1987 年	1988 年	1989 年	1990 年	1991 年	1992 年
经济建设支出	6. 60	6. 80	6. 70	6. 30	26. 90	11. 30	11. 60	12. 80	12. 70	16. 60	23. 00	31. 30
其中：支农支出	4. 00	4. 60	3. 40	3. 80	2. 40	4. 50	4. 40	4. 50	6. 30	7. 10	6. 40	7. 30
价格补贴支出	—	—	—	—	21. 90	3. 80	3. 20	3. 30	3. 40	6. 80	13. 80	21. 30
各项事业行政支出	93. 40	93. 20	94. 30	93. 70	73. 10	88. 70	88. 40	87. 20	87. 30	83. 40	77. 00	68. 70
农林水气事业费	10. 40	10. 00	9. 10	7. 80	5. 90	6. 80	7. 00	7. 20	6. 30	6. 00	5. 60	4. 70
工交商事业费	0. 60	0. 80	0. 30	0. 30	0. 50	3. 50	0. 50	0. 60	0. 60	0. 70	0. 60	0. 50
文教卫生事业费	50. 80	50. 60	52. 30	49. 10	40. 30	45. 00	43. 90	45. 30	44. 70	41. 80	38. 80	34. 50
其中：教育	37. 00	35. 30	35. 20	32. 60	28. 40	30. 80	30. 10	32. 10	32. 10	30. 60	27. 30	24. 50
其他部门事业费	0. 40	1. 00	1. 40	1. 80	1. 50	2. 90	3. 20	3. 30	4. 10	5. 10	4. 00	4. 10
抚恤和社会救济费	7. 20	8. 40	6. 50	7. 70	5. 90	8. 20	8. 10	6. 90	7. 30	5. 50	5. 50	4. 90
行政管理费	20. 80	19. 00	19. 70	20. 70	12. 80	16. 30	18. 60	17. 90	17. 80	18. 20	16. 80	15. 10
公检法支出	0. 20	0. 20	2. 50	2. 40	2. 30	3. 80	3. 30	4. 80	5. 20	5. 40	4. 80	4. 30
其他支出	3. 00	3. 20	2. 50	3. 90	3. 90	2. 20	3. 80	1. 20	1. 30	0. 70	0. 90	0. 60
支出合计	100. 00	100. 00	100. 00	100. 00	100. 00	100. 00	100. 00	100. 00	100. 00	100. 00	100. 00	100. 00

1993—2000 年巴中财政支出

表 17—12　单位：万元

年　度	支出总额	经　济建设费	教科文卫事业费	抚恤和社会福利救济费	行　政管理费	其他支出
1993	31513	3890	9441	1427	4933	11822
1994	33489	9675	13870	1982	6853	1109
1995	36194	6254	13226	2015	5917	8782
1996	43076	6035	14326	2547	6683	13485
1997	49344	7857	15495	2516	7440	16036
1998	50756	8537	16186	2849	8438	14746

续表17—12

年　度	支出总额	经　济建设费	教科文卫事业费	抚恤和社会福利救济费	行　政管理费	其他支出
1999	60667	12466	17161	2839	9538	18663
2000	77349	15872	18803	3878	12434	26362
合计	382388	70586	118508	20053	62236	111005

第二节　支出项目

一、经济建设类

民国初期，境内有实业费开支。民国中期，实业费开支改为经济及建设费支出，在财政支出中所占比重较小。

川陕省苏维埃时期，川陕省苏维埃政府财政经济委员会（简称川陕省财委会）投资建立国营厂矿、兴办国营商业、发展农业生产、开办银行、兴办交通事业等。各种国营商业企业在初建时，都要先造规划和预算，经川陕省财委会审批后，再拨款开办。

中华人民共和国成立后，境内经济建设类开支主要有基本建设投资、企业挖潜改造资金、支援农业生产支出、农林水气等部门事业费、支援经济不发达地区资金、城镇青年就业经费等。1953—1992年，境内经济建设费类支出占财政总支出的比重为31.38%。从国民经济各个时期经济建设费类占财政支出的比重看，“一五”时期（1953—1957年）为10.43%，“二五”时期（1958—1962年）为57.98%，国民经济调整时期（1963—1965年）为34.9%，“三五”时期（1966—1970年）为46.4%，“四五”时期（1971—1975年）为48.73%，“五五”时期（1976—1980年）为45.88%，“六五”时期（1981—1985年）为26.33%，“七五”时期（1986—1990年）为24.05%。1991—1992年为25.69%。1993—2000年，全地区（市）经济建设费为70586万元，占财政支出的18.30%。

（一）固定资产投资

基本建设支出　1950—1957年，国民经济处于恢复和有计划地建设初期，财政在中央统收统支的管理体制下，在工业、农业及其他方面投资极少，并列在各项事业费内。1957年，境内各县基本建设拨款由财政按计划直接拨给单位，专户存入人民银行代理支付。1958年起，境内各县基本建设投资大大增加，仅1958—1960年，境内基建支出占同期财政总支出的24.5%。主要用于新建农机工业和部分轻工业。1961年，贯彻中央提出的“调整、巩固、充实、提高”的方针，基本建设支出预算与地方脱钩，改由中央财政通过建设银行实行专项拨款，财务体制也恢复统收统支、按实核拨资金的办法。1962年，基本建设业务统归建设银行实施拨款监督。1963—1965年，国民经济继续进行调整，缩短基建战线，压缩投资规模，调整投资结构，加强基建管理，逐步扭转基本建设严重失控现象。1965年，改进基本建设预算管理办法，中央财政不再对地方基建投资实行专项拨款。1966—1970年，境内各县基本建设投资占同期财政总支出的25.1%。其中，工业投资占同期基建总投资的70%，重点对调整时期保留下的部分轻、重、纺和化学工业，进行续建、扩建。农林水投资占同期基建总投资的20%，重点放在平昌县大纳溪、南江县玉堂、巴中县化城等水利电力工程方面。1971—

1975 年，境内各县基本建设投资占同期财政总支出的 21.49%。其中，工业投资占同期基建总投资的 45.52%，重点是冶金、煤炭、电力、化工、轻工项目；农林水利投资占同期基建总投资的 28.47%，重点解决水利设施和部分支援农业的基建项目；文教卫生投资占同期基建总投资的 11%，主要解决农村中小学校舍和县、区医院的改造续建；交通投资占同期基建总投资的 5.29%，重点是县、区、公社公路及桥梁建设；其他投资占同期基建总投资的 9.72%，重点是环境保护及民政部门建设社会福利工程等。1974 年，改进基建投资管理办法，凡经国家批准的基建项目，推行投资包干，包干结余，原则上留归包干地区和单位。1976—1980 年，境内各县基建投资占同期财政总支出的 17.21%。其中，工业投资占同期基建总投资的 30.44%，农林水利投资占同期基建总投资的 59.59%，文教卫生投资占同期基建总投资的 7.71%；行政、交通、城建及其他投资占同期基建总投资的 7.66%。1981—1985 年，境内各县基本建设投资占同期财政总支出的 8.65%，投资额比 1971—1975 年下降 25.3%。其中，工业投资占同期基建总投资的 41.28%，重点是电力、煤炭工业；农林水利投资占同期基建总投资的 15.92%，重点是水利工程；文教卫生投资占同期基建总投资的 16..83%，重点是中、小学校舍和教职工宿舍建设；行政投资占同期基建总投资的 11.98%，重点是办公用房及职工住宅；城市建设占同期基建投资的 4.23%；其他基建占同期基建总投资的 9.76%。同时，对地方预算内拨款和地方机动财力安排的基建项目，凡是试行独立核算而又有还款能力的企业，改由建设银行贷款的办法。1986—1990 年，境内四县基建投资占同期财政总支出的 4.56%。其中，工业投资占同期基建总投资的 10.72%，比 1981—1985 年下降 73.2%；农林水利投资占同期基建总投资的 22.49%，比 1981—1985 年上升 45.76%；交通投资占同期基建总投资的 1.38%；文教卫生投资占同期基建总投资的 23.15%，比 1981—1985 年上升 41.88%；行政投资占同期基建总投资的 27.08%，比 1981—1985 年上升 133.26%；其他投资占同期基建总投资的 15.23%，比 1981—1985 年上升 103.94%。1991—1992 年，基建投资占同期财政总支出的 3.38%。1993—2000 年，全地区（市）基本建设支出 22754 万元，占同期财政总支出的 5.90%。

挖潜改造资金 1962 年前，境内国营企业折旧基金全部上缴财政，企业固定资产的更新改造所需资金，由财政预算作基建支出安排。1962—1966 年，财政拨给企业的更新改造资金，主要是“三项费用”（技术组织措施费、新种类产品试制费、零星基建支出）和“四项费用”（技术组织措施费、新种类产品试制费、零星基建支出、劳动安全保护措施费）。1967 年，将原三项费用、固定资产更新改造和基本建设中属于简单再生产性质的投资，合并为一个渠道，统称固定资产更新和技术改造资金，实行以企业所提折旧基金抵留办法。1967—1970 年，财政预算基本未安排更新改造资金。1971 年，财政预算增设为农业服务的县办“五小”企业投资补助科目。1973 年，改称“五小”企业技术改造资金。1974 年，“五小”企业技术改造资金用于县办国营工业企业（不含商办工业）进行技术改造的专用基金，资金来源有中央分配专项指标和地方各级财政动用的机动财力。1976 年，财政预算继续保留对县办“五小”企业的技术改造补助支出。1978 年，商业、供销、粮食、农机的简易建筑费改为财政预算拨款。1981 年起，国家安排的挖潜改造项目资金，实行建设银行贷款办法。对地、县集中安排的挖潜改造资金，仍实行建设银行拨款办法，原按限额管理的改为汇拨资金办法。1982 年 7 月，各级财政部门的更新改造资金全部存入建设银行，由建设银行管理。1983 年，用于技术改造的各种资金都纳入固定资产投资计划，统筹安排，集中使用，分级管理，各级财政和银行按照计划监督支付。1981—1992 年，境内各县挖潜改造资金支出（含县办“五小”企业技术改造补助、简易建筑费等）主要用于焦煤、冶金、氮肥、纺织、罐头、酿酒、农机、建材等企业的扩建和技术改造。1993—2000 年，全地区（市）用于企业挖潜、革新、改造的资金为 2998 万元，占同期财政总支出的 0.8%。

（二）科技三项费用

1957年前，地方国营企业“三项费用”和“四项费用”的经费开支，按性质分别在基本建设投资和生产成本中列支。

1958年，地方工业全部实行全额利润分成制度，凡属简单再生产开支的“四项费用”，不再列入基本建设拨款，均在企业利润分成内开支。1962年，保证供应企业必需的“四项费用”资金，除商业部门仍实行利润留成办法外，其他各部门的企业，不再实行利润留成办法，企业所需的“四项费用”，改由国家预算拨款。1963年，新产品试制费从“四项费用”中划出，由科委统一掌握安排。1965年，除重大项目由省核定金额外，其他项目按照计划下达总指标，由各地根据批准的计划项目自行掌握分配，专款专用。是年，又对新产品试制费、中间试验费和科学研究费合并为“科学试验费支出”项目。1967年，新产品试制费仍改为国家拨款，其余“三项费用”在更新改造资金中开支，不再实行预算拨款。1968年，新产品试制费的预算拨款，称为“更新改造和四项费用”。1972年，在新产品试制费的基础上，增设中间试验费、重要科学研究补助费。

1973年，正式设置“科技三项费用”支出科目，由国家预算拨款，主要用于具有地区特点的项目。1976年，将“科技三项费用”改为“新产品试制费”。1979年，恢复“科技三项费用”支出科目。1980年，改变过去全部无偿使用“科技三项费用”的办法，对部分科技项目资金，实行签订合同，有偿使用，按期收回。偿还时间一般于项目完成后一至两年，一次或分批还清。偿还资金，由科委专户储存，不再上缴财政，由科委、财政共同安排使用。

1993—2000年，全地区（市）“科技三项费用”支出1000万元，占财政总支出的0.26%。

（三）流动资金

1950—1957年，地方国营企业、公私合营企业所需流动资金，实行财政、银行两家供应办法。按核定定额，不足部分由财政拨给，多余部分全部上缴财政。季度性资金需要和超定额部分由银行贷款。

1958年，改革地方企业流动资金供应办法，企业流动资金由银行拨给70%，财政拨给30%。1959年1月起，企业流动资金由人民银行采取贷款方式统一供应，统一管理。各级财政年度预算支出中增列的流动资金，作为人民银行信贷基金。

1961年7月，实行新的流动资金供应办法，按照核定后的定额流动资金总额，由财政拨给80%，转作企业自有流动资金，其余20%作为银行对企业的信贷基金贷给企业。1962年，在对地方企业和基建单位开展全面性的清理资产、核定资金工作的基础上，分级核定当年流动资金定额。凡是工业、交通运输、城市公用和文教卫生所属工业企业定额内的流动资金，由财政部门拨款供应，定额外的资金由人民银行贷款供应。主管部门所属供销企业的流动资金，60%财政拨款，40%银行贷款供应。文教企业中的新华书店、电影公司、电影队和农机供应站的资金，由财政拨付30%，其余70%仍由人民银行继续贷款供应。

1966年，地方国营企业结合“三查”（查设备、查材料、查资金）核定流动资金，在核定总额的计划范围内，由财政拨70%，银行贷30%；具体部门所属企业的拨、贷比例，由财政、银行两家共同协商确定。

1974年，对地方国营工交、物资供应企业流动资金全面开展清理工作。通过清理，凡属于物资盘盈、盘亏、报废三项相抵后的净损失，由财政核销并予以补足。1980年10月，地方国营企业定额流动资金，一律向银行办理划转贷款手续，改由银行贷款。1981年，对国营工交企业国拨资金实行有偿占用费制度，占用费标准，统按月率2.1‰计算，凡未按规定及时交清应交占用费的，从滞纳之日起，每日加收1‰的滞纳金。

1983 年 7 月后，国营企业流动资金改由人民银行统一管理，国营企业的流动资金，全部改由人民银行贷款供应，财政不再增拨流动资金。

（四）支援农村生产支出

民国时期，境内各县农业生产条件差，生产水平低，农业投资主要是民间自行筹措。民国 24 年（1935 年），川政统一，始先后严饬各县征集民工普遍修筑河堰蓄水以防旱灾。民国 31 年（1942 年），贯彻《四川省农田水利货款办法大纲》，拨充各县乡镇水利基金贷款（每乡镇至少 1 万元）。民国 36 年（1947 年），各县筹办示范农场，以改良品种及农具，并倡导防治虫害工作。

1950 年，以贷款扶持小型水利工程建设。1953 年，财政开始对困难互助组和农民修小塘堰等给予补助，列入农业、水利、林业各事业费的业务费内支出。1957 年，在“水利支出”项下增设“水利工程建设费支出”和“水土保持费”科目。1959 年，设“支援农村人民公社投资”预算。1958—1962 年，境内各县财政支援农业生产支出占同期财政总支出 11. 23%。1963 年后，水利工程除基本建设投资外，陆续增设“小型农田水利补助”“抗旱经费”“小水电补助”款级科目。1963—1965 年，支援农村生产支出占同期财政总支出 9%。1966—1975 年，境内各县农村掀起兴修水利、改田改土高潮，财政投入农村生产的资金占同期财政总支出 8. 6%，比 1963—1965 年年均增长 80. 1%。1975 年，境内农业总产值比 1965 年增长 36. 6%。

1978 年后，境内农民从单一粮食生产转为农林牧副渔全面发展，财政对农业投入，相应调整资金分配结构，在扶持粮食稳定增长的同时，集中资金，扶持林业、畜牧业、水产业、社队企业。1983 年，将支援农业生产性支出统一纳入“支援农村生产支出”类，有“小型农田水利和水土保持补助费”“支援农村人民公社投资”（后改称“支援农村合作生产组织资金”）“农村农技推广和植保补助费”“农村草场和畜禽保护补助费”“农村造林和林木保护补助费”“农村水产补助费”“农业发展专项资金支出”“发展粮食生产专项资金支出”等支农科目。

1978—1992 年，境内各县支援农业生产支出占同期财政总支出 5. 97%，比“文化大革命”时期年均增长 107. 6%。1993—2000 年，全地区（市）支援农村生产支出 14290 万元，占同期财政总支出的 3. 71%。

（五）农林水气象事业费

1950—1952 年，境内四县农林水事业费在“经济建设费”项下“农建支出”“农业支出”中列报。1953 年后，农林水气象等部门的事业费类，陆续下设“农垦事业费”“农场事业费”“农业事业费”“畜牧事业费”“农机事业费”“林业事业费”“水利事业费”“水产事业费”“气象事业费”“农业资源调查和区划事业费”“土地管理事业费”“其他农林水事业费”等款级预算支出科目。1953—1958 年，境内支出占同期支援农业资金支出总额 27. 25%，比 1953—1957 年年均增长近三倍。

1963—1965 年，国民经济调整，农村工作的重点是推动农业机械化，支出占同期支援农业资金总额的 67. 47%，比 1958—1962 年年均增长 146. 38%。1966—1975 年，境内农业处于农民自发生产状态，农林水气象等事业费支出占同期支援农业资金支出总额的 42. 94%，比“国民经济调整时期”年均下降 34. 65%。

1976—1992 年，贯彻中央“改革、开放”和发展农业“一靠政策、二靠科学、三靠投入”的方针，进一步加强和推动农、林、牧、副、渔业的全面发展，财政对农业事业的资金投入相应增加，支出占同期支援农业资金支出总额 51. 18%，比“文化大革命”时期年均增长三倍。1993—2000 年，全地区（市）农林水气部门事业费 17237 万元，占同期财政总支出的 4. 47%。

（六）支援不发达地区发展资金

1980 年，中央财政开始设置支援不发达地区发展资金（简称发展资金）。达县地区主要安排在通江县、南江县、巴中县、平昌县。

1980—1984年，以支援集体经济和农村公益设施为主，着重于边远山区交通、农村电力建设、多种经营，适当解决人畜饮水困难的问题。修筑道路桥梁，支出占同期发展资金总数的31.26%；兴修小水电站、架设输电线路，支出占同期发展资金总数的11.38%；发展茶、果、桑树、草场，补助社队造林和养殖业，支出占同期发展资金总数的13.19%；修建人畜饮水工程，解决饮水问题，并安排资金解决通江县、南江县、平昌县、巴中县高山区群众住岩洞、窝棚的困难，以及修建南江县历史陈列馆。1984年后，注重对乡镇企业的扶持，扶持乡镇企业占当年发展资金的18.6%。

1985—1992年，发展资金安排项目以优先安排扶持连片贫困地区农村发展集体经济和农户、联办户发展种植业、养殖业、农副产品加工业和小型采矿业为主的生产性项目，同时兼顾部分急需、社会效益好的非生产性项目。着重用于乡镇企业、文卫事业，以及改善农村住房条件等。扶持乡镇企业占同期总支出的39.33%；解决部分中小学的教学用房和乡村卫生所用房，支出占17.86%。同时，改善山区部分农村贫困户的住房条件，解决老红军住宅。

1993—2000年，全地区（市）支援不发达地区发展资金12156万元，占同期财政总支出的3.15%。

（七）城镇青年就业经费

1962年，国家动员城镇闲散人口到农村，国家财政预算设置城镇人口下队安置经费。1962年、1963年，城镇闲散人口下队安置补助费系先由各地财政垫支，然后据实向省报销，列作省级预算。1964年，城镇人口下队安置经费改列地区预算支出，由省专项拨款。1974年，称“城镇人口下队安置经费”。

1964—1979年，安置对象主要是城镇青年学生和城镇闲散劳力。青年学生、城镇闲散劳力大部分安置在生产队，少部分安置在国营农场、渔场、林场和集体所有制农场（队）。规定城镇青年学生、闲散劳力、城镇居民下队落户、回队投亲的安置补助费由安置经费专款中开支。动员经费：跨县每人25元，县内每人20元，回队每人50元；安置经费：单身插队、插场每人200元，成户插队、插场每人100元，新建、扩建五七农场每人370元，非劳动力每人100元，省内单身投亲每人120元，成户投亲每人70元。开支范围有建房费、生活补助费、差旅费、车船费及住宿费。

1980年后，境内各县开始有步骤地在城镇建立劳动服务公司，组织生产、服务和进行职业培训。并增设劳动服务公司补助费，用于安置城镇待业青年举办集体所有制生产网点的生产周转金和组织城镇待业青年就业前的技术培训费用。1982年起，改称“城镇青年就业经费”。

1990年起，执行财政部、劳动部《关于加强就业经费管理工作的通知》，坚持就业经费专款专用，保证用于就业和就业前培训，兼顾经济效益和安置效果。随着知青回城，停止该项经费支出。

二、行政管理类

民国时期，境内各县地方行政管理费主要有内务费、财务费、陆军费、司法费、外交费及巡警经费。后期，军务费上划国库开支。

川陕省苏维埃时期，部队每行军、驻扎或作战所需经费都由川陕省财委会统一调拨、列支。部队购买枪支弹药、通讯器材、医疗器械等，由川陕省委通知川陕省财委会拨给银行后，再交款给部队。各级苏维埃政府工作人员实行定额定编。随着革命事业的发展，川陕省苏维埃及其以下道、县（特区）、区、乡、村苏维埃政府的公用经费也有所增加。

中华人民共和国成立后，境内四县行政管理费主要是各级党政机关经费，包括行政、公安、司法、检察等项开支。1950—1952年，国民经济恢复时期，政权建设任务重，行政管理费支出比重较大。1953 年，境内四县地方财政支出重点用于经济建设，行政管理费在财政支出中的比重相对下降。1953—1957 年，境内各县行政管理费支出平均占财政总支出 35.35%。1958—1962 年，境内基本建设投资增大，行政管理费支出下降到 13.10%。1966—1976 年，境内各县行政管理费支出平均占财政总支出的 15.84%。1981 年，公安支出从行政支出中划类设款。1983 年，司法检察支出从行政支出中划出。1987 年，党派团体支出以前仅列业务费，人员经费在行政费内。1977—1985 年，人员增加及工资上调等因素，行政经费占财政总支出的比重为 17.39%。1988 年后，全部列党派团体支出费内，并入行政费中。

1986—1990 年，因工资改革，上调人员工资、增加副食品补贴、提高工资类区与差旅费、会议费等开支标准以及行政人员增加，行政经费增加较大。1990 年，行政经费占财政总支出的 22.57%。1991 年，行政经费占财政总支出的 19.14%。1992 年，行政经费占财政总支出的 18.32%。

1993—2000 年，全地区（市）行政管理费支出 62236 万元，占同期财政总支出的 16.14%。

（一）行政费

民国元年（1912 年）3 月，行政费称内务费，开支范围包括道尹公署、县知事署、县佐署等行政机关经费，抚恤、赈灾费用亦列入内务费开支。民国 2 年（1913 年）10 月，内务费开支标准执行国民政府统一规定，办公经费：一等县月支 450 元，二等县月支 360 元，三等县月支 260 元；文职月薪：一等县编额 6 员、县知事 300 元，二等县编额 5 员、县知事 260 元，三等县编额 4 员、县知事 240 元，科员、技士不分等级，月薪一律 50 元。民国 6—23 年（1917—1934 年），护国军、靖国军、江防军、陕军等先后进驻境内各县，防区制形成。各地驻军自收自支，内务费开支均无确数可稽。

川陕省苏维埃时期，部队实行供给制，标准低，每人每天菜金 200 钱、粮食 0.75 公斤，不发薪饷；每人一年发一套自织土布衣服，一双棉袜和布筋草鞋。红军经理部工作人员第一年发月工资 0.6 元，第二年发月工资 1 元；下属单位均实行供给制，不发菜金，一年两套单衣，发新的交旧的。《各级苏维埃工作人员与工资的暂行条例》规定：县苏维埃执行 27 人，其中常委 11 人（均须脱离生产），每人每月工资 6 元（含伙食费），各部所需工作人员，脱离生产者不得超过 10 人，工资不得超过 5 元（含伙食费）；区苏维埃执行 13 人，其中常委 7 人（均须脱离生产），每月工资 5 元（含伙食费）；乡苏维埃执行 7 人，其中常委 3 人（脱离生产），每月工资 4 元（含伙食费）；村苏维埃干部 3 人，均需参加生产。

民国 24 年（1935 年），内务费改为行政费。开支范围主要是政府机关。开支标准，二等县月支 2713 元，三等县月支 2122 元；甲种区署月支 391 元，乙种 326 元，丙种 263 元。民国 25 年（1936 年）7 月，各县政府经费一律按七折开支。并从 1 月起调整县长待遇，县长月薪不分等级，最低标准 240 元，实行计功加俸办法，每晋一级加薪 40 元，加薪至专署的专员最低薪额为限；记大过一次或小过三次无功抵消者不予加薪。是年 7 月，区署机关经费改为县款开支。

民国 26 年（1937 年），省政府再次压缩行政经费开支，一律照年度预算核定数七五折支付。民国 27 年（1938 年），对职员月薪进行调整，除月薪 40 元以下不打折扣，其余人员照八折支付。民国 28 年（1939 年），改为月薪 50 元以下不打折扣外，其余人员照九折支付。

民国 29 年（1940 年），实施新县制，各县对部分职员实行月薪津贴，即月薪在 100 元以下者，每人每月给食米 3 斗。民国 30 年（1941 年）7 月，省政府颁布《非常时期改善公务员生活办法》规定，不论公务人员实支月薪多少，每人每月发给生活补助费 60 元，实支月薪在 200 元以下者，另增发特殊生活补助费 20 元，公务人员的生活补助费，随日用必需品价格的涨落而增减。是年，司法经费纳入国家概算，收入上解省高等法院，开支改由省拨付，其所属管狱及囚粮等经费仍由县级开支。民国 31 年（1942 年），专署与保安司令部合并，其员工薪饷和公用经费仍由省拨给。是年 7 月，省政府调整公务人员旅差费（含交通、特别、膳宿费）开支标准，专员及所属公务人员，不分行、座，每人每天简任40元，荐任30元，委任20元，雇员20元，工役15元，在专署额定经费项下列支。县长及所属公务人员的旅差费，在地方经费项下开支标准为：一等县月支1500元，二等县月支1400元，三等县月支1300元，四等县月支1200元，五等县月支1100元，六等县月支1000元标准开支。民国32年（1943年）11月，根据国民政府颁布的《非常时期公务人员生活津贴办法》，公教人员的生活补助费，改按基本补助费及薪俸加成计算，以民国26年（1937年）的物价总指数，基本补助费照物价总指数½增加，薪俸加成照物价总指数⅒增加。公务人员不发基本补助费，其薪俸照公教人员薪俸加成一倍发给，粮贴增为6市斗。

民国34年（1945年）后，境内物价持续上涨，年度支出成倍增加，尤以公教人员的生活补助费增长幅度大。民国37年（1948年）4月起，公务人员待遇改为每月调整，当月支给标准，照上月生活指数核定。是年7月，改为当月生活指数调整当月待遇。是年8月，全国实行币制改革，公教人员薪俸改发金圆券。是年10月，再次调整职员待遇，县级人员，比照省级标准七折支给，最高不得超过省级标准支给，发给食米8市斗至1市石。乡（镇）人员一律照县级标准七成支给，发食米3市斗至4市斗，食米折价款在薪俸内扣除。

民国38年（1949年）5月，省政府根据行政院规定，公务人员薪俸基数定为60元，61～300元按20%计算，301元以上按10%计算，并一律改用关元，关元牌价由中央银行分区确定，逐日公布，四川属第三区，每关元一元按100万金元折算发给。

1950年，行政管理费无分项分目支出，统称行政费支出。行政支出包括个人经费和公用经费两部分。公用经费包括公务费、设备购置费、修缮费、业务费、其他费用；个人经费包括工资、补助工资、职工福利费、离退休人员费用及差额补助费等。是年，公用经费人均定额以大米折算。1951年，分行政经费、民主党派人民团体经费两款。1952年，分设民主党派和人民团体经费、行政经费、政治业务费、公检法经费、干训经费，并设置个人经费、公用经费的目级科目。是年，公用经费以工资分计。1953年，行政支出款下设行政机关经费、人民代表大会会议费、政治业务费、公检法经费四个项级科目，下设工资制、供给制、业务费等目。是年，人员工资按工资分计算，通江县、南江县、巴中县、平昌县属三类工资区，工资分值为0.22元，全年人均工资217.99元。1954年，项级科目中减少人民代表会议费，增设民主党派人民团体补助费。是年，公用经费改以人民币计算。1955—1956年，分设行政管理费、政治业务费、民主党派及人民团体补助费和公安司法检察支出。1957年，公用经费除差旅费由省统一制定开支标准外，其余各项经费由各级政府自定。1953—1957年，个人经费平均占行政支出的比重为70.99%。1957—1958年，行政管理费支出款下设人民代表大会经费、行政机关经费、行政业务费、乡镇行政费、其他人员经费等五个项级科目。1959年，减少人民代表大会经费、其他人员经费，增加干训经费。1960—1961年，增设党派和人民团体补助费、各级人民代表会议费、人民武装警察经费三个项，减少干部训练费项。1962年，减少人武经费项。是年，农村人民公社按规定配备的专职人民武装干部，其工资福利，在军队的国防费内列支。1958—1962年，个人经费平均占行政支出的比重为74.47%。

1962年前，人民银行、农业银行，县以上供销社及地、县手管系统的人员经费、税务机构经费属行政支出。是年4月，县支行以下的办事处、营业所、储蓄所等基层机构改为企业编制，其经费由银行企业管理费开支。是年10月，供销社改为企业开支，手管系统人员经费由各级手工业联合社开支，并将基层税务干部经费列入其他支出“税务费”。1963年10月，公用经费一律执行全省调整后的开支标准。1964年1月，农业银行正、副行长属行政编制，列行政支出，其余人员属企业编制，由银行企业行政开支。1963—1965年，个人经费平均占行政支出的比重为65.78%。1968年，又将税务机构经费全部列入行政支出。1966—1970 年，个人经费平均占行政支出的比重为 63.24%。1971 年，农村人民公社专职人民武装干部工资福利改由地方负责供给，列行政经费。1973 年，县以上人民银行人员经费全部改为企业开支。1971—1975 年，个人经费平均占行政支出的比重为 59.26%。1977 年，原由国防费开支的县武装警察中队经费，列入地方预算，属行政支出范围。1979 年起，税务机构经费上划，开支直接属省。是年，原属行政支出的县以上工会经费，划出由工会垂直管理，不再列行政支出。

1980 年，在试行公用经费定额包干的基础上，境内各县行政费全面推行"预算包干、结余留用"的办法，有效地调动各单位节约非生产性开支的积极性。1976—1980 年，个人经费平均占行政支出的比重为 54.85%。1981 年，县武装警察中队经费列入"公安支出"。1982 年，单设"武装警察部队经费"。是年，原列入行政支出的党校经费及行政干训经费，列入文教科学卫生事业费类党政群干训事业费。1983 年，县武装警察中队经费收归公安部垂直领导，属中央财政开支。1981—1984 年，行政支出款下设国家机关经费、行政业务费、干部训练费、其他行政经费。1981—1985 年，将属行政支出的各级档案馆经费列入科学事业费。个人经费平均占行政支出的比重为 54.50%。1985—1987 年，行政支出款下设行政机关经费、行政业务费、其他行政经费。1986—1990 年，个人经费平均占行政支出的比重为 58.06%。1986—1992 年，各级档案馆经费从科学事业费中划出列档案馆事业费。1988—1992 年，行政管理费下设行政支出、党派团体补助两个款，行政支出下设人大经费、政府机关经费两项，党派团体补助款下设党派补助、政协经费、人民团体补助三个项级科目。1991—1992 年，个人经费平均占行政支出的比重为 58.27%。1993—2000 年，全地区（市）个人经费平均占行政支出的比重为 57.66%。

（二）公安安全及司法检察支出

民国时期，境内各县公安、司法费在行政支出中列报，经费由省拨付。1950—1955 年，行政管理费类单独设公安支出。1956 年，工资改革后，各县公安机关干警实行国家机关行政人员工资标准，各派出所、刑事、外事、户籍等干警和各种民警队实行人民警察工资标准。1956—1958 年，分别设公安、检法司支出。1959—1980 年，公安、司法、检察支出在行政支出中。1982 年 10 月，各县公安局干警全部改为人民警察工资标准。1981—1992 年，另设公检法支出类，分公安安全支出、检法司支出两个款级科目。支出主要包括个人经费和公用经费。1983—1992 年，个人经费平均占合计数的 44.69%，公用经费占 55.31%。在个人经费和公用经费中变动较大的是工资、业务费、修缮费。1983—2000 年，境内业务费支出平均占公检法司支出的 19.59%。1993—2000 年，全地区（市）公检法司支出 19947 万元，占同期财政总支出的 5.17%。

三、公益事业类

民国时期，境内各县公益事业费有教育、文化、卫生等支出。

川陕省苏维埃时期，川陕苏区财政支出在公益事业方面主要有兴办文教事业、文化宣传设施、建立医疗卫生机构等。

中华人民共和国成立后，公益事业费包括 12 个款级科目，即文化事业费、文物事业费、教育事业费、党校事业费、卫生事业费、公费医疗经费、计划生育事业费、档案事业费、广播电视事业费、体育事业费、科学事业费、其他文教事业费等。

1953—1992 年，境内公益事业费支出，占同期财政总支出的 36.17%。其中，1953—1957 年，文教卫生科学费类占财政支出的 41.81%；1958—1962 年，文教卫生科学费类占财政支出的 20.27%；1966—1970 年，文教卫生科学费类占财政支出的 30.5%；1971—1975 年，文教卫生科学费类占财政支出的 30.49%；1976—1980 年，文教卫生科学费类占财政支出的 33.50%；1981—1985 年，文教卫生科学费类占财政支出的 42.22%；1986—1990 年，文教卫生科学费类占财政支出的 40.12%；1991—1992 年，文教卫生科学费类占财政支出的 33.1%。1993—2000 年，全地区（市）教科文卫事业费支出 118509 万元，占同期财政总支出的 30.73%。

（一）文化事业费

清末，境内文化经费主要有祭祀银、建坊银、时先书工价银、官报书局经费等项支出。民国时期，文化经费主要是图书馆经费及文化团体补助，列入教育经费支出。

川陕省苏维埃时期，苏维埃政府拨款兴建文化宣传设施。在通江县城建立工农剧团、红色运动场、俱乐部、阅报室，并开辟了列宁公园。阅报室遍布苏区各大场镇，室内陈列有《红军》《共产党》《苏维埃》《斧头》《少年先锋》等报刊及通报、捷报、快报等读物。同时，还拨款开展经常性的演剧、歌咏、跳舞及体育竞赛活动。

民国 24 年（1935 年），境内始有民众教育馆及文化事业费支出。

中华人民共和国成立后，文化事业费包括艺术表演团体经费、图书馆经费、群众文化经费、中等专业学校经费、干训经费、其他文化事业费。1953 年前，境内文化事业单位实行自收自支。1954 年前，文化事业费款下只设社会文化普及事业费。是年，境内文化事业单位实行“差额补助，全额管理”。1956 年，境内文化事业单位实行企业化管理。1955—1956 年，文化事业费款增设剧团、文化馆、其他文化三个项级科目。1957—1958 年，文化事业费款分设电影院拨款、剧场剧团拨款、图书馆、文化馆、文化部门业务费五个项。1959 年，合并为文化企业拨款、文物事业费两项。1960 年，对国营剧团采取差额补助定额包干；民间职业剧团实行自负盈亏，必要时给予临时补助；对群众文化事业坚持“以文养文”“以文补文”“独立核算、自负盈亏”的方针。1960—1963 年，增设博物馆经费。1964—1967 年，将文化企业拨款分列为艺术表演团体经费和文艺机构经费两项。1969—1972 年，增设通讯和广播电视事业费项。1973—1975 年，增设民办剧团补助费项，并将通讯和广播事业费划出另列款。1976—1979 年，将图书馆经费、博物馆经费划出，另设文物事业费款。1980 年，文物事业费款内的图书馆经费仍划入本款。1982 年，文化馆、站经费改称群众文化经费。1984 年后，境内文化事业单位陆续开办有偿服务项目，其收入主要用于发展文化艺术事业和职工福利。

1953—1992 年，境内文化事业费支出，为同期财政总支出的 0.83%，占文教科学卫生事业费类的 2.29%。

1993—2000 年，全地区（市）文化事业（含文化、出版、文物）费支出 2980 万元，占同期财政总支出的 0.77%，占文化教育科学卫生事业费的 2.51%。

（二）教育事业费

民国元年（1912 年），教育经费包括教育行政机关经费、公立学校经费和私立学校补助费。民国 2 年（1913 年），划分国家费用与地方费用标准后，教育经费中的中小学由省、县负担。民国 3 年（1914 年），规定联立、县立学校经费，各县自筹，私立学校经费私人集资，地方财政给予补助。民国 6 年（1917 年）后，防区制形成，地方驻军截留收入，财政资金极度困难。民国 11 年（1922 年），四川省决定将屠宰税划作教育经费专款，由于各派军阀截留屠宰税收入用于军费开支，此项专款未能实现。

川陕省苏维埃时期，川陕苏区全部厉行义务教育。开办的干部学校、彭杨学校、党校、妇女学校、工农中学、列宁小学、子弟小学等，全部由苏维埃政府拨给费用。红军家属入校读书实行免费，其书、纸、笔、墨等费用由苏维埃政府资助。

民国 24 年（1935 年）2 月，川政统一，防区解体，全省教育经费由省教育厅统收统支。图书馆经费、文化团体补助费列入教育费内开支。县立学校经费由各县自筹，除沿用旧有学田、庙会产业收入外，余为屠宰税附加、粮税附加、中资捐附加、物产捐补足；私立学校经费由私立学校董事会筹集。是年5月，四川省政府《教育经费独立办法》规定，屠宰税仍作教育经费专款，不敷在契税收入项下补充。民国26年（1937年），省政府决定压缩教育经费，支援抗日战争，中学经费照核定预算七五折支付，教员月薪七折发给。小学经费照核定预算九折支付，教员月薪八折发给。民国28年（1939年），物价上涨，省决定中小学校经费不再打折扣，教员月薪按规定标准支付。民国29年（1940年），教育文化费改为教育及文化支出。是年11月起，给教师每人每月发食米2斗，将区立初小经费纳入县预算。民国31—32年（1942—1943年），每保有一所国民学校。中心学校及保国民学校经费由各县自筹，中央补助部分义教民教经费。教师工薪分四级，月薪为45～55元，另发食米2斗5升，同时将保办学校一律纳入县预算。民国34年（1945年），省政府规定小学教员月薪标准为：中心校校长90元，教导主任85元，教员80元；保校校长80元，教员75元，另每人每月生活补助2.1元，食米4斗。民国35年（1946年），对小学经费按年级定年开支标准，高年级956元，四年级920元，三年级896元，二年级848元，一年级812元。是年10月，公教人员生活补助费基本数增加为2万元左右，加成一百倍，食米仍为8斗。民国36年（1947年）后，因通货膨胀，货币贬值，规定的教员薪俸一律按规定折发黄谷难以兑现。

1951年，教育事业费增设初等教育、技术教育、一般干部训练、特殊教育、幼稚园、体育运动事业费等项。是年，开始实行人民助学金制度。1952年，增设成人初等教育事业费、工农业余教育费、私立学校补助事业费，幼稚园改称幼儿园教育事业费。1951—1953年，中学经费开支包括在小学经费中。1954年，中小学经费分列。1956年10月，小学经费按“差额补助、全额管理”的办法管理。经费来源除以各县随农业税新增的7%附加及学校应收的全部学杂费收入解决外，不足数预算内解决，列入各县财政预算支出。1957年，小学经费开支比1956年增长40.78%。1958年，境内中小学开展勤工俭学活动，开展面小，收入少。1959年，境内中学经费支出增长34.76%。1960年，中学经费支出比1959年增长46.4%。1962年后，小学经费开支逐年上升。1963年，省财政厅、教育厅开始给境内分配中小学危房修缮专款。1961—1963年，中学经费有所下降。1963年比1960年下降38.2%。

1971年后，中学经费逐步增长。1985年，境内中学经费支出增长52.3%。1981—1985年，境内中小学修建、改造危房占危房总面积的80.59%。1986年，省补助革命老根据地和贫困地区中等教育，解决学校校舍维修和教学设备。是年，境内中学经费开支比1985年增长18.8%。1988年，境内各县小学经费开支比1987年增长18.84%。

至1992年，由财政拨款的各类学校，比1954年增长33.89%，教职工增长2.6倍，学生增长1.4倍。1953—1992年，境内各县实支教育事业费占同期财政总支出的24.76%，平均每年递增9.82%。其中，中学经费支出为同期教育事业费支出的32.40%，平均每年递增10.57%；小学经费支出占同期教育事业费支出总数的46.90%。在教育支出经费中教职工工资、补助工资等个人部分开支，占教育支出的50%以上。

1993—2000年，全地区（市）教育事业费86824万元，占同期财政总支出的22.51%。

（三）卫生事业费

川陕省苏维埃时期，红四方面军设有总医院及各军、师分医院，团设卫生队，营设卫生所等医疗单位。医疗单位在治疗住院伤病员的同时，还组织医务人员就地或下乡为农民治病，均为免费。在医院和战斗中牺牲的人员，其衣衾棺木及安葬等费用由苏维埃办理。

民国29年（1940年），境内各县相继建立卫生院（所）。其卫生经费包括经常费和临时费用，并由财政拨款。按规定用于卫生行政为7.4%，训练3.9%，传染病防治5.2%，药械制造与供给为11.7%，城市卫生5.5%，乡村卫生62.2%，临时及其他开支4.1%。县卫生院（所）职员工薪一律按职务发给。其月薪标准：县卫生院院长180元，一等医师120元，二等医师80元，护士长60元，二等护士45元，三等护士、助产士、药剂员、卫生稽查35元，检验技术员、事务员40元，二等助理员20元，三等助理员15元，公差10元，公役8元。各县卫生院月支经费1899元。区卫生所所长100元，公卫护士40元，助理员30元，公役10元。各区卫生所月支经费405元。民国30年（1941年），各县卫生院院长月薪标准为160～360元，卫生分院主任140～360元，医师120～340元，卫生所主任、公共卫生护士60～120元，护士、助产士、检验员、药剂员、卫生稽查50～120元，卫生员25～50元。民国35年（1946年），境内各县卫生支出占财政总支出的比重，巴中县占0.31%，通江县占0.88%，南江县占0.68%。民国37年（1948年），巴中县占0.91%，通江县占1.16%，南江县占1.56%，平昌县占0.82%。

中华人民共和国成立后，卫生事业费按预算收支科目分为医院经费、中医医院经费、农村卫生院补助费、防治防疫事业费、药品检验机构经费、妇幼保健经费、中等教育经费、干部训练费、合作医疗补助、处理群众医疗欠费基金和其他卫生事业费。20世纪50年代初，境内卫生事业费支出少。至1958年，各县卫生事业费支出占财政总支出的1.39%。随着卫生事业的不断发展，至1992年，境内卫生机构职工人数比1953年增长29.11倍，各种卫生医疗机构病床数比1953年增长40.63倍，卫生事业费支出比1953年增长85.48倍，平均每年递增12.12%，在财政支出的比重上升为5.16%。1993—2000年，全地区（市）卫生事业费12706万元，占同期财政总支出的3.29%。

（四）公费医疗费

1950年，境内区以上国家机关供给制工作人员实行药费供给办法，川东三县按每人每月4公斤大米的标准开支，年终向专、县卫生科报销。1951年，专、县卫生院和部分区卫生所成立，工作人员在卫生院和区卫生所诊病治疗，药品费用由医疗机构与卫生部门统一结算，列公费医疗经费报销。1952年7月，扩大享受公费医疗待遇的范围，凡各级政府、党派团体及所属事业单位在编工作人员和残废军人，每人每月1.5元，由财政部门拨给卫生部门统一管理，凭据报销。乡镇地方人员暂不实行公费医疗制度。1953年，公费医疗由卫生部门统一管理，每人每月提高到2元，其中75%发至单位作门诊，25%留卫生部门作住院、转院治疗开支。是年1月起，乡镇干部、小学教职工享受公费医疗。1954年，公费医疗仍执行每人每月1.5元的标准，以⅔作门诊发到单位，其余⅓作住院费，由卫生部门管理，向财政领报。1955年，各县成立公费医疗管理委员会，加强公费医疗经费的管理，每人月均标准1.3元，实际报销执行结果为1.11元。1956年，公费医疗标准仍按人均月1.3元执行。是年，养路养河系统事业机构人员亦享受公费医疗，年终医药费略有超支。1957年，境内各县实行“公费医疗证”，凭证定点就医。1958年，改进公费医疗管理办法，实行门诊挂号费、出诊费由个人负担。在门诊和住院中一切医疗费用90%由国家支付，其余10%由个人负担。是年起，专、县计量机构在地方享受公费医疗。1959年，境内各县停止使用“公费医疗证”，实行“系统掌握，单位管理”的办法。1960年，原由公费医疗病人负担的少量费用，改为个人只负担门诊挂号费和10%的住院费，至于在公社在校革命残废军人、年老退休人员，以及大专院校学生，仍按原规定，全部医药费用由国家公费医疗经费开支，标准每人每月降到1.15元。1961年，因自然灾害，发病率高，公费医疗人均月标准未变，境内公费医疗经费超支严重。1962年3月起，将原规定由个人负担的挂号费、10%的住院费和妇女职工产前产后检查、分娩住院、接生医药费等，改由公费医疗费开支，月标准提高到2元。是年10月起，节育手术费由公费开支。是年，境内开支医疗费，人均月2.03元，比规定标准2元略高。1966年1月起，享受公费医疗人员，门诊挂号费和出诊费由个人缴纳。1966年，实行集中审查医药处方和单据的办法，医药费有所下降，人均月定额1.69元，降低0.31元。

1969—1972年，公费医疗标准为每月人均标准2元，其结果年年超支。1973—1977年，公费医疗标准人均年24元不变。1978年，公费医疗标准定为每人年均30元，实行凭证定点就医。

1980年，境内各县精简机构，撤销公费医疗办公室，由卫生局统一管理，县财政对公费医疗经费实行"预算包干，分级管理，单位个人挂钩，节约留用"的办法，大专生每生全年18元包给单位统一掌握，节余留用，超支不补。实行公费医疗经费定额包干后，取消一切公费医疗证件，患病者以现金到医院看病，不限制医疗单位。境内人均年定额减少5.14%。1982年，各县相继恢复公费医疗办公室，均采取定额包干给单位，超支按工龄或年龄分组，由国家、集体、个人分担的办法，其标准提高到32元。1985年，公费医疗人均开支71.91元，按人均年标准32元提高两倍以上。1986年，部分县撤销公费医疗办公室，人均标准不变，人均开支75.54元。

1987—1988年，公费医疗管理办法基本上为财政直接对单位，采取分片切块，定额包干，结余留用，超支不补。对特殊病人（老红军、离退休人员、二等以上残废军人、癌症、急烈性传染病、工伤等人员）给予适当照顾或凭据报销。1987年，医药费财政负担年人均57.35元，单位负担年人均8.14元，个人负担年人均14.51元。

1989年，境内公费医疗年人均执行定额100元。1990年，人均执行定额109元，平昌县执行定额最低，人均为83.27元。1992年，境内公费医疗经费支出比1991年增长6.37%，人均增加2.23元。是年，推行医疗费医院主管的办法，并在通江县进行试点，将公费医疗经费交由医疗单位主管，实行定点就医，双处方，并对聘任医生实行奖惩等办法。

1993—2000年，全地区（市）公费医疗支出7373万元，占同期财政总支出的1.91%。

（五）计划生育事业费

20世纪50年代初，境内四县开始提倡计划生育。1956年，各县卫生部门在县、区先后建立避孕指导室，配备节育员，其经费列入卫生事业费。1958年，对进行计划生育措施的手术费、药费和住院费用，享受劳保待遇的国家职工和机关干部，一律在公费医疗或企业医药卫生补助费内开支；农村社员、城镇居民、干部职工家属施行计划生育措施，所需手术、医药费可以减免。1964年，单列计划生育事业费。1965年，居民群众施行计划生育措施手术费一律实行免费，手术以外的各项费用，也可酌情减免，因手术失败，需重新做手术的全部费用实行免费，对群众做手术，一律取消证明。是年6月起，女职工分娩所需医疗、住院，包括接生费和产前产后检查费用，分别在劳保医疗和公费医疗中报销。

1971年，各县先后成立县计划生育委员会（简称县计生委），加强计划生育工作。1974年，实行免费供给避孕药具。1978年，各县加强计划生育事业费开支范围和财务管理，进一步明确计划生育经费开支的范围。1979年，计划生育经费由县计生委自行管理，按月向财政部门领报，年终办理决算。

1981年，计划生育经费实行县、区、社三级管理，县财政对县计生委经费实行"包干使用，超支不补，结余留用"的办法。计划生育办公室对区公社计划生育干部的人头经费，按规定计算，对业务费和节育减免费按总人口年均0.1元计算，实行包干。1982年，对无计划生育子女者实行征费，同时对无计划生育子女费的征收、管理、使用范围、具体管理办法、审批权限以及财政、计划生育办公室监督、检查等问题均作明确规定。

1984年，各县通过对区（镇）、乡、街道的经费进行清理表明，80%以上均符合政策规定，其中30%以上用于修建区（镇）乡指导站和购置设备，个别地方乱支乱用现象较为严重。1989年上半年，各县对1985—1988年征收的超生费再次进行全面清理整顿，同时推行按法律程序实施《计划生育条例》的征收兑现办法。

1992 年，达县地区推广巴中县经验，对超生费实行乡统收，区统管，分级核算，计划开支，县专户存储，财政监督的管理办法。平昌县、南江县、通江县也先后实行“乡统收、县统管”。

1993—2000 年，全地区（市）计划生育事业费 4923 万元，占同期财政总支出的 1.28%。

（六）科学事业费

科学事业费，包括科学研究费、计量事业费和档案馆事业费。由各单位直接向财政办理预决算。1958—1992 年，科学事业费合计支出（1968 年无资料）占同期文教科学卫生事业费的 1.17%。1993—2000 年，全地区（市）科学事业费 1163 万元，占同期财政总支出的 0.30%。

（七）其他文教事业费

体育事业费 1957 年，成立专、县体育运动委员会，人头经费在行政支出中列支，体育事业费仅开支少量的竞赛费。1963 年、1965 年，先后分别增设国防体育活动费、军事滑翔训练费，均并入其他体育事业费。1971 年前，各种竞赛活动较少，体育事业费主要开支是业余训练费。1972 年，体育事业费支出下设体育竞赛和其他体育事业费两项。是年起，开展体育竞赛活动增多，地区财政、体委及有关部门对地县级体育运动竞赛经费开支标准进行规定，伙食标准为运动员、教练员每人每天 0.6 元，公杂费每人每天 0.06 元，宣传费 10～20 元。1975 年，恢复一般体育场所经费和军事体育两个项级科目。1979 年，将地区性运动会的伙食标准提高到每人每天 1.3 元。1983 年后，取消军事体育项级科目。1985 年，地区财政、体委修订地县运动会、业余体校学生、专职教练员伙食标准，地县举办的运动竞赛会，运动员、教练员、裁判员、工作人员等伙食标准每人每天 1.8 元，重点业余体校学生伙食标准每人每天 1.3 元；地、县举办的运动会伙食标准每人每天 3.5 元，重点业余体校学生伙食标准每人每天 2.3 元，专职教练员每人每天伙食标准 2 元。1988 年，地、县举办的运动会，运动员、教练员、裁判员、工作人员伙食标准每人每天 4.5 元，重点业余体校学生伙食标准 3.5 元，教练员 2.8 元。1990 年，地区体委、地区财政局对地、县级运动会的运动员、教练员、裁判员伙食标准每人每天调整为 7 元，重点业余体校和一般业余体校的伙食标准，学生调为 4.5 元，教练员调为 3.8 元。1993—2000 年，全地区（市）体育事业费 383 万元，占同期财政总支出的 0.10%。

广播电视事业费 广播电视事业费包括广播电台经费、电视台经费、县广播站经费、其他广播电影电视事业费。1956 年，城乡广播站应采取收取收听费的办法，进行企业化经营。1957 年，各地根据实际需要在行政费预算内适当解决收音站业务费，列“行政业务费”或“党团经费补助”项“业务费”目报销。1964 年，县广播站人员工资、补助工资、职工福利费、公务费、设备购置费、业务费等经费支出，一般实行按喇叭收费自给的方针。1969 年，增设通讯和广播站广播电视事业费，将县广播事业费列入预算，公社广播事业费在预算外资金中解决。1971 年，农村广播建设经费实行“群众自筹为主，国家补助为辅”的原则。根据“谁受益，谁负担，谁使用，谁管理”的建台原则，各地采取多种形式筹集资金，发展广播电视事业。到 1983 年底，各县均建立广播电视局，公社建立广播站。1969—1992 年，境内支出广播电视事业费平均占文教卫生费类的 1.36%。1993—2000 年，全地区（市）广播电视事业费支出 1134 万元，占同期财政总支出 0.29%，占文化教育科学卫生事业费的 0.96%。

党校事业费 党校事业费包括各县党校的人员经费和业务费。1963—1981 年，党校经费未单列，在行政支出类，列行政支出报销。1982 年，将党校事业费从行政支出中划出，改列文教科学卫生事业费类，在党政群干部训练事业费款中，设党校事业费项。1990—2000 年，境内党校事业费不断增加。

四、社会福利类

民国时期，抚恤、救济费列入内务费开支。民国24年（1935年），抚恤、救济费正式列入地方财政预算。

川陕省苏维埃时期，成立“革命互济会”，开展各种互济活动。穷苦农民和红军家属有困难，除组织群众互相救济外，苏维埃政府亦给予补助；红军家属有病，可由红军医院免费治疗，如果死亡，也由当地苏维埃政府帮助殓葬，并帮助照料其家属子女；红军战士因战或工作伤亡者，由苏维埃政府实行伤亡抚恤条例，特别优待抚恤。

中华人民共和国成立后，抚恤和社会福利救济费主要包括抚恤事业费、社会救济福利事业费、自然灾害救济事业费。1953—1992年，抚恤和社会福利救济费占财政支出的比重为5.27%。其中，“一五”时期(1953—1957年)为12.15%，“二五”时期(1958—1962年)为6.87%，国民经济调整时期(1963—1965年)为9.20%，“三五”时期(1966—1970年)为5.15%，“四五”时期(1971—1975年)为4.03%，“五五”时期(1976—1980年)为5.47%，“六五”时期(1981—1985年)为5.39%，“七五”时期（1986—1990年）为5.40%。1991—1992年为4.26%。

1993—2000年，全地区（市）抚恤和社会福利救济费20050万元，占同期财政总支出的5.20%。

（一）抚恤事业费

清末，抚恤费主要是阵亡官兵祭葬银、恤赏银、病故兵丁饷米银、退役兵丁养赡银，均列入兵饷开支。民国初期，财政支出沿清制，仍有孤贫口粮、慈善团体的补助性支出，数额甚微，包括在行政费内，未单独列支。民国6年（1917年），伤亡官佐士兵恤金由原籍征收局就近照额支付。民国24年（1935年），救恤事业经费始纳入地方财政预算，初为“救恤费”，对因公（战）牺牲、病故的军人及政府官员也发救恤费。民国27年（1938年），征送壮丁及出征抗敌军人家属按名发给一次优待谷新量2石，满3月后按季发给稻谷九斗，以3季为止。民国31年（1942年）12月，《在职亡故职员殓埋费暂行办法》规定，职雇员服务1年以上，亡故时由原服务机关发给殓埋费1000元。乡镇保甲人员因执行任务遭遇事变以致死亡者，一次性发给抚恤费，乡镇长400元，副乡镇长360元，乡镇公所各股主任300元，干事及户籍助理干事240元；因执行任务遭遇事变以致受伤残废或心神丧失不能继续服务者，一次性发给恤伤费，乡镇长340元，副保长220元，甲长180元；受伤程度未达残废或心神丧失者，恤伤费减半发给。从民国32年（1943年）1月起，对公务员恤金增加1倍发给。民国34年（1945年），所有先烈及国民党员年恤金按原核定金改为照证书所载数额加2倍发给。民国36年（1947年），公务员抚恤金按原核定金额1000倍发给，每案加发基本数40万元。民国37年(1948年)，公务员抚恤金按原核定金额10万倍发给，每案加发基本数2200万元。

中华人民共和国成立后，抚恤事业费包括牺牲病故抚恤费、残废抚恤费、烈军属复退军人补助费以及其他抚恤事业费。1952年前，各项抚恤补助均以大米折算。之后，提高抚恤标准，从战士或勤警人员至旅长、专员以上，按级别，牺牲发粮食600~2400公斤，病故发粮食450~1800公斤；民兵民工牺牲发粮食600公斤。1953年，抚恤费改以货币按级别发放，从战士或勤警人员至旅长、专员以上，牺牲为140~550元，病故为110~410元。1955年，抚恤标准调为7个等级，从战士到师级（29级至13级）以上，牺牲抚恤180~650元，病故抚恤为150~520元；民兵民工牺牲抚恤150元，病故抚恤120元。1956年，对1933年参加红军牺牲人员进行追恤，其标准是烈士180元，病故和失踪军人抚恤150元。

1965年10月起，为管好用好优抚救济资金，国家用于农村烈军属补助、复员军人补助、残废金、退休金统由农业银行监督支付。1973年，制定抚恤、救济事业费管理使用办法，对使用原则和使用范围均作明确规定。1978年，残废抚恤标准按革命残废军人、工作人员、人民警察，共分三等六级。在职残废抚恤金，从特等至三等因战致残全年为72~24元，因公致残为62~20元；在公社残废抚恤金因战致残520~80元，因公致残480~80元；在职参战民兵、民工为72~36元；在公社参战民兵民工残废抚恤金为460~80元。1979年，调整军人、机关工作人员、参战民兵民工牺牲、病故抚恤金，标准是参战民兵民工牺牲470元，病故370元；班长、战士、工勤人员牺牲500元，病故400元；连排职或21级以下干部牺牲550元，病故450元；营职或22级以上干部至团职或14级以下干部牺牲600~650元，病故500~550元；师职或13级以上干部牺牲700元，病故抚恤600元。

1980年，对农村、城镇居住的优抚对象，每月增加定期补助4元；对越自卫还击战中牺牲的现役军人、支前民兵民工等人员的家属，增发抚恤金300元；对国家机关、事业单位工作人员死亡后的遗属，每人每月增发补助费2元。1983年，对在公社的特一等残废人民警察、残废工作人员，参照在公社特一等残废军人发给护理费。1984年4月，提高革命烈士一次性抚恤金，班长、战士级为2000元，连排职或21级以下干部2100元，营职或19级至20级干部2200元，团职或15级至18级干部2300元，师职或14级以上干部2400元。是年6月，调整革命残废人员抚恤标准。是年12月，对西路红军老战士每月发给40~30元补助，因战致残者可发给残废抚恤金。

1985年，对革命烈士家属、因公牺牲军人家属、病故军人家属发给定期抚恤，烈士家属及因公牺牲军人家属居住在农村的每月20~25元，居住小城镇的每月30~35元，居住大中城市的每月35~40元；病故军人家属居住农村每月15~20元，居住小城镇的每月25~30元，大中城市的30~35元。是年7月，调整军人、机关工作人员、参战民兵、民工因公牺牲、病故一次性抚恤，按牺牲时的20个月工资计发抚恤，病故的按10个月工资计发；被军委或大军区授予模范称号的军人，因公牺牲或病故，增发应领一次性抚恤金的1/3；荣立二等功以上军人，因公牺牲或病故，增发应领一次性抚恤金的1/4。离退休军人、机关工作人员牺牲、病故也按上述规定执行。对复员退伍军人定期定量补助和光荣院收养人员生活费补助，每人每月均提高3元。是年12月，调整革命残废人员生活补贴，特一等每人每月12元，二等6元，三等4元。

1986年，对年老、体弱、多病、丧失劳动能力的复员军人扩大定补面，提高补助标准，在城镇的平均每人每月15~25元，农村12~18元。1987年1月，增加在乡红军老战士生活补助费，每人每月10元。是年4月，又调整襄渝铁路西段民兵民工伤亡待遇，对全部丧失劳动能力，领原工资75%以上残废补助费的，每人每月增加10元；领原工资60%的，每人每月增加8元；领原工资10%~30%的，每人每月增加6元。对全部丧失劳动能力，领原工资75%以上残废补助费的，每月发护理费20元，最多不超过30元。

1988年1月，再次提高革命残废人员抚恤补助，在乡因战致残三等乙级至特等全年领抚恤272~1200元，因公致残三等乙级至特等为272~1100元；在职因战致残三等乙级至特等为90~240元，因公致残三等乙级至特等为82~216元。全年境内抚恤事业费支出占抚恤和社会福利救济费总数的48.3%。1989年10月，调整部分优抚对象抚恤补助，对烈属、因公牺牲和病故的军属（简称“三属”），抚恤金每月增加15元，家居农村的烈属和因公牺牲的军属每月不低于35元，小城镇的不低于45元，大中城市不低于50元；病故军人家属在农村的不低于30元，小城镇不低于40元，大中城市不低于45元。“三属”中的孤老对象抚恤金标准加发5~10元。在乡退伍红军老战士调整后每人每月补助不低于85元，在乡西路红军老战士每月补助不低于60元，红军失散人员不低于25元。在乡复员军人生活补助面扩大10%。

1990年，境内抚恤事业费支出占抚恤和社会福利救济费的51.9%。1992年，为解决在乡西路红军和红军失散人员生活补助偏低的问题，达县地委决定，人均月增加10元。全年境内抚恤事业费支出占抚恤和社会救济费类的 49.3%。1951—1992 年，境内抚恤事业费支出为抚恤救济费类的 39.05%。

1993—2000 年，全地区（市）抚恤事业费 10598 万元，占抚恤和社会福利救济费类的 52.86%。

（二）社会福利救济事业费

民国时期，境内救济费主要用于救灾、兵祸、收容等项开支。民国 24 年（1935 年），救恤事业经费始纳入地方财政预算，境内各县成立赈济委员会，专管发放赈款救济赤贫及灾民之事宜。

中华人民共和国成立后，社会福利事业费，包括农村社会救济、城镇社会救济、精减退职老弱残职工救济、社会福利事业、社会残疾人福利事业、殡葬事业、收容遣送费等。1952 年前，农村、城镇救济均发放大米，重点照顾贫困的鳏、寡、孤、独、断粮户和严重缺劳户，按家庭人口数，发粮 25～60 公斤，用于春荒、夏荒和冬季的衣被口粮救济。1954 年，组织互助组合作社后，对农村贫困户救济，主要是补助生产资料款，解决耕牛、肥料、农具等；对城市困难户的救济标准，以能够维持城市一般居民生活水平为原则。1956 年，农村社会救济支出占社会救济支出的 92.89%。1979 年，因定补标准不断提高，供养人员增多，社会救济福利支出为社会救济总数的 78.12%。1980 年，贯彻"资金自筹，集体帮助，国家贷款和救济"的办法，支持困难户发展种植、养殖业和多种经营，帮助贫困户脱贫致富。

1951—1992 年，境内社会救济福利支出占抚恤和社会福利救济支出的 23.37%。1993—2000 年，全地区（市）社会福利救济费支出 1998 万元，占抚恤和社会福利救济费类的 9.97%。

（三）自然灾害救济事业费

民国 24—26 年（1935—1937 年），境内各县连续遭受水灾和旱灾，省政府规定，公务人员和军队官佐捐薪助赈，简任和将官捐三日所得，荐任和校官捐二日所得，委任和尉官捐一日所得，同时停征田赋 4 个月。民国 31 年（1942 年），通江县遭旱灾，通江县政府请准省政府将民国 30 年（1941 年）县征购粮留县救济贫民，并组织征募寒衣。

1959 年，自然灾害救济费主要解决灾区的口粮和重灾人民公社敬老院的救济。1961 年，由于遭受一年严重自然灾害的影响，境内自然灾害救济费支出占优抚救济费支出的 60.93%，主要解决灾区急需的口粮、寒衣和治病等困难。1962 年，除拨自然灾害救济款外，增拨医药救济专款。1965 年起，灾区医药救济费统一拨由民政部门安排管理，主要用于水肿、子宫脱垂、闭经、小儿营养不良（简称"四病"）和灾区群众患病所需医药费减免补助，医疗机构治疗"四病"，一律收费。受 1976 年旱灾和 1977 年春荒影响，1976 年、1977 年两年支出自然灾害救济费比 1975 年前 10 年的支出多 96.39%。1982 年，拨春荒救济口粮救济和扶持部分福利企业革新改造。除特困户和少数无力偿还的贫困户实行无偿救济外，其余均实行签订合同有偿救济，限期收回作救灾扶贫周转基金使用。

1950—1992 年，境内自然灾害救济费支出占优抚救济总支出的 27.22%。1993—2000 年，全地区（市）自然灾害救济费支出 3673 万元，占抚恤和社会福利救济费的 18.32%。

五、其他支出

民国 24 年（1935 年），财政其他支出中主要有杂项支出、协助费、债务费、预备费和预算外临时支出等项。之后，相继增列损失支出、普通协助及补助支出、营业基金支出、分配县市国税支出。民国 29 年（1940 年），对补助地方公私团体的各项经费，改按各被补助单位的性质，分别归并到有关费用开支。

中华人民共和国成立后，地方财政支出中的其他支出，主要有其他部门的事业费和其他支出两部分。1954—1992 年，境内其他支出类占同期财政总支出的 3.36%，其中，"一五"时期（1953—1957

年）占财政总支出0.3%为最低，“七五”时期（1986—1990年）占同期财政总支出4.6%为最高。1993—2000年，全地区（市）其他支出3834万元，占同期财政总支出的0.99%。

1993—2000年巴中财政支出分类

表17—13 单位：万元

年度	经济建设类							
	小计	固定资产投资支出	企业挖潜革新支出	简易建筑费	科技三项费用支出	支援农业生产支出	农林水气象部门事业费	支援不发达地区发展资金
1993	3890	350	451	2	11	1667	1324	85
1994	9675	2477	322	11	59	1981	2065	2760
1995	6254	2152	52	14	56	1439	1919	622
1996	6035	1742	62	27	88	1640	2212	264
1997	7857	1868	460	43	90	1827	2037	1532
1998	8537	2796	62	54	189	1919	2249	1268
1999	12466	5039	250	—	192	2038	2658	2289
2000	15872	6330	1339	—	315	1779	2773	3336
合计	70586	22754	2998	151	1000	14290	17237	12156

1993—2000年巴中财政支出分类

续上表17-13

年度	文教科学卫生事业费												
	合计	教育费	科学	文化	出版	文物	档案	广播电视	党政群	体育	卫生	公费医疗	计划生育
1993	9441	6865	76	149	28	49	25	103	78	31	1090	621	326
1994	13870	10191	120	245	30	94	28	134	89	51	1571	865	452
1995	13226	9814	126	203	9	91	32	114	105	47	1573	686	426
1996	14326	10542	110	239	11	120	33	178	91	56	1601	821	524
1997	15495	11339	155	306	10	162	32	164	97	52	1636	909	633
1998	16186	11663	193	224	11	112	45	159	100	60	1745	1002	872
1999	17161	12608	207	302	12	103	58	114	56	51	1656	1193	801
2000	18804	13802	176	397	—	73	58	168	96	35	1834	1276	889
合计	118509	86824	1163	2065	111	804	311	1134	712	383	12706	7373	4923

第三章 财政管理

第一节 财政管理体制

民国初期，境内各县地方性开支依靠田赋附加和其他杂税杂捐，不足部分自行摊派解决。民国17年（1928年），国民政府公布国家和地方收支的暂行标准，对省、县收入划分没有明确规定，辖内各县实行以支定收的办法。川陕省苏维埃时期，苏维埃政府坚持财政统一收支，并规定一切钱、粮、物资必须统一集中，统一支配。财政支出实行节省的方针，对粮食、盐巴、燃料等严格按人计算。省、县、区、乡设立财经机构或专人负责财政经济工作，并设有审查委员会监督审查各级的收、支的财经机构。

民国31年（1942年），全国财政收支按照国家财政与自治财政两大系统划分。自治财政以县为主体，包括县以下各级地方自治团体和区各（镇）在内。民国35年（1946年），实行中央、省、县三级财政管理体制。

20世纪50年代初，财政管理权限集中在中央，各项财政支出，除地方附加粮（款）外，由中央按时拨付。境内各县财政收入全解川北行政公署，县财政各项支出全额实行报账制。1952年9月，川北行政公署撤销后，各县财政直属省财政厅管理。1958年，改进地方财政管理体制，境内各县分批建立乡镇财政，属县财政的组成部分，由县委托区代管，采取划分收支项目，总额控制，收支包干，一年一定，年终超支结余分成的管理办法。1959年，专区对各县的财政管理体制，按照省对专区实行“收支下放、计划包干、地区调剂、总额分成、一年一变”的管理办法实行。各县的留解比例按收支数的差异确定不同比例。上缴县年终收入超收，按同比例留解，补贴县超收全留、支出结余全部留县，收入短收和支出超支，由县自求平衡。同年，凡公社应上缴的财政收入和应当国家开支的经费，与公社财务分别进行管理，实行收支两条线。

1960年，对公社财政实行“收支挂钩，比例留解，超收分成，结余归社”的管理办法。1962年，财政收入划分改为固定收入和总额分成收入两个部分。财政支出将基本建设支出、支援人民公社支出、退赔补助费、企业“四项费用”、增拨流动资金、特大灾荒救济、抗旱防洪经费等列为省专案拨款，不参与总额分成，不列入计算收入分成支出基数。1964年，取消各县固定收入的划分，实行“总额分成、一年一定”的办法，不再采取固定收入和多种比例分成。各县的超收应得的分成部分，原则上留归各县。1962—1964年，区社财政改为“划分收支项目，总额分成，一年一定指标”。1965年，恢复“总额分成加小固定收入”的办法，固定收入部分划出城市房地产税、社队电话收入，用于当地专项支出；划入原属于总额分成收入的地方商业收入（饮食服务企业收入）作为固定收入，其余各项收入均参与总额分成。支出除特大自然灾害救济和城市人口安置经费外，均作为计算分成的基数。1968年，管理体制改为“收归收，支归支，收支分别算账”的统收统支办法，年终结余留归县。

1970年，实行“定收定支，总额分成”办法，将城市房地产税纳入参与总额分成的收入，将城市人口下乡安置费支出改为专案拨款。1971年，实行“定收定支，收支包干，保证上缴（或定额补贴），超收分成，结余留用，一年一定”的办法。1974年，实行“收入按固定比例留成，超收另定分成比例，支出按指标包干”的办法。1976年，再次改为实行“定收定支，收支挂钩，总额分成，一年一定”的管理体制。按照划分的收支范围和核定的收支指标总额，确定总额分成比例为留地89%，解11%，超收部分的分成比例为留地50%，解50%。1978年，将车船使用牌照税、城市房地产税、屠宰税、牲畜交易税、集市交易税等五种地方税收为县的固定收入，不再列作总额分成。地区的总额分成比例调为10%，超收分成比例留50%未变动。1965—1978年，区社财政实行“收支报账制，单据留区存档”，财政、税务机构合并，区社财政由税务所管收入，区社财粮管支出。

1980年，各县实行“收支挂钩，增收分成”的管理体制，即支出与收入挂钩，实行比例分成。同时按当年实际收入比上年增长的部分实行增收分成，增长分成比例县留65%，解35%。1983年，境内各县全面实行“划分收支平衡，分级包干”的管理体制。按照“分级承担上缴中央任务，确定收支基数，定额上交（或补助），增收分成，一定三年不变”的办法。1984年，境内各县相继建立区、乡财政所，专管财政收支，实行“划分收支，预算包干，超收分成，结余留用，超支倒挂，一年一定”的管理体制。1985 年，境内各县实行“划分税种，分级包干”的财政管理体制。地区对境内四县实行总额分成，支大于收的部分给予定额补助，收入增长全留。1987 年，辖内各县对行政事业单位实行“预算包干，结余留用，超亏不补”的管理办法，对区乡实行“定收定支，超收分成，短收承担，一年一定”的管理办法。1988 年，财政体制改革，实行“分灶吃饭，收入递增包干，自求平衡，一定三年”的管理办法。1990－1991 年，进一步完善财政监督管理体制，各县对区财政所实行“超收全留，短收自负”。重新实行“核定收支基数，递增包干，超收全留，短收自负，一定三年，分级包干”的财政管理分配制度。1992 年，境内四县增强财政对企业的宏观调控，微观管理。

1993 年起，全地区各级财政部门帮助和指导企业理顺关系，健全制度，强化管理，提高效益。

1994 年，全地区四县（市）执行“分税制”与“核定基数，收支包干，超收全留，短收自负”分级包干制相结合的双轨运行机制，采取“包区、包项目、包发展”。

1997 年，四县（市）结合地区内商品流通企业的实际，制定和实施商贸企业内部财务基础工作实施办法。首先对厂长（经理）和企业财会人员进行培训，并选择基础较好的企业，具体指导，树立样板。

1998 年，四县（市）施行财政体制坚持“统一领导，分级管理，事权与财权相结合”的原则，实行一级政府，一级财政，一级预算，提高资金使用效益，实施“六统一、一监督”的“一站式”服务。深化和完善乡镇财政管理体制，对乡镇财政人员以条管理为主，条块结合的管理模式。创建村级财管理经运行机制，各县（市）在村级建立财经管理小组，进一步加强村级民主政治建设和民主财务管理工作。

2000 年，全市大力推进财政管理体制改革，狠抓财源建设，加强财政管理，建立财政工作联系制度，按时完成财政直接支付职工工资任务，积极推行政府采购制度。四县（区）继续实施乡镇财政“一定三年，乡事乡办，乡财乡理”的财政管理体制。

第二节　财政预算管理

民国 24 年（1935 年），县级财政初步确立。境内各县相继实施预算管理，建立一级预算制度，划分收入项目。民国 29 年（1940 年），实行新县制，建立自治财政，划分县、乡收入，县预算收支体系形成。民国 31 年（1942 年），境内各县自治财政预算收入项目有税课收入等 12 项，预算岁出有行政支出等 16 项。

20 世纪 50 年代初，辖内各县各项财政支出，除地方附加粮（款）外，全部纳入统一的国家预算，由中央按时拨付。1952 年 9 月，川北行政公署撤销后，各县各项收支列入省级预算。1953 年，境内四县成立一级总预算。各县政府就其本级及下级政府的岁入和岁出预算为附属单位预算。县属区、乡（镇）的预算收支，列入县级预算。同时，县级企业纳入县级预算管理。1956 年，省人民委员会将各县预算控制指标总额，按专区具体分配到所辖各县。各县预算收入划分为三类，即固定收入照现行体制不变；固定比例分成收入为工商业营业税、工商业所得税、农业税均留县 10%；调剂分成收入，有公债收入留县 40%。年终结余转作次年预算收入，由省统一安排抵作次年支出。1957 年，境内各县总预算实行“总额控制，收支包干”的办法，即对核定的收支任务包干负责，保证完成，实现收支平衡，略有结余。1958 年，实行以专署本级预算和所属县总预算为基础，组成专区预算。

1968 年，各县预算收入全部上缴，各项支出按分配预算由地区拨款，年终结余留归县，地方基本建设投资按实际支出列报决算。

1971年，实行预算收支指标经核定后，收大于支的包干上缴（按绝对数包干，不再按比例计算），支大于收的按差额数包干给予补助。上缴或补助数额确定以后，一般不作调整。支出结余全部留归地县安排。地区对县超收部分县留25%。1974年，地区按收入决算总额的3%固定比例留成，地区留1.65%，留给县1.35%。支出包干使用，结余归地区，超支自行弥补。

1980年，根据省政府印发的《四川省文教科学卫生事业单位，行政机关“预算包干”的试行办法》，在全额预算管理的行政事业单位中，全面实行“预算包干，结余留用，超支不补”的管理办法。1979—1982年，区社财政恢复“收支报账制，行政经费预算包干”，预算管理实行“定收定支，收支挂钩，超收分成，结余留用，一年一定”的办法。1983年，境内各县包干基数以当年财政收支预算数为准，支大于收的部分，由地区给予定额补助。1985年，境内各县实行在收支范围内，预算收大于支的定额上解，支大于收的定额补助，“一定五年不变”。1987年，境内各县对行政事业单位实行“预算包干，结余留用，超亏不补”的管理办法。

1990—1991年，各县对区财政所预算管理采取将公、检、法、司、工商、农技、农机等部门区乡工作人员全部下放区乡管理支出。1992年，境内四县开展税收分流试点，将预算外资金全部纳入预算内管理。

1993年起，全地区四县（市）财政预算管理实行“包”（经费定额包干），“减”（减少费用支出），“断”（清理不属于财政开支人员经费断绝支付），压缩开支。通江县共压缩支出100余万元。

1994年3月，《中华人民共和国预算法》颁布后，全地区开展广泛宣传学习，强化预算约束机制，促进财政工作规范化、法制化。

1996年，全地区坚持一级政府一级财政一级预算，执行平稳预算的预算管理规定。四县（市）除平昌县留有少量赤字外，其余均为平衡预算。坚持量入为出、适度从紧的原则，积极推行零基预算，使预算收入有来源，不过头；预算支出达适度，有增长；执行过程少弹性，硬约束；执行结果趋平衡，效益好。同时，执行“分税制”财政预算管理体制，严格中央、省、地、县财政收支范围，做到应收尽收。培育财源，增加新的财源增长点，努力促平消赤，实现财政收支平衡。全地区消化当年预算财力差额5507万元和1995年财政赤字223万元。

1998年，四县（市）全面推行零基预算和财政内外综合预算，实行一级政府，一级财政，一级预算，提高资金使用效益。加强预算外资金管理，清理规范单位预算外资金账户，撤销不符合规定的账户93个，全地区预算外资金18619万元，纳入财政专户管理的16960万元，财政专户管理率达91%。

1999年，加强预算外资金管理，对各单位的账户清理归并，严格财政专户管理，专户率达99%。

2000年，全市四县（区）继续实行“全额管理，核定收支，比例调整，综合平衡”的预算管理办法。

第三节　财政监督管理

川陕省苏维埃时期，苏维埃政府制定各种规章制度和财经纪律，反对营私舞弊，浪费公物，厉行节省，反对贪污。加强财政监督，发动人民群众进行舆论监督。各级设立监察委员会，处理各种典型案，进行法纪监督。

中华人民共和国成立初，境内各县政府设财政科，加强财政监督管理。1979年，境内各县恢复成立财政局后，进一步加强财政监督管理工作。

20 世纪 80 年代，境内各县先后建立区、乡财政机构，各级财政部门制定各项规章制度，明确工作职责，切实加强财政监督管理。

1993 年，巴中地区成立后，全地区加大税源培植和征管力度，层层建立财政收入目标责任制，狠抓财源调查，调整征管力量，加大“促产培源”力度，帮助企业扭亏增盈。

1994 年，对全地区 1992—1993 年度财政支农周转金进行检查，组织自查工作组 9 个，自查单位 52 个（包括用款单位），自查率 100%。其中，在巴中市（县级）、通江县财政支农周转金检查中，查出违纪违规资金近 20 万元。是年，巴中资产评估事务所评估项目 23 个，清产核资价值重估项目 8 个，出售国有资产评估项目 2 个，股份改造项目 6 个，抵押担保项目 2 个，法律事务所项目 2 个，其他项目 2 个，评估资产账面原值 15923. 15 万元，评估后价值 23678. 35 万元，增值 7755. 2 万元，增值率 48. 7%。对全地区改制企业中的 58 户国有企业实施国有产权界定，累计界定生产性国有资产 5000 多万元，非生产性国有资产近 2000 万元。同时，对全地区 293 户国有企业和 1722 户行政事业单位进行产权登记，并分别颁发产权登记证书。1992—1994 年，全地区组织区、乡（镇）财政检查工作组 36 个、人员 587 人，检查资金 27250 万元，查出违纪违制金额 383 万元，收缴入库 81 万元，调整账目 143 万元。对群众来信来访反映强烈的行业不正之风，增加农民负担、乱收费、乱罚款、乱摊派、挪用公款、行贿受贿、大吃大喝等热点、难点及呼声较高的问题进行监督检查。

至 1995 年 4 月，全地区对应登记的 325 户国有企业，进行年检登记。其中，企业部门 76 户，占用国有资产 14084 万元；建筑部门 3 户，占用国有资产 23 万元；交通部门 4 户，占用国有资产 262 万元；房产企业 3 户，占用国有资产 141 万元；商、粮、贸、物质、医药 185 户，占用国有资产 4499 万元；其他企业 54 户（含农林水文卫企业单位），占用国有资产 8034 万元。全地区国有企业登记年检后，占用国有资产 27043 万元，比 1993 年增加 7797 万元，增长 33. 23%，实现国有资产的增值。

1996 年，切实加强控制集团购买力，严格控制亏损企业、无编机构购买小汽车等控购商品。组织检查机关企事业单位违控现象，处理违反控购政策案 33 件，收取罚没资金 48 万元。1994—1996 年，对全地区 1860 个会计核算单位进行全面普查，单位自查面达 100%。在重点检查中查出违纪金额 2000 万元，按照有关规定进行严肃处理。在整顿工作中，新颁发“会计证”1700 人，验证 2000 人。完成全地区 317 户国有企业的清产核资工作，核实资产总额 222846 万元，国有资本金 38117 万元，核实各类损失 22786 万元，各类资金挂账 41487 万元，资产净值增加 28299 万元。对清理出的历史遗留问题的损失、亏损均进行逐户检查，配合同级财政进行核销和处理。用国有公积、评估增值额、资本金等累计处理近 3 亿元的损失、亏损。

1997 年，全地区 5 个评估机构评估项目共 115 项，账面净资产 17690 万元，评估值 31323 万元，增值 77. 1%。圆满完成行署驻渝办事处整体资产评估、巴中市（县级）江北电网资产评估、通江县林业化工厂整体资产评估、地区水电物资供应公司破产评估清算、交通路桥公司资产评估、行署驻海口办事处国有资产现状调查及处置建议等。完成全地区 238 户国有企业单位产权登记、年检，并颁发产权登记证书。对 1700 多户行政事业单位的资产进行清理入账，并核发行政事业单位产权登记证书。依据有关政策，对巴中市（县级）轻机厂改为责任公司的产权归属、通江县丝绸公司、平昌县乡镇企业供销公司、巴中市（县级）百货公司等 10 宗案件进行界定调处。

1998 年，加强票据管理，全地区统一实行《财政专用票据领购制度》，做到以票管费。改进和完善饮食、娱乐业定额发票管理办法，收入达 948 万元，同比增长 40. 1%。从严审核各种政策性减、免、退税和提退手续费，全地区共审核剔除多报减免退税及多提手续费 45 万元。深入推进企业财务监督工作，组织地区会计师事务所、审计事务所对地级商贸企业 1997 年度财务决算报表进行全面审计，并对审计报告中披露的问题进行检查核实，针对企业存在的具体问题，及时指导企业健全财务管理办法，规范会计核算制度。深入开展会计基础工作规范化活动，加强行政企事业单位会计监督，清理、查处和纠正个别建假账、做假账、虚报盈亏等会计信息失真行为。至是年底，全地区有资产评估机构6个，共有评估执业人员66人，其中注册评估师6人。批准立项的达183个，评估账面资产原值2．9亿元，评估现值3.88亿元，增值35%。对全地区10余起国有资产流失案件进行查处，为国家挽回损失200余万元。对地级和县（市）行政、事业单位公用电话、住宅电话的情况进行清理。通过清理，全地区659个乡以上行政机关、事业单位共清理出公费安装住宅电话1465部，有621部均折价处理，收回资金50余万元，不符合条件的住宅电话348部，折价处理转达私话，收价款24万元，清理公费配备移动电话908部，将317部折价转为自费电话，收价款56万元；处罚4名干部、2.6万元，批评教育6人；全地区年减少话费支出达240万元。1997—1998年，全地区全面开展城镇集体企业清产核资工作，参加清理的户数共434户，清理结果资产总额63598.7万元，各类资产损失10932万元，各类资金挂账7322.6万元，清查出有问题的长期投资133.1万元，净资产增值1278万元。按照损失处理原则，对150户企业自行调账处理354万元，上报税务部门批复数6100万元，减轻企业包袱。

1999年，加强票据源头控制，地区、县（市）均建立统一收费大厅，实行部门开票、大厅收款、财政统管的票款分离、罚缴分离的收缴办法，建立定期报告和全方位监管制度。制发《巴中地区财政局关于建立内部监督检查制约机制的暂行规定》，推进财政监督制度化、法制化、规范化、科学化进程，重点检查地方税收征管质量、国库管理和专项资金管理质量，并对重大支出项目跟踪检查。清理和控制基层政府债务，结合农村合作基金会的清理整顿工作，对全地区基层政府的债务进行全面调查，各县（市）提出具体化解方案，落实债务责任和还债资金来源。同时，指导企业建立和完善企业内部财务管理办法，完善各项管理制度。进一步建立财政对国有企业有关重大财务事项的备案制度和审批制度，加强资产管理和费用开支。通江县针对部分企业“大手大脚”、“大吃大喝”的情况，会同县级企业主管部门对企业招待费超过制度规定限额的单位法定代表人实行扣减工资的处罚措施。1996—1999年，全地区委托资产评估中介机构评估各类改制的企业267户，评估账面资产原值35亿多元，评估后重置完全价达45亿元多元，增值达30%。

2000年，全市开展收费项目清理，健全票据管理制度，清理和规范单位预算外资金银行账户，对全市496个单位的行政事业性收费全面实行“单位开票、银行代收、财政统管”办法，取消不合理收费项目15个，重新核定收费项目11个，暂停整改项目8个。先后印发《关于进一步加强财政监督检查的整改意见》和《关于建立内部监督检查制约机制的暂行规定》。对市级房改资金、住房公积金、电力建设资金等专项资金以及市燃气公司、市经贸委等单位的财务收支情况进行检查，审理定案违纪金额20余万元，收缴3.25万元，处罚款1.42万元。对17户市级行政事业单位开展预算外资金检查，审理定案违纪金额150余万元，收缴28.46万元，罚款7.24万元。对市、县（区）256户国有企业和1700余户行政事业单位的资产进行年度审核和重新登记。加强财务制度建设，完善《行政企事业单位费用报销审签管理办法》，明确各种费用报销标准及程序，建立三方会签（经办人、证明人、单位领导）和大额支出领导集中审签制度。规范各种会计行为，全市有1352人参加“会计证”资格考试，298个单位办理建账监管手续，114个单位对不合格的会计人员进行撤换。对13户市级企、事业单位开展新《中华人民共和国会计法》执行情况检查。

巴中市志

第十八篇

税务

民国初期，境内赋税沿袭清制。之后，田赋改丁粮为正税，各项津捐并为附税，各县征收局征解的税种达24种。

川陕省苏维埃时期，川陕省苏维埃政府财政经济委员会下设工农税务总局，各县设工农税务分局，县以下的区和大的场镇分别设税务所或税务分所。颁布了《川陕苏维埃税务条例（草案）》，实行统一累进税，征税对象主要是地主、资本家，对贫苦农民实行税收优惠。同时，规定了税目及税率标准，其税种有特种税、营业税、入口税、出口税等。

20世纪50年代初，中央人民政府政务院发布《关于统一全国税政的决定》，颁布《全国税政实施要则》，全国统一14种税。建立多种税多次征的复税制，简化税目，降低税率，减少纳税环节，改进征收方法，简化征收手续。境内各县相继成立县政府税务局，主要区镇成立查征所或税务所，开始税收工作。1955年，各县成立税务局，健全税收机构，充实人员。1958年，各县撤销税务局，同财政科合并成立财政局，合并税种，试行“工商统一税”。1961年，各县陆续恢复县税务局，各区财政所改为税务所。1970年，各县税务机构再度撤销，与财政合并，成立县财税局革命领导小组，县税务局划为税务组，各区税务所更名为财税所。1973年，各县执行中央简并税种，将工商统一税改为工商税，营业税并入工商税。税目由108个简化为44个，税率由141个简化为83个。1979年，恢复各县税务局，各区成立税务所，充实企业和农村税务专管员。1983年、1984年，先后进行两次“利改税”改革，分解、保留、恢复和新设11个税种，税收的经济杠杆作用得以充分发挥。

1993年，巴中地区税务局成立，全地区开征的工商税共计32个税种。1994年9月，地区、县（市）税务局分设为国家税务局和地方税务局。全面实施新税制，建立新的税收征管模式，推行税收征管、税收会计核算改革。至2000年，全市国税系统严征细管，严格执法，应收尽收，坚持税收改革和发展服务地方经济建设，充分运用各项税收优惠政策，为全市经济发展和社会稳定服务。地税系统探索地方税收征管新路，深化城区和农村税收征管改革，全面推行个体工商户公开评税和农村税收征管模式，探索出山区农村税收法制化、规范化的新路。

第一章　税制·税种

第一节　流转税类

一、产品税

境内产品税税目主要有烟、酒、茶、矿、油、糖类等。民国初，裁撤厘金时开征卷烟税，包括洋烟及卷烟。民国2年（1913年），矿税移交国税厅筹备处，县课征事务由征收局兼办。民国5年（1916年），对土产烟酒实行公卖制度，洋烟办纸烟捐特税，洋酒办机制酒贩卖税，其后卷烟洋酒先后改征统税。是年，矿税开始以矿区面积计算按年征收。至民国10年（1921年），巴中县烟酒税和公卖费合并征收。民国14年（1925年），矿区区税归实业厅办理，矿产税仍由财政厅主办。初由征收局征解，后由招商承包。民国23年（1934年）10月，工商税中划出工业类、农业类、林业类、牧业、水产品采购类组成产品税。民国27年（1938年）7月，茶税改办营业税，由县营业税局办理。是年11月，酒类加征五成。民国30年（1941年）9月起，按《国产烟酒类税暂行条例》，各种货物税的应税产品，一律由产地从价计征，加贴印照。民国32年（1943年），植物油税归入货物类税征收。境内红糖税税率调为25%征收。民国33年（1944年），红糖税税率征收提高到30%。民国34年（1945年）10月，将烟税分为烟丝税和烟叶税。民国35年（1946年），产品税改为货物税。红糖税税率征收调为25%。民国36年（1947年）7月，烟丝税率由原20%提高到30%，火酒税率由原60%提高到80%。按国民政府《矿产税条例》规定，凡国内出产矿产物，除另有规定外，无论公用军用一律征收矿产税。民国37年（1948年）2月，烟丝税率提高到80%，火酒税率提高到100%。

1950年，境内红糖、饴糖按30%的税率征收。1951年，中央人民政府政务院公布《货物税修正条例》，烟叶按其收购总额计征，按销售金额的40%计征。土酒税率80%。油税在粮油部门验收时纳税，由查定征税逐步发展为查账征税。煤、生铁均按3%的税率征收。1952年7月，毛茶按成品固定征收标准计税。1953年4月，调整茶叶货物税征收税率，起运时由收购方纳税。是年，烟叶按销售金额的50%计征，并归入商品流通税内征收。生铁纳入商品流通税。1955年，调整税率，按红糖35%，白糖30%，桔糖30%，饴糖25%的税率征收。1958年，油税、矿税并入工商统一税内征收。糖类归并为货物税。1979年，产品税被增值税和消费税兼并。1984年9月，境内油税类归为工业产品税，分气体类和成品油类。茶税被增值税兼并。1993年10月，产品税暂停征收。1994年9月，烟酒税并入增值税。

二、增值税

1979年，境内开始试点征收增值税。1983年1月，正式在部分机械行业中征收增值税。征税范围仅限于机器及其配件，农机具及其配件、缝纫机、电风扇、自行车等5种重复征税。1984年9月，《中华人民共和国增值税条例（草案）》颁发，增值税税目12个，税率为6%~16%，共6个档。增值税实行基本税率17%，低税率13%和零税率等3档税率。之后，《中华人民共和国增值税条例草案》，规定甲类产品采用“扣额法”，乙类产品采用“扣税法”。境内各县对机器、农业行业的、钢材、自行车、缝纫机、电风扇、西药等甲、乙两类12个税目试行增值税。1985年，对丝织品、棉织布等开征增值税。1986—1988年，进行三次扩大试行范围。1989年，在纺织、有色金属行业及轻工“三个产品”进行“价税分流，扣税法”试点。

1990年，增值税扩大到31个税目，占工商税收的15.36%，成为主体税种。1993年11月，国务院颁布实施《中华人民共和国增值税暂行条例》后，全地区认真贯彻执行。1994年，将增值税征收范围扩大到全部工业品，并延伸到商品流通领域。同时，增值税税率进行简并后，由原12档税率并为17%、13%和零税率。是年6月，增值税一般纳税人向小规模纳税人购置的农产品，视为免税农产品，按10%扣除率计算进项税额。

1996年1月，凡进行商品批发和零售的小规模纳税人，增值税税率由6%调为4%。1998年7月，对一般纳税人认定标准调整为账务健全，核算准确；商业企业前三年应税销售额超过180万元的，可按其前三年的平均应税额确定，商业以外的企业应税销售货物所支付运输费用，根据运输费用结算单据所运输金额，以7%的扣除率计算进项税额准予扣除。

1999 年 8 月，对棉花经营单位（一般纳税人）向农业生产地购进纳免税棉花可根据收购凭证，注明以购金额按 13% 的税率计算进项税额。到 2000 年，全市征收的增值税税目有中央地方共享税、进出口税、涉外税，实际巴中市未开征进出口税和涉外税。

三、土地增值税

1994 年 1 月起，全地区施行国务院发布的《中华人民共和国土地增值税暂行条例》，实行四级超额累进税率，最低边际税率为 30%，最高边际税率为 60%。

1995 年 10 月，巴中地区印发《关于加强土地增值税征管工作的通知》，要求严格土地增值税申报登记制度，加强对房地产价格评估管理，核实房地产的转让收入及计税增值额，完善和健全征管制度，强化征管手段。是月，按照省地税局《土地增值税征收管理暂行规定》，对房地产开发项目登记。全地区土地增值税征收 3 万元。

1996 年，全地区严格执行国家税务总局、国家土地管理局《关于土地增值税若干征管问题的通知》，国家税务总局、建设部《关于土地增值征收管理有关问题的通知》，国家税务总局《关于进一步加强土地增值税征收管理工作的通知》等相关规定。全地区土地增值税征收 1 万元。

1998 年，全地区土地增值税征收 20 万元。2000 年，全市土地增值税征收 41 万元。

四、消费税

民国 31 年（1942 年）4 月，国民政府公布《战时消费税暂行条例》，开征消费税。有 11 个税目，14 个子目，共 22 个征税项目，分战时消费税和特种消费行为税。其税率按货物性质分普通日用品（免税者除外）征 5%，非必需品征 10%，半奢侈品征 15%，奢侈品征 25%。征税货物分为国货与洋货，国货课税范围有六大类 245 种，洋货课税范围 168 种，已纳统税或矿产税的货物免征战时消费税。是年 8 月，对征税品目、税率进行改进和调整，征税品目改为按各省、区大宗产品分区征税。国民政府颁布的《筵席及娱乐税法》，明确筵席及娱乐税征收规则，税率不超过价金的 10%，税由顾客负担，由营业人员代收。民国 32 年（1943 年）5 月，将国货的课税范围调整为 34 项，其税率分为 5%、10%、15%、20% 和 25% 等 5 个档。民国 34 年（1945 年）1 月，停征战时消费税。

20 世纪 50 年代初，对电影、戏剧、筵席等消费行为征收特种消费税，并沿用民国时期的规定，折合人民币征收筵席及娱乐税。1951 年 1 月，中央人民政府政务院公布《特种消费行为税暂行条例》，规定舞场税税率为 50%，电影、戏剧及娱乐税税率为 10% ~30%，均按票卷价格计征；筵席税税率为 10% ~20%，起征点为 3 元，按每次消费金额计征，日常包伙者不征；冷食税税率 10% ~20%，起征点 1 元，按卖场价计征；旅馆税率为 5% ~20%，起征点为 2 元，按租金或宿费计征。1952 年 6 月，对富有政治教育意义的曲艺中配演各种杂技节目，经文化局证明后，减半征收特种消费行为税。是年 12 月，将筵席、冷食、舞场等税目并入营业税征收，原“电影”“戏剧及娱乐”改为文化娱乐税。

1988 年 9 月，国务院发布《中华人民共和国筵席税暂行条例》后，结合四川省实际，暂缓征收筵席税。

1993 年，国务院、财政部先后发布《中华人民共和国消费税暂行条例》和《中华人民共和国消费税暂行条例实施细则》。1994 年 1 月，开征消费税，取消产品税和特别消费税。消费税的税率按税目而定，烟类 45%，粮食白酒 25%，黄酒 240 元/吨，薯类白酒 15%，啤酒 220 元/吨，酒精 5%，化妆品30%，护肤护发品17%，贵重首饰及包括各种金珠宝、玉石、银珠宝、首饰10%，小汽车按容量、驱动、座位等征收。金银首饰按5%税率计征消费税；护肤品除香皂按5%外，其余统一按8%的税率计征消费税。粮食白酒除从价按25%计征消费税外，另按每公斤从量计征0.25元消费税。沿用至2000年底。

五、营业税

民国17年（1928年）7月，国民政府制定《营业税办法大纲》，开征营业税，将牙税、当税、屠宰税并入营业税内征收，划为地方税。川陕省苏维埃时期，川陕省苏区亦征收营业税，《川陕苏维埃税务条例（草案）》规定，对经营商业者每月所得金500～700元抽0.5%，700～1000元抽1%，1000～2000元抽2%，5000元以下抽3%，5000～10000元抽4%，10000元以上抽5%。民国27年（1938年）1月，按照《四川省营业税征收章程》规定，凡在境内以营利为目的之各种营业一律征营业税。以营业总收额课税者，税率为6%，征收对象有山货、铁器、棉花、米粮、药材、瓷陶料器、酒类运输、旅栈、理发照相、雕刻、饮食等业；以营业资本额课税的制造业征收对象有染织业、轧花业、榨油业等。将牙税、典当税、糖税、茶税、油榨税等属营业性质的杂捐均改为营业税。民国30年（1941年），将特许营业税之一的牌照税改为普通营业税征收。

1950年，中央人民政府政务院公布《全国税收实施要则》，并开征新工商业营业税，税率为3%。是年12月，中央人民政府政务院公布《工商业税暂行条例》，将固定工商业缴纳的营业税与所得税合并为工商业税。具体课税依据分别为营业总额，营业总收益额或佣金收益额，税率依营业总收入额计算者，税率为1%～3%；依营业总收益额计算者，税率1.5%～6%，依佣金收益额计算者，税率为6%～15%，兼营两种以上行业者，分别按不同税率计征，不易分别者，按相同税率计征。1953年8月起，对原不纳营业税的私营批发商，照征营业税，对公私合营商业批发单位加工收回商品，除征商品流通税外，征收批发环节营业税。1958年8月，将货物税、商品流通税、印花税以及工商业税中的营业税部分，合并为工商统一税。

1981年，实行税制改革，对一切从事承办商品取得的各种手续费和佣金收入，依5%计征。国营、集体零售单位兼营批发业务，批零划分不清的，不论批发与零售，都按实际收入以3%的税率计征。工业企业自销商品，除按工业环节征收工商税外，不论批发与零售，均按实际收入以3%的税率征收。代营业性质的工商税，临时经营农产品的营业收入以5%，工业产品以8%征收。1984年，营业税从工商税中分出为独立税种，营业税征收范围为：从事商品零售的以销售额计税，从事其他业务的以收入额计税，从事商品批发调拨的以销售商品“时销差额”计税，均在营业行为发生地征税，滞纳金为5%。农业机械站、排灌站的机耕、排灌收入，国营粮食企业按国家规定的平价粮食、食油、外贸出口商品的调拨和出口销售收入，医疗保健、育婴托儿、婚姻介绍、农牧保险收入等免税。1985年，国营批发、调拨的肉、禽、蛋、水产、蔬菜、鲜果、国营物资部门批发、调拨生活用煤均免营业税。

1993年1月起，巴中地区营业税起征点为：经营商品零售业务的，按月销售收入额800元；经营其他业务的，按月营业收入额350元；临时经营不划分商品零售或其他业务，一律按每月（次）营业收入额30元为起征点。是年12月，国务院、财政部分别颁布（发）《中华人民共和国营业税暂行条例》《中华人民共和国营业税暂行条例实施细则》后，营业税分为9大类，即交通运输业、建筑业、金融保险业、邮电通信业、文化体育业、娱乐业、服务业、转让无形资产和销售不动产。营业税率为3%和5%，娱乐业为5%~20%。1994年，全地区地税系统营业税收入2660万元。

1997年5月，根据《四川省房地产营业税征收管理暂行办法》规定，转让土地使用权，营业税率为5%，销售不动产税率为5%，房地产租赁税率为5%。是年7月，印发《巴中地区美容美发业营业税征收管理暂行办法》，规定对美容美发业税收的征管，仍采用查账征收和定期定额征收相结合的办法管理，对定期定额户按经营规模分四个等级确定其应纳税营业额。全地区地税系统营业税收入5267万元。

1998年7月，印发《巴中地区茶馆茶坊行业营业税征收管理暂行办法》，规定全地区所有茶馆茶坊行业一律按定期定额的征管办法进行税务管理，只提供休闲品茶服务不提供其他娱乐工具（棋牌、麻将等），每月每桌征税150~450元；若提供娱乐工具的，每月每桌征收900~1500元。1999年，全地区地税系统营业税收入6272万元。1994—2000年，全地区（市）地税系统共征收营业税3.26亿元。

六、盐税

民国2年（1913年），《盐税条例》规定，盐税就产盐地征收，每50公斤盐征税102.5元。民国30年（1941年）9月，将盐税分为产税和销税，产税从各盐物从量征收，销税在销岸从价征收，产税和销税不得并征。民国31年（1942年）1月，盐实行专卖，停征盐税。民国34年（1945年）2月，停止盐专卖，恢复从量征收盐税。民国35年（1946年）1月，食盐战时附税和国军副食费并入盐税征收。民国38年（1949年）1月，盐税改为从价征收。盐税除正税外，中央和地方规定有各种不同的附加税。

1950年1月，中央人民政府政务院在《关于全国盐务工作的决定》规定，为照顾财政需要采取“提高税额”与“税不重征”的方针，从量核定就场征收。以从事盐的运销经营业务的单位或个人为盐税纳税义务人。1958年7月，盐税征收工作由盐业各部门交税务机关办理。1973年，盐税并入工商税中作为一个税目，仍按原盐税制度执行。1984年9月，《中华人民共和国盐税条例（草案）》颁布后，盐税从工商税内划出作为一个独立税种。凡从事生产、经营和进口盐的单位，为盐税纳税义务人。盐税实行以量定额征收，每吨盐税额按各地区不同情况分别制定。1994年，将盐产品纳入资源税的征收范围，取消盐税。

七、印花税

民国元年（1912年），参议院议定《印花税法》，各地开征印花税。民国24年（1935年）后，调整印花税税率基础上提高一倍征收，贴印花1分者改为2分，贴印花1角者贴2角，每百元贴印花2分者，改贴4分，起税点改为1元以上。民国37年（1948年）8月，印花税税率提高六倍计征。

1950年，中央人民政府政务院颁布《印花税暂行条例》，凡因商事、产权等行为所书立或使用凭证，除另有规定外，均缴纳印花税。1953年，并印花税到商品流通税、货物税、工商业税。1957年，实行简化印花税征收办法，国营商业系统各单位，以营业总额按月缴纳印花税；供销系统单位以5‰按月缴纳印花税；粮食部门、粮食局（粮油公司）按上年度决算总额的3‰贴花；公私合营企业资金账，按其清产核资后的资金总额3‰贴花。1958年，印花税并入工商统一税征收。1988年8月，国务院发布《中华人民共和国印花税暂行条例》，税目设置13个，采用比例税率和金额税率两种税率计征。

1994年，将印花税税政业务移交给地方税务局征收管理。1994—2000年，全地区（市）共征收印花税435万元。

八、工商统一税

1958年8月，税制改革后，将货物税、商品流通税、工商业税的营业税、印花税合并为工商统一税，108个税目、141个不同税率计征。规定从事一切工业产品生产，农产品采购，外货进口，商业零售，交通运输和服务性业务的单位和个人都是征收工商统一税的纳税人，以整个工农业的流转额和服务性营业收入额为课税对象。

1962年，对个别税目、税率略作调整，菜油、豆油、花生油、芝麻油以外的植物油，不分工业用油和食用油（包括农民自榨用油）一律按8%在工业环节按统销价格计征工商统一税；油枯在工业环节中不征税，在商业零售环节依照销售收入按3%计征工商统一税。1965年4月，对粮食、油料、粮油复制品和粮油副产品，一律改按换算后3%的税率征收工商统一税。1972年3月，《工商税条例（草案）》颁发后，工商统一税改为工商税，对涉外企业仍征收工商统一税。1994年，全地区停征工商统一税。

九、屠宰税

清光绪三年（1877年），境内开始征收屠宰税。民国3年（1914年），境内每头猪提钱百文，县提解猪税专款5百文。民国4年（1915年），猪、牛、羊3项，一体征收，更名为屠宰税，改钱征银，宰每头猪征钱0.3元，羊0.2元，牛1元。民国6年（1917年）3月，停征牛税，猪、羊各加0.1元，计猪税连提解专款，每头征税0.5元，羊0.3元。川陕省苏维埃时期，《川陕苏维埃税务条例（草案）》规定，屠宰归于特种税，专门市场营业者，按每50公斤5%抽收，除地主、富农外工农冠婚丧祭、自养自宰自食者免税。民国38年（1949年）后，改征实物折征税款。

从1950年1月起，屠宰税计税单价，猪肉每公斤0.288元，每头以65公斤为标准，税率5%，每头猪从价征收0.93元；牛肉单价每公斤0.16元，每头以150公斤为标准，税率5%，从价征收1.2元；羊肉每公斤0.248元，每只以15公斤为标准，税率5%，每只从价征收。是年4月起，税率调高为10%。1951年，停止屠宰税包收办法，一律派员自收，对个别边远市场，委托乡村政府代收，实收实缴。其屠宰税标准重量为猪65公斤，水牛250公斤，黄牛200公斤，羊10公斤，计税价格，按每月前5日市场平均价格，每月调整一次。1954年7月，取消原优待农民够“三自”条件免征总重量15%的规定。国营、合作社宰杀牲畜腌制腊肉、火腿出售，宰杀按10%征税。1957年3月，对自食、加工、批发、零售均按零售价格计征8%的屠宰税。是年4月，牛、羊屠宰税降为8%。

1961年，厂矿、企业、机关、学校、团体、城镇居民、农村社员等屠宰猪、羊按实际重量计征改按标准重量计征，猪每头65公斤，固定税额6.4元；羊每只10公斤，固定税额0.5元。伤、病、死猪边重在20公斤以下，羊5公斤以上，自食或出售一律征税。1965年，国营商业、供销社屠宰牲畜税率由8%减为4%，农村每头定额征收3元。农民在春节前40天宰杀自养生猪，屠宰税减半征收，定额为1.5元。肚腑计税比例，牛按剔骨肉26%，猪按10%计算。1967年11月，境内四县取消农村年宰自食者减税优待政策。

1973年，国营商业屠宰税并入工商税征收，屠宰税只就社员自留猪，机关、团体和其他个人宰猪者征收。1980年，各县按要求，在农忙“双抢”季节，生产队宰猪供社员自食免税2~3头。通江县共免税 3904 头，税额 11715 元。

1985 年，个体屠宰商或集体伙食单位直接向养猪单位或个人收购生猪均不征收产品税，屠宰生猪时征收屠宰税，个体商在市场销售时征收营业税。一律按头征收屠宰税，在市场销售者另征营业税。是年 10 月，改进屠宰税征收办法，屠宰税税额调为生猪每头 4 元，羊每只 0.5 元，黄牛每头 5 元，水牛每头 6 元。之后，屠宰税逐步纳入工商业税中征收，为工商业税税目之一。

1995 年 6 月起，全地区执行《四川省屠宰税征收办法》，屠宰税率为 3%。全地区实行定额征收，其定额标准为巴中市（县级）每头 12 元，南江县、通江县每头 14 元，平昌县每头 15 元。是年 9 月，执行省政府规定，自养自食性牲畜，每头猪征屠宰税 4 元，每头牛 6 元，每只羊 1 元。1996 年，全地区屠宰税收入 2545 万元。2000 年，全市屠宰税收入 4695 万元。

十、资源税

1984 年 10 月，境内开征资源税，对原油、天然气、煤炭等三种产品征收。1993 年 12 月，全地区贯彻执行国务院颁布的《中华人民共和国资源税暂行条例》。1994 年，税制改革后，对矿产资源全面征收资源税，并将盐产品纳入资源税征收范围，资源税征收范围包括矿产品和盐两大类。全地区征收资源税 87 万元。

1996 年 12 月，印发了《巴中地区沙石、普通黏土资源税征收管理暂行办法》，共 14 条。全地区征收资源税 252 万元。

1997 年 6 月，执行《四川省资源税代扣代缴及委托代征管理暂行办法》，加强资源税源泉控管，促进代扣代缴。全地区征收资源税 110 万元。

1998 年 4 月，执行国家税务总局《资源税代扣代缴管理办法》，凡开采销售应税矿产品的单位和个人在销售其矿产品时，向税务机关申请开具“资源税管理证明”，作为销售矿产品已申报纳税免予扣缴税款的依据。全地区征收资源税 202 万元。1999 年，全地区征收资源税 184 万元。2000 年，全市征收资源税 181 万元。

十一、城市维护建设税

1984 年 10 月，工商税制改革后，开征城市维护建设税。1985 年 2 月，国务院发布《中华人民共和国城市维护建设税暂行条例》后，境内四县贯彻执行。

1994 年，税制改革后，城市维护建设税以纳税人实际缴纳的增值税、消费税和营业税税额为计税依据。实行差别比例税率，按纳税人所在地分别规定为市区 7%、县城和镇 5%、其他地区 1%。全地区城市维护建设税征收 292 万元。

1995 年，全地区城市维护建设税征收 408 万元。1998 年，全地区城市维护建设税征收 425 万元。2000 年，全市城市维护建设税征收 624 万元。

第二节　收益税类

一、营利事业所得税

民国 26 年（1937 年），境内各县开征营利事业所得税。对公司、商号、行栈、工厂或个人资本在2000元以上的营利事业所得，官商合办营利事业所得，一时营利事业之所得范围内征收的所得税。民国37年（1948年），调整营利事业所得税起征额和税率。

1950年1月，中央人民政府政务院公布《工商业税暂行条例》，其中固定工商业应纳的工商税中，依所得额计税的部分，即为所得税。1958年，工商业税种并入“工商统一税”，剩下的所得税单列。1983年后，营利事业所得税停止征收。

二、薪给报酬所得税

民国25年（1936年）10月，境内各县开征薪给报酬所得税。在个人所得税范围内征收的薪给报酬所得，公务人员、自由职业者及其他从事各业者的薪给报酬所得为课税对象。其税率共分10级。民国32年（1943年）2月，薪给报酬所得税税率改为17级。民国37年（1948年）4月，修改起征额及税级，薪给报酬所得税税率由17级改为4级。

1950年1月，中央人民政府政务院颁布《全国税政实施要则》，规定开征14个税种（除农业税外），其中所得税有薪给报酬所得税和利息所得税。1980年，《中华人民共和国个人所得税法》颁布后，薪给报酬所得税并入“个人所得税”。

三、证券、存款所得税

民国25年（1936年）10月，境内各县开征公债存款利息所得税。民国26年（1937年）1月，境内各县开征公债、股票利息所得税。民国35年（1946年）4月，修正公布所得税法规定，证券存款所得税率改为10%。民国37年（1948年），复调为5%。

1950年1月，中央人民政府政务院颁布《全国税政实施要则》，规定开征14个税种（除农业税外），其中所得税有薪给报酬所得税和利息所得税。1951年10月，通江县遵照税务总局通知，存入合作供销社及农村信用合作社存款所得，免征利息所得税。1956年10起，对国营企业（供销社）除存银行存款征收利息所得税外，免征利息所得税。1959年1月，境内各县按要求停征利息所得税。

1980年，重新开征利息所得税，按工薪所得实行5%～45%的7级超额累进税率征收。1994年后，停征。1999年，恢复对储蓄存款利息所得征收个人所得税，其税率为储蓄存款利息所得的20%。

四、集体企业所得税

1950年1月，全国税收统一，开征集体企业所得税，主要对资本主义工商业征收，为“工商业税”之一。1956年，所得税主要对集体经济征收。1958年，税制简化“工商所得税”成为单独税种。1963年4月，境内各县执行国务院《关于调整工商所得税负担和改进征收办法的试行规定》，分经济性质按主要行业设置税率，改全额累进为超额累进征收办法。

1984年9月，中共四川省委规定，将通江县、南江县、巴中县、平昌县新办的乡镇企业免征所得税三年。是年，达县地区行署对通江县、南江县、巴中县、平昌县的城镇集体企业年利润不到3000元者给予免税照顾。1985年4月，境内四县执行国务院颁布的《中华人民共和国集体企业所得税暂行条例》，实行8级超累进税率计征，最低税率10%，最高税率55%。1987年1月起，农村信用社恢复征收企业所得税。

1990年5月，达县地区行署规定，以独立核算单位对所得税实行目标管理办法，即核定基数比例递增，超利分成（按二、八分成），报批减免。1994年1月起，全地区施行《中华人民共和国企业所得税暂行条例》。1994—2000 年，全地区（市）共征收集体企业所得税 2671 万元。

五、国营企业所得税

1978—1979 年，国家实行企业基金、利润留成和盈亏包干体制。国营企业实行利润上缴。

1983 年 4 月，国务院批转《关于国营企业利改税试行办法》后，开征国营企业所得税。对国营大中型企业适用 55% 的比例税率，对国营小型企业适用新 8 级超额累进税率。通江县、平昌县、巴中县、南江县以工业、商业、交通运输、建筑安装、金融保险、饮食服务以及文教、卫生、物资供应，城市公用和其他行业的国营企业，均为缴纳所得税的纳税义务人。1986 年，对全民所有制的机关、团体、事业单位附属的运输队或汽车队，印刷厂、修配厂，全年利润超过 3 万元的按金额 20% 比例税率征收工商所得税，全年利润在 3000 元以下的免征。1987 年，取消 3000 元起征点。年应纳所得税额 3 万 ~10 万（含 10 万元）的按 27% 的税率征收，3 万元（含 3 万元）以下的按 18% 的税率征收。国家批准的高新技术质量开发的最新技术企业减按 15% 的税率征收，新办的高新技术企业自投资年度起免征 2 年。1989 年 3 月，国家体改委、财政部制定《关于国营企业实行税利分流的试点方案》，境内各县营利企业中试行税利分流。

1994 年，工商税制改革后，把原国有、集体和私营企业所得税统一为企业所得税，采用 33% 的比例税率，对规模较小、利润较少的中小型企业，设置 18%、27% 两档低税率。

1998 年，对地区内部分亏损企业在 1993—1998 年的应纳税弥补 1 年，弥补不足的，连续弥补，5 年内补足亏损。

六、个人所得税

1950 年 1 月，中央人民政府政务院颁布的《全国税政实施要则》规定“薪给报酬所得税”。由于实行的是低工资和供给制工资制度，故未征收。1978 年后，国家恢复稿酬制度，允许自谋职业者开业经营。1980 年 9 月，《中华人民共和国个人所得税法》颁布施行。其税率为工资、薪金所得部分适用 5% ~45% 的 9 级超额累进税；个体工商户的生产、经营所得和企事业单位的承包、承租经营所得适用 5% ~35% 的 5 级超额累进税；稿酬、劳务报酬、特许权使用费、利息、股息、红利、财产租赁所得及转让、偶然所得和其他所得采用 20% 的比例税率。

1995 年，全地区执行国家税务总局、文化部《演出市场个人所得税征收管理暂行办法》。1996 年，全地区执行省地税局《关于房屋转让、房屋出租收入个人所得税征管的通知》规定，房屋转让、房屋出租按纳税人转让、出租金额，依照 20% 的税率计征所得税。是年，执行国家税务总局《建筑安装个人所得税征收管理暂行办法》。1997 年，全地区对个人所得税征管实行《个体大户百元纯收益标准依率计征办法》《个体中小户依征收率计征办法》《企事业单位实行扣税工资表制度》等“自行申报、代扣代缴、监督检查”的各种措施，全地区入库个人所得税 971 万元，同比增长 82.49%。1999 年，进一步加强个人所得税代扣代缴工作，全地区签订责任书 2906 份。通过稽查，共查补入库个人所得税 125 万元，处罚款 10 万余元。全年共组织入库个人所得税 1568 万元，同比增收 292 万元，增长 22.88%。2000 年，全市征收个人所得税 1625 万元。

七、外商投资企业和外国企业所得税

1991 年 7 月，施行《中华人民共和国外商投资企业和外国企业所得税法》。1998 年 10 月，通江县台商独资企业四川宏茂食品有限公司（魔芋精加工）成立，通江县按照有关规定对其减免3年外商投资企业和外国企业所得税。

八、大中型企业调节税

1983年10月，按照《国营企业调节税收办法》对实行独立核算的企业，联营企业分得利润的各方金融、保险企业和国家医药管理直属企业，分别以中国人民银行、中国工商银行、中国农业银行、中国人民建设银行、中国人民保险总公司、国家医药管理局为义务纳税人征收企业调节税。税率核定为，国营企业由财政部核定，商业企业由主管部门核定。规定税率时，先核定企业的基本利润，企业1983年实现利润，调整由变动产品税、增值税、营业税税率，而增减的利润后，为核定基期利润。再按基期利润除55%计算所得税和规定留利，余额占基期利润的比例，即为调节税税率。没有余额的不核定调节税率。单位联营的企业在核定税率时，还要加上按规定以联营单位分得的利润减掉分给联营企业的利润，作核定的基期利润。企业当年利润比基期利润增长部分，减征70%调节税，利润增长部分按定比计算，一定7年不变。物资供销、金融、保险业征收调节税时不实行减征70%的办法。纳税人逾期缴纳税款的，除限期追缴外，并从滞纳之日起按月加收1‰的滞纳金。税务机关向纳税人催缴税款无效时，通知银行扣缴入库。至2000年无变化。

九、固定资产投资方向调节税

1991年4月，境内四县执行《中华人民共和国固定资产投资方向调节税暂行条例》，开征固定资产投资方向调节税。其税目分为基本建设项目系列和更新改造项目系列，税率分为5个档，3种税率，即0%、5%和30%。

1996年10月，全地区按照国家税务总局《发于加强固定资产投资方向调节税征收管理工作的通知》要求，继续加强投资方向调节税源泉控管工作，加强对代扣代缴单位的监督检查工作，防止其挤占、挪用税款，对漏扣或未扣足的，应由代扣代缴单位负责补缴。加强对零税率项目的监控和追踪管理，加强对装饰装修工程征收投资方向调节税的工作，加强对外商投资企业和合资项目的管理，全面开展和加强投资方向调节税的检查工作。

1997年3月，全地区执行省地税局《固定资产技资方向调节税征收管理暂行办法》的规定，固定资产技资方向调节税实行差别税率征收，实行先征税、后下达投资计划和投资许可证相结合的源泉控管办法，严格投资项目应纳投资方向调节税的检查。

1999年9月，按照国家税务总局要求，对固定资产投资方向调节税实行减半征收。建设项目适用税率为5%、10%、15%和30%。2000年3月，全市按国家税务总局要求，全面停征固定资产投资方向调节税。

第三节　财产税类

一、房产税

清光绪二十四年（1893年）始征房产税，名为房捐。依房屋租价，房主、租房方各付一半，每月征一成。民国17年（1928年），《国家收入地方收入暂行条例》列房捐为地方税，由省自行办理，各市、县财政局经征，由地方自定章程，征收纷异。民国29年（1940年）5月，行政院《房捐征收通则》规定，各县、市城镇房屋住民聚居在500户以上者，一律按收房捐；乡村房屋不得征收。民国32年（1943年）3月，新颁布的《房捐条例》规定，未依土地法征收土地改良物税之县、市所在地及繁荣商业地，住民聚户在300户以上者应开征。是年6月，改为城镇聚居在100户以上者均应开征房捐。民国38年（1949年），根据《土地改良物税征收规则》规定，停征房捐，改征土地改良物税。

1950年1月，中央人民政府政务院颁布的《全国税政实施要则》规定统一征收房产税。是年7月，将房产税、地产税合为房地产税，各县分别征收房产税和地产税。之后，西南军政委员会公布《房地产总税暂行办法》后，境内各县不符合开征，及时停征。1952年2月，川北行政公署颁发《城市房地产税特征办法草案》，核定境内各县为继续开征地区。1979年1月，全省停征房地产税。

1984年9月，国家又恢复房地产税，只保留税种，暂不征收。1986年6月，境内各县执行国务院发布的《中华人民共和国房产税暂行条例》，房产税的计税按房产原值一次减除10%～30%后的余值计算缴纳，税率为1.2%；房产出租以其实际租金收入为计税依据，税率为12%。是年，按省政府规定，地区行署确定的城市、县城、建制镇、工矿区需要开征房产税的，房产税按房产原值一次减除30%的余值计算征收。纳税确有困难，需要减免照顾的，由各县政府审批。1987年1月，按省税务局通知要求，粮食商业企业经营平价粮油的房产，免征房产税2年。是年3月，按财政部通知要求，军队无租出借的房产，由使用人代缴房产税。军需工厂生产经营的房产，按规定征税，既生产军品又生产经营民品的，按比例划分免征。军人服务社的房产，只就对外营业的按规定征税。军人实行企业经营的招待所（包括饭店、宾馆）区别于军内服务和军外营业各占比例划分征免税。

1994年和1995年，全地区征收房产税分别为257万元、430万元。

1996年，地区下发《关于投资联营房产和融资租赁房屋征收房产税问题的通知》，对以房产投资联营，投资者参与投资利润分红共担风险的按房产原值作计征依据计征房产税；对以房屋投资收取固定收入，不承担经营风险的按出租收入计征房产税；对融资租赁房屋的按房产原值计征税，其纳税人原则为承租使用人。全地区征收房产税548万元。

1999年，全地区征收房产税668万元。2000年，全市征收房产税786万元。

二、遗产税

民国28年（1939年）12月，国民政府公布《遗产税条例》规定，凡产权人死亡时，在中华民国领域内有遗财产者，依照《条例》课征遗产税，或中华民国人民在中国民国领域内有住所，而在外国有遗产者，亦应征税。民国29年（1940年），开始征收遗产税。凡遗产总额在5万元以下者，一律征收1%；超过5万元至10万元者，就超过额加征1%；超过10万元至25万元者，就其超过额加征2%，超过1000万元者，就其超过额加征50%（为最高）。继后，国民政府改进遗产税超征额，遗产起征额统一改为2万元；遗产总额未满2万元者和海陆空军警佐士兵，公务员战时阵亡……遗产未超过金额4万元者，以及捐助学校、医院、图书馆之财产未超过1万元者，一律免征。产权人死亡时，还有未成年人或正在受教育的子女，每名子女准在遗产总额中减除其遗产总值5%的遗产额缴纳遗产税，丧葬费不得超过2000元。遗留产总额在2万元以上者一律征税1%，遗产总金额超过金额4万元者，就其超过额，按级计算加征。民国36年（1947年），省令县开展宣导“遗产税宣传大纲”，仍然收税甚微，随即停止。

三、车船使用税

清代，按船的载重吨位征税，称“船钞”。民国时期，改征使用牌照税，课税对象为车、船、肩舆（轿子）、驮兽等，按年分级定额课税。

1950 年 1 月，中央人民政府政务院颁布《全国税政实施要则》，规定全国统一征收使用牌照税。1951 年 9 月，中央人民政府政务院公布施行《车船使用牌照税暂行条例》。

1986 年，国务院发布《中华人民共和国车船使用税暂行条例》。车船使用税采用定额税率计税，分别按车船的种类、大小、使用性质规定不同的税率。按载重吨位实行从量计征。

1993 年起，全地区执行国家税务总局规定，全地区机动车辆统一粘贴车船使用税完税和免税标志，其式样、颜色与全国统一。1994 年，全地区征收车船使用税 34 万元。

1995 年 5 月，全地区执行省地税局《机动车辆实行统一完税标志的通告》，凡拥有并且使用机动车辆的单位和个人，在 6 月 30 日前到地税机关或地税机关委托的代征单位办理有关纳税手续，并领取全国统一的 1995 年度车船使用税完税标志，不得涂改、转让或借用，粘贴在汽车挡风玻璃内面右上角，以备查验。否则，地税机关将依法予以查处。全地区征收车船使用税 39 万元。

1997 年，全地区征收车船使用税 49 万元。2000 年，全市征收车船使用税 65 万元。

第四节　特定行为税类

一、国营企业工资调节税

1985 年，按国务院《国营企业工资调节税暂行规定》和财政部《国营企业工资调节税暂行规定施行细则》规定，境内各县施行国营企业工资调节税。该税以企业为纳税义务人，企业当年增发工资总额超过国家核定上年工资总额 7% 以上部分，为计征工资调节税的依据。工资调节税按超率累进计，实行按年计征，分项预缴，年终汇算清缴。1987 年 2 月，试行工资总额同上缴利税挂钩的企业，工资调节税税率相应降低。1988 年，应征工资调节税的企业计税时对年工资增长部分人均扣除 60 元后计税。

1990 年 10 月，按国家税务局通知要求，对统一核算的铁路、邮电等部门所属的企业单位，而又自行提取发放工资、奖金的且未纳入统一工资申报纳税的，由税务部门查出后，对其自行发放的工资、奖金，按 700% 的税率计征调节税。

1994 年，税制改革后，全地区按要求停征国有企业工资调节税。

二、奖金税

1985 年，《国营企业奖金税暂行规定》《集体企业奖金税暂行规定》《事业单位奖金税暂行规定》发布后，境内各县开始征收奖金税。奖金税以企业单位为纳税义务人，以超过规定标准或限额发放奖金（包括津贴和实物）为纳税对象，按年计征，实行超额累进税率。国营企业奖金税计征标准为工资人均不足 67.5 元的按规定以 67.5 元计征。企业职工每人每月平均工资不足 60 元者按 60 元计算，全年发放奖金总额人均未超过 4 个月标准工资的免征，超过计划 4 个月的部分，实行三级超额累进计征。集体企业奖金税超点、级距税率和计算公式与国营企业奖金税相同，为照顾集体企业实际情况，经逐级上报同意后，相应进行一定的减免。用自费工资改革的事业单位，全年发放工资总额人均未超过计划3~4个月的，税率为30%；超过计划3~4个月的，税率按100%，速算扣除数2.7；超过4个月以上的，税率为300%，速算扣除数10.7。需要国家全部核拨事业费，并全用国家核拨经费进行工资改革的事业单位，全年发放奖金总额人均超过1~2个月，税率为30%，速算扣除数为0.3；超过2~3个月的，税率为100%，速算扣除数1.7；超过3个月以上的，税率为300%，速算扣除数为7.7。

1994年，税制改革后，全地区按要求停征奖金税。

三、建筑税

1983年10月，境内四县执行国务院《建筑税征收办法》规定，开始征收建筑税。对国营企事业单位、机关、团体、部队、地方政府，以及所属城乡集体企业，用自筹资金、国家预算外资金、地方机构财力、银行贷款和未纳入国家固定资产计划的建筑工程投资，由使用投资的单位用自有资金缴纳建筑税。境内各县征收建筑税范围有，公社及所属集体企业，交通投资用于公路、桥梁、涵洞、水运、河运、邮政、通讯设施等生产建筑项目的投资、各类学校教学设施投资、综合性医院、专科医院、卫生防疫站等医护设施投资、收养孤老烈属孤儿等社会福利事业用自筹资金安排的建设投资、武警部队自筹基建投资、公安部门用自筹资金安排看守、收审、劳教所建设监舍、狱墙、岗楼、人犯伙房和民政部门安排收容所建设项目投资、基层供销社在区、公社用自筹资金的基建投资、档案馆的档案设施等。1985年1月，对乡镇企业、个体经济，以及各类经济联合体到城市郊区和工矿区内进行建设的自筹投资、个人建设营业性房屋出租或出售均征收建筑税。1986年1月，对城市市政供水、排水（含排污水处理）供热、道路桥梁、防洪、公共交通、园林绿化、环境卫生等公用设施项目免征建筑税。1987年6月，境内四县执行国务院发布的《中华人民共和国建筑税暂行条例》，规定3档税率，分别是10%、30%、0%。1991年4月，建筑税被固定资产投资方向调节税取代。

第五节　涉农税类

一、农业税

民国元年（1912年），田赋承袭清末赋额。民国2年（1913年），将田赋正供（即地丁）易名为田赋正税，津贴、捐输、新捐三项合并易名田赋附税，正附税合并征收。火耗、平余等一律取消。民国3年（1914年），按正附之和加收征解费一成。是年，征收田赋由银两改为银圆。

民国6—23年（1917—1934年），四川建立防区制，境内各县驻军频繁移防，为筹措所需军费各自为政，巧立名目，加重赋税，数额急剧膨胀，田赋由一年两征继而四五征，甚至多达七八征，所征赋额竟增至十余倍。借垫不敷，又强行预征，预征普遍征二三十年。通江县竟预征到1987年，预征名目多达30余种。

川陕省苏维埃时期，川陕省苏维埃政府废除国民政府一切田赋、丁粮，实行统一累进税。同时，制定《川陕苏维埃税务条例（草案）》，对征收项目、税率、征税方式进行详细规定。开征的农业税（亦称公粮），是由农民在自愿的原则上，在数量规定范围内，向苏维埃捐助粮食。数量按每个成年人、老人、孩子在每年吃穿足够之外剩余的粮食而定。《川陕省苏维埃政府公粮条例》规定，公粮可分两季缴纳，秋收纳3/5，春收纳2/5；贫农、中农起征点比富农的起征点高一倍；其税率贫农、中农最高税率为7.5%，富农最高税率为12.5%。

民国24年（1935年），川政统一，废除苛杂，整理田赋，减轻附加，田赋定一年一征，照定额附加另征三倍临时军费，废除借垫、预征，取消代征、包征，由征收局直接征解。地方附加不得超过田赋年征定额的一倍。是年12月，省政府决定，按田赋定额加收一倍的保安费。

民国26年（1937年），因连年严重自然灾害，将随田赋加收的临时军费由三倍减为二倍。通江县、南江县、巴中县因遭受历史上罕见的旱灾，经中央、省核准，减征一定数额的田赋正税。抗日战争开始，除加收保安经费一征，又随赋加征国难费每征三成，全年九成。民国29年（1940年），附加保安费占田赋正税的50%以上。是年始停征收。

民国30年（1941年）1月，按田赋正额加征临时国难费三倍。是年3月，又提高为五倍。各县成立田赋管理处，全面实施田赋由征货币改征实物，同时实行粮食征购。征实和征购任务“银两”“银元”并用，按原地丁征册所列银额，每两折谷11石，另按每两正税银折征田赋一元额，每元折谷一市石，两者总数定为征实、征购数的各占一半，分摊落实到户。征购粮按官价计算，三成付给现金，七成发给粮食库券，自第三年起分五年偿还。境内各县实征稻谷968594石。

民国32年（1943年），境内各县相继成立土地呈报办事处，全面开展丈量呈报，整理修订田赋配额，随即实施“分等定赋，随赋配征”办法。巴中县按《土地征收规则》，办理城镇土地户籍管理，停征田赋，改征土地税（分地价税和地价增值税）。是年，征购改为征借，不再付给现金和发给库券，定期六年至十年内偿还。由于物价暴涨，采用的购或借、公债或股票等形式，均兑现极少。

从民国35年（1946年）起，田赋实行中央、省、县三、二、五等3级分成制。后因内战开始，随额附征和加派的其他诸如特捐摊派谷等与日俱增，农民负担极其沉重。民国36年（1947年），巴中县、南江县共征稻谷正税25744石。

中华人民共和国成立后，改田赋为农业税。国家对农业税一直采取按“常年产量，依率计征，依法减免，增产不增税”的稳定政策。1950年，各县对1949年公粮进行补征，以旧田赋“元”为基础，按照民国38年（1949年）征粮配额（含县地方自筹粮），本着“田多多征，田少少征，合理负担”原则，累增三至六成按户分摊计征。征额不超过其收入的比重，中农为10%～15%，贫农5%，佃农3%。依靠出租收入生活或雇用劳动力生产的大户则实行加征，其负担占收入的比重为地主40%～50%，富农25%～35%，佃户家20%，祠堂、庙宇40%～50%，个别大户有能力负担的，经批准可以达到其收入的80%。随公粮每公斤附征20元、柴草1公斤。对于鳏寡孤独无劳动力者，经批准均酌情减免税。

从1951年起，境内四县开展土地改革运动。是年，巴中县完成土地改革，按规定的25级全额累进税率，75公斤以下免征；75.4公斤至795公斤，税率最低为6%，最高为29%，795.5公斤以上税率30%。通江县、南江县、平昌县农业税收按40级全额累进税率执行，60公斤以下免征，60.5公斤至1635公斤，税率最低为3%，最高为41%，1635.5公斤以上税率42%。农业税征期由一次秋征，改为夏、秋季两次征收，全年一次结算的办法。夏征为小麦，秋征为稻谷，不征其他杂粮，少数不产稻谷地区，可以当地所产主粮按规定标准折算计缴。巴中县农业税收34.93万元。

1952年，中央发出“查实田土评定产量依率计征，依法减免，并取消一切附加”的农业税征收指示。至1956年，各县按简并后的24个税级执行，年人均收入75公斤以下的免征，达到75公斤至

975公斤的，税率为7%～30%。以缩小级差，降低税率，减轻负担。

1957年，随着农业合作化纵深发展，除对农场等单位土地仍按规定的比例税率征收外，一律改为加成差别计算征收的办法。高级、初级农业生产合作社和未入社的户，都不再按人均常产计税，改按各社（户）1956年依率计征的税额，再加上应加成的比例计算征收。鉴于各县间农业生产有差异，本着逐步调整，缩小差距，适当平衡，照顾山区的原则，根据省要求加成3%～7%的比例，其中，南江县、巴中县为8%，平昌县、通江县为7%；大高级社按社计征，税额在全社总收入中统一提取，先交粮后分配；初级社仍按户计算各自的负担，由社代为缴纳；个体户仍按户计征。对劳改农场开征农业税，按评定产量10%税率计征。

1958年，执行中央颁布的《农业税条例》，废除以户为单位的累进税制，改为按社计税的比例税制（即由统一税率改按平均税率）。原则上按1957年全省的平均税率，为常年产量的16%执行，社与社间可根据实际情况分类确定，但最高不超过常产的25%。境内四县平均税率为14.8%，其中通江县14.2%、南江县12.3%、巴中县13.5%、平昌县13.5%。国营企业和机关、团体、学校、寺庙等耕种的土地，一律按所在地的农业生产合作社（生产队、大队）税率单位立户计征；部队耕种的土地，按10%税率计征，如所在地农业生产合作社的税率低于10%的，则按照社的税率计征。

1959—1961年，受自然灾害的影响，国民经济严重困难，及时采取有力措施，调减农业税负担，大力扶持农业生产。1961年，境内农业税率由14.8%调为11.85%，降低2.95%。并规定三年不变，丰收不加税，小灾不减税，包干完成，若遇特大自然灾害，则另给予减免税的照顾。

1979年，境内农业税征收执行起征点的办法。即对农村按基本核算单位（生产队）以人均分配收入50元为起征点，不足50元的免征农业税。机关、团体和国营农场等纳税单位不实行起征点办法。

1980年，境内农业税起征点由人均分配收入50元，改为人均总收入85元，并一定四年不变。1981年起，农业生产逐步推行各种形式的生产责任制，农业税征收先后采取“分户缴纳，按队结算”和“组缴队结”、“户缴队结”的办法。1984年，农业税起征点执行期满，全面恢复依率计征农业税，以平衡税负，适当增加财政收入。1950—1985年，境内四县实征的农业税折稻谷161119万公斤，占应征实物的87.26%。1986年，巴中县征收农业税453.5万元。

1994年，对税收体制进行全面性、结构性的改革。规定凡从事农业生产、有农业收入的单位和个人都是农业税的纳税人。但随着“土地承包责任制”的深入推进和改革开放的不断深入，全地区个别地方存在着“有税无地、有地无税、税多地少、地多税少”的地税脱节问题和“有地无人耕种，人地错位”的现象。全地区征收农业税3932万元。

1995年，为加强税收征管，重新核定农业税的计税基数，按实际耕地面积和实际产量，调整计税基数，并在原有税率的基础上，调高一定比例，同时采取相应措施解决“人地错位”所带来的征税难问题。全地区征收农业税3584万元。

1997年，全地区征收农业税4042万元。2000年，全市征收农业税3389万元。

二、农业特产税

20世纪50年代，境内农村商品经济发展慢，农林特产品种少，收入更少，一般采取按常年产量，随农业税依率计征。1967年，境内四县按规定停征。

1978年后，境内四县农村商品经济迅猛发展。1983年11月，境内四县执行国务院颁发的《农林特产收入征收农业税若干规定》。1950—1986 年，境内先后开征农业特产税的品种有茶叶、烟叶、柑橘、木耳、银耳、香菇、木材、原竹、鱼类、核桃、油桐籽、五倍子、棕片、笋干、板梗、花椒、生漆、白蜡、蚕茧和中药材的桔梗、川芎、沙参、白芷、白芍、玄参等。

1987 年 1 月，省政府制定农业特产征税实施办法，全面恢复征收农业特产税，并实行单列计征。征税范围扩大到除合并在粮食和经济作物内计征农业税以外的农业种植和养殖、捕捞产品收入。包括园艺收入、竹木及林产品收入、水产品收入。巴中县征收 2000 余元。

1989 年，根据国务院的决定，扩大农业特产税征收范围，统一税率，平衡粮食和农业特产的税负，推动粮食和经济作物稳步协调发展。其税率调整为水果类 10%（柑橘、苹果 15%），水产品、果用瓜 10%，原木、黄连 8%，其他非列举应税产品均为 5%。

1994 年前，农业特产税和农、林、牧、水产品税归并征收。实行大宗品种全国统一税目、税率，其适应税率为晾晒烟叶、烤烟叶 31%，毛茶 16%，柑橘、香蕉、荔枝、苹果、梨 12%，其他水果、干果 10%，果用瓜 8%，水产品 8%，原木、原竹 8%，生漆、天然树脂 10%，天然橡胶 8%，牛皮、猪皮、羊皮、兔毛、羊绒、驼绒 10%，银耳、木耳、香菇、蘑芋 8%，贵重食品 25%。全地区征收农业特产税 1591 万元。

从 1995 年 7 月起，全地区全面实施《四川省农业特产农业税征收实施办法》。全地区征收农业特产税的农业特产品有烟叶产品、园艺产品、水产品、林木及林产品、食用菌、药材、牲畜产品、贵重食品等。其税费、税率按国家和省政府的统一规定执行。农业特产税列入预算管理，全额入库。是年 11 月，按规定，原木、原竹除缴纳生产环节 8% 的农业特产税外，还要缴纳收购环节 8% 的特产税。生产和个人出售的毛茶按销售收入的 7% 征税，收购茶叶按收购金额的 16% 征税。全地区征收农业特产税 2451 万元。

1996 年，蚕茧的农业特产税按收购单位收购额的 50% 作为计税收入，按 8% 的法定税率向生产者计征。全地区征收农业特产税 4226 万元。

1997 年 12 月，按财政部、国家税务总局规定，对单位和个人收购的猪皮免征农业特产税，对收购牛、羊皮，减按 5% 的税率计征。全地区征收农业特产税 4703 万元。

1999 年，按国家税务总局通知精神，烟叶特产税率由 31% 下降为 20%。全地区征收农业特产税 5470 万元。2000 年，全市征收农业特产税 6380 万元。

三、耕地占用税

从 1987 年 4 月起，境内四县实施国务院颁发的《中华人民共和国耕地占用税暂行条例》，开征耕地占用税。耕地占用税按其实际占用的面积，核定的计税标准单位（平方米）固定税额计征，实行一次性征收。每平方米标准固定税额，根据各县人均占有土地面积、自然条件和经济状况，核定平均每平方米适用固定税额为巴中县、平昌县 4 元，通江县、南江县 3.5 元。耕地占用税统一由耕地的所在地财政部门直接征收。1987—1988 年，所征收税款，中央、地方各占 50%，地方部分按二、二、六比例分成，即省、地各占 20%，县占 60%。1989 年起，调整为三、七比例分成，即中央占 30%，地方占 70%，地方部分省、地各占 10%，50% 留县，作为农业发展专项基金，专款专用。耕地占用税征收经费，按征收税额的 5% 提取，除上缴中央 1%，省、地各占 0.8%，县为 2.4%。

1990 年起，贯彻“同级批地，同级征收”的原则，按其占用耕地面积数量的审批权限，由该同级财政部门负责征收。耕地占用税征收经费除上缴中央 10% 外，分别调整为省、地各 1%，县为 2%。

至1993年，巴中县累计征收240.8万元。

1994年，全地区征收耕地占用税36万元。1995年，针对原对农村实行减半征收，而国土部门征收的有关费用都高于耕地占用税率的现象，适当提高耕地占用税率，并将国土部门征收的有关费用并入税务征收管理。同时，对国土部门开支的有关费用纳入财政预算管理，在其征收的征地占用税增加部分中列支。全地区征收耕地占用税55万元。

1996年4月，全地区按照省地税局《关于耕地占用税减免政策执行情况检查的通知》要求，全面检查征收机关是否按照减免管理权限审批减免项目，有无擅自越权减、缓、免耕地占用税情况，有无应减免而未减免和错征的情况，有无申报不实、弄虚作假、改变用途骗取减免的情况，有无擅自降低征税标准的。同时检查政策性欠税的追收情况。全地区征收耕地占用税54万元。

1997年4月，全地区认真执行中共中央、国务院《关于进一步加强土地管理切实保护耕地的通知》精神，冻结非农业建设项目占用耕地一年。是年11月，对全地区1991年以后的各类占地进行清查，查出违法占地7.5公顷，对829处建房占地作出拆迁处理，复耕1.22公顷；对97处砖瓦窑占地一律拆除复耕，复耕5.56公顷，共查补入库税款3.1万元。全地区征收耕地占用税22万元。2000年，全市征收耕地占用税126万元。

四、契税

契税始于东晋，历代相承。民国时期，契税仍为境内的主要财源之一。

1950年，中央人民政府政务院、川北行政公署先后颁布《契税条例》和实施细则，规定契税税率为买卖契、赠予契均为6%，典当契为3%。契税征收由各县税务局移交给县政府财政科办理。

1956年，对土地停止征收契税，契税征收只限于房屋。1958年，对生产大队、生产队和手工业生产组集体购买的房屋免纳契税。卫生工作者协会购买会址办公，免征契税。

1962年，经县以上政府批准征收的房屋，房主在一年以内用国家发给的补偿费购买房屋，免征契税。对所购房屋超过补偿30%的部分，征收契税。农村宅基地属生产队集体所有，不准租或买卖，也不征收契税。农村人民公社、生产大队、生产队以及其他所有制单位购买、承典、受赠或交换的房屋，均免征契税。1963年，华侨、侨眷和港澳同胞及其家属，用侨汇、外汇购买房屋，均给予免税照顾。1964年，农村人民公社社员在批准的集体土地上（含自留地、自留山、宅基地）新建私有房屋或生产队新建房，均不征契税。

1979年，城镇私房改造留下的或农村土地改革分给社员、私人的房屋，均在国家法律保护范围内，经房管部门批准，不论居民或社员，均可以买卖、典当、交换，并按规定征收契税，其子女有继承权。

1984年，境内四县执行国务院规定，个人购买城镇公有补贴出售的住宅免征契税。1988年，对已实施住房制度改革的城镇，其家住城镇具有城镇户口的职工，每次购买公有住房免缴契税，每户只享受一次。

1990年，个人购买房产经营单位的商品房，产权归个人所有，缴纳契税。1992年，房地产公司及其他房产经营开发单位或个人，以“集资”方式建房，其房屋产权属个人所有，缴纳契税。1989—1993年，巴中县累计征收契税77.3万元。

1994年，全地区征收契税49万元。1996年，全地区征收契税63万元。

1997年7月，《中华人民共和国契税暂行条例》颁布后，规定契税率为3.5%。是年10月，全地区执行省财政厅、省地税局的规定，契税率按4%执行。全地区征收契税78万元。2000年，全市征收契税261万元。

五、城镇土地使用税

1988年9月，境内四县贯彻执行国务院《中华人民共和国城镇土地使用税暂行条例》。按纳税人实际占用的土地面积为计税依据。采用幅度差别税率。即大城市每平方米土地年税额0.5～10元，中等城市0.4～8元，小城镇0.3～6元。县城、建制镇和工矿区0.2～4元。

1994年，全地区征收城镇土地使用税73万元。1997年，全地区征收城镇土地使用税127万元。2000年，全市征收城镇土地使用税211万元。

第六节 基金与附加

一、国家能源交通重点建设基金

1983年1月，境内四县执行国务院《国家能源交通重点建设基金征集办法》。国营企业事业单位、机关团体、部队和地方政府的各项预算外资金，以及单位所属的城镇集体企业缴纳所得税后的利润，一律缴纳能源交通重点建设基金（简称能交基金）。征收比例按收入10%计征。是年9月，征收比例提高到15%。免征项目有地方财政的农（牧）业税附加、中小学的学杂费和勤工俭学收入、国营企业的大修理基金、行政事业单位经费包干结余、林业部门育林基金。

1986年1月，四川省确定通江县、南江县、巴中县、平昌县等贫困县的县级单位减半征收，县以下单位一律免征能交基金。1987年4月，省政府规定，国营工业、交通企业自1987年7月1日起全面实行分类折旧后，县由上级部门集中掌握的30%的折旧基金全留企业，用于技术改造，免征能交基金。是年5月，境内各县执行国务院《关于扩大征集国家能源交通重点建设基金的规定》，扩大能交基金征集范围，凡未开征能交基金的城乡集体企业和个体工商户，按缴纳所得税后利润的7%计征；利润不足5000元的，免缴能交基金。按要求，通江县、南江县、巴中县、平昌县的城乡企业、个体工商户、农村信用合作社的税后利润免征能交基金。

1993年，全地区征收能交基金24.8万元。1994年，全地区征收能交基金20.7万元。1995年，全地区征收能交基金11.3万元。1996年，全地区征收能交基金7.8万元。之后，全地区按规定停征该基金。

二、国家预算调节基金

1989年2月，境内四县执行国务院《国家预算调节基金征集办法》（简称调节基金），规定所有国营企业事业单位、机关团体和地方政府的各项预算资金；所有集体企业、私营企业及个体工商户缴纳所得税后的利润，均应缴纳调节基金。按所列各项收入的10%计征；按季或按月缴纳，年终汇算清缴。免征项目有地方财政的农（牧）业税附加、中小学校杂费、勤工俭学收入、高等院校和中等技术学校基金、企业大修理基金、煤矿维简费和油田维护费、林业部门育林基金、民政部门所办残疾人社会福利企业事业收入、新菜地开发基金、原由中央财政集中且后来下放给企业的30%折旧基金、其他经国务院或财政部批准免征的项目。并补充规定，凡当年应缴纳调节基金的预算外资金收入和集体企业事业单位、私营企业、预算外企业的税后利润不足5000元、个体工商户税后利润不足2000元的，根据困难情况给予减征或免征照顾。征收的调节基金中，属中央单位缴纳的部分，全部归中央财政；属于地方单位缴纳的部分，50%上缴中央财政，50%留省财政。

1991年起，又将留给省财政50%的调节基金部分实行“三七”开，即70%纳入地、县财政预算，30%作为省级财政收入。

1993年，全地区征收调节基金37.4万元。1994年，全地区征收调节基金23.2万元。1995年，全地区征收调节基金13万元。1996年，全地区征收调节基金9万元。之后，全地区按规定停征该基金。

三、教育费附加

1986年7月，境内四县执行国务院《征收教育附加的暂行规定》，开始征收教育费附加。凡缴纳产品税、增值税、营业税的单位和个人，除按照1984年《国务院关于筹建办学经费的通知》的规定，缴纳农村教育事业费附加的单位外，都应缴纳教育费附加，以各单位和个人实际缴纳的产品税、增值税、营业税的税额为计征依据，附加率为1%，分别与产品税、增值税、营业税同时缴纳。地方征收的教育附加费，主要留归地方安排使用。按专项资金管理，由教育部门统筹安排，提出分配方案，商同级财政部门同意后，用于改善中小学教育设施和办学条件。

1990年，境内四县执行国务院发布的《国务院关于修改〈征收教育附加费的暂行规定〉的决定》，将教育附加纳入预算管理，附加费由原来的1%改为2%，分别与产品税、增值税、营业税同时缴纳。

1993年，全地区征收教育附加费66.2万元。1994年2月，全地区执行国务院发布的《关于教育费附加征收问题的紧急通知》，教育费附加以各单位和个人实际缴纳的增值税、营业税、消费税的税额为计税依据，附加率为3%。全地区征收教育附加费86.6万元。

1995年3月，地区地税局印发《关于加强教育费、中小学改善办学条件附加费征收管理的通知》规定，旅馆业应缴纳的教育费，按住宿收入的5%计算征收；娱乐业应缴纳的教育费，由经营娱乐业的单位和个人在收取娱乐费时，一并收取，单独记账，按月缴纳，实行定额征税，按定额分别计算10%的营业税和教育费；拖欠、挪用、截留教育费附加费的单位和个人，由地税机关按日加收2‰的滞纳金，情节严重的处以五倍以下的罚款。全地区征收教育附加费103.5万元。

1996年11月，按照省地税局《关于做好教育费附加接交工作的通知》要求，全地区教育费附加一律由地方税务系统负责征收，按要求办理交接工作，地税部门认真清理有关政策，确保征管工作全面顺利开展。

2000年，全市征收含教育费附加在内的基金与附加费共计822万元。

第二章　税收征管

第一节　税务登记

川陕省苏维埃时期，川陕苏区城镇坐商极少，绝大部分为不固定的流动商贩。苏区内商贩经营商业，必须向税务机关申报登记，税务机关发给营业执照，收取执照费，方可经营商业，从事贩运。

20世纪50年代初，境内四县开始实行税务登记制度。由工商业联合会（组）向主管税务机关造具工商业会员名册，进行税务登记。1961年12月，境内四县执行《四川省工商企业办理税务登记暂行办法》，开展宣传、动员、申报、登记、发证活动。1962年，南江县对全县国营、公私合营、各种合作组织、社队企业、个体工商业及其他企业进行登记发证工作。全县普查登记的工商企业有1189户。

1982年11月，境内四县税务部门通过宣传动员、申报登记、审核发证，历时3个月，完成对所有工商业经营单位和个体户的税务登记工作。通江县办理税务登记1310户。南江县登记纳税户1292户，其中国营企业103户、集体企业509户、个体671户、其他9户，并对954户发税务登记证。

1988年2月，境内四县按省税务局《关于1988年重新办理税务登记、换发税务登记证的通知》精神，开展办理税务登记换证工作。通江县登记3762户，发证3134户；巴中县共登记换证的国营集体企业858个、副证487个，个体户正证5338户、临时登记488户，办理税务注册登记2325户。

1993年，全地区按照国家税务总局通知要求，开展换发税务登记证工作，同时对增值税一般纳税人和小规模纳税人进行界定、登记。通江县共换发税务登记证4385户。

1994年，地区地税局对地方税收纳税义务的单位和个人，全面开展税务登记证查验工作，共查验纳税户17041户，其中国有企业666户、集体企业1034户、私营企业20户、联营企业13户、股份制企业27户、“三资”企业2户、有限责任公司3户、个体工商户15051户、其他225户。

1995年5月，地区国税局把换办税务登记与税收检查、清理漏管户相结合，全地区共换发税务登记证件22674套。是年9月，地区地税局开展税务登记检查，清理漏管户，全地区国有企业办证626户、集体企业954户、个体工商户4120户、私营企业15户、联营企业10户、股份制企业24户、有限责任公司2户、“三资”企业2户、其他152户。

1996年，地区地税局按照“统一代码、分别登记、分别管理”原则，集中开展税务登记验证、换证、核证工作，全地区共验证10699户、换证97户、核发税务登记证4892户、查补入库税款80.5万元，加收滞纳金1.12万元，处罚款1.14万元。

1997年，四县（市）在办税服务厅设置税务登记窗口，对纳税人的税务登记进行专项服务。1998年5月，国家税务总局印发《税务登记管理办法》，各县（市）进行广泛宣传，并严格执行开业登记、变更登记、停业登记、复业登记、注销登记、外出经营报验登记、登记核查、非正常户处理、违章处理等规定。全地区国税系统纳入办税服务厅管理的纳税人10200余户，占纳税总户数的76%以上。全地区地税纳税登记户数23835户，验证19936户，验证率达83.6%。

1999 年 5 月，全地区按照国家税务总局要求，统一换发税务登记证。全地区地税系统换发税务登记证 22812 户，新办税务登记 894 户，新办注册税务登记 775 户，清理出新开业户及漏管户 505 户，清收入库税款 34 万元，加收滞纳金 1 万元，处罚款 1. 2 万元。全年换证率达 95%，登记类型准确率 100%。

2000 年，全市税务系统加大宣传，精心组织，加强清理，认真开展税务登记验证工作。市地税局验证 29328 户，新办证 1568 户，清理出漏管户 170 户。

第二节　纳税申报

中华人民共和国成立初，对实行查账征收的国营企业等纳税人，建立纳税申报制度，由企业每月定期申报月销售（营业）收入、盈亏情况等，报税务机关审核，凭以计算征收税款。1952 年，开始对集体企业实行纳税申报制度，规定企业必须报送工商税收申报表和财会报表及其他有关纳税资料。1956 年，对财务会计制度比较健全的国营企业，实行“自行计算，自行缴纳”的制度。1962 年，对纳税申报制度进行全面整顿，纳税人开业、停业、转业、歇业、迁移营业地址前 15 天内，向税务机关申请，办理变动登记和有关纳税手续。凡不按规定申报营业、利润情况的，根据有关规定，酌情处 100 元以下罚款。1978 年后，进一步加强纳税申报制度，纳税人不能按期进行申报的，必须提出延期报送申请。

1986 年，境内四县贯彻执行《中华人民共和国税收征收管理暂行条例》，纳税人按期向基层税务机关进行纳税申报，统一的申报表，写明应纳各税的征税品种或数额，税目税率税额送交专管员或主管税务机关审核后，填开专用缴款书，由纳税人按期向金库缴款。巴中县有 800 余户主动申报纳税 8 万元。

1989 年，巴中县制发《关于认真执行纳税申请和限期缴纳的通知》，并在巴州镇税务所进行试点。之后，全县普遍实行纳税申报制度，城区征收单位实现“征、管、查”三分离。

1991 年，境内四县贯彻执行《四川省全面实行纳税人主动申报纳税规定》，改变长期由专管员上门收税的做法。境内四县国营、集体企业按期申报率 94. 9%，个体工商户（含私营企业）按期申报率 92. 2%。

1993 年，全地区全面推行目标管理，并按照规定，对纳税人实行按月如实申报。1994 年，全地区税务系统加强税收征管，改变传统的征管模式，促进由税务专管员上门催收向纳税人主动申报转变，在实行纳税人自行申报缴纳办法的基础上，建立差别申报制度，建立健全纳税申报制度和迟报逾缴处罚制度，规范纳税人的纳税行为。

1995 年，地区国税局对纳税申报进行改革试点，拟定《巴中地区增值税纳税申报改革方案》，建立纳税申报大厅，采取直接申报、代理申报、邮寄申报、电子申报等方式进行纳税申报。全地区地税系统执行省地税局《关于地方税纳税人主动进行纳税申报缴纳税款的规定》。

1997 年，在全地区税制改革中，在办税服务大厅设置申报审核服务窗口，对纳税人纳税申报进行专项服务。1998 年，全地区地税系统执行省地税局《企业所得税纳税申报管理暂行办法》和《地方税收纳税申报分类管理暂行办法》，纳税申报分 A、B、C 三类，对不同类别的纳税人在纳税申报、税款征收、发票管理、税务稽查等方面，实行区别对待，分类管理，全地区 90% 的企业和 85% 以上的个体工商户实现自行申报。地区国税系统实行申报管理岗位制，对个体工商户的申报管理实行定人定岗，全年纳入服务管理的纳税人1.02万余户，占纳税总户数的76%以上，自行申报率达95%。

2000年，全市国税系统继续执行直接申报、代理申报、邮寄申报、电子申报等有效措施，全市自行申报率达97%以上。全市地税系统加强税收管理，对农村场镇工商税实行申报纳税、集中征收、自征自管的管理办法，初步形成“自行申报、集中征收、重点稽查、微机管理、优化服务”的新机制。

第三节 税收征缴

1950年，境内四县完成税收总收入30.66万元，其中通江县3.29万元、南江县2.6万元、巴中县20.6万元、平昌县4.17万元。随着经济的恢复和发展，境内四县税收收入逐年增加。1960年，境内四县税收收入702.33万元，其中通江县159.43万元、南江县138.7万元、巴中县248万元、平昌县156.2万元。1965年，境内四县税收收入993.59万元。

1975年，境内四县税收收入达到1258.28万元，其中通江县284.21万元、南江县232.1万元、巴中县501.6万元、平昌县240.37万元。1976年后，境内四县开展财源培植，加强税收收入，税收收入大幅度增长。1980年，境内四县税收收入达1761.27万元，其中通江县378.44万元、南江县365万元、巴中县657.4万元、平昌县360.43万元。1985年，境内国营集体企业加快发展，乡镇企业异军突起，纳税对象和应税项目增加，税收收入迅速增长，境内四县税收总额2903.24万元。

1993年，全地区税收总额达9700.30万元，比1950年增长316.28倍。南江县税收总额1897.1万元，比1950年增长729.65倍；巴中市（县级）税收总额3603.2万元，比1950年增长174.91倍；平昌县税收总额1850万元，比1950年增长443.65倍。

1994年，全地区全面加强税务管理，建立纳税申报制度和迟报逾缴处罚制度，规范纳税人纳税行为，不断改进征管办法，优化办税服务，全地区随经济建设的跨越式发展，税收收入大幅增加。至1996年，全地区税收总额达21618.02万元。

1998年，全地区税收收入总额32456万元，其中国税收入总额7944万元，地税收入总额24512万元。2000年，全市税收收入总额34373万元，为1993年的3.54倍。其中国税收入8560万元，地税收入25813万元。

第四节 票证管理

川陕省苏维埃时期，川陕省工农税务总局统一制定三联税票，其中，一联由纳税人保管，一联由收税人留存，一联上报主管部门。收税时由收税人填写（一律用毛笔）纳税人姓名、经销货物品名、数量、价值若干、纳税金额，并将税务总局印制的印花税票，按税票上的收税数目贴足印花，当月向上级上缴税款。

民国36年（1947年）5月，境内四县按国民政府公布的《特种营业税法》规定，公司商号凡发生营业行为，应开立发货票；出卖货品不开立发货票者，除责令补办外，并处以5万元以上10万元以下的罚款。

1950年，境内四县执行川北行政公署税务局颁发《川北区发货票管理暂行办法》、西南军政委员会颁发的《西南区建立发货票制度办法》和财政部公布的《工商业税暂行条例施行细则》等相关规定，加强发货票管理。1953年，按照省税务局要求，境内各县对统一发货票进行整顿，重新拟定坐商、行商、外埠行商及摊贩等4种统一发票，对零星售货者，设零售交易登记簿。

1962年，境内四县加强发票管理，从发票的印制、分售到集市发货票的开立都由税务机关办理，建立购票手册及发票的购、用、存等制度。是年7月，通江县印制坐商、行商、洗染、缝纫等5种使用对象的统一发票。除国营企业、供销合作社外，其他企业和个体户一律执行统一发货票。

1975年4月，境内四县执行省财政厅《四川省统一发货票管理办法》规定，统一发货票的种类和使用范围。甲种适用于国营企业、供销合作社，乙种适用于集体所有制企业，丙种适用于有证个体工商户、农村社员在集市出售允许上市的产品。是年7月，境内四县按《四川省达县地区统一运输货票管理办法》，所有专业、街道、农村副业运输，都必须纳入统一计划、统一调度、统一运价和货票的运输“三统”管理。

1983年5月，境内四县加强统一发货票的管理、严格控制自印发货票。1986年12月，境内四县根据财政部颁布《全国发票管理暂行办法》和省财政厅《关于贯彻执行“暂行办法”的通知》，使用新发票，除继续使用甲、乙、丙三种新的统一发货票及使用范围外，增加批发代扣零售环节营业税的企业、单位使用的“专用”发票，并重申和修订统一发货票制度。1987年，境内四县加强公路和水路运输票据管理，并对印制使用公路运输票据和水路运输票据及税、费征收等有关问题作具体规定。1988年9月，境内四县按照国家税务局《关于检查清理发票的通知》精神，广泛开展检查清理发票工作。境内四县共检查（含自查）60334户，占纳税总户数的85.97%；有问题户9579户，占检查户的15.84%；违章处罚271户，罚款3.3万元；补税3634户，税额63.5万元；违反物价政策规定的39件，金额50.9万元；投机倒把1件，金额31.9万元；利用发票贪污2件，金额0.2万元。

1990年，境内四县加强对营业性舞厅的税收征收管理和财务监督，防止偷漏税费，保护合法经营，执行达县地区税务局与地区文化局《营业舞厅门票管理试行办法》，舞厅门票的规格由达县地区税务局和地区文化局统一设计，舞厅门票的式样由各县文教局统一设计，承印舞厅门票的印刷厂，必须凭税务机关“票证准印证”，按批准的式样、规格、数量印刷，并由各县税务局和文教局负责监制。是年11月，境内四县加强“钢材市场专用发票”管理。

1994年，全地区税务系统增强“管理发票必须管税，管税必须控制发票”意识，用发票加强税收的税源控制，堵塞税收流失。全地区对发票弄虚作假、偷税逃税开展大检查，查实发票违章1508起，收缴旧发票28800本，处罚150户，罚款4.69万元；对增值税专用发票稽核，组织税务专管员对旧版发票和发票领填、缴、存等进行逐人逐所核对清查，检查各项旧版发票289715套，分县（市）统一登记，集中销毁。是年9月，全地区按照国家税务总局《国家税务总局关于检发税收票证统一式样的通知》要求，统一税收票证式样，国税和地税以字号及表头“国”“地”两字相区别。全地区税收票证的种类有21种。是年10月，地区地税局印发《巴中地区税收票款管理暂行办法》，对税收票证的种类及使用范围、票证的领发、保管、填用、缴销、审查、票款结报及长短损失处理等进行具体明确规定。

1995年1月，全地区地税系统启用全国统一地方税务发票监制章。是年4月，地区地税局印发《发票印制管理实施办法》，对发票印制企业应具备的条件、建立的制度、承担的责任、达到的要求均进行严格规定。是年，全地区国税系统对专用发票的领、发、用、缴、存各环节作严格规定，对内明确职责，统一专用发票管理部门的运转程序；对外针对纳税人不同情况，将纳税人分别确定为代保管专用发票企业和自领专用发票企业，进行严格地实地考察和审批。同时统一纳税人的领票方式，一般纳税人领取增值税专用发票必须经过专管员审核，所长或（分局）局长审批。

1996 年 11 月，地区地税局对全地区地税票证管理进行专项检查，对出现的问题进行整改和通报。是月，地区地税局印发《关于在全地区饮食娱乐业使用定额发票的通知》，规定定额发票由地区地税局统一印制统一编号，各级地税机关要建立健全定额发票管理办法，严格领销存制度。通过在全省率先推行饮食娱乐业定额发票管税，全年共征收饮食娱乐业税收 431.6 万元，同比增收 259.2 万元，增长 150.4%。同时，组织力量抽查 3200 户次，查出有问题的 1067 户次，补税罚款 48 万元，取得"以票管税"的显著成效。

1997 年，地区国税局对个别批次发票在印制环节出现跳号、错位等质量问题进行限期整改，并重申普通发票一律使用电脑制版，活字版发票一律不得出厂。是年 5 月，地区地税局抽调 183 名稽查人员，组成 56 个组，对 70 余家发票印制单位和近 1 万户使用地税发票的单位和个人进行突出检查，共查出违规使用发票的 140 户，其中倒买倒卖伪造发票 1 起，使用伪造发票 5 起，收缴非法使用发票 31 本，自制收据 28 本，补办税务登记证 210 个，补税 3 余万元，罚款 5.5 万元，并对 60 余起违规使用发票行为进行公开曝光。

1999 年，地区地税局在全系统集中开展发票专项检查和发票打假工作，重点对餐饮娱乐、邮电、保险、建筑安装、交通运输、出租车、停（洗）车场等行业用票情况进行清理检查。全地区共检查 3322 户用票户，查出违规户 255 户，处罚 253 户，补税罚款 23.8 万元，查获倒卖假发票 2 人，缴获假发票 53813 份，捣毁制售假发票窝点 1 个，刑事处罚 3 人。其中成功破获跨越川浙两省的"5·18"伪造、倒卖定额发票大案，共查获收缴全部饮食娱乐业定额发票，假税务发票监制章 2 枚，捣毁制票黑窝点 1 个。是年，全地区国税系统对票证填用、作废份数和税款是否足额上解及填写是否规范进行审核，严格执行以填票人自审、县（市）局会计审核、票证主管人员复审的"三审"制度。

2000 年，全市国税系统对发票管理人员进行业务培训，共培训 520 人次；加强增值税专用发票管理，并配备专用保险柜，安装防盗门。在手写和微机开票"三审"审核中，共核各类税收票证 206036 套，其中合格票证 204149 套，错票 1887 套。是年 7 月，正式启用由省国税局统一印制并发放的税收转账专用完税证。是年 9 月，按照省国税局要求，对发票进行换证，采用三联印色（第一联黑色、第二联棕色、第三联绿色），并套印全国统一发票监制章的新票证。市地税局对全市相关企事业单位、个体工商户 4361 户的发票管理使用情况进行清理检查，重点检查 3659 户，查出有问题的 151 户，处罚 30 户，罚款 9.05 万元，补税 14 户，共追补税款 24 万余元。

第三章　税务管理

第一节　征收管理

民国初期，境内各县税收管理沿袭清制，设关立卡，货物过卡纳税。之后，各县知事公署设征收课。同时，国税、地方税并立，征收机构各征其税，互不相属。

川陕省苏维埃时期，按照《川陕苏维埃税务条例（草案）》规定，未经川陕省工农税务局指派负责人员，无论何人不得代征代收。

1950年11月，全国统一新税法后，境内各县按照西南军政委员会、川北行政公署发布的各项税收征收细则，在逢场天“赶场”征收。1952年11月，境内四各县在各乡设税收委员1人，村设税收小组组长1人，税收征管重点为私营工商业户，依实际营业额，按月计征营业税、所得税。是年，通过开展“三反”“五反”运动，推动税收征收管理。1956年，境内四县开始对部分国营、合作社及公私合营企业进行纳税鉴定。1953—1957年，在对生产资料私有制的社会主义改造中，按行业、按系统与主管部门对口管理纳税户，发挥税收的调节作用。1958年5月，境内各县开展税收无偷漏、无拖欠、无差错的“三无”活动。税收管理采取发动群众协税、依靠群众办税，组织协税护税组，聘请协税员，简化纳税手续，推广自结纳税、自开缴款书、自缴银行的“三自”纳税办法。农村工商各税由公社信用社代扣代缴，小商贩月征税款，取消民主评议，改为按进货计税。

1961年12月，贯彻省税务局《关于加强税收征收管理的通知》精神，境内各县恢复税收征管制度，实行定点化片，专责管理。1973年，境内四县普遍开展纳税鉴定工作。1966—1976年，境内四县税务机关混乱，征管工作不力，税收收入连年剧减。

1978年后，境内四县开始全面建立和完善税收征管制度，年纳税在50万元以上的企业实行驻厂征管，其余企业实行定员、定单位、定任务、定时间的“四定”管理；场镇企业和个体户，以税务所为区划，划片统管各税。

1980年12月，境内四县对屠宰税的征收，将“先宰后税”改为“先税后宰”，收取代宰费，凭税宰猪，协税堵漏。1981年5月，按照财政部税务总局《清查偷漏欠税的通告》要求，境内四县结合实际，发布通告，加强税收管理，堵塞“跑、冒、滴、漏”，并开展税收、财务、物价大检查。巴中县查出各项漏税27.5万元。是年，巴中县城关税务所组建全省首家个体工商业户劳动者协会，强化对个体税收的征收管理，协助巴州镇400户个体户评税、纳税、催欠、协税堵漏，有力地促进个体私营经济发展。1983年，巴中县实施的商业批发代扣税款经验，在全省总结推广。南江县对私营车辆税收实行“以票管税”，通过强化控管手段，加大征管力度，有效控制了机动车辆税收的流失。1988年8月，境内各县深化征管体制改革，开始实行“管查分开，两员到户”的双轨运行机制。1989年7月，巴中县印发《征收管理改革试行方案和考核办法》。是年，通江县积极推行征管改革，实行征管和检查两分离，加强征管、检查分工职责，全面整顿征管资料档案。

1990年，境内四县进一步完善征管模式，各城关税务所实行“征、管、查”三分离。通江县诺江所和12个农村所内设检查员，狠抓征管基础工作，规范个体税收征收管理。1992年3月，通江县对个体工商业户实行“定期定额”的征税办法，加强税收征管。是年12月，境内四县废止纳税鉴定制度。

1993年，全地区贯彻执行《中华人民共和国税收征收管理法实施细则》，全面推行目标管理，对纳税人实行按月如实申报。巴中市（县级）制定和建立相应配套制度和措施，对纳税人实行征前辅导，征中、征后管理。1994年，全地区积极稳妥地推行征收、管理、检查“三位一体”的征管模式，增强稽查力量，强化稽查力度，提高稽查质量。

1995年，全地区地税系统执行《四川省地方税收征管改革试点意见》，建立以纳税人自核自缴为基础的纳税申报制度，积极推行税务代理制度，建立税法公告制度，建立纳税服务厅，改进征管手段，推广计算机在征管上的应用，提高征管水平。

1996年，地区地税局印发《地税征管改革实施意见》，在重点抓好城区征管改革试点的同时，积极开展农村税收征管改革试点工作。在城区确立“以纳税申报和优化服务为基础，以计算机网络为依托，集中征收，重点检查”的征管模式；在农村确立“以纳税申报和优化服务为基础，规范化的‘一账一卡’和‘双卡’网络为依托，集中（定点）征收，重点稽查”的征管模式。全地区共设置城区办税厅6个，农村办税室62个，配备计算机20台，基本实现集中征收，自行申报纳税。是年，全地区国税系统建立“以自行申报、集中征收为基础，以计算机网络为依托，以专业化稽查为重点，以加强管理和优化服务为保障”的税收征管新模式，全面推行税收征管、税收会计核算改革。同时，按照逐步推进、全面发展的原则，全地区有国税办税厅5个，配备计算机27台。

1997年，地区国税局狠抓规范化管理，实行集中征收、优化服务，创建最佳办税服务厅，为纳税人提供多功能、全方位的“一站式”服务，全地区纳入办税服务厅集中申报、集中征收的达5185户。平昌县地税局对农业特产税实行“户建卡、村建账、乡建档、区建网”管控，构筑“以源测产、以产定收、以收计价、以率征税”的征管体系。南江县地税局对农村税源进行逐户调查，登记造册，分户填表。对农业特产税和屠宰税实行“一户一页、一品一格、一社一册、一村一账、一乡一档、一区一网”管控。组建农村协税护税小组526个，聘任农村不脱产协税员3998名，建立办税服务厅（室）65个，设立文明示范窗口12个。是年10月，全地区实行“统一收费证照，统一收费范围，统一收费渠道、统一收费标准，统一收费行为，统一检查管理，建立专门监督机制”的“六统一、一监督”制度。

1998年，全地区国税系统按照“巩固扩大集中征收成果推行专业化管理，突出重点稽查，完善计算机监控功能”要求，加快征管改革进程。按“一县（市）一厅，集中征收”模式，规范办税厅建设，推进集中征收。全地区地税系统完善征管措施，加强目标责任制考核，建立奖惩激励机制，建立完善各项税款代征，代扣代缴制度，有效遏制零星税源“跑、冒、滴、漏”现象。全地区设置办税服务厅（室）312个，代征代缴网点2534个，配备计算机48台，逐步实行集中征收。

1999年3月，在全地区个体私营业户中推行公开评税、公开办税、公开纳税的“三公开”税费征管改革。全地区共有10021户个体、承包户进行公开统一评税，其中，地区325户，县（市）9696户。县（市）所管的户数中，国税、地税共管户6159户，地税直管户3537户。

2000年，全市国税系统落实税收专业化管理制度，规范“窗口”建设，推进集中征收，规范征管业务流程和征管基础资料，建立纳税人户籍档案，实行分类监控，并加强增值税防伪税控系统建设。全市地税系统深化农村税收征管改革，建立办税服务厅（室）316个，村级代征室2355个，配备计算机57台；深化城镇税收征管改革，采取公开税收政策、公开评定定额、公开办税服务、公开处罚过程、公开缴纳税费和接受党政监督、群众监督、社会监督的“五公开、三监督”征管办法；加强征管信息化建设，全市添置计算机150余台，建成征管局域网36个；建立税企联系制度，与3000余户企业签订协护税责任书；完善全市税务登记中心管理制度，对车辆、建安等行业税收实行专业化管理。

第二节 税源培植

1978年后，境内四县税务部门遵循“发展经济，保障供给”的方针，努力发展生产，开拓税源，

“放水养鱼”，为经济建设服务。充分利用境内丰富的资源优势，在大力发展农业的同时，大抓生猪、烟叶、茶叶、食用菌、中药材等骨干税源。抓重点税源，支持企业发展。1980 年，巴中县为巴中县食品公司减税 40 万元。1984 年，巴中县为巴中县罐头厂减税还贷 69 万元。1982—1984 年，南江县为南江县酒厂连续减税 10 万元。1990 年，平昌县为县酒厂等企业解决和恢复生产资金 1550 万元，解决财政补助资金 28 万元，减免税款 199 万元。

1993 年后，全地区始终把促产培源工作纳入重要议程，围绕富民增收发展思路和目标，按照“因地制宜、分类领导、注重实效”的原则，加大促产培源力度，探索促产增源新路。

1994 年，全地区广泛开展帮一户企业、促一个项目、办一件实事、创一笔收入的“四个一”活动，重点支持地方国有企业转换经营机构，扭亏增盈，提高经济效益；支持乡镇企业、个体私营企业发展，支持原材料、能源、交通、通信等基础产业和第三产业的发展。深入 44 户建安企业调查，为 8 个资金困难的建筑公司融通注入资金 14.53 万元，促进工程顺利进行，将欠税及时组织入库。1978—1994 年，境内四县（市）为企业组织贷款超亿元，减免税款和以税还贷 5899 万元。

1995 年，全地区坚持“从经济到税收”的原则，大力培植地方税源，建立税源联系点 830 个。地区重点抓年纳税 50 万元以上的企业；县（市）重点抓年纳税 10 万元以上的企业；各区（镇）重点抓纳税 2 万元以上的纳税大户；乡（镇）重点抓年纳税 5000 元以上的大户。协助 320 户企业深化改革，转换机制，加强管理，提高经济效益，为 830 户企业提供经济信息 890 多条，融资 3500 多万元，收回“三角债”540 万元，帮助 58 户企业实行技术改造，销售产品 260 多万元。建立蚕茧、生猪、茶叶、烟叶、药材、水产、果品、油料、银耳、木耳、林业、食用菌等骨干特产税源基地 270 个，扶持新办私营企业 28 户，新发展个体工商户 4128 户。投放周转资金 6 万元支持发展南江黄羊，在巴中市（县级）化成水库投资 10 万元，巴中市（县级）顶山乡龙洞沟水库投资 5 万元发展网厢养鱼。仅化成水库产鱼 10 万公斤，创收 100 万元，增税 13 万元。巴中市（县级）地税局按照“一乡一品、一村一色、一户一专”的发展思路，投资 3 万元扶持甘泉乡新建纽荷尔脐橙园 33.33 公顷 3 万株，“春蕾桃”园 10 公顷 9000 株；为巴中市（县级）齿轮厂引进资金 2 万元。

1996 年，制定促产培源长远规划和近期计划，扶持巴中市（县级）化成水库和顶山乡龙洞沟水库网厢养鱼、南江县元顶子茶场、通江县大棚蔬菜、平昌县二建司预制板生产等种养加工项目 15 个，投入资金 65 万元，新增税收 25 万元。同时，按照“巩固骨干财源、培植新生财源、开发潜在财源、涵养梯级财源”和“政策扶、管理促、工作帮”的思路，因势利导，大力促产增收，深入通江县龙凤场乡长岭村，落实茶园改造资金 5 万元，为该村 50 户贫困户每户补助 150 元购买生猪 2 头，为该村购买鱼苗 2 万尾。

1997 年，积极为企业改革、民营经济、扶贫攻坚等提供政策、资金、信息、科技等方面的服务，因地制宜建立和扶持生猪、蚕茧、茶叶、银耳、黄羊、烟叶、中药材、水产、果品等农业特产税源基地。先后筹资 90 多万元扶持农民发展网厢养鱼、黄羊养殖、大棚蔬菜、茶叶生产、烟叶种植等 16 个项目。投入资金 10 万元扶持巴中市（县级）玉山片区种烟 333.33 公顷，产烟 50 多万公斤，创税 46 万余元。为通江县龙凤场乡长岭村投入资金 4.34 万元用于 13.33 公顷茶园改造。通江县围绕“开发兴特、依山富民”的发展思路，大力发展银耳、木耳、药材、烟叶、水果等农特产品，对农业特产大户建立促产增收专档。全年为其提供信息 258 条，咨询服务 1.35 万人次，筹措资金 81 万元。

1998 年，全地区地税系统坚持政策促产、工作保产、管理促产等办法，先后筹集资金 1100 余万元，培植蚕茧、生猪、茶叶、烟叶等农业特产税源基地 798 个，扶持发展个体户 751 户，年新增税收

2009万元。

1999年，全地区地税系统围绕地委、行署确定的经济发展战略，重点支持骨干企业，带动和促进区域经济增长，培植新的税源增长点。全地区共投入调节基金90余万元，新增产值近5000万元，创税300万余元。大力支持发展个体经济，帮助农民依托池园基础，种养加运结合，发展户均创税500元以上的种植、养殖、加工、运输、科技、流通大户，发展个体私营商贸企业和个体贩运大户，培植和充实了税源。通江县狠抓周期短、见效快的项目，兼顾中长期税源的培植和发展，重点扶持食用菌和魔芋生产，年创产值410万公斤，实现税收215万元。

2000年，全市地税系统深入开展“六个一活动”（即联系一个落后村，包扶一户贫困农户、走访一户农民家庭、反映一条农民要求、提出一条好建议、办成一件实事）。同时，针对全市农村遭受旱灾严重减收的实际困难，全面落实市政府关于减轻“两税”4000万元的计划，以鼓励其抗灾自救，发展生产。

第三节 税务稽查

20世纪50年代，境内四县税务局设置检查（监察）股，根据税收政策法令及各种制度，对内检查执行情况与作风，帮助改进；对外检查纳税人缴纳税款情形，协调征纳双方关系，保证工商业发展完成税收任务。1952年，平昌县普查印花税，全县30个国营企业违章52024件，私营企业125户违章774件，对漏税全部追缴入库。1954年，南江县供销粮食系统自查补税1255元，查出农村漏税2000元。

1962年，平昌县对全县各种经济成分的纳税户进行检查，查出偷漏税收2461户，追缴工商税15.1万元。1964年，巴中县查出1072户企业偷漏税收，补缴税款9.16万元。1965年，平昌县对1329个生产队进行检查，查补税款1.56万元。1977年，南江县对农村进行查漏补欠，查补催收税款4.17万元，加征滞纳金1143元。

1980年，巴中县开展税收检查，检查的891户个体户，有730户偷漏税，共补税款33.1万元；检查31户企业，补缴税款4.6万元。1973—1985年，南江县共查补税款57.04万元，其中工商税净额34.01万元，工商所得税净额23.03万元。

1986年11月，通江县组织48人，组成15个检查组开展税收财务大检查，共查国营、集体企业477户，查处偷漏税78户，查补税款16.86万元。1987年7月，通江县税务局成立税务稽查队，开展税收大检查，对县印刷厂等26户纳税人进行检查，查补税金45万元，基金12万元。1988年，巴中县税务局成立税务稽查队，常年查处偷税、漏税、抗税、发票违章案件，并在车站等地增设税务检查站5个。1989年，通江县进行个体税收专项整顿和开展税收大检查，查补税款122.35万元，查补各种基金27.8万元。1986—1993年，巴中县共办理涉税案件254件，其中偷漏税案207件，发票违章案27件，查补、追缴税款1404万元，处滞纳金5.5万元，罚款14万元，催缴欠税280万元。

1994年，地区国税局组织36个检查组，对全地区49个税务所（分局）720名税务人员的税收执法情况进行检查，查出违纪人员20人。在税收大检查中，调整定额3440户，月增税款10万余元，查补个体税收32万余元，全地区催收入库115万元。全地区地税系统抽调1295人，组成82个检查组，开展“地方税收大检查”。共检查纳税户4742户，查补营业税154万余元，农业税94万元，个人所得税 10 万元，其他各税 66 万余元。

1995 年，地区国税局对一般纳税人取得的专用发票进行重点检查，检查纳税人 890 户，审核发票 4.5 多份，有问题发票 1252 份，不予抵扣税款 250 万元。全地区重点检查 4993 户，查补罚款 114 万元，入库 112 万元，入库率为 98%；催收欠款 674 万元，入库率 48%，被处罚款户 123 户。在结算检查中，检查查补增值税 523 万元，消费税 59.9 万元，所得税 21.5 万元，“两金”78 万元。是年，四县（市）地税局成立稽查分局。地区地税局抽调 162 人，组成 52 个检查组，开展税收大检查，全地区自查 12946 户，重点检查 1495 户，共查补入库税款 327.1 万元。同时，严厉打击偷逃税行为，全地区共稽查 7984 户纳税户，查补入库税款 310 万元，查处偷税案 1088 件，查补税款 264 万元，加收滞纳金、罚款 5 万元。

1996 年 12 月，地区地税局稽查分局成立。全地区查补入库税款 234 万元，其中国税 98 万元，地税 136 万元，处罚款 3.2 万元；查处各类违章户 78 户，查出漏管户 126 户。检查纳税总户数 5859 户，清理漏管户 362 户，查补税款 10 万元，处罚款 1 万元。

1997 年，地区国税局制定《税务稽查工作原则》，对全地区纳税大户进行稽查，查出巴中市（县级）物资流通公司虚开增值税专用发票偷税案。地区地税局印发《进一步加强稽查工作的通知》，并严格按《中华人民共和国行政处罚法》《中华人民共和国税收征管法》和《税务稽查工作规程》的有关规定和要求，加大稽查力度，开展税收专项检查和税收大检查，共检查纳税户 8381 户，对 3906 户有问题的纳税户补税 603 万元，追缴入库 579 万元，加收滞纳金 4 万元，处罚款 23 万元，查补各项基金附加 180 万元；采取税收保全措施 36 户，金额 192.2 万元，依法强制执行 12 户，执行税款 109 万元，提请法院强制执行 13 户，罚款 4 万元。

1998 年 7 月，地区地税局成立“地方税收违法案件举报中心”，并公布举报电话。全地区地税系统建立地区、县（市）、区三级稽查网络，配备专（兼）职稽查人员 420 人，配套组建税务公安执勤室或涉税案件侦查大队、税务法庭执行室等保障体系，全面加大税务稽查力度，共稽查纳税户 3814 户，查补入库税款 705 万元，处罚款 42 万元，加收滞纳金 3 万元，依法采取强制执行措施 32 起。对 1053 户金融、邮电、建安、交通等企业进行专项检查，共查处入库税款 382.44 万元。

1999 年，地区国税局大力推行计划跟踪稽查制度，对 2715 户纳税人实行计划跟踪稽查，其中检查有问题的 1027 户，查补税款 435 万元，处罚款 210 万元，纠正涉税违章行为 20 件。全地区地税系统按照“机构专业化、工作程序化、管理规范化、手段现代化”的总体思路，形成“大稽查”格局，建立选案、查案、审理、执行“四分离”的监督制约机制，对偷逃抗税严厉查、热点行业集中查、难点问题突出查、薄弱环节跟踪查、税源大户重点查。共稽查纳税户 10187 户，查补入库税款 831 万元，处罚款 97 万元，受理举报案件 68 宗，并全部结案。同时，集中开展发票专项检查和打假工作，通过对 3322 户用票户的检查，查出有问题的 255 户，处罚 253 户，补税罚款 23.8 万元，查获倒卖假发票 2 人，缴获假发票 5.38 万份，捣毁制售假发票窝点 1 个，刑事处罚 3 人。

2000 年，全市各级国税部门先后对储蓄存款利息个人所得税、增值税专用发票、白酒生产行业消费税、金融保险证券业营业税等 4 个行业进行专项检查。全市共检查 269 户，其中有问题的 28 户，共查补入库税款 36.1 万元，罚款 4 万元。市地方税务局成立“地方税重大案件审理委员会”，并制定《巴中市地方税务案件集体审理办法》。同时，按照“选案不查案，查案不审理、审理不执行”的原则开展稽查工作，全年共稽查纳税户 923 户，查补入库税款 1225.6 万元，处罚金 161.78 万元，受理举报案件 56 起，查处暴力抗税案件 6 起，追缴税款 500 多万元，查封财产 200 余万元，惩处 10 余人。

巴中市志

第十九篇

金融·保险

从民国元年（1912 年）起，境内各县相继成立民间金融及官办金融组织。随着金融事业的蓬勃发展，保险事业也开始在境内起步。1933 年，红四方面军在通江县创办川陕省苏维埃政府工农银行，并设有 15 个分行。1950 年，境内各县相继成立中国人民银行支行，并正式对外营业。1984 年底，境内四县均建立保险支公司后，逐步扩大保险服务领域，逐年增加保险种类，积极拓展保险覆盖面。至此，境内四县均建立人民银行支行、工商银行支行、农业银行支行、建设银行支行等专业银行，农村信用社和人民保险公司的金融体系。

1993—2000 年，全地区各金融机构发挥特点和优势，狠抓储蓄存款，不断增加储种，改造和增加网点，优化服用，采取多种办法筹集资金，积极支持地方经济建设，加大信贷投入，贷款对象由单一型向多领域、多渠道、多层次、全方位转变，重点支持交通、能源、通信、医院、学校、广播电视、基础设施建设和农副产品收购等领域，推动和促进经济社会发展。2000 年末，全市各项存款余额达 43.68 亿元，各项贷款余额达 58.99 亿元；开办险种达 40 个，累计业务收入 2.52 亿元，处理损案 16.2 万件，支付赔款 13738.67 万元。

第一章　金融机构

第一节　当铺·钱庄·票号

民国元年（1912 年），陈雨田在巴中县城文庙街开设复兴合票号，有街房 50 余间，田地 26.67 公顷，有流动资金 3 万元（银币），雇员 40 余人，设分号 3 个，兼营票汇业务。

民国 6 年（1917 年），驻军郑启和在巴中县城文庙街“别游天”楼创办义通钱庄，以收存捐税为主，兼营汇兑、借贷，业务辖通江县、巴中县（含南江）。

民国 7 年（1918 年），驻军郑启和岳父晏海儒在巴中县城外西街严公庙附近开当铺。民国 9 年（1920 年），驻军郑启和勒索复兴合票号大洋 20 万元，而破产。是年，潘文华驱走郑启和后，义通钱庄撤离。

民国 11 年（1922 年），吴裕卿在巴中县城文庙街开设裕记庆丰泰商号，开办票汇业务，在南江县、通江县、南充、成都、重庆、上海等地设分号。其资金雄厚，信誉高，票价高出其他字号 5% ~ 15%，为巴中首富。时称“复兴合的田多，庆丰泰的钱多”。

民国 17 年（1928 年），万国储蓄会在巴中县城新街董兴顺家设立机构，代理四川西北银行兑换纸币，不久倒闭。

民国 19 年（1930 年），田颂尧部筹资 20 万元，在巴中县城小街子创办鼎丰祯银号（分号），收存通江县、巴中县（含南江）军款、税收，兼办汇兑，并代理四川西北银行巴中办事处业务，出卖申票、渝票、省票。

民国 21 年（1932 年），鼎丰祯银号挤垮庆丰泰商号，占据巴中金融市场。民国 22 年（1933 年），鼎丰祯银号撤离巴中。

民国24年（1935年）后，巴中有30余家商人自立字号，既经商，又兼营汇票，主要有合川票、顺庆票、营山票、绥定票、申票、南郑票、渝票、省票等。民国22—26年（1933—1937年），湖北人杨丹秋在巴中县恩阳镇协助乡绅莫颜如集资大洋20万元，在回龙场开办互利字号钱庄，与重庆、南充等地开展业务。

民国33年（1944年）3月，冯均琏等改组“昌平”字号，在巴中县城设立民本银号（后迁至平昌江口镇），先后在上海、武汉、重庆、宜宾等地设立分号，在陕西南郑，四川泸州、万县、南充、巴中、通江、南江、万源、达县、保宁（阆中市）等地设立办事处，开展存、放、汇和商业购销业务。

民国34年（1945年）初，巴中县胡佑碧集资10万元，在恩阳镇正街创办互惠字号钱庄，经营一年零两个月歇业。民国35年（1946年），巴中县雷洪生集资10万元，在恩阳镇河坝街创办信诚字号钱庄，经营3年歇业。同时期，在巴中县渔溪寺、花丛垭等城镇亦有私人集股开办钱庄。民国36年（1947年）7月，民本银号歇业。

第二节　合作金库

民国24年（1935年）12月，在通江县、南江县、巴中县组建农村合作预备社，承担借款，转贷农民，组织春耕。民国27年（1938年）4月，省合作金库辅导设立巴中县合作金库，库址位于巴中县城衙门口街。股金10万元，其中省库拨付8万元，地方2万元。除办理县内业务外，兼办通江县、南江县合作社之放款业务。民国29年（1940年）5月，通江县合作金库成立，库址位于通江县城书院街蒲家公馆。资本定为法币10万元。民国30年（1941年），南江县合作金库成立，省库拨付20万元，农民银行成都支行提供股本19.9万元，开办存款、贷款、汇款、农产品储备等业务。是年5月，通江县合作金库股金增加为20万元，其中省金库17.88万元，地方2.12万元。民国33年（1944年）2月，通江县合作金库奉令裁撤，迁入巴中县合作金库办公，成立通江县合作金库巴中办事处。民国34年（1945年），巴中县合作金库停办。民国37年（1948年）1月，重新筹建巴中县合作金库，筹集资金3000万元，后因货币贬值，新建的县库未正式开业。

第三节　银　行

一、四川西北地方银行巴中办事处

民国17年（1928年），四川西北地方银行在巴中县城文庙街设办事处。民国19年（1930年），由于发行的纸币信誉极低，被撤销，其业务由鼎丰祯银号代理。

二、四川西北银行巴中办事处

民国21年（1932年）4月，在巴中县原四川西北地方银行巴中办事处旧址设立。民国24年（1935年）撤销，其业务移交鼎丰祯银号代办。

三、通江县平民（农民）银行

民国24年（1935年）9月，通江县平民（农民）银行成立，资本10万钏（发行布币10万张，每张1钏），并在鸣盛（民胜镇）、得胜、涪阳乡设办事处。是年底，停办。

四、四川省银行巴中办事处

民国26年（1937年）4月，四川省银行在巴中县城大西街15号设巴中办事处，为二等办事处，有职工11人，并根据业务情况聘用练习生和办事员。省行拨营运资金20万元，主要办理汇兑、存款、放款，兼办公库业务。民国30年（1941年），在平昌江口镇设分理处。民国33年（1944年）6月，有存款余额425万元，放款余额173万元，应付联行汇差397万元，为巴中县金融机构经营状况最好的。民国38年（1949年）7月，撤销。1950年5月，由中国人民银行巴中县支行接管。

五、巴中县银行股份有限公司

民国30年（1941年）2月，巴中县银行在县城东城街筹建，定名为巴中县银行股份有限公司，其宗旨为“调剂地方金融，扶助经济建设，发展合作事业”。民国31年（1942年）4月，向县政府注册登记。是年5月，暂行营业。民国35年（1946年）4月，报经财政部批准后，正式开业。民国36年，仅在平昌江口镇设江阳办事处。县行定资本总额30万元，按官股40%、商股60%分摊。民国38年（1949年），因法币贬值，资本蚀尽，停业。1950年1月，由巴中县政府接管。

六、通江县银行股份有限公司

民国30年（1941年）6月，通江县政府指令县参议长和经收主任筹建，行址在县城鼓楼街张公馆。资本总额初定20万元，分2000股，官、商各1000股，商股除城乡士绅认购外，余由乡镇殷实绅商及合作社募集。民国31年（1942年）8月，召开第一次股东大会，并确定是年9月1日正式成立。行内设董事、监察及董事会、监事会，监事会由5名监察组成。在经理下设总务、业务、会计、出纳4股，各股设主任1人。民国37年（1948年），行址迁至县城书院街蒲家公馆。民国38年（1949年）5月，倒闭。

七、南江县银行股份有限公司

民国32年（1943年）4月，南江县银行股份有限公司由县政府以县镇公款与人民合资依法成立，并县城大十字张公馆开行营业。资本20万元，官、商各半。设经理、出纳、会计、业务员、驻行监察、办事员、行警各1人。民国36年（1947年），只收不贷，业务停滞。民国38年（1949年），停业。

八、中国农民银行巴中办事处

民国32年（1943年）1月，中国农民银行巴中办事处在巴中县城衙门口街开行营业，归农民银行重庆分行管辖。原县合作金库业务、人员划归办事处管理。是年5月，设分理处。民国34年（1945年）12月，因农贷紧缩，业务萧条，奉命裁撤。

九、蜀华银行

民国33年（1944年），南江县人李蜀华在南江县开办蜀华银行，并自任董事长，张锡任经理。

因投资入股者少，资金短缺，难以开展业务，不久停办。

十、川陕省苏维埃政府工农银行

1933年12月4日，川陕省苏维埃政府在通江县城南街创办川陕省苏维埃政府工农银行，又称工农银行总行，下设15个分行。总行下设行长，由中共川陕省委委员、红四方面军总经理部部长郑义斋兼任。设有运输连、警卫连、石印局（印钞厂）、造币厂、保管科（金库）、财务科（会计科）、秘书。其中，运输连下设马队，保管科下设剪票房和库房，库房又设兑换处。根据《川陕省苏维埃组织法》规定，工农银行归省财经委员会领导，其任务是："制造苏维埃货币，统一币制，流通苏区金融，实行对工农的低利和无息贷款，帮助合作社的发展。"1934年春，川陕省苏维埃政府工农银行迁至通江县苦草坝得汉城。1935年，川陕省苏维埃政府工农银行随红四方面军转移。

十一、中国人民银行巴中市中心支行

1950年5月，南江县政府财政科建立金库。是年6月，通江县、巴中县、平昌县相继成立中国人民银行（简称人行）县级分理处。是年7月，南江县改金库为人行南江县分理处。是年11月，各县分理处改建为人行县级支行，内设秘书股、会计股、农村金融股。四县人行设置国家金库县级支库。1952年，境内四县人行内设机构增设业务股、人事股、货币管理股、保险股。1954年，人行巴中县支行被列为甲等编制行二级。境内四县人行内设机构增设储蓄股，各县在各区建立营业所。1958年，人行巴中县支行增设南江杨坝矿区分理处。1986年，境内四县人行内设人事秘书股、计划业务股、金融管理股、会计股、货币发行股。1989年，巴中县、平昌县相继在区（镇）试点设立乡（镇）金库。是年，平昌县在10个区营业所试点设立区（镇）金库。1992年6月，巴中县先后建立区（镇）金库代办处25个。1993年12月，人行巴中县支行撤销，并在其基础上，组建成立人行巴中地区分行（简称地人行），辖人行通江县支行、南江县支行、平昌县支行。内设办公室、计划调统科、会计国库科、货币发行科、金融管理科、稽核科、外汇管理办公室、科技科、人事科、保卫科、工会办公室、金融监察室等12个科室。是年，中华人民共和国国家金库巴中地区中心支库成立，辖通江县、南江县、巴中市（县级）、平昌县四县（市）支库。1994年1月，国家外汇管理局巴中分局成立。是年4月，地人行增设四川省巴中地区地方金库和通江县、南江县、巴中市（县级）、平昌县地方金库。1995年4月，人行通江县支行、平昌县支行、南江县支行被确定为中等规模行，人员编制32人，内设人事秘书股、稽核金管股、综合计划股、会计国库股、货币金银股、保卫股等6个股室。1998年，通江县、平昌县、南江县人行内设机构增设农村合作金融管理股。1999年1月，人行巴中地区分行更名为人行巴中地区中心支行，其职责不变。国家外汇管理局巴中分局更名为国家外汇管理局巴中地区支局。2000年10月，巴中撤地设市，人行巴中地区中心支行更名为人行巴中市中心支行，中华人民共和国国家金库巴中地区中心支库更名为中华人民共和国国家金库巴中市中心支库，中华人民共和国国家金库巴中市（县级）支库更名为中华人民共和国国家金库巴州区支库，四川省巴中地区地方金库更名为四川省巴中市地方金库，四川省巴中市（县级）地方金库更名为四川省巴州区地方金库，国家外汇管理局巴中地区支局更名为国家外汇管理局巴中市支局。全市建立乡（镇）金库213个。通江县、平昌县、南江县人行内设机构由7个调整为5个，即办公室、金融机构监管股、会计股、货币金银股、保卫股。

十二、中国农业银行巴中市分行

1956年5月，境内四县相继成立中国农业银行（简称农行）县级支行，与各县人行实行两块牌子，一套人马。内设农村金融股、信用合作股。1957 年 2 月，各县农行撤销，并入各县人行。1964 年 1 月，各县农行恢复成立，内设人事秘书股、农业信贷股、信用合作股、计划会计股，并设立支行营业室。是年 12 月，各县农行再次并入各县人行。各县人行保留农业信贷股、信用合作股、国营农业拨款办公室等股室，办理农村金融业务。1980 年 1 月，各县农行再次分设成立，内设社队信贷股、信用合作股、企业信贷股、计划会计股、人事秘书股、营业部、工会办公室等股室。原属各县人行管辖的区营业所划归各县农行。1984 年，农行南江县支行成立南江农村租赁公司，汲收股金 15.7 万元；农行巴中县支行筹建农业银行干部业余学校，增设管理股室；通江县支行、平昌县支行先后成立农村金融信托公司。是年 5 月，农行通江县支行设立西门大桥分理处。1985 年 3 月，农行巴中县支行设立存款股。是年，农行平昌县支行设立稽核审计股。1986 年，农行巴中县支行辖 1 个营业部，12 个储蓄所、分所，12 个区营业所，79 个乡信用社和 6 个分社，有职工 528 人。1987 年 3—4 月，农行通江县支行设立诺江营业所、城北分理处和新城分理处。是年，农行巴中县支行增设稽核审查股。1988 年 10 月，农行平昌县支行撤销监察保卫股，分设监察室和保卫股。是年，农行巴中县支行设立监察室。1989 年 11 月，南江农村租赁公司撤销。1990 年 11 月，农行平昌县支行成立经济民警队。是年，农行巴中县支行将信贷股分设为农业信贷股、商业信贷股，办公室分设为综合业务办公室、行政办公室。1991 年 6 月，农行四县支行成立劳动服务部。是年 11 月，农行平昌县支行成立平昌县银丰公司。1993 年 1 月，农行四县支行调整内设机构，设办公室、监察稽核室、计划会计股、保卫股、存款股、人事宣教股、信用合作股、工会工作办公室。农行巴中县支行辖 1 个营业部，1 个信贷部，28 个储蓄所、分所，24 个营业所、分所，79 个乡（镇）信用社和 10 个分社，有职工 718 人。是年 12 月，农行巴中地区分行（简称地农行）成立，内设政工科、经营管理科、信贷科、监督保卫科、办公室，辖通江县、南江县、巴中市（县级）、平昌县支行，53 个营业所，64 个储蓄所。1994 年 1 月，农行巴中县支行更名为农行巴中市（县级）支行，将商业信贷股、农村信贷股、新业务股合并为信贷股，行政办公室、综合办公室合并为办公室。是年 4 月，地农行增设信用合作科。是年 6 月，四川省农村信托投资公司巴中地区办事处成立。是年 6—8 月，农行四县（市）支行相继成立信息电脑室。是年 12 月，地农行及农行四县（市）支行均成立房地产信贷部。农行巴中市（县级）支行有职工 701 人，辖 14 个营业所（分理处、营业部），24 个储蓄所，80 个信用合作社。1995 年 2 月，地农行成立营业部。是年 12 月，地农行成立江北分理处。是年，农行四县（市）支行调整内设机构，设人事部、资金组织部、信贷业务部、计划会计部、监审部、保卫部、信息电脑部、办公室、工会办公室“七部二室”。1996 年 10 月，巴中地区农村信用社与地农行脱离行政隶属关系，地农行撤销信用合作科。1997 年 9 月，地农行内设信贷业务处、资金计划处、资金组织处、财务会计处、资产保全处、人事处、监督保卫处、信息电脑处、办公室、稽核稽查室。是年 12 月，地农行成立南泉寺办事处。是年，四川省农村信托投资公司巴中地区办事处撤销。1998 年 7 月，地农行成立业务拓展部和专项贷款业务处，农行四县（市）支行成立专贷业务部。是年，农行通江县支行辖 15 个营业所（部）和 20 个营业网点。1999 年，地农行内设人事教育处、资金组织处、财务会计处、信贷管理处、专贷管理处、资产保全处、综合计划处、监察保卫处、办公室、工会办公室等“八处二室”，有稽核稽查部、科技电脑部两个直属单位。是年 4 月，南泉寺办事处更名为营业部。中国农业银行巴中市（县级）支行巴州镇分理处及所辖机构划归营业部管理。是年 12 月，地农行成立资金清算中心。2000 年 7 月，农行四县（市）支行成立不良资产经营部。是年 10 月，巴中撤地设市，农行巴中地区分行更名为农行巴中市分行，农行巴中市（县级）支行更名为农行巴州区支行。全市农行系统有机构 116 个，其中市分行 1 个、县（区）支行 4 个，营业所 60 个，储蓄所 51 个。农行四县（区）支行内设办公室、组织人事部、零售业务部、客户经理部、信贷管理部、计划财会部、监察保卫部“六部一室”。内设机构人员编制分别为35人。

十三、中国工商银行巴中市分行

1985年1月，境内四县相继成立中国工商银行（简称工行）县级支行，内设计划股、信贷股、会计股、出纳股、储蓄股、稽查股、保卫股、办公室等八个股室。1992年5月，工行四县支行先后成立房地产信贷部。1994年1月，工行巴中县支行撤销，并在其基础上，组建成立工行巴中地区分行（简称地工行），内设办公室、人事部、信贷部、资金部、财务部、稽查保卫部、营业部，辖工行通江县支行、南江县支行、平昌县支行。是年3月，地工行设房地产信贷部。是年4月，工行巴中县支行工会委员会银丰实业公司更名为工行巴中地区分行机关工会委员会银丰实业公司。年末，全地区工行系统共有各类机构47个，其中地工行机关1个、县支行3个、分理处4个、储蓄所35个、房地产信贷部4个。1995年，地工行撤销分理处1个。1996年，地工行增设分理处1个，撤并储蓄所8个，撤销房地产信贷部3个。是年，工行三县支行内设人事秘书科、计划信贷科、存款科、营业部。1997年6月，地工行增设信用卡部，撤并储蓄所1个，房地产信贷部改建为东城办事处。1998年1月，地工行撤销稽查保卫部、资金部、信贷部、营业部，增设监察室、稽查保卫部、计划信贷部、资产保全部、储蓄部、科技部、会计核算中心、后勤服务中心。工行三县支行内设科室调整为营业部、业务部、办公室。是年11月，工行巴中地区分行机关工会委员会银丰实业公司撤销。1999年6月，地工行内设机构调整为办公室、后勤服务中心、人事处、监察室、保卫处、稽核处、会计出纳处、资金营运处、零售业务处、计划财务处、贷款营销处、资产风险管理处、技术保障处、银行卡业务处、会计核算中心。东城办事处改为营业部，撤并储蓄所5个。2000年10月，巴中撤地设市，工行巴中地区分行更名为工行巴中市分行，并恢复营业部，撤并储蓄所3个。全市工行系统共有各类机构25个，其中市工行机关1个、县支行3个、分理处4个、储蓄所17个。

十四、中国银行巴中分行

1991年8月，中国银行达县分行巴中办事处成立。1992年6月，中国银行达县分行巴中办事处更名为中国银行巴中支行。1994年6月，中国银行巴中支行升格为中国银行巴中分行，为县（处）级机构，实行独立核算。内设办公室、计划信贷科、会计出纳科、储蓄科、保卫科。1995年2月，中国银行巴中分行内设办公室、人事科、计划信贷科、会计出纳科、储蓄科、保卫科。2000年，中国银行巴中分行有营业部3个、分理处1个、储蓄所（柜）9个，职工88人。

十五、中国建设银行巴中市分行

1978年底，境内四县相继成立中国人民建设银行（简称建行）县级支行，为事业单位。1979年8月，建行四县支行改为企业，具财政、银行双重职能。1994年3月，中国人民建设银行巴中地区分行（简称地建行）成立，内设办公室、业务科、财会科、营业部，辖建行巴中市（县级）支行、通江县支行、南江县支行、平昌县支行。1996年3月，中国人民建设银行巴中地区分行更名为中国建设银行巴中地区分行，建行四县支行相应更名。1997年12月，建行巴中市（县级）支行更名为建行巴中地区分行巴州支行。1998年5月，建行巴中地区分行巴州支行撤销。是年9月，建行通江县支行撤销。1999年9月，建行平昌县支行降格为江口镇分理处，建行南江县支行降格为南江镇分理处。2000年10月，巴中撤地设市，建行巴中地区分行更名为建行巴中市分行，内设办公室、计财处、会计处、信贷经营处、筹资处、科技处、后台管理中心、监察室、保卫处。下设营业部1个，分理处4个，储蓄所（柜）11个。

十六、中国农业发展银行巴中市分行

1997年1月，中国农业发展银行巴中地区分行成立（简称地农发行）。通江县、南江县、平昌县相继成立农发行县级支行。地农发行内设办公室、人事处、计划信贷处、会计处、监保处、稽核处、电脑处；三县支行内设财务营业部、计划信贷部、办公室。2000年10月，巴中撤地设市，中国农业发展银行巴中地区分行更名为中国农业发展银行巴中市分行，内设机构无变化。

第四节　信用合作社

民国24年（1935年），四川省合作委员会在通江县、南江县、巴中县推行合作运动，筹建信用合作社。民国26年（1937年）12月，通江县、南江县、巴中县改建预备社为正式合作社189个，社员9996人，汲收股金2.4万元。民国32年（1943年），境内各县推进新县制合作计划，巴中县建各种合作社180个，通江县建108个，南江县建231个。民国38年（1949年）7月，全部停业。

1953年，巴中县三江乡，通江县维新乡，平昌县雪山乡、岳家乡、土兴乡，南江县文星乡先后进行信用社组建试点。是年9月，巴中县三江乡率先建立信用社后，其余各试点乡亦陆续建立信用社。到1956年，境内四县乡乡建立信用社。

1984年10—12月，境内四县相继成立县级信用合作社联合社（简称县联社），与农行各县支行信用合作股合署办公。1985年3月，境内四县相继建立城市信用合作社，受当地政府和工行各县支行双重领导。1987年5月，境内四县联社均设置营业部。1988年3月，巴中县建西城城市信用合作社，由人行巴中县支行直接管理，实行自主经营、独立核算、自负盈亏。

1993年，全地区共有信用合作社网点695个，其中信用社281个，信用代办站369个。1994年，四县（市）成立乡（镇）农村合作基金会。

1995年9月，农行各县（市）支行改组县（市）联社，内设社务科、业务科、财务科。1996年10月，四县（市）联社与农行四县（市）支行脱离行政隶属关系，独立行使职能。四县（市）联社内设秘书科、计划信贷科、财务电脑科、稽核保卫科、人事监察科。同时，巴中地区农村金融体制改革领导小组及办公室成立。

1998年7月，巴中市（县级）联社、通江县联社分别接收建行巴中地区分行巴州支行和建行通江县支行业务。是年，四县（市）联社对机构网点进行调整，全地区281个机构归并为243个独立核算法人资格的信用社，其余全部降格为分社。全地区撤销中心信用社和各乡镇农村合作基金会。

2000年，全市共有城乡信用金融网点607个，其中营业部4个，信用社47个，信用分社290个，储蓄所9个，信用站257个。

第二章　货　币

第一节　货币种类

一、制钱·银两

民国初，境内官铸与私铸铜钱并行，偶见铁质钱。银锭亦称元宝，同时铸有散碎银两流通。民国22年（1933年），随全国“废两改元”，银两在境内停止流通。民国24年（1935年），国民政府宣布限期停用制钱，以铜元取代。民国29年（1940年），制钱在境内完全停用。

二、银元·铜元

民国元年（1912年），境内流通四川省所铸川版银元（俗称“汉字币”或“十八圈”），国民政府所铸“开国纪念币”（俗称“小头”）和川铸“汉”字铜元。民国2年（1913年），境内流通川铸“汉”字一百文铜元、“双旗”二百文铜元。民国3年（1914年），境内流通北洋政府所铸“国币”（俗称“袁头”或“大头”）。嗣后，境内流通各省仿铸的银元版种甚多。民国15年（1926年），境内流通川铸“梅花”小一百文铜元、小二百铜元。民国17年（1928年），29军税梯青旅驻巴中县，在县城东岳庙设厂造币，先后仿铸“双旗”大二百文铜元和“梅花”小一百文铜元、小二百文铜元。民国22年（1933年），境内流通上海所铸“银本位币”（俗称“船洋”）。同时，境内流通少量的云南等外省银币和外省铜元。在境内流通的外国银币主要有墨西哥“鹰洋”、英铸“站人洋”、西班牙银币、日本银币和越南“坐人洋”等。民国26年（1937年），巴中县和通江县流通的银元主要有孙像、袁头、川版、龙洋，铜元主要有大小二百文、大小一百文、五十文、二十文、十文；南江县流通的银元主要有袁头、川版、龙洋，铜元主要有小二百文。

三、银票·钱票

民国元年（1912年），境内流通四川银行发行的面额为1元、5元军用银票。民国4年（1915年），境内流通有中国银行在重庆、成都发行，限在四川省内流通的兑换券（通称“川中券”），面额有1元、5元、10元等3种。是年底，增加流通交通银行在重庆发行券面上印有“重庆”的兑换券，面额有1元、5元、10元、50元、100元等5种。民国11年（1922年），境内陆续流通美丰银行发行面额1元、5元、10元的钞券和川康殖业银行发行1元、5元、10元的无息存单。民国17年（1928年）4月，巴中县等地流通四川西北地方银行发行面额10元、5元、1元、5角、2角、1角的钞券。民国19年（1930年），通江县流通21军金库发行的粮契税券，面额1元、5元、10元、50元、100元。民国20年（1931年），境内流通重庆市民银行发行面额10元、5元、1元、5角、1角的钞券。民国21年（1932年），巴中县等地流通四川西北银行发行面额10元、5元、1元、5角、2角、1角的钞券。民国23年（1934年）1月，境内流通四川地方银行发行的兑换券（简称“地钞”），面额为10元、5元、1元、5角、2角。同时，流通四川建设银行发行的无息存票，面额为1

元、5元。是年，巴中县治安维持会印发纸票5万元，面额5角、1元；南江县商会和农贷经理处发行布质铜圆券和钱票，面额一千文、二千文、五千文。民国24年（1935年）3月，境内流通中央银行先后发行的兑换券（申钞、渝钞和本钞），面额有10元、5元、1元、2角半、2角、1角等6种。是年7月，境内流通农民银行流通券，面额为10元、5元、1元、5角、2角、1角等6种。是年，通江县平民银行印发一千文票面的蓝色布钞10万串；南江县财政委员会组织“利民钱庄”两次共印发钱票13万串。

四、川陕苏区货币

川陕省苏维埃时期，川陕苏区制造和流通的货币有布币、纸币、铜币和银元四类。布币面额有二串、三串、五串、十串和一元；纸币面额有一串、三串和一元；铜币面额有小二百文、大二百文和五百文；银元面额为1元，有镰刀斧头银元、袁世凯头像银元、孙中山头像银元和四川“汉”字银元。1933年2月，在通江县永安苦草坝成立石印局（又名印钞厂），主要生产布币；翌年以生产纸币为主。布币厂有工人16名，机器5台。是年10月，布币厂迁通江县城大十字街。是年11月，造币厂在通江县城西寺成立；翌年迁通江县永安苦草坝得汉城，有工人200余名，生产银币和铜币工序有化银（又名铸版）、退火、打片、碾片、冲胚（又名宰片）、滚边、洗胚、印花印字、淬火、洗尘等十道。1934年夏，因布币停止生产，印布币工人及机器一并参与印纸币，有工人30余名，机器10余台。共生产各种布币约140万元，共印纸币60万元，共生产银元约50万元，生产铜币约30万元。

五、法币·金圆券·银圆券

民国24年（1935年）11月，国民政府统一货币，中央银行、中国银行、交通银行发行的钞币为“法币”，在境内流通。民国25年（1936年）1月，增补农民银行钞券为法币。法币分纸票和金属辅币两种。是年，境内流通中央银行发行的铜、镍辅币，有半分铜币、一分铜币、五分镍币、十分镍币、二十分镍币等5种。是年5月，境内流通省政府发行的二角券、五角券。民国26年（1937年），境内流通法币二十五元券、五十元券和一百元券。民国29年（1940年）2月，境内流通新版一分铜币、二分铜币、五分镍币、十分镍币。民国31年（1942年）4月，国民政府将原用于缴纳关税的“海关金单位兑换券”（简称关金券）投市做法币使通，境内流通。民国36年（1947年），境内市面流通的法币面额有五百元、一千元、五千元、一万元，流通的关金券面额有二十元、五十元、一百元、二百五十元、五百元。到民国37年（1948年），境内市面流通的关金券面额有五千元、一万元、二万五千元、十万元、二十五万元。是年8月，国民政府以金元、金圆券作为法定货币，并限期回收法币和关金券，境内仅流通金圆券。民国38年（1949年）7月，金圆券停止流通。同时，境内恢复流通银元（以“双帆”银元为标准银元）和银圆兑换券（简称银圆券）。银圆券面额有一分、五分、一角、二角、五角、一元、五元、十元、五十元、一百元等10种。银圆券发行短短几月，因兑换困难，境内各种旧金属币自发流通，市面出现物物交易。

六、人民币

1950年，境内四县贯彻执行中央“关于严禁银元计价流行和黑市交易的政策”，银元逐步退出流通领域。至1955年2月，境内四县发行、流通的第一套人民币共12种（1元、5元、10元、20元、50元、100元、200元、500元、1000元、5000元、10000元、50000元）券别，62种版别，其中50元券别以下的人民币极少。

1955年3月，境内四县开始发行第二套人民币，主币有5种（1元、2元、3元、5元、10元），辅币有6种（1分、2分、5分，1角、2角、5角），共11种券别，13种版别。同时，限期收回第一套人民币。1957年12月，境内四县发行3种（1分、2分、5分）铝镁合金硬币，与第二套人民币同额纸币等值流通。

1962年4月，境内四县开始发行第三套人民币，人民币纸币有7种（1角、2角、5角，1元、2元、5元、10元）券别，9种版别。第二套人民币与第三套人民币在市场上混合使用一段时间后，逐步收回第二套人民币的元、角券，分币则继续流通。1980年4月，境内四县发行1角、2角、5角及1元等4种铜锌、铜镍合金硬币，与第三套人民币同额纸币等值流通。

1987年4月，境内四县分期发行第四套人民币，主币有6种（1元、2元、5元、10元、50元、100元），辅币3种（1角、2角、5角），与第三套人民币在市场上混合流通。1990年，境内四县发行第十一届亚洲运动会纪念币。1991年，境内四县发行全民义务植树运动10周年纪念币1套3枚。从1992年3月起，对第三套人民币1角、2角及5元券实行“只收不付”。是年6月，境内四县发行一套材质分别为铝合金、铜合金、钢芯镀镍的1角、5角及1元的3种硬币。

1996年3月起，全地区各级金融机构对第三套人民币所有纸币只收不付。1999年1月起，全地区各金融机构对第二套人民币除纸、硬分币外，其余版别全部停止在市场上流通。是年10月，全地区各级人行陆续发行第五套人民币，计有6种（1元、5元、10元、20元、50元、100元）券别。2000年7月，第三套人民币全部停止在市场上流通。是年10月，全市各级人行陆续发行1角、5角及1元新版硬币。

第二节　流通管理

民国时期，境内各县银行设有现金保管库，凡从金库提取现金者，须按相关规定办理手续，经审核批准后，方可提取。

1951年4月，中央人民政府政务院发布《妨害国家货币治罪条例》后，境内人行各县支行通过在交通要道张贴大幅标语等方式，进行广泛宣传。1952年7月，境内人行各县支行建立发行支库。1953年，巴中县支库被确定为重点库，负责通江县、南江县发行基金调拨。是年，境内人行各县支行设立专门负责现金出纳工作的出纳股。1954年1月，人行平昌县支行、通江县支行、巴中县支行分别在部分区营业所建立保管点，各保管点现金由各县支行发行库统一调拨。是年，境内人行各县支行实行钱账分管，并建立出纳复核、交接款登记、收付传票由内部传递等制度，各县差错事故明显减少。1955年1月，中国人民银行发出《禁止变相货币的发行和使用的通知》后，人行平昌县支行发现个别供销社印制购货券，凭券到指定单位购买商品的情况后，立即责成限期收回并销毁。

1973年1月，人行各县支行重新修订的出纳工作制度，坚持钱账分管，双人临柜，双人管库，双人守库，双人押运；坚持复核制度，做到收款要复点，付款要复核；坚持交款手续和查库制度。1979年，人行各县支行配备专用运钞车，各县陆续撤销各保管点。

1980年7月，人行省分行发出《关于制止收兑伪币活动的十二个问题的通知》后，境内人行各县支行配合公安机关对收兑伪币活动，加强侦破和打击处理力度。1986年，人行巴中县支行复点损伤券6564捆、267万元。是年4月，人行巴中县支行对工行巴中县支行交存的主币损伤券进行复点中，共发现差错14笔，金额87元，并对相关人员进行处理。是年，境内人行各县支行大力宣传《金银管理条例》，对金银实行挂牌收购，并配合公安、工商打击金银走私、贩私，严禁黑市交易。同时，上级人行对金银的收兑配售实行计划管理。1988年，人行省分行组织一批黄金饰品供各专业银行（含邮政储蓄）开办有奖储蓄，境内四县始有金银饰品面世。1989 年 8 月，巴中县支库被确定为重点县支库，分片区调运发行基金，人行通江县支行、南江县支行到人行巴中县支行调运。

20 世纪 90 年代初，境内人行各县支行均成立劳动服务公司，下设金店，开始经营黄金饰品零售业务。1992 年，人行省分行正式批准同意巴中县国营商场、巴中县开元公司、平昌县银泉服务公司经营黄金饰品零售业务。之后，人行省分行批准同意通江县赤心金店、南江县红星金店经营黄金饰品零售业务。

1993 年，人行巴中地区分行成立后，加强货币管理和制度建设，不断完善各项制度。同时，设立地人行中心支库，辖通江县、南江县、平昌县支库。地人行印发《关于加强损伤人民币兑换和挑剔工作的通知》，规定各专业银行、信用社缴存的流通券中损伤券数量不能超过 5%，缴存的损伤券中七成新以上流通券不能超过 1%。地人行对社会上出现的以人民币图样为主景的纪念券、纪念章及其他有关的宣传品、商品等进行检查整顿。是年，地人行要求全地区采取措施，确保完成黄金收购任务，把全地区内生产的黄金全部收归国库。地人行和人行各县支行各设一个收购点，并给各收购点下达收购、配售计划。1986—1993 年，境内人行各县支行共收购杂金 501 克、矿金 4515 克、杂银 30154 克、银元 1228 枚。

1995 年 2 月，地人行与地区工商局联合制发《关于进一步整顿和规范金银市场的通知》，对加工、销售金银业务进行明确规定。同时，大力打击黄金非法交易和非法经营活动，全年取缔无证经营黄金饰品店 2 家，个体银匠户 5 家。是年 5 月，中国人民银行发布“残缺人民币兑换办法”后，全地区各级金融机构按标准进行兑换。是月，地人行从人行平昌县支行调入损伤券 1433.4 万元，在复点中发现损伤券差错 34 笔、1622.5 元，差错率达 113%。是年，按上级行要求，对损伤券进行就地设点销毁，采用“蒸煮喷浆”方式进行销毁。

1996 年 4 月，地人行提出“力争三年之内使全地区市场流通人民币整洁度提高到五成新水平”要求，并下达全地区各金融机构损伤券回收任务计 4600 万元。其上半年共回收 2944.7 万元，比 1995 年同期增长 45.3%。是年 7 月，地人行组织人员对巴中城区 55 个营业网点兑换破钞、小钞情况进行突击检查。全地区回收损伤券 2.55 亿元，地人行复点 1.88 亿元，差错 773 笔，长短款 4131.6 元。是年 8 月，全地区首次开展“反假人民币宣传周”活动，散发宣传资料 4 万余份，受理群众咨询 1 万余人（次），现场为群众办理残缺币兑换 64 余万元，真假人民币鉴定数十笔，没收假人民币 260 元，进行报刊宣传 2 期，举办电视宣传（讲座）30 期（次）。是年，地人行针对全地区有非法印刷的人民币放大样印刷品后，要求人行各县支行要与当地公安、工商部门协作，采取有效措施，做好清理收缴工作；对非法贩运、批发上述印刷品的不法分子，要配合公安部门严加惩处；加强对群众的宣传工作；做好登记工作，统一销毁，防止再次流入社会。地人行会同地区工商局对全地区金银加工市场进行清理整顿，取缔非法经营的个体加工户 12 家。

1997 年，地人行及人行各县支行贯彻落实国务院《关于进一步加强反假货币工作意见的通知》精神，开展“爱护人民币宣传周”活动。全地区散发宣传资料 7 万余份，兑换破钞、小钞 40 余万元，受教群众 9 万余人（次）。

1999 年 6 月，全地区开展“99 反假货币宣传周”活动，悬挂标语 60 余幅，电视报道 5 期，举办咨询 50 次，散发宣传资料 4 万余份，受教群众 5 万余人（次），兑换大小钞、残缺人民币 8 万元，现场鉴定真假人民币 40 余笔，没收假人民币 100 元券 10 张，50 元券 15 张，群众主动上交假人民币 100 元券 2 张，50 元券 4 张，10 元券 20 张。是年，全地区回收、复点损伤券 3.90 亿元，经复点，差错率为零。是年 11 月，人行成都分行撤销人行通江县支行、平昌县支行黄金收兑点，保留人行南江县支行黄金收兑点。1994—1999 年，全地区人行系统共收购杂金 2561 克、矿金 37967 克、杂银 3180

克、银元82枚。

2000年，全市各级金融机构认真执行国务院《中华人民共和国人民币管理条例》。市中心支库和县（区）支库坚持发行库保管的发行基金，与业务库保管的现金，做到严格分开，不混淆；发行基金出库凭上级库的出库命令在限额内进行；残缺钞票必经复点，并按规定程序监销；对调拨发行基金坚持双人以上押运；双人管库，同进同出，并坚持定期或不定期查库制度等。人行市、县支行坚持货币发行“适当集中，合理摆布，灵活调拨”方针，及时调拨发行基金，确保经济发展的需求。全市各级商业银行、信用社执行损伤券挑剔标准，达到“三无”（无回形针、订书钉、铁丝等；无尼龙绳、塑料绳、橡皮筋；无不干胶、黑胶布等粘贴物）标准。在反假币宣传活动中，全市设立宣传点100余个，散发宣传材料6万余份，悬挂标语130余幅，电视宣传报道20余期，宣传和接受群众咨询5万余人（次），兑换小钞、破钞40余万元。同时，配合公安机关破获假人民币案4件，抓获犯罪嫌疑人8人，收缴假人民币15余万元。是年起，全市各级人行停止收兑金银业务。1995—2000年，全地区（市）共销毁损伤券13次，金额16.44亿元，均未发生任何事故。1997—2000年，全地区（市）有10家金店换发“黄金饰品经营许可证”。

1952—2000年巴中部分年度现金投放与回笼情况

表19—1　　单位：万元

年度	现金收入	现金支出	投放	回笼	年度	现金收入	现金支出	投放	回笼
1952	869	793		76	1977	10574	10770	223	—
1954※	2457	2252	—	261	1978	11684	12068	384	—
1955※	3016	2863	—	164	1979	14184	14094	—	90
1956※	3741	3883	266	—	1980	17151	17644	493	—
1957	5484	5355	—	129	1981	18267	18794	527	—
1958※	6428	6426	19	—	1982	20914	21830	916	—
1959※	6781	6799	272	—	1983※	21044	21619	1387	—
1960※	6190	6611	554	—	1984※	24634	27237	3363	—
1961※	51120	5748	623	—	1985	43897	45257	1360	—
1962	6650	6730	80	—	1986	53545	55542	1997	—
1963	7026	6773	—	253	1987	69195	69759	564	—
1964	6950	6718	—	232	1988	86223	89244	3021	—
1965	7066	7220	154	—	1989	102544	107496	4952	—
1966	7443	8006	563	—	1990	106818	120849	14031	—
1967	8024	7959	—	65	1991	110334	129453	19119	—
1968	5487	5624	137	—	1992	141160	164675	23515	—
1969	6296	6756	460	—	1993	163563	192521	28958	—
1970	7987	7507	—	480	1994	357373	393630	36257	—
1971	8459	8359	—	100	1995	561602	581390	19788	—
1972	9173	8877	—	296	1996	589001	653626	64625	—
1973	9620	9697	77	—	1997	836808	919376	82568	—
1974	9620	9952	332	—	1998	1282868	1370816	87948	—

续表19—1

年　度	现金收入	现金支出	投放	回笼	年　度	现金收入	现金支出	投放	回笼
1975	10044	10035	—	9	1999	1345847	1432565	86718	—
1976	9790	9778	—	12	2000	2080424	2147563	67139	—

注：年度带“※”的为现金，收入、支出数缺南江县数据；投放、回笼数据中包括南江县数据

1952—2000年巴中部分年度现金收入情况

表19—2　　　　单位：万元

年　度	通江	南江	巴中	平昌	年　度	通江	南江	巴中	平昌
1952	519	—	—	350	1977	2102	2186	3775	2511
1954	519	—	1319	619	1978	2323	2540	4265	2556
1955	600	—	1575	841	1979	2750	2867	5775	2792
1956	790	—	1829	1122	1980	3575	3744	6351	3481
1957	898	1041	2172	1373	1981	3130	4065	6942	4130
1958	1424	—	2880	2124	1982	4038	4479	8000	4397
1959	1820	—	2954	2007	1983	5667	—	10050	5327
1960	1641	—	2656	1893	1984	6190	—	12216	6228
1961	1368	—	2076	1668	1985	7953	9466	18525	7953
1962	1318	1314	2475	1543	1986	10267	11711	21598	9969
1963	1409	1198	2690	1729	1987	13552	15153	27610	12880
1964	1366	1211	2809	1564	1988	17030	17549	34769	16875
1965	1287	1252	2968	1559	1989	19892	20943	42610	19099
1966	1316	1237	3244	1646	1990	20518	20717	45495	20088
1967	1509	1412	3320	1783	1991	21170	20614	45141	23409
1968	1300	1034	2427	726	1992	25373	27132	55922	32733
1969	1298	1378	2502	1118	1993	28744	29617	63133	42069
1970	1690	1524	3053	1720	1994	58126	48991	178162	72094
1971	1697	2038	2940	1784	1995	79005	72006	291547	119044
1972	1909	1849	3361	2054	1996	132393	76182	244458	135968
1973	1981	1916	3627	2096	1997	181558	97572	393782	163896
1974	1817	1911	3777	2115	1998	197107	140274	674364	271123
1975	1944	2041	3903	2156	1999	200342	12644	864859	268002
1976	1923	2028	3583	2256	2000	250394	20652	1302427	524951

注：表内数据，1998年以前系国家银行数据；从1998年起系全部金融机构数据

1952—2000 年巴中人行部分年度现金支出情况

表 19—3　　单位：万元

年度	通江	南江	巴中	平昌	年度	通江	南江	巴中	平昌
1952	437	—	—	356	1977	2213	2166	4080	2311
1954	437	—	1203	612	1978	2490	2590	4507	2481
1955	587	—	1441	835	1979	2914	2923	5403	2854
1956	852	—	1826	1205	1980	3707	3886	6366	3685
1957	909	1023	2012	1411	1981	3800	4141	6666	4187
1958	1476	—	2831	2119	1982	4398	4865	7844	4723
1959	1884	—	2880	2035	1983	5957	—	9985	5677
1960	1901	—	2689	2021	1984	6751	—	13216	7270
1961	1629	—	2188	1931	1985	8132	9466	18446	9213
1962	1318	1343	2442	1627	1986	10489	11711	21279	12063
1963	1334	1168	2487	1784	1987	14039	15153	26165	14402
1964	1325	1180	2658	1555	1988	17259	18145	34894	18946
1965	1302	1298	2932	1688	1989	20263	21666	42497	23070
1966	1463	1284	3437	1822	1990	22550	22557	48474	27268
1967	1512	1338	3246	1863	1991	24017	24615	50141	30680
1968	1312	972	2506	834	1992	27512	31843	64361	40959
1969	1375	1169	2885	1327	1993	32923	36810	70499	52289
1970	1561	1298	2959	1689	1994	58430	50737	198800	85663
1971	1660	1845	3060	1794	1995	87321	75543	296816	121710
1972	1838	1737	3393	1909	1996	141265	87773	269179	155409
1973	2004	1873	3836	1984	1997	194249	112702	420619	191806
1974	2063	1877	4011	2001	1998	216511	149285	700288	304732
1975	1989	1953	4048	2045	1999	222086	285313	623134	302032
1976	1944	1953	3837	2044	2000	264054	31742	1295573	556194

1994—2000 年巴中金融机构现金收入情况

表 19—4　　单位：万元

项目＼年度	1994	1995	1996	1997	1998	1999	2000
国家银行	357373	561602	589001	836808	918806	935057	1617123
商品销售收入	71155	90346	90700	130755	143635	126102	223057
服务业收入	12728	17858	23757	49231	73312	75304	123620
税款收入	4719	6609	9538	11423	18537	22517	19526
农村信用收入	12984	28188	42228	3243	—	—	—
乡镇企事业收入	4059	4618	2596	14249	—	—	—

续表19—4

项目 \ 年度	1994	1995	1996	1997	1998	1999	2000
城乡个体经营收入	2373	4462	10752	26582	64859	63445	79755
储蓄存款收入	209869	353556	345907	503479	781387	869536	1384265
其他金融机构收入	7577	11828	10178	8872	5594	2303	1683
居民归还贷款收入	—	—	—	—	66709	59644	66720
汇兑收入	4436	5462	17013	31369	42343	41424	49593
有价证券收入	4108	1847	12	321	7015	652	1013
其他收入	23365	36828	36320	57284	79477	84920	131192

注：空格为该年度无此统计项目

1994—2000年巴中金融机构现金支出情况

表19—5　　单位：万元

项目 \ 年度	1994	1995	1996	1997	1998	1999	2000
国家银行	393630	581390	653626	919376	993080	1008685	1664601
工资性支出	36330	61189	69706	106453	114460	120263	197757
农副产品采购支出	39042	38658	29198	58315	33651	44827	44498
工矿及其他产品采购支出	4898	7626	12940	13099	57514	16960	15583
行政企事业管理费支出	14847	15982	16433	24743	35266	51370	61871
农村信用社	18553	35613	50876	5559	—	—	—
乡镇企事业支出	3702	5245	5481	9902	—	—	—
城乡个体经营支出	2138	7264	8007	35510	67509	74489	93097
储蓄存款支出	195647	339677	329744	482453	857703	825779	1357701
其他金融机构支出	9144	12917	9204	7428	5433	2433	2340
居民提取贷款支出	—	—	—	—	68767	77948	77239
汇兑支出	35632	16216	78190	107972	118072	129430	147076
有价证券支出	3928	3449	117	420	9346	4093	589
其他支出	29502	40554	43730	67522	103077	84973	149812
净投放（+） 净回笼（—）	+36257	+19788	+64625	+82568	+87948	+86718	+67139

第三章　储蓄·存款

第一节　储　蓄

民国17年（1928年），万国储蓄会在巴中县城设立机构，办理储蓄，以有奖储蓄为主。

川陕省苏维埃时期，省工农银行开办储蓄业务，县设分行，区、乡两级有银行代办处。动员机关单位、经济公社、工厂、商店参加储蓄。

民国30年（1941年），境内各县合作金库制定公益储蓄计划书，任务到乡镇和各保，逐级摊派储蓄金额。民国34年（1945年），各县邮政局代办邮政储金业务，汲收储蓄存款。同时，各县还推出节约建国储金、节约建国储蓄券、节约建国储蓄邮票、乡镇公益储蓄、美金储蓄、员工储蓄等专项储蓄。1949年，市场交易是以物易物，储蓄业务停止。

1951—1952年，境内人行各县支行相继开办折实储蓄，农民退押优待定期储蓄，保本保值储蓄，爱国储蓄，胜利果实储蓄和定期、活期、保本保值定期、定额储蓄。同时，加强储蓄宣传和服务。至1957年末，境内四县储蓄存款余额达220万元，较1952年增长3倍。1958—1960年，境内四县储蓄工作采取分任务、搭存单、扣比例等方法，掀起全民储蓄热潮。至1962年末，境内四县储蓄余额仅297万元，较1958年下降46.20%。至1975年末，境内四县储蓄余额仅776万元。

1978年后，境内四县储蓄种类由5种增至8种，利率档次由2档增至11档。1983年，境内四县开办独生子女专项储蓄，家长凭“独生子女证”参储，每月存入一次，每次5元，存期12年，实行优惠利率。至1985年末，境内四县城乡储蓄余额达6748万元，较1978年增长5.73倍，年均增长71.68%。

1986年，境内四县金融机构在人行各县支行开办的活期（活期存折、定活两便）、定期（整存整取、零存整取、整存零取、存本取息、积零成整、定期定额有奖、独生子女专项储蓄）两个储种的基础上，新开办定期定额实物有奖储蓄（奖励实物主要有彩电、自行车）、存贷结合购置耐用消费品储蓄、定活两便有奖有息储蓄。定活两便有奖有息储蓄，存额固定为每户20元，一次存入，随时支取，每存满半年开奖一次；未中奖的续存半年，继续享受下期开奖。是年6月起，境内四县相继开办邮政储蓄业务。

1987年，境内四县新开办定期定额隔月有奖储蓄，每两月开奖一次。是年9月，境内四县试办大额定期定额储蓄。1988年，境内四县开办定期定额儿童智力开发有奖有息储蓄，存期1年，每户20元，10万户为一个开奖组，奖、息结合。是年9月，境内四县开始对3年期以上定期储蓄实行保值贴补。是年10月，境内四县开办与紧俏商品挂钩的实物奖售储蓄。1989年，境内四县开办保值摸奖储蓄和妇女爱国储蓄。

1990年，境内四县发行大额可转让定期储蓄存单，其面额有500元、1000元、5000元、10000元四种。1991年12月起，境内四县停办保值储蓄。1992年6月起，境内四县停办9个月档次的定活两便储蓄。1993年7月起，境内四县恢复对3年期以上定期储蓄实行保值。

1994年，全地区金融机构开办的储蓄存款有定期和活期两类七个品种。活期存款中有活期、定活两便，定期存款中有整存整取、存本取息、集体零存整取、个人零存整取（含积零成整）、大额可转让存单。年末，全地区城乡储蓄存款9.57亿元。

1995年10月，全地区发行大额可转让存单1000万元，分3个月、6个月和1年期3个档次，面值有500元、1000元、5000元三种，按同档次定期储蓄利率上浮5%。年末，全地区城乡个人储蓄余额达14.11亿元，其中通江县2.12亿元、南江县2.52亿元、巴中市（县级）6.73亿元、平昌县2.74亿元。城镇储蓄存款52.9万户，其中活期15.7万户、定活两便1.6万户、整存整取22.1万户、零存整取13.5万户。

1996年4月起，全地区停止办理新的保值储蓄业务，对大额单笔存（取）款（营业部2万元、县支行1万元以上）实行登记管理。是年11月，全地区开办"通知储蓄"业务，对象为境内居民个人和个体工商户，起存金额为1000元，一次性存入、一次或分次支取，分为7天至3年期共16个档次。是月，发行大额可转让存单2000万元，存期和利率与1995年相同。年末，全地区城镇储蓄存款60.1万户，其中活期18.6万户、定活两便2.5万户、整存整取23.7万户、零存整取15.3万户。

1997年1月，全地区停止发行大额可转让存单。是年4月，实行大额定期存款备案报告制度，储蓄单笔存款超过50万元或同一存款人存款超过100万元时报省分行转报人行备案。是年7月，对大额定期存款（个人单笔5万元以上）使用特种存单。年末，全地区城乡储蓄余额达23.11亿元，同比增长29.9%；城镇储蓄存款62.5万户，其中活期21万户、定活两便3.1万户、整存整取25.4万户、零存整取13万户。

1999年9月起，地工行及工行各县支行开办教育储蓄，对象为在校中、小学生，开户时凭学生户口簿或居民身份证到储蓄机构以学生本人姓名开立账户；教育储蓄为零存整取定期储蓄，最低起存50元，每月固定存一次；存期分3年和6年，每一账户本金合计最高额为2万元；实行优惠利率，免征利息所得税。年末，全地区城乡居民储蓄余额30.37亿多元，同比增长15.92%。其中城镇储蓄存款20.76年万户（活期12万户、定活两便0.7万户、整存整取6万户、零存整取2万户、教育储蓄0.06万户），务工汇兑1.73亿元，个体经济户储蓄1.41亿元。

2000年末，全市城乡居民储蓄余额达34.54亿元，比1993年增长5.11倍。其中城镇储蓄存款22.5万户（活期14.8万户、定活两便0.6万户、整存整取5万户、零存整取2万户、教育储蓄0.1万户），金额达22.29亿元；农村居民储蓄12.25亿元。

第二节　存　款

一、企业存款

1950年末，随着信贷、结算和现金统一管理制度的建立，工商企业逐步在人行各县支行开立账户，办理企业存款。至1952年末，通江县、巴中县、平昌县工商企业存款余额达94万元，比1950年增长11倍。1953—1954年，境内人行各县支行通过办理企业加工、订货、产品购销结算，促进工商企业存款增长。1954年末，通江县、巴中县、平昌县企业存款余额达298万元，比1952年增加3.17倍。

1958—1960年，人行省分行下放信贷管理权限，境内四县实行县级工商企业存款保县级地方工业贷款，对钢铁、机械等企业需要的贷款实行敞开供应，部分贷款被转为企业存款，工商企业存款余额出现虚假增长。1961年，境内四县在贯彻"调整、巩固、充实、提高"方针中，加强账户、结算管理与服务，工商企业存款大幅度增长。据统计，通江县、巴中县、平昌县企业存款余额分别增加到136万元、197万元和93万元，比1957年分别增长4.23倍、4.79倍、5.2倍。1962年，境内四县严格控制货币发行，加强现金管理，停止工商企业全额信贷，实行存贷分户管理办法，工商企业存款保持合理增长水平。1966—1976年，境内四县信贷管理放松，贷款投放增加，其中1973年，商业企业实行“存贷合一”，企业间歇资金增多，企业存款呈上升趋势。

1980年起，境内四县金融机构实行“统一计划、分级管理、存贷挂钩、差额包干”信贷资金管理体制，采取增设网点、改善服务、开办单位定期存款、简化开户手续等多种措施，汲收存款，筹集资金。年末，通江县、巴中县、平昌县企业存款余额较1979年分别增长12%、46%和182%。1982年，境内人行各县支行在开办单位定期存款、企业专用基金专户存储的同时，采取限额管理企业库存现金，督促其超额部分存入银行，存款余额在5万元以上的实行专户管理等办法，企业存款呈现稳中有增。1984年，境内人行各县支行对商业企业实行“存贷分户”管理，企业结算户存款大幅增加。1985年起，对公存款分为企业存款和其他存款两类。是年，通江县企业存款584万元。

1996年末，全地区对公存款余额11160万元，其中企业存款8116万元、其他存款3044万元。

1998年3月，中国人民银行改革存款准备金制度，机关团体存款、财政预算外存款作为一般存款。是年7月，全地区开办单位“通知存款”和“协定存款”。年末，全地区对公存款达11695万元，其中企业存款3820万元。2000年，全市对公存款27457万元，其中企业存款8396万元。

二、财政性存款

1950年，境内人行各县支行代理国家财政金库，并相继开立财政存款户，每月按旬进行一次划拨上缴。1951年，境内四县增加财政预算外存款，财政存款逐年增多。1952年4月，财政拨款、单位资金存入银行者，“存款不计息，汇款不收费”。1953年，境内四县各机关、团体、部队、学校行政事业单位经费往来，现金收支统一集中银行结算，单位在银行开户存款增多。是年，人行巴中县支行汲收财政存款2万元，人行平昌县支行汲收财政存款28万元。通江县、巴中县机关团体存款分别达187万元、43万元，较1951年分别增加77万元、17万元。到1955年，通江县、巴中县、平昌县财政存款余额分别上升到82万元、154万元、76万元。

1959—1965年，境内四县受自然灾害影响，财政性存款逐年下降。1965年末，通江县、巴中县、平昌县财政存款余额合计为195万元，其中通江县、巴中县机关团体存款分别下降到75万元、49万元，年均分别下降15.84%、1.89%。1966—1976年，境内四县工农业生产发展缓慢，财政存款呈低速曲线发展态势。1976年末，通江县、巴中县机关团体存款余额分别为138万元、115万元，较1966年分别下降20万元、5万元。

1981年，境内四县机关团体费用管理实行“增收节支、费用包干、节余归己”办法，各种新团体相继成立，机关团体存款明显增加。1982年，国家财政管理体制实行“划分收支、分级包干”后，各县地方财政收入明显增加。通江县、巴中县、平昌县财政存款余额合计为269万元。1985年末，通江县、巴中县机关团体存款分别达144万元、342万元。1986年，境内四县机关团体存款余额达1070万元。

20世纪90年代初，境内四县经济迅速发展，财政存款逐渐增长。1990年，境内四县财政存款余额257万元。1992年，境内四县财政存款余额达621万元。1993年，境内四县财政存款余额达1281万元。是年，人行各县支行直接吸收和专业银行代办划转的机关团体存款余额达1810万元。

1994年，全地区经济快速发展，财政存款明显增加。1995年，全地区机关团体存款余额达2522万元，之后，全地区机关团体存款逐年减少。1997年，全地区财政存款余额达2135万元，全地区机关团体存款余额达2251万元。1999年，全地区机关团体存款余额1343万元。2000年，全市财政存款余额达3052万元，比1994年前上升4.95倍；全市机关团体存款余额仅5万元。

三、农业存款

1953年，境内人行各县支行相继在区镇设立营业所、农信社（组）后，农村存款业务得到发展。1956—1957年，境内四县相继普遍建立初（高）级农业生产合作社，大小春粮、棉、油入库资金、各社提留公积金、公益金和生产投资资金开始存入行、社"农业社存款"账户。1957年末，境内四县农村存款余额达544万元。

1958—1961年，境内自然灾害严重，农业严重减产，农村存款出现虚假增长现象。其中，1959年境内四县农村存款余额达1432万元，1960年达1723万元，1961年达2881万元。1962年，境内四县落实中共中央"调整、巩固、充实、提高"的方针，人民公社财务分配实行"三级（公社、大队、生产队）所有，队为基础"，并开始对农村存款进行清理，清除存款虚假，农村存款余额呈下降状态。境内四县农村存款余额达1791万元。1966—1976年，境内四县农村经济发展缓慢，农村、农业、农户增收少，农村存款停滞不前，呈下降态势。1978年，随着农村推行联产承包责任制，调整农业结构，农村商品经济得到发展，境内四县农村存款主要呈现集体农业存款减少、社队企事业单位存款增加的现象。

1980年，境内农行各县支行再次分设成立，随即承办农村存款。同时，统一管理财政支农资金，并重点抓好公积金专户存储。年末，境内四县农行农业存款余额达592万元，其他存款余额601万元；农村企事业存款余额1007万元。

1985年，随着宏观调控和农村对公业务广泛开展，境内农行各县支行开办信托存款、委托存款、金融债券存款等其他存款业务。

1986年，境内四县相继建立大额汇款和现金支付审批制度，重新核定现金库存和组织超限额的现金归行，坚持存贷挂钩和专用基金、企业存款大户升降考核制度。四县农村企事业存款余额比1980年翻一番。1988年，农行巴中县支行下达机关团体存款任务，实行双线承包，并纳入考核。1989年，境内农行各县支行对内推行纵横连环承包经营责任制，对贷款企业推行存款备付金最低限额办法。

1991年，境内农行各县支行继续抓好财政性存款和其他存款的归口管理工作，逐级推行"一定（定任务）、两包（包年度内存款月平均余额增长率、包年末单位存款计划净增额）"办法，条块结合、双线考核。

1994年，地农行开展"组织资金渡难关攻坚战"活动，实行行长负责制，存款任务与行长奖金挂钩，企事业存款与保证金挂钩。

1997年秋，地农行及农行县（市）支行把代收秋季学杂费作为拓展财政性存款、占领资金市场、开展深度服务的重要措施，集中代收秋季学杂费2485万元，收存面达80%。

1998年，地农行在企事业存款工作中，坚持做好改制企业及新办企业的开户存款；继续做好系统攻关抓好房改资金及代理收费、代发工资业务；做好现有开户单位的稳定工作。是年，学杂费收存面达90%以上。

1999年6月，地农行印发《存款大户营销服务制度》，对日均余额10万元以上的企事业单位存款大户，实行专门网络、专项统计、专项服务、专项考核的"四专"营销服务制度。是年，地区工商局、电信局、移动公司、社保局等100余个单位和系统在农行开立存款账户。

2000年，全市农行系统狠抓财政系统存款，提供配套金融服务手段，并结合财政结算体制改革，把争取财政资金作为组织机构客户存款的突破口。市农行成功独家代理发放市级机关公务员工资。全市存款大户市电信公司、烟草公司等在农行新开户，日均存款均超过500万元。年末，全市农行系统企事业存款余额达18989万元，其他存款余额达2888万元。

四、地方基本建设存款

20世纪50年代，境内人行各县支行基建存款分自筹基本建设资金存款、建设单位存款、国营建筑安装企业存款3种。境内四县基建存款额较小。1961—1978年，境内四县基建存款种类逐渐增加，通江县、巴中县存款余额增减幅度成曲线状。1979年以后，境内建行各县支行开始办理基本建设存款。

1980年起，境内建行各县支行存款重在“建字号”企业和自筹基金。基本建设的各种资金，一律在建行存储，由建行监督拨付，资金未存足50%的，相关部门不列计划，不发项目施工许可证，不予设计，不得施工。同时，发动部门、企业的专用基金交存建行，所有施工企业一律在建行开户结算工程款项。1981年，境内建行各县支行汲存范围扩大到生产、流通领域。

1985年，按照“先存后批、先批后用、存足半年、才能使用”的原则，各县计划委员会按建行各县支行的自筹资金存款签证数下达基建计划，对超计划投资和无计划搞基建的项目，加征10%的建筑税。1986年3月，各县开展资金转存定期的宣传，期限分为1年、2年、3年。1987年，建行各县支行实行自筹资金入存任务落实到股室和个人的责任制，并开始办理工商企业流动资金存款。1989年，境内建行各县支行开始办理个体存款。

1990年，各部门、企业、事业单位凡需用自筹资金申报基建项目计划的，先将其资金存入建行县支行的“基建专户”，开办存款为3个月、6个月、9个月。大面额可转让定期存单，利率高于活期。

1993年10月，地建行成立后，确立“存款立行”方针，抓新建地区各地级部门的自筹基建资金存款。1994年，地建行开展“爱我巴山、兴我建行”增存竞赛活动。是年4月，地建行新增存款2308万元。之后，地建行开展“存款上台阶”等竞赛活动，扩大企业存款覆盖面，促进存款快速增长，年末，地建行各项存款达到10359万元。

1995年，地建行组织力量狠抓稽征、烟草、交通等一批重点行业大户，并开展“争金夺银创高产”活动。年末，地建行新增存款3423万元。1997年，地建行狠抓“中心城市行”和“双大”战略，全行联动抓筹资，先后与地区交通局、保险公司签订银企合作协议，全面开展代收代付业务，开始拓展金融同业存款。

1998年，以市场为导向，中心城市为重点，客户为中心，实行“五日平均余额新增”和“上存资金”双向考核，全力控制存款滑坡。年末，地建行存款增加4144万元，一般性存款达到29959万元。2000年末，市建行存款余额12369万元。

五、金融机构存款

1984年起，人行各县支行只办理财政性存款、各金融机构存款和邮政储蓄转存款。1987年，开始向农信社开办特种存款，人行巴中县支行完成50万元特种存款任务。1988年，人行达县地区分行给巴中县农村信用社下达特种存款任务50万元，并分别给通江县、南江县、巴中县、平昌县城市信用社下达特种存款任务1000元、2000元、1万元、2000元。是年底，各县按时如数完成任务。1989年，达县地区给巴中县城市信用社下达特种存款任务33.4万元，通江县、南江县、平昌县城市信用社各3万元，并分别给通江县、南江县、巴中县、平昌县保险公司下达特种存款任务5万元、10万元、40万元、10万元。特种存款期限1年，年利率为12.6%。境内四县均提前完成任务。

1990—1993年，随着商品经济的快速发展，金融机构存款大幅度增长，金融机构在人行存款亦同步增加。1994年，全地区各级金融机构深化金融管理体制改革，各专业（商业）银行以“存款立行”，大力汲收存款，金融机构在人行存款逐年增长。是年，四县（市）城市信用社按人行省分行要求，开办期限1年、年利率12.6%的特种存款。地人行将人行省分行分配给巴中地区的80万元特种存款，分解下达给通江县15万元、南江县25万元、巴中市（县级）30万元、平昌县10万元。四县（市）按期完成任务。1995年，地人行开办农村信用社特种存款共计815万元，其中通江县60万元、南江县230万元、巴中市470万元，平昌县55万元。

1996年，四县（市）农村信用社按要求，开办期限6个月、年利率11.7%的特种存款。地人行将人行省分行分配给巴中地区的200万元特种存款，分解下达给南江县50万元、巴中市（县级）150万元。本期特种存款全地区实际完成1200万元，其中南江县550万元、巴中市（县级）650万元。

至2000年，全市金融机构在人行存款达24731.29万元，其中工行4453.06万元，农行4429.60万元，中国银行156.9万元，建行1880.95万元，农发行277.1万元，其他金融机构13533.68万元。

六、邮政储蓄转存款

1986年6月起，境内四县相继开办邮政储蓄业务。至年末，四县邮政储蓄向人行缴存存款余额15.58万元。到1989年末，四县邮政储蓄向人行缴存存款余额达559.81万元。

1990年1月起，四县将邮政储蓄缴存款改为向人行转存款。至1995年末，全地区邮政储蓄转存款余额达到1.87亿元，其中定期储蓄1.73亿元，占总余额的92.51%。

1996年5月，地人行根据人行省分行《关于邮政储蓄转存款有关问题的补充通知》精神，将定期邮政储蓄转存人行的比重由93%下调到80%。2000年底，全市邮政储蓄转存款余额达3.85亿元。

1952—2000年巴中城乡居民储蓄存款部分年度年末余额统计

表19—6　　单位：万元

年度	总计	通江县	南江县	巴中市(县级)	平昌县
1952	55	10	22	14	9
1957	220	22	49	120	25
1962	277	43	35	155	44
1965	402	47	90	216	49
1970	543	67	110	298	68
1975	776	91	149	380	156
1978	1002	159	126	532	185
1980	1430	266	151	730	253
1985	6748	757	1865	22622	1860
1986	10327	1139	3667	4407	2114
1987	13770	1518	3629	5992	2631
1988	20177	2099	4516	10260	3302

续表19—6

年 度	总 计	通江县	南江县	巴中市(县级)	平昌县
1989	21903	2796	5227	9607	4273
1990	28618	4389	6159	12635	5435
1991	36149	4207	8499	16231	7212
1992	42294	5268	10084	18263	8679
1993	56492	8231	12621	24919	10721
1994	95699	14109	19321	43987	18282
1995	141107	21248	25203	67252	27404
1996	177937	—	—	—	—
1997	231057	—	—	—	—
1998	262013	—	—	—	—
1999	303721	—	—	—	—
2000	345369	—	—	—	—

注：从1996年起，储蓄存款分城镇居民、农村居民进行统计，至2000年末，城镇居民储蓄存款222883万元，农村居民储蓄存款122486万元

1952—2000年巴中银行存款部分年度年末余额统计

表19—7　　单位：万元

年 度	总 计	通江县	南江县	巴中市(县级)	平昌县
1952	193	45	39	67	42
1957	751	225	148	287	91
1962	3263	614	707	1166	776
1965	3835	1399	544	1199	693
1970	4847	946	865	1980	1056
1975	6591	1108	1034	3317	1132
1978	7443	998	1023	4510	912
1980	11026	1382	1255	7109	1280
1985	18880	2282	3423	10786	2389
1986	20737	3279	4162	10297	2999
1987	22636	3691	4890	10921	3134
1988	26616	4333	4620	13425	4238
1989	30508	8229	6938	12451	5890
1990	43382	6486	8670	21065	7161
1991	46703	7490	10841	19403	8969
1992	50452	7945	11333	22305	8869

续表

年度	总计	通江县	南江县	巴中市(县级)	平昌县
1993	61594	8748	13688	28362	10796
1994	96552	13262	18848	48306	16136
1995	141066	19131	23617	72746	25572
1996	221300	—	—	—	—
1997	280823	—	—	—	—
1998	327689	—	—	—	—
1999	377607	—	—	—	—
2000	436753	—	—	—	—

1993—2000 年巴中存款分类情况

表 19—8　　单位：万元

年　度	1993	1994	1995	1996	1997	1998	1999	2000
金融机构存款额	-	-	176607	221300	280823	327689	377607	436753
#国家银行	61594	96552	137354	173719	211344	229140	256921	301657
#企业存款	8103	16017	27399	34702	41309	43624	52331	59884
城乡居民储蓄存款	54692	95699	141107	177937	231057	262013	303721	345369
#城镇居民	40876	72147	110865	139025	176192	187370	196733	222883
农村居民	15616	23552	38912	38912	54865	74643	106988	122486

1985—1993 年巴中金融机构在人民银行存款余额情况

表 19—9　　单位：万元

项　　目		工商银行	农业银行	中国银行	建设银行	其他金融机构	合　计
1985	通江县	109. 80	152. 46	—	176. 96	—	439. 22
	南江县	—	—	—	—	—	—
	巴中县	257. 57	178. 10	—	305. 72	—	741. 39
	平昌县	94. 54	257. 10	—	16. 09	—	367. 73
1986	通江县	22. 22	87. 07	—	113. 07	—	222. 99
	南江县	90. 85	74. 61	—	207. 06	—	372. 52
	巴中县	182. 51	121. 53	—	148. 22	—	452. 26
	平昌县	92. 81	224. 05	—	21. 82	—	338. 68
1987	通江县	4. 03	114. 03	—	123. 77	—	241. 83
	南江县	35. 23	11. 76	—	78. 86	—	125. 85
	巴中县	143. 76	28. 84	—	157. 09	—	329. 69
	平昌县	94. 51	261. 46	—	56. 91	—	421. 88

续表19—9

项　目		工商银行	农业银行	中国银行	建设银行	其他金融机构	合　计
1988	通江县	113.42	67.15	—	110.31	—	290.88
	南江县	66.12	112.26	—	50.84	—	229.22
	巴中县	146.29	156.10	—	180.10	—	482.49
	平昌县	115.63	56.70	—	77.07	—	249.40
1989	通江县	59.39	5.96	—	91.73	—	157.08
	南江县	48.32	27.50	—	25.43	—	101.25
	巴中县	155.84	102.34	—	80.60	—	338.78
	平昌县	65.14	1239.50	—	31.63	1.72	1337.99
1990	通江县	27.41	0.55	—	95.54	—	123.50
	南江县	49.65	80.61	—	24.62	—	154.88
	巴中县	204.79	72.34	—	273.98	—	551.11
	平昌县	68.20	191.22	—	110.24	—	369.66
1991	通江县	14.27	13.36	—	183.12	—	210.75
	南江县	96.21	69.58	—	102.17	—	267.96
	巴中县	161.22	98.47	120.74	134.13	—	514.56
	平昌县	72.07	49.63	—	62.36	—	184.06
1992	通江县	5.89	13.27	—	136.31	2.35	157.82
	南江县	79.31	128.40	—	47.35	—	225.06
	巴中县	198.86	132.55	23.75	237.38	—	592.54
	平昌县	4.05	54.12	—	121.45	204.37	383.99
1993	通江县	460.10	157.08	—	402.05	2.17	1021.40
	南江县	63.23	134.77	—	2.31	—	200.31
	巴中县	621.62	1566.78	102.00	512.14	—	2802.54
	平昌县	450.47	93.12	—	311.50	38.12	893.21

1994—2000年巴中金融机构在人民银行存款情况

表19—10　　单位：万元

项　目		工商银行	农业银行	中国银行	建设银行	农业发展银行	其他金融机构	合　计
1994	合　计	1912.23	4086.98	14.57	1243.00	—	237.03	7493.81
	通江县	201.70	74.73	—	141.45	—	—	417.88
	南江县	280.52	241.32	—	51.75	—	112.72	686.31
	巴中市(县级)	1395.59	3698.20	14.57	1011.44	—	86.64	6206.44
	平昌县	34.42	72.73	—	38.36	—	37.67	183.18

续表19—10

项目		工商银行	农业银行	中国银行	建设银行	农业发展银行	其他金融机构	合计
1995	合计	2129.97	3127.26	835.93	1363.42	4431.07	1275.16	13162.81
	通江县	149.41	12.40	—	96.10	13.33	97.82	369.06
	南江县	401.68	150.66	—	13.62	49.19	104.85	720.00
	巴中市(县级)	888.85	2736.27	835.93	1232.99	3983.52	1016.25	10693.81
	平昌县	690.03	227.93	—	20.71	385.03	56.24	1379.94
1996	合计	4262.45	7568.05	602.78	3309.02	6148.09	1839.26	23729.65
	通江县	36.40	66.76	—	272.30	271.00	234.67	881.13
	南江县	601.90	219.19	—	345.00	312.07	648.05	2126.21
	巴中市(县级)	2353.67	5978.41	602.78	2387.97	3790.00	821.27	15934.10
	平昌县	1270.48	1303.69	—	303.75	1775.02	135.27	4788.21
1997	合计	2634.89	4785.88	122.36	1389.68	1459.05	2998.20	13390.06
	通江县	309.70	398.58	—	79.79	491.59	666.85	1946.51
	南江县	409.87	708.54	—	120.75	111.76	394.90	1745.82
	巴中市(县级)	1840.77	3034.60	122.36	1001.66	181.09	1853.17	8033.65
	平昌县	74.55	644.16	—	187.48	674.61	83.28	1664.08
1998	合计	4614.92	3363.03	749.16	1889.77	1341.92	11033.43	22992.23
	通江县	829.53	481.57	—	—	80.93	1531.17	2923.25
	南江县	437.00	275.77	—	219.37	229.61	3089.32	4251.07
	巴中市(县级)	2931.66	2394.79	749.16	1248.43	812.09	4963.93	13100.06
	平昌县	416.73	210.90	—	421.97	219.29	1448.97	2717.86
1999	合计	3868.85	4946.90	1046.09	2515.05	348.47	11300.10	24025.46
	通江县	1042.58	314.45	—	—	85.60	2030.71	3473.34
	南江县	481.02	513.41	—	29.18	7.02	2840.05	3870.68
	巴中市(县级)	1588.42	3725.48	1046.09	2282.15	223.50	4927.19	13792.83
	平昌县	756.83	393.56	—	203.72	32.35	1502.15	2888.61
2000	合计	4453.06	4429.60	156.90	1880.95	277.01	13533.68	24731.20
	通江县	1019.43	791.10	—	—	29.11	2253.54	4093.18
	南江县	988.44	566.71	—	177.30	11.63	3007.36	4751.44
	巴中市巴州区	1897.88	2427.39	156.90	1404.75	169.36	6152.13	12208.41
	平昌县	547.31	644.40	—	298.90	66.91	2120.65	3678.17

1986—1993年巴中邮政储蓄转存款余额情况

表19—11 单位：万元

项目		种类		合计	比上年增加额
年度	人行县支行	活期储蓄	定期储蓄		
1986	合计	9.00	6.58	15.58	—
	通江县	0.28	0.33	0.61	—
	南江县	1.39	—	1.39	—
	巴中县	6.05	5.44	11.49	—
	平昌县	1.28	0.81	2.09	—
1987	合计	87.88	104.94	192.82	177.24
	通江县	8.67	14.04	22.71	22.10
	南江县	15.73	26.87	42.60	41.21
	巴中县	40.84	51.83	92.67	81.18
	平昌县	22.64	12.20	34.84	32.75
1988	合计	212.69	196.65	409.34	216.52
	通江县	21.30	25.99	47.29	24.58
	南江县	32.78	48.24	81.02	38.42
	巴中县	129.20	81.83	211.03	118.36
	平昌县	29.41	40.59	70.00	35.16
1989	合计	131.53	428.28	559.81	150.47
	通江县	52.28	32.78	85.06	37.77
	南江县	36.97	69.25	106.22	25.20
	巴中县	25.94	246.70	272.64	61.61
	平昌县	16.34	79.55	95.89	25.89
1990	合计	102.75	935.48	1038.23	478.42
	通江县	17.86	119.00	136.86	51.80
	南江县	7.32	200.00	207.32	101.10
	巴中县	60.05	433.15	493.20	220.56
	平昌县	17.52	183.33	200.85	104.96
1991	合计	260.41	2357.31	2617.72	1579.49
	通江县	43.11	388.06	431.17	294.31
	南江县	59.17	516.83	576.00	368.68
	巴中县	108.72	838.52	947.24	454.04
	平昌县	49.41	613.90	663.31	462.46

续表19—11

项目		种类		合计	比上年增加额
年度	人行县支行	活期储蓄	定期储蓄		
1992	合计	228.32	2381.41	2609.73	—
	通江县	49.76	476.92	526.68	—
	南江县	数据不详			
	巴中县	141.77	1105.29	1247.06	—
	平昌县	36.79	799.20	835.99	—
1993	合计	616.20	5464.01	6080.21	—
	通江县	74.49	669.53	744.02	—
	南江县	157.96	1028.82	1186.78	—
	巴中县	263.17	2368.47	2631.64	—
	平昌县	120.58	1397.19	1517.77	—

1994—2000年巴中邮政储蓄转存款余额情况

表19—12　　单位：万元

项目		种类		合计	比上年	
年度	人行地(市)、县支行	活期储蓄	定期储蓄		增加额	减少额
1994	合计	979.52	10745.44	11724.96	—	—
	地人行	334.57	4177.79	4512.36	—	—
	通江县	210.74	1820.15	2030.89	—	—
	南江县	142.64	1925.00	2067.64	—	—
	平昌县	291.57	2822.50	3114.07	—	—
1995	合计	1449.46	17294.63	18744.09	7019.13	—
	地人行	379.69	6690.96	7070.65	2558.29	—
	通江县	311.31	2798.96	3110.27	1079.38	—
	南江县	202.94	2900.00	3102.94	1035.30	—
	平昌县	555.52	4904.71	5460.23	2346.16	—
1996	合计	4728.30	16731.13	21459.43	2715.34	—
	地人行	2162.00	6652.07	8814.07	2743.32	—
	通江县	739.33	2957.30	3696.63	586.36	—
	南江县	784.03	2950.00	3734.03	631.09	—
	平昌县	1042.94	4171.76	5214.70	—	-245.53
1997	合计	6209.61	24815.80	31025.41	9565.98	—
	地人行	2594.31	10354.62	12948.93	4134.86	—
	通江县	1097.37	4389.49	5486.86	1790.23	—
	南江县	1087.87	4351.46	5439.33	1705.30	—
	平昌县	1430.06	5720.23	7150.29	1935.59	—

续表19—12

项目		种类		合计	比上年	
年度	人行地(市)、县支行	活期储蓄	定期储蓄		增加额	减少额
1998	合计	—	—	32898.71	1873.30	—
	地人行	—	—	13209.37	260.44	—
	通江县	—	—	5759.99	273.13	—
	南江县	—	—	5974.70	535.37	—
	平昌县	—	—	7954.65	804.36	—
1999	合计	—	—	34819.56	1920.85	—
	地人行	—	—	13945.71	736.34	—
	通江县	—	—	6632.90	872.91	—
	南江县	—	—	5602.94	—	-371.76
	平昌县	—	—	8638.01	683.36	—
2000	合计	—	—	38506.65	3687.09	—
	市人行	—	—	13405.58		-540.13
	通江县	—	—	8224.29	1591.39	—
	南江县	—	—	6374.41	771.47	—
	平昌县	—	—	10502.37	1864.36	

第四章　贷　款

第一节　工业贷款

1950年，境内人行各县支行按照上级行规定的20%向企业发放定额流动资金外（80%由财政拨给），亦向工业企业发放季节性超定额贷款。是年，开始发放合营手工作坊贷款。1951年，境内各县对有利于国计民生的手工业、私营贸易业予以扶持，发放期限为3个月的小额贷款（需质押品或殷实铺保），采取发放“折实贷现”，收回“折实收现”。是年，人行通江县支行对手工业、合作工业放款380元；人行平昌县支行对5户手工业发放贷款100元。1952年起，境内四县开始对手工业合作社发放比其他工业贷款利率少10%，期限最长为6个月的短期贷款。是年，人行巴中县支行按上级行指示，扩大贷款，对私营企业新发放贷款3万元。1953年，境内各县开始对公私合营企业、集体手工业和手工业互助合作发放贷款，并对集体经济组织试办贷款。是年，境内四县贯彻“利用、限制、改造”手工业的政策，私营企业贷款大幅下降。1954年11月，境内人行各县支行停止向企业发放20%的定额流动资金贷款，只向企业发放超定额和季节性、临时性流动资金贷款。是年，对手工业社（组）的个体贷款执行9‰～13‰的月利率，集体贷款执行4.2‰的月利率。采取集体签约，共同担保，分户用款，分户归还办法。人行南江县支行对县手工业生产5个合作社和40个生产组，通过支票结算方式发放贷款余额达1.7万元。同时，在贷款重点扶植手工业、合营工业的情况下，境内四县个体工业和私营企业贷款继续下降。据统计，巴中县个体工业贷款余额从1953年的0.43万元下降到0.34万元。1955年，境内人行各县支行对陆续建成投产的新建、扩建和改建项目给予流动资金贷款支持。1956年，境内四县国营工业贷款余额达20万元。是年，境内四县物资供销企业开始向人行各县支行申请贷款。同时，对手工业生产贷款掌握从宽，手续从简，并下放指标和权限，由各区营业所直接发放。至1957年末，境内各县集体工业贷款余额13万元。1958年，境内四县贯彻“以钢为纲，全面发展”方针，人行各县支行对钢铁生产给予资金供应，人行巴中县支行、通江县支行工业贷款余额达255万元，其中钢铁厂贷款达199万元。是年，境内人行各县支行停止对个体工业贷款。1959年2月，境内四县贯彻国务院《关于国营企业流动资金改由人民银行统一管理的规定》，执行企业流动资金由人行统一管理和按信贷方式统一供应（简称“全额信贷”）后，工业贷款呈增长趋势。

1960年，境内四县工业贷款余额489万元，比1959年增加87万元，其中国营工业贷款余额387万元，比1959年增加67万元。1961年3月，境内四县开始收紧贷款，企业流动资金又改由财政、人行共管，设立结算户和贷款户。同时，积极参与企业物资、资金“两清”，贷款规模得以控制。至年末，通江县、南江县、平昌县国营工业贷款余额比1960年分别下降22万元、46万元、12万元，巴中县增加180万元。1962年，境内人行各县支行停办定额贷款，只发放超定额、结算、大修理、特种等4种贷款。同时，对工业贷款进行调整，四县国营工业企业贷款余额持续下降。是年3月，境内四县停止执行“全额信贷”办法，企业流动资金60%由财政拨付，40%由人行贷款。是年5月，境内四县停放农村社办工业贷款，对其他集体工业发放临时性贷款。1965年末，境内四县国营工业贷款余额下降到82万元。1964—1967年，在对集体及手工业贷款实行“商业从宽、工业从严、保底企业从宽、计划从严”办法的同时，对集体工业贷款采取只收不放的办法，集体工业贷款受到限制。至1967年末，境内四县集体工业贷款余额下降到27万元，比1962年下降68.60%。

1971年，对社办工业贷款逐步由限制转为积极支持，尤其是对“五小”（小钢铁厂、小煤厂、小化肥厂、小农机厂、小水泥厂）工业给予支持。到年末，境内四县集体工业贷款余额上升到82万元，比1967年增加2.03倍。境内四县国营工业贷款余额457万元，比1965年增长4.57倍。1972年起，境内四县开办集体工业设备贷款。1973年，人行各县支行与物资供销企业主管部门共同管理其贷款计划，并按季度掌握发放。对企业需要的临时贷款，则经开户人行审查同意后，用工业贷款周转指标调剂解决，年末收回。是年末，南江县、巴中县、平昌县物资供销企业贷款余额分别为36万、50万元、34万元，分别比1963年增长63.64%、11.5倍、2.09倍。至1974年末，境内四县集体工业贷款余额达153万元，比1971年增长86.59%。1976年末，境内四县国营工业贷款余额上升到939万元，比1975年增加306万元。1977—1979年，境内四县继续把清仓利库工作列为信贷工作重点，对工业企业超储积压物资贷款实行专户管理，加收利息，资金使用渐趋合理。至1979年末，通江县企业出现产量增加、贷款减少势头；南江县清理工交企业积压物资64.9万元，收回贷款76.4万元；平昌县在对企业核定周转库存限额的同时，对13户企业挪用流动资金31万元作加收罚息50%的处理，并限期收回挪用款项。是年，境内四县开始先后对国营单位办的大集体、“五七”工厂和街道办工厂（生产组）等合作组织，按条件发放设备贷款。

1980年，境内四县贯彻“区别对待，择优扶植”的信贷原则，按照国家“压长线、促短线”的要求，大力支持轻纺工业上短线，对具有发展潜力的行业和生产短线产品的企业，以及对完成计划、执行合同、经营管理和信用好的企业，优先发放贷款支持，并进行利率优惠。南江县国营工业贷款余额505万元，比1979年增长1.37倍。同时，对集体工业开办结算贷款，解决资金困难。人行平昌县支行支持县二轻机械厂贷款2万元，帮助扩大生产。是年，境内人行各县支行贯彻落实人行省分行制发的《城镇个体经济贷款试行办法》，支持个体经济恢复发展，开始对私营个体工业发放短期、小额周转贷款，并在开户、结算等方面给予方便。1981年，境内四县贯彻国务院《关于切实加强信贷管理，严格控制货币发行的决定》，开始收紧贷款，对棉纱、棉布等轻纺工业流动资金贷款则继续支持。是年，在对集体工业贷款方面，对自有流动资金未达到定额流动资金年度平均数70%左右的集体企业，给予贷款支持；对9类45种小商品的生产厂（社）实行月利率4.8‰的优惠；对集体企业不足5万元的单项工程或设备购置发放小额设备贷款；对小商品生产产值达全厂总产值70%的厂（社）的流动资金贷款执行优惠利率。之后，集体工业贷款年增速加快。1982年，境内人行各县支行将流动资金周转指标分解落实到企业，对企业流动资金贷款实行统一利率，取消定额内低息贷款，并帮助企业建立自补流动资金的制度。人行平昌县支行将贷款重点扶持县酒厂，该厂实现利润47万元，税金80万元。是年，对个体工业的贷款放宽限制，对生产经营管理好、信用好、期限短的私营个体户贷款实行免担保，对守法私营个体户给予贷款支持。1983年，国营企业流动资金改由人行统一管理后，国家财政不再给物资供销企业增拨流动资金。人行对其所需流动资金，按照信贷政策予以支持。1984年，境内四县集体工业信贷业务扩大，贷款基数垫高，其集体工业贷款余额增加到1398万元，比1983年末增长49.36%。境内四县个体工业贷款余额达22.11万元。

1985年1月起，境内人行各县支行将集体工业贷款移交工行、农行各县支行办理。对集体工业新增加大修理贷款、更新改造贷款、开发试制新产品贷款、国内补偿贸易贷款4种。同时对安置待业青年新办的集体工业，开办两年内贷款实行3.6‰的优惠利率予以扶持。是年，境内各专业银行控制信贷规模，对私营贷款进行清理，收回不合理贷款；对经营重要的生产资料及紧俏耐用消费品批发业务的不予贷款。是年，物资供销企业贷款和国营物资供销企业贷款并入工业企业贷款。年末，四县工行贷款余额达19198万元，其中流动资金贷款16806万元，固定资产贷款2392万元。

1987年起，境内四县城镇集体企业推行承包经营责任制，银行从信贷、结算方面支持其实行新的经营管理制度，协助企业清理财产，落实归还贷款的资金来源；对经济效益差，资不抵债的集体企业办理抵押担保贷款。贷款主要用于支持针棉纺织、机械、食品、水泥、塑料制品和电子工业生产发展。

1988—1989年，境内各专业银行贯彻中央“治理经济环境，整顿经济秩序”和中国人民银行“控制总量，调整结构”方针，农行各县支行推引信贷资金集约化经营，开展以优化贷款结构，盘活资金存量为中心的悬奖攻关竞赛活动，优先支持国营工业企业；确定择优支持重点企业和重点产品，集中专项资金“点贷点收，双向选择”。1989年末，四县工行贷款余额达24692万元，其中流动资金22587万元，固定资产2105万元。

1990年后，集体工业贷款并入工业贷款。1990—1992年，境内各专业银行以国家产业政策为导向，经济效益为中心，企业信用等级为基础，重点支持信用等级为特级的一类企业，适当支持二类企业，提高其经济效益；对三类企业有放有收，余额控制，促其调整产品结构；调整贷款结构和贷款投向投量，重点向煤炭、冶金、化工、机械行业倾斜。1992年末，四县工行发放流动资金贷款35080万元。1986—1993年，境内各专业银行对个体工业贷款给予积极支持。同时，加强贷款管理，贷款一律采用抵押或担保方式，抵押贷款额度相当于抵押品作价现额的70%。

1994年，贷款对象由工商企业逐步扩大到科研、卫生、传媒、文化教育、公用事业等领域。全地区工行系统累计发放工业流动资金贷款17166万元，其中工业企业贷款14216万元，物资供销企业贷款2323万元，工业收购副产品贷款627万元。支持收购蚕茧生猪等农副产品贷款达3050万元，实现行署下达的农副产品收购资金注入计划。全地区工行系统累计贷款1982万元，支持18户负债小、经营效益好的企业，实现销售5286万元，利税476万元。有68户企业扭亏或减亏，扭（减）亏面达60%；全地区农行乡镇企业贷款比1993年增加1295万元；地建行共投放贷款4034万元，贷款余额累计达10113万元，支持交通、电力、电信、冶矿、自来水等行业和城镇基础设施建设。同时，承办全地区的房改金融业务，房屋贷款3496万元，共支持120个单位、960户职工购建住房4万余平方米。是年，对私营个体工商业户经营中临时、季节性需要的流动资金，按“区别对待、择优扶持”发放短期贷款，执行统一贷款利率，一律实行抵押担保。全地区工行系统累计发放贷款324万元，收回226万元，贷款回收率57.8%；年末余额164万元，比1993年末增长150%。

1995年，全地区工行系统累计发放贷款1386万元，收回868万元，年末余额683万元。1996年，全地区选出100户经营效益好、信誉好的私营个体业主，作为重点帮扶对象，并投放贷款100万元解决其资金需求。全地区工行系统累计贷款2180万元，累计收回1751万元，贷款回收率61.1%；年末贷款余额1112万元，比1995年增加429万元，增长62.8%。全地区工行系统累计发放工业流动资金贷款26273万元，比1995年增加1977万元，增长8.8%。其中，向10户重点工业企业贷款4767万元，使其产值、销售、税利同比分别增长7.6%、10.4%、6.4%；向巴中市（县级）棉纺厂贷款2847万元支持生产灯芯绒，实现产值5240万元、销售5236万元、税利210万元，同比分别增长23%、41%、18%；向平昌江口醇酒厂增贷500万元，产值、销售、税利同比分别增长5.6%、9.75%、12.9%；向南江县水泥厂增贷436万元扩大生产能力，年产水泥7万吨，产值1300万元、利润65万元，同比分别增长8.2%和11倍；向通江县运输公司贷款100万元，盈利20万元。年末工业流动资金贷款余额32950万元。地农行支持巴中市（县级）塑料制品厂扩建农膜生产线，发放“星火计划”贷款300万元；向巴中市（县级）恩阳镇色织布厂技改贷款90万元，巴中市（县级）皮革集团公司贷款流动资金100万元。地建行变信用贷款为以保证贷款、抵押贷款、质押贷款、票据贴现为主，为地区交通发展总公司唐巴公路巴中段改造基建贷款2580万元，为通江县、平昌县、南江县交通局公路贷款1200万元。

1997年5月，地工行制发《私营个体贷款管理实施细则》，明确贷款对象、条件和原则，实行贷款第一责任人制度和分级审批管理办法。全年累计贷款1705万元，比1996年减少474万元；收回2048万元，比1996年多收297万元，贷款回收率72.6%。年末贷款余额770万元，比1996年减少342万元，下降30.8%。

1998年，全地区工行系统积极支持“三有一不”企业（企业有信誉、有效益、产品有市场、不欠利息）经济发展，及时、有效地解决企业生产、经营对流动资金的合理需求。全年为13户“三有一不”工业企业增贷2500万元，占增贷总量的96.6%，并为其签发银行承兑汇票450万元。同时，为16户工业企业增贷1087万元，其中有9户企业扭亏为盈，4户减亏。全年累计发放工业流动资金贷款18196万元，比1997年减少3334万元。地农行对开户的乡镇企业进行普查，发现重复建设，生产布局不合理，设备陈旧，技术落后，资产负债率高，逾期“双呆”贷款高达10371万元，占贷款余额的70%等问题，采取支持改制，促其“关、停、并、转”，强化信贷管理，帮助提高经济效益。

1999年，全地区工行系统坚持以市场为导向，以客户为中心，以效益为重点，以防范风险为目的原则，采取竞争优质客户（AA级以上），稳定基本客户（A级），发展潜力客户（BBB级），压缩淘汰客户（BB级及以下）的战略。对优质客户贷款实行“三级（总行、省行、地行）联保”；对基本客户实行“五个结合”（贷款与国家产业政策、与提高经济效益、与优化信贷结构、与落实有效抵押担保、与支持企业发展壮大相结合）；对潜力客户实行贷款余额控制，有收有贷，支持企业转制，盘活存量；对淘汰客户实行加强管理，促其转化，只收不贷，逐步清户。全年累计发放工业流动资金贷款16949万元，比1998年减少1247万元。其中，向地区烟草公司贷款200万元，地区运输公司贷款550万元，平昌江口醇酒厂贷款360万元，南江县电力公司贷款90万元，南江县水泥集团公司贷款190万元。年末工业流动资金贷款余额34450万元，核销呆账贷款4925万元。地建行为地区电信局买方信贷3568万元，地区交通局流动资金贷款1800万元，地区国家粮食大库（恒丰饭店）流动资金贷款1800万元，全年发放贷款9785万元。中行巴中分行继续支持丝绸行业，发放封闭贷款100万元。1998—1999年，全地区工行系统累计发放私营工业贷款1507万元，累计收回1781万元，年末贷款余额1377万元。

2000年，全市工行系统累计发放工业流动资金贷款16848万元，比1999年减少101万元。其中，向南江县水泥集团公司增贷150万元，平昌江口醇酒厂贷款200万元，市邮电局贷款1000万元。向平昌县江阳丝厂发放封闭贷款250万元，使用期限12个月，用于蚕茧收购。年末，工业流动资金贷款余额29285万元，剥离不良贷款7185万元。市建行系统发放贷款14200万元，其中，向市电信局买方信贷4100万元，市国家粮食大库（恒丰饭店）流动资金贷款1500万元，中顺公司贷款500万元，市交通局其他贷款1200万元，南江县冶金集团工业流动资金贷款300万元，贴现及再贴现1480万元。中行巴中市分行已基本剥离老不良贷款，新不良贷款率仅为10.19%。是年，全地区工行系统累计发放私营工业贷款206万元；累计收回278万元，其中，巴中市巴州区180万元、通江县39万元、南江县3万元、平昌县6万元，回收率达40%；年末贷款余额423万元。1994—2000年，全地区（市）工行系统向私营个体业主累计发放贷款7308万元，收回6951万元，回收率达95%。

第二节　农业贷款

川陕省苏维埃时期，川陕省苏维埃政府工农银行先后在通江县、南江县、巴中县等发放贷款，支持经济公社收购粮食、棉花等农副产品。1934年，川陕省苏维埃政府工农银行曾3次向赤江县刘坪区经济公社贷款共1500元。是年，川陕省苏维埃政府工农银行向通江县等苏区农民一次性发放种子贷款，支持发展苏区农业生产。

民国24年（1935年），为推动农村合作事业发展，省农村合作委员会在通江县、南江县、巴中县首批试点，组织合作预备社557个，社员37667人，农民银行、合作金库发放耕牛、农具、种子等贷款3万元。民国26年（1937年）7月，省合作金库达县分金库发放通江县、南江县、巴中县188个合作社信用贷款8.1万元。民国35年（1946年），农民银行达县办事处发放巴中县棉花生产运销贷款10个社、784人、360万元。民国37年（1948年），农民银行达县办事处核放巴中县棉花生产贷款15亿元，蔗糖生产贷款20亿元。

1950年，境内人行各县支行相继开办农户贷款，重点支持传统农业的恢复和发展。南江县、巴中县、平昌县发放农业生产的种子、农具、土特产运销、农民生活贷款等共计3.7万元。1951年，境内人行各县支行下乡村发放农贷，贷款对象以取得农民协会会员资格的贫雇农为主，适当帮助有困难的中农。期限3~6个月，月利率11‰~16‰。是年，境内四县对国营农场财政拨款不足部分发放生产贷款与设备贷款，解决临时性资金需求，支持国营林场营造用材林，支持国营农场生产粮、棉、油、畜、蚕等良种。1952年，境内四县为支持农民购买良种、耕畜、农具以及兴修农田水利、土特产运销、农副业生产等，发放农户贷款余额为54.7万元。据统计，1951—1952年，人行通江县支行发放农户贷款，农民修筑堰塘267口，维修塘624口，修渠103条，新添置农具5860件，购买肥料6.27万公斤，购种子2.6万公斤。1953年以后，境内四县停办设备贷款。是年，对农业生产合作社发放低息贷款。1954年起，对农户贷款的分配上按互助组或合作社与单干户各占比重适当分配，以困难户为重点，扶持贫雇农，适当照顾有困难的中农。1955年，境内各县农户贷款主要用于农民购买小农具，发展家庭副业和解决生活困难，重点扶持困难户和贫农、下中农养猪。是年，境内各县对国营农场进行清产核资，实行企业经营，改变资金供给制和差额补助办法。境内各县农贷工作重点逐步转向对农业生产合作社支持，主要用于购买种子、肥料、饲料、农药和副业原料等，贷款期限1年，额度一般不超过生产费用基金20%。1956年，人行通江县支行、巴中县支行、平昌县支行发放国营农业贷款1.61万元。1958年，境内四县集体农贷主要支持集体生产，巩固集体经济，以公社或管理区承借承还。同时，信贷管理权下放，发放部分不合理贷款，其集体农业贷款大幅度增长。年末，境内四县集体农业贷款达到336.60万元。是年，境内四县陆续实现人民公社化后，农村取消自留地、自留山后，养殖业和家庭副业开始萎缩，农户贷款业务基本停顿。1959年，境内四县国营农场经营资金一律改由财政贷款，停办国营农业贷款。是年，境内四县贯彻执行中央“大办农业、大办粮食”的方针，集体农业贷款重点支持社队发展粮食和多种经营生产。

20世纪60年代初，境内发生严重自然灾害，为解决农户生活及治病困难，人行各县支行又发放部分农户贷款。据统计，1960年，人行南江县支行发放农户贷款135.9万元，解决生活及治病困难3331户，支持农民购买生猪837头，购饲料986公斤，购小农具4.68万件。1961年，境内各县人民公社实行“三级所有，队为基础”体制后，集体农业贷款以生产大队为重点。1962年末，巴中县、平昌县农户贷款余额分别为8.9万元和9万元。

1976年，境内四县对国营农业贷款由支持扭亏增盈转变为以提高经济效益为中心，支持一业为主，综合经营；支持企业改革，调整产业结构，对签订承包合同，具备条件的队、组、户也直接发放贷款。1977年，境内四县开始试办“更新改造基金贷款”，对企业发放各种设备性贷款，支持农场设备更新、技术进步。是年，境内四县大力支持小型水利建设和喷灌，把农村发展小水电和排灌等作为集体农业贷款重点。人行南江县支行发放农用小水电贷款138万元；人行平昌县支行将地人行分配的农业专项无息贷款12万元，用于购买拖拉机、排灌设备等。1978年，境内四县农村逐渐实行家庭联产承包责任制后，人行各县支行又开始发放农户贷款。

1980年开始，境内四县对涉及国营农业流动资金设备贷款、农户贷款、集体农业贷款移交农行各县支行办理。农行各县支行农贷工作开始由支持自然经济为主转变到支持商品经济为主。农行巴中县支行累计发放各项农业贷款1243万元（含信用社），同比增长48%。是年起，境内四县农户贷款主要以扶贫开发为重点，对象以承包户、重点户、示范户、专业户、困难户（简称“五户”）为重点，支持种植业、养殖业、科技兴农、绿色产业、防灾救灾及农村富余劳动力和贫困户就业等项目，解决农民生产、生活中的实际困难。1981年7—8月，南江县、巴中县遭受洪水、冰雹灾害，44个公社、1544个生产队受灾。农行南江县支行、巴中县支行及时发放灾区口粮无息贷款20万元和建房专项贷款10万元，帮助灾民解决生活困难和恢复生产。

1982年4月，境内农行各县支行开办国营农业贷款，重点支持种植业、养殖业、能源建设，支持农工联合企业发展和部分农业事业单位发展工副业生产。农行南江县支行向南江县大坝林业经营所贷款20万元，修建林区公路8.5公里。是年，境内农行各县支行把抗灾自救，妥善安排群众生活作为支农工作重点。南江县沙河区营业所上半年发放各项农业贷款34.2万元，帮助243个队购耕牛215头、抽水机具82台（件）、柴油80吨、肥料718吨、农具1618件，帮助7420户社员购买口粮49.5万公斤、牲畜955头。农行巴中县支行支持“五户”4800户，发放扶贫贷款74.9万元，户均156元；农行平昌县支行发放蚕桑贷款125万元，支持新栽桑4.2亿株，嫁接“良桑”6287株，产茧90.75万公斤；农行南江县支行支持发展以魔芋、银花、银耳为骨干的多种经营项目，为5418户发放魔芋生产贷款7.53万元，为2750户银耳生产贷款23.7万元，发放商品牛基地建设专项贷款10

万元。

1983年，境内农行各县支行配备国营农业信贷员，加强国营农业信贷工作。农行通江县支行发放林业生产贷款（含信用社）115万元，重点支持24个林业生产基地建设，新建2个6.67万公顷林，巩固7个国营林区，营造20个用材林片，发展120处经济林基地；发放银耳生产贷款33万元，生产银耳菌种11万瓶。是年，南江县、通江县、巴中县连续遭受旱、风、雹等自然灾害，农行南江县支行、通江县支行、巴中县支行对重灾区农民发放一次性口粮无息专项贷款共46万元，帮助灾区农民购买国家返销粮。在集体农业贷款方面，农行通江县支行对林、牧、耳、烟、桑、漆等6个骨干项目和其他39个辅助项目给予贷款支持；农行平昌县支行重点支持"两杂"（杂交水稻、杂交玉米）良种推广，发放贷款21万元。1984年6月，农行平昌县支行采取"一讲"（讲农贷有借有还）、"二查"（查贷款账目、查生产队资金状况）、"三议"（议落实债务意义、分摊方案、落实方法）、"四挖"（挖现有资金、物资变价、应收款项和其他资金）、"五落实"（落实分摊对象、承担贷款金额、还款时间、资金来源、手续处理）的方法，全县落实2928个生产队（占欠贷队的86%），落实债务323.4万元（占应落实贷款的50%），并采取边落实 、边收回措施，收回贷款89.5万元，占落实贷款的27.7%。

1985年，境内四县企业流动资金贷款坚持"区别对待，择优扶持"和"以销定贷"原则，实行"存贷分户"管理，浮动利率和加罚息，按生产和流通周期约定还款期限。农行平昌县支行发放国营农业企业贷款79.98万元，支持11个国营农业企业提高经济效益。是年，根据省委重点扶持涪、达、万山区种草养畜业的要求，地农行安排通江县220万元、南江县150万元、平昌县和巴中县各100万元种草养畜贴息贷款。

1986年，境内农行各县支行开始发放国营农业企业技术改造贴息贷款，分为半贴息和全贴息两种，期限为3~5年。是年，通江县先后遭受风、雹、旱、病虫害等自然灾害，通江县发放抗灾贷款67万元和种草养畜贷款37万元，及时解决受灾农民生产、生活困难。1987年，境内四县贯彻"紧中求活"的信贷方针，推行企业流动资金定期管理办法。通江县发放第一批林业项目贷款13.6万元，其中海鹰寺林场兴办菌种场12万元，空山综合林场发展银耳、木耳、香菇种植业1.6万元。是年春，巴中县遭受特大春旱后，农行巴中县支行及时发放农业贷款1615.61万元，组织受灾农户抗灾自救。1988年7月，农行平昌县支行依托经济实体承贷承还支持种养业项目贷款34个单位，金额92.7万元；农行通江县支行加强对扶贫贴息贷款的发放、监督、管理，择优实施7个项目，注入扶贫贴息贷款494万元，支持33550户贫困户。1989年，农行南江县支行提出在全县实施"万家致富工程"，计划在1989—1991年的3年内每年安排专项贷款500万元，扶持1万户农户和村组集体，继续开发粮、猪、烟、芋、茶、果、桑、药、食用菌、黄羊等10个骨干项目，深化科技扶贫工作。是年，发放贷款503万元，支持"万家致富工程"实现产值1838万元，户均收入1126元。1989—1990年，境内四县发放国营农业服务体系流动资金贷款，主要用于推广科技成果配套的农用生产资料供销，产后贮藏运销等周转资金需求。农行通江县支行、平昌县支行发放国营农副产品收购贷款185万元，解决收购良种的资金困难。

1991年，境内四县贷款重点放在支持国营林场中幼林抚育和林区道路建设、推广农业新技术、企业技术改造、推广实用科学技术、国营农业综合开发方面。农行南江县支行对南江县园顶子牧场发放农业综合开发贷款90万元，引进大叶茶无根繁殖技术，改造低产茶园100公顷，并建茶叶加工厂，实现收入33.7万元，创利税17.3万元。农行巴中县支行集中支持16个国营农业企业，国营农业企业总产值实现1150万元，比1985年增加1100万元，增长22倍。是年，农行平昌县支行累计投放农业贷款2985万元，同比增加投入834万元，其中对87个农业服务组织、147处农田水利工程、56个

“绿色工厂”，投入资金256万元给予支持。1992年，除继续支持粮、棉、油为重点的各类农副产品的生产外，更注重支持发展“名、优、新”和拳头产品。农行巴中县支行向巴中县羽绒厂投放贷款500万元，解决“外转内”的遗留问题；农行通江县支行投入发展资金170万元，支持桐、茶、耳、倍系列片区为龙头的开发。是年，境内农行各县支行将支持山区脱贫致富列入首要工作。其中，农行巴中县支行发放种植业扶贫贴息贷款19.8万元，养殖业扶贫贴息贷款22.7万元，加工业扶贫贴息贷款226万元，科技兴农扶贫贴息贷款45.8万元，发放养鱼项目贷款9.5万元，发放蚕桑项目贷款31万元，发放水果项目贷款25万元，发放种养业绿色工程示范村扶贫贴息贷款91万元。

1993年，全地区农行系统以支持高产优质农业为重点，扶持区域经济建设和贫困户“两个稳定”为目标，增加对农贷的投入。农行通江县支行发放扶贫贷款601万元，支持产业发展。1993—1994年，全地区农行系统按照“优化增量，活化存量，调整结构，提高效益”原则，支持国有农业企业完善内部经营机制，不断发展横向经营联合，走农、林、牧、副、渔全面发展，农、工、商综合经营道路。全地区累计发放国有农业贷款3531万元，支持95个国有农业企业，其中实现盈利企业25个，扭亏为盈企业14个。

1994—1995年，地农行围绕省委、省政府提出的“稳粮、增收、调结构”的农业工作总体目标，落实措施，抓好扶贫贷款工作，支持农村经济发展。全地区农行系统两年发放农业贷款20268万元。其中，扶贫贴息贷款5960万元，农业综合性开发贷款1800万元，林业贴息贷款160万元，“星火计划”项目贷款100万元。

1996年，支持地委、行署提出的农业“四大工程”建设，发放贷款2890万元。发放贷款525万元支持玉米生产，发放扶贫贴息贷款445万元支持发展茶叶、耳林、“三木”药材、蚕桑、水果、油桐、核桃、五倍子、竹林等经济林建设。1995—1996年，农行南江县支行给县国有林场发放林业贴息贷款50万元建成胶合板、纤维板、刨花板等多个林业综合加工企业。农行通江县支行发放扶贫贷款250万元，支持银耳食品生产线技改，改造厂房800平方米，技改罐头和固体饮料生产线各一条，生产收入达892万元，利润63.4万元，税金88万元。

1997年，地农行加大集约化经营力度，坚持转轨不转支农方向，加大对农业企业、基础产业信贷投入，全年累计发放贷款23059万元，同比增长33.1%，为农业产业结构调整提供资金保障。

1998年，地农行在扶贫贷款投量上由“少而全”转向“多而精”；在投向上由“小农户”转向“科技户”，全地区农行系统发放的1600户个体农户贷款中，80%以上为从事科技含量高、种养规模大的科技示范户；在时间上由“季节性”转向“长期性”，对大多数农业企业、农户提供贷款后的全过程服务。是年，农行巴中市（县级）支行给巴中地区松香厂发放设备贷款192万元，建设年产1000吨松香生产线；发放林业贴息贷款30万元，用于购买原材料流动资金需要；给巴中市（县级）西华山苗圃发放林业贴息贷款100万元和追加林业贷款76万元，用于扩建苗圃。

1999年，地农行加大扶贫专项贷款管理力度，对全地区使用扶贫贷款的146个乡（镇）、649个村、5.38万户农户，建立“分户调查，小额直贷，划片管理，配套服务”信贷运行管理机制，并在南江县侯家乡赵家村试点。农行南江县支行的“小额直贷到户”经验，在中国农业银行召开的信贷扶贫工作会议上进行经验交流。

2000年，市农行调整信贷结构，增加支持特色产业贷款（含专贷）投入，累计发放贷款14780万元，余额净增8420万元，增幅达到57%。同时，采取有效措施将贷款发放与科技推广项目紧密结合，向项目单位和个人提供家庭理财、信息咨询、科技指导等智力服务。是年底，全市国有农业贷款5862万元，余额达15654万元。

第三节　商业贷款

川陕省苏维埃时期，川陕省苏维埃政府工农银行向经济公社发放贷款，用于购买器材、药品、布匹、食盐以及粮食和棉花等，并通过经济公社转贷给贫困农民解决生产、生活资金需要。同时，为恢复苏区生产，安定人民生活，对各种合作社、小手工业者、小商贩给予贷款支持。1933 年，赤江县工农银行贷款 100 元，帮助通江县城建起工农饭店。工农银行还对通江县的盐井，通江县、南江县的煤矿，通江县、巴中县的银耳、茶叶生产，巴中县的棉花、白蜡以及苏区桐油、猪鬃、药材、木材等发放贷款支持。每笔贷款金额 100 元左右，开立借据，期限 1 ~2 个月，写明用途，按期归还，到期确有困难的可以申请延期。

1950 年，境内人行各县支行贯彻“统筹兼顾，扶助生产”方针，贷款支持联营社沟通城乡物资交流，充实市场物资供应。对有利于国计民生的手工业、私营贸易和土特产运销商贩发放小额短期贷款，实行质押品或殷实铺保，“折实贷现”“折实收现”。人行平昌县支行对运销商发放小额短期贷款 51110 元，支持运输木材 1500 立方米。达县专署给通江县拨贷大米 10 万公斤作为工商贷款，恢复市场商品供应。是年，国营商业实行“贸易金库”制度，人行各县支行对国营商业发放小额短期周转贷款。同时，境内四县随着农村供销社相继建立，人行各县支行与供销社及其管理的合作店发生信贷关系，对为完成国家农副产品的收购与推销，在加工和收购业务中缺少短期周转资金的给予适当解决。1951 年，境内人行各县支行开始对联营社、合作店予以贷款支持。对经营土特产品外销业务的联营社，特别是对农民生产、生活资料需要的经营者扩大放款，不强调质押。同时，扩大私营工商户的小额贷款。人行巴中县支行对运销商贩，从事榨油、制糖、制粉、挂面和土布生产的手工业者，发放小额短期贷款 11.4 万元；人行平昌县支行向区、乡资金有困难的 39 户个体商业户发放小额短期贷款。1952 年，境内人行各县支行把信贷工作重点放在收购农副土特产品、城镇加工订货等方面，凡与国计民生有关的重点行业都以贷款积极扶持。1953 年，境内四县国营商业企业取消“贸易金库”制后，其流动资金改由财政、人行“双轨供应”（即财政供应定额流动资金，人行发放定额贷款）。境内四县粮食实行统购统销，人行各县支行对粮食企业发放贷款。对基层供销社所需资金，按上级行下达的贷款额度，按季贷给县供销联合社（筹委），由其调剂解决。对集体商业贷款，重点转移到合作商店和集镇集体商业。对私营工商业贷款实行“利用、限制、改造”政策，对资金较雄厚的私营商业实行少贷或不贷，对经营资金有困难的酌情扩大，对私营批发商贷款逐步压缩直至停放，对零售商贷款在用途和额度上加以限制，并停止对绸布、百货、粮食、药材和食糖业的私营商业贷款。1954 年，对国营商业企业贷款改按商品库存和资金用途发放。对粮油贷款实行“逐步下推、直接发放、就地监督、逐级负责”管理办法，人行各县支行直接对粮食局及粮食公司贷款。县以下收购点的收购资金由各区营业所贷款，贷后上划人行各县支行（简称“下贷上转”）的办法解决。对合作商店实行“商提行贷”，人行对其实行“活存透支”账户管理。1955 年，境内人行各县支行先后对基层供销社收购农副产品以及工业原材料发放收购贷款及商品流转贷款和临时贷款。是年，开始向供销社发放棉花、苎麻、茶叶 3 项预购定金贷款。同时，根据“停止退让，着重改造”政策，对私营商业贷款采取控制措施。1956 年，境内四县国营商业企业收购农副产品一类物资（粮食、棉花、油料）贷款按照收购实际进度供应，收购二类物资贷款按下达贷款计划指标供应，并实行“下贷上转”。对涉及粮油收购的预付贷款、粮食储备贷款、结算贷款、特种贷款等 4 种贷款，均由各县粮食局向人行各县支行统一办理。境内四县新增粮食、菜子、花生 3 项预购定金贷款。在集体商业贷款方面，人行通江县支行对合营店、合作商店、服务性行业（包括旅食店）101户，发放贷款2.54万元；人行南江县支行对合作店（组）的贷款逐笔审查酌情核贷，对加工订货、代销经营商业，其销售收入全部存入银行，支出通过银行转账，资金不足者可以贷款，坚持随贷随还。是年，境内四县对私营商业贷款实行“商提行贷”办法。1957年，境内四县对国营商业贷款取消进货预付贷款和超计划商品储备贷款，将原按月调整贷款指标，改为季终按资产负债表进行调整。对木材、农机公司、新华书店、外贸和进出口等国营商业企业实行定额管理。定额核定后，由财政按定额的30%拨给流动资金，70%和超定额部分由人行发放商品储备贷款。境内四县国营商业贷款余额达3333万元，比1956年增长11.96%。是年7月，境内人行各县支行对供销合作贷款取消结算放款，放宽商品流转贷款自有资金比例。对基层供销社商品流转放款以主社为对象，不对分店发放贷款。1958年，对国营商业企业贷款指标管理放松，在结算方式上将区、公社多种结算方式统一为“上贷下转”“下贷上转”。对供销合作贷款普遍推行活存透支，出现信贷失控、信用膨胀。1959年，境内四县对商业贷款实行“全额信贷”办法。在国营商业企业贷款方面，废止农工商贷款指标互相调剂使用的规定，停止商业企业计划外商品赊销、预付贷款。对粮食贷款改“存贷分户”为“存贷合一”管理方法。区、公社收购单位旺季铺底资金不足，实行“下贷上转”；中转和储备按库存增减编制借款计划，人行按计划发放贷款。是年，境内四县又新增生猪、晒烟、木耳3项预购定金贷款。

1960年，境内四县遭受自然灾害，商业不兴，物资供需矛盾突出，国营商业企业贷款下降。是年，加强预购定金专项管理，除生猪预购定金贷款外，其余品种贷款指标不得周转使用。1961年，境内四县停止发放各项预购定金贷款。是年，境内四县国营商业贷款下降到5753万元，比1960年下降18.52%。1962年，境内四县商业贷款停止“全额信贷”，实行“存贷分户”。境内人行各县支行配合财政部门对国营商业企业再次进行清商品、清资金、清账目（简称“三清”）和核销“三差”报损工作。对粮食、食品贷款改“上贷下划”为“下贷上转”，超额度边报边贷。并督促粮食企业在人行各县支行分别开立农副产品采购贷款户、结算户、专用基金存款户。对粮食企业贷款，按省、地下达的计划发放。是年5月，境内人行各县支行按“进货贷款，销货还款”原则，开始发放供销社自营业务贷款，支持其经营三类农副产品；对批发企业则试办结算贷款，并协助供销社开展“三清”工作，核销“三清”损失占款。在集体商业贷款方面，只对独立核算的中心店（组）发放贷款，非独立核算的不直接贷款；对亏损的店（组）和服务行业不贷款；合作店（组）贷款额限200元以内。境内四县恢复发放个别品种预购定金贷款项目。1963年，境内四县对私营工商业历年悬欠贷款进行清理。1965年起，境内人行各县支行对集体合作商店（组）原则上不予贷款，对节日增加市场商品供应中资金不足的给予短期小额一次性贷款。1966年，境内人行各县支行对供销社贷款品种保留商品流转与农副产品预购定金贷款。1965—1967年，境内四县的预购定金贷款放款比例为粮食50.3%，棉花21.5%，油脂油料9.4%，生猪6.6%，其他品种12.1%。

1971年，境内四县的预购定金贷款共有粮食、菜子、桐籽、中药材、生猪、茶叶、蚕茧、棉花、苎麻、草纸、柑橘、糖、文化土纸等7个系列13个品种。1973年6月起，境内四县对供销社贷款实行“存贷合一”。1974年，境内四县又新增烤烟预购定金贷款。至1976年末，境内四县国营商业贷款增加到1.05亿元。1977年，境内四县又增加生漆预购定金贷款。是年3月，境内四县对平价粮油贷款利率改按月利率3.3‰，议价粮油贷款、商办工业粮食贷款改按月利率6.6‰计收。是年11月，境内四县按要求停止国家储备粮食贷款。1979年，境内人行各县支行对商业营运资金供给方式，实行“区别对待，择优扶持”和“以销定贷”原则，以经济合同掌握发放贷款的办法，促进企业改善经营管理，并继续协助企业清仓挖潜，增设网点，扩大销售。是年9月，境内四县在恢复议价粮油收购贷款后，对议价粮油所占用的贷款从严掌握，在统购任务未完成前不能先议购，否则不予贷款。议价粮油按月利率 4.2‰计收。是年，境内人行各县支行逐步将集体商业贷款对象扩大到合作商店（组）和运输、建筑、修理、服务等集体经济组织。同时，陆续对私营个体工商业发放短期、小额周转贷款，并在开户、结算等方面给予方便。人行南江县支行按“勤进勤销”原则，发放合营和个体私营业贷款 76 万元，支持个体经济发展。境内四县预购定金贷款余额 121 万元，供销合作社贷款余额达 4247 万元。

1980 年，境内四县国营商业贷款主要采取对有条件的商业二、三级批发和零售企业实行“按资金周转期”掌握贷款；对实行“以税代利、自负盈亏”的企业，一律实行“存贷分户”管理，逐笔申请核贷，到期收回，逾期加息；按企业、行业和品种分类排队，扶优限劣，实行有保有压的信贷政策；对适销对路商品优先贷款；供求基本平衡的商品以销定进，超销可以超进；销小存大商品不予贷款等措施。在集体商业贷款方面，改进贷款对象、范围、条件、开户以及办理结算和现金管理等方面，对流动资金贷款实行“区别对待，择优扶持”，将信贷范围扩大到企业的固定资产领域，支持和协助其发展经营网点，增加品种。1981 年，境内人行各县支行按照支持多种经济成分，多种流通渠道，多种经营方式政策，以信贷支持个体经济发展。人行通江县支行先后给 34 户个体经济户贷款 2.27 万元，实现营业收入 12 万元，获利润 2.46 万元；人行南江县支行发放个体工商业贷款 103 户，金额 22 万元，实现销售额 128.6 万元。1982 年，在国营商业企业贷款方面，选择部分商业企业试行浮动利率办法，对商业批发企业的贷款从严，零售企业贷款从宽，贷款需求呈现良性增长势头。对议价粮油贷款按照计划供应资金，对议价粮油收购占用平价贷款的，一律按月利率 6‰计息。1983 年，境内人行各县支行对私营个体工商户贩运三类农副产品，以及贩运完成国家征购、统购、派购任务的一二类农副产品，经营资金有困难的，均给予贷款支持。人行平昌县支行对县城 55 户个体户发放贷款 1.6 万元，安排待业人员 120 人，实现营业收入 26.5 万元。1984 年底，境内四县粮食企业贷款余额达 11481 万元，集体商业贷款余额 378 万元。是年，境内人行各县支行对私营商业贷款放宽贷款对象、行业、用途和期限。1985 年初，通过检查，境内四县工商企业不合理资金占用高达 150 万元，出现信贷失调现象。是年，境内农行各县支行对供销社贷款政策进行调整。对流动资金贷款，要求自有流动资金比例达到 30%，随意抽走自有流动资金，向其他企业投资，银行不再发放贷款填补；对计划亏损企业落实补亏计划前提下，有放有收，不增加新贷款；长期亏损企业，不发放新贷款；没有物资保证的企业不发放贷款；未经银行审查同意，不许企业赊销预付贷款，逾期不能归还贷款的，按规定加收利息；禁止发放个人耐用消费品贷款。1986 年，对国营商业企业贷款实行以“以销定贷”、“以优定贷”原则，严管长期亏损企业贷款，取消限额内贷款，全部实行“逐笔申请，逐笔核贷”办法。是年 4 月起，对个体商业贷款，要求自有资金比例原则上不得少于 50%。1987 年，农行通江县支行向平溪区粮油站发放基础设施贷款 1.8 万元，向县山鲜食品厂分两次发放扶贫贴息贷款共 29 万元，促进企业技改和设备更新。1989 年 1 月起，境内四县对农资专营贷款实行“定额管理”，对国家计划分配内的化肥、农药、农膜等生产资料保证资金供应；对国家计划以外的采购按“以销定贷”原则掌握贷款；对质次价高的产品不予贷款支持；对盲目采购造成积压的，比照风险企业掌握贷款；对购销倒挂又无亏损弥补来源的农资产品不给贷款支持。是年 7 月，境内农行各县支行适当收紧集体商业、个体工商户贷款审批权限，实行行长、信贷股长、营业所主任三级审批制度。

1990 年，境内四县按照企业销售资金率、资金周转率及加速率等指标，核定贷款企业定额内流动资金贷款额度。农行通江县支行核定全县 13 个区粮食企业的定额内流动资金贷款 4320 万元，食品公司系统 12 个食品站的定额内流动资金贷款 207 万元，供销社系统集体商业企业 28 户的定额内流动资金贷款 1895 万元（其中农资定额贷款 438 万元）。是年 6 月起，境内农行各县支行发放给供销社的棉布、棉花赊销贷款余额 436.2 万元，不再补贴利息，对有条件的贷款及时收回，不能收回的实行

"停息挂账"。同时，除国家计划内的农资继续实行优先贷款外，对采购糖、盐、煤、肥皂、洗衣粉、火柴、棉布、煤油等8种商品保证资金供应，对其他生活资料商品购进实行以销定贷。是年，境内四县对个体工商户、私营企业贷款一律采用抵押方式，抵押贷款额度，只能小于抵押品作价现额的70%。

1992年，境内农行各县支行深入开展"千点效益"活动，加强信贷管理，强化信贷服务。农行南江县支行向县植物油厂发放技改贷款120万元，技改浸出综合利用车间；向乐坝石油中转库发放贷款560万元（其中扶贫贴息贷款100万元），用于铁路专用线、储油罐、加油站建设。是年，对供销社系统的流动资金贷款额度上实行"余额控制"，不盲目扩大贷款规模，优先安排集体商业企业购进和储备农业生产资料所需资金以及组织工业品所需资金，继续保证农资专营企业所需资金，对农资公司创办的"庄稼医院""技术服务站"合理注入资金。

1994年，地农行贯彻落实"优化增量，活化存量，调整结构，提高效益"的信贷原则。全地区农行系统支持粮食部门实现收购总值37703万元，支持收购生猪18.8万头；支持收购蚕茧7.11万吨；支持农资部门购进化肥26万吨，组织农药1337吨，农膜1445吨，中小农具2.4万件。地农行重点支持十大商贸企业，先后发放贷款2161万元，优先解决巴中市（县级）农资公司、巴中市（县级）日杂公司、西华大酒店、南江县石油公司、南江县农资公司、南江县食品公司、平昌县乡镇企业供销公司、平昌县粮油贸易公司、通江县农资公司、通江县日杂公司组织调运农用物资和收购农副产品的资金需要。农行南江县支行向县乐坝农资中转服务站［该站承担全地区四县（市）的农资中转］发放扶贫贷款100万元，新建农资库房一幢1200平方米。是年10月，地农行针对私营企业和个体工商户贷款存在管理松懈，增长过猛的问题，及时发出《关于加强私营企业、个体工商户贷款管理的意见》，要求进一步强化信贷管理，合理确定贷款期限，严格执行贷款发放审批程序，落实贷款管理责任制。是年，全地区工行系统在商业企业流动资金贷款中，执行新增贷款按"区别对待，扶优限劣"和"安全、效益、流动"相结合的原则，累计发放商业流动资金贷款6955万元，其中农副产品收购贷款3560万元，石油和副食品采购等企业贷款3151万元，集体商业贷款244万元，向农业发展银行划转粮油部门12户企业贷款2007万元。年末，全地区商业流动资金贷款余额13508万元；全地区农行系统发放个体私营经济贷款余额达1504万元，贷款对象增加到27752户（其中私营企业72户，个体工商户27680户）；全地区工行系统为私营个体累计发放贷款324万元，收回226万元，年末余额164万元。

1995年，全地区农行系统坚持支农方针，重点支持高效农业、效益好的农工商企业和农资部门组织储备农业生产资料。全年共投放农资贷款14258万元，占贷款投放总额的37%。是年11月，地农行组织力量，对全地区供销社贷款进行清查，全地区共清理出亏损挂账11693万元，其中属执行中央政策形成的亏损挂账4695万元，属执行地方政策形成的亏损挂账5045万元，属供销社自身经营不善形成的亏损挂账1953万元。挂账占用农行贷款6511万元，占供销社贷款总额的69.3%。是年，地工行对商业流动资金贷款按照优先支持农副产品收购，支持人民生活必需品及适销对路商品的购进，限制县以下批发商业企业贷款的原则，实行以企业信用等级确定贷款，确保贷款投向准确，投量合理。共发放商业流动资金贷款15883万元。同时，地工行为私营个体业主累计发放贷款1386万元，收回868万元，贷款收回率44%，年末余额683万元。

1996年，全地区农行系统对集体商业的信贷支持重点放在帮助供销社"转机制、练内功、强管理、增活力、出效益"上。强化存量资产管理，抓紧落实贷款债务，盘活信贷资金；强化风险管理，提高信贷资金质量，对供销社贷款坚持以信贷资金的效益为前提，以贷款风险度为尺度，"审、贷、查"相分离为保障的管理原则；强化农资贷款管理，对农资贷款的供应，实行钱随物走、此增彼减、下销定贷、量力而行、自筹为主、贷款为辅、区别对待、分类供应的原则。在国有商业企业贷款方面，地农行、农行巴中市（县级）支行向巴中市（县级）米面厂新增流动资金贷款500万元；农行通江县支行推行“最高额贷款抵押合同”办法。是年，地工行在全地区选出100户经营效益好、信誉好的私营个体业主，作为重点帮扶对象，并发放100万元贷款解决其资金需求。是年为私营个体业主累计贷款2180万元，收回1751万元，回收率61.1%，年末余额1112万元。地工行年末商业流动资金贷款余额16432万元。

1997年，地工行制发《私营个体贷款管理实施细则》，明确贷款对象、条件和原则，实行贷款第一责任人制度和分级审批管理办法。全年为私营个体累计贷款1705万元，收回2048万元，贷款回收率72.6%，年末余额882万元。

1998年，地工行贯彻执行省分行《支持国有商业“抓大放小”改革的信贷管理意见》，确定重点支持对象为有市场、有效益、守信誉、资产负债率在80%以下，信用等级A级以上，不亏损、不欠息的大中型商贸企业。全年发放资金贷款余额2905万元。年末，商业流动资金贷款余额16274万元，比1997年同期增加7万元。地农行全面实施“积极发展一批，精心培养一批，严格限制一批，果断淘汰一批”的信贷策略，全地区农行系统确定重点支持12家企业，限制支持企业62家，停止支持企业432家，评选10家农行信得过的企业和10名农行信得过的厂长（经理）。全年对12家重点支持企业发放贷款5670万元。

1999年，农行通江县支行抓住基层供销社企业“抽本经营”时机，化解贷款风险，共办理抽本转贷51笔，金额63.45万元。是年12月，全地区供销社财务挂账清理核查工作全面结束，共收回供销社贷款利息433万元。是年，地工行根据国有商业新的经营机制，对商业企业按不同类别和特征，实行分类管理和“保、支、降”（即三级联保优质客户，积极支持基本客户，降低淘汰客户贷款）的策略。1998—1999年，地农行探索出切块专项资金，解决无计划放贷，向全地区58个营业所（部、处）授权发放在5万元以下的个体私营企业抵押（质押）贷款，解决审批占用时间长的问题；推行最高额抵押，解决担保抵押难的问题；推行双向承诺制度，解决银企协作配合难的问题等为个体私营经济服务的新路子。地工行两年为私营个体业主累计贷款1507万元，收回1781万元；两年发放商业流动资金贷款2882万元。

2000年，市农行对国有商业企业贷款向优势企业和优势行业倾斜，向优势客户和优良客户转移，由批发业务向零售业务转移。针对企业改制，债权债务分解的情况，狠抓落实贷款债务，保全信贷资产，组织专人对贷款逐户逐笔清理，签订贷款债权确认书，共落实“粮、棉、油附营业务”贷款债务15334万元。年末，市工行商业流动资金贷款余额6101万元，为私营个体业主累计贷款206万元，累计收回278万元，余额423万元。

第四节　固定资产贷款

川陕省苏维埃时期，川陕省苏维埃政府工农银行向川陕省水利局水利工程科发放水利基本建设贷款，用于疏通巴河上游巴中县至江口（平昌县）、江口至通江县苦草坝150公里河道。

1955年，境内人行各县支行开始发放生产设备贷款和农业长期贷款，用于合作社购买耕牛、母猪、大中型农机具、副业工具和兴修农田水利等。贷款期限一般为3年，最长5年。到1957年，境内四县适当收缩设备贷款和消费性贷款。1958年，境内四县发放的农业长期贷款重点用于兴修水利，其额度一般掌握在农贷指标的40%以内。是年后，境内人行各县支行开始办理社办钢铁工业设备贷款。

1961年，境内四县停办钢铁工业设备贷款。1962—1963年，境内四县遭受严重自然灾害，人行各县支行发放困难队长期无息贷款，并结合发放短期生产费用贷款，支持困难队购买耕牛、中型农具、副业设备和生猪、肥料、种子等。据统计，1963年，平昌县、南江县发放长期无息贷81.4万元，短期无息贷款7.9万元，短期生产费用贷款99.7万元。1964年，境内四县取消长期无息贷款，将其转为生产设备贷款。是年11月，境内人行各县支行开始发放国营工业企业小型技术贷款。

1971年，境内四县开办城镇集体工业小额设备贷款，主要用于在技术改造中增添必要的设备和自制设备的资金，贷款指标由省、地区人行专项下达，期限不超过2年。是年，境内人行各县支行在集体农业设备贷款方面，以抗旱为中心，以水利为重点，先后发放农田水利贷款，解决国家分配和厂社挂钩支持农机的资金困难。1973年，境内人行各县支行在集体工业设备贷款方面，增设城镇集体“五小”企业设备贷款。人行通江县支行先后对手工业系统农具合作工厂、土钢合作工厂、城关农具社、铁佛农具社共发放设备贷款7万元。1974年后，境内人行各县支行只对单机500千瓦以下水电站发放小水电贷款。1975年5月，境内人行各县支行开办地方国营中小型工业企业金额在5万元以内的小技术贷款。1977年，人行南江县支行向关坎金矿发放黄金生产设备贷款12万元。1978年，境内人行各县支行用一般农贷指标发放小水电贷款，支持社队办小电站。至是年，人行通江县支行、南江县支行、平昌县支行先后发放农贷585.96万元，支社队续修小型水库30处、山坪塘39口、引水渠83条、改土造田73.73公顷、安装提灌站65处灌溉面积2233.33公顷、建小电站装机容量39510千瓦、购买拖拉机195台、帮助社队兴办企业133个。1979年2月，境内人行各县支行对国营工业企业开办中短期设备贷款，贷款对象限于国营中小型企业挖潜、革新、改造（简称“挖、革、改”）。人行通江县支行、巴中县支行、平昌县支行发放通江县九浴溪电站、巴中县三江电站、平昌县风滩电站修筑堤坝、建机房和购机器设备等贷款1105万元。是年，境内人行各县支行发放集体农业设备贷款，支持社队建立田灌站，购买电动机、柴油机、喷灌机，修堰、井以及社队购买耕牛等。巴中县、平昌县集体农业贷款余额共370万元。是年，发放社队企业设备贷款，支持社队企业的发展。

1980年，境内人行各县支行开始按照“综合平衡，合理布置，扬长避短，发挥优势，促进发展，投资少，见效快，积累多，创汇高”的原则，发放国营工交企业中短期设备贷款。人行通江县支行对12个“挖、革、改”企业的14个项目，发放小技术贷款69万元、中短期设备贷款311.5万元，年底按计划收回到期贷款24.5万元；人行南江县支行发放国营工交企业中短期设备贷款125万元，支持企业“挖、革、改”项目20个；人行巴中县支行对县丝厂等国营工业企业发放设备及技改贷款227万元；人行平昌县支行先后对县江口纸厂、县水泥厂发放中短期设备贷款135万元。是年，境内人行各县支行开始试办商办工业中短期设备贷款，主要用于支持粮油、食品加工工业，“挖、革、改”项目，利率按季计收。对城镇集体工业正式开办中短期设备贷款，人行通江县支行先后对二轻系统的棉纺织厂、丝织厂等企业“挖、革、改”项目发放中短期设备贷款673.9万元，支持牛皮鞋、丝织被面、蚊帐布、棉布印花被面等11个项目短线产品生产。1982年，人行平昌县支行对县轴承厂改建玻璃车间发放中短期设备贷款5万元。1983年，境内人行各县支行先后发放集体企业小额设备贷款、集体企业技改预备项目贷款。是年，农行通江县支行向县空山坝林场发放中短期设备贷款4万元，修路6.1公里。1984年，南江县、平昌县共发放集体工业设备贷款余额163万元。人行平昌县支行对县曲酒厂发放中短期设备贷款及小额贷款65万元。1980—1984年，人行南江县支行对国营工交企业累计发放中短期设备贷款436.5万元，支持38个技改项目，增加产值735万元。1980—1985年，人行平昌县支行先后发放商办工业中短期设备贷款1962.5万元，支持51个企业进行技术改造，新上设备58个项目，新增税利109万元。其中，向县浸出油厂发放中短期设备贷款90万元；向县酒厂、县曲酒厂发放中短期设备贷款62万元，小额贷款15万元。1986年，农行向南江县发放科技开发贷款60万元，用于开发猕猴桃和香菇等。是年，农行向境内四县发放山区草食牲畜技术开发配套贷款。农行通江县支行向7个国营林场贷款85万元，用于中幼林抚育，修建林区公路56.3公里。1988年，农行达地分行首次引进世界银行项目贷款，支持巴中县粮食局米面粉厂和饲料厂扩建工程，核定贷款561.2万元，其中世界银行外币折人民币贷款398.5万元，国内配套贷款162.7万元。1989年2月，境内四县贯彻国家"紧缩银根、稳定金融、控制总量、调整结构、保证重点、压缩一般、适时调度"的信贷工作方针，对施工企业实行"五不贷"，对工业企业实行"四不贷"。是年9月，停止给集体施工企业贷款。1988—1989年，对通江县林产化公司磺化单宁开发、通江县林产化工厂倍酸开发各发放专项贴息贷款20万元；对南江县魏家坝综合林场开发刨花板核定贷款100万元；对平昌县林产公司竹编胶合板项目发放贴息贷款30万元；对巴中县林产公司带锯生产线发放贴息贷款25万元。

1990年5月，境内四县在国营工交企业设备贷款方面，对耗能高、淘汰产品、盲目和重复建设项目一律停止贷款。1992年，境内四县在国营工交企业设备贷款方面，更改措施贷款实行计划管理，余额控制，施工企业贷款利息上浮20%，促其限产压库、控制贷款规模。是年，中国银行达县分行巴中办事处贷款200万元，支持巴中县罐头厂修建冷库。

1993年，地农行向巴中电力公司基建贷款500万元，向平昌县剪刀垭电站基建贷款200万元，向唐（家寺）巴（中）公路建设贷款1000万元。是年，农行向巴中市（县级）供销社发放贷款300万元，用于在城西干道修建供销社商业街，营业面积11.52万平方米。1994年，全地区工行系统对属于固定资产性质的技改贷款项目，一律报上级行审批。全年批准新建项目6个，续建1个，贷款1800万元。其中，巴中市（县级）罐头厂256万元，地区运输公司50万元，地区制药厂250万元，南江县大理石公司300万元，南江县运输公司30万元，平昌县江阳丝厂350万元，平昌县运输公司40万元。收回贷款485万元，年末余额4993万元。地建行向地区房产开发公司新区开发启动贷款400万元。地农行向唐（家寺）巴（中）公路改建工程贷款990万元。

1995—1996年，全地区对技术改造贷款逐步投向交通、能源、通信等基础设施、支柱产业、公用事业和高新技术产业。地工行发放贷款8390万元，地建行发放贷款3000万元。地农行向巴中市（县级）江北水厂发放扶贫贷款685万元，用于自来水厂扩建。1996年，农行通江县支行发放贷款250万元，支持银耳食品生产线技改，改造厂房800平方米。

1997年，全地区各专业银行在坚持"四看一落实"（看效益、看市场、看技术含量、看自筹资金，落实还本付息资金来源）基础上，加大信贷投入，重点放在基础设施建设和企业技改上。全地区工行系统贷款1600万元，支持地区电业局架设巴中—平昌110千伏输变电线路，地区运输公司车辆购置，平昌县电力集团公司续建输变电线路。收回贷款422万元，年末余额13844万元，同比增长9.3%。全地区农行系统支持巴中市（县级）地方电力建设贷款780万元，支持南江县高龙坎电站设备更新贷款100万元。

1998年，全地区工行系统发放贷款4980万元，支持巴中地区电业局、通江县电力集团公司架设巴中—通江110千伏输变电线路，巴中—南江110千伏输变电线路。收回贷款188万元，年末余额18637万元。地农行发放贷款1000万元，支持通江县—陕西省南郑县跨省公路建设；发放贷款192万元，支持地区松香厂建年产1000吨松香生产线。是年10月，地农行发放贷款85万元，支持巴中市（县级）恩阳镇自来水公司工程建设；发放贷款100万元，支持巴中市（县级）水宁寺镇电站技改。

1999年，地工行办理基本建设贷款，发放贷款4720万元，分别支持平昌县民用天然气公司引气项目建设、巴中广播电视局"村村通"广播电视建设、巴中地区电业局城市电网改造项目建设。另新开办7个项目，发放贷款2563万元，支持通江县电力公司改造城市电网、通江县人民医院购置医疗设备、南江县水泥集团公司节能降耗技术改造、平昌县自来水公司改造供水系统、平昌县广播电视局建广播电视网及平昌县人民医院购置医疗设备等。收回贷款1170万元，年末余额20030万元，同比增长7.4%。地农行发放扶贫贴息贷款200万元，支持通江县—陕西省南郑县跨省公路建设；农行南江县支行发放贷款500万元，用于省道101线“二南路”南江段建设。是年，农行南江县支行发放长期贷款1980万元，支持省道101线“二南路”南江段建设；农行南江县支行发放贷款590万元，用于小巫峡电站购买机电设备；农行平昌县支行发放扶贫贷款200万元，用于县电力公司中期流动资金；农行南江县支行发放扶贫贷款150万元，用于县电力公司流动资金。地农行向地区能源公司发放扶贫贷款210万元，农行通江县支行向县电力公司发放流动资金贷款200万元。地建行向地区电信局买方信贷3568万元，向地区交通局发放流动资金贷款1800万元，向地区国家粮食大库（恒丰饭店）发放流动资金贷款1800万元。

2000年，全市工行系统发放贷款7466万元，其中，向巴中市巴州区天然气公司发放贷款390万元，建成汽车天然气加气站；向南江县天然气公司民用天然气引气项目贷款2926万元；向南江县自来水公司贷款400万元，提高供水能力；向通江县电视网络公司电视“村村通”项目贷款1900万元，新增电视用户10万户；向通江县自来水公司扩容项目贷款600万元，自来水由日产4000吨扩大到1万吨；向通江县人民医院修建门诊综合楼项目贷款400万元；向平昌县自来水公司二厂扩容项目贷款600万元；向平昌县林贸有限公司修建张家湾林产品市场项目贷款250万元。市农行向市电信局发放流动资金贷款500万元，用于网络升级；向市自来水公司、南江县等自来水公司发放营销贷款1700万元，增加供水能力50万吨。市农行发放扶贫贷款7615万元，支持四县（区）电力公司输变电线路改造。

第五节 专项贷款

1984年，境内人行各县支行依据人行省、地分行有关规定，开始相继办理车辆船舶专项贷款。先后为运输企业更新客货车辆和客货船舶发放专项贷款。

1985年，境内人行各县支行开始发放老少边穷发展经济贷款（简称老少边穷专项贷款），重点用于支持革命老区、少数民族地区、边远落后山区和贫穷地区的农副产品加工、食品工业和商业、服务、旅游等第三产业的开发及农村产业结构调整，期限1～3年。人行通江县支行、南江县支行、平昌县支行委托各县专业银行发放老少边穷专项贷款353万元。是年，工行通江县支行、南江县支行、平昌县支行分别向各县汽车队发放贷款；工行巴中县支行向县航运公司发放船舶贷款。

1986年，境内人行各县支行依据地方经济开发规划，重点发展地方经济的关键性项目，发放地方经济开发贷款，期限1～3年。是年8月，人行巴中县支行向县罐头厂发放经济开发贷款25万元，期限2年。工行南江县支行向县汽车运输公司发放中短期设备贷款，工行平昌县支行向县航运公司发放船舶贷款，工行通江县支行向县糖果厂发放科技开发贷款，用于银耳系列产品加工。

1987年，境内人行各县支行委托各县专业银行发放老少边穷专项贷款余额922万元。工行巴中县支行向县汽车队发放汽车贷款，向县罐头厂肉磨罐头系列产品发放科技开发贷款。1988年，境内四县开始发放贫困县县办工业专项贷款，期限3年。是年，人行改变老少边穷专项贷款管理办法，在不放弃人行对其贷款的审查和批准的前提下，贷款实行全权委托，由受托的专业银行承担经济责任，并实行担保或抵押贷款。境内四县老少边穷专项贷款余额上升到1641万元，比1987年增长77.98%。工行巴中县支行向县肉联厂发放科技开发贷款，用于猪肉、血、油深加工技术；工行平昌县支行向县科技开发公司发放科技开发贷款，用于快餐米粉技术开发。

1989 年起，经济开发贷款中的小水（火）电贷款由人行省分行直接管理，人行各县支行逐笔报批发放，贷款收回后归还人行省分行，不能周转使用。期限最长 15 年，最短期半年，利率实行期限管理。巴中县地方经济开发贷款余额 110 万元，其中小水（火）电贷款余额 90 万元。是年 12 月，为改造边远山区中、小学危房建筑，境内四县安排老少边穷专项贷款指标 27 万元，用于协助解决中小学危房改造。年末，境内四县老少边穷专项贷款余额达 1833.77 万元，比 1988 年增长 11.7%。

1990 年，人行达地分行再次改变老少边穷专项贷款管理办法，变委托为直接由专业银行承贷承还。境内四县发放老少边穷专项贷款余额 2040.27 万元。是年，工行巴中县支行向县食品公司发放科技开发贷款，用于开发猪、牛畜副产品综合利用。

1991 年 8 月，人行达地分行下达给巴中县、平昌县老少边穷专项贷款指标各 30 万元，用于汽车更新，期限最长不超过 3 年。是年，人行达地分行核销了通江县大理石厂、铁佛建筑队两个关停企业呆滞呆账专项贷款 9.58 万元。人行达地分行安排给南江县、巴中县、平昌县贫困县县办工业专项贷款项目 5 个，贷款 650 万元。工行平昌县支行向县酒厂发放科技开发贷款，用于“爱立得”牌酒开发；工行巴中县支行向县植物油厂发放科技开发贷款，用于精选工序改造。

1992 年，人行达地分行先后核销通江县、巴中县、平昌县老少边穷专项贷款呆账共 23.5 万元，其中巴中县鼎山电站 5 万元，平昌县高坑电站 9 万元，通江县涪阳车木加工厂 9.5 万元。人行达地分行安排给境内贫困县县办工业专项贷款项目 3 个，其中巴中县粮油食品厂 46 万元。是年，工行巴中县支行分别向县齿轮厂汽车变速器齿轮、县棉纺织厂苎麻系列混纺织物、县轻机厂组合米机开发、县米面厂稻壳综合利用发放科技开发贷款；工行平昌县支行向县香料厂发放科技开发贷款，用于开发食用香料；工行南江县支行向县酿造厂发放科技开发贷款，用于大豆脱腥技术开发。

1993 年，人行达地分行核销部分老少边穷专项贷款，其中平昌县驷马汽车队 11 万元、县钎具厂 4.5 万元、县交通综合厂 4.5 万元，以及南江县酒厂 10 万元呆账贷款。人行通江县支行发放通江县电力公司小坪溪—平溪 35 千伏输变电压工程贷款 300 万元，期限 3 年。巴中县、平昌县发放地方经济开发贷款 376 万元。其中，巴中县茶坝粮站 70 万元，巴中县兽药厂 140 万元，平昌县丝厂 166 万元。是年，工行南江县支行向县非金属矿业公司发放科技开发贷款，用于科技开发。

1994 年 1 月，地人行对专项贷款的投向投量、贷款程序、监督管理等均作明确规定。并先后安排老少边穷专项贷款项目 3 个，发放贷款 297 万元，其中平昌县轻工贸易公司改造综合商场技改项目 49 万元，平昌县农用电器公司改造综合商场技改项目 48 万元，通江县丝织厂扩大真丝出口生产线技改项目 200 万元。年末，全地区人行系统老少边穷专项贷款余额 3125.6 万元，比 1993 年增长 19%。是年，安排发放平昌县江阳丝绸厂续建 3200 绪缫丝技改项目贫困县企业贷款 350 万元，发放通江县诺江镇 35 千伏变电站扩建项目和小水（火）电专项贷款 150 万元。

1995 年 3 月，地人行制发《关于进一步加强专项贷款管理的通知》，将收贷本息指标下达到各县（市）。是年 5 月，全地区对划转的专项贷款，由人行与原受托的商业银行、借款企业逐笔进行清理核实。经清理核实，全地区人行系统专项余额 3797.22 万元，其中老少边穷专项贷款 3112.22 万元，地方经济开发贷款 585 万元，其他专项贷款 100 万元。对清理核实的专项贷款，可划转的为 3591.75 万元，并按规定，地工行、地农行、地建行分别接受地方经济开发贷款 15 万元、190 万元、300 万元；地工行、地建行接受其他专项贷款各 50 万元；地农行代理农业发展银行接受与其有业务关系的扶贫专项贷款 11 笔，金额 820.97 万元。对不能划转（已属破产企业）的 3 笔，专项贷款 205.25 万元，留作人行自行管理。

1996 年 7 月，地人行制定《专项贷款管理暂行办法》，并同时下达年度收回专项贷款本息的任务。年末，全地区收回专项贷款228.3万元，收回专项贷款利息172.2万元。全地区人行系统自行发放和委托商业银行发放的老少边穷专项贷款余额为2868.45万元。

1997年5月，全地区人行系统再次对留作人行自行管理和1995年4月以后新发生的专项贷款进行清理核实，并将其划转地农发行管理。在人行与农发行和原受托行深入贷款企业逐笔核实债务的基础上，重新与农发行确定债权关系。通过银企协作配合，对全地区有人行专项贷款的59个企业贷款本金3475.25万元，应收未收利息1047.41万元进行完善有关手续。划转后，全地区人行系统专项贷款账面余额256.54万元。

1952—1995年巴中银行贷款部分年度年末余额统计

表19—13　　单位：万元

年　度	总计	通江县	南江县	巴中县（市）	平昌县
1952	111	21	25	45	20
1957	2952	745	625	582	1000
1962	4593	966	1191	1038	1398
1965	6688	1399	1069	2396	1824
1970	11267	2100	1748	3858	3561
1975	12541	2348	2112	5014	3067
1978	29736	3198	3184	19201	4153
1980	39001	4189	3447	25593	5772
1985	75764	11062	10283	39897	14522
1986	83734	12801	12500	42129	16304
1987	97808	15172	14253	50764	17619
1988	90074	16700	14933	39209	19232
1989	88578	19529	17448	29302	22299
1990	116346	23496	21889	41309	29652
1991	133094	27150	26267	45296	34381
1992	148957	30241	30125	50747	37844
1993	190833	35084	46521	65021	44207
1994	220879	41375	49455	72649	57400
1995	272701	48672	52324	106897	64808

1993—2000年巴中金融机构贷款及收支情况

表19—14　　单位：万元

项　目	1993	1994	1995	1996	1997	1998	1999	2000
金融机构贷款余额	—	—	302146	369814	452088	521741	571965	589937
#国家银行	190835	220879	270492	325792	394592	446442	573923	473475
#中长期贷款	17198	34929	46011	56996	68366	81826	111425	126040
短期贷款	161775	185483	253622	309536	324696	433610	452552	446544

续表19—14

项　目	1993	1994	1995	1996	1997	1998	1999	2000
#工业贷款	23969	27916	35529	36308	39798	72172	38476	34417
商业贷款	114958	124157	148289	185860	232076	257445	255136	240493
建筑业贷款	1780	2434	3342	3452	5548	1697	1759	1926
农业贷款	17976	9848	34025	44319	56824	70223	86510	94017
乡镇企业贷款	5284	6271	9322	11464	14192	15246	14427	9639
私有经济贷款	696	1669	1215	2451	2997	7765	8343	10952
金融机构现金收入	—	—	—	—	—	1282868	1345847	2080424
#国家银行	163563	357373	561602	589001	836808	918806	935057	1617123
金融机构现金支出	—	—	—	—	—	1370816	1432565	2147563
#国家银行	192521	393630	581390	653626	919376	993080	166460	1008685
货币净投放(＋)、净回笼(—)	—	—	—	—	99829	87948	86718	67139
#国家银行	28958	36257	19788	64625	82568	74274	73628	47478

第五章　中间业务

第一节　结　算

民国初期，境内各县的钱庄、票号在同一城市使用支票结算。其汇兑业务多为票汇。民国6年(1917年)，巴中县义通钱庄以收巴中县、通江县、南江县捐税为主，同时兼营票汇业务。

20世纪50年代初，境内人行各县支行成立后，其账户的开立、设置和管理沿袭旧制，实行自由开户，同一单位多头开户的现象较为普遍。转账结算仍沿袭旧制，同城结算有支票、本票两种，异地结算有汇兑和押汇。同时，陆续与全国各地普遍建立通汇关系，汇兑业务使用票汇、信汇、电汇(电报、电话)、押汇等4种。并共用一个联行系统，实行统一联行制度，均参加全国联行往来，各县人行多以运送现金方式调拨资金。1951年8月，境内人行各县支行取消押汇，增加电话汇款。同时，划分人行与邮电局汇兑业务，人行办理机关、团体、企事业单位汇兑，邮电局办理个人汇兑。是年9月，境内人行各县支行停止使用本票。1952年9月，汇兑网调整后，境内人行各县支行除办理普通电信汇款外，亦开办附近行（处）的电话汇款。1953年，境内人行各县支行执行全国统一的“一般结算方式”。同城有支票结算、保付结算、托收承付（无承付）结算、计划结算等4种；异地有电信拨结算（即汇兑）、托收承付结算、特种账户结算、信用证结算等4种。同城结算以支票为主，异地结算以汇兑为主。是年，境内人行各县支行改汇兑业务为异地之间资金划拨的一种方式，取消电话汇款；同县异地采取以汇兑为主要结算方式，即电信拨结算。1954年9月，境内四县一律停办私营工商业进出口押汇业务。1955年1月，境内人行各县支行支票种类简化为现金支票和转账支票，取消保付支票和票据交换，废止电信拨结算，票汇修改后与信汇无异。由此，境内四县票汇结算逐步减少，至停办。1957年，境内人行各县支行以支票和付款委托书结算方式为主，适当开办托收无承付结算。之后，增加汇兑监督结算、限额结算、委托收款结算等方式，以适应县区间和县与县间结算。

1960年8月，人行平昌县支行解付县麻石公社白天成兄从美国纽约汇来侨汇1笔，折人民币100元，为境内首笔解付侨汇。1962年8月，境内人行各县支行对机关、团体、部队、学校、企业、事业单位的零星汇款（如职工的工资、退休金、代办出国工人汇寄赡养费汇款及报社、出版社汇给投稿者的稿费等），邮电局通过邮汇办理；汇款金额超过30元的邮电局收取支票；对金额大的汇款邮电局不予办理，需到当地人行交汇。1964年4月，境内人行各县支行推行汇兑加监督结算方式。1966年2月，境内四县对农村人民公社、生产大队、生产队和信用社办理异地结算业务，一律不收汇费和邮费；对手工业社、合作店（组）办理异地结算业务，按结算金额4‰收取汇费，不再收取邮费。

1973—1977年，境内人行各县支行对账户进行清理，强化结算和账户管理。1977年10月，境内四县各企业、事业、机关、团体、部队、学校分别在人行各县支行开设账户。1978年1月，境内四县凡属公款汇兑均由人行各县支行办理，私款汇兑由邮电局办理。1979年起，境内人行各县支行先后增加异地委托收款结算、限额结算方式，恢复和改进票汇结算方式，开办和推行商业汇票承兑、贴现业务，推行农村转账结算、个体经济户和个人使用支票等结算方式。是年，境内四县适当扩大和放宽开户范围、开户条件。

1984年3月，境内人行各县支行恢复票汇结算，每笔金额起点为100元，汇票一律记名，有效期1个月，逾期汇票兑付人行不再受理。1985年，境内四县各专业银行建立独立的全面联行核算系统后，各自进行汇差清算，跨系统的汇划款项，则通过人行存款账户进行清算。是年1月，境内工行各县支行向当地人行清算各级联行汇差。是年4月起，境内四县各专业银行向当地人行每天清算全国联行和省辖往来汇差。工行各县支行、农行各县支行分别主办县辖往来，跨系统发生的汇差，向主办行清算。是年5月起，境内人行各县支行停办省辖往来，工行各县支行、农行各县支行各自建立系统内的省辖往来，各专业银行只向人行清算全面联行汇差。同时，境内四县办理联行往来业务为手工操作，造成资金划转时间长、速度慢，在途占用量大，影响社会资金使用效益等弊端。是年，境内四县的一般结算业务由工行各县支行办理，其结算方式有汇兑、托收承付、托收无承付、委托收款、银行汇票、商业汇票、定额汇票。1986年3月，人行巴中县支行试办电话汇款业务。是年10月，人行通江县支行、南江县支行、平昌县支行均陆续开办电话汇款业务。1987年2月、10月，人行巴中县支行、人行平昌县支行先后建立票据交换所后，改5日清算资金为当日交换票据，次日清算资金。据人行平昌县支行统计，共进行票据交换6219笔，金额4.12亿元，资金周转加速1.5倍，相对节约资金7.29亿元。1989年，人行通江县支行、南江县支行相继建立起同城票据交换所。境内四县均采用全额清算方式。是年4月，境内人行各县支行的票汇结算每笔金额起点调为500元。

1990年4月，境内人行各县支行组织各专业银行及其他金融机构，对企业多头开户进行清理整顿。要求各专业银行按照“一业为主、适当交叉”的原则，确定企业单位在一家金融机构只开立1个基本账户，用于办理转账资金的收付和按国家现金管理规定办理现金的收付。是月，境内人行各县支行票据交换改全额清算为差额清算方式。是年，人行通江县支行组织交换316场，金额达4.06亿元；人行巴中县支行交换票据38968笔，金额3.87亿元。

1993年9月起，通过人行手工联行开始对境内四县各专业银行签发50万元（含50万元）以上银行汇票。是年，人行平昌县支行办理汇划款项505笔，金额6.12亿元。是年底，地人行被列为全国第八批电子联行试运行单位。

1994年1月起，全地区人行系统结算方式有汇兑、托收承付、委托收款、银行汇票和商业汇票等5种。是年9月，全地区人行系统执行中国人民银行颁发《关于加强银行结算工作的决定》，对参加同城票据交换的各家专业银行，跨系统10万元（含10万）以上的汇划款项，通过人行转汇；50万元（含50万）以上的银行汇票和系统内50万元（含50万）以上大额汇划款项，必须通过人行清算资金和转汇。是年10月，地人行执行中国人民银行新颁发的《银行账户管理办法》，对全地区企事业单位的账户加强管理。是年，全地区同城票据交换10.79万笔；全地区人行系统办理资金汇划款项8000余笔；全地区人行联行清算业务达4858笔。

1996年3月，地人行针对同城票据交换过程中存在的人员不固定、应收（付）差额不等、交换清单和交换差额传票不规范、安全措施不落实等问题，制发《关于进一步完善同城票据交换管理办法的通知》。全地区人行系统同城票据交换所办理票据交换10.96万笔，其中地人行经办5.33万笔、金额87亿元。是年6月，地人行正式开通电子联行业务，设立电子联行清算分中心，各商业银行跨系统业务由相互转汇改为纳入人行电子联行系统处理。是年，地人行会计科经办商业银行资金汇划款项3267笔，金额47.8亿元。

1997年12月，全地区执行中国人民银行颁发的《支付结算办法》，其结算方式有汇兑、托收承付和委托收款等3种，银行汇票和商业汇票作为结算工具使用。是年，全地区人行系统办理汇划款项21054笔。1996年9月—1998年10月，地人行资金清算分中心共办理电子联行往账3314笔，金额32.75亿元；办理电子联行来账19751笔，金额29.66亿元。

2000年6月，地人行开始实施电子联行“天地对接”和业务到县（市）工作。据此，地人行实施电子联行小站与本行中央银行会计核算系统的互联，实施与所辖县人行电子联行小站联网，使全地区各金融机构在当地人行开立存款账户（准备金账户）资金清算，达到了当日业务对账。是年，全市人行系统办理汇划款项60673笔。1994—2000年，全地区（市）工行系统办理同城现金收付与同城、异地转账结算业务993万笔，结算金额1694亿元。

第二节　银行卡业务

一、牡丹卡

1997年7月，全地区工行系统开办牡丹卡业务，种类有牡丹灵通卡、牡丹专用卡、牡丹信用卡。是年末，全地区发卡7121张，其中牡丹卡1245张、牡丹专用卡5876张，发展特约商户65家，存款余额917万元，指定受理牡丹卡业务储蓄所25个。与四县（市）12个单位签订受理牡丹卡缴纳税费的协议，实现交易额10125万元。发卡量、特约商户、交易额分别超计划的42%、8%和1%。

1998年6月，地工行规定凡在全地区工行系统储蓄网络机构开立通存通兑留密活期储蓄账户的储户，凭本人身份证可申领一张储蓄牡丹灵通卡（又称“卡折通”），代发工资单位可为其职工在代发储蓄所办理牡丹灵通卡一张。是年9月，在教师节期间，全地区工行系统组织开展“国色天香牡丹卡、尊师重教育新人”的连续促销和优惠办卡活动，为教师办卡2000多张，并先后同巴中中学、巴中职业中学、巴中三中、巴中四小达成以卡代发工资协议。是年10月，开始为离退休职工办理“牡丹社保（彩照）卡”。是年末，全地区工行系统累计发卡量达到17607张，其中牡丹信用卡3481张、牡丹灵通卡2571张、牡丹专用卡11555张；实现交易额6.5亿元，存款余额520万元；特约商户达到80家，受理牡丹卡业务储蓄所25个。

1999年，全地区工行系统开展“卡折通”助学活动，地工行及工行县支行在15所重点中学为

4200名学生发放“卡折通”，解决在校中学生缴纳学费、存取生活费的需要。是年末。全地区工行系统累计发卡量31794张，其中牡丹信用卡7248张、牡丹灵通卡12978张、牡丹专用卡11568张；实现交易额4亿元，存款余额651万元；特约商户达到96家，受理牡丹卡业务储蓄所20个。

2000年，市工行制订《银行卡业务目标管理挂钩考核办法》，推进发展牡丹卡业务。全年新增“社保卡”14000张，新增以卡代发退休金540万元；推行“以卡纳税”、以卡代发工资单位17个3300个。年末，全市工行系统累计发卡量达到63704张，其中牡丹信用卡8132张、牡丹灵通卡44005张、牡丹专用卡11567张；实现交易额2.2亿元，存款余额899万元；特约商户99家，受理牡丹卡业务储蓄所17个。

二、金穗卡

1997年，地农行组建信用卡部，挂靠营业部。农行平昌县支行、通江县支行、南江县支行组建“二级卡部”。全地区农行系统统筹布局建立金穗卡特约网络、特约商户，全面开办金信用卡（简称金穗卡）业务。是年底，全地区农行系统发展金穗卡3247户，卡存款666万元，发展特约商户44户，特约营业机构37个，消费总额突破800万元。同时，利用金穗卡的代收功能，代收水电费47万元。有2011名务工人员使用金穗务工卡，汇入资金131万元，汲收存款62万元，实现金穗卡业务收入25万元。

1998年，地农行以城市为重点，增加特约网点，改善用卡环境，扩大服务功能。同时，印发《信用卡业务风险防范操作规程》《工作人员违反信用卡管理规定处理办法》《金穗务工专用卡考核办法》《金穗信用卡（系列）服务规范》。是年底，全地区农行系统发行金穗卡34808张，水电费专用卡47张，个体工商户专用卡3408张。1999年，地农行发行可在全省范围内与活期储蓄存折并用的借记卡峨眉储蓄卡。全地区农行系统发行信用卡3624张、峨眉卡7984张、务工卡33220张，年末银行卡存款余额1447万元。

2000年，全市农行系统执行中国农业银行《金穗准贷记卡业务管理办法》。是年，全市农行系统开展信用卡透支环境处理，全市信用卡透支256笔，金额272万元。其中，正常透支53笔，金额17万元；呆滞透支108笔，金额97万元；呆账透支23笔，金额43万元。在清理中，采取落实责任、突出重点、运用司法、限期清收等措施，清收27笔、金额18万元。市农行依照借记卡处理程序，在全省农行系统率先发行“农话费缴款卡”和“烟草缴款卡”两种专用卡，全年结算量超过3500万元。

三、龙卡储蓄卡

2000年，市建行推出营销龙卡储蓄卡业务。先后在巴中市巴州区、南江县和平昌县城区所辖各储蓄网点开通全国通存通兑的龙卡储蓄卡。年末，全市建系统共营销龙卡储蓄卡16055张，新增储蓄存款1000余万元。

四、长城电子借记卡

2000年9月，中国银行巴中分行开通长城电子借记卡。全年发行信用卡909张，借记卡3200张，年末存款余额达5996万元。

第三节　代理业务

一、代理中央银行国库

1950年5月底，境内通江县、南江县、平昌县未建立国家金库县支库，其业务分别由各县财政科代理。是年7月后，通江县、南江县、平昌县国库业务开始由人行各县支行办理。1953年1月，境内国家金库各县支库执行国家预算出纳制度，按分成比例办理分税工作，属当地的款当日划归财政部门账户，其余逐级电划上级库。1959年1月，境内国家金库各县支库执行中央企事业收入，支库将统计表直报总库，500元以上的中央预算收入当天报解总库，500元以下的5天报解总库等新规定。

1968年，境内国家金库各县支库实行地方附加收入随正税先入库，每日终了再汇总划入预算外存款户。1971年1月，调整各县财政收入比例，通江县、南江县收入全部自留。1976年，上级对支库实行留成，其留成比例分别为巴中县67%，通江县93%，南江县、平昌县各100%，剩余百分比为上解比例。1979年1月起，境内四县实行纳税金额不受结算起点限制，金额30元以下的必须填制“缴款书”，当时划缴入库。

1980年1月，境内国家金库各县支库根据财政预算管理体制，将收入划分为中央固定收入、地方固定收入和固定比例分成收入，工商税作为中央和地方的调剂收入；各项收入实行“收支挂钩，总额分成”办法，每日将分成数逐级上解。1985年，境内四县财政实行“划分税种，核定收支，分级包干”的预算管理体制后，国家金库各县支库在办理预算收入的收纳、划分和留解过程中，按照预算级次和科目，基本建立健全国库账务，坚持当日收纳、划分和报解制度。

1990—1991年，境内国家金库各县支库进一步建立健全国库账务组织，规范国库会计核算程序。同时，对各级预算收入的收纳实行“一税一票”，对“一票多税”和要素不全的缴退库凭证，一律拒绝受理。

1994年，地、县两级国库经理各级预算收入2.03亿元，其中中央级4851万元，省级633万元，地级109万元，县（市）级1.47亿元。

1998—2000年，地（市）、县两级国库完善国库核算总分账设备及各种登记簿，健全账务组织；准确、及时做好收纳、划分、留解各级预算收入；认真做好与财、税和上下级库之间各级预算收入对账工作；编制上报预算收入日报和月报；地（市）人行中心支库按时接收县（市、区）支库联网报解资金，准确编制国库资金联网电报，按日向省分库传递联网报解资金。同时，在与财政、税务部门对账的基础上，按原预算级次、科目入库的中央、省级与地（市）、县（市、区）共享税种的库款进行了调整，确保了全地区（市）及时按新的财政体制办理预算收入的收纳入库。同时，代行办理财政预算收入的退库和财政预算支出的拨付工作。各级预算收入退库，原则上通过转账办理，不支付现金。1994—2000年，全地区（市）共办理预算收入退库业务3925笔，金额13585万元。地（市）、县（市、区）两国库经办地方财政库款支拨共184785笔，合计金额286024万元。

二、代理发行债券

1950年，达县专署推销人民胜利折实公债委员会给通江县、南江县、巴中县、平昌县、宣汉县共派人民胜利折实公债3万分。其中巴中县1.2万分，实际完成11170分；平昌县4000分，实际完成3200分。1954—1958年，境内四县共发行国家经济建设公债268.78万元，实际完成371.99万元。

1959年，四川省发行1959年地方经济建设公债（亦称“五九地方公债”）5982.98万元。通江县、巴中县、平昌县向农民和其他各阶层人士推销发行“五九地方公债”78.85万元。

1961年，人行南江县支行、巴中县支行共发行农村退赔期票67.19万元。1962年，境内人行各县支行开始兑现社队和社员的期票。20世纪60年代起，境内四县为发展地方经济建设，向社队集体、国营和集体企事业单位及职工、居民、农民筹集资金，由人行各县支行组织，农行各县支行、工行各县支行、建行各县支行等代理发行水电筹资券、工业企业筹资券、交通建设筹资券、通信建设筹资券等4种筹资券。筹集资金用于巴中县、通江县、平昌县修建水电站，境内四县农村“四化”建设，南江县竹坝铁矿建设，南江县水泥二厂建设，唐（家寺）巴（中）公路建设，境内四县程控电话建设等。放行期限3~5年，年利率分别为2%、11%。1972年，境内四县结束农村退赔期票的兑现工作。

1985年，人行巴中县支行组织发行金融债券11.79万元。1987年，境内四县共发行国家重点建设债券168.93万元。是年，达县地区计划委员会先后给巴中县下达认购重点企业债券任务60万元，其中基本建设自筹投资认购22万元，城镇集体自筹投资认购18万元，技改自筹认购20万元。1988年，境内四县向城乡居民、基金会、金融机构发行国家建设债券464万元。是年，南江县城市信用社、巴中县城市信用社分别完成人行达地分行下达的5万元、20万元财政债券的认购任务。1989年，境内四县发行保值公债647.93万元，其中通江县123.51万元、南江县130.80万元、巴中县236.92万元、平昌县156.70万元。是年，人行通江县支行、巴中县支行、平昌县支行发行特种债券66.95万元。

1990年，境内四县共发行财政债券5.8万元。是年，通江县、巴中县共发行特种债券52.34万元。1991年，通江县城市信用社、南江县城市信用社、巴中县城市信用社共认购财政债券0.4万元。是年，通江县、南江县共发行特种债券31.46万元。1986—1992年，人行平昌县支行组织发行金融债券127.1万元。

1993年，中国人民银行发行记名式人行人民币融资券（简称“人行融资券”）。巴中市（县级）城市信用社认购“人行融资券”50万元，南江县城市信用社认购“人行融资券”40万元。是年，通江县城市信用社、南江县城市信用社、巴中市（县级）城市信用社共认购财政债券3.93万元。1981—1993年，境内四县（市）共发行国库券5307.16万元，兑付本息1911.28万元。

1964—1996年，地、县（市）共发行各种筹资券达2763.63万元。1994—2000年，全地区（市）共发行国库券10578万元，兑付本息1362万元。

三、代理保险业务

1951—1981年，境内四县保险机构历经几次撤销和恢复。在保险机构撤销期间，其部分保险业务由人行各县支行代办。代理的保险业务主要有船舶保险、货物运输保险、种植业保险、养殖业保险、简易人身（寿）保险等5种。1982年，境内四县保险机构相继恢复建立，并恢复办理保险业务，人行各县支行随即停止代理保险业务。是年，巴中县保险公司委托农行巴中县支行设立代理处，在农行巴中县支行恩阳营业所设立代办点，开展保险代办业务。主要办理企业财产险、运输险、家庭财产险、简易人身险、团体人身险，并把企业是否参加财产保险作为贷款择优扶持条件之一。

1984年，境内农行各县支行所辖营业所均成立保险代办点。是年，境内农行各县支行共实现保费收入31.2万元。1986年，境内四县的代理保险业务由全部代理改为部分代办，农行各县支行的保险代理处、代办点不负责理赔责任。其代理保险业务逐渐萎缩。

1995年7月，地农行恢复代理保险业务。1998年3月，地农行分别与中保财产保险公司巴中分公司、中保人寿保险有限公司巴中分公司签订《代理保险协议书》。地农行以兼营代理方式为财险、寿险巴中分公司代理销售已开办的各种险种保险单、代收保费；农行代收的保费，由财险、寿险巴中分公司在农行开立账户，农行代理的保险业务费，按规定比例按季结付代理手续费。

2000 年，市农行建立代理保险业务激励机制，制定《代理保险业务奖励办法》，坚持“鼓励新单，收入进账，明确任务；专人管理，考核到人，激励基层”奖励原则。市农行代理保险业务保费 237.2 万元。

四、代保管业务

1994 年起，全地区工行系统办理代保管业务。凡机关团体、企事业单位和个人持有的国库券、金融债券、集资券、股票、有奖或定期储蓄存单等有价值品，均可委托银行代为保管。代保管期限为一年，不满一年按一年算；收费标准按所保管物品面额的 1% 计收，代保管物品价值不足 1000 元按 1000 元计；到期不取，预期部分加收 1% 代保管费；可提前支取，但不退已收代保管费。1994—2000 年，全地区（市）工行系统共代保管有价值品 2028 万元。

五、代收代付业务

1992 年起，境内四县各专业银行开始办理代收代付业务。其项目有代付农副产品收购价款，代收税款、水费、电费、邮电通信费、养路费、保险费、燃气费、医疗卫生费、代发工资和离退休养老保险金等业务。各专业银行按规定代收、代付业务款项的 5‰计收手续费，对经办人员按 1‰进行奖励。

1995 年 4 月，地农行开展“八代”服务，即代发工资、代收电费、水费、养老保险金、学杂费、邮电费、公路费、工商行政管理费。1994—1996 年，地建行开展结算及建设工程项目评估、预（结）算编审，代收代付，委托贷款等咨询业务收入 53.2 万元。

1997 年，全地区农行系统开展代收学杂费、保险费、罚没款、水电费等业务，代收总额达 6100 万元，市场占有率达 32% 。全地区工行系统代收国税、交通稽征、交通罚款、水电费等 1867 笔，金额达 1681 万元。

1998 年 3 月，地农行与地区邮电局达成代收代付电话费协议，邮电局按农行代收电话费金额的 0.5% 支付农行代办手续费。地农行投资 30 余万元，安排巴中市（县级）5 个营业机构与地区邮电局话费收费系统联网运行。是年 5 月，地农行成立市场拓展部，落实 11 名市场拓展专职人员，开办代收水电气费、行政罚没款、养老金、学杂费、办理外出务工人员汇兑等 14 项业务。到是年 7 月末，地农行发行金穗水电费专用卡 176 张，与 103 个单位签订代收电话费协议，与 32 家地级事业单位、41 家企业单位签订失业保险金、养老保险金代收协议。与地、县交通局签订代收唐（家寺）巴（中）路、平（昌）驷（马）路、通（江）前（进）路等干线公路车辆通行费协议，选派驻路信贷员 12 名。通过建立代收业务关系，新增企事业单位存款账户 12 户，代收费金额 1260 万元，月均存款超过 400 万元，实现代收业务手续费 11.2 万元。代收干线公路车辆通行费 510 万元，其中 450 万元用于归还贷款本息。

1999 年 2 月，地农行印发《关于 1999 年城区代收代付业务目标任务和奖惩办法的通知》规定，按实际代收代付费金额 1‰的标准，返还给代收代付机构手续费作奖励，由地农行按月考核，按季兑现。是年 7 月，地农行增设市场开发处，负责代收代付、代企业理财等业务的开发与管理。是年 11 月，地农行开始办理公安部门出入境证件代收费业务。是年 12 月，地农行开始办理法院诉讼费代收业务。

2000年，市农行以信用卡为媒介，建立烟草、电信、星光寻呼等系统客户的资金结算中心；全面启动行政事业性收费项目；独家代发市级单位员工工资；全面开办代收公证费和房地产过户费业务。全年代理业务资金总额达40356万元，同比增长30%。

1994—2000年巴中人行系统汇划业务量一览

表19—15　　单位：笔

业务量＼年度	1994	1995	1996	1997	1998	1999	2000
笔数	8000	9000	9924	21054	33250	54899	60673

1994—2000年巴中同城票据交换业务量一览

表19—16　　单位：笔

业务量＼年度	1994	1995	1996	1997	1998	1999	2000
笔数	107961	106618	109576	91135	106063	99787	117150

1952—1993年巴中部分年度国库经办地方财政预算收入情况

表19—17　　单位：万元

年　度	总　计	通江县	南江县	巴中县	平昌县
1952	357	139	30	132	56
1957	797	252	210	219	116
1962	1397	238	219	561	379
1965	1860	442	304	666	448
1970	1759	389	342	639	389
1975	2225	469	363	973	420
1978	2682	607	457	1076	542
1980	2522	538	482	905	597
1985	3056	398	465	1349	844
1986	4744	786	787	2033	1138
1987	5833	984	945	2549	1355
1988	7370	1263	1265	3120	1722
1989	8169	1407	1605	3368	1789
1990	9364	1759	1917	3715	1973
1991	9603	2119	2058	3394	2032

续表19—17

年　度	总　计	通江县	南江县	巴中县	平昌县
1992	11289	2334	2106	4465	2384
1993	13976	3303	2724	5292	2657

第六章　金融管理

第一节　信贷管理

1953—1979 年，境内人行各县支行实行“统存统贷”的信贷资金管理体制，将汲收的所有存款全部上交中国人民银行；发放贷款的计划先由中国人民银行核定后，再逐级分配。

1981 年，境内人行各县支行开始实行中国人民银行提出“统一计划，分级管理，存贷挂钩，差额包干”办法。1982—1984 年，境内人行各县支行继续按照货币、信贷政策和措施实施金融调控，在信贷总量上实行严格的贷款规模（限额）控制。同时，根据中国人民银行《关于国营企业流动资金管理试行办法》规定，改革国营企业流动资金贷款管理，对生产和收购超过限产计划的长线产品、没有销路的产品和已列入淘汰的产品、对已确定关停并转的企业和发生亏损长期占用银行贷款的企业，一律不予贷款；对外贸企业超期、超额亏损的，银行一般不予贷款，已占用的贷款限期收回，并加收利息。

1985 年起，境内人行各县支行实行“统一计划，划分资金，实贷实存，相互融通”的信贷资金管理新体制。并严格实行贷款规模（限额）控制，利用利率杠杆进行调节，加强对各企事业的工资基金的监督与管理，严格控制现金投放，将建行信贷资金纳入管理范围，扭转货币、信贷过快增长状况。同时，人行各县支行将原来的全国联行清算制度，改为由工行、农行“自成联行系统，跨行直接通汇，及时清算资金”，将工行、农行的资金划开，自主经营。

1986 年，境内人行各县支行执行和传导“稳中求松”的货币政策，加强境内金融宏观控制，微观搞活。坚持信贷计划与信贷资金分开，改变人行包各专业银行资金的做法，强化人行的资金调剂权。支持并督促各专业银行搞活信贷资金，执行“区别对待”的信贷政策，做到有紧有松，避免“一刀切”，缓解资金供求矛盾。

1987 年，境内人行各县支行执行贷款总量、货币发行“双控”规定，改进和完善老少边穷专项贷款发放办法，加大收贷力度。支持各专业银行融通资金，解决资金供求矛盾，建立资金融通市场，开展各专业银行在县内开展同业拆借，保证农副产品收购资金需要。同时，坚持“三保三压”和“区别对待、择优扶持”的信贷政策，支持地方经济平稳发展。

1989 年，境内人行各县支行执行和传导“紧缩银根”的货币政策。实施信贷总量监控，加强信贷计划管理；强化信贷结构调节，保证重点，压缩一般；对主要农副产品收购资金实行专项管理。是年末，境内四县短期贷款跨年度指标余额 1.06 亿元，比 1988 年增加 7430 万元，全年累计发放短期贷款 1.52 亿元，周转 10.4 次。

1991 年，境内人行各县支行执行和传导“优化信贷结构，盘活资金存量”的货币政策，在执行中，按照“区别对待，择优限劣”的信贷原则，强化信贷管理，优化贷款结构，盘活资金存量、避免贷款风险，加速资金周转，并获得较好的经济效益。

1992—1993 年，境内人行各县支行执行和传导“适度从紧”的货币政策。运用再贷款引导资金流向，严格计划管理，按收支两条线分别掌握发放，并将新增贷款用于促进产业结构调整和引导企业走向市场。新增的短期贷款主要用于解决“白条”“绿条”问题。至 1993 年末，全地区各项存款余额达 61595 万元，比 1992 年增加 11596 万元，增长 23.19%；各项贷款余额 18.08 亿元，比 1992 年增加 31881 万元，增长 21.4%，净投放 28958 万元。

1994 年，全地区各商业银行对信贷资金计划管理实行“总量控制、比例管理、实存实贷、自求平衡”的办法。全地区农行系统按地农行核定的资产负债比例执行，不得超比例发放贷款，对贷款总规模、固定资产贷款、乡镇企业贷款实行指令性计划管理，未经批准，不得突破；对农副产品收购贷款，实行计划单列，收购期间，可边贷边报，规模节余，不能调剂使用；农、工、商流动资金贷款规模，可以调剂使用。1994—1995 年，全地区人行系统执行和传导“适度趋紧”的货币政策，并逐步实行“总量控制、比例管理，分类指导、市场融通”的信贷资金管理体制，全地区金融运行实现平稳过渡，国民经济得到持续、快速、健康发展。各项贷款适时增加，信贷结构继续改善。全地区人行系统引导各行、社在保证农业、能源、交通等基础产业及农副产品收购资金需求的同时，重点投向效益好的工商企业、建筑企业及个体私营经济。银行支付能力逐渐增强，借差数额有所减少。1995 年末，全地区存款余额 12.48 亿元，增加 4.7 亿元，非正常贷款比 1994 年降低 3.65%，各行备付金率平均达到 8.89%，比 1994 年增加 2.11%。

1996—1998 年，全地区人行系统继续执行和传导“适度从紧”的货币政策。把国有工业企业和农副产品收购及能源、交通、通信等基础设施建设，作为信贷支持的重点。把住信贷、现金调控目标计划，切实加强监控监管；运用货币政策工具，加强金融服务；支持企业改革，依法维护金融债权；运用利率手段灵活地进行金融宏观调控；改革法定存款准备金制度；取消对国有商业银行信贷规模（限额）管理；严格现金管理；积极拓展外汇业务；协调完成农发行的账务划转工作。有效促进全地区金融平稳运行和经济快速协调发展。据统计，1998 年末，全地区各项存款条额 32.77 亿元，比 1997 年增加 3.94 亿元；各项贷款余额 52.17 亿元，比 1997 年增加 6.96 亿元；全地区累计现金收入 128.29 亿元，现金支出 137.08 亿元，收支品迭后净投放现金 8.79 亿元，占全年计划的 80.39%，比 1997 年同期少投放 1.19 亿元。

1999—2000 年，全地区（市）人行系统执行和传导“稳健”的货币政策。加强金融机构信贷指导和监测，支持金融部门不断完善金融服务功能；支持企业改革、督促落实企业增资减债的优惠政策，维护金融债权；加强经济、金融运行的监测与分析，及时反馈经济、金融运行中的特点和存在的困难；充分运用货币政策工具，支持金融机构稳健经营；实施“条块结合、双线控制”的现金管理办法。2000 年末，全市各项存款累计 40.72 亿元，增长 15.56%；各项贷款 56.39 亿元，增长 3.45%，货币投放 55990 万元，净回笼 6854 万元，收支品迭后净投放现金 49319 万元。

第二节　利率管理

1950—1951 年，境内人行各县支行根据本地市场物价和资金供求变化，实行差别利率，以组织资金，调剂信用，限制投机。存款分为一般存款和储蓄存款，货币储蓄利率高于折实储蓄利率；贷款利率对公低于对私，工业低于商业，农业低于工商业；转期加息，过期罚息。对农村信用社转存款和对农村信用社贷款均按月息12‰计息。1952年1月，境内四县统一部分利率标准。是年10月，境内四县利率与全国一致。1953年8月起，境内四县取消对工业及国营商业贷款转期加息、逾期罚息。1954年起，境内四县只对私营商业贷款，逾期加收月息3‰。1955年9月，境内四县大幅度降低储蓄存款利率，如1年期储蓄存款月利率12‰降为6.6‰；对不同所有制企业实行不同的利率水平，促进私营工商业的社会主义改造。1956年，境内四县支持农村合作化，打击高利贷，降低农贷利率。四县农村信用社本着不赔本的原则，亦尽量降低利率。1957年11月，境内四县的工业、商业、手工业贷款利率统一为月息6‰，将农牧渔业贷款统一为月息4.8‰，个体贷款统一为月息7.2‰。

1963年3月，境内人行各县支行对所辖贷款单位的利息计收情况进行检查，对少收、多收利息的情况进行纠正。1964年2月，境内人行各县支行针对民间借贷利率高于15%的高利贷行为，积极配合有关部门组织互助储金会，并配合公安、市管会打击高利贷活动。1965年4月，境内四县取消3月、2年、3年定期储蓄利率档次，将一年期利率降为月息3.3‰，增加无息存款业务。

1971年，境内四县对利率进行调整，存、贷款利率分别降低20%、30%；储蓄存款有定期1年和活期两个档次。借款不分对象利率相同；机关、团体、学校财政拨款和党群团存款及主管部门存款，发行毛泽东著作贷款，宣传毛泽东思想，买卖印刷品、纪念章及在生产、流通中的贷款均免计利息；取消过期贷款加息。

1978—1984年，境内四县先后对存贷款利率作6次大调整。其中，1979年4月、1980年4月、1981年4月分别调高储蓄存款利率，增加3年、5年、8年利率档次；1982年又对固定资产贷款利率实行期限管理；1983年，重点调高农业贷款利率，增加利率种类，扩大利率差别，恢复对企业主管部门和企业专户资金存款付息，增加定期1年、3年档次，提高存款利率，开办单位定期存款和对党、团、工会经费存款计息，对逾期贷款加收利息20%，对超定额流动资金贷款、积压物资和有问题商品占用贷款加收利息30%，对被挤占挪用贷款、基本建设逾期贷款加收利息50%。1985年后，境内人行各县支行加强利率管理，逐步形成分层次的利率管理体制。

1991年5月，地人行批准农行、建行发放流动资金贷款利率上浮20%。1992年7月，地人行批准工行流动资金贷款利率浮动20%。农村信用社在城区和工矿企业发放贷款，仍按城市信用社贷款利率办理。1993年11月起，经人行省分行批准，全地区各城市信用社流动资金贷款利率上浮30%，农村信用社流动资金和固定资产贷款利率上浮60%。同时，人行各县支行每年上半年对各金融机构进行检查，以检查储蓄存款为重点，对专业银行储蓄所、城市信用社、农村信用社、邮政储蓄网点在执行利率政策中存在的问题，及时纠正，严肃处理。

1994年，人行巴中地区分行加强对全地区金融机构的利率管理，实行“利率管理目标责任制”和“利率监管报告制度”，以及“利率管理同业公约”，并开展多次利率大检查，对利率违规行为进行了处罚，对多收、少收利息进行及时清退。1995年，调整存、贷款利率，基本建设贷款、乡镇企业设备贷款、其他开发性贷款、世行转贷贷款均执行固定资产贷款利率，每个档次利率均提高0.6‰；技术改造贷款不分期限，利率提高0.6‰；农业开发性贷款只设1年以上至3年和3年以上两种，贷款利率均提高0.6‰。

1996年5月，调整存贷款利率。固定资产贷款、乡镇企业设备贷款、农业开发性贷款、其他开发性贷款、世行转贷贷款均执行固定资产贷款利率，按贷款期限，确定利率。固定资产贷款利率1年以下（含1年）期由9.6‰调为8.4‰，1年以上至3年（含3年）由10.95‰调为9.15‰，3年以上至5年（含5年）期由12.45‰调为9.75‰，5年以上由12.6‰调为10.35‰。民政福利工厂贷款由

7.95‰调为7.2‰；流动资金贷款6个月期由8.1‰调为7.65‰，1年期（含乡镇企业流动资金贷款、个体工商业，运输业、服务业贷款）由9.15‰调为8.4‰。1997年10月，1998年3月、7月、12月，分4次调低存、贷款利率，按不同期限和档次进行下调利率。

1999年6月，调整存、贷款利率，中长期贷款，1年至3年（含3年）期由5.55‰调低为4.95‰，3年至5年（含5年）由6‰调低为5.025‰，5年以上由6.3‰调低为5.175‰；短期贷款6个月以内由5.1‰调低为4.65‰，6个月以上至1年（含1年）由5.325‰调低为4.875‰。民政福利工厂贷款由4.2‰调低为3.675‰，人行老少边穷发展经济贷款、贫困县办工业贷款由3‰调低为2.475‰。是年9月起，调整个人住房公积金贷款利率，5年以下（含5年）按3.45‰执行，5年以上按3.825‰执行。自营性个人住房贷款利率，5年以下（含5年）期按4.425‰执行，5年以上期按4.65‰执行。是年12月起，扶贫贴息贷款统一执行2.5‰的优惠利率。

第三节　风险控制

1994年起，全地区各商业银行为控制贷款风险，对新增贷款取消信用放款，全部实行抵押、担保；原有贷款补办抵押、担保手续。对贷款按正常、逾期、呆账四级分类管理。同时，开始对建立信贷关系的企业按经济实力、资金结构、经济效益、发展前景和经营者素质等方面，由省级分行综合评价后，分别确定信用等级，并作为发放贷款的主要依据。信用等级设6个级别，由高到低分别为AAA级、AA级、A级、BBB级、BB级、B级。是年，全地区工行系统在261户工交企业中评出AAA级1户，AA级22户，A级43户，BBB级58户，BB级42户，B级95户，并从中排出优先支持的16户，适当支持的36户，管紧管严的61户。同时，地工行成立贷款审批委员会，制定《贷款审批委员会职责、权限和工作程序（暂行）办法》《贷款发放、收回责任制》和《信贷人员定期报告工作制度》。全年全地区工行系统办理商业贷款抵押担保11638万元，占贷款总额的86.5%，其中“双呆”（呆账、呆滞）达到100%。

1995年，全地区工行系统在251户工交贷款企业中评出AAA级3户、AA级16户、A级35户、BBB级54户，BB级26户、B级117户。对新发放贷款实行审贷分离制、贷款签批责任制、贷后稽核制、建立信贷台账和定期报告制、按季考核制等五种制度。全年补办商业企业贷款抵押合同26户、4265万元，抵押担保率由年初的46%提高到72%；办理工业贷款抵押担保合同98户、23750万元，分别比1994年增加32户、6925万元；新增贷款抵押担保率100%。

1996年，地工行印发《审贷分离办法》《贷款责任人实施办法》《银行承兑汇票管理办法》《关于加强贷款管理的意见》《企业新建贷款关系管理办法》《固定资产新开项目申报和审批程序规定》《私营企业贷款办法》等规章制度，并在全地区工行系统开展提高资产质量活动，收回当年全部利息，应收未收利息比年初下降5%。同时，地工行规范贷款操作，提高信贷资产质量，分别对借款人基本条件、贷款程序、贷款种类、贷款期限、贷款利率，贷款人义务、贷款管理、债权保全等方面作出47条具体规定。是年末，全地区工行系统“三项”（逾期、呆滞、呆账）贷款余额28554万元，占贷款总额的42.77%。其中，逾期17288万元，占25.89%；呆滞6901万元，占10.33%；呆账4365万元，占6.53%。

1997年，地工行在274个贷款企业中评定信用等级198户。对2户AAA级企业所需资金首先保证，与其签订协议，按用款计划分期分批解决；对5户AA级企业资金合理需求，根据资金供应能力重点支持；对18户A级企业有选择地支持；对41户BBB级企业所需资金在收回BB、B级企业贷款中解决并报地工行批准；对 32 户 BB 级企业贷款报工行省分行批准；对 100 户 B 级企业除生活费贷款外，不准发放生产、经营性贷款，同时清收原有贷款。对原贷款抵押合同进行全面清理，逐步完善，增强其合法性。中国银行巴中分行采取质押贷款，封闭运行的办法，多层次，多渠道，盘活不良贷款，把贷款风险损失直接与贷款决策人、审查人、经办人挂钩。坚持新开户和大额贷款集体审批，把握投向、投量、期限，控制新风险的再生。

1998 年，工行省分行行长授予地工行行长行使营运资金管理权、同业资金借入权、固定资产贷款推荐上报权、银行承兑汇票权、现金支付审批权、境内资金调度权、保管箱业务权、经济纠纷处理权、人事管理权。地工行成立贷款清理领导小组，在对信贷资产全面清理后，按正常、关注、次级、可疑、损失五个等级分类，贷款仍按四级分类管理。1999 年，全地区工行系统逾期、呆滞贷款余额 41665 万元，占贷款总额的 50.77%。其中，逾期 9460 万元，占 11.53%；呆滞 32205 万元，占 39.24%。同时，将呆账贷款 4009 万元，全部划给“华融公司”。

2000 年，全市工行系统“三项”贷款余额 24429 万元，占贷款总额的 30.58%。其中，逾期 3731 万元，占 4.67%；呆滞 16558 万元，占 20.73%；呆账 4140 万元，占 5.18%。是年，中国银行巴中分行严格执行贷款“三查”和审贷分离制度，建立贷款赔偿制度，按贷款损失金额的 5% 赔偿。同时，强化信贷咨询系统建设，加强统一授信工作，切实提高信贷质量，降低风险。

1994—2000 年巴中人行系统信贷资金计划执行情况

表 19—18　　　　单位：万元

年度	县（市、区）	各项存款余额			各项贷款余额			货币投放与回笼	
		年末余额	比年初增减	增减率（%）	年末余额	比年初增减	增减率（%）	净投放	净回笼
1994	巴中市(县级)	52649	24287	85.63	90784	25763	39.62	20638	—
	平昌县	20914	10118	93.72	57369	13161	29.77	13569	—
	通江县	17462	8713	99.59	45831	10744	30.62	304	—
	南江县	26109	12421	90.74	49455	12934	35.42	1746	—
	合　计	117134	55539	90.17	243439	62602	34.62	36257	—
1995	巴中市(县级)	69894	17245	32.75	108665	17881	19.70	5269	—
	平昌县	31242	4497	21.50	69374	12005	20.93	2666	—
	通江县	25411	7949	45.52	54379	8548	18.65	8316	—
	南江县	31176	5067	19.41	61612	12157	24.58	3537	—
	合　计	157723	40589	34.65	294030	50591	20.78	19788	—
1996	巴中市(县级)	86849	16955	24.26	116737	8072	7.43	24721	—
	平昌县	39508	8266	26.46	85043	15669	22.59	19441	—
	通江县	33164	7753	30.47	64181	9802	18.03	8872	—
	南江县	39152	7916	25.58	75625	14013	22.74	11591	—
	合　计	199033	41310	26.19	341586	47556	16.17	64625	—

续表19－18

年度	县（市、区）	各项存款余额			各项贷款余额			货币投放与回笼	
		年末余额	比年初增减	增减率（%）	年末余额	比年初增减	增减率（%）	净投放	净回笼
1997	巴中市(县级)	100542	13693	15.77	161873	45136	38.66	26837	—
	平昌县	49978	10470	26.50	107843	22800	26.81	27910	—
	通江县	39899	6735	20.31	77348	13167	20.52	12691	—
	南江县	49576	10424	26.62	92313	16657	22.07	15130	—
	合　计	239995	40962	20.58	439377	97791	28.63	82568	—
1998	巴中市(县级)	148323	47781	47.52	197010	35137	21.71	25924	—
	平昌县	61962	11984	23.98	123387	15544	14.41	33609	—
	通江县	45042	5143	12.89	83767	6419	8.30	19404	—
	南江县	57453	7877	15.89	100366	8053	8.72	9011	—
	合　计	312780	72785	30.33	504530	65153	14.83	87948	—
1999	巴中市(县级)	166912	18589	12.53	206159	9169	4.64	—	241725
	平昌县	69154	7192	11.61	135639	12252	9.93	34030	—
	通江县	50490	5448	12.10	91881	8114	9.69	21744	—
	南江县	65895	8442	14.69	111390	11024	10.98	272669	—
	合　计	352451	39671	12.68	545069	40539	8.04	328443	24175
2000	巴中市巴州区	186054	19142	11.47	208773	2614	1.27	—	6854
	平昌县	82116	12962	18.74	137321	1682	1.24	31243	—
	通江县	62750	12260	24.28	98172	6291	6.85	13660	—
	南江县	76372	10477	15.90	119621	8231	7.39	11090	—
	合　计	407292	54841	15.56	563887	18818	3.45	55993	6854

注：2000 年货币投放与回笼品迭后净投放不含市级行净投放 1.80 亿元

第七章　保　险

第一节　保险机构

1940 年，四川省银行在巴中设办事处，承办火灾保险业务。

1951 年 5 月，中国人民保险公司（简称人保）川北分公司在中国人民银行巴中县支行、平昌县支行、南江县支行、通江县支行设立特约代理处。1952 年 10 月，撤销中国人民银行巴中县支行特约代理处，成立人保巴中县支公司。1953 年 2 月，撤销中国人民银行平昌县支行特约代理处，成立人保达县中心支公司平昌县办事处。是年 11 月，撤销通江县、南江县特约代理处。1954 年 1 月，平昌县办事处和人保巴中县支公司改为营业所。1956 年 8 月，巴中县营业所更名为人保巴中县公司。是年 10 月，平昌县营业所更名为人保平昌县公司。1958 年 12 月，停办国内保险业务，境内各县人保机构撤销，由各县人行接管。

1981 年，境内各县在人行、农行、建行设立保险代理处。1982 年 1 月，各县人行保险代理处改为经理处。是年，人保巴中县支公司恢复成立。1983 年 1 月，人保通江县支公司成立。1984 年 1 月，人保南江县支公司、人保平昌县支公司成立。1984 年 5 月，境内各县保险公司与人行分离，受各县党政和人保达县地区中心支公司双重领导。1992 年 5 月，增设人保巴中县支公司城东分理处。

1994 年 7 月，人保巴中地区分公司成立，辖通江县、南江县、平昌县、巴中市（县级）支公司。1996 年 4 月，人保巴中地区分公司一分为二，成立“中保财产保险有限公司巴中分公司”及“中保人寿保险有限公司巴中分公司”。

2000 年，中国人民保险公司巴中分公司共有县（区）支公司 4 个，保险服务所 23 个。市分公司内设有办公室、人事科、计财科、业务科、保卫科、监察室、工会办公室、营业部、电脑科、劳服司兼资金运用科；各县支公司内设办公室、计财科、监察科、业务科。

第二节　险种及收入

一、财产保险

（一）财产强制保险

1951 年 2 月，境内四县开始实施国务院《关于实施强制保险的决定》。至 1952 年底，境内四县应参加强制保险的单位均全部办理。1953 年 3 月，境内四县停办国家机关、事业单位强制保险。是年，境内四县对 63 个国营企业及县以上合作社财产强制保险单位进行清理，账实核对，共清出 9 个单位财产少保和漏保金额 29153 元，补收保费 1515.8 元。是年，境内四县收入强制保险保费 10125 元。1955 年，境内四县停办粮食、邮电、交通等 6 部门的强制保险。1958 年后，境内四县对强制保险增加暴风、暴雨、雹灾责任。同时，停办地方国营船舶强制保险。1959 年 1 月起，境内四县停办财产强制保险。

（二）火灾保险

1950 年，境内四县开办火灾保险规模小，巴中县的火灾保险费收入仅数百元。1958 年，境内四县火灾保险业务增长迅猛，巴中县、平昌县、通江县的火灾保险保费收入达 2 万元。1959 年，境内四县停办火灾保险。

（三）企业财产保险

1981 年，境内四县开办企业财产保险，并依靠人行、农行、建行各县保险特约代理处办理各行开户单位财产保险业务。执行费率普通类为 1‰～3‰，仓储类为 0.5‰～8‰，工业类 1‰～7‰。全年境内四县企业财产保险保额达 5073.3 万元，收取保费 8.12 万元。至 1990 年，企业财产保险成为境内四县保险公司的骨干效益险种。1991 年，巴中县遭受百年不遇洪灾，县保险公司支付企业财产保险赔款 622471.24 元。到 2000 年，全市共收取企业财产保险保费 1706.57 万元，占财产险保费收入的 6.75%，处理损案 1858 件，赔款 966.14 万元，赔付率 60%。是年，全市企业财产保险保额达到 54869.73 万元，保费 185.93 万元。

（四）家庭财产保险

1982年，巴中县保险支公司签订境内第一份城市家庭财产保险单后，通江县、南江县、平昌县陆续开展家庭财产保险。以集体职工家庭财产保险为主，单位统一投保者居多。1984年10月，境内四县逐步开办农村房屋保险。1986年，境内四县要求职工自费投保家庭财产保险后，集体投保减少，居民自愿投保逐渐增多。是年，境内四县民政部门开始拨款为农村“五保户”、贫困户、特困户投保农村房屋保险。1987年，境内四县农村房屋保险达36804户，交保费73608元；有694户农户受灾，获赔款68190元。1988年，境内四县对家庭财产保险和附加盗窃险条款进一步修改，再次扩大责任范围，增加突发性滑坡责任，明确暴风、暴雨必须引起外墙、屋顶、屋架倒塌造成保险财产损失才予负责。1989年6月，通江县、巴中县、平昌县在县城开展两全保险。是年底，境内四县将两全保险改为还本长效险，分家财还本长效险、盗窃还本长效险；在农村只开展房屋还本长效险。南江县在赶场区试点开办农村综合保险。1990年，境内四县承保家庭财产保险（以农房为主）达到12万户，尤以平昌县、通江县居多，其保额达2.3亿多元，收取保费23万元。1993年，全地区四县（市）全面推开办理家庭财产保险，通江县、平昌县发展迅猛。1994年，地区保险公司对家庭财产保险业务进行清理，剔除不实储金230余万元。1995年，全地区逐步停办家庭财产保险业务。1985—1995年，境内四县（市）共收取家庭财产保险有效保费934.46万元。至2000年，全市共处理家庭财产保险损案30003件，赔款达406.80万元，综合赔付率达48.54%。

（五）机动车辆保险

1957年，境内四县开办汽车保险，保费收入187元。1981年，境内四县开办汽车保险，并依靠人行、农行、建行各县保险特约代理处办理各行开户单位汽车的汽车保险。之后，境内四县保险公司直接对汽车保险进行签单承保。1983年，境内四县开办拖拉机保险。是年7月起，拖拉机保险费率降低50%，大型拖拉机由240元降为120元，中型拖拉机由144元降为72元。1984年1月起，境内四县对保险车辆满1年无赔款，续保时按上年所交保费10%给予安全奖，不续保不给。是年，平昌县、通江县先后开办摩托车保险。1988年11月，境内四县调整私有机动车辆费率，进口车按费率表列基数增收50%。1981—2000年，境内四县（市、区）累计收入机动车辆保险保费12528.69万元，占财产保险费的49.72%，占总保费收入的50%以上；共处理损案18960件，支付赔款7701.33万元，综合赔付率为61.47%。其中，1983年赔付率最高，达到149.30%。2000年，全市人保系统共承保车辆7017辆，保额31331.80万元，收取保费2473.10万元。

（六）船舶保险

20世纪50年代，境内四县只有木船船舶险。分强制和自愿两种，其中凡国营和地方国营企业的船只均属强制保险。1952年，巴中县、平昌县、通江县船舶险收保费共3459元。1953年，境内四县船舶险收保费共1645元。1955年1月起，境内四县属交通系统的船只一律停办船舶险，仅有地方国营企业的船只续保船舶险。1957年，境内四县船舶险仅收保费300元。1958年1月，境内四县停办地方国营船舶强制保险，仅有木船船舶自愿保船舶险，仅收船舶险保费56元。1982年，境内四县继续开办船舶险，投保者极少。1983年5月，省交通厅规定农民个人或联合购置的机动船必须办理保险后，才能登记入籍，核发牌照。到1986年，境内四县船舶险承保数有所增加，多时达到36艘，其中农民占28艘。之后，逐年减少。1992年4月，巴中县化成水库沉船死亡13人，县政府强令境内所有航运船只参加船舶险。巴中县参加船舶险的船只达21艘。1993年，全地区各县（市）保险公司承保部分采砂船，由于赔付率极高，之后全地区停办船舶险。

（七）货物运输保险

1951年，巴中县首先在恩阳河开办货物运输保险。1953年，南江县下两乡、通江县毛浴乡、巴中县恩阳乡开办木船运输保险业务。同时，还开办竹筏、木排保险业务。1983 年，境内四县开始开办汽车货运保险。至 2000 年，受多种因素影响，全市四县（区）的货物运输保险业务开展缓慢，时断时续，保费收入甚微。

二、责任保险

（一）第三者责任保险

1981 年，境内四县在开办汽车保险时配套开办第三者责任保险。1983 年，境内四县在开办拖拉机、摩托车险时，同时办理第三者责任保险。1985 年 5 月后，境内部分县将机动车辆第三者责任纳入法定保险。1986 年 6 月，境内四县相继将第三者责任保险纳入地方法定保险，并由工商、交管部门监督执行。原第三者责任保险除伤亡人员的给付金额有限额外，对物的直接毁损赔款无限额。1989 年 7 月起，境内四县对第三者责任保险执行赔付金新限额分为 5000 元、10000 元、30000 元、50000 元、50000 元以上 5 个档次，按不同档次不同车型分别计收保费。1995 年以后，全地区机动车辆第三者责任险最高限额可达 100 万元以上。1981—2000 年，境内四县（市、区）累计收取第三者责任保险保费 1237.23 万元，处理赔案 7648 件，赔款 873.72 万元，赔付率为 70.62%。

（二）乘坐责任保险

1983 年，境内四县开办拖拉机手保险时，开办乘坐责任保险，按团体人身保险办法，只保机手本人，保额 1500 元，费率 6‰。1984 年起，境内四县扩大承保其他机动车辆驾驶员。之后，又扩大到承保货车驾驶室座位，按座位数承保。1989 年 1 月起，境内四县对乘坐责任保险执行保额 4000 ~ 10000 元，由被保险人确定保额，中途不得变更，费率公有车为 6‰，私有车为 12‰。1991 年后，乘坐责任保险费率随情况变化而变化。1995 年以后，乘坐责任险成为机动车辆附加险种的主险种，保费收入大幅增加。1983—2000 年，境内四县（市、区）累计收取乘坐责任保险保费 586.22 万元，伤亡赔付 282.68 万元，赔付率 48.22%。

（三）承运人责任保险

1984 年，境内四县开办承运人责任保险，承保对象为集体和个人车辆承运的货物，在办理车损险时一并办理，未规定赔偿限额。1989 年 1 月起，承运人责任保险不分公车、私车均按吨最低保额 2000 元，年保费每吨 40 元；增加保额按比例加收保费，最高保额每吨不超过 1 万元。在保险期内一次或多次赔款不超过保额。赔款达到保险金额时，保险责任即行终止。如需续保，另办投保手续。1994 年以后，全地区调整承运人责任保险费率，分为固定和不固定的档次承保。1984—2000 年，境内四县（市、区）共承保承运人责任保险 4088 笔，保费收入 48.92 万元，赔付 98 件，金额 28.91 万元，赔付率 59.10%。

（四）产品质量责任保险

1987 年，境内四县始开办产品质量责任保险。1990 年，巴中县保险公司与县曲酒厂签订产品质量责任保险，年收保费 1500 元。1992 年，平昌县保险公司与县酒厂签订江口醇、长寿酒、枣杞酒责任保险合同，收定额保费 15000 元。2000 年，南江县保险公司与南江县秦源雪矿泉水厂签订产品质量责任保险，年收保费 2000 元。

（五）雇主责任保险

1999 年，巴中地区始开办雇主责任保险。至 2000 年，全市投雇主责任保险者少，占全市保险业务收入份额较小，且赔付率不高。

三、农业保险

（一）种植业保险

1952 年，人保川北分公司派员协助人行巴中县支行保险特约代理处，在县恩阳区麻石垭乡试办棉花收获保险，承保棉田 67.63 公顷，按籽棉常年亩产量 70% 承保，保额籽棉 56838.1 公斤，保费率 6%，收保费籽棉 3392.98 公斤，折币 1611.52 元；赔付籽棉 3153.3 公斤，折币 1352 元，占保费的 83.98%。之后停办。1992 年，通江县试办森林火灾保险，承保森林 1100 公顷，收保费 50 万元，处理损案 55 件，赔付 35 万元。1993 年初，南江县保险公司在县大和区试办烟叶收获保险，承保白肋烟 800 公顷，收保费 65000 元，赔付 62320 元，赔付率达 95.86%。

（二）养殖业保险

民国 35 年（1946 年），四川省农业改进所与省银行在巴中县合作举办耕牛保险。1952 年，境内四县普遍开办耕牛保险。1953 年 3 月，境内四县按要求停办耕牛保险，并对耕牛保险进行清理。经清理，境内四县共承保 31616 头，退保 18969 头，退费 2573 元，维持到期 12674 头，实收保费 17331.50 元，共赔 522 头，赔款 11553.07 元，赔付率 66.66%，其中巴中县赔付率达 212.54%。之后停办。1954 年 11 月，境内四县恢复耕牛保险，保费率为 3.5%。1956 年，境内四县承保耕牛 1648 头，收保费 2189.41 元。1957 年，境内四县承保耕牛 1325 头，收保费 1443.95 元，赔款 314.25 元，占保费的 21.97%。1958 年，境内四县承保耕牛 3459 头。是年，境内四县开办生猪保险，共承保生猪 14891 头。是年 11 月，境内四县按要求停办耕牛保险和生猪保险。1984 年，南江县、通江县保险公司开办奶牛保险，共承保奶牛 85 头，之后逐年减少。1986 年，巴中县试办耕牛保险，支大于收，亏损严重。1990 年，境内四县根据省保险公司修改的《耕牛保险条款》，去掉永久丧失役力责任，取消定额档次投保，改为以乡为单位确定统一保额，最高不超过 300 元，统一费率为 8%，各县根据赔付率上浮 20% ~50%，同时取消续保九折优待。是年巴中县赔付率为 164.58%。1991 年，境内四县全面停办耕牛保险。1993 年 3 月，通江县试办海狸鼠养殖保险，保险期限 20 个月，保费每对收费 20 元，保额每对 2000 元（其中雄性 500 元，雌性 1500 元）。全县共承保 20 对。之后旋即退保停办。1994 年 4 月，通江县试办良种鸭保险，保险期限 1 年，每千只收费 1000 元，全县共承保 2 万只。是年 7 月，赔付 16000 元，即停办。

四、人身（寿）保险

（一）简易人身（寿）保险

1952 年，巴中县开办简易人身保险（简称简身险），分为 10 年、15 年、20 年 3 个档次，最高年龄保到 65 岁，每份每月交保费 0.50 元。1953 年，通江县、平昌县、南江县相继开办简身险，承保 249 人，收保费 1494 元。1954 年，境内四县将简身险逐步向社会团体、船工、船民、手工业合作社、个体劳动者发展。1957 年，境内四县简身险有效份数 2879 份。1958 年初，境内四县开始大量发展城镇居民简身险。是年底，境内四县停办简身险。1985 年，境内四县普遍恢复办理简身险，分 5 年、10 年、15 年、20 年、30 年 5 个档次，最高年龄可保到 70 岁，每份月交保费 1 元，1 人可保多份，最高保额不超过 5000 元。1988 年，境内四县保险公司执行达县地区中心保险公司制定《简身险内部管理操作流程》，强化简身险管理。1990 年末，境内四县简身险有效份数达到 89384 万份，累计收入储金 732 万余元。至 1996 年 5 月，全地区简身险有效份数为 40329 份，储金收入 29.20 万元。

（二）团体人身（寿）保险

1951 年，巴中县、平昌县相继开办团体人身保险（简称团身险）。以机关、企事业单位在职职工为对象，凡年满 15 周岁到 60 周岁，身体健康，能正常工作的劳动者均可投保，保额 300～1000 元，年费率 12‰，按月分摊交 1‰，1 个单位 1 个保额。1953 年 6 月，境内承保团身险共有 88 个团体，1938 人。是年下半年整顿城市业务，团身险逐步减少，至年底仅剩 29 个团体，663 人。1957 年，境内仅收团身险保费 411.20 元。1984 年，境内除南江县外，其余巴中县、平昌县、通江县保险公司均相继开办团身险，保额为 1～3000 元。1987 年，境内平昌县率先办开团体人寿保险（简称团寿险），每份月交保费 1 元，其保额为 10 年期 144 元，15 年期 254 元，20 年期 400 元。是年 7 月，境内四县根据省保险公司《团体人寿保险条款》，开办的团寿险保险期为 3 年、4 年、5 年、10 年 4 种，每份每月交费 3 元、4 元、5 元 3 个档次。1988 年 6 月，境内按要求提高团身险保额，最高不超过 1 万元，年费率按行业（工种）分别为 5‰、7‰、10‰，在同一单位只有部分人投保则按年龄收费，最低为 4‰，最高为 16.8‰，附加意外伤害医疗保险，费率分别为 1‰、3‰、5‰。1989 年，境内四县开办有达县保险公司推出的 1 年期还本团寿险，最高保额 1 万元，最低 1000 元，每 1000 元保额收储金 12 元，到期还本。1990—1994 年，境内四县累计收入团寿险储金 505.31 万元。1995 年后，全地区停办团寿险。至 1996 年 5 月底，全地区团寿险有效数 1857 人，保额 1662 万元，储金收入 26.2 万元。全地区团身险累计业务收入达 73.14 万元。

（三）少儿、独子保险

1986 年，境内巴中县首先开办少年儿童两全保险。从年满 3 周岁到 15 周岁，身体健康、发育正常、能正常生活和学习的少年儿童均可参保，保到 16 周岁。保费不分年龄，每月交 5 元，每份保额按投保时的保险年期分别规定，1 人可保多份，最高保额不超过 5000 元。1987 年 6 月起，少年儿童两全保险的保险年龄改为 1 周岁可以起保，并提高每份不是年期的保额，如保满 13 年期，每份由原 1054 元调为 1130 元。1989 年 3 月，再次调高每份不是年期的保额。是年 10 月，少儿险发展成独生子女及父母养老金保险。从领得“独生子女证”开始，保到 14 岁领满独生子女保健费期止，把独生子女保健费转作独生子女保险费，由父母所在单位或乡政府统交。1990 年 7 月，达县地区行署在巴中县召开独生子女保险及父母养老保险工作会议，将此险作为推动计划生育工作的配套险种。该险期满可转为其父母的养老金。全年境内收入保费 74.39 万元。1995 年，全地区农村基本停办农村独生子女保险。1986—1996 年，境内四县（市）少儿、独生子女两保险承保人数累计达 429102 人，保额 15646.95 万元，保费收入 980.76 万元。

（四）意外伤害保险

1952 年，巴中县开办旅客意外伤害保险（简称旅意险）。属强制保险，按票价 2% 计入车票内计收，保额 1500 元。1982 年，通江县保险公司承办县车队和搬运车队旅意险。1983 年，境内四县保险公司普遍开办旅意险，并与各县车队达成协议。1984 年，通江县、南江县相继开办团体人身意外伤害保险（简称团意险）。团意险保额最低 1000 元，最高 5000 元。其费率按行业、工种或工作分为 2‰、4‰、7‰；附加医疗保险加收 1‰、3‰、5‰。是年 5 月，境内按要求将团意险医疗附加险费率下调为 1‰、2‰、3‰。是年 7 月，境内按省保险公司要求，暂停附加医疗保险。是年，巴中县开办机手保险，收保费 588 元。1986 年，境内四县保险公司在中、小学校开办学生平安保险。1988 年 6 月，境内按要求将团意险保额调为最高不超过 2 万元。是年，通江县保险公司开办旅客住店保险。1989 年，巴中县保险公司开办旅客住店保险。是年，通江县保险公司开办企业领导人保险，保额最低 1 万元，最高 5 万元；全县承保单位 23 个，126 人。是年，境内四县普遍开办个体工商户从业人员保险。1991 年，南江县保险公司开办旅客住店保险。至 1996 年 5 月，全地区团意险累计收入保费 245.14 万元；全地区旅客住店险共收入保费 59631 元，支付伤残医疗赔付金 2389 元，支出代办手续费 2462 元。1982—1996 年，境内四县（市）旅意险累计业务收入 225.04 万元，伤亡赔付金额 49.76

万元。1986—1996 年，境内四县（市）学生平安保险累计承保人数 4735992 人，保额 578931.78 万元，业务收入 726.74 万元。

（五）养老金保险

1987 年，巴中县首先开办个人养老金保险。之后，境内其他三县亦开办个人养老金保险。1989 年，境内四县先后开办集体企业职工养老保险。1991 年，巴中县政府颁发《巴中县集体所有制企业职工退休基金统筹暂行规定》及实施办法，成立巴中县退休基金统筹管理委员会，委托巴中县保险公司代办。实行以收定支，单独核算。全年全县纳入统筹单位达 35 个，4856 人，其中退休职工 968 人。1992 年，通江县保险公司开办村干部养老保险。1993 年 7 月，巴中市（县级）江北开发区与巴中市（县级）保险公司签订农民养老保险协议，开办开发区征地农民养老保险，征地农民从被正式征地开始领取养老金，其养老金领取额度分每月 30 ~ 80 元不同档次，年龄越大领取越多。是年，南江县、巴中市（县级）保险公司相继开办村干部养老保险。是年底，巴中市（县级）参加集体企业职工退休基金统筹保险的人数增加到 12481 人，其中退休职工 2864 人，占职工总数的 22.95%。凡参加单位按每月工资总额的 15% 和退休费用的 46% 分别计算合并统筹基金。全地区四县（市）个人养老金保险有效人数为 5819 人，共收保费 58485 元。之后，逐年退保 157 人，退储金 85245 元。全地区四县（市）集体企业职工养老保险有效人数 4813 人，共收保费 36893 元。至 1995 年，巴中市（县级）共缴开发区征地农民养老保险统筹基金 120 万元。至 1996 年 5 月，全地区四县（市）村干部养老保险有效人数达 2324 人，有效保费为 58.8 万元。

（六）其他人身保险

1988 年，通江县首先开办子女教育婚嫁保险后，境内其他三县保险公司相继开办子女教育婚嫁保险。凡投保人年龄 21 ~ 50 岁，被保险人 1 ~ 14 岁，双方身体健康者即可投保。1990 年，巴中县首先开办现役义务兵还本保险。其保额最低 1000 元，最高 5000 元，保费按约定保额每 1000 元缴 100 元。是年，境内四县均开办定期还本团身保险。是年，境内四县开办 5 年期定额简身保险。凡年满 16 周岁以上 60 周岁以下，身体健康，能正常劳动和工作，具有本地区常住户口的公民，及领有营业执照的个体、联合经营者，均可参加保险。是年下半年，巴中县、平昌县保险公司开办夫妻恩爱保险，凡男女双方在法定婚龄以上，60 周岁以下，身体健康的初婚、再婚、已婚夫妻，均可参加此险。1991 年后，通江县、平昌县、南江县相继开办现役义务兵还本保险，平昌县将此险种列入民政优抚政策考核内容。1993 年，巴中市（县级）、平昌县保险公司开办附加疾病医疗保险。至是年底，全地区四县（市）子女教育婚嫁保险共收入储金 21.38 万元。1990—1993 年，境内四县（市）定期还本团身保险收保费 31.25 万元。1990—1994 年，境内四县（市）承保五年期定额简身保险 2.1 万份，收储金 126 万元。至 1996 年，平昌县共收现役义务兵还本保险储金 5.86 万元。

第三节 理 赔

1953 年 2 月，省保险公司授予巴中县的核赔权为 1000 元，平昌县为 500 元。1951—1958 年，境内四县保险损案赔付 19.21 万元，综合赔付率仅 12.13%。其中，1953 年的综合赔付率中最高，达 33.05%；1955 年为最低，仅 5.04%。1983 年 1 月起，巴中县、通江县保险公司的核赔权为 5000 元。

1986 年 12 月 18 日 12 时，南江县汽车运输公司 20 - 56484 号大客车载客 41 人，在行至南贵线 32 公里 +600 米处，发生翻车事故，造成死亡 11 人，重伤 25 人，轻伤 2 人，车辆报废。保险公司一次性赔付11.11万元。

1987年，在企业财产险的核赔权，巴中县、通江县保险公司为10000元，南江县、平昌县保险公司为5000元；机动车辆船舶险的核赔权，巴中县、通江县保险公司为5000元，南江县、平昌县保险公司为3000元；境内四县家财险的核赔权各为1000元，人身险和其他险均为3000元。

1991年1月25日10时35分，南江县汽车运输公司四川54－08127号大客车载客50人，在行至长西公路零公里＋800米处，发生翻车事故，造成死亡3人，重伤3人，轻伤35人，车辆报废。保险公司赔付10.142万元。是年6月12日，巴中县雪山区、恩阳区、渔溪区等降大暴雨，发生特大洪灾，损失严重。保险公司赔付61.117142万元。

1993年12月14日7时，通江县汽车运总公司四川54－07441号大客车载客22人，在行至通平路21公里＋500米处，发生翻车事故，造成轻重伤23人（其中抢救死亡2人），车辆严重受损。保险公司赔付10.218448万元。

1994年8月5日6时50分，巴中市（县级）丝绸厂四川55－20652号皇冠小轿车，在行至新都县大件路2213公里＋200米处，与金堂县运输公司四川01－01292号大客车相撞，造成死亡2人，重伤2人，小车报废。保险公司赔付23.604756万元。是年12月21日晚8时，巴中市（县级）装潢印制公司101号厂房发生火灾事故，造成1144.5平方米厂房及成品设备被毁。保险公司赔付8.38万元。

1995年5月21日16时30分，南江县南江镇川Y00549号中巴车载客32人，在行至南贵线28公里＋800米处，发生交通事故，造成死亡7人，轻重伤25人，车辆严重受损。保险公司赔付15.664531万元。是年9月5日8时，平昌县川Y00692号大货车，在行至平昌县复合肥厂路段时，发生交通事故，造成一名五岁小女孩右腿粉碎性骨折，并截肢。保险公司赔付21.293981万元。是年9月22日，地区汽车运输总公司47队四川55－00051大客车载客，在行至平达线94公里处发生交通事故，造成死亡2人，轻重伤26人，客车被烧毁。保险公司赔付17.582855万元。

1996年11月11日11时，地区行署川Y00015号皇冠小轿车，在行至平驷路24公里＋900米处，发生交通事故，造成乘坐人员受伤，车辆严重受损。保险公司赔付22.5338万元。

1997年1月16日1时40分，地区汽车运输总公司川Y00967号大客车载客，在行至合川县建桥头，发生交通事故，造成部分旅客伤残，车辆严重受损。保险公司赔付13.520408万元。是年5月3日21时30分，南江县兴马乡川Y00793号货车装载7吨玉米，在行至成南路477公里＋500米下坡左弯道处，发生交通事故，造成死亡3人，车辆报废。保险公司赔付12万元。是年9月1日13时，地区汽车运输总公司47队川Y01656号大客车载客，在行至湖南省衡阳县107国道1760公里处，与鄂M11029号大货车相撞，造成20余名旅客受伤，客车和货车严重受损。保险公司赔付近10万元。

1998年1月6日9时，巴中市（县级）川Y02092客车载客，在行至平昌县驷马镇辉煌村卫生院路段弯道下坡处，发生交通事故，造成死亡1人，轻重伤18人，车辆严重受损。保险公司赔款付近10万元。是年2月5日15时40分，南江县汽车运输公司川Y01794大客车载客，在行至二南路65公里＋800米下坡右转弯处，发生交通事故，造成死亡3人，轻重伤多人，车辆严重受损。保险公司赔付20.015068万元。是年9月1日16时，驾驶员赵某驾驶宝马轿车从巴中地区丝绸公司前往巴中市（县级）梁永丝厂，在行至巴梁线16公里＋800米处，发生交通事故，造成宝马轿车起火并报废。保险公司赔付43.5万元。

1999年3月22日，巴中市（县级）川Y02233号客车载客，在行至省道101线473公里＋400米处，发生交通事故，造成死亡4人，轻重伤21人，车辆严重受损。保险公司赔付10.843177万元。

是年4月19日12时45分，南江县水泥二厂厂区公路外侧填方沉降挤压，造成该厂原料棚垮塌。保险公司赔付11.993585万元。是年11月2日9时，通江县川Y05011捷达轿车，在行至达通路86公里+900米处，发生交通事故，造成死亡1人，重伤2人，车辆严重受损。保险公司赔付近10万元。

2000年1月16日14时，地区汽车运输总公司47队川Y02073号客车载客，在行至平昌县驷马镇三角滩时，发生交通事故，造成轻重伤21人，车辆严重受损。保险公司赔付17.216333万元。是年2月14日，通江县川Y02151号大客车载客，在重庆至通江县47公里处，发生交通事故。保险公司赔付10.655028万元。是年6月9日14时，平昌县159队川Y02886号客车载客，在行至平昌县驷马镇，发生交通事故，造成旅客受伤和车辆受损，损失达17.831464万元，客车损失达9822.50元。保险公司赔付近9万元。是年7月6日，南江县粮食车队川Y01431号中巴车载客，在行至桃园省道101线574公里+500米处过桥转弯处，发生交通事故，造成死亡14人，轻重伤9人，车辆报废。保险公司赔付18.095156万元。是年9月13日11时，平昌县159队客车载客，在行至平昌县驷马镇，发生交通事故，造成死亡1人，轻重伤12人，车辆严重受损。保险公司赔付16.022422万元。

1984—1990年巴中主要牲畜保险业务收入赔款支出情况

表19—19　　单位：万元、头

年度	承保及数量			保额	业务收入	死亡赔付头数及赔付金额				
	合计	耕牛	奶牛			合计头数	耕牛头数	奶牛头数	金额	赔付率（%）
1984	85	—	85	4.50	0.21	3	—	3	0.16	76.19
1985	410	377	33	6.69	0.42	22	18	4	0.26	61.76
1986	1334	1313	21	26.98	1.44	146	144	2	3.77	262.00
1987	1918	1917	1	42.24	1.69	59	56	3	3.39	201.84
1988	1650	1650	—	25.92	1.02	115	115	—	1.62	158.43
1989	1753	1743	10	17.10	0.81	208	208	—	1.22	151.20
1990	1431	1281	150	14.25	0.93	251	251	—	1.52	163.61
合计	8581	—	—	137.68	6.52	804	792	12	11.94	183.13

1993—2000年巴中保险事业发展情况

表19—20　　单位：万元、件

年　度	1993	1994	1995	1996	1997	1998	1999	2000
各类财产险承保总额	—	—	1956196	141423	1090085	142185	134025	283695
各类财产险保费收入	—	—	1332	1558	2006.40	2178.80	2373	2900
各类财产险赔案件数	—	—	3622	3572	2871	4765	3869	5211
各类财产险赔款支出	—	—	753	1412	927.20	1293	1173	1512
寿险保费收入	828.40	894.50	900	934.50	1259	2013	1961	2619
寿险赔案件数	—	—	—	10691	1502	1890	4438	3227
寿险赔款支出	318	27	187.30	118.70	732.90	209.90	650	46

巴中市志

BAZHONGSHIZHI

巴中市地方志编纂委员会　编

下

方志出版社
Publishing House of Local Records

巴中市志

第二十篇

中共地方组织

1933 年 2 月，中国工农红军第四方面军，在通江县召开中共川陕省第一次党员代表大会，选举以袁克服为书记的 37 人组成的中共川陕省委。是年 11 月后，相继在境内成立中共巴中道委、9 个县委、1 个川陕省特委、1 个特别市委、2 个特别区委。1935 年 3 月，红军离开巴中后，上述组织自行撤销，境内的中共留守党员转入地下开展活动。民国 35 年（1946 年）9 月，建立中共化成区委；民国 36 年（1947 年）2 月，建立中共通南巴工委；民国 37 年（1948 年）4 月，改通南巴工委为巴中中心县委；民国 37 年（1948 年）5—7 月，相继建立中共南江、通江、平昌县委。1950 年 1－2 月，成立新的中共通江、南江、巴中、平昌 4 县委，各县委均内设秘书室（办公室）、组织部、宣传部、统战部、纪律检查委员会、直属机关党委及党校；后陆续增设政法、政策研究、党史、保密、对台、信访、目标督查、接待等科室和工作部门。

中华人民共和国成立后，境内成立的各县委于 1993 年 10 月前归中共达县地委管辖，1993 年 10 月后，归中共巴中地委管辖，2000 年 12 月，归中共巴中市委管辖。中共巴中地（市）委内设工作部门 8 个、直属事业单位 5 个、议事协调和部门管理机构各 1 个。中共巴中地（市）委成立后，紧紧围绕巴中经济和社会发展这个中心研究发展思路，制定宏观政策，对重大事项进行决策，进行机构和人事制度改革。地（市）委办公室负责综合协调，办文办会、处理来信来访、开展信息调研、目标管理及督查工作。地（市）纪律检查委员会和监察局加强党的纪律检查、党风廉政建设、纠正不正之风及执法监察等工作。政法委围绕维护社会稳定、综合治理等开展工作。组织部以党员队伍建设、基层党组织建设，干部选拔任用、监督审查，人事制度改革，领导班子建设、老干部及知识分子工作为重点开展工作。宣传部以强化理论学习教育、理论研究、舆论引导及精神文明建设等为重点开展宣传工作。统战部围绕服务经济建设，引导多党合作制度建设，加强非党进步人事工作，发挥非党知识分子作用，促进民族、宗教、海外同胞关系和谐及指导工商联等开展工作。党校以干部培训、党员培训及干部学历教育等开展工作。直属机关工委围绕地（市）委直属机关的组织建设、思想建设等方面的内容开展各项工作。全市各级党组织坚持改革开放，开拓创新，与时俱进，创造享誉全国闻名的“巴中经验”和“巴中精神”。

第一章　组织机构

第一节　省党组织

一、中共川陕省委

1932 年 12 月，中国工农红军第四方面军入通江县境，前敌委员会从部队组成若干工作队分赴境内各地，在打土豪、分田地的实践斗争中发展党员。2 个月内，发展党员 400 多名，建立 3 个县委，2 个特别区委。1933 年 2 月，成立中共川陕省委，川陕省委领导川陕革命根据地所有地方党组织。是年 2 月 7—13 日，中共川陕省第一次党员代表大会在通江县县署二堂内召开，到会代表 500 多人。大会选举袁克服、曾中生、吴永康、郑义斋、傅钟等37人组成的中国共产党川陕省委员会，袁克服任省委书记。这次大会讨论的中心议题是创建川陕边根据地的问题，会议通过《关于目前政治形势与川陕省党的任务》《发展党的组织与扩大红军》等重要决议。大会决定创办省委机关报《川北穷人》（后改为《共产党》）以指导工作，创办省委党校以培训干部。至此，红四方面军前敌委员会将领导地方党组织的任务移交给中共川陕省委，川陕省委全面肩负起川陕苏区的巩固发展和各项建设事业的艰巨任务。是年6月23日，中共川陕省第二次党员代表大会在红江县新场坝（通江县新场坝）召开，出席会议代表248人。会议作出《目前政治形势与川陕省党的任务》的决议，通过《组织问题决议案》和《红军与地方武装决议案》。大会选出新的省委领导成员，袁克服任省委书记。省委机关初驻通江城，后迁驻通江新场坝、得汉城、毛浴镇、沙溪嘴、洪口场。是年7月上旬，川陕省委机关迁驻巴中县城。是年12月11－20日，中共川陕省第三次党员代表大会在巴中城旧县署内（巴中市巴州区政府机关驻地）召开，到会代表1300余人。会议的中心议题，动员组织党、政、军、民全力投入反“六路围攻”的斗争。会议讨论党的任务、组织问题、扩大红军、发展地方武装、加强财政经济工作、开展查田运动等议题。1934年10月19日，中共川陕省第四次党员代表大会在巴城县立中学（巴中中学）召开，通过《政治决议提纲》及《开展游击战争的决议》等文件，制定发展和扩大地方武装的计划。会议选举周纯全为省委书记。川陕省委下设组织部、宣传部、妇女部、秘书处、监察委员会。

中共川陕省委下辖4个直辖县委（赤江、赤北、红江、南江）、4个直辖特别区委（苦草坝、洪口、竹峪关、陕南）、2个道委（绥定、巴中）、18个道辖县委（红胜、万源、渠北、宣汉、达县、城口、巴中、江口、长赤、广元、仪陇、苍溪、嘉陵、恩阳、英安、阆南、营山、长胜）、1个特别市委（巴中）。

川陕省委及各工作部门历任负责人，省委书记袁克服（1933年2月）、周光坦（1933年10月）、周纯全（1934年10月）；组织部部长余洪远（1933年4月）、李维海（1934年3月）、谢富治（1934年10月）；宣传部部长刘瑞龙（1933年5月）；妇女部部长张庭富（1933年2月）、姚明善（1933年7月）、肖成英（1934年1月）；秘书长吴永康（1933年2月）；监察委员会主任不详。

二、中共川陕省特委

1934年冬，红军为打破蒋介石布置的“川陕会剿”，主力部队渐次西进。12月，川陕省委经流二沟、新场坝、南江迁到旺苍坝。为坚持根据地后方工作，西北革命军事委员会在毛浴镇建立中共川陕省特委。辖赤北、赤江、红江、南江、红胜5个县委。特委书记何柱成，组织部部长潘天成，宣传部部长何志渝，妇女部部长李某某，少共书记吴尚德，保卫局局长张如清。1935年1月，中共川陕省特委撤离毛浴镇。

1935年春，在川陕省苏维埃时期，境内建立的各级党组织随红四方面军北上而撤销。

第二节　市（道、地）党组织

一、中共巴中道委

1933年11月，成立中共巴中道委（亦称川北道委），具体领导川北13个县市党的工作。道委机关驻巴中县城宫保府。首任书记谢富治，继任冷赤斋。辖巴中、江口、恩阳、长赤、广元、嘉陵、仪陇、苍溪、阆南、长胜、营山、英安等12个县委和巴中特别市委。

二、中共巴中地委

1950年3月，中共中央西南局批准建立中共达县地委，中共达县地委领导巴中、平昌、通江、南江、达县、宣汉、开江、万源8个县委和巴中中心县委（1951年1月，巴中中心县委更名为通南巴工委）。1993年7月5日，经国务院批准，从达县地区析出通江、南江、巴中、平昌4县，成立巴中地区，巴中县一并撤县建市。新建立的巴中地区辖巴中市（县级）、通江县、南江县、平昌县。8月24日，省委、省政府宣布组建巴中地区筹备工作领导小组。12月28日，中国共产党巴中地区委员会（简称“中共巴中地委”）正式挂牌。

1993年10月20日，四川省机构编制委员会批复，同意巴中地区地级机构设置方案，巴中地委、行署办事机构32个。10月25日，巴中地区机构编制委员会《关于巴中地区地级机构设置的通知》，地委办事机构7个（中国共产党巴中地区委员会办公室、中国共产党巴中地区委员会组织部、中国共产党巴中地区委员会宣传部、中国共产党巴中地区委员会统战部、中国共产党巴中地区委员会政策研究室、中国共产党巴中地区委员会政法委员会、中国共产党巴中地区直属机关工作委员会）。地区纪律检查委员会按党章规定设置。1994年后，增设党建办、老干部局、保密局、党校、巴中日报社、档案局、党史和地委、行署信访办公室。2000年6月，国务院批复巴中撤地设市。

三、中共巴中市委

2000年8月8日，中共四川省委决定成立巴中地区撤地设市筹备领导小组。8月18日，中共巴中地委决定，筹备领导小组下设办公室，办公地点设在地委办公室。2000年12月，撤地设市。

市第一次党代会

2000年11月30日－12月2日，召开中国共产党巴中市第一次代表大会，应到会代表395名，实到会代表384名。大会根据《中国共产党章程》的规定，经到会代表充分酝酿讨论，采取无记名投票方式，先进行差额预选，产生候选人，然后进行等额正式选举的办法，选举37人为中国共产党巴中市第一届委员会委员；选举7人为中国共产党巴中市第一届委员会候补委员。12月2日，中国共产党巴中市第一届委员会第一次全体会议，通过两次选举，选举11人为中国共产党巴中市第一届委员会常务委员会委员；选举书记1人，副书记4人。其内设机构，保留市委、市政府信访办牌子；保密委员会办公室既是市委办的内设机构，又是市委保密委员会的办事机构，挂国家保密局牌子；宣传部挂精神文明办、对外宣传办（市政府新闻办）牌子；老干部局由组织部管理；机构编制委员会办公室，既是市委的工作机构，又是市政府的工作机构，挂靠市人事局；纪律检查委员会机关与监察局合署办公。撤销市委经贸政治部、市委农委政治部，其职能并入有关部门。通过调整后，市委设工作部门8个（市纪律检查委员会、市委办、组织部、宣传部、统战部、政法委、政策研究室、直工委）；直属事业单位5个（市委党校、巴中日报社、党史办、接待办、市档案局）；议事协调办事机构1个（市编办）；部门管理机构1个（老干部局）。群团机构设置与前相同。

第三节　县（市、特、区）党组织

一、中共各县（市、特）委

1932年12月－1935年3月，中共川陕省委在境内相继建立9个县委、1个特别市委、2个特别区委。赤江、赤北、红江3县委共建24个区委。区委设书记、副书记和组织、宣传、妇女部长，有的设有青工部长；有的区委不设部长而设委员。3县2特区共建144个乡党支部。

（一）中共赤江县委　初有党员60人，县委机关先驻毛浴镇，1933年6月，迁通江城，不久复迁毛浴镇。辖毛浴镇、通江城、麻碴石、草池坝、马家坪、老官庙、刘坪、洪口、九子坡、龙凤场、沙溪嘴、得胜山、镇龙等13个区委和毛浴镇、瓦室铺2个区级市党支部、84个乡党支部。历任县委书记有谢在江、李洪俊、吴永康（代）、杨正禹、何绪荣。

（二）中共赤北县委　初有党员20人，县委机关先驻两河口，不久迁泥溪场。辖苦草坝、空山坝、钢溪河、长坪、简池坝（陕西省镇巴县）5个区委和烟溪、碧溪、苦草坝、泥溪4个区级市党支部、29个乡党支部。历任县委书记有潘天成、王建刚、张吉和、袁克服、孙映礼。

（三）中共红江县委　初有党员30余人，县委机关先驻涪阳坝，后迁新场坝，再迁平溪坝。辖涪阳坝、陈家坝、青峪口、平溪坝、白院寺、坝溪6个区委、31个乡党支部。历任县委书记有马其方、张琴秋（代理）、张兴发、张国华、李正良、何其方、吴尚德。

（四）苦草坝特别区委　区委机关驻苦草坝，领导苦草坝、得汉城、锣坪的红四方面军总供给部及所属兵工厂、造币厂、被服厂和西北革命军事委员会创办的彭杨学校、川陕省苏维埃政府经济公社等军政机关、企事业单位的党组织。书记刘杞。

（五）洪口特别区委　区委机关驻洪口场，领导红四方面军和川陕省苏维埃政府在洪口场设立的企事业单位的党组织。历任区委书记有刘文翠、陈其尧、刘玉峰。

（六）中共巴中特别市委　1933年2月，在城区建立巴中市，随之成立市委，直属川陕省委领导。7月，改名巴中特别市委。11月，划巴中道委。市委机关驻县城钟鼓楼街，内设秘书处、组织部、宣传部、妇女部、监察委员会和少共市委等机构；下辖区委3个，乡党支部12个。

（七）中共巴中县委　1933年2月，川陕省第一次党员代表大会召开时，宣布成立巴中（临时）县委，何绪荣任书记，县委机关驻清江渡。3月，召开党员代表大会，正式成立巴中县委。后陆续建立清江、中兴、兴文、曾口、丝连、得胜、元山、兰草、青龙、寺岭、三江等区委。6月，江口县委成立，得胜、元山、兰草、青龙4区委划归江口县委。至1935年3月，巴中县委辖7个区委，40多个乡支部，有800多名党员。

（八）中共恩阳（仪阆）县委　1933年6月16日，红四方面军解放巴中恩阳和仪陇、阆中部分地区，在恩阳镇建立仪阆县委，辖巴中、仪陇、阆中3县相邻境域。8月，仪阆战役胜利后，撤销仪阆县委，成立恩阳县委，辖双庙、顺兴、柏林、渔溪、柳林、尹家、福星等区委。

（九）中共长胜县委　1933年10月，在仪陇立山场成立。次年1月，县委机关迁驻鼎山场，在巴中境内先后建立鼎山、玉山、梁永等区委。

（十）中共江口县委　1933年6月23日，成立中共江口县委，由李庆雍任书记，余洪元、牟光彩、韩宗银、覃道善为委员。县委机关设得胜山，后迁张公庙、江口场。是年12月，中共江口县委第一次党员代表大会后，傅崇碧任县委书记；次年2月，黄宗保接任。1935年1月22日，黄宗保牺牲，张从政接任县委书记。

（十一）中共南江县委　1933年2月11日，成立中共南江县委。历任县委书记有杨国道、张新文、岳庄斗、金化为、金世伯、张德永。

（十二）中共长赤县委　1933年2月20日，成立中共长赤县委。历任县委书记有李甲成、朱仕焕、张从政、汪来运。

二、巴中市各县（区）委

（一）中共巴中市巴州区委

1950年1月19日，成立中共巴中县委。1950年2月，川北区党委决定：巴中为中心县委，代表中共达县分区委员会直接领导通江、南江、巴中3县工作。中心县委与巴中县委合署办公，一套机构，两枚印章。1951年1月，开展土地改革运动，巴中中心县委改名通南巴工委，是年8月31日，通南巴工委更名巴中中心县委。1953年3月30日，撤销巴中中心县委。1954年6月3日，县委设立常务委员会，主持县委日常工作。1956年5月，召开县第一届党员代表大会，选出新的书记1人，副书记3人。是年11月，改县委书记为第一书记，副书记为书记。1963年1月，恢复书记、副书记体制。1966年3月，召开县第二届党代会。次年2月，县委工作完全瘫痪。1968年10月，巴中县革命委员会成立，总揽党、政、财、文大权，实行一元化领导。1971年9月，召开县第三届党代会，恢复中共巴中县委。在党代会闭幕期间，县委领导成员变更由上级党委任免。1993年9月，巴中县撤县建市，成立中共巴中市委（县级）。2000年12月，巴中市撤市建区，成立中共巴中市巴州区委。

（二）中共通江县委

1950年1月23日，成立中共通江县委。1949年初至1956年5月，县委未列届次。1956—1962年，实行县委第一书记、书记领导体制。1962年，恢复书记、副书记领导体制。1956年5月－2000年12月，中共通江县委历经九届，其中1970年6月－1971年9月，为中共通江县革命委员会核心领导小组。

中共通江县委成立之初下设秘书室（办公室）、组织部、宣传部、统战部、纪律检查委员会、直属机关党委及党校。后增设农工、财贸、工交、群工等部。1980年后，又陆续增设或单列政法、政策研究、党史、保密、对台工作、信访和群众工作、目标督查、接待等科室和工作部门。

（三）中共南江县委

1950年2月，成立中共南江县委。1956年5月，召开中共南江县第一次党员代表大会，选举产生中共南江县第一届委员会。至2000年底，中共南江县委共召开九次党员代表大会。其间，1967年，县委机关瘫痪，全县工作由县武装部党委领导。1968年8月，成立县革命委员会，统揽党、政、财、文大权。1970年5月，成立的中共南江县革命委员会核心领导小组代行县委职能。至1971年9月，召开中共南江县第三次代表大会，恢复中共南江县委。

（四）中共平昌县委

1950年2月2日，成立中共平昌县委。1956年5月，召开中共平昌县第一次代表大会，选举产生中共平昌县第一届委员会。至2000年底，中共平昌县委共召开九次代表大会。其间，1967年2月，平昌县委机关被一派群众组织非法夺权，各办事机构瘫痪。1970年5月，成立中共平昌县革命委员会核心领导小组，代行县委职能。1971年6月，召开中共平昌县第三次代表大会，恢复中共平昌县委机构。

第四节　中共地下党组织

一、巴中县地下党组织

民国24年（1935年）3月，川陕省苏维埃时期所建各级党组织，随红军北上而撤销。民国28年（1939年）6月，阆南中心县委在潘文华驻巴部队中建立巴中特别支部，至10月，有党员11人。民国29年（1940年）7月，随部队调动而转移。

民国30年（1941年）7月，中共党员王叙伍（又名王柏森）受川北工委派遣，到巴中开展革命活动，协助赵济刚开办化成中心小学，以教书为掩护，发展党员，建立组织。民国32年（1943年）9月，川北工委派王朴庵接替王叙伍的工作。至民国34年（1945年），在化成小学师生中发展党员10余名，建立化成支部，由王朴庵直接领导。民国34年（1945年）秋，开办奇章中学，王朴庵代理校长兼训育主任。次年，中共党员郝谦、林树人、刘黎平、李力勤等先后到奇章中学和化成小学任教。党员增多后，又新建3个支（部），艾文、周永开、李范九分别担任支部书记。其间，中共党员张明武、彭尚卫、李厚清、严尚成、陈开顺、任玉田等亦陆续从延安回到巴中，分赴各地从事党的工作。民国35年（1946年）9月，王朴庵、伍级生与通江吴显国接通关系，建立贺家湾、八家坪、何家湾3个党支部。11月，建立化成（北部）区委。民国36年（1947年）2月，中共中央南方局派川北工委委员魏文引到巴中，接着建立中共通南巴工委，领导通江、南江、巴中、平昌4县党的工作，并成立中共巴中县委。次年，建立化成（南部）、金龙2区委；民国37年（1948年）2月，建立中兴区委；3月，建立兴文、花溪2区委；4月，建立清江区委；5月，建立寺岭区委；6月，建立南阳区委。民国37年（1948年）4月，川北工委决定，改通南巴工委为巴中中心县委。6—8月，通江、南江、平昌3县县委相继成立，均属巴中中心县委领导。民国38年（1949年）2月，巴中县委决定撤销金龙区委，分别成立上、下金龙区委，并新建高家坡区委。同时，南江县委在巴中境内建立玲云区委。9月，平昌县委于丝连场建立丝连区委；阆中县委在花丛垭、店子河分别建立支部（1950年移交巴中）。12月，巴中中心县委决定将原属南江县委所辖的化成（北部）、南阳、玲云、寺岭4个区委，19个支部；平昌县委所辖的清江、花溪、丝连3个区委，32个支部；通江县委苟家坝区委下辖的官渡溪支部，划归巴中县委领导。至此，巴中县委下辖14个区委，100个支部，有党员720余人。

二、通江县地下党组织

1931年，中共四川省委采纳中共川东军委书记兼游击总指挥王维舟的建议，组织巴中中心县委。中心县委派员到通江耳子厂、伐木厂、船队和县团务大队发展党组织。1932年10月，发动组织板桥口、青峪口、新场坝、涪阳坝、草池坝一带万余挣扎在饥饿线上的农民开展“吃大户”斗争，反对苛捐杂税。县委交通委员吴尚德（团员）以“田瓦匠”身份出面指挥，组织5000人欲攻县政府，迫使县长同意“三年不完粮”。

1932年12月中旬，中心县委派吴尚德前往烟溪场迎接红军，引导红12师师长旷继勋、政委甘元景率红12师某团进军通江城。后中心县委成员和所发展的党员参加红军或苏区政府工作。巴中中心县委自始至终活动在通江，实为县内有中共党组织之始。

1935年2月，红四方面军撤离后，县内中共党组织在国民党、恶霸地主制造的白色恐怖中解体。1939年秋，中共阆中中心县委书记王子模带领由延安派遣回川的通江籍党员、原红军排长吴显国到县寻找党内同志未果。1940 年 1 月，中共党员肖中鼎以潘文华部川陕鄂边区绥靖公署上校参军、设计委员会通江分会副主任身份到县开展工作。是年 3 月，成都“抢米事件”后，阆中中心县委于 7 月疏散到县的中共党员和革命分子 20 余人，由何谦负责，12 月，建立竹子坎党支部。1941 年底至 1942 年初，疏散到县的党员因出叛徒而陆续转移，竹子坎党支部亦失去联系。1944 年始，由驻巴中的川北工委派员接上关系。1946 年 9 月，川北工委又同吴显国接上关系，吴奉命清理由他发展的党员，建立何家湾、八家坪、贺家坪（均在县东马家坪附近）3 个党支部。1947 年夏，中共中央南方局交通员黄支凡曾派唐维天以民盟党员身份到县桐林场从事地下活动，至 1948 年 3 月，唐被县特分会逮捕，死于狱中。1948 年 6 月，中共通江县委成立，巴中中心县委副书记吴显国兼任县委书记，组织委员谢长庚，宣传委员余绍尧，活动在通巴交界的中兴、柳冈、梓潼庙、白庙子、官渡溪、马家坪一带。是年 8 月，巴中中心县委重组通江县委，书记刘黎平，宣传委员吴显国，组织委员伍级生。1949 年 4 月，县籍中共党员苟治平经组织批准，由成都返回向当地党组织交代所发展的党员，在马家坪发展阎缉熙等人入党，组建“通巴边区工作委员会”，由先期入党的苟安荣负责。5 月上旬，县委在马家坪成立党支部 3 个。9 月，巴中中心县委又重组通江县委，书记刘黎平，副书记兼组织委员阎缉熙，宣传委员吴显国。至 12 月 11 日，通江党组织沟通纵横关系，计有区委 3 个［马家坪区委（下辖 4 个党支部）、竹子坎区委、苟家坝区委。另有官渡溪党支部］。

三、南江县地下党组织

1935 年 12 月，红军撤离南江后，党的工作由留守阵地的巴山游击队党组织领导，当时的县委书记是吴善理。至 1940 年 3 月，游击队被破坏，党的活动转入地下斗争。

1946 年 9 月，按照中共中央南方局“有 3 个党员以上的地方可以建立领导机构”的指示，由巴中奇章中学地下党组织的陈尚华、米槐、米一修等成立中共（地下）南江支部，支部书记陈尚华。

1948 年 5 月，中共南江县委（地下）在巴中化成成立，属通南巴中心县委领导。米槐先后担任副书记和书记之职，一直到 1949 年 12 月南江解放。

四、平昌县地下党组织

民国 24 年（1935 年）1 月 19 日，中共云阳县工委领导的云阳暴动失败后，一批中共党员在云阳县工委负责人温逸民组织下，转移到土地堡，时有袁方伯、杨正武、温子伯、李英俊、张艺平、温载南、杨曾唯先后到此。通过杨正武（土地堡籍）的家乡关系，每人谋一职业作掩护，进行活动。

民国 27 年（1938 年）9 月，中共川东特委派党员黄开富到江口巴阳中学担任校长职务，秘密开展党的工作，积极推行陶行知、晏阳初平民教育，宣传陶行知“追求真理、服务人群”的办学思想，鼓励青年学生投身革命，为解放劳苦大众而奋斗。由于在学校教唱《义勇军进行曲》《流亡三部曲》，引起国民党地方政府怀疑。民国 28 年（1939 年）7 月，国民党巴中县党部下令取缔巴阳中学并在黄开富家查抄出《共产党宣言》等书籍，黄被迫离开江口。

民国 30 年（1941 年）春，中共党员蒲正果化名蒲秀实受中共川东特委派遣到江口水文站工作。接着，中共邻水县特支委员冯至仁化名冯翔到江口水文站与蒲正果接上关系，以江口水文站为联络点，在通江、南江、巴中一带开展秘密活动。

民国 32 年（1943 后），中共党员何泽芳化名何时雨潜到江口，通过蒲正果的关系聘任省农职校英语教员，时有浙江的夏慎修亦到农职校任教，在学校秘密组织“农民党”，发展学生党员 100 余人，在中共党员蒲正果、何时雨等支持下，宣传抗日救亡，举行罢课、示威游行活动。

民国 36 年（1947 年），中共川北工委遵照南方局指示，先后派中共党员王叙伍、王朴庵、艾文、林树人到通江、南江、巴中一带进行秘密活动。艾文、林树人在巴中县奇章中学以教书为掩护，秘密开展组织发展和建设工作。民国37年（1948年）7月底，在巴中县清江渡的花溪河成立中共平昌县委，由艾文兼任书记，杨安任组织委员，王超任宣传委员，委员为杨毅、王和中、王崇新。接着县委机关从巴中县花溪河迁到平昌澌兰乡的澌岸沱梭滩坝。9月，迁至巴中县清江渡文昌宫。民国38年（1949年）7月，巴中中心县委在巴中县古楼山召开通江、南江、巴中、平昌4县负责人会议，会议要求各县委迅速组织和发展地方武装。会后，由川北工委负责人魏文引和巴中中心县委书记艾文主持在平昌县双凤场陈家河陡嘴岩举行为时7天的高洞子会议。魏文引向平昌县委传达上级文件，明确当前任务，进一步加强党的建设，培养新党员。目前的主要任务是贯彻执行“隐蔽精干，长期埋伏，积蓄力量，以待时机”的方针和“勤学、勤业、勤交友”政策，派中共党员去地方武装当兵，做起义动员工作，争取革命进步力量，分化瓦解敌人，控制和分化袍哥组织；发动群众，组织好地方武装，迎接四川解放；保守党的机密，严守党的纪律，遵守“纵不超级，横不越支”的规定。8月，根据中共川北工委决定，中共平昌县委林树人担任书记，杨毅任副书记兼组织部部长，陈忠理任宣传部部长，委员为王崇新、王超、李力勤、杨安、王和中。

第二章　思路决策

第一节　发展思路

川陕省苏维埃时期，境内建立的各级党组织提出鼓励发展生产，创办经济公社，发展经济贸易，保障军需民用的供给；加强党对各级苏维埃政府和各群众团体的领导，充分发挥他们在反围攻斗争中的作用；发展教育事业，有计划地创办列宁小学；开办党员积极分子训练班，大力培养地方干部；广泛深入开展分配土地的斗争，充分发动群众，打垮封建统治势力。同时，面临敌人新的围攻，号召川陕民众立即掀起一个参军热潮，扩大红四方面军，壮大力量，做好粉碎敌人围攻的准备。

20世纪50年代，境内各县委贯彻党在过渡时期的总路线，开始全面建设社会主义，领导人民群众纠正错误，抗灾自救，恢复和发展生产，实现农业合作化，使农业增产增收。在党的建设方面，加强党的集体领导，加强党的监察工作。建立健全党的各级组织，加强党员管理教育，做好党员发展工作，发展壮大党的组织，提高党的战斗力。

60年代，各县提出高举毛泽东思想伟大旗帜，突出政治，大学毛泽东著作，加强党的建设，促进党员干部思想革命化，把社会主义革命进行到底，为胜利完成第三个五年计划和“全国农业发展纲要”，建设社会主义新农村而奋斗的目标。

70年代初，各县提出要带领全县共产党员、广大军民贯彻执行党的九大路线，为把本县建设成祖国可靠的战略基地的重要组成部分而奋斗的目标。70年代末，各县响应“解放思想，实事求是”的号召，坚持改革开放，建立和完善各种形式的农业生产责任制，大力发展商品经济，积极而有计划地进行工交、财贸系统经济体制改革，加快发展步伐。

80年代，各县提出实现1990年前国民生产总值翻一番的规划，特别是在“富民”“升位”上，要加快发展速度。坚持改革、开放、搞活的方针，国民经济持续快速稳定地向前发展，城乡人民生活继续得到改善。扎实搞好基层政权建设，进一步深化经济体制改革，继续促进生产力发展，不断提高经济效益，全面完成“七五”规划，加速脱贫致富步伐。为“文化大革命”初期划为三、四类的干部一律平反；对“文化大革命”初期被打成文艺界黑线人物，划为“黑帮”“三反分子”的予以否定，彻底平反。

1993年，中共巴中地委提出“狠抓基础、快上工业、活跃商贸、开发旅游”的经济社会发展战略。

1994年初，地委、行署进一步明确“三年打基础、五年上台阶、十年迈大步”的阶段性奋斗目标。提出“决不放松粮食生产、积极发展多种经营、大力发展乡镇企业、稳粮增收奔小康”的农村工作发展思路。到2000年，全市确保人均占有粮食430公斤以上；多种经营骨干项目收入达到22亿元，人均800元；乡镇企业总产值突破100亿元大关；支柱产业基地产量占该项产品总量的70%、商品量的80%以上；总人口控制在347.5万人以内，计划生育率提高到90%以上；财政收入达到2.5亿元，年递增率为12%，农民人均纯收入达到1020元，年均增长88元。

1996年，全地区经济工作总的发展思路是坚持“抓住机遇、深化改革、扩大开放、促进发展、保持稳定”和“两手抓、两手都要硬”的方针，抓住经济体制和经济增长方式根本性转变这个关键，坚持改革开放，依靠科教兴巴，强化农业基础，增强企业活力，培育产业支柱，加快基础设施建设，搞活商贸流通，发展区域经济，致力富民强区，维护社会稳定，加强党的建设，实现国民经济持续、快速、健康发展和社会全面进步。巴中地区国民经济和社会发展的近期目标是到“九五”期末，国内生产总值达到46亿元，年增增长10.6%；工农业总产值达到77.2亿元，年均增长11.2%；粮食产量达到154万吨，全地区人均占有粮食450公斤。财政收入达到3亿元，较1995年翻一番。个体私营经济提供的税收应超过全区财政收入1/3。第三产业增加值比重由“八五”期末的23.4%提高26%；农民人均纯收入达到1300元，实现稳定脱贫。人口自然增长率控制在8‰以内。按照“山上建基地、山下搞加工、山外抓市场、科技创高效”的工作思路，大力发展林业经济。全地区交通工作以改造完善省级干线公路和重要县道公路为龙头，基本建成以巴中市（县级）为枢纽，以广彭路、成南路、城阿路、通开路境内段为主骨架，大小环线公路相连接，辐射全地区主要城镇、重点经济区、资源区、旅游区。全地区卫生工作要坚持“预防为主、依靠科技、社会参与、中西医结合，为人民健康服务”的方针；坚持建立补偿机制，完善运行机制，转变服务模式，优化资源配置，构建新的卫生体制的改革方向；坚持农村卫生、预防保健和中医药三个发展重点。

1999年，全地区经济工作以改革开放统揽经济全局，调整经济结构，加强基础建设，扩大招商引资，搞好资产重组，狠抓科技流通，大力扶贫攻坚，维护社会稳定，以富民裕区的优异成绩迎接中华人民共和国成立五十周年和澳门回归。主要经济指标是国内生产总值增长8%，力争达到9%；全社会固定资产投资增长10%；社会消费品零售总额、地方财政收入增长12%和3%；农民人均纯收入增加100～150元；粮食总产160万吨；个体私营企业及各类专业户分别为9.5万户和10万户；文明示范村新增15%～20%的社；非公有制经济占GDP比重达45%；人口自然增长率9‰以下。

2000年，全市提出要毫不动摇地坚持“以非公有制为主构造区域经济结构；深度开发第一产业，加快发展第三产业，积极促进第二产业的产业结构调整；继续加强基础设施建设；依靠科技增效流通增收；充分有效地开发劳动力资源；大开放促大发展”的“六项工作思路”和“放慢增收速度、降低支出总额、抓住重点财源、确保收支平衡”的财政工作指导原则。要继续坚持以文明新村建设统揽农村各项工作，要坚持抓好农村10万专业大户、城镇10万个体私营户的发展，要继续抓好集镇建设和管理，要坚持运用法律和市场经济原则指导工作。全市重点实施五大特色建支柱产业（大力发展以南江黄羊为特色的畜牧业、大力发展以中药材为特色的林果业、大力发展以通江银耳、巴中芦笋、优质稻油等特色农产品为依托的食品饮料业、大力发展以霞石、蒙脱石和花岗石为特色的建材业、大力发展以红军文化为特色的旅游业），三个重点增效益（加速文明新村建设、加速民营经济大户的发展、加速劳务开发），五项基础优环境（公路、水利、小城镇、生态和“四网”），三件大事作保证（改革开放、发展科教和维护稳定）工程。

第二节　宏观决策

1949－1956 年，从新民主主义向社会主义的转变时期，是中国共产党领导全国人民基本完成对生产资料私有制的社会主义改造时期。境内各县委以坚持党在过渡时期的总路线（要在一个相当长的时期内，逐步实现国家的社会主义工业化，并步实现国家对农业、对手工业和对资本主义工商业的社会主义改造。即“一化三改”“一体两改”的总路线）为指导，组织人民群众开展剿匪征粮、减租退押、镇压反革命、土地改革和对农业、手工业及私营工商业改造等工作为重点推进建设发展。

1956 年后，党和国家的工作重点转向社会主义建设，境内各县委以贯彻国民经济“调整、巩固、充实、提高”八字方针为指导进行决策，按照《全国农业发展纲要（草案）》，各县制订全面规划，加强工业、交通、能源和社会事业建设，推进地方经济社会发展。

1966—1976 年，各县围绕深入开展“农业学大寨”“工业学大庆”活动进行决策。在极其困难的情况下恢复和发展工农业生产。

1978 后，全党工作重心逐步转移到社会主义现代化建设上来，坚持以“一个中心”（以经济建设为中心）、“两个基本点”（坚持四项基本原则，坚持改革开放）为指导，其决策的内容集中表现为以经济建设为中心和改革开放。

1983 年，巴中县制定《关于完善工交企业经济责任制和企业自主权办法的意见》《关于进一步搞好财政体制改革的意见》，推动全县经济体制改革。1984 年，各县确定“富民”“升位”，振兴经济，努力开创两个文明建设新局面的措施。同时，各县决定大力兴办乡镇企业。

1993 年，地委、行署作出《关于全民动员，加快交通建设步伐的决定》。把交通摆到全地区经济发展战略的首要地位。中共巴中地委《关于认真贯彻执行〈建立健全县以上各级领导班子思想作风建设的五项制度〉的实施意见》要求，严格措施，明确要求，落实“五项制度”（领导班子思想作风建设定期分析制度、党员领导干部民主生活会制度、领导干部谈话谈心制度、领导干部个人重大事项报告制度、领导干部回复上级党组织摘转群众反映本人重大问题制度）的具体内容。

1994 年起，地、县（市）党委通过召开全体委员会议、常委会议讨论决策重大问题。地、县（市）党委根据工作需要，召开书记办公会议、专题会议、工作会议，成为会议决策中的重要组成部分。同时，各级党委通过公文来传达贯彻党的方针、政策和国家法律，作出重大决定，发布规范文件，请求和答复问题，指导和洽商工作，向上级报告情况，交流推广工作经验，使党委的党务活动有序地运转。地、县（市）党委公文以“实事求是、精简、高效、及时、准确、安全”为原则，并坚持草拟、审核、会审、签发等程序和制度。对涉及全局政治、经济、体制及社会发展等方面的重大事项且政策性较强、影响面较大的一些《决定》《意见》《通知》等公文，都由党委、政府共同决策，联合行文。是年，中共巴中地委作出《关于在全区县级班子中深入开展以“学习、团结、勤政、廉洁”为主要内容的“四好”活动的意见》《关于一九九五年农业和农村工作的决定》《关于加强农村基层党组建设的意见》要求，各级党委要下大力气、花大功夫抓好农村基层党组建设，扎实开展整顿农村软弱无力党支部的工作，切实把农村党支部建设好，提高农村基层党组织的战斗力。地委、行署制发《关于狠抓基础，推动全区经济发展的意见》，作出《关于加速发展农业和农村经济的意见》《关于加快全区工业发展步伐的意见》《关于活跃商贸、促进流通的意见》《关于放手发展个体私营经济的意见》《关于反腐败斗争的意见》要求，充分认识反腐败斗争的长期性和紧迫性，坚持“两手抓，两手都要硬”的方针，正确处理反腐败斗争同经济建设、改革开放的关系，反腐倡廉，推动工作。作出《关于加快发展旅游业的意见》要求，把“开发旅游”作为经济发展的战略重点，当做一项综合性经济产业来抓。

1995 年，地委《关于适应新形势，加强和改善党对工会、共青团、妇联、科协工作的意见》指出，在新形势下，各级党委要加强和改善党对工会、共青团、妇联、科协工作的领导，充分发挥工人阶级主力军、青年突击队、妇女“半边天”和科技工作者“新生产力的开拓者”作用，推动全地区经济社会发展。地委提出坚定不移地实施“六个一”工程（一亩高产稳产农田，一亩“找钱地”，一个支柱增收项目，一个庭园经济，一个 200 立方米蓄水池，一条石板路），全地区要经过 3 ~ 5 年的时间，农户要实现 80% 左右。地委、行署《关于加快城镇建设步伐的决定》指出，用两年时间，像大办交通一样大办城镇建设，以尽快改变全地区城镇严重滞后于经济发展的被动局面，为全地区经济和社会事业发展奠定扎实的基础。《关于加快农田水利基本建设的决定》指出，要实现全地区“九五”期间粮食上台阶，农民生活奔小康的目标，必须切实抓好以水利为重点的农田基本建设，改善农业生产的基本条件和生态环境，提高抗御自然灾害的能力，保证农业持续发展。在旱育秧推广技术工作中，提出 1996 年旱育秧达到 5333. 33 公顷，大田栽插 33333. 33 公顷，力争用 2 ~ 3 的时间，实现“11261”旱育秧推广工程（育旱秧 6666. 67 公顷，大田栽插 8 万公顷，实现新增粮食 6000 万公斤，新增产值 1 亿元）的目标。

1996 年，地委、行署《关于进一步做好减轻农民负担的意见》指出，各级党委、政府要采取坚决果断措施，把减轻农民负担的政策、措施落到实处，切实把农民负担减下来。在体改、乡企、城建工作中，要果断实施全地区工作重点转移，把工作重点转移到培植经济增长点、财源基地和扶贫攻坚上来。要一手抓农业，一手抓工业，协调发展第三产业，量力而行抓好基础设施建设。《关于切实增加科技投入的决定》指出，要切实增加科技投入，依靠科技进步推进全区经济建设超常规、跳跃式、高效益发展。在玉米生产管理中，要求总结玉米生产经验，抓好大春田间管理。地委、行署印发《关于在全区公民中开展法制宣传教育的第三个五年（1996—2000）规划》。巴中地区成立暨巴中撤县建市三周年庆祝大会上决定，到建地区五周年（ 1998 年底），国内生产总值达到 75 亿元，比建地区前 1993 年的 25. 4 亿元增长 185%，接近 2 倍。

1997 年，地委、行署《关于进一步扩大对外开放的意见》指出，必须坚定不移地扩大对外开放，引得进、留得住，打得出、站得稳，坚决实施“开放型”经济发展战略，促进全地区经济发展。《关于大力发展南江黄羊的决定》指出，立足区情，发展优势，建设南江黄羊特色支柱产业，形成全国最大的南江黄羊生产基地。《关于进一步加快人口与计划生育工作的决定》指出，各级党委政府要把人口与计划生育工作纳入本地区国民经济和社会发展总体规划及小康规划，把计划生育工作当成大事常抓不懈。《关于加快全区工业发展的决定》指出，坚持“市场导向，全面开放，集约经营，滚动发展”的方针。《关于进一步加强土地管理，切实保护耕地的决定》指出，坚持“保护耕地”的基本国策，采取更加严格的管理措施，迅速扭转耕地大量减少的失衡趋势。《关于大力发展庭院经济的决定》要求，以农户庭院为中心，以种、养、加、建、运、服为重点，家庭自营，面向市场，依靠技术，大户带动，增加效益，富民裕区。地委《关于贯彻省委〈依法治省的决定〉的意见》要求，各级党委（党组）要坚持“一手抓建设、一手抓法制”，站在依法治国的高度，组织开展地、县（市）

和各行业依法治理工作，推进依法治区的进程。《关于对个体私营企业收费实行统一管理的暂行规定》要求，对个体工商户、私营企业的收费和监管，实行“六统一”“一监督”（统一办理证照、统一收费范围、统一收费渠道、统一收费标准、统一收费行为、统一监督检查、建立行政督查制度）。

1998 年，地委、行署决定，大力发展运销大户，是年 3000 户、1999 年 3000 户、2000 年 4000 户，三年共发展一万户。地委、行署安排部署 1998—2000 年的工作任务，始终抓住科技和流通这个工作重点；必须继续抓好以引电为主的基础设施建设，力争到 2000 年完成县乡道标美路建设，全地区 80% 的村通上程控电话；在调整所有制结构上，必须侧重抓好“六统一、一监督”工作；必须严格执法，凡是违规违纪乱收费的单位和个人要从严查处。要全面推进粮食流通体制改革，切实做好当前粮食购销工作。要坚持把解决下岗职工再就业与促进经济发展结合起来，用 3－5 年的时间，基本解决国有企业下岗职工基本生活保障和再就业问题，并确保下岗职工年度再就业率不低于 50%。地委决定，进一步健全县级以上党委中心学习组理论学习制度。

1999 年，地委决定，在全地区县以上领导班子和领导干部中深入开展以“讲学习、讲政治、讲正气”为主要内容的党性党风教育。地委、行署《关于进一步深化教育改革的意见》，要求进一步解放思想，更新观念，加快全区教育事业发展，推进“科技兴巴”战略实施。《关于调整农业种植结构的意见》指出，全地区种植业必须坚持依靠科技调整结构，使农业逐步走向优质高效的路子。在进一步改进作风中指出，减少会议、减少文件、减少应酬、减少检查、减少出国（境）、减少行政开支、改进下基层工作、改进领导活动报道、改进机关服务工作、改善干群关系。要进一步丰富和发展巴中经验，抓好文明新村建设旅游开发和加快城镇建设。要进一步解放思想，注重方法，重点抓好小春生产、农业基本建设、退耕还林、农民负担管理、增收等五项工作。要求采取切实有效措施，推进培养选拔党外干部工作。地委、行署决定，采取坚决、有力措施减轻农民负担，相应作出 12 条决定。地委决定，在地级党政机关实行副县级以上领导干部任前公示制。

2000 年，市委要求，抓住西部大开发机遇，促进巴中经济跨越式发展。狠抓以公路为中心的基础设施建设；加快农村电网、通信和村通广播电视等基础设施建设；狠抓水利建设；狠抓城市基础设施建设；要突出抓好基础设施建设、城镇建设、文明新村建设、发展绿色食品等四项重点工作；要按照“规划标准要高、建设速度要快、发展机制要新、城市管理要严”的总体要求，为把巴城建设成山水园林式的生态城市而努力奋斗。市委、市政府指出，要在巩固提高温饱成果的同时，解决 13 万贫困人口的温饱问题，基本消除绝对贫困，逐步实现由解决温饱向增收致富的转变；决定抓住西部大开发机遇，建设长江上游生态屏障，加快全市生态环境建设；大力实施西部大开发战略，进一步扩大对外开放，实现全市经济跨越式发展。市委提出“建特色产业基地、创山区致富典型”的总体目标，“实施生物工程，发展绿色食品，推进农业产业化进程”，加大招商引资力度，促进非公有制经济发展，继续坚持财政增收工作，确保金融平衡运行。是年，市委制定《抓住西部大开发机遇，实现由温饱向小康跨越的意见》《实施生物工程，发展绿色食品，推进农业产业化的意见》和制定绿色食品发展规划、环境保护与水利、土地、森林、园林的保护与建设以及建设绿色食品示范园区等 11 个配套文件。

第三章　综合党务

第一节　协　调

20 世纪 50 年代初，各县委秘书室按照职责分工，负责协调县委各部门的工作。1956 年后，各县委办公室围绕县委工作重点，开展多层次、多形式、全方位的协调工作。在宏观层次上，凡涉及全县性、全局性的重大事项，由办公室组织、县委书记或副书记出面协调。在中观层次上，由政府办公室主任协调。加强与县委、县人大、县政协等机关办公室的经常性联系，召开办公室主任联席会，互通机关重大活动安排，协调处理有关重大问题；协助县委领导，贯彻落实中央、省、地各项方针政策，特别是长远规划年度目标的实施；受县委领导委托，随时协调处理部门之间的工作关系、具体事项。在微观层次上，办公室主任、副主任、领导秘书、秘书，受县委领导委托，直接出面处理和解决一些问题，让领导来集中精力抓大事。

1993 年，中共巴中地委办公室认真贯彻执行党的路线、方针、政策，紧紧围绕地委中心工作，尽职尽责，当好参谋，搞好综合协调服务。在协调服务工作中，注重政务与事务的协调，上下级关系和部门之间的协调，外部与内部的协调，统一认识，化解矛盾，消除分歧，明确责任，保证上下、左右、内外关系的和谐统一，齐心协力完成地委交给的各项工作任务。

1994 年，办公室日常工作的协调突出把地委、人大工委、行署、政协工委的工作协调作为地委办公室的一项重要职责，抓实抓好。对地委的重大决策、日常工作及时向人大、行署、政协通报，使其能够及时掌握地委的工作进程，达成共识和合力。办公室制定规范领导活动和会议文件的规定，做到有章可循；抓好地委机关工作协调，保证地委机关的正常运行，做好地委领导工作的协调。坚持集体领导、分工负责的制度，遇到重大问题请示主要领导，业务问题请示分管领导，交叉的问题，加强协调通气，及时进行沟通，维护地委一班人的团结，保证各项工作的顺利进行。在重大活动的综合协调方面，办公室在接待省上领导视察、举办建地区一周年庆祝会、老促会筹备等重大活动中，始终坚持总揽全局、及时衔接、协调各方、齐心协力的原则，协调全地区上下各个方面统一思想，统一步调，统一行动，保证各项活动的顺利进行。在办文办会的综合协调上，凡是以地委名义发出的文件、函件，坚持由专门的科室严把政策、文字、文书三道关。同时，从有利于精简文件出发，对可发可不发的文件坚持不发；对空洞冗长的文件压缩印发；对不宜以地委大文件印发的文件以地委小文件或办公室文件印发，有效地防止文件过多过滥的现象发生。在综合协调办好会议方面，办公室加强会议质量提高，抓地委办公会议题的审定把关，对不宜地委办公会讨论决定的事，及时向地委有关领导汇报，征得地委领导同意，交由有关领导研究处理；对政策尚不明确，讨论难有结果的议题，及时向有关领导汇报，征得领导同意缓作研究；对主送机关不明确或出现两个主送机关的，参照议题内容，商请有关部门明确后再行决定是否讨论。是年，共筹办 100 人以上的大型会议 11 个；地委办公会 18 次，地委专题办公会 7 个，编发《办公会纪要》18 个，《专题纪要》7 个，《工作通报》38 期，地委、地委办文件、函件 310 余件，编发地委大事记 12 期。

1996 年，协调服务坚持“三个结合”（把政务性协调与事务性协调紧密结合；把领导关系的协调与搞好上下级关系和部门关系紧密结合；把外部协调与内部科室协调紧密结合)，保证上下、左右、内外关系的和谐统一，齐心协力地完成地委交给的各项任务。是年，共牵头召开地委、地人大工委、行署、地政协工委秘书长、办公室主任联席会议3次，召开地级各部门、各县（市）委办公室主任联席会议2次，地级各部门办公室主任联席会议4次，为办公室各项工作的顺利开展创造良好的外部环境；配合组织、宣传等部门精心策划、周密部署、统筹协调、具体实施世界贫困年宣传、“巴中经验”和新闻采访团、红军长征60周年慰问宣传等重大外宣工作，受到地委领导、新闻单位和文艺界的肯定和赞扬；坚持文明、热情、节俭、周到的原则，成功地接待中组部组织局康能成和省委书记谢世杰，省长宋宝瑞，省委副书记秦玉琴等中央、省及友邻地（市）、县客人50余次。

1997年，为更好地为地委及地级部门搞好服务工作，对新设的专业科室对口联系部门及有关事项进行明确。农村工作科重点联系农建办、农委、扶贫开发办、科委、农业局、林业局、水电局、乡企局、畜牧食品局、农机局、国土局、气象局、供销社、丝绸公司、农行、农发行等部门。城市经济科重点联系计委、经贸委、体改委、财政局、建委、交通局、贸易局、审计局、统计局、工商局、国税局、地税局、粮食局、物价局、环保局、电业局、稽征处、人行、工行、建行、中行、人险公司、财险公司、烟草公司、地运司等部门。党群政法社会事业科重点联系军分区、纪委、组织部、宣传部、统战部、政法委、直工委、人大办、行署办、政协办、检察分院、中级法院、党校、老干局、工会、团委、妇联、科协、巴中日报社、教委、公安处、监察局、民政局、司法局、人劳局、文体局、广电局、卫生局、计生委、邮电局、武警支队、消防支队等部门。地委办公室专业科室同部门的联系是在地委秘书长、地委办公室主任分工领导下，与地级部门进行业务联系。各职能部门除继续保持与行署办及上级主管部门的联系外，同时加强对本部门办公室工作的领导，及时、准确、全面地向地委办公室及专业科室报送材料，反馈信息，努力为地委决策搞好服务；地委办公室各专业科室对部门报送的材料及时登记，认真阅处，定期通报，并纳入年终对部门进行考核的内容。

1999年，地委、人大工委、行署、政协工委秘书长、办公室主任联席会本年度第一次会议在地人大工委会议室召开。会议一致通过建立四大家秘书长、办公室主任联席会制度，决定每季度召开一次联席会议，由四大家办公室轮流承办。

第二节　文　秘

20世纪50年代初中期，各县建立定期会议制度，尽量不开或少开无准备的会议。1959年，文书处理工作基本做到“五快”“三及时”（撰稿快、打印快、校对快、收发快、送交领导批阅快，包装及时、投递及时、运转及时）。

60年代初，建立一套简单易行的文书处理工作制度，主要有收发文、会议和电话会议、文书拟办签批等制度。1962年，各县建立健全党组（委）、支部文书处理、文件收发、会议记录制度，明确文书存档、归档程序。1963年，改进文书处理，文件办理比较及时，建立党内文件管理制度。

70年代末，各县认真贯彻省委办公厅《关于当前文书处理工作中存在的问题和今后的意见》，文书处理工作为领导当好助手，为四化建设服务；制定“文书岗位责任制”，明确文书的岗位职责。

80年代，各县执行《四川省各级党委机关文书处理工作试行办法》。举办专职文书培训班，改进公文处理工作，提高公文处理效率；改变上对下层层包办代替，下对上事事请示报告的状况；改进行文关系；严格实行办文责任制；党政行文分开；搞好公文会商会签；严格一文一事制；加速公文运转，建立责任制精简会议，改进会风，各级干部转变作风，从“文山会海”中解脱出来，扎扎实实地抓工作。

1993年后，办公室提高文件、简报、信息等材料的打印、装订质量；公文投递、分送、传阅及时、准确、保密，机要文件、材料专人专柜保管；送发各单位的传真电报件件签字落实，从无电报积压、漏办、误办事故。县委办公会议会前准备，提早筛选、编写、打印议题，提前通知参会人员，使办公会议质量逐步提高，不管是办公室牵头还是参与，各种会议的筹备、组织等都基本做到有条不紊。进一步精简文件，改进文风，对文件、简报等内部刊物进行清理整顿，严格行文制度，严格控制发文和文件、刊物的发送范围，撰写文稿的文字要精炼，简报、信息等内部刊物内容要短小精悍，避免雷同，反映情况及时准确。办公会议实行例会制度，实行会议申报和审批制度。地、县（市）党委办公室牵头建立文件交换站，加快文件的运转和交换。1996年8月，地委、行署举办主任、秘书长、办公室主任培训工作，全面改革办文、办会、办事作风，为巩固、发展巴中经验工作作出新贡献。1997年，制订公文草拟、签发、打印、传递、管理等系列规章制度，严格依照程序办文。

至2000年，市委办公室共打印文件4883件，收签分送文件、信件、报刊41.34万份（件、期）。清退秘密文件，刊物3.47万份。其中，1999年精简会议150次、精减文件80多期，节约经费180多万元。是年，各级党委领导班子成员带头执行精文简会制度，严格实行会议审批制度。同时，召开的全市城市建设现场会、农村工作流动现场会等较大型的重要会议，赢得参会代表的好评。

第三节　保　密

一、保密责任制

20世纪50年代起，各级党委、政府先后印发保密工作文件，把保密工作纳入单位年度工作目标考核和不定期地表彰奖励。各级保密组织认真履行职责，树立保密理念，抓好保密工作。

1994年起，地、县（市）党委、政府把保密工作列入议事日程，与发展本地经济和各项业务工作的开展同步进行，做到同安排、同部署、同检查、同考评、同分析、同总结。保密部门签订管理责任书制度、失泄密查办制度，推动保密工作健康发展。

60年代初，各县区委、公社党委建立保密小组，党支部设保密委员会。各县委、县人委办公室，开展“三查”（清查机绝密文件、检查保密制度、审查机要人员）工作，增强保密观念。

1966年后，机构瘫痪，至70年代末各县逐步恢复。80年代，保密工作实行分口管理、逐级分工负责制，健全制度，严明纪律。

党政把加强保密工作纳入领导干部的重要职责。根据党中央、省委关于各级领导干部特别是一、二把手对加强保密工作负有重要责任的指示精神和地委决定、地委保密委员会的制定的《巴中地区党政领导干部保密工作责任制》，各级领导干部按此规定严格自我约束，从本人做起，从本地、本部门抓起。各级党政把保密工作纳入领导机关目标管理和各级领导干部绩效考核和重要内容。按照《关于全区保密工作目标管理的意见》，坚持每年底组织地、县保密干部对各级各部门的保密工作进行一次认真考核验收，并作为单位和干部评先、创优和奖惩的重要依据。保证机构人员、业务经费、领导三落实。把保密教育纳入各级党校干校干部培训的计划，重点抓好在职科以上干部保密工作性的教育。把遵守保密纪律纳入各级领导班子民主生活会的内容，坚持半年和年终对各级党政领导干部遵守保密纪律的情况进行认真对照检查，针对存在的问题，及时提出整改措施。

1998年，制定《巴中地区各级各部门保密工作职责》，进一步健全和完善保密管理的激励和督办机制。1999 年，各级、各部门党政主要领导，经常过问、关心、支持保密工作；分管保密工作的负责人自觉担负起具体领导的责任；分管有关方面工作的负责人，自觉管好分管工作范围内的保密工作。各级党政领导自觉接受各级党的保密委员会关于履行保密工作责任制情况的监督检查。

2000 年，全市各级、各部门特别是各级领导干部站在政治和战略的高度，充分认识保密工作的重要地位和作用，克服“改革开放无密可保”“保密工作可有可无、可轻可重”“保密工作不涉及经济、不影响大局”的错误消极观念，把思想真正统一到中央《决定》上来。同时，在全市范围内开展对《党政领导干部保密工作责任制规定》执行情况进行检查。各县（区）和市级部门向市委保密委写出自查报告。检查结果，全市落实《责任制规定》较好。

二、保密宣传教育

20 世纪 60 年代，各县层层开展保密教育，审查机要、秘书部门人员的政治情况、社会关系及现实表现。

60 年代末至 70 年代中期，保密宣传教育无法正常开展。

70 年代末至 80 年代初，各级党委政府制定保密规则，保密组织主要抓《保密法》和《保密法实施办法》学习、宣传、教育，举办保密培训班。80 年代中期，在普及法律常识期间，各级党委、政府将保密法规的普及纳入普法的重要内容，坚持“五统一”（统一规划、统一部署、统一培训骨干、统一授课、统一检查验收标准），按照规划抓落实。

1991—1995 年，“二五”普法期间，各级党、政对普法的情况有分析、有研究、有检查，分管领导经常听取和过问普法的情况，县处级党政部门专题分析研究情况 58 次，对普法工作中出现的情况和困难及时研究解决。县以上党政机关下发 14 个关于加强保密工作的文件，召开各种会议 44 次，有 52 个县处级机关把保密工作纳入目标考核内容，县（市）委、政府及人大常委会专门听取保密部门关于保密法普法的情况汇报 41 次，全地区共印发县以上领导干部遵守十条保密守则 1200 份，发至领导手中，张贴上墙。地委把保密法制教育纳入党校干部培训计划，在地县党校、干校开设保密课形成制度。共培训干部 2. 24 万人（次），县以上领导干部讲保密法法制课 152 次，有 1483 名科以上领导干部接受保密法制的正轨培训。各级党、政领导成员特别是各级党政分管保密工作的领导对本单位保密工作情况和有关保密规定基本熟知。在方法上，坚持灌输与疏导相结合、口头与文字相结合、会上与会后相结合、正反案例教育相结合、现代与传统的教育相结合。重点抓广大党员的模范作用教育、干部职工的保密义务教育，不断丰富广大干部群众的保密知识，实现保密观念的转变，增强机关干部的保密意识和服务意识。在形式上，采取会上讲、广播传、影视放、知识赛、书面考等办法广泛宣传，为机关干部职工共讲保密知识课 125 堂（次），听课达 5 万余人（次）；举办学法守法专题讲座 35 次；举办板墙、墙报、图片和摄影展览 168 期（次），观众达 10 万余人；组织机关干部学法考试，参考人数达 8600 人（次），考试成绩均在优良以上；举办各类保密人员业务培训班 135 次；举办各类保密业务知识竞赛 25 次，参赛干部 300 人；组织召开各种经验交流会、现场会 30 余次，交流典型经验材料 153 份。根据《保密法》《保密法实施办法》的规定，参照有关法律规定制订 35 种保密规章制度，汇编印发 8000 多册；17 种《保密规章制度》1. 8 万张（册），发至各部门、各工作岗位，使全体机关工作人员做到有章可循。

1996 年春节前夕，地委保密委员会召开地级机关保密工作形势报告会，由分管保密工作的地委副书记李克明和地委委员、地委保密委主任张忠孝为地级机关 700 多名科以上干部进行保密形势教育，并将《报告》印发各县（市）、地级各部门。地、县（市）保密部门为 2500 多名干部讲授保密法制教育课，利用本地报刊、电台、电视台刊播保密宣传稿件 40 余份，开设保密法律知识讲座 13

次，在机关、厂矿、农村为干部群众放映保密录像41场（次），观众1.2万人。

1999—2000年，各级保密组织、保密工作部门采取以面授培训为主的多种方法，运用典型案例，以案讲法，通过讲保密课、开展知识竞赛、广播电视讲座等，广泛宣传《保密法》，在进一步强化对广大干部群众的保密法制宣传教育的同时，重点加强对各级领导干部和涉密人员的保密法制宣传教育，增强法制观念，提高遵纪守法和执法的自觉性。各级保密组织、保密工作部门通过“三五”普法保密法规宣传教育，积极参加上级举办的现代通信、办公自动化和执法人员资格培训会、研讨会，不断学习、探索、更新知识，保密干部能够熟练地掌握和运用保密法律法规，提高业务水平和依法行政的能力。各级党校、干校把保密教育作为培训制度，加强对党政机关干部的保密法制教育。

三、保密技术防范

中华人民共和国成立后，境内各级保密组织主要抓保密预防、指导协调、督促检查等工作。

1978年后，境内各级保密组织、保密部门围绕地区经济发展战略，贴近支柱产业新的经济增长点开展保密工作，切实加强经济、科技保密工作管理。在管好国家秘密的基础上，指导有关部门管好本地区、本部门的商业秘密和传统工艺秘诀，坚持既确保国家秘密的安全，又有利于对外交流合作的原则，促进保密工作与经济、科技工作协调发展；正确处理经济发展与保密工作发展的关系，使保密工作逐步适应经济发展速度，缩小保密工作发展与经济发展的差距；坚持“三个有利于”（有利于发展社会主义社会生产力、有利于增强社会主义国家的综合国力、有利于提高人民的生活水平）的原则，认真落实江泽民关于“革命战争年代保密就是保生存、保胜利；和平建设时期保密就是保安全、保发展”的重要指示精神，使保密工作更有利于经济发展，有利于国家的安全和社会的稳定；把党委、政府关注的与经济发展、科技进步密切相关的热点问题摆在突出位置，开展调查研究，制订管理办法，着力加以解决，主动抓好重点项目、重大活动中的保密工作，加强对企业保密工作的指导和管理，坚持和完善企业保密工作联系点的工作制度，积极探索做好经济、科技保密工作的新途径。

1996年，地委保密委员会先后在全地区总结推广地区粮食局、巴中市（县级）粮食局、巴中市（县级）米面厂、平昌江口醇酒厂、通江县絮棉厂、南江县黄羊研究所等单位抓经济、科技保密工作的经验，指导全地区经济部门、科研单位和企业加强国家秘密和商业秘密的管理工作，帮助经济、科技单位建立健全以经济科技部门为主体的科技保密组织，落实“谁主管、谁负责”的保密管理责任制。指导涉外企业严格划清密与非密、核心秘密与非核心秘密、国家秘密与商业秘密的界限，开展经济、科技保密范围的定密工作，严把对外提供资料关。在全地区范围内推广加密电话机116部，防窃用电话精灵达150个，公文密码箱167个，保密碎纸机4部，电话智能管理器50个。针对空中失泄密突出的问题，地委保密委员会制定下发《无线电话保密管理暂行规定》，对全地区无线电话进行普查登记和发证工作。在财政经费十分困难的情况下，地区财政拨专款订购国家保密局统一配备的无线通讯技术监测设备。

1997年，地委保密委员会制定下发《巴中地区“九五”保密技术工作发展规划》，地委保密委员会与各县（市）、各部门签订执行“九五”保密技术工作发展目标责任书。截至12月底，全地区完成无线通信保密技术检查设备1套、加密电话126部、微机视频防辐射干扰器18部、保密碎纸机16部。1998—1999年，全地区加强以通信、办公自动化和计算机信息网络安全保密管理为重点的防范工作，积极开展对党政要害部位（部门）执行保密规定及保密技术防范情况的调查研究。针对国际互联网上信息和党政专用网、局域网信息的安全保密管理存在的问题，严格执行《计算机信息系统保密管理暂行规定和审批办法》，制定下发《巴中地区计算机网络保密管理办法》。截至1999年12月底，全地区配置计算机网络防辐射保护器55台，为领导干部、要害部门配备保密碎纸机48台，实现省上规定的办公自动化、计算机网络的设防率达到50%的要求。

2000年，全市开展《保密技术工作“九五”发展规划》落实情况的专项检查。对未落实《规划》的部门和单位发出整改通知书，限期整改。市级财政投入资金3万余元，给市级主要领导干部配备计算机防贴身干扰器，购买大功率碎纸机，在市委机关建立文件资料碎纸场；同时还拨出专款给保密局配置计算机设备。各县（区）和市级部门也相应增加投入，增添一定数量的保密专用设备。在认真贯彻落实国家保密局有关现代通信办公自动化和涉密计算机管理办法和暂行规定的同时，结合巴中实际，制定和完善有关计算机网络建设、上网信息保密审查和涉密计算机保密管理等规章制度，确定巴中市涉密计算机设计施工定点单位，规范涉密计算机保密行业管理。

四、保密执法检查

20世纪50年代，各县经常开展保密检查，处理失泄密事件和案件。60年代，各县保密委员会，对出售废书报进行检查，涉及有绝密文件的进行追回，对有泄密事件的单位进行通报。60年代末至70年代中期，执法检查工作停止。80年代初，各县局级以上党组织均建立保密小组，健全制度，严明纪律，配备兼职干部开展保密工作，进行执法检查。1981年，巴中县查处违反保密规定3起，失密事件2起，有5人被追究责任，2人调离机要工作岗位。

1994年，对《新闻出版保密规定》和《对外经济合作提供资料保密督行规定》执行情况进行检查。地区保密局采取统一安排、统一时间、统一标准、统一要求，集中力量检查的办法。保密部门精心组织，各主管部门密切配合，分管领导高度重视，保证两项法规执行情况检查工作按时按质完成。核发“印制复制国家秘密载体印刷许可证”13份、“打印复印行业注册登记证”165份。通过核发证工作的开展，向社会宣传《复制国家秘密载体管理办法》的内容，提高对定点复制单位的知名度，便于广大群众对非定点单位擅自印刷秘密载体的监督。同时，推动办公自动化设施的管理。

1996年，中共四川省委保密委员会《关于对地厅级领导干部进行一次保密检查》的通知下发后，地委保密委员会立即对地级领导干部保密检查进行安排部署，加强检查工作的落实。全地区19名地级领导除1名出国学习外，都自觉按省上要求的时间完成自查任务。全地区应参加保密自查的县处级领导干部340名，涉及111个部门和单位，有107个部门完成自查任务，占应查任务的97%，向地、县保密组织交自查书面报告的332人，占应查人数的97.7%。同时，加大查处失泄密案件力度，全地区保密部门会同纪检、监察和司法部门查处违纪违章案件9起，堵塞失泄密漏洞15处，扭转以往对失泄密行为发现不及时、查处不力、处理不严的状况。

1999年，地委保密委员会组织53人（次），对全地区4家国有新华书店、23个邮亭、22家租书店、34家售书店和100多家国有、个体印刷、复印打字企业（门市）和115部涉密计算机，全面开展《新闻出版保密规定》《复印国家秘密载体暂行管理办法》《现代通信、办公自动化、计算机网络保密管理规定》和清理收藏非法出版泄密刊物等项保密专项检查。查处14起违章违规的失泄密漏洞，通报南江县乡企局擅自销毁和丢失秘密级地图的失密情况。把保密法规教育同查处失泄密隐患有机结合起来，把保密监督同执法检查有机结合起来，进一步强化保密执纪、执法的力度。

第四节 信 访

一、信访受理

中华人民共和国成立后，境内人民当家做主，人民对政府逐步信赖，凡遇于己于公不如意的事，都要找村委会或乡政府解决。有文化的群众还给上一级政府写信反映或检举基层干部违背原则的事。党和政府也在相关职能部门设置专、兼职信访机构，专门接待和处理人民来信来访。

1952—1959年，境内各县来信来访主要反映基层政府、农林、文卫、政法等机关干部的官僚主义作风、复员军人的安置就业、现役军人家庭生活困难、破坏军婚行为、少数国家机关工作人员搞强迫命令，反映农村医疗条件差、农民看病难等问题。巴中、通江、平昌3县群众来信来访5509件，年均689件，其中来信4063件、来访1446件。

1960—1970年，来信集中反映的问题有揭发干部多吃多占，要求解决复员军人安置及居住、生活困难，甄别错误，反映群众衣食住行等生活上的具体困难及询问、建议等。巴中、通江、平昌3县共接收（待）群众来信来访1.43万件，年均1302件，其中来信8466件、来访5859件。

1971—1980年，各县信件主要反映极“左”化、人民群众的合法权益受损害等，群众来信来访求政府解决。巴中、通江、平昌3县共接收、接待人民来信来访4.64万件，年均4641件，其中来信2.46万件、来访2.18万件。

1981—1992年，各县信访内容主要是要求解决冤假错案及包产到户后的遗留问题，反映干部的经济问题和个别人违反计划生育政策方面的问题。通江、南江、巴中、平昌4县共接收、接待群众来信来访7.02万件，年均5847件，其中来信4.9万件、来访2.12万件。

1993年后，全地区信访网络基本形成。由于历史遗留问题积案较多，人民群众来信来访逐年增多。信访类型有城市征地中的问题比较突出；一些历史遗留问题没有得到解决，还有相当一部分冤假错案虽已平反、改判、纠错，但涉及的公职、工资、户粮关系等问题没有落实。如，通江、南江、巴中“二战”时期的错案已纠，但户粮、补贴等由于受指标的限制至今未予解决，给定的政策没有得到完全落实；反映教师工资未兑现；申诉案件增加；反映一些基层干部和县（处）级领导干部不廉洁、安插亲信、占地建私房；反映公路设卡收费仍在继续等。是年，全地区党政信访办共接收接待人民群众来信来访2798件，其中来信1600件、来访1198件。

1994年，信访反映的类型有遗留问题难以解决；一些干部以权谋私，违法违纪严重；乱砍滥伐林木；一些干部违背政策，超计划生育；一些村干部乱批土地私人建房等。地委、行署共受理来信来访1110件，其中来信837件，来访273件。信访中，批评建议占6.69%，检举控告占20.06%，申诉占12.15%，求决占52.59%，其他占8.51%。

1995年，越级信访的部分内容有反映农村一些基层干部、执法人员粗暴侵犯公民人身权利。乡、村、社和治安室、计划生育等部门的个别人员非法拘禁群众，提门扭锁、牵牲畜、拆房子，甚至私设公堂，连夜审判群众；打击报复信访群众。一些执法人员和基层干部因超生、赌博、贪污、滥用职权等问题被揭发、查处后，寻找机会打击迫害信访群众；一些职能机关作风粗暴，以权谋私。具体表现在乱收费、乱罚款、乱扣留，随意动用刑具等行为。全地区县以上党政信访部门共接待受理群众来信来访4628件（次），初信初访占信访总案数的91.59%。

1997年，全地区地县党政信访部门共受理人民群众来信来访5736件，其中来信4266件，来访

1470件；4县（市）与地级部门受理人民群众来信来访共4386件（次），其中来信3480件（次），来访906人（次）；地委、行署信访办受理人民群众来信来访共1350件（次），其中来信1200件（次），来访150人（次）。在全地区信访中，建议批评504件，检举揭发1172件，申诉575件，求决2490件；信件总案数5181件，其中来信案3752件，来访案1429件。

1998年，地委、行署信访办和各县（市）委、政府信访部门，地级各部门共受理人民群众来信来访6598件（次），比1997年同期增长13%。其中，来信3643件，比1997年同期减少12.4%；来访2955人（次），比1997年同期增长44.5%，县（市）、地级各部门受理信访3841件（次），比1997年同期减少13%；地委、行署信访办受理群众信访2757件（次），比1997年同期增长55%。全地区集体上访64批1988人（次），比1997年增加27批1160人（次）。

1999年，在信访中，城镇主要反映情况是部分企业法人代表利用企业改制随意出卖企业资产，不顾职工利益（如东亿公司），困难企事业和乡镇站所拖欠、停发、减发职工、教师和离退休人员工资和退休金、医疗费，造成部分职工生活困难；涉及国计民生的服务行业如水、电、医疗、通讯等部门服务质量较差，收费高；城市拆迁和开发建设中补偿、还房、土地征用、安置等问题；反映法院系统对经济、民事案件处理、判决不公，有些案件虽判决，但迟迟不予执行，当事人感到现在是有“法”变成无“法”；历史遗留问题越级重复上访较为突出，处理难度大。农村方面主要反映是极个别乡、村仍有违反中央和省上关于农民负担的规定，还存在层层加码现象；部分基层领导干部素质差，工作方法简单、粗暴，在群众中造成不好影响；少数干部以权谋私、公款吃喝、行贿受贿、打牌娱乐不注意场合，影响极坏等；个别家庭由于年老体弱，又连年受灾，患疾病等原因，拖欠各种税费上万元，家庭生活十分困难；小城镇建设占地严重，要求制止。是年，地委、行署信访办和各县（市）委、政府信访部门、地级各部门共受理人民群众来信来访7384件（次），比1998年同期增长11.91%。其中，来信3685件，比1998年同期增加1.15%；来访3699人（次），比1998年同期增长25.18%。县（市）、地级各部门受理信访4668件（次），比1998年同期增加21.53%；地委、行署信访办受理群众信访2716件（次），比1998年同期减少1.49%。全地区集体上访81批1431人（次），比1998年增长17批减少557人（次）。

2000年，全市共受理人民群众来信来访总量为8651件。其中，来信4223件，比1999年增长6%；来访4428人（次），比1999年增长25%；集访122批，比1999年增长50.62%，集访人数3048人次，比1999年增长1.13倍。在信访总量中，建议批评类175件，检举控告类1246件，申诉类1309件，求决类5621件。

二、信访查处

（一）查处概况

20世纪50年代，境内各县认真贯彻国务院《关于处理人民来信和接待人民来访工作的决定》，建立人民来信来访登记、编号、转办、催办等各项制度。各县委、政府信访部门根据信访的性质和内容，分不同情况，及时办理，并将办理的情况回复来信人。对有关重大问题送领导批阅后处理。凡涉及面广或问题严重的来信，会同相关部门调查了解后作出处理。1952—1960年，境内巴中、通江、平昌3县县委共办结信访案件1350件，办结率98%。

60年代初，各县县委、县政府作出分级处理、就近处理、矛盾不上交的相关规定。县以下的人民群众要求解决的问题大多数是以口头形式，且严格按照以大队、公社、区、县的组织程序进行反映；未经下一级组织解决或提出解决意见的，上一级组织原则不予受理。1961—1970年，巴中、平昌2县县委、政府立案查处1890件，转发1709件，发出回执3690件，回收回执2534件。

70年代初，由于留下的历史问题增多、信访量增大。各县委、县革委把信访工作纳入重要议事日程。1978年后，信访信息工作逐步经常化、制度化、规范化。到1980年，境内巴中、通江、平昌3县县委、县革委共立案查处信访4624件，转发其他部门办理6624件，发出回执9804件，回执收回8891件。

80年代，境内各县县委、政府建立健全信访工作转办、催办、审理结案、汇集上报等制度。对受理的来信来访，详细摘登内容，认真研究提出意见，根据“归口办理”的原则，分别以专函、便函的形式及时交有关单位办理。对交下去的案件固定人员专门催办，一月一次函催或电话催，一季度一次会审大要案，促进交流查办工作。在处理来信来访中做到“三及时”（要求合理的及时解决，对询问政策的及时答复，重要案件及时送批）。1981—1990年，境内4县委、县政府信访办共立案查处2.49万件，转有关部门处理1.38万件，发出回执3.33万件，回执收回2.11万件。

1991年起，各县每年都把信访工作纳入县委、县政府对各级各部门的年度工作目标管理范围。信访工作坚持“分级负责，归口管理”的原则，认真处理好每一封来信，每一次来访。对所有信访案件，认真做到“四有”（有立案依据，有调查材料，有处理审批记录，有结案报告及笔录材料）。至1993年，境内4县立案查处1714件，转有关部门办理4564件，发出回执2458件，回执收回1895件。

1994—1995年，党政领导亲自动手、安排力量，做到有部署、有检查、定期听取信访工作人员汇报，建立健全规范化的接待和办信制度，注重抓好基层信访工作，从信访源头上解决问题。对群众来信来访反映的问题进行分类排队，根据问题的性质，采取不同的措施进行办理。地委、行署信访办立案查处信访291件，转发3348件，发出回执573件，回执收回510件。

1996年，地委、行署把信访工作纳入全地区两大文明建设的综合目标进行考核。年初，地委、行署制发《巴中地区信访工作要点》，批转《巴中地区信访工作目标管理考评实施办法》，制定《巴中地区信访工作目标管理责任书》和《巴中地区实行逐级信访制度的办法》等，使信访工作有章可循。在处理信访案件中，注重解决群众关心的热点、难点、焦点问题，把集体信访处理在萌芽状态，使“信访老户”彻底息诉。地委、行署信访办根据《信访条例》的规定和分级负责、归口办理的原则，加强基层信访工作的业务指导和自我消化矛盾的能力，不少信访案件解决在基层。地委、行署信访办共立案查处信访案192件（其中省委、省政府交办48件）；办回执818件（次）；调查处理集体信访38批（次），涉及812人；化各种社会矛盾253件（次）；处理信访老户38个；给人民群众复信762件（次）；落实政策350件（次）；送省委、省政府信访信息57条，采用38条；送地委、行署领导信访信息138条，领导批示128条，采用率92%。

1997年，全地区共立案查办信访案281件，结案率95%。其中，县（市）和地级部门立案查办198件；地委、行署信访部门立案查办83件，结案83件，其中完成省委、省政府办案21件，结案率100%；完成地委、行署交办案62件，结案率100%。转有关部门处理4875件，发回执580件，收回执542件，给人民群众复信456件（次）；4县（市）发回执41件，收回执38件，给人民群众复信82件（次），办理落实政策106个（次）。

1998年，地委、行署对群众来信来访反映的问题得到妥善处理，实现无集体进京上访，无信访积案，无新的信访老户产生，老、难、疑案得到解决。是年，地委、行署受理群众来信来访2757件（次），发回执42件，收回执38件；给人民群众复信82件，办理落实政策150人；立案查办信访案73件，到期结案率100%，其中省委交办13件，省政府交办11件，地委、行署交办32件，结案率均为100%；重复信访占信访总数7.5%。

1999年，全地区各级信访部门健全阅信、接待、督办、审理、呈批等一系列《信访条例》规定的规章制度，使信访工作做到有章可循。同时，建立领导责任制，由各级各单位“一把手”对信访工作负总责，一级抓一级，一级对一级负责，哪一级出问题，追究哪一级领导的责任。凡是到地委、行署的重大上访问题，各单位接到通知后，当天即把上访群众领回当地，及时解决，避免矛盾激化。是年，全地区县级以上党、政信访部门共受理群众来信来访7384件（次）。其中，县级受理群众来信来访4668件（次），地委、行署受理群众来信来访2716件（次）；发回执32件，收回执28件，给人民群众复信38件；立案查办信访案58件，到期结案率100%，其中省委、省政府交办21件，到期结案18件，报进度3件，重复信访占信访总数7.6%。

2000年，全市推行和实行信访工作“目标奖惩制，临界监控制，首问责任制，领导包挂制，属地管理制”等制度，信访工作步入制度化轨道。是年，全市党政机关共受理来信来访8651件，办结率95%；中央、省、市交办信访案74件，结案74件；排查信访老、难户39户，办结率100%；发回执42件，收回38件；查结信访大要案285件。

（二）领导办案

20世纪50年代至60年代初期，境内各县每周星期六为县长接待日，由县长亲自接待当天来访的群众，能答复问题的马上答复，能处理的问题及时处理。领导下乡，带案下乡，解决问题，使各种案件基本做到“快办快结”。1950—1965年，巴中、通江、平昌3县党政领导共接待来访群众1246人（次），接收来信1007件，批阅来信982件，亲自办案146件。

1966—1975年，各县委、县革委领导共接待来访人员2086人（次），接收并批阅信件1998件，亲自办案314件。

1980年起，各县开始实行县委常委、县革委正副主任，各区（镇）、各公社领导轮班受理信访的制度，各专（兼）职信访干部开始直接调查或联合处理信访的制度。是年，南江县委直接接待群众采访1350人（次）、受理信件3047件，其中受理进京上访7件、上省信访12件，到达县地区上访3件、到县上访12件；县委领导直接查处落实的268件。

1981—1990年，各县坚持县委、县政府领导轮流到县信访办挂牌接待来访群众和县委、县政府领导亲自阅批群众来信制度。县级领导在接待日到接待室当场接待并处理信访问题，当场不能及时处理的交办到责任单位，限时处理。复杂信访问题通过召开信访专题会议集体“会诊”处理。县委、县政府领导定时组织召开案审办公会议，审结信访案件。巴中县委、县政府、县人大、县政协主要领导亲自处理群众来信4002件，接待来访1985人（次），解决信访问题257件。平昌县委、县政府主要领导共接待来访群众954人（次），接收并阅批来信2981件，亲自办案80件。通江、南江县县委、县政府、人大、政协领导仅1983年、1986年、1989年、1990年亲自阅批处理来信2681件，接待群众来访2302人（次）。

1993年，各县把信访工作纳入各级党委和政府工作目标管理范畴，县级领导亲自接待群众，批阅来信，并建立群众信访登记簿和复信卡，对一些重要信访做到亲自登记、亲自阅批、亲自督办。是年，4县领导接待群众来访406件（次），占信访总户数的17%；对重要信访和集访案件，县级领导亲自协调有关部门，寻求解决途径。各县县级领导亲自办案18件。

1994—1996年，地委、行署主要领导接待上访群众410多人（次），批阅群众来信2120多件，批示立案查处160多件，查办重大信访案20起，参与处理集体上访8起，财政挤拨3.8万元信访业务办公费和电话费，解决信访部门的实际问题。

1997—1998年，全地区召开各类信访工作会议18次，研究解决信访问题88起。地委、行署主要领导主持召开专题办公会议研究信访问题8次。同时，对群众每一件来信都亲自阅批，信访案亲自审视。共阅批群众来信572件，接待群众来访109人（次），处理集体上访5批（次）385人，从中批示立案查办信访案40件。地、县级党政领导亲自阅批群众来信3084件，占来信总量的39%；接待来访1460人（次），占来访总量的33%；处理大要案和集访98件次。

1999年6月1日起，地委、行署实行领导信访值班接待日制度。参加信访值班人员有地委委员、行署副专员。规定每个领导每年信访值班半个月。值班领导负责信访期间来访群众的接待和重要信访案件的处理。信访领导值班期间批示的信访件（案），由地委、行署信访办公室负责督促有关县、市和地级部门办理。

2000年，市委主要领导4次到市委信访办现场办公，研究解决信访工作的重大问题和重点疑难信访案件，亲自排查出12件老难案，批示均由市级领导包案解决。

（三）疑难案查办

20世纪50—70年代，造成不少冤假错案和历史遗留问题。

1978年后，党和政府逐步纠正“左”的路线，使人们的民生、民主权利得到逐步恢复，主动纠正冤假错案和历史遗留问题。但因种种原因，少数历史问题仍未能得到妥善处理，造成当事人不断上访，或集访或越级上访，成为信访“老户”，也成为疑难案件。

80年代，各县信访办按照中央、省、地有关信访工作要求重点抓“四个时期”（反“右”倾斗争、“四清”运动、“文化大革命”运动时期）的积案和历史遗留问题的信访查处工作，通过到基层查、请上来议等办法，解决不少老信访户的问题。1980—1990年，巴中县共处理老案（疑难案）441件。1986—1990年，通江县共解决落实政策和历史遗留问题的信访案件394件，平反和纠正冤假错案327件。平昌县共处理信访疑难案90件。1983—1990年，南江县党政信访办共解决历史遗留问题和平反冤假错案350件。

1993年，对信访老户问题采取“统一部署、领导包案、专人专办、突击查处、注重时效、回访巩固”的方法，坚持“一步到位、以真诚服人、以法律服人、以政策服人”。对老户逐户落实到领导人头，实行四包（对老户包重新调查、包处理、包做思想政治工作、包脱贫致富）。是年，共解决48户信访老户的基本问题。党政领导共承包信访老户16户，均得到妥善处理。

1994—1995年，对上访老户案，地委、行署领导挂包老户案，县（市）领导督查老户案，信访干部办理老户案，老户问题得到有效的控制和解决，共处理信访老户45户。

1996年，对遗留下来的影响社会安定的17件“信访老户，”得到全部处理和较好的安置。其中，对通江的赵会兰、史有鑫，巴中的郭瑞桃、杨子文等人的问题，采取不是推卸的态度，而是积极地向他们宣传政策，为他们想办法，争取渠道，妥善处理。有8年民事纠纷的赵会兰在政府的帮助下已安心经商；对申诉长达12年历史遗留问题的史有鑫作退职处理；要求复工复职的郭瑞桃领到退职费；“上访游子”杨子文已成家立业。

1998年，地委切实加大重复疑难信访问题和案件的处置力度。地、县（市）信访部门将上京去省的重复信访件和老难案件进行一次排查上报，地委将把每一件任务交办到人头。是年12月，共排查出17户信访老、难、疑案，均由地委、行署领导每人包一件的办法进行处理。案件性质有国土纠纷、落实政策、权属纠纷、经济纠纷、民事纠纷、城市拆迁、农民负担、伤残问题、房屋纠纷、生产生活等。至1999年底，17户信访老户的问题已基本得到处理。

2000年，实行市级领导包信访老难疑案的处理制度。市委、政府排查出12件信访老难案，各县（区）排查出27件重点案件，这些案件分别由市委、市政府、县（区）委、县（区）政府领导包案处理，一批信访老户的问题得到妥善处理，受到广大干群的拥护。

第五节　信息调研

一、信息

1950年后，随着通讯事业的不断发展，有线、无线电话率先入户党政机关。20世纪80年代，使用传真机。90年代，普遍使用电子计算机，信息传递及时，量大面广。各县委办公室信息工作始终紧紧围绕县委工作重点，及时发现和掌握经济社会发展中的重点、热点、难点问题，及时反馈县委重大决策在贯彻落实过程中遇到的新情况、新问题，积极做好信息的收集、整理、筛选、传递和上报工作。定期制定信息报送工作要点，及时反馈专题信息，全面反映全县动态。坚持执行全员抓信息的目标责任制和信息日报制，努力拓宽信息源，拓展信息的深度和广度，抓好原始信息的归纳整理，做好有关信息资料的储存、利用和分析，为领导决策提供参考。各县确定专人抓信息工作，并创办信息刊物，以灵、准、短、新、快的形式下情上报、上情下达、反馈工作，为县委领导提供不同层面的信息服务。

1993年，中共巴中地委办公室印发《关于加强党务信息工作的意见》后。各县（市）委、地级各部门强化领导认识，落实专人负责；健全信息网络，疏通反馈渠道；加快报送频率，提高信息质量。地委办公室的联系点每月提供15～20条信息，地级其他部门每月提供10～15条信息，采用率70%以上。

1994年起，信息采编围绕地委工作重点，结合巴中地区实际，实行信息工作目标管理。各县（市）、地级各部门和各信息联系点每月上报信息不少于20条（次）、10条（次），地委办公室每个文秘人员全年上报采用信息不少于8条（次），专职人员不少于25条（次）。同时，坚持信息值周制，由信息督查科、综合科、调研科轮流值周，规定每天上报信息1条（次）。建立信息考评制度，纳入个人岗位目标考核内容，实行量化考核，采取计分制，半年初评、年底总评；建立健全信息工作网络，地委办配备2名专职、6名（兼）职信息工作人员，在地级30多个部门配备30多名专（兼）职信息工作人员；调整充实县（市）委办公室的信息机构，充实8名工作人员，巴中、通江还将信息科从其他科室分离单设。同时，在每个县（市）设立一个区、乡、企业、学校和20个地级单位作为地委办的联系点。全地区范围内初步形成横向到边，纵向到底，纵横交错的信息反馈网络和一支精干的信息工作队伍。是年，巴中地委办公室制定《巴中地区督查信息工作考核奖惩办法》。6月，地委办公室建立信息督查联系点制度。其中，“工作任务和重点”12条，“具体要求”4条。同时，地委办公室对各联系点信息督查上报及采用情况，实行定期通报制度，年终统一考核评比。对采用率高的单位实行通报表扬和物质奖励。实行联系点工作淘汰制度。对流于形式，工作不负责任，失去联系点作用的单位，将取消其联系点资格。到1995年，地委办公室共编发信息903期（条），上报传真信息1201条，被中央办公厅、省委《每日汇报》采用信息231条。

1996年起，信息工作实行目标管理，并建立奖惩激励机制。是年，共上报央中办公厅信息500余条，采用10条；上报省办信息1200余条，被采用243条，其中反映地委主要领导工作思路的信息15条；上报信息和采用量比省委办公厅下达任务翻一番多。信息工作位次名列全省21个市地州前茅。共编发《巴中地区信息》50期，计1000多条，《今日要情》100期，充分、及时地向地委领导反映建地区三年来各条战线的成绩。进一步建立健全各县（市）委、地级各部门信息传递反馈网络，促成并完善平昌县作为省委办公厅信息直报点并实行微机联网。

1998 年，向中央、省上报各类信息 2500 余条，被采用 210 条。特别是基础建设、扶贫攻坚、特色经济、旅游开发四大信息作为重点报送，对宣传巴中经济做出重要贡献。信息科 2 人被省委办公厅表彰为信息工作先进个人。同时，将全地区信息网络建设作为信息工作重中之重来抓，协助督促 4 县（市）及时解决入网问题，投资 2.35 万元完成地委办公室信息终端建设。

1999 年，坚持开展小调研，抓信息工作。是年，共向中央、省上报各类信息 870 条，被采用 105 条。同时，编发《巴中信息》32 期 420 条。成功举办“四川省党委系统川东北片区信息工作会议”，地委办在会上提出“信息是生产力”的观点，引起与会领导高度重视。

2000 年，巴中市巴州区、通江县被确定为省委办公厅党务信息直报点。信息直报点直接向省委办公厅（信息处）报送信息，反馈县（区）委决策思路、工作动态、典型经验、社情民意、紧要突发事件等，纳入全省信息直报点目标管理。是年，全市各级党委上报的信息被省委办公厅采用 210 条（篇），被中央办公厅采用 5 条，重要信息被省委领导批示 8 条，考核得分 730 分，占省委办公厅下达目标的 2.43 倍，在全省 21 个市、州中名列前茅。

二、调研

20 世纪 50—70 年代，各县委办公室（秘书室）定期不定期地组成政策调研组，抽调人员深入农村、企事业单位，配合中心工作，收集真实可靠的材料，进行调研工作。各县把综合调研作为重点，根据各个环节、各个阶段，通过各个部门或县上召开有关会议，收集和整理材料，了解掌握情况，进行综合研究，提供参考资料。

80 年代至 90 年代初，各县委办公室组成专门班子，深入农村、机关、学校、企事业单位进行综合调研。主要对改革开放后各条战线反映的新情况、新问题及解决的新办法、新措施进行调研。分线掌握农、工、财、教等方面的情况；经常深入基层调查研究、总结经验，发现和分析问题，为领导决策提供参考；主动与有关部门加强联系，沟通信息，起好部门与政府与办公室之间的纽带作用；为办公室提供综合情况及相关资料；办好调研刊物，全面反映本地区群众关心的热点、难点、焦点问题。同时，组建调研机构，落实专门人员，并明确职责范围.

1993—1994 年，开展有针对性的超前调研，决策出台的追踪后续调研和综合性的调研。根据调研资料，地委制定出《关于狠抓基础推动全区经济发展的意见》《关于加速发展农业和农村经济的意见》《关于加快全区工业发展步伐的意见》等七个正式文件。同时，撰写和编发调研文章 24 篇，被省委办公厅及省级以上部门采用 10 篇；编发调研信息 32 条，被省委常委办采用 16 条。共写新闻报道 130 篇，采用 100 余篇。为系统反映建地区一年来各部门在地委、行署领导下所取得的主要成绩，由办公室牵头组织编辑的《跋涉中的辉煌》一书出版发行。

1995—1996 年，调研工作紧紧围绕农业、交通重点建设、扶贫攻坚、企业扭亏增盈、个体私营经济发展、金融体制改革等全地区经济发展重点等开展调研。共编发《调查研究》48 期，其中《实施“四大工程”，实现“两个转变”》《发展人畜饮水、造福山区人民》等调研文章，被省委《调查与决策》和《农村建设》刊用后，省级报刊相继刊用，为“巴中经验”丰富内容；《关于巴中地区扶贫攻坚情况的调查》《巴中地区经济发展现状及构思》《贸工农一体化经营的成功尝试》等 22 篇调研文章被中央、省、地报刊及内部刊物采用，及时为地委领导提供翔实、有效的决策依据。

1997—1998 年，围绕地委、行署提出的以非公有制经济为主构建区域经济框架，深度开发第一产业、大力发展第三产业、积极发展第二产业，科技增收流通增效，大开放促大发展，大力开发劳动力资源，以交通建设为重点的基础设施建设等工作思路和深化国有企业改革、建立村级财政管理制度、农民增收情况、解决农村特困农户生产、生活等重点问题，直接深入基层进行调研，提出决策依据，并撰写一批有价值的调研报告、总结材料和署名文章，被中央、省刊用53篇，出版《调研与决策》39期。

1999—2000年，重点围绕文明新村建设、公路集镇管理、减轻农民负担、干部作风转变、乡镇公开评税、开发旅游、农业种植结构调整、乡镇债务、计划生育基层基础工作等10多项专题调研，撰写一批有价值的调研报告。同时，每年出《调研与决策》40期。

第六节　目标管理

川陕省苏维埃时期，省、道、县委及省、道、县苏维埃政府年初拟定全年工作计划，季度或半年进行分析，年终进行总结，表彰奖励先进，对未完成任务者，予以检讨或撤职处分。

20世纪50年代起，中央和地方政府制定“国民生产五年计划”，每年度又分别提出完成各项任务目标，会统人员按月、季将完成情况逐级上报。年终各级党委、政府根据完成目标情况分别对下级给予表彰奖励、批评教育。

80年代，各县县委、政府对党政干部进行考核，并拿出一定奖金作为年度工作奖和超产奖。同时，把党务工作纳入目标管理，对组织、纪检、宣传、统战、政法、信息调研、协调服务等工作进行考核。

1993年，地、县（市）党委、政府两办把实行目标管理作为现代管理的重要内容，制发《关于做好部门目标管理工作的通知》，规定目标管理的范围、原则、管理体系、目标任务的确定、目标完成情况的检查与考评奖惩等。各级各部门按照有关规定进行自查，随时掌握目标执行情况，并按政府和统计局的要求按时填报月、季报表抄送地委、行署办公室。地委、政府两办根据工作要求对各部门的目标执行情况进行抽查，并予通报，至此，一年一度的目标考核管理形成常规。

1994年，成立地级机关目标管理工作领导小组，负责组织领导整个地级机关的目标管理工作，确定一名副书记和一名副专员分管目标管理工作，协调解决有关重大问题。目标管理工作由地委办、行署办牵头，在地级机关目标管理工作领导小组的统一领导下进行。两办成立目标管理科，确定一名副主任和两名干部专门负责抓地委、系统目标的确定、分解检查监控和年终考核等具体工作。

1995年起，地委、行署每年底组织考评组，对县（市）和地级各部门目标完成情况进行认真考核。对目标完成好的县（市）和有关部门年终给予重奖，对完不成的给予重惩。保证省委、省政府及地委、行署总体目标的实现。对连续三年获得目标管理一等奖的部门，地委、行署授予“目标管理”先进单位；对连续三年目标管理三等奖的单位领导班子进行调整。到2000年，全市仍采取这种方法进行考核和管理。

第七节　督查督办

1951—1966年，境内各县委办公室派工作组督查督办，促使各项工作落到实处。1967—1979年，督查督办较少，无资料记载。

1980—1990年，督查督办实行目标责任制管理，层层签订目标责任书，层层分解目标责任，目标责任落实到人头。目标督查领导小组随时抽查各部门目标完成情况，好的总结经验，差的找出原因，增添措施，并予通报，及时解决目标任务执行中存在的问题。各县县委办公室加大督查督办力度，坚持把督查督办作为贯彻落实县委工作思路、科学决策和重大部署的重要手段，对县委重大决策和工作部署的落实情况等重大问题及领导关心、群众关注的社会敏感的热难点问题进行督查督办。

1991 年后，各县督查督办始终紧扣县委各个时期的中心开展工作，突出督查重点。对党的各项方针政策，中央、省、地重要文件和会议精神以及上级领导交办事项的贯彻落实情况进行督查；对县委重大决策、重大工作部署和重要会议精神以及县委领导临时交办事项的贯彻落实情况进行督查；对执行政策、法规和规章中的热难点问题，县以上新闻单位的舆论监督和相关部门反映的民情民意民愿进行督查督办；对县内各地和县级各部门领导班子、干部队伍的政治纪律、工作作风等情况进行经常性督查。

1993 年，中共巴中地委办公室印发《关于加强督促检查工作的通知》。明确督查内容，健全督查制度，严明督查纪律，加强对督查工作的领导。是年，先后列出督查调研专题 184 项，组织大的督查调研活动 5 次，办督查工作简报、通报和专报 44 期，发督查调研信息 52 条，被省委办公厅《督查工作》刊用 13 期（条）、《情况快报》和《每日汇报》刊用 22 条。

1994—1995 年，除切实抓地委领导交办事项的督查督办外，还重点突出抓通讯、交通、能源、江北新区建设落实情况的督查反馈；抓全地区抗灾救灾工作情况的督查反馈；抓全地区农村工作会议情况的督查反馈。全地区共列出督查专题 160 个，收到督查汇报材料 200 余篇（条），编发《督查工作》（含督查与调研）47 期，计 120 多条，上报省委办公厅督查专报 38 期，被采用 18 期（条）。

1996 年，围绕地委、行署制定的经济社会发展战略和阶段性奋斗目标的一系列重大决策，重大工作部署开展督促检查。先后编发《督查工作》80 期、《督查工作》增刊 18 期，《督查专报》30 期。分别占全年责任目标的 300%、120%、125%。比较突出地反映全省、全地区农田水利基本建设现场会、农业“四大工程”现场会议、全地区工业工作会议、地委第六次扩大会议、农村工作领导小组会议、扶贫开发、“两春”生产、个体私营经济发展、减轻农民负担以及贯彻落实十四届六中全会、地委第七次扩大会议等专题的系列督查反馈，为地委领导及时掌握下情、科学决策工作，提供及时有效的参谋依据。督查专报材料被省委办公厅采用 15 期（条），其中专条 5 条，名列全省前三名，为省委、省政府了解巴中地区工作动态提供方便。其中，《关于农民负担工作的情况汇报》客观地反映地委抓减轻农民负担工作的办法措施，受到省委领导重视，并批示转发全省参考。

1997 年，围绕地委关于全地区扶贫攻坚、庭院经济、所有制实现的多种形式、基层组织建设等一系列重大决策。特别是重点抓全地区“三干会”、地区领导干部学习会和全省扶贫工作会议各项决策的督促检查工作，保证地委各项决策落到实处。同时，地委办公室把抓好对领导工作的督查列为重点，收到“督领导、领导督，项项决策落实处”的效果。

1998 年，地委、行署制定《1998 年度县（市）重点工作完成情况考核评比奖励办法》。是年，决定由地委督查办牵头对全地区四县进行审计目标考核。考评对象是县（市）委书记、人大常委会主任、县（市）长、县（市）政协主席四个“一把手”。考核内容是财政税收；文明新村建设；公路、集镇建设；党风廉政建设和社会稳定。考核办法是年终各县（市）自查申报与地区重点抽查相结合，以地区重点抽查为主进行考核、评比。以 4 项内容各按 100 分考核计分，再按实际得分综合考核评定。奖励办法根据各县（市）综合考评得分，求出应得奖金总额，并按照 3.8∶3.2∶1.5∶1.5 的比例奖到县（市）委书记、县（市）长、县（市）人大常委会主任、县（市）政协主席岗位。考评时间从 1999 年 1 月开始。编发《督查工作》30 期，上报《督查专报》31 期，被省上采用 8 期。同时，对全地区经济工作会、科技流通会、地委学习会、乡镇干部会的贯彻情况进行专题督查、系列反馈；对干线公路建设、国有企业改革各项工作进行督查调研，对推进工作落实发挥较好的作用。

1999 年起，重点围绕地委制定的经济社会发展战略和阶段性奋斗目标的一系列重大决策、重大部署开展督促检查。比较系统地抓全地区经济工作会议、农田水利基本建设现场会、抗灾救灾工作会、学习竹坝经验报告会、桃园学习会、工业经济工作会、农民增收减负工作会等会议精神落实情况的专项督查。是年，编发《督查工作》37 期，编报《督查专报》20 期，工作汇报 8 篇，被省上采用 4 篇。

1993—2000 年巴中群众来信来访情况

表 20—1

单位：件、人、%

年度	信访总件数	其中		信访总案数	其中		信访总量分类					案件办理				重复信访		
		来信件数	来访人数		来信案数	来访案数	建议批评类	检举控告类	申诉类	求决类	其他类	立案查处	转发	发出回执数	回收回执数	其中复信	信访人数	占信访总数%
1993	613	502	111	598	469	129	33	135	112	233	100	23	293	169	62	108	153	25.00
1994	1019	719	300	890	671	219	45	167	198	389	220	61	732	40	40	72	148	14.50
1995	4628	3738	890	4218	3549	749	842	640	523	1648	975	230	2616	533	470	591	592	12.79
1996	4257	3528	729	3618	2816	802	613	1086	516	1164	878	192	3247	818	776	762	815	19.14
1997	5736	4266	1470	5181	3752	1429	504	1172	575	2490	995	281	4875	580	545	456	614	10.70
1998	6598	3643	2955	5938	4156	1782	270	1145	702	4036	436	78	6478	42	38	82	495	7.50
1999	7384	3685	2799	6416	5478	938	585	1615	865	3930	389	58	7294	32	28	38	561	7.60
2000	8651	4223	4428	7872	5869	2003	175	1246	1309	5621	300	113	8496	42	38	521	672	7.77

注：1993—1994 年为地级党政信访办数量，其余年份为市、县（区）党政信访办及市级部门数量

第四章　纪检监察

第一节　纪律检查

一、检查权限

1952 年，各县委纪委尚未配备专职干部，党内违纪案件的检查一般由基层党组织负责，重要案件由县委和县委组织部临时指派干部检查。1953 年后，县委纪（监）委陆续增配专职干部，除对基层党组织的党风和党员干部遵守党纪进行不定期调查外，凡性质严重、牵涉面广、影响较大或担任乡以上党政领导职务的党员违纪案件，均由县委纪（监）委直接检查或协同有关部门、单位检查处理。

1956 年，根据中央监委规定，涉及同级党委成员的案件报请同级党委同意并报告上一级纪（监）委备案后立案检查，如同级党委不同意检查的，则单独报请上级纪（监）委批准后立案检查；涉及同级党委主要负责人的案件报告上级党委、纪（监）委批准立案检查；按管干权限该下级或同级党委、纪（监）委立案检查，但涉及面广、问题复杂、性质严重的案件均由犯错误干部所在单位的上一级（或两级）党委、纪（监）委立案检查；对于与本纪检机关无领导或被领导关系的军队、地方

单位的纪检组织函、电请求协助查证或委托查证的事项，均应提供必要的帮助，或代为检查取证，并将检查结果函告委托单位（同时附送有关查证材料）。

1958 年，农村党员受警告、严重警告处分的批准权限下放到党的总支委员会；受撤销党内职务、留党察看处分的批准权限下放到区委或基层党委。1966—1976 年，纪检监察工作瘫痪。

1978 年，各县委纪委恢复重建后，所有违纪党员的立案查处均由县委纪委审批，副科级以上的党员领导干部报县委审批，正科级以上实职领导干部撤职以上的处分报地纪委审批。1984 年，开始执行“一级抓一级”的党风建设责任制，县级纪委负责抓区（局）级党员干部违纪案件及区（局）级以下党员干部违纪情况复杂、事情重大案件的立案检查。区乡（镇）机关中其他党员和农村中党员违犯党纪的，由区委、区纪委（纪检组）决定立案检查。

1994 年，地委批转地纪委、监察局《关于查处党纪、政纪案件批准权限的规定》，进一步完善、规范党员干部违犯党纪、政纪立案检查的规定。至 2000 年无变化。

二、检查重点

1950－1951 年，纪检工作由组织部门兼管。1952－1966 年，结合“三反”（反对贪污、反对浪费、反对官僚主义）运动；结合粮食统购统销中心工作；结合农业合作化运动、整党整社、私改、清反等工作；结合整风“反右”斗争；结合整党整社的社会主义教育运动；结合贯彻中央农村人民公社六十条、工业七十条、文教六十条等文件精神；结合党的社会主义教育运动等，查处违纪党员，清除混进的反革命分子，阶级异己分子，包庇地主、反革命分子而丧失立场的蜕化变质分子，清查所谓“党内走资本主义道路的当权派”，错误查处党员并受到党纪处分的人员。农村普遍开展以阶级教育为中心，制止单干，打击地、富、反、坏、右嚣张气焰和封建残余势力破坏活动等，开展案件检查工作。

1967 年起，各县纪委工作中断。

1973 年后，由达县地委组织部监察科负责查处党员违纪案件，重点查处与林彪事件有牵连的人和事，以及贪污、盗窃、投机倒把、腐化堕落等违纪案件。

1976－1977 年，重点查处与江青反革命集团有牵连的人和事。

1978 年起，恢复各县纪律检查委员会职能，拢乱反正，落实党的干部政策，对申请复查的人和事重新作出结论。同时，反对经济领域的不正之风，重点打击经济领域严重犯罪活动。严肃查处侵占集体土地、乱修乱建私房、乱砍滥伐集体林木、破坏计划生育等违纪问题。清查“文化大革命”中的“三种人”（打砸抢、造反起家、帮派思想严重）。

1983－1985 年，清查党政机关和党政机关干部所办企业，党政机关干部全部辞去企业职务。

1990—1992 年，按照邓小平关于抓党风、抓社会风气的好转“要从具体案件抓起”的指示，重点查处党员领导干部贪污、贿赂、以权谋私、权钱交易等案件。

1993 年起，地纪委、监察局案件检查工作以查办党政领导机关、行政执法机关、司法机关、经济管理部门和县（处）级以上领导干部的违纪违法案件为重点，着重查处贪污贿赂、挪用公款、失职渎职、贪赃枉法、腐化堕落等大案要案。

1994 年，全地区广泛推行“四定一包”（定案件、定办案人员、定办案时间、定办案质量，领导包案）责任制，狠抓大案要案查处。地纪委、监察局印发《关于进一步加强案件管理工作的意见》，明确案件管理的综合、协调、参谋职能，主要任务是通过各种途经和渠道，及时全面地了解掌握办案工作的静态和动态情况，定期进行统计、综合，向领导提供真实、准确、全面的案件查处工作信息；协助领导研究制定办案计划，确定办案重点，协调指导办案工作，对重要案件的查处工作进行跟踪、监督、检查；开展调查研究，对办案形势进行综合分析，总结办案经验，研究案件发生的特点和规律，为领导指导办案工作提供对策性的建议。

1995 年，在案件检查中经济类违纪案件仍居首位，群众举报贪污、贿赂、违反财经纪律等达 559 件（次），占检举控告的 39%；违反社会主义道德案件有所上升，赌博案件增加；违反计划生育案件有所增加。

1996 年，地纪委监察局印发《奖励举报有功人员暂行规定》，明确规定奖励的原则、对象、条件、有关要求等。地委办公室、行署办公室印发《〈关于查处重特大经济违纪违法案件协调办法（试行）〉的通知》，明确涉及"三机一部"（党政领导机关、行政执法机关、司法机关、经济管理部门）违纪违法金额特别巨大、情节特别严重、影响特别恶劣的案件，要召开协调会议共商方案、统一指挥、协调配合、各司其职，严肃查处。

1997 年，地纪委印发《各县市案件检查工作考核试行办法》，下达各县（市）基本办案数，增减 1 件加减 1 分。对大要案件的查处做到"四个到位"（提高认识，领导到位；调兵遣将，力量到位；严肃执纪，处理到位；划清界限，政策到位）。对巴中市（县级）检察院党组书记、检察长谭某违反社会主义道德案，地区水电局局长陈某、副局长孙某、政工科长苏某在工程承包中接受包工头感谢费案等进行认真查处。

2000 年，市纪委转发中纪委《纪检机关使用"两规"措施的办法（试行）》，明确规定使用的原则、条件、地点、纪律及填写和呈报《纪检机关使用"两规"措施呈报表》《暂于保管物品登记表》。调查终结后，将检举材料，有关领导关于进行初核的批示，初核报告，立案报告，调查问题认定的证据材料，调查问题否定的证据材料，错误事实见面材料，被调查人检讨书，调查组对被调查人意见的说明等移送审理。

三、案件审理

中华人民共和国成立后，案件检查人一般同时肩负案件审理职责。有权审核或批准何种处分的机关对该案件有权审理。对所有党员的劝告、警告处分一般由受处分党员所在基层组织讨论，报上一级党组织批准；凡给予撤销工作、留党察看、开除党籍的处分，与中央关于干部管理权限的规定相同。

1954 年 1 月—1955 年 7 月，党员的劝告、警告处分，一般由党支部大会或支部委员会决定，报上一级党委批准；是干部的党员报上两级党委批准，同时报任免该干部的党委备案；撤销工作以上处分，一般党员由支部大会作出处分决定，报上两级党委批准；是党委任命的干部，则由支部提议，所在党委决定，报任免该干部的党委批准，并报上级党委备案。

1955 年 8 月起，党员的劝告和警告处分，一般党员由支部大会决定，党委委员由同级党委决定，上一级党的监察委员会批准；撤销工作以上的处分，一般党员由支部大会决定，报上两级监委批准；上级党委管理的干部，由支部提议，所在党的监察委员会决定，报上一级监委批准。

1957 年起，对党员实行警告、严重警告、撤销党内职务、留党察看、开除党籍 5 种处分。

1958 年 7 月，按中央、省、地监委的规定下放党纪处分权，公社党政正副职、县级群团组织各部长及相当级干部受撤销党内职务以上处分由县监委批准；县委、县政府所属各部、委、办、室所辖公司、厂、场、站、股（所长）及相当级干部受警告、严重警告处分由所在党委、总支或县监委批准；撤销党内职务以上处分由县监委审查后报县委批准；一般干部和工人、职员中的党员受撤职以上处分，由县监委批准；公社、街道居民中的党员受警告、严重警告处分批准权下放到党总支委员会，撤销党内职务和留党察看处分批准权下放到区委或基层党委。

1962 年 11 月—1963 年 10 月，干部管理权限上收，党纪处分权限也随之变更。

1966年，取消把因犯错误而“延长预备期”“取消预备党员资格”作为党纪处分的规定。

1967—1969年，党组织瘫痪，纪检工作停止。

1970—1973年，各县由县革委政工组和县委、县革委政治部组织科负责党员干部的党政纪处分。1973年4月—1978年10月，一般党员干部留党察看以下处分由县委组织部批准，一般党员干部开除党籍和党员领导干部的党纪处分由县委批准。

1978年起，凡党员受党纪处分一律由县纪委审理，正副县级、正副区（局）级及相当级干部警告、严重警告处分由地委批准，正副乡级及相当级干部给予撤销党内职务以下处分由县委批准，副乡级以上党员干部的留党察看、开除党籍处分，分别由地委、地纪委批准；副乡级以下党员干部和一般党员的党纪处分，分别由县委、县纪委批准。党政纪案件由县纪委审理。成立监察局后，政纪案件由监察局审理。

1979年后，由组织部对犯错误的预备党员作出组织处理。政纪处分有警告、记过、记大过、降级、降职、撤职、留用察看、开除。

1982—1985年，立案审查党员行贿受贿、投机诈骗、贪污盗窃等经济案件。

1986—1989年，查处企业、部门违反政策乱涨物价案件，对党政机关和事业单位党员干部收受的“红包”责令退还。

1993年，纪检监察合署办公后，党纪、政纪案件由纪委监察局审理室审理。各级纪检监察机关严格执行错案责任追究，因过失导致错案，视其损害后果的轻重，责令责任人检查，或通报批评，给予纪律处分，直至移送司法机关处理。地纪委制发《关于印发〈案件质量检查办法及评比标准〉的通知》，规定事实清楚、证据确凿50分；定性准确、处理恰当35分；手续完备、程序合法10分；组卷规范、案卷完好5分，通过自查、抽查、交叉检查的方式，促进案件检查、审理质量。

1994年起，取消降职和开除、留用察看，行政处分执行警告、记过、记大过、降级、撤职、开除。是年，地纪委印发《案件审理工作制度》，明确分级审理、审理人员回避、审理作业、退卷、补查、复核、分级谈话、集体审理、执行监督、立卷归档、申诉受理、检查评比等29条规定及备案案件审理规定，有效地确保案件审理的质量。同时，地委转发地区纪委、地区监察局《关于查处党纪政纪案件批准权限的规定的通知》规定：地委、行署各部委室局的正职，县（市）委书记、县（市）长及相当于这一职级的干部违犯党纪，给予党内严重警告以下处分的，由地纪委批准，报地委备案；给予撤销党内职务以上处分的，由地委批准，报省纪委备案；给予行政记大过以下处分的，由地区监察局批准，报行署备案；给予降级以上处分的，由行署批准，向省监察厅备案。地委、行署各部委室局的副职，县（市）委副书记、常委，副县（市）长，纪委书记及相当这一职级的干部违犯党纪，给予党内严重警告以下处分的，由地纪委批准，报地委备案；给予撤销党内职务以上处分的，报地委批准；给予行政记大过以下处分的，由地区监察局批准，给予降级以上处分的，由行署批准，向省监察厅备案。地委、行署各部委室局的正副科长及相当于这一职级的干部违犯党纪，给予党内严重警告以下处分的，由地直机关工委批准；给予撤销党内职务以上处分的，由地纪委批准；需给予行政处分的，由所在单位提出意见，报地区监察局批准；地级机关一般党员干部违犯党纪需给予处分的，按管干权限，由相应的纪委、纪工委、纪检组决定，并征求同级党组织的意见；需给予政纪处分的，由所在单位提出意见，报地区监察局批准。各县（市）委、政府部委室局的正职，区乡（镇）委书记、区乡（镇）长违犯党纪，给予党内严重警告以下处分的，由县（市）纪委报县（市）委批准；给予撤销党内职务以上处分的，由地纪委批准；给予行政记大过以下处分的，由县（市）监察局批准；给予降级以上处分的，由县（市）监察局报县（市）人民政府批准，向地区监察局备案。各县（市）委、政府部委室局的副职，区乡（镇）委副书记、副区乡（镇）长及相当于这一职级的干部违犯党纪，给予党内严重警告以下处分的，由县（市）纪委批准；给予撤销党内职务以上处分的，由县（市）委批准。给予行政记大过以下处分的，由县（市）监察局批准；给予降级以上处分的，由县（市）监察局报县（市）人民政府批准。离退休党员干部违犯党纪，给予党纪处分的，按原任职务的批准权限报批。各县（市）区科级以下党员干部违犯党纪政纪给予处分的批准权，由各县（市）纪委、监察局参照本规定作出补充规定。至2000年，一直执行这个规定。

第二节　党风廉政建设

一、党风廉政教育

1952—1953年，境内各县结合“三反”“五反”（反行贿受贿、反偷税漏税、反盗窃国家资财、反偷工减料、反盗窃国家经济情报）和粮食统购统销工作，对党员进行政策、纪律教育。1954—1956年，对党员进行党在农村的阶级路线和党员标准的教育及党员在合作化运动中应遵守的纪律教育。

1957年，整风“反右”斗争以后，党内受“左”的思想的影响，对犯错误的党员和党员干部，教育挽救不够，伤害一部分党员和干部。1962年起，城乡开展社会主义教育运动。1963年，进一步建立健全登记、审查等一些比较完整的控申制度。同时，各县县级机关展开以反对贪污盗窃、反对投机倒把、反对铺张浪费、反对分散主义、反对官僚主义的“新五反”运动进行教育。1966年，城乡社会主义教育运动结束，在城乡社会主义教育运动中，党员普遍受到遵纪守法和改进作风的教育。1967－1976年，纪检工作中断，不能进行正常的组织活动，教育工作没有开展。

1978年起，纪委恢复重建后，对党员分期分批进行轮训，开展“实践是检验真理的唯一标准”大讨论，统一党员对党的十一届三中全会制定的路线、方针、政策的认识。同时，对基层党组织和机关、农村党员干部，以权谋私，侵占土地，乱砍山林树木，建造私房等违纪行为进行教育和严肃处理。

1979年，组织党员学习《中国共产党章程》《关于党内生活的若干准则》及《邓小平同志谈端正党风问题》等文件，表彰维护党规党纪的先进集体和个人，选择有代表性、有教育意义的典型案件公开处理，增强党员抵制不正之风的自觉性。

1980—1982年，各级纪委以中共十一届六中全会《关于建国以来党的若干历史问题的决议》和新党章为主要内容，对党员进行解放思想，统一认识，齐心协力建设“四个现代化”（工业现代化、农业现代化、国防现代化、科学技术现代化）的教育。1983年起，针对党员干部思想、作风、纪律等方面出现的“经济要搞活，纪律要松绑”“经济要上、纪律要放”等新问题，结合打击经济犯罪活动、纠正不正之风开展整党，对党员干部进行共产主义理想教育，党性党风党纪教育，民主与法制教育和社会主义商品生产知识教育。

1984年起，各级党委建立责任制，实行全党动手，层层负责、一级抓一级，做到部署、检查各项工作都有端正党风的内容；评比先进、选拔干部把端正党风执行党纪作为重要条件。

1987年，境内各县纪委举办党员先进事迹报告会、演讲比赛、廉政勤政报告会等教育活动。1991—1992年，以《共产党员违反党纪处理规定》和《党纪基础知识讲座》为主要内容，开展党风党纪教育。

1993年，纪检监察机关把党性、党风、党纪宣传报道的重点放在贯彻党中央、省委、地委关于反腐败斗争和加强党风廉政建设的部署、措施、做法、重大举措和取得的成果上；各级领导干部特别是党政机关县（处）级以上领导干部，贯彻党中央提出的廉洁自律五条规定的措施及落实情况；查处的一些有影响的典型大要案件；纠正行业不正之风，减轻农民负担，严厉打击制售假冒伪劣商品，“扫黄”和解决中小学乱收费等专项治理的做法、措施、效果及经验；解决纠正各种乱收费、公费出国（境）旅游等以权谋私、挥霍浪费的典型案件；在反腐败斗争中，加强党风廉政建设，坚持“两手抓、两手硬”和勤政廉政、无私奉献、全心全意为人民服务、勇于同腐败现象作斗争的先进典型。在地级以上报刊、电视台刊发稿件120余篇。编写下发《负责地举报腐败行为，积极投身反腐败斗争》《共产党员要积极投身反腐败斗争》等党课教材。同时，地级机关和各县（市）按照地委提出的把风气搞正的要求，结合纪念毛泽东100周年诞辰，通过歌咏比赛、召开研讨会、举办图片展览、参观红军纪念馆等多种形式，开展勤政廉政宣传教育，增强党员干部廉洁奉公意识。

1994年，认真组织党员干部学习中纪委编印的《反腐倡廉教育讲话》《反腐倡廉领导干部读本》，观看省纪委发行的电视片《生死存亡》等。充分发挥革命老区的优势，狠抓红军精神教育，弘扬“智勇坚定，排难创新，团结战斗，不胜不休”的红军精神，教育党员干部艰苦奋斗，求真务实。

1995年，各县举办“廉政勤政先进事迹报告会”，同时利用王宝森、陈元虎、杨忠诚等典型案例对党员干部进行打招呼、敲警钟的警示教育。

1996年，地委先后两次召开副科级以上党员领导干部会，进行讲纪律、明规矩的廉政教育。地纪委、监察局组织编写《经济体制转轨过程中的党风廉政建设》《加强党风廉政建设是一项重要的政治任务》《正确处理好反腐败与改革开放发展经济的关系》等党课教材；总结、通报《贪欲使他步入深渊》《带头勤政廉洁，保持公仆本色》《违反党纪书记乡长被停职，引以为戒深化认识抓发展》等正反典型10余个，深入党校、单位、培训班、干部会讲党课，强化灌输，占领思想阵地。是年，地纪委、监察局重点组织学习中央纪委、监察部汇编的《党纪政纪条规手册》，包括《中国共产党章程》《关于党内政治生活的若干准则》及中共中央、国务院有关规定，中央纪委、监察部有关规定和纪律条规，以及案件检查、审理、控告申诉等有关规定。教育党员领导干部进一步了解和掌握在新形势下党中央、国务院、中央纪委和监察部所制定的党纪政纪条规的内容，用以规范自己的行为，提高遵纪守法的自觉性，增强廉洁从政意识，抵制腐朽思想的侵蚀。

1997年，认真贯彻落实中纪委、监察部制定颁发的《党风廉政教育工作纲要》，在党政机关和企业建立联系点，探索、总结、推广勤政廉政宣传教育工作经验。地纪委印发《关于在全区党员干部中开展发扬艰苦奋斗精神教育的通知》，明确党员干部教育的目的意义和内容，深入学习江泽民在中纪委第八次全会上的重要讲话，把发扬艰苦奋斗精神，制止奢侈浪费作为加强党风廉政建设和反腐败的重点之一。是年，全地区举办各级干部培训班263期，1.7万人参加学习《廉政准则》等党政纪条规。组织开展“学条规、守纪律、作表率”活动。组织党员干部特别是领导干部学习《党政领导干部廉政准则》和《中国共产党纪律处分条例（试行）》等，引导党员干部树立正确的世界观、人生观、价值观，增强全心全意为人民服务，廉洁从政意识；增强贯彻执行党的基本路线的自觉性和坚定性；增强抵制资产阶级腐朽思想侵蚀的能力。

2000年，市纪委、市委组织部、市委宣传部、市广播电视局联合印发《关于对1999年度地级部门党风廉政建设责任制考核先进单位进行电视宣传的通知》，对经考核的35个一类单位的先进事迹制作3—5分钟电视专题片，《廉政纵横》节目系列播出。广泛宣传纪检监察干部在工作、学习、生活等方面的真实情感，开展“酸甜苦辣纪检情”征文活动，广大纪检监察干部以散文、随笔等形式抒发自己的真实感受，有的文章刊登在《党风党纪月刊》等省以上纪检监察期刊上。是年，对全市县级以上领导班子和领导干部开展以“讲学习、讲政治、讲正气”为主要内容的“三讲”教育，学习毛泽东《党委会的工作方法》《中国共产党党员领导干部廉洁从政若干准则（试行）》、江泽民关于

“三个代表”重要思想的论述、胡锦涛在中央国家机关领导干部大会上关于“三讲”的报告等文件，广泛征求意见，谈心交心，进行党性党风方面的自我剖析，开展批评与自我批评，认真整改，巩固教育成果。

二、整顿党风

1951—1956年，境内各级纪检监察机关围绕“三反”“五反”等政治运动进行整风。1957—1966年，整顿党风的工作出现扩大化和“惩办主义”倾向，错误地批判和处分一些人。“文化大革命”后期开展“整党建党”工作。1976－1978年，各县党风整顿主要结合“抓纲治国”政治运动，加强党的作风整顿。1980年，中共十一届五中全会通过并公布《关于党内政治生活的若干准则》，各级党委、纪委把党风建设纳入党委的重要议事日程。1983年起，各县建立分级归口抓党风责任制。1984年，各县组成检查组，对党风建设工作进行全面大检查，提出加强领导、落实责任、限期整改，促进党风建设平衡发展的要求。1987年，中共十三大提出“从严治党”的方针，各级纪委集中力量管好党纪，协助党委管好党风，严肃执纪，教育党员干部经受执政和改革开放的考验。1989年，境内各县根据党中央、国务院的决定，进一步清理整顿公司，制止干部子女经商，严格按规定配车，禁止购买进口小轿车，禁止请客送礼，控制领导干部出国，认真查处贪污、受贿等犯罪案件，抓大案要案查处，进一步加大整顿党风和反腐败斗争力度。

1993年，地纪委、监察局协助地委、行署先后制定《加强自身建设的决定》《关于选拔副县级以上领导干部实行试任制的规定》《会议学习制度》《工作制度》《加强财务管理的暂行规定》《加强小车管理的规定》等。与地直工委联合制定《地委机关廉洁自律的规定》，与建委联合制定《工程建设管理监督制度》，与组织部联合制定《关于县级领导班子民主生活会的规定》等，以推动机关党风廉政建设。

1994年，全地区开展以学习、团结、勤政、廉洁为主要内容的“四好”活动，认真学习《邓小平文选》第三卷，用邓小平建设有中国特色社会主义的理论武装头脑，全面贯彻落实中共十四届三中全会精神，切实加强领导班子自身建设。坚持“五反对五做到”（在思想上反对个人主义，做到团结战斗，顾全大局；在工作上反对形式主义，做到坚持原则，务实创新；在组织上反对自由主义，做到严守纪律，令行禁止；在作风上反对官僚主义，做到实事求是，狠抓落实；在生活上反对享乐主义，做到廉洁自律，艰苦奋斗）。

1995—1997年，对党员干部开展“三个一”（读一本领导干部行为规范的书，看一组正反典型录像，学一组典型案例）教育活动。同时，地纪委、监察局印发《关于严肃“双休日”纪律的通知》，各级党政机关加强教育，严格管理，努力提高工作效率，自觉遵守纪律，让“双休日”过得健康、愉快、有意义。1998—2000年，清理政法机关从事经商活动，对政法机关所属11个企业，撤销2个、移交3个、保留1个、解除挂靠5个，实现中央“全面清理，彻底脱钩”的要求。

三、廉洁自律

1983年起，各级党委、党组坚持每年开好2次民主生活会，围绕党风党纪方面存在的问题开展批评与自我批评。1984年起，实行上级纪委和组织部门调阅和检查下级党委的民主生活会记录。1987年起，各级纪委和组织部门派人参加下级党组织的民主生活会。1989年，各县制定共产党员保持廉洁，公开接受上级机关和人民群众的监督，并采取多种形式，对党员、干部进行以反腐败斗争为重点的党风廉政教育。1990年，各县认真贯彻执行中共中央《关于县以上党和国家机关党员领导干部民主生活会的若干规定》，党内民主生活会更加制度化、规范化。

1993年10月14日，地纪委转发省纪委、省委组织部、省监察厅《关于党政机关县（处）级以上领导干部按廉洁自律五条规定自查自纠的实施细则》，各级党政机关的党组织，每年10月底前，专题安排1次领导干部民主生活会。11月1日，地委召开专题民主生活会，地委书记韩忠信带头自查发言；到11月15日，全地区应参加自查自纠单位68个282人，14名地级领导干部无人违反“五条规定”；县（处）级干部中有1人参与办企业，7人在经济实体中兼职，10人接受过礼金。自查后，7名兼职人员辞去所兼职务，1人退还领取的470元补助，10人通过组织退还礼金2.6万元。1994年起，全地区各级党组织建立和完善领导班子工作规范和各项制度，认真宣传贯彻中央“关于县（处）级以上领导干部廉洁自律五条规定”和四条补充规定，教育党员、干部严格遵守《廉政准则》，努力提高拒腐防变能力。1994年，全地区137个副县级以上单位301名县处级干部按规定进行自查自纠，有4名领导干部未按期归还借（欠）公款2900元，1县1市超标准开支接待费6.1万元。

1995年，科级领导干部及行政性站、所负责人参照中央2个“五条规定”和“四条补充规定”等进行检查纠正；企业领导干部按中央作出的廉洁自律“四条规定”等进行检查纠正。19名地厅级干部、302名县处级干部按规定进行自查自纠，3631名乡（镇、科）级干部有54人补查补纠，2115名基层站所负责人有2024人自查自纠，615名国有中小型企业领导干部按企业领导干部廉洁自律要求进行自查自纠。

1997年，全地区县（处）级以上党政群机关事业单位84个、县（处）级干部411名，县（市）直属机关科级、乡镇领导干部和基层站所2236个5308名领导干部及国有中小型企业327户1092名领导干部按期在廉洁自律专题民主生活会上自查自纠。

1998年，清理全地区党政机关干部超面积住房1187人1187套，按政策处理1180套，补交房款57.1万元；2处以上住房74人，按政策清退55套。在专题民主生活会自查自纠中，有4名地厅级领导上交礼金3.4万元，92名县处级领导干部接受礼品折合人民币22.2万元作登记上交，1名县委常委对所在部门自筹资金装修办公楼的问题作检查；33名科级领导干部检查补交超面积住房款15万元。

2000年，市纪委、市委组织部、市经贸委、市监察局联合印发《关于全市国有及国有控股企业领导干部廉洁自律工作的意见》，对廉洁自律的重点、组织形式、时间安排、具体要求等作出具体安排。22名地厅级、412名县处级干部自查自纠，进行收入申报登记，148名领导干部礼品登记交公折合人民币34.38万元。9名县处级以上领导干部上交本人、配偶、子女收受的礼品、礼金等价值3.5万元；纠正违规借用小汽车2辆。

四、制止奢侈浪费

1985年，境内各县针对请客送礼、铺张浪费严重问题作出规定，不准用公款请客送礼；财政拨款召开的会议，一律不准发纪念品；领导干部不准巧立名目接受纪念品。1991年，各县纪委配合有关部门把制止公款吃喝、送礼作为重点纳入党风廉政建设工作要点，研究并制定制止公款吃喝送礼的规定。

1993年，地纪委、监察局制发《关于购买小车有关规定的通知》，规定：坚持先审批后购买的原则，凡需购买小车的单位必须按国家有关规定办理有关手续后才能购车，严禁违规、违控购车；不准领导干部凭私人关系通过各种渠道购买旧车、翻新车，以免造成损失；坚持勤俭节约、量力而行的原则，根据工作需要和财力情况，需经部门领导班子研究决定购车的数量和类型，并报行署专员办公会批准，由行管局统一办理。违反规定者，追究有关人员和单位领导的责任。

1995年，地纪委印发《关于严禁用公款吃喝玩乐的通知》，强调接待上级来客既要热情周到，又要简朴大方，严格按规定办事，决不允许讲排场；领导干部下基层，不准带家属亲友让接待单位接待，不准接受、索要土特产品；无论接待来客，还是下基层，都不准参与用公款支付的营业性歌舞厅、夜总会等场所的娱乐活动；不准进按摩中心及桑拿浴间接受异性按摩，不准赌博，不准参与封建迷信活动；不准借婚丧嫁娶及工作调动、过生日、迁新居等机会大操大办；不准用公车迎亲及带家属亲友外出游山玩水、进庙拜神等。纪检监察机关通过明察暗访，受理举报，通报批评，出示黄牌，处理典型，公开曝光等形式进行监督检查。是年，地纪委、监察局、地委组织部联合通报平昌县界牌乡党委书记、乡长白某违纪建私房，借新房落成大操大办收敛钱财，工作失职给集体造成较大损失等问题。

1997 年，针对群众反映领导干部用公款购置移动电话的问题，地纪委、监察局进行专项检查，共清理出公费购置移动电话 306 部，按照有关规定对其中 122 部进行清缴封存，对不属配置范围的 73 部进行处理，回收资金 15 万元。同时，认真贯彻中纪委《关于制止奢侈浪费八条规定》，停建、缓建办公楼 25 处，节约经费 2900 万元；取消会议 59 次，节约经费 65 万元；取消评比、达标活动 15 项，节约经费 1603 万元；清理违规购置移动电话和安装住宅电话 186 部，节约经费 175 万元。

1998 年，地纪委、监察局起草，经地委、行署同意，先后印发《关于严格控制党政机关新建和装修办公楼的实施办法》《关于从严控制各种会议庆典活动及费用支出的实施办法》《关于党政机关公务接待的实施办法》《关于严格控制各种检查评比和达标活动的实施办法》《关于严格控制用公款安装住宅电话和购买移动电话的实施办法》《关于严格控制党政机关小汽车配备更换的实施办法》《关于加强公费出国（境）管理的实施办法》等规定，全方位地制止奢侈浪费问题。

1999 年，地纪委、监察局与通江县纪委、监察局查出通江县火炬乡政府 1998 年开支招待费 15.71 万元，其中生活招待费 7.1 万元、租车费 3.49 万元、香烟费 4.13 万元、给县有关部门干部拜年和发麻将底金 1 万元。对相关责任人作出严肃处理，向全地区发出《关于通江县火炬乡政府 1998 年度招待费有关问题的通报》。

五、监督检查

中华人民共和国成立初期，一般的检查工作由基层党组织负责，重要的工作检查由县委和组织部指派干部进行检查。1952 年后，凡性质严重、牵涉面广、影响较大的案件和乡级以上党员干部违纪案件，均由纪检部门直接检查处理。在“三反”、“五反”、机关内部肃反、整风“反右”、整风整社、大小“四清”等运动期间，由专案组或工作团（队）一并负责检查审理。1979 年，各县纪律重点抓纠正冤假错案，对划定的“右派分子”进行复查。1981 年，境内各县对部（局）级领导干部违纪建私房，搞不正之风情况进行调查处理。1983 年起，境内各县在检查审理中，坚持归口办理、案件复核、分级谈话、申诉受理等制度。对重大负责案件，下级不便查处的正区（局）级以上干部的违纪案件，由县纪律直接检查。

1989 年，各县纪委协助县委建立各监督部门联席会议制度。1990 年，各县制发党内生活制度，包括政治学习制度、党内民主生活制度、民主评议党员制度、党内外监督制度。

1994 年，地纪委、地政法委联合印发《关于建立巴中地区执纪执法监督部门联席会议制定的意见》，明确规定联席会的指导思想、组成人员、主要任务、会议制度等。地委、行署印发《关于建立全地区党政领导干部党风廉政档案的试行意见》。地纪委、地委组织部、地区人事劳动局、监察局联合印发《建立地管党政领导干部党风廉政档案的实施细则（试行）》。同时，召开地级执纪执法监督部门第一次联席会，贯彻中纪委、中央政法委、省委电话会议精神，研究大要案件查处问题。是年 8 月开始，为 238 名副县级以上领导干部建立廉政档案。

1995年，地纪委、地委组织部、监察局联合印发《关于建立新提拔党政领导干部廉政谈话制度（试行）的意见》。1996年，地纪委、监察局聘请特邀监察员6名，各县（市）纪委、监察局聘请党风廉政建设监督员、指导员、监察员60名。是年，各县开展对农民负担过重问题的监督检查，采取事前、事中、事后全方位监督，把经常性的跟踪监督与阶段性重点检查结合起来，发现问题及时解决。

1998年，地委决定地纪委书记参加地委书记办公会，监察局局长参加专员办公会。

至2000年，有520名县处级以上领导干部建立廉政档案。是年，中央纪委提出“地方纪委书记应参加同级党委书记办公会”，各县（区）从3月起全面落实。

六、党风建设责任制

1983年起，境内各县建立分级归口抓党风责任制。各县纪委制定《关于实现党风根本好转的规划》《关于用改革的精神搞好党风建设的意见》，制定区（局）级单位党风建设考核目标，对党风建设工作实行目标管理。1986－1987年，以整党为中心，全面进行以坚持四项基本原则，维护党的政治纪律教育，进一步建立和完善党风责任制，以推动民风和社会风气的好转。1988－1990年，各县重点抓党规党纪教育，对党风廉政建设实行“分级负责，一级抓一级，一级管一级”的党风责任制，并坚持每年对县级几大班子抓党风和廉洁自律情况进行检查抽查，推动党风廉政建设。

1993年，地委、行署不断加强党风廉政建设责任制的建立与完善，确保反腐败工作一级抓一级，层层抓落实。其责任划分是：地委机关和人大、法院、检察院机关，各县（市）委机关落实“三项目标”情况的督办工作，由地委办公室负责；行署各部门和各县（市）政府机关落实“三项目标”情况的督办工作，由行署办负责；党政机关领导干部廉洁自律的自查自纠问题由各级纪委、组织部负责，涉及地级机关的地直工委负责；治理乱收费问题由各级财政、物价、审计部门负责，以财政为主；整顿党政机关经商办企业和党政领导干部兼职问题，由各级经委、工商和直属工委负责，以经委为主；“扫黄”由各级宣传、文化、公安部门负责，以宣传部为主；打击制售假冒伪劣商品，由各级工商、技术监督部门负责，以工商为主；查办大案要案涉及法律处理的由各级公安、检察院、法院负责，涉及党纪政纪处分的由各级纪委、监察局负责；反腐败斗争宣传报道的领导和部署由各级宣传部门负责。

1995年，地委、行署下发《关于一九九五年反腐败斗争的意见》，把反腐败工作任务分解落实到地级机关和部门，列入年度工作目标考核的重要内容。

1998年，实施党中央、国务院《关于实行党风廉政建设责任制的规定》，全地区党风廉政建设和反腐败工作每年坚持层层分解任务，做到有总体负责人、具体负责人，有牵头单位、协办单位，有总体工作部署、有阶段目标、有进度要求、有年度考核办法、有情况反馈。把党风廉政建设工作任务，分别落实到地级领导和牵头单位、协办单位，并赋予其组织指导、综合协调、督促检查、考核奖惩职权。地委、行署每年组织力量进行逐项检查，召集各方面代表民主测评，进行综合评定，不合格的领导班子不评先进单位；不合格的领导干部不评先进个人、不提拔重用；下属单位领导干部发生严重违纪违法案件，要上追一级纪律责任。

1999年，地委办公室、行署办公室印发《关于党风廉政建设责任制专门考核的暂行办法》，地纪委、地委组织部、地区监察局联合印发《充分运用党风廉政建设责任制考核结果的规定》，考核按分数排为一类、二类、三类、不合格。凡当年考核为一类的单位通报表彰领导班子和领导干部，并作为有关人员评优、提拔、晋级的依据之一；不合格的领导班子不得评为“四好班子”“双文明单位”和先进集体，班子成员不得评为先进个人，已评上的一律取消，并对党政正职和分管副职作相应处理；

连续两年考核为三类的领导班子，按不合格处理，党政正职或分管领导原则上要调整或降免职务；对违反党风廉政建设责任制的领导班子和领导干部，构成违纪的按有关规定给予党政纪处分；不构成纪律处分的，视其情节，给予批评教育、责令作出检查、通报批评、诫勉、降职、责令辞职、免职等组织处理。是年，组织3个工作组对4县（市）和64个地级单位落实责任制情况进行检查考核，13名领导干部受到党政纪处分，4名违法人员被追究刑事责任；取消“四好班子”“双文明单位”评选资格2个；取消优秀干部、先进工作者评选资格52个；发出廉政专书165人（次），诫勉谈话231人（次）。

2000年，市委、市政府通报1999年度县级党政领导班子党风廉政建设责任制考核情况。一类县（市）有南江县委县政府，平昌县委县政府，巴中市（县级）委市政府，通江县委县政府。一类地级部门，有地委办、人大工委、行署办、政协工委、地纪委监察局、组织部、宣传部、直工委、地委党校、粮食局、交通局、审计局、计委、科委、建委、检察分院、政法委、司法局、财政局、农委、农业局、林业局、财委、民政局、扶贫办、工商局、国税局、地税局、烟草专卖局、体改委、国土局、文体局、农机局、统计局、环保局。二类地级部门，有公安处、教委、招商局、老干局、统战部、计生委、广电局、报社、卫生局、水电局、气象局、中级法院、人劳局、电信局、邮政局、供销社、事务管理局、团地委、工会、妇联、残联、畜牧局、蚕业丝绸管理局、药监局、科协、贸易局、经贸委、乡企局、物价局。

第三节　纠风工作

1985年，境内各县对群众强烈不满的“三招”（招工、招干、招生）、“三转”（“农转非”、农村青年转城市下乡知识青年、临时工或合同工及民办教师转国家正式职工）、“一住”（职工住房的建设和分配）中的不正之风进行专项整治、纠正。

1986年起，各县加大查处加价倒卖、截留私分化肥的案件，通过清理，取消加重农民负担的项目。

1987年，各县纪委监察局把促进改革，保护改革作为纪检工作重点，注意纠正改革中的不正之风并作出坚决刹住新的不正之风的规定。配合政法、工商、税务、物价、审计等职能部门，在自查自纠的基础上，对表现突出的以权谋私和严重的官僚主义进行重点查处。对党政干部经商办企业的情况进行重点检查，并按当时的政策规定及时作处理。对新成立的公司进行全面整顿。通过纪检部门和职能部门的共同努力，刹住党政机关和党政干部经商办企业，以权谋私和严重不负责的官僚主义等新的不正之风。

1990年，各县围绕整顿部门机关作风、查处公费送培子女及行业盘剥垄断等开展整顿。1991年，坚持正面教育，抓建章立制，督促重点部门实现纠风工作阶段性目标。是年，群众普遍反映公安部门收费不合理，监察局取消公安部门不合理收费项目，降低收费标准。1992年，坚持抓正面典型的宣传，抓反面典型的曝光处理，开展专项治理。

1993年，重点监督检查省委、省政府公布取消的45个涉及农民负担的收费项目的贯彻落实情况。清理废止加重农民负担文件58份，取消收费项目119个，减轻农民负担2236万元；砍掉乱集资项目30个，摊派项目15个，达标项目44个，涉及金额1200万元；查处坑农损农违纪案件28件。是年，全地区抽调104人组成20个工作组，清理339个行政事业性收费单位，查出不合理收费项目276个，540.21万元；取消不合理收费项目165个；降低收费标准的项目104个，减少收费金额

178.8万元，退还集体和群众24.8万元。组织宣传、文教、物价、财政等部门对全地区487所中小学进行清理检查，废止收费项目21个，降低收费标准18个，减少乱收费金额324.7万元，清退102.82万元。

1994年起，各县（市）把纠正部门和行业不正之风贯穿于经济社会发展的全过程。按照“谁主管谁负责”“管行业必管行风”的原则，始终坚持党委领导，政府主抓，纪检监察组织协调，人大、政协支持参与，依靠群众，体现民意，自上而下，自下而上，上下联动的行风评议领导格局和工作机制。是年，全地区组织36个检查组重点抽查52个乡镇108个村435户农户，清理涉农负担文件75个，修改文件53个，取消收费项目58个，减轻农民负担925.04万元。对贯彻执行《四川省企业负担管理条例》进行监督检查。全地区发放收费许可证1539个，设定收费3344项，涉及对企业的收费598项，金额2218.87万元；取消不符合《条例》的收费25项，金额728万元。全地区清理出乱收费总额103.6万元，上缴财政29.27万元，退还19.8万元，取消乱收费206项，减轻群众负担1154.8万元。清理出14个党政机关、2名党员干部无偿占用44个企业钱物17.88万元。全地区清理撤除公路收费站卡39个，整顿规范站卡2个，查处公路“三乱”（乱设站卡、乱罚款、乱收费）典型案1件2人。

1995年，地区监察局认真开展整顿化肥流通秩序的监督检查，督促物价、供销、工商、农业等部门落实化肥来源，畅通销售渠道，稳定销售价格。废止农民不合理负担文件41个，砍掉不合理负担项目118个，减负总额2300万元。清理380个单位3072个收费项目，取消不合理收费项目144个，涉及金额320万元；降低收费标准项目68个，涉及金额53.17万元。清理党政机关及其工作人员无偿占用企业钱物37.18万元。督促协调地教委对全地区205所中学和2883所小学的收费进行全面检查，取消向学生收取勤工俭学费和补课费，减少收费150万元，降低收费项目22个，纠正搭售非教学图书涉及金额22万元。查出交警部门擅自增加收费项目加码收费50.79万元，取消增加的7个收费项目，纠正加码收费项目6个，清退收费33.74万元，没收上缴财政17万元，提出监察建议6条。

1996年，取消公路收费站卡11个，保留、新批道路收费站、林业检查站14个，查处公路“三乱”案件2件，省道和县乡道路基本无“三乱”现象。抽调57人组成4个检查组对全地区中小学收费情况进行大检查，查出自立项目收费76.6万元，提高标准收费28.74万元，未按期结算代管费94.72万元，提出整改建议14条。查处涉农负担案件22件，砍掉不合理收费108项，取消不合理负担金额1248万元。全地区农民负担总量控制在1995年人均纯收入5%以内、集资由1995年人均230元降到159元。

1997年，地委、行署废止不符合《决定》的文件4个，各县（市）和部门清理废止各自出台的与《决定》相悖的文件，涉及收费项目108个，减少农民不合理负担3055万元。地纪委、监察局对平昌县灵山乡党委、政府加重农民负担问题进行通报，给予乡党委书记吴某留党察看一年的处分。是年，成立减轻企业负担领导小组，并抽调人员组成巴中地区减轻企业负担执法监察办公室，在全地区企业中聘请企业负担监督员200余名，建立联系点7个，对中南房地产发展有限公司、平昌县江口醇酒厂等6家企业实行挂牌保护。先后对49家国有、集体和个体私营企业实行挂牌保护，聘请68名企业负担监督员，对企业负担实行多元化管理，有效制止“三乱”现象的发生。组织力量对涉及国有、集体和个体私营企业的收费、集资、基金等项目进行清理，取消不合理收费项目60个，金额159.8万元；处理强制企业参加非业务培训、评比和定购书报刊物等13项，减轻企业负担84万元。全地区清理废止收费文件75个，取消收费项目276个，降低收费标准80个，暂停收费项目44个，共减少收费5370万元。查处乱收费党员干部3人，通报批评6人（次）。同时，在建委、交通、银行、邮电、卫生、工商、税务、粮食等系统和单位全面推行服务承诺制，设立举报箱、公开举报电话，聘请义务监督员。

1998年起，先后确定邮电、金融、城建、卫生、教委、公安、工商、电业、税务等为地级纠风重点联系部门。分别在公安、检察、法院等15个部门开展行风评议活动。在单位、行业推行社会服务承诺制试点工作。是年，国务院副总理温家宝对中办、国办信访局《群众反映》刊载的巴中市（县级）下八庙镇党委、政府聘请法律服务所人员，采用非法手段收取农民税费的问题批转后，地纪委、监察局立即组织调查。查清该镇党委、政府聘请法律服务所工作人员收取税费，且由欠款农户支付15%的代收费和5%的收款人员生活费。服务所人员在收费中先后对5村1社、5社、6社部分村民采取打骂、罚站、罚跪、戴手铐等手段，引起村民强烈不满。为此责成有关单位给予市司法局长、长兴法律服务所所长、下八庙镇党委书记等6人党政纪处分；对参与事件的5名聘用人员给予治安拘留5—20天的处罚，并在全地区通报。地纪委、监察局印发《领导干部要做令行禁止的模范》，通报巴中市（县级）物价局违规为市房管局核准已取消的“新建商品房交易管理费”和“房屋买卖登记费”收费项目及标准，市房管局持“收费许可证”向中南房地产发展公司收取2项费16.85亿元，严肃处理有关责任人。同时，重点抽查32所中小学，违规收费274万元，给予党政纪处分3人。查处涉农负担案件60件，给予党政纪处分15人，移送司法机关处理7人，免去乡镇党委书记职务4人，降职使用乡镇长2人，通报批评7件，取消和砍减不合理收费68项3339万元，提出监察建议25条。

1999年，查处巴中市（县级）羊凤乡政府派员到4村1社许某某家收取修建梁（永）鼎（山）公路以资抵劳下差款而逼死人命一事。给予鼎山工委、羊凤乡及村社11名有关党员干部党政纪处分、治安拘留，并通报全地区。同时，加大对地运输公司等47户重点企业的保护力度，取消涉及企业的不合理收费、集资、基金项目27项120万元，查处加重企业负担违纪案件5件，给予党政纪处分2人。

至2000年，全市评议代表达2543人。在全市227个单位、行业推行社会服务承诺制试点。是年，市委制定减轻农民负担的具体措施，减轻农民负担总额3866.83万元。全市取消企业不合理收费项目13项涉及金额87.28万元，查处加重企业负担案件3件。市纪委作出《关于市水电局乱收费问题的处理决定》，对市水电局自立项目收费191万元，使用不规范收据收费4.8万元，提高标准收费21.1万元的行为，责成局党组书记、局长陈某书面检讨，追缴违纪款2万元。随后市纪委、监察局发出《坚决制止和纠正向企业乱收费》，通报巴中市巴州区技术监督局建材检测所所长张某、抽样组组长吴某以巴中市巴州区技术监督局的名义非法收取乐坝轧钢厂技术服务费4000元的问题。

第四节　行政监察

一、执法监察

1987年起，国家实行扶贫计划以来加大对扶贫解困的投入。执法监察的重点向国家投入资金的领域转移。1990年，境内通江县组成检查组深入到8个区（镇）26个基层信用社和120多个农户及县物质局、道桥公司等单位，重点对1989年度扶贫专项资金开支账务进行审计清理，对审计清理中发现存在部分资金挪作他用、未专款专用、资金长期不归位、新增专项扶贫贴息贷款被滞留未及时投放、或未按项目投放、或集体承贷手续不齐等6个方面的问题，分别依照国家有关规定进行严肃处理。

1989 年，第二次全国监察工作会议提出开展效能监察，监察机关把行政效能监察作为促进行政管理体制改革，转变职能、理顺关系、优化结构、提高效能，建设服务型政府的重要工作来抓。纪检监察合署办公后，加强效能监察规范和改进政府施政行为，督促行政机关及其工作人员严格按照法定权限和程序办事，促进勤政建设，推进政府职能转变；加强对行政机关运用权力、履行职责、遵守执法程序情况的监督检查，

1993 年后，全地区监察部门加强执法监察，保证政令畅通；加强廉政监察，促进政风建设；加强效能监察，改善行政管理。1994 年 10 月，中央下发《关于加强农村基层组织建设的通知》后，各地广泛开展依法建制、以制治村、民主管理活动，抓好村务公开，普遍设置村务公开栏。是年，对专项资金和预算外资金的使用情况进行专项监督检查，发现违纪问题 12 个，提出监察建议 9 起，立案查处 7 件，给予党政纪处分 6 人，挽回经济损失 292.74 万元。

1995 年，全地区组织 7 个检查组对地级 57 个行政事业单位和企业主管部门的预算外资金进行清理检查，共检查预算外资金 4453 万元，查出“小金库”80.63 万元，收缴中央和地方财政 46 万元，对 19 个单位违反财经纪律的行为进行通报批评。是年，开展执法监察 56 项（次），发现问题线索 48 个，立案查处 26 件，给予党政纪处分 13 人，追缴违纪违法资金 47.22 万元，挽回经济损失 687.1 万元。

1996 年，开展对特困企业的效能监察和帮扶整改，帮助巴中市（县级）印制公司整顿领导班子，查处法人代表，追收欠款 16 万元，恢复正常生产经营秩序，实现扭亏增盈。全地区检查预算外资金 2.05 亿元，查出违纪金额 1.03 亿元，挽回经济损失 455 万元。按照监察部《监察机关参加特别重大事故调查处理的暂行规定》的要求，先后参加通江县“12・22”重大火灾责任事故、地区农机局城东加油站“7・8”火灾责任事故、平昌县第一汽车运输公司“9・20”特大翻车事故的调查处理。

至 1997 年，开展执法监察 95 项（次），发现问题线索 29 个，立案查处案件 19 件，给予党政纪处分 15 人，查处违纪违法金额 1.1 亿元，纠正违纪金额 1539.39 万元，挽回经济损失 2746 万元，为 25 名领导干部澄清是非，向有关单位和部门提出合理化建议 69 条。是年，对清理检查预算外资金违规使用 61 万元，应缴未缴财政专户 1438 万元，不按规定使用票据 78 万元，及时按规定进行处理。全地区共处罚款 14 万元，追缴入库 52 万元，划转财政专户 467 万元。查处南江县“大巴山鞭炮厂”发生特大爆炸案、平昌县“6・6”交通特大翻车案等，积极协助有关职能部门健全制度，严格管理，消除隐患，防患于未然。

1998 年，建立地区行政服务中心，将地区工商、国土、建委、林业、交通、公安等 26 个部门涉及的 268 个审批项目纳入中心集中办理和服务。交警、稽征、税务等单位亦设服务大厅。在 72 个重点乡镇建立“一站式”便民服务大厅，方便群众办事。是年，重点对南江县 1996—1997 年度扶贫信贷资金的计划、投放、拨付、使用、管理及效益等环节进行专项监督检查，采取跟踪资金到村社、农户、企业的办法，先后对 9 个区 2 个镇进行检查。对资金投放不准确、提高利率发放、擅自改变用途、管理部门乱收费等问题进行及时纠正处理。查处 7 月 27 日凌晨通江县通巴公路彭坎崖大桥垮塌事故，对设计、施工、监理、材料采供等有关责任人分别给予刑事及党政纪处分。

1999 年，地纪委、监察局印发《关于对灾后重建工作开展专项执法监察的通知》，督促各县（市）用好地区民政局下拨的 164 万元专项资金，帮助灾民建好因洪涝灾害造成的近万间倒塌农房，保证他们有房住、有饭吃、有衣穿、学龄儿童有书读，过一个安定、祥和、愉快的春节。地纪委、地委组织部、省总工会巴中地区办事处、地区经济贸易委员会联合印发《关于实行厂务公开加强民主监督民主管理深化企业改革的意见》，明确厂务公开的原则，规范厂务公开的内容、形式、时限、程序及组织领导等。在平昌江口醇酒厂、南江竹坝煤矿、巴中市（县级）棉纺厂等 11 家企业试点成功

的基础上，又在全地区96家企业全面推行厂务公开。按“依法关闭，落实责任，保持稳定，综合治理”的要求，在“关井压产领导小组”的领导下，对全地区39家乡镇煤矿的矿井进行历时半年的关井压产安全整顿，关闭非法和布局不合理矿井91处，压产46吨，限期整改矿井38处，煤炭生产秩序和安全状况明显好转。是年，查处彭坎崖公路桥残体清理中引孔垮塌造成民工死亡案，给予党政纪处分3人，移送司法机关处理4人。查处平昌县福申乡正月初二火灾烧毁具有文物价值老戏楼案、通江县瓦室镇正月初三森林火灾案，分别对负有责任的乡镇长等5名领导干部给予党政纪处分。开展行政效能监察9项，提出监察建议72条，发廉政专书165人（次），廉政诫勉谈话231人（次），查处违纪违规金额120余万元。同时，把粮改执法监察作为重要工作来抓，地区监察局、行署财贸办公室、财政局、审计局、工商局、粮食局、物价局、农业发展银行联合印发《开展粮食流通体制改革情况执法监察工作实施方案》。查处非法经营粮食案362件，没收粮食734吨，处罚没金59.62万元，查处违纪违法案2件，给予党政纪处分6人，归还挪用的粮食收购资金4643.36万元，保证按保护价收购农民粮食，粮食市场管理进一步加强。清理整顿农村合作基金会，明确规定党员干部在农村合作基金会借贷款到期必须归还，逾期不还，强力催收，一律停发工资、停止工作。查处党员干部违纪案件6件，督促党员干部归还借贷款500多万元，区、乡（镇）政府归还借贷款1500多万元。

2000年，市监察局、市人事劳动局、市交警支队联合印发《关于实现政务公开和民主管理制度试点的意见》，按照党的十五大提出的“坚持公平、公开、公正的原则，直接涉及群众切身利益的部门要实行公开办事制度”的要求，在市人事劳动局、市交警支队实行政务公开试点。是年，全市加大行政审批制度改革力度，共清理行政审批事项707项，其中取消80项，下放31项，转移10项，备案21项，精简26.1%。对1998年以来国家投放全市约9亿元国债资金的使用情况开展专项执法监察，重点检查巴中市巴州区污水处理厂、市电业局农电网改造和兴文等4处变电场建设情况。查处市公路建筑有限公司雅江“4·9”、通江“4.28”、巴中市巴州区青山“5·18”、甘泉“5·30”、平昌荔枝“6·1”、南江桃园“6·7”等重特大交通事故及时赶赴现场督促调查，认真处理，查找原因，帮助整改。全市共开展执法监察项目48个，提出监察建议332条，协助有关单位建章立制287项，推广先进典型47个，通报批评39例，发现违纪线索925件，立案查处221件，给予党政纪处分279人，移送司法机关处理55人，查出违纪违法金额6637万元，为国家、集体挽回经济损失3600余万元。

二、招投标监察

1993年，地委、行署批准成立巴中地区建设工程招投标工作站，行署印发《巴中地区建设工程招投标实施细则》。1994年，地纪委、监察局发出《关于严肃建设工程招投标纪律的通知》。对巴乐公路、唐巴公路、达广公路境内的17座大中型桥梁、隧道工程和地级机关33幢办公、宿舍楼严格实行公开招投标。

1995年，对全地区30万元以上的基建工程、20万元以上的装饰工程一律实行公开招投标。江北新区86幢办公、住宅楼招标投资1.24亿元，节约资金1200万元。1996年，检查建设项目207个，查出无证设计8个，无证施工13项，未报建22个，未招标10项，未竣工验收12项，存在工程安全质量隐患81项，及时提出整改意见。1997年，对建地区以来投资在30万元以上的165个竣工工程和1996年1月开工的269个工程进行执法检查，对未报建项目48个、无证设计工程6个、未招标工程43个、不符合施工安全工程19个、未竣工验收工程4个、在建工程存在质量隐患7个，及时会同建委、计委、审计、工商等部门作出限期整改、补办完善手续、罚款、停工整顿和拆除等处理。

1998年，全地区新开工工程101项，总造价1.39亿元，招标率95%。1999年，各县（市）建立建筑有形市场，应招标工程73个全部实行招标，其中公开招标60个。查处建筑领域违纪违法案件6件，给予党政纪处分15人，其中县级干部1人，科级干部5人，移送司法机关处理4人。

2000年，《中华人民共和国招标投标法》实施后，纪检监察机关与发展改革等部门建立工程建设招投标协调机制，督促各有关行政主管部门加强对工程招标投标活动的监督管理，工程建设招投标更加规范。

第五章　政法工作

第一节　维护稳定

民国初期，仍循清末旧制，实行巡逻守望制。民国26年（1937年），境内各县维稳工作主要由警察局或警佐室负责，各地根据县城大小，设置若干个哨棚，每天派警昼夜轮流值勤守望和不定时进行巡逻；水上巡逻以渡口为主。

民国37年（1948年），农村地区由各保民众自卫队常备班配给枪支进行夜巡，并在交通要道及高处设置哨棚，每晚各户派人轮流守望，发现盗匪即鸣锣报警。中华人民共和国成立后，境内各县政法工作配合党在各个时期的中心工作和政治运动，利用法律手段打击敌人、惩治犯罪、保护人民、维护社会主义制度，保障国家、集体和他人的合法权益免受侵害，促进社会的和平稳定。

20世纪60—70年代，除“文化大革命”前期外，每逢节假日或大型重要会议、大型文艺演出活动，政法部门都派出警力，不定期进行巡逻，防止治安事故发生。80年代初，随着改革开放，录像放映室、歌厅、台球室、电子游戏等娱乐场所不断扩展，遍及城镇。在这些地方常发生违法犯罪活动，各县政法部门在维护社会稳定中，将这些场所作为重点，不断清理整顿。1981年，境内公安机关与交通、渔政部门一起，经常进行监督检查，加强水上安管工作。1987年，境内各县贯彻“谁主管、谁负责”的原则，落实第一责任人岗位责任制，抓安全防范工作，减少事故和案件的发生。1991年，政法部门遵循中央政法委关于“有节奏地开展严打斗争”的指示精神，在境内先后于不同节日开展不同规模的集中统一打击，维护社会稳定。1993年，各级政法委坚持“一个中心、两个基本点”的基本路线，以服务经济建设为中心，以强化专政职能、推进综合治理、加强自身建设为重点，转变职能，强化服务。政法系统积极为企业提供司法建议，为政府和企事业单位、个体户办理法律事务、办理公证等。

1994年，全地区乡镇以上党委、政府成立维护社会稳定领导机构，完善党政领导保一方平安的目标责任制。地委组建4个工作组分赴各县（市）指导维护稳定工作，各县（市）相应组建工作组深入乡镇开展工作。全地区进一步充实完善《处置紧急治安事件工作预案》、加强党政首脑机关和重点要害部门保卫工作。严密控制政嫌重口，及时侦破政治案件，做好群体性闹事的预防和处置工作，解决群众关心的“热点”问题，妥善处理各类闹事苗头78起，实现“力争全区不出事，绝对不能出大事”的维护稳定工作。

1996年，全地区各级党政主要领导切实担负维护稳定的政治责任，充分发挥党政主干线作用。

地委、行署召开专题会议研究政法、综治工作，解决具体困难和问题。各县（市）党委、政府坚持主要领导负总责、亲自抓，分管领导靠前指挥具体抓，组织指挥有关部门协调配合，形成维稳工作齐抓共管格局。

1997年，针对农村群众关心的财务问题，农民负担问题，成立“减轻农民负担领导小组”。协调并及时处理群众关心的热点问题。同时，积极处理好公路建设、城镇建设等拆迁、征地补偿中的矛盾。在城镇，抓国有、集体企业不景气引发的矛盾，保证企业职工工资和生活费发放。对个别破产企业，妥善解决职工分流中的矛盾。各级党委、政府和政法机关信访部门充分发挥职能作用，了解群众呼声，处理群众投诉和来访。

1998年，地委、行署召开全地区政法工作和维护稳定工作会议4次，落实各级党政领导维护一方稳定、保一方平安的目标管理责任制。政法机关发挥主力军作用，建立畅通的信息网络，及时收集掌握敌社情况，对重点地区、重点人口加强防范控制，依法审结民事、经济、行政案件6855件；调解各类民间纠纷2.59万件，调解成功率85%，避免民间纠纷转化为刑事案件79起148人，防止群体性上访41件381人，制止群众性械斗35起。

1999年，全地区各级政法机关强化各项安全保卫措施，确保中华人民共和国成立50周年、澳门回归庆祝活动的安全和全省14次扶贫会、全国贫困地区县级领导干部培训班、中西部地区乡镇党委书记培训班在巴中顺利举行。综治委和司法行政机关组织开展春耕大忙期间民间纠纷专项治理活动，共受理民间纠纷2.72万件，调解成功2.6万件；积极推动“三五”普法和依法治理工作，加强法律服务，办理公证7132件、律师法律事务2.91万件，为外出务工人员索赔480万元。同时，政法部门协助有关部门清理整顿农村合作基金会，配合各级各部门抓好农民“减负”、城镇“两保”和下岗职工再就业以及信访等工作，维护安定团结的政治局面。

2000年，全市政法部门对影响社会稳定的人民内部矛盾定期排查和调处，及时完善处置突发事件的各项准备工作。大力开展民间纠纷专项治理活动，化解和消除不安定因素。司法行政部门坚持依法治理，加强法律服务，维护人民群众的利益。各级党委、政府进一步落实维护稳定领导责任制，全市党政统一领导，部门齐抓共管，社会支持配合，把各种不稳定因素消除于萌芽状态，确保全市改革、发展和稳定。

第二节　综合治理

民国时期，境内治理工作主要对违法犯罪人员进行教育和改造，严格治安管理，指导乡公安员、治安室搞好治安管理工作，组织和领导治保会（组）做好基层基础工作。

中华人民共和国成立后，政法工作以指导督促政法各部门贯彻执行党和国家对政法工作的方针政策和法律法令，打击敌人，惩治犯罪，保护人民。1982年起，各县先后成立社会治安综合治理领导小组。依靠人民群众，运用政治的、经济的、行政的、文化的、教育的等多种手段，从“打击、防范、教育、管理、建设、改造”等六个方面着手，加强社会治安综合治理。1984年后，各县抽调干警组成专门工作组抓社会治安综合治理，在“严打”斗争中，督促政法各部门快侦快办，促进社会秩序的好转。开展“社会治安综合治理月”活动进行综合治理。1988－1991年，按照“社会治安社会治、综合治理综合抓”的精神，抓城乡基层治保组织和群防群治组织建设。各县采取集中领导、集中时间、集中力量，进行法律知识大讨论。建立和完善各种治安责任制。同时，整顿加强村民委、治保委、调解委建设工作。层层落实治安责任制，群防群治网络已初步形成。

1992年，开展综合治理宣传月活动，各县党政部门开始层层签订“综合治理保一方平安”责任书。

1993年，加强基层组织建设，基层党政组织及治保、调解等群众组织建设。成立治安联防队、巡逻队、农村实行院户联防，城镇守楼户院。

1994年，地、县（市）党委、政府把社会治安综合治理工作纳入年度两大文明建设总体目标考核，层层签订《社会治安综合治理保一方平安责任书》，形成一级抓一级，一级包一级，齐抓共管的局面，开展集中整治社会治安的斗争。是年，共举办违法人员法制学习班160期，制定并实施改变108个党支部软弱散状况方案；配齐269个乡镇专抓综合治理工作的副职；配备5092个党支部委员会的保卫委员；培训4730名村级治保会，调委会主任；对群防群治组织进行整顿。同时，结合“三五”普法，开展社会治安综合治理宣传月活动及知识大赛，广泛宣传社会治安综合治理知识和集中“整治”的意义目的以及“十法一例”等法律法规，提高广大群众的法制观念和积极“参治”共同维护好社会治安的主动性。

1995年，将目标任务层层分解落实到基层，年终考评，严格兑现奖惩。地、县（市）综治委、纪委、组织部、人劳局、监察局建立联席会议制度，政法部门发挥综合治理主力军作用。结合“二五”普法验收，表彰见义勇为者381名。同时，组织开展“创模”活动，全地区培育省级模范乡（镇）和单位2个，地级模范乡（镇）和单位11个，县市级模范乡（镇）28个、模范单位31个。在活动中涌现出综合治理先进集体128个，先进个人256人。是年，新建公安派出所6个，司法所6个，培训群防群治人员2.04万人。全地区暂住人口登记率95%，民间纠纷调解成功率95%，民转刑案比1994年下降73.3%。

1996年，全地区第三个五年全民普法和依法治理工作全面启动。各县（市）结合乡、镇换届和区、镇班子调整，抓综治副职领导配备到位；公安派出所、人民法庭、司法所、法律服务所等政法基层组织警力进一步充实，基础设施得到改善。以党支部为核心的基层组织配套建设不断完善，社会治安整体防范能力不断增强。刑释解教人员的安置帮教工作取得新进展，重新犯罪率控制在较低水平，民间纠纷有较大的回落，民转刑案件比1995年下降75%；流动人口管理机制进一步完善，盲流人员带来的治安问题减少。年终考核，各县（市）保一方平安责任书执行较好，全地区综合治理工作上档升位。

1997年，全地区配齐配强乡镇专抓综治工作副职领导，并对85%以上专抓副职进行集中培训，对群防群治队伍进行整顿充实；各县（市）制定相应的管理制度，严格人口有序流动；强化学生法制教育，召开全地区中小学道路交通安全教育现场会，整治校园周边文化娱乐场所、个体私营摊点，净化校园环境，减少学生违法犯罪。是年，印发宣传资料12.4万份，开展以案讲法（案例宣讲会）1200次；以部门执法责任制为重点，积极推进“依法治区”活动。同时，针对农村大忙季节民间纠纷突出问题，开展民间纠纷调解专项治理活动，为外出务工民工伤亡代理索赔，全地区县（市）命名安全文明小区1500个，安全文明村384个，安全文明社410个，安全文明单位254个。

1998年，以实行社会治安综合治理领导责任制和目标管理责任制为龙头，切实把抓综合治理的重任落实到各级党政领导身上，《社会治安综合治理保一方平安责任书》的签订纵到底、横到边；结合“严打”斗争，取缔非法组织、扫黄打非专项斗争和商品打假等活动；开辟《金盾之光》电视宣传栏目；抓基层“创安”工作，深化“创模”活动。全地区安全文明小区、安全文明村和安全文明单位在城镇覆盖率为60%，农村覆盖率50%。是年，新命名地级社会治安综合治理模范单位26个，省级模范单位2个；建立暂住人口登记站784个，登记率94%。1999年，继续坚持和完善社会治安综合治理领导责任制和目标管理责任制，深入开展综合治理“创安”“创模”活动。全地区涌现出地级社会治安综合治理模范县1个、模范乡镇单位16个。

2000年，进一步强化社会治安综合治理领导责任制和目标管理责任制，对执行工作目标情况加强督查，严格考评，落实奖惩。普遍深入开展“创安”“创模”活动，赢得全省“安全文明社区”建设工作现场会在巴中胜利召开。在加强流动人口、暂住人口和重点人口管理的同时，切实加强刑释解教人员的安置帮教和预防青少年犯罪工作，开展青少年“维权岗”活动。各县（区）中小学校普遍聘请兼职法制副校长或辅导员，开设法制教育课。市级公、检、法、司和市电视台开办“金盾之光”“金色天平”和“法制与生活”栏目。司法行政部门培植巴中市巴州区白云乡依法治理典型，带动全市民主法制建设。全市涌现“省级综治模范乡（镇）”单位2个，新命名“市级综治模范乡（镇）”单位20个，“创建安全文明小区”15个、“安全文明”单位80个、“安全文明村”304个。

第三节　执法监督

中华人民共和国成立后，境内各县政法党委的具体工作主要是审批案件。凡处五年以上报地区或省上批准决定的案件和处五年以下报县委常委批准的案件，以及关于地、富、反、坏人员戴（摘）帽、处分、管制等，由政法党委（党组）成员讨论审批。1980年，实施“两法”（刑法、刑事诉讼法）后，政法党委不再审批案件，转入协调解决政法各部门在执法中有关管辖、定性、量刑、适用法律方面出现争执难于办理的案件，以避免政法各部门扯皮推诿和久拖不决。1983年起，政法工作行使指导、协调、综合等职能，定期和不定期召开政法委员会和政法工作会，安排、部署、总结、检查政法工作，研究解决政法工作中的重大问题。1987年，境内各县政法部门，组成专门班子，全面进行执法检查，纠正法律手续不齐、越权处罚、定性不准、引用法律条款不当的治安案件。

1993年起，巴中地区两级党委政法委开展督查督办执法工作。同时，地区政法委先后在全地区政法系统部署开展以严禁刑讯逼供，严禁乱用械具、罪犯保外就医和超期羁押为主题的专项治理和专项检查活动。在工作中，地区政法委结合全地区实际，提出具体实施方案。委领导亲自出面动员、讲话、协调、指导，帮助解决工作中的具体问题。同时，年复一年的开展检查、督促、总结、反馈，推动活动开展，促进政法机关严格执法、公正司法。

1996年，中央政法委《关于切实加强各级党委政法委执法监督工作的意见》和川委办转发省委政法委《关于加强各级党委政法委执法监督工作的暂行规定》下发后，地和各县（市）突出抓制度建设。地和县（市）党委政法委及时制定执法监督工作实施规则，重大突发性事件协调制度等；抓机构队伍建设。抓重大部署和重点案件督查。始终围绕政法工作两大主题和各级党委对政法工作的重大部署，实行专项督查，确保政法工作顺利进行，保证工作任务的全面完成。对重点案件，从侦查、批捕、起诉、审理各个环节，一件一件地登记，每个环节跟踪督查，确保办案的质量和效率；抓重大疑难案件的协调和重要信访的督办。

1997年，地委政法委正式设置执法督查督办室。县（市）党委政法委也相继设置“执法督查督办室”，并配备专（兼）职干部。政法各部门亦及时调整充实法制、研究等执法监督机构的领导力量和工作人员。

至2000年，全市两级政法委执法监督机构和政法部门内部执法监督机构建立和健全，形成网络，抓专项治理活动。全市两级政法委共召开书记办公会、全体委员会70余次，研究协调政法部门有分歧的重大疑难案143件，接待来访群众380余人（次），处理群众来信2293件，对上级领导和领导机关批转的群众来信128件实行重点督办并落实。

第六章　组织工作

第一节　党员队伍建设

一、党员发展

川陕省苏维埃时期，中共川陕省委组织部在境内开展建党工作。入党对象是雇农、贫农，入党发展方式是半公开，入党手续简单。至1933年12月底，川陕省委所辖的22个县、1个特别市、4个特别区内共发展党员3万多人，其中在巴中境内发展4585人。巴中县（平昌）800人，通江县1830人，南江县1955人。1935年3月，红军撤离巴中后，中共党组织转入“地下活动”，继续秘密发展党员。至1949年10月底，境内4县共发展地下党员1906人。

中华人民共和国成立后，开始全面建党。1952—1976年，培养入党积极分子的标准主要是家庭出生于贫农、下中农，观点明确，立场坚定，具有共产主义觉悟，能吃苦耐劳，不计个人利益，敢想敢说敢做，能不断推进技术革新，能密切联系群众。其中，1952年境内4县共发展新党员1614人，1959年发展5117人，1972年发展2096人。

1978年后，按照“坚持标准、保证质量、改善结构、慎重发展”的十六字建党方针发展新党员，建立“两统一”“六不批”制度（统一业务培训，统一材料规格；未经培训不批，入党动机不纯不批，无政审材料或材料不合格不批，对党认识不足或不懂党的基本知识不批，材料不清楚、不齐不批，群众有反映、未调查清楚不批），建立发展党员“电话举报”制度，严把“五关”（政治关、时间关、程序关、公示关、责任追究关）。至1992年，境内4县共发展新党员1.99万人。

1993年后，各级党组织把党员发展重点放在改善结构、提高素质上，积极发展有理想、有文化、有经济头脑、在改革和建设中做出显著成绩的优秀分子入党；注重在科研、教学活动中考察入党积极分子，吸收其中的先进分子入党。强化“推优”工作，发展共青团员入党，以改善党员队伍结构。至2000年，全市共发展新党员2.34万人，预备党员转正1.76万人。

二、党员结构

1951年，境内1483名党员中，在职职工占19.66%，乡镇企业劳动者占0.24%，农牧渔民占37.2%，民办教师与乡村医生占0.71%，离退休人员占40.93%，其他人员占0.16%。

1952年，境内党员2511人中，女党员205人，25岁以下633人，大专以上文化4人、中学（含中专）文化336人、小学文化1427人、文盲744人。

1964年，境内党员3.05万人中，女党员2629人，占8.62%；25岁以下的3607人，占11.83%；大专以上文化的45人，占0.15%，小学文化的占81.7%，文盲占4.8%。

1978年后，注重发展女党员和知识分子党员及年龄25岁以下的党员，逐步使党员的性别、年龄、文化结构有大的变化。1985年，境内8.58万名党员中，女党员7228人，占8.42%；25岁以下的4259人，占4.96%；大专以上文化的1213人，占1.41%；小学文化4.76万人，占55.47%。与1980年相比，25岁以下党员增长0.54个百分点，大专以上增长0.67个百分点，小学文化减少3.63个百分点。

1993年，全地区共有党员9.6万人，其中女党员占7.98%，25岁以下的占2.71%，大专以上文化的占3.86%；与1992年相比，女党员、25岁以下党员、大专以上文化的党员分别增长1.08%、0.04%和减少0.6%。至1998年底，全地区党员的行业分布也发生相应的变化。在10.91万名党员中，国有、集体单位工作的占33.96%，乡镇企业劳动者占1.0%，农牧渔民占56.7%，民办教师与乡村医生占0.75%，城镇个体劳动者占0.21%，离退人员占6.35%，学生与其他职业占1.03%；乡（镇）党员占75.35%。前三项人数分别比1992年增长9.35%、0.52%，减少5.72%。

2000年，全市共有党员11.28万人，比1993年增长17.46%；女党员1.05万人，比1993年增长37.47%；少数民族党员增长13.79%；年龄25岁以下的增长43.15%，年龄25—35岁的增长53.99%，大专以上学历的增长1.95倍，小学学历的减少12.14%，文盲党员减少43.59%，并有研究生党员16人。33名少数民族党员中，有回族党员15人、藏族2人、苗族3人、维吾尔族1人、彝族1人、朝鲜族3人、满族1人、土家族7人。

三、党员管理

民国36年（1947年）8月，通南巴工委在奇章中学组织党员干部10余人，开展整风学习，进行思想整顿，纠正小手小脚、消极等待的心理状态，要求放手工作，壮大组织。

中华人民共和国成立后，境内各县加强对党员清理整顿，学习党的基本知识，开展批评与自我批评。1954—1956年，境内各县结合中心工作，整顿农村基层党组织，旨在清除思想不纯和组织不纯的党员，剔出蜕化变质分子和严重违法乱纪分子，提高党员的思想水平和社会主义觉悟。20世纪60年代，境内各县对全体党员开展党员标准和“三史”（家史、村史、社史）教育。

70年代，境内各县实行“开门整党”“上挂下联”“吐故纳新”等方法，整顿组织，整顿党员思想。同时，各县建立健全组织生活制度和学习制度。

1986—1987年，各县各乡党委加强流动党员管理，在村（居）委采用书信往来、寄学习资料、定学习任务、提学习要求、要学习汇报等办法，帮助外出党员克服“与己无关，无法返回，害怕挨整”等思想问题，端正整党态度，积极参加整党学习。1988年，境内四县开始启动民主评议党员工作。1989年起，各县党委组织部门在流动党员管理中，采取转出组织关系、开具党员证明信的方式进行管理。是年2月开始，境内4县全面启动民主评议党员工作。在民主评议中，采取多种形式，对党员开展评议、进行民主鉴定、确定合格与不合格。在合格党员中评选优秀分子，造成党内学有榜样、赶有标兵，争做合格党员的局面。至1990年12月，境内4县民主评议党员工作全面结束。其中，通江、平昌2县参评党支部540个、党员3.7万人，评处不合格党员1210人，占总数的3.27%。通过查证核实，受党纪处理的302人、占不合格党员数的24.96%，受组织处理的772人、占63.8%。

1992年，巴中、平昌2县共有流动党员3638人，转出组织关系322人，占8.85%；开具党员证明信252人，占6.92%；无任何组织手续3064人，占84.23%。同时，各县党委组织部门结束不在采取转出组织关系、开具党员证明信的方式对流动党员进行管理。1995年起，全地区试行“流动党员活动证”制度。地委组织部组织人员对全地区流动党员进行调查摸底，重点抓清理发证对象、抓好发证试点、明确发证方式、反馈发证情况等4个环节。同时，建立流动党员服务站，在流动党员集中的地方建立党组织，建立健全管理制度，加强流动党员思想教育，使流动党员流而有序。

1993年后，坚持每年开展一次民主评议党员工作，普遍进行“四查三看”，即查是否有“三不”（连续3个月不参加党的组织活动，或不交纳党费，或不做党所分配的工作）现象；查执行政策情况，看有无违纪行为；查平时的表现，看是否履行入党誓言；查任务完成情况，看是否发挥党员作用。各级党组织在处置不合格党员中，主要采取“三种形式”（限期改正、劝其退党、党内除名），遵循“六个程序”（支委会提出处置意见；支部指定专人找应受处置党员谈话；召开支部大会讨论；报同级党委审批；党委集体讨论决定；向处置对象转告上级党委审批意见，做好思想工作），使处置对象解除后顾之忧。

至2000年，全市累计开展评议党支部4.25万个（次）、党员83.04万人（次），结束评议党支部3.99万个（次）、党员77.66万人（次）。评议结束受表彰党员11.07万人（次），其中授予优秀共产党员称号6.52万人（次）；受组织处理党员895人（次），其中开除党籍131人（次）、劝退不退而除名5人（次）、取消预备期资格37人（次）、受其他党纪处分616人（次）、限期改正错误106人（次）。

第二节　基层党组织建设

一、农村党组织

1933年，中共川陕省委在境内建立区委55个、乡党支部336个。1935年3月，红军撤离巴中境内，一部分党员仍加强“地下组织”建设。至1949年10月，党的“地下”工作者在境内共建党支部141个。1952年，境内开始全面建党。是年，共建基层党支部137个。

1954—1956年，境内各县结合粮、棉统购统销、建社、转社、镇反和农业生产等中心工作，对农村基层组织进行大规模的整顿。针对问题开展批评与自我批评，对严重违法乱纪的给予组织处分。

1957年起，各乡（公社）随着党员人数的逐步增加，先后建立党的支部、总支部和乡（公社）党委。至1986年，各县农村有正式党员3人以下的单位都建立党小组，有正式党员3人以上，50人以下的单位都设立党支部，有正式党员50人以上，100人以下的单位都设立总支委员会，100人以上的基层单位都建立党委。境内4县共建农村基层党委290个、党总支4个、党支部2435个。

1963—1964年，结合社会主义教育运动，分两批对农村基层组织进行整顿。围绕干部“洗澡下楼”，进行“三史”教育，搞多吃多占的退赔工作；并改选党委和支部领导成员。1970—1972年，境内各县分四批对农村基层组织进行整顿。采取“开门整党”“上挂下联”“吐故纳新”等方法，进行组织整顿和思想整顿。在整顿的基础上恢复因“文化大革命”运动被砸的基层党委和党支部。

1982年起，针对改革开放后基层组织建设的“四难”（党员难集中、活动难开展、时间难保证、制度难坚持）问题，在境内4县开展“4个1”（1个乡办1所党校，1个支部建1个党员活动室，1月1次党日活动，1月1次小组会）活动。至1987年，境内建乡（镇）党校所数，已占乡（镇）总数的40%。

1989年起，开始试行《中国共产党农村支部条例（草案）》，开展创优争先活动。建立支部工作责任制、民主评议党员、党员活动日、党员管理民主监督等制度。至1990年，各县以民主评议、处置不合格党员的形式在农村分期分批地开展，按照“坚持标准，立足教育，区别对待，综合治理”的方针，对农村党组织和党员进行思想整顿和组织清理。

1993年，全地区乡（镇）建党委272个、党总支27个、党支部3442个，其中建制镇建党委37

个、党总支18个、党支部964个（其中镇辖村党支部545个），乡党委235个、党总支9个、党支部2478个（其中乡辖村党支部1807个）；有乡（镇）党委书记272人、村支部书记2352人，乡镇企业支部书记80人。

1994—1997年，全地区分两批进行农村党组织的整顿和建设工作，共整建280个乡（镇），重点是乡（镇）、村、社财务。全地区共清理出违纪金额1494.26万元，已清退1094.93万元、占违纪金额的73.28%；共辞退富余人员525人，占总数的9.1%。整建后的乡（镇）党委平均年龄比整顿前下降3.2岁，为37.8岁。

1998起，农村党组织在队伍、阵地、制度建设上下工夫。同时，采取县、区、乡各出一点钱、物的办法建立党组织活动阵地，达到活动有房子、有牌子、有桌凳、有活动记录、有学习资料。

2000年，全市农村共建党委284个（其中镇党委42个、乡党委242个），党总支23个（其中建制镇22个、建制乡1个），党支部3227个，其中建制镇825个（含镇辖村支部512个）、乡2402个（含乡辖村支部1844个）。建立7个基本制度，使90%的区（镇）乡（镇）党委都配有专管党务的副书记、纪委（检）书记或干事，配齐政工员、党课教员、学习辅导员这三支队伍。

二、企业党组织

1952年，境内全面建党，因集体以上企业极少，所以仅在工业企业中建党小组4个，在交通运输邮电企业中建党支部10个、党小组5个，在商业企业中建党支部4个、党小组14个。在1956年的“公私合营”、1958年的“大跃进”中，境内国营、集体企业得到较大发展，党的组织建设也随之发展。1964年，巴中、平昌2县在工交商业企业中共建党委3个、党总支2个、党支部130个、党小组328个。

1966—1971年，党组织濒于瘫痪。1976年后，企业党组织得到较大发展。到1986年，境内巴中、通江、平昌3县的企业共建党组织632个，其中党委15个，总支33个，支部584个；在工业企业建党组织162个，在交通运输邮电业中建党组织211个，在商业饮食供销仓储业中建党组织259个。

1991年后，以企业组织建设为重点，整顿软弱无力的后进支部。推广达县西外镇围绕经济抓党建、抓好党建促经济发展的做法，探索企业党组织在社会主义市场经济体制中如何发挥政治核心和保证监督作用。

1993年后，地委组织部建立和完善企业党的组织建设。抓住12家国有企业联系点，探索加强企业党建的新路子。截至1995年底，全地区717家国有、集体企业，共建有党组织647个，占应建党组织的90.2%；仅有个别党员的49个企业，均采取联合、挂靠等方式设置党组织。

2000年底，全市在工业企业、建筑行业、商业、公共餐饮业和物资供销业、交通运输邮电业中，建党委19个、党总支44个、党支部675个、党小组835个，有党员1.28万人。其中，独立核算企业752个，已建党委19个，建总支35个，建党支部510个，有党员1.01万人，占从业6.23万人的16.16%。

三、机关党组织

川陕省苏维埃时期，中共川陕省委每占一地，都要建立机关党组织，苏维埃企事业单位的党员属辖地机关党组织管辖。红军在鼎盛时期，建有川北（巴中）、川东（绥定）两个道委，4个直辖县委，4个直辖特别区委，18个道辖县委，1个特别市委。

1935年3月，红军离开巴中境内后，以上组织随之消失。之后，川北工委又派员赴巴中建立地下组织，至1949年，在境内共建4个县委、27个区委。

1951年，境内各县重新开始在机关团体内建立党支部或临时党支部。1953年，根据《党章》规定，在县政府建立党组。以后又陆续在文教、政法等政府工作部门建立党组，在人武部建立党委，并在县委、县政府内设机构中根据党员多少建立党支部。至1976年，境内各县先后建立政法党组、财经（贸）党组、文教党组。县委、县革委内各部、办、室及各党组织内设机构均建立机关党支部、党总支、党委共407个。

1980年起，机关党组织在支部推行每月一次支部大会、每两月一次党课制度。

1986—1992年，各级党委坚持每月召开一次机关党支部书记会议，专题研究机关党支部工作，帮助大家克服“一元化”的旧观念和党不管党的不良现象；加强培训，提高水平；加强班子建设，改善组织设置；加强组织管理，完善生活制度；加强指导，实行定点联系。各党支部在加强阵地建设的同时，加强制度建设。90%的机关支部建立健全“三会一课”（“三会”是党员大会、支部委员会、党小组会；“一课”是党课）等制度。

1993年后，全地区按照“强化理论学习，加强业务培训，转变工作作风，提高工作效率”的要求，加强机关党建工作。是年，地级机关共建122个党支部、12个总支、36个党组、3个党委，并帮助完善工作制度和人员职责，签订年度工作目标责任书；编印下发《机关党建工作文件选编》1500余册，使机关党建工作有据可依。

至2000年底，全市政党、政权机关共建党委86个（其中市级4个、县区级19个、乡镇63个），建总支部36个（其中市级7个、县区级27个、乡镇级2个），建党支部634个（其中市级43个、县（区）级271个、乡（镇）级320个）；有党员1.53万人，占机关职工2.83万人的53.88%；机关干部1.96万人，党员占61.63%；机关县处级以上干部451人，党员占95.3%。

四、事业单位党组织

1952年，境内全面建党工作开展后，各级党委开始在文教、卫生、体育、科研、金融、保险等事业单位中建立健全党组织。至1964年，境内4县的事业单位共建党委3个、总支1个、支部151个。其中，卫生体育社会福利业建党委1个、支部34个，教育文艺广播电视业建党委1个、总支1个、支部76个，科研金融保险业建党组织42个。

1966—1971年，党组织瘫痪。1972年后，逐步恢复发展。至1985年，境内事业单位共建党组织447个，其中党委10个、总支2个，支部435个；文教卫生体育社会福利业建党组织305个，科技金融保险业建党组织130个。

1993年后，全地区事业单位党建工作，重点抓中等学校党的基本知识教育，以培育“四有”新人为目标，切实加强思想政治工作和德育教育工作。

至2000年，全市事业单位共建党组织763个，其中党委2个、党总支21个、党支部740个；管辖党员1.1万人；3个科研单位有党员12人，建党支部2个；542所中小学校有党员6151人，建党总支8个，建党支部401个；其他事业单位建党委2个、总支13个、支部337个。事业单位党组织、党总支、党支部分别比1993年增加94个、7个和85个。

五、其他党组织

1993年，设立地委1个、县（市）委4个，在政府工作部门内设党组131个，其中地级7个、县（市）级124个，在地方政府部门、军队和武警团以上单位设立党委42个，各级党委派出工作委员会35个，其中省辖地（市、州）委派出工委1个，县（市）派出工委34个。

1994 年 8 月－1995 年 3 月，地委组织部选择巴中市（县级）恩阳镇进行街道党建试点。在总结试点经验基础上，提出《关于加强全区街道党组织建设工作的意见》。1995 年 4 月 27 日，在恩阳镇召开全地区街道党建试点工作经验交流会，以达推广的目的。

至 2000 年，市、县（区）委数量未变；地方政府工作部门党组增至 177 个，其中市级增至 46 个、县（区）级增至 131 个；地方政府工作部门、军队和武警团以上单位设立的党委增至 47 个，各级党委派出工委增至 48 个。全市 7 条城市街道建党总支 7 个，18 个城市街道居委会建党支部 18 个，42 个建制镇建党委 42 个。

第三节　干部管理

一、干部队伍

川陕省苏维埃时期，红军在境内选拔培养 5000 多名干部。1935 年，这些干部绝大多数随红军北上而参加红军。

中华人民共和国成立后，通过培养训练，吸收知识分子，从工人、农民中选拔以及改造留用旧政权公职人员，干部数量不断增加。1951 年，境内 4 县有干部 2085 人；随着机构的增加，事业的发展，干部队伍不断壮大。1958 年，以“又红又专”“红透专深”作为选拔干部的标准。是年，共有干部 3628 人。1965 年，注重提拔新生力量，在各级主要领导干部中，年轻干部、本地干部增加。4 县共有干部 8374 人。

1966—1972 年，境内干部用人制度逐步恢复，至 1975 年，境内 4 县共有干部 1. 77 万人。

1978 年后，整顿各级领导班子，清除领导班子中的“角刺”人物，并对错误处理的干部平反纠正，解放一大批被处分的干部。提拔优秀分子充实各级领导班子。1985 年，有干部 3. 25 万人，比 1981 年的 2. 68 万人增长 21. 06%。1992 年，巴中、通江、平昌 3 县有干部 3. 04 万人，比 1990 年 3 县干部增长 3. 78%。

1993 年，全地区有各类干部 4. 01 万人，其中行政机关 1. 1 万人，事业单位 2. 44 万人，企业单位 4673 人；党群系统 2056 人，国家机关系统 3. 8 万人；地级 280 人，县（市）级 3. 42 万人，乡（镇）5652 人。

2000 年，全市共有各类干部 5. 32 万人，比 1993 年增长 32. 64%，其中党群系统 3761 人，比 1993 年增长 82. 93%；取得大学专科以上学历的 1. 76 万人、干部总数的 33. 12%，初中及其以下的干部仅 3463 人、占干部总数的 6. 5%。2000 年与 1999 年相比，县级机关干部总数减少 1814 人；乡（镇）机关干部总数增加 3228 名，企事业单位干部总数增加 1607 名。

二、管干权限

20 世纪 50 年代初期，境内各区级主要干部的任免、调动、升级经县委研究后再报审批；一般干部由组织部审查通过后，由政府分配工作。党委直接领导党务部门。对于政策上和干部上有关问题，由党委决定、政府命令执行。党内党务干部由组织部任免、调动；党外行政干部由组织部和行政负责人协议决定后由行政上公布执行。各县人民政府人事科成立后，党外和行政部门干部的任免调动等工作，由人事科直接办理；但在办理中，必须先经过县委组织部审查后再作决定。

1956 年起，对管干权限作新规定。实行县委各部分级管理干部制度，凡报上级任免的干部，由各部分别审查，经县委研究决定后上报审批。1960年起，对人民公社干部实行党委分级管理，公社党委书记由地委管理，党委副书记、委员、正副社长及由国家供给的公社干部、团委正副书记、妇代会正副主任、生产大队正副支书等由县委管理，其下分别由公社党委和区委管理。1968—1970年，干部任免由部分"群众组织"决定，报上一级审批。1971年后，干部归县委统一管理，由县委、县革委政治部组织科负责具体工作。1973年后，逐步恢复干部分级管理制度。

1984年后，经过数次对管干权限进行调整，其管干权限基本固定。1994年起，管干权限为地委协助省委管理副地（厅）级以上干部；地委协助省委组织部管理地委正副纪委书记、组织部正副部长；地委协助省级有关部门管理省级部门条条管理的正副职领导（即上划单位领导）；地委直接管理正副县（处）级干部；地委组织部直管正副区（科）级干部；地委宣传部协助地委管理地区文体局、广播电视局正副职及地区电视台台长、新华书店经理、巴中日报社正副总编辑；地委宣传部直管地区文体局、广电局、日报社内设机构正副职及地区电视台、新华书店副职；地纪委、地区监察局管理本部门派驻地级有关部门纪检组组长、监察科（室）正副职及正副科级纪检、监察员；地区人事局管理行署所属地级机关一般行政职务干部，归口人事局代管副县级行政、事业单位的中层干部正副职。至2000年，管干权限未变。

三、选拔任用

川陕省苏维埃时期，县、区、乡苏维埃政府主席、委员和分管土地、粮食、劳工、内务、经济、裁判、教育、保卫等工作人员，从实际斗争中物色和选拔积极分子，召开群众大会，民主选举产生。选拔后，通过培训再分配工作。

20世纪50年代，结合减租退押、清匪反霸、土地改革等运动，培养选拔干部。除"南下"干部外，各县解放委员会还从民国县政府遗留人员录用旧职人员。其中，通江县在民国通江县政府遗留的213人中录用干部65名。

1966—1976年，干部培养与使用制度被破坏，培养干部和选拔干部工作陷入停顿状态。在干部选拔使用上，也仅仅为实现老、中、青三结合的革命委员会领导班子而选拔一些青年干部。

20世纪80年代，各级党组织坚持干部"四化"方针和德才兼备的用人标准选拔干部，把群众推荐同组织考察结合起来，不受范围局限，不仅从党政机关中选拔，也从企事业单位中选拔，使干部队伍的年龄、文化、专业结构有显著变化。1987—1990年，境内各县干部选拔任用，严格组织程序，克服临时动议现象；加强委任制干部的任免，提高群众参与程度，公开推荐选拔各级领导干部；推行干部考试录用制度和考核制度。为解决乡（镇）干部长期缺编、领导人才严重缺乏问题，拓宽乡（镇）干部的选拔渠道。仅通江县吸收、录（聘）用干部730名。

1994年，巴中地委按规定程序选拔任用领导干部。其选拔程序是民主推荐、广泛听取意见，提出选拔对象；组织人事部门考察，党委集体研究决定，按干部管理权限上报；上级组织部门进一步考察，然后提请党委讨论审批。1995年后，执行中共中央《党政领导干部选拔任用工作暂行条例》，使干部选拔任用工作逐步走向规范化、制度化、法制化轨道。

2000年，有2名市级后备干部进入市级领导班子，6名年轻县级后备干部被提拔到县级领导岗位。对40名试任期满的干部进行严格考核，对新提拔的56名副县级以上干部征求执纪执法部门的意见；继续确定4县（区）及6个市级部门作为参加干部任免会议的联系单位；积极配合省委组织部对拟提拔的2名副市厅级领导干部进行考察前公示，接受广大干部群众的监督，社会反响良好。

四、女干部培养

中华人民共和国成立后，党把培养选拔女干部作为提高妇女地位的措施之一，逐步使妇女在政治上享有男人同等的待遇。1951 年，境内妇女干部占干部总数的 6.85%。1961 年，妇女干部占干部总数的 7.69%。1971 年，女干部 2267 人，占干部总数的 11.29%。1981 年，妇女干部 4237 人，占干部总数的 14.41%。

1986 年起，省、地、县委要求各级各部门都要掌握一批妇女干部名单，在后备干部中女干部要占到 20% 以上的比例。各县、区、乡分别建立妇女干部档案，落实各种措施，加大培养妇女干部的力度。是年，在 4 县的 3.37 万名干部中，有妇女干部 4988 人，占干部总数的 14.78%，比 1981 年增长 0.07 个百分点。

到 1993 年，全地区共有女干部 6472 人，其中行政机关 1210 人，有地级正副部（局）长 6 人，县（市）委、政府、人大、政协正副职 7 人，调研员 1 人，相当县处级职务 2 人，科（局）长及相当职务 158 人，其他人员 1036 人。事业单位 4730 人（其中中小学校 3218 人），企业单位 532 人。

1994 年后，巴中地委一直把培养造就一支数量充足、质量较高、战斗力较强的女干部队伍列入工作目标，纳入议事日程。建立组织领导机构和工作机构，明确党委书记、组织部部长、妇联主席分别为一、二、三责任人，一级抓一级，层层抓落实。

至 2000 年，全市机关干部中已有女干部 1764 人，占干部总数的 15.33%，其中市级 251 人，县（区）级 878 人，乡（镇）级 635 人。是年，确定县级女后备干部 92 名，占县级后备干部总数的 20.6%（规定为 20%），选拔 1 名女干部进入市级领导班子、5 名女干部进入县级党政班子、1 名女干部进入县人大班子；对 45 岁以下科级女领导干部和 129 名中青年女干部、39 名优秀乡（镇）女领导干部进行系统的政治理论培训。

五、干部监督审查

川陕省苏维埃时期，中共地方党组织采取明察暗访的办法，经常考察干部功过情况。抗日战争和解放战争时期，巴中地下党组织通过审干，清除队伍中投敌变节分子。

1952—1963 年，先后开展 3 次干部监督审查工作。1952 年，各县委结合“三反”运动结束后开展的“三建”（组织建设、思想建设、制度建设）工作，对境内各县干部进行第 1 次审查鉴定。1956—1958 年，结合肃反工作，对各县机关干部进行第 2 次全面审查。巴中、南江 2 县共审查干部 369 人，均作定性结论。1963 年，结合“社教”运动，对干部的政治历史、立场观点、思想作风等方面的问题进行全面审查。对历史复杂、严重违法乱纪、不适宜担任现职的人员作调整。

1966—1975 年，停止干部审查监督制度。

1976 年后，各县委组织部始终坚持以干部“四化”方针为重点，以制度建设为突破口，以审查监督为手段，抓副乡级以上领导干部选拔任用过程中民主推荐、任职资格、考察考核、材料报批、决定任用等环节的监督审查，各县选任干部工作逐步走上制度化、程序化、规范化轨道。

1986—1989 年，各县先后建立由县委部牵头，县纪委、县监察局、县检察院、县审计局、县公安局、县直工委、县信访办等部门为成员，干部监督审查联席制度。聘请干审工作联络员定期联系、通报、研究，随时掌握干部的学习、工作、思想动态；建立干部“问题档案”，用典型事例教育广大干部；规定干审工作的职能为对领导干部的监督、保护、审查、教育等。

1993 年后，地、县（市）委不断完善干部监督审查制度，加大干部监督力度。至 2000 年，全市初步建立一套比较科学的干部监督运行机制。加强任前监督工作，把好选拔任用干部的入口关。对提拔任命的390名副县级以上领导干部逐人征求联系会各成员单位的意见，对反映出的问题分别进行处理；密切干群关系，开展定期或不定期谈心谈话制度。在接待群众来信来访中，根据群众反映的问题，建立“群众反映问题档案”。对群众反映问题的性质、类型，除限期要求领导干部作出回复外，市委领导和组织部的领导还根据群众反映的问题有针对性地找有关领导干部谈话，指出工作中存在的问题，要求他们倾听群众的意见，改进工作，提高效率，密切干群关系。

第四节　领导班子建设

一、领导班子状况

1993年后，按照高效、精简的原则，配置各级各部门的领导成员。至1994年2月，全地区各级党委、政府共有领导班子成员1853人。其中，各级党委成员1002人，行署和县（市）乡（镇）政府成员851人；地委、行署班子成员17人，县（市）辖农村区委、区公所292人，县（市）委、政府61人，乡（镇）党委、政府1483人。成员平均年龄40.5岁，其中地委成员平均年龄49.3岁、区委成员47.02岁、县（市）委成员43.61岁、乡（镇）党委成员39.02岁，行署成员平均年龄48.43岁、区公所成员43.44岁、县（市）政府成员44岁、乡（镇）政府成员36.37岁；大学本科学历的43人，大学专科315人。

2000年，全市县（区）、乡（镇）领导班子成员1886人。其中，市委成员11人（书记1人、副书记4人、常委6人）；市政府6人（市长1人、副市长5人）；市纪委4人（书记1人、副书记3人）；市人大常委会4人（主任1人、副主任3人）；市政协5人（主席1人、副主席4人）；中级人民法院院长1人、检察院检察长1人。县（区）党委成员43人（书记4人、副书记15人、常委24人）；县（区）政府27人（县区长4人、副县区长23人）；县（区）纪委15人（书记4人、副书记11人）；县（区）人大常委会22人（主任4人、副主任18人）；县（区）政协30人（主席4人、副主席26人）；县（区）法院院长4人，检察院检察长4人。乡（镇）党委821人（书记287人、副书记534人）；乡（镇）政府成员894人（乡镇长294人、副乡镇长600人）。

二、“四好”班子创建活动

1993—1996年，全地区各级领导班子开展“四好”（学习、团结、勤政、廉洁）班子创建活动。在学习上，不但学习马列主义、毛泽东思想，而且结合巴中实际，认真学习邓小平建设有中国特色的社会主义理论，学习科学文化知识和现代管理知识，为推进巴中地区的改革开放献计纳策出力。在团结上，加强民主集中制建设，将民主评议党员、干部作为加强团结的重要措施和内容。在勤政上，面对巴中现状，坚持勤思考、勤调查、勤动手，敢闯、敢试、敢冒风险，用好用活上级党委和政府的政策，勤勤恳恳，脚踏实地为人民工作。在廉政上，针对巴中实际困难，教育广大党员、干部艰苦创业。地委、行署领导身先士卒，与工作人员一道住集体宿舍，吃大伙食堂，同甘共苦。在干部任免、调动中坚持任人唯贤，坚持干部任免程序，民主推荐，组织考核，集体研究，不搞个人说了算。通过活动的开展，通江县被省委命名为“四好”班子。

1997年起，地级部门进一步完善“四好”班子创建规划。每年结合年度考核，利用领导班子民主生活会，认真听取各方面意见，并有针对性地对一些班子集体和个人谈话，提出存在的问题及改进措施。在执行“五项制度”中，重点实施领导干部《重大问题报告制度》《重大问题回复制度》《领导干部收入申报制度》，并要求县级领导干部认真及时填写，对不按时上报的单位督查通报。到2000年，仍执行这些制度。

三、后备领导干部培养

20世纪50年代至70年代初，境内培养选拔后备领导干部，按毛泽东提出的培养无产阶级革命事业接班人的标准选拔后备领导干部，强调全心全意为人民服务，能够团结大多数人一道工作，能坚持民主集中制的组织原则和党的群众路线，谦虚谨慎、戒骄戒躁，富于自我牺牲精神。1966－1976年，选拔后备领导干部，坚持"三忠于"（忠于毛主席、忠于毛泽东思想、忠于毛主席的无产阶级革命路线），"突出无产阶级政治"，坚持"无产阶级专政下继续革命"，富有朝气，无复杂的社会关系等条件，选拔一批年轻干部为领导班子接班人。

1978年后，培养选拔后备领导干部坚持革命化、年轻化、知识化、专业化（简称"四化"）的方针和德才兼备的标准，既注重文凭，又重视实际工作能力。1979年，南江县按照"四化"要求，从1000多名干部中挑选291人作为县、区、社领导成员的预备对象。

1983年，通江县委组织3个人才考察组，集中半年时间，对全县798名大学生、3511名中专生、1306名高中生进行全面考察，造册登记。从中选拔后备干部507人，其中列入县级14人、区（局）级96人、乡（镇）级397人。

1986—1992年，各县逐步完善培养后备领导干部的规章制度。按照"四化"方针和德才兼备原则，广开后备领导干部来源。采取自下而上的发现、识别、考察、推荐人才，注重从机关的年轻干部中选拔，从毕业的大中专学生中选拔，从一线的生产工作中选拔，从专业技术人员中选拔。通过挂职下派的实践锻炼，以丰富其实践经验，提高其领导能力。各县通过民主推荐、组织考察，合理配置后备领导干部。境内4县累计培养、储存县、区、乡后备领导干部1.35万人（次），并建立档案，进入后备人才库备用。

1993年后，地委作出《加强干部宏观管理暂行规定》，规定选拔、培养后备领导干部既要着眼于现阶段班子建设的需要，又要从战略高度着眼于未来接班人的选拔、培养，确保党和国家的各级领导权牢牢地掌握在忠于马克思主义的人手中，保证老一辈革命家开创的无产阶级革命事业后继有人。后备领导干部的列入，在民主推荐的基础上，经组织考察，党委研究后，报同级干部管理部门审查批准。

至2000年，全市共培养后备领导干部1917人。年龄40岁以下的占80%；女干部占22%；非党干部占4.2%。

第五节　知识分子工作

民国时期，境内因地脊民贫，仅有个别富贵人家子弟才能接受大、中专教育。到1949年，境内较好的巴中县也只有大、中专毕业生30多人。

20世纪五六十年代，由于受"左"的思潮影响，"宁要社会主义的草，不要资本主义的苗"，旧知识分子很少利用。由于新培养的知识子青黄不接，致使人才匮乏。如，通江县自1953年至1965年底，分配到县的大专毕业生干部仅211人，中专毕业生干部835人。

1966—1976年，境内大多数知识分子都遭到迫害，知识分子被打入"臭老九"的行列。

1978年后，境内各级组织认真贯彻执行中央和省委制定的关于知识分子政治、工作和生活等方面的各项方针、政策和规定，使知识分子的政治地位和生活待遇得到提高。

1985—1987 年，境内各县对知识分子中的冤、假、错案进行平反。巴中、通江、南江 3 县共平反纠正知识分子中的冤、假、错案 1208 件。巴中县发展 1159 名知识分子入党，推荐选拔 410 名知识分子走上领导岗位。

1988—1992 年，各县委建立健全知识分子工作领导小组，专抓知识分子工作。从政治上关心知识分子的成长，吸收其优秀分子加入党组织，推荐选拔优秀知识分子进入各级领导班子，充分发挥其知识才干；关心他们的生活，解决知识分子干部夫妻分居、子女就业和子女“农转非”、本人生活困难等问题；创造条件，让知识分子干部承包科技项目，让“英雄有用武之地”。

1993 年起，地委把“科技建区、科教兴区”作为重要的战略决策，始终把知识分子工作纳入重要议事日程，及时组建地委知识分子工作领导小组，补充相关职能部门负责人为领导小组成员。实行领导干部联系知识分子制度，充分发挥聪明才智，激励知识分子建功立业。至 1998 年底，全地区拥有中、高级专家 2388 人，其中享受政府特殊津贴的 8 人，有突出贡献的 12 人，省优专家 18 人，地厅级学术带头人 17 人；市学术科技后备人选 21 人，地级拔尖人才 10 人，县（市）拔尖人才 115 人；各类优秀专家 675 人；青年科技人员 1.19 万人。

2000 年，把选调的优秀毕业生大学生（简称“选调生”）列入人才对象。市人才办制发加强选调生工作的意见，对全市 44 名选调生进行全面考察，并推荐 5 名优秀选调生接受全省表彰；以市委组织部的名义，表彰 5 个“选调生工作先进单位”和 9 名“优秀选调生”。

第六节　老干部工作

一、老干部管理

民国时期，境内通江县参加革命工作的老红军、老干部共 4.51 万人，其中民国 26 年（1937 年）7 月 6 日以前，参加革命工作的 4.5 万人，民国 26 年（1937 年）7 月 7 日—民国 34 年（1945 年）9 月 2 日，参加革命工作的 7 人，民国 34 年（1945 年）9 月 3 日 - 民国 38 年（1949 年）9 月 30 日，参加革命工作的 6 人。中华人民共和国成立后，无专门的老干部管理机构，各县老红军、老干部各自回县休养。1980—1984 年，境内各县先后成立老干部休养所、老干部管理局，主要负责对老干部工作的宏观管理和监督、检查及综合协调等工作。1984 年，建立老干部工作督查督办制度。1991 年，对老干部阅读文件作规定。1993 年，各单位将老干部工作纳入目标管理责任内容，纳入企业产权机制改革章程或租赁承包合同内容。特困企业单位优先发放离休退休金。1994 年 1 月，成立巴中地委老干部局，专门指导、管理全地区老干部工作。各部门、各单位 1 名领导成员负责，各部门设老干部科，专职专人为老干部服务。

1995 年起，建立领导联系老干部制度，地、县（市）各级领导干部每年联系 1 ~ 2 名老干部，每年至少 2 次到老干部家中走访慰问，征求意见，帮助解决其具体困难。

1996 年起，地委决定，凡有 3 名以上老干部的部门和单位，必须成立老干部党支部。老干部党支部成立后，每月适当过组织生活，开展各种活动，实行自我管理；党支部活动经费在收取党费中解决。其间，南江县仁和乡离休干部党支部，平昌县得胜区老干部党支部，巴中市（县级）老红军党支部、渔溪镇老干部党支部，分别受到中央组织部的表彰。2000 年，加强离退休干部党支部建设，发挥支部“自我管理、自我教育、自我服务”作用。建立党政领导分别联系老干部制度，市级领导干部先后分别联系120名老干部。

二、安置接待

民国时期，安置、接待无资料可查。中华人民共和国成立后，境内各县对民国时期参加革命的离休干部和中华人民共和国成立后参加革命的副县级以上退休干部进行妥善安置。20世纪80年代，各县委先后下发《关于加强接待工作管理的暂行规定》。对离退休干部来信来访，老干部局坚持做到有访必接、有问必答、有难必解、有信必回，热情周到，平易近人。1993年后，针对老干部离退休后，有的要回原籍，有的要迁移到子女身边，有的要投亲靠友，还有在西藏、新疆和少数民族工作的干部离退休后回内地的实际情况，地委老干局认真按中央规定，开展易地安置工作。

1994年起，针对巴中在外工作的老红军、老八路家属和子女、老干部较多，回乡探亲、参观、访友较多的实际，地委老干部局及时制定出一整套接待工作制度。接待老红军从成都、达州、广元回来的，由这些地方送到地委老干部局，再由地委老干部局派车送到各县（市）委老干部局；老红军返回离开巴中，由各县（市）委老干部派车分别送到成都、达州、广元，搭乘飞机、火车；老红军赴巴坐车、住宿、生活一律免费；老红军家属、子女单独到巴中的，由地委老干部局招待一餐饭，其余食宿用车自行解决。易地安置，与接地签合同，供给关系留在原单位，组织关系转到休息所在地，转出单位每年向接受单位交500元安置管理费，并每年预付5000元医疗费，年底一次性结账，多退（节余转下年）少补。同时，转出单位每年派专人前往代表组织去慰问。至2000年，全市接待老红军91人（次），家属、子女1100人（次），接待省机关和外地老干部参观团18个、9486人（次）。接受新疆、西藏、云南、贵州、河南等外省安置老干部16名，市、县（区）安置到北京、上海、广东、海南、成都、重庆、达州、南充、广元等地的老干部300余名，仅市级安置到易地安家的达105人。

三、老干部待遇

中华人民共和国成立后，境内各县根据中央“老干部离退休后，政治待遇不变，生活待遇略为从优”的原则，各县委印发“关于加强老干部工作的意见”，老干部离退休费（养老金）由社会保障机构实行社会化发放，离休干部医疗费“实报实销”，退休干部医疗费“按规定报销”的原则，由医疗保险部门负责报销老干部所发生的医疗费，认真贯彻执行老干部政策，按时足额兑现“两费”。各县委建立落实政策领导小组，坚持“部门办案、统一把关、县委决定、分块查办、县委集中审批、常委审阅定案、按程序办理手续”的原则和办法。1978年，平昌县为84名离休干部落实地下党政策（恢复党籍），14人恢复公职。1982—1988年，巴中县委根据中央的指示，对县内包括老干部在内的被历次政治运动造成冤、假、错案的遗留问题，进行清查处理。共清查1989件，其中全错全纠767件，部分错部分纠135件，改变敌我矛盾性质69件，恢复党籍536人，续党龄6人，更改参工时间60人，承认革命历史144人，收回工作257人，作退休处理85人，作退职处理92人。对全县包括老干部在内第二次国内革命战争时期肃反被错杀的进行复查。对全县1725名“四种重点对象”作政治结论和平反昭雪，并按中央、省、地的有关规定，对736人的直系亲属填发“因公牺牲证明书”和“平反昭雪证明书”。同时，各县分批分期组织老干部到农村、工厂或外地参观；邀请老干部参加必要的会议和政治活动，组织老干部学习文件，听报告；向老干通报工作；80%的离休干部的住房达到规定标准；每年组织离休干部开展一次健康检查并建立健康档案；建立活动室，丰富老干部的政治文化生活；春节及重大节日，走访、看望老干部；老红军回乡探亲、老干部因公外出或因病抢救，可派车接送等，为老干部提供优厚的政治、生活待遇。

1993 年后，地委、行署及时出台《加强老干部工作意见》，明确规定老干部离退休后，政治待遇不变，生活待遇从优。通江县、巴中市（县级）设立老红军干休所，为 25 名老红军修住房，水电气全通，并配备工作人员、医务人员、工作用车。在政治待遇方面，邀请老干部、老红军代表参加重要会议。1995 年纪念抗日战争胜利 50 周年，1996 年纪念红军长征胜利 60 周年，1997 年庆祝香港回归祖国等重大庆典活动，邀请老红军、老八路和部分老干部参加。请德高望重的老干部参加地级领导干部测评会。给老干部订阅学习资料，老干部活动中心（馆）室和老干部每年订阅两报一刊《四川日报》《巴中日报》《晚霞》，确保老干部学习之用。地、县（市）委、人大、政府、政协、组织部、老干部局的领导组织人员深入老干部家中慰问，并就经济社会发展虚心征求老干部的意见和建议。至 2000 年，仅市级机关收集老干部提出的意见和建议 128 条，并全部采用。

四、老干部活动

中华人民共和国成立后，县委、县政府高度重视老干部工作，为老干部修建活动场地，购置活动器材。在文体活动中，各县坚持因人制宜，突出特色，陶冶情操，增长知识，有利健康的原则，有计划、有目的、有组织地开展各项活动。

1982 年，各级老干部管理部门适时、适当组织老干部开展有益身心健康的各种文化娱乐活动，让老干部健康愉快地安度晚年。

1984—1993 年，境内各县先后组织老红军、老八路、离休老干部成立“爱国教育”“智囊团”“光荣传统宣传队”。深入工厂、学校、企事业、机关、街道讲光荣传统课 1800 余场，受教育干群 15.89 万人（次）。

1994 年起，每月 1 日或 15 日，为老干部集中学习时间，主要学习中央、国务院发至县团级的文件，省委、省政府和本地文件以及各级领导讲话，学习国际国内形势，紧跟形势，同党中央和各级党委保持高度一致。老干部参加各种学习活动 1.93 万余人（次）。

1998 年起，地区老年活动中心组织老干部开展门球、乒乓球、棋牌、太极拳、柔力球、舞蹈、书画、钓鱼等活动。地、县（市）和各单位的老干部活动中心（馆、室）做到天天有活动，月月有安排，季度有比赛。同时，地区组织城区干部局每季度进行 1 次门球比赛已形成制度。至 2000 年，全市老干部承办参加省和跨省的老干部活动 16 次 150 人（次）。

1993—2000 年巴中党员基本情况

表 20—2　　单位：人

类别	数量＼年度	1993	1994	1995	1996	1997	1998	2000
党员数量	总合计	96040	97957	101275	104527	108181	109123	112809
	其中：正式党员	93622	95035	96776	99544	102572	104492	109296
	预备党员	2418	2922	4499	4983	5609	4631	3513
	女党员	7667	7951	8286	8853	9513	9769	10540
	少数民族党员	29	31	28	30	33	36	33

续表20—2

类别	数量＼年度	1993	1994	1995	1996	1997	1998	2000
年龄结构	25岁以下	2605	2768	3475	3982	4821	4637	3729
	26～35岁	12555	13199	14556	16198	18267	18999	19333
	36～45岁	27664	27405	26119	25066	24513	22950	22069
	46～55岁	30147	30692	31443	32011	31197	31495	32097
	56～60岁	3248	9400	10098	11059	12099	13072	14883
	61岁以上	13821	14484	15584	16211	17284	17970	20698
入党时间	1927.08—1937.07.06	39	38	34	28	26	19	18
	1937.07.06—1945.09.02	46	46	41	38	40	35	32
	1945.09.02—1949.09	292	773	712	656	646	620	549
	1949.10～1966.04	27393	26697	26132	25489	24756	23671	22163
	1966.05—1976.10	34777	34470	34038	33566	33561	32908	32423
	1976.10—1992.09	31611	31272	31267	31096	30836	30605	30591
	1992年10月以后	1832	4661	9051	13656	18316	21265	27033
文化结构	大专以上	3711	4484	5145	6236	7431	63639	10953
	中　专	6098	6607	7253	8012	8837	9315	10290
	高　中	9763	10777	12587	13687	15002	15513	16763
	初　中	28520	20308	30002	32523	33397	33877	34489
	小　学	42185	41167	40093	39083	38938	37889	37065
	文　盲	5763	5614	5295	4986	4576	4160	3251

第七章　宣传工作

第一节　理论宣传

一、理论学习

民国16－18年（1927—1929年），巴中县王鳌溪主办《宕梁旬刊》《新时代报》，传播反独裁，倡民权、民主、民生的“三民主义”理论。

1933—1935年，中共川陕省委宣传部组织人民学习“收缩阵地、诱敌深入、集中兵力、各个击破”理论。放手发动群众，扩红支前，瓦解白军，粉碎国民党军队的“三路围攻”“六路围剿”。民国26－34年（1937—1945年）国共合作，境内进步人士在毛泽东《论持久战》《论抗日民族统一战线》等思想指导下，排除“亡国论”“速胜论”，与国民党当局一起宣传抗日，境内各县成为抗日支前的巩固后方。民国35－38年（1946—1949年），巴中、通江、南江地下党组织响应毛泽东“将革命进行到底”“不可沽名学霸王”的指示，发动地下组织，组建地方武装，争取赵济刚、叶良一、司瑞等境内国民党上层进步人士，发动群众抗丁、抗捐、抗税，维护地方治安，迎接全国解放。

1950—1953年，境内各县围绕建立政权、巩固政权、减租退押、清匪反霸、征粮征款、发展生产、抗美援朝，实行过渡时期的总路线等一系列运动，学习宣传党的“赎买”等政策，加快公私合营改造进程，促进经济恢复，推进政权巩固。

1954—1956年，学习毛泽东关于农业集体化的有关理论，促进农村从互助组、初级农业生产合作社的建立与发展和生产资料所有制的社会主义改造。

1958年，广泛开展学习总路线和毛泽东著作运动。1962年，学习贯彻国民经济“调整、巩固、充实、提高”八字方针。

1963年，学习中央和省、地、县关于工业学大庆、农业学大寨、全国人民学习解放军的有关论述、讲话。

1964年，学习中央、省、地关于社会主义教育运动的有关指示和政策，广泛宣传社教运动。

1966年开始，境内农村、机关、学校普遍建立学习毛主席著作小组，学《共产党宣言》《国家与革命》和毛泽东关于阶级斗争的有关论述。

1972—1975年，学习推行无产阶级专政下继续革命理论，反击“右倾翻案风”，使邓小平初见成效的各项整顿再次陷于停顿。

1978—1986年，境内各县学习和参加“实践是检验真理标准”的大讨论，开始纠正“两个凡是”（“凡是毛主席作出的决策，我们都坚决维护；凡是毛主席的指示，我们都始终不渝地遵循”）。学习贯彻中共十一届三中全会精神，拨乱反正，摒弃“无产阶级专政下继续革命理论”，平反冤假错案，实施改革开放搞活政策。

1987年，各县组织干部学习中共十三大《沿着有中国特色社会主义道路前进》的报告。通江县委宣传部率先撰写《扎根当代中国的科学社会主义——学习十三大报告宣讲提纲》，印发3000余册，组织县区乡干部学习。

1992年，境内各县委中心学习组学习邓小平视察南方讲话和中共十四大精神，领导干部群众领会和把握建立和完善社会主义市场经济体制，是中共十四大确定的现阶段经济体制改革的根本目标；发展市场经济要靠政府培育市场体系，完善市场机制，创造相应的环境条件；市场经济的资源配置功能是以供求关系、价值规律为基础和杠杆进行的，是更能促进生产力发展的新的运行机制。

1993年，地委宣传部牵头，与地委组织部、地委党校联合编印《邓小平文选》第三卷学习辅导资料3000多册发到地县（市）党政机关和企事业单位，作为学习《邓小平文选》第三卷的辅导教材。

1994年，地委宣传部与地委组织部、地委党校联合举办《邓小平文选》第三卷理论骨干培训班，共培训150多人。同时，地、县（市）委建立党委中心组学习制度，中心组学习由党委书记主持，1名副书记协调，宣传部门承办。党委、人大、政府、政协四大班子领导成员及相应职务的干部和有关综合部门的主要领导为中心组学习成员。学习中，坚持学习原著与辅导相结合，学习与横向交流和解决实际问题相结合，把解放思想、实事求是，领导干部人生观改造、世界观改造，研究本地区改革开放、经济发展等现实问题贯穿于学习的全过程。是年，以地委党校为阵地，举办县处级干部读书班，培训县处级干部148名。举办地委委员、行署副专员、各县（市）委书记、县（市）长学习会，邀请省委党校，省社科院专家、教授讲辅导课。地、县（市）委中心组组织专题学习讨论，撰写并发表理论文章50余篇。

1995年，地委先后举办“贯彻全省三个重要会议精神学习会”、“学习《邓小平同志建设有中国特色社会主义理论学习纲要》（以下简称《纲要》）学习会”、贯彻落实中共五、六中全会精神学习会。其中，参加“学习《纲要》解放思想学习会”的有各县（市）委分管宣传思想工作的副书记、宣传部部长、组织部分管干训工作的副部长、党校副校长、各县（市）委宣传部理论科长、地委各部门分管思想政治工作的负责人，地委宣传部副科级以上干部、地委党校区、乡（镇）长、书记培训班，共189人。会上，地委、行署领导结合教育的两大部分12个问题进行讲授，并学习地委宣传部编印的《解放思想、实事求是，促进巴中地区经济社会全面发展》的党课教材学习，为提高全地区党员、干部理论和政治素质，促进解放思想，加快巴中地区经济社会快速发展奠定思想理论基础。

1997年，县以上领导干部继续深入学习《邓小平文选》《邓小平同志建设有中国特色社会主义理论学习纲要》《廉政准则》《条例》和《规定》《邓小平论社会主义精神文明建设》《邓小平经济理论学习纲要》、江泽民关于《大力发扬艰苦奋斗精神》和在中央党校省部级干部进修班毕业典礼上的讲话、十五大文件等重要文献。地、县（市）委党校举办理论骨干培训班48期，参训人员5500多人（次）。

1998—1999年，地委先后制发《关于在全区兴起学习邓小平理论新高潮的意见》《关于认真学习贯彻十五届三中全会精神的通知》《关于党的十一届三中全会二十周年纪念活动的通知》等文件，对全地区理论学习、宣传、教育、研究等工作进行全面部署。地委中心学习组先后学习邓小平理论有关篇目和十五大报告的有关章节、江泽民在纪念党的十一届三中全会召开二十周年纪念大会和纪念中国共产党成立78周年纪念大会上讲话、党的十五届四中全会《公报》《决定》和《中共四川省委关于在地厅级领导班子和领导干部中深入开展“三讲”教育的决定》等内容。紧密联系巴中地区经济社会发展实际，认真调查，积极思考，用理论指导巴中地区经济社会实践。

2000年，市委中心学习组先后学习邓小平理论、对“三个代表”重要思想和十五届五中全会重要文献，并召开全市领导干部学习会，实施生物工程、发展绿色食品、推进农业产业化等问题进行专题研讨，对如何进一步丰富发展“巴中经验”、实现全市经济社会新跨越达成共识。市委中心组学习经验材料《认真学习邓小平理论努力打好扶贫攻坚战》受到中宣部肯定，并在《求是》杂志刊登。全市副县级以上干部撰写的理论调研文章被地级以上刊物刊用500多篇。市委宣传部完成全国、全省“五个一工程”重点理论课题《决战贫困苦干兴巴》和《论“巴中经验”的形成和发展》的研究，受到中宣部和省委宣传部的肯定，并分别参加中宣部、省委宣传部“五个一工程”优秀理论文章评奖。

二、理论研究

中华人民共和国成立后，境内宣传工作以理论学习和理论教育为主，理论研究方面无资料可查。1983年，境内各县理论工作者从马克思主义关于生产力推动社会发展的基本原理；当代中国生产力发展的实际情况；社会主义生产目的；中华人民共和国成立30多年建设的正反经验等方面进行反复论证，最终形成《必须十分注意发展社会生产力》一文，并发表于《通川日报》，获达县地区行政公署哲学社会科学优秀科研成果奖。

1984年，先后完成《自给半自给经济必然向较大规模的商品生产转化》和《浅读按劳分配的贯彻原则》两项理论研究成果。分别载于四川人民出版社《探索之路》和地区《学习通讯》第四期。

1986年，境内各县理论工作者根据资产阶级自由化泛滥的实际情况在《浅谈思想政治工作的立体化方法》中提出注意发掘与行为思想上下左右、纵横交错的渊源关系，区分层次和侧面，因人因事因时不同而给以不同的引导，不搞一个平面，一个角度，一刀切；继承和发扬理论与实际相结合，疏导与灌输相结合，批评与自我批评相结合，言传与身教相结合的原则和方法；坚持具体化、制度化、系统化和经常化，实现立体化做好思想政治工作等观点，以推动思想政治工作深入进行。文载四川省委《学习杂志》12 期，并获达县地区行署优秀科研成果奖。同时，与专家联合攻关，从《潜书》中，将《唐甄的为政之术》归纳为“知政”“用贤”“田市”“政事通达”“秉权”“淳风”“为政者必备之素质和修养”等七条在“全国唐甄思想学术研讨会”大会发言，赢得国内外与会专家学者好评。文载达县地区《学习通讯》和《社科论坛》。

1987—1992 年，境内各县理论工作者紧扣时事，政治和经济发展的时代旋律，坚持理论与实践相结合的原则，先后开展《社会主义的根本任务与改革》《统一战线与社会发展断想》《社会主义初级阶段必须在公有制为主体前提下实行多种所有制形式并存》《采取四条措施搞活现有企业》《千方百计把第一生产力落到实处》等课题理论研究工作。这些理论研究成果分别在四川人民出版社《探索之路》《统战与实践》、西南交通大学《政治经济学释疑》《社科论坛》《工作通报》及江西省《老区建设》等刊物上发表。

1993 年，在《关于减轻农民负担问题的调查与思考》中，提出要高度重视，认清减轻农民负担的实质和意义，千万不要粗心大意；要对症下药，摸准农民负担增重的诸多原因，千万不要主观臆断；要宽严适度，把好减负的三道关口，千万不要抱薪救火，把住适当数量的比例关、科学收取的方式关和财务开支的管理关。这对解决农负问题，保护农民积极性，发展农村形势起到理论指导作用。其研讨成果分别在四川《社科论坛》、达县地委《调查与研究》、江西《老区建设》等刊物上发表并获巴中地区行署哲学社会科学优秀科研成果一等奖。

1994—1997 年，全地区围绕提高党政领导工作能力、物价上涨热点、社会主义本质、医疗卫生工作、超常规跳跃式发展、扶贫开发、人才标准、《巴中经验》等问题开展理论研究，先后形成《浅读提高党委领导市场经济工作的几种能力》《物价运行趋势及对策》《关于社会主义的本质》《正确处理市场经济条件下的医患关系》《超常规跳跃式发展巴中地区经济的思考》《巴中老区贫困原因与扶贫开发思路探讨》《市场经济条件下的人才标准》等理论研究成果。其中，《超常规跳跃式发展巴中地区经济的思考》，文载《当代巴山》1994 年 2 期。地委委员、宣传部部长卢笃岗《论执政党在革命老区开放和现代化建设中应遵循的若干原则》，在中央召开的“全国邓小平思想理论”研讨会上发言，受到与会党和国家领导及专家、学者高度评论和肯定。在《贫困地区加快实现两个转变的实践与思考》理论研究成果中，从理论与实践的结合上分析出巴中地区实现两个转变缓慢的主要原因，并提出加快两个转变的建议。

1998 年，全地区副县级以上领导干部撰写的理论调研文章被地级以上刊物刊用 880 多篇。其中，地委书记周登全的《坚持初级阶段理论，探索构建非公有制为主的区域经济框架》、行署专员李克明的《关于选拔干部的几点思考》被《人民日报》和省级刊物刊用。是年，地委宣传部收集理论文章 100 余篇，并编辑出版《纪念十一届三中全会二十周年理论专集》。

1999 年，全地区县处级以上干部，结合自身思想、工作实际，撰写的理论调研文章被地级以上刊物刊用 500 多篇。地委宣传部完成全省社科研究课题《论“巴中经验”的形成和发展》，上报经验文章《认真学习邓小平理论 努力打好扶贫攻坚战》，编辑出版《改革开放 发展与探索》理论专集。

2000 年，全市召开学习讨论会 800 多场（次），集中开展“西部大开发、我们怎么办”的大讨论，交流研讨文章 250 多篇。市委宣传部《坚持思想大解放 促进巴中大发展》的经验文章被《四川宣传》刊登。组织人员深入企业、农村、学校、社区进行广泛深入的调查研究，撰写出《关于进城务工人员思想政治工作的调查与思考》《关于国有困难企业思想政治工作的调查与思考》《关于民办事业单位思想政治工作的调查与思考》等调研文章。其中，市委委员、宣传部部长陈克福的调研文章《清风徐来巴山春》在《四川日报》刊登。

三、理论教育

中华人民共和国成立后，境内各县理论教育的主要形式是政治运动。1952 年，各县组织机关党员、干部、职工学习政治理论，进行人生观、世界观和阶级斗争的教育。1963 年后，重点学习《毛泽东选集》。1966－1976 年，学习“无产阶级专政下的继续革命理论”以大批判代替理论学习。

1978 年后，理论教育日渐规范化。1982 年，境内教育围绕提高企业资金使用效益问题进行马克思再生产理论教育。加强企业经营管理计划性和科学性，提高企业资金使用效益。撰写的《运用资本形态变化及其循环原理提高企业资金使用的经济效益》一文刊载于 1990 年《成人高函教学》一期。

1983 年，境内理论教育针对纠正“两个凡是”后一些人否定毛泽东思想的错误思潮，举办学习《邓小平文选》骨干培训班，以《坚持和发展毛泽东思想的光辉文献》为题，系统阐释以邓小平为代表的党中央，在纠正“左倾”错误、工作重心转移、全面建设社会主义的进程中，完整地、准确地理解、把握和运用毛泽东思想的立场、观点和方法，推动社会主义现代化建设事业的长足发展，对继承和丰富毛泽东思想所作的贡献，以纠正否认毛泽东思想的错误倾向，正确对待毛泽东的晚年错误。

1984 年后，按照《干部马克思主义理论教育正规化要点》组织学习。恢复和健全各县中心学习组制度。

1990 年，组织开展《坚持党的基本理论和基本路线，充分发挥基层党组织作用》的教育活动。坚持主观与客观相统一的观点和实事求是的原则；联系发展的观点和辩证地观察问题的方法；矛盾的观点和矛盾分析方法；实践的观点和探求真理的途径；社会基本矛盾的观点和坚持社会主义改革的方针；阶级、阶级斗争的观点和人民民主专政；社会意识的观点和精神文明建设；群众观点和群众路线。教育形成的《马克思主义哲学的基本观点和方法》，文载《教育实践与探索》。

1995 年，在加强党的建设、保证党的领导教育、邓小平建设有中国特色社会主义理论教育、坚持党的基本路线一百年不动摇教育的同时，地委宣传部编印《解放思想、实事求是，促进巴中地区经济社会全面发展》的党课教材 6000 本，发到乡一级基层党组织。会同地委组织部、地委党校举办科级以上干部培训班。在《巴中时报》开辟“解放思想”专栏，对封闭保守观念、小生产观念、以“老”自居思想、主观主义、裙带关系、地方保护主义、平均主义、形式主义、以穷自卑意识等九大陈旧观念，论危害、挖根源，提出改进意见，进一步排除发展的思想障碍。同时，组织撰写《反对经验主义》《教条主义》《形而上学》《形式主义》《排外主义》五篇评论员文章，对五种错误倾向进行集中剖析批判。

1996—1997 年，地委宣传部根据地委实施“农业四大工程，推进山区农业两个转变”的指示，编写《搞好四大工程，实现两个转变，促进巴中地区经济社会超常规跳跃式发展》的党课教材，印发 2 万册下发到乡村，进行教育培训。按照《爱国主义教育实施纲要》对广大干部、群众尤其是青少年以庆祝香港回归为契机，开展以爱国主义教育为主题的多种形式的宣传教育活动；以热爱集体、奉献社会、建设祖国为主要内容的集体主义、社会主义教育；以为人民服务为核心的社会公德、职业道德、家庭美德移风易俗教育。倡导科学、健康、文明的生活方式，营造团结互助、平等友爱，共同前进的良好人际关系和社会风尚。

1998 年，地委宣传部与地委组织部、地委党校一起制订《区科级以上领导干部学习邓小平理论和十五大精神实施规划》，发行《人民的儿子邓小平》12 万册作为德育教材；广泛开展邓小平理论、十五大精神、爱国主义和时事政策等宣传教育活动；在《当代巴中》开辟“学校采风”专题栏目，宣传各级各类学校典型 50 多个。

1999 年，在学习邓小平理论和贯彻十五大、十五届四中全会精神中，在《巴中日报》《当代巴山》开辟“党建之星”“党的建设”专栏，在地区电视台开办“为党旗增辉”系列专题报道节目，集中宣传中央、省、地委表彰的 50 多个“先进基层党组织”，100 多名“优秀党员”，摄制党教专题片 10 多部。会同地教委，对全地区 400 多名德育专干集中进行培训，在全地区中小学发行图书《人民的儿子邓小平》《伟大领袖毛泽东》30 多万册，在《今日巴中》《当代巴山》开辟“学校采风”专题栏目，宣传各级各类学校典型 60 多个。

2000 年，全市坚持“六个教育”（在县处级以上干部中开展“三讲”教育，在地厅级领导中开展“三讲”教育回头看活动，坚定领导干部的理想信念；在广大党员、干部中开展“致富思源、富而思进”的“双思”教育，结合“双思”教育，集中宣传南江县竹坝铁矿党支部、巴中市巴州区园艺村、党支部等 80 多个“基层党组织先进事迹”和 100 多名受中央、省委、市委表彰的“优秀共产党员事迹”；利用全市爱国主义教育基地，对全市广大干部群众，特别是青少年进行爱国主义教育；开展“科普月”活动，下发科普资料 10 多万册；开展“三五”普法教育，配合有关部门，开展法律知识竞赛等活动，强化全市人民法制观念；深入开展艰苦奋斗教育，激励全市人民弘扬“巴中精神”，为丰富发展“巴中经验”建功立业）。

四、政治宣传

民国 12 年（1923 年），赖虚室在巴州中学宣讲“要民主，要科学”，反专制反封建的“五四”精神。民国 15 年（1926 年），中共党员荀寿南开办“辅仁书社”，发行“朝曦”“湘江评论”等进步书刊，宣传农民运动和革命理论，支持北伐，反对封建。

民国 18 年（1929 年），通江地下党开展“传字条子”活动，字条上写着“打倒土豪劣绅，平分土地”，一人收接后传写三张分别送三人。民国 20 年（1931 年），地下党宣传发动通江县平溪乡一线的板桥、涪阳等 6 个乡的 3 万余人反苛捐杂税，迫使县长作出“一年不还粮，三年不交款”的让步。

1933—1935 年，红四方面军各军师团和川陕苏区各级政府组建宣传队，以文字宣传、口头宣传和文艺宣传等形式对赤区和白区广泛宣传土地革命、扩红支前、妇女解放、文化教育、反对封建迷信；举办《共产党》《川北穷人》《战场日报》《红旗》《干部必读》《共产主义 ABC》《红色战士丛书》《对白军士兵的宣传大纲》等刊物和发传单、写标语、唱红歌、喊口号等方式，宣传苏区建设情况。

民国 28 年（1939 年），境内各县成立抗日救亡动员委员会，国共两党开展抗日救亡宣传，教唱“义勇军进行曲”“流亡三部曲”“卢沟桥事变”等进步歌曲。民国 36 年（1947 年），中共地下党组织通南巴工委在奇章中学成立，随后一批骨干转入农村，认真宣传中共政策理论。发动群众开展“三抗”斗争，并组建地下武装，迎接解放。

中华人民共和国成立初期，各县采用山头广播，群众大会、夜课班、书写标语等形式，对“三民主义”如何向社会主义转变，以及“一化三改造”、“赎买”政策、“三反”、“五反”等理论和路线方针政策进行宣传；宣传中国共产党与国民党、解放军与国军、人民政府与国民党政府的本质区别，揭露敌特所制造的谣言，安定社会秩序，巩固人民政权。

1956—1965 年，境内各县采用有线广播，农民文化技术学校，召开干部群众大会，利用报纸、刊物、墙报、书写标语等形式，宣传总路线、“大跃进”、人民公社的理论和加强党的建设和科学技术革命及国民经济调整、巩固、充实、提高的“八字方针”，坚定干部群众的理想信念和信心。

1966—1976年，除采用报刊、电视、有线广播、无线广播、《毛泽东选集》、《毛主席语录本》、语录碑、书写标语、召开宣讲大会，进行宣传教育外，还利用大鸣、大放、大字报、大辩论，甚至游行等方式宣传毛泽东主席最新指示；组织军宣队、工宣队，贫宣队进驻机关学校支“左”，宣传毛泽东思想；宣传“无产阶级专政下的继续革命”理论、斗私批修、“批林批孔”，反击“右倾翻案风”；宣传各行各业的整顿和江青反革命集团的罪行等。此阶段宣传工作被卷进政治运动的旋涡，“抓革命、促生产”成口号。各派性打着毛泽东旗号宣传自己的主张，不少人观点不一，经常争辩不休。

1978—1982年，开展“实践是检验真理标准”的大讨论，拨乱反正，纠正“两个凡是”，摒弃“无产阶级专政下的继续革命理论”，平反大批冤假错案，确立正确的政治、思想和组织路线，宣传工作逐步步入制度化、法制化。

1983年，各县举办纪念毛泽东诞辰90周年活动，广泛开展《中国共产党关于若干历史问题的决议》的宣传教育，正确评价毛泽东，坚持毛泽东思想的完整科学体系，既纠正毛泽东晚年的错误，又坚决维护其历史地位，坚持毛泽东倡导的理论联系实际，实事求是的原则。

1985—1989年，各县在纪念抗日战争和世界反法西斯战争胜利40周年期间，编写《艰苦奋斗是不断开拓理想境界的推动力量》一文，教育干部群众“居安思危”，保持艰苦奋斗的优良作风，以“骄、奢、逸”为戒，以“谦、俭、劳”为本，努力攀登两个文明建设的高峰，制止二次大战悲剧重演；针对东欧剧变和美国总统声称“要打一场没有硝烟的世界战争，要作共产主义制度终结的历史见证人”的世界形势，撰写《社会主义初级阶段的发展趋势》一文，对干部群众进行社会主义初级阶段理论教育，坚定社会主义必胜理想信念；各县宣传部广泛学习十三届四中全会精神，批判资产阶级自由化的宣传教育，回答国内外普遍关注的中国向何处去的重大问题。其中，在《资本主义充分发展阶段可以逾越商品经济充分发展阶段不可逾越》中提出3个观点（历史进程中某一社会形态之更替是共性与个性相结合的产物；中国社会主义可以逾越资本主义充分发展阶段，这是历史和人民的选择；中国社会主义初级阶段不可逾越商品经济充分发展阶段，归根到底这是因为生产力发展阶段不可逾越）。

1990—1993年，撰写《反思鸦片战争150年以来的历史》，开展“毋忘国耻，振兴中华”的宣传教育；针对东欧剧变，社会主义运动遭受挫折，一些人理想信念动摇的现实，撰写《理想和信念的基石》进行社会主义信念教育。使干部群众充分认识社会主义代替资本主义的必然趋势不可逆转。针对苏联解体，不少人震惊、迷茫，以《坚定党的领导和社会主义信念》一文，对广大干部群众进行拒渗透、反“演变”的理论教育。引导大家坚持“一个中心，两个基本点”的基本路线。

1994年，地委宣传部撰写《巴中地区成立以来述评》《山区群众文化生活贫乏原因及对策》《发展才是硬道理》等理论教育文章，对广大干部群众进行艰苦奋斗、解放思想、求实创新、服务大局的宣传教育。

1995年，地委宣传部在“荐《孙子兵法与企业管理》”中，把2500年前的《孙子兵法》与市场经济条件下的企业管理融会贯通，对如何在激烈的市场竞争中不断获得胜利问题，提纲挈领地解疑释惑，给人以信心和希望。以《孙子兵法》军事管理理论精华，古为今用，抓好有中国特色的企业管理。

1997年，地委宣传部编印党的十五大精神学习专辑，组织征订《胜利迈向二十一世纪的宣言》。同时，配合地级有关部门在地委党校举办学习党的十五大精神骨干培训班，培训各县（市）委分管宣传的副书记、宣传部长、分管副部长、理论科长、文明办主任、党校常务副校长、教务科长、地级各部门分管宣传思想工作的负责人共150多人。

1998年起，巴中电台、电视台开辟"理论学习专题节目"，《巴中日报》开辟"理论学习专栏"，《今日巴中》《当代巴山》开辟"理论学习与探索"专栏，定期集中刊播重要理论文章和理论学习典型。同时，全市以党校为依托，培训区科级以上干部。1999年，国务院扶贫办在巴中举办4期"全国贫困地区县级领导干部培训班"。其讲稿要点在《巴中日报》和巴中广播电视台重要栏目刊登播放，广泛开展"巴中经验"和"巴中精神"的理论教育。至2000年，巴中电台、电视台、《今日巴中》、《当代巴山》刊播重要理论文章和理论学习典型300多篇（个）。全市党校培训区科级以上干部2000多人（次）。

五、哲学社会科学

1982年起，境内4县建立社会科学联合会，部门设立科联分会，至1993年，全地区有理论工作者12人，社科联分会80余个，会员2000余人。召开理论研讨会50余次，创办《学习通讯》《巴中社联》等会刊4个，发表学术理论文章300余篇。并先后于1984年、1986年、1988年3次参加达川地区行政公署哲学社会科学优秀科研成果评选活动，有20余篇获得达川行署优秀成果奖。

1993年，建立巴中地区哲学社会科学学会，地委分管副书记和宣传部部长分别任正副主席。1994年，创办地级哲学社会科学综合性刊物《当代巴山》，省委副书记杨超题写刊名，地委书记韩忠信撰写发刊词。地委中心学习把中心组成员联系实际、撰写调查报告、工作研究和学术理论文章纳入考评内容，在地级以上报刊发表的重大调研文章给以表彰奖励。在建立地区社联的同时，成立巴中地区哲学社会科学评奖委员会，下设办公室。

至2000年，理论宣传人员增至16人，《当代巴山》刊发市内外调研报告、工作研究和学术理论文章600余篇，其中来自省级以上科研机构和大专院校学术理论文章40余篇。其间，分别于1995年和1998年2次组织开展哲学社会科学评奖活动，获巴中市委、市政府优秀科研成果一、二、三等奖80篇，获组织工作奖4个。

第二节　舆论宣传

一、时政宣传

川陕省苏维埃时期，红军和苏维埃政权创办报刊、印发宣传资料、传单，组织錾字队、粉笔队，书写、张贴、錾刻大量标语，采取教唱革命歌曲，表演戏曲等多种形式，宣传共产党十大纲领；宣传红军的任务和党政军政策、法令；宣传动员穷人打土豪、分田地，支援前线，参加红军，保卫苏维埃政权；宣传男女平等妇女解放的政策；宣传发动穷人组织起来自己解放自己，不受命运摆布。红军还组织火线宣传队、口号队，在战场上唱歌、喊口号，号召白军拖抢哗变参加红军，瓦解敌军士气。

20世纪40年代初期，境内中共地下党组织通过社会团体和党的外围组织，传播马列主义和中国共产党宗旨、纲领和政治主张。40年代末期，中共党组织派出党员，深入农村散发传单，安定人心，分化瓦解敌人，组织动员群众迎接解放。

中华人民共和国成立后，各县宣传部门利用会议、宣传材料、黑板报、山头广播、夜校、标语和文艺演出等多种形式宣传马列主义、毛泽东思想和党的路线、方针、政策。1950—1951年，围绕征粮、减租退押、清匪反霸和土地改革开展宣传活动。1952年，相继开展爱国丰产创模运动、抗美援朝、婚姻法、中苏友好、"三反"、"五反"、互助合作运动、破除封建迷信等专题宣传。1953年起，境内各县以会代训，培训基层干部，宣传员、报告员作时事政治报告，发放宣传资料，广泛宣传党在过渡时期的总路线。

1958 年后，开展人民公社“一大二公”、以阶级斗争为纲、划清敌我和两条路线斗争界线、纠正单干风，巩固集体经济的宣传教育活动。1963 年，宣传毛泽东“向雷锋同志学习”的号召；宣传学习雷锋精神，发扬艰苦奋斗，苦干实干，处处为党和人民利益着想，改变山区贫困面貌的先进典型。

1965 年初，学习、宣传中共中央《关于社会主义教育运动中目前提出的一些问题》（即二十三条）和省委书记李井泉在南充五级干部会议上的讲话，境内分批开展“清政治、清组织、清思想、清经济”的社会主义教育运动（时称“四清”运动）。

1966 年上半年，开展对新编历史剧《海瑞罢官》、“三家村”和“二月提纲”的宣传。同时，境内掀起活学活用毛主席著作高潮，大量发行《毛泽东选集》，开展“读毛泽东的书、听毛主席的话、做毛泽东的好战士”活动。宣传表彰大批活学活用毛主席著作积极分子和先进典型。是年，各县党报、广播为“造反派”掌握，宣传机构陷于瘫痪。1967 年，城乡普遍开展天天读毛泽东著作活动，举办各种类型的毛泽东思想学习班，开展斗私批修，对毛泽东的最新指示坚持宣传不过夜。

1970 年起，宣传工作围绕“批陈（伯达）整风”“批林（彪）整风”“批林批孔”“批邓（小平）反击右倾翻案风”等政治运动进行开展。

1976 年，境内各县采取召开群众大会和各种形式的批判会，写批判文章、办专栏、学习班、读书班等形式，揭批江青反革命集团罪行。宣传“抓纲治国”方针。

1978 年，境内宣传工作开始以阶级斗争为纲向以经济建设为中心进行宣传，凝聚人心，同心同德进行社会主义现代化建设。

1981 年，宣传《关于建国以来党的若干历史问题的决议》和党的十二大政治报告。各县印发宣传要点，培训宣传、学习骨干，举办学习讲座，统一全党的认识，明确建设有中国特色社会主义的目标、步骤和方针，坚持四项基本原则，加强精神文明建设。1983—1986 年，重点宣传改革开放和社会主义民主与法制建设，提高广大干部群众对改革开放的认识。

1989 年，境内宣传部门引导干部群众同党中央在政治上、思想上保持高度一致，旗帜鲜明地反对资产阶级自由化。

20 世纪 90 年代初，苏联解体、东欧剧变，境内各县宣传部门开展理想信念和反和平演变的宣传教育，引导各级领导干部以经济建设为中心，坚持四项基本原则、坚持改革开放，坚定建设有中国特色社会主义的信心和决心。同时，宣传部门采取多种形式，利用各种媒体宣传邓小平关于三个“是否有利于”判断是非标准、社会主义本质、发展才是硬道理、社会主义市场经济、科学技术是第一生产力；尊重知识、尊重人才，改革开放胆子要大一点的论述。以使广大干部群众突破理论误区和思想禁锢，为思想大解放、经济大发展奠定思想理论基础。

1993—1994 年，全地区宣传部门组织编写《历史文化名城——巴中》《巴山明珠——南江》《银耳之乡——通江》和《川北水乡——平昌》等介绍 3 县 1 市基本情况的材料；组织制作反映县（市）改革和建设成就的电视专题片；组织制作反映巴中地区筹建初期各项重要活动和重要会议纪录片；拍摄制作反映县（市）特色图片。在成都召开的新闻发布会和巴中地区成立大会期间，播放和送发，以扩大巴中地区的知名度和影响力。同时，把《教师法》纳入“二五”普法规划，利用电视、广播、音像、宣传车、标语等形式进行宣传，使全社会形成尊师重教的良好风尚，使教师队伍建设走上规范化、法制化轨道，使优先发展教育的战略得以逐步落实。

1995—1996 年，全地区宣传部门组织力量，撰写关于解放思想的文章，在《巴中时报》、巴中广播电台、巴中电视台，集中刊播宣传，进行广泛、深入的解放思想，更新观念的宣传教育。对建立社会主义市场经济体制过程中，出现的工资、物价、人事制度、企业转制等方面的疑、难问题，及时进行教育和疏导。对地委、行署关于在全地区公民中开展法制宣传教育的第三个五年（1996—2000）规划开展宣传。省委宣传部牵头，组织省上新闻单位到巴中采访，集中报道巴中地区粮食生产和交通建设、微水建设，人畜饮水，旱地改制等方面的情况。在全省大张旗鼓宣传、推广巴中经验。是年，《四川日报》《巴中时报》宣传巴中农业银行“以艰苦奋斗立行、以深度服务兴行、以人为中心建行，以逆向管理兴行”的农行“巴中模式”。宣传巴中籍解放军助理员曾玉，为保护战友安全，不顾个人安危而英勇牺牲的事迹。

1997 年，全地区宣传部门开展学习邓小平理论、继承邓小平遗志的宣传教育工作。《巴中日报》与成都新闻单位互联网协调，及时将全国各地悼念邓小平的情况报道给全地区人民，并连续刊发新闻稿和新闻图片。巴中电视台开辟专题栏目“巴山儿女悼念小平”，及时、准确报道巴中地区各行各业干部群众，缅怀邓小平历史功勋和悼念邓小平活动情况。5 月起，《巴中日报》开设香港回归祖国倒计时栏目，《巴中日报》和巴中电视台开辟“庆七一、迎回归”专栏，对香港的历史、现状及全国人民迎香港回归的各项活动进行介绍，宣传巴中地区以香港回归为契机加强爱国主义教育的情况。中共十五大开幕后，连夜突击编报，大会精神刊登在《巴中日报》上，各级干部群众迅速了解大会精神实质。同时派出记者采写并发动干部群众收看十五大电视新闻，学习十五大报告的新闻。

1998 年，全地区宣传部门围绕中共中央十五大和十五届三中全会精神、抗洪救灾、全省组织工作现场会、山区公路建设现场会、收费管理现场会、城镇建设现场会和巴中地区建区 5 周年等重大事件和重要活动，开展宣传工作。

1999 年，全地区宣传部门配合中央、省级新闻采访团，全面、深入宣传报道“巴中经验”。组织专人对全地区基础设施建设，文明新村建设，基层组织建设等方面撰写专题材料 30 篇，陪同新华社、人民日报社、中央电视台、中央人民广播电台、四川日报社、四川电视台等 22 家中央和省级主要新闻单位 12 批次 67 名新闻记者，深入到 18 个乡镇，57 个村和 8 家企业采访后，撰写、拍摄宣传巴中经验的文章、图片、影像。相继在 23 家中央、省级报刊、广播电台、电视台刊播 98 篇（条）。其中，《新华每日电讯》《人民日报》《经济日报》头版头条分别刊出《扶贫攻坚一面旗帜》《扶贫攻坚巴中路》和《旧貌展新颜》《找准路子、脱了帽子》。中央电视新闻频道和中国新闻频道分别播出《巴中以劳务开发和池园经济搞好扶贫攻坚》《巴中扶贫攻坚富有特色》等节目。《四川日报》头版头条刊发通讯《山路朝天》《山风浩荡》《山花烂漫》及图片专版《巴中新村放光彩》《巴中为巴中经验锦上添花》等。地委宣传部协助省委宣传部编辑出版《扶贫攻坚的一面旗帜—巴中经验集萃》一书，在全省发送 2.3 万册。

2000 年，市实施生物工程领导小组创办《生物工程简报》，介绍生物工程、绿色食品的基本概念和基本知识，报道各县（区）和各有关部门实施生物工程的基本思路和主要规划。《巴中日报》头版头条发表《实施生物工程是实现跨越式发展的有效途径》的报道。《巴中日报》头版头条发表《实施生物工程是实现跨越式发展的有效途径》的报道。中共中央与省委思想政治工作会议后，全市宣传部门组织人员，深入企业、农村、学校、社区调查研究，撰写出《关于进城务工人员思想政治工作的调查与思考》，对不同人群提出加强和改进思想政治工作的对策，推进新时期思想政治工作。

二、经济宣传

川陕省苏维埃时期，红军和苏维埃政权的宣传队伍开展打土豪，没收地主、富农的土地、耕牛、农具，分给穷人的宣传工作。

1950 年，围绕减租退押、土地改革、抗美援朝、“三反”、“五反”、过渡时期总路线，农村互助合作，组织初、高级农业合作社等中心工作开展宣传工作。同时，宣传统购统销政策，号召爱国增产、节约粮食、出售余粮、支援社会主义建设。

1957—1958 年，各县组织宣传队伍，在机关、学校、街头巷尾、田间地头、车站码头，大张旗鼓宣传“鼓足干劲、力争上游，多快好省建设社会主义”总路线，形成山山有广播，处处有标语的宣传高潮。报纸上开展亩产粮食几万公斤，各行各业放卫星的报道。宣传“人有多大胆、地有多大产”“跨卫星、乘火箭，一天等于二十年”“十五年超英赶美”等口号，推动“大跃进”、人民公社、“大办钢铁”，助长“三高”“五风”的形成和泛滥。1960—1962 年，宣传《中共中央关于农村人民公社当前政策问题的紧急指示》和《农村人民公社工作条例》（草案）及国民经济实行“调整、巩固、充实、提高”的方针，纠正“左”倾错误。1978 年后，宣传以经济建设为中心，坚持四项基本原则，为振兴经济服务。1989—1992 年，宣传治理、整顿、深化改革的方针，同时宣传推广旱地改制，科学种田，调整产业结构，强化农业基础地位等问题。

1993 年，围绕“狠抓基础，快上工业，活跃商贸，开发旅游”的经济发展战略和重大经济活动开展工作。全地区集中宣传经济建设典型 150 多个，录制反映经济建设的专题片 10 多部，举办经济建设成果大型图片展 70 多期。

1995 年，宣传地委、行署“立足区情，大上玉米，改革耕制，扩大面积，科学种植，提高单产”的指导思想、措施和目标，宣传加强水利设施建设，加快水利改革，逐步实现水利服务职能社会化，投入机制多元化，水产资源股份化，事业单位企业化，水利管理法制化的目的；宣传发展交通运输事业的重大意义和全地区发展交通事业的重点工程项目及深化交通体制改革，加强路政管理法规、条例执行力度等内容；宣传深化企业改革，转换企业机制，发展个体私营经济、发展乡镇企业，发展林业、畜牧业、商贸流通企业等重大经济发展战略。全地区在国家级党报、党刊、电视台、电台用稿件 100 多篇，在省级媒体用稿 500 余篇，举办经济成果图片展 80 多期，录制反映经济建设的专题片 20 多部，宣传经济发展典型 200 多个。

1996—1998 年，围绕地委、行署提出的大力发展玉米生产，大力发展农田水利基本建设，大力调整林业结构，大力发展畜牧业为主要内容的“四大工程”，开展广泛宣传动员。是年，宣传工作突出对农村集体经济项目和实体实行拍卖、租赁和股份制改造的宣传；稳粮增收、扶贫攻坚的宣传；打井建池、改土建园，改善农业生产条件的宣传；调整产业结构，发展南江黄羊、经济林、池园经济、庭园经济的宣传；强化村、社两级经济职能，建立村级财政的宣传；调整所有制结构，规范收费、管理，发展非公有制经济的宣传；国有企业实行拍卖、租赁、股份制改造，盘活存量资产，提高经济效益的宣传等。

2000 年，全市宣传工作围绕市委提出的“建特色产业基地，创山区致富典型”的战略目标和“五大特色建基地，三个重点增效益，五项基础优环境，三件大事作保障”的战略重点宣传的同时，加大对“实施生物工程，发展绿色食品，推进农业产业化”的宣传。是年，抓住北京首都科技集团青年志愿者行动和四川省大专院校 30 余位专家学者到巴中考察的机会，利用报纸、电台、电视、简报多种形式全方位宣传报道专家学者对全市开发优势资源、重点产业和区域发展规划提出的建设性意见。

三、对外宣传

川陕省苏维埃时期，川陕省委和红军宣传部门印发传单和宣传资料，发放到国民党统治区和军队中去，宣传苏区分田分地、生产发展、生活改善、人人平等、妇女解放和红军的政治纲领各项法令，扩大苏区的政治影响，动摇国民党军心和斗志。

20世纪80年代起，境内各县对外重点宣传川陕苏区政治优势；宣传境内10万人参加红军，数万人牺牲，对中国革命作出巨大贡献；宣传诺水河、光雾山、南龛石刻等自然、人文景观；宣传通江银耳、南江黄羊、平昌白酒等优势资源和特色产业。

1993年，地委、行署先后在成都召开巴中地区成立新闻发布会，在巴中召开巴中地区成立庆祝大会，在北京召开巴中地区改革开放、经济建设工作汇报会。“三会”期间，100多家新闻单位记者到会采访。人民日报社、新华社、中央电视台、四川日报社等新闻单位对巴中地区的成立及区情作专题报道。地区制作并发送各种文字宣传品2万多份，图片、图像宣传品1000多份。先后6次邀请新闻记者到巴中地区采访自然风光、名胜古迹、革命历史，新区规划及交通、通讯、资源优势等新闻题材。共发送稿件380余份，被各级报刊编发、采用210多件。

1995年，在28家涉外企业配备兼职外宣干部，加强对外宣传力度。地、县（市）成立对外宣传报道组，宣传全地区改革开放、经济建设成果及名优特新产品。在《人民日报》（海外版）、香港《商报》、《华声报》等报刊刊登文章28篇。组织制作6集电视专题片《在北京的巴中人》，在巴中电视台播放。制作大量宣传品在西北5省经贸洽谈会、四川博览会上宣传巴中。

1997年，地委宣传部协助中央电视台摄制反映巴中地区改革开放的专题片《人杰地灵话巴中》，在“九州神韵”栏目播放；与地区民政局合作拍摄风光地图；与地区广播电视局、交通局合作拍摄风光片《巴中之路》在四川电视台播放；与地区旅游局合作收集整理旅游资料，完成《看中国》系列折页巴中专页的编写工作，制成《川北重镇—巴中》折页。在四川省第十三次扶贫开发会议期间，与地区扶贫办完成《潮涌巴山》外宣画册。制作对外宣传专题展版4期，展示巴中地区“两个文明建设”成就图片近500张。全地区4县（市）摄制反映当地扶贫攻坚、企业改革、自然风光的专题片和纪录片，并在地级以上报刊、电视台、电台刊播，共刊播对外宣传稿件2000余件。

1998年，制作折页《锦绣天府·巴中专页》、画册《辉煌的五年》、专集《记者眼里的巴中》等对外宣传品。在庆祝建地区5周年和全省在巴中召开的重要会议期间，制作3期成果图片展。在《人民日报·海外版》《四川日报·海外版》《四川外宣》等外宣报、刊、台，采用巴中文章120多件。

2000年，对在上级报刊、电台稿件刊播率高，刊播版面、栏目显要，影响重大的市内新闻记者、骨干通讯员及有关单位给予奖励，设置“优秀新闻工作者”“优秀通讯员”“新闻宣传优秀单位”3个奖项，每个奖项分3个等级给予奖励。市委宣传部制作反映巴中市建设成就的专题片、展版和画册，先后在中国东西部合作与投资贸易洽谈会、西交会，中国投资贸易洽谈会，中国新科技产品交易会，中国沿海企业对接洽谈会，中国西部论坛等大型活动中交流展出。

第三节　精神文明建设

一、创建活动

从1981年起，境内广泛开展以“五讲四美”（讲文明、讲礼貌、讲道德、讲秩序、讲卫生，心灵美、语言美、行为美、环境美）为主要内容的“文明礼貌月”活动。1986年，《中共中央关于社会主义精神文明建设指导方针的决议》发布后，各县先后成立社会主义精神文明建设委员会，精神文明建设办公室，统筹协调精神文明建设工作，制定精神文明建设“七五”规划纲要。确立理想教育、德育教育、文化科学教育、民主法制教育、文明教育、卫生体育、计划生育、新闻、广播电视事业发展目标。

1987—1989 年，境内各县以培育“四有”（有理想、有道德、有文化、有纪律）新人和“四职”（职业形象、职业道德、职业责任、职业纪律）教育，树立“三热爱”（热爱社会主义、热爱共产党、热爱集体）为主要内容开展社会主义精神文明建设。

1990 年，在服务行业开展“迎亚运优质服务”竞赛，在农村制定提高文明程度的乡规民约，在机关、街道开展遵纪守法、廉洁奉公、勤政为民教育，创建文明院、户，广泛开展讲文明、树新风活动。一大批“五讲四美”先进个人，学雷锋先进小组、文明柜台、文明商店、优质服务员、文明院户、文明单位和文明村镇，分别被省、地、县党委、政府授予精神文明先进单位（个人）称号。

1994 年，地区设立精神文明建设委员会办公室，负责全地区精神文明建设活动的安排、部署、检查、指导，促进全地区两个文明建设健康协调发展。1995 年，地委宣传部制发《关于加强全区精神文明建设活动的若干意见》。深入贯彻党的十四届三中全会精神，全民动员、齐抓共管，形成新建地区进一步加强精神文明建设的态势，致力以职业道德为主线的职业道德、社会公德和家庭美德教育，深入开展文明城市、文明单位、文明村镇等创建活动，把两个文明建设落到城乡和基层。

1996 年起，把创建文明单位纳入精神文明建设总体规划。各创建单位广泛开展“五讲四美”、树文明新风活动，培育“四有”公民。把党员“三带”（带头发展市场经济、带头勤劳致富、带头搞好精神文明建设活动），创评“三户”（遵纪守法户、五好家庭户、双文明户）作为加强农村精神文明建设，促进农村全面发展的有效形式。同时，在文明村镇建设中广泛开展社会主义商品经济知识、科技知识、法律常识、“二五”普法教育，加强村镇环境建设，改善村镇面貌和居住条件。

1998 年，地区文明办制定巴中地区文明行业创建及管理办法。以“五改”（改水、改厕、改灶、改圈、改路）、“三建”（建地、建园、建家）为主要内容，以“种养加运结合，井池园机配套”为发展路子的“文明新村”建设模式被中央和省上领导称为巴中的一大创举。全地区按照“因地制宜，统筹规划，分段实施、逐步到位”的要求开展文明新村建设。地委宣传部分别在巴中市（县级）东兴场乡兴隆村、龙舌坝、大溪口参与文明新村建设，帮助村社搞好规划、筹集资金、协调配合、检查督促。

2000 年，从宣传、农委、计生、科技等 18 个部门抽调 2000 名干部进社入户，把思想道德、政策法律、科技文化、文明婚育新风送进农家大院，开辟农村思想政治工作新途径。从温暖人心，稳定人心，凝聚人心做起，开展思想教育进农户，帮助农民增强国家、集体观念，树立大局意识；送传统美德进农户，促进农民尊老爱幼，家庭和睦团结，邻里友爱，争当“五好家庭”；送法律政策进农户，帮助农民增强政策法律意识，遵纪守法，运用法律维护自身权益；送科技进农户，指导农民调整经济结构，科学种植、养殖，用科技致富；送文化娱乐进农户，办好特色文化站和村文化活动室，农闲和节假日演出自编节目，引导农民远离赌博等不健康场所，丰富农民的文化娱乐生活；送文明婚育新风进农户，帮助农民改变传统旧观念，文明致富奔小康的“六进农户”活动。

二、文明单位命名

1981 年后，境内文明单位验收、命名实行分级管理原则。地级文明单位由创建单位申报，地区文明办组织有关部门和单位参加验收并征求纪检、监察、法院、检察院、安监、计生等部门的意见，符合条件的由地委、行署批准命名。省级文明单位由地区行署申报推荐，省文明办考核验收合格的，由省委、省政府批准命名。县（市）级、地级文明单位在巩固提高质量方面取得显著成绩者可办理升级手续。凡命名的文明单位，地、县（市）被分别按人均工资的三分之二和二分之一的标准一次性发给在职职工资金。凡被命名的地、县（市）级文明单位，从命名第二年起，在自查的基础上，同级精神文明活动办公室组织复查。经复查不合格者取消文明单位称号，收回奖牌。1983 年，境内 16 个单位获“第一批地级文明单位”称号。

1984 年，南龛公园获得境内第一个“省级文明单位”称号。1983—1985 年，境内 68 个单位获“地级文明单位”称号，5 个单位获“省级文明单位”称号。1986—1990 年，境内 21 个单位获“地级文明单位”称号，3 个单位获“省级最佳文明单位”称号。1991—1995 年，境内 109 个单位获“地级文明单位”称号，4 个村获“地级文明村”称号，21 个单位获“地级最佳文明单位”称号，8 个单位获“省级文明单位”称号。

至 2000 年，全市 160 个单位获“市级文明单位”称号，3 个行业获“市级文明行业”称号，25 个村获“市级文明村”称号，5 个集镇获“市级文明集镇”称号，82 个单位获得或保持“市级文明单位”称号，54 个单位获得或保持“省级文明单位”称号，5 个单位获得或保持“省级最佳文明单位”称号。

第八章　统一战线工作

1927 年，境内开展统一战线工作。1932 年 12 月，中国工农红军第四方面军入境，建立川陕革命根据地，在反蒋反军阀的斗争中形成民主革命统一战线。1935 年 6 月以后，共产党员王叙伍、郝谦、伍级生、王林安等先后到巴中，建立据点，以灵活多样的方式开展统战工作，争取民国政府中上层人士和地主进步权绅，形成统一战线，为巴中的解放奠定基础。中华人民共和国成立后，各县委先后设立统一战线工作部，负责统一战线工作。1966 年后，统战部班子瘫痪。1975 年 12 月起，各县恢复县委统战部。1978 年后，统战工作走上正轨。1979—2000 年，随着改革开放的不断深入，各级党委及统战部门抓住历史机遇，开展统战工作，统战事业上一个新台阶。

第一节　服务经济建设

20 世纪 50 年代初，各县成立县工商业联合会，召开会员代表大会，选举执委、常委、主任委员（主任、会长）。重点宣传党对工商业者的方针、政策、法令，指导工商业者发展生产，改善经营，端正经营方向。抗美援朝，工商界捐款，保家卫国。在“五反”运动中，揭露违法犯罪活动。1953 年，成立工商界学习委员会，组织学习党在过渡时期的总路线，引导其接受国家计划经济指导，逐步走向“公私合营”和合作化道路。1956 年，工作重点转移到抓私营商业人员的政治学习。1966 年开始，活动停止。1985 年，恢复工商联工作。1986 年起，工商联工作的主要内容是对非公有制经济人士进行思想政治工作，参与国家方针及政治、经济、社会生活中的重要问题的政治协商，发挥民主监督作用，参政议政。

1993年，中共巴中地委统战部以经济建设为中心，服务于经济发展。工作重点是协调矛盾，维护稳定；调动党外各界人士的积极性、创造性，为经济建设献策出力；利用海内外各种关系，为发展经济“牵线搭桥”，协助党委、政府搞好外引内联，促进经贸合作；地委统战部的领导和干部深入企业、农村，参与经济工作，结合做好统战工作。是年，地委、行署从社会主义初级阶段的实际出发，积极引导和支持非公有制经济发展。统战部门根据党的政策和地委的要求，抓贯彻政策、促进发展、解决矛盾、保护合法权益；通过工商联的组织形式，团结非公有制经济的代表人物，做好非公有制经济工作，引导广大非公有制经济从业人员依法经营，为国家多做贡献。全地区非公有制经济为国家交纳的税收，占全地区财政收入1.2亿元的16%。各县（市）工商联为引导支持非公有制经济发展，已吸收会员1500多人。

1994年起，各级统战部门以光彩事业促进会为依托，积极推动光彩事业，引导非公有制经济人士为巴中发展作贡献。坚持“团结、帮助、教育、引导”的方针，以“爱国、敬业、守法”为主要内容，组织非公有制经济代表人士开展“致富思源、富而思进”“扶贫济困献爱心、送温暖”活动，积极回报社会作贡献。是年，根据地委关于“超常规、跳跃式发展”巴中经济的战略决策，地委统战部、地区政协工委办、地区工商联制订《地方及统战系统参与服务经济建设绩效考核奖励办法》，激励、鼓舞统战系统干部职工充分发挥统战优势和特点，参与、服务地方改革开放与经济建设，为富区、富民、富财政作贡献。巴中地委统战部充分发挥统战优势，积极招商引资，从梓橦引进资金100万元，兴办年产1000万砖的页岩砖厂，协助大连天府贸易有限公司在巴中投资500万元经营房地产；组织政协委员，先后对经济体制改革问题、农业问题、生猪发展问题，以及发展非公有制经济等认真调查研究，形成有情况、有分析、有建议的调查综合材料5份。同时，地委统战部、地区工商联办事处领导干部联系个体私营企业。

1995年初，组织实施“500服务工程”，即统战工作系统联系党外代表人士100名，非公有经济大户（10万元以上）100户，办经济实体100个，招商引资100万元，联系的小康村农民人均增加纯收入100元，开创统战工作新局面作有益的探索和尝试。地委对此非常重视，及时批转文件在全地区实施。通过一年的实践效果较好。如，地委统战部联系的党外干部、巴中市（县级）棉纺织厂厂长张兆荣，加强企业管理，全省100多个棉纺织厂，（仅有3个厂盈利），该厂是盈利厂之一。全地区联系有名望、有影响的党外代表人士187名，结对抓经济项目148个；联系非公有经济大户114户，年创税比上年增加24%；领办、协办、联办或挂靠经济实体103个，年创税利418万元；招商引资5个项目，资金415万元；联系小康村5个，农民人均纯收入比1994年增加100元以上。地委统战部和地区工商联办事处领办、协办、联系服务企业15个。是年，向地区交税6.6万元，完成税后利润1万元。为解决联系点巴中市（县级）明扬乡三村灌溉问题，争取资金3万元，打通该村停工多年的引水渠160多米。实施“500服务工程”有成效，受到各级党委和政府的肯定，激发统战系统干部的工作热情。同时，按照地委、行署放手发展非公有经济的决定，协同有关部门切实做好引导非公有经济发展工作。地委统战部把双龙有限公司作为常年联系企业。

1996年，地委统战部积极组织广大非公有经济人士和社会各界为扶贫济困、希望工程及其他社会公益事业捐资捐物，共捐资600余万元，物资折款300万元。同时，发展有机动采沙场、木制品厂、服装厂、复合肥厂等5家企业，资产达3000余万元，年上交税金6万元，向地区财政交税后利润1万元。

1997年，地委、行署组织包括统战部、工商联在内的20多个部门经过认真调查研究提出的优化非公有制经济发展环境的“六统一、一监督”措施，以其特有效果享誉省内外。是年，按照地委、行署的总体部署，地委统战部配合有关部门组织召开全地区民营经济工作会议，全面启动巴中地区民营经济发展，受到社会各界广泛关注和一致好评。

1998 年，地委统战部重点抓通江县新场乡窄口村扶贫联系点和巴中市（县级）东兴乡兴隆村文明示范联系户的对口帮扶工作。通过帮助他们制定发展规划，协调争取发展资金和引进短、平、快科技扶贫项目等措施，扶贫联系村人均纯收入比 1997 年增加 159 元，67% 的贫困户越过温饱线。同时，指导地区工商联、总商会办好会办企业，并积极为地区经济建设招商引资。地委统战部直接通过各种渠道引进无偿资金 62 万元，引进项目建设资金 1700 万元。是年，全地区各级统战部、工商联通过走访调查，受理投诉，随时向党委、政府反馈“六统一、一监督”措施的实施情况，成功地扮演监督者的角色。全地区统战系统共联系资产 50 万元以上的非公有制经济大户 60 户，其中地委统战部同地区工商联直接联系 12 户。通过对他们作政策引导、思想教育、协调服务，更加增强其守法经营、致富不忘国家、先富帮后富的自觉性。

1999 年，地委统战部、巴中地区工商联办事处、巴中地区总商会对巴中地区骨伤专科医院等 20 家优秀民营企业给予表彰鼓励，并颁发奖牌，以推动全地区非公有制经济更快更好地发展。是年，地委统战部与地区技术监督局联合发出《关于加强巴中地区非公有制企业质量技术监督工作的通知》，开展非公有制经济专业技术职称评定工作。评定初级职称 120 余名，中级职称 46 名。联系非公有制经济大户，做好思想政治工作，把非公有制经济代表人士团结在党和政府的周围。

2000 年，市委统战部指导工商联开发政策资源，为非公有制经济人士提供资金扶持、政策宣传、职称评定等多方面的服务。

第二节　服务政治建设

一、多党合作制度建设

川陕省苏维埃时期，中国工农红军第四方面军在境内建立川陕革命根据地，在反蒋反军阀的斗争中形成民主革命统一战线。红四方面军除积极动员贫苦农民参军、壮大红军队伍以外，还注意利用敌人的内部矛盾，分化、瓦解敌人。红四方面军政治部主任陈昌浩做田颂尧军左纵队司令、第四师师长王铭章的工作，使王保持中立，不与红军作战。张国焘、陈昌浩与军阀杨森秘密谈判，终因杨狡猾多变未果。民国 24 年（1935 年）6 月以后，共产党员王叙伍、郝谦、伍级生、五林安等先后到巴中，建立据点，以灵活多样的方式开展统战工作。

民国 30 年（1941 年），中国共产党地下组织以化成中心小学为阵地，团结进步人士，为掩护党组织的活动起到重要作用。时国民党重庆行辕密令县长劳烨抓捕王叙伍，通过赵与米的巧妙周旋，王安全转移。民国 35 年（1946 年），奇章中学开办，地下党的力量壮大，统战工作加强。民国 36 年（1947 年）8 月，通南巴工委整风会议就加强统战工作作出决议，正式确定党的统战对象。次年，巴中中心县委成立，分配何静修（中心县委委员）负责统战工作，统战范围由县扩大到区、乡、保、甲。党员王超等在花溪组织的“同乡同学会”，吸收乡、保长子女参加，掌握地方势力的思想动态，开展宣传教育。

1950 年，统战工作由县委宣传部管。1951 年后，各县相继成立县委统一战线工作部。至 1966 年

5 月，统一战线组织经过 3 个阶段（各界人民代表会议以及常务委员会；各界人士学习委员会；1956 年以后各县成立政协委员会），过渡到人民政协。县政协正式成立后，进一步加强同各民主党派、人民团体和无党派人士之间的团结。

1966 年夏，统战机构瘫痪，继而取消县委统战部的建制。1975 年 12 月后，各县重新建立统一战线工作部。

1976 年开始，各地认真贯彻“长期共存，互相监督，荣辱与共，肝胆相照”的方针，落实各项统战政策，平反冤、假、错案，团结各界人士，为振兴巴中献计纳策。1978 年后，统一战线随着全党工作重点的转移而进入新的历史发展时期。境内各统战部门多次召开统战工作会议，落实各项统战政策。对 1957 年反“右”斗争中所划“右派分子”，全面逐个进行复查，并作纠正，彻底解决历史问题。同时，落实原工商业者政策，落实宗教、民族、台胞、起义投诚人员政策，落实知识分子政策和宽人员政策，“文化大革命”中被查抄财物退赔政策，地下党朋友的政策等。至 1988 年，境内统战部门落实各项统战政策工作基本结束。

1993 年起，地委统战部坚持半年一次情况通报会、不定期的学习会和座谈会，及时把中央和省委、省政府的重大政治任务、重要会议、文件精神，以及地委、行署在新地区建设中所做的艰苦工作，向党外代表人士通报。

1995 年，地委统战部帮助农工民主党、民主建国会两个民主党派省委在巴中建立直属支部。从年初开始，地委统战部帮助两个民主党派在巴中物色推荐一批层次高、素质好的党派成员对象，报经地委同意并报 2 个民主党派省委批准，7 月 18 日，正式成立农工、民建省委巴中直属支部。到年底，2 支部发展成员 43 名，其中农工支部 11 名，民建支部 32 名。2 个民主党派支部成立后，积极发挥民主监督、参政议政作用，为巴中的建设献计出力，提出意见和建议 20 多条，招商引资达成 2 个意向性协议，受到各界好评。是年，在地委领导下，地委统战部协同政协巴中地区工委，组织全地区各县（市）政协常委共 120 多人参加的现场情况通报会，历时 3 天，察看江北新区建设和全地区 5 条主要公路干线改造工程。

1996 年，地委统战部协助民主党派抓自身建设，支持民主党派围绕经济发展、社会稳定开展活动。协助民建、农工省委巴中直属支部抓组织发展工作。2 支部成员发展到 90 名，其中民建 53 名、农工 37 名；协助抓队伍的培训。根据巴中地区民主党派新成员多的实际，协助 2 支部抓 3 次培训，并专门召开 2 次两支部支委以上成员座谈会。11 月初，地委统战部和民建巴中支部请民建省委副主委翟文蓉一行专程到巴中给民建成员授课，收到良好效果。同时，协助地委、行署召开各界人士情况通报会，地委、行署主要领导亲自到会通报情况。7 月，在民建、农工 2 个民主党派支部召开周年庆祝大会上，统战部领导受地委领导委托，专门到大会通报地委、行署的决策及建地区 2 年多的工作实绩，使民主党派成员深受鼓舞。

1998 年，协助地委组织召开民主党派、无党派人士情况通报会和协商座谈会，为党外人士参与地方经济建设知情出力提供条件。利用召开全地区统战部部长、工商联会长会议之机，邀请各民主党派负责人和无党派人士举行协商座谈会；利用民建巴中地区地级机关支部召开成立大会的机会，请地委副书记王吉安向 70 余名与会党外人士通报地委上半年的工作；利用地区政协工委召开工作例会之机，召集党外各界人士 80 多人举行情况通报会，通报全地区国民经济发展计划执行情况和重要建设项目实施进展情况。巴中地区民建、农工 2 个民主党派成员总数发展到 120 人，其中民建 71 人、农工 49 人。随着成员的逐渐增加，队伍的逐步扩大，地委统战部和地委向省委统战部提交建立两党派地区委员会或总支的建议报告。6月，省委统战部和2个民主党派省委批准成立民建、农工地区总支部。随后地委统战部又帮助争取地区机构编委明确总支机构正县级别，各核定1名专干指标，并争取财政追加预算，各增拨5000元活动经费。同时，指导2个民主党派总支筹备组召开选举大会，选举产生总支部和各支部第一届领导班子。新机构正式运转，新班子正式开展工作。农工民主党巴中支部、民主建国会巴中支部共同举办成立3周年和国庆中秋庆祝活动。10月，协助农工党支部组织全体成员赴通江县考察农业“四大工程”及交通建设、诺水河风景区开发等项目实施情况。支持和帮助民主党派组织发挥人才优势，开发科技项目，兴办民营经济实体，积极参与地方经济建设。在地委统战部的支持和帮助下，民主党派成员领办或协办科技开发项目13个，创办民营经济实体3个，并为地方建设意向引资2400余万元，到位460余万元，为全地区经济发展作出显著的贡献。农工支委、巴中市（县级）中医院原副院长唐锡明在创办巴中地区第一所民营医院——骨伤专科医院时，遇到资金不足的困难和来自有关部门的压力，地委统战部为其协调启动资金20万元，并帮助协调与有关职能部门的关系，使医院如期开业。民建支委、退休高级教师何文泰在巴中市（县级）平梁乡创建建文私立中学时，遇到建校困难，地委统战部领导多次找巴中市（县级）委、市政府领导和平梁乡党委、政府负责人协商，终于使问题得到解决，确保学校如期开学。

1999年，地委统战部决定建立本部党员干部分工联系党外代表人士制度。联系责任人为本部副县级以上党员干部。联系对象为地区内各界有名望、有影响的党外人士，以“三非一民”（非党干部、非党知识分子、非公有制经济人士、民主党派）代表人士为主体。联系任务是正、副部长各联系“三非一民”代表人士8名，其他副县级党员干部各联系“三非一民”代表人士4名。联系责任人对联系对象定期不定期走访、看望，座谈、交心，征询意见，倾听呼声，政治上给信任，思想上给帮助，工作上给支持，事业上给鼓励，生活上给关心，健康上给慰藉，人事安排上给培养和推荐，有关学术、科技、经济项目上给服务和协作。通过一系列联谊交友、联系服务、联系合作的工作与活动，巩固发展党与非党“长期共存、互相监督、肝胆相照、荣辱与共”的革命情谊，密切党同人民群众的联系。组织民主党派、工商联组织负责人学习地委、行署领导在全地区领导干部学习会上的讲话及整个会议精神，统一思想，增强信心，鼓励他们为地方经济建设知情出力，多做贡献。两党派地区总支部在建言献策、化解矛盾、创办实体方面取得明显成绩。农工党总支开展农民负担问题和征税情况调查，为地委、行署制定减轻农民负担政策措施和在全地区推广巴中市（县级）恩阳片区公开评税办法提供极其重要的决策参考依据。民建总支提交的“加大牧政执法力度”和“加强巴中市（县级）街心花园至三号桥头市容市貌及交通安全管理”政协提案，被巴中市（县级）人民政府采纳。民建成员何文泰兴办私立中学绩优效显，被评为全省统战系统为“两个文明建设服务先进个人”。农工党党员唐锡明创办的巴中地区第一家私立专科医院运行良好，效益明显，为巴中医疗卫生制度改革提供宝贵的经验。10月，组织召开民主党派自身建设座谈会，帮助协调落实专职干部、工作经费和办公场地，创造基本的办公条件。

二、党外进步人士工作

民国30年（1941年），中共巴中地下党组织以化成中心小学为阵地，贯彻“三勤”（勤学、勤业、勤交友）精神，团结党外进步人士。到民国32年（1943年）秋，以赵济刚（县财政整理委员会副主任）为代表，包括米崇坤（化成乡乡长）等地方进步权绅的统一战线逐步形成，为掩护党组织的活动起到重要作用。党组织支持赵济刚竞选县参议员获胜，接着又任县党部监察委员、县自卫总队副总队长，促进新派力量最终战胜旧派势力。民国38年（1949年），利用统战关系，建立“两面政权”，清江、花溪、兴文等地乡警武装及赵济刚领导的县民众自卫队，约1500余人，实际被党组织所控制指挥。巴中解放初，党组织安排赵济刚、李子猷（国军副师长）为解委会副主任。1951年，组织党外民主人士参观第二期土改运动。一至四届各界人士代表会议中，均安排有党外民主人士、宗教少数民族代表。1958年，“反右派”斗争，一些党外人士蒙受冤屈。

1966—1976年，统战部门被诬蔑为“牛鬼蛇神庇护所”，受到冲击，大批统战朋友横遭批斗。1976年后，统战工作拨乱反正。各县县委组织部、统战部分别建立非党知识分子领导干部后备人才卡。一批德才兼备的党外干部被列为县级领导干部后备人选和科局级中青年干部人选；并推荐有影响的科技拔尖人才为省人大代表和省政协委员。在县人大、县政协换届选举中，各县人大常委会均有一名党外副主任，常委会委员中党外人士占20%以上，各县政协中，党外政协委员、常务委员均占60%以上，党外副主席占40%以上。

1993年起，各级统战部门注重围绕重大事件开展活动，以增强各界人士把建设有中国特色社会主义事业全面推向二十一世纪的信心。在党外各界人士认真开展党的十四大精神和邓小平建设有中国特色的社会主义理论的学习。各县（市）委统战部对党外人士学习十四大文件作具体安排部署，利用政协、工商联、党外各界人士学习会等阵地，分层次组织学习。全地区党外各界人士直接参加统战部组织的学习达5000多人（次），其中重点抓党外各界有影响的代表人物的学习，使他们成党外宣传十四大精神和邓小平建设有中国特色的社会主义理论的骨干。各级党委重视党外干部的培养、考察、选拔。1994年，统战部组织机关干部和各界人士集体学习36次。主要学习邓小平文选第三卷，党的十四届四中全会《决定》，毛泽东、邓小平关于统一战线的论述和中央、省委、地委统战工作会议精神。采取机关干部学与各界人士学相结合，个人自学与集体专题学相结合，学理论与解决实际问题相结合，学习与参观考察相结合的方式，收到良好效果，普遍增强“五性”（坚持党的基本路线一百年不动摇的坚定性；为经济建设服务，出谋划策、献智出力的积极性；维护安定团结、协调关系、化解矛盾的及时性；勤政务实，抓好统战工作的主动性；反对腐败、坚持清正廉洁的长期性）。巴中市（县级）安排党外市级领导干部6人、局级干部15人，增配党外局级干部7名，比1993年增加46.7%，配有股级党外干部321人。同时，充实党外后备干部队伍，其中市级后备干部14名、局级后备干部54名。是年，新安排政协委员45人。对157名党外知名人士逐一建立档案，将履历、有关报道、奖励、发明创造、主要事迹进行登记。

1995年开始，各级统战部门认真做好党外人士的团结教育工作，引导他们深刻领会党中央在领导全国人民深化改革、扩大开放、建立社会主义市场经济体制、狠抓物质和精神文明建设的重要意义。统一思想，与中国共产党同心同德，积极投身于全地区两个文明建设。地委统战部积极与各级党委及组织部门配合，组成工作小组分赴全地区4县（市）传达贯彻省委关于加强培养选拔党外干部工作的精神，与当地党委研究落实省委会议精神的实施方案，摸底调查，走访考察，使全地区党外干部的考察培养工作迈出实质性步伐。全地区副区（科）级以上实职安排的党外干部122名，党外人士做政治安排1020人，做实职安排的党外后备干部118人。

1996年，地委统战部把培养、考察、选拔党外干部作为部门工作的重点来抓。全地区副科级以上党外后备干部210多名，其中地级机关30名。配备副县级以上党外干部27名，副科级以上党外干部154名。地委统战部按省委统战部关于向省级推荐党外代表人物，为1997年换届政治安排作准备的要求，由部长、副部长牵头进行党外干部的考察工作。在地委组织部等部门配合下，各级物色26

名党外干部，并对物色情况专题向地委汇报2次。是年10月上旬开始，逐个考察，形成材料，向省推荐党外省以上政协委员、人大代表、省工商联常（执）委、民主党派省委成员共24名。

1997年，全国各级人大、政协、民主党派和工商联组织相继换届。地委统战部在普遍调查摸底的基础上，会同地委组织部深入有关单位对拟推荐对象进行全面细致的考察，分别向地委、省委统战部、民主党派省委、省工商联报送《推荐担任省以上党外人大代表、政协委员人选方案》《推荐担任省工商联常委、执委人选方案》《推荐担任副县以上实职党外干部人选方案》，圆满完成党外代表人物换届政治安排和实职安排的物色、考察、推荐工作。协助省以上人大、政协、民主党派和工商联组织考察推荐安排全国人大代表，省人大代表，政协委员，民主党派省委委员、候补委员，省工商联常委、执委。指导帮助4县（市）顺利完成人大、政府、政协、工商联换届工作。共推荐安排党外干部139名，其中政治安排112名，实职安排27名，同时，指导各县（市）统战部搞好党外干部的换届人事安排，选配担任副科级以上实职90名，推荐安排同级党外人大代表358名，同级党外政协委员565名，同级党外工商联常委、执委157名。换届结束后，地委统战部抓住全地区党外干部工作取得突破性进展的有利时机，继续抓好党外后备干部队伍建设，掌握120名培养对象名单，并对20名重点培养对象建档立卡。指导各县（市）考察物色328名拟在乡镇基层政府班子换届中作实职安排的党外后备干部。各级统战部门注重统战干部、党外干部、非公有制经济代表人士的培训，以提高他们的统战理论水平，增强民主政治意识。地委统战部安排落实县（市）委分管领导、统战干部、党外干部、非公有经济代表人士共6期、32人（次）到中央和省社会主义学院进修学习。在全党和全国各族人民政治生活中发生邓小平逝世、香港回归党的十五大召开三件大事。围绕这些重大事件，地委统战部及时组织各界人士开展各种形式的活动。2月19日，邓小平逝世，地、市委统战部联合组织巴中地、市统战系统悼念邓小平座谈会，各民主党派成员、无党派代表人士和地、市统战系统干部职工共120余人参加座谈，各界人士充分表达对伟人邓小平的无限怀念之情。7月1日，香港回归，地委、地委统战部举办100余人参加的巴中地区各界人士迎香港、庆回归座谈会，让党外朋友畅谈洗雪百年耻辱的感受。9月23日，受地委委托，负责组织"中共巴中地委向党外人士传达通报十五大精神暨巴中各界人士祝贺中共十五大胜利闭幕座谈会"，各民主党派成员、无党派代表人士共200余人参加会议。

1998年，地委统战部与县（市）委统战部共同配合，先后选送党外干部340多人（次）到中央和省社会主义学院及有关专业院校参加学习培训。同时，举办培训班、专题讲座6期，培训党外干部860余人（次）。

1999年，以中华人民共和国成立50周年、澳门回归祖国、抗议北约袭击中华人民共和国驻南联盟使馆、批判李登辉"两国论"等重大事件为契机，组织各界人士开展多种形式的活动。举行抗议北约暴行声讨会，40多名民主党派、工商联组织代表人士以无比愤怒的心情，对北约袭击中华人民共和国驻南联盟使馆的罪恶行径进行声讨。邀请在巴中全国人大代表、省人大代表、省政协委员、地级各民主党派和商会组织负责人及党外干部、党外知识分子、台侨宗民各界人士代表60多人举行中秋·国庆茶话会和招待会。各界人士欢聚一堂，激情满怀，话统一，话团圆，批判"两国论"，歌颂伟大祖国，迎接中华人民共和国50华诞。举办巴中地区统战系统庆回归迎千禧书画摄影作品展，精心挑选展出的100幅作品，充分展现巴中统战系统广大人士积极向上、多才多艺的精神风貌，表明巴中各界人士热爱和平、拥护祖国统一和"一国两制"方针的态度。组织近百名民主党派人士、非公有制经济代表人士举行座谈，回顾澳门的辛酸历史，憧憬祖国美好的明天，庆贺澳门回归，表达巴中各界人士世纪之交雪国耻的喜悦心情和深切感受。同时，地委出台巴中地区第一个关于党外干部工作的重要文件，《中共巴中地委关于认真做好培养选拔党外干部工作的意见》，载明党外干部的工作目标、任务要求，提出培养选拔的措施，步骤和方法，理顺关系，明确职责，加大党外干部工作的力度。地委统战部组织力量，深入各县（市）和地级各部门物色、考察，建起38名副县级以上党外干部和55名县（处）级党外后备干部人物档案库。征求地委组织部和县（市）党委意见，向地委推荐26名在地级部门和县（市）班子作实职安排的党外干部。征求地委组织部和地区政协工委党组意见，向地委推荐7名党外地区政协工委委员人选。

2000年，按照市委《关于认真做好培养选拔党外干部工作的意见》，与市委组织部召开联席办公会议，分析研究党外干部工作，争取组织部门的支持、配合。与市委组织部、党校联合举办为期半月的党外干部培训班，共40人参加。召开党外干部座谈会，邀请市委、政府领导到会听取意见。全市一大批党外人士参政议政。市人大代表127名，其中人大常委会委员4名，市政协委员185名，其中常委22名。实职党外副县级干部3名，正县级干部1名，副厅级干部3名。分批选送7名党外干部到省社会主义学院学习，找党外干部谈话50余人（次），了解情况，鼓励鞭策。全市党外干部培训班在市委党校举行，参训学员共39人，其中大专以上文化程度30人；年龄最大45岁，最小24岁，平均35岁；副科级以上干部29人。党外干部培训班主要开设有《西部大开发与贫困山区开发》《巴中市形势与发展思路》《“三个代表”重要思想与统一战线》《党外干部的素质要求》《强化协商监督职能、提高参政议政水平》《邓小平理论的地位与科学体系》《社会主义市场经济法律机制》《社会主义市场经济基本知识》《国有经济战略布局与结构调整》《社会主义精神文明建设》《中国入世后农村经济问题》《党的基本路线、基本纲领、群众路线》等课程。四川省科技职工大学陈茂刚教授，市委副书记、党校校长王吉安，市政府副市长陈延荣，政协副主任李旭升、谭毅等领导到校讲课。通过这次党外干部培训班的学习，学员一致反映受益匪浅。

第三节　服务文化社会建设

一、党外知识分子作用

20世纪50年代，非党知识分子多系民国时期的教师，各县县委坚持贯彻“团结、教育、改造”的方针，工作大胆使用，生活予以关心。输送中、小学教员到川北革命大学和达县专区中小学教育研究班学习。任命有影响的非党知识分子代表为县政府副县长。在各县召开的各界人士代表会上，一批非党知识分子被选为代表。各县第一届县政协正副主席中，非党知识分子占40%左右。1957—1958年，鼓励非党知识分子走红专道路，积极参加阶级斗争、生产斗争、科学实验三大革命运动，但由于“左”的影响，部分人被定为“右派分子”，受到伤害。1959—1961年，对生活困难的非党知识分子给予特殊照顾。1964年前，大部分非党知识分子工作基本得到充分信任，被大胆使用。1966—1976年，视知识分子为“臭老九”“反动学术权威”，一些人被批斗迫害，下放劳动改造。

1978年后，全面落实知识分子政策，尊重知识、尊重人才逐渐形成风气。平反昭雪知识分子中的冤假错案，受株连家属子女全部纠正；提拔年富力强、德才兼备的担任领导干部，为家居农村知识分子解决家属子女“农转非”问题。

1984年，巴中县委统战部开展第一普查非党知识分工作，先后在巴中中学、恩阳中学、县人民医院、水电局等单位建立非党知识分子联系点，定期召开座谈会，调查了解其思想、工作、学习情况，其做法被达县地委统战部作为经验在全地区推广。

1989 年起，各县先后建立非党知识分子工作联系点制度。

1990 年，巴中县委统战部开展第二次非党知识分子普查工作。通过二次普查，共有非党知识分子 6785 人，占全县知识分子总数的 68%。在普查、登记、建卡的 6650 人中，纳入统战部直接管理的 144 人。是年起，深入开展谈心交友活动，县委建立县级党员领导干部联系党外知识分子制度，20 名县级领导干部联系非党知识分子 45 人。其后，各区、乡（镇）和县级各单位相继效仿。至 1991 年底，全县 494 名区（局）、乡（镇）级主要领导干部，分别联系中高级知识分子 1038 人，县委统战部 7 名干部，共联系非党知识分子 105 名。还聘请 18 名非党知识分子，作为非党知识分子联络员。

1993 年开始，各县（市）人大、政府、政协换届，以及县级各局领导干部任免，增加党外知识分子任职人数。巴中市（县级）农艺师陈庭发，在区乡工作 31 年，筹资在青木乡办农技站，在全市农村发生稻瘟病后，他主动参与巡回诊治，不要报酬，受到群众称赞，被选为省人大代表。各级统战部门注重发挥知识分子参政议政、参与经济建设、服务社会的职能和作用。1994 年，巴中市（县级）召开首次党外知识分子工作经验交流会。市委、人大、政府、政协领导出席会议，市级各部门、医院、学校、工厂、企业的党委（党组、支部）主要负责人 39 人参加会议。会上，市政协副主席、市棉纺厂厂长、高级经济师、党外知识分子张照荣介绍党委对他的信任、业务工作上支持的经验。巴中中学、卫生局、计生委、巴中丝绸厂分别介绍党委重视，加强领导；主管部门主动作为，相关部门通力合作；为非党知识分子做好事，办实事；政治充分信任，工作放手使用；正面教育，积极引导，深交知友等发挥知识分子作用的新鲜经验。

1995 年，把非党知识分子工作放在重要位置，各级建立党外知识分子工作制度；建立党外知识分子联系点 15 个，并加强与其联系。培养推荐一批党外知识分子代表人物作实职安排和政治安排。配合人事职改部门抓党外知识分子职称评定工作。全地区党外知识分子中初级职称 1.38 万人，中级职称 7459 人，副高职称以上 389 人。1997 年，有 7 名党外知识分子被行署命名表彰为“地区学科技术带头人”，受到晋升一级工资的奖励。

1998 年，围绕地委“科技增效、流通增收”工作重点，通过宣传动员、培训开眼，引导鼓励党外科技知识分子走出机关，发挥专长，为提高各行各业科技含量起到积极作用。全地区有 800 余名具有中、高级职称的党外科技知识分子，通过多种形式直接参与经济、科技骨干项目联系服务工作。

1999 年，培养党外知识分子后备干部，积极向民主党派组织、人大、政府、政协推荐作政治安排和实职安排。在给地委推荐的拟于 2000 年春安排到县处实职岗位的 8 名党外后备干部人选中就有 5 名是高级知识分子、学科带头人，占 62.5%。

2000 年，市委统战部建立激励机制，充分调动党外知识分子服务经济建设主战场的积极性。经会商组织、人事、科技等部门，并报市委、市政府同意，重点对党外科技人才待遇分配机制进行改革，实行贡献与待遇直接挂钩的新机制，鼓励党外科技人才到农村、企业开展技术承包或技术服务，到职业学校或科技培训班教学授课。支持和鼓励党外知识分子参与全市“科技兴市贡献奖”及县（区）2 年 1 次的科技拔尖人才评选活动。同时，进一步健全党员领导干部联系党外知识分子制度，做好有影响、有贡献的党外知识分子代表人物的工作。根据党政领导干部和党外知识分子队伍的变化情况，及时调整结对关系，保持每位厅级党员领导干部和市级统战系统县处级党员干部联系 1 ~ 2 名党外知识分子代表人物。市委书记与党外知识分子代表人物、全市有突出贡献的专家、巴中市巴州区政协副主席、区棉纺厂厂长张照荣结成联系对子后，经常到棉纺厂视察座谈，帮助该厂解决改革和发展中的难题，并与张厂长联友谊、交诤友，从政治上、生活上给予充分关心。张照荣年初参选全国人大代表获得成功后，深深感受到党的信任和人民的重托，以更加饱满的热情和坚定的信念推进企业改革，努力拓展外销渠道，使企业两个效益再上新台阶，继续保持作为全省纺织系统先进企业的旗帜。

二、教育监督

中华人民共和国成立初，境内各县坚持巩固扩大人民民主统一战线，通过各界人士代表会、工商联合会、各界人士学习委员会，广泛团结知识界、工商界、宗教界、爱国民主人士、开明士绅和少数民族代表；安排党外人士参与人民政权建设，保护、使用、妥善安置为党和人民做过好事的国民党军政人员和起义投诚人员中部分上层人士。1954 年，境内各县组织建立工商业联合会，团结、教育、改造私营工商业者，至 1956 年，完成对私营工商业的社会主义改造。1958 年，在“反右派”斗争中，一些党外人士蒙受冤屈。统战工作遵照党中央“贯彻政策，调整关系，继续改造”的统战方针，做好工商业者和各界民主人士的思想改造，进行爱国主义和社会主义建设总路线的教育，不断巩固党和各阶层、各民主党派、人民团体、无党派民主人士，知识分子之间的团结合作。1962 年，各县组织各界民主人士学习“调整、巩固、充实、提高”的方针，召开不同形式的会议，贯彻中央提出的“三自”（自己提出问题、自己分析问题、自己解决问题），“三不”（不打棍子、不抓辫子、不戴帽子）方针，调整关系，增进团结，缓和矛盾，共渡难关。1966 年后，党的统一战线遭到破坏。1976 年开始，统战工作拨乱反正，纠正“左”的错误，遵循实事求是的思想路线，落实各项统战政策，各方面统战对象不断扩大，在“长期共存、互相监督、肝胆相照、荣辱与共”方针指导下，各界人士积极参与地方政治、经济、文化建设，发挥协商监督作用，统一战线进入新的历史时期。

20 世纪 80 年代，坚持“政治上信任，工作上支持，生活上关心”，安排党外人士工作。

1994 年，新提拔使用少数民族干部 12 人（其中县团级 1 人，科级 4 人，一般干部 7 人）。到年底，全地区共有少数民族干部 29 人（其中县团级 2 人，科级 7 人，一般干部 20 人）。同时，各级统战部门采取措施，规范宗教活动。巴中市（县级）委统战部，会同宗教办、公安局举办 3 期学习班，基督教、天主教的负责人和部分教徒共 56 人学习江泽民在全国统战工作会议上的讲话和国务院、省政府颁布的 3 个“法规”“规章”，使教徒理解党的宗教政策和国家法规，宗教活动逐步正常，从而杜绝自封传教；先后 8 次把宗教组织负责人请到统战部或到教堂，同他们谈心、交心，听取他们的意见，认真解决他们提出的问题，化解矛盾，促进教会团结；与有关部门调查、协商，增设曾口、恩阳 2 个基督教简易活动点；在基督教和天主教开展爱国爱教爱社会主义的教育活动，引导他们为唐巴公路建设“献爱心”捐款 1209 元、蔬菜 250 公斤，大米 100 公斤，并送到工地；为具体落实国务院、省政府的宗教“法规”和“规章”，结合巴中市（县级）的实际，同市政府宗教办联合制定《关于依法加强宗教事务管理的意见》，市委办、市政府办转发各乡（镇）、市级各部门贯彻执行；协同有关部门加强对群众的教育活动、收缴非法宣传品，有力地制止非法宗教活动。

1995 年，全地区各级党政把民族工作和培养选拔少数民族干部工作纳入议事日程，实行目标管理，层层签订责任书。除地委有 1 名副书记、行署有 1 名副专员分管外，地区人大工委、地区政协工委、地委组织部、统战部、民族办公室均有专（兼）职人员抓少数民族干部的培养选拔工作。同时，与行署宗教办公室密切配合，继续深入贯彻国务院、省政府颁布的 3 个“法规”“规章”及地委办《关于依法管理宗教事务的意见》，积极引导宗教与社会主义相适应。认真落实党的宗教政策，划清正常宗教活动和非法宗教活动的界限，抵制非法活动，收到明显的效果。全地区乱修庙宇、乱塑菩萨、封建迷信活动得到遏制，宗教中的房产纠纷基本得到解决。截至1996年，全地区已开放宗教活动场所6处，其中平昌佛教1处，巴中市（县级）基督教2处、天主教1处，通江县天主教2处。已具备开放条件而未开放的活动场所10处，即通江县佛教1处，南江县佛教3处、基督教1处，巴中市（县级）佛教3处、基督教2处，平昌县佛教1处。未经批准乱建庙宇252处，占地1.42万平方米。共有教职人员19人，信教群众2.25万人。统战、宗教、公安部门配合，通过举办学习班、召开各种座谈会，基本落实宗教活动场所的房产政策，发挥宗教团体的“三自”（自传、自养、自立）爱国方针，依法执教，保护合法，制止各种封建迷信活动。同时，拆除乱建小庙65处，收回占地面积3600平方米。两年来，地委组织部、统战部、民族办公室2次组织力量对各县（市）培养选拔少数民族干部的工作情况进行全面检查，并2次召开地级有关部门联席会议，专题研究如何抓好培养选拔少数民族干部问题，把这项工作落到实处。同时，巴中地区有15个（回、蒙、满、土家、傣、朝鲜、藏、布依、彝、羌、高山、苗、壮、侗、哈萨克）少数民族，共有546户2027人。其中，回族占一半，主要分布在巴中市（县级）巴州镇、恩阳镇、花丛镇、尹家乡一带，其他民族随婚迁入散居各地。全地区少数民族中，具有大专文化的22人、中专52人、高中126人、初中404人、小学1029人、文盲402人，有县处级干部3人，区科级干部10人，一般干部39人，工人237人，农民1501人。

1997年，依法对宗教活动场所进行登记管理，认真做好宗教代表人士的政治思想工作，妥善处理四起宗教纠纷。如，圣诞节前夕，南江县大河区200余名基督教信众因对当地活动点财务管理、活动开展及负责人作风不满意，派专人前往巴中市（县级）联系，要求从圣诞节开始到该市活动点参加活动。地委统战部获知情况后，高度重视，分管民宗工作的副部长立即率地区宗教办、南江县委统战部、巴中市（县级）基督教负责人，驱车40公里又步行60华里前往南江大河、高桥等地调查处理。在当地党委的配合下，通过找教堂负责人及信众代表座谈，作耐心细致的思想工作，使双方解除分歧，达成谅解。教堂负责人表示愿意全面改善管理，信众表示愿意继续在原活动点参加活动。

1998年，首次召开全地区统战系统民族宗教工作专门会议，传达全省地（市、州）分管民族、宗教工作统战部长会议精神，并组织参会人员专程前往乐山、眉山、都江堰等地考察取经，提高与会人员对民族宗教工作重要性、紧迫性的认识。同时，转发南江县加强外来宗教教职人员和游僧游道管理的措施与办法，有效控制手持假证明的假僧（尼）假道和游僧游道在巴中散布封建迷信、骗取群众钱财的现象。妥善处理通江县修复壁山寺佛教活动点时与甘孜色达县佛协签订联建合同、引进藏传佛教和南江县高桥基督活动堂点负责人与部分基督教徒因对堂点管理意见发生分歧引发纠纷的两起宗教事件，消除隐患，维护稳定。地委统战部与行署宗教办配合，由分管民宗工作的副部长带队前往4县（市）对清理登记宗教活动场所和宗教教职人员以及制止乱修小庙的情况进行检查。对各宗教开放活动场所及宗教教职人员均依法进行登记，各开放活动点活动规范正常，乱修小庙和乱建露天佛像的现象得到有效制止。是年，台港开放民众赴大陆探亲后，各地根据中央关于“从严掌握、妥善安置”的精神，安置台胞定居，并办理就地入城镇户口。地委统战部协助地委、行署调查处理叶光宗兄妹长期对他们的祖父、解放时期巴中著名民主进步人士叶良一公馆向政府提出产权要求信访件，部长谭毅、副部长谢百军组织调查处理的连续六年不断到省、地上访的南江老上访户何子修要求落实起义投诚政策信访件，均以翔实公正的调查结论使上访者彻底息诉。

第四节　工作指导

一、工商联工作

中华人民共和国成立后，在抗美援朝中，统战部门组织各界人士广泛开展爱国签名、写慰问信、订立公约、捐款捐物等爱国运动。1952 年，境内通江县改组工商联，指导协调处理工商业纠纷，组织工商业者送货下乡，召开区乡镇物质交流会。1953—1956 年，境内各县组织工商界人士学习过渡时期的总路线，宣传普选知识。1957 年，整风反“右”斗争开始后，许多工商业者错误地受到各种处分，或批斗，或劳动改造、下放回农村生产。至 1961 年，对其中的大部分人员，或取消处分，或收回下发人员重新安排工作。1966 年后，统战工作无法正常开展。1972 年，按照中央有关政策，清理退赔部分爱国人士、原工商业者在“文化大革命”中被查抄的财物。1982—1984 年，对在反“右”斗争中错划为右派的人全部予以纠正，将部分原工商者改为劳动者，部分收回人员安排工作。

1993 年，成立中共巴中地区统战部，内设工商联组织的办事机构。为有利于工商联开展工作，地委统战部争取地区机构编委于 1994 年 3 月 10 日，批准成立四川省工商业联合会巴中地区办事处，为副县级行政单位（设在地委统战部内）。1995 年，地区机构编委研究并报地委批准，巴中地区工商联办事处定为正县级单位。至 1996 年，地委统战部按照地委把快速发展非公有经济作为全区新的经济增长点之一的要求，集中精力抓工商联（商会）工作。新成立的巴中地区总商会发展会员 700 余名。协助总商会配备班子，商会下设会员处、商务处、法制宣传处 3 个职能科室，并设立巴中地区律师事务所驻巴中地区总商会法律顾问室。建立民营经济综合工程中级评审委员会，为民营经济提供资金扶持、政策宣传、法律咨询和职称评定等多方面服务，深受民营经济人士好评。是年，地委同意成立巴中地区总商会，与地区工商联办事处合署办公。地区工商联办事处主任、副主任和总商会秘书长由地委统战部副部长和有关科室负责人兼任。

1997—1998 年，指导各县（市）工商联搞好换届工作。支持地区工商联、地区总商会切实履行职能，当好党政领导管理非公有制经济的助手，加强与非公有制经济的联系，认真做好非公有制经济代表人士的思想政治工作，并从政策、资金、信息等多个角度为非公有制经济快速健康发展提供服务。

1999 年，地委统战部对工商联工作提出“高举旗帜，服务大局，理顺体制，强化职能，发展会员，壮大队伍，联系服务，促进发展，积极参政，维护稳定，兴办实业，创收活动，建立基地，树好形象”的总要求。与地区工商联办事处召开联席办公会，制定当前和今后一个时期全地区工商联（商会）工作的意见，以会议纪要下发，支持各级工商联（商会）履行职能，发挥优势，做好非公有制经济代表人士的思想政治工作，从政策、资金、信息等多个角度为非公有制经济快速健康发展提供服务，继续发挥对实施“六统一、一监督”措施的督查作用。

2000 年，市委统战部指导市工商联紧密围绕市改革、发展和稳定的大局，按照市委、市政府的部署，把全年工作重点及主要精力放在清理整顿市总商会互储会及联系、服务城乡非公有制经济大户上。清理整顿工作方面，抽调的工作组成员深入一线参与清理整顿，千方百计抓借款回收及有关资金的落实，保证首次兑付资金的如期到位，为维护群众合法利益及全市社会稳定做出积极贡献。同时，认真抓非公有经济联系的有规模、有实力、有贡献、有代表性的大户 50 户。全市有 48 名非公有制经济代表人士为市人大代表和政协委员，激励鼓舞非公有制经济人士关心和参与地方民主政治建设的热情。

二、基层统战工作

民国时期，境内中共南江县委（地下）成立后，开始党的统一战线工作。当时，党组织处于白色包围的艰苦斗争时期，统战工作的重点，主要是争取国民党政权中倾向革命的那部分人转向革命。

中华人民共和国成立后，针对知名人士的思想状况，通过会议、座谈、写信等方式，宣传党的主张、方针、政策，解除许多中上层人士的顾虑。同时，给他们分配工作，组织参加各项社会改革运动，使不少知名人士步靠近党和人民政府。

1953—1956年开始，对私营工商业的社会主义改造。经过学习和清产校资，有部分私营工商业者加入“公私合营”。

1966年后，统一战线遭到破坏。1974年后，各县先后恢复各界人士学习委员会。召开各界爱国人士学习会，集中学习毛泽东《论十大关系》。

1978年后，各县基层统战工作不断向区乡渗透，向基层延伸，统战工作领域向基层扩展，统战工作对象的数量向基层集中。尤其是在1988年，中央统战部下发《关于在改革中加强基层统战工作意见》以后，基层统战工作有一个质的飞跃。统战工作对象由10个扩大到12个，再发展到15个方面。

1993年，各级统战部认真抓干部学习、目标责任制和领导干部“四好”活动的开展，以工作实绩，取得党委对统战工作的重视。地、县（市）委都把统战工作纳入议事日程，加强对统战工作的领导。巴中市（县级）撤县建市后的第一次常委会就讨论研究统战政协工作，全市60个乡镇普遍设立专兼职统战委员，其中巴州、恩阳2镇设立专职统战委员，进一步加强乡镇基层的统战工作。

1994年，全地区基层统战工作有新发展。巴中市（县级）农村发展较快，逐步由农村向城区企事业单位发展，使基层统战工作全面推进。市委统战部领导先后到恩阳、渔溪、茶坝、清江、曾口、花丛、来龙、尹家等乡镇抽查基层统战工作。乡镇党政一把手普遍重视统战工作。如，恩阳镇党委书记刚上任，把统战工作提到议事日程，召集政协委员为加快省的重点镇建设提建议，强调“没有统一战线工作，任何事情都办不成”。渔溪镇党委做到领导、目标、制度、服务中心四落实，形成党委主管、政府分管、人大协管、专人专管、全党齐抓共管的新格局。

1995年，地委统战部召开全地区统战、工商联工作会议，对全地区的统战工作进行全面安排部署，并与各县（市）签订1995年统战工作目标责任书，加强与各县（市）委统战部的联系、督促、检查。各县（市）委统战部认真履行职责，积极开展工作，涌现一批先进典型。实施“500服务工程”，通江县委统战部与县政协党组在年初共同提出《关于实施500服务工程的意见》，全县统战系统的干部落实抓1个经济项目或联系1个企业、1个小康村联系点等任务，形成同唱一台戏的团结合作局面。全县统战干部（含区乡）联系50名有影响的党外代表人士，抓山羊、生猪、茶叶、银木耳、中药材等项目，实现产值近30万元。县委统战部直接联系的“王牌”商行，帮助强化内部管理，协调关系，使该行全年实现购进额387万元，各项指标较1994年提高20%。平昌县委统战部创办的县同源建筑建材公司，通过各种渠道向外联系和发展业务，在重庆、昆明等地承建公路、房屋，年产值达500万元。南江县委统战部克服人少、经费紧等多种困难，实行定领导、定人员、定指标责任制，派干部经常到小康村联系点小河区文星村协助抓示范建设。通过验收，该村在大灾之年农、工、商、企生产总值突破105万元大关，农民人均纯收入达到2700元，比1994年增加1000元，其他各项指标达标或超标。

1998年，各县（市）统战工作通过继续开展“五百服务工程”，增强统战工作为经济建设服务的力度，不仅在扩大自身影响上产生积极的效果，而且在增强部门实力、改善工作条件方面产生实效。其中，巴中市（县级）委统战部紧密围绕农业“四大工程”，由2名副部长带队联系挂包和平场乡。他们协助乡党委、乡政府坚持紧跟形势早部署，科学安排“五定位”（定领导、定人员、定任务、定质量、定时间），动员群众重“五抓”（抓观念更新、抓示范、抓协作、抓配套、抓领导）。通过全乡上下坚定不移的分步实施，艰苦努力，农业“四大工程”成就喜人。全乡玉米总产量达1687吨，比1997年净增600吨，仅玉米一项完成全年的增粮任务。水稻总产量达4000吨，比1997年增250吨；生猪存栏2.58万头，人均2.2头。7月，全面完成调运任务，居全市第一。全乡经济林育苗1.84公顷，筹集4万元，完成116.67公顷栽植任务。微水工程全乡计划建池110口，完成115口，投资45万元，投劳12.2万个，新增蓄水3.4万立方米。统战部单独修建示范水池1口，工程进度快、质量好，多次受到市委的表扬。通江县委统战部在人员少的特殊情况下，始终坚持围绕中心搞好本职，积极主动，虚实结合，从狠抓自身建设、层层建立和落实统战工作目标责任制入手，使全县各项统战工作有新的起色，受到县委的充分肯定。

第九章　党校工作

第一节　机构沿革

一、中共川陕省委党校

1933年2月7—13日，中共川陕省第一次党员代表大会后，“中共川陕省委党校”创办于通江县城（通江县东皋书院考棚）。1933年7月上旬，因战事转移，川陕省委党校随省委机关迁至巴中县城云屏书院（巴中中学）。1935年3月，红四方面军策应长征，撤离川陕苏区北上。川陕省委党校随军长征，后改建为红四方面军党校。

中共川陕省委党校旧址——巴中藏书楼

二、中共巴中市（地）委党校

1993年10月28日，中共巴中地委党校成立，中共南江县委党校、中共巴中市委党校、中共通江县委党校、中共平昌县委党校接受中共巴中地委党校的业务指导和联系。1994年4月，地委党校内设办公室、政工科、教务科、教研室、联络科、函授分院办公室等6个科室，共有师资18名。巴中地委党校租借巴中市委党校部分教学场地使用，1995年1月，经中共巴中地委决定，中共巴中市委党校与中共巴中地委党校合并。1998年3月，地编委重新确定内设机构为地委党校办公室、教务科、函授办、行政科、图书资料室、教研室、巴中市委党校办公室、纪检组、联络科等9个科室。2000年，市委党校在编职工40人，其中教职员28人（高级讲师4人、讲师11人、助讲2人、其他11

人）。

三、中共各县（市）委党校

1959 年，中共平昌、巴中、通江、南江 4 县委党校先后成立。校址分别设在江口镇廖家花园、巴州镇大东内街关帝庙、诺江镇人民会场、南江镇文庙内。各县委党校成立初期，均未设置内部机构。1979 年，巴中县委党校内设教研组、资料组、后勤组。1983 年，南江县委党校内设教务科、教研室、函授联络站和总务科。1986 年，通江、平昌 2 县委党校内设办公室、教务科、行政科。至 2000 年，各县（区）委党校均内设办公室、教务科、教研室、行政科、函授站（函授办公室）、总务科。4 个党校共有教职员 86 人。

第二节　干部教育

一、干部培（轮）训

1952—1958 年，境内 4 县均为开展党训班时期。党训班的培训目的是巩固无产阶级专政，让一批知识分子承担基层工作，提高党员的政治思想水平，培养骨干，发展党员，组织干部学习文化，建立乡村党政组织。各县委、组织部、宣传部抽调人员组建临时机构，办班地点均无固定场所。培训党员干部主要采取由党训班确定的教师或县委领导。以报告、讲座形式上大课，课后再组织学员讨论。培训时间根据学习内容、长短各异，一般在半个月至 1 个月。培训对象主要是乡、农协会分会干部、党员，工作中涌现的建党积极分子，还有一部分来自国家机关的积极分子，以及农村文艺骨干。4 县共举办党训班 62 期，参训 2.3 万人（次）。

1959 年后，境内 4 县党校按照中央“学习理论、联系实际、提高认识、增强党性”的办学方针，提高党员干部的理论水平、文化知识水平，理解党在全面进行社会主义建设时期的路线、方针、政策。参训对象主要是农村基层干部，生产队长以上的党员干部、支部书记，中小学教师、街道及其他机关系统的党员干部、参加“四清”运动的干部和建党积极分子以及农村基层干部中被揭发出的“漏划地主”、“富农”、阶级异己分子和“严重违法乱纪分子”。培训内容主要是马列主义基础理论、毛泽东著作、党的总路线及时事政策。学习内容包括中共中央八届六中全会文件、中共中央“十二条”和人民公社《六十条》、省委第十一次全体（扩大）会议决议、地委二十一次全体（扩大）会议决议；党在农村各个时期的方针、政策；目前形势和任务；党的民主集中制和群众路线；共产党员标准“十条”；文化科学基础知识；毛泽东工作方法 60 条；党员的义务和权利；关于农村基层组织工作方法 30 条；“少收、高产、多收”的方针；巩固人民公社和农村支部任务与工作方法等。

1962 年以后，主要以《做一个好的共产党员》为教材，学习《中国共产党农村基层组织工作条例试行草案（修改稿）》，毛泽东的《矛盾论》《实践论》等。培训时间为 3 个月、1 个月或 10 天半个月不等。培训方法主要采取集中讲授的方法，由党校教员编写讲授提纲、教案。资料整理好后交主管部门领导审阅，再由领导以作报告的形式宣讲，授课结束后由党校教员组织学员进行分组联系实际讨论、总结。至 1965 年，境内 4 县共举办培训班 65 期，参训 2.67 万人（次）。

1966 年开始，党校停办。党校培训工作阵地变成专业武斗队集训班、有问题人员学习班和“一打三反”集训班的场所，全面处于瘫痪状态。

1970年起，境内4县党校先后更名为“某县革命委员会毛泽东思想学习班”。1973年初，境内4县撤销县革命委员会毛泽东思想学习班，恢复各县县委党校，随即开展培训工作。毛泽东思想学习班的参训对象主要是农村的大队、生产队干部，区、社革委正副主任和一般干部，县、区企事业单位负责人，及县级单位领导和一般干部。培训时间比较短，由几天到半月不等。培训内容前期主要是“斗私批修”，学习马克思、列宁著作“六本书”（《共产党宣言》《哥达纲领批判》《反杜林论》《法兰西内战》《国家与革命》《唯物主义与经验批判主义》），以读原著为主，紧密联系学习毛泽东有关著作。另外也学习《论权威》《马克思墓前演说》《悼列宁》；学习党的基本路线，交流支部工作经验。境内4县共计举办培训班27期，参训1.37万人（次）。是年，党校开办“五七”干校培训班，主要学习马克思、恩格斯、列宁、斯大林和毛泽东的原著。培训采取边劳动生产边进行。劳动主要是干苦、难、脏、险的工作，有试验田、养猪场等劳动场所。时间分配是50%的时间参加集体劳动；30%的时间学理论知识；20%的时间插队落户当社员，与群众吃住一起，打成一片，以劳动洗刷唯心主义思想。巴中县委党校先后开办2次“五七”干校培训班。第1次是1970—1972年，第2次是1975—1978年。第1次“五七”干校参训学员是被认为有问题、被清洗审查的“走资派”和有劣迹的“派性头头”，第2次是各单位领导和部分干部。“五七干校”的学制为1年，每期学员30～40人。至1978年，4县共计举办培训班79期，参训2.17万人（次）。

1979—1983年，党校培训内容主要以深揭猛批江青反革命集团为主，开展真理标准讨论，澄清被林彪、江青反革命集团搞乱的重大理论问题。认真落实中央作出《关于实现党校教育正规化的决定》，中共四川省委和中共达县地委也先后对此作出安排部署。党校教育由短期轮训干部为主，转向正规化培训干部为主。1984—1986年，各级党校担负的基本任务是以马克思、列宁主义、毛泽东思想基本理论，党的方针、政策和必要的现代化科学知识、业务知识武装党的干部，为党培训具有共产主义思想觉悟、党性强、作风好，又有现代化建设知识的领导骨干和干部队伍“四化”人才。

1987—1992年，随着形势的变化和工作需要，各县委党校会同县级有关部门开展联合办班。实现长短结合、校内校外结合、有学历无学历结合，多形式、多层次、多规格地培训干部。举办的培训班次名目较多，主要有乡镇干部培训班、招聘干部培训班、区（局）领导读书班、建党积极分子训练班、乡（镇）党校教员培训班、生产力标准讨论班、十一届三中全会文件短训班、党务干部短训班、纪检书记短训班、专武干部培训班、哲学理论骨干培训班、村支书培训班、乡党委书记培训班、乡干班、劳动就业培训班、青干班、团干班、农村社教培训班、党史班、就业岗前培训班、就业储备班、女干部班、局长班、农村支书村长培训班、人大常委会主任培训班、妇干班、纪检培训班等。党校为培养适应改革开放新形势的干部队伍，在教学内容上调整改革，重点以转变观念、解放思想、增强党性、姓“社”姓“资”、“三基”教育、学习市场经济理论和党的方针、政策为主要教学内容，教育党员干部以新的姿态、新的知识、新的观点、新的作风投身改革，加快改革开放步伐，服从和服务于县（市）委、政府的改革开放大局。境内4县党校除使用省委组织部编写的统一教材外，联办班由联办单位讲业务知识，党校讲理论知识，各类班次都请县委、县政府领导作开学动员或结业报告外，其余课程都由党校教师负责讲授。教学方法基本采用“自学、辅导、讨论、社会考察（实践）、考核考试”的模式，课堂教学注重灵活多样，尽力避免“满堂灌”。

1993年起，全地区有计划地对通江、南江、巴中、平昌4县（市）及地级有关部门、企事业单位的党员领导干部进行调训。是年，4县（市）共举办培训班251期，参训3万人（次）。

1994年后，巴中地委党校举办的主体班次有县处班、局长班、科长班、乡镇班、青干班、妇干班等，主要是中青年干部班。其中，平昌县、通江县、南江县还有池园经济培训班、股份制培训班、非公有制经济人士班、会计培训班、农业适用技术班以及机关干部计算机培训班等各行业干部培训班。领导干部轮（培）训时间一般为1周、1个月、2个月、3个月不等。主体班课程的设置内容在1994—1998年，是学习《邓小平的中国特色社会主义理论》《市场经济理论》《领导科学》《现代科技》《法律知识》《计算机应用与操作》《英语》等知识。1999年后，把“理论基础、世界眼光、战略思维、党性修养”四大板块作为教学的主要内容，增设“三个基本”（马列主义、毛泽东思想、邓小平理论基本问题）、“五个当代”（当代世界经济、当代世界科技、当代世界法制、当代世界思潮、当代世界军事和中国国防）、战略思维与重大现实问题、党建理论与党性修养等课程。之后是结合地委、行署的中心工作，安排服务巴中经济建设的地方性课程。

至2000年，全市共举办各类干部、党员培训班188期，参训1.7万人（次）。是年。市委党校以巴中市委、市政府提出的“建特色产业基地，创山区致富典型”作为讲授重点。先后开设《巴中市情与巴中经验》《“十五”期间巴中经济社会发展若干问题》《农村经济形势和任务》《小型企业改革与发展》《西部大开发与巴中经济发展》《“入世”对巴中经济的机遇与挑战》等具有巴中地方经济特色的课程。巴中市委党校注重教学手段的创新，改变过去单一的“灌输式讲授法”，探索出“培训前教师调研定题、入校学员自己提出问题、培训中研究解决问题和拟定打算付诸实践、培训后反馈学习成果”的教学模式。增加电化远程教育体系，及时组织学员到时收看中央党校客座教授的专题讲课《当代世界经济发展趋势》《信息化与产业化升级》《加快国民经济发展，走可持续发展之路》《知识经济》《如何看待现阶段存在的腐败现象》《促进经济增长方式的根本转变》等录像片。在党政领导干部轮（培）训班中，平均每期培训班中组织收看中央党校录像课8～10次、40个课时，收到良好效果。

二、学历教育

（一）全日制脱产中专班

1984年9月，巴中县委党校经中共达县地委批准为达县地区唯一举办党政干部中专班的县级党校。至1988年，巴中县委党校连续招收4届党政干部中专班和一届经济管理中专班。党政干部中专班招收185人，毕业175人；经济管理中专班招收25人，毕业24人。1985年1月，1988年，1989年9月，南江县委党校，平昌县委党校，通江县委党校，分别开始举办干部中专学历教育培训班。主要招收在职的党政干部（进行脱产学习），年龄在35周岁以下，个别特殊的可宽限到40岁，政治思想表现好，身体健康者，经统考合格均可录取。读书期间，工资待遇不变，由原单位发放。学制一般为2年；专业有党政、经济管理，家用电器维修、汽车维修，财会、企业管理，电工、商业企业财务会计；课程分为政治理论课和文化专业知识课，使用省统编教材。主要有《哲学》《政治经济学》《科学社会主义》《党史》《党建》《语文》《数学》《国民经济管理学》《历史》《形式逻辑》《法学概论》等。1985年，南江县首届党政干部中专班正式开办，毕业86人；1989年9月，通江县委党校举办1年制干部中专政工专业专修班1期，招收40人，毕业40人。1993年，举办经济管理中专函授班，毕业9人。

（二）函授教育

1985年，巴中县委党校成立四川省委党校函授学院达县分院巴中县委党校辅导站，开展大专函授学历教育。1990年，通江县委党校成立四川省委党校函授学院达县地委党校分院通江县委党校辅导站。1992 年，南江县委党校成立四川省委党校函授学院达县地委党校分院南江县委党校辅导站。1993 年，平昌县委党校成立四川省委党校函授学院达县地委党校分院平昌县委党校辅导站。1994 年，巴中地委党校成立四川省委党校函授学院巴中地委党校函授分院。是年起开始招生，开展函授教育。4 县党校函授辅导站业务指导归属巴中地委党校函授分院。1996 年后，巴中地委党校开始招收中共四川省委二党校函授学院法律专业大专、本科学员各 2 届。1997 年，又开始招收中央党校函授学员。

1998 年开始，党校函授教育是依托党校力量举办的。它以“理论、知识、党性、能力”相统一的综合素质为培养目标。4 县函授辅导站和巴中地委党校函授分院主要开设的专业是党政管理、行政管理、经济管理、法律、财会专业，也有财政金融专业。课程设置分为基础理论、专业知识、专业课三大类，体现“宽口径、厚基础、新知识、重实践”的教学原则，突出专业特色的层次性和科学性。教学方法和组织形式主要采取书面传授法、面授答疑法和阅读研究法。大专班学制 3 年，本科班学制两年半。函授分院的教学工作严格按照中央党校和四川省委党校函授学院的要求制订教学计划，实行二级或三级党校联合办学形式。函授教育管理以“强化管理，提高质量，稳中求进”为指导思想加强函授招生管理。把教学、学籍、档案材料作分类整理，按《省函院评估指标体系》要求，立档归卷 86 卷。对教师教案进行评比检查。成立班主任办公室，对学员思想政治和考勤考核工作负责。

至 2000 年，巴中市委党校函授分院共有 6910 名学员获得大专以上毕业文凭。其中，四川省委党校函学院大专毕业 4332 人，本科毕业 1807 人；重庆市委二党校函授学院大专毕业 270 人，本科毕业 234 人；中央党校函授学院本科毕业 267 人。是年，制订《函授学员手册》。手册包括学员守则、教学规程、学籍管理暂行规定、成绩考核管理暂行规定、考场规则、监考人员规则 6 个部分；由市委党校函授分院在教学活动中组织实施。

（三）电大教育

1985—1996 年，平昌县委党校开设四川省广播电视大学专科学历教育，全脱产学习 2 年或者 3 年，先后举办 5 期 6 个班（次）；分设党政干部、政史、中文、工业企业经济管理专业，共有 347 名学员参加学习，毕业 156 人。其他 3 县党校无电大教育。

（四）合作办学

1994 年，巴中地委党校与成都、重庆科大计算机研究所对等投资，联合建立电脑培训中心，对内对外开展电脑微机业务培训 50 多期，培训电脑技术人员 3000 多名。1995 年，平昌县委党校与四川公共关系学院联合办学，在平昌设立“四川公共关系学院平昌教学部”，招收具有初中以上文化程度的城乡青年作为培训对象，培训时间 3—6 个月，学员入学时与四川公共关系学院签订就业合同。到 1997 年初，共培训学员 182 人。

（五）研究生课程进修班

2000 年，巴中市委党校开始举办西南民族学院“企业管理”研究生课程进修班。开设《政治理论》《现代管理学原理》《现代经济学原理》《高级管理经济学》《企业经营战略》《现代公司理财》《市场营销策划》《证券投资学》《高级财务会计》《企业法学》《中国证券市场分析》《企业形象策划》《现代金融交易技术》《现代企业制度研究》《管理与教学模型》《行政管理学》等 16 门课程；学制 2 年，由西南民族学院硕士生导师或客座教授面授指导。主要招收全市各行政单位具有大专文化、年龄在 45 岁以下的正科级以上领导干部及年轻优秀的企业生产经营管理人员。是年，招收 37 人。

第三节　教学科研

一、科研概况

1959—1979 年，境内 4 县党校内部均没有教研室专门机构，教研工作被教学工作涵盖。1980 年起，断续分设教研机构。

1982 年起，通江县委党校与县委宣传部、组织部、党史办、县委办公室、县计生委、县精神文明办公室等部门联合举办纪念抗日战争胜利 40 周年、纪念红军入川 60 周年、纪念毛泽东 100 周年诞辰、县域经济发展、计划生育与人口素质、社会主义精神文明建设等专题理论研讨会。巴中县委党校不定期出刊《学习参考》，进行理论、学术和教学探讨。1985 年，各县党校开始分设教研科（室）并成为定制。

1994 年，巴中地委党校设立教研室，与教务科合署办公。教研工作从组织领导、机构设置、经费保障、成果的申报认定等方面纳入教学工作的议事日程。是年起，地委党校采取多种办法，加强教学科研工作。派教师前往浙江温州、江苏张家港、江苏江阴等地学习考察。学习温州的民营经济、张家港的市政建设、江阴县华西村发展村办工业和高效农业的经验，为党校教育工作提供典型资料；采取课堂讲课与外出考察相结合，专题研讨与实践运用相结合的办法，开展社会实践活动，撰写调查报告，为地委、行署提供决策服务；组织学员到国有企业进行专题调研和到沿海地区参观考察，进行巴中贫困地区城乡经济发展缓慢问题的学习考察。

1997 年，成立科研领导小组，并制订《科研管理工作实施办法》，对组织领导、科研成果的申报、科研成果的奖励办法、科研成果的认定等作具体规定。

1999 年，制订《党校科研管理办法补充意见》，补充确定地级科研项目的奖励办法。同时，中共巴中地委党校成立“巴中区域经济研究所”，在中共通江、南江、平昌县委党校和地、县、区乡有关单位中聘任兼职研究员，长期从事科研工作。是年，地委党校收集整理学员撰写的有关经济、党建、法制、社会事业等论文 196 篇，主编《贫困地区经济发展探索》，西南交通大学出版社出版发行。

2000 年，完成自 1995 年以来地委交与党校和参训学员开展对农村劳动力资源开发、“池园经济”发展、减轻农民负担、文明新村建设、企业结构调整等 10 多个课题的调研任务。

二、科研成果

1960 年，杨道意、何庭文主编出版《党员标准十条辅导材料》，1976 年，巴中县委党校出版《坚定不移地走“五七”道路》资料汇编。1977 年，阳吉平参与集体编写《学习〈论十大关系〉》参考资料，四川人民出版社 1977 年出版。

20 世纪 80 年代初，各县委党校编写十一届三中全会《历史决议》辅导资料。1984 年，通江县委党校编写《学习马克思再生产理论》《坚持四项基本原则，反对资产阶级自由化》《两本书（通俗哲学与政治经济学）学习辅导资料》理论读本。

1997 年，《神圣的事业、艰辛的步履——四川省通江县教育事业发展状况的调查》入选中央党校《国情调查报告选集》，论文《毛泽东创造性思维三论》获全国毛泽东思想研讨会优秀论文奖、省党校首届优秀社科成果三等奖。论文《试论敢闯敢冒的动力机制》入选中央党校副校长刘海藩、杨春贵主编，中央党校出版社出版的《邓小平理论研究文库》，并分获全省党校和巴中地区纪念中共十一届三中全会20周年理研会优秀论文奖和二等奖，《论“官德”》获湖南省委中心学习组征文一等奖，论文《十一届三中全会以来20年的实践是世界社会主义运动的第三次大发展》获巴中地区纪念中共十一届三中全会20周年理论研讨会三等奖。

至2000年，巴中市委党校先后有18名教职员工在国家级、省、市级报刊上发表科研论文37篇。南江县委党校共在省、市报刊发表理论文章72篇，有10名教职员工的文章被评为省、市“优秀论文”奖，有3篇文章被县委《参阅》刊用并送县委主要领导决策参考。

第十章　直属机关党务

第一节　组织建设

一、组织机构

1993年，筹建巴中地委直属机关，成立2个临时党支部、15个临时党小组。到年底，地级机关共建立党组19个、党委5个、机关党委1个、机关党支部47个（其中临时党支部43个）。

1994年，进一步建立健全机关各级党的组织，按照《党章》的规定，地直机关118个正、副县（处）级单位（含代管及中央、省属单位）和地级企事业单位，建立机关党委2个，党总支10个，党支部104个，使调入地级单位的1470名党员都能及时编入党的组织，接受党组织的教育和监督。并按《中国共产党基层组织选举暂行条例》，选配一批党性强、政治素质高、业务能力强，热心党务工作，善于做思想政治工作的党员行政领导干部到书记岗位上。其中，地级各单位一把手担任机关党委、总支、支部书记的有45人。

1995年，调整和新建立党支部18个，调整充实支委班子10个，担任支部书记的党政领导一把手45人，接转组织关系339人。

1996年，地直工委新建立机关党委1个，党总支3个，党支部27个，调整充实支委班子12个。接转组织关系250人。

1997年，新建立党支部22个、机关党委2个，换届选举机关党委2个、总支13个、支部125个，占应换届选举的95%，调整班子成员118人。

1998年，新设立机关党委1个，党总支1个，党支部11个；调整充实支委班子11个；换届选举机关党委1个，党总支4个，党支部39个。

1999年，进一步建立健全基层组织，理顺工作关系。经地直工委审批，新设立机关党委2个、党总支4人、党支部26个，调整充实支委领导班子13个，换届选举机关党委2个，党总支3个，党支部10个。

2000年，按照《党章》和《中国共产党基层组织选举工作暂行条例》的规定，市直工委及时督促应换届的机关党委（总支、支部）按时进行换届选举工作。经市直工委审批，新建机关党委1个，党支部11个；改选党支部15个，调整人员55人；撤销党支部3个。

二、制度建设

1993年起，地直机关把制度建设作为党的组织建设的重要内容。地直工委在抓地级机关党的组织建设中，一开始就把制度建设摆在位置，先后制定《健全党的组织生活制度，严格组织生活的规定》《地级地关党的建设暂行规定》《地级机关党组织建立或改选的规定》《关于地级机关党费的收缴、使用和管理的规定》《关于地级党政廉洁自律的规定》《三会一课制度》《民主生活会制度》《民主评议党员制度》《党内监督制度》《目标管理和创先争优制度》《思想政治工作制度》等等。这些制度和规定，在实践中不断充实、不断完善。

三、党支部达标建设

1994年，地直工委按照《中共中央关于加强党的建设几个重大问题的决定》精神要求，结合巴中地直机关党组织建设的实际，切实加强机关党支部建设，对地直机关党支部建设实行目标管理提出具体意见。

1995年，地直工委制定《巴中地区直属机关党支部建设三年达标规划》和《关于地直机关党员队伍建设实行目标管理的意见（试行）的通知》，并印发到各基层党组织实施。是年，召开地直机关党建工作经验交流会，召开机关党支部工作经验交流座谈会，受地委表彰的5个基层党组织交流经验。同时，地级机关有122个基层党支部制定达标措施。

1996年，按照《巴中地区直属机关党支部建设三年达标规划》要求，制定党支部达标规划及措施，推进党支部工作的规范化、制度化。地直工委先后2次去平昌县考察，参观学习后，工委率先建起党员活动室和党支部建设等各项制度，以点带面。到年底，地直机关有57个党支部相继建起党员活动室，占党支部总数的35.1%。

1997年，地直工委组织4个组分别对156个党支部建设达标活动进行全面检查、考核和验收，评出达标支部83个，占53%。1998年，经工委考核验收，累计达标党支部87个，占应达标总数的56%。

1999年，抓好已达标支部巩固、发展工作，对未达标支部给予重点指导和帮助。经自查申报，地直工委考核验收，地区烟草专卖局、地税直属分局、畜牧局、林业局机关支部和检察分院第一、二、三党支部达标，共计达标党支部94个，占应达标总数的60%。

2000年，切实抓好党支部达标的巩固、提高和发展工作，经考核验收，命名市物价局、市招商局为达标党支部。

四、党员培养和发展

1932年12月，红四方面军占领川东北通江县城后，前敌委员会从部队抽出一大批党员组成若干工作队分赴各地，在打土豪、分田地的实践斗争中发展党员。

1933年2月，川陕省委第一次党代会后，各县开展大规模的建党工作。召开各种群众大会，广泛宣传党的主张。要求入党的人是雇农、贫农成分的由1名党员作介绍，中农成分的由2名党员作介绍，其他阶段出身的报告省委批准。被介绍人经过简单审查，就举行入党宣誓。宣誓大多是秘密地进行。宣誓后即成为正式党员，由党组织一张介绍信交给本人，编入某一支部队过组织生活。

中华人民共和国成立后，开始全面建党。1952—1976年，培养入党积极分子的标准是家庭出生于贫农、下中农。培养方法有开办积极分子训练班，进行党的基本知识教育；吸收积极分子听党课，进行共产主义思想教育；支部骨干分工包干，采取个别谈心的方式帮助总结工作，指出缺点和错误，鼓励不断前进；选择典型，树立旗帜，使积极分子学有榜样；组织积极分子经常学习时事政治和文化科学技术知识；把积极分子放到艰苦的岗位去磨炼，在实际斗争中去考验他们。1952年，境内4县共有2500人申请入党，共培养入党积极分子2300多人。1976年，境内共有3200多人申请入党，共培养入党积极分子3100多人。

1978年后，各级党组织敞开知识分子入党大门，积极吸收先进青年入党，改善党员队伍的年龄结构和文化结构。抓党员发展工作，采取上党课、办培训班、个别谈心等多种形式培养建党积极分子。1985年，境内4县共有1.3万人申请入党，培养入党积极分子1.2万人，均参与过党的知识培养。

1986年后，各县重点发展生产和工作一线的工人、农民、知识分子，重点发展年轻党员、妇女党员和科技人才、经济组织、薄弱环节方面的党员，使党的机构不断完善，使大批优秀分子不断涌现，壮大党员队伍。

1990年，4县共有3800多人申请入党，其中有3400多入党积极分子参加培养。1992年，4县共有5512人申请入党，其中培养入党积极分子4410人，均参加入党积极分子培训班。

1993年起，地直工委特别注重对入党积极分子的发现和培养，成熟1个，发展1个，不断壮大党员队伍。机关各级党组织，认真坚持“三会一课”制度、民主评议党员制度和民主生活会制度，切实加强对党中的日常管理，充分发挥党员的先锋模范作用。针对地直机关改革分流和流动党员的实际，把加强流动党员管理纳入各级党组织重要日程，采取建立流动党员登记制度、寄发学习资料，定期思想汇报等途径，切实加强对流动党员的管理。把下岗、离岗党员纳入党组织日常管理范围，加强联系，做到离岗党员不离党组织的培养教育，关心解决他们的实际困难。

1994年，直工委举办首期建党积极分子培训班。培训班认真学习《中共中央关于加强党的建设几个重大问题的决定》和党的十四届四中全会公报。学习结束进行测试，112名学员合格。

1995年，地直工委机关共发展新党员52名，其中女党员12名，审批预备党员转正58名。8月，地直工委举办第2期入党积极分子培训班，集中培训地直机关114名入党积极分子。加强对新党员的跟踪考核，以保证发展新党员的质量。是年，应参加评议的1470名党员，全部参加评议，评出优秀共产党员530人，合格党员887名，开除党籍1人，留党察看1人，严重警告1人。地直工委配合地纪委监察、组织、人事等部门督促地直机关59个正县（处）级以上领导班子，187名副县（处）级以上领导干部，705名科级干部，进行对照检查和自查自纠。地直工委派人参加54个单位的民主生活会，占91.5%，并向地委写专题汇报。

1996年，地直工委举办第3期入党积极分子培训班，158人参加培训。全体学员认真学习《建设有中国特色社会主义理论》、党的基本知识和《党章》等内容，通过书面测试，合格率100%。是年，共发展新党员83人，其中女党员26人，完成年初计划的106.6%，审批预备党员转正63人。地直工委配合地纪委、组织、人事等部门督促县（处）级领导班子的一年一度的2次专题民主生活会和年终民主评议党员以及领导干部过双重组织生活的情况。地直工委派人参加54个单位的民主生活会，了解和掌握存在的问题。同时，还督促检查科级干部的自查自纠，并向地委写专题汇报。

1997年初，对申请入党的70名积极分子进行培养教育，列为发展对象。7月初，举办地直机关第4期入党积极分子培训班，集中3天时间对214名入党积极分子进行党的基本理论、基本路线、基本知识、共产党员的条件等内容的培训学习，通过考试，合格率100%。是年，共发展新党员78名，占计划的110%，其中发展女党员30名。经过推优的50名，占65%。坚持预备党员入党宣誓、跟踪考察、严格教育管理，按期转正。共批准58名预备党员转正，占99%。

1998年，地直工委举办第5期入党积极分子培训班，集中时间对124名入党积极分子进行党的基本理论、基本路线、基本知识等内容的学习培训。是年，发展新党员108名，其中女党员36名，审批预备党员转正107名。同时，地直工委组织召开地级部门党组（党委）书记、机关党委（总支、支部）书记和政工干部160余人参加的机关党的工作会议，安排部署党员民主评议中严肃处置不合格党员和党内统计报表工作。

1999年，举办第6期入党积极分子培训班，集中时间对地直机关98名入党积极分子进行培训，确保发展新学员质量。是年，共发展新党员62名，其中女党员27名，审批预备党员转正85名。

2000年，市直工委举办第7期入党积极分子培训班，集中3天时间对市直机关171名入党积极分子进行“三个代表”重要思想、党的基本理论、基本路线、基本知识、入党手续、条件等内容的学习培训，考试合格率100%。是年，市直机关实行发展党员公示制，进一步规范党员发展工作，接受群众监督，确保党员发展质量。公示期限为15天，设立群众监督举报电话。通过发展党员公示制，发展新党员56名，其中女党员18名，审批预备党中转正67名。

五、党员活动

1986年，境内各县在党员中开展“我为党旗增光”“重温入党誓词，争做优秀党员”的教育活动。1987年，各县举办学习党的十三大知识竞赛活动。

1989年“七一”前夕，境内各县开展机关党员“党纪条规知识竞赛”活动，并组织党员观看《周恩来》《毛泽东和他的儿子》《世纪行》等影片，教育党员全心全意为人民服务，增强反腐防变能力。

1991年，各县开展建党七十周年党的基本知识100题知识竞赛活动，组织党员参观纪念观，组织报告会、座谈会、演讲会，举办各种歌颂党的光辉业绩展览，集中党员参加支农活动等。

1993年开始，地直工委每年都利用“七一”党的生日这个盛大节日，举行丰富多彩的纪念活动。纪念活动期间，或表彰先进，或座谈讲座或文艺演出，或体育比赛，或书画展览，或报告讲演，纪念活动隆重丰富。

1995年，地直工委组织召开地直机关300名党员、干部参加的庆祝中国共产党诞辰74周年暨机关开展“四好”和“创先争优”活动表彰大会，表彰22个开展“四好”活动成绩显著的领导班子，31个“先进基层党组织”，50名“优秀党务工作者”，252名“优秀共产党员”。是年，地直机关组织1792名党员广泛开展“创先争优”活动，对252名“优秀共产党员”和50名“优秀党务工作者”授予荣誉称号，号召机关广大党员向他们学习，总结经验，发扬成绩，把“创先争优”活动不断引向深入。

1996年，地直工委对地直机关评出的5个“红旗党支部”、10名“优秀党务工作者”，58名“优秀共产党员”予以表彰奖励，并对1995年度、1996年度在“七一”期间受地委、地直工委表彰的“四好班子，先进基层、党组织和优秀党务工作者，优秀共产党员”提出奖励的具体办法。是年，

“七一”期间，地直机关共召开报告会25场（次）、座谈会50场（次），党的知识竞赛、演讲技能比赛、文艺演出等共100多场（次）。6—7月，地直工委首次举办地直机关庆“七一”篮球赛，共组织14个单位参赛，12支男队，5支女队，205名运动员，比赛达43场（次），观念达3万多人（次）。“七一”前夕，工委还组队参加全地区“江口醇杯”卡拉OK电视大奖赛。按照地委组织部的要求，广泛深入地开展“创先争优”和“31448”党建系列活动，并推荐5个“红旗党支部”，10名“优秀党务工作者”，58名“优秀共产党员”报地委于“七一”表彰。

1997年，地直工委对1995年以来地直机关开展“四好”活动成效显著的24个县（处）级领导班子，开展“创先争优”活动成绩突出的3个“先进党委”、3个“先进党总支”、33个“先进党支部”和83名“优秀党务工作者”、345名“优秀共产党员”予以通报表彰。在“七一”期间，地直机关各级党组织开展以“爱党爱国、迎香港回归”为主题的书画、图书展、知识竞赛、演讲会、文艺演出、卡拉OK、联欢会等120多场（次）；召开表彰会、报告会、座谈会等85场（次）；表彰“优秀共产党员”450名。组织2100名党员干部参加全地区迎香港回归知识竞赛活动。表彰开展“四好”活动成效显著的领导班子24个，开展“创先争优”和31448党建系列活动“先进党支部”34个，“先进党总支”3个，“先进党委”3个；“优秀党务工作者”83名，“优秀共产党员”345名；推荐5个“红旗党支部”、1个“模范党委”、19名“优秀党务工作者”和39名“优秀共产党员”报地委表彰。

1998年，在机关党员中继续深入开展“创先争优”和“争当人民公仆”活动，教育党员热爱本职，敬业爱岗，严格按党员标准要求自己，出色完成各项工作任务。是年，在本地和全国抗洪救灾中，机关党员、干部想灾区人民所想，急灾区人民所急，自发捐款23万元，衣物1.13万件，支援受灾群众恢复生产，重建家园。同时，地直机关各级党组织通过座谈会、文艺晚会、演讲会等多种形式纪念党的生日。地直工委组织机关单位民主推荐，报地委表彰3个“先进基层党组织”、2名“优秀党务工作者”和4名“优秀共产党员”。

1999年，对地直机关在“创先争优”和“争当人民公仆”活动表现突出的19个“先进基层党组织”、86名“优秀共产党员”、16名“优秀党务工作者”授予荣誉称号。

2000年，“七一”期间，机关各级党组织结合本单位实际，组织党员开展学习“三个代表”重要思想、“三讲”教育、重温入党誓词、召开表彰会、参观文明新村、将帅碑林和歌咏比赛、演讲等丰富多彩的庆祝活动，纪念党的生日。

第二节　思想建设

一、理论学习

1933年，川陕省委党校在巴中县城开办高级班、初级班和专业班，学员为县、区委干部，主要学习革命理论。教材取于《共产党》（省委机关报）、《党员须知》《党章》《土地法令》等。民国35年（1946年）党组织于奇章中学秘密建立“读书会”，组织党员和进步学生研读《大众哲学》《联共（布）党史简明教程》等马列主义文献。

中华人民共和国成立后，理论学习转向系统化、经常化。理论学习主要围绕党的政治、经济工作进行。

1978 年后，开展“真理标准问题”的学习和讨论，从理论上拨乱反正、正本清源，恢复党的理论联系实际、实事求是的优良传统和作风。同时，为适应全党工作重点转移，以《政治经济学批判序言》《国家与革命》《社会主义经济问题讲座》《关于建国以来党的若干历史问题的决议》《邓小平文选》为主要教材，组织干部学习经济理论、经济管理知识和政治理论。1985 年，境内各县开展以社会主义民主和社会主义法制为主要内容的理论学习。1986－1987 年，各县建立实行每月 2 天的集中学习制度，在各级干部中开展学习《建设有中国特色的社会主义》和《坚持四项基本原则，反对资产阶级自由化》2 本书。1989—1991 年，重点学习《社会主义若干问题学习纲要》、《中国当代的科学社会主义》和《马克思主义哲学》。1992—1993 年，各县组织党员学习邓小平视察南方讲话。1993 年，地直工委根据《中共中央关于学习 < 邓小平文选 >》第三卷的决定和地委通知精神，及时作出安排。地级部门结合实际学习原文，深刻领会“发展才是硬道理”的伟大历史意义和现实意义；深入贯彻“实事求是”的思想路线；坚持“三个有利于”的判断标准；准确把握《邓小平文选》第三卷的精髓。

1994 年起，地直工委开始举办专题培训班。是年，地直工委针对机关少数人中存在的自由主义倾向和苗头，注意抓好经常性的思想作风教育，做到常抓不懈。组织力量对地纪委、统战部、文体局等 34 个单位的机关作风整顿情况进行检查督促。多数单位对作风教育进行详细安排部署，与经济工作、业务工作有机地结合进行，取得明显成效。地区文体局把学党章的活动与革命历史传统教育相结合，组织本系统的党员到川陕革命历史博物馆进行革命历史传统教育，使广大党员深受教育。同时，地直工委制发《关于认真学习和贯彻党的十四届四中全会“决定”的通知》，要求地直机关各级党组织把学习、贯彻《决定》作为当前和会后一个时期的一项重要工作。

1995 年初，针对机关中存在的不良现象，配合地纪委、监察局组织专人分成几组，迅速将中纪委、省纪委的有关文件和地委、行署领导的具体要求，以禁止赌博、嫖娼为突破口，抓好机关作风的转变。工委牵头，组织召开 3 次地级机关干部职工大会，整顿机关工作作风。同时，地直工委发出《关于开展向孔繁森同志学习活动的通知》，认真学习、大力宣传孔繁森的英雄事迹和坚强的党性、坚忍不拔的革命意志、伟大的牺牲奉献精神，以促进机关各级领导班子和领导干部坚持党性锻炼、增强建设有中国特色社会主义的历史使命感和责任感。是年起，地直工委结合新区机关工作特点和实际情况，在广大党员、干部中广泛开展学习“建设有中国特色社会主义理论”和《中国共产党章程》（简称“双学”）活动，卓有成效地推进机关党建工作。在地委“双学”活动联席会议办公室的指导下，地直机关 64 个正县级单位均成立“双学”活动领导小组，各单位党的主要负责人任组长，分管党务工作的副书记具体抓。各单位每年初，拨出专项资金用于“双学”活动的开展。机关 50% 的单位建立党员活动室，添置必要的硬件设施，购置书籍和有关资料。根据江泽民“领导干部一定要讲学习、讲政治、讲正气”的要求，地直机关切实从加强各级领导干部的政治理论学习入手，在机关上下始终坚持三个统一，在全体党员干部中有计划有步骤地开展《建设有中国特色社会主义理论》和《党章》的学习活动，使理论学习逐步变成各级领导干部的自觉行动。

1997 年，地直机关 68 个正县处级单位全部集中组织收听、收看党的十五大开幕式，其中有 48 个单位当天下午就组织讨论。在学习活动中，地直工委以《机关党的工作》简报，通报地直机关学习十五大精神的动态。组织地直机关 1000 多名党员、干部听十五大代表、地委书记周登全传达十五大精神的重要讲话。会后各级党组织都认真组织传达学习讨论，结合本单位的实际制定贯彻意见。

1998 年，地直工委组织地直机关广大党员、干部以“讲学习、讲政治、讲正气”为主要内容，深入学习党的十五大和省第七次党代会议精神，把落实理论武装全党和建设高素质的党员干部队伍作为机关党建工作的首要任务。

1999年，由地直工委牵头，地纪委、地委组织部参加，对地直机关作风建设情况进行专题调查。采取深入单位了解情况，召开座谈会和个别座谈等方式，共调查12个单位，20人。是年，对地级机关150多名新党员进行以邓小平理论、党风廉政建设、崇尚科学、反对迷信和以实际行动争取做1名合格党员等专题教育，聘请地纪委、组织部、党校领导授课，确保学习质量和效果。通过学习，考试平均成本97.1分。组织机关副科职以上干部参加《党政领导干部选拔作用工作暂行条例》知识竞赛和200多名机关干部开展各级党政领导班子成员思想政治素质状况问卷调查。

至2000年，市直工委先后举办10多次专项培训班，近1000名机关党务干部参加培训；直工委配合纪委、组织部、宣传部、党校等部门联合举办专项培训班20多期，近3000人（次）参加培训；按照直工委的统一安排部署，机关各单位相继举办骨干培训班400多期，近8000人（次）参加培训。其中，1997年为把学习贯彻党的十五大精神引向深入，地直工委积极组织机关干部参加地委宣传部、地委组织部、地委党校举办的骨干培训班外，还举办为期5天的骨干培训班，地直各单位机关党委、总支、支部书记共140余人参加培训学习。同时，市级机关70多个单位相继举办骨干培训班120多期，参训人数达1520多人。整个机关共购买资料3500多份，新党章2500册，做到党员人手一册。是年，把加强党的思想政治建设摆在重要位置，组织机关党员、干部深入学习党的十五大精神和“三个代表”重要思想，在联系实际上下工夫。围绕国家西部大开发和改革发展稳定实际，真正把思想统一到党的基本路线和市委、市政府提出的各项工作任务上来。坚持每季度组织市直机关科以上干部听取市级领导所作的报告，听讲人数达2000多人（次）。

二、党风廉政建设

1993年开始，地级机关各部门都把健全和完善党内监督机制作为党的各级组织和纪检部门的任务之一，并纳入目标管理。地级各部门的党组织和纪检组织都认真按照严格管理，严格要求，严格监督的要求，认真履行监督职能，制定领导干部廉洁从政的行为规范和廉政档案，特别是副县级以上的领导干部按时向地纪委、地委组织部填报党风廉政建设登记表和个人重大情况登记表。

1995年，地直机关对照中纪委制定的领导干部廉洁自律的“新、老两个五条规定”和“四条补充规定”，严格进行自查自纠。地直工委针对地级机关各单位实际，进行认真的指导和监督，使自查自纠顺利进行。同时，通过民主生活会解决领导成员之间因通气不够造成的隔阂，相互不团结，不支持等问题。各单位普遍组织党员干部观看孔繁森事迹报告会电视转播，学习中央组织部编印的《领导干部的楷模——孔繁森》，进行专题座谈讨论。以孔繁森为一把尺子、一面镜子对照检查自己的言行，引导广大党员、干部在市场经济条件下自觉树立正确的世界观、人生观、价值观，抵御各种腐朽思想的侵蚀、牢固地筑起拒腐防变的思想道德防线。地直工委还结合地直机关发生的违纪案件通报案例，教育广大党员干部要洁身自好，警钟长鸣。是年，地直机关各单位党组织和纪检组织紧紧围绕地委、行署的中心任务，把查处党风违纪案件作为反腐败斗争的一项重要工作来抓。截至12月底，地直机关立案查处的党内违纪案件3件，处分违纪党员3人，其中开除党籍1人，留党察看1人，严重警告1人，受处分的党员中副县处级1人，正科（区级）1人，工人1人。纠正行业不正之风，地直机关处理1辆超标车，共清理出军警车号牌12辆，并按要求进行处理。交通部门认真治理公路“三乱”，共撤除站卡39个、规范站卡2个，查处公路“三乱”典型案1件2人。农业部门清理农民收费项目，切实减轻农民负担，共取消收费项目72个，减负1194.8万元。地区邮电局加强公众监督，开展优质服务，先后发出征询意见2387份，走访用户2046户，召开用户座谈会23次，聘请局风监督员50人，设立举报电话280部，改进服务态度，提高服务质量。地区国税加大纠风监督检查力度，先后派出4个工作组检查各县市国税局纠风工作，对向纳税企业索、拿、卡、要的违纪人员给予政纪处分。

1996 年，地直工委与地纪委、监察局、检察分院一道分成 4 个宣讲组，6 个会场，针对地级机关的实际情况和存在的问题宣读中纪委、省纪委、监察部、监察厅的“新老五条规定”和“四条补充规定”等有关党纪政纪条规文件，传达地委提出的 5 点指示。通过这次宣传教育活动，使地级机关 2800 多名党员、干部、职工普遍受到一次深刻的党风廉政教育。同时，利用四川省反腐败查办大案要案成果展览在巴中展出 3 天的机会，地直工委组织地级机关 2144 名党员、干部、职工观看展出。观展结束后，地直机关各党支部组织党员过一次以观展为内容的专题组织生活会，进一步提高全体党员干部拒腐防变的自觉性，使大家更加自重、自省、自警、自励。按照地纪委的要求，对地级机关副科以上干部的住房情况进行摸底登记，并将县（处）级以上领导干部的住房登记表装入领导干部廉政档案。针对地级机关的实际，认真解决和纠正以权谋私、白吃、白要、白拿、白钓等不正之风，扎扎实实地开展党风、党纪、党规和反腐倡廉的教育，组织 2038 名党员、干部参加中纪委举办的党纪政纪条规知识竞赛活动，参赛率达 98%。

1997 年起，地直工委采取突击检查，发现问题在电视、报刊上曝光；组织力量明察暗访，加强监督；树立典型，弘扬正气；将每次民主生活会的情况向地委负责人拿出专题报告。地直机关受党纪、政纪处分的共 5 人，其中受党纪处分 2 人。从性质上分为挪用公款 1 人，违反人事纪律 1 人，违法乱纪 1 人，乱收费 2 人。至 1998 年，地级机关有 6 名党员干部受到党政、政纪处分。受党风严重警告的 3 人，警告处分 1 人，受行政论大过处分的 2 人，行政警告 1 人；县处级领导干部 2 人，科级干部 4 人。地区公安处、交通局、物价局认真贯彻李鹏总理对巴中地区汽车乱收费的重要批示，切实清理和纠正乱收费项目，规范收费行为。地区农业局、卫生局、邮电局把纠正部门和行业不正之风列入工作的重要议事日程，做到领导分工有人管，具体工作有人抓，使纠风减负工作落到实处。地级各部门在反对奢侈浪费活动中，使招待费、公务费同比下降 30%，减少会议及各种庆典活动 60 多场（次）。是年，认真落实地委、行署制定的“六统一、一监督”收费管理制度，规范收费行为，接受社会监督，增加工作透明度。地区交通局、公安处、工商局、邮电局、粮食局、建委等部门的纠风工作取得明显成效。在反对奢侈浪费活动中，地直机关招待费同比减少 60 余万元，精减会议节约经费 40 多万元，清理不符合公费安装条件的通信设备 21 部，作价处理收回资金 2.21 万元。有 4 名县级干部上交或退回收受的礼金 1.7 万元。地直工委加强对地级机关党风廉政建设的法规教育，上半年组织地级机关的公务员参加《中华人民共和国行政监督法》竞赛，从专员到办事员共有 1200 余人参加竞赛答题，完成中纪委党风廉政建设问卷调查。按照标本兼治的要求，地级机关各级党组织及时完善相关的制度，推进一系列改革。地级机关各级党组织和纪检组织加强对《廉政准则》《若干规定》《中国共产党纪律处分条例（试行）》执行情况的监督检查，注意及时纠正存在的问题。公安、检察、法院、工商行政管理等执法部门认真落实与所办经济实体脱销和行政事业性收费、罚没收入实行“收支两条线”的规定。认真执行地委、行署关于行政事业性收费实行“六统一、一监督”的规定。工商、税务、交通、建设、公安等单位均建起收费服务大厅，一切行政事业性收费一律在服务大楼办理。

1999 年，地直工委按照《中共中央、国务院关于实行党风廉政建设责任制的规定》要求，制定执行党风廉政建设责任制实施考核办法，形成主要领导负总责、亲自抓的工作局面。年终，地级部门绝大多数领导班子和领导干部达到考核要求。

2000 年，市直 65 个正县（处）级党政领导班子和 336 名领导干部都制定党风廉政建设责任制，经年终考核评为一类的单位 22 个，二类的单位 30 个，三类的单位 13 个。336 名领导干部在现行党风廉政建设责任制方面无一人受到责任追究。市直各部门领导班子和领导干部深入开展以“三讲”教育为主要内容的党性党风教育，采取集中学习、专题讨论、写读书笔记、心得体会等形式完成规定的学习篇目，抓住党性党风方面存在的突出问题深刻剖析，制定出切实有效的整改措施，促进领导干部廉洁自律。对市直部门1996—1999年购置的超标小汽车进行清理，共清除超标汽车4辆，均进行处理。市委、市纪委、市监察局对新提拔的28名县处级干部进行廉政谈话，有58人（次）拒绝吃请，有人收受的礼金、回扣21万元上缴单位财务。同时，市直工委结合机关的实际，采取多种形式，全方位、多层次开展拒腐防变的教育，组织党员、干部认真学习"三个代表"重要论述和在中纪委四次全会上的重要讲话，进一步提高机关党员、干部对新形势下"从严治党"重要性的认识。利用组织生活会、中心组学习会、市委领导上党课等时间对机关党员、干部进行理想、信念、宗治教育，引导广大党员、干部树立正确的人生观、价值观。并结合学习《廉政准则》《中国共产党纪律处分条例》，观看《廉政经纬》《廉政纵横》等电视节目，观看反腐影片《生死抉择》等进行座谈讨论，深化警示教育。市直机关共订阅《警钟——反腐败典型案例纪实》案例材料700余本。在机关党员、干部中开展"学案例、敲警钟"活动，利用胡长清、成克杰等反面典型进行警示教育，做到警钟长鸣，防微杜渐。市直工委组织机关副县以上领导干部及部分家属350人观看影片《生死抉择》的首映式，并及时组织机关部分单位的主要领导30余人，召开观看影片《生死抉择》后的座谈会，进一步增强广大党员干部反腐倡廉的责任感和紧迫感。是年，市级机关有6名党员、干部受到党纪、政纪处分。其中，开除党籍处分的3人，受党内严重警告处分的1人，受行政记大过处分的2人；县处级领导干部3人，科级党员领导干部2人，一般干部1人。共为企业减轻负担123万元，查处向企业乱收费5件，追缴违纪款6700元，退还企业4000元。对企业收费项目进行清理，取消不合理收费项目10项、金额259万元，查处加重企业负担的案件2件、违纪金额12万元，受行政处分1人。在治理医疗行业不正之风中，市卫生局查处4起收受、索要患者钱物的人和事，使卫生行风明显好转。市药品监督管理局取缔无证经营药品企业39个，取缔虚假广告61条，查处医药购销中的违法违纪案件22件。

三、机关班子建设

1993年，在地级机关各单位普遍开展以"学习、团结、勤政、廉洁"为主要内容的"四好"活动。按照地委的要求，一个单位一个单位地抓领导班子，领导成员"四好"活动规划和实施方案的制订。两个月有37个单位领导制订"四好"活动规划和实施方案，有68名领导班子成员制订个人"四好"活动规划。

1994年，地级机关副县（处）级以上领导干部按照廉洁自律的规定，结合半年民主生活会，对照中纪委规定进行自查自纠，即地级机关领导班子进行廉洁自律规定专题民主生活会。地纪检、监察、组织、地工委等部门派人参加各部门的专题民主生活会，60个县（处）级班子，纪检、监察、组织部、直工委派人参加的有54个，占地级县（处）级班子的90%。为使自查自纠收到实到实效，地委切实加强专题民主生活会的领导。采取"三个结合"（专题民主生活会与半年一次的班子民主生活会相结合；反腐倡廉与回顾领导班子开展"四好"活动相结合；自查汇报与干部民主评议相结合）开好民主生活会。地委、行署"一班人"，带头对照检查，带头开展批评和自我批评。通过严格自查、民主评议和征求意见，从地级自查自纠60个县（处）级以上领导班子161名副县（处）级以上领导干部没有人违反中纪委的规定。是年，地直工委召开地直机关领导班子开展"四好"活动座谈会。地直机关15个单位负责人对本单位如何贯彻地委的决定，开展"四好"活动，抓班子建设的情况交流经验和体会。在此基础上，推荐6个单位参加全地区领导班子创"四好"活动经验交流会。地直工委制发《地直机关县级以上领导班子继续深入开展"四好"活动的实施意见》，进一步确立县级领导班子开展“四好”活动的指导思想，进一步加强机关领导班子思想、政治、作风建设。地级单位共有54个领导班子制定“四好”活动实施方案，有162名副县（处）级以上领导干部制定个人“四好”规划。

1995年起，地级机关正县（处）级单位领导班子和副县（处）级以上党员领导干部按时、按要求参加每半年一次的民主生活会。为保证民主生活的质量，直工委提前介入，了解和掌握情况，广泛征求党内外群众对班子成员的意见和建议，并派科以上干部参加地级各单位民工生活会，督促和指导民主生活会的召开。注意纠正把民主生活会开成“工作总结会”“评功摆好和个人表白会”，切实做到自查不走过场，批评有针对性。按照目标责任制和岗位责任制的要求，工委对班子成员进行定量和定性分析，对个别班子不够协调、团结的，通过专题民主生活会和个别谈话等形式进行教育帮助，及时疏通意见，化解矛盾，增强团结，端正作风。同时，地直工委组织专人对地级机关开展“四好”活动情况，进行检查评比，并对评选出的22个开展“四好”活动成效显著的单位进行表彰，还配合地委组织部推荐出9个单位报地委表彰。

1996年，地直机关创“四好”活动，重点突出的抓落实、抓深化、抓实效上下工夫。年初，落实地直机关60个正县（处）级单位领导班子和225名县（处）级以上领导干部个人“四好”活动规划的制定。在抓规划和督促检查执行情况中，结合1995年下半年的县（处）级以上领导班子专题民主生活会和民主评议党员，针对少数领导班子在用人与工作中通气不够等方面出现的不团结的现象，有针对性地利用过民主生活和个别谈话等形式，弄清问题，化解矛盾，增进团结。

1997—2000年，把“四好”活动列入目标管理内容，每年进行一次检查、考核、评比。评比始终坚持高标准、严要求，广泛征求纪委、监察、政法、组织、人事、计生委等有关部门的意见，坚持实事求是，客观公正，不仅注重单位的政绩，而且更注重领导班子的带领干部、职工创业中发挥的作用和在职工中的不片面追求“四好”班子的数量，而是更注重“四好”班子的质量，实行一年一评，不搞“终身制”。对连续3年开展活动不力的少数领导班子进行谈话，交换意见，并提出整顿措施，限期改正。通过“四好”活动的开展，增强班子的团结，树立班子的权威，激发班子的内在潜力。

巴中市志

第二十一篇

中国国民党地方组织

民国16—18年(1927—1929年),境内巴中、通江、南江3县先后成立国民党县党部指导委员会,民国20—28年(1931—1939年),先后更名为国民党县党部。民国28年(1939年)后,各县国民党组织的活动范围是发展党员,建立基层组织,视察党务,监视与迫害中共党员及进步人士,协助政府推行政务。民国37年(1948年),国民党平昌设治局直属区党部执行委员会改为国民党平昌县党部。4县国民党县党部在建党初期,除发展国民党员外,其他工作甚少。民国37年(1948年),国民党各县党部将本县内所有国民党员重新登记,并将三民主义青年团合并到国民党内。是年10月,成立各县清共委员会和特委会。对1933—1935年的各级苏维埃政府的人员秘密登记并监视其行动。临近解放,巴中、通江县党部书记与中共地下组织密谋策划,迎接解放。

第一章 组 织

第一节 国民党巴中县党部

民国15年(1926年),国民党重庆莲花池省党部杨闇公等人赴巴中县与苟寿南共同筹备巴中党务。次年2月,国民党(左派)巴中县党部筹委会成立,后因组织群众反帝、反军阀、反土豪,被军警查封。是年,成都党部派孙筱鸣、巨君敏到县,成立国民党巴中县党务指导委员会,不久,孙、巨离开巴中,活动终止。民国20年(1931年)冬,四川省党部派干事董铸仁、冯寿到县,组成国民党巴中县党部执行委员会,由冯寿负责。民国28年(1939年),董铸仁任书记长,执委冯寿兼管组织,干事唐在庠管宣传,袁继尧任监察委员,下设助理干事、录事、收发等职。次年,增补唐在庠、袁继尧为执委。民国30年(1941年),董铸仁辞职,唐在庠任书记长。民国31年(1942年),唐在庠调通江县,冯寿任书记长。民国35年(1946年)2月,谢宝珊接任书记长。民国36年(1947年),奉省党部令,县党部与三青团巴中分团部合并,设正、副书记长,增补三青团干事吴国柱、冯季良、何齐为县党部执委,并增设整理委员会,负责整理党务工作。

第二节 国民党通江县党部

国民党通江县党部的前身,是通江县党务指导委员会,成立于民国17年(1928年)3月,下设执行、监察2个委员会,贾渊等5人任执行委员,阎九如等3人为监察委员。至民国21年(1932年)底,县有国民党党员150人。民国28年(1939年)3月31日,成立国民党通江县党部,下设执行、监察、计划3个委员会。县党部由刘梓庄任书记长,省指派杜咪涩任执行委员兼秘书,黄治任执行委员。民国31年(1942年),唐在庠任县党部书记长,先后在县内建立13个区分部,发展党员500人。民国34年(1945年),由司端任书记长,增设区分部23个,发展党员1000余人。民国37年(1948年)8月,国民党与三青团合并,并撤销监察委员会。民国38年(1949年),由周鼎新任县党部书记,全县设区分部46个,有党员3000余名。

第三节 国民党南江县党部

国民党南江县党部的前身,是国民党南江县党务指导委员会,成立于民国18年(1929年)10月,由蒲明原等5人组成。红军到南江时,国民党成员逃离。民国24年(1935年)春,红军撤离,恢复国民党,成立南江县党务整理委员会,省党部委傅公亮为县党部干事,负责党务工作;有党员10人。民国25—33年(1936—1944年),县党部先后由梁勋、冯清、刘梓庄任书记;下设直属分部24个,有党员300多人。民国34年(1945年),刘梓庄回通江竞选,由傅公亮代理县党部书记。县党部下设区党部7个、区分部32个。全县共有国民党员800多人。是年,傅公亮吸食鸦片烟被撤职,省派谢义儒任县党部书记。民国36—38年(1947—1949年),县党部奉命与三青团合并,下设区党部7个、区分部32个,辖国民党员1300多人(女3人)。

第四节　国民党平昌县党部

国民党平昌县党部的前身,是国民党平昌设治局直属区党部执行委员会,成立于民国36年(1947年)4月下旬,由邓江镇兼任书记,设执行委员3人、监察委员1人、秘书1人。是年7月,邓江镇辞去书记长职,由余涛和临时代理;10月1日,该执委与三青团合并,由余季高任书记长。民国37年(1948年)12月,平昌正式建县,将原国民党平昌设治局直属区党部执行委员会改建为国民党平昌县党部,余季高继任书记长;党部下设监委会、财委会、宣委会。

第二章　党　务

第一节　党员登记

民国时期,境内各县先后开展对国民党党员进行登记。民国36年(1947年)7月起,境内平昌县开展国民党党员总登记,按省党部规定,党员登记必须由党员本人持“党证”到县报到,填写登记表,因经费困难,党员登记工作改由各乡区分部负责办理,经半年时间,登记结束,计由巴中县转移的18个区分部,共有党员400余人,达县转移的两个区分部共有党员100余人,通江县澌滩区分部未转移党员名册,未予登记。设治局直属区党部执行委员会根据各区分部上报登记表汇总,张榜公布,在500名党员中,持有“党证”的党员仅百余人。

第二节　党员训练

民国36年(1947年),平昌县结合党员登记组织党员学时事,进一步学习《党员守则》和《中国国民党第一次全国代表大会宣言》,教育党员一心贯彻执行《三民主义》,发扬忠党爱国精神。民国37年(1948年)秋,按省党部电令,县党部执委会书记长,干联会秘书,警察局长到重庆受训。12月初,“省训”3人小组和“渝训”3人小组先后返县。筹备成立“干训班”,由省主席王陵基担任名誉班主任、县长鲜于挺兼任副主任,组织工作由余季高、马举伯负责,宣传工作由杨子雄、晏蔚文负责,李龙成任教育长,程鹏、潘雄分任正副大队长。“干训班”设江口镇高小校。

第三节　活　动

民国 3 年(1914 年),国民党地方组织号召党员讨伐袁世凯。民国 13 年(1924 年)后,按照孙中山重新解释的三民主义原则,发展党员,办理议会、国会议员选举。

民国 15—27 年(1926—1938 年),各县国民党组织除发展国民党员外,国民党左翼力量,开展反对列强、反对国家主义,与国民党右翼势力进行斗争,宣传"联俄、联共、扶助农工"的主张。红四方面军入境前,各县党部成立清平委员会、清乡会、侦缉队,逮捕、杀害中共党员,强迫民众筹集"剿赤费"。红四方面军撤离后,各县党务整理指导委员会在各县复设清共委员会,搜捕、杀害未撤离的苏维埃地方干部、红军家属以及积极分子。如,民国 25 年(1936 年),《四川省第十五行政督察区巴中县民政视察表》载:"该县党部毫无工作表现,与县府立于敌对地位"。

民国 28 年(1939 年)后,各县国民党组织推行"溶共""防共""限共""反共"政策,推行新宪政,按政教合一、"三位一体"的政治统治与思想驯化相结合方针,实行联保联坐,监视群众言行。同时,党部的主要活动是发展党员,建立基层组织。

民国 30 年(1941 年),巴中县党部在武官衙门举办行政人员训练班,一次吸收 396 人集体加入国民党。是年,书记长董铸仁赴元山、江口、清江等地发展党员千余。巴中县党部还翻印《建国大纲》《党员守则》《宪法》等分发各区分部,开展党训活动。并协助县府先后改组县商会、县农会和江口、恩阳镇商会等组织机构;借调整乡、镇区划之机,安插党员进入基层政权。民国 32 年(1943 年),巴中县党部与干联会合谋,逮捕进步人士李雪峰(时任县中学教员)等 4 人,押解成都,经严刑审讯,无罪释放。

民国 33 年(1944 年),省调查统计室又派廖震华以省党部的名义到通江、南江、巴中视察党务,健全调查统计组,加强活动,当即委任岳映武为国民党南江调查统计组第二任组长,王永富任书记。工作由巴中谢宝珊指挥,周仕明直接领导。岳任职后,先后发展彭义国、杨仕夫、岳林义、吴明阶等为党网,同时发展岳玉江、何治平等为通讯员。其工作范围是监视进步人士、地方党务和政策以及军事、政治、文化、社会等各机关的负责人,侦察共产党的活动,收集当地人员反映和对嫌疑分子的调查。

民国 37 年(1948 年),各县国民党党部实施第十五行政督察区专员李放六提出的巴山防务决定,召开机关团体负责人会议,筹建地方常备队伍,扩充民间武装。为加强大巴山的防线,大量收集情报,清查共产党的一切活动。国民党各县党部将本县内所有国民党员重新登记,并将三民主义青年团合并到国民党内。是年 10 月,成立各县清共委员会和特委会。县党部制发传单、标语由总干事配发各督导人员,限期分发指定的乡、场。各小组秘密调查登记乡、街、新居住的人员、过路人及形迹可疑者;对 1933—1935 年的各级苏维埃政府的人员秘密登记并监视其行动;用各种不同方式,在酒馆、菜馆及热闹场地向群众演讲"共产党杀人放火,共产主义不能在中国实现";将红四方面军在各地书写的石刻标语铲去,写上辱骂共产党的反动标语。

民国 38 年(1949 年),各县党部书记长担任干联会保卫组组长,监视中共地下组织活动,上下缔结生死同盟,抗拒解放。临解放时,巴中县党部书记长谢宝珊同鲜熔、肖平章等密谋策划,焚毁县党部档案,另抄党员名册 1 份。南江县党部清共委员会将傅天国、胡菊芬等 4 人,以共产党嫌疑犯逮捕审讯,关押达数月之久。中华人民共和国成立前,各县国民党清共委员会责令警察局在县城和各区乡、场镇定期或不定期地清查客商行旅,防止共产党活动。平昌县教育会筹备负责人杨正武、县参议员张可宗被密告有"异党"嫌疑,省党部令县党部调查,尚无结果平昌即告解放。

1949 年,境内各级国民党组织瓦解。1950 年春,首要分子及骨干成员分别向人民政府坦白登记,并办理机关移交手续。

巴中市志

第二十二篇

民主党派·工商联

1995 年，分别成立中国农工民主党四川省委巴中直属支部及中国民主建国会四川省委巴中直属支部。至 2000 年，2 个民主党派共有党（会）员 192 人。各个民主党派按照中共组织“荣辱与共，互相监督，长期共存”的政策，组织党（会）员学习中共组织的方针、政策、法律、法规，认真履行协商监督、参政议政职能积极参政议政。除在人大、政协“两会”上提出议案和提案外，还参加相关部门的专业工作会、培训座谈会、情况通报会和重大案件的审判及监察、审计部门开展的活动。同时，积极开展专题调查、义务就诊、引资引项等工作，与中共中央保持高度一致。

民国时期，境内工商业者对组织商会，进行自我管理。20 世纪 50 年代初，各县成立工商业联合会，与县商会实行两块牌子、一套班子的管理体制。1994 年，成立四川省工商联巴中地区办事处，2000 年，更名为巴中市工商联合会，下辖 3 县 1 区工商联合会。各级工商联自成立后，在各个时期组织会员针对经济和社会发展中的热点、难点开展调查研究，收集、反映社情民意，提出见解和意见，为党委、政府决策提供依据。在服务于经济建设中，积极向党委、政府建言献策，推动非公有制经济全面发展。同时，加强对非公有制经济代表人士的培训、教育，给他们提供信息、引资引项，协调银企关系，促进非公有制经济持续发展。各级工商联（商会）切实加强非公有制企业的权益保护，利用法律手段，协助民营企业挽回经济损失。还大力宣传与表彰优秀民营企业，给他们评定职称，推荐优秀民营企业家担任人大代表、政协委员和政府实职干部，使民营企业的政治地位逐步提高，让他们积极为社会作贡献。

第一章　民主党派

第一节　中国农工民主党巴中市总支部委员会

一、组织机构

1995 年，成立中国农工民主党巴中直属支部，有农工民主党党员 11 人。1998 年 6 月，直属支部升格为总支部委员会，核定为正县级行政机构，直属农工党四川省委，有农工民主党党员 96 人。总支部委员会设 3 个支部委员会，即农工民主党巴中地区地级机关支部（由地级机关农工党党员组成）、农工民主党巴中市第一支部（由市级医卫界农工民主党党员组成）、农工民主党巴中市第二支部（由市级教育、科技、经济等界农工民主党党员组成）。2000 年 12 月，更名为中国农工民主党巴中市总支部委员会。

二、组织建设

1995—1996 年，农工民主党巴中直属支部委员会围绕世界观问题、国际形势、医疗卫生工作、中国共产党和国家的重大政策等内容，举办“社会主义教育讲座”“时势政治讲座”。

1997 年，农工民主党巴中直属支部委员会，掀起学习邓小平理论的高潮，并采取多种形式庆祝香港回归，加强爱国主义教育。1999 年，澳门回归，农工民主党直属总支围绕“庆回归、话统一”主题，组织党员先后写诗歌、散文和学习心得体会217首（篇），召开不同规模和形式的座谈会、演讲会和报告会6次。

2000年，组织党员干部认真学习“三个代表”重要思想，并结合农工民主党的自身实际和特点，开展广泛深入的思想讨论。随着新党员和新建基层组织的逐渐增多，总支部委员会积极开展支部工作，对党员和新干部有计划地进行组织教育和农工民主党历史、性质、任务及统一战线教育。各基层支部还结合实际工作组织讨论，提高新党员对农工民主党的认识，增加组织观念和责任感。切实把农工民主党党员的个体功能聚集起来，形成农工民主党巴中总支部委员会的整体功能，对全市经济发展和社会进步发挥参政党的职能作用。

三、主要活动

1995年起，中国农工民主党巴中直属支部成立后，每年参加省、地（市）召开的人民代表大会，听取和审议人大常委会、政府、法院、检察院工作报告；审查和批准国民经济和社会发展计划及执行情况，财政预算草案及预算执行情况；审议列为大会议程的重大问题。依法提出议案、质询和询问，提出建议、批评和意见，参加大会选举和表决。每年参加省、地政协召开的全体委员会议，听取和讨论政府、法院、检察院工作报告，提出提案和反映社会民意，参加各种调研、视察和各种形式的专题议政活动，密切与所在单位、党派、界别的联系，积极反映他们的意见和要求，帮助他们解决困难和问题。同时，认真组织和发动辛勤地工作在救死扶伤第一线的农工民主党党员，一面潜心于医学研究，为人民健康和弘扬祖国医学忘我工作，一面积极开展医疗咨询服务，帮助基层卫生院提高医疗水平。先后组织专家到基层卫生院现场讲解授课，指导操作100多次，帮助一个中心卫生院和15个乡镇卫生院；送医下乡为老百姓义务诊病1万人（次），义务为一些离退休老干部和一些特殊行业的职工进行体检和诊疗。农工民主党党员先后担任省人大代表2人，地区人大工委委员1人，地区人大代表13人。农工民主党巴中总支部委员会根据自身特点，发挥自身人才荟萃、智力密集的优势，对医疗卫生、教育、环保、文艺等问题，开展调查研究，为地区党政决策提供参考。

1997年，农工民主党巴中直属支部为面临困境的巴中市（县级）织布厂争取省财政周转资金30万元，使之恢复生产；争取国家工商银行和澳门同胞支持资金150万元，在通江建立希望小学和区乡卫生院各4所。

1998年，为巴中市（县级）化城乡赖家河水库争取维修资金7万元，搁置13年的二级排灌站重新恢复使用。协调巴中向往集团捐赠价值1.55万元的大米，帮助石门乡四村特困户渡过春荒。鼓励支持党员唐锡明创办巴中第一家骨伤专科医院——巴中地区骨科医院，先后为贫困患者减免医药费10万余元。

至2000年，人民代表大会闭会期间，开展视察和专题调研6次、撰写视察报告6篇；应邀参加巴中市人大常委会组织的执法检查，工作评议9次；列席党委会和党委、政府召开的有关会议21次。担任省、市政协常委和委员的18名农工民主党党员（省政协委员2人、市政协常委5人、市政协委员16人），农工民主党以组织和个人名义先后提交提案150多件，被评为优秀提案10件；有20余人（次）在政协会上作大会专题发言，其中被评为“优秀大会发言稿”6篇，有5人先后被评为“优秀政协委员”。同时，农工民主党巴中总支部委员会与市卫生局、文体局、计生委、旅游局、劳动和社会保障局、环保局、药监局、环卫局等8个部门建立对口工作联系关系，先后20余次与对口联系单位开展联合调研。有3人先后被市政府及相关部门聘为特约监察员、检察员、审计员，参加相关部门的专业工作会议、培训座谈会、情况通报会和重大案件的审判及监察、审计等部门开展的活动，并提出意见和建议140余条。先后形成调研论文13篇，并在各类报刊上发表专业性文章160多篇，完成科研论证20余项，获得各类科技进步奖10余项。如，针对巴州镇南池河的污染状况，组织专家进行调研，形成调研报告《加快南池河污染治理刻不容缓》，引起市委、市政府高度重视，并拨专款治理，终见成效。是年，“国际科学与和平周”活动期间，组织医疗专家200人（次），到花溪、青山、梁永、大河、化成、南江镇等偏远乡镇义务为群众查体诊病，发放健康宣传资料3万份，捐赠药品价值20万元，受益群众万人。同时，协调市消防支队购买2万元消防器材，帮助恩阳镇老城区配备消防设施，消除安全隐患；支持帮助农工党员李琼莲创办巴中市巴州区首家农村私立小学——恩阳燕飞私立小学。

第二节　中国民主建国会巴中市总支委员会

一、组织机构

1995年7月，中国民主建国会四川省委巴中直属支部成立。

1998年6月8日，民建省委同意民建巴中直属支部升格为民建四川省巴中地区总支委员会，按地方组织对等为正县级行政单位。有会员70人，主要分布在教育卫生、水利建设、工商税务、建筑房产、畜牧经济等领域。其中，男会员57人，女会员13人；大专以上56人，占80%；中级以上职称67人，占96%，经济界人士48人，占68%。

至2000年，民建巴中市总支委员会成立后，有会员96人，主要分布在教育卫生、水利建设、工商税务、建筑房产、畜牧经济等领域。其中，男会员79人，女会员17人；大专以上78人，占81%；中级以上职称81人，占84%；经济界人士61人，占64%。

二、主要活动

1995年，民建巴中地区支委会成立后，不定期地采取座谈会、报告会、支部会、印发学习资料等各种形式，组织会员认真学习马列主义，毛泽东思想、邓小平理论；学习民建中央指示和全会精神；学习时事政治和市场经济理论；学习中共和国家的方针、政策、法律、法规；学习地方党政的工作思路和发展地方经济社会的整体部署；学习科学技术和业务知识，提高自身政治思想、业务知识等整体素质，始终与中国共产党“肝胆相照、荣辱与共、长期共存，互相监督”。同时，充分发挥联系面广、知名度高的优势、积极参加社会各项有益活动，认真履行协商监督、参政议政职能。是年，民建巴中地区总支委员会向人大、政协“两会”提交提案4件，其中关于《加强巴中地区工业经济发展的建议》，受到地委、行署的重视，主要领导亲自作出批示。地委、行署征求巴中三号大桥建设方案意见时，民建巴中地区党支委员会主任、地区水文站站长朱仕华，依据巴中历史水文资料分析，提出“巴中本年无大汛，可以在汛期施工”的建议，地委、行署采纳后，比常规建设缩短工期6个月，节约资金200万元。

1996—1997年，民建会员在人代会和政协会议期间，分别向人大提出议案6条，向政协提出提案8条。

1998年，民建会员参加人代会和政协会，提出各种意见和参议12件，其中关于《进一步加加强民营企业发展支持力度的建议》和《关于发展外出非公有制经济的建设》均被地委、行署重视。

1999年，参加“两会”的民建会员，向人大提出方案6条，向政协提交提案8条，其中有11条不同程度地被相关单位和部门采纳。

2000年，参加“两会”的民建会员，向人大提出议案6条，向政协提交提案9条，共15条，其中有13条被相关单位和部门不同程度的采纳。民建巴中党支委员会，有25名会员被有关部门（行业）聘为行风监督员，特约审计员，特约纪检监察员。每年参加市委、人大、政协以及市纪委、监察局等举办的情况通报和协商座谈会，提出各种意见和建议60条，有6位会员参与对市卫生局、药监局、建设局等13个部门的行风评议工作。

第二章　工商业联合会

第一节　工商联组织

民国初期，巴中、通江、南江3县成立商会。商会负责人称会长（后改称主席、董事长）。川陕省苏维埃时期，废除旧商会，组建工商协会。民国中、后期，重组商会。民国36年（1947年），巴中县江口镇商会升格为平昌县设治局商会。民国37年（1948年）12月，平昌县设治局商会改为平昌县商会。各县商会先后组建粮食业、山货业、土布业、木业、盐业、酒业、糖业、纸书业、油业、屠宰业、烟业、药业、旅店业、茶业、理发业、缝纫业、船业、铁器业、杂货业等同业公会。至1949年底，县商会组织解体。中华人民共和国成立后，各县商会筹备组接收和改造民国时期商会组织，在建立工商业联合会的同时组建县商会，与县（市）工商联实行两块牌子，一套班子。各县在县城和重要场镇成立同业公会、商会（分会）。1996年3月29日，成立巴中地区总商会。

20世纪50年代初，各县相继成立工商业联合会。1950—1951年，各县相继召开会员代表大会，选举工商业联合会主任委员、副主任委员、常务委员、执行委员。1952—1966年，各县先后召开第二届、第三届、第四届会员代表大会，选举产生县工商联领导班子。1967年，县工商联被砸抄，被迫停止活动。1978年后，各县相继恢复县工商联组织，同县各界人士学习会合署办公。会员代表大会，选举县工商业联合会会长、副会长、秘书长、常委、执委。各县工商联与商会合署办公。1994年3月10日，成立四川省工商联巴中地区办事处，为副县级机构，设在地委统战部内。1995年3月13日，四川省工商联巴中地区办事处升格为正县级。2000年12月，更名为巴中市工商业联合会。

第二节　主要活动

1950—1951年，各县工商联组织工商业者学习土地改革法和保护工商业的政策。1952年，组织工商界参加“五反”运动，加强对国营经济的领导，使绝大多数资本家受到爱国守法教育，推动私人资本主义纳入国家资本主义的轨道。1953年起，组织学习过度时期的总路线、总任务和党对私营工商业者的利用、限制、改造政策；对各工商行业开展调整和建立乡分会的工作，并对部分企业进行清产核资，按“统筹兼顾、各得其所、有所不同、一视同仁”的原则进行安排。开展对私营工商业的社会主义改造，把私人资本纳入公私合营。

1957年后，引导工商业者继续进行自我改造，充分调动他们为社会主义建设服务和积极性。1959—1966年，组织工商界人士学习统战政策理论，派员到重庆，达县等地政治学校学习。1967—1976年，非公有制经济被一大二公的国有经济所替代。

1978年后，民营经济得到恢复发展。工商联把工作重心转到支持和促进非公有制经济发展上来，境内民营经济从无到有，逐年壮大。各级工商联作为党委政府联系非公有制经济的桥梁和纽带、政府管理非公有制经济的助手，积极向党委政府建言献策，推动非公有制经济发展软硬环境建设。

20世纪80年代后，各级工商联组织会员，对经济和社会发展的热点、难点问题开展调查研究，收集、反映社情民意，提出见解和意见，为党委、政府决策提供依据。各级工商联注重撰写提案、建议案，参加各类会议，建发展之诤言。各级工商联（商会）负责人参加人大、政协会议，参加省工商联（执）常委会议，参加所在地党政召开的发展非公有制经济会议，就重大决策、代表人士安排和人民群众普遍关心的重大问题提出意见和建议。各级工商联针对会员由工商经济界各行各业业主组成，结构复杂，思想认识不统一的实际，分期分批举办短期培训班，让他们了解工商联知识、有关非公有制经济发展的法律法规及政策规定、企业管理知识。同时，各级工商联加强会员中的典型宣传，表彰优秀分子，发挥先进典型的示范、辐射和带动作用。至1993年，共办培训班18期，培训会员312人（次），占会员总数的30%。

1994年起，各级工商联多次向党委、政府提交调查报告，反映非公有制经营者的思想状况、发展中存在的困难、“三乱”（乱摊派、乱收费、乱罚款）泛滥等，且逐项列举乱收费的项目、金额。作为议案，向各级人大报告，召开人大常委会作出决定，坚决制止乱收费行为。同时，全国工商联七大赋予地方工商联组织为会员评定职称的职能后，各级工商联组织配合人事局开展非公有制经济专业技术资格（职称）评定工作。各级工商联组织帮助民营企业找市场、找伙伴、找出路、找资金，采取“走出去、引进来”的办法，开展民间外交。充分发挥工商联民间商会优势，积极开展与港澳及海外华人、社团的联络联系，组织参加博览会、交易会等，开阔眼界，交流感情，洽谈生意，引进项目和资金。针对民营企业融资难问题，各级工商联与各商业银行一道，对贷款的民营企业进行信用调查和信用评估，积极协调银企关系。全地区深化实施地委、行署以非公有制经济为主构建区域经济结构的决策思路，各级党委更加强化各级工商联职能，切实从政策、舆论及资金方面给予支持和关注。巴中市委（县级）明确提出市工商联是市委、市政府管理非公有制经济的综合职能部门，赋予其以市委、市政府的名义对重点非公有制企业进行挂牌保护的职责，建立工商联党委，把非公有制经济热线投诉电话设在工商联，使工商联（商会）维权机构监督作用得到发挥，切实为非公有制经济人士主张权利，维护他们的合法权益。是年，各级工商联认真贯彻对非公有制经济人士进行“团结、帮助、引导、教育”的八字方针。采取选送省及省以上社会主义学院及有关专业学校培训，地、县（市）委党校代培、与有关部门联合办班等多种形式培训非公有制经济代表人士。同时，采取创办会刊，印发学习宣传资料，组织考察学习等办法，加强对非公有制经济代表人士进行培训、教育。通过抓培训、抓学习教育，提高辖区非公有制经济人士特别是有影响的代表人士的政治素质、参政议政水平和经营管理能力，培养一批促进非公有制经济发展和工商联工作开展的带头人。

1995年起，全地区工商联积极响应全国工商联关于《让我们投身到光彩事业中来》的倡议，将会员的政治思想与教育引导工作融入光彩扶贫工作之中，结合各地开展的惠民连心行动，引导广大非公有制经济代表人士大力开展扶贫济困活动，支持和鼓励会员企业参与扶贫和新农村建设。

1996年，各级工商联协助各级组织部、统战部抓好非公有制经济代表人士的政治工作。在换届期间，各级工商联以人大、政协、民主党派、工商联跨世纪换届以及巴中撤地设市为契机，积极指导协助各县（市）工商联贯彻全国及省工商联换届工作政策原则，认真负责地抓好工商联换届工作，强化领导班子建设和干部职工队伍建设，主动与地委组织部、统战部配合，物色考察一批政治素质好、有影响、有实力、有奉献精神的非公有制经济代表人士。各级工商联推荐非公有制经济代表人士，推荐全国人大代表候选人1名，省工商联常委、执委2名，推荐270名非公有制经济代表人士担任县（市）人大代表、政协委员，吸收250名非公有制经济人士进入各级工商联常委、执委以上领导班子。

1997年，地区工商联办事处、地区总商会与地委统战部共同创办《巴中工商界》杂志。该刊共出8期，每期10余万字，发放区内外1.6万册。作为巴中地区工商经济尤其是非公有制经济发展的窗口和喉舌，《巴中工商界》杂志大力宣传中央、省、地党和政府发展非公有制经济的方针政策，广泛促进区内外非公有制经济人士的相互交流与合作，宣传工商经济界尤其是非公有制经济的先进典型，帮助、引导工商界人士尤其是非公有制经济人士解放思想，增强现代生产经营意识、法制意识、有序竞争意识，做到“爱国、敬业、守法、奉献”，为促进富民兴区起到积极的促进作用。工商联到非公有制企业开展调查。巴中地区工商联办事处争取地区职称改革工作领导小组同意，组建巴中地区民营企业综合工程中级技术职务资格评审委员会，负责全地区民营企业综合工程中级技术职务资格的评审的报批。同时，巴中市（县级）推行优化非公有制经济发展环境的“六统一、一监督”，从体制和制度上进行规范管理，受到广大非公有制经济人士的普遍欢迎和好评。

1998年，地区工商联办事处指导各县（市）工商联搞好协调配合，抓好舆论监督，积极配合各级党委、政府推行“六统一、一监督”措施。鼓励支持非公有制经济放心放胆发展。各县（市）工商联相应组建初评委，巴中市（县级）委作出决定，把非公有制经济发展热线投诉电话设在市工商联。接待处理投诉事件11起。

1999年，地区工商联办事处与地委统战部、宣传部、广播电视局联合组织《非公有制经济采风》电视系列报道。各县（市）统战部、工商联积极配合，历时近2个月，深入各县（市）选拔和采访21家敬业守法、有规模、产销旺、创税大、经营好、管理好、信誉好的优秀非公有制企业。同时，地区电视台进行不间断地系列报道，展现全地区非公有制经济崭新风貌。各级党委、政府多次对优秀非公有制企业和优秀非公有制经济人士进行表彰。

至2000年，全市共培训非公有制经济人士1100余人（次），为会员协调信贷资金200多万元。各级工商联组织积极配合，考察推荐非公有制经济代表人士60人担任市、县（区）人大代表，114人担任市、县（区）政协委员。全市评定民营企业综合工程中级技术职称146人，初级技术职称205人。工商联（商会）组织协助会员挽回经济损失40万元；与政府相关部门协作，挂牌监督保护8家产销大、利税大、信誉好的会员企业；通过向当地党委政府汇报，与相关部门协调，会员的意见、要求90%得以解决。是年，市工商联向市委、市政府提出设立“社会主义建设者奖章”表彰全市非公有制经济代表人士中作出突出贡献的先进人物的建议，得到市委分管工商联工作的领导肯定和支持。全市个体工商户已达10万多户，私营企业608户，解决27万人就业，上缴税费突破亿元大关。

第三节　会员管理

中华人民共和国成立后，各县工商联（商会）组织广泛动员工商业界，发展会员，并逐步由县城扩展到区、乡场镇。

20世纪70年代末至80年代，工商联恢复活动后，对老会员进行清理登记，恢复健在老会员资格，同时大力发展新会员，并由个体会员扩展到团体、企业会员。1989年起，各县以个体私营企业中发展新会员。1993年，工商联工作为尽快适应全地区非公有制经济逐年成倍增长的新形势，工商联办事处一方面积极宣传贯彻中央、省、地委关于发展非公有制经济的政策和规定，一方面指导县（市）工商联积极发展那些拥护党的方针政策，依法经营，照章纳税的非公有制经济人士为工商联会员。是年，全地区商会会员1300人。

1994年起，根据地委、行署“超常规、跳跃式”发展巴中经济的思路，地区工商联办事处注重与非公有制企业的联系。各级工商联执委以上成员每人联系2～3户非公有制经济大户，经常深入他们之中了解生产经营情况，帮助协调解决具体困难，发挥他们对全地区非公有制经济的示范、辐射和带动作用。地区工商联办事处积极协助创建全地区首家民营骨伤专科医院，对民间资本办医疗机构进行探索与尝试。地委、行署对地区工商联办事处真心实意为非公有制经济的发展出力办实事给予充分的肯定。是年，各级工商联借鉴沿海地区经验，顺应贫困地区大力发展非公有制经济的趋势，相继兴办互助储金会3个［巴中地区总商会互助储金会、巴中市（县级）工商联互助储金会、通江县工商联互助储金会］。储金会建立几年，为全地区非公有制经济的发展起到积极的促进作用，但后来由于经营管理不善，加之缺乏有效监管，三个互储会无一例外地出现严重亏损。

1995年起，地委、行署强力推进以非公有制经济为主构建区域经济框架发展战略的实施，全地区非公有制经济得到快速发展。1997年，全地区个体工商户发展到7.8万户，私营企业330户，从业人员14.5万人，创税7068万元；工商联会员达到3640个。

至1998年，各级工商联联系资产50万元以上的非公有制企业32家，所联系的企业向国家年交税720万元。是年，全地区个体工商户增长12.8%，私营企业增长40%，从业人员增长17%，税收增长20.2%（占当年本级财政收入的32%）。各级工商联和地区总商会抓住机遇，发展会员，扩大队伍。是年，新发展会员670名。

1999年，地区工商联办事处、总商会召开全地区非公有制经济代表人士座谈会，全地区工商联（商会）常委及非公有制经济代表人士、地级各有关部门负责人共120余人，共商巴中地区非公有制经济发展大计。是年，全地区新发展个体户4307户、私营企业141户，新增从业人员1.31万人，税收增长16.5%。新发展会员518名。

2000年起，分级负责清理整顿，市工商联作为清理整顿协调工作组成员单位，抽派人员参与巴中市总商会互助储金会清理整顿。经清理，巴中市总商会互助储金会停业整顿时共有储户588户，储金余额550.6万元，共有借款户113户，借款余额542万元，没有自有资产。借款没有抵押，回收极其困难，储金兑付压力巨大。清理工作组采取双方“叫账”，上门催收，法院追收等办法，千方百计回收借款，采取双方“叫账”，扣发超标利息，筹资集中兑付等办法尽力兑付储户储金。到是年，共收回借款92万元，使借款余额下降至450万元，共兑付储户储金160.6万元，使储金余额下降至390万元。全市工商联（商会）会员发展到4800余名。全市个体工商户10.06万户，从业人员20.7万人，分别比1993年增长3.9倍和7.4倍，私营企业达608户，雇工1886人，分别比1993年增长13.4倍和13.1倍。非公有制经济由1993年时的19.1%提高到48%。

第二十三篇

人民团体

1933年2月，红四方面军在境内建立川陕省总工会，下辖5个县总工会，共有会员2万多人。1935年3月，境内总工会随红军撤离而解散。20世纪50年代，境内4县先后成立县总工会。1993年11月，成立四川省总工会巴中地区办事处，下辖4个县（市）总工会，其间，川陕省总工会先后召开3次工人代表大会，县（市）总工会先后召开8次工会代表大会。各级工会根据自身职能职责，负责对本地区职工的政治思想教育、职业道德教育、法制教育和工会干部的业务培训；组织职工开展劳动竞赛，从中发现、培养和表彰奖励劳动模范和先进工作者；积极维护职工的合法权益；帮扶困难企业，开展“进万家门，知万家情，解万家难，暖万家心”的送温暖活动，让工会组织真正成为“职工之家”。

1933年6月，红军在境内成立9个共青团少共县委；7月，成立少共川陕省委。1935年3月，以上组织随红军撤离而解散。1950年，境内各县先后成立中国新民主主义青年团某县委员会，1953年，更名为共青团县委。1993年12月，成立共青团巴中地区委员会，下辖4个县（市）团委、442个基层团委。至2000年，全市共建838个基层团委，发展团员14.07万人。各级团组织根据自身职能职责，不断加强共青团的队伍建设，积极组织共青团员领办科技推广项目，开展“服务万村行动”、“扶贫支教”、双争双创、青年志愿者、保护母亲河、青年岗位能手等活动，使青年人奋发向上，积极为境内的经济建设和社会事业作贡献。

1933年2月，境内妇女组织建立，在川陕省委内设妇女部，在乡村设妇女生活改善委员会；1935年3月，随红军撤离而消失。民国28年（1939年），民国县政府设妇女会；1950年后，境内4县相继成立妇女联合会；1993年，成立四川省妇联巴中地区办事处，2000年12月，更名为巴中市妇女联合会，辖4县（区）妇女联合会。各级妇联根据自身职责，积极开展妇女教育培养、妇女活动、妇女权益保护等活动，充分发挥妇女“半边天”作用。

20世纪50年代，境内各县先后成立科学技术协会，80年代，成立残疾人联合会。1993年，成立巴中地区科学技术协会和巴中地区残疾人联合会；2000年12月，更名为巴中市科学技术协会和巴中市残疾人联合会，下辖4县（区）科协、残联。各级科协首先把发展学（协）会作为工作重要内容，至2000年，全市共有市级学会13个、会员2111人。各级科协大力开展科普网络建设、科普宣传、科技培训、推广实用技术、科技咨询服务、青少年科技教育等工作，积极为“科技兴市”作贡献。各级残联积极为境内19万多残疾人进行视力、肢体、听力、语言、智力康复，落实残疾人教育、就业、扶持政策，坚持开展“助疾日”活动、体育运行、权益保护等项工作，使残疾人身体逐步康复、才智得以发挥、地位得到提高。

第一章　工　会

第一节　工会组织

一、川陕省总工会

1933年2月，中共川陕省委派员组建川陕省总工会。3月，在通江城召开川陕省第一次工人代表大会。大会讨论工会章程和各级工会组织法草案，选举川陕省总工会组成人员。内设秘书长、青工部、女工部、组织部等机构。选举王怀任委员长、白维龙任副委员长、赵炳润任秘书长、罗代舟任青工部部长、李远清任女工部部长、赵建章任组织部部长。总工会下辖赤江、赤北、红江、巴中、南江5个县总工会，共有会员2万余人。继后李维海任副委员长，何柳华（廖承志）任秘书长。川陕省总工会的机关报为《斧头》，1935年3月，此组织随红军撤离而解散。

二、省总工会巴中地区办事处

1993年11月9日，成立四川省总工会巴中地区办事处（简称“地区工会”），下辖巴中市（县级）、通江县、南江县、平昌县4县（市）总工会及地属基层工会。

1994年1月6日，省总工会巴中地区办事处设4科1室（办公室、财务科、经济管理科、组织科、宣传科、女工科）。

1994年12月5日，成立地区工会女职工委员会。1995年3月6日，成立地区工会经费审查领导小组。

1997年10月10日，地区工会机关内设4个职能部（室）（办公室、组织宣教文体部、经济保障女职工工作部、财务部）。至2000年，机构无变化。

第二节　代表大会

一、川陕省工人代表大会

1933年3月，川陕省第一次工人代表大会在通江县城考棚（文教局住址）召开，到会代表400多人（赤江、红江、赤北、南江、巴中等5县代表），会期历时半月。大会号召广大工人拥护苏维埃政府颁布的劳动法令；制定工会章程和各级工会组织法草案；成立川陕省总工会；号召工人保护政权；通过川陕省总工会告川陕群众书和致全国总工会的通电；颁布《工人斗争纲领》；选举省总工会委员会成员。王怀（沙溪乡人）为委员长，白维龙为副委员长，罗代舟（雇工）为青工部部长，李远清（童养媳）为女工部部长，赵建章为组织部部长，赵炳润为秘书长，委员30多人。继后，李维海任副委员长，何柳华（廖承志）任秘书长。川陕省总工会的机关报为《斧头》。

1933年9月1日，川陕省第二次工人代表大会在巴中县召开，会期半月。会议通过《目前川陕省工人阶级的任务决议》。

1934年2月7日，川陕省第三次工人代表大会在通江县召开。会议通过《川陕省第三次雇工大会决议（草案）》，制订《雇工斗争纲领》。《决议（草案）》在总结工会工作成绩和教训的同时，提出消灭刘湘、扩大红军，积极参加运输队，加紧春耕，戒烟，反对富农，深入分田、查田斗争，恢复旧的苏区，开展新的苏区，争取苏维埃在四川的首先胜利等任务。大会号召全苏区的雇农组织起来，为实现大会所规定的雇工斗争纲领而奋斗。

二、县（市）工会代表大会

1956年12月3—24日，境内巴中、平昌、南江3县先后召开第一次工会会员代表大会，到会代表共359人。会议决定：加强职工教育，关心职工生活；开展劳动竞赛和文化学习。民主选举产生各县工会委员会，各工会委员会分别由13～15人组成。

1964年1月8日—2月22日，境内南江、巴中、平昌、通江4县先后召开第二次工会代表大会，4县到会代表518人。大会听取各县工会第一届委员会的工作报告，选举产生各县工会第二届执行委员会委员13~15名，经费审查委员会委员3~5人。大会确定会后的工作任务是积极发挥工会组织作用，加强政治思想教育，参加企业管理，努力提高生产技术，大力支援农业，逐步改善职工的物质文化生活。

1973年6月20日—7月29日，境内南江、平昌、巴中、通江4县先后召开第三次工会代表大会，4县参会代表1087人。大会提出动员各级工会组织协助党委搞好批林整风，全面完成国家生产计划，加强工人阶级队伍建设。会议选举产生各县总工会第三届委员会委员19~23人和经费审查委员会3~5人。并选举副主任委员1~2人。

1979年1月13日、5月2日、7月22日，1988年4月21日，境内南江、通江、巴中、平昌4县先后召开第四次工会代表大会，4县到会代表1185人。大会提出高举毛泽东思想伟大旗帜，坚决贯彻党的十一届三中全会精神和“调整、改革、整顿、提高”的方针，以现代化建设为中心，团结教育职工，全面开展工会工作。选举产生各县总工会第四届委员会委员23~31人和经费审查委员会委员5~7人。各县选出副主席1~2人。

1983年11月16日，1984年7月8日，1985年4月23日，1997年3月24日，境内通江、南江、巴中、平昌4县先后召开第五次工会代表大会，4县到会代表712人。大会通过《参加改革，支持改革，促进改革，充分发挥工人阶级在经济体制改革中的主力军作用》的工作报告；会议选出各县总工会第五届委员会委员20~31人，经费审查委员会委员3~5人。

1987年11月28日，1989年4月2日，1990年5月12日，境内通江、南江、巴中3县先后召开第六次代表大会，到会代表553人。大会选举产生第六届县工会委员会委员23人和经费审查委员会委员1~3人，平昌县未予召开第六次工代会。

1992年12月8日，1994年4月11日，1995年10月26日，通江县、南江县、巴中市（县级）先后召开第七次工会代表大会，到会代表共439人。大会通过上届工会的《工会工作报告》《财务工作报告》和《经费审查报告》；选举产生各县第七届工会委员会委员21~23人和经费审查委员会委员1~5人；平昌县未予召开第七次工代会。

1998年4月15日，通江县工会第八次代表大会在县委小礼堂召开，会期2天，出席大会的代表有150人，列席代表15人，大会选举产生通江县总工会第八届委员会委员23人，经费审查委员会委员5人。会期中召开八届一次全委会，选出常务委员11人，主席1人，副主席1人，经费审查委员会主任1人，副主任1人。

第三节　职工教育

一、政治思想教育

20世纪50年代，境内各级工会采取上大课或办讲座等形式，对职工进行启蒙教育和政策教育。教育职工从思想上清除“崇美”“恐美”心理，积极投入“三反”“五反”和抗美援朝、保家卫国运动。组织职工学习中共八大文件和毛泽东《关于正确处理人民内部矛盾的问题》等论述。

60年代初，各级工会向职工进行经济形势和前途教育，以及自力更生、艰苦奋斗、奋发图强、勤俭建国的教育。组织职工开展学大庆、学雷锋、学铁人活动，向职工进行助人为乐的教育。1966—1976 年，工会宣传教育工作停止。1977 年起，各级工会通过各种形式，广泛深入地开展揭批江青反革命集团谬论和罪行的宣传教育活动。1978 年后，各级工会在职工中深入开展坚持四项基本原则的教育，教育职工把精力倾注到经济建设上来。

80 年代，境内各级工会组织对职工进行“四有”教育。组织职工学习中共十二大、十三大精神，开展社会主义精神文明、学雷锋、树新风、“五讲四美三热爱”活动。1989 年，教育职工认清形势，明辨是非，旗帜鲜明地反对资产阶级自由化，在思想上、政治上、行动上与党中央保持高度一致。

1990—1995 年，对职工进行党的“一个中心、两个基本点”的基本路线教育。组织和发动职工学习邓小平视察南方讲话，学习党的十四大文件，学习贯彻新的《工会法》。各县总工会发动职工开展“讲理想、搞改革，攻难关、增效益”的竞赛活动。通过各种渠道，采取各种形式，加强职工人生观、价值观教育，牢固树立共产主义理想信念。各级工会组织加强《爱国主义教育实施纲要》的学习、宣传和贯彻，以爱国主义教育为主线，加强职工思想政治教育工作。

1996 年起，各级工会组织在职工中开展多种形式的爱国主义、集体主义教育活动，加强职工道德建设。组织女职工认真开展“学理论、学技术、学文化、学科学、学管理、学法律”的“六学”活动，树立爱岗敬业，诚实可信，办事公道，服务群众，奉献社会良好职业风尚。至 2000 年，全市有 5 名女职工受到省总工会的表彰。

二、职业道德教育

20 世纪 50—70 年代，境内工会组织把主人翁精神作为对职工进行职业道德教育的重点。教育引导广大职工树立当家做主精神；艰苦奋斗，同舟共济精神，敢想敢干，勇于拼搏精神，以增强主人翁积极性。

1980 年后，企业推行经营承包责任制、租赁经营制，各县工会根据市场经济面临的新情况，加强对职工进行“讲职业道德、尽职业责任、守职业纪律、懂职业技能”的“四职”教育。把职业教育深化到一线职工和一线班组（车间）。1990—1995 年，重点围绕国民经济“八五”“九五”目标，号召职工学先进、比贡献、创一流、增效益，讲求职业道德，坚守职业纪律。地区工会还把“双学”（学习邓小平理论、学习党章）活动纳入职工职业道德教育重要的内容。

1997 年，在香港回归和党的十五大召开期间，全地区各级工会组织职工开展丰富多彩的庆祝活动。在活动中表现优秀的 1 个单位和 1 名工会干部分别被评为“四川省职业道德建设先进集体”和“四川省职业道德建设先进个人”。

1998 年起，全地区各级工会组织把职工职业道德建设作为社会主义精神文明建设的重点，继续开展“六学”活动的同时，认真开展“爱岗敬业，树行业新风”的教育活动，使职工政治、文化、科技素质不断提高。至 2000 年，有 3 个单位被评为“四川省职业道德建设先进单位”，有 4 人被评为“全省职业道德建设先进个人”。

三、工会干部培训

20 世纪 50—60 年代，境内各县举办工会干部短训班，对工会干部进行“一化三改造”“过渡时期总路线”等方针，政策培训。境内各县采取以会代训和举办短训班等方式对基层干部进行艰苦奋斗、自力更生精神的教育培训。1978 年后，各级工会先后举办基层工会干部学习班，开展两个“凡是”大讨论，坚持实践是检验真理的唯一标准，从思想上弄清是非，拨乱反正。

1985—1990 年，各县采取专题讲座，举办培训班，以会代训等方式，不断对基层干部进行市场经济理论、企业改革以及工会在企业改革中的主体作用的教育培训。平昌县、通江县参训职工和工会干部2687人（次）。

1993—1994年，工会干部培训力度进一步加大。全地区参加各级各类学习班、培训班的女职工达7500人（次）。选派8名女工干部参加省总女工部举办的第四次培训班和省、地《劳动法》培训班，参训专兼职女干部达120人。

1997年，举办培训班4期。地区工会对全地区新上岗未曾参加资格培训的工会干部和参加平等协商的职工代表，特别是首席代表共224名进行全面培训。

1998年起，工会财务、经审干部进行财务、经审工作专题培训。省总工会十大和中国工会十三大召开以后，地区工会及时召开会议，并传达和以会代训，组织各县（区）和市属企业的工会干部对会议精神进行认真学习、讨论，明确工会工作面临的新形势、新任务，并结合实际，抓好落实。至2000年，对121名工会财务、经审干部进行财务、经审工作专题培训。

四、法制教育

20世纪50年代至80年代初，境内各县普遍采取正面宣传和以会代训方式对职工进行法制教育。1986年，从全国第一个五年普法教育开始，境内各县总工会把普法教育列入工作的重要议程，加强对干部职工的法制教育。

1994年，全地区各级工会利用各种形式大力宣传《工会法》，全地区共办《工会法》宣传墙报1278期，出宣传简报478期。县、市对基层工会主席、副主席及780名工会积极分子进行学习培训，组织和翻印有关学习资料1000余份。

1995年，各级工会充分利用工人文化宫、俱乐部等宣传阵地，采取举办培训班、研讨班、知识竞赛等方式，进行法制教育。地区工会组织各县（市）及基层工会征订《〈劳动法〉配套法规汇编》670本，“劳动法问答手册”160册。

1998年，全地区各级工会结合“三五”普法重点，组织职工学习《工会法》《劳动法》《公司法》《集体所有制企业条例》《职代会条例》和《妇女权益保障法》等法律法规，举办学习班、座谈会6期（次），参加人数达480人（次）。地区工会法律部和基层工会先后购置《职工法律知识读本》5760册，印发法律知识宣传材料8200份。

2000年，市总工会在城镇闹市区或职工集中的工矿区开展“下岗职工法律援助日”活动。在活动中，全市共发放宣传资料1520份，接待230人（次）的现场咨询，受理投诉举报10件，协调解决个案3件，代理文书2份。是年，对全市93名专兼职工会干部进行普法测试，及格率92%。

第四节　劳动竞赛

中华人民共和国成立初，各县工会在职工中广泛开展“抗美援朝、爱国增产”的劳动竞赛和增产节约活动；在厂矿行业店员中开展以比增产、比节约、比安全、比劳动、比纪律和查产品质量好坏、查生产是否安全、查执行制度是否严格、查增产节约效果好坏为内容的“五比四查”竞赛活动。1954年，在公私合营工作中发动群众开展劳动竞赛。工业战线，开展班与班、组与组、个人之间的竞赛；商业战线，以同行业店、组之间组织竞赛，发扬集体主义精神，推动企业基础建设，建立企业正常的工作秩序。开展以合理化建议、技术革新为主要内容的竞赛活动。20世纪50年代末，组织职工开展以技术革新为中心的社会主义劳动竞赛。1963年，境内各级工会组织广大职工开展争当“五好”（政治思想好、管理好、安全好、技术革新好、增产节约好）职工、创“五好”班组、办“五好”企业的竞赛活动。把学“铁人”与“五好”紧密结合，把增产节约和“五好”竞赛作为工会的中心任务。同时，在厂矿开展“五比”（比思想、比产量、比质量、比技术、比成本）红旗竞赛活动。1966年开始，劳动竞赛成为“唯生产力”论，受到打击而停止。同时，工会活动停止。

1973年后，各县工会恢复工作，把劳动竞赛当成工会的主要任务，结合生产实际，分别开展“六能手”（优质、高产、革新、节约、设备保养、安全生产）、“四优秀”（班长、徒工、技术员和管理员）等内容的劳动竞赛。1975年，在竞赛中教育城镇职工“看农业、想工业，多为农业作贡献”，开展出满勤、保质量、推广优选法的竞赛。1977年后，各县工会围绕学大庆、学铁人精神，开展“赛学习、赛团结、赛劳动、比干劲、比风格、比贡献”竞赛活动。1980年，各级工会把立功创模竞赛活动纳入职代会的工作内容。1984年，城市经济体制改革，企业由单纯的生产型转变为生产经营型。这一时期的竞赛与企业管理紧密结合，形成群众性的综合竞赛。1986年起，动员职工开展为实现“七五”计划建功立业劳动竞赛。1987年，各县工会组织职工开展技术革新活动，开展“质量、品种、效益年”劳动竞赛。1989年，各县工会开展“双爱”（企业爱职工、职工爱企业）、“五创”（创先、创优、创新、创汇、创最佳效益）为主要内容的“建功立业”竞赛。参加的基层工会百分之百，参加的职工95%以上。

1994年，全地区各级工会重点开展以提高职工素质，提高产品质量、提高企业效益，降低消耗、降低事故率，亏损企业扭亏增盈为主要内容的“三提高两降低扭亏增盈”劳动竞赛。

1996年，在不同行业的女职工组织中开展“女职工双文明建功立业劳动竞赛”活动。在纺织行业开展“优质、高产、低耗”的生产技能竞赛活动。平昌县丝织厂有90名女工获奖。巴中市（县级）棉纺厂1020名女工中有18名女职工获“十佳生产标兵”和“十佳优质标兵”。

1998年，全地区各级工会在企业中开展劳动竞赛参赛女职工1万多人，提合理化建议1.2万条，采纳3000多条，创经济价值250多万元。

2000年，全市开展劳动竞赛的单位281个，竞赛面92.1%，参赛职工2.35万人，创经济价值563.2万元；提合理化建议的职工1.65万人（次），提合理化建议1.38万条，被采纳912条，实施415条，创造和节约可计算价值352.5万元；开展岗位练兵和技术比武的单位263个，参赛职工1.58万人（次），通过练兵比武评选标兵能手152人，评聘技师39人。

第五节　劳模评选

中华人民共和国成立后，中共各级组织和政府在社会主义革命和建设的各个时期，不断发现、培养和表彰奖励“劳动模范”（简称“劳模”）和“先进工作者”，并在政治、经济、生活等各方面对其以优厚待遇。

一、全国劳模（先进工作者）

1958年，南江县农资公社杨桃芳被国务院表彰为“全国劳模”，为境内4县首例。1959年，平昌县木材加工厂何德禄、通江县大河铁厂杜材源被国务院表彰为“全国劳模”。1959—1960年，南江中学张辉昆，巴中县青木镇徐成模分别被国务院表彰为“全国劳模”。1979年，巴中县政协伏开仕、巴中县恩阳镇柯文龙、巴中县丝绸厂张清秀分别被国务院表彰为“全国劳模”。

2000年，南江县畜牧食品局王维春被国务院表彰为“全国先工作者”。南江县冶金集团竹坝铁矿岳庭华、工商局平昌分理处王煜分别被国务院表彰为“全国劳模”和“全国先进工作者”。

二、省部级劳模（先进工作者）

1949年，中国人民海军战士张铭德被中国人民海军司令部表彰为“海军甲等英雄”，后退伍安置在平昌县养路段，为境内首例省部级奖获得者，1951年，中国人民解放军战士赵必树被中国人民解放军22军表彰为部劳模后，退伍安置在平昌县云台供销社。此后随着社会主义建设事业的快速发展，境内各行各业涌现出的省部级劳模逐年增多。1956年，被商业部表彰的“劳动模范”1人、被省政府表彰的“省先进工作者”10人、“省先进个人”2人。1958年，被省政府表彰的“省先进工作者”14人，“省劳模”4人，“省先进手工业者”4人。1959年，被省政府表彰的“省先进工作者”9人。1960年，被省政府表彰的“省劳模”1人。1962年，被省政府表彰的“省劳模”22人。1970年，被商业部表彰的“部劳模”1人。1975年，被省革委表彰的“工业学大庆先进工作者”1人。1978年，被省革委表彰的“省先进工作者”10人，“省学铁人标兵”1人，“省学大庆先进标兵”1人。1979年，被省政府表彰的“先进工作者”1人。1980年，被省政府表彰的“省劳模”和“先进工作者”各1人。1981年，境内有5人分别被省政府表彰为“省劳模”“省抗洪救灾模范”“省抗洪救灾先进个人”。1983年，被中商部表彰的“劳动模范”1人，教育部表彰的“全国优秀教师”1人，全国总工会表彰的“五一劳动奖章获得者”1人，林业部表彰的“劳动模范”1人。1984年，被水电部表彰的“劳动模范”1人，国家教委表彰的“全国优秀教师”1人，中宣部、人事部、教育部联合表彰的“全国优秀班主任”4人，省政府表彰的“省职工劳模”12人，农、牧、渔等部联合表彰的“全国先进工作者”1人。

1985年，被全国总工会表彰的“五一劳动奖章获得者”2人，被省委、省政府表彰的“省优秀教师”13人，被商业部、财贸工会表彰的“劳动模范”1人。1986年，被人事部、国家教委表彰的“劳动模范”1人，被国家教委、教育工会表彰的“劳动模范”1人。1987年，境内有5人分别被全国总工会、财政部、民政部、省政府表彰为“五一劳动奖章获得者”及“部劳模”和“省劳模”。1988年，被省政府表彰为“省劳模”6人，被教育部表彰为“部级先进工作者”1人。1989年，被商务部表彰的“劳动模范”2人，“特级劳模”1人。被纺织部表彰的“劳动模范”1人，被教育部、人事部表彰的“劳动模范”3人，被省政府表彰的“劳模”7人。

1991年，被人事部、教育部表彰的“劳动模范”1人。1994年，有3人分别被内贸部、人事、建设部表彰为“劳动模范”。

1995年，被省政府表彰的“省劳模”8人、“省先进工作者”2人，被卫生部、人事部表彰的“先进工作者”1人，被农、水、林三部和人事部联合表彰的“先进工作者”1人。

1996年和1997年，被全国总工会表彰为“五一劳动奖章获得者”各1人。1998年，被国家教委、人事部表彰的“劳动模范”1人，被全国总工会表彰的“五一劳动奖章获得者”1人。1999—2000年，被全国总工会表彰为“五一劳动奖章获得者”1人，被省政府表彰为“劳模”6人，“省先进工作者”4人。

第六节　劳动保障

一、集体合同

20 世纪 80 年代中期，城市经济体制改革全面展开，劳动关系发生深刻变化，集体合同被提上议事日程。1994 年 7 月《中华人民共和国劳动法》颁布后，全地区推行集体合同的工作步伐加快。

1995 年，各级工会根据全地区亏损企业日益增多的实际状况，坚持逐步到位、稳妥实施的原则，在抓好试点的基础上，统一规划，分类指导，以签订集体合同推动《劳动法》的贯彻落实。是年，地区汽车运输总公司、巴中市（县级）电力公司等 5 家地、县属企业签订集体合同。

1996 年，地、县（市）工会成立劳动争议调解委员会 493 个，一些部门工会亦建立以党、政、工及职工代表组成的“平等协商委员会”“集体合同检查监督小组”。履行集体合同的签订、检查、监督职能。

1997 年，新签订集体合同的企业 98 家，全地区企业签订集体合同累计达 162 家，职工覆盖 2.11 万人。

1999 年，各级工会抓已到期集体合同的续签工作，保持集体合同的连续性。加强对改制企业签订集体合同进行指导，使平等协商、集体合同制度工作能与企业改制同步进行。全地区签订集体合同企业 220 户，签订率达 72%。

2000 年，平等协商、签订集体合同制度与改制企业、签订集体合同同步进行。是年，全市签订集体合同率达 98%。

二、帮扶困难企业

1994 年，地区工会把地区汽车运输总公司、通江林化厂、通江棉织厂、南江磷肥厂等 7 家亏损企业作为扭亏帮扶对象。通过技术引进、设备更新、拓展市场、强化管理等帮扶措施，有 5 家企业扭亏转盈。

1996 年，地区工会与 4 县（市）工会一起共确定 8 家亏损企业为定点帮扶对象。通过职工民主管理、疏通流通渠道、筹措启动资金等措施帮助企业生产自救。是年，扭亏 3 家，减亏 169 万元，盈利 765 万元。

1999 年，各级工会组织深入定点帮扶亏损企业参与扭亏决策，争取优惠政策，抓民主管理和特困职工解困等工作，促进 6 家企业减亏增效。有 4 家企业减亏，减亏金额 118.9 万元；有 1 家企业扭亏，扭亏金额 4.7 万元；有 1 家企业盈利，盈利金额 30 万元。

2000 年，各级工会确定 6 家亏损企业为帮扶对象。帮扶前该 6 家企业共亏损 1876.4 万元，帮扶后 2 家企业停止亏损，3 家企业减亏，减亏金额 186.5 万元，1 家企业盈利，盈利金额 0.8 万元。

三、送温暖活动

1951 年起，各县工会组织设立互助储金会，帮助解决职工临时生活困难。1958 年开始的“大跃进”和以后的自然灾害给职工的生活造成严重困难，各县工会发动职工养猪、种菜，发展副食品生产，尽力改善职工生活。

1959—1961 年，平昌县工会拨出经费 6.05 万元补助家住农村生活困难的职工。

1961年，巴中县补助家居农村、家属生活困难的职工2457人，补助金额6.2万元。

1963年起，巴中县对从事有害工种的职工，每年体检1～2次，并配合有关部门对矽肺病患者调换工作，妥善安置患滑囊炎的煤井工人。

1976年后，协助政府和企事业单位解决职工在住房、食堂、幼儿入托等方面的困难。

1985—1990年，南江县第二居委会、魏家坝林场、县印刷厂、县医院先后发生火灾，造成受灾职工生活困难，县总工会先后救助8300元。

1992年起，境内各县工会在元旦、春节期间，开展“进万家门，知万家情，解万家难，暖万家心”的送温暖活动，动员全社会伸出互助友爱之手，为生活遇到困难的职工排忧解难。

1993—1994年，全地区灾害严重，加之停产、半停产企业增多，困难职工增多，地区工会在帮助企业恢复生产，扭亏转盈的同时，给特困企业、特困职工送温暖。会同省委、省府派慰问团，对巴中市（县级）建筑建材公司、食品公司肉联厂等企业及罗克永，张美税等12名特困职工进行慰问。把省总工会等单位划拨的4万元慰问金如数分配到各县（市）及地属企业。地区工会机关10名职工3次捐款1500多元，支援唐巴公路建设，带上慰问物资慰问修路民工。通过各种互助互济活动，全地区共筹集资金17.41万元，扶持困难职工达9000余人。

1995年，县（市）工会建立和健全职工扶贫互助会，帮助长期处于停产、半停产状态企业的停岗职工，解决生活上的具体困难。地区工会组织县（市）及基层企事业工会、地属企业工会开展“伸出一双手，捐献两元钱，救助困难企业职工失学子女”活动，全地区共筹集捐款5000余元。地委、行署下发《关于开展“送温暖工程”募资活动的通知》，成立“巴中地区‘送温暖工程’募资领导小组”。地委、行署领导带头捐款，机关单位的领导和职工积极献爱心。是年，全地区收到捐款2.6万元，为春节期间的“送温暖，献爱心”活动提供经济保证。

1996年初，地区工会将省总工会下拨的4万元“送温暖”慰问款及时分配到各县（市）及地属企业工会，具体落实到9家特困企业，对1348名特困职工进行救济。同时，开展“送温暖工程”募资活动，共募集资金3.5万元，按比例及时上缴到省“送温暖工程”募资办，并建立困难职工档案卡片5938份。1997年，在元旦、春节期间，各级工会共争取和筹措资金42.4万元，走访慰问特困企业204户，特困职工5833人。

1998年，地区工会女职工委员会定点联系帮扶巴中丝绸厂特困女职工，除对2名困难职工进行技术、信息、智力帮扶外，先后2次为其子女送去助学款850元。地区工会女职工部为巴中市（县级）金山乡、南江县花桥乡灾民捐衣物27件，并将2390元捐资助学款分别落实到全地区20名特困职工子女。

1999年，各级党政领导与困难职工家庭建立包户帮困联系，形成“政府领导负责，机关积极参与，工会联络协调，企业主动配合”的机制。是年，22名地级领导和79个地级单位分别确定1户特困职工实行定点帮扶。全地区联系困难职工的领导干部427人，联系困难职工528人，经帮扶脱贫的253人。各级工会共筹资金63.83万元，慰问困难企业91家，慰问困难职工5320人。

2000年，全市建立特困职工档案4520份，对457名丧失劳动能力的特困职工做到登记在册，定期帮扶。继续坚持领导干部联系困难职工制度，市级领导和市级部门帮扶困难职工48户。春节期间，各级工会筹集慰问款86.24万元，慰问困难职工3774人。全市共募捐助学款1.9万元，资助特困职工子女22名。

四、下岗职工再就业

1997年，各级工会组织通过多种形式宣传、引导，帮助下岗、失业职工转变择业观念。组织下岗职工兴办第三产业。组织劳务输出，鼓励自谋职业，初步建立下岗、失业职工再就业服务体系。

1998年，全地区共有待岗下岗女职工5386人，占女职工总数的22.95%。由于受生理、心理、年龄、自身素质等诸多因素影响，女职工再就业比较困难。对此各级女职工委员会，组织下岗女职工学习党和政府有关国有企业下岗职工再就业的方针、政策，引导他们提高认识，克服等、靠、要的传统观念。全地区女职工委员会举办转岗培训班16期，培训下岗女职工1030人，介绍工作1002人。

1999年，全地区累计创造就业岗位1181个，累计培训下岗职工2032人，帮助下岗职工实现再就业2077人。再就业工作通过评比，巴中市（县级）总工会等6个单位被评为一、二等奖。是年，地区工会被省总工会评为特等奖。2000年，全市累计创造就业岗位1420个，累计培训下岗职工2872人，帮助下岗职工实现再就业2405人。

第七节　维护职工合法权益

一、劳动争议调解

1994—1995年，全地区国有、集体企业建立劳动争议调解委员会553个，组建率85%。处理劳动争议案件642件，调解达成协议351件。

1997年，全地区建立劳动争议调解委员会493个，配备劳动争议调解员1200名，组建率90%以上，合格率70%以上。在《劳动法》的贯彻落实中，督促用人单位严格执行劳动标准，修订与《劳动法》相悖的企业规章制度，加强劳动保护监察力度。

1998年，对巴中地区石油燃建公司发生的劳动争议案件进行调查处理。该公司未通过职代会就实行大减员，使45名男女职工下岗，其中21名职工4次上访，请求解决。地区工会领导在做好职工安慰和思想工作的同时，与公司领导一起按《劳动法》《工会法》《企业法》的有关规定，调整改革方案，使部分女职工重返工作岗位。同时，参加地人劳局仲裁委受理的南江县元潭乡街道居民张永雪因工伤事故辞退的待遇落实问题。经2次调解，落实张永雪的补助费共9331.08元。1999年，全地区参加仲裁委员会的工会干部10人，工会兼职仲裁员12人，参加仲裁办案20件，代表职工参与仲裁10次，参加诉讼5次

2000年，成立巴中市职工法律援助中心，由9人组成。法律援助中心结合本地实际制定《巴中市职工法律援助试行办法》。县（区）总工会亦成立相应的机构。

二、来信来访处理

1994年，各县（市）工会建立4个工会法律顾问室、配备10名专兼职干部，建立信访工作制度，开展法律咨询活动，是年，地区工会接待处理基层职工信访12件。

1996—1998年，接待并协调处理地区汽车运输总公司、地区环保治理工程公司等6个单位职工来访8起，按收来信11件。通过说服教育，及时化解矛盾，较好地解决职工反映的问题。

1999年，制发《关于加强职工信访工作的通知》《关于积极预防和妥善处置职工群体性事件的紧急通知》等文件，接待和处理地区供销社、广播电视局、市（县级）供销社、城关粮站等单位职工信访事件13起。

2000年，市总工会领导根据省总工会主席甘道明批示的通江县五台山林场内退职工王朝万反映工资未兑现问题，专程到场对王反映的情况进行调查处理。先后2次将拖欠的工资邮汇给王朝万。

三、法律服务

1994年起，各级工会组织主动、积极配合电视、广播、报刊等新闻媒介宣传《劳动法》《妇女权益保障法》《女职工劳动保护规定》等法律条款。在合同签订过程中，坚持有女职工代表参加协商谈判，把维护女职工的特殊利益写进合同条款；在企业制度改革试点单位，坚持工会女职工委员会主任进入监事会，代表女职工利益参与企业民主管理。各企事业普遍建立工会劳动保护组织，车间、班组设置工会劳动保护监督员。其职责是监督企业和有关方面贯彻国家劳动安全卫生法律法规，发动职工参与企业安全生产工作，促进企业改善劳动条件，防止和消除生产中的伤亡事故和各种职业危害，保障职工的安全和健康。是年，地区工会在全地区煤炭、交通、建筑等行业中开展“查隐患、反违章、添措施、保安全”的群众性监督检查活动。

1995年，全地区事故隐患和职业危害作业点跟踪建档面90%，建立劳动保护监督机构283个，劳动保护监督检查员培训面75%。地区工会、地委宣传部、地区经贸委在“95四川省百万职工安全生产知识竞赛”中获三等奖。

1996年，地区工会与地人劳局、安办、经贸委等部门联合动员职工开展省总工会、省劳动厅等部门组织的全省职工劳动安全法律法规知识竞赛，以普及安全知识。强化安全意识，参赛职工60%以上。

1997年，地区工会举办4期工会主席和女工干部培训班，进行女职工“四期”（经期、孕期、产期、哺乳期）劳动保护的专题培训。各县（市）工会利用“三八”妇女节通过广播、电视、报刊、专栏、知识竞赛等方式向广大女职工宣传女职工劳动保护的内容。同时，把女职工劳动保护的条款写进集体合同，进一步制定完善保护措施，维护女职工的合法权益和特殊利益。是年，各级工会密切配合有关部门调解处理损害职工合法权益的案件。南龛公园管理处不履行合同侵犯8名女职工的合法权益。当女职工作为原告一审判决胜诉后被告不服上诉到中级法院，中院经过审理依法维持原判，最后公园管理处如数付给8名女职工工资及应得承包费，使女职工的合法权益得到保护。

1998年，地区工会下发《关于在全区开展女职工劳动保护检查工作的通知》，各县（市）总工会、地属企业工会女职工委员会集中人力、集中时间，深入企业对女职工劳动保护情况进行全面检查，发现问题及时纠正。全地区共有女职工组织575个，配备专兼职女职工干部595人。各级工会女职工委员会认真贯彻落实《女职工劳动保护规定》，把搞好女职工劳动保护，维护女职工合法权益，调动女职工劳动积极性作为中心工作来抓，并做出一定成效。同时，开始对基层工会组织法人资格进行审核颁证工作。先后为175个基层工会颁发法人资格证书。并在《巴中日报》上对175个颁证单位进行登报公告。全地区工会组织参加安全检查13次，参加人数48人，查出事故隐患24件，提出整改意见17条，采纳14条，实际整改14件。

1999年，在“安康杯”竞赛和“99质量月”中，各级工会以“安全、生命、稳定、发展”为主题开展安全生产竞赛活动。在竞赛中，南江县乐坝水泥有限公司被省总工会、省经贸委、省劳动厅表彰为“四川省班组安全建设先进单位”；通江县水泥厂立窑车间被表彰为“四川省先进安全生产班组”；巴中市建材工业有限责任公司张德明被表彰为“四川省优秀工会小组劳动保护检查员”。

2000年，以“三五”普法验收为契机，把工会组织法人资格颁证工作作为评选表彰先进单位和先进个人的条件之一，抽专人深入市级部门宣传动员，指导、服务。各级工会开展“十个一安全生产周”活动，配合劳动、安全部门，对全市建筑、矿山行业的11家企业进行重点抽查，查出事故隐患19起，及时发出限期整改通知书19份。同时，各级工会根据四川省总工会女职工部《关于进一步加强女职工劳动人员保护的通知》，落实专人对女职工的劳动保护工作常抓不懈。各级工会组织主动参与平等协商、修订集体合同。在162份集体合同履行中，使职工权益特别是女职工的生育保险、独生子女奖励、“四期”保护等特殊权益，受到保护。是年，有127个基层工会通过登记符合条件，并为35个单位颁发资格证书。有10名工会干部持省总工会颁发的劳动保护监督检查证。

第二章　共产主义青年团

第一节　机构建制

一、地级机构

（一）共青团巴中地区委员会

1993年12月28日，成立共青团巴中地区委员会（简称“团地委”），内设办公室、组宣部、学少部、农工青年部。机关编制5人，其中书记1人，副书记2人，科级领导2人。

（二）青年联合会

四川省青年联合会巴中地区工作委员会（简称地区青联），先进青年的群众组织。1996年12月20日，地区青联召开第一次全体会议，选举青联工委主任、常务副主任、秘书长、副主任、常务副秘书长。至2000年未变。

（三）青年（乡镇）企业家协会

巴中地区青年乡镇企业家协会，是全区性的乡镇企业家的群众组织，是具有独立法人资格的社会团体，是四川省青年乡镇企业家协会和巴中青年联合会的团体会员，是共青团联系青年（乡镇）企业家的桥梁和纽带。1995年成立协会，至2000年未变。

（四）少先队巴中地区工作委员会

少先队巴中地区工作委员会（简称“地区少工委”）是全地区少先队工作的领导机构，1995年10月成立。地区少工委以“培养社会主义接班人”为方向，坚持实施《少先队教育纲要》，广泛开展“学雷锋，树新风”、学赖宁，做党的好孩子，“雏鹰行动”“手拉手”等系列活动。

二、基层组织

1993年，团地委组建时，全地区共有基层团委442个，团总支482个，团支部4362个。经过逐年的组建，到2000年，全市基层团委达838个，团总支团支部得到相应的发展，有3548个单位建立团组织，占应建团组织机构总数4244个的83.6%。

（一）川陕苏区团组织

1933年2月，召开川陕省第一次团的工作会议，成立临时团省委，1933年7月6日，召开川陕省第一次团员代表大会，正式成立少共川陕省委。1933年6月，赤江、赤北、红江、南江、长赤、巴中、恩阳、长胜、江口9县共青团少共县委成立。团县委设书记、秘书、少共指挥部、青妇部、组织部、儿童局、团区委设书记和干事，乡设团支部，村设团小组。1935年3月，红军北上，团的组织活动随即停止。

（二）共青团通江县委

1950年7月。成立中国新民主主义青年团通江县工作委员会；1956年7月1日，更名为中国共产主义青年团通江县委员会，先后召开12次团县委代表大会，选举产生各届共青团通江县委员会。团县委设书记1人，副书记2人，常委7～9人。内设办公室、组织部、宣传部、学生工作部。各区设团区委，各乡设团支部，企事业单位按人员多少分别设团总支或支部。县以下的基层团委及企业团委只设委员会，委员一般由7～11人组成。至2000年未变。

（三）共青团南江县委

1950年3月，经共青团川北工委和南江县委批准成立中国新民主主义青年团南江县工作委员会（简称“团县工委”）。1952年，团工委机关干部编制8人，内设组织部、宣传部、学生工作部；11个区设团区委，97个乡设团支部。1957年7月1日起，更名为中国共产主义青年团，团县委及各区团工委，乡团委也同时更名。1956年后，共召开共青团南江县委第12次代表大会，选举产生各届委员会委员、候补委员和出席团省委代表大会代表。1966—1968年，团组织机构处于瘫痪状态，活动停止。1969年1月—1972年11月，团的工作分别由县革委政治部、县委群工部负责。1972年，正式恢复共青团南江县委员会。至2000年，机构名称未变。

（四）共青团平昌县委

1951年春，成立中国新民主主义青年团平昌县委员会，下设组织部、宣传部、学生少年部、军事体育部。1957年5月，中国新民主主义青年团更名为中国共产主义青年团（简称“共青团”）。1966—1970年，共青团组织停止活动。1971年7月，平昌县革命委员会宣布撤销团县委机关，将团的工作纳入县革命委员会政治部群工部。1972年12月1—5日，召开共青团平昌县第五次团员代表大会，选举产生共青团平昌县第五届委员会委员、候补委员常委，恢复共青团平昌县委机构。1986—2000年，团县委按照党组织隶属关系一致原则，理顺机关、区、乡（镇）、企事业单位组织的设置，适时进行基层组织设立，调整配备基层团干部。至2000年底，全县建立43个镇、乡团委、76个县团委、63个团支部（总支）。

（五）共青团巴中县委员会

1950年6月，成立中国新民主主义青年团巴中县工作委员会，设书记1人，干事5人。内设组织、宣传、学校工作部，各区设团工作委员会。1953年，改名为共青团巴中县委员会，增设军体部。

1957年6月，内设组织部、宣传部、军体部、学校工作部、少先队工作部和办公室，各区、乡、村和机关、学校、企事业单位建立团委、团支部，共有952个团支部。1966—1972年，团组织停止活动，1973年，恢复共青团巴中县委机构。1985年底，全县有团委113个，总支33个，团支部1395个。1993—2000年，共有基层团委97个，总支122个，支部1531个，团员4.66万人，团干部1773人。

第二节　共青团建设

1933年，川陕省团的会议召开后，各县加强青年团的领导，发展青年团的组织，大量吸收积极劳动的青年入团。1934年，各县在各区乡普遍建立团的基层组织。中华人民共和国成立后，团县工委积极抓发展团员、建立基层组织工作。对广大青年、团员进行政治思想教育，坚持以共产主义为核心，以爱祖国、爱人民、爱劳动、爱社会主义教育为基本要求，提高青年的思想政治觉悟和道德水平。把青年一代培养成有理想、有道德、有文化、有纪律的共产主义新人。20世纪60年代，广泛开展向雷锋、焦裕禄学习活动和学习毛泽东著作运动。70年代，各级团组织围绕精神文明建设，开展适合青年特点的运动，进行思想政治教育。同时，开展争当“新长征突出手”活动，涌现出一大批先进集体和先进个人。80年代初中期，各级团组织开展“五讲四美”、“学雷锋、树新风”，“让青春闪烁共产主义光彩”以及“爱岗位、创一流、夺冠军、夺红旗”夺标竞赛活动。加强对城镇和农村青年的技能培训，促使城镇青年和农村余劳动力的转移。1987年起，境内各团县委加强基层团组织建设，改革部分基层团组织的设置，新建、调整、充实各级各类团的领导班子。团县委配合县委组织部，民主评议的方法选出有事业心的青年作团委书记。同时，抓团员的发展和推优入党工作。

1990—1993年，加强青少年思想教育，广泛开展“党团支部学习党建、党史、团的知识”，“学赖宁、学雷锋、学成洁”等系列活动。同时，各县团支部先后开展以“整顿提高、达标创优”为主题的支部整顿工作，普遍建立团员证分级管理制度、团籍注册制度、团员花名册、基层团委团员登记制度等。1993年，全地区发展团员2.33万人，其中女团员6830人，团员入党914人。

1994年起，团地委始终把爱国主义作为青少年教育的一个重点来抓。组织团员青年参观烈士纪念馆、川陕革命根据地博物馆、刘伯坚烈士纪念碑、王坪烈士墓，请老红军、老干部作革命传统报告，广大青少年深受教育和启发，好人好事层出不穷，先后有3名优秀团员和少先队员见义勇为，勇救落水者，献出自己宝贵的生命。组织团员青年及中小学生收看中央电视台重要新闻，特别是“台独分子”闹独立，两岸关系严峻，广大团员青年和团干部主动放弃双休日，自觉回到单位，坚守在各自的岗位上努力工作，以实际行动表示强烈的抗议。团地委和各级团组织，为提高团员素质，增加团员意识，提高团组织战斗力，狠抓团员自身的作风建设。重点是加强农村团员作风建设，充分发挥团干部，团员青年的作用，在各级团组织带领下，普遍落实“八包五带”的责任制。“八包”（一包上情下达、下情上传，把党的方针、政策传达给群众，把青年群众的呼声反映给组织；二包发展规划，负责3~5户群众的致富规划；三包技术到家，培训和推广农村使用技术；四包生产资料需求，对所包农户肥料、种子、农膜等的准备、联系、购买、监督到位；五包购销信息传递；六包税费的收缴；七包无早婚和计划生育；八包家庭团结、邻里和睦）。“五带”（带头遵纪守法；带头致富；带头执行计划生育政策；带头缴纳税费；带头团结互助）。由于责任落实，解决许多难题，收到良好的效果。全地区各级团组织积极发展新团员。是年，共青团巴中地委印发《岗位责任制和工作制度》。岗位责任制包括团地委的主要任务和职责、团地委领导岗位责任制、办公室干部岗位责任制、组室干部岗位责任制、学少部干部岗位责任制、工农青干部岗位责任制。工作制度包括机关会议制度，文件传阅、打、印、发和档案管理制度，下基层工作制度，行政经费、物资管理制度，接待工作制度。各县团委按照团地委的要求，对本地区内各区、乡（镇）、村及企事业单位、机关、学校、街道等基层团组织的岗位职责及工作制度逐步建立健全起来，从上到下，使团组织队伍建设达到制度化、规范化。同时，团地委印发《全区发展团员工作规划》，各县（市）团委按照总体目标三个阶段的方案实施，收到很好的效果。同时，在坚持标准的前提下，各级团组织把农村和学校作为发展团员的重点，做好推优入团和推优入党工作，特别注重发展女团员。各级团组织结合自身实际，把实施文明工程，“学雷锋青年志愿者”活动，争创“青年文明号”活动，“双争双创”活动等融入到作风建设，使广大团员青年在不同的岗位上，取得优异的成绩，受到部、省、地各级的表彰奖励。如，通江县至诚职业中学吴正友、南江县隆化职业中学王朝刚，荣获团中央、国家教委、中国科协表彰的“中学生实践技能标兵”。

1995年起，团地委与组织部配合，及时配备团的干部。同时，团地委与地委组织部在地委党校联合举办“全区优秀团干部培训班”，对乡镇以上的74名团委干部进行系统的培训。是年，配备专职团干部 521 人。

1996 年，对乡镇以上的 125 个团委书记进行专题培训。1997 年后，按照分级培训、逐级实施的办法，重点培训政治理论、团的业务、“服务万村行动”。是年，组织广大青少年观看教育影片《生死抉择》，团地委发出通知，对广大团干部进行一次反腐倡廉大讨论，大家表示：一定要按照党的要求，树立共产主义的远大理想，坚持走建设有中国特色社会主义道路，自觉与党中央保持高度一致，深入开展反腐败斗争。

1998 年，坚持不懈地在青少年中开展政治学习教育活动，各级团组织根据自身实际，引导广大团员青年在熟读马列主义、毛泽东思想、邓小平理论和“三个代表”重要思想论述原文的基础上，结合工作实际，写心得谈体会。是年，全地区配备专职团干部 579 人。

1999 年，团地委组织全地区团员青年参观烈士纪念馆、烈士墓、川陕革命根据地博物馆等爱国主义教育基地，请老红军、老领导作革命传统报告，让团员青年了解中国革命的历史，进一步培养他们的爱国激情；组织号召团员青年坚持收看中央电视台重要新闻。特别是 1999 年 5 月 8 日，以美国为首的北约悍然用导弹袭击我驻南使馆，造成人员伤亡，广大团员青年和团干部主动放弃双休日，自觉回到单位，坚守在各自的岗位上努力工作，以实际行动表示强烈的抗议；广泛开展“庆国庆、迎回归”庆祝活动。巴中地区教育学校以“庆国庆、迎回归”为主题举行卡拉 OK 大赛，巴中地区电子学校以建国 50 周年和澳门回归为契机开展演讲、知识竞赛活动，地区人行团委举办“迎回归、跨世纪”冬季长跑活动。

至 2000 年，全市专职团干部达 652 人，其中大学文凭 292 人，中专 342 人。发展团员 14.07 万人，其中女团员 5.07 万人，团员入党 1.08 万人，分别比 1993 年增长 5.03 倍、6.42 倍和 10.86 倍。各级团组织举办各种培训学习班 487 期，培训人数 12.75 万人（次）。受地（厅）级表彰的“优秀团干部”14 人，“十佳团干部”3 人，“优秀共青团员”21 人，“优秀少先队辅导员”5 人，“杰出（优秀）青年厂长（经理）”8 人，“十佳杰出青年”“十佳岗位能手”“十佳党政关怀青年工作”各 10 人，“十佳自学成才标兵”“三好学生”“希望工程优秀教师”各 2 人，“四川省青年科技成果金奖”“杰出（优秀）青年科技创业奖”“省二级雏鹰奖章”“舍己救人”“十佳少先队辅导员”“优秀青年管理人才”“杰出青年营销能手”“青年星火带头人活动组织奖”“领导关怀青年工作”各 1 人。受市（厅）级表彰的“青年文明号”12 个，“优秀团组织”4 个，“青年维权岗”2 个，“领办科技推广项目奖”7 人，“五四红旗单位”“科教杯优秀项目奖”各 1 个。团市委表彰 10 名“杰出青少年”、8 名“优秀青年”，20 名“优秀团干部”、何长江等 6 名团员被团省委授予“优秀团员”称号；温川平等 5 名团干部被团省委授予“优秀团干部”称号；平昌县水电局等 5 个团组织被团省委授予“优秀团组织”称号。是年，为隆重纪念五四运动 81 周年，各级团组织以纪念会、表彰会、演讲会等多种形式回顾五四运动历史，弘扬五四运动的革命精神。“五四”期间，在巴中电视台开辟“开发西部、青春风采”专题风采专题栏目，集中宣传一批典型人物的先进事迹。市委对全市“十大杰出青年”“十佳党政关怀青年工作奖”“十佳青年岗位能手”“十佳青年文明号”颁奖；5 月 4 日晚，《四川新闻》报道这次纪念大会。为提高团干部的政治、业务素质，团市委举办多期团干部培训班，以培养和造就适应改革开放和现代化建设需要的复合型团干部队伍为主要目标。在内容上以政治理论、团的业务知识、农业科技知识、时事政治形势等为主；形式上以培训班、现场观摩（考察）、实践锻炼等为主。市少工委以“雏鹰行动”为载体，广泛开展爱国主义教育。引导他们树立正确的理想、信念、人生观、价值观，努力成长为有用人才。市少工委与文教局密切配合，与巴中军分区联合组织“重走长征路，继承和发扬红军的光荣传统”为主题的爱国主义教育活动，使队员们明白今天的一切来之不易，没有共产党就没有新中国的道理。清明之时，发展一批优秀小学生入队，站在红军纪念碑前庄严宣誓，使队员们知道红领巾是红旗的一角，是先辈用鲜血染红的。同时，不定期请老红军、老八路到学校讲革命经历，进行传统教育，组织队员们到光荣院慰问老红军、老八路，为先辈做一些力所能及的事。

第三节　共青团工作

川陕省苏维埃时期，境内各级团组织将劳动青年男女组织起来，参加扩红、打土豪、分田地、建立地方武装、支援反围攻战斗。同时，团组织发展苏区文化。

中华人民共和国成立初，境内团组织领导团员、青年积极投入减租退押、清匪反霸、土地改革和抗美援朝运动中、广大 团员青年积极投入运动宣传党的政策，带头执行政府的政策法令，带头走合作化道路。1952 年，党中央提出过渡时期的总路线，团员和青年积极参加学习，宣传、贯彻、带头组织农业互助组，团员带头加入农业生产合作社。1958—1960 年，围绕开展社会主义劳动竞赛活动，团员和青年投入“大办钢铁”，大办粮食的群众运动。1963 年，在青年、团员中，建学习雷锋小组，开展做好事活动。1966 年开始，团的活动停止。

20 世纪 70 年代，各级团组织以经济建设为中心，在农田水利基本建设中出力尤多。同时，在宣传、贯彻党的十大文件中，以批林整风为动力，抓“阶级斗争”。组织青年学习科学技术，开展“学大庆”“学大寨”活动。

80 年代初中期，境内各团县委组织清除精神污染、美化生活报告团，巡回城乡演讲。农村团组织以帮户助耕、助贫致富、美化家园为重点，城镇学校 以学雷锋、做好事、优质服务、优良秩序、优美环境为重点开展活动。1986—1989 年，各县先后组织青少年参观陈列馆、革命烈士墓、播放英模报告团报告，举办不同形式的歌咏会、营火晚会、少儿书法展览等活动。建立“为你服务小组”。

1991 年，各基层少先队组织充分利用“红领巾园地”“广播站”等阵地进行广泛宣传，各县以少先队辅导员熟知少代会的基本精神。“学赖宁，做党的好孩子”活动得到进一步深化，呈现出“思路明、形式多、措施力、活动实”的新特点。同时，开展为“希望工程”“贫困学生募捐”“保护母亲河”“手拉手献爱心”等活动。

1993 年后，全地区在少先队员中广泛开展“手拉手、献爱心”互助活动和“巴山红领巾志愿者行动”，积极组织城镇小学与农村小学、辅导员与辅导员、少先队队员之间结对联姻，“手拉手”互助对数。

1994 年开始，各级团组织采取工程化造林、项目化管理、市场化运作的办法，建设一批“保护母亲河”绿色重点工程和小流域综合治理工程。在植树节、地球日、环保日、防止荒漠化日开展以宣传教育、资金募集和植护实践为主要内容的保护母亲河周（日）活动。以“5 元钱捐植一棵树、200 元捐赠一亩林”的方式，筹集保护母亲河绿色希望工程基金。全地区组织开展“青年岗位能手”活动，是以提高青年职工技能为主体，以提高岗位文明、岗位效益为基本内容，以规范、考核、评定、奖励为主要手段的活动。认真开展和重点推进“服务万村行动”作为农村共青团工作的重中之重。各级团组织坚持以兴办村团支部经济实体和扶持青年特困户脱贫为突破口，以服务团建、服务经济、服务社会，构建青年服务体系为目的，开展富有巴中地区特色的服务百村、致富千家、脱贫万人（简称百、千、万）活动和实施“千户结对脱贫致富工程”。全地区各级团组织以科技为先导、项目为依托、培训为基础、服务为手段、致富为目标、因地制宜地领办科技推广项目。重点是加强农村青年星火带头人的培训，充分发挥他们的示范和带头作用。落实团省委“双争双创”活动部署，团地委及时召开4县（市）和地直团（工）委书记、副书记，“双争双创”活动试点单位团的负责人参加的会议。对全地区工农业战线开展“双争双创”活动进行全面安排部署，下发关于在全地区青工、青农战线开展“双争双创”活动实施方案。在试点工作后，及时总结经验做法，指导全地区“双争双创”活动向纵深发展。巴中地区汽车运输公司江北车站，在开展“双争双创”活动中，团支部积极带领站内团员青年，以思维创新为基础，以服务创新为手段，以管理创新为保障，积极参与企业的经营管理，发挥应有的作用。

1995年起，团地委和各县（市）团委，在党委的领导下，积极投入到全地区“三建五改”（建微水池、建文明路、建园，改厕、改厨、改圈、改水、改房），扶贫济困，建设巴中新农村活动中，团地委在巴中市（县级）东兴场乡兴隆村对两户贫困户实施帮扶，投入近5万元资金购买火砖、水泥、石灰、瓷砖等物资，改变食品用户的生活、生产环境。同时，巴中市（县级）团市委以事业化和项目化的运作方式，组织实施全市志愿者支教扶贫接力计划。成立以市委相关领导为顾问，团市委书记任组长，市级相关部门负责人任副组长和成员的领导小组，在市委、政府分管领导的关心重视和相关部门的密切配合下，圆满地完成上级下达的首批青年志愿者扶贫支教的选派任务。通过志愿者的努力工作，受援学校和派援学校互相结为手拉手对子。巴师附小与通江县青浴乡小学结对后，巴师附小每年为青浴小学捐赠希望工程资金7000元，救助学生24名，直至小学毕业。是年，全地区认真贯彻实施团中央《关于加强希望工程管理的若干意见》，把实施“希望工程”作为各项工作的重中之重，积极争取有关部门和社会各界的大力支持，收到显著的成效。全地区各级团组织继续坚持拓展、深化、持久的方针，切实加强青年志愿者活动的机制建设。少先队队员之间结对联姻，“手拉手”互助对数达500多对，捐款3万元，图书3万多册，建立“手拉手书屋”46个，结对联姻学校达到95对，辅导员达到250名。

1996年，全地区共培养县级以上的青年星火带头人560名，实用技术培训2万人（次），有420名农村青年获得绿色证书，380名农村青年获农民技术职称。

1997年，团地委下发《关于进一步加强希望工程规范化管理的暂行规定》，使希望工程资金、希望工程助学金如期全部划拨到学校和失学儿童手中。是年，在团省委“百万银杏送老区”活动中，团地委为平昌县、南江县各争取捐赠银杏苗20万株，为“保护母亲河”活动的深入开展起到推进作用。

1998年起，开展以“厂村联姻”“校村联姻”“部门联姻”“科技联姻”等为主要形成的“百、千、万”活动。重点抓好5个“示范村”，40个“试点村”，扶持300户青年特困户。其中，南江确立12个直属团委与12个区（镇）团委，100个机关、厂矿、企事业单位团支部与农村团支部挂钩结对，城乡联姻。联姻双方充分发挥各自在资金、技术、人才、资源、信息、政策等方面的优势，开展扶贫助困活动。是年，全地区各级团组织利用广播、电视、墙报等阵地，通过宣讲、培训、现场会等形式，开展科技推广工作，除推广精细蔬菜、瘦肉型生猪饲养等重点科技项目外，还结合地区实际，推广地膜玉米、旱育秧、抛秧等实用技术。

1999年起，抓项目基地建设。各级团组织按照农业产业化的要求，引导青年确定和发展主导产业，建设项目基地。采取“公司+农户”的方式领办或直接领导办项目，建立基地。通江团委积极争取外援，寻找技术、信息和市场，利用团组织的优势，引进广元市自然资源研究所开发蕨粉、木耳、竹荪等项目。在“全国十大杰出青年农民”评选期间，团县委向22名候选人致信祝贺，请求他们把通江作为资源和原材料基地，给予物资、技术、信息上的帮助。“蔬菜大王”刘光基等部分杰出青年农民已回信或回电，表示将与他们合作。同时，还广泛发动农村青年加入团中央中青农村发展中心“青年星火信息网”，为农村青年脱贫致富指明方向，提供信息。积极争取上级有关部门的支持，卓有成效地实施“希望工程”。

至2000年，全市23个单位获省领办科技项目、省青年能手、“五四”红旗团委创建单位奖，有73个获省中学生实践技能标兵、杰出（优秀）青年科技创业、杰出（优秀）青年厂长（经理）、青年营销能手等先进个人奖。组织回乡的大、中专学生1000多名，深入3县1区开展“农业科技大传送”活动，共捐赠各类图书3.5万册，扫盲文化教育3000人（次）。团市委与11家单位联合表彰“青年文明号”17个单位，“青年岗位能手”25名。有86名全国、省、市级青年文明号负责人参加培训。是年，团市委带领市级机关400余名团员青年，在巴河佛江路冒雨植树0.67公顷。4县（区）团委和基层各级团组织也分别在适当地方大力栽植“保护母亲河青年示范林”。共建保护母亲河青年示范林基地，县级6个，县以下132个，植树造林553.33公顷，植树23万株，募集绿色希望工程基金5000余元。同时，全市各级团组织开展“一助一”扶贫助困，“手拉手”献爱心和“青年志愿者”活动，引导少年儿童在学校、家庭、社会生活中体验学习，养成良好习惯。南江县各类青年文明号集体捐款1.2万元救助黑潭乡贫困户。平昌县在80所学校开展“手拉手”活动，结对3500对。全市各级团组织帮助贫困农户建微水池157户，建文明石板路24公里，建园73个，改厕356户，改厨332户，改圈289户，改水283户，改房347户。

第三章　妇女联合会

第一节　妇联组织

1933年2月7日，中国工农红军在通江成立中共川陕省委妇女部，乡村设妇女生活改善委员会，后更名为女工农村妇女协会，成为广大劳动妇女的群众组织。1935年3月，红军撤离通江，妇女组织随之消失。

民国28年（1939年），国民县政府设立妇女会。妇女会章程规定，妇女会以“唤起妇女之国民责任心，提倡以道德与智能，以参加宪法实施工作，增进自身社会国家福利”为宗旨。1950年，各县先后成立“民主妇联筹备会”，随后相继成立民主妇女联合会。1958年3月，各县将民主妇女联合会更名为妇女联合会。1966年，妇女联合会组织瘫痪、工作停止。1976年，妇女联合会组织恢复。

1993年，成立巴中地区后，经省妇联批准成立四川省妇联巴中地区办事处。内设办公室、组织宣传权益部、妇女儿童活动中心。

2000年，撤地建市，省妇联巴中地区办事处更名为巴中市妇女联合会。内设办公室（挂宣传、儿工部牌子）、组织维权部。

第二节　教育培养

一、文化教育

民国时期，境内妇女受“女子无才便是德”的封建枷锁残害，除少数中上层有钱有势妇女入学读书外，其余劳动妇女根本没有读书权利，几乎全是文盲。如，民国26年（1937年）9月，通江设公立小学1所，2个高级班无1名女生，2个初级班仅有女生11人；公立初级小学46所，72个班，仅有女生241人；全县文盲19.05万人，占总人口的85%。

1934年，川陕省苏维埃创建妇女学校。学校除开展政治、形势、理想、前途教育外，还根据妇女文盲多的实际情况，开设文化课，每期100余人，时间5~6个月，最长8个月。

中华人民共和国成立后，各级政府把妇女扫盲列入重要议程，常抓不懈。1950年，各县成立扫盲办公室。各级妇联把妇女扫盲作为重要工作任务，积极参与。文化馆配合开设妇女识字班、夜课班、读报组，多数妇女能阅读浅显书报，少数能写便条和书信。1957年，中共中央提出“7年内扫除文盲”的号召，各县妇联积极行动，兴办农民夜校。1966年，将原识字班、农民夜校统称“五七”政治夜校。男女分担家务，保证妇女进校学文化的时间。在“五七”政治夜校中办复式班，实行男女轮流学习。通江县兴办“五七”政治夜校2883个，入学人数7.09万人，其中妇女4.6万人。1982年底，各县扫除文盲占原12~40岁青年文盲的80%~90%。

1987年，各县妇联把发动妇女学文化与物质文明建设相结合，既学党的方针、政策，又学科学技术，学文化知识，提高山区妇女素质，走治穷致富道路，为四化建设贡献力量。

1989年，境内各级妇联积极争取各级党政把妇女扫盲教育纳入重要议事日程。县、乡（镇）、村，层层建立健全扫盲领导机构，由分管教育领导牵头，妇联、宣传、教育、广播、农业、林业、畜牧、财政、科协、团委、人武部等部门负责人担任扫盲领导小组成员，统筹、协调、安排和布置扫盲教育工作。对扫盲教育工作坚持定任务、定职责、定措施、定奖惩。

1990—1993年，在农村妇女中开展“脱盲赛”，采取集中办班、突击扫盲、分散学习、包教包学的形式，组织妇女学文化。

1994年初，巴中地区将扫盲教育和实用技术培训纳入《巴中地区农村经济社会目标管理》，层层签订责任书，实行目标管理、量化评分。各级妇联组织主动配合教育部门广泛开展“妇女扫盲研究”，组织2.6万人的扫盲队伍，划片包干，深入院户，对1950年后出生、15周岁以上的青壮年妇女的文化程度逐个核实，分年统计，层层建立青壮年妇女文化状况档案。省妇联巴中办事处在巴中市（县级）麻石垭乡进行试点，与教委一起围绕杜绝新文盲的问题，先后制发《关于严格控制中、小学生流失的通知》和《关于实施“春蕾计划”的意见》。先后在平昌县泻巴乡、巴中市（县级）麻石垭乡办起两个“春蕾”女童班。将扫盲任务落实到县（市），县（市）落实到乡、村，扫盲对象落实到人头。同时，因人、因地、因时举办各类妇女扫盲班1400多个，参学人数8.25万人。

1995—1996年，坚持把农村实用技术融于扫盲教学之中，进行“短、平、快”的实用技术教育。以学技术带识字，通过学技术巩固识字效果，使学员不仅达到脱盲标准，又掌握一项实用技术。巴中市（县级）福星乡7村3社35岁的妇女文盲吴林华，1993年，脱盲以后，兴办家庭米面加工厂，自己配药方，配饲料实行科学养猪，每年出栏30多头肥猪，成为全区有名的双学双赛参赛能手。在她的影响下，福星乡22位姑娘发出“不脱盲不出嫁”的倡议书。各级妇联在继续配合有关部门宣传、实施《义务教育法》、“春蕾计划”，堵住新文盲源头的同时，采取分类、分层次的方法，有的放矢地开展扫盲活动，全地区2万名青壮年妇女摘掉文盲帽子。通过省联合验收组验收，巴中市（县级）、平昌县被确认为高标准扫除青壮年文盲工作先进县市，达到国家和省上核定标准。

1997起，各级党委把杜绝半文盲产生，巩固扫盲工作成果，提高脱盲人员文化、科技等素质作为扫盲工作重点。各级妇联组织对地区文盲、半文盲妇女，广泛开展学文化、扫文盲、奔小康和“为社会、为自己、为下一代”的“三为”识字活动。支持、鼓励已有一定文化基础的女青年参加农函大、电大学习。至2000年，全市有50名自学成才的女青年被招聘为乡干部，有3100名文盲、半文盲妇女通过扫盲、学技术，成为当地脱贫致富新秀。有1万多名女青年参加农函大、电大学习。巴中市巴州区三江乡367名农村女青年通过学文化、学技术，增长知识，开阔视野，大力开展食用菌生产，组成远近闻名的娘子军销售队伍。

二、女干部培养

1933年，中共川陕省委提出：“党委要大大加紧文化教育工作，提高妇女的政治水平，启发劳动妇女的阶级觉悟……妇女在政治上、经济上、教育上与男子一律平等。”1933年3月，中共川陕省委创办党校，专门培养干部，每期学员300人，男女各半。1934年，创办女子学校，对各县苏维埃提拔起来的妇女干部和有培养前途的妇女数百余名，进行分期分批轮训和培训后，分配各县担任地方妇女干部。

中华人民共和国成立后，党和政府十分重视妇女干部的培养教育和提拔使用。1950年，境内各县配备女副乡长、农会主席、农会女会员、居民女代表，有不少妇女参加自卫队和减租工作团，以及各种政治、经济活动，成为领导干部。

1951—1953年，境内各县抓好乡、村女干部配备的同时，大力培养妇女积极分子，派送妇女参加土改工作团（队），发展女党员、女团员，开展乡村女干部培训班，对女干部进行综合培训。通江县通过培训，选拔配备女乡长4人，乡农会主席52人，女村长109人，培养女积极分子3.44万人，发展女党员31名，女团员51名。

1954—1959年，境内各县妇女组织配合相关单位开展农村妇女干部以及女厂长、女党委书记的选拔、培养、配备工作。

1973—1978年，继续扩大女干部队伍，提高女干部在各级政权机构中的比重；加强对大队以上妇代会干部的政治和业务培训；培养妇女积极分子，发展女党（团）员；优化妇女在县、区两级党政机构的领导职数。其间，1975年通江县妇女任地委委员2人，县委副书记1人，县委常委2人，县委委员7人；县级女领导3人，区委书记1人，区委委员6人，区革委会成人员57人。

1980—1985年，各县大队妇女干部的教育培养工作重点是大队（村）级妇女干部，从年龄、文化、技术等多角度地优化大队（村）妇女干部结构；结合政治体制改革，扩大国家机关、党群组织、企事业单位女负责人、女工作人员比重；在充实县级机关、县级部门和公社、乡（镇）女领导干部的同时，抓好各级女干部的培养、选择的储备、推荐；建立、健全女干部选拔、培训、推荐、考核、管理机制四个方面。1985年，平昌县妇女任县委常委1人，副县长1人，区委书记1人，副区长2人，正副乡（镇）长2人，村支书6人。

1986—1990年，各县妇联与组织、人事部门配合，一手抓妇女干部队伍的巩固和结构调整。一手争取县委党校举办妇女干部培训班、选派女干部外出学习深造等办法，加强女干部的政策理论、法律知识、科学技术和妇女工作业务培训，提高妇女干部对市场经济，科技进步及新时期妇女工作的适应性。

1994 年起，省妇联巴中地区办事处将妇女干部培养作为重要职责，主动争取地委、行署对这一工作的重视，积极配合组织、人事部门，把对妇女干部的选拔、培养纳入各级党政的人才工程。是年，全地区妇女干部中，党政系统有县级 3 人，正副区（局）级 30 人，正副乡级 48 人；文卫系统有正、副校长 13 人；厂矿、企事业单位有区级干部、经理 4 人，乡级公司经理 5 人。

1996 年，各级妇联认真实施《巾帼成才行动规划》，积极协助党和政府选拔妇女人才。配合地区人劳局对 50 名招聘妇女干部进行岗前培训，先后选派两批女干部到全国妇联培训基地学习。各县（市）妇联通过举办学习培训班、组织外出考察等方式，增长女干部见识，开阔女干部的视野。积极主动向组织部门推荐、输送优秀女干部，进入领导决策层。全地区有副县级以上女领导干部 32 人，任正职的 9 人，4 县（市）均配有女副县委书记、副县长、组织部副部长；60% 的乡（镇）党政班子配有女领导干部。女后备干部占同级总数的 25% 以上。1997 年，地区妇联配合地委组织部，制发《关于进一步做好培养选拔女干部工作的意见》，对全地区各级党政培养选拔女干部的任务、目标、措施等作出明确规定并建立相应的考核验收制度。全地区女干部 6975 人，占干部总数的 17%；女领导干部 337 人，占总数的 15%；女后备干部 371 人，占总数的 26%；女领导干部中有副师级 1 人，县级 45 人。地级 40 多个部门有 18 个部门有女领导干部，4 县（市）100% 的党政班子配有女领导干部，70% 的乡镇班子中配备女领导。

1998 年，地妇联采取自办培训班，选送干部到全国、省妇干校、地委党校学习，组织外出考察等方式，对全地区乡以上妇干及机关妇委会负责人普遍进行岗位培训。在全地区妇干中开展“练内功，树形象”的活动，倡导树立自力更生，艰苦创业；不计名利，勇于奉献；肝胆相照，团结拼搏；敢于竞争，争创一流的精神，以提高女干部的综合素质和能力。换届之前，各级妇联通过电视、报纸、召开各种会议等形式，宣传马克思主义妇女观和男女平等基本国策，宣传参政妇女政绩、优化女干部健康成长舆论环境，扩大妇女参政影响力。“三八”期间，地妇联召开地级机关副县以上女领导干部座谈会，畅谈从政体会，共同探讨成才之路，互相勉励，携手共进。

2000 年，市妇联配合组织部门举办 3 期女干部培训班，组织 100 名女干部学政治、学管理，促进女干部健康成长。全市 80% 的乡镇班子中配备有女领导，副县级以上女干部 47 人，县级“人代会”“党代会”代表中女代表占代表总数的 23%。推选出席全国、省妇代会代表 20 人。

第三节　妇女活动

川陕省苏维埃政府时期，各级妇女组织宣传《妇女斗争纲领》，激励广大妇女冲破封建牢笼，挣脱家庭束缚，离开锅台走向社会；发动妇女参加红军，参加土地革命，参加政权建设，支援前线。在苏维埃机关、工厂、学校工作人员中，妇女约占四分之一。

中华人民共和国成立后，党和政府重视妇女工作。各级妇联组织宣传民主改革，婚姻自主，发动妇女参加农会、武警自卫队，积极投入反封建的斗争。1951—1952 年，组织妇女给志愿军写慰问信，赠慰问品，动员亲人抗美援朝、保家卫国。动员妇女参加互助组、合作社，植树造林、兴修水利和发展家禽、家畜，兴办家庭手工业。

1953 年，在宣传贯彻《新婚姻法》运动中，各县妇联配合贯彻婚姻法委员会，培训宣传干部，向广大群众宣传《新婚姻法》，自觉地同封建旧礼教决裂。

1954—1965 年，围绕农业合作化、“大跃进”和生产自救、节约度荒等运动，贯彻“男女一齐发动，男女一齐教育，男女一齐劳动”的方针，发动妇女积极参加农业生产，涌现出一大批积极分子。

1966 年后，各级妇女组织无法开展正常活动，妇女工作处于停滞状态。

1975—1978 年，在“农业学大寨”运动中，各地组织“妇女石工排”“铁娘子战斗队”，投入兴修水利，改土改田。

1979 年后，开展“三八红旗手”“三八红旗集体”的竞赛活动，组织妇女勤劳致富，以妇女为主经营的专业户。

20 世纪 80 年代，实施国家扶贫政策。境内通江、南江 2 县被列为国贫县，巴中、平昌 2 县被列为省贫县。各县妇联顺应形势，把帮助贫困妇女脱贫作为重要工作内容。1980 年，各县妇联组织妇女广开门路，发展多种经营。1985 年，组织妇女开展致富竞赛、养猪竞赛等活动。鼓励和扶持农村妇女离土不离乡，兴办服务加工业。1989 年起，全国妇联发出在全国妇女中间开展“双学双赛”（学文化、学技术、赛贡献、赛新风）活动的通知。境内各县从县到乡层层成立“双学双赛”领导小组，不断把“双学双赛”活动推向深入。巴中县妇联每年根据县委、县政府的工作重心，坚持年初下任务，半年一检查，年终搞评比。使“双学双赛”活动一年一个新台阶。

1990 年，各县组织农村妇女开展“万名妇女脱贫致富赛、万名妇女致富能手赛”，组织城镇女职工开展“双增双节”社会主义劳动竞赛。

1991 年，在农村妇女中开展脱贫致富竞赛，在城镇女职工中开展“巾帼建功”活动。

1992 年，开展“十项女能手赛”“巾帼系列行动”等活动。至 1993 年，巴中市（县级）参加“双学双赛”活动的妇女累计 53.3 万人（次）、年审 10.66 万人（次）。有 1 人评为“全国双学双赛先进个人”；1 人被评为全省“巾帼建功先进个人”；3 人被评为全省“养殖能手”；有 9 区（镇）、5 乡（镇）、5 个机关单位被地区评为“双学双赛”先进集体；179 人被地区评为“先进个人”。是年，地区妇联办事处把精神文明建设列为妇女工作的重要内容之一。同时，在全地区开展“巾帼扶贫”活动。各县（市）妇联结合县（市）情，选择重点、突出特色，开展“巾帼扶贫活动”。巴中市（县级）在活动中开展“万名妇女年出栏 10 头配猪行动”。南江县开展“万名妇女致富竞赛活动”。

1994 年开始，地妇联与地委组织部在地委党校举办青年女干部培训班，系统地学习邓小平理论和市场经济知识，拓宽知识面，提高理论素养；推荐副县级女干部分别参加全省女干部培训班学习；动员女干部参加学历培训，提高文化知识水平等多种措施实施“人才工程”。是年，地区妇联办事处一直把树好妇女组织形象当成一项“工程”，贯穿于妇联工作的始终。地区妇联一手抓各级妇联组织的调整，落实，一手抓妇联干部的四大教育（革命老区的传统教育，新建地区的前景教育、敢为人先的风尚教育、协力同心的美法教育）。

1995 年，以 113 个家庭、岗位为窗口和载体，开始进行精神文明建设。是年，地区妇联把“双学双赛”“巾帼建功”活动有机地结合在一起，在城乡妇女中开展为巴城献一计、出一力的“双一”竞赛，动员妇女捐款捐物支援新区建设。组织 5 万名妇女参加公路大会战，在城乡妇女之间开展“手拉手、一帮一、团结互助奔小康”和“城乡联姻、互助互促”活动。全地区 127 个机关妇委会在农村建立联系点 300 个，联系户 960 个，帮助农村妇女制定致富规划，传授致富技术，提供信息、资金、物资等方面的支持和服务。全地区城乡姐妹结“互助对子”2 万对，其中技术互助 9508 对，项目互助 1825 对，资金互助 79 对，劳力互助 1897 对。涌现出各类妇女专业大户 5.1 万户，能手 6.3 万人，有 7.8 万妇女不同程度地摆脱贫困状态。

1996 年起，地区妇联以讲政治、讲团结、讲思想、讲贡献为重要内容，在妇女干部中开展外树形象的活动。同时，地区妇联、地委宣传部、地区精神文明办等 19 个单位联合制发《关于深入持久开展“五好文明家庭”活动的联合通知》，地、县（市）分别成立“五好文明家庭”评选活动领导小组。把“五好文明家庭”创建与文明新村建设，培植科技示范融为一体，齐抓共管，整体推进。

开展“讲文明、树新风、争创五好文明家庭”活动和“购好书、藏好书、读好书”活动。在城镇倡导每个家庭拥有书橱、健康报纸和图书，形成“家家有好书、户户在学习、人人求知识、个人讲文明”的风尚，促进社会文明进步。是年，各级妇联把帮助妇女脱贫致富作为中心任务，常抓不懈。坚持科技扶贫。配合有关部门开展“科技之春科普宣传月”活动，送科技图书下乡，送致富技术上门，实施“万户农家女百项新技术新品种”推广培训计划。全地区共举办各种实用技术培训班342期，参训贫困妇女4.1万人（次），80%的贫困妇女掌握一门以上实用致富技术；坚持选定扶贫联系点，实行包村联户、承包脱贫；坚持计生扶贫。与计生等有关部门密切配合开展“生殖保健系列服务”活动的同时，抓计划生育“三结合”工作。对带头实行计划生育的农村妇女给予“优先列入帮扶对象”，引导和组织全地区农村妇女自觉遵守计划生育政策，少生快富奔小康；坚持结对扶贫。全地区开展“城乡联姻、强弱互助”的携手扶贫活动。100多个机关妇委会、企业女职工委员会的3000多名女干部、女职工与1.5万户贫困户攀“亲”，4.2万户富裕户与7.5万户特困户结成帮扶“对子”，为贫困女工提供技术、资金、良种、信息等服务，为五保户、劳弱户、无劳户义务劳动。经过实实在在地帮扶，有3万户贫困妇女甩掉“穷帽子”。被省级有关部门表彰为“巾帼扶贫”先进集体3个，先进个人4名。

1997年，进一步拓宽竞赛领域，在丰富竞赛内容的基础上，各级妇联在继续抓好“双千田”高产赛，庭院经济开发赛等重点项目的同时，集中力量抓好养猪能手，养蚕状元竞赛活动。有2万名养猪能手年出栏肥猪10头以上，1万名养蚕能手年养蚕产茧100公斤以上。地妇联以平昌县泻巴乡星光村为示范点，在示范点上召开县、市妇联及部分区妇干参加的“学赛”现场暨经验交流会，实地参观地妇联帮扶的4户年产茧150公斤的养蚕专业户和年出栏肥猪120头的养猪专业户，总结交流竞赛活动经验，研究进一步提高竞赛活动质量的措施，推动全地区竞赛活动的开展。同时，地区妇联把扶贫帮困，实施“巾帼扶贫”作为农村“双学双赛”活动的“重头戏”，按照巴中地区7年扶贫攻坚计划，以巴中市（县级）光辉乡2村为扶贫定点村，协调省妇联做好100户贫困户的有关工作。各级妇联层层建立扶贫工作点和直接联系户，定点挂钩，对口扶贫。全地区妇联系统扶贫点300个，直接联系户1000户。对在活动中涌现出的40名扶贫帮困先进集体、个人以及脱贫致富的女能人进行宣传表彰，激励广大农村妇女和各级妇联组织、妇女干部扶贫攻坚积极性。通江县妇联从“精神扶贫”和“物资扶贫”两方面入手，既治“愚”又治“穷”；平昌县妇联与县扶贫办采用“五定四帮”办法使“巾帼扶贫”活动有声有色；巴中市（县级）妇联用“公司+农户”的产业化、实体化方式带动贫困户脱贫；配合有关部门，在农村开展“科普之春”活动，加大科技扶贫、文化扶贫力度。组织全地区农村妇女学科学、用科学，推广新技术，加强实用技术培训。全地区有80%的农村妇女参加实用科技学习和培训，有1058名妇女申报评定女农（牧）技术员职称，使全地区以“扶贫”为重点的“学赛”活动由点及面地焕发出新的生机。是年，县（市）妇联采取措施，实施“形象工程”。围绕全地区文明新村建设，县（市）妇联抓一个村妇代会示范点，发挥树一村，带百村，促千村的作用；举办培训班，组织外出考察，对乡以上妇干及机关妇委会负责人进行分层次培训；妇联机关干部采取“轮岗分流”办法提高综合素质和能力，激励妇联干部求真务实，创先争优，坚持妇女工作虚功实做。同时，全地区树立“家庭读书”样板1240户，表彰“美在我家”文明户50户。

至1998年，全地区有160名正副科级女干部到地委党校培训；有15名副县级女干部参加全省女干部培训学习；有150名女干部报名参加成人高等函授，过关考试；有230名优秀女干部进入组织部人才库。地区妇联还以“科普宣传月”为契机，抽调2名干部，配合地科委、科协、农业等部门，先后3次深入巴中市（县级）曾口镇、甘泉乡、东兴场乡开展科技知识宣传活动。送发20项、2万份实用技术资料，售科技图书2100册，放映科技录像带3场（次），展示科技挂图20余幅，召开各种现场会17次，接受培训的妇女1.4万人（次），接待咨询妇女2080人；配合有关部门组织、发动农村妇女参加实用技术学习，先后培训女农民技术员6万余名。是年，地区妇联以巴中市（县级）东兴乡兴隆村2社董菊华家为“文明示范户”联系点，帮助制定规划，并挤出1万元资金，协助改变生产和生活条件，抓好“四改三建”（改井、灶、厕、圈，建池、园、路），组织部分妇联主席参观，发挥典型辐射作用。同时，以执行项目为龙头，把扶贫工作落到实处。全地区获准小额信贷贷款55万元，发展养猪示范村2个，“巾帼扶贫饮水工程”300户。11月，全省川东片区“巾帼人畜饮水工程现场会”在巴中召开，获得与会人员好评。在“三八”“六一”等节日期间发动全地区妇女干部扶贫助教，为恩阳女童班捐款8600元，字典100册，布料60米。为灾民捐款2.5万元，衣物5000件。同时，各级妇联积极配合有关部门对软、散、懒班子进行整改，村妇代会主任一律实行公推公选。同时，地妇联对基层妇联组织状况、女干部情况进行全面调查，撰写调查报告5篇。各级妇女组织，基本形成“班子硬、作风正、效率高”的新格局。各县（市）因地制宜开展各具特色的活动，如“好婆婆”“好媳妇”的评选活动，“婆媳交心谈心”活动，“好儿童”评选活动等。各级妇联会同教育部创办家长学校240所，建立婚育学校560所，家庭辅导站610个，通过多种形式开展“优生、优育、优教”知识讲座和咨询活动，提高家长素质和家教水平。

1999年，开展“五学五争”（学政治、学文化、学科学、学技术、学管理，产品争优质、效益争最佳、服务争一流、工作争上游、贡献争最大）竞赛活动，在广大女职工中树立爱岗、敬业、建功、成才的奉献精神。

2000年，各级妇联在农村重点抓村妇代会主任、回乡女青年、女能手、女科技带头人参加获取绿色证书和技术职称培训。全市有500名妇女获得绿色证书，700名妇女获得农民技术员职称，32万名妇女掌握1~2门生产技能。在城镇重点抓女厂长、女经理、女科技人员技术骨干培训，使之掌握运用新技术、新成果和现代经营管理知识。同时，还以市贸易局为“巾帼建功”活动点，继续抓好“四自”，创“三优”“三文明”活动，以带动其他系统竞赛活动的深入开展。是年，有13个“双学双赛”“巾帼建功”先进典型受省表彰；市“双学双赛”及“巾帼建功”活动协调小组被省评为先进集体。同时，各级妇联开展送科技下乡活动，召开科技致富现场会及表彰会，请科技人员到现场讲课，请致富能手交流经验送科技图书、资料到农户等活动，推广新技术，开阔农妇眼界，启迪农妇思维。75%的参赛妇女掌握2门以上实用技术。各级妇联在“三八”期间评选表彰一大批先进集体和个人，并通过电视、报纸大张旗鼓地宣传她们的先进事迹。同时，把文明家庭建设与“安全文明小区”“文明新村”建设和培植科技示范户相结合，开展家庭读书、净化、美化、绿化、“美在我家”、尊老爱幼、家庭教育等树形象一系列活动，用文明、健康、科学生活方式，促进社会文明进步。全市创办家长学校240所，建立婚育学校560所，家教辅导站610个，有20个文明新村200多个家庭主妇开放农家乐60处。评出“四川农村十佳媳妇”2名，“模范丈夫”2名。调整各级妇女干部510人，建立和整顿村妇代会697个，全市建立妇女会47个。

第四节　妇女儿童合法权益

民国时期，境内各级妇女组织，倡导妇女自由、平等，在家庭和社会均享有同男子平等的权利，但广大妇女的社会地位仍无改变，特别是农村妇女仍受着封建的神权、族权、夫权的束缚。

中华人民共和国成立后，境内各县妇联配合司法部门打击处理残害妇女儿童的典型案件。发文作出男女同工必同酬的统一规定。1950年，《中华人民共和国婚姻法》颁布后，各级妇女组织配合政府开展婚姻问题调查和宣传，男女平等，婚姻自由，废除包办婚姻、买卖婚姻、童养媳等不合理的婚姻制度。禁止早婚，制止虐待妇女行为。1952 年起，各县妇联开始配合街道、村组开办托儿所（组）。1953 年，各县妇联派员担任陪审员，参与法院审理婚姻案件。1956 年起，对处在经期、孕期、产期、哺乳期（后增加更年期）的妇女，实行保护政策，农村集体生产派工，实行妇女经期调干不调湿，孕期调轻不调重，哺乳期调近不调远。同时，贯彻男女同工同酬政策。1960 年后，在普查妇科疾病基础上，重点治疗子宫脱垂 、停经等常见病。1961 年，各地农村幼儿园、幼儿班、托儿所相继停办。1968 年以后，少数不法分子打着各种“合法”职业的幌子，利用赶场、住旅馆、下乡串户，宣扬物质享受，耍朋友、介绍对象、金钱收买，色情调逗等手段把妇女当做商品拐卖到山东、安徽、河南、河北、广东、新疆、陕西、江苏等 12 个省市，对妇女进行迫害和侮辱，造成家庭与子女分离之苦，严重影响社会治安，败坏社会风气。

1970 年开始，各县妇联配合卫生保健部门开展妇女卫生保健知识和计划生育政策和宣传，并继续开展妇女儿童健康检查和妇科疾病的检查和治疗。同时，针对社会上拐卖妇女、早婚、骗婚索财现象，各县妇联利用办展览、编文艺节目、出专刊等形式，对妇女进行《中华人民共和国婚姻法》再教育，提倡勤俭办婚事，反对买卖或变相买卖婚姻，提倡晚婚、计划生育。1974 年后，相继培训一批幼儿教师，逐步恢复幼儿园。农村幼儿班逐步由生产队办改为联队办或大队办，各厂矿、企事业单位也陆续办起幼儿园，一些小学附设学前班。幼儿园教师报酬分步改为工资制。1979 年后，各县相继成立托幼领导小组。1980 年，开展创“五好家庭”活动。

1982 年，各县专门召开打击拐卖妇女儿童犯罪活动会议，成立“87 办公室”（简称“87 办”）。同时，各县成立由副书记、副县长任组长，公安、宣传、妇联、团委、总工会负责人为成员的打击拐卖妇女儿童犯罪活动领导小组，全面开展“打拐”活动。坚持采取召开会议、书贴标语、办墙板、黑板报、印发宣传资料等办法，宣传省、地、县关于打拐工作的决定、部署和重大意义。通过宣传发动，使干部群众特别是妇女达到“三提高”“三增强”和“四不”（提高认识、提高觉悟、提高警惕；增强法制观念、增强保护妇女、儿童合法权益的政治责任感，增强青年妇女抵御能力；广大妇女不轻信别人吹嘘，不随便接受外来人员礼物，不轻易表态许身，不轻易放过可疑的外来人员）要求；坚持调查摸清情况。各县纪委、公、检、法、司、民、工、青、妇等部门组织力量，分片对乡、村、居民组进行检查，公安局抽人搞侦破，成立治安队，到场站挡获罪犯及外流妇女，县工商局加强对外来经商人员的审查、登记工作。坚持堵塞漏洞，加强防范。把制止妇女盲目外流作为精神文明村、组建设的一个内容，订入《乡规民约》，载入社会治安承包合同，作为各级党政工作的考核条件之一，实行区包乡，乡包村，村包组，组包嫌疑户，家长包子女，教师包学生的“六包”责任制。同时，各县还设有专案小组，解救小组。对受害的妇女做到不歧视，不虐待，在政治上享受妇女应该享受的权利；生产和工作中做出成绩的，一样鼓励表彰；够条件入学、招工、提干的，一样对待，使受害妇女回得来，留得住。除此之外，各县还从有关部门抽调干部组成检查站和劝阻站，对交通要道和场站码头、车站实行清查，发现可疑人员和外流妇女进行审查和劝阻。是年，通江县截获人贩子 43 人，其中由检察院起诉的 2 人，立案侦破的 2 人，收容审查 16 人，教育后放回的 23 人，缴获赃款 710 元，赃物 15 件，配合社会治安综合治理，办违法人员学习班 108 次，受教育的 1600 多人。

1984 起，各县先后开展妇女儿童合法权益的法制宣传教育。在宣传月活动中，组织文艺宣传队进行宣传教育、法律咨询站接待群众提供法律服务。是年，各县成立妇女儿童合法权益法制宣传月领导小组。1986 年，开展创建“文明托幼园（所）”活动。

1987 年，各县作出“继续开展严厉打击拐卖人口犯罪活动的安排意见”，集中力量开展严厉打击拐卖人口犯罪活动的专项斗争。平昌县妇联配合、协助政法部门开展对犯罪分子的打击，通过深挖细查。挖出人贩子团伙23个，参加拐卖妇女、儿童的人贩子435人。政法机关分别在江口镇、岳家、白衣三地召开群众大会进行公捕公判。逮捕人贩子14名，立案侦查13人，收容113人，行政拘留40人。同时，抽人组成解救组，前往河南、福建、安徽、河北等省解救受害妇女、儿童56人，并进行妥善安排，使其不受歧视，不受虐待，并帮助建立和睦家庭，对因寻找被拐卖亲人而造成生产、生活困难者，政府给予适当救济。

1988年，各县妇联组织宣传国务院《女职工劳动保护规定》。是年，托幼工作移交文教部门管理。

20世纪90年代开始，随着国有企业的改革，城镇下岗职工逐年增多，其中女职工所占比例较大，其生活、就业成为新的社会问题。境内妇联注意和研究这一问题，并竭力寻求解决途径，减轻社会负担，拉动地方经济增长。同时，各级妇女组织根据《妇女权益保障法》、《未成年人保护法》《妇女发展纲要》及《实施规划》和《儿童发展纲要》（简称“两法”“两纲”），开展广泛的宣传贯彻活动，以保障妇女儿童的合法权益。

1993年后，地区党政和妇女组织，把打拐工作的重点放在宣传发动，加强对妇女“四自”和法律、前途教育，增强自我保护能力方面。公安、检察、人民法院，把打拐斗争列入重要议程，无拐则防、有拐即打，使拐卖妇女儿童的犯罪活动，得到有效遏制。

1994年，巴中地区妇联制发《关于在全区妇女中开展法制宣传教育的第三个五年规划》，对全地区妇女“三五”普法的目标、措施和任务作出具体布置。各县妇联对广大妇女进行“四自”（自尊、自重、自爱 、自强）教育和万名妇女双文明活动。举办“家族教师”广播讲座，开办“新女性”讲座，系统地对妇女进行时事、政策、前途、理想、道德和民主法制教育，争做一名“合格妇女”。通过普法教育，使妇女知法、懂法，并用法律武器捍卫自身权益。

1996年，地妇联与人劳局联合转发全国妇联、劳动部《关于开展“巾帼创业”活动，促进下岗女工再就业工作的通知》，采取举措贯彻落实。各县（市）妇联对女工下岗原因、人数及现状等问题开展调查研究，形成调研报告25篇，为做好再就业工作奠定基础；各级妇联和企事业单位女职工委员会对各行业女职工进行形势教育和技术培训，帮助其克服“等、靠、要”的依赖思想，树立与市场经济相适应的择业观，主动寻岗建功、新岗成才；积极建议和参与政府有关部门为下岗女工提供优惠政策，帮助下岗女工学技术、到外地务工；创办服务妇女和儿童、服务社区的经济实体。地妇联兴办窗饰、服装加工店、美容美发店，吸收10余名下岗女工就业。各县（市）妇联拓展门路，直接安置百余名下岗女工就业。是年，以“三五”普法为契机，抓住“三八”“六一”“社会治安综合治理月”“七一”等时机，宣传有关保护儿童权利的法律、法规。地区妇联组织地区广电局等机关干部职工为贫困山区儿童捐款2000元，捐物4000余件，使部分贫困失学的山区儿童重返校园。

1997年，各级妇联，通过广播、电视、图片展览、文艺汇演、义务咨询等形式，集中宣传“两法”和“两纲”。在宣传中坚持集中宣传与经常性宣传相结合；普遍宣传与培训骨干相结合；大型宣传与灵活多样的典型宣传相结合；加深全社会对“两法”“两纲”的了解和认识，提高妇女依法维护自身权益和运用法律武器向犯罪行为作斗争的能力。同时，组织全地区妇女参加省妇联开展的“女儿杯”妇女法律知识竞赛，通过竞赛，使更多的妇女知法、懂法、守法。配合地区卫生局、计生委联合制定“母乳喂养婴儿的女职工增加1个月产假”的规定，并广泛宣传实施，更好地保护母婴身体健康。地、县（市）妇联通过义卖妇女保健用品，筹款1万余元送到巴中市（县级）恩阳镇麻石垭和平昌县泻巴乡2个“春蕾女童班”。通江县妇联在杨柏乡开办1个“春蕾班”，使50名失学女童重返校园，圆“读书梦”。

1998—1999年，各级各部门大张旗鼓地宣传“两纲”的目的意义和各项指标。配合教育、广播、卫生、科技等部门采取广播电视、板报、写标语、办墙报专栏等多种形式，进行宣传。先后举办“两纲”宣传专栏3500期，办广播讲座1080期，翻印资料1.85万册；节日期间开展知识竞赛、表彰大会、座谈会等活动把妇女集中起来，宣传“两纲”内容及所达指标；层层举办骨干培训班，全面宣传、贯彻、落实两个纲要；地妇联以妇女相关的法律、法规、政策内容，开展2万多人参加的“巾帼杯”知识竞赛活动，普及法律知识，提高广大妇女依法维护其合法权益的能力。1998年，省妇联巴中办事处把实施再就业工程作为“巾帼建功”活动的重要工作。坚持举办下岗女工再就业报告会、表彰会、女能人巡回演讲会等活动，激发广大妇女的“四自”精神。坚持各级妇联积极配合有关部门采取举办培训班、技能比武、现场参观等方式对全地区2000多名下岗女工进行培训，使其掌握再就业本领。坚持地、县（市）妇联主动配合就业局，向外输送劳工、家庭服务员等共安置1100余人，有40名女工优先安排在妇联创办的实体中。

2000年，市妇联以“创巾帼示范岗”为龙头，在各行业女职工中开展各种优质服务、便民利民服务和争创一流的技术比武、劳动竞赛等活动。市妇联积极争取再就业优惠政策，开展职业技术培训，兴办第三产业组织劳务输出，鼓励下岗女工落岗不落志，勇于竞争、新岗建功。全市参加“巾帼建功”活动的城镇女职工2万余人，涌现出“先进集体”112个、“建功”标兵238人，有2000多人参加培训，有1100多人实现再就业，创造经济收入200多万元。是年，全市各级妇联通过召开会议，举办培训班等形式，加强宣传和培训，努力争取各级领导重视和社会各界对“两纲”的了解。各部门、各乡（镇）总结交流“九五”实施“两纲”经验，研究讨论实施新纲要的措施，进一步提高妇儿工作者业务素质和办事能力。各乡镇召开计生、教育、卫生等责任单位培训会，把“两纲”内容宣传培训到千家万户。各县妇联在县（区）委党校组织召开“新两纲”骨干培训会议。同时，围绕新纲要的指导思想、基本原则、主要内容、重要热点和国际妇女儿童事业发展趋势、国际公约、国际准则等问题，研究制定本县（区）完成达标任务的方法、措施及实施方案。

第四章　科学技术协会

第一节　科协组织

一、巴中地区科学技术协会

1993年10月23日，巴中地区科学技术协会成立，设行政编制4人，事业编制1人。1994年8月，增加行政编制1人。至2000年底，市科协机关在职职工4人，内设办公室、学会部。下属事业单位2个（市科普服务站、市青少年科技活动中心），有自收自支人员编制3人。

二、县（市、区）科学技术协会

1959年，通江县、南江县、平昌县相继成立县科学技术协会，1961年9月，巴中县成立科学技术协会。1964年前，各县科协与科委、科研所合署办公，属县人委领导。主要工作是建立科学协会，在公社、厂矿、学校发展科协会员，建立基层科协组织，开展科普宣传。1964—1966 年，中国科协关于县科协通则规定，县科协为中国科协的一级组织，是县委领导下的科学技术群众团体。各县科协划归县委领导。1966—1976 年，科协组织瘫痪，活动中断。

1976 年 7 月，平昌县科协恢复，1978 年，巴中、通江、南江 3 县科协相继恢复。1993 年 8 月后，巴中县科协更名为巴中市（县级）科协，2000 年 12 月 28 日后，更名为巴中市巴州区科协。至 2000 年底，巴中市巴州区科协有职工 13 人，通江县科协有职工 11 人，南江县科协有职工 9 人，平昌县科协有职工 17 人。各县（区）科协均设办公室、普及部、学会部，下设科技咨询服务中心。

第二节　学（协）会

一、地（市）级学（协）会

1993 年，地区科协把各类学会建立和发展作为工作重要内容来抓。1994 年 8 月，地区公路学会建立，有会员 216 人，为全地区首建地级学会。11 月，建立地区水电学会，有会员 80 人。1995 年，地级成立地区通讯学会、地区林学会、地区质量管理协会等 3 个地级学（协）会，共有会员 525 人。1996—1998 年，先后建立地级学会 5 个，有会员 741 人，分别为地区野生动物保护协会，有会员 47 人；地区法医学会，有会员 120 人；地区教育学会，有会员 175 人；地区珠算协会，有会员 160 人；地区烹饪学会，有会员 239 人。1999 年，地区质量管理协会成立，有会员 162 人。2000 年 4—12 月，成立地区电机工程学会，有会员 300 人；地区图书馆学会，有会员 13 人。至 2000 年底，全市有市级学会 13 个，会员 2111 人。

二、县（市）区学（协）会

1962 年，通江、南江两县成立农学会，通江成立医学会，有会员 502 人。此后各县成立各类不同性质、不同规模的学会学（协）会。至 1979 年，境内 4 县建立各类学（协）会 13 个，有会员 2643 人。1980—1983 年，境内 4 县建立学（协）会 17 个、有会员 1321 人。1984—1985 年，通江建立烹饪协会，有会员 18 人，供销经济学会 68 人。巴中县建立芦笋研究会，有会员 82 人；酒类生产者协会有会员 92 人；食品工业协会有会员 92 人；人口信息研究会有会员 10 人；二轻科协有会员 129 人；青少年科普辅导协会 32 人。南江县建立计划生育协会，有会员 129 人；二轻科协有会员 56 人；珠算协会有会员 198 人；质量管理协会，有会员 200 人；黑潭天麻研究会有会员 46 人。平昌建立气象协会，有会员 28 人；会计学会有会员 300 人，青少年辅导协会有会员 78 人；会计学会、珠算学会有会员 250 人。1986—1987 年，巴中县建立酒厂科协、电化教育协会、罐头厂职工政研会、食用菌协会、购销工业者协会、质量管理协会，共有会员 186 人。平昌县建立蚕桑协会、畜牧协会、老年协会，共有会员 354 人。1991 年，平昌建立水电学会，有会员 85 人；林学会，有会员 60 人；医学会，有会员 500 人。1993 年，地区各县（市）对各类学会进行调整、充实。南江县教育学会先后组建成立小学语文、数学、中学语文、政治、数学、外语、物理、化学、生物、历史、地理、中小学体育、幼教、电教、少先队等 15 个学科研究会，拥有各种研究会会员 653 人，县教育学会会员 184 人，共 837 人，初步形成学科齐全、机构健全、讲求实效、活动经常的学术研究网络。

1995—2000 年，各级科协加强学（协）会的清理整顿，换发会员证，学会从数量上无增加。

第三节 科普工作

一、科普网络

民国期间，境内4县均无科学技术普及机构。1949年初，农村科学技术普及网络（简称“科普网络”）一直没形成。至1959年，平昌县驷马公社龙台大队建立科学实验小组，重点研究棉花高产课题，实验小组组长聂绍均撰写《用毛主席哲学思想夺取棉花高产》的文章在《人民日报》发表，引起热烈反映后，各地纷纷建立科学实验小组，推动科学技术普及。至1980年底，平昌县10个区，60个公社均建立科普协会，466个大队建立科普小组，科普会员7731人，公社科普协会兴办科普服务站，开展技物结合科技服务，从上到下形成科普网络为全国首创，中国科协将平昌列为全国科普重点县。1980年9月，全省第一次农村科普工作会在平昌县召开，推广这一“平昌模式”。会后，全国先后有25个省、市，200多个市、地、州，280个县共3000多人到平昌学习参观，使平昌模式在全国迅速推广。境内通江、巴中、南江3县先后建立健全县、区、乡、村4级农业技术推广普及网络。

1982年，平昌县科协协助兰草、笔山、元山3个区和雷山、驷马、岳家、涵水、望京、金宝6个乡建立科技服务中心；协助得胜区办养鸭服务中心；在元山区组建魔芋生产技术研究会；在笔山区组建畜禽生产技术研究会；协助涵水乡建立食用菌技术服务中心。1983年，农村实行分户经营的联产责任制，乡镇科技人员报酬和科普经费断奶，加之改革配套措施滞后，导致不少地方的科普网络，网破人散。1984年，中共达县地委制发《关于进一步加强农村科普网络建设的意见》，使“平昌模式”的农村科普网络重新在境内4县得到恢复性发展。1987年，四川省科协在平昌召开“四川省农村科协改革工作座谈会”。会后，境内科普网络再次恢复。至1990年，境内有193个区、乡、镇成立有科普机构或专兼职人员，70%以上的村、社建有科普小组和科普示范户。

1994年，全地区各县（市）对乡镇科协专兼职干部进行缺额补员，重新配备，从区、乡、镇干部中确定1人担任区、乡、镇科协的专兼职主席，选聘1名精明能干的技术人员任区、乡镇科协专职秘书长。是年，全地区所有区、乡、镇都建立有科协，配备有专兼职科协干部，配有村科普组长和社科普员。

1995年，地委、行署下发《关于认真贯彻落实中央国务院关于加强科学技术普及工作的若干意见》后，全地区抓农村科普网络量的扩张和质的提高。至2000年，全市302个区、乡镇有专兼职科技干部和秘书长604人，建有村农技推广协会1.32万个，有科技示范户6.83万户。

二、科普宣传

1949年，境内以口头宣传形式宣传农业生产经验和新技术。1956年起，境内普遍编印各种科技资料发放，南江县先后编印《南江黄羊简介》《水稻育秧技术》等资料29种23.4万份分发各地。《南江报》先后辟出“工农业生产”“公社社员”“农业技术站”“林牧场生活”等栏目刊登科普文章。县科协主办的《南江科普》报（每2月1期，每期4版），先后出版14期，报导科技动态，发至省内外376个单位。巴中、通江2县医学会创办《巴山卫生》，南江县凉水乡科协创办《凉水科普》，宣传卫生知识和农业科学技术。

1962—1965年，境内4县除继续利用资料印发和县办报刊宣传科学技术外，还利用赶场天进行科技宣传和有线广播宣传。巴中、平昌2县举办有线广播专题宣传26次，开展赶场天宣传315次，印发各类科技宣传资料415万余份，报纸转载各种适用新技术72项。1966—1976年，科技宣传中断。

1978年后，科技宣传工作重新纳入各级党委和政府工作议程。各县在继续抓好以广播、报刊、赶场天、板报等形式的常规宣传外，大力开展科教影视宣传。至1980年，南江县科协购置电影放映机，专放科普宣教片《水稻杂交》《山羊》《黑木耳》《黄牛改良》《防霉与防癌》《木屑种香菇》《核桃》《妇女癌病防治》《怀孕以后》等。巴中、平昌、通江3县科协购置电影放映机，成立科教电影放映队，在农村巡回放映科教电影。其中，通江县科协在全县12个区、76个乡、1100多个村、社放映专题科教影片1500多场。4县科教电影队先后受到中国科协、中央宣传部、文化部等联合表彰以及省、地县的多次表彰奖励。1981年起，各县科协与广播局联合举办《学科学》专题广播节目。针对农事季节，组织编播《培育多蘖壮秧》《春季植树造林》《科学养猪》《科学养牛》等稿件。各区、乡科普协会亦自办科普广播讲座，定期和不定期地解答群众提出的生产、生活、卫生等方面的问题，把科学技术知识送到千家万户。至1985年，南江县在有线广播地方节目中，开展科普专题讲座247讲，494次，在区、乡广播“自办节目”中播出科普讲座476讲。1987年，境内各县设置宣传橱窗，展示科技资料、图片、图表。到1990年，境内计生、环保、文化等部门共举办展览983期，展出科普照片、图片6883幅。

1990年，《平昌科普报》《通江科普报》《巴中科普报》和《南江科普报》相继创刊，把农村实用新技术和新技术开发知识送到农民手中。《巴中科普》先后出刊40期，计25万份，除县内发放外，还与全国400多市、地、县科协进行资料交换。

1993年，各级科协组织专业技术人员和农村科技致富能手，每年3月开展科普下乡宣传月活动，举办科普讲座、开展街头咨询、解答技术难题、参观新技术推广现场、放映科教电影、科教录像、发放科技资料，开展医药卫生、计划生育、破除迷信相信科学等宣传活动。1994年，南江县科协抽调科技人员、种植专业大户1500人组成17个科技下乡宣传分团，深入乡（镇）村、社，开展灵活多样的科普宣传。发放科普录像带1137盘，放科普影视2630场，广播讲座1847次，办板报1536张，印发各类实用技术资料38项24.7万份，受教育的民众213万人（次）。

1996年，地科协、地委组织部、地区广播电视局联合举办“巴中地区江口醇杯科技兴农知识竞赛活动”，先后印发竞赛知识、技术资料2万余份。全地区共10余万人参加竞赛。南江队获一等奖，巴中市（县级）队获二等奖，通江、平昌队获三等奖，分别发给奖杯和奖金。

1999年，第十四次“科普宣传月”活动，平昌县科协配合县委组织部、宣传部、财政局等13个部门，组织100名专业技术人员，500名农村致富能手成立宣讲团，历时20天，在全县20多个乡镇开展科技赶场活动，发送资料4.5万份，参观现场240个，示范片6个，培训技术骨干4000人，提供物资服务30吨，机械3000套，受益群众达50万人（次）。

2000年，举办“科技之春”科普宣传月活动。出动宣传车辆，发放科技信息资料，赠送科普书刊，开办科普讲座和播放科教影视节目等形式开展宣传活动。

三、科技培训

民国10年（1921年），巴中县人约请广安名医陈云门到巴中县开办国医讲习所，培训中医学徒，学习时间1年，分为3个学期，共培训50余人。民国16年（1927年），巴中县设立蚕桑讲习所，培训初级蚕桑技术人员，每期招收30~40人。民国19年（1930年），巴中县开办电话学校，培训架线工、话务工。民国27年（1938年）起，巴中县王建平在家举办实业讲习班，开设粮、药种植，桑、果树嫁接，熬糖方法等课，以农田、园林、作坊为课堂，干啥讲啥，学以致用。

20世纪50年代起，境内各县科技培训方式以举办夜课班，组织群众学文化、学科学；以会代训，提高基层干部科学技术水平；培养青年积极分子带头学科学、用科学；举办基层干部培训班，在学政治、学文化、学理论的同时，学习科学技术知识为主开展培训。

1955 年，平昌县举办学文化、学科学夜读校 1640 余所，学员 3.2 万人，培养学科学、用科学青年积极分子 4 万余人。巴中县举办基层干部短训班 3 期，培训科技带头人 300 余人。

1960 年起，境内各县不断加大科技培训力度。通江县组织科技人员，深入铁佛、广纳、涪阳、沙溪、民胜等区，举办短期培训班，培训水稻、棉花、银耳、黑木耳栽培技术人员 450 人。平昌县在驷马公社成立县委试验田，根据农事季节，定期不定期地在试验田分批对全县公社党委书记、社长和部分大队、生产干部进行科技培训。1966—1976 年，科技培训停止。1978 年，科技培训工作逐渐恢复和加强。

1980 年，各县把农民教育重点转向文化技术教育，县、区、公社、大队四级办学，实行脱产、半脱产、业余、定时制学习和单项技术短训。1982 年，巴中县开办各种教育班 2555 班，入学 9.24 万人，其中小学 1061 班，入学 1.72 万人；初中 377 班，入学 0.93 万人；初级技术班 1089 班，入学 6.54 万人；中级技术班 2 班，入学 154 人；扫盲班 26 班，入学 357 人。1983 年，境内 4 县农民教育教研工作由巴中县负责牵头成立县农民教育中心教研室。1984 年 9 月，联合国教科文组织总部国际扫盲奖评审委员会授予巴中县“野间扫盲奖”，奖给银质奖章 1 枚，奖牌 1 个，美金 5000 元，副县长洪明寿代表县政府出席在法国巴黎举行的授奖仪式。《人民日报》《光明日报》《中国教育报》《中国农民报》《四川日报》《北京日报》和中央人民广播电台、中央电视台均作报道。1985 年，平昌 60 所乡农校开设农技、植保、蚕桑、果树、畜牧兽医、药材栽培、淡水养鱼、养珍珠等 10 多种专业技术班。是年，开办 800 学时以上的专业班 19 个，入学 1246 人；“专业户”骨干短训班 431 班，学员 2.18 万人；乡村干部短训班 6 期，学员 310 人；村组办业余小学、业余初中 185 班，入学 3997 人。全县各类农民学校入学人数 9.3 万人（次）。

1990 年，境内 4 县抽调科技人员 72 人，组成科技宣讲团 13 个，以乡（镇）为单位开展粮油、水果、蚕桑高产栽培和畜禽饲养及水产发展专题宣讲 678 场（次），受培训基层干部和群众 27.8 万人。

1994 年，全地区各级党委认真开展党员和基层干部实用技术培训工作，分期、分批对近 10 万名农村党员和基层干部进行 1 ~2 次培训。

1996 年，地区科协分批分期举办全地区乡（镇）长、部分村支书、村长、乡镇科协专、兼职秘书长培训班 7 期共 405 人。巴中市（县级）科协先后对全市 817 个村主任分期进行实用技术培训，还与计生委联合对全市近千名计划生育干部进行轮训；因人、因地、因时对大、小春作物栽培管理，旱地改制，调整产业结构，秸秆氨化养牛、羊，生猪快速育肥，果树、经济林木栽培管理，计划生育帮扶致富等实用技术进行培训。1998 年，通江、南江、平昌 3 县认真推广巴中市（县级）经验，举办培训班聘请有实践经验的专业技术人员授课与科技致富能手现身说法相结合；科普影视放映与现场参观相结合；现场介绍与相互交流相结合；学习新技术与推广应用高新科技成果相结合；提高科技素质与提高思想素质相结合，深入广泛开展科技培训工作。

至 2000 年，全市举办大小春农作物栽培技术培训班 305 期，受训 2.84 万人（次）；水果、药材栽培技术培训班 46 期，受训 2700 人（次）；家禽畜养殖技术培训班 108 期，受训 1.35 万人（次）。

四、农村技术职称评定

1981 年起，境内 4 县分别对农村各类技术人才进行普查登记，农村土专家、田状元、能工巧匠占农村人口 4% 左右。从 1983 年开始，对农村技术人员进行技术职称评定。至 1986 年，4 县评定农村技术职称9521人。其中，技术员8350人，助理技师815人，技师356人。1987年起，各县把技术培训作为农职评定的基础工作和突破口，努力提高农民技术含量和等级标准，到1990年，境内4县评定各类技术职称1.7万人。其中，技术员1.4万人，助理技师2000人，技师1000多人。1994年，成立巴中地区农村技术人员职称评定领导小组，下设办公室于地科协，农职评定工作进一步规范化。助理以下初级职称由各县、市农职评定领导小组审批；中级职称由地区农职评定领导小组审批；高级职称由省农职评定领导小组审批。至2000年，全市共评定各类技术职称2.3万人，其中高级技术职称14人，中级技术职称3100人。通江、南江、平昌3县有一技之长的农民，获得农村中级技术职称后，到珠海、湛江等沿海地区务工，月工资由800元增加到1200～1500元。

五、实用技术推广

民国25年（1936年），巴中县梁永乡王建屏从外地引进925小麦、陕麦、南瑞苕等优良品种，经试验后择优推广；桐油、桑树、柑橘树实行排行对栽。民国29年（1940年），南江县县长龙德顺引进棉花，在长赤等地向农民宣传推广棉花栽培技术，发展棉花生产。民国30年（1941年），南江县设立农业推广所，宣传和推广农业新技术。民众教育馆亦把家事指导和健康教育列为工作项目。民国34年（1945年），巴中县农业推广所组织人员，捕杀卵块，拔除病穗，进行水稻螟虫和小麦黑穗病防治示范。民国38年（1949年），省稻麦改良场合川分场指派督导员龚玺，在巴中县城守镇第三保开展南大2419小麦良种繁育。

20世纪50年代初期，川北行署派技术人员到巴中、平昌2县推广、指导棉花栽培技术。其他农作物技术推广重点，主要是精耕细作和化肥及化学农药使用。1953年，巴中县农业科在恩阳乡召开农家水稻良种评选会，挑选水稻良种；1955年，派出农技干部魏治安在恩阳乡飞凤观农业社试种双季稻。1958年前后，境内各县执行“少种、高产、丰收”的错误路线，实行高度密植，如小麦亩平用种50公斤以上，使农业生产受挫。1959年，巴中县由县委书记周永开主持，抽调农业科、农技站、县农场技术人员及农高师生60人，开展以水稻品种为中心的普查鉴定工作，编写《巴中县种子志》一书，印发到区、社。

1964年，境内各县采取现场示范措施，推广棉花川林播种育苗移栽和“五打”（打老叶、打顶尖、打赘芽、打旁尖、打徒长）及推株晾行等技术。水稻生产开始推广矮秆品种和增温育苗措施。1966—1976年，境内部分地方旧的生产方式开始回潮。

1976年，各级革命委员会推广棉花、水稻优良品种和高产栽培技术。组织科技人员巡回各公社，抓点带面推广普及水稻宽窄行条栽，湿润育秧等技术。平昌县得胜区推广普及病株深埋、土地轮换和抗病品种等措施，抗击1333.33公顷棉花枯黄萎病危害。

1979年，通江县开展以新法生产银耳、新法生产木耳、新法生产天麻、新法养蜂和黄牛品种改良为主要内容的“四新一改”科技活动。银耳由每50公斤棒产耳0.25公斤提高到0.35公斤左右；木耳由每50公斤棒产耳0.1～0.15公斤提高到0.35公斤左右；天新村每窖天麻的产量由1.2公斤提高到3.25公斤；蜂蜜每桶（蜂群）产量由3公斤提高到3.1公斤；黄牛品种改良初见成效。

1981年，四川省农村多种经营经验交流会在通江召开，中国科协书记处书记王文达、省委书记杨超等领导参加会议，交流推广通江县的“四新一改”新技术开发山区多种经营的经验，参观涪阳区财政促进农村科学技术普及，发展商品经济等现场。

1985年，境内各县科协组织技术力量赴米易县开展立体农业开发。通江银耳大王屈全飘、平昌中药材能手苟元海、巴中雪山食用菌研究会王林、花丛魔芋研究会吴功仁、青山银花研究会陈端贤赴米易县传授技术。吴功仁在米易县高寒山区推广玉米带状魔芋种植技术获得成功，受到省政府表彰。

省政府确定巴中、通江2县为全省23个立体农业试点县之一。

1986年，平昌县兰草乡建立全县第1个农民科研所，县科委给铺底金4000元，无偿给予试验费3000元，科技基金5000元，从省农科院、省科委原子核应用研究所引进水稻、小麦、油菜、胡豆、豌豆良种，在全乡范围内广泛开展科学试验活动。

1990年，巴中县科协在渔溪区进行庭院经济开发试点，发动农户利用鸡啄地、自留地、房前屋后等小天地，坚持小中求大，小中夺大原则，大抓小果园、小苗圃、小桑园、小作坊、小耳房、小药园、小菜园、小养殖场、小工厂、小商店“十小”园地开发，庭院经济收入占总收入的40%以上。平昌、通江、南江3县以巴中县为借鉴，坚持布局合理化、栽培科学化、操作规范化、经济高效化的原则，掀起“十小”经济开发热潮。

1994年，地科协与地财政局密切配合，在全地区开展“百千万科技致富活动”，100个乡的1万农户开展科普帮扶培训，户均增收1000元，形成规模效益，成为奔小康的示范户。科协与财政部门对1万户农户进行建档登记，逐户落实科技致富项目，普遍进行2次以上实用技术培训，共推广实用技术20项，到1995年，这1万农户增加收入1180万元。

2000年，全市以科普基地为重点，以农村专业技术协会为龙头，以农村党员和基层干部为骨干，把科技扶贫、文明新村建设与“百千万科技致富”活动相结合，推广农村实用技术。南江县畜牧兽医学会摄制南江黄羊生产技术照片1500幅，制成展板在全县展出，摄制《南江黄羊》《南江黄羊育种》《牵着黄羊奔小康》等系列录像带，在中央电视台、四川电视台、巴中电视台播放，加快黄羊繁养技术推广普及。通江县科协和县财政局在全县77个乡镇（办事处）开展“百千万科技致富”活动，涌现出一批科技致富先进典型。由乡（镇）科协按“科技示范户”标准评选申报，经县科协、县财政局审定，对全县首批确定的1500户科技示范户命名授牌。巴中电视台对此作专题报道。《四川省科协通讯》刊登题为《通江开展“百千万户科技致富”活动见成效》的文章给予报道。

六、科技咨询服务

1964年，各县组织科协所属团体和会员深入农村进行科技试验，推广普及科学知识。

1966年后，科技咨询服务活动中止。

1978年后，组织所属团体和会员开展各项科技活动，在城乡开办科普讲座，开辟科普专栏，编印科普资料，进行技术培训，实施科技承包，建立科技联系户，开发立体农业及庭院经济。在县级学会中、协会中，开展学术交流，献计献策。

1980年，各县科协同各学会、协会为各级党委和政府部门的决策提出建议或提供科技情报、信息、资料和方案。对中、小企业和乡镇企业的开发实行有偿咨询。

1981年，平昌县科协首次在雷山公社科普协会兴办起科普服务站，开展技术服务。签订6.67公顷“水稻条栽”技术承包合同。雷山、兰草、城西公社实行春蚕共养、稻田化学除草等技术承包，推动全县选育良种、微生物利用、饲养家禽家畜及其他养殖业发展。

1983年，境内各县普遍开展科技承包，实行有偿或无偿科技服务。平昌县科协组织20个公社的科普协会在97个大队开展水稻、玉米、棉花制种，签订合同349份，制种面积47.53公顷；水稻高产合同41份，面积117.87公顷；作物病虫害防治合同4份，防治面积19.07公顷；水稻化学除草合同61份，除草面积157.4公顷；棉花高产合同8份，面积9.6公顷；棉花病虫害防治合同26份，防治效果面积63.2公顷；选种合同2份，选种7500公斤；育桑苗合同6份，育苗1.4公顷；水果生产合同7份，承包果树7550株。通江县科技人员签订技术指导不计奖赔的技术合同246份，计有水稻253.33公顷、棉花93.33公顷；粮棉高产合同396份，面积181.73公顷。

1985 年，各县把科技承包推广运用到蚕桑生产、化学除草、科学施肥、病害防治等方面。平昌县饲养春蚕县承包合同 132 份、1421 张蚕种中有 1420 张平均产值超过合同指标。巴中县承包水稻化学除草 157.4 公顷，占合同指标 99.73%。

1989 年，境内各乡镇科普协会兴办科普服务站，开展技术咨询服务，为农民提供种子、农药、化肥等技术资料，解答生产中的技术难题。通江县组织科技服务队，送技术下乡，为农民嫁接桑树、果树，防治病虫害等。是年，全国科协在武汉召开西南、华南、华东、华北地区科普座谈会上，推行平昌县“科学技术承包合同”的做法，会后部分省、地（市）、县先后派代表 2000 余人（次）到平昌县学习。1990 年，境内各县开展科普宣传月活动，以场镇为中心，以农民为对象，开展生产、多种经营、计划生育、卫生防疫等科技知识咨询服务。各县进一步完善以科技承包为主要形式的科技服务机制。南江县签订 200 公顷小麦生产技术服务合同，平均亩产达到 220 公斤，比承包前每亩平均高出 50 公斤；承包水稻技术 866.67 公顷，平均亩产 555 公斤，比承包前平均每亩高出 124 公斤。

1995 年，各县市改善优化服务形式，扩大服务范围，努力提高科技咨询服务水平和效益。各县市科协组织市科技人员深入区乡，利用逢场天，开展科技咨询服务，当面回答农民提出的农业技术问题。如，巴中市（县级）鼎山逢场天有 120 多人询问小春播种规格、底肥施用等问题。到年底，该社服务站咨询技术者共 5082 人（次），出售科技资料 1.35 万份。全市农村 65 个咨询服务站（部），接待群众 23.7 万人，出售资料 7.53 万份，销售良种、微肥、农药 2850 公斤。乡咨询服务站（部），接待群众 33 万人（次），出售资料 31 万份。市级各学（协）会共承接大小咨询项目 8400 项。市气象学会咨询服务部，为蘑菇生产提供专题气象预报服务，使全县种菇户净增收入 220 万元。

2000 年，各县（区）进一步建立健全、充实完善部门和行业科技咨询服务机制，形成科技咨询服务社会工程。南江县对畜禽科技咨询服务部、农业技术服务公司、工程技术服务部、家用电器维修服务部、黑潭乡农民养鸡咨询服务部、石滩乡科技咨询综合服务部、大河乡科技咨询综合服务部、赤溪乡种子咨询服务部等进行充实和调整。县咨询服务中心扩大为“南江县科技中心”，承办县内外科技成果转让及技术、人才、设备引进等业务项目。是年，签订合同 80 个，开展服务项目 26 个，承担工程设计投资 200 万元，引进资金 340 万元。

七、青少年科技教育

1976 年，各县科协恢复建制后，积极开展青少年从小爱科学、学科学、用科学的青少年科技教育活动，广泛开展以读 1 本科技书、看 1 场科教电影、制 1 件科技作品、写 1 篇科技小论文、讲 1 个科技故事、参加 1 个科技活动为主要内容的“6 个 1”的科技活动；开展科学小发明、小制作、小论文竞赛活动；组织参加全国中学生物理、数学、化学、计算机、生物环保等学科竞赛活动；举办各种青少年科技夏令营、辅导青少年采集植物标本、辨别田间昆虫、制作航空、航海模型；组织青少年参加各种兴趣小组，培养青少年的科学兴趣。1979 年起，通江县涪阳中学组织生物爱好小组生产银耳菌种。1981 年，巴师附小相继成立无线电、航模、生物、美术等科学兴趣小组 47 个，学生参加面达 100%。到 1985 年，通江县涪阳中学生物爱好小组共生产银耳菌种 17 万多瓶。1989 年，各县成立青少年科技辅导员协会，并组织科技辅导员参加培训、夏令营等活动，不断充实提高科技辅导员知识。境内 4 县先后有 30 名科技辅导员被国家、省表彰为“优秀青少年科技辅导员”。

1994 年，巴中地委组织科协、教委、文化局、共青团、妇联联合举办“巴中地区首届青少年科技小发明科技小论文、科技小创作作品竞赛活动”，全地区 8000 多名中小学生参加，地科协选出 300 多件作品进行展评，选送 19 件作品参加四川省第七届“三小”活动。有 12 件作品获等级奖。其中，南江县职中岳桂兰撰写的论文《稀土微肥对金针菇产量质量的影响》获一等奖。巴州镇三小周文宇等制作的《十二生肖纺织》等4件作品获二等奖。全省最小参赛年龄、巴州镇一小6岁学生彭阿胜的《种子标本》、巴州镇二小贾燕制作的《十五月儿圆》等6件作品获三等奖，地科协获本届活动组织奖。

1995年，巴中地区科协与地区环保局以“环境与我们的未来”为主题开展“生物百项科技知识竞赛活动”。全地区组织180件作品进行展评，并按分配名额选送5件作品到省上参赛，全部获奖。南江中学学生李刚的《巴山水青杠生态调查》、平昌师范学生周昆的《环境噪声对孵蛋母鸡的影响》两篇论文获得一等奖。其中，《巴中水青杠生态调查》获得“中国科协第九届生物百科知识竞赛活动”优秀奖。

1996年，巴中地区科协举办“巴中地区第二届青少年发展创造、科学论文竞赛活动”，经层层筛选，有150多件作品在地区展评，并推荐12件作品到省参赛，获9个等级奖，其中平昌县白衣小学苟学华发明的“采桑叶夹”获得一等奖，并被推荐到全国参赛。境内4县（市）青少年科技辅导员协会不断巩固，全地区先后有28名科技辅导员被省青少年科技辅导小组授予“省优秀科技辅导员”。平昌青少年科技辅导员一行7人参加由中国科协青少年部和天津市科协联合举办的科技夏令营活动。平昌县青少年科技辅导员协会利用网络优势，在全县青少年中广泛开展爱科学、添本领活动获得省科协和社会的高度评价，1993年列入中国科协和联合国儿童基金会合作项目受益县，获赠价值38万元的丰田海狮宣传车1辆。

1998年，南江县继平昌县1993年成为中国科协与联合国儿童基金会的合作项目实施县后，地区内又1个该项目实施县。2县科协在第五周期项目活动中，均被评为省科协“项目工作先进集体”。

1999年9月，省科协在南江召开“四川省科技与联合国儿童基金会社区非正规教育合作项目评审会”，介绍县开展此活动的经验。是年，平昌县得胜小学气象小组撰写的《开展气象科技活动为农业生产服务》一文获全国青少年生物和环境科学探索活动组委会授予“持之以恒奖”。

2000年，平昌召开“四川省科技与联合国儿童基金会社区非正规教育合作项目评审会”。是年，平昌县举办青少年科技小发明、小论文、小制作，承办绘画创新方案竞赛（2000年起全国统称青少年科技创新大赛），都取得较好成绩。有3件作品获全国竞赛三等奖，获省等级奖27件。上海市科协声像摄制公司受中国科协委托，到平昌县录制雷山乡柿园村2社失学儿童刘燕依靠科技致富的经验录像片。刘燕出席中国科协在西安召开的全国女童科技致富经验交流会，并作大会发言。

第五章　残疾人联合会

第一节　残联组织

一、巴中地区残疾人联合会

中华人民共和国成立后，境内各县未设残废人管理机构，残废人工作由县民政局兼管。1989年起，境内残疾人工作属四川省残疾人联合会达县地区办事处管理。1993年10月后，达县、巴中分治后，亦相应成立残联组织。1994年1月6日，成立巴中地区残疾人联合会，为副县级事业单位，由地区民政局代管，主要职责是发展残疾人事业，领导、协调、指导全区残疾人联合会的工作。1994年9月28日，第一次残代会在巴中市（县级）大礼堂隆重举行。大会以无记名投票方式选举产生地残联第一届主席团委员38人，在主席团委员中选举主席1人，副主席14人。1997年10月，办公地点迁租到巴中市（县级）政协办公楼第9层。1998年7月20日，办公室又迁租到行署院内地区行管局2楼。至2000年，该组织无变化。

二、工作协调委员会

1995年5月2日，成立巴中地区残疾人工作协调委员会。1997年5月15日，行署办公室调整地区残工委组成人员。1999年5月，行署办公室调整地区残工委组成人员，主任1人、副主任2人、委员20人。委员会办公室设在地残联。至2000年，该组织无变化。

三、康复工作办公室

1994年11月20日，成立巴中地区残疾人康复工作办公室，主任1人，副主任8人，办公地点设在地残联。

四、残疾人服务机构

1999年6月，成立巴中地区残疾人劳动就业服务所、残疾人康复服务指导站（含残疾人服务总社），残疾人用品用具供应站，各核定1名自收自支编制。

第二节 残疾人康复工作

一、残疾人状况

1988年，中国残联成立后，境内开始开展残疾人“三康”工作（白内障复明、小儿麻痹症矫治、聋儿语训工作）。随着残疾人事业的发展、深化，新增加低视力康复、智力残疾预防和康复、建立用品用具供应网络、康复扶贫、社区康复等五项，康复内容由原来的3项扩展到8项。是年，境内4县共有残疾人16.8万人，占当时人口的5.7%。其中，肢残2.65万人，视残1.68万人，听力语言残疾2.7万人，精神残疾1.2万人，智力残疾3.02万人，综合残疾5.48万人。其地域分布是：巴中县5.6万人，南江县3.1万人，通江县3.6万人，平昌县4.7万人。

1994年，巴中地区有残疾人18.4万，占全地区总人口的5.8%左右。其中，肢残占16.03%，视残占9.67%，听力语言残疾占16.58%，精神残占6.68%，智力残疾占18.15%，综合残疾占32.89%。

2000年，全市共有残疾人19.7万人，占总人口的5.8%。其中，肢残3.12万人，视残1.85万人，听力语言残疾3.25万人，精神残疾1.25万人，智力残疾6.66万人，综合残疾3.57万人。按其分布，巴州区6.4万人，通江县3.8万人，南江县4.3万人，平昌县5.2万人。

二、视力康复

1991—1995年，开始为残疾人施行白内障手术，解决贫困患者的医疗费用。完成白内障复明手术 2459 例，比计划手术 1325 例超额 85.58%，脱盲率、脱残率均达 95% 以上，没有出现重类后遗症。共为贫困患者解决医疗补助费、食宿费 22 万多元。

1996 年，全地区完成白内障复明术 475 例，脱盲、脱残率均达到 95% 以上，为贫困患者减免医疗费 4.5 万元。1998 年 4 月后，全地区开始开展“视觉第一中国行动”，向失明挑战。是年，完成白内障复明术 750 例；解决患者医疗费 7 万元。同时，培训眼科医生 7 名，使其掌握囊外手术和人工晶体移植手术；各县组队调查白内障、青光眼、角膜病、沙眼患者的基本情况；利用报纸、社区墙报等形式宣传普及眼保健及防盲知识，要求人们早发现、早诊断、早治疗、降低眼疾致盲率。

2000 年，巴中邀请省白内障复明手术医疗队赴巴中援助“视觉第一中国行动”。省医疗队专家李斌、袁红、蒋浪、何绪红 4 人，在巴中市中医院、通江县中医院设立 2 个点，共做手术 322 例。是年，全市共做白内障复明术 1000 例，手术质量比上年更好。通过各种渠道解决贫困患者医疗费 8.5 万元。

三、肢体康复

1990 年，开展肢体矫正工作。境内 4 县均开展以矫治小儿麻痹症为主的肢残康复工作。其中，巴中县 110 例，南江县 32 例，通江县 37 例，平昌县 13 例。

1991—1995 年底，实施儿麻矫治手术 1209 人次，占省下达任务的 162%，有效率、显效率均到 98% 以上。

1996 起，全地区设肢残矫治手术点，建社区康复点。同时，地残联把省康复办下达给巴中地区肢残矫治 159 例，安装矫形器 180 件，肢残康复训练 318 例的任务，层层落实到县（市）和基层社区。是年，完成肢残矫治术 363 例，占计划 228%；安装矫形器 184 件，完成 100%；肢残康复训练 394 例，占计划 124%，有效改善和补偿肢体残疾人的功能。至 2000 年，全市设有 8 个肢残矫治手术点，建 15 个社区康复点。

四、听力语言康复

1990 年至 1993 年中旬，境内各县开展听力、语言训练。主要针对聋哑儿童开展耳聋预防、听力筛查、助听器选配、聋儿听力语言训练。4 县共完成聋儿语训 141 人。其中，巴中县完成聋儿语训 46 人、南江县 8 人、通江县 50 人、平昌县 37 人。

1994 年，地残联加强聋儿语训工作，各县（市）建立聋儿语训网点，健全聋儿语训档案，挑选配备语训师资力量，全面启动语训工作队伍、技术、设备建设。是年，实现聋儿集中训练 45 人，培训聋儿家长 50 人。1995 年，南江、通江、平昌 3 县各自在县城人口集中的社区建语训网点 1 个，巴中市（县级）在东城、西城社区各建 1 个点，通江县还建 1 个聋儿语训班，地残联在巴中市（县级）聋哑学校设立聋儿语训部。全地区设聋儿语训部 1 个、语训班 1 个、聋儿语训社区网点 5 个。集中收训聋儿 45 名，培训家长 40 名，到聋儿家庭指导家长语训技能 50 人（次）。

1996 起，残联工作以语训部（班）为中心，以社区网点为依托开展残疾人康复工作。至 2000 年，全市先后集中收训聋儿 219 人（次），占省下达任务的 115%，培训聋儿家长、上门指导达 285 人（次）。同时，从是年开始，每年的 3 月 3 日，县（区）相关部门开展“爱耳日”活动。利用报纸、广播、电视宣传报道重视听力、保护耳朵、加强耳病防治、慎用耳毒性药物的基本知识。各县（区）五官科医生组织义务咨询活动，让大家树立爱耳、护耳意识，控制和减少新生聋儿的产生率。

五、智力康复

1994 年，开展智残儿训练、特殊人群补碘康复工作。全地区把补碘工作列为重中之重，各级残联利用“五月助残日”活动搞补碘宣传，发放碘缺乏危害性和补碘的科普资料；协调物价部门核定碘丸价格，与民政、计生、教育等部门商量补碘办法。是年，对新婚育龄妇女补碘 2.88 万人，对孕妇补碘 3.66 万人，对 0 ~2 岁婴幼儿补碘 4.68 万人，分别是省康复办下达给巴中任务的 6.5 倍、3.5 倍、5.7 倍。1995 年，进一步落实责任，承包到人，用考核绩效、经济挂钩等办法促进补碘，在 1993 年补碘水平上增加 1 万余人（次），达到 12.5 万人（次），有效控制碘缺乏症的蔓延。

1996 起，进一步完善碘缺乏症的预防治疗工作，建立补碘技术指导网络，为婴幼儿、孕妇、新婚夫妇补碘，降低智残儿出生率，实现“九五”期间基本消灭碘缺乏症的任务。在弱智儿童训练、弱智家长培训方面，采用与聋儿语训同网点、同场地、同师资力量，不同内容和方法的训、培方式。至 2000 年，为全市 28.5 万婴幼儿、孕妇、新婚夫妇补碘，降低智残儿出生率，实现“九五”期间基本消灭碘缺乏症的任务。

第三节　残疾人待遇

一、特殊教育

1991 年起，境内 4 县按照国家《残疾人保障法》和《全国残疾儿童少年义务教育工作“八五”计划实施方案》，兴办特殊教育学校，在普通学校办特教班，督促残疾儿童入学随班就读。南江县在南江镇第二小学建特教班，通江县在诺江镇小学、平昌县在江口镇小学建特教班。1992 年，巴中县在巴州镇南坝征地 0.32 公顷，开展兴建聋哑学校，到 1993 的底，建起 2236 平方米教学楼。1994 年起，为贯彻执行《国家义务教育法》《残疾儿童少年义务教育“八五”方案》《残疾人教育条例》，全地区将残疾人特殊教育纳入基础教育发展规划和“普九”教育检查验收的硬指标，采取以特教学校为中心，普教学校开设特教班为主体，随班就读为依托的办法推进特殊教育，每年在特教校之外开设特教班 5 个，随班就读点 269 个（每个乡镇 1 个）。是年，巴中市（县级）聋哑学校正式招生行课。

1996 年起，各级残联依据《四川省“九五”残疾人义务教育阶段特殊教育发展总体目标和要求》，与各级教育部门密切配合，加大随班就读网点建设。对残疾儿童全面推广“汉语双拼盲文”和“中国手语”。通过“希望工程”“春蕾计划”救助一批贫困失学残疾儿童少年，使 7 ~15 岁的残儿少年入学率达 78% 以上。对有一定劳动能力的残疾人，普通职业培训机构、残疾人职业培训机构、城镇劳动力就业机构、农村扶贫机构协作一致，培训残疾人，使其掌握一定的种植业、加工业、养殖业、服务行业的技能技巧。至 2000 年，全市共建随班就读点 260 多个。每年进入特教校（班）读书残儿达 180 多人，随班就读残儿少年达 450 多人，培训残疾人 3500 多人。普通中专技校、职校、高校录取残疾人考生达 25 人，没有出现因残疾而不被录取的现象。

二、就业

1988 年至 1993 年初，境内 4 县残疾人联合会积极探索残疾人就业门路，兴办南江县残疾人编织厂，通江县木材综合厂，巴中县康复公司等企业，共吸收 250 多名残疾人进厂务工，当时平均每人月工资收入在80元左右，解决这些残疾人的不少困难。同时，为拓宽盲人就业渠道，均建立盲人按摩院，从事按摩的盲人达15人。巴中县盲人杨木宗、董剑、李树林等人先后参加省盲人按摩培训班，系统学习中医基础理论、中医诊断学、生理学，推拿穴位。这些参加学习培训的盲人回巴后，都自立自强，办起盲人按摩院、所（室），并培训带动其他盲人就业。

1994年，全地区加大残疾人就业工作力度，地残联开办宏泰低压电器厂、残疾人食品加工场、自强美术社等安置残疾人的企业。采取巩固提高原有福利企业，新办见效快的福利企业，使其发挥好的经济效益，容纳更多的残疾人就业；分散安置残疾人就业，帮助协调有一定社会背景、文化程度高、年轻有才的残疾人进入机关或企事业单位；培训技能，支持有一技之长的残疾人从事个体经营，进入服务行业或从事种植业、养殖业、加工业；依托社区网点安置，进入社区服务行列；与外界联系，通过培训成批输入外地务工；政策优惠扶持就业，协调税务、工商、劳动部门在税、费等方面提供优惠，开放绿灯的办法，解决残疾人就业问题。其中，巴中市（县级）残联兴办的塑料编织袋厂安置17人，加油站安置7人，香料厂安置11人，社区安置残疾人83人，每安置1人进入企业的，给予1次性岗位补贴100元。

1995年起，残联加大对盲人按摩业的支持、指导力度，对盲人按摩院（所）进行规范、整顿、提高。资助盲人外出学习按摩技术，资助开办按摩院（所），慰问有特殊困难的按摩盲人家庭。至2000年，全市从业盲人医师6人、医士9人、按摩员15人。对6所盲人按摩院（所）进行规范，新开办盲人按摩所10所。在康复经费和残疾人就业保障金中挤出8万多元，资助盲人学习按摩技术。

三、扶贫

1988年起，境内各级残联针对贫困残疾人占总人口40%以上的实际，把帮助残疾人扶贫解困、治穷致富作为残联工作的主题。各县残联按照《四川省残疾人事业五年工作纲要》要求，全面启动社会扶助残疾人工作，充分保障残疾人平等参与社会生产、生活，共享社会物质文化成果的权利。兴办不少适合残疾人劳动就业、创造价值的企业，支持城乡残疾人从事个体经营，在生产经营中从技术、资金、物资场地、税费等方面给予特别扶持和照顾，使有一定劳动能力的残疾人成为自食其力的生产者。1993年，巴中市（县级）被省残联确定为省康复扶贫试点市后，为该市提供康复扶贫贴息贷款30万元，在复兴乡扶助40户贫困残疾人搞种植业，同时开办福利企业，解困残疾人500多名，被扶的残疾人每年每户增收300元左右。残疾人扶贫解困工作，地委、行署十分重视，让各级残联领导进入同级政府的扶贫开发领导小组。

1994年起，全地区在就业扶贫方面，通过法律的、行政的、经济的手段，促进残疾人就业。在《中华人民共和国残疾人保障法》《巴中市按比例安置残疾人就业实施办法》的敦促下，在相关部门的配合下，党政机关、人民团体、企事业单位、城乡各类经济组织都把残疾人就业纳入工作议程。

1996年，将贴息贷款和专项资金大部分以小额贷款和特困补助发放下去，支持残疾人种植、养殖。南江县正直镇肢残人李玉祥开始养长毛兔，除自家养兔近千只外，还带动10个乡镇200多户养兔1.6万只，其中残疾人23户。被带动的养兔户中有28户年收入超万元，李玉祥家的年收入达18万元，家庭人均4万元。

1997年，平昌县残联获省康复扶贫贴息贷款100万元后，以小额贷款形式贷给残疾人使用，白衣乡残疾人刘军和贷款2万元发展养鱼，收入达到5万元~7万元。

1999年，地委、行署制定《巴中地区残疾人扶贫攻坚计划》，将残疾人贫困户纳入各级政府扶贫攻坚实施计划，给予特殊的扶持。在目标上，要通过两年左右的努力，争取达到基本解决适合参加生产劳动的贫困残疾人的温饱；通过社会保障，基本解决无劳动能力的特困残疾人的温饱。在方式上，要扶持农村残疾人从事有助于直接解决温饱的种植业、养殖业、手工业，积极推行小额信贷到户；发挥扶贫实体、基地的作用辐射到户、带动到户；倡导机关、单位、城乡组织及党员、干部和各界人士“帮、包、带、扶”到户；城乡落实最低生活保障制度，农村落实“五保”制度，广泛开展社会互助。

至2000年，全市共为康复患者减免医疗费、手术费、困难补助费200万元左右，为上万个家庭脱贫致富创造条件。争取国家康复扶贫贷款1100万元，争取省财政残疾人专项扶贫资金120万元。平均每年安置残疾人就业300多人。是年，市委、市政府主要领导从他们的包干经费中为聋哑学校捐款4万元，给残疾人慰问款5000多元。

第四节　活　动

一、宣传活动

20世纪80年代末，南江县成洁（女，无双臂）被评为“全国十佳少年”，受到中共中央总书记江泽民、国务院总理李鹏的亲切接见，受到全国政协主席邓颖超的亲切拥抱。从日本访问回川后，受到中共中央政治局委员、四川省委书记杨汝岱到机场迎接的礼遇。以她的事迹拍摄的《中国的典子——成洁》《同一片蓝天》等电视剧，在中央电视台、四川电视台多次播放。有关她的长篇报道在中央、省、地、县级刊物、杂志上不断出现。成洁也在省内外作大量巡回报告。这样大规模地宣传成洁身残志坚，不屈不挠的精神，实际上宣传残疾人的整体形象，鼓舞、激励残疾人自立社会的信心。

1994年，地区残联与地区广播电视台联合举办《巴山残疾人》栏目。广泛宣传残疾人工作的重大意义，宣传党和政府关于残疾人工作的方针政策，宣传《中华人民共和国残疾人保障法》《四川省〈中华人民共和国残疾人保障法〉实施办法》。报道社会各界人士关心、支持、帮助残疾人，推动残疾人事业发展的事迹；报道残疾人自强不息，顽强拼搏的事迹和残疾人工作者的奉献精神；对社会上歧视残疾人的不良现象进行鞭挞。是年，电视台制作专题节目5个，报道各类先进典型事例80个，被报刊、杂志采用的稿件90多篇，有力地宣传残疾人事业。

1996年，各县（市）把宣传报道纳入本级工作的重要内容，建立报道组。全地区成立5个新闻报道组，10名成员组成。是年，残联系统组织稿件256篇，被媒体采用185件。行署副专员、地区残工委主任郭孝友撰写的《抓住良好机遇，发展残疾人事业》一文，被《中国残疾人》《中国社会报》、省《爱心》杂志刊用。地残联与文体局联合，在市街心花园举办巴中地区首届残疾人书画展。会展作品有软笔、硬笔书法和各类绘画47件。作品的作者既有成年残疾人、也有残疾儿童、还有残疾人工作者。幅幅书画反映残疾人坚忍不拔、顽强拼搏的生活道路和向往美好的心声，通过现场评定，通江县残疾人蒋兴吾获软笔书法一等奖，南江县残疾人汪军获硬笔书法一等奖，平昌县残疾少女的《爱》获绘画一等奖。

1997年，全地区以宣传各行业涌现出的助残先进集体先进个人为重点，弘扬中华民族扶弱助残的传统美德。全地区的报纸、电台、电视台以及县级残联新闻报道组，先后报道独臂雕刻艺术家晏大会，自强模范石天寿，救火失明青年何长江等人的典型事迹；报道地教委、巴中市（县级）聋哑学校支持帮助办好特殊教育的业绩。至1998年，共写各种体裁的新闻报道603篇，被报刊采用428篇，同时，组织作品参加省残疾人事业好新闻评选活动，获省组织奖。1999年，巴中地区残联积极组织参与省残联、省新闻工作者协会举办的第五届残疾人事业好新闻评选活动。张敬伟采写的《一位残疾女的人生情怀》获二等奖，庞济韬采写的《伤残英雄有了用武之地》《岁岁长长情更长》获三等奖。

二、助残日活动

1994 年 5 月 19 日，是第 4 个法定的“全国助残日”，也是巴中地区成立后的第一个助残日。全地区各级党政领导率领宣传、民政、卫生、税务、工商、残联等部门的领导，走访慰问残疾人家庭 1580 户。开展“红领巾”助残行动，为残疾人做好事做善事 2150 件。农村青年志愿者帮助残疾人助耕 370 多户，投工 1630 多个。地残联围绕第 4 个“助残日”活动的主题《献爱心、迎远南》开展宣传动员，写标语口号，为远东及南太平洋地区残疾人运动会在北京隆重召开而造声势。1995 年，在第 5 个“全国助残日”活动期间，地区行署下发向残疾人献爱心搞捐赠的文件和具体的实施办法。到 6 月底，全地区共收到捐款近 20 万元。

1996 年 5 月 19 日，是全国第 6 个法定“助残日”。地残联围绕“预防残疾，增进健康”这个主题，与卫生、防疫、民政等部门领导和医务工作者在巴中市（县级）街心花园搭起五个咨询台，对如何预防碘缺乏病、药物性耳聋、遗传致病等预防知识进行义务解答，咨询人数超过 2000 人。1997 年，“助残日”活动的主题是“助残与自强”，地残联召开巴中地区扶残先进集体暨自强模范表彰大会。受到表彰的扶残助残先进集体 26 个，先进个人 24 名；残疾人自强模范 19 名。

1998 年 5 月，在第 8 个全国助残日活动期间，地残联围绕“扶贫解困”这个主题，以“爱在 5 月看行动”为主题，开展一系列助残活动。全地区在助残日活动中走访慰问残疾人 1300 多户，投入慰问金 8.5 万元，为残疾人事业募集资金 5 万多元。

1999 年起，残联工作围绕“无障碍与视觉第一”主题开展第 9、第 10 个“全国助残日活动”。在学校建立青少年志愿者扶残站和红领巾助残小分队 185 个，采取一助一、多助一、手拉手、结对子等形式助残，涌现出一批先进集体和先进个人。巴中市（县级）聋哑学校被省教委、省团委、省残联评为全省“十佳”扶残助残先进集体，通江县实验小学教师伍江林被评为省“十佳”助残先进个人。平昌县江口镇一小学生白韬被评为省“十佳”残疾学生。新闻干事张敬伟，巴中市（县级）水宁寺政府库恩海被评为省志愿者助残先进个人。至 2000 年，全市为残疾人助耕 80 公顷，做好事 2320 件。

三、体育运动

1995 年 9 月 1—6 日，全地区组团赴绵阳市参加全省第三届“荣华杯”残疾人运动会。巴中 10 名运动员参加游泳、田径、跳远、乒乓球 5 个大项 12 个小项比赛。经过激烈竞争，参赛队员获得 10 金、4 银牌，位居全省第 6 名。行署发去贺电祝贺代表团的成立，代表团回巴中后受到地委、行署领导的热烈欢迎，并举行庆功会，为获奖运动员颁发奖金。

1999 年 10 月 22—24 日，全地区组团参加全省在攀枝花市举办的第四届残疾人运动会。巴中 14 名代表团成员中有 10 名运动员，平均年龄 24 岁。他们中有曾经在全国残运会上获奖的肢残人杨青章，有获省优秀共青团员称号、省见义勇为青年盲人何长江。经过激烈的拼搏，获得 2 金 3 银 3 铜牌的成绩，位居全省 17 位；地残联获组委会组织奖。

第五节　权益保障

一、优惠政策

中华人民共和国成立后，境内4县政府按《残疾人保障法》和《中国残疾人事业五年工作纲要》制定优惠政策。对无劳动能力、无生活来源、无亲属照顾或虽有亲属和法定抚养人的，但亲属和法定抚养人无能力供养的残疾人，属非农业户的，纳入城市居民最低生活保障线；属于农业人口的，纳入农村特困人口最低生活保障对象予以救济。

1994年后，新增加优惠政策，其内容有农村残疾人可根据残疾程度，减免义务工、劳动积累工、行政事业性收费、村提留、乡统筹、社会负担、公益事业费。适龄残疾儿童必须招收入学，实施义务教育，随班就读。普通中学、技工学校、普通高中必须招收符合录取规定标准的残疾考生入学，不得因残疾而拒绝录取。对残疾学生，因家庭生活确有困难的还应适当补助其在校学习的生活费。残疾人持“中华人民共和国残疾证”，可免费进入地区内的博物馆、纪念馆、烈士陵园、科技馆、美术馆、展览馆、文化馆、图书馆、公园等场所。残疾职工所在单位，应当根据残疾职工的残疾程度，为他们提供适宜的劳动条件、劳动岗位、劳动保护，制定适宜的劳动定额。残疾职工在转正、晋级、职称评定、劳动工资、福利待遇和劳动保险等方面，应与健全人一视同仁。鼓励和帮助残疾人自愿组织起来从业或个体经营。对申请从事个体经营符合规定的，工商、公安、卫生等部门可减免工商管理费、治安联防费、卫生防疫费；城管部门应在场地、摊位等方面提供方便；银行部门应在信贷方面给予支持和照顾。残疾人和残疾人福利企业从事生产经营活动的，可按有关规定向税务部门申请减免所得税和营业税。对农村有一定劳动能力的贫困残疾人，要列入各级政府的助残扶贫工程，统筹规划，分步实施，通过多种形式的帮扶活动，使其脱贫致富。残疾人的合法权益受法律保护，残疾人的法定抚养人和监护人必须履行应尽的抚养义务和监护责任，不得歧视、侮辱、虐待、遗弃、伤害残疾人。信访、政府部门应优先受理涉及残疾人的来信来访和诉讼案件。律师事务所、公证处、基层法律服务所应依法为残疾人提供法律援助，保护残疾人的合法权益不受侵害。对残疾人和残疾人家庭需要进入城市生活的，只要有生活来源，有住居地方，都应支持；有关部门应减免户口和入城居住的相关费用。各级政府在残疾人综合服务设施立项、用地、建设等方面给予相应的减免优惠。至2000年，上述优惠政策，基本得到贯彻落实。

二、法律维权

1991年，《中华人民共和国残疾人保障法》颁布后，境内4县积极筹建县残疾人联合会，大力宣传维护残疾人切身利益的法律。用大幅标语，电视广告等形式让全社会都知道残疾人保障法的内容实质。1993—2000年，残联年年不断宣传《残疾人保障法》和《四川省〈中华人民共和国残疾人保障法〉实施办法》。引导残疾人学会运用法律武器维护合法利益，保障平等参与社会，共享物质文化成果的权益。在“二五”“三五”普法教育中，残联系统配合司法部门，以多种形式开展残疾人法律法规的宣传活动。并以《宪法》《残疾人保障法》《残疾人保障法实施办法》等法律条文，制定包括康复、教育、就业、收取残保金、文化体育、优惠政策等多方面、多层次的法规性文件，使残疾人的社会地位、人格尊严，参与社会活动的能力得到很大提高。

三、无障碍环境

1993—1995 年，全地区残联鉴于残疾人行动不便的状况，会同建设部门在新建巴中地区的街道、房屋等建筑设施中，将无障碍设施纳入城市居住、道路、公共服务设施配套之列。

1996—2000 年，残联与规划建设部门共同研究制订无障碍设施规划，对公共建筑入口及共用部位、区位修建缓冲台阶、平台、雨罩、坡道、轮椅走道、自动门、楼梯安全挡台、U 型扶手、电梯升降平台、专用厕所、公共浴室、轮椅席位、停车位和无障碍住房等多方面提供无障碍设施，尽量为残疾人创造方便的生活和出行空间。

四、来信来访

1993 年后，全地区各级残联认真履行“代表、服务、管理”的职能，把信访工作作为联系残疾人的渠道，了解残疾人的窗口，热情接待来访者，信访件件有回复。1994 年，各级残联共接待残疾人来访者 545 人，收到信访 189 件，对来信来访都作回应、答复、解释，妥善解决不少问题。

1995 年起，残疾人反映有关部门不准有一定驾驶技术、从事营运谋生的残疾人进行营运的问题，要求残联帮助解决。残联调查参与营运残疾人的身体状况，家庭经济状况和营运车型，对照交通政策法规，向政府作专题报告，为政府解决这一问题起到参谋助手作用。至 2000 年，各级残联受理残疾人来访 4570 人（次），来信 2250 件。

巴中市志

第二十四篇

地方权力机关

民国初期，境内通江县、南江县、巴中县开始设立国民议会，由省军政府委派议长和议会工作人员。实行独裁的军事统治和军事政权，议会名存实亡。

中国工农红军第四方面军在通江县城召开川陕省第一次工农兵代表大会。1933 年 7 月，川陕省苏维埃政府迁驻巴中。8 月，在巴中县城召开川陕省第二次、第三次工农兵代表大会。

民国 26 年（1937 年），蒋介石入川主政，提出军政、训政、宪政，通过立宪治理国家，直接贯通于地方政体的体现者为县参议会。民国 32 年（1943 年），基层正式施行《县参议会组织暂行条例》，召开乡民代表大会，选出县参议会议员；召开县国民代表大会，选出议长、副议长，成立县参议会，行使立法权、监督权、建议权。

1953 年 7 月，各地首次进行普选，行使人民管理国家的权力。1954 年，各县召开首届人民代表大会。至 1966 年，各县召开六届人民代表大会。

1966 年秋，国家权力机关沦入瘫痪状态。1968 年秋，各县成立县革命委员会，行使本地区、本单位管理日常事务的权力。1978 年，先后召开第八届人民代表大会，组成县第八届革命委员会。1980 年 1 月 1 日起，施行的《组织法》《选举法》规定，县以上地方各级人民代表大会设立常务委员会，地方各级革命委员会改为地方各级人民政府。各县召开第九届人民代表大会，选举首届县人民代表大会常务委员会和县人民政府组成人员、县人民法院院长、县人民检察院检察长。根据《中华人民共和国地方各级人民代表大会和地方各级人民政府组织法》规定，县人大常委会从 1982 年起每届任期 3 年，以后任期 5 年。县级人大常委会的主要任务是讨论、决定本县的政治、经济、文化、教育、卫生、民政工作的重大事项，交由县人民政府、法院、检察院执行；任免县人民政府、法院、检察院的组成人员，以及按规定任免的其他人员；监督县人民政府、法院、检察院的工作，受理人民群众对上述机关和国家工作人员的申诉和意见。

1993 年 10 月，成立四川省人大常委会巴中地区工作委员会。地区人大工委有组成人员 11 人，设有“一室三处”共 4 个正处级机构。办公室、法制工作处、经济工作处、教科文卫工作处。到 2000 年，全市人大工作紧紧围绕党的中心工作，切实履行宪法和法律赋予的各项职权，在促进改革开放、经济发展、维护社会政治稳定，特别是加强社会主义民主法制建设中发挥重要的作用，取得显著成效，同时也为“巴中经验”的创立、完善和丰富作出积极贡献。

2000 年 11 月，各县（区）和驻巴部队依法选举产生巴中市第一届人民代表大会代表 366 名；12 月 21—23 日，召开巴中市第一届人民代表大会第一次会议，依法选出巴中市第一届人民代表大会常务委员会主任、副主任、秘书长和委员。同时，积极开辟代表在闭会期间履行职责的新途径，为代表执行职务创造条件。

第一章　代表大会

第一节　工农兵代表大会

一、第一次代表大会

1933 年 2 月 17 日，川陕省第一次工农兵代表大会在通江城旧县署大堂开幕。到会代表 150 余人，其中女代表 30 余人，会议历时 7 天。大会宣布以 1931 年 11 月 7 日中华苏维埃第一次全国代表大会通过的《中华苏维埃宪法大纲》作为指导川陕省各项工作的根本大法。会议对开展土地革命、扩大红军、建立地方武装和充分准备粉碎川军围攻等问题进行讨论和部署；通过《川陕省苏维埃临时组织法大纲》；成立川陕省工农民主政府，选举熊国炳为主席，杨孝全、罗海青为副主席，黄超为秘书长，委员 11 人。

二、第二次代表大会

1933 年 8 月，川陕省第二次工农兵代表大会在巴中县城考棚（巴州区公安分局）开幕。到会代表 1160 人。会议听取《中华苏维埃共和国宪法大纲》的传达和目前政治形势与川陕省苏维埃的任务的报告，讨论和审议组织问题、土地和劳动法令执行办法、扩大红军和武装群众、肃反工作、财政经济政策、粮食和生产运动、婚姻条例、文化教育和苏区卫生等事项，并作出相应的决议。会议选举熊国炳等 32 人省苏维埃政府执行委员，熊国炳为主席、杨孝全和罗海清为副主席。

三、第三次代表大会

1934 年 12 月，川陕省第三次工农兵代表大会在巴中县城城隍庙（电影放映公司）召开。1440 名代表出席。会议传达省第四次党代会的决议，总结第二次工农兵代表大会以来的工作，并进行深入讨论。决定深入进行土地革命、巩固根据地，以粉碎川陕会剿，纠正一些工作上的错误，颁发布告，对肃反捕人和惩罚没收等作明确规定。大会选举熊国炳等 27 人组成的执行委员会，熊国炳继续当选为主席，余洪远、祝义亭为副主席。

第二节　人民代表大会

一、代表产生和构成

1950—1952 年，人民政权机构为让人民行使当家做主的民主权利，实行人民代表会议制度。人民代表会议的代表，有些是通过人民群众选举出来的，有些则是推荐、指派或邀请的，其代表的范围也小，代表性不强。1953年5月—1954年6月，各县开展第一届人民代表大会代表普选工作。1954年6月，召开乡镇人民代表大会选举县人大代表，并由县人民代表大会选举正、副县长及省人大代表，组织县人民政府，并审查政府的工作报告，财政预决算及全县的重大事项；让人民真正行使民主监督权利。1953—1980年，几次代表选举，都是依照中华人民共和国选举法和地方实施办法的有关规定进行的。这几次的选举都是间接选举，先选乡（公社）人民代表大会代表，由乡（公社）人民代表大会选县人大代表，以此类推，层层选到中央。这几次选举都是等额选举，县人大代表候选人由同级党委邀请人民团体联合提名，在基层人民代表大会上用举手代投票的等额选举方法产生县人大代表。在农村、城镇基层单位首先由共产党组织邀请人民团体联合提出初步的代表候选人名单，交基层人民代表反复酝酿、充分鉴别；代表如果不同意，又联合再提名其他代表候选人，经讨论和鉴别，最后由党组织再次邀请人民团体，集中大多数代表意见，确定正式代表候选人名单；在宣布名单5天后，由基层人民代表大会以举手方式选出县人大代表。县城机关、团体的县人大代表，由县级党组织与人民团体联合提出初步意见，在城镇和对候选人熟悉的农村联合提名、酝酿、鉴别，由基层人民代表大会选举产生。分配县人大代表名额的原则，必须体现以工人阶级为领导、以工农联盟为基础的人民民主专政的政权性质。为体现人民代表具有广泛的代表性，要求妇女代表在名额中不能少于15%，同时还要照顾到边远偏僻地区的乡村代表名额，还要选出各种生产和工作的模范，以及适当数量的烈军属、荣复退伍转业军人、单干农民的代表参加政权建设。

1980年1月1日施行的新《选举法》，改由原间接选举为直接选举。直接选举的范围由人民公社、镇扩大到县一级，选民在一定的选区范围内直接选举县人大代表，并由县人大代表选举县人大常委会组成人员和县人民政府正、副县长及法院、检察院的院长和检察长。这以后的选举，均由原来的等额选举改为差额选举，一律实行无记名投票方法，避免举手不能充分表达选民意志的缺陷。根据新选举法规定：凡年满18周岁以上的中国公民，不分民族、种族、性别、职业、社会出身、宗教信仰、教育程度、财产状况和居民居住期限，都有选举权和被选举权。凡是戴着地、富、反、坏分子帽子和依法剥夺政治权利的人，都没有选举权和被选举权。被判处有期徒刑、拘役、监外执行、保外就医、劳动教养的犯罪分子，没有戴帽的地、富、反、坏分子或无附加剥夺政治权利的，均有选举权和被选举权。选区按生产单位、事业单位、工作单位和居住状况相结合的办法划分。选举中还具体规定“四个法定日”。选民名单应在选举日前30天公布，推荐的代表候选人名单和候选人情况应在选举日前20天公布，确定的正式候选人名单应在选举日前5天公布及统一规定的选举日。选举代表必须获得全体选民或代表半数的选票始得当选。

全国人民代表大会和地方各级人民代表大会选举法，先后于1982年12月10日、1986年12月2日、1995年2月28日，进行过3次修正，使选举制度日臻完善。选民的资格范围十分广泛，凡是中国公民年满18周岁以上，除依法剥夺政治权利的人以外，都有选举权和被选举权。规定县人大代表的名额基数为120名，乡（镇）人民代表的名额基数为40名；再根据人口多少增、减名额。1980—2000年，选区的大小按照每一选区选1～3名代表划分，各选区每一代表所代表的人口数应大体一致。经修改后的《选举法》对“两个法定日”缩短时间，选民审查后必须在选举日的20日以前公布（原为30日），代表候选人必须在选举日的15日以前公布（原为20日）。同时规定，由选民直接选举的代表候选人名额应多于应选数的三分之一至一倍；由地方人民代表大会选举上一级人民代表大会代表候选人名额，应多于应选名额的五分之一至二分之一。按规定，选举委员会或者人民代表大会主席团应当向选民或代表介绍代表候选人情况。推荐代表候选人的政党、人民团体和选民、代表可以在选民小组或代表小组会议上介绍所推荐的代表候选人情况。选举委员会可以组织代表候选人与选民见面，回答选民的问题。如果被选出的人大代表不称职，可根据选民联名上书，再经有关组织程序进行罢免或补选。

二、选举巴中市人大代表

2000年9月15日，四川省第九届人民代表大会常务委员会第十九次会议决定，成立巴中市第一届人民代表大会筹备组。筹备组下设办公室，负责办理选举工作的具体事务。省第九届人大常委会第十九次会议决定巴中市人代会代表名额为376名；第一届人大常委会组成人员名额为33名。

2000年9月19日，成立巴中市第一届人民代表大会筹备组办公室及其办事机构，下设6个组。9月27日，巴中市第一届人代会筹备组制发《关于认真做好巴中市第一届人民代表大会选举工作的通知》；作出《关于巴中市第一届人民代表大会代表结构和名额分配方案的决定》。

巴中市第一届人民代表大会代表名额总数为376名，安排356名，留机动名额20名。市人民代表大会代表由所辖3县1区人民代表大会和驻巴中部队军人代表大会选举产生，代表名额的分配是地级机关、企事业单位和中央、省驻巴中单位的代表名额为94名；驻巴中部队代表名额为6名；县区代表名额为256名，其中巴州区90名、南江县47名、通江县52名、平昌县67名。各县区的人大代表名额分配原则是根据1999年末各县区的人口数，按照农村每一代表所代表的人口数适当多于城镇每一代表所代表的人口数进行分配。根据选举法的原则规定，巴中市第一届人民代表大会代表的各项构成比例为中共党员231名，占代表总数的64.89%，非中共党员125名，占代表总数的35.11%（其中民主党派、工商联20名，无党派人士69名，非党群众36名）；工人29名，占代表总数的8.15%，农民65名，占代表总数的18.26%，军人6名，占代表总数的1.69%，干部241名，占代表总数的67.70%（其中党和国家机关工作人员193名，企事业单位管理人员和专业技术人员48名），其他劳动者15名，占代表总数的4.20%；妇女代表85名，占代表总数的23.88%；少数民族代表4名，占代表总数的1.12%；归侨侨眷、台胞台属代表4名，占代表总数的1.12%。这次代表选举，严格依法办事，按照《中华人民共和国全国人民代表大会和地方各级人民代表大会选举法》和《四川省〈中华人民共和国全国人民代表大会和地方各级人民代表大会选举法〉实施细则》的要求组织选举。选举市人大代表，提名、酝酿代表候选人的时间不得少于2天，大会主席团应向代表介绍候选人的情况，做到知人、知情；如果所提候选人的人数超过选举法定的最高差额比例，应进行预选，以预选得票多少的顺序按选举办法确定的差额比例确定正式代表候选人名单，预选办法由大会主席团根据选举法的规定制定；驻巴中部队选举市人大代表按《中国人民解放军选举全国人民代表大会和地方各级人民代表大会代表的办法》的规定办理。11月下旬，各县（市）人大常委会和驻巴中部队顺利完成巴中市第一届人民代表大会代表的选举工作，实际选出代表366名。其中，中共党员代表236名，占64.48%；非中共代表130名，占35.52%，其中民主党派、工商联和无党派人士代表55名，占15.03%；非党群众代表75名，占20.49%。工人代表34名，占9.29%；农民代表67名，占18.31%；干部代表236名，占64.48%；妇女代表90名，占24.59%；少数民族代表3名，占0.82%；军人代表6名，占1.64%；归侨、侨眷、台属代表3名，占0.82%。代表来自各个方面和各条战线，结构比较合理，具有广泛性和代表性。经巴中市第一届人民代表大会筹备组代表资格审查委员会审查，市第一届人民代表大会筹备组第四次全体会议确认通过，当选的366名市人大代表的选举程序和代表资格有效。12月8日，巴中市第一届人民代表大会筹备组公布巴中市第一届人民代表大会代表名单，并在《巴中日报》上公布。

三、选举国家机关组成人员

2000年12月21—23日，巴中市第一届人民代表大会举行第一次会议，选举巴中市第一届人民代表大会常务委员会主任、副主任、秘书长、委员，选举巴中市人民政府市长、副市长，选举巴中市中级人民法院院长，巴中市人民检察院检察长。

根据选举单位组建代表团的原则，巴中市行政区域范围内的3县1区和部队各组建一个代表团，共组建5个代表团。代表团设团长1名、副团长1～3名。正、副团长由各代表团会议选举产生，负责主持代表团的会议。巴中市第一届人民代表大会第一次会议主席团由代表中的市委、地区人大工委、地区行署、地区政协工委、地纪委、地级有关部门、群团组织负责人，各县区委书记和人大常委会主要负责人，工人、农民、解放军、专业技术人员和民主党派、无党派人士，少数民族、妇女等方面的代表共计50人组成。主席团成员由各代表团进行酝酿、经预备会议选举产生，负责主持本次人民代表大会。此次代表大会，出席代表366名，列席人员48人，特邀人员11人。

市第一届人代会

巴中市第一届人民代表大会常务委员会由33人组成，本次会议选举31人，其中主任1人、副主任8人、秘书长1人、委员21人；选举巴中市人民政府市长1人、副市长6人；选举巴中市中级人民法院院长1人，选举巴中市人民检察院检察长1人。按照巴中市第一届人民代表大会历次会议通过的《选举办法》的规定，依法选举市人大常委会组成人员和“一府两院”主要负责人。

第二章　常设机构

第一节　工农兵代表大会执委会

川陕省苏维埃时期，境内最高权力机构是工农兵代表大会执委会。1933年12月17日，川陕省工农兵代表大会第一次会议通过的《川陕省苏维埃组织法》规定：“川陕省苏维埃是川陕工农兵的代表会议。这一政权，属于全川陕工人、农民、红军士兵及一切劳苦群众”。川陕省苏维埃代表大会是川陕省最高权力机关，大会闭幕后为执行委员会，执委会下设常务委员会。内设有省军区指挥部、财政委员会、经常委员会、外交委员会、交通委员会、省政治保卫局、省革命法庭、土地委员会、劳工委员会、粮食委员会、文化委员会、内务委员会。

执行委员会根据大会的决议，检查工作执行的成绩和决定具体工作的方针。

常务委员会根据大会的决议，代表执行委员会处理一切政务问题。

主席是领导与检查各委员的工作，按期召集全体委员会议和各种会议，处理日常问题，向常委会作报告，建立集体的领导与科学的分工。

省工农监察委员会职责是检查苏维埃执行委员会是否执行苏维埃法令和决议案；检查苏维埃机关工作人员是否徇私舞弊、消极怠工，向执委会提出处分；审查苏维埃经济预算决算。

在《苏维埃组织法及各种委员会的工作概要说明》中的第四部分规定：县苏执委27人，常委11人，由军区指挥长、保卫局局长、财政、内务、土地、劳工、粮食、革命法庭及文化、总务处长、县苏维埃主席组织之。区苏维埃执委13人，候补2人；常委7人，由主席、土地委员、劳工委员、粮食委员、财政、内务、文化委员7人组织之。乡苏维埃执委7人，加上2个候补；由常委3人，由主席、劳工、土地3人组织之。

第二节　民国议会

一、议事会

民国元年（1912年），巴州设县议事会，为代议制机构，主要职能是议决全县兴革事宜，交行政官吏执行。议事会有议员36人，先后由李本善、戚孟鸿任议长，唐家驹、赵良裕任副议长，推举李庄、罗秉钧、唐家驹为省议会议员。民国2年（1913年），巴中县议会增设县参事会，为监督性机构，监督行政官吏对县议事会决议的执行。参事会有会员9人，县知事兼会长。民国6年（1917年）后，巴中县军阀割据，县议事会、参事会自行解散。民国7年（1918年），南江县成立议事会，第一届议长为程于乐，副议长为李毓名。第二届议长为梁嵩元、赖汝霖。自有四川实行防区制后，各县议会停止活动。

二、参议会

民国31年（1942年）春，省政府核定通江县参议员14人；6月，通江县产生临时参议会正额议员10名，候补5名；8月，通江县举行临时参议会成立大会，历时6天，选出王翼民、张石成为正、副议工，黄琨为秘书，推行驻会议员5名，候补3名。是月，南江县临时参议会、巴中县临时参议会成立。巴中县临时参议会会址设三圣宫（文星街57号），议员由县政府在士绅中遴选推荐，经省政府582次会议圈定，以李宇航、董铸仁、叶良一、赖薇垣、钟乾鼎、黄秉周、谢子涵、冯季良、邓肄业、巨君敏、孙筱鸣、李庄、吴纯一、李成龙、冯寿、李益新、陈受先、晏伯瑶、王建屏、朱化国等20人为议员，李宇航任议长，董铸仁任事议长。民国33年（1944年），董铸仁调省党部任职，增补叶良一为副议长，袁继尧任秘书，又增加罗筱遽、孙维廉、邓智仙、赵济刚、刘仲铭、鲜熔、吴克僧、荀熙春、陈懿德（女）、刘瀛等10人为候补委员。是年，临时参议会过渡为参议会。至民国34年（1945年），巴中、南江、通江3县临时参议会历时3年，分别召开会议5次、6次、5次。会议内容主要是审议县长施政报告，审查县政府提交的议案、议员提案，审议地方财政概算，选举议员及重大决策等。民国34年（1945年）9月，南江县参议会成立，首任议长梁愉舒。11月12日，通江县参议会举行成立大会，推行王翼民、李壁端为正、副议长，刘梓棐为秘书长，司瑞为省参议员，王化岐为省候补参议员。民国35年（1946年）3月，巴中县成立参议会，为国民参政议政的民意机构，由各乡民代表会和县属职业团体（工会、农会、商会等）选举产生。第一届县参议会由参议员62人组成，赵济刚任参议长，蔡黄裳任副参议长，袁继尧任秘书。民国 35 年（1946 年）9 月，平昌设治局成立后，成立临时参议会联席会，巨君敏任主任议员，有驻会议员 4 人，议员 24 人。巴、平分治后，平昌县参议员 29 人不再参加巴中会议，巴中县参议会实有议员 33 人。民国 36 年（1947 年）7 月，平昌县召开临时参议会成立大会，选巨君敏、黄秉周为正副议长。临时参会议历时 2 年，召开会议 3 次。民国 37 年（1948 年），巴中县召开第六次会议时，蔡黄裳辞职，候选鲜熔为副参议长。自参议会成立至中华人民共和国成立前，巴中县参议会共开会 9 次。参议会主要任务是审议县长工作报告及县政府各科室工作报告；审议县政府提交议案及参议员提案；通过大会宣言等。第一、二次会议讨论决定巴平分治的边界履勘、公产学产分配、田赋划拨等问题，在第二次会议上，选举谢宝珊为省参议员；第三、四次会议，议决清理历年财粮，选举第二届乡镇自治人员（正副乡镇长）；第五次会议选举国人代表、立法委员，通过《告同胞书》；第六、七次会议，议决增加公教人员待遇，增加中小学地方补助；第八、九次会议临近解放，出席列席人员减少，县长亦未参加会议，施政报告和各科室工作报告均未按例进行。民国 38 年（1949 年）1 月，通江县参议会举行第十一次大会，决议向各筹募棉花 5000 公斤，易为借积谷 2000 石作为 购买电话器材经费，“以利政令传达，加强巴山防务”，阻抗解放军入川。7 月，平昌县各乡（镇）召开公民代表大会选举县参议员共 29 人，组成平昌县参议会。9 月，召开参议会会议，选举杨正武、李龙成为正、副议长。是年底，4 县参议会解体。

第三节　市人大常委会

1993 年 10 月，成立四川省人大常委会巴中地区工作委员会（简称“地区人大工委”）。地区人大工委是省人大常委会的派出机构，受省人大常委会的领导，向省人大常委会负责并报告工作。协助省人大常委会对地区行政公署及其工作部门、地区中级人民法院、省人民检察院地区分院进行监督。地区人大工委实行民主集中制的原则，讨论问题，决定事项，充分发扬民主，集体决策，并认真贯彻执行形成的决定。1994 年 11 月 19 日，巴中地区机构编制委员会批复，同意地区人大工委内设办公室、法制工作处、财经工作处、教科文卫工作处，均为正县级。2000 年 12 月，市一届人大一次会议选举产生巴中市第一届人民代表大会常务委员会。市人大常委会是市人民代表大会的常设机关，对市人民代表大会负责并报告工作，在市人民代表大会闭会期间，依法行使国家权力机关的职权。市人大常委会的主要职权是保证宪法、法律、行政法规和上级人大及其常委会决议的遵守和执行；讨论、决定本行政区域内各方面工作的重大事项；监督市人民政府、人民法院和人民检察院的工作；撤销本级人民政府的不适当的决定和命令；撤销下一级人民代表大会的适应的决议；依法决定国家机关工作人员的任免。市人大常委会机关内设办公室、法制工作委员会、财政经济工作委员会、农业工作委员会、教育科学文化卫生工作委员会、城乡建设环境资源保护工作委员会、民族宗教外事侨务工作委员会、人事代表工作委员会、研究室等 9 个正县级职能委（室）。

第四节　县（市、区）人大常委会

民国期间，境内各县权力机构经历一个由议事会、参议会、再到工农兵代表大会的演变过程。中华人民共和国成立后，1950 年 4—6 月，各县根据国家政协《共同纲领》和中央人民政府颁布的《县各界人民代表会议组织通则》规定，分别成立“各界人民代表会议”（简称“各代会”），作为人民政权初建时期行使权力的机关，兼起人民政协的作用。代表由中共县委、县政府邀请民主党派、人民团体负责人通过协商、推荐产生。从第二届起，其代表的产生改为推选或指定农、工、商、学、党派团体、军队、妇女、宗教、科技各界人士，少数代表由中共县委、县人民政府特别邀请（称“特邀代表”，多数系民主人士）。1953年冬，各代会分别总结历届的工作，全面部署人民代表大会代表选举（普选）工作。1954年，各县实行人民代表大会制度，分别召开人民代表大会，组成地方国家权力机关。

一、巴中市巴州区人大常务委员会

1950年3月23日，成立巴中县各界人民代表会议筹备委员会。1950年4月7日，成立各代常委会，各代常委会是各代会的常设机构。内设驻会副主任委员、委员或秘书长2～3人，干事2～3人，办理日常事务。1950年4月，一届一次会议后，常委会内设治安、生产、胜利折实公债推销、财粮清理等4个委员会。1952年，各代常委会成立各界人士学习委员会，在工商、医卫、宗教、少数民族等界设立4个分会。1954年10月，撤销各代常委会，保留各界人士学习委员会，至1956年12月政协成立时撤销。1954—1980年，各界县人代会闭会期间，由县人委行使人大职权，实行议政合一，凡重大事项，由县人委召集全委会议讨论决定。1980年11月，设立县人民代表大会常务委员会，作为本级人代会的常设机构，主任、副主任均为专职，下设办公室处理日常事务。1986年，县人大常委机关内设办公室及法制、财经、科教文卫3个工作委员会，定编28人。1989年6月，县人大常委机关增设农业、代表联络信访2个工作委员会。1993年8月，巴中县撤县设立巴中市（县级），随后成立巴中市（县级）人大常务委员会。是年底，人大机关定编35人，实有干部职工34人。1998年3月，精简为“一室三委”，即办公室（代表联络信访工委与办公室合并）、经济工委（财经工委与农工委合并）、法制工委、教科文卫工委，在编29人。2000年9月，又增设代表联络工作委员会。2000年12月，原巴中市（县级）更名为巴中市巴州区。其后，巴中市（县级）人大常务委员会更名为巴中市巴州区人大常务委员会。

二、通江县人大常务委员会

1950年3月，组成通江县各界人民代表会议（简称“各代会”）筹备委员会，由11人任筹备委员。通过协商，推选产生工农兵学商各界人民代表。4月22—25日，召开首届各代会，选举产生通江县各界人民代表会议常务委员会，常委会为常设机构。有常务会员21人，经常委推选主任1名，副主任2人，秘书长1名。办公地点设县文化馆。至1956年5月，各代会历经4届，召开10次全委会议，选举产生各代会常务委员会和领导人。1956年5月，成立各界人士学习委员会，各代会即行终止。1980年10月14日，召开第九届人民代表大会第一次会议，会议决定设置县人大常务委员会，由10名常委组成，推选常委会主任1人，副主任4人。县人大常务委员会为县人代会的常设机关，对本级人代会负责并报告工作。1985年8月，县人大常务委员会下设政工法制科、财政经济科、科教文卫科、代表联络科等办事机构。1986年12月，改置为办公室、代表联络科、政工法制科、科教文卫科、财政经济科，属局级机构。1990年3月，改“科”为“委员会”，并从财政经济工作委员会分设“农村工作委员会”，县人大常委会内设办事机构为“五委一室”，即代表工作委员会、法制工作委员会、财经工作委员会、农业工作委员会、农业工作委员会、科教文卫工作委员会、办公室

（分别简称“代工委”“法工委”“财工委”“农工委”“教工委”“办公室”），编制32人。至2000年，县人大常务委员会机构无变化。

三、南江县人大常务委员会

1950年3月，南江县召开第一届各届人民代表大会，成立南江县各届人民代表大会及常务委员会，推举常委会正、副主任和秘书。至1954年月2月，南江县各届人民代表大会，经历4届，召开12次会议。1954年7月，召开南江县首届人民代表大会，到1966年5月以前，没有设立县人大常务委员会。1968年8月—1980年11月，为革命委员会时期，全县党、政、财、文大权由县革命委员会掌管。1980年12月，召开第九届人民代表大会第一次会议，选举产生南江县人民代表大会常务会员会。县人大常委会由15名委员组成，有主任1名，副主任4人，为代表大会的常设机关。常务会员会下设办公室。1982年8月，县人大常委会下增设政治法律科、财政经济科、科教文卫科。1987年，县十一届人大常委会成立“一室四委”（办公室、法制、农业、财政经济、科教文卫四个委员会）。1989年，县人大常委会将代表联络科从人大办分出来，增设代表联络工作委员会，县人大内设机构为“一室五委”。1990年起，县人大常委会在区（镇）设立人大工作办事处，为县人大常委会的派出机构。1991年10月，县人大办内设秘书科、信访科、行政科。1993年5月，办事处改为区（镇）人大工作委员会。至2000年机构无变化。

四、平昌县人大常务委员会

1950年4月，平昌县召开首届各界人民代表大会（简称“各代会”），出席代表192人。“各代会”代行县人民代表大会职权，选举由19人组成首届一次会议常务委员会。常委会成立财政经济、生产建设、治安、文化4个组。是年9月，一届二次常委会决定成立由公安局承办的平昌县禁毒委员会，各区（公所）推选1名联络代表，联络各乡代表每旬向常委会汇报1次工作。常委会有9名驻会委员主持日常工作。1954年7月—1980年10月，平昌县召开九届县人民代表大会。1969年4月，成立平昌县革命委员会，由45人组成，其中正副主任7人，常委17人。全县党、政、财、文大权由县革命委员会掌管。1980年10月，召开平昌县第九届人代会，决定撤销县革命委员会，恢复县人民政府名称，选举18人组成县人民代表大会常务委员会。设主任1人、副主任7人（兼职2人）、委员10人（兼职5人），任期3年。内设人大常委会办公室，有5名工作人员。1983年，设立“一室三组”，即县人大常委会办公室、政治法律组、财政经济组、科教文卫组等办事机构。1984年4月，县人大常委会由19人组成，设主任1人，副主任3人（兼职1人），委员15人（兼职12人）。7月，办事机构由“一室三组”改为“一室三科”，即县人大常委会办公室、政治法律科、财政经济科、科教文卫科。1986年6月，对县人大常委会原办事机构“财政经济科”“科教文卫科”“政治法律科”调整为“政务科”“民务科”“法律科”。1987年3月，县人大常委会由19人组成，主任1人，副主任4人，委员14人（兼职9人）。5月，县人大常委会办事机构在原设“一室三科”基础上，增设法制、农业、财政经济、教科文卫四个工作委员会。是年起，县人大常委会先后在各区设立代表联络组、人大工作办事处、人大工作委员会，配备专（兼）职联络员，任命专职主任、副主任和委员。1989年2月，将原设“一室三科四委”改为“一室五委”，即保留人大常委会办公室，撤销法律科、政务科、民务科，充实加强法制工作委员会、农业工作委员会、财政经济工作委员会、教科文卫工作委员会，增设代表联络工作委员会。1990年3月，县人大常委会由20人组成，主任1人，副主任3

人，委员16人（兼职10人）。是年9月，人大常委会办公室下设行政科，各区设立人大工作办事处。办事处是县人大常委会的派出机构，向县人大常委会负责，在同级党委领导下进行工作，负责联系境内县人大代表，组织开展代表小组活动，指导乡镇人大工作，承办县人大常委会和主任会议交办的有关事项等。1993年3月，县人大常委会由21人组成。设主任1人、副主任4人、委员16人（兼职7人）。1994年8月，县人大常委会在各区设立的人大工作办事处改为区人大工作委员会，其组成人员统一由组织、人事部门配备，由县人大常委会任免。1998年3月，县人大常委会由23人组成，主任1人，副主任4人，委员18人（兼职11人）。至2000年机构无变化。

第三章　常务会议

第一节　全体会议

1950—1953年，境内各县共召开4届各界人民代表大会，成立县各界人民代表会和常务委员会，推举常委会正、副主席和秘书。主要传达学习《农业税征收办法（草案）》、关于增产节约运动的报告、土地改革政策、中央人民政府政务院《关于大力开展群众性防旱抗旱的决定》、学习党在过渡时期的总路线、《川北区当年施政方针》以及民主建政有关政策等文件，听取并审议县人民政府加强春耕生产的工作报告，征求各界人士对减租退押、征粮、禁烟等工作的意见。贯彻执行减租退押、清匪反霸、禁烟（鸦片）的方针政策，总结土改复查与生产建设工作、镇压反革命和开展“三反”“五反”中取得的成绩。

1954—1985年，各县召开的县人民代表大会，主要听取和讨论关于《中华人民共和国宪法》（草案）的传达报告、“六五”规划草案的说明、“七五”计划（修正案）报告、政府关于复查纠正冤、假、错案的工作报告，贯彻中共中央《关于发展农业合作社的决议》，会议审查修改1958年生产建设计划，听取审查县人委、县人民法院、县人民检察院工作报告及财政预决算报告，宣布各县革命委员会成立，审议《森林发展保护若干问题的规定》《城镇基本建设拆迁、安置实施细则》，学习以农业为基础、以工业为主导的发展国民经济的总方针，学习毛泽东著作的高潮，要深入进行农村产业结构调整，综合发展农村经济，加速工业管理体制改革，改革商业流通体制，加强科技工作，重视人才。作出粮食“三定”（定产、定购、定销）到户的决议；关于开展厉行节约、反对铺张浪费的增产节约运动，提倡艰苦朴素的作风，保证超额完成第一个五年计划等决议；作出各项“全面大跃进”的决议；动员人民群众，贯彻党的十一大路线和五届全国人代会决议；继续抓好民主法制建设、稳定安定团结的政治局面、建立健全农业生产责任制、搞好工业企业的整顿、集中力量把经济建设搞上去等方面的决议等。

1986—1993年，各县召开的县人民代表大会，听取、审议《县人民政府工作报告》《县人大常委会工作报告》、县人民法院、县人民检察院工作报告及财政预决算报告、《国民经济和社会发展十年规划和“八五”计划（草案）的报告》，听取代表所提建议、批评和意见办理结果的情况报告。提出继续抓好经济体制改革和工资制度、教育、科技体制改革，深入治理经济环境、整顿经济秩序，减轻农民负担等决议。

1996年3月28日，四川省人大常委会巴中地区工作委员会举行第一次全体会议。会议听取巴中地区农业局所作的《关于当前农业和农村工作的情况汇报》，作出《关于加强农业和农村工作的决议》。5月9—10日，巴中地区人大工委第二次会议在通江县城召开。会议听取和讨论地区林业局所作的《关于当前林业工作情况的汇报》和地区水电局所作的《关于全区水利电力工作的情况汇报》，参观通江县开发荒山荒坡、发展经济林的典型，安排部署组织人大代表评议全地区各级公安机关的工作。7月30—31日，巴中地区人大工委第三次全体会议在南江县城召开。会议学习江泽民在“两会”（全国“人代会”“政协会”）党员负责人会上的讲话和乔石在全国人大八届四次会议闭幕式上的讲话等文件材料，传达省人大在西昌召开的人大主任学习会精神。10月18日，省人大常委会巴中地区工作委员会举行第四次全体会议，会议听取地区公安处的工作汇报，讨论通过《四川省人大常委会巴中地区工作委员会关于评议地区公安处工作整改意见的决议》。

1997年3月25日，四川省人大常委会巴中地区工作委员会举行第五次全体会议。会议听取和讨论地区财政局所作的《关于1996年财政收支预算执行情况和1997年财政收支预算安排意见的报告》，并作出《四川省人大常委会巴中地区工作委员会关于加强财政工作的决议》。听取和审议地区农业局所作的《关于当前春耕生产情况的报告》，并作出《四川省人大常委会巴中地区工作委员会关于加强农业和农村工作的决议》。讨论并通过《巴中地区人大工委关于表彰评议公安工作先进单位和优秀民警的决定》和《巴中地区人大工委关于授予彭清顺为“人民卫士”荣誉称号的决定》；会议通过有关人事任免事项。7月18日，四川省人大常委会巴中地区工作委员会举行第六次全体会议。会议听取四川省人民检察院巴中分院检察长所作的接受人大代表评议工作总结报告，代表们依法重据、公正客观地对检察分院建院以来的工作进行评议，肯定成绩，提出建议和意见，作出《四川省人大常委会巴中地区工作委员会关于评议四川省人民检察院巴中分院工作整改意见的决议》。9月19日，四川省人大常委会巴中地区工作委员会在平昌县城举行第七次全体会议。会议认真学习江泽民关于“依法治国，建设社会主义法制国家”的重要论述和省委、省人大常委会关于依法治省的决定、决议，专题讨论依法治区工作。会议讨论并通过《四川省人大常委会巴中地区工作委员会关于贯彻落实省八届人大五次会议〈关于依法治省的决议〉的决议》和《四川省人大常委会巴中地区工作委员会工作规则》。11月26—27日，四川省人大常委会巴中地区工作委员会第八次全体会议在巴中市（县级）举行。会议听取和讨论地区司法局所作的《关于实行部门执法责任制的情况汇报》，会议作出《四川省人大常委会巴中地区工作委员会关于推行部门执法责任制的决议》；听取和讨论地区检察分院检察长所作的《关于落实评议整改决议的情况汇报》、地区行政公署法制局所作的关于《中华人民共和国行政处罚法》贯彻情况的汇报，听取和讨论地区农业局所作的关于全地区农民负担工作的情况汇报、地区工商局所作的关于坚持“六统一、一监督”支持发展个体私营经济的情况汇报、地区财政局所作的关于1997年1—10月财政预算收支执行情况的汇报。

1998年3月24日，四川省人大常委会巴中地区工作委员会第九次全体会议在巴中市（县级）举行。会议讨论并通过《四川省人大常委会巴中地区工作委员会关于表彰全区检察机关先进集体和优秀（模范）检察官的决定》；讨论研究1998年组织人大代表评议全地区法院工作；听取和讨论地区财政局所作的《关于1997年财政收支预算执行情况和1998年财政收支预算安排意见》的汇报、地区民政局所作的关于贯彻实施《村委会组织法》和《居委会组织法》的情况报告；通过地区中级人民法院有关人事任命征求意见事项。地区人大工委主任李开明作题为《坚持党的领导，切实履行职能，进一步开展全区人大工作新局面》的讲话。8月12—13日，四川省人大常委会巴中地区工作委员会举行第十次全体会议。会议听取地区中级人民法院《关于接受人大评议开展自查自纠的情况汇报》；听取和讨论地区行署《关于1998年上半年财政预算执行和下半年财政工作安排的情况汇报》《关于全区国有企业下岗职工基本生活保障和再就业工作情况汇报》；听取地区人大工委社会处关于《母婴保健法》执法检查的情况汇报、地区人大工委经济工作处关于《环境保护法》执法检查的情况汇报；讨论并通过《地区人大工委关于进一步贯彻实施〈母婴保健法〉的决议》。10月20日，四川省人大常委会巴中地区工作委员会举行第十一次全体会议。会议听取和讨论地区中级人民法院所作的《关于地区中级人民法院建院以来的工作及接受人大评议自查自纠的情况汇报》；讨论通过《四川省人大常委会巴中地区工作委员会关于评议地区中级人民法院工作整改意见的决议》；会议通过有关人事任免事项。11月16—17日，四川省人大常委会巴中地区工作委员会举行第十二次全体会议。会议听取和讨论地区计委托所作的《关于1998年1—10月国民经济和社会发展计划执行情况的报告》和《关于全区经济和社会发展重点项目实施情况的汇报》，地区林业局所作的《关于全区天然林采伐状况及资源保护情况的汇报》，地区水电局所作的《关于全区水土保持工作的情况汇报》，地区教委所作的《关于全区普及九年义务教育的情况汇报》。

1999年4月14—15日，四川省人大常委会巴中地区工作委员会举行第十三次全体会议。会议听取和讨论地区行政公署《关于1998年国民经济和社会发展计划执行和1999年计划安排的情况汇报》《关于1998年财政预算执行和1999年财政预算安排的情况汇报》《关于全区春耕生产的情况汇报》《地区中级人民法院关于接受人大评议整改工作的情况汇报》；讨论研究如何围绕巩固发展“巴中经验”创造性做好人大工作问题；讨论通过有关人事任免事项。5月5日，四川省人大常委会巴中地区人大工作委员会举行第十四次全体会议。会议全面总结人大评议全区法院工作，讨论通过《巴中地区人大工委关于表彰全区法院系统先进集体和先进个人的决定》。会议要求法院系统以评议为契机，进一步加强审判、执行、队伍建设等工作。7月12日，四川省人大常委会巴中地区工作委员会召开第十五次全体会议。会议听取和讨论地区行署副专员陈延荣作的贯彻实施《村委会组织法》的情况报告、地区监察局作的关于贯彻实施《行政监察法》的情况报告和地区电信局作的《关于邮电通信建设集资和电信收费情况的报告》。9月10日，四川省人大常委会巴中地区工作委员会举行第十六次全体会议。会议听取和讨论地区司法局作的《关于全区“三五”普法工作情况的汇报》、地区计委作的《关于巴中地区1-8月国民经济和社会发展计划执行情况的汇报》。12月5日，四川省人大常委会巴中地区工作委员会举行第十七次全体会议。会议听取和讨论地区行署《关于全区工业改革的情况汇报》《关于全区农民增收减负的情况汇报》《关于天然林资源保护工程实施情况的汇报》；听取地区中级法院《关于地区人大工委交办案件办理情况的汇报》；听取地区人大工委领导理论联系实际和领导干部“三讲”教育的总结报告，讨论地区人大工委领导班子“三讲”教育的整改意见。

第二节　常委会议

1950—1954年，各代常委会议，先后学习《共同纲领》《土地改革法》《选举法》、过渡时期的总路线等。会议讨论决议发展生产，组织农村互助组，开展“万户千组一百乡”的劳动创模运动；

决定实行粮食统购统销政策；通过抓紧秋耕生产、兴修水利、植树造林、发展畜牧、发动群众迎接土改的决议等。1954 年，各县撤销各代常委会。

1980 年起，境内各县先后成立县人大常委会，至 1985 年，境内各县常委会议先后听取和审议关于实施《经济合同法》《森林法》《药品管理法》，制订城市规划和建设管理的规定的情况汇报，并作出相关决议；关于在全县公民中普及法律常识、关于大力发展商品生产保护“两户”合法权益、关于大力发展乡镇企业、关于减轻农民负担问题等决议和决定。作出《关于贯彻实施 < 严惩严重危害社会治安的犯罪分子的决定 > 的决议》，从严、从重、从快打击一批刑事犯罪分子；作出《减轻农民负担的决定》。

1987—1993 年，各县人大常务会议听取和审议单位贯彻执行国家法律法规情况的汇报和工作报告；作出加大教育经费投入、动员群众集资办学改善办学条件、普及九年义务教育、发展乡镇企业和民营经济、开展普法工作、打击经济领域犯罪等重大事项的决定。

2000 年 12 月 26 日，巴中市第一届人民代表大会常务委员会第一次会议在市会议中心举行。会议审议并通过《巴中市人民代表大会常务委员会议事规则》《巴中市人民代表大会常务委员会任免国家机关工作人员办法》《巴中市人民代表大会常务委员会组成人员守则》。《巴中市人民代表大会常务委员会议事规则》规定，市人民代表大会常务委员会会议至少每 2 个月举行 1 次。常务委员会会议由主任召集并主持，主任可以委托副主任主持会议。常委会会议必须有常委会全体组成员的过半数参加，始得召开。常委会会议草案由主任会议拟定，提请常委会全体会议通过。常委会举行会议时，市人民政府、市中级人民法院、市人民检察院的负责人列席会议。根据会议审议的事项，通知市级有关部门负责人列席会议。市人民代表大会专门委员会及常务委员会工作机构不是常务委员会组成人员的负责人列席会议，邀请市政协负责人列席会议。不是市人民代表大会常务委员会组成人员的区（县）人民代表大会常务委员会主任或副主任 1 人列席会议。必要时可邀请部分市人民代表大会代表或全国人民代表大会代表、省人民代表大会代表列席会议。根据会议审议的事项，可邀请公民旁听。常务委员会举行会议时，召开全体会议，也可以根据需要召开分组会议。常务委员会分组会议对议案或者有关的工作报告进行审议时，应当通知有关部门负责人到会，听取意见、回答问题。

第三节　主任会议

一、人大工委主任会议

1997 年 9 月 20 日，地区人大工委第十七次全体会议通过《四川省人大常委会巴中地区工作委员会工作规则》，规定：地区人大工委主任会议讨论决定工委日常工作的重大问题。主任会议由工委主任或副主任主持。工委主任会议由主任、副主任、秘书长组成，必要时各处室的主要负责人列席。主任会议讨论决定提交全体会议议题，研究部署阶段性工作任务和机关工作的重大问题。会议议题由主任、副主任、秘书长提出，由主持会议的主任或副主任决定，安排会上的议题必须事前作好有关准备，主任会议可根据实际情况不定期召开。1996 年 7 月 8 日，地区人大工委召开第一次主任办公会议（后称“主任会议”）起，至 2000 年 12 月止，共召开主任会（主任办公会）议 59 次。其中，1996 年 6 次，1997 年 17 次，1998 年 14 次，1999 年 12 次，2000 年 10 次。历次主任会议的主要议题是传达贯彻上级重要会议精神；总结上年度工作，提出本年度工作要点；听取有关部门工作情况汇报；讨论人大代表视察、组织执法检查、开展评议等问题；研究召开全体会议的有关事宜；决定机关建设与管理、人事任免等重大事项。

二、人大常委会主任会议

1982 年 12 月，第五届全国人大第五次会议修改的《地方组织法》规定，县级以上的地方各级人民代表大会常务委员会中的常务委员会主任、副主任组成主任会议，处理常务委员会的重要日常工作。1986 年 12 月，第六届全国人大常委会第十八次会议修正的《地方组织法》规定，省、自治区、直辖市、自治州、设区的市人民代表大会常务委员会主任、副主任、秘书长组成主任会议，处理常务委员会的重要日常工作。

2000 年 12 月，巴中市第一届人大常委会选举产生后，依法建立主任会议制度。《巴中市人民代表大会常务委员会主任会议议事规则》规定：主任会议由常务委员会主任、副主任、秘书长组成，负责处理常委会的重要日常工作，主任会议由主任召集并主持（主任可以委托副主任主持会议）。主任会议必须有会议组成人员的过半数参加，始得召开。主任会议实行集体负责制，讨论决定问题应当充分发扬民主，严格依法办事。主任会议的决定，必须取得会议组成人员的过半数同意。主任会议每月至少举行一次，特殊情况，可以临时召集会议。主任会议的议题、开会日期，由秘书长提出，由主任或主任委托的副主任确定；主任会议处理常务委员会的重要日常工作有 17 项（不赘述）；召开主任会议时，会议组成人员都应出席会议。副秘书长应列席会议，各专门委员会和常务委员会工作机构的负责人列席相关议题的会议。经主任或主持会议的副主任决定，可邀请市人民政府、市中级人民法院、市人民检察院及有关方面负责人列席会议。主任会议举行会议 2 天前，办公室将会议的议题、开会的时间通知出席和列席会议的人员，临时召集的会议，可以临时通知；主任会议决定的事项需要行文时，由办公室草拟，常务委员会主任或者分管的副主任签发。主任会议由办公室确定专人作会议记录；必要时可以编印会议纪要，由秘书长签发。主任会议讨论的重要问题和决定的事项，经主任会议同意，通过新闻媒介公开发布。主任会议议定的事项，由秘书长主持召开常务委员会机关办公会议安排落实，并协调处理实施中的事务，事后，由秘书长向主任会议汇报。

第四章　主要工作

第一节　重大事项决定

1933 年 2 月，境内巴中县苏维埃第一次代表大会作出关于禁绝鸦片烟等 5 项决议。南江县苏维埃第一次代表大会确定以“组织武装，建立基层人民政权”和“打土豪，分田地”为主要任务。1933 年 8 月，川陕省第二次工农兵代表大会通过《目前的政治形势和川陕省苏维埃的任务》的决议。1934 年 12 月，川陕省第三次工农兵代表大会通过粉碎敌人“川陕会剿”的决议。

民国31年（1942年）8月，巴中县临时参议会通过本县教育经费独立的决议。民国32年（1943年）冬，南江县临时参议会作出关于发展南江经济的决定。

民国33年（1944年）8月，巴中县临时参议会作出关于立即筹建县立高中决议之执行情况，并推荐严恭寅首任县高校长。

民国34年（1945年），巴中县临时参议会通过小学教职薪俸由法改支粮米的决议。南江县参议会审议通过民政、财政、县志经费等15项决议和《南江县建议纲要》。

民国35年（1946年），巴中县参议会分别召开的第一、二次会议讨论议决巴平分治的边界履勘、公产学产分配、田赋划拨等问题。南江县参议会第二次会议通过民政、财政、教育、建设、粮政各案37件，并函转县府执行。

民国36年（1947年），巴中县参议会议决清理历年财粮。南江县参议会通过民政、财政、教育、军事、粮政、警察等55项案，分别加具意见，转县府执行。

民国37年（1948年），巴中县参议会议决增加公教人员待遇，增加中小学（包括私立中学）地方补助，借拨黄谷100制石解决囚犯生活等问题。南江县参议会作出成立“南江县专科以上清寒优秀学生资助基金董事会”和“正直中学迁移长池、更名为长池中学”等项决定。

民国38年（1949年），南江县参议会对县级机关园丁的精简问题作决议。

1950—1953年，境内各县“各代会”作出征粮、接管旧政权、清匪特安定社会秩序、发展生产、减租退押、购买公债、保护工商业、取缔反动会道门、建立农民自卫武装、供应工业品、发展民办小学、土地改革、开展“三反”运动、《关于1951年抗美援朝宣传计划》、防旱抗旱等决议。

1954—1959年，各县“人代会”作出拥护宪法、通过政府工作报告、《继续深入开展全民性大辩论和反右倾斗争》、《解放思想，破除迷信，掀起工农业生产“大跃进”》、“战胜一切困难，完成和超额完成1958年工农业生产计划，提前实现《全国农业发展纲要（修正草案）》和地方工业总产值赶上农业总产值、拥护粮食统购统销和省人委关于粮食‘三定’（定产、定购、定销）到户”等决议。

1961—1965年，境内各县“人代会”作出《坚决把各方面工作转移到以农业为基础的轨道上来，集中力量夺取粮棉双丰收》《突出政治、大学毛主席著作》《继续深入开展社会主义教育、充分发扬大寨精神》、“关于增产生产，厉行节约，为实现1963年农业全面大幅度增产而奋斗”、通过《1966年生产规则》等决议。

1966年开始，“人代会”行使职权被“造反派”夺权而中止。

1968年开始，境内各县党、政、财、文大权由革命委员会掌管。1978年，恢复人民代表大会制度后，1985年，各县“人代会”作出1980—1985年农业、财贸、科研、文化、教育、卫生、体育等各条战线的奋斗目标、《关于第七个五年计划（修正案）报告》《关于严惩严重破坏经济犯罪的决定》《关于清除和防止精神污染的决定》《关于加强法制教育普及及法律常识的决议》等决议。

1986—1996年，各县“人代会”通过《国民经济和社会发展十年规划和“八五”计划（草案）的报告》《县人民政府工作报告》《县人大常委会工作报告》等决议。

1997—1998年，四川省人大常委会巴中地区工作委员会全体会议对农业和农村工作、财政工作、依法治区、执法责任制等作出决议，对授予彭清顺“人民卫士”荣誉称号作出决定。其中，1997年3月25日，四川省人大常委会巴中地区工作委员会第五次全体会议通过《关于加强农业和农村工作的决议》。会议听取和讨论地区行政公署《关于当前春耕生产情况的汇报》。会议认为：全地区各级政府和农业主管部门认真贯彻落实党中央、国务院和省委、省政府关于加强农业和农村工作的一系列方针、政策和指示，在上年赢得农业和农村经济稳定发展、保持经济较快增长的基础上，不放松春耕生产，大春备耕工作抓得扎实有力，为实现当年粮食增产目标提供保证。四川省人大常委会巴中地区工作委员会第五次全体会议通过《关于授予彭清顺同志“人民卫士”荣誉称号的决定》。彭清顺生前任平昌县公安局响滩派出所所长，兼任区政法党支部书记。1959 年入伍，1961 年加入中国共产党，1982 年，转业从事基层公安工作，二级警督，正科级侦察员。在派出所工作 14 年中，多次被评为地、县先进工作者，优秀共产党员，荣记大功一次，三等功一次，所在单位多次被地、县评为先进集体，1995 年，被省公安厅授予“优秀派出所”，并荣记集体三等功。1996 年 4 月 17 日，彭清顺因突发性脑溢血不幸逝世。为此，地区人大工委决定授予彭清顺为“人民卫士”称号。地区人大工委号召全地区公安民警、武警、消防官兵向彭清顺学习，以彭清顺为榜样，做坚定信念、牢记宗旨、勤政为民的模范；做严于律己、宽以待人，清正廉洁、秉公执法、遵纪守法的模范；做艰苦朴素，勤俭节约，不求索取，无私奉献的模范。9 月 20 日，四川省人大常委会巴中地区工作委员会第七次全体会议通过《关于依法治省的决议》。决定在全地区范围内开展依法治理。《决议》提出各级领导干部要提高认识，明确依法治区的重大意义及其目标任务；采取有效措施，确保依法治区顺利实施。各级领导干部要带头抓好依法治理工作，深入开展普法教育，建立健全行政执法责任制；强化组织领导，确保依法治区取得明显实效。11 月 27 日，四川省人大常委会巴中地区工作委员会第八次全体会议通过《关于推行部门执法责任制的决议》。会议听取和讨论地区司法局所作的《关于巴中地区推行部门执法责任制工作情况的汇报》。会议认为，自全地区推行部门执法责任制以来，大多数行政执法部门较为重视，对推行部门执法责任制有明确认识，取得一定成绩，但离依法治国、建设社会主义法治国家的要求，还存在着较大的差距，一些地方和部门有法不依、执法不严、以言代法、以权压法、以罚代法，不依法行政的现象仍然存在，直接影响依法治区的进程。为进一步贯彻落实中央依法治国方针，全面推行部门执法责任制工作，特作出如下决议：认真贯彻十五大精神，进一步提高对推行部门执法责任制的认识；格依法行政，全面推行部门执法责任制；切实加强领导和检查督促，确保部门执法责任制的严格实施；加强队伍建设，努力提高执法水平。1998 年 8 月 13 日，四川省人大常委会巴中地区工作委员会第二次全体会议通过《关于进一步认真贯彻实施〈中华人民共和国母婴保健法〉的决议》，会议听取工委社会工作处《关于〈中华人民共和国母婴保健法〉执法检查的情况汇报》。会议认为地区行政公署、各级人民政府和相关执法部门采取切实措施贯彻实施《母婴保健法》，使全地区母婴保健工作取得一定成效。在工作中，一些地区和部门还不同程度地存在着领导重视不够、部门执法不力、资金投入不足等问题，影响《母婴保健法》全面有效地贯彻执行。会议特作出如下决议：各级政府要进一步深化认识，高度重视，切实加强对母婴保健工作的领导；深入开展法律宣传教育，努力提高群众守法自觉性；各级卫生行政执法部门要搞好规划，精心组织，狠抓落实；各相关部门要密切配合，通力协作，形成齐抓共管的工作格局；各级人大要加大执法监督力度，确保法律法规全面正确实施。

2000 年 12 月 26 日，巴中市第一届人大常委会第一次会议通过《巴中市人民代表大会常务委员会任免国家机关工作人员办法》（简称《办法》）。根据《中华人民共和国宪法》《中华人民共和国地方各级人民代表大会和地方各级人民政府组织法》《中华人民共和国法院组织法》《中华人民共和国检察院组织法》《中华人民共和国法官法》《中华人民共和国检察官法》和全国人民代表大会常务委员会、四川省人民代表大会常务委员会有关规定，结合巴中市的实际情况，明确任免国家机关工作人员的范围和程序及其他相关事项。《办法》规定，在市人民代表大会闭会期间，市人大常委根据市长的提名，决定市政府个别副市长的提名，由市政府报省政府备案。在市人代会闭会期间，市人民政府市长、市中级人民法院院长、市人民检察院检察长因故不能担任职务时，市人大常委会根据主任会议的提名，分别从市政府、市中级人民法院、市人民检察院副职领导人中决定代理市长、代理院长、代理检察长。《办法》规定，根据市长提名，市人大常委会决定市政府秘书长、局长、委员会主任的任免。根据市中级人民法院院长提名，市人大常委会任免市中级人民法院副院长、庭长、副庭长、审判委员会委员、审判员。根据市人民检察院检察长提名，市人大常委会任命市检察院副检察长、检察委员会委员、检察员。根据市人大常委会主任会议提名，市人大常委会任免市人大常委会副秘书长和市人大常委会办事机构、工作机构主任、副主任。

第二节　监　督

1980 年后，境内各县人大常委会遵守《地方组织法》的规定，在本行政区域内，保证宪法、法律、行政法规和上级人民代表大会及其常务委员会决议的遵守和执行；监督本级人民政府、人民法院和人民检察院的工作，联系本级人民代表大会代表，受理人民群众对上述机关和国家工作人员的申诉和意见；撤销下一级人民代表大会及其常务委员会的不适当的决议；撤销本级人民政府的不适当的决定和命令；在常务委员会会议期间，提出对本级人民政府、人民法院、人民检察院的质询案，依法对“一府两院”行使法律监督和工作监督。督促检查各部门对人民代表提出议案、批评建议。

1993 年，南江县人大常委会开展评议工作试点。1994 年，在全地区 3 县 1 市普遍推开。在评议进行过程中，地区人大工委及时了解情况，予以指导。评议结束后，并听取有关县市人大常委会关于评议工作的汇报，对南江县通过评议评选“人民好公仆”活动，注重评议整改，追踪调查整改效果等好的经验进行总结宣传，要求把评议这种监督形式在全地区范围内推广采用，以进一步增强人大监督的力度。

1995 年起，地区人大工委在行使监督权时，支持有关部门进一步搞好法制宣传教育，普及法律知识，使全社会自觉遵守和执行国家法律法规。是年，按照省人大常委会及省人大各专门委员会的安排，完成《乡镇企业法》《四川省风景名胜区管理条例》等 17 件法律和地方性法规（草案）征求意见的工作，分别写出书面报告，为上级人大常委会审议提供依据；开展对《教师法》《环境保护法》等 8 个法律法规实施情况的执法检查，针对存在的问题，提出意见，促进基层依法行政、依法办事、依法解决各种矛盾和问题。地区人大工委派员参加全地区“二五”普法工作的检查验收。从检查验收的情况看，全地区“二五”普法取得显著成绩，通过采取多种有效的宣传形式，对广大干部群众进行普及法律常识教育，增强人们的法律意识和法制观念，提高全社会特别是广大干部依法办事的自觉性。地区人大工委把参与地方立法、做好法律和地方性法规（草案）修改意见的征求、收集、整理、上报工作为一项重要任务来抓，先后对《四川省〈土地管理法〉实施办法》（修正案）、《四川省农业机械管理条例》、《四川省各级人民代表大会常务委员会开展执法检查的若干规定》、《四川省人民代表大会常务委员会地区工作委员会工作条例》（修正案）、《四川省实施〈义务教育法〉条例》等 20 多个地方性法规（草案）提出修改意见，并分别上报省人大有关专门委员会，为省人大立法提供实践依据。全地区 369 个乡（镇）相继开展代表评议和述职评议工作，先后有 489 名县、市人民代表和 2988 名乡（镇）人民代表参加评议，有 169 名国家机关工作人员进行述职评议。巴中市（县级）人大常委会评议时找准问题，切中要害，分步有序。通江县人大常委会在组织代表评议时，走访群众2万多人（次），召开各类座谈会800余次，形成评议材料500余份，提出整改意见50多条，经过归纳整理后移交被评单位，督促尽快整改，取信于民。平昌县人大常委会对本县城市规划工作和《农业法》执行情况开展监督时，对建委、科委、粮食局、广电局、物价局的主要负责人进行述职评议，参评代表提出意见。

1996年，地区人大工委组织省人大代表、邀请全国人大代表和部分县（市）人大代表对公安处组建以来的工作进行全面评议。地级有关方面负责人、公安处全体干警和县（市）人大、公安局的领导共160人参加评议大会。在评议大会上，人大代表对公安处3年来依法履行职责，执行法律法规、队伍建设及廉政建设等进行实事求是的评议，既充分肯定所取得的成绩，又客观的指出存在的问题。是年，地区人大工委组织全地区各级人大代表，对全地区各级公安机关的工作进行全面、认真的评议。在调查研究阶段，地区人大工委从本区内的各级人大代表、机关工作人员和有关部门抽出力量组织7个调查小组，深入到公安机关内部、地级有关部门、县（市）基层单位和人民群众中去，采取视察、座谈、走访、看资料、查卷宗等方式开展广泛深入的调查。仅地区的3个调查组就调查300多名群众，走访50多个单位，查询20多个案例，收集60多条意见和建议。在地区人大工委和乡镇人大主席团组织乡镇人大代表对派出所工作进行评议，各县（市）人大常委会组织县（市）人大代表对县（市）公安局的工作进行评议。地区人大工委认真开展执法检查监督，结合省人大常委会的执法检查计划，先后对《科技进步法》《环境保护法》《矿产资源管理法》《计划生育条例》等法律法规的贯彻实施情况进行检查。同时，地区人大工委还督促和协助法制宣传部门对全地区“二五”普法的情况进行总结评比，对“三五”普法工作作周密安排和科学规划，要求要进一步加大普法力度，强化法制宣传，增强全体公民的法制观念和法律知识水平，提高依法办事，依法行政，依法管理的自觉性和能力。

1997年3月25日，四川省人大常委会巴中地区工作委员会第五次会议，听取和讨论地区财政局所作的《关于1996年财政预算执行情况和1997年财政预算安排意见的报告》。会议认为，1996年全地区财政预算执行情况良好，1997年预算安排合理，执行预算的措施有力。会议指出，由于全地区财政历来基础差、底子薄，收支矛盾十分突出，因此，要求地区行政公署、各级政府和财政主管部门一定要解放思想，增添措施，克服困难，为完成当年的财政工作任务而努力奋斗。会议作出决议，要求地区行政公署、各级政府和财政主管部门要加强预算内资金的管理，认真搞好年初财政预算，年初预算经人大批准后，凡是预算内安排的支出项目，必须严格执行，不得随意突破。地区行政公署、各级政府和财政主管部门要千方百计，广辟财源，大力培植和发展新的经济增长点。地区行政公署、各级政府和财政主管部门要在抓增收的同时抓节支，发扬艰苦奋斗的精神，坚持厉行节约，反对铺张浪费。地区行政公署和各级政府要切实加强对财政工作的领导，认真研究和解决好财政运行中出现的新情况、新问题。7月18日，工委主持召开评议检察分院工作会议。300多名与会代表在评议发言中依法重据，客观公正，充分肯定检察分院建立以来的工作成绩，大家一致认为，建地区以来，全地区各级检察机关坚持“严格执法，狠抓办案”的工作方针，认真开展各项检察业务，积极查办大要案，严厉打击严重经济和刑事犯罪，有力地保障全地区改革开放和经济建设的顺利进行，维护政治和社会稳定。同时，代表们也指出，在检察机关中还存在着少数干警的思想素质和业务素质不高、受利益驱动办案，影响公正执法、执法监督的力度不够等问题。代表们针对这些问题，提出有建设性的意见和建议86条。检察分院诚恳接受代表评议，虚心听取代表评议意见，高度重视抓整改，制定整改方案，报工委同意后及时付诸实施，将代表的评议意见，逐一调查核实，进行整改落实，并将整改情况分别回复代表，做到“事事有着落，件件有回音”，令代表感到满意。9月20日，地区人大工委第七次全体会议通过《关于贯彻落实省八届人大五次会议〈关于依法治省的决议〉的决议》。《决议》主要内容有提高认识，明确依法治区的重大意义及其目标任务；采取有效措施，确保依法治区顺利实施；强化领导，确保依法治区取得明显成效。11月9日，地区人大工委主任会议通过《关于实施〈四川省各级人大常委会司法案件监督条例〉的暂行规定》。《规定》共有11项内容。11月27日，地区人大工委第八次全体会议听取和讨论地区行政公署《关于巴中地区推行部门执法责任制工作情况的汇报》，根据《汇报》反映的情况和巴中的实际，地区人大工委作出《关于推行部门执法责任制的决议》，并在这次会议上通过。是年，地区人大工委强化对行署及其工作部门和地区中级法院、地区检察分院的法律监督和工作监督。结合省人大常委会的执法检查安排，先后对水土保持法、产品质量法、产品质量监督管理条例等法律法规的贯彻实施情况进行检查。听取和讨论行署及其工作部门和“两院”的执法情况和工作情况的汇报，作出相应的决定、决议。先后对《水土保持法》《产品质量法》和《产品质量监督管理条例》等法律法规的贯彻实施执行情况进行检查。

1998年，地区人大工委组织地区各级人大代表对全地区法院工作进行评议。经过周密部署、合理安排、分步实施，在广泛、深入地调查研究、查阅案卷、解剖个案、掌握实情和督促法院自查自纠、以改迎评的基础上，县（市）、地两级先后召开评议大会，参评代表以事实为依据，对两级先后召开评议大会，参评代表以事实为依据，对两级法院的工作进行全面评议，既充分肯定成绩，又客观、公正地指出在办案质量、队伍建设等方面存在的受利益驱动办案、裁判不公、执行不力、少数干警素质低下等问题，提出整改意见。评议会议召开后，地区人大工委及时督促法院制定整改方案，落实整改措施，认真解决、处理和纠正代表提出的问题，收到阶段性成效，纠正错案20件，批评、教育和处理违纪违法干警30多人。是年，配合省人大常委会执法检查组和独立开展对《环境保护法》《母婴保健法》《农民负担管理条例》《城市园林绿化管理条例》《中医药管理条例》《计划生育条例》等10多个法律法规执行情况进行检查。同时，进一步理顺监督与被监督的关系，建立健全地区人大工委与地区行署、中级法院、检察院负责人联席会议制度。4月，召开第一次联席会议，在会上学习宪法、地方组织法、地区人大工委工作条例、各级人大监督条例等法律法规，省人大常委会委员、地区人大工委主任李开明对人大与政府及“两院”的关系、地区人大工委如何强化监督职能、加强监督工作等问题作讲话，行署及“两院”负责人也就自觉接受人大监督讲重要意见。

1999年，地区人大工委紧密围绕经济建设中心，服从服务于地委中心工作，抓住经济工作中的重点、难点和人民群众普遍关注的热点问题强化工作监督。地区人大工委领导紧扣地委的经济工作思路，经常深入基层，深入群众开展调查研究，了解掌握经济工作中的情况和问题，及时向地委提出决策和工作建议；按照地委分工挂包联系文明新村和贫困企业、贫困村、贫困户。同时，工委把经济工作的一些重要课题列入全体会议议程。是年，地区人大工委为保证和促进国家法律法规在本区域内的全面、深入贯彻实施，推动依法治区进程，地区人大工委以执法检查和司法个案监督为主要手段，加强对行政、司法机关的法律监督，努力推进依法治区。工委组织对全地区“三五”普法和依法治理的情况进行一次检查，由地区人大工委领导带队，分成4个检查组，分别对4个县（市）进行全面检查，对10个地级执法部门进行重点抽查、采取听取工作汇报、查阅资料和实地察看相结合的方式，比较系统全面地了解全地区“三五”普法和依法治理的情况，总结成绩，同时也看到一些公民的法律意识和法制观念还需要进一步增强，普法工作还有不少薄弱环节，普法任务还很重，依法治理还需要加大力度，全面推进；地区人大工委组织开展对《村委会组织法》实施情况的检查，地区人大工委主任会议和全体会议多次听取行署关于实施村委会组织法的情况汇报，要求全地区各级政府要进一步贯彻实施好《村委会组织法》，把四大民主落到实处，真正扩大基层民主，实现村民自治；地区人大工委强化司法监督，对1998年开展的评议法院工作的整改情况进行跟踪检查，对在评议中反映出来的一些典型个案，责成地区中级法院依法认真办理，并在全体会议上听取交办案件办理情况的汇报。评议整改结束以后，5月上旬，召开评议法院工作总结大会，对9个先进集体和19名先进个人给予表彰奖励，要求法院要进一步巩固评议成果，加强审判工作和队伍建设。同时，地区人大工委先后组织对《统计法》《审计法》《森林法》《妇女权益保障法》等法律实施情况进行检查；对1998年开展的农民负担执法检查进行跟踪监督检查。

2000年，市人大常委会组成人员继续围绕全市的改革开放与经济建设，经常深入基层，开展调查研究，了解和掌握经济工作中的情况和问题，及时向市委提出决策建议。市人大常委会领导按照市委分工，分别联系文明新村和贫困企业、贫困村、贫困户，积极参与实施西部大开发和实施生物工程、发展绿色食品等方面的调研、论证与考察。是年，市人大常委会把推进依法治市进程作为重中之重，对行政、司法部门推行部门执法责任制和错案责任追究制等情况进行例行监督检查外，还利用全体会议、主任会议以及召开专门会议，听取市中级人民法院及部分行政执法部门关于个案办理情况的汇报。在推广市交通局开展依法行政经验的基础上，市人大常委会召开全市教育法制工作会议，开展校务公开和减轻学生负担等项工作。为推动农村基层依法治理，市人大常委会结合贯彻实施《村委会组织法》与加强文明新村建设，要求各级人大、政府把依法治市落实到基层单位，落实到村社，不留空白，整体推进。为充分发挥乡镇人大在基层民主法制建设中的重要作用，市人大常委会召开全市乡镇人大建设座谈会，对全市乡镇人大建设情况、工作情况进行分析 、研究，要求各县（区）把乡镇人大建设作为一件大事来抓，认真解决人员、经费、办公条件等具体困难。为确保法律法规在全市得以正确实施，市人大常委会除积极配合省人大组织的计划生育、税收征管等执法检查外，重点对土地管理法、村委会组织法、未成年人保护法等法律实施情况进行检查。为全面分析、总结市委、市人大常委会关于依法治市的决定决议贯彻实施情况，召开各县（区）委书记、人大常委会主任、县（区）长、市级各部门主要负责人共200余人参加的全市依法治市经验交流会，会议分别交流依法行政、依法治乡、依法治村、依法治企、依法治路、依法治教等方面的经验，现场参观巴州区白云乡依法治乡情况。会议总结工作经验，分析薄弱环节，明确努力方向，提出新的要求。

第三节　代表工作

一、联系代表

巴中地区人大工委设副主任分管、办公室副主任主管联系代表工作。巴中市人大常委会明确一名副主任分管，设人事代表工作委员会专管代表工作。

1994年12月28日，中共巴中地委召开全地区省人大代表座谈会，地区内的省人大代表和4县（市）人大常委会主任参加会议。

1995年9月3—7日，地区人大工委组织4县（市）人大常委会组成人员和部分省人大代表，召开全地区现场情况通报会，实地察看江北新区建设、4县（市）交通建设和农业生产情况。

1996年9月，地区人大工委按照地委的决定，组织4县（市）人大常委会主任、副主任和委员共72人参加地委召开的现场情况通报会。会议为期3天，地委书记、地区人大工委主任韩忠信对会议的召开提出明确要求；地委副书记李克明在会上通报地委、行署建地区以来的主要工作和取得的成绩，分析目前的形势，指出当前和今后一段时间内必须抓紧抓好各项工作任务；带领与会人员实地参观江北新区、巴乐公路、乐坝小城镇和火车站、沙南公路、唐巴公路及西华山隧道、巴水公路、通水公路、平水公路的建设情况，察看4县（市）的农业生产情况，听取4县（市）党委、人大常委会和政府的工作情况介绍。

1997年初，组织地区内的省人大代表出席省九届人大一次会议。会上，代表们认真履行职责、行使权利，踊跃参政议政，为巴中地区经济和社会发展提出议案和建议、批评、意见20余件，争取到省上对巴中地区在政策、项目和资金等方面的支持。省人代会召开以后，将全地区选举出的省人大代表编成5个代表小组，组织代表小组进行学习、开展活动。地方人大工委领导经常走访地区内的省人大代表，加强同他们的联系，积极支持他们依法执行代表职务。

2000年，市人大常委会组成人员每人分别联系3名人大代表，每次全体会议都邀请人大代表列席，督促有关方面认真办理代表的议案和建议、批评、意见，激发代表履行职责的积极性，广大代表充分发挥模范、带头作用，为全市经济和社会事业发展作出积极贡献。市人大常委会采取“三抓”（抓学习，努力提高代表素质；抓服务，为代表履行职责提供良好条件；抓活动，支持代表认真执行代表职责）发挥代表参政议政作用。

二、代表视察

20世纪80年代以来，各县人大常委会每年均组织代表视察，了解国民经济、财政预算和人事决议、决定执行情况以及人代会即将审议的重要议题，为开好“人代会”作准备。由人大专门委员会或代表小组组织经常性的专题视察活动，主要对法律、法规的实施，人大决议、决定的执行，代表议案和建议、批评、意见的办理，以及群众关心的热点问题进行视察或检查。

1990—1992年，各县人大常委会每年视察前，主动征求各位代表意见，制定视察计划。视察结束后，向达县地区人大工委写出书面报告，对代表在视察中提出的意见和建议，及时转有关部门办理或参考。

1993年12月1日，省人大常委会巴中地区工作委员会发出通知，组织地区内八届全国人大代表和省八届人大代表进行视察。视察的内容有了解1993年国民经济计划、财政预算的执行情况；农业和减轻农民负担的情况；全民所有制工业企业转换经营机制条例执行情况；打击刑事犯罪和社会综合治理情况；开展反腐败斗争的情况；群众普遍关心反映比较突出的问题。

1994年，省直机关在本地区选举的省人大代表、省人大常委会副主任孟俊修和省人大常委会委员程英男分别到选区南江县、巴中市（县级）进行视察。地区内的各级人大代表按照《代表法》的规定，采用集体视察和个人持证视察相结合的办法，分别视察巴中地区交通、能源、通讯、文教、卫生、计生等各个领域、各个方面的发展情况，掌握区情，提出许多具有建设性的建议和意见。

1995年11月2日，省人大常委会巴中地区工作委员会组织地区内的全国人大代表和省人大代表开展计划、财政预算的执行情况，强化农业基础地位和农业生产情况，《农业法》《教育法》《税收征收管理办法》的执行情况，交通、通信、能源等基础设施的建设情况，社会治安综合治理和“菜篮子”“米袋子”工程实施情况，开展反腐败斗争、反贪污贿赂的情况，当地群众普遍关心和比较突出的一些“热点”问题的视察。

1996 年 10 月，地区人大工委发出通知，要求以县（市）为单位组织本行政区域内的全国和省人大代表及部分县、市人大代表进行集体视察，对视察的目的、内容、形式和时间都作明确的要求。各县（市）根据工委的安排，先后在年底前组织代表对本地农业、工交、财贸、文卫等方面的工作进行 5—7 天的视察，在肯定成绩的同时，重点指出存在的问题和不足，提出解决和改进的意见、建议。参加视察的省人大代表根据视察情况，提出将在省八届人大四次会议上反映的议案和建议、批评、意见共 20 多条。

1998 年 12 月 11—15 日，地区人大工委组织巴中全国人大代表 2 人，省人大代表 19 人对 3 县 1 市进行集中视察，代表们侧重视察巴中市（县级）对外开放招商引资情况，平昌县商贸流通发展非公有制经济情况，通江县农村财源建设情况，南江县国有企业改革和下岗职工再就业情况，对地委、行署及各县市工作提出建议和意见，为出席全国、省人代会作准备。

1999 年 11 月 22—24 日，地区人大工委组织地区内全国、省人大代表集中视察，视察组深入南江县、平昌县和巴中市（县级）及其部分乡镇，就工业企业改革和发展情况、农民增收减负情况进行视察。

2000 年，市人大常委会安排部署全市内全国和省人大代表分组视察的有关工作。是年 12 月，各县（区）人大常委会分别组织全国、省和部分县区人大代表对农业和农村经济、工业企业改革与发展、重点工程项目建设、实施生物工程、发展绿色食品等方面工作开展集中视察。代表们通过视察，肯定工作成绩，也指出存在的不少问题和困难，并提出一些针对性强的工作建议。

三、代表述职评议

1993 年起，针对乡镇人大代表绝大多数来自基层，生产生活在第一线，素质参差不齐，一些代表履行职责的能力、自觉性和责任感不够强，有的对国家大事关心不够，政治热情缺乏，把履行职责当成额外负担；有的法律、政策水平较低，参政议政能力不够强；有的认为自己担任代表是某个方面的荣誉性照顾安排，只有光荣感、缺乏责任感，致使乡镇人大代表的作用得不到有效发挥的问题。各级人大加强指导，部分乡镇人大主席团组织开展代表向选民述职，接受选民评议监督的活动。通江县涪阳镇等地开展代表述职评议活动形成制度，每年进行 1 次。年初，在地区人大工委、县（市）人大常委会的指导下，这些乡镇人大主席团都要作出安排，各乡镇人大代表在下次人民代表大会召开前，都要回选区向选民述职，接受选民的评议监督。届时，在召开选区选民大会进行述职评议时，地、县（市）人大常委会派专人实地指导。会上，先由代表就联系选民、遵纪守法、发展经济、参政议政、廉洁自律等方面的情况向选民汇报自己做了哪些实事以及在履行职责中存在的问题和今后努力方向。随后，选民就代表履职情况踊跃提问，提出建议、批评和意见。代表针对选民的意见认真答复解释，选民再按照“优秀、称职、不称职”的等次对代表进行测评。述职会议后，由乡镇人大主席团汇总测评结果。通过述职评议，绝大多数乡镇人大代表增强使命感和责任心，认真履职尽责。至 2000 年，仍在全市开展代表述职评议制度。

四、代表议案提出和处理

1950 年起，代表提交的议事原案称为“提议案”。1954 年，制定《地方组织法》规定：“地方各级人民代表大会举行会议的时候，代表和主席团、本级人民委员会都可以提出提议案”。当时代表提议案没有规定人数，而是沿用各界人民代表会议时期的做法，即一位代表提议，数位代表附议。1979年，修改《地方组织法》规定：“主席团、常务委员会、本级人民政府和代表（有3个以上附议），都可以提出议案。”各县人民代表大会开会期间所收到的提案，由提案审查委员审查，并向大会作提案审查报告，闭会后由县人民政府（人民委员会）办理，在下次代表会上，县长书面报告办理情况。

1980年后，各县人民代表大会开会期间所收集的议案，由议案审查委员会初步审查，然后将议案提请大会主席团审议，作出安排，不属于议案的建议、批评和意见在闭会之后按自办、转办分类。属自办的由常委会处理，属转办的转交相关部门处理，办结后由该部门负责人向人大常委会作出专题报告。所有自办、转办的提案、议案、建议、批评和意见的办理情况，均函复提案代表本人。

1986年，《地方组织法》再次修改，行使提议案权的主体增加人大各专门委员会，县以上各级人民代表大会代表提议案的法定人数规定为10人以上联名。

1990年后，人民代表本着抓大不抓小、抓实不抓虚、宜少不宜多、宜细不宜粗的原则，对事关本行政区域内国民经济和社会事业发展的企业体制、农村产业结构调整、社会保障、交通建设、城镇建设、社会治安、普法教育等方面工作提出一些议案，其案由确切，案据充分，方案完备可行，针对性强，质量有所提高，数量相对减少。1993年后，人大、政府、两院把代表的议案、建议、批评和意见的办理工作纳入机关目标管理考核内容，加快办理速度，提高办理质量。

2000年，《巴中市人民代表大会常务委员会议事规则》规定，市人大常委会主任会议可向常务委员会提出属于常务委员会职权范围内的议案，由常务委员会会议审议。市人民政府、市中级人民法院、市人民检察院、市人民代表大会各专门委员会可以向常务委员会提出属于常务委员会职权范围内的议案，由主任会议决定是否提请常务委员会会议审议。常务委员会组成人员5人以上联名，可以向常务委员会提出属于常务委员会职权范围内的议案，不提请常务委员会会议审议的，应当向常务委员会会议报告或向提案人说明。提出议案的机关、常务委员会有关工作机构，应当对列入常务委员会会议议程的议案，提供有关材料。市一届人大一至七次会议决定列为代表议案7件，其中第五次会议2件，第六次会议3件，第七次会议2件。同时，市一届人大历次会议都设有议案审查委员会，负责对议案的审议。一般先由大会秘书处按议案分类，逐案确立办理单位和提出处理意见，提交议案审查委员会审议，写出书面审查报告，送请主席团决定，最后提交大会通过。《地方组织法》规定，代表联名提出的议案，“由主席决定是否列入人大议程，或者先交有关的专门委员会审议，提出是否列入大会议程的意见，再由主席团决定是否列入大会议程”。历次人代会上，主席团决定交市人大常委会各工作委员会或市人大各专门委员会继续审议的议案，都按规定程序作处理。《巴中市人民代表大会常务委员会议事规则》规定，市人大常委会会议审议议案时，可先由全体会议听取关于议案的说明，再由分组会议进行审议。提议案机关的负责人可以在常务委员会全体会议上对议案作补充说明。列入常务委员会会议议程的议案，在交付表决前，提议案机关或提议案人要求撤回的，经主任会议同意，对该议案的审议即行终止。列入常务委员会会议议程需要作出决议、决定的议案，在审议中发现有重要问题需要进一步研究的，经主任会议提出，常务委员会同意，可以暂不付表决，由有关专门委员会或工作机构进一步调查研究，向主任会议提出调查研究报告后，再由主任会议决定是否交付常务委员会会议表决。

第四节　人大宣传

20 世纪 50—60 年代，各县人大通过宣传政策，说服动员亲友及其所联系的群众，对于顺利完成清理民国 38 年（1949 年）田赋旧欠、推销折实公债、争取土匪缴械自新起重要作用。在宣传抗美援朝运动、宣传婚姻法、宣传总路线、发动宗教界开展“三自革新”运动、协助工商界处理劳资关系、开展城乡物质交流等方面，也做大量宣传工作。号召掀起学习毛泽东著作高潮，开展“农业学大寨”运动，宣传农业十项政策，动员群众积极参加普选，开展“三反”运动。

20 世纪 60 年代末至 70 年代中期，人大宣传工作停止。

20 世纪 80 年代，境内各县人大积极广泛地学习、宣传、实施《宪法》，加强对法治的普及及法律常识的宣传教育，加强民主、法制和政权建设。

1994 年起，地区人大工委、县（市）人大常委会高度重视人大宣传工作，强化对国家法律法规、人大制度和人大工作的宣传。1994 年 9 月，地区人大工委组织 1.7 万名干部群众参加由《四川省法制报》《人民权力报》《民主与法制》杂志社举办的“纪念人大制度暨宪法颁布 40 周年知识竞赛”活动，有 20 名职工获得大赛组委会的奖励。

1997 年，抓省人大常委会机关报刊《人民权力报》和《民主法制建设》的征订发行工作，使全地区“一报一刊”的发行量逐年上升。地区人大工委领导和机关工作人员积极撰写新闻稿件和理论文章，对人大制度和人大工作的开展情况进行宣传，全地区有 2 件作品获得省宣传人大制度好新闻奖。加强对人大重大活动和重要会议的新闻报道，地区人大工委举行的评议、执法检查等活动和每次全体会议等，地区电视台、巴中日报社都有记者进行采访报道。通过强有力的宣传，使全社会深化对人大制度的认识，使人大制度更加深入人心。

1999 年初，地区人大工委召开由各县（市）委分管宣传的副书记、宣传部长和人大常委会分管副主任、地级宣传新闻单位负责人参加的人大宣传工作会议，传达贯彻全省人大宣传工作会议精神，对加强全地区人大宣传工作作出部署；制定地区人大工委与地级宣传新闻单位联系办法，建立地区人大工委与地级宣传单位负责人联席会议制度，每季度召开 1 次，具体研究人大宣传工作中的新情况，总结新经验，解决新问题。会同地委宣传部制定人大制度好新闻评选办法，在全地区开展人大制度好新闻评选活动。《巴中日报》和地区电视台分别开辟人大制度宣传专栏或法制宣传专栏；对人大召开的各种会议、举行的各项重要活动和日常工作的宣传报道更加规范化、经常化，宣传报道的质量和水平有明显的提高。各级人大建立人大宣传工作领导小组，在机关成立宣传报道小组，领导带头写稿，提倡机关人人多写稿、写好稿，上稿率和稿件质量都越来越高。在四川省第八届宣传人大制度好新闻评选活动总结表彰会上，巴中地区人大工委推荐的 3 件新闻作品分获三等奖，受到省人大常委会办公厅和省委宣传部的表彰。

2000 年，市人大常委会会同宣传新闻单位对宣传全市人大制度建设、人大工作和民主法制建设成就等进行专题研究，作出安排布置。在巴中市“第一届宣传人大制度好新闻评选”活动中，表彰奖励全市宣传人大制度的 20 多件好新闻作品和 20 多名优秀通讯员。在《巴中日报》上定期开办“民主与法制”专版，会同巴中电视台开办“法制天地”专栏。是年，在市级以上报、刊、台刊播宣传人大制度的稿件达 100 多件。市人大常委会还把学习、宣传、贯彻省、市委人大工作会议精神作为宣传人大制度，促进人大工作的一次极好机遇，利用广播、电视、报刊，在全市上下开展有组织、有计划、有声势的宣传活动，把省、市委人大工作会议作出的决定，提出的要求及时传达到基层，传达到广大干部群众之中，使人大意识和民主法制意识更加深入人心。

第五节　基层人大工作

一、县级换届选举

川陕省苏维埃时期，各级工农兵代表大会代表，由工人、农民、红军士兵及一切劳苦大众选举。“军事官僚、地主豪绅、富农、僧侣及一切剥削人的人和反革命分子，是没有选举代表参加政权和政治上的自由权利的”。境内县苏维埃工农兵代表大会选举县苏维埃执行委员会，是时统一规定，县苏维埃执委 27 人，常委 11 人。

1950—1954 年，各县各代会代行人民代表大会权力，先后召开 4 届会议，各代会代表绝大部分由区、乡和县级机关团体推选，宗教、少数民族和无党派民主人士代表。在历届代表中，各阶层人士均占一定比例，具有广泛的代表性。每届各代会分别选出各代会常务委员，推举常委会正、副主席和秘书。听取县人民政府工作报告和首届普选工作报告，学习相关文件，作出相关决议和决定。

1955—1985 年，境内各县历经县人民代表大会 10 届。1968 年成立的县革命委员会，县党、政、财、文大权一律由县革命委员会掌管，组成人员没有通过法定选举，因系一届政府机构，仍列为第七届人代会。历届人民选举，县均成立选举委员会，主持换届选举工作。选举委员会由党、政、军、青、工、妇等有关方面负责人和各界代表人物组成。历次普选工作，大体分为成立机构，宣传动员，开展选民登记；审查选民资格，张榜公布，填发选民证；酝酿和公布候选人名单；召开选举大会。历届选举大会均占选民总数的 90 % 以上。县人代会选举出县人委县长、副县长和委员，县人大常委会主任、副主任和委员，县人民政府县长和副县长，县人民法院院长，县人民检察院检察长。

1986—1993 年，各县的每届选举工作，县均成立县选举委员会，县级各大口（系统）成立选举工作指导办公室或指导小组。县人大代表按代表分布情况和选民人数划分选区，各选区建立选举工作领导小组。历经培训、选民登记、资格审查等阶段，张榜公布选民名单。每次县人民代表换届选举后，召开县人民代表大会，选举产生县政权领导班子。

1998 年 3 月底，巴中地区所辖 4 县（市）人大先后任期届满，依法换届选举。为保证此项工作及时启动，1997 年 9 月，地委召开全地区换届选举工作座谈会，对全地区换届选举工作进行全面安排部署。地区人大工委成立换届选举工作指导小组，设立选举指导办公室，并抽调 2 名工作人员，负责日常事务工作。指导各县（市）依法成立选举委员会，分别由县（市）委书记（或副书记）任主任，人大常委会负责人任副主任，组织、宣传、统战、工、青、妇、公、检、法、司等部门负责人为成员，由选举委员会全面主持该级人大换届选举各项工作，并下设选举工作办公室，配备专兼职工作人员。针对部分选民出现“厌选”、消极、抵触、畏难情绪等复杂情况，各地抓好宣传、教育、发动工作。全地区各级召开选举动员会 8320 次，印发《代表法》《选举法》《选举工作手册》及各种宣传教育资料 4.74 万份，举办电影宣传 1000 余场（次），有线电视、广播宣传 1.38 万次，开办板报、专栏 2387 处，书写宣传标语 2.88 万幅，印发选举《工作简报》3 万余份。全地区换届选举工作分为四个步骤进行。成立机构，制订方案，宣传发动，登记选民；提名酝酿，选举代表；召开新一届人代会。在具体工作中，集中把握重点环节。1998 年 1 月 8—10 日，4 县（市）近 200 万选民踊跃参加选举大会，各选区及投票站既充分发扬民主，又严格依法办事，组织全体选民投下庄严的 1 票，选出人民群众依赖的人民代表。全地区登记选民 227.36 万人，无法行使选举权利的 1.09 万人，暂停行使选举权利的 459 人，被剥夺选举权利的 1059 人，参选人数 203.03 万人，参选率 89.3%；参加投票人数 199.7 万人，直投率 97%。依法选举产生县级人大代表 1140 人，经审查，1140 名代表资格全部有效。根据《地方组织法》有关规定。1998 年 2 月下旬至 3 月上旬，4 县（市）先后举行新一届人大一次会议，会议选举产生新一届县（市）人大常委会组成人员及县（市）人民政府、人民法院、人民检察院领导成员。

二、乡镇换届选举

1933—1935 年，境内各县苏维埃所属各乡苏维埃代表大会是乡的最高权力机关。组成代表大会的代表，由乡内选民直接选举。是时规定，乡苏维埃执委 7 人，候补 2 人，常委 3 人。监察、执委成员由代表大会选举。

民国 34—37 年（1945—1948 年），先后成立乡（镇）民意机构——乡民代表会。乡（镇）民代表会设主席 1 名，由代表会选出。乡（镇）民代表由保民代表选举，保民代表由民众直接选举。民国 36 年（1947 年）8—10 月，进行换届选举。

1950 年，境内平昌县人民政府所属 49 个乡，由乡农民代表大会选举正、副乡长。

1953—1985 年，境内各县所属各乡（镇）进行普选工作，在普选的基础上，按照《中华人民共和国宪法》规定，先后召开乡（镇）代表大会，选举出乡（镇）人民委员会组成人员（公社管理委员会、乡人民政府委员会），乡（镇）人民代表大会代表、公社代表大会代表。其间，1967—1976 年，选举中断。

1986—1989 年，各县为搞好乡人民代表大会的选举工作，各乡（镇）开始选民登记、公布选民，提名、酝酿、协商、公布代表候选人。各县以选区为单位召开选举大会，投票选举乡、镇人民代表大会代表。

1995 年 9 月初，全地区召开乡镇人大换届选举工作会议，地委批转地区人大工委党组关于乡镇人大换届选举工作中若干问题的报告。各县（市）委批转县、市人大常委会党组关于选举工作安排意见的报告。地区成立乡镇人大换届选举工作指导小组，各县（市）层层建立选举领导机构。全地区上下形成“党委领导、人大牵头、各方配合”的选举工作格局。各县（市）按照干部“四化”（革命化、年轻化、知识化、专业化）方针、德才兼备原则和“五湖四海、异地任职”的要求，对各乡镇的领导班子进行调整配备。全地区共划分选区 4599 个，共有选民 229.84 万人。按照地委和地区乡镇换届选举工作会议的要求，各县（市）分别开展少数乡镇正、副乡镇长和村（居）委会成员候选人的竞选工作，由党委组织部门和人大常委会联合制定竞选方案和措施，确定开展竞选的乡镇和村（居）委会，考察竞选对象。各县（市）分别经县人大常委会会议通过，确定统一的选举日，南江县为 1995 年 12 月 10 日，通江、平昌 2 县为 1995 年 12 月 20 日，巴中市（县级）为 1996 年 1 月 10 日。全地区共应选代表 1.32 万名，实选代表 1.31 万名。乡镇人大代表选出后，各县（市）立即着手筹备召开新一届乡镇人民代表大会第一次会议，选举乡镇领导班子。1996 年 1 月底，各县（市）新一届乡镇人代会第一次会议圆满结束，选出人民信赖的乡镇领导班子。

1998 年 11 月起，乡镇换届选举工作全面铺开，到 1999 年 3 月底顺利结束。历时 5 个月，依法选举产生新一届乡镇人民代表大会代表和乡镇人大、政府领导成员。这次换届选举涉及全地区 4 县（市）284 个乡镇，共登记选民 221.3 万人，参加投票的选民 191.14 万人，占选民总数的 86.37%；全地区应选乡镇人大代表 1.34 万名，实际选出 1.33 万名，占 98.94%。本届乡镇人大代表较之上届代表，文化程度明显提高，年龄结构趋于合理，整体素质得到增强，较好地体现人大代表的先进性、代表性和广泛性。在这次换届选举中，依法选举产生乡镇人大主席团主席 284 人、副主席 100 人。选举产生乡镇人民政府乡（镇）长 284 人，副乡（镇）长 563 人。这次换届选举产生的乡镇国家机关领导班子，平均年龄有所下降，文化程度明显提高，结构比较合理，整体素质得到改善。

巴中市志

第二十五篇

地方政府

民国初，境内先后设立3个县行政公署，民国17年（1928年）改为国民县政府。1932年12月—1935年3月，红四方面军在境内建立川陕省苏维埃政府，下辖2道、1市、23县苏维埃政府。1935年3月，红军撤离境内后，恢复3个国民县政府（巴中县、通江县、南江县）。1948年，新成立平昌县政府。1949年12月下旬，境内4县相继解放，各县分别成立解放委员会，1950年2月，各县成立人民政府。后经几次机构改革，各县政府的工作机构为29～34个。

1993年，成立巴中地区行署，2000年，成立巴中市政府，下辖3县1区人民政府。市、县（区）政府根据职能职责规定的权限，管理本地区内的经济、教育、科学、文化、卫生、体育事业，城乡建设事业和财政、民政、劳动人事、公安、司法行政、监察、民族事务、计划生育等行政工作。1994—2000年，行署（政府）通过召开政府全体会议、常务会议等讨论决定全地区（市）经济和社会发展的重大决策48项。行署（政府）办公室、收发各种文件、简报、传真等170多万份；承办各种会议1037次，平均每年148.14次；共出《政务信息》4760条，写调研文章380多篇，63%的调研文章被国家和省级刊物采用；督办省、地领导交办的事项205件，办结率100%。同时，对外事、台务、民族、宗教、无线电等工作进行协调管理。

第一章　机构设置

第一节　民国县政府

一、巴中县政府

民国2年（1913年），改巴州为巴中县后，县的最高行政机构为县行政公署，行政长官称县知事。民国3年（1914年），改称县知事公署，署内设行政、司法两股。民国17年（1928年），国民政府颁布《县组织法》，将县知事公署改为县政府。民国19年（1930年），县知事改称县长。府内机构设置有秘书室、建设局、财政局、乡村电话管理所。民国24年（1935年），裁局设3科。民国29年（1940年），实行“新县制”，巴中按一等县设置机构有民政科、财政科、教育科、建设科、军事科、粮政科、禁烟科等。至民国38年（1949年），内设机构常有变化更迭。县政府设5科5室3处3所1局1委员会。

二、通江县政府

民国初期，通江县最高行政机构为县行政公署。民国19年（1930年），改县行政公署为县政府。省定通江为三等县，县政府设1科、2科和公安、财务、建设、教育4局。民国21年（1932年）4月，县政府裁局并科，合署办公。是年12月，因红军入境，民国通江县政府迁驻南充。民国24年（1935年）3月，通江县政府随川军返回县城。7月，改组县政府，设1、2、3科。民国29年（1940年）5月，推行“新县制”，县政府设民政、财政、教建、军事4科及秘书、档卷、警佐、合作指导

4室。此后，内设机构裁、撤、并、增。至1949年底，县政府设4科4室2处1股1局。

三、南江县政府

民国初期，南江县最高行政机构为县行政公署。民国17年（1928年），改县行政公署为县政府。民国28年（1939年）9月，南江列为四等县。次年6月，推行“新县制”，县政府内部机构实行“分层负责制”。是年，南江县调为三等县。县政府内设秘书室、民政科、财政科、教建科、军事科、粮政科、会计室、警佐室、国民兵团部、动员委员会、财委会、征收处、财政部南江县田赋管理处等。至1949年，县政府内设秘书室，第1、2、3、4、5科，田粮科、税捐处，司法处，警察局，邮电局，会计室，统计室，户政股等。

四、平昌县政府

民国35年（1946年）9月1日，设立平昌县设治局，按四等县编制设民政、财政、教建科和秘书、警佐室及军事股。民国37年（1948年）12月1日，平昌设治局升为平昌县，县政府设民政、财政、田粮、教建、社会、军事科，司法、税捐处，军法、秘书、事务、档案室，警察、电话管理所。

第二节　川陕苏维埃政府

一、川陕省苏维埃政府

1932年12月29日，中国工农红军第四方面军在通江城成立川陕省临时革命委员会，设主席1人，下设内务委员、土地委员、秘书等职。川陕省临时革命委员会系省工农民主政府未成立之前川陕省的最高权力和行政机关，又是川陕省苏维埃政府的筹备机关，行使临时政府职能。

1933年2月7日，川陕省第一次工农兵代表大会在通江县城召开，到会代表150余人，会议历时7天。大会宣布以《中华苏维埃共和国宪法大纲》作为川陕省苏维埃的根本大法，通过《川陕省苏维埃临时组织法大纲》，正式成立川陕省苏维埃政府，成立之初，领导赤北、赤江、红江、南江、巴中5个县，苦草坝、洪口2个特区和巴中特别市等工农民主政权，人口100余万。设主席1人，副主席2人，秘书长1人，委员11人。省苏维埃政府机关驻通江城内涂公祠。根据《川陕省苏维埃组织法》规定，川陕省苏维埃政府组织系统设1部、1局、1庭、9个委员〔会省军区指挥部。设指挥长1人，在西北革命军事委员会直接指挥下，统一各县地方武装的指挥；政治保卫局。设局长1人，副局长2人，秘书长1人。下设侦察科、特务科、执行科、保管科、手枪科、保卫营、女看守队、秘书处、看守处；革命法庭。设主席1人。内设审判委员会、国家公诉处、申诉登记处、执行管理处（下置看守所、监狱、劳动实习所）；财政委员会。设主席1人。下设工农银行、税务局、会计处；经济委员会。设主任1人。下设经济合作总社、建设局；外交委员会。办理苏区外交事宜；交通委员会。内设运输处、交通局、电报局、赤色邮政局；土地委员会。设主席1人，委员若干。下设没收分配局、水利局、土地培养局；劳动委员会。下设社会保险局、劳动介绍局、劳动检查所；粮食委员会。设主席、副主席各1人，委员若干。下设粮食储藏所、粮食调查统计处、粮食运输处、种子储藏所；文化教育委员会。设主席1人。下设学校教育局、社会文化局、国家出版局；内务委员会。设主席1人。下设婚姻登记处、户口登记处、卫生局、戒烟局、赤色民警局〕。川陕省苏维埃政府主席熊国炳，副主席先后有杨孝全、罗海青、余洪远、祝义亭，秘书长黄超。

1933年7月上旬，川陕省苏维埃政府从通江迁驻巴中县城，中共川陕省委、红四方面军总部和省级单位先后随迁。1934年春夏，在反“六路围攻”中，因战事转移，川陕省委、省苏维埃政府迁驻通江和旺苍坝（旺苍县城，时属广元县地）；9月11日，又迁回巴中城，直至1935年3月，撤离北上。川陕苏区进入极盛时期，面积达到4.2万平方公里，人口600余万，建立巴中和绥定2个道、23县1市、160多个区、990多个乡、4300多个村的苏维埃政权，成为当时仅次于中央革命根据地的全国第二大苏区。

二、县（市、特区）苏维埃政府

（一）通江县境苏维埃政府

1932年底至1933年春，在通江县境内先后建立赤北、赤江、红江3个县苏维埃政府和洪口、苦草坝2个县级特区苏维埃政府。

按《川陕省苏维埃组织法》规定，县苏维埃政府下设内务委员会、文化教育委员会、粮食委员会、劳工委员会、土地委员会、经济委员会、财政委员会、县革命法庭、县保卫局、县交通局、县军区指挥部等11个机构。

1932年下旬，赤北县苏维埃政府在县北两河口筹建，1933年1月初，正式建立，为红四方面军入川后建立的第一个苏维埃政府。县苏维埃政府机关初设两河口，后迁泥溪场。县苏维埃政府主席先后为丁三斗、杨先知、苟正兴、王玉田、张正礼，副主席何文学。

1933年1月，赤江县苏维埃政府成立。县苏维埃政府机关初设毛浴镇，后迁通江城。县苏维埃政府主席先后有谢在江、刘道甫、赵有义，副主席先后有杨先知、刘道甫。

1933年1月，红江县苏维埃政府成立。县苏维埃政府机关初驻涪阳坝，继迁新场坝，后又迁平溪坝。县苏维埃政府主席首任贺明善，继任李绍伯、赵德成、李文银。

1933年春，洪口特区苏维埃政府成立。区苏维埃政府机关驻洪口场。领导省苏维埃政府设在洪口的企事业机构，协调地方与驻洪口军政机关的工作。邓才礼、黄贵元、任登元先后任特区政府主席。

1933年2月，苦草坝特区苏维埃政府成立。区苏维埃政府机关驻苦草坝（通江县永安），领导和协调红四方面军总供给部所属的兵工厂、造币厂、被服厂及川陕省苏维埃经济公社总社等单位的工作。特区政府历任主席有徐东山、李家科、龚从裕、何益清。

（二）巴中县境苏维埃政府

1933年2月，成立巴中市苏维埃政府；7月，更名为巴中特别市苏维埃政府，张德胜任市苏维埃政府主席。

1933年2月，成立巴中县苏维埃政府。历任县苏维埃政府主席：张庭奎、朱仕贤、汤仕富。

1933年6月，成立仪阆县苏维埃政府；8月，更名为恩阳县苏维埃政府。李尔吉任县苏维埃政府主席。

1933年6月，成立长胜县苏维埃政府；廖芝荣任县苏维埃政府主席。

1933年6月，在通江新场镇成立江口县（平昌县）苏维埃政府；随即迁得胜；9月，迁江口镇。是年11月，召开江口县苏维埃政府第一次工农兵代表大会，选举21人组成的县苏维埃执行委员会，9人组成常务委员会，周某某为县苏维埃政府主席。县苏维埃政府下设县军区指挥部、财政经济委员会、文化教育委员会、交通局、政治保卫局、革命法庭，并设劳工、内务、粮食、土地等委员。

（三）南江县境苏维埃政府

1933年2月，南江县召开第一次苏维埃代表大会，决定成立南江县苏维埃政府。县苏维埃政府设苏维埃委员会执行主席、常务委员。执行委员会下设县军区指挥部、财政委员会、经济建设委员会、粮食委员会、内务委员会、土地委员会、劳工委员会、文化教育委员会、交通局、政治保卫局、革命法庭。历任主席有岳庄斗、吴宗寿、李正良、林自清。

1932 年 5 月，长赤县召开第一次苏维埃代表大会，决定建立长赤县苏维埃政府。县苏维埃政府设执行主席、常务委员。执行委员会下设军事指挥部、县财委会、税务局、经济公社、保卫局、革命法庭、邮政局、宣法队、粮食委员会。历任县苏维埃政府主席有徐万如、何尧升、吴星寿、石祥贵、石奉先。

第三节　巴中地区行政公署

1950 年初，中共中央和中央人民政府决定，析民国时期的四川省 18 个行政督察区建置川东、川南、川西、川北四个省级行政区和重庆直辖市。北川区辖民国时的四川省第十一、十二、十四、十五行政督察区所辖巴中、南江、通江、平昌等 35 个县，隶属中央人民政府和西南局。是年 3 月，经中共中央西南局批准，成立达县专区，隶属川北人民行政公署，辖巴中、平昌、通江、南江、达县、开江、宣汉、万源 8 县。1952 年 9 月 1 日，川北人民行政公署被撤销，达县专区改隶新成立的四川省人民政府，辖通江、南江、巴中、平昌等 8 县。1968 年 2 月，达县专区改称达县地区，辖通江、南江、巴中、平昌等 11 县。1993 年 7 月 5 日，国务院批准达县地区划分为达川和巴中 2 个地区。巴中地区辖巴中市（县级）和通江、南江、平昌 3 县；地区行政公署设在巴中市（县级）。10 月 25 日，四川省巴中地区机构编制委员会确定巴中地区行署设办事机构 25 个，即巴中地区行署办公室（含外事、地方志、台湾事务、侨务、民族、宗教、法制等工作职能）、四川省巴中地区计划国土委员会（含物价、地质矿产等工作职能）、巴中地区经济贸易委员会（含技术监督工作职能）、巴中地区教育委员会（含招生、自学考试等管理工作职能）、巴中地区科学技术委员会、巴中地区公安处、巴中地区司法局、巴中地区民政局、巴中地区财政局（含国有资产管理工作职能）、四川省巴中地区税务局、巴中地区人事劳动局（含安全生产工作职能）、巴中地区审计局、巴中地区统计局、巴中地区工商行政管理局、巴中地区监察局（与地区纪律检查委员合署办公，一套机构，两块牌子）、巴中地区交通局、巴中地区建设环保局、巴中地区农业局（含畜牧等工作职能）、巴中地区林业局、巴中地区水利电力局、巴中地区乡镇企业管理局、巴中地区贸易局（含商业、物资、粮食、外贸等流通领域行政管理职能）、巴中地区文化体育局（含广播电视行政管理职能）、巴中地区卫生局（含爱国卫生工作职能）、巴中地区计划生育委员会。10 月 28 日，巴中地区成立大会召开，省人民政府向巴中地区行署公署授牌授印。

第四节　巴中市人民政府

2000 年 12 月 27 日，巴中撤地设市，举行市人民政府挂牌仪式。各职能、直属部门相应更名为巴中市 ×× 局（委、室）。按照巴中市市级机构改革方案的实施意见，计划委员会更名为发展计划委员会；撤销经济体制改革委员会，其职能并入市委政策研究室。原由行署办公室管理的侨、台、民族、宗教办公室和无线电管理处并入市政府办公室，为其内设机构，保留外事侨台工作办公室、民族宗教办公室、无线电管理处牌子。撤销国有资产管理局，其职能并入财政局。建设委员会更名为规划和建设局，测绘管理职能由建设局承担。水利电力局更名为水利局，电力行政管理职能交经济贸易委员会承担。成立对外贸易经济合作局，列为市政府工作部门。撤销贸易局、建材总会和冶金煤炭机械工业局、电子化学工业局，其行政职能由经济贸易委员会承担。成立药品监督管理局，承担药政、药检和药品生产流通监管职能，将医药工业的行业管理职能交经济贸易委员会承担。成立旅游局，文体局不再挂旅游局牌子，为市政府工作部门。文化体育局更名为文化体育新闻出版局。物价局由计划委员会管理改为市政府工作部门。教育委员会更名为教育局，科学技术委员会更名为科学技术局。撤销人事劳动局，分别成立人事局、劳动局。撤销国土局和地质矿产办公室，成立国土资源局。法制局更名为市政府法制办公室，由市政府办公室管理。撤销安全生产委员会办公室，成立安全生产监督管理局，既是市政府的工作部门，又是安全生产委员会的办事机构。撤销招商局、外事外经办，成立招商引资局，为市政府直属事业单位。版权管理职能由文化体育新闻出版局承担。国家安全工作职能由公安局承担。知识产权职能由科技局下属事业单位承担。信息监测、预测职能和以工代赈职能由市发展计划委员会承担。救灾办职能、财委职能由市政府办承担。老龄工作职能划归民政局。农村工作办公室由市政府工作部门改为市农村工作领导小组的常设办事机构。地税局、工商局、技监局、药品监督局实行省以下垂直管理体制。

第五节　县（区）人民政府

一、巴中市巴州区人民政府

1949 年 12 月 22 日，成立巴中县解放委员会。

1950 年 1 月 19 日，成立巴中县人民政府，巴中县属西南区川北行署达县专区。1952 年 9 月 1 日，改属四川省达县专区。1955 年 9 月，巴中县人民政府更名为巴中县人民委员会。

1968 年 11 月—1980 年 10 月，为县革命委员会，“革委会”设主任、副主任。

1980 年 10 月，撤销巴中县革命委员会，恢复巴中县人民政府。

1993 年 7 月 27 日，撤销巴中县，设立巴中市（县级），隶属巴中地区行署。

2000 年 11 月 28 日，撤销巴中市（县级），改为巴中市巴州区。

二、通江县人民政府

1949 年 12 月 27 日，通江县城解放，废除通江县国民政府，成立通江县解放委员会。

1950 年 1 月 23 日，裁县解放委员会，成立通江县人民政府。1955 年 9 月，通江县人民政府更名为通江县人民委员会。

1966 年 10 月，成立通江县“文化大革命”领导小组。1967 年 1 月，“群众组织”夺权，“县人委”机构瘫痪；3 月 15 日，由县人武部党委批准成立县生产委员会；4 月 20 日，县生产委员会更名为县抓革命促生产委员会；12 月，县抓革命促生产委员会更名为县生产指挥部。1968 年 9 月 20 日，成立通江县革命委员会。

1980 年 10 月，撤销通江县革命委员会，恢复通江县人民政府，1983 年，县政府下设 6 室 5 委 1 社 27 局 4 公司，代管 4 行 1 局 1 站 1 公司。1998 年 3 月，县政府工作机构 31 个，局管理机构 3 个，议事协调机构 2 个。至 2000 年，县政府工作机构 34 个，局管理机构 3 个，议事协调机构 2 个。

三、南江县人民政府

1949年12月19日，南江县城解放，废除南江县国民政府，成立南江县解放委员会。

1950年2月，撤销南江县解放委员会，成立南江县人民政府。1955年9月，南江县人民政府更名为南江县人民委员会。

1966年冬，群众“造反组织”成立，县人民委员会被夺权。1967年3月，成立南江县生产委员会，在人武部党委领导下，行使部分职权；4月，南江县生产委员会更名为南江县抓革命促生产委员会；11月，改为南江县生产指挥部。1968年8月，成立南江县革命委员会。

1980年9月，撤销南江县革命委员会，恢复南江县人民政府。1997年1月，县政府设置工作机构32个，辖13个区镇、70个乡镇。至2000年，县政府工作机构29个，局管理机构3个，议事协调机构3个。

四、平昌县人民政府

1949年12月下旬，平昌县城解放，废除民国县政府，成立平昌县解放委员会。

1950年2月2日，裁平昌县解放委员会，成立平昌县人民政府。1955年9月，平昌县人民政府更名为平昌县人民委员会。

1967年春，县人民委员会机构瘫痪，成立平昌县生产委员会，后更名为生产指挥部。1969年4月，成立平昌县革命委员会。

1980年10月，撤销平昌县革命委员会，恢复平昌县人民政府，置办事机构45个。1983年下半年，全县采取撤、并、留等办法，实行机构改革。至2000年，县政府工作机构减少到32个。

第二章　政务决策

第一节　决策综述

在不同的历史时期因指导思想、工作重点各异而决定其施政的内容。1949—1956年，县人民政府、县人民委员会以坚持党在过渡时期的总路线（一化三改造）为指导，组织全县人民开展剿匪征粮、减租退押、镇压反革命、土地改革和对农业、手工业及私营工商业改造等工作为重点推行政务。1956年后，在全面建设社会主义时期，县人委以贯彻国民经济“调整、巩固、充实、提高”八字方针为指导决策政务，以推进全县经济发展。1966—1976年，县革委围绕深入开展“农业学大寨”、“工业学大庆”活动决策政务，在极其困难的情况下恢复和发展全县工农业生产。1978年后，全党工作重心逐步转移到社会主义现代化建设上来，县政府坚持以“一个中心”（以经济建设为中心）“两个基本点”（坚持四项基本原则、坚持改革开放）为指导，在县委的统一领导下和人大及其常委会的监督下依法行使行政职能，其行政决策的内容集中表现在以经济建设为中心。随着社会主义法制的健全和完善，各级政府的管理体制、管理权限、政务决策及活动的基本原则逐步趋于制度化、规范化和法律化。市、县（区）政府根据职能职责规定的权限，管理本行政区域内的经济、教育、科学、文化、卫生、体育事业，城乡建设事业和财政、民政、劳动人事、公安、民族事务、司法行政、监察、计划生育等行政工作，并依照《中华人民共和国各级人民代表大会和地方各级人民政府组织法》（简称组织法）的规定，制定《政府工作规则》及政府决策活动的基本原则。

处于行政主体地位的市、县（区）政府，决定政务决策过程主要有会议决策和决策发布。政府通过各种会议，广泛征求意见，在达成共识的基础上作出决策，付诸实施；政府推行政务的决定、方法、措施等以规范的公文体式发出，要求全社会或相关单位执行。在特殊情况下，对重大突发性事件的应急处理，因事关全局、时间紧迫，市长、分管副市长和县长、分管副县长可以当场作出决策。

第二节　会议决策

民国时期，境内南江县县长姚松寿上任后，宣布上司“杀人可恕，欠款难容”的命令。红军撤离巴中境内后，县成立清共委员会，区、乡镇设置清共分会，对共产党员，苏维埃干部，游击队员和红军家属等进行登记，令其“自首”。开始推行国民党倡导的所谓“新生活运动”，短期培训区、乡、保长等，作为推行“新生活运动”的骨干。同时，各县召开会议，广泛宣传，倡导发展体育运动。

川陕省苏维埃时期，境内各县召开会议，决定开展打土豪、分田地的运动；决定将没收的粮食和衣物，就地分给群众。在召开的“内部肃反”工作会议中，各县作出自上而下改造苏维埃的工作，清洗各级苏维埃中的地主、富农和一切“消极怠工分子”，发动群众，检举和监督苏维埃干部。

中华人民共和国成立后，各县政府召开会议，要求广泛宣传减租的意义、目的和政策；清除不纯分子整顿和扩大农会队伍；斗争不法地主，解除群众怕反复的顾虑；成立催收班子，责令地、富按规定减租。

20 世纪 50 年代，各县提出要求实现“运输车子化，耕种机械化或半机械化”，掀起技术革命的高潮；研究决定开展土地改革；“三反”“五反”运动；各县布置开展大规模群众性镇压反革命运动；整风“反右”以及布置工农业生产全面实现跃进的任务。

20 世纪 60 年代初中期，境内各县根据中央《关于农村人民公社当前政策问题的紧急指示》，召开会议，研究决定进行整风整社，实行“三级所有，队为基础”的制度，以生产队为核算单位；干部和群众要“同吃、同住、同劳动、同商量”的“四同”制度；各县要求开展社会主义教育运动，开展学习毛泽东著作运动；加强护林防火工作，规定联防组织职责和措施；对农村“五匠”（石匠、土匠、木匠、漆匠、瓦匠）人员的管理，开始实行由生产队和社办林场统一管理。60 年代后期，党政机关陷于瘫痪。

20 世纪 70 年代后期，党的工作重点转移到以经济建设为中心上来，各县研究和落实以发展农业为重点的各项任务和措施；研究对落实计划生育措施的实行优待；各县要求开展好社队财务大清理；对实行生产责任制的队进行统计；为适应重点转移，发出“振兴经济，加快山区发展步伐”的号召。

20 世纪 80 年代，各县开始贯彻执行中央提出的“调整、改革、整顿、提高”的八字方针，各县决定调整农业布局；放宽林业政策；大力发展多种经营；大力兴办乡镇企业；实行劳务输出；对长期亏损的厂、矿实行关、停、并、转；实行多渠道、多网点搞活流通，开放农贸市场，调整教育内部结构；同时要求各单位进一步深化改革，以改革统揽全局；研究和部署农村工作、城市经济工作、基础设施建设；要求各县城镇、农村各行各业普遍开展学习《建设有中国特色的社会主义》和《坚持四项基本原则，反对资产阶级自由化》活动等。

1991—1993 年，各县主要讨论《政府工作报告（草案)》及《国民经济和社会发展计划（草案)》，讨论《县人民政府工作规则》，各县政府要求完善农业技术承包工作，使农业技术承包工作向集团化、网络化、实体化、综合化方向发展，通过开展技术承包，实现开发脱贫目标。

1994 年 7 月，地委、行署会议决定，全地区第二次交通大会战的目标任务是总投资 1.58 亿元，完成巴乐公路 60 公里水泥路混凝土路面铺筑，打通近 1000 米的西华山隧道，将唐巴公路、沙南公路、平驷公路共 108.3 公里改造成二级泥碎路面，将通水路等 59 公里进行三级路改造，完成南通路 60 公里的四级路整形，铺筑巴水路、平白路共 52.3 公里油路，完成 51 座大中桥梁建设。

1995 年，全地区农业和农村工作会议明确要稳粮，增收。总的奋斗目标是粮食总产量达到 152 万吨；油菜子总产量达到 5000 万公斤，人均 15 公斤以上；生猪饲养量达到 525 万头，出栏 300 万头；蚕茧总产量达 17 万担；工农业总产值 44.7 亿元，税收 5500 万元；劳务输出达到 40 万人次，创收 2.5 亿元；人均纯收入增加 100 元。全地区总人口控制在 333 万人以内，计划生育率达到 78%。是年 2 月 25 日，全地区土地使用制度进行改革工作会议召开。会议决定，坚持城乡地政统一管理；坚持政府宏观调控和对土地出让市场的高度垄断；积极支持城镇建设促进县域经济的发展；管好土地资源，盘活土地资产；加大土地执法力度，保证土地使用制度改革健康发展；加强国土管理机构和队伍建设，确保各项职能到位。3 月 2—4 日，召开全地区交通工作会议，对交通建设“三年打基础、五年上台阶、十年迈大步”的阶段性目标提出具体要求。6 月 24 日，全地区防汛工作会议决定，立足防、避、抗、救、补、保六字方针，建立防汛抗灾综合体制，扎实抓好防洪度汛工作。7 月 14 日，行署半年经济工作通报会对下半年工作进行安排部署。要奋力抗灾救灾，确保农业增产增收；要继续狠抓以农田水利、交通为重点的基础设施建设；要下工夫抓好小城镇建设以带动农村经济发展；要以提高经济效益为中心，抓好企业改革与扭亏增盈工作；要坚持对外开放，放手发展个体私营经济。7 月 24 日，地委扩大会议决定，坚定不移地实施工程，全地区要经过 3—5 年的时间实现 80% 左右的农户有半亩到一亩高产稳产农田，有一亩“找钱地”，有一个支柱增收项目，有一个庭园经济，有一个 200 立方米蓄水池，有一条石板路。9 月 17 日，全地区企业改革暨扭亏增盈经济交流会召开，会议决定，全地区县属企业改革 1995 年内完成 30%，到 1996 年完成 80%，1997 年必须全部完成。11 月 28 日，地委、行署召开会议安排部署旱育秧推广技术工作，提出 1996 年旱育秧达到 5333.33 公顷，大田栽插 3.33 万公顷，力争用 2—3 年的时间实现“11261”旱育秧推广工程（育旱秧 6666.67 公顷，大田栽插 8 万公顷，实现新增粮食 6000 万公斤，新增产值 1 亿元）的目标。11 月 30 日—12 月 1 日，全地区水利建设管理工作现场会议决定，把水库当做企业办，通过 3—5 年的努力，中型水库产值要达到 500 万元以上，小（一）型水库产值达到 100 万元以上，小（二）型水库产值达到 50 万元以上。

1996 年 7 月 24—25 日，地委行署召开体改、乡企、城建工作会。会议决定，实施全地区工作重点转移，把工作重点转移到培植经济增长点、财源基地和扶贫攻坚上来。要一手抓农业，一手抓工业，协调发展第三产业，量力而行抓好基础设施建设。10 月 30 日，全地区召开玉米生产研讨会提出，1997 年玉米生产的指导思想是保面积、攻单产、抓利用、增效益。奋斗目标是种植玉米 7.67 万公顷，平均亩产 350 公斤 ~375 公斤，玉米总产要“保八争九”（即保证 4 亿公斤，力争 4.5 亿公斤）。

1997 年 11 月 13 日，地委、行署贯彻省委、省政府川东北抗旱片区会精神，要求加大打井建池力度，做到井池配套池园配套。12 月 25 日，全地区经济工作会议决定，把科技和流通作为重中之重来抓，使 70% 的农村池园、塘库增加科技效益 20% ~30%。

1998 年 1 月 8 日，全地区民政工作会议决定，城乡全面建立全地区社会保障制度。2 月 17 日，全地区乡镇财政工作会议决定，抓重点，抓骨干，加强乡镇财源建设。抓好茶叶生产；培植庭院经济大户；挖掘集体场、园、塘、库、站的潜力；培植潜力极大的流通专业大户。3月9日，全地区经贸工作会议决定，以资产重组为突破口，促进工业经济良性循环。3月29日—4月1日，全地区旅游工作会议决定，把旅游业培育成为全区新兴支柱产业。4月14日，全地区计划生育工作会议确立1998年全地区计划生育目标任务是人口出生率控制在16.18‰以内，自然增长率控制在10‰以内，计划生育率达到86%以上，综合避孕节育率88%以上。4月15日，全地区广播电视工作会议决定，1998年，全地区广电事业发展“123”目标。凡通电而没有建成有线电视网的乡镇，建成有线电视网络，同时入户农户率应占总农户数的10%，凡已建成有线电视网络的乡镇，有线电视入户率应占总农户的20%，凡经济条件较好的区镇（含巴中市的片区）所在地，有线电视入农户应占总农户数的30%。4月23日，地委、行署召开工作会议安排部署工作，全地区必须坚持以非公有制经济为主体推进区域经济结构的发展路子；必须坚持深度开发第一产业，加快发展第三产业，积极推进第二产业的产业结构调整思路；必须坚持把基础设施建设放在重要位置；必须坚持劳动力资源有效开发。5月27日，全地区示范村建设工作会议决定，明确思路，突出重点，切实抓好文明示范村建设。6月12日，全地区粮食流通体制改革工作会议决定，全面推进粮食流通体制改革，切实做好当前粮食购销工作。8月7日，全地区公路建设工作会议确立当年交通建设总体目标，铺装两干（二南公路南江段和通前路通江段），建设两环（双江公路、通平公路），整治两路（巴乐公路、巴水公路），改造两线（踏三公路、通铁公路）。8月13日，全地区1999年小春生产工作会议决定，在确保全地区小春粮食生产基本稳定的前提下，适当扩大经济作物，调整小春粮油结构，依靠科技进步，落实关键增产措施，主攻单产，增加总量，提高小春生产效益，进一步调动农民种植小春的积极性。10月12日，全地区建立村级财政管理制度现场会议决定，坚定不移地建立村级财务管理制度，大胆探索，在实践中完善；同时要坚定不移地抓好文明示范村建设。11月2日，全地区乡镇领导干部大会提出，1999年全地区小春生产的指导思想是稳粮扩经调结构，主攻单产增收益。11月25—27日，全地区农业基本建设流动现场会议决定，进一步搞好今冬明春农业基本建设，把调整农业结构、发展池园经济、建设文明新村全面推向一个新阶段，丰富和发展“巴中经验”。

1999年2月2日，全地区民政暨村民自治工作会议决定，切实搞好居民生活保障，加强基层民主政治建设。3月9日，全地区抗旱战春耕现场会议决定，以玉米为主导，科技为依托，打好春耕总体战。4月15日，全地区改旱现场会议决定，突出种好旱粮，实现增收目标。5月10—11日，全地区招商引资工作会议决定，增强开放意识，加大开放力度。5月13日，全地区粮食流通体制改革工作会议决定，加大工作力度，把粮改推向深入。5月18日，在地委、行署推广竹坝经验报告会上决定，学习推广竹坝经验，加快工业发展步伐。6月2日，全地区“收支两条线”工作会议决定，巩固完善“六统一、一监督”的改革成果，丰富发展“巴中经验”。7月16日，全地区工业工作会议决定，真学竹坝，深化改革，确保扭亏。7月30日，全地区乡镇暨圈养南江黄羊工作会议，突出重点抓发展，千方百计保增收。下决心把8个文明新村圈养南江黄羊示范点和100个圈养南江黄羊示范村抓好抓落实，村村发展圈养南江黄羊能繁母羊5只以上的养羊大户30户以上。10月15日，全地区小春生产现场会议决定，突出重点和特色，抓好当前农村经济工作。要紧紧抓住农业增收这一核心，抓好农村10万个池园经济专业大户、10万个个体工商户、新增10万个劳务输出。11月30日，全地区经济工作暨农业基本建设现场会议提出2000年全地区经济工作奋斗目标GDP增长7%，工业增加值增长8%，全社会固定资产投资增长12.5%，财政收入增长3%，农民人均纯收入增加80元。12月24日，全地区生猪流通暨定点屠宰管理现场会议决定，在抓发展量的同时，要把重点放在提高畜牧业科技总体水平和畜牧业生产技术的推广应用上，大力引进和推广畜禽良种杂交改良技术，强制淘汰本地落后的种畜，力争在2年内，使全地区生猪二元杂交改良面达到100%，三元杂交改良面达到50%。

2000年，市政府决定现有水利设施改制必须明确法人，新办水利必须实行业主负责制；抓住水利工程发展重心；把调整农村经济结构作为农村工作的重要任务，坚持市场导向，优化农业内部产业结构，优化区域布局，促进农村经济持续、稳定发展；在农村．探索以租赁、承包、入股为主的土地流转形式，推进农村税费改革；加速实施企业改革，全面推行“五制一公开”（厂长经理选聘制、厂长经理年薪制、劳动用工合同制、收入分配绩效挂钩制，稽查特派员制和厂务公开），实现工业经济扭亏为盈；推进商贸企业改革，活跃市场增长效益；坚持“放慢增收速度，降低支出总额、抓住重点财源，确保收支平衡”的财政工作思路；实施“科技兴巴三十亿工程”，实现产值30.24亿元，科技进步贡献率逐年提高。

第三节　决策发布

民国时期，境内南江县政府发出《关于办理土地陈报复查更正工作方案》，将办理土地陈报复查更正情况公之于众，并上报省政府。同时，县长签署训命：“全县开展卫生教育周”，号召机关学校及民众，衣食住行要根除旧习，实现清洁卫生。

川陕省苏维埃时期，各县决定开展“打土豪，分田地”的运动；决定开展“内部肃反”与“改造苏维埃”的工作；把赤区所有土地都开辟出来，种小菜，种粮食；各处开各种手工业工厂，特别要发展对红军需要和工农群众日常需要的物品的生产；一切帝国主义的企业或反革命国民党企业，一律收归国有；苏区经济要厉行节约，一切浪费行为应给予严重的打击，特别各工厂各农场一切生产厂场要极力提倡节省原料，利用废物，自动为节省原料与增加生产举行革命竞赛等。

20世纪50—60年代，境内各县作出《关于执行中共中央开展整风运动的指示以及省、地委整风运动的计划的计划》；各县府发布《人民政府档案管理暂行办法》；制订县农业区域规划；制订农业生产高指标计划；发布《联防护林暂行办法》；作出按《六十条》的规定，查处土地、林木及集体财产等问题。

20世纪70年代后期，各县作出关于落实山区的方针，抓好多种经营，发展林牧业和城镇集体经济等方面的文件；作出开展“五讲四美”（讲文明、讲礼貌、讲卫生、讲秩序、讲道德，语言美、心灵美、行为美、环境美）“文明礼貌月”以及以发展城乡文明单位为重点的精神文明活动等。

20世纪80年代，境内南江县作出举办《中华人民共和国成立以来南江县三十五年建设成就展览》，对广大群众进行“三热爱”（热爱祖国、热爱社会主义、热爱共产党）和四项基本原则教育；境内各县决定当年国民经济计划的主要指标；通过《县人民政府工作规则》《关于加强农作物种子管理的布告》《关于普及初等教育工作的意见》《关于解决城镇土地管理有关问题的通知》等。

1991－1992年，境内各县通过《关于加快交通事业发展的意见》《关于城镇公有住房出售管理办法》以及《渔业法实施办法》等规范性文件；通江县政府作出《关于当前经济工作几个问题的决定》，对完善外贸管理体制途径出决定等。

1993年，地委、行署作出《关于切实加强地区财政管理的暂行规定》，把有限的财力集中用于全地区的建设与发展。

1994年，地委、行署下发《关于加快发展乡镇企业的意见》，把发展乡镇企业作为经济工作的战略重点，抓好这项最大的扶贫和致富工程。

1995年，发布全地区经济社会发展总体目标是国内生产总值力争达到31.3亿元；工业总产值达到17.2亿元；农业总产值达到30亿元；社会消费品零售总额达到13.8亿元；乡镇企业总产值达到30亿元；财政收入达到1.43亿元；劳务输出达到40万人（次），创收2.5亿元；人均纯收入增加100元。计划生育率达到78%；人口自然增长率控制在10.76‰以内。4月8日，行署作出决定，在全地区范围内全面实施、稳步推进公路体制改革，建立以地区为中心，县（市）为基础的融收、管、养、营为一体的公路养护管理体制。8月31日，地委、行署决定，以"立足区情、大上玉米、改革耕制、扩大面积、科学种植、提高单产"为指导思想，大力发展玉米。强力实施"231"工程（人均种杂交玉米种1公斤，人均产玉米150公斤，全地区玉米总产量5亿公斤），争取一年上一个台阶，经过三五年突破5亿公斤大关，1996年保证达到2.5亿公斤，力争3亿公斤。9月30日，为进一步实施"快上工业"和"活跃商贸"发展战略，行署决定各县（市）和行署有关部门认真开展"学邯钢、降成本、抓管理、增效益"活动。10月24日，行署发出通知，全地区要求切实抓好今秋栽桑工作，要以发展"桑粮兼作""桑经兼作"桑园为重点，走立体种植道路。11月7日，地委、行署作出决定，在"九五"期间，全地区蓄水量由4亿立方米增加到5.2亿立方米，有效灌面由6.2万公顷增加到8.67万公顷，人畜饮水由原解决50万人。42万头增加到124万人、108万头，治理水土流失面积由914平方公里增加到1600平方公里，改造中低产田面积由75万亩增加到150万亩，造林129万亩。四旁植树4500万株，低效林改造3.67万公顷，经济林比重由50%上升到60%。在水利建设中，坚持"五个结合"（大、中、小、微结合，蓄、引、提结合，库、塘、井、田、池、窖结合，灌溉用水与人畜饮用结合，新建挖潜改造结合）。11月11日，地委、行署发出通知，全地区要抓好1996—2000年财源建设规划，建立起以"一三八三三"工程为中心的立体财源新格局。到2000年，全市财政实现一个亿元即巴中市巴州区；三个超6000万元的县即通江县、南江县、平昌县；八个千万元区（镇），三十个300万元~500万元的乡（镇），三十个上缴利税过百万元的骨干企业。

1996年，发布全地区经济工作奋斗目标是全地区国内生产总值增长10.6%，农业总产值增长10%，粮食产量1.5亿公斤，农民人均纯收入增长150元以上，乡镇企业总产值实现35亿元，劳务输出达到45万人。社会零售物价指数涨幅控制在13%左右，人口自然增长率控制在8‰以内。全地区农村经济主要目标是国内生产总值增长10.6%，达到31.2亿元（1990年价，下同）；农业总产值增长5%，达到28.7亿元；粮食总产量达到152万吨，增加10万吨以上；农民人均纯收入增加150元以上，达到840元；乡镇企业总产值实现35亿元；劳务输出达到50万人以上；社会零售物价指数涨幅控制在13%左右，人口自然增长率控制在8‰以内。1月30日，地委、行署发出通知，要切实抓好务工储蓄"万户工程"，农行各县市支行开展每年联系务工农户1万户、收储亿元的务工储蓄。8月27日，行署发出通知，要认真做好大春粮食收购工作，要严格执行国家规定的粮食定购价格；稻谷每50公斤中等价72元，价外补贴不再保留。计划收购的粮食（稻谷、玉米、小麦等）价格随行就市。

1997年，行署发出通知，要大力推广水稻旱育秧技术，确保水稻高产稳产；要进一步做好农村劳务开发工作，确保"九五"期间年均向外输出劳务55万人（次），劳务收入年均递增10%，返乡创业的人数达到输出人数的10%。是年，地委、行署作出决定，今冬明春开展农田水利基本建设"双百"（组织100万劳动力，突击100天）大会战。

1998年，地委、行署决定，大力发展运销大户。全地区用三年时间发展1万户，使1.24万户农村特困户全部越温脱贫。是年发展3000户。同时，要求建卡特困户每年每户不少于500元扶贫贷款，乡镇所提公益金的60%~70%必须用于特困户扶持。对农村特困户实行5项优惠政（减免粮食定购任务，减免农业税和农林特产税；子女免交小学、初中的杂费；修建住房的户减免土地使用费和树木育林费；免除各种集资；治病免交门诊费和检验费）。

1999 年，地委、行署决定，在全地区农村 1998 年实现越温达标目标的基础上，从是年起，大力实施农村特困户温饱工程，用 2 年时间实现农村特困户基本越温脱贫，以巩固扶贫攻坚已取得的重大成果。是年，地委、行署决定发展运销大户 3000 户。

2000 年，市委、市政府出台《实施生物工程，发展绿色食品，推进农业产业化意见》，市政府发出《关于加强森林生物资源保护的规定》，共 10 条。首次规定在全市范围内，全面禁止猎捕、经营、食用金雕、金钱豹、白鹤、四爪陆龟、黑鹿、熊、蛇、鸟等国家和省重点保护的 256 种以及国家和省保护的有益的或有重要经济、科学研究价值的 818 种陆生动物及其产品。是年，市委、市政府决定发展运销大户 4000 户。

第三章　经济体制改革

第一节　农业体制改革

民国时期，境内除少数学田、庙产、族产为公众所有外，其余土地均属私有，租佃制盛行。

农业经济体制为封建个体经济。各阶层之间土地占有量悬殊极大。

川陕省苏维埃时期，实行《中华苏维埃共和国土地法》，西北军事委员会和西北军区政治部发布《关于土地改革布告》，省县成立土地委员会，区、乡、村设土地委员，于 1933 年开始土地分配和发给土地使用证。民众简称土地证或田凭。土地分配以后，一切收获归耕种者所有，永远不要缴纳租课给土地旧有主人或其他任何人。同时，苏维埃政府要求不让一寸土地放荒，不断扩大耕种面积，开荒种粮，把赤区所有土地都开辟出来，增加苏区的生产，种小菜、种粮食。大力发展副业，以增强对外贸易，改善工农群众生活。1935 年春，红四方面军撤离巴中境内后，土地占有又恢复到民国前期的模式。

20 世纪 50 年代至 60 年代中期，境内各县继减租退租之后进行土地改革运动，没收地主的土地、房屋、耕牛、农具及粮食，征收富农出租的土地和房屋，工商业家土地、学田、庙产、会产。在分配中，除留公地外，其余分给贫雇农民。组织互助组，进而建立农业生产合作社，有计划、有步骤、由低级到高级地实现农业集体化。这一时期称为完全社会主义的农村经济组织。人民公社时期，实行“一大（规模大）、二公（公有化程度高）”和政社合一体制（正、副乡长为正、副社长，乡人代会为社员代表大会，取消村、组行政建制），一直延续到 1984 年。同时。还大搞粮油加工工具改革。60 年代后期，各级党政机关瘫痪，按劳取酬的制度受到冲击。

70 年代后期，各县试行劳动力、农副业生产计划、劳动定额计酬、生产资料、收益分配“五统一”和定人员、作物面积、工分、投资、产量和超奖短赔“五定一奖惩”措施；组织工作组，分别进行划包产田土、分组作业的试点。逐步推行“包产到组，联产计酬，超产奖励”和“水统旱包”等生产责任制。1978 年起，试行联产计酬生产责任制。

1980 年后，各县贯彻《全国农村人民公社经营管理会议纪要》，实行“三包一奖”、联产计酬；包工包产、不包费；实行“五定”、小包工；实行固定作业组；全队统一、不分作业组；田土全部包产到户；分工作业、联产计酬，使多种形式的生产责任制进一步健全完善。是年9月，中央《关于进一步加强和完善农业生产责任制的几个问题的通知》下达后，“水统旱包”成为农业生产责任制的主要形式。至1981年夏，境内实行“水统旱包”的生产队个数，占生产队总数的60%以上；秋末，“水统旱包”渐次让位。到年底，分别实行联产到劳、包产到户、包干到户、“水统旱包”、包产到组、专业承包和统一指挥等形式。包干到户、包产到户成为各县农业生产责任制的主要形式。1982年，全面推行家庭联产责任制。

1983年春，各县决定稳定和完善以户营为主的联产承包责任制，并把联产承包责任制推广到林、牧、副、渔等多种经营项目上，试行将山林、茶果园等交给社员承包经营。至6月底，将土地、耕牛、保管室、晒坝、大屋窖、集体储备粮、集体山林、水利设施、农业机械等皆承包或出售给户或联户。1984年，全面实行包干到户生产责任制。

20世纪90年代后，各级党委、政府采取措施，稳定联产承包责任制。

1997年，中共十五大召开后，地、县（市）党委、政府对乡镇企业和农村场、园、站、塘等实行卖、租、股，重在“卖”。通江县将新场乡、梓潼乡作为小型水利管理体制改革试点乡，拍卖山坪塘成功，变公有公营为民有民营。

第二节　企业体制改革

民国时期，境内各县私营工业企业均系手工业工场和手工作坊。手工业生产比较发达，其规模较小，多属兼营。开办的手工业作坊，除少数富绅开办的纺织厂有机器设备，雇佣工人较多外，大都是一些规模较小的家族手工业工厂，家族成员既是生产者又是经营者。各县办国营企业始于20世纪30年代。民国后期，境内无国营企业。

川陕省苏维埃时期，各县苏维埃政权大力兴办国营企业。开办企业是为保障红军供给和改善工农生活以战胜敌人，将帝国主义的企业收归国有。以军事工业为主，红四方面军兵工厂、被服加工厂、纺织厂、斗笠厂、脚马子厂、木船修造厂、大米加工厂等国营企业。同时，还有鞭炮、木器、烟子、油黑、胶黑、染料等民用工厂。县以下苏维埃政府经办的工业主要有铁工厂，以生产农具为主，还铸造铁锅、铁铧，产品交经济公社销售。境内国营企业盛极一时。川陕苏维埃政府所办企业，实行级别工资、计件工资、定额工资和技术津贴四种工资，大多体现按劳分配、多劳多得原则。川陕省党组织和各级苏维埃政府对失业工作给予临时救济，或设法介绍工作，或由政府投资、众人集股兴办企业，或借给资金组织生产合作社，或暂时安排估摸临时工等办法，解决工人失业问题。在企业设立奖惩制度，加强对人才培养，不仅在工资上优待技术工人，而且还大胆地起用他们，保护他们。

20世纪50年代至60年代初中期，境内各县积极引导私营企业公私合营，加强对农村手工业和资本主义工商业进行社会主义改造，加速社会主义工业化进程，全民所有制企业和集体所有制企业有较快发展，私营企业受到限制。60年代后期，受无政府主义思想的影响，致使部分企业生产不正常，处于半停产状态，产值下降。至70年代后期，生产基本恢复正常。同时，境内私营工业又有发展。

20世纪80年代初，各县对工业企业内部初步实行“车间核算，自负盈亏，利润分成”“几定几包”“小集体超额计件奖”“计时计件工资相结合”等经济责任制；在部分企业实行盈亏包干、利润分成的试点；通过民主选举领导班子、完善企业经济责任制，扩大和落实企业自主权等工作，加强企业管理。对商业企业全面推行各种形式的经营责任制，采取企业主管局、社向财政（代表政府）承包，实行与经济效益挂钩。其承包形式有基数包干，超收分成，短收不补；利税对半分成；盈亏包干，增盈节亏分成，超亏不补；亏损包干，节亏分成等等。商业企业内部经营承包坚持责、权、利相结合的原则，采取灵活多样的承包办法，更好地调动职工的积极性。

1984 年，从生产计划、经营方式、用工制度、人事制度、工资奖金制度 5 个方面给企业扩大自主权，落实国家对企业、企业对职工的奖惩制度。还进一步完善供销社的体制改革；进行商业、财政、信用社体制改革的试点。10 月，中共中央《关于经济体制改革的决定》下达后，各县认真贯彻实施。至 1986 年，城市经济体制改革紧紧围绕搞活企业，提高经济效益这个中心，在计划、财政、税收、价格、金融、劳动工资、用工制度和企业领导体制等方面进行一系列改革，加强和完善宏观调控，发展横向经济联合，为企业的发展，效益的提高创造较好的外部条件。在企业内部，推行厂长（经理）负责制，不断完善经营承包责任制，进行全民小型企业的租赁试点和集体企业的股份制试点，为全面推行企业资产所有权与经营权相分离、把企业进一步搞活积累经验。

1987—1988 年，国营企业实行各种形式的经营承包，占国营企业总数的 90%，以承包制为主。遵照中共十三届三中全会提出的“治理经济环境，整顿经济秩序，全面深化改革”的方针，继续推行承包经营责任制，完善企业内部用工、分配、干部人事制度的配套改革，强化厂长（经理）在企业管理中的责、权、利。

1989 年，进一步完善企业承包责任制，并开展第二轮承包。通过抓责任制的落实，抓职工素质的提高，抓内部机制的健全，抓思想政治工作，尽管工交企业面临多种困难，仍保持继续稳定增长的势头。

20 世纪 90 年代，企业改革全方位展开。企业自主权进一步扩大，企业发展的外部环境有较大改善。转换企业经营机制收到明显效果，改革得以顺利进行。小型国合流通企业开始实行大包干，朝着公有私营的方向发展。“税利分流，税后承包”的试点成果进一步得到巩固。组建企业集团，建立股份制企业开始起步。采取卖、租、股等多种形式，对国有企业的产权制度进行改革。成功地对资产负债率较高、亏损严重的国有、集体企业实行母体裂变、切块拍卖、分块搞活、一企多制的所有制结构改革；对经营管理较好、负债率低的企业采取扩股、划股、职工持股、股份出售等多种形式进行资产量化、重组，实行股份合作制改造。

2000 年，全市以建立现代企业制度为方向，以提高经济效益为目标，采取“破、并、股、卖、联”等多种形式，全力推进企业产权制度改革。全面启动破产、关闭工作；加大兼并、联合力度；稳步推进改组、改造；规范股份制企业运作，把改革、改组、改造相结合。

第三节　财政管理体制改革

民国时期，各县建立县级预算制度，划分收入项目，定收定支，自收自支，支出不足由省弥补。

川陕省苏维埃政府，坚持财政的统一收支，切实执行预算和决算；坚决执行现金集中，充实工农银行基金，使得银行马上开兑，扩大钞票信用；坚持厉行节约，各级苏维埃的开支，按期清算，厉行统一经济。

1950—1952 年，县财政实行统收统支，一切收支纳入国家预算。1953 年，建立县级总预算，实行划分收支范围，定收定支，超收全解，结余转次年使用的办法。1959 年起，县财政实行“总额分成，一年一定”的办法，直至 1966 年前。

1970—1978 年，各县实行“定收定支，总额分成”的管理体制。1979—1984 年，实行“收支挂钩，超收分成”为主的多种管理办法。1985 年，进一步完善财政体制改革，建立区、乡财政所，采取“划分税种，核定收支，分级包干”的新体制。1987年，县财政对行政事业单位实行“预算包干，节约留用，超亏不补”，对区乡财政实行“定收定支，超收分成，短收承担，一年一定”的管理体制。1988年，财政实行“分灶吃饭，收入递增包干，自求平衡，一定三年”的管理办法。1990年，进一步完善财政监督管理体制，对各区财政采取“超收全留，短收自负”或“划分收支范围，核定基数，收入递增包干，超收全留，短收自负”的办法。1991年，财政管理在坚持“以农业为基础，发展生产，开辟财源，增收节支，自求平衡”的同时，完善区乡财政包干制和行政事业单位预算包干办法。

1993年，县财政实行“包”（经费定额包干）、“减”（减少费用开支）、“断”（断绝支付不属于财政开支人员）的办法。1994年，执行“分税制”与“核定基数，收支包干，超收全留，短收自负”分级包干制相结合的双轨运行机制，采取“包区、包项目、包发展”，走自我发展之路。1996年，按照“核定收支，总额分成，分级负担，自求平衡”的财政体制，从严控制财政供养人口，努力压缩非生产性支出，对乡镇财政管理体制进行改革，确定“划分收支，核定基数，定额上解，补助递增，分级负担，自求平衡，一定三年”的预算管理体制；同时，对事业单位的财务实行预算管理，理顺事业单位财务管理体制；1998年，坚持“统一领导，分级管理，事权和财权相结合”的原则，全面推行零基预算和财政内外综合预算，实行一级政府，一级财政，一级预算，提高资金使用效益。

2000年，在继续实施乡镇财政“一定三年，乡事乡办，乡财乡理”的财政管理体制的同时，实行“全额管理，核定收支，比例调整，综合平衡”的预算管理办法。

第四节　税务管理体制改革

民国初期，境内各县税务管理沿袭清制，设关立卡，货物过卡纳税。民国4年（1915年）后，国税由中央直管理，派驻机构征收，地方税捐由县署设专门机构征收，零星税收，实行招标包收，认包人多为各地头面人物，税收不开税票，多收归己，弊端丛生。民国6年（1917年）后，驻军敛聚钱财，常派员直接催收。民国10年（1921年）起，强行预征田赋。民国35年（1946年），将营业税、土地税、地价增值税的50%和契税全部划入县财政收入。民国36年（1947年），采取抵挡财产、判处有期徒刑等办法，征收所得税。民国时期巴中境内开征的税种有24种。

川陕省苏维埃时期，税法的颁布、税种的开征、税率的调整等，属川陕省苏维埃政府管理。1933年1月，川陕苏维埃政府公布《苏维埃政府税务条例》，征收对象主要为地主、资本家，对贫苦农民实行税收优惠。按田土好坏多寡、人口负担轻重，力求合征粮，其数量以每户余粮多少而定。各县设分局，所属之市场设分所收税，人员接受所在地苏维埃机关监督，对偷漏税者，一次查出补缴税款，并处罚金，二次查出，没收全部财物。红四方面军离境后，县田赋征收恢复旧制，并于征税之外，以“借垫”“征购”“预征”等名义肆意搜刮，将重负转嫁到贫苦农民头上。

中华人民共和国成立初期，在税收管理体制上，实行高度集中、统一。各项税法统由中央制定。税种的开征、停征，税目、税率的调整、增减，都由中央集中掌握。减免税的批准权，也基本集中在中央，只对其中一部分地方性税收减免，授权地方性政府在全国统一税法范围内具体确定。1950年1月，中央人民政府政务院发布《关于统一全国税政的决定》的通令，同时颁布新的税制《全国税政实施要则》。巴中征收的有14种税。1953年，对原工商税进行修正，简化货物税，试行商品流通税。1958年，合并税种，试行一种“工商统一税”。在计税价格上，由原来按调拨价、商业批发价改为按销售收入计价。达县行署决定，除城市房地产税、车船使用牌照税的开征、停征及全面性的减、免税由行署掌握外，其他税的减、免均由各县人民委员会掌握。减免税期限原则上不超过 1 年。改革后，巴中县税收为 5 种。1959 年，把省一级下放到专、县的税收管理权收到省上。

20 世纪 60 年代初，开征集市交易税。中后期，对税收管理体制作一些调整，凡属工商统一税税目的增减的税率的调整、盐税税额的调整，都必须报经中央批准。对企业采取“以业画线，归口管理”，实行管、查、征结合。农村采取“驻场征收，各税统一”的办法。

70 年代，中央兼并税种，改革工商税制，将工商统一税又改为“工商税”。营业税并入工商税。税目由过去的 108 个简化为 44 个，税率由过去的 141 个简化为 83 个。达县地区对县实行“增收分成，收支挂钩”的体制。改革工商税制，个别工商税减免的批准权限，下放到地方办理。同时，规定除税收管理体制规定的权限外，任何地方、部门和单位都无权自行决定减税、免税。或者下达同税法相抵触的文件。

80 年代初期，实行“划分收支、分级包干”的管理体制。1983 年，进行利改税第一步改革，对有盈利的国营企业普遍征收所得税，把国家与企业的分配关系纳入固定轨道。1984 年，进行利改税第二步改革，分解、保留、恢复和新设 11 个税种，除国营企业所得税和调节税仅对国营企业征收外，其余 9 种税还要向集体企业等其他经济成分的企业单位和个人片收。既是国家企业之间分配关系的一次重大调整，又是工商税收制度的一次全面改革。同时，国家财政部规定豁免欠税的审批权限，给予县税务局豁免欠税 5000 元以下的权力。对个体工商业户，由于自然灾害或其他原因，纳税确有困难的，经县税务机关批准，可给予定期或一次性的免税照顾。中后期，各县税务局实行税收征管改革，推行征管工作目标管理，试行征管分析制度，规范征管资料，发票实行专业管理。

1990 年起，各县实行“税费分收、先税后费、专税专据、票款同行”的办法，零星税收委托代征。税收实行奖励征收，分级负担，由财政负责组织与税务局统一核算。

1992 年 9 月 4 日，《中华人民共和国税收征管法》颁布实施，是新中国成立后制定的第一部统一税收征管方面的法律，是中国税收法制建设史上的一个新的里程碑。1994 年，对税制进行全面、结构性的改革。建立起以增值税为主体，以消费税的营业税为补充的新型流转税制度，形成在合理划分中央和地方事权基础上的分税制，是新中国税制建设的一个重要里程碑。

1996—1997 年，在重点抓好城区征管改革试点工作的同时，积极开展农村税收征管改革试点工作。主要通过完善申报制度，建立新的征管方式，改专管员“管户制”为“管事制”。合理设置机构，建立税法公告制度，建立税收执法保障体系。建立纳税人自行申报纳税制度，建立以计算机为依托的管理监控体系，建立强有力的稽查体系。

1999 年，全地区全面建立“以规范化的‘一账一卡’和‘双代网络’为依托，集中（定点）征收、重点稽查”和征管模式，部分地方还进行以计算机和“双代”网络为依托的征管模式。对农业税实行“户交户结、开票到户、征全与征实相结合”的管理办法；对农业特产税实行“户建卡、村建账、乡建档、区建网”的管理办法；构筑以源测产、以产定收、以收计价、依率计征的征管体系；对农村场镇工商税收实行申报纳税、集中征收、自征自管的管理办法。

2000 年，全市执行对农村合作基金会专项贷款利息收入，免征营业税；对企业出口商品贴息免征企业所得税；对一般现汇贸易出口收汇贴息，继续免征企业所得税。

第五节　金融管理体制改革

民国时期的货币管理，有名无实。异地资金融通由商号通过汇票进行，各商号见有利可图，竞相开办此项业务。各县银行一般在各分支机构之间通汇，跨行通汇须先有协议和合同。汇总方式分票汇、电汇、期汇、押汇4种。

川陕省苏维埃时期，颁布一系列政策法令，强制管理。境内各县流通的货币，分对内和对外两种。对外使用白币，大批仿制；对内使用苏币。除市场通用的银元、铜元外，川陕省苏维埃政府发行的银币、铜币、布币、纸币、锡币等5类计15种货币。以布币为大宗。川陕省苏维埃工农政府规定三十串布币（苏币），兑换一块银元。伍串、拾串布币，为内部结算使用。由于战事频繁，基层政权时有撤迁，因而在交界地区存在苏币与白币交替使用的混合货币市场；在边远山村，仍停留在以物易物的状态。由于苏区银币要有于买盐，以致大量外流，平价波动。苏维埃政府通过政治宣传和经济措施（包括以苏区货币占领市场的斗争，反假斗争和比价斗争），稳定兑换价格，提高苏币信誉。民国23年（1934年）2月4日，《成都日报》承认，苏区“米麦柴菜等日用品，均为安全区（白区）价廉三分之二”。红军离境后，苏币停止流通。

20世纪50年代，各县认真实施货币管理，各单位在银行开户，单位的现金订立合同，进行支票转账，大部分团体在银行开户，现金存入银行。各县严格执行总行颁发的“支票结算方式”和“同城结算目录”，普遍推行托收承付、信用证、特种账户，贯彻改进后的支票与电信划拨结算，有条件地推行直达结算、计划结算方式。同时，有现金管理的单位，要接受银行的监督和检查，对违反现金管理规定者，给予批评教育和纪律制裁。各县开展禁银工作，严格金银走私活动。县人行设立专柜收兑金银，动员人民群众将手中持有的金银变死宝为活宝，银行大力组织收兑金银。县人行在金银收竞管理中，对收购、配、交换、查库等关键环节从来把关，手续严明。责任分明，逐月盘点库存。

20世纪60年代，各县人行切实加强银行工作的集中统一、严格控制货币，严格决算纪律。

70年代，贯彻国务院关于实行国家机关现金管理的决定，加强检查、督促。对国有企业、事业、机关、团体、部队、学校和集体经济单位，一律实行现金管理。对违反政策规定套取现金支付奖金者，严格制止，并报请领导机关严肃处理。

80年代，各县银行对现金管理作出规定，一切国营企业、事业、机关、团体、部队、学校和集体经济单位以及个体工商户，一律实行现金管理；各项费用支出通过银行办理转账结算；各单位的库存现金限额；加强工资基金管理，县人行监督拨付等，建立健全现金管理制度。在结算方式上，实行限制托收承付结算，增加异地托收款结算，改变汇总结算。在信贷管理上，建立分级管理资金责任制，建立贷款发放连环责任制，以资金来源制资金运用。

1992—1993年，各县对信贷规模实行双线控制，农业银行系统内根据各地经济发展和资金状况，下达资金计划，县人行为控制总量，按月监控专业银行贷款规模。县工行贷款规模实行“控制总量、按季分配、分类考核、适时调节”管理。在资金运营上，实行总量控制，以存定贷，以资金来源决定资 金运用，尽量控制超负债原则。

1994—2000年，各金融部门建立健全各项金融管理制度，建立以行长为核心，实行行长负责制，党委保证监督，工会民主管理的新的运作机制。金融机构信贷实施“条块结合、双线控制”的现金管理办法。人行执行和传导“适度趋紧”的货币政策，并逐步实行“总量控制、比例管理，分类指导、市场融通”的信贷资金管理体制。各专业银行在新机制运作中，对信贷资金计划管理实行“总量控制，比例管理、实存实贷、自求平衡”的办法，实行指令性计划管理，未经批准，不得突破。

第六节　计划管理体制改革

民国时期，境内经济发展处于自发状态，县政府未实行计划管理。企业的生产计划由企业自主决定。

20世纪50年代至60年代初中期，各县政府对国民经济实行有计划比例地发展。对国民经济实行直接计划和间接计划相结合的管理制度。全民所有制和公私合营企业属直接计划管理范围；集体和私营企业属间接管理范围；农业生产实行间接计划，通过统购、派购、税收、价格、农贸等政策调节，引导农民按国家计划生产。“一五”时期，计划体制逐步形成，多种经济成分并成。境内各县实行直接计划为主，高度集中统一，促进生产资料所有制的社会主义改造。中央集权型排斥市场机制的计划体制。“二五”时期，忽视价值规律和市场机制，直接计划比重不断增大，指令性计划成为实现计划经济的唯一方式，对工商企业、农村社队统得过多过死，抑制企业和社队的积极性。1966后，无政府主义泛滥，计划管理混乱。

1978年后，对计划经济管理进行改革，实行“对外开放，对内搞活经济”的方针，贯彻“以计划经济为主，市场调节为辅”的原则，改革传统性的计划制度和方向，下放计划管理权限，缩小指令性计划范围，扩大指导性计划，发挥市场调节作用。建立统一性和灵活性相结合的计划体制，实行“统一计划、分级管理，经济手段与行政手段相结合，经济权力、经济责任、经济利益相结合”的计划体制。

1983年起，不下达计划，由企业直接与商业部门签订合同，按市场需要组织生产，供应市场，满足需求。1986—1990年，贯彻党中央、国务院关于治理经济环境、整顿经济秩序、全面深入改革的方针，按照计划和市场相结合的原则，对重要生产资料市场进行管理，制定具体的管理办法。

1993年起，国家和省实行投资体制改革，将建设项目划分为基础性项目、公益性项目和竞争性项目，资金能自求平衡的竞争性项目不再经计委或经委审批；要求对建设项目实行法人责任制度、资本金制度、招投标制度、监理制度；要求加强项目的审批管理、设计管理、概预算管理和施工管理；改进投资计划管理方式，编制全社会固定资产投资中长期规划和年度计划，通过加强投资资金和建设用地的计划管理对投资总量和结构进行有效控制。巴中地区投资计划管理按国家规定的体制进行，3000万元以上的生产性项目和1000万元以上的非生产性项目由地计委审批。是年，计划经济正逐步向市场经济过渡，部分农副产品、日用小商品和服务修理行业的劳务流动等完全由市场调节。

1994—2000年，投资政策，执行项目资本制度和项目法人责任制，健全投资风险约束机制。出台适合本地实际的产业政策和生产力布局政策，促进自然资源的有效开发和资源向资本、资产向资金、资金向资本的转化。固定资产投资计划，贯彻和体现深化投资体制改革，加强宏观调控。调整投资结构，提高投资效益，突出重点建设，将房地产开发纳入全社会固定资产投资计划。财政性投资资金、银行贷款投资、证券投资和借用国外贷款投资的总量实行指令性计划管理。国有单位投资规模是指令性计划，集体所有制投资规模为指导性计划，各级计划部门根据国家产业政策，通过各种经济手段进行间接调控。个体经营经济和其他经济成分投资规模为预测性计划。指令性计划、以实物指标为主的物资分配计划逐步减少。

第四章　政务服务

第一节　办文办会

民国初期，境内各县知事公署下设案牍（文书），掌理文书、印信、收发等工作。民国19年（1930年）改设县政府后，改案牍为秘书，其工作职责未变。苏维埃时期，办文更加简洁，浅显易懂，多用口号式，鼓舞士气；办会或事先准备发言稿或临场发挥，简短而中肯。民国29年（1940年），推行新县制后，办文力求简练，概括力较强。办会亦事先准备发言稿，照本宣读，时间不长。

1950—1952年，各县府秘书室制定《公文处理办法》，对公文处理的原则、公文种类、用印、署名的规定和方式，公文体式、标点符号的用法及行文关系、请示报告制度等作较详细的规定。1953年，贯彻执行西南局《关于改进公文处理工作的规定》，建立各种可行的制度，凡上行下达的文件，统一交秘书室分送首长（县长、秘书）签发，并根据公文性质和客观条件，分轻重缓急，提出意见，加以控制。基本做到统一收、发、核、校、缮，统一运转。1954年，秘书室按照《公文处理规定》，明确公文处理程序，对文秘人员加强保密工作教育，遵守保密制度，防止失泄密事故发生。1956年9月，文秘工作实行公文体式改革，公文改为横排横写格式。1957年，文秘工作的重点是克服官僚主义和文牍主义，协助首长联系内外，推动工作。1958年，文秘工作突出“认真、细致、准确、及时”，有思想性、政策性，严格执行“一文一事”的办文规定。1959—1961年，在收发文上做到“三快”（封包、登记、投递快），“两不”（不错发、不错送），提高办文质量和办事效率。1962—1966年，文秘工作紧紧围绕国民经济调整这个中心，精减不必要的公文和表格。1967—1968年，县人委办公室工作处于瘫痪。

1980年10月，境内各县人民政府办公室贯彻实施《国家行政机关公文处理暂行办法》，规定凡送政府的请示、报告要一文一事，简明扼要，归口办理，确需以政府名义发文的，则拟好文稿送办公室审核后交政府办公会议（常务会）审批；县级各局向区（镇）发通知或答复有关业务问题时，无权下命令、作指示；局与局之间亦可发函联系有关事宜。1985年，各县政府印发《机关公文处理暂行规定》，对呈送请示、报告，批转文件，各部门代政府起草文件，部门联合发文，成立临时机构发文，部门会议材料、表报、简报及公文质量，公文秘级、等级，公文接交等问题作出明确规定。

1986年，改进公文办理方法。改常务会不定期为定期召开，注重会前准备，以提高会议质量和办文效率。1987年，各县政府办对完善公文处理，坚持把好“四关”（收发、审查、审定、发文），继续搞好“四个完善”（完善常务会议制度、行文制度、公文审签制度、文件传阅制度）。1988年，明确秘书科处理日常事务，办理公文和会议筹备，接待来访，办理“两会”提案，做好收发、机要保密工作，安排值班及保卫工作等职责。

20世纪90年代初，文秘工作狠抓责任制的落实，规定对县政府全体会、常务会、专题会等各种会议的材料准备、开会地点、参会人员、会议记录、会后贯彻等环节逐一落实到人头，以便使相关文秘人员提早准备，精心安排，保证会议质量。推行实施“15日办文制”，凡报请县政府审批的请示、报告，文秘人员应及时办理，从文到之日起15日内作出明确答复。对公文质量把好“四关”（签字关、政策关、文字关、公文格式关），做到文种准确，格式规范。同时，精心组织各类会议，对政府召开的全体会、常务会、专题会议，做到会前认真准备，会中详细记录，会后编发《会议纪要》或《会议通知》。

1994 年 4 月，行政公署办公室印发《巴中地区国家行政机关公文处理规定（试行）》。各县（市）人民政府、行署各部门按照公文处理规定，设立办公室文书处理部门，配备专职人员负责公文处理工作，对公文处理工作实行统一收发、分办、传递、用印、立卷、归档和销毁，严格执行保密法规，做到准确、及时、安全。各级国家行政机关形成的公文种类有：命令、议案、决定、指示、布告、公告、通告、通知、通报、报告、请示、批复、函、会议纪要等。在公文处理工作中，按照规定，行署文件及行署办公室文件根据授权进行制发，涉及全局或重大事宜的，由行署专员决定，属行署领导分管范围的事项，由分管副专员决定，行署办公室职权范围的事项，由秘书长、分管副秘书长或办公室主任决定。公文办理分为收文和发文。收文办理包括传递、签收、登记、分发、拟办、批办、承办、催办、查办、立卷、归档、销毁等程序；发文包括拟稿、审核、签发、缮印、校对、用印、登记、分发、立卷、归档、销毁等程序。文件由文书部门按规定发放和严格管理，对需公开发布、复印的文件，严格履行审批手续，对带密级的文件做到每月清理，一季一核对，一年一清退。1994 年，行署办公室共收发各种文件、简报，传真等 25.8 万份，报纸杂志 5 万多份，传阅文件 3750 多份，打印行署、行署办公室文件 596 件，讲话材料 150 件，各种简报 476 件，挂靠单位材料 400 件，其他材料 550 件，处理各类请示、报告 490 份，装订文档 34 卷，基本做到及时，准确、无误、无失泄密现象发生。

1995 年，行署办公室承办专员办公会 12 次，工作会议 27 次，协调会 34 次，为专员分管工作办文 1008 件，办会 211 次，办事 499 件，起草行署领导讲话材料 75 个，约 500 多万字，起草行署重要文件、请示报告 233 份，办《专员办公会纪要》10 期，《议事纪要》35 期，办理办公室文件 590 份。为确保大量公文运转有序，办理效率高、质量好，办公室理顺和坚持公文运转程序，坚持 15 日办文制度和特事特办制度。行署办公室在坚持大力精简会议的前提下，先后参与承办地委、行署在省内外举办的招商洽谈会、博览会等，先后承办和处理 3 县 1 市和地级各部门送交行署各类请示、报告 490 件。在省招商洽谈会上，全地区推出 25 个项目，有 6 个与外商签约，总投资 1.2 亿美元，协议外资 6051 万美元，注册资金 9745 万美元，签约居全省第 14 位。在博览会上，全地区 35 家企业推出 15 类 100 个名、优、特、新产品，成交额达 2.9 亿元，居全省第 9 位，有 42 个产品获省政府奖励。

1996 年，行署办公室起草各类报告、文件及其他材料 700 多份，共 400 余万字，其中行署文件 230 份，行署办文件 304 份，领导讲话材料 90 余个，处理和承办各种请示、报告、文件 200 份。承办专员办公会 12 次，编发《专员办公会纪要》12 期，《议事纪要》40 期，《工作通讯》64 期，《决策与参阅》10 期，《秘书长主任办公会议纪要》7 期，《主任办公会议纪要》4 期，编发《行署大事记》《行署办公室大事记》和《经济动态》，编辑出版《巴中地区经济社会发展概览》和《巴中地区基础建设、农业四大工程》2 本书。制作电视专题片《参谋部的奉献》。先后主办或协办全地区经济工作通报会、农村工作会、工业工作会、全省水利建设现场会、科技大会、三周年纪念大会、第二届物交会等大中型会议（活动）50 多次，协调会 100 余次。落实办理领导指示 150 余件，做到件件有着落，事事有回音；下发各种会议通知 300 多次，做到准确无误。是年，共收发文件、简报、传真 25 万份，订阅分送报纸杂志 2.34 万份，传阅文件 4357 份，文书档案整理、装订入柜 350 卷，清退文件 2.5 万件，处理群众来信 600 余件，接待来访人员 120 多人次。同时，无失泄密事件发生。

1997 年，以现代计算机技术和通信技术为手段，初步实现政府机关办公现代化、信息资源化，传输网络化和管理科学化，为领导决策、机关办公提供高效率、高质量的服务。是年，行署办公室起草各类报告、文件及其他材料 500 多份，共 300 余万字，其中行署文件 240 份，行署办文件 163 份，领导讲话（发言）材料60余份，处理和承办各种请示、报告、文件1553份，承办专员办公会13次，编发《专员办公会纪要》13期，《决策与参阅》24期，《秘书长主任办公会议纪要》9期，《主任办公会议纪要》3期，编发《行署大事记》《行署办公室大事记》，编印1000份对外宣传资料、《西部经济》巴中地区专辑和《巴中地区经贸交通旅游图》各500份，先后主办或协办陕甘川宁毗邻地区经联会第十二届年会和全省第十三次扶贫工作会议等大中型会议（活动）20多次，协调会88次。落实办理领导指示120余件，下发各种会议通知155次，打印文件材料600多份。

1998年，行署办公室承办行署、行署办文件800余件，编印各种简报350余期，撰写各类调研文章60余篇，在省级以上刊物发表40多篇，丰富“巴中经验”。是年，还承办全省性大会6个，专员办公会议13次，协调会60多次，行署召开的大型会议28次。接待省内外到巴中参观的代表20余起2000余人（次）。

1999年，在办文中，坚持从内容上准确体现政策举措的实施目的、方法及步骤，吃透上情，摸清下情；在形式上正确选择公文种类，准确运用语言、严格公文处理程序，从文件材料的起草、审改、打印、校对、用印等各个环节上把关，提高办文质量。是年，制发行署文件230余件，函件34件，制发行署办公室文件160余件，函件120多件，工作通讯55期，议事纪要32期，会议纪要28期，起草领导讲话材料170余份。承办全省第十四次扶贫工作会、全国贫困地区县级领导干部培训班的4期培训等5次（期）省级以上大型会议或培训班。承办经济工作通报会等全地区性各类大、中、小型会议100余次，承办专员办公会14次，协调会50余次，秘书长主任办公会7次。办理领导交办事项350余件，坚持文件统收统发，收发地级各部门、各县（市）文件1万余份，中央、省文件、传真6000余件，分发、传阅、回收、清退、处理党委、政府机要文件1500余件，处理上报各类请示、报告100余件，发送报纸杂志3万余份，文件整理、立卷归档400多卷利用档案100多件次，接转电话、上传下达5万多次，完成或超额完成省政府办公厅下达的《四川政报》《决策要情》《政务》和《经济日报》的订阅任务。

2000年，在办文方面，严格公文处理程序，对文件材料的起草、审改、打印、校对、用印等各个方面严格把关，提高办文质量。是年，制发市政府文件298件、函件47件，制发市政府办公室文件160件、函件65件、工作通讯64期、议事纪要44期、会议纪要11期，起草办公会议纪要10期，起草领导讲话材料210余份，《巴中政报》出刊12期、100多万字。在办会方面，坚持会议审批制度，认真做好会务工作，做到会前准备充分，会中服务热情周到，会后督办落实。承（协）办全省以工代赈现场会、全省社会治安综合治理现场会等4次省级以上的大型会议，承（协）办撤地设市党代会、人代会、政协会等全市各类大、中、小型会议120余次；承办市长办公会11次，协调会60余次，秘书长主任办公会7次。在办事方面，办理领导交办事项380件，收发中央、省、市、县（区）部门文件1.45万份，传递、收发中央、省机要文件5000份；处理上报各类请示、报告120余件；受发电话5.5万次。发送报纸杂志3.5万份，发送信件4400余封；立卷、整理1999年文件归档300余卷，无一失泄密事件发生。编辑出版3100余万字的1999年度《巴中地区行政公署文件资料汇编》（一、二卷），协助编辑出版《巴中地区实施生物工程文件汇编》单行本。

第二节　协调服务

1952年2月，境内各县人民政府设立秘书室，其职权分工为“政治秘书、事务秘书、后勤秘书”等。主要任务是参与政务，管理事务，为领导、为基层、为人民群众服务。是年起至1992年，各县政府办公室（秘书室），在历届政府施政过程中，围绕县委、县政府工作重点，开展多层次、多形式、全方位的协调工作。在宏观层次上，凡涉及全县性、全局性的重大事项，由办公室组织、县长或副县长出面协调。在与区（镇）、乡和县级各部门之间，县府领导采取走下去调查研究，现场办公，直接对话，面对面的协调解决问题；在对待群众关系上，建立“县长接待日”“县长公开信箱”“县府办电话”，召开“新闻发布会”，实行政务公开，一方面把已经做的和将要做的大事要事，让群众知情；另一方面，广泛倾听群众意见、要求，对人民群众反映的热点、难点、焦点问题，能解决的责成有关单位或部门限期解决，对一时解决不了的，向当事者说明情况，做到件件有答复，让人民群众满意。在宏观层次上，由政府办公室主任协调。办公室主任加强与县委、县人大、县政协、县纪委、武装部等几个机关办公室的经常性联系，召开办公室主任联席会，互通机关重大活动安排，协调处理有关重大问题；协助县政府领导，贯彻落实中央、省、地各项方针政策；特别是本县五年规划及年度目标的实施；受县政府领导委托，随时协调处理部门之间的工作关系及较大纠纷。在微观层次上，办公室主任和县长秘书，受县政府领导委托，直接出面处理一些不需经领导亲自出面就能解决的问题，让领导腾出手来集中精力抓大事，尽力把工作上的矛盾化解在基层，从而形成立体的、全方位的协调机制。

1993—1998 年，巴中地区行政公署办公室紧紧围绕地委、行署“三年打基础，五年上台阶，十年迈大步”的战略部署和奋斗目标。在工作中，树立求实务实扎实的工作作风，充分发挥参谋助手作用，加强调查研究，了解和剖析改革开放、经济建设和社会发展的经验、问题、热点、难点，为行署领导的科学决策服好务。加强综合协调和督促检查，切实做好上下之间、部门之间、内外之间的协调工作，实行远谋近划、综合运筹，大力推进巴中地区经济建设和社会发展，主动积极做好招商引资、向上争取建设资金、协调各部门之间的关系、认真处理来信来访、做好来客接待工作，保证行署的重大决策及时得到贯彻实施。取得“三年打基础”阶段性胜利，为实现“五年上台阶”奠定坚实基础。

1999 年，行署办公室立足当好参谋和助手，积极主动地做好服务工作，坚持高标准、严要求，做到分工不分家。是年，完成领导交办事项 350 余件，为行署和行署领导提供决策参谋意见 200 余条。

2000 年，办公室主动创造性地开展工作，使参谋助手作用得到进一步发挥。为市政府和市政府领导提供决策参谋意见 230 余条。是年，完成领导交办事项 400 余件，先后组织县（区）政府办公室及市级部门办公室主任 4 次到省内外有关市、地参观学习，为基层服务办实事落到实处。接待处理人民群众来信来访 1200 余人（次），对待群众提出的问题耐心解答，做到每封来信都有回复。

第三节　政务信息

民国初期，境内各县政府秘书很少下乡调研，信息闭塞，仅靠上下公文和衙役了解信息。

川陕省苏维埃时期，秘书活动空间增大，或随领导出征，或下派基层宣传发动群众，掌握第一手资料，信息较灵敏。

1950 年后，随着通讯事业的不断发展，有线、无线电话率先入户党政机关。20 世纪 80 年代，使用传真机。90 年代，普遍使用电子计算机，信息传递及时，量大面广，无所不包。各县政府办公室政务信息工作始终紧紧围绕县委、县政府工作重点，及时发现和掌握经济社会发展中的重点、热点、难点问题，及时反馈县委、县政府重大决策在贯彻落实过程中遇到的新情况、新问题，积极做好信息的收集、整理、筛选、传递和上报工作；定期制定信息报送工作要点，及时反馈专题信息，全面反映全县动态；坚持执行全员抓信息的目标责任制和信息日报制，努力拓宽信息源，拓展信息的深度和广度，抓好原始信息的归纳整理，做好有关信息资料的储存、利用和分析，为领导决策提供参考。各县秘书科确定专人抓信息工作，并创办信息刊物，以灵、准、短、新、快的形式下情上报、上情下达、反馈工作，为县政府领导提供不同层面的信息服务。

1993 年，巴中地区行政公署办公室确定全地区 22 个信息联系点、126 名信息员，把信息工作重点放在反映抓基础设施建设。农业工程和抗御特大自然灾害等方面，及时上传下达反馈信息。

1994 年，行署办公室共出《政务信息》83 期，利用信息 1000 余条，上报省府信息 500 余条，被采用 125 条。全地区连续遭受极为严重的夏、伏旱，由于上报旱情信息及时，引起省委、省政府领导的高度重视，得到省委、省政府和省级有关部门的极大关心和大力支持。

1995 年 7 月，巴中地区行政公署办公室印发《巴中地区政府系统信息工作目标管理及奖惩办法》，各县（市）人民政府办公室和行署各部门办公室、行署驻外联络处（办事处）及行署办公室挂靠单位为考核对象，其目标范围是省府办公厅、行署办公室《政务信息》《政务快报》及有关信息刊物采用数，实行百分制计分方法，地区刊物采用 1 条计 1 分，省府办公厅刊物采用 1 条（篇）计 5 分，国家《政务要情》增刊采用 1 篇计 10 分，每半年检查、通报 1 次，年终总结，评比，凡完成目标任务者予以通报表彰和适当的物质奖励。

1996 年，行署办公室采编信息 1380 条；向省政府办公厅报送信息 410 条，被《每日省情》《政务要情》《川政晨讯》《信息专报》采用 105 条，完成省政府办公厅下达目标任务的 120%，名列全省政府系统信息工作前 10 名。是年，编发《政务信息》49 期、《政务快报》20 期，实现信息联网。

1997—1998 年，行署办公室撰写开发农村劳务、调整经济结构、发展庭院经济、发展民营经济、水利管理体制改革、贫困地区工业发展路子等方面的信息，被中央、省级有关刊物采用。围绕本地区大事业这一特点，贫困地区办大教育，贫困地区文化建设与经济建设的关系，科技扶贫、卫生扶贫的切入点等重大课题进行信息追踪，为领导提供决策的第一手材料。

1999 年，编发《政务信息》62 期，下发信息 36 期，编发《政务信息快报》26 期，向省政府报送信息 792 条，被采用 112 条，“南江黄羊种群死亡严重”“通江县发生 2 起食物中毒事件”等信息受到领导高度重视，分别作批示。撰写《依法治国重在依法行政》《招商引资是经济发展的突破口》《论构建多种经济成分的区域经济结构》《优化环境加大措施，促进个体经营经济再上新台阶》《劳动积累是贫困地区解决投入不足的有效途径》等调研文章 50 余篇，其中 40 余篇调研文章在《中国贫困地区》《政务》《四川政报》《党建内参》《人民日报》《四川日报》《四川经济日报》等国家、省级报刊上发表。同时采用《大巴山兴起“观光农业”》《作风是无形的力量》等言论、新闻稿件 100 余篇被中央、省、地级报刊利用。

2000 年，市政府办公室编发《政务信息》74 期，下发信息 38 期，为本级领导服务的《政务信息快报》36 期。编发省政府和市委、市政府领导加注批示的信息 12 条。探索出的反馈—跟踪—督查—再反馈信息操作办法，得到市委、市政府领导肯定。

第四节　调查研究

1952—1954 年，境内各县人民政府秘书室组成政策调研组，抽调 1 ~ 2 人深入农村、企事业单位，配合中心工作，收集真实可靠的材料，进行调研工作。

1955 年，各县把综合调研作为重点，根据各个环节、各个阶段，通过各个部门或县上召开有关会议，收集和整理材料，了解掌握情况，进行综合研究，提供领导参考。

1956—1966 年，结合县委、县政府中心工作，进行全面调查研究。

1967—1979 年，调研工作基本未进行，也无资料可考。

1980 年 10 月，境内恢复县政府后，组成专门班子，深入农村、机关、学校、企事业单位进行综合调研。主要对改革开放后各条战线反映的新情况、新问题及解决的新办法、新措施进行调研。

1985—1992 年，各县政府办公室设立调研科，调研工作有专门机构和人员，并明确职责范围：即分线掌握农、工、财、教等方面的情况；经常深入基层调查研究、总结经验，发现和分析问题，为领导决策提供参考；主动与有关部门加强联系，沟通信息，起好部门与政府与办公室之间的纽带作用；为办公室提供综合情况及相关资料；办好《政务通信》《会议纪要》《今日政务》《政务信息》等刊物。全面反映本地区群众关心的热点、难点、焦点问题。

1993 年 10 月，行署办公室建立起重大课题协同有关部门联合调研制度。建立领导交办和自身选定相结合的课题确立制度。行署各部门建立起和县（市）对口部门的联合调研制度。各县（市）调研工作围绕政府的工作中心，紧紧抓住全地区经济和社会发展中的突出矛盾和热点、难点问题。发现新情况，解决新问题，确保各级政府的政务决策和决策的组织实施。

1994 年，围绕“狠抓基础、快上工业、活跃商贸、开发旅游”战略部署和“三年打基础，五年上台阶，十年迈大步”战略步骤和地委、行署的中心工作，组织力量，深入农村、企业等，加强调查研究，并建立全地区经济运行的季度和年度分析制度，确定具体科室负责专抓。在重大问题的决策参谋上，为地委、行署起草有关加强基础建设、农业、工业、商贸、个体私营经济、乡镇企业发展等方面的重要文件提供依据。同时，还组织力量，在调查研究的基础上，先后撰写《加快工业发展，振兴巴中经济》《发展个体经济存在的问题与对策》《我区农村经济发展的难点与对策》《巴中地区奔小康的难点与对策》等 25 篇调研文章，为地委、行署领导决策提供服务。是年，共撰写的调研文章被省刊用 21 篇，办《决策与参阅》简报 17 期，《工作通讯》简报 49 期，还有 110 多篇宣传巴中地区的文章被国家和省、地刊用。

1996 年，先后派出多批调研组深入地级各部门，4 县（市）农村、厂矿、企业、学校撰写调研文章 50 余篇，《贫困地区工业发展的调查与思考》《关于我区丝绸行业走出困境稳定发展的有关问题的调查报告》《赤江乡石岭村情况调查》等 35 篇理论调研文章在省、地级刊物上发表，调研工作名列全省第 4 名。

1997 年，行署办公室根据自身的特点，撰写为领导服务的调研文章，为指导全地区经济工作发挥积极作用。是年，在省级以上刊物发表调研文章 60 多篇，在省政府办、龙泉驿全省政调会上巴中名列第一，行署办组织撰写的《参在关键处，谋在点子上》巴中年政务调研回顾在省政府主办的《政务》，全国性刊物《办公室工作》上刊出。

1998 年初，行署办公室组织 4 个调查组，分赴 4 县（市）对“农民税费情况”“农民负担情况”“村级财务公开情况”“扶贫攻坚情况”作专题调研，写成书面调查报告 4 篇，地委、行署采纳调查的大部分建议。6 月中旬，为进一步摸清农民负担问题，办公室配合有关部门在部分县（市）进行 1 次封闭式调查，摸到一些很真实的情况，为领导决策提供可靠的依据。

2000 年，市政府办公室紧紧围绕市委、政府各阶段的中心工作，抓住带有普遍性、倾向性的热点、难点、重点问题进行调查研究。撰写《依法治国重在依法治区》《实施生物工程必须从基础工作抓起》《增添措施，振奋精神，推动全市办公室工作跃上新台阶》《参在关键处，谋在点子上》《浅谈西部大开发中地方政府行为》《争创一流办公室、服务西部大开发》等调研文章 80 余篇，其中 50 余篇调研文章在《人民日报》《四川经济日报》《四川政报》《党建内参》等国家、省级报刊上发表。根据市政府领导经济工作的原则，重新设置《巴中政报》栏目，完善管理，提高编印质量，完成征订任务。是年，出刊

12期，刊载文件90多个16万字。选编各类调研文章110篇，计23万字。发布政务信息540多条。《江北热线》发表领导言论60多条，订阅数在1999年的基础上翻一番。做好《四川经济日报》记者站的工作。在《四川经济日报》发表各类稿件85篇，其中头版头条21篇，报眼5篇，组织领导署名文章17篇，其他各类文章347篇，为宣传“巴中经验”做出积极的贡献。

第五节　政务督办

民国时期，行政区划设督查区，部队设督办，督查督办政务和军务。

川陕省苏维埃时期，各级苏维埃政府设执委、连设政治指导员，班设政治员，督查督办政务和军务。

1951—1966年，境内各县人民政府办公室派工作组督查督办，促使各项工作落到实处。

1967—1979年，政务督办较少，无资料记载。

1980—1990年，政务督办，实行目标责任制管理，层层签订目标责任书，层层分解目标责任，目标责任落实到人头。目标督查领导小组随时抽查各部门目标完成情况，好的总结经验，差的找出原因，增添措施，并予通报，及时解决目标任务执行中存在的问题。为维护政令畅通，改进工作作风，提高政府效率和树立行政权威，确保各项目标的实现，各县政府办公室加大政务督查力度，坚持把督查督办作为贯彻落实县委、县政府工作思路、科学决策和重大部署的重要手段，对县委、县政府重大决策和政府工作部署的落实情况等重大问题及领导关心、群众关注的社会敏感的热、难点问题进行督查督办。1991年后，各县政府办公室设立政务督查科，负责开展政务督查工作。政务督查始终紧扣县委、县政府各个时期的中心开展工作，突出5个督查重点（对党的各项方针政策，中央、省、地重要文件和会议精神以及上级领导交办事项的贯彻落实情况进行督查；对县委、县政府重大决策、重大工作部署和重要会议精神以及县委、县政府领导临时交办事项的贯彻落实情况进行督查；对人大及其常委会的决定、决议和政协提出的建议贯彻落实情况进行督查；对执行政策、法规和行政规章中的热、难点问题，县以上新闻单位的舆论监督和相关部门反映的民情民意民愿进行督查督办；对县内各地和县政府各部门领导班子、干部队伍的政治纪律、工作作风等情况进行经常性督查）。

1993年后，巴中地区行署督查办公室按月拟定督查工作重点，逐步完善督查制度，创新督查机制，改进督查手段，加大对督查工作的考核力度；坚持“批必查、查必果、果必报”的原则，严格督查程序，改变督查方式，定期改制《督查要点》和《政务督查通知书》。采取专题督查、重点督查、现场督查、跟踪督查、明察暗访、电话催办等多种形式进行督查督办，督查工作实现由被动向主动、由面上向专题、由静态向动态的转变。办公室还建立健全查办事项登记制度、分解立项制度、专报反馈制度、跟踪督查制度、反馈情况通报制度、督查工作定期研究制度。1994年5月30日，巴中地区行署印发《巴中地区政务督办工作规则（试行）》。明确督办工作部门的职责，工作人员的要求、督办范围、工作原则、运作程序、工作制度。是年，完成省委、省政府办公厅和地委、行署交办事项50件，督查督办48件。特别是对省委书记谢世杰，省政府副省长蒲海清、刁金祥、欧泽高、张中伟等领导到巴中现场办公所提出的有关问题，实行专题督办，确保落实。地委、行署交办办公室解决遂巴福利建材厂合资纠纷，回风亭洗车场纠纷，南江与巴中水事纠纷以及平昌县佛楼乡中学学生反映的有关问题等，均逐项进行督查督办并落实。

1996年，紧紧围绕地委、行署的工作重点和中心工作，开展政务督促检查和督办，继续实行督查通知单制度，把督查事项落到实处。是年，办理省政府办公厅交办事项6件，办理地委、行署领导交办事项 12 件，办理人大、政协提案、建议 15 件。分解全地区 9 项重要工作目标任务并经常督促检查。专题督查省政府下达全地区“保九争十”目标任务和七项重要工作以及行署各部门“创四好、争一流”活动的开展，编发《督查通报》10 期，《督查通知》6 期。整个督查工作做到有令就查、主动督查、查有结果。

1997 年，办理省政府交办事项 10 件，按限期办结 10 件，办结率达 100%；办理办公会议定事项行署领导和办公室领导交办事项 34 件，按限期办结 34 件，办结率 100%；办理行署执行省政府有关目标任务材料 8 件，撰写《督查通报》10 期；办理上报《督查报告》11 期，下发《督办通知》10 期。

1999 年，加强对群众反映的热点问题的督查，尤其是重视和加大地委、行署重要文件、重大决策、重要会议和领导交办事项的督查力度。对涉及农民负担、建设工程招投标、稳定等热点、重点、难点问题变被动督查为主动督查。是年，完成省政府交办督办事项 11 项，省政协交办督查事项 1 项，地委、行署交办督办事项 17 项。完成各级领导交办事项 32 项，办结率 100%。

2000 年，完成省政府交办督办事项 2 项，省政协交办督办事项 6 项，市委、市政府交办督办事项 20 项，各级领导交办事项 21 项，办结率 100%。撰写《督查通报》20 期，下发《督办通知》2 期，上报《督办报告》6 期。所办事项做到准确及时。

第五章　综合政务管理

第一节　外事工作

1978 年起，境内外事办，围绕地方政府对外开放的各项活动，积极做好到巴中访问的国和进行公务活动的外国驻华外交官员及到本地采访的外国记者的接待工作。

1983 年，巴中县农技站副站长杨丰应日本邀请，到日本研修水稻栽培技术，学习交流 8 个月。1984 年，联合国教科文组织总部国际扫盲奖评审委员会授予巴中县“野间扫盲奖”。奖给银质奖章 1 枚，奖牌 1 个，奖金 5000 美元。副县长洪明寿代表县政府出席在法国巴黎举行的颁奖仪式。

1986 年，平昌县农业局干部谭博荣通过中日友好省县渠道联系，经省农牧厅统一考试合格后派往日本广岛农业大学学习 1 年，取得毕业证书，1987 年 5 月回国。是年，平昌县外事办接待加拿大经济信贷专家约翰逊·罗、联邦德国畜牧专家格莱思沃德在省畜牧项目办敬全林陪同下对平昌镇龙万亩草场草源项目进行评估。联邦德国北威州生态农业畜牧研究所草源、饮料研究部主任贝克霍夫博士、荷兰哈根罗农牧学院农经系讲师、国际问题顾问康普霍尔斯特，在省草源研究所所长邬泗滨、省农牧厅外事办主任李永贵等陪同下，到平昌考察镇龙万亩草场。副县长沈逢珍陪同专家考察并对开发和种草养畜问题进行会谈。

1989 年，平昌县文化馆职工王鹤翔应南斯拉夫芦布尔雅娜市国际书画刻印艺术中心组织委员会邀请，参加第十八届国际版画双年展，其《哈尼妇女》《管林》《红棕》3 篇参展作品获奖，5 幅作品先后在日本举办的国际文化交流会上参展。是年，联合国开发计划署专家莱思沃德到平昌签订《畜牧发展项目贷款协定》，5 年内向平昌县贷款 1480 万元，开发牧草资源，发展草食牲畜。通江县外事办公室接待日本广岛农业博士富永保人一行6人和日本广岛农业短期大学名誉教授、富永菌类研究所所长到通江县考察食用菌发展情况。

1990年，平昌外事办接待联合国开发计划署项目执行办公室顾问斯托切斯到平昌检查验收第一年项目执行情况。1991年，平昌县外事办接待联合国农发基金会官员布隆茨为团长的项目中期评价团和以畜牧专家耶茨为团长的评审团一行6人，农业部、省项目办有关人员陪同到平昌检查项目实施两年半的执行情况。是年9月，接待澳大利亚驻中国大使馆参赞桂凯瑞，经贸部、省经贸委有关人员陪同平昌考察扶贫援助项目。1992年，平昌县外事办接待澳大利亚援外局中国处官员帕特·体伦、专家柯德忠及使馆秘书雷安露对平昌申请澳方扶贫援助的丝绸、纺织、医疗卫生、饮料、环境保护、人畜饮水、公路建设立项问题进行实地考察和评估。

1993年后，全地区对外友好交流进一步频繁，范围进一步扩大。日本跨国公司商人林原博之、下岗之佳和超级市场董事长大田九雄一行3人到通江县与通江县土产果品公司商谈有关食用菌特别是银耳的经营业务并签订购销合同。是年，联合人口基金会委托上海医科大学等妇幼卫生合作项目审评专家一行6人对通江随机抽样的铁佛镇、新场乡、浴溪乡实施妇幼卫生合作项目工作进行为期5天的审评，通江县在全国抽查的8个县中达到上乘水平。同时，地区行署下发《外事活动中礼宾接待的若干规定》，对涉外人员进行培训、加强礼宾接待业务的指导，提高涉外人员素质。按照“内外有别、内紧外松”的原则，开展礼宾接待工作。1994年，接待美国阿纳法科油气公司常驻中国经理查德胡克、高级地质专家托德·福勒等中美专家联合到通江涪阳、新场、陈河等地考察天然气。

1995年起，配合有关部门处理涉外事件。是年，地区外事办与四川科强文化发展总公司联合编印《中国巴中》（中英文版），并邀请省外事办《西南画刊》和《外事天地》的编辑到巴中专题采访编写巴中地区对外宣传专辑，在海内外发行。地区外事办与公安、保密、旅游等部门协作，按照涉外宾馆必备的管理、服务、保密、安全等条件进行审查，对不符合条件要求的宾馆分别给予取消牌子和限期整改的处理。还制订《涉外工作保密制度》《涉外人员保密守则》和严格的管理制度，开展定期和不定期的检查监督，力求档次高、服务好、管理严、保密强。在强化涉外场所管理的同时，狠抓涉外案件的处理和相关外事事宜的报批工作。

1996年起，相继编印《西部经济》（巴中地区专辑）、《巴中地区经贸交通旅游图》《巴中招商引资重点项目册》《美好巴中》画册等2万多册。同时与地区电视台联合拍摄《奋进的巴中》《欢腾的巴中》，并刻制光碟3万多张向外发行。大力宣传巴中地区得天独厚的资源优势、优惠的投资政策、良好的投资环境、富有吸引力的投资项目、独特的巴人文化和红军文化，以增强对外吸引力，扩大巴中知名度。先后有10多个国家和地区的客商到巴中考察、观光、寻求合作，兴办企业、总投资1.67亿元。是年，地区外事办接待联合国粮农组织福特基金会驻华办事处农村贫困与资源项目官员和东京中日友好协会铁木真电视公司董事长等10人（次）。

1997年，接待世界卫生组织总部技术顾问卢宏率、国家省地有关专家、领导一行4人，到通江县调查消灭脊髓灰质炎强化免疫工作情况。是年，澳门西南饭店董事长，侨界领导人汤福荣一行10人到通江考察“侨心工程”。分别为通江县聋哑儿童语言培训学校、九龙庙小学捐资1100元、3400元。并表示将继续捐资在龙庙村、谷山包村各新建一所侨心希望学校。地委、行署下发《关于外事工作若干规定的通知》和《巴中地区因公出国（境）管理暂行规定的通知》，规范因公出国（境）审批的原则和申报程序。

1998年，地委、行署下发《关于坚决制止通过旅游渠道公费出国（境）的通知》，为切实制止通过旅游渠道公费出国（境）旅游提供政策依据。是年，地区外事办接待联合国开发计划署官员马可里、国务院扶贫办外资中心主任李慧、卫生部国外贷款办公室韩孟杰处长、省卫生厅计财处（贷款办）范明清一行4人到通江县检查世行秦巴扶贫卫生等项目准备工作。巴中市（县级）农广校学员张继伟应苏联邀请，到苏联研修地膜栽培技术6个月。平昌县科技副县长余广海应邀赴日本古屋参加第十八届世界家畜家禽防病研讨会，会上余广海《论鸭病防疫体系》论文被收入《1998年世界第十八届家禽防疫研讨论文集》一书。

1999年，先后接待联合国人口基金会驻华官员佐崎淳子，美国驻成都总领事馆经济领事吴志祥陪同到巴中考察基础设施建设，农村经济工作以及计划生育生殖健康项目落实情况。是年，澳大利亚驻华大使馆项目官员刘力莉和澳方项目专家组组长凯伦对通江诺水河镇、永安区村以上医疗卫生机构以及县属医疗卫生单位开展的农村卫生服务情况进行实地考察和项目设计。美国红十字会向通江县受灾最严重的至诚、永安、瓦室、诺水河镇、民胜等区（镇）部分灾民捐送大米10吨。

至2000年，配合有关部门处理涉外事件2件，申报批准4所学校聘请外国专家，到校讲课。其中巴中中学通过中介聘请外语教师1人，平昌中学通过中介聘请外语教师2人，通江中学聘请外国英语教师2人，春蕾国际学校聘请外国英语教师1人。审核党政机关、企业事业单位负责人、劳务人员、留学人员、参加画展、文艺演出和体育比赛等因公出国（境）共108人（次）。同时，境内外事办接待外宾团组6起，平昌、通江2县分别接待联合国开发计划署、粮农组织高级官员和4个外宣团组以及全球最大的燃气公司荷兰壳牌公司专家到通江考察。平昌县接见澳大利亚驻中国使馆官员郝女士、刘丽丽，省经贸委外经处副处长李忠明陪同下，抵平验收1994年为江口镇医院儿童门诊项目捐助36万元实施情况。市外事办先后向省友协为通江县二中苗育和南江县四小李梦娇2名成绩优秀的孤儿免费去英国夏令营40天，回国后免费去四川省光亚外国语实验学校从初中读到高中，一切费用由国际友好人士资助；向省友协争取到巴中市巴州区马鞍小学优秀校长杨希模到日本访问，一切费用由国际友好人士资助；通过省、市外事办努力。日本驻中国总领事馆无偿捐资72万元，修建平昌县得胜中心学校教学楼。是年，进一步严格因公出国（境）的报批和管理，禁止公费旅游出国（境），对出访任务无实质内容的团组不予转报，对参加跨地区、跨部门的团组和人员严格审核把关；坚持组团和派员单位负责人、外办负责人、审签人负责制。副县级及其以上干部出访，报市委外事工作领导小组正副组长审签，其余人员由市外办负责人审签。同时，严格执行“专办员”制度，严禁异地办证，非法移民；团组和人员出访前必经市外事办培训，认真学习外事纪律、涉外知识。凡经批准出国人员回国后15日内，必须写出出访报告或述职报告，报市委外事工作领导小组、主管部门和市外事办。由市外办会同主管部门对出访报告进行跟踪，务求出访取得实效。凡不交出访报告者，以公费旅游记处，并对该单位人员下次出访，不予审批。同时，积极参加各种招商活动，充分利用参加西安“中国东西部合作与投资贸易洽谈会”、成都“中国沿海企业产品博览会”、厦门“中国投资贸易洽谈会”等机会广泛宣传巴中，产生良好的社会经济效益。

第二节　侨务工作

中华人民共和国成立后，境内侨务工作无资料可查。

1978年后，境内4县把“侨务扶贫”作为脱贫致富的重要内容，从政治上关心、政策上优惠、资金上扶持、项目上照顾、管理上帮助。多角度、全方位地鼓励侨胞、侨眷创办实业勤劳致富。

1979年，巴中县复查和侨属历史档案，摘去地主分子帽子11人；改正错划右派分子4人；对在“四清”中房屋被挤占和处以罚款的3人作退赔；对因涉外关系而被开除的1人恢复公职；在“文化大革命”中被抄家、罚款、降薪、扣发工资、开除下放至逮捕入狱等20起冤错案一一进行甄别赔退；

剔除12人档案中的不实材料95份404页，吸收符合共产党员条件的3名侨属知识分子入党；对有领导才能的4人提拔担任领导职务；12人被推荐选举为县人民代表和县政协委员；解决夫妻长期异地3户、安排子女就业6人。

1981年，平昌县侨联配合有关部门对7名侨眷职工档案进行清理，剔除不符合实际的材料，会同达县地区侨办侨联调查核实4户侨眷在土改中被没收的房屋，恢复2户（4人）侨眷的城镇户口关系。

1984年，平昌县帮助侨眷脱贫致富，采取“五当”措施（给侨眷当知心朋友、当信息导向、当技术顾问、当账房先生、当解难友人）。帮助扶持侨眷发展种植、养殖业，经商办店。至1993年，全县49户侨眷中有38户摆脱贫困，走上富裕道路。巴中市（县级）侨眷人均收入1000元以上的11户，500~1000元的26户，分别比1986年增加8户、10户，300~500元的96户，占66.7%；300元以下的24户，较上年减少33户。

1994年起，维护侨眷属权益工作进一步加强。同时，全地区把“侨心工程”作为侨务部门的一大“品牌”。在侨心工程实施中，认真做好项目考察论证和选址工作；做好相关资料的收集、整理和汇报工作；严格项目成功后的落实、监督、协调工作，帮助各“侨心小学”解决具体困难；抓好侨心工程实施中的安全监督检查工作，使其不改变用途，真正落实捐资者的意愿；做好“侨心工程”回访跟踪工作。地侨办会同政协、统战、外事等部门举行巴中地区各界人士代表庆祝中华人民共和国成立45周年茶话会。6名侨属代表与各界人士一起歌唱改革开放的丰硕成果和文明祖国45年的巨大变化。是年，全地区还举行侨属迎春座谈会。晏阳初、陈开江等的亲属共32名侨眷代表共叙国事。侨务办公室把宣传《中华人民共和国归侨侨眷权益保护法》《四川省〈中华人民共和国归侨侨眷权益保护法〉实施办法》《四川省归侨侨眷企业事业权益保护条例》《四川省华侨投资保护权益保护条例》和《四川省华侨捐赠条例》等政策法规宣传和侨眷政治时事学习，贯穿于整个侨务工作的始终。地（区）除利用每年“12·4”普法宣传月在全地区开展“侨法”宣传外，先后向地级四大班子分管领导和地级相关部门及县（市）侨办和部分侨眷发送侨务政策法规文件汇编2.5万册，资料1.8万份，组织相关部门和侨办干部侨务政策法规学习会、座谈会、讨论会20次；举办侨务干部、重点侨眷侨务政策法规培训班40期；利用广播、电视、报刊及有关会议开展侨务知识宣传60次，到侨眷比较集中的学校、医院等重点社区进行侨务政策法规宣传32次。

1995年，地区侨办派人到平昌县对平昌燃料公司、平昌精细化工厂、侨兴服务总公司等侨属企业了解生产及效益情况，根据企业资金紧缺的问题，与平昌县有关部门和银行协商，给企业以贷款扶持，使3家侨属企业在困境内求得生存和发展。是年，地侨办召开侨属代表及地级有关部门负责人会议，学习讨论江泽民关于台港问题的重要讲话，纷纷表示要为祖国和平统一大业作出自己应有的贡献。全地区还举行晏阳初诞生105周年座谈会暨纪念邮品信封首发仪式。讴歌和深切怀念巴中美籍、世界伟人、贫困教育家晏阳初，首发印有晏阳初肖像和生平简介的纪念信封10万个。澳大利亚华侨、牧师张思道到巴中考察时，参加巴中市（县级）基督教礼堂落成典礼，向巴中基督教会捐赠港币2.6万元。旅美华侨曾昭五给平昌县捐赠助学金人民币60万元，其中50万元用于建设平昌县江口镇第二小学，10万元设立“曾昭五捐资助学基金”。香港同胞叶福继捐赠给巴中市（县级）残疾人联合会塑料胶料5000吨（价值1000万港币）。香港同胞邵逸夫捐赠港币80万元给平昌县中学用于修建2000平方米教学楼。美籍华人曾治五捐资人民币60万元，修建平昌县江口镇第二小学。香港同胞邵逸夫捐资人民币80万元，修建平昌中学“逸夫教学楼”。

1996年，地区侨办深入4县（市）5户归侨侨眷特困户了解生产生活情况，并同相关部门一起协商，对5户特困侨属的困难，一一进行解决。地侨办召开侨属代表和地级有关部门负责人座谈会。通江、平昌2县侨办和侨联召开新年茶话会，总结工作，畅谈国内外大好形势，一致表示要为振兴县域经济献策出力。是年，通江县侨办侨联在归侨、侨眷中开展“四个一”（写一封信、牵一条线，引进一笔资金，促成一个项目）活动。澳大利亚华侨张思道与通江县签署在通江举办《大巴山挂毯厂》意向协议，与平昌县签署在平昌开办《中外合资四川雄风酒业有限责任公司》意向协议。同时，向地区基督教三自爱国委员会捐资港币1万元。给地侨办、地归国华侨联合会捐赠桑塔纳豪华型、普通型小汽车各1辆。侨胞许丰杰向地、县（市）残联捐赠铝箔食品纸1500吨，作残疾人福利基金。

1997年，全地区4县侨办、侨联和侨台联谊会先后召开归侨、侨眷座谈会，大家怀着沉痛心情，以散文、诗歌等多种形式缅怀无产阶级革命家、军事家、政治家、外交家邓小平的丰功伟绩，以寄托哀思。南江、通江、平昌3县侨办分别与县委统战部、县侨联举办“迎回归、治统一”座谈会、茶话会，大家畅谈所怀，吟诗赋词迎回归、歌唱祖国统一。是年，通江县侨办在县扶贫办争取项目资金2万元，在赤江乡石岭村（贫困村）建立核桃、银杏、板栗等苗圃园0.33公顷。同时，面对侨眷张轮德的具体困难，捐赠400元，帮助发展经济，尽快脱贫致富奔小康。平昌县侨办帮助平昌县燃料公司、平昌县精细化工制品厂等侨属企业制订改革方案，进行企业股份合作制改革，当年收集股金20万元，企业按新机制运行，收到良好经济效益。其中，从燃料公司当年销售液化石油气153吨，销售收入110万元，上交税金7万元（较1996年翻一番），实现利润3万元。美籍华人蔡锦祥、董世兰夫妇和茅泰籍华人蔡锦荣一行3人到平昌观光旅游，向平昌投资2万元设立互助基金会。通江县侨办引荐浙江客商与药洪乡元山子村达成联合办古楼山茶场66.67公顷协议书。澳门侨胞汤福荣、莫庆思向巴中地区贫困学生捐赠纯棉校服900套。

1998年，澳大利亚华人吕崮在通江涪阳区陈河乡投资人民币60万元，创办外商独贸企业通江县明通有限公司，进行银耳椴木技术系列开发。澳门西南饭店董事长汤福荣捐资人民币30万元修建通江县典滨乡九龙庙和谷山包村两所学校。澳门同胞汤福荣先后2次捐资人民币30万元，修建汤福荣第三小学、第四小学。

1999年，地区行署在澳门回归之前，代表全地区340万人民向澳门特区行政长官何厚铧致贺信，以表问候和祝贺。向澳门西南饭店董事长汤福荣、澳门天主教福利会主任莫庆思、澳门成衣有限公司总经理林秀兰分别致函，对他们向巴中地区贫困山村小学的捐资捐物表示衷心感谢和亲切问候。地侨办牵线搭桥，澳门同胞余宗强、闻心翔为巴中市（县级）万安乡56名贫困学生捐助人民币2.32万元。澳门天主教福利会一行6人在巴中师范学校举办全地区高中英语教师培训班，参训教师80人。澳门天主教福利会给巴中市（县级）万安乡盐井村小学捐资人民币15万元。是年，平昌县侨办长期帮扶的8户农村侨眷，人均产粮450公斤，人均家庭纯收入1130元，一举越过温饱线。南江县侨办同县委统战部干部一道深入全县12个区（镇），对归侨侨眷的生产、生活、经济、企业和种、养业发展情况进行全面调查了解，并针对存在的问题提出改进意见和新的要求，鼓励其勤劳致富和科技致富。

至2000年，先后向外推荐项目47个，引进项目23个，引进资金80.1万美元。其中，从美国引进项目3个，资金9.5万美元；从加拿大引进项目1个，资金17万美元；从新加坡引进项目2个，资金1.85万美元；从法国引进项目2个，资金3.7万美元；从西班牙引进项目1个，资金1.85万美元；从葡萄牙引进项目1个，资金1.85万美元；从澳大利亚引进项目1个，资金6.25万美元；从香港引进项目7个，资金29.1万美元；从澳门引进项目5个，资金10万美元。有690户侨眷全部越过温饱线，其中有210户达到小康目标，占全市侨眷属总数的30.4%。全市侨办、侨联会同相关部门召开各类不同规模的座谈会、茶话会、联谊会、学习交流会35次。全市有海外华侨华人1732人，主要分布在美国、英国、加拿大、新加坡、日本、印度、泰国、印度尼西严、巴西、澳大利亚、法国、马来西亚、越南等国家。全市侨眷中有县人大代表4名，县政协委员18名，担任领导职务的12人，有30个侨眷属被市、县（区）和有关部门表彰为先进工作者、劳动模范、致富能手、全好家庭；先后接待受理侨眷来信来访180多人次；对36起侵害归侨、侨眷、侨企利益行为进行协调、纠正，以维护侨眷、侨企的合法权益。先后考察和推荐“侨心工程”14个，实际落实8个，争取捐资335万元。是年，西班牙何奈斯瓦德给巴中市巴州区万安乡魏家山村小学捐资人民币15万元。各级侨办利用侨务工作的独特优势，积极争取海内外朋友和上级主管部门的支持，广泛开辟引资引智引项渠道，与美国、印度、法国、新加坡、马来西亚等国家的华侨华人及港澳同胞牵线搭桥，使其投资巴中、支持巴中的建设事业。加大侨眷致富力度，为华人华侨和港澳台同胞，在全地区兴办企业大开绿灯，扶持其发展。侨办、侨联，以国家政治、经济生活中的大事和传统重大节日为契机，开展归侨侨眷和各界人士的联谊活动。

第三节 台务工作

1950年，境内4县去台人员1057户1057人，有台胞、台属1135户4127人。1978年，随着对台工作方针的根本性改变，两岸除官方以外的交往日渐频繁。至1993年，巴中地区成立时，境内有台胞（属）约4200户1.25万人。随着两岸探亲者、通婚者，回大陆定居、经商、观光者日渐增多。2000年底，全市台属、台胞达6800多户2万余人。

一、对台宣传

1949—1977年，境内各县对台宣传的主要内容和做法是向干部、群众宣传中央对住在大陆蒋军亲属亲友的有关政策；组织对台宣传的书信、稿件，组织蒋方人员的家属、亲友向台湾蒋方军政人员写信，开展对蒋军的宣传工作，旨在鼓励蒋军弃暗投明。

1978年后，通过各种渠道和多种形式，宣传和平统一祖国的方针政策和对内对外政策。全面介绍祖国大陆的形势和成就，以增进台湾同胞对祖国大陆的了解和对祖国的认同感、向心力，提高其爱国主义热情，促进祖国和平统一大业的实现。1979—1989年，境内4县编写对台宣传稿件150余篇，组织对台空飘83件，组织台属向台湾亲人发信340余封。仅南江县就编写对台宣传稿件27篇，组织对台空飘42件，其中被中央台视部、海峡之声电台采用稿件4篇，发寻人启事7则，部分稿件被香港大公报采用。1990—1998年，各县（市）编写对台宣传稿件317件，其中被中央台和省台采用98件，组织台属向台湾亲人发信1207件。平昌县在“一封家信报平安”和“同是神州炎黄胄，何必长期两分离”活动中，组织台属和相关人士向居住台湾的亲人发信38件，介绍改革开放，家乡巨变和中共和平统一祖国的真诚愿望等稿件40余件。

2000年，通过《海峡深情》《人民日报》《中国建设报》《海峡两岸》《巴中日报》等报刊刊用对台稿件200多篇，大力宣传台属中的好人好事。

二、涉台教育

1949—1976年，境内各县涉台教育的重点主要利用广播、电视、报刊和各种会议披露台湾当局鱼肉百姓，诽谤大陆的各种行径，以增强干部、群众对台湾人民的同情和对台湾当局的愤恨；启发教育境内台属与在台亲友在政治上划清界限；教育干部群众站稳立场、明辨是非，严禁收听敌台（台湾电台），凡收听敌台者一律以反革命论罪。1973年，平昌县收听敌台被判刑2人，被批斗3人。

1978年后，随着对台工作方针的根本转变，涉台教育亦发生巨大变化。各县分别采取座谈会、讨论会、举办短训班和以会代训等办法，进一步把涉台教育引向深入。至1990年，境内各县共举办各种不同类型的涉台教育座谈会、讨论会215次，参加人数4.6万人（次）；举办涉台教育短训班68次，参训550余人（次）；举办涉台知识竞赛36次，参赛291人（次），获奖48人（次），编印和平统一祖国知识读本3000余册。

1993年，各级党委、政府把涉台教育纳入当地《爱国主义教育实施纲要》计划和干部培训计划。党校、干校和中等专业学校，开设台湾问题与中国统一的课程。《巴中时报》、各级电台、电视台和农村有线广播，开辟涉台教育栏目和专题。1995年，各县（市）共编写《海峡两岸》教材32册，对各级党政领导干部、国家公务员深入进行涉台教育。1998年，组织“中国台湾问题问卷调查”活动，使台湾问题知识进一步普及。是年，各县（市）还配合《中国台湾问题》干部读本的发行，认真组织学习，进一步了解台湾的过去、现状和未来。

2000年，县（区）台办组织“我说两岸”专题讨论28期，开展“两岸统一”涉台知识竞赛16次，举办“我强台弱”专题讲座17次，把爱国主义定位在实现祖国完全统一的基础上。

三、两岸交往

1965年，境内有18名台属与台湾亲人通信。1985年，台湾当局准许民众赴大陆探亲，两岸交流逐步频繁。巴中县台属对台通信户52.5%；写出对台寻人启事66份；对回巴中探亲台胞给予热情接待，帮其排忧解难。是年，境内两岸往来近40余人，收发两岸寻亲启事261则。

1986—1992年，各县“台侨属联谊会”，以组织上的民间性、工作上的服务性、交往上的联谊性，发挥纽带和桥梁作用。仅南江县为侨、台属服务800余人（次），引进亲人赠资400余万元，捐资家乡公益事业10多万元。

1993年，各县（市）积极组织动员台属广泛开展“写一封信，牵一条线，引进一笔资金，促成一个项目”的“四个一”活动，促进两岸密切交往。台胞邱长彦投资人民币48万元，在巴中市（县级）兴办“通盛电子娱乐中心”，使巴中取得台资企业零的突破。

1995年，各县（市）采取“排疑虑、叙亲情、办实事、交朋友”等多种方式，加强感情联络，激发探亲台胞的爱乡热情。是年，在台同胞通过汇兑、捎带和回乡面交等方式，向在巴中亲属汇、赠金银首饰137件、黄金150两、摩托车7部、照相机1部、人民币25.4万元、美金42.7万元、港币6.4万元，总计折合人民币439万元。巴中市（县级）化成镇籍探亲台胞邹国顺为家乡小学和本村公路修建捐款1万元；明扬籍去台人员董志才捐款5万元。

1997年，通江县引进台资开办通江县魔芋加工厂，由台商叶冠东投资50万美元，进行魔芋产品深精加工。1998年，台胞涂国亭、刘纪三向巴中地区捐赠桑塔纳小汽车3辆。2000年，全市台资企业和台属企业共22家，从业人员1100人。

四、台胞（属）权益保护

1949—1976年，海峡两岸互相敌视，台胞（属）在政治、经济等方面受到不公平对待，许多权益受到侵犯，形成不少侵犯台胞（属）权益的冤假错案。到1980年，境内4县台胞（属）房产被没收94户301人，错划为“右派”和“反革命”的28人，历次运动被错误揪斗、批判的194人，长期被暗中监控的58人。

1976年后，境内各县台胞（属）权益受到保护，并纠正冤假错案。至1984年，境内4县为台属平反冤假错案28起。南江县为过去因“台湾关系”而被错误处理的60名台属落实政策。平昌县台胞黄宝禄当选为四川省六届人大代表。同时，对生活有困难的台属发给补助费用。

1985 年，境内 4 县安置台属台胞 17 人。平昌县台胞台属为省人民代表 1 人，县人民代表 3 人，县政协委员 4 人，协助台胞台属及其子女就业 7 人，参军升学 5 人。通江县落实台属政策 10 户，安置台胞台属子女 9 人。南江县把台属董绍达安排为县政协副主席，台属董进修安排为工业局党委书记，台属刘光美安排为石矿乡乡长，台属吴光锐、廖永茂等安排为村社基层干部，台属李忠芳、苏必瑞等安排为县人民代表，台属蒋光映、李清、万常强、杜子林、蒋贵成、廖永茂、郑云程等先后安排为县政协委员。

1993 年，全地区为 64 位探亲台胞提供往返交通工具，两次派专人前往成都协助探亲台胞办理有关手续，为 3 位回乡寻亲台胞找到亲人 14 户 51 人。同时，热情接待、认真处理台胞台属来信来访 217 人（次），为 1 位申请回乡定居的探亲台胞办理手续。各县（市）热情为探亲、旅游、投资经商的到巴中台胞排忧解难，帮助他们解决各种困难 46 件，从信息咨询和吃、住、行、购、医等方面开展全方位服务。1995 年，地台办帮助 5 位台胞与大陆女青年结为夫妻，并办理去台探亲手续。

1999 年起，市台办抓住台湾准许大陆人员赴台申领遗产的契机，加大办理涉台遗产继承案件。至 2000 年，办理涉台遗产继承案 2 件。

第四节　民族工作

一、少数民族状况

中华人民共和国成立初期，境内少数民族有回、藏、彝、满、土家等少数民族 11 个，计 2900 多人。1996 年年底，巴中地区有回、蒙古、满、土家、傣、朝鲜、藏、布依、彝、羌、高山、苗、壮、侗、哈萨克 15 个少数民族。其中回族约占一半，主要分布在巴中市巴州镇、恩阳镇、花丛镇、尹家乡一带，巴州镇有回民聚居的回民巷，尹家乡有“回民一条街”之称，其他民族散居各地。2000 年，全市有回族、土家族、苗族、藏族、壮族、羌族、彝族、蒙古族、满族、布依族、白族、傣族、侗族、朝鲜族、土族、维吾尔族、瑶族、高山族、佤族、黎族、哈尼族、仫佬族、畲族、水族、撒拉族、布朗族、纳西族、普米族、塔吉克族、摩梭人、京族、景颇族、仡佬族 34 个。这些少数民族人口最多的是回族、土家族，人口均在 2000 人以上；人口最少的是景颇族、仡佬族，人口都在 3 人以下。他们散居在全市 3 县 1 区的 280 个乡、镇及其所属街道和村民小组。相对较为集中的少数民族分布在 4 镇 3 乡 1 矿，即巴中市巴州区的巴州镇，南江县的南江镇，通江县的诺江镇，平昌县的江口镇，巴中市巴州区的尹家乡，三星乡，天官乡，南江煤矿，这 4 镇 3 乡 1 矿尤以巴州镇为最多，其中回民占 70% 左右。

1950—1993 年，为加强对少数民族工作的领导，各县由县委统战部负责少数民族工作，或在统战部内设侨台民宗办公室，置专人管理少数民族工作；1993 年，巴中地区成立侨台民宗事务办公室。1997 年，地委行署决定台湾民族工作从侨台民宗办公室析出，成立台湾民族事务办公室，为副县级行政单位，挂靠行署办公室。

二、主要工作

中华人民共和国成立后，境内各县把坚持正确舆论导向，促进民族之间团结，作为民族工作的重要内容，常抓不懈。同时，各县一直重视少数民族干部的培养使用。

1950年起，境内各县民族团结工作，以倡导干部与少数民族交知心朋友；以大力宣传中共民族政策，使少数民族消除顾虑，自觉接受和拥护中国共产党的领导；坚持政治上、经济上一视同仁；严肃处理坑害少数民族利益、加剧民族纠纷的人和事。是年，巴中县把回民郝仕孝安排为政协委员。至1965年，境内4县，各条战线上的少数民族干部共9人，其中党政部门2人，司法部门3人，财贸部门4人。到1980年，境内4县先后利用各种有利时机召开少数民族座谈会、茶话会、交心会100余次，参加人数600多人（次）；为少数民族解决生产、生活中的实际困难132起，送慰问金1.2万元，粮油5000余公斤，物资1200余件，安排少数民族子女就业34人，表彰奖励少数民族先进模范人物10人（次）。

1980年，增加少数民族干部比例，各县共有18名少数民族人员走上领导岗位。

1981年起，农村经营体制改革波及城镇经济体制的变化，境内各县采取多种措施帮助少数民族脱贫致富。至1985年，境内4县少数民族干部增加到45人。各县共举办专题宣传18次。培养扶持少数民族勤劳致富典型98户，先后为这批典型致富户提供科技、经济信息83条，引进项目42项，引进种养新、特品种9个，争取扶持资金2.4万元。

1987年，境内有2人被省政府表彰为“民族团结进步模范个人”。巴中县在给少数民族提供经济、技术、信息9条，帮助少数民族解决实际困难7起。

1990年，各县大力宣传和贯彻落实省政府召开的第二次民族团结进步先进集体和先进个人表彰大会精神，广泛开展马克思主义民族理论和中共民族政策的学习活动，4县共写学习心得138篇，共达20余万字。1981—1990年，境内各县干部与少数民族特困户结成帮扶对子311户，通过帮扶，有280户解决温饱问题，占少数民族特困户户数的54%。

1993年，地委和行署注重民族政策的宣传，全地区印发民族政策宣传资料8000多份。各县（市）把民族政策的宣传和检查列入重要议事日程。总结和表彰7个民族宣传先进典型。为贫困少数民族户建卡232户，实行资金、服务、责任、解决温饱到户。全地区少数民族兴办种植、养殖场28处，农副产品加工站（点）37处，经商办店19处，从事第三产业的少数民族人员800余人。是年，全地区共安置、提拔少数民族干部41人，使少数民族干部增至54人，其中大中专文化程度占少数民族干部总数的56%。

1994年，新提拔使用少数民族干部12人，其中县团级1人，科级4人，一般干部7人。全地区党政机关中有少数民族干部29人，其中县团级2人，科级7人，一般干部20人。

1995年，全地区各级党政把民族工作和培养选拔少数民族干部工作纳入议事日程，实行目标管理，层层签订责任书。除地委1名副书记、行署1名副专员分管外，地区人大工委、地区政协工委、地委组织部、统战部、民族办公室均有专（兼）职人员抓少数民族干部的培养选拔工作。

1997年，四川省第三次民族团结进步表彰大会在成都召开后，各县把法制宣传与少数民族的发展结合起来，使全地区经济发展、社会稳定、民族团结步入法制化的轨道。是年，全地区共有少数民族干部84人，其中县处级干部3人，科级干部10人。土家族干部杨秀全原任巴中市（县级）人民武装部政委，因工作出色，被提升为地区人大工委法规处任处长，被省人民政府表彰为“民族团结进步模范个人”。1995—1997年，省民委、省财政厅投给巴中地区散杂居民族发展基金近10万元，各县（市）积极引导少数民族发展商品经济，勤劳致富奔小康。民族工作干部深入基层调查，帮助少数民族制订致富规划，协调当地政府支持资金共40多万元。全地区少数民族兴办小酒厂12个，有27户购买拖拉机跑运输，有107户建起家庭养殖场，户户纯收入超过万元。

1999年，省民委向巴中拨付少数民族专项发展资金12万元，支持巴中少数民族发展民族企业。

2000年，全市举办尊重少数民族风俗习惯的宣传活动，共办板报32期，撰写专题宣传材料18

份，约3万多字。全市一手抓少数民族干部量的扩张，一手抓少数民族干部质的提高。全市举办少数民族干部培训班7次，参训172人（次）。是年，全市少数民族干部达到93人，其中县处级干部3人，科级干部15人。全市农村少数民族家庭人均纯收入1247.39元，比1999年增长5.3%。全市少数民族脱贫894户1956人，致富63户201人。

第五节　宗教工作

一、宗教概况

境内宗教历史久远，自清嘉庆年间（1806—1820年），保宁（阆中）马、蒲、陈、王等回族人到巴中经商，传入伊斯兰教起，至民国时期，佛教、天主教、道教、基督教先后在境内各县兴起。随历史变迁，各教几代繁衍，至2000年，全市有佛教、道教、基督教、天主教、伊斯兰教。共有宗教教职人员133人，宗教信徒约18万人、各类寺庙164座，住庙僧人157名。由于历史等多种原因，境内各宗教发展及活动各有所异。

二、宗教管理

1950—1951年，一些僧尼自动还俗。庙产分配给农民耕种，庙宇作为公房。各县委统战部设专人负责宗教工作，执行《共同纲领》，贯彻信教自由政策；取缔妨碍生产和人民身心健康的宗教活动；打击披着宗教外衣组织反革命集团，进行反革命活动，用封建迷信坑人骗财的不法行为。1954年，各县安排宗教界人士参与人民政权建设。基督教东川教区会督蔡复初被选为巴中县一至四届各代会代表、常委，三、四届驻会秘书长，出席川北区首届各代会代表；基督教牧师廖治安、天主教徒赵庆余当选为巴中县一至四届各代表会代表。

1966年后，一些宗教房屋被占用、拆迁，大部分庙宇被拆毁。

1978年后，重申党的宗教政策、恢复宗教活动场所。先后开放基督教、天主教，设置宗教活动点20个，分别成立“爱国领导小组”。1981年，巴中县清理巴州镇、恩阳镇原属宗教所有的房屋，重新明确产权，如数退还出售价款和查抄款。1989年，西方敌对势力加紧利用宗教活动进行反华渗透。是年6月，达县地区召开宗教工作会议，加强宗教活动管理，引导教徒和信教群众自觉抵制境外渗透，制止非法传教。境内各县印制《宗教法律规章选编》发放到各宗教工作部门和各宗教团体，为宗教工作部门和宗教团体、宗教活动场所提供依法办事依据。1993年7月，通江县宗教办会同县委统战部、诺江派出所、县城管局等有关部门，就制止乱建寺观教堂、滥建露天佛像问题对城区内进行专项清理整顿。在城区内组织15人，拆除乱修乱建庙宇3处、佛神像21尊。

1995年，南江县、巴中市（县级）共13个基督教堂点开办学习班，学习江泽民在全国宗教局长会议上的讲话，受教育的信众达1400多人。是年，全地区有62处活动场所，建立健全各种管理制度，有18个场所受县级以上表彰。

1996年，全地区加强年轻宗教教职人员的培养。基督教推荐4名青年到省社学院学习、进修。同时，对21处宗教活动场所和45名宗教教职人员进行登记发证。是年，还对乱修小庙的情况进行查处。各县（市）乱建各种小庙262处，面积1.21万平方米；拆除140处，面积4700平方米；会同政法委、公安处、统战等部门积极开展打击取缔非法组织活动，全地区共打击取缔60个乡（镇）、343个村、410个社的非法组织188个，查获参加者2409人，骨干成员158人，收缴宣传品及活动证854

份，举办“教育班”25期，受教育达572人（次）。巴中地区财政局、地区宗教办给4县（市）宗教办划拨专款2万元，用于宗教场所维修补助。

1998年，各县（市）抓宗教场所和教职人员登记发证工作。正式登记21处，其中佛教6处，基督教6处，天主教2处，佛教临时登记7处；缓登16处，不登18处。是年，行署宗教办给4县（市）宗教办和大佛寺拨寺庙维修补助金各1.7万元，用于开放宗教场所的维修。

2000年，对县（区）431处庙宇依法进行鉴定审查，登记20处，缓登记17处，其余394处庙宇分别作出待后拆除或改作他用处理。还组织宗教团体开展学术研讨活动。全市共写学术论文54篇，其中3篇被省宗教局选用，供全省宗教界人士学习研讨。

三、社会公益慈善活动

民国5年（1916年），通江县天主堂门口开设药店，医治小儿免费，趋其利者亦不乏人。该县俗谚有“饿不得就去投天主教”之说。民国28年（1939年），通江县白鹤寺方丈常照于县城发起组织“通江佛教协会”，在西寺以释迦牟尼佛说大乘经典“慈悲救世，利物平等，止恶修善，刻苦觉悟”等为宗旨，讲经说法，听者甚众。并于农历初一、十五集聚附近的佛教信徒集体念佛，俱以劝人为善，改邪归正为宗旨。1951年7月，通江县天主教革新委员会在抗美援朝运动中，发表革新宣言，签订爱国公约，实行自治、自养、自传的“三自”革新运动，并捐款支援抗美援朝。1994年9月，省佛协办公室主任杨伯明一行将4.85万元救助金发放到南江县800名失学儿童手中。是年，巴中市（县级）宗教场所为贫困户捐赠衣物8000件（套），送大米1.5万公斤，为修建唐巴公路捐款1209元，送蔬菜250公斤、大米100公斤到建设工地。1995年，各县有1万多名教徒主动捐款扶贫，全地区共积善款8万余元。2000年，全市宗教场所为附近百姓修桥补路总长20多里，修旅游山道8条。

第六节　无线电管理

一、组织机构

1993年，巴中地区成立前，通江、南江、巴中、平昌4县除巴中县在县人民政府办公室设无线电管理办公室，负责全县无线电管理外，其余3县无线电由达县地区无线电管理委员会办公室管理。1994年4月，巴中地区按照国家关于无线电管理机构只设到地（市、州）的规定，组建巴中地区无线电管理委员会办公室（简称“无委办”），为副县级行政机构，设主任1名，委员7名。

1995年12月，巴中地区无委办改称为“四川省无线电管理委员会办公室巴中管理处和巴中地区无线电管理处”，两块牌子、一套班子，为行政副县（处）级机构。

1998年12月，巴中地区无线电管理处内设巴中地区无线电监测站，为巴中地区无线电管理技术支撑机构，为科级事业单位，核定自收自支事业人员2名。地区无线电管理处根据《中华人民共和国无线电管理条例》代表巴中地区行署行使国家赋予的行政权力，管理巴中地区范围内的无线电频率资源，无线电台站设置和空中电波秩序。

二、管理

民国时期，境内南江县设立无线电分台，装有直列式莫氏机1部，传送电报。巴中县设单路载波和增音机各1部。平昌县设省无线电台第四十分台，除与省台通报外，并与通江、巴中、三汇、达县等处直通电报。

川陕省苏维埃时期，境内通江县开始使用无线电发报。1933年底，红四方面军入川时有2部电台。1933年10月，“宣达战役”胜利后，红四方面军总部成立电务处，电台扩大到3部，1935年初，有电强5部。无线电台发报只限军用，除对中共中央和友邻红军通报情况外，重在收听敌台广播，破译敌军电报，各领导机关提供情报。

20世纪50—60年代，境内巴中县配备红旗3路载波电话终端机，后改为3个单路载波电话终端机。南江县配置话传电报专用机1台，磁石墙机3部，正式开办国内公众电报业务。架设15瓦无线短波发讯机2台，直接通达县，作为战备和紧急通讯使用。配备55型A25瓦电子管收发报机和55型B25瓦电子管收发报机各1台，从此，南江与达县进行定时联络。平昌县配备3路载波电话终端机，载波电路2条，平昌至达县载波各1路。在管理上，沿用接管的旧无线电台传报。通江县开通至达县无线报路1路，配15千瓦电台1部。

20世纪70年代，巴中县始用电传打字机，并配备ZD600－2电传机整流器，配备“八一”型15瓦无线电台1部。开通巴中至达县ZM305型12路载波电话终端机。自装4千周40瓦载波发射机1台，组成以县站为中心向区、社广播战辐射的载波网。南江县开通至达县的无线电报电路。

20世纪80年代，境内巴中县使用ZB302单路载波电报机。南江县配备15瓦无线电台短波发讯机4部。配备100瓦单边带无线短波电台。利用无线电台，拍发水文、气象等电报。通江县新增15千瓦电台2部，

1993年，全地区实有无线电台（站），护林防火救灾电台98部，水电系统以及各大发电站设置的防汛电台27部，广电系统广播电台4部、电视台4部、电视差转台168部，微波站4部，金融系统电台4部、车载电台2部、对讲机12部，邮电系统电台8部、无线寻呼基站14部、450兆赫二哥大基站8个，矿业系统电台4部，工商、税务、建设部门对讲机31部。

1994年起，全地区无线电频率由地区无线电管理处上报省无线电管理委员会，由省无线电管理委员会指配，或由地区无线电管理处根据省无线电管理委员会的通盘布局直接指配。是年，全地区新设台（站）8部。核发电台执照8份，开展无线电行政执法4次。

1995年，无线电新技术、新设备广泛运用到社会生活的各个领域，无线电秩序管理工作量增大。地区无线电管理处协调处理450兆赫低段民用频率纠纷一起，核发电台执照175份，注销电台（站）24部，年检验证519份，设置使用无线电台（站）参检率为99%。指配地（市、州）使用的无线电频率6条，用于地区运管处组建出租车电台调度网络系统和公安处安保中心组建出租车安全指挥中心调度系统。由省无线电管理机构指配频率和卫星轨道，地区无线电管理处审批，地区人民银行建立卫星地球站，用于金融划转汇兑。是年，全地区许多无线电新技术、新设备，广泛应用于交通、通信、金融汇兑、信息传达、抢险救灾等方面，邮电通信450兆赫二哥大退出市场，由蜂窝移动电话取代。地区无线电管理处协调配合地区邮电管理局开通全国网蜂窝移动通信，模拟机9字头大哥大电话在巴中正式运营。巴中地区人民银行为满足金融汇兑高效和保密，在南池人民银行办公地点架设一部能与C波段卫星互通的卫星地球站，与中央银行和四川省分行联网运作，使巴中地区的金融划转汇兑极大提速。地区运管处承建出租车电台指挥调度通信网，设置中转发射机2台，出租车电台150多台。同一时期，巴中地区公安处安保中心承建出租车电台安全防范调度系统，设置中转发射机1台，出租车电台30余台。年内新设无线电台（站）175部，架设基站11个，用户近1000户。

1996年，无线电寻呼业务和数字蜂窝移动电话迅速增长。地区无线电管理处按照省无委会对各类基站管理的要求，现场审核无线电台（站）架设地址和周边电磁环境，在高山增设无线寻呼基站36个、蜂窝移动通信基站28个。因无线寻呼业务增加，大哥大业务逐步普及，加上技术上的原因，

不少出租车电台因故障而终止使用。林业系统的部分护林防火救灾电台，也因技术原因停止使用，注销电台89部。是年，随着新的通信业务发展，一些非准入通信产品，如黑珍珠和大功率无绳电话均在4县出现。这些非法产品严重扰乱区内电波秩序和电视画面、声音及无线寻呼业务，严重时会危及民航飞行安全。地区无线电管理处查处销售商家两户；行政执法6人（次）；年检验证电台（站）494部，参检率99%；注销电台（站）89部，核发电台执照64份。

1997年，全地区公众通信快速发展。邮电系统增设寻呼基站41个，蜂窝移动基站33个，寻呼业务几乎覆盖全地区；出租车电台及调度指挥基站和对讲机全部停用，电视差转台报停50部，且由地区无线电管理处收回频率，封存设备。是年，行政执法8人（次），查处干扰案例3例，清理收缴大功率无绳电话17个，行程2000余公里。年检验证电台（站）377部，注销电台（站）191部。

1998年，四川省无线电管理委员会统一指配无线电频率，地区无线电管理处协助巴中地区邮电局建设450兆赫农村无线接入电话系统，解决边远山村农户有线电话架不通的难题。至1999年，行政执法14人（次）；查处大功率无绳电话干扰6次，年检验证无线电台（站）593部（次），注销无线电台（站）157部，核发电台执照79份。

1999年，无线电通信行业投资商——新光寻呼台巴中分台，与巴中寻呼业务竞争，模拟蜂窝移动电话9字头手机彻底退出系统，数字移动电话垄断市场。地区无线电管理处变硬性管理为管理与服务相结合，加强无线电频率资源和无线电台（站）设置管理。地区人民银行建设与鑫诺卫星互通的视频会议系统，极大地方便金融系统的内部信息传送和金融管理。是年，新增无线寻呼基站12个，蜂窝移动电话基站17个，指配无线电频率3条，审批星光寻呼台基站设置12个。

2000年，四川成华寻呼台在巴中市设置分台，共架设无线寻呼基站27个，链路站4个，寻呼用户6万余户。市无线电管理处，对无线电台（站）开展核查，全市设置使用的无线电台（站）299部。其中，林业系统用于护林防火救灾电台6部，水电防汛抢险电台4部，广电系统台站8部，人民银行地球站2部，无线寻呼基站143个，蜂窝移动电话基站119个，农村无线接入基站5个；全市无线寻呼用户14万余户，蜂窝移动电话用户3万余户，农村无线接入电话1200余户。省无线电管理委员会、给市无线电管理处配置世界先进水平的EB200型频谱监测仪和无线电台（站）管理专网等监测和检测设备，使全市无线电监测、检测手段和方法进一步更新和优化，实现由人工录入电台数据资料、人工检查无线电台使用频率和人工检查电台参数配置向仪器监测和检测的变换。是年，行政执法10人（次），查处干扰案例1次。指配无线电频率3条，用于建设无线寻呼业务。全市无线电频率资源，主要有6个大类和10段频率资源（调频收音机使用的88—108兆赫；民航专用的108—137兆赫；电视机使用的48—86及167—223，470—806兆赫；公安专用对讲机使用的370兆赫和民用对讲机使用的150，450兆赫；手机、大灵通、小灵通等公众通信使用的900兆赫、1800兆赫、1900兆赫；传呼机使用150兆赫、280兆赫）。广播电视系统的光纤技术网络覆盖全市所有城乡，由于有线加密电视的应用，人民群众再不用旋转电视天线的方法校正电视画面清晰度。全市增设公众通信无线寻呼基站27个，蜂窝移动通信基站29个，无线寻呼用户5万余户，蜂窝移动电话用户万余户。报停注销电视差转台114部、护林防火抢险救灾电台和水电防汛抢险救灾电台37部。

第七节　驻外联络

1978年后，各级政府加大对外开放力度，在大中城市设立外事机构，加强对外联系，引进资金项目，收集反馈信息，服务当地经济社会发展。

1994年起，巴中地区行署建立驻外办事机构，先后在成都、重庆、北京、上海、深圳、兰州、西安、沈阳、银川、宁波等大中城市建立协作关系，设置办事处（联络处），配备办事处负责人和工作人员。驻外办事机构围绕地委、行署的重大决策，抓好对外联络，对外宣传，加强协作，做好项目、资金引进和信息收集、反馈等工作，起好窗口作用，为巴中经济建设和社会发展服好务。外事部门以扩大对外交往交流、为加强区域经济协作为重点，广泛拓宽合作领域，以陕甘川宁经联会为纽带，组织全地区企业多次参加各种展销会、协作会、招商会。至1996年，共引进项目48个，引进资金1.7亿元，实际利用外资1600万美元。

1997年起，地区行署驻外办事（联络）处立足加快巴中地区经济社会发展的大局，解放思想，转变职能，搞好服务，充分发挥“窗口”“纽带”“桥梁”作用，做好招商引资、传递信息、劳务管理、接待服务等工作。行署驻北京联络处突出服务质量成效明显，办成5件实事，即通过乡友曾在巴中地区扶贫的中央有关部门工作人员引荐，在全国企业兼并领导小组、中国人民银行总行、中国工商银行总行多方做工作，终于获准将巴中市（县级）罐头食品厂列入1999年第二批全国企业兼并破产名单，核销该厂呆坏账9030.3万元；引进北京天福宁燃气技术开发有限公司到巴中市（县级）注册登记四川省巴中市（县级）天福庄经济发展有限公司，投资开发特种种植、养殖业，分别在尹家乡黄泥包村和酒店乡金凤村建起良种示范基地。计划总投资150万元，是年到位70万元。栽种进口李子种苗25万株，良种葡萄6.67公顷，从中国农科院引进法国獭兔祖代种兔100组300只、日本丝光鸡祖代种鸡20组100只，建设6.67公顷鱼苗基地；与北京乡友共同努力，在国家计委为地区广播电视局争取无偿补助资金40万元；协助地区科委在财政部争取南江黄羊科技开发补助资金60万元；重新恢复巴山罐头食品股份有限公司已取消两年的军需罐头生产资格，获生产指标90吨，为社会稳定服务。接待处理巴中地区到京上访5人（次）。中华人民共和国成立50周年大庆期间，认真做好本地区赴京务工人员的疏导工作。帮助务工人员完善留京务工手续，仅为巴中市（县级）、平昌县两个进京建筑公司补办就业卡达500多个，使全地区绝大多数劳务人员得以继续留京务工经商，为在京的劳务人员服务。抓好组织领导。联络处主任兼任巴中驻北京劳务管理办主任和注册公司书记，逐步将挂靠在外地公司的建筑民工成建制归并到本地区两个注册公司，其中华兴北京公司注册民工达1500多人。抓信息联络。为劳务人员提供劳务信息和就业行情，并主动介绍就业单位，使不少劳务人员得以在京落脚。抓公关协调。利用联络处的牌子和关系帮助协调调解劳务人员解决不了的问题。长期在北京承包垃圾厂的杜茂献，想注册一家公司名正言顺从事垃圾处理业务，但到处碰壁。后经联络处找丰台区的领导做工作，终于注册成立京城第一家专门从事垃圾分选利用的“北京市茂献垃圾回收利用有限责任公司”，《北京日报》作专门报道。抓排忧解难。联系督促用工方兑现务工人员报酬10多起；通过公安等执法部门为受冤受害民工伸张正义寻求保护6起，为赴京务工人员排忧、解难，保护他们的合法权益。为在京乡友服务。为增进了解，加深感情，充分调动北京乡友关心和支持建设的积极性，联络处开展多种活动。分在京乡友和来京乡友两大类收集整理北京乡友名单，共收录300多人，建立起北京乡友联络网，宣传巴中地区改革开放、经济建设的成就和“巴中经验”，激发乡友对家乡的热爱之情；听取乡友对巴中建设的建议，增强支持家乡建设和发展的向心力。承担巴中中学北京校友联谊会的日常工作。代表地区领导给曾在巴中战斗过的8位老红军拜年，到医院探视生病的老干部，请老红军、老干部到联谊处聚会16人（次），参加在京老红军、老干部及其遗属丧葬仪式，以加深老干部对巴中地区的感情。在接待工作中，改被动接待为主动接待，后勤保障到位，受到到京办事的领导和职工的一致好评。至2000年，联络处接待到京办事的市级领导10人（次），县处级领导22人（次），市（县、区）科级及企业负责人40余人（次）。

巴中市志

第二十六篇

政协地方组织

巴中地区的政治协商监督机构经历一个由中华人民共和国成立后的学委会和人民政协的演进过程。至2000年底，市、县（区）政协均内设办公室、提案委员会、经济委员会、文史资料委员会等办事机构。全市有委员1271人、常委178人。全体政协委员和政协机关工作人员与地方党委、政府“肝胆相照、荣辱与共、长期共存、互相监督”，在祖国的现代化建设、祖国和平统一、社会主义民主法制建设等方面作出贡献。从20世纪50年代到2000年，各级政协认真组织政协委员和各界人士学习马列主义、毛泽东思想、邓小平理论及党和政府的方针政策、法律法规，在一些重大问题上统一思想、达成共识，协商监督、参政议政，提高协商监督实效。先后召开市政协委员会议10次，全委会议89次，常委会议414次，主任会议29次，主席会议905次；提出提案7768件、建议案49件；民主评议政府职能工作21次，涉及23个单位；组织委员视察224次，形成视察报告224篇；开展调查研究559次，向地方党委、政府和相关部门撰送调查报告584篇；开展对口协商40次；召开各种类型的座谈会、茶话会、联谊会500余次；收集、整理、编辑文史资料31辑、书籍32册；接待群众来信来访8812件（次），向党政传送反映社情民意的信息2430余条。各级政协向同级党委、政府及相关部门提出许多有益的意见和建议，产生良好的社会和经济效益。

第一章　机　构

第一节　市政协

1993年10月28日，开始筹建政协四川省委员会巴中地区工作委员会（简称“地区政协工委”）。1994年1月30日，召开地区政协工委成立大会。地区政协工委设办公室，办公室下设秘书科、行政科、政协工作科、经济联络科。地委先后任命7人为地区政协工委委员。1998年9月，地区政协工委机关增设经济科技事务处、社会事务工作处，两处分设经济科技事务科、社会事务工作科。2000年11月，地区政协工委有主任1人，副主任4人，秘书长1人，工委委员12人，机关工作人员10人。

市政协第一届会议

2000年12月4日，协商产生第一届市政协委员302人。12月7—9日，政协第一届巴中市委员会第一次会议召开，选举产生主席1人，副主席6人，秘书长1人和常务委员34人。市政协内设办公室、提案委员会、经济委员会、教科文卫委员会、法制群团委员会、学习文史委员会、联络联谊委员会等7个办事机构，常委178人。

第二节　县（区）政协

县（区）政协的前身，是各界人士学习委员会（简称“学委会”）。1955 年 9 月，成立巴中县学委会。1956 年 5 月，境内通江、南江、平昌 3 县相继成立学委会，均由本县人民团体、工商、文教、医卫等各方面民主人士组成，不定期召开全委会、扩大会、学习座谈会，组织各界人士学习时事、政治理论和各项方针政策。

1956 年 5 月，巴中县委根据达县地委提议，邀请各民主党派、各人民团体和有关单位的代表协商，筹建包括通江、南江、巴中、平昌 4 县各界人士参加的政协巴中县委员会，会址设在巴中县城。经过积极筹备，协商产生 81 名县政协委员。12 月 17—19 日，政协第一届巴中县委员会第一次会议召开，会议选举产生主席、副主席、秘书长和常务委员共 21 人。一届一次常委会议通过决定，县政协设学习、协助农业手工业、协助对私改造、文教卫生、增产节约 5 个工作委员会。巴中县政协正式成立，各界人士学委会随之解散，在政协内设学习委员会。1966 年后，政协活动中断。1979 年，巴中县政协活动逐步恢复。

1981 年 1 月、9 月、10 月，通江、平昌、南江 3 县政协筹备委员会先后组建。各县经过筹备委员会与各界人士、各人民团体反复协商，分别组建政协第一届委员会。政协第一届南江县委员会由中国共产党、无党派爱国人士、科学技术界、教育界、医药卫生界、文学艺术界、体育界、县总工会、团县委、县妇联、农民界、县供销合作社、县工商联、特别邀请人士等 14 个界别、团体的 77 名委员组成；通江县政协由 15 个界别、团体的 75 名委员组成；平昌县政协由 14 个界别、团体的 75 名委员组成。

1981 年 10 月 18—21 日，11 月 16—19 日，1982 年 3 月 24—29 日，平昌、南江、通江 3 县政协第一届委员会第一次全体会议先后召开，选举产生各县政协主席、副主席、秘书长和常务委员。

1993 年，巴中地区成立后，巴中县政协更名为巴中市（县级）政协。2000 年，撤地设市后，巴中市政协更名为巴中市巴州区政协。其余 3 县政协机构无变化。各县（区）政协均内设办公室、提案委员会、经济委员会等 5 ~ 6 个办事机构。

第二章　会　议

第一节　地区政协工委会议

一、委员会议

地区政协工委委员会议（简称“工委委员会议”）由正、副主任和全体委员组成，一般一季度举行一次。

1995年3月，第一次工委委员会议召开，讨论通过地区政协工委工作规则和地区政协工委工作意见及服务工程实施方案。是年7月，第二次工委委员会议召开，专题协商讨论地区《国民经济和社会发展十五年规划和第九个五年计划纲要》。

1996年2月，第三次工委委员会议召开，传达省政协七届四次全委会议和中央统战工作会议精神，总结、表彰上年政协统战工作先进单位，安排部署1996年工作。是年7月，第四次工委委员会议召开，传达省政协七届十八次常委会议精神，围绕地委、行署的发展战略，对巴中地区如何加强社会主义精神文明建设和快上工业、技改增效、上项增财及发展旱作粮食生产等展开讨论，通过《关于我区工业技改增效上项增财的几点建议》《关于加强我区社会主义精神文明建设的建议》《关于发展旱作农业奔小康的调查与建议》等文稿。

1998年9月，第五次工委委员会议召开，传达省委、地委政协工作会议精神，讨论通过地区政协工委领导及委员分工，行署副专员漆先望通报全地区重点建设项目实施情况。1999年3月，第六次工委委员会议召开，以"全省学巴中，我们怎么办"为主题进行专题讨论，提出建设性意见，总结1998年度地区政协工委工作，讨论通过1999年工作要点。是年7月，在南江乐坝镇召开第七次工委委员会议，讨论如何进一步搞好文明新村建设，发展集镇经济，现场考察文明新村建设和发展集镇经济的示范典型。是年11月，第八次工委委员会议召开，讨论通过地区政协工委领导班子"三讲"（讲学习、讲政治、讲正气）教育整改方案；讨论巴中地区"十五计划和2015年规划"的思路，传达省政协文史委会议精神。

2000年，第九次、第十次市政协委员会议召开，任命部分市政协委员，传达省政协八届三次全委会精神，总结地区政协工委1999年度工作，安排部署2000年市政协工作。传达省政协八届十二次常委会议、省政协农委第十次工作会议和省政协2000年学习研讨会议精神，并提出贯彻意见。

二、主任会议

地区政协工委主任会议（简称"主任会议"）由正、副主任组成，一般一月举行一次，必要时可临时召开。可根据需要吸收委员和有关部门负责人列席，处理地区政协工委的重要工作；讨论地区政协工委工作报告；决定地区政协工委重要会议的日期和议题；研究决定在本区的省政协委员、工委委员视察、调查等重要活动；听取地区政协工委联系部门和县（市）政协的情况汇报。1996年至2000年底，共举行主任会议29次。

第二节　全委会议

一、市政协全委会议

2000年12月，政协第一届巴中市委员会第一次会议（简称"市政协一届一次全委会议"）在巴中市巴州区召开。应到会委员302人，实到会297人。驻巴中省政协委员，民主党派负责人，部分市级单位、中央和省驻巴单位主要负责人42人列席会议。省政协副主席阿称、省政协地方工作委员会副主任蒋进，市委、市人大、市政府、军分区领导出席会议。

会议议程，选举政协第一届巴中市委员会主席、副主席、秘书长和常务委员；通过政协第一届巴中市委员会第一次会议决议。会议选举政协巴中市委员会主席1人，副主席6人，秘书长1人，常务委员34人。

二、县（区）政协全委会议

（一）巴中市巴州区政协全委会议

1956 年 12 月，召开一届政协一次全委会议，境内有通江、南江、平昌 3 县政协委员出席会议。选举产生政协第一届巴中县委员会主席 1 人，副主席 4 人，秘书长 1 人，常务委员 16 人。1957 年 5 月，召开一届政协二次全委会议。

1959 年 12 月，召开二届政协一次全委会议，选举产生政协第二届巴中县委员会主席 1 人，副主席 4 人，秘书长 1 人，常务委员 16 人。1961 年 9 月，召开二届政协二次全委会议。

1963 年 5 月，召开三届政协全委会议。1965 年 12 月，召开四届政协全委会议。

第一至四届政协全委会议，有通江、南江、平昌 3 县委员 5 人参加。

1966 年起，政协全委会议中断。

1979 年 12 月，召开五届政协一次全委会议，选举产生政协第五届巴中县委员会主席 1 人，副主席 8 人，秘书长 1 人，常务委员 19 人。1980 年 11 月，召开五届政协二次全委会议。1982 年 2 月，召开五届政协三次全委会议。1983 年 3 月，召开五届政协第四次全委会议，应到会委员 125 人，实到 106 人，各界爱国人士中的县人民代表 31 人列席会议。

1984 年 7 月，召开六届政协一次全委会议，选举产生政协第六届巴中县委员会主席 1 人，副主席 6 人，秘书长 1 人，常务委员 29 人。1985 年 4 月，召开六届政协二次全委会议。1986 年 3 月，召开六届政协三次全委会议。

1987 年 3 月，召开七届政协一次全委会议，选举产生政协第七届巴中县委员会主席 1 人，副主席 6 人，秘书长 1 人，常务委员 33 人，协商县政府、县法院、县检察院领导成员以及县人大常委会正、副主任、委员的人选。1988 年 3 月，召开七届政协二次全委会议。1989 年 3 月，召开七届政协三次全委会议。

1990 年 3 月，召开八届政协一次全委会议，选举产生政协第八届巴中县委员会主席 1 人，副主席 6 人，秘书长 1 人，常务委员 39 人。1991 年 3 月，召开八届政协二次全委会议。1992 年 3 月，召开八届政协三次全委会议。

1993 年 3 月，召开九届政协一次全委会议，选举产生政协第九届巴中县委员会主席 1，副主席 8 人，秘书长 1 人，常务委员 38 人。1994 年 3 月，召开九届政协二次会议。1995 年 3 月，召开九届政协三次全委会议。1996 年 3 月，召开九届政协四次全委会议。1997 年 3 月，召开九届政协五次全委会议，会上增选副主席 2 人。

1998 年 3 月，召开十届政协一次全委会议，选举产生政协第十届巴中市委员会主席 1 人，副主席 6 人，秘书长 1 人，常务委员 48 人。1999 年 3 月，召开十届政协二次全委会议。2000 年 2 月，召开十届政协三次全委会议。2000 年 11 月，召开十届政协四次全委会议，会议宣布关于撤地设市的批复，巴中市（县级）政协更名为巴中市巴州区政协，协商推荐巴中市政协委员 60 名。更名后的巴中市巴州区政协十届主席、副主席、秘书长、常委、委员、届次不变。

（二）南江县政协全委会议

中华人民共和国成立后，南江县政协委员在巴中县政协活动。1981 年成立南江县政协委员会。1981 年 11 月，召开一届政协一次全委会议，选举产生政协第一届南江县委员会主席 1 人，副主席 4 人，秘书长 1 人，常务委员 14 人。1982 年 3 月，召开一届政协二次全委会议。1983 年 3 月，召开一届政协三次全委会议。

1984 年 5 月，召开二届政协一次全委会议，选举产生政协第二届南江县委员会主席 1 人，副主席

5人，秘书长1人，常务委员16人。1985年6月，召开二届政协二次全委会议。1986年4月，召开二届政协三次全委会议，会议选举南江县第二届政协主席1人（兼），增选副主席1人。

1987年3月，召开三届政协一次全委会议，选举产生政协第三届南江县委员会主席1人，副主席1人，秘书长1人，常务委员20人。1988年3月，召开三届政协二次全委会议。1989年4月，召开三届政协三次全委会。

1990年3月，召开四届政协一次全委会议，选举产生政协第四届南江县委员会主席1人，副主席6人，秘书长1人，常务委员21人。1991年3月，召开四届政协二次全委会议。1992年3月，召开四届政协三次全委会议。

1993年3月，召开五届政协一次全委会议，选举产生政协第五届南江县委员会主席1人，副主席7人，秘书长1人，常务委员34人。1994年3月，召开五届政协二次全委会议。1995年3月，召开五届政协三次全委会议。1996年3月，召开五届政协四次全委会议，增选副主席2人。1997年3月，召开五届政协五次全委会议。

1998年2月，召开六届政协一次全委会议，选举产生政协第六届南江县委员会主席1人，副主席6人，秘书长1人，常务委员33人。1999年3月，召开六届政协二次全委会议。1999年7月，召开六届政协三次全委会议。2000年2月，召开六届政协四次全委会议，

（三）通江县政协全委会议

1982年3月，中国人民政治协商会议四川省通江县委员会（简称“县政协”）成立，同时，召开一届政协一次全委会议，选举政协第一届通江县委员会主席1人，副主席5人，秘书长1人，常务委员16人。1983年3月，召开一届政协二次全委会议。

1984年5月，召开二届政协一次全委会议，会议选举政协第二届通江县委员会主席1人，副主席6人，秘书长1人，常务委员21人。1985年5月，召开二届政协二次全委会议。1986年4月，召开二届政协三次全委会议。

1987年3月，召开三届政协一次全委会议，会议选举政协第三届通江县委员会主席1人，副主席6人，秘书长1人，常务委员23人。1988年4月，召开三届政协二次全委会议。1989年3月，召开三届政协三次全委会议。

1990年2月，召开四届政协一次全委会议，选举政协第四届通江县委员会主席1人，副主席6人，秘书长1人，常务委员23人。1991年3月，召开四届政协二次全委会议。1992年3月，召开四届政协三次全委会议。

1993年3月，召开五届政协一次全委会议，会议选举政协第五届通江县委员会主席1人，副主席4人，秘书长1人，常务委员26人。1994年3月，召开五届政协二次全委会议。1995年3月，召开五届政协三次全委会议。1996年3月，召开五届政协四次全委会议。1997年3，召开五届政协五次全委会议。

1998年3月，召开六届政协一次全委会议，选举政协第六届通江县委员会主席1人，副主席5人，秘书长1人，常务委员31人。1999年3月，召开六届政协二次全委会议。2000年2月，召开六届政协三次全委会议。

（四）平昌县政协全委会议

1981年1月1日，成立中国人民政治协商会议四川省平昌委员会（简称“县政协”）。1981年10月，召开一届政协一次全委会议，选举政协第一届平昌县委员会主席1人，副主席4人，秘书长1人，常务委员17人。1982年3月，召开一届政协二次全委会议。1983年3月，召开一届政协三次全委会议。

1984 年 4 月，召开二届政协一次全委会议，选举政协第二届平昌县委员会主席 1 人，副主席 7 人，秘书长 1 人，常务委员 32 人。1985 年 4 月，召开二届政协二次全委会议。会议增选政协常委，表彰 1984 年度优秀政协常委和优秀政协委员。1986 年 4 月，召开二届政协三次全委会议，原主席因工作变动，补选平昌县第二届政协主席。

1987 年 2 月，召开三届政协一次全委会议，选举政协第三届平昌县委员会主席 1 人，副主席 7 人，秘书长 1 人，常务委员 27 人。1988 年 4 月，召开三届政协二次全委会议。1989 年 3 月，召开三届政协三次全委会议。

1990 年 3 月，召开四届政协一次全委会议，选举政协第四届平昌县委员会主席 1 人，副主席 6 人，秘书长 1 人，常务委员 31 人。1991 年 3 月，召开四届政协二次全委会议。1992 年 4，召开四届政协三次全委会议。

1993 年 3 月，召开五届政协一次全委会议，选举政协第五届平昌县委员会主席 1 人，副主席 8 人，秘书长 1 人，常务委员 40 人。1994 年 3 月，召开五届政协二次全委会议。原主席因工作变动，会议补选县政协主席 1 人，副主席 1 人，秘书长 1 人。1995 年 3 月，召开五届政协三次全委会议。补选林三惠为秘书长。1996 年 3 月，召开五届政协四次全委会议。1997 年 3 月，召开五届政协五次全委会议。

1998 年 3 月，召开六届政协一次全委会议，选举政协第六届平昌县委员会主席 1 人，副主席 5 人，秘书长 1 人，常务委员 32 人。1999 年 3 月，召开六届政协二次全委会议。2000 年 2 月，召开六届政协三次全委会议。

第三节　常委会议

政协常务委员会会议（简称“常委会议”）原则上每季度举行 1 次。主要任务是审议通过提交市和县（市、区）党委、人民政府的重要建议案和调研报告；对事关地方经济社会发展和群众生活的重大政策、重大工程、重要项目和重要人事安排开展协商监督；决定参加本会的单位和委员名额及人选，根据秘书长提议任免本会副秘书长；决定本会工作机构设置和变动，任免其领导成员；研究召开全委会议的有关事宜；审议本会工作。1956—2000 年，市和县（区）政协共举行常委会议 414 次，其中市政协 1 次，巴中市巴州区政协举行常委会议 141 次，南江县政协举行常委会议 84 次，通江县政协举行常委会议 100 次，平昌县政协举行常委会议 89 次。

第四节　主席会议

主席会议主持常委会议闭会期间的会务工作。为召开全委会议、常委会议作准备；审议提交常委会议的文件、文稿；协商讨论党和国家的大政方针及地方重要事务、人民群众关注的重大问题和本区域统一战线内部的重大问题；审议以政协名义向党委、政府提出的建议案；讨论处理常委会议闭会期间的重要日常事务工作；讨论决定委员视察、调研、学习、培训等活动；讨论专门委员会的工作等。

主席会议一般每月举行 1 次，必要时可临时召开。巴中县 1—4 届政协的重要工作由常委会议协商处理，因“文化大革命”期间资料散失，四届之前的主席会议尚无记载。1979 年，巴中县政协召开五届一次主席会议起，到 2000 年，市政协和各县（区）政协共举行主席会议 905 次。

第三章　学习·宣传

第一节　学　习

1955 年，境内 4 县先后成立学委会，组织各界人士加强学习，自我改造。1956 年，巴中县政协成立。通江、南江、平县 3 县学委会和巴中县政协组织各界人士学习宣传中共各项方针政策。1957 年，组织各界人士学习整风文件，参加反“右”派斗争。1958 年，人民公社化时期，组织各界人士开展明辨是非、自我教育、自我改造、自觉交心的学习讨论，并参加农村劳动锻炼。1961—1963 年，学习贯彻国民经济“调整、巩固、充实、提高”的“八字方针”和中苏两党关于国际共产主义运动的辩论文章。1964 年，学习宣传有关社会主义教育运动的文件，参加“五反”（反贪污盗窃、反投机倒把、反铺张浪费、反分散主义、反官僚主义）斗争。

1967—1974 年，巴中县政协和南江、通江、平昌 3 县学委会瘫痪，各项学习活动被迫停止。1976 年，巴中县政协活动逐步恢复，通江、南江、平昌 3 县学委会先后恢复和改建，并在自我学习、团结统一、发扬社会主义民主等方面继续发挥作用。

1981—1982 年，南江、平昌、通江 3 县政协先后成立。自此，4 县政协委员和各界人士的学习成为政协一项重要工作内容。各县政协坚持发扬人民政协自我学习的光荣传统，紧密围绕党和国家政治、经济生活的大事、要事，结合政协委员和各界人士的实际情况，有针对性地选择学习内容，组织政协委员和各界人士学习讨论，增进共识，统一思想，同心同德，推进社会主义事业前进和发展。

1983—1985 年，巴中县政协以《实践论》《矛盾论》《关于正确处理人民内部矛盾》等关于马列主义、毛泽东思想的 100 余篇论述文章，中共重要方针、政策和国家重要法律、条令，政协统战理论知识等为主要内容开展学习。南江县政协组织政协委员学习邓小平关于坚持四项基本原则和社会主义初级阶段的几个认识问题的论述，学习政协全国委员会《关于政治协商、民主监督的暂行规定》和《中共中央关于坚持和完善多党合作和政治协商制度的意见》辅导资料及人民政协知识问答等。通江县政协以第十二次全国人民代表大会文件和中共中央、国务院《打击经济领域严重犯罪活动的决定》、中共十二大文件、《中国人民政治协商会议章程》（征求意见稿）、《邓小平文选》（确定 6 个专题和 28 个重点阅读篇目）、《中共中央关于经济体制改革的决定》、全国政协六届七次常委会议及省政协在广汉召开的“老、少、边”会议精神为重要学习内容，组织政协委员反复学习，加深认识。平昌县政协先后以中国人民政治协商会议的性质、《“宪法”修改草案》问题浅释、《打开统一战线新局面》（红旗杂志编辑部文章）、《新时期统一战线的根本性质与人民政协的重要作用》、《邓小平谈大陆和台湾和平统一设想》、《人民政协历史发展简介》、《社会主义时期的统一战线》（中共中央党校教研室编写）、《台湾前途与祖国统一》（团结报第 717 期——郭昭）、中共十一届三中全会以来的七十项成就等为主要学习内容，不断把政协委员和各界人士的学习推向新的阶段。

1986—1990 年，南江县政协每季度坚持集中学习 2 ~ 3 次，组织政协委员和各界人士反复学习宣传新《宪法》和政协新《章程》及人民政协发展简史，以增强政协委员和各界人士学法、懂法、知法、守法意识和履行参政议政职能的主动性。平昌县政协每季度组织常委集中学习1次，不定期发放学习资料，组织委员和各界人士参加各种学习会、报告会、座谈会进行学习。巴中县政协除每月组织委员学习座谈1次外，还每周或间周星期四自学半天。1989年，原巴中县政协副主席、老委员联谊会副会长米崇昆，先后2次将从美国寄来的《新闻自由导报》主动交到单位，受到县委表扬。

1991年，随着市场经济体制的发展和利益格局变化，政协委员增多，工作节奏加快，集中学习的难度加大。各县政协坚持以自学为主，集中学习为辅，采取学习原文、交流体会、撰写理论文章、赠送学习资料、听辅导报告和专题讲座、听录音、看录像和电影、举行知识竞赛等多种形式，组织发动委员贯彻理论联系实际、实事求是、解放思想，畅所欲言、各抒己见、“和风细雨”的自由讨论，坚持“三自”（自己提出问题、自己分析问题、自己解决问题）原则，实行“三不主义”（不抓辫子、不打棍子、不戴帽子），使学习成为一种心情舒畅、生动活泼的政治生活。通江县政协开展“四个结合”（学习与自我提高、与增进共识、与知情出力、与参政议政相结合学习活动），取得较好效果。是年，撰写各类文章110篇，在各级报刊发表76篇，在川陕2省、5地（市）、20个县（市、区）参加的秦巴毗邻县（区）统战理论研讨交流会第三次会议会上交流论文26篇，对通江县制定“八五”（1991—1995年）计划、“十年规划”，提出建议134条，写出专题论文21篇，真正把学习与参政议政紧密结合起来。省政协办公厅对通江县政协“四结合”的学习经验转发全省各级政协。

1994年，巴中地区政协工委制定“周一朝会”学习制度。1996年规定，每周周五过组织生活，周一学《党章》或中国特色社会主义理论的“双学”活动，事先告知学习内容，让大家作好思想准备，通读原文后开展讨论。

1997年，地区政协工委同巴中市（县级）政协联合召开“迎香港、庆回归、爱祖国、兴巴中”座谈会，进一步统一思想，振奋精神，坚定政协工作政治方向。县（市）政协分别以各种形式组织委员学习党的十五大文献，并结合各自情况，提出具体贯彻意见，加以落实。通江县政协开展“学理论、举旗帜、改作风、促工作”的活动，坚持学习与撰写心得体会，与转变工作作风，与调查研究，与反映社情民意，与参政议政相结合。县政协主席任家寿撰写的《高举邓小平理论伟大旗帜，推动我县政协工作上台阶》的心得体会和《通江县政协以十五大精神促工作》的经验文章被《四川政协报》刊发。

1998年，地、县（市）政协对地区政协工委委员、政协委员或新任政协委员进行集中培训，每届培训1次，每次培训2—3天。

1999年，地、县（市）政协领导班子开展讲学习、讲政治、讲正气的“三讲”教育活动。地区政协工委领导以7天时间集中学习马列主义、毛泽东思想、邓小平理论和中共中央、省委有关文件，学习政协统战理论。在思想发动、学习提高阶段，向地委“三讲”办反馈领导班子意见8条，建议33条，领导班子成员个人意见10条，建议21条。在自我剖析、听取意见阶段，通过民主测评，对地区政协工委领导班子剖析材料的满意和基本满意率为92.8%，对领导班子成员个人剖析材料的满意和基本满意率为96.43%。在交心谈心、开展批评和认真整改、巩固成果阶段，找准存在的突出问题，制定切实可行的整改措施，使领导班子及其成员受到深刻的党性党风教育，矫正世界观、人生观、价值观上的偏差，端正思想作风和工作作风。

2000年，市、县（区）政协把加强学习作为自身建设的头等大事，坚持学习制度化、经常化。市政协主席、副主席和县（区）政协主席、副主席分别参加市委和县（区）委中心组的学习；在市政协委员会议和主席会议、常委会议上进行集中学习；选送干部到各级党校培训，参加省政协举办的学习研讨会等。通过学习，提高政协委员和机关干部的政治业务水平和思想素质。

第二节 宣 传

1956年至20世纪80年代初，巴中县政协在宣传党的国家方针、政策、法律、法规的同时，积极宣传人民政协和政协委员的职能职责，以提高政协委员参政议政的积极性。南江、通江、平昌3县学委会侧重宣传马列主义、毛泽东思想、社会主义理念及党和国家的方针、政策、法律、法规，宣传加强学习的重要性，使学委会成员达到自我学习、自我改造、自我提高的目的。

1981—1982年，随着改革开放的不断深入，人们民主意识不断增强，境内政协宣传工作随之发生新的变化：在宣传对象上，内外宣传同步进行，在向政协委员宣传的同时，亦向社会、向领导、向县外宣传。在宣传内容上，抓常规内容宣传的同时，侧重宣传人民政协的性质、地位和作用；政协委员职能和工作业绩，政协统战工作的先进人物和先进事迹；地方党政的工作部署和经济社会发展情况；人民群众呼声和社会普遍关心的热点、难点、疑点问题等。在宣传方式上，改单一的注入式为引导、影响式，利用电视、报刊、有线广播、《政协简报》、专题讲座、印发资料、专题采访、张贴标语、会议宣传、书画展览、文艺演出、资料交换等方式，实行全方位、大范围宣传。

1987年，南江县政协与县委统战部成立统一战线理论学会，将人民政协理论研究纳入统一战线理论研究范围。巴中县、通江县和平昌县建立统战理论研究会或统战理论学会。1988年7月，通江县政协主席余朝富在县委举办的区乡党委书记学习班上作《统一战线和人民政协的几个问题》的专题报告。1989年，4县政协印发各类宣传资料3万余份，广播电台宣传80余次，创办《政协简报》50期，地级以上报刊发表各类稿件150余份，各类会议宣传50余次，举办政协统战理论培训100人（次）。巴中县政协编印农业科技等宣传资料8000余份。平昌县政协主席王廉堂2次在县委党校党政干部培训班上以《党的统战工作与密切联系群众》《人民政协的性质、地位和作用》为题，讲政协统战理论知识，引起共鸣。1992年，各县政协在地级以上报刊发表各类稿件200余份，有线广播宣传100次，电视影像宣传50余次，创办《政协简报》56期，开展理论讲座320人（次）。4县政协均获省政协宣传暨通联工作先进单位称号。

1993年，巴中地区政协工委创办的《政协简讯》逐步成为宣传政协工作的重要窗口。全地区政协系统加大宣传力度，各新闻媒体运用消息、通讯、特写、综述、说明、照片等多形式，多角度、多层面宣传报道各县政协全委会议盛况。各县（市）政协从不同角度和层面宣传巴中，以提高其知名度。南江县政协承办秦巴毗邻县（市、区）政协统战理论研讨会，巴中市（县级）政协组织撰写的《平民教育家—晏阳初》一书获省新闻出版局优秀作品奖。1995年，地区政协工委和县（市）政协把《四川政协报》的发行工作作为宣传工作的重要内容之一进行考评和表彰奖励。地区政协工委继续办好《政协简讯》，把平昌县政协作为宣传工作联系点。

1997年，地区政协工委和各县（市）政协编印各类简报65期，交换各类资料2500余份，宣传表彰地、县（市）政协系统"先进集体"12个、"先进个人"17人，向各级党政和相关部门宣传反映群众呼声180余条，在各级各类报刊上发表稿件300余份。其中，地区政协工委《政协简讯》交流的经验材料，被地委办、《巴中日报》、《四川政协报》采用40余篇（条）。平昌县政协主席沈逢珍在省政协全委会议上，以"抓重点，重务实，鼓实劲""抓热点、热衷献计帮实忙""抓冷点，冷热相济出实招"为内容作经验交流发言，既宣传平昌，又宣传政协。平昌县政协被省政协当年授予"先进政协"称号。

1998年，地、县（市）政协组织把宣传工作纳入工作议程和目标考核内容，建立主任、主席亲自抓，常务副主任、副主席分管，秘书长、办公室主任具体办，机关干部人人有责，政协委员积极参与的工作机制，形成主题鲜明，重点突出，全方位、多层次的宣传格局。是年，《四川政协报》发行量达到政协委员总数的150%。地区政协工委被省政协办公厅授予《四川政协报》发行第一名，成为地区政协工委建立后第一个获得省政协办公厅表彰的工作项目。在搞好《四川政协报》发行的同时，动员政协机关的通讯员积极撰写宣传稿件，在各级报刊刊登宣传政协工作的稿件231篇（条），印发《政协简报》18期。

2000年，市政协和各县（区）政协向市级以上党政提供信息150余篇（条），编印《政协简讯》18期，刊文45篇（条）。南江县政协印发《政协情况》21期，采取捆任务、严考核、定奖惩等措施，加强宣传报道工作。是年，向各类报刊报送各类稿件480份，其中刊用400份。巴中市巴州区、通江县、平昌县政协在县级以上新闻媒体刊发信息220篇（条）。市政协和4县（区）政协连续四年被省政协授予宣传报道和通联工作先进单位称号。

第四章 协商监督

第一节 提案、建议案

一、委员提案

1986年，境内4县政协在全委会期间成立临时的提案委员会，负责委员提案的收集、整理和归并立案工作。大会结束后，由秘书长负责，办公室确定专人负责提案办理落实工作。1987年，境内4县政协正式设立提案委员会，作为常设机构，负责委员提案的征集、审查、立案、交办、督办和提案办理信息反馈。1989年，各县政协参照全国政协和省政协提案工作条例，制定《提案工作试行办法》《提案委员会工作简则》《提案工作实施办法》等，逐步建立提案收集整理、归类登记、审查立案、交办督促、意见反馈、立卷归档等工作制度和主席、副主席、秘书长对重要提案阅示督办制度，推动提案工作深入开展。巴中县政协1—7届共征集委员提案972件（集体提案36件），其中经济方面380件，教、科、文、卫方面220件，政法、劳动、人事方面239件，其他133件，提案办复率100%。南江县政协1—3届共收到委员提案319件，其中经济建设方面126件，教、科、文、卫体育方面109件，劳动、人事、政法、统战方面60件，其他24件，一、二届办复率100%，三届办复率76%。通江县政协1—3届共收到委员提案489件，办复率89%。平昌县政协1—3届共收到委员提案546件，其中党风廉政方面77件，劳动、人事、政法方面59件，群众生活方面85件，城建环保方面51件，物质文明建设方面99件，精神文明建设方面84件，统战政协方面44件，其他方面47件。办复率：一届为92%，二届为89%，三届为92%。

1990—1992年，各县政协一面采取多种措施鼓励引导政协委员围绕地方党委和政府工作重心及群众普遍关心的热点问题题写提案，一面致力于提案办理的落实和回复，竭力推进提案工作新发展。巴中县政协（8届）共收到委员提案281件，办理回复率100%，委员对办理满意率90%。南江县政协（4届）收到委员提案321件，办复297件，办复率92.5%。通江县政协（4届）收到委员提案239件，办复237件，办复率99.2%。平昌县政协（4届）收到委员提案263件，办复率88%。

1993年后，地区政协工委和县（市）政协进一步加大提案工作力度。坚持重点提案由主席、副主席和秘书长督办，执行“委员不满意”提案重办制度，深入开展优秀提案、提案撰写先进个人和提案办理先进单位的评选表彰活动，进一步发挥委员提案的参政议政作用。1994年，4县（市）政协共提提案446件，其中经济建设方面120件，教科文卫体方面133件，农业、国土、城镇建设、居民生活134件，政法、劳动人事方面15件，统战政协工作方面18件，其他26件，办理结果件件有回复。1996年，各县（市）政协共477件提案送有关部门办理，提案采纳率在80%以上，委员满意率达100%。

1997年3月，《人民政协报》对四川平昌政协提案工作作专门报道。5月，地区政协工委收到巴中市（县级）政协委员《关于亟待解决城镇贫困居民生活问题》的提案后，地委书记、地区政协工委主任周登全亲自深入街道和贫困户中调查，对贫困户的吃、穿和看病问题及时给予解决。是年，全地区政协共提提案478件，办结率99.8%，委员满意率100%。巴中市（县级）政协9～10届，收到委员提案1167件，办复率100%。南江县政协5～6届，收到委员提案996件，办复率95.4%。通江县政协5～6届，收到委员提案814件，办复率为93.13%。平昌县政协5～6届，收到委员提案979件，办理回复率90%。

2000年，市政协组织驻巴中省政协委员参加省政协全委会，题写争取政策、项目的提案35件。1986—2000年，巴中市巴州区政协历经10届，征集委员提案3183件，办理回复率100%。南江县政协历经6届，征集委员提案1636件，办复率95.4%。通江县政协历经6届，征集委员提案1301件，办复率92.16%。平昌县政协历经6届，征集委员提案1613件，办复率88%以上。

二、建议案

1981—1992年，境内各县政协组织为加大协商监督力度，对政治、经济和群众生活中的重大问题，经全委会议、常委会议或主席会议协商讨论通过后，以政协的名义向同级党委和政府提出针对性、前瞻性、可操作性较强的重要意见和建议；同级党委、政府组织有关方面或部门认真研究处理政协的建议案，并以正式文件形成就建议案的落实情况作出答复。

1994年，全地区政协共提出和办理建议案13件。1996年，平昌县政协提出《关于加强全县农田水利建设的建议案》报县委、县政府，引起高度重视，随即制定出全县“治水兴县”的中、长期规划；地区政协工委形成《关于我区工业技改增效上项增财的几点建议》《关于加强我区社会主义精神文明建设的建议》《关于发展旱作农业的调查与建议》3个建议案，报送地委、行署决策参考。至2000年，4县（区）政协提出建议案49件，其中巴中市巴州区政协10件，南江县政协12件，通江县政协13件，平昌县政协14件。

第二节 民主评议

1981年后，境内各县政协不断拓宽和更新协商监督的渠道和方法，充分利用民主评议的方式，加强对县委、县政府职能部门的有效监督。民主评议的方法是向境内各级政协委员发放问卷调查表，广泛听取政协委员的意见与反映；通过问卷调查筛选1～2个反映问题较多的部门作为重点评议对象进行重点评议；坚持统一领导，上下联动，整体推进，重点突破，促进工作，务求实效的原则，分准备动员、问卷调查、自查整改和重点评议、总结等四个阶段进行。

1997 年，地区政协工委参与地区人大工委对全地区政法部门的民主评议，充分反映人民的意见和要求。4 县（市）政协从 1988 年开始先后以民主评议方式，提高协商监督实效。至 2000 年，全市政协共开展民主评议 21 次，涉及 23 个单位。其中，市政协开展民主评议 1 次，涉及 3 个单位；巴中市巴州区政协开展民主评议 8 次，涉及县工商局、民政局、公安局、劳动局、教育局、地税局、国税局、技术监督局 8 个单位；南江县政协开展民主评议 7 次，涉及县电力公司、技术监督局、建设局、环保局、邮电局、民政局、公安局 7 个单位；平昌县政协开展民主评议 2 次，涉及县技术监督局、县计生委 2 个单位；通江县政协开展民主评议 3 次，涉及自来水供排公司、县电力公司、县种子公司 3 个单位。

第三节　调查研究

1956 年后，境内各县政协把调查研究当成履行职能的基础，根据各个时期政治、经济和群众生活中的实际问题，组织力量，深入实际，进行专题调查研究，写出调查报告，为同级党政和有关部门提出改进工作的意见和建议。

1961 年，巴中县遭受自然灾害，副食品供应紧张。县政协组织工作组调查江北国营农场科学饲养繁殖家畜家禽的经验，向县委写出报告，得到推广。1962 年，调整国民经济，全党全民大办农业。巴中县政协组织专人对江北公社龙泉大队二队、白云大队和清堡山园艺场进行调查，分别写出书面报告，报送县委和县政府。

1978 年后，社会和经济发展进入新的时期，各县政协围绕党委、政府的中心工作和群众生活中的热点、难点问题，选择课题，采取实地查看、走访座谈、问卷调查、专业人士论证、综合分析、集体讨论等办法，深入实际，调查研究，写出调研报告，提供改进工作的意见和建议。交主席会议讨论，提交常委会议审议通过后，报同级党委、政府。

1983—1989 年，境内 4 县政协通过调查研究，先后向地方党委、政府撰写调研报告 53 余篇。其中巴中县政协向党委、政府报送《整顿市场物价》《富巴浅析》《关于猪肉供应和生猪发展情况的调查报告》《关于农村双层经营体制试点工作情况的调查报告》《建立煤气生产线立项的调查》等调查报告 15 篇。南江县政协向党委、政府报送《关于钩体病的调查》《关于发展食用菌生产的建议》《关于发展乡镇企业的建议》等调查报告等 10 余篇。通江县政协向党委、政府报送《对县城集体商业情况调查》《乡镇企业发展情况调查》《通江县经济开发项目调查报告》《川陕毗邻区、乡经济贸易情况调查》等 13 篇调查报告。平昌县政协向党委、政府报送《关于长江支流航道在县域境内开发利用的专题调查报告》《关于加强文物搜集管理工作的调查报告》《关于开发乡土人才振兴农村经济的调查报告》《关于增强农业后劲稳定粮食生产的调查报告》《关于清理农村财务势在必行的调查报告》等 15 篇调查报告，供党委、政府决策参考。

1990—1992 年，各县政协向党委、政府报送调查报告 43 份。其中，巴中县政协撰写有《关于认真研究解决菜篮子问题的建议》《关于保护回民墓地维护民族团结的建议》《关于建设南池集贸市场促进商品经济发展的建议》等 10 余篇；南江县政协撰写有《关于改造上两贵民区野生板栗的建议》《关于加强对全县 5733.34 公顷绿色工程管理的建议》《必须大力发展成人和职业教育》等 12 篇；通江县政协撰写有《关于农村社会力量办学的调查报告》《关于党群关系情况的调查报告》《关于银耳生产发展的调查报告》等10余篇；平昌县政协撰写有《平昌县果树生产管理现状的调查报告》《镇龙区魔芋生产前景好的调查报告》《关于加强农业社会化服务的调查报告》《革故鼎新顺应潮流——平昌步入社会主义市场经济大潮的调查与思考》《对农村医疗卫生现状的调查报告》等11篇。

1993年起，全地区政协每年都要组织调查研究活动，并向党委、政府和有关部门报送调查报告。至2000年，市政协开展调查研究活动559次，形成调查报告584篇。其中，市政协组织调查研究活动27次，形成调查报告27篇；巴中市巴州区政协组织调查研究活动246次，形成调查报告246余篇；南江县政协组织调查研究活动90次，形成调查报告100余篇；通江县政协组织调查研究活动90次，形成调查报告105余篇；平昌县政协组织调查研究活动106次，形成调查报告106余篇。

第四节　委员视察

1956年后，境内各县政协把视察作为政协委员扩大视野、了解下情、参政议政的有效形式和履行职能的一项基本工作。视察工作，一年开展1～2次，委员在视察中有什么意见，直接向被视察单位提出，一般不形成专门的视察报告。

1958年起，巴中县政协组织政协委员先后对奇章公社农业生产和小学教育，恩阳区工农业生产，渔溪公社工农业生产建设和三河公社中药材生产试点情况，鼎山、羊凤、果敢公社生猪发展和苕苗管理，平梁、梓潼、枣林公社农林水利建设，玉山、双凤、同乐公社农业生产发展情况，红岩、光辉公社农业生产，鼎山龙洞沟水库建设和东方红公社、三汇公社农业生产，花丛公社农业生产、供销社和酒厂，甘泉、店子公社精神文明建设、农业生产及三江电站建设，清江、化成两区7个公社的农村落实农业生产责任制的新变化、思想政治工作、中小学危房、拐卖妇女儿童、乱修乱建等情况，县罐头厂、印刷厂和红柳翻胎厂体制改革成效，关路乡柏桠村食用菌生产，缫丝厂、齿轮厂、火电厂，粮油加工厂、回风粮库，恩阳中学、明扬农民运输公司，县医院，恩阳、渔溪、曾口、花丛区的中学教育和乡镇企业等单位的有关工作开展视察。南江县政协同县人大联合组织视察组对赶场、关路、长赤、红光、赤溪等公社实行农业生产责任制后农业生产等情况进行视察，对坪河劳改支队、县公安局看守所进行视察，写出《党的政策好农村面貌新》《监狱工作存在的问题》等视察报告，为党委、政府指导工作提供依据。同时，还对全县乡村教育情况、杨坝乡等山核桃生产情况开展视察。通江县政协先后组织政协委员和有关部门负责人及科技人员到厂矿视察技改和企业管理，到农村视察“两户”和乡镇企业，对全县经济发展、体制改革等问题向县委、县政府提出有益建议。是年，巴中县政协委员、副县长钟定九率领视察组8人，到奇章公社视察农业和小学教育，向县委提出加强小学教师培训的建议，得到政府采纳。

20世纪60年代初中期，各县政协结合视察活动组织委员开展视察，参加工农业劳动生产。

1966—1976年，视察活动中止。

20世纪80年代起，境内各县党委、政府规定县政协委员在本县内视察不受时间、地区限制。各县政协坚持小型多次、突出重点的原则，不断探索视察活动的新形式、新方法，推进委员视察活动制度化、经济化、多样化。委员视察活动由主席或主席会议确定视察题目，主席、副主席任组长，吸纳部分政协常委、委员和有关方面人士参加。视察前将视察时间和内容告知有关单位，做好准备。视察中，在委员实地参观的基础上，听取被视察单位相关工作汇报，然后由委员座谈，提出意见和建议。视察结束后，视察组写出视察报告，经主席、主席会议或常委会议审议后，报党委、政府。至1989年，平昌县政协共开展视察活动10余次。

1992 年起，南江县政协先后组织政协委员和相关部门负责人对农业产业化、民营经济发展、退耕还林（草）试点工程和光雾山景区保护、开发、建设等开展视察。1993 年，通江县政协组织开展对中医药事业、乡镇企业发展、银耳等多种经营生产、小集镇建设等进行视察。平昌县政协组织对江阳丝厂、二轻机械厂、江口纸厂、江口醇酒厂的生产经营情况，下岗职工再就业情况，庭园经济建设等开展视察。巴中县政协对计划生育，粮食企业政策性财务亏损挂账问题，城区电子游戏市场管理情况、城区文化市场等开展视察。1993 年，地区政协工委对地区技术监督局、工商局工作，全地区农业、交通建设和江北新区建设，南龛景区建设和重点文物保护工作，巴河水环境治理，巴中市（县级）城区教育等开展视察。1996 年，地区政协工委通过视察提出《加强南龛景区建设建议案》后，地委立即批转安排重新规划。

1997 年，地区政协工委配合省政协，深入通江、南江、巴中、平昌 4 县，先后视察将帅碑林、南龛摩崖造像、川陕革命根据地博物馆、王坪烈士陵园、红四方面军总指挥部旧址、南江县博物馆、红军石刻标语陈列室、刘伯坚纪念馆，人口与计划生育、希望工程、农村人畜引水和科技兴农等情况，坚持视察与汇报工作、宣传巴中相结合，提高巴中知名度，促进实际问题的解决。1998 年，地区政协工委视察巴河水环境后，写出《对治理巴河巴中城区段水环境的建议》的报告，引起地委、行署的高度重视。是年，地、县（市）政协参加视察的委员达 350 人（次）。

1999 年，地区政协工委组织驻巴中省政协委员和地区政协工委委员对巴中城区学校进行视察，写出视察报告报地委行署。至 2000 年，全市政协组织委员视察 224 次，形成视察报告 224 篇，其中市政协组织视察 15 次，形成视察报告 15 篇；巴中市巴州区政协组织视察 102 次，形成视察报告 102 余篇；南江县政协组织视察 60 余次，形成视察报告 60 余篇；通江县政协组织视察活动 25 次，写视察报告 25 余篇；平昌县政协组织视察 22 次，形成视察报告 22 余篇。

第五节　社情民意

1956 年后，境内各政协组织充分发挥政协委员联系广泛的优势，深入群众、深入实际，了解民众心态、倾听群众呼声，积极做好反映社情民意信息工作，反映社情民意工作的重点是做好群众和委员的来信来访。1957—1989 年，巴中县政协共收到委员和群众来信 771 件，接待来访 3312 人（次）。南江县政协接待来访者 403 人，收到人民来信 204 件，转办有关单位办结后，复信 191 件，县政协直接办理的 13 件。1992 年，通江县政协共收到来信来访 172 件，转有关部门办理的 158 件，自办 14 件，办复率 100%。

1994 年，巴中市（县级）政协反映巴中城乡医药市场秩序严重混乱、超范围经营、制售伪劣危害严重的信息，引起市政府的重视。1997 年，地区政协工委召开全地区政协系统信息工作会议，以会代训，对信息人员进行培训，是年，编发信息 22 条，被地委办采用 3 条。1998 年，地区政协工委领导代表群众意愿，写出《关于改进干部的工作作风的建议》，受到地委的肯定，通报全地区实行。1999 年，地区政协工委通过《政协简讯》和《四川政协报》的通联工作反映社情民意，是年，在《四川政协报》反映巴中地区信息 75 篇（条）。巴中市（县级）政协反映部分乡镇农民负担过重的信息，地委书记周登全作出重要批示。《平昌政协》刊出的《农民负担过重，应加大调查处理力度的建议》引起党政重视，县委制定出 10 条规范管理农民负担的措施加以落实。巴中市（县级）政协、平昌县政协关于未成年人犯罪与预防和关于中小学生犯罪情况的调查信息，被地区政协工委《政协简讯》转发。

至2000年，政协系统处理人民来信接待群众来访共8812件（次），向党政传递信息和反映社情民意达2430余（条）。其中，市政协处理人民来信150多件，接待群众来访500多次，向党政传递信息达260余（条）；巴中市巴州区政协处理群众来信771件，接待来访3312人（次），向党政传递信息960余条；南江县政协处理人民来信204件，接待人民群众来访1458人（次），向各级提供信息达400多条；通江县政协处理来信172件，接待群众来访855人（次），向党政传递信息410余条；平昌县政协处理人民来信367件，接待群众来访1023次，向党政传递信息400余条。

第六节　对口协商

1978年后，境内各级政协组织积极探索协商监督的新渠道，把对口协商作为政协各工作机构对党委、政府工作部门实行协商监督的重要形式之一，成为政协专委会的一项经常性工作，每年选择1个或几个部门开展对口协商1~2次。

1986—1992年，通江县政协先后同工业、农业、交通、计生、卫生局等部门开展对口协商，协助有关部门落实人口与计划生育政策、党的统一战线政策、知识分子政策、原国民党投诚人员政策、港澳台属政策、原工商业者政策和宗教政策等，为14名政协委员纠正冤假错案，为水泥厂等企业争取项目资金563万元，协助县委、县政府向上争取减免工农业呆滞贷款662.6万元，利息87.4万元，召开振兴中医工作座谈会，提出一些亟待解决的问题，引起县委、县政府和卫生主管部门的高度重视。巴中县委制发《关于政协委组对口协商有关问题的意见》，根据《意见》规定，县政协经济委员会先后同县农经委、工业局对“七五”（1986—1990年）规划、农业再上新台阶、巴中煤气生产线立项、发展家庭工业、发展庭院经济、能源发展等问题进行对口协商；县政协文史委员会同县建设委员会就城市建设总体规划、革命历史名城保护等问题进行协商；文教卫体委员会同县文教局、卫生局就教育体制改革进行协商，对教育现状及发展进行论证。巴中县政协制订《县政协各工作委员会、县政府各部门对口协商的暂行办法》，进一步明确对口协商的目的、原则、内容、形式、方法、制度等。根据《暂行办法》，八届县政协邀请县委、县政府领导参加政协举行的各界人士座谈会，协商讨论县政府工作要点和政府五年、十年规划，先后提出46条建议性修改意见；县政协文教卫体委先后到对口的广播局、精神文明办等部门召开座谈会、恳谈会、对话会等进行对口协商。

1993—1998年，地区政协工委先后与地区扶贫办、农委、经委及县（市）政协等对扶贫攻坚、发展旱作农业、减轻农民负担、放手发展个体私营、企业扭亏增效、培植地级财源、加强精神文明建设、巴中《国民经济和社会发展十五年规划和第九个五年计划纲要》、“全省学巴中，我们怎么办”、“九五”（1996—2000年）计划和“2010年远景目标”等方案进行专题协商和讨论，提出许多修改意见和建议，送地委、行署。南江县政协组织相关专委会在与农业、林业、工业、交通、水电、财贸、乡企、城建等经济建设方面的对口协商中，引进各类科技人才10多名，经济建设项目20多个，各类建设资金达200万元，为经济建设办实事800多件，捐款达20多万元；参与教育、文化、卫生、体育、新闻出版、广播电视、环境卫生、法制教育等精神文明建设方面的协商讨论会30多次。通江县、平昌县政协把为经济建设服务融入对口协商之中，不断强化与对口协商部门之间的密切联系，推动对口协商问题的解决落实。

至2000年，市政协和各县（区）政协围绕107个专题开展对口协商，先后参与教育、文化、卫生等精神文明建设方面的对口协商40余次，参加委员755人（次）。

第五章　文史·联谊工作

第一节　文　史

1959 年 9 月，境内编印《下放干部诗歌集》。收录下放劳动锻炼干部所写“诗歌”100 余首。1963 年，巴中中学教师陈伯庚（三至六届县政协委员）写出关于古典文学教学经验专题论文 6 篇，在同行中进行交流。

1980 年后，境内各县政协组织把文史工作作为政协工作的组成部分，积极征集整理文史资料，向政协委员、党政领导、上级政协组织、文史爱好者及各界人士赠送，与部分省、市、县政协、大专院校、图书馆、档案馆、史学研究部门进行交流。

1981 年，境内各县召开文史工作会议，研究确定上至戊戌变法，下至“文化大革命”时期 70 年间的政治、军事、外交、财贸、经济、科技、文化、教育、卫生、民族、宗教、华侨、社会生活等 14 个方面的 117 个征集题目，至 1985 年，南江县收集整理近现代史料 80 余篇。平昌县政协先后收集整理《刘伯坚烈士革命事迹简述》《石峡饮》《百寿图》《忠孝廉节》《碧血染大地，青山埋忠骨》《忆成都“四九血案”》《徐向前写联赠医生》《冯均琏先生二三事》等 45 篇史书，编印出版《平昌文史》三辑。通江县政协撰写川陕苏区红军战斗史、经济史、大巴山土匪活动史等 20 万字的史料和中华人民共和国成立前农民抗捐抗税斗争史料及农业科技丛书等。巴中县政协共征集各类文史资料 4750 件、200 万字。已编辑出版《巴中文史资料》第一辑，计 16 万字；油印《史料汇编》10 辑，计 20 万字，从政治、经济、文化、军事、社会生活等各个方面反映巴中历史面貌。通江县征集现代革命史资料 260 多篇、90 余万字。通江县政协文史委员会编纂《通江历史人物小传》。1986—1990 年，巴中县政协征集各类史料 1259 余篇，计 670 余万字。1992 年，通江县政协制定文史资料征集办法，进一步明确政协文史资料的征集范围、征集内容、征集形式、来稿要求与奖励及出版文史资料专辑规划。1994 年，巴中地区政协工委为省政协编辑出版《四川文史集萃》《建国五十年四川文史书系》等系列丛书组织稿件 20 余篇，采用 15 篇。

至 2000 年，市政协和县（区）政协共编辑影响较强的文史资料 31 辑，其中巴中市巴州区政协 9 辑，南江县政协 11 辑，通江县政协 6 辑，平昌县政协 5 辑；共出版较强影响的文史书籍 32 册，其中巴中市巴州区政协有《平民教育家——晏阳初》《巴中文化资料》《史料汇编》《巴州志校注》《巴中县志校注》《董修武与四川辛亥革命专辑》《巴族史探微》《僚人入汉昌考》《巴中建置沿革》《巴中县政协志》等 10 余部；南江县政协有《岳飞纪念地匾联集》《南江县政协志》《集州翰墨纪华年》《南江文史资料选辑》（8 辑）等 5 部；通江县政协编辑《农业科技丛书》《中医临床资料选》《中小学校教学经验》《通江文史资料》（5 辑）、《通江历史人物选》《通江诺水揽胜》等 7 部；平昌县政协编辑《平昌文化名人作品选》、《纪念抗日战争胜利 50 周年》专辑、《刘伯坚革命事迹简述》等 10 余部。

第二节 联 谊

1956年后，境内各级政协充分发挥人民政协联系面广的优势，把联谊交友工作，当成高扬民主团结主题的重要形式和内容。在重大节日和重大事件纪念日举行社会各界人士参加的茶话会、纪念会、报告会、座谈会，组织政协委员和各界人士，各抒己见，畅谈形势，展望未来，联络友谊，加深感情。

1957—1965年，巴中县政协在机关院内辟有4个花园，栽培百余种名花异草，四季常青，芳香宜人，供委员观赏；办有阅览室，数十种报纸杂志、科技资料、文艺作品及政治理论读物，供委员阅读；备有乒乓球、康乐球、象棋、围棋、跳棋、麻将、扑克、纸牌等文体用品，供委员娱乐。每周星期六给委员及各界人士代购剧票、影票。星期天开设茶园，供应糖果、糕点、烟、酒等副食品，供委员和各界人士愉快地度过周末。1984年，各县政协开办“委员之家服务部”，设有旅馆、餐厅、浴室，备有电视机、照相机、放像机，使委员们吃住方便，感到温暖、舒适。

1986—1989年，巴中县政协建立黄埔校友会巴中联络组，联系黄埔校友26人，先后与在外巴中籍人士1300余人建立联系，2次到北京拜会回国观光的世界著名平民教育家晏阳初博士。同时，成立巴中县政协老委员联谊会，发展各届会员192人。与县老龄委联合，利用政协机关场地，建立老年大学，开设老年防病保健心理学及书法、绘画、法律、政治等课程，办学4期，学员达3000人(次)。平昌县政协除每年举行春节茶话座谈会外，还先后举行工商业者座谈会、纪念毛泽东诞辰90周年座谈会、中国共产党诞辰63周年庆祝大会、《中英两国政府关于香港问题的联合声明》专题讨论会等，组织委员和各界人士赋诗献词，各抒己见，颂扬改革开放丰硕成果，讴歌华夏祖国的美好河山。

1990—1993年，各县政协致力于老政协委员的联谊工作。巴中县老委员联谊会根据自身特点，组织老委员开展学习，为政协协商监督参谋，协助做好重点统战人士的联谊工作，协办老年大学。注重发挥老委员的文史专长作用，做好文史资料的校注、整理、编辑等工作。南江县政协成立政协之友联谊会，加强同各界人士和老委员及“三胞”（台湾同胞、港澳同胞、海外侨胞）、“三属”（革命烈士、因公牺牲军人、病故军人的家属）的密切联系。通江县政协通过多种形式做好与老委员的联谊工作，发挥老委员的积极作用，组织老委员协助做好重点统战人士联谊工作及文史资料的校注、整理、编辑工作；协助统战部做好回乡探亲访友在台同胞的接待工作；协助主管单位支持“三属”发展生产，勤劳致富；多方鼓励和促进台、侨属与海外亲友的联谊交往；做好对台宣传，鼓励“三胞”为祖国统一、振兴中华做贡献。平昌县政协先后在政协委员和各界人士中开展“一封家信报平安”和“同是神州炎黄胄，何必长期两分离”活动，同港、澳、台同胞和海外华侨加强书信联系，为促进祖国统一做贡献。

1994—1996年，地区政协工委组织城区民主党派成员、知识分子代表、非党干部和统战政协工作者及各界人士参加的情况通报会4次；地区政协工委副主任李旭升，巴中县政协主席张品祥，南江县政协主席何文成，副主席董绍达、张新荣，通江县政协主席任家寿，平昌县政协主席沈逢珍，副主席贺善兴、米崇杰、冯大湘等先后到香港、新加坡、西欧、美国等地考察联谊。到2000年，市政协先后组织召开茶话会、座谈会、情况通报会11次，参加会议的各界人士约700人（次）。

巴中市志

第二十七篇

人事

20世纪50年代初，境内各县在县政府内设人事科，60年代，改为人事局，80年代初，合并为人劳局，80年代末，人事劳动局分设为人事局、劳动局。1993年，成立巴中地区人事劳动局，后分设为人事局。

人事局成立后，主要负责全市的机构、人员编制。一般行政干部的选拔、录（聘）用、调配、考核惩戒、教育培训，大中专毕业生分配，一般行政职务评定和专业技术职务评审，干部工资福利的调整、晋级，离退休干部的管理等项工作。至2000年，全市共有公务员（行政人员）8239人，事业单位专业技术干部3.7万人，企业管理干部4215人。1994—2000年，共调配干部（公务员）5805人；安置军转干部229人，安置指令性计划的大、中专毕业生2308人；奖励公务员1438人，惩戒139人；培训公务员4.67万人（次），评聘专业技术职务3.84万人，推荐选拔享受国家和省政府特殊津贴13人。1956—1994年，境内4县（市）共进行3次工资制度改革，共进行13次大范围的工资调整，并落实干部职工的生育、养老、医疗、死亡等福利待遇；对1.46万名离、退休干部职工进行妥善安置，使他们安度晚年。

第一章　机构编制管理

第一节　管理机构

一、市（地）级机构

1993年7月25日，经国务院批准，巴中、南江、通江、平昌4县从达县地区划出，设立巴中地区。9月，中国共产党巴中地区委员会（简称“巴中地委”）、四川省人大常委会巴中地区工作委员会（简称“地人大工委”）、巴中地区行政公署（简称“行署”）、政协四川省委员会巴中地区工作委员会（简称“地区政协工委”）相继成立。

巴中地委成立初，工作部门有巴中地区纪律检查委员会、地委办、组织部、党建办、宣传部、统战部、政法委、直工委、老干部局、保密局、党校、巴中日报社、地委行署信访办、档案局。1998年3月，增设党史办；群团机构有地区工会、团地委、地妇联、地残联。2000年，撤销中共巴中地委，成立中共巴中市委。其机构设置在地委工作机构的基础上作相应调整，信访办并入市委办，为其内设机构，保留市委、市政府信访办牌子；保密委员会办公室既是市委办的内设机构，又是市委保密委员会的办事机构，挂国家保密局牌子；宣传部挂精神文明办、对外宣传办（市政府新闻办）牌子；老干部局由组织部管理；机构编制委员会办公室，既是市委的工作机构，又是市政府的工作机构，挂靠市人事局；纪律检查委员会机关与监察局合署办公。撤销市委经贸政治部、市委农委政治部，其职能并入有关部门。通过调整后，市委设工作部门8个（市纪律检查委员会、市委办、组织部、宣传部、统战部、政法委、政策研究室、直工委）；直属事业单位5个（市委党校、巴中日报社、党史办、接待办、市档案局）；议事协调办事机构1个（市编办）；部门管理机构1个（老干部局）。群团机构设置与前相同。

地区人大工委设置的机构有办公室、法制工作处、经济工作处。2000 年 11 月，撤销地区人大工委，选举成立巴中市人大常委会，其机构设置有办公室、法制工作处、经济工作处、教科文卫工作处。

地区行署成立初，其机构设置有办公室（归口管理法制局、地方志办公室、台办、民族事务办、侨办、宗教办、外事经协办、无线电管理处、行署驻成都办事处、行署驻北京办事处、行署驻重庆办事处）、人事劳动局（下设就业局、保险局 2 个二级单位，挂靠管理老委办、军转办、安全生产办、编委办）、监察局（与地区纪委合署办公）、民政局、行政管理局、招商局、统计局、审计局、扶贫开发办、以公代赈办、计委（挂地区重点建设办公室、地区招商引资办公室、地矿局牌子）、体改委、科委、国土局、物价局（隶属计委管理）、公安处、司法局、林业局、水利电力局、畜牧食品局、乡镇企业管理局、经贸委、技术监督局、丝绸公司、建设委员会（初为建设环保局，内设建筑材料工业局）、工商行政管理局、贸易局（归口管理外经贸局）、交通局（下设巴中地区公路局、地区公路运输管理处、地区航务港口管理处、地区港航监督处、地区交通规划勘测设计院 5 个副县级单位和地区公路路政管理大队、公路路桥收费管理处、地区汽车运输总公司、地区交通发展总公司、代管交通稽查征费处）、供销社、粮食局（委托代管四川巴中国家粮食储备库）、国税局、地税局。1996 年，增设农机事业管理局，属建委管理的环保局升格为行署管理的一级局。1997 年，增设地级机关事务管理局，建筑材料工业局改为建筑材料工业总会。2000 年 11 月，巴中撤地建市，市政府机构设置严格按照《关于巴中市市级机构改革方案的实施意见》进行。通过调整，市政府部门设置有市政府工作部门有市人民政府办公室、发展计划委员会、经济贸易委员会、教育局、科技局、公安局、监察局、民政局、司法局、财政局、人事局、劳动和社会保障局、国土资源局、建设局、交通局、水利局、农业局、林业局、对外贸易经济合作局、文化体育新闻出版局、卫生局、计划生育委员会、审计局、统计局、物价局、环境保护局、广播电视局、旅游局、粮食局、乡镇企业局、畜牧食品局、安全生产监督管理局。市政府派出机构有巴中经济开发区商贸园、巴中经济开发区工业园。市政府直属事业单位有农机局、招商局、供销合作社、机关事务管理局、残疾人联合会。议事协调常设办事机构有农村工作办公室、扶贫开发工作办公室。部门管理机构有法制办公室。

地区政协工委成立初，设置的机构有办公室、社会事务处。2000 年 11 月，成立四川省政协巴中市委员会，其机构设置为 2 个处级综合办事机构（办公室、研究室）和 6 个专门委员会（提案委员会、经济委员会、教科文卫委员会、法制群团委员会、文史联谊委员会、人口资源环境委员会）。

二、县（市、区）政府机构

民国初期，境内巴中、南江、通江 3 县机构设置各有不同。巴中自民国 2 年（1913 年），改州为县后至民国 18 年（1929 年），其府内机构有行政股、司法股。行政股统揽民政及行政事务，司法股掌管诉讼囚狱。另设有司法经费收支处，公安局（团练局）、实业局（蚕桑局）、教育局（劝学所）、地方税收支所、禁烟查缉局等。南江县署内机构设置有内务、财务、教育、实业 4 科，下属机构主要有烟酒公卖监察所、财政局、征收局、仓库、劝学所、典狱署、保卫团办事处、地方税收支所等。通江县署内设案牍、统计、教育、庶务 4 科及收发处，另设有教育公会、征收局、劝学所、实业所（蚕桑局）、烟酒公卖分栈、邮局等。

民国 24 年（1935 年），川政统一后，各县政府机构按等级设置。巴中为一等县，南江、通江为三等县。后经历一年调整变更，至民国 38 年（1949 年），巴中县政府设置的机构有秘书室、司法处、军法室、会计室、粮食监察委员会、民政科、财政科、教育科、建设科、军事科、警察局、合作指导室、田赋管理处、税捐征收处、乡村电话管理处。南江县设置的机构主要有秘书室，第一、二、三、四、五科，田粮科、税捐征收处、司法处、警察局、邮电局、会计室、统计室、户政股等。通江县政府机构设置为4科（第一、二、三、四科）、4室（秘书室、军法室、会计室、统计室）、2处（经收处、司法处）、1股（户政股）、1局（警察局）。

民国35年（1946年），成立平昌县设治局，按四等县编制设民政、财政、教建3科和秘书、会计、警佐3室及军事股。民国37年（1948年），平昌设治局升为平昌县。县政府设民政、财政、田粮、教育、建设、社会、军事6科，司法、税捐2处和军法、秘书、事务、档案4室及警察、电话管理2所。

20世纪50年代初，各县人民政府内机构设置基本相同，一般都设置有秘书室（后改称办公室）、财政经济委员会、民政科、财政科、教育科、建设科、工商科、司法科（1950年9月后相继改为法院）、武装科、公安局、税务局（巴中县为税务支局）、粮食局（巴中县为粮食支局）、人事科、卫生科、手工业管理科、监察委员会等工作机构。

1955年9月，改县人民政府为县人民委员会（简称“县人委”）。“县人委”机构基本沿袭原县政府机构。其后，历经撤并调整，至1966年，各县人委机构有县人委办公室、财贸办公室、计划、经济、体育、物价、市场管理5个委员会和人事、劳动、工业、交通、文教、卫生、农业、林业、财政、工商11科，统计、水电、手工业管理、粮食、商业、税务、公安局及物资办事处和人民银行等。巴中、通江县人委设有农林办。

1967年2月后，各种群众组织纷纷成立，各“县人委”机构相继瘫痪。1968年，各县革命委员会（简称“县革委”）先后成立，实行党政一元化领导。“县革委”下设办事、政治工作、生产指挥、人民保卫4大组。各大组又分设若干小组行使职能。至1980年，县人民政府恢复前各县革委设置的机构有公安、民政、统计、劳动、人事、工商、工交、二轻、农业、林业、水电、农机、文教、卫生、财务、税务、物资、商业、粮食、统计、标准计量、社队企业、外贸、畜牧、医药等局；有计委、计生委、爱委、科委、体委、物价等委员会，有革委办、多经办、城建办、沼气办、环保办、安全办等办公室和供销社。

1980年9月后，恢复各县人民政府，与县委分署办公，各县组织部、宣传部、农工部、工交部、财贸部直属县委领导。继后，各县先后改城建办为城建局，增设司法局、县志办、精神文明办等机构；撤销沼气办、环保办，改医药、农机、外贸、物资4局为公司，恢复县供销社集体性质。至1985年底，各县政府机构有政府办、农贸办、县志办、爱委办、精神文明办、计划、经济、科学技术、体育运动、计划生育委员会，有民政局、财政局、文教局、农业局、税务局、公安局、工商局、粮食局、卫生局、统计局、人事局、交通局、商业局、劳动局、物价局、水利电力局、林业局、城建环保局、乡镇企业局、畜牧局、司法局等；有丝绸、物资供应、对外贸易、农机化服务等公司，代管机构有县人行、工行、建行、保险公司、气象局、邮电局等。

1986—1993年，境内各县人民政府机构均有相应调整。其间，先后增设国土局（国土办）、监察局、经济体制改革委员会、经济协作办等机构；恢复农机事业管理局、医药局等机构；人事与劳动、农业与财贸分设，先后分别成立人事局、劳动局、农村工作委员会（简称“农委”）、财贸工作委员会（简称“财委”），建设环保局更名为建设委员会，标准计量局更名为技术监督局，县物资供应公司更名为物资供应总公司。2000年起，各县（区）相继成立旅游局。

三、区、乡镇机构

清末，县以下机构设置为里甲制。民国初设自治乡。民国8年（1919年），实行团防制，均无内设机构。1933—1935 年，川陕省苏维埃时期，区、乡苏维埃实行主席负责制，下设若干委员分理土地、粮食、劳工、内务、文化教育、保卫、经济、裁判等项工作。

民国 24 年（1935 年），川改统一后，实行联保保甲制，无内设机构。1940 年，裁联保办公处，改设乡、镇公所，置经济、文化、民政、警卫等股。

1950 年，境内各县废除保甲制，陆续建立乡镇人民政府。内设民政、财粮、生产、文教、卫生、治安、武装、调解等委员会及办公室，管理日常工作。1958 年，实行“政社合一”，改乡人委为公社管理委员会，下置生产建设、供销、财务、文卫、治安、武装、民政、调解 7 部及办公室。1968—1969 年，境内各乡镇先后成立革命委员会，下设办公室、人保组、政工组、生产组、文卫组。1980 年后，陆续撤销公社革命委员会，恢复人民公社管理委员会，下设民政、财粮、治安、调解、武装等专职干部。1984 年，境内各县相继改公社为乡镇，恢复乡镇人民政府，下设民政、文书、财会辅导、多种经营、治安、农技、计划生育等专职干部。

1986 年开始，乡镇一级机构设置逐年增加。1998 年开始，各县（市）陆续开展乡镇机构改革，归并重叠机构，理顺供给渠道。根据改革的要求和经济发展需要，设置乡镇机构。平昌县将乡镇机构分三大类：一类行政单位有乡镇财政所、计生办、企业管理办；二类事业单位设 16 个，分公益型和混合型 2 种，有乡镇学校、国土站（所）、林业站、水利站、建管站、农经站（统计站）、畜牧站、农机站、文教办、文化站、农技站、计生站、民政办、治安室、成人教育学校、卫生院、广播站；三类企业单位设 3 个，有供水站、电管所、蚕茧站。

至 2000 年，乡镇一级机构设置，凡县（区）一级有的，乡镇一级几乎一应俱全。除党政办公室、民政办公室、乡企办、计生办等行政机构外，乡镇七站八所一般有 16 ~ 20 个。平昌县朱公乡有财政、农经、农技、畜牧、兽医、林业、国土、水利、水保、水产、蚕桑、民政、广播、文化、治安、计生、中小学校、成人教育学校等 19 个站、所、室、校。

第二节 编 制

一、人员编制

民国初期，各县知事公署（行政公署）设知事 1 人、综理全县事务。下设案牍、统计、教育、庶务等科及收发处，各科置科长 1 人，科员、雇员 2 ~ 3 人不等。1928 年，改知事公署为县政府，各县按等级编制人员。通江县列为三等县，下设 4 局 2 科，每科置科长 1 人，科员若干人，各设局长 1 人。南江县按四等县配备人员。

民国 24 年（1935 年），川政统一后，境内各县仍按等级设置机构，配备人员。通江县为三等县，县政府编制 33 人，3 个丙种区定编 8 人，附区 1 个定编 12 人，每联保定编 8 人。至民国 38 年（1949 年），巴中县政府所属机构总编制为 69 人、通江县定编 48 人、南江县定编 46 人、平昌县编制 40 人。

川陕省苏维埃时期，境内置 9 县 1 特别市和 2 个特区苏维埃，下设区乡苏维埃。各县（市、特区）苏维埃一般设执委 27 人、常委 7 人、工作人员不超过 4 人；乡苏维埃设执委 1 人、候补 2 人、常委 3 人、工作人员不超过 2 人。

1952 年，巴中县行政单位干部编制为 909 人，实际有 888 人。南江县整编调整后，机关团体职工实有 598 人；通江县县级行政编制为 245 人，区级定编 234 人，实有 288 人。1959 年起，各县机构增多，干部编制亦相应增加。巴中县行政单位干部编制由 1952 年的 909 人增加到 1525 人，增长

70.6%；南江县1961年职工人数达1343人，比1952年529人增长1.6倍；通江县1957年1020人，较1951年增长2.5倍；平昌县党政机关、群众团体编制员额1028人。1962年，境内各县实行精兵简政，撤销一批机构，压缩一部分人员，巴中县县级行政机构由35个裁为25个，人员编制957人，较前减少37.2%；南江县年末实有职工减少到945人，比1957年减少55人；通江县12个区编制72人，党群和区公所各占一半，实有169人，超编97人；76个公社、1个镇编制总数411人；平昌县党政机关、群众团体编制总额679人，较前减少349人。其后，随着经济的发展，编制逐年增加。1965年，巴中县行政编制回升到1096人；南江县机关团体年末职工人数达到1293人，其中县级784人、区级40人、公社469人。1966年，通江县县级行政编制为312人，实有320人；区级120人，实有113人；公社448人，实有479人。平昌县干部编制总额1226人，比1962年增长75.64%，其中区、公社干部为648人，占全县干部总数的52.85%，比1962年增长88.37%；县人民委员会各办事机构有447人，中共平昌县委员会（包括工会、青年团、妇联、党校干部）113人。

1966—1976年，编制一度失控，境内各县未制定编制。1976年，通江县自定编1660人，其中县级744人、区级144人、公社772人。1978年后，各县相继增设人大常委会及委、局级单位，行政编制不断增多。到1985年，境内4县行政编制总数为6906人，其中巴中县1786人、南江县2407人、通江县1648人、平昌县1065人（不含区、乡镇）。1986年，各县首次核定事业单位（除中小学）人员编制，调整部分行政机关人员编制。巴中县核实县级机关行政事业单位147个，编制人数9017人，其中行政编制1152人，比上级下达计划减少58人；事业编制7860人、企业编制5人。1987年，各县以幅员面积、人口总数、人口密度为指标，将地区下达的区乡镇行政编制数分别核定到区、乡、镇。平昌县核定乡镇行政编制1086个。巴中县核定乡镇行政编制1442人、事业编制134人。1988年，通江县国家机关及所属事业单位干部达到7767人，其中行政机关2241人、事业单位4865人、区乡（镇）661人，其间通江县干部以每年平均6.14%的速度增加。1992年，平昌县局级行政机构编制1265人，巴中县党政群机关事业单位编制人数1.52万人，其中行政1543人、事业1.36万人。

1994年，地级党政机构32个，行政编制530人。1995年底，巴中市（县级）为三类市，机关行政人员实有1134人；平昌县为一类县，通江县、南江县为二类县，3县机关行政工作人员实有2606人。

1996年3月，全地区开展机构改革，地级党政机构核定行政编制910人，巴中市（县级）核定行政编制795人；平昌、南江、通江3县共核定行政编制2060人。县（市）委设书记1名、副书记2~3人。巴中市（县级）设常委19~11人；通、南、平设常委7~9人；县（市）政府设县（市）长1人、副职2~4人。县（市）委、县（市）政府工作部门设正职1人。副职1~2人。县（市）级工作部门内设股室股长（主任）1人、副股长（副主任）1~2人。平昌县在全县开展基层事业单位改革，重新核定基层事业单位事业编制，分流、清退共1833人，总人数由改革前的4472人减少到2639人，减少39%，年可减少费用900多万元。

二、机构编制

中华人民共和国成立后，境内各县严格实行机构编制管理，增加编制必须按照上级下达的计划执行。20世纪80年代，各县相继成立机构编制委员会及办公室，进一步加强编制的管理，对擅自增设机构和扩大编制的，一律不予承认，组织人事部门不调配人员，财政部不拨给经费，银行拒支工资基金。本着宏观管住、微观管活的原则，坚持一支笔审批、一个部门办理、一种文件下达（简称“三个一”），严格把住“进人关”。对机关事业单位工作人员自愿申请调到企业（包括乡镇企业）租赁、承包的工作人员，“敞开出口”“大开绿灯”。对专业性管理部门的现有人员采取“只出不进”。

1988年后，各县全面实行干部计划、机构编制、工资基金“三位一体”的宏观调控管理，设置“准予调入卡”“编制工资基金卡”，逐月按编上卡。1990年，巴中县通过核发工资卡和核定工资金，清出超编借调人员24人。1991年，通江县清理计划外用工176人、随职能划转34人，清理随意借调人员15人，对到龄不退的23人办理限期催退函，并对1987年以来，全县党政群机关、事业单位增设机构、增加编制开展清理，对确需新设和调整的机构，省、地编委有明确要求必须增设的人员编制，坚持“三个一”的原则，对全县192个事业单位建立《行政事业机构编制和人员管理档案》，采用“编制工资基金管理卡”，实行人员编制与工资基金统一管理。

1992年，巴中县归并17个党政部门、事业单位，压缩行政事业编制96人；清理非常设机构236个，削减财政经费支出15.4万元；并对县级机关、事业单位和区（镇）、乡（镇）机关编制及自收自支事业单位再次定编。1993年，清理整顿非常设机构234个，其中合并相近职能机构37个，撤销任务已基本完成或可由主管部门完成的机构83个；保留非设不可取消其原定级别列编、拨款的机构114个，并再次核定机关单位和撤区并乡后的60个乡（镇）级机关的行政、事业编制；清理整顿农技、农经、畜牧、水电等基层服务组织，理顺管理体制，重新核编下达用工计划，清退计划外用工200人，借调4人，解聘临时人员29人。

1994年，机构编制管理，始终坚持凡属有关职能调整、机构设置、人员编制、机构规格等问题，继续实行“三个一”制度。同时，在全地区范围内开展机构编制大检查活动。全地区共清理、压缩“吃财政饭”人员1200多人，精简合并机构8个，安置机关富余人员300人。

1995年起，全地区加强机构编制管理。冻结党政机关、事业单位编制，严格控制企业人员到事业、事业人员到行政机关的调入；准确合理定编，严格按照各个单位职能下达控编数，单位进人均不准超过控制数的80%；实行集体研究和一支笔审批制度；实行编制卡制度，组织劳动、人事等部门在办理人员调动时，必须首先坚持调入单位有空缺编制，并凭编委审定开出的编制卡办理调动手续，财政部门凭编制卡和调动文件办理经费拨付有关手续；实行经费约束管理，财政部门按照单位控编数80%确定财政预算和拨付经费，实行经费包干，超编人员一律不供给经费；实行办公、住房用地约束管理，国土、建委等有关部门在规划单位住房办公用地时，严格按照单位编制确定，超编人员一律不安排建房用地；严格工资基金管理，凡超编人员不得核实工资基金；实行户口控制管理，凡超编人员到公安部门办理入户手续时，必须缴纳城市建设费。通过上述措施的落实，机关事业单位机构编制和人员的增长得到有效控制。1996年，统筹考虑全社会人才资源，将机关、事业单位新增人员计划1400人，只用于接收国家统配人员和计划内自费走读、电大、函大、普通专科毕业生以及国家政策性安置人员。1997年，巴中市（县级）党政群机构行政人员由1213人减为865人。

2000年，全市下达新增人员计划1350名。规定此计划优先满足各地实施西部大开发引进吸纳各类高层次人才需要，其余用于接收大中专毕业生、军转干部、三州西藏内调干部和城镇复退战士等政策性优先就业人员；原则上停止从党政群机关以外调入、录用人员、录用国家公务员和机关工作人员、坚决清退乡镇机关编外人员和临时人员。同时，继续冻结机构设置和财政拨款的行政事业单位编制，严把“入口关”，督促全市乡镇机关及基层事业单位清理临时人员6505人，清退5735人。完成审计事务所、资产评估事务所等社会中介组织与行政机关脱钩、改制工作。

第三节　事业单位法人登记

1995年8月8日，全地区开展事业单位登记工作。整个登记工作分两步进行，第一步登记党委、政府和机构编制部门批准认可的全民所有制事业单位；第二步登记未经党委、政府和机构编制部门审批的非全民所有制事业单位。每步分三个阶段进行。第一阶段布置受理；第二阶段审核认定；第三阶段颁证公告。用一年时间，全面完成事业单位法人登记。

至1996年5月底，全地区共完成3200个事业单位首次法人登记工作，并通过省编办的检查验收。该项工作被省编办评为三等奖。其后，这项工作成为各级编办的一项常规性工作。对未登记者限期到事业单位登记管理机关登记，对已登记者进行年检。同时，不断加强地、县（市）事业单位法定代表人的培训。

第二章　干部工作

第一节　队伍状况

民国时期，境内巴中、通江、南江、平昌4县按等级配备干部，数量很少。《南江县志》记载：民国36年（1947年）全县财政核定的机关团体职工名额仅275人；民国38年（1949年）减少到22人。民国38年（1949年），巴中县政府所属机构总编制63人；通江县48人。

中华人民共和国成立后，各县干部队伍日益壮大，干部素质不断提高。以巴中县为例，1951年，全县干部总数768人，其中女63人；具有高中以上文化程度的184人，占干部总数的23%。至1985年，全县干部总数1.1万人，其中女1855人；具有大中专（含高中）文化程度的6871人，占干部总数的62.36%。1993年底，巴中地区干部总数4.01万人，其中女6472人，少数民族干部3664人，从优秀工人中选聘3664人。从学历情况看：本科以上毕业1719人，占干部总数的43%；专科毕业6231人，占15.54%，肄业8人；中等专业学校毕业1.71万人，占42.72%，肄业6人；高中毕业5863人，占14.62%；初中以下9138人，占22.79%。从政治情况看：中共党员1.66万人，占47.58%；共青团员6133人，占15.29%；民主党派2人；无党派人士1.73万人，占43.18%。从年龄结构看：25岁以下5796人，占14.46%；26～30岁6642人，占16.56%；31～35岁3721人，占9.28%；36～40岁5451人，占13.59%；41～45岁4894人，占12.2%；46～50岁5686人，占6.6%；60岁以上123人，占0.3%。

1994年，巴中地委、行署以优化领导班子结构为重点，加强干部队伍建设。随着国家公务员制度的全面推行，干部队伍结构得到明显改善。2000年，全市公务员8239人，事业单位专业技术干部3.7万人，企业管理干部4215人。

第二节　选拔任用

民国初期，县佐的任作用分委任、试署2种，道平依照《县佐任作用条例》挑选合格人员，报巡抚使或地方最高行政长官委任；任用候被县佐试署1年期满，成绩优良者，报内务部请补。

民国6年（1917年）后，境内军阀割据，县长由驻军长官委任。

1932—1935年，县、区、乡苏维埃政府主席、委员和分管土地、粮食、劳动、内务、经济、裁判、教育、保卫等工作人员，从实际斗争中物色和选拔积极分子，召开群众大会，民主选举产生。

民国24年（1935年），川政统一后，各县县长的任用分简任和荐任。简任县长由中央政府直接委派，荐任县长由行政督察专员推荐，报省政府审批任命。县政府秘书、科长、主任、警佐、指导员、督学、技士、科员及区署区长等，由县长遴选，报专员公署审核，省政府委任；各区区员由区长遴选，县长核委；乡（镇）长、联保主任，由乡（镇）民、保民代表大会选举，县长委任；税捐处长，田赋管理处处长由省政府委派。

1951年起，干部实行越级管理，县政府正、副县长、委员由川北行政公署任免，县政府各科室负责人由达县专员公署任免。1953年，公布《选举法》后，县、乡（镇）长由人民代表选举产生，一般工作人员由组织人事部门管理，升迁、奖惩按管干范围呈报审批。其间，境内各县结合征粮、清匪反霸、土地改革等运动，按照“德才兼备”原则，培养选拔一大批知识分子和农民干部。巴中县在二期土改结束时，选拔吸收干部286人。1951年，通江县结合中心工作，考察提拔年青知识分子128人，农民干部87人；1951年，平昌县提拔区级干部23人，选拔一般干部110人，培养农村干部44人。1953年起，境内各县贯彻“大胆放手提拔干部”的方针，按照“德才兼备”的标准，提拔一大批干部，分别担任县、区党政和县属单位的领导职务。至1954年，巴中县通过建立考察登记后备干部制度，提拔干部294人。1954—1955年，通江县选拔县级干部6名、区（局）级干部58名；1956年，提拔区级干部129人，其中女干部4人、非党干部11人。

1957年后，各县实行“精兵简政”，将县级机关干部下放参加劳动锻炼，以此作为培养干部的重要途径。对干部的选拔严格执行报批手续。同时，根据各地实际选拔干部。1958年，巴中县专业技术干部缺口大，通过培训选拔，由108人增至312人；1959年，平昌县提拔干部320名，重点充实工矿企业和人民公社。1965—1966年，强调领导权必须掌握在真正的马克思主义者手里，干部的任用、考察、呈报由各“县人委”政治工作组负责。大胆选拔年轻干部进入领导班子，一大批老党委书记退下来。1973年5月，建立起在县委领导下，干部分别由组织、人武、宣传、农工、工交、财贸等6部委提拔、任免、调动的制度。其间，部分单位的人事权，实际被一些群众组织所左右，不能正确使用干部。

1978年后，境内各县把加强领导班子建设作为一项经常性的大事来抓，按照革命化、专业化、年轻化、知识化的“四化”标准，选拔任用干部。1979年，通江县选拔优秀中青年干部49名充实到县级各部局及区、社领导班子。1980年，巴中县选拔青年后备干部443人，平均年龄34.2岁，具有大中专文化程度的达100人。

1985年，下放干部管理权限，由以前的一级管二级，改为一级管一级。县级政府各委、办、局的主任、局长由县人大常委会决定任免；县政府各委、办、局的副主任、副局长，各区公所的正、副区长，以及相当职务的正副职干部由县政府决定任免；县政府各部门和体改中由局改公司的单位任免所属企事业单位的正副职干部；各区公所任免所属企业的正、副职干部各机关、企事业单位担任职务的退休退职一律按管干权限审批。党政群机关的干部、工人退休由人事局审批；企事业单位的干部、工人退休由主管部门审批，报人事局备案。1987年起，境内各县人事局开始承办代县人大常委、县政府任命的工作人员。1990年，首次在工业局、技术监督局、卫生局、水电局、广播局、农机管理服务公司（局）等单位配备党外副局长各1人。

至1993年，巴中市（县级）人事局共任免干部807人，其中任职650人、免职157人。是年，各级人事部门积极推进干部人事制度改革，努力探索培养选拔干部的新途径，逐步建立完善“公开、平等、竞争、择优”的选人用人机制。1995 年，贯彻中共中央《关于抓紧培养选拔年轻干部的通知》精神，全地区优化领导班子结构为重点，加大培养年轻干部力度。1998 年，领导班子换届选举后，4 县（市）党政领导班子中 35 岁左右的占 32.7%，45 岁以下的占 79.2%，新提拔干部 4 名。通江县 100% 的乡镇配备女领导干部；平昌县 63.6% 的区镇和 88.3% 的乡（镇）配备女领导干部。全地区公开选拔区科级领导干部 162 名。2000 年，配合市委组织部在全市首次公开选拔巴中师范学校校长。

第三节　录（聘）用

20 世纪 50 年代初期，除南下干部外，境内各县从民国政权人员中录用一批干部。仅巴中县、通江县录用旧政权人员 143 人。其后，通过征粮、清匪反霸、减租退押和土地改革运动的考验，在农村积极分子中吸收录用一批干部。巴中县在二期土改结束时录用干部 286 人。通江县在 1950—1951 年 5 月录用干部 220 人。1953 年后，各县按照专署下达的计划指标，每年都在工人、农民、失学青年和具备条件的长雇、临雇、试用人员中招收录用干部职工。1957 年，南江县选拔录用干部职工 80 名，1958 年，选调青年知识分子 171 名充实到公社机构。1959 年，平昌县从工农积极分子中吸收干部 90 人。1966 年，各县在参加社会主义教育运动的积极分子中，选拔一批为公社半脱产职工（工分加补贴）。

1971—1972 年，巴中、通江、南江、平昌 4 县分别从派驻单位和贫下中农宣传队、襄渝铁路民兵团、复退军人、上山下乡劳动锻炼两年以上的知识青年和顶替自然减员职工子女中录用一批干部，分配到财贸、商业、粮食、教育、银行和区社等单位工作，仅南江县录用 427 人。1976—1978 年，补充党政机关和区、社职工缺额，各县又相继吸收录用一批干部。1978 年，通江县人事局吸收公社干部 38 名、国家机关干部 8 名、税务干部 13 名，将 455 名“以工代干”人员转为正式干部。

1979 年起，吸收录用干部，实行组织推荐、自愿报名和文化考试相结合的办法，一般不再从文化程度较低的工人、农民中吸收录用干部。1986—1993 年，巴中县共吸收录用干部 387 人，其中录用具有高中毕业文化（含非在职的大中专毕业生、五大生、职高生）的城镇待业青年和以工代干人员 116 人，民办教师转为公办教师 102 人，在聘乡干部 52 人，区水利、水保人员 9 人，有突出贡献的厂长、经理 21 人，恢复干部身份 1 人，其他人员 48 人。

1993 年，全地区从农村基层服务组织招聘干部 427 人，其中民办教师转为公办教师 181 人；从社会上招收公办教师 38 人；从机关、事业单位工人中转干 75 人；从乡企、二轻集体企业录用干部 48 人；从农技专科生中招聘干部 12 人。

1994 年起，加强政法部门和工商、税务、金融等经济监督调节部门的干部队伍力量，充实基层干部队伍。巴中地区每年按照省下达的招干计划指标，通过考试考核，择优录聘用干部。是年，全地区从基层服务组织中招聘干部 414 人；从乡镇、二轻集体企业优秀厂长（经理）中录用干部 78 人；吸收录用法院、检察院系统干部 46 人；吸收录用大专毕业生和科技人才 23 人。

1996 年，全地区开始推行国家公务员制度，录聘用干部严格执行国家公务员条件，重点突出实际工作能力。5 月，全地区法院、检察院、司法系统开展补干工作。8 月，在农村不包分配的非在职的大中专毕业生和小康示范村党支部书记中择优选招聘用一批干部。同时，从民办教师中选招一批公办教师。全地区共录聘用干部 1774 人。1997 年，全地区录用国家公务员 427 人，其中地级 20 人，县（市）、区 275 人，乡镇 132 人；录用人员中，国有企事业单位 112 人，高等院校、中等学校毕业生 200 人，军转干部 6 人，城镇待业人员 56 人，农民 44 人。1998 年，录用、聘用国家干部 770 人。

1999 年，全地区共录聘用干部 671 人，其中从优秀厂长（经理）中录用 130 人，从事业单位优秀工人中聘用干部 331 人，从乡镇选任制干部中聘用干部 180 人。

2000 年，全市乡（镇）机关和事业单位开展聘用干部聘转录工作。通过组织严格的报名、考试，按照考试成绩和指标数，从高到低录取的原则，确定乡镇机关、事业单位聘转录及事业单位工聘干人员名单。全市共录聘用干部 1530 人，其中巴中市巴州区 510 人、南江县 261 人、通江县 335 人，平昌县 424 人。

第四节　干部调配

20 世纪五六十年代，境内各县干部调配以县内调动和县外调入为主。1950 年初，各县主要领导干部多是南下干部。在征粮剿匪斗争中，又先后给各县调配一批武装干部。1951 年，通江县调入南下干部 59 人，从财干校、银行、税务等上级机关派遣干部 76 人。1953 年起，给各县开始派遣大中专毕业生，并接收安置军队转业干部。1957 年，精简机构，达县专署给各县下放一批干部，仅通江县就接收专署下放干部 62 人。1962 年，精兵简政，各县精简一批干部。1966—1976 年，干部调配工作受到影响。

20 世纪 80 年代起，各县调配干部按照“四化”要求和尽可能照顾夫妻团聚和家庭实际困难等情况调配干部。1986—1992 年，巴中县内调配干部 1203 人，其中解决进城工作 486 人，跨系统调配 717 人，因工作急需调动 1987 人，解决夫妻分居 90 人，照顾老干部及中级职称以上知识分子 26 人。共商调干部 508 人，其中调入 251 人、调出 257 人。其间，境内 4 县还相继出台关于干部调配工作一系列规定，统一干部调配规定，规范办理干部调动手续。

1993 年，组建巴中地区，从达县地区地级机关选调一批干部，并从全地区各县（市）选调一批干部充实地级机关。干部调配工作，贯彻“保证重点，充实基层”的原则。1994 年，巴中市（县级）人事局共办理干部调动 183 人，其中市内调动 79 人、市外商调 104 人，先后为唐巴公路、三号大桥、江北水厂及江北、宕梁、南坝、回风经济开发区调配干部 84 人。1996 年，全面推行国家公务员制度后，调配干部严格执行《国家公务员暂行条例》。至 2000 年，全市共调配干部 5805 人，其中因工作需要调动干部 3445 人，商调干部 2360 人。

第五节　接收安置

一、大、中专毕业生分配

中华人民共和国成立后，国家对大、中专毕业生实行“统包统分”制度。境内各县按照统筹兼顾、合理安排、加强重点、照顾一般、加强生产科研第一线的精神和专业对口政策，搞好大、中专毕业生分配工作。其分配去向，不同时期各有侧重。20 世纪五六十年代，强调知识分子到生产第一线锻炼，大中专毕业生被分配到工厂、林牧场及学校、医院等基层单位工作，极少数被选派到党政机关担任区、科级领导职务。1990 年，大、中专毕业生分配工作由计委划归人事局管理。对国家计划分配的大、中专毕业生，继续贯彻“面向基层、面向农村、专业对口”政策。1986—1993 年，巴中县共接收大、中专毕业生 2526 人，其中本科 192 人、专科 834 人、中专 1500 人；其就业分配情况是机关323人、事业1680人、企业523人。

1994年起，改革高等学校毕业生“统包统分”和“包当干部”的就业制度，实行少数毕业生由国家安排就业，多数由学生“自主择业”的就业制度。是年，巴中地区共派遣分配非师范类大、中专毕业生336人。1995年，巴中地区人事劳动局及各县（市）人事局积极拓宽毕业生分配就业渠道，通过深入企事业单位了解需求情况，由用人单位提出需求计划，制定合理的分配方案，使372名指令性计划安置的大中专毕业生得到全部安置。通江县安置非师范院校毕业的大、中专业生（含委培生）170名，为国有企业安置专业人才50名。1996年，全地区派遣大中专毕业生1600多人，录用国家不包分配的大专毕业生54名。

1999年，巴中地区人事劳动局下发《关于大中专毕业生进入人才市场有关问题的通知》，规定自1999年起，全地区所有大中专毕业生和成人院校、自费就读的大、中专毕业生、干部类职高毕业生全部进入人才市场，在国家政策指导下，按照“公开、平等、竞争、择优”的原则，实行双向选择，自主择业。为充实基层，加强生产、科研、教学、卫生第一线的工作力量，大中专毕业生原则上派遣回原籍县（市），主要面向急需人才的国有企业、非公有制经济组织和农村就业。

二、军转干部安置

1953年起，境内各县开始接收安置军队转业干部。至1965年，通江县接收安置军队转业干部147人；1976—1985年，通江县安置7批军转干部，共277人。到1985年，南江县安置军转干部319人。1986年后，境内转业干部多，接收安置任务重、压力大，各县人事局坚持做耐心细致的思想政治工作，安置前，深入有关部门，作出人才余缺预测，根据任务掌握流向，安置中根据自身特点，量才使用，达到军队、地方、本人“三满意”。1989年，贯彻中央“先培训、后上岗，干什么、学什么”的指示精神，接收安置军转干部，采取培训、考核使用相结合的办法。1990年后，推行“双向选择”安置办法，用人单位与转业干部见面，相互选择，合理安置。至1993年，巴中县共接收安置军队转业干部438名，其中1986—1987年，安置军转干部262名，随迁家属115人；通江县安置军队转业干部95人。

1993年后，坚持“哪里来回哪里去”，实行指令性计划和按系统分配任务、包干安置的原则，采取“供需见面、双向选择、包干安置”和“按职工比例分配任务、包干安置”等办法。中央、省属系统计划指标、地级部门子女、个别特殊工种、地区需要又经地区军转办批准的由地区安置，其余对象一律由各县（市）安置。对二、三等伤残军人、二等功以上人员优先安置。至2000年，全市共接收安置军转干部229人。

第六节　考核奖惩

一、考核

民国时期，境内各县政府按照《公务人员考核法》的规定，定期对公务员实行考绩、对雇员进行考核。考核的内容为工作、操行与学识三项。民国25年（1936年），国民政府颁布实施《修正公务员考绩法施行细则》。对考核情况，随时记录在案，作为奖优罚劣、晋职晋级的依据。

中华人民共和国成立后，考核干部特别注重阶级立场和政治立场。1957年后，对干部的考核除强调阶级立场和政治立场外，还注重本人出身和历史问题，以及社会关系。1980年起，境内各县不断改进考核办法，实行德、能、勤、绩全面考核。1986年秋，巴中县委、县政府抽调82人，组成13个考核组由副县级以上干部带队，按年初制订的干部岗位责任制，对65个区（局）级单位的222名正副职领导干部的政绩进行考核。1987年，平昌县人事局结合干部任期目标责任制，配合组织部、农贸办、经委等有关部门考核党政群机关和事业单位干部7000多人，对成绩显著的1027人授予"先进工作者"称号。巴中县委组织部还制定印发《职能考核目标及考核办法》。

1994年，根据《国家公务员考核暂行规定》和《四川省国家公务员考核暂行办法》，巴中地区及各县（市）首次成立国家公务员考核委员会及办公室。办公室设人事局，由人事局长兼任主任，具体负责考核事宜，地委、地区行署及各县（市）、政府对干部考核的内容、标准、等级、范围、比例、方法步骤等作出明确规定。每年组成考核组，对全地区党政群机关事业单位国家工作人员分级进行考核。根据考核结果，评选出优秀、称职、不称职、不确定等次，对优秀公务员颁发证书，对不称职者给予通报批评，限期改正。1995年，巴中地区国家机关工作人员年度考核结果等次确定的做法被省人事厅在全省召开的考核工作会议上作为经验交流、推广，并在《四川人事》杂志上登载。1996年后，随着国家公务员制度的实施，考核制度不断完善。区、县（市）相继建立以工作实绩为核心考核指标体系，实行分级分类考核，并把年度考核与平时考核、定性考核有机结合。考核中，层层建立考核机构，采取个人述职、职工测评、组织考察、人事部门审核等办祛，将优秀比例从严控制在15%。同时，把考核结果同晋职、晋级、年终奖金、培训使用紧密挂钩，增强考核的实效性。至2000年，全市累计考核国家公务员4.44万人（次），评选出优秀6654人（次）。

二、奖惩

民国时期，境内各县政府按照《公务员考核奖惩条例》，依据平时成绩和年度考核，对公务人员实行奖惩。民国27年（1938年）4月，国民政府公布《公务员惩戒办法》《公务员惩戒委员会组织法》，规定地方公务员的惩戒事宜一律由惩戒委员会掌管。例如，民国28年（1939年）8月，通江县长王蜀屏"逾期未报禁种烟苗结表"，被省政府申戒2次；11月，又因办理役政不力、"县内普种烟"，被记过、记大过各1次。民国31—34年（1942—1945年），南江县对各级政府公务员、土地呈报和田赋管理等单位公务员晋级47人，加薪35人，发奖48人，记功66人，计196人；受警告处分11人，记过13人，申戒3人，降职4人，减薪18人，撤职18人，计67人。

1950年，政务院颁布《惩戒违法失职公务员暂行条例》，1957年，国务院颁布《关于国家行政机关工作人员奖惩条例》。这些条例规定的奖励种类有记功、记大功、授予奖品或奖金、升级、升职、通令嘉奖等六种；警告、记过、记大过、降职、降级、撤职、留用察看、开除等八种。其具体事宜由监委、人事科（局）办理。但在执行过程中，由于"左"倾思想影响，至"文化大革命"前，过多、过头、简单地处分一批干部。1958年，巴中县处分干部222人，其中警告10人、记过20人、记大过11人、撤职55人、开除63人、受刑事处分17人。1959—1961年春，通江县处分县委常委1人，区局级干部11人、股所级干部57人。1966—1976年，处分干部随意性较大，且手续不全，错案甚多。干部的奖励方面，只注重精神鼓励，物质奖励较少。

20世纪80年代，各县按照《四川省国家机关工作人员奖惩实施办法》，对行政机关、事业单位工作人员实行奖惩。

1983年起，各县根据自己的实际情况，制定岗位目标责任制，按任务完成情况，实行考核奖惩。南江县、通江县在行政、事业单位工作人员中，评选先进、奖励行政机关工作人员。至1984年，南江县在行政、事业单位工作人员中，评出先进个人673人，其中升级、升职39人；处分不执行计划生育政策、贪污国家资财、索贿受贿、玩忽职守、贻误工作等违法违纪人员53人，其中受降职至开除处分的 30 人。通江县政府奖励行政机关工作人员 441 名，其中授予“先进工作者”称号 100 名、现金奖励 166 名、物质奖励 175 名。是年，通江县处分干部 21 人，其中开除 3 人。1987 年，巴中县年度考核，评出“红旗单位”11 个、“先进单位”25 个、“先进工作者”276 人，其中奖励晋级 3 人、记大功 7 人、记功 19 人；对违法乱纪、失职渎职者处分 14 人，其中警告 3 人、记过 4 人、记大过 3 人、开除 2 人。1988 年，平昌县奖励为脱贫致富做出贡献的工作人员 1027 人。1989—1991 年，巴中县共奖励升级 59 人、办理日常惩戒 26 人。1993 年，巴中地区受奖人员 1040 人，其中记功 8 人、授予奖品或奖金 411 人、升级 80 人、通令嘉奖 105 人、给予其他奖励 436 人、惩戒违法违纪者 72 人。

1994 年后，随着人事制度改革的不断推进和国家公务员制度的贯彻实施，对公务员的奖惩进一步规范化。各级人事部门严格执行有关表彰奖励和处罚规定，对公务员实施奖惩。1995 年，共表彰奖励 258 人、惩戒 23 人。1997—2000 年，共奖励公务员 924 人，其中嘉奖 697 人、记三等功 213 人、记二等功 14 人，共惩戒 104 人，其中警告 28 人、记过 22 人、降级 15 人、撤职 21 人、开除 6 人、记大过 12 人。

第七节　行政职务评定

1987 年，贯彻劳动人事部《关于在行政机关中部分行政人员实行职务工资有关问题的通知》，境内巴中、通江、南江、平昌 4 县首次在国家行政机关部分人员中开展一般行政职务评定工作。巴中县参评单位 232 个、干部 2092 人，其中国家行政机关 163 个、1734 人；事业单位 69 个、358 人，共评定主任科员 4 人、副主任科员 138 人、主办科员（主办干事）725 人（含“三五”干部 175 人）、科员（干事）731 人、办事员 136 人。平昌县评出主办科员 497 人、科员 408 人、办事员 207 人，并颁发任命证书。此后，作为一项经常性工作，每年均有一些零星办理。1992 年，根据省人事厅规定，境内各县又一次在党政群机关单位开展评定工作。巴中县通过评定，由主办科员晋升为副主任科员 139 人，由科员晋升为主办科员 315 人，由办事员晋升为科员的 353 人。平昌县结合年度考核工作，确定任命一般行政职务 551 人，其中增设评定副主任科员 208 人，科员升主办科员 162 人，办事员升科员 106 人，新确定办事员 75 人。

1994 年，地委组织部、地区人事劳动局印发《关于地级党政群机关晋升一般性行政职务暂行规定》，对晋升一般行政职务人员，必须严格执行《国家公务员暂行条例》。巴中市（县级）自 1997 年开始，在市级机关中，对主任科员以下非领导职务人员的任用，实行“双考双聘”。全市 36 个推行公务员制度的单位都实行双考双聘。1998 年，在全面完成推行国家公务员制度入轨工作后，在一般行政职务评定中，坚持“凡升必考”制度。

2000 年，市人事劳动局对市政府 7 个部门，27 名公务员晋升非领导职务首次实行资格考试，除 2 名缺考外，其余 25 名全部参加考试并合格。

第八节　教育培训

一、培训教育机构

清末民初，境内培训公职人员的机构主要有清宣统元年（1909 年）开办的巴州警察教育所和民国初期成立的巴中县国医讲习所、蚕桑讲习所、电话学校等。

川陕省苏维埃时期，中国工农红军第四方面军和川陕省委、省苏维埃政府在境相继开办培训教育干部的专业学校有川陕省委党校，址设巴城云屏书院，校长陈开，教师廖承志、罗世文。1933 年 2 月，开办川陕省苏维埃干部学校，初设通江城涂公祠，后迁巴城。是年 2 月下旬，为培养军队和地方武装基层干部，在随营学校基础上筹建川陕革命根据地彭杨军事政治干部学校，址设通江新场坝，校长傅钟，教育长李特，定期招收 18 ~25 岁的农村子弟入校学习。后迁巴城云屏书院。1934 年 1 月，成立青年团校，每期招收学员 100 ~150 人，学制 3 个月。1934 年 2 月，创办护士学校，归红军总医院医务部管辖。1934 年，创办省委妇女学校，每期招收学员 100 余人，学习时间 5 ~8 个月。

1935 年，川政统一后，境内各县均成立有干训班，专司培训教育干部之责。同时，还定期选派干部到行政督查区和省干训班受训。

中华人民共和国成立初，境内 4 县县委先后建立训练班和县级机关业余文化补习学校，均配备专职教员。按照各行业的不同特点，开办航管、民警、农场、剧团等业余学校（学习班），1959 年，巴中县各工矿企业开办业余学校 19 所。各县根据实际情况，分系统、分行业开办各类专业学校，如教师进修学校、卫生学校等。

20 世纪 80 年代，干部职工教育形成高潮，各县相继开办一批专业学校，形成以党校、农校、粮校、商校、供销学校、卫校、教师进修校、农机校、畜牧校、建筑学校为基础的干部培训教育网络。同时，积极组织干部职工参加电大、夜大、函授和自学考试。至 1994 年底，全地区共有培训干部学校 21 所，其中地级 1 所、县（市）20 所，有教职工 386 人，专职教师 244 人。

1995 年 3 月，建立巴中地区国家公务员培训中心，自收自支事业编制 3 名，并在新区 60 米宽的主干道规划 0.4 公顷土地用于培训中心建设。至 2000 年，累计投资 500 万元，建成集培训、住宿于一体的多功能培训基地，拥有大、小教室 3 间，可一次性容纳 300 多人培训学习。有专兼职教师 15 名，其中高级讲师 2 人、讲师 7 人、研究生 1 人、副县以上领导干部 4 人，培训中心成为巴中市唯一一家经省人事厅组织专家评审、资格认定、承担全市国家机关公务员培训的合法施教机构。

二、培训教育方式

川陕省苏维埃时期，根据革命战争需要培训干部，主要方式有以会带训，举办培训班，开办专业学校等。

民国 24 年（1935 年）川政统一后，境内各县培训教育干部的方式以调训、集训为主。民国 26 年（1937 年），省举办三、四期保甲训练班，巴中、通江、南江 3 县调训 85 人。民国 29 年（1940 年），第十五行政督查区举办地方干部训练班，境内有 300 多人参加培训。

中华人民共和国成立后，境内各县不断改进干部培训教育方式。20 世纪 50 年代，贯彻“稳定提高”方针，对干部实行分期分批轮训，将县区、乡党政职工进行分类排队，确定派训名单，按期输送培训。文化程度较高的，输送到各级党校学习；文化程度低的，离职到工农干校或业余学习文化。

1951—1953 年，巴中县分期轮训乡村干部 2000 多名；1961—1962 年，分期轮训农村基层干部 1.75 万人。1963 年，通江县委党校举办脱产干部培训班 3 期，培训 736 人，并选送 97 名干部到地委党校、达县地区财贸干校学习。

1966—1976 年，培训教育干部的方式，以举办学习班和“五七”干校为主。

20 世纪 80 年代，采取脱产与半脱产、长期与短期培训相结合的多渠道、多层次办法，按照干部管理权限，分期分批对干部进行教育培训。1983 年起，各县委党校将短期培训改为 1 年以上培训。至 1985 年，南江县党校、干校共举办各种培训班 40 多期，培训干部 2155 人。通江县分期轮训 45 岁以下干部 5598 人。

1994 年起，巴中地区人事劳动局结合巴中实际，采取统一调训与逐级培训、长班集训和短班讲座等多种形式培训教育干部。规定全地区党政机关、企事业单位新招、转、录、聘用人员，统一由地区人事劳动局集中培训。1995 年开始，将晋升一般行政职务人员纳入培训范畴，由地区公务员培训中心组织教学、日常管理和考试。是年，巴中地区培训干部 2672 人，其中地区培训 1570 人、县（市）培训 1102 人，培训时间 1 个月至不满半年的 2331 人，2 年以上 334 人。1999 年，共培训县（市）、乡政府机关国家公务员 1797 人，其中党校培训 700 人、行政院校培训 44 人、管理干部学校培训 30 人、其他机构培训 1023 人。

三、培训教育内容

川陕省苏维埃时期，培训教育干部内容以政治、军事为主。彭杨军事学校分政治队和军事队。政治队抽调的学员多是部队优秀党团干部，学制 8 个月；军事队主要培训部队班长以上干部。

民国 24 年（1935 年）后，国民政府对干部培训教育的内容多为政治和军事方面，培训文化知识、专业技术方面的内容较少。

中华人民共和国成立后，境内各县开始有计划地对机关团体和部门职工进行教育培训，其培训教育内容，各个时期各有侧重。

20 世纪 50 年代，各县培训的重点对象为乡村干部，培训内容主要是党在各个时期的方针、政策、党的基本知识，毛泽东著作及文化科学知识。1966 年起，培训干部工作停止。1975 年后，境内各县相继恢复县委党校，开展培训工作。培训内容重点突出学理论、抓路线。至 1976 年 10 月，通江县共培训理论骨干 3.96 万人。

20 世纪 80 年代中期至 90 年代初，培训的主要对象有区、乡（镇）党委正、副书记，正副区、乡（镇）长，乡（镇）党校教员，以及青年妇女干部、村党支部书记、村委会主任等。各县党校先后举办有干部岗位培训班、干部理论培训班和学历班，培训的内容有岗位业务知识、党建知识、社会主义初级阶段理论、市场经济和领导科学等方面的知识。巴中县委党校为加强干部学历培训，先后开办全日制中专班和函授大中专班。全日制中专班，分政治理论和专业知识 2 类。课程设置有哲学、政治经济学、科学社会主义、党史、党建、语文、数学、国民经济管理、历史、形式逻辑、法学概念等 16 门。1986 年、1988 年、1989 年分别招收各 1 班，招收学员 80 人。省委党校函授中专班、经济管理专业班，1986 年、1987 年各招收 1 班，学员 80 人。1988 年起，开办中央党校函授大专经济管理班。

1994 年后，按照“学精”“管用”原则，不断丰富干部培训教育内容，重点突出建设有中国特色社会主义理论和国家公务员制度知识的学习，积极开展适应各种岗位专业理论、现代科技、经济管理和专业技能、计算机应用、外语知识等培训。培训重点对象是党政机关、企事业单位的新招、转、录、聘用人员。至 2000 年，全市各级人事部门共组织公务员培训和专业技术人员继续教育 500 期，培训4.67万人（次）。其中，市国家公务员培训中心先后举办乡镇招聘干部，吸收录用乡镇聘用干部为国家正式干部，乡镇企业、集体企业优秀厂长（经理）、支书，区、乡企办主任聘用干部，法、检、司、增干补员，妇女招聘干部和基层服务组织招聘干部，3县1区计生、地税、财政、文化系统招聘干部，小康村党支书、村主任招聘干部、事业单位优秀工人聘用干部，全市国家机关新录用公务员，全市乡镇机关聘转录干部，市级机关工录干和事业单位工聘干，工商行政机关具有管理干部身份在非工勤岗位未参加过度培训的人员等各类培训班200多期，培训2.18万人（次）。

第三章　人才工作

第一节　人才概况

1995年年底，巴中地区人才总量为5.38万人，其中中央、省属驻巴中单位1720人，占3.2%；全民所有制企业3.33万人，占61.9%；城镇、集体所有制单位3374人，占6.3%；乡镇企业6170人，占11.5%；私营企业2160人，占4.0%。从区域分布情况看：地级单位3810人，占7.1%；巴中市（县级）1.68万人，占31.2%；通江县8771人，占16.3%；南江县9929人，占18.4%；平昌县1.28万人，占23.8%。从产业分布情况看：一产业人才5131人、二产业人才1.04万人、三产业人才3.13万人，分别占总数的比重为9.5%、19.2%、58.1%。这些数据表明，巴中地区人才总量不足，层次偏低，分布不均，结构不合理。为改变这个现状，自1996年起，人事部门把抓人才队伍建设作为“头号工程”和“一把手”工程，摆上重要位置。从创新机制、制度入手，重点抓人才规划实施、人才资源开发、人才培训教育、人才市场化配置、人才使用和选拔、人才智力引起、人才服务等工作，促进人才队伍建设和结构优化。至2000年底，全市人才总量5.87万人，其中博士1人，硕士2人，研究生21人、大学本科3111人；大学专科1.59万人，大专及以上学历人才总数的比重为32.5%。

第二节　人才规划编制实施

1996年9月，由巴中地区人事劳动局牵头负责，对全地区人才资源现状开展全面调查，查清全地区人才总量、构成及分布情况。1997—1998年，组织力量编制出巴中地区第一个中长期人才开发规划。整个规划分巴中地区人才资源现状及“八五”期间人才发展回顾；未来15年巴中地区人才发展供求趋势预测；巴中地区人才发展的指导思想和目标任务；巴中地区人才发展的对策和措施；切实加强对整体性人才资源开发工作的领导。经专家科学论证后，1999年，正式发布实施《巴中地区“九五”至2010年人才预测规划》。其作法得到省人事厅充分肯定。是年4月，在全省人才规划编制工作会议上，巴中地区人事劳动局作经验发言。各级人事部门按照“建设、培养、使用、壮大”的思路，努力构建农村人才队伍框架。先后开展农村人才资源开发的调查研究试点工作，组织人员撰写的《贫困地区人才规划的探讨》一文，在全省研讨会上交流，并在全省人事系统推广和宣传。是年，认真组织实施《巴中地区“九五”至2010年人才发展预测与规划》，加大乡土人才资源开发力度，充分发挥各类“土专家”的作用。

第三节　人才选拔、交流

20世纪80年代末，境内各县根据国家有关政策，先后建立人才交流中心，加强人才交流服务和人才选拔培养工作。

1994年开始，全地区为促进人才合理流动，各级人事局引导各类人才向民营企业、向基层流动，支持、促进民营经济、绿色经济发展。同时，积极开展科技拔尖人才、学术技术带头人后备人选的培养和选拔。地区人事劳动局与地委组织部、地教委、地计委、地财政局、地科协联合制订下发《巴中地区学术和技术带头人选拔登记管理试行办法》。是年，巴中市（县级）人才交流中心向乡镇集体企业推荐54人，市级部门录用13人。1995年，向四川联大人才交流中心推荐所需人才15人。至1997年，全地区推荐选拔享受国家和省政府特殊津贴人员8名。

1998年起，全地区以工业、农业、文卫等部门为重点确定全地区首届学术和技术带头人及后备人选的培养和选拔工作。10月，巴中地区人事劳动局制定印发《关于支持和促进非公有制经济发展的暂行办法》，县（市）人事局还根据各自的实际情况，制定一些具体的优惠政策。巴中市（县级）规定，科技人员承包乡镇企业和亏损企业，保留原单位编制、行政及户粮关系，浮动职级工资。通江县出台《非公有制经济实施办法》。是年，有15个学科和专业被确定为全地区首届学术和技术带头人及后备人选，其中17人报经地委、行署批准，命名为地级学术技术带头人，并奖励晋升一级工资，21人由地委组织部、地区人劳局、地科委等7个部门考核确定为地级学术技术带头人后备人选。1999年，全地区通过选拔评选，向省推荐3名享受政府特殊津贴人员人选，新被批准2名享受政府特殊津贴人员。至2000年，全市有3000多名城镇人员在农村从事种植、养殖业，600多名大中专毕业生在农村任“村官”，800多名大中专毕业生在农村基层服务组织工作。是年，向省推荐享受政府特殊津贴人选3名，优秀专家2名。

第四节　人才市场化配置

一、人才市场建设

1984年，巴中县成立人才交流中心，主要负责巴中县人才引进交流、培训、大中专毕业生报到登记、人事代理，人才开发、人才统计等工作，是境内最早建立人才市场的县。1994年5月，巴中地区人才市场建立。

1999年，地区行署颁布《巴中地区人才市场暂行规定》，地区人事劳动局制定印发《关于大中专毕业生进入人才市场有关问题的通知》和《关于人事代理有关问题的通知》等配套政策。8月，巴中地区人才市场在江北市场租借场地开业服务。市场设有人才交流部、人事代理部、培训部。开设有人事政策咨询、单位求才推荐、人才素质测评、用人求职信息发布、人才招聘会组织、人才求职介绍、人事争议调解仲裁、代理人事档案和户籍挂靠转移、受理委托人事关系挂靠管理人员转正定级、职称申报评定、养老保险金代交、党团组织关系管理、档案工资记载，有关介绍信、证明出具等人事代理服务。承担全地区公务员和专业技术员计算应用能力培训。市场除国家法定节假日外，全天候对外公开服务。8月8日，巴中地区人才市场开业，并举行首届人才招聘现场会。这次招聘会，全地区4县市和地级共有51家用人单位，先后进入人才市场交易大厅招聘人才。其中，事业单位7家、国有集体企业35家、乡镇企业5家、民营企事业单位4家，共提供就业岗位258个，共有600余名各类人才和社会各界人士进入人才市场求职应聘或咨询政策，有325人求职登记，其中与用人单位达成意向协议147人，当场成交签订聘用合同38人。南江县结合实际，率先选择用人单位需求量大的卫生系统和教育系统进行人才市场化配置，举行公开招考试点，在试点中交流成功90人。同时，组织全县所有的大中专毕业生参加机关、企事业单位人才现场招聘洽谈会，共有128名大中专毕业生参加自主择业、双向选择，有31名大中专毕业生被现场聘用。是年，为推进人才市场化配置进程，促进用人单位和人才两大主体进入人才市场。是年，通江、南江2县相继建立人才服务中心。

二、人事代理

20世纪80年代末，境内各县人才市场开始接收代管闲散的大学毕业生和中专生学籍档案。1994年后，随着人才市场化配置进程的推进，全地区人事部门以市场为导向，以用人单位和人才需求为目标，积极探索人事代理业务。1998年，省人事厅下发《四川省人事代理暂行办法》，地区人事代理制度得以完善规范和大力推进。到2000年，全市共代理各类大中专毕业生人事关系档案2200多份。

第五节　职称评审管理

一、评审组织机构

1986开始，境内巴中、通江、南江、平昌4县相继建立职称改革领导小组，下设办公室于县科委内。根据专业技术职务《组织办法》规定和上级有关文件精神，各县根据实际情况，按专业组建评审组织。巴中县组建有工程、农业、卫生、中小学教师等5个中级专业技术职务评审委员会，23个初级评审委员会，21个专业（学科）评审小组；通江县组建初级评审委员会17个，平昌县组建初级评审委员会12个。1月后，各县职改办相继划归人事局管理，各县对评审组进行调整充实。1992年，巴中县重新组建初评委18个，通江县重新组建初评委12个。

1994年8月，成立巴中地区职称改革工作领导小组及办公室。9月，在教育、卫生、农业、林业、水电、畜牧、乡企、交通、经贸、文体、新闻、档案、公安等14个部门成立职称改革领导小组和相应专业系列20个中级专业技术评审委员会。

二、职称（务）评审与聘任

民国初年，境内各县署设有技监、技正、技士、技术员等专门职官，民国24年（1935年）后，将专门职业分为若干类，每类分若干科，每科分若干级，各按相应的任职资格条件分别任用人员。

1950—1966年，对专业技术职务按专业技术人员管理权限实行审批任命制度。1978年后，先后在国家机关、群众团体、全民制企事业单位的18种专业职务的工作人员中，开展专业技术职称评定工作。

1986年起，开始建立专业技术职务聘任制度，对事业单位专业技术人员实行聘任制，由各专业技术评审委员会聘任，实行指标控制；企业单位专业技术人员由企业自行聘任。1987 年 3 月，将在建筑、农牧、商业、文化、农机、计划生育、交通运输等集体所用制企事业单位、科研系统的民办科研机构和农村中的种植养殖技术人员、能工巧匠、民办教师纳入职称评定范围。各企事业单位的技术人员取得专业技术职称或任职资格后，县级事业的中级专业技术职务由县科委（1989 年底改为县人事局）批准任命，初级专业技术职务由所在单位批准任命；企业单位一律实行聘任制。专业技术职务的任期一般为 3 年，在任期内其工资待遇与所任专业技术职务挂钩。国家机关工作人员所取得的专业技术职称不现工资挂钩。至 1988 年，境内巴中县在 298 个企事业及乡镇企单位的技术人员中，评定专业技术职务 1. 34 万人，聘任 1. 17 万人。其中，高级职称 202 人，聘任 178 人；中级 3003 人，聘任 2772 人；初级 1. 02 万人，聘任 8679 人。通江县在 5468 名专业技术人员中，评聘专业技术职务 4411 人。平昌县在 335 个企事单位中，评聘专业技术职务 6140 人。

1989 年 1 月起，暂停评审国家机关工作人员专业技术职务任职资格。1990 年起，开始推行专业技术资格考试制度，对经济、会计系列的专业技术人员，通过参加全国统一考试，获得专业技术任职资格。嗣后，考试的范围逐步扩大到卫生、统计等系列。到 1991 年，平昌县共评审聘任专业技术职务人员 1784 人，其中中级 111 人，初级 1679 人。是年开始，境内各县对集体企事业单位专业技术人员和国家分配的未评聘专业技术职务人员，继续开展评聘工作。通江县评聘大中专毕业生专业技术职务 651 人；同时，改聘小学系列专业技术职务 95 人。平昌县为农牧集体人员 509 人评定专业技术职务。

1993 年，开始将外语考试纳入职称考试，凡聘任为专业技术职称，必须通过考试领取全省统一颁发的相应的外语和计算机等级证书，其中聘任正高级专业技术职务必须具备 A 级证书、副高必须具备 B 级证书、中级必须具备 C 级证书、初级必须具备 D 级证书。是年，通江县确定普通大中专毕业生初级专业技术任职资格 201 人，任命中级专业技术人员 423 人，晋升中、高级专业技术职务 450 人，审批卫生、经济、工程、中小学等系列专业技术职务任职资格 153 人。1994 年，开始实行专业技术人员职业资格制度。10 月，开始把专业技术资格与专业技术职务聘任分离开来，将专业技术资格作为聘任专业技术职务的依据。是年起，巴中地区切实加强专业技术职务聘任制度、专业技术资格评定及考试制度、专业技术人员职业资格制度建设与管理。在职务评聘工作中，根据省下达的职称指标，重点向教育、卫生、农业、工程和边远山区、关键岗位、生产工作一线倾斜。各县（市）、各系统严格按照职称评审条件，坚持公开、公平、择优原则，注重工作实效和贡献大小，不搞论资排辈。至 1997 年，全地区累计评聘专业技术职务 3. 68 万人。1999 年，为整体推进全地区人才资源开发，始在非公有制经济专业技术人员中开展专业技术职称评聘工作。巴中地区人事劳动局制发《关于全区民营企业专业技术人员职称评审办法及实施细则》。是年，全地区共评聘申报高、中级专业技术人员 1510 名，其中申报推荐高级专业技术人员 127 名，评聘中级专业技术人员 1383 名，为非公有制单位 36 名专业技术人员评定职称。事业单位普遍推行专业技术职务聘约合同管理制度。全地区有 3. 38 万名专业技人员参加竞争上岗，其中平聘 3. 31 万人，高聘 318 人，低聘 109 人，待聘 19 人。

三、专业技术人员管理

1990 年，境内各县对首次评聘的专业技术人员，全面进行复查。巴中县复查 1. 34 万人，其中履行职责优秀和称职的 1. 28 万人，占 95. 28%；基本称职的 599 人，占 4. 47%；不称职的 33 人，占 0. 25%。对企事业单位专业技术职称指标的使用，重新进行清理，聘用 976 人。平昌县复查出有各种问题的共 52 人，其中弄虚作假 7 人、岗位职责不符 32 人。通过调查处理，取消资格 6 人、解聘 2 人、缓聘 11 人、调岗 32 人。1993 年，通江县考核任期期满专业技术人员 6520 人，对 12 名不能履行岗位职责，犯有严重错误的专业技术人员及时办理缓聘解聘手续。是年 10 月，企业职改工作实行评聘分开，评审任职资格不受专业技术职务岗位而受结构比例限制。事业单位评聘专业技术职务仍然按对岗申报的原则办理。

1994 年后，不断完善专业技术人员管理制度和考核制度。1998 年，对 12 名有突出贡献的中青年专业技术人员破格晋升技术职务，对 254 名基本履行岗位职责的进行缓聘，对 54 名不能胜任专业职务工作和 11 名因工作造成一定损失或不能履行的人员分别进行低聘或解聘。1999 年，全地区事业单位普遍推行专业技术职务聘约合同管理制度，打破专业技术职务终身制，实行高职低聘、低职高聘、待聘等方式和聘任职务与工资挂钩办法，激活用人机制，充分调动专业技术人员工作积极性。2000 年，全市各类专业技术人员通过对岗申报、竞职上岗，重新与单位签订聘任合同。是年，全市有 3.36 万名专业技术人员参加竞争上岗，占 90%，其中高聘 138 人、平聘 331 万人、待聘 219 人、低聘 108 人、拒聘 14 人。

第六节　知识分子家属“农转非”

1987 年起，境内各县人事部门开始办理知识分子家属由农业户口转为非农业户工作。采取先调查摸底，后上报审批，按照参工年限长短、专业技术职务和文化程度、贡献大小，依次分期分批逐步解决。优先照顾农、林、水第一线科技人员的原则进行办理。至 1992 年，平昌县人事局共办理知识分子、科技人员家属子女“农转非”239 名。1993 年，巴中县人事局办理知识分子家属“农转非”183 户 220 人。

1994—1997 年，全地区为符合条件的 1800 名技术人员和党政干部家属办理“农转非”手续。其中，巴中市（县级）共办理“农转非”839 人。1999 年，巴中地区按政策规定，共办理 737 名专业技术人员和党政管理干部 1000 名家属子女“农转非”手续。1998—2000 年，通江县共办理专业技术人员、党政管理体制干部家属子女“农转非”610 人。

第四章　干部待遇

第一节　工　资

一、工资制度

川陕省苏维埃时期，川陕省《苏维埃组织法及各种委员会的工作概要说明》规定，境内各县苏维埃常委月工资 6 元（伙食费在内，下同），各部门工作人员工资不超过 5 元；区、乡苏维埃常委工资分别为 5 元、4 元（伙食费在内），其余增加的工作人员的工资不超 4 元。

民国 24 年（1935 年）川政统一后，县、区、乡公务员薪俸按职务，依等级计发。民国 29 年

(1940年)，实行新县制后，巴中职官薪俸按一等县执行，通江、南江职官薪俸按三等县执行。民国31年（1942年）起，公教人员实行战时生活补助费及按薪俸加成数的办法。民国32—38年(1943—1949年)，三等县县长月俸340元（法币，下同），其余人员依职给薪；中小学校长180～220元；中小学教员60～120元。1949年，南江县从教人员875人，月俸为5.17万元。一等县县长月薪俸银元60～80元；审判官、秘书、科长40～60元；科员一级16元、二级14元、三级12元、办事员8元、雇员6元；中学教师20～30元、小学教师10～20元

1950年，境内县、区党政机关和人民团体实行实物供给制，中小学教师实行等级薪金制。享受实物供给制待遇的工作人员，由国家发给服装、被子、鞋袜、毛巾、牙刷、肥皂等生活必需品，伙食标准：县级干部享受中灶，每月12元，其余人员享受大灶，每月7.5元；实行薪金制工作人员每人每月发给大米45公斤～180公斤。巴中、通江2县享受供给制人员771人。

1952年7月起，境内各县开始执行以实物为计算基础的工资分制度，首次对享受供给制和薪金制的工作人员，按德才评定级别。正副县长14～17级，工资分432～310分：正副科区级17～21级，工资分310～210分：科员21～26级，工资分210～110分；助理员22～24级，工资分190～150分：勤杂人28～29级，工资分88～85分。1955年1月起，境内国家机关工作人员实行工资包干制，按级别定出工资和包干分，分值标准由人民银行随市场物价挂牌而定。是年7月起，国家机关工作人员（包括中、小学教师）全部实行货币工资制，不再按工资分计算。工资等级实行一联数级、上下交差的办法。行政人员30个等级，工程技术人员18个等级，按产业分为五类，科研、文化、教育、卫生、体育等事业单位都有各自的工资标准。全国根据物价生活水平分为11类工资区。巴中县、通江县、南江县、平昌县被定为一类工资区。行政人员工资标准为：13级135元、14级120元、15级108元、16级96元、17级86元、18级76元、19级68元、20级61元、21级54元、25级32.5元、26级28.5元，27级26元、28级24元、29级22元、30级20元。

1956年7月，境内各县进行第一次工资制度改革，实行职务等级工资制度。这次改革主要是取消工资分，调整产业、地区、部门之间的工资关系，改革职工工资等级，实行按货币规定工资标准的制度。中小学教师、卫生医疗人员按中央各部门制订的工资制度执行。巴中县工资制度改革的职工总数为4154人，升级3113人，升级面66%，人均月增资5.94元，人均月工资由工改前的30.23元提高到36.17元。通江县升级增资603人（不含教育、乡级公交和公私合营企业），月人均工资36.07元，月增资5.58元。南江县参加工资改革的职工3876人，改革后的工资总额为140.2万元，人均工资由改革前的32.89元，增加到38.91元，人均月增资6.02元。平昌县538人参加调资，190人升级，升级面35.44%；升级后，每人月平均工资由改革前的45元增加到46.9元。

1985年，境内各县相继进行第二次工资制改革，中小学从1月份起，机关和事业单位从7月份起执行。这次改革的基本原则是贯彻“按劳分配”，将党政机关、事业单位职务等级工资制改为结构工资制。按照工资的不同职能，分为基础工资、职务工资、工龄津贴、奖励工资4个部分。巴中县参加这次工资改革的职工9516人，升级8594人（含升两级的4347人），升级面为90%，人均增资20.41元，并将原四类工资区调整为五类工资区。通江县参加工改的7799人（含对照此工资制度的企业单位职工233人），人均月增资25.42元，减去教、护龄津贴后，人均月增资23.46元。南江县参加工改的机关团体、企事业单位全民固定职工1.12万人，普遍升一级工资，其中参加工改的机关、事业职工6709人，月增资总额11.85万元，人均月增资17.65元。平昌县参加工改的7616人。改革前每人月平均工资61.38元；改革后，每人月平均工资81.89元，每人月平均工资20.16元。已离、退休、退职的职工不参加工资套改，另给予生活补助费。企业按一、二、三产业和不同类型建立新的职

务（岗位）工资制，实行企业工资调整和改革同党政机关事业单位脱钩，企业工资总额的增长同经济效益挂钩，企业职工的劳动报酬和贡献大小挂钩。

1993 年，国家机关和事业单位进行工资制度改革，国家机关和部分行使行政职能的事业单位工作人员实行职级工资制。实行职务工资制人员工资分职务工资、级别工资、基础工资和工龄工资 4 个部分。职务工资每一职务层次设若干档次，不同职务的工资标准不同。级别工资设 15 级，每一职务对应若干级别，相邻职务之间，级别适当交叉。基础工资 90 元，工龄工资按工作年限每年每月 1 元；机关技术工人实行岗位技术等级工资制，其工资由岗位工资、技术等级工资和奖金（活工资部分）3 部分构成。机关普通工人实行岗位工资制，由岗位工资和奖金（活工资部分）两部分组成；对事业单位中的专业技术人员实行等级工资制、岗位工资制、艺术结构工资制、体育津贴奖金制、行员等级工资制等 5 种不同类型的工资制，其工资由专业技术职务工资和津贴（活工资部分）组成；管理人员实行职员职务等级工资制，其工资由职员职务等级和岗位目标管理津贴（活工将从资部分）组成；对事业单位中的工人按技术工人和普通工人分别实行等级工资制，其工资由等级工资和津贴（活工资部分）组成，并建立正常的增资制度。这次改革于 1994 年结束，全地区参加工资制度改革的 5.01 万人，套改月增资 426.4 万元，月均人 85.20 元，其中机关 1.2 万人，月增资 102 万元，人均月增资 82.87 元；事业单位 3.8 万人，月增资 324 万元，人均月增资 85.96 元。

二、调资、增资

1956 年，境内各县党政机关、企事业单位（包括国营企业、供销社及公私合营企业）全面进行工资改革，取消工资分和物价津贴，实行货币工资制。县为一类工资区，并对乡（镇）干部首次评定工资等级。

1963 年，境内各县对党政机关、企事业单位职工开展调资升级工作。调资升级，通江县由一类工资区调为三类。全县 6088 名职工有 5298 人增资，人均工资由 29.36 元增加到 34.83 元。南江县全民所有制职工 3643 人有 2144 人增资，月增资金额 2.84 万元，人均月增资 55.19 元，升级面和增资人数分别为职工总数的 39.36% 和 46.69%。平昌县 4520 名全民所有制职工中，升级的 1752 人，升级面为 38.76%。

1971 年，各县开展调整全民所有制企事业单位的低工资。1957 年底前参加工作的三级工、1960 年底以前参加工作的二级工、1966 年底以前参加工作的二级工和低于一级工的人员以及上述人员工作年限相同、工资等级相似的均调升级别。平昌县 6056 名职工中，升级的 3135 人（其中升两级的 951 人），升级面为 51.8%。南江县实调 3408 人，分别占职工总数和应调人数的 45.18% 和 97.48%，月增工资总数 2.64 万元，人均月增 8.13 元。通江县调升工资 4207 人，享受“填平补齐”1273 人，调资后月人均工资 42.95 元。

1977 年，对 1971 年底前参加工作的一级工，1966 年底前参加工作的二级工，以及工作年限相同、等级相似的企业干部和商业、服务业、文教、卫生、国家机关等部门的大部分职工，均升一级工资，其余职工按 40% 的升级面调整。在上述政策规定之外，而工资偏低的其他职工也适当增加工资，时称“坐车赶船”。通江县全民职工调资 4417 人，人均月增资 5.7 元，县以上集体单位和企事业单位职工调资 1817 人，人均月增资 5.20 元。南江县全民职工调整 4274 人，人均月增资 6 元，平昌县职工调资 4064 人。

1979 年，按 1978 年底职工总数 40% 安排，根据劳动态度、技术高低、贡献大小考核升级。通江县全民职工升级 426 人，人均月增资 5.98 元；调类 1.01 万人，人均月增资 1.20 元；集体单位、事业单位参照全民规定，升级 1298 人，人均月增资 5.56 元。平昌县全民所有制单位在调资范围的 9162

人中升级的有4058人，升级面为44.5%。南江县升级职工5950人，升级面为40.2%。

1981年，各县对文教、卫生、体育部分职工调资。采取先补、后靠、再升级的办法进行。南江县共调升2639人，占应调职工总数的8.76%，人均月增资8.56元。平昌县调升2962人。通江县调升2904人。

1982年，对党政机关、事业单位和部分职工调资。通江县、平昌共升级5571人。1983年，对县属企业单位职工调资，通江县列入调资范围的5584人，升级3967人；平昌县列入调资范围的3534人，升级的3321人；南江县升级职工3299人。公安干警从1982年起，改靠“人民警察工资标准”执行。

1987年10月起，将中小学教师和幼师的基础职务工资标准提高10%。1988年1月，对执行专业技术职务聘任制的事业单位，受聘担任讲师、助理研究员、主治医师、工程师以及相当中级专业技术职务和国家机关、事业单位行政管理工作的专业技术人员，现基础工资为119元、110元、102.5元、94.5元（五类工资区）能胜任本职工作、起骨干作用的，提高二级工资。巴中县3772人升级，升级面为34.6%。

1989年，各县党政机关、事业单位职工普遍调工资。这次调资是继1985年以来，调整范围最广泛、增资最多的一次。巴中县调资人数为1.24万名，人均月增资6.9元，其中有1.11万人在普调一级的基础上再升一级。平昌县参加调资人数8950人。在这次调资中，把解决专业技术人员的工资作为重点，将各类专业技术职务的起点工资分别提高2个档次。同时，为解决国家机关、事业单位的专业技术人员和行政干部工资中的突出矛盾，达县地区人事局还分别给各县下达工人机动升级指标。巴中县工人机动升级指标103个、平昌县72个。1993年，对国家机关、事业单位职工普调一级工资。巴中县调资人数为1.51万人，通江县调资人数9941人。

1994年起，通过第3次工资制度改革，国家机关和事业单位均建立起正常的增资制度。1996年，首次按规定正常晋升工资档次。巴中地区国家机关、事业单位共5.48万名工作人员晋升工资。对全地区809名公安干警和政法干警实行警衔津贴和政法工作人员津贴；对68名人武干部实行人民武装部工作人员津贴。全地区初步建立起多层次、多形式的分配制度。

1998年，对全地区机关、事业单位6.26万名职工的工资标准进行调整，对职务工资和级别工资进行正常晋升。全地区月增资132.9万元，年增资2393.4万元；正常晋升职务工资5.29万人，年增资2393.4万元；正常晋升职务工资5.39万人，月增资132.8万元，年增资1991.3万元；正常晋升级别工资7244人，月增资11.8万元，年增资141.7万元；事业单位提前（越级）晋升2673人，月增资9.4万元，年增资759.8万元。是年，全地区共增资5399万元。

1999年，对全地区机关事业单位6.08万名工作人员调整工资标准，调整后，全地区月增资765.9万元，人均增资126元。对地级单位250名工作人员进行正常晋升职务工资。2000年，按政策规定，对全市1998年、1999年考核为称职以上的工作人员，进行第三轮正常晋升工资档次。

三、工资管理

1985年，工资制度改革后，对全民所有制企业、事业、国家机关团体单位的工资基金，实行指标控制，分级管理。1991年7月起，境内各县统一实行新的工资基金管理卡制度，发放工资基金手册，分年度下达工资总计划。1992年，为控制消费基金盲目增长，各县进一步加强工资基金管理，将原来的一月一报改为季度一报。同时，下达工资基金预控计划。1997年，执行国家统一的工资政策，严格工资总量和增资总量的管理，每次调资晋级都严格执行政策标准，按审批程序进行。

第二节　津补贴

一、津贴

1963年11月起，境内通江县在县属铁厂、煤厂的矿山、井下职工中实行津贴，每人月发4~8元，按实际出勤天数和工资等级高低计发。

1973年1月起，县级机关驾驶员每月按本人标准工资的5%计发驾驶津贴。1975年3月起，通江县对县属铁厂、煤厂的矿山、井下职工不分级别高低，每人班0.2元；6月，煤矿井下采煤、掘进和人力运输工每人班0.6元，其他工种班0.4元。8月，平昌县对采煤掘进、人力运输工种每人班0.6元，其他工种班0.4元。

1979年起，商业、供销企业中从事废旧物资回收工作的职工按实际出勤月分等计发卫生津贴，一等每人每天0.30元、二等0.20元、三等0.10元。是年11月起，各县中小学实行班主任津贴。中学班主任每人月津贴5~7元；小学班主任每人月津贴6元。

1980年起，被省教育厅批准的特级教师（含民办学校）实行特级教师津贴，中学每人月津贴30元，小学每人月津贴20元。是年2月起，医疗卫生系统专职从事或直接接触有毒有害的和传染性危害的医务工作人员，按类计发卫生保健津贴，一类每人每月13~15元、二类10~12元、三类7~9元、四类4~6元。7月起，对城市清运垃圾、粪便、清扫街道和其他接触有毒物质的职工，按劳动强度和条件，以出勤日计发环境卫生津贴，每人每天0.2~0.4元。

1984年3月起，对专职从事和接触有毒有害、传染危害的畜牧兽医人员，按工作性质、工作量大小、时间长短、条件好坏及危害健康的程度，分等计发畜牧兽医津贴，甲等每人每月2~25元、乙等9~11元、丙等4~8元。6月起，各县对广播电视台（站）播音员每人每月发津贴5元。

1985年开始，在国家机关、事业单位建立工龄制度。计发办法，从本人参加工作开始计算，到离退休为止，但领取工龄津贴的工作年限最多不超过40年。津贴标准，1985—1991年底，每工作1年每月0.5元，从1992年1月起调整为1元，且按实际工作年限计发。

1987年起，对从事废旧物质回收加工人员发放卫生津贴，并区别不同工种按天计发，一等0.65元，二等0.45元，三等0.25元。

1991年4月1日起，企业小车驾驶员津贴可参照执行机关事业单位小车驾驶员津贴补助。

1993年3月起，执行煤矿井下工作津贴、高温冶炼津贴、露天采矿津贴、有毒有害津贴，其标准分别为每人每天0.89元、0.86元、0.6元、0.87元。12月，对从事废旧物质回收加工人员发放的卫生津贴标准进行调整（不同工种按天计发），一等1.8元，二等1.5元，三等1.2元。

1994年，工资制度改革后，机关事业单位按工资套改计算办法，人均保留72元津贴、补贴，发放的各种物价福利性补贴一律停发（含离退休人员）。未参加工资改革的离退休（职）人员，按规定照发书报、洗理费。1979年11月前参工人员（含离退休人员）的老粮贴继续执行。其他机关事业单位人员的值勤、办案、外勤、教龄、班主任、护龄等津补贴均照例执行。1995年，机关事业单位发放超64元津补贴，每人每月按78元发给。离退休人员与在职人员一样对待。同时，停发其书报费、洗理费。1996年起，对公安政法干警和人民武装部工作人员实行警衔津贴、政法工作人员津贴、人民武装部工作人员津贴。

二、补贴

1964 年 7 月起，对实行三班制生产的企业给深夜班职工发补贴，每人班 0.12 元，1974 年 8 月调为 0.20 元。

1966 年 8 月，粮食提价后，对职工实行粮价补贴。凡有城市供养人口的，每人月发 3 元；无城市供养人口的和学徒工 1.30 元；行政 17 级以上干部不发。1971 年 11 月起，对 1966 年 8 月 1 日以后参加工作的固定职工（含复退军人），原没有实行粮贴的，不分有无供养人口，每人月发 1.50 元。

1978 年 4 月起、实行两班制的企业也可发补贴，中班 0.20 元、深夜班 0.30 元。实行长白班的企业，生产（工作）到 23 时以后，补贴 0.3 元。

1979 年 11 月，工资区由三类调四类后冲销部分粮贴，新参加工作的职工一律不再实行粮贴。是月，主要副食品销价提高后，机关、企事业单位的固定职工每人月补贴 5 元。1984 年 4 月，调整深夜班职工补贴标准，中班调为 0.5 元，深夜班和长白班 0.6 元。机关事业单位因工作需要工作到 23 小时以后的可参照企业中班执行。7 月起，对部分干部的工资级别与所任职务不相应的，均实行职务补贴。

1985 年 1 月，生猪价调整后，对全民职工每人月补贴 3 元，城镇集体职工参照执行，享受社会救济的居民每人每月提高救济补助费 2 元。是年，工资改革时取消职务补贴。农、林业和水利系统科技人员在基层工作的从 1984 年起上浮一级工资。1986 年 2 月 1 日起，职工夜班补贴标准为中班 0.6 元，深夜班 0.8 元。做长白班的因生产（工作）需要，经批准延长到 23 点以后的，按深夜班对待。

1988 年 7 月 1 日起，对职工夜班补贴标准进行调整，中班每人每天 1.1 元，深夜班 1.6 元。

1991 年，提高粮油统销价格后，将粮油价格补贴每人每月 6 元列入企业职工标准工资之内，从 5 月执行。

1992 年 11 月起，对职工夜班补贴标准进行调整，中班每人每天为 1.7 元，深夜班 2.4 元。同时，在粮油销售价格放开后，对符合规定补贴范围和对象的各类人员的粮油价格补贴标准一律按每人每月 2 元补贴。

1994 年，工资制度改革后，机关、事业单位原发放的各种物价福利性补贴一律停发。

第三节　福　利

一、福利费的提取和管理

20 世纪 50 年代初期，境内各县成立职工困补助委员会，负责干部职工困难补助费的审批。1953 年起，按工资总额的 2.5% 提取福利费，主要用于解决体弱多病、家庭困难、多子女的职工。以人员比例不超过 15%，标准金额在 15 ~40 元的幅度内统一掌握使用。1956 年，改变职工福利费的管理使用权限，县级机关团体及部门职工福利费由主管单位掌握，区、乡（镇）由区统一掌握。1957 年，国务院《关于调整国家机关工作人员福利费标准的通知》规定：区以上职工福利费，按照工资总额的 3% 计算，乡（镇）按 1% 计算。主要用于职工家属生活困难、患病医药困难、死亡埋葬困难、职工其他特殊困难以及职工集体福利事业等五项。60 年代，职工福利费主要用于机关托儿所、幼儿园、理发室、浴室等集体福利事业。1962 年起，乡以上职工福利费，均按月工资 20% 计支，由人事部门统一掌握，调剂使用，并报销职工一年一度的探亲车船费。1965 年，又按职工工资额的 2.5% 提取。

1966年起，职工福利费由各单位掌握开支。1969年起，厂矿企业的福利费由1969年前按职工工资总额8%提取提高到11%，直接用于职工福利和医药卫生支出，由企业统筹安排，调剂使用。1982年，贯彻执行《四川省人事厅、四川省财政厅关于管理使用国家机关工作人员福利费的暂行规定》，职工福利费按工资总额的2.5%提取，各单位建立健全福利委员会。个人困难补助，由本人申请，福利委员会讨论决定。集体福利费开支，先征求群众意见，会同人事部门研究后，报领导批准执行，定期向群众公布福利费使用情况。

1984年，执行《四川省人事局、四川省财政厅关于使用国家机关工作人员福利费的暂行规定的补充通知》，境内改进福利费提取标准，县按3.5%，乡镇按4%提取。主要用于解决职工在生活上遇到的实际困难和集体福利设施建设必须解决的问题，坚决制止乱花乱用和按人均分福利费的错误做法。1989年起，随着财政体制的改革，境内各县、区、镇乡机关、事业单位福利费，由县财政在下拨财政包干经费时，并划拨，包干使用。到1993年，巴中市（县级）市级机关、事业单位累计支出福利费32.70万元，其中补助困难职工6101人（次），金额16.2万元；集体福利事业支出16.5万元。

二、福利待遇

民国29年（1940年），境内各县政府对公务员及老年教师实施退休抚恤制度，将退休费列入财政预算。

民国33年（1944年）11月，国民政府施行《各级职雇人员请领战时医药、生育补助和发给食盐办法》，南江在田粮、税务、银行、中学校等单位的公教人员中实行，医药及生育补助费，经主管长官审核后，由服务单位垫发，按月函送省卫生署下拨归垫。

1950年1月起，国家机关实行供给制的女职工产前产后休息1个月，休息期间生活标准按中灶执行，生产期另发一定数量的红糖、鸡蛋、草纸及小孩所用棉花、细布等物资。小产假期1个月。

1951年，贯彻实施《劳动保险条例》，企业女职工产假56天，双生或难产70天，小产30天；女职工或男职工之妻生育时，发给生活补助费4万元（旧币）。

1953年1月起，企业职工死亡后，按《劳动保险条例》规定，发给丧葬补助费。另按供养直系亲属人数发给定期抚恤费；因病或因工死亡由劳保基金项下一次性发给救济费。

1955年，国务院颁发《国家机关工作人员退休处理暂行办法》。是年起，国家机关、事业单位工作人员死亡后，除发给50~100元丧葬费外，另按职务高低发给抚恤费。其标准为牺牲450~230元，病故360~200元。对遗属生活有困难的，实行临时或定期补助，为每人每月8~12元。

1956年1月起，境内通江、南江、巴中、平昌4县开始按此办法办理符合条件的职工退休。是年1月，境内各县相继建立公费医疗制度，县级机关和事业单位职工医药费按每人月发大米5斤，区以下机关按10斤提取，供给制人员病假期间原供给待遇照发；薪金制人员按工龄长短和病假时间计发；医药费、住院费由本单位报销。

1958年1月起，门诊挂号改由个人负担，住院费个人负担20%。是年，各县发放职工退休费按国务院《关于工人、职员、退休处理的暂行规定》执行，有的由民政部门发给；有的由原单位发给。

1978年，国务院对职工退职退休作出新规定，境内各县从1979年1月起执行，退休费一律由原单位发给。退职按本人标准工资40%发给，低于20元的按20元计发。是年，只生一个子女的女职工产假70天，婴儿在2周岁内，女职工可请长假，假期内给本人发标准工资60%~70%，工龄照算，每月发独生子女费5元，发至14周岁止。计划内的亦工亦农轮换工（合同工）、季节工、长期临时工和合同制工人享受90天，其中产前休假15天，难产的，增加产假15天，多胞胎生育的，每多生育一个婴儿，增产假15天，产假期间工资照发。

1979年2月，国家机关、事业单位工作人员死亡后，抚恤费调整为牺牲650~500元，病故550~400元。其遗属生活有困难的，实行临时或定期补助。

1981年8月，调整抚恤标准，抚恤费总额不得超过死者生前工资或企业的平均工资标准。是年10月起，对国家机关、事业单位工作人员死亡后，遗属生活有困难的，实行临时或定期补助，居住县城的每人每月15~20元，县以下集镇12~15元，农村10~12元；1937年7月6日前参加革命工作的遗属中的父母、妻子，每人每月补助30元。

1983年8月起，退职生活补助费提高到25元。职工退职退休后按国务院和省有关规定享受不同标准的待遇外，还享受粮贴和副食品价格补贴。1985年1月起，机关事业单位的退休职工未参加工改的月发补贴17元；企业退职退休职工月发补贴15~17元。是年，工资制度改革后，公费实行门诊包干，住院费分别负担的办法。

1988年1月起，贯彻四川省人事厅、财政厅《关于退休干部待遇有关问题的试行意见》境内机关、事业单位退休干部、工人生活待遇除享受国家法定退休金和各种生活补贴外，还享受除奖金以外的在职职工的一切非生产性福利待遇。

1989年9月，对国家机关、事业单位工作人员死亡后，遗属生活有困难的，实行临时或定期补助。县和县以下集镇每人每月20~25元，农村每人每月17~20元；1937年，7月6日前参加革命工作的为45元。是年10月18日起，调整机关、事业单位工作人员死亡后遗属生活困难补助标准。

1993年10月起，工资制度改革后，职工福利政策一律按规定办理。在职人员死亡，发给一次性抚恤金，计发基数为本人生前最后1个月基本工资。机关公务员为职务工资、级别工资、基础工资、工龄工资4项之和；机关工人和事业单位工作人员为职务技术等级工资与按国家规定比例计算的活工资之和；离退休人员计发基数为死者前最后1个月离退休费总额（不包括物价福利性津、补贴）。遗属生活困难补助标准，改为以职级工资制的基础工资为基数按一定比例计发。居住在巴中市（行署所在地）区的，每人每月按基础工资的80%计发；居住在县及县以下城镇的每月每人按基础工资的70%计发；居住在农村的，每人每月按基础工资的60%计发。是年，实行工资制度改革。对1993年9月30日以前机关、事业单位已离、退休的人员和规定的退职人员，在原离退休费、退职生活费（含津、补贴）基础上，离休人员原则上按同职务在职人员平均增资额的100%，退休人员按同职务在职人员平均增资额的90%，退职人员按50%计增离、退休费和退职生活费。凡国家机关、事业单位在职人员增加工资或调整工资标准，离退休人员按照调整工资幅度相应增加离、退休费。

1996年5月1日，全地区机关、事业单位养老保险工作在通江起步运行。通江县481个机关事业单位参保466个，在职职工1.15万人，参保1.06万人，离、退休人员1989人中被纳入养老保险范围的达到1791人。地（市）级机关、事业单位及各县、（区）相继建立养老保险制度，1998年，全地区1.15万人增加离、退休费，月增资46万元。对在乡镇从事农业技术推广工作20年（女15年），并在该岗位退休的国家农技干部增加10%退休生活的补贴。12月11日起，在农村乡镇及以下中小学校从事教育教学工作，男满30年，女满25年，并在教育教学岗位上退休时工作单位在农村的退休教师，包括已办理退休手续人员实行享受退休时全额工资待遇。

2000年，全市增加离退休人员退休费，属增加定期生活补助。

第五章　离退休管理

第一节　离退休（职）概况

民国时期，地方各级公教人员，实行委任与聘用制度，随时可以辞退或解雇；老、病、丧失工作能力者，发给一次性津贴。

中华人民共和国成立后，党和人民政府实行劳动保险制度，对干部职工的离休颁布规定和条例。1953 年起，境内各县先后开始办理退职退休。1956 年 1 月起，巴中、通江、平昌、南江 4 县正式实行国家机关和部门工作人员退职退休制度。到 1966 年上半年，仅南江县办理职工退休 18 人、退职 318 人。1966 年后，退职、退休工作停止。1973 年，各县恢复退职、退休制度。1978 年后，执行国家职工退职退休新规定，严格坚持退休条件，把好年龄、身体、工龄“三关”，切实做好安置工作。至 1985 年，平昌县人事局共批准职工退职 242 人、退休 2030 人；南江县共批准退休退职 286 人。1986 年末，巴中县离退休职工达 4478 人。1988 年 1 月，贯彻执行中央组织部、人事部《关于认真执行干部退离（休）制度有关问题的通知》精神，境内各县对是年达到退休年龄的干部进行造册登记，到龄前 1 个月内通知本人所在单位办理退休手续。到 1993 年底，全地区党政机关事业单位离退休干部 1.46 万人，其中离休 267 人、退休 1.44 万人。

1994 年，党政机关改革全面推进。为圆满完成机构改革任务妥善安置机关富余人员，地委、行署出台机关工作人员离、退休优惠政策。对已到退休年龄的，无需本人申请，从到龄的下月起，所在单位应及时办理离、退休手续。符合《国家公务员暂行条例》第七十九条规定，即男满 55 周岁、女满 50 周岁，且工作年限满 20 年；或工作年限满 30 年的，本人申请，经组织批准，可提前离退休。在机构改革中，提前两年离退休的可增加一档职务工资，如本人按工资改革政策的规定，在 1997 年 9 月 30 日以前符合按工作年限晋升级别工资的，还可增加一级级别工资；提前 3 年以上退休的，可增加 2 档职务工资，如本人级别工资未达到本职务对应的最高级别的，还可增加级别工资。

第二节　管理服务

20 世纪 50—70 年代，离退休干部职工极少，由组织人事部门统管。70 年代后，离退休干部职工逐年增多。

80 年代，为加强离退休干部管理工作，境内各县相继成立退休干部管理委员会干休所（处）；县级主管部门及各区、乡（镇）成立退休职工管理小组，并配备 1 名专兼职干部做具体工作。1985 年，南江县请三军医大赴南医疗队为离休干部作全面体检，讲老年常见疾病的预防和治疗知识。在县人民医院设老职工治疗室，确定专门医护人员治疗和护理老职工疾病，并修建老职工乐园，定期或不定期举办老龄文娱、体育活动。1988 年，巴中县修建离退休老干部活动中心 1 个，在全县建立离退休干部活动室（站）114 个，成立离退休职工协会、老年体协、养老协会等群众组织 28 个，定期开展棋类、牌类、座（谈）唱、舞蹈等活动。1990 年，平昌县离退休科技人员协会受到达县地区表彰，荔枝乡退休干部杨志高受到省人事厅表彰。据《平昌县年鉴》记载：1990 年底，全县区、乡（镇）建立退管机构 65 个，占应建数的 91%，县级部门建立退管机构 8 个，占应建数的 80%。

1992 年，各县 2 次调整离退休人员生活待遇，缓解离退休人员待遇偏低矛盾。

1994 年后，在机构改革中，全地区退管机构得到进一步发展和巩固。各级人事部门始终把落实“两个待遇”（政治待遇、生活待遇）作为退管工作重点。在政治上关心老干部，坚持政治待遇与退休前基本相同，按规定参加有关会议，参加政治学习，阅读有关文件，听取工作报告和参加重大政治活动。不少老干部受到省市委表彰，其中离休干部杨绍谷受到中组部、四川省委表彰，渔溪镇离休老干部党支部被四川省委授予“全省优秀党支部”称号。在生活待遇方面，除领取国家法定的退休金和各种生活补贴外，还享受除奖金以外的本单位在职职工一样的非生产性福利待遇。同时，多方解决离退休职工具体困难，对年老体弱、行动不便无人照顾者派人予以照护，每年逢年过节都对退离（休）干部进行慰问。定期给老干部检查身体，优先就医，对离休干部住房按不超过当地群众一般住房水平给予妥善解决。

至 2000 年，全市落实老干部“两费”政策，市委、市政府累计筹措资金 179 万元，争取中央转移支付资金 80 万元，解决离休老干部离休费、医疗费等问题。其间，先后 7 次对离退休人员增加退休费，人均增资在 200 元以上。全市老干部绿化荒山 13.33 公顷，调解民事纠纷 100 余起，为唐巴公路建设扶贫捐资 40 万元，救助失学儿童、残疾人 21 人、建言献策 500 余条。

第六章　政治体制改革

第一节　党政机构改革

1962 年，实行精兵简政，境内各县开展第一次机构改革。这次机构改革的重点是压缩机构、精简人员编制。巴中、平昌、南江 3 县将县财委与计委合并，成立县财政经济计划委员会；将文教科与卫生科合并，成立文教卫生科；将工业科与交通科合并，成立工业交通科；撤销人事科，业务纳入民政科；撤销农业机械局，业务纳入工业交通科；撤销财政局，恢复财政科；税务局并入财政科；县供销社从商业局析出单设。通江县撤销县财政经济委员会，成立县财贸办公室；撤销劳动科、人事科，业务并入民政科；成立县手工业管理局、统计局；县物资局更名为达县专署物资局通江办事处；裁农机局，其业务划入农林水利科；工业、交通科合并为工业交通科；恢复县供销社。平昌县撤销县委所属的农村工作部、财贸部、工交部。政府工作部门由 1957 年的 18 个减为 16 个，党政机关、群众团体编制员额 679 人，比 1961 年减少 349 人。1955 年底，巴中“县人委”办事机构由 21 个减至 18 个。通江县所属行政机构为 6 科 2 室 2 委 6 局。计 16 个，比 1957 年减少 2 个。

1966—1976 年，境内各县编制一度失控，机构不断增多。至 1980 年底，通江县革委所属机构为 21 局 5 室 4 委 3 行 1 社 1 科，计 34 个；巴中县革委所属机构为 6 室 6 委 24 局 1 社，计 37 个。此外，还设有非常设性的临时机构和政府序列外机构，造成机构重叠，效率低下。

1983年冬开始，境内各县开展第二次党政机构改革。这次改革的重点是撤销重叠机构，合并业务相近的机构。机构撤并，各县基本一致。县委工作部门中，撤销财贸部、农工部和工交部，其业务分别归并到县农贸办和经委管理。县人民政府工作部门中，撤销标准计量管理局，成立标准计量管理站；撤销农业局，成立农机化服务公司，并划归经委领导；撤销外贸局，成立对外贸易公司；撤销物价管理委员会，成立物价局；撤销城建办、沼气办，成立城乡建设环境保护局；撤销物资局，成立物资供应公司；撤销医药局，成立医药公司；撤销劳动人事局，成立劳动局、人事局；档案局与档案馆合并，实行局馆合一的体制；县安全生产领导小组办公室挂靠人事劳动局；县保密委员会办公室由县委办代管；信访办归县委办领导，老干局划归组织部领导，广播电视局归宣传部领导；农机、医药、二轻改为公司；县供销社实行理事制，不列为政府工作部门；撤销多经办；爱国运动委员会办公室、精神文明办公室，列为县政府领导下的事业单位。通过这次改革，境内各县机构均有减少。巴中县县级工作部门由58个减少到31个，减少46.6%。同时，改革干部人事制度，下放干部管理权限，按照“四化”要求，废除干部终身制，实行任期制和聘任制。

1993年，县级机构改革，实行控编“消肿”，从严控制党政群机关事业单位的机构和人员编制盲目增长。

1994年，4县（市）按照“小机构，大服务”的总方向，撤销非常设机构，合并职能相同或相近局、科，清理党政、事业单位人员编制，清退临时人员。地级机关按照中央文件要求，机构设置与改革一步到位。

1995年3月7日，地委、行署召开全地区党政机构改革暨推行公务员制度会议，安排部署党政机构改革工作。出台《关于巴中地区地级党政机构改革方案的实施意见》《关于巴中地区县市、乡镇党政机构改革方案的实施意见》《关于做好地级各部门“三定”工作的通知》等一系列文件。

1996年1月13日，中共四川省委、四川省人民政府印发《关于巴中地区党政机构改革方案的通知》。地委、行署上半年完成地级“三定”（定机构、定编制、定职能）方案的批复。下半年，完成县乡机构改革方案的批复。地级部门在进行“三定”中，以转变职能为重点，对本部门的职能进行分解，明确应强化、转移、下放和取消的职能，并逐一落实。在实行政企分开上，撤并中间层次的经济部门28个，真正使企业成为自主经营、自负盈亏、自我约束、自我发展的法人实体和市场主体。在强化社会中介组织方面，重点发展不需财政供给的审计师事务所、会计师事务所、律师事务所、资产评估事务所、信息咨询中心、职业介绍所等10余个社会中介组织。在弱化专业经济管理部门改革中，取消商业局、医药局、物资局、外贸局、二轻局、工业局、建材工业局等行政局牌子，将其转为经济实体或行业总会，其行政职能划归政府有关部门，其他专业经济部门与公司彻底分开，各司其职，各负其责，恢复供销社集体所有制合作经济组织性质。在强化综合经济管理部门的宏观规划与调控、经济发展预测等职能方面，减少分钱分物，批指标项目等微观管理职能和具体审批事务。在加强执法部门的监督职能改革中，健全物价、技术监督、法制、国资等机构。在全面清理和整顿部门之间职能交叉、扯皮问题上；经过努力，解决一批部门之间职能交叉扯皮的问题。地级党政机构改革和县（市）、乡镇党政机构改革方案基本按上级党委、政府批复方案执行，没有扩大编制、增配领导职数及改变机构性质情况。地级共设置党政工作机构36个，部委局管理机构12个；议事协调机构实体办事机构6个（其中单设办事机构的2个，合署办公的4个），撤销议事协调机构12个，确需保留的对外挂牌，其职能由有关部门或由有关部门的科室承担。地级党政群机关行政编制（不含政法系统编制）省下达巴中地区915名，地区实际下达地级各部门719名，按省下达数共节编196名，实有人员710名。巴中市（县级）党政机构设置37个，比原有53个减少16个，精简30%；另设部委局管理机构5个，议事协调机构实体办事机构3个，撤销议事协调机构15个。行政编制795名，比1996年底实有人数1125人减少330名，精减29%。通江、南江、平昌3县党政机构平均设置37个，比原有149个减少38个，平均减少12个，精简25%；另外各县平均设部委局管理机构5个，议事协调机构实体办事机构3个，平均撤销议事协调机构14个。行政编制2060名，比1996年底实有人数2596人减少536名，精减20%。乡（镇），党政机构一类设6个、二类设5个，三类设助理员不设职能机构，各县（市）在此范围内根据实际自定。行政编制共6219名，比1996年底实有人数5136人增加1083名。

1998年3月，政府机构改革全面展开。机构改革按照政企职责分开、精简、统一、效能的原则，围绕“小机构、大服务”的方向，精简机构，转变职能，合理划分各部门的职责权限，调整、归并业务相近、职能交叉、重叠的机构，并精简内设机构和人员。是年起，推行公务员制度，实施国家公务员录用、考核、职务升降、培训、奖励、交流、回避、退休等各项制度。

1999年，启动乡镇事业单位（不含教育、卫生）改革。这次改革以归并重叠机构，明确工作职能，界定单位性质、核定人员编制、理顺供给渠道、确定人员经费、规范人事管理为主要内容。

2000年12月11日，巴中市委印发《关于原中共巴中地委、地纪委及地委各部门（单位）、地级各群众团体机构更名暨干部职务名称变更的通知》。原中共巴中地委各部门（单位），凡机构名称前冠以“中国共产党四川省巴中地区委员会”的一律改为冠“中国共产党巴中市委员会”新名；原中共巴中地委各部门（单位）内设机构的名称，随着机构的变更做相应变更，其职能、职责及级别保持不变；原中共巴中地委各部门（单位）机构名称变更后，涉及的所有干部的职务一律按新机构的标准职务称谓执行；原巴中地区各群众团体，凡冠以“四川省巴中地区”的，一律按改为冠“巴中市”新名，机构的标准称谓做相应变更，并按上级对应部门的名称及有关章程执行。12月25日，巴中市委印发《关于原人大工委、行署、政协工委、法院、检察院及其工作机构更名的通知》。根据国务院和省政府关于巴中地区撤地设市的有关要求，巴中市第一届人民代表大会第一次会议选举产生“巴中市人民代表大会常务委员会”“巴中市人民政府”“四川省巴中市中级人民法院”“四川省巴中市人民检察院”，中国人民政治协商会议第一届巴中市委员会第一次会议选举产生“中国人民政治协商会议第一届巴中市委员会常务委员会”，原“四川省人民代表大会常务委员会巴中地区工作委员会”“四川省巴中地区行政公署”“四川省政协巴中地区工作委员会”“四川省巴中地区中级人民法院”“四川省人民检察院巴中分院”即行撤销。市委决定：原四川省巴中地区行政公署各工作机构、部门管理机构、议事机构及其办公事机构、直属事业单位，凡机构名称以前冠以“四川省巴中地区”的一律改为冠“巴中市”新名。驻外办事机构更名为“四川省巴中市人民政府驻××办事处（联络个）”；原四川省巴中地区行政公署各部门内设机构及各部门所属事业单位的名称，随着机构的变更做相应变更，机构级别保持不变；巴中市人民代表大会常务委员会综合办事机构按新批机构及名称运行；中国人民政治协商会议巴中市委员会综合办事机构及专门委员会按新批机构及名称运行；巴中市中级人民法院、巴中市人民检察院内部机构及所属事业单位的名称，随着机构的变更做相应变更，机构级别不变。

第二节　人事制度改革

1992年，境内各级组织部门开始对人事制度进行改革。

1993年起，按照扩大民主、完善考核、推进交流、加强监督的要求，认真贯彻《深化干部人事制度改革纲要》，对全地区新提拔的副县（处）级以上领导干部一律试行“试用制”。试任一年满后，由本人写出详尽的述职报告，经所在单位民主评议，组织考核后，再正式任命。不合格退至原职级，重新安排工作。

1994 年 1 月 25 日，地委讨论通过《对提拔担任副县级以上领导干部实行试任制》的决定。试任干部试用期一年，试任期满后，由地委考核领导小组办公室进行考核。根据考核结果，对优秀和称职的可以按期正式任命；对基本称职的可任命同职级非领导职务；对试任不称职的，退回原职级使用。

1995 年起，从乡镇村级干部开始，逐级逐次推进领导干部公开选拔，扩大干部选任工作的民主化进程。全面推行村干部公推公选。按照公开村情、公开任职条件、公开报名、严格审查资格、认真面试答辩、依照章程选举等程序，选出群众公认的、政治突出的优秀领导干部。开展乡镇领导干部民主竞选。将“公开、平等、竞争、择优”的选人用人机制引入乡镇领导干部的选任之中。通过试点，制定出《全市普遍开展乡镇领导干部民主竞选意见》，对职位确定、任职资格与条件、报名方法、竞选条件、竞争标的、推选办法和程序等问题作出明确界定。同时，全地区开始从乡（镇）村级干部中推行领导干部公开选拔制度，以扩大干部选任工作的民主化进程。

1996 年 3 月，巴中地区行署制定印发《巴中地区实施公务员制度意见》。是月，地委、地署召开巴中地区党政机构改革暨推行国家公务员制度动员会议，全面安排部署巴中地区推行国家公务员制度的入轨工作，推行国家公务员制度在全地区范围内正式启动实施。为稳妥实施公务员制度，按照先地级，后县市级，再乡镇顺序进行。实施国家公务员制度的范围是各级政府工作机构及其派出的行政机构，以及其他行使国家行政职能，从事管理活动的单位。整个工作分三个阶段进行。第一阶段为准备阶段，其任务是组织工作班子，培训工作骨干；宣传贯彻《国家公务员暂行条例》，学习公务员制度有关知识，掌握熟悉有关政策法规和配套文件，拟定实施方案。第二阶段为实施阶段，依据机构改革的“三定”方案，分解职能，参照原有单位设置运行的状况，合理划分设置各层次的职位；以职数设置为依据，严格按照国家公务员条件和要求，搞好人员过度工作；组织实施公务员录用、考核、纪律、职务升降、培训、奖励、交流、回避、退休等项制度。第三阶段为检查验收阶段，在各地、各单位自查总结的基础上，由上级政府或同级政府人事部门组织检查实施范围、职位设置、人员过度、职务任命、确定级别和职级工资等制度及规定的实施情况。

1997 年起，随着公务员过度工作的完成，《国家公务员暂行条例》的相关配套单项法规全面实施，录用公务员“凡进必考”，中层干部必须竞争上岗，职务晋升必须有职位空缺，公务员年度考核成为公务员日常管理工作的重点。地、县（市）每年都统一组织考核组对公务员进行考核。同时，不断改进考核办法，并逐步探索建立起以工作实绩为核心的量化指标体系和考核评价标准，大力推进公务员“凡进必考”“凡升必考”制度。是年，南江县率先在人事局、教委等 5 个部门进行中层干部竞争上岗，一般干部双向选择试点，随即在全县推开。巴中市（县级）在市级机关中，对主任科员及以下非领导职务人员的任用，实行双考双聘。全市 36 个推行公务员制度的单位、9 个参照单位的非领导职务人员的晋升都实行“双考双聘”，共 960 人参加竞职竞岗，被聘上岗 895 人。巴中市（县级）公安局原有中层干部 102 人，“三定”方案核定编制 88 个；通过竞聘，14 名中层干部落聘，22 人新聘上岗。行署 44 个部门（含两个依照管理的事业单位）除个别单位“三定”方案未落实外，全部完成过度工作。到 1998 年 3 月，行署机关推行公务员制度工作全面完成并检查验收。

至 1998 年，全地区共交流县处级以上领导干部 150 人，其中省直机关下派到地、县 34 人，地级机关下派到县（市）级的 12 人，地、县上派到省直机关的 1 人，地直机关中层干部轮岗交流的 103 人（次）。共有 1483 个村实行村干部公推公选，共选任村干部 8887 名，其中原任干部 6253 名，新公选 2634 名；民主竞选乡（镇）党委正副书记、正副乡（镇）长 1822 人。公开选拔区科级领导干部 162 名，使领导干部选任工作的民主化进程向更高层次延伸。采取民主推荐办法，为 4 县（市）选配党政“一把手”。巴中、平昌2县（市）还公推公选36名女干部充实到区、乡领导班子。是年，全地区民主竞选乡镇党委正副书记、正副乡镇长1822人。

1999年，制定出台《关于规范公务员（干部）考试录用制度的意见》，“凡进必考”“凡升必考”制度在全地区展开。对新进人员，除政策性安置人员和个别特殊情况外，均实行考录办法。一些县（市）还在政府之间公务员职位的变动上，实行考试考核录用办法。

至2000年，全市新提拔的580余名副县级以上领导干部全部实行“试用制”。通过组织考核，试用干部中优秀的占12.3%，称职的占82.8%，均取消试用期，正式任命职务；基本称职的占4.4%，分别给予延长试用期半年以上的处理；不称职的占1.1%，被免去试任职务。试用制的实行，在全省尚属首例。对全市共交流副科级以上干部723人（次），其中正处级干部46人（次）、副处级干部189人（次）、正科级干部203人（次）、副科级干部285人（次）。异地任职的县（区）委书记、县（区）长分别占总数的75%和100%；公安局长、政法委和法、检“两长”异地任职面100%。是年起，全市开始推行领导干部任前公示制。同时，实行干部异地交流制度。县（区）党政领导干部任满一届有计划地进行异地交流。凡任满两届的，原则上必须交流；市级党政群机关的主要领导干部在一个部门任职满10年的，原则上要进行交流。在干部交流上做到有地区之间的横向交流，有干部上下之间的纵向交流，还有工作岗位间的轮换。是年，市委组织部、市人事劳动局转发《省委组织部、省人事厅关于印发〈四川省党政机关推行竞争上岗的实施意见〉的通知》，各级分别选择一些单位进行试点7月，市人事劳动局对政府7个部门27名拟晋升非领导职务公务员实行考任制。各级政府相继开展国家公务员制度各项法规的实施工作。党政领导干部避籍任职的有79人，其中市级8人，县（区）级71人。同时，全市全面完成县（区）级和乡镇机关推行公务员制度工作，8239名机关干部通过公务员过度考试、资格审查，过度为国家公务员。国家公务员制度在全市全面建立，并入轨进行。其后，按照四条原则和办法审批确定依照公务员制度管理的事业单位。事业单位独立行使的行政职能，有明确的文件和政策法规规定；对依照公务员制度管理的事业单位职能界定，由同级党委、政府和机构编制委员会进行分级审定，并有正式文件明确；对依照公务员制度管理的事业单位的审批，坚持由单位申报，政府人事部门逐一审批；审批依照公务员制度管理的事业单位是一级法人事业单位。

巴中市志

第二十八篇

劳动和社会保障

20 世纪 50 年代初，境内各县在县政府内设劳动科，60 年代，改为劳动局，80 年代初，合并为人劳局，80 年代末，人事劳动局分设为人事局、劳动局。1993 年，成立巴中地区人事劳动局，后分设为劳动和社会保障局。

中华人民共和国成立后，境内对企业职工实行“统包统配”办法之后，改变这一制度，实行“劳动部门介绍，自愿组织起来就业和自谋职业相结合”的方针，逐步建立起一套安置就业和职业培训相联系，企业用工和社会调节相联系的劳动就业制度。1976—1985 年，境内 4 县共安置城镇待业人员 3.31 万人。1986 年起，新招工人一律实行合同制。是年，仅通江、平昌 2 县就招收合同制工人 255 人。1989 年后，境内待业人员猛增。1992 年，加强就业难点转化工作；1994 年，共安置城镇待业人员 4578 人。1995 年起，全地区对下岗人员实施“再就业工程”，从多渠道解决下岗人员的吃饭问题。至 2000 年，全市劳动部门组织就业培训 3.18 万人（次），帮助 2.49 万名下岗职工实现再就业。同时，引导、组织企业、农村富余人员输出务工；劳务输出 391.5 万人（次），劳务收入 183.6 亿元。劳动部门积极开展劳动争议仲裁、劳动监察、劳动工资的监管等活动，努力维护企业职工的合法权益。同时，逐步建立健全企事业养老保险、医疗保险、工伤保险、生育保险、失业保险等制度，解决职工的后顾之忧。

第一章　劳动就业·工资

第一节　就　业

一、安置就业

民国初，各县政府社会科对城镇无业人员做一些就业宣传。民国 12 年（1923 年），巴中县知事公署设立实业局，先后在巴中县卢公祠开办纺纱、织布、打草鞋等民生工厂，收留孤儿、游民 100 余人。

川陕省苏维埃时期，境内省、县苏维埃政府设劳工委员会，下设社会保障局、劳动介绍局、劳动检查所；乡苏维埃政府设劳工委员会，专司劳动管理、调配之职。城市无业人员由政府介绍工作，或由政府投资，众人集股组织生产合作社，或安排做零工。各级苏维埃政府，组织无业人员参加运输队，给红军送药品、布匹、盐巴等，还组织一些人参加经济公社、从事商业活动。

1950 年，境内各县根据中央人民政府政务院《关于劳动就业问题的决定》精神，对原国民政府公务人员采取“包下来”的政策予以安置就业。对私营工商业职工采取以工代赈的政策进行安置。是年，巴中县民政科介绍城守镇 335 人到粮食部门加工米面。1954 年起，粮油、棉实行统购统销，原经营这些生意的人失业，政府则介绍去修建公路、铁路或企事业单位，或改营其他商业，转入居委会劳动组，有的直接转入农村。对因病不能工作的，列入救济对象。在对手工业、私营工商业进行社会主义改造过程中，城镇无业人员通过“统筹兼顾，全面安排”，做到当年出现、当年安置。

1958 年，各地大办工业，开始试行合同工、轮换工、亦工亦农、工农结合的劳动制度，大量从农村招收工人。1961—1963 年，各县贯彻中央全面调整的精神，精简压缩一大批城镇职工充实农业第一线，对城镇无业人员，介绍到森工局工作。1964 年开始，城镇知识青年和少数无业居民开始上山下乡，政府不予招工。1967 年，根据达县专区劳动局用工“首先应该挖掘城镇劳动力的潜力，多用城镇劳动力、少从农村招工”的意见。各县招工逐渐由农村劳动力转为城镇待业人员。1970 年开始，招工补员，大批临时工、合同工转为固定工。1978 年后，改革劳动管理“统包统配”办法，实行“劳动部门介绍、自愿组织起来就业和自谋职业相结合”的方针，逐步建立起一套安置就业和职业培训相联系，企业用工和社会调节相联系的劳动就业制度。各县对城镇待业人员和上山下乡的知识青年回城就业问题，采用逐年招工、升学，参军等方法优先推荐安排。

1980—1981 年，按照分级分系统包干负责的办法，将所有待业人员和下乡知青，以其父母或配偶所在单位户口归并，属县级各系统的（包括基层），原则上由系统安置，区社和城镇街道的由区、社、镇安置，劳动部门进行综合平衡，统一调剂。1982—1983 年，贯彻中共中央、国务院《关于广开就业门路，搞活经济，解决城镇就业若干问题的决定》，通过发展街道工业、扶持个体工业，大中专和技校招生等途径安置待业人员。1984—1985 年，各县达到党中央提出的“到 1985 年前，解决好历年积累下来的待业青年就业问题”的要求。巴中县从 1977—1985 年共安置就业 1.44 万人，平昌县共安置城镇待业人员 6158 人。南江县从 1980—1985 年共安置就业 5132 人。通江县从 1976—1985 年共安置城镇待业人员 5567 人。

1986 年 10 月 1 日起，各县新招工人一律实行合同制。是年，各县本着先城镇后农村的原则，适当照顾老红军、高科技人员、残疾人中的特困户的纯居民子女，采取多种措施，千方百计广开就业门路，提高就业率。通过统一考试，平昌县录取全民合同制工人 130 人，集体所有制工人 200 人，安置待业人员 1152 人，占地区下达计划的 144%；通江县新招收工人 564 人，其中劳动合同制工人 125 人。

1987—1988 年，各县开始大力贯彻落实国务院提出的“调整经济结构，整顿经济秩序、压缩基本建设规模，控制全民所有制单位进人”的意见，劳动人事部门按照“劳动人事部门介绍就业，自愿组织起来就业和自谋职业相结合”的三结合就业方针，支持企业发展第三产业，组织独立核算、自负盈亏、集体性质的经济组织安置城镇待业人员。

1989 年，境内待业人员猛增，各县县委、人大、政府高度重视，将劳动就业工作列入重要议事日程。各企事业单位在制定业务工作计划时，兼顾扩大就业门路，坚持经济效益和社会效益的统一，部门利益和整体利益的统一，实行分级、分系统包干扶持、统筹兼顾，安排职工子女就业。是年，平昌县安置待业人员 1028 名、占计划的 186.9%。1990 年，平昌县清退计划外临时工 1050 人，安置城镇待业人员 1127 人，占计划的 187.3%。通江县为缓解就业压力，于年末在全县范围内组织一次较大规模的招工考试考核，在参考的 3000 多名考生中择优录用 1361 名合同制工人。

1991—1992 年，各县劳动就业工作紧紧围绕国民经济建设“持续、稳定、协调”发展的总要求，把改革劳动就业制度与拓宽就业门路紧密结合，努力办好劳动服务企业，加强就业难点转化工作。对老干部、老红军、纯居民子女，区乡场镇等就业难点在招工时实行工种倾斜，考试加分、划分地段、照顾就业难点地区等特殊政策，解决离退休干部子女和老红军、纯居民子女就业。仅平昌县安置城镇待业人员 1700 名，待业率由 1991 年初的 4.83% 降为 1992 年末的 4%。

1994 年，巴中地区人事劳动局紧紧围绕“抓住机遇，深化改革，扩大开放，促进发展、保持稳定”这个中心，积极推进和深化劳动领域各项改革。全地区共安置城镇待业人员 4578 人，完成年计划的 130.8%。就业服务站、点发展到 24 个，建立劳务输出联络点、协作点 28 个，劳务输出 38.9 万人（次），其中劳动部门直接输出3142人，完成年计划的104.7%。劳务企业发展到67户，完成生产经营总值2095万元，实现税利55.4万元。123名失业人员领到救济金，为31户特困企业、3096名职工发放生活困难补助费30.77万元。

1995—2000年，贯彻“国家宏观政策指导下的市场就业”方针，大力培育和发展劳动力市场，完善就业服务体系，广开就业门路、拓宽就业渠道，一定程度缓解就业矛盾。加强对待业青年进行择业意识教育，树立正确的就业观和择业观，鼓励兴办集体和个体私营企业，搞活就业形式；加强职业介绍工作和劳务信息市场的整顿和管理，各县（区）均建立职业介绍所，乡镇建起劳动服务站，民办职业介绍所，形成以职业介绍机构为中心、民办职业介绍机构为补充、辐射各乡镇的职业介绍网络，沟通劳动力供求信息；增强劳动服务企业实力，对各县（区）劳动服务企业进行全面清理整顿，分别制定劳动就业服务企业考核评比办法，增大就业机会。

二、再就业

1995年开始，全地区“再就业工程”启动。1996年，各级劳动就业部门深入实施“再就业工程”，组织失业、富余人员进行转岗培训，支持企业开展生产自救并大力发展生产自救基地，从根本上解决困难企业职工和失业人员的工作吃饭问题。至1997年6月底，全地区先后对1500多名富余、失业人员进行转岗培训，办班35个，支付转业训练费17万元，使这些职工顺利实现转岗和再就业。同时，全地区运用生产自救费35万元进行生产自救活动，使609名失业人员和富余职工得到安置。是年，全地区1.55万名城镇失（待）业人员中，4050名实现就业，完成年初计划的101.3%。同时，组织、引导企业富余人员成建制输出务工。1996年，全地区劳动就业部门成批量组织对外劳务输出5340余人，其中组织输出地区林化厂、地区丝绢厂、巴中丝厂、巴中罐头厂等10多个停产、半停产企业的下岗职工外出务工达1120人，约占成批输出总数的21%。

1997年，全地区就业服务机构为493名失业（待岗）人员发放救济金14.6万元，支付转业训练费9.3万元。同时，地、县（市）就业部门广泛开展“送温暖活动”，元旦、春节期间，全地区共慰问特困企业71个，职工1008人，发放救济金和困难补助8.5万元。是年，全地区7113名失业下岗职工实现再就业。

1998年，全地区共有国有企业334家，职工5.9万人，有下岗职工1.25万人，占职工总数的23%，1—7月，分流安置再就业7452人，下岗建卡的职工1.15万人，发下岗证1.1万人，下岗无职业享受基本生活费的5276人。全地区217户有下岗职工的国有企业都建立再就业服务中心或指定相应的机构承担中心职责，再就业服务中心建立率100%，进入中心托管的下岗职工1.05万人；6202名下岗职工进入再就业服务中心，接受中心的管理和服务，下岗职工总数比上年底降低49.2%；有6049名下岗职工实现再就业，下岗职工再就业率49.4%；转业转岗培训下岗失业职工2269人（次），培训后再就业率65%。大多数下岗职工转变择业观念、迎接挑战，开拓新的就业门路，荣获再就业之星的许尔国是他们中的代表。

1999年，新增下岗职工5243名，仅占省下达巴中地区新增下岗职工控制数（8800名）的59.6%，把住下岗职工增加的源头。加上1998年结转的6758名下岗职工，全地区下岗职工总数为1.2万名，通过努力共帮助6384名下岗职工实现再就业，再就业率为53.2%。是年，结转下岗职工5958名，下岗职工总数比1998年末降低12%。全地区共筹集基本生活保障和再就业资金1407.9万元；支付下岗职工基本生活费837.3万元，代缴“两金”534.4万元，支付下岗职工再就业培训和职业介绍补助费36.2万元。

2000年，全市各级就业服务机构积极配合有关职能部门，切实做好国有企业下岗职工基本生活保障和再就业工作。是年，新增下岗职工 7422 名，加上 1999 年结转的下岗职工 5953 名，全市下岗职工总数为 1.34 万名。共帮助 5306 名下岗职工实现再就业，完成省下达目标任务 5000 名的 106%，再就业率为 39.7%。全市共筹集基本生活保障和再就业资金 1765 万元，其中财政筹集 1072 万元，社会筹集 180 万元，企业自筹 513 万元；确保下岗职工基本生活费按时足额发放。

三、职业技能鉴定

1994 年 7 月 20 日，成立巴中地区职业技能鉴定指导中心，负责开展全地区职业技能鉴定工作。全地区技工学校有平昌县、巴中市（县级）技工学校。对暂时不具备办学条件的南江、通江采取依托培训中心、职业技术学校开办技工分班，以方便考生入学，扩大技校生源。是年，全地区共招收新生 870 名，完成省厅计划的 218%，建成就业训练中心 4 个，培训各类用工 4716 人，占年计划的 152%。通江县就业训练中心获得“四川省优秀训练中心”称号。

1995 年，根据《工人考核条例》和《四川省工人技术等级考核评定办法》规定，各县、市相继成立工人考核委员会，负责统筹安排、指导、协调各县、市工人技术等级考核评定工作。是年，通江县经地区人事劳动局批准成立“通江县就业训练中心职业技能鉴定站”，在全县范围内对商品营业员、电工、焊工、美容美发等工种（专业）进行初级工的鉴定。首批对县技工班毕业生 189 人进行初级工考评鉴定、颁发技术等级证书。同时，成立“巴中地区交通运输职业技能培训中心”，负责全地区交通运输行业中级以上技术水平的职业技能培训工作。中心隶属地区交通局，学员毕业后，由地区人事劳动局统一组织技能等级鉴定。巴中市（县级）成立“厨师专业技能培训中心”“巴中地区厨师培训中心”，面向全地区开展厨师专业的初、中级技术培训工作。

1996 年 5 月 15 日，《中华人民共和国职业教育法》颁布并于是年 9 月 1 日起施行。11 月 5 日，劳动部发出《关于加强职业技能鉴定质量管理的通知》。各县（市）认真贯彻实施，加大职能教育管理力度。各县、市还将职业教育列入政府议事日程，纳入国民经济和社会发展的总体规划，分别建立起统筹协调机构，大力推进联合办学，采取多种有效措施，大力提高师资素质，千方百计拓宽职业教育的经费来源，使全地区职业教育得到深入的发展。巴中市（县级）新建有各类职业学校 13 所，在校学生 3000 多人。全市职业教育除教育部门办有一定规模影响的 4 所职业高级中学外，粮食、农业、农机、商业、供销、卫生、财政等部门均办起职业学校，一些单位、个人也办起烹饪、保安、电脑、电焊等短期职业技术培训班；各职业学校先后同市司法局、水电局、妇联、人武部等有关职能部门，同汽车 47 队、市内一些建筑公司、三河丝绸厂等有关企业，同四川联大、四川水电校、绵阳水电校等一些大中专院校进行联合办学，农村职业中学也积极配合农村产业结构调整和村社干部队伍建设，先后与镇、乡、村、社广泛联合办学，促进全市职业教育和经济建设发展。

1997 年 5 月 20—25 日，对全地区的职业技能鉴定站（所）进行全面检查，自地区职业技能鉴定指导中心成立后，全地区共建 10 个鉴定站、2 所国家鉴定所，分别对社会、企业、技工学校毕（结）业的 14 个工种进行职业技能鉴定，至 1997 年底，共计鉴定 1996 人，其中初级工 1116 人，中级工 697 人（技校毕业生 360 人），高级工 183 人。全地区职业技能鉴定地方站数为 11 个，鉴定考核初级工 2115 人，中级工 2395 人，考核结果，1871 人获取初级工证书，1905 人获取中级工证书。

1998 年，全地区共组织 5184 人（次）职业技能考试与考核，发等级证书 4399 人，其中初级 1398 人，中级 1215 人，高级 1776 人。鉴定的工种发展到 20 多个 10 个行业。强化职业技能鉴定站（所）的管理，完成全地区 10 个鉴定站的年检换证工作。督促各站（所）进一步完善鉴定工作各项规章制度，争取省劳动厅的支持，新成立地区中式烹饪鉴定所，改变烹调专业人员高级等级鉴定到区外的不利局面。

1999—2000年，各级劳动行政部门认真贯彻落实国务院制定的“积极鼓励、大力支持，正确引导，加强管理”的方针，审批各类职业培训机构20余个，培训规模2000人以上。围绕贯彻劳动部颁发的《职业技能鉴定规定》《四川省工人技术等级考核评定办法》《四川省职业技能鉴定实施办法》等政策法规，结合地区实际，相继制定和出台地方性管理规定10余个、从政策、制度方面有效地保证“科学、客观、公正、规范”地鉴定。同时，12个国家职业技能鉴定机构的鉴定设施有大幅度改善。积极开发粮油加工，榨油、木材加工等20余个专业性较强、技术复杂的行业特有工种的鉴定试题和培训资料。参加职业技能鉴定的人数超过1万人，有9171人获得职业资格证书，其中初级1596人，中级5517人，高级2058人。技校的办学条件、办学规模均有不同程度的改变，办学水平也有提高。2所技工学校顺利地通过省重点技校、合格技校的评估，市技工学校还被省劳动厅批准为职业培训综合基地，并在巴中开设教学部，首批招生50人。

四、劳务输出

1994年，行署批准成立巴中地区劳务输出工作领导小组，统一管理和协调全地区劳务输出、民工有序流动工作。地、县（市）就业服务手续多方收集劳务信息，开辟“劳务信息发布栏”，向社会提供、发布准确、可靠的劳务信息12条。是年，全地区共输出劳务人员53.5万人（次），直接务工收入22.1亿元。其中，就业服务机构直接成批组织输出9813人，完成年计划104.7%。

1995年，地区就业局以组织农村劳动力有序流动为工作重点，进一步加强劳务输出工作。全地区劳务输出57.7万人（次）（包括过去已在外务工的）。实现经济收入24.8亿元，其中劳动就业部门直接和间接组织输出5100多人，完成年计划的102%。同时，各级劳动就业服务管理部门根据劳动部《农村劳动力跨省流动就业管理暂行规定》和省劳动厅《关于实行统一的流动就业证、卡有关问题的通知》精神，建立外出人员登记卡制度，加强对农村劳动力流动就业的调控，逐步实现“信息导向，有序流动，发证管理，全程服务”的管理体制。1996年，全地区劳务输出民工51万人（次），实现经济收入25亿余元，其中劳动就业部门成批量直接组织输出5339人，完成年初计划的106.8%。

1997—1998年，全地区各级就业服务机构认真履行自己的职责，抓劳务信息的收集、核查、考察、发布有关政策的宣传工作，使广大务工人员了解政策、知道该往何处去，劳动就业机构可为其提供哪些服务；抓劳务输出网络建设，从地区到乡村，党政层层有人负责抓，乡镇劳服站建站率98%。全地区劳务输出达107万人（次），劳务收入达67亿元。其中，劳动就业部门直接成批量组织输出9195人，分别完成全年计划的101.6%和205.3%。地局领导和职介中心的干部每年分别前往广东、新疆、北京、上海等地考察劳力输出情况，沟通关系、捕捉劳动信息，鉴定劳务输出合同，并向以上各地直接组织输出劳务人员300余人。平昌县就业局派人参加北京市地区劳务协作会议，共为北京市18家单位组织输出务工人员1255名。

1999年，全地区各级就业服务机构在达川、广元、汉中等区外火车站和区内汽车站设立返乡返岗民工接待站130多个，为民工提供政策咨询、登记订票、补办证卡、代办食宿、护送上车等一条龙服务。整个春运，共接待返乡返岗民工16.5万人，帮助返岗外出民工代办火车票1.8万张，定购团体汽车票8.5万张，补办外出人员就业登记卡2.3万份。9月，在全省召开的流动就业工作经验交流暨表彰会上，巴中地区被表彰为“春运民工有序流动工作先进单位”，有2名干部被表彰为“先进个人”，地区及通江县就业局均在大会上交流先进经验。为避免外出民工盲目外出，采用建立和完善劳务输出网络，不断扩大服务范围和提高服务质量，来进一步加大有组织输出力度。地区内实行目标责任制，地区外，通过与政府、部门、用工单位签订长期劳务协议，建立驻外劳务输出机构（如地区就业局是年分别在海口、乌鲁木齐设立办事处），与政府、部门外设机构签订劳务输出委托协议，以及招聘常年外出务工人员的“精明人”担任兼职劳务管理员（信息员）和就业服务机构派人到外地考察和回访用工单位等方式，广泛收集劳务信息，强化对外出务工人员的跟踪管理与服务。至年底，全地区在外建立固定劳务输出基地80多个，共计劳务输出54万人（次），实现劳务收入36亿元。其中，就业部门有组织输出5515人（次），完成年初计划的110.3%。

2000年，春运期间，共接待返乡民工16万人（次），返岗外出民工19万人（次），帮助外出民工代购火车票2万余张，定购团体汽车票8.6万张，补办“外出人员就业登记卡”3.4万张，全市在市外共建立劳务输出基地近90个。是年，共计劳务输出68.3万人（次），实现劳务收入33.5亿元，其中就业部门有组织直接输出5700人（次），完成年初计划的114%。

五、就业培训

民国时期，就业训练属自发性。跟师学艺。学徒不计报酬，跟师几年，艺到手后，给师父一定数量的谢师费（师父钱）后，自立门户，独行手艺；一些心灵手巧者，不找师父。会者干，自己看，背着学，暗自实践，学得手艺后，不用谢师自行其业，称偷师学艺。

川陕省苏维埃政府时期，参加红军后勤供给如制帽、做鞋、军工等人员，一律由政府采取短训方式培训后进厂边干边学。

中华人民共和国成立后，“五匠”人员仍沿袭跟师或偷师学艺方式。对国民政府留下的继用人员，集中进行政治思想学习改造后，视其政治态度和业务水平分别给予安置。企业职工的培训工作由所在企业负责培训，少数骨干保送大、中专学校深造。

1982年，境内各县先后成立劳动服务公司，负责职工的培训工作。

1983—1985年，境内各县相继成立劳动力管理处，与县劳动服务公司联合办公。在对全县劳动力进行登记统筹管理的同时，把组织和指导就业单位对就业人员的综合培训纳入重要议程。各就业单位采取2种方式对就业职工进行训练。由企业，厂组或车间指定人员以师带徒；组织熟手讲课或现场操作进行集中训练。1986年，推行劳动合同制度，参工组织统一考试，择优录取人员。上岗前由用人单位组织业务培训，经考试合格后上岗。

1991年，各县先后成立就业培训中心、隶属于县就业局，专司其就业培训工作，形成以就业局就业培训中心培训为主，社会力量，办学单位培训为辅的就业培训机制，让下岗失业人员有一技之长，在劳动力市场求职中占有竞争优势。至1993年，全地区举办不同规范的培训班38次，培训人数3138人（次），其中就业培训中心举办培训班6次，培训人数790人（次），用人单位举办培训班22次，培训人数1156人（次）委托职中培训10期，培训人数1198人（次）。

1994年，成立“巴中地区就业训练中心”。隶属于地区就业局管理。3县1市建立就业训练中心4个，有固定培训场地3个，使用面积3623平方米，专、兼职教师30名。“中心”的教学设备、教学管理，教学水平等方面初具规模。全地区共培训城镇待业人员3423人，占当年安置人数的81%，其中劳动就业部门自办联办培训2025人，占培训总数的64.8%，社会办学培训1398人，占培训总数的35.2%；失业人员和富裕职工转岗培训145人。成批组织劳务输出人员培训9813人，占输出总数的27.5%。地区就业训练中心同地区汽车运输总公司联合举办汽车维修人员培训班，首期招收学员40名。

1995年，全地区贯彻劳动部《就业训练规定》，采取多种形式，培训城乡各类求职人员5800余人，完成年计划的116%；其中各级就业部门自办、联办培训人员达3267名，完成年计划的130.7%，培训后就业率85%。

1996—1997年，全地区各级就业服务部门以再就业培训为重点，促进就业训练中心全面发展。

全地区各级就业训练中心自办、联办培训各类求职人员 9244 名，分别完成年计划的 183.1% 和 102.7%，培训后就业率 90% 以上。

1998 年，全地区各级就业服务机构抓住加强“两保”再就业工作的契机，以再就业培训为重点，促就业训练中心全面发展。加快就业训练中心建设，地区就业局投资 10 余万元，购置微机 30 多台，办起微机培训班，培训学员 250 余名；加强再就业培训。加强对全地区转业训练工作的指导，促使各级就业训练中心和各类职业培训机构为帮助失业、下岗职工实现再就业发挥更加积极的作用。是年，共培训失业、下岗职工 2563 名，培训后就业率 81%。

1999 年，全地区 5 所就业训练中心配备专兼职教师 52 名；有固定的教学场地 3972.8 平方米。是年，经县、市申报，地区初步评估，并报省局验收待批重点中心 1 个，优秀中心 1 个，合格中心 2 个。按照培训跟着市场走的原则，增强培训的针对性和适用性，认真抓好毕业结业学员的职业技能等级考试和就业安置，以增强中心的吸引力。全地区就业训练中心举办各项专业技能培训班 82 期，就业训练总人数 2935 名，培训后就业率 71%。认真贯彻落实省劳动厅、省解困再就业办等 8 部门《关于加强再就业培训工作，推动我省再就业工程深入实施的通知》精神，充分调动就业训练、职业介绍和企业再就业服务中心的积极性，切实加大再就业培训工作力度。全地区再就业培训基地举办下岗职工再就业培训班 115 期，再就业培训总人数 4083 名，完成年初计划的 102.1%，培训后再就业率 58.4%。

2000 年，全市 5 所就业训练中心配备专兼职教师 52 名，有固定的教学场地 3972.8 平方米，共举办各项专业技能培训班 86 期，就业训练总人数 2567 名，培训后的就业率 91%。为强化再就业培训工作，积极推进再就业培训合作计划，切实加大再就业培训工作力度，全市再就业培训基地共举办下岗职工再就业培训班 69 期，再就业培训总人数 3462 名，完成年初计划的 173.1%，培训后再就业率 83%。

第二节　工　资

民国时期，境内仅有少数手工业作坊和小型商号雇佣工人、店员或带学徒。其工资福利无统一规定，由劳资双方商定。民国 7—21 年（1918—1932 年），巴中的“复兴和”“庆丰泰”商号请账房、座记，每月付工资（银元）10～30 元。“德荣祥”国药店的店员，每月付给能买 75 公斤大米的法币，如当年获利较厚，年终给一点“红包”。至于学徒，头 3 年伙食自备，有的 1 年缝 2 套衣服，有的给少量工钱。县、区、乡公务员薪俸按职务、依县等级计发。川陕苏维埃政府时期，县苏维埃常委月工资 6 元（伙食费在内，下同）各部门工作人员工资不超过 5 元，区、乡苏维埃常委工资分别为 5 元、4 元；增加工作人员工资不超过 4 元。

民国 26 年（1937 年）前，小学教师月俸多者数十元，少者七八元，已不足以仰事俯蓄。民国 26 年（1937 年），完小最高 24 元，最低 14 元；初小 20～12 元。民国 29 年（1940 年），一个三等县的县长月俸 300 元（法币、下同），其余人员依职给薪。民国 30 年（1941 年），完小教师月俸 45～25 元，初小 40～20 元。民国 32 年（1943 年），物价上涨，县长月俸调为 340 元、区长 140 元、乡（镇）长 60 元。民国 33 年（1944 年），完小教师月俸 140～70 元，初小 120～50 元；生活补助米 150 斤，地方筹粮 2～4 斗。其他事业单位参照县政府公务员待遇执行，最高 120 元，最低 12 元。

中华人民共和国成立初，各县、区、乡党政群机关工作人员实行供给制，一般每人月供大米

22.5公斤，警卫、武装和勤务员26.5公斤，菜金和燃料费按大、中、小灶发给。大灶人员每人月供清油9两（1斤为16两），食盐0.5公斤，猪肉12两、粗菜15公斤，煤炭22.5公斤。中、小灶分别为大灶的2.5和3.7倍。每人每年按规定年发单制服、棉制服、棉帽、衬衣、被子、草帽、雨伞、蚊帐、袜子、毛巾、肥皂、牙刷、牙粉。女职工每年6月另发卫生短裤1条。县级以上干部月发纸烟黄烟若干，上述生活用品本人不愿领取实物的按当时平价折发现金。中小学教职工和其他事业单位工作人员主要实行薪金制，按规定月发工资和大米。公私营厂矿企业除国家派去原实行供给制的干部仍实行供给制外，其余干部实行薪金制。工人、店员多数实行计件或计件包干制。

1952年3月，供给制人员的生活费和津贴改为以人民币计算发给。每人月发服装费4.16万元（旧币、下同）实行大包干，伙食和津贴按职务高低发给。7月起，实行以实物为计算基础的工资分制度。工资分起点不分职务高低均为85分（每分值折人民币0.22元）。供给制县最高为227分，工资制最高为432分。是年8月，各县首次评定党政群机关工作人员的工资级别，最高14级，最低29级。

1955年8月起，国家机关工作人员、教师和其他企、事业单位原执行供给（包干）制的职工实行以货币支付工资的货币工资制。

1956年4月起，各县国家机关、企（国营、供销合作社、公私合营企业）、事业单位全面进行工资改革，同时，对乡（镇）干部首次评定工资等级。

1961年冬，对矿山林区职工调资升级，其他行业精简留下来的学习期满的学徒，高、初中、技工学校见习期满的毕业生和1958年1月后进厂的新工人、职员同时转正定级。

1963年8月，各县机关，企、事业单位职工调资升级，职工人均增资5.50元。

1971年7月，各县企、事业、国家机关中1957年底前参工的三级工；1960年底前参工的二级工；1966年底前参工的一级工和低于一级的工人及上述工作年限相同、工资等级相似的工作人员均调升一级工资。矿山、井下主要生产工人分别放宽一级。

1977年10月，对1971年底前参工的一级工，1966年底前参工的二级工及工作年限相同、等级相似的企业干部和商业服务业、文教、卫生、国家机关等部门表现好和比较好的职工升一级工资。对1971年底前参工的其他职工（不含17级以上干部），按40%的调整面调资；上述以外工资偏低的其他职工也适当增加工资（坐车赶船）。

1979年11月，按劳动态度、技术高低、贡献大小考核升级，升级面为40%。全民职工月人均增资5.98元；城镇集体企事业单位参照全民规定，人均月增资5.55元。

1981年，对文教、卫生、体育3个行业部分职工调资。1982年10月起，对1981年底在册职工中属于1978年底前参工的国家机关，科学、文教、卫生等部门的正式职工调升1级工资，少数工资偏低的中年知识分子和领导骨干升2级。同时，对公安干警改靠为新的“人民警察工资标准”执行。

1983年10月，全民企业职工调资，月人均增资6.31元。1984年10月，调整提高企业部分职工偏低工资标准和学徒生活补贴标准，人均月增资2.72元；学徒工人均月增资2.08元；退休职工人月增资2.58元。

1985年，国家机关、事业单位职工将等级工资制改为结构工资制（基础、职务工资，工龄津贴和奖励工资）。教师和护士实行教、护龄津贴，月人均增资23.46元。企业按一、二、三产业和不同类型，建立新的职务（岗位）工资制。实行企业的工资调整和改革同机关事业单位脱钩；企业工资总额的增长同经济效益挂钩。企业职工的劳动报酬与贡献大小挂钩（一脱钩，两挂钩），是年，月人均增资19.18元。

1986年，境内各县国营企业职工工资类区调为5类，工人工资实行15级制，企业干部工资实行

17 级制。除生产资料服务公司企业继续参照机关事业工资制度外，其余所有企业全部与机关事业单位工资制度脱钩，执行企业工资制度。此次套改再调高一级工资后，人均月增资 15 元。是年起，各县国营企业的工资基金实行宏观管理，各县劳动人事局于每年 1 月底前按各企业职工人数一次性将工资基金计划下达，原则上不得变动。是年，对临时工人的日工资标准（含物价补贴）作调整：普通工（含特别繁重体力劳动）分别为 1.60 元、1.80 元、2.00 元、2.30 元四等；通用技术工种分别为 2.00 元、2.30 元、2.60 元、3.00 元四等，按日计发。

1987 年，国营企业职工以 1986 年 9 月末职工人数，按月人均增资 1.80 元。

1989 年，国营企业全面实行《企业工资基金管理手册》，每年元月 20 日前由企业申报，企业主管局审核，报劳动局审批后填入《企业工资基金管理手册》，作为企业在银行提取工资的依据。

1990 年，对各县 1985 年以来国营企业工资演变、浮动升级情况进行全面清理登记，在此基础上认定职工工资标准。对生产资料服务公司等参照执行机关事业工资制的企业改行企业工资制度，在清理认定时对这些企业的工资进行套改，套改后月人均增资 13.92 元。清理认定后又对国营企业职工工资进行普调，人月增资 11.70 元。

1991 年，对 1990 年调资剩余指标和 1989 年、1990 年 3% 奖励晋级指标合并使用，8.5% 的职工用剩余指标升级，5.9% 的职工用 3% 奖励晋级指标升级。在提高粮油统销价格后，将粮油价格补贴 6 元/月 · 人列入企业职工标准工资之内，从当年 5 月起执行。是年，对临时工日工资标准再次作调整，其标准为 2.90 元、3.10 元、3.30 元、3.70 元、3.90 元、4.10 元、4.70 元、5.00 元，用人单位与临时工按技工、熟练工、特繁工种协商确定执行标准，并写入合同。1992 年，改革企业基本工资制度，搞活企业内部工资分配，各地在劳动局下达的工资总额内，企业可根据生产特点、经营需要、采取多种多样的工资分配形式。如，计件工资、结构工资、计时工资、定额工资、提成工资，吨煤含量工资、浮动工资、奖金津贴等，职工标准工资只作档案。

1994 年起，随着市场机制的健全和市场体系的完善，政府不再对企业工资总量进行直接调控，主要通过调节全社会劳动力供求关系和制定工资指导线等，影响和推动企业分配决策，指导集体协商谈判，引导全社会工资水平合理、适度的增长，并以此间接调节全社会工资总量，使工资总量和平均工资水平的增长与国内生产总值及劳动生产率的增长相适应。是年，对企业（含集体所有制企业）职工工资进行改革，由原《企业干部工资标准》17 级制改为《企业职工工资标准》35 级制，起点工资分别由一产业 36 元、二产业 35 元、三产业 34 元提高到一产业 100 元、二产业 95 元、三产业 90 元。改革后，企业职工标准工资实际水平由原人月均 90 元增加到 150 元，人月增资 60 元。

1996 年，在石油煤建公司，食品公司试行经营者年薪制，对国有集体企业进行职工标准工资正常升级，人月增资 101 元。1998 年，按修改后重新制定的《四川省企业职工工资标准参考》，结合企业职工的职业资格考试考核发证、对各地所有企业职工工资标准按新标准进行对应，凡取得职业资格证书的职工可在对应后再高靠一级，对应后人月均增资 220 元。1999 年，遵循"效益优先、兼顾公平"的原则，全地区企业在岗职工（含集体，股份制企业）月人均按 50 元左右增资，就近靠入新工资标准；对生产经营正常，经济效益好的企业按人月均 60 元增加工资标准。职工个人增资不得突破 80 元，最低不低于 40 元，原则上从当年 7 月起执行，调后人月均增资 55 元。

第二章　劳动执法

第一节　劳动争议仲裁

1987 年，国务院发布《国营企业劳动争议处理暂行规定》后，境内 4 县先后成立劳动仲裁机构，陆续开展劳动仲裁工作，以维护劳动人民的权利。

1993 年后，地区人事劳动局设立仲裁科，随后建立巴中地区劳动争议仲裁委员会，下设办公室。全地区共受理劳动争议案件 29 件（涉 31 人），其中集体争议案 1 件，企业申诉案 2 件，职工申诉案 25 件。通过发挥仲裁委员会的职能，仲裁调解 18 件，其他方式处理 3 件，共结案 21 件。另外，企业调解受理争议案 40 件，调解成功 34 件。

1994 年，全地区共受理劳动争议案件 30 件，涉及职工 35 人，年终审理结案 30 件，结案率为 91%，其中仲裁调解 10 件，仲裁裁决 17 件，其他方式处理 3 件。处理结果是单位胜诉 5 件，职工胜诉 22 件，双方部分胜诉 3 件。各县（市）仲裁机构还案外调处劳动争议案件 15 件。

1995—1996 年，全地区已建立仲裁委员会 5 个，其组成人员劳动部门 13 人，工会 7 人，经委 5 人，财委 4 人，农委 2 人。劳动行政部门内设劳动争议处理机构 5 个，定编 13 人，实际配备 9 人。企业劳动争议调解委员会国有企业已设立 221 个，非国有企业设立 83 个。共聘任符合资格的劳动仲裁员 28 人（巴中、通江各 5 人，南江县 9 人，平昌县 6 人，地级 3 人），其中专职仲裁员 13 人，兼（职）15 人。按省劳动厅要求，办理“三证”（资格证、执行公务证、胸吊卡）。共受理案件 69 件，其中国有企业 41 件，集体企业 28 件；结案 69 件，其中仲裁调解 39 件，仲裁裁决 30 件，单位胜诉 8 件，职工个人胜诉 60 件，双方部分胜诉 1 件。案外调解 33 件，企业内部调解 15 件。

1997 年，全地区共有仲裁委员会 5 个，专职工作人员 10 人，兼职工作人员 15 人，拥有专职仲裁员 10 人，兼职仲裁员 15 人，鉴证劳动合同 3020 份，纠正违法无效合同 200 份，补签 800 份，制止招用童工 5 人。用人单位劳动争议调解委员会已设立 315 个，专职人员 315 人，兼职人员 945 人。是年，全地区受理劳动争议案件 37 个，用人单位申诉 1 件，劳动者申诉 36 件。其中，“劳动报酬” 10 件，“劳动保护” 10 件，“变更合同” 2 件，“解除合同” 10 件，“终止合同” 5 件。结案 35 件，其中仲裁调解 25 件，仲裁裁决 10 件，未结案 2 件，不服裁决起诉法院 1 件。用人单位调解受理 20 件，成功 15 件。

1999 年，全地区建有仲裁委员会 5 个，共有仲裁员 26 人，其中专职人员 11 人，兼职人员 15 人。用人单位劳动争议调解委应建 600 个，实建 590 个，工作人员共 620 人。是年，共受理劳动争议案 84 件，1998 年末未结案 10 件，涉及当事人 118 人。其中属执行劳动合同的 57 件，解除合同案 20 件，终止合同案 10 件。结案数 94 件，其中仲裁调解 28 件，仲裁裁决 64 件，其他方式 2 件；不服裁决向法院起诉 8 件。用人单位调解 101 件，调解成功 80 件。巴中地区人事劳动局劳动监察与仲裁科、巴中市（县级）劳动争议仲裁科获得省“三优”文明窗口先进单位称号。

2000 年，劳动争议案件较多。共受理争议案件 102 件，劳动者当事人 122 人。其中，集体申诉案 5 件，已结案 100 件，结案率 98%，超过省厅规定的 92% 的标准。是年，市仲裁科办理汽车运输公司

15 名职工集体申诉一案，克服各种压力，进行多方调解，达成协议，为 15 名换工退养职工索回参工时新缴纳的保证金，维护《劳动法》的尊严，树立劳动部门的社会形象。

第二节 劳动监察

1994 年 7 月 5 日《中华人民共和国劳动法》颁布后，12 月 30 日，成立巴中地区劳动监察大队。是年，组织的劳动大检查共查企业 851 家，涉及职工 2.6 万人，清退童工 3 人，补签劳动合同 3858 份，补办用工手续 573 人，查出企业克扣拖欠职工工资 16 万元，督促企业补发加班工资 5400 元，补交社会保险金 16.3 万元。接受群众举报 85 人（次），查处违法案件 14 件，被警告、通报、批评的企业 33 家，处罚款 2150 元，责令整顿的企业 6 家。

1995 年 1 月 1 日起，《劳动法》开始运行，随之劳动部发布的《违反 <中华人民共和国劳动法> 行政处罚办法》也予以颁发施行。地区劳动监察大队改为行政单位，为地区人事劳动局的内设机构。是年，工作重点是健全各县（市）劳动监察机构，严格按规定选配好地、县（市）专兼职监察员，加强队伍的业务培训，对 48 名专兼职监察员发放证件，即巴中地区劳动监察大队 13 名，巴中市（县级）8 人，通江县 9 人，南江县 10 人，平昌县 8 人。7 月份起，全地区劳动监察工作重点对县（市）国家机关，事业单位、社会团体、个体经济组织在劳动用工、工资福利、社会保险、职工技术培训、职工安全卫生、女职工和未成年工保护、休息休假、工作时间等执行守法情况进行监督检察。受检单位 398 个，涉及职工 4.8 万人，补签劳动合同 3588 份，补发加班工资 1.8 万元，补办用工手续 3000 余人，发出劳动监察指令书 15 份，清退童工 10 人。被通报表彰的企业 55 户，被通报批评、警告的企业和职业培训单位（人）45 户，立案查处违法案件 19 件，处罚款 1200 元。

1996 年 3 月 18—23 日，地区就业服务局开展“民工有序流动情况”大检查，重点检查国有企业 15 家，集体企业 7 家，私营企业 6 家，其他企业 5 家，社会职介所 3 家。检查出违反规定招工和介绍就业的 10 户，责令整改，清退民工 4 人，纠正擅自发布招工广告的企业、职介所 12 户。9 月 12 日－10 月 15 日，在全地区范围内开展劳动监察执法期活动。地区劳动监察大队抽调内部有关科、股、室人员，邀请公安、工商、工会配合参与，组织 631 人的执法检查队伍，抓住各地在贯彻执行《劳动法》中最为突出的问题，展开检查执法。全地区自查企业 9834 家，涉及职工 3.08 万人；被抽查企业 2744 家，清退童工 7 人，补签劳动合同 2590 人，清退企业收缴职工“风险金”4 万元，查处克扣拖欠职工工资 4430 人，督促企业补发克扣拖欠工资 3 万元，纠正企业存在违法内容的规章制度 9 家，纠正修改的制度 30 条。受到警告、通报批评的企业 43 家，处罚违法企业 30 家，处罚款 0.4 万元，表彰先进单位 13 家。是年，全地区共受理劳动监察案件 135 件，其中“劳动中介”6 件，“招收童工”8 件，“单位擅招农民工”10 件，“劳动合同订立和履行”22 件，“工资政策”33 件，“社保金缴纳”12 件，“工作时间和休假”19 件，“劳动条件”8 件，“职业技能培训”8 件，“福利”11 件。查处结果，警告与通报批评 48 件，罚款 10 件，吊销许可证 3 件，责令停业整顿的 3 件。

1997 年，全地区已建立健全监察组织机构 5 个，配备专职监察员 9 人，兼职监察员 75 人。是年，共受理劳动监察案件 10 件，包括招工、收风险金、欠工资、保险费缴纳与支付各 2 件，经劳动监察机构处理，全部结案，其中教育及责令整改 5 件，警告与通报批评 2 件，吊销许可证 1 件，责令停业整顿 2 件，在劳动用工年检中，受检单位 1654 户，涉及职工 6.16 万人，违法单位 210 户，清退童工 20 人，补办流动就业证卡 900 人，清退擅自招用外来工 90 人，补签劳动合同 2.2 万人，清退风险金 19 万元，追发劳动者工资 6.13 万元，追缴社会保险费 2.63 万元。

1998年初，结束“两个确保”（社会保险和国有企业下岗职工基本生活保障）执法监察，共检查企业323户，督促515户企业补交职工养老保险金519万元，督促700户企业补缴失业保险金12万元，督促新参保企业135户，职工1.15万人，督促企业给2790人补发养老金70万元。督促79户企业按时足额发放下岗职工生活费38万元。督促新的用人单位与再就业职工3150人签订劳动合同。是年，共受理案件13件涉及招用童工、收取押金、克扣拖欠工资、社会保险金缴纳与给付等；结案13件，责令改正的4件，警告与通报批评的3件，“吊销许可证”1件，责令停业整顿2件。劳动用工年检，被检单位360户，合格320户，复查合格40户，查用人单位规章500余件，纠正违法规章65件。

1999年2月28日至3月底，地区人劳局组织劳动行政部门执法监察人员105人的检查队伍，开展对全地区民工有序流动情况的专项检查。对盲目外流的闲散民工500多人进行教育，劝其有序流动。全地区对职介机构普遍存在的收费不规范、超标准、超范围的行为进行认真的批评教育，并限期改正。全地区共检查单位50个，涉及民工1万余人，查出违反规定单位10个，给予警告与通报批评单位8个，罚款单位2个，罚款金额0.6万元，补办“流动就业证卡”4000人，补签劳动合同1000人，取缔非法职业中介机构1个。7月初，全地区开展社会保险费征缴执法大检查。这次检查提调检查人员60人，检查单位776户，涉及职工2.9万人；督促企业办理登记340户，涉及职工0.7万人；督促企业依法申报300户，涉及职工0.8万人；督促企业缴纳养老保险金53户，补缴养老保险费16.8万元，涉及劳动者1.3万人；督促企业缴纳失业保险90户，补缴失业保险费16.9万元，涉及劳动者1.4万人；作出行政处罚决定涉及单位9户，有关人员受处罚单位1户。

2000年，市劳动监察部门对260家国有、集体、私营企业进行劳动用工年检，年检合格率为90%。同时，对连续3年劳动年检合格的80家企业授予“劳动管理信得过单位”称号。对全市国有企业、城镇集体企业、私营企业和有雇工的个体工商户为重点的劳动合同执法检查。检查由劳动监察机构牵头，抽调检查人员40人，检查用工单位428户，涉及职工4.2万人，未依法签订劳动合同80人，未依法及时续订劳动合同453人，招用下岗未签订合同28人。经限期整改后企业补签劳动合同1860份，涉及职工1860人，责令改正单位40家。是年，共催收社会保险费6440万元，其中养老保险费4531万元（含清欠340万元），失业保险费809万元。扩面2137户，涉及员工4.2万人，其中养老保险1400户，失业保险1100户。对5户违反劳动和社会保障法律法规的用人单位进行行政处罚，下达劳动监察限期整改指令书40份，对210户企业发出询问通知书。全市劳动监察机构接待群众来访500余人（次），进行咨询、答疑，提供法律服务。受理群众投诉举报28件，结案率为100%，深受群众好评。

第三节　维护农民工权益

民国时期，劳动者在极端恶劣的条件下劳动，伤亡事故和职业病不断发生，企业主熟视无睹，听之任之，不讲劳动保护，民工权益无法保障。

中华人民共和国成立后，中共中央和中央人民政府政务院及地方各级政府十分重视劳动保护，制定一系列保护企事业单位职工权益的政策、法规及制度，就业职工权益受到保护。

1982年，农村实行分户经营的双层生产责任制，一大批剩余劳动力从农业上分离出来，走南闯北、务工挣钱。因缺少组织管理，形成无序的流动。境内各县结合本地实际，分别采取不同措施，提供信息，合理疏导，维护民工权利和合法权益。平昌县就业局以司法局、团县委、县妇联、人民法院等单位为主，组成民工维权领导小组，维护民工权益。县就业局成立考察小组，深入北京，上海、天津、广州、汕头、厦门、深圳等经济发达地区实地考察，建立劳务输出基地6个，签订用工合同18份。1983年起，平昌县就业局组织力量，深入外出务工人员集中地调查了解，发现问题，及时与用人单位协调解决相关事宜。至1992年，先后成批输出劳动力4.2万人；以司法局为主体为外民工主持公道，受理外出民工人身伤害，经济受损案件37件，挽回经济损失297万元；平昌县就业局协调解决相关事宜101件。

1993—2000年，各级就业服务管理局，把维权职工权益，作为劳务输出的重点，制定职工导示，广泛宣传；制定“外出民工基本权利”34条，“自身权利维护”7条，“应该引起的警觉”7条。

第三章　企业养老保险

第一节　企业养老保险制度

民国29年（1940年），通江县政府对公务员及老年教师实行退休抚恤制度，将退休费列入财政预算。

1951年，公布《中华人民共和国劳动保险条例》。1953年，作出修正，对国营企业职工的养老保险作出详细规定。企业按月缴纳相当于职工工资总额3%的保险金。1958年，国家统一企业、事业、国家机关职工的养老保险制度。1966—1976年，养老保险制度受到严重干扰，退休费用社会统筹被取消，改由企业外列支，由企业自行负担，使社会保险倒退为“企业保险”。

1978年，第五届全国人大二次会议原则批准《国务院关于安置老弱病残干部的暂行办法》和《国务院关于工人退休、退职的暂行办法》。是年6月，国务院对国营企业职工和机关、事业单位工作人员退休条件、待遇水平作统一规定。其内容是法定退休年龄为男60周岁，女干部55周岁，女工人50周岁，特殊工种、岗位的退休年龄可以提前5年；连续工作满10年以上的可以享受养老金待遇；待遇水平与工龄挂钩：10—15年工龄的养老金为退休时本人标准工资的60%；15—20年工龄为70%；20年以上的为75%；养老金从企业成本中列支，由企业直接支付。

1991年，国务院发布《关于企业职工养老保险制度改革的决定》，提出建立养老保险体系，养老保险费用由国家、企业包下来的办法，改由国家、企业、个人三方共同负担。1993年，党的十四届三中全会通过的《中共中央关于建立社会主义市场经济体制若干问题的决定》，提出养老保险实行社会统筹与个人账户相结合的原则。1995年，国务院下发《关于深化企业职工养老保险制度改革的通知》，明确基本养老保险制度适用于城镇各类企业职工和个体劳动者，资金来源多渠道、权利与义务相对应、管理服务社会化。1997年7月，国务院发布《关于建立统一的企业职工基本养老保险制度的决定》，统一规范企业和职工缴纳基本养老保险费的比例，企业缴费比例不超过企业职工工资总额的20%；个人缴费比例不低于本人工资的4%，以后逐步提高到8%；统一个人账户的比例（按本人缴费工资的11%为个人账户）；统一养老金计发办法，基本养老金由基础养老金和个人账户养老金组成，前者按个人月平均工资的20%，后者按账户储存额的1/120计发。

1998 年，党中央、国务院下发《关于切实做好国有企业下岗职工基本生活保障和再就业工作的通知》，要求切实做好确保国有企业下岗职工基本生活，确保离休人员的基本生活，保证按时足额发放养老金，不得拖欠，对已拖欠的要逐步予以补发。1999 年，国务院办公厅下发《关于进一步做好国有企业下岗职工基本生活保障和企业离退休人员养老金发放工作的通知》，进一步强调“两个确保”。国务院颁布《社会保险费征缴条例》后，劳动保障部先后颁布《社会保险登记暂行办法》《社会保险费用缴纳暂行办法》《社会保险费征缴监督检查办法》。

2000 年，国务院发布《关于完善城镇，社会保障体系的试点方案》，提出进一步完善社会保障体系的基本原则、目标任务，确立进一步调整和完善养老保险的主要政策，比较完善的养老保险制度框架基本形成。

第二节　费用社会统筹

一、县级统筹

1986 年 9 月 30 日前，实行用工单位按合同工工资总额 20% 的标准（其中 1% 为待业保险金）计征养老基金，个人不缴。

1986 年 12 月起，各地开始建立劳动合同制工人养老保险制度，进行退休费用社会统筹的准备。1986 年 10 月 10 日至 1988 年 12 月，改变征集标准，调为 16%，个人缴标准工资的 3%。其具体标准是标准工资在 50 元以下的，单位按月缴 11 元，个人缴 1.3 元；标准工资在 50 元（含 50 元）至 59 元的，单位缴 13 元，个人缴 1.6 元；标准工资在 60 元（含 60 元）至 69 元的，单位按月缴 17 元，个人缴 2.2 元。

1987 年 5 月，境内各县贯彻四川省劳动厅《关于转发 <退休费用统筹宣传提纲> 的通知》和省政府《关于进一步扩大退休费用统筹试点范围的通知》等文件，广泛深入宣传，为退休费用社会统筹工作的正式开展作思想准备。

1988 年上半年，各县制订方案和实施办法，下半年正式运行县级统筹。县级统筹的对象和范围是凡在县境内的中央属、省属、地属和县属全民企业（含供销社）的全民固定工、混岗集体工、因工致残作退休处理和 1971 年底前，参工的临时工以及离休、退休、退职职工。统筹的项目是按国发文件规定的离退休（职）费（含离休增发 1—2 个月生活补贴）；川劳人险规定的 5% ~20% 补贴；国发规定的 12 ~17 元生活补贴；川劳人险规定的因工致残 50 元护理费；单位实发的粮贴；3 元肉贴；5 元物贴。1988 年 10 月，将主要副食品 10 元价格补贴纳入统筹。同时，将离退休（职）人员普调工资纳入统筹。凡纳入统筹对象的上述 9 项费用，一律由社会保险机构从统筹金支付，暂未纳入统筹项目的费用由企业自理，待条件成熟后再纳入。

1989 年 1 月起，为保证区乡各用工单位及时足额解缴基金，实行委托区财政所代征的办法，先后建立和完善合同工单位缴纳养老基金和个人缴纳养老基金分户建账建卡制度；基金转移制度和个人缴费登记证制度。至 1994 年 4 月，将合同工养老金同全民企业统筹退休费合并调节使用。从此，全民企业固定职工养老保险制度和劳动合同制工人养老保险保险制度并轨运行。

1990 年起，各县着手抓县以上集体企业退休费社会统筹的各项准备工作。1991 年 1 月起，平昌县把 60 个乡镇农机站职工的养老保险纳入社会统筹，将乡镇农机站从事农机工作 15 年以上，退休的人员纳入保费范围。退休费按标准工资的 60% 发给，从第 16 年起，每增加 1 年加发 1%，累计不超过75%，缴满30年以上的，从第31年起再加1%；从事农机工作15年以下，按退职或一次性处理。基金征缴按标准工资定额征收（最高单位缴22元，个人缴2.8元；最低的单位缴11元，个人缴1.3元），基金缴拨由农机局统一负责。是年1月，平昌县社保局组织专人对1990年以来全县集体企业退休费用测算汇总。制发《平昌县城镇集体所有制企业职工退休费用社会统筹试行办法》，全县县以上集体企业退休费用统筹工作起步运行。1991年3月—1994年9月，全县集体企业统筹除乡镇农机站进入实质性运作阶段外，其他集体企业因诸多原因未能实施。

1992年，通江县人民政府发布的《通江县城镇集体所有制企业职工退休养老保险统筹试行办法》后，全县城镇以上集体企业、劳服企业、诺江镇属集体企业的全部职工和离退休（职）职工参加县级养老保险社会统筹。

1995年起，平昌县相继将县属二轻、交通、乡镇企业、江口镇属街道企业、合作总店、各机关事业单位主办的劳动服务企业改按国有企业省级统筹办法纳入县级统筹范围。统筹的对象包括这些单位的全民职工、集体职工、劳动合同制工人、临时工、土地工、集资工和退休的职工

2000年，制定《通江县乡（镇）卫生院集体所有制人员基本养老保险实施意见》，从1月1日起，将全县乡、镇卫生院集体所有制人员纳入养老保险社会统筹。同时，将造纸厂、酒业公司、河口溪煤矿、铁溪农具修造厂、陶瓷厂、木棕厂、长坪锅厂等企业3000多名退休人员的基本养老金纳入社会化直接发放，直发面81.5%。

二、地级统筹

1990年7月起，境内各县着手对全民企业（含供销社企业）和自收自支事业单位纳入地级统筹。1991年初，各县将摸底测算方案上报达县地区社会保障局。7月1日起，全民企业地级统筹正式实施。统筹范围和对象包括境内各级各类全民所有制企业和经费自给的全民所有制事业单位的固定职工、混岗集体职工和1971年前招收的计划内长期临时工，以及供销合作社原有的全民固定职工（包括体改前的混岗集体工）及其上述单位的离休、退休、退职职工。统筹项目有11项。统筹基金的筹集，按照“以支定收，略有积累”的原则，实行统一核算，分级征收。征集基数和比例以参统在职职工工资总额和离退休人员统筹项目费用两项之和的15.9%计提。实行“统一核算，统一调剂，全额缴拨”。企业缴纳的统筹养老保险费在营业外支出“劳动保险费”项下列支。1992年4月，地级统筹结束。在收缴方式上，对县城各单位的基金主要采取银行代扣、现金结算与转账结算相结合的办法征收，对县外及区乡单位，主要采取委托收款方式从单位开户银行账户中托收。

三、省级统筹

1992年4月1日起，全民企业固定职工退休费用由地级统筹过渡到省级统筹。省级统筹的基本原则是退休统筹金的筹集由国家、企业和职工个人三方共同负担，实行统一费率、统一核算、统一调剂、分级负责，共担风险、余额上缴、差额拨补。统筹的范围和对象是中央、省、地、县属全民所有制企业和自收自支事业单位中的全民固定工、合同工、混岗集体工，1971年前的长期临时工、离退休职工。省级统筹基金按“以支定收，略有结余，留有部分积累”的原则筹集。1998年后，将行业统筹的省属企业再次移交地方管理，由县社保局统一管理，收取社会保险费用。

1992年4月起，按各参统企业单位在职职工工资总额和统筹项目费用两项之和的15.9%征集；同时，全民企业参保在职职工首次实行个人缴费制度，标准工资在100元以内缴2元，100元以上缴3元。1992年4月1日，劳动合同制工人，单位按工资总额的16%缴纳，个人按3%缴纳，同时从历年基金中调剂30%，从当年收入中调剂20%作为省级统筹集累金，1993年，单位按“两项之和”的

16.85%计征。是年6月起，个人缴纳部分按工资总额的2%计征。7月起，将供销系统集体企业视为全民企业纳入省级统筹范围。

1994年，固定统筹金和劳动合同工统筹金两金统一征收，合并调剂使用。1994年1—12月，单位缴纳比例调整为“两项之和”的17.5%计征。

1996年1月起，按3%征收；1998年1月起，个人按4%缴纳；是年7月1日起，单位按参保在职职工工资总额的20%计征；1999年起，个人缴费比例分别调整为4.5%、6%、8%，单位按20%计征养老保险金。

第三节　扩大社会保险覆盖面

1993年起，各地在抓扩大国有企业省级统筹的同时，注重城镇集体企业的县（市）统筹覆盖面。参统企业都纳入县（市）为单位统筹。巴中市（县级）城镇集体企业参统66户，职工3366人，离退休职工1351人，月支付离退休费用6.76万元，使90%的退休职工生活费由原来的20多元增加到50元。1994年，全地区退休费用社会统筹面不断扩大，将新建企业的90%纳入社会统筹。同时，企业临时工养老保险亦开始起步。

1995年，全地区参加退休费用省级统筹的国有企业有378户，占应参统企业户数的100%，职工3.77万人，离退休人员1.25万人，比1994年有所增长。受益企业132户，职工1.26万人，离退休3666人，受益金额达450万元。全地区集体所有制企业均已实行县级统筹，参统企业161户，职工1.43万人，离退休6450人。

1997年，地区社会保险局组织力量深入地级企业对地级参统单位的在职职工人数、缴费工资、离退休人数、离退休费用等基数和社会保障号码等进行全面清理核实，对缴费年限进行认定。全地区所有的国有企业已全面实行统账结合办法。3月，地区制定全地区养老保险覆盖计划，并进一步拓展非国有企业职工的养老保险。

1998年，地区行署下发《关于加强社会保险的通知》，对扩大养老保险覆盖面作明确要求。范围将从国有、集体企业扩大到民营企业和个体劳动者等。拟定《巴中地区城镇私营企业职工和个体劳动者养老试行》在全地区试行。到12月底，城镇私营企业职工和个体劳动者，已有500余名参加养老保险。平昌县部分土地工、农民合同工和自谋职业者参加养老保险。

2000年，全市有5.58万名职工参加养老保险社会统筹，完成省目标任务的102%，其中是年新增扩面4534人，增长幅度较大的是巴中市巴州区和平昌县，分别增加1478人、1142人；5.36万人参加工伤、生育保险地级统筹，参统率96%；其他性质的人员5700多人参加养老保险，参统率达80%。

第四节　离退休（职）待遇

中华人民共和国成立后，境内各县未实施养老保险社会统筹，离退休职工的保险福利待遇由单位自行支付。

1988年起，实行统筹后，由社会保险局支付，未纳入统筹的仍由单位支付。社保局支付的待遇项目有离退休费及补贴；5%～20%的补贴；按川劳险规定的50元护理费；地方生活补贴；粮价补贴；副食品价格补贴；肉贴；提高离退休待遇。企业的离退休人员除享受基本养老保险待遇外，其他非生产性福利费，如洗理费、书报费、烤火费、交通费等，由参统企业根据效益状况自行确定发放。同时，参统企业离退休职工养老金由社会保障局直接按月拨付企业，由企业代发给离退休职工，即差额缴拨办法。

1990 年起，为解决部分企业拖欠、挪用养老金的弊病和探索社会化管理经验，参统企业选择具有一定代表性的单位推行退休费由社保局直发基本养老金。是年 9 月下旬，首次调整离退休职工待遇。10 月，巴中县实行由社会保险机构直接发放养老金。

1991 年，调整参统企业离退休职工退休生活补贴。标准是以参工满 20 年为起点，工龄每增加 1 年，增发本人标准工资 1% 的生活补贴，最高不超过本人原标准工资的 20%。这项补贴金额计算的退休费之和不得超过本人原标准工资金额，但补贴金额低于 6 元的，按 6 元发给。并从 1991 年 8 月起执行。

1992 年 5 月，参统离退休人员从 4 月 1 日起，每人每月增加 5 元粮价补贴。9 月，给参统企业离退休人员调资，标准为未参加 1985 年工资套改的离退休人员，每人每月先增发 10 元离、退休费；再按本人月基本离、退休金的 10% 调增工资；已参加套改的按本人月基本离退休金调增 10%，按上述办法调整后，离休人员最低不能低于 12 元，退休人员不低于 10 元。

1993 年，按时足额向 1300 多名离退休人员月发养老金 20 余万元。南江县在 8 户企业、125 名离退休人员中实行由银行代发养老金。

1994 年 5 月，给参统企业离退休（职）职工调整工资待遇，从 1993 年 10 月起执行。

1995 年 10 月，地区社保局将地区运输总公司、巴中丝绸厂 268 名离退休人员养老金全部实行由银行储蓄机构直接发放。

1996 年，实行基本养老保险待遇计发办法改革后，企业自行负担的离退休待遇项目主要有价格补贴、燃料补贴、水电补贴、书报费、洗理费、交通费、菜篮子补贴。这些津补贴发放的原则是先保工资发放，企业根据效益，或全发，或部分发，或不发。

1997 年 7 月，给参统企业离退休（职）职工调整工资。调整办法和标准，离休人员：1937 年 7 月 6 日前参工的 100 元；1937 年 7 月 7 日—1942 年 12 月 31 日，参工的地厅级 90 元，县处级以下 70 元；1943 年 1 月 1 日—1945 年 9 月 2 日，地厅级 80 元，县处级以下 60 元；1945 年 3 月 30 日，地厅级 70 元，县处级以下 50 元；退休人员：中华人民共和国成立前参工的老工人 40 元；1995 年 12 月 30 日前退休，缴费年限大于 40 年调 30 元；1935—1940 年，调 25 元；1930—1935 年，调 20 元，缴费年限小于 30 年的调 17 元；1985 年工改后至 1989 年 9 月前退休的调 20 元，1996 年内退养的调 12 元；退职人员：1995 年 12 月前，退职的调 11 元；1996 年内退职的调 9 元。是年，重点做好 13 户重点特困森工企业安置在巴中地区的 290 名人员养老金发放工作。森工退休人员养老保险金全部实行委托银行代发。地级参统单位离退休人员养老金全部实行社会化发放。

1998 年 7 月起，给参统企业离退休（职）人员调整工资。离休人员每人每月 25 元，退休 15 元，退职 10 元。是年，党中央国务院提出切实确保国有企业下岗职工和离退休人员的基本生活（简称“两个确保”或“两保”），省委、省政府提出实施“两保”一把手工程，保证养老金按时、足额发放。对过去无力缴纳、欠缴养老保险费的企业停发、欠发的养老保险金，于 12 月底前全部兑现。

1999 年 7 月，给参保的离退休职工调整待遇。离休和中华人民共和国成立前参工的老工人每月增加 135 元，1953 年 12 月 31 日前，参工的退休人员每月增加 70 元，1954 年 1 月 1 日以前参工，1995 年 12 月 31 日前退休的每月增加 55 元；1996 年 1 月 1 日—1999 年 6 月 30 日退休的，每月 40 元；1953 年 12 月 31 日前，参工的退休人员每月增加 60 元；1954 年 1 月 1 日后参加工作，1995 年 12 月

31日前，退职的每月增加45元；1996年1月1日—1999年6月30日前退职的人员每月增加30元。是年，以保发为重点，巩固“两个确保”成果。全地区认真贯彻落实党中央、国务院、省地“两保”及再就业工作会议精神，加强领导，落实措施。各级党委、政府把离退休人员养老金按时、足额发放工作当做大事来抓。全地区实发退休人员养老金7000多万元，基本保证全地区2万余名企业离退休人员和1470多名森工退休人员养老金按时足额发放，全地区“两保”工作得以巩固和发展。

2000年，针对部分县（区）困难企业多，特别是小采企业自1998年禁伐以来，无资金来源上缴社保费，保发放形势严峻的实际，市社保局深入通江、南江2县森工企业调查了解情况后，及时进行调剂，确保离退休人员养老金的发放。全市社保机构配合财政、审计部门强化基金管理，实行专户储存和收支两条线管理，保证基金的安全。是年，全市累计支付养老金7400多万元，支付率103.8%，确保2.36万名离退休人员基本生活，实行社会化发放1.91万人，社会化发放率80.6%，比年初增加7000多人，增长29.6个百分点。全市养老金社会化发放率为100%。

第四章　机关事业养老保险

第一节　机关事业养老保险制度

1951年2月26日，周恩来总理签署《中华人民共和国劳动保障条例》，全国机关事业干部开始享受不同程度的保险待遇。1955年12月29日，国务院发布国家机关工作人员退休处理暂行规定和退职处理暂行规定，把群体、退职公开、规范。1958年2月6日，国务院修改通过工人、职工退休处理暂行规定和退职处理暂行规定。1978年6月2日，国务院颁发《安置老弱病残干部暂行办法》和工人退休暂行办法，干部、工人按连续工龄确定退休待遇。1984年企业开始探索建立退休统筹制度。1993—1994年度，全国部分省、市开始探索建立机关单位养老保险制度改革。1995年1月，《劳动法》颁布实施，明确规定国家发展社会保险事业，建立社会保障制度，设立社会保险基金，使劳动者在年老、患病、工伤、失业、生育等情况下获得帮助和补偿。机关事业养老保险试点工作正式启动。是年2月18日，四川省人民政府《关于开展全省机关事业单位社会保险工作的通知》指出：四川省机关、事业单位（包括自收自支事业单位）工作人员（含合同制工人、按人事下达招干计划招聘的乡镇聘用干部）和国家决定由全省免责的中央在川机关、事业单位工作人员的社会保险工作由各级人民政府人事部门负责。过去由劳动部门和保险公司组织实施的机关、事业单位合同制工人、自收自支事业单位工作人员、乡镇聘用干部的社会养老保险工作移交各级人事部门管理。

1996年起，巴中地区对所有参加养老保险的国有、集体企业实行基本养老金社会统筹与个人账户相结合的办法。是年，通江县被定为全省首批试点改革县之一，同时也是巴中地区第一个改革试点县。2月，通江县政府颁布《通江县机关事业单位工作人员养老保险试行办法》，5月1日起，在全县机关单位（不含集体事业单位）全体人员中实行新的养老保险制度。

1998年，全地区开始实施私营企业员工和个体工商劳动者的养老保险和大病医疗保险制度，实行税务式征养老保险，财政统一管理，建立基金收支两个专户，实行“收支两条线”管理。同时，为有利于机关事业单位养老保险工作的开展，凡人员经费由财政全额拨款的机关事业单位，其养老保险一律由机关事业单位社会保险局统筹；自收自支事业单位的养老保险，由社会保险事业管理局统筹。

1999 年，全地区企业养老保险一律实行统一的养老保险省级统筹，退休待遇的计算按全省统一的标准计发。2000 年，对企业职工基本养老金征收实行“双改革”，离退休人员不再缴纳养老保险费。

第二节　基金征集

1997 年 1 月 7 日，地区行政公署《关于印发地级机关事业单位工作人员养老保险办法（试行）的通知》，明确养老保险的性质、基金负担原则；规定养老保险的范围和对象，养老保险基金的筹集和支付及管理，实施养老保险后离退休条件和待遇，养老保险基金的执行与监督。养老保险基金由国家、单位、个人共同负担，单位负担部分，财政全额拨款单位按职工工资总额的 5% 筹集，自收自支（含差额拨款）单位按职工工资总额的 15% 筹集；由个人负担部分，按月工资的 2% 缴纳，记入个人账户。按照“以支定收、略有结余、适当调整、部分积累”的原则，实行统一筹集、统一管理、统一支付、统一调剂使用。养老保险的范围和对象是在地级党、政、群机关和地级事业单位的工作人员以及离退休人员。省驻巴中机关事业单位和行署驻外办事机构的工作人员纳入本办法的养老保险范围。工作人员离退休后，享受国家政策规定的离退休费、国家和省有关政策规定历次调整工资增加的退休费。

2000 年，全额拨款单位养老保险基金比例由 2% 下调到 1% 。

第三节　养老金支付

1993 年，《巴中地区地级机关事业单位工作人员养老保险办法（试行）》规定：地级机关事业单位的离退休费，经社保处审核后于当月 25 日前拨给所在单位，由所在单位支付给离退休人员，或直接由社保局委托银行代发，但未纳入保险支付的项目仍由所在单位支付。

1996 年 5 月至 1999 年，通江县对区、乡（镇）离退休人员养老金实行差额缴拨办法，由区、乡（镇）财政所代发。县级部门全额拨款单位离退休人员养老金由县机关事业单位社会保险局拨付到各参保单位发放；差额拨款、自收自支单位实行差额缴拨的办法，离退休人员养老金由各单位负责发放。年终机关事业单位和社会保险局分别与区镇、乡镇财政所和县各级单位办理年度结算。

2000 年，机关事业单位社会保险局在平溪片区 4 乡 1 镇和区级单位进行离退休人员养老金直发试点。县财政、机保、信用联社 3 家联合下发文件，县机保局与平溪区财政所签订直发协议，平溪片区的每个离退人员在其当地信用社建立养老金专户，每个退休人员当月能领到养老金。此举措受到离退休人员的普遍欢迎，直发试点比较成功。

第五章　医疗保险

第一节　制度沿革

中华人民共和国成立后，境内的劳动保护医疗制度一直实行“企业保险”，企业之间医疗费负担畸轻畸重的矛盾越来越突出，特别是部分严重亏损企业职工患大病，高昂的医疗费更是无力支付。针对这些弊端，政府决定实行劳动医疗制度改革。

1989年起，针对长期以来，企业医疗制度存在着国家和企业包得过多，个人看病不出钱，社会化管理程度低，管理体制不完善，经费开支与医疗费脱节，医疗费用增长快、开支大、浪费严重等问题；本着“有利生产、保证医疗、严格制度、克服浪费”的原则，着手对医疗制度进行改革。具体办法是调整职工医疗费与福利基金的比例；改统包办法，实行职工个人负担一定费用，由暗补变明补；因工及国家规定疾病超过补贴部分据实报销；非因工其超过部分，个人负担医药费的10%，床位费的5%；离休干部不发补贴，医药费实据报销；退休人员可按工龄段30年以上的在职职工的标准发给补贴；劳动合同制工人按国发文件规定执行；建立健全医疗管理制度，特别是对企业医疗机构，外诊和转诊审批加强管理。通过上述改革，大部分企业取得一定效果。1990年，平昌县国营企业医疗费比1988年下降10%。

1991年，各县社保局组织专人对大病医疗保险制度改革进一步探索。清理整顿建立健全全民企业职工劳动保险卡片，凡在境内的县以上全民企业的固定职工、劳动合同制工人、混岗集体工都建卡。平昌县通过4个多月的清理建卡，全县有98个企业1.26万名职工建立健全劳动保障卡片，为供养直系亲属范围的确定提供基础资料。从1991年8月起，重点进行以大病统筹为主要内容的改革探索，并对企业医疗费开支进行调查摸底。

1993年，地区先后出台《巴中地区城镇职工基本医疗保险暂行办法》和《巴中地区城镇职工基本医疗保险暂行办法实施细则》。经过实践、探索出一条保障职工基本医疗、解除职工后顾之忧。

1995年5—7月，对企业医疗期和公费劳保医疗用药报销范围进行规范。

1997年初，针对全地区部分县（市）医保改革存在的问题，地区社保局组织部分县职工到海南学习考察，借鉴医疗保险制度改革的先进经验和做法，各县（市）社保组织，积极摸底，测算和分析、论证医保方案，确保全地区尽快实现大病医疗费社会统筹。

1998年，南江县针对原参加保险的单位，关闭和破产企业越来越多，企业富余人员大量失业的情况，采取扩大保险覆盖面，使一些私营企业和乡镇企业迈入社会保险行列；开始实行企业用房产抵缴离退休人员的大病医疗保险费等措施，使参保情况发生明显变化。

2000年，根据国家、省城镇职工基本医疗保险制度改革的规定，出台《巴中市城镇职工基本医疗保险暂行办法》和《巴中市城镇职工基本医疗保险暂行办法实施细则》。探索保障城镇职工基本医疗、解除职工后顾之忧，减轻企业负担的基本医疗保障制度。为进一步完善医疗保险制度，并先后研究制定《关于全市实行国家公务员医疗补助意见》《关于印发基本医疗保险特殊疾病门诊医疗费用报销有关问题的处理意见》《巴中市城镇职工住院补充医疗保险暂行办法》等一系列配套文件，确保全市医疗保险工作顺利进行。

第二节　保险基金征缴

1992 年 10 月，南江县统筹起步运行时，在职职工单位缴纳每人月 3 元，个人缴纳每人月 0.5 元；离退休人员单位缴纳每人月 4 元，个人不缴纳。1995 年 6 月起，在职职工单位缴纳每人月 3.5 元，个人缴纳每人月 1 元；离退休人员为每人月 6 元由所在单位缴纳，个人不缴费。1997 年 1 月起调整为在职职工单位缴纳每人月 4.8 元，个人缴纳每人月 1.2 元；离退休人员单位缴纳每人月 10 元，个人不缴费。1999 年 1 月 1 日起，改按职工缴费工资的一定比例征收，在职职工每人月按缴费工资的 4% 计征，其中个人 1%；离退休人员按全县 1998 年平均离退休费的 5% 计征，由所在单位缴纳，个人不缴费。城镇职工基本医疗保险制度建立以后，基本医疗保险费由用人单位和职工个人共同缴纳，用人单位缴费率按本单位职工 1998 年工资总额的 6% 缴纳，职工个人按本人 1998 年工资收入的 2% 缴纳。

第三节　医疗保险待遇

基本医疗保险基金，主要是解决大病、重病住院医疗费用，其报销比例和办法各县大同小异。

南江县的办法是 1992 年 10 月—1997 年 12 月，300 元为报销起付线，300 元以下由企业自行解决；301 ~2000 元按 80% 报销；2001 ~4000 元按 85% 报销；4001 元以上按 90% 报销，上不封顶。报销比例以外的部分由企业自行解决，实行分段累加的办法。1999 年 1 月起，报销的起付线定为 500 元，分段累加的办法和支付比例仍然不变，并规定封顶线为 5 万元，封顶线以上的部分由患者所在企业单位自行处理。

城镇职工基本医疗保险制度建立以后，医疗保险待遇实行社会统筹和个人账户相结合，个人账户主要用于支付门诊医疗费用和住院医疗费用中的个人自付部分；统筹基金支付住院医疗费用。起付标准为三级医院 500 元，二级医院 450 元，一级和未定级别医院 400 元，退休人员起付标准比在职人员依次降低 1000 元。报销比例为在职职工 45 岁以下 80%，在职职工 45 岁及以上 85%，退休人员 90%；一个自然年度内基本医疗保险医疗费用累计最高支付限额为 4 万元。

第六章　工伤·生育·失业保险

第一节　“三险”概况

境内工伤、生育保险制度建立较晚。1995 年 6 月底前，工伤、生育保险制度是按“企业保险”体制运作，职工发生工伤、生育时，由企业自行负担，自求平衡。1995 年 7 月 1 日起，全地区企业实行工伤、生育保险制度改革，实行以地区为单位社会统筹，实现由“企业保险”向“社会保险”的过度。全地区各类所有制企业、个体经济组织及其职工必须参加工伤、生育保险，履行缴纳工伤、生育保险义务，依法享受工伤、生育保险待遇。1996 年，劳动部发布《企业职工工伤保险试行办法》，四川省劳动厅制定《贯彻 < 企业职工工伤保险试行办法 > 的实施意见》，对企业职工工伤认定、费用报销、资金支付渠道都作明确规定。全地区认真总结过去工作，进一步完善工伤、生育报告制度，要求工伤发生后及时报告，同时做好事故现场取证笔录材料、加强企业职工工伤、生育住院管理，采取企业、医院、保险三方综合管理，健全进出院及用药制度。到年末，收缴工伤、生育保险金 52 万元，支付工伤 23 人，生育 312 人，保险金 37 万元。并从 10 月 1 日起，对所发生的工伤医疗费、护理费、伤残抚恤金，一次性伤残补助金，残疾辅助器具费、丧葬补助金，供养亲属抚恤金，一次性工伤补助金由工伤保险金支付。1998 年，全地区对工伤、生育保险办法进一步规范完善。继续实行报告制度，要求企业发生工伤事故后必须在 3 日内书面报告劳动局，同时抄送社会保险局，并作好现场笔录和调查取证，经劳动行政部门调查核实后出文确认；实行定点医院，加强住院管理，要求企业发生工伤、生育必须在定点医院治疗，需转院治疗的患者必须由县医院出具转院就诊手续，经保险局审查同意，同时把好出入院和用药关；重新设计制定企业职工工伤、死亡，生育保险待遇审批表，严格按政策规定比例报销费用。是年，对发生的工伤 29 人和生育 235 人，共支付医疗费和生育津贴 29 万元。2000 年，进一步完善工伤、生育保险制度，严格工伤、生育情况报告，住院及各项管理。同时对工伤、生育报销和审批又进行一些改进，改过去在办公室询问情况为深入现场实际调查取证，加大对假工伤、假生育的查处力度。改过去一个季度审批一次为按月审批报销费用，提高办事效率。是年，收缴工伤、生育保险金 87.1 万元，发生工伤 62 人，女职工生育 295 人，报销医疗费和生育津贴 67 万元。

民国时期失业人员一律自谋生计。中华人民共和国成立后，国家实行计划经济，就业工作有保障。1978 年后，随着经济体制的改革，才有失业下岗人员，随着改革的不断深入，失业下岗人员增多。1980 年后，各级人民政府一手抓下岗失（待）业人员安置，一手抓下岗失业人员的生活费补助。1990—1992 年，开始变换失业人员生活费来源主体，境内各级人民政府在继续抓好失（待）业人员生活费发放的同时，大力宣传中央和省、地关于失业保险的有关政策规定，动员全民和集体企业按规定交纳失业保险金。1995 年，建立失业保险费收缴岗位责任制，组织专门队伍对地属企、事业单位劳动用工和失业保险费缴纳情况进行专项清理检查。1997 年，全地区全面推行个人缴纳失业保险费（2 元/人、月）制度。1998 年 7 月 1 日起，失业保险费征缴比例由职工工资总额的 1% 提高到 3%（单位缴 2%、个人缴 1%）。2000 年，全市以贯彻《失业保险条例》为契机，全面推进失业保险工作制度化、规范化进程。全市失业保险应参保人数 11 万人，实参保人数 6.78 万人，扩面率到 95.1%。

第二节　工伤保险

《劳保条例》公布后，职工因工伤残完全丧失劳动能力的，可以退职，饮食起居需人扶助的，按月发给本人标准工资 75% 的残废抚恤费，付至死亡为止；不需人扶助的，发给本人标准工资 60% 的残废抚恤费，付至恢复劳动力或死亡时为止。部分丧失劳动能力尚能工作的，由企业分配适当工作，按残废后丧失劳动能力的程度，发给本人标准工资 10% ~30% 的因公残废补助费，但与残废后复工的工资合并计算不得超过残废前本人的标准工资。1978 年 6 月，国务院公布《关于工人退休、退职的暂行办法》后，对企业职工因工致残待遇作修改，即按《劳保条例》规定发给 75% 的改为 90%，并发给一个人的护理费 51 元，原来 60% 的改为 80%。

1995 年 7 月 1 日—1997 年 3 月 12 日，发生的工伤事故按巴中地区行署文件规定执行。社会保险局应承担的待遇包括职工因公负伤，从抢救到医疗终结（包括旧伤复发）发生的医疗费用社保局承担 70%；经社保局批准职工因工伤安装的假肢等辅助器具费由社保局承担 50%；职工医疗终结鉴定为 1 ~ 4 级应退出生产工作岗位，由社保局按三分之一支付定期伤残抚恤金；因公致残鉴定为 1 ~ 4 级，生活不能自理，按照完全、大部分、部分护理依赖程度分别是由社保局发给 50%、40%、30% 全地区上一年职工月平均工资标准的护理费；因工致残鉴定为 1 ~ 10 级，分别由社保局发给 15、13、11、9、8、7、6、5、4、3 个月本人缴纳养老保险金的指数化月平均工资的补助金；丧葬补助金：由社保局按死亡职工所在企业上一年月平均缴费工资 5 个月发给；一次性抚恤金，由社保局一次性发给 15 个月本人生前上一年月平均缴费工资。1995 年 7 月—1997 年 3 月，发生的工伤事故，企业自行负担的待遇项目包括有医疗费用：医疗费用由工伤保险基金支付 70% 以后下差的 30%，外地就医路费、膳食补助费、就医护理费；工伤津贴：即医疗期间职工的工资；残废器具补助费；由企业报销 50%；就业补助金：5—6 级的职工可离岗休养，由企业按月发给本人上一年职工月平均缴费工资 70% 的伤残补助金直至达到条件后由社保局改发退休费；7—10 级的职工，若企业无岗安排，应一次性分别发给就业补助金，以本企业上一年职工月平均缴费工资为基数，7 级 19 个月，8 级 16 个月，9 级 13 个月，10 级 10 个月；供养直系亲属定期抚恤金，按有关文件规定执行。是年，工伤保险基金实行企业单方负担，职工个人不负担缴费义务。工伤保险基金按企业缴纳养老保险金的基数，以实际发放工资标准，实发工资最低不能低于全省上一年职工平均工资的 60%，最高不能高于 300% 的基数，按 2% 计提工伤保险费，参保单位在企业管理费中列支。工伤保险基金实行全地区统一比例、统一管理，统一调剂使用。全地区按基金征集总额 10% 提取储备金，其中 5% 留存地区社会保险局，5% 留存各县（市）社会保险局。县（市）基金入不敷出时，申请地区调剂解决。

1996 年，企业职工所发生的工伤医疗费、护理费、伤残抚恤金、一次性伤残补助金、残疾辅助器具费、丧葬补助金、供养亲属抚恤金、一次性工亡补助金由工伤保险金支付。

1997 年后，发生的工伤事故，社会保险基金支付标准改按劳动部和川劳险及县（市）的相关文件规定执行。企业支付的工伤待遇改按劳动部和川劳险及县（市）的相关文件规定标准执行。

第三节　生育保险

1995 年 7 月 1 日起，实施以地区为单位统筹生育保险基金。由职工所在单位按缴纳的养老保险费的基数的 1% 由单位按月向社会保险局缴纳，职工个人不承担缴费义务。企业职工发生生育时可享受以下待遇。生育津贴：难产（指剖宫产）700 元，正常产 400 元，流产（怀孕 3 个月以上）200 元；产假工资：按职工缴纳养老保险费的工资基数，发 3 个月产假工资，男性职工配偶非在职职工者，可按上述标准享受 50%，以上 2 项费用由社保局从生育保险费中支付给企业，再由企业支付职工本人；女职工生育、怀孕、流产，企业应按照《女职工劳动保护规定》享受产假，其中正常产 90 天，难产 105 天，怀孕不到 4 个月流产的 15—30 天，怀孕 4 个月以上 42 天；多胞胎，每多一胎另加假期 15 天。同时在怀孕期单位不能安排重活或有毒有害工作。在母乳喂养期间还要给一定的时间喂养小孩。

2000 年，对生育保险的待遇标准和支付范围又进行调整，调整标准和范围有医疗费：难产（主要是指剖宫产）由 700 元提高到 800 元，正常产由 400 元调整到 500 元；产假工资：正常产和难产按上年缴纳养老保险金的月平均工资发 3 个月；女职工在计划内或采取长效节育措施失败怀孕不满 4 个月流产的，享受半个月的生育津贴；满 4 个月以上流产、引产的享受 1 个月的生育津贴。增加计划生育手术费，其报销标准按照川物价文件的规定执行。

第四节　失业保险

民国时期，无失业保险制度。中华人民共和国成立后，1950—1978年，全国实行计划经济，工农商者严格区分，不存在破产，不存在竞争上岗，也不存在失业。时称“朝天无空土，地上无闲人”。1978年后，经济体制改革逐步展开，失业下岗人员增多。1980年后，各级政府一手抓下岗失（待）业人员安置，一手抓下岗失业人员的生活费补助。

1988年，调整经济结构，控制全民所有制单位进人，就业安置压力越来越大，下岗失（待）业人员越来越多。境内各县进一步把失业保险列为重要议程，采取多种措施切实加以解决。南江县采取企业出一点，政府拿一点，社会筹一点的办法，为455个失（待）业人员支付生活费2.3万元。

1990—1992年，境内各县逐步开始变换失业人员生活费来源主体，在继续抓好失（待）业人员生活费发放的同时，大力宣传中央和省、地关于失业保险的有关政策规定，动员全民和集体企业按规定交纳失业保险金。至1993年，全地区2.56万个失业人员发放生活费73万元。是年，巴中地区就业服务管理局成立后，地、县（市）两级就业服务管理部门一手抓保险宣传，一手抓基金征缴，失业保险日趋规范、正常。

1994年，地区就业局代行署起草《巴中地区贯彻实施〈四川省企业职工失业保险规定〉实施细则》，切实加强全地区失业保险工作的指导和管理。共调查摸底地属国有企业29个，集体企业8个，股份制企业6个，私营企业3个，企业化管理事业单位7个，建卡登记2117人，收缴失业保险费7.08万元，收缴率95%。全地区参加失业保险的各类企业1046个，参加失业保险的人数4.82万人。是年，共收缴失业保险费用120.5万元，收缴率96.1%。

1995年，针对失业保险费收缴难的现状，建立失业保险费收缴岗位责任制，组织专门队伍对地属企、事业单位劳动用工和失业保险费缴纳情况进行专项清理检查，共清理检查企、事业单位64个，收缴失业保险费7.5万元。是年，全地区失业保险金收缴率达95%，非国有企业收缴率比1994年增加11个百分点。为31个停产、半停产企业3096名职工发放生活补助费30.77万元，为123名失业人员发放失业救济金2.03万元。为1375名失业（待岗）人员发放救济金14.8万元，支付转业训练费7.5万元，为2103职工发放救济金和困难补助7.9万元。

1996年，地区就业局配合劳动监察工作，清理检查地级行政、事业、企业单位178个。收缴失业保险费6.5万元。全地区失业保险费总收入129.41万元，完成计划的108%。全地区国有企业失业保险费收缴率达到95%，非国有企业收缴费比1995年增加1.3个百分点。全地区就业服务机构共为584名失业（待岗）人员发放救济金8.17万元，支付转业训练费9.5万元。共慰问特困企业69个，职工904人，发放救济金和困难补助8.1万元。

1997年，在总结南江县个人缴纳失业保险试点经验的基础上，全面推行个人缴纳失业保险费（2元/人、月）制度。但由于全地区企业效益普遍较差，失保费收缴难度相对增大。各级就业服务机构划组分片，责任到人，深入基层，反复宣传，基本完成征收任务。全地区共征收失业保险费133万元，其中个人缴纳35万元，完成年初计划的106.4%。

1998年7月1日起，失业保险费征缴比例由职工工资总额的1%提高到3%（单位缴2%、个人缴1%）。征缴比例变化给失业保险费的征缴带来较大困难，9月底，征缴率仅为10.9%。对此，地区社保局主要领导率队深入征缴率最底的巴中市（县级）和征缴率较高的南江县摸底调查、分析原因、研究对策，并将情况书面报告地委、行署。随即行署专员、地区“两保”再就业工作领导小组组长李克明召集劳动、就业、保险、财政、税务、法院、纪检、监察、银行等地级部门负责人会议，专题研究如何加大“两金”征收力度问题。采用“行政、纪律、法律”三管齐下手段收取“两金”。到12月底，全地区共征收失业保险金231.3万元，完成全年计划的93.7%。且在严格基金管理的同时，充分发挥基金的保障作用，全地区就业系统共接受失业职工3479名，发放失业救济金34.5万元；支付下岗职工基本生活费和元旦、春节慰问费49.3万元。

2000年，全市以贯彻《失业保险条例》为契机，全面推进失业保险工作制度化、规范化进程。全市失业保险应参保人数11万人，实参保人数6.78万人，扩面率95.1%。应征失业保险费530万元，实征507.7万元，征缴率95.7%；省下达清欠任务119.2万元，实清欠113万元。为确保基金安全，全市就业服务机构严格按照《失业保险条例》等法规文件的规定管理基金。全市就业服务机构共接受失业职工952名，为2223名失业下岗人员发放生活费419.2万元，支付元旦、春节慰问费12万元。

巴中市志

第二十九篇

民政

民国时期，境内各县政府内设置第一科或民政科，职掌救济、优抚、卫生、公安、人事等工作。中华人民共和国成立后，卫生、公安、人事等工作从民政析出，至1985年后，民政工作仅限于社会保障、政权建设、行政管理。

至2000年，民政部门在履行社会保障职能方面，重点对服役军人家属进行现金与物资优待，对因公牺牲、病故、失踪军人家属和伤残军人进行定期抚恤，对贫困人口和自然灾害进行救济；对鳏、寡、孤、独，无生活来源的人员进行分散与集体供养。与武装部门一道妥善安置复员退伍军人和军队离退休干部。在基层政权建设方面，开展历届基层政权的民主选举和整顿后进村及村（居）民自治活动。在行政管理方面，加强婚姻登记、殡葬改革、区划调整、社团管理及地名管理等工作。特别是1993年后，各级政府进一步加强民政工作，为人民脱贫致富，推进民主化、法制化进程发挥积极作用。全市调整优抚对象定期补助标准7次，调整烈属、因公牺牲军人军属、病故（失踪）军人家属抚恤标准6人，调整革命伤残军人抚恤标准6次；累计享受定期抚恤和定期补助的优怃对象25.88万人（次），优抚总金额为2204.3万元；累计社会救济人数6.52万人（次），年均救济8150人（次），占年均困难人数（16.81万人）的4.85%；累计安置城镇退伍兵5630人（次），安置军队离退休人员981人（次）。1986—2000年，收容遣送站收容中转外流人员4.99万人（次），年均收容中转3328人（次），安置长期外流人员382人（次）。1974年设立火葬场至2000年，累计火化遗体1.3万具。同时，完成涉及省、市、县（区）界线共21条1385.6公里、乡（镇）界706条约6000公里的勘界工作；完成地名标志设置358块，并清理整顿建筑物名称550处，颁证113个。

第一章　优　抚

第一节　优　待

一、政府优待

1933年5月26日，设在巴中境内的川陕省苏维埃政府颁发《优待红军及其家属条例》，各级苏维埃政府根据“条例”规定，对参加红军的家属进行优待。对红军家属一律分好田地，对没有生产能力的家属，动员群众代耕商品缺乏时享有优先购买权；从白区来参加红军的士兵家属，享受同等待遇；红军子女入学读书完全免费，并给入学优先权；红军家属有病，由苏维埃医院或工农药房免费治疗，还安排人请医、送药或抬送红军医院就诊；如遇饥荒时，红军家属由苏维埃政府负责发给粮食衣物等救济物品。

民国27年（1938年），境内各县成立“出征抗日军人家属优待委员会”，制订“优待方案”。根据国家政策规定，优待出征军人家属。其优待资金来源，由各区联保实行抽签办法征收缓役金；各区联保按规定募集该管富绅现金若干。

民国28年（1939年），每季度发给出征军人家属优待谷2石。民国30年（1941年），变优待谷为优待金，每季度发优待金50元（法币）；是年12月，又改为现金折谷，每户全年不超过4石。民国33年（1944年），再改为赤贫征属家中2人者，全年发谷4石，3人者发6石，4人者发8石，以4人为限；自给者以1人限，小康以上者只发纪念品。民国34年（1945年），降为赤贫征属1人全年发谷1石，每户直系亲属以3人为限，分端午、年关2次发放。

中华人民共和国成立后，境内各县人民政府对优抚对象采取各种措施兑现优待金，主要是对贫苦烈军属、残废军人、贫困复员退伍军人进行定期定量补助和临时困难补助。1950年，4县共发放优待补助粮24.61万公斤。

1951年，对烈军属、荣誉军人及复员建设军人进行生活优待共5次。春节给予慰问活动发放优待粮1次；在减租退押期间，将一般贫苦烈军属列入甲等照顾，把没收地主的好财产、好田地分给他们；在"八一"建军节前后发送优待粮1次，最多的户得125公斤，少的户得25公斤；8月，中央访问团赴各县后的9月，发送1次救济金和优待粮；12月，土地改革时期发放1次优待金和烈军属子弟入学补助费。

1955年，农业合作化后，农村的烈属、军属、残废军人绝大多数参加农业生产合作社，他们中有些人无劳动能力或缺乏劳动力，为使他们的收入不低于一般社员，社里优待他们一部分劳动日。优待劳动日的负担以社为单位，个别地方以乡为单位。享受劳动日优待的烈军属、残废军人的收入略高于当地平均水平，但最高不超过15%。

1956年，各县定期定量补助标准为，农村一般1户1人者，每月补助4~6元；城镇1户1人者，每月补助4~8元；1户工人以上者，视其情况酌情增加。

1958年，人民公社化后，人们全在公共食堂吃饭。政府除优待衣被、吃药、零用外，其他款项均发至食堂；对优抚对象中的孤老烈军属和在乡老红军实行定期定量补助，并制发"优待证"，由区（公所）送发给本人。

1959年，对在乡老红军每月定期补助16元。

1961年，对烈士遗孤、生活困难的烈属、革命残废军人、不能参加生产劳动的复员军人，无人供养的病故、失踪军人家属定期定量补助，每人每月农村5~7元，城镇1户1人补助8~11元，工人酌情增加。1964年，重新评定补助对象，孤老烈属和孤老病故、失踪军人家属，烈士及病故军人的遗孤和虽有亲属而无力抚养的烈士及病故、失踪军人的未成年子女，已经丧失劳动能力而其子女又确实无力供养的烈士，病故军人的父母和配偶，生活困难的在乡三等残废军人，年老体弱、生活困难的复员军人，带病回乡长期不能劳动、生活困难复员军人。城镇除以上人员外，还包括收入不足以维持市民一般生活水平的烈、军属，生活困难的二等以上残废军人。农村每人每月3~8元，城镇6~10元。

1967—1976年，政府优待仍采取定补和临时补助的办法。

1979年4月1日，对资历长、贡献大的红军老战士，适当提高工资，最多的50元。是年12月6日，提高优抚对象的优待金标准：农村每人每月6~10元；城镇每人每月10~15元。1983年，调整补助标准，对退伍红军老战士的定期定量补助，每人每月增加10元；孤老烈属和孤老复员军人增加5元。1984年，定期定量补助一般在每人每月平均35元内掌握，最低不少于25元。

1983年，调整补助标准，对退伍红军老战士的定期定量补助，一律在原享受实际补助标准的基础上，每人每月增加10元；孤老烈属和孤老复员军人，一律在原享受实际补助标准的基础上，每人每月增加10元；孤老烈属和孤老复员军人，一律在原享受实际补助标准的基础上，每人每月增加10元；孤老烈属和孤老复员军人，一律在原享受实际补助标准的基础上，每人每月增加10元；孤老烈属和孤老复员军人，一律在原享受实际补助标准的基础上增加 5 元。1984 年起，又改由乡统一筹集，统一兑现优待金。定期定量补助一般每人每月平均 35 元，最低不少于 25 元。

1986 年起，各县相继出台“军人抚恤优待实施细则”，优抚对象定期定量补助额逐年增大。至 1988 年，境内享受定期定量补助标准为：在乡老红军每月平均 90 元、西路红军 45 元、失散红军 15 元；对 1954 年以前入伍的老复员军人及 1955 年以后入伍带病回乡的退伍军人，也给予定期定量补助，人均每月不低于 15 元。

1990 年后，由按月领取改为按年领取。一般农村 300 ~ 400 元，城镇 400 ~ 500 元。除定期定量补助外，每年还安排一部分经费解决优待对象生产、生活上发生的临时困难。

1992 年 2 月 1 日起，对在乡退伍红军老战士和西路红军老战士生活困难补助费分别增加 81 元、30 元。境内退伍红军 116 人，西路红军 321 人，每月共增加调标经费 1.9 万元。

1993 年，巴中地区民政局共接收优抚对象 1.98 万人，其中在乡退伍红军 116 人、西路红军 321 人、失散红军 4587 人、复员军人 8217 人、退伍军人 2524 人、“三属”（烈士家属、因公牺牲军人遗属、病故军人遗属）1979 人、伤残军人 1776 人、人武部遗属 26 人、襄渝铁路民工 241 人；优抚对象粮油补贴人数 1.93 万人。

1994 年起，随着人民生活水平的不断提高，国家对优抚对象的定期定量补助标准，也不断提高。对 1954 年以前参军的老复员军人和 1955 年以后入伍的带病退伍军人，也根据地方财力及国家拨款状况，连年提高其生活补助标准。至 2000 年，市民政局先后 6 次提高在乡退伍红军老战士、西路红军老战士、长征红军失散人员（下称“三红”人员）的定期定量生活补助标准。

二、群众优待

川陕省苏维埃时期，各级苏维埃政府根据《优待红军及其家属条例》有关规定，对没有生产能力的红军家属，由当地苏维埃政府负责动员群众为之代耕，一切种子、耕牛、农具，均由苏维埃政府帮助解决。民国 28—34 年（1939—1945 年），抗日战争时期，各县政府按照国家政策，制订一些“办法”，开展群众优待活动。如，集资救济抗属生活，对抗战征属的田地实行义务代耕。

中华人民共和国成立初，各县政府根据《革命烈士家属革命军人家属优待暂行条例》第 7 条之规定，对农村缺乏劳动力的烈军属，采取代耕或其他的办法帮助解决其生产中的困难；在部分地方推行固定代耕制度。1955 年，境内 4 县共组织代耕队 4165 个，参加人数 7.67 万人；享受代耕优抚对象 9290 户，代耕田地面积 7767 公顷。

1957 年后，农村逐步走上合作化、集体化道路，各县的群众优待全面推行优待劳动日制度。享受优待劳动日的面一般占烈军属总户数 19% ~22%；其中优待劳动日享受最多的 92 个，最少的 6 个，一般的享受 20 ~ 35 个。

1960 年，改优待工分为优待现金，实行“按月发钱，月月兑现”的优待办法。1961 年，优待现金又改为优待工分。

1962—1966 年，政府对优抚对象评发定补款。

1979 年，对优抚对象进行普查登记，县、区（公所）、公社都建立优抚对象档案。在登记中，经反复查证核实，对受错误路线迫害的优抚对象，平反昭雪；对新承认的优抚对象，均给予应有的政治和物质待遇。

1981 年，对烈军属实行“全优方针”，对群众优待工作实行“三改”（改原来的只对烈军属中困难户实行优待为普遍优待；改由原来的优待劳动日为优待现金；改由原来的生产队负责为大队统一平衡负担）。同时，提高优待金标准，每年户平 60～80 元。1984 年起，实行全乡负担、户提村管、分户支付、年终兑现的优待政策。

1985 年，全面落实“四改”政策（改义务兵家属平均优待为军人荣立一、二、三等功，分别奖励优待金的 50%、30%、20%；改优待标准由原 60～100 元为 80～150 元；改年终评优待为定兵定优待，义务兵一定服役期不变，其他一定三年不变；改单纯补助为帮助计划使用，扶持生产，鼓励致富）。

1986—1987 年，各县群众优待金以乡镇统筹，每年分两次给享受的优抚对象兑现。1989—1991 年，各县相继实行全民统筹，分级管理、兑现，打破过去群众优待金只由农民负担的局面。农村人均负担优待 0.7～0.8 元；城镇非农业户口人均负担 1 元；对在职入伍的义务兵，发月工资的 50%，最低不少于 30 元。

1993 年，地区民政局针对全地区农村优抚对象多、经济收入低造成生活、住房、医疗困难（简称“三难”）的局势，汇同各县（市）党政采取措施给予妥善解决。把治理优抚对象“三难”问题纳入地方性法规；采取国家济、亲友帮、邻里助、群众捐四结合的办法解决生活上的困难；对住房困难的优抚对象，争取优先批木料、宅基地，免征土地费等办法给予帮助；对享受定抚定补部分优抚对象治病难的问题，采取国家补、自己筹、各方帮的办法解决。

1995 年，全地区群众优待金共兑现 9633 户 285.2 万元。1996 年，对群众优待由传统的以乡（镇）农民统筹的办法，改为以县（市）、区（公所）为单位，实行社会统筹，全民负担的办法。首先在平昌县试点，1997 年，全面推开。

1997—1998 年，各级政府解决老复员军人“三难”问题，采取提高他们的定补标准；地区民政局从救济扶贫互助储金中优先为 605 户较困难的老复员军人投入 32 万元资金发展生产；多渠道筹集老复员军人医疗费，全地区共筹集 20 多万元，以缓解老复员军人治病难的问题；大力实施“扶优扶贫安居工程”，共解决资金 50 万元；把老复员军人帮困解难工作纳入扶贫攻坚战，实行干部包扶责任制，使他们逐渐摆脱困难。

1999 年 10 月下旬，对全地区实行群众优待金社会统筹的情况进行抽查。抽查结果表明，有的地方，仍沿袭过去的做法，以乡镇统筹兑现，且优待金未达到行署规定的标准，军属反映强烈。行署发文件，责成督查科进行督查，切实按“群众优待金以县统筹”的方式筹集兑现。

三、拥军优属

1933 年 2 月 17 日，川陕省苏维埃第一次工农兵代表大会在通江召开后，各级苏维埃干部和群众，积极参加各项支前和拥军工作。8～12 岁儿童参加童子团，13～16 岁参加少先队，16 岁以上参加赤卫军、游击队、红军、担架队、运输队。广大妇女除参加妇女独立营、洗衣队、缝纫厂、草鞋厂外，逢年过节，还纷纷送小菜、瓜果、鸡、猪及粮食；妇女还运伤员、弹药与战利品。1934 年春节，赤北、红江等县苏区人民耍龙灯、狮子等给红军及家属拜年。部分地区除送猪、羊、白菜表示慰问红军及其家属外，还募捐钱物慰问伤病员。是年冬，川陕省苏维埃政府发出优抚红军医院伤病员的号召，境内各地积极响应。巴中县清江区输送的物质最多，计有猪 30 头，棉絮 30 床，布鞋 204 双，草鞋 630 双，挂面 813.5 公斤，红糖 195 公斤，大洋 40 元，以及大米、鸡蛋、羊腿、甘蔗、柿饼、豆腐等。至 1935 年，境内通江县有 4 万多人参加红军和地方武装，以及在苏维埃政府工作；巴中有 1.3 万人参加中国工农红军。

民国 27 年（1938 年）后，各县为唤起民众拥军优属，均分别成立“战时动员委员会”和“抗敌宣传委员会”。一批知识青年自觉投身宣传行列，配合政府组织工作团，每年8月13日举行“八一三”纪念活动，讲演“八一三”史实，并悬挂巨幅画像，用以唤醒民众洗雪国耻。在“九一八”纪念大会这天，各县组成慰问队，分别到各地慰问，并发给少量慰问金和向出征军人赠给“为国争光”条幅。逢年过节由各县政府指令各乡（镇）各保以1~3元礼品馈赠本保出征军人家属。1937—1945年，各县“优待委员会”“慰劳抗战将士委员会”，不定期举办“文化劳军捐款活动”“鞋袜劳军运动”“劝募滑翔机运动”和举行“七七”纪念活动。每举行一次上述活动都要在民众中劝募钱物，慰劳前方将士及出征军人家属。

20世纪50年代，各级人民政府每逢元旦、春节、“八一”建军节等节日，都要组织慰问团分别到驻军地点向解放军指战员进行慰问，召开军政、军民座谈会、报告会、联欢会等。并向部门写慰问信、赠锦旗、演电影、演文艺节目。同时，还组织一定数量的干部带上慰问品、“光荣之家”“光荣牌”“光荣灯”等匾牌深入烈军属、残废军人家中，进行慰问、挂牌。

60—70年代，境内实行优待劳动日。享受对象有缺乏劳动力的烈军属和回乡老红军、二等以上残废军人及少数带病回乡丧失劳动力能力的复退军人。优待方法是根据受用户劳动力、经济状况，生产队评定优待工分，经大队审查平衡，统筹负担，每年坚持春评、夏查、冬兑现。

80年代初中期，各县的拥军优属、拥政爱民（称“双拥”）工作基本实现经常化、制度化、群众化。各县在“八一”、春节期间，均成立慰问组织，县有慰问团，区（公所）、乡有慰问组。各县还建立军优属拥政爱民领导小组，把“双拥”工作列入议事日程。每逢“八一”、春节期间，各级慰问组织采取召开广播慰问大会、军民联欢会、优抚对象代表会的形式，开展“双拥”活动。同时，对优抚对象中的孤老红军、烈属、二等以上残废军人进行走访慰问，并解决实际问题。

1988—1992年，各县为争创“双拥模范县”，把“双拥”工作，列入重要议事日程。每年“八一”、春节集中开展声势浩大的“双拥”活动。重点走访驻地部队、老红军、西路红军、烈属、军属和特、一待残废军人及光荣院、军干所；给予赠送慰问金、纪念品，帮助解决生产、生活中的具体困难。1992年12月22日，在全省第三次双拥工作表彰会上，平昌县被评为“双拥模范县”。

1994年后，为建成国家、省级“双拥模范县（市）”，地区民政局抓双拥工作，建立健全机构。是年，全地区共建各级、各单位“双拥”工作领导小组256个；加强制度建设。各级政府相继建立会议制度、军地互访制度、军地联席会议制度、双拥工作领导小组成员单位工作责任制度，检查、考评、奖惩制度；广泛宣传教育。以增强干部、群众、部队官兵的双拥意识；开展慰问活动于元旦、春节、“八一”等节日里，开展慰问活动。

1997年，在纪念红军长征胜利60周年，大力开展“双拥”工作之际，经省委、省政府批准，给享受定补的在乡“三红”人员发一次性慰问金共60万元。是年，平昌、通江2县被省验收为“双拥模范县”，平昌县民政局受到民政部和解放军总政治部的表彰。全地区涌现出“拥军优属模范乡镇”138个、“拥军优属先进单位”145个、“先进个人”376个。

1999年，地区民政局、地直工委牵头在地级机关开展“爱心功臣捐赠活动”，共接收捐赠款3.5万元，用于解决优抚对象的实际困难。全地区共接收爱心献功臣捐赠款15万余元。

2000年，为驻巴中部队和现役军人家属解决住房困难968户，解决就业52人，解决子女入学入托237人，并支持部队设施建设515平方米，赠慰问品折币25万多元。全市涌现出“双拥共建单位”178个，其中146个共建单位被省、市、县表彰为“先进单位”。

第二节　抚　恤

一、牺牲病故抚恤

川陕省苏维埃时期，境内4县人民踊跃参军、参工、参干的达12万余人。因战、因公牺牲、病故人员，一律按《川陕省苏维埃政府关于红军伤亡抚恤条例》所规定的条文进行抚恤。凡伤员进休养所，残废者进残废院，因战因公死亡者由红军机关收殓，立纪念碑，子女弟妹小的送国立革命纪念学校读书，父母妻子由国家适当发津贴。当时的抚恤费，从没收豪绅地主的财产、衣物、粮食、农具中抽拔；从苏维埃保险金中抽取；发动苏区群众帮助。抚恤费分几期发清，数目多少视死者家庭条件而定。抚恤金由他们的直系亲属（父母、妻子）领取。

民国30年（1941年），对抗日作战阵亡官兵家属，人发抚恤金600元；学员家属人发400元；因公殒命军官家属人发400元，士兵家属发200元。民国35年（1946年），按照《海陆军伤亡官兵恤金标准》规定：凡阵（死）亡的二等兵至上等兵年发恤金24万元~25万元；下士至上士年发恤金26万元~28万元；准尉至上尉年发恤金30万元~36万元；少校至上校年发恤金40万元~48万元；少将至上将年发恤金52万元~60万元。

1950—1952年，各县人民政府根据《革命军人牺牲病故褒恤暂行条例》第三、四条规定，对红军烈属、红军失踪军人家属和抗日战争的八路军、新四军及解放军、志愿军牺牲、病故的军人家属进行抚恤。1952年的病故军人，战士级发抚恤粮450公斤、班排连长级675公斤、营团长级1125公斤、旅师长级1800公斤。同时，对参战民工民兵牺牲、病故的家属，年发抚恤粮，1952年为600公斤。1953年起，改发抚恤粮为抚恤金，并提高抚恤标准。

1955—1959年，各县民政科开展清查落实川陕苏区时期牺牲、病故和失踪红军人员及民兵、民工和苏维埃政府工作人员的追恤政策；境内共追恤3535人，发追恤款56.63万元。

1961年，对解放战争，抗美援朝战争中失踪军人家属、中越边界自卫还击作战中牺牲的烈士及其家属，进行抚恤；同时还开展优抚对象普查、确认西路红军、红军流落人员等工作并多次提高抚恤标准。

1979年，调高牺牲、病故人员抚恤标准。牺牲抚恤费定为470~700元，病故抚恤费为370~600元，给对越自卫还击作战牺牲的军人家属增发抚恤金300元，给立二等功以上的另增发75元。

1985年7月1日起，各县对烈士家属、病故（失踪）军人家属、因公牺牲军人家属，生活困难的，实行定期定量抚恤。后经调整，至1989年为人均30元，至1993年为40元。生活在城镇的“三属”的定抚标准，比农村的略高。

1993年，地区民政局对“三属”人员的定期抚恤标准作调整。农村人月不低于45元，在城镇的不低于55元；病故军人家属居农村人月不低于40元，在城镇不低于50元。

1994年，给“三属”户人月定向补贴粮差6元，由同级财政支付。随着人民生活水平的不断提高，根据国家有关政策，民政部门分别于1994年10月20日、1998年1月1日、1999年1月1日、2000年1月1日提高“三属”人员的定期抚恤标准。

二、革命伤残抚恤

规定红军在服务期间，因伤病需休养时，应送到最适宜之休养所休养。凡因战争在红军服务中而残废者入残废院休养，不愿居残废院者，按年给终身抚休金。

民国26—34年（1937—1945年），抗日战争时期，前线抗战负伤归来者，各县奉军事委员会通令，发动私人捐款，每次给每个过往荣誉军人资助大洋5元，作为抚恤金。各县对县内荣誉军人，按《优待抚恤条例》规定，由县经收处筹备专款，由县长发令抚恤荣誉军人。

1951年，各县根据《革命残废军人优待抚恤暂行条例》规定，对革命残废军人，凭“革命残废证”享受优待抚恤粮和残废金。境内3县（除巴中）共有革命残废人员222人，发残废金197.2万元、抚恤粮9.3万公斤。1952年1月、1953年、1955年、1965年、1978年、1982年和1984年7月1日对革命残废人员的抚恤标准进行7次调升，并对残废人员的住房、医疗、子女入学、家庭困难等问题，进行适当解决。

1977年起，革命残废军工人员，除按国家规定标准每年领取抚恤金外，国家发给副食品补贴。

1979年，残废人员抚恤金提高标准。

1985年，境内4县共有革命残废人员1523人，年发抚恤金30.47万元。

1988年，各县民政局依法对革命残废军人的等级认真进行检查、评定，并发给“革命伤残军人证”，由民政局按国家规定标准发给伤残抚恤金；对特、一等伤残军人由国家供养终生，死后按病故军人家属对待。

1993年，全地区共接收革命残废军人1776人、襄渝铁路伤残民工241人；均按政策规定兑现其伤残抚恤金。1994年10月20日，地区民政局按政策规定调整伤残人1985—1993年的抚恤经费32.3万元，调整1994年生活补助费13.5万元。在乡伤残军人年人均抚恤617.64元；在职伤残军人年人均抚恤371.30元。

1996年1月1日、1998年7月1日、1999年1月1日、2000年1月1日，提高革命伤残军人和襄渝铁路伤残民工的定期抚恤标准。

至2000年，全市有革命伤残军人2033人（在乡1303人、在职730人）；有襄渝铁路伤残民工239人，分别比1993年建地区时增加257人、减少2人。

第三节　褒扬烈士

一、建烈士墓园

川陕省苏维埃时期，红军在境内与敌人顽强斗争，无数革命先烈为国捐躯。为缅怀先烈，激励后人，教育人民，安慰英灵，1934年，各县苏维埃政府开始为英烈们修建烈士墓和纪念碑。通江的烈士墓碑最多。

（一）川陕革命根据地（红军烈士陵园）

1933年10月，红四方面军总医院从民胜的鹦歌嘴迁到沙溪王坪。经医院抢救无效而牺牲的伤病员，均安葬在王坪周围。在总医院周围安葬的坟墓共3820座，计王坪1250座、廖坪520座、大城寨78座、谭家梁215座、李家坝122座、河坎上235座、谭坪88座、彭家岩67座、庞家塬648座、阵家山60座、莫家山42座……王坪总医院为使英名永存，1934年7月，在王坪动工修建烈士纪念碑；是年10月，竣工落成。主碑高3.87米，碑文、图案系当时王坪总医院政治部主任张琴秋亲笔书画。墓碑后的38个牌位就是指安葬的吴鸣和等38名师团级干部的骨忠。后经1950年、1959年、1979年、1981年、1982年和1984年政府数次拨专款维修、扩建、绿化，使之成为省级文物保护单位；成为教育青少年的革命圣地；并将该墓载入《中国名胜词典》永世纪念。至1989年，陵园扩建初具规模，经批准成为国家级烈士陵园。至2000年，占地1.07公顷，建筑面积280平方米，总投资44万元。

（二）巴中县革命烈士陵园

1957年12月25日，巴中县人民委员会在巴州城南龛坡山麓建立的巴州城南龛坡山麓修建巴中县革命烈士陵园。占地1200平方米，40名革命烈士勒石立碑，别无设施。1984年，开始扩建整修，面积为2460平方米，共6个梯层。碑的正面是李先念题写的“为创建川陕革命根据地壮烈牺牲的革命烈士永垂不朽”；背面是巴中县委、县政府所作的“碑记”。碑的左右两面各为“革命烈士纪念碑”7个大字。有40名烈士忠骨埋此。到1995年，该园占地0.21公顷，房屋建筑面积150平方米，总投资10万元，有管理人员3人，属县级陵园。

（三）刘伯坚烈士纪念碑

1984年，平昌县委、县政府筹集资金250余万元，在县城佛头山下江阳公园内，修建占地0.57公顷，建筑面积800平方米的刘伯坚烈士纪念碑。该碑主体工程高35米，原军委主席邓小平题写碑名。1986年10月竣工，中央政治局委员、中央军委常务副主席兼秘书长杨尚昆代表党中央、国务院、中央军委亲临平昌县参加揭碑典礼。1998年，进行维修，周围绿化面积增大到1.8公顷。被列为省级文物保护单位和省级爱国家主义教育基地。

二、建忠烈寺

民国27年（1938年）7月5日，巴中县“七七”抗战纪念大会筹备委员会第一次会议决议，在公园内（巴中市巴州区委招待所）修建抗战阵亡将士纪念碑（又称忠烈寺），决定将谢庶常之“德政碑”铲凿改建；1960年，因建房撤除。1985年，巴中县委、县政府决定照原样复修，并迁址于南龛山半坡，川陕省革命根据地博物馆大东门外。复修后的纪念碑，直径1.8米，高11.9米。碑座1.1米处四周镶嵌四张青石板，上有徐向前、洪学智、许世友等老一辈无产阶级革命家，为纪念抗日战争胜利40周年撰写的诗文。

三、编纂《革命烈士英名录》

1981年9月起，境内各县开始编纂《革命烈士英名录》。各县在校对入“录”人物中，首先查1957年是否抚恤在册，查1962年是否补办过抚恤手续，兼查失踪人员是否劫往台湾。最后，确定出重点调查名单后，编写人员按区分为若干组与公社民政干部一道，通过走访烈军属、老复员军人、残废军人、老干部及失踪军人的邻居等，查证件、证明是否参军属实；查普查登记后烈士是否准确。经审核，境内4县应编入史册的共有2.29万人，此“革命英名录”每县1套，1981年底，完稿送审，经全面核实，反复审改，1984年，报经省民政厅核准复印存局。

四、修将帅碑林

1993年9月，经省政府批准，巴中地委、行署、军分区和巴中市（县级）委、人大、政府组织筹建“川陕苏区将帅碑林”。选址在巴州镇南龛坡山顶，占地面积6.67公顷，与南龛公园·川陕革命根据地博物馆相毗邻。“碑林碑文集”的编者经过3年的时间，分别到红军踏过的川陕县、市和有关军队的政治部、干部部、干休所及有关省、市、县的地方组织部、党史办、民政局、老干部局及1000余名在健红军将士收集有关史料。使入“文集”的将士本人简历清楚、准确。至2000年，已刻制高规格、高质量的纪念碑2280块，石刻英名8.5万人。其中，有元帅1人，国家级领导13人，大将3人，上将24人、中将71人，少将209人；军职451人，省部级97人，师级1063人，其余为县团级干部。整个碑林由宽5米、长200米的志碑长廊、红四方面军主要将领雕像园、将军纪念碑、红军指战员纪念碑、红军将士英名纪念碑、吴瑞林将军纪念碑、红军陵园和奉献碑共8个部分组成，规模堪称全国之冠，前往观赏接受教育者逐年增多。

第二章　救灾救济

第一节　社会救济

一、城镇济困

民国初期，南江好善乐施人家，筹集钱粮在县城办孤老院，收养孤老孤儿，供给衣食。孤老院后改名慈善社。民国12年（1923年），巴中县知事公署实业局在卢公祠（后迁王爷庙）开办民生工厂，收留孤儿、游民100余人，纺织、织布、打草鞋，以安排就业。民国26年（1937年），境内巴中县成立救济事业协会，县城设救济院，药铺、对灾民施粥、施诊、施药。南江县成立赈务会，将拨款除临赈支出外，办救济院，煮稀饭救济贫民和收养的孤老孤儿，后缺资停办。乡间也有好善乐施的人家，施舍钱粮、药物和棺材。

中华人民共和国成立后，对城镇失业人员、贫民以及个别小商小贩、小手工业者帮助就业，生活有困难的，给以临时救济。对城镇中无依无靠，无经济收入的孤老残幼评定定期定量救济和临时救济，20世纪50年代每人年均7～12元。

1961年，全国进行国民经济调整，各县精简部分因关、停、并、转单位多余的职工和国家机关、企事业单位既不符合退休条件，又不能坚持工作的老、弱、残职工。为使这部分人生活有保障，1962年6月，各县民政局对退职人员家中生活有依靠的按规定发给退职补助费；对家庭生活无依靠生活特别困难的全民所有制单位精简的老弱病残职工，改发退职费为按月发给救济费，即由民政科登记，按月领取职工原工资30%的救济费。

1965年7月1日起，一律改作按本人原标准工资40%发给救济费。至1984年，境内4县，解决享受原工资40%救济人数486人，年发救济费10.24万元，年人均发210.64元；并按规定每人每月发物价补贴2元、药费2元。

1966年12月，各县民政局对城镇孤、老、残、幼等困难户的救济标准调整为高于一般困难户。是年，各县定救标准提高到人年均20～26元，并对衣不蔽体的定补对象发寒衣、棉被、款物。

1976年，对无依无靠，无法维持生活的老、残、孤、幼实行定期定量补助。

1978年后，各县政府对城镇人口逐步安排就业，困难人口相对减少。对无依无靠又无生产工作能力的老、弱、孤、寡、残废人员，实行保吃、保穿、保住、保教（孤儿）、保养的生养死葬政策；对遭不幸事故，生活发生困难的居民，仍给以临时救济。

1993年7月1日起，对部分无工资级别而领取生活费的党外人士，增加生活费，每人每月10～

20 元。到 1994 年 7 月，全地区有城镇救济对象 2368 人，享受定期定量补助年金额 56 万元 ~ 83 万元，人均补助 240 元，比 1984 年的人均补助提高 120 元，增长 1 倍。是年，地区民政局对该类人员月发粮价补贴各 6 元。对已享受原标准工资 40% 救济的，在现有基础上每人每月提高生活困难救济标准不低于 8 元；对已享受定期定量救济的，不低于 5 元。以后各年均按政策，提高其救济标准。

1998—2000 年，城镇居民困难救济一律实行最低生活保障制度（有专题记述）。

二、城镇、农村最低生活保障

1998 年 4 月，地区行署先后在巴州、恩阳两镇组织召开最低生活保障制度试点会议。先后进行 4 次调查摸底，准确掌握贫困居民家庭基本情况。物价、统计部门进行物价综合测算，确定全地区城镇贫困居民最低生活保障线，最高不超过 100 元，最低不少于 80 元，资金列入县（市）级财政预算。是年，全地区有 192 户 232 名城镇困难户首领保障金。

1999 年 7 月 1 日起，全地区 4 个县（市）政府所在地的镇、各区公所（片区工委）所在镇以及省级小集镇试点镇全部建立起城市居民最低生活保障制度。1999 年，全地区有 1293 户 2076 名贫困居民喜领保障金，完成省民政厅下达任务的 250%。

2000 年，市民政局召开农村“低保”试点工作总结会。全市有 45 个乡镇建立农村最低生活保障制度。保障标准最低的人月 8 元，最高 12 元。全市纳入农村最低生活保障有 2.5 万名特困对象。

三、农村济困扶贫

川陕省苏维埃时期，川陕省各级苏维埃政府，对无生产能力的穷苦人民按《公粮条例》规定，以公粮的十分之二作为社会保险，发给没有生产能力的鳏、寡、孤、独、残废者。对农村失去劳动力的人，《按土地法》规定，一人分二人的土地，用一部分收入请人代耕；对没有种子、农具、耕牛的穷人，由“种子合作社”“耕牛合作社”解决其困难。凡穷苦农民治病，酌情由工农医院免费治疗。同时，政府常拿出一部分钱、粮、物救济贫苦农民。仅巴中县双凤乡在 1933 年 3 月和 8 月发过两次，共发铜元 500 多吊，粮食 120 余石（约合 7 万多市斤），衣被 800 多件，农具 2000 多件，全乡 400 多户贫雇农得到救济。

民国时期，各县奉命组织征募寒衣，分乡举办借粮平粜速谋自救，发起“义卖春联”，向殷实士绅劝募米谷钱被，举办贫民收容所及救济院等事项。民国 37 年（1948 年），在冬令救济运动中，通江各乡镇与慈善团体募集粮款总额 10.35 万元，救济 1195 人（次）。各县除此劝募自济外，省府有时也下拨微量的救济粮钱，救济贫苦征属、老弱残废者、遭受非常灾害者、子女过多家境寒微者。

20 世纪 50 年代初期，各县进行土地改革，将没收地主的“五大财产”，全部分给雇农、贫农、下中农，烈军属，致使贫穷农民有田耕种，有房居住，有农具、耕牛使用，有粮、钱、吃、用。各县民政局还不定期地给特困户发寒衣款和生活救济款；还享受“革命老根据地农业税减免”政策，困难户的衣、食、住、行困难基本得到解决。

60 年代初，各县人民生活极度困难，伴之疾病普遍蔓延，境内 4 县尚有水肿病患者达 40 多万人。国家 3 年解决群众生活及水肿病治疗救济经费 342.48 万元。

1975 年起，境内开始对符合扶贫条件的困难户进行扶助，使其在三五年内脱贫。

1976 年，各县先后建立扶贫领导小组，开展扶持贫困户的工作。

1977—1985 年，境内全面开展扶持贫困户的工作。农村扶贫工作贯彻“依靠群众，依靠集体力量，生产自救为主，辅以国家必要的救济”的方针，全面规划困难户、严困户。各级民政部门对贫困户除拨专款进行扶持救济外，主要鼓励和教育贫困户发展多种经营，走自力更生的道路。对农村的扶贫工作，逐步改原来的“输血型”为“造血型”。每年除保障“定期定量补助”对象和“五保户”（无劳动能力、无生活来源、无法定赡养扶养义务人或虽有法定赡养扶养义务人，但无赡养抚养能力的老年人、残疾人和未成年人）的吃、穿、住、行外，对其他的困难户则采取发放无息或低息贷款，帮助他们发展生产，治穷致富，逐步取消无偿社会救济款的发放。

1986年后，农村社会救济模式转入新阶段，扶贫工作围绕发展生产，以“商”脱贫；全面发展，以“多”脱贫；分工分业，以“专”脱贫；重视科技，以“才”脱贫；奋发劳动，以“勤”脱贫；兴办厂店，以“工”脱贫；部门支持，以“帮”脱贫开展扶贫。扶贫工作改民政面上扶贫为各级各部门驻点包乡重点扶贫；改单纯无偿扶贫为无偿和有偿、救灾与扶贫相结合的办法。通过几年的扶贫、扶智、扶技工作，大多特困户解决温饱，有的还致富。至1993年，全地区4县共扶持特困户5.29万人，脱贫或致富3.76万人，脱贫率70%。同时，重点解决住在岩洞、窝棚和茅草房的农村特困户的生存条件。帮助常年因灾而房屋倒塌无房居住的特困户，重建家园，安居乐业，时称“安居工程”。

1994年起，地委、行署提出“三年越温饱”的扶贫攻坚计划，积极发动社会力量，实行部门包点、党员干部包户，采取各种资金筹措及落实办法，对社救户实行对象落实、资金落实、项目落实、科技扶持落实、优惠政策落实和党员干部包户落实的“六落实”扶持措施，不少社的救济对象越过温饱线。

至2000年，全市重点扶持1.2万特困户，5.5万名特困人口；特困户大多数解决温饱，其中10%左右的人走上富裕。

四、特殊救济

中华人民共和国成立初，党和人民政府对麻风病人采取隔离治疗，并号召人们对他们不能歧视。对城镇、农村一般精神病人，就地监护医治。

1950—1985年，境内尚无精神病院收容所，凡患有严重精神病的人，均由县民政部门送大竹、万县、南充等精神病院治疗。

1959年，境内通江县在板桥公社新华村联合筹建麻风医院1所，接收平昌、通江、万源的麻风病员。南江在桥坝（后迁至小河宝顶观）建麻风村1个，接收巴中、南江麻风病员。卫生部门负责对麻风病人的调查、诊断、鉴定、治疗和宣传材料的编发等工作，民政部门负责行政管理和生活救济等工作。至1985年，两院累计治愈病人出院794人，死亡39人。是年，实有住院病人327人，其中板桥病院由国家救济生活费2.3万元。

1985年起，按规定给每个精神病员家族救济200元，其余费用自理。复员军人精神病治疗期间一切费用由民政、卫生部门负责支付。精神病人治疗率达95%以上，但大多数人时好时发，完全康复的较少。

1996年，成立巴中地区精神病防治院。至2000年2月28日，该院在江北新区征地0.8公顷，完成建筑面积4000平方米的基建工程。年末收治精神病人84人，已治疗康复病患者150余人。是年，全市有麻风医院和精神病防治院各1所，共有医护人员17人，设床位140张，在院病人109人，康复和医疗门诊人数1032人。

第二节　灾害救济

民国时期，国家对灾害救济定有政策，但救济款多属地方官绅筹募赈灾。民国 13—14 年（1924—1925 年）的连续大旱，上海济生会闻讯，给各县汇赈款 2 万元～2.5 万元。

民国 24—26 年（1935—1937 年），境内连续大旱，通江、南江、巴中 3 县“旅省同乡会”向全省发出呼吁，求省内各县援助，求政府赈济。渠县“红十字会”首先响应，四川省赈务委员会根据灾情，亦下拨赈米、赈银，其中巴中、通江 2 县拨赈银 6.44 万元、巴中县拨赈米 200 制石。除此外，3 年的田赋，由省政府行文，各年减少 2 成，仅通江县每年核免征银 6556.1 两。同时，因战事频繁，赈灾款更难筹集，凡重灾年各县除省拨少量赈灾款，减免征购粮 2～5 成外，各县政府号召农民生产自救；凡怠耕者，一律治罪。

中华人民共和国成立后，各种灾害发生时，人民政府组织抗灾自救、互助互济外，及时拨出钱粮进行救济。1959—1961 年，境内 4 县连续遭受 3 年自然灾害，“县人委”共支付救济款 180.7 万元，用于公共食堂的生活补助。并针对水肿病的不断蔓延，又专门拨付医治水肿病的专款 115 万元。

1965—1985 年，境内发生大的或特大的水灾、旱灾、雹灾共达 30 多次。各县在每次灾情发生后，均抽调 100 余名干部，组成救灾工作队，深入灾区抗灾自救。大灾发生后，国务院救灾值班室还打来电话询问灾情。境内民政部门仅在 1974 年支付救灾款 63.59 万元。1981—1983 年，连续的自然灾害，共支付救灾款 408.46 万元，用于解决灾民衣、食、住、病（伤）问题。

1985 年，财政分灶吃饭后，各县因财力有限，救灾重点转向生产自救。是年，境内 4 县共发放救灾款 120.83 万元。

1989—1990 年，境内 4 县先后发生洪灾、旱灾后，达县地区民政局及时拨给 4 县救灾款 499.6 万元，组织调运抗灾自救物资 3479.1 吨，粮食合同减购 60 万公斤，极大地鼓舞灾民自救的信心和决心。

1995 年后，全地区救灾工作从争取国家对特大灾害的补助和改变救灾体制来抓。1995 年，建立预列自然灾害救济款制度，全地区预列资金 250 万元；建立救灾扶贫互助储金会、储粮会，至 1996 年 6 月，全地区已储金 600 多万元，每年老百姓人均储粮 2.5 公斤，遇到灾荒时调用。

1996—2000 年，灾情发生后，各级党政和民政部门，及时深入灾区，查看灾情，慰问灾民。积极组织干群及时抢险救灾，帮助灾民恢复生产，重建家园；及时下拨救灾款 624 万元，解决群众生活困难；积极开展救灾捐赠活动，发动社会捐款 134.25 万元，用于灾民倒房重建。对缺粮缺钱户进行摸底、建卡立档，组织单位定点帮扶救助；发动灾民互助互济，邻里相帮，共渡难关。

第三节　社会福利

一、社会孤老孤儿供养

民国时期，对无依无靠、无生产能力、无生活来源的老人和孤儿实行保吃、保住、保穿、保医、保葬（教）（实行孤儿为保教）的“五保”制度。各县在发社会救济款时，给予重点和优先救济。中华人民共和国成立后，各级民政部门把这项工作视为社会保障工作的重要部分，根据“五保”对象的实际情况，实行分散与集中供养制度。

1950年起，境内各县开始对社会鳏、寡、孤、独、残废人员，给予长期的关照与救济，并责成亲邻帮助生产和照料生活。

1958年，农村成立人民公社后，各县开始在各地成立敬老院，集中供养“五保”户。是年，境内4县共建敬老院392个，入院老人4932人。对老人生活实行“按人定量，包干供给”制，由公社负担，国家酌补。

1961年，各县公共食堂解体后，大部分敬老院亦解散。1966—1968年。各县敬老院全部解散，“五保”老人仍回原生产队享受分散供养待遇。各生产队（组）无偿地给每个“五保”对象足1个半到2个人的基本口粮，其中有85%的细粮。油、盐、柴、衣及用具均由生产队（组）派人购送，其费用由集体“公积金”开支。治病、照料、死后安葬等全由集体负责。

1978年，养老院又逐渐发展。

1982年，农村实行生产承包责任制后，各县一般采取3种供养办法（把“五保”户供给的钱、粮、物纳入社员承包合同，由集体提留，按月供给，分散供养；对有亲属的“五保”户，由亲属代耕代养，分给代耕者一份或两份田土；对长期患病、生活不能自理的“五保”户，由生产给报酬请人护理）。1985—1992年，80%的地方实行“五保”供养金以乡统筹。境内敬老院由1985年的26所328人发展到1992年的68所515人。

1994年，执行国务院《农村五保供养工作条例》，使“五保”供养有法律依据。各县“五保”对象逐年减少，而供养水平不断提高。是年，年均供钱不低于300元，粮不少于300公斤。

1995年，地区民政局巩固完善67所敬老院，扶持新建敬老院6所，为全地区5100名孤寡老人提供生活保障，形成以敬老院为中心的多形式的“五保”供养体系。后经多次提高钱、粮供养标准，至2000年，全市集中供养的“五保”户，钱、粮供养标准，分别达到或超过900元、300公斤。各县的供养办法不变，只是隔几年要普查1次，并逐年提高其供给标准。

二、孤老优抚对象养老

孤老优抚对象养老方式，重点是开办光荣院。光荣院的前身是“烈军属养老院”，1959年，普建敬老院的同时，个别县开始兴办烈军属养老院。该类养老院于1965年5月，全部撤销。

1984年，为使优抚对象安度晚年，省政府决定在通江、阆中、夹江、纳溪四县试办光荣院。是年11月，通江民政局在赤江乡千佛村3组征地0.42公顷，破土动工兴建光荣院，1985年10月竣工，建筑面积1700平方米，总投资38.9万元；至是年底，收养老人16人。入院对象是孤老烈属，孤老退伍、西路、流散红军老战士，孤老残废、复员军人。按政策规定，入院对象系离乡不离土，口粮、食肉、菜金等由所在乡、村按合同无偿供给。至1991年，境内4县各建一所光荣院。到1995年，境内4所光荣院共有工作人员42名，收养老人85人。

2000年，市民政局印发《光荣院管理工作暂行办法》，对办院意义、接收对象、钱粮供给渠道、创造良好老人环境、工作人员的配备、工作人员的职责、院办经济实体、院内管理制度等方面作出详细规定。是年，对全市光荣院进行检查评比，巴中市巴州区光荣院被评为“先进光荣院”，奖给扶持奖金5.5万元，其余3县光荣院为达标院，各奖扶持资金3.5万元。

三、福利企业

民国12年（1923年），巴中县公署收养流浪孤儿，在城王爷庙开办幼孩工厂，组织他们打草鞋、编斗笠、织线带，收入部分抵减厂内开支。以后各年保持在20人左右，1933年，被撤销。

川陕省苏维埃时期，川陕省苏维埃政府，为使贫苦农民摆脱贫困，规定每1乡苏维埃或2村以上苏维埃，联合开办贫民合作社。贫民合作社由贫民集资，苏维埃政府借款而创办。半年或1年“分红”1次。

20世纪50年代初，各县分别组织以优抚对象为主的贫民福利社，其中南江县在城区红四门组织综合生产福利社。后经几次变更，大多成为社办企业或街道企业。

1978年后，各县陆续兴办及扩建民政福利企业。至1985年，境内共建民政福利厂、乡（社）、公司55个，从业人员502人，其中优抚对象及盲、聋、哑、残人员占28%以上。进入20世纪90年代，随着经济体制改革不断深入，民政福利企业自身的规模小、档次低、管理差、投入少等劣势，已日渐显露。区、乡（镇）的福利企业全部改为民营企业；县直属福利企业，有少数也渐次消亡，剩下的效益也不景气。至1992年，境内民政福利企业借省民政厅、地区民政局扶贫周转金、利息、超期占用费90.02万元。是年，各县民政企业完成产值607.3万元，完成利税38.46万元，上交管理费1.21万元。

至1994年，全地区共办福利企业16个，在职职工237人，企业有固定资产原值636.1万元、流动资产356.7万元。

1995年5月，经地区民政局1994年清理整顿取消假冒社会福利企业后，全地区还有县以上社会福利企业10个，企、事业单位办2个，有职工229人，其中残疾职工62人。是年，产值（含营业收入）429.76万元、销售收入359.1万元，获利税33.94万元。

至1995年底，地区民政局相继开办页岩砖瓦厂、采石场、采沙场、救灾服装厂、魔芋精粉厂、社区服务中心、天力开发总公司、烈军属服务中心。共安置残疾人、贫困户60多人就业，年创产值250多万元。各县民政企业产值759万元，创税利58.63万元，上交管理费1.52万元。

1996年2月，天力宾馆开始筹建。1996年11月5日，开始营业，至12月底，共55天实现营业额99.23万元，亏损12万元。1998年，天力宾馆内设6部1室，并将编制从85人调增为104人

至1999年，在地区民政福利企业中，实力较为雄厚的有遂巴福利建材厂、天力开发总公司、天力宾馆。2000年，仅存天力宾馆。是年1月1日起，对天力宾馆实行目标管理责任制，是年实现盈亏持平。

四、有奖募捐

1993年12月22日，地区民政局大力开展福利彩票有奖销售，亦称有奖募捐。是年，分配给各县（市）民政局任务为20万元。1995年10月5日，巴中地区募捐委员会、巴中地区民政局为支持巴中市（县级）社会福利事业的更快发展，将本次200万元大奖组社会福利彩票发行销售中筹集到的福利资金10万元，捐赠给巴中市（县级）人民政府。

至2000年，市民政局从省募办调回“即开型”福利彩票1930万元。其中，分调各县988万元，市级销售584.34万元，省募办调退回及公证处销毁尾票197.66万元，库存160万元。市募办按总销售额12%～15%上交成本费，提取中奖奖金55%，提取社会福利基金25%。提取的167.12万元社会福利基金，用于解决特困职工生活及市烈军属服务中心建设后，余6.19万元。累计销售“其他型”福利彩票1200多万元，积累200多万元资金投入光荣院、敬老院、聋哑学校、烈军属服务中心的建设，缓解财政压力及民政经费的不足。

1993—2000 年巴中社会救济情况

表 29—1　　　　单位：户、人、万元、月

年度	社会困难户					国家救济人数						集体补助金额			精减退职老职工救济		
	合计		其中			临时救济			定期定量救济			合计	农民	非农民	救济总人数	享受原工资40%救济	定期定量救济
	户数	人数	散居孤老残幼	农村救济	城镇救济	合计	农民	非农民	合计	农民	非农民						
1993	31723	116436	5493	—	—	20257	12296	7961	969	596	373	80.8	49.6	31.2	1356	456	909
1994	38812	142610	5579	—	—	3350	3350	—	204	—	204	26.1.	24.8	1.3	1557	535	1022
1995	35614	146995	5626	—	—	—	—	—	359	228	131	54.7	52.8	1.9	1550	530	1020
1996	37134	149888	5672	—	—	20798	18243	2555	342	174	168	36.7	29.7	7.0	1548	528	1020
1997	72748	290992	5615	—	—	—	—	—	762	167	595	—	—	—	1529	515	1014
1998	72619	290476	5562	68821	3798	—	—	—	789	157	632	—	—	—	1529	515	1014
1999	21152	84611	5752	75267	9344	150	150	—	935	628	307	—	8.6	—	1509	515	994
2000	30588	122353	5559	86146	36207	3761	3498	263	1975	981	994	349.2	—	—	1509	515	994

第三章　安　置

第一节　退役官兵安置

清末，绿营兵丁年过 50 岁，因体衰不能参加操练和作战者，作退伍安置。绿营兵丁退伍，如有子弟在营，月给饷米五斗，如无子弟在营，月给守粮一份。

清光绪三十年（1904 年），清政府制定营制饷章，规定各级军官退休年龄：提督以上不限，副将 65 岁，参将、游击 60 岁，都司、守备 55 岁，千总以下 50 岁，超龄即予退役。游击以上军官，虽年以及限，如身体强壮者，仍可续留五年。

民国初年至抗日战争以前，川军无统一退伍制度，各军阀需要则招募，不需要则遣散。抗日战争开始后，根据国民政府颁布的《兵役法》规定，士兵服满现役规定年限，应予退伍，资送回原籍。士兵退伍时，按其阶级，发给一次性退伍金、荣誉津贴及路费。退伍后，主要回原籍务农或自谋生计。

根据国民政府规定，官佐退役分析退和甑退两种。停役满 3 年而未回役者，免职、停职、撤职满 3 年而未任职者，考绩连续 3 年不及格者，均作为例退。对体质衰弱或伤病不能服现役者，为甄退。退役、除役的官佐，按规定发给退役俸禄和赡养金。退役金分为甲、乙等，甲等退役俸禄期满，改给乙等退役俸至除役，对自愿回原籍的一、二、三等残废荣誉军官，办理除役，按军衔等级，发给荣誉津贴和赡养金。民国 35 年（1946 年），巴中县成立在乡军官会，有在乡官佐 300 余人。县政府曾选用一批充任各乡镇国民兵训练员和乡、保队副。

1937—1945 年，国民政府开始对退役官兵实施安置政策。境内 4 县在 8 年抗战中共配备兵额 2 万

多名奔赴各个战场。这些参战人员，大多系农村青年，少部分是在职职员、学校教员、国民党员；因战事频繁，很少退伍，少数官兵退（除）役均按“哪里来，哪里去”的原则进行安置。

民国37年（1948年）起，退役军官月领半俸，除役军官佐，按一年额一次发清。退役粮食除已发讫者外，其尚未领发者，按每斗1000元折发代金，不发粮食。民国38年（1949年），达县团管区司令部，设立就业辅导委员会，决定各县乡（镇）保队副及民众自卫队之干部，除准派用复员转业的地方行政官佐外，一律任用在乡军人。

第二节 复员退伍军人安置

一、安置概况

1950年，中央人民政府革命军事委员会和政务院发布《关于人民解放军复员工作的决定》，要求对年龄大的士兵和少数年龄大、身体弱的干部退出现役，复员回乡参加生产劳动或转业地方工作。由部队办理复员、转业手续，按其军龄、职务发给生产补助粮和荣誉金。返回原籍，由地方各级政府妥善安置，各得其所。各县成立复员委员会（后改名转业建设委员会），负责复员军人的接待安置工作。至1958年底，仅巴中一县安置复员军人5576人，其中家居城镇的有3472人（占62.3%）安排工作。

1955年，实行义务兵役制后，执行《兵役法》规定的义务兵服役年限和服役期满退出现役制度。服满现役或超期服役被批准退伍的义务兵，由部队办理退伍手续，一次性领取退伍费和路费。按照“从哪里来回哪里去”的原则，由原籍县妥善安置，使之各得其所。从城市入伍的，安排到机关、企事业单位工作；从农村入伍的，回乡参加生产劳动，如国家需要，也可安排到厂矿、企事业单位工作。

1978年，实行义务兵与志愿兵相结合的兵役制度后，从农村入伍的义务兵，退伍后回乡参加生产劳动；志愿兵和从城市入伍的义务兵以及从农村入伍的被评为三等乙级以上残废的或荣立二等功以上的义务兵，可以安排到机关、企事业单位工作。1984年起，部队开始培养军地两用人才工作。

1999年起，农村入伍士官分期服役满10年以上或被评为三等乙级以上残废或荣立二等功以上，方可安排到企事业单位工作。

二、城镇安置

1950年后，各县安置部门，按政策规定，对家居城镇和区、乡场镇的复员、退伍军人，一般在城镇安置。1975年，城镇复员退伍军人安置工作，实行“按系统分配任务，包干安置”的办法，入伍时原系国家机关、人民团体、企业、事业单位的正式职工和家居城镇的待业青年，可在城镇安排就业或复学。

1981年起，复员退伍军人的父母是哪个系统的就分配安置到哪个单位，父母系党政系统和无工作单位的退伍军人，由安置办公室统一分配安排，落实到单位；入伍时原是学生或待业青年、城镇上山下乡知识青年、大中专学生，退伍后实行按系统分配任务，包干安置；入伍时原是国家机关、人民团体、企业、事业及县属以上的集体所有制的正式职工，复员退伍后原则上回原单位复工复职；基建工程兵、工改兵、空军停飞人员（含飞行员）复员退伍后，由原籍或爱人所在地的县接收安置。

1983年，新颁布的《中华人民共和国兵役法》实施后退出现役的二等、三等革命残废军人，按实际情况，在企业、事业单位安排适当的工作。

1984年起，对义务兵服役期满后转为志愿兵，又服满志愿兵年限的，回到地方，一律安排正式工作。1950—1985年，境内4县共安置复员退伍军人5250人，占安置总数4.58万人的11.47%。其中，通江县安置最多，占总安置人数1.12万人的19.5%。

1993年，全地区接收安置退伍义务兵和转业志愿兵1267人，其中城镇义务兵557人，二等功臣9人，二、三等伤残军人25人、转业志愿兵54人、农村义务兵656人；安置在机关、企事业单位的609人。

1997年后，安置工作采取“五改”（改退役士兵或用人单位“单相思”为“供需见面，双向选择”；改单一的系统分配为“按系统、按职工比例、按经济效益三兼顾”办法分配任务；改单纯的行政手段为行政手段与经济手段相结合，实行有偿转移制度，对接收单位有困难的一次性缴纳2万元安置转移费；改政府一包到底为鼓励自谋职业，由财政一次性补偿5000元，安置部门不再安排工作；改单纯安置为与跟踪服务相结合，在提档案后继续监督上岗情况，对不安排岗位的单位进行协调督促，以确保退役士兵第一次就业）。是年，全地区有200多人参与双向选择。1998年，有300余人参与双向选择。有711人到基层机关、企事业单位就业。

2000年，退役士兵安置对象是服役满二年以上未被选取为士官的义务兵，服现役满本期规定年限未被选取为高一期的士官；部分未满本期规定年限但服满10年以上的士官。安置办法采取安置就业、扶持就业、自谋职业等多渠道、多形式的安置办法。

三、农村安置

中华人民共和国成立初，民政部门配合复员委员会和兵役局对历年的退伍红军老战士、残废军人、复员军人、退伍军人进行“热情接待，妥善安置”，使他们生活得到可靠保障。

1970年后，各县按照“统筹兼顾，适当安排”的方针，引导、推荐、支持安置在农村的退伍兵参加中央、省、地、县属企业在境内的招工、招干工作。

1975年，安置在农村的复员退伍军人，各县每年都拨出安置费、木材等专项经费和物资指标，解决他们的住房、土地、家具、农具、口粮等具体问题。城镇复员退伍军人安置工作，实行“按系统分配任务，包干安置”的办法，入伍时原系国家机关、人民团体、企业、事业单位的正式职工和家居城镇的待业青年，可在城镇安排就业或复学。

1977年后，部队注重培养军地两用人才。境内各县根据“量才施用”原则，对有一技之长的退伍兵推荐给公社、大队，担任行政干事和汽车、拖拉机驾驶员及会计员、水利员、农技员、邮政员、炊事员、民办教师、民兵连长等职务。

1981年起，对个别需要照顾到城镇安排工作的农村退伍军人，本人军龄在8年以上，在服役期间结婚满1年以上，经本人申请，各县民政部门严格审查，呈报地、省民政部门批准，给予安排工作。

1984年起，战士在复役期间，父母批准迁入城镇，农村无直系亲属的农村退伍军人，可以安排工作。对越自卫还击战中牺牲的烈士，由其弟妹接枪参军的退伍军人在企、事业单位安排工作。

至1985年，境内4县安置复员退伍军人回农村的有4.05万人，占接收安置总数的88.53%。

1993年起，地区民政局，按照“哪里来回哪里去”的原则，安置农村的退伍军人。地区民政局与地区人才交流中心共建退伍军人两用人才信息库，将军人基本情况与专业技术特长输入计算机信息网络，把军地两用人才推向市场。至1999年，全地区共安置农村退伍兵4339名，接收军地两用人才2156人，开发使用军地两用人才1696人，开发使用率78.68%。

第三节　干部转业安置

中华人民共和国成立初，为适应国家经济建设和国防建设的需要，军队每年有一批干部转业到地方工作。转业前，部队做出鉴定，提出工作分配意见，由大军区统一向地方政府分批移交。地方政府接收后，组织转业干部进行业务和技术学习，然后分配工作。

1955年起，部队干部转业一直按照《干部服役条例》进行。是年，颁布《中国人民解放军干部服役条例》，规定军官最高服役年龄为陆、空军和公安军军官少尉30岁，中、上尉35岁，少校40岁，中校45岁，上、大校50岁。海军比陆、空军同级军官服役时间延长5岁。此后，军官最高服役年龄几经调整。1969—1975年，错误地安排一批干部复员。后根据国务院、中央军委指示，将这部分干部由复员改为转业，重新安排工作，对本人工资级别、生活待遇、家属子女户口等作妥善处置。1976年，停止军官复员，全面恢复军官转业工作。

1994—2000年，共接收安置军队转业军官251名，其中团职59名，营职72名，连以下86名，专业技术军官34名。2000年12月，颁布《中华人民共和国现役军官法》，规定各级军官的最高服役年龄为排职30岁，连职35岁，营职40岁，团职45岁，师职50岁，作战部队以外单位的正团职和师职军官最高服役年龄分别为50岁、55岁。

第四节　军队离退休干部安置

1951年起，境内各县首先接收安置退休退职军人；对退伍红军老战士，一律按复员干部对待。1953年后，对退伍及退休的红军老战士及退休军官，一律实行分散供养。

1981—1982年，国务院、中央军委先后对军队干部离、退休作出规定：1949年9月30日前，入伍的各级干部，可以离职休养；1949年10月1日后，入伍年满55岁的师职干部和年满50岁的团职干部可以退休。离休干部政治待遇不变，物质待遇从优（原工资不变，另按职务加发不同数额的工勤、交通费）。退休干部自办理退休手续起，按军龄长短发给不同比例的原工资作为退休生活费。离休干部除在1945年8月16日—1949年10月1日前，入伍的团职以下干部外，均由军队修建、管理的干休所安置。

1982年，巴中县在南龛坡下修建军队离退休干部休养所，将8名军队离退休干部搬入新居生活，安度晚年。1985年，各县成立“军队离退休干部和退伍军人工作领导小组”，由县长、民政局局长等领导任正、副组长，有关部门负责人为成员组成该领导小组，领导小组下设办公室于民政局至是年底，境内由县安置军队离退休干部28人（不含退伍红军老战士）。

1993年，全地区建有军队离退休干部休养所4所，占地面积3696平方米，建筑面积3080平方米。共接收安置军队离退休干部57人。至1995年6月，全地区接收安置军队离退休干部59人。

1997年3月26日，成立巴中地区军队离退休干部管理所，隶属于地区民政局。主要职责是负责全地区军队离退休干部的管理服务工作。至1998年，全地区安置军队离退休干部62人，其中离休干部8人、退休干部54人。

2000年，颁布《现役军官法》规定，军官达到服役的最高年龄、符合国家规定的离休条件的，可以离职休养。服满现役30年以上，或者服役和参加工作满30年以上，或者年满50岁以上的军官，担任师职以上职务，本人申请，经组织批准，退出现役后可以作退休安置。是年底，全市有军干所3所，占地300平方米，固定资产20万元，建筑面积208平方米；接收安置军队离退休干部69人（批次内37人、批次外30人，无军籍职工2人）。其中，巴中军分区有7名军官退休。

1993—2000年巴中城镇退伍军人安置情况

表29—2 单位：人

年份＼数目＼项目	安置人数	其中			
		城镇义务兵	二、三等伤残军人	二等功以上军人	转业志愿兵
1993	878	557	25	9	287
1994	751	467	21	6	257
1995	640	491	17	7	125
1996	609	462	13	6	147
1997	682	467	19	4	192
1998	664	425	18	6	215
1999	662	469	19	5	169
2000	747	548	17	9	173

1993—2000年巴中军队离退休人员安置情况

表29—3 单位：人

年度	安置				当年接收军队离退休人员		
	合计	军队离退休干部	军队离退休职工	地方离退人员	合计	军队离退休干部	军队离退休职工
1993	103	57	4	42	—	—	—
1994	202	59	2	141	2	2	—
1995	202	59	2	141	—	—	—
1996	206	62	3	141	4	3	1
1997	195	62	3	130	—	—	—
1998	101	66	3	32	4	4	—
1999	86	66	3	17	—	—	—
2000	89	69	3	17	3	3	—

第四章　基层政权建设

第一节　基层组织沿革

清雍正年间（1723—1735 年），十户立一牌，设一牌头；十牌立一甲，设一甲头，十甲立一保，设一保正、乡约；若干保为一里，里设里正。民国元年（1912 年）至民国 5 年（1916 年），各地实行“区团制”。区设正副团总各 1 人；团下设保，置保董 1 人。民国 5 年（1916 年）后，实行“团甲牌制”，10 户为一牌，10 牌为甲，10 甲为团，若干团为一区团。

川陕省苏维埃时期，中国工农红军第四方面军在境内建立川陕革命根据地时，基层政权组织为乡、村苏维埃。当时，仅巴中、通江 2 县就设 301 个乡苏维埃、乡下设 1735 个村苏维埃。

民国 24 年（1935 年）12 月，实行“联保甲制”，改乡公所为保长联合办公处，称联保；下辖保、甲。民国 29 年（1940 年）3 月，实行新县制，改联保办公处为乡（镇）公所，改联保主任为乡（镇）长。保设保长，甲设甲长。乡（镇）多以场为治地，所辖保数不等，少则 10 保左右，多则 30 保以上。民国 36 年（1947 年），进行保甲编制调整。保甲编制以户为单位，15 户为 1 甲，15 甲为 1 保。上述保甲编制制度一直执行到民国 38 年（1949 年）。

1950 年冬，境内各乡在农民协会的主持下选出乡长、副乡长，改乡公所为乡人民政府。保改为村，由村农民协会选出村长、副村长，村级干部无薪俸。

1958 年，一般以乡为单位建立人民公社（乡人民委员会未撤），实行政社合一。公社设社长 1 人，副社长数人，下设管理区（初为耕作区，后又改为生产大队），设大队长，再下为生产队（初为作业组），设生产队长。

1967 年，境内基层政权组织处于瘫痪状态，由支左部队代表（社武装部长）、革命群众组织代表和革命领导干部代表组成生产指挥部，代行基层政权机构的职能。1969 年，各公社相继建立革命委员会，大队设革命领导小组（初为斗批改领导小组）。

1981 年，停止使用“革命委员会”名称，恢复“公社”管理委员会。各县进行地名普查，废原村序数，按代表性地名定村名。1983 年，废人民公社（管理委员会）名称，恢复乡（镇）人民政府；各乡设乡（镇）长 1 人，副职一至数人。嗣后，陆续将部分乡改为镇。至 2000 年，全市共有 42 个镇，242 个乡。全市村民自治组织中，有居民委员会 127 个、村民委员会 2361 个，居民小组 463 个、村民小组 1.48 万个。村（居）委会成员一般 6 ~8 人。

第二节　村（居）民自治

一、民主选举

1988 年和 1990 年，《村民委员会组织法》和《城市居民委员会组织法》实施后，境内各县开展村（居）民自治选举。至1997年，依法进行3次民主选举村（居）民委员会。1989—1991年为第一届，1992—1994年为第二届，1995—1997年为第三届。村（居）委会干部任职，经历由公推公选到民主直选。公推直选经历从形式、方法、程序到内容的逐步完善过程。每届选举在充分酝酿协商的基础上，于选举日前3天公布正式候选人名单，由候选人上台作竞选演说，组织全体村民直接投票选举，产生新一届村（居）委会。

1998年12月—1999年5月，对全地区村（居）委会进行第四届换届选举。采取村（居）委会选举与乡（镇）选举同步进行，统一宣传教育，统一组织实施，统一检查验收。全地区2481个村（居）委会（村2360个、居121个），已有2357个依法完成换届选举任务；下余124个村（居）委会（村123个、居1个）未能按时完成。

二、整顿后进村

1994年，对全地区村级情况进行调查摸底。全地区共有村干部1.72万人，其中党员5012人，占村干部总数的29.2%；高中文化程度的2512人，占14.6%，初中文化的7932人，占46.2%，小学文化的6711人，占39.2%；最大年龄52岁，最小25岁，平均年龄39.8岁。村级组织建设好的368个，占总村数的15.7%；比较好的1568个，占66.3%；差的422个，占18%。是年，针对村级组织情况进行整顿。地区农村基层组织建设领导小组组织工作组590人，对全地区农村软弱涣散党支部进行整顿。共有软弱无力党支部152个、支委599人、支书151人，辖党员3523人。

1995年，地委、行署组织人员对全地区第二批整顿的152个农村后进党支部和“双学”（学习邓小平理论与学习“党章”）活动情况进行逐村检查，总体面貌得到改变。建好班子选好人；选准经济发展路子，做到“有钱办事”；建好活动阵地，做到“有地方办事”；抓好“双学”的观念转变，做到“自觉办实事”；挂村包扶制度落实，地、县两级为后进村无偿捐资65.8万元；对村社财务、社会治安、计划生育、国土管理等群众普遍关心的热点问题认真解决。

1996年，地区农村基层组织建设工作领导小组，整顿第三批后进村。共派工作组343人，按照《农村基层组织建设》标准，对全地区2356个村民委员会进行摸底调查。全地区尚有后进村党支部72个、支委297人、支书72人，辖党员1558人。工作组拟调整支部书记31人，拟调整支委其他成员61人，拟调整其他村干部56人，只进行思想整顿的村26个，用其他办法整顿的村5个。经过整顿后，使后进村达到农村基层组织建设标准。

三、村（居）民自治示范活动

1994年起，全地区开展村民自治示范活动，采取点面结合，分类指导，规划示范村建设与小康村建设同步进行。开展村民自治活动，倡导村民“自我服务、自我管理和自我发展”的自治精神。

1997年开始，全地区提出村务公开制度，以村民关心的“热点”和乡村干部遇到的“难点”问题为突破口，确定统筹提留、财务收支等12个方面的内容作为公开的重点，定期向广大村民予以公示。村务公开后，村干部的行为置于群众的监督之下，勤政廉政意识普遍增强。同时，开展文明新村建设活动。开展村民自治示范活动，始终坚持以“五改三建”、发展池园、实现增收、富村裕民为主要内容的文明新村建设。至1999年，全地区村务公开项目达2359个。贫困人口由1993年的91万下降到1999年的35万。

至2000年，全市已有337个村、2205个村民小组建成文明新村，分别占村和村民小组总数的14.3%、15%。创建省级村民自治示范县（区）2个、村民自治示范乡镇165个，示范村1958个、居民自治示范居委会64个。

第五章　事务管理

第一节　婚姻登记管理

民国时期，夫妻不合，或双方自行商量分居，或经地方调解，或经双方族房尊长调解“退婚”，便算离婚。文化层次稍高的，登记申明，便算离婚；封建意识浓厚的，丈夫一纸休书便与妻子离婚。如果男女双方因子女抚养问题或对产业分割发生矛盾也有诉讼到法院裁决。民国4年（1915年）北洋政府制定《民律·亲属编草案》，规定订婚、离婚，必须取父母的允许，遵守封建礼法。“五四”新文化运动后，境内城镇部分的知识的人士，冲破封建礼教枷锁，实行男女自由婚姻，举行文明结婚仪式，亦不办理结婚登记。农村仍依旧制。民国19年（1930年），国民政府公布《民法·亲属》，规定订婚由当事人自行确定；结婚年龄男18岁，女16岁，并禁止重婚；离婚夫妻俩愿时，可自行离婚等。

川陕省苏维埃时期，境内各级苏维埃政府中的内务委员会都设置婚姻登记处，要求凡男女结婚都要根据《川陕苏维埃婚姻条例》予以登记。并规定男女婚姻自由，废除一切包办、强迫婚姻，禁止买卖婚姻及养童养媳，实行一夫一妻制。同时，《保护妇女婚姻条例》，提出妇女有结婚、离婚自由，反对包办、买卖婚姻，禁止童养媳、蓄婢等。

中华人民共和国成立后，各县贯彻《中华人民共和国婚姻法》，废除包办、强迫、买卖婚姻，禁止重婚、纳妾、干涉寡妇再婚，实行男女平等、自由恋爱、一夫一妻的婚姻制度，对结婚、离婚、复婚进行登记。同时，《中华人民共和国婚姻法》规定，离婚有行政程序和诉讼程序，双方自愿离婚的达成协议后按行政程序处理；单方要求离婚的诉讼程序处理。

1955年，各级政府根据内务部《婚姻登记办法》，对婚姻登记的目的、申请、审查和登记的具体程序，作出明确规定。

1958年，境内各县民政干部严把婚姻登记政策关，实行“先申请，经正侧面审查再发证”的办法，对非法同居等问题进行检查。

1964年，配合农村社会主义教育运动，广泛宣传晚婚晚育，号召适龄男女推迟婚期，提倡计划生育。

1969年，境内通江县“县革委”对全县破坏军婚的犯罪行为进行清查，将情节严重的洪口邮电支局张某、长滩公社武装部长王某，分别开除公职，逮捕法办。

1980年，执行国务院新《婚姻法》和经修改的《婚姻登记实施办法》，使婚姻登记制度走上法制化、正规化的轨道。至1995年，各级民政部门均依法对婚姻进行登记和管理。

1996年4月1日起，实施新的《四川省婚姻登记管理实施细则》。婚姻登记管理机关，在城市是街道办事处或市辖区、不设区的市人民政府的民政部门，在农村是乡、镇人民政府。

1999年4—6月，全面开展婚姻登记管理行政执法检查工作。通过普查，1998年，在2.14万对婚姻登记中，违法登记343对，登记合格率98.4%；办理离婚登记690对，其中违法登记3对，登记合格率99%；出具夫妻关系证明合格率99%、出具解除夫妻关系证明合格率100%。

1997起，各县（市）乡（镇）为收取各项费用，便借结婚登记之机，搭车收费，使婚姻登记率逐年下降。民政部门把制止结婚登记乱收费和搭车收费作为头等大事来抓。

到2000年，基本纠正和制止婚姻登记乱收费和搭车收取农村养老保险金和农税提留等错误做法，保证婚姻当事人的合法权益，使因收费过高结婚不登记而非法同居率下降。

第二节　区划管理

一、县间区划调整

（一）调整“飞地”

民国时期，境内飞地，唯南江县最多，有66处分布在巴中县东南西北，8区26乡64村；通江县次之，有7处分布巴中县东，后有6处分布平昌县，再有达县、仪陇、阆中各1处。巴中县外飞地，亦多在南江，共有75处，后仍属南江辖地的29处，分布于巴中县北和西南6区28乡70余村；后属旺苍的4处，分布于1区4乡9村；通江县境有22处，后有21处仍属通江县，分布于北部和西南6区13乡22村；余为达县西部2处，万源西部2处。

民国30年（1941年）4月，四川省政府466次会议作出互换飞地决议，决定巴中县的管辖区域，有飞于巴中的，均一律互划互换，以便管理。11月26日，区专员公署派出视察员，召集南江、巴中2县有关负责人共20余人，在巴中飞地下两河口（后属南江），召开区划飞地会议。会后于民国31—34年（1942—1945年），进行划入划出调整。至民国33年（1944年）8月21日，巴中田赋管理处，移交南江县接管的“飞地”共53处，粮户971户，粮额（银）52.27两。民国33年（1944年）3月起，南江县田赋管理处先后3次移交巴中接管的“飞地”59处，粮额（银）446.95两（元）。民国34年（1945年）6月30日，巴中、通江2县田赋管理处，互相移交“飞地”。巴中移交给通江管辖的5处，粮柱393户，粮额（银）30.08两；通江移交巴中管辖的5处，粮柱132户，粮额（银）11.20两。至此，巴中在通江还有飞地17处，通江在巴中亦有飞地2处。

（二）调整版图方圆

民国29年（1940年），实施“新县制”，通江奉命将县辖的筒池坝划归陕西省镇巴县。民国35年（1946年）9月，经省国民政府核准，将巴中第二区所辖的兰草、驷马、得胜乡，第三区所辖的江阳镇和坦溪、元山、云台、邱家、泥龙、笔山、镇龙乡，第四区所辖的大寨、楠木、龙岗、佛楼、岳家等16乡（镇），从巴中县域划出，设立平昌设治局。次年，又将巴中县的青龙坎划归平昌。民国35年（1946年），通江县也奉命将本县属地澌滩河、巴棱（宁）寨两保划归平昌设治局。

中华人民共和国成立后，有利行政管理，方便群众生产、生活，以达版图的方圆，境内各县奉命对区划作调整：

1. 巴中县划出的有：1951年10月，瓦子场划归仪陇县。1951年1月，恩阳区辖的刘家咀划归苍溪县。1952年6月，大河乡何家梁（1村）、花溪乡9村9、10组划归通江县。1952年9月，太平乡划归通江县；1952年9月，仁和乡划归南江县。花溪乡8至12村于1955年划归通江县。复兴乡于1955年6月划归平昌县。官渡乡5、6村的何家湾于1956年5月划归通江县。龙凤乡（凤溪乡）以及大罗乡第16村第32农业社、第13村于1957年1月划归平昌县。

2. 外地划进巴中县的有：南江属的福星乡，南江属的玉井乡、雪山乡和凤仪乡中的3~5村，通江县属的杨柏乡3村3组，分别于1951年10月、1952年1月、1952年9月划入。此后，巴中县疆域无变动。

3. 南江县划入的有（巴中县上述划入除外）：1951年11月17日，通江划入的白院乡（后分出瓦池、北极乡）共9村、67居民组。1954年9月，从通江又划入汇滩乡6个村。1955年9月，从苍溪县划入桥坝乡3个村；是年11月，从旺苍县又划入大德乡2个村。

4. 南江县划出的有（巴中县上述除外）：1950年10月，将白山乡划归苍溪县；是年。又将白龙、青龙两乡划归旺苍县。

5. 通江划进划出地（巴中县、南江县上述除外）有：1952年9月10日，将万源县魏家乡的11、12两保（龙凤场）与董溪第4保地域分别划归县之9、8区，将通江县马口街的通江街及中林乡第三村划归万源县竹峪乡，将平昌灵山乡新民村、玉楼乡4分会17组插入通江县三溪乡，将万源县东会坪2村两个组、太平坎4个小组、魏家乡弯大沟，划归通江县第九区。1953年12月26日，将距通江县城边远的碑坝区（除汇滩乡外）的全部乡村，划归陕西省南郑县，共7乡、43村、239组。1955年，经省人委批准，将平昌县民意乡2村划给通江县，将通江县三溪乡第十村划归平昌县。1960年，将平昌县玉楼乡兴隆村7组地划归通江。1978年，因通江修“七道河水库”要淹平昌得胜公社部分田土，后经两县协商，将该公社的62户、272人、23.33公顷田土，划归通江石庙公社管辖。

二、勘界工作

境内各县有建制以来，县与县、区与区、省与省之间的边界线，多属习惯线，少数为法定线；少数地方边界纠纷时有发生。1937年，国民政府正准备进行行政区划勘界工作，又因抗日战争爆发而搁浅。为保持边界地区的稳定，1996年，中华人民共和国国务院决定在全国开展边界勘界工作，巴中地区亦遵照执行。

至2000年，全市涉及省、市、县边界线共21条1385.6公里，乡（镇）界706条约6000多公里的野外作业、内业整理、自查自纠、上级验收等工作全部结束。其中，协助省勘界办勘定川陕省界4段共200公里；协同相邻地（市）勘定地市间界12条715.6公里；配合各县（区）勘定市内县界5条470公里；并由市牵头完成12条县界，8个三交点和2个边界线定点工作。同时完成26个乡（镇）共60多条边界线的抽查验收工作；并进行全市乡（镇）档案装订工作的规范，培训及装订工作。全市共形成县界文字材料680卷，协议书附图85卷。

第三节　社团管理

民国初年，境内始有社团登记工作。当时主要是登记祠宇、僧、道院数量的增减及信仰者人数的多少，并进行管理。民国25年（1936年）川政统一后，对人民团体进行登记、管理。相继登记的有县农会、县总工会等26户工、商、农会。民国36年（1947年），各县加强各团体管理，举办人民团体干部训练班，分批对各工会的理事、监事及书记员进行培训。

中华人民共和国成立初，各县政府民政科对境内非法组织进行调查。共登记出多种社会组织，并对其中的非法组织及活动，加以取缔与限制、改造。

1954年起，社团管理工作从民政部门折出交公安部门管理。1989年10月25日，国务院颁布《社会团体登记管理条例》后，社团登记管理工作复归民政部门负责。1991年3—5月，各县先后对本县社团组织进行摸底核实，1993年3月，依法对境内的社团登记，进行年检。到1993年底，全地区共登记社会团体704个，其中学术性团体77个、专业性团体276个、行业性325个、联合性26个；团体会员1.23万人，个人会员3.53万人。

第四节　地名管理

1952年，乡、村、组名，均以所在地古地名命名。1958年，成立人民公社，各管理区、作业组，以数序编为几管理区、几作业组。1961年，易管理区为大队，易作业组为生产队，数字编序仍旧。

1965年1月，各县对部分区、社名称中难认、难写的生僻字，分别进行更改。1967年，进入“破四旧（旧思想、旧文化、旧风俗、旧习惯）、“立四新”（新思想、新文化、新风俗、新习惯）”阶段，对带有所谓古董性质的公社、大队名称作更名，使名称带有“革命风味”。1973年8月起，对上述公社名称，一律恢复为原名。

1980年12月至1982年底，境内各县开展地名普查工作。通过普查核实，纠正原则上错位、错字、错音的地名；纠正有碍民族团结，侮辱人格及带有迷信色彩的地名；删去消失的地名，对原余下和新增加的地名，做规范化、标准化的命名。同时，按照“区在省内不重名，公社在地区不重名，生产大队按当地地名命名，不以序数命名”之规定，各县对各区、公社、大队、街、路、巷，按照名称影响大小、历史长短和当地历史、地理、文化特点及相关程度，重新命名、更名或恢复原名。并编写《四川省××县地名录》，对每条名称由耒、别名和其他有关情况加注说明，并注拼音。

1986—1988年，根据国务院《地名管理条例》《四川省地名管理办法》相继开展诸如设置地名标志，建立完善地名档案，地名补查和资料更新等工作。

1993年，达县地区民政局地名办划归巴中地区民政局地名档案604盒、604卷、4092张、2万卡、378册。1995年，民政部门规定，全地区新建、改建工程、建设单位和个人在申请建筑时，必须向地名主管单位申请工程地名标志，并缴纳地名标志费。是年，地名标志涉及24个村牌。1996年5月，地区民政局组织人员编纂出版“县、乡、镇概况”，列入《中华人民共和国县乡大辞典》（四川省巴中篇）。

1997年，地区民政局、交通局、公安处、建委等部门，开始在全地区省、县公路干道两侧设置地名标志。至1998年，此项工作全面完成任务，全地区省、县道主干线涉及18个镇、35个乡、173个村，设标路程595公里，设标228个。

至2000年，全市完成建筑物名称清理整顿550处，颁证113个。同时，完成地名标志设置130块，其中街、路、巷牌67块，公路沿线的乡（镇）村牌63块，命名、更名511条。全市开展乡镇名称读音的规范化工作。各县通过严格自查，各乡、镇名称均无生僻字、次生僻字及异体字形。

第五节　殡葬管理

民国时期，除佛教徒实行火化外，城乡均实行木棺土葬，政府从不过问。有钱人，看风水，择坟地；无钱者，草席裹尸，埋入“乱葬坟”。

中华人民共和国成立后，逐渐推行殡葬改革。政府出面取缔阴阳、道士所进行的迷信活动；利用荒山瘠地埋葬尸体，不准占用良田沃土，提倡深埋，不留坟包，并在农村、城市逐渐推行火化。

1974年，巴中县火葬场建立后，各县加大推行火葬宣传力度。除巴中县有少数人实行火葬外，其余3县无人火葬。

1977年，全省第二次殡葬改革工作会议后，各级政府则将此项工作列入重要议事日程，认真贯彻殡改方针政策，依靠群众，大力推行火葬，积极改革土葬。

1976—1985年，巴中县火葬场共火化尸体2395具，占死亡7.65万人的3.13%。其中，1985年火化率7.6%，超历史最高纪录。巴中县火化水平居4县之首；其余3县共火化尸体180多具。

1986—1990年，通江、南江、平昌3县民政局改革土葬，推行火葬，开始筹建县城公墓，并成立殡仪馆及殡葬改革管理所。各区（公所）、乡（镇）、村也开始试点搞公益性公墓，如平昌全县到1990年底已建立公益性公墓2765个。1991年，各县继续规划建设公墓，对泛起一时的“看风水”建“活人墓”的歪风进行纠正。

1993年，巴中市（县级）民政局在巴州镇杨坝村五组的照台山，建立一处安葬骨灰的经营性公墓。1995年，报省民政厅批建为照台山陵园。

1997年7月21日，《殡葬管理条例》颁布后，地区民政局强化“五种意识”（强化法律意识、领导意识、典型意识、规范意识、发展意识），加大殡葬改革力度。殡葬改革坚持“三改三推”（改革土葬为推行火葬，改革公墓只管不建为推行建设综合效益性公墓，改革殡葬粗放型管理为推行以市场经济服务为手段的行业管理）。

1998年，省政府批复巴中地区“火葬区和土葬改革区划定方案”，确定殡葬事业单位6个，火葬区面积1411平方公里（占幅员面积11.47%），人口105万，占总人口31.25%。确定土葬改革区办公益性公墓8566个，入墓率79%，面积1.1万平方公里，人口231万。

至2000年，全市建有殡仪1个、殡管所3个，县级经营性公墓4个，占地17.7公顷，建筑面积7900平方米。全市农村公益性公墓基本上达到乡、镇驻地及部分村、组利用荒山瘠地建1处公墓。1999—2000年火化尸体1428具，火化率仅为3%，在全省21市（地、州）中，名居末位。

第六节　收容遣送

中华人民共和国成立初，各县民政部门配合公安部门，对国民党军队的散兵、游勇，社会上的游民、乞丐进行收容改造、安置、遣送。1967年，收容遣送工作移交公安局。

1973年4月，收遣工作由民政部门承担后，各县成立收容所。巴中县修建“四川省巴中县收容遣送站”，负责通江、南江、平昌、达县、广元、南充、仪陇、旺苍等县的收容中转任务和负责本县长期流浪人员的安置改造工作。

1982年后，各县经“社会治安综合治理”，城镇流散人员相对减少。至1985年，巴中收容遣送站累计收容中转人数1.53万人。其中，收容6751人、中转8518人；中转巴中县2967人，中转通江县、南江县、平昌县6279人，中转其他县6023人；遣送回原籍1.5万人，安置茶场26人，长流安置168人，死亡3人，刑事处分93人。

1986—2000年，收容遣送站共收容中转外流人员4.99万人，年均收容、中转3328人；安置长期外流人员382人。

2000年巴中市收容遣送情况

表29—4　　单位：人

项目/数量/单位	在岗职工	全年收容量	收容对象类别				
			儿童	少年	救助对象	非救助对象	违法犯罪人员
巴中市收容站	18	3210	35	395	1143	1310	327
通江县收容所	9	379	79	105	185	10	—
平昌县收容所	6	565	13	45	389	118	—
南江县收容所	3	67	7	18	38	—	4
合　计	36	4221	134	563	1755	1438	331

第三十篇

检 察

民国时期，各县政府内设司法处，专管执法检察工作。1953—1954年，各县先后成立人民检察院。1994年1月，成立四川省人民检察院巴中分院，2000年12月，成立巴中市人民检察院，下辖4县（区）人民检察院。

各级人民检察院成立后，坚持“打击、保护、预防、服务”一体化方针，受理和立案查处各类贪污、贿赂、渎职侵权、控告申诉、民事行政审判等方面的案件，同时行使侦查监督和审判监督职能。特别是1993年成立巴中地区后，检察院加大对各类犯罪的检察力度。职务检察，把党政机关、行政执法机关和经济管理部门的案件作为重点，集中力量抓大要案件和重特大案件查处；加大查处侵权渎职案件力度，严肃查处因玩忽职守给国家和人民造成重大经济损失的案件；预防职务犯罪，检察机关坚持打击与保护、惩治与预防、办案与服务相结合的方针，认真研究职务犯罪的特点规律，及时提出预防对策和惩治措施，有效预防和减少犯罪；控告申诉检察，充分发挥举报部门的“源头”“窗口”作用，开展创“文明接待室”活动；民事、行政检察，坚持“敢抗、会抗、抗准，公开、公正、合法”的办案原则，加强对民事、行政诉讼的法律监督，重点查办严重影响社会稳定的案件、因地方保护主义导致裁判不公的案件和审判人员枉法裁判案，依法维护当事人合法权益；刑事检察，按照“从重从快，快审快结”的方针和“打尖子、打头子、打团伙”的策略，突出打击重点，为经济建设保驾护航；公诉工作坚持依法“从重从快”的方针和“及时、准确、有力”的原则，严格依法办案。1994—2000年，共受理、查处贪污贿赂案件1053件、渎职侵权案件364件、控告申诉案件线索3467件、民事行政诉讼案件685件；共受理提请逮捕案件2929件，受理审查起诉案3415件，办理在押罪犯又犯罪案218件。

第一章　检察机构

第一节　市（地）机构

1993年9月，筹建四川省人民检察院巴中分院，1994年1月22日，正式成立。2000年12月，巴中撤地建市，四川省人民检察院巴中分院更名为四川省巴中市人民检察院。内设机构分检察业务部门和综合部门，检察业务部门有侦查监督处、公诉处、监所检察处、反贪污贿赂局、反渎职侵权局、控告申诉检察处、民事行政检察处。综合部门有办公室、政治部、监察处、法律政策研究室、检察技术处、司法警察支队、计划财务装备处。

第二节 县（区）机构

一、巴州区

民国25年（1936年）起，县司法处设检察官，由县长兼任。

1952年1月2日，设立巴中县公安局人民检察署，配专职副检察长1人。1954年9月，检察署更名为检察院。1968年，机构瘫痪。1978年9月，恢复巴中县人民检察院。1980年，内设4科1室。1993年，巴中县人民检察院更名为巴中市（县级）人民检察院。2000年，巴中撤区建市，巴中市（县级）人民检察院更名为巴中市巴州区人民检察院，内设机构有办公室、政治处、反贪污贿赂工作局、反渎职侵权局、侦查监督科、公诉科、监所检察科、民事行政检察科、控诉申诉检察科、检察技术科、计划财务装备科、司法监察大队。

二、通江县

1933年2月，成立川陕省苏维埃政府，并成立革命法庭，内设公诉处。1935年3月，红军撤离，革命法庭及公诉处解散。1944—1949年，设通江县司法处，县长鲜炽贤兼任检察官。1951年12月，成立通江县人民检察署。1954年12月21日，检察署更名为通江县人民检察院。1966年5月—1968年8月，检察机构瘫痪。1968年8月20日，革命委员会人民保卫组行使公安、检察院、法院职能。1978年12月，重新建立通江县人民检察院 。随后内设科室几经调整。至2000年，通江县人民检察院内设科室有办公室、政工科、审查批捕科、审查起诉科、反贪污贿赂局、反渎职侵权局、监所检察科、民事行政检察科、控告申诉科、监察室、计划财务装备科、检察技术科。

三、南江县

民国29年（1940年）8月，南江县成立司法处，内设检察官和检察员。1954年12月，成立南江县人民检察院。1966—1976年，南江县检察院机构撤销。1978年12月，南江县人民检察院重建。至2000年，内设机构有办公室、批捕科、起诉科、法纪检察科、监所检察科、控诉申诉检察科、政工科、民事行政检察科、反贪污贿赂局、技术检察科、行政装备科。

四、平昌县

1933年9月，江口镇苏维埃革命法庭内设公诉处。1935年2月，红军撤离江口镇，公诉处撤销。民国35年（1946年）10月，平昌设治局（县级）司法处内设检察处。1953年3月25日，成立平昌县人民检察院。1966—1976年，检察机构解散。1978年6月，恢复重建平昌县人民检察院。2000年，内设科室有批捕科、起诉科、渎职侵权检察科、监所检察科、控申科、民行检察科、检察科、政检察科、政工科、反贪局、纪检监察科、办公室、法警队。

第二章 职务检察

第一节 反贪污贿赂

中华人民共和国成立初期，境内4县检察院派员参加公安、法院查处经济案件。1952—1953年，各县检察院参加“三反”（反贪污、反浪费、反官僚主义）案件查办。1954—1956年，承担贪污和投机倒把犯罪案件查办。1966—1976年，检察工作停止。1982—1984年，境内4县集中警力查处经济案件。南江县派出干警深入财贸、金融部门调查摸底，排查各类经济犯罪案件。共受理经济案224件170人。立案57件69人，起诉37件49人，判决37件49人，挽回经济损失23.8万元。

1985—1989年，检察机关把打击经济犯罪作为重要任务，紧挖企业内部“蛀虫”。巴中县除8名经济犯罪分子投案自首外，受理各类案件70件、立案侦查30件41人，逮捕21人，起诉17人，追收赃物、赃款计人民币59.33万元，协助厂矿企业追收拖欠款110余万元。

1990—1993年，重点深入粮食、供销、商业、烟草等系统进行调查。巴中县受理各类经济案件340件，立案103件122人。平昌县在打击经济犯罪中，“抓宣传、抓举报、抓下访、抓信息”的做法受到上级肯定，被最高人民检察院授予“反贪污贿赂斗争先进集体”称号，并通令嘉奖。

1994—1995年，检察机关把党政机关、行政执法机关和经济管理部门的案件作为重点。查处共受理各类案件线索456件，初查301件，立案侦办经济犯罪160件192人，结案172件203人（含上年积存案件，以下同），移送审查起诉60件77人。为国家、集体和企业挽回经济损失298.42万元。原分院反贪局局长康定远一举侦办杨某、刘某某虚开代开增值税发票1.2亿元，牟取暴利35万元的特大案件，被最高人民检察院、最高人民法院、公安部和国家税务总局联合通令嘉奖。

1996年，反贪污贿赂工作以查办“三机关一部门”（党政机关、行政机关、司法机关，经济管理部门）案件和重、大、要、新案件为主攻方向，集中力量抓大要案件和重特大案件查处。共受理各类案件线索117件，初查案件线索94件，立案79件86人，其中大要案件62件71人，占案件总数的78.4%；特大案件9件11人，占案件总数的11.3%；“三机关一部门”人员案件31件34人，占案件总数的39.2%。侦结案件94件112人，移送审查起诉61件87人。为国家集体挽回经济损失124.53万元。地区水电物资供应总公司经理李某贪污16万元；通江县粮食局原局长杜某某受贿13.8万元，诺江粮站原站长周某某受贿12万元，县公费医疗办原主任邓某某挪用公款80多万元；巴中市（县级）茶坝营业所张某某贪污10万元等大要案被查处。

1997年，检察机关集中力量，突出重点，加大力度，侦办贪污贿赂典型案件。共受理各类案件线索83件，初查案件线索72件，立案侦查49件56人，侦查终结38件39人，移送审查起诉21件25人。为国家集体挽回经济损失189.79万元。其中，大案34件39人，占总数69.3%，上升7个百分点；受贿案件11件12人，占22.4%，上升10%；“三机关一部门”人员犯罪案件25件，占51%，上升11%；平昌县民政局李某某贪污29万元案（该县中华人民共和国成立以来最大的贪污案）；原巴中市（县级）电力公司雷某某挪用资金16万元案和玉井乡计生办主任曾某某贪污14万元案；南江县水码门铁矿贾某某挪用公款31万元案等一一查处。

1998—1999年，全地区检察机关反贪污贿赂共受案336件，初查293件，立案侦查80件96人，其中贪污、挪用公款10万元以上特大案件38件，特大案件6件9人，追捕逃犯8人，侦结76件81人；移送审查起诉57件65人，人民法院均作出有罪判决。

2000年，全市检察机关反贪工作坚持严格的执法观念和“坚决、慎重、搞准”的办案原则，查处大要案件。共立案查办贪污、贿赂、挪用公款案件61件90人，上升43.2%；其中贪污贿赂案立案查处47件52人，上升3个百分点；10万元以上大案立案查处28件38人，上升5%；为国家、企业挽回直接经济损失1169.2万元，上升81%；移送审查起诉36件37人，起诉后法院作出有罪判决48件（含积案），上升2%；共追捕在逃犯罪嫌疑人9人，占历年在逃总数的60%，上升近1倍。原巴中地区供销社副主任兼农资公司经理罗某某（副处级）受贿挪用公款案；平昌县泥龙乡原邮政代办员张某某、张某某父女贪污邮储汇兑资金17万余元案；通江县农技服务中心张某某贪污11万元案；均在是年被查处。

第二节　反渎职侵权

1952—1966年，境内国家工作人员渎职侵权案件，由各县检察院“自行侦查组”办理。1979年，检察院恢复重建后，各县检察院内设法纪检察股集信访接待、控告申诉、法制宣传及检察技术于一体，玩忽职守重大责任事故由经济检察股管辖。1985—1987年，检察工作围绕党的中心任务，同侵犯公民的民主权利和人身权利的犯罪作斗争。1991—1993年，境内各县检察院反渎职侵权部门严把“四性”（不畏人情，把握法律严禁性；认真辨析，把握事物客观性；广泛收集，把握证据精确性；准确及时，把握办案合法性）。加大反渎职侵权行为力度，切实保护人民群众的基本权利。巴中县检察院共受理各类法纪案件207件280人，其中非法拘禁61件96人，非法搜查1件7人，妨害邮政通信8件8人，玩忽职守40件47人，诬告陷害6件7人，刑讯逼供1件1人，责任事故21个28人，其他19件22人。立案侦办38件51人，决定逮捕17人，起诉10人、免诉15人、不诉4人，给予党纪、政纪处分5人，其他处理6人。

1994年，全地区检察工作坚持“打击、保护、预防、服务”一体化方针，共受理侵权、渎职案件90件，立案查处21件26人，其中“三机关一部门”的案件6件11人，重大案件5件10人。侦查终结16件25人，移送审查起诉9件13人。巴中市（县级）人民法院审判员孙某、程某、助理审判员石某和兼职律师董某为一盗窃案主犯减轻罪责而篡改犯罪事实、颠倒主从犯关系的徇私舞弊案，经巴中市（县级）检察院立案侦查结案。徇私舞弊案主犯孙某被逮捕，羁押于平昌县看守所，因“呼吸衰竭并发循环衰竭，休克死亡”。另2名案犯程某、石某经呈报至最高人民法院，确认构成犯罪。程某被判处有期徒刑3年，石某被判处有期徒刑1年缓刑1年，董某被判处有期徒刑4年。一个案件、3名法官、1名律师受到法律惩治，属全省罕见。省检察院发来贺信，称赞该案“为全省检察机关查办徇私舞弊案件的样板，并评价为办案组敢于严格执法，无私无畏，大义凛然，力排干扰，辛苦备至，成功侦破此案，为反腐败斗争作出积极贡献!”。

1995年，共受理各类案件99件118人，立案侦查19件25人，其中徇私舞弊案2件2人，玩忽职守案7件12人，重大责任事故案件4件5人，非法拘禁案3件3人，非法侵入他人住宅案1件1人，私放罪犯案1件1人。侦查终结16件24人，移送审查起诉5件5人。地区公安处副处长左某徇私舞弊案，通江县监管干部庞某私放罪犯案，南江县行政执法人员徇私舞弊案等被查处。

1996年，全地区两级检察院加大查处侵权渎职案件力度，严肃查处因玩忽职守给国家和人民造成重大经济损失的案件。是年，受理并初查各类侵权、渎职案件67件，立案侦查15件19人。其中，“五类”（渎职造成人民生命财产重大损失的案件；非法拘禁、非法搜查案件；刑讯逼供、暴力取证案件；破坏选举、侵犯公民民主权利案件；虐待被监管人案件）案件10件，占案件总数的90%；查办特大案件2件，占案件总数的18%；查办“三机关一部门”人员4人，占立案数30%。侦查终结23件29人，移送审查起诉9件17人。南江县检察院一举侦破建设银行副行长何某某擅自贷款20多万元无法收回的玩忽职守案；通江县检察院侦办的该县死亡8人、伤2人，直接经济损失10万余元的“12·22”特大火灾事故案件。最高人民检察院首次转发分院经验材料《巴中分院领导抓法纪“四到位”》。

1997年，全地区共初查案件线索51件，立案侦查22件28人，其中徇私舞弊案8件，刑讯逼供2件，2类案件占案件总数66.6%，上升2倍多。侦查终结13件17人，移送审查起诉7件9人，反渎职侵权工作跃入全省先进行列。南江县检察院共立案侦办9件，居全地区之首。

1998年，全地区检察机关共受案31件，初查后立案14件15人，其中国家机关工作人员7人，占50%。侦查终结8件8人，移送审查起诉5件6人。典型案件有平昌县检察院侦办的该县公安局预审科长牟某某徇私舞弊案，巡警大队长曾某某徇私舞弊不移交刑事案件案；通江县检察院侦办的至诚监狱狱警代某失职致使在押人员脱逃案；检察分院法纪处侦办的巴中地区外贸局丁某某签订履行合同失职被骗240多万元大案。

1999—2000年，检察工作重点查办徇私枉法等司法人员职务犯罪案件。共立案26件27人，其中徇私枉法、刑讯逼供、滥用职权等案件9件9人，司法人员7人。移送审查起诉11件11人。

第三节　预防职务犯罪

20世纪60年代，职务犯罪案件主要由各县检察院自侦部办理。其间，平昌县检察院在农村发展人民检察通信员30名，随后又在机关、学校、厂矿发展一批检察通信员，形成检察工作联系的网络。仅1956—1957年，揭发、反映问题234件，其中检举反革命案件48件，贪污、盗窃57件和其他职务犯罪案件。1978—1985年，各县检察院深入农村、机关、学校、厂矿上法制课，以案释法，办板报、法制专栏、电视讲座，法律咨询，带案下访，案例挂图巡展等形式，一面对职务犯罪进行打击，一面开展预防犯罪教育。1986—1993年，各县把预防职务犯罪工作的重点转移到帮助企业和单位建制堵漏上。平昌县对11个区粮站进行考察，总结出《以法治法四管好，预防犯罪有绝招》的经验。该县日杂公司采取明堵、暗堵、巧堵办法，收回“回扣”款35万元，把预防犯罪措施转化为企业经济效益。

1993年，全地区检察机关坚持“打击、保护、预防、服务”一体化方针，结合检察职能积极开展预防职务犯罪工作。结合新建巴中江北新区的实际，分院在各单位、各建筑工地广泛开展预防不安全事故、预防工程发包行贿受贿、预防虚增项目抬高造价贪污、预防“豆腐渣”工程活动，会同有关部门与工程承包方签订廉政和安全施工责任书，遏制新的地区建设中的职务犯罪。

1995年，全地区检察机关在严厉打击经济犯罪的同时，注重抓企业、农村、税收三方面的预防工作，共建企业联系点28个。平昌县检察院预防职务犯罪的做法在全地区政法工作会上交流，受到省检察院检察长龚渎伦的肯定。

1996—1997年，全地区检察机关切实发挥“打击、保护、服务、促进”的综合职能，深入发案多的系统、部门调查研究，提出预防对策和建议，为经济建设服务；结合办案以案讲法，提出检察建议，协助企业建章立制，为企业经营、发展出谋划策。

1998—1999 年，全地区检察机关继续坚持打击与保护、惩治与预防、办案与服务相结合的方针，认真研究职务犯罪的特点规律，及时提出预防对策和惩治措施，有效预防和减少犯罪。南江县检察院《计生系统的犯罪特点及预防对策》、巴中市巴州区检察院《贪污挪用罪犯携款潜逃情况的调查与思考》等调研材料受到当地党委、政府和有关部门的高度重视，收到较好的预防效果。

2000 年，全市检察机关在加大力度查办职务犯罪案件的同时，实现“三个转变”（由各业务部门分散开展状态到专门机构集中管理的转变；由零散、随意状态向系统、全面预防转变；从部门预防向部门预防与社会预防相结合转变）。市检察院反贪局设专人抓预防工作，各县（区）检察院成立相应机构或指定专人抓预防，全市预防职务犯罪工作开始步入规范化、正规化轨道。

第三章　刑事·监所检察

第一节　刑事检察

民国时期，检察官主要受理刑事案件，进行侦查和提起公诉，其侦查权主要是补充性质的侦查权，对侦查结束，认为被告已经构成犯罪、需要追究刑事责任的制作起诉状，以检察官名义向审判官提起公诉，在开庭时出庭支持公诉；检察官在受理由警察机关移送的案件后，认为有补充侦查必要的，交警察机关侦查或指挥司法处（或法院）书记官进行侦查，或指挥警察机关调动司法警察协助侦查；对于人犯，先行羁押，再侦查讯问；检察官对法院判决不当的案件，向其上级法院提起上诉，对于已经生效的案件，则监督判决的执行。

川陕省苏维埃时期，县（市）革命法庭设国家公诉处，检验犯人证据，代表政府提起公诉。

中华人民共和国成立初，境内各县刑事检察围绕党的中心工作，宣传政策，监督守法，检举违法，打击反革命分子和刑事犯罪分子的破坏活动。批捕人犯由地委、专署和公安机关执行。

1954 年起，境内各县公安局侦查终结，认为需要逮捕案犯，将案卷材料连同《逮捕报告书》移送检察院，检察院认为主要犯罪事实清楚，证据确凿，遂制作《批准逮捕决定书》，再报县委或地委审批。紧急、重大、复杂的案件，由公安、法院、检察院共同研究，报当地党委批复后，以检察院的名义办理批捕手续。其间，整风“反右”斗争、扫清残敌、内部肃反、大搞改造、反右倾、整风整社，改造落后社队，“三反”“五反”“四清运动”等一直沿用此种侦查监督程序。

1955 年起，境内各县检察院开始行使“审查起诉、提起公诉、不起诉、支持公诉”等审判监督职能。

1957 年，各县检察院与人民法院共同制定《关于审判监督工作联系制度》，凡检察院起诉的案件，必须出庭支持公诉，收到法院的判决书，裁定书后 5 日内审查完毕，发现错误及时提出意见或抗诉。至 1966 年，受“左”的思想影响，把审判监督作为“教条主义”批判，检察院支持公诉只控诉被告人的犯罪事实，一般不监督审判活动的合法性，使审判监督工作联系制度名存实亡，一直延续到 1977 年。

1966—1976 年，境内各县检察院停止使用检察权。1978 年，各县检察院重建后，成立审查批捕科。

1978 年，各县检察院重建后，依法开展对审判活动的监督，使审判监督逐步走入正轨。

1979 年，按照全国五届人大常委会第六次会议颁布的《逮捕拘留条例》及《刑法》的相关规定，党委不再审批案件，由检察院独立行使检察权，履行审查批准逮捕的职能。

1980 年起，各县检察院以整顿社会治安为重点，对杀人、抢劫、强奸、爆炸、放火和其他严重破坏社会治安秩序等“六类案件”的犯罪分子，依法从重从快打击。

1983 起，实行依法“从重从快、一网打尽”的方针。公诉工作坚持“从重从快”的方针，切实加强“严打”斗争和社会治安综合治理。各县检察院继续从重从快打击刑事犯罪分子，完善批捕制度、保证案件质量，积极参与综合治理，为经济建设保驾护航。其间，平昌县检察院受理移送起诉案件 2065 件 2976 人。审查后，向法院提起公诉 1715 件 2366 人，移送上级院起诉 53 件 87 人。至 1993 年，平昌检察院在严打的 7 个战役中，受理提请批捕 665 人，经审查批捕 581 人、批捕率 87. 37%。

1994—1995 年，共受理提请和移送批捕案件 989 件 1575 人，审结 1514 人，其中批准逮捕 848 件 1372 人，不批准逮捕 142 人。各县重点打击杀人、抢劫、强奸、拐卖妇女儿童、重大盗窃、流氓团伙等暴力性犯罪和多发性犯罪。全地区共批捕上述犯罪 636 人，占逮捕总数的 46. 36%。共受理移送审查起诉、免诉案件 1119 件 1662（含自侦案件 123 件 154 人），审结 1019 件 1499 人，其中起诉 957 件 1392 人，免予起诉 60 件 94 人，不诉 2 件 13 人。在起诉案件中，杀人、抢劫、强奸、拐卖妇女儿童、重大盗窃和流氓团伙等暴力性犯罪和多发性犯罪 527 人。打击各类犯罪团伙 52 个，重特大案犯 273 人。其中，分院直接受理并起诉重特大刑事案件 54 件 120 人。起诉环节，追诉漏犯 15 人，挖出漏罪 17 条。对法院已生效的刑事判决提出抗诉 2 件 2 人，二审均作改判。

1996 年，全地区检察机关成立“严打”领导小组，对杀人、抢劫、重大盗窃等严重暴力犯罪作为打击重点，共受理提请批捕案件 254 件 444 人，批捕 203 件 356 人，占 52%，其中批捕重特大案犯 165 人，团伙犯罪 46 件 178 人。提前介入 60 件 114 人，不批准逮捕 62 人，退回补充侦查案件 41 件 67 人，建议撤案 23 件 30 人，改变定性 20 件 33 人，提出检察建议和纠正违法 30 余次，抓获批捕在逃人犯 18 人。并对已决定不批捕但不放人和“另案处理”而不处理的违法问题进行纠正。是年，全地区两级检察院始终把杀人、抢劫、流氓、重大盗窃等严重暴力犯罪、涉枪、贩毒犯罪、团伙犯罪特别是带黑社会性质的犯罪团伙和流氓恶势力作为打击重点，依法从重从快，共受理上述性质的犯罪 518 件 782 人，审查后起诉 473 件 733 人。分院直接受理并起诉重特大刑事案件 43 件 117 人。在审查起诉阶段退查 13 件 17 人，改变定性 1 件 1 人，决定不起诉 5 人，纠正漏诉 9 人，追捕逃犯 4 人，挖余罪 5 条，提出抗诉 2 件 2 人。

1997—1998 年，全地区检察机关突出打击重点，严厉打击暴力犯罪、团伙犯罪和流氓恶势力，共批捕重特大案件犯罪嫌疑人 648 人。同时，决定不批捕 138 人，追捕漏犯 25 人，挖余罪 45 条，纠正侦查活动中的违法行为 20 件（次）。公诉工作坚持依法“从重从快”的方针和“及时、准确、有力”的原则，切实加强“严打”斗争。共受理审查起诉案件 377 件 508 人（其中自侦案件 29 件 32 人），审结 340 件 457 人，依法提起公诉 336 件 452 人。在“严打”斗争中严厉打击暴力犯罪、团伙犯罪和流氓恶势力，共起诉犯罪团伙 35 件 113 人，占起诉总数的 27. 6%。分院直接受理、提起公诉重特大刑事案件 28 件 40 人。其中，1998 年不诉 4 件 5 人，纠正漏诉 2 人，按上诉程序抗诉 3 件 3 人，按审判监督程序抗诉 2 件 2 人。同时，贯彻执行修订后的《刑法》和《刑事诉讼法》，严格依法办案。共受理审查起诉案件 410 件 535 人，审结 365 件 473 人，起诉 361 件 469 人。在工作中，严把事实关、证据关、定性关、适用法律关和定罪量刑关。同时，努力适应新的庭审方式，掌握庭审中询问主动权、示证质证主动权、法庭辩论主动权，出庭胜诉率达到100%。

1999年，按照“从重从快，快审快结”的方针和“打尖子、打头子、打团伙”的策略，与有关部门密切配合，提前介入重特大案件，保持“严打”斗争的强大声势。共受理提请和移送批捕案件479件722人（自侦案件14人），批准和决定逮捕403件600人。其中，批捕重特大犯罪案件嫌疑人222人，摧毁犯罪团伙66个，批捕团伙犯罪嫌疑人230人，批捕暴力犯罪嫌疑人186人。并提前介入重大特大案件50件87人，确保案件质量，批捕案件准确率达到100%。在侦查监督中，严格审查事实与证据，准确把握批捕标准，决定不捕107人，追捕漏犯30人。纠正适用法律不当10件12人，增加罪名20个26人，改变定性8件16人。同时，加强立案监督，监督公安机关立案15件，其中逮捕和起诉并被判刑各5件，纠正侦查活动中违法行为70件（次）。是年，共受理审查起诉案件454件660人（含自侦案件40件44人），审结452件658人，起诉383件564人。不诉7件7人，追诉漏犯5人，漏罪7条。分院直接受理、审查起诉重特大案件29件41人。加强与政法各部门的密切配合，提前介入重特大案件，提高案件质量，起诉准确率达100%，受到省检察院的通报表彰。

2000年，全市检察工作在继续加强“严打”斗争的同时积极开展专项治理。是年，共受理审查起诉案件582件814人，审结502件707人，依法提起公诉494件699人。决定不起诉8件8人，纠正漏诉3人，提出抗诉1件1人。并对法院审理中的违法行为提出口头纠正意见14次，书面纠正意见7次。市检察院直接受理并起诉重特大一审案件44件60人。同时，与公安机关、人民法院法密切配合，先后深入开展打击拐卖妇女儿童、贩卖假币、盗伐滥伐林木、偷税漏税、非法集资以及制售假种子假农药等专项斗争，审查起诉此案件118件172人。及时起诉市内首例煽动颠覆国家政权的犯罪案件。共受理提请和移送批捕案件559件809人，审查后批准和决定逮捕464件646人。提前介入侦查活动，批捕重特大犯罪嫌疑人166人；犯罪团伙28个109人；杀人、重伤、抢劫、强奸等暴力犯罪嫌疑人186人。与公安机关、人民法院密切配合，深入开展打击拐卖妇女儿童犯罪、贩卖假币、盗伐滥伐林木、偷漏税、非法集资以及制售假种子假农药等专项斗争。对提请批捕案件不批准逮捕132人。侦查机关提请复议复核19件24人，复议复核后改变原不捕决定5件7人，维护不捕决定14件17人，追捕漏犯22人。纠正适用法律不当18件26人，改变定性10件12人，增加罪名12件16人。受理立案监督案件线索37件39人，审查后要求公安机关说明不立案理由32件32人，其中公安机关直接立案20件25人，认为不立案理由不成立而通知公安机关立案6件6人，纠正不应当立案而立案1件1人。

第二节 监所检察

民国时，监狱隶属司法审判机关，县政府对监狱实行定期检察。民国25年（1936年），省政务视察员杨维裕视察巴中监狱记载：“监舍狭隘，人犯拥挤，员役克扣囚犯生活，终日稀饭，长日淡食，尚无咸菜……”。是年，巴中县监狱收押囚犯84人，死于饥饿和疾病30人。民国26年（1937年），县政府检察监舍，发现“已决犯未作判决书，未履行宣判送达手续。人犯未曾沐浴，亦未实施训诲”。民国36年（1947年），巴中县监狱遵令赦免人犯41人，减刑10人，对11名军法人犯调服劳役。

中华人民共和国成立初，县府公安局负责监狱、劳改检察。

1951年起，境内各县检察院开展监狱、看守所检察工作。对未决犯的关押期限是否过时，狱政管理制度是否健全，社改措施是否落实，看守人员有无违法行为等问题实行检察监督。

1956年，开展清案检察，纠正错捕错判案件，纠正个别管教干部滥用职权、打骂人犯的违法行为。1958年始，检察院配合公安局开展对地、富、反、坏分子和可捕可不捕而作出不捕决定的罪犯的改造情况实施检察监督。

1959年，对监所和劳改队进行全面检查。通过惩办与宽大相结合的处理后，促进犯人的自觉改造。

1962年，通江县检察院按达县检察分院的指示，对通江劳改农场进行检察，通过组织管理和教育工作，对犯罪较重的起诉加刑5人，批判斗争40人。此后，对劳改农场实行每月1次检查的制度。1966—1976年，监狱看守所检察工作停止。

1978年，各县检察院恢复监所检察工作。1979年，全国第一次监所检察工作会议颁布《监所检察工作试行办法》，各县监所、检察业务由刑事检查一科代理。1980年后，各县检察院成立监所检察科，并发展监狱、看守所、劳改农场检查组，强化监所检察工作。1983年，“严打”以后，监所人犯猛增，驻场驻所人员和监管人员切实加强监所的防逃跑，防冲监、防行凶、防自杀、防疾病等方面工作。同时，监所检察部门同公安、法院、监狱密切配合，把打击羁押人犯、劳改犯在监管期间的重新犯罪活动作为监所检察工作的重点。1980—1986年，通江县检察院受理审查起诉案件147件172人，决定起诉110件124人，批捕13件13人；查处管理人员违法3人，追究刑事责任1人，建议党纪、政纪处分2人。1987—1993年，各县检察院认真执行最高人民检察院印发的《劳改检察试行细则》《看守所监察工作试行细则》，推进监管单位依法、文明、科学管理进程。罪犯案件发生率明显下降。

1994年，监狱、看守所检察以打击罪犯又犯罪案件为重点，配合监管部门维护监管改造场所的正常秩序和安全。审查在押罪犯假释8人、减刑589人、保外就医73人。对278名监外执行的被判处缓刑、假释、管制、剥夺政治权利、暂予监外执行的“五种人”进行考察，对其中6人不符合监外执行条件的收监执行。纠正超期羁押11人。驻狱驻所检察干警与在押犯个别谈话730多人（次），上法制教育课152次，听课达4539人（次）。发现监管场所不安全隐患180起，提出纠正意见92条。

1995年，监狱、看守所检察，重点开展对看守所留所服刑罪犯、重大经济罪犯判决执行情况的监督。纠正超期羁押8人。受理初查司法人员违法犯罪案件线索10件，立案侦查7件7人，其中大案5件5人；查办私放罪犯案件1件1人。

1996年，以加强执行监督、打击又犯罪为重点，严厉惩治在押罪犯又犯罪，共办理53件59人，均被起诉加刑。强化执行监督，严格审查假释77件、减刑702件、保外就医33件。纠正超期羁押19人。巴中、通江两检察院派出专人，历时2个月，对本地区内监外执行罪犯逐个考察，依法纠正违法监改。通江县检察院针对至诚监狱在达川市的2个外劳点罪犯脱逃突出的问题，提出撤销2个外劳点的建议，立案查办管教干警玩忽职守案件1件。地区检察分院发现坪河、至诚2个监狱均有罪犯带小孩服刑的问题，提出纠正意见，建议中级法院对家庭确有困难无法照料孩子的罪犯予以假释。

1997年，配合“严打”，严厉打击罪犯又犯罪活动，办理起诉加刑案件33件41人。严格审查减刑142件、假释370件、保外就医4件，加强对监外“五种人”的执行监督。对监狱、看守所1995年以来保外就医情况，1994—1996年，检察机关查办的判刑10年以上的贪污受贿等罪犯的服刑情况及看守所留所服刑情况进行专门执法检查；采取有力措施纠正监管改造活动中的违法问题，加强安全防范；纠正超期羁押9人。受理被监管人员及其家属的控告申诉7件，复查5件，转办2件，提出纠正意见2件。同时，对至诚监狱三级警督卢某某徇私舞弊案、坪河监狱三级警督黄某某贪污案立案侦查。

1998年，监狱、看守所检察共审查减刑、假释、保外就医案件400件，对保外就医、暂予监外执行条件消失的罪犯督促收监执行。是年，加强对犯罪嫌疑人、被告人合法权益的保护，受理并复查控告申诉14件，纠正违法、超期羁押20人，多算刑期1件1人。

1999年，共清理审查保外就医118件，减刑案件818件，假释案件20件，超期羁押97人。调查处理体罚被监管人员违法事件1件1人，纠正超期羁押97人，复查申诉案件5件。

2000年，严厉打击牢头狱霸犯罪活动。开展对刑事拘留、取保候审等强制措施执行情况和罪犯交付执行刑罚情况等专项调查。清理纠正违法刑事拘留181人，超时限拘留203人（次），违法取保候审、保外就医62人，未按期交付监狱执行46人，违法收押2件2人。审查减刑案件368件，假释4件，考察监外执行罪犯186人并督促收监执行6人，纠正超期羁押73人。查处被监管人员控告申诉案件，复查后提出纠正意见，法院改变原判决1件。初查渎职案件线索5件5人，立案查办失职案件2件2人。

第三章 民事行政·控申检察

第一节 民事行政检察

1991年，民事、行政诉讼法颁布实施后，境内4县检察院内设“民事行政检察科”。办理民事行政审判监督业务。组织检察干警学习法律，建立规章制度，接待群众申诉，并按法律程序和规定认真进行处理。1992年，民事行政检察工作按照“积极、认真、稳妥”的原则开展工作。1993年，各县检察院选择标的大、影响大、群众关注的申诉、案件打开局面。至1993年，南江县共接待申诉911件，103人（次），均依法进行妥善处理。

1994年9月，地区检察分院民事行政检察处正式开展工作。10月，通江县检察院民事行政检察科成立。至此，全地区检察机关民事行政检察机构全部建立。是年，受理各类申诉18件，建议法院纠正1件。1995年，全地区做好检察机关民事行政检察机构设置和人员配备工作。共受理民事行政申诉案件38件，立案审查4件，建议提请抗诉2件，分院提出抗诉1件，实现抗诉案件“零”的突破。

1996年，全地区两级检察院结合“民事行政检察宣传周”活动和全省反腐败大要案件巡展，进行广泛深入的宣传，扩大影响。共印发民事行政检察宣传资料4500余份，办宣传专栏4期，专题法律咨询240多人（次）。共受理民事、经济、行政申诉案71件，比1995年增加33件；立案审查11件，比上年增加7件；抗诉2件，提请省检察院抗诉1件。办案注重质量，严把“三关”（科、处长把好受案关，检察长把好立案关，检察委员会把好抗诉关），狠抓“三点”（抓住疑点、重点、难点）。

1997年，全地区4县民事、行政检察工作党组重视认识到位，夯实基础领导到位，狠抓办案工作到位，理顺关系配合到位。共受理民事行政申诉125件，审查后转有关部门43件，立案审查25件，建议法院改判15件。做息诉服判工作42件。基层检察院提请检察分院抗诉和建议抗诉15件，分院民事行政处办理抗诉案件6件。经审查决定，向中级法院抗诉16件，提请省院抗诉3件。初查“443”案件4件，其中立案1件。中级法院是年审结抗诉案7件，其中改判3件，撤销原判决发回重审4件。民事刑事工作在省检察院考核中排列第7名。

1998—1999年，全地区两级检察院坚持“敢抗、会抗、抗准，公开、公正、合法”的办案原则，广泛宣传，狠抓办案，加强指导，确保质量。共接待群众来访621人（次），受理申诉241件，立案审查131件；审结75件，其中提出抗诉64件，提请省院抗诉2件，向中级法院提出抗诉37件，建议法院改判5件。含上年未审结案件人民法院再审审结29件，其中改判3件，撤销原判发回重审14件，再审2件，另2件提出建议后中级法院决定改判。

2000年，全市两级检察院加强对民事、行政诉讼的法律监督，重点查办严重影响社会稳定的案件、因地方保护主义导致裁判不公的案件和审判人员枉法裁判案，依法维护当事人合法权益。共受理对民事、行政案件判决的申诉172件，审查后决定立案58件，决定向中级人民法院提出抗诉39件，提请省院抗诉9件。中级人民法院审结23件，其中改判8件。对县（区）检察院提请抗诉案件决定不予抗诉16件，向法院发出纠正建议书9件。经过解释、说服申诉人息诉服判109件（次）。是年，在全省第二次民事行政检察理论研讨会上，市检察分院郎森撰写的《试论如何区分民事欺诈和刑事欺诈》获优秀论文三等奖，市检察院上报的《陈伟不服四川省人民政府劳动教养委员会劳动教养处罚抗诉案》获精品案例二等奖。

第二节　控告申诉检察

1952—1953年，境内4县检察院派员到“土改”“三反”办公室，负责处理人民来信来访，对群众反映的问题转有关部门处理。1954年，《中华人民共和国宪法》颁布后，群众觉悟提高，来信来访增多，各县检察院设置专人接待登记、转办、催办、答复、归档。重大信访由检察长亲自处理。1954—1966年，通江县检察院共受理信访1050件，自行办理680件，合办178件、依法追究刑事责任34人，作党纪政纪处分47人。

1978—1985年，各县检察院配合法院，以事实为依据，以法律为准绳，按照“有错必纠”的原则，复查、平反冤、假、错案，维护公民合法权益，化解矛盾，增强人民内部团结。1985年7月，境内4县检察院设置控告申诉科，专门办理控告申诉及相关业务。

1987—1988年，各县依法复查申诉案件，处理时常来访，及时办理告急案件；建立健全制度，推进控申工作制度化、规范化。至1993年，巴中县检察院查处控申诉案件152件189人。其中，复查免诉31件37人，驳回申诉4件4人，复查再申诉22件25人。

1994—1995年，充分发挥举报部门的“源头”“窗口”作用。共受理来信来访1128件，受理举报线索796件，初查294件，立案109件。受理刑事申诉案件21件，立案复查20件，维持原处理决定15件，对确有错误的纠正5件。

1996年，共受理举报850件（次），其中贪污贿赂等案件线索654件，“三机关一部门”人员犯罪线索324件，大案线索389件，要案线索25件。共初查589件，其中控申部门初查86件，占初查案件总数的14.6%。初查后立案10件，追缴赃款和非法所得款61万元。是年，奖励29人（次），颁奖3.1万元。全地区两级检察院开展创“文明接待室”活动，通江、平昌2县检察院通过省检察院“文明接待室”复查验收。南江县检察院通过地区检察分院验收授牌。全地区共复查各类控告申诉案件39件，其中告急案件11件，交办案件16件；复查控告案件4件，申诉案件8件，复查后纠正1件。

1997—1998年，获取和受理举报1070件，其中经济案件线索753件，法纪案件线索133件。除初查195件举报线索、直接立案32件并转自侦部门立案6件外，受理申诉111件，立案复查25件，其中维持原处理决定20件，纠正7件；办理交办案件和告急信访案件12件。

1999年，接待和受理来信来访984件（次），一般信访163件。两级检察院检察长接待来访314人（次），其中分院70人（次）。在举报宣传中获取线索92件，初查后立案12件，召开协调会51次，协调案件206件。是年，共初查举报线索52件，占举报总数的10%，奖励举报有功人员48人次，发给奖金6万余元。全地区复查申诉案件，受理163件，立案复查7件，纠正2件，并办理交办案件22件，办理刑事赔偿案件，受案8件，立案审查5件，决定依法赔偿2件。

2000年，全市控告申诉检察共受理举报线索496件，其中属检察机关管辖的331件，占66.7%。署名举报成倍上升，共250件，占50.4%。初查后移送自侦部门253件，举报中心初查66件，上升26.9%。初查后移送自侦部门立案6件6人，移送外地检察机关立案侦查1件。奖励举报人31人（次），兑现奖金4万余元。是年，共受理刑事申诉案件31件，立案复查10件，退款2.7万元；受理刑事赔偿案3件，立案审查2件，决定给予赔偿2件，支付赔偿金56.41万元。接待来信、来访1013件，上升3%，两级院检察长接待来访340多人（次），批阅案件300多件。

第四章　综合工作

第一节　法律研究

1992—1993年，检察机关在各部门、各企事业单位、各区设置检察信息联络员150名，并颁发“聘用书”和“检察信息联络员证”。是年，撰写执法研究文章29篇，地区检察分院转发3篇，县级报刊、电台采用18篇。

1994—1996年，各县检察院组织检察学会开展学术活动。南江县检察院举办研讨会，把检察学会会员撰写的20多篇研讨文章编印成册。同时，紧紧围绕检察工作重点、难点和新《刑事诉讼法》修改、实施开展调研，完成省检察院下达的调研课题13个。1997年，以“两法”实施为重点深入调查研究，撰写理论和调研文章68篇，有的文章被《人民检察》刊用，地区检察分院反贪局副局长苟红兵的理论研讨文章在全省检察机关第三届理论调研成果交流会上获一等奖。1998年，组织撰写调研材料、论文65篇，其中专题调研11份，适用法律意见、请示3份。南江县院调研文章分别被《检察日报》《人民检察》《检察学文摘》《四川检察》等刊物采用。

1999年，共编发专题调研文章14期，被省院采用6期，采用率达43%。2000年，加强对“两法”实施的调研，特别是针对司法实践中出现的新问题加大调研力度，共编发调研文章16期，市委和省检察院转发7期。

第二节　技术鉴定

1978 年，各县检察院恢复重建后，配备兼职鉴定人员和法医，购置部分小型医疗器械及痕迹鉴定器具。1979—1993 年，县级鉴定案件很少，需要技术鉴定的案件，县上只作初查，一般都由上级检察院派员、侦查、勘验、作出司法鉴定书，作为案件的真实证据。

1996 年起，全地区两级检察院配备专职或兼职技术人员，有 5 人参加省院承办的最高人民检察院第 4 期文件痕迹检验和视听技术培训，地区检察分院检察技术处派人到 4 个友邻分院学习取经，正式开展司法会计鉴定。

1998 年，全地区配有检察技术工作专业人员 14 名，有 3 人参加最高人民检察院的岗前培训，5 人参加省院司法鉴定权考试。在加强规范化、制度化建设的同时，积极开展技术鉴定工作，办理技术鉴定案件 250 件，提供诉讼证据 50 件。其中，采用视听技术秘密取证，使平昌县检察院查办的 1 件徇私舞弊和南江县检察院起诉的 1 件刑事案件获得成功。分院检察技术处为地区财险公司 2 件理赔案件作出法医学鉴定，挽回国家经济损失 3 万余元。

1999 年，抓基础装备建设和专业培训。分院召开首次全地区检察技术工作会议，重点规划计算机网络建设，全地区两级检察院配齐技术负责人，充实专业人才，6 人参加最高人民检察院举办的司法会计培训后，取得专业鉴定资格。共办理 5 个门类的技术案件 785 件，在省检察院研讨会上交流 3 篇专业论文。平昌县检察院添置 3 万多元的检察技术设备，总投入达 30 多万元。

2000 年，调整充实专业技术人员，扩展业务范围，加强技术装备设施建设，完善技术规范和工作制度，为各项检察业务和公安、法院、司法、金融等部门提供大量科学可靠的鉴定结论和证据。办理法医、文件、痕迹、司法会计、视听技术等检验鉴定 1040 件，纠正其他机关检验鉴定错误和定性不准案件 3 件。通过检验鉴定和利用视听技术固定证据，提供诉讼证据 118 件，判定侦查方向 922 件，为国家挽回经济损失 100 余万元。

第三十一篇

法院

民国时期，各县政府内设司法处，专管案件审判工作。1951 年，各县成立人民法院。1993 年 10 月，成立巴中地区中级人民法院。2000 年 12 月，成立巴中市中级人民法院，下辖 4 县（区）人民法院。

各级人民法院成立后，积极履行职责，先后开展特种刑事案件、反革命案件、社会治安案件、经济犯罪案件的刑事审判；受理各类民事审判、经济审判、行政诉讼审判。特别是成立巴中地区后，两级人民法院在严厉打击刑事犯罪的同时，积极开展打击贪污贿赂、严重破坏经济秩序、严重危害社会治安、经济合同纠纷及行政诉讼案件的审判。同时，接受人民检察机关及人民群众的监督，对错案进行改判，对历年来的冤假错案进行复查，针对情节给予免、减刑，力求审判公正、公平。1987—1992 年，境内巴中、平昌 2 县执行各类案件 3414 件，执行率为 85%。1993—1995 年，全地区两级法院共执行各类案件 4832 件，执行率达 90% 以上。1998—2000 年，共受理执行各类案件 8044 件，结案率为 91.24%；执行标的额 1.13 亿元。

第一章　审判机构

第一节　兼理机构

民国初期，境内司法审判承清制，各县均未设立专门审判机构，县知事（县长）兼理民、刑诉讼案。各县知事公署（县政府）设有大堂、二堂，审判案件一般在大堂。民国 16 年（1927 年）后，按照《民国法院组织法》规定，各县政府始设立司法股或司法室，配备承审员，协助县长办理案件。巴中（平昌）、通江、南江二审诉讼案件自民国 4 年（1915 年）起由四川省高等法院第三分庭（设阆中）管辖。

第二节　革命法庭

一、川陕省革命法庭

1933 年，中国工农红军第四方面军在境内成立川陕省革命法庭，驻通江城县钟鼓楼街祝家茶园，7 月，迁至巴州城宫堡府，1934 年 2 月，又迁回通江，9 月，复迁巴州城。内设机构有审判委员会、国家公诉处，申诉登记处，执法管理处。执法管理处设有看守所、监狱。川陕省革命法庭在根据地极盛时期，辖 23 县 1 市革命法庭，先后担任主席的有肖之一、袁成教。

二、川陕省巴中道苏维埃革命法庭

1933 年 11 月初，巴中道苏维埃革命法庭成立，直接领导根据地之阆南、巴中、江口、恩阳、苍溪、仪陇、长胜、蓬安、广元、旺苍、嘉陵、英安、长赤、营山等县苏维埃革命法庭。

三、县（市、区）苏维埃革命法庭

苏维埃时期，境内置 9 县、1 个特别市、2 个特区革命法庭。县（市、区）革命法庭内设裁判委员会、公诉处、申诉登记处、执法处。

1933 年 1 月，成立红江县革命法庭，驻通江县城街道，冬迁新场坝街道，1934 年 2 月，迁平溪坎易家大院。主席张贤和。

1933 年，成立春赤江县革命法庭，初置毛浴镇，旋迁通江城，后复迁毛浴镇。

1933 年春，成立赤北县革命法庭，址设通江县泥溪场杨家祠堂。主席王少基。

1933 年冬，设立洪口特区革命法庭，刘全喜、陈其尧先后任法庭主席。

1933 年上旬，置苦草坝特区革命法庭，治通江县苦草坝。

1933 年 1 月，成立巴中县革命法庭，址设巴州区清江镇，主席鲜仕焕。副主席刘如银。

1933 年 2 月，成立巴中特别市革命法庭，驻巴州镇钟鼓楼街。

1933 年 6 月，成立恩阳（仪阆）县革命法庭，时名仪阆县革命法庭，址设恩阳镇；8 月，撤销仪阆县革命法庭，改设立恩阳县革命法庭，主席罗荣昌。

1933 年 10 月，成立长胜县革命法庭，设仪陇县立山场。次年元月，迁驻巴中县鼎山场。

1933 年 2 月，成立南江县革命法庭，址设南江县城，主席鲜某某、安怀山。

1933 年 2 月，成立长赤县革命法庭，驻南江县长赤街。胡继光、刘清山、李树生先后任主席。

1933 年 6 月，成立江口县革命法庭，驻通江县新场镇；9 月，迁驻平昌江口镇。主席黄某某，副主席贾成申。

第三节　县司法处

民国 24 年（1935 年），川政统一，司法渐入正轨。4 月，国民政府公布《县司法处组织暂行条例》后，境内各县相继成立司法处。民国 35 年（1946 年）8 月，境内第一个县司法处——巴中县司法处成立。民国 21 年（1932 年）8 月，南江县司法处成立，9 月，通江县司法处成立。民国 35 年（1946 年）9 月，巴平分治，设立平昌设治局司法处。民国 37 年（1948 年）12 月，平昌设治局升为平昌县，平昌设治局司法处更名为平昌县司法处。各县司法处人员配备有审判官、书记官、录事、检验员、法警、雇员等；内部机构设置有民事庭、刑事庭（未分工设置，仅依据办理案件性质，在法律文书上分别注明民事审判庭或刑事审判庭）和民刑诉讼程序询问处、缮状处、书记室，并附设民事调解处和监狱。

民国 33 年（1944 年）11 月，通江县司法处划归四川省高等法院（设达县）管辖。民国 35 年（1946 年），裁减阆中高三分院，在阆中成立四川省高等法院第四分院，巴中县、南江县、平昌设治局司法处隶属省高等法院四分院（阆中分院）管辖，直至 1949 年 12 月未变。

第四节　军法室

民国24年（1935年）8月，四川省行营长官公布《加委各县县长兼本行营军法官条例》后，境内各县相继成立军法室，由县长兼任军法官。其人员配备有军法承审员、慕记、雇员、督目、法警等。县军法室受同级政府和四川省第十五行政区督察专员任命，军法承审员由四川省保安司令部核委。涉及中共及爱国人士的政治案件和政府要员的贪污、受贿、贩毒等犯罪案件，分别由军法室审理。

第五节　人民法院

1949年12月，巴中、通江、南江、平昌4县相继宣告解放。中国人民解放军（简称“解放军”）接管民国县司法处，并迅速筹建人民审判机关。1950年初，境内4县均成立人民司法科，负责第一审刑事、民事案件的审判。9月10日，巴中县人民法院成立，是境内第一个基层法院。至1951年3月，南江、平昌、通江3县人民法院相继成立。各县人民法院属县人民政府的组成部分，受县人民政府的领导和监督，其审判工作受川北区人民法院及其派出的达县专署法院的领导和监督。1952年9月，四川省政府成立，境内各县法院改隶四川省高级法院及其派出的达县分院的领导和监督。1955年，达县分院改名为达县地区中级人民法院，巴中、通江、南江、平昌4县法院隶属达县中院管辖。

1966年，各县法院陷入瘫痪。1968年，各县公检法相继实行军管，成立“军事管制委员会”和“革命委员会人民保卫组”统揽逮捕、侦察、审判大权。1972年后，各县法院相继恢复建立。1978年后，县法院内设机构不断健全。到1985年底，各县法院均设有刑事审判庭、民事审判庭、经济审判庭、告诉申诉庭、执行庭、办公室、政工科、纪检组、监察室等机构。1988年后，各县法院先后增设行政审判庭，有的还设立法医鉴定室和司法行政装备科。

1993年，经国务院批准，从达县划出巴中、通江、南江、平昌4县，设立巴中地区。10月28日，巴中地区中级人民法院正式成立，管辖通江、南江、巴中、平昌4县（市）法院。12月22日，从各县（市）首批调入工作人员13人。

1994年3月9日，巴中中院正式挂牌，举行成立大会。内部机构设置有办公室、政治处、刑事审判第一庭、第二庭、民事审判庭、经济审判庭、行政审判庭、告诉申诉审判庭、执行庭、监察室（纪检组）、司法科、法警大队和全国业余法律大学巴中分部，共借调人员21名。是年底，巴中中院有职能机构16个，下辖巴中市（县级）、通江县、南江县、平昌县4个基层法院、42个人民法庭。全院干警总数达到73人。

1998年，深化审判体制改革，各县法院撤销告申庭，设立告诉立案庭。是年1月，增设政策法律研究室；撤销告申庭，设立告诉立案庭（含赔偿委员会办公室职能）；政治处更名为政治部，法警大队更名为法警支队，司法行政科更名为行政装备管理处。全院共有干警68人。

2000年12月，巴中地区中级法院更名为巴中市中级人民法院。

第六节　人民法庭

一、县人民法庭

1950 年，根据中央政务院通过的《人民法院组织通则》，巴中、通江、南江、平昌 4 县先后设立县人民法庭，成为人民法院的特别法庭。审判长由正副县长担任，县人民法院副院长等担任审判员。县人民法庭主要办理反革命案件和其他与土改、清匪反霸有关的刑事案件。其组成人员多系兼职。办案人员主要从公安局和法院抽调。一般设审判长 1 人，副审判长 2 人，审判员若干人。县以下设分庭。1954 年 7 月，境内各县人民法庭及其分庭遵四川省人民政府令撤销。

二、“三反”人民法庭

1951 年 1 月 1 日起，国家机关开展反贪污、反浪费、反官僚主义运动。根据政务院令，境内 4 县分别成立“三反”人民法庭，主要任务是审判“三反”运动中揭露出来的贪污案件和其他经济犯罪案件。受当地党委和政府领导，接受县法院的业务指导。庭长一般都是县长兼任，成员有公安局和法院的领导。“三反”人民法庭随“三反”运动的结束而撤销，实际只存在几个月。

三、普选法庭

1953—1954 年，境内 4 县分期分批开展中华人民共和国成立后的第一期普选工作。为保证普选工作的顺利进行，各县法院均成立专门的普选法庭。普选法庭由人民法院委派的审判员和书记员组成。其主要任务是受理选民申诉案件，打击破坏选举的犯罪行为。其间，境内共建立普选法庭 34 个，这些法庭均随选举工作结束而撤销。

四、派出法庭

1954 年 4 月，贯彻第二届全国司法会议决议，境内各县始设立巡回法庭。巡回法庭设审判员、书记员，实行巡回本地审判。1954 年 9 月，各县法院在巡回法庭的基础上组建人民法庭。是年底，境内共建巡回法庭 12 个。其中，巴中县 4 个、通江县 3 个、南江县 3 个、平昌县 2 个。1955 年 6 月，境内第一个人民法庭——恩阳人民法庭成立。至 1961 年，各县基本达到 1 区 1 庭。法庭干部配备较少，多数是 1 庭 1 人。1966 年初，各人民法庭瘫痪。1972 年后，随各县法院复置而逐步恢复。至 1985 年，境内共设置人民法庭 48 个，其中巴中县 13 个、通江县 13 个、南江县 11 个、平昌县 11 个。法庭干部增多，并配备庭长。1998 年，根据省高级法院《关于合理调整人民法庭布局的通知》精神，各县对原有法庭进行调整。至 2000 年底，全市共有人民法庭 42 个。其中，巴中市巴州区 10 个、通江县 13 个、南江县 8 个、平昌县 11 个。

第二章　审判队伍

第一节　队伍组建

法院审判队伍的建立是从军事接管旧司法机构开始的。1950 年初，巴中、通江、南江、平昌 4 县均成立司法科，接管国民政府县司法处、监狱及看守所。各县司法科配备科长 1 人，留用民国县司法处部分人员，人员编制 7～10 人不等。9 月后，各县法院相继成立，并在军队转业干部和地方各级政权中选调部分骨干，充实审判队伍。同时，通过开展司法改革运动，调出一部分不适合法院工作的人员，审判队伍素质有提高。

1954 年，《人民法院组织法》颁布实施，法院队伍建设开始朝着正规化方向发展。各县法院审判队伍逐步壮大，新增加人员主要从军队转业干部和其他机关干部中选调，也有从政法院校分配的毕业生。

1957 年，反“右”斗争后，全国性的政治运动频繁不断，法院干警变动较大，队伍建设受到严重影响。法院一些干警被错划为“右”派分子，调离法院。1958 年，精简机构，各县法院又下放一批干部。1961 年，在整风的基础上，加强法院队伍建设，特别是加强对基层法庭人员的配备，强化基层法院队伍建设。

1967 年，上海“一月革命”风暴席卷全国，各县法院机构被砸烂，一些司法干部被打成反革命逮捕入狱。曾在 1966 年被评为西南地区政法战线上的积极分子，公称人民法院的好院长——巴中县法院院长李培国含愤自杀。1970 年，集中法院干部到“五七”干校进行斗批改后，将部分人员下放和调其他系统。

1979 年，各县法院编制逐年有较大扩充。新调进人员主要还是从其他机关、企事业单位和转业干部选调和接收学习法律专业的大中专毕业生。在选调干部时，注重政治、工作现实表现，强调文化程度，没有初中毕业以上文化学历的不能录用。1984 年后，选调法院干部必须具备高中以上学历。1985 年底，境内 4 县法院人数增至 258 人。1986 年后，各县法院根据本地实际，人员配备基本能按照最高法院的要求执行。至 1993 年，先后选调一大批人员充实法院干部队伍。通江县干警人数达 95 人，比 1973 年恢复法院时的 20 人，增加近 4 倍；巴中县法院干警达 118 人，比 1973 年增加近 5 倍。

1994 年，巴中中院成立初，省高院和地区行署确定编制 70 人，此后按编制逐年调配。至 2000 年底，全市两级法院干警 550 人。

第二节　任免与管理

民国时期，法官含院长、推事和司法处的审判官，依民国法院组织法规定的资格，由中央司法行政主管机关考选任免。法律确定法官为终身制，官等略高于地方行政官吏。

20 世纪 50 年代初期，境内各县法院院长、副院长由中共达县地委和达县专署任免。审判员分别由各县人民政府任命。1954 年，各县人民法院院长由同级人民代表大会选举产生，副院长和审判委员会委员、正副庭长、审判员由同级人民代表大会常务委员会决定任免。1956 年，各县人民法院助理审判员由达县中院和司法局共同任免；书记员分别由各县人民法院任免。

1979 年，根据法院组织法规定，境内各县法院院长由各县人民代表大会选举产生；副院长、正副庭长、审判员分别由本院提请各县人民代表大会常务委员会任免，各县法院行政领导干部在任免之前，须按照干部管理权限由县委组织部门审查推荐。1980 年，各县法院助理审判员由各县司法行政部门任免；从 1982 年起，助理审判员移归各县法院自行任免。

1994 年起，巴中地区中级人民法院院长由省人大常委会任命；副院长、正副庭长由四川省高级人民法院提请省人大常委会任免。

第三节　思想政治建设

中华人民共和国成立后，境内法院相继建立党的基层组织和政工、纪检、监察等机构，不断加强法院队伍的思想建设。

20 世纪五六十年代，境内法院采取自学和集中学相结合的办法，组织干警学习政治时事，法律法规和上级重要文件，重点教育干警增强阶级斗争观念，全心全意为人民服务。

1978 年后，境内法院围绕新时期的形势、任务，开展干警思想政治工作，组织干警认真学习马列主义、毛泽东思想、邓小平理论，增强审判工作的责任感和法制观念。同时，结合实际，组织形式多样，内容丰富的思想教育活动。1994 年起，各级法院相继开展争当优秀法官活动；“学孔繁森、学谭彦，人民法官爱人民”做好事、献爱心活动；“争创人民满意的好法院、争当人民满意的好法官”活动。至 2000 年底，法官杜江、彭贤金、王延甫、李仕民等 4 人被省高院授予“人民满意的好法官”称号；平昌县法院被评为全省“人民满意好法院”；南江县法院被省高院表彰为“优秀班子”和“廉政建设先进单位”。

第四节　业务培训

民国时期，境内法官一部分毕业于法律大专院校，一部分经过其他专门训练，后经司法官考核合格后，继续训练再试合格，由司法行政部门派到各级法院实习，实习期满认为文理、法理、情理三者皆通予以试用。经过法官培训毕业的承审员、审判官、法院书记官则试署为推事。

中华人民共和国成立后，境内法院采取以会代训，司法审判现场会、举办学习班，选送审判人员到有关院校学习等形式，提高审判队伍的业务素质。20 世纪 50 年代初，各法院普遍建立学习制度，白天搞工作，晚上学业务。从 1965 年起，贯彻司法部指示，凡国家颁布的重要法律，都集中干警、集中时间、集中精力，深入学习。同时，选送干部参加上级举办的培训班和有关院校培训。1979 年，《刑法》《刑事诉讼法》颁布后，各级法院开办“两法”培训班，分期分批培训法院干警。1985 年，国家教委与最高人民法院创办全国法院干部业余法律大学，境内各县法院开设教学班，招收在职干警进行学制三年的法律专业大专学历教育。1994 年，巴中中院建立全国法院干部业余法律大学教学分部。到1998年，先后有130多名干警参加业大或其他函授院校学习深造。同时，还举办各种各样的训练班，以提高干警业务素质和司法水平。如，岗前培训班、人民法庭庭长培训班、人事信息统计培训班、宣传干部（法医）培训班。

第五节　考核奖惩

一、考核

20世纪50年代初，境内法院对干警考核特别注重阶级立场、政治立场、工作作风以及执行政策和法律的情况进行考核。1957年，反右斗争后，除强调阶级立场和政治立场外，还注重本人出身和历史问题。进入20世纪80年代后，各县法院按照德、能、勤、绩四个方面考核干警，并逐步纠正只注重家庭出身，忽视法律知识水平和实际工作能力的偏向。到1985年，境内4县法院均先后制订建立岗位责任制，按照岗位责任制对干警进行考核，考核结果作为干警晋级晋职和评比先进的依据。1993年10月，建立两级法院干警考核奖惩办法，全面考核德、能、勤、绩，改变“吃大锅饭”的情况。

二、奖励

1985年，对法院干警的奖惩事宜都是按照各级行政人员奖惩暂行条例执行的。1986年12月后，开始执行最高人民法院、劳动人事部颁布的《关于人民法院奖惩暂行办法》。个人奖励分为先进工作者、三等功、二等功、一等功、模范（英雄）以及升级、升职、通令嘉奖。其中，通令嘉奖可以同其他奖励同时并用。对法院干警的纪律处分分为警告、记过、记大过、降级、降职、撤职、留用察看、开除公职等。1991年3月，最高人民法院监察室制订印发《关于人民法院工作人员纪律处分若干规定》（试行）。1995年7月1日颁布的《中华人民共和国法官法》对法院干警的奖励惩戒作出具体规定。20世纪50—70年代，奖励法院干警以精神为主，通过每年的工作总结会议，民主评选先进，给予表彰（1957年后，仅平昌县法庭有4人被评为达县地区法院系统“先进工作者”，受到中院表彰；1973—1979年，有18人先后被中院和县法院评为“先进工作者”）。进入80年代后，除精神奖励和政治奖励外，给予一定的物质奖励，几乎每年年终都要进行自上而下的评比先进活动，如1980—1985年，平昌县法院先后有130人（次）被评为省、地、县法院“先进工作者”。1983年，通江县法院评出地、县“先进个人”22人。1994—1998年，全地区法院系统受到省级表彰的“先进集体”16个，“先进个人”10名；受到地级表彰的“先进集体”83个，“先进个人”107名。1999年，全地区法院共评出“先进集体”36个，“先进个人”30名，其中省级表彰的“先进集体”3个，“先进个人”8名；地级表彰的“先进集体”7个，“先进个人”23名；选送省高院表彰“人民满意的法院”1个（平昌县法院），“人民满意的法官”4名。

三、惩处

1952年8月，平昌县法院审判员唐某贪污公款300万元（旧币），司法作风严重，刁难人民诉讼等。法院报请县委给予撤销审判员职务，调离法院工作处分。川北人民法院在川北《司法工作》上通报其错误。在司法改革运动中，各县法院采取思想与组织整改，内部检查帮助与外部广泛发动群众的检举方法，纯洁法院队伍，对不适宜法院工作的人给予调离。1963 年，平昌县法院 4 人调离法院，巴中县有 6 人调离法院。1994 年，巴中地区中院成立后，进一步加强法院队伍建设，每年都集中一段时间进行“以促进队伍建设、保障严肃执法”为主题的教育整顿，重点整顿审判纪律，审判作风和审判秩序，解决个别干警政治观念淡薄，作风漂浮、纪律涣散、工作责任心不强等问题，对反映出的人和事进行严肃认真查处。到 1998 年，全地区法院干警因违法违纪受到党纪、政纪处理或依法判刑的共计 11 人（中院无），占干警总数的 2%。

第三章　审判程序

第一节　刑事审判程序

民国初期，未颁布刑事法律之前，境内各县审判刑事案件主要沿用清末法律中适用的条款。随后，北洋政府颁布《暂行新刑律》和大量的特别规、法令为主要“判例”“解释例”等。至民国 16 年（1927 年），各县均以这些法律、法令为主要依据，审判刑事案件。民国 17 年（1928 年）后，各县司法处（室）主要执行的是国民政府颁布的“六法”（宪法、民法、刑法、商汉、民事诉讼法、刑事诉讼法）全书和其他各种条例、禁令，以及国民政府最高法院编制的“判例”“解释例”等不成文的法规。按照这些法律、条例的规定，审判刑事案件执行公开审判、律师辩护、三级三审等制度；在诉讼程序上，《县司法处办理诉讼补充条例》规定：自诉案件，由原告人凭诉状交费，承审员立案后办理；公诉案件，由县长兼检察职务侦查终结提起诉讼，县司法处于县府内开庭，由审判官一人独任审判。被告人除自己陈述辩护外，还可请律师或委托亲属作辩护人。当事人对判决、裁定不服的，可在判决 10 日内、裁定 7 日内向上级法院上诉和抗诉。县司法处审理刑事案件，无论上诉与否，均需呈高等法院或高等法院分院复判，经第三审法院核准后，方能交付执行。

民国中后期，刑事审判程序有很大进步。但是在民国 22 年（1933 年）前，境内处于军阀割据状态，司法受到阻碍，程序遭受严重干扰破坏；造成案件大量积压。民国 24 年（1935 年）2 月后，川政统一。但国民政府吏治腐败，司法官吏贪赃枉法，刑事审判程序得不到全面执行，审案仍以“庭喻代判”。

川陕省苏维埃时期，境内先后建立省、道、市、县革命法庭和政治保卫局等审判机构。革命法庭受理一般刑事案件，案件重大的和判处死刑的，由政治保卫局审判。对一般刑事案件，经审查犯罪事实清楚的，即作出处罚决定；对那些罪行特别严重，民愤极大的典型案件，邀请政府中的工作人员或苦大仇深的农民积极分子组成合议庭审理，以便群众监督法庭工作。在开庭公审公判前，多采取将罪犯交给群众批判斗争后，再进行审判。庭审中，首先征询被告人对法庭人员是否申请回避及其理由，接着对主要犯罪事实进行调查核实，允许发表不同意见的辩解，然后在广泛征求群众意见的基础上，再由合议庭评议，作出对被告人处以什么罪，适用何种刑罚的判决。由于当时处于战争年代，加之张国焘“左倾”错误的影响，部分案件未经开庭审理就下判，往往开庭前调查代替法庭调查，造成一些冤假错案。

20 世纪 50 年代初期，境内各县开展“减租退押、清匪反霸”“土地改革”“三反五反”“禁烟禁毒”等运动。对上述运动中的案件审判，主要由各县人民法庭受理，在程序上，主要依据为《中国人民政治协商会议共同纲领》《中华人民共和国惩治反革命条例》和有关政策法令。1950 年 9 月 4 日，中央人民政府公布《中华人民共和国法院组织条例》。境内各县法院以此规定开展对刑事案件的审判。1953 年，各县法院开始推行人民陪审员制度，在县一级机关和个别区乡设立固定的人民陪审员。1954 年 9 月，《中华人民共和国人民法院组织法》正式颁布实施，刑事审判均依照规定，实行开庭审理、辩护、回避、公开宣判等程序。

1957 年“反右”斗争后，刑事审判受到“左”的错误影响，办理案件未严格执行诉讼程序制度。1958—1962 年，在“大跃进”运动中，各县成立政法联合办公室，把公、检、法三机关的业务统一起来，实行通力合作，忽视制约监督，加之过于强调办案速度，致使一部分案件审结质量不高，甚至出现大量冤、假、错案。1962 年 11 月，最高人民法院、最高人民检察院、公安部发布《关于公检法三机关受理普通刑事案件职责范围的试行规定》，明确公、检、法三家职责和工作程序，使刑事审判工作走上正轨。

1968 年，公、检、法三机关被砸烂，随后实行军事管制，各县成立革命委员会人民保卫部和军管会，行使审判权，法院干部下放“五七”干校参加斗、批、改。办理刑事案件实行承办人从侦查到审判“一竿子插到底”的方法步骤，经过多年行之有效的刑事审判程序制度被取消。1972 年后，各县法院恢复建立，迅速开展审判业务，整顿和建立健全审判程序制度，恢复两审终审制、集体讨论制、死刑内部宣判复核制以及上诉制度，以保证办案质量。但是，由于江青反革命集团的干扰破坏，其审判程序制度得不到全面执行，导致法院继续发生错判案件。

1979 年 7 月 1 日，第五届全国人民代表大会第二次会议审议通过《中华人民共和国刑法》《中华人民共和国刑事诉讼法》。从 1980 年 1 月 1 日正式开始实施，境内法院刑事审判工作走上法制轨道。办理案件，执行两审终审制，案件依法公开审理，被告有辩护权、上诉权、申诉权等制度。执行的程序主要包括第一审程序、第二审程序、死刑复核程序、未成年人刑事案件的审判程序、涉外刑事案件的审理程序及刑事司法协助、执行等。

第二节　民事诉讼程序

民国时期，境内各县审判民事案件执行的法律依据主要有民国初广州军政府公布的《民事诉讼律》和北洋政府公布的《民事诉讼条例》，以及民国 19 年（1930 年）、民国 24 年（1935 年），民国政府颁布的《民事诉讼法》。按照国民政府民国 24 年（1935 年）颁布的《民事诉讼法》的规定，各县司法处管辖第一审民事案件及非诉案件。其程序分为通常诉讼程序、简易程序。通常诉讼程序包括起诉与受理、开庭、和解或裁判等阶段。民事案件在起诉前均需经调解程序。调解由各县司法处主持，采取不开庭的形式，以双方当事人同意而成立，并且与诉讼上的和解有同等效力。民事诉讼之提起，由有当事能力及诉讼能力的原告人或法定代表人或机关法团的代理人起诉或其他司法机关之移送，都必须具备书面诉状。县司法处接受诉讼状后，经严格审查后，才决定是否受理。县司法处决定受理后，审判官指定言词辩论日期，即开庭日期；书记官即将传票送达于诉讼关系人，令其到庭对质。审判案件采用简易程序，实行独任审判制，并执行辩护、回避等制度。审判形式均采用票传到庭，坐堂问案。对双方当事人诉讼之标的或事实，经过当庭对质辩论后，斟酌辩论及调查证据的结果，依自由公正，宣示判决。在难于下判时，审判官即令饬区、乡、保、甲代查，书面呈报到庭，凭呈报之情形下判。有的案件仅传双方当事人到庭陈述、辩论，对有争执的问题，仅凭分析推理而下判。若当事人不服判，可在收到判决的次日起20日内，以书状上诉到高等法院。当时各县的案件上诉到四川省高等法院第四分院（阆中县）。二审判决后，认为高等法院的判决于法不合，以书状上诉到南京最高法院。

川陕省苏维埃时期，民事案件由各级苏维埃革命法庭受理。川陕省苏维埃革命法庭主席袁成教于中华苏维埃共和国三年十一月发出的布告规定：凡穷人打架角孽、婚姻债务，争执不决的，无论事情大小、案情轻重，都可到革命法庭报告，或在区苏维埃裁判委员会解决。革命法庭在处理此类案件时，依照双方争执的事实，参照阶级成分处理，从劝告解释入手，最后才提出法律上的处理办法。

中华人民共和国成立后，全部废除国民政府公布的法律法规。1951年9月3日，中央人民政府委员会颁布的《中华人民共和国法院暂行组织条例》，确定公开审判、巡回审判、陪审制等审判原则和制度。1954年9月，第一届全国人民代表大会通过《中华人民共和国宪法》和《中华人民共和国法院组织法》，对民事诉讼原则制度有进一步发展。1956年10月，最高人民法院印发的《关于各级人民法院民事案件审判程序总结》，对案件的接受、审理案件前的准备工作、审理、裁判、上诉、再审、执行等方面作明确规定，成为人民法院审判民事案件的程序和制度。1957年下半年开始，由于“左”的思潮在全国开始泛滥，民事程序制度没有得到认真地执行。1963年，第一次全国民事审判工作会议提出“调查研究、就地解决、调解为主”的民事审判工作方针。1964年，民事审判工作方针又进一步发展为“依靠群众、调查研究、就地解决”。1966年下半年，“文化大革命”开始，各县法院受到很大冲击，审判程序、制度遭到严重破坏。1972年后，各县法院复置，民事审判工作得以恢复，但审判程序仍处于混乱之中。

1979年2月2日，最高人民法院印发《人民法院审判民事案件程序制度的规定（试行）》，对案件的受理、审理前的准备、调查、保全、调解、裁判、上诉、执行等，作进一步明确规定和完善。1982年10月1日起，施行《中华人民共和国民事诉讼法（试行）》，从而使民事审判有法定程序。1984年9月8日，最高人民法院印发《关于贯彻执行<中华人民共和国民事诉讼法（试行）>若干问题的意见》；1986年4月12日，六届全国人民代表大会第四次会议审议通过《中华人民共和国民法通则》；1991年4月9日，七届全国人民代表大会第四次会议通过《中华人民共和国民事诉讼法》，并于当日公布实施；1992年，最高人民法院印发《关于适用〈中华人民共和国民事诉讼法〉若干问题的意见》。这些法律、法规对民事诉讼程序、制度进行不断完善和发展。

各县人民法院成立起至1978年，对一般争议不大的民事案件，一再简化诉讼程序，实行巡回审理，采取将双方当事人通知到庭，或深入就地询问，以简便、易行，迅速诉讼的办法为群众排难解纷。对案情复杂的案件，由审判员查清事实后，进行调解；对达不成协议的案件，报经审判委员会讨论决定后，实行就地审理。在庭审中，经当事人陈述、法庭调查、法庭辩论，再进行调解，调解未达成协议的，依法作出判决。

1979年，各县人民法院在受理第一审民事案件时，按照最高人民法院的规定，凡有明确的原告、被告和具体的诉讼要求，均立案受理。1982年，施行《中华人民共和国民事诉讼法（试行）》后，各县法院开始按照民诉法规定的程序制度受理案件。对事实清楚、案情简单、争议不大的案件，采取简易程序审结。这类案件有的是原告口头或书面向法院或派出的人民法院起诉，有的是当事人双方同时到达法院或人民法庭请求解决争议。审理时，用口头或书面形式随时传唤当事人、证人到庭，不受开庭时间、法庭调查、法庭辩论的顺序限制。对重大或疑难的案件，采用普通程序审理，包括起诉和受理、审理前的准备、开庭审理、延期审理和诉讼中止、诉讼终结、撤诉和制度判决等。对审理选民资格案件、宣告失踪、死亡案件、认定财产无主案件等特殊类型案件，则采用特殊程序处理。1993 年 9 月，巴中地区中级人民法院成立，负责全地区第二审民事案件的审理。依据规定，第二审程序是民事诉讼当事人不服地方各级人民法院未生效的第一审判决、裁定，在法定期限内提起上诉，请求上一级法院进行审判，上级人民法院对当事人的案件进行审理所适用的程序。包括上诉案件的提起和上诉案件的审理、裁判。同时，两级人民法院严格遵循审判监督程序、督促程序、公示催告程序，做到有错必究，严格执法，很好地维护当事人的合法权益和法律的尊严。

第三节　行政诉讼程序

中华人民共和国成立后，由于行政法制不健全，境内行政诉讼审判未能开展。政府工作基本上按政策办事。事后，强调依法行政，国家颁布许多法律和行政法规，其中有关于行政诉讼条款的规定。1982 年，民诉法颁布实施后，各县法院依据该法第三条第二款的规定受理行政案件。1987 年 1 月 1 日，依据《中华人民共和国治安管理处罚条例》，开始受理公民不服治安行政机关的处罚或处理决定向人民法院起诉的案例。

1990 年 10 月 1 日起，《行政诉讼法》正式施行。境内法院开始按照《行政诉讼法》规定的程序制度受理行政案件。办案，坚持法律、法规规定的受案范围和立案标准，坚持以事实为依据，以法律为准绳的原则。对合法行政行为坚决予以支持，对违法或显示公正的行政行为坚决予以纠正，既维护公民、法人的合法权益，又监督和支持行政机关的依法行政。

第四节　经济审判诉讼程序

中华人民共和国成立后，各县法院成立之初，经济纠纷案件由民事审判庭受理。1956 年后，经济纠纷基本上由经济主管部门用行政手段解决。1978 年后，国家实行改革开放，各类经济合同纠纷案件增多，开始用法律手段解决经济纠纷。当时，受理经济纠纷案件，按照民事审判诉讼程序制度办事。1981—1983 年，境内 4 县法院相继成立经济审判庭，经济纠纷案件的审判开始从民事审判中分离出来，成为独立的一类审判工作。其基本任务主要是通过审判活动，调整生产领域内的经济关系，保护国家利益和集体、个人的合法权益，维护社会主义经济秩序，保证社会主义现代化事业的顺利进行。巴中地区中级人民法院和下辖的基层法院开展经济审判，执行的法律依据有民事诉讼法、经济法律、法规，最高人民法院制定的规范性文件和司法解释，四川省制定的经济法规等。

1981 年 4 月 25 日，根据最高人民法院《关于经济审判庭收案范围的初步意见》，各县受理经济纠纷案件包括：经有关仲裁机关仲裁不服，依法提起诉讼的合同纠纷案件；不属于仲裁范围的经济纠纷案件，如买卖纠纷、拖欠货款、赔偿损失、专利及环境保护、信贷、保险、商标等经济纠纷；工业、建筑、交通、物资和商业部门本系统内的合同纠纷；社会主义所有制企业之间的非合同经济纠纷，经业务行政部门调处不服而起诉的案件。当时，还受理经济犯罪案件。1984 年 11 月，第一次全国经济审判工作会议对经济纠纷案收案范围又作调整，人民法院受理的经济纠纷案件有经济合同纠纷案件，包括法人之间，法人与个体经营户、专业户、农村社员之间的经济案件；农村承包合同纠纷案件；经济损害赔偿纠纷；经济行政案件；其他经济纠纷案件；经济审判庭不再受理经济犯罪案件。

2000 年 4 月 3 日，四川省高级法院印发《关于第一审民事经济纠纷案件级别管辖的规定》。根据这个规定，巴中中级法院和下辖的基层人民法院，按照案件诉讼金额和影响的大小，对第一审经济纠纷案件的收案范围作一些规定，以便各司其职。

巴中中院管辖在争议金额 100 万元以上至 3000 万元以下案件；其他债务、赔偿等民事财产案件争议金额在 50 万元以上至 3000 万元以下；经济合同纠纷案件，争议金额在 50 万元以上至 3000 万元以下；有重大影响的破产案件；案件当事人（一方或双方）是县人民政府（不包括政府职能部门）的民事财产案件、经济合同纠纷案件；涉外和涉港、澳、台诉讼的民事财产案件，经济合同纠纷案件 50 万元以上至 3000 万元以下，著作权案件、商标案件，制止不正当竞争纠纷案件、技术合同纠纷等知识产权案件。

基层人民法院经济审判庭收案范围，原则上为诉讼标的不满 100 万元的经济纠纷案件；上级人民法院交办的经济纠纷案件；应由中院管辖以外的经济纠纷案件。

第四章 刑事审判

第一节 特种刑事案件

民国 18 年（1929 年）11 月，颁布《惩治盗匪条例》。民国 24 年（1935 年），川政统一后，国民政府严令禁烟，各军法室开始受理烟毒案件。民国 25 年（1936 年）4 月，巴中县司法处受理本县保安第二中队第三分队长夏奇基抢劫案，经前任县长王光祖提迅未结，后经继任县长兼军法官罗福祥及第一科科长兼军法室承审员徐浪僧于民国 26 年（1937 年）2 月 8 日审结，按律判处死刑，剥夺公权终身，报川康绥靖主任公署复核，因部分事实不清，被发还更审。复经更审查明，夏奇其在任内先后抢劫驻军警备二路兵夫谢成文、秦占云财物，畏罪潜逃，依惩治盗匪暂行办法第八条第一款及第五条第二款之罪被判处死刑。是年 7 月 14 日，匪犯陈大雷伙同罗赴瑞、赵牛娃子抢劫李可敬家财物，事实清楚，证据确凿，被巴中县军法室判处有期徒刑 2 年零 6 个月。民国 25 年（1936 年）8 月，公布《惩治盗匪暂行条例》规定：聚众出没山泽抗拒官兵者，结合大帮抢劫者、抢劫公署或军用财物者，抢劫强奸者，抢劫而故意杀人或使人受重伤者，抢劫放火者均处死刑。同时，还作先斩后奏之规定。民国 38 年（1949 年）2 月 10 日，川东地下党派罗兴顺、张克如、袁继周、赵大元扮成锅商到平昌澌岸沱与川北地下党联系，因未接上头，当晚住在兰草渡老场穿心店王家栈房，被特分会抓捕。未经任何法定手续，便对 4 人进行审讯。审讯中乱施酷刑，致罗惨死，其余 3 余人被打得半死，后送平昌军事人犯看守所关押，下落不明。民国 30 年（1941 年）1—9 月，通江县政府军法室受理烟毒案 17 件。

陈河镇副镇长符阳在河坝场吸食鸦片被第三区区长曾某当场拿获、送案。民国31年（1942年）2月2日，川陕鄂绥靖主任公署实行禁烟连坐法，各县军法室集中审判一批烟毒犯。通江县军法室判处烟毒犯14名，其中4名被判处无期徒刑、1名种烟毒犯被判死刑。民国35年（1946年）后，各县军法室依据《兵役法》和《妨害兵役治罪条例》，受理一部分妨害兵役的案件。民国36年（1947年）6月，巴中县军法监狱关押人犯11人，其中烟毒犯10人，有3人供人吸食鸦片被判无期徒刑，有1人意图运输鸦片被判有期徒刑12年。是年7月，通江县诺江镇第七保第九甲农民何氏（50）岁、段王氏（88岁），段邹氏（25岁）控告保长彭学琴“贿丁拉独、以公挟私，遗孤无靠，自庇包免”。经县军法室审理查明：段何氏所生二子，次子土生，九岁时过继给堂弟段太仁防老，留长子段绍理在身边维持家庭生计。而保长彭学琴兄弟5人，其亲戚屈斯文家养5子，杨占先弟兄4人，张泗官4子，曾正荣2子，彭学琴均受贿不抽丁，而拉段何氏长子段绍理为丁。军法室开庭判决：段何氏及其阿姑王氏均系孀居，全靠段绍理供养，如被征服兵役，恐有碍家庭生计。保长彭学琴办理兵役实欠公平。己家有弟兄6人并不抽送服役，而专送段何氏依法应于缓征之独子。拟彭学琴或彭从政抵换段绍理回家，以昭公允。遂当即将彭从政送验服役。时境内兵役案数不胜数，大多只能不了了之。

川陕省苏维埃时期，境内省、道、县（市）苏维埃革命法庭与各级政治保卫局紧密配合，依据各项法律法令充分发挥其职能作用，积极开展刑事审判工作。在审判中，广泛深入发动群众，采取公开审判等形式，镇压一大批死心塌地的反革命分子和土豪劣绅。平昌县镇龙区法庭审结刑事案件500余件。1933年，通江县革命法庭召开群众公审大会3次。8月28日，江口县革命法庭与江口县政治保卫局在镇龙区苏所在地召开万余人参加的宣判大会。赤江县5区1乡1村老官街宙的廖长清，年龄27岁，杀猪为业，无所不为。红军到地，混入共产党内当5区1乡的支部书记、区委书记、区苏维埃主席，当刘湘进攻赤区时，廖在5区组织反革命清共团，自为首领，勾结敌人，计划在赤区内暴动，杀苏维埃的委员和共产党员及积极革命的工农群众和红军家属，替敌人报信、送款，造谣欺骗威胁穷人等事实，经全县第四次工农兵代表大会公审，全场一致通过处以死刑。

20世纪50年代初期，刑事审判围绕清匪反霸、减租退压、土地改革，“三反”“五反”等运动和恢复国民经济，实施“一·五”计划等中心工作展开，重点打击匪首、特务、恶霸、反动党团骨干和反动会道门头子，境内法院及时审结一大批反革命案件，处决一批血债累累，民愤极大的反革命罪犯，并审判一批贪污、盗窃、杀人、赌博、贩运毒品等普通刑事案件。1951年，为禁绝烟毒。各县先后成立禁毒委员会，开展禁毒运动。依据中华人民共和国政务院发布的《严禁鸦片毒品的通令》和政务院通过的《中华人民共和国惩治烟毒条例（草案）》，对种植、贩运、制售烟毒的罪犯进行重点打击；对吸食烟毒者，皆送戒烟所，限期戒除；勒戒后，复又吸食或开馆贩卖者，则依法判处；对罪行特别严重的依法判处死刑。至1952年，巴中县法院共打击处理毒犯188人。通江县法院收案9件，判处有罪者4人。1953—1954年，各县连续查禁烟毒，历经百余年的烟毒祸患彻底根治。

1957年，境内开展“反右”斗争。由于“反右”斗争扩大化，对法院系统中的一些正确观点进行错误的批判，有一些法院干部被错划为“右派”，伤害许多好人，造成思想混乱，出现轻法制和“宁左勿右”的错误思想倾向。1958年，开展司法工作“大跃进”，法律规定的刑事诉讼程序、制度被冲破。办案只求速度和数量，不讲质量和社会效果。1959年，各县成立政法联合办公室，实行公、检、法统一办案，“一员代三员、一长代三长”，忽视制约监督，导致境内刑事审判案件质量下降，错案增多。1961年10月，贯彻全省第七次司法会议精神，通江、南江、巴中、平昌4县法院对1958—1961年4月刑事审判工作进行认真总结，分析存在的问题和原因。其存在的主要问题有混淆两类矛盾的情况，错判、错管少数好人。如，有些地方把人民生活困难而产生的拿摸行为或发牢骚说怪话，当成“盗窃犯”或“造谣破坏”予以打击；还有些地方把群众写信反映某些干部违法违纪和群众生活情况，当成反动匿名信治罪判刑。通过这次经验教训的总结，境内刑事审判工作有较大改进。

1966 年，境内法院停止日常工作。1967 年，法院被军事管制，由解放军军事管制委员会人保组取代法院审判案件。军管会人保组以《关于在无产阶级“文化大革命”中加强公安工作的若干规定》作为定罪量刑依据。审判案件不讲法律程序，实行群审群判，不重调查研究，不重事实证据，刑讯逼供，草率定案，造成大量冤假错案。

1972 年 9 月，各县法院相继恢复建立。1976 年 10 月，随着《刑法》和《刑事诉讼法》的颁布实施，刑事审判逐步走上法制轨道。其间，各县法院主要围绕全国性的“批林批孔”和保卫知识青年上山下乡运动，开展刑事审判工作，重点打击破坏批林批孔的现行反革命分子，以及严重危害社会治安秩序和破坏知识青年上山上乡的刑事犯罪分子。平昌县法院自恢复到粉碎江青反革命集团止，打击处理名类刑事犯罪分子 786 人。1970 年 5 月至 1978 年，仅平昌县法院就审结破坏知识青年上山下乡案 145 件 145 人。

20 世纪 80 年代，由于境外贩毒集团的渗透，境内曾出现毒品犯罪活动，但参与人员极少。经过宣传教育和严厉打击，毒品犯罪得到有效遏制。1983 年，中共中央决定在全国范围内开展严厉打击刑事犯罪活动的斗争（简称“严打”），以 3 年为期，组织 3 次战役，按照依法“从重从快，一网打尽”的方针，对流氓、杀人、严重伤害、放火、抢劫、强奸、拐卖人口 7 个方面的犯罪分子给予坚决打击。至 1985 年 12 月，境内打 2 个战役共 7 仗。在“严打”斗争中，对罪行特别严重，不杀不足以平民愤的，依法判处死刑。同时，按照全国人民代表大会第 22 次会议通过的《关于严惩严重破坏经济罪犯的决定》，对经济领域中的严重犯罪活动进行狠狠打击。仅通江县法院就审判经济犯罪案件 23 件，判处罪犯 30 人。

1986 年后，贯彻执行中央“关于严厉打击严重刑事犯罪活动”的决定精神，境内法院针对各个时期刑事犯罪特点，适时组织专项斗争和专项治理，集中力量进行重点打击。特别对一些影响大，群众关注的典型案件组织公开审理和公开宣判，弘扬法制，教育群众，扩大办案的社会效果。

1994 年后，全地区两级法院认真贯彻执行《刑法》和《刑事诉讼法》，全面加强刑事审判工作，中院及各县（市）法院调整和充实刑事审判工作力量，切实加强对刑事审判工作的领导，全力维护社会稳定。两级法院均成立以院长为组长的维护稳定领导小组，各县（市）法院还成立应急指挥部，负责处置突发事件。同时，大胆探索，积极推进刑事审判方式改革，不断提高刑事审判质量。在刑事案件审判中，始终坚持“严打”方针，把打击的重点始终对准各种暴力犯罪和集团犯罪。对杀人、放火、抢劫、强奸、重大盗窃等侵犯公民人身安全、严重危害社会治安、破坏社会稳定的严重刑事犯罪，特别是带黑社会性质的集团犯罪和流氓恶势力，以及贪污贿赂和严重破坏经济秩序的各种犯罪活动，坚决依法从重打击，从快判处。到 1997 年，巴中中院共受理各类刑事一审案件 121 件 256 人，全部依法及时审结。受理审判刑事案件 263 件，依法急时审结 260 件，结案率 98.9%。

1998—2000 年，两级法院共受理一审刑事案件 2613 件，审结 2518 件，审结率 96.36%。

第二节 反革命案件

中华人民共和国成立初，境内的国民党溃军与土匪、特务、恶霸相互勾结，串通一气，烧、抢、掠、坑害人民，反革命气焰极为嚣张。为巩固新生人民政权，境内法院积极投入镇反运动，分别组建人民法庭，下设分庭，审判反革命案件，集中打击恶霸地主、土匪、特务、反动会道门头子等五个方面的反革命分子。1951 年，通江县判处刑事案件 1010 件，其中属上述 5 类反革命案件 1000 件，占 99%；1952 年，判处刑事案件 1197 件，其中反革命案件占 91%。1951 年春，巴中县公审判罪犯 459 名，其中镇压匪首恶霸 82 名。1950—1952 年，平昌县打击处理匪、霸、特、反等 1669 人。1951—1953 年，南江法院判反革命罪犯 1842 人。在镇反运动中，贯彻“首恶必办、胁从不向，立功赎罪”的镇反政策；采取“杀、关、管、放”4 种办法处理反革命分子。其审判方式为发动群众检举控诉，人民法院审理判决，领导机关批准。

1955 年秋，按照党中央开展镇反运动的统一部署，境内开展第二次镇反运动。各县分别成立镇反办公室，下设若干审判组，负责镇反运动中的案件审判。整个运动采取社会镇反与内部肃反结合，贯彻“少杀长判”，“不冤枉一个好人，不放走一个坏人”的原则，实行惩办与宽大相结合的政策，重点打击进行现行破坏的反革命分子和已经宽大处理后仍然坚持反革命立场进行破坏的反革命分子，以及逃避第一次镇反打击的伪装隐蔽很深的严重血债和民愤很大的历史反革命分子。到 1956 年春，整个运动基本结束。通、南、巴、平 4 县法院共审结反革命案件 1656 件。

1957—1965 年，境内法院遵照中央指示精神，仍然把审判反革命案件作为刑事审判工作重点。在农村基层打击地、富、反、坏分子，在城市、工矿区和交通沿线，以惩处反革命分子为主。1957 年 8 月 27 日—9 月 15 日，巴中县法院共受理地、富、反案件 787 件，经审查判处 682 件，占农村总人口的 0.78%。1959—1961 年，通江县法院审判反革命案件 106 件。其间，由于“左倾”思想的影响，审判工作受到严重干扰，确定判管对象，根据材料厚薄而定，定刑期只看成分好坏。巴中县曾口乡 6 件管制案，未经开庭审理，即在会上以区委的意见宣布管制期限，以致酿成不少冤假错案，以后都陆续进行复查纠正。

1966—1976 年，境内法院被取消实行军管。人保组及恢复后的各县法院审判反革命案件主要以《关于在无产阶级“文化大革命”中加强公安工作的若干规定》为依据。其间，境内审判的反革命案件其主要特点是按被告的阶级成分定性；按被告人的言论性质定罪。凡是对“文化大革命”有不同看法，对刘少奇、邓小平等遭诬陷讲几句不平的话，或无意喊错一句口号、写错一条标语等，一律认定为反革命犯罪予以重处。1974 年，通江县法院在“批林批孔”运动中，以“破坏批林批孔”罪判处反革命案犯 33 人；1972 年至 1976 年 10 月止，平昌县法院以反革命定罪科刑 90 人，占全县打击处理各类刑事犯罪分子的 11.45%。

1980 年，实施《刑法》《刑事诉讼法》，反革命案件不属基层人民法院管辖，境内的反革命案件由达县中院审判。1983 年，在“严打”斗争中，受达县中院委托，巴中县法院审判反革命案件 2 件，通江县法院审判 3 件。1997 件 3 月 14 日，修订后的《刑法》取消反革命罪。

第三节 社会治安案件

20 世纪 50 年代初期，境内严重危害治安犯罪主要有杀人、伤害、抢劫、强奸。犯罪分子多系旧社会遗留下来的社会渣滓，如土匪、流氓等，也有一般老百姓。杀人案件多系通奸、纠纷引起的，或故意杀人，或虐待威逼及故意伤害致死，或杀婴堕胎。抢劫案件主要以抢劫财物为目的，与政治土匪不同。各县法院在镇压反革命的同时，积极开展刑事审判，严厉打击严重危害社会治安的刑事犯罪分子。1950—1953 年，通江县法院审判杀人、抢劫、强奸案件 123 件，其中杀人 56 件，占 45.53%；抢劫 48 件，占 39%；强奸 19 件，占 15.45%。1953 年，巴中县法院审判杀人案件 99 件，强奸案件 21 件，其中 1 人因强奸罪判处死刑。1954—1956 年，境内抢劫案件减少，故意杀人、伤害和强奸案件较为突出。仅巴中县法院 1956 年就审判伤害案件 12 件、故意杀人 16 件、强奸 22 件（其中奸淫幼女 11 件）。通江县法院审判强奸案件 28 件。

1957—1966 年，刑事犯罪活动时有起伏，有的地方严重危害社会治安的犯罪猖獗，放火、投毒案件增多，强奸、抢劫又有回升。境内法院有重点，有计划地进行打击，惩办一大批犯罪分子。1957—1965 年，通江县法院共审杀人、放火、投毒、抢劫、强奸案件 208 件，其中强奸 120 件，占 57.69%；杀人 38 件，占 18.27%；抢劫 23 件，占 11.05%；投毒 9 件，占 4.3%。

1967—1976 年，因推行“左”的路线，各种严重刑事犯罪被定为反革命犯罪。审判的普通刑事案件，主要有凶杀、放火、投毒、抢劫、强奸、流氓等。这期间，还出现一种特殊的杀人犯罪，主要包括持械武斗杀人，随意开枪杀人等。1973 年至 1976 年 10 月，平昌县法院判处杀人、放火、抢劫、强奸等严重危害社会秩序的犯罪分子 158 人。1970—1978 年，对于破坏知识青年上山下乡犯罪活动进行重点打击，仅平昌县判处破坏知识青年上山下山案件 145 件。

1979 年起，针对“十年内乱”潜在的犯罪因素，新的社会渣滓乘机捣乱，犯罪猖獗。境内杀人、放火、抢劫、强奸、爆炸等严重犯罪活动频频发生。各县法院充分运用刑事审判职能，依法严惩一批上述 6 类分子。至 1982 年，巴中、通江、南江法院判处上述 6 类案件 644 件。

1983 年，境内严重危害社会治安的重大恶性案件连续发生。一些流氓歹徒结成团体，杀人越货、强奸妇女，不少无辜群众被谋财害命，女学生、女青年坦途受辱，妇女儿童遭拐卖。境内法院迅速组织力量，在各级党委的统一领导下，与公安、检察机关密切配合，分期分批集中开展严厉打击犯罪分子的斗争。8 月 21 日起，各县法院从重从快惩处一批犯罪分子。平昌县法院在 1 个月内，审结各类刑事案件 314 件，判处各类被告 410 人，日平均结案 26 件。至 1985 年，巴中、南江 2 县法院审结各类刑事案件 1097 件，判处罪犯 1558 人，其中属于严重危害社会治安的犯罪分子 953 人，占判处案件总数的 61.6%。

1984—1985 年，共审结各类刑事案件 182 件 215 人。

1986 年以后，境内法院集中精力，全力以赴持之以恒地加大打击力度，特别对大案要案和群众普遍关注的重大恶性案件，及时组织力量，提前介入，做到依法快审快结，有力地打击犯罪分子的嚣张气焰，伸张正义。

1990 年，针对刑事犯罪特点，实行宽严相济，组织专项斗争，集中力量进行重点打击。同时，根据“坚决，慎重，务必搞准”的原则，严惩一批贪污、受贿、挪用公款的经济犯罪分子。

1992—1993 年，巴中县法院共审结各类刑事案件 411 件 607 人。

1994 年，刑事审判工作进一步加强。全地区两级法院针对刑事犯罪特点，始终坚持“严打”方针，把打击的主要锋芒对准那些流氓、诈骗、重大盗窃和带黑社会性质的犯罪团体和杀人、抢劫、爆炸等犯罪分子，以及组织卖淫嫖娼活动、拐卖妇女儿童、制造传播淫秽物品的犯罪分子，适时开展专项审判，坚持什么犯罪突出，集中打击什么犯罪。审判中突出重和快。是年，全地区两级法院一审刑事案件收案 801 件 1174 人，审结 749 件 1084 人。

1995 年，全地区两级法院初审刑事案件收案 1037 件，审结 995 件，依法判处各类犯罪分子 1262 人。

1997 年，全面实施修订的《刑法》和《刑事诉讼法》。巴中地区两级法院积极推行刑事审判方式改革，成立刑事审判方式改革领导小组。在刑事审判中，正确执行“两法”，重点打击各类暴力犯罪和集团犯罪。坚持罪刑法定原则，严格区分罪与罪的界限，坚持依法从重从快的“严打”方针，对杀人、抢劫、强奸、爆炸、重大盗窃等侵犯公民人身安全，严重危害社会治安，破坏稳定的严重刑事犯罪分子，特别是带黑社会性质的集团犯罪和流氓势力，以及贪污贿赂和严重破坏经济秩序的各种犯罪活动，给予从重打击，从快判处，确保社会的稳定。全地区两级法院初审刑事收案 622 件，结案率 97.7%。依法判处 759 人。

1998 年，全地区法院按照新的审判方式审理刑事案件，实行抗辩式，强化庭审功能和合议庭职责，强调当庭举证、质证和认证。共受理一审刑事案件 656 件，审结 631 件。其中，中院受理一审刑事案件 27 件 47 人，全部依法及时审结。

1999—2000 年，继续保持“严打”声势和高压势态，针对不同时期的刑事犯罪特点，有步骤、有重点地开展“严打”斗争，重点打击杀人、抢劫、强奸、绑架、投毒等暴力犯罪和重大盗窃、诈骗等多发性犯罪和职务侵占、生产销售劣质产品等新类型犯罪。两级法院共受理一审刑事案件 1335 件，依法判处罪犯 1556 人。其间，两级法院对重大影响的案件，从重从快审判。巴中市巴州区玉堂乡王某某为牟利，给生猪投毒，然后廉价收购死猪肉出售，先后毒死生猪 41 头、耕牛 1 头，给当地农民造成经济损失 1.3 万元。王某某将毒死的生猪廉价收购后在市场上出售牟利，严重损害群众的身体健康，危害公共安全，中院从重判处无期徒刑，剥夺政治权利终身。

第四节　经济犯罪案件

中华人民共和国成立初，境内经济犯罪主要有制造贩卖假人民币、投机倒把、抬物价、偷税漏税及贪污、盗窃、诈骗等。各县法院及时受理审结一批经济犯罪案，严厉打击一批不法经济犯罪分子。1951 年，通江县法院判处贪污案件 54 件，占受理刑事案件总数的 17.48%。

1952 年，境内开展“三反”（反贪污、反浪费、反官僚主义）运动，各县成立“三反”人民法庭，审判“三反”运动中的经济犯罪案件。巴中县“三反”法庭先后召开宣判大会 3 次，判处罪犯 8 名。平昌县“三反”法庭先判处罪犯 19 人。通江县判处经济犯罪分子 99 人。

1953 年，全国粮食实行统购统销政策后，各县法院对扰乱市场、抢购、囤积粮食等经济犯罪案件开展审判，以保障统购统销政策的顺利执行。平昌县法院先后召开公判大会 4 次，判处破坏统购统销、投机倒把案件 28 件。1954 年 4—6 月，巴中县法院先后选择破坏统购统销政策的 18 件典型案件在化成、曾口、清江、鼎山、玉山等区召开公判大会，严厉打击犯罪分子的嚣张气焰，保证全县夏粮收购任务的完成。南江县法院审结破坏统购统销案件58件。

1955—1956年，各县法院受理的经济犯罪案件比例较大的有盗窃、贪污、投机倒把等。1956—1957年，巴中县法院共判处盗窃、贪污、侵吞、诈骗等经济犯罪57人，占刑事案件总数的4.13%。

1958—1964年，南江县法院判处贪污犯96人，盗窃犯58人；投机倒把犯6人。平昌县法院依法审结各类经济犯罪分子220人，其中盗窃144人，占判处总数的65.45%；贪污犯32人，占14.54%；投机倒把44人，占20%。

1972—1976年，受理的经济犯罪案件，仍然以贪污、盗窃、投机倒把为主，其中盗窃案件居第1位。

1980年后，境内全面实行对外开放，对内搞活经济的政策。一些部门单位管理措施未跟上，给犯罪分子可乘之机，部分意志薄弱者经不起金钱的考验，逐步走向犯罪的道路。1981年起，境内走私贩私、贪污受贿、投机倒把、盗窃国家和集体财产等严重经济犯罪活动增多。这些犯罪活动又往往是国家机关和企事业单位内部的少数人与社会上的不法分子相互勾结进行的。以通江县为例，是年，受理经济犯罪案件43件，其中贪污2件，占4.7%；盗窃36件，占83.7%；诈骗、投机倒把5件，占11.62%。贪污案件数量虽小，但犯罪金额均超过万元以上。

1982年起，根据中共中央《关于打击严重经济犯罪的紧急通知》和全国人大常委会通过的《关于严惩严重破坏经济罪犯的决定》，境内法院把打击经济领域的犯罪活动作为一项中心任务，从重从快惩处一批经济犯罪分子。至1985年，通江、巴中县法院共审判经济犯罪案件411件633人。

1986年，在经济犯罪中，盗窃案件仍居首位，且团伙作案居多。在城镇以盗窃自行车、家电为主；在农村主要以盗窃耕牛、生猪为主。对此，各县开展反盗窃专项斗争，摧毁一大批盗窃犯罪团伙，严惩一批重大盗窃犯罪分子。1988年，对巴中县在中华人民共和国成立以来最大的以李某某、李某某为首的40余人参加的特大流窜扒摊盗窃团伙进行公开审判。达县地区中级法院依法判处主犯4人死刑。

1989年8月15日，最高人民法院、最高人民检察院发布《关于贪污受贿、投机倒把等犯罪必须在限期内坦白自首的公告》（简称“通告”），境内法院，调整充实审判力量，依法及时审结一批经济犯罪案件。平昌县法院自《通告》公布之日起到10月31日止，共受理经济案件10件，判处罪犯20人。并先后召开宣判大会2次，从宽判处5件10人，从严判处4件10人。

1991年，巴中县法院共受理盗窃案件14件17人，均在法定时限内审结。

1993年起，两级法院在严厉打击刑事犯罪的同时，配合反腐败，积极开展严厉打击经济犯罪的斗争，重点打击贪污贿赂和严重破坏经济秩序的犯罪分子。1994年，通江县工商银行储蓄所代办员文某某，利用担任出纳员之便，私下取储户存款5笔，本息计4.66万元，携款逃往成都等地挥霍，被判处有期徒刑14年，剥夺政治权利2年。1995年，全地区法院共受理经济犯罪案件87件103人，其中贪污11件15人，受贿2件2人，行贿1件1人，挪用公款3件3人，重大盗窃70件82人；判处5年以上至无期徒刑的44人。从犯罪金额看10万元以上1人，5万元以上不满10万元的1人，1万元以上不满5万元的27人，1万元以下的74人；从犯罪身份看：县处级干部1人，科局级干部1人。平昌县城市信用社会计兼出纳员王某某（女），1990年11月—1994年7月，利用职务之便，采取伪造储户姓名、账号，自填活期存款凭证支取现金及收储户不记账等手段，先后作案56次，贪污人民币10.35万元，被巴中地区中院判处无期徒刑，剥夺政治权利终身。

1997 年，全地区法院判处贪污贿赂案件 17 件 20 人，重大盗窃案件 27 件 49 人。

1998—2000 年，对严重经济犯罪分子从严惩处，重点对破坏社会主义经济秩序和贪污受贿案件进行审理。

第五章　民事审判

第一节　婚姻案件的审理

民国时期，在民事案件中，离婚诉讼甚少。民国 37 年（1948 年），省民政厅统计通江县人口婚姻状况，有配偶的 6.38 万名男性中，提出离婚者仅 12 人；6.39 万名女性中，提出离婚者仅 11 人。

1950 年，随着《婚姻法》的颁布实施，封建婚姻制度被废除。广大妇女的政治觉悟明显提高，纷纷起来要求摆脱痛苦的封建婚姻，婚姻案件大量增加，其中绝大多数是要求解除封建包办、强迫、买卖婚姻关系，提出离婚的原告多为妇女。同时，还包括婚姻家庭纠纷当中的抚养、扶养、赡养等纠纷案件。1952 年，平昌县提出离婚的 997 对，其中女方提出 670 人，占离婚总数的 67%；男方提出的 327 人，占 33%。各县法院依据婚姻法积极支持广大妇女反对封建婚姻的斗争，依法及时审结一大批婚姻案件，解除一批封建包办买卖婚姻关系。

1953 年，巴中县法院处理婚姻纠纷案件 427 件，其中调解和判决离婚的 274 件，占婚姻纠纷案件总数 64.1%；通江县法院 1953 年 1—6 月，离婚登记统计表载，全县申请登记离婚的 1121 对，其中双方提出离婚的 552 对，男方提出的 154 对，女方提出的 415 对；批准离婚的 671 对，其中包办强迫 405 对，自由结婚感情不和 47 对，一方受虐待 172 对，重婚 39 对，生理缺陷 3 对，禁止结婚 7 对。至 1957 年，通江、巴中 2 县法院共审结婚姻纠纷案件 2983 件，占同期审结民事案件总数的 4282 件的 70%。

1958 年，境内婚姻纠纷案件开始下降，新的婚姻家庭制度逐步趋向稳定。但由于封建思想的长期毒害，违反《婚姻法》的不良倾向开始抬头。《巴中县法院志》记载，1957 至 1962 年 4 月，全县出现童养媳 81 人，早婚 59 人。包办、买卖、强迫、虐待妇女儿童等案件时有发生。1963 年起，境内各县法院又组织声势浩大的《婚姻法》宣传活动，依法审结大量婚姻纠纷案件。至 1965 年，通江、巴中 2 县法院共审结离婚案件 1671 件。其间，离婚的原因较建国初期增多，因封建婚姻提出离婚的比例下降；出现因划清政治界限或阶段界线而提出离婚的案件。

1966—1972 年，境内法院受到“文化大革命”的冲击，影响婚姻等民事案件的正常审理。1973 年后，随着各县恢复建立，受理的离婚案件增多。至 1976 年，通江县法院审结离婚案件 772 件，年平 180 多件。

1980 年后，随着修订《婚姻法》的颁布实施和改革开放的不断深入，离婚案件增多，且情况十分复杂。从历年受理的离婚案件看，有强迫、包办、买卖婚姻引起离婚的；有结婚后性格不合，妇女外流及第三者插足引起离婚的；有一方外出务工，经商发财后，提出与配偶离婚的；有道德败坏、喜新厌旧引起离婚的；有一见钟情，草率结婚引起离婚的；有一方犯罪或重婚引起离婚的；还有一方生理缺陷或严重疾病不能生男孩引起离婚的；有赡养、扶养、抚养引起的家庭纠纷。各县法院认真贯彻新《新姻法》，针对离婚案件矛盾容易激化和转化的特点，把对离婚案件的处理放在民事案件的首位，及时审结处理大量离婚案件。至1985年，平昌县法院共审结离婚案件774件，其中判决准予离婚35件，不准离婚19件，调解和好224件，撤诉27件，终止45件。通江县法院审结赡养、抚养案107件，巴中县法院审结赡养、抚养、扶养案件79件。巴中县法院1984—1985年处理离婚案件621件，其中调解离婚353件，不离婚115件；判决离婚38件，不准离的7件。

1993年后，离婚案件的审判仍是民事审判工作的重点。从中院到市（县）人民法院针对家庭婚姻案件发生的新变化，采取及时受理，依法审理，公正裁决等方式明断是非，处理家庭婚姻案件，确保社会的稳定。

1994—2000年，两级法院共受理一审离婚案件1.23万件，审结1.2万件，审结案件中，判决离婚2132件、调解离婚2414件；两级法院一审扶养、抚养、赡养纠纷案件625件，占审结民事案件总数的1.94%。其中，扶养256件，占三类案件的40.96%；赡养335件，占53.6%；抚养38件，占6.08%。

第二节　房屋案件审理

中华人民共和国成立后，房屋案件主要是权属、房产（包括房屋、宅基）、租赁、买卖、典当、临时借用和在城乡建设拆迁中引起的争议。境内在土改后，人民公社化前，这类案件较少。境内法院审判房屋案件的主要依据为土地改革法、川北行政公署制定的土地改革实施办法和省级人民政府制定的城市公房和私房管理的规定等。1950—1957年，通江县法院受理房屋案件22件，占同期审结民事案件总数的1%。平昌县法院受理37件，其中判决2件、调解28件，撤诉3件、转移4件。

1961年起，贯彻落实中共八届十中全会通过的《农村人民公社工作条件》和最高人民法院《关于贯彻民事政策几个问题的意见（修正稿）》中有关处理房屋案件的规定，纠正1958年开展“大跃进”以来的“一平二调”（平均主义的供给制、食堂制对生产队的劳力、财物无偿调拨）的错误。境内房屋纠纷案件开始上升，有的是中华人民共和国成立前遗留下来的房屋典当与产权争端，有的是土改时所有权确定不明而争执，有的是房屋买卖和租赁纠纷，也有因兴修水利拆迁民房的退赔问题。各县法院充分依靠群众，调查研究，查明事实，根据党和国家的政策法规，立案处理大量房屋案件。至1966年，平昌县法院受理这类纠纷143件。通江县法院1962—1965年，审结房屋纠纷案件43件，占同期审结民事案件总数的2.3%。巴中县法院1961—1964年，审结52件。

1966—1972年，法院被砸烂，民事审判停滞，房屋纠纷投诉无门。1973年后，各县法院恢复民事审判工作，但由于人们思想上的影响，房屋纠纷案件诉诸法院的不多。法院审理房屋案件，依据最高人民法院《关于贯彻执行民事法律的意见》中有关处理房屋案件的规定。至1979年，平昌县法院受理房屋纠纷案件144件；通江县法院受理164件，占同期审结民事案件总数的9.3%。巴中县法院审结206件。

1980年后，随着国家各项政策逐步落实和经济的发展，房屋纠纷案件从上升逐渐趋向平稳。主要是住宅买卖、租赁、房屋维修改造的纠纷增多。同时，旧城改造、拆迁、征用中争议起诉的也不少。各县法院依据国务院发布的《城市私有房屋管理条例》和最高人民法院《关于贯彻执行民事政策法律若干问题的意见》对这些案件进行及时受理审结。至1985年，平昌县法院受理621件，年平100余件；巴中县法院审结497件，占审结民事案件总数的18.37%。通江县法院审结668件，占审结民事案件总数的24.72%。

1993年，城镇改造建设步伐加快，纠纷不断增加，群体上访闹事。法院本着重合同，守信誉，公平合理和有利于城镇改造及房地产开发的原则，及时受理审结，使大量的民事纠纷得到化解。

1994—2000年，两级法院共受理房屋一审案件936件，占审结民事案件总数的2.8%；二审房屋案件267件；占结案总数14.8%。巴中市（县级）两戚某某与巴中市城市开发公司排除妨碍，赔偿损失一案，涉及开发公司征用土地补偿给付村民费用和安置工作等诸多问题，直接涉及一个社的200多位村民的切身利益。部分村民组织到省委、省政府、省人大上访。两级法院在审理中广泛征求意见，作出既合法又合情合理的判决。通江县铁佛工商所1995年与16户个体工商户协议联建商业性用房，后因产权发生纠纷。一审判决后，通江县铁佛工商所不服，上诉到中院。中院通过调查取证，开庭审理，依法维持原判。

第三节　债务案件审理

20世纪50年代初期，境内法院受理的债务案件主要是城市贫农在银行贷款经商折本，无力偿还；中华人民共和国成立前农民及其他劳动人民欠地主、富农的债务；国民党执政时期经济混乱，货币连续贬值，造成人民内部的债务纠纷突出。境内法院审判债务案件主要依据政务院通过的《新区农村债务处理办法》和最高法院的规范性文件。1950—1953年，巴中县法院审结债务案件309件，占同期审结民事案件总数的14.9%。通江县法院审结163件，占民事案件总数的10.7%。

1957年，国家开始进行生产资料的社会主义改造，限制债务关系的发生，境内债务案件大幅下降。1958—1965年，通江、巴中2县法院共审结这类案件14件。1973—1980年，共审结债务案件8件。

1981年起，境内各县贯彻对外开放，对内搞活的方针，经济迅速发展，公民之间，公民与其他经济实体之间的经济交往增多，债权债务关系主要是个体户、专业户或合伙组织，因经营不善，亏损破产引起的债务案件多；因货物买卖引起的欠款案件多；拖欠劳动报酬引起的欠款案件多；公民及其他经济活动引起的债务案件。至1985年，巴中、通江2县法院审结债务案件107件。

1994—2000年，两级法院审结债务案件1.17万件，占审结民事案件总数的36.1%。其中，借贷7124件，占审结债务案件总数60.89%；买卖679件，占5.8%；借用1227件，占10.49%；承揽代销、代购代销、代理、抵押、合伙内部财产93件，占0.8%；劳动报酬、劳动争议220件，占1.88%；不当得利及其他2348件，占20%。二审债务案件254件，占二审民事案件总数的14.11%。

第四节　损害赔偿案件审理

中华人民共和国成立后，境内损害赔偿案件甚少。境内法院审判损害赔偿案件，主要以宪法有关保护国家和集体财产、保护公民财产权益和公民的人身自由、身体健康不受侵犯的规定为依据。并主要执行最高人民法院《关于贯彻执行民事政策法律的意见》中有关审判损害赔偿案件的原则规定。1950—1970 年，通江、巴中、平昌 3 县法院仅审结损害赔偿案件 49 件。其中，较多的是因打架斗殴造成的伤害，引起医疗费的负担问题，以及由于过失行为引起的赔偿和未成年人故意或过失致人损害引起的赔偿。

1980 年后，随着农村生产责任制的建立完善，城乡经济体制改革迅速发展，法制建设逐步健全，人们法律保护意识的增强，损害赔偿案件剧增。主要有因山林、土地、宅基地、水利设施，以及承包权益等争执而造成的损害赔偿案件增多；城镇因建筑施工、拆迁、交通事故以及因产品质量造成的人身损害和财产损害，要求赔偿的案件大幅度增加。法院依据《关于贯彻执行民事政策若干问题的意见》中的有关审判损害赔偿的原则规定，在分清是非责任的基础上，本着有利于团结的精神，合情合理予以处理。1980—1985 年，巴中、通江、平昌 3 县法院共审结损害赔偿案件 1300 件，占审结各类民事案件的 13%。

1994—2000 年，两级法院共受理损害赔偿案 6605 件，占受理民事案件总数的 18.17%；审结 6223 件，占审结民事案件总数的 18%，其中人身损害赔偿 4975 件，占 79.8%；财产损害赔偿 1258 件，占 20.18%。审结案件中，调解 2671 件，占 42.85%；判决 2833 件，占 45.4%；其他方式结案 729 件，占 11.69%。

第五节　继承案件审理

20 世纪 50 年代初期，国家实行新民主主义经济制度，保护公民私有财产和继承权，各县法院受理的继承案件相对较少。境内法院审理继承纠纷案件的主要依据是《宪法》《婚姻法》和有关政策法令规定。1950—1957 年，通江县法院审结继承案件 28 件。

1958 年后，随着生产资料所有制的社会主义改造的完成和“大跃进”运动中把一些私有财产无偿收归公社所有，人们在思想上淡漠私有财产的观念，境内继承纠纷案件大量减少。至 1977 年，巴中县法院仅审结继承案件 10 件，通江未受理过继承案件。

1980 年，贯彻中共十一届三中全会精神，拨乱反正，恢复“保护公民的私有财产的继承权”的规定，全面落实党的政策，发还“文化大革命”中被抄没的财产和被挤占的私房，继承案件大量增加。境内人民法院主要依据最高人民法院下发的《关于贯彻执行民事政策法律的意见》和《中华人民共和国继承法》处理继承案件。

1980—1985 年，巴中、通江、平昌 3 县法院审结继承案件达 368 件。1986—1993 年，巴中县法院审结 23 件。

1994—2000 年，两级法院审结继承案件 412 件，占审结民事案件总数的 1.27%。

第六节　山林水利案件审理

中华人民共和国成立初期，山林、水利一律以土改确权为准，尚无争执纠纷案件发生。1956 年后，生产关系发生变化，境内以个体生产为单位逐步过渡到集体生产，由初级化逐步过渡到高级化、人民公社。出现队与队之间、社与社之间在土地边界上的争执较多，而个人与个人的争执较少。其解决方式多以行政组织解决为主。人民法院受理此类纠纷案件不多。1961—1964 年，巴中县法院审结山林水利纠纷案 13 件。

1981 年后，境内农村实行农业生产责任制，山林、水利等纠纷案件大量增多，且情况复杂、牵涉面宽。涉及范围，一般是组与组、组与人、人与人之间，尤其是个人与集体、户与户、人与人之间发生的多。法院针对这一新情况，从维护稳定、巩固农业生产责任制出发，依法及时受理，审结大量的山林、水利等纠纷案件。平昌县张公公社三大队六队、七队是落实生产责任制时划分的两个队，为争执一口鱼塘和一个小山梁发生纠纷，互相组织百余人准备械斗。法庭干部立即赶赴现场调解，方将事态平息。1994—2000 年，两级法院一审山林、水利案件 15 件。

第六章　经济审判

第一节　经审概况

清末，经济纠纷案件由知县按民事案件审理。民国时期，多沿袭旧制。民国后期，经济案件属民事审判。

中华人民共和国成立后，经济纠纷案件亦由民事审判庭审理。解放初，经济案件极少，1954 年后，经济案件逐年增多。

1981 年，通江、南江、巴中、平昌 4 县法院相继建立经济审判庭，经济纠纷案件的审判开始从民事审判中分离出来，成为独立的一类审判工作。各县经济审判庭建立后，迅速调配人员，培训业务，积极开展经济纠纷案件审判，到 1985 年，境内 4 县法院共审结经济纠纷案件 1108 件。

1986 年后，随着对外开放，对内搞活经济方针的进一步贯彻，境内经济纠纷案件相应增多，且出现大量新类型案件，有的案件牵涉面广，技术性高，政策性强，运用法律法规比较多。各县法院结合实际情况，认真研究讨论案件审判中的新情况、新问题，不断提高案件审判质量。平昌县法院总结撰写的《开展专项审判，服务经济建设》的经验材料，被四川省高级法院加注按语在全省法院系统加以推广。巴中县法院对争议不大的经济案件移交被告所在的基层人民法庭受理，使纠纷及时解决。处理案件，坚持业务庭审查制度和业务庭、审判委员会集体讨论的原则。至 1993 年，共受理经济纠纷案件 1392 件，其中购销合同纠纷 532 件，为国家、集体和个人挽回经济损失 5551 万元。其中，1988 年，平昌审结借款合同纠纷案件 208 件。摇活呆滞沉淀资金 3000 余万元。1991 年，平昌县笔山法庭在开展粮油定购合同欠款专项审判中，审结案件 96 件，解决争议标金额 5 万余元。

1994 年起，全地区经济纠纷案件不断增多。至 2000 年，两级法院共计收案 1.06 万件，其中巴中中院收案 135 件，基层人民法院收案 1.04 万件。其间，两级法院针对经济纠纷案件的新变化，加强经济审判工作的组织领导，充实经济审判力量，明确不同时期的审判重点，抓大要案件的审判。全市两级法院共审结一审经济纠纷案件 9951 件，审结率 94.22%。其中，调解 5544 件，占审结总数的 55.71%；判决 2622 件，占 26.35%；其他方式结案 1781 件，占 17.89%。

第二节 经济案件

中华人民共和国成立后，境内二审经济案件由达县地区中院审判。1950—1979 年，境内各县所发生的经济纠纷主要由政府部门解决，起诉到法院的部分经济纠纷案件则以民事案件立案审理。

1981 年，境内经济审判庭建立后，依据《中华人民共和国经济合同法》和《中华人民共和国民事诉讼法》，以及国务院颁布的行政法规，兼顾国家、集体、个体利益的原则，审结大量的经济合同纠纷案件。案件涉及的范围包括购销、建筑工程承包、加工承揽、货物运输、供用电、仓储保管、财产租赁、借款、财产保险、科技协作以及其他经济合同等 14 种案件。

1982 年，通江县法院审结经济赔偿案件 8 件。至 1985 年，通江县法院审结经济合同纠纷案件 177 件，占经济纠纷案件的 95.1%。其中，购销合同 82 件，占 15.82%；借款合同 33 件，占 18.64%。平昌县法院审结经济合同纠纷案件 228 件，其中购销合同 184 件，占 90.7%；建筑工程承包合同 15 件，占 65.9%。1982 年 11 月 12—20 日，平昌县南丰公社与平昌县百货公司先后两次签订建设工程承包合同，正准备投入施工，被平昌县百货公司主管局——县商业局发现制止，形成纠纷。

至 1985 年，境内平昌县、通江县法院审结经济损害赔偿案件分别是 5 件、8 件。1984 年，平昌县得胜乡政府以权代法，政企不分，随意撕毁与菌种专业户王永金、王华业签订的食用菌种合同，造成 4300 袋凤尾菇菌种全部老化报废，经济损失 3199.2 元。平昌县法院通过公开审理，依法判决平昌县得胜乡政府赔偿全部损失。1983 年 2 月 2 日，平昌县法院开庭审理。经审查，被告百货公司既无国家下达的基建计划，又无资金来源。依照《中华人民共和国经济合同法》第七条的规定确认双方签订的合同是违反国家政策和计划的无效合同，应当终止。但原告按被告要求已拉入工地的沙石等原材料由被告负担，并给付原告因整理施工场地的工时费 200 元。

1986—1993 年，巴中县法院受理购销合同纠纷 532 件。其中，1988 年审结购销合同 40 件，承包合同 18 件，借款合同 16 件，租赁合同 2 件。1988 年，贯彻实施《民法通则》，巴中县法院审结经济损害案 5 件。

1994 年起，巴中地区中级人民法院经济审判庭建立后，开始受理经济二审案件，即当事人不服本县（市）基层人民法院判决、裁定的经济纠纷案件。受理上诉案件，适用普通程序，依法组成合议庭，经过阅卷、调查、询问当事人，进行调解或公开审判。对原判认定事实清楚，适用法律正确的驳回上诉，维持原判；对原判认定清楚。但适用法律有错误，或事实不清楚，案情发生变化等案件，分别处理。上诉经济纠纷案件审理后的方式，一般为维持原判、改判、发回重审、撤回上诉、调解等几种。

至 2000 年，全市两级法院在审理经济合同纠纷案件中，依据法律原则和政策界限，严格审查和认真区分有效合同和无效合同，审查法人资格，审查合同内容，对有效合同坚决保护；对无效合同引起的争议，处理时进行全面分析研究，分清性质和责任，严格区分违法和过错行为。对构成犯罪的当地人，依照法定程序追究其刑事责任，并承担经济责任。双方都有过错的，按责任大小，各自承担相应的经济责任。合同部分有效的、部分无效的，保护其有效部分。两级法院共审结一审经济合同纠纷案件 946 件，占审结经济纠纷案件总数的 95.12%。其中，购销合同 1320 件，占审结经济合同纠纷案件总数的 13.94%；借款合同 6648 件，占 70.22%；建筑工程承包合同 335 件，占 3.54%；融资租赁合同 124 件，占 1.3%；企业承包经营合同 119 件，占 1.25%；农村经营承包合同 68 件，占 0.72%；加工承揽合同 65 件，占 0.68%；财产租赁合同 39 件，占 0.41%；供应电、气、水仓储保管，财产保管、联营承包、居间合同、股票、证券及其他合同纠纷 846 件，占 8.94%。两级法院共审结经济损害赔偿纠纷案件 24 件，其中商标侵权损害赔偿案 1 件。巴中市法院共计受理二审经济纠纷案件 276 件，审结 273 件，审结率为 98.9%。其中，维持原判 86 件，占审结总数的 31.16%；改判 78 件，占 28.26%；发回重审 59 件，占 21.37%；撤诉 19 件，占 6.88%；驳回 11 件，占 2.4%；其他方式结案 8 件，调解 12 件，占 4.35%。

第三节　破产案件

法院从维护稳定的大局出发，积极稳妥处理经济破产案件。1994 年，平昌县法院立案受理巴中地区首例平昌县甜叶菊制品厂破产案件。该厂 1984 年 12 月建厂，1987 年建成投产，固定资产 95.8 万元。设计生产能力为年产 20 倍型甜菊糖果 100 万吨。因设备不配套，产品质量低，销路不畅，导致企业连年亏损，资不抵债 158.9 万元。1989 年 10 月，针对该厂严重亏损情况，其主管部门县供销社责令停产整顿，但仍无扭转迹象。经县体人改委同意，于 1992 年 5 月关闭。关闭后，对职工全部妥善安置。平昌县甜叶菊制品厂迫于无奈，遂向法院申请宣告破产。平昌县法院受理后组成审判队伍审理此案，发出破产公告和裁定，召开第一次清算小组会议，1994 年初，进入破产还债程序。

1998 年，巴中地区受理地区水电物资供应公司申请破产案。该公司成立一年多时间负债达 100 余万元。其法定代表人因侵占罪被检察院审查起诉。涉讼的数 10 名非法集资户多次到中院和地委行署上访。中院受理后，多次召开审判委员会讨论解决破产还债方案，研究做好善后工作的具体措施。主审人员审查确定债权人资格及债权数，成立清算组织，召开债权会议，核实破产公司的固定资产，及时审结此案，化解社会矛盾。

第七章　行政审判

清末，无行政审判制度。民国时期，行政案件由中央设立的行政法院统一管辖并负责审理，各县司法处不承担行政案件的审理。

中华人民共和国成立后，国家虽然制定和颁布一系列行政法规，但行政管理基本上是按党的有关政策办事。对国家行政机关在实施行政管理过程中的不当或违法行为，主要运用行政手段，依照党和政府的政策的有关法规处理。1979 年后，国家陆续颁布的行政法律、法规中规定当事人不服行政机关的处理，可以在一定期限内向人民法院提起公诉，但无诉讼程序可依。1982 年后，依照《中华人民共和国民事诉讼法（试行）》的规定，由民事审判庭和经济审判庭对诉讼至法院的行政案件进行审理。1988 年，境内法院相继建立行政审判庭后，行政审判成为独立的一类审判工作。各县法院依据《中华人民共和国行政诉讼法》审理行政案件。

1994 年，巴中地区中院建立行政审判庭。两级法院在行政审判中，严格依法办事，坚持保护原则，慎重妥善处理行政诉讼案件，有效地保护公民、法人和其他组织的合法权益。至 2000 年，全市两级法院共受理行政诉讼案件 766 件，审结 739 件，结案率为 96.48%。

第一节 行政一审案件

1988 年，通江、南江、巴中、平昌 4 县法院始开展行政案件审判。至 1993 年，巴中县法院共受理治安、国土、城建、计划生育、林业等行政案件 43 件，审结 42 件，占 98%。其中，对行政机关处罚正确的 38 件，依法予以维持；对行政机关处罚确有错误的 5 件，依法予以撤销或变更。1989—1992 年，平昌县法院审结各类行政案件 53 件，其中维持 4 件、撤销 40 件、部分撤销和变更 5 件。平昌县凤凰乡人民政府在收取村提留和乡统筹费时，违背《四川省农民负担管理条例》，向张德泉等 25 人摊派烟叶赔偿金 780.42 元，义务建校款 982 元，畜禽保健费 2.43 万元，公路建勤费 218.97 元，农户保险金 525 元。张德泉等 25 人不服，向平昌县人民法院提起诉讼。平昌县法院受理核实后，通过公开审理，当庭判决撤销凤凰乡政府上述不合理摊派的违法行为。

1994—1997 年，全地区两级法院共受理行政一审案件 485 件，审结 466 件，结案率为 96.3%。

2000 年，贯彻全省第五次行政审判工作会议精神，大力推进行政审判工作，不断深化行政审判程序的改革，使庭审结构和庭审过程真正体现行政诉讼特点，使庭审重心切实转移到对被诉具体行政行为的合法性审查上来。是年，全市两级法院共受理一审行政案件 66 件，其中公安 18 件、工商 8 件、卫生 2 件、文化 1 件、土地 2 件、城建 5 件、交通运输 5 件、税务 1 件，技术监督 2 件、其他 17 件。

第二节 行政二审案件

1994 年，巴中地区中院行政审判庭正式建立，开始受理行政二审案件。依据《行政诉讼法》的规定，审理上诉案件可以维持、改判、撤销、发回重审。1998 年，涉及农民负担，城市拆迁补偿等行政纠纷案件多，中院一方面依法受理妥善审结，一方面与当地政府配合，积极疏导，化解矛盾。通江县麻石镇簸箕石村农民 10 余人代表全村村民上诉控告该镇加重农民负担问题，经与通江县委、政府联络，通过协调，得到妥善处理。南江县城 68 人集体诉讼房屋拆迁补偿案，中院院长何光烈亲自接待、疏导，平息事态，收到较好效果。1999—2000 年，中院共受理二审行政案件 36 件，审结 34 件。

第八章 审判监督

民国时期，实行"官无悔判"，对判后的错案进行复查纠正的极少。民国 10—24 年（1921—1935 年），各县政府主要依据国民政府颁行的民刑诉讼条例中的再审程序进行再审。中华人民共和国成立后，人民法院遵照《中华人民共和国人民法院暂行组织条例》实施审判监督。20 世纪 80 年代后，遵照《中华人民共和国人民法院组织法》和《中华人民共和国刑事诉讼法》《中华人民共和国民事诉讼法》《中华人民共和国行政诉讼法》规定的审判监督程序，对本院已发生法律效力的刑事、民事、经济、行政判决和裁定，发现在认定事实或者适用法律上确有错误，均依法另组成合议庭复查再审。

第一节 来信来访处理

1951 年，贯彻川北人民法院达县专区分院司法工作会议精神，各县人民法院相继成立“人民问事代书处”，负责处理人民来信来访，帮助群众代写诉状。巴中、通江、南江由审判员、书记员轮流值班。平昌县增设专职干部。

1953 年 5 月，根据全国第二届司法工作会议决议，从 7 月开始，各县法院问事处相继改为人民接待室。巴中、通江、南江均增设专职干部。同时，建立登记、催办、移转、检查、研究、归档、总结报告等工作制度。巴中县法院还实行院长接待来访群众制度。各县法院接待室针对信访接待的不同类别，按照有问必答，轻重缓急的原则，一般都做及时处理。

1954 年，境内各县法院因干部力量不足，信访工作一度成为薄弱环节。1956 年，贯彻最高人民法院《关于改进处理申诉的工作和加强人民接待工作的指示》，各县法院接待室均增设专职干部办理信访工作，并建立院长、审判员定期接待人民来访制度。同时规定，对来访者所提问题和要求，分别作出处理，认真答复，不乱下结论。对人民来信直接答复或转有关单位处理，做到来信必答，来访必见，件件有落实，事事有结果。1958—1966 年，由于政治运动的影响，人民来信来访中，民事简易纠纷显著下降，控告、检举、密告占相当的比重。其中，1962—1965 年来信来访较多，巴中县法院受理人民来信 1.23 万件（次），接待人民来访 1340 人（次）。

1978 年后，纠正“左”的错误，恢复党的事实求是的作风，人民来信数量超过历史上任何时期，1980 年，巴中县法院收来信 7079 件（次），与来信较多的 1963 年相比，增加 2696 件，上升 38%。接待群众来访 5475 人（次），比 1963 年来访 635 人（次），上升 88.4%。人民来信要求平反冤假错案的多，反映基层干部违法违纪的情况多，上省、上京上访的多。1979 年，境内法院针对来信来访的特点，进一步加强信访工作。各县法院相继恢复建立人民接待室，充实信访干部队伍，各县一般均配备有 2 名专职信访干部。同时，积极采取有效措施，切实做好来信来访工作，把问题解决在基层。

1983 年，境内各县法院对刑事申诉组织专门班子处理，由 1 名副院长负责。对民事申诉和农村各种纠纷来信，依据有关法律法规和政策，在查明事实，分清是非的基础上妥善处理。同时，进一步建立健全信访工作制度，每天除专人坚持 8 小时值班制度外，院长、庭长还轮流值班，节假日和日常午休与夜晚也有人接待群众。1979—1985 年，平昌、巴中两县法院共处理来信来访近 6 万件（次），接待来访近 3 万人（次）。1988 年，各县法院信访工作归属告诉申诉庭办理。对群众来信积极受理，对群众来访热情接待，使信访工作成为解社情民意，接受群众监督的重要渠道。1986—1992 年，平昌县法院共调处简易纠纷 583 件，接待来访群众 4507 人（次），发出支付令 94 件。

1993 年，4 县（市）法院共计接待群众来访 3726 起，处理人民来信 3558 件，调处简易纠纷 370 件，防止矛盾激化 77 起。

1994 年后，全地区两级法院进一步加强对信访工作的领导，坚持把信访工作列为党组和审判委员会的议事日程，做到年初有布置，平常有检查，年终有总结；建立专门机构，落实专人办理，保证 1 名审判人员常年值班接待群众，处理信访；充分发挥窗口作用，掌握社会治安动态，巩固综治成果；狠抓信访老户，减少越级上访、重点上访。

至 2000 年，全市两级法院共受理群众来信 2.79 万件，其中非诉讼信 7078 件；接待群众来访 1.36 万人（次）。立案处理来信 1.96 万件、来访 7533 人（次）；裁定不予受理来信 14 件、来访 25 人（次）；驳回来信 108 件、来访 2589 人（次）；指定管辖来信 141 件，来访 182 人（次）；调处纠纷 332 件（次）；说服息诉 1304 人（次）；法律解答来信 2403 人（次）；其他方式处理来信 3536 件、来访 2258 人（次）。

第二节　告诉申诉

一、告诉申诉立案

中华人民共和国成立后，人民法院依照法律规定，对符合立案的案件，一律立案审查，保障公民的合法权利。1950—1987 年，境内法院告申立案工作分别由审判庭和接待室分散负担。1987 年，通江、南江、平昌成立告诉申诉庭；1988 年，巴中县法院告诉申诉庭成立。境内各县法院把分解在各庭、室的告诉、申诉和非诉来信来访，集中由告诉、申诉庭承担，形成一个整体的告诉申诉工作，克服案件审理中的随意性。

1988 年后，依照最高法院规定，受理告诉申诉，实行分级负责办法。对当地人的申诉，一般先由原告作出生效、裁定的法院审查处理，当事人不服的，再由上一级法院审查处理。处理告申案件的程序：登记收案；全面审查；承办人写出审查报告，对原认定的事实、证据、程序和适用法律方面等提出意见；合议庭评议；经审理后，认为原判正确的，应维持原判，做申请人息诉服判工作。申诉人继续无理申诉的，可用通知书驳回申诉。认为原判在认定事实和适用法律上确有错误的，提交审判委员会讨论决定是否再审。

二、再审案件的审判

20 世纪 50 年代初期，各县成立清案委员会和处理反革命案件审查委员会，对法庭判处的案件进行复查，做到有错必纠。巴中县人民法庭原判处的李某某等 20 余名罪犯，经巴中县中心县委批准判处死刑，大部分拟在“五一”执行。嗣奉行署电示停止执行，在清积中大部分改判有期徒刑。

1952 年，在司法改革运动中，境内法院依据事实，对错判案件进行改判，巴中县法院先后召开 2 次改判大会，改判错案 15 件。通江县法院改判错案 8 件。

1954 年 9 月，颁布施行的《中华人民共和国宪法》《中华人民共和国法院组织法》，对审判监督制度作出明确规定。境内各县法院根据规定，开展各项审判监督工作，及时纠正审判中的某些错误案件。通江县赵某某（女，49 岁，地主分子）被通江县法院 1952 年以“反攻倒算”罪，判处有期徒刑 10 年。1955 年 4 月 8 日，审判员复查案件时，发现原判事实不清，经院长提交审判委员会讨论后，决定重新审理。再审后，认定无罪，予以释放。

1956 年，贯彻第二次全国司法工作会议精神和最高人民法院指示，复查 1955 年社会镇反运动处结的案件，各县法院按照审判监督程序纠正部分错案。1962 年，结合甄别整风整社运动中判处的案件，又纠正一些错案。但由于“左”的干扰，仍有很多错案未得到纠正。

1978 年，随着法制建设的不断加强，审判监督制度不断完善。境内各县法院依据审判监督制度程序，结合纠正冤假错案，落实各项政策，处理大量的各种再审案件。如，通江县何某某（男，19 岁，汉族，务农，沙坪乡滥井村人）1983 年 4 月 13 日，其弟兄 5 人（均未成年）同其父何某某在永安看电影《少林寺》后，将何某某给弟兄买饭食钱 5 元，在供销社买木制道具 5 把，当晚 5 人在家持刀玩斗过程中，何某某提出：“谁杀赢就当皇帝”等语。1983 年 9 月 23 日，被定为反革命煽动罪，判处有期徒刑 5 年。1985 年 10 月 14 日，通江县法院通过再审，判决宣告无罪。

1993 年，全地区两级法院，认真贯彻“实事求是，有错必纠”的方针，对本院直接裁判的案件，还是下级法院裁判的案件，都坚持依法纠正错判案件，绝不护短。1994—1998 年，巴中中院依照审判监督程序对原达县中院裁判的案件，依法改判纠正 22 件；对本院直接裁判的案件改判 17 件；提审改判一审案件 5 件。按照二审程序对第一审刑事案件改判 42 件，其中改判无罪 5 件；民事案件改判（含部分改判）263 件，经济案件 47 件，行政案件改判 8 件。

第三节　冤假错案复查

中华人民共和国成立后，境内法院对在特殊的社会环境中，在特定时代氛围中所造成的冤、假、错案，进行全面复查。

1956 年，各县分别成立清案检查办公室，抽调政法干部，对 1955 年 1 月—1956 年 6 月，各县法院判处的反革命案件和刑事案件进行逐案检查。1957 年 3 月，镇反检查工作结束。巴中县应检查案件 261 件，实际阅卷 160 件，处理错案 49 件，其中平反 3 件、教育释放 23 件、改判刑期 4 件、维持原判 16 件、事实不清 3 件。平昌县法院改正错案 59 件。

1962 年，巴中、通江、南江、平昌 4 县法院，在各县政法委员会办公室主持下，与公安、检察、监察委员会、组织部、民政局密切配合，对“人民公社”“大办食堂、大办钢铁”和“整风整社”等运动中判处的干部、党员代表人物以及其他刑事案件进行重点复查。通江县复查刑事案件 231 件，除已释放 28 件，未决 5 件外，在 198 件中，性质认定准确，处理也较正确的 97 件；主要罪行属实，性质认定也较正确，某些事实有出入，只修改部分事实，无需改判的 5 件；触犯法律、罪应捕判，定性错误，处理过重的 24 件。巴中县复查党员、干部刑事案件 161 人，其中判处徒刑 109 人、管制 6 人。复查结果，属于事实不清的 10 件，政策界限及画线定性不准的 32 件，量刑不当的 1 件。平昌县复查错案 128 件，占复查案件总数的 3.78%。但由于“以阶级斗争为纲”的影响，刑事复查工作做得不彻底，存在大量错案未得到纠正，直到 1978 年后才逐步得到解决。

1978 年开始，境内法院对“文化大革命”中判处的案件进行全面复查。各县都从公安、法院抽调干部，组建复查班子。至 1980 年，复查工作基本结束。通江县复查 1141 件，其中对复查的一般刑事案件中的冤假错案 170 件，宣告无罪 141 件、减刑 5 件、免刑 24 件；对复查的 347 件反革命革命案件，改判 144 件。经过达县中院检查验收“基本合格”。巴中县复查 1312 件政刑案件，其中复查反革命案件 301 件，改判 176 件（宣告无罪 137 件、免刑 27 件、减刑 12 件）占判处数的 58%；复查普通刑事案件 1011 件，改判 65 件（宣告无罪 39 件，免刑 10 件，减刑 16 件），占判处总数的 6.4%。南江县复查“文化大革命”中判处的政刑案件 813 件，其中复查反革命案件 412 件，改判 269 件（减刑 18 件，免刑 80 件，平反 171 件）；复查普通刑事案件 401 件，改判 20 件（减刑 13 件，改判 7 件）。1968—1978 年，平昌县法院复查判处的政刑案件，其中对原以反革命定性判处 187 人，以刑事犯罪定性论处的 38 人，宣告无罪；对原定性有出入的 53 人，减轻刑罚；对原定性准确，但部分事实有出入的 127 件，给予减刑。其后，各县又数次清理复查，处理遗留问题。

1980 年，各县法院复查这类案件初期，由于对起义投诚人员的范围和政策界限不明确，复查工作进展缓慢，维持原判面大。1981 年起，各县法院按照四川省高院党组下发的《关于处理 1977—1979 年申诉案件中几个问题的请示报告》，对提出申诉的刑事案件，进行复查；对没有提出申诉，但发现确属判错的，也给予纠正。1983 年，贯彻落实全省刑事申诉工作会议精神，加快对这类案件复查的步伐。是年，按照党的政策，对“帮派”案件进行妥善复查处理。以巴中县为例，共判处涉及“帮派”问题的罪犯 40 人，复查结果，不予刑事处分的 24 人，免于刑事处分的 10 人，改变性质减轻处罚 5 人，维持原判的 1 人。至 1985 年底，巴中县法院共复查处理国民党起义投诚人员案件 54 件，其中撤销原判，改判宣告无罪的48件；维持原判的6件。平昌县法院复查有关统战、地下党员案件62件，对51人进行改判。

1981—1985年，巴中县法院改判刑事申诉案件44件47人，其中“恶攻”16件19人（宣告无罪16人、减轻处罚3人），“其他反革命”8件8人（宣告无罪7人，免刑1人）；“普通刑事案”20件20人（宣告无罪8人，免刑2人，减刑10人）。

第九章　执　行

第一节　建立执行庭

20世纪50年代初期，境内各县法院执行工作，实行“审执合一，谁审案，谁执行”。1954年9月，贯彻实施《法院组织法》，各县法院开始配备专职执行员。“大跃进”时期“精兵简政”，法院干部大量减少，即使配备有专职执行员，但也难专职专用。法院执行事项仍由审判案件的审判员负责。1979年，随着“两法”的实施，执行工作得到加强，各县法院配备专职执行员1~2人不等。1982年，境内南江县法院建立执行组，为法院第一个执行机构。

1983年后，境内农村生产责任制逐步建立完善，经济体制改革不断深化，城乡经济迅速发展，民事、经济、行政案件大量增加，需要人民法院执行的法律文书愈来愈多，且执行面宽，执行难度大，建立专门机构，充实执行力量势在必行。1986年9月，南江县法院在境内成立第一个执行庭。1987年，通江、平昌、巴中人民法院先后建立执行庭。各县法院执行庭人员配备4~8人不等，设有庭长、副庭长、审判员、书记员、法警、驾驶员。

1994年初，巴中中级法庭建立执行庭，并逐步调配正副庭长、审判员、书记员、法警和驾驶员。中院执行庭专门执行中院办理的第一审民事、经济、行政案件判决书、裁定书、调解书和刑事案件附带民事诉讼判决、裁定中的财产部分，以及依法应由中级人民法院执行的其他法律文书，并负责指导各县（市）法院的执行工作。

第二节　案件执行

民国元年至23年（1912—1934年），各县刑事案件判决生效后，由该县（署、府）执行。民商事纠纷案件由各县衙或政府执行。其后，由县司法处、地方法院办理。民国24年（1935年），对判处死刑者，经中央司法行政院核准后，由作出判决的地方法院的检察官指挥，采取绞或斩两种方式执行。民国31年（1942年），改为枪决方式执行；对判处无期徒刑、有期徒刑或拘役者，在判决确定后将罪犯交法院监狱服劳役；对判处罚金者，于判决确定后1月内纳之，期满不缴者，易科监禁。

中华人民共和国成立后，境内法院执行工作由承办案件的审判人员负责，除民事扶养、赡养、劳动报酬等案件外，其他案件很少强制执行。1950—1953年，法院处理的民刑案件，大多数系婚姻家庭纠纷，具有给付内容的案件很少，法院审理后，当事人一般都能自觉履行。其后，随着社会主义三大改造完成，公民除房屋及一般生活资料外，其他生产资料均属国家集体所有。在审结的民刑案件中，需要执行的事项，法院用电话或书面通知义务人所属单位在义务人的工资或工分、肥料款中扣除。

1954 年后，各级法院相继成立案件执行组，受理依法律、法令规定应执行的事项，人民团体、机关单位委托执行之事项和民事判决、调解书中确定的执行事项。发现原判决、调解、处理有误，可能影响执行的案件报请院长纠正或案件承办人更审；查封、拍卖、没收等事项由审判委员会执行。1958 年，实行“审执结合”，由案件承办人执行。

1981 年后，随着法制建设的不断完善和经济的迅速发展，民事、经济、行政案件愈来愈多，需要法院执行的案件不仅数量多，而且面宽、难度大。尤其是经济纠纷案件，因涉及面广，当事人难找，执行难度更大，存在官了民不了的现象。以巴中县法院为例，1984 年，审结经济案件 59 件，未执行的就高达 17 件。为扭转执行工作的被动局面，各县法院采取积极措施，建立执行工作制度，促进执行工作的开展。1986 年至 1993 年初，巴中县法院共收执行案件 2008 件，执行 1717 件，执行率为 85.4%。其中，1992 年突击执行 1991 年底前积案 473 件。平昌县法院执行各类案件 1406 件，执行标的额 333.97 万元，其中平昌县法院发生法律效力的 1271 件，外地法院委托执行 135 件，执行中促使当事人自觉履行的 1096 件，强制执行的 310 件。

1993 年，4 县法院共执行案件 1577 件，挽回经济损失 8680 万元。1994 年起，全地区两级法院坚持审执并重，加强领导，改进规范立案方式，采取抓短期突击执行，实行限审制度，落实责任等办法，促进案件执行率逐年上升。至 1995 年，全地区两级法院共执行各类案件 3255 件，执行率达 93%，执行标的额 1603 万元。

1997 年，以克服地方保护主义和部门主义为重点，集中清理委托执行案件，执行一批涉及企业的债务案件，为国家挽回经济损失 817 万元。1998 年，攻克执行难点，组织执行小分队 17 个，历时 8 个月，共突击执行积案 708 件，执行标的额 490 多万元。

1999 年，扎实开展“执行年”活动，夯实执行工作基地，改善执行装备。全地区法院共受理执行案件 3392 件，执结 3137 件，执行标的额 2552.29 万元。通江县成立全县执行协调领导机构，协调处理法院执行工作中的各种问题，收到显著效果。仅 1 个月时间，执行各类案件 76 件。平昌县法院 4 天时间跨区执行典型难案 6 件，执行标的额达 12 万元。

2000 年，贯彻实施最高人民法院颁布的《关于人民法院执行工作若干问题的规定（试行）》精神，建立健全执行收费，案件分配，执行进程，结案时限、流程管理、重大案件报告、重大措施报批、廉政登记等监督制约制度。全市法院共受理各类执行案件 3944 件，执结 3556 件，结案率 90.2%，高出全省平均水平 10.25%，执行标的额 8227.6 万元，比 1999 年增长 3.2 倍。其中，中级法院执结大难案 64 件，结案率为 93.8%；执行标的额 2400 万元，比 1999 年增长 6.6 倍。使过去长期存在的“执行难”问题得到迅速缓解，法律“白条”现象基本消除，执行积案大大减少，执行工作收结案良性循环局面开始呈现。巴中中院的执行工作措施和经验，被省高院多次肯定并派专人前往总结推广。通江县采取的成立全县执行协调领导机构和法院制订的执行举证责任制，开展“无执行积案法庭”活动被最高法院肯定。市、县（区）两级人大专题审议，支持执行工作，帮助法院攻克“执行难”经验，多次在《四川日报》和《人民法院报》等省级和国家级报刊转载。

巴中市志

第三十二篇

公 安

清宣统元年（1909），通江、南江县始设巡警署。迄后，曾改名警察事务所、团务委员会，下设若干警务大队。警察机构创设初期，主要维护与管理一般的社会治安。川陕省苏维埃时期，省、道、县（特别市、区）苏维埃建立政治保卫局，其主要任务是镇压一切反革命分子，负责处理政治案件和较大的刑事案件，负责苏区的安全保卫工作。民国24年（1935年），蒋介石统一川政，先后在境内4县扩充警察机构，增加警务人员，并将军、警、特结为一体，渗透到社会的各个方面。警察机构在特务组织的控制操纵下，始终把矛头对准中共党员和进步人士。中华人民共和国成立后，建立人民公安机关及公安部队，旧的警察机构被接管、废除。

1950年后，境内公安工作结合民主建政、减租退押、土地改革、抗美援朝、“三反”“五反”等中心工作，开展镇压反革命运动。并在广大农村、城镇街道及厂矿企业内部，普遍建立健全治安保卫委员会或治安小组，协助公安机关联系群众，维护社会治安秩序。1959—1961年，“反右倾”的影响，国民经济和人民生活发生严重困难，各级公安机关正确区分两类不同性质的矛盾，加强对地、富、反、坏分子的教育改造工作，促使大多数“四类分子”向好的方向转化。全面进行拨乱反正，按照“有反必肃，有错必纠”的原则，复查历史案件，纠正冤假错案。20世纪80年代，国际国内政治、经济形势均发生很大变化，治安秩序出现新情况和新问题，刑事犯罪增加。在新的复杂情况下，4县公安机关和广大干警，按照上级公安机关的统一部署，不断改革和加强公安工作，把保卫社会主义现代化建设、维护社会稳定作为中心任务，切切实实地开展卓有成效的斗争。1993年后，全地区公安机关按照公安部“抓班子，带队伍，促工作，保平安”的工作思路，实行“两手抓”，重点抓打击，开展以“破大案、捣团伙、追逃犯”为主要内容的“严打”斗争和“反盗窃、反诈骗”、“除六害”的专项斗争。

1994—2000年，公安机关共破获各类刑事案件1.17万件，年均破案率达85%以上，其中重特大案件破案率在90%以上，一些影响大、危害大的恶性疑难案件相继破获，一批严重危害社会的犯罪分子被依法严惩，人民群众的安全感普遍增强。

第一章　政治保卫

第一节　镇压反革命

一、镇反运动

中华人民共和国成立后，通江、南江、巴中、平昌（简称“境内4县”）4县人民公安机关在配合解放军全面开展剿匪征粮斗争的同时，对国民党军、政、警、宪、反动党团、特务组织和人员的情况，全面进行清查。查获一批潜伏特务，抓捕一批反革命分子，缴获一批枪支弹药，并通令反动党团骨干和特务分子限期登记投案。经过一段时间的打击处理，虽然削弱残余反革命势力，但也程度不同地存在着“宽大无边”的偏向。对此，群众强烈不满，普遍反映“天不怕，地不怕，就怕共产党讲宽大”。1950年10月10日和1951年，中共中央先后发出《关于镇压反革命活动的指示》《中华人民共和国惩治反革命条例》后，各县结合开展的清匪反霸、减租退押、土地改革，广泛发动人民群众，吸收各民主党派、各界人士参加的开展镇压反革命运动。这次镇反运动，打击的重点是土匪、恶霸、特务、反动党团骨干、反动会道门头子（通称“5个方面的反革命分子”）。采取的政策是“镇压与宽大相结合”。即，“首恶必办，胁从不问，立功者受奖；坦白从宽，抗拒从严”。对怙恶不悛的反革命分子，坚决镇压；对胁从分子和向政府坦白自首的反革命分子，予以宽大处理；对于愿意立功赎罪的，予以宽大和奖励。这次镇反运动，从1950年10月开始，到1953年底结束，历经3年多时间，分3期进行。第1期为1950年10月—1951年9月，结合民主建政、清匪反霸、减租退押进行。第2期为1951年10月—1952年10月，紧密围绕土地改革、“三反”“五反”“水上民主改革”等一系列中心工作展开。第3期为1952年11月至1953年底。经过镇反运动，沉重地打击反动势力，社会治安有一定好转。

1955年7月，各县开展一次新的社会镇反运动。这次镇反运动，各县破获一批破坏粮食统购、破坏农业合作化运动、组织反革命集团和阴谋暴动的案件，打击“翘尾巴”的反革命分子，改变一些落后乡、村的面貌。

1957年7月，境内南江县红灯教、盖天党残余准备暴动，5名匪首被捕。通过宣传政策，众教匪投案自首。

1967年，各县在“三月镇反”中，一些打、砸、抢严重的人被抓进监狱。5月，中央关于处理四川问题的决定下达后，上述人员全部释放。

1970年3月，开展以打击现行反革命破坏和反贪污盗窃、反投机倒把、反铺张浪费的“一打三反”运动。至1971年10月中旬，同时，又开展“一批二清”运动（批极“左”思潮，肃清“五一六”“三老会”流毒）。因受极“左”思潮影响，出现一些冤假错案，1979年予以平反纠正。

二、内部肃反

1933年2月，中华苏维埃共和国副主席、西北革命 军事委员会主席的张国焘，积极推行王明的“左倾”机会主义路线，在川陕省第一次党员代表大会上，首先提出所谓“反右派”斗争，把一些对他的军阀主义等问题有过意见的人诬为右派，并说：“右派是托陈取消派的新生力量，是目前反革命派别的领导中心”，为其在内部开展肃反制造舆论。“左”的肃反路线，致使大批优秀干部被错误处理，不仅对革命事业造成极大损失，而且严重地脱离群众，陷自己于孤立境地。张国焘错误的肃反政策造成肃反扩大化，红四方面军总部、川陕省委不少领导干部深感问题严重。以徐向前为代表的红军指战员和苏区干部，多次进行抵制，并不断采取措施加以纠正，以迫使张国焘停止在红军中的乱捕乱杀行为。内部肃反扩大化，给川陕苏区革命事业造成不可估量的损失。

1955年7月起，各县在开展第二次社会镇反运动的同时，先后在机关单位进行内部肃反工作。1956年夏，巴中县在县城宫保府、供销社、粮食局等地集中开展运动，全县在机关单位内部清出漏网反革命分子43人。1956年6月16日，通江县正式开展肃反运动，至是年11月底，内部肃反运动基本结束。通过内部肃反运动，共查出反革命分子和其他坏分子31人，占参加运动总人数的1.1%。至1966年，平昌县分3次全面进行内部肃反和肃反清理工作。

三、摧毁反动集团

1951—1954年，巴中县政府公安局在城守、三江、玉山、清江、恩阳、化成、羊凤等地，先后破获“民主党”“大同党”“扇子队”“建国社”“民主联盟 党”“伦理民主党”“四盟党”“救民党”

“平产党”“新三民主义青年团”“复兴金碑建国会”“新青年互助社”等12个反动组织，逮捕首犯和骨干成员327人，宽大处理一般成员72人。1954年，平昌县政府公安局在得胜、五木、双凤、双鹿等地破获反革命组织“十字党”，逮捕首犯和骨干成员6人，自首登记宽大处理95人。是年11月，南江县破获反动组织“西南民主同盟保民救国军”，在全县明令取缔。

1956年7月，南江县在关坝破获以刘汉杰为首组织的“清洋太平军”反革命集团。1957年5—10月，巴中县在化成乡破获以喻德厚为首组织的反革命集团“复兴民主党”，缴获各种罪证27种、70余件，逮捕首犯和骨干成员7人，宽大处理40余人。是年9月，南江县在关坝、桥亭破获以李廷忠、袁正荣为首组织的反革命集团“国民军革命反共党”，缴获罪证，摧毁组织，逮捕李、袁二犯；并在关坝乡破获以张大龙为首组织的反动组织“仁义党”。11月，又在上两乡破获以袁槐芳、袁芳富为首组织的反革命集团“忠义人民救国军”。是年10月，通江县在芝苞乡5村破获以小学教师伏登高为首组织的反革命组织“复兴党”，逮捕首犯，宽大处理9名成员。

至1966年，境内4县共破获各种名称的反动组织90个，逮捕法办首犯、主犯和 骨干分子550余人。1970年，平昌县在笔山、前锋、岩口、石板、先锋、麻石、千秋、凤凰、石垭、城东、荔枝、黎明、响滩、元沱、坦溪、六门、澌岸等17个公社，先后破获以吴凡文为首组织的“中国人民革命红心党”，以谭春寿为首组织的“四0三战团”，以鲜海章为首组织的“四民党”，以陈登忠为首组织的“民主自由党巴山革命小组”，以韩德润为首组织的“救国党”，以杨全德为首复辟“平产党”。在这6个反革命组织中，逮捕首犯和骨干成员30人，自首登记宽大处理70人。其中，“中国人民革命红心党”涉及达县、宣汉、万源、平昌、渠县5县，共逮捕罪犯48人，平昌捕11人，后判处4人死刑。在卫东公社破获以撤职大队会计李怀义为 首组织的“反共救国军”，逮捕首要分子3人。是年，南江县一举破获一起重大纠合性号称“三教”的反革命集团，捣毁建立在南、旺（苍）两县大山中的“灵机洞”“三星洞”“青龙洞”“大旗洞”等4个反革命据点。首犯蔡天阶自封“皇帝”，刘天福“统管兵权”，主犯杨伦之为“宰相”；其纲领是“扭转乾坤，改朝换代，推翻共产党，立帝圣明王”，反革命活动明目张胆，极为猖獗，先后发展成员18人，裹胁群众58人，涉及南、旺两县的12个公社。破案后，逮捕首犯、主犯和骨干13人，蔡、刘被判处死刑 。

1970—1978年，境内4县共破获反革命组织24个，逮捕法办首要分子70余人。

1984年，南江县破获“青军”（成员都穿青色衣服）反革命集团案，主犯谭专一、何淑华（女），曾伪装“神医”，装神化水，谎言“免灾祛难”，骗取群众钱物。经收审后，不思悔改，进而编造神话鬼语，在巴中、南江、旺苍3县10多个乡镇，拉拢迷信鬼神的干部群众，拼凑反革命组织，妄图颠覆人民政权。破案后，谭、何2人被逮捕法办。是年，巴中县在金碑公社破获以劳改释放犯杨明英与芦山公 社李中英（曾任国民党部队少尉）为首组织的“中国友好党”，逮捕首犯2人。

四、打击破坏活动

中华人民共和国成立后，一些敌对分子不甘心失败，总是千方百计地收买腐蚀干部，拉拢落后群众，进行反革命破坏活动。除组织反革命组织、阴谋进行暴乱、蓄意 进行捣乱外，有的书写反动标语、传单，攻击党的领导和路线、方针、政策；有的与海外敌特机关挂钩，妄图颠覆人民民主政权；有的施用反革命伎俩，利用党、政工作上的某些失误，乘机进行各种破坏活动。各县公安机关不断加强政侦工作，及时进行查处，给予有力地打击。

1976年后，结合案件处理，游斗罪犯，展览罪证，教育群众，分清是非，减少政治案件的发生。

1979年，为适应全党工作重点的转移，对过去的政治案件，经过逐件清理，平反一批冤假错案。对社会上出现的换“伪币”、闹“神水”等典型事件，进行深入侦查，有效制止。1981年，南江县公安局在大河公社街道侦破乔体元、苏朝和署名“李军”、“老K”给台湾特务机关写挂钩信件案。1985年，加强“无神论”宣传，打击一批巫婆神汉，迷信活动大为减少。1989年，受国际国内政治大气候的影响，政治案件普遍上升。1996年以后，坚持“两手抓”，以破案、调研、查禁非法组织为重点，全面推进各项工作 。

1999年起，坚持“稳定压倒一切”的方针，加强情报信息网络建设，形成以国内安全保卫大队为龙头，派出所国安民警为枢纽，责任片区民警为骨干，乡镇治安室（单位保卫科股）人员、村治保工作积极分子为依托，秘密力量为触角的立体信息网络。2000年，全市发生、发现危害国家安全和政治稳定的案件、线索18起，其中立案15起，破获14起，破案率93%；列线3起，全部查清。

五、粉碎敌特空降

1953年1月28日凌晨1点30分，南江县燕山乡3村6组农民张建邦、李世金在家织布未睡，忽闻飞机嗡鸣声由远而近，声音愈来愈大。2人出门察看，夜幕中见一架三头飞机，从东北方向飞来，越飞越低，在小地名“长梁”上空绕一个圈子，投下两个很大的东西后，朝原来方向飞去。张顿起疑心，对李说道：“常听政府宣传，国民党虽被赶到台湾，但并不甘心失败，在美帝国主义支持下，还可能从空中向大陆派遣特务，进行破坏活动，今晚莫不就是空降特务呢!”县公安局获悉情报，随即派侦察干警带领公安队一个班前去执行搜捕任务。天明，循着空降地域留下的足迹和遗物，在一山洞内发现两个人正蹲着看地 图。部队、群众将洞口团团包围，两特务见势不妙，走出石洞，意欲逃窜，被2000余人军民围堵。后经审讯，一人叫陈涤生，又名陈涤、陈积德、陈一平，28岁，山东梁山县人，曾任国民党部队中尉排 长，1949年4月，随蒋军逃去台湾，1951年2月—1952年2月，被派往日本东京“民主自由运动干部训练班”接受特务专业训练一年；另一人叫王德庆，化名刘德明，27岁，达县城翠屏路人，曾在国民党部队驾驶汽车，1948年，淮海战役失败后，随辎重第七团经上海去台湾，1952年10月，调到“反共救国军训练班”接受特务训练。二人领受派遣任务后，27日15时左右，从东京起飞，同机7人（含机组3人，协助跳伞2人）。降落后，拟在山区潜伏下来，以金钱收买群众，达到游击骚乱之目的。抓获后，奉令押送西南区公安部处理。

1971年6月下旬，通江县先后在空山、河口、新文、铁溪、什 字、平溪、临江、新潮、铁厂、楼子、砥坝等11个公社、44个大队、94个生产队，收缴到台湾国民党特务机关向大陆空飘的反动宣传品5种、202张。1979年7月27—29日，该县又在铁溪、广纳、铁佛、麻石、洪口、永安、涪阳、平溪等区22个公社，收缴到台湾特务机关空飘反动“心战”品30种、8.06万张，气球爆炸后的薄膜碎片8张。是年8月6日，巴中县先后在恩阳、渔溪、清江、平梁等区收缴到台湾特务机关用塑料布包裹空飘的大量反动传单，做到不隐藏、不传阅、不扩散。1983年7月13日，平昌县元石公社檬子村退休干部苟兴仁在自留地边发现台湾空飘的“心战”宣传品，共重44.5公斤，其中大小不等的漫画4种，彩色宣传品54种，重35.5公斤；针织品、食品、药物77件，重9公斤。

1986年7月，巴中县青山乡松林村7社党员潘大地等人，发现堰口田边至下沟玉米地有2个大塑料袋和2个小泡沫盒，内装有印刷品及日用品和食物，便判定是台湾特务机关空飘降落的东西，立即报告公安机关。县公安局组织收缴工作组，一行4人前往开展工作，通过两天的宣传动员，将村民拾走的全部收缴起来。共计有反革命传单30余种1.1万张及画册7本，微型电器1台等。除反动传单和漫画外，其他物品和包装上均印有反动宣传的话语。

第二节 清剿土匪

川陕省苏维埃时期，一些较大的股匪，或与恶霸地主豪绅勾结，或被国民党军队利用，丧心病狂地与红军为敌，隐匿深山密林，不时偷袭苏维埃政权，残杀革命群众。1933 年 3—6 月，红军集中主力粉碎四川军阀组织的“三路围 攻”，1934 年 3—9 月，击溃蒋介石命令刘湘指挥的“六路围剿”，但在战争间隙，仍抽出一定兵力，同政治保卫部门一起，组织赤卫军、游击队、独立营等地方武装，开展大规模地剿匪斗争。根据通江、巴中 2 县史志记载，较大剿匪行动有清剿老君山匪首景辉秀；剿灭登文山土匪武装；歼灭反动匪徒“大刀会”；清剿通江磨儿垭土匪李茂春；平定渔溪寺土匪暴乱；清剿大土匪王三春；清剿“神匪”袁玉章。除上述大型剿匪活动外，省、县政治保卫局还时常清剿零星、分散的股匪。

民国时期，境内较大的剿匪行动有民国 26 年（1937 年），通江县长王蜀屏“以匪治匪”，除掉三大匪首；民国 33 年（1944 年），2 区 3 县围剿巴中匪首彭良栋；民国 35 年（1946 年），省、专、县联合剿灭南江土匪孙鹏；民国 37 年（1948 年），南江县一次毙匪 14 人。

1950 年，面对土匪的猖獗，境内 4 县在开展征粮、反霸的同时，对股匪、暴动匪进行清剿。各县都成立以党、政、军主要领导人为首的“剿匪委员会”。解放军某团某营驻守巴中，某营进驻通江，某营进驻南江；各县都组建县大队。巴中县民众自卫总队起义后，由某团进行整编，改编为县大队第一、第二 2 个连，约 200 多人，另从南江调回解放军 1 个连，编为某连。建队后，一、二连配合某团某营到恩阳、清江、鼎山等地参加剿匪。在清剿土匪运动中，贯彻“军事清剿和政治瓦解相结合”的方针，实行“坦白从宽，抗拒从严，胁从不问，立功受奖”的政策。从 3 月份开始，南江县以部队为主力，军民配合，在正直、长赤、赶场、关坝等重点地区，展开声势浩大地清剿工作。至 4 月底，全县共毙伤土匪 15 人，俘获 107 人，争取缴械投降 50 人，收缴各类枪支 1000 支，各种军用物资 427 件 ，基本歼灭大股土匪武装。5 月 15 日，经达县专区行政公署批准，将大匪首郑鼎公审处决于大河口，在全县造成很大震动。

第二章 刑事侦查

第一节 禁烟缉毒

民国初年，四川当政者继续厉行禁烟，规定：“凡贩卖烟膏，私售、吸食鸦片者，均得受罚”。全省鸦片种植一度减少。民国 6 年（1917 年）以后，进入“防区制”时期，驻防通、南、巴的军 阀郑启和、田颂尧都把鸦片经营作为重要的军费来源，强迫农民种植，改粮田为烟田，郑启和规定“户交鸦片特别捐 10 元半”；田颂尧推行“寓禁于征”，课收“红灯捐”“瘾民捐”；通过种烟课税，聚敛财富，扩充军备，中饱私囊。

1932 年冬，红四方面军进入通江，在县城成立“川陕省禁烟总局”，境内各县设立戒烟局，专司戒除烟毒之职。1933 年，巴中县苏维埃政府发布戒烟布告，组织宣传队书贴、石刻标语，宣传吸食鸦片的害处；对种、吸烟者进行登记；没收土豪劣绅家的烟土，收买穷人和一般农民家的烟土；并分批集中吸食鸦片者于戒烟局，发给戒烟药丸，直到戒除为止。在通江县境，除红江县平溪坝由苏维埃政府批准种烟外，其余各地一律禁种。是年 6 月下旬，南江、长赤 2 县苏维埃普遍开展禁烟运动，“瘾民”集中乡苏维埃戒烟，大部分戒掉。至 1935 年 3 月，巴中县境（包括巴中 、恩阳、江口、长胜 4 县和巴中特别市）戒掉吸毒者占 70%。

民国 24 年（1935 年），国民党中央政府统一川政后，提出“六年禁烟计划”，规定到民国 29 年（1940 年）禁绝种植。民国 28 年（1939 年）8 月，省政府农村巡回调查团《报告》称：“ 通江、南江、巴中 3 县私土充斥，私烟馆林立，公土膏店巴中计有 26 家……烟民约占全数十分之 六，公务人员不吸烟者，实属鲜见”。至民国 38 年（1949 年），巴中县仍有营业性烟馆 100 余家（其中年售生烟 1000 两以上的 9 家），瘾民 3200 余人，部分富绅还吸食吗啡。中华人民共和国成立前夕，平昌县江口镇尚有烟馆 29 家；一个不满 100 人的福申小场，就有烟馆 3 家；元山乡罗正富因吸食鸦片，几年卖掉 100 多背（折合 1. 33 公顷）田产，造成妻离子散。

1950 年，通江县种鸦片面积达 2666. 67 公顷，有瘾民 7000 多人，烟馆 150 多家；南江县偷种鸦片的面积竟占总耕地面积的 30% 以上；巴中县部分地方，也有继续种植鸦片者。7 月，西南军政委员会发布《关于禁绝烟毒的实施办法》后，境内各县相继成立“禁烟毒委员会”，结合清匪反霸、减租退押、土地改革和镇反运动，全面开展取缔烟馆、严禁种植、贩运、吸食毒品等禁烟禁毒工作，1953 年戒绝。

1980 年后，由于国际贩毒活动将中国作为从东亚“金三角”到香港、澳门贩运毒品的陆上通道，贩运、吸食毒品活动又在一些地方死灰复燃，并不断蔓延扩大。1981 年，各地公安机关会同有关部门重新开始禁毒宣传和毒品查禁工作。

1994 年 8 月 11 日，行署决定成立“巴中地区禁毒工作领导小组”，设立办公室于地区公安处。1995 年，全地区共侦破毒品案件 13 起，抓获各类涉案人员 52 人，其中毒贩 23 人，缴获假海洛因 850. 5 克，假鸦片 2. 99 千克，罂粟壳、籽 8. 3 千克，哌替啶（杜冷丁）1350 支，铲除罂粟苗 1340 株，查获吸、扎毒人员 26 人。

1996 年，全地区毒品犯罪有所抬头，各级公安机关按照“三禁并行，堵源截流，严格执法，标本兼治”的禁毒工作方针，坚持“有毒必肃，贩毒必惩，种毒必究，吸毒必戒”的原则，加大禁毒宣传力度，加大毒品案件侦破，大力查处种毒、掺毒行为；设立规范的戒毒所，对严重吸毒人员实行强制戒除。是年，共侦破各类毒品违法犯罪案件 15 起，其中大案 2 起，摧毁毒品犯罪团伙 2 个 8 人；抓获各类毒品犯罪涉案人员 61 人，其中贩毒 25 人，缴获假海洛因 1. 2 千克，鸦片 2. 35 千克，罂粟壳、籽 38. 5 千克，哌替啶（杜冷丁）2248 支，铲除罂粟 94 株；查获吸、扎毒人员 38 人。

2000 年，全市上下“齐抓共管，综合治理”，加强宣传教育，积极创建“无毒社区”，不断严厉打击毒品犯罪活动，使整个禁毒形势明显好转。全市在案侦破涉毒案件 13 件，打击处理 15 人。

第二节　专项整治

一、打流窜反盗窃

20世纪50年代，农业合作化高潮时期，人民群众在低水平上“丰衣足食”，曾有一度“夜不闭户，路不拾遗”的太平景象，但为时并不很长。1959年后，由于“三年自然灾害”等原因，盗窃粮食和偷杀牲畜的案件大幅度上升。巴中县鼎山公社民主管理区（康家坝村）谯少林等3个农民，因偷盗生产队薯地红苕，被发现追查，羞愧难当，2人悬树自缢，1人跳水自尽。1962年后，随着公共食堂下放，国民经济调整，人民生活逐年改善，盗窃案件逐步减少。70年代，社会治安状况日益混乱，盗窃案件急剧增加，反盗窃斗争成为各级公安机关日益繁重的任务。1972年5月26日，南江县公安局破获红顶公社以周文全为首的盗窃集团案，经审讯追查，挖出大小盗窃案114件，并缴获手枪1支，子弹10发，以及大量赃物。

80年代，境内流窜、盗窃案件有增无减。1980年12月3日，四川省温江疗养所离休干部姜正勤到巴州镇新市街居民张连华家探亲，被罪犯盗走“特朗宁”手枪1支、子弹10发。案发后，巴中县公安局组织力量侦查，3小时内便将案犯彭显贵抓获，追回被盗枪弹。1986年1月，平昌县委批转县公安局《关于开展反盗窃斗争的意见》，作出具体部署，县政府发布《关于严厉打击盗窃犯罪活动的通告》，印刷5000份发至村组张贴。各区（公所）、乡（镇）和县级机关单位都建立领导小组，确定专人负责，召开各种会议，充分发动群众，提供情报线索，开展侦破工作。至8月底，通江县破获各类案件87件，其中盗窃案69件，依法处理罪犯14人，缴获赃款赃物（折币，下同）7800元。1987年，境内各县开展“反盗窃”专项斗争。巴中县共破获各类刑事案件55件，收缴赃款赃物9500余元，公开打击处理18人。1989年，开展以侦破耕牛被盗案为突破口的专项斗争。是年4—5月，平昌在镇龙、云台、得胜等地，共破25案耕牛被盗案，为群众追回被盗耕牛31头，挽回经济损失2万余元。

1990年5月，巴中县公安局再次开展“反盗窃自行车”专项斗争，清理登记自行车4.2万辆，查破盗车案360余件，缴获被盗自行车500余辆。1991年，平昌县共发生盗窃案528件，占全部刑事案件的86%；破获313件，占发案总数的59.3%。

1992年1—4月，境内公安机关组织优势兵力，集中时间，开展“反盗窃”斗争。巴中县公安局共查获作案人员550人，其中逮捕40人，收审89人，治安处罚421人。平昌县公安局在达县地区公安处“5·18”电话会议后，立即组织内保、刑警及区镇派出所干警，配合区、乡党政部门及各单位保卫科（股）、经济民警、治保会、联防队、护楼守院队，联合行动，在全县开展“反内盗百日破案战役”，重点打击盗窃企业生产原辅材料、机械设备、工业成品或半成品等案件，为企业保驾护航。

1994年，全地区摧毁盗窃团伙108个、441人，分别占各类犯罪团伙和成员总数的43.7%、43.6%。1995年，全地区摧毁盗窃团伙115个，查获成员431人，分别占各类刑事犯罪团伙和成员总数的50.9%、48.7%。1996年，全地区摧毁盗窃团伙115个、成员441人，分别占各类刑事犯罪团伙和成员总数的55%、52%。是年，通江县公安局共立刑事案件414件，其中盗窃案件229件，占55.3%。1997年，全地区摧毁盗窃团伙86个，查获成员315人，分别占刑事犯罪团伙、成员总数的58.9%和54.1%。1998年，全地区摧毁各类刑事犯罪团伙101个，其中盗窃团伙50个。通江县公安局共立刑事案件301件，其中盗窃案155件，占51.5%。1999年，全地区摧毁盗窃集团55个。平昌县公安局立各类刑事案件405件，其中盗窃案237件，占58.5%；破案率为85.1%。

2000年，巴中市级机关家属楼连续发生13起撬开防护栏入室盗窃案，盗走价值6万余元的物品。案发后，市刑侦民警共同努力，仅在7天时间内，查获一个由彝族人组成的重大流窜盗窃集团，抓获犯罪嫌疑人11名，追回部分赃款赃物。同时，罪犯携带匕首窜入平昌县得胜乡四化村一社吴小平家行窃，为抢走吴家影碟机，竟刺伤年仅6岁的小女儿。案发后，县公安局刑警三中队与得胜派出所联袂作战，很快侦破全案，抓获罪犯。

二、打击拐卖人口

1974年，各县根据中共中央“对人贩子要坚决予以打击”的指示精神，成立“31号办公室”，专抓此项工作，起过一定作用。但由于极“左”路线和派性的干扰，措施实施不力，工作不深不透。其后，随着机构消失，人贩子活动又乘势抬头，且愈益猖獗。他们抓住部分青年妇女贪图钱财，或姊妹较多、生活困难，或夫妻不睦、追求享受等心理因素，以引诱妇女外出挣钱，结“干亲”、收“干女”，为多子女牵线搭桥等欺骗手段，拐卖年轻妇女，引起人口外流。到1978年，平昌县被拐卖的妇女有70人。查出人贩子18人，其中逮捕判刑4人，戴帽判管2人，送劳教1人，群众批判退赃7人，外逃4人。通过初步打击和法制教育，拐卖人口活动有所收敛。

20世纪80年代，各县贩卖人口犯罪又有所抬头。1982年，省委发出关于严厉打击拐卖妇女儿童犯罪活动（简称“打拐”）后，巴中县从公、检、法、司、民政、共青团、妇联等部门抽调干部3人，组成“贯彻省委87号文件办公室”。接着下发文件和宣传提纲，层层动员，掀起依法从重从快严惩拐卖妇女儿童犯罪活动的斗争。根据群众检举揭发和平时掌握的线索，先后抽派干警230多人（次），到河北、河南、山东、安徽等10多个省进行调查。通过内查外调，掌握人贩子大量拐卖妇女儿童犯罪活动的罪证材料，摧毁犯罪团伙32个，打击处理犯罪分子676人（团伙分子148人），逮捕399人（其中判处死刑10人，无期徒刑10人，有期徒刑354人，缓刑9人，免于刑事处理16人），行政拘留49人，建议给予党、政纪处分238人；缴获赃款及赃物折币6.92万元。

1993年，各县“打拐办”迁到公安局，公、检、法、司四家抽调人员联合办公，拐卖妇女儿童案件统由公安部门办理。1994年，“打拐”办公室业务并入县（市）公安局刑警大队，“打拐”工作实行两级破案责任制，各区（公所）镇发生的拐卖妇女儿童案件及其解救工作，原则上由各派出所受理；对团伙犯罪以及影响大危害大的案件，由各地查清材料后，报送刑警大队，统一抽调警力外出办理。

1995—1996年，全地区“打拐”工作坚持“打防并举，标本兼治”的方针，强化侦察破案、追逃、解救、防范等环节。各级公安机关特别是刑侦部门，广泛发动群众，多方开辟拐卖人口案件情报线索，认真开展调查摸排，做到心中有数。在此基础上，突出工作重点，集中人力、财力，狠抓大要案件侦破，把犯罪团伙作为打击重点，加强对在逃人贩子的追捕工作。同时，将解救与办案相结合，解救与缉捕人贩子相结合，对急需解救的人员，千方百计挤出资金，派出工作组，全力以赴做好解救工作。全地区共破获拐卖人口案件136起，其中大案122起，摧毁犯罪团伙40个、成员133人，抓获犯罪分子282人，追回在逃罪犯88人，解救妇女儿童92名（其中儿童25名）。

1998年，全地区破获拐卖人口案68起，其中大要案59起，摧毁犯罪团伙8个，抓获犯罪分子46人，解救妇女、儿童18名，挖出隐积案8起。

2000年，按照公安部的统一部署，参加全国开展的“网上打拐”专项斗争，市公安局刑警支队全力以赴，深入各地督战，积极靠前指挥，全市“打拐”工作取得成果。是年，破获拐卖妇女儿童案309件，其中省级挂牌督办案4件，摧毁犯罪团伙66个成员252人，抓获犯罪嫌疑人645人，其中逮捕285人，移送市外公安局处理109人，其他处理251人；解救被拐卖妇女儿童286人。

第三节 “严打”斗争

1983年，中共中央作出《关于严厉打击刑事犯罪活动的决定》（简称“严打”），境内各县积极响应，开展第1次“严打”斗争。1983年8月24日，各县召开“县委政法工作会议”，坚决响应党中央的号召，打好这场“严打”斗争。会后，各区、乡相继召开会议，层层传达、动员，由党、政一把手亲自领导指挥，连夜突击准备。通江县在“严打”第一战役，组织各级党政干部、政法干警、解放军、民兵、治保人员和积极分子3900人（其中公安干警172人），出动车辆70余辆（次），于1983年8月30日、1984年2月20日、6月29日，对各类刑事犯罪分子进行3次严打。第一仗，集中打击浮在面上的犯罪分子；第二仗，重点深挖机关内部的犯罪分子和农村中第一仗触动不大或没有触动的地方；第三仗，重点打击流窜犯罪分子。巴中县“严打”第一战役，从1983年8月24日—1984年7月31日，亦打三仗，斗争锋芒直指7个方面的犯罪分子，书写反动标语，散发反动传单，投寄反革命挂钩信、匿名信的现行反革命分子和搞反动会道门复辟活动的分子；各种犯罪团伙分子；流窜犯罪分子；重新犯罪的劳释犯和解除劳教人员；强迫、引诱、容留妇女卖淫的新老鸨儿和拐卖人口的犯罪分子；有现行破坏活动的林彪、江青反革命集团残余分子；杀人、放火、爆炸、投毒、贩毒、强奸、抢劫和重大盗窃的刑事犯罪分子。第一仗，收捕各类犯罪分子770名；第二、三仗，依法打击漏网的、流窜的、隐蔽深、危害大的7个方面的刑事犯罪分子255名。

1984年9月—1986年1月，平昌县“严打”斗争第二战役，历时1年零5个月时间，先后打5仗。1984年9月10—13日，通江县第二战役第一仗统一行动，共清查1镇76乡、477村、2528个农业社，655个机关、厂矿、学校，167个旅馆、招待所，61家个体客栈、幺店子（路边小旅店），98个建筑工程队和基建工地，5个运输队，18个车站、停车点，511台汽车，57个码头，70只船只，47个小煤窑，23个牛棚，492个山洞、涵洞，37处私人出租房，17个流窜犯落脚点，2230名暂住人口；共挡获无手续、有嫌疑作案的各类人员443人，其中查获外省外县流窜犯和有重大犯罪嫌疑人员16人，追捕在逃犯2人；依法逮捕各类罪犯51人，其中“七类案件”罪犯23人，其他案犯28人。1984年9月10日晚，南江县在全县连续3天集中统一行动，共逮捕罪犯15人，收审95人，清理审查外流人员3450人，抓获第一战役批捕在逃犯2人和外地劳改逃犯1人；缴获子弹72发，凶器9件，火枪1支，雷管192枚，炸药350公斤，赃款4428元，手表10只，自行车3辆，缝纫机2部，其他赃款赃物550余元，并缴获一批淫秽书画和迷信活动工具。

1986年，是严厉打击严重刑事犯罪“三年为期，三个战役”的最后1年。平昌县根据调查掌握的情况，严重影响社会治安而必须解决的是盗窃、诈骗及经济犯罪、流氓犯罪、破坏农电设备、拐卖妇女儿童等方面的问题。1986年4月6—8日，通江县公安局召开科、所、队长会议，专门研究在全县开展“严打”第三战役和反盗窃斗争。巴中县在3年3个战役中，对各种刑事犯罪分子进行9次严厉打击，共破获各类刑事案件853件，其中重特大案件127件，抓获各类犯罪分子1237人，摧毁各类犯罪团伙68个314人，收容审查1044人，治安处罚1131人，送劳教和作其他处理890人。

1990年5月起，根据中央政法委《关于集中开展严厉打击严重刑事犯罪活动的工作方案》，在省、地公安机关的统一部署下，各县开展第2次“严打”斗争。通江县县、区（公所）、乡三级成立“严打”指挥小组和办公室185个，组织2318人，出动大小车辆120台（次），以社会治安复杂区域和危害社会治安的严重刑事犯罪分子为重点，开展第2次“严打”。逮捕罪犯114人，打掉犯罪团伙

22 个、56 人；缴获手榴弹 2 枚，“五一”式手枪子弹 50 发，雷管 63 发，炸药 17.5 公斤，导火线 41 米，赃款及赃物折币 4.3 万元。巴中县把打击的重点部位放在县城、区（公所）、乡场镇、公路沿线、车站码头、公共复杂场所和交通结合部，重点对象确定为行凶杀人、爆炸、盗窃枪支、持枪作案的严重暴力犯罪分子和强奸犯、流氓犯、卖淫集团及其窝主，煽动组织暴乱、动乱以及进行破坏活动的现行反革命分子，尤以打击团伙犯罪为突出重点。平昌县这次“严打”斗争，亦分 3 期进行，连打 3 仗，抓获各类违法犯罪分子 4492 人，其中刑事案犯 250 人；缴获赃款及赃物折币 23.5 万元；摧毁犯罪团伙 51 个 220 人，其中拐卖人口团伙 39 个 165 人，抢劫团伙 1 个 4 人，盗窃团伙 6 个 25 人，破坏电力设备团伙 2 个 7 人，其他团伙 3 个 19 人；端掉赌博、盗窃、拐卖人口的窝户、窝点 17 个；破获各类刑事案件 590 件，其中重特大案件 56 件，抓获在逃案犯 62 人。

1993 年 8 月 10 日，达县地区公安处召开“严打”电话会议后，平昌县公安局率先行动。经过 4 个多月的艰苦努力，开展两次“严打”斗争，共破获各类刑事案件 222 件，其中重特大案件 38 件，摧毁犯罪团伙 21 个 87 人，抓获各类犯罪分子 345 人、批捕在逃犯 16 人、负案在逃犯 32 人，收容审查 340 人，逮捕 138 人，其中属 6 种重点打击对象 124 人，占 90%。国庆、元旦前夕，在县城和 42 个区（公所）、乡场镇召开声势浩大地宣捕宣判大会。巴中县各级各部门成立以党政主要领导挂帅的“严打”领导小组 106 个，县公安局抽调 70 名干警，组成 14 个工作组，分赴各派出所协助工作，共破获各类刑事案件 479 件，其中重特大案件 78 件，摧毁各类犯罪团伙 54 个 222 人，查获各类违法犯罪嫌疑人 543 人，收 审 448 人，报捕 295 人，劳教 15 人，少管 2 人。

1994 年，全地区先后组织 2 次“严打”集中行动。是年，共立各类刑事案件 2584 起，破 2234 起，破案率 86.5%，其中立重特大案件 603 起，破 532 起，破案率 88.2%，并侦破年前隐积漏案 655 起；抓获各类案犯 2182 人，缴获赃款及赃物折币共 247.23 万元。

1995—1996 年，全地区公安机关积极主动进攻，强化侦察破案，发扬连续作战精神，开展以“打现行、破大案、挖团伙、抓逃犯、保春耕”为重点的“春季严打战役”和一系列破案战役。全地区共立各类刑事案件 4125 起，破 3581 起，破案率 86.81%，其中重特大案件 1096 起，破 965 起，破案率 88.05%，协助外地公安机关破案 147 起。

1997 年，全地区各级公安机关始终把“严打”精神贯穿于刑侦工作的各个环节，坚持集中“严打”行动和经常性的“严打”工作相结合的方针，结合区内治安实际特点，在各个时期组织多种形式的专项整治和破案战役。3 月 20 日—7 月 15 日，开展声势浩大的春、夏季“严打整治行动”，共破获各类刑事案件 660 件，其中重特大案件 154 件，摧毁犯罪团伙 99 个 385 人，查处治安案件 874 起，整治治安复杂场所 233 处；抓获各种作案人员 363 人，其中刑事拘留 333 人，提请逮捕 187 人，劳教 14 人，少管 2 人，治安处罚 78 人。是年，刑事案件共立 1634 起，破 1403 起，破案率 85.9%，比 1996 年下降 16.5%，其中重特大案件立 487 起，破 410 起，破案率 84.2%，比 1996 年下降 10.1%；并破年前隐积漏案 281 起（大案 168 起），协助外地破案 89 起（大案 62 起）；抓获各类犯罪嫌疑人 2873 人，其中逃犯 140 人（批捕在逃 52 人，负案在逃 88 人）；摧毁各类犯罪团伙 146 个 582 人，涉案 329 起，与 1996 年同期比，犯罪团伙下降 30.1%；缴获赃款及赃物折币 320 余万元，枪支 4 支，炸药 40 公斤，雷管 247 枚。

1998 年，开展“春节严打整治”“秋季严打战役”“冬季严打行动”，打击犯罪分子嚣张气焰。全地区各类刑事案件立 1404 起，破 1185 起，破案率 84.4%，其中重特大案件立 515 起，破 424 起，破案率 82.3%；破年前隐积案 130 起（大案 38 起），协助外地破案 80 起，摧毁犯罪团伙 101 个 362 人，涉案 222 起。

1999 年初，开展打击走私、盗窃、抢劫机动车犯罪的专项斗争，破获盗抢机动车案 35 起，摧毁犯罪团伙3个，抓获犯罪嫌疑人57人，缴获赃车35辆。3月份，各地根据车匪路霸、重大盗窃、杀人、抢劫、诈骗犯罪活动突出的情况，开展“春节严打斗争”。5月份，针对投毒、杀人、抢劫、绑架人质、盗窃、涉枪犯罪等严重暴力犯罪突出的情况，开展大规模地“集中整治治安秩序、打击突出犯罪活动”的专项斗争。

2000年，全市开展“春季严打”“网上打拐”“打黑除恶”“冬季严打”等集中统一行动。全市共立各类刑事案件2975起，破1821起，破案率61.2%，破案绝对数较1999年增加363起，增长24.9%；查获作案人员1913人，其中逮捕653人，劳教45人，其他处理1215人；缴获赃款及赃物折币265万余元。

第三章　预审·看守

第一节　预审工作

民国初，袁世凯为装潢门面，以《大总统令》规定：行政、司法官署审理案件，一律不准刑讯逼供，不法刑具悉令焚毁；具罪该处笞杖、枷号者，一律改为罚金、拘留；违反禁令者，剥夺公权并治罪。其后，北洋政府及国民政府均在《刑事诉讼条例》《“中华民国”刑事诉讼法》中规定，审理刑事案件要经过预审程序。但在“防区”时代，军阀割据一方，这些规定并付付诸实施。民国25年（1936年）起，各县预审工作先后由县警佐室司法股和县警察局司法科负责。但国民政府相继公布《维护治安紧急办法》《戡乱时期危害国家紧急治罪条例》等法规条令，授权军队、宪兵及各特务组织直接掌管侦察、逮捕、审讯，实施法外制裁。大肆搜捕共产党人的革命志士，刑讯逼供，任意杀戮，制造一系列惨案。

1950年，各县公安局设执行股，负责预审工作，后改为审讯股。1953年4月12日，达县专区公安处制发《关于审讯工作的几个重要问题》，提出“严肃、慎重”的审讯工作方针，进一步明确审讯工作的方法和注意事项。1955年5月，各县人民检察院成立后，逮捕、拘留案犯，均按法律程序办理，建立健全一整套预审工作制度。在预审中，坚持贯彻“实事求是，重证据，重调查研究，严禁逼、供、信”的方针，采取审讯与调查相结合的方法，迅速审结全部案件。是年，审讯股改为预审股。

1957年，一些不思悔改的地、富、反、坏分子，乘全党整风之机，互相勾结，攻击党的各项方针政策，破坏工农业生产。为保卫整风运动的顺利进行，平昌县逮捕进行破坏活动的“四类分子”299人；通江县依法逮捕不法地主32人，富农18人，反革命16人，坏分子1人，刑事犯罪分子18人；均速审速结，及时移送检察、法院，依法进行判处。

1960年12月，平昌全县开展“整风整社”运动，在59个公社分两批交叉进行，1961年5月结束。县公安局抽调一批干部，到县整风整社办公室和9个工作团办公室工作，对那些钻入革命阵营、篡夺领导权进行破坏活动的地富反坏分子，以及依仗职权欺压群众、严重违法乱纪的干部，集中县上审查。全县共集训556人，通过审查逮捕86人，做到专案专办，速审速结。通江县在农村开展以

“新三反”（反贪污、反浪费、反官僚主义）为主要内容的整风整社运动，公安机关紧密配合，对查出的 30 名坏分子和不法分子，依法逮捕，快速审结。

1962 年，公安部颁发《预审工作细则》，各县公安局认真组织预审干部学习贯彻，通过总结经验教训，进一步提高依法办案，重证据、重调查研究、不轻信口供的自觉性。

1965 年 5 月，传达贯彻第二次全国预审工作会议和全省预审工作会议精神，实行侦察、预审分开的制度，发挥侦察、预审部门互相制约的作用。但在“文化大革命”初期，预审工作遭到严重破坏。在“砸烂公检法”，“打破旧框框”，反对“穿新鞋、走老路”，大搞“群众专政”的口号下，出现随意抓人、捕人的现象，预审办案实行“开门办案”“群众办案”，大搞逼、供、信，造成一大批积案和冤假错案。1973 年，各级公安机关恢复预审机构，通过学习贯彻毛泽东、周恩来关于“废除法西斯式审查方式”的指示，反对逼供信，重申重证据、重调查研究、不轻信口供等预审工作方针，纠正办案中的违法乱纪行为。

1979 年 2 月，《中华人民共和国刑法》《中华人民共和国刑事诉讼法》公布，8 月，全国、全省第三次预审工作会议召开后，通过认真学习贯彻，进一步明确预审是刑事诉讼中的一项重要司法制度，也是刑事诉讼中的一个重要环节，统一预审工作的范围、程序及方法，确立依法办案、保证质量的一些原则、规章和制度。

1982 年，境内巴中县预审受理案件 50 件，73 人，全部终结起诉。

1994 年，全地区各级预审部门坚持以维护稳定为中心，以破大案、打团伙、追逃犯为重点，充分发挥预审部门的职能作用，紧密配合“严打”斗争和农村治安整治，积极开展预审工作。各级公安预审部门，在办案工作中，始终坚持“突出重点、兼顾一般”的原则，对影响改革开放，破坏重点工程建设的案件，采取分管领导挂帅，集中优势兵力，快速审结。

1998 年，实行刑侦改革，侦审合一。地区公安处和县（市）公安局均设监管科，撤销预审科，预审工作纳入刑侦部门的工作范畴，实行谁主侦、谁预审，以减少中转环节，提高办案效率。

第二节　看守工作

一、监所建设

晚清时期，各州、县除设有监狱外，还设有“待质所”，用以拘禁未决之轻罪犯。清光绪三十二年（1906 年），待质所（曾改称“差带”）改为“看守所”，并附设监狱，关押已判刑犯人。民国初年，巴中、通江 2 县设管狱署，巴中署址衙神庙（巴中市巴州区政府街区林业局处），置若干管狱员管理监狱。民国 24 年（1935 年），通江县管狱署改置监狱长。民国 25 年（1936 年），巴中县仍设管狱署管理狱政，隶属县政府司法处。民国 30 年（1941 年），管狱署改为看守所，分司法看守所和军事人犯看守所。军事人犯看守所设所长、录事、医士、囚粮事务、主任看守、看守、监丁等，并有教诲堂、仓库、职工房舍等。是年，通江县警佐室设看守所和监狱，有看守所长、所丁、法警、医士等人。民国 35 年（1946 年），平昌设治局建立所，亦设军事人犯看守所和司法看守所，军事所关押政治犯和贪污、抢匪等刑事案犯；司法所关押奸淫、偷盗、拐骗、产权、债权等民事案犯。所内设“狱神堂”，在“极应昭彰”的横额下，写着一副对联，上联：“这是什么地方多磕几个头去”下联：“有朝查尔旧案仔细摸着心来”。监狱看守人员将关押人犯分成 2 个等级，有钱人和穷人各住一舍，行贿受贿较为普遍，人犯家中送东西，必须先“买通关节”。狱内卫生条件很差，阴暗潮湿，臭气熏人，苍蝇、蚊子、跳蚤、虱子布满牢房，疥疮、浓泡疮广为流传。

川陕省苏维埃时期，县、市设立看守所，隶属政治保卫局，设男、女监狱，男、女看守队。赤北县（治通江泥溪场）保卫局监狱分上、中、下三舍：上舍关押该杀的恶霸地主、豪绅、土匪等；中舍关押犯罪的富农、小商贩；下舍关押一般轻罪犯。

中华人民共和国成立初，各县解放委员会、人民政府接管旧监狱后，仍名看守所，隶属司法科。1951 年，改属县政府公安局。由看守员、公安队共同管理人犯。1955 年，达县专区专项拨款 3963 元，新建监舍 8 间，并对旧监舍予以整修，以利当年秋季镇反运动的需要。1958 年，又新建穿斗木结构平房 300 平方米。是年，平昌县看守所由县城香翁祠（因 1956 年管理干部住房失火被毁，造成监舍拥挤）迁到城守乡牟家坪。1963 年，为提审、监管方便，又从牟家坪迁移到城关 镇王爷庙县公安局内。是年 6 月，南江县看守所搬迁到距城两公里外的庙子岭，将县通用机械厂翻砂车间改修而成。是年，通江县看守所从县公安局内迁至城东春长坪。在此前后，巴中县看守所扩建监舍，构筑岗楼，从衙神庙迁移区林业局宿舍大楼处，紧接县公安局。1971 年，省公安厅给南江县看守所拨款 1.2 万元，县公安局自行设计、施工，改建监舍 11 间 ，建筑面积 110 平方米。

1993 年，巴中县“三所”（人犯看守所、刑事拘留所、收容审查所）在城西通佛路中段修建新监狱 1 座，共有建筑面积 873 平方米，砖混结构，白壁墙、三合土、钢门窗，通风透光。其余各县也分别加强监所建设。

2000 年，全市“两所”（看守所、拘留所）共有监舍 28 间，人均建筑面积 1.2 平方米，并有内外值勤室各 1 间，医务室、电教室、管理室、阅览室、审讯室、保管室共 8 间，所办公室与监区分离。交通、通讯设施有押解车 1 辆，生活用车 1 辆，10 千瓦发电机 1 台、内外线电话各 1 部，所长、指导员各配有手持电话 1 部。监控设施有摄像机 46 台，监视器 16 支，监听器 61 头 28 个，每个监舍全部安装到位。是年，开机总时数 4500 小时以上，各项功能齐全。

二、人犯管理

民国时期，北洋政府及国民政府曾先后制定《监狱规则》《监狱作业 规则》《改良监狱方案》《看守所组织条例》《看守所附设监狱作业办法》等数十种法规，意图改良狱政。但其实际执行，差距甚远，积弊甚深。民国 29 年（1940 年），四川一国民党人撰文披露各县监狱状况是：“大都承清之旧，简陋污秽，臭气蒸蒸；徒长恶虱，不合卫生；腐败非常，弊窦丛生；管理毫无，烟赌通融；私设刑罚，借端整人；压榨囚犯，种种恶行；罄竹难书，殊甚痛恨”。

中华人民共和国成立后，从公安机关接管、建立看守所起，遵循中共中央“对人犯废除肉刑，废除封建法西斯的监管方式”的指示，严禁打骂虐待犯人。1950—1956 年，在镇反运动中，各地看守所收押看管一大批被拘捕的人犯，认真贯彻“惩办管制与教育改造相结合”的方针，运用“坦白从宽，抗拒从严，立功赎罪，立大功受奖”的政策，管理教育人犯，促其低头认罪，争取从宽处理。1958—1962 年，遵照公安部制定的《看守工作守则》和《看守工作制度（试行）》，各地对看守所进行整顿 ，充实一批看守干部，加强纪律教育，纠正违法乱纪行为。

1959 年 9 月 17 日，在中华人民共和国成立 10 周年大庆前，国家主席刘少奇发布《特赦令》后，平昌县公安局与有关部门配合，对罪行严重，但能真诚悔改的易开达等 3 名人犯，宣布特赦释放，在关押人犯中引起强烈反响，大大增强他们改恶从善、重新做人的信心。

1966—1976 年，看守所实行军事管制。1972 年，公安部重新颁布《看守工作 制度》，使看守工作进一步规范化、制度化。是年 12 月，毛泽东《关于废除法西斯式审查方式的指示》指出：“如打骂虐待犯人，允许犯人上诉”。

1983年起，巴中县看守、收审、行政拘留3所实行联合办公，三块牌子、一套班子，统一领导，统一安排，统一值班，统一检查。

1988年，平昌县看守所进一步健全完善监管岗位责任制，在各监舍人犯中，坚持一周一次小结，一月一次总结，一季一次评查，年终总结评比。同时，还制定“文明监舍”标准。

1991—1992年，巴中县看守所开拓管理工作新路子，开展“三封信”活动（监所给在押人员亲属写信，介绍其在所学习、生活、改造情况，征求他们对管教工作的意见；写信请一些在押人员亲属，来所配合帮教；动员在押人员给亲属写信。汇报认罪、悔过自新，积极改造的决心和收获）和重点突出“三个强化”（强化专政意识，严格监规纪律；强化值班检查，严格出入所制度；强化敌情观念，灵通狱情动态）的作用。

1998年4月，实行“侦审合一”后，地区公安处认真研讨监管工作的新特点、新任务，提出监管工作改过去监管工作是4科（预审）“副业”为专司其职，主动出击；改过去只报表、审查“保外就医”为强化宏观指导，加大工作力度，以工作促管理、促安全的新要求。

2000年，全市开展专项整治监所环境秩序，在人犯管理中实现“三化”（行动军事化、学习制度化、生活规范化）、“三统一”（发型统一、报告词统一、生活设施统一）、“七条线”（被子叠放一条线、洗漱用具一条线、毛巾搭晾一条线、餐具放置一条线、凳子摆放一条线、物品存放一条线、衣服晾晒一条线），监舍环境焕然一新，全市看守工作秩序好转。

三、人犯教育

1956年，全国第三次劳改工作会议后，南江县看守所组织人犯学习《全国农业发展纲要》第四、五条。同时，在文盲犯人中开展扫盲教育，根据原有文化程度，分别编为小学班、初中班，挑选文化程度较高的犯人任教员，购置课本和学习资料，每周学习6小时。通过5个月的学习，文盲犯人一般都能识字400个左右。同时，在劳改场、厂建立篮球场，组织球队进行比赛，并购置象棋、扑克等，开展文娱活动，促进身心健康。

20世纪六七十年代，文化教育相对较少，一般依靠看守人员进行个别谈话教育，集体开会训话讲解，允许人犯读书看报，定时收听新闻广播，有计划有目的地组织人犯在监内看电影，使其受到教育。各个看守所普遍在监舍办《学习园地》或墙报、黑板报，让人犯进行自我教育，加强思想改造，树立正确的人生观。

80年代，随着“严打”斗争开展，在押人犯急剧增多，教育工作大大加强。除组织集体学习、进行个别教育外，各个看守所都邀请人大、政府、工会、共青团、妇联的负责人，到监所作时事、政治、经济形势报告；有的邀请老红军、劳动模范、先进人物、知名人士到监所举行报告会；有的还邀请曾经失足、现已成为新人、勤劳致富的典型人物，到监所介绍“告别昨天，走上新路”的心得体会。

1990年3月，巴中县有计划、有目的的组织在押人员开展“学习雷锋精神，争做‘四有’新人”活动，集中7天时间，分5个专题讲课42小时。同时，购买《雷锋日记》一书，供人犯阅读；组织收看录像《党的好儿子——雷锋》，使人犯树立正确的人生观。

1994—2000年，各看守所在抓安全管理的同时，利用多种渠道，加强在押人员的教育工作。开展分层次针对教育；由预审科长、“两所”所长不定期地进行集中教育；约人犯宗友到所规劝，使其认罪伏法；办案人员进行政策、法制教育；由分包监舍干警经常进行个别谈话，掌握动态，因人施教，融教育于管理之中；组织人犯现身说法；通过搞好生活、卫生和防暑御寒。开展“文明监舍”“文明个人”评比活动，进行集体主义和社会教育。通过各种形式的教育活动，达到提高思想觉悟、促进认罪伏法目的。

四、劳改工作

民国13年（1924年），巴中县绅吴阳生（曾任合川县知事）将考棚（巴中市巴州区公安局内，已拆）改为“习艺所”，自任所长，取得县知事公署司法股同意，组织监狱罪犯进行纺织，使其在劳动中得到改造。川陕省苏维埃时期，各县（市、区）政治保卫局下设“苦工队”，组织轻罪人犯，从事生产劳动。

1951年6月，巴中县人民政府公安局设立劳改股，下设劳改队，按照“改造第一、生产第二”的劳改工作方针，负责对人犯进行劳动改造，先后于监狱内外开办织布厂、缝纫厂、帽鞋厂、米面加工厂、蔬菜队等，将人犯编成若干小组，除参加劳动外，每天组织学习时事、政治2小时。9月，南江县政府公安局设立劳改队，监外劳动，监内食宿，配备武装部队加强班，负责对劳改犯人的看守。先后开办水洞煤厂、小河石灰厂、砖瓦厂，实行8小时劳动、2小时学习、星期日休息的作息制度，所产煤炭、砖瓦基本满足县城需要，煤炭还船运巴中销售。劳动收入主要用于犯人生活和生产费用。12月，平昌县政府公安局亦设立劳改股，在看守所开办粮食加工厂、织布厂，对人犯进行劳动改造。

1952年，通江县政府公安局看守所并入劳改股，设立劳改队，并在铁厂乡、龙凤场乡建铁厂、酒厂，劳动收入亦主要用于犯人生活、生产。

1953年4月，根据省公安厅关于在劳改犯人中开展清理工作的指示，南江县政府公安局对在劳改中表现较好、刑期较短和老弱病残的犯人，根据政策规定，分别采取提前释放、假释、保外就医等方式处理，依法清理释放260名，更增强在押人犯努力改造的信心。

1957年，巴中县公安局劳改队在大溪口修建相当规模的砖瓦厂、石灰厂，调去198名烧砖瓦、拣矿石，其余仍留所内纺纱、加工米面等。

1958年，劳改工作由省统一管理，县公安局劳改股、劳改队相继撤销。

1980年，南江县看守所组织短、残人犯在监内劳改，进行米面加工、打粉、养猪、缝纫、编织和监外种植劳动改造。1991年，平昌县看守所充分发挥人犯一技之长，先后办起豆腐、竹木加工厂和养猪、养鱼、养牛蛙场及缝纫加工业。

1994年起，巴中市（县级）看守所租地办起小农场、养猪场、农副产品加工厂、炭圆加工厂、铁工厂、小卖部等10多个劳动改造项目。2000年，巴中市看守所，除在所外开办砖瓦厂、蜂窝煤厂外，又在所内新办榨油厂、拖鞋厂，对劳教人员实行劳动改造。

第四章　治安管理

第一节　治保组织

一、乡镇治安机构

民国前期，乡镇无专门管理社会治安的机构。民国35年（1946年）成立乡镇警察队维护乡村社会治安，防范匪盗。20世纪50年代后，乡（镇）设公安员。乡镇公安员，初为不脱产积极分子，后属乡镇机构人员编制，受乡镇党、政直接领导，业务上受区公安派出所（特派员）及县（市）局治安科（股）的具体指导。其主要职责是：发动和依靠群众，管理本乡镇的社会治安；领导村（大队）、社（生产队）治保组织，教育改造违法犯罪人员，做好安全工作。

1987年，各县开始建立乡镇治安室。是年，巴中县在80个乡镇中，组建治安室74个，取代原乡镇公安员的职能职责，人员配备3～5人，设主任（或副主任）1人，多由原乡镇公安员担任，系在编脱产干部，其余人员由乡镇招聘，工资由乡镇统筹统支。平昌县共建成乡镇治安室60个，人员配备3～5人，主任多由乡上脱产干部兼任，其余人员实行招聘，全县共招聘兼职治安员102人。通江县建立68个，占乡镇总数的88％，共有人员270人，其中在职干部265人，占98％，仅招聘5人。南江县采取先在个别条件好的乡镇试建治安室，治安员由乡干部兼任。

1989年，南江县在各乡镇建立治安室，按照1万人以上的乡镇配备2名治安员，1万人口以下的乡镇配1名治安员的原则招聘专职治安员。

1994年，全地区对288个乡镇治安室进行清理整顿，解聘37人，选聘政治素质好、文化素质高。适宜从事此工作的人员充任。1998年，全地区有治安室558个1392人。1999年，通过清理整顿，全地区有乡镇治安员1200余人。2000年4月，撤销各乡镇治安室，恢复公安员，由乡镇在编干部担任，业务受公安机关指导。

二、治安保卫委员会

1951年5月后，根据第三次全国公安工作会议《决议》中“关于建立治安保卫委员会”（简称“治保会”）的精神和川北行署公安厅的指示，境内各县由点到面，在城乡基层单位相继建立治安保卫委员会。1958年，“人民公社化”后，城乡治保组织体系混乱，称谓不一，且农村大批劳力投入大炼钢铁、大修水利，治保组织流于形式。“文化大革命”前期，治保组织处于瘫痪状态，不少治保干部遭受打击迫害。1978年11月，省公安厅召开全省治安工作会议后，各县对治保会全面进行整顿，健全组织，培训提高，对“文化大革命”中遭受迫害的治保干部，给予纠正平反，落实政策，从而调动广大治保人员的积极性。1983—1984年，各县结合公社改乡、大队改村、生产队改组，对治保组织再次进行调整完善。1994年，对全地区2928个治保会3.37万名治保人员进行整顿培训，普遍落实治保会“一室”（活动室）、“二本”（治保会工作纪实本，治安情况 收集反馈记录本）、“三册”（治安动态登记册，案件、事故登记册，治安纠纷调解登记册），做到组织、人员、职责、报酬“四落实”，发挥作用好的治保会占69%。是年，群防组织协助公安机关查破刑事案件1472起，治安案件4170起，抓获违法犯罪人员3642名，发现、整改不安全隐患3582起，预防案件、事故784起，调解各类纠纷1.8万件，起到公安机关联系群众的纽带、桥梁作用。1996—1998年，对全地区农村治保会建设进行全面摸底调查，清理整顿，按照“年轻化、革命化、知识化、专业化”的要求，整顿调整一批软弱涣散的治保会，使整个治保队伍的年龄、文化素质结构发生重大变化。1999年，全地区有2158个村治保会实行公选。

2000年，全市已建成“安全文明”小区1500个、乡（镇）230个、社4120个、街巷315条、单位250个，一个以4县（区）城镇为重点，以公路沿线为切入点的交通沿线治安防范新格局已形成规模。

三、治安联防队

1980年，省公安厅召开全省派出所基础工作会议后，通江县公安局首先在县城诺江镇建立治安联防队。到1984年，全县城乡已建成治安联防队124个511人，联防组552个1056人，其他防范组织261个1394人。是年，挡获违法犯罪人员168人。

1994年，按照巴中地区公安处的统一部署，各地抓群 防基础建设。在“四点”（巴州镇、诺江镇、江口镇、南江镇）、“五线”（巴——仪线、巴——乐线、巴——南线、巴——通线、巴——平线）建立治安联防网络体系；在全地区城乡、街道、边远结合部，建立治安联防巡逻队272个936人。1995年，把专职巡警巡逻同派出所带领联防队巡逻结合起来，进一步完善巡逻体制；并在乡镇、文化娱乐、特种行业和公共复杂场所，加强群防工作。全地区建立联防队2665个成员1.61万人。在职工宿舍群和重要物资仓库，推行守楼护院，安装防盗门锁、电子报警装置，把点、线、面和人防、物防、技防有机结合起来，增强控制能力。

1996年，全地区对7个城镇治安联防队、18个保安组织，重点进行清理整顿，辞退不合格人员，收回警具、标志，纯洁队伍，优化结构，明确职责，落实报酬。1998年，全地区有治安联防队135个，成员2400人。

第二节　枪支爆炸物管理

一、枪支弹药管理

清光绪三十二年（1906年）七月，按照四川通省《检禁军器规则》规定：除衙门、军队和武备学堂外，凡公馆、住户家藏洋枪者，限期携赴本管分局呈验，报明置备原由，总局发给准用凭证。民国元年（1912年），四川都督府发布告示，通令绅民无论拥有何种枪支，限1月内按指定地点呈缴，逾期不缴者按军法惩处。民国24年（1935年），各县市按省政府训令，对民间枪支弹药进行清理、登记、烙印。民国35年（1946年），国民政府颁布《自卫枪支管理条例》，限制机关团体和个人拥有枪支。但条例形同一纸空文，大量枪支弹药仍掌握在地方政客、土豪劣绅、帮会头目手中，用以争夺势力范围，欺压人民群众。临中华人民共和国成立前夕，国民党溃军丢下部分枪支弹药，流散社会，掌握在私人手中，有的聚众为匪、杀人抢劫，有的组织反动武装，抗拒解放，策划暴动。

从1950年起，除军队外，枪支弹药由公安机关统一管理，按规定佩带使用，先后由各县公安局秘书股、政治协理室登记掌管。非军用的猎枪、火药枪、气枪、小口径步枪等，亦列入公安管理范围，由公安局治安股管理。

1966—1976 年，境内枪支弹药管理权移交各县人武部。1967—1968 年，派性武斗严重，两派群众组织除抢夺本县人武部、看守所、劳改农场、驻地部队的枪支外，还从广元、达县等地弄回枪支弹药，致使大量枪弹流散社会。1969 年，中共中央“7・3”、“7・24”《公告》发布和 1973 年初公安机关恢复后，遵照上级公安机关的指示，两度收缴散存社会上的武器弹药，绝大部分被收缴起来。

1976 年，自卫枪支复由各公安机关管理，恢复健全各种规章制度。1979 年，各县公安局对枪支弹药全面进行清理登记，次年，换发新的“持枪证”。

1981 年 4 月，国务院发布《中华人民共和国枪支管理办法》后，各县对一切非军事使用的猎枪、气枪、体育用枪、火药枪、小口径步枪，全面进行检查，清理登记。

1985 年，通江县共登记民用枪支 4947 支，并按《枪支管理办法》，对 12 个配枪单位进行检查，查出管理严格的 5 个，一般的 5 个、差的 2 个。同时，对持枪人落实安全责任制。

1987 年，各县根据省政府《关于加强民用枪支管理的意见》，对境内民用火枪、高压汽枪、猎枪等进行摸底、清理、登记，并对配枪单位集中开展 3 次安全大检查，建立严格的管理措施，坚持对武器库实行 24 小时值班制度。1988 年，通江县清理登记民用枪支 7565 支。

1986—1991 年，平昌县公安局收缴散失社会枪支、子弹、手榴弹，并对民用火枪、非军事系统用枪进行登记，对营业性靶枪登记换证，签订安全使用合同。

1994 年，全地区收回超越佩枪范围的军用枪支，收缴民用枪支。1995 年，收缴民用枪支和子弹。

1996 年，全地区查处一般涉枪涉爆案件 93 起，抓获作案人员 143 人，缴获各类枪支和子弹，收回超范围配备的军用枪支。1997 年，全地区捣毁非法制造民用枪支窝点 4 个，收缴流散社会的民用枪支，并将全地区党政干部所配枪全部收回。

1999 年，全地区认真贯彻《枪支管理法》，收缴超范围用枪，培训公务用枪的持枪人员。全地区换发“持枪证”，培训持证人员。

2000 年，全市公务用枪管理，坚持做到“四坚持，四到位”（坚持枪弹保管达到“三铁一器”标准，硬件到位；坚持枪弹分离，制度到位；坚持公务用枪逐级审制度，审查到位，坚持一月一次检查，抽查到位），有效遏制涉枪案件发生。

二、爆炸物品管理

清光绪三十二年（1906）4 月，四川通省警察总局发布禁令，禁止火药铺在街面炒火药，违者重办。清宣统二年（1910 年），四川警务公所将各厅州县的硝磺、火药铺，均列入警察管理范围。民国 5 年（1916 年），四川巡按使公署以硝磺为危险物品，且关军需，公布《修正官磺章程》。是年，省会警察厅制定《鞭炮营业规则》。民国 20 年（1931 年）12 月，军政部以硝磺为军火原料，公布《硝磺管理规则》，加以控制。民国 31 年（1942 年），四川省会警察局通令各分局、所、队，对违反规定贩运硝磺者缉拿处理。

1950 年起，将易燃易爆危险物品列入公安部门管理范围。1957 年 12 月 31 日，公安部发出《关于申领爆炸物品运输证的通知》；1958 年 1 月 23 日，又发出《关于爆炸物品管理规则及规定的通知》。各县公安机关将各种炸药、雷管和导火线，易燃的汽油、酒精等，列入危险物品管理范围，严禁零星出售；购买、运输易燃易爆物品，在公安机关办理“准购证”“准运证”，确定专人专车押运，分开储存；用户购买时，严格审批手续，凭公安机关证明购取。

1966—1976 年，爆炸物品管理制度遭受破坏，引发一些严重事端。

1974 年，各县公安机关组织力量，对爆炸物品管理开展检查整顿，恢复各项规章制度，重新加强管理。

1983 年，各县公安局组织人力，对境内供销、物质部门储存的爆炸物品进行清理，并专题报告县政府，提出加强管理意见，建议限期整改，按章办事。

1986 年，巴中县各区（公所）、乡均设立“民用爆炸物品管理领导”小组。各村设立爆破协理员，落实防范措施；县公安局对拥有爆炸物品的单位，实行合同制管理，不定期地进行检查清理。

1990 年起，巴中县对爆炸物品管理实行负责制，建立完善押送制度。是年，清理整顿烟花爆竹销售点 216 个，取缔非法生产厂点 37 个，培训乡镇爆破员 100 名、生产职工 233 人，整改安全隐患 124 起；取缴雷管 449 发，炸药 127 公斤，烟花爆竹 115 箱；处理违法人员 236 人。

1997 年，针对爆破作业人员技术差的现状，全地区先后举办培训班 22 期，培训 2300 人，累计有 3407 人取得爆破作业合格证；并捣毁非法制造烟花爆竹作坊 16 个，消除一批治安隐患。

1998 年，按照公安部和省公安厅的部署要求，以储存、使用爆炸物品单位、作业场点及周边地区为清理检查重点，业务主管科（队）与当地派出所、专管民警与片区民警、专门机关与相关部门相互结合，以摸清底数、健全规章、规范管理、落实责任、整改隐患、查处违法为主要内容，全面开展清理整顿和安全大检查。

1999 年，全地区公安机关建立由一把手负总责，分管领导具体负责，治安科（队）打主力，部门协作配合，派出所长具体抓落实，民警分片包干的责任机制。民警到企业、矿山、工地等涉爆单位，召开宣传动员大会，利用报刊、电视、墙（板）报、宣传橱窗、标语，印发公安部《公告》《致涉爆单位人员的公开信》，组织“宣传车”等各种形式和办法，开展法制宣传教育。

2000 年，深入扎实开展烟花爆竹清理整治工作。全市检查验收合格烟花爆竹生产厂家 4 家，储存库房 28 个，批发、零售摊点 1654 个；对 357 名涉爆从业人员进行安全培训，发现整改隐患 124 起，发出整改通知书 3 份；责令停止、搬迁生产厂 3 家，摧毁非法生产窝点、作坊 201 处；收缴鞭炮 12.56 万封、620 余万响，黑火药 377 公斤，原材料 262.7 公斤；查处违法人员 43 人。在清理整治中，根据本地实际，制定《烟花爆竹从业人员培训制度》等规章制度，被省公安厅三处《治安简报》刊载推广。

第三节　特种行业管理

清光绪三十二年（1906 年），四川通省警察总局公布对旅栈、寄宿店、烟馆、茶馆、妓院、荒货摊担等，进行管理的禁令和清查规则。清宣统二年（1910 年），四川通省巡警道又将出版、印刷、书坊、雕刻铺、浴室等行业，列入警察机关的管理范围。民国 30 年（1941 年）后，警察机关将列管的行业，统称为“特种营业”。并将修理钟表业、制售符号证章商店、洗染业、理发业、澡堂及公共娱乐场所等行业列入“特种营业”。民国 36 年（1947 年），在通江、南江、巴中、平昌 4 县，旅栈业、印刷业、刻字业、旧货业等，既受县商会和同业公会的领导，又受警察机关的监督管理。

1950 年 9 月后，根据公安部规定，对旅栈、公共娱乐场所、电料行、旧货、刻铸印刷、危险物品、澡堂及运输等八类，列入特种行业管理。1957 年，省公安厅确定茶社、曲艺场、印刷业不再作为特业。1963 年，全省特业管理范围统一为旅栈业、印铸刻字业、旧货业、修理业 4 类。1985 年，根据公安部《关于改革和加强特种行业管理工作的通知》，取消对修理业、铸字业和收购一般生活用废旧物品行业的管理，集中力量加强旅店业、旧货业、印刷刻字业 3 个特种行业的管理。

一、旅店业管理

清光绪三十二年（1906 年），四川通省警察总局规定：无论大小客店，店主必须到该管分局呈报，经查验核准方可营业。民国 5 年（1916 年），省会警察厅制定《客店旅馆规则》和《稽查旅馆规则》。民国 15 年（1926 年）1 月，四川清乡督办公署又制定《旅店应守条规》。

中华人民共和国成立初，各县公安机关对旅店制定管理规则、办法、细则，进行全面清理登记。

1966 年初，公安机关受到冲击，一些旅店变成"红卫兵"、群众组织的接待站，规章制度被废止，管理出现混乱。

1978 年后，随着改革开放，旅店业不断增多。1986 年，巴中县贯彻《特种行业治安管理实施办法》，重点清理整顿旅店业。1988 年，为加强旅店业的管理，预防和减少犯罪，各县在旅店业中实行"违章记录卡"制度。1989 年，巴中县公安局管理特种行业实行"三制"（居民身份证审核制、治安承包责任制、流动暂住人口建档制）、"四定"（定人、定岗、定责、定奖惩）、"四员"（登记员、服务员、保管员、门卫值班员）把关制。是年，全县特种行业仅发生刑事案件 4 起。

1994 年，为搞好特业管理，全地区公安机关实行分级管理，并依法放宽经营范围和对象，明确界定宽、严度，走出一条管理与引导服务相结合、重在引导服务的新路子。

1998 年，全地区各级治安部门本着"该管严的管严是服务，该放宽的放宽也是服务"的原则，切实加大对特种行业、文化娱乐场所的监督管理和引导服务力度。对行业职工进行遵纪守法的培训教育，提高其依法经营和同违法犯罪作斗争的自觉性；对其经营行为进行规范，协助建立健全各项规章制度，广泛开展创"安全文明行业"活动；本着"什么问题突出，就整治什么问题"的方针，有针对性地加强监管。

1999—2000 年，对特种行业贯彻"六统一、一监督"政策，规范收费行为，加强引导服务。有旅店业 121 家，从业人员 907 人，帮助培训 1662 人（次），整改不安全隐患 42 起。

二、印刷刻字业管理

清光绪三十二年（1906 年）元月，清政府颁布《大清印刷物专律》后，四川巡警道制发《刊印规则》，颁令各刻子铺、印刷局、誊写馆一律遵守。民国 5 年（1916 年），省会警察厅制发《印刷营业规则》规定：经营印刷业者，须将经理人姓名、年龄、籍贯报本管分驻所，取具铺保，转报警察厅允许注册后始能营业。民国 25 年（1936 年）1 月，四川省政府发布《四川省管理 印刷业条例》，规定："经营印刷业要报该主管官署，转呈省政府核准发给执照方可营业；印刷店铺承接印刷物品时，对有宣传反动思想，妨害治安风俗，抵触政令及揭载军事外交未经 公布的秘密，攻击个人、损毁名誉等内容，均不准承印。"

中华人民共和国成立后，人民公安机关将印刷、刻字、铸造业列入特种行业进行管理。

1980 年后，印刷、刻字厂店大量增加。一些违法犯罪分子乘隙伪造证件，非法印刷迷信、淫秽物品等情况突出。1985 年 11 月，实施《四川省印刷刻字业治安管理办法》，各地将国营、私营、专营、兼营的排版、制版、印刷、装订、复印、影印、誊写、打印等，均归入印刷业管理。凡开办者，必须具备生产场所，建筑要符合安全、消防规定，有相应资金和设备、技术人员，负责人要具有所在地常住户口。

1995 年后，全地区开展"特行整治"专项治理活动和"优质服务""治安安全"竞赛活动，使印刷、刻字、复印等业逐步实行标准化管理。1999 年，全地区 63 家印刷文印业，在清理整顿中，依法取缔 4 家，停业整顿 9 家。

三、旧货业管理

清光绪三十二年（1906 年）五月，四川通省警察总局规定：从事旧货收荒业者，要到本管分局呈 报注册。民国5 年（1916 年），四川省会警察厅制定《收荒营业规则》，规定：经营者须向该 管分驻所申报，取具铺保及同行连环保，注册后转报警察厅审核，发给牌照；须设立账簿，逐日登记收买的货物；不准收买贼赃与枪支弹药及违禁物品，违者将查禁罚处。清代、民国时期，巴中县城不仅有收荒铺，还有当押铺。民国 7 年（1918 年），驻军纵队长郑启和的岳父 晏海儒即在外西街“严公庙”附近开一当铺，逾期不还款取当者，即作旧货处理卖掉。

中华人民共和国成立后，公安机关将旧货业列入特业管理，规定经营旧货业须申报登记，核发许可证；经营范围，收购物品必须逐项登记，禁止收购违禁物品、赃物和军用品，发现可疑者立即报告治安机关。1956 年后，商业、供销合作社成立废旧物品回收公司，设立收购门市、站、点，建立收购管理制度，依靠治安保卫组织加强安全管理。20 世纪 60 年代，一些不法分子乘机偷盗停办厂矿企业的财物设备，利用废旧物品收购进行销赃处理。

1983 年，平昌县公安局对 78 家旧货业再次进行整顿，落实规章制度，在“严打”斗争中，他们积极为公安机关提供案件线索，破获一批积案、难案。

1986 年，巴中县共有旧货业 80 家，从业人员 442 人。1988 年，南江县公安局正式将“当铺”归为旧货业，纳入特业管理。1991 年，平昌县公安局对全县 169 家废旧金属收购站（点）进行清理整顿，从中查出违法犯罪人员 75 人，依法逮捕 3 人，收容 1 人，治安处罚 71 人，追缴赃物折币 4.3 万元。

1994 年，全地区清查废旧金属收购站（点）221 个，吊销取缔非法收购站（点）53 个，查处违法收购人员 53 人。1997 年，全地区清理整顿废旧金属收购业 54 家，仅巴中市（县级）追缴各类器材折款 1.4 万元。2000 年，巴中市巴州区有旧货业 60 家，从业 191 人；寄卖业 3 家、10 人。经清查，未发生违章违法收购行为。

第四节　监改与纠错

一、监督改造敌对分子

1953 年，结束第一次镇反运动后，由治安保卫组织，发动依靠群众，对社会上的地主、富农分子和历史反革命分子进行监督改造。1954 年 1 月 28 日，南江县政府公安局派出 4 名干部，以和平乡为重点，对敌对阶级分子、残存 反革命分子和社会治安危害分子进行调查。是年底，全面掌握 7 区 13 乡有上述“三类分子”1245 名，分别加强监督改造和教育控制工作。1956 年，按照《全国农业发展纲要（草案）》第四、五两条 的规定：对地主、富农分子及其子女家属采取区别对待的政策，表现好的、勤劳生产的，可以允许他们入社作“社员”，并且允许他们改变成分称为“农民”；表现一般、不好不坏的，允许他们入社，作为“候补社员”，暂不改变成分；表现坏的，由乡人 民委员会交农业生产合作社管制生产，有破坏活动的，应当受到法律制裁。1957 年冬，在机关单位开展整风“反右”的同时，各县农村分批开展社会主义教育运动，到 1958 年春结束。

1958 年后，根据第九次全国公安工作会议《关于进一步加强对地、富、反、坏等类分子社会主义改造工作的决议》，对“四类分子”认真贯彻执行“监督劳动与政治教育相结合，惩办 与改造相结合，政治上区别对待，经济上同工同酬，把绝大多数改造为自食其力的劳动者”的方针。到1960年，通江县有259名地主、197名富农、75名坏分子改造成好人，被摘掉帽子，成为公社社员。

1966年初，监改工作被“造反派”取代，滥施惩罚，不顾政策，甚至将少数“四类分子”的子女也监管起来。

1979年2月，根据中共中央《关于地主、富农分子摘帽问题和地富子女成分问题的决定》，各地公安机关会同有关部门，组成“摘帽办公室”，在农村、街道、机关、学校、厂矿、企 业普遍进行对“四类分子”的摘帽工作。境内共有“四类分子”2.98万人，依法摘帽2.7万人，占总数的90.72%。1983年，遵照中共中央指示，对其全部摘帽，结束监改工作。

二、帮教违法青少年

中华人民共和国成立后，青少年犯罪很少，好人好事极多。20世纪70年代后，青少年犯罪逐渐增多。1977年，进行“双打”斗争后，巴中、通江等县对城镇违法青少年建立家长、治保会、治安民警“三结合”的帮教小组，逐个落实帮教措施，因人施教，使其不断向好的方向转化。1979年，针对青少年 犯罪日益突出，各地把帮助教育违法青少年列为社会治安综合治理的一个重要方面，对违法青少年采取“教育、感化、挽救”的方针，积极做好帮教工作。

1982年后，各县在城镇和农村普遍实行街道包社会青年、厂矿企业包职工、学校包学生、家长包子女的“四包”责任制，逐人落实帮教工作。

1985年，对巴中、通江2县违法犯罪人员进行帮教。1990年，通江县纳入帮教对象违法犯罪人员中，改好率为65%，其中有32名当上基层干部和小学教师。

1994年，全地区对违法犯罪青少年进行打击和处理，违法青少年改好率为54.1%。

1995年，各地对帮教对象，实行双向选择，帮助对象主动找人帮，帮教人员诚心愿意帮，以调动两个方面的积极性。并树立正反典型，组织现身说法，搞好“传带”教育。

1996—2000年，对治安违法人员进行查处，部分人员进行劳教少管。

三、管制

1951年6月10日，西南区公安部《关于建立对反革命分子管制工作的计划》指出：“根据中央镇压反革命杀、关、管的方针，必须认真建立对一般反革命分子实行一定时期的管制工作。通过管制，教育改恶从善，重新做人”。1952年，公安部颁发《管制反革命分子的暂行办法》，从三期土改起，对反革命分子的管制，大都实行由人民法庭宣判的制度。

1953年2月25日，四川省公安厅《关于整顿管制工作》的指示下达后，南江县政府公安局3月中旬至5月底，对全县1885名管制分子，逐人进行调查了解，按政策界限和现实表现，重新整理材料，报经县公安局批准，依法管制反革命分子408名。

1957年2月15日，公安部、最高人民检察院、最高人民法院联合发出《关于对反革命分 子的管制一律由人民法院判决的决定》后，对反革命分子的管制均由县人民法院审理判决。

1966年后，管制工作亦乱，1974年后，逐步有所恢复。1980年，实行新的《刑法》，管制工作走上正轨。到1983年，全部摘掉“四类分子”帽子，管制工作随之结束。

四、纠错

1961年至1962年4月，平昌县委成立甄别办公室，对“整风整社”运动中处理的227件案件（含死亡9人在内），1959—1962年，在“反右倾”“算账”等运动中党员、干部受到刑事处分 和劳教的38件案件，凡有群众反映、本人申诉、办案人员怀疑的，都进行甄别。全县共甄别案件239件（人），属正确处理的48人，基本正确的78人；属冤、假、错案113人（占甄别数的47.3%），其中错捕40人，错管制40人，错劳教31人，错判监外执行1人，错判缓刑1人；甄别后，恢复工作和职务76人，平反不予恢复工作37人。

1979年，南江县公安局把平反、纠错两项工作，作为贯彻执行中共十一届三中全会精神的一项重要任务，确定一名副局长负责，抽调10名干部组成专门班子。是年，接待来访人员914人（次），收受人民来信1393件，清理需要复查的刑事案件58起，对历年的政治案件，特别是14个反革命集团案认真进行复查，本着“全错全纠，部分错部分纠，不错不纠”的原则，逐案阅卷，逐件核实，逐个甄别，该纠即纠。先后对历次政治运动中错戴“四类分子”帽子的502人作纠正，对原定反革命集团中的所有成员进行重新认定和处理，切实做到“认定有据，否定有理”；在复查的58件刑事案件中，对被处理者全部平反、纠正45人，部分纠正1人，不予纠正12人。平昌县公安局全面复查“文化大革命”中拘捕未判、教育释放、劳教、戴帽的政治案件和有申诉的刑事案件。通江县亦纠正错戴“四类分子”帽子228人，其中地主91人，富农66人，反革命53人，坏分子18人。1981年，通江县公安局在第二批“摘帽”工作中，纠正原错戴“四类分子”帽子17人。

第五节　治安管理

一、文化娱乐场所管理

清光绪三十二年（1906年），四川通省警察总局发布对民《禁令》中规定：各庙宇设台演戏，不准妇女及无大人带领的10岁以下小孩入内看戏，违者传责家长；凡在街上搭台演唱影戏，要事先报经该管分局许可，按指定地方演出；不准夜间演唱，违者处罚为首人；影戏班子要到本管分局报名注册。民国30年（1941年）6月，省政府颁布《四川省各地警察机关管理公共娱乐场所规则》，将各种游乐场所、电影院、戏院、说书场、歌舞厅及其他从事营业为目的 的娱乐场所，均列入管理范围，须向警察机关申请登记，取具铺保，经核准发给执照始可营业；游乐项目不经审查不得演出；娱乐场所的建筑、公共安全、卫生及防空、消防等设备，要呈报主管机关审核，发给许可证，警察机关随时派员检查。

1951年，按照公安部制定的《公共娱艺场所暂行管理规则》，各县公安机关对公共娱艺 场所按特种行业进行注册登记，建章立制，加强管理。1952年，各单位治保小组普遍建立后，依靠治保组织做好日常防范工作，必要时县公安局治安部门派出民警维持秩序。1955年，各地将影剧院、曲艺队划归宣传文教部门管理，公安机关按照职能范围进行治安管理，不再列入特种行业范围。

1959年后，巴中县公安局确定专人加强对县川剧团、电影院、曲艺团的治安管理，建立严格的管理制度，从未发生安全事故。

1966年初，影剧院管理工作实际停止。1973年，各县公安机关恢复后，每逢节假日或大型文艺演出活动，县公安局都组织干警维持秩序，加强巡逻，防止各种事故发生。20世纪80年代，随着改革开放，录像放映室、歌舞厅、台球室、电子游戏等娱乐场所不断扩展，遍及城镇。在这些地方，常发生打架斗殴、流氓滋事、播放淫秽录像等违法犯罪活动。各县公安局在整顿社会治安中，将这些场所作为重点，进行清理整顿。

1987年11月后，按省政府批准公布的《四川省文娱体育活动场所治安管理办法》，凡开办文体场所，在报经主管部门批准后，还须向县以上公安机关申报，经检查合格，发给“治安管理登记证”；举办各种文体活动，亦要向县以上公安机关报告，经审查同意发给“许可证”；并贯彻“谁主管、谁负责”的原则，由主办单位负责搞好安全防范工作。各县公安机关按《管理办法》，对文化娱乐场所普遍进行检查整顿，符合条件的给予换证，对无照经营及不合格者予以取缔。1986—1991 年，平昌县公安局对全县 218 处文化娱乐场所，进行多次清理整顿。其中，1989 年在全县开展 2 次“扫黄”战役，共收缴淫秽书刊 1.31 万册，其他淫秽物品 263 盘（张），取缔个体录像放映队 8 个、舞厅 2 家。

1994 年，全地区开展“扫黄”斗争，对文化娱乐场所深入进行整顿，强化音像书刊市场管理，共查获制版、传播淫秽物品案件 40 起 46 人，查获团伙 1 个 6 人，收缴淫秽图书、杂志 893 套，图片、照片 4392 张，录像带 283 盘，影碟 67 盘。

1995 年起，全地区每年开展一次“扫黄打非”（黄色和非法出版物）工作。1996 年，全地区治安部门广泛开展“文化场所标准化管理”“优质服务”“治安安全”等竞赛活动，增强行业自防、自治能力，治安案件下降 28.3%。1999 年，全地区清查各类文化娱乐场所 3500 余处，收缴电子游戏机 53 台，淫秽物品 373 件（盘），非法书刊 6 万余册。

2000 年，认真贯彻省委、省政府“7·10”电话会议精神，大力加强文化娱乐场所管理。全市共取缔无证经营场所 63 家，其中歌舞场所 7 家、电子游戏场所 31 家、录像放映场所 5 家，电脑网吧 8 家，桑拿按摩场所 12 家。

二、查禁卖淫嫖娼

清光绪三十二年（1906 年），四川通省警察总局仿效日本城市设“红灯区”的做法，于妓妇门坊上钉一块带羞辱性的“监视户”字样小牌，纳入警察监视范围。

中华人民共和国成立后，公安机关配合民政部门，取缔妓院，禁止暗娼。1952 年，平昌县公安局在县城文昌宫集训“二流子”、卖淫妇女 60 人。原有娼妓经过教育改造，皆成为自食其力的劳动者。人们都以卖淫嫖娼为辱，腐化堕落可耻，淫娼现象完全根绝。20 世纪 80 年代，卖淫嫖娼活动开始出现。1983—1985 年，平昌县有少数妇女以“放飞鸽”的手段，流窜河北、河南、江苏、安徽等省诈骗钱财，有的流入巴中、达县等城与人非法同居。1984 年，通江县在“严打”第一战役中，查出卖淫活动 1 起，流氓奸宿 4 起。1987 年，巴中县查获卖淫 9 人，嫖宿 49 人。

1994 年，巴中地区公安处统一部署，坚持经常性查禁与集中清查、专项治理相结合，公开查禁与秘密侦查相结合，强化管理与打击处理相结合，深入开展除“六害”斗争。全地区查处卖淫嫖娼案件 156 起 243 人，查获卖淫团伙 9 个 29 人。1996 年，全地区查处卖淫嫖娼案 374 件 756 人，捣毁介绍、容留卖淫嫖娼窝点 72 处。1998 年，全地区查处卖淫嫖娼案 210 件 399 人，摧毁卖淫团伙 17 个 59 人，端掉卖淫窝点 21 个。

1999 年，全地区查处卖淫嫖娼案 112 件。2000 年，全市查处卖淫嫖娼案 84 件，强迫妇女卖淫案 4 件，提供营利性陪侍 119 起。

三、查禁赌博

清朝法律规定，捉到赌博之徒，罚以“枷号三月，杖二百”；招赌抽头者，处罚更重。光绪三十二年（1906 年），四川总督通令“严禁赌博”；通省警察总局先后发布《禁令》和《清查窝赌规则》，规定：对摆赌、窝赌、参赌者，一体稽查，拘留惩治；在街上摆赌、参赌者，当场拘留惩治。

民国初年，政府亦曾发布禁赌《训令》，要求官员以身作则，移风易俗，这些禁令皆因上层人士作梗而难以施行；防区时期，军阀官吏大搞赌博，上行下效，赌风更盛。民国28年（1939年）1月，蒋介石以国民政府军事委员会名义，训令四川省政府，严禁公务人员进行赌博，规定："自今以后，一律禁绝赌博，倘若故违，一经查明拿获，定照妨碍抗战之罪，以军法惩治，决不宽贷"。

中华人民共和国成立后，为根除历史遗留下来的赌博恶习，人民政府、公安机关分别发出《布告》和《通令》，取缔封闭赌场，严厉禁止赌博，对一些赌棍、赌徒屡教不改者，有的划为"游民""二流子""坏分子"，下放农村，分配土地，交群众监督改造；有的给予批评教育，具结悔过；严重的警告、罚款、拘留，直至追究刑事责任。

1978年后，境内各县又有少数人以娱乐活动为幌子，用川牌、扑克暗中行赌。1983年，各县府颁发《关于坚决禁止赌博、迷信的通知》，对屡教不改的赌徒、赌棍和聚赌分子，视其情节轻重和态度，实行罚款、拘留和刑事处罚。各县对本地赌博、封建迷信等"六害"进行综合治理，有力地刹住赌博恶习，维护社会治安。1985年，各县政府发布禁赌布告，公安机关大张旗鼓地进行禁赌宣传，发动群众检举、家属规劝，号召参赌人员登记交代，基本遏制赌风的蔓延。

1994年，全地区深入开展除"六害"斗争，查处赌博案件1090起4518人。1995年，巴中市（县级）查处赌博案385件1668人，治安处罚1348人；通江县 查处赌博案201件594人。1996年，全地区查处赌博案1245件4195人，端掉赌博窝点91处。1998年，全地区查处赌博案件296件1127人，没收赌资25万元，收缴电子游戏赌博机175台，取缔赌博窝点36个，连同卖淫嫖娼案399人，共刑事拘留9人，治安拘留72人，罚款1033人，警告教育320余人。1999—2000年，共查处赌博案392件。

四、查禁迷信活动

民国时期，境内的巫师、巫婆、端公、道司、阴阳先生等迷信职业者，以送星宿、打保护、安神、谢土、画符、拴胎、许愿还坛、走阴观花等形式"捉鬼驱邪"，为死人做道场、转十五、超度亡魂，还有算命先生测字、算命、看相、卜卦、推测吉凶祸福。有的人有病不医，相信迷信，以致送命，则被称为"鬼邪作祟，命中注定"。

中华人民共和国成立后，人民政府明令禁止封建迷信活动，在打击取缔反动会道门活动的震慑下，相当一段时间，看不到"牛鬼蛇神"公开出现。但由于山区科学技术不发达，农民文化水平低，加之缺钱就医，仍有不少人寄望神灵保护，于是给一些迷信职业者和坏人以可乘之机。

1963年春，按照省、地统一部署，各县人民委员会相继发布《关于取缔封建迷信职业者破坏活动的布告》或《命令》。公安机关对其蛊惑人心、骗取钱财、坑害群众、奸污妇女的违法犯罪分子给予打击，收缴《经书》等迷信活动工具。1975年，通江县在整顿社会治安中，查处部分迷信职业者、收缴迷信书籍和迷信工具。

1983—1985年，各地在严打斗争中，将制止封建迷信活动纳入"乡规民俗"，常抓不懈，使迷信活动有所收敛。

1987年，巴中县查处迷信职业者763人。1993年，通江查处迷信活动案126件161人。1995年，巴中市（县级）查处迷信执业者200余人，清理乱修庙宇117处，收缴迷信工具246件。通过2个月的整治，共清理登记新建庙宇115处，在建庙宇6处，从事封建迷信职业者199人；拆除庙宇15处，改作群众休闲场所或其他用途89处，查处迷信职业者196人，其中刑事拘留1人，治安罚 款11人，警告36人，批评教育38人，有效遏制封建迷信活动泛滥的势头。

2000年，在全市范围内，集中时间和警力，开展对乱修滥建庙宇和封建迷信活动的专项治理，有效遏制封建迷信活动泛滥的势头。

五、水上治安管理

清宣统二年（1910年）建立川江水道巡警，在江河两岸冲要地区设立河岗哨位，昼夜监视河面。辛亥革命后，省数度设立水上警察机构。民国31年（1942年），成立四川省水上警察局，负责水上交通安全，维护水上治安秩序。巴中等县警察局由城镇分驻所代管。

1951—1953年，巴中县、平昌县分别成立水上派出所，通江县、南江县各设水陆派出所，专管航运船只和码头安全。

1962年，随着公路运输的发展，压缩部分船工回乡参加农业生产，船只逐渐减少，船民不断改行，水上治安管理相对放松。

1981年，省政府发出《四川省农副业船、渡口船、渔业船安全管理办法》后，公安机关与交通、渔政部门一起，经常进行监督检查，加强水上安管工作。明文规定："未经年检发证的船只，一律不准航行；未经考核发证的人员，一律不准驾船"。

1984—1992年，水上派出所与航管理部门一道，经常对船民进行法纪、安全教育，对驾长实行严格的业务技术考核，定期不定期地对船只进行质量安全检验。先后对不合格的36只船进行整顿，其中取消营运2只，限期整顿34只；对违章操作，无证驾驶的25名驾长，进行严格处理。

第六节 社会治安综合治理

一、社区建设

1950年后，经过减租退押、清匪反霸、土地改革、镇反肃特、"三反""五反"、整风"反右"、整 风整社、大小"四清"等一系列政治运动和社会改革，治安秩序空前良好，境内处处都是安全文明社区。1964—1966年，干部中的多吃多占，群众中的小拿小摸，都被人嗤之以鼻，觉得很不光彩。"文化大革命"开始后，公安机关被"砸烂"，治保组织被摧毁，社会治安混乱。1978年后，由于"十年动乱"造成的严重影响，加之实行改革开放后，在"一切向钱看"和外部"金钱世界"的驱动下，又诱发一些新的犯罪因素，使社会治安更处于多事状态。1981年后，各县开始进行社会治安综合治理。

1983年初，通江、巴中等县成立"社会治安综合治理领导小组"，办公室设公安局。在综合治理中，普遍推行与生产责任制相联系的"治安保卫责任制"，订立《乡规民俗》《安全公约》；订立安全生产责任制、门卫制度、奖惩制度。1985年，试行和推广由乡公安员、村治保主任分别承包的乡、村的"治安员承包责任制"，分别签订《四防安全承包合同》。同时，建立"院户治安承包责任制"并签订《治安承包合同》。是年，各县无"三种治安灾害"事故的发生，村、单位无案件和事故发生。

1986年起，各县把防火、防盗、防特、防治安灾害事故和教育违法青少年的任务，归纳为"十做到、十不准"，形成《文明安全防范公约》，在农村普遍推广；把"四防、一教"作为城镇《安全之家》的条件，形成"安全户"活动，并在机关 、单位、厂矿、街道建立值班、守楼护院、区域联防、治安巡逻"四道防线"和安全岗位责任制，把治安防范的任务落实到各个区域、千家万户。是年，巴中县公安局被省政法委评为"社会治安综合治理先进单位"。

1991年，各县"领导小组"改为"社会治安综合治理委员会"，由党、政主要领导兼任主任。各区（公所）、乡（镇）、县级各机关单位均相应建立“综治委”和办公室。治安工作实行“属地管理”机制，按照“管好自己的人，看好自己的门，办好自己的事”的要求，把综治任务纳入各级党政领导干部任期目标责任制和企事业单位负责人承包经营（工作）责任制，逐级签订责、权、利融为一体的《综合治理责任书》，形成由上至下一级抓一级，从下至上一级对一级负责的格局。

1994 年，以贯彻落实中央综治委等五部委《关于社会治安综合治理领导责任制的若干规定》为契机，切实抓好逐级行政首长负责社会治安的“法人负责制”，在全地区上下普遍开展综合治理 5 个竞赛活动〔创“治安安全优秀责任人”，创建“社会治安综合治理模范县（市）、乡（镇）”，创“治安安全乡（镇）、单位、街道、村、社（段、组）”；在城乡居（村）民中，开展创“遵纪守法光荣户”“文明安全户”和公民“十做到、十不准”等，以加大群防群治力度，推进社会治安综合治理〕。

1997 年，农村“五个一长治久安工程”活动，落实面达 87.5% 以上，“安全文明社区”建设取得显著成就。全地区共建安全文明乡（镇）127 个、村 1840 个、社 5234 个、单位 127 个、街道居委会 14 个、小院 2449 个，厂矿企业 43 个，安全文明户 1.26 万户。

1998 年，各级公安机关始终把创建“安全文明社区”作为调整和改革派出所工作重心、普遍做到“安全文明社区”建设与巴中新村建设相结合，与抓派出所改革相结合，与抓社会治安综合治理相结合，与抓基层基础工作相结合，与“三五”普法相结合，与抓点带面相结合；开展居民楼院群防群治，农村院户望户联防，内部单位自防自治等活动，有效推行融“井池园机配套，种养加运结合，白壁墙、坐屋梁，法制宣传上墙，安全文明致富”为一体的新型“安全文明新村”建设。全地区共建安全文明乡（镇）125 个，村社 520 个，街道 315 个，单位 137 个，城镇覆盖率为 60%，农村覆盖率为 50%。

2000 年，全市已建成安全文明小区 1500 个、乡（镇）230 个、村社 4120 个、街巷 315 条、单位 250 个；一个以 4 县（区）城镇为重点，以公路沿线为切入点的公路沿线治安防范新格局已形成规模。是年 11 月 9—10 日，“全省创建安全文明社区经验交流会”在巴中市隆重召开，将巴中创安工作经验在全省予以推广。

二、治安巡逻

清宣统二年（1910 年），根据四川通省警察总局规定，各厅、州、县的城厢，按三等分别设置巡警。繁华街区、重要路口，设立巡警守望所，以巡官和巡长分驻，督促昼夜轮班巡逻守望值勤。农村地区由团练负责轮流守卫村寨，巡逻值勤，各村和交通隘口设立守望楼，遇有盗匪即鸣锣敲梆报警。民国初期，仍循清末旧制，实行巡逻守望制。民国 26 年（1937 年）后，根据省会警察局制发的《巡警服务办法》和分局、所《警官出勤办法》，各县警察局实行划段组织小组巡逻，每晚 8～12 时及凌晨 2～6 时出巡。巡逻的任务：整顿公共娱乐场所秩序，处理违警案件和交通事故，管理摊贩，取缔赌博，逮捕盗匪，查视监护银行、商业及军政长官、要人的住所安全等 20 余项。民国 37 年（1948 年）后，农村地区由各保民众自卫队常备班配给枪支进行夜巡，并在交通要道及高处设置哨棚，每晚各户派人轮流守望，发现盗匪鸣锣报警。

中华人民共和国成立后，各县以公安派出所为主，开展防盗、防匪、防特的夜巡活动，历年如此，从未间断。

20 世纪六七十年代，各县每逢节假日或大型重要会议、大型文艺演出活动，县公安局和派出所都派出警力，定期进行巡逻，防止治安事故发生。

1986 年起，巴中县在城区组织专业巡逻联防员进行巡逻，对预防和减少刑事、治安案件发生起积极作用。到 1987 年，共建巡逻队 110 个 553 人。

1993 年 12 月，巴中县公安局在东城派出所巡警制的基础上，新组建 25 人的民警巡逻大队，实行 24 小时巡逻；并在车站、街心花园及城郊结合部，建立治安岗亭 8 处。1994 年，进一步完善民警巡逻体制，全地区在城镇街道、边沿结合部，建立治安联防巡逻队 272 个 936 人，加大城镇社会面的控制力度，增强群众安全感。1995 年，全地区 4 县市公安局均建立巡警大队，配备 53 名干警，在城区开展 24 小时全天候巡逻，严格加强社会面的控制，有效减少刑事大案的发生。1996 年 ，各县（市）局克服困难，艰苦创业，抓培训，严管理，使巡警工作逐步走上正轨。

三、治安信息

中华人民共和国成立后，各级公安部门一直注意“治安耳目”建设，以获取一些难能可贵的特殊情报。20 世纪 80 年代，按照“解放思想，放开手脚，快建新建，管好用好”的要求，“治安耳目”不断有新的增加。1986 年，巴中县公安局通过“耳目”提供各类情报线索 389 条，破获各类案件 78 件；1988 年，提供线索 4682 件，协助破获刑事案件 1270 件、治安案件 4821 件，缴获赃款及赃物折币 5.52 万元。

1994 年，是社会主义市场经济深入进行的第一年，粮油价格、工资套改、税制改革等政策相继出台；资金紧缺，企业亏损，特大旱灾，农业歉收，使市场物价面临考验。各种不安定因素随之增多，面对这样的形势，各地公安机关建立纵横的治安情报信息网络，从多渠道、多层次收集反馈治安情报信息，及时化解各种社会矛盾。

1996 年，全地区治安部门切实加大治安信息工作力度，处、局领导带头深入基层调查研究，治安信息，建立完善信息报告制度。

2000 年，各级治安部门充分发挥主力军作用，从市公安局到县（区）公安局、基层派出所，均确定一位民警专门负责各类治安情报的收集整理和上传下达，大力拓展建立一套覆盖面广、多渠道、多层次、全方位的情报信息网络，及时获取带有倾向性、预警性、超前性、深层次的治安情报信息。全市共收集、上报情报信息 270 余条，妥善处置各类闹事苗头 60 余起，确保社会治安稳定。

四、治安案件查处

清光绪三十二年（1906 年）五月至“民国”末年，国家警察机关均有查处治安案件的规定。民国 24 年（1935 年）川政统一，特别是抗日战争爆发，国民政府迁到重庆后，为实行独裁专制的需要，先后公布《维持治安紧急办法》《非常时期维持治安紧急办法》等以加强对人民群众的控制。

中华人民共和国成立后，各县解放委员会、人民政府及公安机关，为维护社会秩序，保障人民安全，发布一系列布告、通令和法规，从户口、城市交通、水上航运、禁烟肃毒、枪支弹药、特种行业、公共场所等方面，建立治安管理新秩序。1957 年 10 月 22 日，第一届全国人民代表大会常务委员会第八十一次会议通过的《中华人民共和国治安管理处罚条例》公布实施后，境内各县对扰乱公共秩序、妨害公共安全、侵犯公民人身权利、损害公私财物，情节轻微尚不够刑事处罚的违法人员，按照《条例》规定，实行治安处罚。

1966—1976 年，社会治安混乱不堪。1975 年 9—10 月，各县开展群众性地整顿社会治安。其中，通江县在城乡查获各种刑事犯罪分子 112 名，破获治安案件 18 件。

1980 年，恢复执行《治安管理处罚条例》，坚持教育与处罚相结合的原则。1983—1985 年，各县治安部门结合“严打”斗争，加强社会治安综合治理。

1991 年，通江县发生治安案件 796 起，查处 722 起，治安处罚 1162 人。1992 年，巴中县充分发挥群防组织的作用，协破各类刑事案件153件、治安案件316件，抓获违法犯罪人1623名。

1994年，全地区加大治安案件的查处力度，共受理治安案件5554起，查处5517起，查处率99.3%；查处违法人员1.2万人，其中移交预审51人，治安处罚准确率99.9%；复议治安案件3件3人，无行政应诉；受理劳教案36件45人，行政复议应诉1件1人，胜诉率100%。1995—1996年，全地区受理治安案件1.13万起，查处1.12万起，查处率98.64%。1997年，全地区共立治安案件4074件，查处3972件，查结率为97.5%。

1998年，全地区共受理治安案件3603件，查处3570件，查处率为99.1%。2000年，全市共立治安案件7935件，查处7833件，查处率98.7%。

第五章　户籍管理

第一节　户口管理

一、常住户口管理

清雍正年间（1723—1735年），实行乡、里、甲制度与户口管理合一，由乡约、里正、甲首、牌头管理户口。清光绪三十四（1908年）年，户籍分普通户、集体户、船户、寺庙户，分类登记 进行管理。城乡户口以街道门面及院落为单位，依次编号立户，多户同住一院的，以其中一 户为正户，其余为附户，逐户分别登记。凡有分合、迁移、出生、死亡、婚嫁，均须分别于三、五、十日内呈报本管辖区，进行登记注册。民国4年（1915年），四川巡按使公署饬令各地，将以门牌和院落的户口单位改变为以户为立户单位编查户口，登记项目增加已未婚嫁、有无子女出生年月日、宗教、有无伤残疾病、是否受过刑事处罚、品行是否不端或有可疑等项。民国20年（1931年），国民政府公布《户籍法》后，实行户口登记簿，按出生、认领、收养、结婚、离婚、监护、死亡、死亡宣告、继承等项进行登记。川陕省苏维埃时期，省、县（市）内务 委员会设户口登记处，登记管理户口，颁发公民证。民国24年（1935年），川政统一后，实行联保制，在乡联保办事处设户籍员。翌年2月，在编查保甲户口中，实行各户相互监视、相互告发的“联座法”。民国30年（1941年），南江县政府设户籍室，负责户政管理，分设户籍干事专管户籍。民国31年（1942年），进行保甲和户籍编查，逐户登记造册。其后，又层层抽查户口，每保抽查3个甲，每甲抽查3户，将抽查结果汇总上报。民国32年（1943年），户籍人事登记实行本籍、寄籍、暂居、迁移等四类户口登记；常住户口分为出生、认领、收养、结婚、离婚、监护、死亡、死亡宣告、继承等9种登记。同时规定，每户填发“户证”代替门牌；并办理出生、死亡、迁入、迁出四种异动登记。民国37年（1948年），推行“户口变动递查牌”，按甲设置，由各户逐日轮流，持牌挨户查询户口变动情况；如发现可疑人户，即汇报保长，转报乡镇长侦办，知情不报者治罪。

1950年，由各县民政科管理户口。城区在登记户口的基础上，划分户籍段进行登记管理，建立出生、死亡、迁入、迁出及来客报告的制度。1951—1952年，各县结合土地改革划分阶级成分，对农村户口全面进行清理登记。1953 年 7 月 1 日起，各县开展第一次人口普查。此后，逐步建立各项户口管理制度，农村实行出生、死亡、迁入、迁出登记呈报，城镇公共户口由单位人事或治保干部负责管理。

1958 年 1 月 9 日，全国人大第九十一次常委会通过《中华人民共和国户口登记条例》，各县公安机关遵照执行。城镇为常住、暂住、出生、死亡、迁出、迁入、变更更正等 7 项人口登记；农村为常住人口登记和出生、死亡、迁出、迁入等 4 项变更登记。立户标准均以户为单位，同主管人住一处的，立为一户，以主管人为户主；单身居住的，自立一户；居住在机关、团体、学校、企业、事业等单位内部和公共宿舍的，共立一户，为公共户口（又称“集体户口”）。

1966—1976 年，户口登记和户口管理工作遭到干扰。1972 年 12 月 10 日，中共中央批转国务院《关于粮食问题的报告》后，各地严格控制农村人口迁往城镇，以控制职工人数和吃商品粮人口的增加。

1980 年 6 月，根据公安部发出的《关于解决落户人员问题的通知》精神，对居住在城镇的“黑人黑户”，逐步解决好他们的落户问题，比如家属已来城投靠多年，农村失去生活条件，确有特殊困难无法返回的；职工因公致残，生活不能自理，其直系亲属已来城照顾的。

1982 年，根据省、地公安机关《关于在全国第三次人口普查前进行一次户口整顿的通知》精神，各县组织专门班子，以 3 个月左右的时间，对城乡户口进行全面清查整顿。

1984 年，按照国务院发出《关于农民进入集镇落户问题的通知》的规定，凡申请到集镇务工、经商、办服务业的农民和家属，在集镇有固定住所，有经营能力，或在乡镇企事业单位长期务工的，公安部门准于落常住人口，及时办理入户手续，发给《自理口粮户口簿》，统计为非农业人口。

1989 年，国务院发出《关于严格控制“农转非”过快增长的通知》后，公安机关充分发挥在户口管理工作中的监督检查职能，对不合规定和超指标审批的“农转非”户口，不予办理入户登记手续。

1991 年，贯彻《中华人民共和国户口登记条例》。巴中县组织培训 8233 名户口登记人员开始换发城乡户口簿。南江县对 5 个建制镇制发居民门牌号 4868 个，完成 13.2 万农户小户口簿的换发工作。1995 年，全地区推行户口“三册一簿”“一乡一图”和“一户一号牌”的管理模式。

1997 年，全地区户政部门加大新户口簿、常表的换发力度。是年，换发新户口簿 10 万本，完成任务 39.5%。

1999 年，加快农村户口城市化管理进程，全地区 287 个乡镇，有 273 个完善农村户籍管理制度化。2000 年，全市居民户口簿、常表换发工作圆满结束。共录人口 340 万，占总人口的 99.8%，回填常表占总人口的 99.42%，回填户口簿占 93.4%。

二、暂住人口管理

清代，对流动人口实行掌握控制，外来佣工者责成雇主查保，租住营生者责成房主查保；客店设住客登记簿，按日具报，停留多日者，要查明来路，究其行踪。民国 30 年（1941 年），国民政府内政部制定《暂居户口登记办法》，各地按此开展对暂住户口的登记管理。民国 35 年（1946 年）10 月，根据省政府颁发的《四川省各县市局办理户籍登记补充办法》，将流动人口作为户籍四种登记之一，印制《流动人口登记簿》，由县政府发至乡镇公所，按保登记。民国 37 年（1948 年）1 月，省政府又发出《训令》：为防止“奸党”潜伏城市，须严密清查户口，对外来之人，必须取具连环保，申明“具保人愿受政府极严重之处分”。

20 世纪 50 年代，各地公安机关为防止敌特分子的破坏活动，严格掌握户口状况，规定：来客住宿，户主应于当日持户口簿向该管派出所申报，呈验身份证件，办理临时户口登记。1959年12月，通江县组织人员全面清查户口，查出外逃“五类分子”48人，流窜犯罪分子27人，破获各类案件273起。1977年，通江县结合“严打”斗争，又清查外流人员564人，收审268人，逮捕15人。

1980年后，随着改革开放，农村联产承包，剩余劳力增多，不少人进城从事务工、经商等活动，城镇流动人口急剧增加，且暂住时间长，流动频繁，变化无常。一些违法犯罪分子则乘机混入其间，给户口管理和社会治安带来新的问题。1985年，省公安厅发出《关于加强暂住人口管理工作的意见》后，各地改进城镇暂住人口的管理制度，对暂住时间超过3个月、年满16周岁的，须申领“暂住证”；对外来开店、办厂、从事建筑安装、联营运输、办服务行业等暂住时间较长的人，由派出所登记为寄住人口，发给“寄住证”。

1994年，全地区共清理登记暂住人口3.16万人，从中发现违法犯罪线索1754条，破获各类案件1014起，打击处理违法犯罪人员1276名。

1999年，贯彻省政府办公厅《关于我省流动人口管理服务收费的通知》，严格执行收费范围和标准。3—6月，在全地区范围内对流动人口、出租房屋进行集中清理整顿，摸清底数，掌握情况，健全制度，落实责任，严密管理。2000年，全市清理登记暂住人口2.67万人，发暂住证2.29万人；清理出租房屋1 .36万户，发治安管理许可证1.23万份，签订治安管理责任书1.36万份。

三、重点人口管理

1952年3月，执行川北行署公安厅《对特种人口管制办法的几点指示》。土改结束后，南江县管制重点人口914人，占总人数的0.3%。1956年4月，公安部制发《关于重点人口管理工作的规定（修正稿）》，进一步明确管理的目的和范围。1956年后，各县公安局实行依靠群众和专门机关相结合的方针，根据不同对象的不同情况，采取公开教育改造与秘密调查控制相结合的方法，加强对重点人口的管理工作 。

1966年后，重口管理被废弃。1973年，结合整顿社会治安，开展户口大清查，各县重口管理工作重新恢复起来。

1980年后，为适应现实斗争需要，服务经济建设，各县逐步将人口管理的重点转移到对流动人口和重点人口（简称“重口”）的管理上，切实抓好对“重口”的帮教和监控，加强防范工作。1985起年，南江县公安局每年都对重口进行一次全面清理，采取因人施教、对症下药，逐个落实帮教措施，切实贯彻“教育、挽救、感化”的六字方针，使其认识错误，改恶从善。1991年，通江县清理整顿重点人口中，撤管587人，新列管334人，劳管1330人。

1994年，全地区把重点人口作为公安基础工作的重点对象，切实采取“五抓”（抓考核，抓整顿，抓控管，抓教育，抓建档）、“四控”（常住“重口”经常帮控，外流“重口”追踪帮控，尖子“重口”重点帮控，两劳“重口”超前帮控）等行之有效的措施，深化重口管理工作。1998年，在公安部新颁《重点人口管理工作规定》后，全地区集中开展重点人口清理整顿。各地通过公开和秘密两种手段，大力挖掘深层次情况，掌握控制一批隐藏较深、对社会治安可能造成危害或已造成现实危害的嫌疑分子，经过严格审查批准，纳入公安机关工作视线或依法查处。1999年，4县（市）列管“重口”档卡资料全部纳入微机管理，使“重口”管理工作规范化。

第二节　居民身份证

民国36年（1947年），国民政府在修正《户籍法》中规定："已办户籍登记之地方，得制发国民身份证，凡年满18岁的男女均应登记发证"。实际上，境内4县均未颁发。

1985年9月，第六届全国人大常委会第十二次会议通过《中华人民共和国居民身份证条例》，规定凡年满16周岁的中国公民，都必须按照规定申请领取居民身份证。本着"先城市、后农村，分批进行"的步骤，通江县公安局于1987年3月筹组准备，9月，在诺江镇试点，培训骨干，10月，大面积开展颁证工作。各区（公所）、乡建立颁证办公室，组织颁证队伍2700余人，举办学习班7期，培训区乡业务骨干276名。颁证工作于1989年10月基本结束，共颁发"居民身份证"46.57万份。至1990年底，平昌县共制发正式居民身份证60.72万份、临时身份证2283分。境内4县共颁发"居民身份证"221.36万份，耗资64万元。

1994年，各地进一步强化居民身份证的制作、颁发、使用、查验工作，经省公安厅和地方编委批准，建立巴中地区公安处居民身份证制作所，极大方便群众申领，补换居民身份证。是年，全地区新发证4.74万份；通过查验身份证，查获"三逃"人员239名，协助破获各类案件884起。

1997年，强化居民身份证的制作、换发和管理工作，全地区制证12.17万个，其中发证1.53万个。1999年，完成4县（市）城区居民身份证号码升位试点工作，制发居民身份证13.5万人。2000年，全市编制居民身份证号码340.7万人，回填常表339.3万人，占全市总人口的99.4%。

第三节　出入境管理

一、入境管理

清同治二年（1864年）后，外国传教士先后到境内传教。清宣统二年（1910年），按四川通省巡警道规定，由行政科治安股掌管外国侨民的管理。民国元年（1912年），按四川巡警总厅规定仍由行政科治安股负责保护教堂、洋行及侨民居留游历事项。

20世纪50年代初，人民政府根据《中国人民政治协商会议共同纲领》，宣布取消帝国主义在中国的一切特权，保护守法外国侨民的人身安全和合法权益。规定：外国侨民持本人护照、居留证及有关证件，到公安机关外侨部门申请居留登记，缴销旧证、换取新证，接受公安机关的管理。其后，由于通江、南江、巴中、平昌4县均属内陆封闭地区，外国人来往极少。仅1951年元月21日，有日侨江畸敦子（中国名字江蓝，1944年，随父到辽宁锦州定居），经沈阳公安部门签证，随其丈夫张仁荣（国民党军驻锦州保安十七团少校团副）一道回平昌县青龙乡（青云乡）老家定居。

1982—1985年，香港、台湾同胞开始回大陆探亲，均按国家规定进行管理。1986年后，西德牧草专家、荷兰经济学家、法国项目顾问及印尼、新西兰、加拿大等22名专家应邀到平昌考察；台湾同胞回境内探亲、旅游者，也日益增多，1989年，通江县接待11人。1991年，巴中县对3起9名入境外国人、70名入境台、港同胞，依法进行登记管理，无一涉外事件发生。

1994年，全地区3县1市批准对外开放后，各级公安局根据实际情况，均向县（市）政府作关于加强出入境管理工作的专题报告，各县（市）政府都将报告批转各乡（镇）政府和有关部门，把外管工作落实到基层。是年，先后有8名外国人，62名港、澳、台胞入境，均做到严格把关无差错。

1996年，对散居城镇、农村居民家中境外人员的申报登记工作，落实到各公安派出所，由出入境管理部门定期检查指导；严格工作报告制度，每月按时报送出入境管理工作的重要情况和数据，建立完善户籍员、外管员联络制度。

1997年，面对全地区出入境人员逐年增多，管理任务日益繁重的新局势，地区公安处党委作出决定，公安处出入境管理科与第一科分开，单设机构，6月，正式独立办公；各县市公安局出入境管理部门，仍与政保科实行“两块牌子、一套班子”，合署办公，并明确72名民警为外事民警。是年，全地区共有华侨、港、澳、台同胞及港、澳、台侨属1.18万人。

1999年，针对本地区对外开放力度不断加大，对外交往日益增多，出入境人员成倍增长。但一部分干部群众对出入境管理知识贫乏、国家主权意识不强的实际，全地区公安部门采取多种形式，广泛深入地宣传出入境管理的法律法规，并印制《基层公安机关境外人员管理手册》200册，发给各公安派出所；制定《巴中地区公安处关于涉外临时住宿登记及申报 工作暂行管理办法》，通过行署办公室发到地级部门单位、各县市政府及基层管理、接待单位。

2000年，市公安局发出《关于上报落实基层外管工作情况的通知》，各地按照《通知》要求和“达标”标准，对照检查，自查自纠，弥补漏洞，完善不足。同时，市公安局出入境管理科派员到4县（区）逐一检查验收，全市外管工作已全部落实到基层派出所，基本达到部颁“达标”标准；且在“取消境外人员定点住宿”规定后，各级公安外管部门积极与外办、台办、治安等部门协调配合，加强宾（旅）馆管理，搞好境外到巴中人员的接待、住宿及监控工作，形成多层次、全方位的外管网络体系，确保国家安全、政治稳定。

二、出境管理

清末、民国时期，四川设立洋务局、外务司、外交部四川交涉署等机构，管理外交事务，办理中国公民因私出境事宜。境内先后有董修武到日本求学（1904年毕业），邱苕荪到日本求学（1903—1907年），晏阳初到香港求学（1912—1916年，后转赴美国求学），刘铸到苏联求学（1921年毕业），邱航、邱仲广、晏新民、晏群英、晏卯、晏振东等到美国求学，李英标到比利时求学，均按规定办理出境手续。民国34年后（1945年），中国公民因私出境，由警察机关办理。

中华人民共和国建立初期，中国公民因私出境，分别由外交、公安部门管理。1956年11月，国务院发出通知，中国公民因私出境，由公安机关统一掌管办理。1980年后，公安外事管理部门认真执行国务院侨办、外交部、公安部先后发出的指示，陆续放宽归侨、侨眷的出境限制，改进公民因私出国的管理制度，及时审批出境申请，以保障公民出国探亲、团聚、继承财产、自费留学、经商等合法权益。1985—1992年，平昌县先后有6个公民因私出境；巴中县有13人申请出境，均做到依法受理，及时申报。1995年，全地区受理59人的出境申请，获准35人，并对出境人员进行爱国主义、保密教育。1999年，全地区按照“顺应形势发展，放宽限制，简化手续，方便往来”的指导思想，贯彻落实“报备制”，完善报批工作程序；认真调查核实，把好受理、审批、办证三关，防止弄虚作假。

2000年，全市公民因私出国出境管理工作，严格执行畅通出入境渠道，方便公民出入境，向社会各界公开公民因私出国（境）申请条件、申请方法、申请手续，审批程序、审批时限，收费标准等，而且要求各地必须按照“公开、公正、公平”的原则，坚持“四统一制度”，只要符合条件，均按程序依法予以办理。同时，加快出入境管理系统信息数据传输网络建设，逐步实现科学化、规范化、现代化管理。全市受理审批因私出国出境730人（次），比1999年增长71%；批准705人

(次)，待批 22 人，不批 3 人。

第六章 内部保卫

第一节 内保组织

一、管理体制

1951 年 3 月，川北行署公安厅召开经济保卫工作会议后，各县公安局确定秘书室 1 名干部兼管经济保卫工作。1952 年，各县公安局将经保工作纳入政治保卫股，设经保干事专管。1955 年后，各县公安局相继单独设立经济文化保卫股。1972 年冬至 1973 年春，各县公 安局恢复建制时，均单独设立经保股或内保股，负责全县机关、团体及企事业单位安全保卫工作的指导督促，预防和打击各种破坏活动，维护内部的治安秩序，警卫国家规定的特定人员，负责重要场所和设施的安全工作。1993 年，实行内部治安安全由单位负责，全地区派出所指导督促，县治安大队统一协调的安全保卫体制。1998 年 9 月，巴中市（县级）公安局内保科与政侦大队合并，组建政治经济保卫大队。12 月，地区公安处内保科改为经济侦察大队，专管经济保卫工作。1999 年 10 月，巴中市（县级）公安局亦析出经保业务，单独成立经侦大队，政治保卫、内部保卫纳入新成立的国安大队负责。同时期内，其他县公安局也作大体相同的调整。

二、基层保卫组织

1950 年 8 月后，各县在县级财经单位建立治保组织。1953 年 8 月，在文化、卫生等单位亦陆续建立保卫组织。1954 年，将邮电部门作为要害部门，建立治保组织。其后，在首脑机关和县级其他部门亦相继建立。1978 年，按中央“4 号文件”规定：保卫处科干部的编制，原则上单独设立，不要与人事、组织、武装等部门合并，并要在实际上受党委的直接领导；保卫处科的设立或撤销、保卫处科长的配备或调动，要征得公安机关的同意，保卫干部应保持一定的稳定性。境内各县经文保单位始配专职保卫干部。1984 年，通江县以经济、文化单位设保卫科 2 个、保卫股 8 个，专干 31 人、兼职 37 人。1992 年，平昌县先后在 8 个机关、9 个厂矿、7 个公司、3 个银行、7 所学校、2 个车队、3 个水库、1 所医院等 44 个内保单位，建立保卫科、股。

1994 年，地区公安处内保科列表造册，全地区公安内保部门列管内保单位 595 个，分布位置清楚，单位情况明白。1997 年，地区公安处抓保卫工作“基础年”建设，在地区农行、交通局等 5 个单位建立“治安安全文明小区”。2000 年，巴中市公安局召开 92 个内保单位保卫科（股）长会议，以会代训，进一步提高安全防范意识和管理水平。

三、单位公安机构

清末、民初，盐业设立巡警机构，缉私缉盗。民国25年（1936年），国民政府统一川政后，由矿山、盐场、林场自筹经费，设立警察所，护卫安宁。但通江、南江、巴中3县无大型企业，矿山规模小，无一设立警察机构。

20世纪50—70年代，在厂矿、企业、林场等处，仍无专门公安机构设置。1985年3月、4月，通江、南江2县先后建立森林派出所；1986年12月、1989年8月，通江、南江2县森林派出所相继改为林业公安科。在此前后，平昌、巴中2县亦建立林业公安科。科长由公安机关委派民警担任，科员由林业职工担任，统一着装，费用由单位自筹供给。90年代，经当地政府批准，公安机关在一些重要经济、文化单位相继建立公安执勤室，主任由公安干警担任。1995年，通江县建立公安执勤室7个；1997年，南江县先后建13个。1998年，巴中市（县级）先后建7个；地区公安处在地区税务、烟草部门建立公安执勤室。

四、经济民警队伍

1981年，根据国务院批转公安部等6部委《关于建立厂矿、企业经济民警实施方案》，又开始重建经警队伍。通江县《公安志》记载：1990年，县工行、农行各建立经济民警队1个，共有干警14人。1995年，地区公安处审批5个经济民警中队，全地区经济民警总数增加到343人，均进行过封闭式训练。

第二节　安全防范

一、防范制度

中华人民共和国成立后，随着经济文化保卫组织的建立，公安保卫部门会同内保单位党政、生产、技安等部门，经过职工充分酝酿讨论，陆续建立各项安全管理制度。

1966年后，内部治安问题日益突出，不安全因素大量出现。1978年后，随着农业生产责任制的广泛推行，在完善原有安全管理制度的同时，结合政企分设、企业整顿，相继建立安全保卫岗位责任制、治安法人代表负责制、要害部位“六好”达标制等，把内保单位治安防范工作纳入经济责任制之中，纳入两个文明建设之中，层层签订治安承包合同或治安保卫责任书。

1987年，南江县公安局印发《基层保卫科（股）工作细则》，进一步明确工作任务、职责、范围、权限，整顿内保组织，规范内部管理，实行承包责任制。巴中县公安局从3个方面落实治安承包责任制（对党政、事业单位实行目标管理，年终纳入评选先进单位条件之一；对厂矿企业安保工作实行逐级承包责任制；对隶属关系复杂、不便掌握、不易统一的单位，实行抵押金责任制）。

1994年，巴中地区公安处内保部门根据新地区刚刚建立、工作从头做起的实际，年初，制订情报信息收集汇报制度，重大事件实行立即报告制度，对久侦未破案件流向外地的“重点对象”实行跟踪报告制度。全地区各县市公安局内保科和大的企事业单位保卫科（股）都制定处置突发事件的“预案”，各单位都签订《治安安全责任书》，在单位内部建立健全加强暂住、流动人口管理，加强警用械具管理，加强境外到地区的人员管理等一系列规章制度，以提高单位内部的自防、自卫能力。

1996 年，全地区经济文化保卫部门按照“看好自己的门，管好自己的人，办好自己的事”的原则，引进竞争激励机制，强化“三防一保”基础建设，在各级内保单位开创“治安安全单位、优秀保卫科（股）”，“治安优秀责任人、优秀保卫科（股）长”，“三无单位”等“创安争优 ”活动，对目标任务、奖惩办法，提出具体要求。

1997 年，在全地区创建“安全文明社区”的同时，内保单位开展创建“安全文明单位”竞赛活动，集中整治一批软弱、涣散、长期发挥作用不力的保卫组织，加大整个内保系统对安保工作人、财、物的投入。

1999—2000 年，经侦支队面对新的职能，在队伍内部建章立制，建立激励机制，开展争创“文明科室”“优秀大队”，争当“优秀侦察员”“优秀内勤”活动；教育经侦民警牢固树立全心全意为人民服务宗旨，开展“学英模、树典型、见行动”活动；建立学习培训机制，开展岗位练兵活动；规范执法、办案、工作、管理程序，开展经侦队伍正规化建设竞赛活动，提高经侦民警法律业务素质，提高执法办案水平，适应新的职能需要，新的形势发展需要。

二、情报信息

中华人民共和国成立后，境内各县的内保情报信息工作，在严密掌握敌情的基础上，与各单位人事部门紧密配合，开展调查研究，对内部重点分子和一般反动组织成员建立档卡。

1993—1995 年，结合本地区内保工作实际，始终把强化信息反馈放在首位，确定“广泛收集，认真研究，超前思维，灵活处置”的工作思路，加大工作力度，及早制定措施，落实目标任务；抓网络建设，拓宽信息渠道；延伸情报触角，扩大秘密力量。

1996 年，面对全地区特困企业比重大、基础建设规模大、资金投入缺口大等诸多原因带来的各种不安定因素，公安内保部门不断想办法、添措施，调整工作思路，始终把预防、减少不安定因素，控制、处置突发事件，全力维护内部稳定，放在工作首位，切实抓出成效。

1997 年，通过拓宽情报情息覆盖面，全地区收集各类情报信息 99 条，上报省公安厅 8 条，采用 4 条，传递有关部门 24 条，采用 5 条。

1998 年，在东南亚金融风波不同程度的影响下，全地区多数厂矿、企业单位生产经营不景气，职工生活困难，内部稳定工作，任务十分繁重。地、县市经文保部门全体干警充分认识维护内部稳定的重要性，广辟情报来源，畅通信息渠道。是年，收集各类情报信息 28 条，上报省公安厅 7 条，传达反馈有关部门 11 条，采纳利用 5 条，妥善处置不安定事端 8 起。

第三节　重点保卫

一、重点单位保卫

20 世纪 50 年代，重点抓粮食、商业、供销等经济部门的保卫工作，后逐步扩大保卫范围。1961—1966 年，境内各县内保工作一直贯彻“以防为主，防破结合”的方针，充分发挥内保组织的作用，不断加强监控工作，对“四类分子”，按照党的政策和策略，分别落实监督改造措施。由于安全保卫工作抓得扎实，使内部案件的发生率大大下降。1976 年后，内部单位针对一些青年职工、在校学生因受“文化大革命”的影响，无政府主义和违法犯罪活动比较突出的情况，建立帮教小组，不断进行帮助、教育、挽救工作。至1984年，各县内保单位建起帮教小组，机关、厂矿、学校办起“法制专栏”，建起法制学习小组。

1986年，巴中县公安局，明确城区内保工作管辖范围，确定党政、财贸、文卫、厂矿单位共179个。通过实行各种安全防范措施，年终检查评选，有“四无”（无刑事案件、无治安案件、无火灾事故、无责任安全事故）单位116个，占内管单位的64.8%。

1992年，各县在内保单位以综合治理引路，实行安全管理“三三制”（对经济文化单位实行“三级”管理，在各单位建立健全综合治理领导机构、基层治安保卫组织、守护值班巡逻人员“三支队伍”；实行区域联防、门卫值班、巡逻守护“三道防线”）。

1994年，全地区公安机关内保部门，加强对重点企业保卫工作的依法监督、检查、指导。是年，共检查调研厂矿企业363个，整改隐患141起。

1995年，在认真贯彻“谁主管、谁负责”原则的前提下，对重点单位坚持“依法管理，群防群治，横到边，竖到底”的安保工作思路，加大力度抓落实。

1996年，内保部门配合地区人行，于8月份对全地区非金融机构非法融资进行一次全面清理，整治取缔非金融机构6家，融资金额达2900余万元。是年，组织安全大检查19次，限期整改各种重大安全隐患8起；完成全地区金融（邮储）系统49台运钞车的改造，做好“121”免检证的登记上报工作；先后4次顺利完成累计金额2亿多元的销钞保卫工作。

1998年，全地区加大对以金融（邮电）为主的水、电、气等重点要害部位安全防范工作的督导力度。对4县市农行、建行、信用联社、邮电储蓄共145个基层营业单位的安全防范工作进行检查，发现不安全隐患53起。除发整改通知书外，还书面通报全地区及上级主管部门。并且坚持每季度召开一次金融保卫干部会议，通报周边地区银行基层单位发生的各类案件情况，查找自身存在的问题，研讨对策，堵塞安全防范漏洞，提高安全防范能力。

二、重要活动保卫

1951年3月初、1952年5月21日，川北区党委书记、行署主任胡耀邦2次到巴中视察工作。1959年，四川省省长李大章到巴中视察。1960年，“达县地区县委会议”在巴中召开。1961年4月，中共中央政治局委员、四川省委书记李井泉到巴中视察；夏秋之交，团中央书记胡耀邦前往南充再次到巴中看望。1976年1月5日，四川省委第一书记赵紫阳到巴中视察。1981年5月10—11日，在川陕苏区战斗过的中央顾问委员会副主任许世友，在成都军区司令员龙太忠的陪同下，到巴中视察。1982年4月，四川省委书记谭启龙到巴中视察。1984年7月1日，中央军委主席邓小平题写馆名的“川陕革命根据地博物馆”举行揭幕典礼，全国各地在川陕苏区战斗过的部分老红军及省、地、县100多名代表参加。各级公安部门都经过周密部署，妥善安排，投入足够警力，依靠治保骨干和广大群众，做好安全保卫工作，从未出现安全事故。

1986年10月9日，平昌县在江口镇江阳公园隆重举行“刘伯坚烈士纪念碑”落成典礼，中央政治局委员、军委副主席杨尚昆，中顾委常委黄镇，全国政协常委苏林、魏传统，中顾委委员天宝，成都军区政委万海峰，省委副书记聂荣贵等，乘三架直升机到平昌参加典礼活动。鉴于此次保卫级别高，领导人员集中，来宾多、时间长，食宿分散，车辆拥挤等特点，县委成立安全领导小组，设立办公室，组建县委、县政府、平昌饭店、县委招待所、朝阳旅馆等15个保卫小组共57人，一个警卫组27人，一个交通保卫组48人，一个会场保卫组176人，一个巡逻组13人，总计321人参加保卫工作。事前通过调查摸底排队，把一切不安全的因素，都消灭在萌芽之前，事事处处防患于未然，最终确保中央首长和典礼活动的绝对安全 。

1994 年，到巴中地、县（市）检查工作的中央、省级领导和前来考察、旅游的老红军，日益增多，安全保卫任务繁重。在地区公安处和上级保卫部门的指导下，全地区公安内保部门通力合作，制定周密的保卫方案，严格纪律，保守秘密，在参与干警的共同努力下，圆满完成上级领导到本地区13 人（次）的安全保卫任务。

1996 年，“全省农田水利基本建设工作会议”在通江召开和“建区三周年庆典”期间，地、县（市）两级经文保干警提前进入角色，严密各项防范措施，确保省委、省政府主要领导和与会代表500 余人在巴中期间的绝对安全。是年，全地区先后出动警力 50 名，完成 9 次重大保卫任务，均做到万无一失。

1997 年，在川陕苏区战斗过的全国政协副主席洪学智到巴中视察，全省第十三次扶贫开发工作会议，四省十六方经济联席会议、全地区三级干部会议在巴中召开，各级公安机关周密部署，确保四次重大活动绝对安全。

1998 年，圆满完成“全省农村基层组织工作会议”“全省地方公路建设现场会”“全省城乡建设现场会”等在巴中召开的 7 个工作会议的保卫任务。全国政协副主席、四川省委原书记杨汝岱到巴中视察，对出色的安全保卫工作，给予高度赞扬。

三、森林资源保护

民国时期，林木为私人所有，加之人口稀少，很少乱砍滥伐现象。巴中县阴灵山前锅口垭（巴州区青山乡），有 327 株双人合抱的参天古柏。民国 7 年（1918 年），军阀郑启和在宕梁公园（巴中市巴州区委招待所一带）修建“阅兵楼”，派人前去砍伐，当地农民杨登贤等闻讯后，约同乡人去恩阳河买回大量耙齿，钉于树中，终使这个防风林带免遭劫难。后人为表彰杨护林之功，特建立“杨君登贤之石碑”，以作纪念。

1952 年，巴中县人民政府规定：公有林木采伐，一律报县审批，必须在胸径 4 寸（合 13. 3 公分）以上始得采伐；私有林木若需出售，其数量在 100 株以上者，须经县政府批准，报川北行署林业局备查。1953 年 3 月，南江县政府颁发《南江县护林组织暂行办法（草案）》，作出 5 条护林规定。1955 年，巴中县第十一区（治化成）区公所，因对南阳乡发生偷砍公树 297 根事件查处不力，区长被停职反省。1957 年起，林木“共产”，到处可砍，乱砍滥伐十分严重，特别是大炼钢铁、修大水库周围的山林基本砍光，成为秃岭。是年，通江、南江、南郑（陕西省属）3 县建立联防护林组织。1958 年初，成立“巴山地区护林联防委员会”，4 月 10 日，在南郑县碑坝（原属通江）召开毗邻 8 县（增加西乡、城固、镇巴、褒城、宁强）参加的首届联防护林会议，选出南郑、通江、南江 3 县县长为主任委员，制定联防办法，决定每年召开一次“联防会”，由组成县轮流主持。1963—1964 年，在“小四清”（清理账目、清理财务、清理仓库、清理工分）运动中，巴中全县清出乱砍滥伐树木者 4. 21 万人（户）。1966 年，在“大四清”（清政治、清思想、清经济、清组织）运动中，将乱砍滥伐林木作为主要清理内容之一，有的大队生产队干部算出来该赔钱上千（现值逾万，实际未赔）。

1978 年，达县地区 6 县 1 区护林联防委员会第二十二届年会在巴中召开，于南龛坡、塔子山、插旗山、王望山等重点林区建起永久性护林防火牌。

1979 年，《中华人民共和国森林法（试行）》公布后，各县一面大张旗鼓地宣传，一面认真依法处治乱砍滥伐行为。

1980—1982年，各县在完成林业“两制”工作，重新落实国家、集体、个人三种林权所有制的同时，建立限额采伐、凭证倒树、凭证上市、凭证运输等一系列林木管理制度，违者严加追究。

1985年，电子工业部把南江作为林区无线电通讯试点，林业部投资5万元，装置有线与无线相结合，自动拨号、自动中断接转的电脑控制通讯系统，使林区防火信息传输现代化。是年4月，正式成立“南江县公安局森林派出所”。

1986—1987年，各县相继建立林业局公安科和公安局林业保卫科，列入各级公安机关序列，接受双重领导，条块结合，以块为主，公安部门加强业务指导。

1987年，达县地区六县一区护林联防委员会第二十二届年会在巴中县召开，在南龛坡、塔子山、插旗山、王望山等重点林区建起永久性护林防火牌。

1993年，巴中县林业、公安部门组成专案组，查清平梁乡火炮村部分群众哄抢盗伐林木4500株的案件，对违法人员进行公开处理。1997年起，全地区认真贯彻林业保护法规，坚持“以防为主，打防结合”的方针，发动群众检举揭发，号召违法人员投案自首，有力地保护森林资源，优化生态环境。2000年，巴中市巴州区林业公安科被省林业公安局荣记“集体三等”一次，被国家林业局、森林公安局授予“人民满意单位”称号。

第四节　案件查处

一、内保案件查处

1952年7月至1953年，通江县在政府机关、民众团体、文教卫生、财贸企业等单位开展“三反”“五反”运动，对“中内层”进行清理，查出大小“老虎”100人。

1960年，巴中县在县级机关77个单位开展反贪污、反浪费、反官僚主义的新“三反”运动，参加干部1155人，揭发出有贪污行为的164人，经最后定案，贪污现金200元以下的96人，200～1000元的60人，1000元以上8人；核实贪污总金额4.89万元，追退现金4.15万元；定案贪污粮食3134公斤，追退443.5公斤；受到党纪、政纪处分的43人。

1977年，在“双打”斗争中，南江县在内保单位挖出贪污盗窃分子74人，收缴赃款3.7万元，木材12.75立方米，自行车、缝纫机等物品1200余件。是年，通江县在内保单位打击处理违法人员26人。

1986年，平昌县内保系统发生各类刑事案件22件（含贪污盗窃21件，诈骗1件），破获14件（贪污盗窃13件，诈骗1件），打击处理各类违法犯罪人员56人。

1994年，巴中地区公安处统一部署，内保系统开展三次“反内盗、反诈骗、打抢劫”的专项治理。全地区共破刑事案件189起，破案率为78%；查处治安案件190件，查结率为100%。

1996年，全地区内保部门充分发挥职能作用，紧密围绕“严打”斗争，积极配合刑侦、治安、预审、派出所工作，把斗争对准内部重大盗窃、抢劫、诈骗、破坏生产、报复伤害企业领导人等五类经济犯罪案件，对影响大、危害大、群众反映强烈的挂牌案件，组织优势警力开展攻坚，成功破获一批案件，深挖一批犯罪团伙。是年，共立各类刑事案件122件，破获97件，破获率79.5%；打击各类违法犯罪人员 711 人，为国家挽回经济损失 129.2 万元。

1997 年，全地区内保系统共破各类刑事案件 37 件，其中破隐积案 13 件，摧毁犯罪团伙 3 个 11 人，打击处理违法犯罪人员 147 人，挽回国家经济损失 34 万元。

2000 年，以打击金融、财税、挪用、侵占犯罪为重点，主动出击，合力攻坚，成功侦破一批经济犯罪案件。全市受理各类经济案件 207 件，立案 131 件，破获 119 件，打击处理违法犯罪人员 97 人，为国家挽回经济损失 757 万元。

二、林业案件查处

1985 年起，南江县林业公安科和大坝林区派出所加大对林业案件查处。

1987 年起，巴中县林业局、平昌县林业公安科开始查处毁林和盗伐林木案件。至 1992 年，平昌县林业公安科共查处 乱砍滥伐林木案件 448 件 687 人，其中给予刑事处罚 7 人，治安处罚 16 人，林政处罚 564 人；收缴木材 60.1 立方米，折款 2 万元，林政罚款 10.24 万元。

到 1997 年，南江县林业公安科和大坝林区派出所共查处各类案件 1900 件，其中刑事案件 160 件，治安案件 325 件，林政案件 1415 件；打击处理 3280 人（次），其中提请逮捕 61 人，治安拘留 134 人，警告 2 人，治安罚款 246 人，行政罚款 2028 人，其他处罚 809 人；收缴木材 799 立方米，折币 38.67 万元，治安罚款 0.91 万元，行政罚款 36.99 万元，赔偿损失 6.46 万元，其他物资折币 2.19 万元，合计折款 85.22 万元。

至 2000 年，巴中市巴州区林业公安科查处毁林和盗伐林木案件共 774 件 924 人，其中给予刑事处罚 25 人，治安处罚 124 人，林政处罚 723 人，其他处理 52 人；查处破坏野生动物资源案 42 件，治安处罚 732 人。

第七章　交通秩序管理

第一节　车辆管理

民国时期，通江、南江、平昌 3 县均无公路，更无机动车辆。民国 38 年（1949 年）5 月，唐（新都唐家寺）——巴（中）公路巴—仪（陇）段基本完成路基，但桥涵未修好，路面未铺筑，仅在 6 月通车一次，渡河使用木船。

20 世纪 50 年代，境内通江、南江、巴中、平昌 4 县北至广元，西至成都，南至重庆。东至达县，基本四通八达。

60 年代后，随着公路里程增加，机动车辆增多，交通管理任务日益繁重。各县公安局与交通局暨交通管理站、农机站等部门紧密配合，加强车辆管理，进行车辆年审，培训驾驶人员，处理车祸事故，纠正违章行为。1960 年，全省汽车号牌统一作改进，分为大型车、小型车、机器脚踏车、拖拉机、试车、临时等 6 种；并简化非机动车辆办证手续。1963 年，执行《四川省机动车管理办法实施细则（草案）》，严禁客货混装，货车搭人须有准载证明。1966年后，车辆年审工作一度停止。1970年，恢复车辆年审制度，并对行车执照进行更换。

1979年，巴中县成立交通监理站（后改为所），加强对机动车辆的管理。每年车辆及驾驶员年度审查，均由政府牵头，有关部门参加，组成领导小组，严格审查，兑现奖惩，机动车辆年检率98%以上。

1981年起，全省执行非机动车牌照由省公安厅统一制发，解决牌号重复、不便检查和管理的问题。1982年，城乡轻便摩托车日益增多，省公安厅对轻便摩托车技术标准作规定，并进行技术审验。其后每年一审。1986年7月1日起，开始使用新车牌。10月7日，国务院《关于改革道路交通管理体制的通知》，规定道路交通移交公安机关统一管理。1987年4月，省政府制定《关于改革道路交通管理体制的实施意见》，要求将公路交通管理业务和交通管理人员，从交能部门划出，交由公安机关管理。5—8月，巴中、南江、平昌、通江4县公安局相继成立交警队，同时撤销县交通管理所。1988年8月1日，正式实施《中华人民共和国道路交通管理条例》。各县公安局在大抓《条例》宣传的同时，于交警队内部进一步明确职责，建立完善双向“三长”目标管理责任制，各派出所均确定1～2名民警专司交通管理。

1993年后，车辆与日俱增，巴中市（县级）有各类机动车2900余辆，非机动车2万辆。在市委、市政府领导的直接支持和工商、交通、建设、城管等部门的积极配合下，先后5次进行整顿，取缔人力三轮车、老年车，限制摩托车参与营运，发展出租车；禁止无牌无证车辆上路行驶；调整行车路线，规定政府街、文庙街实行单向行驶。投资30万元，设置交通标志，人车分流护栏，新规划2个停车场地，对各类车辆的停放实行定点定位，改善停车秩序，取缔违章占道。

1995年，全地区公路主干线全面改造，为保障车辆顺利行驶，全地区交警人员集中精力，突出重点，实行定路段、定人员、定责任、定时间、定奖惩、包安全畅通的“五定一包”路面管理责任制。

1996年5月，巴中市（县级）公安局在“三号桥”建立“红绿灯”指挥岗亭，打破巴城无红绿灯指挥交通的历史。

1998年，全地区交管部门根据山区山城特点，把交通秩序专项整治和阶段性整治相结合，强化道路交通管理。加强春运、春游、春耕运输的管理；集中时间，集中人力，全面出击，重点整治城区交通秩序；抓住“特色服务”的结合点，探索改进管理的新路子。是年，推出“巴中地区征费办证第一大厅”，既杜绝乱收费行为，又加大监督力度。

2000年，省公安厅绵阳会议决定，在巴中开展全省“山区公路巡警建设”试点工作。市公安局交警支队接受任务后，把重托当机遇，主动争取党委、政府高度重视，支队、大队群策群力，团结拼搏，大抓队伍培训，合理选址布点，创新工作机制。全市按军事化标准，组建城区中队6个、特勤中队4个，省、县干道环区公路中队8个，基本形成“城乡结合，全线贯通、社会联动、连环监控”的公路巡警网络体系。

第二节　驾驶员管理

民国时期，政府、警察厅规定，报考驾驶员的条件是年龄20岁（后改为18岁）以上，40岁

（后改为45岁）以下，身体健康，耳聪目明者；考试课目是驾驶技术（实地考验）；驾驶规则；机器构造及其功用。考试不及格者，非逾一月后，不得再行报考。

1950年，根据交通部、公安部的规定：报考驾驶员，年龄须在20岁以上，55岁以下，粗通文字；驾驶小型车，身高在145厘米以上，体重45公斤以上，驾驶大型车身高在155厘米以上，体重在50公斤以上；具有6个月以上学习驾驶的经验。1963年，省交通厅联合颁发《四川省机动车管理办法实施细则》中，规定报考学习驾驶员年龄在18岁以上、25岁以下；学习驾驶员实习期为6个月，后经批准可单独实习。1976年，《四川省城市和公路交通管理规则实施细则》规定，学习驾驶员，须年龄在18周岁以上、30周岁以下；学习时间，汽车为6个月，方向盘拖拉机为4个月，手扶拖拉机、机器脚踏车为3个月，期满后方可报考学习驾驶员。报考学习驾驶员，经测试交通规则、机械常识、桩考（无条件的可路考）、道路驾驶操作，合格方可准予实习（手扶手拖拉机和二、三轮机器脚踏车，合格后直接办理正式驾驶证）。实习期为6个月，前3个月为监护期，后3个月为单独实习期，实习期满并有2万公里以上安全行驶经历，方可发给驾驶证。驾驶员每年应进行一次审验，未经严审者，不准继续驾驶车辆。

1986年，开始实行“违章记录卡”，加强对机动车驾驶员的管理。1989年7月1日起，全省启用全国统一的新机动车驾驶证。

1992年，通江县年审驾驶员1005人，占应审的92.4%；培训小货车、摩托车驾驶员52名，核发驾驶证143个。

1995年上半年，全地区考核驾驶员1451人，合格率80.7%。1996年，审验驾驶员7000余人，占应审的64%。

1999年，为提高驾驶员技术水平，确保办证质量，全地区规范考试程序，严把考核关。按照考试的具体内容，对试卷、报考表、准考证严加保管，防止舞弊；部分考试科目由考试员进行考核，副科长主考；从根本上保证初学驾驶员的办证质量。是年，共考核大小汽车学员6558人，摩托车学员1152人，办理驾驶证8775个，审验驾驶员1.35万名。

2000年，全市举办违章驾驶员交通法规与安全培训班32期，参训657人；清理无证驾驶员432人。并按省公安厅“客管规定”和四川交警总队的统一部署，对从事8座以上客运驾驶员和车辆，重点进行审验 、复考、核发“安全查验卡”。

第三节　安全管理

民国26年（1937年），四川省交通委员会在成都、重庆两市举办交通安全展览，编印《交通常识》《汽车驾驶人须知》《人力车夫须知》等宣传资料，组织中学生进行街头宣传，各电影院放映安全电影，各报刊报道整治交通秩序，开展第一次全省性的交通安全宣传活动。

20世纪50年代初，四川城市交通秩序比较混乱，各地军事管制委员会颁布城市交通管理办法，大力整治交通秩序，加强安全管理。1959年9月，各级公安机关和交通部门认真按照《关于试行〈城市交通规则〉的补充规定》进行城市交通秩序整顿，加强行车管理、安全检查及驾驶员的安全教育。1970年前后，各县相继设立“安全生产办公室”，一切交通事故由“安办”处理。1974年，各地普遍进行交通安全大检查，重点清理非法占道堆物，整顿公共汽车站秩序。通过清理整顿，交通混乱状况得到明显改观。

1977年，各地成立整顿交通秩序领导班子，协调有关单位统统一行动，严禁违章搭人，客货混装，超速行驶，转变占道等不安全行为。开展评比“红旗手”、万公里安全行驶为主要内容的竞赛活动，要求小学生放学时列队行走，不准乱穿公路、街道，避免交通事故发生。

1979年后，各县成立车辆监理站（所）后，除每年进行年检年审外，每年还在5月开展“安全月”，9月开展“质量月”，冬、春季开展“百日安全竞赛”等活动，加强安全宣传，进行路面检查，查处违章行为。至1985年，巴中县共发生交通事故20次，死亡125人，伤170人，经济损失16.34万元。

1990年，平昌县检查车辆7875台（次），查出交通违章1532次，罚款2万元。

1995年，全地区开展“压事故、保春运”紧急行动，坚持严把客运车辆检验光，保证“无病车”上路；驾驶员审查关，严禁无证驾驶、请人驾驶打疲劳战；客运载人数量关，严格控制运量，坚决制止超载。同时，集中领导，集中警力，集中时间，对事故多发地段实行定人、定时、定责、定任务的“四定”责任制，遏制事故上升势头。

1997—1998年，全地区以中小学安全教育为龙头，把交通安全教育全面推向社会。强化宣传，抓出特色，切实加强道路交通安全管理的舆论工作；典型引路，以“路”育人，把中小学生交通安全教育推向高潮；超前思维，科学决策，提高驾驭交通安全局势的能力。

1999年，全地区交管部门从山区交通现状出发，以安全畅通为核心，因地制宜，整体推行，力争交通安全管理步入良性循环的轨道。

2000年，全市抓“春运”安全管理，抓安全宣传教育，抓“百安”活动开展，全面加强道路交通安全管理工作。是年，检查各类车辆11.26万辆（次），吊扣证照272个，扣车134辆；查处无牌无证车943辆；查处客运超载1982辆（次）；查处人货混装372辆（次）；查处违章驾驶员1.25万人（次），其中治安拘留54人。

第八章　消防工作

第一节　火灾预防

一、防火宣传

清光绪三十一年（1905年），四川通省警察总局颁布《警察救火章程》，第一条即规定防火宣传工作，要求各属晓谕铺户居民：凡引火之物，不准堆放灶前；竹木刨花要随有随售，不准多放待价，贪利忘害；爆竹、煤油，为祸尤烈，此项住户睡即灭灯；冬夜烘笼，必须留意；等等。民国22年（1933年）8月，四川省会公安局令各分局、分署开展防火宣传工作，要求：“救火器具应随时整刷，严加戒备，茶铺要多储清水；更夫要传锣通晓”。

中华人民共和国成立后，各级政府十分重视防火工作。1950—1955年，境内各级政府每年召开一次以防火为中心的座谈会，城镇居民将防火作为一项重要内容订入《爱国公约》。1956 年，通江县“县人委”印发防火宣传资料 3000 份，发给县级单位、区（公所）、乡政府和城镇职工，要求群众“穷灶前，富水缸”，加强易燃物品和用火管理，严禁小孩玩火。1958 年，通江县公安局又翻印防火宣传资料 11 种 3300 份，发到各机关、企业、学校、群众团体和乡村，广泛进行宣传。

20 世纪 60—70 年代，境内各县除平时加强防火宣传外，每年元旦、春节、“五一”、“十一”前夕和夏收、冬寒易发生火灾季节，都强调预防火灾，注意防火教育。

1986—1988 年，各县组织学习《消防条例实施细则》，在城镇书写大幅防火标语 4000 余幅，在农村院户张贴防火警语 3 万余条，广泛宣传防火知识。

1994 年，地区消防支队将消防法规宣传纳入各县（市）“二五”普法内容，广泛深入开展“11·9”消防宣传日活动。1997 年，全地区开展消防知识竞赛活动，发出《1997 年全省消防知识竞赛活动试卷》1 万份，收回有效答卷 8500 份，经评选，南江县 9 名、通江县 2 名参赛者获奖。

2000 年，全市以“让家庭远离火灾”为主题，开展“11·9”宣传日活动。全市共设咨询台 8 个，悬挂大幅标语 70 余幅，赠送《火的警示》光碟 400 张，散发宣传资料 5000 余份，使消防知识进入千家万户。

二、防火检查

清光绪三十一年（1905 年），四川省警察总局在《警察救火章程》中，规定居民铺户冬夜防火五项要求，责成各路局正、牌首、邻佑，对铺户居民严加检查，随时告诫。民国时期，警察机关亦要求对城市防火经常进行检查，规定楼房不得建造炉灶，烟囱要高出屋顶 1 米，商店住户要设置沙包、水缸等。中华人民共和国成立后，各级公安消防监督部门，始终坚持将元旦、春节、“五一”、国庆等重大节日和夏收、秋收、冬季作为预防火灾的重要时期，提前开会、发文、通知、部署，及时组织人力进行防火检查。到 1966 年，每年都要结合重大节日和收获季节，开展防火安全大检查，及时发现问题，消除火灾隐患。1966—1976 年，中断防火检查。

1976 年后，消防检查很快恢复。1979 年，各县在县级单位、厂矿、重点工程建立防火安全委员会，基层单位和农村大队建立防火安全领导小组，县、区（公所）、公社三级落实防火负责人，农村大队、生产队落实防火负责人，由他们组织防火检查，落实消防措施。是年，通江县在县级单位、厂矿、重点工程建立防火安全委员会 91 个，基层单位和农村大队建立防火安全领导小组 622 个；县、区、公社三级落实防火负责人 1017 人，农村大队、生产队落实防火负责人 3265 人，由他们组织防火检查，落实消防措施。1981—1985 年，各县公安局和安全生产办公室一起，每年组织两次消防安全大检查，以促进“预防为主，消防结合”方针的落实。平昌县公安局和安全生产办公室一起，每年组织两次消防安全大检查。通江县组织 5 个消防安全检查组，共检查 1154 个单位，查出火险等不安全因素 382 处。1987 年，各县对重点防火单位，逐一进行调查，建立防火档案，按照“十项标准”，对一、二、三级重点消防单位进行全面验收。是年，平昌县对 431 个重点防火单位进行全面验收，建立防火档案。1993 年，巴中县公安局组织力量对 26 处加油站（点）进行专项检查，查处隐患 71 处，发隐患通知书 18 份，停业整顿通知书 2 份，取缔不符合安全条件的站点 16 处。

1994 年，地区公安消防支队开展加油站（点）消防安全专项治理，对全地区 814 个加油站（点）逐一登记检查，取缔 8 个，提出整改措施 1546 条，整改火险隐患 1123 处。1995 年，地区消防支队和各县（市）消防科，对一、二级消防重点单位严格检查，指导各派出所和乡镇对街道居民和村民进行防火检查，共发现火灾隐患7760处，督促整改6900处。1997年，地区消防支队防火处和各大队在防火检查中，共发现火险隐患9550处。

2000年，市政府组织开展以公共聚集场所、易燃易爆场所为主的消防安全大检查4次。同时，组织市、县（区）公安、消防、监察、城建、工商、技术监督、环保、电力、税务等部门，开展消防安全抽查活动，报社、电视台跟踪报道，发现巴中城区9个单位存在突出火灾隐患，现场对2个单位实施停产停业处罚，通过报纸、电台、电视台公开曝光，在全市产生很大影响。

三、监督管理

清光绪三十一年（1905年）六月，四川通省警察总署发布禁令：火油一物，妨害甚大，所有城内囤点煤油之家，统限半桶，月内一律将所藏火油搬运出城，过期不搬，定将所囤之油充公；禁止街面火药铺炸药做夜工，违者拿局重办。民国元年（1912年），将火药库、石油库、危险物品制造厂、病院、学校、剧场、工厂、博物馆、图书馆、宝物藏、都督府、总厅、公署、公所、各司办公处等，列为消防的重点。民国26年（1937年），四川省会警察局在火灾预防中，明确提出“建筑预防”，对旅店、影剧院等建筑防火管理作出一些规定，但境内各县并未认真实施。

中华人民共和国成立后，公安机关对火灾危险性大、发生火灾后损失大、人口密集的城镇、单位，实行重点监督管理。

1966—1976年，消防组织涣散，规章制度松弛，火灾频繁发生。

1980年，境内各县对重点部分建立防火岗位责任制；农村实行“安全值日牌”制度。是年，通江县对全县4282名防火负责人填发《通知报告书》；农村实行“安全值日牌”9795个，订立防火公约9.5万份；对38起火灾当事人给予处罚。

1984年，境内各县消防工作贯彻“预防为主，消防结合”的方针，由公安机关实行监督。各县组织人力进行消防安全检查，进行消防科学技术研究，指导消防部门的业务工作。

1986年起，巴中县加强消防工作力度，在区（公所）、乡、村、组（社）层层签订责任书，均实行百分制考核，做到领导落实、责任人落实、防范措施落实、整改隐患落实、火灾事故调查处理落实；逐级签订责任书，落实面90%以上。

1991年，各县委、县政府把消防工作纳入社会治安综合治理的目标考核之一，实行安全“一票否决”制，安全工作成效显著。

1994年，在地区公安消防部门的具体指导下，巴中市、通江江、平昌县针对本地发生的4起较大火灾，政府都及时召开现场会，吸取教训，增添措施。

1998年，认真落实消防安全责任制。各级政府把消防工作纳入社会治安综合治理内容，作为一项重要工作来抓。逐级建立健全消防安全责任制和岗位防火责任制，形成领导责任落实、制度严格执行的新格局。

2000年，市委、市政府先后下发消防工作文件4个，召开消防专题会议6次，组织全市消防安全检查4次；市级领导和各县（区）22名县级领导干部，先后深入现场办公，督查督办重大火灾隐患整改等社会消防问题，制定治理规划，落实整改资金，按“谁主管、谁负责”的原则，实行分级治理。是年，查处消防违法行为22起，行政处罚66人，罚款6.82万元。

第二节　火灾事故调查

民国时，境内各县，每遇发生重大火灾，公安局均派员调查火灾事故原因，登记火灾损失，以便对火灾责任人追究。

自1950年始，境内公安部门对各种火灾及时调查，认定火灾原因，查明火灾事故责任，核定火灾损失，进行火灾统计，并及时上报。其中，南江县公安局消防股、科、大队从20世纪50年代初起，历年火灾情况记录在案，并列出火灾原因。1951—1992年（缺1967—1970年），全县共发生火灾768起，年均18.73起。其中，农村发生火灾668起，城镇发生火灾100起，死55人，伤270人；经济损失403.29万元；纵火占3.3%，违反操作占10.2%，电器短路占5.4%，用火不慎占68.7%，小孩玩火占8.8%，自燃起火占1.5%，火因不明占1.9%，汽车雷击占0.2%。1986—1992年，通江县发生火灾5起，死3人，经济损失188.2万元。1986—1992年，平昌县发生火灾104起，经济损失164.93万元。

1993年9月28日，巴中地区消防支队筹建以来，组织开展火灾事故调查，认定火灾原因，查明火灾事故责任，核定火灾损失，进行火灾统计，指导下级进行火灾调查，积极参与火灾事故“两案”办理。

1994—1996年，全地区共发生火灾176起，死22人，伤7人，直接经济损失295.7万元。

1997年，全地区共发生火灾81起，死5人，伤10人，受灾119户，烧毁建筑面积1.26万平方米，直接经济损失102.64万元。经调查，用火不慎发生18起，占总数的22.2%；电气引起火灾14起，占总数的17.3%；放火引起火灾5起，占总数的6.2%；玩火、吸烟分别占总数的4.9%，违章操作占总数的4.9%，自燃占总数的1.2%，火因不明占38.4%。从起火场所上看，其中首推房屋火灾为最，引起火灾49起，占总数的60.5%；次之为交通工具，引起火灾5起，占总数的6.2%。从行业类别上看，首推农牧渔业，发生火灾17起，占总数的21%；次之，工业发生火灾6起，占总数的7.4%；再次之，交通运输业发生火灾5起，占总数的6.2%。从火灾发生的时间看，14时至16时发生火灾16起，占总数的19.8%；16—18时，发生火灾11起，占总数的13.6%，12时至14时发生火灾10起，占总数的12.3%。

1998—2000年，共发生火灾217起，死10人，伤14人，受灾194户，烧毁建筑面积1.21万平方米，直接经济损失258.24万元。经调查，因电气、用火不慎、玩火是引起火灾的主要原因。电气发生41起，占总数的18.9%；用火不慎引起火灾42起，占总数的19.35%；玩火引起火灾11起，占总数的5.07%；其余依次为：违章操作引起火灾占总数的7.37%；自燃、放火占总数的5.7%。从起火场所上看，房屋起火121起，占总数的55.76%；其次为交通工具，引起火灾4起，占总数的1.84%。从行业上看，商业发生火灾15起，占总数的15%；工业发生火灾12起，占总数的10%；教科文卫业发生火灾7起，占总数的1.7%。火灾发生时间为20—22时、10—12时，分别占总数的18.3%；18—20时，占总数的13.3%。

第三节　火灾扑救

一、消防队伍

抗日战争时期，因日机空袭频繁，四川部分县县城建立群众义勇消防组织。但在通、南、巴等县，建置情况无有文献记载。据《平昌县公安志》称："平昌设治后，警察所将消防事宜纳入警佐职责范围，按每乡一队、每保一的组编办法，所属21个乡镇均建立义务消防队，隶属国民兵团的义勇警察队，两套班子一套人马，协助消防工作"。《通江县公安志》称："民国36年（1947年），县警察局在县城建义勇消防队"。1950年后，人民公安机关把防火作为的首要任务，不断组织群众开展联防活动。

1966—1976年，消防管理松弛，不少义务消防队自行解体。

1980年，南江县有义务消防中队840个，成员9.24万人。是年4月，巴中县成立专业消防中队，为连的建制。1983年，通江县有义务消防队4053个，队员4.05万名。

1988年6月，平昌县成立专业中队，为连的建制。1994年起，全地区消防工作重点抓培训。至1996年，全地区培训义务消防员和单位、企业保卫人员1.25万人。是年，对无武警消防中队的通、南2县，从国有企业抽调人员，由企业负担工资，政府予以补助，成立政府专职消防队，由县公安局消防科（大队）管理指挥。

1997年，地区消防支队和各县市中队（南江、通江为科）在加强警民共建和"双拥"工作中，为共建单位培训义务消防员350余人（次）。是年，组织指导开展灭火演练7次，参加演练的义务消防队员450名；组织各类消防知识培训36次，培训人员1171名。

1999年，通江县政府专职消防队伍进行调整增编，队伍增加到15人。是年，巴中国家粮食储备库、南江乐坝油库亦成立专职消防队。

2000年，巴中、平昌2个武警消防中队共有人员47人，其中干部8人，战士39人。2个政府专职消防队同武警消防中队同步进行年度考核，作为队员任期聘用的条件。同时，全市举办消防知识培训班30期，培训义务消防人员1360人（次）。

二、城镇群防设备

20世纪50年代，境内义务消防队置有水泵9部，灭火机198具，水池、云梯、沙包等消防设备23.78万件。60年代，义务消防队备有灭火机431部，水枪、火叉、消防池等消防设备56.08万件。1973年以后，各县公安局认真贯彻《消防监督条例》的规定，发动部分财贸物资单位筹措资金，在县粮食局、银行、商业局、邮电局、物资局、饮食服务公司、百货公司、棉麻公司、烤胶厂等处，安装消火栓。至1980年，购置灭火机881具，修消防池 、沙包等消防设备60.26万件，安装消火栓15套。80年代，境内各县安装高压防火报警器，购置10马力消防机动泵，新增泡沫和干粉灭火机以及消防水泵、水带、战斗服、防火标志牌等消防设施。1990年，巴中城乡场镇安装消防栓50个，铺设管线1000余米，配制水带600米、水枪2支，各类灭火枪2支，各类灭火机500具。1994年，巴中市（县级）购置灭火器械140具，增设火警报警点24处。1995年，平昌县粮食部门增加水池、沙池42口，维修和购置灭火机120具，并更换老化电线1万余米。1996年，全地区3县1市城区安装市政公用消火栓 297 个。

2000 年，全市新安装城市公共消火栓 65 个，完成市政府下达任务的 41%，使总数达到 243 个，为完成省政府下达 2001—2003 年城市公共消火栓任务奠定良好基础。

三、专业消防装备

1983 年，通江县公安局购置庐山牌消防指挥车 1 辆。1985 年，平昌县公安局购置消防车和消防指挥车各 1 辆。1990 年 5 月，南江县公安局从省消防总队赊购解放牌消防车 1 辆，装备消防科。1991 年，通江县公安局筹措资金购置消防车 1 辆。1994 年，巴中、平昌消防中队购置东风牌消防车各 1 辆。1996 年，巴中市（县级）拨款 30 万元，为消防中队购置东风水罐车、灭火指挥车各 1 辆。1998 年，通江县政府专职消防队新购置水罐车 1 辆。是年，全地区公安消防部队共争取地方业务经费 93 万余元，其中车辆、器材装备投入 48 万余元。

2000 年，各级财政拨付消防业务经费 110 万元，主要用于消防基础设施建设。全市购置行政车 1 辆，消防车 1 辆，购置计算机 3 台，移动空气呼吸器充填泵 1 台。投资 20 万元购置随车易耗性器材、部分特勤器材和战斗员个人防护装备，随车易耗性器材达到 1∶1 备份，公安队战斗员的防护装备基本达到配备标准。

四、消防训练

民国 26 年（1937 年），日本侵华战争爆发，战时消防任务繁重，各地巡警机关加强对消防人员的训练。

1953 年 9 月，通江县瓦室铺发生火灾后，该县公安机关与民政部门联合，对城关镇的消防组进行整训。1960 年，各县义务消防队普遍开展练兵活动。1965 年，境内各县对义务消防队员进行整训，对新购消防器材进行演练。是年，通江县对全县 573 个义务消防队 2.73 万名消防队员进行整训，部分消防队对新购灭火机、水枪等消防器材进行二三次演练。1980 年，巴中县消防中队建立后，按照公安部《公安消防队灭火战斗规定》《公安消防队执勤暂行规定》，不断加强消防战术知识教育和基本功训练，开展熟悉责任区的交通、水源、建筑、重点单位、消防组织情况的“五熟悉”活动，经常把队伍带到“目标”地带，进行“火情”实战演习。1988 年后，每年“11·9”消防日，各县消防中队都与县石油煤建公司、日杂公司等义务消防队开展灭火练习表演。

1994 年起，巴中地区消防支队十分重视部队的训练工作，开展中队全员训练和中队之间训练对抗赛活动。主要进行原地着装、一人二带连接、水罐车一操法、单杠、双杠、100 米负重、200 米负重、1500 米长跑、100 米障碍、挂钩梯、节梯等 11 个项目的训练，每月对中队训练进行 1 次对抗赛考核，公布每个官兵的成绩名次。

1997 年，针对现代火灾特点，按纲施训，做到月有计划、周有安排，不漏训、不偏训，干部以身作则，跟班训练。是年，各队与专职消防队、义务消防队一起，在重点单位进行灭火演练 26 次。

2000 年，认真贯彻省消防总队“战训改革工作会议”精神，支队成立“战训改革领导小组”，结合巴中实际，实施战训改革工作。还分别给巴中、平昌中队下达“缺水地区火灾施救”“消费火灾扑救”战术研讨课题，两中队共制定重点单位《灭火作战预案》，并逐一进行演练。

五、灭火战斗

民国时期，农村、街房发生火灾，全靠乡人邻里好心相帮，进行扑灭。1950 年后，无论城镇农村，各级大都设有防火机构，一旦火灾发生，附近党员、干部、治保人员，领先带头积极行动，组织群众及时扑救。20世纪60年代，境内巴中县清江区棉花厂棉花着火。火灾发生后，清江区（公所）立即通知区级有关单位职工、街道居民、学校师生2500人参与火灾扑救，扑救中烧伤6人，火灾烧毁库房一座、枕木75件、打包机1架、步枪1支、麻袋293条、籽棉2119公斤，污染棉花1590公斤，损失折合人民币1.01万元。

20世纪80年代，境内平昌县丝绸厂因烘烤茧子引发火灾，平昌县消防中队出动全体官兵和消防车与丝绸厂职工参与扑救，经3小时战斗将大火扑灭。火灾烧毁蚕茧2.95万公斤，污染蚕茧4.69万公斤，烧毁砖木结构库房1幢812.6平方米，麻袋4000条、停产3天，直接经济损失156.17万元。1985年10月16日，南江县南江镇二居委会居民龚文俊家，电线起火引发火灾，县委、县政府领导闻讯赶到，亲临现场指挥扑救。经1000多人历时1小时的扑救，经将火灾扑灭。

1994年，全地区公安消防部队接警灭火30次，出动51车（次）、412人（次），灭火成功率100%，抢救、保护价值4060万元的财产物资。1995年，接警灭火60次，出动消防车90台（次）、官兵480人（次），抢救保护财产物资1200万元。1996—1999年，共受理火警245次，出动消防车389台（次）、官兵3194人（次），出水灭火100次，抢救保护物资价值3557万元。

2000年，接警灭火59次，出动车辆116台（次）、官兵850人（次），抢救人员4人，抢救财产物资价值252万元，灭火成功率100%。全市消防部队认真履行社会救援职责，按照“有警必接，有力必出，有难必帮，有求必救”的要求，出动官兵1437人（次）、车辆254台（次），实施社会救援活动363次。巴州区消防中队成功处理“6·21”101仓库液氯泄漏，“11·10”摘取青木镇毒蜂窝，“10·8”城守办事处房屋倒塌等事故。1994—2000年，共发生火灾474次，接警出动799次，出动官兵5495人（次），出动车辆886台（次），抢救人员4人，抢救保护财产价值人民币0.85亿元。

1994—2000年巴中火灾及救援情况

表32—1　　单位：次、人、平方米、元

年度	全年火灾次数	受伤情况					救援情况				
		死	伤	受灾户	烧毁房屋面积	经济损失	接警出动	出动人员	出动车辆	抢救人员	抢救财产
1994	52	6	1	73	1200	843100	30	412	51	—	40600000
1995	60	8	2	80	1350	1216800	60	480	90	—	12000000
1996	64	8	4	84	1430	897000	64	952	116	—	5200000
1997	81	5	10	119	12649	1026480	49	482	57	2	8510000
1998	60	4	4	70	4261	873522	80	920	121	—	9000000
1999	63	2	5	76	3688	741861	153	776	197	—	6360000
2000	94	3	5	115	4124	966984	363	1437	254	2	2830000

第三十三篇

司法行政

中华人民共和国成立后，境内各级司法行政部门以“规范、发展、创新”为主题，以深入开展社会主义法制理念教育为动力，以加强司法所基础设施建设为突破口，进一步规范执法行为，促进执法公正，扎实有效地开展服务窗口“形象工程”和文明单位创建活动，不断拓展服务领域，提高服务质量，充分履行法律服务职能，为创建法治巴中、和谐巴中做出应有贡献。1986—2000 年，先后实施和完成三个五年普法规划任务，安排部署组织宣传国家新出台的法律法规，其中重点法律法规 50 多部，举办领导干部专题法制讲座 42 次，乡（镇）举办法制讲座 1200 次，95% 的乡（镇）、87% 的村社街道社区、80% 的企业和学校开展依法治村（街道社区）、依法治校、依法治企活动。按照新时期人民调解工作的要求，在全市乡镇、村、居委会（社区）建立人民调解组织，基本健全乡镇、村（居）、社、户四级调解网络，形成纵向到底、横向到边的调解格局。坚持“教育、感化、挽救、改造”的方针，积极探索、勇于开拓，配合当地政府和各职能部门做好刑释解教人员安置帮教工作，使绝大多数刑满释放解除劳教人员走上自食其力、遵纪守法的道路，减少重新犯罪，促进社会治安根本好转。

第一章　法制教育

第一节　法制宣传

民国时期，国民政府制定的法律，为少数人服务，由少数人掌握，从未向群众作法制宣传教育。

川陕省苏维埃时期，红四方面军在境内建立省、县、乡苏维埃政权后，以民歌、民谣、演讲、演唱、标语和编写课本等多种形式，进行法律、政策宣传。

1949 年 12 月，境内各县解放委员会成立时，印发《政协共同纲领》及《约法八章》安定民心，维护社会稳定。1950 年，各县人民政府成立后，广泛宣传“首恶必办，胁从不问，立功赎罪，立大功受奖”及“坦白从宽，抗拒从严”的政策，召开公捕公审大会，严厉打击土匪和反革命分子的嚣张气焰，巩固新生政权。1951 年秋，广泛宣传《婚姻法》，制止早婚陋习。1953 年春，各县开展“广泛宣传婚姻法运动月”活动。1954 年，将新中国第一部《宪法》宣传到家喻户晓。1966—1976 年，法制建设受到挫折。1979 年 7 月 1 日，《刑法》《刑事诉讼法》颁布实施后，各县组织司法、行政执法干部在县委党校集中学习“两法”。采取上法律课、举行报告会等方式向区乡干部群众宣传“两法”。

1981—1985 年，各县司法局通过办墙报、板报、广播讲座、上法制课，印发宣传标语、口号，开展街头法律咨询，出动宣传车深入城乡广泛宣传“两法”。各县司法局创办《法制宣传》报，发至县、区（公所）（下同）、乡党政机关，企事业单位，学校及村、组。各县抽调干部分赴区、乡（镇），配合各级政府深入宣传《宪法》等法律法规。配合“严打”斗争，编印宣传提纲和标语口号，与县广播局联合创办“打击刑事犯罪”专题节目，出动宣传车配合公捕公判大会开展法制宣传。开展“维护妇女儿童合法权益宣传月”活动，对侵犯妇女儿童权益的犯罪分子坚决打击。配合林业、畜牧、卫生、财政、技监、妇联等部门举办培训班，培训宣传骨干，深入宣传相关的专业法律、法规。

1986 年以后，各县结合“普法”教育，广泛开展学法、懂法、守法活动。1993—1994 年，配合“严打”斗争，开展法制宣传教育工作，全地区共办宣传专栏 420 期，印发宣传提纲 1.44 万份，出动法制宣传车 422 台（次）。全地区开展依法治理的县市 3 个、乡镇 138 个、企事业单位 539 个，依法治理面 50%，各项工作基本上步入依法治理的轨道。1996 年，通过声势浩大的法制宣传活动，鼓舞群众，震慑犯罪。全地区有 18 名犯罪嫌疑人主动到政法机关投案自首，干部群众检举违法犯罪线索 75 起 77 人，协助捕获犯罪嫌疑人 11 人，推动“严打”斗争的顺利进行。1997 年，全地区共出动宣传车 70 台（次），书写标语 3.2 万条幅，印发宣传资料 1.5 万份，办专栏墙报 1200 期，义务解答法律咨询 4000 人（次）。全地区各级司法机关认真动员和组织公民参加“依法治省知识竞赛”。

1998 年，组织力量，广泛收集编写典型案例 3 期，翻印 400 余册，特别是 10 月份编写的以暴力犯罪和带黑社会性质的典型案例，发至各级各部门，使全体公民受到深刻的法制教育。各级司法机关配合国税局、地税局，在全地区巡回宣传税法，印发宣传资料 1.5 万份。参加四川省第二届“地税杯”税法法律、法规知识竞赛，取得较好的宣传效果，增强公民的纳税意识。同时，配合地区交通局、卫生局、烟草专卖局，宣传《公路法》《母婴保健法》《烟草专卖法》。全地区共组织专业法律法规宣传活动达 10 余次，解答法律咨询 2160 人（次），发放宣传资料 8000 余份。

2000 年，市司法局在江北会议中心举办法制讲座，聘请西南政法大学副校长、法学家卓泽渊教授作“市场与法制建设”专题讲座，1000 多名执法人员和领导干部聆听讲座。全市共举办各级领导干部法制专题讲座 35 次，培训宣讲骨干 5000 余人，编印宣传资料 6 万份，上法制课 120 次，办板（墙）报专栏 1000 余处，出法制宣传简报 54 期，电视宣传 30 余次。

第二节　普法教育

一、“一五”普法

1986—1990 年，境内各县城乡有计划、有步骤地开展以各级干部和青少年为重点，以《宪法》为主要内容，以普法育人为目的，以办培训班、“三统一、三集中”面对面地讲课和辅导为基本形式的普法启蒙教育。组织有接受能力的公民学习《宪法》《刑法》《刑事诉讼法》《婚姻法》《继承法》《经济合同法》《兵役法》《森林法》《土地管理法》《税法》《治安管理处罚条例》《四川省计划生育条例》等十法两条例，完成首次在公民中普及法律常识的任务。普及率 90% 以上，合格率 85% 以上。两率均超过省、地规定的目标。

二、“二五”普法

1991—1995 年，结合“一五”普法经验，以继续普及宪法知识为核心，突出专业法律法规的学习和普及，按照“一年准备、二年县城、三年农村、四年查补巩固、五年检查验收”的工作步骤，组织有接受能力的公民系统学习《宪法》《民事诉讼法》《行政诉讼法》《土地管理法》和关于减轻农民负担的两个条例等19部法律法规。通过检查验收，普及率90%以上，干部合格率95.5%，工人合格率90%，农民合格率80%，依法治理面50%。

三、“三五”普法

1996—2000年，深入开展以宪法、基本法和市场经济法律知识为主要内容的宣传普及。“三五”普法期间，各级司法局、法建办适应国家立法进程，及时安排部署组织宣传国家新出台的法律法规，其中重点法律法规达50多部。“三五”普法期间，共举办领导干部专题法制讲座42次，有2000多人（次）参加；公务员接受法律培训及考试率100%；行政机关、社会团体组织、企业事业单位新聘录用人员以及晋升职务的干部，集中法律培训100%；乡（镇）举办法制讲座1200余次，有2万人（次）参加。95%的乡（镇）、87%的村社街道社区、80%的企业和学校开展依法治村（街道社区）、依法治校、依法治企活动。依法治税、治路、治电、治林等行业也开展依法治理工作。经过努力，一个以基层依法治理为基础，以地方依法治理为主体，以行业依法治理为支柱的依法治理“三大工程”的格局基本形成，依法治理工作呈现全面实践、整体推进的良好态势。巴中依法治市模式，受到省委、省人大、省政府的充分肯定。

第二章　律师工作

第一节　律师体制

民国元年（1912年）9月，国家制定《律师暂行章程》《律师登录暂行章程》。四川司法司根据民国《律师暂行章程》颁布的《法院编制暂行章程》，即开始在四川设置“辩护士”，专门在审判衙门刑事审判中出庭为被告人担任辩护人，行使辩护职务。民国22年（1933年）1月，司法行政部3886号训令称“国家之设律师制度，特许其代理辩护诉讼案件者，意在使缺乏法律知识之诉讼当事人，因律师之辅助，得充分主张或防卫其利益”。

中华人民共和国成立后，废除民国时期的伪宪法，伪法律和合法令书等，同时废止旧中国的律师制度。加强人民民主国家民主与法制建设，建立完善的维护人民民主权利的法律体系。1956年，境内各县人民法院普遍建立法律顾问处，并开展律师业务。1957年，开展的整风“反右”斗争，有不少律师工作者受到批判。1959年，取消律师制度。1966—1976年，林彪、江青反革命集团疯狂推行封建法西斯专制主义，不仅在实践中完全剥夺被告人的辩护权，而且在1975年制定的宪法中，公然取消有关被告人享有辩护权的规定，造成大量冤假错案。1980年1月，邓小平《目前的形势和任务》一文发表后，1980年8月26日，出台《中华人民共和国律师暂行条例》，把有关律师的性质、任务、活动原则、律师资格条件、组织体制等重要问题，用法律形式加以确认。

1983 年起，针对律师体制存在的问题开始探索律师体制改革。对律师机构的名称进行变更，将“法律顾问处”变为“律师事务所”；对律师事务所经费管理办法进行改革，经过由全额管理、统收统支、差额补助、超额提成到自收自支、储备用的过程；对律师事务所分配制度进行改革，由固定工资制改为效益浮动工资制；对律师资格获取进行改革，实行律师资格统一考试制度；对律师执业方式进行改革，实行律师资格与律师执业相分离的制度；对律师事务所组织形式进行改革，试办合作制律师事务所。

1993 年，国务院批转《司法部关于深化律师工作改革的方案》，提出律师工作改革的指导思想是认真贯彻党的十四大和十四届四中全会精神，以邓小平建设有中国特色社会主义理论为指针，不再使用生产资料所有制模式和行政管理模式界定律师机构的性质，大力发展经过主管机关资格认定，不占国家编制和经费的自律性律师事务所；积极发展律师队伍，努力提高队伍素质，建立起适应社会主义市场经济体制和国际交往需要的、具有中国特色、实行自愿组合、自收自支、自我发展、自我约束的律师体制。该体制至 2000 年无变化。

第二节　律师队伍

1993 年，全地区取得律师资格人数共 89 人，办理特邀律师工作执照 126 人。1994 年，地区司法局首次组织律师资格考试，参加报名人数 101 人，实际参考 87 人；新增律师资格人数 30 人，新办专、兼职、特邀律师工作执照 40 人。1995 年，报名参加全国律师资格考试 125 人，实际参考 101 人；新增律师资格人数 5 人，新办律师工作执业证 6 人；年末，全地区执业律师达 88 人。1996 年，结合学习贯彻《律师法》《刑事诉讼法》，认真组织全地区律师开展整顿和评查工作。经检查验收，10 个律师事务所均为合格所，85 人被批准继续执业。报名参加全国律师资格考试 135 人，实际参考 127 人，总分在 200 分以上的 37 人，创历史最好成绩。1998 年，按照司法部和省司法厅的统一安排，地局党委将一年一度的全国律师考试纳入目标管理考核之中。年初广泛宣传、动员，社会各界符合报考条件的人员报名参考 139 人，按 204 分上线，有 10 人被录取。

2000 年，积极组织动员社会各方符合报考律师资格条件的人员报名考试，报考人数达 213 人，同比增长 29%，其中本科学历占 38%。举办全市律师业务培训暨工作交流会，主管律师工作的局领导和律师工作科（股）长及执业律师参加培训。邀请金融部门的专家讲授金融法律、法规及有关外汇结算方式等专业课；交流抓律师队伍管理、促业务拓展、争创忠于党和人民满意的优秀律师的经验。对参训人员进行律师执业道德、执业纪律等进行考试，其经验做法刊在 2000 年《四川司法与经济》第 5 期。全市有 7 名执业律师在四川大学、西南政法大学、西南财经大学攻读法学经贸研究生。

第三节　律师业务

民国时期，县无律师，但有代书役。案件辩护和代理，由县司法处主任审判官根据案情需要临时指定。社会上有专替别人代写诉状的“司爷”，但仅是“官司”诉讼代笔者。各县司法处没有“缮状处”，用法宝诉讼状纸替当事人缮具诉讼状，并收取诉讼纸工本费、缮状费。民国35年（1946年），境内平昌设治局司法处聘请在巴中从事“代书”职业的戚聘如、饶建南到平昌与人代书诉状。

中华人民共和国成立后，各县人民法院成立，设“问事代书处”，并取缔黑律师及讼棍的非法活动。1956年6月，各县相继成立县法律顾问处，律师业务围绕解答政策法律询问，出庭辩护，代理财产、离婚、伤害案件等开展律师业务工作。是年，通江县法律顾问处解答法律咨询71件、代写各类法律文书82件、刑事辩护4件5人、民事双边代理案1件。1957年1—9月，巴中县法律顾问处解答政策法律询问546件，出庭辩护13件，代理财产、离婚、伤害案5件。1957年整风“反右”斗争起，各县法律顾问处相继撤销，律师业务工作停止。

1978年，恢复律师制度。1980年起，各县先后恢复县法律顾问处，律师业务工作以事实为依据，以宪法为准绳，维护公民和法人的合法权益。1981年，各县法律顾问处划归县司法局管理。1983年起，境内各县律师工作配合公安、检察、法院，在严厉打击经济领域严重犯罪活动和打击严重危害治安秩序的刑事犯罪分子的斗争中，律师顾问处为刑事被告人担任辩护。1984年，巴中县组织律师为专业户当顾问，提供法律咨询，维护合法权益，受到司法部表扬。是年，出席全国在芜湖召开的律师、公证工作改革会议，在会上作经验交流。1985年，各县增设律师事务所、经济律师服务所、法律服务中心、并在区、乡建立法律服务站，协助办理业务，律师业务发展到基层。

20世纪90年代，各律师事务所努力拓展业务，积极开展刑事辩护、民事代理、企事业法律顾问、代书法律文书、解答法律咨询业务等，律师业务遍布到城乡。1993年，巴中地区律师担任政府、行政执法部门和企事业单位法律顾问233家，办理法律事务2.39万件，办理刑事辩护案件164件。其中，办理民事、经济、行政诉讼代理案件799件，办理非诉讼代理案件389件，代写法律文书445份；解答法律咨询1.54万人；草拟、审查各类经济合同5983份，参与经济谈判、论证216次，提出各种法律意见书370份；为法人、公民挽回经济损失1100余万元，避免经济损失2049万元。1994年，全地区律师工作人员担任行政机关、企事业单位法律顾问286家，比1993年增加53家，增长12%。共办理法律事务2.25万件，其中办理刑事辩护185件，比1993年增长11.2%；办理民事、经济、行政诉讼代理案件519件，办理非诉讼代理案件796件；代写法律文书528份；解答法律咨询1.47万人（次），宣讲法制课2896场（次）；审查各类经济合同3193份，参与经济谈判、论证271次，提出法律意见书412份。帮助5家企业招商引资70万元。为法人、公民挽回经济损失1238万元，避免经济损失2249万元。

1995—1997年，全地区律师工作人员共担任行政机关、企事业单位法律顾问950家，办理法律事务7.76万件。其中，办理刑事辩护840件，占同期各基层人民法院一审刑事案件的46%；代理参加诉讼或非诉讼案件4614件，与全地区各基层人民法院一审民事案件审结数大体持平；参与审查经济合同8042份，参加经济谈判论证624次，提出法律意见书1542份。通过开展律师工作，为本地企业招商引资122万元，为公民、法人挽回经济损失2542万元，避免经济损失2587.9万元。

1998—1999年，应聘担任政府、企事业单位法律顾问658家；办理刑事辩护600件；民事诉讼代理1801件；经济诉讼代理1240件；行政诉讼代理112件；非诉讼代理589件；解答法律咨询3.42人（次）；代写法律事务文书5026件；参与企业经济谈判6800件；办理法律援助案件65件；帮助企业审拟、审查合同2万份，涉及标的金额近亿元。广大律师把“防经济纠纷、防经济诈骗、防经济呆账”作为工作重点，为企事业单位挽回和避免大量经济损失。在企业资产重组、机制转换、结构调整中，为领导决策起到参谋助手作用。同时，注重拓展法律服务领域，积极开展为外出务工人员提供法律服务工作。

2000年，全市律师机构共担任法律顾问500家，办理法律事务1.76万件。其中，办理刑事辩护208件，民事案件862件，经济案件755件，行政案件58件，非诉讼法律事务817件，法律援助65件，代写法律事务文书1835件，解答法律咨询1.31万人（次），为国家和当事人索回损失5820万元。是年，投入大批律师参与总商会下属的互助促进会的清理整顿工作，查封110余万元，变现和收回50余万元。

第三章　公证·法律服务

第一节　公　证

民国时期，政府无公证机构设置，涉及民事权利与义务的事，按历史传统习惯，在当地请“中证人”“见证人”或“保人”与之作证，由当事人、中证人在契约上签字画押，作为凭据保存，具有法律效力。

20世纪50年代初，国内公证由各县人民法院办理。境内各县办理公证事务范围小，业务量少，主要证明公民之间的权利义务关系和有法律意义的文书，确认其真实性与合法性。办证程序极为简便，凡当事人自愿申请的公证事项，经审查真实合法，由人民法院加盖印章即可。1951年，通江县法院首次为中国油脂公司达县办事处与三合、铁佛、麻石三乡办理桐籽加工合同公证。1956年6月后，各县法律顾问处开展兼办身份证明、收养证明等简单公证业务。1957年下半年后，受“左”倾思潮的影响，刚刚开始推行的公证工作遭受严重挫折。1959年4月，司法部被撤销后，各地公证机构随之下马，公证工作完全停止。

1981年1—5月，境内巴中、平昌、通江、南江4县公证处相继成立，并积极开展公证业务宣传，主动上门联系业务，拓展证明业务和非证明业务。拓宽经济领域的承包合同公证，而且紧跟形势，面向农村，围绕推行生产责任制，承办农、副、林业承包合同公证。1985年底，平昌县公证处累计办证2.19万件，履约率97%。

1986—1990年，各县公证处公证业务发展较快，公证项目在原10多项的基础上发展到30多项。

20世纪90年代初期，公证业务滑坡，大宗合同公证大幅度下降。个别部门在办理农业承包合同证明中与公证处争证源，在办理建筑工程招、投标及承包合同证明等项目上超越职权争证权，诋毁公证的职能作用，给公证工作造成不良影响。

1993年，各级司法局与相关单位会商联合发文，将所辖范围内需办理公证业务一并纳入公证机构依法办理。如，土地使用权出让、转让、出租、抵押和房屋买卖、质押、租赁、赠与、继承、分割、拆迁、代管、安置补偿、工程招、投标，乡镇企业的卖、租、股、包及农业塘、库、堰、场园、林的承包和拍卖活动，使公证工作逐步走出低谷。为公证事业的发展，公证人员分片包干，深入企事业单位和区、乡所在地，设立公证联系点和协办室，参与各种合同谈判，现场办理合同公证。

2000年，全市公证机构受理公证7250件，其中经济公证5155件，民事公证2030件，涉外公证（港、澳、台）65件，拒办证8件，为当事人避免经济损失50多万元。向党政、企事业单位提出司法建议18条，被采纳13条。设立公证协办室56家，聘请协办员70名，扩大公证影响，增加公证知名度。

第二节　法律服务

1985年，境内各地建立基层法律服务站，开展基层法律服务工作。1986年，通江县乡镇法律服务所积极为经济建设提供法律服务，担任乡镇企业法律顾问18家，办理各类法律事务2207件，其中诉讼代理411件，非诉讼代理27件，协办公证262件，为顾问单位和公民个人避免挽回经济损失67万元。平昌县组建11个区镇司法站和3个乡镇司法所后，经达县地区司法干校为期2个月的专业培训，在司法行政机关和公证、律师机构的指导下，边学边干，从代书、调解等非诉讼法律事务入手，逐步打开工作局面。

1987年，规范乡镇法律服务业务开展范围为代理诉讼与非诉讼、提供法律咨询、代写法律文书、担任法律顾问、协办公证、办理见证、参与调解民间纠纷、进行法制宣传、协助司法助理员工作。1988年，法律顾问工作向行政机关渗透，法律服务所开始担任乡（镇）人民政府法律顾问。1989年，通江县新建区（镇）、乡法律服务站21个，申报合格法律服务站10个。

1990年起，境内各县司法局对基层法律服务机构进行全面整顿，开展思想政治教育。加强对县司法所、法律服务所和机关人员进行司法行政业务培训，提高基层法律服务队伍的政治业务素质，进一步拓宽法律服务领域，基层法律服务业稳步发展。

1991年，通江县法律服务业务猛增，担任常年法律顾问113家，其中政府45家，企业78家；办理各类法律事务6395件，其中诉讼代理605件，非诉讼代理112件，协办公证2253件，办理见证655件，为机关企事业单位和公民个人避免挽回经济损失195万元。

1993年，各县深化内部司法改革，建立“优胜劣汰”的竞争激励机制，实行浮动工资和按劳取酬，拓展服务领域，服务触角延伸到个体私营业主。是年，区乡法律服务部门，共担任乡（镇）政府、村委会、乡镇企业、私营企业、个体、工商业户法律顾问382家，占任务数286家的134%，共办理法律事务3.25万件，占任务数2.15万件的151%。其中，担任个体工商户法律顾问29家。为法人、公民挽回经济损失239.1万元，避免经济损失395.51万元。

1994年起，全地区基层法律服务所为外出务工经商人员提供法律服务，使他们的合法权益得到保护。是年，全地区法律服务所为外出务工人员提供法律服务帮助319人（次），为伤、残、死亡者索赔的各项费用301.38万元。至1995年，共担任乡镇政府、村（居）民委员会、企事业单位、私营个体户法律顾问1101家，办理民事诉讼代理案件1.03万件，代写法律文书2223份，解答法律咨询1.38万人（次）；调解经济纠纷2084件。协办公证7448件，办理见证7248件，开展法制宣传1073场（次），受教育人数7.3万人。为法人、公民挽回经济损失941.4万元，避免经济损失1190.3万元，真正使法律服务走进千家万户，成为百万人民群众维护其合法权益的武器，有力地促进城乡基层社会稳定和经济的发展。

1997年，基层法律服务扎根农村，为农村、农业、农民提供及时便民法律服务，促进农村经济的发展。全地区共派出律师、基层法律服务工作者321人（次），协助解救受骗受害民工回乡61人（次），为外出务工人员代理诉讼或非诉讼262件，索回劳务报酬、伤残补偿、抚恤金860万余元。

1998—1999年，乡镇法律服务工作者担任乡镇政府、村委会、社及企事业单位法律顾问1474家，办理法律事务6.1万件，其中派出法律服务工作者508人（次），为外出务工人员代理索赔464件，索回劳务报酬、伤、残、死亡补偿金1050余万元。1999年8月，全地区各县开通“148”法律服务专线服务电话。基层、律师、公证三方协调作战，以便民法律服务为己任，进一步拓展法律服务业务领域，快速方便地满足法人、公民对法律服务的要求，对于稳定群众情绪，化解社会矛盾和纠纷起到积极作用。

2000年，巴中市司法局投资15万元，建有10项服务功能的“148”法律服务平台。全市全年“148”法律服务共接受电话咨询1800余人（次），上门服务450多次，接待来访者380多人（次）。全市基层法律服务机构为公民和法人担任法律顾问1374家，比1999年增加494家，上升38%；民事诉讼代理2062件，比1999年增加362件，上升16%；非诉讼代理2840件，比1999年增加706件，上升11%；协办公证1631件，比1999年增加706件，上升76%；办理见证1257件；办理法律援助89件；代写法律文书1.85万件（次），为外出务工人员提供法律服务268人（次）。

第四章　民事调解

第一节　调解组织

民国5年（1916年），境内各区置“讲理公所”，行使民事纠纷的调查、调解职能。民国29年（1940年），各县司法处附设“民事调解处”。民国30年（1941年），通江县政府拟订《健全区乡调解委员会的办法》，决定由“区、乡、镇长召集民众，选出公正明达公民、组建乡民调解委员会”。民国37年（1948年），各乡成立“租佃调解委员会”，由各乡乡长、参议员、农民代表主席、佃农代表等5人组成，实行“二五减租”。民国时期，各地虽设“乡民调解委员会”，但民间发生财产、婚姻、家庭纠纷等，主要靠同乡、同族中的长辈或有威望的人主持，召集纠纷双方到祠堂或茶馆评理，力求和解，以息争端。

川陕省苏维埃时期，县苏维埃政府根据川陕苏区颁布的《川陕省苏维埃组织法》的规定，境内各县的区、乡、村逐级建立调解组织。

中华人民共和国成立后，境内各级人民政府十分重视人民调解工作，由各县人民法院负责组建调解委员会并指导人民调解工作。1953—1954 年，各县普遍建立村（居）民调解组织。1958 年，将“调解委员会”改为“调处委员会”。1966—1972 年，各级调解组织瘫痪，民间纠纷无人管。1973 年 3 月以后，各地调解组织得到恢复。

1980 年，各县司法局建立后，对乡调解委员会，大队、街道、厂矿等企事业单位的调解分会，生产队的调解员进行调整、充实。1989 年，各地全面贯彻落实《人民调解委员会组织法》，对各级人民调解委员会组织进行调整、整顿，克服软、懒、散不良现象，培训乡、村调解员。1990 年，配合换届选举调整充实调解委员会，基本形成上下成线、左右成片的调解网络。

1993—2000 年，人民调解组织经过 3 次大的整顿和充实。

第二节　调解活动

民国时期，民间的各种纠纷调解，一般由族长或地方官员召集有关当事人进行调解处理。按照国民政府司法行政部门公布的《区、乡、镇、场调解委员会规程》规定，县政府令各乡（镇）公所成立调解委员会，进行民事纠纷调解工作。

川陕省苏维埃时期，民事纠纷的调解，各县村苏维埃政府调解纠纷、处理群众借贷关系，解决各种争执等。乡、区苏维埃政府设裁判委员会，解决村苏维埃调解不了的群众纠纷，若遇重大民事纠纷问题，由县苏维埃人民法庭进行裁决。

中华人民共和国成立后，民间纠纷最多的是家庭、婚姻纠纷，多由乡、村农协会或派驻地当地的工作队调解，起诉到法院的亦多转到乡、村调解。从 1952 年开始，各县逐级建立调解组织，村和街道设人民调解员。各县召开调解委员会，学习《中华人民共和国人民调解委员会组织通则》和总结工作。同时，分期分批对调解员进行训练。

20 世纪 60 年代初期，各县民间纠纷增多，县法院及时加强指导，调解各类纠纷，民事诉讼案件减少。

1966 年起，境内各县各级调解组织瘫痪，民间纠纷无人过问。1973 年，重建调解组织，1976 年后才开始工作。

1978 年后，中央重新公布《通则》，颁布《人民调解组织委员会条例》（讨论稿），各县召开调解委员会代表会，学习党的三中全会文件和《人民调解委员会组织条例》。是年，境内南江县调解刑事民事纠纷 9820 件。

20 世纪 80 年代，各县先后召开人民调解工作会议，任命区（镇）、公社专兼职司法助理员，各县各级调解组织按照国家法律和政策规定，坚持“调防结合，以防为主”的方针，全面开展调解工作。各县民事调解为经济建设服务，实行定包责任制，调处大量经济纠纷。

1993 年起，调解组织按照《人民调解委员会组织条例》规定，在调解委员会的调解工作中遵守以下原则：依据法律、法规、规章和政策进行调解，法律、法规、规章和政策没有明确规定的，依据社会公德进行调解；在双方当事人自愿平等的基础上进行调解；尊重当事人的诉讼权利，不得因未经调解或调解不成而阻止当事人向人民法院起诉，坚持严格的调解程序。按照《人民调解委员会组织条例》的规定，把人民调解工作预防民间纠纷激化作为工作的重点。各级调解委员会充分发挥调解职能，真正起到政法工作第一道防线的作用。根据新时期调解工作的新情况、新特点，人民调解人员、纠纷信息员，进村社、到田坎、入院户、进企业、到车间，广泛宣传国家法律、法规和政策，教育公民遵纪守法、遵守社会公道，教育当事人知法、懂法、守法、依法办事，把预防工作融化在法纪教育、公德教育中。同时，人民调解委员会把当事人申请调解和主动调解相结合，既尊重当事人的意愿，又发挥调解组织的主动性，防止因调解不及时而导致纠纷激化。至2000年，全市有1.45万名人民调解人员和1.43万名纠纷信息员。

第五章　监狱（劳改）工作

第一节　监管机制

1993年10月前，境内至诚、坪河监狱由达县地区司法局监管。巴中地区成立后，经地区机构编委批准巴中地区司法局内设机构设置劳改工作科。1996年10月4日，巴中地区司法局内设机构调整，将监狱管理科挂靠到法制科，两块牌子，一套人马。其主要职责是协助省监狱管理局、省劳动教养工作管理局管理辖区内的监狱和劳动教养工作，负责协调监狱与地方的关系，协助解决其实际困难和问题，管理、指导刑满释放和期满解教人员的接茬帮教和过渡性就业安置工作。1997年8月25日，中共四川省委组织部《关于省司法厅党组改建党委有关问题的通知》规定：省司法厅党委领导省监狱管理局、省劳教管理局、省政法管理干部学院党委和司法厅直属单位党组织的工作；市、地、州辖区内监狱、劳教所党的组织关系统一归口市、地、州司法局党委管理，省属监狱、劳教单位党委换届由省司法厅党委审批。

第二节　劳动改造

民国时期，对犯人改造叫坐牢，或称坐班房，判刑人犯交监狱囚禁，刑满释放。

20世纪50年代，实行劳动、学习、星期日休息制度。劳动收入，主要用于人犯生活和生产费用。人犯管教，贯彻“惩罚管理与思想改造相结合，劳动生产与政治教育相结合”的方针，纠正重劳动轻改造的倾向。在劳教中，坚持做到生活上不虐待，人格上不侮辱，定期检查评比，好的表扬奖励，差的批评处罚。

1958年起，劳改工作统一由省管理，县公安局劳改股、劳改队随之撤销。人犯统交达县专区教改场管理。

1993—1994年，巴中地区至诚、坪河劳改管教支队关押的罪犯，没有发生哄监暴狱事件及重大恶性案件。

1995年，至诚、坪河支队班子调整。新班子带领全体干警克服自然条件差、监管经费短缺等困难，创造条件完成履行改造教育罪犯职能。通过有效工作，有近400名罪犯不同程度地予以减刑或记功。2个监狱从整顿监管秩序入手，强化措施，基本遏制住罪犯逃跑率上升趋势。在确保改造质量的同时，监狱广开门路，向外扩展经济窗口，监狱经济好转。

1996年，各监狱坚持从严治警，抓规范管理，始终把“防脱逃、防狱内重特大案件、防哄监暴狱事件发生”作为工作重点，切实维护监狱管理秩序稳定。在确保改造质量同时，监狱积极组织罪犯生产，培养教会1门农业实用技术，既改善罪犯生活，又促使罪犯改造期满回归社会后成为自食其力的新人。

1997年，各监狱认真组织开展“防逃专项治理年”活动，层层签订责任书，全面落实预防措施，遏制住脱逃超标势头。坪河监狱连续6年无脱逃，坪河、至诚监狱均已进入全省先进单位行列。并且，2个监狱加强狱内刑侦和追逃追捕警力，破获狱内预谋集体脱逃案件3件，捕回历年脱逃罪犯16人。同时，各监狱积极做好减亏增收工作，监狱经济有较快发展。

1998年，地区司法局协助监狱认真落实各项制度，依法治监，从严治警，努力创建现代文明监狱。至诚、坪河两所监狱均无脱逃、无暴监、狱内无重大案件发生。在提高改造质量的同时，严格整顿外劳点，关闭坪河监狱驻巴中蜂窝煤厂，迁移至塔子山开设机砖厂。同时，进一步加强保外就医、假释、减刑的清理整顿工作，建立健全各种工作责任制。

1999年，结合贯彻《监狱法》《人民警察法》，坚持依法治监，从严治警。各监狱认真组织开展“追逃”斗争，捕回历年逃犯8人。同时，积极参与“严打”斗争，及时收押罪犯；严格保外就医及减刑、假释的监督，杜绝执法犯法事件的发生。

2000年，各监狱加强外狱劳动点的设立和管理，监管秩序稳定，至诚、坪河两所监狱无脱逃、无狱内案件发生，并捕回历年逃犯5人。同时，利用西部大开发的机遇，探索监狱经济改革试点，逐渐实现减亏增收的目标。

第六章　安置·治理

第一节　帮教安置

1997年，地区司法局在南江、平昌2县开展刑释解教人员安置帮教工作试点。在同级综治、公安、法院和有关监狱的支持下，积极抽派力量，深入城乡基层单位，实地调查摸清刑释解教人员的基本情况，逐个落实帮教对象，制定具体帮教措施，遏制重新违法犯罪上升势头，促进城乡基层社会治安秩序稳定。1994—1996 年，南江县登记在册刑释解教人员 178 人；1994—1997 年，平昌县登记在册刑释解教人员 355 人。

1998 年，全地区司法行政机关积极探索开展刑释解教人员帮教工作新途径，研究新方法，全方位开展帮教工作。是年，刑满释放人员 277 名，解除劳教人员 53 名，已衔接人员 201 名，共与 277 名刑释解教人员结成帮教对子，指导从事个体经营 87 人，其中受政府表彰 13 人，重新犯罪 19 人。帮教安置组织的建立和发展，使刑释解教人员有家可归、帮教到人，减少重新违法犯罪。巴中市（县级）巴州镇西城办事处共 34 名刑释解教人员全部就业，其中 16 名经商、7 人办起家庭私营企业、5 人从事修理行业、6 人长期外出务工，年创税 14 万余元。

1999 年，全地区共为 425 名刑释解教人员结成帮教对子，帮助落实责任田 301 人，指导从事个体经营 49 人，刑释解教人员重新违法犯罪率逐年下降。巴中市（县级）巴州镇西城办事处、平昌县响滩居委会被省综治委评为安置帮教先进集体。

2000 年，各级司法局安置帮教部门和乡镇司法所（司法助理员）普遍承担有关刑释解教人员安置帮教的具体工作，对全市 277 名刑释解教人员进行登记造册，制定帮教措施，结成帮教对子。同时，对刑释解教人员回归社会的生产、生活、家庭、婚姻等具体问题提请有关部门及时给予解决。帮助落实责任田 208 人，指导从事个体经营 33 人。

第二节　依法治理

1993 年后，巴中依法治理工作，本着“先试点、后展开，分步实施、逐步推进，重点突破、注重实效，加强指导、健全机制，维护稳定，促进发展”的原则，每年按计划稳步推进。

1998 年，地区法建办按年初规划，把地区交通局作为依法行政，推行部门执法责任制试点单位。11 月下旬，行署在地区交通局召开 4 县市、地级各部门主要负责人共 96 人参加的现场经验交流会。交通局的部门执法规范有序，职责分明，为全地区推行部门执法责任制和依法行政树立样板。各县（市）都开展依法治乡试点工作。巴中市（县级）针对九镇乡社会矛盾十分复杂，干群关系较为紧张，因农民负担、计划生育、土地山林承包、基本建设损害赔偿等问题而引发的群众集体上访和状告政府的案件时有发生，政府诉纷缠集，难以应付，处于非常尴尬的境地。通过开展依法治理，妥善解决各种矛盾和问题，全乡政治稳定，人心安定，各项事业快速发展。12 月 23 日，参加全省依法治理经验交流会。平昌县抓江口醇酒厂、平昌师范学校和兰草区等单位试点工作。南江县把乐坝镇、小河区、水泥二厂、南江中学、黄金村作为普法和依法治理的试点单位。

1999 年，境内“四个一”（一个乡、一个村、一个学校、一个行政执法部门）试点工作经验，又全面开展依法治校、依法治企、依法治乡（村）工作。通过依法治乡（村），巴中市（县级）九镇乡和南江县长赤区红光乡黑水村发生巨变；通过依法治企，平昌县江口醇酒厂在依法生产、经营、管理上迈出新步伐。各级司法行政干警和法律工作者参与依法治县，依法治乡（镇）180 余次，为各级政府提出司法建议 360 余条，被采纳 280 余条，协助各级政府起草规范性文件 310 件，参与专项治理 1450 余人（次），对依法治区工作进行重点全方位的动员和宣传。同时，为贯彻《预防未成年人犯罪法》和全省依法治校现场会精神，地区制定《关于全面开展依法治校的实施意见》和《依法治校考核标准》，成立依法治校领导小组，协助教委对4县市教委主任和各级各类学校校长80余人进行培训，有力促进依法治校工作的开展。

2000年，全面推行依法治乡（村）和依法治理街道工作。抓巴中市巴州区白云乡依法治乡典型，并召开现场会，有力推动依法治市工作，得到省委、省人大、省政府的充分肯定。10月，全省依法治省经验交流会作交流经验发言。巴中市普法依法治理工作被省司法厅荣记集体二等功。

巴中市志

第三十四篇

军 事

民国至2000年，境内4县先后设立房吏、团练局、军事科、国民兵团、人民武装部、巴中军分区等军事领导机构。其间，川陕省苏维埃时期，建立西北革命军事委员会、川陕省军区指挥部、县军区指挥部、川陕省游击总指挥部等军事机构。先后进驻巴中境域的部队有清军通巴营、川军第二师一个团、靖国联军两个团、川军第十师四十三团、川军二十一师两个团、第二十九军一个旅，红四方面军5个军，国民革命军（以下简称国军）四十军新九师一团、国军一百六十四师四百九十旅、一百六十三师朱果旅、一百六十四师一个团、四川省保安第四旅八团、国军邓锡侯部新九旅、国军整编第三十九师二十六团、四川保安一大队二大队，中国人民解放军（以下简称解放军）第61军183师某团，达县军分区独立营1个排、独立营2个连，解放军9973师部队、95786部队某分队、基建工程兵部队、总参某通信团某营某连、达县陆军预备役师步兵某团，武警四川总队巴中支队、武警巴中消防支队。自民国至2000年，境内地方武装先后建立川北民军、县民团，红军独立师、团、营，游击队，警察中队、民众自卫队、地下武工队，县大队、警卫营、民兵等。

境内驻军平时进行军事训练、参加地方公益活动，加强军民关系；战时参战，保卫各自的统治集团。清末至20世纪50年代初，境内先后进行辛亥革命的2次战争，民国时的抗捐斗争、军阀内战、清剿土匪，红四方面军在巴中的反“三路围攻”、反“六路围攻”及解放各个县城的百余次战斗，50年代初期，歼灭国民党溃军、消灭反动派等战事。中华人民共和国成立后，驻巴中部队积极参与扶贫帮困、抢险救灾、拥政爱民、创建文明单位等活动，使军民关系团结和谐。

境内各县（区）人民武装部积极履行民兵工作和扩充兵源两大职能。民兵工作，除加强民兵的组织建设、思想建设和军事训练外，还组织民兵执勤、捕歼逃犯、打击犯罪、维护治安、抢险救灾，扶贫帮困、修筑公路等公益活动，充分调动民兵参与两个文明建设的积极性。兵役工作，每年根据国家征兵要求，依照《兵役法》规定的条件，通过广泛宣传动员，使境内青年男女踊跃报名应征，每年都圆满完成征兵任务。

第一章　军事组织

第一节　地方军事机构

一、兵房吏

民国《巴中县志校注》云：清代巴州州署设九房（为吏、户、礼、兵、刑、工、承发、仓、盐等）、十二班（为九房所属差役）。《通江县志》记载：清末，通江知县署下置吏、户、礼、兵、刑、工等六房典吏，后又置仓房、承发房典吏。兵房吏，掌州（县）之兵籍、军械、捕剿匪盗、军令等事宜。

二、团练局

清光绪二十五年（1899 年），通江知县丁寿之设置团练局，督办团练。清光绪二十八年（1902 年），巴州知州赵雷豫请设东、西、南、北、中五路大团总，以管辖各场团总。清宣统三年（1911 年），巴州知事张又拭，设团练局。

民国初年，通江、南江、巴中（平昌）3 县沿袭清制，先后设置团练局，乡设团练办事处，统管地方军政事务。民国 17 年（1928 年），各县团练局相继改为公安局。

三、军事科

民国 27 年（1938 年）12 月，通江县政府成立军事科。民国 29 年（1940 年），南江县、巴中县政府相继成立军事科。其职责是负责常备兵员征集，在乡军人管理与动员，军事征用，保安防空，出征军人家属优待，兵要地志调查等。民国 33 年（1944 年），裁撤军事科，其业务交国民兵团办理。民国 34 年（1945 年），裁撤国民兵团，恢复军事科。民国 35 年（1946 年）9 月 1 日，巴、平分治，成立平昌设治局，下设军事股。民国 36 年（1947 年）9 月，通江县政府奉令改军事科为军事股。民国 37 年（1948 年）12 月，平昌设治局升为平昌县，县政府设军事科。

四、国民兵团

民国 28 年（1939 年），各县国民自卫总队改组为国民兵团，直隶于巴中团管区司令部，涉及地方警卫事宜，受第十五行政督察区（治达县）保安司令部指挥。国民兵团团长由县长兼任，团部设副团长 1 人、团附 2 人、副官 1 人，事务员 1 ~ 3 人，军医、书记、司书等各 1 人，传达兵 1 ~ 3 人。在国民兵团以下，按区、乡（镇），保编队，甲编班。团部下设常备队、自卫队、备役干部会，区队下设后备队、预备队。国民兵团负责国民兵之组织、管理、教育、召集、调拨、服役等事宜。民国 31 年（1942 年）1 月，通江、南江 2 县国民兵团奉命裁撤，业务交由军事科办理。民国 33 年（1944 年），通江、南江恢复国民兵团。同时，将防护团改由国民兵团指挥。民国 34 年（1945 年）10 月，各县国民兵团裁撤，其业务交县政府军事科接管。

五、西北革命军事委员会

1932 年 10 月，中共鄂豫皖中央分局和中国工农红军第四方面军总部率主力 2 万余人，撤离鄂豫皖革命根据地，12 月下旬，进入通江开辟川陕革命根据地。同时，将鄂豫皖军事委员会改为西北革命军事委员会，由张国焘任主席，驻通江县城。1935 年 3 月，西北革命军事委员会撤离川陕革命根据地向西转移，后北上抗日。

六、川陕省军区指挥部

1933 年 8 月 8 日，中共川陕省委在通江新场坝成立中国工农红军川陕省军区指挥部。指挥部设指挥长 1 人，副指挥长 2 人。历任指挥长有方庆焱、张广才；副指挥长有林英安、徐长勋、李隆兴。1935 年 3 月，红四方面军撤离川陕根据地时，川陕省军区指挥部随之撤销。

七、县军区指挥部

1933 年 8 月，各县军区指挥部相继成立，为县苏维埃政府的一个军事部门，各设指挥长 1 人，副指挥长 2 人，统一本县的军事指挥。1935 年 3 月，各县军区指挥部随红军撤离而解散。

八、川陕省游击总指挥部

1934年3月中旬，为配合主力红军作战，在赤江县沙溪嘴成立川陕省游击总指挥部，总指挥周纯全。下设东、南、西、北四路指挥部，有游击武装4000余人。东路游击指挥部司令丁武选，辖万源、宣汉、城口、红胜（万源罗文场）4县游击队；南路游击指挥部司令不详，辖江口（平昌县江口镇）、渠县、巴中（巴中市巴州区清江镇）、长胜（巴中市巴州区鼎山镇）等县游击队；西路游击指挥部司令袁克服，辖广元、南江、恩阳、长赤、红江（通江涪阳坝）等县游击队；北路游击指挥部司令李隆兴，辖赤北（通江泥溪场）、赤江（通江毛浴镇）游击队。是年11月，川陕省游击总指挥部所属武装改编为独立第一、二师，隶属川陕省军区指挥部领导、指挥。其后，补充主力红军。

九、人民武装部

1950年7月，各县人民政府设置武装科，接替各县解委会军事部，是县人民政府主管军事工作的职能部门，内设科长1人，科员2人。各区人民政府设武装助理员1人。1951年10月—1952年5月，各县先后成立人民武装部，列入解放军编制序列，隶属达县军分区领导。县人武部内设军事组、政工组，各区武装部配部长、参谋、干事各1人，由县人武部派现役军人担任。1954年，各县成立兵役局，保留县人武部称号，两块牌子，一套班子，受达县军分区和各县人委（政府）双重领导。1955年10月，局（部）内撤销军事、政工2组，改设动员、征集、统计、民兵、预备役军官5科，撤销各区武装部，由县人武部派出现役干部担任武装助理员。1958年，精简机构，撤销县兵役局及局内各科，保留县人武部。除军事业务受达县军分区领导外，政治工作、学习、生活等方面，受县委、县政府统一领导，第一政委由县委书记兼任。恢复区武装部，配备现役武装干部1人担任部长。1961年11月，各人民公社建立武装部，配专职武装部长1人，属公社编制。1966年6月，县武警中队改为中国人民解放军某县中队，隶属县人武部领导。1971年，县人武部设参谋科、政工科。1976年，增设后勤科，参谋科改为军事科，撤回驻区现役干部，区武装部长由地方干部担任；县中队改为县武警中队，移交所在县公安局。

1986年6月，县人武部改归地方建制，为副县级单位，接受达县军分区和各县党委双重领导，既是同级地方党委的军事领导指挥机关，又是同级政府的兵役机构，其性质、任务不变。人武部设部长1人、政委1人，内设办公室、军事科、政工科。1988年10月，武装部增设后勤科，成为3科1室。1991年后，各县人武部相继设立民兵训练基地和民兵武器仓库，列入编制序列。

1993年10月，巴中地区成立，巴中县撤县建市，县人民武装部更名为巴中市（县级）人民武装部，下辖各区及区武装部同时撤销。1994年4月，巴中军分区成立，通江、南江、巴中、平昌4县（市）人武部由达县军分区移交巴中军分区领导、指挥。1996年3月，县（市）人武部收归军队建制，隶属巴中军分区领导，为正团级；设部长、政委各1人、副部长1人，内设军事科、政工科、后勤科；训练基地和民兵武器仓库编制职工，其经费由地方财政供给。2000年12月，巴中市（县级）更名为巴中市巴州区，巴中市（县级）人民武装部同时更名为巴中市巴州区人民武装部。

十、巴中军分区

1994年2月，巴中军分区筹备领导小组成立，由达县军分区副司令员徐茂清任组长，筹备军分区成立有关事宜。4月，奉中央军委命令，巴中军分区在巴中城正式成立。洪显君任司令员，尹伯阶任政治委员。军分区机关设司令部、政治部、后勤部。司令部下设作训、动员、军务通信机要3个办公室；政治部下设组织干部、宣传保卫2个办公室，后勤部下设战勤、供应2个办公室。军分区下辖通江、南江、平昌、巴中4县（市）人武部。军分区机关驻巴州镇。1996年8月，广大江北新区白云台村新建营房。1997年7月，军分区机关司令部设作训科、军务科、动员科；政治部设组织干部科、宣传保卫科，后勤部设战勤科、供应科。1998年9月，司令部军务科与动员科合并为军事动员科。

第二节　驻　军

一、清朝驻军

境内有历史记载的最早驻军是清朝军队的通巴营，于清顺治九年（1652年）设置，驻通江毛浴镇。总兵冷明国，领兵500名，额设守备1员，把总2员。清嘉庆八年（1803年），通巴营移驻通江县城。

清嘉庆二十三年（1818年），川北镇（驻阆中）总兵桂涵鉴于巴州“地广兵单，不足以资弹压”（民国《巴中县志》），禀请总督批准，始设置巴州游击营，驻巴州城。原驻扎通江县之通巴营守备一营改为通江营，隶属巴州游击营管辖，“自是巴州始有重兵驻防”。巴州游击营设游击1人，中军守备1人，千总2人：一专城左哨，一分防镇龙关右哨，把总2人：一分防南江县，一分防江口镇，外委2人：一为驻城左哨，一为分防仪陇县右司，外委2人：一为驻城左哨，一为分防花丛垭右哨。兵额计有马兵49名，步战兵90名，守兵315名，共445名。以马一、步二、守七安设。后历经裁撤，至清宣统二年（1910），一律裁完。

二、“中华民国”驻军

民国元年至6年（1912—1917年），巴中无驻军，“间有军队往来，初不常驻”（民国《巴中县志》）。民国3年（1914年）川军第二师（刘存厚部）1个团驻南江，团长陈礼门。

民国5年（1916年），北洋政府军冯玉祥之十五混成旅1个营从陕南进驻南江，营长窦金甲。

民国6年（1917年），“川滇之战”后，败退陕南的靖国联军钟体道部第1路1纵队1个营驻南江，营长杨范九、温善初；翌年，1个团驻南江，团长郑公伯，1个营驻通江，营长刘传建。

民国7年（1918年），驻达县靖国军总司令颜德基委任郑启和为纵队长，驻守通江、南江、巴中。郑以1个团驻巴中，团长余痴虎；1个团驻南江，团长喻海清；1个营驻通江。

民国9年（1920年）6月，川军特遣司令潘文华从陕南返川，以武力驱赶郑启和，占据巴中。潘后任川军第4师师长，民国10年（1921年）3月离开巴中。

民国9年（1920年），川军第10师43团驻通江，团长王纲；翌年4月，该师师长刘斌参加熊克武“三军联合驱刘（存厚）”，进驻巴中；民国12年（1923年）4月离开巴中。

四川军阀防区制形成后，从民国10年（1921年）起，川东北地区为川军21师师长田颂尧驻防区域。田部十三混成旅驻巴中，旅长罗乃琼，其中1个团驻巴中，团长董长安；1个团驻南江，团长秦奎元，1部驻通江。民国11—20年（1922—1931年），田颂尧部之董珩、王六珊、夏时行、陈连、曾云涛、黄松寿、魏鸿宾、薛廉身、杨万选等先后驻南江，并兼任南江县知事（1930年改称县长）。民国12年（1923年），42旅预备团驻通江，团长邓占云。民国13年（1924年），84团驻通江，团长王纲。民国15年（1926年），42旅1个营驻通江。民国16年（1927年）1月，川军21师改为国民革命军第29军，其中3师旅长谢庶常驻巴中。民国17年（1928年），1师旅长税梯青驻巴中。民国18年（1929年），第4混成旅10团驻通江，团长吴佐卿。民国19年（1930年），5旅副旅长甘德洋驻通江。民国19—21年（1930—1932年），旅长万选青驻巴中、南江。民国21年（1932年），3师七旅14团2个营先后驻通江。

民国24年（1935年）3月，红四方面军撤离巴中后，国民党四川省保安第1团驻巴中，团长向曦。该部驻防不久与国军40军新编第9师1团换防，1团驻巴中，团长刘家仲。

民国24（1935年）年5月，国军第28军新编第9旅旅长杨晒轩驻南江，围攻“巴山游击队”。

民国25年（1936年），国军新9师1个营驻南江。此后，该师以1个营的兵力轮流进驻。

民国25—27年（1936—1938年），四川善后督办公署警备第2路叶林青、彭世福团先后驻巴中。

民国28年（1939年），国军第164师490旅驻通江、南江、巴中，围剿巴山游击队，旅长李子猷。民国30年（1941年），国军第163师朱果旅驻巴中；民国31年（1942年）4月，该师487团驻通江平溪，团长冉良臣。民国32年（1943年），164师1个团与朱果旅换防，团长魏永执。民国33年（1944年）11月，魏永执团调离巴中，487团调驻巴中。

民国35年（1946年），四川省保安第4旅8团驻巴中，团长何蛮。该团后改名巴山警备司令部第2团。国军邓锡侯部新9旅驻南江，团长彭友朋，在川陕要道处修建工事。民国37年（1948年）调离南江。

民国35年（1946年）8月，国军整编第39师26团驻通江，团部及3营驻县城，1营驻毛浴镇，2营驻瓦室铺；民国36年（1947年）5月离开通江。

民国36年（1947年），四川省第十五行政督察区保安副司令张继任派保安1大队驻巴中设防；民国38年（1949年）撤离巴中。

民国37年（1948年），四川省保安第6总队驻通江。总队部及1大队驻县城，2大队驻永安场、毛浴镇；派1个中队驻南江县。

三、红四方面军

1932年12月，红四方面军进入通江。红四方面军总指挥部驻通江城文庙，总指挥徐向前，政治委员陈昌浩，副总指挥王树声（后），参谋长陈赓（继任曾中生、舒玉章、倪志亮、李特）。政治部驻文庙左侧学宫，主任张琴秋，继任傅钟、陈昌浩（兼）、李卓然，副主任曾传六、傅钟、李卓然；总经理部驻南寺，部长张玉滴。1933年7月上旬，红四方面军总指挥部、总政治部由通江城迁驻巴中特别市。1934年2月，在反刘湘“六路围攻”中，总指挥部、总政治部迁回通江。9月，复迁巴中特别市。

第10师，师长王宏坤，政治委员周纯全，参谋长吴展，政治部主任傅钟（兼）。下辖28、29、30团。

第11师，师长倪志亮，政治委员李先念，政治部主任周光坦。下辖31、32、33团。

第12师，师长邝继勋，政治委员甘元景，副师长何畏，政治部主任韩继祖。下辖34、35、36团。

第73师，师长王树声，继任孙玉清，政治委员张广才，参谋长李特，政治部主任黄超。下辖217、218、219团。

1933年1月，川北民军约3600人在南江起义，编为红军独立师。师长任伟章，政治委员刘杞，参谋长张友明，政治部主任李载浦。

1933年6月，根据木门会议决定，红四方面军由入川时的4个师扩编为4个军，约4万余人。至10月底，共有12个师、35个团，7万余人。11月，川东游击军改编为第33军后，总兵力达8万余人。1935 年 4 月，红军开始长征时，大批地方武装编入部队，加之随军行动的地方干部和职工共约 10 万人。

第 4 军，以 10 师为基础扩建，军长王宏坤（继任许世友、陈再道），副军长许世友、刘世模、陈再道，政治委员周纯全（继任张广才、王建安、王宏坤），参谋长耿飚（继任张宗逊、陈伯钧、唐天际、张才千），政治部主任徐立清（继任洪学智、刘志坚）。下辖第 10 师，师长汪乃贵（继任余家寿、王友钧），政治委员甘良发（继任叶道志、汪宏清）；第 11 师，师长陈再道（继任陈锡联、周世元）；第 12 师（1934 年 10 月裁，1935 年 7 月重建），师长刘世模（继任张才千、张贤约），政治委员徐长勋（继任胡奇才）；独立师，师长张德发（继任徐应忠），政治委员高厚良。

第 9 军，以 12 师为基础扩建，军长何畏（继任孙玉清），副军长许世友，政治委员詹才芳（继任陈海松），参谋长王学礼（继任陈伯稚），政治部主任王新亭（继任谢富治、曾日三）。下辖第 25 师，师长许世友（继任韩东山、熊厚发未到职、王海清），政治委员陈海松（继任杨朝礼、沈修铎）；第 26 师（1933 年建，1934 年 11 月裁），师长刘理运，政治委员陈少猛（继任吴诚忠、杨朝礼）；第 27 师，师长王学礼（兼，继任刘理运、陈伯钧、陈家柱）；政治委员梅红华（继任李德明、易汉文、刘修初）。

第 30 军，以 11 师为基础扩建，军长余天云（继任程世才，代）、副军长程世才，政治委员李先念，参谋长黄正平（继任文建武、陈曾连、李天佑、黄浩显），政治部主任张成台（继任李天焕）。下辖第 88 师，师长王烈山（继任熊厚发），政治委员王建安（继任郑维山）；第 89 师，师长徐世奎（继任柴洪儒、邵烈坤），政治委员杜义德（继任张文德）；第 90 师，师长邹洪盛（继任徐盛礼、汪乃贵），政治委员程世才（兼，继任贺立池、何重之）。

第 31 军，以 73 师为基础扩建，军长王树声（兼，继任孙玉清、余天云、萧克），副军长李特，政治委员张广才（继任曾传六，詹才芳），参谋长李特（兼，继任龚炳章、李聚奎、王维舟），政治部主任张成台（继任林英安、王新亭）。下辖第 91 师，师长朱德崇（继任余家寿、韩家松、徐深吉），政治委员林英安（继任杜义德、易良品、桂干生）；第 92 师（1934 年 10 月裁），师长陈有寿，政治委员杨朝礼；第 93 师，师长陈有寿（继任叶道志、韩家松、柴洪儒），政治委员王德安（继任詹才芳、叶成焕）。

第 33 军，由川东游击军改编，军长王维舟（继任罗南辉），副军长罗南辉，政治委员杨克明（继任张广才），参谋长李荣，政治部主任何志余（继任李伯选）。下辖第 97 师（1934 年 10 月裁），师长罗南辉（兼，继任蒋群麟）；第 98 师，师长蒋群麟（继任冉南轩、吴世安），政治委员龚堪彦（继任吴成忠）；第 99 师，师长冉南轩（继任王波），政治委员王德安。

四、解放军

1950 年 4 月，解放军第 61 军 183 师某团进驻巴中，团长李兆升、何生田（后），政委陶伦传。团部及 1 营驻巴中县城，2 营驻通江，3 营驻南江。主要执行通江、南江、巴中、平昌 4 县剿匪任务。1951 年 5 月，除 1 个连继续执行剿匪任务外，其余部队集中整编，缩编为 5 个连。12 月，部队全部撤回巴中，扩编为 3 个营，待命参加抗美援朝。1952 年 4 月，该团在巴中解散。

1951 年，达县军分区独立营 1 个排驻南江桃源。1952 年 4 月，1 个连驻通江。1962 年 6 月，某连驻通江至城农场。1968 年冬，达县军分区独立营与万县军分区独立营换防，仍以 1 个连驻至城农场执勤。1977 年，该营缩编为分区独立连，仍驻至城农场。1983 年，独立连移交武警部队，隶属武警达县支队。1994 年，武警巴中支队成立后，该连隶属武警巴中支队。

1961 年 12 月，解放军某部队进驻巴中，团长李邦杰，政委张某。团部机关驻巴中县城，某营驻恩阳，某营驻清江，某营驻南江下两，某营驻南江元潭。部队在巴中驻防期间，在巴中县关渡公社八家坪开垦荒地。1962 年 8 月，奉令调离巴中，参加中印边境自卫反击作战。

1965 年 8 月起，解放军 95786 部队某分队驻通江县民胜区。

1971 年 10 月，国家第二机械工业部驻通江县洪口采矿工程队，奉命改编为解放军某部队。

1974 年 10 月，总参某通信团某营某连进驻通江县苗南乡。

1983 年 10 月，奉命组建解放军达县陆军预备役师步兵某团，列入解放军编制序列，团部由巴中县人民武装部兼，两块牌子，一套人马。团机关设司令部、政治处、后勤处，下辖 4 个营，营以下干部由区、乡武装部长及地方干部预任，士兵由民兵单独编组。1986 年 6 月，县人武部移交地方建制，该团与人武部机构分设，仍为解放军编制序列，隶属关系不变。4 个营营长由现役干部担任，团和司政后副职及机关各股、各营副职以下干部，由地方干部预任。1987 年 3 月，步兵某团调驻达县。

五、武装警察

（一）武警支队

1994 年 5 月，成立武警巴中地区支队筹备领导小组。6 月，武警达县地区支队所属巴中片区 4 个县（市）武警中队和通江至诚劳改农场中队、南江坪河劳改矿中队移交武警巴中地区支队筹备领导小组。12 月 2 日，正式成立武警巴中地区支队。支队机关设司令部、政治处、后勤处，下辖巴中市（县级）、通江、南江、平昌县 4 个中队和通江至诚劳改农场中队、南江坪河劳改矿中队。

1995 年 1 月，支队成立运输班，4—5 月，支队成立卫生队、教导队。12 月，将第四中队、巴中县中队分别更名为第二中队、巴中市（县级）中队。1996 年 5 月，组建巴中地区支队第一中队。1997 年 1 月，直属大队成立，大队部驻支队机关。1998 年 3 月，组建警通排。1999 年 7 月，成立支队生产基地，驻巴中市（县级）枣林乡阴灵山。

2000 年 12 月，巴中地区支队改称为巴中市支队，所下辖的巴中市（县级）中队改称为巴中市巴州区中队。巴中市支队所属基层单位分 3 个片区：直属大队部、通江县中队、平昌县中队、三中队为东线部队；南江县中队、二中队为西北线部队；巴中市巴州区中队、一中队、卫生队、教导队驻巴中市巴州区城区。

（二）武警中队

1996 年 5 月，组建第一中队，为正连级单位。主要担负巴中市（县级）处置突发事件、反恐怖斗争和各项重大临时勤务等机动任务。

第二中队，为正连级单位，1984 年 1 月，调防转入达县地区支队第四中队，1994 年 12 月，改编为巴中地区支队第四中队，1995 年 12 月，改称为巴中地区支队第二中队，2000 年 12 月，改称为巴中市支队第二中队。

第三中队，1977 年 3 月组建，为正连级单位。后改编为解放军达县军分区独立连，1983 年，改编为中国人民武装警察部队达县地区支队第三中队。1994 年 12 月，改编为巴中地区支队第三中队。2000 年 12 月，改称为巴中市支队第三中队

通江县中队，1952 年 4 月组建，为正连级单位。原称通江县公安队，受县公安局、川北区公安总队领导，1957 年，更名为通江县人民武装警察中队。1964 年，改编为通江县中队，归属县人民武装部。1976 年，移交归县公安局，改编为通江县人民武装警察中队。1983 年，改编为中国人民武装警察部队通江县中队，受武警达县地区支队和县公安局双重领导。1994 年 12 月，改编为武警巴中地区支队通江县中队，受武警巴中地区支队和通江县公安局双重领导。2000 年 12 月，改称为巴中市支队通江县中队。

南江县中队，1952 年 4 月组建，为正连级单位。原称解放军南江县公安中队，隶属于达县地区公安大队；1955 年，改称为南江县民警队，1959 年，改称为南江县武装民警中队，隶属于南江县公安局；1966 年 6 月，改编为解放军南江县中队，隶属于南江县人民武装部；1968 年，与万源县中队换防；1983 年，改编为中国人民武装警察部队达县地区支队南江县中队，1994 年 12 月，改编为巴中地区支队南江县中队，2000 年 12 月，改称为巴中市支队南江县中队。

巴中市巴州区中队，1952 年 4 月组建，为正连级单位。原称解放军巴中县公安中队，1967 年，与渠县中队换防，称为解放军巴中县公安中队，隶属于县人民武装部；1976 年，改编为巴中县公安民警中队，隶属于达县地区公安民警大队和县公安局；1983 年，改编为中国人民武装警察部队达县地区支队巴中县中队；1994 年 12 月，改编为巴中地区支队巴中市（县级）中队；2000 年 12 月，改称为巴中市支队巴州区中队。

平昌县中队，1952 年 4 月组建，为正连级单位。原称解放军平昌县公安中队，1964 年，改编为解放军平昌县中队，1976 年，改编为平昌县人民警察中队，隶属于平昌县公安局，1983 年，改编为中国人民武装警察部队达县地区支队平昌县中队，1994 年 12 月，改编为巴中地区支队平昌县中队，2000 年 12 月，改称为巴中市支队平昌县中队。

直属大队，1997 年 1 月组建，为正营级单位，下辖第一、二、三中队。

教导队，1995 年 5 月组建，为正营级单位，主要担任新训及干部、骨干轮训等任务。

（三）消防支队

1994 年 1 月，组建武警巴中地区消防支队。支队机关设办公室（对外使用司令部印章）、政治处、后勤处。支队下辖巴中市（县级）、通江、南江、平昌县 4 个消防大队和巴中市（县级）、平昌县 2 个消防中队。2000 年 12 月，改武警巴中地区消防支队为武警巴中市消防支队；巴中市（县级）消防大队改称巴中市巴州区消防大队。

第三节　地方武装

一、川北民军

民国 21 年（1932 年）5 月，原杨森部第二混成旅旅长任伟章和中共四川省委派出的李载浦在渠县秘密建立平民军，以任伟章原所部编余的军官为骨干，共 200 余人。8 月，根据中共四川省委指示，平民军转移南江县桃园寺建立根据地。9 月，平民军更名为川北民众救国义勇军（简称“川北民军”），任伟章任司令，副司令谭席贞，参谋长李载浦，副官处长梁宪之，下辖 4 个大队，1 个特科大队，共 1000 余人。川北民军成立后，领导南江人民开展反对军阀的斗争，实行一系列有利于人民的政策，支持群众抗捐斗争，吸收青年入伍，到年底部队发展到 3600 多人。其时，田颂尧军罗乃琼、刘汉雄部都想改编任部，扩张势力。为摆脱两部夹击的困境，省委同意由罗乃琼编为“29 军第三师川陕边防军”。12 月，田颂尧委任任伟章为 29 军第三混成旅旅长，驻南江贵民阻击红军。

1933 年 1 月初，红四方面军第七十三师进入南江。1 月 19 日，任伟章率川北民军 3600 余人加入红军，编为红四方面军独立第一师，师长任伟章，参谋长张友明，政治部主任李载浦。

二、县民团

民国 21 年（1932 年）12 月，川军田颂尧将通江、南江、巴中 3 县团练组成民团司令部，委任罗幼樵为司令，司令部设恩阳。罗带领民团在巴河沿岸布防，阻止红军。1933年1月，红军解放巴中，民团随川军溃逃。邓云鹏等人将残部带至仪陇，依附当地团练，组成“川北民众剿匪自卫军”。9月，红军攻下仪陇马鞍，巴、仪两地民团又到南部投靠川军29军李炜如部，编成3个营，只给饭吃，不发薪响。红军撤离川陕根据地后，民团相继返乡。

三、巴中保卫团

民国22年（1933年）6月，巴中县政府公安局局长李庄，搜罗全县部分团练于巴中大罗场组成保卫团，自任团长，编为8个营。红军“营渠战役”开始后，李率团逃至大竹，被川军21军范绍增部缴械。1934年春，红军第二次撤出巴中，李庄带回4个营，成立团务委员会，下设4个队。9月，红军再度收复巴中，团务委员肖正纪啸聚西路民团于茶坝，编成“巴中县保卫团”，共4个营，隶属川军新编23师罗泽州指挥。南路彭焕章带领5个队，投靠川军李家钰部。1935年3月，红军北上，各路保卫团回县，成立巴中县保卫团指挥部，肖正纪任指挥官，编11个中队，分驻区、乡。后奉第十五行政督察区令，保卫团指挥部并入县政府第一科，随即成立县保安总队。

四、巴山游击队

1935年2月，红四方面军撤离川陕根据地时，抽调干部战士300余人，组成由刘子才、赵明恩为领导的巴山游击队。编为3个大队，以南江县桃园寺为中心，坚持游击战争。随后，与红31军、红4军留下的4个连队和几个地方游击队整编为独立师，刘子才任师长，王天海任政治委员，下辖2个营、6个连，共1200余人。民国25年（1936年）3月，国民党胡宗南部38军1个团围攻独立师，突围未成，伤亡惨重，最后只剩60余人。6月，游击队进行整编，决定改独立师为营，下设2个队和1个独立连，营长赵明恩，政委秦晋昭。一年后，游击队又发展到5个队和1个独立连，共500余人，建立起以桃园寺为中心纵横100余华里的根据地，进入第二个兴盛时期，在队内成立党支部和党小组。民国29年（1940年）春，国民党军实行空山清剿，断绝游击队与群众的联系，在突围中，加之叛徒出卖，赵明恩、刘子才惨遭杀害。巴山游击队经过5年多艰苦卓绝地浴血奋战，最后终于失败。

五、警察中队

民国17—20年（1928—1931年），通江县公安局下设公安队，有4个班40余人。民国26年（1937年），改设县政府行政警察中队，有官兵20人。民国29年（1940年），县警佐室下辖保安警察队、政务警察队，共有警士30人。是年，南江县警佐室有警丁20人。民国30年（1941年），巴中县国民兵团常备队划归县警察中队。民国31年（1942年），县警察局有乙种警察中队2个，每中队设3个分队，共124人。其后，警察中队有升有降、降为丙种警察中队时，多则91人，少则73人。民国35年（1946年），通江县设保安警察中队1个，下辖3个分队，共112人，配备步枪100支，驻县城。是年，平昌设治局组建警察中队，编制114人，下辖3个分队，武器装备有机枪、马枪、步枪和手枪。民国36年（1947年），南江县警察中队列编100人，实有40多人。民国37年（1948年）10月，通江县改保警中队为常备中队，仍设3个分队，有官兵72人，隶属县政府指挥。是年，南江县警察中队扩大编制，有警丁160人。至民国38年（1949年）11月，巴中县警察局共有官兵282人，其中警官38人，警丁244人。全县警察装备有轻重机枪各2挺、六零炮1门、各式步枪1538支。

六、乡镇警察队

民国35年（1946年）10月，奉省政府令，各县成立乡镇警察队，每乡镇设1个队。巴中县27个乡镇设27队，计630人，由乡长兼任队长，队副2人。每个队的班数、人数，视乡镇大小而定，大乡设3个班，小乡2个班，每班10人。通江县乡镇警察队各乡镇人数不等，多则30人，小则10人。每乡编为1个小队，3～6乡编为中队，区为大队，县为总队。

乡镇警察队受乡镇长和县警察局及区警察所双重指挥。其任务是以清查户口、办理户籍、维护乡村治安秩序、防范匪盗为主，其他行政事务，非受上级命令不得执行。乡镇警察队统一服装，与县警察局相同，经费由各乡镇自筹，武器装备主要是步枪和手枪。

七、民众自卫总队

民国37年（1948年），巴中、南江、通江3县及平昌设治局奉令先后成立民众自卫总队，旨在建立“巴山防线”，对抗人民解放军入川。民众自卫总队由县长兼任总队长，设专职副总队长及总队副，总队部设干事、特务长、司书等。总队下设4个中队，各县（设治局）所属警察中队编为自卫总队第一、二中队，新增设2个中队，编制500人左右。武器装备有机枪、冲锋枪、步枪及手榴弹。各乡镇警察队改编为民众自卫队，直属县自卫总队指挥。南江县民众自卫总队下编2个团。

民国38年（1949年）11月，通江县政府奉令将常备中队扩编为自卫团，由县长兼任团长，以原有2个常备自卫中队、1个保安警察中队为基础，并抽调各乡镇警察队，共编4个营和1个独立营，总队部设1个特务排，从西安绥靖公署配备武器装备，总计1710人。12月7日，县政府成立“反共救国军”第15纵队第8师，鲜炽贤、王翼民任正副师长，下辖3个团，并派员分赴芝苞、涪阳、广纳组建营、连，将民众自卫队改编为“新8师”。是月下旬，通江解放，“反共救国军”溃散。12月18日，平昌县将自卫总队及警察队共482人，改编为“华中人民救国军第7纵队”，于翌日起义，配合中共平昌县委维持社会秩序，迎接平昌解放。21日，巴中县民众自卫总队，在副总队长赵济刚率领下起义，促成巴中和平解放。

八、红军独立师

1934年11月，由川陕省游击总指挥部所属武装改编组成2个独立师和1个补充师，归川陕省军区指挥部领导、指挥。独立第1师，师长袁克服，政治部主任王大成；独立第2师，副师长王振亚，政治部主任赵必胜；补充师，政治委员杨克明。1935年3月，形成5个独立师，后合编为第34军。嘉陵江战役后，该军裁编。

川陕苏区，各群众组织也纷纷建立自己的武装组织，一般称为独立师。少年先锋独立师1400余人，由共青团川陕省委组建。工会独立师600余人，由省工会组建。川陕省独立师2000余人，由川陕省苏维埃组建。妇女独立师于1935年2月组建，由妇女独立团与妇女工作人员合编而成，辖2个团，200余人，张琴秋任师长，兼第一团团长。后随红军离主力参加长征。

九、独立团、独立营

1933年6月，中共川陕省第二次党代会制定《红军与地方武装决议草案》，各地普遍建立独立团、营、连、游击队等地方武装组织。至8月，赤江、赤北、红江、巴中、恩阳、南江、长赤、江口等县均成立独立团、独立营。独立团一般700～900人，独立营一般250～350人。7月，红四方面军由4个师扩编为4个军，川陕苏区各县独立团、独立营成建制地补充到主力红军。8月，成立川陕省军区指挥部和各县军区指挥部。独立团、独立营由县军区指挥部领导、指挥。独立团、独立营主要从游击队、赤卫军中挑选精干分子组成，也在工农群众中招收。各级干部由县军区指挥部选派，武器由县军区调拨，部队按正规军编制执行。主要任务是配合主力红军参加作战，武装剿匪，维护苏区社会治安，根据红军扩军需要补充主力红军。

十、游击队

游击队由赤卫军、少先队等群众武装中的精干分子所组成，是完全脱离生产直接拿起武器同敌人作斗争的军事组织，受县军区指挥部直接领导，年龄一般不超过 30 岁。县为大队，区为中队，乡为小队。小队一般 10 人，中队一般 30 人，大队 100 人。有的乡村平时没有游击队组织，战时才从赤卫军、少先队中挑选精干分子组成，任务完成后，队员仍回原地参加生产。游击队领导，多由红军干部战士兼任。川陕苏区游击队组织十分普遍，每个县、区、乡都有游击队组织机构，队员多少不定，有的地方还根据战争需要，建立与游击队性质相似的袭击队。1934 年 3 月，成立川陕省游击总指挥部，下设东、西、南、北四路指挥部，统一指挥川陕苏区的游击武装。游击队的主要任务是打土豪、搜索土匪，维护苏区治安，开展游击活动，配合主力红军作战，补充主力红军。

十一、妇女独立营、独立团、独立师

1933 年 3 月下旬，川陕苏区反“三路围攻”由战略防御转为战略对峙。为加强后方防卫，由红四方面军总部和中共川陕省委抽调机关女干部 100 余人，吸收妇女群众积极分子 200 余人，共 300 余人，在通江县城成立“红四方面军妇女独立营”，直属西北革命军事委员会领导，营长陶万荣、政委曾广澜。初设 3 个连，后为 4 个连。6 月，根据川陕省委第三次党员代表大会决定，在苏区党、政、军的领导和配合下，根据地各县先后组织起妇女独立连、独立营、侦探队等武装。妇女独立营使用的武器主要是大刀、长矛，枪支弹药很少，子弹袋大多用高粱秆填满伪装。此外，还配有铁锹，以备挖掘工事之用。战士年龄一般在 20 岁左右，不蓄长发，头戴八角帽，身穿灰军装，腰扎宽皮带，腿裹绑带，脚穿草鞋，肩挎小马刀或大刀。妇女独立营的主要任务是担任警戒、剿匪、搜山、打扫战场、运送弹药、粮食和伤病员。

1934 年 3 月，在长赤县以原妇女独立营为基础，成立妇女独立团，辖 3 个营，有近 1000 人，团长曾广澜、政委张琴秋。冬，在旺苍县又将部队、机关中的女干部集中起来，成立妇女独立二团，辖 3 个营，约有 1000 多人，政委兼主任曾广澜。妇女独立团直属西北革命军事委员会领导，武器装备比较齐全，每个战士配步枪 1 支、手榴弹两枚和足够的子弹。其任务主要是担任保卫后方机关、医院、仓库，清剿土匪，运输武器弹药，转运伤病员等。

十二、马家坪独立营

1949 年 12 月 17 日，成立通江县马家坪独立营。营长闫辑熙、副营长闫碎夫，下辖 5 个连、1 个警卫排，共 300 余人，枪 50 余支。是月 22 日，国民党溃军“川陕豫边区挺进军总指挥部”总指挥王陵云派兵袭击独立营营部，经过激烈战斗，一连失利，营长闫辑熙被捕后被杀害于青峪口，余部继续坚持斗争，直到通江解放。

十三、地下武工队

民国 38 年（1949 年）初，为迎接解放，中共通江、南江、巴中、平昌 4 县地下党组织发动党员和进步人士捐资购买枪支，组建 3 支地下武装。其中，化成武工队，由巴中县化成、南阳、石门等地

200余人枪组成，受中共巴中中心县委直接指挥。观山寨武装指挥部，下辖巴中花溪、清江、观山寨一带党的武工小组，由平昌县委领导。中兴武工队，计40余人、20余支枪，由巴中县中兴区委领导。12月21日，国民党胡宗南部张缄三师2000余人，从南江溃退到巴中寺岭、化成、中兴一带。巴中地下党组织立即组织武工队和当地群众，将其分割包围，采取政治攻势，迫使张部于12月27日就地缴械投诚。

十四、县大队

1950年初，为巩固新生人民政权，迅速剿灭与肃清各地匪特，以解放军某团为骨干，将起义和解散的原民众自卫总队、保安团组成各县县大队，配合野战部队剿匪。县大队下辖区干队。

十五、警卫营

1950年7月，各县县大队改编为县警卫营，下辖区干队，隶属达县军分区领导和指挥。1952年4月，各县警卫营撤销。

第四节　群众武装

一、团练

清嘉庆元年（1796年），为镇压白莲教农民起义，始办团练，战时守堡护寨，事后即行解散。清咸丰十年（1860年），巴州设团练公所于考棚（巴中市巴州区公安分局处），在州内征集壮丁，加以训练，并按地丁底数加派捐银，作为团练经费。清咸丰十一年（1861年），为增筹团练经费，于各要隘普设关卡，征收过道或落地货物税，每值银1两征收1~3厘，谓之“厘金”。是年冬月，农民起义军蓝大顺部朱大统领率众1万余人，进占巴州岳家寺、得胜山等地，巴州知州雷尔卿和通江县令姜凤仪率乡勇围剿义军。当时，团练为官府督率，直接参与镇压农民起义和反清武装。清光绪十四年（1888年），巴州知州徐炳钧复设团练，并制定条约章程，编联牌甲，点验军火，进行军事技艺比赛，使各场团练废而复举。清光绪21年（1895），奉总督鹿传霖令，各州县整治团练，通江县设置团保局，募常练丁70~80名，各乡团保亦募常练丁20~30名不等。巴州各场轮流派丁到州城训练，每期每场20名，自带团费，参训3月后，回本团担任教练。是年，练成精丁400名，州境团练自此开始推广。清光绪二十八年（1902），巴州知州赵雷豫，在州内设东南西北中五路大团总，管辖各场团总。清光绪三十一年（1905），改城厢团练为警察局。清宣统三年（1911年），巴州知事张又拭复设团练局，并招练丁200名，城防100名，将警察兵移并团防。10月27日，张率城周团练屠杀进攻巴州的大竹孝义军（保路同志军）2000多人。

民国元年（1912年），巴州、南江县、通江县仿清制设立团练局，乡镇设团练办事处。南江县大河民团从上海购回新式步枪，并按步兵操典进行训练，服装统一，队伍整齐，当时最为有名。通江县团练总局有练丁100名，川北道尹张表方散给九子枪22支，始废刀矛，除县城外，分置东南西北四团练路。民国4年（1915年），李挽澜率巴中团防参加讨伐袁世凯。

二、川陕苏区民众武装

（一）儿童团

儿童团，亦称童子团，是川陕苏区共青团领导下的群众性武装组织，由穷苦农民和工人中8～15岁的子女组成。团省委、县委设儿童局，团区委设大队部，乡设中队部，村设小队部，每小队10人以上。城市分设大队部，属县儿童局直接领导。儿童团的主要任务是站岗、放哨、送信，慰问红军家属，实行礼拜六制，帮助担水、打柴、代耕。装备有长矛、梭镖、大刀、木枪、木棒等。在川陕苏区内，各县、区、乡、村普遍建立儿童团，通江县内就建有县大队4个，区大队28个，乡中队170多个，村小队800余个，童子团员4.85万名。儿童团对配合红军作战、进行土地革命等发挥不少作用。

（二）少先队

1933年8月，西北军区政治部、中共川陕省委、少共川陕省委联合发出通知，要求“扩大与健全少先队，号召广大青年加入少先队。”凡是年龄16～23岁的劳苦工农青年，不分男女，都可以自愿申请加入少先队。

团省委设少先队总指挥部，由李玉南任总指挥。团县委设县指挥部，下辖少先队团、营、连。团区委下设少先队大队，乡设少先队中队，村为小队，每小队10余人。下层组织均不脱离生产。少先队使用的武器，主要有火枪、梭镖、大刀、长矛，亦有从战斗中缴获的少量步枪。少先队帮助红军、赤卫军没收地主阶级土地，反对地主富农混入苏维埃，镇压反革命，保卫苏维埃政权，维持地方治安，组织游击战争，扰乱敌人后方。少先队是红军的后备队和作战时的助手，经常送自己队伍中最好的队员到红军中去。1933年10月，红30军主力从通江刘坪向宣汉、达县进军，麻石、刘坪、檬子坪的少先队模范连随军作战，在攻克隘口战斗后，檬子垭少年先锋模范连150余人全部编入红军。是年7月，川陕省少年先锋总队指挥部移驻巴中特别市，所辖少年先锋师正式成立，下编团、营、连，约1000多人。川陕苏区组织起来的少先队员共约3万人。

（三）赤卫军

赤卫军又叫赤卫队，是川陕苏区最广泛的群众武装组织。《西北军区赤卫军条例（草案）》规定，赤卫军是根据地人民保卫革命政权和保卫自己阶级利益的武装组织。其任务是配合红军行动与敌人作战，镇压根据地内的反革命分子，以保卫革命根据地，又是工农红军的后备军。凡年龄在23岁以上40岁以下的工人、雇农、贫农和可靠的中农，均可参加。赤卫军由县军区指挥部领导，按村、乡、区地域大小、人口多少编为班、排、连、营、团。一般是县成立团或师，区为营或团，乡为连或营，乡以下为排或班。班一般由10人组成。赤卫军建立有坚强的政治工作制度，连指导员由当地支部书记兼任，营团政治委员由区委委员兼任。

赤卫军不脱离生产，战时配合红军作战，一般配备大刀、梭镖、土枪、土炮等武器。红军每解放一地，就首先发动当地的贫苦群众组建赤卫军。1932年12月底，红军刚解放通江麻石场，在虎台溪乡苏维埃组织赤卫军。初建时只有20多人，1个月后，与过街楼、竹新乡等地赤卫军合编1个营，2个月后，又调到麻石场，扩编为1个团。1933年3月，得胜山苟先良发动200多个青年农民参加赤卫军，在杀牛坪战斗中配合红军作战，起很大的作用。是年秋，南江县赤卫军得到迅猛发展，县成立师，区成立团，乡成立营、连，极盛时期发展到4000多人。长赤县成立赤卫军总部，下辖3个赤卫团，9个区赤卫营，23个乡赤卫连，共3600多人。

赤卫军要进行军事训练，队员要学会劈刀、刺枪、打土铳、架大炮、修碉楼、做工事，还要训练防空、紧急集合、队列、射击等。有时一个连一个营地集中训练，成绩优异者，提升到红军中去。

三、国民兵

民国25年（1936年），开始实行国民兵役制度，年满18岁服国民兵役的称义勇壮丁，并恢复壮丁训练。民国26年（1937年），各县组建国民兵义勇壮丁总队，县长兼任总队长；各区设区队部，区长兼任区队长；各乡（镇）成立中队，乡（镇）长兼任中队长；保成立分队，保长兼分队长；各队的副职由专职人员担任。甲编甲班，甲长任班长。随后，县成立社会军事训练总队，区成立社训队，联保成立社训分队，每分队4～5小队，每小队20～30人不等，负责组训壮丁和补充兵员。是年，通江县有壮丁2.85万人，训练在营模范队员180余人，分任社会军事训练干部，全县参训壮丁4000人左右。9月20—30日，巴中县对全县壮丁进行演习，每保抽壮丁5名，小队副1名，将全县壮丁编成3个团、9个营、39个连，3个特务连。民国27年（1938年），各县义勇壮丁总队和社训总队合编为国民自卫总队部。通江县国民自卫总队成立常备中队，下辖3个分队，计143人，另有4个区队，区队下辖大队、中队、小队。

民国28年（1939年），各县国民自卫总队改组为国民兵团，以下按区、乡、保、甲系统，编区、乡、保队、甲班，由区长、乡长、保长任队长，甲长为班长。保队以上各设队副，为平时管理召集及服役之用。团部下设常备队、自卫队、备役干部会。区队下设后备队（壮丁训练队）、预备队（任务队），以乡为单位组建，乡长兼队长。是年，通江县编国民兵自卫队、常备队、后备队各1个，全县编区队4个，乡镇队17个，保队181个，甲班1870个。

民国34年（1945年）10月，各县国民兵团裁撤，县政府恢复军事科，其业务由军事科接管。国民兵区、乡、保队、甲班以及后备队，组织不变，改隶县政府，预备队隶属区、乡政府。民国37年（1948年），通江、南江、巴中3县及平昌设治局，根据省政府制定的《四川省各县（市、局）自卫队组训实施办法》，先后成立民众自卫总队，将一部分国民兵编成地方武装。

四、民兵

（一）组织体制

1950年11月，境内4县普遍建立不脱产的农民自卫队，由县政府武装科统一组织指挥。农民自卫队分为“广泛的群众性的农民武装”（不背枪）和“群众武装中的基本核心骨干”（背枪）两种，任务是配合部队和工作队征收公粮、清匪反霸、减租退押、镇压反革命。各区、乡、村分别建立大队、中队、分队，居民组建小队，均设正、副队长。

1952年11月，农民自卫队改称民兵。民兵为不脱离生产的人民群众的武装组织；凡年满18～40岁的男性农民，身无残疾或精神病者，均有参加民兵的权利和义务。各县以乡为单位，普遍建立民兵组织，乡设队部，村设小队或分队。

1954年，县建立基干民兵团，县人武部兼团部；区建基干民兵营，区人武部兼营部；乡以下根据基干民兵多少，分别编为乡队、分队、小队，受乡民兵队部指挥，队部设不脱产或半脱产民兵队长、指导员和文书各1人，基干民兵和普通民兵分别编组。1956年，对民兵进行整顿，基干民兵组织，以农业合作社为单位，依据规模大小、民兵人数多少，编成分队、小队或组。不满7人者编为1个小组，2～3个小组编为1个小队，1个小队7～15人，2～5个小队编为1个分队。基干民兵分队、小队（组）长，由农业社的武装委员担任，并配设副职。乡队长改为基干民兵队长，指导员由乡党支部书记兼任，并设不脱离生产的副分队长1～2人。

1957年，进行民兵和预备役“合二为一”试点。以30岁以下的复员退伍军人为骨干，吸收18～

23 岁的青壮年组成基干民兵，编为第一类预备役。基干民兵中的复员退伍军人到 35 岁，未服过现役的满 24 岁，转为普通民兵，编为第二类预备役，41 岁退出民兵组织和预备役。预备役和民兵“合而为一”后，统称民兵，民兵即预备役。

1958 年 10 月，根据毛泽东“大办民兵师”的指示，决定把民兵支队、大队、中队统一改为民兵师、团、营、连、排、班，各县普遍开展大办民兵运动。凡是有公民权利，身无残疾，能参加劳动，能拿武器的年满 16 ~ 50 岁的男性公民和年满 16 ~ 40 岁的女性公民均参加民兵组织，并挑选其中政治、身体条件好，年满 16 ~ 35 岁的男性公民，组成基干民兵。县编民兵师，区编民兵团，公社编民兵营，耕作区（管理区、生产大队）编民兵连，生产队编排，排根据人数多少，分别编组基干班、普通班和妇女民兵班。机关、企业、厂矿、学校根据人数多少，以行政单位为基础，分别组成民兵班、排、连、营、团的组织。1959 年，对民兵组织进行整顿，整顿后的民兵组织，区编民兵师，公社编团，管理区编营或连，生产队编连或排，作业组编班。

1960 年，各县成立民兵工作组，由县委书记或县长任组长，由人武部、体委、公安、农工部、文教、团委、工会、妇联等单位组成。按照中央规定，民兵总数发展到约占适龄人口的 80%，其中基干民兵占适龄人口的 70%。随着城市人民公社的建立，在城市亦组建民兵师。

1961 年，中共中央、国务院批准颁发《民兵工作条例》，修改参加民兵的年龄、条件。其后，按照《条例》对民兵组织进行调整，民兵人数和建制数相应减少。各公社建立人民武装部，武装队长改为专职武装部长。每个公社组建 1 个基干民兵连。12 月，各县民兵工作组改为人民武装委员会。

1963 年，扩大武装基干民兵建制，各公社驻地武装 1 ~ 2 个班，区所在地武装 1 个排。1965 年，各县组建基干民兵团，区编营，公社编连，大队编排，生产队编班。团、营主要军事干部由现役干部担任，团、营政委、教导员由县、区委书记兼任。

1966 年 5 月后，民兵工作受到严重干扰，民兵组织处于瘫痪状态。1969 年，中苏边境珍宝岛自卫反击战后，民兵工作开始恢复。1970 年，以毛泽东“要准备打仗”的思想为指针，对民兵组织进行整顿。各县开始组建战备团。1972 年，将战备团改为武装基干团，以县编团，公社编连，大队编排。1974 年，推广上海民兵经验，各县建立城镇“民兵指挥部”“民兵小分队”，组织民兵“参加社会阶级斗争”。1976 年，城镇民兵指挥部撤销。

1981 年，对民兵组织进行调整。缩小组建范围，只在农村人民公社、厂矿企业等单位建立民兵组织。压缩民兵年龄，由原规定年满 16 ~ 45 岁，改为 18 ~ 35 岁，基干民兵年龄为年满 18 ~ 28 岁。简化民兵组织层次，由分编普通民兵、基干民兵、武装基干民兵三种，改为普通民兵和基干民兵两种。取消县编民兵师、公社编民兵团的规定。普通民兵和基干民兵分别编组，基干民兵以乡编连、村编排，村不足 12 人的编独立班；普通民兵村编连、村民小组编排，专业分队单独编组。实行两个结合，把民兵制度同预备役制度结合起来，基干民兵为一类预备役，普通民兵为二类预备役；把民兵工作同战时兵员动员准备工作结合起来。1990 年，各县组建民兵应急分队。

（二）民兵训练

1951 年，农民自卫队训练，以干部训练为主，由各县集中进行。训练内容以政治教育为主，进行诉苦教育；以军事训练为辅，学会各种队列动作，武器使用与保管、瞄准、射击。由参加训练的干部，回乡担任自卫队训练教员。

1952—1955 年，民兵训练按照“结合中心工作，不误民兵生产，使民兵受到教育”的原则进行。训练方法，各地根据实际情况，不求统一，有的利用早晚空隙进行学习。军训由于人多枪少，许多地方自制木枪、木手榴弹作为教具。1952 年，冬训前，采取先干部、后民兵的办法，境内 4 县共培训教育骨干2050名。

1956年，成都军区在巴中、平昌2县进行民兵训练试点。以乡为单位编成连、排、班，成立党、团组织，利用春节农闲季节，采取分点、固定教员，以不脱离生产的方法，进行70小时训练。训练内容为单兵战斗动作、班的进攻与防御、步枪实弹射击第一练习。

1958年起，本着“军政并重”的方针，“劳武结合”“以劳为主”的原则，对民兵进行军事训练。训练对象，以民兵干部和基干民兵为主。乡武装队长由县人武部集中训练，训练时间10~15天。1962年后，专职武装干部由达县军分区组织训练，时间30天。基层民兵干部以乡为单位组织训练，时间150~200小时。基干民兵训练采取小型、就地、分散的方法进行，一面突击生产，一面进行训练，时间不少于100小时。干部主要进行步枪的用途、战斗性能、一至三射击练习，手榴弹的性能及投掷要领，战斗动作等科目训练。基干民兵进行射击、投弹、单兵战术、条令条例等科目训练。军事训练时间占80%，政治教育时间占20%。

1964年，民兵训练形成高潮。以民兵干部、小教员和武装基干民兵为重点，进行步、机枪实弹射击、投弹、战术动作、民兵执勤、防空常识、兵器学原理等训练，开展神枪手培养活动。1965年8月，达县军分区在通江县举行民兵军事大比武现场会，该县调集7000名民兵，进行队列、刺杀、投弹、对空射击、单兵战术比武演练；两个武装连120人，参加武装泅渡诺江，进行抢渡、水上射击、水上对空射击表演。达县地委主要领导和军分区领导参加现场会。

1966—1969年，民兵训练一度停止。1970年，各县组建民兵团，采取长途拉练形式上场，对民兵进行训练。1972年，重点抓专武干部和民兵干部军政训练，进行技、战术训练和民兵勤务、“三防”知识学习。军分区和县人武部负责训练专武干部，时间23~45天；各区负责训练连排干部，时间10~15天。

1973年开始，对民兵进行周期训练。每三、四年为一个训练周期，在训练周期内，专武干部每年集训1个月，民兵连长每年训练15天；武装基干民兵训练15~20天。军分区训练专武干部，县人武部训练民兵营、连干部，公社、厂矿等基层单位，采取以连（公社）集中上课，分散练习，再集中检查考核的方法训练民兵。至1975年，第一个周期训练结束，参加3年训练的专武干部占67.6%，基本完成《纲要》规定的内容，经考核，步、冲、机3种武器射击成绩均在良好以上，有65%基本上达到“三会两能”。民兵连长参加3年训练的占54.4%，多数民兵连长达到“三会”。武装基干民兵突出射击、单兵打坦克训练。

1980年，缩小民兵训练范围，训练对象为专武干部，武装民兵连、排长，武装民兵和民兵技术兵，按每件武器装备训练1个人或一套人，2年为1个周期。训练时间，专武干部每年训练1个月，民兵干部和武装民兵每年训练15~20天，民兵技术兵每年训练不少于20天。训练内容，步兵分队以技、战术基础训练为重点，技术兵以专业技术、战术为重点。民兵训练逐步由小型、分散向集中住训发展。1981年，通江县人武部筹建民兵训练基地，1983年投入使用后，全县民兵军事训练集中在训练基地进行。1985年起，民兵训练 又作较大调整，训练对象，主要是民兵干部和专业技术兵，取消周期训练，恢复年度训练。训练时间，普通兵30天，技术兵45天。做到训练一个，合格一个，储备一个。

1987年，南江县人武部投资40万元，用1年时间，修建起建筑面积为2268平方米的民兵训练基地，训练 、教学、生活设施完备，教学设备配套，规章制度完善。1988年4月，达县地区行署、军分区在该县召开人武部基地建设暨正规化建设经验交流会，肯定该训练基地“一日生活制度化、战备秩序经常化、军事训练规范化”的经验。是年，县人武部民兵训练基地和正规化建设被省军区评为“一等奖”。1990年，巴中、通江、平昌3县全部实现基地化训练。

1991—1993年，各县成立训练队，设军事、政工、后勤组，由人武部主要领导任队长、政委，机关科室领导任组长，并建立党团支部和各类人员职责，以保证民兵规范化训练的落实，克服和防止训练中的随意性。1993年，四川省军区和达县分区对巴中县炮兵训练考核验收，各科目取得优良成绩，获省军区“三等奖”。

1994—1998年，民兵训练以立足于打赢高技术条件下现代化战争能力为标准，认真贯彻质量建设方针，按照《民兵军事训练大纲》和规范化训练要求，重点抓民兵干部、应急分队和专业技术兵的训练。主要进行《兵役法》《民兵工作条例》《国防知识》的教育和队列、射击、投弹、单兵战术、通信技术、12·7高机、82迫击炮基本操作训练，应急分队集结、擒敌技术、防暴和应用射击的训练。全地区共训民兵干部2953人，民兵5684人。1998年，省军区对通江县民兵应急分队一连进行考核，达到优异成绩。

2000年，全市民兵军事训练紧紧围绕“科技练兵”主题，注重打基础、抓重点、树典型、求发展，按照基地化、规范化训练要求，严格按纲施训，狠抓训练质量。应急分队及基干民兵完成15个训练日。民兵专业技术分队主要训练通信和高炮作业，突出“三打”（打隐形飞机、打巡航导弹、打武装直升机）、“三防”（防精确打击、防电子干扰、防侦察监视）的研讨，进一步深化民兵科技练兵。通过训练后的民兵高炮分队，分别在4县（区）实施人工降雨作业中发挥积极作用。同时，军分区针对专武干部文化偏低，转业退伍军人所占比例小，军事素质差，专武干部不会“专”、不能“武”的实际情况，在第二季度举办首届专武干部培训班，对全市新任和调整的50名专武干部进行培训。

（三）政治教育

20世纪50年代初期，民兵政治教育主要是通过民兵训练进行，民兵军事训练以政治教育为主要内容。同时，结合当地建党建团活动、夜课班、群众大会等形式，使民兵人人受教育。

1950—1952年，依照西南军区颁发的《民兵政治教材》，对民兵进行阶级教育、爱国主义教育和民兵性质任务教育。使民兵配合部队积极参加剿匪作战和减租退押、土地改革、镇压反革命运动，维护社会治安，保卫人民政权，踊跃报名参加中国人民志愿军赴朝作战。

1953年，建立普遍民兵制后，主要进行民兵性质、任务和作用的教育，党的过渡时期总路线教育，号召民兵积极参加互助合作运动，走社会主义道路。1955年，《兵役法》颁布后，对民兵进行义务兵役制教育，号召民兵积极报名应征入伍。

1958年，各地对民兵进行党的总路线和形势、战备教育，激发民兵参加社会主义建设的热情，增强战备观念。是年，实行“全民皆兵”后，普遍建立一月一次基干民兵会议制度。

1962—1963年，对民兵广泛进行形势教育增强国防观念。1963年，各地民兵组织开展“学雷锋”“学南京路上好八连”活动，民兵树立全心全意为人民服务的新思想新风尚。动员民兵积极参加社会主义教育运动（简称“四清”），对民兵进行以阶级斗争为纲的社会主义教育，提高广大民兵的阶级觉悟，促进民兵工作“三落实”（组织落实、政治落实、军事落实）。

1966—1969年，民兵政治教育中断。

1970年，对民兵进行人民战争思想和“要准备打仗”的教育。是年，民兵政治教育逐步恢复。针对农村青年特点，在民兵中开展文体活动，教唱革命歌曲，唱革命现代戏，寓教于乐，受到民兵普遍欢迎。

1974年，各县结合红军长征胜利40周年，请老红军、老贫民、老民兵进行阶级教育和革命传统教育，激发民兵的革命热情，增强阶级斗争观念。巴中县有774名老红军、老赤卫队员给民兵讲传统。

1976 年，民兵开展揭批林彪、江青反革命集团反党乱军和破坏民兵建设的斗争，弄清民兵建设的大是大非问题，端正民兵工作方向，恢复和发扬民兵建设的优良传统。

20 世纪八九十年代，对民兵进行社会主义精神文明教育，开展“五讲四美三热爱”“四有、三讲、两不怕”活动，使民兵成为“有理想、有道德、有文化、有纪律”的一代新人，带头参加两个文明建设。同时，随着国民经济调整改革，民兵工作出现不少新情况，新问题。各地民兵政治教育，认真执行解放军总政治部规定的教育时间。民兵军事训练，政治课时间不少于十分之一；在基干民兵，建立每月一堂政治课制度；结合整组、征兵、节假日等活动，每年进行 4～5 次政治教育课。农村实行联产承包责任制后，民兵政治教育难以落实，特别是基干民兵一月一次政治课，时间难保证、人员难集中、误工补贴难解决。1984 年，将基干民兵 1 月 1 次政治课改为 1 年 4 次，普通民兵政治课结合整组或重大节日开展教育。1985 年，巴中县发动民兵成立帮户助耕队 2914 个，组织帮教队 2285 个，学雷锋小组 2436 个，做好事 3.13 万件，参加抢险救灾 352 人（次），抢修房屋 921 间；建立青年民兵之家 820 处；举办养猪、缝纫等技术培训班，培养各种技术骨干 4282 人。1987 年，各县推广民兵刊授教育，借助《中国民兵》《西南民兵》等杂志、报刊，组织民兵学知识，受教育。1989 年，民兵重点抓坚持四项基本原则，反对资产阶级自由化教育，争当维护社会治安模范。1991 年，巴中县组织 4 万民兵参加省军区举办的国防知识大奖赛，获得“优秀组织奖”。1994 年，巴中军分区以民兵基层建设为重点，以贯彻中共十三届四中全会精神为重点的政治教育，利用各种机会，采取多种形式，发挥民兵活动阵地作用，促进民兵政治教育落实。军分区政治部在通江县草池乡进行民兵政治教育试点，以指导全区民兵政治教育。是年，全地区建立民兵活动阵地 712 个，出墙报 1650 期，上教育课 2481 人（次），民兵受教育面，基干民兵 89.25%，普通民兵占 70.75%。1995—1998 年，巴中市（县级）人武部连续 4 年被成都军区政治部评为订刊、用刊先进单位。

（四）武器装备

20 世纪 50 年代初期至 60 年代中期，农村民兵武器装备，以民兵个人分散保管为主要形式，由确定的持枪手负责，实行“定人、定枪、定责任”，每支枪确定 1 名正持枪手、1 名副持枪手，正持枪手不在时，由副持枪手保管。子弹与枪分开保管。城镇机关、厂矿民兵的武器，实行定人使用，集中保管。同时，对民兵枪支，切实掌握在基干民兵中的党团员和积极分子手中，枪支固定后，填发持枪证，对民兵进行爱护武器装备教育，并建立必要的切实可行的武器擦拭、保管、检查制度。每年进行民兵组织整顿，把民兵武器保管作为整顿工作的一项重要内容，对持枪民兵进行审查，清理不合格者；对武器逐件进行检查，落实管理的各项规章制度。

1961 年，巴中县人武部党委确定专人负责，规定每季度进行 1 次检查统计登记，对县区库存武器弹药，一月一擦拭，一季度一清点，民兵手中武器半月一擦拭，一月一检查。结合民兵整组，对全县民兵武器弹药管理进行检查验收，使绝大部分民兵枪支保管良好，无锈无损。

1963 年，各县按照大分散、小集中、重点配备、形成拳头的武器布局原则，对重点地区、重点单位、重点目标进行武器配备。农村人民公社武装配备 2～3 个基干民兵班，区级机关驻地附近武装 1～2 个基干民兵排，县级机关驻地武装 3 个基干民兵连。重要桥梁、码头、渡口附近各武装 1 个基干民兵班至 1 个连。每连配步枪 30～50 支，排配 10～15 支，班配 3～5 支。武装的基干民兵连、排，根据实际需要，酌情配一定数量的轻机枪。每支步枪配子弹 10 发，每挺轻机枪配子弹 30 发。每支步枪确定 3 名持枪手，分第一、第二、第三持枪手，每挺轻机枪确定 3 套人员，每套 3 个人。

1964 年，达县军分区对各县民兵武器进行普查，采用“分区训练骨干，各县组织检查，分区重点复查验收”的方法，坚持见人、见物、见登记，把握好数量关和质量关，做到查物与查人结合，检查帮助与宣传教育结合，检查武器与检查制度结合，检查武装基干连、防空哨的落实和武器布局结合，进一步核实武器弹药的数量与质量，建立与健全各种制度，加强管理。

1967—1970 年，民兵武器集中到县人武部统一保管。20 世纪 70 年代初，重新发到民兵手中，由民兵个人分散保管。

1971 年，对民兵武器配发，以县为单位统一口径，相对集中在交通沿线、城镇附近和一些重点工厂、敌人易于空投、空降地区，配备给民兵独立营、团中一部分班、排、连。每 3 ~ 4 人 1 支步枪、冲锋枪。弹药配备，按每件武器县配一个基数，除社情复杂地区外，每枪配子弹 20 发，其余由县人武部统一保管。配发武器，必须是在民兵工作“三落实”较好的单位进行，由县人武部党委审查批准，报分区备案。对掌握武器的民兵，由党支部严格审查，上一级党组织批准，防止落入坏人手中。配发武器时，对民兵进行思想政治教育，并举行授枪仪式。

1973 年，根据各地基干民兵人多枪少的特点，逐步有重点的按照 1 个公社武装 1 个基干民兵连，结合民兵独立团的调整，统一配发。重点地区每连配备 25 ~ 35 件，一般地区每连配备 15 ~ 20 件武器。至 1980 年，巴中县大队武装面占 72.6%，生产队占 36.5%，最高时武装面达 98%。

20 世纪 80 年代，一般公社都建立专门的武器库（室），成立由领导、武装部长、公安员和办公室人员等组成的管理小组，建立值班交接、进出武器库（室）登记手续，制定应急方案、定期擦拭保养制度和安全措施，保证武器库（室）安全，使武器装备始终处于良好的战备状态。1981 年，统一以公社为单位集中保管，各公社均建立民兵武器库（室）。是年，民兵武器装备维修，按权限划分进行，各县贯彻“防修结合”的方针，实行工房修理和下乡修理相结合，加快修理进度，降低修理成本。小修和中修坚持下乡到基层。民兵武器普查，实行武器普查和维修相结合，对枪支故障和损坏，实行就地维修。是年，巴中县普查修复武器 311 件。1984 年，开始改为集中到县人武部民兵武器仓库集中保管。至 1990 年，随着巴中县人武部民兵武器仓库建成使用，4 县民兵武器装备全部集中县保管，实现保管科学化、正规化、标准化。

1991 年，巴中县人武部针对武器库距离营区远、不便管理的实际，做好守库人员的思想工作，解决好生活、工作、学习等方面的实际困难，稳定思想，安心工作，部领导和机关干部在节假日期间坚持轮流驻库值班。

1995 年，巴中军分区组织人员对全地区民兵武器弹药的数量、质量、管理情况进行全面检查，对不安全因素和存在问题作出限期改正，加强和完善仓库基础设施建设。

2000 年，全市筹集资金 80 多万元，搬迁新建仓库 1 个，加固改建库室 2 个，修复防护墙 3200 多米。全市库区建设达到规范、安全、整洁。同时，抓制度落实，严格执行库房管理规定，完善各种登记、统计工作，建立“两账一卡”，坚持管有账、查有据，做到品种清、质量清、手续清，账、卡、物三相符。完善武器装备擦拭、保养、检查、登记、交接、报告、值班、看守巡逻、学习和奖惩等制度，狠抓落实。开展争创“红旗仓库”和“先进民兵武器装备仓库”竞赛活动，通江县等 3 个单位的民兵武器仓库被评为“红旗仓库”。

（五）经费保障

中华人民共和国成立后，国家用于民兵建设事业的专项经费，其年度指标由财政部和总参谋部分配，列入省地方预算，由省军区后勤部向省财政厅建立财务领报关系。军分区按照规定比例留用民兵事业费，县（市）人武部是民兵事业费的基层开支单位。其开支范围：军事训练费，包括军分区和县（市）人武部民兵训练的器材、教学用具购置等，训练中民兵干部、教员的伙食补助、勤杂费等；政治工作费，包括民兵政治教育所需的教材、报刊、宣传资料等费用；武器装备管理维修费。

20世纪50年代中期，民兵误工补贴多采取助耕或顶替义务工的办法代替补助。1958年起，民兵训练和执行占用劳动时间的勤务，根据同等劳动力评定工分，参加劳动分配；不脱产民兵干部误工补贴，按当地同类干部统一规定的标准补助。80年代，农村实行土地联产承包责任制后，民兵和民兵干部参加训练等活动，各地根据不同情况，主要采取定额补助和以劳养武的方式，增加民兵建设经费来源。1984年，一级组织的民兵活动或训练，其费用由那一级负责解决。1986年后，民兵训练、活动费用，实行按人均统一提留。农村由人均最低0.03元增加到人均最高0.6元；城市非农业人口人平1元。由于各地经济发展不平衡和农户家庭收入差别等原因，民兵提留费很难足额收齐。民兵提留费除区、乡（镇）人武部按比例留用部分外，其余由县（市）人武部统一管理使用。同时，各县人武部依托民兵训练基地发展多种经营，充分发挥训练基地以劳养武的“龙头”作用。各乡村利用本地资源优势，结合山区特点，创办小煤厂、小茶场、小果园，采取独资经营、合资联办、企业挂靠等多种形式，发展种植业、养殖业、加工业、服务业、运输业等项目。

1994年，各县、市人武部分别制定以劳养武发展规划，确定目标、任务，明确政策和责任，使以劳养武走上健康发展的轨道，企业民兵广泛开展“创产值、争效益”活动。是年，全地区人武系统和民兵组织有以劳养武实体项目733个。

1995年，军分区把发动民兵大力开展以劳养武活动作为一项重要任务抓，全地区建立不同规模的以劳养武其地。各级人武部门走农、林、牧、副、渔齐发展的思路，重点发展投入小、见效快、效益高的牲畜饲养、栽桑养蚕和开垦荒地，种植经济作物等项目，并发挥本地资源优势，开采矿产，兴办以劳养武实体，产生较好经济效益和社会效益。1996年，全地区以劳养武得到深入发展，民兵自办果园、药园、茶园等6200多个，承包荒山荒地1.67万公顷。

1999年，各地逐步停止开展以劳养武活动。

（六）民兵贡献

中华人民共和国成立初期，民兵在爱国生产和农业互助合作运动中，肩负主力军作用，积极参加并带领群众，采用先进耕作技术，兴修水利，为农业生产发挥骨干带头作用。

20世纪50年代初期，民兵肩负着保卫区乡政权，站岗放哨、缉捕匪特，看管、押解罪犯，巡逻警戒，配合公安部门侦破反革命案件，以及护路、护仓、防空、防特等任务，有力地维护社会治安。1950年，各县建立起来的农民自卫队，积极配合解放军参加剿匪斗争，不仅为部队侦察敌情，传递情报，站岗放哨，充当向导，而且还配合部队直接参加歼灭股匪的战斗，为平息叛乱作出重大贡献。通江、巴中、平昌3县自卫队共缴获枪支916支，子弹7.8万发，手榴弹195枚，火炮117门，刀矛1.21万件，消灭土匪300余人，捕捉逃匪126人。

1953年1月28日，台湾蒋介石集团向南江县燕山乡二村空投特务2名，接到敌情报告后，县人武部迅速指挥部队和民兵近1000人进行围歼，经过8个小时搜查，2名特务落网。事后，燕山乡武装中队长张宗志、二村民兵张建帮受到达县地委、军分区通令嘉奖；并授予张建帮“三等俘特模范”称号。

1956年4月，南江县桥亭、麻柳连续发生“红灯教”暴乱，该县人武部组织赶场、贵民、上两3区民兵，站岗放哨，在要道隘口盘查可疑行人，密切监视“红灯教”暴乱分子活动，并组织应急分队，积极配合部队和公安干警，于13日、17日相继平息两地暴乱，全歼暴乱匪徒。

1959年，通江县遭受特大旱灾，广大民兵克服靠天吃饭、等天下雨的消极观望态度，积极参加抗旱斗争。民胜区民兵团1.9万名民兵，组织203个抗旱突击队，截流堵溪790处，找龙洞水129处，挖浸水凼1661处，打井585口，共挽救水稻1266公顷，棉花1193.33公顷，红薯349公顷，其他作物127.73公顷。巴中全县民兵组织生产突击队、卫星队1201个，共种试验田、高产田、丰产路等2666.67公顷，大搞技术革新，改革各种工具5599件。

1961—1966年，通江、南江、巴中、平昌4县加强战备治安工作，贯彻“全党动员，依靠群众，积极预防”的方针，以防空降、防暴乱为重点，设立防空哨所，加强省、专区、县结合部联防活动，定期召开联防区的联防会议，共同制定防范措施，在劳改罪犯集中的地区组织军民联防。

1970年5月，境内4县组织民兵配合铁道兵参加襄渝铁路西段大会战。以县为单位组建民兵团，下编营连排。巴中民兵团4300人，通江民兵团3162人，南江民兵团900人，平昌民兵团1500人。各民兵团团长、政委一般由“县革委”副主任或人武部副部长担任。1971年5月，通江、巴中、平昌3县组织民兵3200人，支援4832国防工程施工。共修建万源县双（龙）—白（沙）公路11公里，改建4公里；桥梁8座，450余米；涵洞24个，铁路隧道5.5处，总长8057延米，其中南江县民兵团承担川陕界大巴山隧道长5600延米；开挖铁路路基土石方50万立方米。巴中县民兵团帮助达县民兵团完成白岩大桥修建工程。是年，巴中县组织民兵2000人，参加修建南江新民至沙河战备公路。1972年3—7月，巴中县组织民兵3200人，以区为单位编成营、连、排，参加“601”工程（凤头山微波站）建设，按时完成工程施工任务。是年12月，由4县民兵团分别承担陕西省镇巴县松树公社两岔河至小土鱼沟、万源县白沙公社及川陕交界处大巴山等施工地段的大中型隧道、桥梁、路基及物资器材运输专用公路的新、改建工程全面完工。

1973年，巴中县连降暴雨，巴河、恩阳河出现少有的洪峰。恩阳、曾口两区组织1000多名民兵参加防洪抢险。甘泉、曾口公社600名民兵，帮助曾口粮站抢救出粮食5万多公斤。

1974年，南江县大河公社成立农田基本建设民兵营，共600人，经过5年战斗，投入劳动日4.45万个，先后建起新苗、学堂湾、帽官子、齐家营、火匣沟、冒火山等水库11座，总库容259万立方，灌溉面积340公顷，基本改变全公社水不上田的局面，受到省、地、县的表彰，《人民日报》在头版头条作报道，并加编者按语。

1977年9月6日晚，南江县坪河石墨矿西坝农场劳改犯人朱有福、贺长银，乘该场司务长进城办事之机，窃走其“五四”式手枪1支、子弹42发，苏式步枪1支、子弹11发，开枪打伤管教干警2人后潜逃。县人武部组织民兵1000余人，配合公安干警、武警官兵，经过8天紧急围捕，于14日晨，在旺苍县蒙至公社，将负隅顽抗的两逃犯击毙。

1982年，巴中县基干民兵王林，自筹资金学习食用菌栽培技术，带领40余名青年和民兵，办起食用菌厂和菌种厂，义务举办蘑菇接种育苗培训班35期，受训1000多人（次），免收菌种费2000多元。

1983年，南江县战备领导小组向省、地主管部门提出修建“二南”公路（南江至陕西南郑）。1984年3月，成立二南公路指挥部。4月，全县抽调2200名民兵，设20个修建分队，由抽调的民兵连长任分队长。用13个月时间，完成魏家坝至台上路段19公里的修建任务。施工中，新建中小桥梁5座，涵洞100余个，顺利打开川陕大门，开辟战备新通道。巴中县在全县民兵组织中，成立帮扶助耕队4663个，帮户助耕1.1万户；学雷锋小组2327个，做好事4.6万件；组织帮教队2284个，帮教对象2826人；组织宣传队914个，办“民兵之家”820处；成立民兵科协小组1705个，培养民兵技术骨干2万人。是年，王林事迹被达县军分区评为“两个文明建设先进民兵”，团省委授予“模范共青团员”，省政府授予“科学致富标兵”，共青团中央授予“新长征突击手”称号；中央电视台制作电视片《灵芝路》对王林事迹进行专题报道。

1985年以来，各级人武部门把扶贫帮困列入重要日程，分别建立扶贫联系点，经常组织人武、专武干部送资金、送技术、送信息、送物资，帮助订规划、立措施、找项目，及时解决生产中的急需问题。并组织民兵积极为贫困户帮户助耕，义务提供资金，传授先进技术。

1987 年，平昌县人武部发挥民兵骨干作用，积极推广养猪能手龙成祥科学快速养猪法，在全县迅速普及，促进全县农村经济发展。

1990 年，巴中县人武部和南江县人武部被四川省政府、省军区分别评为“率兵带民扶贫”一、二等奖。

1993 年起，全地区各级人武部组织民兵参加唐巴、巴乐、达巴、通南、通水、沙南等公路和城区公路改造大会战，组成民兵突击队、爆破队，在重点工程中当尖兵、打硬仗。是年，南江县组织民兵承担国家重点工程西（安）成（都）光缆工程的挖沟、铺线、埋设等任务，速度快、质量优，受到邮电部的好评。

1995 年，各级人武部门和民兵干部共联系贫困户 3 万多家，有 68% 脱贫。全地区民兵自办果园、药园、茶园等 5400 个，创办各类经济实体 100 多个，600 多名民兵成为种植养殖专业户。与有关部门配合，举办实用技术培训班 180 多期，培训各类专业技术人才 2.8 万多人（次）。是年，巴中地区遭受严重旱灾，全地区共发动人武、专武干部 550 人（次），组织民兵 19 万人（次），帮助群众抗旱保苗，减轻灾害损失。

1997—1998 年，全地区成建制地组织民兵共 30 多万人（次），投入到全地区内 10 条公路干线建设，修建大中型桥梁 22 座，修通乡、村、矿山公路 355 公里，使 5 个特困乡、80 多个贫困村结束不通公路的历史。

1999—2000 年，各级人武部组织民兵带头实行“五改三建”，改善生产生活条件；组织民兵大力发展池园经济，促进增产增收。民兵有 1.3 万户达到“五改三建”标准，建起池园经济 1333.33 公顷。

第二章　军队建设

第一节　军事工作

一、军事训练

民国《巴中县志·政事志下·驻防》云：清代驻巴绿营兵“有事以战守出力为能，无事以和洽兵民为要”。军事训练的内容为刀矛、藤牌的使用，击刺、对打等；操练枪的装药、骑射与步射，火药炮的装填、施放；阵式演练。训练，要求枪炮以命中、击远为主，射箭以中的、挽弓以力为上。训练制度和方法，有常操、合操、校阅，常操训练技艺，合操演练阵法，一般 5 日一小操，每月定期合操，校阅不定期举行。操练在校场进行，驻巴城绿营兵训练，初在东较场（巴州镇大东门与小东门之间蚕种场桑园地），因临河低下，时忧水淹，清嘉庆二十四年（1819 年）设巴州营后，又于巴中中学处设西较场，建演武厅以时训练。

民国初，驻防通江、南江、巴州境内川军和其他军阀一样，实行“兵为将有，自招、自练、自统”。部队训练自成系统，多沿袭清末新军“保定”“速成”两学系的训练规则，采取日本军队的典范令为基本教材，利用间隙时间，由长官和军士组织实施。步兵主要练习射击、刺枪、国技、爆破、土工作业等技艺和连以下战斗动作。驻巴中川军装备简陋，机关枪为其重要火器，训练中尤为注重。炮兵、工兵等专业分队，进行相关专业训练。训练方法，实行新老统训或分训。军官主要靠在职训练。

民国24年（1935年）后，通江、南江、巴中国军驻军，按国民政府军事委员会颁布的年度教育训令进行。抗日战争开始后，为适应抗日作战需要，驻巴中国军根据军训部发布的《战时军队教育令草案》，步兵主要进行基本教练、连以下战斗教练，内容包括射击、投弹、刺杀、爆破、筑城作业、夜间训练、阵中勤务，防空、防毒、防战车等训练。通南师管区第1、2补充团，主要对新兵进行队列、射击、投弹、刺枪术、单兵战斗动作等基础训练。训练时间一般为4个月，分两期进行，步兵第一、二期各2个月，特种兵第一期3个月，第二期1个月。军官训练，除送中央陆军学校和参加各级干训班培训外，主要进行在职训练。军士由各部队自行训练。

中国工农红军第四方面军进入通江、南江、巴中后，由于作战频繁，部队训练的主要方法是临战训练，战场练兵，作战与练兵紧密结合。1933年6月，红军粉碎四川军阀“三路围攻”后，在木门召开军事会议，对部队训练作专门部署。针对当时部队的情况与敌情、地形等特点，在技术上，强调射击、投弹、劈刺和土工作业。在战术上，根据川北地形特点和敌人多据险固守、害怕夜战等特点，着重加强山地战斗、河川战斗和夜间战斗的训练。红军对夜战训练尤为重视，除普遍进行有关夜间战斗课目的训练外，还抽调部队专门练习夜摸、夜袭、行军、爬山、攀登悬崖、侦察、联络、射击、投弹等，培训夜战特长。在训练方法上，各级首长亲自拟定计划、进行示范，同时发动老战士和有军事技术的解放战士当助手，从实际出发，官兵互教，教学相长。1934年春，在反“六路围攻”中，红军抓紧战斗间隙，开展战场练兵，发动杀敌比赛。3月21日，在紧靠老鹰咀前线的庙垭场，举行全军射击比赛。11月中旬，在清江渡召开军事会议，制定《军事教育计划大纲》，强调“研究实战经验”，注重野外学习和夜战训练，加强战术演练，使红军军事教育的目的、内容、重点更加明确。红军干部训练，主要采取“战后检讨会”“军事研究会”等方法，进行实际教育。连以上干部要求学会图上作业和沙盘作业；会勘察地形，迅速判断情况，定下决心；部署兵力和组织火力。各军还办有教导队，培训连排干部。彭杨军政干部学校，1934年11月，改称红军大学，内设高级干部班、中级干部班、军事连、政治连及特种兵班，培养红军干部。

20世纪50年代初期，驻巴中解放军某团和各县县大队、警卫营主要执行剿匪任务，部队训练利用作战间隙进行。连队以分队独立活动为主，及时汇集剿匪战术经验进行总结，学习分散围剿、驻剿、急袭、奔袭、夜袭、分进合击、工事构筑等战术手段和战斗动作。卫戍部队实施正规制式教练、器械操、军容风纪、礼节礼貌和体能训练。各县大队根据部队需要，增添内务、纪律条令、单个战斗教练。1952—1957年，各县人武部为加速部队正规化、现代化建设，根据人武部担负任务，进行多学科的军事基础知识训练，主要学习共同条令、手枪一、二练习射击训练、手榴弹投掷，民兵、兵役业务，军、兵种知识和民兵武器性能及使用。

1959—1965年，各县人武部本着“少而精”的原则和“用啥学啥、急用先学、学用一致”的方针，树立练为战的思想，学习毛泽东军事理论，步兵战斗条令，“一点两面”“三三制”“四快一慢”、林彪的“六个战术原则”，参谋业务，民兵工作条例等民兵、兵役业务，以及手枪一、二练习射击和民兵训练的战、技术课目。

1966—1968年，由于派性和武斗发生，县人武部机关受到冲击，军事训练基本停止。1969年珍宝岛自卫反击作战后，根据毛泽东“要准备打仗”的指示，军事训练逐步恢复。

1970年，开展战备训练。技术着重抓好射击、投弹，以射击为主，完成3～5次实弹射击（含对空和夜间射击)、手榴弹投掷；战术进行从单兵到小组的攻防动作。1973 年开始，进行反坦克训练，重点研究和操练用炸药包打坦克的动作要领。1975 年下半年，重点抓打空降训练。

1979 年初，进行临战训练，各县人武部以 2 ~5 天时间进行“三防”教育，战伤自救互救和步兵武器、兵器常识训练。1980—1985 年，运用对越自卫还击作战经验，学习毛泽东军事思想，开展以“六会”为中心的参谋业务学习，进行战斗文书拟制，民兵指挥箱、教具、武器性能、分解结合及各种电台使用训练。每年完成 20 个年度训练日。

1986 年，人武部移交地方建制后，仍执行军队条令条例，完成上级军事机关赋予的军事训练任务。1989 年，各县人武部参加达县军分区组织的军事比赛，平昌县人武部获团体第二名，巴中县人武部分获一个单项团体第一名，三个单项个人第一名、一个第二名的好成绩。

1994 年，巴中军分区组建后，着重抓干部在职业务训练，对军用文书写作、民兵预备役工作基本内容、工作程序和方法、兵员动员理论、本级指挥等科目进行学习探讨，学习军事高科技技术基础知识，共同科目完成条令条例学习、队列、射击、战术基础等训练。并在军分区机关战士中，进行内卫勤务、拳术等科目的学习和训练。武警巴中地区支队主要进行条令条例、军事体育、擒敌技术和单兵战术等科目训练。

1996 年，人武部收归军队建制后，军分区和各县（市）人武部以“科技兴训、科技强军”为指导，以首长、机关干部学习高科技知识为重点，学习军事高科技知识、“六会技能”、微机操作和军兵种知识。通过训练，使机关干部知识结构有一定改变，逐渐从旧“六会”向新“六会”过渡，能够比较熟练地操作使用微机。同时，军分区对各县（市）人武部干部进行为期 20 天的集训。是年，武警巴中地区支队在军事业务训练中，坚持“练为战，练为勤”的方针，从实战出发，从难从严训练。集中驻地部队进行首长机关带部分实兵的野外拉练；加强防偷袭、防逃制逃、防暴狱、防抢夺武器的训练。

1999 年，省军区对分区机关考核，成绩良好；全地区撰写军事论文 5 篇，其中 1 篇被省军区列入重点交流文章。武警巴中地区支队主要训练执勤业务理论，“四哨”（上哨、接哨、站哨、下哨）运作，情况处置，哨兵防袭击和执勤方案演练，强化官兵“哨们就是战场，执勤就是战斗”的责任意识。完成处置群体性事件的支队首长机关室内战术想定作业课目训练。

2000 年，军事训练以新时期军事战略方针为统揽，创新为动力，以“打得赢”为目标，抓训练质量。武警巴中市支队把基层干部轮训一遍。组织部队进行第一、二练习实弹射击和夜间射击；练习擒敌术，防暴器材的使用，战伤自救互救，单兵战术；并坚持每天 1 小时体能训练。

二、战备勤务

民国时期，地方民团、壮队、自卫队多为官府和富绅把持，除设岗、布卡清乡。对付工农群众外，没有资料记载从事其他勤务活动。

川陕省苏维埃时期，童子团、少先队等地方武装，除在后方站岗、放哨、送信、维护地方秩序外，还给红军家属担水、砍柴、代耕土地。

1952—1966 年，境内各县和重点区、社都成立战备领导小组，根据山区实际，拟制以防空投、防空降、防暴乱为重点的预防方案，组织交通、邮电部门，分别拟制战时运输和通讯保障计划，与公安部门密切配合，及时掌握敌、社情况，对重点单位、重点目标，以民兵为骨干，严密守护；劳改罪犯集中的地区，组织军民联防，制定预防措施；在林场、农场、牧场建立民兵组织，进行防空训练，设立对空监视哨。

1969 年，毛泽东发出“要准备打仗”的指示后，战备工作围绕这个中心，立足于“早打、大打、打核战争”，抓干部、民兵群众的战备思想教育，从思想上、工作上、作风上、生活习惯上转好“准备打仗”的弯子。各县都拟制出防空降、防暴乱作战预案、人口疏散方案和专业队伍行动预案，建立健全战备人防领导机构，固定人员。内卫执勤单位，均拟制战备执勤方案，建立战备值班制度。

1976 年 9 月，毛泽东逝世后，全军进入一级战备，各县人武部建立作战值班制。公社以上单位均指定战备值班分队，规定任务，准备机动方案；对武器弹药、装备和通信设施进行清理检修，对值班分队进行重点补充。在重点地区，设置对空观察哨，掌握空情。主动与地方交通、卫生、邮电等部门联系，召开专门会议，作好充分准备，以保障情况发生时的交通运输、医疗救护和通信联络。

1978 年后，全党工作重点转移到以经济建设为中心。各县人武部的战备工作，亦从“临战姿态”转变到经常性的工作，从“早打、大打、打核战争”转变到立足现有装备打赢高技术条件下局部战争上来。

1994 年 10 月，武警巴中地区支队成立长途押解任务领导小组，担负“94·9”长途押解任务，派出三中队 18 名官兵配合公安干警押解 50 名人犯送到达县火车站，押运到大西北服刑，任务完成圆满。是年，根据巴中地区经济体制改革的形势，支队制定《巴中支队处置突发事件暂行规定》。

1995 年起，巴中军分区和各县（市）人武部机关，进一步修订完善各类战备方案，利用民兵应急分队训练，对方案进行模拟演练。落实战备制度，重点对战备值班、战备教育、请示报告等制度进行修订。加强战备值班，军分区部门以上领导、县（市）人武部领导坚持轮流值班，机关干部全天候值班。规范战备设施，3 县 1 市人武部对“三室一库”（作战室、值班室、战备资料室、指挥器材库），军分区对通讯机要设施，进行完善和统一规划。建立民兵信息网站，做到村有信息员、乡镇有组、区有站。各县（市）整顿编组民兵应急分队，添置必要的交通、通信装备器材和非杀伤性武器，结合战备预案，进行军事训练和演练。建立军、警、民联防机制，注重对重点地区、重要目标、突出地段的安全防范。武警巴中地区支队主要担负看押、看守、警卫、城市武装巡逻和处置突发事作等任务。是年 10 月，全国人大常委委员白尚武视察巴中，支队官兵担负领导在巴中期间的安全保卫任务。10 月 11—15 日，全国政协副主席洪学智视察巴中，支队出动 30 名官兵担负二级警卫任务。同时，坚持以确保目标绝对安全为核心，担负看守（押）的中队主要开展哨兵情况处置训练，严格落实“三班四哨”（勤务编班、值班、领班，上哨、换哨、站哨、下哨）制度。成功处置群众性闹事事件 1 起。1996 年，武警巴中地区支队处置暴力性案件 3 起。

1997 年 6 月，军分区在通江县组织一次民兵应急分队以追捕越狱犯为背景的实兵综合演练。是年，武警巴中地区支队协助公安处置群体性事件 4 起，暴力性案件 3 起，抓捕犯罪分子 7 名。派出 27 名官兵与 16 名干警经过密切配合，周密布置，从蓬安监狱到至诚监狱，历时 2 天，行程 280 公里，顺利完成对 120 名罪犯的“6·10”长途押解任务。

1998 年 3 月，全国政协副主席洪学智再次视察巴中，支队出动 34 名官兵担负二级警卫任务。是年，转发省公安厅、武警四川总队关于《加强看守执勤工作的规定》，按照要求加强与目标单位的联系，广泛开展“三个一遍”活动（对所有执勤目标检查鉴定一遍，到目标单位和上级单位走访一遍，对执勤情况分析研究一遍），与目标单位签订《安全责任书》，完善监督机制和执勤设施，提高执勤能力，确保所有看守勤务和其他勤务的圆满完成。同时，协助公安机关处置暴力性案件 7 起，抓捕犯罪分子 16 名。

1999 年 2 月 2 日，陕西省一贩卖文物团伙在平昌县境内交易，武警平昌县中队奉命派出 12 名官兵协助公安机关实施抓捕。武警平昌县中队副中队长高方奎乔装成接头老板引蛇出洞，在交易现场一举将该团伙捣毁，当场抓获 5 名犯罪嫌疑人，查获文物 3 件，价值 300 万元。4 月 5—8 日，支队派出 96 名官兵担负在巴中召开的四川省第十三次扶贫工作会议安全保卫任务；8 月 15—22 日，担负在巴中召开的四川省第十四次扶贫工作会议安全保卫任务。10月12日—11月5日，抽调60名官兵圆满完成国务院扶贫开发办公室在巴中地区举办的全国贫困地区领导干部培训班的安全保卫任务。11月14—17日，担负省政府组织的文化列车慰问团赴巴中演出的安全保卫任务。是年，根据四川省公安厅、武警四川省总队《关于落实看守执勤目标“内转外”工作的通知》，支队在12月底前将所有的看守执勤任务全部实现“内转外”。同时，协助公安机关处置治安案件，暴力案件9次，解救人质1名，抓捕各种犯罪分子24名。

2000年，军分区机关和各县（区）人武部战备工作坚持首长负责制，成立以司令员为组长，参谋长为副组长的战备工作领导小组，由组长对全市战备工作负总责。各县（区）人武部亦相应建立战备领导小组。人武部主官做到四个熟悉，即熟悉本防区地形概况熟悉应付突发事件各种方（预）案；熟悉基干民兵分布及素质情况；熟悉本防区的敌、社情。落实训练大纲内容，坚持训练制度，提高干部战士军事素质，充分发挥民兵应急分队的“拳头”力量，保持一支招之能来、来之能战、战之必胜的骨干队伍。坚持物资器材定人定位的管理制度，保证各种保障能满足应急任务的需要。严格管理制度，加强请示报告，加强各级各类值班，重点加强武器仓库值班。是年，春节期间，结合巴中社会治安情况，武警巴中市支队集中280名官兵组织城市武装巡逻，进行摩托化开进。执勤官兵在巡逻期间，有效处置结伙斗殴事件53起，聚众械斗、盗窃等犯罪活动17起，抓获犯罪嫌疑人41人。4月，支队出动18名官兵担负四川省人大常委会主任谢世杰到南江县视察的警卫任务；5月，支队出动20名官兵担负四川省省长张中伟到巴中视察的警卫任务。11月，支队派出10名官兵担负四川省交通工作会议的安全保卫任务。12月，巴中市公安局监管支队、市司法局在支队召开执勤工作联席会，传达总队执勤工作会议精神，并组成联合工作组对“两看”目标执勤设施等情况进行联合检查，针对存在的问题制定整改治理的工作措施。全年抽调44官兵担任“1·18”和“8·18”公捕公判大会的人犯押解和会场外围警戒任务。支队协助公安参与实施抓捕行动37起，摧毁犯罪团伙7个，抓获犯罪成员27人，抓获在逃人员3名，追缴赃款408万元。在配合公安机关开展“狂飙—A、B、C、D、E”五次集中统一行动中，摧毁带黑社会性质的恶势力集团3个。

第二节 政治工作

一、组织建设

川陕省苏维埃时期，红四方面军实行政治委员制。部队党的系统为营以上各级设立党务委员会，连建党支部，排建党小组。各级党务委员会在同级政治教导员和政治部（处）主任领导下，进行党的工作和部队政治工作。1933年7月，根据木门会议，部队扩编后，为适应整编中的组织变动，建立和健全各级党的组织和政治工作机关，健全政治委员制度，营、连配备政治教导员和政治指导员。1934年11月，毛浴镇党政工作会议后，要求必须充实政治部（处）机关，加强政治委员与政治部（处）主任的领导，政治委员对党的工作负主要责任。主任是政治委员的助手，主持政治与党团工作的领导，并对该级政治委员与上级政治机关负责。红四方面军把建立健全基层党组织作为重要工作，充分发挥党支部的战斗堡垒作用和党员的先锋模范作用，使红军在任何艰难的条件下，都能坚持不屈不挠的斗争。一方面建立模范党支部，使其成为其他党支部工作的榜样，一方面加强落后党支部工作。规定党支部会上可以研究作战中的经验和对“某些干部的批评”。党支部加强与群众的联系，加强对战士委员会和青年小组的工作，使战委会在文化上、教育上、生活上鼓起战士的作战精神，切实成为连长、指导员的助手。抓紧对青年工作的领导，启发与鼓励青年战士的作战勇气与政治培养，使青年真正成为党的后备军。做好党员发展工作。由于战斗频繁，部队党员一般占伤亡总数的50%，有的达80%。及时把优秀分子吸收入党，使连队经常保证有40%以上的党员数量，对稳定部队、保持部队战斗力起到重要作用。注意在战斗中发展党员，红军部队的战士绝大多数是工农出身，一部分俘虏参加红军，也是经过考查的工农出身。川陕省苏维埃时期，发展的党员，完全是工农出身的。红军干部的来源，主要从优秀士兵和老战士中提升。

20世纪50年代，驻巴中部队党委认真贯彻西南军区党委作出的健全党委制，加强各级党委集体领导的决定，开展健全党委制的学习和教育，增强党的领导的观念，坚持党委集体领导下的个人分工负责制，使党的集体领导得到加强。十分重视加强基层党支部建设。健全组织，做好党员发展工作，做到连有支部，排有小组，班有党员；发扬党的民主作风，开展批评与自我批评，增强支部一班人的内部团结，加强集体领导；加强对执行各项工作任务中的思想领导，开展群众性的思想政治工作。在党员发展上，按照党章规定的条件、程序，有计划、有组织地进行，严格标准和手续。

60年代，各县人武部党委成立后，普遍加强党委自身建设，组织党委成员认真学习毛泽东建党学说和党的章程，党委主要成员还参加成都军区和达县军分区读书班学习，提高对党委建设的认识，熟悉党委工作业务。坚持党的集体领导，凡属重大问题，通过党委集体讨论决定，按照党章办事，扭转个别人武部党委成立前首长说了算、个人作决定、支部作保证的现象。认真贯彻执行党委集体领导下的首长分工负责制。建立各种制度，加强党委集体领导，明确委员职责和权力，加强委员的工作责任感。

70年代，各县人武部党支部开展“批陈整风”“批林整风”。以反骄破满为中心内容，开展批评和自我批评，部队官兵在揭批斗争中受到深刻的思想政治教育，较好地解决骄傲自满等思想作风方面的问题。

80年代中期，各县人武部移交地方后，人武干部按任免权限由地方党委进行管理。科以上干部的任免，先征得军分区同意后，再按任免程序办理。各县人武部进行整党，每个党员按照党章规定的党员条件进行对照检查，开展批评与自我批评，端正思想政治路线，增强在思想上、政治上同党中央保持一致的自觉性。

1994年，军分区党委“一班人”坚持“讲党性、讲原则、顾大局”，认真贯彻民主集中制，按照党委确定的“建设一个好班子，带出一支好队伍，建设一个好营院，开辟一个好环境”的奋斗目标。坚持重大问题党委集体研究决定，从内容上保证集体领导；坚持少数服从多数，从组织上保证集体领导；坚持军政首长分工负责制，坚决贯彻执行党委决议，从纪律上保证集体领导，使党委“一班人”思想统一，步调一致，凝聚力和战斗力提高。军分区针对各县（市）人武部干部进出渠道不畅的问题，与地委组织部组成联合工作组，对各县（市）人武班子进行考察并作出调整。武警巴中地区支队筹备组针对刚接管部队，干部队伍参差不齐、素质普遍偏低的实际，筹备组领导深入各中队，与官兵实行“五同”，找干部逐个谈心谈话。在深入调查的基础上，制定出《干部管理规定》。同时，采取以会代训、分批集训、蹲点帮扶等形式，对所属干部进行培训，利用驻地红色资源，组织干部参观学习，树立科学的人生观、价值观。

1996年，军分区认真做好县（市）人武部归军队建制的班子配备和干部回收、移交地方安置工作，全地区人武部移交地方的23名干部安置工作顺利完成，达到部队、地方和本人“三满意”。同时，军分区党委、纪委先后作出《巴中军分区党委自身建设措施》《加强干部管理教育的规定》《党委廉洁自律的规定》《关于党风廉政建设责任制的规定》。军分区和各县（市）人武部党委“一班人”认真贯彻和执行这些措施和规定，始终保持和发扬艰苦奋斗的传统作风，自觉执行党的纪律和国家法律法令，淡泊名利，清正廉洁。

1997 年，军分区对年龄偏大、职务、军衔到头的干部，做思想工作，使来自不同工作岗位的干部都能正确对待和处理个人进退走留、名利得失。军分区 2 名机关干部到人武部任职锻炼。同时，坚持和完善党管干部机制，形成领导干部自觉接受群众监督，说话讲政策，办事讲原则，行为守律的工作作风。

2000 年，武警巴中市支队在干部中开展“日练千字、月交一文”活动，落实填写“基层干部目标管理卡”，对干部实施“双评双管”。抓对干部经常性的教育管理，按季度从跟班跟训、知兵爱兵、依法带兵、以情带兵、廉洁自律等方面组织战士对干部进行测评。

二、宣传教育

清代，驻巴州、通江、南江的绿营兵，无专设政治工作机构，军队中的政治工作，由各营长官施行。治军的重要原则是进行忠君教育，把维护封建等级制度的“三纲五常”（“君为臣纲”、“父为子纲”、“夫为妻纲”，“仁、义、礼、智、信”）作为思想教育的基本内容，由官长召集营兵，择其要旨进行讲解，士兵树立“忠君报国”思想。对皇帝发布的有关谕旨，要求将弁必须及时宣读，兵丁要熟读背诵。主张训重于练，把思想教育摆在首位，向部队灌输封建礼法。在训兵中，要求官弁以“仁爱”之心笼络兵丁，为统治者效力。教育方式方法，要求官弁要用管带子弟的方式教育兵丁，把日常思想教育称为训营规、训家规，告诫弁兵禁嫖赌、戒游惰、慎语言、敬尊长，提倡“忠孝仁义”，强调忠于皇帝、服从长官、勇敢作战。

民国初期，川军部队中无政治工作机构，利用派系结成社团进行政治控制。政治教育由各级长官实施。教育内容，主要是宣传封建礼教思想，以孝弟忠信、礼义廉耻、智仁勇严为德目，作为军人修身标准，选择中外著名将领，作为军人偶像。并经常进行时事教育，根据各个时期不同的战斗任务，统一官兵的思想，强调忠于派系首领，维护派系利益，为各自首脑称雄争霸效力。

民国 15 年（1926 年），川军易帜为国军后，逐步建立政工机构和政工制度。由于防区制的形成，仍强调官兵忠于派系首领。民国 16 年（1927 年），蒋介石发动“4·12”政变，川军投靠蒋介石，在部队中开展“拥蒋”“反共”教育。民国 24 年（1935 年），国民政府对川军进行整编，改组政工机构，开展政治训练，向官兵灌输“一个主义（三民主义）、一个政党（国民党）、一个领袖（蒋介石）”的思想，进行“忠党爱国”教育，要求官兵“拥护领袖”，效忠蒋介石，服从蒋的调遣。抗日战争时期，转而进行抗日教育，宣传“抗战救国”，号召官兵“为国家民族而牺牲奋斗”。抗日结束后，又在部队进行反共宣传教育。其政治工作，以士兵为中心，要求遵守军队纪律，救护伤病官兵，提高部队士气。

川陕省苏维埃时期，驻巴中红军的政治教育，由政治机关制定教育计划，利用休整和作战间隙，由连政治指导员组织实施。以中共六大的《十大政纲》和方面军政治部编印的《党员须知》《红军战士读本》《红色战士必读》《红色战士丛书》等为基本教材。教育内容主要为共产党的政治主张，红军的性质、任务、斗争历史和纪律，革命的光明前途极其艰苦性，以及如何进行群众工作和瓦解敌军，遵守俘虏政策等，强调养成持久作战、吃苦耐劳、英勇顽强的战斗作风。教学方法要求通俗浅显，生动具体，由实际到理论，采用问答式、启发式组织讨论。干部除参加原部队的政治学习外，还抽调部分干部进入红军学校培训，主要内容有马列主义理论常识，中国革命史，中国共产党，党的土地革命政策和民族政策等。毛浴镇和清江渡会议后，随着两次会议决议在部队中的传达贯彻，各部队根据方面军政治部颁发的《全军中心口号》及其他有关材料，反复进行冲破“川陕会剿”的形势与任务教育，普遍进行以发扬优良传统和作风为中心内容的四方面军军训训词教育，举行军训训词宣誓，以鼓舞部队的练兵热情和战斗意志。同时，红四方面军对干部的培养教育，除颁发《连、排、班长须知》，设立各种训练机构进行轮训外，主要采取“战后检讨会”“军事研究会”等办法，进行实际教育，进一步提高广大指战员的政治觉悟，加强干部和骨干分子的责任感，培养良好的作风和组织纪律性，为尔后作战的胜利奠定思想基础。培养、储备军政干部，在战斗中干部伤亡很大，连队一般都有指定的代理人，连长负伤或牺牲，由副连长或排长代理，支书负伤，组干代理，使干部在战场上负伤后，部队不致混乱，仍然有人指挥。

红四方面军各军办有报纸，第 24 军为《红旗》，第 31 军为《红星》，第 30 军为《赤化全川》，方面军政治部为《红军》，利用报纸传播胜利消息，对部队进行时事政治教育。各级政治部门还普遍设有贴（标语）发（传单）队、粉笔队和錾花队。他们依据川陕省委和方面军制定的宣传大纲，散发传单、绘制漫画，还利用岩石、石墙、石壁、石柱、石门廊等石料，刻制大量的革命标语，教育部队和地方群众。

1950—1953 年，结合部队各阶段中心任务，先后开展抗美援朝、土地改革的教育，使干部战士认清地主阶级本质，积极拥护、支持、参加土地改革。其后，干部按职务和理论基础，分别编为初级、中级、高级班。初级班学《政治常识》，然后升入中级班；中级班按《社会发展史》《中国革命问题》《列宁主义基础》《党的建设》顺序，依次进行；高级班选修《毛泽东选集》《联共（布）党史》《政治经济学》等。要求 3—5 年学完上述论著。1956 年，成都军区规定，兵役局军官 3 年学完“政治常识”等 3 门课。对士兵，进行阶级教育，树立阶级斗争观点，进行爱国主义与国际主义、新英雄主义与时事政策教育。

1960 年，中央军委《关于加强军队思想政治工作的决议》下达后，部队形成群众性的学习毛泽东著作热潮。学习领会精神实质，用毛泽东的立场、观点、方法来改造思想，指导工作。后来采取“背警句”“走捷径”的学习方法，使学习毛泽东著作出现简单化、庸俗化。

1963 年起，响应毛泽东的号召，广泛开展学习雷锋和“好八连”活动。通过报告会、座谈会、墙报、黑板报等多种形式进行宣传教育。学雷锋、做好事、关心集体蔚然成风，涌现出一批先进集体和个人，使艰苦奋斗和共产主义道德教育在部队中得以持续、健康地进行。1966—1976 年，把突出政治作为政治工作的基本方针，阶级斗争和路线斗争成为政治工作的主要内容，政治教育被导入错误轨道。

1976 年，部队开展揭批江青反革命集团运动，开展以思想建设为重点的整顿。1984 年，开展彻底否定“文化大革命”的教育，达到进一步统一思想、提高认识、增强党性、消除派性的目的。

1987 年，开展坚持四项基本原则、反对资产阶级自由化的教育，使干部、职工全面正确地理解中共十一届三中全会以来的路线、方针、政策。中共十三大后，突出社会主义初级阶段理论和党的基本路线教育。1990—1992 年，根据苏联、东欧局势变化及其教训，以及国内治理整顿遇到的新情况，系统地进行坚定社会主义信念和坚持党对军队绝对领导的教育。

1988 年，中共十三大后，突出抓好社会主义初级阶段理论和党的基本路线教育。

1990—1992 年，根据苏联、东欧局势变化及其教训，以及国内治理整顿遇到新的情况，系统进行坚定社会主义信念和坚持党对军队绝对领导的教育。

1994 年，军分区针对各县（市）人武部自 1986 年移交地方以来，干部进出渠道不畅的问题，与地委组织部组成联合工作组，对各人武部班子进行考察，并作出调整，提拔使用 1 名政绩突出的人武部部长，任命 5 名人武部领导，交流到非军事部门工作的人武部科以上干部 6 人，充实人武部 4 人。对平昌、巴中 2 县（市）人武部班子重点进行传、帮、带，进一步增强班子的战斗力。是年，深入学习邓小平建设有中国特色社会主义理论，开展“爱国奉献，革命人生观，尊干爱兵和艰苦奋斗”四个教育。紧紧围绕“讲政治，顾大局，守纪律”，引导官兵树立正确的人生观、价值观，提高抵制拜金主义、享乐主义、极端个人主义和“灯红酒绿”侵蚀的影响，做到拒腐蚀、永不沾。结合纪念红军长征胜利60周年，用红军精神教人、育人。军分区先后组织官兵和人武部干部、职工参观红军遗址，请老红军讲传统，缅怀革命前辈艰苦创业的光辉业绩，打牢官兵艰苦奋斗、当好红军传人的思想基础。广大官兵自觉以苦为荣，安心军营，立足岗位做奉献。对干部的教育管理，坚持和完善党管干部机制，特别是领导干部自觉接受群众监督，严格要求自己，说话讲政策，办事讲原则，行为守纪律。对干部力争做到“三不放松”（不放松爱岗敬业教育，使干部正确处理个人利益与部队建设的关系，艰苦创业，一门心思干工作；不放松纪律建设，严格按照上级有关指示精神，抓对干部党纪党规、条令条例学习教育，强化正规化建设与管理；不放松对干部文化教育和业务培训）。

1996年，军分区认真做好县（市）人武部收归军队建制的班子配备和干部回收、移交地方安置工作，使移交地方的23名干部安置工作顺利完成，达到部队、地方和本人“三满意”。对回收的人武干部，及时进行教育培训，使干部队伍思想政治素质和业务水平普遍提高。武警巴中地区支队在部队开展“爱祖国爱人民爱岗哨，奉献在军营”读书活动，利用纪念“五四”青年节、“七一”建党节，开展影评、知识竞赛、热门话题讨论、人生观讲座等活动。开办军用两地人才培训班8期，240人受到培训，36名官兵考入各类大中专函授学校，培养文体骨干38名。武警巴中市（县级）中队被总队表彰为“奉献在军营”读书活动先进集体。同时，建立75名预防犯罪工作思想骨干档案，对12名后进人员进行跟踪思想教育帮教工作，全面得到转化。组织人员下基层上法制教育课14场（次），整理下发法律知识100题，组织官兵对违法犯罪案例进行剖析，警世教育效果明显。

1998年，武警巴中地区支队重点进行以“保持昂扬精神状态”“拥护改革，服从大局，维护稳定”“树立革命人生观，反对拜金主义，增强法纪观念”为主题的教育。同时，开展多种活动配合教育，增强官兵的法纪观念。

1999年，全地区部队认真开展以“服从大局、支持改革”为主题的艰苦奋斗教育，结合庆祝50周年和澳门回归，进行以“赞颂光辉成就，迎接新的世纪”为主题的爱国主义教育。通过教育，广大官兵贯彻党的基本理论、基本路线、基本纲领更加自觉，爱国奉献、艰苦创业精神不断弘扬，促进各项工作任务的完成。1994—1999年，全地区共有71名干部参加中央党校大专、本科学历函授学习，培训业务骨干22人，为74名干部调整职务，34名干部晋升军衔，20名转业干部得到妥善安置，解决部分干部家属就业和子女上学等问题。为296名预备役军官评授军衔。有25名干部受到上级表彰，4人被省军区评为优秀人武干部，2名人武部主官被省委武委会记一等功，12名干部荣立三等功，涌现出2名四川省国防后备力量建设十杰人物。有18名干部荣立三等功，35名干部受到两级军区表彰，98名干部得到提拔使用。

2000年，军分区和各县（区）人武部组织官兵学习有关法律法规，强化官兵守法意识。加强政治纪律教育，官兵做到不听、不信、不传，增强预防各务种政治性事件发生的自觉性；武警巴中市支队加强对新兵和重要岗位上人员进行岗前政审，特别是对参加重大临时勤务人员的政审，从根本上保证执勤任务的圆满完成。落实每月一堂法制教育课制度。坚持支队每季度、基层每月专题分析官兵思想，排查个别重点人员，落实对个别人员包教转化责任制，被列为个别人员的战士明显转化。

三、事务管理

1950年，驻巴中部队某团根据川北军区关于行政工作的指示，全团建立各级请示报告制度，班、排、连按规定时间请示汇报。坚持部队集中时每天点名1次，分散情况下2天点名1次。团部为各连队印制外出证，无证不准外出。按照达县军分区规定，各部队除执勤、政治学习、开展生产外，每天早晨进行1个半小时制式教练。结合警备勤务，进行陆军礼节、军容整理、着装法等学科教育，为部队打下正规化基础。

1953年后，各县人武部大兴“三八”作风，加强行政管理。认真组织机关干部学习队列、内务、纪律条令，建立健全各项制度。在管理中，强调干部以身作则，养成说干就干、雷厉风行的工作作风，服从命令，令行禁止，增强组织性、纪律性，克服干部下乡军容不整、拖拉现象。1966—1976年，由于林彪、江青反革命集团推行一套极“左”的做法，强调“突出政治”，使部队行政管理和正规化建设受到严重影响。1977年，各县人武部以揭批林彪、江青反革命集团为纲，抓整顿、贯彻条令、预防事故三个方面，促进部队行政管理，保证各项任务的顺利完成。

1986年，人武部移交地方建制后，仍严格执行军队条令条例和地方有关规定，制定各级各类人员岗位责任制，做到按级负责，责任到人，并建立与之相适应的各项制度，使人武部机关一日生活制度化、条令化。按照省军区关于人武部建设达标细则，抓机关正规化建设，保持工作、学习、生活、训练秩序井然，杜绝各类事故的发生。

1994年，巴中军分区成立之初，针对机关居住分散、办公条件简陋的实际，坚持以纪律建设为核心，以贯彻条令为重点，加大行政管理力度。依据条令、条例，建立健全战备值班、集体会班、请销假、早操、会议、学习等项规章制度。用制度规范官兵言行，实行一日生活制度化，做到“月教育、周讲评、日检查”，机关管理井然有序。

1996年，县（市）人武部收归军队建制后，针对人武干部队伍中存在军事机关意识淡化、军事素质弱化、思想作风民化的问题，巴中军分区对4县（市）人武部机关进行教育整顿。建立和规范战备、训练、管理、生活4个秩序，较好地纠正人武干部军不军、民不民的状况，重塑军事机关和人武干部的军人形象。军分区还开通4县（市）人武部传真网络及分区机关程控交换系统，改善通信和指挥条件。军分区及各县（市）人武部均投入一定财力物力，对营区营院进行整治，添置办公设施，改善机关工作环境。“两防”工作，重点对人员、车辆和枪支弹药的管理，完善各种制度规定，加强检查落实，杜绝各类事故和案件的发生，保持部队的安全与稳定。

第三节　军民关系

一、扶贫帮困

中华人民共和国成立后，部队把驻地当故乡，视人民为父母，积极开展扶贫帮困工作。20世纪80年代中后期，各级人武部门，心系老区人民，把扶贫帮困列入重要日程，县、区、乡（镇）人武部分别建立扶贫联系点，组织人武、专武干部送资金、送技术、送信息、送物资，帮助订规划、立措施、找项目，及时解决生产生活中急需解决的问题。1987年，平昌县人武部发挥民兵骨干作用，积极推广养猪能手龙成祥科学快速养猪法，为促进全县贫困户越温脱贫做出贡献，荣立集体二等功。1990年5月，巴中县人武部荣获四川省政府、省军区“率兵带民扶贫致富一等奖”；南江县人武部获省政府、省军区“率兵带民扶贫致富二等奖”。

1994年，巴中军分区积极组织全地区人武、专武干部和民兵，全面落实省军区“千点扶贫攻坚计划”和“三带”（一兵带一家、一排带一社、一连带一村）工程，深入开展扶贫攻坚活动。

1997年起，军分区把打好扶贫攻坚作为一项重要的政治任务来抓，扎实开展定点帮扶和“三三”扶贫（组织全地区30万民兵，用3年时间，一兵帮一户，一兵带一户，确保按期完成扶贫攻坚任务）

帮带活动。重点做到抓短平快项目，促贫困户当年脱贫；抓荒山开发，促长效增收项目发展；抓广开门路，促贫困户经济长远发展；抓科技扶贫，促贫困人口素质提高；抓定点帮扶，促进两个文明建设。军分区和各县（市）人武部选派8名干部进驻扶贫点跟踪帮扶、指导，所有机关干部分别挂扶一户贫困户。是年，全地区各级共建立扶贫联系点326个。军分区、人武系统帮助贫困户开发100多个短平快项目，每年可为贫困户增收150元；帮助开发荒山20.87公顷，建立各类经济园林1000多个；举办各类科技培训班18期，培训贫困农民2万多人（次），传递科技信息1200多条。同时，军分区广泛开展为贫困户“献爱心，送温暖”活动，全地区人武系统共捐人民币2万多元，衣被1000多件。军分区和4县市人武部从经费中拿出6.5万元，为贫困户购买生产生活物质，发展种植养殖业。四川省军区把巴中市（县级）枣林乡灵山村为扶贫联系点后，两任政委耿全礼少将、周光荣少将几次到该村视察，访贫问苦。

1999年，省军区扶贫工作经验交流会在巴中召开，巴中军分区和巴中市（县级）人武部被省军区评为“扶贫工作先进单位”。

至2000年，省军区扶贫工作队与巴中军分区、巴中市巴州区人武部一起，帮助灵山村改建卫生井10口，解决16户64个贫困人口的饮用水困难；为25户改建厕所，29户改灶，16户改建猪牛圈舍，为5户缺房贫困户修建住房20间，为10户贫困户建起石院坝；为14户贫困户铺建石板路，户均1公里以上。省军区为贫困户捐赠现金5.88万元，大米1000公斤，衣服1175件；购买补栏仔猪60只，耕牛1头，幼禽450只，鱼苗5.3万尾，良种75公斤，为贫困户建微水池6口，修引水石渠2340米。先后举办长短期技术培训班16期，培训贫困农民784人，赠送农村实用技术书籍300余册，并经常深入到田间地头，进行农技指导和示范。投资22万元，建起一所建筑面积650平方米、可供400名学生入学的“八一希望小学”，并配置所需教学设施。从省级有关部门争取以工代赈资金50万元，改造枣林至灵山旅游景点三级标美路14公里；扶持灵山村及毗邻七星村、高岩村建起“南江黄羊”养殖基地。巴中军分区派出18个工作组，与4县（区）人武部领导一起，深入到24个特困乡、40多个特困村、100余户特困户，召开群众座谈会，进行调查研究，把扶贫帮带任务落到实处。

二、抢险救灾

巴中地处山区，水旱灾害频繁，每有灾害发生，驻巴中部队立即出动，全力以赴，帮助群众抢险救灾，恢复生产。1973年9月7日，巴河上游连降暴雨，平昌县城河水猛涨，沿河街道被淹。平昌县人武部立即组织县中队和人武部干部、家属39人，参加防洪抢险。经过4个多小时的紧张战斗，帮助县新华书店、百货公司、医院门诊部等单位和两户居民搬运财产1.5万公斤，价值10余万元。1974年9月，南江县赶场区北梅垭发生特大泥石流灾害后，成都军区、四川省军区、达县军分区、绵阳军分区领导都到灾区慰问，并派出部队参加抢险救灾。南江县人武部派出40余人，运输车2辆，迅速奔赴灾区，组织民兵和当地群众抢险救灾，重建家园。

1991年6月12日，巴中县渔溪、恩阳、雪山等镇受特大洪灾，巴中县人武部组织专武干部、民兵，与武装官兵一起，解救疏散群众275人，抢救公私财物700余件，挽回经济损失32万元。

1994年6月29日，南江县武警中队派出15名官兵，参加南江县沙河乡洪灾抢险，成功救出被洪水围困4小时的青年农民邱云。10月8日，通江县外经大厦发生火灾。接到命令，通江县武警派出22名官兵参与灭火战斗，历经3个小时抢险，挽回经济损失11万元。

1998年5月20日，巴中市（县级）鼎山、龙背、凤溪等乡镇发生特大暴雨，成都军区捐赠价值10多万元的生活物资送到灾民手中。该市人武系统立即奔赴灾区，组织当地民兵抢修房屋，恢复交通通信，大力开展生产自救。同时，发动干部、民兵为灾区捐款1.5万元，衣物200多件。1999年，全地区共组织出动部队和民兵8万余人（次），参加抢险救灾25次，扑灭森林火灾3起，挽回经济损失100万余元。

2000年，全市发生旱灾，军分区机关为巴中市巴州区福星乡等地送水5万公斤，捐献救灾物资500余件，送大米5000余公斤。是年8月7日，一辆营运货车（川20460）从17米高的悬崖坠入巴河中，武警支队前往南江县中队检查的车辆遇此险情后，支队后勤处处长吴太荣、营房办助理员罗学周立即攀崖而下，跳入洪水，将两名落入水中的妇女营救上岸。吴太荣被总队荣记三等功。

三、拥政爱民

1933年2月，川陕省工农民主政府成立后，为建立新的根据地，红四方面军从部队中选调数千名干部战士，组成大批工作队，深入农村，发动群众，分配土地，协助建立地方党和政权组织。红军在战斗之余，积极帮助群众发展农业生产，保护夏收、秋收，不让一粒粮食被敌人抢去，“不让苏共有一寸土地放荒”红四方面军副总指挥王树声，在驻南江关田坝胡家大院期间，多次带领部队和机关工作人员，帮助附近农民割麦、栽秧。驻江口县得胜山的红军战士，和当地农民一起，在鸡毛山低洼地方修塘凿堰，群众称作“红军塘”。为密切军民关系，红军制定“三大纪律”（打土豪要归公；服从上级命令；不拿工农一针一线）和“六个注意”（要扫地、捆卧草、上门板；借东西要还人；保护学校、邮政、商店；对群众说话态度要和平；不拿新同志私人的东西；没有事时就读书写字）。

中华人民共和国建立后，驻巴中部队发扬拥政爱民的光荣传统，支持地方经济建设，做出无私奉献。

1950年，解放军某团驻巴中期间，为响应人民政府增加生产的号召，部队指战员“一手拿枪。一手拿锄头”，一面参加剿匪战斗，一面开荒生产，开垦荒地13.73公顷，种菜种粮，改善部队生活。是年夏，该部抽调干部战士到达县军分区组织的军工大队，参加修筑成渝铁路建设工程，在全体指战员的一致努力下，提前并超额完成上级分配的筑路任务。在政府发行“胜利公债和建设公债”中，部队指战员坚决拥护，积极认购，用实际行动，支援国家经济建设。

1959年，各人武部官兵，挤出训练和利用假日时间，大力支援工农业建设，积极参加生产、抗旱、抗灾和城镇建设劳动。抽调机关干部参加地方建设。帮助整顿人民公社，进一步密切军民关系。

1962年，解放军“9973”部队在巴中驻防期间，某营在关渡公社八家坪开垦大量荒地，开展农副业生产。

20世纪70年代，通江、南江、巴中、平昌4县各人武部党委和领导，把参加农业学大寨运动，作为部队一项政治任务来抓，机关干部积极报名参加地方工作。巴中县人武部轮流派出干部，长期住在上八庙公社农村，深入农业一线，与群众同吃、同住、同劳动，以实际行动为普及大寨县作贡献。参加地方工作队的人员，以党的基本路线为纲，在地方党委统一领导 下，大干快干，在规定的时间内，把自己所在的社、队建成大寨式的社、队。

20世纪80年代，驻巴中解放军把驻地当故乡、心系老区人民，组织人武干部经常到共建点参加助民劳动，把学雷锋、学先进同帮助困难户、送温暖做好事树新风相结合，解决生产中的实际问题。1988年，巴中县人武部与射洪县万林服装厂联合举办两期缝纫技术学习班，在县内抽调贫困户子女140余人参加学习。同时，抽调干部到平昌县学习龙成祥快速养猪方法后，举办有村、社干部、农技人员、基干民兵参加的“快速养猪法”学习班。在他们的带领下，全县生猪快速发展，存栏生猪突破百万头。

1994年后，部队与地方建立军民共建体系，全地区累计建立军民共建对子150对，85%的共建对子被评为地区“精神文明先进单位”和“双拥先进单位”。1995年，武警支队官兵为唐巴公路建设、希望工程和扶贫捐款2500多元，捐物折款2000多元，为残疾人捐款1470元，捐物170余件，参加助民劳动10余次，为驻地城区清理垃圾6万余公斤，打扫街道4.5公里。受理群众来信2封，接待群众来访2次，均全部办结和来访群众得到妥善答复和处理。1996年，支队官兵参加市政建设、交通建设等，共投工3800个，义务植树1900株，修公路3100米，上国防教育课20场（次），为学校和地方单位军训人员605人，开展文化联谊活动24场，为群众义务理发3850人（次），看病治病例185人（次），维修家用电器、农具213件，开展法律咨询5次，培训各类人员26人。为希望工程、幸福工程、受灾群众捐款捐物价值8500元。

1997年，军分区机关与巴中市（县级）盲哑学校结成“军地共建文明学校”对子，军分区先后捐款2000多元，并协调争取资金，为学校修建2000平方米的综合楼，购买图书2000册，派机关干部担任校外辅导员。同时，军地积极实施“五个一”工程，地方帮助部队建好一个训练场地，解决一个菜篮子工程，办起一个科技拥军电脑培训基地，建立一个军人维权法庭，为驻军办一件实事；驻巴中部队创建一个拥政爱民示范点，抓好一个农村扶贫点，共建一所爱民学校，建好一片军民绿化林，培植一个义务消防示范点。是年，巴中市（县级）人武部被民政部、解放军总政治部评为“拥政爱民先进集体”；平昌县曾连续两届评为“全国双拥模范县”；通江县连续三届评为“省级双拥模范县”。

1998年，长江、嫩江、珠江流域发生特大洪灾，武警巴中支队官兵积极向灾区人民捐款5666.7元。在机关干部中开展“向希望工程献爱心”劝募活动。1999年，巴中武警与巴中地区农行共同举办卡拉OK比赛和“庆国庆、迎回归”为主题的知识竞赛。

2000年10月23日，与巴中中学签订《警民共育互助协议书》。12月，与巴中市新华书店签订《共建协议》，并共同举办“新春文艺晚会”。

四、军地共建精神文明

1970年，成都军区总医院派出一支70多人的医疗队，在巴中县举办医务人员训练班100多期，为基层培训医生、卫生员、助产员、保健员等700多人。

20世纪80年代初，巴中县人武部积极组织部队官兵和民兵开展“学雷锋，树新风”和创建文明单位活动。1986年，总政治部转发该部《我们是怎样组织和发动民兵带头参加文明村（镇）建设》的经验，并编入《新时期人武工作手册》，在全军发行。20世纪80年代至90年代初，成都军区和驻川部队先后支援、参加修建平昌刘伯坚烈士纪念碑及陈列室、巴中川陕革命根据地博物馆、南江革命历史博物馆、通江川陕革命根据地军史陈列馆、巴中川陕苏区将帅碑林等。

1994年，驻巴中部队在宣传党的政策，传播科技文化和参加创建文明城市、文明村镇、文明行业活动中发挥骨干带头作用。部队与地方建立起军民共建体系，全地区建立军民共建对子150对，80%的共建对子被评为“精神文明先进单位”。

1997年，军分区机关与巴中市（县级）盲哑学校结成“军民共建文明学校”对子，协调争取资金为学校修建2000平方米的综合楼，购买图书2000册，购置一批彩电、篮球、排球等文体器材，派出机关干部担任校外辅导员，学校和军分区互相走访座谈，交流思想，解决困难，支持盲哑学校的教育事业。

1998年起，全地区人武系统积极组织民兵参加地委、行署推行的“文明新村”建设，一方面发动部分先富起来的民兵，带头实行“五改三建”（改水、改路、改厨、改厕、改圈，建池、建园、建家），改善生产和生活条件；一方面组织广大民兵，大力发展池园经济，促进增产增收。至2000年，共有民兵1.3万家达到“五改三建”的标准，建池园经济1333.33公顷。军分区在枣林乡灵山村实施

“军民共建文明新村”，全体官兵投钱出力，为村修通公路5公里，打机压井12口，整治山坪塘9口，改厕、改圈、通水、通电35户，并帮助建起村委办公室和党员活动室。

第四节　后勤保障

一、后勤机构

清朝末年，驻巴中清军无完整的后勤体制和统一的后勤指挥，军费开支由藩司掌管。驻防绿营兵的军需、被装、军械、粮饷等后勤保障，由省总督署营务处和筹饷总局负责，按时拨付。

民国初期，驻川军队的军费统一由国税支付。防区制时期，各军根据需要，设有不同名称的后勤机构。驻川北地区的29军设有驻区事务部、军实部、财务处。军费多由所驻防区自筹解决，服装由各军在防区内摊派制发，武器装备主要靠自制和购买。防区内驻军长官委派地方行政长官，派收捐税，以充军费。征收官员倚仗驻军势力，无视国家法令，遍设关卡，任意征收。田赋实行预征，民国21年（1932年），巴中县达到14征。

民国24年（1935年）后，四川防区制解体。川军各部开始执行国军统一的后勤编制和补给，由专设的后勤机构负责办理。陆军师司令部编军需主任、军需官和上士，军械主任、军械员和上士，军医主任、医生、兽医、司药、看护。直属单位有修械所、野战医院、卫生所、辎重营、运输连等。步兵团部编军需、军械员、军医、司药、兽医，直属有卫生队。兵役机关经费补给由兵役部门直接办理。

1932年12月，红四方面军进入通江时，红四方面军设总经理部，下属各级设经理部。初期，经理部人员较少，随着部队扩编，军需补给量增大，后勤人员逐步得到充实。1933年10月，总经理部改为总供给部，负责方面军各种军需物资的筹集、制造、分配和运输。下设军需、粮秣、军械、被服、会计、出纳、保管和总务等科。直辖有兵工、被服、织布等10多个工厂、作坊和一个运输大队、一个监护连。根据需要，增设一些临时机构，先后在恩阳设立筹粮办事处，清江设立物资转运处。军、师两级经理部，下设军需、粮秣、军械、会计、总务等科，并辖运输队和警卫分队。团设经理处，处下设股。

1950年，解放军某团驻巴中时，团设后勤处，营和连设专职后勤干部。1952—1975年，各县人武部无后勤机构，设1名助理员负责后勤工作。1976年，人武部设后勤科。1986年，人武部改归地方建制，撤销后勤科，设立办公室，兼管后勤工作，1988年，恢复后勤科。

1994年，巴中军分区成立时，设后勤部，下设战勤、供应办公室和卫生所。1997年，后勤部设战勤科、供应科、卫生所。至2000年机构无变化。

二、军饷供给

清朝末年，驻巴中绿营兵俸饷，游击：养廉银400两，俸薪、蔬、烛、纸、红共银231两。守备：养廉银200两，俸薪、蔬、烛、纸、红共银90两。把总：养廉银90两，俸薪银36两。外委：养廉银18两，马饷、草乾、米折银40两。马兵，每名马饷银24两，草乾银10两。步战兵，每名战饷银18两。守兵，每名守饷银12两。至巴州营裁撤前，武器装备有：铜炮、劈山炮、抬枪、鸟枪、单响毛瑟枪；刀、戟、叉、斧、锨、镰、镢、锄、锡漆弓箭、藤牌等。

民国初期，官兵薪响按级制订，级差甚大。抗日战争后期，物价飞涨，薪响标准不断修订，有时

1 年修订几次，薪额成百倍增长。民国 26 年（1937 年），军官月薪（法币）：少将 160 元，少校 80 元，准尉 24 元。民国 37 年（1948 年）7 月，军官月薪（法币）：少将 13280 万元，少校 8000 万元，准尉 5132 万元。虽不断增薪，但受物价暴涨、货币贬值的影响，特别是低级军官和士兵，生活十分困苦。粮食、副食，士兵由公给，军官战时公给，平时自理。服装，学员、士兵由公家配发，军官由个人自购或价拨；各地服装以发实物为主，并按规定年限使用，实行领新交旧及赔损制度。保安部队经费由地方自筹，其薪响低于陆军标准，服装按陆军服式及标准，由保安司令部统一制作发放。武器装备比较简陋。

川陕省苏维埃时期，红四方面军指战员实行供给制。部队和省委、省苏维埃人员一律着军装。由于川陕苏区刚建立，财政经济建设差，后方对前方部队供应很少，各军的供给全靠自给。供给来源靠打仗从战场上缴获；靠打土豪没收。伙食供给标准，最低保证每人每天菜金 200 钱，粮食 1 市斤，油 2 钱，盐 3 钱。但在多数情况下，仍难按标准供给。被服装备：一般每人 1 年发 1 套自织棉布衣服，1 双棉袜和布筋草鞋。各军之间有差别，红 30 军每人每年发棉衣 1 套，单衣 2 套，衬衣 1 套，斗笠 1 顶，脚码子 1 双，皮带、裹腿、米袋子随时补充。服装发新交旧。对工厂技术人员实行特别照顾政策，有的按月发给技术津贴，有的执行计件工资。兵工厂的战士、工人实行供给制，另每人每天发给 5 分钱的菜金。

1950 年，驻巴中部队实行供给制，干部、战士按月发给津贴，标准以实物计算，折款发钱。1952 年，改按级别发给津贴，后又改为按“工资分”计算津贴标准。1955 年，军官实行由级别薪金和军龄补助组成的薪金制。1955 年起，义务兵实行供给制加津贴费制度。1956 年 8 月，分为正班、副班、战士三级发放经费。1965 年，军官薪金制改为工资制，实行“减薪定级”，取消军龄补助，干部职级改套国家行政级别。1979 年后，由超期服役义务兵改转的志愿兵，实行工资制与供给制结合制度，伙食费和被装按义务兵待遇实行供给制，另按八级制发给工资。1980 年，工资制度进行部分改革，实行级别工资加职务工资。1985 年，工资再次改革，增大职务工资比重，恢复军龄津贴。1987 年至 1996 年 3 月，县（市）人武部改为地方建制后，干部、职工工资、福利待遇，按照当地公安干警、职工标准执行。1988 年 10 月，军队干部实行职务、军衔加军龄的薪金制度。此后，经过几次调整，增加基础工资、军人岗位津贴，增大职务工资基数，军官月工资水平有较大的提高。同时，实行军人伤亡、医疗、养老保险。20 世纪 80 年代后，战士津贴费相应增加，副班长、班长、军士长实行职务津贴。

1993 年 10 月起，警官工资由职务、警衔（级别）、基础、军龄 4 部分组成。职务工资设按正排、副连、正连、副营、正营、副团、正团、副师、正师、副军、正军、副大军区级、正大军区级等，每个级别设 1 至 10 档。警衔工资从上将至少尉设 10 个等次，技术级别从特级至 9 级与之相对应，特级（特级至 2 级）警官年增资额为 15 元，校级（3 级至 6 级）警官年增资额为 10 元，尉级（7 级至 9 级）警官年增资额为 5 元；基础工资为每月 90 元；军龄工资每服役 1 年递增 1 元计发。

1994 年，义务兵战士和院校毕业的实习学员津贴标准为：第 1 年的列兵、上等兵、下士月津贴为 35 元、38 元、41 元；第 2 年的列兵、上等兵、下士、中士津贴为 37 元、40 元、43 元、48 元；第 3 年的列兵至上士月津贴为 39 元、42 元、45 元、50 元、55 元；第 4 年的上等兵至上士月津贴为 47 元、50 元、55 元、60 元；第 5 年的下士至上士月津贴为 55 元、60 元、65 元。

1997 年 12 月，根据总参谋部、总政治部、总后勤部通知，现役干部基础工资由每月 90 元调整为每月 110 元。1998 年，根据总参谋部、总后勤部通知精神，对军士、兵、供给制学员津贴和士兵职务津贴等标准进行调整。第 1 年的列兵、上等兵、下士月津贴为 45 元、50 元、55 元；每满 1 年服役年度增加 5 元，最高为 85 元。担任军士长、班长、副班长的职务津贴，标准为每人每月军士长 20

元、班长15元、副班长10元。

1999年起，根据总后勤部通知精神，每年对转业干部、士官家庭住房情况进行普查，对转业干部、士官进行住房补贴。2000年1月1日，干部工资再次调整。职务工资，调整档次标准，现职务工资档次进入新标准后执行相应标准，年度定期增资额按新标准执行；基础工资由每人每月110元调整为180元。

三、装服配发

1950年，解放军开始配发全军统一的“五〇”式服装，标准较低。1952年开始，公安部队统一着解放军服装，服装左臂佩戴“蓝底盾形公安臂章”。盾形中的“公安”二字和军徽表示此种部队担负的是国家公安保卫任务，以区别于解放军和警察。1955年10月，部队统一配发军衔服装，校官以上军官配发常服和礼服，尉官以下军官地士兵配发常服。1955年，民警部队成立后，统一配发新的肩章、领章、帽徽。1958年，国务院批准通过人民武装警察服装样型。1959年开始，武警部队全部改着警服。警服为藏青色，戴人民警察五星帽徽和正面标有“中国人民警察”字样的胸章。1959年10月，制服领角加宽至5厘米，取消上衣衣绒，裤（裙）侧红线由宽变窄，上衣前襟左右下侧各加暗口袋一个，冬夏制服均改为棕绿色，大檐帽改为解放帽，取消胸章，佩红色领章，上嵌合金质金色盾形符号，盾形中镶有五颗星。

1962年，公安部队改为军队体制，统一着解放军服装。1963年，中央批准改变公安部队原来的帽徽、符号样式，新样式在陆军帽徽“八一”红星后面镶加公安盾牌，符号采用原公安部队时期的符号。1965年，取消军衔制，废止军衔服装，部队统一着“六五”式服装，从将军到士兵，一律着棉布军服。1985年，配发“八五”式军服。1988年，开始配发“八七”式系列服装，官兵均配常服、作训服。1986—1996年，县（市）人武部改为地方建制期间，干部着陆军同级军官服装，由军分区价拨供应，佩带总参谋部统一规定的人武干部专业符号。

1999年，部队改着97式服装。官兵服装的上衣袖饰带和大檐帽饰带作适当改变，由原来两根黄色饰带改为1根中间正红色、两边黄色饰带。武警97式服装系列的型号，警官设4个型5个号，士兵设两个型5个号。选择夏常服型号时，参照适用范围表，根据身高定“号”，胸围定“型”。

四、给养供给

给养供给包括粮秣供给、副食供给、燃料供给和给养器材供给。粮秣供应采取凭票价购的办法，即部队凭全国通用的“军用价购粮票”和现金，持“军粮供应粮、油副食供应证”，按规定手续向当地粮食部门购粮秣。副食、燃料供给实行固定折款就地采购，即上级按固定标准供给经费，部队按副食、燃料定量标准和国家对副食、燃料的供给政策，向当地有关部门和市场采购实物。给养器材实行上级配发和折款自购相结合的办法供给。

中华人民共和国成立初期，驻巴中部队响应政府“增加生产、厉行节约”的号召，广大指战员“一手拿枪。一手拿锄”，一面剿匪，一面开荒生产，种植蔬菜和粮食，以改善部队生活。

20世纪50年代后期至60年代中期，各县人武部农副生产认真贯彻成都军区“大量种粮、大量养猪、大量种菜”的决定，积极开展生产运动，发展农副业生产颇有成效。

1965—1979年，境内部队士兵伙食标准提高到0.62元，此后，经过数次调整。

1966年后，各县人武部、县中队农副业生产基地停止。

1986年后，陆续开展生产经营活动，以弥补经费不足。各县人武部在民兵训练基地，对外开展有偿服务；开办小卖部、小食店；兴办公司、企业，开展商业性经营；扩大项目，增加收入。

1994 年，基层干部战士的粮食定量标准为每人每月 24 公斤，机关干部为每人每月 18 公斤。1997 年，基层干部战士的粮食定量标准调整为每人每月 22.5 公斤，机关干部调整为每人每月 19.5 公斤。

1994—1997 年，伙食费标准为干部每人每月补贴 8.5 元，志愿兵每人每月补贴 1 元。各类灶伙食费标准为每人每月一类灶 4.00 元，二类灶 4.30 元，三类灶 4.80 元，四类灶 5.80 元。武警巴中支队的伙食灶别为一类。战士过节费为每人每节 4 元。

1998 年，部队伙食费标准调整为一类区一类灶的伙食费每人每天为 4.8 元，一类区二类灶为 5.2 元，一类区三类灶为 5.7 元，一类区四类灶为 6.8 元。武警支队落实双人采购和实物验收记账、专人保管制度，生活标准按照中、晚餐四菜一汤标准执行。

1999 年，围绕“稳定部队，确保官兵生活水平不下降”的管理目标抓伙食调剂，所有伙食单位落实每人每天早餐 1 个鸡蛋，腌制小菜常年保持在 8 个品种以上，组织后勤人员进行野炊作业，提高“处突”的后勤保障能力。

五、医疗卫生

川陕省苏维埃时期，红四方面军设总医院，军、师设医院，团有卫生所，营有救护所，连有卫生员。总医院为红四方面军的直属机构，既领导医疗卫生工作，又兼管行政事务，由周光坦担任院长，下设政治部、医务部、总务处。政治部下设组织、宣传、保卫等科；医务部负责红四方面军的医疗业务工作，普级医药卫生知识，培养医护人员，指导下辖医院的医疗业务，下设西医部、西医分部、中医部、护士学校、看护营、院部医务所；总务处负责给各分院、军医院发放医药器械等，下设粮食和武器库、卫生材料股、采药队、担架队、运输队等。各军、师所属医院及刘二沟、新场坝、蔡家坝、张村坝等 7 个分医院，行政上受总医院领导。分医院与总医院类似，规模大得多到 2000 余人，病房设在民房、农舍。对于伤病员的治疗，由于西药缺少，只对必须开刀动手术的急重病人，采取西医西药治疗。师、团医疗部门条件差，对伤病员只作一般外伤处理，重伤员转送后方医院治疗。总医院住通江王坪时，经常有 2000 名左右伤员住院，最多时近 4000 名。由于国民党对川陕苏区实行经济封锁政策，各医院药品奇缺。医院解决药品和医疗设备严重不足的办法有缴获。每逢战斗结束，打扫战场时，红四方面军指导员注意收集药品，汇总上缴，将敌军的医药品集中送到总医院，这是红四方面军获取医药品的主要来源购买。总医院派人扮成商人到白区购买，或报请红四方面军委托陕西省委在陕西地区购买，由省苏维埃指示苏区各经济公社和贫民合作社收购药材，这是川陕苏区解决药品缺乏的重要途径。采植。各医院均成立专业的采药队，根据大巴山中草药多的特点，一面组织挖药队挖草药，一面就地种植常用中药，以弥补药材的不足。自制。总医院中、西医部都建有制药机制。缺乏镇痛药，西医部就将收购来的鸦片提炼成吗啡给伤病员止痛；没有麻醉药，就有盐开水代替。1933 年春末，总医院自制的药品有阿片酊、复方樟脑酊、远志酊、陈皮酊、复方豆蔻酊、碘化钾液、碘酊和大黄浸剂、大黄散、碳酸钙等。同时，采用中药代替西药的办法，解决西药不足的困难。总医院医生的来源和医疗技术水平的提高，主要采取招聘、大量录用一批国军中起义和被俘的医官和培训的办法来解决。苏区西药奇缺，主要靠中医中药医治伤痛。总医院在通、南、巴等地大量招聘中医及地方名医。国队中起义和被俘的医官，大多长于西医，经过正规训练，医术较好。通过政治教育，录用的医生均能积极为红四方面军服务，成为各医院骨干。各医院开办各种医护训练班速成培养。总医院开办护士学校、红色医官训练班、中医训练班等，先后培训出医护人员 2000 余人，各军、师医院也分别开办各种训练班，学员边工作边学习，主要学习防疫、护理和战地急救等。1934 年，川陕苏区天花流行，红四方面军总部从各部队抽调一批人，开办牛痘班。是年春，还从 5 个军抽调 300 多名战士到通江城学习看护技术。

20世纪50年代起，部队卫生工作始终坚持“预防为主，防治结合”的方针，采取各种方法，对官兵、职工、家属进行卫生宣传教育，增强防病观念，改善环境卫生；采取军队与地方医务人员相结合的办法，定期或不定期地对官兵进行体检。官兵就医，采取驻地医院与部队体系医院相结合的办法。

1994年，武警巴中地区支队组建初期，卫生队无办公地点，没有医疗设备。干部、战士的医疗费实行包干使用，干部每人每月为3.5元，战士为3.4元。是年，巴中军分区积极推行“预防、医疗、保健一体化”加强卫生知识和大卫生观教育。对军分区所属官兵进行营养卫生调查和健康评比，建立健康档案。

1995年，根据中华人民共和国财政部、卫生部和武警总部联合通知以及总队《关于落实县（市、区）中队就地医疗工作的实施意见》，进行医疗制度改革，实行就地医疗办法，医疗费由部队和地方政府共同支付。各县市中队官兵医疗费由地方政府支付，需上送部队医院的伤病员，医疗费由部队支付。是年，卫生队装备B超机、心电图机、显微镜、理疗等设备。为基层设立卫生室、配备卫生员，为各卫生室储备少量日常药品。

1999年，卫生队建立诊断室、放射室、伤病员室、注射室、药品室等基本的库室。

2000年，武警支队卫生队坚持服务官兵、服务群众，开设卫生服务课堂，编写教案，制作课件和宣传栏，巡回下基层宣讲卫生防病知识。开展卫生技术骨干培训、卫生勤务训练、战伤自救互救和岗位练兵。医疗救治，基层中队实行就地医疗制度，中队卫生室主要承担储备少量日常药品、负责伤病员临时急救功能。同时，没有传染病发生，杜绝食物中毒、烈性传染病、医疗事故、计划生育“六项指标”完全达到全军要求。1994—2000年，卫生队先后收治部队病员153人，救治地方群众6700余人（次）。

六、营房建设

（一）军分区

20世纪50年代初期，驻巴中部队营房以木质穿斗结构平房为主，质量标准较低。1986年后，4县人武部营院全部达到正规、美化要求。

1993年，巴中地区消防支队筹备成立之初，无营房，无住宿地点，无办公设施，临时借用巴中市（县级）消防中队房屋两间（约50平方米）作为支队人员办公及住宿用房。是年，支队在紧邻中队营区的原城守乡4村1社征地0.02公顷，并撤除中队简易厨房，合并修建支队办公、住宿、生活综合楼。工程于1994年8月5日正式破土动工，为半框架砖混结构，7楼1底，总建筑面积3843平方米，1995年7月交付使用。

1994年，巴中军分区完成营房选址、土地征用、营区规划、经费预算、施工招标等任务。至2000年，圆满建成综合楼、营团干部宿舍楼、食堂、小招待所、车库等，修建混凝土路面1700多平方米，绿化面积1.43万平方米，建成园林式营院。被省绿化委员会评为“1997年度四川省部门绿化100佳单位”“四川省1998年度绿化全川先进单位”。

1999年12月2日，省消防总队后勤部同意巴中地区消防支队在江北新区望王路新建巴中地区消防支队指挥中心。

（二）武警巴中支队

1994年，巴中地区计划国土委员会批准武警支队修建战士营房5600平方米，军械仓库2400平方米，军事训练场4000平方米。1994年9月，确定在巴中市（县级）巴州镇白云台村四社征地3.33公顷，作为支队机关建设用地。1994年12月，巴中支队接管达县地区支队移交的营房基地面积1.25

万平方米，营房8栋，建筑面积8640平方米。支队机关租用地方房屋1827平方米。1996年，巴中地区行署给支队征用3.32公顷，并动工修建武警支队机关。1997年，修建机关干部家属楼和办公楼。

1998年4月，支队机关搬迁。是年，支队按照职务、军龄、年龄计分给随军干部家属分配公寓房，按面积收取租金。支队对历年的营建档案进行全面清理，建立营房档案室，健全营房产权产籍、工程建设、地籍、环保、绿化、文书、音像等7个方面的档案资料。支队按照“春有花、夏有荫、秋有果、冬有青”“晴天不扬尘、雨天不踩泥”的园林式营院标准，对全地区部队营区绿化进行调查分析，制定发展规划，统一设计营区绿化美化方案，先后投入资金34万元，修建花园7个，修建绿化带900余米，栽种花草8600余株，栽种果树700余棵。

1999年，根据武警总部《关于解决边远艰苦地区部队基层实际困难实施方案》，武警总部、四川总队启动“解困工程”，主要解决部队“五难一差”（住房、饮水、洗澡、吃菜、照明难，医疗条件差）等问题。所属三中队、通江县中队、南江县中队等所属单位均纳入“解困工程”范围。2000年，省监狱局拨款10万元，总队拨款68万元，巴中市至诚监狱拨款10万元，修建三中队营房。新建营房占地面积2849平方米，建筑面积1595平方米。

第三章　兵　役

第一节　兵役机构

民国初年至抗日战争前夕，境内实行世兵制和募兵制，无兵役行政机构。兵员募补，由军队派出募兵人员，在划定区域内自行招募。

民国27年（1938年），设立巴中团管区，司令部驻巴城关帝庙（巴中市巴州区大东内街南侧肖家巷相对处），隶属夔绥师管区，司令焦达悌，负责巴中、达县、开江、宣汉、万源、通江、南江7县的兵役事务。是年，各县成立兵役科，负责兵役调查、宣传、壮丁登记、检查抽签，兵役分配、点收、转送等。

民国28年（1939年）1月，各县成立兵役监察委员会。职责是督促兵役实施、役政策划等。是年8月，将兵役监察、征属优待等会合并为兵役协会，由县长兼任主任委员，内设监察、优待、宣传、慰劳四个组。

民国29年（1940年），奉命撤销巴中团管区，设立通南师管区，司令部仍驻巴中城关帝庙，辖通江、南江、巴中、达县、开江、宣汉、万源7县，直隶四川省军管区。师管区设参谋处、副官处、秘书处、军需处、军医处、军法处、新兵征集处、学兵队。刘超环（未到任，由龚绍化代理）刘白政、马福祥先后任司令。主要负责补充国民党第76、80军兵员。是年，奉命改县兵役科为军事科，内设科长、科员、事务员和雇员等职。人员配备：一等县9人，二等县8人，三等县5人。其任务与兵役科同。民国33年（1944年），奉令撤销军事科，其业务改由国民兵团办理。民国34年（1945年），奉令撤销国民兵团，恢复军事科，同时撤销通南师管区和兵役监察委员会。

1950年，各县人民政府成立武装科，内设科长1人，科员2人。1952年，县武装科改为县人民武装部。是同级党委的军事工作部门和政府的兵役工作机关，在同级党委、政府和上级军事机关领导下，领导、组织、协调和实施境区内的兵役登记和兵员征集、预备役军官和士兵登记、民兵和预备役人员的教育训练、战时兵员动员等工作，协助民政部门搞好军属优待和退伍军人安置。1954 年，各县成立兵役局，主办兵员动员工作。

1955 年，全国实行义务兵役制后，征兵期间各县均成立征兵领导小组，正副组长由县委、县政府、人武部主要领导担任，成员由同级军事机关和公安、民政、卫生、财政、教育、交通等部门的领导组成，征兵工作结束自行撤销。

1958 年，撤销兵役局，恢复人民武装部，兵役业务由人武部办理。1964 年 11 月，国防部颁发《关于试行〈征兵工作办法（草案）〉的通知》后，每年征兵，地区行署及各县（市）政府均成立征兵办公室，分别设在军分区和县（市）人武部。办公室设主任，分别由军分区参谋长、县（市、区）人武部军事科长担任。办事人员从军事机关、宣传、公安、民政、卫生、教育、交通等有关部门抽调，一般内设秘书、政审、体检、后勤等组。至 2000 年征兵工作无变化。

第二节　兵役制度

清代，境内各州县驻防绿营兵，实行世兵制。兵丁一律招募本地人充当，不得由外来或无固定籍贯的人补充，即使部队出省征战，其缺额也不得异地募补。兵丁编入兵籍后，注册并报兵部，裁撤和调动兵籍，都须经兵部批准。绿营兵有缺，先从营内拨补，马战兵拨于步战兵，步战兵拨于守兵，守兵有缺，挑选余丁替补，无余丁再在本地招募。兵丁入伍，由 5 人具保，如犯事禁，即开除注册，按额募补。

民国初年（1912—1915 年），通江、南江、巴中 3 县沿用清制，实行募兵制。其后，四川成为军阀混战的割据局面，郑启和、潘文华、田颂尧等部相继驻防巴中，竞相扩军，四处张贴招兵布告，设立募兵处所，招收青年入伍。应募者中不少是流浪社会的无业游民、地痞流氓，百姓对当兵极为鄙视，民间流传“好铁不打钉，好男不当兵”。加之，战争频繁，兵匪难分，士兵待遇低，募兵十分困难。

民国 22 年（1933 年）6 月，国民政府颁布《兵役法》，规定实行征兵制，自民国 25 年（1936 年）3 月开始施行。兵役分为常备兵役、补充兵役和国民兵役。皆以在营为现役，在乡为预备役。常备兵役和补充兵役，以男子年 20 岁为及龄，经征兵体检合格，于翌年征集入营，服行现役。常备兵现役 2—3 年，补充兵现役 4—6 个月。期满退伍，转服预备役，称在乡军人，受县政府管理，备各种召集，至满 45 岁除役。国民兵役，年满 18 岁男子服之，分初期、甲种、乙种，皆不入营，由县政府就地组编，施以规定的教育和训练。民国 28 年（1939 年），现役征集年龄规定为 20 ~ 25 岁，如不足配额时，改定为年满 20 ~ 35 岁之男子，合于征兵体格标准者。

川陕省苏维埃时期和中华人民共和国成立初期（1950—1954 年），实行志愿兵役制。参军坚持自愿原则，不分民族、社会出身，只要政治纯洁，身体健康，经体检、政审合格，即可参军。年龄规定，川陕苏区时 15 ~ 25 岁，中华人民共和国初期 18 ~ 28 岁。不分男女，除独子外均可参加。士兵服现役年限无统一规定，中华人民共和国初期一般 3 ~ 5 年，少数骨干因军队需要和本人自愿可适当延长，期满复员或转业。同时，在川陕省苏维埃时期，还实行预备役制。在苏区内建立的童子团、少先队、赤卫军等组织，是红四方面军的后备队，除配合红四方面军作战、保卫生产、保卫地方政权外，还担负着军队的兵员补充任务，为夺取革命战争胜利作出重大贡献。

1955年7月，《中华人民共和国兵役法》颁布后，全国实行义务兵役制，规定服兵役既是公民的权利，又是公民应尽的义务。兵役分为现役和预备役。18～22岁的男性公民按规定应服现役，女性公民根据军队需要，也可被征集服现役，应征年龄为17～19岁。士兵服现役的年限为2年。服现役期满，转入预备役 。士兵预备役的年龄为18～35岁；战时遇有特殊情况，36～45岁的男性公民也可被征集服现役。同时，规定建立预备役制度，普遍实行士兵的预备役登记。1957年，根据中央军委《关于改进兵役工作的指示》，进行民兵和预备役“合而为一”的试点，预备役即民兵，突出预备役。预备役分为两类，第一类预备役即基干民兵，第二类预备役即普通民兵。预备役训练即民兵训练。

1978年3月，实行义务兵与志愿兵相结合的制度。规定义务兵服现役期限为陆军3年，空军4年，海军5年。义务兵超期服现役满5年，已成为专业技术骨干的，经本人申请，师以上机关批准，可改为志愿兵。志愿兵服现役年限，自改为志愿兵之日起，最少8年，最高不超过12年。服现役期间，享受比义务兵高的政治、经济待遇。1984年5月，实行以义务兵役制为主体的义务兵与志愿兵相结合、民兵与预备役相结合的兵役制度，公民要依法服现役，退出现役的士兵和军官以及其他符合条件的公民，在规定年龄内要服预备役。服现役和预备役，都是公民必须履行的义务。新《兵役法》规定的义务兵服现役年限为陆军3年，海空军4年。志愿兵服役年限与1978年全国人大常委会通过的决定相同。士兵预备役的年龄为18～35岁，各类预备役军官，平时服预备役的最高年龄：排级职务40岁，连级职务45岁，营级职务50岁，团、师级职务55岁；预备役专业技术军官平时服预备役的最高年龄：初级专业技术职务50岁。中级专业技术职务55岁，高级专业技术职务60岁。按照规定服预备役已满最高年龄者，即退出预备役。

1998年12月，全国人大常委会通过修正的《兵役法》，对兵役制度作重要修改，规定实行义务兵与志愿兵相结合、民兵与预备役相结合的兵役制度。现役士兵包括义务兵与志愿兵，义务兵服现役期限为2年；志愿兵实行分期服现役制度，第1、2期各3年，第3、4期 各4年，第5期5年，第6期9年以上（年龄不超过55岁）。预备役分为士兵预备役和军官预备役。士兵预备役的年龄为18～35岁，分为两类：第一类包括：经过登记服士兵预备役的35岁以下的退出现役的士兵；经过登记服士兵预备役的35岁以下的地方与军事专业对口技术人员；其他编入预备役部队和预编到现役部队的28岁以下的预备役士兵。第二类包括：除服第一类士兵预备役的人员外，编入民兵组织的人员；其他经过登记服士兵预备役的35岁以下的男性公民。军官预备役包括：退出现役转服预备役的军官和文职干部；确定服军官预备役的退出现役的士兵；确定服军官预备役的高等院校毕业的学生；确定服军官预备役的专职人民武装干部、民兵干部；确定服军官预备役的非军事部门的干部和专业技术人员。各类预备役军官，按照规定服预备役已满最高年龄者，即退出预备役。

第三节　兵役工作

一、兵员招募

清代至民国25年（1936年），部队兵员实行招募制。清代绿营兵兵员募补，前期由兵部下达谕旨，省督署负责征调，后由各省提督署自募勇营，各州、县按格招募。防军规定“兵必自招，将必自选”。招募标准严格，“择技艺娴熟、年轻力壮、质朴而有农夫土气者为上，油头滑脑而有市井气者概不收用”。强调从原籍招募，并取具保结。府县居址、父母、兄弟、妻子姓名、箕斗均造册登记，以便清查。防军招募，由督署营务处经营。招募新军，对应募兵丁的条件有明确要求：年龄限20～25岁；身高1.5米以上，其五官不全、体质软弱及有暗疾者不收；来历必须土著，均有家属。应募时，报明三代眷口、住址、箕斗数目；曾吸食洋烟及不安分、犯有事禁者不收。招募程序，由省根据各州县实际情况，确定开招日期，设立选验处所；应募者由各村村长、首事、地保等开具名册、保结，同赴选验处所报名，参加选验；合格者注册编伍。

民国初年至25年（1936年），各县实行募兵制。割据一方的军阀，在各自的防区内，派出募兵委员，与县乡联系，设立募兵处所，张贴募兵布告，应募者由当地团保、乡绅出具保结，赴募兵处所报名，经选验合格后，即招收入营。初期，各地游民较多，士兵待遇尚可，募兵较易。军阀混战开始后，各自在防区内招兵买马，大肆扩军，由于战事频繁，政治动荡，士兵待遇菲薄，百姓中普遍存在“穷不习武，富不当兵”之说，募兵十分困难。军阀为扩充实力，规定一户之中三丁抽一、五丁抽二，没钱送包袱（贿赂），独生子也抽。为凑齐壮丁数目，遇着40～50岁的农民，也绳捆索绑，刮胡子凑数。因拉壮丁而整得家破人亡的举目皆是，平时在田里，在路上，团总、保甲见人就拉，拉不到的就用枪打，使得一些年轻人白天不敢出门，晚上不敢在家里睡觉。且团总、保正、牌首等人乘机敲诈勒索。无人当兵的家庭，强收“壮丁费”。人民饱受抽丁拉夫的痛苦。

二、新兵征集

民国26年（1937年），抗日战争开始后，实行征兵制。南江县当年征集新兵32名，巴中、通江2县因灾害，两年免征。民国28年（1939年），巴中、通江2县开始实行征兵。抗日战争时期（1937—1945年），通江、南江、巴中（平昌大部）3县共征兵2.26万人。通南师管区驻巴中期间，先后为国民党76军和80军征集兵员。兵员征集包括身家调查、体格验查、抽签定序、征集交接4道程序。

民国后期，因抗日战争、内战31起战争频繁，大多不愿从伍当兵。保甲长为完成任务便率领乡警荷枪实弹下乡抓丁，被抓者形如罪犯，绳捆索绑，押送到县。为防止逃跑，将壮丁囚禁室内，不准外出。民国28年（1939年）4月，军政部给四川军管区兼司令王缵绪的电文中称“四川各县征集壮丁，保甲仍多不遵法令，暗地强拉农工商独子，甚至有钱者出钱买放，无钱者独子亦抽，以致怨声遍野，悲泣载道。”是年10月，巴中县兵役协会关于《查禁各保甲抽送壮丁徇私舞弊令》称：“本县自奉办兵役以来，保甲人员遵照办理者固多，其中阳奉阴违、枉法扰民者亦复不少。近据县属各乡民众纷纷报称，地方保甲奉办兵役，不依法令，纯以势利感情为转移，每当抽送壮丁期间应抽免抽，不应抽而强抽，甚至贿买、庇纵，种种弊端层出不穷，以致怨声沸腾，纠纷四起，人民不堪其苦”。但进步的青年学生，为保家卫国、不当亡国奴而纷纷自愿报告应征。如，民国33年（1944年）5月，通江县政府发动县城中小学生参加出国远征军，至7月，有14名学生自愿参加服役。12月，该县知识青年自愿从军征集委员会发动全县知识青年自愿报名，又招收36名知识青年从军。巴中县有40名中学生自愿参加抗日青年远征军。

川陕省苏维埃时期，为扩大红四方面军队伍，积极宣传动员群众参军。1933年2月，中共川陕省委第一次党代会对扩大红军、建立地方武装作出决议，号召川陕省人民立即掀起一个参军热潮，扩大红四方面军，壮大力量，粉碎敌人围攻。在反三路围攻中，5月，中共川陕省委作出《关于保卫赤区运动周决议》，提出“保卫赤区运动周及红5月内，至少要完成3000红四方面军与四团赤卫军”。6月，徐向前总指挥在木门军事会议的讲话中指出：“扩大红四方面军、发展红四方面军，是苏区的重要头等大事。”是月，川陕省第二次党代会的决议中，规定当前的具体任务是“扩大红四方面军、游击队、赤卫军，要求动员1万名新战士”。10月，中共川陕省委又发出“创造20万铁的红军”的号召。1934年4月，中共川陕省委在《红五月工作计划》中要求开展扩大红军比赛，把“代耕与扩大红军”紧密结合起来。省、县委、红军政治部和各级苏维埃把扩红工作当做经常性工作、中心工作之一，动员青壮年参加红军。参加红军坚持自愿原则，以工农子弟为主，要求政治可靠，身体健壮，不分男女均可参加。各级苏维埃和红军政治部张贴布告，散发传单，书写标语，利用赶集时间，派出宣传队，以表演歌舞、戏剧等形式进行宣传活动，红军每到一地，都设立“新兵报名处”，号召群众报名参加红军。通过上述工作，使广大劳动群众踊跃参加红军和地方游击队，有父母送子女的，有父母子女共同入伍的；有夫妻相送，也有夫妻一道参军的；还有全家兄弟姐妹同时报名入伍的。赤江县（通江）猫儿垭乡诺水村赵罗氏，早年丧夫，接连送4个儿子参加红军（1935年罗还乡被杀害）。麻石区高石桥向思宽全家7人随红军北上长征。红军11师33团初进得胜时仅1000人，2个月后发展到3000余人。各部队员额充实，不少连队补充到200～300人。至1933年2月底，仅南江、通江2县参加红军的人数达4100人。随着仪南、营渠、宣达3次进攻战役的胜利，红四方面军和根据地得到迅猛发展。老区及新区群众积极参加红军和地方武装，部队兵员大大充实。是年10月，红军从入川时的1.4万人扩大到7万人。11月，为彻底粉碎刘湘的“六路围攻”，江口县（平昌大部）11个区、64个乡苏维埃，广泛动员组织矢志青少年参加红军、游击队和赤卫军。在江口场，一天内就有500～600人自愿报名参加红军，有的一家人要求同时参军。南江、长赤2县，有3000余名妇女参加红军。1934年秋，反“六路围攻”即将胜利结束时，川陕省第三次团代会，号召青年为创造30万红军而奋斗。苏区广大青年纷纷报名参加红四方面军，巴中县（清江镇）1000余人的少年先锋师集体参加红军，南江、长赤2县由独立团、营、游击队等整编为红军的达8000多人。至1935年3月，红军撤离川陕苏区，通江、南江、巴中、平昌4县共有12万人参加红军。同时，川陕省委和苏区政府，为争取白军士兵来归，制定相关政策和措施，“白色士兵只要参加红军，与工人农民一样享受代耕，同样得到政府的优待；愿意回家者发给盘费；愿意做活者，政府安排工作”。在红军和苏区政府感召下，川军中一些官兵，纷纷起义投诚到革命队伍中来。红四方面军在挺进川北、解放通江、巴中的战斗中，有600多名敌军官投诚。1933年1月19日，驻南江桃园的川北民军3600多人，在司令任伟章的带领下，加入红军，编为红四方面军独立第1师。在反“三路围攻”和反“六路围攻”中，有许多起义投诚官兵编入红军；还有大批官兵，经教育后自愿参加红军。

1950—1954年，各县实行志愿兵役制，扩军采取宣传动员，群众推荐，自愿报名，体格检查，组织审批。各县成立抗美援朝委员会，运用各种宣传形式，以“抗美援朝，保家卫国”为主题，进行广泛深入的爱国主义、国际主义教育。通过宣传教育，很快涌现出参军热潮，广大青年纷纷报名参军，到处出现父送子，妻送夫的动人场面。1951年，平昌县自愿报名参加志愿军1.62万人，写决心书、申请书的有3142人。是年4月，通江县第一次扩兵会议，到会1500余人。各界人士积极响应“抗美援朝，保家卫国”的号召，自愿报名者达2190人。在洪口乡烈军属会议上，有7位红军家属当场给儿子报名参军。境内4县共有1.02万人参加志愿军。

1955年，中华人民共和国第一部《兵役法》颁布后，各县开始实行义务兵役制。征兵时间一般在每年冬季，少数年份在春季或秋季进行。征集年龄，一般为18～21岁，个别时间和特殊兵种放宽到17～22岁，女兵17～19岁。女兵征集数量极少，先由专区、县两级征办分别征集，后改由专区（市）征办直接征集。每到征兵期间，广大适龄青年积极报名应征。青年们把应征誉为“考兵”，以考上为最大光荣，为考不上而懊悔。新兵文化程度，未作统一规定，只要求尽量多征文化程度较高或有文化的青年入伍。新兵的政审内容，应征公民的户籍、性别、年龄、职业、宗教信仰、婚姻状况、文化程度、现实表现和家庭主要成员及主要社会关系的政治状况等情况。对批准服现役的应征公民，由县人民政府征兵办公室办理入伍手续，发给《应征公民入伍通知书》，家属凭通知到常住户口所在地户口登记机关注销应征公民的户口，并享受军属待遇。新兵交接，部队派人到各县接兵。由征兵办公室向接兵部队逐个点交，做到人员、被装、档案三齐全，征接双方负责人签字存档。

1979年起，政审内容重点放在应征青年的现实表现上，对非劳动人民家庭出身的适龄青年，只要本人历史清楚，现实表现好，都查以征集。

1983年，农村入伍的义务兵，优待由评定工分，参加年终分配，改为发放现金，对军属实行普遍优待。1984年起，各县试行地方送兵和少量新兵自行到部队报到。同时，对应征青年本人，在打击刑事犯罪中、外出务工中的表现情况，予以重点审查，从严把握。实行“谁审查、谁签字，谁负责”的政审工作责任制，以确保新兵的政治质量。1985年起，明确规定城市征集高中毕业以上、农村征集初中毕业以上文化程度的青年入伍。农村入伍的义务兵，优待金达到当地人均收入的1/2，人均收入不足200元的地区，优待金不低于100元；在职职工入伍的义务兵，原所在单位发给本人工资的1/2，最低不少于30元；城镇非农业人口的义务兵，当地政府或应征青年父母所在单位给予一定的优待金。1989年起，恢复由部队派人到地方接兵。

至2000年，身高要求，几经提高，男兵从1.55米逐步提高到1.62米，女兵从1.50米提高到1.60米。随着经济的发展，义务兵优待金标准不断提高。

三、院校招生

1955年起，各县从应届初、高（中专）中毕业生中招收飞行学员。招收年龄，初中毕业生16～18岁，高中毕业生17～19岁。招收飞行学员在每年春季开展，招飞与征兵工作分别进行。招收的飞行学员必须是工人、贫下中农家庭出身，政治可靠，历史清白，身体健康。各县成立招飞领导小组，下设办公室具体组织实施。身体检查十分严格，先由各县组织医务人员进行初检，再经地区招飞办进行体检，最后由省招飞办和空军进行体检复查验收。政审由各县招飞办组织专门人员，对体检合格青年进行全面审查，经地区招飞办审查同意后，报省招飞办复审批准。同时，军事院校开始在应届高中毕业生中招收学员。由各地招生办公室和学校按照军队院校招收学员体检标准，组织填报军事院校志愿的学生体检；按招生和征兵条件，对考生进行政审。省军区和军队招生院校对达到录取分数线考生进行政审复审，对复审不合格的考生，军事院校不予录取。在招生录取时，军事院校学员提前年批次录取。凡考入军事院校的学员，其家庭享受军属待遇。

20世纪80年代，招收飞行学员只招收应届高中毕业生。招收飞行员的原则是有坚强的组织纪律性，高度的革命事业心，艰苦奋斗的优良作风。1986年起，招收飞行员纳入军事院校招生计划，并规定文化考试录取分数线。招飞工作，由军区空军招飞办公室和省招生委员会负责。

1997年，报考军事院校学生体检，由过去招办负责，改为军队负责。凡上录取公数线的本地考生，由军分区组织体检，同时，对参加体检学生进行面试，负责面试的招生人员根据规定的内容和标准，通过目测和交流，作出指挥专业合格、非指挥专业合格和不合格的结论。政审由本地派出所负责。

第四章　重大战事

第一节　辛亥革命战事

一、元宝山战事

清宣统三年（1911 年）7 月，南江县大河口人郑佐周从成都弁目学堂毕业。临走前，奉同盟会四川支部及保路同志军之命，回乡组建保路同志军。

郑回南江后，在通江、南江两县交界之农村场镇，以郑禄鸣、郑滋春、李秀庄、杜遗三等人为骨干，组建“南江保路同志军”。2 个月内，南江大河口、郑家沟，通江陈家坝等地有青年 300 余人参加，齐聚大河乡元宝山。郑将其编为火炮队、大刀队、长枪队、铁工队、总务队，并连夜赶制武器，筹措粮食，训练队伍。南江县巡警署警务长的郑中元，亦表面支持同志军。就在同志军厉兵秣马、准备起事之时，郑中元叛变，纠集附近 5 个场镇的民团 1000 余人，于农历十月初九（11 月 29 日）晚，将元宝山团团围住，进行攻击。同志军人凭借山上庙宇、石壁和居高临下的有利地形，沉着应战，坚守阵地。第二天，佐周率兵突围，经多次冲击，均未突出重围，最后全部被俘。当日，郑中元将郑佐周、郑禄明等首领杀害，保路同志军起义失败。

民国元年（1912 年），四川军政府派员到南江，将镇压元宝山保路同志军的罪魁郑中元处决。1984 年 7 月，南江县人民政府追认郑佐周、郑禄鸣为“革命烈士”。

二、孝义军奋战巴城

清宣统三年（1911），四川暴发的保路运动，成为辛亥革命的前奏。10 月中旬，大竹孝义军（即保路同志军）首领李绍伊，派兵分东西两路，各 1000 余人进攻巴州。24 日，西路统领陈凯、罗朝举、罗朝佑、李克言率部经渠县、营山，攻占仪陇县城，进而直逼巴州西南面。25 日，东路统领李克豫、蔡受之、杜昆山率部经达县地界抵达巴州江口（平昌县江口镇），随即沿巴河而上，直逼巴州东面。四方警报，一日数传。巴州知州张又拭召集权绅李本善、刘汝安等密谋，制定“诈降诱敌，待机围歼”之计。一面招民团 200 名，城防兵 100 名，将城内巡警、西区乡镇巡警归团防指挥，并加紧训练，做好战斗准备。10 月 26 日，东路统领李克豫部抵达巴州城，驻西门外王爷庙（巴州镇草坝街原区水电局处），队伍分散于城西龙母宫、火神庙及城北东岳庙等处。10 月 27 日，陈凯部到达巴州，驻城西南劝学所（巴中中学）。城内城外，剑拔弩张。同志军一面部署攻城，一面致书知州张又拭，令其开城交印，否则破城问罪。张亲笔传书，佯称同意，邀同志军统领入城议降。信中诈称：“为避免冲突，不开城门，不带兵丁，缱城而入，各守信义。”各路统领对此虽有争议，但自恃一路顺风，所向披靡，且有数千围城义军作后盾，遂同意进城接受印信。10 月 28 日，陈、李、蔡、杜四统领从西城门（巴中市巴州区川剧团与老百货公司之间）缱入城内，迎至万寿宫（巴中市巴州区粮食局）巡警署。张又拭大摆酒宴，轮番致词敬酒，表示归顺之意。待四统领有醉意之后，张用伏兵将其生擒，统领们如梦初醒，疾言痛斥。张恼羞成怒，当即将蔡、杜二统领杀害；继而逼陈、李投降，2人誓死不从，亦被杀害。当晚，城外同志军各部见四统领未归，方觉有变，开始攻城。是时，城墙上灯笼火把耀如白昼，石头、灰罐纷纷投下，致使义军攻势受挫。10月29日晨，张又拭大书"投降免死"4个大字，悬于五门城楼，并将四统领头颅用竹竿悬于城墙。城周各山号角齐鸣，吼声四起；城内五门洞开，煞气腾腾。张又拭命团防队官朱世明先攻李克豫军，对陈凯部围而不攻，阻止其援助李部；命城防队官李挽澜等为左路，巡警官李铭珏、武举李因果为右路，率队进攻王爷庙。孝义军奋起抵抗，英勇异常，击毙团勇李怀寅、警兵王成玉。张又放出监狱死囚，令其在前冲锋，并用大炮轰破庙墙。孝义军抵挡不住，退至河边，纷纷跳河自尽，溺死者1000余人。城周及恩阳团练均先后赶到巴城，约3万余众。劝学所陈凯部，因地势开阔，无险可拒，被团勇四面夹击。此时，仪陇追兵又至，义军虽奋力血战，但寡不敌众，终被全歼，血染巴城。

第二节 "中华民国"时期战事

一、抗捐斗争

（一）佛楼寺战事

民国6年（1917年），军阀郑启和占领巴中，在通江、南江、巴中3县一带倡种鸦片，课收苛捐，不分贫富，户交鸦片特别捐十元半（银元），逼得不少农户走投无路，倾家荡产。民国7年（1918年）春，巴南保安营营长胡子祯，率领龙岗寺、土地垭、佛楼寺等地农民武装近1000人，抗交"十元半"，两次驱走郑启和的催捐人员。郑派一个连兵力，驻扎佛楼寺中兴寨，伺机镇压。胡乘其不备，率众一举击溃郑军，取得抗捐胜利。此后，这一带乡民3年未交特别捐。

（二）通江战事

民国7年（1918年）6月，通江县人朱兆琼、李子洪、张伯山等，联络县东北各乡民众，发展红灯教组织，吸收教徒数千人，训练"神兵"，掀起反抗"十元半"的抗捐运动。

民国8年（1919年）7月，郑启和派兵进驻平溪坝一带，抓捕红灯教"神兵"31人。8月6日，驻通江副官张维驹带一个连到梓潼庙清乡，红灯教千总陈永福率"神兵"300余人在闫家湾青冈林内伏击，当场击毙郑部30多人。11月初，红灯教"神兵"由3000多人猛增到1.3万人。11月中旬，郑部营长陈绍康带领1个营，向平溪坝红灯教进攻，激战两日未克，兵退写字岩。板桥口千总李子洪率"神兵"伏击，毙、伤陈部200多人，缴获长短枪100余支，子弹5000余发，大炮20余门。下旬，郑部参谋长何雄率兵进攻石船山，红灯教首领王绍怀率领"神兵"与何部对峙20余日；后领兵进攻新场坝，歼灭张爷庙郑部1个连；当晚，又在红岩子伏击郑部，击毙30多人，伤100余人。12月上旬，郑启和调1个团增援何雄。当"神兵"再次进攻新场坝时，惨遭伏击，伤亡130余人，只得退守铜钵山和青峪口、团包子一线。何雄率部攻打团包子，"神兵"缺乏防御经验，战死60多人，伤100多人，阵地失守。何雄随即进攻铜钵山，"神兵"浴血奋战，死亡200余，何部死亡300多人，铜钵山最终陷落。12月中旬，区保卫营营长熊登武与郑部营长郝南陔合攻得汉城，久攻未克，后以150元大洋收买踞守得汉城北门的赵雨田，郝率部偷袭得逞，"神兵"伤亡惨重。12月下旬，李子洪率300名"神兵"，在金子坪设伏，将何雄擒获处斩。接替何雄职务的参谋长钟某，得知北山、空山坝红灯教势力强大，带领两个连到梓潼庙清乡，与红灯教首领何浩德、唐恩带领的"神兵"相遇，在碗厂沟激战，"神兵"歼灭钟部一个连。

民国9年（1920年）1月初，程家坝红灯教千总朱兆琼率"神兵"3000余人，攻打盘踞在碑坝的郑部喻海清团，在挡马山一带打死喻部20余人，伤70多人。1月中旬，红灯教首领李子洪被擒，押往巴中杀害。3月，朱仕俊、朱兆南被杀害于程家坝。至5月，各路首领相继被杀。在这场持续近2年的抗捐斗争中，红灯教“神兵”和教徒3000多人惨遭屠戮。

（三）清江战事

民国7年（1918年）春，巴中清江渡一带数百农民参加以南江人岳文富为首组织的红灯教。民国8年（1919年）5月，在观山寨（清江镇观山村）揭竿而起，提出“打倒十元半”，活捉横行乡里的收捐人员。郑启和派兵镇压，多次战败，一营长被杀死。后，郑派重兵围剿，红灯教受挫，13人被捕，杀于县城东门外，余部分散通江、南江2县一带隐蔽。民国9年（1920年）农历正月十二（2月12日），红灯教首领王子科（花溪乡人）率众100余人，经粉壁场（平昌县）进入观山寨，多次下山捉拿与军阀沆瀣一气的土豪劣绅。清江乡团总苟元勋禀报郑启和，农历正月十五（2月15日），郑出兵围剿，红灯教人英勇奋战，终因武器低劣、寡不敌众而失败，四五十人舍身悬崖，壮烈牺牲，首领王子科和教徒10余人被擒，斩首于清江渡。

（四）南江战事

民国10年（1921年），南江县人邓鼎侯（人称“邓木匠”）伙同红灯教，在南江县第三区（上两河口）的牛眼睛洞聚众起事，提出“赶军阀，杀贪官，除暴安良，扶危济困”的口号。参与群众络绎不绝，造反声势愈来愈大。

当时，田颂尧部秦奎元团驻防江城内。秦令王臣珏营派兵前去“围剿”。初战，一排长战败被杀。营长王臣珏便亲自率队进击，亦战败，退至故土坝，被邓四面包围，王突围不出，被邓军擒杀。邓乘势进占南江城，自任县长，宣布政令。南江县知事陈中俊带着幕僚，逃到八庙垭。邓军大队人马从关门子、高观子继续向八庙垭进攻。陈向田颂尧告急求援，田派通江、巴中2县各路人马同谋剿邓。经过多次激烈战斗，邓军虽然勇猛，终因众寡悬殊，伤亡惨重，被官兵击散，邓亦下落不明。

二、军阀内战

（一）郑、喻之战

民国8年（1919年）8月，靖国联军刘存厚、钟体道军石青阳部第1路1纵队驻南江城外，司令易复初，治军严格，军纪较好。驻守通南巴的靖国军纵队长郑启和部喻海清团驻城内，该团原系渠河土匪改编，军纪甚差，在城内到处勒索，欺压百姓，蛮横无理，人皆痛恨。一次，喻团1个排长白天闯入民宅强奸妇女，哭喊声惊动易部巡逻队，当即前往制止。该排长竟打伤易部领队，巡逻队员众枪齐发，当场将其击毙。从此，两部矛盾加深，喻海清耿耿于怀，伺机报复。

不久，易复初率部援陕，少数人员留守南江。喻海清乘其不备，袭击易的司令部，抢走枪支弹药、大烟、银元等物资。在成都靖国联军总部熊克武的干预下，纵队长郑启和令喻交还所抢全部武器及物资。但喻自恃势大，拒不执行。民国9年（1920年）3月8日，郑率兵2团，突袭南江城，喻毫无准备，仓皇应战，勉强支持到中午。自知已被包围，不走性命难保，遂在县城东、南、西门纵火焚烧民房70多座，趁机逃离南江，抢走民财无数，百姓损失惨重。

（二）潘、郑之战

民国9年（1920年）6月，川军特遣司令潘文华，从陕西汉中入通江，进而夺取巴中。

巴中驻军郑启和部留一个团驻守巴中城，派余痴虎团阻击潘文华部于城东葆封寨下灰山寺一带。郑部多系土匪出身，乃乌合之众，难敌潘部，结果丢下若干死尸，弃城败逃。潘文华部进占县城后，闻听郑军逃走时，带走大量金银财宝，便马不停蹄，对郑部穷追不舍。追至平梁城下炮台垭，郑军进行阻击，战不过潘军，便打开部分银鞘子（装银元的木箱），沿途遍地乱撒，意欲缓潘之兵。潘军仍紧追不放，一直追到恩阳河至柳林铺之间的猫儿铺，经过激烈战斗，郑军伤亡惨重，不得不将掠夺的大量金银丢弃，向仪陇、营山方向逃遁。潘部追至花丛垭方罢。

三、清剿土匪

（一）围剿匪首罗玉成

从民国15年（1926年）起，通江匪首罗玉成啸聚匪徒800余人，枪300多支，在大巴山下洪口场、沙溪嘴、泥溪场、涪阳坝、平溪坝、峡口等地拉“票子”，打家劫舍。

民国18年（1929年）9月，川军田颂尧部第5旅副旅长兼通南巴清乡司令干德洋派1个营围剿罗匪。罗利用山区有利地形，在核桃树夜袭干德洋部，获枪10余支。是年冬，干亲率两个营及民团2000余人，到大巴山清剿。以1个营趋空山坝至两河口，派1个排驻核桃树；以另1个营急驰核桃树附近设伏。第2天凌晨，罗匪偷袭核桃树，遭到干德洋部伏击，打死匪徒20多人。罗匪败退，干部1个营追至空山坝，1个营追到楼房坪。罗退到天池寺，潜入曲江洞。民国20年（1931年）2月，罗率余部投入大匪首王三春一伙，后因内讧，被王所杀。

（二）王蜀屏“以匪治匪”

民国26年（1937年）8月，通江县北部土匪头子李宗品与驻火天岗的土匪头目刘洪钧、杨春华勾结一起，人众枪多，势力甚大。当任县长王蜀屏将计就计，实行“以匪治匪”之策，公开支持李、刘、杨结伙，将其匪部“招安”，改名“川陕边防大队”，任命刘洪钧为司令，杨春华为副司令，李宗品任参谋长，掌握实权，并将火天岗土匪由向家坪调驻得汉城。民国27年（1938年）春，王蜀屏与李宗品秘密策划，在筏子坝举办“鸿门宴”，首先剪除刘洪钧，继而在永安场将杨春华斩首示众。随后，王蜀屏又委任李宗品为东二区（泥溪乡）自卫队长，设大队部于得汉城。民国28年（1939年）1月，李宗品和胡长清策划杀掉匪首冉春华，并在碧溪、永安制造枪杀无辜百姓8人的流血事件。王见势不妙，遂急请第十五行政督察区专员公署调派164师叶林青团唐德、邱文浩两个营，围剿得汉城李部土匪，未能如愿。接着，王又利用一贯通匪、坐地分肥的东二区区长黄之泉与李宗品的私人关系，劝说李谋求退路，暂避风险，让李带领部属钻进空山坝黑毛洞。然后，王令邱营不围攻黑毛洞，而向黄之泉索人。黄被逼无奈，只得派副大队长王世坤、胡长清到黑毛洞说服李宗品缴枪出洞。是年3月，在县城将李处决。于是，3匪被各个击破，全部歼灭。

（三）两区三县围剿彭良栋

彭良栋，巴中县磨子场人，早年丧父，16岁时给本乡团总曾化成当马夫。彭风流潇洒，随机应变，被曾家三小姐钟爱，因偷情事泄遭逐。民国25—26年（1936—1937年），巴中大旱，饿殍遍野。彭同二弟彭良伍、三弟彭良第一起，偷盗本地廖登银家，事后传出，乡长杨方泽及曾化成得知，说是“土匪”，下令缉捕。自此，彭不敢露面，又无他业可谋，遂在第4、5两区（鼎山、恩阳）交界的群乐章怀寺一带，啸聚数十饥民，以抢劫为生。先是劫持观音井大地主何禄钦，取得何家若干枪支。接着，偷袭仪陇福临场、新镇坝、苍溪龙山场及巴中恩阳河等地区署、乡公所，劫取大量武器弹药，匪徒发展到200余人。其后，巴、仪、阆3县交界处一带的豪门大户，不断被彭抢劫绑票。彭为匪后，曾三小姐即离弃原配丈夫，来到彭处与其同居，并经常操练枪法，成为彭的得力助手。

民国27年（1938年），巴中县长吴善堂多次派人劝彭“招安”，许愿将其匪部改编为县自卫队，委任彭当队长。彭怕上当，拒不接受。随后，吴亲率县警察中队进剿，被彭击败。不久，国民党军164师团长魏永执驻防巴中，派一连人到观音井灵山寨清剿，被彭打死多人，抢走机枪1挺。魏复派一营兵力围剿，将彭妻曾三女子活捉，押回县城关进监狱。翌年夏，彭趁魏团换防之机，疏通警察中队，亲率30余人便衣进城，将曾抢走。民国29年（1940年）起，巴、仪、阆等县曾多次出动军警清剿，愈剿其势愈大。至民国 32 年（1943 年），彭之匪部已增至 400 余人，有枪 400 余支，机枪 10 挺，危及巴、仪、阆、苍 4 县的区、乡政府和头面人物。

民国 33 年（1944 年），绥定区（第十五行政督察区，达县）、顺庆区（第十一行政督察区，南充）暨巴中、仪陇、阆中 3 县一起出动大批军警，组织"联防围剿"，经过多次战斗，双方各有胜负。后在观音井一役，彭之三弟被击毙，使其失去一臂，于是连夜逃往大巴山暂避其锋。行前，曾三女子患病，就医于黄梁垭（巴州区石城乡），未得同往。彭到南江贵门关之后，又身带数人，返转接曾，夜宿阴灵山，被联军包围，随从几被全歼，自己奋力逃脱。彭回老巢章怀寺后，收罗残部，到仪陇二龙场劫枪受伤，潜至茶坝医生周伯祥家医治。后因随从赶场失密，被重兵包围。彭料难脱身，吞金而死。死后，尸首被肢解，巴中割回首级示众，仪陇、阆中各取一腿交差。

第三节　川陕苏区时期战事

一、挺进川北

1932 年 12 月 19 日，红四方面军以第 73 师 217 团为先遣队，胜利翻越天险巴山。21 日，第 217 团进占通江北部的两河口，罗乃琼部守军一个连闻风逃窜，红军顺利到达苦草坝、泥溪场。在苦草坝，红四方面军决定兵分三路，东路由王宏坤、周纯全、傅钟率第 10 师，经洪口场向万源方向发展；西路由王树声、张广才、黄超率第 73 师，经通江平溪向南江大河口进发，夺取南江县城；中路由总部徐向前、陈昌浩等率第 11、12 师，直逼通江县城，在攻占通江后向巴中发展。12 月 25 日，第 12 师先头部队解放通江县城，田颂尧守军第 7 旅一个营及当地团防大部被歼。红四方面军乘田颂尧防区兵力空虚之际，迅速控制以通江为中心的大片地区。田见防区突入红军，急从嘉陵江沿岸调兵阻击。李炜如第 1 路和罗乃琼第 3 师第 7 旅进抵巴中，刘汉雄第 2 路进抵南江，企图乘红军立足未稳，反攻通江。国军刘茂恩第 65 师亦从陕南向万源前进。红四方面军为迅速打开局面，决定集中兵力打击田颂尧部；仅以第 10 师 2 个团阻击刘茂恩部；第 11、12 师由通江西进，在鸣盛鹦哥嘴抢占有利地形，迎击巴中来犯之敌。李炜如部赶到鹦哥嘴后，即向红军展开进攻。第 12 师待李部接近前沿阵地，即猛烈开火，给敌以大量杀伤，将其全部击溃，乘胜追到杨柏河、杀牛坪、马家坪一带，歼敌 1 个多团。随后，继续前进，占领巴中清江渡。罗乃琼、李炜如以 7 个团的兵力大举反攻，红军一面奋勇阻敌，一面出奇兵至右垭口，截断清江与巴城的联系。田军惊恐慌乱，红军全线反击，歼敌 1600 余人，敌 2 次进攻受挫，退至巴中城。

红军入川第一镇两河口

1933 年 1 月下旬，第 12 师及第 11 师 32 团逼近巴城，李炜如率残部退到万安，罗乃琼退至恩阳河一线。1 月 23 日，红军进驻巴中城。在此期间，第 11 师 33 团击溃敌第 3 师一部后，占领紧靠通江西南的要点得胜山；第 10 师击溃进抵万源县竹峪关之敌第 65 师先头部队，迫其退守万源城。红 73 师进至涪阳坝后，第 218 团沿小通江河北上，再向西进攻南江。1933 年 1 月中旬，师主力经平溪坝从大河口突破刘汉雄第 2 路防线。敌第 19 旅杨选福部在太平山、小尖子山据险扼守，阻止红军前进。红军连战数日未克，呈相持状态。于是决定正面佯攻，迂回侧后，主力迅速北上，经兴马坝到达官渡口，与先期到达的第 218 团会合。遂集中兵力进攻甑子垭、鹿角垭，激战 3 日，2 月 1 日，占领南江县城。

红四方面军入川月余，解放通江、巴中、南江 3 县三座县城及大部地区，歼灭田颂尧部 3 个团，击溃 8 个团，为川陕革命根据地的建立奠定基础。

二、反“三路围攻”

1933 年 1 月 27 日，蒋介石委任田颂尧为川陕边区剿共督办，令其乘红四方面军立足未稳之际，在杨森、刘存厚部配合下迅速围歼。2 月中旬，田颂尧调集 38 个团近 6 万人的兵力，以副军长孙震为前敌总指挥，分左、中、右 3 个纵队对川陕苏区实施围攻。以左路纵队为主攻，中央纵队和右路纵队为助攻。左路纵队以第 1 师、第 4 师、第 5 师（欠 1 个旅）、第 2 路、第 3 路和独立旅等组成，由第 4 师师长王铭章指挥，集结旺苍坝地区，经木门、长池夺取南江。中央纵队以第 2 师和第 5 师各 1 个旅组成，由第 2 师师长曾宪栋指挥，集结恩阳河以西地区，经恩阳河夺取巴中，后会同右纵队占领通江。右纵队以第 3 师和第 1 路组成，由第 3 师师长罗乃琼指挥，集结仪陇地区，进至巴河沿岸后，联络中央纵队夺取巴中，后经曾口场、得胜山直扑通江。同时，驻营山、渠县之杨森第 20 军和驻达县、万源地区之刘存厚川陕边防军相机出动配合。

木门军事会议会址

红四方面军采取收紧阵地、积极防御的战略方针，在运动防御中迟滞消耗敌人，择机反攻。以第 73 师师部率 2 个团于南江及以西地区，第 11 师师部率 2 个团于南江西南之木门、长池地区，独立师配合，共同阻击敌之左纵队；以第 12 师在巴中及东南之曾口场、兰草渡地区，阻击敌之中央纵队和右纵队；以第 10 师于通江东北之洪口场、竹峪关一线，警戒刘存厚部，保证侧后安全；以第 73 师 218 团于南江东北之碑坝地区，阻止可能来自陕南之敌；以第 11 师 33 团于通江、巴中之要冲得胜山，警戒可能由兰草渡、江口来犯之杨森部队。

1933 年 2 月 18 日，田军全线进攻。红 73 师和 11 师凭险据守，顽强阻击，伺机反攻，消耗敌人。分别在南江县侯家梁、高壁寨、中魁山等地歼灭田军左纵队近 5000 人后，2 月 28 日，主动放弃长池，撤至八庙垭地区。敌军占领长池后，兵分 3 路向八庙垭进攻。3 月 8 日，红军集中主力实施反击，歼其 1 个团又 1 个营，击毙敌团长和代理团长。3 月 18 日，红军主动放弃南江城，转移至贵民关、官路口、观光山、大明垭一线。田军中央纵队在右纵队一部的配合下，向巴中进攻。2 月 27 日，红 12 师在大梁山、南龛山一线，激战 3 昼夜，毙伤田军 1000 余人后，3 月 8 日，主动退出巴中城，收缩至清江渡一线。敌右纵队一部向得胜山进犯，被红军击退。同时，杨森部第五混成旅、刘存厚部 1 个旅和 2 个团亦被红军击退。至 3 月 18 日，田军虽占领巴中、南江，却伤亡近 8000 余人，士气大挫。1933 年 4 月 26 日，田军经过补充后，集中兵力齐扑通江。4 月 29 日，红军主动撤出通江城，收紧阵地至平溪坝、鹰龙山、元子坡、竹峪关一线。5 月中旬，田军左纵队 9 个团进至通江北部空山坝以南地区，刘存厚之川陕边防军 8 个团占领竹峪关。此前，红 12 师在杀牛坪阻击田军 3 昼夜，歼其 1500 余人。5 月 15 日，红 10 师、11 师首先将竹峪关刘存厚部击溃，歼灭 800 余人。接着，红 11 师从空山坝以北向敌左侧迂回，切断敌人退路；红 12 师主力从空山坝以东及长坪地区进攻敌之右翼；红 73 师坚守大、小骡马、小坎子等阵地，伺机转为正面进攻。5月20日晚，红11师33团冒雨从空山坝西北通过人迹罕至的深山老林，秘密插入敌军侧后，于第2天拂晓，向空山坝西南之敌突然发起猛烈攻击，敌人措手不及，死伤甚众。此时，红10师、12师、73师乘势向敌正面和右翼发起进攻，将敌左纵队13个团全部包围在空山坝以南的余家湾、柳林坝地区。经过3日激战，5月24日，全歼敌7个团，击溃6个团，毙、伤、俘敌近5000人，缴获长短枪3000余支，机枪20余挺，迫击炮50余门。敌全线崩溃，中央纵队和右纵队亦仓皇撤退。红军乘胜迅猛追击。5月26日，红73师收复南江，沿罗家坝进抵三江坝地区；红11师经平溪坝、官路口，抵长池附近。5月29日，红12师收复通江，继续向清江渡挺进，6月5日，收复巴中，直逼仪陇。田颂尧为阻止红军西进，急调后方5个团进至三江坝、长池一线。6月10日，红军发起反攻，至15日，收复长池、木门，直逼苍溪、广元。至此，历时4个月的反“三路围攻”作战胜利结束。此役，总计毙伤田军1.4万人，俘1万人，缴获长短枪8000余支，机枪200余挺，迫击炮50余门。

粉碎田颂尧等部“三路围攻”后，红四方面军在川北站稳脚跟，由原4个师和新编独立师扩编为4个军，由1.5万人增至4万余人。根据地扩大一倍以上。

三、营渠进攻战

1933年8月中旬至10月底，红四方面军乘刘湘、刘文辉混战尚未结束之机，为进一步扩大根据地，集中主力，发起仪南、营渠、宣达3次进攻战役。

杨森20军第1、5、6混成旅分布渠县、营山、蓬安县等地，第2混成旅盘踞巴中南部玉山场、鼎山场，楔入川陕革命根据地腹部，成为红军向南发展的严重障碍。仪南战役结束后，红四方面军决定发起营渠战役，先消灭驻守鼎、玉二山之敌，尔后向南发展，突破敌之纵深防御，相机歼其主力，解放营山、渠县。由位于巴中的第30军主力从北向南进攻敌之正面，9军主力从仪陇向东，4军11师从江口向西，实施两侧攻击。9月22日夜，红9军第73团冒雨穿过荒僻的山径小路，突插玉山、鼎山背后，9月23日拂晓攻占龙背场，击溃守敌1个营。红9军另一部占领马鞍场，歼灭当地地主武装1000余人。红30军从正面逼近玉山场，守军向南溃逃。红4军第11师将敌军第2混成旅之1个团在鼎山场击溃。9月29日夜，红30军主力向杨森部第1混成旅发起突然攻击，一举攻下鼎山东南、紧靠营、渠的佛楼寺、杨家寨，全歼守敌第1、第3两个团。9月30日，红4军第11师攻占达县石桥河。10月3日，红9军、30军各一部向大庙场、新店子一线敌军发起猛攻，经过激烈战斗，歼灭杨森部2000余人。当晚，红9军攻克营山，逼近渠县。9月6日，占领蓬安对岸之周口。杨森部退守渠县、广安、岳池一线。此役历时10余日，歼灭杨森部3000余人，缴枪2500余支。解放营山城及营山、渠县大部和蓬安县嘉陵江以东地区，使川陕革命根据地向南扩展100余公里。

四、反“六路围攻”

红四方面军粉碎田颂尧的“三路围攻”后，又胜利进行3次进攻战役，红军和根据地得到迅猛发展，使蒋介石和四川军阀大为震惊。1933年10月4日，刘湘在成都接受蒋介石的委任，任“四川剿匪总司令”。随后，调集各路军阀部队110多个团（后增至140余个团），约20万人的兵力，另有空军飞机18架配合，11月，分六路围攻川陕革命根据地。第1路由邓锡侯第28军18个团，从广元进攻南江，邓锡侯为总指挥；第2路由田颂尧第29军24个团，从阆中向巴中进攻，田颂尧为总指挥；第3路由李家钰新编第6师和罗泽州新编第23师15个团，从南充向巴中进攻，李、罗分任正副总指挥；第4路由杨森第20军12个团，从蓬安向通江进攻，杨森为总指挥；第5路由刘湘第21军24个团，从开江、开县向宣汉、达县进攻，该军第3师师长王陵基为总指挥；第6路由刘存厚第23

军12个团和盘踞城口、镇巴地区的城万警备司令陈国枢（后被刘湘收编为第21军警备第4路）统辖王三春等部6个支队，从开县、城口向万源进攻，刘存厚为总指挥（10月28日，刘存厚被蒋介石撤职查办，由副军长刘邦俊继任总指挥）。六路川军从西、南、东三面，采取分进合击、步步为营的战法，企图在3个月内消灭红军。红四方面军面对强大敌人的全面围攻，仍采取收紧阵地、积极防御的战略方针，先防御后反攻。其部署是以20多个团布防于万源至达县的东线，由方面军总指挥徐向前指挥，主要阻击刘湘第5路、第6路；以10多个团布防于渠县至广元的西线，由方面军副总指挥王树声和第30军政治委员李先念指挥，分别钳制第1、2、3、4路；以2个团布防于川陕边境，监视陕军。11月16日，刘湘等部在全线发起第1期总攻，企图占领宣汉、达县、营山、江口、仪陇、旺苍坝、木门等城镇。东线红军给刘湘部以重大杀伤后撤出宣汉、达县等城，收紧阵地于东起庙坝、西迄北山场一线。西线红军在完成迟滞与消耗敌人的任务后，主动撤出仪陇、营山城，在北起旺苍坝，沿千佛岩、落凤场、群乐场，至鼎山场一线，继续抗击敌人。在刘湘发动第1期总攻的2个月间，红军歼敌1万余人。

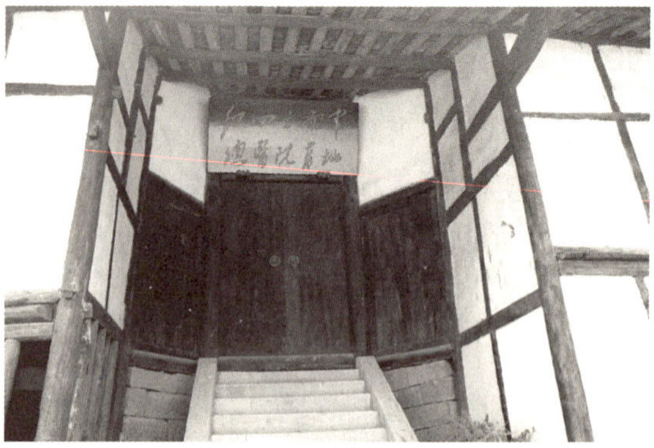
红四方面军总医院旧址

1934年1月中旬，东线红军继续诱敌深入，创造有利战机，再次主动后撤。王陵基以为红军全线崩溃，指挥第五路迅速推进。红军集中兵力实施反击，在宣汉胡家场以北15公里的马鞍山地区歼灭刘湘21军警备第3路和王陵基第3师第7旅大部，第3路副司令郝耀庭被击毙。刘湘急调部队补充第五路，并将王陵基撤职，由第1师师长唐式遵接替总指挥。至此，刘湘原订3个月“全部剿清”川陕边区红军的计划已成泡影。

1934年2月3日，刘湘召集各路总指挥在成都开会，策划第2期总攻。3月4日，西线敌第1、2、3、4路分别进攻旺苍坝、恩阳河、玉山场、鼎山场。红军利用有利地形节节抵抗，大量歼敌。仅在玉山场、木门地区两战即歼敌2000余人。3月7—19日，红军主动退出玉山场、鼎山场、巴中城、木门和旺苍坝。是月12—14日，东线敌第五路重点进攻北山场、红灵台等地，遭红军阻击，未能得手。3月22日，改向老鹰嘴、毛坪一线猛攻，又遭失败。红军先后歼敌3500余人。刘湘等部第2期总攻，历时20余日，除第6路陈国枢部袭占万源城外，其余无所进展。4月3日，敌第3期总攻开始，红军再次收缩阵地，西线退出江口、长池、南江城，撤至贵民关、观光山、得胜山一线，东线撤至刘坪、镇龙关、万源城以南一线。红军在收缩阵地过程中，适时进行反击，给敌以很大杀伤。4月23—28日，东线红军在镇龙关、石窝场、高白寨一线，激战六日，将敌第3师击退，仅在镇龙关附近即歼敌4000余人。5月上旬，红军收复万源县城，敌第3期总攻破产。敌连续发动的3期总攻，共付出伤亡3.5万人的沉重代价。

1934年5月15日，刘湘再次在成都召开军事会议，确定发动第4期总攻，并请出高级顾问、江湖术士刘从云代其到前方统一指挥各部。6月22日，第4期总攻开始，以东线为重点，集中50余团向万源城南至通江城北一线红军阵地进犯。6月26日，西线红军在分水岭地区对邓锡侯部迅猛反击，连续突破敌10余道阵地。其后，反攻受阻，撤至北起碑坝南至鹰龙山一线待机。7月11日，敌以唐式遵第5路为主，在东线发起以夺取万源为目标的全线猛攻。7月16日，红军与敌8个旅在万源正面的孔家山和以西的南门一线展开激战，有的阵地失而复得。7月22日、27日，敌以整团、整旅兵力2次向大面山、甑子坪红军阵地轮番冲击，均被红军击退。10日内，红军打退敌人3次猛攻，连同6月下旬战果，共毙伤敌团长以下7000余人，缴获长短枪1000余支，机枪20余挺，炮20余门。8月

6—7 日，敌倾力发动第 4 次猛攻，红军坚守阵地，歼敌 4000 余人，缴获步枪数百支，机枪 10 余挺，炮 10 余门。与此同时，西线红军在南起通江城北至平溪坝一线，多次打退敌第 1、2、3、4 路的进攻，有力地配合万源保卫战。

经过 8 个月的战斗，刘湘等部遭受重大伤亡和消耗，士气低落；红军主动收缩阵地，兵力更加集中。8 月 10 日夜，东线红军开始反攻；下旬，主力西转，开始西线反攻。9 月 11 日，收复巴中。9 月 12 日、19 日，红军在苍溪北部黄木垭、旺苍坝等地反击战中，歼灭田颂尧部 2 个旅及其他部共 10 余个团，1.4 万人，缴枪 7000 余支。红军乘胜收复南江、仪陇及北起广元南至阆中的嘉陵江东岸地区，占领苍溪、阆中。至 9 月下旬，彻底粉碎刘湘指挥的“六路围攻”。此役历时 10 个月，是红四方面军入川以来规模最大的 1 次战役，红军以伤亡 2 万余人的代价，取得毙、伤刘湘等部 6 万余人、俘 2 万余人，缴枪 3 万余支、炮 100 余门，击落敌机 1 架的重大胜利。

五、苏区剿匪

川陕省苏维埃时期，盘踞在大山深处的土匪和逃匿的地主武装勾结一起，与工农红军为敌，乘隙偷袭红军和区、乡苏维埃政府，杀害干部群众，抢劫人民财产，为害乡里。在红军反“三路围攻”和“六路围攻”前后，对盘踞在通江老君山，以土匪头子景辉秀为首，聚徒 2000 余人，有枪 50 多支的股匪；在巴中八庙场登文山，以恶霸地主李新兰为首，聚集 2000 余人枪的地恶土匪武装；在通江、南江、巴中 3 县交界的青坪寨、中鼻寨，以逃亡地主、土匪头子为首，约 3000 人组成的反动武装“大刀会”；在南江县铜铃山清平寨，以县警察局长何北平为首，纠集神潭、下两等地豪绅地主，以红灯教徒为班底，组织 500 余人的“盖天党”；在通江磨儿垭，以土匪李茂春为首，与国民党军勾结，组成的反动武装；在南江西南新场、木门一带，以民团大队长余海清为首，共 500 余人枪组成的“反共联防指挥部”；在通江钢溪河、钱家山、炭窑湾，以原“盖天党”统领袁玉章为首，拥有两个匪军大队的“神匪”。各县地方武装配合主力红军，先后进行围剿和清剿。

六、川北游击战

1935 年春，红四方面军撤离川陕革命根据地时，抽调地方及红军干部战士 300 余人，在旺苍坝组成川北游击队，由刘子才任司令，下辖 3 个大队。随后，将红 31 军、4 军留下的 4 个连队和几个地方游击队合并在一起，扩编为独立师，由刘子才任师长，王天海任政委，辖 2 个营 6 个连，共 1200 多人。

红军撤离川陕苏区后，游击队在南江桃园台上、铁炉坝、小巴山等地创建根据地。部队除在南江小坝、喜神坝频繁活动外，不时还前伸到陕南黄官岭、红庙塘、秦家坝活动，打击民团和“神团”，组建独立连、游击队和乡村苏维埃政权。他们发扬主力红军善于伪装迷惑敌人的战术，同敌作战，屡获胜利。一次乘红庙塘“骡马会”，特务连战士化装上街，捉住“神团”排头 2 人，当众宣布“神团”罪行，予以处决，大大震慑敌人气焰。10 月，陕南褒城、沔县、南郑 3 县保安团联合组建 1 个营，严密控制独立师在红庙塘、黄官岭等处的活动。独立师派出特务队，于一个晚上突袭，一举消灭该营，毙敌 200 余人，缴获长短枪 300 余支。

川陕革命根据地红军烈士陵园

民国25年（1936年）3月13日，国民党38军派1个团围剿，游击队转移到芦坝。由于领导轻敌麻痹，在芦坝被敌包围。特务队建议转移突围，刘子才说："几个毛毛土匪，来了正好消灭他"。行动迟缓，错过良机，几次突围未成，造成很大伤亡。后采取从右面佯攻，主力乘隙从左面冲出，伤亡200多人，宣传队员多数牺牲、被俘或失散。是月18日，独立师由纸房坝退到石笋塘，刘子才再次轻敌麻痹，不听师政委王天海在山梁驻连设岗的建议，因而又被敌人包围。在突围中，除牺牲100余人外，所带银元、药品及其轻重物资，全部弃于石笋塘。在转移中，特务队队长桂贤明与刘子才意见不合，竟采取分裂主义，把大部分部队带到碑坝，使特务队由98人减少到36人，仅有几支手枪和汉阳造步枪。7—8月，胡宗南派重兵围剿游击队，实行分割包围，各个击破，使独立师遭受重创，特务连牺牲20余人。9月，两个营在焦家河畔会合时，仅存65人。

民国25年（1936年）6月，川北游击队在南江县焦家河畔大河石窟召开全体会议，严厉批判刘子才在军事上一再麻痹轻敌，丧失独立师有生力量，在工作上不善于依靠革命群众，建立巩固的游击根据地等错误。会议讨论通过有关建立和发展游击区域的一系列方针政策，将独立师整编为1个营、2个队，重建党支部，选举赵明恩为游击队领导人。大河石窟会议后，游击队团结一致，发动与组织群众，建立以回龙沟、大小元包、铁炉坝、桃园寺为中心的游击根据地，与国民党部队、保安团和当地民团进行反围剿战斗。是年7月，国民党派两个保安团从汉中到苏家河围剿游击队。根据敌强我弱的情况，游击队主动退至大小元包，利用有利地形，以逸待劳，待保安团追得精疲力竭时，开展反击，缴获长短枪30余支，弹药无数。

民国26年（1937年）2月的一天，游击队在黄官岭打粮返回途中，被国民党部队发现，派1个营跟踪追赶。赵明恩闻讯后，带领50多人接应打粮队，在途中设伏，歼灭国民党军200余人，缴枪200余支，铜号1把。4月，副营长姚正元率20多名战士到陕南打土豪，桃园村苏维埃主席欧元富带群众30余人随队运输。在返回途中，遭遇南郑县保安队和喜神坝民团300多人追击。姚见敌我力量悬殊，一边掩护运粮队快速撤退，一边将部队带到寨子山山腰，利用地形，设下埋伏，并派部分兵力截住敌人退路。当保安队追至寨子山腰，未见游击队踪影，即在此架枪休息。游击队乘其不备，居高临下，扫射之后，猛冲下来，保安队措手不及，晕头转向，急往后撤，又被埋伏的游击队阻击，不少人为逃命，跳崖摔死。此次战斗，毙敌30余人，摔死60余人，缴获步枪100余支。

民国27年（1938年）2月，游击队分成小分队到根据地周围宣传抗日，在南郑县毛家水井受到乡亲们的热情欢迎。汉中保安团团长古松山得知，带领民团300多人赶来围剿。游击队闻讯后，埋伏在附近密林中，保安团不见踪影，于是住下休息，抢吃东西。游击队突然从林中杀出，打得保安团四处逃窜，团长古松山身负重伤。游击队在大河石窟会议后，不到2年的时间里，得到很大发展，由65人增加到500多人，活动在南江北部、汉中南部、通江西部、广元东部的大巴山地区。所以，人们又称他为"巴山游击队"。

民国27年（1938年）秋，胡宗南调新编第9师进驻南江铁炉坝，企图围剿消灭游击队。游击队以大、小园包为依托，利用深山老林、悬崖峭壁的有利条件，与其巧妙周旋，伺机予以反击，取得一个又一个的胜利。进入冬季，大雪封山，新9师只得撤退。

民国28年（1939年）春，国民党广元警备司令兼巴山清剿指挥、164师师长杨晒轩，带领1个团及地方保安队，对游击队继续清剿。游击队利用有利地形，转战深山密林，昼伏夜击，各个击破。杨晒轩万般无奈，亦于秋末撤走。是年冬，川陕鄂边区绥靖公署调国民党军164师490旅旅长李子猷（巴州区巴州镇人），兼任"巴山清剿主任"，率领四个团，并联络陕西保安团，共计7000余人，对川北游击队实行包围清剿。李诡计多端，善于用兵，根据游击队的作战特点，总结以往清剿失败教训，采取构堡储粮、长期围剿，政治说招、广泛宣传，截断交通、铁壁合围，放水捉鱼、割断联系的办法，对游击队实行步步为营，残酷进剿。面对强大敌人的进攻，游击队一面做好战士的思想政治工作，转入深山密林坚持战斗，一面派人下山，组织发动群众，支援游击队。在敌人严密的围困中，由于与外界断绝联系，无粮食和弹药补充，战士们只有用野菜充饥。至民国 29 年（1940 年）2 月，游击队已弹尽粮绝，加上原副营长管青山叛变，战斗连遭失败，部队只剩下 20 多人。3 月，转移到碑坝，又遭强敌围攻，同十倍于己的敌人展开肉搏战，最后只剩下赵明恩等 4 人突围而出，在向中坝转移途中，叛徒杨芝芳乘赵困睡之机，将其杀害。至此，经过 5 年艰苦卓绝、浴血奋战的斗争，由于受到国民党军和地方武装的残酷围剿，川北游击队最终全军覆没。

第四节　中华人民共和国成立初期战事

一、歼灭国民党溃军

国民党“川陕豫边区挺进总指挥部”总指挥王凌云，率领在陇南拼凑的新四军（军长李学正）、新 5 军（军长徐经济）、新 8 军（军长季凌云）1 万余人，从陕南溃逃至通江集结，建立“豫鄂川陕绥靖区”，由王凌云任司令。

1950 年 1 月 1 日，解放军第 19 军 55 师和陕南独立师一部奉命对溃逃通江之敌进行围歼。1 月 2 日，55 师 163 团从万源抵达通江县毛浴镇，2 营教导员关子烛率 5 连 1 个排连夜赶赴通江县城，接受国民党通江县政府及逃至通江的陕西省财政厅厅长的投诚。3 日，解放军 163、164 团抵达涪阳坝，立即对以火天岗为中心之敌进行包围，163 团在涪阳坝动员一批地方武装参加战斗。5 日，将火天岗之敌大部击溃，少数残敌向苦草坝逃窜。解放军陕南独立师 1 个团，对驻青峪口沙嘴之新四军第 10 师庄敬支队发起攻击，经过激烈战斗，全歼守敌，俘 200 余人。6 日，新 5 军军长徐经济率官兵 1500 余人在泥溪场投诚。7 日，被包围于苦草坝的新 8 军之敌 1300 余人，缴械投降。是日，王凌云在青峪蔡黄沟召集残部决定：王自守青峪、涪阳，李学正守云雾山。9 日，李抵云雾山四坪梁，其独立旅向鸡公背集结。王凌云在青峪口杨家坪落网。10 日，163 团和陕南独立师对残敌实行围歼，困守鸡公背之独立旅在解放军猛烈攻击和政治攻势下，全部缴械投降；困守四坪梁溃军拒不投降，终被歼灭。至此，由陕南溃逃至通江之敌 1 万余人全部被歼和投降。

二、消灭反动派

（一）剿匪

1950 年初，各县人民政权初建，匪患严重。加上国民党军溃败前有组织、有计划地布置潜伏武装，与地方反动会道门头目、恶霸、惯匪相互勾结，妄图颠覆新生的人民政权，攻打刚建立的区、乡人民政府，抢劫枪支、粮食，杀害干部群众，破坏征粮工作，严重威胁人民政权的巩固和群众生命财产的安全。3 月 31 日，巴中县潜伏特务杨叶挺与恩阳反共头目罗师先、莫颜如，匪首王林，渔溪匪首龚方谷、李特夫，南江菩船匪首张应侯等暗中联络，周密策划，纠集 400 余人枪，袭击第 5 区人民政府（恩阳镇）。由于事先获得情报，区委书记康秀生率区干队作好防卫准备。当晚 3 点，土匪到达恩阳后，分 3 路向区政府进攻：一路占领千佛岩，封锁回龙场、马鞍铺；一路攻打文治寨（区政府后山），占领制高点；一路从前门直攻区政府大门。经过大约 3 个小时战斗，既未攻下文治寨，也未攻进区政府，匪首陈石腿被炸断。另一路土匪从起凤桥窜到万寿宫粮库，妄图占领区政府后抢劫粮食，打死工作人员王大槐。拂晓时分，匪徒逃离恩阳河。县大队闻讯赶到，追至三汇溪一带清剿。后来，相继捕获杨叶挺等匪首。4月30日，巴中县第2区（清江镇）区长张彬带领征粮工作队到中兴乡催收公粮。乡解委会主任于鹤龄（民国时期任乡长）、乡警队长陈公育，与李匪早有勾结，庚即给李通风报信。当晚，李带领土匪100多人，将乡解委会团团包围。张彬带领工作队员，据守碉堡，沉着应战。在激烈战斗中，4名工作队员和乡文书牺牲，张投下最后一颗手榴弹，乘着浓烟只身冲出重围。李匪进入乡解委会，抢走步枪32支，于天亮前逃进深山。随后，李匪与通江恶霸向少初合伙，得20余人枪；联络清江恶霸地主罗纯阳入伙，得长枪3支，又与中兴乡第一保保长罗金成勾结，打死征粮工作队队员2名，抢走步枪3支。3月份开始，南江县以部队为主力，采取军民配合，在正直、长池、赶场、关坝等重点地区，开展声势浩大的清剿工作。至4月底，全县共毙、伤土匪15人，俘107人，争取缴械投降50人，收缴各类枪支1000支，各种军用物资427件，基本歼灭大股土匪武装。4月初，巴中县玉山乡匪首彭彬窜入龙背地界，县大队和区干队联合围剿，在巴中、仪陇2县交界之铁佛寺将其击溃，俘匪20余人，缴枪20支。彭率残部窜入营山、仪陇边境。6月19日，彭派匪徒到鼎山场销售赃物，被群众识破，暴露出藏身窝点。驻鼎解放军和第三区区干队，立即将其包围，当场击毙匪徒6人，击伤彭匪，将其活捉，余匪174人全部缴械自新，收缴武器134件。是月，白庙场匪首李柏林的匪徒增至150余人，有枪130余支，活动于通江、南江、巴中3县结合部，气焰十分嚣张。549团1连指导员白成生带1个连，在第二区区干队的配合下，进驻白庙，追剿李匪。首先袭击李匪老巢干沟河，继而跟踪追击，土匪逃到哪里，部队追到哪里。后剿匪部队增至1个营，在强大的军事清剿和政治攻势下，匪徒们感到穷途末路，已无藏身之地，纷纷投案自首。家住清江的匪首罗纯阳之父投案，交出机枪2挺，子弹6000余发，手榴弹120多枚，迫击炮1门。随后，中兴匪首李聿修又到县公安局自新。在众叛亲离的情况下，李匪欲率残部投靠南江匪首郑鼎，后闻郑已被人民政府枪决，李走投无路，于8月11日率残匪50余人缴械自首。7月中旬，八庙乡匪首王兰皋缴械自首，交出轻机枪1挺，长短枪23支，子弹700余发。至此，巴中股匪全部剿灭。5月中旬，通江县洪口一带匪首靳廷垣的党羽伏定平、伏崇儒，在庙子河杀害农民代表2人；袭击沙溪乡解委会，打死粮库守仓员3人，抢走公粮1200多公斤；在伏家河打死第四区人民政府通讯员1人；在董溪旮旯石打死万源县征粮工作队队员2人。6月27日，该县西部匪首覃建功、吕学问等人率匪徒500余人，分3路攻打大公（青峪口）乡人民政府，驻乡解放军7人英勇还击，因众寡悬殊，致2人牺牲。29日，覃匪又分四路向平溪坝进攻，驻乡解放军1个班，凭借有利地形，英勇阻击，战斗持续6个多小时，击毙土匪3人。是年8月，平昌全县范围的剿匪工作基本结束，在剿匪运动中，击毙土匪1人，捕获匪首5人，投案自首66人，缴获枪支162支，子弹1037发。是月，通江县曾以妖术惑众、数次暴动攻打大公、平溪乡政府的匪首覃建功、赵崇模被捉，其他匪首肖华、李光圃、王经典、王翼民等均敛迹归案。计军事剿灭顽匪246人，政治争取匪徒807人，缴获各种枪支、小炮213支（挺），大部股匪已被肃清。11月20日，达县军分区侦察排到该县剿匪，在通江、巴中交界处一带经过40多天的追捕，终将通江西部匪首刘九皋活捉归案。东部匪首靳廷垣，在解放军的追剿下，只身四处躲藏，2次被擒，2次脱逃。1952年9月，靳潜藏在赶场坝青顶子一农户家中，该农户报出实情，驻魏家坪、芝包口的解放军将靳匪包围，靳自知末日已到，在开枪打死住户女人刘氏后自杀身亡。至是年底，通江县境土匪全部肃清。

经过军事清剿，4县共俘匪602人，毙匪105人，缴获各种枪支1110支（挺），各种子弹21.8万发，掷弹筒25具，手榴弹605枚，电台2部，电话机4部，战马3匹，战刀8把；经政治瓦解，自新土匪1420人，交枪847支（挺），各种子弹10.38万发，掷弹筒8具，电话机1部。

（二）围歼空降特务

1953年1月28日凌晨1时左右，台湾蒋介石集团向南江县燕山乡2村空降特务2名，被当地村民张建邦、张直邦发现。他们一边向乡上报告敌情，一边组织民兵20余人，赶至特务空降地域监视。乡武装中队长张宗志接到报告后，立即同乡领导到各村调集民兵奔赴现场，并向县人武部报告。3点半，接到报告的县人武部作出围歼空降特务部署，立即将空降特务情况报告军分区；组织1个尖兵小组，由人武部和公安局各派1名领导带队，拂晓前赶到空降地点；县中队和驻赤溪独立连各抽2个班，于拂晓前到达指定位置；赶场、大河、下两、长赤等区人武部组织民兵，在要道、隘口站岗放哨，盘查行人。凌晨5时过，独立连2个班在副排长谭启秀带领下赶到空降地点，指挥部队和民兵包围空降地域，在各要道设卡警戒。县人武部、县武警中队亦先后到达现场，兵分3路对空降地域进行严密搜查。部队和民兵沿空降特务逃窜方向追寻，在平洞沟，发现军用地图和烟头，遂逐渐缩小包围圈，并展开强大政治攻势。2特务自感走投无路，便分散逃窜。这时，部队、民兵及当地群众1000多人，将其团团围住。向东侧方向逃窜的空降特务逃到距农民李本生家50米左右时，李便对其高声喊话："共产党、毛主席的宽大政策，缴枪不杀，不投降就是死路一条！"她一边喊一边靠近特务，特务见已无路可逃，只得向李投降。逃到南侧的另一特务，躲在一土坎下面负隅顽抗，拒不投降，被围歼民兵击伤后活捉。经过军民8小时奋战，2空降敌特落网。共缴获电台2部、密码7本、冲锋枪2支、手枪2支、子弹140发、弹匣8个、指南针2个、伪造通行证19份、金链条1根、金戒指32只、金砖40块、美元257元，人民币（旧币）184.7万元、罐头5个、伪造党员证2张、手表5只、望远镜1副、地图19张、降落伞2具及一些日用生活品。28日，为全歼空特，严防漏网，达县军分区成立搜捕空特临时指挥部，以南江县为主，组织分区独立营，巴中、旺苍公安中队和民兵，对神潭、石板、保安、燕山、大河、关门、八庙、新店等乡村进行反复搜捕。经过4天严密搜查，在没有发现新的情况以后，部队及民兵方予撤回。

（三）平息"红灯教"暴乱

1956年2月，南江县"红灯教"教主覃怀映纠集其骨干成员谋划暴乱，覃自任"万岁爷"兼总大队长，覃兴涛、邓金福任"八千岁"兼副总队长，以下分设"水师"、大队长、中队长、分队长若干。4月7日，"红灯教"召开骨干会议，决定暴乱时间和口号等，并定名为"清洋太平军"，以"打倒统购统销，保宣统回朝"为政治口号。拟定所有"红灯教"成员在桥亭、麻柳分别集中，13日，进行暴动，先攻打两乡政府后，再攻打南江县城。4月11日，公安机关获悉"红灯教"将举行暴动。12日，赶场区公安特派员刘映录率区公所和桥亭乡的干部前往逮捕邓金福等。由于敌人已有准备，在捕马兴元时遭到敌人反抗，由邓金福率"红灯教"分子10余人开始暴乱，杀死干部和民兵2人，砍伤区通讯员1人、群众3人。敌人被打死5人，邓金福等溃逃。13日，麻柳乡"红灯教"头子覃兴涛、吴庆明按原计划实行暴动。吴等以打鹿子为名，将部分民兵和群众关在覃兴涛家进行威逼，迫使参加暴动。当晚，骨干分子刘文万率领匪徒20余人，在长河村杀死贵民区宣传委员饶辉武，然后与匪首吴金汉联合攻打乡政府。乡长胡绍金组织乡干部捕捉吴庆明，在途中与敌遭遇被冲散，落入"红灯教"手中。敌人占据麻柳乡政府，打死乡干部和小学生，抢夺枪支弹药，抢劫供销社物资和粮库粮食，并进行反革命宣传。胡绍金痛斥匪徒暴行，被杀害。

暴乱发生后，中共南江县委采取果断措施，由县委副书记梁自芳、县人武部部长胡二栋负责指挥，以县公安中队1个分队，县人武部干部和县级机关共产党员、复员军人组建1个分队，和公、检、法干警组织平叛队，分别由张凤印、刘凤德任连长，星夜赶到桥亭、麻柳，主攻"红灯教"暴徒。外围分别由赶场区、贵民区、上2区人武部部长和公安特派员组织民兵，站岗放哨，在要道隘口盘查可疑行人，重点监视"红灯教"暴乱分子的活动，并组织应急分队，待令执行任务。桥亭"红灯教"头子邓金福与平叛先遣队相遇后，经喊话劝阻不听，还连声咒骂，向我阵地冲击。平叛队开枪还击，打死匪徒5人，邓等残匪溃散。

县公安中队、人武部分队平息桥亭暴乱之后，4 月 15 日，赶赴麻柳，行至龙家垭，“红灯教”匪徒头包青布巾，手执马刀、长矛，大声喊叫：“打吧，照我这里（指胸部）打！”平叛分队喊话，作政治宣传无效，匪徒在覃兴涛、吴庆明的支使下，竟大胆向平叛分队阵地冲来，分队战士开枪还击，击毙气势汹汹的大队长刘文万，另 2 路冲在前面的骨干分子龚德均、王登川亦被打死。尾随其后的匪徒见势不妙，有的缴械投降，有的掉头便跑。这场战斗共打死匪徒 6 人，其余全部溃散，麻柳暴乱宣告平息。

桥亭之残余匪徒在“红灯教”教主、大队长覃怀映、邓金福等煽惑下，17 日凌晨，向桥亭反扑。邓金福带领 8 个匪徒冲到桥亭街上，吴祥忠带领 30 人占据后山高地，企图东山再起。留守桥亭的平叛分队英勇还击，众匪四散溃逃。大部匪徒被歼后，县委组织武装侦捕分队，在桥亭、沙滩一带对残余匪徒继续开展侦捕工作。5 月 4 日，得知覃怀映、邓金福藏匿于桥亭与沙滩交界之牛眼睛洞，侦捕分队立即缩小包围圈，在交通要道和隘口设卡堵截。9 日下午，将覃、邓等人抓获。至此，“红灯教”首恶分子全部落网。平息 2 乡暴乱，共击毙匪徒 15 人，伤 9 人，俘 30 人，缴获手枪 1 支，步枪 6 支，子弹 73 发，火枪 36 支，马刀、梭镖 29 把。

第五章　战争动员

第一节　战争动员管理机构

一、抗日救亡动员委员会

民国 28 年（1939 年），巴中县成立抗日救亡动员委员会，县长孙为武兼任主任委员。抗日救亡动员委员会成立后，组织各类学校建立抗日文艺宣传队，演出文明戏，教唱抗日歌曲，进行抗日募捐等抗日救亡活动。

二、抗美援朝分会

1951 年 7 月，各县建抗美援朝分会。抗美援朝分会由各群众团体，各界人士组成，为群众性动员机构。各县抗美援朝分会建立之后，广泛进行爱国主义，国际主义教育；深入开展蔑视、鄙视、仇视美帝国主义的教育；开展爱国增产捐献活动，支援抗美援朝战争，掀起声势浩大的抗美援朝运动。随着朝鲜战争的结束，各县抗美援朝分会解散。

三、战备领导小组

1969 年 10 月，各县成立战备领导小组，由县人武部和县革命委员会主要领导担任战备领导小组组长和副组长。战备领导小组主要抓好战备思想教育，作好思想上，行动上的转变工作，作好军队、地方机关、学校、厂矿企业、城市和农村由平时转入战时的行动预案。1970 年 4 月，各县战备领导小组和人民防空领导小组合并，统一成立各县战备、人防领导小组，下设办公室，抽调专人办理战备、人防工作。1973 年 3 月，战备人防领导小组撤销。

四、人民防空领导小组

1969 年 10 月，建立达县地区人民防空领导小组及办公室后，各县、区、公社及专属以上厂矿、企事业单位均成立人民防空领导小组及办公室。人防办公室为各级革命委员会机构，主要拟定本地区人防工作措施、法规和各项方案预案；组织人防工程、通信、警报、无线电建设和管理。组织群众防空队伍建设、训练和演习，普及防空知识教育；管理人防经费、物质和资产；检查指导城市建设、基本建设中贯彻防空要求，以及各项保障方案的落实；战时负责防空实施的组织指挥等。1970 年 4 月，人民防空领导小组与战备领导小组合并，统一成立战备、人防领导小组，下设办公室，设专人承办战备、人防工作事务。1973 年 3 月，各县战备人防领导小组撤销。到 2000 年，全市（县、区）尚未成立人民防空组织机构。

五、交通战备领导小组

1969 年 9 月，成立巴中县革命委员会、巴中县人民武装部战备运输指挥部。1981 年 1 月，巴中县人民政府决定，将战备运输指挥部更名为巴中县人民政府、巴中县人民武装部交通战备领导小组。1994 年 1 月，成立巴中地区行署、巴中军分区交通战备领导小组，组长由行署分管交通工作的副专员兼任，成员由军分区、地区交通局、邮电、公安、财政、水电、民政局及交警支队主要领导组成。领导小组下设办公室，挂靠在地区交通局，办公室主任由交通局分管交通战备工作的副局长兼任。1996 年 12 月，地区交通战备领导小组办公室，由原挂地区交通局改为挂靠地区行署办公室，办公室主任由行署副秘书长兼任，副主任由军分区后勤部长兼任，并分别成立巴中军分区、地区交通局、地区邮电局 3 个交通战备办公室，负责各自行业内的交通战备工作。1997 年 8 月，地区交通战备领导小组办公室改设地区交通局。同时，在交通局机关内抽调 2 名干部，为办公室专门办事人员。各县（市）同时成立交通战备领导小组及办公室，由 1 名副县（市）长担任组长，人武部、交通局、政府办、计委 1 名领导任副组长，成员由公安、财政、经委、民政、电信、水利、交警等部门主要领导组成。

六、国防教育领导小组、国防教育委员会

1989 年 3 月，成立中共平昌县委国防教育领导小组，由 1 名县委副书记任组长，人武部政委和县委宣传部部长任副组长。成员单位有县委办公室、县委宣传部、组织部、政研室，人武部，文教、广播、民政局、体委、工会、团委、妇联等。随后，通江、南江、巴中各县相继成立国防教育领导小组。

1994 年 7 月，中共巴中地委决定成立巴中地区国防教育领导小组和巴中地区国防教育委员会。成员单位有地委组织部、政研室、地区教委、广播电视、民政、财政、司法局、公安处、工会、团委、妇联、巴中时报社。国防教育委员会办公室设在军分区政治部，由政治部主任任办公室主任。各县、市亦相应成立国防教育委员会。

七、国防动员委员会

1996 年 8 月，成立巴中地区国防动员委员会，国防动员委员会办公室设军分区司令部。1997 年 3 月，地区国防动员委员会下设 3 个办公室，人民武装动员办公室，设在军分区司令部；经济动员办公室，设在地区计委；交通战备办公室由地区交通战备办公室人员、机构组成，设在地区交通局。之

后，又相继设立综合办公室，设在军分区司令部；国防教育办公室，设在军分区政治部。同时，地委人民武装委员会和地区国防动员委员会实行“一个机构，两块牌子”。各县（市、区）同时成立国防动员委员会，由各县（市、区）党、政、军领导和有关部门负责人组成。

第二节　武装力量动员

一、军队动员

红四方面军进入川北地区后，由于部队作战频繁，需要大量源源不断地补充兵员，以保持部队战斗力。在建立川陕苏区的过程中，不断动员穷苦群众参加红四方面军。1933 年 2 月，川陕省苏维埃组织法规定各级苏维埃政府的任务之一，动员群众参加红军。是年 4 月，中共川陕省委关于红五月工作的决议，要求在红五月内扩大红军 2 万人，其中赤江县 5000 人；赤北县 2500 人；红江县 2500 人；巴中县 3000 人；南江县 2000 人；陕南特区 5000 人。苏维埃政府切实执行优待红军条例，组织群众拥护红军、慰问红军，做好宣传鼓动，领导群众参加红军。6 月，中共川陕省第二次党员代表大会关于目前政治形势与党的任务决议案指出，在总任务之下扩大红军，“最近将来必须完成第 1 期动员 1 万新的红军战士，将缴得敌人的枪支武装起来。”在“‘保卫赤区’、‘一寸土地不让敌人侵犯’和‘巩固已有的赤区，开展新的赤区，争取一省数省首先胜利在川西北首先实现’等口号下，进行宣传鼓动，发动广大雇农，贫农和可靠的中农自愿参加红军”。红四方面军在反“三路围攻”胜利之后，根据木门会议决定和发展川陕苏区的需要，红军由入川时的 4 个师 1.5 万人扩编为 4 个军，约 4 万余人。8 月，在川陕省第二次全省工农兵代表大会通过的决议中，号召川陕省群众“女劝男，老劝少，鼓励工农和劳苦青年到红军里去，创造 20 万铁的红军。在 1 月内要输送 2 万新红军到前线去托枪”。切实执行苏维埃政府礼拜六制度，组织广大群众的代耕队，替红军家属代耕；红军分土地有优先权，分好的土地。12 月，川陕省第三次党员代表大会号召全党运用冲锋的速度在“二七”前完成 2 万新红军和 3 个独立团；武装全苏区的工农群众到前线作战，实行全赤区的军事化，切实完成送 2000 党员到红军中去。

1934 年 11 月，中共川陕省第四次党员代表大会在总结反“六路围攻”所取得的经验时指出，取得反“六路围攻”胜利的根本原因之一，是“党成功地动员成千成万的工农参加红军，使红军日益成为钢铁的阶级队伍”。要求全党必须做好“完成 30 万铁的红军，立即动员 5 万新兵到红军中去，发展苏区内外的游击战争。输送最好的党团员到红军中去，同时，坚决彻底执行替红军家属代耕”。随着川东游击军改编为第 33 军后，红四方面军总兵力达到 8 万余人。红军撤离川陕苏区时，大批地方武装编入红军，使红四方面军达到 10 万余人。红四方面军入川后，在建立苏区的同时，不断动员群众，有计划、有组织地建立地方武装，实行全苏区穷苦群众军事化。

中华人民共和国成立后，民兵是人民解放军的后备力量，是兵员动员的基础。1950 年，中共中央、中央军委提出在全国实行“普遍民兵制”，规定凡适龄男性青年，只要身体健康，不分民族、种族，社会出身、教育程度，都有参加民兵的权利和义务。通江、南江、巴中、平昌 4 县普遍建立农民自卫队（1952 年改称民兵）。

1951 年 12 月，解放军驻巴中某团，根据上级命令，撤回驻通江、南江剿匪部队，由原编制 5 个连，扩编为 3 个营，在巴中集中待命参加抗美援朝。1952 年 4 月，该团在巴中解散。

1955 年，新兵役法颁布后，通江、南江、巴中、平昌 4 县开始进行预备役登记统计。预备役登记由各县（市、区）人武部负责，每年进行一次。

1958 年，毛泽东发出大办民兵师的号召，各县从农村到城市，普遍建立民兵组织。1966—1976 年“文化大革命”期间，民兵建设虽一度遭到破坏和干扰，但在党的领导下，民兵建设仍然取得进展。

1979 年，中越边境自卫还击战开始后，为应付突然情况，通江、南江、巴中 3 县拟制战时兵员动员扩编方案，对人员安排，任务区分作出具体部署。1980 年 8 月，国务院、中央军委转发总参谋部、总政治部、总后勤部《退伍军人预备役登记统计暂行规定》，对登记对象、内容、批准机关、登记程序等作出详细规定，使预备役登记统计制度不断完善。

1983 年 10 月，巴中县奉命组建解放军达县陆军预备役步兵某团，巴中县人武部兼团部，两块牌子，一套人马。1984 年，确立民兵与预备役相结合的制度。1986 年，县人武部移交地方建制后，解放军达县陆军预备役步兵某团与巴中县人武部机构分设。1987 年 3 月，步兵某团移防调驻达县。8 月，巴中县人武部拟制《战时应急兵员动员计划》《战争初期兵员动员预案》。

1990 年 12 月，各县成立民兵应急分队。1996 年，军分区根据上级赋予的作战任务，完善巴中地区兵员动员方案，准确掌握预备役人员的数质量及分布。

二、民众武装动员

川陕苏区的地方武装，不断地加入红四方面军主力部队，壮大红军力量，成为红军兵员补充的重要来源。红军每次补充的人员，是选拔那些出身贫寒，苦大仇深、阶级觉悟高，平时战斗中表现勇敢，身强力壮的队员。从数量到质量保证红军战斗力。1933 年 1 月，赤江县麻石区苏维埃在赤卫军中挑选 960 余人送往红军；瓦室铺杨德玉率少先队 450 人参加红军，开创地方武装集体参加红军的先例。1933 年 6 月，中共川陕省第二次党员代表大会提出党的具体任务和方针，指出“扩大红军、游击队和赤卫队”，必须扩大赤卫队的组织，培养赤卫队的作战能力。进行宣传鼓动，发动广大雇农、贫农和可靠的中农自愿参加红军，创立并扩大英勇善战的游击队和赤卫队。要加紧红军、游击队、赤卫队、少先队的军事政治训练。在《红军与地方武装决议草案》中指出，目前在党的总的政治任务之下，加紧武装农民，迅速完成各县的独立营、独立团及各区游击队、战斗连、赤卫军、少先队等计划。立刻实行党、团员军事化和普遍群众的军事教育，开展非苏区的游击战争。赤卫军、少先队要有经常的军事训练，除站岗放哨外，经常配合红军行动，做工事、做木城，修道路、桥梁、骚扰、游击，配合红四方面军作战。8 月，川陕省第二次工农兵代表大会要求各级苏维埃政府，在党的领导下，切实的广泛动员全川陕苏区及周围白区的千万工农群众，准备一切力量，粉碎刘湘的新进攻。要加紧组建好地方武装的游击队、赤卫军、战斗连、少先队、担架队、卫生队、运输队等组织，一齐配合红军行动。12 月，中共川陕省第三次党员代表大会号召全党进行普遍而深入的宣传消灭刘湘，保卫赤区，动员每个群众，男女老少都拿起武器参加战斗。运用冲锋的速度在“二七”前完成 2 万新红军和 30 个独立团，完成各县少先模范营，组织好妇女侦探队，加紧站岗；建立工人纠察队，切实完成工人师、少先团和妇女独立团，武装全苏区的工农群众到前线作战，实行全赤区的军事化，送最好的党员、团员到地方武装中去。组织大规模的游击战争，组织多数的游击队、袭击队，有计划地配合赤卫军去进攻和袭击敌人，扰乱敌人。

1934 年 9 月，中共川陕省委关于反五次“围剿”中党的任务的决议草案，要求广泛的发动游击战争，使全赤区周围的群众都卷进游击战争漩涡中；组织普遍的赤卫军，包括千万青年群众的少先队、童子团，有计划地进行军事训练和政治教育，使这些组织成为真正的红军后备队。

中华人民共和国成立后，按照便于领导、便于活动、便于执行任务的原则，认真搞好民兵编组，做到有官有兵，官兵相识，并根据可能担负的任务，按照“训为用，练为战”“仗怎么打，兵就怎么练”的思想，在搞好基础训练的同时，扎实搞好专业训练，并利用整组、训练、征兵、重大活动和重大节日等时机，切实抓好政治教育，真正做到“组织落实、政治落实、军事落实”。在中华人民共和国成立初期，通江、巴中、南江3县农民自卫队配合解放军执行剿匪任务，为部队侦察敌情，传递情报，充当向导，遂送后运物资、伤员等。1953年1月，南江县人武部组织民兵完成围歼2名空降特务的任务。此后，民兵主要执行平息反革命暴乱、打击涉枪涉弹犯罪、维护社会治安和抢险救灾等任务。

1979年起，严格落实各项战备规定，重点制订和完善好各种方案、预案和计划，储备好各种装备、器材和物资，并搞好收拢集结、点验及综合演练。是年，在中越边境自卫还击作战开始后，为应付突然情况，通江、巴中2县拟制防暴乱、反空降预案。至2000年，全市制定修改《抢险救灾预案》《防空袭预案》《维护社会稳定行动方案》，完善《平暴制乱预案图》等，确保民兵能够顺利地平时状态转变遂行任务状态，顺利完成各种战备执勤任务。

三、经济、交通通信动员

（一）经济动员

红四方面军和中共川陕省委十分重视发展农业生产。1933年春，红四方面军从政治机关中抽调干部、战士，组成工作队，分片包干，深入农村建政权，分田地，发展农业生产。分配土地的地方，广大农户一面进行春耕，一面积极支援和参加红四方面军。5月，在通江成立红四方面军被服总厂，直属红四方面军总经理部。宣达战役缴获刘存厚军需工厂后，大量军需物资运回根据地，被服总厂扩大规模，分男工厂和女工营。男工厂用机器生产，日产军装650套。女工全系手工操作，除生产军装外，还做军帽、军鞋、挎包、子弹袋等。此外，红四方面军总医院，各军都建有被服厂，地方各县、区、经济公社也建有被服厂。纺织厂多系手工织布，所生产的布匹专供军用。土布制军服，洋布印刷票子，同时织袜子，毛巾和纱布。宣达战役缴获军阀刘存厚兵工厂后，红四方面军兵工厂扩大到1000余个，有各种机床138台。主要修配枪械、装配弹药。全厂分设兵器制造、子弹、炸弹、制药等厂及一、二、三枪房等生产部门。自反“六路围攻”到撤离川陕苏区的1年多时间，兵工厂共制造子弹、手榴弹100多万发（枚），修理机枪200余挺，迫击炮200余门，有力地支援前线作战。同时，红军各军、师还设有小型兵工厂和随军兵工厂，承担枪支修理和零部件配备。为保障部队被装供给，保证革命战争胜利作出巨大贡献。军需工业是川陕苏区规模最大的军事工业，部队直接创办的军需工厂19个，职工2500余人；军队和各地苏维埃政府合办的军需工厂5个，职工1000余人；地方苏维埃政府创办的军需工厂10个，工人500余人。是年7月，中共川陕省委抽调机关干部组成宣传队，深入乡村，作不让赤区寸土放荒，积极投入夏种夏收的宣传和扩大红军，保卫巩固赤区的宣传。中共川陕省委和省委宣传部，先后发出《春耕宣传大纲》《春耕运动宣传要点》和《加紧春耕戒烟运动》等文件、布告。各种宣传队伍和党政工作人员深入农村，发动群众，组织群众，加紧春耕，充实赤区粮食，发展畜牧业。

1934年春，中共川陕省委宣传部在《春耕运动宣传要点》中指出：“加紧春耕，充实赤区粮食。加紧春耕，穷人吃穿不愁。加紧春耕，快快消灭刘湘。”苏维埃政府号召群众加紧生产运动，大家起来努力生产，这是消灭刘湘，巩固苏区的具体工作之一。要求在秋收前后，必须加紧耕种，多点秋粮（苦荞、花荞）、冬粮，不让苏区有一寸土地放荒。大力发展副业生产，多喂耕牛、骡、马、母猪、肥猪、养蚕、织布、养蜂、栽种棉花，养羊、兔、鸡、鸭等。栽植桑树，多多喂蚕；兴白耳，凡是有材料的森林，都要兴蓄与培养。扩大耕种面积，开荒种粮。中共川陕省委在《加紧生产运动决议》

中指出："把赤区所有土地都开辟出来，种小菜，种粮食。"各乡、村苏维埃政府，将土豪劣绅和富农组成开荒队，在贫雇农监督下，上山开荒，种植杂粮。禁种鸦片，将原有烟田种上粮食作物。组织劳力参加生产。在农村，由于大批青壮年男子参军从戎，随着耕种面积不断扩大，农业生产缺乏劳力。苏区各级党和政府认真动员和组织广大妇女积极参加生产，承担生产重担。组织代耕队，代耕红军家属和红军公田，同时还代鳏、寡、孤、独和丧失劳动力的人耕种。开展换工互助。苏区乡、村政府根据群众生产习惯将劳力编成组，由村代表负责领导集体出工生产，调配劳力，先做公田，后做私田，实行劳力互助。同时，集中粮食和经济物资，以保障革命战争的需要。对没收豪绅地主或惩罚富家多余的粮食及红军公粮，都集中到苏区中心，县和区设立粮食站。同时，号召群众实行坚壁清野，不让一颗米留给刘湘，不让一根草留给敌人。川陕省苏维埃政府在《财政经济问题决议草案》中，号召苏区政府和人民要"保证红军的给养和需要，动员一切为着战争的胜利"！同时，强调指出，"地方党和苏维埃要尽一切力量动员一切物质资源，供给红军需要和增进工农利益，来战胜敌人，巩固苏区、扩大苏区与红军"。是年，中共川陕省委在《红五月工作计划》中指出，苏维埃政府立刻通盘筹算，集中药材、谷草，节省盐、布，供给红军需要。在川陕苏区坚持财政统一收支，制定各种规章制度和财纪纪律，切实执行预算和决算。提倡厉行节约，反对贪污盗窃。同时，对封建剥削者进行没收和征发，没收占川陕省苏维埃财政收入的绝大部分。没收的主要品种是粮食、布匹、食盐、烟土、牲口、枪支、现金、机械、铜铁等。附带征发粮款作为财政补助；川陕苏区执行中央累进税率，制定《川陕省苏维埃税务条例草案》，规定税务机关的设置，税目种类及税率标准，以及对偷税者的处罚办法等；红军每次大的激烈战斗，每攻占一城镇后，总要缴获大批物品，如西药、枪弹、被服、食盐等。将机器设备及各种物资运回根据地，既改善红军部队的装备，也丰富人民的物质生活。川陕苏区成立有工农银行，其任务是"制造苏维埃货币，统一币制，流通苏区金融，实行对工农的低利和无息借款，帮助合作社的发展。"既要保证红军部队的现金供应，建立与当地国营工商业及各类合作社的业务往来；又要开展调查研究，准确发放给单位、企业和个人的贷款。在苏区，取消过去一切封建奴役及高利贷的契约、债务，有计划地调节市场物价，反对奸商活动。

民国30年（1941年）12月，通江县政府征募航空会员，先后向航空会员及机关、学校征募会费10.2万元。民国32年（1943年）8月，各地开展"一县一机"募捐活动，通江县捐购滑翔机款3.5万元，南江县捐购飞机款2307.5元。以支援前线抗击日本侵略。

1951年9月—1952年5月，通江县全县农民为抗美援朝捐献粮食194.5万公斤；巴中全县人民捐献人民币18.6万元，为志愿军购买飞机大炮；南江全县妇女为购买"川北妇女号"战斗机捐献金银首饰6.6万两，同时全县人民捐献人民币1.37亿（旧币），黄谷23万公斤。

1984年，修建巴中国家粮食储备库，位于巴城回风亭。主要担负着中央、省、地方三级粮油储备任务。后经3次扩建，占地10.47公顷。仓库容量12万吨，油罐容量2200吨，资产总额1.9亿元，年均粮食经营量11.3万吨。有先进的检测手段和输送及通风设备，具备国内一流的基础设施和作业条件。连年保持"四无粮库"及"储粮先进单位"荣誉称号。1992年，首批命名的国家粮食储备库南江国家粮食储备库，地处南江县乐坝镇，位于巴（中）广（元）公路交通枢纽，普乐铁路终端。粮库占地面积8.3公顷，仓库容量6.5万吨。有铁路专用线943米，铁路罩棚5700平方米。1992年，该粮库被确定为省粮食储备库，1997年，确定为国家粮食储备库。粮库具有货场宽、容量大、功能齐、物资周转作业灵活、安全等优势，是巴中市物资粮油库存、批发、集散中心。

（二）交通、通信动员

川陕省苏维埃时期，通江、南江、江口等地崇山峻岭，交通闭塞，运输条件落后，全靠人力，给红军的军事行动和苏区经济发展带来严重困难。川陕省苏维埃政府一建立，动员群众配合红四方面军，进行必要的交通建设。

1933年初春，红四方面军和当地苏维埃政府动员群众在各地多架一些桥梁，改造一些道路。巴中、长赤、红江、江口等县，组织群众修筑通往区、乡的道路。红军每解放一地，苏维埃政府就组织群众把道路修到那里。通过修补，很快形成以巴中、通江为中心的川陕苏区“四大干线”（巴中到通江；巴中到南江，到广元、汉中、万源、宣汉、达县；通江到江口、营山、渠县），沟通根据地内至各地的战略要地，以便于红军战略进攻和物质运输。8月，川陕省苏维埃政府配合有关县苏维埃政府，发动数万群众，历时3个月，疏通从巴中到江口、江口到苦草坝300多里河道，使河道舟船畅通，便利军民运输。在反“六路围攻”中，粉碎刘湘的经济封锁，苏维埃政府还组织群众疏通以通江为起点，沟通陕南方向的河道。河道疏通后，各渡口在当地苏维埃政府组织领导下，把修旧和新造的船按3或4只编为1个组，由红军和政府派员随船同行，组织物资运输。1933年秋，川陕省苏维埃政府组织40余只船，从恩阳河运送物资到巴中和南江，再从南江运煤或其他物资到巴中。疏通河道后的水运，不仅大大减轻人力运输难度，而且节约时间。10月，宣达战役胜利后，缴获军阀刘存厚的兵工、造币等厂数万吨物资。川陕苏区动员赤江等5个县的5000多人参加运输。军民配合，水陆兼程，经过1个多月长途跋涉，把缴获的物资全部运到通江。反“六路围攻”开始后，敌人对川陕苏区实行经济封锁，红军在粮食、油盐、衣着、弹药的供应方面都极为困难。川陕省苏维埃为支援前线，调集各县妇女干部组成“妇女运输队”，向万源前线运送物资。她们穿荆棘，攀陡崖，忍饥渴，克服难以忍受的艰辛，穿过敌人封锁线，按时把物资、弹药送到前线，保证战斗胜利进行。

至1934年，各县区对到军事要地之间的重要便道，也进行抢修，如清江渡到通江，通江烟溪场到涪阳坝的干道山路，通江沙溪嘴到苦草坝，南江八庙垭到大河口到涪阳坝的横山便道。

川陕省苏维埃时期，苏区邮政主要由地方苏维埃政府办理。各县开始由交通局办理邮政，后设赤色邮政局，区乡设代办所，负责各级机关、部队和民间邮件、电报、报刊的传递。邮政人员必须做到急件随到随送，如文件报纸封有“火速火速”字样，深更半夜都要送到。战斗打到哪里，邮政人员必须冒着枪林弹雨将标语、传单散发张贴到哪里；邮政人员既是邮政员，又当战斗员。敌众我寡时立即销毁文件。境内通江、巴中2个电话中心，实现与苏区另外两个电话中心达县、旺苍的连接，每个中心有电话总机1部，分别沟通各县党政机关和驻地红军部队机关。由于缺少电话线和电线，区、乡苏维埃之间除军事要地，一般未通电话，通信由人力传送，电话主要为军事行动服务。

中华人民共和国成立后，加强国防交通基础设施建设，提高防备连锁反应军事斗争交通保障能力。通过改造公路技术状况，改善部队进出口道路，提高部队快速机动能力。市（县、区）建立起国防交通保障运输大队，公路工程抢险大队，制定交通保障方案。

第三节 防 空

一、组织

（一）防护团。民国26年（1937年）9月，根据四川省防空司令部指令，为防备日本飞机空袭，成立巴中县防护团，由县长罗福祥兼任团长，荀景阳任总干事；团部设干事2人，文书1人，警报兵4人，工役1人，炊事兵1人；下设警报班、交通管制班、消防班、工务班、医疗班、救护班、警备班。团员由县城内每户抽一男丁充任，共300多人组成。任务是负责发放、解除空袭警报，在空袭警报后指挥军警维护城市治安和对空防御，组织人员疏散隐蔽，以及修建防空设施，对民众进行防空知识教育等。在各区、乡场镇设立防护分团，由乡镇长兼任分团长，乡队附任副分团长。民国35年（1946年）3月，巴中县防护团奉命撤销。民国37年（1948年）4月1日，又奉命恢复，由县长林翼如兼任团长，苟景阳任副团长。是年11月，奉省保安司令部训令，全川防护团一律裁撤。

（二）防空监视哨。民国26年（1937年）7月7日“卢沟桥事变”后，爆发抗日战争，根据国民党中央军事委员会指令，巴中县派员前往防空协会受训。是年10月，成立县防空监视哨。民国30年（1941年），四川省成立防空司令部，巴中县防空监视哨改编为第45防空监视队，队部设队长1人（由苟景阳担任），情报员1人，通讯员2人，班长1人，哨兵4人，炊事兵1人；并在恩阳、清江、江口、鼎山等地分设防空哨所，每哨设哨长、班长、哨兵各1人，以电话作为上下联系手段，对当地民众警报则以敲铜锣或燃放大型鞭炮为号。县防空监视队初设时，队址在衙神设（巴州区林业局处）内，后迁至南龛坡老君庙（摩崖造像左侧）内，对上联系通过巴中—阆中防空专线或西渝长途专线传递防空情报。民国34年（1945年）8月，日本投降后，奉省政府和省防空司令部令，县防空监视队于年底前撤销，人员遣散。民国35年（1946年）10月，国民政府为“戡乱”需要，恢复巴中县防空监视队，由县电话管理所主任兼任队长，下设第三、六、九哨。次年6月，又奉令撤销，人员全部遣散。

（三）对空监视哨。1952年1月，根据达县专区专员公署指示，各县建立防空监视哨。主要任务是监视台湾国民党飞机窜入内地空降特务。在建立哨所中，除加强防空知识和业务训练外，还十分重视哨所人员的政治质量。确定城市附近中心哨所由部队派5～6人担任监视工作，区乡哨所由附近民兵骨干担任。通江哨有民兵6人（内有团员3人），配备步枪6支、子弹240发，手榴弹16枚，指北针1架；南江哨有民兵6人（内有党员1人，团员1人），配备步枪4支、机枪1挺，子弹1060发，指北针1架。1953年12月通江县《空情哨、大众情报网组织统计表》记载：全县在县城（南门外），碑坝各设中心哨1所，在长坪、洪口各设一般哨1所；中心哨由公安队、独1连派人合守，一般哨由民兵防备，初期白天2人，夜间5人，其后白天不防，夜间设防。1957年12月14日，达县专区成立防空指挥部，要求各县在党委统一领导下，由公安局、民警队、兵役局1～5人组成防空指挥小组，并设专职或兼职人员管理这一工作；在通江、南江、巴中3县设立防空监视哨，根据控制面广、通讯联系便利等条件，选择区、乡场镇设立。鉴于敌机一般是在夜间偷入内地侵扰，为不影响农业生产，平时白天不进行专门监视，夜间派专人进行，其成员在复员建设军人和民兵骨干积极分子中选拔，时间每人日2小时左右，以免过度疲劳影响生产。监视哨所需之经费，灯油费在民兵事业费内开支；防空哨所需避寒大衣，由成都军区后勤部负责解决。

1971年5月，根据四川省军区4月21日《关于撤销全省对空观察哨的通知》，各县对空观察哨一律撤销。

二、工事

“中华民国”时期，通江、南江、巴中、平昌4县均未修建防空工事，仅有一些天然洞穴供防空之用。

1969年8月，毛泽东批转中央军委办事组《关于加强人民防空工作的报告》下发后，根据达县地区人民防空领导小组《关于一九七〇年人防工作意见》，各县、区、公社人防领导小组层层召开会议，充分发动群众，坚持因地制宜，自力更生的原则，全面规划，加强指导，就地取材，因陋就简，按照小型、分散、地下、坚固的要求，大力修筑防空工事。各地在构筑人防工事中，不断开展战线教育，反复解决认识问题；组织少量专业队伍常年施工和发动群众业余施工相结合；抓好的典型，组织现场参观，典型引路，带动全面；领导亲自到后进单位检查督促。1970年9月10日，达县地区战备人防领导小组关于《三季度人防工作情况报告》中记载：巴中县以胜利街（西城街）为重点，以民兵为骨干，发动群众挖3个地下防空网，全长2244米，可容纳2500多人，占街道总人口的70%。3个防空网，有进出口31个，并有通风，排水设施，洞内条条通道纵横交错，初步连通搞活，能防能打、能机动。

1971年，南江县战备人防领导小组把县城区域人防工事构筑作为人防工作的重点，从实战出发，对县城人防工程全面规划，统一安排，人防办加强业务指导，狠抓落实。各机关单位和城镇居民按照全城规划，根据具体情况，相应制订自己的规划，在哪个地方挖洞，施工措施，规格质量，与左邻右舍的联系等，都有明确规划，避免盲目施工，相互产生矛盾；凡有条件的地方，都把工事连通搞活，逐步做到能藏身、能疏散、能生活、能生产。在施工中，坚持自力更生，勤俭办事，自己动手，土法上马，因陋就简，就地取材，利旧利废，大搞技术革新和综合利用。许多单位都做到没有材料自己找，没有工具自己造，不懂技术干中学，没有时间加班干，坚持每天“挖山不止”。至1972年6月底，各县构筑人防工事面积为巴中4300平方米，南江926.1平方米，通江1194平方米，平昌1685.5平方米。以上人防工事，由于人防办撤销后，无专门管理机构，在城市建设中，绝大部分工事已被毁。

三、演习

1970年以来，各县和大型厂矿、企事业单位相继举行防空演习。是年7月9日晚10时10分，通江县战备人防办公室使用电话向各区（镇）人防办发出“警报传递学习”信号，用时5分钟；10时18分补充传递到先未摇出的永安、瓦室、涪阳等区人防办，前后共用时11分钟。多数区人防办接收信号后，立即向领导作汇报。10时31分，向各区（镇）发出“解除警报”信号，至10时33分传递完毕，共用时2分钟。

1971年1月14日下午，平昌县人防办乘达县军分区野营拉练部队途经平昌县城之机，联合举行1次军民防空演习。历时近2个小时，进行群众紧急疏散隐蔽；部队、民兵、防空专业队伍进入战斗位置；实施对空射击，围歼敌空降兵；抢修车渡码头，救护伤员，扑灭火灾，修复水管、电线，以及维护社会治安和交通秩序、架设电线，沟通联系、保障指挥等多项目的综合演习。整个演习充满军爱民、民拥军，军民团结，实行人民战争，共歼来犯之敌的紧张、热烈的战斗气氛。下午1时30分，县战备人防领导小组（防空指挥部）通过广播向全城军民播发“空情通报”和防空“预备警报”信号；随后，部队、民兵和防空专业队伍，以战斗的姿态，在2分钟内集结完毕，进入战斗岗位；城区广大群众，有组织、有领导、快速、肃静地在3—10分钟内进入防空工事，到达指定位置疏散隐蔽。当指挥部发出“紧急警报”后，全城上下，一片寂静，部队、民兵和专业队伍都严阵以待。当象征“敌机”的气球临空时，在通江、巴中河岸制高点，部队和民兵立即响起密集的枪声，“敌机”被击落。此时达巴公路渡口处（无公路大桥）爆炸声起，一号观察哨报告：“车渡码头被炸坏”；三号观察哨报告：“华云庵高地‘敌机’在伞降”。指挥部首长立即令抢修队迅速抢修码头，春光大队民兵连包围华云庵。在该两地的部队亦配合民兵完成抢修任务，命令发出不到2分钟，部队、民兵抢修队已赶到渡口码头，投入抢修战斗。通过这次防空演习，极大地锻炼广大民兵和群众，增强战备观念和防空意识。

第四节　国防教育

一、学校国防教育

民国元年（1912 年）9 月起，巴州各高等小学开设学生军训课，每周设置 2 节体操课，内容以兵式为主，项目有跑步、队列、刺杀和野外演习等。民国 4 年（1915 年），各校体育增加国术，聘请拳师教导拳法。是年，南江县第一、第二高等小学开始上体操课，按《步兵操典》进行操练，主要教导队列、队形、步法等。至民国 12 年（1923 年），改设国术课，学习军事拳术。

民国 8 年（1919 年）五四运动爆发后，巴中中学开展反帝反封建的爱国主义教育。民国 12 年（1923 年），曾参加五四运动的北京大学毕业生赖虚室担任该校校长，发动学校订阅进步书刊，积极传播进步思想，对学生进行科学与民主的宣传教育。民国 15—18 年（1926—1929 年），学校掀起以反对军阀苛捐重税，支持农民斗争为中心的 3 次学生运动，全城各校罢课，上街游行示威，砸烂禁烟查缉局，捣毁联团办事处，怒烧征收廒册，到处发出“快邮代电”，轰动成都、重庆、上海等地。

民国 26 年（1937 年），抗日战争爆发后，各地学校广泛开展抗日救亡活动。民国 27 年（1938 年）起，各县奉令实施《学生战时后方服务组织训练办法大纲》，在高中、师范学校设置军训课，每周 2 课时，每天早操，身着统一服装，绑腿皮带，实行军事化管理。是年，巴中县各学校大都组织抗日文艺宣传队，演出《花子献金》等文明戏，大唱《保家乡》等抗日歌曲。简师教师、中共党员杨正武、李雪峰等，在学生中教唱《大刀进行曲》《青年前进歌》等抗日歌曲，编印《巴中之声》《老百姓》等刊物，发表抗日文章。南江县在各级学校增设抗战时期“公民”课本，教唱抗日救亡歌曲，中小学师生上街演出抗日“文明戏”。

民国 29 年（1940 年）夏，通江县政府举办教师讲习会，中共党员肖中鼎（川陕鄂边区绥靖公署设计委员会通江分会副主任）讲时事，宣传抗日救亡。

川陕省苏维埃时期，川陕苏区各中小学校四处写有“打倒帝国主义”“打倒土豪劣绅”“工农专政”“平分土地”“中国共产党万岁”“红军万岁”等标语，苏维埃政府编印《革命三字经》、《消灭刘湘三字经》等教材，教导学生争民主、争自由、要革命、求解放。同时，从适应战争的需要出发，各列宁中学、小学将体育课与军事训练相结合，开设项目有紧急集合、刺枪、劈刀、瞄准、打靶、投弹、爬山、翻越障碍及球类活动等，每周授课 3 节，按照军事化、战斗化的要求进行，训练严格，半月或一月比赛一次。

中华人民共和国成立后，各中小学一直把爱国主义教育作为德育的重点，无论课本和课堂内外，都充满爱国主义的话题和教诲。1950—1953 年，巴中中学根据国家新民主主义文教政策，结合抗美援朝、减租退押、清匪反霸、土地改革、镇压反革命等政治运动，对学生进行爱国主义和国际主义教育，肃清“恐美、崇美”思想，开展“抗美援朝”和“中苏友好”活动，不少学生积极捐款购买飞机大炮，支持抗美援朝，并有 19 名学生申请参加中国人民志愿军，奔赴朝鲜前线。同时，学校军事体育直接受县人武部领导，教材、器械很少，除队列训练外，只有手榴弹投掷，随田径项目开展比赛。

1955 年，巴中中学对学生进行《中小学生守则》教育、“防奸反特”教育，学习“全国社会主义青年积极分子大会”精神，做到“身体好、功课好、品行好”，准备为祖国为人民服务。次年 2 月，不少学生积极报名参加国防建设，有 24 名适龄青年应征入伍。

1959年至1962年初，军事体育由县体委领导，县人武部兼管，开设项目增加小径步枪、运动手枪、无线电收发报和航空模型等，由原来只限于在武装干部和民兵中开展扩大到各级中学。上级体委发给巴中县小口径步枪48支、子弹2.85万发，以及航空模型、无线电器材等，供开展单位使用。巴中中学、巴中师范、恩阳中学、清江中学等，是开展军事体育较好的单位。

1963年起，各级中学校以雷锋、王杰为榜样，开展“学英雄，见行动”的活动，学生中做好人好事蔚然成风，受到社会的普遍赞扬。是年，巴中县体委通过选拔组队，由巴中中学、巴中师范男女生6人，参加达县地区射击锦标赛，获团体总分第1名。巴中中学射击队队员孙思荣、白贵正，在全省中学生射击比赛中，分获第1名和第3名。

1965年夏，巴中县利用暑假开展国防体育运动，结合训练一批无线电报务员；开学后，又在各中等学校开展此活动，先后参训学生500多名，达到训练标准的65名。是年7月23日，县人武部协同县体委，组织巴中中学、巴中师范两校学生122人，以1天时间，进行野营拉练活动，编成1个连、3个排、9个班。活动内容包括急行军、防空演习、搜山、捕捉空降特务，小口径步枪射击、人民解放军和民兵传统教育等。

1971年，学校军体课改为军训课。是年，巴中中学全校学生学习解放军野营拉练，步行25公里，前去化成水库参观。

1983年起，各县在各中小学校坚持升国旗制度，对学生进行爱国主义教育。1987年9月，巴中县人武部首次对巴中师范90级学生实施军事训练。1989年9月，南江县文教局和人武部联合对县城两所中学高一年级学生600余人，进行为期10天的军事训练，以国防教育、军事知识为主要内容。

20世纪90年代，各县许多中学都把国防教育纳入教学计划，进行爱国主义和国际主义教育，包括国家观念，国家利益高于一切的教育；热爱祖国河山、文化、人民以及历史的教育；正确认识中华民族思想文化优良传统，抵制资本主义腐朽思想影响的教育；社会主义建设伟大成就的教育；为祖国富强，人民富裕贡献青春的教育；尊重兄弟民族，遵守民族政策，维护民族团结和祖国统一的教育；独立自主的和平外交政策，热爱和平，发展同各国人民友好交往和合作的教育；献身人类进步事业的教育。1991年，通江县人武部领导分别到县党校、通江中学给党员、学生们上国防知识课，受到老师和同学的普遍欢迎。巴中县为增强中学生的国防观念和军事知识，组织各区人武部对本区高93级41个班的3200多名学生，于9月下旬进行7—10天的军事训练。县人武部首先在城区所在的巴中中学、二中、巴中师范3校进行试点。为保证训练效果，成立学生军训团，由人武部2位主要领导任团长、政委，军事科长任参谋长，抽调13名机关干部担任指导员和教员。主要实施以队列为主的军事训练，以国防教育为主的政治教育。学生训练结束后，于国庆节前夕举行阅兵式、分列式和游行，在群众中影响很大。1997年，通江县人武部对涪阳中学、县职教中心的761名师生，进行以队列、射击和国防知识教育为主的军事训练。1998年，全地区有100多所中小学，职业学校进行军训，参训学生达7万多名。1999年上学期，通江县人武部对通江中学、县职教中心的800名师生利用双休日进行队列、射击和国防知识教育。

2000年起，市、县（区）党校、中小学校都开设国防教育课，“八一”、国庆和“国防教育日”，均开展国防教育活动。

二、社会国防教育

1933—1935年，川陕苏区在创建和发展人民军队、建立和巩固苏区过程中，采取多种多样的教育措施，通过“打土豪、分田地”“消灭刘湘”“保卫苏区”“赤化全川”的宣传动员，大力发展群众武装组织，广泛建立赤卫队、少先队、童子团，发动他们踊跃参军、支援前线，扩大红四方面军等方式对群众进行教育。并依靠农会、工会等群众团体，引导群众发展经济，支持革命战争。

抗日战争时期，国民政府广泛开展国防教育，提倡“新生活运动”，号召群众节衣缩食支援前线。

民国28年（1939年）7月，四川省动员委员会农村巡回工作团到巴中视察，联合各界举行抗战2周年纪念大会，表演新剧，为救济成渝被炸难胞举行游艺劝募，募捐银元150元。通江县成立战时民众训练指导委员会，开展战时民众训练。战时民众训练干部讲习会开设精神训话、生产建设、防空与防毒、制式教练等课程。南江县编印《收音消息》，专辟《抗战国事》栏，介绍抗日消息，在全县开展“国难当头，抗战守土”宣传。民国30年（1941年），南江县政府印发《行政干部必读教材》，指出“日本是我们的敌人……发动战争，想灭亡我国，我们赶快团结起来，打倒日本”，“国家总动员，……人力集中、物力集中，来争取最后胜利。”动员民众订立《国民公约》，“不违背国家民族利益，不做汉奸和敌人内应……”。

民国31年（1942年），巴中县化成小学教师、中共党员王叙伍等和学生一起，以抗日救国为内容，自编自排20多个话剧和曲艺节目，先后到仁和、南阳、寺岭、石门等地为群众演出，宣传抗日救亡。

中华人民共和国成立后，在抗美援朝战争中，各县广泛深入地开展抗美援朝、保家卫国的宣传教育，激发广大群众的爱国热情，提高国际主义觉悟，掀起积极支援战争、踊跃参军入伍，捐献飞机大炮的热潮。1951年，通江县举行大规模游行、签名、捐献和劳军活动，支援抗美援朝。南江县动员群众给志愿军写信2万余封，送慰问品8062件。

1979年后，随着工作重点转移，全民国防教育进一步加强。巴中县利用全民教育时间和党校培训各级干部的机会，开展国防教育；结合民兵训练、整组、征兵等时机和节假日活动，重点在民兵中抓好国防义务、国防知识、国防方针、国防精神的教育，使广大民兵预备役人员增强国防观念。通江县把国防教育纳入民兵政治教育的主题，重点在民兵中加强国防观念的教育培养。是年，在达县地区国防教育研讨会上，通江县有3篇论文获奖。到1989年，南江县订阅《国防时报》《中国民兵》《西南民兵》等报纸年均1620份；大部分区乡人武部，采取不同形式举办国防知识竞赛。1990年，通江县人武部着重抓以突出农村民兵国防观念为主要内容的全民国防教育。利用广播、电影、录像等形式，进行直观形象地教育，县人武部挤出经费1万余元，与县电影公司、广播电视局及各区乡（镇）电影队、文化站、广播电视站等联合开办国防教育系列节目，举办国防教育电视放映周，录像专场和广播讲座等活动；成立10多个民兵国防知识宣讲组，巡回演讲近100次；组织群众开展国防知识竞赛9次，在干部群众中颇具影响。5—8月，县、区、乡（镇）人武部举办“诺水杯—公民与国防知识”有奖竞赛活动，全县有5000余名各界人士参赛，推动全民国防教育向更深层次发展。抓重点、带一般，分层次实施跟踪教育和送教育上门。重点抓好干部、党团员、民兵和学生为主体，带动广大群众；对外出流动人员，掌握在外动向，组织跟踪教育，实施“流动教学”。通江县有7000多人长期在外务工经商，其中90%以上的人员通过不同途径受到国防教育。请老红军、老八路、退伍军人、战斗英雄给民兵讲优良传统和革命武装斗争史，组织民兵参观川陕苏区军史博物馆和革命烈士陵园，极大地调动广大适龄青年踊跃应征、报效祖国的积极性。全县有9000多名青年报名应征，相当于征集人数的30倍。在县党校、区乡业余党校开辟国防知识课，在民兵训练基地和民兵之家开办国防知识短期培训班，逐步建立一支国防教育骨干队伍，全县共举办短训班15期，培训骨干2500余人。

1991年以来，南江县各级党委、政府、人武部、厂矿企业和中小学校，以《四川省国防教育条例》为依据，广泛开展以爱国主义为核心的国防观念、国防法律法规、国防知识的教育，有力地推动全县民兵、预备役工作的全面建设。至1994年9月，经过检查评比，沙河区人武部等19个单位、赤溪乡人武部部长冉德江等15人被评为“全县国防教育先进单位”和“先进个人”。

1994年，在军分区的领导下，各县（市）人武部利用老区的优势，加大国防教育力度，使全民国防教育逐步系统化、规范化、制度化。全地区建有国防教育领导机构92个，国防教育中心16个，辅导站169个，活动室1546个，办墙报1467期，编写文艺节目33个，演出142场（次），撰写国防教育论文26篇。是年，在全国国防知识竞赛中，通江县人武部黄泽平获得“三等奖”；同时通江县在通江中学、诺江小学开展“爱祖国、爱长城、争作小军人”系列教育活动。巴中市（县级）各乡镇人武部订阅《国防时报》《西南民兵》等报纸杂志1250份；不少乡镇党委书记利用党员培训、民兵集结点验等机会，亲自讲国防教育课；在纪念“六一九”、“八一”、征兵、整组等活动中，对广大民兵进行“三热爱”教育；在城镇街道、交通要道醒目的地方，书写永久性标语230幅，举办宣传《兵役法》和《民兵工作条例》的板报、墙报150余期，以增强国防教育的广泛性。

1995年，全地区在深入贯彻《四川省全民国防教育条例》的基础上，结合庆祝世界反法西斯斗争和抗日战争胜利50周年，大力开展以爱国主义为核心的国防教育，重点抓住干部、民兵预备役人员和以中小学生为主的青少年教育。干部教育方面，定期在各级党校接受培训，定期听取国际形势报告，定期参加各级武委会、议军会和过“国防教育活动日”并形成制度；民兵预备役人员，坚持每年搞一、二次国防知识竞赛，坚持刊授教育；在中小学生中，爱国主义教育、学生军训、进少年军校，学科学知识与国防知识传授相结合，逐步制度化。

1996年，结合纪念红军长征胜利60周年，大力开展以弘扬红军精神，坚持爱国主义为核心的国防教育。充分利用老区特有的优势，组织参观红军遗址和爱国主义教育基地，接受优良传统教育；一些中小学校开展“重走长征路”等系列活动，缅怀革命前辈的丰功伟绩，从小牢固树立国防观念，争当红军传人。“八一”期间，4县（市）人武部均组织党政机关领导过1次“军事日”活动，进一步增强他们的国防意识。是年，地区国防教育领导小组还对基层贯彻落实《四川省国防教育条例》情况进行全面检查。全地区建有国防教育领导机构115个，国防教育中心40个，活动室1100个，办墙报、橱窗800多期，地、县（市）广播、电视、报纸等传播媒体都开办有《国防教育》栏目；巴中电视台在黄金时段连续播映国防教育系列片《跨世纪的国防之路》，收视观众达100万余人。

1997年，结合我国政府恢复对香港行使主权和党的十五胜利召开这两大盛事，广泛开展以爱国主义、集体主义、社会主义为主要内容的国防教育。全地区共办宣传橱窗1400多期，印发宣传资料5万多份，举办文艺演出50余场，有5万多人参加四川省国防知识竞赛。通江县人武部组织100多对新郎新娘把结婚典礼定在回归日，以表示对祖国收回香港的热烈祝贺。

至1999年，全地区共组织8.2万人参加国防知识竞赛，先后有278人获奖。

第三十五篇

教育

第一章 学 校

第一节 普通学校

一、幼儿园

清朝末年，境内始设蒙养院，开展启蒙教育。

民国初称蒙养园。民国14年（1925年）实行新学制，改称幼稚园，招收3岁至6岁儿童入园学习。民国17年（1928年）巴中县福音堂（今巴中四小址）开办幼稚班，招生28人。民国21年（1932年）入园42人。民国32年（1943年）改称福德幼稚园，民国35年（1946年）迁文庙（今巴州区武装部）。

民国24年（1935年）南江县在关帝庙创办幼稚园。民国37年（1948年）通江县铁佛乡私立益民小学设幼稚班，招收24人。中华人民共和国成立后称幼儿园，各县公办园先后建立。1950年南江县城关小学和神潭小学率先开办幼儿班。1952年通江县一完小设幼儿班，招收28人，教师1人。1953年巴中县城关区一完小和恩阳镇一完小，分设幼儿班，各招35人。1955年平昌县城守小学附设幼儿园，招收25人。

1958年，贯彻省教厅关于教育“大跃进”的决定，境内各县公办幼儿教育迅猛发展。至次年，巴、南、通、平四县，共办幼儿园4165所，入园幼儿达到110454人，教师4628人。其中，公办14所，入园779人，教师27人；民办4151所，入园109675人，保育员4601人。

1960—1962年，经济特别困难，民办幼儿园相继停办，只保留部分公办幼儿园。1965年，巴中县21所，入园536人；南江县4所，入园180人；通江县1所，入园142人，教师3人；平昌县3所，入园119人。

1966—1971年，全国内乱，幼儿园停办。1972年公办幼儿园开始恢复。1976年农村幼儿园也逐步恢复。到1979年，巴中县幼儿园发展到1740所，入园46872人；通江县达到134所，入园3754人，教职工217人。

1985年，境内幼儿园增加到1924所，入园幼儿16161人，教师1485人。其中，巴中县876所，入园29096人，教师888人；南江县253所，入园7883人，教师254人；通江县431所，入园8451人，教师311人；平昌县364所，入园10731人，教师392人。

1986—1993年，境内幼儿教育由外延型向内涵型发展。幼儿园所数由1924所调整到1019所，减少905所。入园幼儿却由56161人增长到145377人，净增89216人，入园率达到47.4%。其中，巴中县入园率53.5%，南江县37.7%，通江县45.8%，平昌县41.9%。教职工共3033人，其中园长20人，教师2958人，保健员42人，工人13人。

1993—2000年，辖区幼儿教育由数量型向质量型发展。公办幼儿园调整为341所，3744班，在园75983人，教职工2857人，其中，园长49人，教师2675人，保健员113人。附设学前班的小学由795所增至1224所。农村季节性幼儿园由678所减至7所，入园260人，教养员7人。1998年，全区教育改革工作会议后，鼓励私人办园。到2000年私立幼儿园达117所，在园幼儿12328人，教职工423人，2000年，全市幼儿总数166718人，入园88314人，入园率53.1%。

二、小学

隋朝开皇二年（582年），诏行科举考试，令州县置学，《巴州志》载：时置学宫于今书院街。

唐玄宗开元二十六年（738年）诏州、县、乡、里并置学，巴州立丹梯书院于治西金榜山下状元溪畔。国学（公立小学）渐及乡、里。宋庆历四年（1044年）巴州复立州学于治西（今巴中中学址）。元、明、清三代累毁累建。清同治七年（1868年）最后重建，命名为云屏书院。

清乾隆十年（1745年）南江县创建公山书院；乾隆二十七年（1762年）巴州复修宕梁书院；乾隆二十九年（1764年）通江县建东皋书院。

清嘉庆二十年（1815年），诏州县筹资置学田，兴办义学，贫苦子弟免费入学。巴州城始创正谊书斋。清道光一至五年（1821—1825年）巴州建望江书斋（江口）、引胜书斋（得胜）、正本书斋（兰草）、肇义书斋（驷马）、营书斋（游击署）、迎恩书斋（恩阳）、临溪书斋（渔溪）、步青书斋（清江）、浣花书斋（花丛）、壁山书斋（鼎山）、翠曾书斋（曾口）、慎永书斋（梁永）、疑三书斋（三江口）、经义书斋（天马山）、振玉书斋（玉山），共16所。清道光六年（1826年），通江县建义学18所：昌士斋（县治）、端本斋（草池）、清益斋（新场）、近性斋（铁厂河）、宣化斋（平溪）、始基斋（西河口）、蒙养斋（马家坪）、正始斋（杨柏）、学营斋（毛浴）、就正斋（瓦石铺）、明礼斋（泥溪）、上达斋（两河口）、尚志斋（朱桠庙）、敬业斋（洪口）、立恒斋（刘坪）、崇德斋（蜈蚣口）、董德斋（大梁城）、敦始斋（白桠口）等。

清同治七年（1868年），巴州恩阳建育才书院和文治书院；清江建步青书院、花丛建龙池书院，光绪六年（1880年），南江县长池乡建龙池书院。巴地书院9所，义学34所。

清光绪三十年（1904年）诏停科举，改儒学署为劝学所，改书院（斋）为学堂。是年巴州设高等小学堂。次年南江县、通江县均设高等小学堂。到清宣统三年（1911年），巴、南、通三州县共有高小4所。

民国元年（1912年），州、县衙署改称为公署，仍为劝学所。书院、义学、私塾均改为小学堂。巴州建高小2所，初小222所，女子初小8所。通江县建高小1所，初小7所。

民国2年（1913年）改巴州为巴中县，江口置巴中县分署。民国6年（1917年）南江县建女子高小。巴中县建江口镇高级小学堂。民国9年（1920年）通江县建女子高小。

民国14年（1925年）实行新教育制度，巴、南、通三县改劝学所为教育局，改学堂为学校，改学区董事会为教育会。是年，巴中设高小13所，初小215所。其中女子高小2所，初小3所。

1933—1934年，川陕苏区设巴中特别市和通江、南江、平昌等县，开办高级列宁小学和工农小学共109所。其中，巴中20所，通江县苦草坝特别区14所，南江县60所，平昌县15所。学生约3000人。

民国29年（1940年），实施国民教育，乡（镇）小学称乡（镇）国民学校，农村小学称保国民学校。境内共有乡中心国民学校57所，保国民学校528所。在校学生22919人，其中，巴中县15888人，南江县3150人，通江县3881人。

民国38年（1949年），四县共有乡中心国民小学78所，保国民小学728所，在校学生23590人。其中，巴中县有乡中心国民学校22所，保国民学校273所，在校学生5812人。南江县乡小17所，保小139所，学生5700人；通江县乡小18所，保小121所，学生3316人。平昌县乡小21所，保小195所，学生8762人。

1950 年初，境内各县人民政府建立，小学分为完小、中心初小、初小三类。巴中县恢复完小 13 所，中心初小 10 所，初小 180 所，在校学生 11370 人。平昌县恢复完小 12 所，中心初小 12 所，在校学生 876 人。通江县恢复完小 9 所，初小 27 所。1953 年，巴中县李朝文捐资修建恩阳区一完小第一幢教学楼。

1958 年，境内共有小学 3020 所，在校学生 222430 人。其中，巴中县 1530 所，学生 78412 人。南江县 76 所，学生 49980 人。通江县 864 所，学生 53248 人。平昌县 550 所，学生 40790 人。

1960—1962 年，境内共有小学 2784 所，在校学生 142818 人。因天时人事，四县共调减小学 925 所，压缩在校学生 79612 人。

1966—1970 年，“文化大革命”运动实行停课闹革命。

1971 年开始复课。到 1976 年，四县共有小学 4933 所，在校学生 272446 人，比 1962 年增加小学 2049 所，增加学生 129628 人。

1980 年，全国教育工作会议确定大力普及小学教育，境内小学调整为 4500 所，扩大办学规模，在校学生达到 441494 人，比 1976 年净增 109048 人。

1984 年，经省、地检查验收，巴中县达到教育部颁布的小学教育普及标准，被省政府授予“基本普及初等教育县”的称号。

1985 年，普及初等教育的速度加快。巴中县小学 1258 所，在校学生 161866 人，入学率 97. 2%，巩固率 96. 1%，合格率 96. 1%。南江县 756 所，学生 92838 人，入学率 92. 6%，巩固率 96. 3%，合格率 98%。通江县 851 所，学生 101720 人，入学率 91. 7%，巩固率 94. 7%，合格率 85. 8%。平昌县 858 所，学生 51481 人，入学率 95. 8%，巩固率 94%，合格率 94. 9%。四县共有小学 3723 所，在校学生 407905 人，平均入学率 94. 33%，巩固率 95. 28%，合格率 93. 7%。

1986 年，贯彻实施《中华人民共和国义务教育法》（以下简称《义务教育法》），重点转向普及 9 年义务教育，进一步加速普及初等教育的步伐。到 1993 年，境内四县共有小学 3109 所，学龄儿童 262313 人，入学儿童 255922 人，入学率 99. 7%，巩固率 99. 2%，合格率 93. 8%。经地县检查，巴中县 37 个乡镇超过教育部规定的普及初等义务教育的标准，文教局等 7 个单位被达县地区授予“普及初等教育先进单位”。

1994 年 9 月 16—17 日，巴中地区召开首次教育工作会议，讨论通过《巴中地区贯彻〈中国教育改革和发展纲要〉的意见》和《巴中地区实施九年义务教育的规划》，决定在 2000 年前，基本普及九年制义务教育，基本扫除青壮年文盲，普及初等教育纳入“两基”总体布置一起抓。地区教委深入高、中、低山区学校调查，发现村社小学布点分散，乡镇小学重复建设，教育资源浪费严重，决定调整布局，合理重组，精简机构，提高办学效益。到 1996 年，全地区学校所数由 1993 年的 3109 所，调减到 2193 所，而在校学生则由 255922 人增加到 314425 人，入学率 99. 00%，巩固率 98. 98%，合格率 95. 55%。经省地检查评估，达到部颁普及小学教育的标准，巴中地区胜利完成普及初等教育的历史任务。

三、中学

境内最早的公立中学是巴州中学堂，始于清光绪三十三年（1907 年）。首任堂长李本善；校址云屏书院。民国 14 年（1925 年）更名巴中县初级中学校。邱苔荪、钟定九、戚孟鸿、戚寿椿、赖虚室、吴克生、张必清、马朝海、谢宝熔先后任校长。

民国 16 年（1927 年），通江县初级中学创立，校址东皋书院；民国 38 年（1949 年）始招女生。民国 17 年（1928 年），南江县初级中学创立，校址龙山书院。民国 19 年（1930 年），巴中县女子初级中学创立，简称女中。校址文庙左侧（今巴州区委大院）。陈纯中、钟定九、张学荃、陈懿德、吴文润、何长华先后任校长。

1933年，川陕苏区在巴中县建列宁中学，在通江县苦草坝建工农中学。

民国27年（1938年），巴中县在简师附设初中班1个，次年招收男生2个班，女生1个班。民国28年（1939年），南江县长池初级中学建立，校址龙池书院。简称二中。民国33年（1944年），巴中中学升为完中，严泰寅、刘仲民、刘瑞先后任校长。民国36年（1947年）四川省立巴中高中创立，李启君任校长。简称省中，与巴中中学同校园。

民国37年（1948年），平昌县初级中学创立。校址望江书斋，后为私立巴阳初级中学，今江口镇华严山麓。民国38年（1949）境内四县有省立高中1所、县立完中1所、初中3所、女中1所、附设初中1所，共7所。

1950年初，巴中县省高中、县中、女中、简师合并为川北公立巴中中学校。南江、通江、平昌县立初中相继恢复，分别称县一中。1952年，巴中县私立奇章中学改为公办，迁清江渡，更名巴中县第一初级中学，简称巴一中；恩阳私立初级中学改为公办，更名巴二中。1956年，巴中县花丛、玉山初级中学创立。南江县新办长赤、大河初级中学。通江县在永安建第二初级中学，在铁佛建通三中，在涪阳小学附设初中。平昌县在响滩、泥龙、得胜建立平二中、平三中和平四中。

1958年，巴二中改为恩阳中学，升为完中；新建渔溪、鼎山、曾口、化成、茶坝初级中学，兴办民中18所，附设初中班92个；次年，巴一中改称清江中学，升为完中，新办城关、平梁初中。南江县一中改称南江中学，升为完中，新建下两、麻柳初中（后迁赶场）；次年，建沙河初中。通江县一中改称通江中学，升为完中，迁佛爷岩新址。通二中、通三中和涪阳附设初中，更名为永安中学、铁佛中学、涪阳中学；次年，广纳、至诚中学建立；1960年，瓦室、杨柏、平溪、铁溪、洪口中学建立。平昌县一中，更名为平昌中学，升为完中，新建元山、驷马、镇龙初中；次年，西兴、红旗、云台初中建立；平二中、平三中、平四中更名响滩中学、泥龙中学、得胜中学。

1959年，四县共有完中6所，初中33所。其中巴中县完中3所，初中9所；南江县完中1所，初中5所；通江县完中1所，初中10所。平昌县完中1所，初中9所。

1960—1963年，调减中学所数和招生人数，压缩在校生。四县共减停中学15所，压缩在校中学生5668人。1964—1965年，停招停办中学相继恢复。

1966—1970年，“文化大革命”运动武斗严重，中学停课。1971年，军宣队和工宣队分别进驻城镇中学校，各校先后复课。城市中学改为三二制，农村中学改为二二制。取消考试，由推荐升学。

1972年，达县地区批准建立高、完中94所，其中巴、通、南、平4县32所。到1976年，“十年内乱”结束，境内有中学46所，在校学生89943人。

1978年，落实知识分子政策，恢复六年制和升学考试，大力发展中学教育，提高教学质量。1982年巴中中学、通江中学被省政府确定为首批重点中学，正县级事业单位。平昌中学、南江中学、恩阳中学、永安中学为地区重点中学。1985年，巴、南、通、平四县的中学猛增到146所，增长218%；在校学生达到111788人。

1986年开始，重点普及九年制义务教育，调整中学布局。部分完中调整为职业中学。大部分附设初中班改建为单设初中。到1993年，四县共有省重点中学2所，地区重点中学4所，县完中20所，附设高中2所，在校学生13459人，教师1175人；单设初中156所，附设初中122所，在校学生93366人，教师6028人。合计高中25所，初中156所，学生106825人，教师7203人。县城基本普及初中教育。

1993年10月，工作的重心是普、职、成三教统筹，在2000年前基本普及九年义务教育，基本扫除青壮年文盲。是年小学适龄儿童入学率达98%，青壮年非文盲率达94%，初中普及率达63%。经省地检查评估，1998年和1999年，巴中市（县级）和平昌县、通江县先后达到教育部验收标准。全区全面完成普九和高标准扫除青壮年文盲的历史任务。

2000年，地区行署批准巴州区增设南屏中学（初中），通江县增设实验中学（高中）和第三中学（初中）；省政府批准平昌中学为省示范中学。是年，全市共有省重点（示范）中学4所，完中22所，附设高中点5个；初中96所，附设初中点98个。高中在校学生17428人。初中在校学生123993人。中学教职工8996人，其中，高中教师1053人，初中教师6088人。高中所数比1993年25所增加1所；在校学生比1993年13459人增加2969人；教师比1993年1175人减少122人。初中所数由1993年156所调减到96所，在校学生比1993年93366人增加30627人，教师比1993年6028人增加60人。

四、中专

（一）师范

民国13年（1924年），南江县开办简易乡村师范传习班，时称简师（速师）。1958年创办南江师范学校，当年招生50人。1962年并入巴中师范。1976年复办，1984年停办。

民国26年（1937年），巴中县开办简师。到民国38年，共招13班，690人，毕业11个班、232人（女生29人）。首任校长刘震东。1950年并入县中。1953年新建巴中师范，次年9月从达县师范和宣汉师范调入1957级三个班，生源遍及达县专区12个市县。1955年首次在境内四县招收新生200人。校长杨元荣，教导主任陈锡麟。到1966年，共招51个班，学生2497人。其中，中师37班，1790人；幼师2班，104人；初师7班，366人；速师2班，93人；民师1班，35人；社来社去2班，109人。共毕业39班，1890人。1967—1970年停办。1971—1976年招生2年制中师班，1122人。1977年分文、理、艺、体班教学。1983年实行定向招生。1984年定为正县级事业单位。到1985年，毕业27届，分配工作4619人，遍及达县地区。其中任中小学校长200多人，评为省、地、县先进模范300多人。1993年在校学生725人，教职工113人。到2000年，共招新生1840人，毕业1720人。其中5年制专科班200人。是年，巴中师范为巴中地区教师培训中心，重点转向教师技能培训和学历提升教育。

民国34年（1945年），通江县开办简师，招生8人。至民国38年（1949年），先后招生5个班，学生260人，毕业91人。在校教职工19人。1950年并入通江中学。1957年复招中师班50人。1959年正式建立通江师范。1962年并入平昌师范。1984年复办，到1985年毕业分配850人。1997年停办，是年，与县职中、县成人中专校、广纳职中，进修校等4校合并建立通江县职教中心。

1950年，平昌县办中师班2个，学生100人。次年建立平昌师范。1960年在校中师班7个，初师班4个，幼儿班4个，速师班4个，学生660人。次年停办初师、幼师和速师，保留中师5个班，学生204人。1984年经达县地区检查评估为正县级事业单位。在校学生512人，教师78人。1998年停止招生。

（二）普通中专

1995年，巴中市（县级）职中开办财会、电工普通中专班各1个，招生93人。是年，南江县成人中专校招收普通电子技术、机电、农经、财会普通中专班各1个，当年招生2个班，95人。1998年巴中毕业93人，招生102人；南江毕业95人，招生64人。到2000年，两校先后招收6届、20个专业班、学生837人，毕业524人。在校学生最多时达14个班，567人，教师52人。

五、特教

1990 年，境内平昌县开办第一所聋哑学校，当年招生 7 人，其中男生 4 人，女生 3 人；教职工 6 人，其中教师 3 人。1992 年，南江县弱智儿童辅读学校建立。招生 10 人，教师 3 人。

1993 年，通江县聋哑学校建立，招生 12 人，其中女生 6 人；教师 2 人。是年巴中地区特教学校 3 所，6 个班，在校学生 38 人，教职工 27 人，其中教师 20 人。1996 年，巴中市（县级）建盲聋哑学校 1 所，招生 9 人。

2000 年，巴中市共有特教学校 4 所，先后毕业 125 人。在校学生 249 人，其中初中 2 人；教职工 41 人，教师 35 人。

第二节　职业学校

一、农业学校

民国 29 年（1940 年），省政府批准巴中县设立初级农业职业学校。校址江口镇华严山麓。民国 33 年（1944 年）升为四川省巴中农业职业学校，招收农高生。民国 37 年（1948 年）巴平分治，划归平昌县，改名省立平昌农业职业学校。赖成宗、成陵基、刘佐臣、何晴波先后任校长。1950 年迁达县。

1956 年，达县专区第三农业合作化干部学校在巴中县建立，县长张彬任校长，培训巴、南、通、平四县知识青年和村社干部 1630 人。1958 年改名为巴中县农业高中，简称农高，招生 345 人。是年，办公社（乡）农业初中 92 所，在校学生 3299 人。是年，南江县大河乡等 50 所农业初中开办，在校学生 2406 人；通江县火炬乡（时名维新乡）等农业初中 52 所建立，学生 2486 人；平昌县驷马乡等农业初中 52 所建立，学生 2179 人。境内四县共有农高 1 所，学生 345 人；农业初中 246 所，学生 10370 人。1960—1963 年，农业高中和农业初中全部停办。

1964—1965 年，农业初中先后恢复。巴中县 30 所，学生 1276 人；南江县 7 所，学生 546 人；通江县 10 所，学生 965 人；平昌县 19 所，学生 778 人。1966—1970 年，全部停办。

1971—1982 年，南江县恢复大河乡农业初中，新办桥亭乡农业初中。巴中县改渔溪中学为渔溪农业中学。

二、职业中学

1982—1985 年，调整中等教育结构，部分普通完中和农业中学改为职业高中。巴中县渔溪农高改为职高，曾口中学、化成中学改为职业高中，平梁中学、雪山中学设职高班；南江县改县农校和小河畜牧中学为初县职业高中和小河职业高中，通江县改广纳中学和至诚中学为职业高中，改二轻子弟校为职业初中；平昌县改西兴中学、泥龙中学为西兴职业高中和泥龙职业高中。后泥龙职中迁笔山，更名笔山职业高中，元山中学和镇龙中学附设职高班。

1985 年，境内四县共有职业中学 10 所，职高点 4 个，先后开办水产、农技、养殖、林业、幼师、电工等专业，在校学生 4401 人。其中，职业初中 1 所，初职班 45 个，学生 1877 人。

1986—1992 年，调整职业中学内部结构，根据“实际、实用、实效”的原则开设专业课，提高职中办学质量。巴中县渔溪职中和通江县广纳职中，增设幼师、烹饪、园艺、食用菌等专业，开办木耳菌种场、果园、良种试验场，培训实用技术人才12400人。并同81个乡、村签订39项经济技术推广合同，帮助村民致富。经省、地检查评估，广纳职中列为四川省重点职业中学。各县为提高职中比例，在普通中学开办职中班。1989年，巴中县8所普高按“普:职=2:1”开办职高班，恩阳镇、羊凤、九镇等初中开设职业初中班。同时筹建县职中，恢复曾口职中为曾口中学。

1992年，境内四县共有职中16所，其中，职高13所，职高点3个，初职中3所。巴中县有县职中、渔溪职中、化成职中；南江县有县职中、沙河职中；通江县有广纳职中、至诚职中、民胜职中、诺江镇职中；平昌县有西兴职中、笔山职中、金宝职中、江口镇职中。在校职高生共4277人，占普高生13459人的31.8%。此外，南江县有初职中3所，学生603人。

1993年后，全地区加快职业教育的发展。共有职业高中12所，职高点2个，初职5所。毕业职高生1556人，初职生95人；招收职高生1645人，初职生215人。在校职高生4379人，初职生723人。教职工720人，教师473人。是年，平昌县将金宝职中同江口镇职中合并为县职中，校址金宝乡。建立巴中市（县级）职中，南江县新办职业初中2所。1997年，通江县职教中心正式建立。

2000年，巴中市职业中学16所，其中，职高11所，初职中5所。在巴州区、南江、平昌县成人中专设职高点3个。职高毕业生达2403人，初职毕业生达276人。招收职高生1996人，初职生751人。在校职中生6295人，其中，职高生4533人，初职生1762人。职高教师341人，初职教师67人。

三、职业技校

清宣统元年（1909年），巴州开办警察教育所，招收小学毕业生2个班，学生90人，培训警职人员。民国16年（1927年），巴中县开办蚕桑讲习所，每期招生30~40人，培训蚕桑技术人员。民国19年（1930年），巴中开办电话学校，设架线、话务专业，招收小学、初中毕业生，培养技术工人。民国28年（1939年），巴中县私立纺织学校在驷马（时名茨笆门）禹王宫建立，置技师1人，纺机15台，织机25台，招收学生38人。民国31年（1942年）停办。

1958年通江县教师红专学院创立，县委书记叶永政任院长，招收“根红苗正”的小学毕业生。到1961年，共培养“又红又专”的初小教师442人。1977年，永安创办共产主义劳动大学，简称共大。每年招收初中毕业生两个班，100人。1982年经省地检查验收合格，命名为通江县农民技术学校。1984年迁县城西郊千佛新校舍，经省教厅批准开办农业中专班，毕业生发中专文凭。到1985年，共培养农、林、牧、师等专业人才1821人，其中获初级技术职称、担任区乡农技人员的241人，任乡农校教师98人，成为专业户、科技户700多人。

1977年，平昌县共产主义劳动大学创立，设农业、蚕桑、林果、水产等专业，到1985年，毕业500多人，其中任县、区、乡农技员84人，乡农校教师21人，兽医114人，乡村干部68人。

1993年，改革办学体制，鼓励私人开办中等职业教育学校。1998年，贯彻国家《社会办学条例》后，私人办学蓬勃发展。仅巴中市（县级）就先后创办私立职业技术学校9所：刘君凯领办巴中市电子技术学校，丁炳文创办巴中市新世纪学校，李建国领办巴中市警安学校，胡吉创办巴中市水电学校，曹文创办巴中市计算机学校，康超创办巴中市商务职业学校，詹庆云创办巴中市工交职业学校，吴建国创办巴中市机械工业学校，董林创办巴中市飞网信息工程学校。私人投入资产共435万元，占地25000平方米，建校舍31000平方米，租用房屋32000平方米，购图书、仪器等设备159万元。到2000年，毕业1388人，招生2112人，在校学生3200人，教职工182人，专任教师101人，兼职教师58人；创办人任校长9人，聘任职工14人。

第三节 成人学校

一、扫盲学校

民国14年（1925年），实行新教育制度，倡导民众教育。民国16年（1927年），巴中县清江乡昆山寨创办第一所农民夜校，组织农民学文化。

民国25年（1936年），境内各县成立民教馆，管理文化补习、函授、讲座、科普、卫生、法律宣传、民众读物编印等教务。当年巴中县办短期义务小学15所，学员1466人。

民国27年（1938年），执行省颁保甲人员推行民众教育、义务教育办法，各小学附设民众教育学校。至民国29年（1940年），巴中县简师办民教班32班，入学1145人；保甲建民校222所，入学15561人。次年，通江县办短期民众小学18所，入学857人，发行成人课本289本。

民国33年（1944年），通江县县长陈伯良批准看守所长蒲洁泉的呈文，在监狱开办“感化学校”，“使一般法民在监得以教导，出监成为社会良民”。

民国35年（1946年），巴中县设成人高级班44处，入学2155人，初级班454处，入学18160人。是年，巴中县江口分署各国民学校设民教部，至民国37年（1948年）先后办成人识字班392个，其中，高级班50个，入学1137人，初级班342个，入学4515人。

1950年，辖区各县兴办冬季夜校识字班。巴中县入学青壮年20万人，占青壮年总人数84%。次年，通江县办农民夜校776所，学员9256人；平昌县在15所乡小附设夜课班，入学3700人。

1952年，各县成立扫盲委员会，推行祁建华速成识字法，以民教民，普遍能识50～1000字。到1956年，巴中县办农民夜校3500所，入学12万人，扫除文盲12000人，其中业余高级班113班，后任村社干部6073人。南江县有业余高小110班，学员1171人，业余初中16班，学员1931人，政治班156班，学员1611人，农村班74班，学员569人。通江县成立工农业余扫盲委员会，办农民政治、文化夜校2491所，学员38018人。平昌县编印《农民识字教材》、颁发《扫盲毕业考试办法》，在学92929人中，有8766人经考试达到脱盲标准。

1958年，巴中县开展“成人教、全民学”的识字运动，办扫盲班7616个，入学19万人；到1959年底，25.54万青壮年脱盲，达到基本无盲县标准，国务院颁发奖状。南江县办扫盲夜校1782所，学员35405人，脱盲3510人，苏均华等3人出席全国第一次扫盲积极分子代表大会。通江县炼钢铁，修筑公路，在6万钢铁和筑路民工中开展扫盲，脱盲2885人。

1960年秋，各县扫盲学校全部停办。

1969年，巴中县甘泉公社首先恢复农民夜校。次年巴中推广甘泉经验，到1972年发展农民夜校4084所，入学15.5万人。1974年甘泉公社成为第一个无盲公社。1977年巴中全县开办业余中学257所，11305班，兼职教师972人，入学28.23万人，结业17.58万人；同时开办扫盲夜校5157所，9741班，兼职教师5612人，入学23.59万人，脱盲15.26万人。1979年经达县地区验收，巴中县共脱盲36.49万人，占青壮年41.84万人的87.2%，授予“基本无盲县”锦旗一面，奖电视一台。通江县办业余中学11所，学员872人，农民夜校3691所，学员116450人，义务教师6222人，经省地检查，麻石区被评为工农教育先进集体，中共三合公社党委书记被评为省工农教育先进个人。是年平昌县雷山公社扫除文盲87.8%，被定为“基本无盲公社”。

1988年，全国第四次人口普查统计，青壮年文盲占总人口5%以上，并有继续增长的趋势，全国开展新的扫盲运动。是年，境内各县、区、乡、村成立扫盲领导机构，发行农村识字课本10万多册，农村实用技术活页教材30多万册，举办各种形式的扫盲班1000余个，学员12万人。到1993年，四县已扫除青壮文盲91.7%。

1993年，全地区加大贯彻执行国家《扫盲工作条例》的力度。到1996年，巴中市（县级）、平昌县、通江县、南江县经省政府检查验收，扫除青壮年文盲27260人，脱盲率达97%。

二、农民技校

1980年，巴中县基本脱盲，成人教育重点转向农民文化技术教育。其余各县继续扫盲，结合进行农民文化技术教育。1982年省农民文化技术教育经验交流会在巴中县召开，全省推广巴中经验。1984年9月，联合国教科文组织总部国际扫盲奖评审委员会授予巴中县夜间扫盲奖，奖给银质奖章和奖牌各一个（枚），奖金5000美元。副县长洪明寿出席在法国巴黎的授奖仪式。《人民日报》和中央电视台等作了报导。

1981—1985年，南江县区乡配备专职干部抓业余教育，各乡农校相继建立，到1983年，先后开办专业技术班331个，培训学员15910人；业余初中6所，入学321人；乡农民技校10所，学员338人；扫盲班325个，入学7855人。通江县1982年基本完成扫盲任务，1983年重点转向农民技术教育，三合乡等5所农技校被行署列为首批重点农技校，教师王德俊受到中国科协表彰。1985年，通江县有乡农校64所，结业826人；成人初中37所，学员1966人；成人小学22所，学员1324人；各种短训班288期，培训学员14689人；专兼职教师达506人。1981年，平昌县经达县专区检查定为基本无盲县，重点转向技术教育。1982年五木乡和驷马乡农校的经验，在全省农民教育工作会议上作交流。1984年达县地区将西兴等19所乡农校定为重点农技校；到1985年，乡农校发展到52所，学员97605人。

1993年，巴中市（县级）甘泉乡农校、平昌县五木乡农校、通江县朱元乡农校主要被确定为全省基点乡农技校。

三、职工技校

1953年，巴中县总工会开办首所职工文化技术学校。此后，厂矿、工商联、手工业联社、航管、民警、农场、川剧团等职工文化技术学校相继建立。到1959年达19所，学员3800人。同期，南江县办职工业余高中25班，初中75班，高小557班，学员8462人，占职工总数的71.8%；通江县职工技校110所，培训学员1000人；平昌县职工技校18所，举办专业技术培训13期，培训学员1403人。

1960—1980年，职工教育基本停顿。

1981—1985年，各县职工教育出现新的高潮，卫生、粮食、供销、建筑、商业等职工技校，相继建立。巴中县职工文化技术补习学校，经县政府组织考试，文化合格5190人，占学员的59%，技术合格6217人，占学员70%。南江县办文化、技术补习班37个，学员3049人，考试合格率分别为86%和90%。平昌县参加文化考试的学员2370人，合格1375人；参加技术考试的学员1395人，合格1375人。

四、成人中专校

民国10年（1921年），巴中开办国医讲习班，主讲医师陈云门，培训在职中医，共办3期，每期1年，先后培训50人。

1933—1934 年，川陕苏区设立党校、干校、军校、医校、女校等成人教育学校。

1952—1992 年，巴、南、通、平各县先后开办教师进修学校、农民技术学校、成人中专校、卫生进修学校、机电职工学校、供销职工学校、粮食职工学校、商业职工学校、畜牧技术学校、建筑技术学校、县技工校、农广校等 12 类成人中等专业学校。其中教师进修学，各县农校，各县成人中专校属教育部门办。

1993 年，建立巴中市（县级）成人中专校、平昌县成人中专校、通江县成人中专校、南江县成人中专校。学制 2 ~3 年，开设农、林、水、矿、电等专业。1993—2000 年，全地区成人中专校共招生 4729 人，毕业 3794 人，在校学生 1539 人，专职教师 192 人，兼职教师 24 人。

五、成人高校

（一）高师函授

境内高等师范函授始于 1959 年，建在巴中县，是年招收学生 551 人。到 1985 年毕业 117 人，在校专科毕业 147 人，本科毕业 21 人。通江县高师函授始于 1960 年。1983 年建立函授站，参学专科 1100 人，本科 50 人。1985 年专科毕业 39 人，本科毕业 33 人。南江县高师函授始于 1977 年。1984 年专科毕业 87 人，本科毕业 6 人，在学 110 人。平昌县高师函授始于 1960 年。1964 年专科毕业 15 人。以后停办。1979 年复办。1984 年专科毕业 128 人，本科毕业 16 人。次年招收新学员 252 人。

（二）高教自考

1984 年国家高等教育自学考试开始在境内四县开考。每年 4 月、10 月举行，自愿报名参加，不受年龄和职业限制。单科考试合格，发给合格证，各专业应考科全部考试合格，发给毕业证书，国家承认学历。是年，巴中县开考 6 个专业 16 科，参考 362 人，单科结业 89 人。次年开考 10 个专业，31 科，参考 380 人，123 人单科合格。

1986 年，全国成人高校统一招生。1988—1993 年，巴中县自考大专毕业 186 人。通江县单科结业 128 人。平昌县单科结业 126 人。

（三）电视大学

中央广播电视大学 1979 年 2 月 6 日在北京建立。省设电视大学，地（市）设电大分校，各县设电大工作站。境内四县广播电视大学工作站于 1983 年 1—9 月先后建立。1986 年达县地区电大分校建立。1993 年，巴中地区筹建电大分校。1994 年 12 月，建立巴中电大学校，正县级事业单位，辖平昌、通江、南江三个工作站。2000 年 12 月，改称巴中市广播电视大学，是巴中唯一的高等学校。占地 16000 平方米。校内设本科专业 6 个，专科专业 11 个，中专专业 5 个，建校至 2000 年先后培养大学、中专毕业生 4000 多名。

第四节　社会办学

一、私立幼儿园

民国 17 年（1928 年），巴中县城福音堂私立幼稚班，招生 28 人。民国 37 年（1948 年），通江县铁佛寺私立益民小学附设幼稚班，招收 24 人。

1958 年，境内四县，民办幼儿园 4151 所，入园 109675 人，保育员 4601 人。1960—1962 年，民

办幼儿园相继停办。

1998 年，巴中地区教育改革工作会议后，鼓励私人办园。到 2000 年，私立幼儿园达 117 所，在园幼儿 12328 人，教职工 423 人。

巴中福音堂旧址

二、私立小学

私学始于东周（前 771—前 256），时称坛。秦、汉、晋三朝沿之，时称私塾、私馆。私馆又分专馆（富绅专为本家子弟延师设馆）和散馆（多户人共同出资延师设馆）。

隋朝开科取士。私塾弟子经县试合格者称生员，可自费到州、府学深造。经府、院试合格者可取为秀才，选少数优秀者公费进郡（省）学深造，称廪生。学习优秀者推选为贡士，公费进太学（国子监）深造。经乡试合格者可取为举人，经会、殿试优秀者，可取为进士，第一名称状元，由朝廷授以官职。于斯有了："一举成名天下知"的机会，大大促进了隋、唐、宋、元、明、清六朝公学和私塾的发展。

清光绪三十年（1904 年），诏停科举，兴办学堂。但私塾仍为乡、里办学的主要形式。宣统三年（1911 年）通江县有私塾 265 所。

民国初年，厉行私塾改良。后因经费不足，保、甲私塾依然存在。民国 38 年（1949 年），巴中县有私塾 209 所，通江县有私塾 1100 所。

1950 年，私塾改为民办公助的初级小学。1956 年，农业合作化后，村、社民小学教师的工资由集体统筹。1981 年，学校实行分级管理。小学由乡办乡管，公、民办小学教师的工作均由乡政府调派，工资由乡财政统筹，形成只有民师没有民校的局面。为了解决同工不同酬的矛盾，于 1990 年开始实行民转公，于 2000 年前将合格的民办教师全都转为公办教师。

1998 年，全地区贯彻国家《社会力量办学条例》，鼓励私人办学。巴中春蕾小学、光耀小学、燕飞小学先后建立。到 2000 年，全市私立小学 131 所，在校学生 22012 人，教职工 1199 人，专任教师 1061 人。其中私人捐资由政府兴办的希望小学 28 所。平昌县大梁山农民张天仁捐赠自家住房办学，又出资 45 万元新建教学楼 868 平方米，运动场 700 平方米，购置图书、仪器 5000 册（件），免费让学生入学。

三、私立中学

私立中学，始于民国 28 年（1939 年）。是年 3 月，巴中县江口镇创办巴阳初级中学。以陶行知"追求真理，服务人群"为校训，招生 2 个班，学生 130 人。

民国 32—35 年（1943—1946 年），巴中县广德（金斗寨）、恩阳、储济（渔溪）、奇章、玉山私立初级中学相继建立。

民国 34 年（1945 年），南江县私立正直初级中学创立。

1950—1953 年，私立初中先后转为公办初中。民办初中始于 1958 年。是年，巴中县民办初中 18 所，1962 年减为 2 所，1965 年恢复到 6 所，1966 年停办。通江县 1958 年民办初中 52 所，1960 年调为 25 所，1963 年新办城关民办初级中学，1966 年停办，1976 年恢复城关镇民办初中，1984 年转为公办。平昌县 1958 年创办城关镇民办初中，1960 年停办，1962 年恢复，1979 年改为小学。南江县 1964 年创办城关镇民中，1972 年停办。

1986 年，贯彻《义务教育法》，普及初中教育，国家鼓励私人办学。通江县碧溪乡、陈河乡、三合乡、朱元乡私立初级中学先后建立。其中碧溪乡史有鑫（四川电讯工程学院毕业，乡初中民办教师）在家创办的宕阳初级中学和陈河乡任仁（通中退休教师，哈尔滨工大毕业）在家乡创办的通南中学，经县文教局检查合格，正式挂牌授印，受到政府表彰。1990 年务工潮兴起，私立中学先后停办。

龙泉外国语学校

1993 年起，全地区加速普九步伐，鼓励社会力量办学。到 2000 年，涌现独资、合资、股份制、民办公助、民资公办等各种体制的私立中学 274 所。这些学校大都是含有幼儿园、小学、初中、高中、职中等多层次的综合性学校。在校学生达 6 万多人。教师达 2700 人。吸引民间资金达 1.91 亿元。其中千人以上的完中和综合学校 9 所，在学校生 11543 人，毕业 1950 人，教职工 683 人。这些学校各具特色：巴中龙泉外国语学校是地教委批准建立的首所民办公助的股份制完全中学，2000 年在江北新区建立，校长李永富。学校实行董事会领导的校长负责制，封闭式管理，开放式教学。教师 120 人，学生 1400 人。巴中恩阳登科学校是地教委批准建立的第一所综合性私立学校，于 2000 年 8 月在恩阳镇开发区建立。在校学生 2400 人，教职工 95 人。从幼儿园开始练习日常英语会话，从小学三年级开设英语课。是年冬，全市教育体制改革现场会在该校召开，受到各市县与会者的好评。

第五节　重点学校志要

一、省重点学校

（一）巴中电视大学

四川省巴中广播电视大学，1993 年 11 月筹办，副校长龙政负责筹建工作。1994 年 12 月川教成（1994）132 号批准为正县级事业单位，行政上受同级政府领导和教育部门管理，业务上受省电大指导。2000 年与巴中市电大站合并，与巴中地区教育培训中心配合，共同开展成人高等教育和教师培训工作。是巴中唯一的综合性高等学校，辖平昌、通江、南江 3 个工作站。现任校长刘君凯。学校本部占地 1.6 万平方米，师资力量雄厚，教学设施齐全，是国家教育发展网理事单位和中央广播电视大学批准的现代远程开放教育试点单位，师生可通过校园网随时进入国家教育网和中央、省（市）电大教育平台获取教育教学信息。学校开设有本科、专科和中专学历教育。本科专业有：法学、计算机科学与技术、会计、金融、中文；专科有法律、新闻、药品质量管理、工商企业管理、汉语言文学、财政税收、现代文秘、市场营销、建筑、经济管理、行政管理等专业；中专有计算机应用、家电电器、财会、市场营销专业。建校以来，培养大学、中专毕业生 4000 余名。学校常年开设计算机、家用电器培训班，被国家批准为职业技能鉴定所，积极参与国家“燎原计划”的实施，多层次、多形式向农民推广短、平、快实用技术，为推进小康建设做贡献。

（二）巴中师范学校

四川省巴中师范学院创建于1954年，是省立重点师范学院。占地3.6万平方米，建筑面积5.5万平方米。在校学生2059人，开设有三年制普师和音乐、美术、体育、英语、信息技术专业及五年制小教大专文科、理科等师范教育。教师90人，其中，特级教师3人，高级讲师、讲师71人，研究生学历10人，本科学历达95%。图书7.5万册，实验仪器及艺体专用设备齐备。新建语音室、微机室、多媒体教室和电教中心，学校成为全省电教先进单位和教师计算机考点学校之一，在城乡建立了12个教育实习基地。学校教师学术气氛浓厚，近几年出版专著21部，发表论文380篇，70人次在各级优质课赛和论文评比中获奖。学校先后250次荣获国家教委、省地（市）党委政府及部门的表彰。1984年经省地检查评估，定为正县级事业单位。1997年被评为四川校风示范学校，1998年受到国家教委表彰，1999年获四川省第三届中师文艺汇演一等奖，2000年被四川省委授予“政治思想工作先进单位”。杨元荣、杨凤鸣、邓建忠等先后任校长。

巴中师范校

（三）巴中中学

四川省巴中中学，位于巴城西南，金榜山下状元溪畔。建学历史悠久，唐开元二十六年（738年）“建丹梯书院于金榜山下”。宋庆历四年（1044年）“复立州学于治西（今巴中中学校址）”。明洪武八年（1375年）巴州知州董涣英复修州学，至崇祯十五年（1642年），孙元聪等42名学子进士及第。清同治七年（1868年）巴州知州陈洪绪复置州学，名曰云屏书院，进士余涣文等先后任书院主持。清光绪三十三年（1907年）建巴州中学堂，李本善首任校长，下设教务、总务各1人，学监2人，教员10余人；民国13年（1924年）更名巴中县初级中学校，到民国21年（1932年）共9个班，学生450人。民国33年（1944年）升格为完全中学，全校16个班，学生824人，教师38人。民国36年（1947年），开办四川省巴中高中。到民国38年（1949年），先后有邱苔荪、钟定九、戚孟鸿、戚寿椿、赖虚室、吴克生、张必清、马朝海、谢定溶、严恭寅、刘仲民、李启伟、刘瑞等任校长。1950年巴中简师、省高、县中、女中合并为“川北公立巴中中学”。1953年定名巴中中学。1982年被省人民政府批准为全省首批重点中学，正县级事业单位，时有教学班32个（高中14个），在校学生2258人（高中902人），教职工123人。1983年经省教厅检查评估，定为合格的省重点中学。到2000年，先后有罗伯仲、蒲健秋、林绍铨、杨凤鸣、李大鹄、弋治祥、王必义等任校长、书记；唐生泽、肖佐远、林仁忠、龙云木、蔡丛荣、何荣特、刘兆嘉、陈贵林、林兆义等任副校长、副书记。学校占地22万平方米，建筑面积15万平方米，是一所具有现代特色的园林式学校。图书20万册，语音、物理、化学、生物、微机、电教、体育、艺术、劳动等实验实习设备齐全，能作98%的分组实验和100%的演示实验。现在年招生达3600人，教职工330人。全校94个教学班，学生6200人。建校以来培养初高中毕业生3万多人，升入高一级学校1万余人。其中清翰林院编修余堃，辛亥革命先驱董修武、无产阶级革命家刘伯坚等国内外著名专家学者达100余人。校长李大鹄被评为全国教育系统劳动模范，校长王必义被评为四川省优秀校长。

（四）通江中学

四川省通江中学，前身为清乾隆二十九年（1764年）创办的东皋书院。民国16年（1927年）在治北书院旧址建通江县初级中学。1958年迁城西新校舍，经达县地区批准为完全中学，招高中两个班，学生100人。1982年4月经省人民政府批准为首批省重点中学，正县级事业单位。1983年省教厅组织检查评估，定为合格的省重点中学。是年全校32个教学班，学生1600人，教职工150人。1996年省重点中学办学条件达标验收，定为优秀等级。现在是巴中地区教研工作先进单位，依法治校示范学校，素质教育示范学校，现代技术教育示范学校；四川省示范性普通高中，校风示范学校，电化教育示范学校，体育传统项目示范学校；四川省文明单位；全国群众体育先进单位，模范职工之家，五四红旗团委创建单位等。1980—2000年，张成墩、贾能聪、张家成先后任书记、校长。李耀俊、胡光国、曾玉蕴、旷文孟、罗北平、唐林、任仲儒、谢际统先后任副书记、副校长。学校占地5万平方米，建筑面积3.4万平方米，现有教学班62个，学生4067人；教职工237人，其中，特级教师1人，高级教师36人，中级教师80人。6人被评为全国教育系统先进个人，9人被评为四川省先进教育工作者。现任书记、校长张家成被评为四川省百佳校长之一。教育教学和生活设施齐全：有综合办公楼、东西教学楼、理化生实验楼、标准化图书楼；有阶梯教室、多功能教室、专用音乐室、美术室、电脑室、语音室、多媒体教室；有足球场，标准田径场、运动器材保管室；有学生公寓、厨房、餐厅、浴室等生活设施；有优美的园林、花圃和草坪。学校全面贯彻党的教育方针，初步形成为装备现代化、管理科学化，环境园林化的优秀省重点中学，办学水平综合考核位居巴中地区前茅，先后向清华、北大等高校输送合格新生3000多名，从这里起步的留学生遍及美、英、法、德、韩、日等国，获得国家、省、地（市）级奖励和表彰的师生200余人。目前，学校教职工正在全面实施素质教育，为开创通江中学超常规、跨越式发展的新局面而努力奋斗。

四川省通江中学

（五）平昌中学

四川省平昌中学，位于平昌县江口镇华严山麓。前身为清道光元年（1821年）创办的望江书斋。民国28年（1939年）四川大学毕业生黄开富受教育家陶行知先生委托，以“追求真理，服务人群”为宗旨，创办巴阳初级中学，首任校长黄开富，教务主任杨先诚。民国37年（1948年）扩建新校舍，定名为平昌县初级中学，余峰、蔡疾非先后任校长，在校学生195人，教职工34人。1950年更名为平昌县一中，达县专区委派刘传森、邓友鹤先后任校长。1958年升格为完全中学，简称平昌中学。是年招收高中新生150人，初中新生300人，在校学生达到850人。之后，历任校长有：吴稚平（代任校长）、肖斗南、胡光明、赵裕荣、刘桂元、丁安太、冯大湘等。2000年省教厅批准为四川重点示范性普通高中，廖继昌任校长。学校占地9.1万平方米，建筑面积7.8万平方米。有教学楼5幢，实验大楼2幢，田径运动场两个；有室内球场、音乐馆、语音室、微机室、多媒体教室、藏书楼和阅览室。现有教学班87个，学生6250人；教职工395人，其中，特级教师1人，高级教师63人，中级教师127个；全国先进模范7人，省优秀教师和教育工作者21人，享受国家津贴2人；研究生学历24人，本科178

四川省平昌中学

人，专科36人；省、地骨干教师55人，在省级刊物发表教育科研论文800余篇，出版专著74部，250余项科研成果在国际国内获奖。学校先后被评为四川省校风示范学校、德育工作先进单位、体育传统项目先进学校、艺术教育先进学校、现代技术教育示范学校、绿化百佳单位；巴中地区素质教育示范学校、教师队伍建设示范学校、学校管理体制改革先进单位、最佳文明单位、依法治校先进单位等。

（六）南江中学

四川省南江中学，位于南江县城公山之麓、几水之滨。前身是清乾隆十年（1745年）创建的公山书院。民国17年（1928年）建成新校舍，次年招收初中新生100名，定名南江县初级学校。到民国38年（1949年），共招收20个教学班，学生1169人，毕业12个班，毕业生540人。1958年升格为完全中学，始招高中新生4个班，学生175人，定名为南江中学。1981年定为县重点中学。1983年定为达县地区重点中学。1985年全校达到20个教学班，学生1300人，教职工99人。2002年4月被省教厅批准为四川省示范性普通高中。学校先后被评为全国和省模范职工之家、德育工作先进学校、现代教育技术示范学校、绿化示范学校。学生德、智、体、美、劳全面发展。全国十佳少先队员成洁，受到江泽民、李鹏等党和国家领导人的接见；15岁女神童许月华被中国科技大学破格录取为少年班大学生；田径运动员王丹获得亚洲铁饼赛冠军，女子足球队4次获得全省冠军；先后为清华、复旦、人大等高等学校输送合格新生2000余名。1978—2000年马政文、李军先后任书记、校长，齐福春、戴仲清、唐晓庆、刘进全先后任副校长。

四川省南江中学

二、地区（市）重点学校

（一）巴中二中

巴中地区第二中学，位于巴中南岸商业街，1959年创办，时称巴中县城关民办中学。1976年升格为完中，简称城关中学，后更名巴中二中，1978年首届高中毕业生参加统考，升学率居达县地区第一，全省第二，被省教厅誉为“大巴山飞出的金凤凰”。1982年高考，理科人均分居全省第一。至1985年，学校占地3.67公顷，建筑面积6573平方米；教学班达42个，在校学生2600人，教职工180人。戚义清任书记、校长多年，1989年和1991年被省政府授予优秀教育工作者和中学特级教师。1993年巴中地区建立，学校建设迅猛发展，现有教学班63个，在校学生4586人。教职工262人，其中，特级教师2人，高级教师31人，中级教师101人；大专以上学历占90.2%；先后涌现全国先进模范3人，省先进模范7人，地区教育先进工作者41人；近年有36名教师获省地优质课竞赛一等奖，在地级以上报刊发表教育科研论文247篇，出版专著12本。学校全面推进素质教育，教育学生“学会做人、学会读书、学会做事、学会创新”，教学质量持续提高，先后培养高、初中毕业生2万人，为清华、复旦等高等学校输送合格新生4000余人，有18人获得博士学位。

（二）巴中恩阳中学

巴中恩阳中学，位于巴州区恩阳镇。前身为清同治七年（1868年）创办的文治书院。民国34年（1945年），地方绅众筹资修建新校舍，创办恩阳初级中学。1952年改名巴中县第二初级中学。1958年升格为完全中学，定名恩阳中学，始招高中新生两个班，学生100人，在校学生600人，教师50

人。1964 年和 1965 年高考，升学率达 70%，居全省前茅。1982 年定为地区重点中学。1984 年输送大学新生 192 名，被评为达县地区普通教育先进单位，恩阳区政府筹资 10 万元修建尊师楼，以资鼓励。1985 年校园占地 49.2 亩，建筑面积 1.1 万平方米，有教职工 100 人，教学班 30 个，学生 1900 人。1986 年调整学校布局，恩阳中学列为巩固发展的完全中学。学校坚持“整体推进，全面育人，突出特色”的办学思路，全面提高教育质量，先后被评为四川省德育工作先进单位、模范职工之家；巴中地区校风示范学校、素质教育示范学校；获巴中市中学教学质量和教研成果一等奖。学校办学条件优良。教师中，本科学历 75 人，专科学历 65 人；高级教师 25 人，一级教师 73 人，学科带头人 15 人；获国家、省、地（市）表彰的优秀教师 116 人次，获国、省、地（市）奖励的优秀教育科研论文 300 余篇。

（三）巴师附小

巴中师范附属小学，始建于民国 27 年（1938 年），初名简易乡村师范附属小学校，校园为清朝武官衙门改建，首任校长晏大章（女）。民国 35 年（1946 年）设女子初中班，民国 37 年（1948 年）并入县女中。1951 年改名巴中县城关镇二完小，教学班 13 个，教师 16 人，学生 672 人。1955 年更名城南小学。1956 年改为巴中师范学校附属小学，简称巴师附小，教学班 18 个，教师 22 人，学生 791 人。1960 年校长谢佑学出席全国群英会，受到刘少奇、周恩来等党和国家领导人接见。1969 年下放城关镇管理，复名二小。1976 年附设初中班。1978 年停办初中班。定为县重点小学。1981 年被省教厅定为全省首批重点小学。1982 年复名巴中师范附属小学。1983 年，副校长赵相全被评为积极分子，受到全国总工会表彰；副校长何新忠被评为优秀辅导员，受到团中央表彰；校长施继龙被评为劳动模范，受到省人民政府表彰。1985 年，学校占地 8116 平方米，校舍建筑面积 6355 平方米；教学班 29 个，学生 1968 人。教师 68 人，其中，大中专学历 62 人，占 91.18%；先后在《人民教育》《四川教育》等报刊上发表教育科研论文 32 篇。1991 年被定为全国首批现代教育技术实验小学，教育部下达的《校园网培养学生创新能力》《电教与小学生个性心理品质训练》《电教与和谐发展》等实验课题顺利进行，先后通过验收。教师发表论文 300 篇，出版专著 3 本。2000 年，学校有教职工 157 人，中特级教师 2 人，小学高级教师 88 人，专科以上学历 76 人，党员 43 人。教学班 58 个，学生 3000 人。校园占地 1.4 万平方米，建筑面积 2.8 万平方米，图书室、仪器室、微机室、语言室、舞蹈厅、多媒体教室等设施齐全。组织学生参加全国、省、地（市）科技、英语、奥数、文体等竞赛，有 1296 人获奖，《苞谷娃娃》等少儿歌舞，被中央电视台多次转播。学校被评为全国优秀少年红花集体、百所先进少先队工作名校；四川省教师职业技能示范学校、艺术教育特色学校、武术先进集体；巴中地区素质教育示范学校；先后获得全国和省、地（市）奖励 782 项。

（四）巴中四小

巴中地区巴中市第四小学，简称巴中四小。前身为民国 17 年（1928 年）创办的幼稚园，校舍为清末福音堂改建，1950 年改为小学。经多年艰苦创业，初具规模。校园占地 2882 平方米，建筑面积 4225 平方米，现有教职工 88 人，其中，大专以上学历占 67%，特级教师 1 人，中学高级教师 1 人，小教初级 48 人，在校学生 1800 人。学校承担国家科研课题 2 个，在各级报刊发表优秀论文 460 篇，38 名教师受到国家和省地表彰。学生参加全国少儿书画大赛和四川省中、小学生文艺汇演有 78 项作品和节目获得金、银、铜奖。学校先后被命名为：四川省德育工作先进学校、巴中地区素质教育示范学校、巴中地区校风示范学校。

（五）巴中凌云小学

巴中地区巴中市（今巴州区）凌云乡中心小学，创办于 1996 年，占地 1.75 万平方米，投资 350 万，是一所新兴的现代小学，多媒体教室，标准化藏书室、阅览室、实验室、音乐室、书画室、劳技室、医务室等设施齐全。辖8所村小，现有教学班37个，在校学生1650人。教师75人，其中，小学高、中级教师26人；专科以上学历31人；党员16人。学生参加科技书画、作文比赛，有13人获国家金、银、铜牌奖；289人获省、地（市）一、二、三等奖。教师在省级以上报刊发表文章21篇，在地（市）获奖文章147篇；获省地表彰的优秀教师和先进教育工作者14人。学校先后被评为四川省体育工作先进单位；巴中地区教育科研先进单位、素质教育示范学校、教师队伍建设示范学校、先进职工之家、最佳文明单位。

（六）南江下两中学

南江县下两中学于1958年创办，校园占地4.5万平方米，建筑面积1.38万平方米。现有初中教学班25个，学生1760人。中学高级教师5人，中级教师22人。1986年以来，赵益中、喻绍峡先后任书记、校长，刘文放、韩友平先后任副校长。学校不断深化教育改革，大力推进素质教育，形成了“规模化管理、高质量育人”的特色，先后被评为四川省校风示范学校、巴中地区素质教育示范学校、依法治校先进单位、社会治安综合治理模范单位、卫生先进单位。目前，正在为创办巴蜀名校而努力奋斗。

（七）南江实验小学

南江县实验小学，前身为南江县高等小学堂，创办于清光绪三十一年（1905年），首任堂长为留日学生李仲铭。民国4年（1915年）改称南江县第一高等小学堂。民国14年（1925年）改称南江县第一高等小学校。民国25年（1936年）更名南江县治城镇中心国民学校。民国38年（1949年），在校学生6个班，200人，教职工15人。1950年，改为南江县治城镇完全小学。1958年，改为南江师范实习学校和南江县小学教育实验学校；先后进行过五年一贯制、凯洛夫教学法、五级计分法、速成识字法等教学实验。1979年更名为南江镇一完小，被省教厅确定为重点小学。1985年全校16个教学班，学生1071人，教职工54人，成为全县规模最大的小学校。1986年后，学校规模逐步扩大到2000年的23个教学班，学生达1538人。教师队伍的素质显著提高，在64名教职工中，有特级教师5人，中学高级教师2人，小学高级教师36人，大专以上学历38人，党员19人，全国优秀教师2人，省教育专家后备人才1名，省、地、县优秀教师10人，巴中名师和巴中名校长各1人；5项教育科研成果获省、地优秀奖，在省、地、县优质课竞赛中先后5人获省级二等奖，12人获地级一等奖、20人获地县级一等奖；200多篇教改论文获地、县一、二等奖，其中100多篇在地级以上报刊发表；学生参加全国万名、千名、百名好少年活动，有5项活动获全国少工委和《少年报》社“创新杯”奖，5名队员获全国好少年奖。学校先后被评为四川省文明单位、德育工作先进单位、艺术教育先进集体、校风示范学校、教师职业技能示范学校和巴中地区依法治校示范学校、现代技术教育示范学校、教研先进集体。

（八）南江四小

南江县南江镇第四小学，创办于1979年，2000年已建设成为四川省文明单位、校风示范学校、教师职业技能示范学校、现代教育技术示范学校、德育工作先进集体、卫生先进单位、模范职工之家。学校环境幽雅，绿化面达90%。实验室、音乐室、美术室、科技室、劳拉室、微机室、多媒体视播中心及各教学班收视设备等配套，为科技兴校奠定了基础。2000年，全校有教学班19个，学生1089人。教职工42人，其中，小学高级教师25人，专科以上学历38人；承担国家级教研课题2项，省级教研4项，已结题2项，分别获得教育部和省政府三等奖；教育科研论文120多篇在省级学术活动中进行了交流。

（九）南江职业中学

南江县职业中学，前身为南江县农民技术学校，始建于1958年。1971年改名南江县农业中学。

1982 年调整中等教育结构，改为南江县职业中学。1990 年扩建校舍，占地 4.8 万平方米。近年新建了综合楼和学生公寓，设置了多媒体教室 2 间，添置了 100 台计算机，安装了教学楼闭路电视网，美化绿化了校园。2000 年，学校有教职工 78 人，在校学生 1368 人，开设了农学、建筑、财经、电子、机械、文秘、旅游、计算机应用、能源、社会公共事务、美术等 11 个专业。

（十）通江实验中学

通江县实验中学，创建于 1997 年，由原通江师范学校、教师进修学校、广纳职业高中、县职业中学、县成人中专校合并而成，是一所三教兼容的综合性实验学校。占地 5.5 万平方米，建筑面积 2.5 万平方米，拥有装备精良、设施完善的办公楼、教学楼、图书楼、实验楼、学生公寓、电教室、语言室、微机室、阅览室和运动场。2000 年，学校有教学班 49 个，在校学生 3317 人，各类大学中专函授学员 700 人，教职工 251 人，其中教师 165 人；特级教师 2 人，高级教师 25 人，中级教师 56 人；研究生 6 人，本科生占 90%。学校先后被评为四川省示范职业中学、实施教师继续教育登记制度先进学校、现代技术教育示范学校；地（市）校风示范学校、一级办学单位。学校承担国家、省、地教学实验课题，有两项获得省地教育成果二、三等奖，60 名教师受省、地、县表彰奖励。

（十一）通江永安中学

通江县永安中学，创建于 1956 年，位于宕江（大通江）中游永安镇县坝，时名通江县第二中学。是年从通江一中调入两个班，招生两个班，学生 200 人。1958 年更名通江县永安中学。1960 年被评为四川省红旗学校，校长韩全超出席省群英会。1973 年升格为完全中学，当年招收高中班 2 个，学生 100 人，师训班 4 个，学生 200 人，卫训班 4 个，学生 200 人，初中班 4 个，学生 200 人。教学班达 22 个，在校学生 1100 人，教职工 95 人。1974 年定为达县地区实验学校，命名为通江五七中学。1976 年经地区教育局检查验收，定为先进办学单位和地区重点学校，受到省教厅通报表彰，校长岳永寿调达县师范学院作首任院长。1978 年复名永安中学，石兆福、郑文吉、闫仕模、刘良松、杨怀通等先后任书记、校长。现有教学楼 4 幢，理化生实验室、微机室、图书室、阅览室、美术室、音乐室、运动场、师生宿舍、餐厅等应有俱全。教学班 35 个，在校学生 2200 人，其中高中学生 700 人。教职工 110 人，教师学历达标 100%；高级教师 10 人；中级教师 36 人；地区优秀教师和学科带头人 2 名。学校被确定为巴中地区校风示范学校和通江县最佳文明单位。

（十二）通江铁佛中学

创建于 1956 年，时称通江县第三中学。1958 年定名通江县铁佛中学。1973 年升格为完全中学，潘广述任校长，在校学生 600 人，教职工 45 人。1985 年区委拨土地 1 万平方米作操场和新建教学楼。2000 年，学校占地 4.5 万平方米，建筑面积 1.72 万平方米，全校分为教育区、活动区、生活区三大块。校园绿化面积达 1.63 万平方米。现有教职工 160 人，教师 146 人，其中高级教师 19 人，一级教师 48 人。高中教师 52 人中，本科学历 35 人，7 人是地、县骨干教师。在校学生 2600 人。图书 6 万册，各类实验仪器价值 200 万元，实验开出率达 99%。学校先后被评为四川省校风示范学校、体育先进单位，巴中地区示范中学、文明单位、素质教育示范学校、校风示范学校、教育改革先进单位、治安综合治理模范单位。

（十三）通江县实验小学

通江实验小学，始建于清光绪二十八年（1902 年），为知县丁寿芝创办。校址诺江镇书院街东皋书院东侧。光绪三十一年（1905 年）建立通江县第一高等小学堂。民国 14 年（1925 年）改称通江县第一高等小学校。1950 年定名通江县城关镇第一完全小学，简称一完小。1967 年改名为“东方红小学”，1982 年改名通江县诺江镇一完小，1994 年更名通江县实验小学。2000 年，学校占地 14033 平方米，建筑面积 16520 平方米。其中，教学用房 7165 平方米，生活用房 7510 平方米，行政办公用房1230平方米。有办公楼、教学楼、艺术楼、风雨操场，设有网控中心、语音室、微机室、多媒体演播室、排导室、音乐室、美术室、实验室、图书室等。现有教学班36个，学生2459人，学前班儿童250人。教职工118人，教师91人，其中，本科学历5人，专科学历88人，中师学历26人；中教高级1人，小教高级77人，小教一级27人；教师获国家部委表彰6人，省表彰14人，地（市）表彰23人，县表彰42人；在县级以上刊物发表论文330篇。学校坚持“质量立校、名师塑校、特色兴校”，全面推进素质教育，少先队被评为全国少先队雏鹰大队，红领巾读报先进集体，少先队勤巧小队；学校被评为四川省文明单位、德育先进集体、校风示范学校、卫生先进单位、艺术教育特色学校，巴中地区红旗党支部，素质教育示范学校。先后被国家和省级部门确定为全国教育科研项目实验学校、中澳电子琴项目教学实验学校、四川省电化教育实验学校。

通江县实验小学

（十四）通江铁佛小学

通江县铁佛镇中心小学，始建于民国14年（1925年），时名刘坪国民小学，校址铁佛寺，简称铁佛小学。民国29年（1940年）升为完小，改称铁佛乡中心国民小学校。1952年更名铁佛乡中心小学。1982年更名铁佛镇中心小学。历经85年建设，至2000年已成为占地26584平方米，建筑面积10900平方米的花园式学校。辖9所村小，80个教学班，在校学生2800人。127名教职工中，中级教师56人，教师学历100%达标；30人受到各级党政表彰和奖励。

（十五）通江示范幼儿园

通江县文教示范幼儿园，始建于1952年，是年招收28人，教师1人，园址书院街，时称通江县幼儿园。1959年招收100人，在校幼儿250人，教师10人。1982年乔迁新校舍，更名通江县文教示范幼儿园。园内教职工21人中，教师18人，其中高级教师8人，一、二级教师10人；专科学历毕业4人，专科修业11人；青年骨干教师3人；先后在地级以上发表和交流的教育科研论文100多篇，获得省、地教研成果奖10人。学校先后被评为四川省示范幼儿园，幼教先进集体；巴中地区一级示范幼儿园，先进教研集体；通江县最佳文明单位。

（十六）平昌二中

平昌县第二中学，1983年创办。校园占地4.1万平方米，建筑面积3.8万平方米。教学班77个，在校学生6000人。教职工328人，教师221人，其中，中级教师139人；研究生结业20人，修业9人；中青年教师学历达标95%。学校按省教厅关于一类中学办学条件的标准，装备了理化生实验室、微机室、语音室、运动场，校园网、学生公寓。现任校长刘开北，严谨治学，管理规范，逐步造就了“团结拼搏、求实创新”的校风；教育教学质量全面提高，学校先后被命名为四川省艺术教育实验学校、器乐教学先进集体、北师大附中远程教学实验学校；巴中地区重点中学、文明单位、高中教育质量十强校、综合治理模范单位。

（十七）平昌驷马中学

平昌县驷马中学，前身为清道光元年（1821年）创办的肇义书斋。1956年在驷马乡小附设初中班。1960年驷马乡初级中学正式建立。1977年附设高中班。1980年升格为完全中学，定名平昌县驷马中学。2000年学校占地4.6万平方米，建筑面积1.3万平方米；新建综合大楼、教学大楼、师生宿舍楼；图书、实验、艺术、体育等设施配套达标。现有教学班24个，学生1500人。教职工112人，其中高级教师10人，中级教师29人；本科学历32人；党员26人。

(十八) 平昌西兴职业中学

平昌县西兴职业中学，始建于1959年，时名西兴区初级中学。1977年附设高中班。1980年升格为完中，时称平昌县西兴中学。1982年调整教育结构，改为平昌县西兴职业中学。学校占地3.4万平方米，建筑面积1.02万平方米，运动场0.75万平方米，实习基地0.9公顷。藏书3万册，报刊180种。新建规范化实验楼、设有实验室6间、实习室3间、微机2间。开设了机械与电子、电算财会、计算机应用、农经管理、旅游、工艺美术、医护、社会公共事务等专业，在校内外建立了农、工、医、电、财等5个定点实习基地。在校学生1700人。

(十九) 平昌实验小学

平昌县实验小学，创办于民国6年（1917年），校址文昌宫，时名巴中县江口分署高等小学堂。民国21年（1932年）更名巴中县第三区高等小学校。民国29年（1940年）改为巴中县江口分署中心国民学校。民国37年（1948年）定名平昌县江口镇中心国民学校。1950年改名平昌县江口镇第一完全小学校，简称一完小。1981年被确定为四川省首批重点小学。1994年被命名为平昌县实验小学。现有教学班48个，学生3300人，教职工190人。学校占地1.1万平方米，环境优美，校园网、微机室、语音室、美术室、音乐室、图书室、阅览室、练琴室、舞蹈室、荣誉室等教学设施，都配置了音、光等现代技术装备。师资力量雄厚，现有特级教师2人，中教高级3人，小教高级80人；省地骨干教师和学科带头人10名；研究生结业4人，专科以上学历占60%。全面推进素质教育，教育科研和教学成果突出：用电教进行环保教育实验获国家电教馆二等奖；音乐美术教师参加省技能大赛一等奖，学生舞蹈、合唱节目连续两届获省学生艺术节一等奖；1600多项学生科技作品获各级奖励，其中3项获国家专利；环保实践活动获国家科协、教委、环保局及自然科学基金会联合奖励。学校先后被命名为四川省校风示范学校、现代教育技术示范学校、艺术教育特色学校、科技教育先进学校和巴中名校。

(二十) 平昌得胜小学

平昌县得胜小学，前身是清道光元年（1821年）创办的引胜书斋。民国2年（1913年）改名得胜乡初级小学堂，民国14年（1925年）改名得胜乡高级小学校，民国29年（1940年）改名得胜乡中心国民小学。1950年更名平昌县得胜乡完全小学校。简称平昌县得胜小学。2000年，该校辖14所村小，占地1.1万平方米，校舍1.85万平方米；88个教学班，在校学生3100人。教职工102人，其中党员20人；中教一级1人，小教高级37人，小教一级57人；本科学历10人，专科学历34人。

(二十一) 平昌县示范幼儿园

平昌县江口示范幼儿园，始建于1959年。现辖1所中心园，5所分园。中心园校舍3000平方米，绿化面积500平方米，活动场150平方米；有标准的办公室、活动室、保健室、多媒体教室、盥洗、卫生间；有适合幼儿特点的教具、玩具、图书、乐器。各班都配备了幻灯机、投影仪、电视机。设教学班25个；配教职工75人，其中，高级教师15人，一级教师25人。该园保、教并重，依靠师资兴园，质量立园，办出了特色，先后被命名为四川示范幼儿园，巴中地区一级示范幼儿园。教师在省级以上刊物发表教育科研论文18篇，30人次在地、县教师技能比赛中获奖。

三、民办学校

(一) 巴中技工学校

巴中技工学校，始建于1990年，位于巴州镇江北镇江北龙泉路中段。占地5万平方米，校舍2万平方米，有标准的教室32间，微机操作室3间，实用电子技术操作室2间，电焊、电工、钳工操作室多间，标准篮球场3个，学生公寓两幢，办公楼一幢，图书室、医务室、美容美发厅各1间。设施配套，技术先进。学校师资力量雄厚，80名教师中，高级讲师和高级技师达42人。校内设中等职业技术教育部、西南科技大学成教学院巴中教学站和国家职业技能鉴定所，1996年经省验收合格成为省重点技工学校。先后培养高、中级专业技术人才400余名，毕业率达98%，就业率100%。

（二）巴中春蕾学校

巴中春蕾国际学校，创建于1997年，时名巴中春蕾小学，校址巴州镇书院街，是校长李知春领办的一所民办小学。2000年迁入城东郊巴河之滨的桑园坝新校舍。占地3.5万平方米，投资4500万元，建筑面积1.6万平方米。集小学、初中、高中为一体。现有教学班60个，学生2300人，教职工1156人。引入国际先进办学经验、方法、手段和优秀教师，面向现代化，面向世界，面向未来，培养国际国内通用人才，故命名为巴中春蕾国际学校。

（三）巴中恩阳登科学校

巴中恩阳登科学校，2000年创建，位于今巴州区恩阳镇登科寺开发区，是一所集幼儿园、小学、中学为一体的私立学校，实行董事会领导的校长负责制。学校占地3.5万平方米，投资1300万元，建成校舍2.1万平方米。教学班48个，在校学生2480人。教职工95人，其中，特级教师2人，中教高级8人，中学一级和小学高级27人。封闭式管理、开放式教学、日常用英语会话，是办学的特色，赢得了社会的好评，校长袁万明代表巴中地区出席全省民办教育工作会议，介绍了经验。学校先后被地（市）、区授予优秀学校、先进办学单位；教职员有38人受到表彰奖励。

（四）巴中光耀学校

巴中光耀学校，创办于1998年，位于巴中地区巴中市（今巴州区）清江镇，是校长胡光耀领办的一所从幼儿园、小学到初中的九年一贯制私立学校。校园占地1.4万平方米，投资100万元，新建办公楼、教学楼、师生生活用房0.4万平方米；平整0.8万平方米运动场，添置了篮球场，儿童足球场、200米环形跑道；教室配备有彩电、影碟机、电脑等。

四、省基点乡镇农校

平昌县五木农校平昌县五木乡农民文化技术学校，前身为1952年开办的五木农场识字班，时有砖木结构房舍234平方米，耕牛1头，耕地5.33公顷，荒山14.67公顷，家具农具齐全，职工8人。土地改革以后，农民学习文化的积极性很高，乡政府在这里开办农民学校，吸收附近村民进校学政治、学文化。1954年四川省农教会议后，平昌县组织编印《农民识字教材》第一、二册，配备乡农民教育专职教师，分年级教农民识字、记账、写便条、写信等，并定期举行考试，表彰奖励学习模范。五木乡农校越办越好，1979年被评为平昌县扫盲先进单位。1981年8月扩建校舍，添置设备，正式开办五木乡农民文化技术学校。1983年9月政府挂牌授印，简称五木乡农校。达县地区出版《农民教育集锦》以《勤奋自学勇于实践的榜样》为题，记载了五木乡农校教师张军的先进事迹。是年11月，四川省农民教育会议召开，五木乡农校以《四川省农民教育先进集体》载入《光荣册》和《四川省农民教育成果图片展览》。1984年10—11月经地、县组织检查，五木等9所乡农校的办学条件达到省“一无十有”的第一类标准，被列入首批重点乡农民文化技术学校。

第二章　教　师

第一节　教师资源

夏、商、周时期，地方公学教师源自州、郡学和诸侯国国学的优等生。春秋开始，公学教师源自退职官吏和公、私学士子。秦汉沿之。隋至清，州县公学教师一般为取得秀才、廪生、贡生等学位的生员；私塾教师则多为落第生员。取得举人、进士学位者做官去了，一般不当地方学宫（书院）教师。

民国时，小学教师主要源自简师和中学毕业生。中学教师多数源自高等师范院校和其他普通高等院校毕业生，亦有部分系中等学校毕业生。民国 35 年（1946 年）巴中县统计，县中教员 53 人中，国外大学专科和本科毕业 4 人，国内大专院校毕业 37 人，中等学校毕业 12 人。次年，全县乡（镇）国民小学教师 260 人，主要系县内中学毕业生。民国 38 年（1949 年），南江县教师 300 人中大部分为本县籍。

1950 年，各县人民政府建立，学校复课，原有教师全部留用，并招收大批社会人士和社会青年补充教师队伍。1953 年开始，中小学教师主要源自各级各类大中专学校派遣的毕业生，从社会招聘的教师极少。这种计划分配制度，一直实行到 1995 年、1996 年，开始取消分配制，改行招考制，新增教师根据各县教学需要，由地、县人事、教育部门组织考试考核，从报名参加考试考核的大学、中专毕业生中择优录取。

第二节　教师配置

清光绪三十（1904 年）年开始，公学教师由堂长（校长）提名，报州、县政府劝学所审核后聘任。义学教师由董事会选聘。

民国初，中小学教员均实行聘任制，由校长考察聘任。民国 5 年（1916 年）执行教育部《检定小（中）学教员规定》，通过检定证件和举行学科考试检定教师。两种检定合格的，发给证书，有效期 4 年，由校长聘任。聘期：初聘半年，继聘一年，可以连聘连任。小学报县教育局备案，中学报省教育厅备案。资质不合格，省县教育行政部门责令校长解聘。

民国 24 年（1935 年）后，小学教员要求高中和简师毕业；中学教员要求专科毕业，由检定委员检定为“人格高尚、学识丰富，无不良嗜好者”，由校长聘任。次年，中学校长由省教厅提名，报省政府审批任命。民国 34 年（1945 年），通江中学教师 16 人，大专毕业 13 人，师范、高中毕业 3 人。民国 35 年（1946 年）规定，中学校长学历为高师和普大本科专业，教龄 5 年以上，小学校长学历为中师、高师毕业，教龄两年以上；且确有业绩者。中学教员学历为高师和普大本科毕业，有实际教学能力者；小学教员为专科、高中和简师毕业。民国 37 年（1948 年），平昌县教师 407 人，其中，专科毕业 5 人，中师毕业 29 人，简师毕业 48 人，高中毕业 25 人，初中毕业 96 人，讲师 160 人，小学毕业44人。经检定合格的195人。

1950年初，人民政府废除校长、教师聘任制，实行任用制。境内各县开办新教育研究班，招集原任教师和社会知识青年进行培训，经考核合格的，由县政府发给校长、教师委派证，到指定学校任职。是年秋，改为校长由政府任命，教师由毕业学校派遣，各县文教局调配。私立小学教师实行民办公助，工资在学生交纳的学杂费中列支，不足部分国家财政补足。1956年合作化后，民师工资由村社统筹，在公益金中列支。1958年公社化后，民师工资由公社（乡）统筹。民办教师由乡政府选任，报县文教局备案。

1981年，中学实行分级办学，分级管理，县财政只管中学（含中师、进修校、县农校）、县重点小学和县示范幼儿园，乡办农中、乡村小学和幼儿园实行乡办乡管，公、民办教师均由乡政府统一调配，工资由乡财政统一筹集（民师工资渠道不变）发放，形成只有民师没有民校的局面，同工不同酬的矛盾逐渐突出。各县对民师进行整顿，合格的加以任用，不合格的予以辞退。是年，通江县1268位民办教师，经考试考核合格的393人予以任用，留用的595人。暂时保留的5人，辞退的275人。并且将合格的民师逐年转为公办教师。1986—1992年，巴中县民转公419人，民师由1979人减少到1560人。2000年前，全区合格民办教师全部转成公办教师。

1993年，国务院颁布《国家公务员暂行条例》，部分国家机关事业单位试行招考制录用新职工。1995年开始，全国大、中专学校一律不包分配，毕业生实行双向选择，推荐就业。新招教师由各县政府人事、教育部门组织考试和考核，公开招考，择优录取，由校长聘任。全区各级各类学校从1996年开始试行校长由教职员公推公选、政府任命；在岗教师实行聘任合同制、绩效工资制和末位淘汰制。1999—2000年，全面推进学校用人制度改革，校长公选制和教师招聘制在全市中小学普遍试行。

2000年，全市有各级各类学校教职工31735人，教师27463人。其中，电大教职工35人，教师25人；成人中专教职工315人，教师128人；中专教职工215人，教师124人；职中教职工561人，教师408人；普通中学教职工8938人，教师7141人；小学教职工16450人，教师14993人；幼儿园教职工2857人，教师2675人；特教职工41人，教师35人；社会办学教职工2323人，教师1934人。全市学校行政管理人员共2248人，其中，成教51人，职教83人，中专（师）60人，中学749人，小学896人，幼儿园49人。全区校医71人，其中，职中5人，普中48人，小学18人。全市工勤人员1920人，其中成教108人，职教63人，中专（师）770人，中学1018人，小学554人，幼儿园113人。全市校办厂场44人，其中，职教7人，中学30人，小学7人。代课教师共1003人，其中，职教5人，中教168人，小学830人。兼课教师551人，其中，职教23人，中学21人，小学570人。临时工471人，其中，中学89人，小学382人。

第三节　教师培训

民国30年（1941年），巴中县在简师举办教师培训班，调训160人，历时两月，县长劳烨任班长，校长陈受先任副班长，简师教师授课，训纪实行军事化管理，学员发津贴55元。结业后分派到初小任教。

民国30—31年（1941—1942年），南江县利用暑假举办教师讲习班，县长参与讲课。通江县调训教师205人，并于民国33年派16名教师参加四川省第15行政区举办的教师培训班学习；次年又调训教师100人。

民国36年（1947年），平昌设治局在省农校举办暑假讲习会，调训小学校长15人，主讲总理遗嘱、总裁言论、宪法、国民学校行政、教育学、各科教材教法等课程。

1950—1955 年，巴、南、通、平各县先后举办新教育研究班，业务培训班，暑假学习会等，组织中小学教师学习新教育法、小学复试教学法、中国革命理论。还抽调部分教师参加川北行署主办的中等学校教师研究班，学习政治理论和教育方针政策。

1956 年，各县开办初师函授。1960 年各县开办中师函授。教师业务培训，主要通过师范函授教育进行。暑假教师学习会，主要进行政治理论学习。1960 年，巴中县有 2150 人参加师范学习。1966 年参加初师函授 584 人，中师函授 2920 人。高师函授由院校派教师到县教师进修学校面授和辅导；中师函授由进修校派教师到各乡（镇）完小面授和辅导。1984 年省教厅组织学习教材、教法，并统一命题考试。巴中 3780 人参加，合格 3511 人，占 93%。1985 年，各级函授毕业 470 人，其中，高师 117 人，中师 353 人。是年秋，新参加本科函授 21 人，专科函授 147 人，中师函授 450 人，自考 100 人，短期培训 3185 人，赴省地教育学院进修 70 人。南江县 1951—1973 年短训学校干部 142 人，教师 963 人，选派到高校和中师学习 200 人。1957 年参加高校和函授 38 人，中师函授 443 人，初师函授 680 人；1977 年建立三级函授网，县设函授站，区设分站，乡小设辅导点。到 1984 年，函授本科毕业 6 人，专科毕业 87 人，中师毕业 822 人，还选派 25 名教师赴省地教育学院进修。通江县 1950—1957 年先后办教育研究、教材讲习、普通话培训等短训班，培训教师 2676 人；1962 年开办教师进修学校。到 1985 年，短训 1705 人次；办一年制师训班，培训教师 528 人；办三级函授，初师参学 1784 人，毕业 1320 人，中师参学 329 人，毕业 141 人，专科参学 100 人，毕业 39 人，本科参学 50 人，毕业 33 人。选派教师到省内外高等师范院校进修 45 人。平昌县，1950—1958 年，短训 1584 人，调训 70 人，派往高校进修 130 人；1962—1985 年，进修校短训 1462 人次，办两年制中师班结业 92 人；办三级函授共毕业 1173 人，其中，本科 30 人，专科 137 人，中师 606 人，初师 400 人。参加部编教材过关考试，小学教师合格率 97%，初中教师合格率 93%，高中教师合格率 88%。学历标达，小学教师达中师 60%，初中教师达专科 22. 8%，高中教师达本科 64. 5%。

1986 年以后，各县教师以进修校为依托，采取函授、自考、电大、刊大、进修、代培等多种形式，开展教师业务培训和学历达标教育。到 1992 年，巴中县先后举办中学教师岗位培训班 41 期，行政管理班 4 期，校长培训班 5 期，学科培训班 7 期，参加培训 3400 人次。各区（镇）相应培训小学教师 41100 人次，幼儿教师 996 次。小教学历达标率 86%，初中教师学历达标率 38. 2%。

1993—2000 年，重点抓教师专业合格证考试和学历达标培训。到 2000 年，全地区高中教师 1053 人中，本科毕业 473 人，达标率 44. 92%，专科毕业 566 人，占 53. 75%，专业合格 65 人；初中教师 6088 人中，本科 336 人，占 5. 52%，专科 4227 人，占 69. 43%，达标率 74. 95%，专业合格 350 人；小学教师 14933 人中，本科毕业 22 人，占 0. 15%，专科毕业 1906 人，占 12. 7%，中专（师）3444 人，占 22. 97%，达标率 35. 83%，专业合格 476 人；幼儿教师 2675 人，专科毕业 24 人，占 0. 9%，中师（高中）毕业 1323 人，占 49. 46%，初中毕业 745 人，占 27. 85%，达标率 68. 11%，专业合格 564 人。

2000 年，全市中等专业学校教师达标率、合格率大幅度提高。中专教师 124 人，本科毕业 60 人，达标率 48. 93%，专科毕业 58 人，占 46. 77%；职高教师 371 人，本科毕业 78 人，达标率 21. 02%，专科毕业 248 人，占 66. 85%，获专业合格证 38 人；职业初中教师 67 人，本科毕业 2 人，占 2. 99%，专科毕业 53 人，占 69. 74%，达标率 77. 63%；成人中专校教师 153 人中，本科毕业 65 人，达标率 42. 48%，专科毕业 84 人，占 54. 90%。中等专业学校，在提高师生业务素质的同时，政治素质也相应提高。学生加入中国共产党 44 人，教师入党 87 人，教职工入党 171 人；学生加入共青团 2347 人，教师入团 42 人，教职工入团 63 人。教师加入民主党派 4 人。职工中归国侨胞 9 人。

第四节　职称评聘

1987 年，教育系统开始评定教师技术职称。经过宣传政策、申报考核、评审报批、检查验收、聘任总结等阶段，各县均评出中专、高中、初中、小学、幼儿教师五个序列和特级、高级、一级、二级、三级五个等级的教师职称；按职称聘任教师，受聘教师以技术职务评发工资。是年，巴中县中师（专）聘任高级讲师 21 人，占 26%，讲师 27 人，占 33%，初级职务 26 人，占 32%；中学高级教师 82 人，占 4%，一级教师 608 人，占 33%，初级教师 922 人，占 50%；小学教师中，中级职务 345 名，占 19%，初级职务 1438 名，占 81%。1991 年，6191 名教师技术职务聘任期期满，进行综合考核：优秀教师 928 人，占 15%；合格教师 5155 人，占 84.88%；不合格 8 人，占 0.12%。1992 年共评聘 6775 人，其中，高级 102 人，中级 1319 人，初级 4486 人。

1993 年，全地区教职工 28222 人，其中，成教职工 372 人，职教 720 人，中专 318 人，中学 9516 人，小学 14200 人，幼儿园 3033 人，特教 26 人，社会办学 147 人。全区教师 23827 人，其中成教 192 人，职教 473 人，中专 137 人，中学 7203 人，小学 12702 人，幼儿园 2958 人，特级 18 人，社会办学 144 人。是年，成人中专评聘高级教师 28 人，讲师 80 人，助讲 67 人；职中评聘高级教师 16 人，一级教师 86 人，二级教师 184 人，三级教师 92 人；中专评聘高级讲师 41 人，讲师 12 人，助讲 69 人；高中评聘高级教师 165 人，一级教师 330 人，二级教师 428 人，三级教师 104 人；初中评聘高级教师 32 人，一级教师 1109 人，二级教师 2294 人，三级教师 1426 人；小学评聘小教高级 2395 人，一级 6939 人，二级 2137 人，三级 124 人。高级讲师同中学高级教师属高级职称。讲师、中学一级教师、小学高级教师属中级职称，其余属初级职称。是年，未评定职称的教师共 2828 人，其中，成教 130 人，职中 183 人，中专 132 人，高中 148 人，初中 1167，小学 1068 人，仍按原结构工资制评发工资。

2000 年，全市评聘高级技术职务 415 人，副高 18 人，中级 8398 人，初级 12104 人，三级 1986 人。其中，成人中专（进修校）评聘高级讲师 27 人，讲师 73 人，助讲 75 人，非教师职务副高级 3 人，中级 40 人，初级 58 人，无级 74 人。职业中学评聘高级教师 20 人，一级教师 142 人，二级教师 189 人，三级教师 21 人，无级教师 36 人。中专（师）评聘高级讲师 24 人，讲师 49 人，助讲 56 人，教员 3 人，无级 51 人；非教师职务副高 18 人，中级 44 人，初级 58 人，无级 4 人；其中，中师评聘高讲 24 人，讲师 35 人，助讲 36 人，教员 1 人，非教师职务中级 7 人，初级 19 人，无级 49 人。中技校评聘讲师 14 人，助讲 20 人，教员 2 人，非教师职务副高 1 人，中级 4 人，初级 7 人，无级 2 人。高中评聘高级教师 235 人，一级 399 人，二级 358 人，三级 26 人，无级 35 人。初中，高级教师 107 人，一级 1709 人，二级 3167 人，三级 451 人，无级 654 人。小学评聘中教高级 2 人，小学高级 5968 人，一级 6263 人，二级 1624 人，三级 6 人，无级 1130 人。

至 2000 年，对教师和非教职人员被聘任技术职务的，学期、学年都要进行考核。部分学校还制定技术职务考核办法，提出教学、教育、管理等方面工作的量化指标，学期学年末由教职工写出自查总结，填写自查评分表格，交学校张榜公布，然后组织教职员民主测评，最后由学校考绩委审定，评出优秀、合格、不合格三类，校长签字后存入教职员业绩档案。对业绩优秀的给予奖励，对贡献突出的给予重奖。教育改革试点学校，实行末位淘汰制：学年考评最后一名和连续两年不合格者，高职低聘；连续两年最后一名及连续三年不合格者自动辞职。

第五节　教师待遇

一、社会地位

中国历代尊师重教，百姓都把“师”敬奉在堂屋的神龛上。在“天地君亲师”中，排列第五。

民国初沿清制，每年阴历8月27日各地庆祝夫子会，弘扬师道。民国25年（1936年），政府规定每年阳历6月6日为教师节。两年后又恢复夫子会，每年集会庆祝时，分智、仁、勇三种奖章颁发给教龄长的优秀教师。巴中中学教师邱莕荪执教40年，一度双目失明，仍由其孙挽扶上课，民国37年（1948年）病逝，县政府拨款2亿元（法币），举行追悼会，县长孙翼主持大会，各界人士上千人送葬。

1950年后，教师被誉为“辛勤的园丁”“人类灵魂工程师”，受到社会普通敬重。

1951年，巴中县抽调105名教师参加土地改革。1954—1955年在学校建党，185名教师加入中国共产党。1966—1976年，“文化大革命”运动称知识分子为“臭老九”，受到不公正待遇。1979—1981年落实知识分子政策，为全区教师解除“臭老九”精神枷锁，给115名教师摘掉错戴的“右派”帽子，给被批斗的452名教师恢复政治名誉，给1142名教师平反冤假错案，其中恢复党籍36人，收回安置251人，落实退休228人，发退职费125人，补发工资85人，补发安葬抚恤金95人，发给生活费15人，安置家属子女就业307人。南江县，1985年何家瑞被评为全国模范班主任，陈家富被评为全国优秀少先队辅导员，蒲明晰被评为省特级教师，贺秋林被评为省劳动模范。1982年通江县委、县政府召开30年教龄纪念大会，191名教师代表出席，会上为444名教师和41名职工颁发“荣誉证书”，为全县教师赠送4025枚“园丁纪念章”。1995年教师中有中共党员达997人，教师子女“农转非”371人，安排教师子女就业11人。平昌县1950—1985年受到省、地、县表彰的优秀教师716人次，尊师重教先进集体205个次，县党代会教师代表52人、党员241人，享受正副县级待遇112人。

1993年，全地区深入贯彻《中华人民共和国教师法》（以下简称《教师法》），省、地、县、乡党委政府首次把尊师重教列入年度工作目标考核的重要项目。10月，副省长徐世群率教育、财政、金融等部门负责人，到各县（市）慰问教师，得知教师工资难于兑现时，便召集地、县党委政府领导在平昌举行现场办公会，决定乡（镇）教师工资由“乡筹县管”，每月由县财政统一划拨，乡（镇）代发，保证了教师工资月月兑现。1994年，设立林志乐教育奖励基金，用于奖励山区优秀教师和教育工作者。1995年5月省教委主任王可植一行到巴中山区慰问教师，为贫困地区办学补助专项资金600万元，用于改善办学条件。1996年春节，副省长徐世群率省慰问团慰问老教师，赠送慰问金20万元，并补助专项资金100万元，改善边远贫困学校教师工作条件。同期地委行署、地教委领导陪同慰问教师，向中老年特困教师赠送慰问金3500元。2000年，巴中市教育系统先后受到国家教委表彰奖励的优秀教师21人，省教厅表彰的优秀教师和先进教育工作者39人，市委市政府表彰的优秀教师370人。

二、工资福利

（一）工资

民国初期实行年薪制，中学校长俸银300两。民国20年（1931年）始行月薪制，初中校长每月法币84元，教务主任71元，训育主任68元，事务主任64元，教员最高60元，职工最高32元。兼职教师实行时薪制，每节课不低于1元。民国26年（1937年）抗日战争爆发，紧缩开支，先后改为七折、五折支付。民国28年（1939年），简师校长62元，教务主任53元，训育主任51元，事务主任50元，教员最高48元，职员最高24元。民国29年（1940年）执行省政府规定，初中校长100元，教务主任90元，事务主任80元，教员最高80元，职工最高40元。乡小校长和教务主任30元，教员25元，保小校长25元，教员20元，校工7元，私立小学教员最高35元，最低25元。民国30年（1941年）后，通货膨胀，公教人员发配大米2.5制斗（每斗约16斤），增加米津30元。民国31年（1942年），中学教员每人折发代金50元。民国35年（1946年）后，物价暴涨，始行实物工资制，中学教员月薪1.6制石，小学教员月薪米3~5制斗。学生每学期向学校交敬师米1斗，以补助教师生活。

1950年初，公教人员暂行实物供给制，每月发大米45斤。下学期执行《西南区暂行供给标准》，月发大米：中学校长320斤，教员270斤，职员170~200斤；完小校长250斤，教导主任240斤，教员220斤，职员170斤；初小教员，甲等200斤，乙等190斤，丙等180斤。1952年实行工资分制，城镇比农村高18.27%。1955年调整工资，中学校长增长11.9%，小学增长17.7%，幼师增长14.2%。1956年实行货币工资制，人均增资：小学33.25元，中学47.64元，师范52.67元。1960、1963、1977、1980年，五次调整低工资，前三次升级面为25%，后两次分别为62%和40%。相同工龄的校长和工人，工资差别甚微，形成了“大锅饭”。

1982年初，辖区民办教师工资实行民办公助。小学民师工资为34元、36元、38元三等；中学民师工资分为36元、38元、40元三等。其中，每月补助小学民师16元、中学民师19元，余由乡（镇）统筹。是年11月，国家规定每月增加民师补助4.5元，每月增加代课金3.5~5元，从1981年10月起执行。以后公办教师调资，民师工资也作相应调整，国家补助部分亦随之增加。

1985年，实行结构工资制，分基础工资、职务工资、级别工资、工龄工资四部分。除基本工资（基本生活费）相同外，其余三项均承认差别，初步实现了公平与效益的统一。

1986年，开始评定教师技术职称，聘任技术职务后，按技术职务计发工资，再次拉开工资档次。

1993—2000年，在部分学校试行绩效工资制，依据实际工作业绩发给奖金，重奖有功人员，进一步体现按劳分配的原则。

（二）福利

民国15年（1926年），巴中县恩阳镇高小校长陈乃斌病逝，家贫无钱安葬，省视学陈嘉猷到校视察，令支100银给家属子女，以资抚恤。民国29年（1940年）始行女教职员“在产期内给假两月、并发原薪”之规定。民国38年（1949年）对“连续服务5年以上而成绩优异者，得报请政府颁给奖状，10年以上予以物质奖励”之规定。

1950年起，每年冬季发给教职工两月半至3月的取暖费。1951年，规定女教师产假45天，工资照发，代课金由公费开支；病假6个月内照发工资；工伤和死亡给予安葬费和家属子女抚恤金。1953年开始实行公费医疗制度；家庭困难的教师评发子女教养补助费。1956年，按工资总额的1%拨给福利费。次年，福利费提高到3%。福利费用于节日娱乐费、教职工困难补助，慰问住院病人等项开支。1957年，执行教职工退休条例，退职的一次性发给退职费，退休的按工资80%~90%发给退休金。1963—1978年，发给小伙食补助、探亲补助、粮价补贴、副食补贴。1979年，人均发10元年终奖。1980年，发教师岗位津贴、班主任津贴、教研组长津贴等。1981年，规定教龄5年以上的民办教师，享受困难补助；外籍单身教师每年享受探亲假补助；所有教职工疾病、工伤公费治疗，病假、工伤假工资照发。疾病、因公死亡，除发给安葬和抚恤外，其子女抚养到18岁，无业之配偶、父母给予生活补助，按月发给，直到逝世为止。因公牺牲，可顶替一个子女，安排适当工作。

1993—2000年，增加菜蔬补贴75元，物价补贴78元，在单位经费中列支。死后安葬费和抚恤金分别按10月至20月工资一次发放；父母、岳父母、配偶无生活来源的，按月发给基本生活费，未成年子女发给抚养费。

第三章 教学·教研

第一节 招 生

从隋朝开始，国学实行“招生”考试。私塾童生经岁科考试取得生员资格者，可自费进入县、府学深造；经府院试取得廪生资格者，可自费进入郡（省）学习；经乡试取得贡士资格者，可乘公车进入太学（国子监）就读。

民国时，幼儿园、初小自愿报名入学。高小、中学、简师、农（职）业学校，由学校分春秋两季招生，学生自愿报考。考试科目：高小、初中、简师为语文、数学；高中为国文、数学、英语、理化、史地。文考前进行口试和体检。按笔试、口试、体检三项成绩择优录取。巴中高中、简师招生范围含今平昌、通江、南江、苍溪、仪陇等县。

1950年开始，各级各类学校改为秋季招生，招生考试统一在暑假进行。初小招生由教师进行口试和目测，登记报名即可。高小由县统一命题，考试语文、算术，各乡（镇）设考场，统一评分，按县政府分配的名额择优录取。是年，境内各县高考划入南充考场，1956年划入达县考场，在成都阅卷录取。1959年，省、地、县设立招生委员会。1961年分县设考场，各县招委负责考务工作。1966年停止招生考试。1970年，小学改为五年一贯制，取消高小招生考试。初中招生由地区统一命题，制卷，考语文、数学、常识三科，集中在县城考试、阅卷、政审、体检和录取。1960年，各县分片设考场，考政治、语文、数学三科，仍集中在县城阅卷、政审、体检和录取。1973年，大学、中专招生实行“自愿报名、群众推荐、领导批准、学校复审”。1977年恢复高考制度。

1980年开始，各县分区设考点，统一考试，分区阅卷和录取。高中招生由省命题，考政治、语文、数学、理化，与初中毕业会试结合进行。同时加考外语，各区设考场。高中招生与中专预选及初中毕业会考同时进行。大学、中专升学考试，由国家统一命题、统一考试、统一阅卷，院校按学生志愿择优录取。1986年，高中毕业会考定为每年5月17—19日。高中高考预选以毕业会考成绩为依据，择优确定。1986年起，各类成人高校招生，国家统一命题，统一考试；录取名额由省教厅确定。考试时间定于每年5月5日；制卷、评分、录取由省招委组织；考务由地县招委负责。

1990年，取消预选。全国统一考试为每年7月7—9日。自愿报名，试卷由国家教委制定，各省组织考试、评卷，按志愿分批录取。考场主任、监考和工作人员，由各县招委遴选公道、正派、当年无子女参考的纪检、监察、公安、保密干部和学校行政、教师担任。

1994年，巴中地区招生考试委员会成立，负责普通和成人大学、中专招生考试工作。中小学招生考试由各县（市）招委组织。省重点中学在县内优先录取，其他中小学分片录取。私立中小学同公办中小学均按学生志愿择优录取。

1996年起，大学中专毕业生不包分配，学生自主择业。全国高等学校和中等专业学校开始试行自主招生。巴中地区部分成人、职业中等学校，也开始面向社会按需招生，定向培养，依合同就业。

第二节 学 制

清光绪三十年（1904年）始办学堂。蒙养园无定制，初级小学实行五年制，初级中学实行四年制。职业学校学制1年，春季招生。

民国初，幼儿园、小学，沿清制。民国2年（1913年），中学实行“四三制”。民国6年（1917年），小学实行“四三制”，民国11年（1922年）改为“四二制”。民国13年（1924年）改中学“四三制”为“三三制”。民国26年（1937年）简师4年制，春秋两季招生；民国31年（1942年）改为秋季招生。民国33年（1944年）简师改为三年制。民国29—35年（1940—1946年），各县农校学制2年。

1950年，幼儿园实行3年制，4岁入园为小班，5岁为中班，6岁为大班（学前班）。小学实行五年一贯制，次年改为“四二制”。中学“三三制”，秋季始业。1968年实行“十年一贯制”。小学、中学均为“三二制”，1969年中学改为“二三制”，1971年复为“三二制”。1978年小学恢复“四二制”，1980年中学恢复“三三制”。1986年实行《中华人民共和国义务教育法》（以下简称《义务教育法》），小学和初中共9年，为义务教育阶段，称作九年制义务教育。初师、中师，1954—1966年为3年制。1956—1965年，速师招收高中生，学制1年。1971—1981年开始，中师统一为3年制，民师2年制。职业学校，学制不等；1958年农高二年制；1977年长班2年制，短班1年制；1982年农、职业中学，长班3年制，短班2年制。

1993—2000年，幼儿园学制3年，初小四年，高小二年，初中三年，高中三年，中师、中专、职中、成人中专各3年。其中巴中师范招收大专班，初中生入学，学制5年；南江县职业高中，高小生入学，学制5年。

第三节 德 育

一、德育内容

汉代开始，孔子的仁学成为德育的核心。“宋明理学”发展仁学，形成“三纲五常”“五伦八德”等系统的德育内容。

民国初，以三民主义为核心，以《临时约法》为基本内容，并灌输西方民主、自由、平等、博爱的思想。民国12年（1923年），北大毕业生赖虚室任巴中中学校长，传播科学、民主、爱国的进步思想。到民国17年（1928年），巴中县先后爆发三次学潮，轰动川北。

川陕苏区时期，巴中特别市和通、南、平三县学校思想教育，以打土豪、分田地、建立工农专政、拥护共产党和工农红军为主要内容。工农政府印发《革命三字经》等教材，禁止学生打人、骂人、吸烟、赌博。

民国24年（1935年），规定学校以“四维”（礼义廉耻）“八德”（忠孝仁爱、信义和平）为信条，教育学生。民国26年（1937年）后，各县普遍开展抗日救亡宣传，师生上街游行、画漫画、办壁报、讲演、演话剧、教唱《卢沟桥问答》《大路歌》《毕业歌》《流浪三部曲》《义勇军进行曲》等，激发群众爱国热情。巴中简师刘卓然、周柱等6人上书政府，请愿到前线杀敌。民国28年（1939年）通令全国以总理遗嘱、总裁言论为学校周训德目。民国31年（1942年）后，禁止学生罢课、游行，训育主任和军训教官秘密监视师生的行动。

1950年后，小学设思想品德课，初中设政治课，以时事政策、《共同纲领》《社会发展简史》为思想政治教育的基本内容。高中、师范讲授《辩论唯物主义常识》《政治经济学常识》《矛盾论》《实践论》，组织师生参加政治运动，进行阶级斗争教育。1954年后进行劳动教育，鼓励学生“一颗红心、两种准备”，毕业后不能升学的积极参加家乡劳动。次年颁发中、小学《学生守则》，教育学生做到身体好、学习好、品行好，准备为祖国、为人民服务。1961年，重点中学设讲师团，教育学生做到思想好、学习好、劳动好、品德好、身体好。1963年开展学雷锋、学王杰的活动，要求学生“学英雄、见行动”，做好事蔚然成风。1966—1970年鼓动“造反有理”，各校建立许多造反团，停课闹革命，后发展到严重武斗。1974—1976年宣传反潮流，鼓励“交白卷”。中共十一届三中全会后，教育部新颁发《学生守则》，以“四项基本原则”为核心，开展“五讲、四美、三热爱”教育活动，规定1981年3月为第一个“活动月”。

1989年后，学校加强自由与纪律、民主与法制、才能与品德、理想与现实等教育，要求学生做有理想、有道德、有文化、有纪律的“四有”新人。

1993—2000年，重点加强学生爱国主义教育。其中1994年贯彻执行省教委《关于在中小学开展爱国主义教育系列活动的实施意见》和《中学生日常行为规范》，巴中地区召开了学校思想政治工作会议，下发了《加强和改进学校思想政治工作的意见》，全区学校组织收视爱国影片、参观烈士陵园、教唱爱国歌曲、谱写爱国诗篇、开展爱国历史知识竞赛等活动，加强了以爱国主义为核心的常规教育。是年11月贯彻省政府《关于做好校园环境综合治理工作的通知》，各县根据、“创造一个健康、有序、文明、高雅的育人环境”的要求，组织教育、文体、公安、工商等部门，对学校周围的餐饮、娱乐、网吧、茶舍、发廊、摊点等进行突击性检查和强制性搬迁，净化了学校周边环境。1997年省教委下发《关于加强教育战线社会主义精神文明建设的意见》，地教委强调各县要深化认识，突出重点，注重实效，齐抓共管，进一步加强学校精神文明建设。巴中恩阳一小、南江中学、通江县文教局、平昌县元山小学等，被评为省德教育先进单位。巴中四小张益德、巴中二中涂雄、巴师附小李光珍、巴中中学张天喜、南江平岗小学魏学谦、通江实验小学屈俊山、通江中学向英才、通江二中何旭东、南江长赤中学刘仕雄、南江中学谷自文、平昌江口小学杜家林、平昌云台小学孙高珍、平昌二中杨安富、平昌龙岗小学杜春来、巴中地区教委冯鑫、巴中地委宣传部赵万国等，被评为省德教育先进工作者。1998年地教委组织全区教职工学习邓小平教育理论、“一纲四法”和教师职业道德规范。有三名教师获得四川省师德标兵的殊誉。1999年全地区中小学开展文明单位创建活动。经地委行署检查评比，巴中市（县级）教委、南江中学、巴师附小获得最佳文明单位称号；通江二中、铁佛中学、涪阳中学、南江下两中学、巴中市（县级）观音井小学、巴中化成小学，获得文明学校称号。2000年，全市召开中小学德育工作会议，传达贯彻全国《公民道德教育实施纲要》，强调以十项基本道德准则为核心，进一步加强和改进德育工作，决定在地教委内组建德育体育卫生教育艺术科，深入开展创建文明单位的活动，把学校道德教育提高到一个崭新的水平。

二、德育方式

历代学校注重德育方法。五帝至春秋，有教无类、因材施教、循循善诱、以身作则等基本教育原则逐步确立。褒奖、激励、说服、规劝、训责、惩戒等教育方法，历朝沿用，而又不断更新。

民国时，学校对品学兼优的学生给予表彰、减免学费、记功、发奖金等褒奖。对违纪学生，视其情节，给予训斥、体罚、记小过、记大过、默退、挂牌斥退、追偿损失等处罚。

1950年开始，规定说服教育为主、正面教育为主、表彰奖励为主，严禁讽刺、侮辱、体罚学生。同时，辅之以批评、训诫和纪律处分。教师未执行这些规定的，学校追究违规责任。奖励的方式：评优秀队员、优秀团员、优秀班干部、三好学生、先进个人、先进集体，发奖状和奖品。一般以精神鼓励为主，物质奖励为辅。纪律处分有警告、严重警告、记过、留校察看、开除学籍5种。1980年开始，发给学生奖学金。1982年，通江中学制定《优秀学生奖励办法》，每学期评选一次，分三等发给学生奖学金。

三、德育组织

清初，州学由学正、训导管理品德教育；县学由教谕训导管理。嘉庆十三年（1808年）开始，州县学由山长、教谕管理。光绪三十年（1904年）后，学堂由堂长、先生管理。

民国初，改学堂为学校，品德教育由校长和教员管理。民国27年（1938年）开始，学校设训育主任，建童子军、学生会，协助校长进行思想品德教育。

1950年，学校废除童子军。1952年，中学建立学生会。次年初中、小学建立少先队。1955年，师范、中学建立中共支部。1957年以后，乡中心小学也普遍建立了党支部，1958年后，学校建立教育工会。学校实行党支部领导下的行政分工负责制。在党支部领导下，学校行政、工会、学生会、共青团、少先队、政治课教师、班主任等共同作好学生思想品德教育。

1993—2000年，巴中市形成市、县、校三级德育教育网络。

第四节　智　育

一、课程

（一）设置演变

隋朝，境内始置学宫。课程主要为儒学《四书》《五经》。也可选学诸子百家和历代名家著作。历朝沿之。民国，幼稚班设语文、计算、唱歌、图画、游戏等课程。小学设修身、国文、算术、历史、地理、音乐、体育、图画等课，高小增设诵经、格致、博物、理化。教材由国家教育部审定印制。诵经由地方自选，报上级审定，初小讲授《孟子》，高小讲授《论语》，也可选学《国策》《尚书》的章节。民国11年（1922年）改诵经为公民训育，民国14年（1925年）改修身为公民，改博物为自然。到民国17年（1928年），初小开设国语、算术、常识、音乐、图画等科。高小开设国文、算术、历史、地理、自然、英语、三民主义、音乐、图画、手工、卫生、体育等科。民国25年（1936年），高小取消英语，规定每节课30分钟。民国35年（1946年），高小加设公民、珠算、劳作、军训等科；初小增设珠算、劳作两科，语文分为读书、作文、习字、谈话各科。1950年，幼儿园课目沿旧制，教学内容由教师自定。1980年后实行国家统编教材。

（二）各类学校课程

1952年，教育部颁发《四二制小学暂行教学计划》，初小设语文、算术、美术、音乐、体育；高小增设历史、地理、自然。四年级开始加学珠算。规定每节课45分钟。1953年改美术为图画。1955

年秋增设手工劳动。1957 年小学各式各样年级增设周会，农村小学增设农业知识。次年实行教育与生产劳动相结合，每周增设 4 节劳动课。1963 年，语文课增加写字课，学习毛笔字。1973 年学“朝农”经验，每周五天学文，一天学工、学农、学军，每期放农忙假半月。1978 年，恢复正常教学秩序，初小增设朝会，高小增设政治。1981 年执行部颁教学计划和大纲。政治改为思想品德，增设法制教育。1986 年小学、初中教材改为九年制义务教育。1990 年，使用新教材，小学开设语文、数学、自然、社会、思想品德、音乐、美术、体育等科。历史编入社会，地理编入自然。从三年级开设英语、计算机。高年级增开人口知识和环境保护常识。至 2000 年无变化。

1950 年，中学复课，国文、历史、政治、音乐，使用新教材，代数、几何、物理、化学、地理、图画、体育等暂用旧教材。1952 年，执行部颁《中学暂行规程》，开设政治、语文、数学、外语、物理、化学、生物、历史、地理、体育、音乐、美术等科。政治课教中国革命常识、社会科学基础知识、共同纲领、时事政策；数学含算术、代数、几何、三角、制图；历史含中国史、世界史；地理含中国地理、世界地理、经济地理等。1954 年，执行教育部《中等学校暂行校历》，对开学、放寒暑假、课时、节日等作了具体规定，各类学校走上正轨。是年，中学停开英语，改设俄语。1958 年，增设劳动课，政、史、地合并为社会发展史。1969 年改设农业基础（含生物、农场、农业会计）和工业基础（理化合并）。1972 年，恢复理、化、生。1978 年，增设农业基础知识、生理卫生。1980 年，改农业基础为劳动技术课；政治课含时事政策、青少年修养、社会发展简史、法律常识、辩证唯物主义常识。至 2000 年无变化。

1954 年，执行部颁《师范学校教学计划》师范学校基础课同普通高中略同，增开教育学、心理学、矿物学、人体解剖生理学、语文和数学教学法、教学实习等专业课。1959 年，每周增设劳动课 8 节。1961 年，减少专业课，增加文化课。1966 年，取消专业课。1978 年，实行文、理分科，恢复专业课。1995 年，开办 5 年制师范专科班，通过自考获得大专文凭；开设有计算机、外语、艺体等专业班，按师范专科同类专业开课。至 2000 年无变化。

1958 年，职高、农高开设作物栽培、畜牧兽医等专业。1977 年，设蚕桑、农机专业。1982—2000 年设农技、植保、食用菌、柑橘、家电、工艺美术等专业。按部颁中等专业学校计划的同类专业开课。

二、教法

（一）讲授

清光绪三十年（1904 年）以前，私塾、义学、书院，均不分年级，实行单员教学。此后办学堂，实行班级教学。教学方法多为注入式，教师一讲到底，学生死记硬背。

民国初，教学形成分单班和复式班两类，规定“教学重讲解、倡启发、要导之以理、辅之以术”。巴中中学邱本岑、严恭寅、赖虚室、刘卓然等任校长期间，推行赫尔巴特“五段教育法”，新课让学生先预习，教师讲课时提出重点、难点，引导学生分析讨论，师生共同归纳，得出结论，然后布置作业，学生应用所学知识去解答问题。同时，推行欧美“实验教学法”和“统计教学法”，取得好的教学效果。一般中、小学都提倡国文教师组织学生办墙报，举办演讲比赛，提高学生书面和口语表达能力。民国 30 年（1941 年），贯彻四川省教育厅提出的八项教学原则，课堂教学采用“练习、类比、兴趣、准备、自动、设计、个性运用、手脑并用”等方法，呈现了新的生机。一般教师都能认真备课、讲课、辅导和批改作业，教学效果明显提高。然而墨守成规，误人子弟者亦不少。

1953 年，学习苏联普希金、凯洛夫的教育理论和教学方法。课堂教学推行“组织教学、复习旧课、讲授新课、巩固新课、布置作业”五个环节和“直观性、自觉性、系统性、量力性、巩固性”

的原则，教育方法有新的突破。绝大多数教师做到了“六认真”。部分新教师还先试讲，征求老教师意见后修改教案，再到课堂讲授。

1958—1960 年，开展教育大跃进，集中骨干教师保毕业班，大抓升学率，要求达到“高速度、高质量、高标准、大面积丰收”。

1963 年，中共中央颁布各级各类学校《暂行工作条例》，小学四十条，中学五十条，大学六十条，明确规定了办学任务，培养目标，教育教学原则，教师地位和职责。到 1965 年，通过贯彻《条例》和毛泽东“十大教授法”，采用启发诱导，精讲多练，突出重点，突破难点等方法讲授，减轻了学生负担，提高了教学质量。

1966—1976 年，全盘否定《条例》《教育学》《心理学》《教学法》，统统视为“资产阶级专了无产阶级的政”。

1978 年，贯彻全国教育工作会议精神，提倡“三为主四认真”，即教材为主、课堂为主、学生为主，认真备课、认真讲课、认真检查作业、认真考试。要求教师吃透大纲、深钻教材、了解学生，根据教材要求确定重点，针对学生实际确定难点，有的放矢地进行教学，开发学生智力，培养学生能力。到 1985 年教学质量全面提高。

1986—1992 年，教学改革深入发展。巴中县出版《教改探索》《各科教学渗透德育研究专辑》《班主任经验论文集》，举办示范课、公开课、竞赛课等 40 场，撰写教育科研论文 346 篇，250 多人出席全国及省地教改经验交流会。

1993—2000 年，市、县组建教育科研所和中小学教学研究室，全方位开展教育教学研究。至 2000 年，全市 80% 的中小学建立教研室、教研组。

（二）演示

民国开始利用三角尺、图表、模型、实验仪器，进行直观教学。

1952 年，提倡教师自制教具。1978 年，巴师校教师曹延慧、巴中中学教师陈鼎等深入 12 个区（镇）进行教具演示教学，中小学教师 4000 人听课。1981 年，巴师派代表出席省自制教具经验交流会。1983 年全省重点师范学校自制教具能力考察，巴师获第一名。到 1985 年，巴中县自制教具 27000 件，其中，3 件送教育部展出，占四川送展教具 33%。巴中县文教局被省教厅授予自制教具先进集体，颁发奖金 1 万元。巴中中学教师侯远贵制作的微型气体发生器，被教育部授予一等奖。

1958 年，幻灯机、电影机开始作为教学工具。1977 年开始使用反射式投影仪进行教学。1981 年各县文教局建立电教馆。到 1985 年，巴中 14 所中学、50 所小学、1 所幼儿园，开展电化教学，覆盖 12 个学科，举行观摩课 130 次，制作录音带 2650 盒，录像教学 286 堂，放映电影教学 256 场，创办《巴中电教》在省内发行，省电化教学经验交流会在巴中召开。同期，通江县配制幻灯机 130 部，电唱机 78 部，电影机 3 部，在 25 所中学、75 所小学中，放映教学片 174 场。自制 15 套幻灯片，在达县地区获奖第二名。

1986—1992 年，电化教学设备实行升位达标。巴中县 10% 的学校达到一级，30% 的学校达到二级，55% 的学校达到三级。巴师附小、恩阳一小、化成小学等实施电化教学课题研究，17 项成果获省奖，18 项成果获地区奖，130 项成果获县奖。

1993—2000 年，电视、电脑、网络等现代技术装备，开始作为教学工具。教具实现第三次飞跃。其中，1993 年巴中地区建立远程教学点 10 个，到 2000 年发展到 306 个；1996 年开始建立多媒体教室，2000 年上网学校达到 30 个；1999 年筹建地区教育网站，2000 年正式投入运行。

第五节 体育·美育·劳动教育

一、体育

清朝设置武学（馆），科考设武考科。巴州、通江、南江考取武进士2名，武举35名。

民国时，学校设置体育课和童子军训练课，由军训教官进行教学。规定体育不及格者不能升级和毕业。

1952年，国家教育部颁发中小学暂行规程，强调加强学校体育，增强学生体质。是年毛泽东号召全国青少年做到“三好”，把“身体好”摆在三好的首位。1954年推广儿童广播体操。次年教育部颁发《中小学体育大纲》和统编体育教材，各级各类学校配备专职体育教师。巴中中学和巴中师范建设400米跑道和足球场，购置各类运动器材，每年举行两次运动会，文艺晚会少不了体操和器械运动表演。

1958年，贯彻国家“劳动卫国制”体育锻炼标准，各县中学开展达标锻炼。1964年国家体委又专门颁发《青少年体育锻炼标准》。1976年国务院颁布《国家体育锻炼标准》，分为儿童组、少年组、少年二组、青年组，提出不同的要求，切合中小学实际，在各县各类学校中得到普遍推广。1978年，平昌县驷马小学组建业余游泳队，经体育教师徐天明和校外教练王继森的严格培训，成为一支游泳健将，1980年参加达县专区游泳比赛，男女队分获团体总分一、二名。1984年代表达县地区出席省“五运会”，夺得24枚金牌、10枚银牌、12枚铜牌，破省纪录14项，24人次。次年参加省“青运会”，获得5枚金牌，占游泳项目10枚金牌的50%。

1980年，各县中小学广泛开展国家体育达标锻炼竞赛。平昌县江口一小达标率66.9%，响滩中学达标率56.4%，平昌中学达标率54%，居全县前三名。

1983年，四川省组织重点中学检查团，分组检查境内重点中学。其中通江中学体育检查100项指标，获得96.4分。

1986年，各县进行中小学生体格检查和体质调查。巴中县11所中小学、12个年龄组、18个检测项目、16400人检测结果，合格13200人，占80.3%；视力不良2135人，占视力复查5400人的39.4%。是年，巴中县体育达标锻炼被评为全省先进单位。1988年出席省中学健康经验交流会，巴中经验受到省教育厅高度赞扬。1989年实施省《中学生体育合格标准试行办法》，巴中县首批在高中试行，参加锻炼952人，检查合格876人，占92%。1991年教育厅正式颁布《中小学体育合格标准》，各县全面实施。1993年经地区检查验收，巴中市（县级）合格率达85%，居全区首位。

1994年全地区组织小学生参加全国“雏鹰起飞”体育锻炼，到1999年9月经巴中地区检查评比，获“十佳雏鹰行动示范单位”10个，获“十佳雏鹰行动少先队”10个，十佳辅导员10名。是年，通江中学代表巴中地区出席省中学生田径运动会，获3金、1银、3铜，破省中学生纪录二项。是年10月，巴中中学、通江中学体育传统项目被评为四川省先进单位，分别获得的奖金1500元。1995年，地区教委获国家体育锻炼标准一等奖，资金2000元。

1996年，全地区举行第二届中学生运动会，47人破地区纪录。

1997年1月，南江县关路中学、赶场中学、南江镇小学；通江县二中、诺江镇二小、至诚职业中学；平昌县元山中学、平昌中学、镇龙中学、巴中市奇章中学、曾口中学、化成镇小学为1996年度先进传统体育项目学校。是年5月，巴中地区中等学校学生运动会在通江中学举行。通江中学分别获得高中组、初中组团体总分第一名。巴师校获中师（专）组团体总分第一名。1998 年，通江县组队代表巴中地区参加四川省第四届青年运动会，田径项目获女子团队第八名，其中苟宏在 100 米赛中获冠军，200 米破省记录。2000 年，市教育局、市体委授予平昌中学、平昌县元山小学、平昌县江口第二小学等“体育工作先进集体”称号。

二、美育

民国时，学校始设美术、音乐课，对中小学生进行艺术美的教育。民国 26 年（1937 年）抗日战争爆发，辖区各县开展抗日救亡宣传，学校师生成为宣传的主力，他们走上街头演文明戏（话剧）、打花鼓、唱救亡歌曲、说书、办墙报、画宣传画等。

1950—1956 年，境内各县先后开展土地改革、抗美援朝、合作化运动，各地中小学普遍组织学生宣传队，跳秧歌舞蹈、打腰鼓、唱莲花落、演《白毛女》和《小二黑结婚》等话剧。寒暑假，中小学师生回到家乡，在当地开展多种形式的宣传活动，农村涌现出男女老少在田头院坝扭秧歌、打花鼓的热潮。

1980 年，学校恢复正常教学秩序，美育在学校教育中获得应有的地位。1982 年，在各级各类学校开展“五讲四美三热爱”的活动。是年，通江中学经达县地区检查验收，被评为首批地级文明单位。

1994 年，国家教委颁发《全国艺术教育总体规划》，巴中地区教委印发《巴中地区普及学校艺术教育实施方案》（修改稿），对艺术教育在素质教育中的重要地位、普及艺术教育的步骤和政策措施、艺术教育基础建设等都提出具体可行的方案。是年，派遣专业美术、音乐教师和教研员出席四川省中小学音乐骨干教师、教研员培训和音乐课堂教学改革研讨会，听取并传达会议精神，结合巴中实际研究音乐教育改革的设想和实施意见。同时，组织美术教研论文，参加全国美术教育优秀论文评选。还派音乐、美术教师赴省教科所和省学术交流中心，参加音乐、美术教材及大纲的培训，回县后，各县又组织美术、音乐教师进行传达和研讨。

1996 年 10 月，全区选送中小学优秀音乐、美术教师代表，参加四川省五项技能竞赛。选出的 4 名代表有三名获二等奖，一名获三等奖。

1997—2000 年，辖区先后举办三次巴人艺术节，巴、南、通、平各县（市、区）编练的节目同全国著名演员同台演出，深受省内外观众好评。其中，巴中中学、巴中师范和巴师附小自编自演的《苞谷娃娃》等节目和书法、美术作品，分别获得省一等奖。

三、劳动教育

民国 17 年（1928 年）始设手工课。民国 25 年（1936 年）改手工课为劳作课。

1953 年 11 月，中共中央副主席刘少奇将《美国大学生三分之二半工半读》一文批转团中央：“中国是否可以试办？请你们研究。”次年 1 月，团中央发出《关于在学生中提倡勤工俭学的决定》。2 月，教育部作出“积极地、有计划地开展勤工俭学和半工半读活动”的决定。勤工俭学活动在全国开展。是年底，教育部和团中央联合举办教育与生产劳动相结合的成果展。

1958 年，中小学每周 2 ~ 4 节劳动课，集中在一个下午，进行熬硝、种植、饲养、加工、办厂、搬运、理发、缝纫、刺绣、炼钢、制粉笔等劳动。是年，平昌县校办工厂 38 个，农场 8 个，学生参加 112044 个劳动日，炼钢 85395 公斤，积肥 9780337 公斤，生产粮食 36000 公斤，植树 5280 株。巴中、通江、南江等县校办工厂、农场，还生产肥皂、墨水、沼气、920 生长素、铁铧、脱粒机、银耳、木耳、香菇、菌种、人工天麻、茯苓、黄柏、杜仲、枸杞等产品。

1960—1963 年，境内经济特别困难，学校勤工俭学以种粮、种菜、养猪为主，抗灾自救。

1975 年，开展学工学农学军，实行开门办学。各县中小学和师范办起分校，师生轮流到分校劳动，一面学习，一面生产。农忙到乡村支农，少则半月，多则两月。

1982 年，全国勤工俭学会议在北京召开，国务院下发《全国中小学勤工俭学暂行工作条例》和《财务管理办法》，规范学校勤工俭学活动和管理，1984 年 11 月四川省勤工俭学经验交流会在巴中召开。听取巴中县的经验介绍，参观学习恩阳中学、鼎山中学和宕梁中学等 16 个中小学的现场。

1986—1992 年，巴中县各类学校勤工俭学开展率达 99%，学生劳动率达 99.5，校办工厂 80 个，农场 542 个，年纯收入 263.1 万元。其中年产值 10 万元以上的工厂 1 个，7 万元以上 1 个，5 万元以上 4 个。茶坝区双胜乡古楼小学被省、地定为农村学校勤工俭学的样板（模式）。《教育导报》专题报道巴中经验。

1994 年后，全地区勤工俭学取得显著成绩，年产值达 4000 万元，纯收入 960 万元，人平 24 元。

1996 年 4 月，全地区勤工俭学会议在平昌县召开，各县（市）教育局（委）主管领导、勤管股长、部分中小学校长和校办工厂（场）经理参加会议。地教委主任张玉芳、副主任王家寿出席会议并讲话。

2000 年 5 月，全地区勤工俭学工作会议在南江县召开。行署副专员王治寿出席会议并讲话，提出要把勤工俭学当做素质教育的重要内容认真抓好；各级各类学校都要建立教育实践基地，培养学生操作动手能力，经营管理能力和社会活动能力；要拓展市场，首先要面向校内市场、为师生服务，各级政府要加强领导，抓好龙头企业，重奖有功人员。是年，全市勤工俭学纯收入 740 万元，其中，巴州区 230 万元，通县县 214.3 万元，平昌县 201.9 万元，南江县 90.4 万元，市本级 3.4 万元。

第六节　学籍管理

一、建立学籍

清朝前期，私塾无学籍；公学建立学生名册，登记学生入学、肄业、品行、奖惩、离校等基本情况。清光绪三十年（1904 年）始办学堂，公立中小学建立学籍，私塾沿旧制。

民国时，初小报名注册，即建立学籍。高小、初中、高中、师范（简师）农校均通过招生考试，学生持《录取通知书》和户籍，毕业证书等证件，按规定时间入学注册，经校方审核，填报“新生学籍登记表”，送教育行政部门审核批复，方正式建立学籍。民国 26 年（1937 年），中等学校执行省厅《学籍管理办法》，规定休学时间不得超过两年。休学期满申请复学和退学，经学校批准，复学的承认学籍，退学的发给肄业证明。休学期满不申请复学和退学的，作开除学籍处理。每学期 1 月内学校将《各班学生名册》报省、县教育行政部门核查。

1950—1952 年，各县教育行政部门，关于学籍管理先后做出规定：每学期开学时，新生凭录取通知书报名注册。复学、转学凭停学证、转学证报名注册。修业生凭上学期《家长通知书》和缴费单据报名注册。中学新生开学一周无故未报名者，取消入学资格。在校学生两周不报名者，作自动退学处理。休学、复学、退学须本人申请、学校审定。经补考，主科两科不及格，其他学科三科不及格者留级。最后一年不作留级处理。1966—1979 年学籍管理停止。1980 年开始恢复，1982 年执行四川省中学学籍管理办法。初、高中新生凭“录取通知书”报名注册，取得学籍。停学、退学经本人申请，父母同意，可以办理停学、退学证书，到期可以恢复学籍。重点学校不接收普通学校的转学生。

因父母支边、野外作业等特殊原因，允许临时借读。1985年后，中小学学籍管理松弛，城镇学生爆满。选校费收到每人100元，班额仍达到80~100人。普通中小学、农职业学校一律不准留级、不准复读。部分家长不惜重金，通过转学取得学籍，变相留级和复读。至2000年无变化。

二、学业成绩

民国时期，学业成绩实行百分制，60分以上为及格，80分以上为良好，90分以上为优秀。也有采用四级（甲、乙、丙、丁）和五级（优、良、中、次、差）记分法的。国民政府《修正中学规程》规定：操行、体育一科不及格者不得升级和毕业；国文、英语、数学、劳作一科不及格者留级一学期，留级以两次为限。各科学期成绩由三部分组成：平时成绩占30%，中期考试占30%，期末考试占40%。毕业成绩，民国初中学由学校组织考试，县府派员监考，成绩册及毕业证报省政府查核。民国21年（1932年）实行毕业会考，由省出题，划片设考场，分春秋两季举行，3科不及格者留级，1~2科不及格者下期会考时参加补考，仍有1科不及格，下次补考全部科目。民国27年（1938年）初中毕业由省抽考。民国33年（1944年）停止毕业会考。

1950年，学期成绩，平时检测占10%，中考占30%，期末考试占60%。一般采用百分制。1953—1959年学习苏联，采用5分制，3分为及格，4分良好，5分为优秀。1966—1976年实行开卷考试，允许学生翻书，讨论。1977年恢复考试制度。毕业成绩，初中、小学始由文教局，后由学校组织考试，学业及操行合格者发给毕业证，不及格者允许补考1次。补考后仍有1科以上不及格者发给修业证。

1960年开始，初中、小学、不举行毕业考试。初中以三学年综合成绩为毕业成绩，一、二学年占30%，第三学年占70%。小学以最后一学年的成绩为毕业成绩。

1979年开始，初中、高中毕业会考与高中招生和大学、中专预选合并进行。师范毕业由省统一命题，地区组织考试、阅卷，各科及格者发给毕业证，分配工作。1980年开始师范毕业成绩按基础科70%、专业科30%计算，各科及格者发给毕业证，不及格者第二学年回校补考。

1986—2000年，小学毕业与初中招生考试合并进行，初中毕业与高（职）中招生考试合并进行。普通大学、中专招生考试和成人大学、中专招生考试，由国家统一组织，分别进行。

三、操行评定

民国时，中小学由级任（班主任）教师评定，期末写出评语，确定等级（分数），不及格者不能升级和毕业。中学、简师以管理细则和日志作为评定操行的依据。

1950—1952年，中小学生以《学生守则》《日常行为规范》和《教室日志》作为操行考核的准则和依据。1954年开始，操行为甲、乙、丙、丁四等，连同学科成绩通知家长。1961—1965年，只写评语、操作分类由学校掌握，作为政审依据。

1980年后，各校采用成绩册记录学生评语，主要是写优点和提出希望。个别学生严重违纪给予处分者，才记录过错。巴中师范从第一届开始就规定：操行不及格者不分配工作，并报省地教育厅、局备查。

四、学历证书

民国，中等学校毕业证书及报表送省教厅核准，由学校颁发，加盖校印和校长姓名章。小学由学校核发，报县文教局备查。

1950年后，中小学毕业证由学校核发，统一编号，加盖校印和号缝章，正件加盖校长名印。中师中专报地区教育局（委）核准，学校颁发。1980年开始恢复校长名印。

1986年后，初中小学毕业证由学校核发。高中报县文教局备案。大学、中专毕业证书由教育行政部门印制，设防伪标志。中等专业学校毕业生名册和毕业证书报地区教育局核准，加盖钢印，由学校颁发。省属高校毕业证经省教厅核准，加盖钢印，由学校颁发。国家重点高校毕业证书须教育部核准由学校颁发，并登入教育网站，用人单位可到网上核查。至2000年无变化。

五、学籍档案

民国，初小无学籍档案。中学、师范，学籍档案随人转到新的单位，存根留学校备查。无新单位的学籍档案保存在学校。

1950年沿旧制。1966—1976年学籍档案毁于武斗。1980年后恢复学籍档案管理。1996年后大学中专不包分配，学籍随人转移到户籍所在地相关单位人事部门，应聘、应考时作为用人单位的参考。

第七节　教学研究

1952年，境内各县中学建立语文、数学、理化、史地、艺术等教学研究组。区（镇）中学和县城完小建立文史、自然、艺体等综合性教研组。每组设组长1人，定期开展教研活动。1979年，乡（镇）小学始设综合性教研组。1985年，中学、师范、完小建立学科教研室。

1979—1980年，各县文教局教学研究室相继建立。1985年更名为县中小学教研室，编制5—12人。

1983年，开始建立学科教学研究会。到1985年中小学各科教学研究会建立，配合县教研室开展教学研究活动。南江县出版《小学生作文》《小学语文教学经验集》、中小学《语文教学改革探索》等教研书刊10种，在国家和省级刊物发表教研论文1258篇。

1993年，全地区建立教育科研所，与地区中小学教研究室、地区教育学会和地区语言文字工作委员会合署办公。各县（市）建立相应机构，形成地、县、校三级教育科研网络，开展教学研究。是年12月30日，在巴中师范举行青年教师赛课会，巴中冯亚川获得第一名，平昌冉隆惠获得第二名。巴中附小开展省管核心教研课题《一条龙教改实验》，在全国教改学术研究会上交流经验后，获得国内外专家学者和联合国教科文组织的肯定。课题组组长施继龙出席全国优秀小学校长座谈会，受到中央领导接见。课题组教师王大蓉被国家教委授予“全国优秀教师”称号，颁发奖品和奖金。

1994年，全地区先后举办中小学德育研究、小学地理优质课竞赛、外语教师园丁评选、小学思想品德课教材培训、全国优秀音乐、美术教研论文推选、中学生英语奥林匹克竞赛、青年美术教师教学技能竞赛、中学生实践技能竞赛等活动。

1995年，南江县红光小学大力开展教育科研，校长李克玉被国家教委授予“全国先进工作者”称号。是年，全地区中小学开展百项生物科技活动，获一等奖7人，二等奖9人，三等奖13人。1996年，地区中小学音乐美术教师参加省五项技能竞赛，平昌中学李雪飞、平昌师范张淑芬、蒲晓东获得二等奖，金宝职业中学郭华获得三等奖。1997年，召开教育科研论文评选会，评出优秀论文150篇，报送省教委30篇。1998年，巴中地区冯鑫、吴朝达、王友强获得四川省第八次普教科研成果三等奖。

1999—2000年，教育科研的重点转向教育体制改革、学校用人制度和管理机制创新、全面推行素质教育、跨世纪教育发展战略等重大课题的研究，教育教学改革有新的进展。王治寿、侯中文、常映德、何荣特、张霞昌、王育伦、陈临伟等撰写教研论文，分别获得四川省第九次教育科研一、二、三等奖。

第四章　教育管理

第一节　教育管理体制

古代学校实行国立国管，州县立州县管，私塾谁办谁管。清末由州、县政府主管。学校对内管理实行首长负责制。校长由劝学所考核，报州、县政府委任。民国初期，公立小学的兴废和校长任免由劝学所报县署审批；中学设立和校长任免，由县署考察报省政府审批。私立小学由董事会议定，报县署备案。民国初期，公立小学的兴废和校长任免由劝学所报县署审批；中学设立和校长任免，由县署考察报省政府审批。民国24年（1935年）公立中学改为省教厅主管，委托行署实行督察权。私立中学由董事会议决，报县府审批，呈省政府备案。民国25年（1936年）教育部颁布《修正小学规程》，完小校长由县教育科报县政府核委；乡级初小校长由乡政府推荐，报县府委任。民国29年（1940年）实行政教合一，乡小校长乡长兼任，保小校长由保长兼任。民国33年（1944年）恢复《规程》委任制。民国时期，学校内部管理实行首长负责制。教职工实行聘任制。

1950年，公、私立中学由川北行署管理，小学由县政府管理。乡小负责各村小的行政管理和业务指导。学校对内管理实行党组织（支部、总支、党委）领导下的行政分工负责制。教职工实行终身任用制。1955年各县宣传、教育部门协助省地管理中学。1958年国务院颁布《关于教育事业管理权力下放问题的规定》，小学兴办的权力下放到区乡政府，校长任免和教师管理权仍由县宣传、教育部门分别行使。1963年贯彻《全日制中小学工作条例》，部分权力上收，公办小学由县文教局管理，区、乡政府协助县管。中师、完中由省主管，县立初中由地区主管，县协助省地管理。区、乡初中由县主管，区、乡协助县管。1968年农村小学下放到村（大队）管理，取消乡完小对村小学的管理权；区、乡中学由区、乡主管。1976年公办小学和区、乡中学收回县管。

1984年后，公立学校实行分级办学，分级管理。巴中师范和平昌师范（1984年检查合格）巴中中学和通江中学（1982年省政府批准为重点中学），为正县级事业单位，由省、地、县共管，政治上受同级党委政府和教育部门领导，业务上以县教育部门管理为主，学校党政正副职属正副县级干部，校长、副校长实行任命制，由县政府考察报地区审批，书记、副书记实行选举制，选举方案由县委批准，选举结果报县委，再由县委出文。县办高、完中属副县级，它的兴废由县报地区教育局呈省教育厅审批，校长由县政府任免，书记由县委任免。区（镇）初中和县办完小属正科级，由县区共办共管，以县管为主；乡（镇）初中由乡（镇）办乡（镇）管。初中和完小书记、校长由区、乡考察，分别报县委宣传部、县政府和文教局任免。1986年，学校教职实行技术职务评聘制。

1990年，国家改设国家教委以后，省、地、县相应设立教委，负责管理全国各级教育事业。境内中等专业学校和技工校，由省、地业务主管部门和教育行政部门双重领导，以业务部门为主。普通中、小学由县级教育部门领导，省重点中学，由省、地县共管，以县管为主。职工子弟学校、职工学校、业余大学，由企业单位管理。函授、自考、夜大等高等教育，由省级以上教育行政部门协同大学、中专院校进行管理。广播电视大学，由教育部门和广电部门联合举办。社会力量办学及私立学校，由教育行政部门审批、检查和监督。

1993 年后，各县（市）相继撤区并乡。学校管理权限相应调整：对内管理试行党组织领导下的校长负责制。巴中电大、巴中师范、巴中中学、通江中学、平昌中学、南江中学、各县职高、成人中专由省、地、县共管，学校兴废、专业设置由县、地考察报省审批，校级行政干部任免和人员编制由县报地区审批。党内干部选举、任免和业务管理以县为主。地区重点中、小学由地、县共管。市、县所在地中小学和设在乡（镇）的职高，由市、县管理。乡（镇）初中、小学由乡（镇）管理。1994 年省政府规定学校级别，按办学效益和规模划分：省重点学校为正县级事业单位；18 个班以上的高（职）中、中专（师）、中技校，24 个班以上的完中，30 个班以上的初中，为副县级事业单位；不够规模的中等学校和地、县重点小学为正科级事业单位；乡（镇）完小为副科级事业单位。干部、职员调资可按行政职务，也可按评定的教职工或非教职技术职务。1996 年，小学建停由乡报县政府审批；初中建停由县报地区审批；高（职）中、中专（师）由地区报省政府审批。是年，教职工开始实行招考制、评聘制和末位淘汰制相结合的聘用制。

2000 年，市、县（区）、乡（镇）三级教育管理的基本体制是党政主管，教育部门分管，条块结合，以块为主。中央和省的教育法规、方针、政策和计划，通过各级党政教育工作会议传达到基层，然后由教育行政部门组织实施，全面落实。

第二节　学校基本建设

一、校舍建设

清朝，书院、书斋（义学）遍及巴州、通江县和南江县城乡。校舍多数利用文庙、考棚、寺祠的宇舍进行教学，增添一些生活用房。光绪三十年（1904 年）废科举，兴学堂，校舍由书院和义学改置。

民国时，县立中小学建有土木结构的专用校舍，巴中中学和省立高中建有砖混结构的教学楼和图书楼。乡国民小学建有教室、宿舍、厨房、厕所和运动场。保国民小学多由寺庙改建。

1952 年，校舍普查。巴中县乡小 74 所，总面积 2.93 万平方米；中学 3 所，校舍共 1.03 万平方米。1953 年开始，国家拨款维修和新建校舍，到 1979 年，中学校舍 9.32 万平方米，小学校舍 25.33 万平方米，巴师校舍 0.45 万平方米，进修校 0.14 万平方米。1980 年开始，采取国家拨款与群众筹资相结合的办法修建校舍和改造危房，到 1985 年，中小学面积 62.6 万平方米，较 1979 年增长 81%，较 1952 年增长 14 倍。

1986 年，巴中县小学危房面积 5.59 万平方米。当年投资 150.3 万元，新建校舍 1.32 万平方米，维修 0.07 万平方米。1987 年改造 57 所中小学危房，新增校舍 2.4 万平方米。1988 年又改危 1.08 万平方米。1989 年县长李开明、副县长杨希莲任中小学危房改造领导小组正副组长，同区乡签订责任书，限期改危，到 1990 年，投入资金 945 万元，改造危房 6.9 万平方米，新建校舍 8.2 万平方米。经达县地区检查评估，尚存危房 0.7 万平方米，占 0.87%。1991—1992 年，危房比例下降到 0.5%。

1993 年，全地区学校占地面积 992.81 万平方米，校舍建筑面积为 156.05 万平方米。危房面积 1.12 万平方米，其中，巴中市（县级）0.73 万平方米，南江县 0.36 万平方米，通江 0.46 万平方米，平昌县0.3万平方米。

1994年后，多渠道集筹建建校资金，加大学校建设和危房改造力度。至2000年，全市学校占地面积1063.19万平方米，校舍建筑面积达284.16万平方米，其中，教学用房146.08万平方米，生活用房112.55万平方米。8年间，新建校舍172.65万平方米，改造危房19.57万平方米。占地面积是1993年991.82万平方米的1.07倍，增长7.4%。建筑面积是1993年226.93万平方米的1.82倍，增长82%。

二、基础设施

民国时，省、县立中学设置有图书、仪器、音乐、美术和体育器材等教学设施，也购置有吃、住、用等生活设施。乡小仅有桌凳、篮球、炊具等简陋设备。保甲小学和私塾的教学用品则由学生家长备办。

1950年后，国家每年均拨给学校新设备费、图书仪器购置费和设备维护费等专项资金，增添和维护教学设施。

1960年，各县建立教学仪器供应站，按照各级各类学校教学需要，配置图书资料、实验仪器和文体器材。到1965年，各县师范、中学、进修校的教学设备已经配套，并初具规模。各县乡小和附设初中80%的实验课可以作演示实验。

1966—1970年，中小学教学设备遭到武斗的严重破坏。1971年复课后逐年添置。1980年开始实行分级配置，到1985年，平昌县有实验室12间，仪器保管室16间，仪器柜86个，按标准化配备的学校15所，增配教仪9.8万元。同时，发动师生自制教具2000余件，价值3万元。

1987年，国家改教仪无偿调拨为有偿分配。各级各类学校在向学生收取的杂费中，按学生实验的实际需要收取一定的实验费。到1990年，巴中全县有7所高完中、1所区中学，48所乡初中和49所乡完小教学基础设施达标。

1993年开始，巴中地区教委加大教学设施的投资力度。年内新置桌凳8792套，价值35.2万元，教仪2.45万件，价值28万元，图书3.94万册，价值15.7万元。全地区建有实验室的学校877所，配有教学仪器的学校724所，建有图书阅览室的学校100所，课桌共37.35万套，图书106.47万册，教仪总值1052万元。

至2000年，全市建成实验室的学校增加到1246所，比1993年增长42.1%；配齐教仪的学校达到1096所，比1993年增长51.4%；建有图书阅览室的学校707所，增长47%；校园设备齐全的学校606所，比1993年增长506%；课桌凳达46.22万套，比1993年增长23.7%；图书资料436.43万册，增长312%；教仪总价值10676.8万元，增长914.9%。

三、现代教育技术装备

1958年，境内各县开始用幻灯教学。1977年始用投影仪教学。次年巴中县恩阳镇一完小办工厂生产反射式投影仪60台，由县文教局分配到中小学使用。1979年，达县地区举行首届电化教学竞赛，巴师及附小获一等奖。1980年，平昌县文教局建电教站，1982年升为电教馆，中学和区镇完小设电教组。1985年，巴师等5所学校11项电教成果获国家和省地奖励，其中曹延慧教师制作的3套幻灯片获全国电教一等奖。是年，平昌县自制幻灯片237套，其中5套被定为省出版发行片。

1986—1992年，境内各县电教升级，电脑进入中小学课堂，多媒体教室开始建立。到1993年，先后拨款12万，建成远程教育接收点10个，利用率达80%。1994—2000年，市、县教委投资699万元，购置电脑、数码相机、影碟录制设备等1500台（套），建成多媒体教室43间，远程教育接收点 306 个，上网学校 50 个。建教育网站 1 个。

第三节　教育经费

一、经费收入

境内教育经费主要来自四个方面。即：国家预算拨款，包括教育事业费、教育基本建设、教育专项资金等拨款，简称国家拨款；各级地方政府征收用于教育的税费，包括城市教育附加、职工教育费、宾馆娱乐场所教育附加费、企业办学经费、校办企业先征后退税费等，简称教育税费；社会筹资，包括社会团体办学经费、公民个人办学经费、社会捐赠、集资办学、群众投工投料等；教育事业收入，包括学生家长缴纳的学费、杂费、校办企业、勤工俭学、社会服务的纯收入中用于教育事业的经费等。

（一）国家拨款

民国初教育经费主要源于征收前清之学堂公产，包括书院、义学、宾兴公所等公产。民国 11 年（1922 年）征收田税附加、肉税附加、中资捐、留学费、筵席税等，用作教育经费。民国 21 年（1932 年）起，教育经费实行国家统收统支。学堂公产和附加税费全部收归各县财政局管理，教育经费由财政拨款。民国 25 年（1936 年），巴中县教育经费占财政收入的 38.18%；次年，南江县占 16.6%。

1950 年后，教育经费以国拨为主，地方筹资为辅。1952 年前，国家拨粮支付教育行政经费和教职工基本生活费。1953 年开始以现金拨付教育经费，当年占各县财政收入的 36% 左右。1957 年上升到 40% 左右。1960—1976 年下降到 18% ~20% 左右。1978—1985 年回升到 30% ~33% 左右。

1986—1992 年，国家拨款增加。1992 年，巴、南、通、平四县财政总收入 11289.1 万元，教育拨款 5708.9 万元，占 50.57%，人均教育经费支出 17.58 元。其中，巴中县财政收入 4464.9 万元，教育拨款 1982.3 万元，占 44.4%；南江县财政收入 2106.3 万元，教育拨款 1038.5 万元，占 49.3%；通江县财政收入 2333.6 万元，教育拨款 1198.9 万元，占 51.3%；平昌县财政收入 2384.3 万元，教育拨款 1489.2 万元，占 62.4%。是年，四县教育经费占财政收入的比重，比 1985 年上升 20% ~30%；教育拨款绝对金额成倍增长。巴中县 1992 年拨款是 1985 年的 2.12 倍，增长 1.12 倍；南江县增长 1.05 倍；通江县增长 0.97 倍；平昌县增长 1.03 倍。

1993 年，国拨教育经费在财政收入中的比重和绝对拨款金额大幅度增长，体现教育优先发展的战略地位。2000 年，巴中市财政收入 7.74 亿元，教育拨款 2.18 亿元，占财政收入的 28.21%，是 1992 年教育拨款金额的 3.82 倍，增长 282%。其中，巴州区增长 175%，南江县增长 315%，通江县增长 223%，平昌县增长 249%。

（二）教育税费

民国初征收田赋和契税附加、中资捐、春贴捐、畜市息等作教育经费。

1986 年，征教育附加，城市按产品税、营业税、增值税的 1% 向工商业者征收教育附加。农民按上年纯收入的 1% 征收教育附加费。1995 年开始，全区开征职工教育费，按年工资总额的 1.5% 征收；宾馆、娱乐场所按正税 3% 开征教育附加。1986—1992 年，巴中县累计征收教育附加 2592 万元。

1993—2000 年，全市累计征收教育附加费 20896.5 万元。其中 1993 年征收 1267.8 万元，1994 年征收 1283.1 万元，1995 年征收 1521.6 万元，1996 年征收 2772.2 万元；1997 年征收 3762.3 万元，

1998 年征收 3142.5 万元，1999 年征收 3106.6 万元，2000 年征收 3940.4 万元。

（三）社会统筹

清光绪三年（1877 年），境内进士余焕文捐款千金，用于购置学田。清末辖区州县捐资购置学田 114 处，岁收租谷 555.2 石。其中巴州 40 处，年收租谷 140.15 石；南江县 44 处，年收租谷 265.5 石；通江县 30 处，年收租谷 150 石，加官捐、乐捐、杂捐，年收入 3739 石（每石合 300 千克）。一州两县，学田岁收谷 16.66 万千克。

民国初，接收前清学产。民国 7 年（1918 年）制定《捐资兴学褒奖条例》，鼓励私人捐资办学。民国 17 年（1928 年）按保甲立学，每甲募捐 300 元作政府基金。民国 20 年（1931 年）巴中县花丛乡刘懿德捐银币 1500 元、地基 3 亩创建花丛椏小学，受到省教厅四级褒奖。民国 30 年（1941 年）开始，冯筠莲每年捐赠巴中简师奖学金 1000 元。民国 35 年（1946 年）赵济刚、米崇昆捐谷 260 石，创办奇章中学。民国 37 年（1948 年）巴中开办省立高中，巴中县筹资 8 亿元，通江、南江、各筹资 4 亿元，达县、宣汉、开江、万源各筹资 1 亿元，共 20 亿元。

1953 年，农村民办小学经费由群众自筹。1956 年民师工资由自收学费和农业合作社公益金提成解决。1958 年公社化后，国家拨给民师补助费，余由生产队评记工分。城市民师工资由办学单位统筹。1970—1976 年，农村小学由社队筹资筹劳修建。民师工资由国家和社队分担。1981 年开始实行集资办学，农村小学由社、队筹资兴办，乡（镇）以上中小学由县、区、乡分级筹资兴办。

1980—1985 年，巴中县集资 1011.75 万元；1984—1985 年，南江县集资 194.8 万元；1984 年，通江县集资 26.02 万元；1983—1984 年，平昌县集资 985.25 万元。城乡办学条件明显改善。

1986—1992 年，各县建立集资办学领导小组，继续筹资筹劳筹物，改造危房，增添教学设备。

1993—2000 年，全市先后筹资 35333.4 万元。其中 1993 年 997.5 万元，1994 年 415.07 万元，1995 年 1391.6 万元，1996 年 6360.7 万元，1997 年 3558 万元，1998 年 6303 万元。1999 年 7469.8 万元，2000 年 8810.1 万元。

（四）事业收入

民国 25 年（1936 年），巴中县制定《中等学校征收学生费用规则》，征收项目为学费、图书费、体育费、卫生费等，初中每人每期 4.4 元。民国 30 年（1941 年）开始，加收尊师米每生每期 3 ~ 4 斗。民国 38 年（1949 年）征收学费和预备费，自治金、图书费等杂费，每生每期 16.7 万元，外籍学生收 31.7 万元（时物价飞涨，每万元实值为民国 25 年的 1 元）。另收代管费 101.1 万元，按副食费、油亮费、茶水费、卫生费、体育费、讲义费、书籍费、制服费等实际开支结算，多退少补。

1950 年，中学收学杂费，小学不收。1952 年规定城区初小收 0.4 元，高小收 0.6 元；乡村初小收 0.3 元，高小收 0.5 元；幼儿园收 0.3 元。是年 2 月川北行署规定收茶水费 0.5 元，师范免收。1957 年调整学杂费标准，高中 2.4 元，初中 2.8 元，城区高小 2.2 元，初小和幼儿园 2 元；乡村高小 2 元，初小 1.8 元。1972 年再次调整：城区初中 2.9 元，高中 3.4 元，小学 2.4 元；农村高中 3.4 元，初中 2.7 元，小学 2 元。1984 年随物价调升学杂费：城镇高中 3.8 元，初中 3.6 元，完小 3.2 元，初小 3 元；农村中学 3.8 元，完小 3 元，初小 2.8 元。学校根据实际需要收取代管费，期末结算，多退少补。

1986 年开始，实行九年义务教育，初中、小学免收学费，只收杂费。

1993 年，调整高中学杂费标准。学费普高每生每期 20 ~ 40 元，地区重点高中 40 ~ 80 元，省重点高中 80 ~ 120 元。杂费，每生每期 25 ~ 50 元。

1999 年，高中杂费调整为每生每期 50 ~ 180 元；学费为：普高 40 ~ 80 元，地重高 80 ~ 120 元，省重高 160 ~ 200 元。家庭困难的学生可以申报减免学杂费。

（五）勤工俭学

1958 年开始，学校办工厂、农场、商店、服务行业，既育人又生财。1979 年，巴中中学校办工厂总收入 30 万元，除扩大再生产外，补助教育经费 2.63 万元。1982 年巴中县勤工俭学纯收入 81.66 万元，用于维修校舍校具 18.9 万元。被省政府评为“勤工俭学先进县”。1984 年全省勤工俭学现场会在巴中召开。1985 年，勤工俭学纯收入，巴中县 31.46 万元，南江县 10 万元，通江县 25.6 万元，平昌县 50.6 万元。

1986—1992 年，巴中县勤工俭学纯收入 1942.07 万元，返还税金 165.15 万元，用于教育经费 2107.22 万元。

1993—2000 年，全市学校事业收入用作教育经费 17392.7 万元，其中，学杂费收入 12033.4 万元，勤工俭学用教育经费 5359.3 万元。每年教育事业收入分别为：1993 年 1083.3 万元，1994 年 1180.9 万元，1995 年 2007.1 万元，1996 年 2281.9 万元，1997 年 2502.6 万元，1998 年 2343.3 万元，1999 年 2916.7 万元，2000 年 3076.9 万元。

二、经费支出

民国初，教育经费主要保障教职工薪水。民国 9 年（1920 年）开始，中学恢复纸笔费、灯油费、薪炭费和差旅费。民国 31 年（1942 年）开始，预算教育行政费、视导费、察学旅费、培修费和设备费。

1950 年后，教育经费支出由工资福利、公务费、修建费、设备费、学生补助费等项构成。巴中县，工资福利费：1957 年 86.71 万元，1985 年 490.19 万元，1993 年 1704 万元；88% 公务费：1955 年 2.46 万元，1985 年 79.6 万元，1993 年 88.5 万元；4% 修建费：1953 年 27 万元，1986 年 68 万元。1993 年 69.3 万元；3% 设备费：1986—1993 年最低 7.3 万元，最高 31.9 万元；1% 助学金：1955 年 2.6 万元，1986 年 24.8 万元，1993 年 52.3 万元。

1993 年后，教育事业经费支出，分为四个部分。即：教育人员经费，包括基本工资、补助工资、其他工资、职工福利费、社会保障费、奖贷助学金等，简称人员经费；公用教育事业经费，包括公务费、业务费、设备费、修缮费、业务招待费、其他费用等，简称公用经费；基建支出，包括国家专项拨款基建和自筹经费基建支出等；教育基建贷款还本付息等项支出，简称还贷。其中教育人头经费支出逐年增多。2000 年人员经费支出共 22365.9 万元，71% 其中基本工资 14976.2 万元，补助工资 2378.9 万元，其他工资 493.8 万元，职工福利费 525.7 万元，社会保障费 3946.5 万元，奖贷助学金 44.8 万元。是年，公用经费支出 6055.8 万元，19% 其中公务费 1406.9 万元，业务费 954.5 万元，设备购置费 1151.5 万元，修缮费 1497.6 万元，业务招待费 267 万元，其他费用 778.3 万元。是年，教育基建支出 2904.1 万元，4% 还贷支出 39 万元。

至 2000 年，全市教育经费总支出 11.3 亿元。其中，人员经费 102940.2 万元，公用经费 2299.55 万元，基本建设 7693.6 万元，还贷付款 81.2 万元。

三、经费管理

清光绪三十年（1904 年）创办新学。巴州学田局并入劝学所，办学经费由劝学所划拨到东、南、西、北中五个学区，由学生遴选的学董管理收支事宜。

民国初沿清制。民国 25 年（1936 年）起教育经费纳入县财政预算，由县财政拨到第三科，由科再划到学区，学区再划到学校。中间环节太多，拖欠现象常有。

1950—1953年，中等学校经费由川北行署管理。县政府将公产的收益统一计入地方粮，作为初小教育经费。各乡成立初小教育委员会，筹集、发放和审核收支。县文教局配备专职财务科员，协助乡（镇）管理教育经费。

1954年开始，教育经费实行县、区、乡三级管理。中等学校由县文教科直接划拨到校，由各校总务处按规定列支，校长核定，报县文教科备查。小学经费划到区中心校，区中心校财务干事再划到乡中心校。乡中心校财会负责管理全乡各小学财务开支，账据和报表定期由区汇总，送县文教科审核。

1980年后，经费包干到中等学校和区（镇）。区（镇）再包干到校，不补不退。1984年各县文教局计财股统一管理全县教育经费收支账目，核实单据，严禁贪污挪用。各中学配备总务主任，各区乡小学设专职会计出纳，按财经管理制度收支、建账和送审。1985年开始，教育经费实行分级管理，县财政只管县区中学、师范、进修校。乡初中和小学由乡办乡管，乡财政所负责筹集和管理教育经费。

1993年后，各县（市）小学经费由乡收乡管，中等学校经费由县收县管，一些边远山区，乡财政入不敷出，教师工资不能兑现。1995年开始，小学教育经费改为乡收县管，县财政按月划拨到教育局（委），教育局（委）再划到中等学校和乡中心校，基本保证教育事业的正常运作和公、民办教师工资按月发放。

1995年3月，巴中地区教委对全区中小学收费情况进行检查，在205所中学和小学自查自纠的基础上，教委主任张玉芳带队，随机抽查10%，发现少数学校向学生收取勤工俭学费，让学生代收农村教育附加，硬性搭配教辅读物，个别乡（镇）未全额发放教师工资和办学经费，及时作了纠正。个别情节严重的，责成地区教委纪检监察机构进行调查处理：开除党籍1人，留党察看1人，记大过5人，降级1人，移交司法机关查处1人，挽回经济损失1.2万元。10月，地区教委配合审计机关对全区教育经费使用情况进行综合审计检查。审计总金额2.4亿元，发现乱收费1317.36万元，挪用168.04万元，贪污私分2.21万元。责令退还学生家长303.05万元，退回挪用和贪污款188.99万元，罚款0.45万元，行政处分5人。

1996—2000年，每年春、秋季开学，地教委组织纪检、监察、审计干部，深入各县（市）检查中小学收费情况。发现新华书店搭售《新三字经》《同步练习》等辅助读物每生达88元；个别学校未坚持一票（财政专用收据）、一证（物价局收费许可证）、一费（每期一次收齐学杂费）等制度，先后进行严肃处理和及时纠正。

第四节　后勤服务

清光绪三十年（1904年）兴办学堂，开始设庶务管理学生生活。

民国初沿清制，后改庶务为总务。负责修建、购置设备和管理师生厨房、餐厅、宿舍、浴室、厕所等生活设施，满足教学和师生食、住、睡、用等生活需要。

中华人民共和国成立初沿旧制。1958年后改称后勤，兼管勤工俭学。

1980年后，学校后勤开始试行社会化管理。允许有经营能力的人承包学生食堂，也鼓励私人投资兴建学生公寓。

1993年后，巴中中学、通江中学等率先兴建学生公寓，公开竞招社会人士承包师生食堂。接着各县中小学普遍推行后勤改革，各级各类学校行政干部从繁重的后勤服务中解脱出来，集中精力抓好学生品德教育，全面提高教学质量。

第三十六篇

科学技术

第一章　科技管理

第一节　科技队伍

民国期间，境内四县仅有传统农业、养殖业和工艺落后的酿造、纺织、缫丝、榨油、鞭炮、铁木农具制作等民间手工技术及传统中医、私塾教师队伍。据不完全统计，1949 年年底，巴中县有大专毕业生 210 余人，多在外地工作，回到县内的分布在各中小学任教，少数在县政府、建设科及测候所、农推所、卫生所供职，没有科研机构和专业科研人员。中华人民共和国成立后，四县陆续培养大批乡土人才，少数输送到大中专学校深造，部分掌握一定专业技术的人才回县，充实科技队伍，为地方经济发展作贡献。1950 年，平昌县有各类科技人员 230 名，1960 年有各类科技人员 230 人。1966—1971 年，境内毕业的大中专毕业生分配到四县农业局、农机局、水电局、林业局、畜牧局、农技站、种子站、农场、植保站、机械厂、铁厂、煤厂、县医院、乡镇卫生院、畜牧兽医站、林业站、中小学、纺织厂、丝绸厂等从事技术业务工作，经过锻炼，大都成为各行业和单位的业务骨干。

1980 年，各县科委负责，分别成立工程、农业、卫生、会计、教师、经济、统计等专业技术评定委员会，开始专业技术评定工作。巴中县获高级技术职称 2 人，中级技术职称 33 人，初级技术职称 258 人。1985 年年底，巴中县有自然科技人员 2004 人；平昌县有 1539 人；1983—1989 年，通江县获得技术职称的专业技术人员共 6543 人，其中，高级职称 106 人，中级职称 1566 人，初级职称 4871 人。

1993 年年底，全区各类专业技术人员总计 36975 人，占总人口的 1.15%，其中自然科学技术人员 9554 人，占总人口的 0.3%。1995 年，增加到 45810 人，增长 23.9%，其中自然科学技术人员 12923 人，占总人口的 0.39%。1996 年，大中专毕业生分配实行双向选择，允许人才流动，辖区内科技人员减少。

到 2000 年，全市科技人员 35016 人，其中，高级职称 667 人、中级 11709 人、初级 22640 人，工程技术人员 2496 人、农业技术人员 1573 人、科学研究人员 99 人、卫生技术人员 3567 人、教学人员 23306 人、会计 2898 人、统计 624 人、编辑记者广播员 105 人、体育人员 18 人、图书档案资料工作人员 330 人，享有国家特殊津贴专家 10 人。

第二节　科技体制改革

中共十一届三中全会前，科研工作组织、科研机构和科技人才管理由国家统包统揽。1986 年 3 月，《中共中央关于科学技术体制改革的决定》发布后，各县科技体制进行如下改革：科技项目实行合同制，经费与项目完成情况挂钩，部分项目经费使用实行有偿或部分有偿办法；开拓技术市场，发展科技中介机构，促进科技成果商品化；鼓励和促进企业创办科技开发机构，强化企业技术吸收能力和自主创新能力；鼓励科技人才向乡镇企业，中小企业流动，鼓励科技人员到农村，到企业搞技术承包，并为科技人员流动制定优惠政策。1988 年，平昌县有 250 名科技人员到企业兼职。巴中县高级畜牧师文兴成指导农户科学养猪，并签订技术承包合同，使农户和个人双方受益。通江县农业局干部走出机关到空山乡承包 33.33 公顷玉米，亩产达 285 公斤，比相邻乡大幅增产。

1993 年，地区科委坚持科学技术面向经济建设，经济建设依靠科学技术的方针，继续深化科技体制改革，促进科技事业发展。1996—2000 年，继续完善科技管理体系，加强基层科委建设，强化科委管理和服务职能；建立全社会多元化科技投入体系；制定财政、税收优惠政策，鼓励技术创新；选拔、表彰科技拔尖人才；提高科技进步奖励标准，调动科技人员积极性；鼓励科技人员创办、领办民营科技企业，设置创业奖励；科技人员的科技成果、专利作价入股，技术入股可以达企业注册资金的 30% ~40%；从事技术咨询、技术服务的科技人员从技术纯收入中提取 20% ~30% 作为报酬；技术可作为生产要素参与分配。

第三节　计划与项目管理

一、项目计划

1962 年前，各县科委只制定科技年度计划。“文化大革命”中，科技计划由各业务主管部门安排。1977 年后，科技计划由县科委会同县计委共同制定。1978—1985 年，境内四县共实施 183 项科技计划项目，共投入经费 292.8 万元。1986—1992 年，四县共实施 206 项科技项目，其中，工业 52 项，农业 128 项，社会事业 26 项，共投入经费 785.5 万元。1993 年，地区科委负责编制全区中长期科技发展规划和年度计划，由地区计委综合协调后下达。

1994 年，地区科委编制《巴中地区 1994—2000 年科技扶贫规划》。其规划目标为：2000 年国民生产总值达到 33.4 亿元（1990 年价）；国民收入年均增长 12%；工农业总产值达到 82.9 亿元；粮食产量稳定人均 400 公斤以上；财政收入 2.7 亿元；农民人均纯收入 1000 元；乡镇企业总产值达到 60 亿元；科技进步对经济增长的贡献率达到 45%。

1995 年，地区科委组织制定《科技发展 1995—2000 年规划》，重点推广水稻、小麦、玉米等农作物的优良品种和先进栽培技术，发展林果业、畜牧业、蚕桑、水产养殖、能源、纺织、食品、冶金、机械、建材、化工，以及医药卫生等重点产业。总目标是在 1993 年的基础上新增工农业总产值 32 亿元，可供转化的科技成果转化率提高到 75%，科技进步对经济发展的贡献率达到 50%。同时制定《巴中地区科技成果推广“九五”计划和 2010 年中长期规划》，重点推广科技成果及共性技术 17 项，其中主要有水稻旱育秧技术；南江黄羊新品种群；秸秆氨化肉牛育肥技术；母猪多胎高产综合技术；培植牛黄技术；高产优质杂交水稻综合生产技术；优质高产小麦丰产栽培技术；杂交玉米综合配套技术；高产优质薯类综合配套技术；高产优质油菜规范化栽培技术；桑树营养方格育苗一步建园技术；城市垃圾处理综合技术；染色工艺分布式微机自控系统技术。是年，编制《巴中地区引进国外智力“九五”计划》，引智重点有霞石、钾长石、银耳、果蔬、丝绸、天然气、皮革深度开发和综合利用、推广水稻旱育秧、马铃薯、SW 系列小麦新品种等项目。

二、项目管理

1979 年前后，境内四县自然科学研究计划管理实行达县地区“统一计划、分级管理”办法，从上到下，上下结合拟出重点项目，与有关部门协商后下达科技计划项目，从中筛选出重点项目向地区推荐，经审定后列入上一级科技计划，列入各县的计划项目由各县科委或以科委为主与主管局相结合的办法管理，并受委托管理地级科技项目。

1981 年起，实行“专项管理、分级负责、同行评议、签订合同”的办法，通过签订科技合同，明确任务指标和项目下达单位与实施单位的权利及义务和违约责任。实施过程中按合同规定汇报，检查进度，项目完成后按合同验收结题。1985 年，科技项目管理程序基本完善。即：项目立项；单位或个人提出科技项目，写出立项报告和实施方案，由县科委初选后组织评议或论证，决定是否签订合同；下达计划；项目实施并按合同下拨经费；验收结题，由实施单位写出技术总结，由县科委或县科委与主管局验收结题。有创造性、先进性的科技项目，可以申报成果鉴定，经鉴定确认后，在适应范围推广。

1991 年 7 月，四川省科委制定《重点科技项目管理办法》，涉及各县主要有“攻关计划”项目（包括“火炬计划”项目）、“星火计划”项目、“新产品试制计划”项目及少数“软科学计划”项目。进一步规范了项目选择原则，项目申报程序和科委对项目管理的办法、结题总结、项目验收等。巴中地区 1993—2000 年，辖区科委仍按照原有办法管理科技项目。

三、项目实施

1965 年起，南江县实施“暗褐地老虎研究”“南选一号”小麦品种选育、“银花人工栽培”“自然培菌循环浸出铜”“苹果乔砧矮化密植丰产试验”“天麻人工栽培”“南江黄羊养殖”“刺梨资源调查及利用开发”等科技项目，到 1985 年年底，共实施 30 项。80 年代起，通江县实施“新法生产银耳”“新法生产木耳”“黄牛改良”等项目 15 项。

1986 年起，境内四县重点实施大巴山技术综合开发项目（1986 年列为国家星火计划项目）。至 1993 年，通江县在大巴山技术综合开发中突出银耳、罐头食品、五倍子、皮革、中药材开发。年转化银耳 6 万公斤，创产值 2000 万元，1988 年获四川省星火科技成果二等奖。南江县实施刺梨综合开发，建成年生产刺梨糖果、饮料、醋、糕点系列产品产值 1000 万元的能力。南江实施魔芋精粉加工、黄羊、金银花综合开发有了较好的开端。平昌县蜜饯食品厂实施“蜜饯食品系列开发”，生产出“川贝应子”“砂仁应子”“果汁应子”等 25 个品种，质量达到国家标准，取得良好的经济效益。平昌还实施“丝绸系列产品技术开发”“苎麻系列产品开发”“CIIS 棉麻混纺纱”“生物制品开发”“草山草坡综合技术开发”等项目。平昌县实施“星火计划”共投资 1491.1 万元，其中，省、地科委支持 80.5 万元，累计新增产值 8075 万元，新增利税 824.5 万元，安置农村 1883 人就业，农民增收 3307 万元。巴中县罐头厂承担实施四川省重点星火计划项目“芦笋高产栽培及加工工艺研究”。全县栽培芦笋 714 公顷。芦笋罐头生产工艺改进后，芦笋利用率达 77.4%，并开发 18 个新产品，实现年产值 1990 万元，利税 402 万元，创汇 589.6 万元。

1994 年，地区实施“口咽舒袋泡茶的研制”“兽用抗毒优的研究与应用”“新一代 XZK 线路阻波器的研制”“小学生数学演算器的研制”“南江霞石矿工业调试”“通江银耳半生料栽培技术开发研究”等 17 项科技项目。1995 年，实施“CAS5 变速齿轮及同步器”“南江红山铁矿铁、钴、铜、硫综合利用研究”“野生食品综合加工技术与开发”“仔猪、育肥猪预混饲料添加剂的研究与应用”“防水拼木地板技术开发”等 15 项科技项目。到 1995 年，境内四县市实施科技项目 32 项。其中国家立项 4 项、省科委立项 19 项、地区科委立项 9 项，共投入资金 135.5 万元。

1996—2000 年，实施“通江银耳菌种提纯复壮技术研究”“SW 小麦新品种选育”“水稻旱育秧技术推广”“银杏优良种质资源的开发利用”“银杏高产栽培技术开发”“银耳方便食品开发”“地膜玉米大面积推广”“霞石降铁技术研究”“苦荞资源开发与芦丁生产工艺中试研究”“山羊快速育肥技术研究”“南江黄羊圈养技术研究”“川东北地区旱作节水农业综合技术研究”“南江黄羊品种改良技术研究”“巴中地区草山草坡综合利用技术研究与示范”“核桃优质高产、高效栽培技术研究”“玉米新品种示范”“优质水稻配套技术研究”“优质小麦品种的引进研究”“农业多种经营及中药材科技示范基地”“金银花无公害栽培技术操作规程（SOP）的研究”“新桑新蚕品种的引进与配套技术研究”“南江黄羊肉用新品种及杂交利用技术推广”“芦笋浸膏萃取技术研究”等95项科技项目，共投入科技经费528.2万元。其中，国家科委下达8项，国家投入资金100万元；省科委批准下达59项，投入资金366万元；地级下达28项，投入资金62.2万元。

四、经费管理

科技三项费（科学研究费，中间试验费，新产品试制费） 1980年，科技经费按批准的科技计划项目戴帽下达，根据项目实施进度分期拨款，专款专用，结题验收。1985年前，科技三项费全部无偿使用。1985年，科技体制改革后，科技三项费原则实行有偿、部分有偿、全部有偿使用办法。但境内四县均属贫困县，企事业单位使用的科技三项费基本属无偿使用。1993年前，四县都没有建立科技三项费预算。1994年起，各县（市）财政预算陆续安排科技三项费，至2000年，全市科技三项费分别达到市、县（区）级财政预算支出的2%和1%。其中，市级科技三项费。1994—1995年69.7万元，1996—2000年348.2万元。

科技事业费 20世纪70年代，科技事业费预算包括计量站、科技情报所、沼气办、科协、机关直属机构的经费和科普经费。1983年，各县科委与科协、计量站、沼气办分设。科技事业费仅能维持科技情报所人员工资和办公费，办事靠争取专项资金。1996—2000年，争取科技事业费151.3万元。

第四节　科技成果管理

一、成果鉴定

1978年后，境内科技成果鉴定，通过如下程序：即科技计划项目实施完成经验收后，需申报成果的，由项目承担单位提出科技成果鉴定申请并填写《科学技术成果鉴定申请表》。提交相关文件资料（计划任务书或合同书，技术研究报告，测试分析报告及主要实验、测试记录报告，设计与工艺图表，质量标准，国内外同类技术背景材料和对比分析报告，用户使用情况报告，经济效益、社会效益分析报告及证明材料，环境保护及劳动安全，完成单位及主要完成人名单，行业主管部门要求具备的其他文件或材料）。地区科委根据被鉴定科技成果的实际情况，聘请5—9名同行专家组成鉴定委员会。鉴定意见形成后，成果完成单位将专家签字的鉴定意见填写在“鉴定证书”上，送主持鉴定单位和组织鉴定单位主管领导签署意见，经审核无误后加盖地区科委“科技成果鉴定专用章”，“鉴定证书”方能生效。“鉴定证书”生效后，由成果完成单位向市科技局申请登记。对其技术水平高和意义重大的项目由地区科委推荐报请四川省科技厅组织鉴定。1978—2000年，境内共登记科技成果119项。

二、成果推广

民国25年（1936年），巴中县梁永乡王建屏从外地引进925小麦、陕麦、南瑞苕等优良品种推广。20世纪40年代初，境内四县陆续成立农业技术推广所，推广农作物良种和栽培技术。

1955年，巴中县开始推广双季稻和冬水田改制，变一熟为三熟。1967年，巴中县原种场培育出早熟、高产“巴棉一号”，后大面积推广。1975年，四县分别派农技干部到海南岛开展杂交水稻繁育制种，为大面积推广杂交稻提供种子。1977年，通江县推广新法生产银耳。1978年，全县银耳产量达21000余公斤，比1977年增产68%。1979年，南江黄羊开始在达县地区推广。

1983年，南江黄羊推广到福建、浙江、河南、甘肃及四川的32个县，共推广6383只。巴中、平昌、通江榨油厂改进推广浸出制油技术，提高出油率、降低生产成本。1987年，通江县农机厂向省内、外有条件的山区推广微型水力发电机组，缓解大量缺电农户用电难的问题。1989年，南江县向省内34个县市和湖北、广东、云南推广高节能烧结砖技术，该技术比其他烧结砖省煤10%～30%，减少页岩采挖量20%～30%。1991年，巴中罐头厂引进推广电阻焊生产空罐，保障罐头食品的安全、卫生。1993年，平昌县推广用稀土三基色荧光粉生产的节能灯比普通白炽灯节电70%。两吨三基色荧光粉生产的节能灯年节电7000万千瓦时。1995年，巴中地区大面积推广水稻旱育秧及配套技术，达到省水、省工、省力和增产的目的。1997年，巴中市引进中华寿桃、油桃、五星枇杷、沙田柚、布朗李、金花梨、日本丰水梨、巨丰葡萄等优良水果和湘研系列辣椒、蓉杂茄、黄狼南瓜、长白丝瓜等优质水果蔬菜新品种50余个。

1998年，巴中市（县级）人民医院推广应用电视腹腔镜胆囊切除术，不仅减少患者的经济负担，也大大减轻患者痛苦。是年，平昌县小角楼酒厂推广生物发酵，微机勾兑，色谱分析等技术，使酒中乳酸乙酯与乙酸乙酯达到最佳配比，提高酒类产品质量。2000年，南江县推广桐籽湿法加工技术，提高桐籽的出油率，降低生产成本。

三、成果奖励

1993年前，境内四县科技成果奖励由达县地区科委组织评审和推荐，由达县地区行署和四川省人民政府奖励。1978—1992年，四县共有85个项目获奖，其中获省级奖励35项，获地级奖励50项。

1995年，地区行政公署印发《四川省巴中地区科学技术进步奖励办法》。对全区经实践证明具有重大经济效益或社会效益的科技成果可以申报科学技术进步奖。按项目技术水平、推广规模、经济效益、社会效益和对科学技术进步作用大小设置一等奖、二等奖、三等奖，分别授予奖状、荣誉证书，发给4000元、2000元、1000元奖金。对巴中地区科学技术研究、科技开发、科技成果转化方面做出突出贡献，取得显著效益的项目和科技人员，经行署批准授予特等奖和突出贡献奖。

1996年3月，地区行署作出《关于奖励1993年至1995年度全区优秀科技成果的决定》，对《白肋烟新品种“通烟一号”培育》等19项科技成果给予表彰奖励。1998年7月，巴中地区行署提高科技进步奖励奖金标准，一等奖1万元，二等奖0.8万元，三等奖0.5万元。

1978年—2000年，科技项目共计获国家级、省级、地级（包括达县地区）奖励136项。其中，国家级奖1项、省级奖励36项、地级奖励99项。获奖项目中，工业类获奖项目41项，农业类项目获奖59项，社会事业类项目获奖29项，软科学类项目获奖2项，其他项目5项。

第五节　科技试点示范管理

一、省级技术综合开发试点乡（镇）建设

1993年后，辖区先后有巴中县东兴乡、南江县碾盘乡、巴中市三河场镇、恩阳镇、平昌县华严乡、通江县陈河乡六个乡（镇）被列入省科委技术综合开发乡（镇）。这些乡（镇），省科委每年拨款2万元作引导，主要依靠乡（镇）自筹开发资金。技术综合开发试点乡（镇），成立以党政主要领导为组长的开发领导小组和以乡科委为主体的科技管理体系，通过技术综合开发促进试点乡（镇）经济发展。

1994年，巴中市（县级）三河场镇列入省第二轮技术综合开发试点镇后，市委、市政府组织专门班子帮助制定五年规划，确定以三河丝厂为龙头的蚕桑业和以267公顷川明参为主的中药材业两大经济骨干项目，带动三河场镇农业和乡镇企业的协调发展，经过三年努力全面完成规划目标。省科委授予巴中市三河场镇“四川省技术综合开发试点乡镇工作取得突出成绩单位”。

1996年，平昌县华严乡列为四川省第三轮技术综合开发试点乡。县科委帮助华严乡制定发展规划，强化技术培训，推广科技成果，发展乡镇企业。华严乡规划重点发展三大支柱产业，即：发展蚕桑、水稻制种、缫丝、织绸，兴办太平蚕种场、双江丝绸厂，实现产值2600万元；发展蔬菜、水果、蜜饯食品，实现产值920万元；发展建材、建筑、运输业，实现产值1100万元。通过三年技术开发，新增产值4620万元；1998年12月，地科委代表省科委验收达标。

二、省级科技扶贫技术综合开发试点县

1997年4月21日，省科委将南江县列为四川省科技扶贫技术开发工程试点县。通过三年努力，南江县农业产业化进程加快，骨干项目初具规模。南江黄羊、金银花、核桃为重点的三大基地基本建成，并初步形成科研、生产、加工、销售一体化的经营模式，年产值8150万元。全县10个工业骨干企业和九个乡镇企业建立10个科技开发机构，与15所大专院校、科研院所建立协作关系，开发新产品10个，实现产值4896万元，较项目实施前新产品产值率提高8.6%。1999年农民纯收入1345元，较1996年年均增加144元。2000年9月，南江科技扶贫技术综合开发试点县，经过四川省科技厅验收合格。

三、引智支援革命老区

1997年7月，通江县被四川省引进国外智力领导小组办公室确定为“引智支援革命老区行动”重点支持县。先后给予通江县SW3243小麦、小网箱养鱼、巴西陆稻、成单19号耐旱玉米、农户储粮技术、水稻旱育秧、节水灌溉、脱毒马铃薯、美国黑核桃、种草养畜、獭兔养殖技术、特种蔬菜、波尔山羊改造本地山羊等20余个项目，通过技术引进、种畜支持、资金配套，大部分项目实施成效显著。1998年11月，省引智办支持通江优良品种“川麦30”种子，在通江县陈河乡一村、五村，10个社、100户农户示范种植6.67公顷，经收获期测产，丘陵地亩产350公斤，平坝田亩产380公斤。通过鉴定，小麦性能良好，1999年，在该乡大面积种植133.33公顷。

1999年2月，省引智办支持通江成单19号耐旱玉米种子500公斤，在通江县诺江镇苗南办事处选择高榜望天田33.33公顷试种，效果良好，品种抗逆耐旱，平均亩产400公斤。并在通江陈河、杨

柏、民胜、苗南、赤江五个乡（办事处），建农户储粮示范仓 195 个，把农户储粮损失由 12% 降到 3% 以下，户平均年减少粮食损失 250 公斤左右。

四、东西部技术对接示范

2000 年，国家科技部中国技术市场管理促进中心选择新疆库尔勒市、甘肃秦安县、云南禄劝县、陕西渭南市临渭区、内蒙古准格尔旗、四川巴中地区和岳池县七县（市、区）开展东西部技术对接示范。为搞好技术对接活动，地区科委制订实施方案和 2000 年工作计划，选择天然气开发、霞石选矿技术及设备、大理石开发、南江黄羊、通江银耳、中药材、绿色食品、丝绸、农副产品深加工等技术开发作为技术对接合作项目。地区科委与北京首科集团、上海科技交流中心签订合作协议，经过两年实施，基本达到东西部技术对接要求。

第六节 乡（镇）科技管理

1986 年前，境内四县乡镇没有科技管理机构。1986 年，南江县区、乡（镇）成立科委，并组织区、乡（镇）科委专职干部参加省科委在成都为南江县开办的首批科技专职干部培训班。1987 年，南江县各区科委抓一个乡，乡（镇）科委抓两个“星火计划”项目、三户科技示范户、四户科技扶贫户。是年，平昌县委组织部批准 10 个区，61 个乡（镇）配备科技助理员。1989 年，巴中县、南江县、通江县分别从县级部门选派有能力、会管理的干部下派到区、乡（镇）担任科技副区、乡（镇）长。1993 年，平昌县选派 38 名有文化、懂技术的青年干部到区、乡（镇）长担任科技副区、乡（镇）长。

1995 年，地委、行署印发《关于依靠科技进步振兴巴中地区经济的决定》，进一步完善农村科技管理体系，成立区、乡（镇）科委，配齐区、乡（镇）、村、社的科技“四长”，在区、乡（镇）现有编制中配备一名专职科技干事，负责辖区技术推广和技术服务。全区 670 名区、乡（镇）、村、社干部和 420 名科技骨干与 1063 户贫困户结对子，把扶贫项目规划到户、实用技术培训到户、农用物资调供到户、农业技术指导到户，科技扶贫收到显著效果。南江县沙河区基层科技体系建设的经验得到国家、省科技主管部门的肯定，并推荐到全国、全省学习，1996 年，《科技日报》以“南江县基层科委在科教兴县中大显身手”为题予以报道。随后由于机构改革，撤区并乡，人员变化较大，加上财政体制改变，基层科委工作难度加大。至 2000 年，除南江县配有科技副乡（镇）长外，其余各县（区）陆续建立乡（镇）科技办公室，由乡（镇）长兼任办公室主任，维持基层科技工作正常开展。

第七节 技术市场管理

1986 年，科技体制改革，各县在促进技术成果商品化中建立起技术交易场所。技术市场业务范围，包括有偿技术服务、咨询和委托、合作技术开发等活动。达县地区对技术市场管理，认真贯彻执行国家和省有关技术市场管理的法律、法规和规章；审批技术交流组织并对其进行监督管理；从事技术合同的认定登记；监督技术交流活动；对技术市场进行综合统计分析。各县企业、事业单位通过参加各类技术交易会，引进新技术，利用本地资源开发新产品。1986 年 5 月，平昌县举办首次技术交流会，参加技术交流项目 304 项，成交额 38.7 万元。1990 年，南江县成立专利技术转让办公室，当年转让专利技术5项，办理转让许可合同认定登记99份。

1993年，地区科委组织企业、事业单位、民营科技企业和个体经营企业参加国家科委和省人民政府在成都举办的新产品、新技术交易会。两次综合性的交易会，巴中地区新产品共获得9项金奖，14项银奖；引进技术10项，投资额达1700万元；达成技术交易合同24项，成交额680万元；新产品现场销售17万元。

2000年，巴中市列为东西部技术对接试点地区。巴州区在白云台创建科技超市隶属白云科技推广办公室，实行自负盈亏、自主经营，由科技信息服务站、农民书屋、新产品展销部、星火科技学校四部分组成，有宽带上网电脑、电脑农业专家系统和各类科技书刊，最新种养业新品种销售。并根据农事季节举办实用技术培训班，为农民提供技术、市场信息5100余条，开展技术咨询服务1800余人次。

第八节　民营科技企业管理

20世纪80年代初，境内四县民营科技企业初步发展。1984年，平昌县第一家农民科研所“平兰科研所”成立，所内有固定职工6人，技术人员10人。实行技物结合，融科研、试验、示范、服务于一体，开展技术引进、技术承包、技术培训等，先后培训101名技术骨干，为区乡选送15名优秀农技干部。1986—1998年，繁育水稻、玉米、小麦、油菜各类良种30万公斤，创经济效益1500余万元。通江县银耳集团有限公司天赐食品厂，从事食用菌科研及深度加工，拥有固定资产480万元，职工74人，先后承担并完成省、地、县下达的科研课题，多次获四川省科技成果、星火计划成果奖。1993年年底，巴州区、南江县共有民营科技企业58家。

1997年，各级党委、政府及有关部门把发展民营科技企业纳入议事日程，统筹安排，精心组织，大力扶持。地区科委以民营科技企业实现产值、实现利税、开发新产品及新发展企业、安排下岗职工等五项指标，对各县（市）科委进行目标任务考核。

1999年，巴中地区民营科技企业联合会成立，讨论通过《巴中地区民营科技企业联合会章程》，选举产生巴中地区民营科技企业联合会第一届理事会、会长、副会长、秘书长。

第二章　知识产权（专利）

第一节　专利申请

1993年前，境内知识产权（专利）工作由达县地区科委管理。1986—1993年，境内四县申请发明专利15件，授权3件；申请实用新型专利50件，授权50件；申请外观设计专利4件，授权4件。

1994年，成立巴中地区专利事务所，为地科委内设机构。1996年，行署决定组建巴中地区知识产权局，隶属于地区科委（副县级事业单位），主管专利和统筹协调全区知识产权工作。1994—2000

年，申请发明专利27件，授权5件；申请实用新型专利31件，授权30件；申请外观设计专利18件，授权18件。其中，通江县师范学校伍蔚中申请并授权的“定时定量供液装置”，为全地区第一件专利和第一件实用新型专利；巴中市（县级）和平街92号李仕政申请的“一种磨菇发酵酒的酿制方法”，为全区第一件发明专利；巴中市（县级）东城街154号李小鲜申请并授权的“电冰箱（圆柱型）”，为全地区第一件外观设计专利。

第二节　专利实施

一、发明专利实施

1993—2000年，巴中地区有效发明专利2件。发明专利未授权而实施的有无浆织布、中草药育肥剂、抗毒优干粉制剂、银耳粉丝及其制作工艺。授权发明专利实施开发有3件。1988年，平昌丝绸厂实施“桑麻绸C3320”，1994年，巴中双林保健品有限公司实施“川明参食品及其制备方法”；1998年，南江霞石矿实施“非金属矿干式强磁选工艺”，把霞石矿粉含铁量稳定降低到0.2%以下。未授权专利技术除在巴中实施外，还向其他地区转让。1990年，南江县印发五项专利技术小册子5000份寄发全国各地。其中，“一种微量元素的生物转化及酶化提取方法”（未授权专利），被贵州省列入1993年火炬计划项目；“天然磷肥皂粉”，被山东1998年列入重点项目。

二、实用新型专利实施

1993—2000年，巴中地区开发且形成小批量生产的实用新型专利如“防水拼木地板”“拼木画砖”“小学生数学演算器”“元素周期仪”都因需求发生变化或为更先进的产品替代而失去开发价值，据统计，实用新型专利实施率约占10%左右。全地区企业除实施自主开发的实用新型专利外，还引进和转让专利技术。1993年，平昌新技术开发总厂引进“三齿钻头”，当年生产2万只。授权实用新型专利“拼木画砖”转让到江西省寻乌县。

三、外观设计专利实施

1993—2000年，四川小角楼酒业有限公司先后实施外观设计专利36件，占全地区实施外观设计专利的55.3%。四川江口醇酒业有限公司实施外观设计专利14件，占实施外观设计专利的21.5%。两个酒业有限公司，实施外观设计专利保护，使企业连续多年的销售收入、实现利润和上交税金稳步增长，成为龙头企业及支柱产业。实施外观设计专利的企业还有：通江山霸王野生食品公司（5件）、巴中龙头面业有限公司（3件）、巴中全丰酒厂（3件）等。

第三章 科技活动

第一节 科技宣传

民国时期，科技不被重视，科技宣传无从谈起。

中华人民共和国成立后，境内四县科技宣传与科技普及工作结合开展。

1993年，巴中地区科委发行内部刊物《科技动态》，每年刊发10～15期，宣传报道科技兴区的先进经验和《中华人民共和国科技进步法》（以下简称《科技进步法》）等法律、法规。1994年，地区科委与地区电视台联合开办《科技动态》电视专题栏目。地区计国委、经贸委、林业局、乡镇企业局、贸易局、丝绸公司等部门分别组稿，宣传依靠科技推动经济发展的新成就、新经验和典型事例，宣传《四川省科技成果推广条例》。1995—1996年，地区科委在《巴中日报》开办“科技兴区”专栏。共刊发新闻报道、科技普及、调研报告、学术论文共计26篇。推动、贯彻落实巴中地委、地区行署提出的“科技兴巴三十亿工程”发展战略的实施，加大科技兴区的力度。

1997年，新华社、中国科学报社、中国技术市场报社、四川日报社、四川电视台、四川广播电台、西南科技报社等10家新闻单位组成“四川省科技新闻记录采访团”，采访巴中地区重视科技，大力推广先进适用技术，发展优势特色产业及科技扶贫的先进典型和先进经验，在不同报刊等新闻媒体上发表新闻报道43篇。

1998年，地区科委同巴中日报社联办《认真贯彻全区科技大会精神，加快我区经济社会发展》和《科技兴巴见行动》电视专题栏目，刊载四县（市）委书记、县（市）长的专题发言和基层干部爱科技、学科技、用科技的典型事例、典型经验29篇文章。

2000年，市科委创办专刊《生物工程简报》，普及绿色经济基本知识，推动绿色食品发展。同时对全国人大修订发布的《中华人民共和国专利法》（以下简称《专利法》）开展大力宣传。

第二节 科技普及

一、实用技术普及

民国时期，只有零散的科普活动。中华人民共和国成立初期，仅开展卫生、防疫、破除封建迷信及良种良法知识传播。

1966年后，科普活动基本停顿。至20世纪70年代初，各县逐步恢复科技普及。1971年，通江开展“一组三田”科普活动，组织科学实验组织1200个，建立种子田、试验田、高产示范田913.33公顷。1977年，平昌县在农村建立科研组织。此后雷山、城郊、白衣、兰草、元山等23个公社相继成立科学技术协会。1980年，中国科协将平昌县列为全国科普重点县。1981年，平昌县雷山首次办起科普服务站，开展技术服务，推广稚蚕共育、稻田化学除草技术。境内各县科协利用科普宣传车和电影放映机，到农村放映科教电影，宣讲水稻、玉米、油菜、红苕高产栽培技术，开展技术咨询服务，为农民使用种子、农药、化肥提供技术资料和生产中的技术，并组织技术下乡服务队，为农民嫁接桑树、果树，提供防治病虫害技术。1983 年，各县开展科普宣传月活动，以场镇为中心，以农民为对象，重点宣传农业生产和多种经营、计划生育、卫生防疫等科技知识。

1993 年，将科技普及、科技培训、科技宣传结合起来，通过电视专栏节目，报纸专栏及发放科技资料等形式普及实用技术。1997 年起，每年《科技之春科普活动月》开展大型送科技下乡活动。省委宣传部、省科委、省开发办、省农牧厅组织四川省科技下乡宣传团到南江县开展科技下乡活动。通过专题讲座，放映科普录像和技术咨询为农民解答有关水稻、玉米、小麦、经济林木等栽培技术及施肥、治虫技术，传授生猪品种改良，科学饲养，黄羊规范化养殖等技术。地科委牵头组织地区畜牧局、地农技站、地科协、地区新华书店等单位到地科委扶贫联系点柳岗乡开展送科技下乡活动，为农民提供有关种植业、养殖业及良种良法应用技术咨询；宣传破除迷信、反对邪教、崇尚科学，活动中新华书店赠送 2000 册图书，地科委给当地农民赠送 2000 公斤化肥和部分玉米种子。

2000 年春，行署副专员王治寿带队，组织农业、畜牧、茶果、农机、新华书店等 10 余个地级部门的科技人员在通江县杨柏乡开展送科技下乡，2000 余农民参加科技赶场，咨询农业技术，科技人员现场指导果树修剪和施肥等技术，发放科技资料 30 余种 2 万余份，为春耕生产提供技术支撑。

二、青少年科技教育

从 1979 年起，境内四县科协、团委、教育局加强对青少年科技普及。通江县组织少年夏令营活动，辅导少先队员采集植物标本，辨别田间昆虫，制作航空模型等活动。1981 年，巴中县科协在巴师附小开展“我们爱科学”活动月试点，成立无线电、航模、生物、美术等科学小组 47 个。“六一”期间，巴中县科协与县妇联共同举办少年科技作品展，展出作品 315 件，评出优秀作品 222 件；1984 年，组织 19 件作品参加达县地区青少年科技小发明小论文评比活动，有 16 件作品获奖。通江组织青少年参观考察诺水河风景区溶洞群，了解、观察自然现象。1986 年，平昌县在中小学开展小发明、小制作、小论文和青少年科技创新大赛。巴中县开展“青少年科技发明创造、科技制作、科技论文征集”活动，共征集作品 1.2 万件，其中 15 件作品获达县地区一、二、三等奖，有 5 件作品获省二、三等奖。1988 年，巴中县开展“小星火计划”活动，征集作品 7 万件，45 件选送省、地青少年作品比赛，有 7 件获达县地区一、二、三等奖。其中巴师附小《对鱼的考察》一文获达县地区一等奖、省三等奖。

1996 年，全地区开始举办“三小”（小制作、小发明、小论文）活动，以后每年举办一次。平昌白衣小学制作的“采桑夹”获全国小发明三等奖；1998 年，得胜小学陈光获得“茅以升科技活动三等奖”。2000 年，市科委在巴师附小、巴二中等学校，开展知识产权、专利等知识普及。

第三节　科技培训

民国时期，境内四县仅有零星科技培训。民国 19 年（1930 年），巴中县农推所、民间教育馆举办农业技术讲习会。民国 27 年（1938 年），巴中县梁永人王建屏开办实业讲习班，讲授粮、药种植、桑、果嫁接等农业技术。

中华人民共和国成立初期，川北行署农业厅派人到四县传授修塘凿堰兴修水利的技术。20 世纪 50 年代中期，各县妇幼保健站定期举办妇幼卫生人员短期培训班，传授妇幼保健知识和新法接生知识，农技人员传授棉花“五打”、小麦条播、水稻适度密植等农业新技术。60 年代由于“文化大革命”的影响，科技培训基本停止。70 年代初逐步恢复。从 1975 年起，境内四县派出农技人员到海南培训，学习杂交稻制种技术，为推广提供种源，使杂交稻在四县大面积推广。1978 年，通江县采取技术讲座、短训、函授、选派科技人员带薪学习等方式培训科技干部 1200 余人。1981 年，各县利用农校，大量培训农技员、蚕桑员、卫生员、技术员和农机手。

1984 年，国家科委和省科委实施国家级“星火计划”《大巴山技术综合开发》，境内四县采取多种形式培养大批星火技术带头人。1987 年，平昌县帮助近 3 万名基层干部和农村知识青年掌握 1 ~2 门实用技术，使每个村民组有 3 ~5 人达到农业技术员水平。1991 年起，巴中县举办农村青年星火科技带头人培训班和农村经济开发培训班，每年参训人员达 1500 人次。

1993 年，巴中地区科委把科技培训作为科技工作重点之一。1995 年起，地区科委每年下达科技培训计划，各级基层科委组织农技人员在农校、农广校、党校开展短期培训；田间地头现场培训，科技小分队进村入户重点培训。每年星火科技人才培训达 3.5 万人次，其中普及型 3 万人次，提高型 0.5 万人次。地科委组织各县（市）科委主任或副主任到省职工大学举办的科技管理干部岗位培训班，掌握科技发展趋势，学习知识产权保护概念、内容和现代科技管理知识。1997 年，在地委党校连续开办四期乡（镇）长科技管理干部培训班，300 余人参训，培训农作物新品种、新技术、病虫害防治技术和乡镇科技管理。

1998 年，组织部分区、乡（镇）长参加省科委在南充举办的“现代科技知识培训班”。是年，地科委邀请西南交通大学人文社会科学院院长陈光到巴中讲授“知识经济与区域发展”。2000 年，农业部中国绿色食品发展中心专家郭春敏分别在通江县和巴州区为 200 多名干部举办有关绿色食品概念、现状、发展方向专题讲座。市科委与市工商联联合举办民营企业（厂长）培训班，参训 80 余人，邀请省科技厅、省工商联、中国人民大学教授讲授“WTO”和 ISO 9000 质量管理体系认证基本知识。

第四节　科技合作与交流

1961 年，通江县设立 75 个科技情报站，从事科技情报搜集、整理、传递与交流。1978—1986 年，境内四县先后成立科技情报研究所。巴中县科技情报所同全国 20 余个省市的 630 余个科技部门建立科技情报交流关系。1979 年，巴中县科技情报所主办《科技情报交流》，共收集科技情报资料 5700 余份，至 1985 年，共刊出 108 期，计 13000 余份。1986 年起，巴中县科技情报所剪贴专题情报资料 76 册，筛选、整理、编印各类专题资料 315 份。平昌科技情报研究所同全国 21 个省、市的 358 个县以上单位建立情报交流关系，共交流资料 8230 份，获取科技信息 2000 余种。1993 年，从南京引进提高水泥早期强度技术，确保平昌水泥厂产品质量稳定提高。

1994 年，巴中地区科委接替达县地区科委成为陕、甘、川、宁毗邻地区第八届经联会科技分会成员单位。科技分会在经联会举办西部交易会时同步举办技术交易会。1998 年，巴中地区科委担任西部交易会科技分会主席方时，决定技术交易会与西部交易会同步隔年举办；在不举办技术交易会的当年科技分会举办科技工作研讨会。地科委组织企事业单位分别参加“新产品、新技术交易会”“国际食品博览会”“中国名牌产品博览会”“全国星火计划成就展”“全国国际高新技术成果交易会”“中医药国际科技暨新技术、新产品展览会”“中国国际专利技术与交易会”“川港合作发展周医药分团”“中医药国际科技博览会”，展示巴中的特色产品，引进适合巴中发展特色产业的新技术。

1999 年，巴中地区被国家科委技术市场管理促进中心列为“东西部技术对接示范活动”示范地区。通过东西部技术对接，建立和完善组织管理体系；建立新型的技术推广服务体系，壮大技术经纪队伍；支持农业产业化经营体系建设；加强常设农业技术市场建设；建立东西部技术对接信息网。

2000年，巴中地区组团分别参加国家科技部中国技术市场管理促进中心、北京市科委、北京首都科技集团、上海市科技开发交流中心、北方技术交易市场联合在北京、上海举办的西部七市、县技术经济需求发布洽谈会。分别与首都科技集团、北京科技协作中心和中国技术市场管理促进中心、上海科技开发交流中心签订长期技术对接协议书。会议期间与北京、上海100多家大专院校、科研院所、企业集团进行广泛接触，沟通信息，把巴中地区的优势资源、优先开发项目推荐出去，共签订意向性对接项目36项。同时，科技部安排，代表团部分成员赴青岛平度市考察全国最大的农村常设技术市场，与青岛市科技交流中心签订长期技术交流合作协议。年内，市委、市政府邀请北京有关专家围绕“发展绿色食品实现产业化”到巴中市考察指导。首都科技集团和科技部青年志愿者服务队分别到辖区四县（区）考察，经过实地考察和座谈，有9位专家结合巴中实际提出针对性强的建议，首都科技集团专家返京后经过认真讨论，反复修改，整理出《四川省巴中地区考察报告》。在东西部技术对接示范活动开展期间，全市共引进新技术、新品种20项，争取国家、省科技攻关项目、推广项目17项。围绕巴中市优势特色资源规模发展、精深加工、综合利用、新产品开发等领域的科技项目实施，市科委引导和组织企事业单位同大专院校和科研院所联合攻关。南江县畜牧局、南江黄羊研究所、南江县北极种畜场、南江县元顶子牧场的科技人员先后同四川省农业大学（原四川农学院）、四川省畜牧科学研究院（原四川省畜牧兽医研究所）、四川省畜禽繁育改良总站、西北农林科技大学、中国农业大学的科技人员合作，实施《南江黄羊肉用新品种选育》《南江黄羊新品种（系）》选育研究等7个攻关项目。通江县山霸王野生食品有限公司同四川省中药研究所签订《通江银耳规范化种植（GAP）研究及科技示范区建设合作协议书》。依托四川省农业科学研究院土肥研究所选育出银耳CA3新品种；依托成都中医药大学、成都大学先后开发出“通江银耳八宝茶”“通江银耳粉”“通江银耳爽饮料”“通江银耳胶囊”等7个新产品。南江县金银花研究所同四川省农业科学院经济作物所联合开展“南江金银花GAP研究”。平昌县江口醇酒业有限公司和平昌县小角楼酒业有限公司，分别同科技部酒类研究所和四川省食品发酵研究院长期合作，使这两个酒业公司的出酒率和产品质量明显提高。巴州区与成都中医药大学合作进行“川明参良繁栽培示范基地建设”；与四川省食品发酵研究院合作开发“保鲜川明参”；与四川省畜牧科学研究院实施“生猪繁殖性疾病和防治研究”等项目。

1978—2000年巴中市科技成果获地级以上奖项统计

表36—1

项目名称	获奖等级	承担单位	主研人员	获奖时间
油橄榄引种驯化的研究	四川省科技进步三等奖	巴中县油橄榄管理所	陈昌华	1978年
桑蚕种新品种	四川省科技进步三等奖	巴中县蚕种场	陈忠秀	1978年
棉花新品种——巴棉一号	四川省科技进步三等奖	巴中县棉花原种场	范安民	1979年
巴防HL－01二倍体细胞株的建立	四川省科技进步四等奖	巴中县防疫站	陈尚智、陈太荣、胡国荣	1980年

续表36—1

项目名称	获奖等级	承担单位	主研人员	获奖时间
红苕干酿醋试验	四川省科技进步四等奖	巴中县酿醋厂	李大政、苟文寿	1981 年
浸出制油技术改进和推广应用	四川省科技进步四等奖	巴中、平昌、通江县榨油厂	符光品、王华章、向世万	1982 年
四川盆地典型草山、草坡资源调查	四川省科技进步四等奖	巴中县畜牧局		1983 年
稚蚕专业共育	达县地区科技进步三等奖	巴中县蚕桑研究所	雷太全、黄仕国	1982 年
柴油机综合节油	达县地区科技进步三等奖	巴中县农机局	肖　特、周　帆	1982 年
10KV 高频阻波器	达县地区地科技进步二等奖	巴中县电力公司、成都科技大学、四川省地方电力公司	周兴成、林德福	1983 年
GT6D - MH 猕猴桃自动定向切片机	达县地区科技进步二等奖	巴中县食品罐头厂	邓福宣、梁　平	1984 年
纵横旋转式催青器	达县地区科技进步三等奖	巴中县蚕科所	雷太全	1984 年
BZ - 1 型轻型肋板薄壳结构沼气地钢模具	达县地区科技进步三等奖	巴中县沼气办公室	匡永吉	1984 年
小瓶分装磷化铝防治农户储粮害虫的应用	达县地区科技进步二等奖	巴中县粮油收储公司;巴中县宕梁、曾口区粮站	喻明文、柏绍再、张荣禄	1985 年
STD 系列节能电力变压器技术推广应用	达县地区科技进步三等奖	巴中县变压器厂	朱秋良、张　丹、陈顺江、李　秀、刘明道	1986 年
巴中县十万人疾病监测	达县地区科技进步三等奖	巴中县卫生防疫站、达县地区卫生防疫站	冯天万、莫绍松、蔡仁基	1986 年
秦巴山区巴中县农村经济开发规划	达县地区科技进步二等奖	巴中县农业区划办公室	杨家春、郑　平、吴成可	1987 年
规范化“双低”储粮技术的应用推广	达县地区科技进步三等奖	巴中县粮油收储公司、巴中县城关粮库	廖兰俊、喻明文、杨兴德	1987 年
汽车后桥齿轮的开发	达县地区科技进步二等奖	巴中县齿轮厂	刘新侣、曾中万、郑文争、蒲大映、杜德承	1988 年
195 柴油机节能改造技术	达县地区科技进步三等奖	巴中县农机局、巴中县恩阳区农机站、巴中县花丛农机站	吴登延、何怀福、王心体	1988 年
巴中县城区学前儿童血压调查	达县地区科技进步三等奖	巴中县人民医院	张清勇、李良文	1988 年
百万亩稻田综合利用	达县地区科技进步二等奖	达县地区农技站,巴中、平昌等县农技站		1989 年
达县地区农村养猪的主要日粮类型及添加剂混配方的研究	达县地区科技进步三等奖	达县地区饲草饲料站,巴中县畜牧改良站、饲料厂,巴中县玉山区畜牧站	王雅等	1989 年

续表36—1

项目名称	获奖等级	承担单位	主研人员	获奖时间
机械通风技术应用	达县地区科技进步三等奖	达县地区粮油储运公司，巴中县粮油收储公司、平昌粮食局等	游绍和、朱均、蒋精荣、侯波、蒋定华	1989年
羊水细胞染色体检查方法临床应用	达县地区科技进步三等奖	巴中县计划生育指导站	李朝莉	1989年
DLD－Ⅰ型数字电路粮温巡测仪的试制与应用	达县地区科技进步三等奖	巴中县粮油收储公司，巴中县曾口区粮站	林登学、杨兴德、莫正忠	1991年
电阻焊接空罐生产线配套设计与技术改造	达县地区科技进步三等奖	巴中县罐头厂	邓福宣	1991年
钢纤维混凝土在巴河大桥桥面工程的应用	达县地区科技进步三等奖	巴河大桥指挥部	杜明垓、廖章贤	1991年
日处理小麦120吨等级粉生产技术改进与应用	巴中地区科技进步二等奖	巴中市米面厂、巴中市粮油工业公司	代应涛、白九泉、李国元、杨绍德、何承荣	1995年
山羊繁育饲养示范推广	巴中地区科技进步三等奖	巴中市农业发展畜牧项目办公室	王治平、苟江、张建平、周述裕、谭永孝	1995年
提高挂面质量的生产技术改进与应用	巴中地区科技进步三等奖	巴中市米面厂	代应涛、付朝清、杨绍德、苏容、白九泉	1995年
NZJ15/15－C型组合米机生产技术开发	巴中地区科技进步三等奖	巴中市轻工机械厂	向家华、陈致吉、吴开发、王大荣、杨伦贤	1995年
小切口—指引导复位骨髓内固定术	巴中地区科技进步三等奖	巴中市人民医院	陈昌映、龚正金	1995年
柳林乡蚕桑高产新技术	巴中地区科技进步三等奖	巴中市丝绸公司	张明灼、张永德、陈昌华、刘霞、任永金	1995年
玉米高产综合技术	巴中地区科技进步一等奖	巴中市农业局、通江县农技站、通江县植保站、通江县土肥站、通江县财政局农财股	杨丰、廖毅、刘德成、刘斌、杨会琦、吴国鲜、陈延玺、王平、张晨忠、董一成、周松君、张才如、杨曙光、李德高	1996年
粮食计算机温度测试管理系统	巴中地区科技进步一等奖	西南计算中心、四川巴中国家粮食储备库	李凌、冯俊伟、张仕禄、谢阅、张坤、张柏林、肖爱铭、袁小兵、戴燕、钟智明、陈平	1996年
电教与和谐发展	巴中地区科技进步二等奖	巴中师范附属实验小学	陈临韦、苟宗荣、赖新成、赵茂森、陈国秀、孙超	1996年
“口咽舒”的临床观察与研究	巴中地区科技进步二等奖	巴中市中医院、巴中地区保健制品厂	张玉龙、文茂生、杨俊华、仲开德	1996年
中医治疗玻璃体混浊的临床研究	巴中地区科技进步二等奖	巴中市中医院	张玉龙、王昌平、周艳华	1996年

续表36—1

项目名称	获奖等级	承担单位	主研人员	获奖时间
带蒂阴囊皮管1期修复尿道下裂	巴中地区科技进步二等奖	巴中市人民医院	李 昕、辜天慧	1996年
杂交水稻新组合冈优22制种高产技术试验示范	巴中地区科技进步三等奖	巴中市种子公司	罗承阳、田 飞、吕江川、饶升和、吴建华、张吉成	1996年
马尾松梢害虫综合防治试验与应用	巴中地区科技进步三等奖	巴中市森林病虫害防治检疫站、巴中市白庙乡政府、巴中市柳岗乡政府	傅 勇、王光全、詹远如、王兴旺、张上游、李 青	1996年
三江水电站主厂房封顶设计的优化选择	巴中地区科技进步三等奖	巴中市电力集团有限公司	陈家廷、张德礼、杜明垓、罗克聪、谯守全	1996年
准低温储粮技术的试验与应用	巴中地区科技进步三等奖	巴中市粮油收储管理站	何文敏、陈贵荣、莫正忠、陈志勇、刘 勇	1996年
电视腹腔镜胆囊切除术的临床应用	巴中地区科技进步二等奖	巴中人民医院	辜天慧、袁 伟、李 全、陈 虹、余定国	1998年
颅骨钻孔引流术在高血压脑出血治疗的应用	巴中地区科技进步三等奖	巴中市人民医院	张应军、杨健全、贾登先	1998年
XZK -（200—1250）A220KV系列线路阻波器产品开发	巴中地区科技进步三等奖	巴中蜀星电气有限公司	王怀毅	1998年
核桃果实害虫综合防治技术研究	巴中市科技进步一等奖	巴州区森林病虫防治防疫站、南江县森林病虫防治防疫站	王兴旺、李 峰、李 强、吴明山、李家云、孙子云、文 斌、李 青、周 晓	2000年
嗜群面蜱的暴发与扑灭技术研究	巴中市科技进步二等奖	巴州区兽医防疫检疫站、巴州区人民政府办公室、巴州区卫生局、巴州区卫生防疫站、巴州区植保检疫站	文兴成、陈大林、鲜升文、程 雄、李兴富、邓辉、周治廷、李文平、张家荣	2000年
显微手术在眼科中的应用	巴中市科技进步二等奖	巴中市人民医院	康太平、杨健全、王明甫、黄旭东、陈通芬、于晓燕	2000年
中上段食管癌切除胃经食管床颈部食管重建术的应用	巴中市科技进步三等奖	巴中市人民医院	高宇翔、李 勇	
温经活血散外用治疗痹证脱疽病研究	巴中市科技进步三等奖	巴中市中医院	袁绍文	2000年
医学统计学处理软件的开发应用	巴中市科技进步三等奖	巴中市人民医院	兰大荣、方贵春、杨健全	2000年
南江黄羊肉用新品种选育	国家科技进步二等奖	南江县畜牧局	王维春等	1997年

续表36—1

项目名称	获奖等级	承担单位	主研人员	获奖时间
苹果乔砧矮化密植试验	四川省政府科技成果三等奖	南江县茶果站、南江县和平公社五大队三队	黄 恕、孙子荣	1979年
南江黄羊新品种群	四川省政府科技成果三等奖	南江县畜牧站、北极种畜场、元顶子牧场	王维春、罗荣夏、陶志豪	1983年
盆周山区肉牛有效杂交组合	四川省政府科技成果三等奖	宣汉、万源、南江、通江、巴中县、达县地区畜牧局		1983年
四川省漆树品种资源调查	四川省政府科技成果三等奖	万源、南江县土产公司		1983年
改造低产茶园规范化技术研究	四川省政府科技成果三等奖	省茶叶研究所、南江县茶果站	相明荣、苏光明	1987年
南江黄羊肉用新品种选育	四川省政府科技成果一等奖	南江县畜牧局	王维春等	1997年
自然培菌循环浸出铜工艺	达县地区科技进步二等奖	南江县铜厂	戴荣林、岳俊聪	1980年
四川省达县地区农村眼病调查研究	达县地区科技进步三等奖	达县、邻水、南江县人民医院	邝健伯、陈一恭、陈孟康	1985年
配成杂交水稻新组合——早汕优一号	达县地区科技进步二等奖	南江种子站	鲜仕德	1986年
马尾松地理种原研究	达县地区科技进步二等奖	南江县林业局	陈安淦、何 鹏、向金山	1987年
国产双工无线电话与进口终端机配套首次实现全自动拨号	达县地区科技进步二等奖	南江县林业局、协作单位:林业部防火办、国营711厂、632厂	陈秀勇、周开言、龙先华、何以泉	1987年
HSZ-J型灰沙砖外加剂	达县地区科技进步二等奖	四川省建材设计院、南江县科委、南江县建材化工厂	黄华大、蒲清裕、周恩奇	1987年
刺莉果醋	达县地区科技进步三等奖	南江酿造厂	王安怀、缪 杰、吴明德	1987年
万源县、南江县地甲病普查与防治	达县地区科技进步三等奖	万源县卫生防疫站、南江县卫生防疫站	刘建勋、黄权岗、张仕雄、吴盛春、丁德苓	1989年
输液用具处理方法与临床输液热源反应的研究	达县地区科技进步三等奖	达县地区药检所、南江县人民医院	周绍玉、刘元峰、蔡宏熙、梅 峰、廖淑军	1991年
南江黄羊生后期到周岁生长发育规律研究	巴中地区科技进步一等奖	南江县畜牧局、南江县黄羊科研所、南江县北极种畜场、南江县元顶子牧场	王维春、熊朝瑞、尹仕泽、罗 鸣、贾正贵、何焕周、贾旌旗	1995年
优质杂交水稻高产栽培	巴中地区科技进步二等奖	南江县农业局、南江县长赤镇政府、南江县长赤区公所	谭昌伟、刘星成、马俊峰、何绍成、吴高成	1995年
高节能烧结砖	巴中地区科技进步三等奖	南江县应用技术研究所	任宗炬、伍 桂、唐治全、袁 洁、熊明钦	1995年

续表36—1

项目名称	获奖等级	承担单位	主研人员	获奖时间
IMTS 与 DTMP 信令兼容进入程控市话网	巴中地区科技进步三等奖	南江县林业局	何永观、陈秀勇、胡 杰、陈远东、杨 兵	1995 年
硫酸污水处理暨废渣回收工程	巴中地区科技进步三等奖	南江县磷肥厂	漆缔邦、黄 刚、郑国志、陈德荣、岳从举	1995 年
珠算式脑算	巴中地区科技进步三等奖	南江县赶场乡中心小学、南江县赶场区财政所、南江县朱公小学	周锡金、周义安、吕 华、文建华、张 春	1995 年
AGNORS 变化在胃癌中定量分析的研究	巴中地区科技进步三等奖	南江县人民医院、达县地区人民医院	郑仕诚、孙 林	1998 年
桐籽湿法加工技术研究	巴中市科技进步三等奖	南江县油脂有限责任公司	高建中、吴运艮	2000 年
烤胶新工艺新设备中间试验	四川省科技进步四等奖	四川省通江栲胶厂	彭保安、杜宗福	1978 年
四川省地方猪种资源调查	四川省科技进步二等奖	达县、通江、巴中、邻水畜牧局		1979 年
杂交水稻制种亩产 444 斤技术	四川省科技进步三等奖	通江火炬公社前进大队农科组	李赢文、刘永汉	1979 年
新法生产通江银耳	四川省科技进步四等奖	通江县农林局通江县土产公司	苟文级、屈全飘、李正国	1979 年
提高通江银耳质量、产量技术的研究	四川省科技进步四等奖	通江县土产果品公司	屈全飘、苟文级	1982 年
新法生产天麻提高产量质量的推广试验	四川省科技进步四等奖	通江天麻研究所	黄忠乾、赵永安、李树民	1982 年
风扇脱粒机	四川省科技进步四等奖	通江县农机厂	曾志明、刘国志、董焕然	1982 年
四川盆地稻纵卷叶螟发生规律及防治技术	四川省科技进步三等奖	通江、开江、达县地区植保站		1983 年
四川省黄牛、水牛品种资源调查	四川省科技进步四等奖	宣汉、通江县畜牧局		1983 年
银耳大曲(一代)新产品研制	四川省科技进步三等奖	通江县龙溪食品饮料总厂,四川省食品工业研究所	池开云、冯忠礼、熊国仙	1985 年
五倍子丰产经营技术	四川省科技进步二等奖	通江县林业局	谢述明	1986 年
山区中低产田稳产综合技术开发	四川省星火科技成果二等奖	通江县科委、通江县农业局、通江县开发办、西南农学院		1990 年
盆东北杂交水稻规范化栽培	四川四川省政府星火科技三等奖			1990 年

续表36—1

项目名称	获奖等级	承担单位	主研人员	获奖时间
通江银耳系列开发	四川省星火科技二等奖	通江县科委、通江日用化工厂、通江县食用菌公司、通江县糖果厂、通江县罐头厂		1986年
肉用山羊两改一防技术示范推广	四川省科技进步三等奖	通江县畜牧局(协作)	赵永禄、郭以信	1993年
提高黄水牛肉综合技术研究	四川省科技进步二等奖	通江县畜牧局(协作)	郭以信	1994年
加捻丝的试制	达县地区科技进步二等奖	通江县丝织厂	邹树林、王德明	1980年
黑荆树引种成功	达县地区科技进步二等奖	通江杆栲胶厂	杜重华、李新华	1982年
稻田小麦免耕栽培技术试验研究和应用	达县地区科技进步三等奖	通江县农科所	杨照俊、廖毅	1984年
慢性肾小球疾病抗凝四联疗法治疗及丹参对肾小球过滤率的影响	达县地区科技进步三等奖	通江县人民医院	杨如兰、黄垂林	1986
百花牌机制棉胎	达县地区科技进步二等奖	通江絮棉厂	董大仁	1986年
通江微型水力发电机组推广	达县地区科技进步三等奖	通江机械厂		1987年
肉牛短期快速育肥技术示范推广	达县地区科技进步三等奖	通江县畜禽繁育改良站	郭以信、陈志清、张新益、高成忠、赵平	1991年
达县地区人体寄生虫分布调查研究	达县地区科技进步三等奖	达县地区防疫站协作单位:通江卫生防疫站		1991年
白肋烟新品种"通烟一号"培育	巴中地区科技进步一等奖	通江县烟草公司	王崇华、杨德尧、贾能典、任明升、赵忠祥	1995年
通江牛黄菌种研究	巴中地区科技进步二等奖	通江县兽医防疫检查站、通江县卫生防疫站	李富育、余伯贵、吴厚明、陈尚林、王珍兰	1995年
天岗银牙系列产品开发	巴中地区科技进步二等奖	通江县茶果站、通江县农业局科教股、通江县火天岗种畜场	朱兆舜、刘道俊、程维财、余显光、米从仁	1995年
秸秆氨化肉牛育肥综合技术示范推广	巴中地区科技进步三等奖	通江县禽兽繁育改良站、通江县畜牧局、通江县饲草站	赵永禄、王兆森、王波、龚平、李秀儒	1995年
通江县畜禽寄生虫调查研究	巴中地区科技进步二等奖	通江兽医防疫检疫站	岳新民、闫凤光、李富育、余伯贵、张玉兰、吴厚明、张灵	1996年

续表36—1

项目名称	获奖等级	承担单位	主研人员	获奖时间
银杏丰产经营技术	巴中市科技进步二等奖	通江县林业技术推广中心	张清发、何政社、张武、朱宁	2000年
优选法在工农业生产上的应用	四川省科技进步一等奖	平昌县科委推广优选法协作组		1979年
川东旱粮高产技术示范	四川省科技进步一等奖	平昌县科委旱粮推广协作组		1979年
土法测天仪器研究	四川省科技进步三等奖	平昌县佛楼新华气象哨	杨逢春	1979年
兰仙合剂治疗仔猪白痢病试验	四川省星火科技四等奖	平昌县兽医协会、畜牧站、长垭畜牧站	沈治文、孙逢礼	1981年
115棉麻混纺	四川省星火科技二等奖	平昌县织布厂		1988年
大巴山综合技术开发	四川省星火科技二等奖	平昌县科委		1989年
桑麻绸技术开发	四川省科技进步三等奖	平昌县科委、平昌县丝绸厂		1993年
皮鞋胶粘工艺试验	达县地科技进步三等奖	平昌县皮鞋厂	孙礼仁、李义三	1981年
蝇类区系调查研究	达县地区科技进步三等奖	平昌县防疫站	李天福	1982年
麦田化学除草	达县地区科技进步三等奖	平昌县农资公司	杨升元	1983年
薄膜育桑苗	达县地区科技进步三等奖	平昌县蚕桑站	唐联珀	1983年
黄牛杂交改良效果调查研究	达县地区科技进步三等奖	平昌、通江、南江、巴中县畜牧局等	王本成	1985年
无浆织布开发	达县地区科技进步一等奖	平昌县卫生材料厂	苟玉成、杨仁安、吴继安、廖良骥、陈以贵	1991年
深丘区稻田露宿养鸭技术开发	达县地区科技进步三等奖	平昌县科委	王永洪、沈瑞才、冯政仁、刘军、易家峰	1991年
灯用稀土三基色荧光粉	巴中地区科技进步二等奖	平昌精细化工制品厂	杜康、唐明和、孙大平、冯政仁、赵本荣	1995年
三系杂交油菜"杂02"高产技术试验示范	巴中地区科技进步三等奖	平昌县科技开发中心、平昌县平兰农民科研所、平昌县经作站	王永洪、沈瑞才、冯政仁、林代荣、牟三周	1995年
手法复位小夹板加宽石膏托固定治疗肱骨髁上骨折	巴中地区科技进步三等奖	平昌县医院	张绍平	1995年
仔猪促长剂"富铁力"的推广应用	巴中地区科技进步三等奖	平昌县兽医防疫站、平昌县畜牧局	陈玉森、沈义刚、刘德林、关银朝、王英华	1996年

续表36—1

项目名称	获奖等级	承担单位	主研人员	获奖时间
应用微生物工程人工强化窖泥技术	巴中地区科技进步三等奖	平昌小角楼酒厂	沈国昌、王世海、何虹江	1996年
土工合成材料在水利工程中的应用	巴中地区科技进步三等奖	平昌县水利电力局、平昌县水利电力勘测设计队	向隆银、李泽晏、王大成、杜志敏、闵大荣、何天强	1998年
以综合防治五号病为主要的养猪增产配套技术	巴中市科技进步三等奖	平昌县畜牧食品局、平昌县兽医防疫检疫站	陈玉森、沈义刚、刘德林、关银朝、陈文玉	2000年
SW系列小麦试验研究及3243小麦的推广	巴中市科技进步三等奖	平昌县科委、平昌县平兰研究站	唐昌礼、胥中木、冯政仁、潘鑫、林代荣	2000年
液化石油气小区气化技术	巴中地区科技进步三等奖	巴中地区天然气总公司	陈新生、李世华、康封政、左定明	1996年
水稻旱育秧及配套技术推广	巴中地区科技进步一等奖	巴中地区水稻旱衣技术推广协作小组	朱东、陈大体、何俊极、杨友德、高绪明、李俭昌、彭忠敬、刘新实、丁华	1998年
机械深施化肥技术推广	巴中地区科技进步二等奖	巴中地区农机局	吴文斌、何怀福、吴登廷、石永统、邓有初、李登高、吴琼英、张在珍、廖运湘	1998年

巴中市志

第三十七篇

文化

巴中地灵人杰，文化积淀十分丰厚。这里曾养育了宋代天文学家张思训；清代李钟峨父子三学士；青城山长联作者李善济；世界十大革命性伟人之一、与爱因斯坦齐名的近代平民教育家晏阳初博士。西晋成王李雄，前蜀王建，唐朝玄宗和僖宗，太子李贤、李重茂，御史严武、史俊、羊士谔，左拾遗李白、杜甫等，都曾留居巴中，并留下不少脍炙人口的名篇和真迹墨宝，以及至今保存完好的张飞、严颜、李贤祠庙、墓冢等。被专家誉为具有国画风采、原始荒美、险秀奇幽的南江光雾山风景名胜区和中国银耳之乡、中国溶洞之乡——通江诺水河溶洞群；有始建于梁魏，盛镌于唐代的南龛、西龛、北龛、水宁寺石窟艺术群和千佛岩、佛爷洞、西佛山等70多处摩崖造像栩栩如生，有荟萃全国现代名家书法的“川北胜秀”阴灵山碑林和巴中将帅碑林。特别是以红军石刻标语、对联为标志的现代石刻，如享誉中外的石刻标语之王“平分土地”“赤化全川”等，构成一幅壮丽的川陕苏区革命斗争史画卷。

1933年1月到1935年4月，境内的文化领域经历了一场根本性的变革。中国工农红军第四方面军对苏区人民大量地传播共产主义思想和文化，各级苏维埃政府利用战争空隙组织人民开展文化活动，久经压抑的工农群众扬眉吐气，刻写共产党政纲和红军标语，唱红军歌曲，演革命戏，跳舞、演讲、读书、识字……人民的文化活动迅速活跃起来。劳动群众掌握了文化大权，成为文化的主人，苏维埃这朵闪耀着熠熠红光、散发着泥土芳香的文化新花绽开在巴中土地上。

中华人民共和国成立后，各地先后建立了人民文化馆、文化站、人民书店、戏曲改进社、人民川剧团、电影放映队。群众文化工作由点到面、由县城到农村、由重点到一般地开展起来。

1966年，“文化大革命”开始，境内的学术界、教育界、新闻界、文艺界、出版界掀起了批判资产阶级“学术权威”的高潮。文艺界的“百花齐放”，瞬间便变成了以“样板戏”为代表的“一花独放”。之后，撤销川剧团；新华书店奉命销毁和处理了大量的书籍和图片；文化馆、图书室在一片打、砸、抢、抄、“破四旧”的声浪中，损失无法数计；各地石窟、石佛、石碑被炸毁，石像被打掉，庙宇被拆毁，苏维埃时期红军石刻标语被毁数千条。

1978年中共十一届三中全会后，各地的文化事业在实现四个现代化的征程中出现新的繁荣。对境内的川剧、图书、电影等文化事业，进行了大力发掘、改革、创新。同时认真贯彻落实知识分子政策，纠正和平反了历史造成的冤、假、错案，使文化人心情舒畅。

1993年，巴中地区建立以后，全地区文化工作以抓创建“文化先进县”为龙头，抓文艺创作为重心，抓农村文化先进乡（镇）和小康文化村建设为重点，以“两馆一站”考核评估定级为动力，逐步使全区文化事业繁荣兴旺。至2000年年底，平昌县、巴州区被省政府命名为“文化先进县”；被省政府命名的省级历 史文化名城2座，名镇1座；有12个乡（镇）被省文化厅命名为“文化先进乡（镇）”，有14个乡（镇）被命名为“市级文化先进乡（镇）”；建成省级 小康文化示范村1个，地级文明新村337个，村级文化大院190个。全市有一级文化馆2个，二级文化馆2个；一级文化站14个，二级文化站29个，三级文化站60个。建农村乡（镇）文化站198个，占乡（镇）总数的70%以上。全市城乡各级各类图书室400多个，农村“万村书库”阅览室230个，图书馆网络基本形成。全市公共图书馆藏书达到25万册，阅览坐席500个，年接待读者62万人次，创办信息期刊4种，年刊发量达到3200份，信息活页资料2万多份。通过多次文物普查，全市载于《全国文物分布图集·四川分册》的文物保护点1222处，其中，全国重点文物单位2处4点，省级重点文物保护单位12处。馆藏文物6万余件，经鉴定一级文物49件，二级文物221件，三级文物3810件。文物、博物单位11家，其中，川陕革命根据地博物馆是省级文化先进单位。全市电影公司的电影院有两家已达到国家甲级影院标准，已有40%的乡（镇）恢复了电影队。全市有703家文化经营单位，其中，歌舞厅 48 家，卡拉 OK 厅 87 家，音像制品放映厅 70 家，音像制品租赁店 107 家，音像制品发行 1 家，音像制品零售 35 家，书刊发行 4 家，书报刊销售、租赁 39 家，电子游戏室 50 家，音乐餐饮茶座 148 家，台球 33 家，艺术表演团体 11 个，其他游戏设施 70 家。在加强文化市场法制化、规范化管理的同时，出台政策培养扶持、繁荣文化市场，全市文化市场朝着健康、有序、规范的方向发展。

第一章　文　学

第一节　文学创作

境内的文学创作起于何时，无从稽考。川陕省苏维埃时期，诗歌语言进行革新，以民间口头语为主，加上红军俗言俚语的异彩，构成诗歌创作的大众化语言，通俗易懂，从此摆脱“之乎者也”的枷锁。诗歌形式和内容有所突破，创造出革命诗词歌谣《八月桂花遍地开》《送郎当红军》等数百首。中华人民共和国建立后，得到迅速发展。留存至今的诗歌，有文人、官宦创作的，也有民间创作的。民间创作的作者，以眼前的事物，用口头语，信口拈来，有比、赋、兴、韵，语言通俗、明快、活泼，意境广阔，听之有味。它道出民情民俗，深受人爱。1956 年，创作各类形式的作品 60 余万件。刚脱盲的农村姑娘陈光连自编自唱民歌百余首，在全省调演的赛诗会上夺魁，被省长李大章誉为“农民女诗人”。民间竹琴手杨子贞自编自唱的《钢花怒放》、少年文明扬收集整理演唱的《放牛娃儿盼红军》，获省政府授予的创作奖、表演奖。

1958 年，各地文化工作出现严重失误和偏差，主要是农村文化活动过多过快，占用不少劳动时间，加之命令主义、形式主义盛行，提出“大办文化”“大放文艺卫星”“人人写诗、人人创作”等口号搞群众运动，违反创作规律，脱离实际，妨碍生产力的发展。这种情况，1962 年得到纠正。

1963 年，巴中县川剧团易伟创作的反映红军革命斗争故事的川剧《巴河渡口》上演（后于 1965 年参加西南区汇演获奖），剧本由四川人民出版社出版发行，向全国推荐。1964 年，群众文艺创作进一步得到恢复和发展，恢复以县为单位的一年一度的春节群众文艺汇演。

1966 年，受“大四清”运动的影 响，大部分业余作者因作品遭受牵连，将他们“挂起来”，把在“小四清”中写的启发群众阶级觉悟、控诉地主阶级罪恶的戏剧、曲艺作品视为地主阶级“鸣冤叫屈”的罪证，甚至断章取义，将作品中的只言片语，或者将剧中的反面人物的言行，诬为作者的心声，罗织成罪，大批大斗。1967 年，极“左”路线发展到高潮，一些创作人员被造反派打成“黑帮”“三反分子”，戴高帽子游街示众，住学习班挨批斗，使业余创作组荡然无存，原有的创作作品大都付之一炬。

1977 年以后，各地相继恢复业余文艺创作组，培养文艺创作人员，举办戏剧、曲艺、故事创作学习班，狠批“江青反革命集团”的反动文艺观点，砸烂一切禁锢文艺发展的条条框框，让作者消除余悸，解除后顾之忧，大胆从事业余文艺创作，群众创作迎来第二个春天。1978 年 8 月，四川省农村群众文化工作会议在巴中召开。该县各区和重点公社均搞一台创作节目，共 200 余个，《黑猫与白猫》等节目得到省内外代表的赞赏。会上，除编好的《巴中文艺》外，还将本县创作作品增编成

《戏剧、曲艺、诗歌、音乐》集和《故事集》各1册赠给与会代表。

1980年后，各县先后成立“文艺创作办公室”，改变对作者出题目、划框框、定时间、定任务的方法，放手让作者写自己熟悉的题材。一批有影响的戏剧、曲艺、音乐、小说、诗歌、故事、话剧、快板等作品发表于报刊，播唱于广播电台，有的获得中央、省、地奖励。

1994年，通江县业余作者苟翠屏的诗歌《满庭芳·祖国颂 》获’94中国鲁迅文学奖；残疾青年蔡东平的《黄昏开在草莓》等3首诗歌获“艾青杯”全国当代文学艺术作品大赛优秀奖。通江县苟于芙的散文《老师，我多次对您说》获《人民文学》当代征文二等奖，作者被应邀去北京参加研讨会。平昌县召开全县文艺创作会，围绕“总结成绩谈感受，制定目标创精品”的主题，制定当前和今后一个时期的创作规划。平昌县双鹿乡王述成撰写的寓言集《老牛教子》由中国国际广播出版社出版发行。

1995年，通江县文化馆黄定中收集整理30首巴山情歌在《民间文学》上发表；曹昆撰写的诗歌《天空是道门坎》在《星星诗刊》发表；业余作者朱黎明的诗集《第一次情感》由成都人民出版社出版发行；平昌县业余作者李景唐的古诗词《仿八声甘州》获《人民文学》创作培训班90年代文学艺术新作大展优秀作品奖，后被贵州博雅苑文学陈列馆收藏。通江县业余作者岳茂松的散文集《不惑的季节》由成都出版社出版发行。王述成创作出版《画眉组团》《王述成寓言集》。平昌县唐思孝撰写的长篇人物传记《红军高级将领刘伯坚》由成都科技大学出版社出版发行；1996年，此传记荣获巴中地区“五个一工程”优秀奖。全区创作影视作品5个，其中巴中市财政局许明政创作8集电视连续剧《大路正朝阳》在中央台播出；南江县何文明创作的3集电视连续剧《时代变奏曲》在四川电视台和巴中地区电视台播出；巴中市文化馆李玉石撰写的报告文学《荣冠之路》，由《人民日报》社社长邵华泽题写书名出版发行。通江作家张中信创作的长篇系列小说《风流板板桥》由黑龙江人民出版社出版。

1999年，平昌县文化馆王绍军创作的《日历》《远方的朋友》在“春笋杯”全国诗歌散文大奖赛中获奖。中国作家协会会员、通江籍作家张中信诗选集《张中信诗选》由大众文艺出版社于2000年出版。

第二节　民间文学

一、传说

境内民间流传有“白莲教”“太平天国”“同志会”等历史传说；有春秋战国交替时期的鲁班、蜀汉猛将张飞、唐太子李贤、宋代民女赵琼瑶、清代名将张必禄等人物传说；有“文治寨”“琵琶滩”“酒店垭”“挖断垭”“米仓山”“空山坝”等地方风物传说；有“猫和老虎”等动物传说。此外，“喇嘛盗宝”“开莲花”等盗宝和争宝传说也相当普遍，从中可看出人们对地方风物的珍爱。这些以劳动人民为主体的人民群众的口头创作，通过广泛流传，不断地充实和完善，形成了为群众喜闻乐见的民间文学作品。现录2则：

（一）米仓山

米仓山是千里巴山的主脉之一。延绵几百里，为川北的天然屏障。关于“米仓山”这个名字的来历，还有一段美好的传说。很久很久以前，天下大旱，颗粒无收。川北一带的灾民纷纷逃往老林，挖根打野，用野菜野果充饥度日。一天，一个年轻小伙子正在找野食，突然树丛中跳出一只白兔。小伙子车身就撵，撵着撵着，来到了一个山洞。这洞四丈多高，十几丈宽，直通山里。洞内石人、石马、石龙、石虎千奇百怪，应有尽有。小伙子像进龙宫一般，早把兔子忘得一干二净，一双眼睛不够使。走进大厅，正中一座石仓，里面白花花的，照得他睁不开眼睛，小伙子捧一捧，哎呀，是一仓白花花的大米！他欢喜得跳起几尺高，一趟子跑出山洞，满山遍野地吼："乡亲们！我找到米仓了，快跟我来，去分米呀！"这一吼，远近的灾民往山洞涌来。小伙子一人一碗，刚刚分齐，米也就没有了。大家就在洞里支起锅罐，再添些野味，吃得又香又甜，心满意足。第二天早上，米仓又装满了米。就这样，灾民们在山洞里过一个秋冬的安稳日子。大家把这洞叫米仓洞，把这匹山叫米仓山。第二年开春，灾民们背上一碗米作盘缠，给米仓山叩了几个响头，就各自回家耕田种地去了。灾民中有一个好吃的懒汉，看到人们都走了，他暗暗高兴，这下，我一个人独霸米仓洞，一辈子吃不完用不尽；还可以把米卖了，有钱就有一切，享不完的荣华富贵。越想越美，懒汉简直欢喜得发狂。第二天早上起来一看，米仓空了，贴底面有一小碗米，仅够他吃一顿。他越想越气，拖了一把锄头，把米仓挖了一个大洞，满以为这下米就会像冒水一样流出来。然而等了几天，一颗米也没有，懒汉就饿死在这山洞里。

（二）空山坝

数千年前，有一条孽龙，在陕西境内兴风作浪，危害百姓。百姓怒气冲天，被上天察觉，玉帝便派遣二郎神下凡捕获。二郎神带上哮天犬来到勉县逮龙。无奈，孽龙所行之处皆一片汪洋，二郎神不便捉拿，一气之下，将身上所带皮囊解下，喝声"变"！眼前即现一小船。二郎神手执赶山鞭，跃上小船，威风凛凛向孽龙追去。孽龙见势不妙，急忙借水遁逃。二郎神穷追不舍。孽龙钻山跨洞，翻越巴山，来到了现在通江县的空山坝。眼看已无处藏身，二郎神狠狠一鞭打去，狡猾的孽龙乘机躲到了二郎神的船下，任随二郎神左摆右摇，紧藏船下不出。二郎神气极，大吼一声，执鞭对船一阵急戳，最后一鞭猛刺，将孽龙制住，但船身有数十小孔已漏水了，二郎神只得弃船牵着孽龙向灌县走去。走时，将帅旗、帅印忘在空山坝了。后来，水消船出，二郎神留下的脚印成了空山坝上现在的大小龙池；现在空山坝众多溶洞，是二郎神鞭所戳的孔；大洞乃二郎神最后猛力一鞭所插。空山坝下是空的，乃是当年孽龙钻空。今日之空山坝酷似船形，是因当年杨二郎之皮船变成的。船的北面有印盒寨，是二郎神当年自用之印，还有五面相旗子一样的山坡，乃二郎神当年的将军旗。现仍称之为将军五杆旗。

二、故事

境内民间故事流传较多的是民间童话、动物故事、生活故事、鬼怪故事、寓言和笑话。民间童话有《熊外婆》《金鸭子》《鸡姑姑》和关于《狐狸精》的故事等；动物故事中关于《老虎和猫》《猴子和兔子》《人和鸟》等方面的居多；生活故事中关于《蠢干儿子》《蠢媳妇》《巧姑娘》《长工和财主》《洛坪桥》《严颜墓里万年灯》《贪心人》等方面的居多，鬼怪故事如《牡丹灯》；笑话有《腰杆在脚背上》《幺姑告状》《瞎子谢席》《狗嘴里吐出象牙》等。此目录2则：

（一）严颜墓里万年灯

巴州城里有座严颜庙，严颜庙有座严颜墓。传说严颜墓里有盏万年灯，简直神得很呢！严颜死后已经有好几百年。巴州有个州官叫俞楼的，一心想发横财，不但活着的人要压榨，就是死的人，他也要搜刮。他认为严颜死后的殉葬品一定很多，便悄悄派人掘开了严颜墓，发现墓内有明灯一盏，灯油将尽，灯前有一块石碑，碑上刻着：俞楼俞楼，无冤 无仇。开我墓门，为灯添油。油填不满，罚你变牛。掘墓人赶忙报告俞楼。俞楼读了碑 文又惊又怕。他觉得唯一的办法，是将灯里油添满。于是忍痛将自己过去压榨活人、搜刮死人的赃物赃款，全部买油添进灯里去，可是灯里的油才不过巴底呢。俞楼担心将来变成牛，又千方敲诈，百计勒索，得来的银子堆成山，买成油还是把灯填不满。后来，他想一个主意，凡是到衙门里来打官司的，不分是非曲直，都要罚其为严颜墓里的万年灯添油。他总想把油添满，却总是填不满。巴州的盖世财主富百万与长工王老大到衙门打官司来。富百万雇王老大当长工的时候，说的帮工三年，给一头青牛。王老大满三年后，富百万却赖账，硬说讲的帮工三年，给一瓶清油。王老大不得不进巴州城来告状。富百万怕官司打输，先送俞楼五百两银子。俞楼在大堂上对富百万和王老大说："你们都去给严颜墓里那盏万年灯添油，谁添满了，谁就有道理，谁就是赢官司。"富百万听了非常高兴：我有百万家财，难道还不能添满这一油灯吗？明明是州官在卫向我啊！他要求先添，州官自然答应。谁知富百万把他的家财耗尽，还是没把灯油添满。轮到王老大去添油，他提起油壶往灯里倒，刚刚倒一半，那万年灯里的油就瀑出来。按说，王老大应该是赢官司，可俞楼又变卦。他睁起眼睛说瞎话，一口咬定灯里的油是富百万添满的。王老大怄气不过，在大堂上一头撞死。俞楼根本不管王老大的死活，他觉得只要灯里的油添满，自己就可以不变牛。哪晓得俞楼带上人正要去给严颜封墓门的时候，那块石碑上的字却变成："俞楼俞楼，无耻之尤。贪赃枉法，与我添油。一代为官，九代变牛。"俞楼看完碑文，"啊"的一声吓死在地上。

（二）刻在木板上的交代

川陕省苏维埃时期的1934年深秋，廖承志化名何柳华在川陕省总工会工作。一天深夜，风吹雨落，总工会的炊事员小李从梦中惊醒，忙去关窗子，见办公室那盏灯还在亮。他轻脚轻手走到窗前，原来何柳华同志还在全神贯注地在一张白纸上画着什么。小李踮起脚尖望去，啊！是一幅马克思像。只见他又将画像贴在一块木板上，用刀刻起来。刻着刻着，不小心一刀划在手上，鲜血顿时冒了出来。"哟！"小李叫出了声，何柳华才发现小炊事员正站在他身旁。他转过身问："有事吗？"

"看你画画。"

"为什么不叫？"

"你的手指头……"

何柳华忙用嘴咂了咂，却没有止住血。小李要送他去红军医院，他不让送。小李只好从老墙上扯下蜘蛛网，用土办法给他止住了血，并劝他早些休息。他说了声"谢谢"，接着又干了起来。他刻得太疲倦了就用凉水洗洗脸，终于刻好了一幅栩栩如生的马克思像。

这时，何柳华才发觉小李还在，便劝他赶快去休息，小李忽然想起什么似的问道："何同志，今天上午保卫局朱科长找你干啥？"

"有事嘛，你打听这些干什么？"

"我怕。"

"怕什么？"

"怕他们抓你进保卫局。"

"用不着怕。坐牢嘛，有什么了不起。荷兰人的牢我坐过，国民党的牢我也坐过，保卫局的牢我还想尝尝味道呢！"

何柳华说着不禁笑了起来。小李却禁不住流出了眼泪。他一边安慰小李，一边在已经刻好的木刻板上刷上油墨，铺上白纸，印了一张马克思像给小李说："留下作个纪念吧！"这时门外突然有人敲门："何柳华在吗？""在"。何柳华一边答应一边开门。原来是保卫局的朱科长又来了。朱科长目不转睛地盯着何柳华问："你的交代写好了吗？"

"没有。"

"为什么不写？"

"我不知道该怎么写？"

“我上午不是给你讲了吗？张国焘主席要你交代你和曾中生的关系。”

“我们不过是革命同志的关系。”“哼！这么深更半夜，你点起灯干什么？”

“在给马克思画像。”

“叫你写交代，你却躲在办公室画马克思像。”

“是不是还要我交代我和马克思的关系？”

……

不久，何柳华被张国焘下令秘密关押起来。后来在长征路上，被周恩来发现，经过多方设法，才将他营救出来。

这个深夜画像的故事，至今还在川陕革命根据地流传着。

三、神话

神话，可分斗争神话和解释神话。境内斗争神话以“斩巴蛇”为代表作；“斩巴蛇”说的是恩阳义阳山巴蛇修炼成精欲占红梅仙女为妻，并危害百姓而被蒲道官所斩的故事。解释神话，境内流传的众多，如“金童山的传说”“天河的传说”“月亮中的娑罗树传说”“马桑树的传说”“七星寨的传说”等，从中可见古代创造与发明的情景和天地万物富有趣味的解释。现录2则：

（一）七星寨和七颗石

离巴中县城百里的油榨沟一片肥沃的田园中，有一座风景秀丽的孤山，名叫“七星寨”，周围有七颗比楼房还大的巨石。这“七颗石”是从那里来的呢？相传在很早以前的一天早晨，天气晴朗，玉皇大帝的七个女儿在南天门闲游。忽然，七妹指着天外那云雾缭绕的孤山说：“来看罗，那地方像海中的小岛，又像南海普陀，多美哟！”众姐妹一看都说：“真美，比天上漂亮多了！”七妹说：“姐妹们，我们下去看看！”大姐劝阻：“不行啦！天规不可违呀”。“不怕，今天是蟠桃会，王母宴请群仙，父王要去作陪，我们快去快回！”七妹说完，拉着几位姐姐驾起祥云来到这座山上。这里山清水秀，鸟语花香，男耕女织，成双成对，哪像天宫那么寂寞。特别是那男男女女婉转缠绵的山歌，听得七姊妹如醉如迷。七妹按捺不住心中的欲火，忙说：“这里男男女女成双成对，多好呀！”众姐妹听了，脸一红，头一低，心里说：“这儿真好。”大姐忽然皱眉，心事重重地说：“今天我们在这里玩耍，那多事的土地会不会向父王禀告，如果父王晓得，我们怎么吃罪得起。”七妹说：“那才好呢，我就指望父王把我贬到凡间。”话刚说罢，忽然天昏地暗，飞沙走石，一队天兵天将，伫立云端，高声宣读玉皇圣指：“令七姐妹马上回宫”。原来玉帝宴毕，便听到南天门土地禀报七姐妹下凡的事，当即怒气冲冲，命将七姐妹押回天宫治罪。这时七姐妹一想：“人间比天上好，反正违犯了天规，干脆不回去。”一心要在这里安家落户，还要把这山景培植得更好一些。于是七姐妹一人种下一棵柏树，施起仙术，又寻来百花。也怪，这树栽下，见风就长，霎时耸立参天；这花，着土就开，一会儿满山奇香喷鼻。这时的七姐妹，好不优哉乐哉，在花间树下轻歌曼舞，非常惬意。天兵天将见七姐妹乐不思归，本欲按天规办理，又恐伤了王母的心，都佯做声势，不愿下手。这时来了毛脸雷公，他心狠手毒，见此情境，火冒三丈，啪啦一个炸雷，只见浓烟滚滚，火花喷天，七姊妹顿时成为七颗巨石，在山脚周围立着。后来人们称这里叫“七颗石”，山上七根柏树因为是七姐妹栽的，便叫这山为“七星寨”。

（二）金童山

通江县楼子庙隔河眺望，金童山有如一把依天长剑，耸立在壁立刀仞的峭崖上。远望金童山，它和那刀砍斧削的悬崖峭壁仅仅相隔一步之遥。登上峭岩，站在崖边一望，哟！两山相隔却有十余丈宽。所谓金童山，只不过是一尊拔地而起，直耸云霄的巨大石柱。石柱被云缠雾绕，高不可测。使人望而生畏。相传，很早很早以前，这石柱是和山崖连在一起的，这山也不叫金童山。这金童山是怎样来的呢？还是从两个远来的地仙说起。传说，在太白山住着两个专门看阴地的地仙，是师徒俩，一天，师徒俩商议南游各地名山，各自寻找将来埋葬自己仙骨的风水宝地。为了考考徒弟的真本事，师傅让徒弟先走几天，约定找到阴地之后，作好记号，再比一比谁找的是真正的龙脉。师徒二人跋山涉水，历经千辛万苦，总算不期而遇了。一问，师徒俩找的阴地都是在通江县楼子庙北面的高山上。师傅问徒弟是否作了记号？徒弟说："在山顶埋了一个麻钱。"师傅说："我在山顶插了一根银针。"师徒一起到山顶去看，银针正好插在麻钱的方孔之中。徒弟本想占据这块宝地，但在师傅面前又难于启齿。师徒推让一番之后，决定都不要这块龙脉，合力在此修一座真武庙。庙修到中途，钱粮耗尽，师徒俩正处在为难之际，一夜，师徒俩却做一个相同的梦：梦里一金童驾雾而来，含笑对他俩说：庙地的那座小山之上，石岩里有两口锅扣在一起，锅里有银子，叫他们去取出来将真武庙修建成功。第二天早晨，师徒俩一摆谈梦中之事，都觉奇怪，便爬上山峰去找。果然，一石岩内两锅相扣，装一锅银子。当他们拿第一锭银子时，山峰响一声，裂开一条缝；拿第二锭银子时，山峰又开一些；拿第三锭银子时，裂缝又增加两尺宽。师傅赶忙跳过裂缝，连声呼喊徒弟，不要拿银子。徒弟心想满眼是白花花的银子，不如再多拿几锭，就拼命往口袋里装。刚刚装满一口袋，只听一声霹雳，裂缝一下子宽几丈，那座山成了一座四面如刀削斧砍的石柱，徒弟再也无法过来，最后饿死在上面了。师傅认为这座孤峰是金童的化身，矗立山崖，守护庙宇，告诫人们莫存贪心，师傅所拿的银子也刚刚把真武庙修好。据说，在庙子盖瓦那天，因庙修在山顶，三面是绝壁，瓦匠惧其高而不敢上去，正在这时，忽然天生大雾，崖边云飞雾缠，遮住了悬崖深谷，为瓦匠壮了胆，人们说，这是金童显圣。庙修成后，香火兴旺，师傅住在庙中，为人采药治病，终其一生。

四、民间歌谣

境内流传的民间歌谣丰富多彩、语言生动、形象鲜明、形式活泼，表现的主题极为广泛，种类繁多。按其内容，可分为劳动歌谣、仪式歌谣（见民间习俗一节）、生活歌谣、时政歌谣、情歌、儿歌等类。苏区时期的红军歌谣也极丰富，表现了巴中人民想红军盼解放的深厚情感，歌唱了苏区人民火热的斗争和幸福生活。

（一）劳动歌谣

抬行报路号子：见前面有拐弯路时，前呼：前头之字拐，后应：前摆后不摆。见前面路上有陷坑，前呼：前头有个坑，后应：脚步要放轻。遇石板路上长青苔，前呼：青石板放光，后应：久走不上当。遇路上有抬丧人，前呼：天上起黑光，后应：地下有死丧。走上平坦大路时，前呼：宽敞大路，后应：甩开脚步。前面有坡路上行，前呼：抬头望，后应：把坡上。前面有陡坡上行，前呼：向前看，往上升，后应：说升就升，两脚一伸。开始爬陡坡时，前呼：陡上加陡，后应：越陡越好走。前面有下行的缓坡，前呼：洋洋坡，后应：慢慢梭。

拉石头号子（长声号子）：大石王、小石磴，我今劝你早出城；早早出城做啥子？早早出城讨封赠；大石封你千百岁，小石封你填坑坑。这一班兄弟真英雄，赛过前朝赵子龙；长坂坡前保幼主，万马营中称英雄。走得快，行得强，好比刘秀下南阳；姚期马武双救驾，二十八宿闹昆阳。上坡石王如牵牛，下坡石王如擦油；上坡石王难上难，好像担水救秧田；走在路上桶索断，上也难是下也难。我喊号子本不行，要在场中找匠人，一不找那杨宗保，二不搬那穆桂英；今天就找你一人，快把喉咙扫干净；愚下给你发号文，这一声喊了我就停！

吉利歌谣（行业专用劳动歌）解匠下锯歌：一张钢皮三尺九，尖尖齿儿两边走；能行直来能走弯，来来往往跑得欢；它给事主解大料，利市拿来好过关。石匠修墓碑歌：孔子曰，孟子云，孝弟廉洁与忠信；家儿女行孝道，树碑立传颂双亲；找玉石，请匠人，日夜奔忙不留停；父母养儿多辛苦，功劳美德赛古人；吉日良辰来树碑，玉佩千年颂英明。踩船歌：天翻翻，地翻翻，鲁班仙师下凡间；请你下凡无别事，来到河边造木船；造只木船宽又宽，新姑娘坐在船中间；自从今天渡过后，荣华富贵万万年！

（二）生活歌谣

货郎歌：说个子、道个子，上方来个货郎子，背上背个背篮子，手里拿个乒乓子，走进那屋朝门子，就把乒乓摇下子。出来一个美娘子，美娘子问货郎子："你背的有啥子？"货郎子指着背篮子："上擦货、下擦货，毛里钻，肉里过，脸对脸，嘴对嘴，胯里夹、脚上蹬，腰里插，周身摸"。"货郎子你货郎子，莫跟老娘讪谈子。上擦货，是啥子？下擦货，是啥子？毛里钻的是啥子？肉里过的是啥子？脸对脸的是啥子？嘴对嘴，是啥子？胯里夹，是啥子？脚上蹬，是啥子？腰里插，是啥子？周身摸，是啥子？今天要你讲下子！"美娘子来美娘子，上擦货，是绸子，下擦货，是缎子，毛里钻的是梳子，肉里过的耳环子，脸对脸的是镜子，嘴对嘴的烟锅子，胯里夹的裹肚子，脚上蹬的是鞋子，腰里插的是扇把子，周身摸的是纽子，货郎遇到美娘子，若不给她辩下子，还要挨两个耳巴子。

（三）时政歌谣

20世纪50年代找丈夫：头军官、二区干，小学教师我看都不得看，农民哥儿硬是不得干！

开后门：头等人送上门，二等人走后门，三等人人托人，四等人凭本本，五等人搞不成！

关键关系好：文凭是个宝，年龄不可少，德才领导定，关键关系好。

一张小报看半天：一杯茶，一杆烟，一张小报看半天！

联户联了心：包产到了户，家家有"干部"，联户联了心，"包"字出黄金。

看的给干的提意见：干的干，看的看，看的给干的提意见。提了意见还不算，开动脑筋搞诬陷。

政策就数这几年好：政策就数这几年好，吃的就数这几年饱，人心就数这几年顺，产量就数这几年高，干劲就数这几年大，生活就数这几年好！

老头子是罪人：媳妇是客人，儿子是主人，孙子是先人，老太婆是佣人，老头子是罪人！

（四）爱情歌谣

高山高岭莫离风，庵堂寺庙莫离钟，唱歌离不得贤妹妹，后园韭菜离不得葱。男：河里涨水沙浪沙，妹过跳蹬儿眼发花，你是哪家小大姐，要不要我来把你拉？女：对门哥哥莫来拉，我是蜜蜂扑过的花，我已开花结过果，莫要在我身上想办法！郎是蜜蜂飞上天，姐是蛛丝网屋檐，蜜蜂扑在蛛丝上，郎要高飞姐要缠。清早起来去上坡，露水荞儿笑呵呵；我问荞儿笑啥子？就笑昨晚你两个，玩死荞兄和荞妹，整得荞家不安乐！贤妹长得身良筋筋，抱在怀里不忍心，叫声情哥儿你放心，房儿虽小堂口深，戥子虽小合天平，秤砣虽小压千斤！头次交情不寻常，郎嫌夜短妹嫌长，锦被盖郎郎盖妹，花毡乘妹妹乘郎。人上重人天覆地，肉中有肉阴包阳。将军不下龙泉水，岂肯休兵罢战场。陪郎玩耍五更天，怀抱小郎把气叹；闰年闰月样样有，为何不闰五更天！

（五）儿童歌谣

张打铁，李打铁，打把剪儿送姐姐，姐姐留我歇，我不歇，我要回去打毛铁，毛铁打了二斤半，又吃包子又吃面。对门有个李二黑，前晚就在桥下歇，遇着螃蟹不格外，把他耳朵咬个缺。大月亮，二月亮，哥哥起来学木匠，嫂嫂起来蒸糯米，娃儿闻见糯米香，打起锣鼓接姑娘，姑娘高，耍尖刀，姑娘矮，耍螃蟹，螃蟹到了屋，姑娘还在河里哭，螃蟹上了坡，姑娘还在河里摸。小蛙蛙，爱唱歌，新歌少来老歌多；而今新歌唱四化，不要老是咯咯咯。

第二章　艺　术

第一节　音　乐

一、民间乐器

境内民间乐器自民国起，凡冠、婚、丧、祭皆用锣、鼓、钵、马锣等中型乐器，俗称大响器。其乐谱有《麻雀闹林》《长二剪刀架》《品锣》《牛擦搔》等数十种，其艺术高低之比较，俗有“锣打寓子班”之说。如遇两套锣鼓以上到堆则比赛打技，首先是比谁的锣谱多，俗叫“斗谱子”。吹唢呐的则轮换其中，打包包锣的响声落在唢呐的休止拍节上，俗叫“打包包锣要显个点儿”。寺庙课诵、跳坛、扶战等古俗活动，除动大响器外，还使用铛铰、钗子、引罄、木鱼、板、大鼓（俗称边鼓）、罄等打击乐，俗称小响器。锣牌有《课课子》《剪刀架》《风入松》《宰头风入松》《风点头》《龙虎斗》《猫儿跳墙》《上天梯》《慢七锤》等40多种。文武坛有使用川剧高腔戏的锣牌名，但打法有变化，文坛吹海螺破狱以招魂，武坛吹弯牛角出兵以捉鬼。昔乡俚谚说武坛：“吹的弯弯角，打的吊吊锣，一黑就架势（开始），天亮才煞角（结束）。”

竹铎（竹梆）、木铎（木梆）这种打击乐，民国及清曾用作私塾学 校早、午、晚放学的信号。后改为铜钵，有祀孔联云：“二水合川流，烟波起，客船来，随地清风成妙景；百般沾孔教，木铎高师表大，漫天新月泛崇光”。竹（木）铎这种打击乐在通江、南江种包谷老林地带，用以驱吓猴子、黑娃子（黑熊）。是山农夜间出坡的随身之物。其制作方法是：在一节大竹筒上开一长方形小孔，两节上穿孔系绳；木铎亦以泡桐木如样凿成，俗称竹梆梆、木梆梆，用两根槌可以打出各种谱子，即无谱亦可打出抑、扬、顿、挫的节奏来。从前民间还流传 过撵野兽的《竹梆梆舞》。人民公社集体生产时，出工、歇气（短时间休息）、收工及召集开会也多用此作信号。

“云板”，这种打击乐，用生铁铸成，击则镗镗发声，寺庙丛林作僧家早、午、晚饭食信号钟，以生铁铸成。明、清间，县内各寺庙皆有如县城钟鼓楼的钟，约重七八百斤，现存文物管理所。通江县包台山寺庙的钟被万源人捣下山铸了铧，后给通江赔款，其他各寺的钟，均毁于互助合作时期。寺庙里放钟击鼓的时间，大原则是按暮鼓晨钟进行的。蒲陈风在永乐寺的题壁诗有“晨钟呼古刹，暮鼓锁清秋”句。夜深人静时，寺庙和尚放钟作警，如圆峰台有谚：“圆峰台放钟，鬼都害怕。”

鼓，是古老的击乐。清及民初，县衙门外有大鼓，名叫“堂鼓”。如有急事求见县官，夜则闻鼓开门、听禀。钟鼓楼亦置大鼓报更，以代钟。寺庙均有大鼓，高三尺许，直径略小于高。置于木架上，暮鼓一通，二三十里地可闻。巴中民间最为普遍的鼓要数“脚盆鼓”。从前，几乎家家备有，用来驱逐野兽和天狗吞日、月。

竹筒号，以无节竹筒相接五至六筒，口吹处削一斜口，吹则声音宏大，远山隔岸可闻。苏维埃时期，各关津隘口，红军布置的岗哨，均有竹筒号，一处遇有敌情鼓吹，他处接连吹奏，百里皆闻，以示敌情。通江县、南江县包谷山上，后来仿此看包谷，驱逐猴、熊。梱子，用二寸许的小竹管做成，下留一节，上削斜口，自空筒半破，夹以竹叶或茅草叶，含在口中，能吹出高昂低沉的声音，很动听。今各地均有吹椙子的能手。

民间乐器还有笛、箫、月琴，特别是月琴，一些盲人摸相、算命先生在民间算命，常用月琴招揽顾客上门。民国后期，抗日期间，中、小学组织抗日剧团，用锣鼓、钱架子等乡土乐器宣传抗日救亡工作，进行募捐钱粮，支援前线和灾区。

二、民间歌曲

苏区歌谣 1933 年年初—1935 年 3 月，县、区、乡苏维埃设立俱乐部，开展丰富多彩的文化活动。其中尤以演唱的歌曲及民歌、民谣最突出，内容丰富多彩、朴实新颖，语言通俗、形象生动、形式多样而优美，流传至民间甚广。一部分为苏区社会文化机关专业文艺工作者所创作，其余均系苏区人民信口抒怀而成。人民群众口头创作歌谣形式是采用历代流行于大巴山的传统曲调，填上具有革命内容的新词。运用传统曲调填词最多的有：《十二月调》《孟姜女调》《苏武牧羊调》《仿祝英台调》《泗洲调》《打牙牌调》《哭长城调》及四句《竹枝调》等。歌曲创作数量多，谱成曲调的有：《少年先锋队歌》《红军三大任务歌》《消灭刘湘歌》《八月桂花遍地开》《红军纪律歌》《当兵就要当红军》《识字歌》《青年士兵歌》等；歌词较为著名的有：《妇女歌》《工农兵拥护苏维埃》《川北穷人翻身歌》《戒烟歌》等。以上均为苏区专业文艺工作者所创作。民歌是川陕苏区人民群众的口头文学创作，采用大巴山区流行的秧歌、山歌、背二歌、船家号子、情歌、金钱板、莲花闹、莲宵等歌调的传统格式，有七言四句竹枝格短歌，有七言长歌。

薅秧歌 薅秧歌指薅秧时，每人右手拄一根竹棒，用脚在秧田里薅秧时演唱，多为一人领唱，众人齐声帮合。巴中薅秧歌曲牌唱腔品种极多，内容广泛。如领唱：大田薅秧先薅角啊！洋活哟呢！接声：哟呵阿洋话呢！其音调各地不同，内容可随意编造。此薅秧歌，在农村集体生产时盛行，以后逐年减少。特别是 20 世纪末期及以后，因男劳动力外出务工，薅秧歌自行绝迹。

民俗仪式歌 民俗仪式歌，指在民俗仪式中演唱的民歌，如婚嫁习俗演唱的哭嫁歌、坐歌堂；丧葬习俗演唱的孝歌、祭奠歌；烧香拜佛演唱的佛歌；天干请雨唱的请雨仪式歌等等。中华人民共和国成立后，哭嫁歌、坐堂歌、烧香拜佛歌、请雨仪式歌一律废止。祭奠歌于 20 世纪 50 年代废止，80 年代恢复，90 年代后盛行。凡老人死后，孝子均要举行“对灵三献”或“大行三献”，恭请“礼生”编唱“祭奠歌”（分堂祭、客祭、家祭三种）。唱腔凄凉，催人泪下。唱“家奠歌”前，先“对灵三献”（献“三牲酒醴”），每一献都要歌“蓼莪诗”“南垓诗”“孝词”“輓诗”的各一段，共三段，“三献”毕诗歌完；接着是“奠茶歌”（长孙奠茶礼）。以上统称“歌诗”，一人领唱，众人合唱，除蓼莪、南垓诗由领唱者唱一遍，重礼生重复一遍外，歌其余诗时，重礼生只接声唱个“衰哟衰！”就行了。如领唱：王祥为母卧寒冰哟！接声“衰哟衰”！歌以上诗歌均在夜深人静时，首首悲歌加深了对死者的怀念。

巴中背二歌 《巴山背二歌》，是指从事长途背运的人在背运途中打杆歇气时唱的歌。往往是一人领唱众人合，或者众人齐唱。有歌颂勤劳勇敢的背二歌、有反映劳苦艰辛的背二歌、有吟唱背运工具的背二歌、有吟唱劳动服装的背二歌、有反映背二哥们为消除疲劳而唱茅山歌（情歌）的背二歌等等。“巴山背二歌”的调式全都是民族五声调式中的徵调式；其曲式结构大多为上下两个乐句的单段体；其唱腔高亢悠扬，结束时有长气短叹的一声甩腔——“耶——嘿”。20 世纪 70 年代后，因交通发达，运输工具的现代化取代了人力长途背运。《巴山背二歌》舞蹈于 2006 年 5 月 20 日被公布为全国第一批国家级非物质文化遗产。

山歌 巴中山歌又称茅山歌，起源于明代，是劳动人民创造的并自发式传承的民间文学。巴中山歌，种类繁多，其中流传最广的有《月儿落西下》和《十里坪》。这两首山歌是古代爱情歌，讲述了两个封建时代敢于冲破封建礼教禁区，追求忠贞不渝的爱情，为真爱而献身的感人故事。其中《月儿落西下》由8部分组成，包括序、进五香、十绣、十写、十劝、十送、十许和十二月，其内容有想郎、望郎、待郎、恋郎、怨郎、劝郎、送郎、以身许郎直到姑娘相思而亡。全诗684行，表现手法多为赋、比、兴。比喻新奇，想象丰富，对仗工整，颇具文学韵味。上下两个乐句反复咏唱，音乐旋律优美、流畅，贴近生活。在悠扬婉转、深情哀怨的唱腔中，娓娓道来，感人至深。这两部山歌的歌词部分，1950年前，有极少木刻板本或手抄本流转于民间。1950年后，被视为"黄色淫秽"的各种版本几尽绝迹。市内仅有少量手抄本流传，传唱者亦不多见。

薅草锣鼓 又名《撵草歌》或《锣鼓草》，在薅草时打唱。歌唱内容丰富，从"鸡鸣看天"到"傍晚投宿"都有歌可唱。除褒贬薅草质量、消除劳动疲劳的内容外，还牵涉到人间爱情、上天神界方面的内容。演唱有传统的程式，与民间宗教、道教、傩祭都有十分密切的关系。巴州志有"康熙雍正年间，巴州人春田插秧，选歌郎二人，击鼓鸣钲于陇上，曼声而歌，更唱迭合，丽丽可听，使耕者忘其疲，以齐功力"之记载。汉高祖命名的"巴渝舞"巴州志记为"渝儿舞"，是秦汉时流传于巴（巴水、通江河）渝（渝水、南江河）地区的民间歌舞，与米仓山流传的薅草锣鼓关系密切。在巴中米仓山一带流行的薅草锣鼓牌子还有《散板》《慢赶牛》《慢赶羊》《学家子》《七字头》《五字头》《十字头》等。

三、各类赛事

1994年，巴中地区文体局为落实"蒲公英计划"，筹措资金举办全区首届"美声杯"少儿钢琴比赛。南江县举行为期3天的全县性器乐、歌舞大奖赛。

1996年，地区文体局与地区广播电视局、什邡卷烟厂联合举办'96巴中地区"梅花王杯"佛兰歌手大奖赛。巴中市（县级）在"五四"、"六一"期间分别举行了有150人参加的"中南杯卡拉OK青年歌手大赛"。

1997年，创作的歌曲《不朽的雕塑》《山妹子的喔喝》在参加全省交警总队"十周年回顾"文艺调演和四川省"人口、家庭、生活"文艺调演中均获二等奖。

1998年，南江县歌手代表四川省参加西南六省（市、区）优秀歌手电视大赛获三等奖。巴中市举办庆祝撤县设市5周年卡拉OK歌手大奖赛。通江县举办了有11个代表队、100余名歌手参加的"国土杯"党旗颂歌咏赛。同时，推荐了7首少儿歌曲参加全省少儿歌曲征集活动，通江县文化馆创作的歌曲获三等奖。南江县文化馆何文明创作的电视剧《警钟长鸣》获国家公安部嘉奖，《巴山妹子》获全省电视短剧创作二等奖。

1999年，平昌县文体局与县委办、县政府办、组织部、宣传部联合举办局级以上单位机关干部卡拉OK大赛，参赛单位43个，歌手300名，演唱歌曲86首，有20个单位和30名歌手获得奖励。

2000年，南江县声乐节目《喊山》参加全省新人新作声乐大赛获三等奖。巴州区魏传灵创作的歌曲《巴山汉》在《乐苑》上发表。平昌县文化馆吴崇贵创作的歌曲《明月伴我回三峡》《山乡雨》《什么是祖国》《春潮》分别发表在《盛世劲歌》《新时期原创歌曲选》《音乐周报》《音乐生活》上。南江县创作的音乐作品《桔乡小姑娘》《家》在四川音乐杂志上发表；由张庭略作词、余义奎作曲、蒋红英演唱的中央电视台春节特别节目《巴山欢歌》的片头、片尾歌曲《请到巴山走一走》，被中国电影行业协会评为第一名，并获得第二届中国农业电影电视"神农杯"银奖。

第二节　舞　蹈

一、传统舞蹈

俞儿舞（巴渝舞）　俞儿舞（巴渝舞）是秦汉时在巴（古巴水，通江河）渝（古渝水，南江河）地区广泛流传的狩猎歌舞，属于祭祀歌舞。当时的巴渝地区以狩猎为生，集体进山打猎之前均要祭礼山神、猎神，头戴面具，手执猎器起舞。其面具为各类动物头像（黄金四目），它源于古代的头祭。打猎胜利归来时也要祭祀猎神，庆贺胜利。巴山的猎神为梅山菩萨，至今仍为巴山猎人顶敬。打猎的过程中有“击鼓撵山”、“吆喝坐交”，均为“俞儿舞”的表演内容。吆喝时发出的声音信号一般人听不懂，就是今天在南江光雾山猎人打猎发出的声音信号，一般人也是听不懂的，只有他们狩猎队员和猎狗才懂其含意。其歌词为巴渝地区古老的狩猎专用的诀木歌。据《巴州志》记载，俞儿歌舞在唐代时期，巴山民间均还普遍流传。

龙舞　龙舞是巴中最流行的一种道具舞蹈，种类繁多。如“小金龙”“两坛彩龙”“蠕龙”“墨龙”“水龙”“桃子龙”“板凳龙”“肉龙”“扁担龙”“耍香宝”等。“水龙”是开展求雨活动时所要的龙，龙身用耐旱植物的枝条或稻草编扎而成，又有“黄荆龙”“草龙”之称；“火龙”因其舞动时伴以放鞭炮、嘘火花等活动和龙的各节内部燃有龙灯捻子，龙体透亮似灯而得名，亦称“龙灯”。

狮灯舞　境内狮灯舞在清初兴起，至民国，每年习尚普遍演舞狮灯取乐。人口集中的场镇都举办狮灯舞。中华人民共和国成立后，每年农历正月初一至初三、十二至十五表演于街头、广场、农村院坝，表演威武雄壮，杂技性强。表演人数 4 人，2 人耍狮子，1 人扮笑和尚，1 人扮猴子。音乐主要用打击乐，采用川剧锣鼓中的包包锣、钵、马锣。锣鼓曲牌：壮丑娄丑。基本动作：耍狮者在笑和尚、扮猴人的逗引下，作攀跳桌子、板凳等杂技性动作。有九连环、盗桃，七星车车楼、五岳朝天等多种耍技。服装、道具：狮子用麻布制作、彩绘于上。扮笑和尚者脸戴面具，手持拂尘，扮猴者化妆成猴子相。1978—2000 年，每年正月初一、十五不少地方都用此舞助兴。

打钱架　打钱架又名打莲箫，是 20 世纪 50 年代农村、场镇流行广泛的表演性民间舞蹈。表演时间是农历正月初一至初三、十二至十五。属队列表演，表演于行进之中，表演地点一般在大街上。动作欢快、跳跃、节奏性强。表演人数不等，大多在 10 人以上。音乐：柳连柳基本动作：右手拿钱棍，前弯腰，用钱棍两端各打地一次，一次一拍，先跨左 脚，后跨右脚，一步一拍；打手左右两次，一次一拍，脚更替前行，一步一拍；钱棍 打左、右；肩各一次，一次一拍，脚前行，一步一拍钱棍打左脚一次（左脚微抬），打右脚一次（右脚后勾），脚原地跳，一次一拍。服装、道具：表演者身穿对襟衣服，拴一红绸腰带，头扎毛巾，手持竹约一公尺长，串十余枚麻钱，竹梢头用彩线吊须。六七十年代少见，八九十年代渐有。

花船　花船是境内场镇流行的表演性舞蹈，又叫幺妹拜年，农历正月初一至初五白天，表演于街巷、广场、门前。表演气氛热烈欢快。表演人数 6 人。幺妹立于船中，抬船者 4 人（女），抬一只角，船家一人（男）在船前手持船桨。音乐：唱小调“柳连柳”。船家领唱，众人帮合。基本动作：幺妹随唱腔节奏手提船前后摆动，船家 1 人在船后随唱腔节奏作划桨动作。服装、道具：幺妹戴墨镜，穿彩衣彩裤，化剧装。船家与川剧船家装束相同，抬船的 4 人衣服无统一规定。花船用竹子扎、纸糊、彩绘、红绸绑缠。

肉莲花　肉莲花是建国前农村一些讨口乞食者在院坝、门前表演的一种说唱艺术。乞食者口唱，手掌按节奏击全身几个部位，脚不动。表演者1人。音乐：《柳连柳》等小调。动作有击掌。双手在胸前击掌一次，一小节；击头。左右掌分别击前额一次，各一小节；击双肩。左手击右肩一次，右手击左肩一次，各一小节；击肋。手臂以外向胸拍击，左右膀各击一次，一次一小节；击腿。左手击左腿外 侧一次，右手击右腿外侧一次，各一小节。服装：赤上半身。

社火　社火，人称“闹社火”。表示新年红火之意，寓吉利于其中 。常见的有高脚、地台、旱船等同时表演。高脚又名“高跷”，是用一副带有踏板的木棍（或竹）缚紧在表演者的腿部而成，有技艺者可任意舞蹈，滚翻跟斗，或扮成古戏中人物游行。地台又叫“地台子”，是在一张大方桌上扮一台戏，拉开势口，抬着游街。旱船又叫“采莲船”，也有人叫它“幺妹船”，由两人表演。用彩色纸、绸、绫等扎一画舫（有拱顶的游船），饰以各色瓔珞，一人扮幺妹居中仓，操纵彩船，另一人扮艄公，握桨在船外。艄公极尽风趣的表演各种操船舞姿，向幺妹逗趣，幺妹控制采船作相应表演，艄公还领唱小调，幺妹不做声由护船人伴唱。

烟火架　烟火架这种娱乐形式，古人称“药法傀儡”，借火药燃烧冲动，人物随火花而出，多数地方在正月十五倒灯之夜进行。工艺较为复杂，在未放前看上去是团圆形纸罩，以倒置的谷箩，悬挂在高楼的爪角上，待天已黑定，由地方有声望的长者点火开放，只见一阵鞭炮响后，一只纸花放完，即掉下一物，待细细观赏后，又是一层坠下，如此层出不穷，目不暇接。境内烟火架的内容，多是“旱八仙”“水八仙”（又叫“水八怪”）。

翻山铰子

翻山铰子舞　翻山铰子舞，形成于晚清巴州龙岗乡一带，最初是地方巫师愉悦鬼神的法器和动作。每当人们逢灾遇病时，就宴请巫师去看“铰子”，用各种优美而风趣的动作来娱鬼悦神，使之达到驱邪避难的目的。直到新中国诞生后，才逐渐变娱鬼神为悦人。1978年后，由乡文化站组织共建起9个“翻山铰子”礼仪服务队，并将《铰子舞》列为本乡中、小学艺术教育内容之一。每年节假日都要举办以“铰子舞”为内容的文艺演出比赛活动，从而使《翻山铰子》得到空前的发展。1986年，时任中央军委秘书长的杨尚昆到平昌县为“刘伯坚纪念碑”落成剪彩时，看了《翻山铰子》舞表演后，称此舞是“巴山深处的一块艺术瑰宝”，并亲切接见参加表演的部分民间艺人和演员。1992年，达县地区将“铰子舞”送亲素材以“山里人的婚礼”为剧情片断摄入了电视剧《巴山风情》。1995年，平昌县龙岗乡“翻山铰子舞蹈团”赴县慰问演出，每到一处，前呼后拥，赞不绝口。1996年，龙岗举办全乡“翻山铰子舞”汇演，接受了四川电视台等艺术家的实地访录，并在川台的《生活导向》栏目中播出。巴中地区开展建区3周年庆祝活动时，乡政府指派《翻山铰子》舞蹈教师协助导排的舞蹈《翻山铰子》，受到中央、省、地领导及各界人士的高度评价和赞扬。四川电视台将此节目在1998年四川春节联欢晚会上隆重推出，并在中央台播出。由此，龙岗“翻山铰子舞之乡”的美名不胫而走。

二、现代舞蹈

20世纪50年代初，人民群众欢庆解放，扭秧歌、打腰鼓在城乡流行，并以歌曲配舞。1954年后，各地整理新编舞蹈、民间音乐舞蹈都有新成果。先后参加省、地文艺汇演，有的获奖。80年代，群众文艺调演异彩纷呈。1985年1月，全省开展集体舞蹈表演比赛，达县地区代表队演出的由巴中整理的苏区民歌《红军来了不受穷》获得好评。少儿歌舞活动十分活跃。交谊舞、迪斯科舞盛行。

各地相继办起舞厅。机关、厂矿周末舞会活跃，多次举行迪斯科比赛。

1995年，地区群众艺术馆在巴中市（县级）青少年宫、四完小举办4期少儿舞蹈培训班，共培训少儿150人。

1997年，创作的舞蹈《花儿开了》《包谷娃娃》参加全省第二届中小学文艺汇演分别获一、二等奖。

1998年，巴中市（县级）创作演出的儿童舞蹈《包谷娃娃》、平昌县创作演出的民间舞蹈《翻山铰子》参加省电视台98春节联欢晚会演出，中央电视台进行实况转播。

2000年1月11—18日，配合中央电视七台赴巴拍摄春节特别节目《巴山欢歌》，组织全地区创作演出《请到巴山走一走》《银耳花花》《翻山铰子》《包谷娃娃》《路魂》《巴山风》《文明新村春意浓》等声乐、舞蹈、曲艺节目和龙灯、狮舞、唢呐、高跷、腰鼓、秧歌、川剧座唱等民间艺术表演节目参加拍摄。该专题片在2000年春节期间多次在中央电视台七套、二套节目中播出，提高巴中市的知名度，展示巴中市的文化艺术水平。联合举办市级机关迎新春联欢晚会。为全市乡镇领导干部大会举行专场文艺晚会。通江县创作的舞蹈《红云崖情思》、南江县创作的《矿工情》参加全省舞蹈新作大赛均获创作、演出三等奖。

第三节 戏 剧

一、川剧

戏班 巴中人素来喜欢川戏。尤其是民国及以前，不少名人学者、显宦乡绅，都能哼上几句。来了名角名班，固然足以使人流连忘返。由于巴中人对川戏的兴趣极浓，交通却又不便，外来戏班极少，于是境内自办的戏班就应运而生。自清末到民国38年（1949年）外来戏班不多，而各县乡场此起彼伏先后开办的川戏班竟达几十个。通江县先后办起兴隆班、五福祥班、恒春班、秦和班、得胜一班、得胜二班等。还组建有新生俱乐部、铁佛农民川剧团、少兴园、毛浴玩友班、涪阳老郎会、大同社、翠丰社、围鼓班等。南江县先后有佛东升戏班、大河同乐园、大河李克仁班、沙河合浦园、正直张常卿班、沙溪场刘才仕班、长赤熊启荣班、神潭醒群音乐社、八庙张晓康班等。

剧团 1950年以后，各县人民委员会号召川剧艺人、票友、玩友以及单位川剧爱好者组织起来，筹建川剧改进社，并指派人员担任川剧改进社领导工作。1953年，各县相继将川剧改进社更名为川剧团。1971年，军管部队派员入团，撤销川剧团，组建毛泽东思想文艺宣传队。1978年10月后，各县陆续恢复县川剧团。1994年，按照省委、省政府对专业川剧团考评定级的有关要求，将巴中市川剧团定为巴中地区专业剧团考评定级的试点剧团，并按专业剧团考评定级的标准，对该团认真考评，将其评定为省地重点剧团——二级甲等剧团。该团为解决川剧艺术后继乏人的问题，在全区范围内选送30名学生到省川剧学校培训。1994年1月1日至5日，通江县川剧团创作的《颁奖之后》，代表巴中地区参加在达川地区举行的四川省第五届戏剧小品比赛，获二个奖项。1995年，全区共创作戏剧、小品30余个。是年11月16日—20日，通江县川剧团创作的《教师变奏曲》和巴中市川剧团创作的《四舍五入》《灯谜》小品，代表巴中地区在泸州参加四川省第六届戏剧小品比赛，共获9个奖项。巴中市川剧团黄绪仁创作的方言小品《夫妻打饼》在四川省《戏剧家》杂志上发表；创作的方言小品《四舍五入》和张学焕创作的戏剧小品《灯谜》录像带被省文化厅推荐参加全国小品比赛。在庆祝巴中地区建区两周年期间，举办了全区“金穗杯”首届戏剧小品赛。参赛的有四县（市）代表队、67名演职人员，共演出两台、13个剧目，新创剧目占90%。1997年，巴中市（县级）川剧团共演出127场，服务观众1097万人次，其中下乡演出75场，服务观众8.1万人次；营业性演出84场，非营业性演出43场。该团专业和业余作者创作出《说话算话》《过年》《红管家》《小女人》《法不容情》《三喜临门》《车在旅途》《山口站》8个小品，经审查后确定《红管家》《说话算话》《过年》付排。《说话算话》参加第八届四川省戏剧小品（五粮液杯）比赛，获演出二等奖，演员二等奖。《过年》参加地区文艺演出，获一等奖。1998年，巴中市（县级）川剧团创作演出的戏剧小品《城里来的保姆》代表地区参加四川省第九届戏剧小品赛，荣获编剧、导演、演出等4个二等奖。南江县创作演出的小品《签字》参加省电力工业系统职工文艺汇演获一等奖。1999年6月24日，“峨眉竹叶青杯”第十届四川省戏剧小品比赛结果，巴中市（县级）川剧团创演的《母子情》获演出二等奖、编剧二等奖（杨志庆）、演员二等奖（彭承仪）。

二、新剧

新剧团 1933年春，以红四方面军总政治部13个宣传队为基础，成立“篮衫剧团”，主要上演新歌剧、新话剧。同时组建了川陕省委新剧团，由省委宣传部直接领导；剧团设旧戏股，专演川戏；设新戏股，专演话剧。是年9月，篮衫剧团与省委新剧团合并，成立川陕省苏维埃工农剧团（简称工农剧团），直属川陕省委宣传部领导，共有演员70多人。1934年2月，红四方面军总医院从鹦歌嘴迁王坪后，总医院宣传科组建了总医院新剧团，共有演员50余人，共分两个女演员班、一个男演员班；主要任务是到各分医院为伤员巡回演出。1934年9月下旬，工农剧团赴各军巡回演出，人员不够使用，红四方面总政治部从各军宣传部门抽调一批战士到剧团，将工农剧团分编为四个团。各团仍按班排编制，其中女战士占大多数，还有十多个十四岁以下的小战士随团抚养。工农剧团下设话剧股、跳舞股、音乐股、道具股、化装股。各团编制大致相同，均相当于一个连，三个分剧团合并起来相当于一个营的编制。

演出活动 川陕省苏维埃时期（1932年12月—1935年3月），境内设立的新剧团，主要上演新歌剧、新话剧、新川剧等剧种。其中蓝衫剧团在反“三路围攻”战争开始后，剧团宣传工作中心由宣传戒烟转向宣传扩大红军，以阶级教育动员广大劳苦群众支前和参军。剧团上演《送郎当红军》《扩红谣》《十劝夫》《打柴》等歌剧；《打土豪》《参加红军去》《活捉田颂尧》等话剧；《农民舞》《海军舞》《儿童舞》《乌克兰舞》等舞蹈；《庆祝川陕省苏维埃》《反动吵嘴》等活报剧。工农剧团在根据地后方的中心任务是宣传扩红、支前和妇女解放，在阵地对白军宣传揭露反动军官压迫士兵。白天，工农剧团利用战斗间隙在工事里为红军战士作慰问演出，夜晚在阵地前沿演唱《范哈儿的末日》《劝夫回头》《跑反》等节目。剧团编导且将《明月之夜》《葡萄仙子》《小朋友》等舞蹈曲子填上新词使节目形式多样。省委新剧团旧戏股专门上演传统戏，如《陈世美不认前妻》《赵匡胤千里送金娘》。配合政治宣传，编演了时装戏《刘湘投江》。新剧团为配合各个阶段政治宣传和反映川陕苏区军事斗争，创作和演出歌曲《拉把胡琴白军听》《消灭刘湘歌》，话剧《红旗飘飘》《毛毛雨》《送郎参军》《打倒土豪劣绅》《半升米》等。省医院亲团演出多以歌舞节目《八月桂花遍地开》、歌剧《十劝夫》《送郎当红军》；川剧有《刘湘投江》，唱腔靠箫、笛、二胡、风琴伴奏，颇受伤病员欢迎。

三、民间戏曲

民间戏曲是民间戏剧、曲艺的简称。民间戏剧是地方小戏，从剧种、剧目、唱腔、表演到服装、伴奏，都有各自的独特风格，带有浓郁的乡土风味和艺术感染力。巴中曲艺起源较早，演唱“海棠花”“采莲曲”“柳连柳”“金钱板”“莲花落”、幻灯花鼓、弹戏杂技等。民国时期，巴中从事曲艺演唱的大多是流散艺人，靠卖艺为生。中华人民共和国建立后，党和政府重视群众曲艺工作，视为寓教于乐的文艺轻骑兵。各县文化馆把艺人组织起来，整理传统曲目，编写新曲，供艺人演唱。

（一）玩友

“玩友”即“玩耍之友”，是民间业余戏曲爱好者“以戏会友”，“以乐（曲）会友”，研习戏曲艺术，或“过戏瘾”借以自娱，而不以演戏为职业的一种群众文艺组织。永生社是巴中县组建最早的玩友班社。清道光二十年（1840年），巴州西城孙立品等十余人，于严公庙孙家茶栈建社，借鼓乐清唱以招徕茶客。同治年间他教会其子献之，嗣后献之又传艺于儿子和他人。“永生社”活动70余年，是该县民间开展戏曲活动最长的玩友班子。清光绪年间，麻石乡人陈登汉从小通读《四书》《五经》，很有才华。成年后，不慕仕途，酷爱戏曲，恩阳为首创办“中兴”“大义”“逸韵”“大众”、畅叙科社等音乐社。后来，其他各地的班社如化成的“春熙”、花丛的“复兴”、三汇的“汇兴”、茶坝的“义兴”、明扬的“元音”、鼎山的“鼎怡鸣”等班社相继出现。1950年南江县川剧团成立后，原“畅叙科社”的一些艺人重新汇集，成为县川剧团的艺术骨干。玩友们几乎全是江湖朋友，青帮师徒、红帮弟兄，遍及南江各场镇，有的还起了雅号。南江县城的“老南会”“吉祥社”“南薰音乐社”，长赤的“民醒乐社”“民乐社”，下两的“德育音乐社”，神潭的“醒群音乐社”，赤溪的“集贤班”等等皆属。

（二）皮影戏

皮影又称“灯影”，有的叫它为“皮魁魁”戏，是傀儡戏中的一种，皮影为“平面傀儡”。它是融皮影的雕刻、彩绘、灯光的透视显影和川剧坐唱为一体的地方戏艺术。相传川北地区早在北宋初期就已有“影子戏”。皮影所呈现的楼台亭阁、宫殿府宅、花草树木、山水园林形象栩栩如生，尤其是表演龙腾虎跃、踏云驾雾、飞升上天、孙悟空七十二变、妖魔法术、空中定像等特殊技巧，是戏曲演员望尘莫及的。1949年，巴中县有48个乡场，有63个皮影班社，有下八庙张尊贤、化成杨绍怀、白云李凯、兴隆向结子等4个镞镂精巧，五色妆染的“绘革社”，可制作“头门神”（人影高18尺)。“二门神”（人身高12~15尺)、“三门神”（人高0.8尺)。今有李凯之孙李玉湘在制作三种规格之皮影 。李玉湘、张纯林、肖德秋三个皮影班现在民间演出。

巴中皮影

（三）木偶戏

境内的木偶戏，主演川剧。它是由木头的雕刻工艺、川剧服饰、木偶的表演艺术和川剧坐唱紧密配合的综合表演艺术。由于它在表演技巧上有眨眼、动嘴、亮靴子、啄尖子、打跟斗、交战、传递物件、点灯、吹亮、穿衣角扣等特殊技巧，将死木偶变成了“活人物”，形象生动、逼真，深受人民群众喜爱。民国27年，巴中县磨子乡有木偶川剧班，能演出《四下河南》等连台大幕戏，常在茶坝、玉山、顶山等区乡和仪陇、南充县等地活动。川戏木偶的头像刻成川戏脸谱，着上色，也分生、旦、净、末、丑等行当。除一般通用头子外，还有专用头子，如孙悟空、猪八戒、包公、关云长……唱腔也有昆曲、高腔、胡琴、弹戏、灯戏五种。从清末至民末的40年时间里曾极一时之盛，成为广大乡街一项常见的娱乐活动。境内有过上百个木偶班往来于乡场、农户、村舍间，一家两户，十家八户都可包戏，十数人可看，两三百人亦可围观。凡婚、丧、嫁、娶，生朝、满月，春祈、秋报……往往就邀请一班木偶，唱上几天。至于庙会、年节，近处又无川戏可邀时，往往也请木偶凑合着助兴。

（四）灯戏

灯戏，有“天灯”“地灯”之分。天灯表演是有完整故事情节的大戏；地灯又名“唱灯”或灯班，它是在民间流行的表演艺术形式中的一种歌舞小戏。

灯戏剧目由外地传入，如《补缸》（来源于山东，属柳枝词体）；《打面缸》（源于湖北罗罗腔）；《裁衣》（即《裁缝偷布》所用都雩调则是由陕西移植的）。灯戏表演无固定程式套子，多采用民间歌舞、杂耍、木偶、皮影、猴戏和跳端公的表演形式，以唱、讲、跳、笑为主要特点。在音乐方面，多源于民间小调、神歌、佛歌、嫁歌、圣谕以及庆坛中的唱腔和锣鼓。1935 年，巴中县九镇乡的几个农民看过阆中、苍溪等地灯班演出后，对灯戏产生兴趣，于是相约到阆中县境内拜师学艺。艺成后组建了灯班，出演《张三借衣》《裁缝偷布》等 10 个小幕灯戏。该班除在本县演出外，还到外地区演出。1950 年，由于在演出同时兼搞“庆坛”等迷信活动，加之戏词失雅，表演庸俗，受到群众指责，后停演。1984 年，该乡 16 位农民重建灯班，新排“柳荫记”“拷红”等 14 个大、小幕戏，在本区及苍溪县的龙山区等乡村演出。

（五）风俗戏

风俗戏，是各种戏曲按地方风俗所进行的演出活动，多含有酬神驱邪的封建迷信性质。

秧苗戏：秧苗戏亦称青苗戏，清末民初盛行于巴中广大农村。夏初栽插之后，为了乞求山神、土地保佑庄稼免遭瘟疫、虫害，请来川剧戏班或者皮影班在山坡上、树林中、坟坪里搭台唱戏，戏中有神仙、道士诛妖降魔、观音菩萨普度众生等情节。因此各个戏班均喜上演《封神榜》《西游记》等大型连台神话戏。

会戏：会戏是为酬神赛会而举行的演出活动，既祀神又自娱，达到“人神共乐”的目的。按其活动地点和类型，有文昌会会戏、佛祖会会戏、龙舟会会戏、城隍会会戏等。城隍会会戏是巴中迎神赛会活动中规模最大、范围最广、会期最长的一次盛会。其“迎神”过程与“东岳会”和“清醮会”基本相同。参加演出城隍会会戏的演员须参加“迎神”活动。会期头一天上午，戏班的演员装扮成八仙、四大天王、八大金刚、金童玉女、吴二爷、牛头马面及众小鬼，跟着各行会组织上街，由 32 人组成的仪仗队，宛若皇帝出宫时排列的“鸾驾”。他们头戴烟毡帽（或红色尖尖帽），身着皂罗袍，抬着两面道锣，吹着长管大唢呐，扛着彩旗和“肃静”“回避”牌，簇拥着手提大灯笼的执事、手执提炉吊香或手牵红盘炉香的乡绅、会首，与抬着五乘大轿的轿夫，在数队川剧乐队的吹打声中走向东岳庙、城隍庙、严公庙、火神庙、瘟主庙，将各庙菩萨的“行身”（一种木雕神像）请入轿内。在请菩萨时，还要请佛教和道教的两行法师做“法事”，称为“迎神”。游行之后，接着是宣布各行会向菩萨献戏敬神，戏班跟着跳“加冠”，接着唱正本。会期演出的剧目是《开皇诰》《仙人岛》《玉皇诰》《金母寿》等等。

愿戏：即向菩萨许愿，事成还愿演戏。如民间百姓想生儿子，便到送子观音菩萨前许愿。当生下儿子后事主要请皮影剧团等到寺庙为观音菩萨演戏。巴中县皮影剧团每年演愿戏场次较多，至今在民间十分盛行。

太平戏：民间又称“戏耍”。常在农闲季节演出，全为乡民娱乐而演，特别是皮影剧团冬季演太平戏时间较多。在办生祝寿、收获后庆丰收时演出。

（六）端公戏（坛戏）

端公戏，民间称“爨坛”或“庆坛”，是寄生于封建迷信活动“跳端公”之中的戏曲演出活动。清时在辖区内广为流行。端公戏班是端公戏里的掌坛师邀约几名到几十名川剧或灯戏艺人临时组成的戏班。分上坛（天上 32 戏）、下坛（地上 32 戏）。上坛娱神，主要为做法事，下坛为娱人之戏，民间又称“耍坛”或“大铺盖”（通夜看戏）。除有正式剧目外，还有戏法表演，如“衔耙齿”“跋铧顶敖”“上刀梯”“过火坑”等。唱腔分诗白、引子、快板、灯调、竹琴曲，也讲究放腔、收腔。唱词以唱本为依据，但不拘泥，可以随机应变，临时发挥。常演的剧目有：《三字经》《魏吃亏偷肉》《龚老幺帮长年》《谢日白借宿》《郭一刀教打》《郑才学教学》《张老二制陪夜》《打雷神》《挑担》《缠脚》《上绣楼》《调叔》《贾三娃算账》《卖发水米》《两老庚打磨》《说节喝酒》等等，其内容杂色纷呈，瑕瑜互见。1950年后，人民政府明令禁止跳端公活动，端公戏随之消亡。

第四节　曲　艺

一、民间曲艺

竹琴　竹琴又名“慈砰砰”“齐乓乓”，外地称“渔鼓筒”。民国以前在乡场的茶馆里表演。乡民老来无事闲散，独自一人，又打又唱自己欣赏。竹琴在城市茶馆演唱的，多是外来流动艺人。民国间，书院于商会王建武茶馆、湘渝旅馆，流动艺人来地演唱，多川剧折子戏，如《武松打虎》《空城计》《山伯访友》《三英战吕布》等。

莲花闹　莲花闹，是用长三寸、宽一寸多的两块斑竹板子做成，顶端中心左右钻小孔，以绳系之，挂于右手虎口，手心手背各一，摇动手臂，翻动竹块，续续作声。民国及清，多是乞丐用来讨钱讨饭数板助唱的工具，常以见机生情，编唱几句吉祥话，逗取主人满意，使其乐于施予。至20世纪50年代，曲艺演唱者用尺长的斑竹板，左右手各一，合手敲击，调其节奏，配合贯彻新婚姻法、减退、土改运动、禁烟禁赌、互助合作化运动等，做宣传工具。

花鼓　民国时期，外地卖药小贩来此，以花鼓招徕顾客，本地人仿习演唱流传至今。花鼓演唱，一个人自打自唱，左手提锣，前面放一小鼓，锣接鼓上，右手握捶，既打鼓又打锣，同时发出节奏和谐的音响。用手按住锣，打鼓边作鼓声，手不按锣，打是锣声。也可二人合打。民国27年—34年（1938—1945年），抗日救亡宣传活动，通江县诺江、广纳、洪口、碧溪、涪阳、平溪、杨柏等中心国民学校教员自编花鼓词，进行抗日宣传。1955年春节，通江人王尧笙作近3000字的花鼓词，歌唱新中国的建设成就（载《通江文史资料》）。各级各类学校自编自演花鼓词；农村青年男女在夜课班学习，也能唱出几支花鼓词。有的将某些故事的起因、经过和结果编词对唱，在街头宣传，俗称之为花鼓戏。

金钱板　民国时期，曲艺单人演员在炉边、茶馆、街头、巷口表演金钱板，左手执寸宽尺长的两块竹板，顶端一寸处，各嵌两块铜钱，敲打时铿锵发声，故名金钱板。曲艺节目有民间故事、社会新闻，还有人将《三国演义》《水浒》《西游记》等传奇小说编成金钱板词，惟短篇甚多。中华人民共和国成立后，有《红岩》小说中的《江姐》《双枪老太婆》《学习雷锋》，以及《董存瑞》《刘胡兰》《丁佑军》等金钱板唱词在各地流行。

西洋镜　西洋镜别名“拉洋片”。民国时期，外地艺人来城区和各乡场收费放演，观者多是孩童。设一弧形木箱于架上，弧边开四五孔，孔上凸装透镜，观者通过透镜看箱内的画片。山水人物十分生动。其画片悬挂于箱上，可升可降，艺人频频拉动“洋片”换新，一边介绍画片内容，并在箱子置架，悬置锣鼓，用绳索引打击，锣鼓齐鸣，以配合艺人唱诵。抗日战争时期，宣传抗日救亡的画片有《卢沟桥大战》《李贵林之死》等。中华人民共和国成立后，有《苏联集体农庄》《鞍山钢铁厂》《婚姻法》《互助组》等。由于幻灯的盛行，电影在公社农村的普及，放映西洋镜亦逐渐减少。1980年后，西洋镜又改装成小盒，内容为短小的故事片，亦可自动换转，但仍为小学生喜爱。

扬琴 扬琴这种形式，古代认为高尚清雅，但条件因素较强，多于城市和乡镇热闹街道。清末秀才邱本岑约城中一批老人，在巴中县城中城街黄家祠（今建筑公司）组成以老年为主体的“击埌居”，以打扬琴（唱文丝弦）为乐。后在民国中期以辍学青年肖正明、龚祉安等青年为主，在城北仁和茶馆成立“南薰社”。一度时期，巴城南北，老少竞艺，听者云集。由于条件局限，扬琴发展不甚普遍，除县城之外，仅只县南的双凤、梁永，县东清江，县西的恩阳、渔溪等乡场上有所见闻。扬琴一腔一调，一板一眼，都具有一定的传统规范，其他曲调不易掺杂，更不容许黄腔走调，否则，就叫垮台丢底涨班子，同堂之人，都会感到脸面无光。其曲调分男、女一字、大一字，苦平一字，大二流，三板、紧中慢等，板式有一眼板、三眼板、七眼板或无眼板。一字、二流板通常用于男、女叙事，抒情唱段，快慢板，快则事态紧急，慢则叙事。苦平，则表现悲伤处之唱段。

二、说唱文艺

讲圣谕 宣讲圣谕，始于清顺治年间。然而民间早有如“圣谕”之劝善活动。据传宋时张亚子一生好善乐施，侍亲致孝，常以古圣先贤，忠臣孝子之事，劝人为善，死后敕封为文昌帝君（因家住梓潼县七曲山故又名樟潼菩萨、七曲文昌）。人们为了效法张亚子劝善，民间就出现讲述善行故事，以醒后世。流行的书籍如《翠美图》《精忠传》《二十四孝》《列女传》《目莲救母》《雷打张维保》等。宣讲人名宣讲生（或圣谕先生），以书中内容情绪，分歌章、口臭章、道白进行宣讲，口臭、歌均有一定牌调（颇似川剧曲牌中的“幽冥钟”“山坡羊”之调）。后由学校普及城乡。民国时，正面改书“格言”，后为“劝善”。讲时，宣讲人要行“迎圣礼”，三跪九叩，四礼八拜，读“疏文”，后登台开讲。如需停讲，亦要行礼。待几天讲完后，行“送圣礼”，焚疏文，拆台告终。中华人民共和国成立后，鉴于圣谕虽为劝善之举，但多属迷信，内涵封建糟粕，兼之科学文化的普及，讲圣谕也就自行潜踪隐迹。

说书 说书，又叫“评书”，一桌一椅，一人讲说。说书人只借助于唯一的道具“醒木”（或“击子”，是一块大可盈握的木方），绘声绘色，讲述一些牵动人心的故事，故事大都来自长篇说部。南江县城有雷松林子（艺名，约生于1905年）者，幼时极聪明，记忆力特强，家中藏书多，他最喜搜读明清话本。年渐长，家业凋零，无以谋生，遂以说书为业，经年累月，技艺日进。于20多岁时离家去保宁说书，一去未回。南江县人刘大寿善说书，常喜讲说《大清传》《济公传》《八梅腿》等。同时代还有人称杨疤娃儿（本名杨朝宾）者，也善说书，能说《三国演义》《水浒传》《说岳传》等。1932年，中共阆中、苍溪、南江中心县委指派王文焕（阆中老观场人）负责指导阆中、苍溪、巴中、南江的革命暴动，老观场人胡伯成随到南江，以说书为掩护，鼓动群众起来斗争，为翌年（1933年）红军入川并迅速站住脚、开辟川陕革命根据地铺了路。1994年5月，巴中市曲艺团代表巴中地区参加’94全省曲艺新作展演比赛，创作的四川扬琴《巴山老中医》、故事《马书记》获五个奖项。1998年，巴中市曲艺团创作演出的清音《小康村里春意浓》、扬琴《巴山老中医》参加省曲艺家协会举办的“5·23”优秀曲艺节目展演并获奖。1999年，巴中市文化馆创作的四川清音《小康村里春意浓》荣获中国曲艺家协会《曲艺》杂志社与四川省曲艺家协会联合举办的曲艺作品征文评奖活动作品一等奖，同时获得四川省第三届巴蜀文艺奖。

说春 说春是一种古老的说唱曲种，现主要流传于巴中市巴州区和南江县交界的道教圣地阴灵山一带及南江县朱公、黑滩乡。说春源于商代武丁时期的迎四方神之习俗，是一种比较单一的节令说唱习俗，历史长达三、四千年之久。它是由民间春官在民居堂屋大门口进行的一种节令说唱活动，一般在农历十月小阳春后开始，次年春分左右结束。带着春牛（小木雕）、历贴（历书）、二九（装粮食的褡裢口袋），十三把（孝春棒）走乡蹿户，为农民报送耕种季节。传统唱词一般都比较高雅，艺术色彩较浓。有的春倌还因时、因地和周围环境气氛即兴编词演唱。见到什么就说唱什么，俗称见人说，正所谓：趁砍竹子趁编筐。也有春官们自己编的一些吉利歌谣。他们用一种既通俗又简单的五声音乐曲调，似吟似唱地为农民演唱。其唱腔固定，反复进行。《进屋说》为春官说春的歌头："步步登高行进来，府前三品翠花开，凤占青山龙占海，家有读书栋梁材。福禄文章堂前地，富贵荣华喜再来。金銮殿上洒玉酒，灯笼高挂两边排。龙心高点凤心堂，贵府曾做状元郎。贵府得心高高做，全国各省把名扬。三十一元九重天，朝廷设有春为先。春正时来花正香，加官一步进华堂。华堂之家出宰相，喜鹊林中出凤凰。几句闲话推出城，先与主家开财门。"接着下面进行《拜新年开财门》《送财》。这三项是每到一家都要说的内容。这三项进行完之后，便分行业说。若房主为耕种庄稼的农民就说《二十四节气春》；如果房主行医就说《医生春》；进打铁匠的家就说《大炉春》；见老太婆纺线，见人织布就说《纺线春》《织布春》。总之人间各种行业，春官都有歌可唱，七十二行，行行有歌。若主人出来取烟、端茶，马上就要说《烟春》《茶春》。当然还包括婚丧嫁娶、历史典故、揭露丑恶、劝善等方方面面。为此，说春这种节令说唱活动山区农民非常喜欢。农民也觉得春官跋山涉水，十分辛苦，便将自己劳动所得的粮食、金钱相送，作为对春官的酬谢。说春实为产生于农耕时代的一种民间说唱习俗，应为民间曲艺中的说唱艺术。它经过数千年来的民间流传，对我国曲艺表演艺术的起源、发展有重要的研究价值。作为一种历史悠久的文化遗产，其历史价值也是没有什么可比拟的。说春歌谣完全来自民间口头文学之顺口溜，是极为重要的民间文学作品，包含的内容有民间习俗、生产劳动、人民生活等方方面面。有不少内容还包含了世界诸多文化的交流，以及一些生产劳动习俗之由来。

说　春

第五节　美术·书法·摄影

一、美术

群众美术创作历代均有，民间画工时有师传。巴中的古庙、祠堂不乏珍品，木版年画、古书描绘，屡见佳作。城乡办墙报、绘制壁画、幻灯等活动及绘画家史、村史、厂史等，锻炼了美术爱好者的绘画技能。在各级文艺部门的辅导下，农民画遍及群众画坛。各地以不同的方式举办画展、美展。1990 年，通江版画《山里的雾》获全国青年版画展一等奖。

蒋清美术作品

二、书法

巴中书法代有名人，常举办书法展览。20 世纪 70 年代后期，群众书法开始发展。80 年代初，各县相继成立书法协会。各中、小学将写毛笔字列入教学内容。各县文化馆频频举办书法班、书法展。由于自上而下提倡，传统书艺进展很快。

从古至今，境内篆刻名人众多。20 世纪 80 年代书法，篆刻艺术得到发展。从基层到地区的历次书画展，篆刻除与之配款外，还有专门展出。1996 年 10 月 8 日—12 月上旬，地区书协 71 人的书法、篆刻作品参加巴中地区建区 3 周年优秀书法作品展，18 人获奖，其中一等奖 3 名，二等奖 5 名，三等奖 10 名。

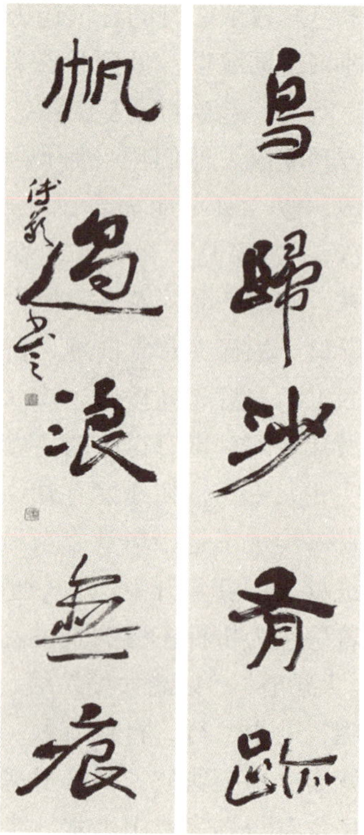
付严书法作品

三、摄影

境内摄影始于 20 世纪 60 年代，70 年代各县始办培训班，摄影人员逐渐扩大到工人、教师、商贸职工，促进了群众摄影队伍的形成和壮大。80 年代以后，各地先后组建摄影协会，广泛吸收摄影爱好者参加摄影展览。

四、作品展览

1994 年，组织推荐 30 余件少儿美术、书法作品，寄送’94 中国国际儿童艺术节；南江县举办庆祝国庆 45 周年“小康杯”美术摄影作品大奖赛；通江县举行“司光福个人书法展”“蹇勇书法篆刻艺术展”和“红五月”书画展；平昌县举行庆祝国庆 45 周年全县职工美术、书法、摄影作品展览。

1995 年，全地区创作书法、美术、摄影作品 1500 余件，共举办书画美术展 50 余次，一批作品在省内外各类书画赛中获奖。巴中地区书协会员李正清、付严均跻身全国书展；蹇勇、严忠明、王正乐、蒋兴吾等分别在海内外书画大赛中获银奖；通江县文化馆、书协荣获首届巴蜀摄影大赛优秀团体奖；郭平周的油画《故土情》在建国 46 周年纪念日入选四川省美术展览；陈以政的摄影作品《清明》和文物照片《巴中南龛摩崖造像》等 10 幅作品在《四川文物》等省级刊物发表；澌波乡农艺校李怀玉创作的《丰收在望》、《农家乐》、《新年》等 5 幅剪纸作品被中国剪纸家学会选用，由北京今日出版社结集出版。

1996 年 10 月 8 月—12 月上旬，巴中地区书法家协会、巴中地区美术家协会、巴中地区摄影家协会联合举办巴中地区建区三周年优秀书法、美术、摄影作品展。展出优秀书法作品 78 件，美术作品 89 件，摄影作品 80 件。其中 17 件书法作品、21 件美术作品、16 件摄影作品分获一、二、三等奖。11 月 12 日，付严、杨德惠的书法作品参加在日本东京中央美术馆闭幕的“第三次中日妇女书法交流展”，并被邀随团出访。12 月，组织、选送 20 件作品参加“四川省第二届书法篆刻新人新作展”，有 3 人的书法、篆刻作品入选，并参加了 12 月 27 日在重庆开幕的川东片区展览。组织、选送 2 件作品参加全国首届行草书法大展。李培雄、魏启禄在巴师附小开办有固定学制的青少年书法培训班，参训学员达 110 人。

1997 年，全地区创作美术、书法、摄影作品 1000 余件，不少作品在参加国家、省级展览中获奖并被收藏，不少作者、作品被编入《国际现代书法集》《中国美术、书法名人博览》《中国书画家艺术大典》等丛书。

1998 年，举办全省性会议展出 1 次；推荐参加全国“群星奖”和全国九省区大河上下摄影作品展的 4 幅书法作品、5 幅美术作品、22 幅摄影作品中，摄影作品《火红的八月》入选九省区大河上下摄影作品展，获优秀作品奖。巴中市教委戢祖森编撰的《国画修炼入门》系列教材成为地区内备受欢迎的中小学美术教材。

1999年，地区美协、书协、摄协分别在各县（市）筛选出200多件作品举办美展、书展、摄影展和巴中地区首届书画作品拍卖会。其中有20多幅作品参加省展，近10幅作品参加全国第九届美术作品展。通江、巴中还创作根雕艺术作品，举办展览，展示巴中地区的地方艺术特色和艺术人才优势。

第六节　民间工艺

一、雕刻

巴中民间雕刻技艺主要有石雕、木雕、竹雕等形式，技法各异。其雕刻技艺在民间以师承方式代代传承和发展。木雕多用镂空法，常见于木结构建筑、木制家具，以及香案、香炉、烟斗、手杖等物件。竹雕多见于竹的笔筒、墨盒、烟杆、手杖等精巧物件上，一般多刻装饰图案和诗文山水，以花草飞鸟、走兽鱼龙等为内容。石刻多用平凸雕刻法。清朝、民国时期的大墓碑可以看见大量的精美石雕。无论是花草龙蛇、虎豹鱼虾，还是人物及字刻，都令人赞叹。1967年至1968年，巴中县上八庙乡老工艺人李福洲，为文化馆雕刻毛泽东石像一尊，高丈余，立于馆内，后存川陕革命根据地博物馆。“文化大革命”时期，主要是刻毛主席语录碑，城镇农村、街头巷尾、路旁山口到处可见。由于是政治宣传，大多因突击应付，其技艺不高。石嵌字是20世纪70年代宣传“农业学大寨”的产物，即在显眼的山面，铲光坡上的草木，勾画上巨幅标语大字，然后挖去笔画中的泥土，再用卵石或片石嵌进，最后用石灰或水泥涂上字的笔画。这些标语口号普遍为“农业学大寨”等内容。字的见方往往阔达数丈，分外醒目，数十里外清晰可见。

袁治平根雕作品

通江石雕从用料上可分为花岗石雕、大理石雕、白绵石雕、青绵石雕、汉白玉石雕等；从艺术形式上可分为圆雕、浮雕、透雕；从题材上看可分为三大类：即吉祥图案石雕，戏剧人物、古代英雄、神话传说和日常生活题材的石雕，辟邪纳福的吉祥物与祥瑞动物；从流派上看，属于中国几大流派之一的四川广元白花石雕的分支。其雕刻从选料、开山、取石到雕刻、着色、成像，每一个步骤都有既定的歌谣和仪式，特别是对佛像、神像的雕刻、着色、装脏、开光、点像、迎神、安位等更有秘而不宣的独特的诀术歌谣和仪式。雕刻没有图纸蓝本，都是师傅口传心授。取料后在石料上画出大致轮廓，然后按心中的形象进行雕刻，成像后据物像的特点着色。通江石雕集民间绘画、雕塑、工艺、建造、宗教、民俗等多种元素于一体。其风格真诚、敦厚、淳朴；色彩对比强烈，造型大胆、夸张、变形且饱满、匀称；形式与内容结合紧密，追求形似和神似的统一；不少主题与祖先崇拜、图腾崇拜、鬼神崇拜、生殖崇拜等原始文化密不可分；口传心授的传承方式使通江石雕突破了形体外在轮廓的限制和二维空间的限制，表现手法为多视点、多层次。具有极高的历史研究价值、艺术价值和经济价值。

二、挑花、刺绣

巴中妇女多巧手，她们自幼学会飞针走线，挑花刺绣。这一习俗，母传女，姊教妹，世代承袭。民间挑花，单色品类较多，也有彩色挑花，做工更讲究，形色并妍。挑花宜作床单、枕帕、帐帘、头巾、衣裙、围腰、手帕等日用品，纹样丰富，清秀雅致。

民间刺绣，常用于美化服装、随身物件、床上用品，过去是未婚女子必须学习的主要工艺。被单、枕套、手帕、汗巾、围腰、袜跟、鞋面、荷包、小儿衣帽和罩裙等都常有刺绣，纹样丰满，枝繁叶茂，鸟飞蝶舞，沿用《喜鹊闹梅》《鸳鸯戏水》《花好月圆》《龙凤呈祥》《富贵白头》等程式化花鸟纹样，美感强烈，寓意祥瑞。中华人民共和国建立后，由于纺织缝纫技术的进步，刺绣逐渐被机扎花所代替，至于技术中的刺、挑、架等法，如今世人通晓者甚少。

三、剪贴

民国时期，境内城乡沿街叫卖的花婆，提着盛满各种花草、鸟兽、虫鱼的纸花样叫卖求顾。其花样是供有钱人家的闺秀、少妇绣鞋梆、贴裙角等用。花样艺术无甚造诣，平平淡淡，仅可适应当时的社会风气。如果大家闺秀不穿花戴朵，就显得寒酸土气，家教不良，引起非议。这些工艺已不传，今只有广告、招贴，以及标语等贴边装饰可见。

四、纸扎、灯彩

巴中纸扎，用竹篾扎架造型，表面糊纸或绷绫，加以彩绘或刺绣装饰，如灯彩、风筝艺术，还有供龙舞狮舞、连环焰火、民俗娱乐专用的纸扎造型，形式品种较多，外观玲珑剔透，色彩鲜艳绚丽，充满民俗艺术风采。

境内各地流行自制灯彩。民间的扎灯能手多，每逢新年、元宵和其他节日，有出自千家万户的灯彩。采莲船、车灯、马马灯、春牛灯、鱼灯等纸扎造型，五光十色，美不胜收。

20 世纪 80 年代以后，民间纸扎、灯彩艺术大有发展。各地深入发掘民间纸扎、灯彩艺术遗产，继承传统，努力创新，使民间风采与时代精神融为一体，并采用电子、激光、音响新技术，使灯彩、纸扎造型具有形、色、光、声、动交相辉映的效果。

五、刻纸

巴中刻纸，花鸟纹样较多，用薄纸镂刻而成，原名“花样纸”，巴中民间又称“剪花样”，是民间刺绣的花谱，久经流传，家喻户晓。

民间艺人刻纸镂花，运刀自如，刻出的纹样，娟秀挺拔。另一种叫“钻纸花”，是艺人用钻子（多种异彩凿具）打成，纹样工整苍劲。刻纸和钻纸花，一律镂空显出花朵叶片相连成形，还有适应绣品特留边框的方形、弯形、圆形、条形、菱形、心形、扇形等格式，其中的折枝花和花鸟组合而成的各种纹样，构图饱满，形象优美，寓意祥瑞。

民间办婚事，都有剪双喜字图案及花鸟鱼虫、人物装饰住宅的习俗。

六、剪纸

清及民国，境内民间剪纸艺术，首推妇女剪花样子为盛行。凡作鞋花、溜跟（袜底后跟半圆形俗称溜跟）、袜带、裹肚以及小孩戴的花帽，都要用花样贴在上面，再配彩线针扎。

民间妇女半数人幼年即学习其剪花技术。其次是民间纸扎工的剪纸，用色纸修剪方形或圆形的窗花、壁花等。周围剪以圈花，中间剪“福”“寿”等字样。用于婚嫁或新年贴壁贴窗，增添喜庆气氛。苏维埃时期，多剪镰刀、斧头及“平分土地”等图案贴于壁上。中华人民共和国成立后，党和政府重视劳动人民的艺术创造，提倡剪纸艺术，各种剪纸更加兴盛，常用红纸或黄纸剪一尺上下的宋体字作标语及开会挂的横幛，醒目大方。通江县澌波乡李怀玉，自幼学剪纸，5 岁时，澌波乡农民艺校聘她为辅导教师。她的剪纸、木刻作品先后发表在《北京青年报》《新闻通讯》《四川农民报》《通川日报》等报刊。其作品《巴山猎人》在北京展出，《采花姑娘》《牧鸭》等参加省艺术馆举办的农民画展，版画《老林》在地区总工会美展中获奖。1984 年，她被通江县评为自学成才女状元；1985 年，被达县地区妇联评为“三八”红旗手；1986 年，被团地委评为青年突击手，并加入中国共产党；1988 年，被通江县评为通江“十杰”；1989 年，被选为通江县人民代表。浙江省民间剪纸研究会聘她为特邀研究员。

七、糖画

“糖画”俗称“倒糖人”，是用红糖作为主要材料。有方形石板一块，木制方形画盘一个，铜瓢，小铜勺，条形铁皮铲，扁平短刀等用具，还有小炉、木柴等用物。画盘在方形木画盘上，作大、小同心圆一个，并划分宽窄不一的条格多个，经细心设计，巧妙布局，在其四角窄条处彩绘红鱼、金瓜、红桃、关刀和马；宽条处多画两点。于盘中心处竖立支柱一根，上横架条形前端向下的指针一枚，作“转糖”使用。

“转糖”清朝末年，顾主每“转糖”一次，交麻钱两枚。民国 20 年（1931 年）以后，每次就要交拾文小铜元一枚。民国 30 年（1941 年）以后，每次就要交二百文铜元一个。“转糖”时，当指针一停，即查看停处所指何物，然后决定该作何种“糖画”。“糖画”在未作之前，先用小筒布蘸菜油擦石板，再以煎好糖液作“墨”，以石板作“纸”，以熟练之右手倾倒“糖汁”，运转手腕能随心所欲地作出各种“糖画”。如转（画）红鱼，用一枚小麻钱或刀柄小圆孔在鱼眼处一贴压，则成“画鱼点睛”之妙。接着用刀尖勾画鱼鳞，用短线粘系鱼脊处，则形象真，颇受儿童喜爱。

八、玩具

巴中民间玩具形式多样，结构灵巧，由玩具艺人自产自销，风行各地。纸制品最多，竹木及泥捏制品次之。

各种民间玩具造型夸张，色彩鲜艳，功能灵活，操作简便，它以强烈的形象、音响、动势、趣味等特点，逗引婴幼儿欢乐，可供少年儿童游戏，启迪思维，开导智慧，具有审美启蒙作用。

九、风筝

风筝，民间纸扎的一种，用篾条扎骨架，糊纸后勾花纹装上引线，即可牵线放飞。供儿童玩的风筝有马褂儿、方巾、八卦、金鱼、飞燕等样式，平面成形，略施彩绘，下边悬纸尾，一般不大，放飞高度有限。放风筝在巴中很普遍，每年开春，天空纸鸢竞飞，地上万众共赏这一民间娱乐，从古绵延至今。

第三章 特色文化

第一节 古代文化

一、巴人文化

巴中历史悠久。数千年来，巴人先民就在这片神奇的土地上生息繁衍，创造了灿烂的巴人文化。通江县擂鼓寨新石器时代石器遗址，距今已有4000多年历史，具有浓厚地方特色原始文化；巴州月亮岩、巴州南龛坡、南江断渠、通江栾巴寺、通江千佛崖及巴山米仓栈道的古雕石塔等还遗留着灿烂的巴人文化遗迹，这些对研究巴人文化都具有特殊和重要价值。

据《辞源》："巴者，古国名，位于四川省东部一带地方"。巴国的形成大约在商周之际。夏朝川东地区称"巴方"，商朝称"巴奠（甸）"。西周，巴氏被封为子国，首领为巴子，称巴子国，地域大致在陕南的汉水上游，南及大巴山北缘，春秋时有所扩展。巴人，古巴族人简称，主要分布在今川东等一带。远古巴人，分布天长江南北两大区域，一支住在长江北面湖北境内的丹阳、丹山一带，叫丹阳巴人。丹阳巴人开拓米仓道，进入古巴州区域之后，慢慢地发展扩大活动范围，建立古巴国。现在巴中市所有区域均是丹阳巴人迁徙后主要的活动和生活区域。秦灭巴以后，巴人分两支迁徙，留在四川境内的部分叫板楯蛮，大都先后与汉族同化。賨人，板楯蛮的别称，是川东土著民族之一，系古代巴人的一支。板楯蛮名称来源于賨人善用一种本质楯为武器，賨的名称则由于板楯蛮"岁出賨钱"的缘故。板楯蛮古时居住遍及整个川东地区，是川东巴国各族中分布最广的民族之一。

神秘古老的巴人文化是中华民族文明发展史的重要组成部分。巴文化是巴国王族和巴地各族所共同创造的全部物质文化、精神文化及其社会结构的总和。战国以前的巴文化，包括巴国文化和巴地文化两部分。战国初，巴国溯江进入川东，始将青铜文化与当地的土著新石器文化融合起来，也将巴国文化与巴地文化融合起来，留下大量巴国文化遗迹。巴人居住的大巴山一带沟壑纵横，自然条件极为艰苦，古代巴人练就了作战勇猛、能歌善舞、极其乐观的民族性格—巴渝舞就是其民族性格的外在表现。中国古代典籍记载最古老的音乐创作产生于巴地。巴渝舞来源于商末巴师伐纣时的"前歌后舞"，舞风刚烈，音乐铿锵有力。在民间，巴渝舞遗风犹存，现在的翻山铰子等都和巴渝舞曲密不可分。巴人民风古朴凝重，住多为楼上居人，楼下养畜，傍水而居；死后大多采取悬棺葬、幽岩葬、岩穴葬、土坑葬等。

二、米仓古道文化

米仓古道是与金牛道、荔枝道并称的全国三大古蜀道之一，始建于秦末汉初，距今3000多年历史，古称"大行道"，又称"巴岭路"，因穿越米仓山而得名，是全国最早的国道。它北起陕西汉中，经陕西南郑入四川南江，越米仓山，踦孤云两角，南抵巴中，全长240多公里，其间西去成都，南至重庆。米仓古道纵贯秦巴山区，是古代连接黄河长江流域，北上三秦而通中原，南下四川以达南方的重要通道，是历史上极为重要的一条军事通道和粮食物资运输要道，被誉为"中国乃至世界交通史上的活化石”“一条流淌的茶马文化长河”“一段可以触摸的历史”。

《辞海历史地理》分册载：“米仓古道自陕西汉中县南、循汉水支流濂水谷道和嘉陵江交流巴江谷道到达巴中地区”。在民间，米仓古道有水路和旱路之说，在川东北地区政治、军事、经济上具有重要的地位和作用，分为官道、兵道、商道，千百年来古道，兵马驰骋，商贾营运，行旅往来，运茶马帮及巴山背二哥造就了千年古道繁荣与兴旺。在军事上，自古乃兵家必争之道，据《四川通志》记载米仓道旧设关隘6处，城堡3处，店铺21处，历代都在此驻兵马、设巡司、设巡检。米仓古道上巴江两岸是楚汉战争粮饷供给保障基地，刘邦屯兵得汉城；萧何韩溪河月下追韩信至截贤岭；曹操征张鲁而刘备筑牟阳城于大坝；曹操与张飞交战汉水，直逼张郃退兵巴州；抗金名将岳飞率兵巴河东岸；唐代皇子李贤李重茂贬谪巴州集州；南宋四川安抚制置使余玠在得汉城、平梁城、小宁城屯粮抗元；明朝设巡检司于大坝；清代白莲教义军横行川陕各州县；近代红四方面军建以巴中区域为中心的川陕苏区，留守米仓山一带的巴山游击队血战于崇山峻岭之间。米仓古道是米仓山南麓的交通要道和运输大动脉，运茶马帮、巴山背二哥从汉中背盐，布匹或从巴州，集州背火纸，茶叶，银耳来往穿梭于米仓古道。近年来在米仓山和大巴山之间发现粮仓遗址数处。南江县的茶叶，明朝万历年间即为贡品，每年沿米仓古道直接运送到宫廷，供帝王将相，达官贵人们享用。米仓古道上有多处孔明井，是沏茶的上等好水，现在皇柏林中还有几处古水井，依然四季清澈见底，冬暖夏凉，饮之清澈甘美，沁人心脾。经米仓古道传播的佛教石窟文化十分丰厚，河西走廊的商贾，在带来珠宝、美酒、皮毛的同时，也将河西走廊特有的造像题材带到巴中，使之成为佛教石窟进入巴蜀的另一个中心，始于隋盛于唐的佛教石窟造像遍布巴中全境。

米仓古道文化空间内文化遗产丰富。境内米仓古道沿途出土了大量文物，如南江断渠、通江擂鼓寨、巴州月亮岩等遗址，出土了“秦半两”“王莽五铢钱”等古钱币，宋代铭文银盏器具，宋代彩釉墓地砖及古代窑址等。南江光雾山景区留存有无数人工打凿的石洞、石梯、石墙等米仓古道遗迹。米仓古道中巴州是历史文化名城，物质文化遗产甚多；南江县有中国真正的悬棺葬、大型群体穴居、皇柏林等重要文化遗产，还有号称戏剧活化石的爨坛戏、皮影戏、道术表演、阴灵山庙会文化、恩阳古镇民俗文化保护区等多项非物质文化中的精品文化。

第二节　红色文化

巴中市是川陕革命根据地的中心和首府，被毛泽东同志誉为“中华苏维埃共和国的第二个大区域”，是闻名遐迩的中国“红军之乡”，创造了著名的“智勇坚定，排难创新，团结奋斗，不胜不休”红军精神。当年，巴中境内建有省级苏维埃1个，地级1个，县级10个，学校、医院和工厂等机构健全。12万人参加红军，4万人壮烈牺牲；徐向前、李先念、许世友等446位高级将领从这里走出来，有200多人担任省部级领导；巴中籍吴瑞林、傅崇碧、何正文等27位成为中华人民共和国第一代将军。到2000年年底，巴中市健在的老红军、西路红军、红军失散人员近1000名。巴中市有众多的革命文物和遗址遗迹，是全国30条红色旅游精品线路“川陕苏区、红岩精神”的重要组成部分。有馆藏革命文物10619件，革命文物保护单位130余处，有红四方面军总指挥部旧址纪念馆、川陕革命根据地红军烈士陵园、刘伯坚烈士纪念馆、巴山游击队纪念馆、川陕革命根据地博物馆、川陕苏区将帅碑林、红军石刻标语群等。

第三节 非物质文化遗产

巴中非物质文化资源十分丰富，形式多样，可分为16个大类，169个子项。包含民族语言、民间美术、民间音乐、民间舞蹈、民间戏曲、民间曲艺、民间杂技、民间手工技艺、生产商贸习俗、消费习俗、人生礼俗、岁时节令、民间信仰、民间知识、游艺、传统体育与竞技等。巴中非物质文化以其独特的风格是中华文化重要的组成部分。巴山民歌与陕北信天游、甘青宁的花儿齐名；巴中是中国民间曲艺“说春”的幸存之地；巴中的生活、生产、消费习俗自成体系，婚丧嫁娶独具风格，岁时节令特色鲜明，民间禁忌历来已久。还有独特的方言俚语、民间剪纸、竹编、雕刻等手工艺，饮食习俗、造纸术、酿造技术、银耳栽培技术等源远流长。全市先后申报为国家级、省级、市级、县级非物质文化遗产名录800多个。如《巴山背二歌》《翻山铰子》《巴中皮影》《月儿落西下》《十里坪》《川北山歌》（巴山茅山歌）、蒸馏酒传统酿造技艺等。

第四节 名人文化

巴中历史悠久，文化底蕴丰厚，人文荟萃，代有名流。蜀汉有右将军、宕渠侯勾扶。唐有兵部侍郎陈能，户部侍郎陈文汉，右补厥张署。宋代有侍中李森不畏权势，疏劾奸相王黼，颇受时人称道。巴州人张思训创作“浑天仪”以献太宗，其浑天仪用水银代水作动力，以防天寒凝冻。通江向佺抗御蒙古军，殉职后，被理宗皇帝赐以后葬。明代有广东道监察御史向翀，向阁为揭露县茶课积弊，向礼部呈《呈茶课》，力请茶税改征白银。清代更是文人辈出。向玉轩历任翰林院侍讲、西安府布政史、吏部、山东乡试正主考，著有《西昆诗集》；李钟峨供职翰林院22年，历任福建、广西学政和《国史》《一统志》等馆纂修官，与其父李蕃、其兄李钟壁合著《雪鸿堂集》选入《四库全书》。在为反封建、反殖民、反帝国主义，追求民族独立的革命斗争中，巴中涌现大批对国家、四川历史发展具有重大影响和贡献的代表人物。有白莲教蓝号首领冉文俦、冉天元，巴中白号首领罗其清，红灯教抗捐总头领朱兆琼，为“东乡血案”上疏的清咸丰监察御史吴镇，辛亥革命先驱、四川军政处总理兼财政司长董修武，维新变法倡导者吴樵父子，四川保路运动同盟会员孙洪震身先士卒，深受民众敬仰。川陕省苏维埃时期，巴中是川陕革命根据地，12万人参加红军，4万多人为革命奉献出生命，李先念、徐向前、王树声、许世友等老一辈无产阶级革命家及446位共和国将军在巴中留下了光辉的战斗足迹，巴中籍吴瑞林、王良太、王明坤、邓仕俊、冯丕成、朱仕焕、朱兆林、刘自双、阳自碧、李勃、吴仕宏、吴荣正、何云峰、何正文、何自盖、张荣森、张显扬、张德贵、陈彬、陈其通、陈福章、赵兰田、姜钟、胥光义、程登志、傅崇碧、蒲大义等27人成为共和国开国将军；无产阶级革命家、中华苏维埃共和国中央执行委员会委员刘伯坚。在思想人文领域有世界著名平民教育家和乡村建设开创者晏阳初；有青城山长联撰写者李善济，有擅长画螃蟹、有“李螃蟹”之称、在四川画坛别具一格的李芳圃；有城市规划专家、中国农村规划的先驱和倡导者邱致中；有中国著名佛学家、民族文化知名学者唐仲容。新中国成立后，巴中一大批优秀人才脱颖而出，为强家富国，发挥聪明才智，奉献青春热血。有全国首届“十佳”少先队员成洁；有作为主要发起人和组织者，创立中国第一个语言哲学研究单位（黑龙江大学语言哲学研究所）的李洪儒；有解放军文艺社首届十佳人物朱传雄，其事迹被《人民日报》、中央电视台等数十家报刊电台报道，有中国探月工程总设计师吴伟仁；有

“谭鱼头”品牌创立者谭长安等。

第四章 群众文化活动

第一节 文艺汇（调）演

1994年，地区文体局组织举行巴中地区建立一周年首届文艺调演。

1996年，地委、行署决定在庆祝建区三周年之际，举行全区文艺调演。各地围绕建区三周年文艺调演，为多出作品，选拔人才，都分别在“五四”“五·二三”“六一”“七一”“十·一”期间组织举行不同形式、不同规模的文艺比赛。巴中市在“六一”期间举行有16个学校参加的全市中小学文艺汇演；南江县组织举办有史以来规模最大、演出队伍最多、演出效果最好的庆“七一”全县文艺调演，共有26个代表队参加，参赛节目40多个；平昌县在纪念毛泽东同志《在延安文艺座谈会上的讲话》发表54周年时，组织举办“城区文艺调演”；地直机关在国庆期间组织举办了庆祝建区三周年文艺调演。各县（市）和地直工委在文艺比赛和汇演中，挑选出部分题材新、点子好、修改价值大的作品，组织专门的创作班子进行创作和再加工，不少作品数易其稿，反复推敲，反复锤炼。使不少作品如：《包谷娃娃》《翻山铰子》《路魂》《矿工情》等节目立意更高，角度更巧，手法更新，艺术感染力更强。此次文艺调演共创作演出声乐、舞蹈、曲艺、表演唱、小品等节目33个。其中，声乐节目11个，舞蹈节目12个，戏剧小品4个，曲艺、表演唱6个。演出活动以其组织的高规格、创作的高水平和演展的高质量，博得社会各界的交口称赞，省、地领导和文艺界专家、同行们的高度评价。

1997年，围绕地委、行署交给的三大演出任务，即：“庆七一、迎回归”大型文艺演出，陕、甘、川、宁四省十六方经联会年会专场文艺演出，四川省第十三次扶贫开发工作会议专场演出，地、县文化主管部门和文化艺术单位精心组织、精心策划、精心排练、精心演出，受到了中央、省、地领导和与会代表的高度赞誉和好评。同时，还举行全区中小学生文艺汇演、地运司成立三周年文艺汇演。全区共创作演出《好人》《山民情》《说话算数》《红管家》《小女人》《法不容情》《三喜临门》《车在旅途》《山口站》《团年饭》《相逢回归路》《谁的过错》《出车归来》等戏剧小品；创作《不朽的雕塑》《山妹子的喔喝》《黄羊情》《中国银耳之乡——通江》《巴山雨》《依山富民喜事多》《酒乡姑娘爱酒香》《花儿与蜜蜂》《紫荆花开了》等音乐舞蹈节目。

1998年，各地分别举行较大规模的文艺演出比赛活动。平昌县为庆祝党的生日，“七·一”期间，举办为期3天的全县文艺调演，演出了四台音乐、舞蹈、小品、戏曲节目共76个；南江县举办有20个单位、26名歌手参加的行业歌曲大赛，并为全省建委主任会议在南江召开演出一台文艺节目。巴中市庆国庆组织的城市组和农村组两台创作节目，从中挑选、提炼、加工，为庆祝撤县设市五周年组织演出一台综合性文艺节目。全地区从各县（市）创作、演出的节目精选出一台新创作的剧节目，为全区乡镇领导干部大会暨庆祝建区5周年举办专场大型文艺晚会，评出演出、创作一等奖节目各一名，二等奖节目各二名，三等奖节目各三名，特别节目奖二名。并为全省农村基层党组织建设工作会议、四川省加快地方公路建设会议等分别成功地举办了专题文艺晚会，受到省上有关领导和与会代表的高度赞誉。

1999年，全地区精心组织7次大型文艺演出。即：举办国庆50周年和建区6周年全区文艺调演，共创作演出两台形式多样、题材广泛、质量较高的文艺节目，其中小品曲艺节目6个，舞蹈节目8个，声乐节目9个。此次汇演，聘请省上的艺术专家来巴评论和指导工作，共评出创作一等奖3个，二等奖3个，三等奖5个；编导一等奖2个，二等奖2个，三等奖3个；表演一等奖3个，二等奖3个，三等奖5个。为四川省第14次扶贫开发工作会议、四川省军区扶贫工作经验交流会议、全国贫困地区县级干部培训班第一期、第三期、第五期、第七期举行6场文艺晚会，受到国务院、全国扶贫开发领导小组、中组部、农业部、财政部、省委、省政府、省军区领导和全国20多个省（区）的领导、学员的高度评价。同时，积极参加省级文艺比赛活动，方言小品《母子情》分获全省第十次戏剧小品比赛编剧、演出、演员二等奖，歌曲《请到山里走一走》《巴山风》分获全省“科技之光”文艺调演和全省新人新作声乐比赛二等奖和三等奖。

2000年，为庆祝巴中地区成立七周年和撤地设市举行全市文艺调演。这次调演共创作24个节目，其中声乐节目11个，舞蹈节目8个，小品曲艺节目5个。聘请省文艺界的资深专家担任此次调演的评委，其中，四川省文联副主席、省剧协副主席、国家一级演员庞家声评论称赞整个调演“演出水平，组织工作，都让我们感到意外的好，近四百人的演出，能达到这一水平，的确不容易。她让我们深切地感受到什么叫‘巴中精神’。为此，我们应该向巴中的领导和朋友们表示感谢。”同时，对调演的节目精选一台节目分别为巴中市第一次党代会，巴中市一届一次政协会议，巴中市一届人大一次会议，撤地设市庆祝大会举行专场演出，受到省、地领导和代表们的赞誉和好评。

第二节　文化活动

一、阵地建设

俱乐部、阅报室　1933年，苏区各机关、团体、厂矿、医院及各县、区、乡、村、红军部队各连队均设俱乐部，由各级苏维埃政府文化教育委员会具体负责创办和直接领导。俱乐部备有标语、口号、画片、屏障等观摩宣传品，设箫、笛、胡琴、风琴、锣鼓等演奏打击乐器，并经常举办晚会、读报、唱歌、跳舞、演剧、演讲和解释苏维埃的政策、法令等活动。阅报室是川陕省苏维埃政府文化教育委员会为了对工农群众和不能进学校的青少年进行教育、学习党的政策方针、了解时事而建立的。阅报室内有川陕苏区各种报纸、刊物，如《红军》《共产党》《苏维埃》《斧头》《少年先锋》《血花》等。还有川陕省委编写的通俗读物及宣传资料，有留声机。设有专人读报。

文化（艺术）馆、图书馆　1960年起，巴中、南江、通江、平昌县相继建立文化馆、图书馆。1993年后，地区图书馆、群众艺术馆先后组建。1995年9月4日，通江县文化馆与重庆市沙坪坝文化馆缔结为友好馆，并成功举办“95诺水笔会”。两地30多名文艺作者通过深入实地采访，相互切磋技艺，创作一大批优秀文艺作品，分别在《通江文艺》《沙坪坝文化报》专题推出。1996年11月下旬至12月上旬，地区考评审定小组分别对县级文化馆、14个一级文化站（中心）进行综合考核评估。至1997年，四县（市）文化馆、图书馆达标率100%。其中，文化馆一级2个（巴中市、平昌县）、三级2个（通江县、南江县）；图书馆二级2个（巴中市、平昌县）、三级2个（南江县、通江县）。2000年8月至10月，确定巴中市（县级）、通江县、南江县文化馆参加全国、全省文化馆的试评估工作。经过县（市）自查、地区复查，以总分1000分计，巴中市（县级）文化馆为970分，通江县文化馆为940分，南江县文化馆为684分。

文化站　20世纪80年代初，境内各乡（镇）先后成立文化站，负责组织群众开展文化活动。1992年，四川省文化厅授予平昌县文化站考评达标一级文化站（中心）4个，二级文化站（中心）7个，三级文化站（中心）15个；授予巴中县二级文化站（中心）5个，三级文化站（中心）21个；授予通江县二级文化站（中心）2个，三级文化站（中心）18个。1994年，全地区有乡（镇）总数272个，建文化站194个，占乡（镇）总数的71%。全地区有文化站专职干部197人，有80%的专干评定了专业技术职称。1995年，全地区新建文化站27个，农村乡（镇）文化站总数达到了221个，占全地区乡（镇）总数的80%。1996年，经县（市）自查自评、地区复评审定，全地区共评定一级文化站14个，二级文化站29个，三级文化站60个。1997—1998年，全地区新（扩）建25个文化站。全区287个乡（镇）共建文化站195个。1999年，全地区一级文化站14个，二级文化站29个，三级文化站75个，文化站达标率超过60%。2000年对全市农村文化站进行第二次评估定级。经市评估领导小组对各县（区）上报的达标文化站进行认真评估、考核审定，评定一级文化站20个，二级28个，三级25个。

二、群众文化辅导

1995年，巴中市（县级）和通江、平昌县文化馆为提高文化专干的业务素质，都分别举办文化专干业务培训班及不同形式、不同内容的文艺短训班，书法、美术、摄影作品展览。

1996年，地区群众艺术馆全力抓好建区3周年文艺调演，为地级机关创作、辅导、排练节目，先后为地区工商银行、中国银行、交通局、邮电局、巴师附小等单位创作、辅导、排练10多个节目，大部分节目在调演中获奖。先后两次到各县（市）检查指导节目，为各县（市）出谋划策。调演期间精心组织，搞好服务，舞台、灯光、音响、保安等方面保证调演的顺利进行，使调演圆满结束。

1997年，组织全区“庆七一·迎回归”、四省十六市经联会、全省扶贫开发工作会议文艺晚会；为巴中地区汽车运输公司成立3周年组织文艺汇演，创作排练《回家》等6个节目；为地区交警支队创作排练的歌舞《不朽的雕塑》，获全省交警总队文艺汇演第二名；组织文艺节目参加地委、行署春节慰问团，赴通江县诺江镇红五村和广纳、铁佛、空山乡等边远山区演出；组织作品参加全省文化馆（站）优秀美术作品展、庆祝建军50周年美展、第四届体育美展、第五届中国艺术节少儿美展、第五届中国艺术节优秀摄影、美术作品展、四川省第四次文代会美术书法作品展。协助地委组织部、地区广播电视局、市电力公司、市人民医院组织文艺庆祝活动。

1998年，参与创作辅导的儿童舞蹈《包谷娃娃》和平昌县创作的舞蹈《翻山铰子》，参加四川电视台春节联欢晚会。

1999年，地区群众艺术馆为地区国税局策划、创作歌舞《共和国的纳税人》，参加全省国税系统文艺调演；为巴中地区运输公司策划、组织歌咏比赛，并为巴中车站创作排练歌舞《巴山连着祖国四面八方》；为地区科协参加全省科技之光文艺汇演，与南江县合作创作女声独唱《请到山里走一走》；为地区工商银行参加全省工行系统文艺汇演创作排练舞蹈《农家小园》及歌曲《喊一声我的祖国》；为巴中市电力公司创作、辅导舞蹈《竹乡情》，该节目参加地区汇演，获创作演出三等奖；深入基层为通江县平溪区辅导创作文艺节目双人舞《农家小园》，该节目代表通江县参加全区文艺汇演获创作一等奖、表演二等奖。全年多次深入巴中市（县级）、南江县、通江县、平昌县文化馆、文化股辅导文艺创作和演出工作。

2000年1月，配合中央电视台去四县（市）拍摄专题片《巴山欢歌》，市群众艺术馆创作辅导的儿童舞蹈《包谷娃娃》、女声独唱《请到巴山走一走》、男声独唱《巴山风》，春节期间在中央电视台七频道播出。选送通江县舞蹈《红云崖情思》、南江县舞蹈《矿工情》参加全省舞蹈新作大赛，《矿工情》获三等奖；选送巴中市儿童舞蹈《包谷娃娃》、群舞《矿工情》参加全国群星奖比赛；组织四川省第九届国际儿童画展，共选送作品150幅；组织三名歌手，参加全省新人新作声乐大赛，南江张蓉演唱的《喊山》获三等奖；组织参加四川省第五届大河上下摄影展，作者林海的《同舟共济》获三等奖；市群众艺术馆与艺体幼儿园、省舞校毕业生李行联合举办中国舞分级考试教材培训班、电子琴班、美术班、英语班；投资11000元装修排练厅一个。9月，为巴中市交通局创作排练男声独唱《巴山筑路歌》参加全省交通职工文艺调演；11月，为地区交警支队承办全省公路巡警建设现场会文艺晚会，受到参会者与主办单位高度评价；配合市文体局成功地举办撤地设市文艺调演，以及党代会、政协会、人代会、庆祝会的文艺晚会，创作辅导大合唱《巴中，我可爱的家乡》、男声独唱《敢闯歌》、舞蹈《拴住太阳好干活》、舞蹈《杜鹃花开》、舞蹈《跨越》等节目。

三、文化先进单位创建

1991年起，平昌县政府开展创建“文化先进乡”活动。龙岗乡的“翻山铰子”，不仅影响大，流传广泛，而且是“巴文化”特色最浓郁的民族民间传统艺术珍品。通江县火炬乡党委政府为创建书法特色之乡专门制定创建的具体规划和措施；把创建工作纳入对各村社、单位负责人年终政绩考评内容。各村、社、单位需添置必要的设施设备，其经费主要由集体经济解决，并把书法定为学校各年级的艺术课特定内容。

1994年，全地区创建特色文化乡和村级文化大院开始起步。经各县（市）检查验收、地区文体局审查批准，全年创建特色文化乡10个、村级文化大院9个。1995年，各县（市）党委、政府把创建活动列入议事日程，由部门行为转变为政府行为。各县（市）文化主管部门对创建活动作出具体安排和规划，并层层签订目标责任书。1995年，全地区创建特色文化乡15个，创建村级文化大院22个。

1996年，巴中地区行署出台《关于切实开展创建“文化先进县”活动的通知》，对创建“文化先进县”活动的目的意义、创建要求、考核验收方法、组织领导等作出明确具体的规定。与此同时，把“小康文化（明）村”建设同“文明新村”建设结合起来，全面推动文化发展。地区文体局先后帮助“小康文化（明）村”建设争取各类资金投入150余万元，送图书8万余册（价值30余万元），送科技信息资料35万余份，送体育器材94余件（价值15万余元），为“小康文化（明）村”建设提供了必要的物质保证。

1997年5月下旬，省文化厅检查验收组代表省政府对地区申报的四川省第二批文化先进县（平昌县）和7个文化先进乡（镇）进行检查验收。通过听、看、查、议，一致认为所报县、乡（镇）基本符合四川省第二批文化先进县、文化先进乡（镇）标准，验收合格。

1998年年初，地委、行署在平昌县召开全区农村文化工作现场会，参观双鹿乡、得胜镇、土兴乡、坦溪乡文化站和县直文化单位；全面总结全区以创建活动为龙头的文化建设。巴中市把1998年列为“文化年”，全面推进创建文化先进市工作。到年底，全市76个乡（镇）、82名文化专干中有56人转为正式干部，年文化经费支出占财政总支出的1.6%。通过地区创建领导小组实地检查验收，报行署同意命名为地级文化先进市。巴中市甘泉乡园艺村被地区命名为小康文化示范村；巴中市上八庙镇，南江县赶场乡，通江县澌波乡，平昌县双鹿乡、得胜镇、驷马镇、土兴乡等7个乡（镇）被省厅命名为四川省第二批文化乡（镇）。

1999年3月，地区行署提出“打基础、抓基层、突重点、出特色、上台阶”的工作思路。通过一年的奋斗，全地区定点发展的20个乡（镇）、20个村、100户农家的文化建设成效明显。

2000年，全市文化工作抓好农村文化基础设施建设、文明新村文化建设的同时，以创建文化先进县（区）和文化先进乡（镇）为重点，全力抓好巴州区由市级文化先进区创建为省级文化先进区。到年底，全市已建成以通江县广纳乡爱国村、巴州区甘泉乡园艺村为代表的“小康文化（明）村”680个，以南江县平岗乡张公塘村为代表的“文化（体）大院”970个，以融图书、娱乐、休闲于一体的通江县新场乡“紫桂园”为代表的“文体旅游大户”2100个。

四、“文化下乡”

1993年10月，巴中地区文体局结合巴中实际情况，组织局机关和地、县（市）文化单位广大职工积极开展送文化、送科技、送图书、送电影、送戏剧下乡活动。

1997年，县级剧团共演出379场，其中下乡和下基层演出203场；送电影下乡放映1000余场。地区图书馆配合有关单位积极开展送图书、科技下乡活动。全地区图书馆为乡村捐赠科普图书11000多册，印发科普信息资料1.45万份，赠送儿童图书1000多册。

1999年，全地区共送戏下乡演出200多场，送电影下乡放映5682场，送各类图书下乡25000余册，送科技资料活页下乡7000多份，送春联下乡3000多幅，送各类展览下乡25次，捐送衣服800多套。巴中市（县级）曲艺团把农村视为艺术生存发展的空间，全年在农村演出达165场次；巴中市（县级）电影公司组建5支电影放映“轻骑队”，分片深入到全市76个乡镇开展“百场科技电影下乡”活动，城乡放映科教电影276场次，观众达10余万人。《四川日报》《四川农村日报》《四川文化报》对此作为典型经验予以报道。

2000年1月，中央电视台来巴拍摄春节特别节目《巴山欢歌》之际，地区文体局党委书记、局长李茂群和局党委副书记、副局长杨秀永带领地区图书馆、地区群众艺术馆、川陕革命根据地博物馆、新华书店等地直文化单位，先后赴南江县沙河镇联盟村、通江县涪阳镇金家坪村、平昌县元山镇、坦溪乡民兴村，巴中市（县级）园艺村等为基层群众演出戏剧6场，观众达15万余人次；送图书4000余册（价值3万余元）；送科技图书资料15000余份；现场为群众书写春联1000余幅。到2000年底，全市各县（区）开展形式多样的“文化下乡”活动。巴州区组织3支电影队、2支文艺小分队，分别深入茶坝片区、曾口片区送电影50场，共计放映200余场；文艺小分队巡回为76个乡（镇）演出精彩的文艺节目。通江县组织图书、戏剧组，先后深入空山、铁溪、沙溪等边远乡（镇），为当地群众演出13场，送图书3000余册，送电影70场。南江县组织文艺体育小分队，分赴全县60余个乡（镇）送文艺下乡的同时，与当地农民业余文体队和乡（镇）干部展开“篮球友谊赛”，最多的年成就的展板巡回下乡展出，让广大基层群众进一步了解建国50年来家乡的巨大变化。

第五章　图书·文物

第一节　图书发行

民国初期，巴中、南江、通江县城有为数不多的几家民营书店，销售木刻版古旧书籍。“五四”运动后，有进步书籍传到巴中。20 世纪 20 年代中期，中共地下党员在巴中县城办起“辅仁书社”，传播进步书刊。30 年代初期，中国工农红军第四方面军在境内创建川陕革命根据地，建立工农书店，配合建军、建政、分田、育人，出版马克思列宁主义书籍和党的书报。“友善书局”经营铅印图书和教科书，发行面较宽，时间较长，对人民学习文化知识有一定的帮助。但其品种和数量，不能满足读者的需求。20 世纪 30 年代末和 40 年代初，中共巴中、南江、通江县地下组织，以巴中为秘密活动中心，宣传抗日救国和共产主义思想。

1949 年 12 月，中国人民解放军先后解放巴中、南江、通江、平昌四县，相继建立各县新华书店支店。各县书店配合土地改革、镇压反革命、“三反”“五反”、抗美援朝和“一化三改造 ”等运动，重点发行《中华人民共和国土地改革法》《中华人民共和国惩治反革命条例》《中华人民共和国婚姻法》《毛泽东选集》第一卷、《中华人民共和国宪法》等书。1957—1966 年，主要发行《关于正确处理人民内部矛盾 的问题》等书。1958 年 10 月，各县支店改为县新华书店。由于自上而下盲目的照搬“全民”“大办”等口号，为浮夸风所吹起来的人民公社书店取代供销社售书。以搞路线运动的方式来搞图书发行，不按群众实际需要，通过行政手段，进行强迫摊派。1959—1961 年，国民经济困难时期，公社和区的书店先后取消，区供销社恢复兼营图书任务。这时期，纸张紧缺，书源不足，开展收售古、旧书和租书业务，使图书供需矛盾得到缓解。

1966—1976 年，各县新华书店呈半瘫痪状态。1972 年，书店大部分图书视为封、资、修毒草，被迫停售。中小学课本也被停止发行。超量发行马、恩、列、斯和毛泽东著作。1976 年这一时期，报废处理涉及林彪、“四人帮”图书金额达 100 多万元。

1978 年后，图书发行工作逐步转移到为社会主义现代化建设服务的轨道上来。各类图书“百花齐放”，中外好书日益增多。1980—1983 年，着重抓农村发展工作，以讲课考试等方式培训农村发行员。1988 年，实行联销责任计酬方案，建立考勤制度、财务制度、福利和医疗制度、奖惩制度等，加强经营管理。

1994 年，全地区落实图书发行任务承包合同，组织货源参加全省首届书市，抓好《邓小平文选》《邓小平年画》发行。当年完成销售额 1300 万码洋，实现利润 40 万元。地区新华书店先后召开春、秋两季中小学教材征订发行工作会议，认真抓好中小学教材的征订发行工作，做到连续 15 年课前到书、及时量足。

1995 年，地区新华书店全年完成销售 905.1 万元，超计划 20.66%；实现利润 18.9 万元，超计划 18.94%，分别比上年增长 53% 和 20%。全区共发行《邓小平文选》二、三卷 3 万套；《小平同志年画组画》1 万套；中小学德育教育丛书《新编三字经》等书 15 万册；全区共征订发行大宗重点图书 133980 万册，码洋 41 万元。组织全区性送书下乡活动。发扬“背篼精神”，开展“科技图书赶场”“社科图书上门”活动，全区出动420多人次，得到群众好评。全区共完成销售2345.6万元，超计划81.44%；实现利润36.7万元，超计划5.8%；分别比去年增长51.61%和12.33%。

1996年，全区新华书店系统实现销售收入34103197.64元，利润433413.52元，比上年分别增长45.4%和10.95%。在庆祝中国共产党诞生75周年之际，举办大型图书展销活动。为办好展销活动，地区店派专人从四川各家出版社组织购进800多种、6万多元的新书投放展销市场，开展出版发行、图书知识咨询和新书预订、缺书登记、套书补缺登记等多种服务活动。

1999年，一般图书发行的整体优势得到加强。各县新华书店中心门市一般图书品种达到8000种以上，地区店中心门市达到15000种以上，平均较上年增加3000余个品种。全区一般图书销售实现360万元，比上年的290万元增长19.4%。教材、教辅的征订、发行、调剂、收退工作进一步得到加强，不但继续做到“课前到书，人手一册”，而且发行量突破6000万册，比上年增长18%。农村发行及网点建设进一步得到巩固与拓展。全区共收回11个区供销社发行权，其中地区店收回6个。“送书下乡，服务三农”活动成效显著。全区各门市、网点均统一悬挂大幅标语和展销海报，展销品种达到3万余个，参展网点45个，接待读者24500多人次。

2000年，面对中、小学全面减负的新情况，采取积极主动的对策，及早召开全市中、小学教材征订工作会，达成“减负不减知”的共识，并将征订工作抓到学校，订到科目。全市教材、教辅没有出现大幅度下滑，基本实现减负不减量，平稳地渡过震荡期。通过规模化、集约化连锁经营，抓音像与一般图书发行，并通过建立推销员制度，抓重点文教类一般图书的发行，从而使全年总销售额达到405万元，比上年同期增长近5%。为适应市场经济需要，培育新的经济增长点，年内组建计算机公司、装饰装潢广告公司、物业开发公司等三个股份制公司，努力开拓新的产业渠道。率先组建的计算机公司年销售100万元，创利16万元，全市销售达到6530万元，比上年增长2.1%；销售总额中，教材、教辅发行6140万元，一般社会纯图书390万元（其中市店195万元，南江店70万元，通江店70万元，平昌店55万元），全市实现利润101万（其中，市店39万元，南江店14万元，通江店20万元，平昌店28万元）。

第二节　图书收藏阅览

一、图书网点

民国时期，巴中、南江、通江县建有县立图书馆，城区有以私人名义或募捐性建立的图书馆，农村是一片空白。图书馆之间没有相互协作关系；图书馆与当地学校、机关等方面的图书室非隶属关系，即使偶尔有一次往来，也不是正规的协作网点关系。各县立图书馆活动一般多限在馆内或附近开辟一处或数处阅览室，开展图书外借活动。各基层单位图书室活动多限于各自范围内借阅，与其他图书馆间亦无明显的正规合作关系。

1950年后，图书事业发展很快，县、乡图书馆（室）应运而生。1956年，巴中县建立图书馆，南江、通江、平昌县20世纪70年代末、80年代初相继建立。一些机关、学校、厂矿等组建图书室。1978年后，各级党委、政府重视图书事业发展，文化主管部门具体抓，各图书馆（室）之间建立正规的协作关系，使相互间有较密切的业务往来，馆（室）藏书更充分发挥其效用。

1994年，全地区按照国家文化部对县以上公共图书馆评估定级标准，对各县（市）级公共图书馆进行认真、客观地评估，县（市）图书馆向规范化、标准化建设迈进。经各县自查、地区审查、省评定上报、国家文化部审核，三县一市图书馆均被定为三级图书馆。

1995年，通江县图书馆争取到四川教育出版社、四川少儿出版社、四川文艺出版社对该馆的文化扶贫，共接受捐赠价值5万余元的图书和现金9100元；同时，还接受重庆科分所捐献的标准书架单层420米、期刊盒2000个、中英文打字机3台、图书1100多册。

1998年，地区评估定级领导小组对四县（市）图书馆按部颁评估标准，通过看、查、听、议，逐项进行评估、量化、打分（1000分制）。评估的结果是：巴中市（县级）图书馆809分，平昌县图书馆784分，通江县图书馆770分，南江县图书馆691分。

1999年，南江县图书馆添置26个规范的木质书架，订阅132种报刊；通江县图书馆在开展好阵地业务的同时，开展红军史料征集，《20世纪通江文化名人》建档，"藏书状元"建卡，《通江籍作者文学艺术作品》征集等工作。

二、图书收藏

1995年9月筹建巴中地区图书馆，开展图书收藏活动。

1996年，利用发吁请函和各方面关系，先后有20家单位捐赠图书2万册，铁质书架336米，期刊盒200个，目录柜2套，大报合订本157册，价值近30万元。

1997年1月，争取省新闻出版局捐赠图书万册。8月1日，地委宣传部、地区文体局联合发出《关于加强地方文献征集工作的通知》，从政策上保证全区地方文献征集工作顺利进行。地区信息中心捐赠地区图书馆1台多媒体微机，价值2万元。由于得到社会的广泛支持，地区图书馆藏书不断充实。从3月份起，组织力量加强藏书整序工作，年内共上清单万册，登记8700册，分类5454册。6月起，正式对外办理借书证。过期报纸、期刊按时装订、整理上架，图书报刊整序规范，分类有序，排架整齐。

1998年，地区图书馆从省社科院、省计委、省少年儿童出版社等单位争取到捐赠图书5000余册，专项事业经费11.5万元。完成2万册图书的分类、编制草卡和排架任务。

1999年，先后得到省社科院、中国科学院成都文献情报中心和省新闻出版局等部门捐赠的图书近万册；收集地方文献32种；争取事业经费14.5万元，社会赞助0.9万元。地区图书馆由于没有馆舍，长期固守在地区文体局机关内开展借阅业务，既不方便读者，也难以发挥图书馆的服务职能。

2000年，针对读者需求，租门面，购设备，找书源，把图书馆办到学校，办到街道，办到基层去，实行开放式办馆。整理书库图书，移出6张书架到阅览室，实行 全开架借阅，提高借阅量。8月，租一间门面，开设"综合阅览室"，投入200种报刊、杂志和少儿读物、自然科学类图书1万册，对外借阅，受到读者好评。走出机关到基层办图书馆。8月，巴州区第三中学建立江北分馆。到年底，该馆开放4个月，每天接待读者100多人次，办理借书证累计1500多个。

三、开发与利用

1994—1995年，各级图书馆设服务窗口5~7个，开放时间保持在每周56小时，节假日不闭馆。坚持以"面向基层、服务农民"为图书馆改革的突破口，以"扶贫扶智，治穷治愚"为己任，开展文化扶贫、实施"万村书库工程"和"知识工程"活动，找准自己的坐标，发挥"知识——信息——教育——服务"的职能。1996年，地区图书馆举办6个版面的宣传橱窗，同通江县图书馆一道送书下乡，协助办起1所中学图书室。各县（市）图书馆发信息，办宣传橱窗，搞科技赶场、科技图书展阅活动。地区文体局举办的庆祝建国75周年图书展销活动期间，设置"科普咨询台"，免费向广大群众发放有 关知识产权、现代文献类型和如何增加水稻千粒重、科学选种、鸡病猪病防治等科普信息活页700余份。

1997年，农历正月十六日登高节期间，巴中地、市（县级）图书馆一道，在南龛公园开展信息咨询服务活动，制作“开发信息资源，服务经济建设”“打一场智力脱贫的攻坚战”和“快速获取信息的最佳途径”等宣传牌，散发7种、100多份致富活页信息。4月7日，地区文体局专家咨询小组一行20余人，带着2000多册科技图书、5000多份信息资料、科教电影、录像带，到柳岗乡，1000多名农民争先咨询，索要图书、信息资料。一位姓张的老农得到好几种科技图书和《玉米增产五法》《柑橘栽培新技术》《癌症的十六种信号》等信息资料，激动不已地说：“这才是真正的送科技下乡，比送钱送物还实在”。

1998年，全力营造全民读书氛围。全地区公共图书馆努力实施“知识工程”和农村“万村书库工程”，坚持开展送科技图书下乡、科技赶场、信息服务活动。利用每年一度的“图书馆服务宣传周”宣传读书、宣传图书馆及开展健康有益、积极向上的群众性的读书活动。平昌县图书馆全年送书下乡6次，送书1700册，巩固办好27个农村图书室，为115个重点读者用户建卡跟踪服务；通江县图书馆全年送书下乡10次，达10000余册；地区图书馆送书到扶贫点3次，达5000余册。1999年，地区图书馆先后送科技图书到平昌县兰草乡、巴中市（县级）凌云乡、南江县高桥乡和张公塘村、通江县板桥口乡等乡镇文化站及文明新村，捐赠图书300册（价值近2万元）。各县（市）利用“宣传周”活动开展“图书赶场”、农科咨询服务等，以活跃农村文化。三县一市图书馆到38个乡镇、村送图书1.14万册、信息资料2.4万份，聘农技员现场解答咨询1680条。

2000年，图书宣传工作紧密围绕“传播科学知识，宣传科学思想，倡导科学活动，弘扬科学精神”的主题开展活动。各县（区）图书馆除送书刊到乡镇文化站、文明新村和文化大院外，图书馆还在城区开展“崇尚科学文明、反对封建迷信”的大型图片展览，唤起人民群众树立科学的人生观、世界观；并组织城区中小学开展“让祖国放心，让家长放心”的小学生读书心得演讲比赛。

第三节 文 物

一、馆藏文物

据2000年统计，全市共有馆藏文物65781件，其中，一级文物49件，二级文物221件，三级文物3810件，一般文物61701件。

全市馆藏文物中，川陕革命根据地博物馆馆藏文物4136件（均为革命文物），其中，一级文物10件，二级文物82件，三级文物2280件，一般文物1764件。一级文物有10件。(1) 目前政治形势与川陕省苏维埃的任务（川陕省苏维埃政府），(2—3) 累进税执据及印花税票（川陕省税务总局），(4) 分配土地花名册，(5) 川陕苏区壹元银币（川陕省工农银行），(6—7) 川陕省苏维埃叁串纸币（川陕省工农银行），(8) 川陕省苏维埃壹串纸币（川陕省工农银行），(9) 劳动法令（草案）（川陕省苏维埃政府石刻），(10) 川陕省苏维埃政府布告（川陕省苏维埃政府石刻）；二级文物（82件）：(1)“消灭刘湘”地瓜手榴弹（红四方面军罗坪兵工厂），(2)“消灭刘湘，赤化全川”地瓜手榴弹（红四方面军罗坪兵工厂），(3—19) 川陕苏区壹元银币（川陕省工农银行），(20—47) 川陕省苏维埃叁串布币（川陕省工农，银行），(48—56) 川陕省苏维埃贰串布币（川陕省工农银行），(57—60) 川陕省苏维埃叁串纸币（川陕省工农银行），(61—67)，川陕省苏维埃壹串纸币（川陕省工农银行），(68)“圆”字冲字模（红四方面军铅印局），(69) 红军试枪树，(70—71) 安徽裕皖官钱局壹千文纸币（清），（72）政治保卫局条例草案（川陕省苏维埃政府），（73）抚恤伤亡条例（川陕省苏维埃政府），（74）西北军区赤卫军条例草案（川陕省苏维埃政府），（75）团在苏维埃区域中的任务决议（少共川陕省委），（76）接受党二次大会决议和川卫省共青团今后的任务，（77）宣布刘湘等军阀十大罪状的布告（西北革命军事委员会），（78）《少年先锋报》第三十四期（共青团川陕省委），（79）中央军委副主席徐向前给川陕革命根据地博物馆的题词（1979 年），（80）发展川陕反帝运动的决议草案与对川陕白区工作决议（川陕省委），（81）谢觉哉给华全双及子的题词（1963 年），（82）保护工农利益（石刻标语）

巴中市馆藏文物 18000 件（多为古文物），其中一级文物 9 件，二级文物 39 件，三级文物 390 件，一般文物 17562 件。

南江县馆藏文物 34371 件（多为古文物），其中一级文物 27 件，二级文物 46 件，三级文物 467 件，一般文物 33831 件。

通江县馆藏文物 7266 件（多为古文物），其中一级文物 3 件，二级文物 31 件，三级文物 592 件，一般文物 6640 件。

平昌县馆藏文物 2008 件（多为古文物），其中二级文物 23 件，三级文物 81 件，一般文物 1904 件。

二、地面文物

（一）遗址·墓葬

境内重要遗址有通江县擂鼓寨、得汉城、月亮岩、断渠、奇章坝、阳八台、小宁城、平梁城。重要的古墓有严颜墓、章怀太子墓、陡嘴墓群等。现选介于后：

通江擂鼓寨 擂鼓寨遗址位于通江县东南 18 公里的春载乡擂鼓寨村，海拔高度 740 米。1984 年，当地村民农耕时发现石斧，并报告县文物管理所，县文管所曾多次派人前往进行调查，发现并收集陶片数十种。1987 年文物普查时，省文物普查办和达县地区文物普查办派员进行实地核实，并根据所收集的陶、石器初步确定属古遗址。1990 年，经国家文物局批准，由四川省文物考古研究所和通江县文管所联合对擂鼓寨遗址进行首次试掘。遗址分布在“擂鼓寨”南、北两区，总面积约 1100 平方米，经过对南区四个多月的发掘、整理，共发掘出石器、陶器等 20685 件（片），其中，石器及石器半成品 812 件，陶器 19873 件（片）。石器成形的有：石簇、石斧、石石奔、石凿、石球、圆形器、砍砸器、刮削器、尖状器等。陶器种类不多，常见的主要是罐、樽形器、盆类，还有瓶、钵、杯、碗、器盖等。

得汉城遗址 得汉城，又名得汉山、安辑寨，位于宕江西岸的苦草坝（今通江县永安乡所在地），与擂鼓城对峙，其地形险要，四周悬崖峭壁，崖高 30～40 米。汉刘邦定“三秦”于此作“通响馈”。东汉寿亭侯关索，令其鲍三娘据守得汉城对面之擂鼓城，相互以击鼓而告警。景宣四年（1263 年），得汉城新建得州，以此抗蒙四年之久而牺牲的向全之子向良、孙向富等人任知州，固守该城。曾更名“安辑寨”。明正德年间、清嘉庆二年通江县治均设于此。1932 年 12 月至 1935 年春，中国工农红军第四方面军曾在此设西北革命军事委员会、红军电台、彭杨学校、保卫局、造币厂等重要机构。得汉城遗址四周现存题刻近 20 余幅，古人垒城痕迹四周均存。其中石刻“地环三玉涧，天铸一铜城”就足以证明得汉城其地貌和险峻。得汉城遗址为文物保护单位，其城寨总面积达 100 多公顷，森林茂密，沟壑纵横，寨上有山，山上有坪，坪上有水，是一处得天独厚的胜景。

月亮岩遗址 月亮岩遗址，位于巴州区酒店乡政府东 80 米，母家沟之南端四级台地上，北 60 米接“伤心寨”，东临农田、西 20 米为民宅。遗址的文化层南北长约 270 米，东西宽约 100 米，总面积约27000平方米。1976年，村民土地加工，文化层有所破坏，但出土了不少陶片和6件磨制石器。1983年文物普查，村民主动献出磨制石斧2件，一为长条形弧刃；另一件是长条形，为直刃，长9.8厘米，宽4.6厘米，厚2厘米。1987年4月，经省、地、县有关专业人员实地勘查、试掘，在一平方米的地方范围开挖，文化层深0.3米，采集了陶片、石器（已残）及标本170余件。陶片 多灰陶，灰色居多，褐色次之，并有少量红陶。纹饰有兰、波浪、云雷、菱、刻画线、附加堆、小方格等纹及素面。并获石器6件。经鉴定乃商代前的文化遗物，遗址亦为商代。这一遗址的发现，证明古代巴人早在商代前就活动在巴中境内，创造灿烂的文化；为巴蜀文化考古，提供新的文物点。

断渠遗址　南江断渠，根据出土的生物化石考证，系一亿五千万年前中生代侏罗纪晚期四川造山运动时形成的旷世奇观。20世纪70年代末80年代初，断渠陆续发现原始人的砺石场和生物化石，同时还出土一大批石锄、石斧等新石器时代的石器和陶片。中国科学院古人类研究所的专家认为："大巴山是长江、黄河两大流域的结合部，断渠的化石对中国人类的发展，有重要的科研价值。"从而更证实古人类曾在南江繁衍生息的历史。再则从出土的众多石器和陶器就证明早在新石器时代，原始人群就聚居于此，为适应地理气候的变化由第一台阶断渠，退居到后山第二台阶阳八台高地。四川省考古工作队又在阳八台发掘出土数百件新石器及陶片，更显示出断渠的时代之久远。凡是可以遮风避雨，搭棚栖身的地方，到处可以看见当年古人生活居住留下的寨墙和石刻字迹。诸如"廖广顺寓此""长岭大房占""地方刘寿""福兴硐"等等。断渠人为防御外敌侵扰，大兴土木；修建寨堡防御兵灾匪患，如"四方寨""三春寨""红军寨"等数座山寨和数十道墙寨。1995年，将断渠辟为旅游胜地，并建立公园，使之成为供人们观光旅游、休息、疗养、开展文化娱乐和进行科学考察与革命传统教育的综合性文化游乐城。经过近几年兴建，园林初具规模。石径四环，园中四渠纵横，亭廊多姿，飞阁流舟招引人流。

奇章坝遗址　章坝遗址，即古奇章县遗址。位于今巴州区奇章乡政府所在地。地势北高，东、西、南低，三面环水。奇章河（古哀戎水，又名小跳磴河）环流东北，再折向东，蜿蜒而下。古城遗址呈正方形，宽约500米，长约800米，占地约40万平方米。约占整个坝子面积的2/3。据州《巴中县志》载：奇章废县，梁普通六年（525年），于此置哀戎郡，以界内哀戎水为名，复置奇章县，以县东八里奇章山为名（亦名隆城山）。奇章县曾是牛相的封地，说明当年的奇章县，是个人口众多、物资富裕的地方，以古城旧址中所发现的九井、三庙等废迹，可见原奇章县城的经济繁荣和人口稠密。至宋熙宁五年奇章县废，沿革547年。至今废城遗迹犹存，地下60公分左右，即可见墙基、柱础、水道、街面、城垣、城濠、瓦砾遍布，犁、锄受限。由于坝地低凹，故水患无穷，如"旋官沱"（传说为县官在此遇难被救）、"触印潭"（即官印打捞处）等地名至今沿旧。

阳八台遗址　南江县城东约五公里有阳八台（属碾盘乡白鹤村），1977年，兴修农田水利时，在相距约70米的两口塘底部出土一批石器和陶器。这是南江人类活动史上的一个重要发现。第一口塘的文化层距表土约7米，面积约10平方米，厚20厘米。第二口塘的文化层距表土约5米，面积约7平方米，厚约2厘米。出土石器共36个，有斧、铲、镰、球、锄、凿等。出土陶片有：夹沙灰陶（斜方格划纹、平行线间#形划纹、粗绳纹、细绳纹）；夹沙红陶（平行线条纹、划纹）；细泥灰陶（无纹）；细泥红陶。经四川省文物委员会考古工作队主任沈仲常现场鉴定，初步确定这批石器和陶片属新石器时代人类遗物，距今约9000年。

小宁城遗址　小宁城位于平昌县荔枝乡杨柳村平（昌）邱（家）公路旁。东西长1000米，南北宽800米，四周绝壁，三面环山，东有小径通山顶，平邱公路经城东山脚而过。东城门以子、母城形式而筑。东南西北四门城楼悬空，城中建衙门、庙宇、钟楼、寨栅、校场、炮台、仓廪。内外四周今有碗山石城、大山寨卧虎、吕家梁、新寺坪等山寨关隘防护，城东北寨下设有渡口传递情报，西南面河岸停泊船只，负责漕运，寨北垭口设关隘放哨坚守。现东、西门保存完好，南门已毁，城寨内子城墙、炮台尚存。经考证，小宁城始建于南宋淳祐五年（1245年），竣工于南宋淳祐九年，历时4年，由知州谭渊、军统领张前、李忠任主技建造。

小宁城西门题刻

小宁城东门

平梁城遗址 平梁城遗址在巴州区城西10公里的平梁山上。山势高大，而上平坦。阔数十里，四周悬崖峭壁，猿不可攀。唯四隅有小径可通，顶上有台，为汉将军严颜所建。又有古寺、龙泉二水，四时不竭，田肥土沃，宜禾宜稻。山势陡峭险峻，为军家固守之天然屏障。自宋南迁后，元将阔端塔海连年扰蜀，四川刺史择险设隘，以固蜀疆。命都统张实创建平梁城积粮以为保。取扫平梁州之义，城遂以此而名。清嘉庆二年（1797年）白莲教起义，据方山为营直捣巴州，城陷无依。州首尽移居民於平梁城中，赖粮台可给，泉水供饮，才得安固获生。嘉庆八年（1803年）战乱未靖，民不宁息，知州田文煦，依此雄胜，复伐木筑城，垣高丈余，长数十里雉堞参差，四隅建门三重，设州署於严公台下，士民列屋而居，男女耕桑自养，方保无虞。至嘉庆十三年（1808年）知州李天培新建石城，各造新居，使士民不遭战乱之苦，得以十年安聚，全赖此城之保障。

严颜墓 严颜墓，位于巴州区城西严公庙内。严颜，忠州（今四川忠县）人，汉末属刘璋五部将，镇守巴郡。至三国时，刘备克蜀仍封严为巴郡太守与张飞共扶蜀汉。《通志》载：汉将军严颜墓，在城西门外，旧有庙在墓后。道光九年知州陆成本复于墓前修殿，刻大石像以祀之。墓碑为明崇祯壬午知州梁商业可绪题立，昔人有疑墓不应在此。《通志》载：忠州西南二十里有严颜墓，仪陇县东南亦有，与巴中凡三见，按宋宗忠简公泽所撰："英惠侯庙记"，亦不云有墓，但血食已久，神灵至今犹赫。据《巴州志》载，北宋宣和四年时，墓后庙已"栋宇倾坏，支以他木，上漏下湿，不避风雨"，破烂不堪。宋宗泽率州人复修。明建墓碑，高1.24米、宽0.65米，厚0.20米。清建殿（俗称严公庙）为木结构，面阔约24米，进深约10米，通高约8米。雕梁画栋，规模壮观。石像高3米余，神气威严，瞻者肃然起敬。"文化大革命"末期（1976年左右），严公庙宇，荡然无存，石像埋于地下，墓之封土荡平；新建高楼为城关粮站。幸而墓碑掘起，尚存完好，墓室未动。1984年，巴中县政府公布为县级文物保护单位。

章怀太子墓 李贤（公元655—684年），唐高宗李治第六子，即章怀太子，为武则天亲生之二子。龙朔元年封为沛王，上元二年（675年）立雍王贤为皇太子，后监管国政，曾召学士张大安等注范晔《后汉书》。后为武则天所忌，于永隆元年（680年）被诬陷，废为庶人徙居巴州。文明元年（684年）武派人莅州，迫其自杀。据《巴州志》载："唐章怀太子曾作黄台瓜词。云：种瓜黄台下，瓜熟子离离，一摘使瓜好，再摘使瓜稀，三摘尤为可，四摘抱蔓归"。太子李贤因此瓜词而罹其祸，即废为庶人，又贬徙巴州，复遭武后之毒手，命金吾将军邱神绩，逼令自杀，葬于南龛山麓。当时有铭其墓云："断一指，得天下，凡人不为；杀爱子，窃帝位，武后行之"。相传，曾修有寝庙，兵燹后，荡然无存。道光八年，知州陆成本特为堪定茔界，立碑以禁樵牧侵占。又按唐书本传：神龙初，遣使迎其丧柩，陪葬乾陵，此则空墓矣。

陡嘴子墓群 陡嘴子墓群，位于巴州区梁永乡鹦鹉村西南，巴河东岸，陡嘴子山的一台地处。墓群共11座，北200米是玉皇庙，南100米临巴河，均为土冢。其中M1墓主戚绍文，建碑于清乾隆五十五年（1790年）；M2建碑于乾隆四十五年（1780年）；M3建碑于乾隆五十一年（1786年）；M4

建碑于嘉庆二十三年（1818 年）；M5 建碑于道光十二年（1832 年）；其余 9 墓均为清时营建。墓群前建有牌坊，高 3.7 米，宽 5.1 米，至今完好犹存。

（二）革命遗址与纪念建筑

巴中境内留存的纪念地很多，有川陕省委、省苏维埃政府旧址，红四方面军总政治部、总指挥部旧址，红军石刻标语，烈士陵园，将帅碑林，还有巴中特别市保卫局旧址、红军新剧场旧址，南江境内长赤县苏维埃政府旧址、红四门、红 31 军医院旧址，通江县境内“五一”公园、川陕省委党校等，平昌县境内北山寺、“拥护中华苏维埃共和国中央政府”标语。

川陕苏区将帅碑林英名纪念碑

水宁寺镇摩崖造像

（三）石窟

境内石窟主要有南龛石窟、西龛石窟、北龛石窟、水宁寺石窟、通江县“千佛岩”摩崖造像。

三、文物保护

保护 1993 年后，辖区始终把文物保护摆在与经济建设同等重要的位置，将文物保护列入经济社会发展和城市建设规划，并严格按规划执行。1998 年 1 月 4 日，公布 22 处地级文物保护单位（含已公布的国保、省保单位）。地、县（市）财政尽可能挤出资金保护文物，开展业务活动，使各级各类文物得到良好的保护。地区行署出台《关于公布第一批文物保护单位的通知》《关于切实加强和改善文物工作的通知》《关于不得随意改变文物保护单位用途和管理体制的通知》等一系列文件。地委、行署领导多次深入文保单位现场办公解决问题，先后在办公经费中为川博、南龛、回风亭维修排险解决资金 8 万元。1998 年，行署专员会议决定，地、县（市）级文物保护维修经费列入各级财政预算。各县（市）加大对文物保护单位的“四有”（有保护范围、有标志说明、有记录档案、有保管机构）工作的投入，保证“四有”工作的有序开展。省级以上的 14 处文物保护单位保护范围界线明确，符合要求。地、县（市）级文物保护单位的保护范围各地政府均已划定并发文公布，标志说明牌基本树立，记录档案均立卷，保护机构基本建立，绝大部分是聘请当地人看守管理。

维修 全区文物保护单位中，绝大部分是古建筑、石窟寺和民国时期民用建筑。由于年代久远，险情时有发生。面对这一形势，各文物管理单位积极采取向上争取和自筹资金等多种办法，大力加强文物维修，使一批有严重险情的文物得到良好保护。1992 年，对省保单位长赤县苏维埃旧址投入 20 多万元进行初步维修，从而使这座清代嘉庆年间修建的濒临倒塌的古建筑得以保存下来。1994 年，对省保单位红四门及城墙投入 30 多万元进行大面积清理和整治，使古老的城墙再显雄姿。1999 年，巴中市争取资金 190 万元对全国重点文物保护单位南龛摩崖造像进行危岩加固和防风化处理，治理窟前环境，险情和风化得到有效控制。通江县的红四方面军总指挥部旧址维修工程全面启动，一期工程（即主体维修）结束。其他10处省保单位分别进行治漏、排水和加大处理。地、县级文物保护单位的维修工作，采取“谁受益，谁维修”的办法，政府视其情况予以适当投入，发现问题，及时处理，化解险情，力求安全。

红四方面军总政治部旧址

1988年1月巴中县、通江县列为全国重点文物保护单位统计

表37—1

所在区域	保护单位名称	时代	何时列为何级保护
巴中县	南龛摩崖造像	初盛唐	1988年1月列为全国重点文物单位
通江县	红四方面军总指挥部旧址	1932—1935	1988年1月列为全国重点文物保护
通江县	红四方面军总政治部旧址	1932—1935	1988年1月列为全国重点文物保护
通江县	红四方面军王坪烈士墓及墓碑	1934	1988年1月列为全国重点文物单位

1998年巴中地区行署公布第一批地级文物保护单位名单

表37—2

序　号	分类号	名　称	时　代	地　址
一、纪念建筑（17处）				
1	1	红四方面军总指挥部旧址	1933	通江县 诺江镇
2	2	红军石刻标语“赤化全川”	1934	通江县 沙溪乡
3	3	红军烈属墓及墓碑	1934	通江县 沙溪乡
4	4	红军方面军总政治部旧址	1933	通江县 诺江镇
5	5	红军石刻标语“赤化全川”	1934	通江县 诺江镇
6	6	红军洞	1934	通江县 空山乡
7	7	列宁公园	1933	通江县 诺江镇
8	8	长赤县苏维埃政府旧址及石刻标语	1933	南江县 长赤镇

续表37—2

序　号	分类号	名　称	时　代	地　址
9	9	红四门	1933	南江县 南江镇
10	10	川陕省苏维埃政府旧址	1933	巴中市 巴州镇
11	11	巴中特别市苏维埃政府旧址	1933	巴中市 巴州镇
12	12	川陕省苏维埃政府工农兵代表大会旧址	1933	巴中市 巴州镇
13	13	红军石刻标语“平分土地”	1934	通江县 至诚乡
14	14	水宁寺摩崖造像	唐	巴中市 水宁寺镇
15	15	南龛、北龛、西龛摩崖造像	隋唐	巴中市 巴州镇
16	16	千佛崖摩崖造像	唐	通江县 诺江镇
17	17	石门摩崖造像	唐	巴中市 凌云乡
二、古建筑及历史纪念建筑（4 处）				
18	1	红梅阁	清	巴中市 恩阳镇
19	2	凌云塔	清	巴中市 巴州镇
20	3	魁星楼	清	巴中市 巴州镇
21	4	北山寺壁画	清	平昌县 得胜镇
三、古墓葬、古遗址（1 处）				
22	1	严颜墓	三国	巴中市 巴州镇

第六章　档　案

第一节　档案收藏

一、档案接收

民国期间，境内各县文书档案收藏各异。巴中县民国元年至民国 21 年（1912—1932 年）形成的文书档案，被时任县长张绍弟转移到恩阳河失散。民国 24 年至民国 38 年（1935—1949 年），国民党巴中县党部形成的档案，又被书记鲜熔等烧毁，至 1949 年，仅存民国档案 1862 卷。南江县档案资料馆成立后，清理，整理和抢救民国时期残存档案 2950 卷。1950 年 2 月，平昌县人民政府接管国民政府散存档案 2082 卷。通江县清理汇集民国时期档案 618 卷，归存县档案馆。

1959—1960 年，平昌县建立全宗 16 个，接收档案 6112 卷，科技档案 30 袋。巴中县接收县级党政机关 36 个单位 1957 年前的档案 6135 卷，资料 2360 册。通江县接收县级 29 个立档单位 1957 年前的文书档案 5490 卷。

1962 年，通江县档案馆接收铁溪区党委及中和、元坝子、渠家坝、大河坝、临江等铁厂和通江县化工厂等撤销厂矿档案515卷。1963年，巴中县档案馆接收县属19个企事业单位档案1241卷。

1972—1975年，通江县接收县城部分单位和襄渝铁路民工团档案207卷，接收铁溪原撤销厂矿70个科技档案83袋。1977—1979年，巴中县档案馆接收县级42个企事业单位1975年前的档案4182卷。

1985年，巴中县接收局以下57个二级单位1980年前的档案3056卷。至此，巴中馆存档案共220个全宗28688卷，接收资料及书刊5073册。平昌县档案馆扩大档案入馆范围，新接收集华严乡太平村档案92卷，林业所有制、责任制档案771卷，农业资源调查及区划档案196卷，馆藏档案增达199个全宗25825卷；接收资料165种2028册。南江县馆藏档案185个全宗27164卷，接收资料522册。

1986—1993年，巴中市（县级）档案馆接收档案27700卷。通江县档案馆接收机关档案3089卷，接收企业档案455卷，接收资料238册。

1993年，辖区四县（市）档案工作进一步增强，馆藏档案增多。至1994年，全区馆藏档案全宗844个，180721卷，以件为保管单位745件，录音录像档案40件，照片档案6651件，底图330件。1994年进馆档案8166卷。馆藏档案中1950年前革命历史档案16卷，民国时期档案7492卷；1950年后档案173213卷，资料2048册。

2000年，全市各县（区）综合档案馆按照《四川省各级综合档案馆业务建设规范》要求，认真抓好档案的接收。南江县委办、县府办联合发文对档案移交范围、时限、要求作出明文规定，成立以县委副书记为组长、县委常委、县委办主任、副县长为副组长、县府办主任、监察、人事、财政、物价、保密、档案局等领导为成员的“南江县档案移交工作领导小组”，推进南江县档案移交工作的顺利进行。全市馆藏档案856个全宗208665卷，当年进馆档案3915卷，其中1950年后档案增至201157卷，资料增至25705册，照片档案增至7785件。

二、档案抢救

1933—1935年，红四方面军和各级苏维埃政府在政权建设、组织建设、武装斗争、宣传活动和经济建设中，形成和积累大批历史档案。红四方面军撤离后，不少档案资料散失在群众手中。在民国期间，这部分档案资料遭到严重损失。中华人民共和国成立后，各县人民政府采取向收藏有革命历史档案的个人征集；与图书、历史研究、各级管理部门协商交换、复制；组织力量撰写回忆录、传记等办法抢救档案资料。1951年，中央访问团到通江县组织大批力量深入农村，收集有关政策法令、宣言、传单、报刊、笔记等珍贵档案资料300余件。随后，通江县委办公室组织县、区、社干部深入农村、召集老红军和当年苏维埃地方政府干部、红军烈属座谈，回忆、提供线索，逐人逐户查找，收集有关文件101件。南江县两度大规模收集抢救第二次国内革命战争时期史料，汇成一个全宗共22卷。

1960年后，境内各县把档案抢救工作作为重点，对中华人民共和国成立以前的档案发现一件抢救一件；对馆存档案，纸张老化，发黄变脆，字迹褪变，虫蛀严重的档案及时进行裱糊复制。

1965—1970年，南江县抢救民国时档案18卷，资料110页。平昌县抢救民国时档案23卷。通江县抢救民国档案9卷，革命历史资料17件。

1975—1982年，境内各县加强对馆存档案的裱糊复制工作。巴中、平昌、南江三县裱糊复制馆存老化褪变档案365件。通江县组织14人，对重要全宗褪变破损档案进行抄写、复制，共印制997卷，1531件，11002页。1987年，平昌县档案馆完成《建文帝死于平昌望京寺》历史考证，并裱糊复制馆存档案38卷，资料250份。巴中县在恩阳镇抢救民国档案1卷。南江县裱糊褪变破损档案26卷。

1993 年后，各县（市）档案局（馆），进一步加大档案抢救力度。至 1994 年，全区应抢救国家重点档案 7492 卷，已抢救 2724 卷，其中当年抢救 133 卷，复制资料 5264 页。

1995—1996 年，各县（市）档案局、馆遵照“以防为主、防治并重、集中力量、突出重点，加快重点档案抢救步伐”的指导思想，积极运用手工复制、裱糊等抢救办法，定人员、定数量、定质量，抢救重点档案 500 余件。复制褪变档案 1800 件、裱糊破损档案 1300 件。

1998 年，各县（市）档案馆按照《四川省各级综合档案馆业务建设规范》的要求，大力开展重点档案抢救工作，争取抢救经费，采取裱糊、复印等方法，抢救重点档案 4.5 万件。

至 2000 年，全市档案馆积极争取抢救经费，采用裱糊、复印、手抄等方法抢救重点档案 5098 件，其中当年抢救 248 卷。

三、档案编研

20 世纪 80 年代中期，境内档案资料编研工作随馆藏档案的不断丰富和档案利用的日趋扩展，各县档案局陆续着手档案资料编研工作。仅巴中县（市）档案局（馆）从 1986—1993 年的 7 年间，就编研档案资料 14 种，42 万多字。

1986 年 8 月，白贤成汇编的《巴中灾情录》利用馆藏建国前后的档案资料录出巴中县 1770 年至 1983 年 213 年间所发生的水灾、旱灾、地震、风灾、雹灾、病疫及其他等 7 方面的灾情。

1986 年 12 月，汇编的《巴中县建置沿革》，利用档案馆藏资料，参阅有关志书，汇集、反映巴中县 1900 余年间巴中行政建置和机构演变情况。

1987 年 1 月，汇编的《巴中县历届县长简表》（公元 210—1986 年），主要利用《四川通志》《保宁府志》《巴州志》《巴中县志》，民国时期县政府档案，新中国成立后县解放委员会、县人民政府、县革命委员会、县组织史料征集办公室档案资料，汇编公元 210 年到 1986 年间 224 任县长（包括旧制升官和副职）及主要政绩。

1989 年 6 月，汇编的《巴中县民国档案全宗简介汇集》，主要将民国档案各全宗（含立档单位）的机构历史、档案内容、档案所属年限作简要介绍，汇集成册。

1991 年 3 月，汇编的《巴中县档案局（馆）工作大事记》（1952—1990 年），主要汇集 1952—1990 年档案局（馆）工作大事要事。是年 6 月，由白贤成汇编的《巴中县名人诗词录》，搜集摘录巴中县自七世纪唐代以来 119 位知名人士写作的 164 个题目的 220 首诗词。是年 8 月，蒲大乾主笔编写的《巴中县档案馆指南》，概要地介绍档案馆概况和馆藏档案资料的内容及成分，是档案工作者和利用档案人员了解馆藏情况和利用档案的工具书。是年 9 月，由蒲延学等人参与馆藏资料整理后，汇编《巴中县档案馆重新整理馆藏建国后资料的情况简介》。主要对馆藏资料的分类方案作了明确规定，并对新中国成立后的资料进行了统计。

1992 年，由马昔全、蒲大乾、白贤成分别编印《中国共产党巴中县第 5—7 届党代会情况简介》《巴中县 1 ~9 届人民代表大会简介》和《中国人民政治协商会议四川省巴中县委员会议简介》。根据馆藏史料汇集介绍历次党代会统计局已续编（5—7 届）、人代会、政协会召开的时间、地点、代表人数、大会主要内容、议程、工作报告、决议、提案和选举情况。

1993 年 12 月，蒲大乾汇编《巴中县 1940—1989 年人口、耕地数字汇编》，主要根据馆藏地、县统计局及人口普查办的档案资料，系统反映巴中县 1949 年后 40 年间人口、耕地变化情况。

1996 年 9 月，由李中敬执笔汇编 1993—1996 年《巴中市委、市政府办实事》（能源、交通、通信、城建）一书上报有关领导及部门参阅。

第二节　档案管理

一、市县档案馆

民国时期，境内四县无档案管理机构。20 世纪 50 年代末 60 年代初，境内四县相继建立档案馆代行档案局职能。80 年代初，四县先后建立档案局与档案馆，实行局馆合一。1993 年，巴中地区档案馆建立，内设综合科、业务指导科。2000 年年底，巴中地区档案局（馆）更名为巴中市档案局（馆），实行局馆合一，两块牌子，一套班子。内设综合法规科、业务指导馆务科。

二、库房设备

库房　民国时期，境内各县既无档案管理专门机构，亦无专设档案库房，单位部门形成的档案均自置专柜存放。中华人民共和国成立初，各县仍沿袭民国时期存放方式。20 世纪 50 年代中期开始，境内各级各单位部门开始内设档案室，专门存入本单位、本部门形成的档案。50 年代末和 60 年代初，境内各县随着档案馆的陆续成立，档案库房建设迅速纳入档案工作重要议程。1959 年底巴中县建馆，以旧文庙正殿 160 平方米，用作档案库房和办公、阅览、住宿（其中库房面积 90 平方米）。至 1982 年，新建档案馆库房（即现址）四楼一底共 1040 平方米，其中，库房为 800 平方米，可存放档案 20 万卷。后因底层内墙出现拉裂现象，故县上于 1986 年拨款 2000 元进行加固处理，经多年观测使用，至今未见异常。1959 年 6 月，通江县在县委机关大院内建修档案库房，1960 年竣工投入使用，建筑面积 126 平方米、系普通木石结构，青瓦屋面。至 1984 年 9 月新建库房面积 813 平方米，其中库房有效使用面积 540 平方米。1959 年 4 月，南江县成立南江县档案资料馆（今南苑宾馆）。至 1981 年 5 月，建成新库房，总建筑面积达 800 平方米。除库房外，有专供档案阅览，资料整理及办公专用室。20 世纪 80 年代中期，境内四县档案库房基本定型，至 1999 年，全地区档案综合馆建筑总面积 4893 平方米，其中档案库房 2400 平方米。2000 年，全区综合档案馆建筑总面积 5423 平方米，其中档案库房 3123 平方米。

设备　境内各县档案馆建立初期，仅置有双面档案架，单面文框放置档案。随着馆藏档案资料的增加，逐年添置档案柜架。巴中县档案至 1985 年，共购制大小柜架 194 个，其中，双面柜架 164 个，每个柜架可存档案 1000 卷左右；单面柜架 30 个，办公柜 4 个，大小桌子 26 张（用作阅览 12 张），有座位 30 个，在档案保护方面，购置有影集四盒，灭火机 6 部，报警器一部、双球干湿度计 7 支、装订机一台，照相机一部。办公设施有编号机一个，放大镜一支，打字机、油印机各一部。1987 年，平昌县档案局购置档案架 40 个，资料柜 3 个，目录柜 2 个，卡片柜 3 个，小黑板 1 张，办公桌 10 张，添置灭火器、吸尘器、去湿机各 1 台。通江县档案局有档案架 185 个，总台长 2405 米；有档案柜 44 个，总台长 648 米；有资料架 8 个，总台长 96 米。1991 年，南江县档案局添置档案架 15 个，资料柜 2 个，目录柜 1 个，卡片柜 2 个，指引牌 10 个，裱糊牌 3 张。巴中县档案馆投资 6146 元，添置吸尘器 1 台，灭火器 4 具和去湿机 2 台。1993 年，辖区各县（市）档案馆进一步优化馆内设备。除通常具备的档案架、档案柜、资料柜、目录柜、消毒柜、卡片柜、裱糊台、指引牌、办公桌等外，均逐年增置微机、复印机、空调机、去湿机等。至 2000 年，全市有微机 5 台、复印机 5 台，空调机 10 台、去湿机 9 台。

三、达标升级

1986年起，境内各县认真开展机关档案管理达标升级活动，推动机关档案工作开展，提高科学管理水平。

1989年，巴中县档案局开始在基础较好的罐头食品厂、齿轮厂、棉纺厂3个国营企业和商业、水电、粮食、农机、畜牧、财政、税务、人民检察院、供销社9个机关开展达标升级试点。各试点单位成立档案升级工作领导小组，制定升级规划，落实人员。自检合格后，形成整套升级必备材料，写出请求验收报告，由档案局部门和主管机关组成联合考评小组进行考评验收，合格者由县档案局代省局颁发等级证书。当年，水电局、商业局首次达省二级标准，其余7个机关分别达省级三级标准。三个企业分别达省级先进，平昌县达省二级标准三个，省三级标准4个。南江县达省二级标准1个，省三级标准5个。通江县有4个单位达省二级标准，有5个企业达省先进。

至1993年，巴中市（县级）、通江县、平昌县机关档案工作升为省二级的25个单位，升为省三级的57个单位，达到地区标准的49个单位，企业档案管理达省级先进的27个单位。

1995年，按照《四川省各级机关档案工作升级试行办法》和《企业档案管理升级试行办法》的要求，进行认真规划，采取有力措施，与专业主管部门密切合作，开展达标升级工作。全区有33个机关、1个企业达标升级。其中，达省一级1个，省二级15个，省三级17个。开展达标升级工作的同时，对1989年以来达标升级的机关、团体、企业、事业单位档案管理工作进行复查换证。通过考评，先后有1个机关的档案管理达到省一级，2个机关的档案工作达到省二级，5个单位的档案工作达到省三级标准。

1996年，地区档案局与地区国税局在平昌国税局联合召开机关档案管理现场交流会，推动和促进了国税系统档案工作规范化管理，当年三县一市国税局档案管理工作跨入省一级标准。各县（市）档案局主动与有关业务主管部门密切配合，开展机关档案管理达标升级活动。有25个机关达标升级，其中，省一级6个，省二级10个，省三级9个。

1997年，平昌县认真规划，积极开展档案管理达标升级和企业档案目标管理等级认定工作。全县完成达标升级11个，其中县财政局、人行、保险公司达省一级，县地税局、公安局、信访办达省二级，县统计局、国家粮食储备库、华严乡政府、华严小学达省三级，县酒厂达省级先进。南江县全年有三个单位达到省三级标准，二个单位达到省二级标准，一个单位达到省一级标准。至此，全县累计有30个单位达到省三级标准，14个单位达到省二级标准，3个单位达到省一级标准，5个企业单位达到省级先进。巴中市（县级）国税局稽查分局和平梁国税所的档案工作经验收升省二级；曾口、玉山国税所档案工作、粮食局玉山中心粮站的档案工作升省三级。

1998年，南江县档案局认真贯彻执行《四川省〈中华人民共和国档案法〉实施办法》，严格按照《机关档案工作业务建设规范》，狠抓档案管理目标考核和等级认证工作，主动上门提供档案业务咨询和达标升级指导服务，协助开展档案管理工作达标上等级活动。当年，有9个单位的档案管理达标升级。其中，3个机关的档案管理工作升为省一级，2个机关的档案管理工作达到省二级，4个机关的档案管理工作达到省三级标准。平昌县有7个单位，晋升为省一级标准；两个单位晋升为省二级标准。

2000年，市档案局组织四县（区）档案局长组成复查评审小组，按照省档案局重新印发的《四川省各级综合档案馆升级办法》颁布新的等级标准，对1991年已达省三级标准的巴州区、通江县档案馆进行复查。评审小组认为巴州区、通江县档案馆升级成果得到巩固并有所提高，一致同意复查合格。巴州区有4个机关档案管理达省二级标准；恩阳中学达科技事业单位省级标准。年内，由地、县档案局和有关主管部门联合组成的四川省机关档案工作升级考评小组对通江县粮食局、县民政局、县人民法院、巴中工商行政管理局通江分局、民胜区财政所五个单位的机关档案工作，采取听、看、查、议、评等方法进行全面考评验收，均以95.5分以上的成绩顺利晋升省一级。

四、整理鉴定

档案整理 境内各县档案馆成立后，一直把档案整理作为档案管理的重要工作之一。1965年，通江县档案馆结合馆藏档案鉴定，对保管期已满的3715卷进行系统整理，剔除卷内中失去保管价值的文件，重新组卷，分类排列和编目。巴中县档案馆对不符合要求、不便保管利用的1897卷现行机关档案进行局部加工整理。平昌县档案馆，按照全宗、分类、组卷、全宗排列、编目等整理程序指导协助18个机关事业单位，对积存散乱档案资料进行系统整理。1968年，通江县对民国时期档案进行系统整理后，立卷627卷，并建立卡片37343张。南江县自1955—1968年，先后四次收集整理民国时期残存档案2956卷，立为64个全宗。1980年，平昌县对保管期限已满的2035件档案进行系统整理，剔除案卷中失去价值的内容，重新进行组卷排列。巴中县对馆藏档案中的44个全宗，共8939卷档案进行系统整理，对新接收的4939件档案进行重换卷皮处理。同时，对库房柜架进行调整。1986年，巴中县清理全县会计档案。清理结果：全县309个单位存留会计档案120万卷（册）。南江县档案馆，协助11个机关和企事业单位，系统整理机关档案室、散存的各类档案资料，共组卷1038卷。1991年，通江县档案馆对保管期限已满的2800卷档案进行系统整理，重新组卷、分类排列和编目。巴中县档案局组织8名干部对馆藏新中国成立后的资料重新进行清理、审定、分类、排列、编号、粘贴标签、编写目录、建立卡片。总的分书籍、期刊、报纸三大类，用阿拉伯数字作代号，依次排列，共整理资料5813册。其中，书籍4511册，期刊28种679册，报纸6种979册，建立卡片2838张。1994年，巴中市（县级）档案局组织力量协助指导231个全宗构成单位，按规范化要求，整理文书档案3119卷，其中，永久1071卷，长期1388卷，短期660卷；会计档案10746卷（册），其中，凭证8946本，账簿1436册；报表和其他470卷。南江县档案馆组织力量协助指导16个机关和企事业单位，整理组卷档案2773卷，其中，永久卷976卷，长期卷1415卷，短期卷382卷。1998年，南江县档案馆完善全县189个全宗介绍，整理档案1450卷。平昌县对全县的房屋准证档案按姓氏笔画结合汉语拼音，音序进行排列，编制检索工具，提高查找速度和质量。巴中市（县级）202个立档单位按规范要求，完成上年度文件材料的立卷归档工作，共组文书档案1941卷，会计档案2704卷（册、本），科技档案801卷，专门档案191卷，资料360册。同时，对新开放的一个全宗422卷档案中，部分不规范的档案进行整理，换卷皮38卷，重新整理装订213卷，填写新页号324卷，补编内目453卷，抢救裱糊破损档案105页。2000年，市档案局（馆）组织力量，深入县（区）检查督促档案整理工作，推动全区档案管理工作的规范化进程。全市整理档案15332卷（册），其中，永久3411卷，长期6815卷，短期3036卷，资料2070卷（册）。

档案鉴定 1961年，巴中县对县委1950—1957年形成的档案进行鉴定。平昌县对县委、县政府1958—1961年形成的档案进行鉴定。1965年，巴中县对粮食局1950—1959年的档案进行试点鉴定。共鉴定206卷，留存43卷，剔除销毁163卷。同时，对县人委各科室1952—1959年的档案3062卷进行鉴定，留存2678卷，剔除销毁384卷。通江县对档案馆内县委、县政府、县妇联、团县委、县总工会、县人民委员会、粮食局、人民法院、通江中学、妇幼保健站、防疫站等全宗中的2961卷档案进行鉴定，全县销毁短期卷584卷，拆卷剔除部分的475卷，拆卷剔除后重组卷373卷。1977—1979年，通江县组织各单位分管领导共160余人，对1957年的进馆档案开展普遍鉴定。共鉴定12060卷，留存8660件，剔除销毁3400卷。巴中县1977—1981年，对档案有鉴定任务的40个全宗共8939卷进行鉴定，剔除失去保存价值的3165卷。1980年，通江县档案馆对1950—1970年的长期案卷，经鉴定剔除销毁3167卷、63347件。销毁范围为：本单位重份文件、事务性通知、电话记录、一般汇报、季度总结；上级机关的一般通知、通报、篇报、通证、情况反映、不属本县的会议发言材料；同级机关和不相隶属机关无查考价值的来往文件；下属单位报送的一般性汇报、季节工作总结、未批复的请示、工作简报、情况反映；1965年保密“三查”清理的中央、省、专区的重要文件。1984年，通江县抽调318人，对全县12个区、1个镇、76个乡1978年前的档案进行全面鉴定和整理。鉴定结束，各区（镇）、乡1978年前的永久和长期积存档案全部移县档案馆。1985年，通江县对县委批准销毁档案材料进行复查，选出尚有一定考查价值的材料，重新组卷80卷，其余应销毁的档案送县造纸厂化浆销毁。1987年，巴中县组织人员对1977—1979年三年中曾鉴定待销毁的全县80个单位1975年以前的7146卷档案，按照“存宽毁严”的原则再次进行通卷逐页复查。将其中能反映当时历史、经济、生产、某些具有代表性事件等和一定保存价值的材料抽出，按照问题、单位归类，重新组卷，编目装订，单独保管，以备查考。共组卷843卷，剔除销毁6303卷。1993年，全区鉴定档案4971卷，销毁1714卷。2000年，全市鉴定各类档案7038卷，剔除销毁档案2015卷。其中，平昌县鉴定3910卷，销毁963卷；通江县鉴定3938卷，销毁1142卷。巴州区复查鉴定资料档案763卷（册），通过复查鉴定剔除无价值部分，重新组卷488卷（册）。

五、信息化建设

20世纪90年代中期以前，境内各县分别采取《档案信息》《XX县档案》等自办刊物形式交流档案信息。

1957年，巴中县档案局根据凤溪乡、县检察院、务税局、和平场乡、清江镇、丝绸厂、县农行等单位以《情况反映》形式反映的情况，先后编写《档案信息》8期。就立卷归档，村级档案、档案进馆、领导重视档案工作等情况和单位档案工作动态进行及时反映、传达县委、县政府领导对档案工作的关心和重视，鼓舞士气，交流经验，推动档案工作开展。

1996年，平昌县档案局向各部门印发《平昌县档案馆指南》150份，详细介绍馆藏内容，扩大档案影响。并加大利用效果宣传抓住档案利用环节，运用正反两方面的典型事例，编辑《档案工作简报》6期，印发各单位，并抄送县委、县政府主要领导及分管领导，提高档案工作知名度，推动全县档案工作的有序发展。

2000年，巴州区努力提高档案管理工作科技含量，档案馆利用计算机管理档案，将原县委全宗的300卷档案著录到文件级，卷内文件目录全部录入计算机，初步实现计算机检索。通江县档案馆按照省档案局要求，将馆藏16卷革命历史档案全部著录完毕，输入微机，并将软盘报送省档案资料目录中心。

第三节　档案利用

一、检索工具

检索工具是查找利用档案资料的向导，随着档案资料的不断丰富和利用工作的实际需要而编制。大体分为馆藏性、介绍性和查找性三种。20世纪60年代，境内各县档案馆只有案卷目录，卷内目录、全宗名称、全宗卡、存放位置指引卡、收进移出登记簿、借阅登记簿、利用效果登记簿和一部分汇编参考资料。70年代起，各县陆续建立《全宗卷》、编制《全宗一览表》《全宗介绍》《机关历史沿革》《机关历史简介》《档案馆介绍》等10多种检索工具。80年代，各县开始编印《档案史料》收集各县部门、各行各业有关历史资料汇编。至90年代，境内各县（市）普遍应用的检索工具有案卷目录、存放地点索引、人物卡片、全宗介绍指引卡等。

案卷目录 案卷目录由立档单位的文书处理部门或业务部门编制，随同档案向机关档案室移交。机关档案室在向县档案馆移交档案时，同时移交案卷目录一式二份。档案馆对机关档案室案卷目录进行加工处理后提供利用者使用。1994年，辖区四县（市）档案馆有案卷目录1352本，全引目录24本，簿式专题目录103本，卡片式专题目录47716张。1995年，案卷目录1364本，全引目录146本。1996—2000年，随着档案整理鉴定工作的不断加强，案卷目录和全引目录各年有异。其中1996年，全区案卷目录减少到813本，全引目录增加到157本。1998年，全引目录增至248本。1999年，全引目录增至250本。2000年，案卷目录回升到1138本，全引目录增至260本。

存放地点索引 辖区四县（区）档案馆编制的档案存入地点索引均有两种：一种是表格式，注明某一机关，某一年代的档案保存在哪一库房，哪一柜架，哪一格；一种是图表式，指明某一库房，某一柜架，某一格中存放有哪些机关，哪些年代的档案，此种索引每一库房各编制1张。存放地点索引为各县档案馆最基本的检索工具。

人物卡片 人物卡片由姓名及个人简历和档号组成。一般卡片排列按姓名笔画分开，然后再按四角号码排列。此种卡片各县仅在民国档案中编制使用。通江县档案馆存人物卡片37343张。

全宗介绍 由机关档案室编写，连同档案向档案馆移交。以文章叙事形式介绍某全宗内档案的主要内容、成分及立档单位的历史情况。

指引卡 各县档案馆编制的指引卡有两种：一种是柜架指引卡，贴在每一柜架的上面，主要指示柜架号、柜内存放档案单位名称及档案起止年代，起止卷号；另一种是柜架内指引卡，主要批示每一柜（架）内存放档案的起止年代，起止卷号。此种检索工具，随档案柜架变化和档案存放调整而变化。至2000年，巴州区档案馆有柜架指引卡409张，柜内指引卡984张；通江县档案馆有柜架指引卡92张，柜内指引卡211张；平昌县档案馆有柜架指引卡103张，柜内指引卡973张。

二、利用效果

民国时期，境内各县档案仅供政府各科办理文书的查证之需。中华人民共和国成立后，随着档案收集整理工作的加强和经济社会的快速发展，其档案利用率日渐扩大。20世纪50年代，档案主要为工农业生产提供服务，在筑路勘测，寻找地下资源，制定农业发展规划等方面发挥作用。60年代，档案作用范围扩大，各县在编写地区性农作物高产志，农作物技术规程、防治被虫害经验、养猪养牛经验、农村干部手册、制定远景规划、实行工具改革和技术革新中，均从档案中获取大量依据和素材、致使档案查阅空前增多，档案利用率直线上升。

1966年，档案利用受到“左”的干扰，档案查阅范围缩小，历史档案更成为禁区。

1978年，全面拨乱反正，左的错误路线得以纠正，提倡档案为“四个现代化”建设服务，境内四县档案利用率逐渐增加。

1979—1985年，平昌县在落实政策和编写地方志中，两次出现利用高潮，接待查阅人数33588人次，提供利用档案64483卷次，其中落实政策利用2240卷次；经济建设和科学研究利用29155卷次；编史修志利用32578卷次；其他利用510卷次。南江县接待档案查阅人数27791人次、提供利用档案37837卷次。其中经济建设查阅18877人次，利用档案5847卷次；落实政策查阅2176人次，利用档案6616卷次；编史修志查阅人数6783人次，利用档案25374卷次。

1980—1985 年，通江县档案馆接待档案查阅人 5435 人次，提供利用档案 27830 卷次，资料 319 册。巴中县档案馆接收档案查阅人 16201 人次，查阅档案 5036 卷。其中，1981 年提供的利用档案 6864 人次，7092 卷次，属于查阅精简下放问题的 2115 人次，2120 卷次；查阅人事处分的 2181 人次；查阅工资福利问题的 1672 人次，1710 卷次；开展农业区划、地名普查等，查阅有关史料 296 人次，452 卷次。

1986—1993 年，巴中市（县级）接待利用档案人数 15 万人次，提供档案 35 万卷（册），抄写复印资料 13 万页。

1994—1996 年，全地区利用档案 5754 人次，22351 卷次，利用资料 765 人次，1554 册次。利用档案用于编史修志 6908 卷次；用工作考查的 14542 卷次；用于学术研究的 192 卷次；用于其他方面的 709 卷次。

1997—1999 年，全地区利用档案 6881 人次，30049 卷次；利用资料 548 人次，1098 册次。用于经济建设的 9502 卷次，用于其他方面的 1150 卷次。其中平昌县档案馆 1997 年接待档案利用者 495 人次，查阅档案 850 余卷次，其中，落实政策 6 件，提供档案 22 卷；解决各种纠纷 119 件，提供档案 197 卷；编修史志提供档案 480 卷。

2000 年，全市利用档案 3050 人次，11762 卷次；利用资料 114 人次，326 册次；利用 1949 年前档案 5176 卷次，1950 年后档案 6586 卷次；用于编史修志 738 卷次用于工作考查的 506 卷次，用于学术研究的 22 卷次；用于经济建设 3216 卷次，用于其他方面的 2280 卷次。其中巴州区档案局（馆）接待查阅人员 588 人次，提供档案资料 2567 卷（册、份），查实者 545 人次，占接待利用人数的 93%。通过摘抄、复印档案资料，为机关工作提供查考依据，为社会各界人士提供有效证明，为单位编史修志提供有关素材，部分证明凭证为平息纠纷、确保一方平安发挥出重要作用。

第四节　档案执法

1993 年，全地区档案执法工作逐年加强。辖区档案局一手抓执法检查，一手抓违法违纪规问题查处，推进全区档案行政执法工作的有序进行。1996 年 6 月下旬，地、县（市）档案局分别派出一名工作人员到省档案局参加档案行政执法培训班学习。通过学习培训，提高档案行政执法人员执法水平，在执法过程中，客观公正地进行执法检查。平昌县档案局进一步加强和规范档案执法，明确执法责任，完善执法监督，依法管理档案事业。对县糖酒公司擅自将国家所有的档案当废品出售的行为，依照《中华人民共和国档案法》第二十四条第四款和《实施办法》第二十八条第一款之规定给予处罚，并通报全县。南江县档案局认真按照《中华人民共和国档案法》规定，强化档案行政执法手段，深入广泛地开展执法工作。对公安局、财政局、县人大、交通局、林业局、稽征所、国税局、中医院、县医院、防疫站、乐坝粮油库等 26 个单位的档案管理工作进行执法检查。通过检查，未发现违反档案法律法规的行为，升级单位亦未出现滑坡现象。

1997 年，平昌县利用全国人大教科文卫委员会对四川省进行档案执法检查之机，积极向县委、县政府汇报，争取领导重视，并组织执法人员分别对县城、双江区部分机关、团体、企事业单位档案法执行情况进行检查，纠正违法行为。同时，建立档案行政执法监督单位 10 个。南江县于 6 月上旬以全国人大常委会派员来川进行档案执法大检查为契机，对全县档案工作进行面检查，对部分达标升级单位进行复查。同时，积极推行部门执法责任制，在完善本局档案执法责任制度的同时，先后建立县人民银行、县国家税务局、县财产保险公司档案执法监督机制。

1998 年，根据《中华人民共和国档案法》《四川省〈中华人民共和国档案法〉实施办法》《中华人民共和国行政处罚法》，重新修订1995年制定的《档案行政执法责任制》，形成《巴中地区档案局行政执法责任制方案》，进一步规范行政执法行为。10月，根据《档案法》《实施办法》《方案》的规定对地级机关、团体、企事业单位进行档案法执法检查。检查中对做得好的单位，当场颁发档案工作合格证书，对少数存在问题严重的单位，制发档案执法监督检查通知书，限期整改，并跟踪检查，推动和促进各单位自觉贯彻执行档案法律法规，增强档案法制观念。

2000年，挑选25名有丰富实践经验，具备档案法律知识，办事公道正派的档案干部担任档案执法人员，按市、县（区）法制局的要求进行资格验审。按照《四川省档案协助执法人员聘用办法》，聘用62人担任档案协助执法人员，由法制局统一颁发协助执法证，形成一支与档案行政执法工作相适应的执法队伍。年内结合业务指导、案卷质量检查、“三五”普法验收、达标升级评审等工作对390个市、县（区）乡级机关档案工作进行档案执法检查。对轻微的违法行为或书面或口头通知限期整改。按照省档案局部署和市档案局制定的《“三五”普法期间档案法宣传教育规划》，由（市）人大工委法工处，市监察局、市法建办、市档案局等联合向市级各部门发出“关于开展‘三五’普法检查验收档案执法检查的通知”。市级50多个单位和各县（区）档案局对照检查细则认真自查，并按时按要求报送自查总结材料。接着，市局对60个市级部门和四县（区）档案局“三五”普法期间的档案法宣传教育工作进行检查验收。

第七章　党　史

第一节　资料征集

20世纪80年代，通江县抢救性征集川陕苏区史料1000多份，撰写回忆录50余份，征集中国共产党在通江的地下斗争史料20余万字。收集《中国共产党四川省通江县组织史资料（1949—1987年）》100万字。南江县征集川陕苏区史料150多卷1000多万字。平昌县开始征集1922年以来的中共党史资料。巴中县对徐向前、李先念和巴中籍10位将军、老红军、地下党员进行采访，形成各类史料239卷宗600多万字。

1994年起，地委党史办开始征集川陕革命老区资料。是年，地委党史办向中央党史研究室提供《中国现代历史胜迹辞典》巴中地区史料15篇8000字。至1995年，征集川陕革命老区资料40余份100余万字。1996年，编纂《巴中地区三周年大事记》，地委党史办征集资料200余份60万字。1997年，地委党史办征集《当代四川·巴中卷》史料130余份1000万字。

1998年，地委党史办征集1997—1998年地委大事记资料50万字，收入图片100余幅。1999年，地委党史办征集整理《共和国巴中地区籍第一代将军名录》27名3万字。

至2000年，平昌县征集党史资料900多万字，图片资料1000多件，其中川陕苏区资料150多万字，刘伯坚烈士资料80多万字，中共地下党资料70多万字，党史人物传记和专题资料近50万字。是年，编纂《中共巴中地方史青少年读本（1921—2000）》，市委党史办征集资料20万字、图片33幅。同时，市委党史办向中央党史研究室编纂的《人民英雄大典》提供地区内23名英雄人物史料3.5万字。

第二节 党史编纂

1983年起，通江县委党史研究室参与达县地委宣传部编写中共党史工作。1984年，通江县委党史研究室编辑《通江舆地词典》。1985年，编撰《通江苏维埃志》《通江历史编年记（公元前316—公元1952年）》，后正式出版。

至1986年，通江县委党史研究室参与达县地委宣传部编写《巴渠名萃》《可爱的通江》《谈古道今话通江》《中共通南巴平地下党斗争史》等书。是年，平昌县委党史研究编撰出版《川陕苏区平昌县人民斗争史》《红军在平昌》《红旗飘江口》。

1987年起，南江县委党史研究室开始编撰《川陕革命根据地南江斗争史》。

1989年，通江县编辑《通江县历史编年记续编（1953—1988）》《中国共产党四川省通江县组织史资料》。平昌县委党史研究室与县委组织部、县民政局共同编写《巴山人民的怀念》。同时，参与中共达县地委党史工作委员会编写《川陕革命根据地斗争史》《中共达县地区党史稿》部分章节编写任务。

1991年，巴中县委党史研究室编纂出版《巴中现代革命史》和《何太阳文集》。是年6月，南江县委党史研究室编撰的《川陕革命根据地南江斗争史》，由中共党史出版社出版，李先念、徐向前题词。同时，完成《民主革命时期南江地方党史大事记》《中共南江县委组织史资料（民主革命时期）》编纂。

1992年，南江县委党史研究室编写《中共南江县委地下斗争史（1940—1949）》《川陕苏区南江长赤县党政军群组织史》。1993年，南江县委党史研究室编写《南江县长赤县参加红军人员名录》。

1994年，地委党史办编纂《四川老区概览·巴中地区革命老区》，共2.5万字，并公开出版。该书第一次系统介绍地区区情概况、老区40多年的发展变化、老区的贫困状况及扶贫开发、资源优势、土特名优产品、骨干支柱企业、老区建设的经验教训与发展前景等情况。是年，南江县委党史研究室编写中小学课外读本《马特洛索夫式英雄肖国宝传》。

1996年，地委党史办完成《巴中地区三周年大事记》初稿20万字。同时，在纪念红军长征胜利60周年时，编印《通南巴平——全国第二大苏区的中心》史稿1.5万字。是年，巴中市（县级）委党史研究室编写出版《巴山将军吴瑞林》。

1997年，地委党史办完成《中共巴中地方历史大事记（1993—1997）》2万字，报省委党史研究室。编写《中共四川地方历史大事记（1950—1997）》。

1998年，地委党史办续编1997—1998年的大事记，32万字，收入图片100余幅。1999年6月，地委党史办编纂出版《巴中地区大事记（1993—1998）》。

2000年，市委党史办编写《中共巴中地方史青少年读本（1921—2000）》。同时，编纂《巴中地区的辉煌历史（1993—2000）》2万字，收集图片33幅。

第三节 党史研究

1981年10月起，通江县委党史研究室开始编辑《通江县现代史资料》期刊。是年，出刊第一期。1982年，通江县创办《通江史志通讯》，宣传党史知识，以及党史资料征集编研和修志工作方面的研讨。是年，南江县委党史研究室开始编辑《南江党史资料》。

1983 年起，平昌县委党史研究室白明高、苏雄昌先后撰写《毛泽东在他妻弟被杀之后》《浅析川陕苏区查田运动》《无限深情无限爱，岁月沧桑永磨》《舒玉璋烈士传》《舒玉章烈士补遗》《满族烈士舒玉章传（改编）》《长征巾帼知多少，明垂青史昭后人》《论川陕苏区的法制建设》《浅析红军长征精神的内涵与本质》《论苏区的法制建设》《略论国共两党合办西北中山学院和中山军校的始末》《说假道真》等多篇文章入选和发表在国内多家学术期刊上。

至 1984 年，通江县委党史研究室共编辑《通江县现代史资料》六期。撰写论文《“三个代表”重要思想解读川陕革命根据地历史》和《川陕革命根据地历史地位及作用新论》。

到 1985 年，南江县委党史研究室编辑《南江党史资料》8 辑。是年，崔洪礼撰写《论红四方面军西渡嘉陵江与中央红军北上战略方针的一致性》。

1986 年，南江县委党史研究室参加成都军区、四川省纪念红军长征 50 周年学术大会，撰写论文《红四方面军留守川陕边区的几个问题》《川陕苏区红色政权选举工作初探》《李先念同志关怀川陕老区》《徐向前元帅在川陕苏区战斗纪事》《川陕边区游击队的统战》《川陕省苏维埃副主席杨孝全传》《饶辉武烈士传》等，这些文稿相继公开发表。是年起，平昌县委党史研究室主办《平昌党史资料》专刊。

1988 年，巴中县委党史研究室参加重庆市委举办“3·11”惨案研讨会，撰写《大革命时期巴中的革命形势》参会交流。

到 1990 年，平昌县委党史研究室主办《平昌党史资料》专刊 40 期。1993 年，通江县创办的《通江史志通讯》停刊。

1994 年，地委党史办举办纪念抗日战争胜利 50 周年座谈会，编纂《抗日战争时期的巴中》专题史料 1.2 万字，在《巴中日报》等报纸杂志发表。是年，地委党史办创办《巴中党史》，刊发文稿 30 余篇。

1996 年，地委党史办随地委工作组赴农村调研，形成《巴中实施“四大工程”督察报告》。是年，巴中市（县级）撰写论文《浅论红军抢渡大渡河成功的原因》。

1997 年，地委党史办撰写《川陕革命根据地的廉政建设》，在《四川党史》等刊物发表，获省优秀论文奖。是年，崔洪礼撰写论文《巴中革命老区再创辉煌的历史分析》，总结概括“巴中经验”“巴中精神”的内涵，入选《中国优秀科学论文》。

2000 年，市委党史办参与市委办“三讲”（讲学习、讲政治、讲正气）教育活动，完成动员、总结材料起草 15 万字。

第四节　党史宣传

1980 年 12 月起，通江县革命现代史征集组办公室在县广播站举办广播讲座，讲述红四方面军和川陕苏区人民在党和苏维埃政府领导下，创建革命根据地的历史。至 1981 年 4 月，共举办广播讲座 47 讲。是年起，通江县各级各部门广泛邀请在境域战斗过的老红军、赤卫军队员、游击队员向各级干部、中小学生作革命传统报告。

1982 年，通江县利用《通江史志通讯》宣传中共党史知识。

1984 年 3 月，通江县请四川省党委党史工委顾问，在通江县从事过地下活动的老党员王朴庵作《关于川北地下党革命斗争史实》报告会。4 月，请中国革命博物馆副研究员罗歌作《朱德同志的青少年时代》和《通江革命文物遗址局介绍》的报告，县党史工委办公室并将其报告精神印发全县。到1986年，通江县全县各地的革命传统教育报告会达100余场，受教育人数达数十万人。是年，平昌县委党史研究室牵头主办川陕苏区平昌革命文物陈列馆，展板面积200平方米、展框194幅，陈列文物400件。

1989年9月起，平昌县委党史研究室在县委宣传部《改革之声》上开辟“平昌党史”专栏。至那年“平昌党史”在《改革之声》上共办20期，刊稿25篇，宣传平昌党组织的斗争历程。

1991年，巴中县委党史研究室利用纪念建党70周年之际，对全县7000余党员和建党对象进行党史教育活动，编印党史教材，由县委常委授课。同时，经常性地开展中共党史宣传，选择化成小学、奇章中学作为中共党史教育工作联系点，开展跟踪性的中共党史教育活动。编辑《中外美德剪影》《没走他们的路》阅读。

1999年，地委党史办协助《四川解放》摄制组拍摄巴中解放电视片资料。

2000年，市委党史办协助将帅碑林办公室举办徐向前、王树声、李先念等铜像揭幕仪式；协助中央党史研究室《将帅之星》摄制组拍摄《刘伯坚》专辑。

第八章 地方志

第一节 志书编修

一、巴中市志

1999年10月8日，中共巴中地委办公室、巴中地区行署办公室联合印发《巴中地区地方志工作2010年目标规划纲要》，明确编纂出版《巴中地区志》（巴中撤地设市后改为《巴中市志》）。11月15日，巴中地委、行署成立《巴中地区志》编纂委员会，行署专员李克明任主任委员，常务副专员苟必伦等5人为副主任委员，委员15名。下设办公室，由地区地方志办公室主任范瑞亭担任办公室主任。

2000年8月，地区志办拟定《巴中市志》纲目，经认真征求各方面意见，反复修改，提交地委、行署领导及有关部门进行审核，作为收集资料的大纲。为更好地推动市志的编修工作，《巴中市志》分志编修试点工作在市交通局、水电局启动。

二、县志

民国以前，境内各县除平昌外，均有编史修志的历史，且有旧县志存世。境内先后面世的志书有：宋、元朝，巴中县编修的《清化前志》和《清化续志》；明洪武、明嘉靖巴中县编修的《巴县志》和《巴州志》；康熙三十三年（1694年），李钟峨编修的《通江县志稿》；清乾隆《南江县志资料》手抄本；道光元年（1821年），文尚雅撰写《巴州志略》；道光七年（1827年），南江县知事胡炳为主修的《南江县志》；道光二十八年（1848年），通江知县锡檀委托陈瑞生、邓范之撰的《通江县志》。

民国元年（1912年），巴州知事王缙聘人续修《巴州志》。民国5年（1916年），巴中县知事张仲孝聘请李含菁、冯文经等13人编修《巴中县志》。民国13年（1924年），巴中县知事马传芝主修《巴中县志》成稿。民国14年（1925年），巴中县知事杨杰聘人校勘《巴中县志》。民国15年（1926年），吴世珍主编《续修通江县志稿》，未付梓。民国29年（1940年），巴中县县长劳烨主持续修县志，成立编委会，延聘编采人员，于民国31年（1942年）将原《巴中县志》作重印。民国35年（1946年），南江县长龙德渊主持编修的《南江县志》总纂脱稿，共为12册；后交成都某印刷厂，下落不明。民国35年（1946年）9月，平昌设治局局长鲜于挺主持，聘邓友鹤等21人从事编修《平昌设治局概览》。历时年余，完成3.2万余字的复写本。1958—1959年，巴中县副县长钟定九主持编写民国《巴中县志》语译本，仅留约3万字草本。

20世纪80年代初，境内巴中、通江、南江、平昌四县相继启动社会主义新方志编纂工作。各县均成立县志编委会、县志编辑部或总编室，聘请主编、副主编、编辑，开展修志业务培训，掀起第一轮修志高潮。到1990年年底，境内第一部社会主义新编县志《平昌县志》出版发行后，至1998年8月新编《通江县志》出版发行，标志着巴中地区第一轮修志工作基本结束。其中《平昌县志》除概述、大事记、杂记、附录外，共设28卷、111章、405节，104万字，1990年年底，由四川科技出版社出版发行；《南江县志》除志首、志尾外，共设25篇、136章、415节，110万字，1992年4月，由成都出版社出版发行；《巴中县志》设21卷，111章，444节，130余万字，1994年6月，由巴蜀书社出版发行；《通江县志》设56卷、187章、507节，150万字，历经15年编修，两易县志主编，七届县志编委会，1998年8月，由四川人民出版社出版发行。

1999年1月，通江县委、县政府启动续修《通江县志》工作，并成立续修《通江县志》编辑部。是年，巴中市（县级）政府决定以《巴中县年鉴》书稿为基础，改编为《巴中县志》（1986—1993）。2000年，通过重新组织资料，改变体例结构和补充资料，历时一年左右，到9月完成《巴中县志》（1986—1993）撰修任务。2000年年底，《巴中县志》（1986—1993）由四川人民出版社出版发行。全志除概述、大事记、附录外，专志设24篇，115章，503节，50余万字。是年，通江县志办公室拟定续修《通江县志》（1986—2000）纲目，着手收集资料。平昌、南江两县亦对第二轮新修地方志工作作准备。

三、事业（部门）志

20世纪80年代初，境内巴中、通江、南江、平昌四县相继启动事业（部门）志编修工作。南江县规划编写部门志72部。平昌县将部门志编写与编写县志分志初稿同步进行，按党政群、政法、经委、计委、农委、财委、文卫等7个系统分别组成责任编写小组，各部门成立史志办公室，开展编史修志工作。巴中县全面开展部门志编纂工作，全县规划修志的部门69个。至1986年年底，南江县铅印出版部门志30部，油印成书25部，复写部门志9部。

1993年，巴中地区地方志办公室成立后，对全区的部门事业志编纂加强管理和业务指导，掀起编纂事业（部门）志高潮。各县（市）地方志办公室也加强部门事业志编纂的管理和业务指导，大批成果问世。至1993年，平昌县完成部门志40部；巴中县有67个部门完成部门志编纂，其中，铅印成书25部，打印成稿15部，编纂成稿27部。至1994年5月，通江县出版部门志35部，其中公开出版7部，即《通江县金融志》《通江县城乡建设志》《通江县商业志》《通江县供销合作志》《通江县林业志》《通江县粮油志》《通江县税务志》。

1997年9月，《巴中地区地级机关基本建设志》内部出版，该志是巴中地区成立以来，出版的第一部地级部门（事业）志。

1999 年 10 月，中共巴中地委办公室、巴中地区行署办公室联合印发的《巴中地区地方志工作 2010 年目标规划纲要》，规划编纂出版地（市）级部门、事业志 31 部。至 2000 年，全市首届新编地方志工作基本结束，共出版各类事业志 82 部，专志 9 部。其中出版的专业志主要有《平昌县友谊煤矿志》《通江银耳志》《通江县苏维埃志》《巴中县报刊志》《巴中县水文志》《巴中县戏剧志》《巴中县曲艺志》。

四、乡镇志及其他

20 世纪 80 年代初，境内巴中、通江、南江、平昌四县在启动社会主义新方志编纂工作的同时，各县启动乡志（镇）的编修工作。通江县各乡（镇）启动乡（镇）志的编修工作，有近 600 名专兼职修志人员参与编修乡（镇）志。平昌县纳入规划的县属区、镇、乡志 67 部，其中区志 10 部，镇志 1 部，乡志 56 部。南江县启动乡镇志编写工作。1984 年，南江县《大河乡志》《兴马乡志》铅印出版；通江县第一部新编乡志《杨柏乡志》出版面世。

1986 年，平昌县送审的区、乡（镇）志达 43 部。1988 年，通江县铁佛区六个乡，除三合乡外，其余的五部乡志经内部出版全部成书面世。

至 1993 年，平昌县基本完成区、乡（镇）志的撰写，其中大部分为油印稿本，《平昌县澌滩乡志》为手写本，笔山、佛楼、澌岸乡志，西兴、得胜区志为内部出版发行。通江县出版乡（镇）志 14 部，其中公开出版 5 部，即：《新场乡志》《什字乡志》《永安乡志》《涪阳乡志》《板桥口乡志》。巴中县 11 部区（镇）志、61 部乡（镇）志完稿，2 部区（镇）志、4 部乡（镇）志基本完稿。1998 年年初，巴中市（县级）《飞马村志》内部出版，该志是全区编纂出版的第一部村志。

2000 年，全市共出版区志 3 部，乡镇志 21 部，村志 1 部。其中，通江县公开出版的乡镇志 5 部，内部出版乡（镇）志 11 部，58 个乡（镇）编纂有乡（镇）志手稿。

第二节　年鉴编纂

一、综合年鉴

1990 年 4 月，平昌县人民政府、县志编委会召开地方志工作会议，专题研究《平昌年鉴》（1986—1992）和部门、乡（镇）年鉴编纂工作。随后开展年鉴编写培训，提出“把握质量，史实准确，内容全面，文字通畅”的编写总要求，对部门、乡（镇）年鉴编写内容与形式进行基本定位，明确部门、乡（镇）年鉴框架、栏目设计的基本要素。

1993 年 4 月，巴中县启动《巴中县年鉴》（1986—1993）和部门、乡镇年鉴编写工作。是年底，平昌县 10 个区、61 个乡（镇）的区、乡（镇）年鉴全部脱稿，打印成册，作为史料保存。1994 年 10 月，《巴中县畜牧年鉴（1985—1993）》、《巴中县玉山区年鉴（1985—1993）》编纂出版。12 月，《平昌县教育年鉴（1986—1993）》出版。

1995 年 5 月，《平昌年鉴》（1986—1992）经西南财经大学出版社出版发行。年鉴设 12 个类目，103 个栏目，1054 个子目，共 130 余万字。1996 年 12 月，巴中市（县级）人大编印的《人大年鉴（1987—1995）》出版。1998 年年底，《平昌县农村金融年鉴》（1993—1998）内部出版，设 7 个类目，24 个栏目，115 个子目，35 万余字。是年，平昌县启动《平昌年鉴》（1993—1998）编写工作。

1999年1月，通江县成立年鉴编纂委员会、年鉴编辑部，对撰写内容、格式和时间等都作明确的规定，对稿件的质量、编写纪律和报送时间等都作明确的要求。至此，《通江年鉴》正式创刊。7月，中共巴中地委办公室、巴中地区行署办公室联合发文《关于认真做好〈巴中年鉴〉编纂出版工作的通知》。决定从1999年起，每年编纂出版一部《巴中年鉴》。并对《巴中年鉴》的主体内容、编纂办法、稿件要求、宣传使用效果、组织保障和经费保障等方面作出规定。10月，《通江年鉴》（1999）内部出版，该鉴除特载、专文、附录外，共设11个部类、198个类目、1100余个条目，46万字。12月，《巴中年鉴》（1999）内部出版。设专文、大事记、巴中概况、特载、党政群团、军事、司法、经济管理、经济建设、财税、商贸、金融·保险、文化、社会、县市概况、企事业选介、人物、光荣榜、附录等，约56万字。是年，巴中市（县级）政府决定，以《巴中县年鉴》（1986—1993）书稿为基础，改编为《巴中县志》（1986—1993）。平昌县《得胜区年鉴》（1991—1998）完成总纂，内部出版，共45万余字。

2000年7月，《巴中年鉴》（2000）内部出版。为16开本，42万字，彩页32页，1000册。为祝贺巴中地区撤地建市，特加印年鉴腰封“热烈庆祝巴中地区撤地建市”等字样。是年9月，《平昌年鉴》（1993—1998）内部出版，设特载、专文、大事记、政治、司法、经济、文化、区乡镇、人物、企业选介9个类目、28个栏目、80余个子目、973个条目，以及附表和50余幅图片，共120余万字。至2000年年底，全市除南江县未启动年鉴编纂，其余县（区）和四县（区）的一些部门、乡（镇）开展年鉴编纂工作。

二、专业年鉴

境内各县编纂出版的专业年鉴多为统计年鉴，并由统计局负责编纂。1972年8月，通江县编纂出版第一部统计年鉴，时名《通江县国民经济各部门历史资料（1949—1970）》。1986年6月，通江县统计局、县委政研室编著《光辉的四十年》统计年鉴，收录1949—1986年通江县国民经济发展的经济指标。1986年10月，通江县统计局编著《通江县国民经济统计资料》（1981—1985）统计年鉴出版。1990—2001年，每五年编纂一部，其中1991年秋，通江县统计局编著《通江县统计年鉴》（1985—1990）出版。

1996年5月，巴中地区统计局编印的《巴中统计四十六年鉴（1949—1995）》内部出版。设综合、人口、劳动力与工资、农村经济、工业、商贸、交通运输与邮电业、固定投资·建筑业、物资·能源、财政·金融、科学·教育·文化·卫生·体育事业、农村住户调查、城市住户调查等13个栏目。是年9月，通江县统计局编著《通江县统计年鉴》（1991—1995）出版。

第三节　地情资料编印及服务

一、地情资料编印

20世纪八九十年代，境内各县（市）开展地情资料收集、整理和编印，编纂出版大量地情资料读物，主要分为领导参考资料、普及读物、乡土文化丛书等。其中巴中地区地方志办公室编印出版的地情资料主要有《领导参考资料》《巴山巴水育巴人》、《县处级领导干部库录》；通江县编印出版的地情资料主要有《通江舆地词典》《绿色史料札记——巴山林木碑碣文集》《诺水谣》《红色摇篮 银耳之乡——通江》；巴中县（市）编印出版的地情资料主要有《巴中风光物产》《巴中自然资源与灾害》；平昌县编印出版的地情资料主要有《刘伯坚烈士纪念碑落成纪念册》《刘伯坚烈士纪念碑落成典礼会刊》《两江风流话平昌》（电视片）《平昌县情手册》《平昌县在外工作人员名录》《巴山风录》《刘伯坚》（专辑）《彻底否定“文化大革命”》（资料专集）《红军在平昌》《红旗飘江口》；南江县编印出版的地情资料主要有《南江县民歌选》《南江民间文学集成》《中国曲艺志·四川南江卷》《工匠民俗歌谣——吉利专集》《中国民间器乐曲集成·四川南江卷》《巴山民俗歌谣》。

二、谱牒编印

境内各县历来均有编印谱牒的传统，并有多部旧宗谱传世。谱牒编印多以姓氏为主，自筹经费，自主编印。尤其是20世纪80年代开始，一些姓氏家族自发组织编写谱牒，追溯姓氏源流，迁徙变更，或续补旧族谱，或重新整理翻印，或重新编写。出版方式多以内部出版，或有打印稿存世。发行大多在同姓氏内发行，或送档案馆、图书馆、地方志办公室存放。

1994年，平昌县韩荣光编著的《根姓寻源》内部出版，是平昌县响滩镇韩氏家族演变小考。1996年9月，喻汉文等人编著的《四川巴中喻氏史略》内部出版。1997年7月，《蹇氏宗谱》《白氏宗录》内部出版。至1999年年底，通江县有8部族谱面世。2000年10月，通江县王芝香编著的《王氏源流》内部出版。

三、地情服务

1983年以后，境内各级地方志机构积极发挥地方志的“资政、教化、存史”作用，为社会各界提供资料参考和决策依据。积极主动为新任领导提供志书，让他们了解区域情况和经济。志书出版后，利用地方志资源优势，积极为社会服务，主要表现在为领导决策提供参考，为重点工程建设项目论证提供史料，为保护地方名牌产品提供史料依据，为解决群众和历史遗留问题提供佐证，为地方宣传发展提供资料服务，为开发地方资源提供资料等。

1991年3月，《平昌县志》首发式后，平昌县广泛开展“读县志，熟县情，识平昌，爱家乡，我为建设家乡多作贡献”活动，同时开展“县情知识有奖竞赛”和“县情知识测验”，不断用县情资料为平昌政治、经济、社会服务。

1992年，新编《南江县志》出版后，积极为南江县对外宣传，提高知名度服务。为部门和群众澄清历史上相关问题。如：20世纪40年代，曾在南江任六年县长的龙德渊（江苏省高邮县人），其孙是该县农机厂工人，因其祖父原因受到厂方歧视，为弄清祖父的情况，来信了解祖父任南江县长时的情况。南江县志办及时向该厂提供《南江县志》，对龙德渊的事迹进行佐证。之后，其孙受到厂方的公正对待。1993年4月，为帮助广大读者阅读县志，县志办编写怎样阅读县志的辅导资料，受到读者普遍欢迎。

1996年5月，巴中市（县级）引进川东电源，为找到架线捷径，川东电业局专程派人到志办查阅巴中山脉河流等方面资料。是年，西南电力勘测设计院在勘测设计巴中至达县3.5千伏输电线路时，需要考证沿途的交通及地貌情况，平昌县志办为其提供《平昌县志》1册，供其参考。

1998年10月，新编《通江县志》出版后，通江县志办均将新编《通江县志》提供给新上任的县委、县政府领导，为领导了解县情、掌握基本情况、正确决策提供帮助和支持。与此同时，中央、省、市领导到通江县，县志办将新编《通江县志》提供他们，亦为他们了解县情提供方便。同时，一些县内外的客商来到通江县，县志办也将新编《通江县志》提供他们，为招商引资服务。12月，巴中化成水库治漏工程动工前，水电部门派人到志办查阅相关地情资料。

1999年5月，通江县长坪锅厂与周围村民因土地边界权属发生纠纷，双方互不相让，并发生一些小的械斗，最后发展到双方对簿公堂。县法院协调处理此事件时，要求双方各自提供依据。由于长坪锅厂档案管理混乱，查遍所有档案资料，也未查到有力证据。正当此事无从解决的时候，锅厂一名老办公室主任记起自己曾经为《通江县志》提供过厂史方面的资料，于是他抱着试一试的念头，到县志办查阅县志。县志办听其事情缘由后，积极配合，并在新编《通江县志》中查阅到关于长坪锅厂的成立时间、厂区面积以及四至界线的记述。县法院认为新编《通江县志》是官书，其资料有很高的真实性和可靠性，依据记载，实地踏勘，成功调解了长坪锅厂与周围村民的土地边界权属纠纷。是年9月18日，四川平昌江口醇酒厂举行纪念百年发展历程庆典。后在毗邻的达州市开展“百年好酒献达州”大型促销活动。达州市工商部门对江口醇酒百年历史产生怀疑，按《中华人民共和国广告法》中有关“虚假广告”和“误导消费”的有关规定，拟对江口醇酒厂罚款200万~1000万元。2000年8月中旬，达州市工商部门派员到平昌调查江口醇酒厂酒业的发展历史。此事引起平昌县委、县政府领导高度重视，要求地方志办公室提供史料依据。县志办组织人员查找各种资料和志书，后在《平昌县志》查到记载：“明末清初，民间习惯酿醪糟、酊缸酒，境内以白衣小角楼小酢酒和江口南台酊缸酒著名”。而平昌江口南台酊缸酒坊正是江口醇酒厂的前身，距此已有300多年历史。此段记载从法律上证明江口醇酒厂已有上百年的历史，从而平息一场广告纠纷，免去江口醇酒厂数百万元罚款。同时，为追溯江口醇酒的历史渊源，县志办职工查找众多历史资料，写出《江口醇史略》一文，后在《四川日报》上刊载。县志办为弘扬平昌酒文化，派员赴江口醇酒业集团编修《江口醇酒志》，为江口醇酒史提供又一佐证。2000年，县级巴中市撤市设区，在确定名称时，市志办和相关部门反复查阅县志，搜集大量历史依据，最后将区名确定为巴州区。

第九章　新闻媒体

第一节　报　刊

一、报社沿革

1993年10月，巴中地委宣传部抽调9人筹建巴中时报社，办公地点在巴中市包装装潢印制公司内。1993年10月18日，巴中时报社正式成立。内设四部一室，即要闻部、政文部、经济部、广告部、办公室。

1996年5月，在江北大道状元桥街36号建成建筑面积800余平方米的办公大楼，自筹资金创办电脑中心。购置电脑20余台，实现编、排、采、印一条龙，各部室配备电脑、采访机、文件柜、空调。机关绿化、美化、环境优雅，清静舒适。

1997年1月1日，巴中时报社更名为巴中日报社。

二、报纸与刊物

（一）报刊演变

1933年1月—1935年3月，中国工农红军先后在通江县创办有《干部必读》《川北穷人》《共产党》《苏维埃》《战场日报》《红军》《经济建设》《斧头》《少年先锋队》《红星》《红旗》《赤化全川》《不胜不休》《血花》《小日本》《红军画报》《捷报》《胜利》等报刊。南江县先后创办《南江通讯》《新南江周报》《新南江报》《红色南江报》。

民国25年（1936年）11月，巴中县成立收音室，创办《收音简报》；县复员在乡军官会办有油印《复员简报》，不定期出版。

民国31年（1942年）12月，南江县政府创办《新南江周报》初版16开油印，单面印刷，次年7月改为套色石印版，民国33年（1944年）7月，改用四方纸，增为八开二版。

1951年5月，通江县创刊《收音消息》。1952年，将《收音消息》改刊为《通江报》，八开二版，不定期出版。

1950—1973年，境内四县先后创办县委机关报。其间于1956年7月1日，巴中县创办《巴中报》，1973年1月停办。1956年10月11日，通江创刊《通江小报》，1958年7月5日更名为《通江日报》，1961年10月1日更名为《通江报》。1967年2月革命造反派将《通江报》更名为《红江报》，1968年9月复原名《通江报》，1969年7月停办。1956年7月1日，南江县创刊《南江报》，1967年7月1日，改为《新华电讯》，1968年8月26日命名《南江报》，1970年7月10日停办。1958年12月1日，平昌县创办《平昌报》，1971年停办。

20世纪70年代初，境内四县按中共四川省委“关于地、县报纸一律停刊”的通知精神，停办地、县报纸起，到90年代初的20余年内均无地方报纸。

1993年，创办中共巴中地委机关报——《巴中时报》。

1994年，《巴中时报》正式出版周二刊。1995年改为周三刊，经国家新闻出版总署批准公开发行。1996年改为周五刊。宣传形式有新闻报道、通讯、专稿，开办记者特访，昨日巴城，巴中经济，书记访谈，科技兴巴，巴中经验等专栏和文学副刊。1997年1月，《巴中时报》更名为《巴中日报》。《巴中日报》运用战役性宣传和日常性宣传相结合，以现场报道和深度报道体现党报特色，以社论和评论员文章等形式进行舆论引导，将生活周刊与周末版合刊为“双休日”，出12版，使报纸更贴近生活、贴近群众，贴近实际。

（二）报纸稿件征集

巴中日（时）报社，把稿件质量作为报纸的生命和立社之本。围绕报纸质量保障体系和运行机制，先后建立健全有报纸稿件收发选用登记制度，编辑、记者、正副总编辑职能职责和问责制度，总编室质量考核评审制度，社会评报制度，质量保证奖惩制度。《巴中日报》每天报纸均由总编、副总编、编辑部主任和部分编辑、记者组成的质量评定小组评分，确定好版面、好栏目、好标题、好新闻并在公布栏内将评选结果进行公示。凡因报纸质量问题，一律追究责任人的责任，实行责任赔偿。特定情况或特殊时期，重要文章和重要社论，送市委宣传部或市委分管领导，直至市委书记审定批准，报纸才能出版。综其审稿程序为：选稿——定稿——送稿（电子回传）——审稿（三审定案）——试印样报——终审——出版。按此程序，1993—1995年，每年收到各类稿件总量5万余份，用稿达4.3万份，用稿率为75%～95%。其中，新闻类稿件占总用稿量的32%～40%；经济类稿件占用稿量的25%～30%；时政类稿件占用稿总量的20%～25%；文艺类稿件占用稿总量的10%；其他稿件类占用稿总量的5%～10%左右。1996—1999年，《巴中日报》通联部每年收到各类稿件近7万份，用稿率85%左右。其中，经济类稿件达45%，政治类稿件占15%，社会类稿件占15%，生活类稿件占20%，文艺及其他类稿件占5%。反映市场经济和经济建设为中心的经济类和社会新闻成为宣传主题。

（三）报纸版面

1993—1996 年，《巴中日报》由四开四版周三刊到周五刊。其版别为一版为要闻版，二版为经济版，三版为政文版，四版为广告版，每月末第四版为文艺副刊版。且于创刊号上刊登《历史文化名城——巴中》《巴山明珠———南江》《川北水城——平昌》和《银耳之乡——通江》等文章，展现全区区情。同时，公布地委、行署领导成员名单。

1996 年，在地方化、通俗化、群众化方面上下工夫，创办“建区 3 周年成就”“六中全会精神”“经济纵横”“社会之窗”“家庭与生活”“影视圈”等多个栏目。中共十一届六中全会后，把宣传对象扩大到全区干部群众、机关农村、街道学校，面向基层、面向群众、面向实际，扩大报道面，增强地方特色、生活趣事的报道，力求文章短小精悍、通俗易懂、图文并茂，每版用稿 10 条。

1997 年起，《巴中日报》调整、充实，提高，进一步制定和健全各项工作、学习、生活制度，加快报社各类事业发展，改善工作环境。至 2000 年，报纸板块、栏目设置，开展创名牌栏目、增亮点活动。原周二《生活周刊》和《周末版》，合并改版为《双休日》，每周五、周六合并出刊，增强报纸的可读性、知识性，扩大信息量和读者视野，贴近群众生活和工作实际，充分发挥主流媒体正确舆论导向作用，体现党报的权威性、指导性。报纸版面由四开四版小报发展为对开四版大报，由每周三刊发展到每周五刊。同时报纸设置文学副刊，开设文化、文艺、文学、文史、文物、自然、百科阵地；诗、词、歌、赋、小说、散文、书法、绘画、各类文化遗产天堂，增设报纸看点和亮点，致《巴中日报》喜闻乐见，生机勃勃。

（四）报道内容

1993 年，《巴中时报》围绕地委、行署提出的“三年打基础，五年上台阶，十年迈大步”的发展规划和“狠抓基础，快上工业，活跃商贸，开发旅游”的发展思路，集中宣传报道巴中地区成立大会的盛况，撰写《迈向新世纪的里程碑》社论和《拥抱明天》的发刊词。在一、二、三版上刊登地委书记韩忠信、行署专员周登全在地委第一次扩大会议上的讲话摘要。1994 年继续宣传地委扩大会议精神，并对地委提出的“实施农业四大工程”“双百水利大会战”“新农村建设规划”“决战交通，解决瓶颈制约”等决定和辖区内贯彻实施地委决定的先进典型和经验。

1995 年，集中宣传报道全区第一条高等级公路巴乐路通车典礼实况。先后撰写《论加快我区农业发展》《迎接三年打基础的关键年》《夯实农业生产基础》《千方百计增加农业收入》《加大农业产业结构调整》等五篇评论员文章和《地委行署决定实施科技兴巴三十亿工程》《西华山隧道胜利贯通》《巴城三号大桥竣工》等新闻报道。

1996 年，《巴中时报》组织撰写《努力实干迎接建区 3 周年，为上新台阶奠定坚实基础》《党的领导是新区超常规发展的根本保证》《深入开展先富带后富，后富帮穷户，干部包贫户活动》《五年上台阶，富民兴巴中》《光彩的历史篇章》等评论员文章进行宣传报道。是年 11 月系统宣传报道“巴中经验”和“巴中精神”，头版头条先后刊发省委书记谢世杰在巴中地区工作汇报会上的讲话和省委副书记杨崇汇及省委常委、副省长张中伟的讲话。组织系统介绍“巴中经验”产生的连续深度报道，刊发新华社、人民日报社蒋作平、罗茂城采写的《老区翻身领头人》通讯。同时，为纪念红军长征胜利 60 周年，发表《弘扬红军精神，再振老区雄风》的评论员文章，并系统报道巴中纪念活动以及建区 3 周年庆祝活动，发表《三年凯歌震巴山》社论和反映巴中 3 年巨大变化的《江北新区过大年》专稿。

1997 年，《巴中日报》刊登地委书记韩忠信检查实施农业四大工程中发现的政绩工程和形式主义问题的同时，撰写刊发《实施农业四大工程，反对形式主义》的评论员文章。在地委提升、巩固“巴中经验”进一步亲民、爱民、为民活动中，先后刊发《81 枚手印》《韩书记在空山坝过大年》

《我区最后一个乡结束不通车的历史》《团结奋斗为巴中经验锦上添花》《一站式服务好》的消息和通讯及《领导给群众拜年好》《让老百姓高兴》《名声与民生》《扶贫攻坚，志在必胜》的评论员文章。

1998 年，撰写元旦社论《1998：稳中求进，再迈新步伐》，刊发《地委、行署表彰奖励科技功臣》，全区科技大会消息，发表《插上科技的翅膀腾飞》社论；地委行署做出决定大力发展运销大户后，及时发表评论员文章给予引导；针对林牧业发展，一些干部瞎指挥问题，发表《好事办好，实事办实》《竹子不要砍》《销售才是第一线》等文章。

1999 年，全国、全省扶贫工作会议和扶贫四期培训班在巴中举办，“巴中经验”受到全国重视。3 月 5 日，头版头条转载《四川日报》刊发的谢世杰、甘道明、敬正书撰写的巴中扶贫攻坚调研报告。中共中央政治局委员、国务院副总理温家宝作出：“四川巴中地区扶贫攻坚的成就说明，只要找准路子，真抓实干就能改变面貌。巴中经验和他们在实践中形成的艰苦奋斗、苦干兴区，实干改变面貌、大干促进发展的巴中精神对全国扶贫工作具有普遍意义”。报社加强对“巴中经验”的形成、发展、巩固的宣传，刊发《为巩固发展巴中经验再加油》的社论和《省第 14 次扶贫开发工作会议在我区隆重召开》《全国贫困地区第二期县级干部培训班在巴中地区举办》《中西部地区乡（镇）党委书记培训班在巴中地区举办》的宣传报道。7 月 1 日，刊发《阔步迈向新世纪》的社论，并在一版开设《昨日巴城》栏目刊登巴州城内发生的现场新闻。9 月集中开展“三讲教育”宣传，发表《深入扎实地搞好我区三讲教育》社论和《发扬理论联系实际的作用》《认真开展批评和自我批评》《以整风精神搞好三讲教育》《发扬民主，虚心听取群众意见》等评论员文章。10 月开辟“喜庆建国 50 周年”和“山乡巨变”“辉煌五十年，六年奏凯歌”栏目，对全区经济政治文化建设取得的成就进行宣传并发表《歌唱我们伟大的祖国》社论。11 月、12 月，对地委、行署开展的“关注民生，关心民情”的系列活动，进行现场报道。12 月 20 日，对我国政府恢复行使澳门主权刊发《欢庆澳门回归》社论。

2000 年，《巴中日报》在 1 月 1 日专刊的一版上刊发《祝福新千年》的元旦社论；三版开办“沧桑百年，巴山巨变”，回顾革命老区艰辛历程；四版开设“喜迎新千年，畅谈新世纪”栏目；五版开设“教育战线满怀豪情面向新世纪”栏目；六版开设“百年自强路”专栏，刊登反映教育和本世纪影响中国社会进程的 20 件大事。并对建区 7 年取得的成就进行大力宣传，组织《发展才是硬道理》《思想解放是关键》《就是要敢闯》《作风是无声的号召》《实干改变面貌，大干促进发展》《巴中经验铸辉煌》《苦干的七年，发展的七年》等系列评论，从 10 个方面对七年的成就进行综述。是年 12 月，中共巴中市第一次代表大会和巴中市政协一届一次会议相继召开，巴中日报先后发表《吹响新世纪跨越式发展的号角》和《群策群力，和衷共济再创巴中辉煌》社论，并对会议进行全面报道。

（五）报纸出版发行

巴中日报社历届总编辑除亲自抓报刊发行外，还配有一名副总编辑常抓此项工作，并纳入各县宣传工作目标，对各县记者站实行目标考核，对党报征订工作搞得好的实行奖励。随着市场经济的完善，市场需求的扩大，《巴中日报》质量不断提高，发行经营的方式和手段不断创新。1993 年，创刊时实行赠送，1994 年，报纸正式出周二刊，发行量为 22953 份/期，由地区邮电局统一发行。1995 年，报纸改为周三刊，经省报刊发行局批准，发行量达 29098 份/期。1996 年，报纸由周三改为周五刊，发行量增加到 32286 份。是年 6 月 28 日报纸印发《党章》和《建设有中国特色社会主义理论知识》竞赛 100 题，第 390 期报纸累计发行 90030 份，创历史最高发行量纪录。1997 年，报纸发行 38289 份，1998 年，发行 39720 份，1999 年，发行 40518 份，2000 年，发行 40815 份。

（六）报纸效益

《巴中日报》作为对公众实施影响力的主要媒体，辖区内外的影响效益逐步扩大，社会效益逐步提高。1995 年，时任第一任地委书记韩忠信在全区宣传思想工作会上说：“全区宣传思想工作的指导思想明确……特别是《巴中时报》和广播电视台的工作令人十分满意。”1996年，全省报纸年检会评价《巴中时报》：“版式情况好，信息量合格，无政治差错，印刷质量不够稳定，总的质量全面进步”。1997年，地委书记韩忠信在全区宣传工作会议上肯定巴中日报的成绩时说：“报纸宣传是做得很好的，工作是卓有成效的”。1999年，省新闻出版局局长李正培从四个方面全面肯定《巴中日报》取得的明显社会效益和经济效益，即：巴中日报依靠艰苦创业，严格管理，成为现在有一定规模的正规新闻单位；报纸质量提高很快，在全省党报质量评比中获得高分，位居各地、市州报第一位，是十分了不起的成绩；办报风格有特色，以党报性质，晚报风格，巴中特色贴近生活，可读性强，发行量4万多份是很不错的；大抓广告收入也是为经济建设服务，广告收入达100多万元，已是很可观。是年，中共中央委员、国务院扶贫开发领导小组副组长胡富国到巴中视察，并出席在巴中地区举办的“全国贫困地区第二期县级干部培训班开班典礼”。会后，在南江看到《巴中日报》，他高兴地对随行采访的记者说：“这张报纸办得好，传递信息及时，图片清晰，文章也好，党报特色鲜明，不错！不错！”2000年4月，报社总编辑向荣华被省委宣传部和省新闻工作者协会授予“省优秀新闻工作者”。

随着报纸影响力增大，发行量增加，经济效益逐年提高。1995—1998年，《巴中时报》坚持“企业化管理，市场化经营，社会化服务”，四年广告收入369万元。1999年，广告部人员加强商业广告的征集工作，当年广告收入为116万元；2000年，广告实行内部承包经营。当年广告收入178万元。

（七）刊物

《当代巴山》1994年8月，地委宣传部、地委党校、地区社科联联合主办的《当代巴山》为16开本，季刊，为巴中地区哲学社会科学综合性刊物。《当代巴山》开设改革与发展、党政论坛、马克思主义基础理论、市场经济、观察与思考、企业家天地、经营与管理、劳动就业、扶贫与开发、调查报告、热点追踪、难点解疑、组织人事，领导科学、党建信息、资政通鉴、警钟长鸣、法制园地、巴山之子、他山之石、探索与争鸣、书刊评论、报刊撷英、编读热线等20余个栏目。是全区各级党、政、企事业领导及广大理论和实际工作者学习、研究、切磋建设有中国特色社会主义理论的重要园地，服务各级党政领导决策民主化、科学化的有效渠道；了解巴中地区、检阅巴中社会科学阵容，参与巴中地区两个文明建设的一采风窗口。

《今日巴中》1994年12月20日，地委宣传部、地区文体局、地区文联联合创办《巴山文学》。1998年12月3日，省委宣传部与省新闻出版局，同意将刊型内部资料《巴山文学》更名为《今日巴中》月刊，并重新办理《今日巴中》登记注册手续。2000年8月22日，地区编委批准成立《今日巴中》杂志社，为中共巴中地委机关刊物。主要职能是宣传党的路线、方针、政策，宣传地委、行署的重大决策和工作思路，为全区两个文明建设服务。

第二节　广播电视

一、基础设施建设

（一）广播

广播事业发展，大致可分为六个阶段。即初始阶段、恢复阶段、大办阶段、整网阶段、标准化建设阶段、多功能应用阶段。民国25—38年（1936—1949年），境内各县设立于民众教育馆的收音室为标志，为广播事业的起源。民国25年（1936年）1月，四川省建设厅派员到巴中县成立收音室，于4月建成。民国36—37年（1947—1948年），通江、南江、平昌县相继设立收音室。其设备简陋，多数仅为一部收音机，收音仅作为官方传达“政令”，开展“教化”的手段，而广大民众对广播收音知之甚少。

1950—1955年，根据中央人民政府新闻总署《关于建立全国广播收音网的决定》，各县收音站及乡收音室、农业合作社收音点陆续建立，高音喇叭开始向县城广播。1952年10月1日，有线广播进入巴中县城，用高音喇叭向城区转播中央人民广播电台的节目。

1956年，各县相继成立广播站并开始向全县广播，除转播中央人民广播电台和四川人民广播电台的节目外，还自办本地新闻节目。县到乡的广播节目信号依靠电话线定时传输，乡到农业合作社节目信号为自架线路。广播喇叭由县城逐步进入农村，先城镇、后农村，由近及远地扩展。1957年9月，通江县建成青浴（大公）乡直流广播站，农村有线广播网的雏形开始形成。20世纪50年代末，部分区乡建起有线广播站和广播放大站，扩大收听面。60年代初期，各县利用小型交流扩音机和干电池子母收音机建起乡（公社）广播站。后因经济困难，农村广播网络无力整修，大量木杆腐烂，喇叭损坏，杆倒线断，形成巴中广播史上第一次挫折。1969年1月，党中央将广播事业建设列入宣传毛泽东思想和加强战备的重要工作，要求“三网合一”（广播网、通讯网、战备警报网），又重新开始广播网络建设。1971年，通江、南江、巴中、平昌四县在巴中联合创办“团结广播器材厂”，推广载波传输成功，形成有线广播网。县到公社的信号传输利用邮电线路，公社以下为自架木杆的广播专用铁线路，多采用“一条龙”式挂接小喇叭。后又用石头电杆为主架设县到区社的节目传输专用线。

1976—1982年，各县建立广播事业管理局，加强行业管理。中共十一届三中全会以后，遵循实事求是、量力而行的原则，不断改善服务手段，提高服务质量，广播事业建设迅速发展，开展大规模的架设石电杆、更换水泥电杆的农网整顿工作。按照“根根杆子正、条条线路通、只只喇叭响”的目标，逐步以水泥电杆更换石电杆和木电杆。

1983—1992年，各县按照中央提出的“有线与无线结合、广播与电视结合”的方针，既抓农村有线广播的巩固与发展，又抓电视的普及，农村有线广播网标准化建设进入高潮。播控室的修建、装潢、线路、喇叭等严格执行技术标准，广播网路达到“根根杆子正，条条线路通，只只喇叭响，句句听得清”的要求。1985年，四县开始对广播设备进行更新，对乡站技术用房进行改造，网络机房双人级，达到中央广播电视部颁发的乙级标准。通、南、巴、平四县的所有乡（镇）均建起有线广播站，共有喇叭405436只。但此后一段时期，由于大办农电，各县、乡对发展农村有线投入减少，受电视“热”、广播“冷”冲击，一些无电乡用广播杆作电线杆，广播事业走入低谷，出现“杆倒线断喇叭哑”的局面，形成广播事业发展的又一次挫折。

1993—2000年，各地因地制宜采用零线广播、调频广播、电力相间载波广播等多功能新技术，实现辖区各地微波联网。其间，1994年，古楼山转播台和南龛坡台安装100瓦和50瓦调频广播发射机，把发射天线安装到51米的综合发射塔上。各县也在骨干台上安装100瓦或50瓦调频广播发射机。是年，推行入户喇叭与适量发展高音喇叭相结合的混合覆盖、大力发展村广播室；开发广播通信一线多用，建立区、乡小调频广播覆盖网；推广广播电视共缆传输和零线广播技术，发展农村有线电视带动有线广播；兴办农村电视差传台和卫星地面接收站，推动农村广播电视事业协调发展。至1997年底，有地级调频广播电台2座，发射功率150瓦；县级调频广播电台2座，发射功率200瓦区、乡、镇调频广播站31个，村广播室428个；村通广播1843个，通播率78%；社通广播8526个，通播率58%；架设有线广播杆路13681公里，安挂各类喇叭17.217万只，入户率30%；广播覆盖人口220万人，综合覆盖率为68%，比建区前的47%增长21%。1998年年底，全地区通广播的乡258个，通广播的村1773个，村通播率75.25%，广播喇叭总数115893只，高音喇叭3238只，入户率

21%，广播电视入口覆盖率达74.73%。

至2000年，市人民广播电台和各县广播台（站）无线调频广播保持正常播出，并通过光缆传输把节目送到乡镇和村社，调频收音机和调频喇叭均可收听到广播节目，全市广播人口覆盖率79.8%。

（二）电视转播台

1976年10月，巴中县广播站在城郊南龛坡建立第一座5瓦黑白电视差转台，巴城人民能够收看到黑白电视节目，从此县广播站有“电视”这一新的业务。1977年1月，平昌县在金宝观、1979年4月，南江县在三台山，1979年9月，通江县在阳望山分别建成电视差转台。这些电视差转台都以华蓥山（704）台的电视节目作为信号源。随着电视差转台的建立，电视接收机也逐渐从机关单位向城区居民家中发展。电视机屏幕尺寸从9吋、12吋向14吋、17吋、24吋发展。1981年，各县完成米波电视规划。根据规划，四县各类电视差转台96座，发射功率3497瓦。其中，县级电视差转骨干台4座，1000W台2座、300W台1座、100W台1座。1983年，完成乡米波电视规划。南江县贵民区建起第一座电视差转台。尔后，各县农村电视差转台迅速建立起来。

1983年2月，巴中县人民政府根据省政府批复同意征用和拨用国有土地2.94公顷建古楼山电视转播台。修建600平方米的技术用房和生活用房，架设从凤头山701微波站到古楼山长5600米的高压线路，修建一条长4500米的公路，安装输水管道482米。1983年6月10日，巴中县电视转播台300瓦彩色电视转播机投入使用。1989年8月，古楼山台51米广播电视综合发射铁塔建成。通江阳望山（海拔高度816米）1000瓦台、南江谷仓观（海拔1263米）100瓦台、平昌金宝观（海拔高度702米）300瓦台相继建成投入使用。

1993年，全地区有电视转播台2座，发射机3台，发射功率350瓦。县、乡电视差转台112座，差转机134台，发射功率2382瓦。卫星地面接收站151座，其中，系统内102座，系统外有49座。1996年，县乡差转台164座，差转机180台，发射功率2889瓦。全区电视人口覆盖率80%。后随着农村有线电视发展和通江阳望山1000瓦电视转播台关闭，农村电视转播工作逐渐下降。

1998年，全地区重点建设在农村有线电视，凡通电的乡、镇所在地，建立起有线电视，并在村、社发展10%的农户；已安好前端的乡站，发展20%的农户入网；经济条件好的区、镇或片区所在地发展30%的农户入网。

2000年，全市有电视差转台103座，发射机106台，发射功率843瓦，有卫星地面接收站1507座，其中系统内988座，系统外517座。

（三）有线电视网

1987年年初，巴中县引进有线电视技术经历从探索到县城、到区镇、到乡镇、到村社的发展过程；同时也经历传输手段从纯电缆网络到光缆、电缆混合网络（HFC网）的发展过程，还经历从30兆赫系统、到300兆赫系统、到550兆赫系统、到750兆赫系统的发展过程。巴中县广播电视局开始在县城进行有线电视系统建设，使巴中成为继湖北沙市后，全国第二家进行城市有线电视系统工程试点的县广播电视局。由于这是一项新技术，没有实践经验，又无参观地点，所以只先在县广播电视局机关宿舍楼采用230兆赫、隔频传输系统试点、摸索经验与教训。2月1日，向用户传送3套（中央一套、四川一套、录像频道）电视节目（后为7套节目），很受群众喜欢。春节后即在局附近单位进行安装、发展用户。当年巴中县城有线电视系统发展用户890户。平昌县城1988年6月29日建成有线电视系统。

1990年4月，各县城区开展有线电视网技术改造，境内省广电厅把平昌县作为国家广播电影电视部在全省进行有线电视300兆赫传输系统两个试点县之一，经历300兆赫传输系统、750兆赫系统和HFC网络改治。县局对原网络进行改造。8月，国家广播电影电视部、四川省人民政府科技顾问团、省广播电视厅和达县地区广播电视局联合对巴中县有线电视 300 兆赫传输系统进行测试和评估，一致认为该传输系统各项主要技术指标均达到国家标准要求。

1997 年 6 月 1 日，地区广电局成立有线电视系统光电混合网络建设领导小组，开始对巴中城区有线电视 300 兆赫系统进行技术改造。与成都宽带通讯工程咨询服务有限公司、铁道部第二勘测设计院有线电视工程公司一道，设计制定出《巴中市有线电视综合信息网总体规划》和《巴中市有线电视综合信息技术方案》，对城区进行光缆纤芯配置，并对 3 个专业施工队进行技术培训。有线电视系统采用美国 GI 公司的 C6M—C38 调制器、混合器、光发射机、光接收机、BLE—75SH 干线放大器、QR540 电缆。9 月 30 日晚，含中央电视台四套加密频道在内的 18 套电视节目，通过已建好的光缆、电缆混合网络（HFC 网）传到城区有线电视用户家中。

1998 年 2 月 17 日，召开全地区农村有线电视建设工作会，对全区农村有线电视建设达成共识。11 月 30 日，在平昌县召开全区农村有线电视建设现场会，参观全地区第一条县至区乡的架空光缆线路（平昌至元山、至坦溪），推广平昌灵活运作的筹资方式和短期突击、速战速胜的有线电视建设经验。各县（市）因地制宜，互相借鉴，形成本地的建设模式。是年底，南江县、平昌县局相继对城区有线电视系统进行技术改造，传送 20 多套电视节目。

1999 年 8 月，地委、行署印发《关于加快全区农村广播电视事业发展的意见》。全区上下统一认识，按全国的统一部署，下大决心抓紧抓好‘村村通’有线广播电视的工程。到 2000 年，全市建成市级有线电视台 1 座，县有线电视台（站）3 座，乡镇有线电视站 284 座，占 100%，通有线电视村 1599 个，占 67. 87%，有线电视用户 214. 24 万户，入户率为 23. 18%。

（四）光缆联网工程

1995 年，广播电影电视部决定将全国有线广播电视网联成一个整体，并把广电国家级光缆干线网列入“九五”规划和 2010 年远景规划，国家广电光缆干线网的建设开始启动。辖区各县（市）采用光缆把各个分散有线电视网连接成一个整体，形成广播电视业强大的规模优势。

1998 年 5 月，各级广播电视局提出光缆联网设想和规划。6 月，通江县铁佛镇实现到村的光缆联网；11 月平昌县实现到元山区、坦溪乡光缆网联网。1999 年 1 月 26 日，地区广播电视局成立“巴中市有线电视光纤联网工程建设领导小组”。4 月 7 日，巴中市有线电视光纤联网工开始动工建设。两年时间完成到通江、南江、平昌三县和巴中市（县级）12 个片区、76 个乡镇的光缆干线网路建设。5 月 5 日至 25 日，铺设与“西成渝”国防光缆同沟建设的地局广电中心机房到平梁、兴文、清江、水宁寺镇全长 47. 47 公里的广播电视地埋光缆线路。6 月 24 日开通清江镇的光纤电视信号。7 月，邀请华为技术有限公司、中兴通讯公司、大唐电信公司、武汉邮科院、巨龙通信公司、九州集团公司和宽带公司等国内知名的通信企业在巴中举行广电新技术研究会，通过对七个企业技术方案的论证，确定地区到县的光纤联网工种采用深圳华为技术有限公司的技术方案进行组网。该方案采用 SDH 数字传输设备、ATM + IP 数字交换设备组成巴中地区广播电视宽带综合信息网。

至 2000 年，全市光缆联网工程接近尾声，有 30 个区（片区）、115 个乡镇、454 个村开通光纤电视信号。巴州区到片区的一线光干线 352 杆公里建成，并开通光信号、片区到乡镇 653. 6 公里的二级光干线，建成 370 杆公里，占 57%，开通 42 个乡镇的光信号。

（五）微波传输建设

1993 年底，巴中地区电视台、巴中地区人民广播电台节目依靠古楼山转播台 300 瓦频道电视差转机和 100 瓦调频广播发射机发射的无线电波覆盖通江、南江、平昌县城，基本上转播区台节目。经广电技术人员考察论证，采用微波传输，地、县微波联网工程由地局广播电视播出中心发射以南龛坡台中继站到古楼山发射台至各县的高山骨干台到县广播电视中心，再通过有线视系统或电视差转台，实现地县间广播电视节目对传，利用专用微波通道实现电视会议。

1995年3月2日，地委、行署制定《关于全区广播电视微波联网工程建设的意见》，成立以地委副书记、行署专员周登全为组长的微波工程领导小组。聘请省广播电视副总工程师先清朝为总技术顾问，成立由地县局技术人员干组成的专业施工队伍。整个工程分六个阶段（即前期准备，踏勘、电测，资料收集、整理，设备调研、系统方案、设计设备配置，土建施工，设备安装、调试）。当年，巴中市（县级）清江镇建成至村小微波传输系统。1996年1月18日，微波联网工程调试成功并投入试运行。6月26日，全地区广播电视微波联网工程举行竣工典礼。至此，巴中地区广播电视微波联网工程全面完成。各地进行试点和推广后，因故障等原因，使用奉命均不长。1996年南江县建成到沙河、长赤、下两长118公里的微波干线，使用两年；1997年，巴中市（县级）花丛镇建成MMDS微波传输系统，发展用户几百户，使用3年；1998年通江县诺江镇投资上百万元建成MMDS系统，发展用户上千户，使用寿命1年；至2000年6月，全地区停止使用。

（六）村村通广播电视

为实现在20世纪末基本达到村村通广播电视目标，切实解决全省国贫县村村通广播电视的问题，省广播电视厅拟分三批下达1998年、1999年和2000年全省国贫县村村通广播电视工程实施计划。1998年度，国贫县村村通广播电视工程设备分配计划，通江县、南江县分别有20套设备，每套4000元的设备配置有：0.75米卫星电视接收天线一副，Ku波段高频头一只，数字卫星电视接收机一台，21寸彩色电视机一部。使用上述设备，另加购一根从高频头到卫星电视接收机的电缆线，即可直接收看到位于东经110°5′上空鑫诺一号卫星传送的中央电视台第一套至第八套节目中的任何一套数字电视节目或中央人民广播电台的一套广播节目。

2000年初，省政府给巴中地区分配741套指标：每套设备价值1万元，配置有2.4米卫星接收天线1付，双极化高频头1只，模拟卫星电视接收机1台，数字广播接收机1台、21寸彩电1台，500瓦扩大音机1台、25瓦高音喇叭2只，电缆50米。地区行署与省政府签订目标责任书。地委、行署把广播电视网络建设作为西部大开发中区基础设施建设的重要内容，把“村村通”工程与文明新村建设同步规划，一起建设，纳入各级政府的工作目标。仅一个月时间，全地区741套设备全部安装调试结束，各受益农户高兴地看上电视，听到广播。7月24日至27日，省广播电影电视局副局长张翊带领省级验收组对巴中市、通江县、南江县的村村通广播电视工程进验收，确认巴中地区“村村通”广播电视工程符合国家广播电影电视总局“村村通”要求，省级验收合格。

二、广播电视宣传

（一）自办节目

1956年以后，各县相继自办节目，并逐年增加节目内容，不断更新。1993年12月28日起，正式向全区传送自办节目信号。

1994年，地区电视台、地区有线电视台、巴中人民广播电台在节目质量和宣传的实效性上下工夫，让视听观众喜爱。有线电视、电台除开办《巴中新闻》《经济纵横》《观众点播》《每周一歌》等节栏目外，新增《七彩巴山》《周末看台》《请您欣赏》等节目。有线电视台开通10个频道、11套电视节目，全天性播出。广播电台办起《巴中新闻》《经济信息》《领导用广播》《报纸摘要》《一周新闻综述》《为你服务》《青年节目》《少儿节目》等栏目。广播电视节目逐步做到准点播出。

1995年，巴中电视台新增《新闻广角》《一周要闻》《巴山风采》《素描人生》《农经天地》《企业风采》《市场扫描》《税务之窗》《农经简讯》《周末演播厅》《下周屏幕》等，广播电台新增《晨光服务》《广播台点歌》和联办《市城电力》《金叶之声》《国家税务》等。广播电台组稿用稿4300

件，其中自采稿700件。巴中电视台和有线电视台播出口播、图像新闻1720条，其中，巴中市的口播、图像新闻为1120条，占总用量的64%。发布经济信息7600条，制作并播出图像广告28条，文字广告87条。

1996年，巴中电视台与公安、税务、工商、金融、计划生育等部门联办节目，拍摄5集以上系列报道47组，专题片37部。《巴中新闻》年节目播出量由上年的1780条上升到2102条，增长18%。《巴中市新闻》自4月15日开播，共播出151期，发稿906件，其中图像新闻812条。对各县的新闻，利用广播电视微波传送，及时编播，年内用稿253条。在固定节目《经济纵横》内，开办《农经天地》《企业采风》《政策信息》、税务之窗、《重点工程报道》《经济短波》等板块栏目，全年播出128期，增播图像新闻248条，口播新闻50条。3月2日，国际新闻《环球瞭望》开播。《环球瞭望》由新华社提供新闻素材，巴中广播电视台编辑播出，以软新闻为主，围绕人们感兴趣的时政、科技、文化、生活等内容进行策划和编排，使人们对一段时期新闻事件的来龙去脉和文化生活走向有个大致了解。《环球瞭望》开设有《时事百科》《域外传真》《环球之旅》《科海听潮》等小栏目，每周一组，每组20分钟，每周星期日20：00播出，22：30重播。

1997年下半年，巴中电视台对所有栏目全面改版、定位、包装，提高编辑制作水平和质量。改《经济纵横》为《经济生活》，改《大视野》为《社会广角》、改《周末演播厅》为《周末看台》。对改版后的栏目内容重新进行定位，对播出时间、次数进行严格规定。同时，设计了电视台标，对所有栏目片头、片节，经过精心策划、制作，进行全包装，给观众耳目一新，受到社会广泛好评。

1998年，注重栏目建设和专题报道，新增探索性栏目《今日巴中》《金盾之光》。自办《经济生活》156期，《社会广角》52期，《巴山之子》31期，制作专题片17部，连续系列报道80集，稿件280条。其中《堵源治乱》《微水富甲天下》《潮涌巴山路》《红土地放歌》《辉煌五年》反响强烈。

1999年，为宣传“巴中经验”，各台开辟《全省学巴中，巴中怎么办》专栏。《巴中市新闻》开辟《创卫聚焦》《科技兴农》《城市建设与发展》等专栏；《经济生活》栏目开辟《巴山人口》《党建之声》《辉煌五十年》等14个专栏。全年编播《今日巴中》104期，《社会广角》101期，《经济生活》56期，制作专题片23部、286集。其中反映巴中文明新村建设的系列连续报道及专题片《巴中新村》《巴山新姿》《巴山明珠》《扶贫攻坚催巴中》等外宣片在广元、成都等到地播出，《巴山明珠》还作为申报巴中地区撤地建市的资料片送北京。把介绍“巴中经验”的专题片《跨越》制作成VCD光盘，在省内外公开发行。

2000年，对电视台、广播电台各栏目进行改版、包装、定位，推出各类小栏目40个。坚持每周一次节目质量评审活动，使所有栏目技术质量和宣传质量得到明显提高。《社会立交桥》栏目播出98期（组），用稿440条。《巴山纵横》栏目播出52期（组），用稿2100条。《荧屏心连心》栏目播出48期（组），用稿240条。拍摄专题片22部，系列报道45集。新开办《法制天地》栏目，播出36期，用稿245条。《荧屏心连心》和电台《音乐芳草地》栏目开通观众与热线电话，扩大收视收听率，成功尝试电视散文和MTV拍摄。

（二）突出宣传重点

1994年，突出组织地委、行署“超常规、跳跃式发展思路”的宣传报道。重点组织贯彻落实中共十四届三中全会、四中全会精神的报道，加强社会治安综合治理活动的报道。全区基础设施建设的宣传报道。即广（元）——乐（坝）铁路、巴（中）——乐（坝）公路、达（洲）——巴（中）公路、唐（家寺）——巴（中）公路建设；程控电话、光纤工程建设；110千伏输变电工程建设；江北新区开发等。全年仅能源、交通建设用稿218条。加强稳固农业基础地位、完善统分结合的双层经营体制和推广“三高”（高产、高效、低耗）农业、建设小康村、抗旱战“双抢”（抢种、抢收）、抗灾自救的报道。积极开展转换企业经营机制、发展乡镇企业和私营企业，建立社会主义市场经济体制的宣传报道；加大巴中市政建设和管理、增强都市意识、争创文明城市的宣传力度。配合地委、行署对外开放、加速经济建设的决策，全方位组织对外宣传，先后报道地委、行署在成都召开的新区成立新闻发布会和上北京的研讨会。建区1周年，不仅组织专题报道，而且请中央、省级新闻单位记者组织广播电视和报纸宣传。此外，对全区获省、地级以上的名、优、特新产品的招商引资、改善投资环境等活动进行大力宣传。

1995年，重点组织学习邓小平建设有中国特色社会主义理论和中共十四届四、五中全会精神，加强对省委六届六次全会推出的“负重自强，团结攀登、求实创新，富民兴川”的宣传，并结合地委“三年打基”超常规、跳跃式发展的新思路组织有一定深度的报道。加大全区基础设施建设宣传报道。如江北新区建设，农田水利基本建设，农村通讯和广播电视微波工程以及市政建设等一批基础性重点工程进行系列、连续报道。大力宣传孔繁森的先进事迹，宣传报道无私奉献、勤政廉洁、作风正派的典型人物，从而弘扬正气。积极开展国有大中型企业改制，转换企业经营机制，乡镇企业扭亏增盈，以及抗旱战双抢，抗灾自救，小康示范村，小集镇建设，稳粮增收调结构，玉米生产等连续系列报道。加大对外宣传力度全方位组织力量对西北四省物资交流会、巴中人在北京和招商引资的宣传报道，扩大巴中在外的知名度。

1996年，加大农业“四大工程”宣传报道，开设《“四大工程”在各地》《农田水利掀高潮》等65个专栏，用稿896条。积极开展国有企业改制、转换企业经营机制，企业扭亏增盈和个体经济发展的宣传报道。加强精神文明建设的宣传，开设《文明单位掠影》《在党旗下》等4个专栏，用稿89条。为庆祝建区3周年，开设《建区3周年巡礼》特别栏目，先后播出系列连续报道73集，拍摄专题片37部，共316分钟，深受群众欢迎。紧跟当前形势，大造“严打”声势。开设《“严打”之窗》《政法之窗》专栏，用稿147条。围绕地委、行署的中心工作进行重点系列报道，开设专栏16个，先后播出113集。围绕巴中地委、行署的工作重点，组织唐巴公路二期铺柏、江北干道、巴梁公路、城区民主街拓宽基础设施的宣传报道。为纪念红军长征胜利65周年拍摄《寻找丰碑》专题片。利用广播进行大力宣传，电台首播新闻时间为260小时，全年组稿6000余件，用稿4000余件。

1997年，紧紧围绕全国性的重大事件，如邓小平逝世、香港回归、党的十五大召开以及地区的三干会、精神文明建设、扶贫攻坚等内容，组织策划重点报道35个，开辟栏目24个168期，其中“巴山儿女悼小平”“庆七一，迎回归”“迎接十五大，展示新成就”“卖、租、股之后”，“扶贫攻坚”等栏目，在观众中拥有较好的声誉。《巴中新闻》用稿2217条，其中图像新闻2087条，每组图像6.7条。《巴中市新闻》用稿1300条，其中图像新闻1058条，口播新闻240条，全年共办204组，每组图像5.4条。广播电台全年组稿1460组，用稿7100条，自采编1020条。

1999年，集中全力宣传报道庆祝建国50周年、澳门回归、迎接新世纪到来等重大活动。抓住全省宣传推广“巴中经验”的有利时机，掀起宣传“巴中经验”的浩大声势，使“巴中精神”和“巴中经验”在全区乃至全省家喻户晓，在全国享有盛誉。对扶贫攻坚的宣传，较出色地完成省第14次扶贫开发工作会、全国贫困地区县级领导干部第二、三、五、七期培训班、中西部贫困地区乡镇党委书记培训班、省军区扶贫开发会等的宣传报道，受到国家扶贫办和省、地领导的肯定。在对地委领导班子和领导干部“三讲”教育的宣传报道，对巴中文明新村建设的宣传报道，对全区贯彻落实十五届四中全会精神的动态报道，全年，《巴中新闻》播出312组，用稿1905条，《巴中市新闻》播出270组，用稿1130条，巴中广播电台播出232组，用稿2680条。

2000年，集中全力搞好“七一”“十一”、迎接新世纪等各类庆活动的报道，在稳定日常宣传的同时，重点做好迎接西部大开发、神州西部大开发、县级领导干部“三讲”教育、实践“三个代表”

重要思想、加强思想政治工作、实施生物工程、“建特色产业基地、创山区致富典型”、经济结构调整、村村通广播电视工程、科教兴巴、迎接撤地建市、巴中市第一届“三会”、省委书记周永康视察巴中等宣传报道。宣传报道紧扣中心工作，贴近群众生活，大量采用现场报道和同期声，增强新闻报道的亲近感和可视性。同时，强化电视评论，运用特技手段，提高节目制作水平。《巴中新闻》播出364组，用稿2820多条。《巴中市新闻》播出302组，用稿子2200条。巴中广播电台播出新闻261组，用稿2700条。

（三）对外宣传

1993年后，全地区注重对外宣传，提高巴中的知名度。在中央台、省台的用稿率逐年上升。1995年，实现中央台用稿“零”的突破。1996年，中央台用稿11条，省台用稿217条。1997年，在四川电视台播出新闻181条，其中《四川新闻联播》播出69条，中央电视台播出新闻2条；中央人民广播电台播新闻9条，四川人民广播电台播出新闻52条。同时，还积极配合中央、北京、四川、成都等电视台、电台在巴中进行采访报道，提供各种资料，为宣传巴中、扩大巴中和“巴中经验”的影响作艰辛努力。制作的专题片《开放的巴中欢迎您》在西部商交会上播出。由于全地区广播电视系统的突出贡献，地委、行署奖给现金12000元。

1999年，积极配合中央电视台、四川电视台、四川人民广播电台的记者到巴中采访，提供所需设备和资料，共同宣传报道巴中。同时，集中力量攻“两台”。中央电视台播出稿件305条，四川人民广播电台播出7条，四川电视台播出305条，四川人民广播电台播出74条。四川电视台用稿量，由1998年全省的12跃居5位，其中4月份用稿居第一。

2000年，《巴中·西部投资的宝地》《日新月异话巴中》等8部专题片在川博会、西交会和全省会议期间播出。巴中电视台、巴中人民广播电台选送的新闻稿，中央电视台用稿4条，中央人民广播电台用稿8条；四川电视台用稿384条，并摄制《地委书记节前闯禁区》在“今晚10分”栏目播出。四川广播电台用稿72条，省台用稿数居全省各市、地、州第一名。新闻记者申振华、卢健采写的《四川巴中：水库水位下降，文物重见天日》一稿，被中央电视台5月29日晚《现在播放》《晚间新闻报道》栏目双双采用，这是中央电视台首次采用巴中台记者自己采写的稿件。

1993—2000年巴中市农村有线广播发展情况

表37—1　　单位：个、万户、只、%、瓦

年度	乡镇		行政村			农户			扩大机		喇叭	
	建站数	开广播数	总数	通广播数	村广播数	总数	入户喇叭	入户率	有用台数	功率	总数	其中 高音喇叭
1993	269	266	2360	561	2266	783053	452465	58.20	371	143100	453912	908
1994	272	252	2360	288	1832	771616	188828	24.50	351	140090	192557	1736
1995	280	249	2355	340	1880	764517	206500	27.00	381	135245	213661	2053
1996	280	242	2354	428	1695	769503	169606	22.10	323	108460	172172	2529
1997	284	253	2354	539	2021	770553	160225	20.70	387	137488	163463	3238
1998	284	258	2355	180	1773	772872	112655	14.50	387	137488	115893	3348
1999	284	239	2355	113	1668	768600	103562	13.47	262	91700	107204	3642
2000	284	166	2348	60	1179	770000	82888	10.76	230	80500	86530	3642

1993—2000 年巴中市广播覆盖情况

表 37—2　　单位：万人、%

年度	人口总数	综合		中央台节目		川台节目		地区台节目	
		覆盖人口	覆盖率	覆盖人口	覆盖率	覆盖人口	覆盖率	覆盖人口	覆盖率
1993	317.42	182.23	57.41	116.24	36.62	116.24	36.62	66.00	20.79
1994	320.70	186.60	58.20	166.60	51.94	143.70	44.80	80.00	24.90
1995	324.65	196.32	60.47	178.70	55.04	161.41	49.72	83.50	25.72
1996	328.90	191.88	58.34	183.75	55.86	185.96	56.54	92.10	28.00
1997	331.70	190.27	57.36	182.68	55.07	185.23	55.84	139.04	41.29
1998	335.50	250.71	74.73	239.10	71.27	234.30	69.84	149.96	44.70
1999	339.30	260.20	76.69	242.70	72.86	245.10	72.24	158.60	46.21
2000	342.50	268.00	78.25	264.70	77.28	254.20	74.22	158.60	46.31

1993—2000 年巴中市电视覆盖情况

表 37—3　　单位：万人、%

年度	人口总数	综合		中央台节目		川台节目		地区(市)台节目	
		覆盖人口	覆盖率	覆盖人口	覆盖率	覆盖人口	覆盖率	覆盖人口	覆盖率
1993	317.42	253.94	80.00	242.51	76.40	248.22	78.20	72.05	22.70
1994	320.70	264.20	82.38	251.50	78.50	225.60	70.30	104.86	32.70
1995	324.65	274.95	84.58	213.26	65.69	270.53	83.33	99.02	30.50
1996	328.90	290.38	88.28	251.85	76.57	251.18	76.37	101.50	30.86
1997	331.70	291.20	87.78	260.55	78.55	250.20	75.43	120.50	36.33
1998	335.50	298.39	88.94	267.60	79.76	253.70	75.62	129.24	38.52
1999	339.30	309.88	91.33	281.10	82.55	262.30	77.31	135.80	40.02
2000	342.50	318.05	92.86	296.70	86.63	267.10	77.99	143.60	41.93

第三节　电影宣传

一、事业建设

1950 年，中央人民政府南方老根据地访问团川陕分团、中央访问团川陕边分团第一队相继到南江慰问，在公园坝首映黑白故事片《一贯害人道》。1951 年 7 月 23 日，中央慰问团到通江革命老根据地慰问，当晚放映《新中国的诞生》《大西南凯歌》《钢铁战士》等影片。这是境内人民第一次看到有声电影。1952 年 8 月，省文化局电影教育工作队 72 小队被分配到通江、南江、巴中、平昌县轮回放映。起初免费，后每场收费 40 元。

1953 年 5 月，省文化厅 1205 电影队在辖区内放映《白毛女》《成渝铁路》等影片。1954 年，达县专区电影小队在辖区内各区和大乡设点放映，上映《南征北战》《葡萄熟了的时候》等影片。1955 年秋，达县专区电影中队的 1205、71、1203、1208 小分队分别划归通江、南江、巴中、平昌县，由县管理。从此，辖区内有了自己的流动电影放映队。截至 1990 年年底，四县共建有电影放映队 506 个，其中，国办 17 个，乡镇办 240 个，村办（含个体）249 个；从业人员 1375 人，其中农村电影放映人员 786 人；放映收入 324 万元，放映场次 11.4 万场，服务观众 5760 万人次，发行收入 58.3 万元。

1993 年 12 月 30 日，行署专员办公会议研究决定，成立"四川省巴中地区电影音像发行放映管理站"，隶属于地区文体局。1995 年 9 月，地区文体局为全区 77 个电影放映单位和 4 个电影公司核发了电影发行、放映许可证。南江县电影公司将电影院改造成融吃、住、娱乐、电影及录像放映为一体的多功能电影院。

1996 年，巴中市（县级）电影公司投资 340 万元，将营业面积为 1000 平方米的单一功能的电影院，改造成营业面积为 4200 平方米的融商场、舞厅、音乐茶座、电影大厅、豪华电影小厅、录像激光厅、卡拉 OK 厅、火锅城等综合性、多功能的"巴中影都"。平昌县电影公司投资 120 多万元改建过去的办公楼，建起了七楼一底 2300 平方米，融商业门市、小电影厅、录像厅、歌舞厅、文化茶园、职工住房为一体的综合大楼。截至 1996 年年底，全地区电影行业除贷款外，实际亏损 167 万多元；电影放映队伍仅有 57 个，比 1990 年（下同）的 506 个减少 449 个，下降率为 88.7%，而且大部分处于瘫痪半瘫痪状态；从业人员 334 人，减少 104 1 人，离岗率为 75.7%，离岗人员四处分散，有的弃影从商，有的外出打工，有的回家种田；放映场次 1.1 万场，减少 10.3 万场，下降率为 90.4%；观众人次 333.3 万，减少 5426.7 万，下降率为 94.2%。

1998 年，地区行署出台贯彻省政府办公厅《关于加强农村电影发行放映工作的通知》，制定了发展全区农村电影事业的具体规划和措施，并纳入目标管理。全地区发放 16 毫米放映许可证 138 个，农村放映电影 4682 场。巴中市（县级）公司组织了 6 个电影队下乡，放映了 150 多场科教电影，深受广大农民群众的欢迎。通江县电影公司从"改制、改革、改造"入手，分流人员，竞争上岗。分流人员 23 人，每年减轻企业负担 18 万元，并组建 2 支电影轻骑队下乡巡回放映 100 余场。通过改革，队伍更精干，效益更显著。据 1999 年 10 月 6 日统计，全地区有县（市）电影发行单位 4 个，35 毫米放映单位 4 个，发放 16 毫米放映许可证 138 个。

二、电影放映

影片介绍　20 世纪 50 年代，电影放映队普遍采用黑板报、海报、活动宣传牌、"土广播"等形式进行宣传。主要宣传影片内容、党的中心任务。60 年代，除上述形式外，还采用电影预告栏、宣传橱窗等。70 年代初，开辟宣传园地，但常被"造反派"占用，只好仍用海报，仅将片名告知观众而已。1978 后，各地影院在宣传橱窗开辟《影坛人物》《影星简介》《政治时事》等专栏，内容以介绍影片为主。

幻灯宣传　1956 年起，在映前用单镜头幻灯机宣传。初用 100×80 毫米的玻璃板，写上黑字或绘制单线条图像，单一地宣传影片内容及安全知识、注意事项。后又改用涂料粉刻加玻璃纸着色，并雕刻文字等形式。60 年代，采用双镜头幻灯机，编制"向雷锋同志学习"等幻灯片映出，受到好评。后又自制三镜头、五镜头幻灯机，曾映出彩色幻灯片《不忘阶级苦，牢记血泪仇》《农业学大寨》等节目，由单一静止发展为多功能活动的幻灯宣传，群众称之为"土电影"。70 年代以后，辖区多镜头幻灯机普及，乡土资料彩色片增多，为宣传家乡、促进经济社会发展做了大量工作。

映前解说　映前解说是帮助人们看懂电影的一种方法。从1956年起，各地开展映前解说。每到一部新影片，首先学习资料，熟悉影片内容和主要人物，在试片时即记下需要进行解说的镜头，编写映前解说。在出现关键性镜头画面或故事情节发生转折时，宣传影片对话；或在只有动作语言的空隙处，插入解说词。

第四节　苏维埃文化宣传

一、宣传队

1933年1月至1935年3月，红四方面军各军、师、团均建立宣传组织。师以上设政治部，团设政治处，都有宣传队。每队30人，受政治部或政治处主任领导。红四方面军总政治部及各师政治处还组织贴发队、粉笔队、錾字队，随军随地錾刻标语、散发标语、书写口号。地方宣传队省、县党政、群团组织均设专业宣传组织，川陕省委宣传部下设宣传队、錾字队、粉笔队、贴字队、木工组等。宣传队搞口头（讲演、谈话）宣传的200人；錾字队20多人，石刻标语、文献、粉笔队10余人，贴字队10余人，张贴标语传单；木工组5人。省所属道、县、区各级党委设宣传部，乡党支部设专职宣传委员。县苏维埃设宣传队，分经常、临时两种，经常宣传队为专业宣传，临时宣传队由各级革命组织临时组成。经常宣传队10人一组；县设3至5队，每队设队长、副队长各1人，由县苏维埃常委会领导。各县宣传队统由省委常委会下的宣传总部所管辖。区以下各临时宣传队，必要时由县苏维埃经常宣传队领导。

二、标语宣传

苏维埃宣传队下设錾字队和粉笔队。錾字队书刻石刻标语，粉笔队用石灰水在墙上书写标语口号。錾字队在境内石壁、碑碣、墙壁、屋柱上镌刻的标语上万幅。红军撤离后，大部被勒令铲除，遭受毁损。除凿运部分移送川陕革命根据地博物馆保存外，各地保存的“拥护中华苏维埃共和国中央政府”；“一切都归生产者所有，那里容得下寄生虫”；“打到万县去活捉刘湘”；“红军万岁”，“列宁万岁”；“实行平均分配土地，实行土地革命，实行社会保险”；“百战百胜穷苦青年乐共产，一刀一枪工农红军定太平”；“工农兵联 合起来，打倒军阀刘湘，打倒蒋介石”；“工农兵联合起来，活捉刘湘，打倒国民党，保卫 苏维埃”；“全世界无产者联合起来，活捉刘湘，消灭杨森”；“推翻剥削制度，拥护苏维 埃政权”；“打倒土豪劣绅”、“严惩奸细密探，保卫胜利果实”；“扩大红军队伍，踊跃支援前线”；“一切穷人团结起来，打倒土豪劣绅，实行分田分地”等亦在千幅以上。其中“平分土地”四个字，为1934年红军驻通江县至诚乡九子坡时所刻，3月动工，5月刻成；字高5.7米，宽4.9米，笔画深10厘米。“赤化全川”四字，刻于通江县沙溪乡景家塬左侧海拔800多米的高岩上；字高5.7米，宽4.7米，笔画深35厘米（可仰卧1人），字间 距离7.1米，30里外，点、画、横、竖等笔画均明晰不误。

三、口头宣传

苏维埃宣传组织及宣传员，采取大会报告，挨户宣传，个别谈心，教唱歌曲，战场喊话等形式深入各地开展口头宣传。

战场喊话　宣传队员根据《对白军士兵的宣传大纲》自编顺口溜，在阵地 前沿对敌喊话。如：

老乡老乡不要开枪，都是穷人，理应反蒋；为蒋卖命，实不应当，丢下父母，丢下儿郎，一年到头，不见妻房，官长待你，毫不一样；当官儿的，升官发财，当士兵的，缺粮缺饷；我们红军官兵一样，不打不骂，有福同享，为了自己，翻身解放，打起仗来，锐不可当；老乡老乡，快快缴枪，放下武器，红军有偿，来当红军，前途亮堂，愿回家的，发给钱粮。

讲演　不论是红军首长、战士、地方党政领导人或工作人员，都可随地讲演。红军一到通江县马家坪，趁当场天，一位李科长在猪市上对赶场群众讲起来："我们红军是为穷人打天下的军队，那些土豪跑了，藏起来了，哪些老乡晓得，就给我们报告，我们去把他捉回来，该关的就关，该杀的就杀。"有的讲演者，在场上人多地方，他从荷包里掏出莲花闹打唱起来："劣绅与土豪，快乐又逍遥。红军一来到，狗命就难逃。半夜三更里，四处乱在跑。光顾那狗命，鞋帽都跑掉。"一旦群众云集，就即兴讲演起来，听众久久不散。

报告　由地方政府召集群众大会，红军首长或地方党政领导人作报告，宣传党、政府和红军的方针路线、政策法令。红军进驻通江县瓦室铺流二沟，在栀子坪召开群众大会，由红四方面军政治部主任张琴秋作报告，宣传共产党的政策和红军的性质。会后，很多穷人要求参加红军。女红军李洪翔说："我就是听了张琴秋主任的报告后参加的红军"。

歌曲教唱　先由红军指战员教地方干部、赤卫军、游击队、少先队、童子团和各级俱乐部唱歌，然后由这些人去教广大群众唱。在川陕苏区广为流传的歌曲有《工农小曲》第六集的 20 首，《红军歌声》集中的 16 首。

第十章　文化管理

第一节　文化市场管理

1993 年 11 月 19 日，巴中地区文化市场管理办公室成立，属地、市合一的文化市场管理办公室。先后拟发了《关于全区文化市场清理换证的通告》《通知》，与地区计委、财政局联合制发了《关于统一全区文化市场管理收费标准的通知》。11 月 26 日，召开全区各县（市）文教（化）局长、广电局长会议，传达全国文化市场工作会议精神，布置文化市场管理工作。12 月 2 日，行署召开有地区公安处、工商局、税务局、卫生局、物价局及巴中市相关单位负责人参加的文化市场管理工作联席会议，理顺文化市场主管、分管、协管关系。

1994 年，地、县（市）党政领导高度重视文化市场管理工作，地区文体局全年共召 开文化市场管理方面的会议 27 次。地区文体局对全地区文化市场的现状及管理情况进行全面系统的调查，为领导提供信息和决策依据。审批地区管辖的娱乐城、夜总会、舞厅、电子游戏厅、卡拉 OK 厅、音像发行站等 17 家。对全区文化娱乐场所从业人员实行"服务证"制度。各县（市）加强文化市场的清理、整顿、办证、换证工作。地区文体局全年共出动稽查队伍 350 人次，各县（市）出动 1000 多人次。仅在 10 月重点清理整顿文化市场活动中，各县（市）共召开会议 80 多次，书写宣传标语 1000 多幅，开展电视广播宣传 20 多场次、街头宣传 11 场次，共收缴非法书刊、挂历、历书、历画 5285

本（册），黄色书刊893本（册），黄色录像带350盒，非法翻制的录像带2743盒，治安处罚39例，拘留1人，治安罚款24人，警告14人，发整改通知书47家，停业5家，吊销证照1家。至12月中旬，全地区文化经营单位共555家，其中，文化系统124家，夜总会3家，歌舞厅18家，卡拉OK厅26家，电子游戏机197台，音像发行6家，音像销售、租赁点15个，音像放映点104家，字画销售点7个，书刊发行4家，书刊销售、租赁点51个。文化市场从业人员1214人。

1995—1996年，全地区文化经营单位总数达594家，其中娱乐市场经营户116家；歌舞厅、夜总会27家，卡拉OK厅54家，音像市场经营户93家，书刊市场81家。全地区直接从事文化经营的管理人员和服务人员5300多人，每天进入文化市场参与消费的人数达2300人次，年上交税费120多万元。利用广播电视宣传《四川省文化市场管理条例》等法规文件200多次，播出电视标语340多条次，悬挂大幅标语440多幅，出动宣传车辆110多台次，编印宣传资料28种，深入到25个区、116个乡（镇）进行宣传活动。对音像市场集中治理，全地区共出动执法人员366人次，执法车辆32台次，收缴侵权盗版录像带1231盒、淫秽录像带32盒、激光视盘50张、盗版音带348盒，处理违法违纪单位11家，取缔违法经营户9家，查封经营单位2家，停业整顿2家，扣押设备2台，更换新照95家。对文化市场集中执法，全地区出动稽查人员476人次，出动稽查车辆422台次，清理清查296户，收缴非法音像制品352盘，收缴非法出版物213本，停业整顿8家，取消违法经营户2家。

1998年，全地区共有文化经营单位648家，其中，歌舞厅29家，卡拉OK厅121家，音像租赁103家，保龄球馆1家，其他（音乐〈餐〉茶座、棋牌文化茶园、溜冰场）394家，从业人员6000人，实现利税300万元。全地区各级文化行政管理部门按照《四川省文化市场总量调控方案》，对本辖区内的文化经营单位在规定时间统一进行年审换证。对现有的文化经营单位和文化经营项目进行重新审核，对不符合管理规定的文化经营单位进行整改。通过年审核证，进一步规范经营户的经营行为，淘汰一批档次不高、格调低下的经营单位，使全区文化经营活动朝高品位、高档次的方向健康发展。为认真贯彻全国第十次“扫黄打非”电视电话会议精神，在年审的同时，对全地区文化市场进行清理，收缴各种非法出版物3万余册。

1999年，认真贯彻全国、全省“扫黄打非”电视电话会议精神，以政治性非法出版物、淫秽色情出版物和盗版图书、音像制品为重点内容，进行全面的清理。全地区集中行动2次，出动车辆12台、稽查人员160余人次，清理集体、个体书店（摊）和音像出租、放映点150余家，先后收缴各种非法出版物3000余册（盘）。

2000年4—6月，根据全国、全省第12次“扫黄打非”电视电话会议精神，地区文体局制定下发了《对气功类出版物进行全面清理的实施方案》，对这项专项工作进行了布置，提出了要求，并由地、县（市）两级文化、出版物市场稽查队组织全区性的交叉大检查。检查面涉及书店、书摊及28所中、小学图书馆，共查获非法气功类出版物677册，盗版教辅资料13344册，盗版新华字典566册，盗版词语手册163册，非法经营的高、初中教学用音像制品50余盒，淫秽光碟78张，黄色书刊59册，盗版光碟1670余张，有政治问题的书刊4册，非法经营的挂历挂画1508张。查缴的各类非法出版物就地化纸浆近4吨。

第二节　出版物市场管理

一、印刷业管理

1994 年，下发《巴中地区印刷行业管理的通知》，对全区印刷行业管理体制问题作出明确规定，即全区印刷行业由地、县（市）两级新闻出版（文化）部门实行归口管理和分级管理。地区新闻出版局负责审批和颁发全区所属非书刊印刷企业的“印刷许可证”，并报省局备案，对全区申报的非定点书刊印刷企业审核后提出推荐意见，报省局审批。各县（市）文教（体）局负责对进入本县（市）文化市场的激光照排、打字、复印、誊印经营活动进行日常管理、审批和颁发该项目的“印刷许可证”，并报地区文体局备案。

1995 年 4 月中旬，对全地区印刷企业进行年度审查。各地组织专门检查组，深入各企业，了解基本情况、生产能力、产品质量、设施设备、利税、技改、印刷、质量及管理制度等，各企业认真填报统计表并做好自查工作，写好自查报告，由本企业主管部门签具意见后报县、市文教（体）局，各县（市）局在初审后上报地区文体局复审，经地区文体局加盖年审章后，视为年审合格。全地区 59 家印刷厂通过年审。

1999 年 1 月，地委、行署决定成立由地区新闻出版局、地区公安处、地区工商局和地区文化市场管理委员会领导参加的“巴中地区清理整顿印刷业领导小组”及清理整顿办公室。从 3 月下旬开始，整顿进入清查登记阶段，根据“取缔非法、查处违规、压缩总量、调整布局”的总体要求，结合各县（市）实际，制订出总量压缩方案与措施，积极而审慎地进行了清理整顿。4 月底，全区 81 家摸底调查企业有 67 家通过清理，审查合格，准予重新登记，申报颁证。其余 14 家有 5 家无证无照的地下黑厂予以取缔；有 5 家投资小、起点低、效益差、不够一般杂件厂最低条件的家庭作坊式小厂，按重复建设劝其停办转产，进行了结构性压缩；有 1 家效益低，又不参加年审的企业被吊销许可证；有 3 家人员老化、效益下滑的内资厂与 3 家设备好、力量强、已具备内资生产能力的杂件厂，实行资产重组、联营办厂。全区压缩面达 17%，受到省局表彰。

2000 年 10 月 25 日—11 月 10 日，以县（市）为单位，对全区印刷行业进行年度审验换证工作，检查和健全“先证后照”的审批制度、“停一办一”的申报制度、执法检查制度、监督举报制度、安全生产制度等；逐个统计上报企业生产经营情况。到年底，全地区共有各类印刷企业 111 家，其中，出版物印刷企业 2 家，出版物专项许可企业 9 家，包装装潢印刷企业 1 家，其他印刷品印刷企业 54 家，复、打、印企业 45 家，职工人数 1958 人，年创工业总产值 9947.7 万元。地区文体局除在年审期间对企业负责人进行培训外，还推荐上报全地区书刊印刷厂正副厂长、书店正副经理参加全省新闻出版系统八类上岗人员培训班，以提高其法规意识、政策观念。在“三月法规宣传月”活动中，各出版印刷企业普遍组织职工学习《出版管理条例》《印刷业管理条例》及《出版物印刷管理规定》等行业法规，增进法规意识，全年未出现违规印刷的案件。

二、内资编印管理

1994 年，认真贯彻执行省新闻出版局《关于图书报刊印刷管理规定及审批办法》，坚持一切内部报刊、图书资料先审后印、持证付印。各书刊印刷厂凡承印正式出版物，必须按要求办理准印登记手续。若有违者，首先追究承印厂家的渎职责任，视其情况，严肃处理。经地区文体局审批发放的内部图书资料准印证23个、20种，均做到手续完备、样书存档。1995年7月，地区文体局制定《四川省巴中地区非正式出版图书管理暂行规定》，就各种图书资料的编印要求、审批程序、审查送样及违规处罚等作了明确的规定。1996年，进一步严格内资审批手续，严格控制内资审核签证，冻结了对新办报、刊的审批与上报。加强对内资和书刊厂承接业务的检查，使非法委印和承印行为得到了控制。以一个月时间，分三个阶段，完成了对全区印刷行业的年审验证工作。自查有表报，初审有总结，复审有签证，结果有公布，违规有处罚。全区58家印刷厂，除1家因长期不服管理、拒交规费，被吊销“印刷许可证”外，其余厂家能认真执行行业法规，较好地坚持了凭证印刷，未参加非法承印活动。1998年10月12日，巴中地区新闻出版局对《巴中市（县级）文化体育旅游局关于我市“实用信息”出版发售的调查报告》予以批复：由“巴中市经济信息中心”编印发售的‘实用信息’，未经出版管理部门批准，属非法出版物，立即予以取缔，并没收已出的3期全部非法刊物；责令“巴中市经济信息中心”立即解散非法设立的编辑部，遣散所有人员，并不得转移地点、变更名目再度非法从事出版活动；按已出3期每期5000份，每份售价3.5元计算其违法所得，处以违法所得2倍的罚款；承印厂家“红光印刷厂”承接无证印刷品，亦属违法行为。1999年10月，地区文体局与地委宣传部联合发出《严禁非法办报、办刊、出书》的公告，在全区报纸、电视上刊、播，对规范出版行为，遏制部分机关单位、社会团体和个人非法办报、办刊、出书收到一定的宣传效果，并查处由社会闲散人员所办的非法报纸《消费者权益报》。

三、报刊编印管理

1994年，抓内部报刊及记者站的清理整顿。1月下旬，在组织内部报刊认真填报“内部报刊核验登记表”的基础上，督促各内部报刊主办单位带上样报及“内部报刊准印证”到地 区接受核验；对于个别违反内部报刊管理规定的办报办刊单位，进行批评、教育，限期整改。并规定每年10月为统一的报刊年度核验时间。按省委宣传部、省新闻出版局文件精神，对地区内的《巴中时报》《通江报》《南江周报》《巴中科普报》《平昌报》等5家内部报纸和《当代巴山》《巴中文学》这两个试办期刊的编、印、发情况进行检查，督促个别报刊完善手续。1995年12月上旬，将全区6家报纸及5家报纸承印厂集中到平昌县，召开全地区报纸年审及管理工作会议。地区新闻出版局编印下发《报纸管理文件选编》，将中央、省、地有关报刊管理文件集中编印发给各报社及印刷厂。会议认真传达贯彻全省报刊管理会议精神，总结交流两年来的办报经验，学习有关管理法规，通报各报审读情况，提出“抓质量、出特色、强管理、上效益”的工作思路。1996年10月中旬，对全区内部报纸集中进行年度核验及综合质量评审。5家内部报纸和5家承印厂按照核验要求，对照检查办报工作，写出书面总结，如实填报有关表册。

1997年1月，巴中地区出版物稽查大队查获并取缔一非法设立的报社。巴中市（县级）工商局干部王某，未经批准，在巴中市（县级）南池北路25号非法设立“经济文化报巴中办事处”，擅自跨地区采访、组版、编印对开四版“经济文化报·巴中版”2000份。稽查大队责令该办事处立即停止各种新闻采访活动，停发已出报纸；撤销办事机构，遣散工作人员；已出未发的报纸全部予以收缴，并就地销毁。1997年9月3日，巴中地区新闻出版局制发《关于对 全区党政部门、企事业单位、社会团体办报办刊进行清理整顿的紧急通知》，要求自《通知 》下达之日起，除持有“内部报纸准印证”的办报单位外，其余各部门、各单位、各团体所 办报、刊一律停办；凡在地区境内以报刊纸型、式样编印出版的所有非公开发行的报纸、刊物，无论其主管、主办单位是谁，均须重新进行登记，如实填报“巴中地区部门·行业·社团办报刊情况登记表”，经审查后决定停办或转化。要求各内资、书刊厂一律不得继续承接此类报、刊，否则取消其印刷资格。全地区各县（市）主管部门对本辖区内各部门、行业、社团办报刊情况进行认真清理登记。

1998年8月下旬—9月中旬，地委宣传部与地区新闻出版局组成联合调查组，深入四县（市）及部分地级部门，通过办报办刊单位填表自查和调查组查访了解，全地区共办内部报纸10家、内部刊物9家。内部报纸，持有省新闻出版局内报准印证的4家（四县市党报），保留至年底；持地、县新闻出版、文化主管局“内资准印证”，以“一期一证”形式出刊的6家，其中《通江画印》《通江文物》《巴中邮苑》3种社团、馆办内报，作为内部交流的内资，按“一期一证”方式保留，《中师生园地》《芳草地》《大校园》3种校园小报，按“一期一证”方式保留。

1999年，为报刊“质量效益年”。5家地、县（市）党报围绕重大事件，以集中稿件、集中时段、集中版面的方式，组织庆祝建国50周年、迎澳门回归、弘扬和发展“巴中经验”等重大专题报道，开辟“辉煌五十年”“山乡巨变”“我看巴中”等特别栏目，形成强大的舆论声势。加强报刊审核与信息反馈，促使各报刊在保持和扩大信息量，综合运用多种新闻体裁，美化版面，提高印刷质量，按时出版等方面不断进步。7月，对《今日巴中》《当代巴山》《信息与发展》进行年度核验，重新签署核验“刊型内资准印证”，按内资管理的要求，进一步规范办刊行为。11月9日，召开全地区内报核验暨报纸副刊研讨会。文艺类、生活类、科技类、综合类副刊的介入，增强党报的可读性、趣味性、知识性和服务性。

2000年，坚持新闻出版工作为繁荣经济服务，为改革开放鼓劲，为社会舆论导向的指导思想，全市报刊综合质量与办报办刊效益稳步提高。上报并获准《巴中日报》由四开四版改为对开四版；《巴中信息与发展》更名为《巴中政报》；《巴中周报》更名为《巴州报》，《巴中广播电视报》增扩四开四版。对已在1999年宣布停刊后又违规复刊的《巴中工商界》进行再次查封，发出《关于立即停办〈巴中工商界〉的函》。4月12日，地委统战部、地区工商联根据地区新闻出版局意见，联合发出对《巴中工商界》的3条处理意见。即：立即停办；如数收回已发刊物；遣散所有人员。批准在巴中市（县级）东兴场乡文化站捐建“四川百刊村镇阅览室”1个，从7月起，每月无偿捐赠107种适合农村读者阅读的期刊。

四、版权管理

1999年，印发省版权局“四川省反盗版标志制品目录”7期，使310种图书的版权在巴中地区市场得以保护。9月中、下旬，全地区分别对巴中市（县级）渔溪的九店、九镇、和平、渔溪、青木、骑龙、诚成，花丛的柳林、下八庙、来龙、磨子，清江的兴文、清江镇光耀、水宁寺，玉山的双凤、关公、天官、玉山等乡村小学和城区的集（个）体书摊（店）进行为期半月的检查，重点对教材、教辅的使用情况进行清理，共查出幼儿教材（拼音、写字、语言、算术、常识、美工）系列，数学、语文（ABC卷），《字、词、句与达标训练》《字、词、句、段、篇、章》《作文同步训练》《龙凤硬笔书法》《神奇练字纸》《计算机应用基础》《英语周报》，语文、数学《小学生课堂对应作业》《小学语文汉语拼音检测》《素质教育与对应作业》（语文、数学），初、高中《知识与能力训练》系列、《小学数法题解》等14654册、总码洋88976.56元。以上查处的教材、教辅读物经省新闻出版局鉴定，全为盗版非法出版物，由地区出版物市场稽查大队依法进行没收。

2000年，在《中华人民共和国著作权法》颁行9周年之际，组织各县（市）在报刊、电视、广播、橱窗等宣传媒体与宣传阵地上开展版权知识与版权保护法规宣传，散发省版权局和反盗版联盟印发的街头宣传张贴广告单100余张，并通过以会代训，对市、县（区）出版物市场稽查队员进行版权知识与法规培训。听取省知识产权局局长所作的《WTO与知识产权》的学术报告。加大对出版物市场“扫黄打非禁盗”的工作力度。即：上半年组织地、县（区）稽查队进行全市性的出版物市场交叉大检查；印发省版权局第13期“四川省反盗版标志制品目录”，使四川文艺出版社的26种图书、巴蜀书社的8种图书在巴中受到版权保护；对西南影业公司独家发行放映的《龙旋风》等8部影片的发行放映权进行市场监督与保护。12月27日，四川省反盗版联盟批准成立四川反盗版联盟巴中工作站，并授牌。

第三节　广播电视管理

1996年12月21日起，坚持广告宣传统一管理。凡以电视播出的广告业务，一律由经济部统一管理。凡以广播播出的广告业务，一律由广播部统一管理。严格执行审批制度。对自制广播电视广告业务，在设计、制作、播出等方面，未经许可，不得擅自设计、制作、播出。对外来广告，必须认真审查广告的内容和审批手续，防止误导、诱导，未经允许不得播出。《广播电视条例》颁布实施以后，重点加强对转播台（站）、卫星地面接收站节目源的管理，确保完整、安全转播上级台节目，杜绝宣传事故的发生。广播电视传输覆盖网建设管理，通江县教育部门设立的教育电视台，通过县政府协调，收归广播电视部门管理；县、区、乡广播电视覆盖网按照国家的统一标准进行统一规划；全区的转播台、微波站的频率进行重新审核，核发执照，广播电视传输网的工程选址、设计、施工、安装等承包给依法取得相应资格证书的单位承建，并严格执行“五统一”，严把技术关、质量关。广播电视节目管理，严格按照国务院广播行政部门批准的节目设置范围开办节目，坚持播前审查、重播重审制度，严把节目质量关。规划全区有线电视台的节目源，由地区统一到省广播电视厅有线电视节目发行站领取节目带子，统一供带渠道。2000年11月28日，地区广播电视局发出《关于进一步加强广播电视行业管理的通知》，各地认真组织职工学习贯彻全省广播电视行业工作会议精神，加大广播电视行业管理力度，对照本地区、本单位、本岗位的实际，自查自纠，完善各项管理制度，把好电视节目编排、制作、播出关，确保广播电视事业健康有序地发展。

一、节目制作管理

1993年后，制定《节目制作室安全制度》《节目制作室管理制度》和《关于加强节目制作管理有关问题的规定》《关于加强自办节目（含广告）管理的规定》，使节目制作有章可循，并逐步规范。为使电视节目制作工作有序运行，保证各类自办节目优质准点播出，巴中地区广播电视局2000年1月10日制定《关于加强节目制作管理有关问题的规定》。截稿时间。巴中新闻、巴中市（县级）新闻一般稿件上午11时前送稿，特殊稿件经领导特许，下午4时前截稿，两台新闻的一般稿件的口播在当天上午9—11时完成；《节目预告》上午10时前；《经济生活》《社教节目》《荧屏心相连》和专题节目播出前一天下午5：30；广告、点歌当天下午5时前；专题片在要求安排播出时间的4天前；文艺炒作节目、重要节目介绍于每周星期二上午9时前。加强节目管理。所有收费节目（含广告）必须先经计财科签字交总编室复核登记，由总编室填发制作播出通知单，制作部方能接受制作。制作好的节目经有关部门及领导审片签字后，中心机房按总编室的安排播出。各部门指派专门编辑参与节目制作。制作人员加班补助办法。制作人员严格履行职责，优质、低耗、高效地完成所赋职责，给予岗位补助。为使电视宣传工作规范有序开展，使节目制作程序化、规范化、制度化、加大监督管理力度，2000年2月28日，巴中地区广播电视局制定《关于加强自办节目（含广告）管理的规定》。规定各类节目收费标准、业务范围、节目播出时间和节目长度、节目制作管理、节目运行管理规定、处罚规定等。

二、节目播放管理

1994年1月25日，巴中地区广播电视局，认真贯彻落实广播电影电视部《关于加强有线电视节目供片工作若干问题的通知》，切实加强全区有线电视系列节目管理，保证有线电视事业健康、快速发展。先后建立健全有线电视台（站）节目审片制度、播放制度。规定有线电视台、站必须分别取得广播电影电视部颁发的“有线电视台许可证”和省广播电视厅颁发的“有线电视站许可证”后才能播放节目。有线电视站不得播放自制节目；有线电视台、站播放的录像制品必须贴有四川省广播电视厅颁发的《有线电视节目准播证》。地区广播电视局音像管理科将不定期对各县（市）有线电系统的节目播出情况予以检查，对违反《四川省有线电视节目管理暂行规定》的行为视其情节分别给予警告、停播整顿、吊销许可证及2万元以下罚款的处理，情节严重者同时没收其播放设备，建议直接责任人的所在单位对其给予行政处分。

1995年5月12日，巴中地区广播电视局《关于巴中电视台影视片审查播放的制度》，进一步严肃宣传纪律，强化影视片重播重审制度：凡在巴中电视台、巴中有线电视台安排播出的国内外影视片，在播出前必须进行审查；由音像科提供的片源，由音像科指定专人负责初审，组织的片源，由总编室审片人负责初审，总编室主任把关签注准播意见；在审片中，应填写好审片登记表，如发现政治内容错误、淫秽、黄色画面，应及时向部门负责人报告，总编室及时撤换节目。对不易判定的问题，审片人应及时逐级上报。必要时，由局台领导同有关人员一起共同审查，确定是否播放。重点节目由局台领导直接进行审查；建立局台领导值班制度，值班领导对当天所播影视片最后把关，有关科室要加强岗位责任制，分级把关，杜绝各类差错的出现。技播部要做好一切应急准备，保证安全播出；对工作认真负责，确保无事故出现的有关人员，年终给予奖励，对玩忽职守，造成事故者，严肃处理。

1999年1月12日，巴中地区广播电视局《关于严格审片制度的意见》，督促各宣传科室负责人审看自办和自管的节目，加大节目审查力度，提高节目质量。部门负责人必须进行自办节目的策划与管理，对节目内容审查把关，在审看成品带政治内容、技术指标均合格后签字，各科室还要对作品优劣组织评判，公正客观奖惩记者和编辑人员。此项要求作为对部门负责人考评的内容之一，并与当月津贴相联系；自办节目无部门负责人签字认可的，视为违规，每出现一次扣惩负责人20元，值班编辑10元，若值班编辑通知负责人而负责人仍不履行职责者，不扣值班编辑，部门负责人则加惩20元，即共惩40元。当月内若出现失误2次以上者，视为工作责任事故，严重的要对部门负责人采取组织措施。部门负责人出差在外，经同意报分管领导批准，可指定人员审稿审片。不得允许未经审查的稿、片播发。技播部机房对无部门负责人签字认可的稿、片不能播出，若播发者，由技播部负责人承担责任；值班编辑在节目编定后提醒部门负责人审看，并对不审情况进行举报，若隐匿不报，一经查实，一并处罚。

三、卫星地面设施管理

1994年9月21日，制发《巴中地区卫星电视广播地面接收设施管理办法》，在全区范围内开展卫星电视地面接收设施执法检查和系统内专项执法检查。对个体经营者擅自违规销售卫星电视广播地面接收设施进行查处，禁止其销售。对区内卫星地面设施进行年度检查、验证，并核发卫星地面接收设施使用许可证。对全区有线电视站、共用无线系统进行检查验收。各县、市配合公安部门对地面卫星接收设施进行清理、检查。影响较大的擅自设立卫星站事件，补办接收许可证。通江县铁溪区场镇个体户王尧 、杨卫非法销售安装卫星广播地面接收设施，被县广播电视局、工商局没收其价值5000元的非法销售安装的4套设施及其他附属设备，并处以罚款3000元。

四、境外卫星电视管理

1999年4月28日，巴中地区广播电视局、巴中地区公安处联合发文，坚决查处擅自接收、转播境外卫星电视的行为。各级党委、政府及相关部门进一步增强政治意识、大局意识、责任意识，站在防止境外敌对势力对我国实行“西化”和“分化”、维护国家安全和稳定的高度，充分认识依法加强卫星地面接收设施管理的重要性和紧迫性，高度重视，不麻痹大意。根据国家广电局、公安部、安全部联合发出的《关于坚决查处擅自接收、转播境外卫星电视的通知》精神，设置卫星地面接收设施接收境外（含港、澳、台地区）卫星电视，按照国务院《卫星电视广播地面接收设施管理规定》及国家广播电影电视部《实施细则》的规定，报广播电视部门审批。国家对卫星电视广播地面接收设施的生产、进口、销售、安装和使用实行许可制度。国家严禁未经许可的单位经营境外卫星电视及其专用设备；严各有线电视台（站）和未持有许可证的单位接收、转播卫星传送的境外电视；严禁未持有许可证的个人设置卫星地面接收设施并通过其接收境外电视节目；严禁未经广播电视部门和国家安全部门检查验收合格的卫星地面接收设施接收境外电视节目。以《广播电视管理条例》为核心，以《卫星电视广播地面接收设施管理规定》为主干，其他相关法规为依据，广播电视部门与公安、安全、工商管理部门一道，组成联合执法队伍、采取集中行动，重点清理非法安装、使用卫星地面接收设施接收境外卫星电视节目的单位和各人，取缔非法施工、安装卫星地面接收设施接收境外电视节目的单位和个人；查处非法使用卫星电视地面接收设施；查处非法经销电视解码器摊点，特别是对IC卡上标有C－SKY－NET字样（台湾华人卫星电视专用）解码器，全部予以没收。根据地委、行署电视电话、会议精神，各县（市）立即召开紧急会议贯彻落实，成立由党政分管领导任组长、广播电视、公安、安全、工商等部门负责人组成执法领导小组，抽调力量，组成执法队伍。利用广播、电视、报纸等宣传国家有关卫星电视的有关规定，营造舆论氛围。组织执法人员深入基层和用户，调查摸底、掌握情况，逐一登记造册。查处单位和个人擅自安装卫星电视地面接收设施，擅自收播境外电视节目、擅自设立有线电视前端、擅自建立有线电视网络、擅自传播广播电视节目的行为。

第四节　电影放映管理

1956年前，电影放映在农村实行大包场，每场收40元成本费，人员、财权属省管。1957年9月，达县专区将人员、财权下放到县，由县文教科、财政科管理，向电影队下达工作日、场次、观众及收费指标。1962年，达县专区收回财权，人员仍由县管。1963年，各县相继成立电影放映网管理站，统一管理农村电影放映队。县文教科负责电影放映行政领导，达县专区电影公司负责影片发行、器材供应、业务指导。各县电影放映网管理站对县电影院及农村电影放映队实行计划财务管理，拟定工作日、场次、人次、放映收入与利润等项计划指标，由县文教科下达各放映单位执行。1964年，专区电影放映公司再次将财权下放到县，以县电影管理站为核算单位。1975年，地区电影公司将县内电影放映队下放到县统一领导、管理，财务纳入县财政，恢复奖金制度。1976年后，实行计划工资加奖励的办法管理职工。对乡办电影队的管理，1979年实行由乡政府统一管理，单独建账核算，按月向县电影公司报表结费（定点定额收费，向公司缴纳管理费和更新金）。1980年实行“二八分成”（20%交县财政，80%用于发展电影事业）。1981年起对社办队在场镇售票放映实行包底分成，超过底数部分“四六分成”（交公司40%）。从1984年起，各县电影公司推行经济承包责任制，上不封顶，下不保底。第二年扩大为层层承包，层层负责，县对地区承包，站、院、队、股、室对公司承包。县成立劳动服务公司，开展第二职业。

巴中市志

第三十八篇

体 育

第一章　社会体育

第一节　传统体育项目

一、武术

远古即有文献记载："巴方""征蜀射手三百"（商代甲骨文）；"周武王伐纣，实得巴蜀之师"（《尚书》）；"人好武，善使铁棍"（《吕览》）。秦汉以来，中原文化大量注入四川，外来武术流派随之向巴蜀渗透。巴蜀武术在表现形式上逐步产生形成了以功架为主的"外家"和以呼吸（气功）为重的"内家"相融的内外双修、神形合一、风格独特的峨眉拳派。

清末，湛然法师曾代表哥老会，以四川灌县的青城、丰都县的青牛、通江县的铁佛、开县的黄陵、涪陵县的点易5个地区的"洪、化、字、会、僧、岳、赵、杜"八大武术门派为骨干，联合民众反对清廷，并在后来的著述《拳乘》中对此事进行了描述。

中华人民共和国成立后，恢复"武术"称谓（1926年改称武术为国术），境内各地根据国家对武术的方针政策，开展群众性武术活动。1957年，为适应竞赛需要，各地相继开设青少年武术班（队），青少年业余体校开设武术项目。1959年，正式颁布实施全国第一部《武术竞赛规则》，从而发挥人们编拳演练的独创性。到20世纪70年代，各地兴起"武术热"，成立武术辅导站，举办各类武术训练班，成立武术协会。1979年，巴中县建立公社以上武术队81个，456个大队开展武术活动。1999年5月8日，四川省体委授予胡俊生六段、白永德四段称号。

流传于巴中境内的武术流派（拳种）主要有太极拳、少林拳、峨眉十二桩等。

二、气功

自20世纪70年代后期开始，气功逐渐在民间较为广泛的流传开来，到80年代初，出现"气功热"。如今外地传入的、源于本地的各种流派的气功达10种以上，各地气功协会、气功辅导站等气功民间组织纷纷出现，有成员或修炼者数以万计。倘有"气功高手"表演或"带功报告"，则观者踊跃，甚至有不远千里或以老弱之躯赴会的。公园内、街道旁、机关内随时可见气功爱好者三五成群、神情专注地练功。

考察流传巴中的客派气功，基本上可纳入儒、释、道、医、武各家。各地的气功组织有的经民政部门批准，成为合法社会团体，相当多的则是自发组织。至1999年年初，全区先后成立的气功组织有中功、香功、郭林新气功、自然功、大桩功、鹤翔功桩功、康复健身功、拳川功、祥密功等10个门类，参练者8000余人。1999年7月，以上气功组织自行解体。

三、棋类

中国象棋　境内早在明清时期，象棋广为流行，有多种棋谱在民间流传。中华人民共和国成立后，各地相继成立象棋协会，参加省、地、县、乡举办的象棋比赛。各级各部门工会、团组织利用节日庆祝和假日活动开展友谊赛，吸收象棋爱好者参加。凡有茶馆的地方就有象棋表演、比赛。参加象棋活动的既有天真活泼的少年儿童，也有年逾古稀的老翁。

其他棋类　境内民间先后兴起的其他棋类有围棋、和尚棋、五码棋（又称五子棋）、裤裆棋、转滚棋。围棋主要流行在城市，和尚棋、五码棋、裤裆棋、转滚棋主要流行在农村及小城镇。至20世纪90年代，随着人们生活、生产节奏的加快及其他娱乐工具的现代化水平的提高，以上这些棋类活动很少开展，有的甚至绝迹。

四、其他体育项目

民国时期，民间自发开展打秋千，摔跤、漂水碗、堆罗汉、踩大板、甩石弹、掰手劲、打弹弓等娱乐活动；逢年过节，普遍开展舞狮、舞龙、耍龙灯、踩高跷、求雨时耍水把龙等娱乐体育活动。

巴中民俗文化——舞龙

中华人民共和国成立初，土地改革后，人们精神振奋，除开展上述体育活动外，还新增打钱架子、耍车车灯、扭秧歌、踢毽子、放风筝、逗爪、跳绳、鸭儿凫水等活动。六七十年代，新增游泳、跳房、拔河、拔萝卜、滚珠等，耍狮子、耍龙灯、踩高跷等活动被废止。

1978年，实行改革开放政策，舞狮、耍车车灯等活动再次兴起，民间除打秋千、放风筝外，还在孩童中新增滚铁环、斗鸡、跳沙包，机关单位开展拔河、投掷、负重接力等活动。

20世纪八九十年代，又新增划龙舟、爬山、转路、跳舞、掷环、逮水球等项目，至2000年，全市尤以跳舞、转路、爬山活动盛行。

第二节　体育设施

清末，巴州城有东、西两个较场，内设演武厅、跑马道等。南江县立高等小学开辟体育场。

民国时，巴中中学和大部分小学均有篮球场，一般乡村小学校均有小操场。通江县县城诺江镇仅初级中学、简易师范校、高等小学校、民众教育馆 有小型体育场地。据民国36年（1947年）统计，县民教馆附设运动场，面积700平方米，余者皆因规格不够而未统计。平昌县江口、岳家、驷马等地19所中心国民学校设有球场、乒乓球台。江阳公园内备弈棋桌、乒乓球台、篮球场。南江县各乡中的国民学校，均建有篮球场。南江县各乡中心国民学校均建有篮球场。

1933年2月中旬，川陕省苏维埃政府成立后，将通江城东门大坝辟为川陕省苏维埃红场。川陕省委、省苏维埃政府组织城区机关干部，军民除草除根，挖高填低，砌坎开沟，经月余，红场竣工。红场东西长150米，南北宽100米，共约15000平方米。省苏维埃红场，既是川陕省委、省苏维埃政府召开群众大会及省总保卫局召开公判大会的会场，又是省军区指挥部进行军事训练、武术竞赛的竞赛场，也是广大军民锻炼身体的运动场。

1934年1月1日，川陕省苏维埃政府机关报《苏维埃》报道：赤江县城（今通江城）红场设置各种体育器械。于前日开始，规定每日下午3时至5时半为运动时间，参加打球、跳栏、赛跑、投铁竿者极为活跃，大家为消灭刘湘而锻炼身体。是年7月，川陕省苏维埃政府迁巴中，于巴中设立“红场”1个，内有单杠、双杠、沙坑、木马、天桥等体育设施。

田径运动也在苏区普遍开展。《红军作战要领》第三条规定：“欲使行军力强，应有经常跑步、爬山之操。每天拂晓，必须全副武装，操行军事为重，训练爬山，或上或下，或爬石崖，或抢独径，以及跑步等等，均以竞赛行之，收效必大。”原红四方面军妇女独立团战士撰《妇女团生活片断》载：“在体育方面，跳高、跳远、单杠等样样都练，我们特别喜欢长跑，它可以帮助我们行军和冲锋。”各级苏维埃政府也常举办田径运动。

据1949年统计，通江全县仅有简易篮球场15个，面积约6790平方米（不规则土坝），球架均为木质架、铁圈。南江全县有篮球场16个，（学校14个，县城2个），足球场1个。中华人民共和国成立后，县委、县政府、税务局等机关先后建起篮球场。

1950年后，各县体育项目逐渐增加，各中小学拓宽体育场地，增设体育设施，一般学校球类较多，兼有木马、跳箱、单杠、双杠、沙坑、铅球、铁饼、标枪。1952—1958年，平昌县各机关建篮、排球场18个；巴中县、通江县、南江县各中学及乡中心小学均建有篮球场和乒乓球台，还有沙坑、跑道、单杠、双杠、平衡木、五马等体育设施。1964年，巴中、平昌各建灯火球场1个。

1971年，南江县城建灯火球场1个，供体育爱好者夜间练习球艺或竞赛。1976年，平昌县人民会场灯火球场废弃后，又在江口镇朝阳路新建灯火球场1处，可容观众3000余人。1978年，巴中县建露天看台灯光球场1个；南江县农村生产大队普建篮球场。1981年，巴中县建溜冰场1个。一些人数较多的机关、单位、厂矿建有篮球场、单双杠等设施；人数较少的单位，一般都有乒乓球台、羽毛球网及象棋等。据1985年统计，巴中县学校建三合土篮球场78个、排球场23个、羽毛球场34个。通江县共有体育场550处，面积275514平方米，其中，排球场40处，小运动场5处，篮球场近500处，20%以上是钢管篮球架和三合土坝；区乡体育活动场所大多分布在中、小学校；县城机关、学校、厂矿均有自己活动的体育场地，其中以东门大操场、列宁公园灯光球场、通江中学体育场为城区规模最大、比赛最多的场地。南江县建有合格篮球场144个（其中学校103个，工厂11个，农村11个，其他单位19个），排球场17个，小运动场4个。平昌县有田径场（含足球场）3个，排球场21个，篮球场194个；粮食局、医药公司、丝绸厂、岩口乡、得胜区粮店因陋就简建有灯光球场。

1993年年底，巴中市（县级）的篮球场增到138个，其中，体委2个、厂矿8个、农村26个、机关8个、学校94个；羽毛球场减少到11个，其中，厂矿4个、乡镇2个、机关5个；设置棋类室7个，其中厂矿4个、机关3个。1996年春，巴中市（县级）对全市体育场地进行普查，共有各类体育场地311个，其中，篮球场272个，排球场24个，小运动场8个，固定看台灯光球场3个，室内训练房1个，轮滑场1个，门球场2个。按体育场地的隶属关系分类：教育系统中学篮球场82个、排球场11个、小运动场7个，小学篮球场184个、排球场11个，中等专业学校篮球场6个、排球场2个、小运动场1个、室内训练房1个；县体委系统固定看台灯光球场1个、室内轮滑场1个、门球场1个；党政系统门球场1个；乡镇灯光球场2个。2000年年底，平昌县有固定看台的灯光球场1个（体委系统），小运动场5个（教育系统），篮球场165个（教育系统146个，其他系统19个），排球场21个（教育系统），共有面积126342平方米（教育系统114882平方米，体委系统1580平方米，其他系统9880平方米），全县人均体育占地面积0.15平方米。

第三节 城乡体育活动

一、城市体育活动

民国时期，体育活动主要在学生、军队和少数机关职员中开展，个别较大型的厂矿的青年工人有组织地进行过篮球、乒乓球活动。一般市民也有极少数爱好者经常从事自己所喜爱的项目锻炼，如武术、气功、乒乓球等。但多为年节时的耍龙灯、高跷、划龙舟之类的娱乐性项目。

中华人民共和国成立后，党和政府把“增强人民体质”作为体育工作宗旨，各级工会组织也把抓好职工体育活动作为职责。1954 年 3 月 1 日，中央人民政府政务院发出《关于在政府机关中开展工间操和其他体育活动的通知》后，各级机关和厂矿的球类、棋类活动活跃起来。坚持“业余、自愿、小型、多样”和“因人制宜、因陋就简”的原则，以纠正体育运动中浮夸风和形式主义的倾向，使职工体育活动得到正常发展。

1966 年开始，正常的体育活动基本停止，直到 1972 年各项体育活动才逐渐恢复。1976 年 7 月 16 日，各地纷纷举行纪念毛泽东主席畅游长江 10 周年的群众性游泳活动。年冬，各地开始举行“象征性长跑”、环城跑、百日跑一类活动，有的逐渐形成传统，并举行此类体育赛事。

20 世纪 80 年代以后，恢复和建立竞技体育运动或业余体校，兴建场地设施。除形成传 统的项目外，体育舞蹈、健美、气功、旱冰、台球、网球、门球、桥牌等项目受到城市人民的喜爱，自发参加锻炼的人越来越多。清晨和傍晚，公园里、道路旁、大院内，到处可见锻炼的人群，给城市增添生气。“花钱买药不如花钱搞体育”成为他们的观念，体育消费列入家庭开支渐渐成为时尚。

1994 年，辖区坚持开展一年一度的“三八”“五一”“十一”、元旦 等节日运动会。巴中市（县级）的化湖龙舟赛、南江县的“水泥杯”和“园丁杯”赛等独具特色。各种协会举办的比赛不胜枚举。如巴中市的春秋季信鸽、围棋比赛；南江县的“康乐杯”门球赛、“成教杯”篮球赛；通江县的“康乐杯”钓鱼、“迎春”棋牌赛；平昌县的钓鱼、中国象棋、羽毛球比赛等，为全区群众体育活动倍添风采。

1995 年 6 月后，全区实施国务院颁布的《全民健身计划纲要》，全地区各级各单位领导极为重视职工的身体健康，单位中的工会、妇联、共青团成为 实施全民健身的组织者。巴中市（县级）政府专门发出“加强体育工作实施全民健身计划的通知”，带头组织党政机关运动会（篮球、象棋、拔河等），恢复工间操。市电力公司组织妇女健美操培训，开展班组竞赛。各县（市）在“三八”“五一”“十一”、教师节举办职工羽毛球、台球、围棋、象棋、拔河、篮球等比赛，参赛达 10 多万人次。全区经常参加体育锻炼的职工占总数的 30% 以上。

1996 年，全地区各级各部门密切配合，体协、工会、共青团、妇联成为全民健身的积极组织者和最活跃的参与者。各县（市）体委（文体局）基本做到周有活动、月有赛事。地直机关召开庆“七一”篮球运动会。巴中市（县级）结合设市建区 3 周年大庆，召开规模空前的首届市运会，各单位、各区镇踊跃报名，参赛人数达 500 多人。南江县“桃园杯”职工篮球赛，参赛队伍 16 支，观众达到 5 万多人；通江县每年的元旦长跑比赛，万人空巷，声势浩大，已举办 16 届；平昌县粮食局以体育促发展，为企业添活力，花力气建场地，出巨资搞比赛。巴中市（县级）交通局参加省交通系统羽毛球比赛获“体育道德风尚奖”。通江县交通局参加省交通系统田径比赛，男、女团体均获第三名，县财政局参加省财政系统的乒乓球赛也取得较好成绩。平昌县交通局组队代表地区参加省交通系统游泳比赛，获铜牌 1 枚，团体总分第六名 。

1997 年，全地区共举办各种培训班 25 期，培训社会体育指导员三级 256 人、二级 85 人，省体委批准一级社会体育指导员 22 人。新建体育场地 15 个。巴中地区粮食局、平昌县粮食局、南江中学、通江中学荣获“全国群众体育先进集体”称号。地区文体局以推广普及第八套广播体操为契机，先后为辖区培训广播体操领操员 200 多人，倡导并率先在文体局机关推行工间操制度，掀起职工健身高潮。地区邮电局举办声势浩大的广播操比赛。南江县文体局与县直工委把县直机关广播操比赛作为一次集体组织生活，搞得既隆重又热烈，富有成效。巴中市（县级）凤王羽绒制品厂赞助全区首届乒乓球比赛，南江县政府主办跨地区跨行业的篮球邀请赛，地区地方税务局举办本系统的综合性运动会，巴中市（县级）电力公司、通江县邮电局、平昌县粮食局、广旺矿务局南江煤矿等单位的群众体育活动丰富多彩。既丰富职工生活，又推动群众体育运动的发展 。

1998 年，巴中市（县级）文体局、南江县文体局举办本系统职工综合运动会，地区文体局举办局机关和直属单位的广播体操和拔河比赛。地级机关举行盛大的“五一”第八套广播体操比赛，8 个地级单位、200 名机关干部职工参加比赛，地区邮电局、地区广电局获一等奖，地区农行、地区文体局、行署办获二等奖，地区人事劳动局、人民银行巴中地区支行、巴中日报社获三等奖。巴州镇北门居委会因势利导建立小街子棋牌一条街，东城、西城办事处利用街边路角安排 200 余张台球桌，10 余张乒乓球桌，既方便群众健身，又解决部分职工再就业。南江县十多个单位利用节假日举办本系统运动会。通江县“信合杯”篮球赛、“光彩杯”足球赛不仅参与者众多，而且观众如云。平昌县“伯坚杯”钓鱼比赛，近百名钓鱼爱好者参赛。各协会俱乐部发挥自身优势积极开展活动。地区乒协与地区电信局联手举办全区首届“电信杯”乒乓球大赛。地区鸽协通过举办活动不断发展壮大。个体私营企业蓝光燃气公司成立“与你同行”自行车俱乐部，并举办趣味自行车赛，健美俱乐部吸引大批中青年人。

1999 年，地区文体局率先垂范，举办局机关及直属单位乒乓球和拔河比赛；地区国税局、交通局、地税局、人民银行巴中地区支行、地区运输总公司等单位纷纷举办本系统职工运动会；地区农业银行工间操活动坚持经常。各县（市）结合全民健身宣传周活动，以职工体育为重点，把群众体育搞得红红火火。巴中市（县级）“红烛杯”篮球赛、南江县文体系统庆“七一”文体活动、通江县首届领导干部钓鱼比赛等各具特色。《四川日报》星光寻呼台巴中分台与地区文体局联合举办全区首届五人制足球赛；地区电信局、移动通讯公司、巴中市（县级）文体局和地区乒协携手举办全区第二届“电信移动杯”乒乓球大赛；平昌县江口醇酒厂为庆祝建国 50 周年，出巨资举办全县有史以来规模最大的“江口醇世纪杯”篮球比赛；通江县由农业发展银行提供赞助的“农发行杯”全县长跑赛气势恢宏，参赛人数达 2000 多人；南江县“邮电杯”象棋大赛组织有序 ，参与者众。南江县文体局获“四川省’99 全民健身宣传周先进组织奖”，地区国税局、地区电信局获全省“全民健身宣传周先进单位”称号，通江县诺江镇街道办事处被授予“四川省城市体育先进社区”称号。

2000 年 4 月，地直机关工委、省总工会巴中地区办事处和地区文体局联合举办地级机关庆“五一”职工篮球赛，地级机关 11 支男女队参赛。地交通局、地公安处、地邮政局分获男子组前 3 名，女子组被地广电局夺魁。7 月，地区群众艺术馆利用地区文体局机关篮球场开办健身广场，聘请兼职教练每天晚上进行健身健美操、体育舞蹈培训，吸引大批前来锻炼的群众，取得良好的社会效益和经济效益。11 月底，为迎接撤地设市，地直机关工委、巴中电业局和地区文体局联合举办建区以来水平最高的地级机关“电业杯”篮球赛，5 支男队、3 支女队参赛，10000 多人观战。经过 5 天紧张激烈拼搏，巴中电业局队、地建委队分获男子组冠亚军，女子组被中国联通巴中分公司夺魁。12 月，市文体局与市移动通信公司、市乒协再次联合举办全市第三届“巴中移动通信杯”乒乓球赛，16 个单位的 24 支男女队、120 多名运动员参赛。市交警支队、巴中中学、市广电局、市计委、巴师校、市移动通信公司获女子团体前 4 名，何明宇、罗鸣、李治勇、谢震宇获男子单打前 4 名，唐泽忠、刘敏、吴金华、张雅平获女子单打前 4 名。本次比赛历时 5 天，参赛队员中有市委领导，有单位负责人，也有下岗工人。中国乒协为此发来贺电。市国税局、市公安处荣获“四川省 2000 年度全民健身宣传周活动先进单位”称号。

二、乡村体育活动

民国时期，乡村除年节时进行一些带民俗性的体育活动和农闲时青年人的一些娱乐性活动外，没有形成规模的体育活动。现代竞技体育项目很少在农村出现。

中华人民共和国成立后，党和政府重视在农村开展体育活动，但由于生产和生活条件的限制，情况没有发生根本变化。改革开放以后，农村的体育活动逐渐活跃起来。20 世纪 80 年代起，各地纷纷举办农民运动会，先后举行农民篮球赛、田径赛和农村文化站乒乓球赛。

20 世纪 90 年代初，农村体育活动较活跃的多为经济发展较快的地区。共同点是乡镇领导重视，以乡镇企业职工为骨干，坚持业余、自愿和小型的原则，建立符合本地实际的竞赛制度。

1995 年，全地区农村体育呈现出以集镇为龙头、以节假日为契机、开展小型多样比赛的特点。平昌县驷马镇、白衣镇，通江县铁溪镇、楼子乡，南江县沙滩乡、赶场乡，巴中市（县级）甘泉乡、恩阳镇，首批获得“体育达标乡”称号，他们基本上坚持了每年 4 次小型单项比赛，体育人口达 10% 左右。随着地区交通状况的逐步改善，干线公路上的 10 多个乡镇成为全地区农村体育新典型。全年举办县级以上各类竞赛达 61 次，参赛运动员达 10 万人次。

1996—1997 年，全地区农村体育基本上形成以集镇为龙头、以农闲日为契机、竞赛小型化、形式多样化新格局。通江县的小康示范村不仅建立了文体活动室，还恢复秧歌、高跷、舞狮、龙灯等民间体育活动；巴中市（县级）化湖水库的划龙舟、抢鸭子等活动，观者如潮；南江县沙河、赶场、贵民、正直、大河、长赤等区镇召开的农民运动会，参与者众。

1998—2000 年，围绕实施全民健身计划存在的难点，找原因，添措施，加大力度，力求有所突破。1998 年，南江县“挑战杯”篮球赛由政府出面组织，各区镇轮流主办，并制定会徽、会旗。举行的首届比赛，观众场场爆满。该县下两区两年集资 20 万元，投劳 3 万个，修建运动场 80 多处，购买体育器材 2200 件，举办的“康乐杯”运动会，参赛代表队达 24 个；最边远的贵民区的农民运动会举办 28 届，并邀请与之毗邻的陕西省部分乡镇派队参赛。通江县在公路沿线建立 5 个体育示范区（镇），并为 9 个小康示范村修建体育场地，购置活动器材。巴中市（县级）60% 的区镇举办小型多样的农民体育竞赛，为农村两个文明建设起到极大推动作用。1999 年，南江县上两区承办的全县第二届“挑战杯”男子篮球赛，规模大，效果好。平昌县坦溪乡举办有 10 多支农民代表队参加的庆“七一”篮球赛。通江县配合特色文化乡（镇）和文明新村建设，在公路沿线巩固和发展 7 个体育示范乡镇，为 4 个文明新村和 1 个文体大院完善体育设施。巴中市（县级）加强乡镇文化站建设，为 90% 以上的乡镇配备专职文体干部，有力推动农村两个文明建设。

三、老年体育

活动　境内自古都有少量老人以不同的方式从事自己喜爱的体育活动，以求健身益寿。打拳、散步、跑步、下棋是老人们喜爱的项目。但由于经济上和观念上的原因，过去只有极少数老人参加。老年体育活动真正较为普遍开展，并且变得丰富多彩，成为城市生活一道引人注目的风景线还是在 80 年代后，随着物质生活的逐步富裕，参加体育活动成为老人们提高生活质量的重要内容，参与的老人越来越多。为表达全社会对老人们的关心和尊重，支持和科学地指导老人们的健身活动，1983 年以后，各地相继建立老年体育协会。参加经常性体育锻炼的老人逐年增多，开展较普遍的项目有：散步、慢跑、气功、武术、棋类、门球、网球、羽毛球、老年迪斯科操（舞）、钓鱼、登山等。境内的老年体育活动，春秋二季，活动频繁。

老年人体育活动较普遍开展以后，各级老年体协组织老年人开展体育比赛。1995—2000 年，围绕实施全民健身计划，各级各地更加注重老年体育工作，更加关心老年人的健康。其中 1995 年，举办全区第二届老年门球赛；组队参加 1 次省级比赛、1 次省际的协作片区赛；各县（市）坚持每年举行 1 次县级比赛，每季度举行 1 次城区邀请赛。全区有老年门球队 65 支，参加门球活动的老人占离退休职工的50%。健美操、气功、麻将是老年人十分喜爱的项目。各县（市）在“九九”重阳节举办老年人登山、象棋、门球比赛，参赛达1万多人。巴中市（县级）渔溪镇老年协会、南江县老年体协获省“老年体育工作先进集体”称号，巴中市（县级）谯志春、平昌县李景碧、南江县吴光德获省“老年体育先进个人”称号。1996年，全地区老年体育活动又添新内容，即：木兰拳、剑、扇逐步推广；各县（市）成立香功辅导站，开办香功辅导班18期。全地区老年人体育异常活跃，共有老年人运动队147个，各级老年体协举办比赛106次，经常参加运动的人数达6000多人。老年活动中心、活动室不断涌现，老年门球活动十分活跃。通江县体委承办地区第三届老年门球赛，10支队伍，近100人参加。老年迪斯科、健美操、气功、钓鱼、慢跑成为老年人最喜爱的项目。每天早晨、傍晚，公园里、屋顶上、道路边、运动场，参加健身活动的老年人队伍蔚为壮观，成为现代文明的又一道风景线。江口醇老年门球队代表地区参加省“重啤”杯赛，获“体育道德风尚奖”，巴中市（县级）百货公司82岁的退休职工王伯刚获四川省“巴蜀健康老人”称号。1997年，全地区共有老年运动队148个，老年健身辅导站29个，基层老年组织118个。门球、中功、气功、木兰拳、剑、钓鱼、棋牌、老年迪斯科是老年人最喜爱的运动项目。各级老年体协举办比赛108次，经常参加活动的人数达7000多人。全区各级财政当年共为老年体育活动解决经费近7万元，企业赞助也逐年增加。平昌县体委承办全区第四届老年人门球赛，江口醇酒厂给予大力支持。巴中市（县级）二队、平昌县江口醇队分获此次比赛冠、亚军。这两支队伍还分别代表巴中地区参加川东北协作区门球赛和省老年门球赛。通江县列宁公园中老年健身队、平昌县老年门球协会荣获全省“老年体育工作先进集体”称号；南江县门球协会吴光德荣获“先进个人”称号。1998年各级财政共为老年体协拨款6.2万元。一些企业虽在转制中面临着种种困难，但也千方百计挤出资金支持老年体育活动，仅平昌江口醇酒厂一年就赞助老年体协3.5万元。地区老年门球赛各县（市）参赛队伍全都由企事业单位赞助。全区老体协已建基层组织121个，社会体育辅导站34个，锻炼场地98处，老年活动室60个，门球场26个。全年各级老体协举办活动117次，参加人数达8000多人。各县（市）门球协会月有月赛，季有季赛，年有大赛。巴中市承办地区第五届老年门球赛，来自全区各县市及地区邮电局的8支老年门球队参赛，平昌江口醇队获得冠军，并代表地区参加省老年门球赛，获第3名；后又参加全国“法治之光”老年门球赛，在64支省、市代表队中夺得第二十三名，受到省老体协的高度评价。平昌县门球协会获全省“门球先进单位”称号，巴中汽车运输公司周广恩获省“门球先进个人”称号。1999年，老年体育事业得到全社会的关注。平昌、通江、南江县举办声势浩大的老年人运动会，巴中市老年秧歌队的精彩表演成为各种庆典活动最亮丽的景观。全区各级老年体协举办活动119次，参加人数达8000多人。各县（市）门球协会成为全区全民健身活动最活跃的组织者、参与者。南江县文体局承办了全区第六届老年门球赛。在地区新华书店的大力支持下，地区文体局圆满地承办了有5地（市）、15支代表队参加的“'99川东北协作区（新华杯）老年门球赛”，南江队在这次比赛中团结拼搏，夺得冠军。巴中市（县级）门球队还参加了全省第四届华新国际“金秋杯”老年人运动会门球赛，充分展示巴中老年人良好的精神风貌。2000年3月中旬，全地区第七届老年门球赛在通江举行。三县一市18支队伍参赛，平昌中学队夺魁，通江三队获亚军，巴中市（县级）教委、地区农业银行、平昌县教委、南江一队分别获第3名至第6名。平昌中学队、通江三队代表巴中地区分别参加省老年门球赛及川东北片区赛，都取得较好成绩。地运输公司老年门球队还远征甘肃天水市参加邀请赛，市教委队及平昌江口醇队也应邀参加达州市“全民健身杯”老年门球赛。各级工会、街道办事处积极为老年体育开辟活动场所。在以前法轮功等组织的练功场所，更多的老年朋友扭起欢快的秧歌，跳起活泼的舞蹈，他们以饱满的热情和昂扬的斗志充分展示出老区人民奋发向上的精神风貌。

第四节　体育竞赛

一、苏区赛事

1933 年 8 月，川陕苏区在赤北县召开第一次大规模的运动会。有来自红军战士、机关干部、学生、工人、农民等方面的运动员近 1000 人参赛，观众达 6000 人。比赛有木马、跳高、射击等近 20 个项目。地方武装训练，游击队员学会各种武艺。县对区以下的赤卫军、少先队编成营、连、排进行分期分批军事体育训练。通江县城红场在两年时间内，训练 4000 多人，凡军事技术、体育成绩优良者均输入到红军中去。

1934 年 3 月 21 日，《干部必读》75 期载：红四方面军举行全军实弹射击比赛，并准备有：优胜红旗及奖章等物质奖励。全军获射击瞄准之优胜者 70 余人。参赛单位有：红四军三十一团、三十二团、三十三团、三十六团；红九军七十三团、七十四团、七十五团、八十团；红三十军二百六十五团、二百六十八团二营营部传令兵 10 名；军部传令兵 1 人；红三十一军二百七十四团。比赛有 5 个项目：操练、测量距离、三角瞄准、扣扳机、3×120 实弹射击。比赛以测距、瞄准、射击三项计算成绩，排列名次。

1934 年 11 月 13 日，西北军区政治部颁发《军师政治部工作暂行细则》规定：宣传科下设编辑文化股，职责之一在于办理体育活动。《团政治处暂行工作细则》中规定：设立文化娱乐股。文化娱乐股设股长 1 人，必要时增设干事 1 人。木门军事会议决定：全军指战员利用时间掀起 练兵高潮。自军长到炊事员、饲养员，均毫无例外地卷入这一运动。各级政治工作人员也积极参加和领导军事训练。饭前饭后，每人都练习几次瞄准和投弹。每逢开会必测验到会干部的射击技术和投弹能力。此外，还通过跑步、实战演习、紧急集合等，以锻炼战士体力，提高战斗技能。西北革命军事委员会、川陕省委、省苏维埃政府常在通江城列宁公园开展象棋比赛。红九军副军长许世友在行军途中或在战斗间隙，就地取材，利用板凳、棍棒、刀矛等练演一阵少林武功。

二、参加省“三青会”

1993 年，行署副专员冉德玉召集各县（市）体委主任座谈，就全区体育工作和省“三青会”的参赛问题听取意见，并作出以各县（市）为单位选拔队伍、准备参赛的决定。1994 年 2 月 2 日，行署第二次专员办公会议研究，同意组团参加四川省第三届青少年运动会，由行署副专员冉德玉任团长，行署副秘书长周茂琦、地区文体局主持工作的副局长李茂群、地委宣传部常务副部长蒋东生、地区财政局局长李鳌、地区人事劳动局局长李席海、地区公安处处长何宗义、地区教委副主任赵有川、地区文体局副局长徐森任副团长。下设办公室、秘书科、竞训科、后勤科。2 月 24 日，巴中地区行政公署批准参赛方案、奖励办法、代表团组成等；确定田径由巴中市组建乙组，通江县组建甲组，男排、女足由南江县组建，皮划艇、赛艇由平昌县组建，各县（市）立即行动，全区训练工作轰轰烈烈地开展起来。是年 8 月 6 日，南江男排在峨眉山赛场首战万县告捷，以十战七胜三负的成绩名列全省第四名。8 月 9 日，平昌皮划艇、赛艇队在新津县水校克服多种疾病，咬牙拼搏，获皮划艇团体第五名、赛艇第七名，为代表团夺得 55 分。8 月 20 日，巴中市（县级）田径乙组在乐山市体育场与各兄弟队展开激烈角逐，为代表团夺得 22 分，获男子团体第五名，并获 110 米栏银牌 1 枚。8 月 26 日，组建才四个月的南江女足首次亮相，在整个赛程中全队 团结一致，奋力拼搏，终因队伍太嫩（技、战术未定型）、年龄太小（上场队员平均14.5岁）、缺乏实战经验而败北，仅获第十二名。8月29日，通江县田径甲组在乐山市体育场不畏省内外大量优秀选手参赛，沉稳应战，超常发挥，为代表团夺得20分，获铜牌1枚。全地区共66人参赛，夺得总分141分。巴中地区代表团比赛成绩名列全省第十九位，在广安、阿坝、甘孜、广元之前。兄弟市、地、州代表队最低训练年限是两年，其中投入资金少的广安都达25万元，而巴中队仅训练半年，地区投入资金才5万元。同时，其他队聘请大量的省内外优秀选手参赛，而巴中则以自己土生土长的选手对战。要在这种高水平的竞争中争名次、夺奖牌，实为不易。代表团各队在各赛场表现不凡，其勇敢顽强、遵守纪律、尊重裁判和良好的队风受到乐山地区广大观众和各市、地、州代表团、各项目裁判员的好评。

三、参加省“四青会”

1994年9月，着手“四青会”准备工作。12月，以地区文体局和地区教委两家的名义起草参加“四青会”的方案。经过数次讨论修改，于1995年4月，地区行署批转上述“实施方案”。在平昌召开的全地区体育工作会议上，再次强调并落实各县（市）参赛项目和有关措施。

1996年4月，地区行署与各县（市）政府签订体育工作目标责任书，对“四青会”的参赛问题作了硬性规定。4月下旬，地区文体局和地区教委下发《关于参加1996年四川省少年儿童皮划赛艇、田径、篮球、足球比赛的通知》，要求各县（市）按地区布局的项目，务必参加年度比赛，以取得“四青会”参赛资格。

1997年3月，行署办下发《关于积极备战四川省第四届青少年运动会的通知》，对各县（市）参加“四青会”的任务进行量化，再次强调：“对完成任务好的县（市）和有突出贡献的个人给予奖励；对未完成任务的县（市），将追究其组织领导责任”。地区文体局把工作的重心转移到参加“四青会”上来，局领导班子多次召开专题会议，研究参赛有关工作。平昌水校在训练器材上由省水校给予较大的支持，并派教练员帮助选材。江口醇酒厂与皮划赛艇队联姻，出资共建，平昌县委、县政府在经费上给予一定的投入。但在这样的大好形势下，当时的平昌体委却因种种原因使皮划赛艇项目未参加资格赛，以致失去“四青会”参赛资格。南江女子足球接受“四青会”参赛任务后，南江县委、县政府高度重视，分管副县长多次召集有关部门负责人，专题研究组队训练及参赛的有关问题。体育部门积极主动，教育部门协同配合，具体负责组队训练的南江中学大力支持，三家共同承担训练经费，并采取激励机制，制订完善的奖励办法，以提高教练员、运动员的积极性。南江女子足球队“资格赛”获得第八名的较好成绩。暑假集训期间，南江县文体局分管副局长亲自跟队吃、住，给教练员、运动员极大的鼓舞。承担田径项目的通江中学是全国培养优秀体育后备人才试点学校，自接受“四青会”参赛任务后，县体委及时与通江中学联系，把这项工作落到实处。机构改革后，县文体局又确定专人长期跟队，保持了这项工作的连续性。自巴中篮球失去“四青会”参赛资格后，巴师附小就主动争取代表地区参加“四青会”。学校行政积极支持，建起武术训练房，改善训练条件，并从巴师校聘请武术教练，加强师资力量。市（县级）政府解决训练经费2万元，为武术项目的顺利参赛奠定基础。

平昌皮划赛艇项目缺阵，全地区实际参赛项目只有3个。巴中市（县级）武术率先出战。武术项目的比赛于1998年7月24—27日在新都举行。由巴师附小副校长率教练员、运动员共10人参加少年乙组的比赛。由于队员年龄太小，训练时间太短，训练水平不高等原因，运动员没有获得名次奖。南江女足是第二支出征的队伍。临行前南江县委、人大、政府、政协四大班子领导到场送行，鼓励运动员努力拼搏、勇创佳绩。运动队一行22人于8月19日赶赴德阳市，8月22日点燃战火。8月30日比赛结束。该队获第十一名，为代表团首取8分，并以良好的赛风获得“体育道德风尚奖”。田径项目最后出场。甲组参赛队员共9人，其中巴中（县级）1人、南江县1人、通江县7人。比赛于8月28日在新建成的德阳市体育中心田径场拉开战幕，至8月31日比赛结束。田径项目共获42分，其中苟宏夺得1枚金牌（女子100米），1枚银牌（女子200米），并破一项省少年纪录（女子200米），1人独得25分。9月1日，“四青会”在德阳降下帷幕，巴中代表团共获50分。

四、参加省际其他运动会

1994年，通江中学代表地区参加全省中学生田径运动会，获3金2银4铜，并打破2项省级中学生纪录。

1995年，巴中市（县级）田径队参加省中学生田径赛，获金牌2枚、银牌3枚，获初中组团体总分第七名。通江县田径队参加省试点校比赛和省中学生田径高中组比赛，共获金牌6枚、银牌5枚、铜牌10枚，获高中组团体总分第七名。残疾人代表团参加省第三届残运会，获10枚金牌、2枚银牌，团体总分第六名。巴中市（县级）苟中先、金有能，通江县张才忠，平昌县王跃获“省优秀裁判员”称号。

1996年，平昌县徐天明获“全国业余训练先进个人”称号。通江县田径项目参加省试点校比赛，获1金、3银、高中男子团体第六名；参加省中学生田径运动会，获高中团体第五名；参加省青少年田径甲组比赛，获2金、3铜、男团第七名、女团第八名，乙组获1金、2铜。南江县女子足球项目参加省业余体校比赛，获第九名，并荣获“精神文明运动队”称号。平昌县皮划赛艇项目参加省年度比赛，获银牌1枚。巴中中学男篮项目参加省中学生篮球赛，获第七名。巴师附小武术队参加全省“新苗杯”赛，获团体第八名。

1997年，巴师附小武术队、篮球队自筹经费，再次参加省“新苗杯”武术赛和“萌芽杯”小篮球赛，博得兄弟地市的好评。南江女足发扬敢打敢拼的作风，再获省业余体校女足赛前八名，并获“体育道德风尚奖”。广旺矿务局南江煤矿子弟校主动请缨，代表地区参加省小足球比赛，虽未获奖，却增长了见识。通江田径参加省少年甲、乙组比赛及省中学生运动会，共获金牌2枚、银牌7枚、铜牌4枚。

1998年，组队参加省级比赛4项次，获金牌2枚、银牌2枚、铜牌4枚。巴师附小、南江煤矿子弟学校代表地区分别参加省“新苗杯”篮球赛、足球赛，分别获第六名和第五名。

2000年，通江田径项目代表巴中地区参加四川省田径甲、乙组运动会，获总分37分，马良伟获男子组标枪第二名，熊刚分获男子乙组200米、400米第三名。

五、巴中地区运动会（大奖赛）

1995年，地区文体局与地区教委联合筹办地区首届中学生、中师生篮球、田径运动会，参赛校达12所，运动员300多人。运动会首次确定巴中地区中学生田径纪录。

1998年，由地区文体局与地教委主办、平昌中学承办、地区美达电脑公司协办的全区第四届中学生暨中师中专生田径运动会取得圆满成功，18支代表队、400多名运动员、教练员、裁判和工作人员参加。经过三天紧张激烈的角逐，共有22人破16项运动会纪录。平昌中学、通江中学、巴中二中分获高中组团体总分前3名，通江中学、通江县涪阳中学、通江二中分获初中组前3名，巴中师范、通江职业中专校、平昌师范分获中师中专组前3名。是年，全地区还举行首届“电信杯”乒乓球大奖赛，地乒协、通江县分获男女团体冠军，公安处王波获男子单打冠军，地区乒协李旋获女子单打冠军。是年，巴中地区首届男子足球赛在巴中二中举行，5支代表队参赛，南江水泥集团队获冠军。

2000年，以创建青少年体育活动中心为契机，加强后备人才基地建设，促进竞技体育发展。全年，巴中市第六届中学生暨中师中专生田径赛在巴师校举行，17所学校的近400名运动员参加比赛。

第二章　学校体育

第一节　体育政策实施

清末民初，书院改为学堂，课程中开始设体操课。起初为兵式体操。民国 11 年（1922 年），国民政府教育部颁布“壬戌学制”，改学堂为学校，将“体操”改 称体育。

20 世纪 30 年代，境内陆续实施教育部颁布的《国民体育法》《国民体育实施方案》及中、小学“体育课程标准”，中、小学“体育实施方案”等规章制度。

20 世纪 40 年代，省教育厅视察各县中、小学校体育情况后称：小学部分教员不知道部颁小学体育课程标准的内容，经过补习后能胜任教学者不过 40%，完全不能胜任教学者约 10%。低年级课外活动自备毽子、跳绳、铁环、陀螺等自由活动；中、高年级则有部分以篮球为主要活动项目，或任学生自行活动，教员未尽教导之责，与课外活动无异；多采取合班上课，效率低下；运动场地不敷运用，设备量少质差，经费在学校经费中无确定预算，甚至有的学校还将所收学生体育费挪作办公费用。中学不足之处与小学大致相同，各校体育工作无年度计划，师范学校因经费奇缺几乎无法维持体育教学。

20 世纪 50 年代，各县相继设立体育运动委员会，配合教育部门实施学校体育工作。从 1954 年起，学校体育工作主要以“准备劳动与卫国”（简称“劳卫制”）制度和预备级的施行，带动学生体育活动的开展。

20 世纪 60 年代初，自然灾害给学校体育造成较大损害。1962 年下半年后，各级学校体育课逐渐恢复。1964 年初，省体委、省教育厅组成联合工作组对学生健康及学校体育工作进行调查。结果表明，部分学校对体育教育的意义认识不足，体育课安排不当，教学质量不高，课外活动时间被其他活动占用，体育师资和场地器材缺乏，小学情况尤为严重。全省体育工作会议要求各级体育部门要加强体育教师队伍的建设，配合教育部门做好教师思想工作，使之在搞好体育课教学的同时抓好体育课外活动；同时，要求各县、市和基层单位，特别是中、小学应重点抓好 1、2 个项目，组织运动队进行业余训练和比赛，以形成传统项目。1965 年，境内各级学校开始以试行《青少年体育锻炼标准》代替“劳卫制”。1966 年，全日制中、小学除坚持早操、课间操和眼保健操，坚持每周两节体育课 外，还要坚持每周两次课外体育活动，纠正“无病即健康”、把正常体育活动看成“负担”，或以劳动代替体育的偏向。1966 年下半年开始，学校体育活动多数放任自流，或以劳动代替体育，或为自发锻炼，有的甚至完全停止。这种状况持续到 70 年代初。

20 世纪 70 年代初，“德育第一、智育要紧、体育陪衬”是相当一部分学校领导的认识，加上许多学校体育师资不足，场地器材缺少而且损毁严重，各地课程设置不统一、教材缺乏，影响体育教学正常开展。1972 年 5 月起，贯彻四川省学校体育教育工作座谈会精神，进一步加强管理机构、统一课程设置、编写教材、培训师资、增加经费等工作。落实《四川省体育工作“四五”规划》，对学校体育提出具体目标规划：课外体育活动要列入课程表；“野营”“拉练”普遍开展，以班级为单位的运动队（组）校校都有；逐步达到90%以上的学生锻炼经常；校运动代表队建立，健康水平不断提高。

1978年12月以后，各行各业相继拨乱反正，学校体育工作形势也进一步好转。各县县体委有负责人专管学校体育工作，学校有专职或兼职体育干部。各县县教育部门成立体育卫生科（或股）。1980年，布局重点业余体育训练点，这些训练点到1983年发展成体育传统项目学校，成为学校体育示范学校。

20世纪80年代，各级学校认真贯彻学校体育工作暂行规定，坚持以教学为中心，以增强学生体质为主，以面向全体学生普及为主和以经常锻炼为主，并在体育教学、课外锻炼、业余训练、竞赛和评比等方面初步形成制度。坚持学生每天参加1小时体育活动的学校增多，达标人数增多，学生的健康状况和身体素质有了改善，辖区学校为国家输送了一批体育新苗。但是，同先进地区相比，辖区学校体育仍相当薄弱，表现在体育教师量少质弱；各级学校体育经费、多数学校场地严重不足；一部分学校受片面追求升学率思想影响，没有把体育摆在应有位置上，仍把体育当成“豆芽科”任意挤占，课外活动也处于“自流”状态。1985年，开始贯彻省颁《关于加强学校体育工作的意见》。城市多数学校能按要求切实开展“两课、两操、两活动”（即每周上两节体育课，每天一次早操、一次课间操或眼保健操，每周两次课外活动）。城镇学校大多在每年召开春秋 两季运动会，以检验体育活动成绩，活跃校园生活。从以“达标”等为主要内容的课外活动的开展情况看，城镇学校比农村学校好，有专职体育教师的比没有的好；从体育课教学看，城镇学校一般能按教学大纲实施，山区或农村学校因场地、器材、师资方面的原因，教学往往无法按大纲实施，更给课外锻炼造成困难，部分乡村小学体育教师缺编、缺员，无法开展教学和课外锻炼。学生体育竞赛基本形成制度，有体育及教育部门联办、分别主办（另一家协办）、学校承办等形式。境内乡以上中小学每学期举行一次校内运动会，各县每年举行一次中小学生田径运动会。各级学校之间的校际赛和校内班级之间的班级赛成为学生课外活动的重要内容 之一。

1993年，地区文体局与地教委联合下发《关于实施〈国家体育锻炼标准〉的通知》。各县（市）体委、教委根据上级有关文件和要求，制定一系列硬性措施，加大对“达标”工作的监管力度。规定在所有施行《国家体育锻炼标准》的学校中，凡未“达标”的学生，当年内不得评为“三好学生”“优秀学生干部”，不能享受奖学金等，个别班 级还对未“达标”的学生干部实行“降职”处理。中等师范学校对未“达标”者，不发给毕业证书，不予分配。各县（市）继续实行初中升高中、中师加试体育（在“达标”五类项目中选三项），并以30%计入升学考试总分，有的重点中学还对填报该校志愿的考生进行“达标”复查。对高中毕业生实行不达到《国家体育锻炼标准》不得报考高一级学校、不能上报为保送预备生的规定，使学生在即将参加高考的紧张日子里，也不放松体育锻炼。至2000年，全市乡以上学校510所，达标施行面100%，达标率达95.7%，良好率达53.2%，优秀率达18.3%。

第二节　体育课

境内学校开设体育课始于20世纪初。规定五年制小学“体操课”每学年的教学时数（每周2～4小时）和基本内容（兵式体操等）。课程组织方面，由于师资数量有限、质量不高，多数学校无法按有关规定实施，仅凭兴趣和爱好教学，往往松散马虎，属于放羊式教学，效果极差。当时学校中教授的项目主要有单杠、双杠、肋木、木马、跳箱、哑铃、浪桥、藤圈等，武术也在许多学校开展，少数学校已有球类运动。20世纪20年代，实行民国新学制后，体育课程时数更有明确规定。1936年，教育厅通令各中学实行运动技术考试，同时颁布考试标准，要求各校必须进行体育学期和学年考试。标准分中学男生组和女生组，男、女组又以体重和身高为标准分甲、乙、丙、丁4组。但大多数学校都按各自情况，每周安排1至3学时体育课，或以课外锻炼代替体育课，也有的将童子军训练与体育课合并，或将体育课列为选修课，任其发展，体育课或课外活动被其他课程挤占也是常事。小学则少有专职体育教师，多由他科教师兼任。一些小学采取合班上课方式，上课往往由教员"仅备篮、排球数个将学生分成数队自由练习，教员无教学之劳"。这种情况带有普遍性，延续到20世纪40年代末。

20世纪50年代初，中、小学都把体育列为必修课。但各地各年级开设体育课的时数不一。各地还有以文娱（如秧歌舞等）和劳动代替体育课的倾向，除少数运动员学生外，其他学生体育课几乎放任自流。1956年以后，开始贯彻执行国家颁布的中、小学体育教学大纲，大部分学校体育教学走上正轨，初步纠正了一些学校的单纯技术观点和根据学生身心发育特点进行教学的偏向。但是，沿袭已久的"放羊式"和"填鸭式"教学方法仍在部分学校存在。1958年，许多学校突击开展"四红""双红"运动，提出高指标，影响教学正常开展。

1959—1961年，自然灾害使体育教学受到较大影响。部分学校尚能根据教学大纲结合学生健康状况坚持教学，但相当多的学校在针对实际情况适当选择教材方面认识不足，或完全照本宣科，或放弃教学。

1962年下半年后，体育教学逐渐恢复到每周2学时，并陆续开始使用教育部编发的新教材。各地也先后恢复教研活动。1963年初，恢复早操活动。当时境内多数小学没有专职体育教师，达不到教学大纲要求，学生升到中学后则需从头学起，往往影响中学体育教学计划的完成；由于学生体质和场地、器材等因素的限制，中学体育课中的田径和体操等项目开展较少，对完成教学大纲有很大影响。1963年8月，全省体育工作会议提出上好体育课的标准：教学内容按大纲和教材安排；订出学年教学计划、教学进度和课时计划；精讲多练，每节课每人实际活动时间达到15~20分钟；课堂纪律好。此后，各地还注意在职体育教师的政治思想教育和业务进修，有的地区把有经验的体育教师组织起来到各县检查工作，交流经验，或组织体育教师到先进学校参观学习；也有的地区利用寒暑假举办体育教师训练班。

1966年，许多学校体育课基本处于停顿状态，到20世纪70年代初逐渐恢复。由于师资匮乏以及兼职教师缺乏专业知识，组织教学有一定困难，加上政治因素的影响，"放羊式""放学式"（把体育课排在最后一节，变相提前放学）和用劳动代替体育的现象较为普遍。课程设置也不统一，有的设"体育课"，有的称"军事体育课"；有的每周2学时，也有的每周1学时；教学内容有的偏重军事，也有的偏重体育。体育教学器材损毁严重，场地多被占用；经费极少，在整个学校经费中没有明确比例，一些小学甚至没有体育经费开支。

20世纪70年代后期，各级学校课程均设"体育课"，中、小学每周2学时，学校把体育工作列入议事日程，真正作为"一育"来抓，组织好体育课教学，并建立健全体育教研组，落实省教育局和省体委的规定："全学期体育缺课超过体育总时数三分之一以上者，不予评定成绩；成绩达不到良好者，不能评为三好学生；体育课作为决定学生升留级的学科之一"。

进入20世纪80年代，按照《四川省1981年高等学校录取新生办法》，应届高中毕业生中连续两年被评为"三好学生"的，工作积极、表现突出的学生干部以及达到国家体育锻炼标准的考生，在同等条件下优先录取。对1979年秋季以来在一定级别体育竞赛中获得优胜者，提高一个分数段分发档案，参加录取。以后各年度招生均参照实行这个办法或制定类似规定。1982年，学生体育成绩以课堂考核为主，结合平时参加体育锻炼情况予以评定。从1982年秋季起，首批办好的重点中学招收高、初中新生时要加试体育。1983年起，全日制六年制小学体育课为每周2课时，每一年级都列为必修课；农村第二类小学每个年级列体育课，每周1课时。

各地中、小学体育教学在20世纪90年代得到较大发展，各校认真制订和执行教学计划，努力建立起正常的体育教育秩序。

第三节 课外活动

20世纪20年代末30年代初，国民政府教育部要求各级各类学校体育的主要工作是开设体育课，进行必要的考核，对课外体育活动未作明确规定。1945年颁布的《国民体育实施计划》规定："各级学校，除体育课及早操外，应实施强迫课外运动，每日40分钟至1小时"。由于政治形势以及经费、场地、师资不足等原因，做到长期开展课外体育活动的学校很少，或与体育课混为一谈，或由少数代表队学生占据课外训练场，或根本无条件开展。

20世纪50年代，课外体育活动 开展"早操""课间操" 一直沿袭至2000年。

1960年起，各地结合国防教育开展冬季百日体育锻炼、乒乓球赛和群众性游泳活动，各级学校成为开展活动的重点。1964年，开展游泳、射击、通讯、登山四项活动，青少年学习实际生活需要的技能。并在举办军事野营活动时尽可能和"四项活动"结合进行。各地学校通过大型活动带动课外体育活动的开展，许多学校都能坚持每天1小时课外锻炼。此外，还流行一些小型课外活动形式，如篮球"班级赛""打半场""二十分钟换一班"，小足球"轮换比赛"等，还有练单、双杠，打乒乓、踢毽子、滚铁环、跳绳等。

20世纪70年代初，大多数学校恢复教学后，学校体育课外活动得以一定程度开展，许多中、小学校主要开展小足球、小篮球、小排球活动，有的学校还开展田径、体操、游泳、乒乓球 等活动。

1976年，各级学校推行《体育锻炼标准》的同时，大力开展纪念日、节日和季节性体育活动，各级学校逐步形成冬季锻炼风气。

20世纪80年代以后，学校课外活动趋于活跃，儿童广播体操得到普及，球类运动在多数中、小学校以至幼儿园开展起来。跳绳、跳皮筋、踢毽子的"三跳"活动在城乡小学普遍开展，成为小学生最喜爱的体育活动。

第四节 课余训练

1932年12月—1935年3月，各级苏维埃政府把学校体育训练纳入教育内容。青年团川陕省第四次团员代表大会关于童子团工作决议规定：加强童子团军事学习，每乡设立红场一个，多准备些运动器具、木枪、木刀、手榴弹等。要准备好经常下操，经常进行的军事训练。各地学生还经常进行体育比赛。比赛时，方圆几十里以内的儿童都参加，按成绩高者发奖或表扬，并邀请红军检阅。通江县苦草坝特别区在苦草坝街上办一所中学，有学生80多人，教师2人，每天清晨带领学生下操野练，上午课堂学习，下午下操跑步，做游戏。每周都要选拔一些学习成绩好的到彭杨学校去学习。

20世纪50年代末，境内中心小学开始创办青少年业余体校。中、小学生的课余体育训练主要以"青少年业余体校"和"传统项目"形式开展。此外，各级各类学校中还有不同项目的校代表队，进行较为系统的训练。

1981 年，省体委根据原有条件和全省项目布局的需要，在全省布点 110 个，当时称为训练点，作为比普通业余体校低一层次的学校业余训练点，时称传统项目学校。项目包括篮球、足球、乒乓球、羽毛球、棒球、垒球、田径、游泳、体操、艺术体操、武术、举重、拳击、摔跤等。从 1983 年起，传统项目学校的称号由省教育厅、省体委按照规定的条件评定，一经评定保留 3 年。此外，达县地区组织命名传统项目学校。传统项目学校对发展体育教育、活跃学生课余生活起很好的作用，培养一批体育人才。

1993 年 12 月，地区教委和文体局对学校体育传统项目工作作出决定，即：继续巩固原有传统项目学校的工作；新发展一批优势项目传统校；下大力气解决好传统校存在的经费、场地、师资等问题；加强传统校的组织建设，提高体育教师的业务能力，使课余训练系统化、科学化。赓即组织各县（市）对所布局的体育传统项目学校进行重点检查。到年底，全地区有体育传统项目学校共 31 所，其中中学 22 所、小学 9 所，在训人数达 4531 人，输送到各类体校 人数达 404 人，有兼职教练员 76 人。1994 年，全地区传统项目学校达到 35 所，在训人数达 4526 人，巴中中学、通江中学被授予“省级传统项目先进学校”，平昌中学、南江中学、巴师附小、平昌县江口镇一小、南江实验小学、通江实验小学被授予“地级传统项目先进学校”。1995 年，南江中学、巴师附小被省体委、省教委评为“先进体育传统项目学校”。

1996—1997 年，全区体育传统项目学校发展到 48 所，80% 以上的城镇中小学、中等专业学校建立了各具特色的校代表队，经常参加课余训练的学生达 13000 人。巴中中学、通江中学被省体委、省教委评为年度“先进体育传统项目学校”。南江中学、平昌中学荣获年度省“体育传统项目学校先进集体”称号。巴师附小、巴中市（县级）恩阳镇一小、巴中市（县级）化成小学、通江县民胜乡初级中学、通江县实验小学、通江县涪阳中学、平昌县江口镇一小、平昌县得胜小学被评为“巴中地区先进体育传统项目学校”。

1998 年，全地区参加省“四青会”各项目的训练任务都由几个传统项目学校承担。平昌县元山中学、恩阳镇一小荣获本年度“四川省体育传统项目学校先进集体”称号。地区文体局、地区教委根据年度考评结果，表彰南江县沙河中学、南江镇第四小学、平昌县五丰育才学校、通江二中、通江中学、通江县诺江镇二小、巴中市（县级）化成镇中心校为“全区体育传统项目学校”。

1999 年，全地区各级体育传统项目学校在训人数达 2000 人。通江中学被省体委、省教委命名为“四川省体育传统项目学校”。

2000 年，全市各级体育传统项目学校在训人数达 2300 人。巴师附小、通江县铁佛中学被省体育局、省教育厅命名为“四川省传统项目学校”。

第五节　课余竞赛

20 世纪 20 年代起，校内班级之间，校与校之间的比赛频繁，不少学校每年 1 次校运动会，有的学校春、秋各 1 次。这一时期地方政府主办的运动会大部分都是以学生为主要参加者。

50 年代起，学校的课余体育竞赛活动空前活跃，各个层次、各种类型的比赛难以计数。以田径为主的中小学生单项运动会每年都有。最初是田径，后逐渐发展到篮球、乒乓球、排球、足球、游泳。各县常办比赛为参加省、地比赛作准备。自有了传统项目学校和业余体校后，又有了业余体校竞赛和传统项目学校竞赛。

1981 年起，国家体委、教育部、共青团中央联合发起举办全国小学生“萌芽杯”小足球赛，境内不少地区每年举办选拔赛。

1985 年，省教育厅和省体委制定的有关竞赛制度，确定全省的中学生游泳每年 1 次，三大球每年举行，篮、排、足球轮流进行；小学足球、游泳、篮球每年 1 次；业余体校、传统项目学校每年进行部分项目比赛。

1996 年，区（镇）以上中、小学每年 2 次的全校性运动会，中等专业学校的“每周一赛”“每月一赛”的运动会十分火爆。全年共举行县级以上各类学生体育竞赛 20 多次，参加学生达 5000 多人次 。

1997 年，共举行县级以上各类学生体育竞赛 30 多次，参加人数达 6000 多人。巴中市（县级）的小学生篮球赛，参赛学校轮流做东，规模不断壮大；南江县中小学生篮球运动会盛况空前；通江县因地制宜，因势利导，小学生乒乓球赛年举办九届；平昌县中小学生的篮球主客场制，把城区学校体育搞得热火朝天。

1998 年，共举行县级以上各类学生体育竞赛 30 多次，参加人数达 1 万多人。区（镇）以上中小学坚持春、秋两次全校运动会，校际邀请赛、年级友谊赛、班级对抗赛花样百出。各县（市）的学校体育各具特色：巴中市（县级）的小学生篮球调赛热闹非凡；南江县的中学生广播体操比赛气势恢宏；通江县的中学生田径、小学生乒乓球赛盛况空前；平昌县的“爱好者”杯中学生足球赛历时两月。

1999 年，注重发挥竞赛的杠杆作用，促进素质教育发展。巴中市（县级）小学生篮球赛参赛队达到 20 支；南江县中小学生篮球赛盛况空前。通江县中学生田径、小学生乒乓球赛新人辈出；平昌县抓乡村学校体育别具一格。

2000 年，全市中、小学体育竞赛已形成制度，竞赛形式多样化。全年共举行县级以上各类学生体育竞赛 30 多次，参加人数达 1.5 万人。

第六节　师资及培养

民国时期，体育师资培养主要通过开办体育系、科、校来实现。但招生人数少，不能满足体育教育发展的需要。

20 世纪 50 年代，各级学校体育师资差缺很多。各县体育分会筹委会及有关部门开展体育教师培训。尽管开辟多种体育师资培养渠道，但仍远远不能满足体育教育事业需要。直到 60 年代初期，许多中学仍无专职体育教师，城镇小学只有小部分配备专职体育教师，主要靠其他教师兼职。一些小学力争把体育课集中到由两三个教师兼任。通过采取专职教师和兼职教师结合的方式，城镇中、小学体育课基本得以进行。

1966 年初到 70 年代学校恢复教学后，体育师资不足的问题更加严重。1978 年，为贯彻执行教育部制定的《全日制十年制中学体育教学大纲》，提高体育教师业务水平，对中学体育教师进行了培训。

20 世纪 80 年代开始，采取评选“优秀体育教师”，提高体育教师的社会地位和体育教师相应固定化、地方化等多种措施，多层次、多形式培养体育教师，各级学校体育教师数量才 不断增加，质量不断提高。

1996 年 6 月 12 日，经省田径协会组织理论考试和资格审查，省体委批准：苟忠先、黄诚、杨希敏、蒋植培、陈世国为田径一级裁判员。地区文体局经过考核与审查，批准 12 名田径二级裁判员。

1998 年 1 月 18 日，地区文体局批准 27 名田径二级裁判员，其中，南江县 6 名，通江县 19 名，平昌县 2 名。9 月 20 日，地区文体局批准平昌县 21 名体育工作者和体育教师为二级裁判员。

1999 年 6 月 30 日，经理论考试及全区中学生田径比赛实践考查，地区文体局审批核准 12 名三级裁判员晋升为二级裁判员（通江县）；12 名四级裁判员晋升为三级裁判员，其中，巴中市（县级）1

名，南江县4名，通江县6名，平昌县1名。

2000年5月8日，平昌县文体局、教委联合举行全县中、小学体育教师业务培训，近100名体育教师和区、镇教育办公室负责人参加训练。

第七节　高校体专招生

1994年，巴中地区首次举行高等院校体育专业招生工作。由地区教委、文体局、公安处、地纪委等单位组成巴中地区体育 专业招生组，负责整个体育考试工作。下设办公室具体处理日常事务。组织抽调各县（市）的体委干部，各项目二级以上裁判员，中级以上体育教师共28人，组成体考组。提前两天集中在地区学习有关文件、考试规则、纪律规定、评分方法及标准等。5月31日考生报到；6月1日，召开各县（市）领队、考生联席会，传达考试各项政策及有关规定；6月2日，进行身体素质测试。6月3日，上午：身高、视力复查和面试、田径专项，下午：篮球、足球、排球、武术专项测试。全区报考体育专业共62人，大专录取45人，录取率达72．5%；中专录取45人，录取率为72.89%。省体招办招生评比会对巴中招生工作给予高度评价。

1995年，克服缺场地、少器材、无经费等诸多困难，做到精心组织，严格要求，严于律己，加强监督，实行“三公布”，成绩准确无差错，圆满地完成体育考试任务。全地区报考体育专业85人，录取47人，其中男生35人，女生12人，录取率达55．3%。各县（市）录取数：巴中市（县级）11人，南江县2人，通江县14人，平昌县19人。

1996年，全地区报考体育专业共119人，实际参考114人，录取52人，其中男生39人，女生13人，录取率达46%。各县（市）录取人数：巴中市（县级）14人，通江县15人，平昌县23人。同时，配合地招委完成全区中师艺体招生术科考试工作。报考中师体育专业考生309人，而招生名额仅25人，竞争非常激烈。为吸取上年体育考试，术科成绩作假严重的教训，地区招委将体育考试工作交由市文体局主持。在考试过程中，实施一系列改革 措施，坚持“公开、公正、公平”的原则，圆满地完成体考任务，得到地招委、录取 学校及考生的好评。

1997年，组织考生统一参加在成都体院进行的全省体育专业招生术科考试工作，全地区报考体育专业97人，上线52人，录取46人。是年10月，地教委荣获“1994—1996学年度四川省体育专业招生工作先进单位二等奖”。配合地招委完成全区中师体育专业招生术科考试工作。

第三章　体育管理

第一节　管理组织

民国时期，各县均未设立专门体育管理机构，体育事业隶属于县政府教育科；以后成立国术馆、民众教育馆管理体育事宜。苏维埃时期，省、县（市）苏维埃文化教育委员会负责管理 体育事业。

1950 年—1993 年 10 月，四县先后隶属达县专区、达县地区管辖。20 世纪 50 年代初期，各县人民政府教育科（文教科、文卫科）负责管理体育事业。1956 年起，各县相继成立体育运动委员会，负责体育事业建设与行政管理。

1994 年 1 月 18 日，成立巴中地区新闻出版局、巴中地区旅游局，与地区文体局合署办公，三块牌子，一套班子。7 月 18 日，成立巴中地区少年儿童业余体育学校，隶属地区文体局。

1996 年 12 月 31 日，印发《巴中地区文化体育局职能配置、内设机构和人员编制方案》。着重加强对体育事业的宏观管理，弱化微观管理，逐步实现“管体育”与“办体育”的职能分离。把工作重点放到完善群众体育政策和规范、健全基层体育组织网络、指导培训群众体育骨干、组织指导全民健身计划的实施等方面。将一些技术性、辅助性、服务性的工作转移给相应的事业单位和社会中介组织承担。

第二节　体育行业管理

巴中地区文化体育局成立后，立即着手上下衔接，理顺关系。局领导多次上省汇报工作，争取业务主管部门对新区工作的指导和支持；多次到各县（市）了解情况，与当地党政领导交换意见，融通关系，特别是对体育部门的事业发展经费、场地设施建设、产业开发提出许多合理化建议，得到各县（市）党政领导的赞同和支持，有的当场拍板落实。

1995 年，全国人大颁布《中华人民共和国体育法》，国务院颁布《全民健身计划纲要》，国家体委出台《全民健身一二一启动工程实施意见》《社会体育指导员等级制度》及《加强体育市场管理的通知》。地区和三县一市成立“全民健身指导委员会”，并结合篮球、广播操、健美操的比赛，召开动员大会，党委、人大、政府、政协领导作动员讲话。巴中市（县级）政府制定具体实施意见；南江县文体局举办宣传《全民健身计划纲要》知识抢答，以南江煤矿为试点，探索企业实施全民健身计划的路子；通江县连续举办两次宣传、竞赛相结合的大会；平昌县体委组织宣传车，深入 10 个区镇 30 多个乡镇宣传。

1996 年年初，行署与各县（市）政府签订体育工作目标责任书，体育事业的发展得到强有力的保障。8 月，地区行署副专员王治寿、地区文体局局长李茂群、分管体育工作的副局长徐森，深入平昌水上运动学校，实地调查了解情况，并在平昌为水上运动学校的生存与发展召开专题工作会。11 月，全省赛艇、皮划艇基层训练点工作会议在平昌召开，平昌县体委借会议东风，对领导班子进行整改，完善管理制度，工作出现新的起色。南江县文体局每年体育事业费仅 5000 元，体育股一班人自力更生、自我积累、自我发展、自我提高，不仅把全县体育搞得有声有色，而且还创收 1 万多元。

1997—1998 年，宣传“一法”“两纲”，大造全民健身氛围。地区文体局与各县（市）体育行政部门在大力宣传、实施《体育法》和两个《纲要》的同时，利用“全民健身宣传周”和组织参与《四川省体育条例》知识竞赛之机，加大宣传力度，扩大影响。

1999 年 7 月 23 日，地区文体局发出《关于取消“法轮功巴中地区辅导站”的通知》，决定从即日起取消“法轮功巴中地区辅导站”的健身气功教学资格，原发一切证照一律作废，立即收回，并停止一切传功活动。同时，通过体育竞赛、标语、简报、横幅、广播电视、报纸等新闻媒体，引导人们充分认识伪气功的严重危害，树立科学健身意识。

2000 年，全市利用各种宣传媒体，加强舆论导向，提倡科学健身，各单位工、青、妇等群团组织也积极配合，利用节假日、撤地设市等时机，以生动活泼、丰富多彩、小型多样的体育健身活动，大力营造科学健身氛围，推动全民健身活动的健康、广泛、深入开展。

第三节　国民体质监测

根据《中华人民共和国体育法》和《全民健身计划纲要》对开展国民体质监测工作的规定，国家体育总局决定于2000年开展首次全国性国民体质监测工作。巴中地区承担1800个样本量的抽样测试工作，并在此基础上，扩大样本量，建立全区国民体质监测体系和数据库，推动全民健身计划的实施。地区行署成立以行署副专员王治寿为组长，行署副秘书长张仕俊、文体局局长李茂群为副组长，10个相关部门分管领导为组员的“巴中地区国民体质监测领导小组”。同时成立以地区文体局副局长汪定远为主任的“巴中地区国民体质监测中心”。

第四节　体育场地普查

1996年1月4日—4月23日，全地区开展体育场地普查工作。历时110天，按时按质圆满地完成任务。据普查统计，全地区有各类体育场地1587个，其中有固定看台灯光球场8个，训练房1个，小运动场29个，水上运动场1个，室内轮滑场1个，室外轮滑场1个，篮球场1468个，排球场64个，门球场14个。具体分布情况是：体委系统8个，工矿系统29个，农业系统27个，学校系统1452个，其他系统71个。场地总面积达85.85万平方米，总人口为325万，人均体育场地面积仅0.26平方米，处于全省第三类水平。

第五节　开发体育产业

1978年后，境内一些体育活动逐步市场化。由私商、个体经营，收取一定服务费用。全区广泛开展的体育项目有台球、乒乓球、旱冰。1998年，新增保龄球、健身健美等项目。通过组织对体育经营项目摸底，对5个经营项目、16家经营单位（个人）进行审查办证，对62个经营者颁发“四川省体育经营专业技术人员合格证书”，促进了巴中体育市场的形成。

根据省体委和省彩票管理中心的安排，从2000年第48期开始，电脑型中国体育彩票于6月23日正式在巴中上市发行。为加强巴中体育彩票市场的规范管理，维护体育彩票信誉，切实履行政府职责，巴中地区文体局作出《关于加强电脑型中国体育彩票市场管理的规定》。通过积极宣传和规范管理，仅半年时间共为体育事业发展筹 措资金近50万元。

巴中市志

第三十九篇

卫 生

民国前期，境内四县均无卫生行政机构和公立医疗单位。虽然政府开展一些环境、食品卫生宣传和疫苗预防接种工作，城乡也有一些家传师教的医务人员从事医疗服务工作，但都无济于事。一些烈急性传染病、地方病、职业病、妇女病猖獗蔓延，不少人死于非命。川陕苏区时期，境内成立川陕省工农总医院和红四方面军总医院，积极开展苏区军民的防疫治病工作和卫生宣传活动，境内卫生事业蓬勃发展。中华人民共和国成立后，党和政府坚持面向工农、预防为主、团结中西医、卫生工作与群众运动相结合的“四大方针”，各县不仅先后建立卫生局（科）负责卫生行政管理，而且还先后成立爱国卫生运动委员会及其办公室和地方病防治领导小组及其办公室，负责群众性卫生运动和地方病防治工作的领导、组织协调和督促检查。各区、乡、镇亦先后建立卫生院（所），从事医疗保健业务和卫生行政事务。至2000年，全市医疗卫生机构发展到360个，其中市级5个，县（区）级23个，区（镇）级46个，乡（镇）级286个；共有医疗卫生人员7022人。村卫生人员5528人。

在推进全地区卫生事业发展进程中，各级医疗卫生行政管理部门和医疗卫生机构，坚持“预防为主，防治结合”的方针，把保护人体健康作为卫生工作的最终归宿。境内各县于20世纪50年代初就建立妇幼保健站，20世纪70年代初成立卫生防疫站，90年代，县、区、乡、村四级防疫保健网基本建成。各级防保系统，充分利用行政的、经济的、法律的手段，切实加强对饮食卫生、劳动卫生、学校卫生、放射卫生、公共场所卫生和其他卫生的监督监测；抓住“卫生下乡”“宣传咨询”“专题调查”、实施卫生项目等有利时机，定期不定期地对妇女、儿童开展健康检查，对查出的疾病进行认真及时治疗和纠正。至2000年，全市孕产妇系统管理率达70%以上，儿童系统管理率达80%以上。每年春秋二季对婴、幼儿及中小学生的各种传染病进行计划免疫和强制免疫；“五苗”（脊灰、麻疹、百血破、卡介苗、乙脑）全程接种率达85%以上，单苗接种率达90%以上，超过国家规定的接种率标准。通过各种途径的预防控制和有效治疗，全市各种传染病和地方病得到有效控制。基本消灭天花、霍乱、疟疾、脊灰、狂犬病等传染病，肝炎、钩体、流脑、麻疹、流感、乙脑、百日咳、麻风、钩虫、碘缺乏等疾病均控制在国家规定的指标以内。

第一章　机构·队伍

第一节　医疗卫生机构

一、省级机构

川陕省工农总医院　1932年12月下旬，中国共产党领导的中国工农红军第四方面军攻占通江，建立包括通、南、巴在内的川陕革命根据地。1933年8月下旬，在赤江县苏维埃政府所在地毛浴镇（今通江毛浴乡）较场坝张爷庙成立川陕省工农总医院，由川陕省内务委员会卫生局直接领导。1934年1月中旬，医院迁肖口梁麻坝里（此地现属长胜乡肖口、长春两村辖地）。总医院占地8.3平方公里，常有红军的重兵把守，是安全可靠的大后方。总医院住地和15个病号连分布在三条长垣，地势比较平坦，风景秀丽，空气新鲜，是养伤治病的好地方。是年 10 月底，迁至巴中清江渡前去约 5 公里的奇章坝，11 月迁巴中县城。1935 年 1 月，转移到旺苍县的黄草垭；3 月西渡嘉陵江长征；到大金时改名“川康省工农总医院”和“人民医院”。工农总医院在麻坝里时设院部管委会、党委会，下含政治部、医务处、总务处，下设 15 个病号连。每个机构又由若干科室组成。还开办了医生（护士）训练队。首任院长李敬元，继任院长陈鼎玉、王兴刚、王朝禄。

红四方面军总医院　1932 年 12 月，红四方面军进入四川，攻占通江、南江、巴中三县，成立西北革命军事委员会，将总指挥部医院设在泥溪场。根据战争和创建根据地的需要，又从十师、十一师、七十三师抽调部分医务人员改编为西北革命军事委员会总医院，即红四方面军总医院。红四方面军总医院是一个独立完整的医、政、军“三合一”机构。总医院院部设在泥溪场后湾里中间院子。1933 年 2 月，总部派苏井观、曹述成带领 40 余名医务和管理人员，在巴中恩阳河建立野战医院，就近接受伤病员治疗并指挥各师医院的工作。是月，总医院迁毛浴镇；不久，复迁泥溪场；8 月迁通江以西的鹦歌嘴。1933 年，营（山）渠（县）战役后，总医院于 10 月迁至沙溪嘴王坪。总医院建立后一年左右的时间五经搬迁，到王坪才定居下来。总医院利用当地的祠堂、庙宇及大院子共 17 套，还有不少草房作为院址。医院占地 6 个居民组，长约 2 公里、宽约 1 公里的地盘，收容伤病员 3000 多名。此时组织机构渐趋完善，成立总医院管理委员会，由 7 人组成。主席周光坦，委员张琴秋（女）（后是徐立清）、苏井观、周吉安、丁世芳、陈银山。常务委员周光坦、张琴秋、周吉安。秘书汪荣先。利用宣（汉）达（县）战役中从敌人手中缴获的一个医院的全部装备，加上红军自己的人员和物资，把总医院扩编为五个分医院（一说七个分医院）。各分医院距前方都较近，可以直接接收前方送下来的伤病员。一分院设在得汉城，二分院设在洪口，三分院设在刘坪，四分院设在涪阳坝，五分院设在清江渡。分医院规模大的有伤病员 2000 余人，一般为 1000 人以上。1933 年 8 月 11 日，新场坝全军第一次医务工作会议后，总医院在着手医务整顿的同时，又随之扩建 5 个军医院、14 个师医院、44 个团卫生所。各军师医院各属师团建制。军医院有院部、政治部、宣传部、中西医部、看护连、总务处、担架连、洗衣排等机构。师医院亦设有与军医院相应的机构。

二、地级机构

巴中地区人民医院　1995 年 5 月 9 日，成立巴中地区人民医院，为正县级事业单位，隶属地区卫生局。

巴中地区卫生防疫站　1994 年 1 月 10 日，成立巴中地区卫生防疫站，为副县级全民所有制事业单位，隶属巴中地区卫生局。

巴中地区妇幼保健院　1994 年 1 月 10 日，成立巴中地区妇幼保健所，为副县级全民所有制事业单位，隶属巴中地区卫生局。1996 年 5 月 24 日，将巴中地区妇幼保健所更名为保健院。

巴中地区药品检验所　1994 年 5 月 31 日，成立巴中地区药品检验所，为副县级全民所有制事业单位，隶属巴中地区卫生局。1999 年 11 月，撤销地区卫生药政管理科和地区药品检验所，其机构编制、人员、资产成建制划归药品监督管理局。

巴中地区红十字会办公室　1994 年 1 月 10 日，成立巴中地区红十字会及办公室。办公室为正科级事业单位，挂靠地区卫生局。

巴中地区级机关卫生所　1994 年 3 月 11 日，成立地区级机关卫生所，为正科级事业单位，隶属地委行管局，业务上受地区卫生局指导。1996 年 7 月 30 日，撤销地级机关卫生所，其编制和人员划转地区人民医院。

巴中地区中心血站　1994 年 8 月 10 日，成立巴中地区中心血站。2000 年 6 月 5 日，将巴中地区中心血站从原履行临床采供血和单采浆血的民营血站中分设出来，为地区卫生局领导的事业单位。

巴中地区精神病防治院 1996年2月7日，成立巴中地区精神病防治院，隶属地区卫生局，属全民事业单位。牌子暂挂巴中市第二人民医院。

巴中地区戒毒所 1996年2月7日，成立巴中地区戒毒治疗所，为公安处和卫生局共同领导的事业单位；牌子暂挂巴中市第二人民医院。

三、县（市）及以下机构

县级机构 各县（市）医疗卫生机构有：人民医院、中医院、疾病控制中心、妇幼保健院、卫生进修学校、药品检验所等。

中心卫生院 20世纪50—60年代，各县区（镇）相继建立区卫生所、联合诊所、医院。70年代，各区卫生所、联合诊所、医院改建为区卫生院。90年代，改为中心卫生院。

乡（镇）卫生院 1950年前，各县无乡医疗卫生机构，只有部分场镇开有私人中药铺。1950年后，各级党委、政府重视基层卫生机构发展。1952—1955年，乡卫生机构称联合诊所，1956年后，称卫生合作社，1957年底，改为联合诊所，1958年，改称人民公社医院，1965年，改为公社卫生院，1984年改为乡卫生院。1996年后，区所地的区、乡卫生院实行合并体制。

村卫生站 50年代初期，无村级医疗卫生组织。农村卫生工作主要靠卫协会员和防疫员、接生员等卫生积极分子承担。1959—1961年，建立大队保健站。1969年，开始建立大队合作医疗站，医生称“赤脚医生”。1984年后，大队合作医疗站改为村卫生站，赤脚医生改为乡村医生或卫生员。

学校厂矿农（林）场医务室（医院） 1952年起，各地建立学校医务室和厂矿企业医务室（职工医院）、农场医务室等。

第二节 医疗卫生队伍

民国时期，境内四县仅有靠家传和师授培养的中医人员，西医人员奇缺，仅有极少大专毕业生和退伍军医。其间，1933年10月，红军总医院随军移迁于通江县王坪，有医护人员272人，其中中医60人、看护人员60人；西医25人，看护人员85人。1933年8月，成立川陕省工农总医院，有医务工作人员420人。后因战事转移，医院和绝大部分医务人员随军迁走。民国32年（1943年）3月至民国37年（1948年）9月，巴中、南江、通江三县和平昌设治局卫生院先后成立，共有职工24人，其中医生、护士各6人，助产士、药剂员、护理员、事务员共12人。

中华人民共和国成立后，医疗卫生队伍不断发展壮大。1960年，巴中县公立机构医务人员由1952年的10人，增至791人。

1966—1976年，各级医疗机构瘫痪和半瘫痪，医疗队伍受到严重冲击。

1978年后，各级政府一手抓医疗卫生单位的恢复、整顿、巩固、提高，一手抓县、区、乡、村四级卫生网络建设，境内医疗卫生队伍不断发展壮大。至1985年底，境内四县除县级医疗卫生人员外，有区（中心）卫生机构人员1242人，有乡（镇）卫生技术人员2073人。

1993年，各级党委和政府采取多种措施推动全地区卫生事业发展，医疗队伍随之逐年壮大，队伍结构逐年优化。至2000年，全市卫生系统有县、区、乡医疗卫生机构360个，村卫生站2316个；有卫生人员7022人，其中全民所有制人员4850人，集体所有制人员2172人。县（市）级2921人，区（镇）级1802人，乡（镇）级2299人；村卫生站人员5528人。在卫生人员中有卫生专业技术人员5242人，占87.19%，平均每千人口拥有卫生技术人员1.57人。卫技人员中，大学本科156人，占2.98%，大专425人，占8.11%；高级技术职称72人，占1.37%，中级技术职称987人，占18.83%；师级1748人，占33.3%；士级2434人，占46.35%。

第二章　卫生事业建设

第一节　经费投入

民国时期，卫生经费由国家、省、县财政拨款，包括常用、临时各种费用。规定用于行政为7.4%、训练为3.9%、传染病防治为5.2%、药械制造与供给为11.7%、城市卫生为5.5%、乡村卫生为62.2%、临时及其他开支为4.1%。民国29年（1940年），通江、南江、巴中等9县共拨卫生经费60540元。民国23年（1934年），各县卫生事业费支出数占该县财政支出总数的百分比为0.06%~1.3%。民国37年（1948年），境内各县卫生事业费占该县财政支出比例为：巴中县0.91%，通江县1.16%，南江县1.56%，平昌设治局0.82%。

中华人民共和国成立后，卫生事业经费列为财政支出核算中一个专门项目。1952年起，地、县两级行政部门对所属卫生防疫站、妇幼保健所（站、院）、卫生学校、药品检验所、麻风村医院、精神病医院等非营利性卫生单位，实行全额预算管理；对所属全民所有制地、县人民医院、中医院、区卫生院等有收入的单位，实行差额预算管理；对集体所有制的乡（镇）卫生院采取“民办公助”的办法，国家每年给予适当补助。1957年，达县地区支卫生经费91.48万元，境内4县约占27万元。

1960年1月起，将全民所有制医疗机构由原来的“全额管理、差额补助”办法，改为“工作人员工资由国家预算开支”的办法。1965—1970年，达县地区共支卫生经费1990.72万元，境内4县约占600万元。

1985年，达县地区共支卫生事业费1858.2万元，境内4县约占500万元。1950—1985年，仅平昌一县财政便投入卫生事业费1145.4万元，年均投入35.8万元（1967年、1969年未投入）。

1986年后，境内各县把卫生事业投入放在首位，确保卫生事业的健康发展。1991年起，各县决定按农民上年人均纯收入的0.3%征收农村卫生事业发展资金，任务下达各乡（镇），在统筹费中重点安排。同时规定各县按农业人口人均0.10元的标准，每年从地方财力中安排改善农村医疗条件提留款。自1987—1993年，通江县财政支付卫生事业费1180万元。

1994年3月，巴中地区卫生局组织人员对全区288所乡（镇）卫生院的现状进行认真调查。288所乡（镇）卫生院能正常运行的占26.74%，难以维持生计的占18.05%、解体的占21.53%，略有盈余的仅占33.68%。主要原因是农村卫生投入严重不足，民办卫生事业长期不能按国家规定的标准，补助集体卫生人员工资60%的补助费。是年4月，省委出台《关于进一步加强农村卫生工作通知》后，各级党政高度重视，均把卫生投入，尤其是农村卫生投入纳入“九五”国民经济发展计划之中，纳入干部政绩考核内容。当年，巴中地区共支卫生事业费1332.18万元，其中财政拨款1310.54万元。

1995年，全地区卫生投入政策得到较好的贯彻落实：集体人员工资总额60%的民办卫生事业补助费，兑现300.98万元，占应兑现的70.3%；0.1%～0.3%的农村卫生事业发展资金，兑现270.38万元，占应兑现的93.4%；各级财政按辖区农业人口人均0.05～0.10元标准安排农村医疗条件改善补助费，兑现39.73万元，占应兑现的82%；在国家及省支援辖区的不发达资金和扶贫开发资金中，给卫生部门安排39万元，比建区前增加5倍；各级政府从救灾经费中给卫生部门安排3.8万元作为防病救灾经费。全年全地区卫生事业费占财政支出的6.64%，比建区前增长2.79个百分点。

巴中市中心血站

1999—2000年，全地区各级政府始终坚持并不断完善政府投入为主、市场补偿为辅、社会多方面筹资、实行优惠政策的卫生投入补偿机制，以促进卫生事业发展。认真贯彻落实中央、省、地《关于卫生改革与发展的决定》中明确规定的各项卫生投入政策，坚持政府投入为主，对防保机构实行全额补助，对医疗机构实行差额补助，对大型医疗设备购置给予适当补助；各地卫生部门会同物价、财政等部门对部分医疗服务价格进行适当提高，并放宽特需服务价格，使医疗单位得到一定的补偿；大力引进国外、省外、区外资金，弥补卫生事业发展需求和社会对卫生投入严重不足的缺陷。

第二节　卫生基本建设

民国时期，境内卫生事业基本建设经费极少。中华人民共和国成立后，将卫生事业基本建设投资列入国家基本建设投资项目之一，由计划部门统一安排。自1956年开始，省、地、县卫生部门先后对各县建设人民医院、卫生防疫站、妇幼保健站、卫生学校、区卫生院等医疗卫生部门进行拨款补助。至1982年底，境内4县医疗卫生部门共建筑房屋188325平方米，占达县地区医疗卫生部门房屋建筑总面积的29.82%（631453平方米）。其中危房35397平方米，占房屋总面积的18.79%。

1983年，境内巴中县被四川省卫生厅列为全省第二批“三分之一”的卫生事业重点建设县。至1985年，改建了县中医院，筹建药品检验所；三年实际建设项目20个，基本建设面积28656平方米，总投资302.9万元，境内4县医疗卫生单位共建筑业务用房21184平方米、生活用房18262平方米，总投资451.3万元。

1986年初，通江县被省卫生厅确定为全省第三批“三分之一”卫生事业重点建设县，计划投资252.5万元。至1988年底，基本完成建设任务，共投资271.3万元，有19个单位新建、改建工作和生活用房16455平方米，完成计划的111.2%。

通江县妇幼保健院

1991—2000年，全地区农村卫生在项建设，共完成建设机构244个，其中乡（镇）卫生院236个（中心卫生院40个、县卫生防疫机构4个、县妇幼保健院4个，分别占总数的71.76%、73.29%和两个100%）。完成投资总额3190.2万元，其中省级573万元、县级938.8万元、乡（镇）288.5万元、单位自筹1387.9万元。总投资中设备投资55万元、人才培训25万元、房屋建设3110.2万元。房屋竣工面积124985平方米，其中乡（镇）卫生院120485平方米（中心卫生院62760平方米）、县卫生防疫站2000平方米、县妇幼保健院2500平方米。

第三节　卫生项目扶持

一、妇幼卫生项目

1990—1993年，境内通江、南江、平昌三县实施联合国儿童基金会、人口基金会《加强中国基层妇幼卫生计划生育服务》项目（以下简称妇幼卫生项目）。各县从县到乡（镇）层层成立行政一把手为组长，分管领导为副组长，相关部门领导为成员的项目协调小组，把该项目工作纳入议事日程。1994年初，巴中地区卫生局主动到卫生部、省卫生厅争取地区妇幼卫生过渡周期合作项目，项目无偿援助资金为6万美元；争取地区妇幼保健所和巴中市的世界银行贷款综合性妇幼卫生保健项目，项目贷款折合人民币为525万元。同时到卫生部给地区妇幼保健所争取一辆进口业务用车。各级妇幼保健所、医疗单位，开展孕产妇，儿童系统管理和婴儿呼吸道急性感染防治工作，使全区孕产妇系统管理覆盖率达84.5%，儿童系统管理覆盖率达65.8%，孕产妇死亡率降至118/10万，婴儿死亡率降至38.5‰。

1995年，通江、南江、平昌县妇幼合作项目全面完成基建任务，抓好项目的扫尾工作，顺利地通过终期审评。

1996年，全省共有28个县（市）被确定为该项目延续到2000年，其中有通江、南江、平昌三县。联合国儿童基金会向通江提供3万美元（人民币24万元），向南江、平昌各提供2万美元（人民币16万元）的无偿援助资金，用于购置县妇幼保健院基本设备和项目培训及健康教育等。地方财政为通江提供专项配套资金人民币37.2万元，为南江、平昌各提供配套资金人民币24.9万元。

二、卫V项目

该项目即《世界银行贷款结核病防治项目》，是卫生部向世界银行争取的第五个卫生项目。境内自1992年5月实施，至2000年结束。争取国外项目经费32.56万美元（人民币260.48万元），国内配套经费人民币189.95万元。8年共接诊结核病可疑病人2.11万人，确诊6793例，免费治疗5066例。巴中县（市、区）自1992年5月3日正式启动该项目，通过“项目”终期评审，共向世界银行贷款人民币129万元，地方财政投入89.3万元。

三、卫生VI项目

该项目是卫生部争取世界银行贷款的第六个项目，全称“世界银行贷款综合性妇幼卫生服务项目”，覆盖范围巴中市（县级），于1995年1月26日正式启动，至1999年底结束。项目总投资人民币556.71万元，其中世行贷款人民币411.25万元；贷款占计划的73.9%，配套资金占贷款的26.1%。资金主要用于妇幼保健机构的土建工程、设备采购、国内外人才培训、项目活动经费等

8 项。

四、世界银行贷款秦巴卫生项目

该项目覆盖范围有通江县、南江县，执行时间为 1998—2003 年。项目计划投资人民币 1398.06 万元，其中国外贷款 122.37 万美元（折合人民币 978.06 万元），国内配套人民币 419.1 万元。其中通江县于 1999 年启动实施，按照《通江县秦巴基本卫生服务项目实施计划》要求，总投资为人民币 640.78 万元。其中，世界银行贷款人民币 445.71 万元，地方政府配套人民币 195.07 万元。其资金用于 9 个项目乡卫生院的土建工程、医疗设备、人才培训、健康教育、特困医疗救助。

第四节　中医事业

民国时期，境内人民生病，均以中药、草药治疗。医生全部是家传师承，各县均有数十名闻名遐迩中医。据民国 5 年（1916 年）统计，通江县有中药店 149 个、草药店 25 个，今平昌县（当时隶属巴中）有中医师 60 余人；中（草）药医生既处方又卖药。

1933—1935 年春，川陕省苏维埃时期的川陕省工农总医院医务处多以中医为主，内科、外科、妇产科均是中医看病、中药治疗，中药房还建立 60 多人的挖药队，进行中草药采集。省工农总医院在根据地极盛时期有中医 50 多人，并成立中医学术研究会，一月左右进行一次学术讨论。红四方面军总医院成立中医部，举办“红色中医进修班”，中医医生最多时曾达到 97 人。

民国 33—34 年（1944—1945 年），境内各县先后成立中医师公会，多次举办中医学术讲习会，研究中医技术，提高医师技能。民国 37 年，巴中县中医师公会在区、乡成立分会或支会，将中医学术研究项目延伸到农村。

1950 年后，人民政府为振兴中医事业，采取一系列“继承和发掘祖国医学遗产”的措施。1951 年，为把医生组织起来，各县先后成立卫生工作者协会，会员绝大多数是中医。1953 年，各县均成立以医生为主的联合诊所和县卫协会中医门诊部，并对有实际工作能力的中医发放“中西医师执行业务许可证”。同时，通过各种渠道，加强业务培训，提高医疗技术；各中医院校每年都要分配一些大中专中医药毕业生，逐步解决境内中医药人员缺乏问题。

1983 年，成立巴中县中医院，1984 年，成立通江、南江县中医院，1987 年，成立平昌县中医院，均集医疗、培训、科研、临床医学教育于一体。至 1985 年，各县中医院（除平昌）门诊开设临床内科、外科、妇产科、儿科、五官科、针灸科、痔瘘科，医技和辅助科室有放射科、检验科、心电图室、注射室、中西药房、供应室、收费挂号室等。巴中、通江、南江县中医院计有中医药人员 200 余人；平昌全县有开业中医 731 人。

1993—2000 年，全地区有县级中医机构 4 个，县级综合医院、区乡卫生院均内设中医科；中药生产经营单位 22 个，中医药机构较建区前增长 3.5%；中医床位数 324 张，较建区前增长 5.8%，每千人口中医床位达到 0.9 张；中医药人员 1482 人，其中中医人员 1231 人，中药人员 251 人，中医药、中西医结合具有师以上职称人员 953 人，每千人口拥有中医师 0.29 人。在突出中医特色的基础上，积极引进最新科技成果，努力拓展服务范围，先后与北京、成都等一些医院和科研单位合作，开展内窥镜前列腺高频气化电切术、透视眼根治术及小切口白内障激光刺囊乳化摘除术合并人工晶体植入术，并集资 30 万元购置体外碎石机一部。同时，加强中医院骨科、眼科、烧伤科等专科建设，增添设备，扩大科室，重点开展肝病、肾病、结石病的研究治疗工作，使专科专病建设成效显著；并向省中医药管理局推荐3名中医专科骨干参加全国、全省培训。全地区92.5%的中医药专业技术人员接受了继续医学教育，县（市、区）中医院开展了住院医师培训，应培训46人，实际培训40人。2000年，市卫生局内设中医科，挂中医药管理局、科技教育局牌子，专抓中医药和科技教育工作。

第三章　卫生改革

第一节　管理体制改革

一、管理权属

1984年前，境内乡（镇）卫生院均属县卫生局管理。1984年7月，通江、平昌县卫生局将136个乡（镇）卫生院（所）交与乡政府管理。

1986年，巴中县将80个乡（镇）卫生院移交给乡（镇）政府管理。南江县将部分乡（镇）的卫生院移交给乡（镇）政府管理。通过几年的实践证明，较好地调动了地方政府办医的积极性，但也存在少数乡政府领导重视不够，个别区卫生院放松了对乡卫生院的管理，部分乡卫生院管理制度不完善，卫生防疫工作发展不平衡，少数村卫生站名存实亡，对聘用人把关不严等问题。

1989年，境内四县实行县乡分级管理、双重领导、以乡（镇）为主的管理体制，即县卫生局管方针政策、业务培训，乡（镇）党委政府管经费投入、房屋维修、设备投入、思想政治工作、党团组织建设。村卫生站实行村办村管，一村一站，属集体性质，村委会管经费投入和事业发展，乡（镇）卫生院管业务指导。

1993—2000年，管理体制实行卫生工作年度目标管理责任制，做到年初签订责任书，经常进行检查督促指导，年终有考核、评比、奖惩，使上下级主管部门之间，主管部门与医疗卫生单位之间的管理运行机制步入规范化的轨道；对4个地级医疗卫生单位实行地区办地区管，70个县（市）级医疗卫生单位实行县（市）办县（市）管，286个乡镇卫生院实行乡办乡管。村卫生站有四分之三实行村办村管，四分之一实行乡村联办联管。

二、分级（类）管理

1989年卫生部颁布《医院分级管理办法（试行草案）》后，达县地区卫生局于1991年初，作出“把医院分级管理纳入医院发展的‘八五’规划，并作为卫生改革的头等大事”的战略决策，确定三年内创建二级乙等医院的奋斗目标。通过4年分级管理的实施，认真按部颁标准，加强组织机构建设，规范各种软件，购置必备硬件，各县建立起一套规范化、制度化、标准化的医疗保健工作新秩序，医疗技术水平得到较大的提高。1994年，巴中地区卫生局继续实施医院分级管理。1995年，巴中地区卫生局先后制发《关于加强综合医院分级管理工作的意见》和《关于加强中医院分级管理工作的意见》及各级各类医院分级管理标准，成立医院分级管理评审委员会，按分级管理标准不定期地对境内县级人民医院、中医院、区中心卫生院、乡（镇）卫生院、妇幼保健院进行等级评定。至

1998 年，全地区四家人民医院、3 家中医院均被评为二级乙等医院；33 家中心卫生院被评为一级甲等医院；21 家乡（镇）卫生院被评为一级乙等卫生院；2 家妇幼保健院被评为一级甲等保健院。

2000 年起，市卫生局根据《四川省卫生体制改革实施意见》，在市推行医疗机构分类管理制度。按照省卫生厅的统一安排，组织力量对各级各类医疗机构进行摸底调查，为建立和健全医疗机构营利和非营利两类管理制度打基础。

三、乡村一体化管理

1995 年，各县积极探索乡村一体化管理模式。按照不同方位及地理位置，选择边远乡村卫生院（站）作试点，逐步推行乡村一体化管理。

1996 年，巴中地区卫生局根据巴中市（县级）曾口镇乡村卫生机构一体化管理经验，在全区范围内强力推行乡村卫生机构一体化管理办法，实行六统一（统一领导、统一管理、统一核编、统一收支、统一采购药品、统一分配），使农村基层卫生单位的经营管理状况明显好转，卫生组织更加巩固。至 11 月底，全地区有 55 个乡（镇）的乡村卫生院实行一体化管理，占乡（镇）总数的 19.2%。全区的乡镇卫生院亏损面比 1995 年减少 32.2%；全区 2352 个行政村，建村卫生站 2316 个，建站率达 98.5%，甲级村卫生站 1403 个，占村卫生站的 60.6%。

1997 年，全地区各地按照《巴中地区行政公署办公室批转〈巴中地区卫生局关于推行乡村卫生组织一体化管理的意见〉的通知》要求，认真组织实施，进展顺利。全地区已实行乡村卫生组织一体化管理的有 128 个乡镇，推行面达 48%。为加大推行力度，行署又于 10 月 17 日至 18 日召开一体化管理的流动现场会，对这一工作再次进行督促、检查和指导。至 2000 年，全市 60% 的乡、村卫生组织实行一体化管理。

第二节　防保体系改革

1986 年，根据省委、省政府《关于振兴卫生防病事业的决定》，巴中县率先在梁永乡实行 0 ~7 岁儿童计划免疫保健保偿制度。凡参加者，每人向乡卫生院交保健费 2 元，优先接受对麻疹、百日咳等 8 种法定传染病预防接种，免收诊、药费。

至 1989 年，通江县的 12 个区、75 个乡（镇）、500 个村均开展儿童健康保健保偿和母子系统保健保偿工作。0 ~7 岁儿童健康保偿入保 4.1 万人，占总数的 64.1%，收取保健金 10.28 万元；母子系统入保 178 个村 856 人，占新婚妇女的 32.2%；中小学生健康入保 4640 人。巴中县有 80 个乡、816 个村 32.12 万人入保，收取保金 38.81 万元，保偿面以村计达 99.8%。各县承保者均按程序给儿童进行疫苗接种和母子事故补偿。此制度推行，为 2000 年“人人享有初级卫生保健”的战略目标打下基础。1990 年后，因清理“三乱”而使该制度停止施行。

1993 年，各县卫生局针对过去区、乡、村预防保健工作由区、乡卫生院和村卫生站承担的 5 种弊端，即：不能真正贯彻落实“预防为主”的卫生工作方针，不能有效解决“防”与“治”的矛盾，不利于防保队伍稳定，防保人员缺乏社会影响力和号召力，不利于农村卫生院（站）医疗质量的提高，决定改革其卫生体制。将各级防保科（组）从卫生院站分离出来，成立相对的防保机构。区设防保所、乡（镇）设防保站、村设防保室，各定编 1 ~5 人，所、站、室负责人由卫生院（站）负责人兼任，对内一套班子、对外两块牌子；其经费来源靠农村卫生事业费全额预算及农村卫生事业费补助、提留、发展基金拨给；靠有偿服务收入。防保所、站、室的工作任务是负责本辖区的初级卫生保健、卫生防疫、妇幼卫生、社会办医管理、药品监督、计划生育技术指导、爱国卫生活动、乡村和个体医生培训及管理等。1994 年，通江县、南江县卫生局均在试点取得经验的基础上，在全县普遍推行“防治分离”及“三级防保网络”制度。

至 1995 年，通江、南江县每个村均有专职防疫保健人员，并享受副村级待遇。巴中市（县级）、平昌县各中心卫生院建立防保药政科，乡镇卫生院建立防保药政所，村卫生站落实专职防保人员，将防疫、妇幼、初保、爱卫、药政等卫生工作有机结合。

1998—2000 年，全地区继续按照“医防分流，抓防放医”的发展思路，还权于政，区、乡（镇）政府内设立卫生办公室，人员列入政府序列。办公室主任由区、乡（镇）分管领导兼任，卫生局调配 1 ~ 2 名卫生专干，负责辖区内的卫生行政、疾病防治、爱国卫生、初级卫生保健及其他各项工作的指导、监督、协调和信息传递等工作。至 2000 年底，全市有 58% 的乡镇设立卫生办公室，配备卫生专干，并达到“六有”标准，即：有机构、有牌子、有阵地、有人员、有经费、有制度。

第三节　办医形式改革

1993 年，巴中地区卫生局积极探索非公有制办医工作。支持、鼓励多种形式办医，在医疗卫生单位中推行公有民营、租赁承包、风险抵押经营及与乡镇企业联合办院等改革，将所有权和经营权分离。

1997 年，根据地委、行署《关于卫生改革与发展的决定》，通江县卫生局率先探索农村医疗卫生单位的产权制度改革。按照“医防分流、保防放医”的原则，对部分边远地方、人口稀少、服务功能低下、房屋破烂无力修复、濒临倒闭的乡、村卫生院、站采取拍卖、租赁等方式进行卫生院非公有制度探索。将这些卫生院（站）交给私人或几个人合股经营，有力地调动社会力量办医的积极性。该县先后公开拍卖太平、三溪、中林、胜利、朱元、会家、九层、董溪、凉风垭、石庙、云昙、浴溪、泥溪、长坪、什字等 16 所乡卫生院，其中有 4 所成为股份制医院。改制后的卫生院称“某某私立医院”，改制的每个乡都建立卫生办公室，由卫生局落实 1 ~ 2 名专职公共卫生人员具体办公，专门从事预防保健工作。同时，先后拍卖村卫生站 112 个。对此，省卫生厅确定通江县为全省卫生改革的联系县，先后有 18 支卫生改革考察团到通江参观、考察。之后，平昌、南江、巴中三县（市）也拍卖个别乡、村卫生院（站）。其中巴中市（县级）果敢乡卫生院于 1998 年 4 月，被当地党委、政府以 35 万元价格进行拍卖，由集体性质变为民营医院。巴中市（县级）芦山乡卫生院则改制成全市第一家股份制医院。

1999 年，经各县调查表明，改制后的部分乡镇卫生院做到有人员、阵地、经费、制度、工资、实效的“六有”标准；部分乡（镇）把乡（镇）卫生院改制当做甩包袱，一卖了之，对下岗职工费用、卫生经费投入、医院的监督管理等工作未予落到实处，致使改制后的下岗职工生活无着落，改制医院管理混乱。

第四节　农村医疗制度改革

1970—1982 年，境内各县农村实施合作医疗制度，“赤脚医生”用“一根针”“一把草”治疗农民的常见病，且就医不收费。1982 年后，因经济体制改革而取消该项制度，农民因病致贫、因病返贫现象日趋严重。

1997 年，巴中地区积极开展农村合作医疗试点工作，把卫生工作重点放到农村。为稳步建立农村合作医疗制度，地局按照“政府组织、民办公助、自愿互利”的原则，会同巴中市（县级）选定曾口镇、上八庙乡进行合作医疗试点。试点工作坚持加强领导，坚持民主管理；明确筹资渠道，坚持“以筹定支、略有节余”的原则；严格管理资金，坚持审批制度；制定补偿办法，坚持“以收定支、量入为出”的原则。同时不断完善和总结试点的做法与经验。其他县（市）根据地区的试点经验与做法，结合本地实际，也认真开展试点工作。年底，全地区完成 8 个乡镇的试点任务，合作医疗组织，采取乡上投一点、村上补一点、个人集一点的办法筹措合作医疗基金，并划拨集体土地或药园给合作医疗点生产药材；对村民免诊费、手术费和计划免疫费。

至 2000 年，全市有 24 个乡（镇）的 125 个村实行合作医疗制度，参加人员达 12.3 万余人。

第四章　疾病预防控制

第一节　爱国卫生运动

一、城市卫生活动

1932 年 12 月—1935 年 2 月，川陕省苏维埃政府卫生局负责制订卫生计划、卫生检查、办理清洁防疫等工作。主要在红军驻地开展卫生运动，随着季节的变化进行卫生常识及预防宣传。并对医护后勤人员作出规定：按时洗换衣服、洗澡、理发、剪指甲；对病房要求无跳蚤、虱子、蚊虫，室内外干净无臭气。

民国 31 年（1942 年），通江、巴中县政府举办夏令卫生运动。设宣传队、防疫队、清毒队、施诊队、清洁检查队，走上街头开展城市卫生工作。民国 32 年，南江县政府在《中心工作计划》中提出包括环境卫生、饮水管理等方面的内容，但仅在县城东、西、南三门新置小便石槽，雇请道夫 1 人于早晨挨户收运一次垃圾。

1951 年，境内南江县委、县政府率先在县城开展爱国卫生运动，划定卫生区域，分段负责打扫，由县公安局组织检查。

1953 年，境内各县根据达县专员公署的通知精神，开展一次以反细菌战为中心的爱国卫生运动，改善卫生状况，人民受到一次爱国主义教育。此后，每年春节、“五一”前后都要发动群众开展以除害灭病为中心内容的爱国卫生突击运动。

1954—1965 年，境内各县持续开展突击——经常——突击的爱国卫生运动。城镇实行卫生检查记录卡、地段清洁责任制，并坚持开展“卫生之家”评比活动，还加强街道、企业、机关、学校、饮食服务行业的饮食、饮水卫生和环境卫生管理。至 1965 年，家家户户基本达到“三有”（有沙缸、有卫生制度、有卫生常识）、“四净”（炊具洗刷净、衣被洗干净、室内外打扫净、阴阳沟起干净），养成“四勤”（勤打扫、勤洗换、勤理发、勤剪指甲）、“四不”（不喝生水、不吃陈腐变质品、不随地大小便、不乱倒垃圾污水）以及饭前便后洗手的卫生习惯。

1966—1976年，各地“爱国卫生运动委员会”机构撤销，人员调离。1976年后，各县先后重新成立爱国卫生运动委员会，均由县委副书记或县政府副县长兼任主任委员。

1978年，境内各县开展4次大规模的爱国卫生运动，共出动32万人次，运出垃圾1.2万吨，送运卫生肥20余万吨，疏通阴阳沟20万余米，消除蚊蝇孳生场所1万余处。

1980—1983年，境内各县开展以“五讲”（讲文明、讲礼貌、讲卫生、讲秩序、讲道德）、“四美”（语言美、行为美、心灵美、环境美）活动，重点治理脏、乱、差。活动中，各县县委、县政府领导带领机关干部上街打扫环境，清理垃圾，疏通阴阳沟渠；并整修城镇街道，铺设水泥路面，开展城市绿化美化工作，使市容面貌大为改变。

1984—1985年，境内各县相继开展第三、第四个“全民礼貌月”活动，城镇治脏工作更加深入。各县参加达县地区一市、一区、十四个城镇“三优一学”竞赛活动，落实门前“五包”（包卫生、包绿化、包秩序、包设施、包管理）的卫生责任制，添制垃圾箱、果皮箱、痰盂，改变部分脏、烂、臭的公私厕所，整理疏通一些污水沟，初步改变城镇主要街道的路面和环境卫生条件。1985年，境内4县共评出卫生先进单位196个。

1986—1992年，各县机关干部每年在爱国卫生运动月活动中，参加城市环境卫生综合治理，年清理垃圾80余车，治理卫生死角120余处。各县爱卫会对“门前三包、门内达标”的单位授予“卫生合格”奖牌4850个；并在卫生合格单位中评选卫生先进单位，由县政府授予奖牌322个。

1993—1997年，各地继续以创建卫生城市为动力，积极推进城市绿化美化、环境卫生及基础设施建设进程。三县一市城市面貌焕然一新，部分集镇环境也有很大改变。巴中市（县级）在全国第三次城市卫生检查评比中，获得较好的名次。1996年，全地区开展10城镇创卫竞赛活动，各地采取卫生知识宣教、增加创卫投入，增添卫生基础设施，绿化美化环境等措施，使城镇环境卫生面貌焕然一新。1997年，组织“十城镇创卫竞赛”活动，全区新创省级卫生单位9个、地级卫生单位22个、县级卫生单位48个。

1998—2000年，全地区把创建卫生城镇作为提高城市文明程度，塑造城市形象，改造投资环境，促进社会经济发展的大事来抓；作为两个文明建设，丰富发展“巴中经验”的重要组成部分。两年新建改建道路10万平方米，新建农贸市场2个，新建垃圾中转站8个，改建垃圾处理场1个，新建改建公厕20座，新增垃圾清运车2台、洒水车2台，添制大型垃圾箱40多个，购环卫手推清洁车88部，新建公共汽车站12个，设置公共汽车标语105处，设置街名牌、污染箱220个。平昌县集资近500多万元，修建改建水泥路面3000多平方米，添置大型垃圾箱14个，购置垃圾车2台；新栽花草树木50余万株，使城市卫生面貌发生较大变化。南江县在创卫工作中出动县级领导110人次，部门领导359人次，清理卫生死角1890个，出动车辆35台次，清理垃圾4530吨。全市三年共创建省级卫生单位10个、市级卫生单位75个、县级卫生单位62个。

二、农村卫生活动

1953年，南江县改造不卫生水井310眼，新开卫生水井105眼，改建不卫生厕所101处，新建厕所123处，清扫垃圾30余万吨。

1958—1960年，各地动员群众清扫垃圾并积肥145万吨，修建厕所6万多个，出现卫生食堂8100多个，建隔壁灶1.5万余个。1959年，巴中县兴文公社推广郫县经验，大搞卫生试验田，一个多月便积卫生肥950万公斤，疏通阴阳沟3万余米，密封厕所486个，改建简易公共厕所14个，改建隔壁灶39个，添制防蝇、防尘罩847个，增设沙滤缸18个，安装土自来水管道38处，使农村卫生面貌得到改变。

1978 年，境内 4 县开展 4 次大规模的爱国卫生运动，涌现出一批爱国卫生先进典型。如一年一个新套套、坚持 5 年如一日的巴州恩阳镇饮食行业，巴中玉井等人民公社场镇及农村，南江长赤人民公社长征生产大队和巴中县四新人民公社等单位的爱国卫生蔚气成风。

1981 年后，各县将爱国卫生运动与社会主义精神文明建设相结合，采取综合治理，以环境卫生为突破口，发动群众抓“两管五改”，即管理粪便垃圾，管理饮用水源；改良厕所、畜（禽）圈、水井、环境和炉灶。至 1985 年，境内各县农村共建规范化沼气池 2.5 万余口，建省煤无烟卫生灶 12.5 万眼，新、改扩建农房 4 万多户，改良各种卫生水井 5 万多口，120 多个场镇、460 多个村民组建起各种形式的自来水 6400 多处。

1988—1992 年的农村卫生，普遍出现改草房为瓦房、改土木结构为砖木结构、拆危房建新房和粉刷白壁墙的热潮。区、乡政府把卫生村建设同建设文明新村相结合，坚持食、住、行、水、电、气全面规划，基本建设环境美化、卫生达标，配套发展。几年共建沼气池 7000 多口，建省柴节煤卫生灶、灶面瓷砖化的农户达 18.5%，50% 的农户面了三合土地板，铺了石院坝，建了果园、花园。

1993—1996 年，全地区始终把改水改厕作为重点，针对改水改厕工作的难度，把改水改厕与有关工作结合起来抓。随着初级卫生保健工作的不断深入，把两个工作项目都作为难点和重点加以解决。各县（市）爱卫办配合农业、水电等部门，把改厕改水纳入农村农田基本建设和兴修水利的辅助工程，大力推广沼气池厕所和手压机井，全地区完成改厕 7125 户，改水受益人口 8.71 万人。

1997—2000 年，各级爱卫会以“三建五改”（建池、建园、建家、改水、改灶、改圈、改路、改厕）为主要内容，加大卫生村的创建力度。巴中市（县级）奇章乡元堡村、甘泉乡园艺村、东兴乡兴隆村；通江县诺江镇城北村、广纳乡金堂村、三溪乡爱国村；南江县沙河镇联盟村、赤溪乡陈坪村、大河镇佛石坝村；平昌县涵水乡幸福村、灵山乡民意村、驷马镇龙台村等 12 个村作为卫生村试点。各级爱卫办人员多次深入试点村分类指导，改水改厕，至 2000 年，全市农村新建自来水（站）33 座，受益人口 3.91 万人；建手压机井 8763 个，受益人口 3.66 万人，其他改水受益人口 1.2 万人。累计改水受益人口已达 237.95 万人，占农村总人口的 82.30%。全市累计改厕 9.45 万户占农村总户数的 14.84%；全市创建各级卫生村 92 个，其中省级 8 个，市级 9 个，县（区）级 75 个，争创省“十佳卫生村” 4 个。

三、除“四害”活动

1956 年，境内各县利用春节、“五一”、国庆共开展三次以除“四害”为中心的爱国卫生突击运动，共灭鼠 4 万余只，灭麻雀 80 万余只。

1957—1958 年，各县先后成立除四害指挥部，除四害工作。逐步由城镇普及到区乡场镇。共灭老鼠、麻雀、蚊蝇、蟑螂 800 多万只。

1960 年 3 月 18 日，卫生部指示：麻雀不要打了，代之以臭虫，即老鼠、臭虫、苍蝇、蚊子为“四害”。当年灭鼠 220 万只及大量的臭虫、蟑螂。1974 年后，达县卫生防疫站成功研制“灭鼠烟雾炮”，对控制钩体病的发生和流行起到较大的作用。境内 4 县使用“敌鼠钠盐”灭鼠，收效显著；但连年使用剧毒药物灭鼠，使家猫遭到毒杀，加上大量捕猎蛇、黄鼠狼、猫头鹰等，致使老鼠天敌濒临灭绝，1980 年后，老鼠密度又急剧上升，损物、损禾苗、伤畜禽及婴儿事件，时有发生。

1981—1985 年，各县每年春、秋季都要开展一次灭鼠、灭蚊、灭蝇、灭蟑螂活动。仅 1985 年就灭鼠 200 多万只，老鼠密度由灭鼠前的 9.5% 下降到 6.6%。

1988 年，境内各县统一开展两次灭鼠活动，共筹资 144 万元，投放鼠药 51 万公斤，其中急性药

25万公斤，农田灭鼠面积23.2万公顷；农舍灭鼠占96%，灭鼠650万只。当年底，经达县地区全面考核实现一级达标，城镇鼠密度6%降到0.66%；农舍由17.6%降到1.1%；农田由8.4%降到0.9%；一年挽回粮食损失8400万公斤。

1993—1994年，针对农村山区鼠害严重，造成农业生产的损失和一些传染病的流行，全地区开展灭鼠活动的工作，重点开展广泛宣传发动、加强部门协同作战、加强灭鼠技术培训、确保灭鼠药械供应等四个方面。全地区共投放鼠药5000公斤，大大降低鼠害密度。

1997—2000年，全地区按照巴中地区行署《除四害管理办法》，扎实开展除“四害”活动，组建队伍，集中行动。全地区累计投放鼠药2.5万多公斤，灭蚊、蝇消杀面积385万平方米。各地依法组织药物，加强技术指导和管理，在整个工作中无意外事故发生。

第二节　健康教育

川陕省苏维埃时期，红四方面军及苏维埃政府很重视卫生宣传工作，军地领导机关的政治部、宣传部及各级医院、卫生学校具体抓该项工作。利用各种宣传工具，印制一些小册子、卫生宣传传单进行宣传。红四方面军总指挥徐向前发表的《简略卫生常识》，参谋长曾中生发表的《战地卫生》等文章，对普及卫生知识，保障军民健康起了重要作用。民国后期，各县政府也有卫生演讲，散发传单及张贴卫生标语之举。

1950年后，卫生宣传工作被列为卫生工作的重要任务之一。首先是土改防疫工作队、县卫生院配合土地改革工作，开展卫生宣传。采用口头、书写标语、文艺演唱等形式，教育群众破除迷信，讲究卫生。随着各种卫生机构的建立健全，卫生宣传工作便列入卫生部门经常性的工作，县卫生防疫站具体从事该项工作。1957—1965年，各县防疫站配备专职干部，组织宣传资料编写组，并在区卫生所聘请一批“简报”通讯员，配合县文化馆、广播站、科协等部门，采用有线广播、“土广播”、幻灯、卫生课、座谈会、编写小册子、传单、简报、黑板报、图片展览等形式，进行卫生宣传教育。

1972—1978年，各县根据不同季节结合各项卫生工作，采取小报、传单、小册子、文艺演出等形式开展卫生宣传。各级医院、卫生院、大队合作医疗室都办有黑板报、专栏，发动专业人员撰稿张贴，大力宣传防病知识及基本卫生常识，唤起民众自觉讲卫生，防疾病。

1979—1985年，各县设置卫生宣传橱窗，定期更换，宣传“两管五改”（管理粪便垃圾、管理饮用水源，改良厕所、畜禽圈舍、水井、环境和炉灶）、学校卫生、食品卫生、厂矿卫生、常见病和多发病的防治、国际卫生动态等内容。同时，举办卫生摄影图片展览，结合“文明礼貌月”活动，放映卫生科普影片，宣传《食品卫生法》，4县合办《巴山卫生》小报，7年共出版45期，发行8.3万份。7年中，开展各种形式的卫生宣传活动，受教育群众达250万人次。

1986—1990年，各县积极开展《食品卫生法》的宣传教育活动。各卫生防疫站编发卫生法规、卫生知识等资料，举办卫生知识讲座，书写宣传标语，开展卫生咨询，放映卫生科教片，广播播放宣传稿，逢场开展宣传演讲等，使宣传活动有声有色。累计受教育者达300多万人次。

1993—1996年，巴中地区各级党政把实施全民健康教育纳入国民经济及社会发展规划，均建立县（市）健康教育所，下达人员编制：区、乡（镇）、村层层配备有兼职健康教育人员，形成健康教育网络。在开展健康教育活动中，首先在公共场所、窗口单位结合贯彻实施《公共场所卫生管理条例》，广泛开展“吸烟与健康”“爱护卫生人人有责”等宣传，全地区有126个窗口单位被省、地、县（市）命名为卫生单位。

1997—2000 年，各级政府分别成立健康教育行动领导小组，积极做好“全国 9 亿农民健康教育行动”录音录像带的宣传播放工作。其中平昌县广播局开辟“卫生天地”定期播放，4 年 600 余次；通江县城镇学校收听该录音录像的班次 80%、农村 95%。南江县爱卫办印发《管理办法》挂图 1100 多张发至全县各单位张贴；县电视台还专门开办“市容市貌，卫生新村建设”专栏。据统计全区 4 年共免费播放“九亿农民健康教育”录音、录像带 832 次。4 年新增加小学健康教育课开课班数 3100 多个，健康教育开课学校 100%，开课班 70% 以上。城镇中小学健康开课率 90% 以上，农村 85% 以上。同时采取多种形式加强卫生科普和防病知识的宣传教育工作。全市开展健康教育出动宣传车 200 台（次），办卫生宣传专栏 2500 多期，印发各种宣传资料 15 万余份，放映卫生科普影片 1000 多场。

第三节　卫生监督监测

一、食品卫生

川陕省苏维埃时期（1932 年 12 月—1935 年 3 月），红军对炊事排制订《伙夫同志十大注意》，对伙夫做饭、洗菜、洗手、剪指甲、淘米、餐具开水消毒、食物保管等方面作出详尽规定，由值班卫生员监督厨房卫生工作。

1951 年，境内各县先后制订“行业卫生管理暂行规定”。在饮食业管理条款中规定，凡经营饮食业的馆、店、个人均不得出售腐霉食物。同时规定，要教育屠宰及饲养人员在收购、转运、保管、宰杀前后及加工、销售方面要做好清洁卫生工作，禁止病死牲畜肉类在市场出售。

1957 年后，各县逐步开展食品卫生的监督监测工作。每年夏、秋季，卫生、商业、供销联合对市场上的一切食品进行卫生检查评比。如发现不合格者，建议有关单位进行处理，并督促饮食店添置卫生设施及餐具定期消毒。

1963 年，巴中县监测出县罐头厂制作的冰糕、清凉饮料中含有有害色素，上八庙供销社 600 公斤鸡蛋内含有农药“六六六”。县财委决定，对这些食品作了销毁或用作工业原料的处理。通江县对城区 19 个饮食行业进行资格审核，对 183 名服务人员进行健康检查，并组织 24 名从业人员进行卫生知识培训。

1964—1966 年，各县对饮食行业进行全面审查，对符合要求的店、组发放卫生许可证；对不符合卫生要求、卫生制度不健全的饮食店、食品加工厂进行停业整顿。同时，会同有关单位负责人进行食品卫生大检查，对食品、冷饮采样化验。

1973—1978 年，各县对食品加工、销售、饮食卫生实行“五个四”制度：即由原料到成品实行“四不制度”，成品（食物）存放实行“四隔离”，用、食具实行“四过关”，环境卫生采取“四定”，个人卫生做到“四勤”。各县按照卫生部、商业部的食品卫生“五四”制要求进行全面检查评比，评出先进单位 380 个，分别由县食品卫生领导小组颁发奖状。

1979 年，达县地区卫生防疫站对平昌等 4 县的食品卫生进行抽查，共抽查粮食 5 种、蔬菜 7 种，共采样品 260 件，144 件含农药六六六、占总样品的 55.38%，12 件超过卫生标准；138 件含 DDT，占总数的 53.1%；六六六残留普遍高于 DDT。巴中、通江亦自己开展粮食、蔬菜中有机氯残存量和黄曲霉素 B 的含量检查，对农药物污染的鸡蛋、磷化物污染的食糖，分别作了处理。

1983 年 7 月 1 日，试行《中华人民共和国卫生法》，各县在宣传贯彻该“法”的基础上，不定期地对市销肉类、糖果、糕点、冷饮、调味品及酒类进行采样监测。当年 4 县共采样 245 件，合格率为

60.99%；对不合格的食品严禁出售，充作工业原料或销毁。

1984—1986年，各县建立以防疫站为中心的食品卫生监督机构，各有关部门及区场镇建立食品卫生领导小组，各食品加工厂建立食品卫生监督小组，较大地食品加工厂设检验科、室，配备专职检验员，做到批量生产、批量检验。每年都要组织一次全县性的食品卫生大检查，对好的单位予以表彰；对差的单位令其停业整顿，并根据情节予以经济制裁。

1987—1991年，境内各县卫生防疫站对辖区内的食品生产经营单位及从业人员的基本情况进行调查，并建立食品卫生工作档案；对从业人员进行体检办证，对查出患有肝炎、痢疾、结核病等传染病的从业人员，通知有关单位调换工种。5年共抽样监测各类食品1600件，平均合格率64%。

1993—1994年，全地区共有食品生产经营者8023户，从业人员13426人，均进行年度复审验证；对12136名食品从业人员进行健康体检，体检率90.4%；查出“五病”182人，调离原工作岗位165人，调离率90.6%；共抽检各类食品668件，合格403件，合格率60.3%。进行巡回监督检查49878户，行政处罚319户。

1996年，实施新的《食品卫生法》，各级卫生局抽调人员成立食品卫生监督科，重新聘任食品卫生监督员，专门从事食品卫生监督工作。卫生防疫站对食品从业人员进行严格体检，全地区健康检查18135人，体检率达96.49%；体检后对84名“五病”患者调离了食品卫生岗位。在监督检查中，立案处罚813户次，罚款442户次，共处罚款2.87万元。

1997—2000年，根据《四川省卫生监测管理办法》的规定和本区实际，对食品生产经营者所生产经营的食品按频率进行抽检，对外埠食品实行索证检验制度。共监测18类食品5890件，合格5047件，合格率82.68%。还督促饮食业建立健全设施消毒制度，对大、中型饮食业和经济条件较好的必须使用消毒柜，其余定期分发消毒药品，每年进行一次食（饮）具消毒效果考核，四年共监测食（饮）具5994件，合格4846件，合格率85.68%。对20582个食品生产经营者年均进行两次以上监督检查，监督检查覆盖率达100%；行政处罚391户次。其中，警告并限期改进198户次，追回不合格产品61户次、计8869公斤，没收销毁不合格产品199户次、计2.01万公斤，罚款131户次、计人民币5.54万元。

二、公共场所卫生

民国时，境内民间大多民众有讲究环境卫生习惯，端午节燃硫黄、烧艾叶去其瘴疫；大寒时节，扫除阴阳沟内污泥浊水，打扫庭院尘埃；过年过节、办喜事，更是除陈布新，左邻右舍全部出动，打扫环境卫生，并自觉保持干净。

中华人民共和国成立后，各县的环境卫生工作由卫生防疫部门负责。卫生防疫部门依据国家有关规定，进行经常性的公共卫生管理和预防性环境卫生监测，为环境保护提供科学依据。

1972年，平昌县防疫站率先设立检验室，但只能做一部分检验项目。1977年，巴中县开展大气污染监测，测出该县城区主导风向为东北风和南风，适宜设置工业区。现有的磷肥厂、化工厂、农机二厂、印刷厂都在城区主导风向上侧，不宜扩大建设规模；是年还进行大气中二氧化碳和灰尘自然降尘量监测，两项指标均在国家规定标准范围内。

1980年，卫生部颁布《全国环境卫生监测站暂行工作条例》后，各县均建立环境卫生监测站，配合有关单位对城市公共场所和服务行业开展环境卫生监督；对农村饮水卫生和垃圾、粪便的无害化处理进行技术指导，并开展大气、噪声的监测工作。

1982—1985年，各县人民政府加强城市环境卫生的综合整治，提出治理城市污水、控制大气污染、搞好绿化、强化环境管理等措施，使环境卫生管理从“人治”走向“法治”。巴中县先后对巴河水和自来水水质进行监测；开展医院污水、工业废水、城内影剧院、大气 SO_2、城区自然降尘量的卫生监测。监测出河水含砷、氟化物、细菌总数、大肠杆菌超标，饮水的细菌和理化指标不合格，工业废水和医院污水中的毒物和理化指标全部超标，影剧院中的二氧化碳和细菌全部超标，大气自然降尘量超标，大气 SO_2 含量合格。

1989 年，各县成立由卫生、爱卫、工商、物价、公安、建委等部门负责人组成了县公共场所卫生管理协调小组，并集中力量对城区公共场所进行清理整顿。对卫生条件差、缺乏基本卫生设施的从业单位给予限期整改等处罚。同时，对影剧院、录像厅等文化娱乐场所进行监测，对卫生指标超限的，责令整改；并对公共场所从业人员进行健康体检。

1993—1994 年，巴中地区共有公共场所 2234 个，从业人员 2896 人。共巡回检查 4628 户次，行政处罚 117 户次；体检从业人员 2516 人，体检率 86.88%，查出“五病”人员 44 人，均监督调离原工作岗位；对公共场所的空气、采光照明、噪音、顾客用具等采样 3219 个进行监测，合格 2075 个，合格率 64.46%。对 56 个集中式供水单位所供生活饮用水采样 152 个进行监测，合格率 51.32%，对 89 名制水人员进行体检。全区无化妆品生产企业，对市场零售化妆品亦进行经常性监督监测。

1995 年，有公共场所 2435 个，从业 4893 人；1996 年，有公共场所 1716 个，从业 3267 人。两年共巡回检查 8805 户次，行政处罚 101 户次，罚款 40 户次，计人民币 4110 元；应体检从业人员 8105 人次，实体检 7600 人次，体检率 93.77%，查出“五病”人员 49 人，均监督调离原工作岗位；对公共场所的空气、采光照明、噪音、顾客用具等采样 6784 个进行监测，合格率为 68.31%。对 210 个集中式供水单位所供生活饮用水采样 394 个进行监测，合格率为 69.29%，对 429 人次制水人员进行体检。对 3 个化妆品生产企业所生产的化妆品抽样进行监测，合格率达 100%。

2000 年，全市共有公共场所 1743 个，从业人员 3347 人，巡回检查 2893 户次，行政处罚 17 户次，罚款 12 户次，计人民币 0.18 万元；从业人员体检 2025 人，体检率 88.31%，查出“五病”人员 14 人，均监督调离原工作岗位；对公共场所的空气、采光照明、噪音、顾客用具等采样监测 1.18 万项次，合格率为 81.48%。对 202 个集中式供水单位所供生活饮用水采样 407 个进行监测，合格率为 71.01%。对 2 个化妆品生产企业所生产的化妆品进行抽样监测，合格率达 100%，并对市售化妆品进行经常性卫生监督监测。

三、劳动卫生

川陕省苏维埃时期，制订《劳动法令（草案）》，规定“所有工钱劳动者，每日工作时间不超过 8 小时、青工 6 小时、童工 4 小时；有危害身体健康的工种如地下矿工、铅、锑及其他带毒性工作，每日工作时间需减到 6 小时以下”。并禁止女工在某些特别繁重和危险部门工作。

中华人民共和国成立后，各县工业逐步兴起，从事工业劳动的职工日渐增多，改善劳动条件，防治职业病的工作随之展开。1955 年，各县成立工业卫生委员会，工矿企业也相继建立了科（室）或安排专人分管这方面的工作。1958 年，各县“大办钢铁”，为保护工人健康，各厂矿在配备培训保健员的同时，各车间普遍配置“保健箱”。根据厂矿大小和工人分布情况，有的厂矿建立保健站（室），较大的厂矿还设置病床。同时，对工人进行安全生产的教育，开展防冻、防伤、防病、防暑降温工作。

1963 年，巴中县防疫站在巴中铁厂、硫黄厂、丝厂分别开展防尘、防暑、防冻、防伤和防一氧化碳中毒工作。通江县防疫组在铁溪区境内的各厂矿进行调查摸底，对 288 名工人进行健康检查，查出有矽尘疑似患者 26 人。平昌县对厂矿各类影响人体健康的毒害因素进行监测，检查接触有害有毒物质职工的健康状况。

1964—1984 年，境内各县先后贯彻执行《关于防止厂矿企业中矽尘危害的决定》《工业企业设计暂行卫生标准》《职业病范围和职业病患者处理办法的规定》《橡胶业汽油中毒防预暂行办法》《工厂和矿山防尘技术措施暂行办法》《矽尘作业工人医疗预防措施实施办法》《生产矽尘的厂矿企业防痨工作暂行办法》《防暑降温措施暂行办法》《铅、苯、汞等五种职业中毒的诊断标准及处理原则》《微波辐射暂行卫生标准》《工业企业噪声卫生标准》以及工业性氟病、慢性二氧化碳、三硝基甲苯，锰中毒的诊断标准及修订的慢性苯中毒的诊断标准；并恢复职业中毒和职业病报告制度。以上条例、标准、办法的执行对保护劳动者的健康起积极作用。

1985—1988 年，境内各县的劳动卫生，重点是建立工业厂矿档案和职工健康档案。两年共建厂矿企业档案 140 个、职工健康档案 1.9 万多人次。巴中县尘毒监测采样 49 个，有 21 个超标。通江县对县絮棉厂的棉尘浓度进行监测，并协助安装除尘装置，使棉尘浓度由超标的 13.88mg/m^3 下降到正常值的 1.48mg/m^3。

1989 年，巴中县防疫站对县装潢印制公司、汽车 47 队、植物油厂等 10 个单位从事锰、苯、汞、高温工作的 100 余人进行职业健康检查，查出属于铅、苯中毒（吸收）的 16 人。事后，对 16 人进行全脱产治疗，并按规定报销医药费。通江防疫站对 1986—1989 年先后诊断的 135 例尘肺病人的病例资料，进行复查整理，装订入档；对蜂窝煤厂、絮棉厂的 59 名职工及全县 23 名粉尘接触者进行健康检查，并建立健康档案。

1993—2000 年，全地区卫生防疫站依照《四川省工业企业劳动卫生条例》，对全民、集体和乡镇企业进行经常性监督检查。共监测尘毒作业点 1643 个次，监测覆盖率 77.91%；监测合格点 1020 个，合格率 64.77%。对 7046 人次的接触尘毒作业的工人进行职业检查，查出矽肺 11 人、铅中毒 2 人。现有Ⅰ、Ⅱ、Ⅲ期尘肺患者 615 人次；共发生非生产性农药中毒 58 人，死亡 13 人。全市连续 5 年无职业中毒发生。

四、学校卫生

民国 35 年（1946 年）至 36 年，通江县国民政府卫生科组织县卫生院卫生技术人员，每年对辖区内的简易师范、县立初中、女子小学及城关镇中心小学的学生进行健康检查。两年共检查 1076 人次，体检覆盖面 90.42%；并对检查出的缺点进行矫正，两年矫正 41 人。

中华人民共和国成立后，政府将学校卫生工作列为预防医学的组成部分，由教育、卫生部门共同管理。为培养学生有良好的卫生习惯，经常给学生上卫生课，并进行体格检查，对查的缺点和疾病进行及时矫正和治疗。

1964 年，贯彻教育部、卫生部、体育运动委员会《关于中、小学生健康状况和改进学校体育、卫生工作的报告》，各县卫生防疫站、卫生科内设立学校卫生组，配专职从事学校卫生工作，各中学和部分小学设立医务室，配 1 ~2 名卫生人员负责实施各项卫生工作。1965 年，巴中县防疫站同巴中师范学校共同制订预防学生近视的工作规划，教育学生读书、写字要坐势端正，视距、视角、光线要在规定范围内。

1980 年，各县贯彻教育部、卫生部 1979 年联合颁布的《中、小学卫生工作暂行条例》（草案）。各县卫生防疫站开展中小学生生长发育的全面调查，共调查 24 所中学、12 所重点小学 1.6 万人次。调查结果，7 ~17 岁年龄组的生长发育水平低于国家报道的 9 市郊区县中小学生的水平；9 种疾病的患病率中砂眼、视力减退和肺结核分别在 15.05% ~26.1%、4.9% ~15.2% 和 0.93% ~1.86% 之间。

1985 年，巴中县防疫站配合文教部门对巴中中学 500 名学生视力进行动态观察，对城区中、小学生生长发育和常见病、多发病进行调查，为 9560 名小学生建立健康档案。平昌县全面考核西兴职业中学学生健康状况，该学校体育卫生工作基点达到国家验收标准。通江县调查通江中学、诺江镇一完小的学校卫生情况，对不足之处提出具体的改进意见；同时对永安中学的748名学生进行身高、体重、胸围、视力、疾病等方面的统计、比较和分析，并形成一套完整的健康档案资料。

1989年，巴中县防疫站对巴中师范学校300名学生进行体检，对化成中学400名学生进行寄生虫镜检和治疗。通江县对区镇19所中小学生的基本情况进行调查，并建立学校卫生档案；采用复方甲苯达唑片对全县860所中小学的10.13万名学生进行驱虫治疗，服药率93%，服药后全部阴转。

1991年，各县卫生防疫站对境内内重点中小学生进行身高、体重、胸围、血压、龋齿、视力、眼疾等方面的检查。4县共检查学生5.2万人次，并建立健康档案。

1993—1997年，按《学校卫生工作条例》对全区中小学校进行监督指导，对481所学校课桌椅、采光、照明等进行监测，体检学生6.15万人次，查出沙眼、龋齿、近视眼等疾病2.04万人次，检出率33.17%，对8.74万人次的学生按《全国肠道蠕虫感染综合防治方案》进行驱虫治疗。

1998—2000年，对学校卫生进行监测，体检学生22.30万人次，查出沙眼、龋齿、近视等疾病6.02万人次，检出率27%，对8.2万名学生按《全国肠道蠕虫感染综合防治方案》进行驱虫治疗。

五、放射卫生

20世纪60年代以前，境内无医用X线机，高考学生体检由省卫生厅、教育厅安排去外地透视。随着医疗卫生事业的发展，使用放射技术辅助临床诊断逐步普及。

1982年起，境内各县防疫站根据各县制发的《医用X线卫生防护管理实施办法》，对放射机及从业人员进行监督监测，对使用X线机的单位实行“许可证”管理。当年巴中县对28名X光机作摸底调查和食品监测，发现输出量超标的占15台，均由防疫站协助所在单位改装防护设备和机房；并对21名放射工作人员进行体检，均未发现职业病。

1984—1985年，巴中县开展12个区各类建筑、自然荒坡、公路等r射线外环境监测，设立95个r射线外环境监测点，获数据752个；并监测全县30台医用X光机，改装25台不符合防护要求的X光机，体检25名放射工作人员，全部建立了健康档案。通江县对24台中的19台X光机列入改装对象，已改装18台对16台合格者发放“卫生许可证”；并体检、建档15名工作人员，体检率65.22%。

自1989年《放射性同位素与射线装置放射防护条例》颁布实施后，各县卫生局便委托县防疫站负责对辖区内放射同位素与射线装置的放射防护进行监督管理。当年通江县对全县22个医疗单位的27台医用X线机及43名放射工作人员的基本情况进行调查，并分别建立档案。

1991年，通江县给全县新安装的35台X线机建立档案，并对7个区卫生院的7台X线机进行散、漏射线监测，并整改存在的问题。为提高尘肺拍片质量，发给了尘肺投照许可证。

1993—1994年，对120个使用射线装置单位换发射线装置许可证，对148名放射工作人员进行健康体检并建立健康档案和个人工作剂量档案。1995年，对123台X线机进行监测，对156名放射工作人员进行健康体检并建立健康档案和个人工作量档案，对建材业等使用含射线的材料、消费品进行摸底调查。

1996—2000年，共对439台次医用X线机进行监测，对421人次放射工作人员进行健康体检并建立健康档案和个人工作量档案，对建材业等使用含射线的材料、消费品进行了摸底调查。

第四节 传染病预防控制

一、疫情状况

民国时，境内传染病有霍乱、天花、痢疾、伤寒、麻疹、白喉、疟疾、猩红热、黑死病及死因不明的一些传染病，它们的特点是流行快，死亡率高。据有关卫生资料记载：民国 5 年（1916 年），通江县死亡的 2.95 万人中，死于霍乱、赤痢、伤寒、痘疮、疹热病、猩红热、白喉症、黑死病的有 2.37 万人，占病死人数的 80.34%。民国 9 年（1920 年），南江县后坡子（今光明乡后坝村），普患流感（土称窝儿寒），100 户人家就死亡 100 多人，陈洪荣一家 4 人，7 天内死绝。民国 10—14 年（1921—1925 年），巴中县流行痢疾 1 次、伤寒两次，属暴发性流行，遍及全县。一外地马戏团赴巴演出，30 余人均染痢疾，一星期内死 4 人。全县死于伤寒病的达万人以上，其中上八庙场洞子寨王德洪全家 5 人全部丧命。

民国 20 年（1931 年），南江县小儿流行麻疹，大人流行斑疹伤寒、死亡率约 30%。民国 23 年（1934 年），南江县疫症流行，有死人坑一处约 300 人。民国 27 年（1938 年），巴中县流行脑炎，仅玉山天官场染病者就达 480 余人，死亡 190 人，幸存者大都留下后遗症。民国 31—33 年（1942—1944 年），巴中县流行痢疾，仅清江乡和玉山区天官场就死亡 300 人；南江县有 14 乡流行麻疹，半年死亡 1.63 万人。通江县瘟疫流行，尤以霍乱为甚。

1952—1985 年，通江县共患天花病、乙脑等传染病 6.11 万例，死亡 1096 人。南江县通过 7 次调查，表明：1956 年，6 个乡的钩虫感染率平均为 17.3%，1958 年梅毒病患者 6.98 万人，1963 年，疟疾患者 1123 人，1980 年，头癣患者 883 人，1981 年，钩端螺旋体患者 4363 人，1984 年，狂犬伤人 368 人，1985 年，流行性脑膜炎患者 1111 人；其中钩体病、流脑病死亡 85 人，死亡率为 1.55%。平昌县 1956—1985 年统计，全县共患各类传染病 28.07 万例，死亡 2105 人。

1986 年，巴中县发生乙类传染病 9 种 2315 例，发病率为 214.77/10 万，死亡 24 例，死亡率 1.04%；发病以消化道传染病为主，占总发病的 72.36%。通江县法定传染病较上年上升的疾病是麻疹、百白破、痢疾、肝炎、钩体、出血热，发病率分别为 33.83/10 万、30.89/10 万、206.99/10 万、112.66/10 万、20.76/10 万、0.33/10 万；下降的疾病是白喉、流脑、流感、肺结核。

1989 年 9 月 6—15 日，巴中县大和乡中心小学暴发痢疾 272 例，发病率为 42%。通江县传染病发病率较上年下降的有流脑、痢疾、肝炎、乙脑、猩红热、麻疹、狂犬病等，分别比上年下降 34.8%、47.9%、64.3%、30%、41.3%、11.1%和 14.2%；发病率较上年上升的有百日咳、疟疾、钩体、结核病。

1990 年 1—9 月，巴中县发病 2315 例，发病率为 207.08/10 万，死亡 13 人，病死率 0.56%。分别比上年同期增长 1.89 倍和 5 倍。通江县的麻疹、百日咳、结核病的发病率均控制在国家规定的指标内，脊灰与白喉无病例发生。

1992—1993 年，巴中县共报告乙、丙传染病 4802 例，发病率分别为 168.63/10 万和 47.3/10 万；病死 13 例，病死率 0.27%。

1994—1995 年，全地区共发生甲、乙、丙类传染病 43 种次、15516 例，发病率 266.70/10 万；病死 19 例，病死率 0.12%；其中甲类 1 例，乙类 10021 例、病死 17 例，丙类 5494 例、病死 2 例。发病率居前三位的病种是痢疾、肺结核、病毒性肝炎。

1996年11月18日—11月25日，由地区防疫站组成10人调查组，对巴中市（县级）5个乡进行居民法定传染病漏诊漏报调查。共抽查30个村118个社、534户、20344人。调查发现：1996年1—9月，传染病发病9种、64例，患病率3.15%，其中菌痢最高（31例），患病率为1.52%，占查出病例的48.44%；次为病毒性肝炎（15例），患病率0.74%，占查发病例的23.44%。查出传染病发告率为98.44%。漏报率为1.56%。

二、疫情管理

民国时期，省政府针对传染病猖獗、人民死亡惨痛的局势，制定“法定传染病月报”的规定，实行传染病报告制度，并加强传染病的管理。

20世纪50年代开始，各级人民政府把疫情管理工作提到议事日程，建立健全疫情报告网。1953年，各县除按原有疫情“三级制”报告制度外，每旬还向县政府填报一份，以统一掌握全县内的疫情状况，避免疫情旬报的混乱现象。

60年代，各级卫生防疫部门按照《传染病管理办法》和《四川省传染病管理办法实施细则》，把急性传染病管理列为重点任务。各地健全以公社医疗机构为基点的疫情报告网，每个公社固定一名中青年医生兼管疫情报告。各级卫生防疫站及时培训疫情报告人员，制订疫情管理制度，对各级医疗卫生单位进行传染病管理工作的业务指导和工作监督；进行传染病监测，作出疫情预测、预报和防治措施。

七八十年代，随着农村合作医疗的兴起和发展，疫情报告网由县、区、乡三级发展到县、区、乡、村四级。逐步对区、乡卫生院防疫人员进行充实和调整，各区卫生院都建立防保科（组），由一名副院长担任科（组）长，并配备一名专职防疫医生。乡卫生院设立防疫办公室，并配备专（兼）职防疫医生；村卫生站落实一名“赤脚”医生负责卫生防疫工作。

1985年9月后，各地按照四川省政府发布的《四川省传染病管理办法》，先后建立防疫医生例会、疫情查对、疫情会审、疫情转送、疫情报告等具体实施办法。其疫情报告范围为：甲类传染病有鼠疫、霍乱及副霍乱，如经发现，城镇应在6小时内上报、农村12小时内报告。乙类有白喉、流脑、百日咳、猩红热、麻疹、流感、痢疾、伤寒、肝炎、脊灰、乙脑、疟疾、斑疹伤寒、回归热、黑热病、森林脑炎、流行性出血热、钩体、狂犬病、炭疽等，如发现，城镇应在12小时内报告、农村在24小时内报告；如发现暴发疫情时，必须立即报告。丙类传染病包括肺结核、麻风病、血吸虫病、肝吸虫病、肺吸虫病、丝虫病、钩虫病等，如发现，应在1月内报告。各级医疗卫生单位为法定报告单位，一切诊治病人的医务人员均为法定报告人。当确诊或疑似甲、乙、丙类传染病时，必须填写“传染病报告卡片”，由报告单位按各县规定程序上报。各县卫生防疫站综合本地疫情资料，对规定的传染病作出旬报、月报和年报，报同级卫生部门和上一级卫生防疫站。

1986—1988年，各级医疗卫生单位认真执行《四川省传染病管理办法》和国务院《传染病管理条例》。指定专人抓传染病管理，认真建立“一卡”（一病一卡）、“两簿”（门诊病人逐日登记簿、传染病登记簿）、“八制”（例会、自查、疫情核对、疫情会审、疫情转送、传染病分级管理、检查评比、奖惩等8项制度）。凡属法定的传染病，一律用“卡片”报县卫生防疫站；防疫站有权对全县医疗卫生单位进行传染病管理的监督。区、乡普遍推行门诊病人登记制度，建立腹泻门诊，传染病漏报、迟报现象大为减少。

1989—1992年，各县重点抓防保机构的健全、疫情监测、疫情分析与个案调查、提高疫情报告质量等工作。区、乡医疗单位普遍实行门诊病人逐日登记制度，疫情报告等各项工作做到有章可循。同时，依法对各级医疗卫生单位传染病的漏报、迟报情况进行调查，如有漏报、迟报者，报告卫生局予以通报批评或经济制裁。

1994 年 10 月，通江县民胜区“二号病”疫情警报发出后，各级党政领导及时作出安排部署；地、县卫生部门领导亲临现场，指挥疫情扑灭工作。地、县卫生防疫站、民胜区卫生院的职工把疫情当敌情，把抢救病人、控制疫情扩散视为攻坚战，苦战 18 昼夜，扑灭疫情，且无第二代病例发生，受到上级党政和社会各界的赞扬。巴中、南江、平昌在周边县（市）霍乱流行期间，做到人员、药械、技术、车辆四落实，采取综合防治措施，避免霍乱的发生，并取得大灾之年无大疫的好成绩。尤其是平昌县的霍乱防治工作抓得扎实，受到省卫生厅领导的表扬。

1995—2000 年，传染病的管理，坚持一月一期免疫月报，一季度一次疫情分析，半年一次疫情预报，按时准确上报月、年报表。对一些医疗单位不报、漏报、迟报疫情的现象进行处理，对好的单位进行表扬。其中 1996 年地区卫生局认真贯彻《传染病防治法》，加强疫情报告管理，于 11 月 20 日—26 日，对巴中市人民医院、巴中市（县级）中医院、清江区中心卫生院等 5 个医疗单位的传染病管理情况进行检查。检查结果表明：有 3 个医疗卫生单位的疫情管理班子健全，有文件资料，有疫情管理制度。医生对法定传染病的报告方式、报告时限、报告程序明确，门诊日志、基本项目齐全，有登记，保健科资料完整，奖惩有记录。3 个医院住院部登记共 9448 人次，查出传染病 518 例，报告 513 例，漏报 5 例，报告率为 99.03%，漏报率为 0.97%；查卡 200 张，完整率为 97.5%、准确率为 97.5%。

三、预防接种

民国时期，境内传染病流行，尤以天花为最，民间种牛痘的医生，对 3～5 岁儿童种痘，其接种有鼻苗、火痘、土牛痘、牛痘数种。接种者，“瞎痘”甚多，一旦天花流行，死者甚众，不死则成麻脸，故当时有“麻痘关，铁门槛，活下来成麻脸”的民谣。民国 34 年后，政府开始利用生物制品进行人群预防接种，当时接种的有牛痘苗，霍乱、伤寒和副伤寒混合菌苗、白喉类毒素等，每年境内 4 县接种 7.58 万人次左右。凡接种的地方，病症发生甚少。

1950 年 10 月 12 日，国家公布《种痘暂行办法》，各县卫生院组织培训接种技术，开始开展全民义务免费种痘工作。1956 年前的预防接种工作都是在县政府直接领导下，由县卫生院派员到各区、农业合作社发动卫协会员及部分个体开业医生在本辖区内进行。连续几年于春、夏二季进行接种牛痘、伤寒、副伤寒混合疫苗。由于没有专职防疫机构，制度不完善，疫苗重种、漏种、见人就种的现象普遍存在。

1950—1985 年，巴中县共完成 17 种并疫苗的预防接种任务，计 1201.07 万人份；通江县完成 16 种疫苗的任务，计 249.8 万人份；南江县完成 14 种疫苗接种任务，计 271.2 万人份；平昌县 1956 年完成 6 种疫苗的预防接种，计 4.77 万人，全程接种率 92.7%；1980 年 2 月，0 至 7 岁儿童口服麻痹糖丸 11.76 万人；其余年份无从稽考。

1986 年，巴中、通江二县卡介苗接种 6.58 人份，服麻痹糖丸 6.19 万人份，百白破三产疫苗 3.53 万人份，麻疹疫苗 5.46 万人份。1989 年，境内 4 县以省为单位实现了第一个接种率 85% 的目标，1991 年以县为单位实现了第二个计划免疫接种率 85% 的目标。麻疹、百日咳、钩体、流脑、乙脑、伤寒等传染病发病率大幅度下降。

1990 年和 1992 年，巴中、通江两县共完成卡介苗、百白破三联苗、脊灰糖丸、麻疹疫苗等计划免疫接种 60.45 万人份，接种率均在 95% 以上。

1994 年初，巴中地区下达 6 种计划免疫接种任务。全年共完成 13 种生物制品 79 万人份的接种任务。全区五分之四的乡（镇）达到计划免疫覆盖率 95% 的目标；0～4 岁儿童“脊灰”强化免疫服苗达95.8%，超额完成省卫生厅下达的目标任务；乙肝疫苗接种工作普遍得到重视，城镇新生儿达85%左右，部分农村也推开。

1995年，对各县（市）免疫率接种率进行抽样调查，全地区建卡率、建证率、卡证符合率均为100%。基础免疫BCG、TOPV、DPV、MV，接种率分别为96.67%、96.19%、96.67%、95.71%。加强免疫接种率1岁组MV、DPT分别为95.71%、95.71%，4岁组TOPV96.67%，7岁组BCG、MV、DPT96.67%、93.85%、96.19%。按照国家统一方案，扎实开展消灭脊髓灰质炎强化免疫活动，0～47月龄儿童服苗率达98.88%，有效服苗率98.24%。乙肝疫苗接种普遍受到重视，流脑菌苗，乙脑疫苗，钩体疫苗等生物制品的接种工作有条不紊地进行。

1996年，全地区以乡镇为单位儿童计划免疫接种率达85%的目标，并由省卫生厅颁发合格证书。儿童计划免疫“四苗”全程接种率达90.52%，建卡率达100%，建证率达83.62%。全地区0～4岁儿童“脊灰”强化免疫，有效服苗率均达到95%以上。同时，与计划免疫相关的疾病进一步得到控制，有效地保护儿童身体健康。

1997年，全地区“四苗”全程接种率达93.9%，0～7岁儿童计免疫建卡率达96.7%；新生儿乙肝疫苗接种率在城镇达86.7%，在农村达49.2%；并且在消灭“脊灰”强化免疫活动中，0～4岁儿童有效服药率达95%以上。由于计免工作扎实有力，所以，与计免相关的疾病进一步得到控制，尤其是麻疹发病率与1990年相比，降低34.2%。

1999年，各地根据地区卫生局与各县（市）卫生局签订的计划免疫工作责任书的目标任务和地区下达的“四苗”接种任务，采取多种措施，认真做好计免工作，取得了显著成绩。计免以乡镇为单位达标成果得到有效巩固；计免接种率大幅度提高，经抽样调查，卡介苗、脊灰疫苗、百白破、麻疹疫苗接种率分别为93.8%、98.1%、96.7%、97.6%；“四苗”全程接种率为96.4%，计免建卡率达97.8%。新生儿乙肝疫苗在城镇达到93.7%、在农村达到51.9%；与计免相关的疾病发病率明显下降，尤其是麻疹发病率较上年下降44%。

四、主要传染病防治

（一）麻疹

麻疹是由麻疹病毒引起的急性呼吸道传染病，多见于小儿。以发烧、上呼吸道炎、结膜炎、颊内出现麻疹黏膜斑及全身斑丘疹为特征。冬末春初多发，传染性极强。

民国时期，境内各县麻疹连年发生，除城镇部分病人得到救治外，农村每遇大流行因麻疹并发肺炎而死人者甚众。如南江县赤沙乡在民国33年1—6月就有患者万余人，死亡达2630人。

1951年，各县麻疹流行，各县政府和卫生部门组织卫协会和县卫生院的广大中西医务人员，深入发病地区，开展防治工作，及时遏止该病大流行。后经调查表明，此病流行一般维持两年，流行间隔3年左右为低发年。

1963年，巴中县花丛区麻疹流行，发病514例；死亡21例，其中尹家公社发病237人，易感儿童几乎全部发病。对此，巴中县防疫站派员前往发病区，采取就地治疗，易感儿童普服紫草根煎液或紫草根糖衣片，对密切接触者，进行成人健康全血注射预防，并广泛宣传卫生知识，不让儿童接近流行区域。

1973—1974年，各县对麻疹易感儿童开展京55株麻疹减毒活疫苗普种工作，1975年，该病发病率大幅度下降，平均发病率为18.56/10万，降到历史最低水平。该病苗普种3年后，发病率又开始上升。境内4县是达县地区发病较多的县，故各县按照四川省儿童免疫程序，每年对出生后8个月的儿童进行麻疹疫苗初种，1 岁、7 岁儿童进行复种，至 1985 年，使该病发病率大幅度下降，个别县提前达到“1990 年发病率控制指标（10/10 万）”以下。

（二）霍乱

霍乱又称“二号病”。1994 年 10 月 7 日，通江县民胜乡发生一例传入性霍乱（小川型）。县委、县政府接到疫情报告后，先后三次召开专门会议分析研究扑疫工作，拨专款 5000 元用扑疫开支。民胜区、乡层层成立霍乱病防治领导小组，先后召开专门会议 10 次，在场镇、村社掀起了声势浩大的爱国卫生运动，并筹措资金 4500 元解决扑灭工作经费。县卫生部门全力以赴，培训霍乱防治业务知识，落实防范措施，掀起疫点污水消毒、肠道传染病预防、后期综合消杀高潮；并挤出资金 4000 元用于扑疫工作。各级各部门密切配合，大打防疫灭疫总体战，奋战 18 天，解除疫情警报，且无第二代疫病发生。

1996 年 6 月，行署发出《关于加强肠道传染的紧急通知》，地区卫生局制定霍乱防治工作措施。加强对各地夏秋季肠道传染的监测防治，并对三县一市落实措施情况进行监督检查，建立健全应急队伍，做好药械，车辆应急准备。5—11 月实行 24 小时轮流值班制度。在大旱之年未有霍乱在全区发生流行。

1999 年 8 月下旬，巴中市（县级）巴州镇发生霍乱病人 6 例，带菌者 1 例。疫情发生后，地、市党政高度重视，层层落实防范措施，做到人员、药械、车辆、经费的落实，5—11 月实行 24 小时疫情值班制度。通过省、地、市卫生人员的共同努力和辛勤工作，在较短时间内扑灭了疫情。各级医疗单位设立肠道门诊并加强肠道门诊病人逐日登记和疫情报告制度，全区无二代霍乱病人发生。

（三）结核病

1950 年前，境内结核病称为“不治之症”，主要是因为无防疫机构和特效疗法，故一染此病，大多丧命。1950 年后，党和政府积极开展结核病的防治工作，使结核病患病率不断下降，小儿结核性脑膜炎也大为减少。1966—1976 年，防疫机构被撤，疫情再次回升。1979 年，根据国务院有关指示，卫生部在全国进行流行病学调查。巴中县平梁区胜利公社（今青山乡）被定为全国结核病流行病学调查点。调查该社 8 大队 1723 人，查出活动性、稳定性结核 29 人，患病率 1614/10 万，高于全国全省水平。

1985 年，境内各县成立结核病防治所或结核病防治技术指导小组，县人民医院和中医院分别设立结核病门诊室，专门负责结核病的防治工作。当年，通江县对城区厂矿工人和饮食服务人员进行 X 光透视，巴中县在鼎山区龙背乡檬子村和县城 39 个单位开展第二次结核病流行病学调查。两县共检查 1.03 万人，查出结核病患者 153 人，阳性率 1.03%～3.17%；患病率 1.49%。均按照“四川省结核病人治疗方案”的规定，对查出的结核病患者进行治疗。

1986 年和 1989 年，巴中、通江两县共查出结核病人 1928 人。两县防疫站按照查、防、管、治“一条龙”的原则，坚持“查出必治，治必彻底”的原则，均按“治疗方案”进行治疗。

1993 年，通江、巴中县正式启动“世界银行贷款结核病控制项目”，对两县 2652 人进行免费检查和诊断，确诊结核病 1217 人，免费治疗 453 人。1994 年，通过加强对全区结防项目工作的领导和管理，实现阶段性目标。全年落实结防项目配套资金 54.2 万元，接诊可疑病人 12845 人，通过照光、痰检、摄片查出患结核病人 5947 人，减免检查费 20 余万元；负责治疗结核病人 2443 人，发放治疗药品价值近 50 万元；治疗两月复查好转率达 84.63%。

1996—1997 年，实施结核病控制项目（卫Ⅴ项目），全地区落实配套资金 25.5 万元，接诊可疑肺结核患者 14147 人，胸透 7249 人，拍胸片 10816 人，痰检 16516 人次。通过胸透、拍片、查痰和临床检诊共检出肺结核患者 5791 人，检出率 39.29%，免费治疗病人 3849 人，发放治疗药品价值近

67 万元。在 3849 例涂阳病人的治疗中，初治涂阳 3147 人，复治涂阳 609 人，痰菌二月阴转率 93.48%，三月阴转率 99.05%。

1999—2000 年，全地区按计划落实配套资金，共接诊可凝肺结核患者 19282 人，胸透 19120 人，拍胸片 9243 人，痰检 9482 人次。通过胸透、拍片、查痰和临床检诊共检出肺结核患者 7119 人，检出率 36.92%；免费治疗病人 5565 人。在 5565 例涂阳病人的治疗中，初治涂阳 4717 人，复治涂阳 848 人，痰菌二月阴转率 89.25%，三月阴转率 98.94%。四县（市、区）均实行结核病归口管理，经省卫生厅组织考核，得到好评。

（四）疟疾

疟疾，俗称“打摆子”，散在性流行境内各地。民国时期，境内流行很广，涉及千家万户。1950 年后，通过卫生知识的宣传和特效药的控制，疟疾患者相对减少。1953 年，巴中县疟疾流行，发病 1021 人。县政府为控制该病蔓延，规定“每治愈 1 人，工资补助 1000 元（旧人民币），差旅费、检验费、额外补助等 1140 元”；由于措施得力，翌年发病仅 51 例。通江县 1959—1965 年 9 月共发病 1.91 万人，其中 1964 年最多为 5748 人；流行季节为 4～9 月，其中发病率最高的是 5、6、7 月。南江县于 1963 年进行卫生普查，查出疟疾患者 1123 人；后采用 8 日疗法，治愈 1055 人。平昌县 1961—1964 年共查出疟疾患者 1887 人，其中笔山区占 59%；治疗上做到送药到手，看病服药到口；到 1965 年全县基本消灭疟疾病。

1977—1979 年，境内发病仅 74 例。1981 年通江、平昌仅发生 5 例。至 1985 年，境内均未发现疟疾现症病例。

1986—1990 年，各县加强流动人口的管理，严防外源性病疫的传入和内源性病例的发生。在建立常年性疟疾监测点，建立血检网，加强疟防知识宣传的同时，对人群进行预防服药，使境内疟疾发病连续几年控制在 0.5/10 万以下（国家标准 1/10 万）。经省、地先后验收，境内 4 县于 1993 年均达到基本消灭标准。

1994—1997 年，地区防疫部门对近三年来疟疾病人进行血检和抗复发治疗，对 140 例输入性现症病人进行八日根治，对疫点周围人群进行预防服药。

1998—2000 年，全地区发生的 58 例病人，血检阳性 1 例，均系外源性病人，并进行及时治疗。地区（市）卫生局采取 4 条措施进行防治，即：主动与公安劳动等部门协调配合，加强对城镇流动人口的管理，特别是对从高疟疾区返回人员进行重点监测；积极开展血检工作，全年完成“四热”病人血检 14586 人次；对车站、旅馆等流动人口集中的地方进行重点监测及消杀工作，有效地阻止了外源性疟疾的传入；对当年已发生的疟疾病人进行规则治疗，并对病人周围环境进行监测及消杀工作。

（五）脊髓灰质炎

脊髓灰质炎（简称“脊灰”），1959 年，巴中、平昌、通江三县共发生 12 例，无死亡。1959—1985 年，境内 4 县共发生脊灰病 1917 例，死亡 195 人。

至 1993 年，境内各县卫生部门加强领导，严格实施计划免疫，用以控制脊灰流行。对免疫儿童建立接种表（卡），在每次普服脊灰麻痹糖丸前对表（卡）进行一次彻底的核对，以防漏服。每到普服疫苗季节，各级领导亲临现场，亲自为儿童服药。

1994—1995 年，0～4 岁儿童强化免疫，服苗率达 95.8%，超额完成省卫生厅下达的任务。1996—1997 年，强化“脊灰”免疫，有效服苗率均达到 95% 以上。同时，与计划免疫相关的疾病进一步得到控制，有效地保护儿童身体健康。

1998—2000 年，卫生防疫站按照全国统一方案，开展 1998/1999 年度消灭“脊灰”强化免疫日活动，第一轮服苗率96.52%，第二轮服苗率96.83%；1999/2000年度消灭脊灰强化免疫日活动已开展了第一轮服苗；并加强AFP病例监测，按时完成省卫生厅下达的AFP病例监测送便任务。共报告病例23例，报告发病率1.65/10万，48小时调查率100%，采便23例，双份合格便采集率76.92%，7天内送便率91.67%，60天随访率81.82%，做好消灭脊灰证实各项准备工作。同时，递交全区实现无脊灰目标工作报告，并获省卫生厅通过，标志着全区已实现无“脊灰”的工作目标。

（六）艾滋病

1999年11月，南江县沙河区发现首例由四川华西医院确认的因输血感染的艾滋病病人。2000年，又因南部县一名献血员在境内某卫生院献血感染一批受血者24例。对此，巴中市（县级）卫生局于2000年利用“12·1”艾滋病宣传日，在巴人广场举行1000多人次参加的艾滋病防治知识宣传活动和农民工预防艾滋病宣传教育工程启动仪式。对全市1994—2000年参加有偿献血的4642人和“两劳”（劳改劳教）人员进行免费艾滋病初筛检查，初检并经省卫生防疫站确认HEV抗体阳性10人（均为两劳人员）；对23人进行免费抗病毒治疗，有12人接受由地方政府支持的其他抗病毒药物治疗。其中南江县艾滋病综合示范区工作进展顺利。

（七）其他传染病

1949年前，境内各地头癣（又名秃疮）患者较为普遍，患者遭人歧视，倍觉痛苦。1950年，各县仍有发生。1980年，达县地区卫生局制发《达县地区头癣病防治工作四年规划和实施方案》，将头癣防治工作列入工作日程。经1981年9月调查统计，境内四县16岁以下应查人数112.55万人，已查97.38万人，普查率86.52%；16岁以上线索人数39.78万人；病人总数4912人，患病率1.23%。其中黄癣2999人，白癣1763人，黑癣168人；男性2956人，女性1956人；已治疗4868人，治疗率99.1%；治愈4693人，治愈率95.54%。后经1985年的普查，境内4县基本达到消灭头癣病的指标。

1994年9月22—29日，平昌县平一驷公路改建工地民工25人发生痢疾爆发流行；10月2—4日，巴中市三星乡二、三村发生85人痢疾爆发流行，死亡1人。在平昌县、巴中市（县级）党政的领导下，卫生防疫人员及时赶赴疫区，迅速扑灭了疫情。1995年4月9日，平昌县元石乡初级中学、小学204名中小学生因水质污染引起感染性腹泻流行，各级卫生防疫人员及时赶赴疫区，迅速扑灭疫情，保障青少年儿童的身体健康。

1995年5—8月，平昌县发生乙脑病人56例，其中死亡5例，病死率8.92%；年龄分布0~3岁22例，3~5岁15例，5~10岁18例，10岁以上1例。平昌县委、县政府和卫生部门积极采取措施进行防治。对现症病人集中到县人民医院、县中医院治疗抢救，以降低死亡率；开展乙脑防治知识的宣传教育；向各级医疗卫生单位发出紧急通知，提出乙脑防治的具体措施；开展灭蚊防蚊的爱国卫生运动；加强疫情报告，指导医疗单位的防治工作。至2000年，境内未发生乙脑流行。

第五节　地方病防治

一、麻风病

麻风病是一种由麻风分析杆菌引起的慢性传染病。晚期病人，有眉毛脱落、指趾残缺、鼻陷眼瞎、骨破皮烂等症状，病人自愧形秽，别人看了害怕。在历代社会中，麻风被称为“癞子”，患者备受歧视，有的还遭残害、活埋、烧杀等所谓的隔离治疗。

1950年后，境内政府对麻风病患者十分关心。1958年和1959年，先后在南江、通江县建立麻风村，设麻风防治院，专门收治麻风患者。在治疗上，最初采取土方土治与中西医结合，内服与外擦相结合，药物治疗与手术治疗相结合，治麻风与兼治其他病相结合，生活营养与讲究卫生相结合，很快控制了病情发展，大多病情均有好转。

1950—1985 年，境内四县共有麻风病患者 1550 人，其中南江县 857 人，累计发病率为 1.64‰；通江县 586 人，累计发病率 0.98‰；巴中县发病 70 人，累计发病率 0.07‰；平昌县发病 37 人，累计发病率为 0.06‰。

1985 年，南江、巴中、通江三县由民政局、卫生防疫站联合组成调查组对疫点麻风病进行普查、复查、线索追踪调查。巴中县共计普查 3310 人、复查 33 人、线索追踪调查 146 人、线索调查 12 人；新发现病人 2 例；按照《全国麻风病管理条例》衡量，巴中县属于麻风病低发病区。南江县对疫点体检 7.08 万人，确诊为麻风病患者 83 人；27 年共收治病人 563 人（含巴中 55 名），已治愈 370 人，死亡 108 人。通江县麻风医院 1959—1985 年共有麻风病人 495 例，入院 466 例，治愈 240 例，死亡 91 例；入院率为 94.14%，治愈率 51.5%，死亡率 17.98%；240 例治愈出院者经随访和复查，健在者 161 人、复发 7 例，复发率为 4.35%。

1986 年前，麻风病院外治疗由麻风医院送药到家进行隔离治疗，1987 年起，由县防疫站承担院外治疗任务。1986—1992 年，巴中县有麻风病 68 例，其中 20 人送南江麻风医院治疗，余者院外治疗，有 15 例基本治愈。1993 年，通江县在疫点普查未发现新病例的情况下，对 1986—1993 年治愈出院的 127 人进行细菌、病理、临床检查，对未用 DDS 巩固治疗的人员劝其坚持服药，以防复发；对联合化疗的 70 名现症患者进行临床、细菌、病理检查，疗效显著进步的 45 例，进步的 25 例，70 名现症病人畸残率达 34.3%。

1994—1998 年，对麻风病防治工作实行层层签订防治协议书，认真落实防治措施，使麻防工作开展有序。全地区现症病人 231 人，新发病人 38 人，院内治疗 146 人，院外治疗 85 人，在全省麻风菌检质评中总合格率 98.3%。

2000 年，全市现症病人 19 人，其中新发病人 3 人。巴州区、平昌县通过省卫生厅考核验收达到了基本消灭麻风病的标准。

二、碘缺乏病

碘缺乏病，又称“地甲病”，俗名“大脖子病”“猴儿包”等。主要因水、土、粮、食物中含碘少，人体碘吸入少而引起。1979 年，通江县对高山区平溪公社 7 个大队 32 个生产队的 5900 人进行流行病学调查。调查结果，甲状腺肿大 4 人，肿大率 67.08/10 万；其中属地甲病肿大的 3 人，患病率为 50.85/10 万。

1983 年，境内各县按东、西、南、北、中选点，完成总人口 10% 的地甲病调查。共调查 26.99 万人，其中生理性肿大 5762 人、地甲病患 2278 人，肿大率 2.98%，患病率 0.84%。通过地甲病的抽样调查，积累流行病学资料。翌年各县对查出的病人用碘剂药物及含碘食物进行对症治疗。

1986 年，各县防疫站对近几年普查留下来的乡（镇）、学校进行地甲病调查。其中通江县查出 I 度地甲病 640 人、甲状腺生理性增生 4094 人，患病率为 1.87%、肿大率 13.8%，新发现地甲病新病区、乡 8 个。对此，各县防疫部门争取县委、县政府加强碘盐供应防治地甲病工作。

1991 年，各县抽查 7~14 岁中小学生的甲状腺肿大情况。其中巴中、通江两县抽查学生 3.74 万人，查出生理性增大 1.04 万人，患病 283 人，肿大率为 28.56%，患病率 0.76%。1992 年，各县普供碘盐，防治地甲病，当年对 2.56 万甲状腺肿大者普服碘油丸，使肿大者消肿。

1994—1997 年，各级继续贯彻《中国 2000 年消除碘缺乏病规划纲要》和《食盐加碘消除碘缺乏危害管理条例》，主动与盐业管理部门配合，采取以食盐加碘为主，口服碘油丸为辅的综合防治措施，使碘盐覆盖率达100%，80%的乡（镇）达到消除碘缺乏病标准。

1998—2000年，全地区碘缺乏病发病有136个乡（镇）1312个行政村，病区人口达157.90万人。对此，地（市）卫生局配合盐业部门制定精碘盐供应方案并落实计划，每年计划销售碘盐23700吨，实际完成27100吨，占年计划的114.34%，其中合格碘盐23960吨，合格率达88.44%。同时，开展碘油胶丸普服工作，共发放碘油胶丸约12.55万人份。

三、狂犬病

狂犬病又名恐水病，是一种人畜共患的急性传染病，死亡率高，危害性大。民国时，因无家犬免疫措施，狂犬伤人致死，累有发生。1950年至1980年的30年间，境内狂犬病例报告很少，仅有通江县1954—1957年有狂犬病患者9人。

1981年1—9月，巴中县的鼎山、玉山、茶坝、花丛、渔溪、恩阳等6个区的16个公社先后发现狂犬92只，咬伤167人，死亡2人。狂犬病发生后，境内各县立即采取有效措施，发动群众灭犬。由于各县对狂犬病危害认识不足，灭犬措施不力，至1982年，境内4县狂犬急剧增多，犬伤人畜范围逐步扩大。1982年，巴中有10个区的狂犬伤人1224人，发病23人，咬伤牲畜23只，病死10只；平昌县的双江、响滩、白衣、兰草、元山等地狂犬伤人726例，发病13例，死亡13例；通江的广纳、麻石、铁佛等区有可疑狂犬出现。一度时期，出现社员怕上工，学生怕上学，干部怕下乡的局面。对此，各县县委、县人大、县政府、卫生局、防疫站和有关部门一齐动手，大抓灭犬防病工作。

1984—1987年，境内4县狂犬伤人2758人，发病死亡98人。其中巴中县狂犬扩大到全县13个区（镇）、62个乡（镇），咬伤1351人，发病死亡35人；通江县狂犬伤人305人，发病死亡15人，咬伤狗206只，咬伤耕牛5头，咬伤猫4只，咬伤鸡8只。对此，各地采取果断措施实施突击灭犬，以村（居）民组为单位对现有家犬逐户造册登记，疫区的大、小狗限期自行消灭，狂犬深埋；不灭者，村、镇、街道组织居民捕杀，农村非疫区的犬实行套养，并免疫注射，未套养的犬，一律视为野犬，任何人都有权捕杀；城镇居民、学校、企事业单位一律不准养犬。至1987年底，境内4县共灭犬20万余只，给家犬注射疫苗15万余只。

1988—1990年，境内各县、区、乡狂犬病防治指挥部加大宣传力度，在卫生、畜牧、公安等部门的配合下，组织力量捕杀狂犬，共捕杀犬只14万余只，拴养犬只4万余只，免疫犬只1万多只，对犬伤的人员均注射用狂犬疫苗。至1990年，境内仅发生狂犬病死亡10人。

1991—2000年，公安、卫生、畜牧等部门大力宣传贯彻实施《四川省预防控制狂犬病条例》，对犬只实施"管、免、灭"综合措施。全地区犬只拴养率为95%以上。城镇为100%共免疫犬只99561只次，免疫率达89.8%以上；共灭犬92575只。全市无狂犬病人发生。狂防工作受到省上的表彰奖励，获得"优秀集体"荣誉称号。

四、钩虫病

钩虫病在境内农村普遍存在。主要是农村习惯用未经发酵的粪便作农作物肥料，夏秋季节农民赤脚下田劳动，便感染了钩虫病菌。民国12年，国民政府虽公布《矿场钩虫病预防规则》共9条，但辖区各县未付诸实施。20世纪50年代初调查，境内尚有六七十万农民感染钩虫病，约六七万人不同程度丧失劳动能力。

1954年，各县成立防治钩虫病领导小组及办公室，组成专业防治队（组），进行试点，开展宣传教育、调查摸底、治疗病人工作。到1956年，查清钩虫病的流行区域，平均感染率为48.1%，其中感染率最高的巴中县达80%，最低的平昌县为36%。

1956年，各县根据《农业发展纲要（草案）》中消灭疾病的要求，将防治钩虫病工作列入防治疾病工作的重要任务之一。采取治疗病人，管理和处理人畜粪便、个人防护等综合性防治措施。抽调中西医务人员受训后与县防疫站、卫生科组织钩虫病防治组，深入区、乡进行实地检查，对患者进行药物治疗。一般治疗后10～15天，即恢复了劳动力。

1958年，根据省委血、钩防治会议精神，境内钩虫病防治工作形成高潮，制订1958年基本消灭钩虫病的标准，即：全部管好粪便，杀灭虫卵；能治疗的病人普遍治疗，感染力下降到25%以下；广泛采取个人防护，自觉讲究卫生。当年治疗钩虫病50万余人，人畜粪便分坑75%左右。

1973年后，各县采取综合性防治措施，以大办“沼气”来管理粪便，并组织医务人员进行成片治疗。1976年，达县地区在渠县召开钩虫病防治工作专业会议，总结交流经验，再次组织各县进行大面积防治。各县组织钩防工作组深入农村开展“四四疗法”（即四片驱虫净，四片灭虫宁）和“三查三治”钩虫病及推广沼气管粪试点。4县计查大便10万人次，驱虫治疗3.6万人次，建沼气池1.35万个，并对沼气池普杀虫卵。

1983—1995年，除大建沼气池、消杀虫卵外，重点对卫生村试点人群和中小学生进行普查。通过10多年来常年不懈地防治，钩虫病的发病率大幅度下降。

1998年，各县（市）按照地区地病办的统一部署，积极做好寄生虫病的防治工作。据调查统计，全区三县一市钩虫病感染率和患病率已分别降到33.42%和7.35%，分别较上年下降20个百分点和2个百分点，防治病人85950人。

1999—2000年，全地区根据省、地钩虫病防治工作会议精神，继续加强寄生虫病的防治工作。钩虫病感染率和患病率明显下降。防治人员5950人，对重点地区、重点人群共4000余人进行驱虫治疗。

五、钩端螺旋体

钩端螺旋体（简称“钩体”病）又名打谷黄，1963年平昌县白衣农场首次发病1例。1964年，通江、巴中、平昌均发生该病，其中通江县铁溪区中和公社发病85人，死亡2人，平昌县双鹿公社发生一次小流行。1963—1972年，平昌县白衣、涵水、元沱等公社普遍发病，其后逐渐蔓延至笔山、镇龙等区、乡，到1985年波及全县，累计发病5535例，死亡217例。通江县自1964年起，每年都有发生，特别是1977年、1978年、1980年分别在洪口、铁佛，民胜等区暴发流行；1975—1984年，77个乡镇有63个乡镇发病，发病人数2259人次，发病率38.48/10万；死亡137人，病死率6.06%。巴中县1971年在花丛区柳林公社流行，1977年在曾口、店子、芦山公社流行，1980年在曾口、三江、店子公社流行，共发病1524人；1981年两次大流行，遍及79个公社，发病4804例，死亡111人。南江县于1981年7月共发病4363人，死亡35人。

1982年，普种预防“钩体”菌苗，接种率达94%以上。经连续3年的灭鼠和钩体菌苗注射，至1985年，境内仅发病390人，其中南江县无病例，巴中县发病率5.23/10万，平昌县发病125例、通江发病率34.94/10万。1986—2000年，境内无钩体病例发生。

第五章　妇幼保健

第一节　初级卫生保健

1977 年，世界卫生组织提出“2000 年人人享有初级卫生保健”全球目标后，境内各县于 1990 年正式启动初级卫生保健（以下简称“初保”）工作。巴中县被列为四川省第二批“初保”试点县，通江、南江县被省初级卫生保健委员会（下简称“初保委”）列为第三批“初保”工作达标县。各县为实现这一战略目标，1991 年先后成立由政府牵头，有卫生、财政、文教、广播、城建、水电、农业、计划生育、爱卫等 10 多个部门参加的初级保健委员会，下设办公室，配备专（兼）人员负责抓日常工作。区、乡、村层层设立相应机构，形成县、区、乡（镇）、村和各部门相结合、纵横交错的“初保”网络体系。

1992 年，各县“初保”工作，重点抓改水、改厕和乡、村卫生院（站）的阵地建设。1993 年 5 月 27 日，农业部受权宣布取消 43 项达标升级活动后，农村各级误以为农村不再搞“初保”，则从组织领导上松懈下来，使“初保”工作暂时“降温”。后经卫生部、国家计委、财政部、农业部协调一致，对农村卫生设施建设，传染病、地方病预防，儿童免疫，卫生监督执法及妇幼卫生业务工作，给予必要的经费保障，并逐步加大投入，使“初保”工作深入进行。

巴中市（县级）初级保健委员会在“计划”中提出 13 项具体指标，层层分解，落实责任，至 1995 年初，基本完成目标任务。1995 年 4 月 14 日—18 日，四川省初保委第 6 审评组一行 10 人对巴中市（县级）实施“初保”工作进行中期审评。审评结果，1995 年 6 月报经国家五部、委、局组织复审认可，巴中市（县级）等 30 个县（市）均达到《中国农村 2000 年人人享有卫生保健规划》目标普及阶段低限标准。

南江、通江两县通过五年的奋斗，各项指标基本达到“规划”目标要求。对此，地区卫生局与地区初保委于 1995 年 10 月 23—26 日、11 月 13—16 日分别对两县初保工作进行终期审评。两县经 1996 年 3 月省初保委审评组的中期审评，均获得好成绩，被初保委命名为“初保”合格县。

1996 年，巴中市（县级）达到初保规划低限标准之后，采取有效措施巩固成果，不但开展以乡（镇）为单位实现初保规划的初保目标，而且安排部署城镇初保工作。平昌县的初保工作，于 11 月经地区初保委审评组的中期审评，被确认为基本达到初保规划低限标准。

1997 年，全地区四县（市）全部达到初保规划低限标准。

1998—2000 年，全地区“初保”工作达到低限标准后，把工作重点放在巩固成效、提高水平、增强整体效益上。继续在健康教育、改水改厕改灶等重点、难点上下工夫。同时，各县（市）还开展以乡（镇）为单位的“初保”达标工作，至 2000 年，全市已有 26.5% 的乡（镇）达到规划目标。

第二节　保健设备

1993年7月，全区妇幼保健机构中有病床70张；全区医疗机构中有妇产科床位225张，儿科床位205张，每千名育龄妇女有妇产科床位0.26张，每千名七岁以下儿童有儿科床位0.51张。四个县（市）妇幼保健机构有房屋面积7264平方米，其中业务用房4248平方米，生活用房2916平方米。价值500元以上的医疗设备36台（件）。

据1994年统计，4个县级妇幼保健院有固定资产总值247.38万元，占地5061平方米，共有房屋8436平方米，其中业务用房6210平方米，生活用房2226平方米。业务用房中，20世纪50年代及以前建筑219平方米、60年代建筑1062平方米、70年代726平方米、80年代1956平方米、90年代2247平方米。

后经“降消”项目、“妇幼卫生项目”等项目的实施，各县（区）妇幼保健设备逐步配套、更新，基本能满足妇女儿童保健所需。至2000年，市妇幼保健院，床位编制20张（实有10张），房屋建筑业务使用面积2564平方米，有治疗设备40台（件）；万元以上的设备有麻醉机（2.6万元）、B型超声诊断仪（3.2万元）、半自动生化仪（1.8万元），另有妇科检查床、妇科治疗仪、电动吸引机、产床、综合手术台、器械台、紫外线灯、消毒机、冷光无影灯、新生儿复苏囊、新生儿暖箱、新生儿抢救台、新生儿蓝光箱、新生儿氧罩、高压灭菌设备、新生儿沐浴设备、氧气瓶、血红蛋白测定仪、担架车、普通生物显微镜、恒温水浴箱、高速离心机、300H测操手术床、三氧杀菌机、双杆托盘架、治疗床等，总价值123万元（专用设备19万元、一般设备104万元）。

第三节　妇女保健

一、婚前医学检查

1995年3月1日颁布实施《母婴保健法》后，各县（市）卫生局加大婚前医学检查力度，对婚检医务人员进行挑选，严格培训，做好婚检的准备工作。9月21日，地区卫生局同意各县婚检单位45个，婚检人员42人。各县（市）从10月起，对城区结婚的男女青年进行婚前医学检查。至年底，全区婚检面达25%。

1996年，经地区卫生局审查，落实婚检站46个，婚检人员62名，各级母婴保健监督员32名，装备婚检设施500台（件），举办婚检人员培训班5期，培训人员150名。各地与民政、公安等部门配合，使婚检工作在全区能够顺利开展。全区46个婚检单位，开展婚前医学检查23个，婚检面达50%。全年全区应婚检人数为12452人，已婚检人数为7226人，婚检率为58.03%。

1997年，全区婚检率达40%以上。1998年，卫生局审查合格43个婚检机构和166名婚检人员，培训合格各级母婴保健监督员32名，使全区的婚检工作能够顺利进行。全区46个婚检单位，均开展婚前医学检查，婚检面达60%，婚检率仅为22.53%。

1999年4月28日，各级卫生、民政部门加大《母婴保健法》的宣传力度，统一未婚男女的思想，提高其婚检自觉性。各县（市）加强对已经地区卫生局审查合格的44个婚检机构的管理，婚检单位不断更新设备，提高服务功能；当年婚检率达35%，婚前医学检查证明合格率达96%。

二、妇科病查治

民国时，重男轻女，加上医疗条件差，许多妇科病，如子宫脱垂、月经不调、子宫糜烂、宫颈癌等得不到治疗。民间妇女常用菖蒲、陈艾、淡竹叶煎水洗浴，防治妇女疾病。

20 世纪 50 年代起，各县开始注重妇女健康，组织医务人员广泛宣传妇女病防治知识，并推广新法接生，着手建立妇女劳动卫生制度，以加强妇女卫生保健。

1960 年起，境内南江县率先在小河、大河、关门、白院等乡，对妇女子宫脱垂、生育及其他疾病进行调查和治疗。全县采用针炙、手术、药物疗法，治疗子宫脱垂 4326 人、停经病 5325 人。

1961 年，巴中、通江、平昌县均开展了妇科病的查治工作。巴中县 1961—1962 年，共普查妇女 15.55 万人，其中 18 ~45 岁的育龄妇女 11.16 万，查出子宫脱垂 4833 人（Ⅰ度 1630 人、Ⅱ度 1118 人、Ⅲ度 1085 人）、停经病 2864 人。

1974 年 4 月，达县地区妇幼保健所，在各县抽调妇幼卫生人员 25 名，组成普查普治工作队，开展妇女病查治工作。其中南江县在赶场公社试点，通江县在药洪公社试点。两个点共检查妇女 2407 人，查出妇科病患者 1203 人，患病率为 53.3%。两县通过查治结合治愈率达 82.9% 以上。

1975 年后，每年都要对境内妇女进行一次妇科病检查（有时免费），发现疾病及时治疗。对查出的子宫脱垂病Ⅰ、Ⅱ 度患者，采取中草药、针灸及上宫托和无水酒精宫颈封闭等法治疗；Ⅲ度脱垂病，则作前后壁修补术；1980 年后，对其行阴式子宫切除术。对尿瘘病患者，采取手术治疗或施行尿接收器。

1982 年，巴中县为加强子宫脱垂的防治工作，对全县 6 个区、11 个公社、22 个大队的 106 例子宫脱垂者进行调查和科学研究。106 例子宫脱垂患者中，Ⅰ度占 22.64%、Ⅱ 度占 28.3%、Ⅲ度占 49.06%。采用手术治疗占 9.4%，痊愈 100%；采用上托治疗占 38.7%，好转率 58.5%，痊愈率 12.2%，无效 19.3%；采用中草药治疗占 28.4%，无效 100%；采用 291 ~3 加上托治疗占 9.4%，好转率 100%。

1965—1985 年，平昌县共普查妇科病 10 次，检查 96.91 万人，患病 34.23 万人，治愈 25.88 万人，治愈率为 75.61%。南江县 1974—1985 年共普查妇科病 10 次，检查 33.86 万人，患病 14.95 万人，患病率为 49.15%；治疗 11.15 万人，治疗好转率 76.96%。通江县 1981 年至 1985 年，实查妇女 23.58 万人，占应查 52.88 万的 28.45%；查出妇女病 12.29 万人，治疗 10.56 万人。

1986—1987 年，通江县妇科病检查 2.21 万人次，查出有妇科病的 1.38 万人次，已治 0.98 万人次。1991 年实施“妇幼卫生合作项目”，区、乡、村都配备专（兼）职妇幼卫生人员，使各县妇科病查治率不断提高。1993 年，巴中县对 3.74 万名妇女进行检查，查出妇科病 1.35 万人。其中宫颈癌 24 例，尿瘘 15 例，Ⅱ度以上子宫脱垂 925 例；治疗 918 例，治疗率 95.23%。

1995 年，巴中地区保健所检查妇女 1016 人，检出疾病 153 人，其中传染病 20 人、遗传病 3 人、生育系统疾病 38 人、内科系统疾病 53 人、其他疾病 36 人，均进行了治疗。

1997—2000 年，全地区共检查妇女病 86.35 万人，占应查 250.07 万人的 34.53%。共查出妇科病人数 19.45 万人，查出率 22.52%。妇科病中共有滴虫性阴道炎 7.25 万例，治疗 7.06 万例，占应治的 97.38%；宫颈糜烂病 5.68 万例，治疗 5.28 万例，占应治的 92.96%；淋病 992 例，治疗 977 例，占应治的 98.49%；尖锐湿疣 341 例，治疗 339 例，治疗率 99.41%；宫颈癌 293 例，治疗率 89.22%；乳腺癌 120 例，治疗率 96.55%；尿瘘 76 例，治疗率 63.64%；Ⅱ度以上子宫脱垂 701 例，治疗率 86.71%。

三、孕产妇管理

民国时期，由于境内文化落后，缺医少药，妇女生孩采用旧法接生。接生主要靠产婆，令产妇以坐桶、站立、跪着等方法生产，致使产妇在生产时用力过大、过早、过长，会阴撕伤破裂，产后又未经修补康复，日久成疾，造成子宫变异、韧带松弛、子宫脱垂等痛苦。如遇难产、横产、产道狭窄及胎盘滞留等，滥用不清洁的秤钩、扁担钩、火钩等工具钩拉胎儿，操作粗暴、草率，造成婴儿破伤风、产妇褥热或产后大出血等，使产妇、婴儿的发病率和死亡率相当高。

1952 年起，各县推行新法接生，各级政府把新法接生当做促进妇女彻底解放，保障后代健康成长的一项重要措施。至 1985 年，境内新法接生率达 96% 以上，住院分娩率 9.98%，守产程接生率 85% 以上，产前检查率 94% 左右，产后访视率 94% 以上。

1986—1987 年，各县开展健康教育活动，号召境内孕产女要住院分娩、新法接生。妇幼医院或妇幼科室行使自身职责进行产前检查、守产程接生、产后访视，使城区住院分娩、新法接生、产后访视率均达 100%；农村新法接生率达 80%、产后访视率达 70%、守产程接生 50%，但发展极不平衡。

1988—1990 年，各县妇幼保健系统加强孕产妇系统的管理，孕产妇系统管理的各项指标显著提高。1990 年与 1987 年比，产前检查率由 16.6% 上升到 45%，产后访视率由 12.3% 上升到 56.6%，孕产妇死亡率由 392.6/10 万下降到 173.6/10 万。

1991—1994 年，巴中境内的通江、南江、平昌三县实施联合国儿童基金会、人口基金会妇幼卫生合作项目，进一步加强孕产妇系统的管理，孕产妇管理的各项指标明显提高。据 1992 年统计，境内四县孕产妇保健覆盖率为 36.26%；孕产妇建卡率为 17.39%；产前检查率为 29.94%。其中，产前检查三次以上的检查率为 19.47%；产后访视率为 18.35%；新法接生率为 30.52%；住院分娩率为 17.25%；孕产妇注射破伤风类毒素达 17.46%。

1995—1997 年，通江、南江、平昌三县分别被评为国家级、省级先进妇幼卫生合作项目县后，大力加强基层妇幼保健网络建设，为基层装备常用医疗器械 3500 台（件），对县、乡（镇）、村防保人员加强业务培训，使基层妇幼工作服务能力有较大的提高。在 1996 年 3.6 万名孕产妇中，就有 3.12 万人参加孕产妇系统保健管理，系统保健管理率达 80%，较上年增加 6%。孕产妇死亡率由上年的 118/10 万降到 98/10 万；新法接生率由上年的 82% 上升到 90%。

1998—2000 年，各级卫生部门制订《孕产妇系统管理方案》，进一步加强孕产妇系统管理。至 2000 年，全市有产妇 4.2 万人，产妇管理建卡 3.48 万、产检 3.45 万，产后访视 3.37 万，系统管理 3.19 万；住院分娩 2.04 万，非住院分娩中新法接生 1.95 万人，新法接生率 95%；高危产妇 1454 人，高危住院分娩率为 96.42%。孕产妇死亡 53 人，其中产科出血 41 人、妊高征 2 人、产褥感染 2 人、内科并发症 9 人。

第四节　儿童保健

一、儿童病查治

1952 年，巴中县率先在境域内对 4 ~ 14 岁的儿童进行健康检查。经县卫生院检查的儿童就有 1047 人，患病 904 人，其中眼缺点占 29.7%、耳缺点占 4%、鼻缺点占 8%、喉缺点占 1.3%、皮肤缺点占 14%、骨骼缺点占 1.2%、淋巴缺点占 30%、营养不良占 22%、蛔虫病占 22.1%、龋齿占

14.8%，心脏、肺、生殖器、肛门、齿龈炎、贫血等占6.3%；健康者占14%。

1953年后，境内妇幼人员每年对儿童进行体格检查，掌握健康情况，加强新生儿、体弱儿保健，以降低幼儿死亡率。以后随着托幼机构的不断增多，妇幼保健人员每年都要对学龄儿童进行一次免费健康检查。对查出的疾病进行治疗，对查出的缺点进行矫正。

1979年，南江县对全县9个区53个公社的学龄儿童进行健康检查，共查5.05万人次，患病者占9.1%。同时在9.11万名1~7岁儿童中，免费驱蛔虫8.51万人，驱虫面达93.4%。

平昌县1979—1985年，体检儿童23.18万人，占应检查人数的61.22%，有缺点疾病人数1.99万人，患病率8.58%，南江县1974—1985年儿童健康检查39.9万人，占应查数的60%，查出患病儿童3.16万人，患病率为7.92%；有缺点（陷）儿童7988人，占检查儿童总数的2%，矫治1.97万人。通江县1982—1985年对0~7岁儿童健康检查17.87万人，检查率64.3%；查出疾病人数1.17万，治疗9413人，治疗率80.45%；查出缺点7899人，矫治率61.75%；体弱儿童7429人，体弱儿童管理率为93.89%。

1986—1990年，巴中县对0~7岁儿童健康检查4次，体检儿童21.3万余人，平均体检率52%；查出小儿佝偻病1479人，缺铁性贫血2924人；对上述疾病均进行治疗。通江县对0~7岁儿童亦体检4次，共检查10.13万人次，平均体检率50%；检查表明，通江儿童身高、体重达国家标准均值以上者占50%左右；缺铁性贫血、佝偻病、营养不良、肺炎、腹泻等病为通江儿童的常见病；对查出的缺点纠正面和疾病治疗面均达95%以上。

1990—1994年，通江、南江、平昌三县实施联合国儿童基金会、人口基金会妇幼卫生合作项目，巴中地区逐步建立健全5个妇幼保健机构，有在职职工156人，使儿童保健工作明显改善。据1992年统计，境内7岁以下儿童40.22万人，小学儿童入学率为88.7%；7岁以下儿童体检率为39.69%，3岁以下儿童生长发育监测率为9.68%，儿童“四苗”接种覆盖率以县为单位达到85%。

1995—1998年，各级妇幼保健部门集中力量对0~6岁的儿童进行健康检查。0~2岁儿童体检率69%以上，0~6岁儿童体检率65%以上。其中，1995年共查0~6岁儿童22.4万人，体重<—2SD的3505人、占实查人数的1.56%；体检6.76万名0~2岁的儿童中，患佝偻病941人，占实查人数的1.39%；体检0~2岁的3.92万名儿童中，患贫血病3546人、占检查数的9.09%。

2000年，全市县、区、乡妇幼保健人员对入托、入园及“项目”乡儿童进行健康检查，建立健康卡，并针对查出的缺点、疾病进行矫治。是年，市妇幼保健院对巴中市艺体幼儿园、江北幼儿园的儿童进行了健康检查。总体检400余人，其中轻度贫血率28.2%、龋齿率15.3%、弱视率2.8%、包茎3.1%、营养不良0.5%、乙肝表面抗阳率1.99%、先天性心脏病0.28%，并对这些疾病作出了详细的治疗方案。

二、婴幼儿保健

20世纪60年代后，除采取新法接生、住院分娩的办法来降低新生儿死亡率外，还开展围产期保健（从怀孕足28周到产后一周的阶段称围产期）。孕期要进行产前检查母亲的腹、盆腔、阴道、体重、血压、血液、尿等，如发现疾病及时处理。分娩期，一般要住院分娩，严密观察产程，正确处理一、二、三产程，减少产伤和防止婴儿窒息。产褥期常开展母婴家庭访视，尤其是对出生后7天以内的新生儿保健，要做好保暖、喂养工作，按3天、14天、28天进行访视，并对产妇作好哺乳期卫生指导，以防新生儿染病。1983年巴中县对全县12个区的妇幼试点大队怀孕的产妇进行了围产儿、新生儿、婴儿、产妇死亡率进行回顾调查。共调查719人，其中流产71人、引产133人，正式分娩515

人；围产儿死亡率为29.1‰、新生儿死亡率25.5‰、婴儿死亡率41.3‰。

1985年，各县托幼组织日臻完善，入托入园率达50%以上。各县妇幼保健站和各级医疗卫生单位把幼儿园、托儿所的儿童保健纳入卫生工作的重要范围之一，经常深入托幼组织进行业务辅导，有计划地培养保教人员，提高她（他）们的卫生保健知识。据统计，1985年，巴中县的新儿访视率达75.4%，独生子女建立健康卡片率达78.7%，对一岁内婴儿接种卡介苗率98%；幼儿入托入园率为56.2%；围产儿死亡率15‰，新法接生率93%以上，新生儿破伤风发生率0.5‰。

1990—1993年，通江、南江、平昌三县实施联合国儿童基金会、人口基金会妇幼卫生合作项目，使广大妇女儿童的健康状况有明显的改善，儿童“四病”得到有效控制。其中1992年，境内三岁以下儿童生长发育监测率为9.68%，三岁以下儿童系统管理率为16.26%；七岁以下儿童体检率为39.69%，儿童四苗接种覆盖率以县为单位达到85%。

1994年，3岁以下儿童生长发育监测率为23.85%；3岁以下儿童系统管理覆盖率为59.31%，比1992年增长43.05个百分点；3岁以下儿童佝偻病检出率为2.58%、贫血检出率为10.83%；新生儿访视率72.4%。全年婴儿死亡率12.09‰，比1992年下降75.61‰；新生儿死亡7.68‰，5岁以下儿童死亡率4.74‰，均比1992年大幅度下降。

1997年4月1日起，凡出生的婴儿均使用统一制发的“出生医学证明”，由各县（市）保健院发放。各级医疗保健机构、计生服务站及接生人员在接生后出具“新生儿出生记录卡”，各级防保机构凭“卡”签发“出生医学证明”和填写“新生儿出生记录簿”，并保存“出生卡”备查。各级防保机构、乡村医生凭《出生医学证明》负责辖区内儿童系统保健服务。当年全区有7岁以下儿童35.74万人，其中5岁以下的24.76万人、3岁以下的14.66万人，已进行保健管理29.5万人，保健管理率达82.54%。其中，3岁以下系统管理12.64万人，眼保健5286人，听力保健3313人，口腔保健1.25万人；新生儿访视3.82万人。婴儿死亡645人，死亡率28.8‰；新生儿死亡396人，其中新生儿破伤风发生率为0.3‰。

1999—2000年，全地区建立“儿童保健卡”；有的县级妇幼保健院还对孕产妇发放“围产期保健卡”，以降低新生儿死亡率。1999年，全区有7岁以下儿童51.07万人，给予儿童保健管理的有42.92万人，儿童保健系统管理率达84.04%，其中3岁以下系统管理人数为18.24万人，对新生儿访视4.24万人；给予眼保健1263人、口腔保健1356人；5岁以下儿童死亡2652人，其中婴儿死亡率为44.1‰。

1994—2000年巴中市婚前医学检查情况

表39—1　　　　单位：人

年度	应检人数	实检人数	检疫病分类情况									对影响婚育疾病的指导意见				
			检出疫病人数	指定传染病			严重遗传病人数	有关神经病人数	生殖系统病人数	内科系统病人数	其他疾病	合计	暂缓结婚人数	不宜生育		限制生育人数
				人数	其中：性病人数	艾滋病—HIV感染								人数	其中：采取结扎人数	
1994	331	331	99	12	—	—	—	—	5	14	68	12	12	—	—	—
1995	1512	1016	153	20	—	—	3	—	38	53	39	59	59	—	—	—

续表

年度	应检人数	实检人数	检疫病分类情况									对影响婚育疾病的指导意见				
			检出疫病人数	指定传染病			严重遗传病人数	有关神经病人数	生殖系统病人数	内科系统病人数	其他疾病	合计	暂缓结婚人数	不宜生育		限制生育人数
				人数	其中：性病人数	艾滋病—HIV感染								人数	其中：采取结扎人数	
1996	36954	7080	322	93	75	-4	21	—	67	72	—	140	128	8	—	4
1997	20800	2482	99	54	26	-4	—	—	13	32	—	14	14	—	—	—
1998	19755	4447	100	54	46	—	—	1	18	27	—	30	29	—	—	1
1999	20317	7114	258	58	8	—	3	—	39	68	—	26	20	6	—	—
2000	27271	6934	178	40	31	—	—	—	57	81	—	34	34	—	—	—
2006	19366	97	—	—	—	—	—	—	—	—	—	—	—	—	—	—

1994—2000 年巴中市孕产妇保健情况

表 39—2　　　　单位：人

年度	活产数	产妇总数	孕产妇管理					接生情况		高危管理		孕产妇死亡					围产儿情况			新生儿破伤风	
			建卡人数	产前检查人数	孕早期检查数	产后访视人数	系统管理人数	住院分娩人数	非住院分娩新法接生人数	高危产妇人数	高危住院分娩人数	总数	其中：产科出血	妊高征	产褥感染	内科合并证	出生体重2500克人数	死胎死产人数	7 天内死亡人数	发病数	死亡数
1994	23258	23376	17640	16790	8775	14633	—	9679	10990	—	—	34	25	4	—	5	188	86	56	—	—
1995	38707	38645	34380	35287	26849	30816	—	16399	13073	—	—	45	23	9	—	12	634	82	263	—	—
1996	39122	39150	34681	34189	26973	33212	31526	16849	19538	768	756	39	28	5	2	4	529	81	161	15	8
1997	36108	36142	33952	33694	28456	33025	31293	16347	18049	602	579	36	24	5	1	6	301	64	192	11	6
1998	46677	46665	43797	43343	41933	41417	39027	24575	20789	804	802	48	33	6	1	8	400	75	244	2	2
1999	45774	45774	38805	38215	36138	37493	35382	22235	21182	903	843	48	34	6	3	5	380	71	249	2	2
2000	42040	42022	34848	34540	32959	33712	31870	20448	19450	1454	1402	53	41	2	2	9	367	82	299	10	9

1994—2000 年巴中市 7 岁以下儿童保健情况

表 39—3

单位：人

年度	7岁以下儿童数量	5岁以下儿童死亡数			7岁以下儿童保健服务						5岁以下儿童营养评价	
		婴儿	新生儿(28天内)	1～4岁儿童	新生儿访视人数	保健管理人数	3岁以下系统管理人数	眼保健人数	听力保健人数	口腔保健人数	实查人数	体重＜中位数－2SD人数
1994	345205	385	245	151	23098	监测 29615	73637	—	—	—	7岁以下 202364	15217
1995	336684	854	406	197	30816	监测 19744	172316	—	—	—	7岁以下 224019	3505
1996	344328	525	259	194	34392	272214	106441	15657	6074	47399	200629	4239
1997	357438	645	396	220	32797	295021	126401	5386	3313	12478	206266	5283
1998	352566	1185	322	1011	41351	276849	164230	10323	9488	9515	189891	3826
1999	510651	1319	373	955	42366	429237	182372	1263	－2	1356	237928	4670
2000	483702	1338	866	384	32790	413563	170492	2259	0	1732	228648	12508

第六章　医疗服务

第一节　服务设施

一、房屋

民国末期，各县先后建立县卫生院，房屋属穿逗结构，且面积很少，除建置较早的巴中县卫生院有房屋 268 平方米外，其余三县各有 30 平方米左右。

1950 年后，国家每年拨专款，各医院自筹资金，逐年新建、扩建、改建业务用房，不但使房屋面积不断扩展，而且房屋结构也由土木结构变为砖混结构，再变为钢混结构。到 1985 年，境内四县区、乡三级医疗单位共有房屋建筑面积 20.35 平方米，其中巴中县 5.51 万平方米，通江县 4.72 万平方米，南江县 4.85 万平方米，平昌县 5.27 万平方米。

在实施“农村卫生三项建设”“卫生事业三之一重点县建设”及接受“对口支援”中，重点抓县、区、乡房屋建设和危房改造。至 1994 年，巴中全区 317 个乡镇卫生院占地 27.91 万平方米，房屋建筑面积 25.47 万平方米，其中业务用房 14.44 万平方米（20 世纪 50 年代及以前修的占 1.37 万平方米、60 年代 3.11 万平方米、70 年代 4.04 万平方米、80 年代 3.61 万平方米、90 年代 2.31 万平方米），生活用房 1.03 万平方米；危房 8.59 万平方米。4 个保健院占地 0.51 万平方米，房屋建筑面积

0.84 万平方米。

1991—1995 年，全地区累计改、扩建医疗卫生机构房屋 100 个，总投资 1454.8 万元，用于房屋建设、医疗设备购置及人才培训。其中房屋扩建投资 1326.8 万元，占总投资的 91.2%。至 1995 年，全地区地、县、区、乡、村 2617 个医疗卫生单位，共有房屋建筑面积 33.15 万平方米。

1993—1998 年，共消除危房 8100 平方米，全地区农村卫生院尚有危房 24.7 万平方米，占房屋总面积的 70.17%。截至 1998 年 8 月，全地区乡（镇）卫生院有业务用房 19.45 万平方米，已改建 8.27 万平方米，尚有危房 7.59 万平方米。1999 年 4 月统计，全地区各级医疗卫生机构共有房屋面积 35.2 万平方米。其中，县级 12.2 万平方米、区级 8.4 万平方米、乡（镇）12.6 万平方米、村站 2 万平方米。

二、病床

1933 年年初，红四方面军总医院在通江县毛浴镇时，正规病床极少，病员几乎是使用的“通铺”（即一个挨一个地地铺），1400 多伤病员睡的铺相当于 1400 多床位。1933 年 8 月总医院迁泥溪场后，伤病员达 3000 多人，其中生命垂危的伤员住单床位，医、护、食都特别对待；其余伤病员们睡“通铺”。1933 年冬，宣（汉）达（县）战役从敌人手里缴获一些医院的全部装备，总医院下编 5 个分医院，共有单床、通铺床位几千张。

1950 年，境内卫生院仅有病床 28 张。1951 年，川北行署卫生厅补助设备病床 35 张（平昌 10 张、南江 5 张、巴中 20 张），另由业务发展自增病床 24 张，使境内病床增至 107 张。

随着医疗业务用房的扩大，诊疗科室的增加，病床也随之增多。至 1963 年，境内住院病床增至 878 张。后经国家大力扶持、地方卫生事业经费的不断投入，医疗房屋和医疗设施逐步增多，质量也不断更新。至 1985 年，境内病床增至 3272 张，其中巴中人民医院 359 张、区卫生院 565 张，通江县县、区、乡医院（卫生院）885 张，南江县县、区、乡 777 张，平昌县县、区、乡医院（卫生院）686 张；4 县人民医院有病床 999 张。

1993 年，国有、集体、私人医疗机构竞相发展，病床也相应更新、增多。至 1995 年，全地区国有、集体、私人医疗机构的病床增至 7493 张，其中地级医疗机构病床 2442 张、县级 5051 张，卫生部门 3694 张、工业及其他部门 1034 张、集体所有制 2299 张、私人开业 466 张。

1996 年，9 个县级及以上医院共有病床 1419 张，其中内科 444 张、外科 414 张、妇产科 143 张、儿科 100 张、眼科 52 张、耳鼻喉科 30 张、传染科 132 张、口腔科 7 张、中医科 10 张、骨伤科 61 张、肛肠科 21 张、针灸科 5 张。286 个乡（镇）卫生院中，拥有病床 1～4 张的 96 个、5～9 张的 117 个、10～29 张的 50 个、无病床的 24 个。后经各级财政对卫生事业的经费投入，大城市医院的“对口”支援及“卫生项目”的专项扶持，医疗设备不断更新换代，购置齐全。至 2000 年，全市实有病床 6526 张，其中综合医院 1165 张、中医医院 457 张，其他医院 385 张，中心卫生院 1254 张、乡卫生院 1214 张、门诊部及诊所（室）41 张、妇幼保健院 112 张、专科疫病防治院 217 张。

三、诊疗设备

川陕省苏维埃时期（1932 年 12 月—1935 年 3 月），红军总医院医疗器械十分缺乏，就用钢铁铜器，铜钱打造普通外用器械，如换药镊子、浓盘、盛水器、消毒碗，探针与耳鼻喉镜则是利用银币、首饰打造的。另外，用煤油桶、铁皮解决部分消毒盘、吊桶、污物桶等用具；利用竹木制作压、台板和夹板等。

民国时期，境内卫生院设备简陋、药械颇少。1948 年，平昌设治局卫生院始有接生钳和切脓包的手术刀。1949 年，南江县卫生院有空针、听诊品、体温表、量杯、镊子等简单医疗器械。

1950 年后，境内各级医疗单位，陆续购置更新医疗器械和仪器设备，以提高对疾病的诊治水平。当年南江县购置显微镜 1 台、高压消毒器 1 具，血球计算机、血压针各 1 具。1951 年，巴中县人民医院有 200 倍显微镜、手摇离心机、血压计各 1 具，有手提式消毒器 2 台、手术刀、麻醉口罩、组织镊等设备。1952 年，通江县人民医院购置 1300 倍显微镜、手提式高压消毒器各 1 台，配备 80 件手术包 1 个、婴儿床 2 张、血压计 2 具。1958 年底，境内各县医院均有万能手术台、无影灯、显微镜、光电比色计、干燥箱、照光机，还有红外线、紫外线、直流电疗机等。

1963 年，巴中县人民医院被列入全国 100 个重点战略医院，病床增至 130 张，有救护车、无影灯、甲种手术刀包、电冰箱、电动离心机、30 毫安和 200 毫安 X 光机、万分之一电动分析天平、心电图机、超短波治疗机、万能手术床、电动牙床、产床、立式高压消毒器等设备。

1978 年 4 月，达县地区卫生局给境内 4 县各拨治疗仪 1 台，给巴中医院拨静脉插管注射器 1 台，给巴中、平昌人民医院拨气动呼吸器 1 台，给巴中县人民医院拨雾化器 1 件。还给各县妇幼保健站和区卫生院拨双翼大号阴道镜、双翼中号阴道镜、手术检查阴道镜等仪器。1979 年，达县地区卫生局又给境内 4 县分别装备医疗器械和仪器设备共 42 种、424 台（件）。

随着医疗卫生事业的发展，党和政府逐年下拨购置设备专款来装备县、区、乡医疗卫生单位的设备，使医疗设备逐步更新、完备。至 1985 年，巴中县级医院主要设备有双人双目手术显微镜、全自动电光分析天平（A 型）、心脏监护仪、万分之一分析天平、电热恒温箱、分光光度计、日本欧林巴斯显微镜、转动式产床、超声雾化器、特定电磁波治疗仪等较先进的医疗设备 50 种 160 台（件）。

1985 年，通江、平昌、南江县医院主要设备各有纤维膀胱镜、干燥箱、B 型过滤器、消毒器、高速牙钻机、无缝牙冠成型器、牙科电钻、激光针灸机、电冰箱、超声雾化器等普通设备 100～130 台（件）。

1986 年至 1989 年，各县先后被列入全省“三分之一”卫生事业重点县建设，陆续装备各县各级医疗单位的医疗器械。其中县人民医院、保健所、中医院、防疫站先后装备平型病床、B 超机、单目显微镜、八道电脑图机、400 毫安照光机、100 毫安照光机、侧面操作综合手术台、扇形器械台、200 毫安照光机、五官科刀包、单人超静化工作台、双人超静化工作台、冷链车、医用电冰箱等。

1990—1995 年，实施各种“卫生项目”和开展农村卫生“三项建设”城市医疗单位对贫困地区“对口”支援，使各县、区、乡的医疗设备不断增加。各县利用配套资金和“对口”援助器械为乡级卫生院装备显微镜、消毒器、产床、计划生育手术器械等医疗保健设备 4300 多台（件），价值 200 多万元；给村卫生站装备产包、血压针等医疗保健设备计 8500 多台件，价值近 70 万元。

1993—1998 年，全地区县级医院共装备基础仪器设备 1245 台（件）。全区有 1 万元以上的医疗设备价值 1000 多万元，一般设备价值 800 多万元。至 2000 年，全市卫生系统固定资产计 11616 万元，其中专业设备 3526 万元，一般基本设备及专科设备有 CT4 台、800 毫安以上 X 光线机 2 台、彩超 2 台、半自动分析仪 6 台、肾透析仪 1 台、手术显微镜 1 台；全部分布在县及县以上医院。

第二节　医疗技术

一、中医

中医在境内源远流长，有的系家传师承，有的是投师学艺，技术方面各承师传，各具特色。民国时已有一定的发展，但无县级中医机构。治病都是以“望（观色）、闻（听声音）、问（问病史）、切（摸脉）”为诊病手段，再按《黄帝内经》《金匮要略》等医学理论上所总结的方法，用中（草）药进行治疗。同时，也有医生采用拔罐、刮沙、熏蒸、水疗、推拿、按摩、针灸、正骨、捏脊、割治、薄贴、气功引导等方法进行治病；也有医生用中（草）药自制膏、丹、丸、散给人治病。

川陕省苏维埃时期（1932 年 12 月至 1935 年 3 月），红军总医院汇集辖区众多名老中医，他们互相配合切磋医艺，齐心奋战，制定一套治疗地方病的特效处方，不到三个月时间就扑灭了猖獗一时的痢疾、伤寒等病，挽救了数百名垂危病人。1933 年春，总医院的中医人员开始自制部分药品制剂和材料，如复方樟脑酊、樟脑擦剂、陈皮酊、复方豆蔻酊、大黄浸剂、大黄散等 20 多个品种。在伤员增多、药品供应就求的情况下，就利用皂角、淡盐水代替消毒药，用生半夏、生川乌、生草乌等煎成浓汁作为取子弹的麻醉药，用蓖麻仁、倒提龙捣绒敷在伤口上，让深伤部的铁砂子和碎骨自然流出；伤口不好缝合的，用大小血藤、见肿消及嫩桐树枝捣绒包扎等等计有 20 多种“土方子”，治愈不少重伤、重病。

1950 年起，各县组织中医药人员集中培训，提高其医术；国家中医院校每年都分配一些大中专毕业生充实境内各级医疗机构，逐步解决中医技术人员缺乏问题，使中医既继承传统医术，又发展现代医术。各县先后采用针刺治痫、针刺治聋哑、针拨白内障、中药治疗急腹症、活血化瘀疗法、中药免疫研究、中医正骨等传统医学，疗效甚佳。

至 1985 年，各县均有县级中医院，给县、区、乡中医人员的业务培训创造条件。经过 30 多年的继承、发展、创新、各县中医不仅能诊治内、外、妇、儿、骨伤、耳、鼻、眼、喉等科的常见病、多发病及疑难杂症，同时也能运用推拿、按摩、针灸、拔罐、正骨、磁、气功导引等传统理疗法。

1986—1993 年，各县中医事业，经过引进先进的诊疗设备及技术人才，开展中西医结合、中西医并举的医疗服务工作，其医疗技术也逐步提高。各县中医业务不仅在内、外、妇、儿、骨伤、五官等方面突出特色，而且在推拿、按摩、针灸、拔罐、正骨等中医传统理疗方面也有一定发展。特别是采用中药合剂治疗肝炎、菌痢、大面积烧伤及子宫肌瘤、子宫体瘤、宫颈糜烂、卵巢囊肿、乳腺小叶增生、乳腺肿块、乳腺纤维瘤等，疗效显著。各中医院除突出了中医特色，还中西并举地开展肝功、肾功、淀粉酶、血糖等测定；开展 X 光照片、消化道检查、胃肠摄片、胆囊造影、胸部透视、B 超检查、心电制图等检查项目。

2000 年，全市各县（区）中医院均达到“二级乙等”医院，其技术均有明显提高。县（区）中医院都扩展五官、肛肠、皮肤、肝病、针灸、理疗、按摩等中医特色专科，已成为各县“白内障”手术的主要承担者，且复明效果明显。有的县中医院为搞好中西结合工作，还聘请外地专家到院指导外科系列的业务工作。如通江县中医院聘请成都军区总医院外科主任医师何光佐到院开设专家门诊，定期到外科查房、会诊，诊治大批疑难病人。在何教授指导下，先后进行了 50 余例普外、泌尿、骨科等大、新手术；麻醉科不定期新开展气管插管加静脉复合麻醉、小儿全身麻醉等项目。

二、西医

民国6年（1917年），英国人在巴中传教并行医，西医药始入巴境。民国9年（1920年），巴中县苟寿南从保宁府仁济医院学习西医后，回县在县城自办诊所，成为境内最早的一所西医诊所。民国17—32年（1928—1943年），通江、南江相继有西医传入。当时，因设备简陋，技术水平很低，一般仅能治肠胃炎、蛔虫、风寒感冒、营养缺乏、中毒等常见内科疾病。

川陕省苏维埃时期，红军总医院设西医部，主治战伤，收治各分、军、师医院和工农医院转送的重伤病员，也给老百姓看病。外科全面工作主要由苏井观负责，大一点的手术都由他主刀，一般手术由周吉安、陈银山等新培训的红色医官合作。手术内容多为截肢、复位、取异物、缝合、止血、割疮、引流等。手术室设有外科病床，接收全军伤病员，每天手术不停。护理营主要任务是送药、打针、测体温、脉搏、呼吸、血压、输液、换药、观察记录病情变化等。由于药物缺乏，从1933年春起，便开始自制部分药品制剂，如阿片酊、碘化钾液、碘酊、碳酸镁、氧化镁、阿片末制剂等；注射液有蒸馏水、吗啡注射液、葡萄糖盐水等。

1950年后，境内西医发展迅速，来自大中专医学院校的毕业生不断增加，又通过开办卫校、短期培训、实习进修、函授辅导等多形式、多渠道培养技术人才，使西医技术逐步提高。

至1985年，各县县医院医疗技术已扩展到如下项目：内科：能诊治心脏病、溃疡病、肝脓肿、肝性脑病、急慢性肾炎、肾盂贤炎、尿毒症、糖尿病、常见血液病、呼吸道病、消化道病、脊髓压迫症等；有的医院能急救上呼吸道出血、颅内出血、并开展心电监测、电除颤、人工呼吸机应用、淋巴结穿刺活检、淋巴结印片、白血病化疗等。

外科：能做胆、胃、脾、肠各种手术，肝叶部分切除，胰头癌、结肠癌、乳癌根治术、中下段食道癌切除术，甲状腺一次性切除术，二度烧伤面积在40%～50%的治疗植皮术，颅脑创伤急救治疗，纵隔良性肿瘤摘除术，颅内血肿清除术，胸腔创伤急救治疗，肾切除术，输尿管及尿道结石取出术，腹和会阴切口尿道吻合术，阴茎部分切除术，长骨内固定术，膝关节融合术，各种骨结核病灶清除术，显微外科手术，人工股骨头置换术，三翼针盲插术，椎间盘手术，胸椎结核病灶清除术，颈椎前路减压术，岛状肌皮瓣移位术，腘绳肌带股四头股转位术，胃迷精经切断术，脾组织移植术，小肝癌切除术，肝外叶切除术，直肠癌根治术，阻塞性黄疸经皮肝穿刺造型术。有的医院能作肝癌肝功动脉插管化疗，肺叶切除术，纤维膀胱镜检术，膀胱部分切除术，膀胱输尿管吻合术，原位低温灌注肾实质切开取石术，心包切开引流术，开胸心脏二尖瓣分离术，断臂再植术等。

妇产科：除难产处理外，还能做子宫全切除、宫外孕、子宫脱垂手术，剖宫产术，膀胱、阴道瘘修补术，宫颈癌根治术，无阴道形成术，无孔处女膜切开术，前庭大腺囊肿切除术，子宫颈电灼术，子宫颈息肉状肌瘤切除术等。

儿科：能诊疗呼吸、消化、泌尿、血液系统疾病，包括各种贫血、出血性疾病及白血病的治疗。

五官科：能进行各型白内障、青光眼手术，人工瞳孔，翼状胬肉切除术，斜视矫正术，耳源性脑膜炎治疗，鼓膜修补术，鼓室成形术，食管镜检及异物取出术，腮腺部分切除术，声带息肉小结切除术，面部烧伤疤痕整形术，眼睑延长术，鼻中隔矫正术，鼻腔内囊吻合术，鼻窦根治术，各种副鼻窦炎根治术等。

口腔科：能开展唇癌、舌癌、颊癌，早中期根治术，单双侧唇裂修补整复术，颌骨巨大肿瘤切除移植术，全口及部分义齿修复正畸术，牙移植再植术，椿冠及钟形固定切角修补术，根管治疗瓣尖切除术，根管侧填充术，立刻托牙治疗，反咬牙颌矫正术、拔牙术等。

放射：能进行食道、胃、肠钡餐透视，肾盂静脉造影、胆囊造影，结肠气钡双比造影，腹膜后空气造影，逆行肾盂造影，膝关节充气造影，四肢血管造影，肺断层摄影，逆行尿道及膀胱造影，支气管碘油造影，腮腺造影，颈动脉穿刺脑血管造影，静脉胆道造影等。

检验：能进行肝功、肾功、电解质、二氧化碳结合力、反向间接血凝法查乙肝表面抗原、妊娠乳胶实验、细菌培养、药敏试验、骨髓图、免疫球蛋白测定，C3 测定，类风湿因子、骨髓细胞内外铁染色、酶标法查乙肝表面抗原、E 抗原抗体、核心抗体、血脂蛋白电泳、AEP 间接血凝法、DIC 三项筛选试验、血磷测定、室内质控等各种临床检验 200 多项。还有功能检查、理疗等 20 多项。

1986 年后，各县通过全省“三分之一重点县建设”、“对口”支援、继续医学教育、人才引进、短期培训等措施，使各县西医院的设备精良、人才荟萃，医疗技术得到较大提高。

至 2000 年，各县（区）医院内科已培养出心血管、呼吸、肾病、血液、神经、内分泌、消化、儿科等专科医师，外科已培养出脑外、胸外、泌尿、骨科、肝、胆、烧伤、普外、眼科、耳鼻喉、口腔、妇产等专科医师。住院部临床各科抢救一级危重病人的成功率达 90% 以上，一些专科疾病如心血管、神经内科、脑损伤、眼科等方面的患者基本上不出县便可得到治疗。住院内科在治疗肺心病、慢性肾炎、中毒病人的抢救方面取得了好的经验，开展脑血管和经皮肝穿刺胆道造影。在开展中心静脉压测定、脑压测定后对抢救各种休克、心衰、颅内高压症提供科学依据。外科脑部除一般手术外，还可作脑肿瘤切除，颅内血肿消除及高血压、脑溢血等手术治疗。胸外除一般手术外，还可开展闭式二尖瓣分离术，肺叶切除术，食道癌根治手术。在肝胆方面，可开展左半肝叶、十二指肠切除术、门奇静脉断流术，脾、肾静脉吻合术。在泌尿方面，除肾结石、输尿管、膀胱等结石手术外，还可开展可控性回肠代膀胱术、肾上腺皮质增生和肿瘤手术。在骨科方面，经颈前路椎体切开减压手术治疗高位截瘫、脊柱结核的病灶清除术及四肢骨关节手术。在妇科方面，除一般手术外，还开展子宫颈癌根治术、复杂尿漏修补术、子宫脱垂等手术。在五官科方面，应用足月引产胎儿角膜进行角膜移植术。在医技方面，开展心电、B 超、超声心动、胃镜、膀胱镜、激光、细菌、生化、血液等项目。在特检方面，开展脑血管造影、脑室引流造影、选择性肾动脉造影、腹膜后空气造影等。

第三节　诊疗服务

一、诊治状况

民国末期，各县先后成立县卫生院，由于医务人员少、设备差、西药贵等原因，前去就诊的病人不多。如平昌设治局卫生院，每日门诊约五六人次。

1950 年后，各县人民政府卫生科接管旧卫生院后，不断增加诊疗设备，调配专业技术人员充实各县卫生院，使病人就诊者逐年增加。如南江县卫生院，1950 年门诊住院 2000 多人（次）；1956 年便有门诊病人 2.8 万人（次）、住院 312 人（次）；1966 年门诊病人达 11.2 万人（次）、住院 2286 人（次）；1985 年全年门诊 10.69 万人（次）、住院 4797 人（次）。平昌县 1970—1985 年的 16 年中，仅县医院就作各类手术 6341 例，好转率达 93.13%。1985 年，境内 4 县共治疗妇科病 6.51 万人（次），占应治的 93.67%。

1986—1992 年，巴中县人民医院门诊病人共计 153.54 万人，住院 6.4 万人；年均门诊 21.93 万人，年均住院0.91万人；治愈和好转率平均95.45%。巴中县中医院1986年和1993年共门诊31.59万人（次），住院1446人。巴中县区卫生院1986和1993年共门诊病人102.45万人（次），急诊5344人，住院8211人，死亡3人，治愈好转率97%。通江县各级医疗机构1986—1993年，门诊病人共计666.12万人，急诊13.34万人，观察室收治2.55万人；年均门诊83.265万人，急诊1.668万人，观察室收治0.32万人；门、急诊死亡89人。8年共入院治疗10.94万人，年均1.368万人；治愈7.72万人，治愈率为70.57%；好转2.39万人，好转率为21.85%；未愈3800人；死亡1005人，死亡率为0.92%；其他3500人。平昌县人民医院1986—1993年共门诊病人87.93万人（次），住院病人3.87万人（次）；平昌县中医院门诊病人14.21万人（次），住院病人6867人（次）。南江县1983—1993年共门诊病人1199万人、急诊12.8万人、住院15.8万人。

1995年，全地区484个医疗机构门诊治疗病人530.32万人次；入院治疗8.81万人，出院9.03万人，治愈率为74.54%、好转率16.82%、死亡率0.54%。其中综合医院出院的1.98万人中，传染病和寄生虫病2002人，治愈率32.17%、好转率60.89%、病死率2.2%；肿瘤病人出院895人，治愈率35.64%、好转率40.56%、死亡率3.8%；循环系统病人出院1099人，死亡率为6.46%；呼吸系统病人出院3299人，死亡率为0.73%；消化系统病人出院2908人，死亡率为0.85%；妊娠分娩出院938人、死亡率为0.53%；损伤和中毒病人出院3375人，死亡率为1.72%。死亡最多的疾病有结核病、肝恶性肿瘤、心脏病、脑血管病、肺炎、肝病、肾病、骨折、颅内损伤等。

1996年，341个医疗机构共门诊治疗病人471.17万人次，其中县及以上综合医院门诊33.87万人次，其中内科诊疗10.07万、外科2.92万、妇产科3.09万、儿科5.15万、中医科8.29万；工业及其他部门医院门诊5400人次，其中内科诊疗4119人、外科1101人、妇产科50人、儿科20人、中医科110人。入院治疗后出院5.6万人次，其中9个县级以上医院出院2.32万人，治愈率为52.05%、好转率34.62%、死亡率1.27%、未愈率2.83%；332个卫生院出院病人3.28万人，治愈率为81.3%、好转率14.17%、未愈率2.45%、死亡率为0.35%；住院者手术人次9708人，其中县级以上医院手术5713人、农村卫生院3995人。

1997年，综合医院门诊病人45.89万人次，其中内科治疗占总数的23.99%、外科占8.27%、妇产科占5.5%、儿科占11.6%、中医科占18.57%；工业及其他部门医院门诊7367人次，其中内科治疗占71.53%、外科占12.21%、妇产科占3.45%、儿科占1.06%、中医科占11.76%。全区341家医疗单位年入院治疗出院5.48万人中，治愈率为69.23%、好转率为22.09%、死亡率为0.73%；住院病人手术1.28万人，占入院人数的23.16%。

2000年，全市以巴中市人民医院为例，全年门诊病人10.54万人，急诊1.01万人，门诊观察室治疗1.47万人；住院病人出院9094人，其中治愈率39.9%，好转率51.75%，死亡率1.51%；出住院者平均住院日为9.39天。

二、医德医风

民国时期，承传医术主要是以师带徒或家传。两种形式的徒弟谢师，均要跪地发誓、盖卦，方为真传。发誓内容是学医“十戒”（莫嫌贫爱富；莫嫌赃怕臭；莫敲诈勒索；漠不关心其痛痒；莫作庸医致死人命等）

20世纪50—70年代，党和政府十分重视广大医务人员的职业道德教育。狠抓医风、院风，对职工进行“救死扶伤的人道主义”教育和全心全意为人民服务的宗旨教育；开展“做好事、送温暖”

活动，对病人做到细心医护，热情照顾；对党团员职工进行树立共产主义理想和道德教育，组织开展爱民助民活动。通过道德教育，使每个医务人员懂得善恶、美丑等应有的品格素质，改变以往工作中“冷”“顶”“硬”“说话难听和脸色难看”的粗暴现象。

80年代，各医疗卫生单位大力开展“五讲”（讲文明、讲礼貌、讲卫生、讲秩序、讲道德）、“四美”（心灵美、语言美、行为美、环境美）的精神文明建设，好人好事层出不穷。医护人员中，有主动给病人送医、送药、送饭菜的，有给病员献血、擦背、剪指（趾）甲的，有给病人梳头、洗脚、倒尿盆的，有拾金不昧的，有给“五保”老人免费治病的等等，不一而举。

1988—1992年，各医疗服务单位认真执行达县地区卫生局制发的《端正医德医风十不准》制度，即：一不准见死不救，科室之间不得推诿病人；二不准借职务之便，侵犯病人的权益；三不准随便提高收费标准，任意增加病人负担；四不准与病人争吵或故意刁难病人；五不准乘人之危提出不合理要求，向病人或家属索取钱物，捞取不义之财；六不准在工作期间离开工作岗位去做与本职工作无关的事，以避免病人就医找不到人。各级医疗单位将此“十不准”制度书写上墙，接受社会监督。同时，各住院部坚持“三级查房”制，即主管医生每天一查，科主任和业务院长各三天一查，这样做能及时对疑难重症重危病人进行讨论，明确诊断，制订治疗和抢救方案，加强了病员对医生的信赖感和安全感。并对输液病人加强正规操作管理，使之达到及时、定量、安全地输入。

1993—1997年，巴中地区卫生局针对卫生部门是国务院确定的六个重点纠风部门之一的实际，每年采取各种措施进行医德医风教育。成立纠风工作领导小组和办公室；在纠风工作中，进一步加强对医疗卫生人员的职业道德教育，先后印发《职业道德规范》《关于违反职业道德行为的处罚规定》和《关于开展向赵雪芳同志学习活动的通知》。通过开展正面教育，极大地增强广大医疗卫生人员的职业道德观念。在进行正面教育的同时，还注重建立、健全监督制约机制和反面训诫工作，如：制订医疗活动的“十不准”；在各级医院医护人员中实行挂牌服务，在社会上聘请医德医风监督员，严肃认真地查处违反职业道德的人和事等等。通过采取以上综合措施，使群众反映的一些收受“红包”“回扣”和乱收费等热点问题不同程度地得到解决，行业不正之风得到一定程度的遏制，行业作风进一步好转。经调查，广大患病者对医护人员技术水平评价好和较好的占85%，对医院医疗质量信任和较信任的占98%，对医院医护人员服务满意率达98%。

1998—2000年，地区卫生局党政始终把纠风工作摆在重要位置，每年提出工作重点和要求，确定阶段性目标。每年的卫生工作会议，把行业作风建设同业务工作一同要求、一同布置。各级领导进一步提高了对纠正行业不正之风和职业道德建设是长期系统工程的认识，建立健全严格的责任制，坚持谁主管谁负责的原则，真正做到“一把手抓两手，一班人两手抓”，层层负责逐项落实。开展“以病人为中心，优质服务，树行业新风”活动，创建“优质服务十佳医院”；开展“优质服务明星”“文明示范科室”竞赛活动。在青年卫生技术人员中开展创建“青年文明号”“青年岗位能手”活动；乡镇以上医疗卫生单位参加创建文明行业活动面达100%，其中40%达到各级文明单位标准。为树立学习榜样，以点带面，确定巴中地区人民医院、平昌县妇幼保健院、南江县中医院为全区卫生系统文明服务“示范窗口”单位，要求率先达到地、省级文明单位。同时坚持对医务工作者进行“尽职业责任，讲职业道德，守职业纪律，学职业技能”教育，不断加强医务工作者的敬业精神，把“强化为病人服务的意识，培养对病人极端负责的精神，建立纯洁的医患关系”作为卫生行业职业道德的基本要求。通过医德医风建设，卫生行业作风明显好转。经2000年抽样调查，550名病员对医生、护士的服务态度、技术水平和对药房、挂号室工作人员的服务态度及医院采取的医疗、护理措施的综合满意率为95.52%。

三、便民（社区）服务

川陕省苏维埃时期（1933—1935），各县红军医院不仅为红军治病，而且还为周围群众治病。有时还组织巡回医疗队到农村去挨家挨户为穷苦百姓体检、治病，收费很少。对拿不起钱的给予免费，还给有的病员开条子到红军医院取药。

中华人民共和国成立后，各县巡回医疗活动普遍开展。1953年，南江县卫生科、南江县卫生院、南江县文化馆3个单位抽调干部、医生共8人，组成文化卫生医疗农村宣传队，深入到缺医少药、文化落后的大河等25个乡村，历时150天，放映24套卫生幻灯片，开展卫生宣传讲演，受教育群众达1.48万人；巡回医疗2251人次，其中免费治疗1848人次，免费2334元。

1954年后，境内4县曾数次组织巡回医疗队，深入到缺医少药、传染病流行和常闹“神水”的山区，送医送药上门，广泛开展卫生宣传教育，让人们信医不信鬼。同时，达县地（专）区卫生局也不时组织巡回医疗队，深入境内各区乡，与群众同吃、同住、同劳动，有病治病，无病预防及开展卫生宣传工作。

1975年，达县地区卫生局抽调达县地区人民医院和地区第二人民医院各20名医务人员，组成两个巡回医疗队，深入平昌、通江、南江等县边远山区和农田基本建设工地，开展防病治病、整顿合作医疗、培训赤脚医生等。

20世纪80年代初期，境内每逢大的洪涝灾害，各级卫生局组织医护人员，深入灾区抢救伤病员，抓水质检验和饮水消毒处理。对灾区易发病——流感、痢疾、伤寒、肝炎、钩虫、乙脑、出血热等病，采取整套预防抢救措施，力争大灾之年无大疫。

1986—1992年，境内除成都军区总医院和第47医院遵照中央指示，先后派出医疗队，分别进驻个别区、乡，开展“送卫生下乡”活动外，各县卫生局也组织医疗卫生人员深入农村，开展“送卫生下乡”活动。他们深入基层，走村串户，为山区群众防病治病。他们还为当地老红军家属、烈属、军属、贫困户、中学生、幼儿园儿童免费医疗、体检。

1993—1996年，各县（市）直属医疗卫生单位，根据社会医疗卫生服务的需求变化的新趋势，因地制宜地开展一些特殊医疗服务。如高档病房、特殊护理、特邀会诊、特邀手术、整形、美容、计免门诊、卫生保健咨询以及环境卫生的“消、杀、灭”等。大部分县（市）、区、乡医疗卫生单位还开展家庭病床、上门应诊、家庭护理等主动服务项目。

1997年起，坚持以农村为重点，扎实开展卫生下乡活动。全地区抽派108名医护人员组成10个医疗队，到村、社走家串户为农民义务检查诊治疾病，进行巡回医疗。据统计，为农民群众进行健康体检11.9万人次，免费为身患疾病者做B超、X光检查达6.7万人次，为已婚妇女进行妇科普查2307人，为5832名患者免费赠送价值5.3万元的药品，使641名身患重疾又无钱医治的村民得到及时医治。

1998年起，各级卫生行政部门和一些医疗卫生单位为适应市场经济的需要，充分发挥现有卫生资源和卫生技术人员的作用，积极组织医务人员在街道按规划建立社区卫生服务站，培养全科医生，深入厂矿、街道，上门为民服务。在社区内开展健康教育，建立辖区内人员健康档案，实施经常性的医疗保健，开展家庭病床，定期上门巡视和病员随访等。年内在15个街道办事处或居委会中开展社区卫生服务试点工作，深受广大群众欢迎。

1999—2000 年，各地按照省、市关于城市（县城）卫生支农总体部署，除完成省卫生厅下达给巴中市对支援甘孜州甘孜县的指令性计划外，每年内还多次组织市、县级医疗卫生单位的医护人员深入农村为广大农民看病治病、宣传卫生知识。据统计，全市共组织 105 支次医疗队、1114 人（次）医务人员到农村巡回医疗，免费诊治病员 20.76 万人次、做手术 104 人，培训基层医护人员 3443 人次，建立对口支援单位 73 个次。在发展社区医疗服务中，巴州区建立 17 个社区卫生服务站，建档人数达 1500 人，开展各种形式的健康教育 156 场次，受教育人数 2300 人。享受社区卫生服务的居民达 3800 多人。在城区基本形成小病在社区、大病进医院的城市卫生服务新模式，深受广大群众的好评。其他三县制订方案和管理办法，并在县政府所在城镇开展试点工作。

第七章　医疗卫生管理

第一节　医　政

一、医疗机构管理

川陕省苏维埃时期（1932 年 12 月至 1935 年 3 月），川陕省工农总医院及所属分院系医、政合一单位；红四方面军总医院及所属分院系军、医、政合一单位；均由医务部具体负责医政工作。全军前后方医院的医护技术力量、重要药品、器械，均由红四方面军总医院调剂平衡。新场坝医务工作会议后，医院立足于各项制度、法规的建立，医院始有工作条例、组织条例、工作人员和伤病员学习制度。1934 年 11 月，红四方面军的两次党政会议都谈到卫生工作，重点指出全军要加强卫生工作建设和卫生工作的领导，提出优待伤病员的办法。这次会议提出各军要补充战斗部队卫生员的减员和缺额，要成立看护训练班，并保证各医院的物资供应。

1951 年，各县实施中央人民政府颁发的《医院、诊所管理暂行条例》，各县人民政府依据“条例”规定，给医务人员颁发“开业执照”和中医证书。1952 年，各县人民政府卫生科陆续制定一系列的行政管理办法并付诸实施。根据规定，接管一切教会医院、县卫生院、区分院，组成全民所有制的医疗机构，并吸收当地名医充实全民卫生机构。对联合诊所进行登记整顿，重新组建，并拟出各项规章制度。开办联合诊所由集体签名申请、乡政府审查签具意见，报县卫生行政部门批准。全民所有制医疗单位由国家统筹计划，人员、床位定编控制，财务实行全额管理，差额补助，基本建设、重要设备购置专案报批。集体所有制医疗部门由卫生部门批准设置，人员、设备由各联合诊所民主决定；实行自负盈亏，收入除提取公共积累外，均执行本单位拟订的分配方案。

1966 年后，各级医疗卫生部门许多行之有效的管理制度陆续流于形式。1978 年，各地认真贯彻卫生部颁布的《全国医院工作条例》，各级医院先后修订“医疗护理制度”“技术操作规程”“行政管理制度”“各科护理常规”和工作职责，使医院正常工作秩序开始恢复。1979 年 4 月，各县各级医疗卫生部门试行定人员、任务、质量、管理、效益的“五定”责任制，对改进医院管理产生良好的效果。

1985年后，各县卫生局，每年都要对从事医疗工作的单位和个人进行严格考核，发（换）“医疗机构执业许可证”，并督促制定制度，以规范医疗行为。

1989年6月，各县实施《四川省社会办医管理办法实施细则》，分别对境内社会办医、个体开业医生进行清理，对审批手续不当、技术水平和医疗设备都不具备办医条件的医疗机构，报经县政府批准，给予限期整改达标的处理。1991—1993年，各县卫生局组织人员审验社团、个体行医执照，对散在的医务人员进行培训，对够办医条件的发给“医疗机构执业许可证”；对不符合办医条件的给予限期整改或明令取缔。

1994年9月1日，实施《医疗机构管理条例》后，使医疗机构管理进入法制化轨道。按“条例”规定，政府鼓励多种形式兴办医疗机构。单位或个人设置医疗机构，必须经县以上卫生管理部门审批，并取得设置医疗机构的批准书，再向卫生管理部门申请执业登记，领取“医疗机构执业许可证”。任何单位和个人未取得“医疗机构执业许可证”，不准开展诊疗活动；否则由卫生行政执法人员给予轻重不同的行政处罚。

1997年，各地按照《医疗机构管理条例》和《医疗机构设置规划》的要求，对医疗机构的设置、布局和规模实行统筹，积极稳妥地调整利用好现有的卫生资源，对不符合规划的机构实行“撤、并、转”。全年有3所区所在地的乡（镇）卫生院与区医院合并，1所乡卫生院与乡计生站合并。同时，对新增卫生资源，按区域规划严格审批、合理布局。全地区各级卫生行政部门在坚持以公有制为主体的前提下，鼓励和支持社会力量、个体办医，稳步发展城乡卫生事业，并根据《巴中地区社团办医和个人办医管理办法》严格监督管理。

1999年5月1日，正式实施《执业医师法》，各级卫生局对本辖区所有医师类人员重新进行登记、考核、审查、考试及注册，对不符合执业医师资格的从业人员进行淘汰。至2000年，先后依法对1074名申报执业助理医师、执业医师的卫生技术人员进行了实践技能考核，对经实践技能考核合格的790名卫生技术人员进行综合笔试，重新进行登记和注册。在调整卫生资源结构上，始终坚持“控制总量，调整存量，优化增量，提高质量”的原则，实行撤、联、并、转、迁等办法，推进资源重组。继续将区所在地的乡（镇）卫生院与区卫生院合并，建成区中心卫生院，1999—2000年，共有24个区所在地的乡（镇）卫生院与区卫生院进行合并。

二、规范医疗市场

1994—1995年，地区卫生局制定《医疗机构设置规划》，大抓医疗机构的登记注册工作，对符合医疗机构基本标准的819个医疗单位核发合格证，核发证合格率达100%；对549名社团办医机构人员及个体开业行医人员进行严格的考试考核；加强医疗机构的监督管理，撤销社会办医143所。1995年4月10日，成立地局医疗机构监督管理办公室。

1996年，各地结合本地实际，分别由政府制定出台《医疗机构设置规划》。根据医疗机构设置规划，按照医疗机构的基本条件和标准，组织人员集中对辖区的医疗机构进行认真的清理整顿。全区整顿前共有各级各类医疗机构3332个，通过整顿，对符合设置规划和条件的3086个医疗机构颁发“医疗机构执业许可证”，使办医乱、乱办医的现象，得到遏制。

1999—2000年，全地区每年组织卫生执法人员对无证行医、异地执业、擅自扩大经营范围的医疗机构进行整顿，对乱设性病门诊的医疗单位进行清理。

第二节 卫生市场监督

一、执法队伍建设

1993—1994 年，各地调整充实卫生执法队伍。全地区配备各类卫生执法人员 106 人，检查人员 646 人，形成地、县（市）、区、乡卫生监督执法体系，保证卫生法律法规的贯彻执行。同时，为提高执法人员执法能力和从业人员思想素质，逐级举办卫生执法监督人员培训班和食品、药品从业人员学习班。据统计，各级共举办执法监督人员培训班 15 期，参加培训人员 638 人，占应培训的 84.8%；举办从业人员学习班 198 期，参加人员 20273 人，占应参加学习人员的 82.3%。

1996 年，各级卫生部门抽调人员成立食品卫生监督科或食品卫生执法队，重新聘任食品卫生监督员，专门从事食品卫生监督工作。卫生防疫站从事食品卫生的检验和监测工作，实行监督与监测分离，从而理顺执法体系。同时，配备地级食品卫生、药品和公共卫生监督员；对各县（市）的各类监督员、检查员重新进行注册登记，并适当地作充实调整。从而形成地、县（市）、区、乡四级卫生监督执法体系，从人力上保证卫生法律法规的贯彻执行。

1997 年，各地根据实际，调整机构，充实食品卫生监督队伍。全地区共有食品卫生监督员 51 名，如通江县在《食品卫生法》颁布后，重新培训任命 12 名食品卫生监督员，89 名区、乡、镇食品卫生检查员，使食品卫生工作层层有人管，事事有人抓，并紧密配合职业道德教育，教育监督人员自觉树立全心全意为人民服务的思想。建立健全监督执法的各项管理制度和运行机制。制定《卫生监督员执法手册》，县防疫站印发《严肃职业纪律，纠正行业不正之风的规定》以此规范监督人员行为。通江的做法，受到省卫生厅的高度赞扬，并在 5 月全省卫生防疫站评审工作会议上作经验交流发言。

1998—2000 年，按法律和有关文件规定，及时调整充实、审批任命区、乡食品卫生检查员 422 名，使该项目工作做到层层有人管、事事有人办。同时，进一步健全各项规章制度和制约机制，实行责、权、利相结合，根据平时检查和年终考核情况，落实奖惩。并严格执行许可证审批程序、监督监测程序、行政处罚程序，使食品卫生监督管理工作逐渐走向程序化、科学化、规范化管理的轨道；公开各项办事程序和收费标准，接受群众监督，在群众中树立良好的执法形象；及时组织监督员学习党的路线、方针、政策，树立勤政、廉政的公仆意识，教育监督员正确行使人民和法律赋予的权力，严格依法办事，秉公执法，当好人民群众信赖的食品卫生卫士；采取培训、函授、自学、互学等形式组织监督员、检查员学习《食品卫生法》《行政诉讼法》《行政处罚法》等法律法规和食品卫生专业技术知识，提高执法人员的政策法规水平和专业技术能力。

二、卫生市场整顿

1993—1994 年，巴中地区卫生执法人员始终坚持有法必依，违法必究的原则，对违反卫生法律法规的单位和个人进行认真查处，依法办事。全地区依法行政处罚 195 户次，没收、销毁禁止生产、经营食品 12206 公斤，处以罚款 84 户次、15170 元。

1995—1996 年，严格执行《食品卫生法》，进一步加强食品卫生监督工作，每年对 952 个食品生产单位、7633 个食品经营单位和个人进行执法监督，监督覆盖率均达 100%。同时，在工商、公安等部门的配合下，对1672户次违法单位和个人进行处罚，没收、销毁不合格食品3.08万公斤，处以罚款5.04万元。

1997年，各地结合食物中毒和肠道传染病的发病特点、流行季节及重大节日，开展集中式的监督检查活动，坚持平时监督检查与集中检查相结合。据统计，全区对9432个食品生产经营单位及个体户平均进行两次监督检查，监督检查覆盖率达100%。同时，严厉打击生产经营伪劣食品和不卫生食品的违法犯罪行为。全年共销毁过期变质食品9680公斤，不合格饮料类、酒类1640瓶，总价值23万元；立案处罚723户次，罚款415户次，处以罚款3.7万元。

1998—2000年，全地区每年对9905个食品生产经营单位及个体户平均进行两次监督检查，监督检查覆盖率达100%。并坚决打击生产经营伪劣食品和不卫生食品的违法犯罪行为。全年共销毁过期变质食品4980公斤；行政处罚190户次，罚款68户次，处以罚款1.4万元。

三、血浆采供管理

1993年3月20日起，实施卫生部颁布的《采供血机构和输血管理办法》及四川省《采供血机构和血液管理实施办法》，对采供血实行“三统一”管理，即统一规划采供血机构、统一血源管理、统一采血和合理使用。1995年，全地区各地广泛宣传卫生部的“办法”，成立地、县（市）整治采供血机构和血源队伍领导小组，制订“三统一”管理方案，严格输血员管理和临床用血检验标准。各县（市）均已按规定对供血员开展血比重、血型、甲肝、乙肝、丙肝、梅毒、艾滋病抗体等内容的体检，临床用血基本做到两次检测，从而杜绝事故发生。

1996年，开展血源队伍的整治，对原供血员一律重新清理登记，进行规定项目的体检，对体检合格的供血员颁发省厅统一制发的“供血证”，全地区合格个体供血员453人，“供血证”由县（市）人民医院保管，凭身份证和“供血证”供血，有效地避免了供血员“满天飞”和短期、反复、频繁供血现象。

1998年，巴中地区卫生局作出《关于进一步加强血液管理工作实行“三统一”管理的决定》。从1998年4月10日起，全地区各级各类医疗卫生机构医疗临床用血（全血、成分血），由巴中地区中心血站采集和供应，未经省、地卫生行政部门批准的采供血机构（医院血库），不准采集医疗临床用血和生产用浆。各县（市）人民医院成立输血科（血库），负责贮存血液和参与临床有关疾病的诊断治疗。地区中心血站认真执行省卫生厅规定的采血、采浆“三分开”（即器材设备和操作分开、血源管理分开、技术人员分开）。

2000年，市卫生局为进一步强化各类医疗机构临床用血管理，于6月28日—7月2日对全市各级各类设有病床、有开展输血业务的医疗卫生保健机构，自1995年3月—2000年6月输血“三统一”管理工作进行调查。被调查医疗卫生保健机构共有78个，其中县（市）人民医院（含血库）4所，县（市）中医院4所，县（市）保健院4所，县（市）计生指导站4所，区卫生院（中心卫生院）42所，乡、镇卫生院8所，区镇计生指导站12所。经检查，辖区各地均成立“整顿采供血机构及血源队伍领导小组”，加强县（市）人民医院血库建设，添置部分设备，开展临床用血规定的检测项目（即县级人民医院血库开展乙肝、丙肝、艾滋病、梅毒检测），代行中心血库职能，基本保证临床用血的安全。各县（市）人民医院血库除供院内用血外，还对医疗机构供血。1995年3月—2000年5月，4县（市）人民医院共采供血243万毫升。

巴中市志

第四十篇

民俗风情

第一章　家　俗

第一节　姓　氏

自明末以后，境内入籍移民，以湖、广为最多，赣、闽、云、贵、陕、甘次之；县、乡以古麻城县孝感乡为最多。截至2000年，共有258个姓氏（含50年代后入籍定居的），其中以李、张、王姓居多。不少姓氏 具有一定的区域性。巴州区同乐乡孙姓达六百余户，占全乡总户数的三分之一；天官乡的李姓、双凤乡的何姓各有五百余户，占全乡总户数的四分之一；鼎山、果敢、龙背、凤溪、金山、双凤等相连区域谯姓较多，县西北则无；双胜、茶坝的乔 姓较多，其他地区则个别；青山乡的扈姓、梓潼乡的谌姓、花丛乡的鄢姓、金山乡的谷姓、玉井乡的母姓，别地少见。258个姓按笔画顺序排列如下：丁、乜、卜、万、上官、于、弋、马、孔、尹、戈、文、方、毛、牛、王、车、邓、凤、付、兰、冉、冯、包、卢、古、史、石、叶、司、宁、左、巨、帅、母、甘、田、申、白、艾、龙、乔、仲、任、伍、伏、全、关、刘、匡、华、库、后、向、吕、孙、安、尧、巩、年、庄、成、朱、毕、江、汤、牟、米、纪、许、达、过、邬、闫、阮、阳、齐、严、何、佘、余、吴、宋、张、李、杜、杨、汪、沈、羌、苏、补、谷、肖、辛、闵、郤、邱、邵、邸、邹、阻、陆、陈、周、奉、孟、宗、官、尚、屈、岳、巫、庞、明、易、杭、林、欧、欧阳、武、罗、苗、苟、范、郁、郎 、郑、金、青、侯、俞、姚、姜、封、施、柏、查、柯、段、洪、祝、禹、胡、胥、费、贺、赵、郝、钟、钦、饶、骆、党、卿、唐、夏、席、徐、敖、晏、粟、根、桑、殷、涂、秦、索、翁、聂、倪、袁、莫、贾、郭、钱、铁、陶、顾、曹、高、崔、常、康、戚、扈、梁、梅、盛、章、符、箫、谌、阎、黄、龚、傅、喻、彭、戢、敬、斐、景、曾、温、焦、程、税、童、舒、葛、董、蒋、覃、谢、辜、韩、鲁、简、蒙、蒲、解、詹、赖、鄢、阙、雷、蓝、靳、廖、漆、熊、管、缪、翟、蔚、蔡、蔺、裴、谭、谯、赫、魏、雒、鲜、腾、潘、樊、颜、黎、穆、薛、衡、霍、戴、蹇、魏、瞿。

第二节　家族家风

家族是由血缘关系而构成的基本形式，大多属己身一代、父子两代、祖孙三代以及“四世同堂”“五世同堂”的家庭，由此而上溯至高、曾、祖、考、下及子、孙、曾、玄九族制的血亲系统遗风，乃至“万世一系”，“同姓同宗”的封建家族关系。长期以来的父系大家族，深刻地影响着家俗、民俗的传承，产生了多方面“家”的事象。

一、家世

家世即家庭的世系或家庭出身。在中华人民共和国建立前，人们的“门第”观念甚浓，两姓联姻要讲“门当户对”，交朋结友亦要论“富贵贫贱”，“书香门第”“官宦人家”受人尊重。中华人民共和国建立后，劳苦大众的社会地位发生了翻天覆地的变化。在搞阶级斗争的年代里，“家世”成了一个十分重要的问题，作为区分敌、我、友的根据。中共十一届三中全会后，血系论观念破除，“家世”观念在人们实际生活中日趋淡漠。

二、家谱、族谱

家谱是一种记录家族世系及其重要人员事迹的谱表或文书，俗称家谱，典籍称“家牒”“家乘”，古代多流行于仕宦之家。族谱是记录一族一姓血亲延续系统的文字，或记述辈分以分卑尊，在民间普遍流行。各地于清代所修的李、王、陈、魏等姓谱表尚存。随着人民政权的建立，家族结构及 观念发生变化，族谱虽尚在使用但家谱的意义和作用逐渐消逝。20 世纪 60 年代，城乡大办“三史展览”，其中之一是追述劳动人民家庭历史的“家史”。

附：族正规条清朝钦命四川等处承宣布政使司政使总理纲政钱法董为提刑按察使司按察使统辖驿传事务兴设立族正，以辅保甲事。照得保甲之法已极良美，而户刑二律内载保甲有兼设族正之法，所以辅保甲之不及也。盖保甲均系异姓平等，即遇甲内有匪者，平日既不便教管，事发亦不过送官了事，殊少化诱之道。若夫族正之分尊矣，尊则其教易从，族正之情亲矣，亲则其言易入。保甲族正相辅而行，外有保甲稽查其行为，内有族正防患其身心。虽有顽梗难 驯之夫，久之可想渐化为善良，合将规条晓示，为此，示仰阖属绅士、军民人等一体遵照，务各处相教戒。大族既知礼法，教法亦有观感，将见家自成俗，人自为教，而教化兴矣。特示。计开①阖族中行辈最尊，年龄最长者一人是为族长。但恐龙钟未必尽能办事，应阖 族 会同公议，于族长行辈中设立族正一人，族大者或设二人以为统率。又次于各房各设房长一人，皆择年长明白，公正殷实，为通族所敬服者，举之不拘有无功名及昭穆之亲疏。但举不 得其人，则心存私见，坦庇偏祐，反害其通族，不可不慎择也。②阖族依扑作教刑之意。公置家法一具，用小竹片或者木片，长三尺，宽半寸，厚五分，上书某氏家法字样，交族 正执掌官究治。③一切邪教，不惟自害其身。抑且祸及通族。族中有误习各种邪教者。该族正等务必痛加劝诫。令其改悔。倘劝而不改及悔而复习者，该族正等即会同族众送官；以凭照例严办，容隐者则连坐。

三、家风

家风即家族的习俗和家庭的生活作风，亦称“门风”。各县民间对家风颇为注重。清光绪年间巴中县群乐乡赵文贵（赵氏族长）得悉族内成尧之子为盗，捕拿其子于祠堂，其父扑股请罪，其子削足后亡。民国 33 年（1944），玉山乡冯寿徵发现其子冯承让有嫖、赌、抢等劣迹，且屡教不改，于是重金雇人，将其子杀戮于山野。民国 37 年（1948），玉山乡冯某 之女，被人奸污，冯氏家族恐玷辱门风，迫女服毒自杀。旧的“家风”虽有警世教化之力，但原封建礼教之糟粕也颇多。中华人民共和国建立后，政府倡导家庭民主代替封建家长制，“五好家庭”“文明之家”不断涌现。

四、家教、家法

家教是家族长辈对晚辈子孙的教育所形成的习俗，是教养子女保证世系相继成人的重要手段。家法古称“家约”，又称“家规”。家教、家法是一种“管”与“教”的结合。境内家长教子习用黄荆条，有“黄荆棍下出好人”的俗谚。现今一般以说服教育方式为主，但仍存体罚教子之风。

五、堂号或绰号

家族堂号有以祖先为号的，有以职业为号的，有以部落地名为号的，有以吉祥为号的，也有以民俗传承中的典故为号的。境内一些地方的黄姓名“天水氏”，王姓名“太原氏”，肖姓名“共陵氏”，这都是以地名为号的。境内王姓的分支则又以“三槐堂”典故的“柴”“炭”“烟”“灰”为记号。此外，在民间也有由外界命名的“绰号”，相传日久，习以为常，逐渐代为家号或姓氏。境内流传的姓氏诨号如：张：老憨；牛：老笨；王：老坏；黄：老赛；李：十八子；陈：老蔫；黎：老肯；谢：老花；魏：老鬼；刘：老顺；邵：老要；杨：老咩；蒲：老灰；赵：老亮；吴：老口；余：老摆；何：老可；朱：老拱；曾：老搬；罗：老响；龚：老弯；乔：老焦；佘：老钻；毛：老撖。

六、派号

派号俗称“字派”，是家、族 谱内容之一，同时也刻于祖墓或祠堂的碑碣上，供后代取名使用和确定辈分，关系着追本溯源，不容混乱。境内所见家族派号，是由明末清初移民入川的家族在当时当地重新制定的，字派的字数不等，可联字成句、联句成文。此俗虽一直沿用，但不少人采用单名，不再使用字派，而且儿随母姓的新风，也有所见。

第三节　亲族制度

境内各亲族因袭“九族制”传统观念，分直系血统和旁系血统。直系血亲序列为：高祖、曾祖、祖父、父、本人、子、孙、曾孙、玄孙，俗称“九族”。

旁系血统序列（以父方为例）：第一旁系血亲：本人兄弟姊妹及其下三代子孙；第二旁系血亲：父兄弟姊妹及其下三代子孙；第三旁系血亲：祖父兄弟姊妹及其下三代子孙。第四旁系血亲：曾祖父兄弟姊妹及其下三代子孙。母方同例，仍以本人为基准推行母方直系长辈及其有限后代。

单族称谓，除一些口语称法外，基本上符合汉族自古以来沿用的“叙述法”（源于中国的“九族”制）。以第二旁系的亲属长辈为例：父之兄称伯（加长幼排行序数，下同），父之弟称叔，母之兄弟称舅，父之姊妹称姑，母之姊妹称姨。依同例：伯父之妻，称伯母，口语称“大娘”或“大妈”；叔父之妻，称婶母，口语称“婶”。

第三旁系血亲长辈：祖父之兄称从祖父，祖父之弟亦称从祖父。

第四旁系血亲长辈：曾祖父之兄弟称族祖父；曾祖父之子称再从祖父。同例，旁系血亲晚辈：兄弟之子称侄，侄之子称侄孙；姊妹之子称甥（俗称外侄），甥之子称离孙。

亲族是由若干家族及其追缘关系错综联结扩展的一种社会 集团，具有较强的封建意识。人民政权建立以后，多方努力淡化和破除。提倡同志友爱，阶级感情，极致有“亲不亲、阶级分”的口号。

第二章　生活生产习俗

第一节　礼　俗

一、交往礼俗

境内民间看重“礼尚往来”。凡遇家人诞生、婚娶、祝寿、进学、建房等一切添喜的家庆事和丧亡、重大伤病及意外灾祸（如水患、火灾、盗窃）等一切添愁的家难事，亲戚朋友、同事、乡邻等，均要往来，俗称“走人户”，所走人户若系家庆则馈送礼物以祝贺；若系家难则馈送财物以资助。凡是别人馈送礼物、财钱，主家都要登记上册，以备今后“还情”。若有来无往，则为失礼，便会遭到非议。故境内民间把“走人户”筹备礼情列为生活中的大事，再困难也得支撑。除此之外，平常家中来人，不分亲疏皆以客相待，有“来者为客”的说法。客人到屋，主人热情递烟倒茶，请坐寒暄，恭敬相陪。客人离别时，主人要热情相送，并且要请客人再次往来。街上、路上遇着亲友或相识之人，互相打招呼：“上哪儿去?”“吃过饭没有?”分手时再互相招呼：“以后耍”“下回到屋坐”等。后来通用“你好”“再见”等语致意。

二、诞生礼俗

境内风俗，青年夫妇生头胎小孩，要隆重庆贺，其礼仪程序如下：农村妇女生下小孩的当天或第二天，丈夫要送一只鸡到岳父岳母家去报告生孩消息，生男送公鸡，生女送母鸡，叫“报喜”。小孩出生第三天，要给小孩洗澡，叫“洗三”。此时，岳母家即把早已准备好的小儿穿戴和供“月母子”（坐月子的妇女）食用的米、面、肉、油、鸡、蛋等物，由外婆等女客（男人不入）送往女婿家以示祝贺，叫“打三朝”。小孩出生后满一个月时间，要大设酒宴，邀请宾客（生小孩后馈送过贺礼的人必请），俗称“办满月酒”。小孩长到5个月至一岁期间，父母要请长辈（一般是较有才智的人）为小孩开荤，举行开荤仪式。开荤时，主人家要办比较丰盛的酒席，主持开荤的尊长要根据每个菜的名称（一般是12道菜）的谐音说一折吉利话，同时要给小孩拿开荤喜钱。

三、婚俗

中华人民共和国建立后，《婚姻法》倡导新的结婚风尚，城镇很快实行新式结婚，但农村不少人仍套用传统婚俗。

新俗　新俗一般要经过介绍对象、订婚、登记、结婚等几个程序。1. 介绍对象。新俗中全由男女双方自己相识恋爱结婚的是少数，一般情况是男女双方相中意中人后，再通过第三者（介绍人）介绍。仍保存传统婚俗中的媒人。2. 订婚。通过介绍，若双方满意，可相互往来，有的摆酒席宴请亲朋，以此向社会公布彼此之间的婚姻关系。这以后就开始较长时间的往来，以深化感情。3. 登记。恋爱成熟，即议定结婚。结婚前必须按法律规定到政府部门履行登记手续，领取“结婚证书”，得到法律承认和保护，方行结婚。4. 结婚。选择吉期（一般是节假日），请人或用车把新娘的家具接过男家或女家，亲朋相聚，举行结婚仪式。整个婚礼过程的时间，一般为半天或一个晚上。后来时兴新式组合家具，首先由男方备齐。为使新房及早布置得豪华漂亮，女方所置铺笼罩被之类，也要先送到男方统筹布置。流行新婚之后即独立生活，新房设在男方或女方，全取其自愿，并无定规。

传统婚俗 农村仍普遍采用，按“六礼”程序进行，即媒人介绍、议婚、订婚、行 聘、结婚、闹新房。1. 议婚。由媒人往来男女两家介绍说合，双方父母及本人初表意愿后，女方即将女孩子的出生年、月、日、时以甲子等形式写在一张红纸上（庚帖文）由媒人送与男方，又称“八字”，或称发“庚帖”。然后男方找人将自己的“八字”和女方的“八字”进行推算（俗称合“八字”），如果“八字”符合（即两不相冲相克），男方即请媒人送去庚帖回文同女方商议准备订婚。2. 订婚。聘礼确定，即择吉日吃会面酒，看人户，送聘礼到女方，正式订婚。订婚后，逢年过节，男方要馈送礼物去女方祝节，俗称“送节礼”。“六礼”告成后，男方邀请亲朋好友，配备花轿，唢呐、啰鼓，一行数十人声势浩大地到女方迎亲（俗称接新娘）。距离远的要在女方住一宿，俗称“歇客”。第二天，早饭后出亲时，姑娘要在堂屋拜祖宗、父母；后经堂正中脚盆鼓上走过，又称“踩鼓”。总之拜后就不能踩娘家地皮，由哥哥背上越过正堂大门送进花轿，由媒人锁上轿门，后由哥哥们抬起花轿摇三摇，民间称“晕轿”；后由男方来的轿夫从肩上接过花轿。轿夫接轿出行，民间称出亲。新娘在陪客（又称“送亲客”）陪伴下随同男家迎亲队伍，吹吹打打，浩浩荡荡，去至男家。花轿到屋，鸣放鞭炮迎接。给下轿礼后接到堂屋与新郎叩拜天地、祖宗、父母、尊长，互相礼拜，民间称“拜堂”。接着进洞房，喝“交杯酒”。下午，新娘、新郎在鼓乐声中，到祖宗墓地拜坟。晚上要举行闹房。亲朋好友（一般是青年人，同辈和晚辈）涌入或围绕洞房，以新郎、新娘为话题尽情戏谑欢闹，大放鞭炮，并即席赋闹房诗。正酒第二天，新娘要“打早火”，象征性地做一顿早饭。饭后，新郎、新娘一同去新娘的娘 家叩拜父母，俗称“回门”（也有当天“回门”的，以单双日决定）。至此，结婚仪式全部结束。

四、寿礼

“寿礼”又名“祝寿”，有专门的寿名。古云：“六十曰耆，七十曰耋，八十曰耄，九十曰鲐，百岁曰期颐”。自古以来，境内十分盛行给以上这类老人祝寿。

“祝寿”与“办生”是两种不同概念的生期礼俗。“办生”常为祝贺生日之期，可设筵席，迎请宾客。“祝寿”还要举行祝寿仪式，而且必须是年满60岁花甲之上年龄的老者；还要上无父辈健在，儿女才能为父母举办祝寿仪式，否则，统称“办生”。祝寿要杀猪宰羊，大设筵席，内亲外戚，乡党邻朋，登门祝贺。送寿幛、寿屏、寿联、寿词、寿匾等礼物，非常讲 究排场。寿仪如下：（事前要设寿堂，司仪支客司可代）

程序：内肃、外静；来宾就位（亲戚 中长者可陪坐寿星之侧）；请寿星××（男）、（女）老大安人就位；老寿星膝下子、媳、女、婿、孙就位（依序排列恭立）；鸣炮；奏乐；寿星子女献寿酒、寿面、寿桃、肴馔，或献寿衣、寿帽、寿鞋；来宾献寿联、寿幛、寿屏、寿词，或献寿匾。接着司仪宣请族、亲、邻、朋中，有名望的文人学士逐一诵赞诗。赞毕，向寿星拜寿（内亲外戚依序进行，行三跪九叩礼或三鞠躬）。礼毕，开筵宴客，有的地方还行祝寿酒礼。

五、丧葬礼

新俗 城市里死人后设灵堂，成立治丧委员会，用讣告向社会报丧。亲朋好友送花圈、帐子、挽联等，并参加追悼会。在追悼会上，由有身份的人致悼词，亲朋好友代表讲话，死者的亲属代表讲话，之后参加者脱帽绕灵柩一周，表示向 死者告别，并向死者亲属表示安慰，然后在鼓乐和鞭炮声中将遗体送往火葬场火化。

旧俗 丧葬礼均按“丧礼”（凶礼）、“葬礼”（吉礼）两大程序进行，十分严格。丧礼又称“奠礼”。农村人死后，死者的儿女首先为死者净身、整容（剃头或梳头）更衣，然后让其平睡在堂屋正中的席子上，用火纸垫头，腰系年龄线（一岁一根），脚上穿布鞋也用线系紧。脚前放一盏点燃的菜油灯。并将死者生前的铺草和席子焚烧于房后，表示向村民报丧。远方亲友，要由孝子（即死者的子女）披麻戴孝登门报丧，俗称“拜孝”，也有用讣文方式报丧的。设灵一般用竹和纸仿照华丽的住宅做“灵房”，表示死者的住房。当死者穿戴好后即可入殓。入殓后，晚上孝子要在灵柩旁通夜看守，孝女要哭丧。一切进行停当后，再卜择“黄道吉日”举行出殡仪式，俗称“出丧”。在出丧前一天下午，亲朋好友亲临孝堂“参灵”。死者的娘家或本族长者来参灵时，孝子要出房门到路口跪地迎接。出丧时常为鼓乐队行前，花圈幛联随之，长者走在最后。如来客中有女婿抬祭猪，待参灵后休息片刻请官禄司举行“献刚鬣”仪式（行九叩十八礼、取孝花、扯孝毛、雕膳肉、熬膳肉、办馔、饯灵）。如果死者为德高望重之人，有时本族还集资买活猪举行“血祭”，民间又称“杀堂祭”。下午主客到齐后，要举行报抱仪式。即在灵堂前摆上桌凳、糖果、烟茶，主客的长辈及来客方有关人员坐在席上两侧，孝子跪在灵前，长孝向来客汇报死者得病原因、如何医治以及如何向死者尽孝道的内容，待来客方满意为止。如母亲去世，外爷、外婆、舅父为主客；父亲去世，本族中凡父亲的上辈或比死者年长之人为主客。若有不孝之 子，主客方长辈有权进行训教，乃至挨打受骂！

晚上开席后首先举行客祭仪式，接着举行堂祭仪式，再就是家祭仪式，家奠仪式有“对灵三献”或者“出堂三献”，其中任选一种。“对灵三献礼”有迎神、安神、送神、殡 殓、起灵、遣奠、题主、安主、饮福酒礼、开奠礼等礼仪内容，必须对灵进行三次，名曰“对灵三献礼”。“出堂三献”除有“对灵三献”的内容外，而且在灵堂外的院坝里设有三代 昭穆所、堂祭 所、茶所、酒所（统称茶酒二所）、读祝所、拜跪所、工祝所、招魂所、太白皋位、歌诗所、讲书所、读礼所、讲诗所、讲易经所、述古所、读孝经所、辨服制所、劝孝所、教考所、辨孝所、大宾所、观礼所、讲春秋所、盥洗所、工堂所、办馔所等。每所必有一个礼生，规模大，礼仪结束要两个小时。近几年在巴中民间的“对灵三献”仪式也很难见到十分标准的仪式。祭奠仪式结束后，从前做道场的先生举行“坐夜”仪式，一般为大半个通宵。民间由半农半艺的“孝歌班子”通宵达旦打锣鼓、唱孝歌和孝戏，其中少不了《亲词》一段，常为 二十四孝的内容，直到天亮出丧结束。随后，举行葬礼。从出丧仪式开始到墓地下葬全过程为“葬礼”。葬礼为“吉礼”。

第二节 消费习俗

一、服饰

民国时期，境内普通居民特别是农民，无论男女老少，都流行包白布头帕，故俗称普通老百姓为“包白帕子的”。讲究的中年妇女头包青色丝帕，其包法同苗族人相似。在体饰方面，男子一般着毛蓝土布长、短衫和长、短棉袄，上衣一律向右侧斜抄襟，布纽扣；下穿抄腰大统裤，足套粗白布长袜、布鞋。劳动时一般穿短褂和草鞋，或用布线手工扎制的满耳圆口布草鞋。贫苦农民有的用稻 草编织成十分粗糙的“水把龙”（又称草鞋）穿，有的终年打赤脚。女子一般穿土布斜抄襟短衣、抄腰统裤、布鞋（讲究的鞋上绣花，鞋内垫工艺精巧的有各种花纹的“鞋垫子”）。有的妇女仍保留缠足的旧俗。劳动时拴围腰（即围裙，讲究的妇女裙上还绣花）。二、四、八月，男女皆兴外套青色棉、夹领褂，内着白衬衫，像喜鹊毛色，故有“喜鹊服”之称。富家男子戴象征六合一统之意的“瓜皮帽”或“博士帽”，穿绸衫；富家女子戴首饰、耳环、手镯，穿旗袍，足套长筒“洋袜”。

中华人民共和国成立后，自织自染的土布逐渐为机织“洋布”所代替，并且价廉物美的橡胶、塑料、皮革、仿革制凉鞋、胶鞋、统靴、皮靴逐渐增多，人们衣着上有了很大变化。穿中山服是男子的主要服饰，它成了普通的常服和礼服，色调以灰色、蓝色为主。剪各种头（发）式，一般不戴帽；戴帽的以遮阳帽为主。女子流行穿“列宁服”，翻领，对开襟，三扣。花色上，20世纪50年代，曾一度时兴“苏联花布”。“文化大革命”中，多以穿黄色仿制军服，佩戴毛泽东“像章”为荣。1979年后，五彩缤纷的男女时装不仅应时而出，争妍斗彩，而且日新月异，变化无常。特别是青年男女对穿着十分讲究。样式有：男女西装，各种长短衬衫，“港衫”“蝙蝠衫”“幸子衫”。质地夏天以轻、薄、软居多；冬秋以厚、暖、挺为佳；色调以明快、活泼、具有个性和时代感为妙。90年代均以西装为主，人们在每一季节要更换时装，每一年中又添置几次衣服，追求时髦、洋气、质料、款式、色彩各异。青年人穿的时装求新求异，设计师还专门添了“补巴作装饰”。当时，巴城流行穿破衣，富裕人家都争先恐后购置，2000～3000元一件的皮衣穿在身上，以显阔气。凉鞋以塑料泡沫底居多，皮鞋、高跟鞋以牛皮、猪皮制作多；袜子普遍为尼龙袜、纯棉袜。女性佩物主要有各式围巾，挂项链、耳环，戴手镯、戒指者日渐增多。尤以挎包、手提包玲珑别致，五光十色，成随身必带之物。

二、发饰

发饰变化与服饰同步。清末，男子留长辫，媳妇挽髻插簪钗，姑娘蓄辫子。民国 时期，偶有清朝遗老和封建守旧的人留辫子盘头顶，大多数是剃光头，少数剪“洋式头”。媳妇挽髻撇夹子或剪短发，农村姑娘一律是缠长辫子，城镇或缠长独辫或剪短发。中华人民共和国建立前，以理发业谋生的人，社会地位低下，称为“下九流”。中华人民共和国建立后，“理发匠”成为工人阶级的一员，社会地位提高，称理发员为理发工人或服务员，技术精熟的被尊称为理发师。1956年，理发业公私合营，组织起来走合作化道路。1979年，允许农村理发员进城摆摊设店遍布于大街小巷。各种先进理发设施不断更新，不同风格的现发 店堂争美斗艳，各式发型样照悬挂店门；剃、剪、修、吹任其选择；长发、短发、烫发、做 花，不拘一格。呈现男留长发、女留短发的趋势。90年代，城市发廊、美容美发店堂比比皆是，洗头、美发、焗油成为时尚，洗、剪、吹、烫融为一体，并有按摩、踩背，让人健康、舒适。

三、饮食

民国时期至20世纪70年代，境内人们习惯一日三餐。农闲和天时短的冬季，也有农户习于一日两餐。农村栽秧、打谷和从事其他重要农事时，若请人帮工，在午饭前一小时左右的工间休息要另加一顿点心，俗称“打幺台”。宴客时，客人必须 经主人邀请方能入席，席位有上下之分：上席为尊位，晚辈或主人则居侧位。入席后要主人喊“请”之后，方能动筷子，否则叫不懂“礼信”（礼节）。宴客的主食是大米或面食，也有 配搭少量红苕（红薯）和其他杂粮的；副食以猪肉为主，佐以鸡、鸭、鱼、蛋和各种蔬菜。农村宴客一般是 办水席“十大碗”，家境富足或比较讲究的在上“正菜”之前，也有先摆上几盘糖食瓜果的。

1979 年以后，农村中绝大多数农民逐步解决了温饱问题，宴客已打破“十大碗”的格局。菜食除新鲜菜外还随季节变化食用炮制的净咸菜、酸菜；腌制的盐榨菜、糖榨菜；熏制的豆腐干、腊肉；干制的豇豆，洋芋片、笋干、木耳；酿制的豆瓣酱、豆豉。20 世纪 90 年代，人们由吃饱，进入吃得好。鱼、肉、鸡、虾等肉食成为餐桌上的“常客”，海鲜也进入寻常百姓家。人们开始注重食品的口感，吃“野食”“鲜食”成为新时尚。从制作腊货上来看，绝大多数家庭不再灌“血肠”和制作“血丸子”，都改制香肠。来客、过节“下馆子”成了有钱人的寻常事，他们想的不是省钱，而是省心。不仅是喜宴、寿宴在酒店吃，就连年夜饭也在酒店吃。

四、居住

（一）住房格局

20 世纪初至 70 年代，境内平坝河谷地带，农村居民普遍居住三合院或四合院的土墙瓦舍，山区多为干栏式吊脚楼房，有土木结构，也有纯木结构的。整个院舍由正房、侧房、阶沿、院坝和猪牛圈等配套组成。正房高于两边侧房，其正中主室为堂屋，双开堂。堂屋正墙设神龛，供祖宗牌位和财神、药王，龛下方设土神位，右侧角设坛神位，门侧上方设天神位。凡迎客、训子、祭祀和婚丧嫁娶各种仪式皆在堂屋举行。经“文化大革命”“破四旧”后，神龛神位少有存在。家长和长辈一般住正房，其他人分居侧房。正房阶沿要比侧房阶沿高些宽些；正房阶沿一般有两柱，大院有四柱。院坝石板铺成，收获季节用作打、晒粮食，红白喜事是宴客的主要场所。灶房一般在一间侧房屋的后边，称为“退堂”。中华人民共和国建立，特别是 1979 年实行农村“体制改革”后，农民的住居条件有很大改善，粉墙、青瓦、三合土地板等砖木结构住房甚为普遍，不少人还建立起了家庭林园式住宅。20 世纪 90 年代，不少农户还建起砖混结构的楼房。

城镇居民住房全为穿逗木结构的青灰色瓦屋，面向大街，沿街开店铺，不受什么朝向、座向之束缚。建造格局为“门屋”“天井”（花台水缸式）“厅堂”“廊”“庑”，成四合院布局，街面大门两侧为柜房式的骑门柜台的经商用房。巴中市恩阳镇有不少明、清时建造的民房，多为“一进三退堂”式建筑。中间为一至三个花台式小天井，二进为祭祀用堂屋，三进退堂为接待客人或宴饮用房。两侧厢房为寝房。前厢为长辈住房，二厢为儿媳住房，后厢为子孙住房，最后为厨房、仓库，再后为猪舍。进入 90 年代，大批古街古民居被拆，建造高楼大厦，恩阳古镇老街还保存古民居建筑。

（二）建房习俗

建新房前首先选择环境，请“风水先生”看房屋背靠山形、高低及走向，最好为背靠高山，左右为座椅扶手状山形，前面向口开阔，有水流环绕，即“龙、穴、沙、水、向”。新房要建在龙、穴、沙、水、向汇聚之处为佳。在建房过程中，信仰崇拜非常突出，包括自然崇拜（山、岩、石、水等）、植物崇拜（树）、神灵崇拜（山神、土神、财神、鬼神等）。这些信仰崇拜集中体现在建房的各个程序之中：以建土墙房为例：先开石下基，石匠进山打石，先为土神、石神进香、烧纸后才能开打。石头运到建房工地要择吉日下基，从堂屋土神榜正中一坨开始，下石前要为土神进香、烧纸，有的还要烧鸡除邪，吟诵吉语、祝词。筑土墙前先为木神（墙板木）进香烧纸，吟诵吉语后开始上土。墙筑好后要举行上梁。上梁前首先设鲁班堂祭祀，并在梁木中央贴上用红绸书写有“吉星高照”或“紫微高照”的匾额后，开始拉梁上墙，梁木到墙顶垛子处安好后再进行踩梁，鲁班弟子（土木二匠）手持鲁班尺（五尺）从梁的一端走向另一端，边走边吟吉利，甩包子。踩梁甩包子结束，整个上梁仪式结束。上梁立柱的下午为匠师休息时间，民间称“歇梁”。第二天才能上房钉桷子、盖瓦。开门扫坝：即举行开堂屋大门和清扫石院坝石渣仪式，要选择吉日进行。新房的堂屋门常 为双扇的内开门，先做好再上门。上门时为封闭行，木匠师在堂屋内，要请半农半艺的会开财门仪式的民间艺人或土匠师傅进行，门外的人要为新财门进香烧纸，吟诵开门仪式，说一折事 主要给吉利喜钱，要说得房主满意为止。开财门从前民间还有专门装扮成财神爷一类的民间艺人来从事开财门仪式，有专业的服装。财门开后，就是建房的最后一道仪式——开龙眼洞和清扫院坝里的石渣，名曰“扫坝”，此仪式由石匠师傅进行。龙眼洞要开在院坝的东方出口，表示水流东海。扫坝主要为清除邪魔妖怪，扫进金银财宝。

第三节　节日习俗

境内民众崇尚节日。节日期间以不同的方式开展庆祝、纪念活动。一些节日由国家明令规定，一些节日为民间传统继承（有些传统节日纳入国家法定，如春节等）。

一、国家法定节日

民国时期，国民政府规定的节日有：（1）植树节。公历 3 月 12 日是孙中山的逝世日，国民政府把这一天定为植树节，放假一天。要求各机关、单位、学校等用植树来纪念孙中山。（2）儿童节。公历 4 月 4 日被国民政府定为儿童节，放假一天，以示庆祝。教育部门在这天要举行祝贺活动，给每个在校儿童发一个馒头或发一些毛笔、副本。（3）双十节。公历 10 月 10 日是“中华民国”的诞生日，民国政府规定放假一日。这天晚上中等学校 要举行提灯会和文娱会以示庆祝。（4）元旦节。公历 1 月 1 日，国民政府指示各机关、单位、学校等均放假一天，以示庆祝新春。

中华人民共和国成立后，重颁和新颁布节日如下：（1）元旦节。公历 1 月 1 日，各机关单位、厂矿、学校均放假一天，并举行座谈会、茶话会等。城乡文化部门通常要举办“元旦文艺晚会”“球赛”等活动。（2）“三八”国际妇女节。公历 3 月 8 日由妇联组织妇女集会庆祝，或召开表彰会议，以及举办电影晚会或其他纪念活动。（5）“五一”国际劳动节。公历 5 月 1 日法定放假一天（后为 3 天）。各机关单位及厂矿、学 校多举行球赛、书画展览，召开表彰会，举办“文艺晚会”以示庆祝。（4）“五四”中国青年节。公历 5 月 4 日，由共青团组织青年举办球赛、文艺晚会、书画展览、棋类比赛，召开表彰会、座谈会，以此纪念 1919 年中国青年进行的五四运动。（5）“六一”国际儿童节。公历 6 月 1 日，通常由教育部门配合妇联、共青团等部门和各中、小学，组织开展适合少年儿童特点的各种文化活动。近年不少单位还给少年儿童赠送礼品。（6）中国共产党建党节。公历 7 月 1 日为中国党成立纪念日，城乡各级党组织主持筹办各种纪念活，表彰优秀共产党员。（7）“八一”中国人民解放军建军节。公历 8 月 1 日由武装部门和民政部门共同举行文艺晚会。城乡开展拥军爱民活动。（8）中国教师节。每年公历 9 月 10 日为中国教师节。（9）“九九”敬老节。农历九月初九，各级党、政领导部门组织各地老年人开展“文体表演”、登高、看电影 、老年书画展等活动，并赠送纪念品以示庆祝。（10）中华人民共和国国庆节。公历 10 月 1 日为国庆节。各机关单位、厂矿、学校均根据国家规 定 放假 2 天（后为 3 天），一般举行“文艺晚会”、座谈会、茶话会、球赛、棋赛、书画展等表示庆祝。

二、民间传统节日

春节　春节俗称“过年”，又称“新年”。从腊月 23 日祭灶神爷开始，到正月 15 日元宵节结束。农历腊月三十天中午，全家男女老幼（包括已分居生活的兄弟、儿媳等人）齐聚一堂，同桌共餐一年之中最丰盛的午餐，称为“团年”。团年前，要先放鞭炮，先敬附近的土地老爷，先送“刀头”（猪头肉或鸡脑壳）到祖坟上敬祖宗，或在神龛前摆上“刀头”亦可，以表示其尊敬和怀念之意。团年时食品一定要有鱼，意表“年年有余”，还要有猪头肉、猪尾巴，意表“有头有尾”“有始有终”。把猪尾称之“节节香”，意表“越吃越香”。农历腊月三十晚上，通夜不能熄火，以表示“火红兴旺”。有“腊月三十晚上的火，正月十四的灯”的谚语。在农村，一般是在过年前就在山坡上挖树疙篼（树根），以备三十晚上使用，俗称“烧猪脑壳”。当天晚上全家人围着燃烧很旺的火炉或者火堆，边吃干果品或者糖食糕点，边叙家常，摆故事。老年人还要给未成年的儿孙们取过年钱，俗称“压岁钱”。人们把这种习俗称为“守岁”。随着人民的物质生活水平不断提高，凡有电视机、收录机、收音机的家庭，全家人就围着火炉看电视、听音乐。在农历腊月三十的夜半零点，即旧岁已去，新年到来之时，各家各户都燃香秉烛放鞭炮，开始“出天行”，实为祭天。新年初一凌晨出天行后，人们到水井、河里挑两担水，第一担叫做“金水”，第二担叫做“银水”，表示新的一年有“金银水”往家里流，一定会发财致富。此俗长期在境内一些农村相传。城镇已有自来水使用，“挑金银水”之俗无存。从农历正月初一到十六日，人们见面以后都要相互拜年。如甲说“恭喜恭喜”，“拜年、拜年”，乙则回答：“同喜同喜，年在你家里”，以表谦恭。凡走亲串户的人，身上都备有“拜年钱”，遇着晚辈给长辈或小弟妹给大哥姐拜年，长辈或大哥姐应给拜年钱。农历正月十四中午，全家人又要团聚在一起设宴聚餐，又称“过小年”。闹元宵农历正月十五日称“灯火节”“元宵节”，俗称“闹元宵”。这一天家家户户有门前挂灯笼，晚上要火龙，吃汤圆的习惯。中华人民共和国建立前，各县城内除各大庙宇的火龙出动之外，“烧拜香”的也要在这晚上赶闹热。要龙灯狮子的，烧烟花的，放花船的，来来往往锣鼓声，唢呐声，拜佛声，此起彼伏，通宵达旦。1950 年后，各地盛行焰火、灯会、民间文艺表演等活动。进入 20 世纪 90 年代后，春节气氛更隆。从腊月三十日（二十九日）至正月十五，烟花、爆竹不断，相互请吃不绝。特别是“团年饭”，辞旧迎新时，元宵节，城镇燃放烟花、爆竹震耳欲聋，时间长达半小时以上；农村亦然，但无烟花。腊月三十日晚，小辈给长辈拜年，长辈取“压岁钱”，由 20 世纪 80 年代的 5 ~ 10 元，递增到 90 年代的 50 ~ 500 元，正月走亲拜年，一般送珍贵礼品，也有送现金，如走亲带小孩，主人则“打发”现金少则 50 元，多则 500 元。有钱人过个年，耗资逾万元。农历正月十六这一天，巴中市民间都有游出“走百病”的习俗。巴州城居民正月十六登南龛后，摘小柏桠插于肩头、身上，一年之内可以除百病。

清明节（寒食节）　清明节指春分后十五日到指乙为清明，即每年阳历 4 月 5 日前后，太阳到达黄经 150 时的第一日为清明节。1950 年前，各姓宗族建有祠堂。清明节时，同族人等集聚祠堂举行公祭，并上祖坟挂“清”，故为办“清明会”。至 20 世纪 90 年代，人们在清明节去祖坟挂“清”之俗犹存；到烈士陵园扫墓献花以示哀思之风不断形成。

端阳节　“端阳节”又名“端午节”“端五节”“双五节”“重五节”“蒲阳节”等。“端阳节”是境内民间的传统节日，一个纯属讲清洁、爱卫生、驱疾病的节日。后来重点转为纪念屈原。巴中人的端阳节应是 一个防疾病的传统节日，其节日习俗仍以悬艾草、挂菖蒲、采中药、放黄烟驱害虫，大街小 巷普卖除蛇毒之药等等为主。人们中午吃粽子、包子、饺子，喝雄黄酒；女婿上门送礼贺节，已成习俗。

月半节　“月半节”又称“鬼节”，有“七月半鬼乱窜”之说，又称“中元节”。1950 年前，城乡寺庙举办“中元会”，由和尚、道士诵经礼拜，为团转乡民中死亡老者超度。巴中人在月半节要为祖先烧袱纸，而且必须赶在“望日”就是月半节（七月十五日）的前一天七月十四日。七月十四日夜晚在有河流的地方要放河灯。常用纸做成浮船，内点燃灯烛，用船在河滩上游流水滩口放入河中，随水漂流。恩阳镇的河灯规模为大，在瓦窑滩举行。将砍回的芭蕉树壳（浮力大）切成筒，揭成片，每片上插点燃的烛从流水滩上放下。放河灯前在准备的几只大船上设坛，请僧人做法事后才点放，在河中漂流的河灯长达十多华里，十分壮观。

中秋节 “中秋节”又名“仲秋节”“团圆节”等。中秋节为八月十五日。在巴中民间有中秋赏月、拜月、祭月之俗。拜月常为女拜，少有男拜。祭月结束赏月，吃“团圆饭”或“赏月饭”。1950年前，境内城乡赏月均用糯米糍馍敬月，象征团圆，糍馍要做成箩筛大，与视觉中的月亮大小一致，赏月结束一家分食糍馍。民间中秋节将糯米蒸熟用碓窝舂细，再用芝麻面拌糍粑，家家户户用糍粑祭祖，上坟结束后全家分食，实为庆丰收。“文化大革命”运动，因破“四旧”淡化了拜月祭月之俗，强调了食月饼象征家人团圆之意。此后，中秋吃月饼之风遍布城乡、

重阳节 “重阳节”又称“重九节”“茱萸节”，时间为农历九月初九日。因《易经》将九定为阳数，九月初九即两九相重，故为“重九”。境内凡重阳之日，有老者带上饮食上山登高之俗。为什么重阳节要外出登高呢？据传古代桓景从费长房学仙法，预知家里在九月九日当有灾难，于是在是日早，率 全家人臂插茱萸（中药材）登山躲避，至晚归家，见家中鸡犬牛羊尽皆死去。由此重阳登高沿 袭成俗。1989年，国家规定重阳节为老年节，在全国各地普遍开展敬老活动。

第四节 生产交易习俗

一、生产习俗

境内人民历来以从事农业生产为主。立春有开犁破土俗；禾熟有尝新俗；春插夏耘、防虫抗旱等都有习俗。巴中县《陈氏家谱》记：“清初广巴一带，春田栽秧，选歌郎二人击鼓鸣钲于垄上，曼声而歌，更唱迭和，绮丽可听，使耕者忘其倦，以齐其功力，有古秧 歌之遗风。夏耘亦如是，近者绝无是者矣。”生产俗中表现出多种习俗形式。说春由春官进行。民国时期春官由县民政科（第一科）主管，每年“立春”前，将县内春官召集到县开会一天，颁发历帖。下午，县长带领春官，手持“春牛”（木雕牛模）游街一圈。晚上，县民政科设宴招待，县长为春官敬酒，洗尘开步，表示春官开始到民间去说春了。

说春一般是从农历十月小阳春开始，第二年春分左右结束。一人一路或两人一路，带着“春牛”“历帖”“十三把”（即十三个手把长的“春棒”，农历有闰月的为十三个月，故棒长十三把）和“二九”走乡串户，为农民报送春耕季节。在此活动中，他们自己编了一些歌谣（春官歌），用简单的曲调，似吟似唱地为农民演唱，农民以粮食金钱（多少不论）相酬谢。

1966—1976年，停止说春。1979年以后，说春活动又活跃起来。擅说春技艺者，成为民间说唱艺人，随带气象日历等书刊往来于交通不便的山区，颇受农民欢迎。

二、交易习俗

境内民间交易活动 通常是在集市上进行，有口头评价和手势“摸价”两种方式。手势摸价是买卖双方不便口头 说议价格，于是彼此手伸入长衣襟下暗摸指头。手指头通常表示数目。如：伸拇指为6，勾 食指为9，叉开拇、食二指为8，撮指为5等。这种议价方式多见于猪、牛、羊等牲畜买卖上。一些识货口诀尚在流传。交易口诀种类繁多，这里举两例。1. 买牛经：公牛看前头，母牛看后

头。前峰高一掌，犁田如水淌。腰长肋巴稀，定是懒东西。上选一层皮，下选四只蹄。前要胸膛宽，后要尾巴齐。龙头虎骨狮子尾，分腰旋水琵琶腿。嘴筒如老虎，牛角似铁锥。寸骨一寸力，犁田快如飞。2. 买猪经：买猪牢记买猪经，选择方法最要紧。毛子稀粗皮色嫩，头齐尾齐长势均。两耳边，耳包硬，嘴巴整齐岔口深。身大裆宽气膛小，肋拱肚大船底形。四肢脚粗高又直，灯笼奶子稀又匀。前夹开阔食量大，后夹松长背盖平。冲嘴翻动又有汗，摇头摆尾脚不停。胸圆尾粗肛门大，大便成筒小便清。头上有旋尿头小，全身上下无异形。饲养好猪配饲料，快速育肥经济增。

三、运输习俗

境内运输习惯多用肩挑背背，故有“肩挑背磨”的说法。使用的工具有背篼、夹背、箩筐、背架等。背架有两种：一种是直架，多用于背柴禾和短途背运；一种是曲架，俗称“二架子”和“顶窝子”，多用于长途背运。使用这种工具从事长途背运的人，俗称“背老二”或“背二哥”。他们跋涉于荒山野岭间，常以歌声来消除辛苦和疲劳。人民政 权建立后，普修公路和机耕道，板车、拖拉机和汽车逐渐代替了过去的“肩挑背磨”。“背二歌”仍作为歌曲继续传唱。

第五节　禁忌习俗

民国及以前，境内民众因习俗或个人理由对一些事物、语言或举动有所顾忌，长此以往便形成禁忌。中华人民共和国建立后，虽然科学不断发展，认识水平不断提高，但仍然有不少人相信禁忌。如：早晨忌说鬼怪、虎、蛇等名称，认为说了不吉利，当天要发生意外事故。房上的蛇不能打，名曰“镇宅蛇”；下大雨涨洪水时看见蛇要称其为“龙”等。立春后，每逢戊日都必须休息一天，不能耕种动土，在家中要忌挑水、扫地、推磨、拉碾等，俗称“忌戊”；人们认为如果不忌，会发生干旱或意外事故。农历正月十三、二月十二、三月初九、四月初七、五月初五、六月初三、七月初一、七月二十九、八月二十七、九月二十五、十月二十三、十一月二十一、十二月十九为“杨公忌日”，认为这些日子“诸事不宜”。每月初六、十六、二十六禁忌杀猪，据说是因为猪属六畜之首的缘故。相亲忌条粉、条面，认为以后交往中会筋筋绊绊不顺利。还有在日常言谈或使用文字时，忌讳使用父、祖等长辈的名字（即家讳），坚持“子不言父 名”的规矩。春节前后，禁忌特多：农历腊月三十天，做饭不能吹火，否则来年玉米要生灰包，小麦要长黑穗。腊月三十天中午和正月初一，吃饭时不能用汤和茶泡饭，不然在新的一年要垮田埂。正月初一早上起床后，可以把一切凶险的话全部说完，如：鬼、龟儿子、死鬼子、虎、豹、蛇、栽岩的、滚水的、挨刀的、短命的、罗叉、夜叉、矮骡子等。这样新的一年就不遭凶险，也什么都不会怕。正月初一这天不能看到鸡，若看到了鸡就会鸡肠小肚；也不能看到刀、剪刀、扫帚、绳索等物（三十天晚上把这些东西藏在隐蔽处），看到了就会不吉利。正月初一不能扫地，扫了地新的一年就会出现许多蛇蚤。正月初一不能把水倒在地上，不然，一是出门行路就会遇雨；二是做事不利落，三是财喜要外流。

第三章　信仰习俗

第一节　宗教信仰

20世纪50年代初期，境内各县均有佛教、基督教、天主教、道教、伊斯兰教。至2000年，全区有信教群众56807人，其中佛教37500人，基督教18200人，天主教1100人，道教7人（伊斯兰教有信教群众，但未开放）；宗教场所21处；省宗教局发给宗教教职人员证书44人。

一、佛教

民国3年（1914年），通江县有著名寺院45所，僧尼192人，佛教信徒716人。后成立县佛教分会于华严寺（西寺）。民国11年（1922年），境内佛教兴盛，有寺观近300处，僧人近千人。据《南江县志》记载："南江佛教甚盛，寺观不下百余所，僧尼不下数百人。"志中列出有僧尼住寺的39处，105人。通江县民国15年（1926年），常照法师由鹿鸣场到平昌县刘坪场等地宣扬佛教，发展徒众400多人。巴中县有佛教寺庙、庵85所，僧尼600余人，庙产数百亩。民国25年（1936年），南江县内严济时、胡雁题等，自称"儒林居士"成立南江县佛学协会筹备会，不久，省佛教协会派巴中南龛坡僧人寂祥（俗姓朱），在赶场溪下院寺主持，并任南江佛教协会理事。民国32年（1943年），阆中金峰山汪觉一、张慧海到巴中县传教，在玉山乡古佛洞成立佛教会，推举黄金权为主席，肖功武为代表。随后，于金华寨设立总坛，在玉山、曾口、花丛、恩阳等地发展教徒232人，分编11个小组，由黄、肖2人主持佛事活动。民国36年（1947年）夏，由峨眉山普饮法师主持，在巴城南泉寺成立中国佛教会四川分会巴中支会，普饮任主任，李望溪任副主任，在城区、宕梁、曾口等地发展教徒121人。加上玉山总坛的教徒，巴中全县有教徒353人。教徒一般严守"三皈"（皈依佛、皈依法、皈依僧），恪遵"五戒"（戒杀生、戒邪淫、戒偷盗、戒贪嗔、戒妄语），日常功课是念诵佛经，参禅打坐，部分和尚还为丧家做道场"超度亡魂"。信士居士除平时念经拜佛、参禅打坐外，每逢阴历正月初九、二十九、三月初三、四月初八、八月十九、九月十九和每月初一、十五，都到寺庙朝拜，中午聚顿素餐。

民国36年（1947年），通江县佛教正信会成立，内设总务、研究、讲演、慈善等股。周鼎新、龚勋、张荣洋、谭晓丰任名誉会长，张耀庚任会长，王奠新、肖作霖任副会长。峨眉山普钦法师主持，在巴中县城南泉寺成立中国佛教会四川支会巴中县分会，普钦任主任，李望溪任副主任。在城区、宕梁、曾口等地发展教徒121人。巴中县在东岳庙成立佛教研究会，推举郑月如为理事长，有会员148人。

中华人民共和国成立初，宗教活动依旧。上海佛教青年会仍为黄金权等寄送佛学刊物。土地改革后，多数僧尼还俗，信士、居士大都停止活动。1962年、1963年，巴中县西龛山能悟和尚（谢清福）两度参加省宗教代表会议和省宗教界中上层人士学习会。1964年8月，巴中县内有和尚2人，尼姑6人，信士、居士133人。1966—1976年，佛教停止活动，信徒锐减。境内四县寺庙和摩崖造像幸存无几。1980年后，宗教活动渐复，通江县云昙乡民众自发修复云昙洞，每年农历二月十九、六月十九和九月十九，远近佛教信奉者和游客甚多，香火颇盛。至1985年，境内4县修复佛教寺庙24座，其中10处住有僧尼16名。另有信教不入庙的教徒393人，其中吃长素（不食荤）35人，吃花斋（每月6天或9天不食荤）358人。1992年，省佛教学院教授唐仲容捐献缅甸玉佛两尊，建议巴中县政府复建南龛光福寺，因光福寺石雕属随唐造像，为国家级文物保护单位，由此将复建位置移于梓橦庙旧址，更名为玉佛寺，为巴中佛教活动中心。各寺众僧积极开展教务活动，规劝世人止恶修善，净化心灵。

1994年，各县先后成立佛教协会。1997年，对已登记的佛教场所进行年检或年审。全地区共年检或年审佛教场所24处。1998年，妥善处理通江因修复壁山寺佛教活动点与甘孜色达县佛协签订联建合同而引起藏传佛教与通江宗教组织发生的两起纠纷事件。2000年，各县（区）共举办培训班18期，广泛深入学习《四川省宗教事务管理条例》。全市共有佛教寺庙34座，其中有5处，住庙僧尼由1名分别增至2名、3名到5名。另有信教不入庙的佛教信徒约16万人。

二、道教

民国初，巴中县城严公庙、枣林阴灵山、恩阳红梅阁、登科寺、曾口书台山皆有道士居住。民国5年（1916年），通江县仅存道观42处，职业道士17人。民国11年（1922年），南江县全县有常住道士和居士共28人，分布在12座寺庙居住，南江道教徒中，信奉正一派的道士居多，他们不出家，又称“火居道士”，替人做“道场”超度死者，或设坛打醮、做会禳灾。信奉全真派的道士极少，信者必须出家。1949年以后，火居道士活动停止，云游道士亦无踪。民国19年（1930年），定居阴灵山的云游道士罗至中带领徒众四方化缘，募钱30余万元（当时可买稻谷25万~30万公斤），10余年内在阴灵山新建庙宇10座，整修旧庙3座，雕塑大小神像数百尊，且悉心护林绿化，使全山古树参天，郁葱蔽日，成为川东北一带朝山进香圣地。民国36年（1947年），巴中县政府社会统计科统计，县内有常住道士的道院85处，道徒158人。最多的阴灵山有13人，当家1人，住持3人，道士9人。是年12月21日，在恩阳镇千佛岩成立四川省道教会巴中分会，推选李明孝为理事长，王对洁、鲜文清为常务理事，时有会员221人，其中当家道士11人，总礼3人，引礼师、香灯各1~2人，住持56人。1950年后，境内道教为在禁之列。后经破“四旧”，幸存而改作他用的宫观亦被拆除，神像捣毁殆尽，道士年老羽化，住庙道士相继还俗，唯阴灵山罗至中一如既往。1962年，阴灵山道教主持罗至中出席省宗教界中上层人士学习会，并被推举为省政协第四届委员会委员。1968年，罗见庙拆林毁，饮愤坠崖身亡。至此，境内道教基本无存。1985年，巴中县茶坝镇章怀山恢复道教，道观约200平方米，但活动甚微，亦未发展教徒。1999年，四川省道教协会理事长，住老君山道观费明义道长到此视察后，报经巴中县人民政府同意，批准土地使用权面积1020平方米进行寺庙道观建设，自此道教活动开始复苏。至2000年，全市道教信徒发展到1000人左右。

三、天主教

民国3年（1914年），巴中县有著名寺院103处，僧尼400多人，信教群众6万多人。民国7年（1918年），英国人在南江县县城建立福音堂，教徒张绍钦（县城河街人）代管。福音堂在碾盘坝置教产田地一股（约10亩）。以后，英国传教士魏进初到南江（人称“魏洋人”），胸挂十字架，每天早上率教徒在福音堂做弥撒，讲《马可福音》。通江县和平乡吴继兴将0.78公顷田地和一些家财捐给教会，并拿出4间房子设置福音堂。南江县长赤、正直、下两、神潭（今高桥）等地均建有福音堂。正直区花桥乡蔡复初崇拜天主教，在家乡建起福音堂，吸收教徒百余人。民国5年（1916年）境内天主教较兴旺，有1000多人，仅通江县就有天主教218人（男137人、女81人）。民国11年（1922年），神父奚天佑主理巴中教务。民国18年（1929年），奚在阆中病故，法国旋派彭道传到巴中主教。1933年，红军到巴，外籍神职人员逃离，教务活动停止。民国24年（1935年）彭重返巴，恢复和发展教会组织。民国28年（1939年）后，成都教区先后派邓友洲、邓吉国、梁润平、唐俊、张西俊、李希亭到巴任神父，在城关、恩阳、柳林设立3个教堂，各堂设会长1人。年后，成都教区先后派邓友洲、邓吉国、梁润平等6位前巴中任神父，传播天主教，先后在恩阳、柳林、城关设立3个教堂，各堂设会长1人。至民国38年（1949年）底，在巴中、南江共发展教徒1375人。

1949年，吴邦兴兼通江、平昌两县神父，在通江城区、回龙、春载、苗南、铁佛、土门、社口河，平昌土地堡、陈家山、富源沟、李家坝等地传教。在通江天主堂、平昌土地堡设两个教堂，天主教历隶成都教区，经济上由成都教区供给，并有教产田地0.5公顷。1951年开始，各县天主教开展“三自”（自传、自治、自养）革新运动。1952年1月5日，巴中县成立天主教“三自”革新运动促进委员会，推举委员7人，赵庆余为主任委员，李治伦为副主任委员。城区时有教徒50余人（多为老年妇女），每周星期日早上在教堂按宗教仪式进行活动。但时断时续，人数逐渐减少，天主教呈下降趋势。1958年，境内不足700人。据通江县公安局统计，全县尚有天主教神职人员1人、会长6人、修女3人、教徒共127人。1959年，境内天主教活动基本停止。1963年统计，境内天主教不足500人。1982年以后，国务院、省政府关于宗教活动的法规和规章进一步落实，境内天主教日渐恢复发展。2000年，全市天主教信徒总数达2000余人。

四、基督教

基督教以巴州区为盛。民国元年（1912年），成立中华圣公会四川教区巴中支区。民国25年（1936年），四川分东川、西川两个教区，巴中属东川教区，蔡复初（原籍南江县人）任东川教会会督，驻巴中。廖治安任巴中支区牧师，叶利生、李宪荣任堂董。巴中全县时有教徒787人，教堂在城内有1所，在农村有7处，每处设堂董1人主持教务，会督、牧师巡回督导。先后到巴中传教的外国牧师有魏性初（英国人）、维四彰（英国人）、罗宝珍（瑞典人）、威特尔（英国人）等。1951年，威特尔回国，乡村教务活动一度停止，只少数教徒作家庭祷告。1952年2月，成立“中国基督教圣公会巴中县三自革新促进委员会”，蔡复初任主任委员，廖治安任副主任委员。1956年后，神职人员蔡复初调省，廖治安、李宪荣相继逝世，宗教活动日益减少，福音堂会址被用作开办城关第四小学（现巴州区第四小学）。1966—1976年，教会活动停止。1978年后，逐渐恢复。南江县基督教公开讲基督教义，吸收教徒，设置活动场所指定负责人员，先后在赶场、大河、下两3个区的15个生产队，发展基督教徒160多人，设活动点8个，有的公开给小学生讲“福音”，教“耶稣赞歌”。1985年，有教徒68人，听友（参加听经，未受洗礼）200余人。1988年6月，巴中县成立基督教临时活动小组，恢复宗教活动。当天由达县蔡碧崭牧师主持举行第一次圣礼，有4人接受洗礼。1992年，位于南龛路徐家坡的基督教堂修建竣工，建筑面积400平方米。1993年后，该教发展逐年有增。1996年，开放基督教场所2处，发展信徒3000余人。1997年，依法对宗教活动场所进行登记管理，做好宗教代表人士的政治思想工作，妥善处理南江县大河区200余名基督教信众因对当地活动点财务管理、负责人作风不满而引发的上访问题。2000年，全市基督教信徒发展到2万余人。

五、伊斯兰教

清嘉庆年间（1816—1820年），保宁（阆中）马、蒲、郝、陈、王等姓回族人到巴中经商，定居西门城壕边和四巷子。他们均信仰伊斯兰教，经几代繁衍，到民国36年（1947年），巴中县信奉伊斯兰教的有120人。中华人民共和国成立后，均由王国胜担任教内神职人员阿訇，主持教务。教徒只在回族内部发展，男女老少一律信教，族、教一体，忌食猪肉。在巴城“回民巷”设有教堂，一般宗教活动每周星期日举行，每年还按期圣祭（又称圣会）和过古尔邦节，7岁以上男女均参加。1952年，教人筹资在南泉寺街口购置一楼一底街房，作为教务活动场所。1956 年 12 月，王国胜被推举为第一届县政协常委，1959 年病故，教会活动亦停止。1990 年 7 月，巴中回民代表第一次汇聚一堂过“古尔邦节”。

第二节　迷　信

中华人民共和国成立前，人们信仰鬼神，认为鬼神可以掌握人的命运，决定人的生死祸福，故抽签、算命、祝神、送鬼等活动相当普遍。1950 年，各种迷信已被破除。

一、信鬼

自古至今，有人认为人死了会变鬼，鬼会找活人作祟，故凡是人病了，死了，或遭了其他不幸，总是把原因附会给鬼。产妇难产有“产候鬼”；摔岩有“摔岩鬼”；迷路有“断路鬼”；溺水有“水鬼”；缢死有“吊颈鬼”。故而普遍流行“送花盘”“开路”“化水”“招魂”等送鬼驱邪活动。情愿请巫师送鬼，也不请医吃药。同时在长期的信鬼活动中产生了许多鬼的传说。巴中市以前编演的川剧《牡丹灯》中员外的女儿死后成为“罗叉”的故事，境内家喻户晓。

二、占卜

“占卜”由“占”和“卜”组成。“占”原为视兆而问，“卜”则专指以火灼龟甲而占，后亦泛指迷信活动。占卜术在境内民间表现特多：有相术，分面相术、手相术、天相术、地相术、骨相术多种；有抽签，民间大小寺庙均有抽签看吉凶财运活动。有拆字，亦称“测字”“破字”或“相字”，通过拆字看吉凶祸福；有算命，遍布城乡为小儿算命，为婚俗合八字，为生意人算财运等等；有择日，测算吉日，如出门远行、男婚女嫁、死人下葬、迁坟、建房动土、上梁、乔迁新居等等都要测吉日；有许愿还愿；有扶乩问神；有看风水；有手卦（指头掐算）；有钱卜；有米卜（民间巫师用）等。

三、信神

民国时期，境内 95% 以上的人们认为万物皆有神灵。山有“山神”，河有“河神”，路有“路神”，凡金、木、水、火、土，天、地、人，日、月、星，风、雨、雷、电，花、草、树木，鸟、兽、虫、鱼等等皆有神。人们常有迁居祭宅神、做生意祭财神、修灶祭灶神等等祭神习俗。想得儿子求送子娘娘，想取功名拜文昌帝君，除病祛疾拜药王菩萨，消灾免难拜佛祖观音，凡有所愿皆有所求之神。特别崇拜慈航普度的观音。境内关于“水观音”“岩观音”“观音堂”“观音岩”“观音阁”“观音庙”等名讳的庙宇所见甚多。境内民间还迷信阳宅阴地的风水。认为阳宅阴地好，才会人丁兴旺，昌盛发迹，升官发财。阳宅有“山管人丁水管财”的说法；阴地有“藏龙卧虎”、“牛眠马鬣”等称谓。故而农村在建房和丧葬时一般要请阴阳（风水）先生选择地基看风水。

中华人民共和国成立后，虽经政府一再宣传相信科学，但犹未从所有人的观念里彻底根除。伴随信仰还产生很多庙会。列举 10 例：

文昌会　农历二月初二日，境内不少地方举办此会。据传文昌即“文曲星”，又名“文昌星”，是主持文运科第的“星官”。中华人民共和国成立前，不少人家的神龛上都供着“文昌菩萨”，希望他能保佑后代读书高中。巴州城居民每年农历二月初二日有登塔子山、赶文昌庙会的习惯。

老君会　每年农历二月十五日，凡建有老君庙的地方，道徒都要举办此会。据传是纪念春秋时思想家、道家李老子（李耳名老耳冉，字伯阳）的盛会。巴州城巴河北岸望王山上建有老君庙，因此城里有不少人在这一天上山拜祭老君神像，同时观看皮影戏，并演川戏以示纪念。中华人民共和国成立后，此会停止。不久又复生。

观音会 传说观音菩萨法力无边，成道来历非凡，单是庙会，一年中就有三次（农历二月十九生日，六月十九成道日，九月十九涅日）之多。观音以“慈悲为本”，有“普度众生”的慈心和法力。因此，每年三“九”，信徒都要为之庆贺。此俗在20世纪50年代初即废。

蟠桃会 农历三月初三日，境内一些地方有赶蟠桃会之俗。此会称“桃儿会”。据传，王母娘娘在每年农历三月初三要在瑶池宫举行蟠桃宴会，邀天上众仙赴会。中华人民共和国成立后，此俗停止。不久又复生。

佛爷会 农历四月初八日，是释迦牟尼佛的生日。佛教徒这天要办会纪念佛祖的诞辰。民间这天还有拔秧苗搭毛虫和嫁毛虫的习俗，用“×”形红纸条两张，上面写：“佛生四月八，毛虫今日嫁，嫁到青山去，永不回我家”。意为以此驱除毛虫，免受其害。中华人民共和国成立后，此俗停止。不久又复生。

药王会 农历四月二十八日，据传是药王菩萨孙思邈的诞生日。医务界都要办会，并且在药王庙演川剧，纪念药王的生日。中华人民共和国成立后，此俗停止。

雨会 夏天若遇大旱，各地就要设坛请雨，举办“雨会”。在雨会期间要唱“雨戏”。唱的是：《精忠传》《斩泾河老龙》等。“雨会”没有时间限制，有的一直到天降滂沱大 雨为止。“雨会”期间城乡禁止宰杀牲畜猪、牛、羊、鸡、鸭等，这叫做“禁屠”。同时城乡还要“耍水龙”（用柳丫枝扎成的龙）。“雨会”期间城镇以保甲为单位，在各场镇街道放着若干桶水，乡村以农户为单位备水，“水龙”来时就用水泼龙。中华人民共和国成立后停止此俗。

磨刀会 境内“袍哥”（红帮会）在农历五月十三日普遍举办磨刀会。是“袍哥”们效法“桃园三结义”和“单刀赴会”之举，每年聚会一次。此俗在中华人民共和国成立后即停止。

川主会（又称川地土著人之庙会） 农历六月二十四日，据传是川主菩萨的生日。“川主”相传有二：一说是“三只眼”杨戬，人称杨二郎，赶孽龙，死后封为川主；一说是战国秦昭王时，蜀郡太守李冰修治都江堰，特别是李冰的儿子李二郎修治有方，完成了都江堰整个水利工程，对蜀有功。因此，四川人民为了纪念李二郎在全川各地修建二郎庙，尊为“川主”。境内不少地方建有川主庙，并于每年农历六月二十四日办川主会，演唱会戏，热闹无比。中华人民共和国成立后，此会停止。

夫子会 农历八月二十七日，是孔子的生日。境内历来的州、县官于是日，都提倡祀孔，教育部门及公私立学校（特别是私塾）在这天要大办宴会，举办隆重的庆典。中华人民共和国成立后，此会停止。

第四章 语言习俗

第一节 方 言

境内方言是“巴蜀 官话”的“次方言”（土语），属北方方言的次方言西南话系统。同普通话比较，其差异主要 表现在语音、词汇、语法等方面。

一、语音特点

语音包括声母、韵母、声调及它们的配合关系。巴中方言与普通话的语音差别是：

声母　巴中方言 n 和 l 时有混淆。普通话的鼻韵尾 ng 可作巴中方言的声母。普通话中一些不送气的古入声字，在巴中方言中读成送气声。

韵母　巴中方言把普通话 e 韵母分别读成 o、ē。在巴中方言里，可以直接与 g 、k、h 相拼；普通话则不能。普通话的特殊韵母 ē 不能和任何拼音相拼；而在巴中 方言里除了不同 f、j、p、x 相拼外，可以直接和其他声母相拼。巴中方言把普通话的 e ng 韵字大部分读成 en 韵字，少部分读成 ong 韵字；ing 韵字读成 in 韵字；ueng 韵归入 ong 韵。巴中方言把普通话 üe 韵字一部分读成 io；uo 韵字一部分读成 ue。巴中方言比普 通话少了 e、eng、ing、iong、ueng 五个韵母，多了 io、ue 两个韵母。

声调　巴中方言分阴、阳、上、去四个调类，与普通话相同，但调值不一样；例字：妈、麻、马、骂。巴中方言：高平调（55）、低降调（21）、高降调（42）、降升调（214），古入声字大部分归入阳平，少部分归入上声。

声、韵、调配合关系　巴中方言中，声母、韵母、声调之间有一定配合关系。

二、词汇特点

（一）以普通话和巴中土语的某些有关人体部分的词比较

普通话	巴中土语
头发（tóu fà）	头发（tóu fá）
脑袋（nǎ dài）	脑壳（nào kó）
脸（lián）	脸（niàn）
眉毛（méi máo）	眉毛（mi máo）
嘴（zuǐ）	嘴巴（zui bā）
脖子（bó zi）	颈项（jìn háng）
肩（jiān）	肩膀（jiān bàng）
	肩包（jiān bāo）
手（shǒu）	手（shòu）
肘（zhǒu）	倒拐子（dǎo guài zi）
腰（yāo）	腰杆（yāo gàn）
腹（fù）	肚（dǔ）
膝（xī）	克膝（ké xì）
小腿（xiǎo tuǐ）	连二杆（nián ér gàn）
脚（jiǎo）	脚（jiò）

以上这些词从语音看，有的同声（母）不同韵（母），有的同韵不同声，有的同声韵而不同声调。这是因为历史音变而致读音不同，不过这只是语音的差别，不都是词的分歧。从词素看，有的词的词素完全相同，有的部分相同，完全不同的很少，除“小腿、肘、腹、脖子”等项外，其余的词的主要词素差不多都是两方共有的。

（二）在少数词的使用上和感情色彩上略有区别

例：“安逸”——安闲舒适的意思。在普通话里作褒义，可通用；在巴中方言里只用作口语，且不能用在庄严场合。“婆娘”——在北方方言里泛称已婚青年妇女或对妻子的寻常称呼；在巴中方言里却是对女性的贱称或谩语，绝不能随便对女人称“婆娘”。“耍”——在普通话里，除了指“儿童玩耍”一义外，一般含贬义，为“玩弄”、“戏弄”之义；在巴中方言里，通常用作客套话，即使对尊长、贵客也不例外，如“请你二天又来耍”、“在我家耍会儿”等。

（三）个别词的词义不同

例：“媳妇”——在普通话里指妻子或晚辈妻子；在巴中方言里是专指儿媳妇。“谷”——在普通话里是谷类作物的通称，或称粟的谷；在巴中方言里谷则专指水稻。“妇女”——在普通话里是对成年女子的通称；在巴中方言里专指已婚女性。

三、语法特点

巴中方言与普通话相比具有以下特点。（1）合成词中带辅助成分的词，词尾多用“子”。例如：鞋子、袜子、妹子、链子、锁子、笛子、唢呐子、扣子、枷担子、塔子、铃子、虫子、老鼠子等。（2）普通话用介词“给”“向”的地方，巴中方言多用“跟”。例：你跟他打招呼（给）；我跟你借本书（向）；我跟他说话（对）。（3）普通话用连词“和”“同”的地方，巴中方言亦用“跟”。例：牛跟羊都是草食动物（同）；光荣跟伟大都是形容词（和）。（4）普通话用时态助词“着”的地方，巴中方言多用“倒”“倒起”。例：你顺倒这条河走（着）；你跟我盯倒起（着）；你等倒起（着）；你对倒他说（着）。（5）巴中方言中的语气助词多用“嘛”“哟”“罗”。例：你来一下嘛！说啥子嘛！那多好哟！被雨打湿罗。（6）巴中方言表示祈使语气的助词多用“咄”表示强调语气。例：你帮我一把咄！光说不行，还要做咄！我说的是他咄！（7）表时态语气的地方，巴中方言多用“达”字，相当于普通话时态助词“了”。例：我吃达饭就来（了）；他走达（了）；我把笔丢达就跑（了）。（8）巴中方言量词多用“条”“根”“个”。例：一条猪、一条牛、一条鱼、一条船、一条河、一条路、一条梁、一条凳、一条口袋、一条裤、一条裙；一根树、一根草、一根苗、一根帕、一根筷、一根蛇、一根虫、一根粉笔、一根电杆、一根电筒、一根面巾、一根带子；一个碗、一个桶、一个床、一个鸡、一个蛋、一个钱、一个灯、一个鸭、一个钉、一个客、一个席、一个菜。（9）巴中方言里，被动词（或者叫做无主句的宾语前置）使用广泛。例：火吹燃了；饭吃光了；水烧开了；牛牵来了；灯点起来了；客请来了；衣服洗好了；谷子晒干了。

四、方言土语举例

（一）天时、地理类

天老爷（tiān nǎo yé）——天空，星宿屙屎（sīn xiú wō shì）——流星，冷子（nèn zi）——冰雹，冷冰（nǐn bín）——冰，黑冷（hé nǐn）——严霜、冻结了土，打霜（dá shuāng）——下霜，天势（tiān shí）——天气，天狗吃月（tiān gòu chí yué）——月食（日食叫“天狗吃太阳”），山底脚（shān dì jió）——山根下，臭磷磺（chǒu nín huáng）——硫黄，阴地（yín dǐ）——坟地，大年（dá nian）——阴历腊月三十日或二十九日，小年（xiào nian）——阴历正月十五日，擦黑（cá hé）——傍晚，麻麻亮（má má liáng）——黎明，擦纷纷亮（cá fén fén liáng）——黎明。

（二）农具、农事类

牛鼻索（niu bí suo）——拴在牛鼻子上的绳子；纤索（qiǎn suó）——牛拉犁耙的绳子；耥耙（tǎng pá）——晒粮食的木制工具；灌粪（guǎn fén）——施稀肥；薅草（hāo cào）——给农作物除草；夹背（jiǎ bei）——装运东西的竹器，篾丝编制两层；拌桶（bǎn tòng）——在田间脱谷粒、麦粒的工具；牛嘴笼（niú zuì nóng）——竹篾编制的半球形网罩，戴在牛嘴上，防牛耕作偷吃禾物；殡红苕（bǐn hóng sháo）——开春后把种苕殡在地里，以待发芽；歇气（xié qì）——工间休息；磨阳工（mó yǎng gōng）——怠工偷懒。

（三）动、植物类

沙牛（shā niú）——母牛，牯牛（gù niú）——公牛，草狗（cǎo hòu）——母狗，牙猪（yá zhū）——公猪，脚猪（jió zhū）——种猪，清猪（qīn zhū）——阉割后的猪，漂舌子（piāo sha zi）——没有生育能力的母牛，鸭青（yá qīn）——公鸭，三儿（sān ěr）——猴子，毛狗（mǎo gòu）——狐狸，耗子（háo zī）——老鼠，鸦鹊子（yā qió zī）——喜鹊，水鳊子（shuí biān zī）——水獭，水老鸹（shuí lào wā）——鱼鹰，老鸹（lào wā）——乌鸦，曲蟮子（qú shán zì）——蚯蚓，推屎爬（tuī shì pá）——屎壳螂，雷蛄虫（luí gǔ chǒng）——蜈蚣，老母虫（lào mù chóng）——地蚕，虼蚤（gé zǎo）——跳蚤，懒蝉子（làn shán zì）——蝉，青包鱼（qín bāo yú）——青鱼，鲫壳子（jǐ kó zī）——鲫鱼，乌老二（wú lào ěr）——乌梢蛇，截蚂子（qié mǎ zì）——青蛙，癞疖包（nǎi jiê bāo）——蟾蜍，火焰苞（hò yǎn bāo）——麦锈病；脚板苕（jió bàn sháo）——怀山，灰菜（huī cài）——魔芋。

（四）房屋、器具类

偏厦（piān shuà）——接在正房上的偏房、一面屋顶，歇房屋（xié fáng wú）——主人卧室，茅房（máo fáng）——厕所，阳沟（yáng gōu）——房屋后的水沟，塬墙（yuán qiáng）——围墙，罩子（zǎo zì）——蚊帐，洗脸帕（xī niàn pǎ）——面巾，灶孔（záo kòng）——灶的火塘，胰脂油（yí zì yóu）——肥皂，电杠（diǎn gáng）——日光灯，筲箕（shāo jī）——滤饭的竹器，扁挑（biān tiāo）——扁担，筲篼（yuān dōu）——竹筐，弯刀（wān dāo）——用来剁柴的砍刀，脚码子（jió mà zi）——走稀路套在脚上的防滑器具，毛铁（máo tié）——斧子，姜窝子（jiāng wō zì）——舂姜、蒜用的器具。

（五）人称类

细娃儿（xǐ wá ér）——对小孩的统称，放牛的（fàng níu di）——借指男孩，外人（wǎi rén）——和自己无亲戚关系的人，半罐水（bǎn guán shui）——指不全懂，要通不通的人，伙计（hò jí）——对同志、同事的昵称，帮丘二（báng qiu èr）——帮长工，零八天（lín bá tiān）——短工，贼娃子（zuí wǎ zì）——小偷儿，干爷子（gān yé zì）——岳父，干儿子（gān ér zì）——女婿，舅老倌（jiú lào guān）——妻兄妻弟，老挑（lào tiāo）——襟兄襟弟，闷侬（měn nóng）——愚笨不精明的人，宝气（bào qǐ）——出丑、俗气的人，二气（ér qǐ）——或称“二杆子”，强干白（qiǎng gān bié）——说得到做不到的人，冲壳子（cǒng kó zì）——说大话的人，结巴子（jié bā zì）——口吃的人，新客（xīn kè）——新娘子，犟拐拐（jiàng guài guài）——倔犟脾气的人。

（六）生活类

跑肚子（pǎo bǔ zì）——腹泻，出麻子（chú má zí）——出天花，母猪疯（mù zhū fēng）——癫痫病，腰裤儿（yáo kù er）——短裤，办生（bǎn sēn）——办寿诞，转筋（zhuán jīn）——抽筋，拘礼（jū lí）——客气，扯筋（ché jīn）——扯皮，送情（sǒng qín）——送礼，看笑神（kǎn xiáo shén）——幸灾乐祸，袖手旁观，打岔（dà chá）——插嘴，将话题引开，藏猫猫（cáng māo māo）——捉迷藏，使匠人（shì jiǎng rén）——请手艺人在家做活。

（七）其他

汕谈子（shuǎn tán zí）——用语言开玩笑，舔勾子（tiàn gōu zí）——巴结讨好，尥蹶子（liáo jué zǐ）——腾跃大跑，打摆子（dà bài zí）——疟疾，扯把子（ché bà zǐ）——说谎，要别人揩勾子（yǎo bié rén kāi gōu zǐ）——做事不彻底要别人来扫尾，自己的勾子在沙坝里（zí jí dī gōu zǐ zǎi shā bǎ lì）——比喻自己本身就存在着某种缺点而偏偏去教训别人，麻筋（má jín）——肉麻的自夸，操劳（cāo láo）——感谢别人帮忙的致辞，出洋相（chú yáng xiāng）——出风头，麻溜（má liú）——动作伶俐，翻精倒怪（fān jīn dào guái）——指小孩顽皮、不听话，这个遢遢（zě gǒ tǎ tǎ）——这个地方，啥子（shá zí）——什么，要得（yǎo dé）——可以，玩格（wǎn gé）——享乐，硬是（gén shǐ）——的确，一哈儿（yí hā ér）——一会儿，将才（jiāng cái）——刚才，笼块（lòng kuài）——怎么？脑壳（nào kó）——脑袋。

第二节　俚　语

俚语，是指粗俗或通行面极窄的方言词。巴中的俚语很多，常常在俚语谣中表现得非常突出。

一、巴中俚语谣例

啪（pà）啦一只舟，吱嘎（gā）水上流，甩（shuài）起三篙竿，啊嗬下扬州。

乒乒乓乓（pàng）去打谷，吱哇格啦担回屋，轰隆轰隆碾成米，叽里咕噜就成熟，噼哩扑噜喝下肚，湿哇湿哇（ruà）汗浆出。

一行服一行，红苕服米汤，西瓜服的抱牙腔（qiāng），细娃儿哭服奶奶（音 māng）讵。锅里稀饭亮晃晃（huàng），筷子撇（biē）在耳朵上，碗里一个面疙瘩，夹起才是个鼻骨梁。

一吹一个泡（指碗里稀饭），一喝一个槽，三天一爬（pá）屎，一转（zhuán）一爬尿。

二、巴中俚语名词代称例

衣服——冲板子，袜子——签筒子，帕子——绺绺子，草鞋——滑板子，大便——抖渣子，睡觉——抽条子，筷子——滑食子，洗脸——麻面子，秤——横（huán）梁子，被盖——宽张子，走梁上——上架子，下雨——甩吊子，鸡——长颈子，酒——三酉子，斧头——开山子，草帽——云盘子，钱——花花子，烟——黄丝子，狗——招财子，纸烟——白条子。

巴中民间俚语名词代称，一般是在某种场合、某个帮会团体内部使用。只有少数代称流传于社会。

第三节　谚　语

境内谚语是群众流传的固定语句，它用简单通俗的话反映出深刻的道理，从中可吸取很多生产、生活等经验。境内流传的谚语，有与其他地区相同的，也有不少是有本地特色的。现综合列举常用谚语 60 例如下：

误了一年春，十年理不伸（方言为 chēn）。清明高粱谷雨豆，小满栽秧正时候。要得庄稼收成好，抛粮下种抓一早。麦出火山谷吊泪，胡豆晒得打瞌睡。先打雷，后吹风，纵然有雨也不凶。日艳长江水，夜艳草头干。立夏下雨麦生秧，夏至下雨泛九江。云跑东，一场空；云跑南，好行船；云跑西，披蓑衣；云跑北，雨没得。立夏不下，犁头高挂。小满不满，干断田坎。白露阴雨天，大路不得干。有雨天边亮，无雨顶上光。星斗稀，披蓑衣；星斗密，晒脱皮。惊蛰晴一天，冷到六月间。

要得晴，早晨傍晚一天云。穷汉你莫夸，三月要冻桐子花。栽秧烤火，谷不用簸。月亮带火，明天晒我。早晨放霞，等水烧茶。一九二九，怀内揣手；三九四九，石头冻朽；五九六九，隔河看柳；七九八九，摇脚摆手。十七十八，月起更发。二十一、二、三，月起鸡叫唤。一顿少一口，一年省几斗。穿不穷，吃不穷，不会盘算一世穷。嘴巴无毛，做事不牢。结得好邻居，胜似无价宝。家有贤妻，男儿不遭混事。养子若不教，空把钱粮耗。教子若不严，费力也枉然。为人对老不尊崇，檐前滴水点点同。做到老，学到老，还有三分未学到。勤栽桑，多养蚕，二十余天见现钱。从小看大，三岁知老。不听老人言，必定受饥寒。做事留一线，过后才好见。帮忙帮出头，杀鸡杀断喉。平素之间不维人，贼偷火烧喊四邻。平时不烧香，急时抱佛桩。哥有嫂有，不如自有。家有千丘田，不如子孙贤。父要教，母要护，子女长大无出路。办事不真心，处处碰钉钉。老鸹（wá）笑猪黑，自己不觉得。十个说的，不如一个夺的。自己屁股在沙坝里，还想给别人医痔疮。戥子虽小合天平，秤砣虽小压千斤。跟倒好人学好人，跟着司娘跳假神。你敬我一尺，我敬你一丈，你敬我一丈，我把你顶头上。人不出门身不贵，火不浇山地不肥。一个篱笆三个桩，一个好汉三个帮。天下老鸹（wá）一般黑。人吵败，猪吵卖，吵来吵去有祸害。人能处处能，草能处处生。小烂不补，大烂要一尺五。夫妻同床睡，人心隔肚皮。怪人不知礼，知礼不怪人。

第四节　歇后语

境内歇后语是一种具有独特艺术结构形式的民间谚语，有喻意和谐音两种。现列举常用歇后语70例如下：

一颗糯米的糍巴——没法处（杵）。二等兵当营长——危险。二八月的天、差娃子的脸——说变就变。七月半烧笋壳——没纸（指）望。吹鼓手招亲——自吹自擂。三花脸的鼻子——看白了。三尺长的铺盖——只顾得到一头。三月间的红苕——殡（病）了。三月的桃花——谢了。三只脚的板凳——有稳劲。三张纸画个人头——好大的脸面。三个买来两个卖——不图赚钱只图快。大姑娘引娃儿——帮干忙。大姑娘坐花轿——头一回。大炮打麻雀——大材（才）小用。千年古树、五月芭蕉——粗枝大叶。门缝里看人——把人看扁了。大老爷滚粪坑——赃官。火烧眉毛——只顾眼前。脱了裤子撵老虎——又不要脸又不要命。六月间的烘笼——没人问。月亮坝里耍刀——明砍。水桶里头烫肥猪——放不下。瓦渣子打狗——不一定。木匠戴枷——自造的。木脑壳擤鼻子——干哧。爪手儿扛神——没结挽。怀中揣镜子——各心自明。讨口子捡银子——没处装。口子烧铺草——起身了。讨口子烤火——往自己面前引。青杠木做扁担——硬断不弯。青杠木做菩萨——屁神没得一股硬性。去年历书今年看——过时了。粪坑里的石头——又臭又硬。半夜晚摘柿子——照火巴的捏。冬瓜皮做帽子——霉到顶了。狗屎做鞭——文（闻）也文（闻）不得，武（舞）也武（舞）不得。头顶上长口——说天话。外侄打灯笼——照舅（旧）。半天云里吊口袋——装疯（风）。牙刷子脱毛——有板有眼。头发上贴膏药——毛病。光着脑壳打扬尘——没望。场后头下雨——街（该）背湿（时）。老大娘穿针——过碰。驼背子赶母猪——一辈子的冤牵。尖脑壳赶场——大不合众。老大娘打粉——不嫩（论）。团鱼没骨头——壳不是。曲蟮子立羊角桩——腰力不硬。冬水田插麦苗——怪栽（哉）。灯草打鼓——不响（想）。纣王的儿子——冤王（枉）。成都走华阳——现（县）过现（县）。苍蝇掉茅坑——臭味相投。关羽走麦城——行霉运。股上擦火柴——一溜烟。看戏流眼泪——替古人担忧。两个聋子谈天——哪个听见。砂锅炒胡豆——急不得。乌梢蛇进店——长（常）客。秃子打伞——无法（发）无天。两爷子打架——胡豆（斗）。求苍天下雨——说干话。秃子头上的虱子——明摆起的。纸扎的房子——哄鬼。正月十四耍龙灯——惹火烧身。头发拴豆腐——没法提。

第五节　谜　语

境内流传的谜语题材广泛，包罗万象，自然界和社会生活中的各种事物或现象，在谜语中几乎都有相应的反映。现列举20例如下：

远看一匹马，近看没尾巴；心子团团转，口里吐薰沙（谜底是风车）。牵藤藤、开花花，一路儿子钻泥巴（谜底是花生）。大路旁边一秆称，皇帝老儿不敢认（谜底是蛇）。半岩上一个宝，一屋关不倒（谜底是灯光）。半岩上一节干柴，摇得动，搬不来（谜底是牛尾巴）。一个老汉八十八，清早起来满屋爬（谜底是扫把）。一个老汉九十九，清早起来喝冷酒（谜底是水瓢）。一撇三点头，走马转角楼，披床烂席子，牵头水牯牛（舜字）。四根棒，修个圈，两个猪儿吃，两个猪儿看（其字）。

蒋介石损兵折将，白崇禧独坐囚房，左右修起天罗地网，李承晚伸手投降（药字，其繁体为药）。蒋介石失去将令，北伐军两地进行，吴佩孚没有脚劲，熊克武有志无能（燕字）。三更才挂酉时牌，西山降下女裙衩。王子知道重门见，重重干戈戏金街（谜底是酒要现钱）。人王面前一对瓜，一颗明珠献王家，二十三天下大雨，和尚口里吐泥巴（谜底是金玉满堂）。三人是日去观花，百友原来是一家，禾火二仙对面坐，夕阳楼下一对瓜 谜底是（春夏秋冬）。一字生得恶，头上两只脚，肚内六张嘴，蹬起八字脚（谜底是典）。三点水不干，人字往上翻，十字穿心过，大弯包小弯（谜底是海）。小字不像小，板凳坐不了，一只脚伸着，一只脚捲倒（光字）。千字不像千，八字在两边，一个黄花女，跪在鬼面前（魏字）。两个木字来并排，切莫当做林字猜。你若硬要猜林字，再睁眼睛仔细看（相字）。一边大，一边小，一边跳，一边跑，一边路旁吃青草，一边偷偷把人咬（骚字）。

巴中市志

第四十一篇

县（区）概况

第一章　巴中市巴州区

巴中市巴州区位于四川省东北部米仓山南麓，北纬31°30′~32°03′，东经106°22′~107°06′。东连通江、平昌，至达州市210公里；南接仪陇，至重庆市455公里；西邻阆中、苍溪，西南至成都市400公里；北界南江至广元市179公里，至汉中市258公里。区境东西长72公里，南北宽62公里，幅员面积2562.16平方公里。境属盆周北部低山区，地势北高南低，北及西北向南及西南倾斜。除溪河地势较低，山峰地势较高外，大部分海拔在400~800米之间。境内主要河流有巴河、恩阳河、鳖溪河、双桥河。境内河道总长288.35公里，直线河长117.7公里，控制流域面积5530.65平方公里。1952—1980年，平均降水量为1119.8米，1994—2000年，平均年降水量1028.0毫米；1952—2000年，境内年平均气温为14℃~17℃；1952—2000年，平均日照为1383小时；境内常年冬季多偏西北风，夏季多偏东南风；年平均雾日52天，年均有霜日21天，一般每年降雪1~2次。

名胜古迹众多。巴中市巴州区是全市主要旅游胜地之一。主要名山有南龛山、阴灵山、莲花山、王望山等。南龛山，位于城南1公里处，是巴城的一道天然屏障。20世纪80年代末，建成寓自然景观和人文景观于一体的综合性公园，占地200余公顷。园内树木葱茏，森林覆盖率达96%；古色古香的亭、台、楼、阁、廊分布其间；游乐园、动物园情趣无穷。“川陕革命根据地博物馆”“抗日阵亡将士纪念碑”和“川陕苏区将帅碑林”座落园中，是重要的爱国主义教育基地。阴灵山，位于境北部枣林乡内，总面积333.33公顷。山势峥嵘，奇峰突兀，顶峰三面悬岩，唯一径通幽。自隋、唐以来，依山建造庙宇13座，塑造神像数百尊，为佛教、道教胜地。荟萃海内外众多著名书法家墨宝的“灵山碑林”，为闻名全国的第四大书法碑林，与灵山胜景交相辉映。省政府将此山列为剑门蜀道旅游胜地。境内亦有龙洞沟水库、化成湖、三江水乡等。龙洞沟水库，位于鼎山场，由一个主库、五个副库构成的水库群，蓄水千余万立方米，人称“高峡平湖”。水库渠系工程穿过163座峡谷，跨越160多处悬崖，飞越90多处深涧。1977年10月，水库模型在北京参加农业展览，受到各界赞赏。南阳森林公园，位于南阳乡，距巴城40公里，幅员面积18000多亩。主要由天马山、五马槽、老土地、鼓楼山、酢坊沟、蒿枝坪等景区组成。森林繁茂，灌木丛生，苍松翠柏，千姿百态，奇花异草，遍布山间。1993年被省政府命名为“省级森林公园”。境内的文化古迹有月亮岩遗址、奇章县城旧址、平梁城旧址、凌云塔、北龛寺崖勘墓群、严颜墓、章怀太子墓、陡嘴子墓群、张必禄墓、雷铺天墓、隋唐石窟及雕塑等。月亮岩遗址，被确定认为新石器时代文化遗址，有5000多年历史。巴州石窟造像，始创于隋，继盛于唐，尚保存较好者有55处、521窟龛、7200余躯。巴州石窟注重写实，雕刻洗练、以形写神、形神兼备、龛楣精美、装饰性强、规模宏大，艺术价值较高，被誉为隋唐佛教艺术精品。主要革命圣地有位于南龛北麓的革命烈士陵园，位于宕梁公园内的抗日阵亡将士纪念碑，位于巴州城内的中共川陕省委旧址、川陕省苏维埃政府旧址、川陕省第四次党代会旧址、巴中特别市委旧址、川陕省总工会旧址，位于南龛坡的川陕苏区将帅碑林、川陕革命根据地博物馆，位于塔山子的晏阳初博士史迹展览馆、晏阳初纪念馆。

建置历史悠久。东汉和帝永元三年（公元91年）置汉昌县。北朝北魏延昌三年（514年）置巴州。隋大业三年（607 年）改巴州为清化郡。唐武德二年（619 年）改郡为州。唐天宝元年（742 年）改州为郡。唐乾元元年（758 年）又改郡为州。民国 2 年（1913 年），巴州改为巴中县。川陕省苏维埃时期，境内置 1 市、3 县，巴州镇为省、地、市苏维埃驻地。1950 年 1 月，巴中县政府成立，属川北行署区达县专区。1968 年，属达县地区。1993 年 7 月，撤销巴中县，设立巴中市（县级），属巴中地区。2000 年 12 月，巴中撤地设市，巴中市（县级）改为巴中市巴州区。中共地方组织、权力机构、政府机关、政协组织驻地巴州镇。1950—2000 年，历任县（市、区）委书记：王富源、段双印、龙鸣、艾文、程道远、张吉庭、郭斌、周永开、王立周、盛永堂、赖明扬、任绍辉、王明孝、李开明、徐学明、熊光林、李树海。1953—2000 年，历任县（市、区）人大常委会主任：郭斌、朱承方、彭天锡。1950—2000 年，历任县长、主任、市（区）长：王富源、张吉庭、李钰、张彬、孙守印、王立周、盛永堂、陈正统、冉德玉、李开明、徐学明、熊光林、李述海、邹瑾。1956—2000 年，历届县（市、区）政协主席：张吉庭、周永开、陈正统、廖栋成、张品祥、陈科益。

城镇建设。民国末，巴中县城房屋多系穿斗结构，建筑面积仅 19.3 万平方米。其中，砖木结构楼房 15 幢，建筑面积 6000 余平方米。20 世纪 50—70 年代，新修砖混房屋 60 余幢。至 1985 年，县城房屋建筑面积共 101.66 万平方米，其中，住宅用房 48.84 万平方米。1986 年后，大力实施旧城改造和新区建设。至 2000 年底，先后完成南池小区第一、二期工程，新建宕梁、江北、后坝、南龛、回风、供销街、南坝等住宅区，竣工面积 178.7 万平方米，居民人均住房 22 平方米。城区幅员面积扩展到 13.6 平方公里，有街 26 条、巷 7 条，公共设施齐全。全区 92 个集镇，大部分新增 2 ~6 条新街。大多数集镇建有农贸市场、文化站、图书室等公共场所。各场镇达到通公路、程控电话、广播电视、自来水“四通”目标。

交通建设。民国时期，巴州交通闭塞，货物周转靠内河航运和人力运输。中华人民共和国成立后，境内交通状况大有改善。20 世纪 50 年代，巴仪路、巴南路、达巴路、巴通路等省道公路相继竣工并投入使用。1964 年，全县实现区区通公路。1978 年，巴中县成为达县地区第一个实现乡乡（镇）通公路的县。其后，通过修建联网路、断头路及机耕道，基本形成以唐巴、达巴、巴广三条主干道为主架，以巴城为中心，辐射全县各地的公路运输网络。从 1993 年冬季始，先后开展两轮声势浩大的交通大会战。首轮交通大会战以改建唐巴公路为重点，第二轮交通大会战以建设县乡标美路为重点。两轮交通大会战，共投资 6 亿元，改造干线公路、建成县乡标美公路 36 条。公路总里程达 3619.55 公里，其中油路和砼路面 53 条 337.95 公里。至 2000 年底，全区有大中小型桥梁 58 座 4670.2 延米。有西华山公路隧道 1 条，长 939 延米。

电力建设。民国时期，巴州用桐油、煤油照明，个别农村用柏皮火把和松香照明。1953 年，兴办火电厂，解决县城照明。其后充分开发水力资源，相继建修一批水电站。1975 年 11 月动工，1982 年投产发电，年发电量可达 3000 万度的三江电站是境内最大的水电站。1992 年起，巴中县认真贯彻“引建结合”方针，多方争取筹集资金，加快电力建设步伐。是年立项开工 110 千伏输变电工程，1994 年工程竣工，总投资 2531.56 万元。至 2000 年，先后投资 3200 多万元，新建城西、茶坝、玉山、柳林、鼎山、曾口、渔溪、雪山等 35 千伏变电站，共 12 座；架设玉（山）—茶（坝）、玉（堂）—城（南）、恩（阳）—柳（林）、巴（州）—化（成）—清（江）等 35 千伏重点输电线路 188.5 公里。同时，实施农村电网改造，全区投资 5128 万元，新建改建 35 千伏变电站 9 座，新建改造 10 千伏线路 635 公里，建设改造低压线路 211 公里。巴中市巴州区为“全国农村初级电气化区”。

通信事业。通信事业始于 20 世纪初。1919 年 5 月，建成巴州经恩阳河、尹家铺至阆中的电话线路，是历史上第一条电话线路。至1949年底，共建成电话线路4条。1950后，邮电事业迅速发展。至1985年，长话交换机增至4个座席，电话终端机由2个单位载波改为12路载波；市话交换机由50门磁石机改为1000门纵横制自动电话机，单机由53部增加到439部，为全省最早使用自动电话的八县之一。1986年后，长话线路按县中心“四级制”建设，电话交换方式由人工交换逐步向程控化发展。20世纪90年代，县邮电局引进国产150兆赫无线寻呼集群系统，开通寻呼业务；调式开通150兆赫通信设备；利用国家铺设西（安）—成（都）数字光缆通信干线路经巴中的机会，引进5000门数字程控交换系统，与国家光缆通信干线联网配套，并顺利割接开通5000门程控扩容工程建设。以巴中地区为中心的C3本地电话网正式建成，电话号码升为7位。结束“长话打不出，市话打不畅，BP机呼不应，大哥大用不灵”的历史。2000年，全区固定电话用户达56787户，使用无线寻呼4190户、移动电话37896户，国际互联网用户1090户。

工业企业。民国时期，巴州区工业有酿酒、制糖、纺纱、织布、土陶、土纸、铸铧、石印、笔墨等手工业作坊。至民国38年（1949年），工业总产值仅110万元，占工农业总产值的1.3%。1950年后，通过手工业的社会主义改造和其后的不断发展，电力、煤炭、机械、食品、纺织、印刷、医药、建材、皮革、化工、缝纫、造纸、橡胶、塑料、金属制品等行业相继涌现。1985年，全县有工业企业464个，职工12522人，工业总产值14146万元，占工农业总产值的26.8%，出口创汇720.8万美元，有7种产品获部优产品称号，20种产品获省优产品称号。20世纪90年代，围绕增强企业活力，积极进行企业组织结构和产业结构的调整，深化改、转、租、卖、股为主的企业改革，突出技术创新和降本增效。至2000年，工业总产值7.7亿元，是民国38年（1949年）的700倍，是1985年的4.42倍。

农业、畜牧业。民国时期，巴州农业生产条件差，技术落后，亩平粮食约100公斤。1950年后，把农业和农村工作放在经济工作首位，常抓不懈。20世纪50—70年代，大力开展农田水利建设，一大批重点水利工程相继竣工，为农业丰收奠定坚实基础。自1978年起，不断普及科学种田，粮食产量成倍增长。20世纪80年代初，全县粮食总产首次突破5亿公斤，年均提供商品粮1.5亿公斤。同时，大力发展畜牧业，先后被农业部确定为“商品牛生产试点基地”“山羊板皮基地”和“国际农发系列开发基础县”。20世纪90年代，巴中县先后被评为“全国100个售粮大县之一”和“全国粮食生产交售先进县”。1998年，农作物播种面积13.14万公顷，粮食总产量5.99亿公斤，经济作物产量3886.6万公斤。2000年，全区出栏生猪108万头、牛5万头、羊9.5万头，实现畜牧产值6亿元，占农业业总产值14.62亿元的41%。

林业。民国时期，巴州有森林面积7.73万公顷，活立木蓄积量450余万立方米，森林覆盖率为30.20%。1958—1961年，农村刮草积肥、乱砍滥伐、毁林开荒，森林破坏严重，活立木蓄积量下降到103.8万立方米，森林覆盖率下降到16.4%。1978年后，实施封山育林，严禁乱砍滥伐。至1981年，全县森林覆盖率为24.81%，高于全省（12%）和全国（12.7%）标准。1993年后，由一般造林绿化转为高质量、高标准的长江防护林、速生丰产林、以粮代赈工程造林。共投入绿化资金4836万元，新造成片林30万亩，初步建成以干果、水果、茶叶、药材、蚕桑和其他小杂果为主的经济林产业格局。至1997年，森林覆盖率达41.12%。被林业部授予“全国马尾松采种基地先进县（市）”“全国绿化先进单位”“全国造林绿化先进县（市）”“全国护林防火先进县（市）”称号。

服务业。民国初期，巴州百货、饮食、旅栈业兴旺。到1949年，全县有经营商业8000余户。1950年后，巴中县商业不断繁荣。20世纪80年代后，通过改革流通体制，狠抓社会商业结构调整，大力发展城乡个体私营经济，全县商业蓬勃发展。20世纪90年代，供销大街竣工投入使用，建筑面积达3600平方米，投资1835万元；被列为全省首批建设和重点市场之一的南池市场开业，商场占地1.13万平方米，拥有门市600多个。同时，城区工业品市场、中华服装城、皮鞋大世界、棉麻大厦、中汕大厦、南国商业城、汇集超市、农资市场、宕梁牲畜交易市场、回风市场、回风中药材市场、南池装饰材料市场、宕梁汽修汽配建材专业市场，东城、西城和江北综合农贸市场相继建成。恩阳、雪山、茶坝、玉山等乡镇亦建起综合农贸市场。至2000年，全区有城乡市场96个，面积19.87万平方米。社会商品零售总额达8.81亿元，其中，城市市场5.5亿元，农村市场3.31亿元；国有经济2.3亿元，集体经济2.41亿元，个体私营经济4.1亿元。

乡镇企业。20世纪80年代初，巴中县有酿造、粮油加工、塑料制品、缝纫、纺织、建材等骨干乡办工业企业362个，村以下企业10286个，实现产值9014万元。1986—1990年，争取和自筹资金1407万元，更新设备16个，改善设施28个，新办骨干企业9个，开发新产品58个，年产值100万元的乡办企业17个。乡企总产值由1985年的9014万元上升到1990年的18818万元，五年累计增长108.76%，年平增长21.7%。1991—1993年，乡镇企业长足发展，有年产值500万元的企业3个，100万元的企业26个。1993年，实现总产值4.51亿元，年均增长33.7%。1994—1997年，新上10万元以上项目83个，技改47个，推广新工艺108项，横向联合235项，组建企业集团3个，推行股份制68个。1997年实现总产值17.04亿元，利润3591万元。渔溪咸菜获国家科委“97中国新技术产品交易博览会”金奖，永益丝绸产品出口日本、韩国、新加坡等国家和地区。2000年，全区乡镇企业达到2846个，从业人员82400人，完成乡镇企业总产值2.20亿元，占全部工业总产值31.4%。

餐饮业。民国36年（1947年）巴中县有餐饮业1755户，从业人员2446人。1955年，对私改造，继后大办“公共食堂”，至1961年，餐饮营业额下降至60万元。1978年后，随着农业连年丰收和经济体制改革，餐饮行业日益兴旺，大小场镇餐馆林立。至1985年，饮食行业1852户，从业人员3000余人，日供应的花色品种达30个以上，年营业额706万元。2000年，饮食行业5700余户，从业人员9500余人，其中二、三级厨师4100余人，年营业额2700万元。特色中餐、特色火锅、特色小吃遍布巴城大街小巷。

教育事业。民国初年，全县有初级中学1所，高级小学堂4所，初级小学堂95所。至民国38年（1949年），全县有中学7所，在校学生1247人；有中心国民学校22所，保国民学校27所，在校学生5812人，适龄儿童失学总数为63514人。1952年底，全县新办小学559所，新增学生4900余人。至1985年底，全县52所中学，教学班740个，在校学生36985人，32所乡办中学，附设初中班159所，在校学生7731人。20世纪80年代初，县委、县政府作出“要把普及小学教育摆在首位”的决定，到1984年提前一年达到省政府规定的“四率”标准。次后，贯彻《中华人民共和国义务教育法》，实施“普九”工程。1998年顺利通过省政府对“普九”工作验收，“四率”指标分别达到99.1%、99%、97.3%、98%。至2000年，全区有高中8所，初中81所，在校高中生5589人，在校初中生41326人。职业中学5所，教学班46个，在校学生2075人，毕业881人。对2乡、23所成人学校进行评估，青壮年扫盲率达到99.5%，脱盲巩固率达100%。2000年，全区共有教师8034人（不包括社会力量办学教师），其中小学教师5123人，中学教师2764人，职业学校教师147人。全区小学914所，4133班，在校学生135688人，招生24001人，毕业20838人。全区经批准的幼儿园44所，在园幼儿共27823人，教职工总数1041人（含公办、民办）。

卫生事业。民国时期，巴中县医药仅有中医业。民国32年（1943年），成立县卫生院，医疗设备简陋。1950 年后，政府逐年加大投入，改善医疗设施，不断建立完善县、乡、村卫生服务体系，坚持中西医结合，大力培养医学人才，促进医疗技术水平不断提高。1958 年，县人民医院第一例“断臂再植手术”成功，填补巴中显微镜外科手术的空白。继后，开展二级甲等医院技术项目，开展 100 余项三级医院技术项目。1990 年，巴中县达到基本消灭疟疾县标准。1994 年，巴中市（县级）初级卫生保健被地区评审认定为基本达标市。卡介苗接种率最高年达 98.65%，最低年亦达 93.12%；三联疫苗、脊灰糖丸、麻疹疫苗接种率年平均在 95%以上。至 2000 年，全区有公办医疗单位 94 个，有 803 个村卫生站，128 个个体诊所。卫生技术人员（不含村卫生站，个体门诊、诊所）增加 1995 人。区人民医院占地面积 5.6 万多平方米，编制床位 408 张，有螺旋 CT、彩色多普勒超声波诊断仪、全自动生化分析仪、振波碎石机、电子胃镜、血液透析机等高、新、精医疗设备。区第二、第三人民医院，中医院、卫生防疫站及各片中心卫生院和乡镇医院设备齐全。全区设置病床 1545 张（不含个体私营诊所）。2000 年，与华西医大建立远程会诊系统。区中医院开展肺修补重大手术成功，片区中心卫生院和乡镇卫生院皆能进行各种低难手术。爱国卫生运动广泛深入开展，地方病、传染病得到有效控制。随着卫生改革不断深化，全面实施城镇职工基本医疗保险。

社会保障业。民国时期，城镇无业人员，国家无从安置。川陕省苏维埃时期，城市无业人员，政府帮助介绍工作，从事运输、经商等活动。1950 年后随着经济的发展，城镇无业人员逐年得到安置。20 世纪 50 年代，安排城镇就业人员 1500 余人，在农村招工 1.3 万余人。20 世纪 60—80 年代，共安置就业 14358 人，平均每年就业 1959 人。20 世纪 90 年代，贯彻落实劳动部门介绍、自愿结合、自谋职业的“三结合”就业方针，提高就业率，共安置待业人员 1.4 万人。巴中市（县级）年均劳务输出 20 万余人，劳务收入 3 亿多元。大力发展保险事业，开办 30 多种保险。两次提高在乡老红军、西路红军、流落红军和在乡复员军人的定期补助标准。至 2000 年末，全区财产保险业务收入达 1317 万元，人寿保险业务收入 1024.7 万元。全年发优待金 1600 万元。区老龄委为 800 余名 60 周岁以上老人颁发“四川省老年优待证”，订阅书报 10000 分；电视台开辟《夕阳无限好》专题节目；创办反映老人经济、生活、精神、贡献等宣传墙报 367 期，建立老人协会 38 个，会员 2169 名；农村建老人协会 21 个，会员 497 名；兴办老年大学，拥有学员 400 名；80 余名老人参加全国第二套新秧歌舞骨干培训班。

文化事业。巴中市巴州区为全市文化中心。民国时期，县内文艺创作共出版文学作品 23 集（本）。文化活动以演唱山歌、号子、小调为主，在婚丧嫁娶或喜庆节日，亦有打击乐队和吹奏乐队；节日庙会期间，城乡均开展舞龙和狮舞活动。川陕省苏维埃时期，文艺创作多为歌谣及戏曲作品，文化活动以红军歌谣和儿歌、情歌为主。20 世纪五六十年代，创作的优秀戏剧作品，多次参加省、地调演，同时举办多次民歌调演。20 世纪 50 年代中期，成立县广播站，至 20 世纪 70 年代，全县农村各公社普遍建起广播放大站，大抓网络标准化建设，1985 年达到国家“乙级标准”。电视事业，1976 年 10 月在南龛坡建 5 瓦电视差转台。随后，鼓楼山 300 瓦电视新式转台和部分乡镇小型差转台、卫星地面接收站及有线电视网络相继建成，可收看近 10 套电视节目。20 世纪 80 年代，创作大量小说、诗歌及戏曲。编印《巴中民歌集成》，选录 3000 首，受到省、地有关部门嘉奖。20 世纪 90 年代，巴中市（县级）创作小说 20 余部、小小说 150 余篇、诗集 10 余本、诗歌 3000 余首、散文 20 余集、戏曲作品 150 余个。每逢“五一”“七一”“十一”举行文艺调演，部分文艺节目被国家、省、地选用。巴中市（县级）被省文化厅命名为“文化之乡”“民歌之乡”“唢呐之乡”“皮影之乡”。至 2000 年，全区光纤加密电视村通率达 42%，广播电视人口覆盖率均达 90%以上。馆藏文物 19443 件，其中，一级5件、二级37件、三级400件、一般文物1.9万件，尸蜡1件。《巴中县志》《巴中县志（1986—1993）》先后付梓问世。

体育事业。民国时期，在小学生中开设小学体操课；职工体育以国术为主，项目单一。农民体育，仅在夏天自发下河游泳，相沿成习。1950年后，广泛开展各种体育活动。学校体育贯彻《体育教学大纲》，至1985年，全县50所中小学达标人数2.3万人，占适龄人数的74.4%。20世纪90年代，深入贯彻《国家体育锻炼标准》，至2000年实现乡完小以上学校“达标”面达到100%，及格率93%，优秀率20.4%，共向体育院校输送人才300余人。巴州区、巴师附小分别被国家体育总局、教委评为“全国推行国家体育锻炼标准施行办法先进单位”。经常开展职工体育、老年体育、农民体育活动，参加人数保持在总人口10%以上。1953—2000年，举办县（市、区）级体育竞赛会70次，竞赛项目16项，参赛运动员1.2万余人，参加全国竞赛3次，夺金、银牌各2枚；参加省竞赛5次，夺得金牌1枚、银牌4枚；参加地级比赛48次，获得奖牌520枚。其间，甘泉乡被国家体育总局表彰为“全国农民体育先进单位”。

科技工作。1950年后，相继建立气象、农技、兽防、蚕桑、植保、种子、鱼种和农机、农业、柑桔、畜牧、棉花等农技推广和研究机构。大力推广普及新技术，不断开展科学研究。在工业领域，20世纪70年代研制成冲斗式水轮机、75型电力载波机，在全国推广。县邮电局在HJ905型纵横自动电话交换机上增装长途强拆电路获成功；完成“红苕干酿醋”项目，“柴油机综合节油”项目，酿造“南龛”牌红橘酒，研制猕猴桃自动切片机，试验小麦胚芽提取工艺等研究成果，分别获国家、省、地科技成果奖。在农业领域，20世纪60年代，县棉花原种场培植成功“巴棉1号”棉种；20世纪70年代，县林业局的“油橄榄栽培引种驯化”，县蚕种站承担的“781×（782×734）蚕种研究”获成功。1978—1993年，先后完成126项科研项目，其中55项获地区以上奖励。卫生防疫站科技成绩显著，受到国务院通令嘉奖。巴中县被国家科委定为科技工作重点联系县，被指定出席“全国山区科技开发工作研讨会”和“西南地区国家科委重点联系县科技工作研讨会”，并在会上发言交流经验。共评审奖励科技成果48项，推广新技术72项，实施科技项目28项，开发科技新产品84个，科技进步对经济发展的贡献率达到42%。巴州镇李小鲜有17项科技发明获得国家专利权。2000年，全区共实施科技重点项目21项，引进推广实用先进技术3项，申报专利7项，实施专利6项，新发展民营科技企业3家，完成工业重点技改项目18个，开发新产品16个，科技对经济的贡献率提高到45%。

民国时期，县内经济落后，人民收入极少，生活贫困。20世纪50年代后，随着经济的发展，人民收入逐年提高。1958年，全部职工工资年人均108元，至2000年全部职工工资年人均达6279元，是1958年的58.14倍；城镇集体人员全部职工工资年人均4563元，是1978年的11.8倍；农民人均纯收入1466元，是1981年的8.1倍。全县人均生活消费892元，是1981年的5.8倍，其中食品消费269元，是1981年的2.4倍；衣着消费69.8元，是1981年4.5倍；居住消费196.4元，是1981年的17.4倍；医疗消费72.2元，是1981年的49.1倍；交通消费60元，是1981年的28.6倍。农村18%的农户建有砖房，16%的农户在小集镇及巴城购有住房，农村住房面积人平30.15平方米。2000年底，各项存款余额18.61亿元、各项贷款余额20.62亿元，分别比1994年增长71.1%、55.3%。

第二章 通江县

通江县在四川省巴中市东部、米仓山东段南麓大巴山缺口处，居北纬31°39′~32°33′，东经106°59′~107°46′，幅员面积为4116.58平方公里。东接万源市，南邻平县昌，西靠巴中市巴州区、南江县，北连陕西省南郑、西乡、镇巴三县。县人民政府驻地诺江镇。县属中、低山区，包括中切割低山、中切割中山和深切割中山，呈“三山夹两谷”地形。海拔在600~2000米之间。境内较大的河流有：大通江、小通江、通江、长滩河。大通江，亦名宕江，全长142.1公里，其中境内长96.4公里，境内流域面积2057.4平方公里。小通江，古名诺水，俗称西河，流程153.8公里，其中县境内长108.3公里，境内流域面积1102.9平方公里。通江河，贯称通江，即大、小通江相汇合流之水，至江口镇与巴河相汇，全长52.1公里。小江口至澌滩河口，流程21公里，流域面积429.3平方公里。长滩河，又名澌滩河，纵贯通（江）、平（昌）、万（源）三县。境内全长32.3公里，流域面积373平方公里。县境内的低山河谷，多年平均温度15℃~17℃，年积温5470~6200℃，极端最高气温40.7℃，极端最低气温-7.6℃，无霜期250~280天。多年平均降水量1050 ~1970毫米；年平均总日照为1000~1400小时，年平均太阳辐射总值每平方厘米80~90千卡。

通江的风景名胜主要有诺水河风景名胜区和空山国家森林公园。诺水河风景名胜区位于四川省通江县北部边缘，幅员面积450余平方公里，最低海拔500米，最高海拔2088.6米，主要景点集中在诺水河畔，临江峡谷，空山天盆，麻坝石林等四大片区。四大独立景区，呈弧形分布，与川陕苏区的首府通江县城构成一条环形风景线，堪称秦巴山区第一胜地。诺水河的地下溶洞令为观止。数以百计的地下溶洞，或临清溪，或处绝壁，宏大深邃。诺水河畔，山山有洞，洞中有洞，洞洞独特，雄壮绝妙，奇趣多端。诺水河景区于1986年被列为省级重点风景名胜区，1998年被定为国家级风景名胜区。空山国家森林公园，地处四川盆地东北边缘米仓山东南麓，通江县东北部，奇特的岩溶地貌造就了13平方公里的高山盆地，最高海拔2117米。公园由挂宝岭原始风光游览区、天香峰森林文化游乐区、鹰爪岭森林野营游乐区、空山坝岩溶风光游览区、猴子岩峡谷风光游览区等5大景区组成。景区内现有自然景点60个，人文景点19个。境内的文化古迹，尚有檬溪坝关、佛字关、王坪寨、得汉城、擂古城、南较城、五狮城寨、大城寨、大包寨、瓦尖山寨、天宝寨、麻坝寨、吴仕达墓、八府巡案墓等近20处。纪念胜地有：红四方面军总指挥部、总政治部旧址纪念馆，川陕革命根据地红军烈士陵园，“赤化全川”巨幅石刻，川陕省工农总医院旧址，红四方面军总医院旧址群，红军洞，以及中小革命遗址数百处，给境内“红色旅游”增辉添彩。红四方面军总指挥部、总政治部旧址于1980年7月由四川省政府公布为省级文物保护单位；1982年辟为川陕革命根据地军史陈列馆，1984年中共中央总书记胡耀邦题写了馆名；1988年1月13日，国务院公布红四方面军总指挥部旧址为第三批全国重点文物保护单位；1989年4月10日，更名为“红四方面军总指挥部旧址陈列馆”；1992年10月，更名为“红四方面军总指挥部旧址纪念馆”。1993年，中共中央总书记江泽民题写了馆名。川陕革命根据地红军烈士陵园坐落于沙溪镇王坪村，占地50万平方米。园内安葬红军烈士5197名，其中团以上干部38人。1951年8月，中央人民政府南方老革命根据地访问团由余洪远带队，在这里祭扫陵园举行了隆重的追悼大会。1979 年 6 月 24 日，国家副主席李先念为王坪烈士墓题词：“为创建川陕革命根据地壮烈牺牲的烈士们永垂不朽”；1980 年 7 月列为省重点文物保护单位；1982 年夏，徐向前为红四方面军王坪烈士陵园题词：“学习革命先烈的不怕艰苦困难、献身革命的精神，为实现四个现代化而奋斗”；1985 年扩建为王坪烈士陵园；1987 年 8 月，四川省政府公布为省级重点烈士纪念建筑物保护单位；1988 年 1 月，国务院批准王坪烈士陵园为全国重点烈士纪念建筑物保护单位。1995 年，四川省委、省政府命名为首批省级爱国主义教育基地。

通江县红军广场

通江县建置于西魏大统中（535—551 年），始称诺水县。隋开皇三年（583 年），省诺水县入始宁县，以符阳、白石二县属集州。唐武德三年（620 年）复析始宁县地置诺水县，析始宁、归仁二县地置广纳县，并属万州；七年省诺水县入始宁；八年复分始宁县地置诺水县，并于县治置壁州，属山南西道。唐天宝元年（742 年）八月，更壁州为始宁郡，更诺水县为通江县，更太平县为东巴县。唐乾元元年（758 年）更始宁郡复为壁州。北宋乾德四年（966 年）省东巴县入通江县；五年省广纳县入通江县。熙宁五年（1072 年）废壁州，省符阳、白石二县入通江县。宋末分通江县为上通江、下通江二县；元至元二十年（1283 年）省上、下通江县入曾口县。至正四年（1344 年）复置通江，属巴州。川陕省苏维埃政府时期，废通江县而置 赤北、赤江、红江三县和苦草坝、洪口两 特别区，并于通江城置川陕省。民国 24 年（1935）春复置通江县，属第十五行政督察区。中华人民共和国建立后属川北行署区达县专区。1968 年起属达县地区。1993 年 10 月属巴中地区。2000 年 12 月，巴中撤地设市，县属巴中市。境内政党机关、权力机关、政府机关、参政议政机构健全。1949 年 12 月至 2000 年底，先后任中共通江县委书记的有刘黎平、杜国茂、程道远、叶永政、崔秉兴（代）、张继、谢先智、张继、冯诗元、李克明、郭孝友、张忠孝、刘道平、王菲。1980—2000 年，历任人大常委会主任的有李效先、蒋名荣、冯诗元、王显顺、向荣华、陈宗歧。1950—2000 年，先后任该县县长（主任）的有杜国茂、张立、程道远、席兆义、王本琇、张继、闫华秀（女）、刘宗汉、谢先智、张继、蒋铭荣、李克明、徐有胜、郭孝友、张忠孝、黄泽君（女）、王菲、周茂琦。1982—2000 年，先后任通江县政协主席的有冯诗元、余朝富、任家寿、荀学志。

民国时期，通江城的房屋以穿斗结构的瓦房为主，还有多处茅屋，仅有四条不足 3 米宽的街道。全县有 64 个场镇。川陕省苏维埃时期，县境共有 68 个场镇。至 1949 年底，县城房屋面积为 2.31 万平方米；初具规模的农村集市贸易场镇 70 个。1950 年后，各级政府拨款给贫困居民维修住房；各机关企事业单位也不断向上争取资金，扩、修、改建办公用房，改造街、路、巷及增置公共设施。到 1985 年，县城房屋建筑面积增到 11.2 万平方米，砼路街面 2307 平方米，建成了 4 米宽、沥青路面的诺江大道，水厂年供水 46.35 万立方米，县城供电 925 千瓦时。县属各场镇新建街道长 5280 米，改造街道 330 米。1990—1992 年，在全县 40 多个乡镇建起简易农贸市场，在平溪、涪阳、洪口、麻石等区建起综合市场，在重要场镇建起小型多功能的禽蛋、粮油等市场，以促进城乡商品有序流通。1993 年建立巴中地区后，全县城镇建设进入快速发展阶段。1995 年，全县 12 个区所在地场镇街道建成了水泥路，区、乡集镇道路、给排水、公厕、绿化、电力、通讯、市场等基础设施建设发展较快。

到2000年，县城幅员面积达到2平方公里，分设诺江、壁山、红江3路、15街、50余巷，人口增到12280户、39299人，房屋面积达289600平方米。房屋由木结构演变为砖混结构、框架结构为主体，楼层由五六层向十余层发展。自来水日供水1276477立方米，日供电1471546千瓦时；燃气年供3459户、7364罐。县城交通有电动三轮车170辆，长安牌等小公共汽车95辆；服务行业齐备，有5个农贸市场，7个百货商场，20家宾馆旅舍，98家餐厅食店，49家文化娱乐场所，110家文化茶园；有环卫工人102人，垃圾清运车2辆，置垃圾台（站）115处，建公共厕所8个；县城绿化覆盖率达到40%。同时，完成城南新区主干道5.5公里硬化工程，文化广场一期工程建设基本竣工；新建占地2600平方米的南门市场，建筑面积13000平方米；完成了东门、南门的农贸市场建设；完成投资1100万元的万吨水厂扩解工程，完成了投资约35万元的西干道扩建工程；完成县城夜景工程37处，投资100多万元。同时完成了15个场镇规划，新增硬化街面11万平方米，排水管道16000米，绿化面积6500平方米、路灯160盏、公厕5座。

通江县在民国时没有公路，物资运输全靠河运和人力背运。1956年11月，开始修筑境内第一条公路——通（江）巴（中）公路。至1958年2月8日全线竣工通车，从此结束了境内有史以来无一寸公路的历史。继后，在“大炼钢铁”的高潮中，全县抽调民工突击县城至铁溪区中和乡的公路，至1959年3月基本建成，10月1日正式通车，全长98公里。至1978年，全县已有省道公路通（江）巴（中）、通（江）中（和）2条，县道公路通（江）万（源），通（江）三（溪），通（江）铁（佛），通（江）太（平）4条。县于20世纪80年代初掀起了第二次公路建设热潮。此次公路建设主要是以打通出境路，延伸区、乡路为主。至1990年底，国家累计投资1552.9万元，先后修建和改建公路13条，长207.62公里。1993年冬，全县掀起第三次公路建设热潮。至1997年底，全县先后修建公路266条2602公里。1998—2000年，全县先后完成了通（江）洗（脚溪）路30.23公里油路铺筑、通（江）铁（溪）路91公里标美路改造、通（江）洪（口）和至（诚）沙（溪）路等83公里泥碎路路面整治、通（江）前（进）路平（溪）牛（角嵌）段砼路面开工铺筑；完成乡道标美路改造59公里。完成平溪至中峰洞22公里砼路面铺装、通（江）达（州）路57公里标美路改造、通（江）巴（中）、双江路35公里油路大、中修工程；新修和改造村道公路300公里。至2000年底，全县共建成各式公路桥梁229座、总长8940.5延米。共建成铁索桥10余座，仍完好通行的9座，耗资52.27万元。

通江县于民国2年（1913年）始有长途电话。民国8年（1919年），县设军用电报，不对外营业。民国24年（1935年），县长途电信局开办电报业务；之后陆续办设16种电报业务。至民国35年（1946年），全县仅有通江城——巴中清江渡架设的80余华里的电话线路，另有省政府置无线电台及交通之电报局。1950年，县城电话杆仅1公里，有10余部电话机。1955年，县、区、乡电话开放营业。1963年安装电传机。1970年，通江——平昌的长途线路安装M202型晶体管载波机，开始首次使用先进通信设备。1985年，城区电话杆路长32.2公里。1990年开通1000门自动电话，在县城实现了从“摇把子”到现代通信的飞跃。1993年又在全地区率先开通HJD04型数字程控交换机。1999年投入通信建设资金1100万元，新增交换机2988门，新增本地网电路300条。全县长途电话达4544条，本地网电路3000条，交换机总容量达到23782门。至2000年，全县固定电话用户达19287户，其中农村8272户。全县电话普及率仅达2.6%。全县建移动通信基站18个，移动通信用户仅1650户；联通通信业务刚刚起步，正与国信寻呼合并，经营以移动业务为主的各项电信业务。

1952年及以前，境内无电力。1952年，县城始建一台18千瓦的火电厂，供县城照明用电。1959

年4月，青峪公社自办12千瓦的小水电站一座，是为县用水电之始。以后，陆续投资大办水电、火电站（厂），以保证城乡生产、生活用电。至1985年，全县有柴油发电机组49台（套）、1318千瓦，水力发电量达到1615万千瓦时；有80个单位、67个乡、206个村、571个居民组、4.5万多户通电。1993年成立巴中地区后，全县抓住发展机遇，以水电为主，水电火电并举，加大电力工业建设力度。同时，输电线路、变电站等电力配套设施的建设亦同步进行。到1997年全县水电装机855台，10615千瓦，火电装机47台，7390千瓦，全县已形成以35千伏线路为骨架，建管结合，发供调用自成体系的地方电网。拥有35千伏输电线路151.1公里，10千伏输电线路1385公里，全县用电覆盖率达到65%。2000年，完成了110千伏输电工程和铁佛35千伏输变电站任务，完成涪阳、民胜35千伏输变电站前期准备工作，实现乡乡通电。

通江是农业大县。民国时期，95%的县民以农业为主。因耕作粗放、品种低劣、技术落后、灾害频繁，使其产量低而不稳。1949年，全县粮食总产仅7698.2万公斤，人均218公斤。自1950年起，粮食总产逐年增长，到1957年，粮食总产达到14679.5公斤，人均产量377.5公斤。后经“大跃进”“人民公社化”运动，力图使农业生产有个大的飞跃，但农作物单产始终在110～130公斤徘徊。1975年，全县粮食作物播种面积6.4万公顷，单产156公斤，总产14965.5万公斤，分别比1952年增长12.49%、39.91%和60.16%。1982年，县推行家庭联产承包责任制后，农民种田积极性空前高涨，加上科学技术的推广，农业结构的调整、市场经济的驱动，使农业生产有了大的发展。粮食总产量由1988年的20.5万吨增到1992年的28.15万吨，农林牧渔业总产值由1990年的2.45亿元增加到1992年4.58亿元。1993年巴中地区成立后，各级政府加大扶持力度，立足“稳粮、增收、奔小康”的目标，强化农业基础，深化农村改革，狠抓科技兴农，采取积极有效措施抗灾夺丰收，农村经济持续发展。2000年，虽遭历史罕见的洪涝灾害，但农业却实现恢复性增长。全县粮食产量31.96万吨，人均粮食占有453公斤，农业增加值27627万元。

通江森林资源丰富。民国前期，通江森林覆盖率逾50%。后因毁林开荒，刀耕火种，全县森林蓄积量、覆盖率逐年减少。1951年，县人民政府组织人员目测调查，全县森林面积约16.67万公顷，蓄积量约343.75万立方米，森林覆盖率降至41%。1958年“大办钢铁”，大量毁林烧炭炼钢，兼之刮“共产风”，造成“林无主，主无权”。至1959年对森林资源开展Ⅱ级调查时，全县林木蓄积量降为221万立方米，森林覆盖率降至26%。1962年贯彻“调整、巩固、充实、提高”的方针，严禁砍伐林木，毁林开荒。至1965年全县毁林开荒面积降至131.27公顷。“文化大革命”初期，林政管理处于无政府主义状态，森林资源再次遭受破坏，1972年统计，全县乱砍滥伐木材3278立方米。1975年县开展森林资源一类调查，森林覆盖率仅21.2%。1978年后，全县确立了走林牧业致富的道路。到“七五”期末，林地面积由1980年的6.4万公顷上升到1990年的10.33万公顷；森林覆盖率由1980年的15.5%上升到1990年的27.5%；活立木蓄积量达到367万立方米，比1980年净增100万立方米；林业总产值比十年前的1700万元提高了三倍多。1999年10月，通江县被国家列为120个退耕还林试点县。2000年，全县0.23万公顷试点任务涉及27个乡镇、122个村、627个社；签订合同41454份，分户建卡62181张；兑现首批贸易粮175万公斤，补助款70万元；栽植种苗350万株；生态与经济林结构比例为6:4，试点任务完成100%。

通江县在唐初便有冶金工业，清末则以煤炭工业为主，共有6个行业、33家私营企业。川陕省苏维埃时期，始有国营企业，如兵工厂、纸工厂、被服厂、纺织厂等，计有121家。民国后期，有私营企业57家，其中钢铁厂40余家。中华人民共和国成立后，私营、集体、国营工业企业并驾齐驱。

至1957年，历经私有制改革后的私营企业仅保留5家，集体企业发展到119家，国营企业猛增到323家。1958年“大跃进”，取消私营企业，不少集体企业向国营企业过度。20世纪50年代末和60年代初，国民经济处于困难时期，为解决温饱，放慢重工业发展速度。1980年停办铁厂，重工业比重下降。1985年，县有重工业企业52家，产值895万元；轻工业企业164家，产值3478万元；集体企业181家，产值1458万元；1989年后，县市场经济逐步建立，企业以市场为导向调整产品结构，经济效益十分明显。1995年，全县工业增加值7721万元，乡及乡以上工业销售产值16290万元，产销率达到94.1%。1997年，县委、县政府提出“因企施策、改制转机、强化管理、扎实推进”的改革思路。至年底，全县40个全民所有制企业，123个集体所有制企业的改革面已达到80%，盘活闲置资产1300万元。1998年全县实现工业总产值34095万元；乡及乡以上工交（建筑）企业实现总产值11268万元；实现利润总额50万元，同比减亏968万元，实现税金650万元。2000年，全县限额以上工业企业实现增加值3200万元，实现利润总额198万元，扭亏增盈111万元，上交税金572万元，增长18%。

境内的社队企业起于1976年，被工业行业视为“异军突起”。1977—1981年，社队企业总产值平均每年递增75%，人均产值平均增长40%。全县社队企业发展到649个，从业人员4187人。初步形成了以种养业、粮油食品加工、日用工业品、采矿、建筑建材、中小农具制造和商业服务等八大行业为主的农村社队企业网。1985年起，全县乡镇企业深化体制改革。至1987年，全县乡镇企业中115个企业实行经营承包责任制，有15个企业实行租赁制，有22个企业实行股份制。年底全县乡镇企业发展到7506个，完成乡镇企业总产值4142万元。1998年，全面实施了乡镇集体企业的改制工作，主要形式有拍卖、租赁、承包等。全县共有乡镇企业601个，改制面90.1%。全县乡镇集体企业总个数11896个，完成乡镇企业总产值112058万元。2000年，完成乡镇企业营业收入119805万元，同比增长0.1%。

通江商贸起步较早。民国时期的对外贸易中，银耳成为大宗贸易品，远销重庆、上海等地；茶叶、木材、中药材、木耳、白蜡、桐油、棉花、生铁等产品，均畅销于邻县及成、渝等地。据1949年统计，全县社会商品零售额309.7万元，人均8.84元。1956年，基本完成对私营企业的社会主义改造，全县组成公私合营企业10个，合作商店29个，合作食店8个，合作小组129个，代购代销组15个，单线经营100户。1957年，全县基本形成以国营商业为主导，供销合作社商业为助手，农村集市贸易和私营商业为补充的社会主义商贸格局。1958—1976年，农副产品以统一分配为主，商业贸易全被集体、国营企业所垄断。1978年后，实行国营、集体、个人一起上的方针，逐步形成多种经济成分合理配置、多渠道流通、协调发展的新局面。至1985年，社会商品零售额达8348万元，比1949年增长25.96倍。1986—1990年前期，对零售企业实行“五定一包”（定销售、利润、资金、费用、库存，包安全），对批发企业实行“三定一包”（定销售、利润、资金、包安全）；后期推行经营承包。1990年社会消费品零售总额13285万元。1991—1993年，商贸企业推行“四放开”（品种、价格、用工、分配）、国有民营、抽底经营和“先交后营”等改革模式，取得明显成效。1993年社会消费品零售总额18988万元，城乡集市贸易商品成交总额4352万元，社会农副产品收购总额11004万元。1996年起，深化商贸企业改革，以“股、租、卖”为主要模式，调整企业所有制结构和组织结构，使商品购销同步增长。至2000年，社会消费品零售总额达45081万元，同比增长10.2%；人均消费品购买额633元。

通江县是“中国银耳之乡”。通江银耳人工培育成功在清光绪六七年间（1880—1881年），陈河乡雾露溪畔九湾十八包为其发祥地。清光绪二十四年（1898 年）前，陈河、涪阳一带已普遍种植，年产量 200 公斤至 12.6 万公斤。通江银耳具有耳片厚、色泽纯、胶质重、天然生长无污染等特点。经有关部门化验，子实体富含蛋白质、多糖体、维生素 B 和丰富的铁、磷、钙、镁、硫等微量元素，其蛋白质所含的氨基酸达 19 种，人体所必需的而又不能在体内合成的 8 种氨基酸含有 7 种，是防病疗疾、健身延年的名贵产品，清代即作为贡品供奉朝廷。20 世纪初，在通江县陈河乡陈利生的营销下，通江银耳就远销英国、美国、日本、新加坡等国家，而国内则以上海、北京、厦门、广州、重庆、成都等大中城市为主要销售市场。1956 年，通江银耳列为派购物资，由县供销社土产公司收购、销售。1985 年 1 月，涪阳区供销社又在上海开办银耳专业商店，麻石区供销社在河南焦作市开办银耳专业商店。进入 20 世纪 90 年代以后，通江银耳的出口部分主要靠福建客商经香港出口东南亚；其内销部分主要销往成都、重庆、武汉等城市。1992 年，通江县被中国特产之乡组委会命名为“中国银耳之乡”，其后产品供不应求。1997 年，共有通江银耳购销企业 10 家。上海、广州、福州、厦门、重庆、成都、武汉、西安等 30 多个大中城市均设有通江银耳经销机构，共有 35 处，从业人员 480 余人。1980—1997 年，经销的通江银耳已累计突破 100 万公斤，销售产值累计突破 5000 万元。1999—2000 年，福建、浙江、北京、河南、陕西、广东、成都、重庆、万源、巴中等地客商云集通江收购食用菌系列产品。铁溪、泥溪、诺江镇、涪阳、平溪等地处处都有外地客商的收购点，收购价为每公斤 70 元。

通江县于民国 24 年（1935 年）正式建立一级预算制度，县收入不足由省弥补。1950—1952 年，实行统收统支，高度集中的财政管理体制。1950—1987 年，实现财政总收入 15936.03 万元，平均每年收入 419.37 万元，总支出 22936.98 万元，平均每年支出 603.6 万元，以收抵支后，尚差 7134.37 万元，由国家补助，平均每年享受国家补助 199.41 万元。1992—1994 年财政总收入 11262 万元，总支出 20166.3 万元，收支差额为负 8904.3 万元。1998 年，全县财政实现了自 1995 年以来连续四年收支平衡。2000 年完成一般预算收入 5267 万元，同比增长 4.4%，基金收入 711 万元，占预算的 95.5%；财政支出 15772 万元，同比增长 12.8%。财政当年赤字 1000 万元。

通江教育发展较快。清光绪三十一年（1905 年）始办新学，在县城建第一高等小学堂，在澌滩河建初等小学堂。民国元年（1912 年），各地创办国民小学。至民国 20 年（1931 年），全县共有国民小学 137 所，国民初中 1 所。川陕省苏维埃时期，旧制学校废除。新办了中学、小学（含列宁小学）及中等专业学校和专业班，并在许多地方举办了识字组、读报组、俱乐部，进行文化和思想教育。1935 年 4 月红军北上，国民中、小学恢复上课，并逐步得到发展。至民国 38 年（1949 年），全县国民学校由 1947 年的 181 所裁并为 121 所；中心国民小学 18 所，在校学生 3316 人，教师 215 人；另有私塾 1100 所，在校学生 1.6 万人。1950 年春，通江县政府接管国民学校，经合并、调整、新建，全县共设初中 1 所、小学 156 所，在校学生 3272 人。至 1960 年，幼儿园发展到 614 所，在园幼儿 19209 人；小学增至 1071 所，在校学生达 63291 人；中学发展到 10 所（含 4 所小学附设初中班），学生 4300 人；师范在校生 534 人（含初师、幼师）。1966 年秋，“文化大革命”开始，学校工作瘫痪。1976 年粉碎江青反革命集团后，至 1978 年，全县高、初中分别达到 13 所，有 89 所小学附设了初中班，高、初中在校学生达 24802 人。后经教育“八五”和“九五”计划的实施，教育得到稳步发展。至 2000 年，全县入园幼儿达 15344 人；共有小学 583 所，在校学生 78677 人；共有 12 所单设初中和 17 所附设初中教学点及 6 所完全中学（其中 1 所实验中学）。全县每 10 万人中，接受大专以上教育人数为 941 人，接受高中（中专）教育人数为 5606 人，分别比 1990 年提高 3.82 倍、增长 49.5%；

15周岁及以上人口识字率由1990年的79.99%提高到89.24%。

通江县自1978年改革开放后，文学艺术发展较快，出了不少创作成果。至2000年，《通江文艺》出刊32期，刊载3000余人的作品；30余部文学作品相继问世；《民间歌谣》等三套民间文学集成获省二等奖。1992—1997年，县书画协会共举办书画作品展80余次，其中1995年5月，自举办庆祝新中国成立45周年书画展，巴中地区共5幅作品获奖，通江占4幅；有28人在国际国内书画艺术展中获奖。戏剧演出自1988年起，10余次获地区以上奖牌。其中，获省一等奖、金奖、演出奖各1次，获商业部三等奖1次。县图书馆成为“全国文明图书馆”。电影放映队共8个队，不断改革，积极参与文化市场的竞赛。1999年，配合庆祝新中国成立50周年开展50年建设成就战役宣传，开辟一个永久性的图书展览阵地，组织七期共56个板的图片展览，逐区逐部门展示新中国成立50周年的建设成就；举办纪念新中国成立50周年爱国主义教育的“大型影视展播”“书画摄影展”“共和国坚强柱石——光荣事迹汇报会”“各界人士座谈会”“走向新世纪——青年演讲会”“千人纪念大会”及19个代表队参与的全县性文艺汇演活动。2000年在撤区建市文艺活动中推出“铸世纪丰碑、开历史纪元”大型展板，全面反映前进中的通江，赢得广泛的赞誉。

通江县在民国时期缺医少药，传染病时有发生，且流行面广。民众有病，轻者用偏方（中草药）医治，重者请民间中医诊治。川陕省苏维埃政府时期，省工农总医院医务处以中医为主，时有中医医生50余人，最多时达到近100人；红四方面军总医院设西医部，总医院、部队各机关医务人员及军队各级医疗单位共有3000多名医务人员。民国34年（1945年）1月，通江县卫生院成立，仅有药柜等普通设备；同时成立中医师公会，有会员26人，中医诊所2处。至1953年底，全县有县卫生院1个，区卫生所4个，保健站1个，联合诊所4个，接生站12个，巡回医疗组1个。县、区、乡卫协会23个，共有各类医务人员741人。全年种痘及防疫注射191878人次，门诊18618人，免费治疗7001人。1958年“大跃进”，各人民公社相继成立医院，大队（管理区）建立保健站。并开展以除“八害”（麻雀、老鼠、苍蝇、蚊子、臭虫、虱子、跳蚤、蟑螂），消灭“三病”（梅毒、钩虫、麻风）为主要内容的除害灭病运动。1959年3月，县新华医院（时名“通江县平溪区麻风村”）成立，收治通江、平昌、万源的麻风病人。在三年自然灾害时期，卫生战线医务人员全力以赴，仅1960年就兴办临时医院437个，收治水肿病、干病、妇女子宫脱垂、停经等病人15000余人。1969年下半年始建大队合作医疗站，至1971年，全县建合作医疗站499个，有“赤脚医生”494人，使农村缺医少药问题有所缓解。1978年后，县卫生系统贯彻“调整、改革、整顿、提高”的方针，进行卫生体制改革。“八五”期间，全县开展预防保健、乡镇卫生院县乡共管、医疗布局调整、乡村卫生一体化、集资办医疗等八个方面的改革，使传染病、地方病发病率逐年下降。1996年，全县传染病发病率较1995年下降3.69%；儿童计划免疫工作得到国际卫生组织官员的充分肯定。到2000年，全县有县乡医疗机构107个，有病床949张，有卫生技术人员1609人。全县设置医疗点的村489个，有乡村医生及卫生员1164人。

通江县1959年后相继建立6个科研机构，250个科技服务机构，形成多种技术推广服务体系。1959—1977年，自然科学技术人员先后完成农业区域规划、土壤普查鉴定、地质矿产勘查，森林、饲草、中药材资源调查、优良畜种调查等科技战略研究课题；取得杂交稻选育、银耳菌种选育、脱粒机研制、开发微水电机组、四微机械推广、银耳工厂化生产小型成套设备引试选改、肉牛育肥、名优茶研制、稻田三熟制模式、乡镇用水净化等重大科研成果，并开展了一系列的科学试验活动。1978—1997年共有53项科研成果获奖。获地区一、二、三等奖12项，省级一、二、三等奖14项，国家级金奖 10 项、银奖 4 项、三等奖 2 项，国际金奖 2 项、银奖 1 项。1999 年，实施各类科技项目 29 个，累计科技投入 3555 万元，全县依靠科技进步实现工农业产值 6.28 亿元。2000 年，全县有科技学（协）会员 2050 人，全年实施各类重点科技项目 17 个。

通江虽属国定贫困县，但随着经济的发展，国家扶持力度的加大，人民生活水平亦逐年提高。民国时期，曾流传“住在老林边，穿的烂衣衫，烤的转转火，吃的洋芋果”的民谣。中华人民共和国成立初期，经过减租退押、土地改革，改善农民的生活。1957 年，农村人均分配粮食 270 公斤，现金 42 元（包括实物折款）。城镇储蓄年末余额为 22 万元。1958—1961 年的连续三年自然灾害和人为之祸，大量的粮食外调，全县 5100 多个公共食堂一度时期几乎无粮下锅，多以野菜、草根树皮为食，民众经受了一场极度困苦的饥饿灾难。自 1962 年起，农业生产逐年恢复发展，民众衣食渐丰。至 1966 年人均分配粮食 246 公斤，现金 66 元（含实物折款）。1978 年后，党的工作重点转移，生产快速发展，人民生活普遍改善。到 1985 年，农民人均纯收入 154 元，比 1984 年增长 16%。城镇储蓄年末达 757 万元。猪肉年销售量已达 33600 头，食糖 802 吨，卷烟 9478 箱，饮料酒 2826 吨。农民的住房也随之改善，砖木结构瓦房、钢筋水泥结构民房渐次增多，农户人均居住面积由 1980 年的 11.8 平方米，增至 1985 年的 15.7 平方米。1986 后，通过扶贫开发，到 2000 年，全县越温达标通过省政府验收。农民人均纯收入 1076 元，人均占有粮食 516 公斤。全部居民消费总额由 1996 年的 78902 万元增加到 2000 年的 117419 万元。其中食品支出从 44090 万元增至 63989 万元；衣着支出从 6602 万元增至 7468 万元；居住支出从 9061 万元增至 12345 万元；家庭设备支出从 2548 万元增加到 4010 万元；医疗保险支出从 1507 万元增加到 4479 万元；交通和通讯支出从 1657 万元增加到 4490 万元；文化教育、娱乐及服务支出从 7139 万元增加到 12410 万元；金融及保险业务支出从 851 万元增至 1032 万元；自有住房服务支出从 4060 万元增加到 5435 万元；其他商品和服务支出由 1382 万元增加到 1761 万元。

第三章　南江县

南江县位于四川盆地东北部边缘，米仓山南麓。东与通江县毗邻，南与巴中市巴州区接壤，西与广元市旺苍县相连，北与陕西省南郑县相依。地跨北纬 31°52′~32°44′，东经 106°26′~107°07′。全县境域南低北高，地域狭长，南北长 84.3 公里，东西宽 31 公里，幅员面积 3417.18 平方公里。海拔高 360 米（凤仪乡桑树坝）~2507 米（光雾山），平均海拔 1100 米。县境内主要以五大山系构成。米仓山，以香炉山海拔 2200 米为最高峰；光雾山海拔 2507 米，是境内最高峰；铁船山海拔 2468 米，是县境内第二高峰；南山海拔 1160 米；印合石山海拔 1150 米。县境内主要以三大河流构成。南江河境内流域面积 2347.4 平方公里，境内河道长 121.7 公里；正直河（木门河）境内流域面积 416.8 平方公里，境内河道长 38.3 公里；焦家河县境流域面积 402.2 平方公里，境内河道长 53.2 公里。南江属亚热带湿润季风气候，境内具有明显的立体气候特点，高山区与中低丘陵区气候差异悬殊。1959—1984 年年平均气温 16.2℃；1985—2000 年，年平均气温 16.1℃；极端最低 -7℃ ~ -7.1℃；极端最高气温39.5℃~40.3℃。1959—1984年，年平均日照时数1563.3小时。1959—1984年，年平均无霜期259天；1985—2000年，年平均无霜期264天。1959—1984年，全县年平均总降水量1198.7毫米；1986—2000年，全县年平均总降水量1090.77毫米。

南江县的自然风光闻名遐迩，尤以光雾山、皇柏林为最。光雾山，北距县城约60公里，深藏于大巴山、米仓山襟怀之中。山、水、林、石，步换景移，纤云异彩，瞬息万变。其山，有险如剑门，秀似峨嵋，奇幻如庐山，典雅如黄山，姿态各异，统一而和谐；其峰，有擎天玉柱"金蹬石"，亭亭玉立"仙女峰"，吞云吐雾"龙岩峰"，飞燕云集"燕子岩"。更有"石林十八峰"，经苍松与山花点染，别具情趣；其水，冰清玉洁，泻翠喷珠，婉转低回，游鱼成阵。"二十四龙潭"则是飞瀑相连，幽深碧绿，神秘莫测。大、小兰沟，古木参天，鸟语迎人。盛夏山花烂漫，鸟语花香；秋风拂过，层林尽染，金碧交辉；冬雪到处，银装素裹，玉树琼花，一遍雪碾世界，玉铸乾坤。红四方面军在此山留下巴山游击队，与数十倍敌人周旋战斗5周年，留下了丰富的逸闻遗迹。1990年，1992年，原国家主席李先念、开国元帅徐向前死后的骨灰就先后撒在这片莽莽林海中，以示对曾战斗过的革命老区的留念。这里有2.67万多公顷原始森林，有180多个旅游景点、2300多种植物品种、195种野生动物。1993年2月被批准为省级风景名胜区，1998年被批准为国家级风景名胜区。皇柏林，分布在城南9公里镇江庙至下两柏杨坪的沿江西岸，绵延40多公里地段，有森林古柏、苍翠挺拔，百态千姿，现存古柏2900余株，大者径围4.5米，高30余米。皇柏林历代禁伐，派专人看护，具册交接。1978年，县在林中建皇柏林管理所，由专人及乡村联合护林、植树，现林地面积达42.27公顷。1979年将皇柏林定为地级文物古迹林保护。皇柏林，现已成为外地游客观光胜地，县城居民节、假日休闲去所，也衬托了光雾山风景。现已为省、市、县级保护单位。

南江古属巴国，汉归益州，南北朝时期梁普通六年（525年）立县，至2000年，有1475年历史。其间，南北朝至唐，境内曾州、郡、县并立；从元至元二十年（1283年）至明正德十一年（1516年）的233年中，难江曾并入化城县（巴州）。明正德十一年复置县时，以南江河古名南屯河而以"南"易"难"改名南江县。1933年，红四方面军在境内置南江县、长赤县。民国24年（1935）4月，恢复南江县，属第十五行政督察区。1949年12月19日，南江县属川北行政区达县专区；1968年，南江县属达县地区；1993年10月隶属巴中地区；2000年12月后，隶属巴中市辖。全县政党、政权、政府、政协四大领导机构健全。1950—2000年，先后任南江县委书记的有陶伦传、李立汉、李惠、冯晋彪、王存文、杨清镛、刘宗寿、何茂兴、陈延荣、何长洋。1980—2000年，先后任县人大主任的有陈光明、廖明才、杨清镛、刘多发、赵其伟、陈延荣、王道先。1950—2000年，先后任南江县县长的有刘立汉、高航、冯晋彪、罗炳文、陈光明、胡二栋（县革委主任）、吴庆祥、王存文、郑友铭、刘宗寿、何茂兴、熊启伦、舒维霖、何长洋、刘谦祥。1980—2000年，先后任县政协主席的有王存文、郑友铭、何文成、陈思隆。

南江县城几经圮毁，古城仅存明清残垣330余米。1949年前，县城总面积不足1平方千米，房屋陈旧，公私房总面积2.64万平方米。1950年后，对县城逐步进行改造、新建。到1985年县城新建公私房屋面积24.34万平方米，至此，县城房屋建筑面积达54.98万平方米，为1949年的20.8倍。县设赶集场镇64个，全县场镇新旧房屋面积65万平方米，9个场镇建有自来水厂，23个场镇用上照明电。1986年后，随着改革开放的不断深入，采取多渠道招商引资，开发新区，改造旧城，拉大城市框架，促进城市发展与经济社会发展相适应。到2000年底，全县完成改建、新建房屋面积31.85万平方米。将红星街至断渠桥，建成长1000米的砼路面；红星街至小河桥，建成了长3000米的油路；

酒厂至中嘴大桥，建成长1200米的路面。共铺设内径400毫米的供水管道54公里，全面保障了县城居民、厂矿、企业的生活、生产用水。3×3000千瓦的中嘴火电厂并入国电网后，全城路灯彻夜通明，霓虹灯光彩夺目，城区停电现象很少出现。

民国时期，南江县境内无公路，物流靠94公里河道和人力背运。1951—1953年，首次修通了南江——巴中段的82公里公路，随后逐年加大公路建设力度，到1970年全县公路通车里程达到822公里。1971年后，通过国家投资，以工代赈、集资等多种途径，加大公路建设投入，改善山区交通运输现状。到2000年底，全县实现通车里程2336公里（含村道公路1141公里），其中修建山重二级砼路145公里，上等级公路841公里，47个乡镇公路达到等级改造。同时，修建县境内长1.5公里的首条铁路——普（济）乐（坝）铁路。县境已建成省道桥112座4191延米；县道桥71座2603延米；乡道桥28座869延米；专用公路桥3座82延米。省道101线“二南”段公路共有隧道6处，长480延米。

民国时期南江无电。1957年在县城东郊庙子岭建成第一座水电站，装机容量345千瓦，年发电量90万千瓦时，供城内照明。1963—1976年，全县先后建成大小水电站96座，装机容量2710千瓦，年发电量达345万千瓦时。1977年后，贯彻中央“谁建、谁有、谁管、谁受益”的方针，到1983年，全县共有大小水力发电站120个，建火电厂一座，装机138台，容量10493千瓦，年发电量862万千瓦时。1987年中嘴火电厂第一台机组发电，到1997年建成3台机组全部投产，总装机3×3000千瓦，累计投资2190万元，已成为南江的骨干发电企业。1997年2月，南江被国务院列为全国第三批农村初级电气化县。1998年底，全县新建水（火）电站（厂）52处，装机88台，3414千瓦，发电量13420千瓦时；建成35千伏变电站9座，容量32550千伏安，110千伏输电线路58000米，35千伏输变线路167000米，10千伏输变线路1270000米，400伏低压线路5130000米，配电变压器994台，容量54695千伏安。2000年，发电量已达8463万千瓦时，其中水电3819万千瓦时，火电4644万千瓦时。全县100%的乡，98%的村，95%的户用上了电。

南江是农业大县。民国时期，因技术落后，耕作粗放，农业效益差。据1949年统计，全县农业总产值1212万元，粮食总产量6.07万吨。1951年，全县进行土地改革，做到耕者有其田。1957年，农业总产值达2869万元，粮食总产10.14万吨，农民人均纯收入39元。1958年，全县成立73个“政社合一”的人民公社，所有土地为全民所有，1962年纠正为集体所有。1982年农业实行家庭联产承包责任制后，粮食产量、农业产值大幅增长。到1985年，农业总值15340万元，粮食总产量21.24万吨，农民人均产粮432公斤；1995年，全县农业总产值50939万元，粮食总产22.26万吨，农民人均产粮424公斤；2000年，农业总产值77812万元，粮食总产31.46万吨，农民人均产粮583公斤，比1985年增长34.95%。

南江县的工业居全市首位。在民国时期，全县仅有私营工业厂家20多个，个体工业遍布城乡，从业人员5162人，年总产值仅158万元，且工业体系结构单调。中华人民共和国成立后，全县逐步建成了采矿、冶炼、铸造、能源、交通、建材、建筑、纺织、化工、食品、印刷等工业体系。1985年全县有工业企业233个，年总产值1409万元；1995年有工业企业3822个，年总产值12720万元。从1998年始，县委、县政府确立“工业立县”的发展战略，推进结构调整，努力构建以非公有制为主体的县域经济框架，采取拍卖、股份、租赁、兼并、破产等方式，大力推进资产重组步伐，促进企业向集团化、集约化方向发展。至2000年底，工业企业改制面达94%，盘活资金1.5亿元，县属工业企业效益开始扭亏转盈，产值达15163万元，实现利润180万元，上缴税金1300万元。

南江的森林资源丰富。据民国33年（1944年）呈报，山林面积为39.67万公顷。据1952年统计，全县有林地23.33万公顷，其中国有林7.33万公顷，集体林2.67万公顷，私人林13.33万公顷。1958年后山林权属几上几下，加之“大办钢铁”，森林受到破坏。1978年后，实施国家、集体、个人一齐造林政策，林业发展迅速，到2000年底，全县森林面积14.93万公顷，林木积蓄量达827万立方米，森林覆盖率为47.5%。

南江的商业，在民国时期主要由4000多户小商小贩经营。中华人民共和国成立初，党和政府着力发展国营、集体商业，扶持鼓励私营商业的发展。1956年对私营工商业实行社会主义改造后，全县形成了国营、集体、个体私营商业网络体系。1957年商品购进总值727万元，销售总额1020万元，分别比1952年增加6.1倍和6.3倍。1978年后实行“对外开放对内搞活”的政策，国营、集体和个体私营多渠道流通，商贸业呈现出了新的局面。1986年后，逐步推进产权制度改革，调整所有制结构，积极构建市场经济体系。到1998年底，全县商贸企业改制面达87%，私营经济成分占有相当比例，市场经济体系基本形成。2000年，全县社会消费品零售总额51729万元，比1999年增长8.3%；比1986年增长5.1倍。

南江县在1978年后，社队（乡镇）企业“异军突起”，产值成倍增长。1984—1988年，总产值年均递增10.75%；1991—1993年年均递增率为44.26%；1995—2000年年递增率为42%。乡镇企业个数由1978年的1107个增长到1985年的4698个，2000年的13846个；从业人数由1978年9023人增长到1985年的7590人，2000年达到34953人。总产值由1978年的689万元，增长到2000年的15.7亿元。

南江的优势产业，主要有南江黄羊、煤炭、冶金、大理石。南江黄羊采用杂交育种方法，经过40余年培育，成为中国第一个肉用山羊新品种。1973年，经达县地区鉴定命名为“南江黄羊”。1986年后，县委、县政府把发展“南江黄羊”作为县域经济的特色产业，除元顶子牧场、北极种畜场外，13个乡33个村，均建起“南江黄羊”繁育基地。除向江西、福建、浙江等省内外30多个市、县出售种羊1万余只外，还常年存栏3万余只。1998年4月，农业部正式批准“南江黄羊”为肉用山羊新品种。2000年底，全县已建成南江黄羊“万羊乡”8个，“千羊村”60个，“千羊社”10个，养羊户816户；年末，饲养量达46万只。南江县煤炭资源，储藏量达4000余万吨。1952年，县公安局劳改股在水洞乡开办第一个国营煤矿起，到1984年，全县有采煤企业27个，职工894人，并出现私人开办小煤窑。1985年广旺矿务局南江煤矿投产，全县煤炭年产量上升到20.87万吨，1995年原煤产量达33.3万吨，2000年达45万吨。南江县18世纪中叶始有土法采矿炼铁。民国后期，全县有22家铁厂采矿，1949年生产铁矿638吨。1958年全民“大办钢铁”，全县开办铁矿70多处，建铁厂24个，采铁矿石4.65万吨，炼生铁5436吨。由于盲目上马，大多数铁厂连年亏本，1962年全部下马。1970年，兴办岳家河铁厂，重新开办水码门、火石垭铁矿。1977年建竹坝铁矿。全县铁矿产量，年产近2万吨。2000年产铁原矿石29万吨，铁精矿18.9万吨。南江大理石，在民国时期就有少量土法开采利用。中华人民共和国成立后，陆续有少量开采。1976年，南江大理石运往成都，雕塑毛泽东全身像。1977年在上两建成大理石采矿厂，开荒料和石子销售成都。1981年，全县办大理石荒料厂9个。1991年大理石板材年产上升到8000平方米，花岗石板材2000平方米。2000年由于市场需求的变化，全县花岗石板材产量下降到3.1万平方米。

南江的教育事业，随着社会的进步而同步发展。在民国及以前，县内教育以私塾为主。清末民初，实行新学制，先后建小学2所、中学1所。川陕省苏维埃时期，南江、长赤两县创办60所列宁小学。同时创办1所“彭杨”学校培养急需的军政干部；1935年3月停办。至1949年，全县办各类小学156所，在校学生5700人，儿童入学率为14.3%；在县城、长赤、正直创办3所初级中学，在高等小学堂内设师范传习所，共招速成师范班5班，毕业145人；简易师范3班150人，毕业140人。中华人民共和国成立后，教育事业不断发展壮大。至1965年全县各类小学发展到1404所，在校学生48864人，农民自办简易小学717所，在校学生11057人。南江中学已成为完全中学，全县高中毕业生达854人。1966—1976年的“文化大革命”运动，教育受到极大冲击。1977年后，逐步进入正轨。1985年底，全县有小学756所，在校学生92838人，学龄儿童入学率达92.6%。全县共办幼儿园（班）253所（班），在园幼儿7883人。全县共有完全中学5所，单设区中学6所，乡初级中学12所，在校初中生15299人，高中生2170人，教职工1092人。1986年后，不断推进教育体制改革，全面实施《中华人民共和国义务教育法》，稳步推进九年义务教育，至2000年底，全县有幼儿园214所，在园幼儿达14272人；有小学512所，在校学生66177人。全县共有完全中学5所，初级中学15所，在校学生26244人。全县有职业中学4所，在校学生4098人。全县有乡镇成人教育学校73所，村级学校（点）453所，有县级成人中等专业学校1所，在校学生83人。全县共有教职工4781人，其中小学2870人，普通中学1614人，职业中学94人，幼儿教师143人，成人中专57人，特殊教育专任教师3人。

南江的卫生事业发展较快。民国21年（1932年）前，南江县城只有分散的几个中医和药店，民国32年（1943年），县城始建南江县卫生院，只设简易门诊。中华人民共和国成立后，县、区、乡、村医疗机构逐步建立。1957年统计，全县有卫生人员63个，县、区、乡设置病床43张。南江卫生院除有简易常规诊疗器具外，连一部X光机也没有。20世纪六七十年代后，经中央、省、地财政的扶持和同行业的“对口”支援及不断引进人才，培训技术，使南江的医疗卫生事业有较大的变化，基本解决“就医难”的问题。到2000年，全县共有医疗卫生机构84个，其中县级6个，区级（中心镇）卫生院10个，乡镇卫生院68个。共有医疗卫生人员1272人，其中专业技术人员1120人。全县卫生部门设有病床1078张，平均病床使用率53.72%。全县拥有1万元以上的诊疗设备共198台（件）。县医院内科能诊治消化、呼吸、循环、神经、泌尿、血液等系统疾病；外科能作上腹部肝、胆、食道、心包、颅脑、下腹部直肠癌、泌尿系统骨髋、子宫合切狭窄分离、断指再植、左半肝切除、永久型心脏起搏脉器安放等手术；能开展生化、免疫、细菌学、血液学、骨髓图、脑血管、心电图、超声波、纤维胃镜、纤维膀胱、CT等检查治疗。全县各级卫生防疫保健人员，通过健康教育，接种免疫，传染病防治，地方病治疗，使全县人民的恶性传染病得到有效控制。至2000年，全县基本消灭天花、霍乱、麻疹、钩体、脊灰、乙脑、甲状腺肿大等传染病和地方病。2000年，全县法定传染病发病16种，1223例，发病率为200.85/10万；病死5例，病死率0.41%。

南江民间文艺活动形式多样，源远流长，具有山区特色。春节舞龙灯和舞狮是传统习惯。山歌、小曲在民间广为流行。但文苑寂然，仅少许诗文在民间流传。川陕省苏维埃时期，文学创作，以宣传革命思想的对联歌谣盛行，以刻于石壁居多。政府普遍建有俱乐部、宣传队，以不同的文化活动形式，宣传革命思想。民国后期有少许民间和政界文人作品流传。中华人民共和国成立后，群众性文学创作逐步兴起，特别是倡导“百花齐放”文艺方针后，常有作品见诸报刊。较有影响的是县委书记冯晋彪的《红色南江》，先后在《峨嵋》和《人民文学》刊物发表。在文化活动方面，各地纷纷组织宣传队，进行戏剧、歌曲、曲艺等演出活动，宣传党的路线方针政策。“文化大革命”时期，毛泽东思想宣传队纷纷建立，主要以“阶级斗争”“忠字舞”为题材的文艺活动遍及城乡。自1958年10月

1日南江始通有线广播至1972年底，全县建起公社广播放大站48个，广播网路6000多公里，安装喇叭6万只，使全县人民的文化生活更加丰富多彩。1978年后，文苑复苏，涌现出一批业余和专业作者。具有代表性的作者有王敦贤、李静、汪隆重。文化活动以宣传党的路线方针政策和改革开放为题材，开展各种文化活动。南江川剧团编演的《点状元》受到国家和省表彰奖励。1981年县川剧团撤销后，组建了县文化中心，随后成立“光雾山歌舞团”，赶场镇创建老年“拐棍宣传队”。1986年后，文艺创作有了长足发展，特别是讴歌改革开放的文艺作品时有获奖。至2000年，文化馆干部蒋成俊，在国内外200多家报刊，发表诗歌、散文、小说2000余首（篇）。作家樊万韬出版3部通俗小说集《巴山残阳》《巴山夜话》等分别在香港等地出版发行。南江县诗词楹联学会出版《蕊榜新花》10集、《旅游丛书》5集；何特殊、蒲守易、马善政、陈登枢等楹联学会会员，分别出版的个人专集60余册；何崇寿的篆刻、伍丹的词曲创作、何晓东的摄影等，分别受到省、市和国家级的奖励。至2000年，县馆藏文物达33190件，其中珍贵文物540件。全县有线电视台发展到82个，电视覆盖率94%。2000年启动社会主义新县志第二轮续修，共完成乡、镇志（稿）73部，事业（部门）志68部。

民国时期，因生产力低下，人民过着衣不蔽体、食不果腹的生活。据民国38年（1949年）统计，人均社会购买力仅4元。中华人民共和国成立后，党和政府高度重视工农业生产的发展，经济社会稳步提升，人民生活逐步改善。1957年国家机关工作人员，年人均工资335元，全民企业职工年人均工资278元；集体企业职工年人均工资600元；农民人均年收入39元。到1962年，人均社会购买力达35元，比1949年增长近9倍。1978年后，国家对贫困地区给予大力扶贫；企业实行全面改制，构建多种经济成分并存的市场经济体系。随着经济社会稳步发展，人民收入大幅度提高。1985年人均社会购买力达145万元。1995年人均社会消费达984元，比1985年增长8倍；2000年人均社会消费达2114元，比1995年增长1.15倍。城乡男女服式花色品种及样式趋向新潮，城乡居民均以各自爱好着装，趋之追求时尚高档。饮食方面，家家户户逐步由粗放式饮食向精、细、营养方面发展。城市人口由计划经济时期的定量供应，转变为市场经济的自由采购，自我调剂，普遍追求绿色食品、营养食品。城乡居民用的方面，趋向电器化、现代化。城市出现寻呼机、移动电话，电视机普遍换为彩色、液晶，小汽车也逐渐进入私家。洗衣机、电视机、电冰箱、空调、电脑成为家庭必备的用具。农村居民家用具逐步向城市化发展，无绳电话、移动电话落户相当部分农户，黑白电视机较为普及，彩色电视也占据较大的比例，洗衣机、电冰箱逐渐进入农家。城镇人均住房面积近30平方米，农村人均住房面积33.8平方米。城市环境向和谐、绿色、舒适方向发展。

第四章　平昌县

平昌县位于四川盆地东北部巴中市东南部，介于北纬31°16′至31°52′、东经106°15′至107°34′之间。东靠万源、宣汉，西临仪陇、营山，北连巴中、通江，南接达州、渠县。距巴中市政府83公里。县政府驻地——江口镇地处通、巴两河交汇处，水陆交通方便，是川东通向川北的要冲，素有“川北重镇”之称。平昌属四川盆周山区，坡度一般在15度至50度之间，局部地方在50度以上。地形可分为中切割低山、浅切割低山、深丘、平坝四类。海拔大多在700～1100米之间，最高海拔镇龙镇贾阁山（1338.8米），最低海拔元石乡黄梅溪（268.3米）。河流属渠江水系，河网密度每平方公里0.33公里，河流总长度747公里，流域面积在50平方公里以上的21条。巴河、通河贯穿全境，巴河流域面积17666平方公里，流经县境9个乡（镇）。通河流域面积8958平方公里，流经县境10个乡（镇）。平昌属四川盆地亚热带湿润季风区。气候温和，雨量充沛，光照适宜，四季分明，夏热冬暖，春暖秋凉，春末夏初及秋季多雨，冬季多雾，霜雪较少。常年年均降水量1138.2毫米，年均气温13℃～17℃，南北温差5℃，多数年份最高气温38℃，最低气温零下10℃。年均日照时数1455.1小时；年均无霜期297天。

平昌较有名气的风景名胜，是镇龙山国家森林公园；较有特色的文化古迹，有巴灵台；纪念胜地，有刘伯坚烈士纪念碑。镇龙山国家森林公园，位于平昌境内镇龙镇、江口镇和白衣镇交界处，总面积25.6平方公里，林用地2133公顷，森林覆盖率83.5%。该公园于1995年被四川省林业厅批准为省级森林公园。公园突出森林景观、佛教文化和历史文化，是一个以自然景观为主，人文景观为辅的景区。五峰林场森林茂密，海拔1200米以上的山峰54座，其中5座形成“五龙捧圣”奇观；空山坡40米的小道行人经过五音谐和如天籁之音；五龙湖波光耀眼，倒影迷人；贯壳山观日出、圆月和云海，景象万千。植被丰富，种类繁多；深秋红叶壮观。巴灵台庙群，距县城31公里，始建于明朝中叶，历经清朝至民国多次补建，共建有9座庙宇及1座斋堂。1958年庙宇被拆，神像被毁，树木被砍，古遗迹依存。1978年后，在原址重建药王殿，在山顶新建小宝塔，并栽种的杜仲、黄柏、良桑等经济林，巴灵台又以崭新的面貌呈现在游人面前。刘伯坚烈士纪念碑，位于平昌县江口镇江阳公园，占地2.24万平方米，其中绿化面积1.8万平方米。1983年12月奠基，1986年10月9日落成，邓小平、叶剑英、聂荣臻等党和国家领导人分别题词。原军委副主席杨尚昆亲临落成典礼，李鹏总理致电祝贺。碑正面嵌邓小平题写“刘伯坚烈士纪念碑”，背面刻黄镇书《烈士生平传略》。背后照壁为黑色大理石诗屏，镶嵌烈士遗作《带镣行》。诗屏后陈列室放置文物156件，陈列生前珍贵照片、遗物、亲笔书简1万余件。刘伯坚烈士纪念碑成为省级文物保护单位和全省爱国主义教育基地。

平昌除明代无县建制外，每个朝代都先后在此立过州、县。西晋太康元年（280年）置平州县，北周保定四年（564年）更名“同昌县”，属遂宁郡。隋开皇三年（583年）改属清化郡；九年（589年）更名“归仁县”。唐武德元年（618年）隶属巴州，第二年改属万州，唐贞观元年（627年）属巴州。北宋乾德四年（966年）废归仁县入曾口县。南宋淳祐五年（1245年）在江口镇杨柳村和笔山乡境分别建小宁、新德州，隶属利州路；元朝初年改属保宁府；至元二十年（1283年）并入阆中县。明朝无县建置，隶属巴州。清雍正七年（1729年）置江口分州，隶属巴州。民国2年（1913年），巴州更名巴中县，江口分州随之更名为江口分县署。1933年6月置江口县苏维埃；1935年红军撤离后，境地恢复旧制，属巴中县。民国35年（1946年）成立平昌设治局；民国37年（1948年）设治局升县，属四川省第十五行政督察区。1950年2月属川北行政区达县专区，1968年9月属四川省达县地区，1993年10月后隶属巴中地区。2000年12月，隶属巴中市辖。平昌县领导机构，有中共平昌县委、平昌县人大常委会、平昌县人民政府和平昌县政协。1950—2000年，先后任中共平昌县委（县革命委员会核心领导小组）书记（组长）的有林树人、艾文、杨成美（兼）、周勋稷、潘志久、顾炳生、王思进、宋仕珍、王治寿、蒋东生、侯必贵。1980—2000年先后任县人大常委会主任的有周尚聪、冉崇华、王治寿（兼）、蒋东生（兼）、王道先、侯必贵。1950—2000年，先后任平昌县政府（县革委）县长（主任）的有杨成美、周勋稷、王彦卿、张得胜、尹善儒、罗裕丰、蔡明生、顾炳生、潘志久、冉崇华、宋仕珍、王治寿、刘道平、侯必贵、姚义贤。1981—2000年，先后任平昌政协主席的有李景碧、冉崇华、王廉堂、沈逢珍（女）、胡继昌。

平昌县城江口镇，位于县境中部。清末，沿河两岸仅有几十家用芭茅杆搭建的草房。到民国末年，县城仍只一条崎岖不平的小街，每逢赶集，拥挤不堪。城乡居民用桐油、煤油照明；县城居民靠挑井水、河水饮用。中华人民共和国成立初，对县城实施规划和建设，国营商业单位陆续修建楼房。1962年后，银行、医院、纺织厂等搬到二台阶（新平街）。改革开放后，按县城地形、地貌进行总体规划，沿河按三个台阶发展，一台阶老城区为生活居住区，二台阶政治经济中心区，三台阶教育文化区。至1985年，城区面积达2.8平方公里，县城房屋建筑总面积430795平方米。平昌县城街道5条，巷12条，路12条，总长15公里。以后各年，采取招商引资手段改造旧城，开发新区，拉大县城区域框架。2000年投资9500万元，实施安居工程，开发江阳小区一期工程，改造3个、新建1个农贸市场，房产开发面积1.3万平方米；全县房屋竣工面积6.4万平方米，人均住房面积15.5平方米。平昌县城有8条街、26条巷、10条路。2000年完成平昌县两个水厂80%的建设任务。在城北、元山等地相继建成35千伏变电站4座，新增变电容量16450千伏安，新架35千伏输电线路4条，县城供用电矛盾，得到彻底缓解。先后在佛头山建立的江阳公园，在镇龙山建立的森林公园，已成为人们休闲娱乐和接受革命教育的必游之地。

平昌的公路建设起于20世纪50年代。最早的一条公路是广（元）开（江）路，即原达（县）广（元）路平昌段85公里，1957年12月建成通车。1958年开展交通大会战，先后开工修建通（江）平（昌）、平（昌）长（通江长胜）、三（房湾）大（仪陇大寅）、江（陵庵）土（渠县土溪）、元（山）民（通江民胜）等县级公路，均在20世纪70年代初期完工，总长198公里，多为简易公路。1963年起，境内各公社组织民工开始修筑乡道简易公路，至1973年境内共修筑9条乡道公路。同时完成176条420公里泥结石的机耕道，1962年后大多被毁复耕。1978—1985年，以民工建勤和以工代赈方式，修筑省道通（江）宣（汉）路，全长20.6公里。20世纪八九十年代，国家投入大量资金，组织农民筹资、投劳、对省、县、乡道进行加宽、硬化、美化，先路基整治，后泥结碎石路面，再标美路、油路。至2000年，全县修建省道两条，全长95.3公里，其中广（元）开（江）路为油路，通（江）宣（汉）路为沥青路；有县道5条，全长231公里，多数是油路，少数为砼路面与沥青路面；有乡村公路227条704.5公里，均为泥结碎石公路；有公路大桥12座，长2040延米；有中桥3座，长255延米。渡口码头，由20世纪50年代初的40处增加到2000年的99处。省、县道工程总投资23285.52万元。

县境能源主要是电力，电站修建于通、巴两河干流和支流上。至2000年，县内共有大小电站16处，装机容量11895千瓦，年发电量5925千瓦时；另有双滩电站（原名剪刀垭电站），正在建设中，装机容量3.6万千瓦。电站中，最大的有风滩电站、磴子电站和双滩电站。风滩电站，处于巴河干流，离县城11公里，1977年10月动工，1979年11月第一台机组发电，1980年12月第二台机组投产，整个工程总投资1664.84万元，其中国家补助224万元，贷款382.7万元，建站中19人因公死亡，75人致残。全县变电站及输电线路建设于1978年启动，到1985年底，全县有35千伏变电站2座，10千伏及以上输电线路1689米，0.22千伏输电线路6830米，10千伏配电变压

双滩电站枢纽工程

器1097台63492千伏安。全县共有461个村，3115个社，115000户通电。1986—2000年，新建10千伏变电站5个、35千伏变电站4个、110千伏变电站1个，新增容量24030千伏安。至2000年全县通电率达96%。

平昌的通信设施，在民国时期，只有从巴中到达县经过辖区的粉壁、驷马、土垭、江口场、泻巴、长垭架设有通讯线路。1949年底，除坦溪、澌岸外，其余19个乡均架有1.6毫米单线电话线路，安装交换机3部，容量20门，电话单机21部。1957年改造县至区中继线路，到乡改为双线。1965年县区干线实现双线直达；1975年增设农村电话交换机11部，载波电话终端16部，会议电话终端14部；1985年全县电话容量590门。1986—1989年，县城电话使用5台落地式交换机共500门。1990年1月使用日本生产的纵横式交换机，结束平昌半个多世纪使用磁石式电话的历史。1992年开始筹办移动通信，1993年建成本地网，当年发展用户14户。1994年8月28日零时开通程控电话，市话实现程控化；9月7日巴中至平昌光缆开通，实现传输数字化，电话号码由5位升到6位，总投资1982.1万元。1994年冬，县城开通磁卡电话。1995年10月建成900兆模拟蜂窝移动电话基站，实现省、地联网，全国漫游；设备上从无线电话集群系统过渡到A网、G网传输，技术上从模拟通信发展到数字通信。1997年，将过去的电话网扩容，与巴中地区割接，统一区号0827，号码升至7位。2000年，重抓C5扩容改造，着力解决农村电话需求紧张矛盾，全县交换机增至33928门。移动通信用户达8000人；联通数字和中文寻呼，容纳用户2.5万人。

民国时期，境内工业主要以被服加工、木船修造、器具加工、鞭炮生产、缝纫等行业为主，规模小，效益低。1958年9月，调整产业结构，在巩固全民所有制企业的同时，大力发展集体所有制企业。到1985年底，全县工业企业316个，总产值8869万元，其中国营26个，产值3861万元；集体290个，产值3247万元；村及户营企业产值1761万元，实现利润591万元。2000年，全县国有工业及销售收入500万元以上非国有企业销售收入19350万元，同比增长45.1%。

1950年前，土地私有，农业产品单一，耕作技术落后，粮食生产根本不能满足生活需要。1951年冬，开展土地改革运动，农民种粮积极性大增，粮食产量逐年增长。1963年起，逐步完善社员劳动考核、奖惩、分配等制度，农业生产得到恢复性发展。“文化大革命”时期，农业停滞不前，劳弱户粮食紧张。1978年后，实行家庭联产承包责任制，克服吃“大锅饭”和平均主义弊端，农业逐步转向商品生产。1985年，全县年收入上万元的农户达624户。2000年全县农作物播面105018公顷，粮食播面71051公顷，产粮39.4万吨，实现农业总产值13.1亿元。

民国时期，境内林木主要靠天然更新和无性繁殖，自栽自采。1952年土地改革，将山林划为国有17处、290.68公顷，集体170处、536.2公顷，个人64539公顷。1957年，高级农业生产合作社社员山林折价入社61204公顷。1958年大办“公共食堂”“大炼钢铁”及“文化大革命”期间的乱砍滥伐，至1975年全县森林覆盖率仅11.24%。1976年后，植树造林逐年加强，到1985年底，森林覆盖率回升到16.8%。2000年，飞播造林工程在板庙、响滩等13个乡（镇）和林场实施，投资15.2万元，群众投工2万个，用种2590公斤，完成飞播造林1592公顷。以以工代赈项目建立平昌县大风垭经济实验场，栽植各类经济苗木27.66万株；天保工程生态公益林建设涉及23个单位的63个大班152个小班，作业设计面积2367.9公顷。

民国时期，平昌商贸业以私营为主。中华人民共和国成立后，政府着力发展国营、集体商业。1951年全县私商3250户，年商品零售总额10.2亿元，占社会消费品零售总额的60.3%。1952年，建立县供销合作社，1953年实施公私合营，促进国营、集体商贸业的发展，1956年私营商业户改造率69.7%。1958年开始停止发展个体商业，到1976年底，平昌私商仅32户。1978年后，改革开放政策鼓励发展私营企业，1981年兴办198户个体商业。到1985年个体工商户发展到3791家，从业人员4178人，年商品零售总额1202万元，占社会消费品零售总额的11.6%。个体私营商贸业的恢复发展，带动国营、集体商业更新经营理念，优化服务质量，促进全县商贸经济健康快速发展。2000年全县社会消费品零售总额5.1亿元，商贸业3.41亿元，占总额的66.9%。

平昌的优势产业是酿酒业。明末清初，民间习惯酿酒，尤以江口南台酊缸酒和小角楼小酢酒著名。民国时期，从家庭煮酒发展为手工作坊，到1949年有63家，年产白酒78吨。1952年4月在县城文化街组建国营酒厂（江口醇酒厂），年产白酒79吨，1957年迁址城西光辉村（江口镇小桥街西段），1958年9月投产，年产量130吨。1970年，县酒厂将木桶改地窖发酵，生产曲酒，1977年自行设计蒸煮锅、酒精塔等成套设备，半机械作业，年产能力1240吨，出酒率由33%提高到42%。1978年新建液体车间，改进工艺流程，出酒率提高到49.5%。1980年改造蒸馏塔，提高曲药质量，出酒率达到54.1%，年产量2066吨，产值315.7万元，利润72.1万元。1981年，商业供销系统投资885.3万元，改造平昌酒厂，新建食品厂（小角楼酒厂前身）等，年产量19000吨。1985年，平昌县食品厂将传统工艺与现代技术相结合，以红粮和玉米为原料生产的“小角楼”酒获省优质产品，“牛年十佳产品”称号，年产白酒39000吨，畅销国内24省、市，产值1015.8万元，实现利税303.8万元。江口醇酒厂以糯米、绿豆为原料，精心酿制，长期窖藏而成的魁曲酒被评为“牛年最信得过产品”。江口醇、小角楼酒厂走名牌兴厂、质量兴企之路，调整结构，强管增效。2000年生产各种档次瓶装白酒4050余吨，销售收入首破亿元大关，达到11075万元，上缴税金1066万元。

平昌的新学教育起于民国。民国6年（1917年），境内第一所公办小学在江口文昌宫开办。1933年，红四方面军在驷马等地开办夜校，对民众进行识字教育。民国28年（1939年），驷马乡自筹资金在当地开办纺织学校，为县第一所职业学校。民国29年（1940年），江口建有省立巴中初级农业职业学校，民国37年（1948年）更名为省立平昌农业职业学校。民国32年（1943年）4月，岳家乡“十善会”创办全县第一所初级中学，名广德中学；民国34年（1945年）更名为金山初级中学。民国35年（1946年）9月，平昌设治局在城区筹建初级中学。民国37年（1948年）小学发展到217所、509个班，学生8762人；1950年2月，县政府接收并加强管理。1955年9月，城守小学附设幼儿园，为县人民政府建立后幼儿教育之始。1956年平昌第一中学附设师范班，1957年11月定名四川省平昌师范学校，1960年设中师、初师、幼师共19个班，学生660人。1958年，全县有农村办幼儿园548处；有小学550所，学生40790人。1960年，全县有中学11所、82班，在校高中生625人、初中生3707人。“文化大革命”期间教育处于低谷，1978年后逐步恢复。1983年开始普及初等义务教育，1986年底省政府验收普及初等义务教育合格。1992年启动普及九年义务教育，1995—1997年，大力增加投入，努力改善办学条件，1998年经巴中地区行署检查，各项指标达到“普九”要求，认定合格。至2000年，学龄儿童入学率100%，小学在校学生9.67万人。全县有中学33所（含单设初中），职业中学5所。平昌师范被撤销，校产、师资合并到平昌中学。扫盲工作经巴中市政府复查合格，全县非文盲率99.5%。

平昌在民国初期，医疗条件极差。1933年，红四方面军在县内建医院，医治苏区伤病员；1935年红军北上撤离。民国37年（1948年），在江口镇建卫生院，1950年由平昌县政府接管，1956年更名为平昌县人民医院。20世纪50年代，全县建立防疫、保健体系开展疾病防治、新法接生工作。1952年城关镇、大寨、岳家等乡建立集体所有制诊所，1958年更名为公社卫生院。到1961年，县医院共有职工65人，设病床60张；1985年医护人员有237人。中医院成立于1988年9月，时有职工27人，各类建筑3000平方米；全县乡镇有医疗技术人员555人，病床257张，住房27523平方米。1989年乡镇卫生院实行县乡共管，以乡为主的体制；村卫生站村办村管，乡镇卫生院负责业务指导。1990—2000年，平昌县人民医院的神经内科、心血管内科、消化科、脑外科、泌尿外科、骨外科、胸外科、肝胆胰外科、妇产科、五官科在平昌县颇负盛名。医院每年承担中毒、车祸、工伤事故、危重病人抢救，获得了社会各界的赞誉。2000年，县人民医院有专业技术人员287人，其中副主任医师13人，主治（主管）医（护、药、技）师94人。县卫生防疫站有职工60人，房屋建筑面积3832平方米，有先进设备30台（件）。先后开展了食品、劳动、学校、环境、放射卫生的监督检测和计划免疫工作，使全县传染病得到有效控制。全县孕产妇和儿童系统管理率分别为64.3%、65.9%，新生儿破伤风基本消除，孕妇、婴儿死亡率分别为5.16‰、13.84‰。

平昌在20世纪50年代后，文化事业发展较快。1950年9月，平昌县成立文化馆，指导群众文化工作。1956年成立区文化站，开展经常性群众文化活动。1956年5月建平昌县广播站，10月正式对外播音，覆盖面限于县城及郊区部分地段，可收听中央及四川省人民广播电台节目。从1958年起，平昌县文化部门组织采风队，深入农村采集民歌，出版《平昌县民间歌谣集成》6卷，油印本1卷，收录情歌、劳动歌、时政歌、生活歌、社俗歌、儿歌等10大类1761首。20世纪50—70年代，文化机构普遍教唱革命歌曲，反映亲情、友情和乐观向上的流行歌曲；普兴秧歌舞、腰鼓舞。在“五一”“七一”“十一”等节日期间，举办文艺汇演比赛，踊现出舞蹈《翻山铰子》、川剧《恭喜发财》、话剧《访驷马》等一批优秀节目。1977年1月，平昌县在金宝观安装差转机一台，开通电视转播，1981年9月至1983年5月增设10瓦差转机1台，以满足县民欣赏电视的欲望。1982年5月，平昌县文化馆组织专干赴西兴挖掘民间技艺“翻山饺子舞”，提炼出平手铰子、翻山铰子、水漩莲花、苏秦背剑、白鹤展翅、黄龙缠腰、雪花盖顶、海底捞月、跑马射箭、青蛙晒肚等舞姿，以唢呐为主乐器伴奏并加包锣小鼓，以小铰为主道目表演。1979年创作的话剧《捉拱猪》获省汇演优秀奖。新诗《钻天杨》、报告文学《抗旱救灾庆丰收》、小说《长岩湾》等在国家、省、市刊物上发表。1993年后，平昌文艺骨干流失，文艺创作有所滑坡，到1998年在省级以上刊物发表质量较高的文艺作品仅有15人、56篇。1998年为抢救保护巴人文化“活化石”，组成专门班子赴龙岗对《翻山铰子舞》分布情况、传承艺人进行登记造册，并组织艺人传授技术，进而将《翻山铰子舞》搬上舞台，通过反复提炼打造，现成为巴山深处的文艺精品，2000年应邀参加四川电视台春节联欢晚会开幕式演出，中央电视台作了转播。文艺创作以文化馆专职人员为主，在小说、诗歌、散文、论文、书法、绘画、摄影、歌曲等方面成果较多。在广播电视方面，实行“县乡共管，以县为主”的广播电视管理体制，收购、兼并61个个体（单位）网络进行整合，投入建设资金6000万元，实行光纤大联网，改农村有线广播为调频广播，广播与电视同步发展。

平昌科技事业。1958年初，成立科研组，重点普及农业生产密植。因技术失误，连续两年水稻和小麦严重减产。1960年全县有各类科技人员230人。1978年县科学技术委员会摸底造册，查明全县共有各类科技人员652名。至1980年底，全县10个区60个公社建科普机构466个，会员7731人，首创农村科普网络，中国科协将平昌列为全国科普重点县。1983年平昌县科协在驷马等地承包1万余亩水田推广杂交水稻丰产实验，亩产626公斤，超常产50多公斤，1984年3月3日《人民日报》为此发表评论文章，给予充分肯定。1992年开始，每年三月确定为“科技之春”宣传月。由县科委牵头，组织县级各涉农部门抽调人员组成小分队，送“科技、文化、卫生”三下乡，深入到乡

（镇），利用赶场天，结合春耕生产，举办蚕桑、畜牧、农机等各类培训，开展技术咨询、现场解答、文艺演出、义务就诊为农民看病、赠送科技书刊、技术资料等服务活动。1986—2000年，全县推广科技成果200多项。由于受银行贷款困难，技术人才不足等条件制约，约85%的科技成果未取得较好效益。农业生产上推广的“双杂一盖”（杂交水稻、杂交玉米、盖膜栽培）、“温室两段育秧”、“水稻旱地育秧”、“宽窄行条栽”、“三围立体栽秧”、“良种繁育”、“肥团育苗”、“配方施肥”、“旱地轮作”、“病虫害统防统治”等十大实用技术成果，对战胜干旱、洪涝、虫害等自然灾害起到较大的作用。四川小角楼酒业有限责任公司，1998年二次创业，依靠科技创新，科技人员潜心钻研，对32°、35°、38°、39°等低浓度降香型白酒质量攻关。采用生物发酵、微机勾兑、色谱分析和人工调味相结合技术，攻克水味重、酒味淡难关，增强浓香度，全面提高金鑫小角楼系列酒质量。

民国时期，平昌县经济发展缓慢和受自然灾害影响，人民生活艰难。城乡居民不少家庭住的是茅草房，条件简陋，火灾频发。1950—1957年，平昌工农业生产恢复发展，人民生活逐步好转。1958—1961年，实施“大跃进”，瞎指挥和浮夸风导致经济发展严重失调，人民生活极端困难。日用商品匮乏，老百姓购买生活必需品凭票供应，特别是农民家庭基本的温饱问题都得不到解决。1963—1965年，平昌经济得到迅速恢复。1966年，城乡个人储蓄达210万元。“文化大革命”期间，工农业倒退，经济滑坡，人口快速增长，人民生活水平下降。1978年后，平昌经济得到快速恢复，1980年城镇职工人均收入698元，农民人均纯收入166元。但与发达县（市）相比，人民生活依然贫困。“七五”期间，平昌积极开展农业社会化服务，大力发展乡镇企业和多种经营，壮大集体经济，狠抓剩余劳动力转移，商品经济快速发展。随着经济好转，老百姓住房逐步向土墙、砖瓦平房过渡。1985年农户建房55.6万平方米，住房支出在1980年2.88元基础上增达12.14元；户均用房6.1间，是1980年的1.38倍。1990年，全县农民人均纯收入为486元，城镇居民人均可支配收入1122元，分别较1980年增长2.9倍、1.6倍。“八五”时期，农民人均纯收入以9.7%的速度递增，1995年达721元，比“七五”时期末净增235元；城镇居民可支配收入以32.6%的速度递增，比“七五”时期末净增1833元，达到2955元。1995年人均消费1129元，在农村家庭：56%的有黑白电视机、31%的有电风扇、17%的有收录机；在城镇家庭：40%的有彩色电视机、68%的有组合家具、76%的有洗衣机。“九五”期间，农民人均收入普遍增长，2000年达到1275元，比“八五”时期末增长1.77倍，年均递增15.4%。城镇居民人均可支配收入3693元，较1990年增长1.25倍，年均递增5%。2000年人均消费1837元，在农村家庭：20%的有彩色电视机、1%的有摩托车和电冰箱。城、乡居、村民人均住房面积分别增长13.9%和19.4%，达到18.5平方米和28.48平方米。

巴中市志

第四十二篇

人物

第一章 人物传

（按卒年先后为序）

张思训

张思训，巴中市巴州区石城乡人，生卒年月不详，是中国杰出的天文学家，是“浑天仪”的发明者。据《宋史·天文志》载：“太平天国四年（879）正月，巴州人张思训创作‘浑天仪’以献太宗。召工造于禁中，逾年而成。诏置文明殿东鼓楼下。其制：起楼丈余，机隐于内，规天矩地，下设地轮、地足；又为横轮、侧轮、斜轮；定身关、中关、小关、七置神、左摇铃、右扣钟、中击钟、中击鼓以定刻数。每一昼夜，周而复始，又以木为十二神，各值一时，至其时则自执辰牌，循环而出，随刻数以定昼夜短长。上有天顶、天牙、天关、天指、天抱、天束、天条、布三百六十五度。为日月五星，紫微宫列宿斗，连黄、赤道，以日行度定寒暑进退……冬至之日，日在黄道表，去北极最远，为小寒，昼短夜长；夏至之日，日在赤道表，去北极最近，为小暑，昼长夜短；春秋二分，日在两交，春和秋凉，昼夜平分。寒暑进退，皆由于此。并著日月象、皆取仰视。按旧法、日月昼夜皆所运行。新制成于自然，尤为精妙，以思训为‘浑天仪’承”。

“其制与旧仪不同，最为巧捷”。在古代“浑天仪”向自动化、机械化、日趋精密的发展，起到了促进作用，为中外公认。法国普规思在浑天研制的成就和对西方影响时说：“天文学领域中有许多东西是起源于中国……西方分两期接受过来的”。

李钟峨

李钟峨（1661—1749），号芝麓，字雪原，通江县兴隆流二沟人。幼患软骨症，6岁不能行走，18岁正当苦读，不幸在黄县任知县的父亲受诬入狱，与兄钟壁奔走营救无效，始还通江。26岁且耕且读，32岁中举人，45岁中康熙丙戌科进士，钦点清书庶吉士；51岁授文林郎翰林院检修。康熙壬辰科会试同考官。56岁提督福建学政，岁科取入文武生2700余名。61岁任翰林院日讲起居注官。雍正二年（1724年）五月升翰林院侍讲，七月升右庶子掌坊，九月转左庶子掌坊，兼翰林院侍读并日讲起居注官，十一月奉命担任广西省乡试正主考，取中举人48名，副榜10人。68岁转任太常寺少卿，掌礼乐社稷宗庙礼仪之事。

李钟峨在翰林院22年，官由八品升至四品，曾任《三朝实录》《方舆路程》《国史》《分韵近体唐诗》《一统志》等各馆编修官，对编史修志作出了贡献。他主编《盛京府志》，得升庵、玉垒、方周三太史有关《保宁府志》史料，初步写成《保宁府志》。66岁回到通江后，完成了他父亲没有完成的《通江县志》的纂修。另外他还著有《白石纪闻》一书，后收入道光《通江县志》。李仲峨提督福建时刻父《雪鸿堂》文集，附自撰《垂云亭》集于后；多系馆教应酬之作。

冉文俦和冉天元

冉文俦、冉天元系通江县麻坝里冉家湾人。冉天元因父母早逝，由叔父冉文俦培养成人。清嘉庆元年（1796年）十月二十四日，冉文俦参加白莲教举起反清大旗，称“通江蓝号义军”与巴州义军罗其清合谋，智取了通江城。

清嘉庆三年（1798年）一月，冉氏叔侄由渠县到巴州，一举攻下白衣奄，切断官兵运粮水路，进而推进到石桥河、蒲家场、双河场、胡家场等地；二月二十七日，冉文俦挺进渠县，先后占领渠县蚊虫溪、涌兴场、白沙寺、清河坝等地。冉文俦屯兵石梯坎，打破了总兵保兴的围攻，歼敌千余人，保兴及参将文奎等当场丧命。七月中旬，德楞泰、恒瑞从东、西、北三面进攻大神山，冉文俦集中优势兵力从北边杀开一条血路，杀死直隶把总张奇、世袭轻车都尉阿勒唐古尔，官兵伤亡千余人。九月中旬，冉文俦移师通江唱歌乡麻坝寨，义军扩到13000余众。

清嘉庆四年（1799年）正月初一，官兵分三路进攻麻坝寨，冉文俦亲率3000义军杀出麻坝寨。战斗中冉文俦多处受伤仍与官兵拼杀，终因伤势过重，倒在血泊中被俘，惨遭杀害。此时的冉天元已成为威震清军的义军猛将，人称“扫地王”。冉天元从叔父手中接过大旗，带领千余义军退入太平老林。在极端困难之时，义军推举冉天元任通江蓝号义军元帅。

清嘉庆四年（1799年）五月，冉天元在竹峪关与东乡白号张子聪所率义军会合，领兵退入巴山老林，又与王登廷率领的达州青号、龙绍周率领的太平黄号义军会合，活跃在通江、南江一带。是年冬，冉天元率联军西出老林，至苍溪人头山，依山据险，构筑营寨。清军额勒登保率总兵杨遇春、阿哈保，三路攻打人头山。冉天元率义军从山顶铺天盖地冲下去。官军大乱，云南游击张明被杀。

冉天元率领联军由苍溪向广元转移，至猫儿垭、青垭子一带，冉天元依山列阵，设下埋伏，与官军再次决战。猫儿垭、青垭子战斗后，冉天元率领联军由广元经南江、通江到达开县，占领著名的临江市。各路将领称他为“蓝号总元帅”。从此，冉天元实际担任了四川白莲教联军的总指挥。

冉天元率部抢渡嘉陵江后，进攻蓬溪、西充，逼近川北重镇顺庆（南充市）。清廷令驻达州的吏部尚书兼四川总督魁伦火速前往镇压，并调额勒登保和参赞大臣德楞泰由陕回蜀，救援川西。冉天元设伏兵以待，将官军拦腰切断。朱射斗、刘应魁、曾玉柱等均被击毙。战后，通江蓝号义军约两万余人，官军伤亡惨重。此后又经历了新店子、青林口、马蹄岗战斗册。在战斗中，冉天元亲自督战，驱马左右冲杀，不幸右腿中箭，坠马被俘。冉天元被俘后，无所畏惧，是年秋在成都东校场被剖胸挖心，残酷杀害，年仅36岁。

罗其清

罗其清（1760—1799），巴中市巴州区岩口乡方山坪人。7岁丧父，10岁时，母被逼债人杖死，其清带弟妹依舅织布为生，人称罗机匠。

嘉庆元年（1796年）春，湖北枝江、襄阳白莲起义。是年秋，达州徐天德、东乡（宣汉）冷天禄、通江冉文俦、太平（万源）龙绍周、巴州罗其清纷纷聚众起义呼应。罗其清与平昌响滩鲜大川、苟文明聚义方山坪，广纳贫民入白莲教抗清，称巴中白号首领。

嘉庆三年（1798年）二月，罗、冉义军会师仪陇孙家坪，进逼马鞍寺，武生杜跃山堵御被围，求援冠家营（平昌县南风乡）周首陈延鞠，陈命其侄陈大阶驰救，被义军全歼。三月，王聪儿率部2

万余人入川，与罗、冉会合。此时，罗、冉已成为四川反清主力。罗其清在起义反清的斗争中，转战川、湖、陕边境，身经百战。嘉庆三年十二月二十六日，罗其清在笔山鱼洞（平昌县）被擒遇害。

李善济

李善济（1883—1921），号小康，通江县板桥口乡人。自小聪颖过人。遇事有新见，多超越旧礼教，放浪于形骸之外。凡事物入眼，雀剥成趣。口占诗歌联语，皆有新意。幼读牛脑庵私塾。及至15岁入庠，18岁补廪。县、府、院试，皆名列前茅。

时有乡友姚宗邦仕游扬州溺死，李善济以姚性格、遭遇实况拟联相悼：鲠骨葬江鱼，剑挂芦边，琴挂芦边，想秋水伊人，宛在，宛在，指波心之水而宛在；雄风惊海怪，神游天际，魂游天际，望家乡何处？归来，归来，跨扬州之鹤以归来。读罢此联，如见其人其事。及长，于四川省高等学堂毕业，任武胜、双流等县视学。光绪三十二年（1906年）回通江；次年春，接邓天壁于四川省高等学堂堂长。因其超脱诙谐，雀跃不忌，在席间语讥新知县吴逊不知政。吴即嬉而答曰："本县不知政，然善治人"。故善济于席散后，脱发扮僧而逃青城山出家。清宣统三年（1911年）春节，长老僧命徒觅人拟春联。善济欣然应诺，遂拟394字长联贴于寺。是年正月十五日，道台某去青城胜地行香拜谒，见寺前长联，气质磅礴，寓意藏形，纵横跌宕，情景交融。道台诘问作者，长老答以小徒所拟，遂引善济相见。善济长跪不起，述与吴逊事端末。道台嘱以还通，李再陈其难。终告速归。李回通江时，吴逊已远去。民国元年任通江县行政公署第二科科员。民国2年（1913年）任通江视学，次年交邓天壁尔后遂俺留政界，其诙谐之性不改。所作诗歌、联语皆笔底有刺，致人暗中与他为敌。民国7年（1918年），自拟春联："名士岂虚生，大则为王，小则为霸；全才堪自信，文不借笔，武不借刀"。惹起一位姓王秀才的不满。改联回击，夜贴于李联之上。其联云："名士岂虚生，小名雨儿，大名善济；全才堪自信，武拿打石，文拿烟枪"。李善济平生语刺遭击，为其致命伤，多有得罪于人。

民国8年（1919年），李作《过板桥》诗，反对郑启和占领通、南、巴，开禁种鸦片，横征暴敛，巧立名目为"十元半"。其诗云："断无名士不标骚，年年骑马过板桥。笛里江山怀故国，酒边风雨送春潮。天涯鸿爪青城远，地回龙门北斗高。安得新蒲为彩笔，尽书心事一条条"。他诗里的新蒲，指剑非指笔，藏而似露，若发冲冠。

民国10年（1921年）冬，李善济老家胡明和杀年猪宴客，李善济宴罢归家途中，被人暗杀，卒年仅38岁。

邓天壁

邓天壁，字东垣，生于清同治元年（1862年），卒年不详。祖籍通江县新场坝人，随其祖迁通江城南苟家湾。幼即惇厚颖慧，与人交无浮词。光绪初，文思大进，由秀才、廪生而拔贡。光绪二十七年（1901年）出任高县知县。亲理案件而无余牍。所决裁皆秉公执正，不徇私情。更除弊政、免苛捐、减赋税，赢得高县民众称赞。

清末内政腐败，天壁深恶痛绝，不愿钻营取宠于当道，在任一年半，被排挤下台。离开高县时，社会团体送"德及生民"的"万年伞"一把，以颂其德。回县后任通江县视学。民国2年（1913年），被推举赴日本留学，读弘文院速成师范，专攻教育，研习新学制。毕业回国后，于民国5年（1916年）创办通江县诺江镇高等小学堂，任堂长。新学学制、课程，仿效日本。并学得日本制造粉笔技术。在县城禹王宫开厂自制，为通江课堂使用粉笔的第一人。邻县巴中、南江获悉，派人前来通江学制。民国3—6年，再任视学，倡办女子学校，解妇女被剥夺受教育的权利。曾于县会数次议请立学。终至民国9年汪洵任视学时创办通江县女子学校于城南苟家祠。推荐肖福春（海如）任校长，邓肖秀、何兴玉等任教员。自此通江女子始有受教育的地方。民国10年，又任视学，倡办模范小学堂于通江城内张家祠。民国11年开学，敦邀邓天壁为名誉校长。是年，县城有4所新学制学校，为通江教育事业最兴旺时期。邓天壁耗费毕生精力，为通江培育出大批有用人才。

董修武

董修武（1879—1915），名发科，字特生，祖居巴中县光辉乡，父辈迁住县城。昆季5人，修武为长。自幼聪颖，勤奋好学，16岁中秀才。

清光绪二十八年（1902），由州署保举应考成都东文学堂，被录取。光绪三十年（1904年）毕业后，东渡日本，就读明治大学，后毕业于日本中央大学政治经济科。

光绪三十一年（1905年），孙中山到日本活动，准备创建统一的革命组织，修武拜谒，交谈融洽。是时，光复会领袖章太炎在沪出狱，董将其迎到东京，于孙、章之间沟通意见，成为兴中会与光复会合作的桥梁。是年八月，中国同盟会在东京成立，修武加入，被选为评议部议员，参与同盟会决策。此后，同盟会创办《民报》，筹集款项、购买印刷机、采办所需物品等，修武与黄复生出力甚多，当时人称：“《民报》风靡神州，君实为其主干”。

修武在日期间，与宋教仁、于右任、张表方等过往甚密。并与川籍同盟会员雷铁崖、邓洁、李肇甫等创办《鹃声》杂志，宣传民主主义，唤醒千万同胞拯救民族危亡。后来《鹃声》激怒清政府，被迫停办，《民报》亦被查封。

宣统三年（1911年）四月，修武受孙中山之命，回国主持同盟会四川支部工作。是年十月十日，武昌起义爆发。在川同盟会联络军、学两界百余人秘密商议，推举修武为召集人，筹划起义响应。十一月二十七日，大汉四川军政府成立。原咨议局长蒲殿俊任都督后，欲拉拢同盟会人装潢门面，修武断然拒绝，声明“同盟会人不参加蒲军政府”，并在南较场召开万人大会，向到会群众作了精辟的讲演，公开宣传同盟会的革命宗旨。十二月八日，发生兵变，军政部长尹昌衡率部进驻都督府。以推举方式推出尹昌衡、罗纶为正副都督。新的四川军政府成立，修武任总政处总理兼财政司司长。总政处为一切政事之总汇，出入文牍，发布命令，皆得经办。在军政府成立不久，赵尔丰密谋复辟，修武力主速诛，尹及时将赵明正法典，人心大快。

民国元年（1912年）春，藏兵侵扰川边。袁世凯借机任命尹昌衡为川康经略使，调离成都，安插亲信胡景伊代理都督。尹设筹边处，修武兼处长，负责后勤工作。8月，同盟会改组为国民党，修武被推举为国民党驻川负责人。他深感胡景伊难以相容，9月辞去军政府本兼各职，专管党务。

民国2年（1913年）3月，袁世凯谋杀宋教仁，举国大哗，修武悲愤，在成都主持召开隆重追悼会，并以自己衣冠装饰宋之遗像。是年4月，省议会选举议员，国民党员赢得多数，胡景伊更以修武为心腹之患。6月，张培爵被袁世凯杀害于北京，修武受到严密监视。8月，离开成都，意欲取道上海，奔赴日本，面晤中山。行至川北太和镇，被胡派兵抓回，诬其主持财政期间滥发军用纸币殃民，欲公开诛戮，但无任何罪证，迫于国民党人及社会各界舆论压力，监禁百余天后宣布释放。修武出狱后，除负责国民党党务外，并从事实业活动。先后与周道刚、林冰骨等创办“同益曹达公司”“聚昌印刷公司”，对发展四川造纸工业和文化事业起到一定促进作用。还倡办“共和大学”，自任校长，培育人才。

民国4年（1915年），袁世凯图谋复辟帝制，派心腹陈宧任四川巡按使，率军入川。其时，孙中山在日本密电于右任，转告修武早离成都，但已被秘密监视，无法脱身。陈到任后，不到十日，便以“滥发军用币”罪名，将修武拘押于祈水庙军法处。是年7月29日，陈暗地派人缢杀修武于狱中，是年36岁。

修武死后，夫人将遗体运回巴中，葬于红岩河畔祖茔内。民国8年，四川省议会决定：在成都纯化街会议厅举行隆重追悼会，入祀“忠烈祠”。民国26年，国民党元老于右任、冯玉祥等呈请国民政府明令褒扬，将其生平事迹宣付国史馆，并予公葬。民国27年，巴中县政府主持举行公葬仪式。1984年冬，巴中县委、县政府决定：将其坟墓迁于城东凌云塔旁，勒石树碑，以垂不朽。

王鳌溪

王鳌溪（1894—1932），又名克一、学奕，字珏圣，巴中市巴州区柳林人。祖无产业，佃田耕种；自幼聪敏，才华过人。民国6年（1917年），得乡亲资助考入巴中县中学堂，因家境日困，仅肄业两年。

民国9年（1920年），承旅蓉同乡会资助，赴成都谋得非正式新闻记者工作。时军阀郑启和驻防通、南、巴，强迫农民种鸦片，巧立名目收烟捐，王以“鳌溪”或“王孙芳草”之名，投稿成都《国民公报》予以揭露，舆论为之哗然。后经同乡李宇航介绍，受聘为潘文华旅旅部书记。民国15年（1926年），撰文讽刺田颂尧，闻田欲加害，乃离蓉奔渝，到杨森部作书记。次年，刘湘任四川善后督办（驻重庆），李荐王为督办秘书。不久，李宇航任重庆警备厅厅长，王改任警备秘书。时田颂尧部在通、南、巴设联团办事处，搞“百万大筹款”，借团扩军，加之连年大旱，民不聊生。王遂邀旅渝同乡会友邓江镇、王化云创办《宕梁旬刊》，揭发田纵兵殃民之罪。王撰一联：“好的他田家，苦了我田家，说声派款，县长派，区长派，乱派滥派，指名摊派，胡闹鬼派，硬起心肠由你派；因为刮地皮，所以抢地皮，论到收捐，场上收，门上收，明收暗收，不把手收，只怕无收，谨防尸骨没人收”。田颂尧等联名上书刘湘，要求将其逐出重庆。刘许王以军政部主任和巴县县长职，王却幽默的回绝：“有个宣传部长当就可以了”。

在渝期间，王鳌溪先后任《团务日报》《宕梁旬刊》《新时代报》《重庆日报》《商务日报》《粉红通讯》总编辑或主笔，与《新蜀报》主笔萧楚女过往甚密，还结识进步人士漆南薰、周钦若等，赞同孙中山“联俄、联共、扶助农工”三大政策。后因写诗挖苦蒋介石，蒋介石勒令刘湘查封《新时代报》，王被迫于民国20年离渝赴沪。出三峡时，作诗纪行：“一为迁客别渝州，东出夔关作壮游。难得长江最知己，不辞万里送行舟”。

鳌溪路过南京时，《新民报》经理陈明德请为该报撰文，他婉言谢绝，径奔暨南大学教授邱致中（巴中人）家。旋任教上海文化学院，加入上海各团体救国联合会，与吴汝柏、钟行素、熊达梯等商办《新大陆报》，得到李济深和县人巩晋孚资助，报社设公共租界四马路。该报奉行“要求民主生存，反对日本侵略；要求民主政治，反对独裁统治”的宗旨，批驳蒋介石“攘外必安内，安内必先剿共”的反动政策，赞颂东北义勇军和十九路军英勇抗日，触怒蒋介石，被勒令停刊。

民国21年（1932年）初，鳌溪采访到蒋介石建立法西斯特务组织“兰衣社”消息，在《新大陆报》刊出，震惊中外。《申报》《大公报》等争相转载，欧、美各国使馆见报如获至宝，发回专电披露。蒋介石出动大批警特，封闭报馆，逮捕报人，砸烂印刷社，派人跟踪鳌溪，后在南京路中国饭店被捕。消息传出，《新大陆报》同仁、上海各救国团体、成渝两地的友好人士竭力营救，未果。

鳌溪押解南京后，国民政府许诺：若按政府意志办报，既可复刊，亦可资助。他凛然答道：

“《新大陆报》誓为人民心声，你们或可把我禁锢终身，或可抛进大河，或可背石沉海，一切听命于政府”。当局知其志不可夺，于民国21年秋密杀于雨花台，时年38岁。

任伟章

任伟章（1893—1933），又名任秉杰，字用壹，男，清光绪十九（1893年）生于南部县石泉垭。少时就读于南部县立高等小学堂；辍学后，学缝纫。后到杨森部当兵，由士兵到排长、连长；民国14年（1925年），升任第18旅旅长，驻岳池县，是年秋加入中国共产党。民国20年（1931年），任第6混成旅副旅长。民国21年（1932年）2月，驻军渠县兼任渠县县长。7月，弃职起义，在渠县建立“人民军”，后奉中共四川省委指示，带部到境内南江县桃园寺，建立游击根据地。8月中旬，任率一部至达桃园寺，建立“川北民众救国义勇军”（简称“川北民军”），任伟章为司令。

民国22年（1933年）1月13日，红四方面军73师218团进驻南江县官路口，73师师长王树生、政委张广才在高壁庵会见了任伟章等，决定将“川北民军”3600余人改编为红四方面军独立师，任伟章任师长，刘杞任政委，李载溥任政治部主任。任、刘、李三人上任后，随即率部攻打鹿角垭，奇袭巫山垭，参加解放南江城的战斗。红军总部褒奖独立师连战连捷。其后，独立师奉命向广元方向进军，2月28日在普子岭狙击敌人两个旅的进攻，2月29日与敌激战马桑庙。战斗中独立师与红11师32团配合，击溃了敌三个团的进攻，俘敌500余人，缴枪700余支，战斗胜利后，转至坪河。3月16日，独立师奉命收紧阵地于南江县赶场溪。17日，任、李等到宏济宫参加张国焘召开的会议，任、李等被解除武装；3月下旬，任伟章、李载溥被杀害，独立师建制被撤。

刘伯坚

刘伯坚（1895—1935），谱名永福，号铁侠、铸；国外曾用大野（冶）、毅伯笔名。平昌县龙岗乡人。

伯坚幼年聪颖，五六岁后即能书写对联，作状词。12岁就读大舅苟俊生执教的“专修馆”，攻读经史，又经二舅秉衡（武生）教习拳术，练习气功，骑马射箭，演唱川剧等。

民国2年（1913年）至民国9年（1920年）5月，他先后在巴中中学、绥定联中、万县师范、成都师范、北平高等法文专修馆读书；民国9年（1920年）6月离北平赴法，在比利时霞洛瓦劳动大学半工半读。

民国10年（1921年）初，伯坚由比到巴黎，研读《资本论》《共产党宣言》《法兰西内战》《国家与革命》和苏俄革命经验，加入赵世炎、李立三组织的劳动学会。当年，先后参与争取“三权”（吃饭、工作、求学）为主要内容的“二二八运动”“抗拒中法大贷款”和进驻里昂中法大学等一系列革命斗争。翌年初，同赵世炎、周恩来等保持联系，进行政治活动。民国11年（1922年）8月，成立中国共产党旅欧支部，原“少共”成员全部转为中共正式党员，刘伯坚担任中共旅比支部书记。民国12年（1923年）秋，继周恩来后被选为中共旅欧总支第三届书记；11月，党组织派刘伯坚、李会林等人第二批赴莫斯科东方劳动大学学习。刘伯坚被推选为旅莫支部书记，负责“东大”和中山大学200多名党员的思想政治工作，担负旅莫华侨事务。民国14年（1925年）5月，旅莫支部根据党中央决定，中国留学生分期分批回国参加革命斗争。民国17年（1928年），刘被派往苏联学习军事。民国19年（1930年）秋回到上海，与夫人王淑振秘密前往中央苏区。民国20年（1931年）11

月，在第一次全国工农兵代表大会上，伯坚被选为中华苏维埃共和国中央执行委员会委员，兼任工农红军军事学校政治部主任。不久，参加并领导震惊中外的宁都起义。原国民党二十六路军起义后改编为工农红军第五军团，刘伯坚任该军团政治部主任。

民国23年（1934年）10月，红军主力开始长征后，刘伯坚留任赣南。由于当时苏区主要领导人不接受陈毅等人建议，队伍遭受严重损失，苏区阵地越来越小，斗争越来越艰巨。直至民国24年（1935年）2月，中央分局、中央办事处和赣南省级机关、部队，在仁风地区陷入敌军重围中，不得不分五路突围。3月4日上午，刘伯坚在突围中左腿负伤，落入魔掌。敌团长劝他“顺应潮流”，只要办脱党手续便可得到“自由”和“重用”。刘伯坚断然拒绝了游说。3月9日，刘由信丰押解粤军第一军军部（大余县）囚禁；3月11日，移绥靖公署审讯室。在移狱途中，敌人故意押着刘伯坚从一条繁华大街（青菜街）走过，借此显示反共“战功”，从精神上瓦解刘斗志。刘伯坚镇定自若，拖着沉重的脚镣，昂首走过大街。在狱中写下《带镣行》《狱中月夜》等诗篇。3月21日，刘伯坚被敌人杀害，临刑前留下遗嘱：子孙后代要将革命进行到底。

1984年，在平昌县城江阳公园修建刘伯坚烈士纪念碑，由邓小平题写碑名，黄镇书烈士生平简介。1986年，纪念碑落成典礼时，杨尚昆、黄镇、魏传统等中央领导和烈士亲属及人民群众1600余人参加典礼仪式。

赵明恩

赵明恩（1910—1940），男，出生于达县蒲家场赵家岩的农民家里。民国15年（1926年），赵和一批进步青年办起《半月刊》，宣传进步思想。是年加入共产主义青年团。民国16年（1927年）加入中国共产党。民国19年（1930年），赵明恩离开万县第四师范学校，被党派到宣汉县王家场以教小学为掩护，开展党的地下工作。后受党的派遣，回家乡蒲家场发动农民运动。民国19年（1930年）春，赵任蒲家场地下党支部书记，组织游击队痛打了乡公所的收款委员，被捕入狱。

民国22年（1933年），红四方面军攻克达县，在监狱救出赵明恩。达县苏维埃成立，赵负责组织工作，兼任蒲家场乡苏维埃主席。是年底，绥定道委建立，赵任秘书长。继而任中共绥定道委宣传部长、南郑县委宣传部长。

民国24年（1935年）2月，红四方面军北上抗日前，为牵制敌人，组成“川北边区镇守阵地游击队”（以下简称游击队），刘子才任司令员，赵明恩任宣传部长，活动在境内南江的桃园、寨坡等地。民国25年（1936年）6月赵任游击队领导，提出“打陕安川”战略和“敌进我退”“诱敌深入”的作战方针，使游击队不断壮大。是年7月26日，汉中保安团进犯游击队，赵带队从苏家河撤至山高谷深的大小园包埋伏起来，突然给来犯敌人以打击，打得敌人丢枪卸弹、溃不成军。民国26年（1937年）12月，游击队在黄官岭歼敌200余人，缴枪200多支。游击队由50人发展到500多人，根据地以南江县桃园为中心，发展到大小园包、铁炉坝、回龙沟等地，纵横300余里。

民国27年（1938年），国民党指令川陕两省军阀“汇剿”游击队。敌人常以数10倍于游击队之兵力进行围攻，并大规模地“移民”搜山，当地群众冒着生命危险给游击队送粮送菜、送情报；赵领导游击队采用“夜战”打击敌人，经常以少胜多，连战连胜。

民国29年（1940年）2月，赵明恩领导的游击队乘夜下山，发起猛攻，捣毁了敌人的指挥部。敌人命叛徒管业元跟踪游击队，并悬赏捉拿赵明恩。是年3月，赵明恩带着20多个伤病疲劳的游击队员，转战至碑坝山上，敌军便从四面八方追来，团团围住。赵明恩和战士们举枪向敌人猛烈射击；然而，寡不敌众，大部分游击队员倒在雪地上。入夜后，赵明恩带着4名游击队员突出重围。他们行至南江中坝猪槽沟一棵大树下时，通讯班长杨芝芳要求歇歇气再走，就地生火取暖。战斗的疲惫、饥饿，使赵明恩忘记了应有的警惕，在火堆边睡着了，杨芝芳掏出手枪，对赵明恩下了毒手，旋即向敌人投降请赏。敌人割下赵明恩的头悬于南江城东门。赵的同学龚劲夫暗将赵的头埋在南江城边。敌人还将赵的尸体悬挂于焦家河，后由当地群众安埋。

1959 年，南江县人民法院依法将隐藏多年的叛徒杨芝芳执行枪决。南江县人民委员会追认赵明恩为革命烈士。

王三春

王三春（1884—1941），本名汝仁，平昌县长垭乡人。

王三春粗眉红眼，彪形大汉，从小性情乖张，背离常道，然记忆力很强，一年能读完四书。父死后，随母在家种田。一年春节，王三春偷吃母亲煮的甜酒，并倒上一瓢冷水，使之变味，受其母责打，竟然放火点着仅有的一间草房，自己跑到房后的庙儿梁上，哈哈大笑。母亲叫他去砍柴，他把地主赵仲甫的碾房架子拆掉背回家。族长强占他家田地和坟地林木，他拔刀与之搏斗。一天晚 上，王三春一把火点燃族长的住房，边烧边大声吼道："这次是放火，十年后老子还要回来杀人"。随后同棕衣匠王汝友上巴山老林。

王三春上巴山后，在陕西南郑县和通江一带，交朋结伙，烧烟赌博。一天，王同几个伙计在密林深处窥伺行人，时遇土匪罗成玉部三个荷枪匪徒，王等手持青杠棒，乘其不备，一拥而上将其打倒，夺走枪支。民国 3 年，又结伙去瓦室铺，深夜用鞭炮代枪声，带团总交出五十余枝枪械。此后，王在大小通江河一带"掌红吃黑"，四处"拉肥"。起初，王以"打富济贫""兔子不吃窝边草"裹胁穷苦百姓入伙，收罗散兵游勇，流氓地痞，专与地方势力和政府作对。民国 15 年（1926 年）王三春组建"镇槐军"，自称"家长"。王的大女人邓芝芳性强悍，双手放枪，统率一营，另三营由田禾德、华得来、陈相如率领。队伍很快扩到两千多人，活动于南郑、勉县、宁羌、广元、通江、南江、城固、洋县等山区地带，为害川陕边境数十县，成为巨匪。民国 18 年，王三春率众转移到镇巴后，与地方匪首陈德三互相勾结，又互相火并。当四川军阀刘存厚垂涎陕西而派廖雨辰到镇巴争夺防地，王三春退出镇巴。民国 19 年，廖雨辰被冯玉祥部打垮后，已接受陕军招安的陈德三回镇巴驻防。不久王将陈赶出镇巴，招兵买马积草屯粮，设税局、铜元局、制币厂，实行财政独立、货币独立；设立军械处，制造枪支弹药，委任官吏，实行地方割据。

民国 21 年（1932 年），王接受 38 军招安后被委任为"川陕边游击司令"，仍驻防镇巴。此时为王三春鼎盛时期，编制四个团，五千余人。1933 年 10 月红军的"宣达战役"，刘存厚部败北，廖雨辰撤出万源，王欲据万源县城为已有，红军却捷足先登。王一夜之间率部直奔大竹河，乘红军反"六路围攻"之际，驱赶刘存厚部邓占荣。10 月 3 日，将镇巴所有人马辎重移往城口和大竹河一带。

民国 23 年（1934 年）1 月 22 日，刘湘委陈厚坤为城万游击司令，王三春为第一纵队长。2 月初，陈厚坤调王三春部同行，同城口向万源县城进犯，骚扰红军后方。7 月，王三春与红军激战于冉家坝。此时王后方忽开来范华聪旅和佟、杨两团，将王部夹击于红军和范旅之间，王发觉刘湘借刀杀人，坐收"渔人之利"；遂停止与红军作战，保持中立。红军即派魏传统与王三春的代表密谈，达成互不侵犯协议，并彼此互通有无。红军给予王三春部青油、草鞋等物，王送红军驳壳枪和子弹。后被刘湘获悉，即下令川陕军团围剿王三春。11 月 10 日，王从城口向陕北方向撤退，到大界岭被陕军击败。12 月 11 日，又迂回城口向巫溪逃逸中，与刘湘部及民团激战 20 余日，王节节败退。民国 24 年（1935 年）春，在湖北竹溪县向坎场，王将两个女儿寄养一范姓保长家后，带领 700 余人、400 多条枪，退至镇巴三元坝和长田坝老巢，不久又成羽翼。民国25年（1936年）4月攻打镇巴，一把火将县城烧毁过半，杀死居民和官兵100余人。蒋介石闻讯，急派四十九路军李纪南部将王赶出镇巴。王在川陕边境人地谙熟，时东时西，难于捕捉。民国26年春节，王派“乞丐”数十人在万源县城沿门乞讨、侦察情况。正月十二，匪徒数百人突然拥进县城，直奔县衙抢枪。一番激战，王伤亡30余人，抢枪一百余支。此时王三春已是困兽犹斗，他重返镇巴，奸掠烧杀无所不为，人民恨之入骨。王率残部东下安康后，蒋介石命令已受招安的原王三春部团长苟伯当招安王部，王仍坚持“受调不受编”为条件，不愿投降。但王的小妾周云秀与部属田希珍早已勾搭成奸，急欲摆脱王的羁绊。苟伯当到安康不久，田、周带数百人投苟。王三春势单力薄，被迫渡过汉江，窜宁陕、佛坪、秦岭等地。民国28年（1939年）春，王部缺粮，只得化整变零，流窜洛南。天水行营主任程潜派新一师进剿。民国30年（1941年），王所部被歼，王潜逃在洛南山中被捕，处决于西安。

冯均琏

冯均琏（1906—1949），原名锡瑛，平昌县岳家乡人，幼年承父冯秉经（举人）躬亲教诲，未入学前，即能下笔成文。民国12年（1923年），巴中防区办“民团”，冯均琏自荐任第九区民团督练，知事常震川检阅全县民团时，第九区列为模范团，冯擢任巴中县禁烟局长。后随常震川去三台任29军财政处书记、秘书及西北银行绵阳分行经理。又调任江油（中坝）县百货统捐局局长、县长，宜宾禁烟局总务科长，涪陵县政府秘书，什邡县长等职。民国24年（1935年），冯均琏加入国民党复兴社，任《人民日报》社副社长。后任成都三民主义青年团劳动服务营秘书。

冯均琏加入复兴社后. 看到社会尔虞我诈、勾心斗角的派系斗争与种种黑暗，思想困惑苦闷，继而倾向进步。经四川省行动委员会青年部部长、共青团四川省委秘书长梁佐华介绍，结识中共四川省委书记罗世文和四川省委代理书记张秀熟。冯在罗、张的影响、帮助下，利用自己的社会关系和《人民日报》副社长的身份，任用共产党员梁佐华、陈良等为该报主编和国际版、国内版副刊编辑，发表塔斯社消息，刊登抗日反法西斯文章。当张秀熟为《人民日报》撰写社论被当局察觉扣发后，冯又请中共重庆市委书记廖寒非和其他进步人士代撰社论。

民国25年（1936年），冯在张秀熟的提示下在重庆、泸县等地成立信义互助会。梁佐华、廖寒非、方敬修、严纪陵、候德尊等共产党人加入该会，在冯的掩护协助下，恢复发展了叙泸川南党组织。抗日战争爆发后，冯均琏帮助邹韬奋在重庆学田湾建立生活书店总管理处。邹韬奋还将一批马列著作存放冯的家里。民国24年至30年（1935—1941年）初，冯任成都青年劳动服务营秘书、松潘专员公署秘书、代理专员时，掩护和营救了熊寿祺、潘实之、侯德尊等共产党员。

民国31年（1942年），冯均琏因亲疾返乡。翌年，与乡人何伯阳等，捐募资金和集“十善会”田产所出，在金斗寨创办私立广德中学（后改名金山中学），冯自任董事长。广德中学常传阅《新华日报》《挺进报》和毛泽东《新民主主义论》等书报；校园办有《野草》壁报，抨击时弊，揭露黑暗。民国33年（1944年），冯均琏在江口镇发起集股，成立民本实业股份有限公司。公司在两年间盈利20亿元以上。一时名噪全川。民国36年（1947年），国民政府选举国大代表、“立法委员”，对候选人实行“圈定”。冯被排挤后即退出国民党，以无党派人士参选，抽走公司大部资金，加上通货膨胀，股东退股，公司关闭。翌年冯当选立法委员后，联络苍溪友人立法委员李显威，在立委会议上提出“清查豪门资本”的提案。《大公报》以“四川大炮冯均琏”为题加以报道，轰动南京。提案在6月上旬被否决，冯觉处境危险，遂与李显威奔上海。此时，上海民革临时工作委员会已成立，冯李二人由梁佐华介绍参加民革，冯受民革主任委员王葆贞指派返川策反起义。

冯回川后，在中共中央军事情报处重庆负责人任廉儒的领导下，策动温江地区行政专员兼保安司令冯均逸、罗广文部364师师长陈宏谟、川南师管区司令冯河图等通电起义。1949年11月30日夜，冯去重庆老市商会参加保护重庆工业设施及迎接解放军入城的会议后，在返回途中中弹逝世。

萧国宝

萧国宝（1927—1950），原名徐永寿，男，南江县新民乡人。

他14岁被抓到胡宗南部当兵，几次遭毒打而逃跑；不久又被拉到国民党军57师当兵。1949年起义投诚被编入解放军140团二连二班任战士。参军半年便6次荣立连功，一次荣立团功。

1950年初，萧国宝所在连队奉命从四川挥师贵州剿匪。在黔西剿匪中，萧国宝被誉为“神枪手”。他屡立战功，被提拔为二连一班副班长，并加入中共组织；所在班被团部命为“剿匪英雄班”。

1950年11月10日，开始剿灭“贵州人民反共自卫救国军”反动组织。在野马三槽追捕匪首曹绍华的战斗中，身中两弹，强忍剧痛，向敌人的机枪匍匐逼去。当距离机枪只有一米多远时，他倾其全力，张开双臂，跃身扑堵在敌人机枪口上，后面的战士乘着敌机枪声哑，拼命前进，一举消灭了敌人。年仅23岁的萧国宝身负七弹，壮烈牺牲。此次战斗，共毙伤匪徒120人，俘匪218人，活捉匪总司令曹绍华，创造了以少胜多的战绩。

萧的英雄壮举很快在部队传开。140团党委追认萧国宝为模范共产党员、一等战斗英雄。西南军区授予萧国宝为“马特洛索夫式的剿匪英雄”称号。1951年2月16日，140团第二连被命名为“萧国宝英雄连”。

万敬修

万敬修（1897—1952），男，名吉礼，共产党员。出生于南江县竹岭乡万家塝一户贫苦农民家庭。

万幼时在本地读私塾，民国6年（1917年）考入保宁（阆中）联中，考入川北师范。第二年，五·四运动震撼全国，万和许多同学走上街头游行、演讲。当时学校爆发了“争公费运动”，万为该运动的领导者，遭校方开除。万便到成都四川省高等蚕桑学校当工人。后考入省立商业专门学校。在此期间，万受到马列主义思想影响。民国11年（1922年）夏，参加了中国社会主义青年团。是年秋，万在省商业专业学校毕业，派任通江县实业局长。民国13年（1924年），又改任昭化县实业局长。因上书直陈时弊被解职。民国14年（1925年），万重返成都，不久转为中国共产党党员。

民国15年（1926年）秋，中共四川省委调万到重庆开展地下工作。万以教师、医生、商人身份，在重庆、巴县、綦江、万县等地积极开展活动。“万县惨案”发生，他公开讲演，组织学生、群众罢课、罢市，抗议英帝国主义的暴行。民国16年（1927年）5月，万为中共江巴区委负责人兼行动组长。他发动学生、工人、市民参加“重庆工农商学兵反英大同盟”，组织宣传队上街讲演，散发革命传单，继续开展反英斗争。

民国18年（1929年）夏，万受少委派遣，以记者身份到顺庆（南充）开展党的地下工作，成立了中共顺庆特委，万任特委书记；创办了《渡生船》刊物，组织“川北文化社”“读书会”等群众团体，组织进步分子学习马列主义，宣传共产党的主张，开展工运、农运、学运、妇运、兵运工作。万在德合、同德、六合工厂开办了工作夜校，参加学习的达200多人。万还指示游击队，乘其不备，将驻防的西充与南充交界的大碑寺的国民党保安分队围困，收缴枪支50余条。

民国19年（1930年），顺庆特区党组织部分成员被捕，敌人四处设防搜捕万敬修。万化装返回重庆，不幸被捕，夫妻被关在巴县监狱。敌人用“坐飞机”、压大杠、灌辣椒水等酷刑拷问，万只字不吐。后经党组织多方营救，于民国24年（1935年）出狱。

民国25年（1936年）底，万受党的派遣创建川南工委，领导抗日救亡运动，万任川南工委书记。民国26年（1937年）“卢沟桥事变”发生后，万组织两个宣传队，深入城乡宣传党中央提出的《十大救国纲领》。民国27年（1938年）5月，万配合省工委组织部长程子健带领的8人工作队，深入兵工厂开展军运活动，组织募捐，慰劳抗日伤员。是年7月，川南工委撤销，万因身体有病调任执委。他先后开办了泸县书店，自任经理，代售《新华日报》和进步书刊，向读者推荐马列和毛泽东著作。民国28年（1939年），万与泸县中心县委负责人组织了规模空前的抗日救国会，宣传党的抗日纲领，进行抗日募捐。

“皖南事变”发生后，万遵组织决定，暂归故里。民国30年（1941年）经人推荐，万任南江县书报室主任。民国32年（1943年）调任县政府统计室主任，次年任南江初中代理校长。民国34年（1945年）2月，调任民众教育馆馆长。抗战胜利后，任正直中学校长。民国37年（1948年）3月，再任南江县民教馆馆长。1950年1月，南江县解放委员会成立，万任主任。1952年3月病故，终年55岁。

蔡春明

蔡春明（1929—1966），原籍四川省南充市，12岁开始学川剧，进“永庆乐班”，业师萧宝山（川北著名生角）。在南部新兴“亦乐班”演戏，技艺大进，辗转于巴河、南江一带献艺，最后定居南江。

1951年，“南江县戏曲改进社”建立，蔡即前往参加，努力工作，技艺出众，且乐于助人，群众爱戴。1955年当选为南江县人民川剧团团长，第二、四、五、六届县人民代表，1966年4月病逝。

蔡春明演戏的特色之一是“演人不演行，演人重演神，眼神最传神”。他的表演除以认真、严肃、细腻见长外，一对眼珠炯炯有神，能摄取和征服观众。如《赵氏孤儿》中的“舍子”“公堂”两折，《反徐州》中“逼反”一场，杀奢中的陈宫台，《凤仪亭》中的吕布，他都充分运用眼神的魅力，恰到好处地表现人物的身份、个性，不同处境的潜意识、潜台词，以眼珠显示人物的内心境界。他扮演的文小生，于痴呆中含有书卷气，文质彬彬，忠厚可爱。《红梅记》中，“折梅”一场中的裴舜卿，被他演得风流倜傥，“幽会放裴”一场则翩若惊鸿，与《红梅记》同行的角色如《飞云剑》中的甯彩成，《活捉石怀玉》中的石怀玉经他表演，则又各具特点，无任何雷同之迹。

蔡很重视戏曲艺术在情节、人物、身段、唱腔等方面的总体结构，主张程式属于人物性格。昆剧《十五贯》问世后，他主演况钟，演得有声有色，气势磅礴，扣人心弦。在旺苍县城首场演出即轰动全城，观众争相购票，街谈巷议。

蔡春明戏路宽，不仅能演文小生、文正生，也能演武小生、武生，如《凤仪亭》的吕布、《斩经堂》的吴汉。偶尔还饰小丑，如《西关渡》的陈彩，《珍珠衫》的陈商。1959年起动笔整理传统剧本创编现代戏。他亲手整理的传统剧本有《赵氏孤儿》《下河东》《舌战群儒》等，现代创作有在幕《闹南江》，小幕《报矿》。为检验这些戏的舞台效果，他主动承担导演和扮演主角，经他反复打磨、加工，终至光彩灼然，受到演员和观众的欢迎。

蔡春明很重视培养学生，一有空闲就将学生聚集在自家门前练习唱功，练身段，耳濡目染，言传身教，并为学员班排演了《赵氏孤儿》整本及折戏，以及《斩皇袍》《送京娘》《罗成修书》《背鞭》

等，使学员边学边演，迅速成长。

蔡春明任团长后，全心全意、兢兢业业。1957 年整风运动中受过一些冲击，身患严重肺病被强迫筛石灰、搞清洁，晚上还得担负繁重的演出任务。因为剧场标牌少了“蔡春明”三个字，观众就不买票看戏，为了川戏艺术及欣赏这个艺术的观众，他将全副身心倾泻于舞台，观众很少知道当前场正为他的精彩表演喝彩不绝时，他却在内场一口一口地吐血，然而上场锣鼓一催，他又振作精神马门亮相了。不幸在他 37 岁时，过早地结束了艺术生命。

邱致中

邱致中（1908—1979），男，巴中市巴州区巴州镇人，民国 22 年（1933 年）在上海暨南大学获取本科文凭。民国 24 年（1935 年）入日本东京帝国大学研究生院，后获社会学博士学位。民国 26—36 年（1937—1947 年），曾任上海江南学院教授、暨南大学教授兼海外文化事业部主任研究员及国立广西、华西、齐鲁、金陵四大联合讲座教授、广西省技术顾问等职。

致中一生热爱祖国。1949 年初，曾发起组织“南京各大学教授国策研究会”“中国人民和平促进会”等进步团体。是年 2 月，致中以团长的身份率南京人民代表团去北京，受到叶剑英元帅的接见。后应董必武的邀请，于 1950 年携全家到北京，参加建设新中国的工作。1956 年加入中国工农民主党。

致中是社会学专家，著有《都市社会学原理》《都市社会发展史》《都市经济与农村经济》《都市社会问题》《都市社会政策》《都市社会事业》《都市规划学》《实用都市社会学》等专著。并主持规划设计成都、重庆、武汉、桂林、南宁、梧州、柳州、新乡、包头等城市建设。致中不仅是城市规划的专家，也是中国农村规划的先驱和倡导者。60 年代初，他向党和国家提出成立农村规划设计研究机构的建议，得到中央有关领导的赞赏。在他垂暮之年、弥留之前还完成了《中国社会主义农村建设》一书。一生著书五百余部，为中国城乡规划及社会、经济学领域作出了卓越的贡献。

1979 年在北京逝世，终年 71 岁；遵照遗愿，骨灰安葬于城西大溪口。

朱粲国

朱粲国（1926—1983），别名朱孔昭，巴中市巴州区渔溪镇人，民国 15 年（1926 年）出生在小循环溪寺一个教师家庭。民国 29 年（1940 年）考入县立初中，肄业四期，民国 31 年（1942 年）考入南充省立高中，民国 33 年（1944 年）以同等学力偏科语文成绩第一名考入北京大学文史系。民国 37 年（1948 年）北大毕业后，由于他政治表现良好，文笔特优，选入中央领导机关任中央建设部秘书，后任部长助理。1953 年任国家计划委员会主席高岗的助理（副部长级）。1954 年 2 月，中共中央揭发批判高岗、饶漱石反党集团，朱粲国为高岗的助手自然牵连其中。中共中央通过决议撤销高岗一切职务，朱粲国亦随之撤职。在 1956 年干部下放运动中，朱粲国被下放回家乡渔溪寺当农民；他在北京的太太随之离婚。

朱粲国对他的撤职下放始终找不到错在哪里，根据他 1956 年给好友赖众民的信中所说，他作为高岗股肱僚属，心里想的是为国家努力工作，以报领导知遇之恩，根本没想到这个中央高级领导人竟是反党分子，同时也不可能识别他的反党阴谋。他百思不解，致使精神失常、疯癫。在渔溪寺农村中他与谢姓农家妇女结婚，生有一女，从母姓谢。1979 年经中央复查，给朱粲国平反，恢复离休干部待遇，送绵阳干休所疗养。但这时的他已丧失记忆，分不清南北东西了。于1983年谢世。

袁刚富

袁刚富（1922—1984），男，别名小金童，原籍四川省剑阁县。少年时学川戏，因嗓音铿锵出众，有玉振金声之感，遂有“小金童”之美誉。川戏唱功戏《尚书问婿》《空城计》《收姜维》《斩皇袍》等均系他的发蒙戏。抗日战争时期他参过大名鼎鼎的川剧正生张德成、贾培之为师，又与前辈名流付三乾同过班。他不但在川北演戏，还到过川西、川南，1949年定居巴中，是巴中县川剧团的台柱生角，因艺高不注重生活道德，曾数次劳教。1979年达县地区行署介绍到南江川剧团工作。

1981年6月，南江县川剧团赴省汇报创作剧目《点状元》，袁刚富的唱功重头戏《尚书问婿》列为续演剧目。在成都市万县礼堂、六九信箱剧场、人民公园剧场、文化宫剧场、东城区政府礼堂等地演出均受到好评。唱到感情热烈时，观众报之以哄堂的掌声但又戛然而止，沉浸于行腔之中。

袁刚富充分运用“红鸾袄”曲牌易于表达各种感情的特点，发挥自己深厚的唱功艺术，按剧情需要，抓住“问”字作为感情主线，由远及近，由表及里，步步深入，层层递进，清晰地表达“询问”“探问”“责问”“追问”“反问”“质问”等感情色彩，既不失尚书大人身份，又富有岳父痛爱女婿的真情，唱出了人物、性格、感情。在长达35分钟的演唱中，袁刚富板式灵活，舒疾得体，慢如清风拂柳，快似怒涛翻江，起伏有致，音清字明，达到声情并茂、久唱不衰的境地。省广播电台特为之录了音，在1981—1983年间的川剧节目中播放。

袁刚富虽识字不多，却博学强记，好多优秀传统剧目他都能全本背诵。青少年演员问戏于他，总是有求必应，既念台词还传授表演，成为演员的艺术顾问，受到大家的尊敬。袁刚富注重晚节，常表示感谢党和政府对他的教育改造，在工作上他争挑重担，一丝不苟，醉心于艺术，常说：“我死也要死在舞台上”。

1984年9月病逝，南江县委、县政府、县政协、剧团为他开了隆重的追悼会，有挽联云：“尚书问婿，声噪蜀国。立帝斩袍，名噪巴山”。骨灰葬县革命公墓内。

夏前远

夏前远（1916—1985），男，南江县红光乡人，8岁时进私塾读书，12岁辍学，回家务农。

民国22年（1933年）1月，红四方面军解放南江。是年10月，夏在本乡加入中国共产主义青年团，任黑池子区委宣传部长。后任总政治部宣传员，长赤二区区委少共宣传部长，领导多次剿匪活动。

民国24年（1935年），夏前远随红军长征，担任天泉县二区少共书记，道佛县二区区委书记。民国25年（1936年）7月，夏任红二方面军红军政治部民运干事，15军团78师3团青委干事，是年12月在延安中央团校学习并转为中共正式党员。

抗日战争爆发后，夏先后在八路军18集团军红74师政治部，延安留守兵团警备4团2营6连任干事、副指导员。民国32年（1943年）在抗大第8期学习期间任学习班长，被评为政治模范。

解放战争时期，历任吉林军区吉兆军分区榆树县保安团政治处副主任、政委，沈阳军区独立2师3团政委，第4野战军后勤部4分部1大站政委等职务。参加过东北地区的剿匪、四平保卫战、四平攻坚战、三下江南、四保临江和辽沈、平津、衡宝等大小著名战役20余次。民国37年（1948年）

在解放东北地区战役中获二级解放东北奖章；民国38年在解放西南地区战役中获西南地区胜利纪念章；1950年在解放华中南地区战役中获解放华中南纪念章、一级华北解放奖章。

1950年，夏从陆军调到海军，先后担任第一海军学校总务处政委、海军修造部驻上海全权军事总代表、海军修造部驻上海办事处主任、海军第一研究所政委、国防部第七研究院第一研究所政委、东海舰队上海基地代管等职务。他的足迹踏遍沿海所有的舰艇，探索总结出一套完善的适合中国国情的干部管理办法，为海军装备建设作出了重大贡献。1954年荣获解放军一级英模代表奖章；1955年获得中华人民共和国二级解放勋章、三级独立自由勋章、三级八一勋章，授予大校军衔。

1980年8月在海军干休所离休，享受副军职待遇。晚年积劳成疾，患有肺心病、过敏性哮喘、肺气肿等多种疾病。但他积极响应党中央的号召，挥笔撰写革命回忆录50余万字，为中国民众提供了一部爱国主义活教材。1985年5月25日，夏前远在北京解放军总医院与世长辞，骨灰盒安放在巴中南郊南龛山顶川陕苏区将帅碑林红军陵园。

余悟庄

余悟庄（1911—1988），又名寿濠，平昌县岳家乡人。出身书香世家，幼随祖父攻读《四书》《五经》，刻苦自励，聪颖好学，才思敏捷，时人誉为“才子”。先后就读于金斗寨小学、阆中中学、成都川大中文系、上海中国公学文史系、日本早稻田大学历史系。学成回国，相继出任国民革命军29军军部秘书、重庆行辕秘书、财政部川康特派员公署秘书、江苏省政府财政厅主任秘书等职。民国29年（1940年）后，他弃政从教，先后任上海中国公学助教、讲师，潼属联立高中教员，什邡教育局局长兼县中教员，巴中中学教务主任，后回乡任金山中学教员直至解放。

1950年12月，他为了改造自己，冒着凛凛的寒风，用蓑衣垫着匍匐书写8区48乡的吊牌，每日生活同享供给制干部24两米的待遇，其他报酬分文不取。1955年调任涵水小学教员，他愉快接受分配，即日到职。1956年调平中教中师语文，他深感党和政府的信任，满怀激情，兢兢业业地教书育人。1961年，在“左”的路线影响下，他被解职回家。

中共十一届三中全会后，余悟庄重登讲坛，并担任平昌县第二、三、九、十届人大代表，县第一、二、三届政协副主席。他对党的恩情更深更笃。曾书诗自勉：“余生去死还差多，百计千方抗病魔。对于亡神何所惧，能从现实论沉疴”。决心以坚强的毅力、乐观的态变，贡献余热。

在与病魔顽强斗争中，著有《平昌新十景》歌颂党的改革开放所取得的成果；抱病完成《古代散文译注》手稿。1988年病重期间，不忘为移风易俗作楷模。常告亲友，嘱儿媳：“死后丧事从简，遗体火化”。

晏阳初

晏阳初（1890—1990），男，曾名遇春、兴复、云霖，巴中市巴州区巴州镇人。出身书香门第，5岁入塾，由父教授。清光绪二十九年（1903）赴保宁府入华英学堂求学。光绪三十三年考入成都华英中学，宣统二年（1910）毕业，受聘成都一中，任英文教师，并协助英国传教士史梯瓦特创办“辅仁学社”，任副主任。宣统三年，晏阳初返乡，受聘于巴州中学堂，任英文教师。民国5年（1916年），转赴美国，入耶鲁大学半工半读，攻政治经济学。是年冬，被选为耶鲁华人协会会长。民国9年（1920年）初夏，取得普林斯顿大学硕士学位，并当选为北美基督教中国学会会长。至民国 11 年春，晏先后游历 19 省调查平民教育状况，了解后根据民情国势，提出推行平民教育的整套方法。是时，晏主编之《平民千字课》（即《白话千字文》），由青年书局初版刊行。随后，晏到湖南长沙，进行平教示范工作。长沙 60 余所平民学校开学，共有学生 1300 人。此后，湖南一些县陆续设立平民学校和平民读书处，共计 1718 所，学生 57662 人。接着晏在《新教育》杂志上陆续发表《平民教育概论》《平民教育之真义》《平民教育的宗旨、目的和最后使命》《平教总会的组织和工作》《平民教育实施的实验》等文，宣传平教宗旨、意义和组织实施办法。

民国 13 年（1924 年）7 月，晏应张学良之邀，到奉天（沈阳）参加奉军识字教育班开学典礼。8 月初，回到平教总会，请董事长电聘傅葆琛（美国康乃大学乡村教育学博士）回国担任总会乡村教育部主任。随后，晏和傅前往保定，向教师训练班讲授《平民千字课》教授法。半年内，所设平民学校散布 12 个县，招生 6000 余人。

民国 14 年（1925 年）夏，晏与傅葆琛、董时进（美国康乃尔大学农博士）同往包头，为冯玉祥倡导之平教训练班讲课。7 月，晏应邀赴檀香山，出席太平洋国民会议，讲演《中国的新生力量——平民教育》，受到各国代表的赞扬，并赢得当地华侨捐助巨款。返国后，增聘冯锐（美国康乃尔大学农博士、东方大学农科教授）主持调查研究部，汤茂如（美国哥伦比亚大学教育学硕士、北京法政大学教授）主持城市教育部。民国 15 年秋，又聘陈筑山（日本早稻大学政治科毕业）主持文学部及公民教育科。是年 11 月，作为平教总会华北实验区的定县实验开始，初设办事处于定县瞿城，进行以乡村为单位的平教实验。晏同傅葆琛、冯锐、熊佛西深入农村，被定县人称为“博士下乡”。

民国 16 年（1927 年）春，晏又聘瞿世英（美国哈佛大学教育博士、国立师范大学教授）任总会文学部干事；刘拓（美国俄亥俄州州立大学化学工程学博士、国立师范大学教授）主持工程技术普及的研究；郑锦（北京美术专科学校校长）主持直观视听教育部。至此，平教总会各科、部达 40 余人，大都是学有专长而以平民教育为救国急务，自愿放弃其优厚待遇来为平民服务的。

民国 17 年（1928 年）6 月 20 日，晏赴美国耶鲁母校，接受荣誉博士学位。随后，以 1 年时间，遍访美国东西部各大城市，就平民教育演讲数百次。

民国 18 年（1929 年）秋，平教总会从北京迁往定县，晏举家迁移，住在租赁的民房里。阳初在美期间的演讲，曾令一富家女青年深受感动，志愿到中国担任平教总会英文秘书。来华后，工作 6 年之久，还函请其母亲向平教总会捐赠 5000 美元，以购置广播设备，晏曾亲书李白《静夜思》相赠。定县平教实验开展后，美国斯坦福大学校长韦尔伯盛赞中国平民教育，建议卡特组织中国平民教育美国合作委员会，主持为中国平教运动募捐。其后，美国各地承诺之捐款达 45 万美元。民国 19 年（1930 年）8 月，中国平教美国合作会秘书费尔德到定县参观，商讨双方合作有关事宜。

民国 21 年（1932 年）12 月，晏应邀参加中国国民政府会议，在会上提出分省设立政治社会革新研究院及实验县的计划，与会者一致赞同。民国 23 年（1934 年）10 月，在全国乡村工作讨论会第一次集会上，晏演讲《乡村运动成功的基本条件》，提出乡村运动的目标是“造人”，要重视青年农民推动乡村运动的作用。民国 25 年（1936 年）5 月 24 日，晏被推举为华北农村改造促进会执行委员会主席。6 月，平教总会南迁，在湖南长沙设办事处，随后建立衡山实验县。10 月，四川省政府成立设计委员会，晏任委员长。

民国 32 年（1943 年）5 月 24 日，西半球各国数百所高等学术机构在纽约举行纪念哥白尼逝世 400 周年集会。会上，晏阳初与爱因斯坦、莱特、杜威等著名学者和科学家一起被举为“现代世界最具有革命性的十大伟人”。是年 9 月，晏应邀美国 12 所大学演讲，借机选择有成就的留学生参加平教工作，并为平教会成员赴美进修商讨奖学金事宜。

民国 33 年（1944 年）1 月，晏自美国飞抵古巴，在哈瓦那大学及其他教育团体讲演，与哈瓦那大学著名人士约翰逊等商讨古巴推行平民教育问题，协助完成主要计划后始回纽约。4 月，“平民教育运动中美委员会”在美成立，晏应邀担任理事。民国34年（1945年）11月，晏自纽约到旧金山，市参会议一致通过晏为旧金山市“荣誉公民”。在此期间，美国有3所大学先后赠予阳初以“荣誉博士”学位。民国35年（1946年）4月，晏由美国回国，在四川璧山县成立华西实验区，省政府主席张群指定第三行政区10县作实验县，一切工作由平教会指导协助。民国36年（1947年）8月，晏赴法国巴黎出席联合国教科文组织研讨会，作了《平民教育与国际了解》的演讲。9月，教科文组织请晏担任教育特别顾问。民国37年（1948年）4月，晏由美国回国，参加中国乡村建设学院第一届典礼。民国38年（1949年）11月，赴台北参加光复会会议后，定居美国。

1950年，在美国各地讲演，向国际社会发出“帮助世界上三分之二的人口消除贫穷、文盲和愚昧”的呼吁，提出“除天下文盲，做世界新民”的口号。1951年，在美创建“国际乡村建设委员会”。1952年，国际平教委员会决定：以1万美元资助晏到东南亚各国考察。阳初偕夫人、秘书到达菲律宾，协助建立“乡村改造运动促进会”，选定黎塞省两个村作先导表证区（即实验区）。接着，对印尼、泰国、印度等国的平教活动进行了调查。1955年10月4日，美国《展望》杂志公布晏为世界百位名人之一。1960年8月，菲律宾麦格塞奖励基金会授予晏纪念奖1万美元，以表彰其在促进国际了解方面的杰出成绩。晏将这项资金纳入国际学人训练基金项下，以鼓励青年男女从事平教乡建工作。1961年7月至1964年5月，晏先后到委内瑞拉、危地马拉、哥斯达黎加、波多黎各、多米尼加、哥伦比亚等国访问考察，受到各国朝野的热烈欢迎。1965年1月，在晏的主持下，“国际乡村改造学院”在菲律宾开维特省稀朗镇建立，由他担任院长，先后为亚非拉44个国家培训1000多名从事平教、乡建的工作人员。1966年1月，“晏氏乡村改造促进会”正式成立，推行瓦特为理事会主席。1976年，危地马拉内阁决定：以“国鸟勋章”赠授晏阳初。1983年，晏93岁寿辰，美国赠予“艾森豪威尔”奖章。

1985年9月，晏阳初回国观光访问，在北京同万里、邓颖超、许德珩、周谷城等亲切会见，并受到河北省及定县党政领导、各界人士的热烈欢迎，北京、成都的乡建校友亦分别举行欢迎会。10月，晏被请到美国白宫，接受里根总统颁赠的“扫除饥饿总统奖”。

1990年1月17日，阳初因患肺炎，医治无效，逝世于纽约一公寓中，享年100岁。

周　楠

周楠（1927—1990），曾用名周世英，中共党员，巴中市巴州区曾口镇人。

在巴中中学读书期间，自觉学习马列主义，树立了共产主义信念。1949年加入中共地下党组织，机智勇敢地投入党的地下斗争，表现出了非凡的革命胆略和勇气，为巴中的解放事业作出了积极贡献。

中华人民共和国成立后，积极投入减租退押、清匪反霸、土地改革运动。1951年，调川北区行政公署工作。随后，调中共中央西南局农村工作部从事文秘工作。他积极参加社会主义建设，深入实际，调查研究，与广大干部和群众同甘共苦，努力发展农业生产，推进所在地区的社会主义建设，参与制定有关农村问题的一系列重大方针政策。

1957年反右派运动中，被划为“右派”，受到批判，并被下放到地方。1966年后，在历次的四清、镇反、清理阶级队伍等运动中，周楠均被列为重点批斗对象，遭到错误的批判，受到残酷打击和迫害。

1979年，周楠被平反昭雪，恢复名誉，并恢复了党籍和工作，在巴中县农业局负责农技推广等工作。他立足县情，经常深入乡镇和村社调查研究，并撰写了大量的调研文章，为县委、县政府指导农业和农村工作提供决策依据。他求真务实，工作勤奋，作风正派，深受干部和群众好评。

1990年，周楠因病逝世，享年63岁。

王良太

王良太（1917—1991），巴中市巴州区澌连乡人。民国22年（1933年）参加中国工农红军。民国23年（1934年）加入中国共产党，民国24年（1935年）参加二万五千里长征。历任排长、营长、团长、纵队长兼政治委员、师参谋长、师长、副军长兼参谋长、沈阳军区工程兵司令、内蒙古军区参谋长、副司令员。1955年被授予少将军衔。

在抗日战争时期，他参加了平型关战役，领导部队粉碎日伪军的多次扫荡和袭扰，为巩固和发展盐阜根据地作出了贡献。解放战争时期，率部参加怀德阻击战和辽沈、平津、衡宝、湘西、滇南等战役，屡建战功，为中国人民解放事业作出了突出贡献。中华人民共和国成立后，为加强部队建设做了大量卓有成效的工作。1966—1976年“文化大革命”时期，同林彪、江青反革命集团进行坚决斗争。1978年后，坚决拥护中共十一届三中全会以来的路线、方针、政策，在政治上、思想上自觉与党中央保持高度一致。

1991年3月29日，因病于大连逝世，终年74岁。

杨逢春

杨逢春（1940—1994），平昌县佛楼乡人。生前系四川省气象局特约研究员，四川省劳动模范，省科普作家协会会员，重庆师范专科学校兼职讲师，原达县地区科技顾问团成员，达县地区气象学会第1、2届理事会副理事长、理事，平昌县第9至11届人民代表大会代表，县政协第4、5届常委，县科协第2、3次代表大会代表、副主席。

1956年3月，杨逢春从达县石桥中学毕业后回乡务农。1959年4月在家乡创办新华气象哨，从事农业气象分析研究，运用群众经验和物候物象开展“土法测天”。1973年他参加与编撰平昌县第一本气象历书；1978年调县气象局工作，历任副站长、农业气象工程师职务。1982年由他签订全国气象部门第一份有偿服务合同，为气象走向社会、服务经济建设开辟了道路。他针对农业生产实际与科学种田中存在的实际问题，深入调查和科学实验，独立撰写编印大量科技扶贫技术总结材料、调查报告和科普文章。

1978年3月，他出席全国科技大会，获“先进科技工作者”称号；1979年3月，由他撰写的《土法测天技术研究》一文被省政府授予重大科技成果三等奖；1980年3月被省政府授予“四川省劳动模范”称号。1979年11月和1981年11月两次作为代表和《气象知识》编委，出席中国气象学会科普委员会议。

1994年3月18日上午11时30分，因突发心肌梗死病，经抢救无效，在成都逝世，终年54岁。

周集云

周集云（1917—1994），巴中市巴州区金光乡人，民国36年（1947年）于四川大学中文系毕业又考入川大文科研究所研究生，1950年结业离校，先后在成都华阳女中、双流中学任教。

1965年受错误处理，回乡务农达13年之久。这期间，他边参加生产劳动，边潜心研修古典医学和《医古文选》，集医方、验方8册，义务为农民诊病。1977年落实党的政策后，重新执教于巴中中学、巴中县教师进修学校，先后担任高中、中师、高师古典文学课，翻译短篇古文30篇。他的备课教案和诗歌曾在政协举办的“知识分子成果展”展出。创作古、近体诗词100余首，撰写长短联200余幅，撰写的《红军墓志铭》被刊用，所作256字的“长联”被南龛公园采用，并载入《巴中政协志》。

1987年退休后，受聘于县政协文史委员会整理旧州、县志。完成了《巴州志》二、三、八、九、十卷和部分旧《巴中县志》的点校注释工作。撰写的《巴族史探微》一书，纳入《巴蜀史丛书》，由省社科院出版社出版发行。1994年病逝。

王思进

王思进（1937—1994），男，中国共产党党员，原任四川省人大常委会巴中地区工作委员会副主任、中共四川省人大常委会巴中地区工作委员会党组副书记。他因心脏病突发，经多方抢救无效，于1994年9月25日凌晨5时40分在巴中市人民医院逝世，享年57岁。

民国26年（1937年）5月27日，王思进出生于四川省平昌县土垭乡时轮村一个贫苦农民家庭。1954年10月参加革命工作，1956年7月加入中国共产党，1954年10月至1958年3月先后在平昌县佛楼、西兴公社及平昌县供销社任干事、营业员、会计；1958年4月至1970年1月在平昌县监委工作，曾任干事、委员、书记等职；1970年2月至1983年12月任中共平昌县委办公室主任，中共平昌县委常委、副书记；1984年1月至1993年3月任中共平昌县委书记、平昌县人武部党委第一书记；1993年3月至9月任中共平昌县人大常委会党组书记、平昌县人大常委会主任；1993年9月至1994年9月任四川省人大常委会巴中地区工作委员会副主任、中共四川省人大常委会巴中地区工作委员会党组副书记。

王思进政治立场坚定，思想品质好。他曾担任过多岗位的领导职务，无论是在基层，还是在机关工作，立场坚定，是非分明，表现出了坚强的党性。他努力学习邓小平建设有中国特色的社会主义理论，认真贯彻执行党的“一个中心，两个基本点”的基本路线，政治上思想上同党中央保持高度一致。

王思进工作积极，认真负责，廉洁勤政，开拓务实，有强烈的革命事业心和工作责任感。他思想解放，锐意进取，勇于创新，工作作风深入扎实。在平昌县担任县级领导职务期间，坚持一切从实际出发，冲破旧的习惯势力的束缚，转变传统观念，利用本地优势，普及科学技术，各项工作成效显著，得到了省、地领导的充分肯定。任四川省人大常委会巴中地区工委副主任后，他发扬艰苦创业精神，跑项目、争资金，勤勤恳恳，忘我工作，为人大工委组建和全区人大工作正常运转做了大量工作和突出贡献。

王思进对党忠诚，顾大局，识大体，模范地遵守党的纪律，自觉维护党的团结。他作风民主，密切联系群众，善于倾听群众意见，勇于开展批评与自我批评。他为人忠厚，团结同志，平易近人，作风朴实，性格直爽，公道正派。他不计名利，无私奉献，严于律己，宽以待人，始终保持人民公仆的本色，深受广大干部群众的好评。

吴瑞林

吴瑞林（1915—1995），男，原名吴尚德，巴中市巴州区化成镇吴家河人。

民国17年（1928年）参加中国共产主义青年团，民国21年（1932年）转入中国共产党，是年参加中国工农红军。历任少年先锋团连长、营长、团政委，川东北少共特委组织部部长、书记兼特委委员，干部大队大队长兼政委，八路军山东纵队第二支队政委，中共泰山地委军事部长兼第一大队大队长，鲁中军区第一分区司令员，山东纵队第1旅第3团团长，鲁中军区第二分区司令员兼政委，山东警备第2旅旅长兼政委，东南海军区参谋处长，东北民主联军安东纵队司令员，山东省军区司令员，辽南军区司令员兼独立第1师师长，东北野战军第5纵队副司令员、军长，海南军区司令，广州军区副司令员兼海军南海舰队司令员，海军常务副司令员等职。

革命战争年代，他经历了数十次次大小战斗，先后七次负伤，为中国人民解放事业建立了不朽功勋。中华人民共和国成立后，他为人民海军的发展壮大，为捍卫祖国的领海主权，作出了显著贡献。抗美援朝战争时期，他任中国人民志愿军第42军军长、党委书记，左路纵队指挥等职。在援越抗美中，圆满完成了向越南战场海运物资的任务。

1965年，吴指挥“八六”海战，取得了击沉国民党“剑门”“章江”两舰的战绩。还指挥了海南省、雷州半岛对空作战，在“6·27”空战中，取得了击落入侵美机并活捉其驾驶员的胜利，受到国防部嘉奖。吴于1955年授予中将军衔（行政6级），获二级八一勋章，一级独立自由勋章，一级解放勋章，曾当选为中国共产党七、八、九次代表大会代表，第九届中央委员会委员。1995年逝世。

1996年8月，巴中市委、市政府在巴城南龛山顶为吴瑞林将军树立一座花岗石纪念碑。

孙洪道

孙洪道（1919—1995），男，南江县大河镇孙家山人。民国22年（1933年）1月参加中国工农红军。民国27年（1938年）12月加入中国共产党。历任战士、班长、排长、连长、营长、副团长、团长、副师长、师长、副军长、军长、军区司令员等职。1955年9月被授予上校军衔，1960年6月晋升为大校军衔。1955年5月荣获二级八一勋章、独立自由勋章、解放勋章，解放东北、解放西南纪念章，朝鲜战争纪念章；1988年7月获二级红星功勋荣誉。曾是中国共产党第九次、第十次全国代表大会代表。

他十四岁参加中国工农红军，走上革命道路，亲历了著名的二万五千里长征，经受了严峻的考验。抗日战争时期，他担任八路军115师第5旅特务连连长，山东军区1师2团2营营长，身置战斗一线，舍生忘死，冲锋陷阵，英勇顽强，转战晋察冀、苏鲁浣，先后参加“百团大战”、滨海战役以及陈道口、甲子山、关子堡、安东巴、岭平、诸诚等战斗。解放战争时期，任东北民主联军1纵队3师9团团长，身先士卒，靠前指挥，先后参加和指挥了东北杨家杖子、秀水河子、大理水、金山堡、拉法、黑村子、张麻子沟、四平、江南等战斗百余次。带领部队参加了著名的辽沈战役、平津战役、渡口战役，参与指挥了黑山阻击战、镇南浦等战斗。尔后又横渡长江，转战黔、桂、滇，参加了解放大西南等诸多战役、战斗，全身8处受伤。在抗美援朝时期，他担任志愿军38军114师342团团长、114师副师长，亲率部队赴朝鲜作战，参加了一至五次战役和河江防御作战，亲自指挥了著名的戛日岑战斗。在社会主义革命和建设时期，他于1956年1月任38军112师师长；1964年2月任50军副军长；1967年任成都市委书记、市革委主任、警备区司令员；1968年任50军军长；1980年5月任陕西省军区司令员。他率领部队完成了党中央、中央军委赋予的各项工作任务，为军队的革命化、现代化、正规化建设贡献了毕生精力。

1984年12月，他离休后仍关心党和国家的前途及军队建设事业，充分体现了一位老红军、老党员的高贵品质。1995年9月，孙洪道因病逝世，终年76岁。

冉德玉

冉德玉（1943—1995），男，汉族，民国32年（1943年）3月生，大学文化，中共党员，四川省南江县人。1967年7月于四川师范学院毕业参加工作，1972年6月加入中国共产党。

1967年2月至1969年2月在巴中县城关中学工作；1969年3月至1981年11月在中共巴中县宣传部任新闻干事、县委办公室任秘书；1981年12月至1983年10月任中共巴中县雪山区委书记；1983年11月至1985年10月任中共巴中县委副书记、巴中县人民政府县长；1985年10月至1989年3月任中共开江县委书记、开江县人民政府县长；1989年4月至1990年7月任中共开江县委书记、开江县人民政府县长；1990年8月至1993年5月任中共开江县委书记；1993年6月至1993年8月任中共达县地委秘书长；1993年9月任四川省巴中地区行署副专员、巴中地区行署党组成员。他因患癌症，经多方治疗无效，于1995年2月5日在巴中市人民医院逝世，享年52岁。

冉德玉政治立场坚定，思想品质好。一生中曾担任过多个岗位的领导职务；无论是在基层，还是在机关工作，无论是担任一般干部，还是担任领导职务，都能坚持党性原则，服从组织分配，党安排他到哪里，就到哪里发光发热。在“文革”期间，他始终做到立场坚定，是非分明；他坚持以邓小平建设有中国特色社会主义理论为指导，坚定不移地以经济建设为中心，坚持四项基本原则，坚持改革开放，政治上思想上同党中央保持高度一致。

冉德玉工作勤奋，认真负责，勤政廉洁，开拓务实，有强烈的革命事业心和工作责任感。他思想解放，锐意进取，勇于创新，工作作风深入扎实。在巴中县、开江县担任县级领导职务期间，坚持一切从实际出发，利用本地优势创造性开展工作，各项工作成绩显著，得到了省、地领导的充分肯定。任达县地委秘书长期间，积极当好领导参谋，在协调内外部关系等方面做了大量的工作。新建巴中地区任行署副专员后，分管文教、卫生等工作，他发扬艰苦创业精神，在深知自己患有严重疾病的情况下，仍不顾个人安危，为新区建设跑项目，争资金，勤勤恳恳，忘我工作，致使病情加重，为党的事业献出了毕生精力。

冉德玉对党忠诚，顾大局，识大体，模范地遵守党的纪律，自觉维护党的团结；他作风民主，密切联系群众，善于倾听群众的意见，勇于开展批评与自我批评；他为人忠厚，团结同志，平易近人，始终保持人民公仆的本色；他作风朴实，性格直爽，公道正派，在实际工作中表现出了一名共产党员的高尚品德；他不计名利，无私奉献，严于律己，宽以待人，深受广大干部群众好评。

彭清顺

彭清顺（1939—1996），男，汉族，平昌县白衣镇人。

1959年3月参加中国人民解放军，1961年7月加入中国共产党。他在部队期间，历任班长、排长、副连长、连长、副营长、营长等职务，并多次立功受奖。

1982年2月彭清顺转业，被安排到平昌县公安局响滩派出所任所长。他在14年的公安生涯中，一贯秉公执法，坚持原则，只认制度不认人。人称他是个“不通情达理的怪人”。

1989年12月，一个单位的头儿为解决子女“农转非”到所“拜访”，送彭一封信，说是一点“心意”。清顺打开一看，里面装着500元现金，当即拒绝了。送礼人以为嫌少，过了几天，又送去1000元。老彭差点没跳起来，怒斥道：“像你这样，还不是拉我下水？……”。清顺说得掷地有声，毫无通融余地，送礼人只好收回“红包”走了。

1994年3月，一外地人作案后，潜逃至响滩境内被抓获，案犯家属送给彭现金3000元，求彭作就地处理，罚点款算了。清顺义正词严地说：“你打错主意了，犯了罪就要接受法律的制裁，岂能搞‘以罚代法’，这样不乱套了吗？”送钱人见彭态度坚决，只好把钱拿走。

在14年派出岗位上，清顺识整体、顾大局，重奉献、轻索取。他从未休过星期天、节假日，并对当警察不久的大儿子彭志强不请假休星期日的行为进行教育，还用便车把儿送回岗位上班。

1995年4月，外地几个亲戚到响滩看彭，走时他爱人冯锡英要老彭用派出所的车送县城一趟，彭板着脸说：“私人的事岂能随便动用公家的车，如果大家都这样揩公家的油，单位不垮才怪，他们既能来就能去……”。几位客人听到后，赌气乘公共汽车走了。由于他秉公执法，不徇私情，一些流氓、盗窃分子，时而深夜用刀砍他家的门，并叫嚣要杀了他全家，时而写恐吓信，威胁其家属、子女。清顺对犯罪分子的威胁、恐吓毫不畏惧，并带领全所干警深入群众查线索、找窝子，终将称霸一方的恶势力团伙一个个地彻底摧毁。群众自发地组织起来，燃放鞭炮，并将“为民除害”的红匾赠给了派出所。

清顺家因子女多，就业人口少，清正廉洁，致使家境并不富有。1996年4月17日，他因脑出血突然发作病逝，入殓时，战友们找遍了他所有遗物，没有发现一件好衣服。

1996年5月28日晚，四川电视台将他的先进事迹作了报道；中共平昌县委曾发文号召全县共产党员、全体干部向他学习。1997年3月19日，巴中地区人大工委追认他为“人民卫士”。

陈　彬

陈彬（1919—1997），男，通江县云昙乡人。

民国22年（1933年）参加中国工农红军，是年加入中国共产主义青年团，民国27年（1938年）加入中国共产党。土地革命时期，任红四方面军第四军十师二十九团排长。抗日战争时期，任八路军一一五师电台服务员、分队长，山东军区司令部电台区队长，渤海军区司令部电台区队长、通信科科长。解放战争时期，任渤海军区第一军分区司令部参谋处处长，第一军分区参谋长，浙江省军区第四军分区副司令员，中国人民解放军总参军务部组织处长、军务部副部长。中华人民共和国成立后，任第七兵团兼浙江省军区司令部队列处处长、司令部办公室主任，军委军务部兵员补充处处长，中华人民共和国国务院计划委员会副主任，国防科学技术委员会副主任、国防科学技术工业委员会主任。1961年晋升为少将军衔。1997年逝世。

傅崇碧

傅崇碧（1916—1998），男，通江县凉风垭乡人。

民国21年（1932年）参加中国工农红军，是年加入中国共产主义青年团。民国22年（1933

年）转入中国共产党。土地革命时期，任通江县少先队队长、团区委书记，中共通江县委书记兼独立团政治委员，川陕省工作团团长。抗日战争时期，任中国人民抗日军政大学大队指导员、四大队组织股股长、校政治部干部科科长、第二团政治处主任、第二分校二大队政治委员、晋察冀军区第三十五团政治委员、第四军分区副政治委员，华北军区第十旅旅长，第十九兵团四十六军副政治委员兼政治部主任。解放战争时期，任晋察冀军区第四纵队十旅政治委员兼政治部主任。中华人民共和国成立后，任第十九兵团军长，中国人民志愿军军长，北京军区副司令员兼北京卫戍区司令员，北京军区政治委员。1955 年被授予少将军衔。1998 年逝世。

徐学明

徐学明（1945—1998），男，民国 34 年（1945 年）7 月 2 日出生于巴中市巴州区巴州镇江北九村。1970 年 7 月于北京钢铁学院毕业参加工作，1980 年 2 月加入中国共产党。

1970 年 7 月至 1971 年 12 月，在成都 512 信箱（西南冶金试验厂）工作；1972 年 1 月至 1981 年 3 月，在巴中县农机局工作；1981 年 4 月至 1983 年 11 月，在中共巴中县委农工部任干事、秘书；1983 年 12 月至 1986 年 10 月，任巴中县宕梁区公所区长；1986 年 11 月至 1987 年 2 月，任巴中县计经委主任、党组书记；1987 年 3 月至 1993 年 2 月，任中共巴中县委常委、巴中县人民政府副县长、县政府党组副书记；1993 年 3 月至 1993 年 9 月，任中共巴中县委副书记、县人民政府县长、县政府党组书记；1993 年 10 月，任中共巴中市委书记兼任中共巴中市人民武装部委员会书记；1995 年 4 月，任中共巴中地委委员兼中共巴中市委书记；1996 年 12 月，任巴中地区行政公署副专员、巴中地区行署党组成员。他因患癌症，于 1998 年 7 月 3 日凌晨 3 时 48 分在华西医科大学附属一院逝世，享年 53 岁。

徐学明政治立场坚定、思想品质好。一生中曾担任过多个岗位的领导职务，无论是在基层还是在机关工作，无论是任一般干部，还是担任领导职务，都能坚持党性原则，服从组织分配，党安排他到哪里，就到哪里发光发热。在大是大非面前，他始终做到立场坚定，是非分明。他坚持以邓小平理论为指导，坚持四项基本原则，坚持改革开放，政治上、思想上同党中央保持了高度一致。

徐学明工作勤奋，认真负责，勤政廉洁，开拓务实，有强烈的革命事业心和工作责任感。他思想解放、锐意进取，勇于创新，工作作风深入扎实。在巴中市担任县级主要领导职务期间，坚持一切从实际出发，利用本地优势创造性开展工作，各项工作成绩显著，得到了省、地领导的充分肯定。任地区行署副专员后，分管农业、林业、水电、扶贫开发等工作，他积极努力工作，大胆开拓创新，为全区农业和农村经济的发展作出了积极贡献。他在深知自己患有严重疾病的情况下，仍勤勤恳恳、忘我工作，为党的事业献出了毕生精力。

徐学明对党忠诚，顾大局，识大体，模范地遵守党的纪律，自觉维护党的团结；他作风民主，密切联系群众，善于倾听群众意见；勇于开展批评与自我批评；他为人忠厚，待人诚恳，平易近人，始终保持人民公仆的本色；他作风朴实，性格直爽，公道正派，清正廉洁，在实际工作中表现出了一名共产党员的高尚品德。

何正文

何正文（1917—1999），男，通江县板桥口乡人。

民国21年（1932年）底参加游击队。民国22年（1933年）参加中国工农红军，并加入中国共产主义青年团。民国23年转入中国共产党。土地革命时期，任红四方面军七十三师独立营班长、排长，三十一军司令部手枪营排长、副连长、副营长兼军事主任教员，骑兵团参谋长，庆阳步兵学校连长兼军事教员。抗日战争时期，任游击队纵队大队长，八路军一二九师随营学校连长、副营长兼军事主任教员，骑兵团参谋长，随营学校训练科科长，三八五旅司令部股长，七六九团参谋长，太行军区第二、第五军区参谋长，第六军分区副司令员、司令员兼参谋长，平汉支队副司令员。解放战争时期，任武沙纵队参谋长兼十八旅旅长，太行军区参谋长，第四军分区司令员，晋冀鲁军区九纵队参谋长，第二野战军十一军三十二师师长。中华人民共和国成立后，任川东军区参谋长，四川军区参谋长，成都军区副司令员兼参谋长，中国人民解放军副总参谋长。1955年授予少将军衔。曾先后任中国人民政治协商会议第六、七届委员，第六届全国人民代表大会代表，中国共产党第十一次全国代表大会代表。1999年逝世。

赖　昆

赖昆（1913—2000），男，族谱派名赖永盛，系原巴中县恩阳镇民族资本家赖素如的长子，其先祖世代都有功名。他从中央军官学校（前身黄埔军校）18期毕业后，由其伯父赖庆丰（原潘文华部军法处长）推荐入川军潘文华将军麾下当排长，后随军出川参加抗日战争，曾在潼关对日作战。民国34年（1945年）日本投降后，赖昆被调到国防部史政局作战参谋部任参谋。民国38年（1949年）随军撤往台湾，入“国防部”高级研修班，研究立体战争战略战术，毕业后任台南地区司令员。他的知己赖铭汤上将出任“国防部长”和“参谋总长”，调赖昆到“国防部办公厅”和“总参谋长办公室”任少将主任。不久赖铭汤意外暴卒，赖昆处境险恶，于1967年提前退休。

退休后，赖昆进修英语和未来学，达到较高的水平。然后去国外五大洲旅行，游览名山大川，领略异国风情。1987年8月，赖昆由香港转机飞回北京、天津，实现梦想与家人团聚。他会见日思梦想的女儿、女婿和侄儿及其他亲属十余人。但返台后遭到台湾“国安调查局”汪局长的严厉批评，后经好友和下属的帮助，才幸免于难。此后赖昆多次返回大陆，十分谨慎。

赖昆在台湾曾长期身任军警要职，掌握生、杀、予、夺大权，几十年竟没有发大财，也没有再娶妻妾。他在去世前半年提出回大陆定居和女儿同住的申请，经多方周折于2000年9月8日才办好全部出境手续，只待10日去户籍所迁移户口。谁知未能等到他落户大陆，落叶归根，就在台湾逝世了。他的女儿去送终收殓，竟没有遗产、房地产、有价证券、金银珠宝等物，存折上只有不足一万元的台币。

第二章　人物表

第一节　市级领导成员

1. 中国共产党巴中市委员会书记、副书记、常委名表

机构名称	职　务	姓　名	任职起止时间
中国共产党巴中地区委员会	书　记	韩忠信	1993 年 9 月—1997 年 3 月
	副书记	周登全	1993 年 9 月—1997 年 6 月
		李克明	1993 年 9 月—2000 年 12 月
		李开明	1993 年 9 月—1997 年 8 月
	委　员	苟必伦	1993 年 9 月—1997 年 6 月
		宋仕珍	1993 年 9 月—1996 年 12 月
		王吉安	1993 年 9 月—1996 年 12 月
		梁廷寿	1993 年 9 月—1995 年 10 月
		卢篶岗	1993 年 11 月—1997 年 6 月
		洪显君	1994 年 4 月—1998 年 7 月
		徐学明	1995 年 4 月—1996 年 12 月
		张忠孝	1995 年 10 月—2000 年 12 月
	副书记	王吉安	1996 年 12 月—2000 年 12 月
	委　员	熊光林	1996 年 12 月—1998 年 5 月
	书　记	周登全	1997 年 6 月—2000 年 12 月
	副书记	苟必伦	1997 年 6 月—2000 年 9 月
		卢篶岗	1997 年 6 月—1998 年 3 月
	委　员	陈　芳	1997 年 6 月—2000 年 8 月
		殷　长	1997 年 6 月—2000 年 11 月
	副书记	熊光林	1998 年 5 月—2000 年 12 月
	委　员	蒋东生	1998 年 5 月—2000 年 12 月
		刘道平	1998 年 6 月—2000 年 8 月
		周泽政	1998 年 7 月—2000 年 12 月
		底　瑜	2000 年 8 月—2000 年 12 月
		陈克福	2000 年 11 月—2000 年 12 月

续表

机构名称	职　务	姓　名	任职起止时间
中国共产党巴中市委员会	书　记	周登全	2000 年 12 月—
	副书记	李克明	2000 年 12 月—
		王吉安	2000 年 12 月—
		熊光林	2000 年 12 月—
		蒋东生	2000 年 12 月—
	常　委	底　瑜	2000 年 12 月—
		彭耀学	2000 年 12 月—
		梁治辉	2000 年 12 月—
		陈克福	2000 年 12 月—
		周泽政	2000 年 12 月—
		李树海	2000 年 12 月—

2. 巴中市人大常委会主任、副主任名表

机构名称	职　务	姓　名	任职起止时间
四川省人大常委会巴中地区工作委员会	主　任	韩忠信	1993 年 10 月—1997 年 6 月
	副主任	王思进	1993 年 10 月—1994 年 9 月
		何茂兴	1995 年 4 月—2000 年 12 月
		宋仕珍	1996 年 12 月—2000 年 12 月
		郭孝友	1996 年 12 月—2000 年 12 月
	主　任	李开明	1997 年 8 月—2000 年 12 月
巴中市人大常委会	主　任	李开明	2000 年 12 月—
	副主任	郭孝友	2000 年 12 月—
		李玉清	2000 年 12 月—
		李　鳌	2000 年 12 月—
		杨继孝	2000 年 12 月—
		郭学海	2000 年 12 月—
		熊启伦	2000 年 12 月—
		李席海	2000 年 12 月—
		经伟宪	2000 年 12 月—

3. 巴中市人民政府市长、副市长名表

机构名称	职　务	姓　名	任职起止时间
巴中地区行政公署	专　员	周登全	1993 年 9 月—1997 年 6 月
	副专员	苟必伦	1993 年 9 月—2000 年 9 月
		冉德玉	1993 年 9 月—1995 年 2 月
		郭孝友	1993 年 9 月—1996 年 12 月
		刘宗寿	1993 年 9 月—1996 年 12 月
		车　伟	1993 年 10 月—1997 年 1 月
		张　玲	1994 年 8 月—2000 年 12 月
		王治寿	1995 年 10 月—2000 年 12 月
		徐学明	1996 年 12 月—1998 年 7 月
		漆先望	1997 年 2 月—2000 年 12 月
	专　员	李克明	1997 年 6 月—2000 年 12 月
	副专员	陈延荣	1998 年 10 月—2000 年 12 月
		底　瑜	1999 年 2 月—2000 年 8 月
		熊光林	2000 年 8 月—2000 年 12 月
巴中市人民政府	市　长	李克明	2000 年 12 月—
	副市长	熊光林	2000 年 12 月—
		张　玲	2000 年 12 月—
		王治寿	2000 年 12 月—
		陈延荣	2000 年 12 月—
		王　菲	2000 年 12 月—
		侯必贵	2000 年 12 月—

4. 政协巴中市委员会主席、副主席名表

机构名称	职　务	姓　名	任职时间
四川省政协巴中地区工作委员会	主　任	周登全	1993 年 10 月—2000 年 9 月
	副主任	李旭升	1993 年 10 月—2000 年 12 月
		梁廷寿	1995 年 10 月—2000 年 12 月
		刘宗寿	1997 年 1 月—2000 年 12 月
		谭　毅	1998 年 12 月—2000 年 12 月
	主　任	苟必伦	2000 年 9 月—2000 年 12 月
政协巴中市委员会	主　席	苟必伦	2000 年 12 月—
	副主席	梁廷寿	2000 年 12 月—
		刘宗寿	2000 年 12 月—
		谭　毅	2000 年 12 月—
		何光烈	2000 年 12 月—
		朱仕华	2000 年 12 月—
		张照荣	2000 年 12 月—

第二节　先进人物

1. 1958—2000 年辖区获国家级表彰的先进人物

获奖姓名	所在单位	获奖名称	颁奖单位	授奖时间
杨桃芳	南江县农资公司	全国劳动模范	国务院	1958 年
岳明照		全国民兵先进工作者	国务院、中央军委	1959 年 8 月
杜财源	通江县大河坝铁厂	全国劳动模范	国务院	1959 年
何德禄	平昌县木材加工厂	全国劳动模范	国务院	1959 年
张辉昆	南江中学	全国先进工作者	国务院	1960 年
姚友奎	平昌西兴初级中学	全国先进工作者	国务院	1960 年
谢佑学	巴中师范学校附小	全国先进工作者	国务院	1960 年
李景碧	平昌县驷马公社	全国劳动模范	国务院	1965 年
周作琼	平昌县驷马公社	全国养猪模范	国务院	1966 年
张太荣	南江县大河区供销社	全国劳动模范	国务院	1970 年
蔡大发	巴中县供销社	全国劳动模范	国务院	1978 年
徐成模	巴中县青木镇	全国劳动模范	国务院	1979 年
温国芳	巴中县兴文公社	全国劳动模范	国务院	1982 年
孙友良	平昌得胜建筑公司	全国劳动模范	国务院	1985 年
谢运鹄	平昌镇龙中学	全国劳动模范	国务院	1986 年
税蔚洪	平昌师范	全国劳动模范	国务院	1986 年
伏开仕	巴中县政协	全国劳动模范	国务院	1989 年
柯文龙	巴中县恩阳镇	全国劳动模范	国务院	1989 年
李明亮	平昌县灵山乡草坝村	全国劳动模范	国务院	1989 年
张清秀	巴中市丝绸厂	全国劳动模范	国务院	1995 年 5 月
樊定礼	巴中市恩阳镇青堡村	全国劳动模范	国务院	1995 年 5 月
孙友良	平昌县经贸系统	全国劳动模范	国务院	1995 年
杨秀全	地区人大工委	民族团结进步模范个人	国务院	1999 年
王维春	南江县畜牧食品局	全国先进工作者	国务院	2000 年
向明亮	巴州区甘泉乡园艺村	全国劳动模范	国务院	2000 年
岳庭华	南江县冶金集团竹坝铁矿	全国劳动模范	国务院	2000 年
王　煜	工行平昌分理处	全国先进工作者	国务院	2000 年

2. 1949—2000年辖区获省级表彰的先进个人

获奖姓名	所在单位	获奖名称	颁奖单位	授奖时间
张铭德	平昌县（在某部队服役）	海军甲等英雄	中国人民海军	1949年
赵必树	平昌县（在部队服役）	部劳动模范	中国人民解放军22军	1951年
张传碧		省水稻丰产模范	四川省政府	1954年
杨家同	巴中县旱谷乡	省水稻丰产模范	四川省政府	1954年
钟崇厚	巴中县柳林乡	省水稻丰产模范	四川省政府	1954年
熊民生	巴中县酒店乡	省水稻丰产模范	四川省政府	1954年
邓洪才	巴中县旱谷乡	省水稻丰产模范	四川省政府	1954年
文仕太	巴中县中兴乡	省水稻丰产模范	四川省政府	1954年
吴炳成	通江县“五一”木船合作社	省工农业劳动模范	四川省人委	1956年
李仁云	巴中县航运公司	省工农业劳动模范	四川省人委	1956年
陈永贵	巴中县航运公司	省工农业劳动模范	四川省人委	1956年
杨汉育	平昌县航运公司	省工农业劳动模范	四川省人委	1956年
余众安	平昌县坦溪乡	省护林模范	四川省人委	1956年
陈德恒	平昌县华严乡	省劳动模范	四川省人委	1956年
文元沛	平昌县金宝乡	省水稻模范	四川省人委	1956年
曹绪明	巴中县花丛乡	省蚕桑模范	四川省人委	1956年
周孟仪	平昌县粮食局	省先进工作者	四川省人委	1956年
何珍阳	南江县粮食局	部劳动模范	商业部	1956年
邹霞文	平昌县双江粮站	省先进工作者	四川省人委	1956年
白天银	平昌县棉麻公司	省先进工作者	四川省人委	1956年
陈善保	巴中县花丛供销社	省先进个人	四川省人委	1956年
彭海成	巴中县茶坝供销社	省先进工作者	四川省人委	1956年
杨桃芳	南江县农资公司	省先进工作者	四川省人委	1956年
马福轩	巴中县食品公司恩阳加工组	省先进工作者	四川省人委	1956年
吴玉麟	巴中县鼎山粮站	省先进工作者	四川省人委	1956年
赵辅德	平昌县社经理部	省先进工作者	四川省人委	1956年
王宁心	通江支行	省先进工作者	四川省人委	1956年
吴大栋	通江县大公供销社	省先进工作者	四川省人委	1956年
任作茂	通江县涪阳粮站	省先进工作者	四川省人委	1956年
杨洪俊	巴中县农资公司	省先进个人	四川省人委	1956年
岳德成	南江县赶场粮站	省先进工作者	四川省人委	1956年
赵瑞廷	平昌兰草区社	省先进工作者	四川省人委	1956年
易开国	平昌县采购局	省先进工作者	四川省人委	1956年
蔡华安	巴中县柳林乡	省先进生产者	四川省人委	1956年
陈明金	巴中县南阳乡	省先进生产者	四川省人委	1956年

续表

获奖姓名	所在单位	获奖名称	颁奖单位	授奖时间
向明光	巴中县义兴乡	省先进生产者	四川省人委	1956 年
何思明	巴中县尹家乡	省先进生产者	四川省人委	1956 年
杨桃芳	南江县城关供销社	先进个人	全国供销合业总社	1956 年
郭含茂	通江县民胜新村	省先进生产者	全国妇联	1957 年 9 月
郭含茂	通江县民胜新明村	省先进生产者	四川省人委	1957 年 9 月
苟国儒	平昌县马鞍乡	部林业先进个人	林业部	1957 年
王天赐	巴中县清江区供销社	省先进工作者	四川省人委	1957 年
荀元朝	平昌县笔山区供销社	省先进工作者	四川省人委	1958 年
兰国泉	平昌县	省建设社会主义先进代表	四川省人委	1958 年
苟兴仁	平昌县元石乡	全国技术革新先进个人		1958 年
刘金龙		先进工作者	志愿军司令部	1958 年
杨仕科	巴中县永兴公私合营店	省先进工作者	四川省人委	1958 年
杨桃芳	南江县城关供销生产资料店	省先进工作者	四川省人委	1958 年
何珍杨	南江县粮食局防治组	省先进工作者	四川省人委	1958 年
易国朗	平昌县白衣供销生产资料店	省先进工作者	四川省人委	1958 年
刘亲禄	通江县洪口供销合作社	省先进工作者	四川省人委	1958 年
傅锡中	通江县砥坝乡	省先进工作者	四川省人委	1958 年
杨定国	通江县糖果加工厂	省先进工作者	四川省人委	1958 年
张瑞华	通江县城关碾米厂	省先进工作者	四川省人委	1958 年
周光德	平昌县华严乡	省劳动模范	四川省人委	1958 年
易国贞	平昌县西兴乡	省劳动模范	四川省人委	1958 年
周兴田	通江县人民银行	省先进工作者	四川省人委	1958 年
吴大栋	通江县酒厂	省先进工作者	四川省人委	1958 年
杜财源	通江县二铁厂	省先进工作者	四川省人委	1958 年
蒲立明	通江县二铁厂	省先进工作者	四川省人委	1958 年
张天富	巴中县电力厂	省先进生产者	四川省人委	1958 年
何德禄	平昌县城关木业社	省手工业先进个人	四川省人委	1958 年
王仲奎	巴中县城关铁业社	省手工业先进个人	四川省人委	1958 年
王中玉	平昌县城关棉织社	省手工业先进个人	四川省人委	1958 年
唐文明	平昌县检察院	省先进工作者	四川省人委	1958 年
唐亨忠	巴中龙头面业公司	省劳动模范	四川省人委	1958 年
张天富	巴中县供电公司	省劳动模范	四川省人委	1958 年
李素清	巴中县百货公司	省劳动模范	四川省人委	1958 年
陈华昌	南江县洛坪铁工厂	省手工业先进个人	四川省人委	1958 年
王天锡	巴中县清江供销社	省劳动模范	四川省人委	1958 年
马新成	巴中县东兴乡七村	省先进工作者	四川省人委	1959 年

续表

获奖姓名	所在单位	获奖名称	颁奖单位	授奖时间
李清秀	通江县机关托儿所	省先进工作者	四川省人委	1959 年
吴兴让	南江县粮食局	省先进工作者	四川省人委	1959 年
薛正易	通江县法院	省先进工作者	四川省人委	1959 年
徐定安	通江县公社保卫股	省先进工作者	四川省人委	1959 年
刘智民	通江县公安局治安股	省先进工作者	四川省人委	1959 年
张寿城	平昌县民警队	省先进工作者	四川省人委	1959 年
游汉儒	南江县中坝农场	省先进工作者	四川省人委	1959 年
沈吉江	巴中市公安局	省先进工作者	四川省人委	1959 年
唐文明	平昌县公安局	省先进工作者	四川省人委	1959 年
毛明哲	平昌县粮食局	全国财贸工作先进个人	商业部	1959 年
陈光莲	巴中县茶坝公社	全国三八红旗手	全国妇联	1959 年
唐永春	巴中县花丛公社	省劳动模范	四川省人委	1959 年
罗宗俊	巴中县花丛公社	省劳动模范	四川省人委	1959 年
袁林文	平昌县长垭乡	省劳动模范	四川省人委	1959 年
黄文章	南江县长赤中学	省劳动模范	四川省人委	1960 年
苟兴容	平昌县雷山乡	省劳动模范	四川省人委	1960 年
马竹英	平昌县镇龙乡	省劳动模范	四川省人委	1961 年
彭承志	巴中县航运公司	省工农业劳动模范	四川省人委	1962 年
王明华	达县公路养护总段通江养路段	省工农业劳动模范	四川省人委	1962 年
侯帮富	通江县	省劳动模范	四川省人委	1962 年
李诗联	巴中县枣林公社	省农业劳动模范	四川省人委	1962 年
张裕丰	巴中县大和公社	省农业劳动模范	四川省人委	1962 年
傅光林	巴中县大和公社	省农业劳动模范	四川省人委	1962 年
李培才	巴中县大和公社	省农业劳动模范	四川省人委	1962 年
杨芙蓉	巴中县曾口公社	省农业劳动模范	四川省人委	1962 年
蒲廷德	巴中县梁永公社	省农业劳动模范	四川省人委	1962 年
李义平	巴中县独柏公社	省农业劳动模范	四川省人委	1962 年
刘乾元	巴中县独柏公社	省农业劳动模范	四川省人委	1962 年
程光甫	巴中县尹家公社	省农业劳动模范	四川省人委	1962 年
杨世贵	巴中县和平公社	省农业劳动模范	四川省人委	1962 年
杨学林	巴中县和平公社	省农业劳动模范	四川省人委	1962 年
张光德	巴中县枣林公社	省农业劳动模范	四川省人委	1962 年
杨仕成	巴中县石城公社民主大队	省劳动模范	四川省人委	1962 年
蒲廷德	巴中梁永公社双狮大队	省劳动模范	四川省人委	1962 年
周素兰	巴中县寿岭公社火箭大队	省劳动模范	四川省人委	1962 年
焦良秀	巴中县花溪公社十一大队	省劳动模范	四川省人委	1962 年

续表

获奖姓名	所在单位	获奖名称	颁奖单位	授奖时间
王学秀	巴中县果敢公社四大队	省劳动模范	四川省人委	1962 年
王天锡	巴中县青江区供销社白庙分销店	省劳动模范	四川省人委	1962 年
王志英	平昌县新庙公社三大队	省劳动模范	四川省人委	1962 年
陈本枢	平昌元山公社十大队	省劳动模范	四川省人委	1962 年
白浩善	平昌县麻石公社南坝大队	省劳动模范	四川省人委	1962 年
杜成星	平昌县城西公社党委	省劳动模范	四川省人委	1962 年
周兴孝	平昌县农场白衣分场	省劳动模范	四川省人委	1962 年
李玉莲	通江县火炬公社前进大队	省劳动模范	四川省人委	1962 年
向荣显	通江县广纳公社火烽大队	省劳动模范	四川省人委	1962 年
余定秀	通江县新场公社三大队五队	省劳动模范	四川省人委	1962 年
方联明	南江和平公社九大队	省劳动模范	四川省人委	1962 年
欧阳富	南江桃源公社	省劳动模范	四川省人委	1962 年
王庭秀	巴中县柳林镇	省劳动模范	四川省人委	1962 年
王仲奎	巴中县齿轮厂	省劳动模范	四川省人委	1962 年
吴显杰	平昌县造纸厂	省劳动模范	四川省人委	1962 年
邵俊武	南江县建筑公司	省劳动模范	四川省人委	1962 年
廖俊华	南江县蔬菜公司	省劳动模范	四川省人委	1962 年
胥开银	南江县煤电公司	省劳动模范	四川省人委	1962 年
马六兴	南江县高桥乡五村	省劳动模范	四川省人委	1962 年
李发先	南江县桥停乡	省劳动模范	四川省人委	1962 年
王德武	通江县经贸委	省劳动模范	四川省人委	1962 年
杨明安	通江县农机厂	省劳动模范	四川省人委	1962 年
蒲文德	通江县农具加工合作社	省劳动模范	四川省人委	1962 年
袁朝兴	平昌县食品加工厂	省劳动模范	四川省人委	1962 年
王义和	巴中县甘溪煤矿	省劳动模范	四川省人委	1962 年
江炳山	巴中县恩阳镇	省劳动模范	四川省人委	1962 年
杨汉育	平昌县江口镇新华街	省劳动模范	四川省人委	1962 年
岳恩发	南江县沙河乡	省劳动模范	四川省人委	1962 年
李寿先	巴中县齿轮厂	省劳动模范	四川省人委	1962 年
胡成益	巴中县农机厂	省劳动模范	四川省人委	1962 年
杨华先	巴中县红岩煤矿	省劳动模范	四川省人委	1962 年
刘乾元	巴中县	省劳动模范	四川省人委	1962 年
苏顺钦	巴中县化成公社	省农业劳动模范	四川省人委	1962 年
冯光兰	巴中县曾口公社	省农业劳动模范	四川省人委	1962 年
杨开富	巴中县牌坊公社	省农业劳动模范	四川省人委	1962 年
李尧前	巴中县兴隆公社	省农业劳动模范	四川省人委	1962 年

续表

获奖姓名	所在单位	获奖名称	颁奖单位	授奖时间
王国文	巴中县兴隆公社	省农业劳动模范	四川省人委	1962 年
杨先成	巴中县城守公社	省农业劳动模范	四川省人委	1962 年
杨超武	巴中县果敢公社	省农业劳动模范	四川省人委	1962 年
杨秀芳	巴中县柳林公社	省农业劳动模范	四川省人委	1962 年
杨大方	巴中县兴隆公社	省农业劳动模范	四川省人委	1962 年
王义厚	巴中县渔溪公社	省农业劳动模范	四川省人委	1962 年
胡述仁	巴中县中兴公社	省农业劳动模范	四川省人委	1962 年
侯文卿	巴中县石门公社	省农业劳动模范	四川省人委	1962 年
吴淑国	巴中县江北公社	省农业劳动模范	四川省人委	1962 年
何长贵	巴中县江北公社	省农业劳动模范	四川省人委	1962 年
罗义富	巴中县江北公社	省农业劳动模范	四川省人委	1962 年
王学英	巴中县江北公社	省农业劳动模范	四川省人委	1962 年
焦连秀	巴中县花溪公社	省农业劳动模范	四川省人委	1962 年
刘传福	巴中县天官公社	省农业劳动模范	四川省人委	1962 年
胡成益	巴中县恩阳区农机站	省农业劳动模范	四川省人委	1962 年
张朝升	巴中县石门公社	省农业劳动模范	四川省人委	1962 年
白明初	巴中县羊凤公社	省农业劳动模范	四川省人委	1962 年
谭成诗	巴中县同乐公社	省农业劳动模范	四川省人委	1962 年
陈建全	巴中县明扬公社	省农业劳动模范	四川省人委	1962 年
杨建英	巴中县三汇公社	省农业劳动模范	四川省人委	1962 年
杨大显	巴中县玉井公社	省农业劳动模范	四川省人委	1962 年
张光元	巴中县同乐公社	省农业劳动模范	四川省人委	1962 年
余开吉	巴中县白庙公社	省农业劳动模范	四川省人委	1962 年
文国治	巴中县牌坊公社	省农业劳动模范	四川省人委	1962 年
彭承志	巴中县航运公司	省农业劳动模范	四川省人委	1962 年
彭三义	平昌县西兴乡	省劳动模范	四川省人委	1962 年
姚友奎	平昌县西兴中学	文教先进工作者	国家教委	1962 年
王天赐	巴中县清江区供销社	省先进工作者	四川省人委	1963 年
熊开会	巴中棉麻公司恩阳转运站	省劳动模范	中共四川省委	1964 年
李启先	巴中县江北公社	省农业劳动模范	四川省人委	1965 年
李仕昌	平昌县驷马镇	共青团工作先进个人	共青团中央	1965 年
邓廷举	平昌县粉壁供销社	农产品收购工作先进个人	商业部	1965 年
王正英	平昌县土兴乡	省劳动模范	四川省革委	1970 年
王万银	平昌县荔枝乡	省养猪模范	四川省革委	1970 年
王正美	平昌县	省养猪劳动模范	四川省革委	1970 年
张太荣	南江县供销社	部劳动模范	商业部	1970 年

续表

获奖姓名	所在单位	获奖名称	颁奖单位	授奖时间
蔡大发	巴中县花丛区供销社	省劳动模范	四川省革委	1970 年
苟国举	通江县民胜邮电所	省劳动模范	四川省革委	1975 年
李方仁	巴中花丛区供销社	省先进工作者	四川省委、省革委	1976 年
蔡大发	巴中县花丛区供销社	先进个人	全国供销合作总社	1977 年
李奇贵	南江县大河区法庭	公安司法系统先进工作者	四川省委、省革委	1978 年 3 月
孙再荣	平昌县粮食加工厂	省先进工作者	四川省革委	1978 年
江泽永	巴中县水电局	省先进工作者	四川省革委	1978 年
李联刚	通江县新场乡	省先进工作者	四川省革委	1978 年
徐正倖	通江县苗南乡	省先进工作者	四川省革委	1978 年
蒋道森	通江县法院	省先进工作者	四川省革委	1978 年
蒲永康	平昌县轴承厂	省先进工作者	四川省革委	1978 年
蔡大发	巴中县供销合作社	省劳动模范	四川省革委	1978 年
常长洪	南江县城关胜利街治保会	省先进工作者	四川省革委	1978 年
杜仁德	平昌县城关治保主任	省先进工作者	四川省革委	1978 年
罗伦德	巴中县公安局、茶坝区特派员	省先进工作者	四川省革委	1978 年
李宜和	巴中县曾口木船运输合作社	安全生产先进个人	交通部	1978 年
钟子扬	巴中县曾口木船运输合作社	安全生产先进个人	交通部	1978 年
何心善	巴中县短航木船渡口管理所	安全生产先进个人	交通部	1978 年
黄　恕	南江县茶果站	全国“三下乡”先进个人	中宣部、中国科协	1978 年
刘绪杨	通江县农场部	省科技推广先进个人	中共四川省委	1978 年
罗绍秀	平昌县凤凰公社	全国“三八”红旗手	全国妇联	1979 年 10 月
周述莲	平昌县驷马公社	全国“三八”红旗手	全国妇联	1979 年 10 月
冯久兰	平昌县灵山公社	全国“三八”红旗手	全国妇联	1979 年 10 月
张显碧	通江县广纳火峰村六组	全国“三八”红旗手	全国妇联	1979 年
赵先从	通江县新场乡六村六组	全国“三八”红旗手	全国妇联	1979 年
鲜政文	平昌县团委	全国新长征突击手	共青团中央	1979 年
张明荣	平昌县农机厂	全国新长征突击手	共青团中央	1979 年
张天芳	平昌县公社团委	全国新长征突击手	共青团中央	1979 年
周绍君	平昌县望水河电站	全国新长征突击手	共青团中央	1979 年
王兆森	通江县	全国新长征突击手	共青团中央	1979 年
吴正凤	巴中县东风公社	省先进生产者	四川省革委	1979 年
蔡大发	巴中县供销合作社	省先进工作者	四川省政府	1979 年
高树群	巴中县渔溪区供销社	全国“三八”红旗手	全国妇联	1979 年
杨逢春	平昌县气象局	省劳动模范	四川省政府	1980 年 3 月
何顺典		商品牛基地建设先进生产者	农业部	1980 年
蔡大发	巴中县供销社	省先进工作者	四川省政府	1980 年

续表

获奖姓名	所在单位	获奖名称	颁奖单位	授奖时间
苏凤玲	南江县小河区供销社	全国新长征突击手	共青团中央	1980 年
虎庆春	巴中县光辉乡六村	省劳动模范	四川省政府	1980 年
黄　恕	南江县茶果站	省劳动模范	四川省政府	1980 年
潘清和		商品牛基地建设先进工作者	农业部	1981 年 4 月
马学俊		全国新长征突击手	共青团中央	1981 年 10 月
屈养孝	通江县汽车队	省抗洪救灾先进个人	四川省政府	1981 年
赖明扬	巴中县委	省抗洪救灾先进个人	四川省政府	1981 年
冯光垓	巴中县直属机关工委	省抗洪救灾先进个人	四川省政府	1981 年
毛昌福	平昌县佛楼山	省抗洪救灾先进工作者	四川省政府	1981 年
夏天荣	巴师附小	全国千名优秀体育教师	国家体委	1981 年
郭　斌	巴中县人大常委	农牧渔业先进工作者	农牧渔业部	1981 年
陈俊英	巴中棉麻公司恩阳转运站	“三八”红旗手	四川省政府	1981 年
张国福	巴中县回风路桂花街	省劳动模范	四川省政府	1981 年
张礼富	南江县硫铁矿	省抗洪救灾模范	四川省政府	1981 年
何大友	平昌县交通综合厂	省劳动模范	四川省委、省政府	1981 年
吴正明	巴中县玉堂公社	省劳动模范	四川省政府	1982 年
屈全飘	通江县土产公司	省劳动模范	商业部	1982 年
蒋恩兰	平昌县计划生育指导站	省计划生育先进工作者	四川省人民政府	1982 年
蒋恩兰	平昌县计划生育指导站	省计划生育先进工作者	四川省人民政府	1982 年
王万成		省先进工作者	四川省政府	1982 年
蒋运芳	平昌县一完小	全国优秀班主任	国家教委	1982 年
王尊平	平昌县风凉乡	全国“三八”红旗手	全国妇联	1982 年
屈全忠	通江县	商品牛生产基地建设先进者	农业部	1982 年
沈治文	平昌县	省科技先进工作者	四川省政府	1982 年
李祥贵	巴中县	商品牛生产基地建设先进者	农业部	1982 年
刘景星	通江县成人中专校	全国优秀教师	教育部	1983 年
姚昌华	南江县二轻局	全国五一劳动奖章获得者	全国总工会	1983 年
沈逢满	平昌县青风乡	全国“三八”红旗手	全国妇联	1983 年
屈全飘	通江县土产公司	省劳动模范	四川省政府	1983 年
牟文玉	平昌县驷马供销分社	省职工劳动模范	四川省政府	1983 年
何文敏	巴中县三河粮管所	部劳动模范	商业部	1983 年
张　峨	巴中县林业局	部劳动模范	林业部	1983 年
徐怀忠	平昌县白衣小学	省劳动模范	四川省政府	1983 年
胡席文	平昌县长垭乡	省拥军模范		1983 年
何志礼	平昌县张公乡	省劳动模范	四川省政府	1983 年
罗绍秀	平昌县凤凰乡	全国“三八”红旗手	全国妇联	1983 年

续表

获奖姓名	所在单位	获奖名称	颁奖单位	授奖时间
罗泽润	平昌县笔山区公所	全国先进会计辅导员		1983 年
陈玉森	平昌县	献计纳策科技活动先进个人	四川省政府	1983 年
李富育	通江县	省科协系统先进工作者	四川省政府	1983 年
罗泽润	平昌县双凤农经站	农村经营管理先进工作者	农牧渔业部	1983 年
何家瑞		全国优秀班主任	国家教委	1984 年 3 月
徐世建		商品牛生产基地建设先进工作者	农业部	1984 年 4 月
陈家富		全国少年儿童先进工作者	共青团中央	1984 年
李代茂	平昌县土垭乡	省卫生工作先进工作者	四川省政府	1984 年
王继森	四川省汽车运输公司平昌车站	全国先进业余教练	国家体委、全国总工会	1984 年
陈玉森	平昌县	省农业区划工作先进个人	四川省政府	1984 年
何秀英	巴中县	饲料青贮先进工作者	农业部	1984 年
王维春	南江县	省科技工作先进个人	四川省政府	1984 年
张家才	巴中二中	全国优秀教师	国家教委	1984 年
冯英德	巴中县恩阳中学	全国优秀班主任	中宣部、人事部、教育部	1984 年
何家瑞	南江县正直小学	全国优秀班主任	中宣部、人事部、教育部	1984 年
陈廷发	巴中县青木农经站	全国先进工作者	农牧渔业部等四部委	1984 年
吴三英	通江县一完小	全国优秀班主任	中宣部、人事部、教育部	1984 年
蒋运芳	平昌县实验小学	全国优秀班主任	中宣部、人事部、教育部	1984 年
杨怀映	巴中县曾口区卫生院	省计划生育工作先进个人	四川省政府	1984 年
周兴成	巴中县电力公司	全国五一劳动奖章获得者	全国总工会	1985 年
张培芳	南江镇清管所	省劳动模范	四川省政府	1984 年
李新建	南江县林业站	省劳动模范	四川省政府	1984 年
王学维	巴中县电力公司	部劳动模范	水电部	1984 年
何文敏	巴中县三河粮管所	省职工劳模	四川省政府	1984 年
谢树桂	巴中县丝绸厂	省职工劳模	四川省政府	1984 年
牟文玉	平昌县农资公司	省职工劳模	四川省政府	1984 年
贺秋林	南江中学	省职工劳模	四川省政府	1984 年
屈全飘	通江县银耳公司	省职工劳模	四川省政府	1984 年
屈养孝	通江县汽车队	省职工劳模	四川省政府	1984 年
吴三英	通江县一完小	省职工劳模	四川省政府	1984 年
何大友	平昌火柴厂	省职工劳模	四川省政府	1984 年
胥开华	巴中县罐头厂	省职工劳模	四川省政府	1984 年
施继龙	巴师附小	省职工劳模	四川省政府	1984 年
徐怀忠	平昌县白衣复兴小学	省职工劳模	四川省政府	1984 年
屈天都	达县公路养护总段通江养路段	省劳动模范	四川省政府	1984 年
黄国延	巴中清江区卫生院	省计划生育工作先进个人	四川省政府	1984 年

续表

获奖姓名	所在单位	获奖名称	颁奖单位	授奖时间
张中福		全国优秀辅导员	共青团中央、国家少工委	1985 年 2 月
李泽恩	平昌县织布厂	省乡镇企业家	四川省政府	1985 年 9 月
周兴成	巴中县电力公司	全国五一劳动奖章获得者	全国总工会	1985 年
胡海青	平昌县教师进修校	省优秀教师	四川省委、省政府	1985 年
何明隆	平昌中学	省优秀教师	四川省委、省政府	1985 年
王廷贵	平昌县白衣小学	省优秀教师	四川省委、省政府	1985 年
杨千才	通江县民胜初级中学	省优秀教师	四川省委、省政府	1985 年
陈万斌	通江县蒙坝安子堡小学	省优秀教师	四川省委、省政府	1985 年
王正东	巴中县上八庙小学	省优秀教师	四川省委、省政府	1985 年
黄由安	巴中县总工会	全国五一劳动奖章获得者	全国总工会	1985 年
吴珍兰	巴中县柳林乡	省劳动模范	四川省政府	1985 年
徐鲁瞻	南江县关门小学	省优秀教师	四川省委、省政府	1985 年
李　旭	南江县实验小学	省优秀教师	四川省委、省政府	1985 年
徐若锋	南江中学	省优秀教师	四川省委、省政府	1985 年
戴荣光	南江中学	省优秀教师	四川省委、省政府	1985 年
凌志雄	通江中学	省优秀教师	四川省委、省政府	1985 年
蒲明荣	通江县公安局	省先进工作者	四川省政府	1985 年
曹廷慧	巴中师范学校	省优秀教师	四川省委、省政府	1985 年
闫文清	通江县司法局	省先进工作者	四川省政府	1985 年
庞光国	巴中县司法局	省先进工作者	四川省政府	1985 年
罗吉由	巴中县检察院	省先进工作者	四川省政府	1985 年
唐文明	平昌县检察院	省先进工作者	四川省政府	1985 年
薛正易	通江县法院	省先进工作者	四川省政府	1985 年
朱灼君	巴中中学	省优秀教师	四川省委、省政府	1985 年
袁继孝	巴中县人大	省先进工作者	四川省政府	1985 年
喻以义	巴中县法院	省先进工作者	四川省政府	1985 年
苗长福		商品牛生产基地建设先进工作者	农业部	1985 年
贺秋林		全国五一劳动奖章获得者	全国总工会	1985 年
陈丛联		全国优秀基层干部	总政治部	1985 年
赵正贵	南江县司法局	省先进工作者	四川省委、省政府	1985 年
荀元朝	平昌县笔山供销社	省先进工作者	四川省政府	1985 年
何克礼	平昌县检察院	全国检察工作先进工作者	最高人民检察院	1985 年
邓洪斌	平昌县雷山乡政府	全国农村科普先进工作者	中国科协	1985 年
李明胜	平昌县兰草乡	全国科普先进工作者	中国科协	1985 年
吴功仁	巴中县镇庙乡	农业科普先进个人	中国科协	1985 年
周西元	巴中县三河场乡	省药材生产先进个人	四川省政府	1985 年

续表

获奖姓名	所在单位	获奖名称	颁奖单位	授奖时间
黄吉顺	巴中县粮食局	部劳动模范	商业部、全国财贸工会	1985 年
谢仕忠	南江县政法委	省先进工作者	四川省政府	1985 年
罗刚孝	巴中市中级法院	省先进工作者	四川省政府	1985 年
杜久坤	平昌县综合执法大队	省先进工作者	四川省政府	1985 年
徐荣峰	平昌县司法局	省先进工作者	四川省政府	1985 年
阎紫阳		全国 1% 人口抽样调查先进个人	全国人口普查办	1986 年 8 月
赵正贵	南江县司法局	省先进工作者	四川省政府	1985 年
郝苏生	通江县卫校	全国卫生文明先进工作者	卫生部	1986 年 11 月
王佑荣	巴中县	饲料青贮先进工作者	农业部	1986 年
李富育	通江县畜牧局	农牧渔业技术推广先进工作者	农业部	1986 年
赵其平	通江县政府	先进工作者	中国农业总行	1986 年
胡学渊	平昌县科协	全国农村科普工作先进个人	中国科协	1986 年
杜忠苓	平昌县蜜饯食品厂	省先进个人	四川省政府	1986 年
谢鹏基	平昌县轴承厂	军转干部先进工作者	四川省政府、成都军区	1986 年
杜茂群	通江县政府	环境保护工作先进工作者	四川省政府	1986 年
蒲兴烈	巴中县晏阳初中学	部劳动模范	人事部、国家教委	1986 年
李锡荣	通江中学	部劳动模范	国家教委、教育工会	1986 年
王维国	平昌县土垭乡	省先进科技工作者	四川省政府	1987 年 7 月
杨建中	南江县沙河区医院	省先进个人	四川省政府	1987 年 12 月
黄吉顺	巴中县粮食局	全国五一劳动奖章获得者	全国总工会	1987 年
李明伟	巴中县税务所	部劳动模范	财政部、全国财贸工会	1987 年
谭国华	巴中县民政局	部劳动模范	民政部	1987 年
石伟民	南江中学	省劳动模范	四川省政府	1987 年
李江游	南江实验小学	省劳动模范	四川省政府	1987 年
丁怀建	平昌县外贸易公司	外贸行业劳动模范	经贸部、全国财贸工会	1987 年
刘景星		全国教育系统劳动模范	国家教委	1987 年
郝仕孝	巴中县巴州镇	民族团结进步模范个人	四川省政府	1987 年
马本杰	巴中县恩阳中学	民族团结进步模范个人	四川省政府	1987 年
岳映泉	通江县科协	全国先进科技工作者	中国科协	1987 年
李泽恩	平昌县纺织厂	省优秀乡镇企业家	四川省政府	1987 年
岳通明		全国儿童抽样调查先进工作者	国家儿童抽调领导小组	1987 年
石含镶	平昌县	全国农林科教片汇映先进个人	国家科委、文化部	1987 年
乔良川	通江中学	全国体育工作先进个人	国家体委、教委	1987 年
郭学海	平昌县政府	全国农林科教片汇映先进个人	国家科委、文化部	1987 年
胡俊枝	平昌县文教局	全国农林科教片汇映先进个人	国家科委、文化部	1987 年
陈永久	平昌县文化馆	全国农林科教片汇映先进个人	国家科委、文化部	1987 年

续表

获奖姓名	所在单位	获奖名称	颁奖单位	授奖时间
张炳吉	巴中县	饲料青贮先进工作者	农业部	1987 年
张述烈	通江县卫生局	全国卫生文明先进工作者	卫生部	1988 年 12 月
文中英	南江县人民医院	省劳动模范	四川省政府	1988 年
唐嗣发	南江县下两小学	部先进工作者	教育部	1988 年
周尚聪	平昌县委	省普法先进工作者	四川省委、省政府	1988 年
李朝华	平昌县法制委员会	省普法先进工作者	四川省委、省政府	1988 年
郭以信	通江县	饮料青贮先进工作者	农业部	1988 年
文中英	南江县人民医院	省劳动模范	四川省政府	1988 年
文中英	南江县人民医院	省劳动模范	四川省政府	1989 年 5 月
程崇劲	巴中县文管所	省劳动模范	四川省政府	1989 年 5 月
蔡明学		全国优秀教师	国家教委、人事部	1989 年 9 月
何　涛		全国优秀教师	教育部、人事部、全国总工会	1989 年 9 月
胡　泉		全国优秀教育工作者	教育部、人事部	1989 年 9 月
周承先		省优秀教师	四川省政府	1989 年 9 月
李茂才		全国优秀教师	国家教委、人事部	1989 年 9 月
谢大武		全国优秀教师	国家教委	1989 年 9 月
赵利生		全国优秀教师	国家教委	1989 年 9 月
朱银通		省优秀教师	四川省政府	1989 年 9 月
严治银		省优秀教师	四川省政府	1989 年 9 月
王治恩		省优秀教师	四川省政府	1989 年 9 月
唐嗣发		全国中小学德育教育先进工作者	国家教委	1998 年 10 月
王莲福	巴中县个协	部劳动模范	商业部	1989 年
张义先	平昌县粮食局	部劳动模范	商业部	1989 年
张清秀	巴中县丝绸厂	部劳动模范	纺织部、纺织工会	1989 年
孙跃哲	巴中县林业局	省劳动模范	四川省政府	1989 年
谭昌伟	南江县农业局	省劳动模范	四川省政府	1989 年
陈沛章	通江县什字小学	省劳动模范	四川省政府	1989 年
罗宏朗	平昌中学	部劳模部劳动模范	教育部、人事部	1989 年
罗时泽	平昌县农资公司	省劳动模范	四川省政府	1989 年
向明权	巴中县曾口镇园艺村	省劳动模范	四川省政府	1989 年
杨守润	巴中县恩阳二小	部劳动模范	教育部、人事部	1989 年
程崇勋	巴中县文物管理所	省劳动模范	四川省政府	1989 年
杨光泽	巴中县茶坝粮站	部特级劳模	商业部、财贸工会	1989 年
王明华	通江县养路段	省劳动模范	四川省政府	1989 年
陈沛章	通江县什字小学	省劳动模范	四川省政府	1989 年

续表

获奖姓名	所在单位	获奖名称	颁奖单位	授奖时间
李大鹄	巴中中学	部劳动模范	教育部、人事部	1989 年
鲜仕德	南江县种子站	杂交水稻技术推广先进个人	农业部	1989 年
苟鹏程	通江县	饲料青贮先进工作者	农业部	1989 年
汪　洋		省青年优秀教师	四川省政府	1989 年
卢家建		全国优秀专家	林业部	1989 年
胡文祥	平昌县南风初中	全国优秀教师	国家教委、人事部、教育工会	1989 年
胡学渊	平昌县科协	全国农村科普工作先进个人	国家教委、人事部、教育工会	1989 年
冯明理	平昌县文教局	全国优秀教育工作者	国家教委、人事部、教育工会	1989 年
任本君	平昌县二中	全国优秀教师	国家教委、人事部、教育工会	1989 年
张丕升	平昌县白衣小学	全国优秀教师	国家教委、人事部、教育工会	1989 年
孙治会	平昌县云台小学	全国优秀教师	国家教委、人事部、教育工会	1989 年
程大义	平昌县镇龙区公所	全国预备役先进个人	国防部	1989 年
谢运鹄	平昌县镇龙区公所	全国优秀教师	国家教委、人事部、教育工会	1989 年
曾贤礼	平昌县西兴职中	全国优秀教师	国家教委、人事部、教育工会	1989 年
税蔚洪	平昌县师范	全国优秀教师	国家教委、人事部、教育工会	1989 年
王思进	平昌县县委	省优秀党务工作者	中共四川省委	1989 年
王习聪	平昌县平师附小	省优秀教师	四川省政府	1989 年
冯大湘	平昌县平昌中学	省优秀教师	四川省政府	1989 年
陈子超	平昌县青云初中	省优秀教师	四川省政府	1989 年
沈逢珍	平昌县政府	省扶贫工作先进个人	四川省委、省政府	1989 年
敬兴玖	平昌县进修校	省优秀教师	四川省政府	1989 年
程大义	平昌县镇龙区公所	率兵带民扶贫致富标兵	四川省政府、省军区	1989 年
刘文宝	平昌县金山中学	省优秀教师	四川省政府	1989 年
李克明	通江县委	省优秀党务工作者	中共四川省委	1989 年
何明才	平昌县文教局	省扫除文盲先进工作者	四川省政府	1989 年
周俊林	通江县农业局	部科技推广先进个人	农业部	1990 年 12 月
黄俊孝	通江县农技站	部先进工作者	农业部	1990 年 12 月
欧阳琪		全国教育系统劳动模范	国家教委	1990 年
熊桂芳	巴中县气象局	农业气象测报业务优秀测报员	国家气象局	1990 年
何明才	平昌县文教局	省扫除文盲先进工作者	四川省教委、省政府	1990 年
李育富	通江县	全国饲料青贮先进工作者	农业部	1990 年
肖高军	农工党	省电化教育先进工作者	四川省教育厅	1990 年
李太广	平昌县财政局	全国财务会计先进个人	财政部、人事部	1990 年
唐廷桂	平昌县经贸系统	省级企业先进个人	四川省政府	1990 年
孙久全	平昌县经贸系统	省级企业先进个人	四川省政府	1990 年
李远清	平昌县经贸系统	省级企业先进个人	四川省政府	1990 年

续表

获奖姓名	所在单位	获奖名称	颁奖单位	授奖时间
刘兴勇	平昌县经贸系统	省级企业先进个人	四川省政府	1990 年
张前忠	平昌县经贸系统	省级企业先进个人	四川省政府	1990 年
肖　波	平昌县经贸系统	省级企业先进个人	四川省政府	1990 年
易守成	平昌县经贸系统	省级企业先进个人	四川省政府	1990 年
欧仕成	平昌县经贸系统	省级企业先进个人	四川省政府	1990 年
魏兰芬	平昌县经贸系统	省级企业先进个人	四川省政府	1990 年
罗时泽	平昌县经贸系统	省级企业先进个人	四川省政府	1990 年
何远海	通江县土肥站	全国先进个人	农业部	1991 年 11 月
阳元茂		全国农村统计先进个人	国家统计局	1991 年
何德林	平昌县师范	全国优秀教育工作者	国家教委	1991 年
肖继钊	平昌县监理站	全国先进监理工作者	农业部	1991 年
王习聪	平昌县平师附小	全国“三算”教改先进个人	国家教科所、珠算协会	1991 年
王友莲	平昌县二中	全国优秀教师	国家教委	1991 年
王纯德	平昌县公安局	全国居民身份证先进工作者	国家教委	1991 年
罗碧成	平昌县公安局	全国先进工作者	公安部	1991 年
郑文吉	通江二中	部劳动模范	人事部、教育部	1991 年
陈明惠	南江县农经站	农业基点调查工作先进个人	农业部	1991 年
杨先俊	平昌县农经站	农经宣传工作先进个人	农业部	1992 年 9 月
饶正斌	巴中县曾口镇寿星村	全国优秀乡村医生	卫生部	1992 年 10 月
张莲英	巴中县气象局	地面气象测报业务优秀测报员	国家气象局	1992 年
文帮福	巴中县科委	科技情报系统先进工作者	国家科委	1992 年
张育德	巴中县甘泉公社	全国农村体育先进个人	国家体委、教委	1992 年
龚山荣	平昌县志办	省先进工作者	四川省政府	1992 年
杨自华	平昌县江口工商所	全国优秀行政管理人员	国家工商总局	1992 年
张明杨	平昌县	基层畜牧三站管理工作先进个人	农业部	1992 年
王晓东	通江县	饲料青贮推广先进工作者	农业部	1992 年
陈明惠	南江县农经站	全国农业基点调查先进个人	农业部	1992 年
潘必弟	通江县供销合作社联合社	全国部先进工作者	商业部	1992 年
段兴普	通江县医院	全国优秀院长	卫生部	1993 年 4 月
袁发展	平昌县中学	全国优秀教育工作者	国家教委	1993 年 9 月
黄绍忠	平昌县师范	全国优秀教师	国家教委、人事部、教育工会	1993 年 9 月
郭以信	通江县	全国农牧渔业技术推广先进工作者	农业部	1993 年
唐　均	平昌县尖山乡政府	全国人口普查先进个人	全国人口普查办公室	1993 年
唐文明	平昌县检察院	全国优秀人民检察官	最高人民检察院	1993 年
熊卫疆	平昌县统计局	全国农调系统先进个人	国家统计局	1993 年
赵克军		全国计划生育先进个人	国家计生委	1993 年

续表

获奖姓名	所在单位	获奖名称	颁奖单位	授奖时间
王清华	通江县志办	省地方志工作先进个人	四川省政府	1993 年
张炳吉	巴中县	全国农民技术教育先进工作者	农业部	1993 年
冯美成	通江县卫生防疫站	全国卫生防疫工作先进个人	卫生部、解放军后勤部、铁道部	1993 年
王久珍	巴中市同乐乡政府	农村经济管理先进工作者	农业部	1994 年 3 月
朱　江	平昌县镇龙小学	全国乡村优秀教师	四川省政府	1994 年 6 月
王金光	通江梓潼乡村卫生站	优秀乡村医生	中国农村卫生协会	1994 年 6 月
杨光泽	巴中市茶坝粮站	部劳动模范	人事部、国内贸易部	1994 年 12 月
王大成	平昌县水电局	省以工代赈先进工作者	四川省政府	1994 年
周尚学	平昌县林业局	全国长江上游水土保持先进个人	水利部等	1994 年
王莲德	平昌县统计局	全国第三产业普查先进工作者	国家统计局	1994 年
刘　峰	平昌县江口醇酒厂	全国优秀统计工作者	国家统计局	1994 年
王治忠	平昌县统计局	全国首次三产业普查先进个人	国家首次三产业普查办	1994 年
饶加春	巴中市国土局	全国土地资源详查先进个人	国家土地管理局	1994 年
黄国庭	巴中市药管所	万例手术无事故先进个人	卫生部、计生委	1994 年
刘宗寿	巴中地区行署副专员	省安全生产先进个人	四川省人民政府	1994 年
胡　杰	南江县经贸系统	全国工业普查先进工作者	第三次全国工业普查办公室	1994 年
张莲英	巴中市气象局	地面气象测报业务优秀测报员	国家气象局	1994 年
彭　刚	巴中市气象局	地面气象测报业务优秀测报员	国家气象局	1994 年
邹建华	巴中市食品公司	部劳动模范	内贸部、人事部	1994 年
杜明垓	巴中地区建设局	部劳动模范	建设部、建材工会	1994 年
丁玉坤	巴中市建设局	部劳动模范	建设部、建材工会	1994 年
郑文吉	通江县二中	部劳动模范	国家教委、人事部	1994 年
何明贤	巴中地区汽车运输总公司	省劳动模范	四川省政府	1994 年
熊烈成	巴中地区公路局通江公路养护段	省劳动模范	四川省政府	1994 年
杨述深	通江县医院	全国卫生系统先进个人	卫生部、人事部等	1995 年 1 月
王　煜	平昌县工行	全国金融劳动模范	中国人民银行总行	1995 年 5 月
李光银	地区卫生局	全国卫生系统先进个人	人事部、卫生部	1995 年 5 月
曹金泉	巴中市二中	四川省先进教育工作者	四川省政府	1995 年 5 月
周尚武	平昌县司法局	优秀人民调解员	国务院、司法部	1995 年 7 月
蒲伟昌	平昌县五木小学	乡村优秀教师	四川省政府	1995 年 7 月
杨　鸿	巴中市乡镇企业管理局	全国乡镇企业统计工作先进个人	农业部	1995 年 7 月
岳炽先	巴中市巴师附小	全国优秀教师	人事部、教育部	1995 年 8 月
胡玉章	巴中市玉山镇小学	全国优秀教师	人事部、教育部	1995 年 8 月
何立远	巴中市石门乡小学	全国优秀教师	人事部、教育部	1995 年 8 月
王茂荣	巴中市巴中中学	全国优秀教师	人事部、教育部	1995 年 8 月

续表

获奖姓名	所在单位	获奖名称	颁奖单位	授奖时间
戴应涛	巴中市米面厂	全国内贸系统质量管理小组优秀推进者	国内贸易部	1995年8月
王茂荣	巴中市巴中中学	全国优秀教师	人事部、教育部	1995年8月
陈洪山	巴中市教师修进校	全国优秀教师	人事部、教育部	1995年8月
费会如	平昌县镇龙中学	全国优秀教师	国家教委、人事部、教育工会	1995年9月
赵正刚	平昌县中学	全国优秀教育工作者	国家教委、人事部、教育工会	1995年9月
张仕太	平昌县二中	全国优秀教师	国家教委、人事部、教育工会	1995年9月
赵光华	得胜中学	全国优秀教师	国家教委、人事部、教育工会	1995年9月
谯碧堂	巴中市玉山中学	省先进教育工作者	四川省政府	1995年9月
杨丽春	巴中市恩阳镇麻石垭“春蕾女童班”	全国十佳春蕾女童	全国妇联、中国儿童少年基金会	1995年9月
冯紫明	平昌县元山区	全国优秀乡镇财政干部	财政部	1995年10月
向仲立	巴中市巴中中学	省优秀教师	四川省政府	1995年
黎安俊	巴中市公安分局	省综合治理先进个人	四川省委、省政府	1995年
张仕松	巴中市公安分局	全国优秀民警	公安部	1995年
李天蓉	巴中市教育工会	全国先进女职工	全国总工会	1995年
余安华	平昌县水电局	全国水利系统模范工人	水利部	1995年
唐文明	平昌县检察院	全国模范检察干部	最高人民检察院	1995年
盛先业		全国优秀教师	国家教委	1995年
杨儒祥		全国百名优秀政治课教师	国家教委	1995年
何斌章		全国优秀教育工作者	国家教委	1995年
何贻庭		全国优秀教师	国家教委	1995年
肖继钊	巴中市农机局	全国农机监理先进工作者	农业部	1995年
胡忠明	巴中市农机局	全国农业技术推广先进工作者	农业部	1995年
陈功平	地区卫生局	全国优秀卫生监督员	卫生部	1995年
苟中明	南江县农技站	实施国家温饱工程先进个人	农业部	1995年
熊烈成	通江县养路段	省先进工作者	四川省政府	1995年
杨述琛	通江县人民医院	部先进工作者	卫生部、人事部	1995年
张高祥	通江县农机站	部先进工作者	农业部、水利部、林业部、人事部	1995年
冯美成	通江县卫生防疫站	全国卫生防疫工作先进个人	卫生部	1995年
向明权	巴中市曾口镇园艺村	省劳动模范	四川省政府	1995年
周继银	南江县团结电力公司	省劳动模范	四川省政府	1995年
刘宗武	南江矿业集团	省劳动模范	四川省政府	1995年
熊烈成	通江县养路段	省先进工作者	四川省政府	1995年
刘道俊	通江县火天岗种畜场	省劳动模范	四川省政府	1995年
贾驷维	通江县大兴乡政府	省劳动模范	四川省政府	1995年

续表

获奖姓名	所在单位	获奖名称	颁奖单位	授奖时间
何明贤	巴中地区运输公司	省劳动模范	四川省政府	1995 年
何全武	平昌县轴承厂	省劳动模范	四川省政府	1995 年
张明椴	巴中县下八庙镇	省劳动模范	四川省政府	1995 年
张延春	巴中市明杨乡一村	省劳动模范	四川省政府	1995 年
梁大碧	南江县高塔乡青春村	省劳动模范	四川省政府	1995 年
郭仲兴	平昌县涵水乡二村	省劳动模范	四川省政府	1995 年
董大仁	通江县棉麻公司	省劳动模范	四川省政府	1995 年
杨述琛	通江县人民医院	部先进工作者	卫生部、人事部	1995 年
张高祥	通江县农机站	部先进工作者	农业部、水利部、林业部、人事部	1995 年
何全武	平昌县经贸系统	省劳动模范	四川省政府	1995 年
刘道俊	通江县	省劳动模范	四川省政府	1995 年
周尚成	平昌司法局	全国优秀人民调解员	司法部	1995 年
张家尧	巴中市卫生局	全国地方病防治先进个人	卫生部	1996 年 2
张治平	巴中市恩阳镇政府	全国优秀人民调解员	司法部	1996 年 2
杨雨岚	巴中市义兴乡政府	全国优秀人民调解员	司法部	1996 年 2
赵永富	巴中市渔溪镇政	全国优秀人民调解员	司法部	1996 年 2
文兴富	巴中市花丛镇政府	全国优秀人民调解员	司法部	1996 年 2 月
罗中芝	巴中市清江镇政府	全国优秀人民调解员	司法部	1996 年 6 月
王久远	巴中市同乐乡政府	全国优秀人民调解员	司法部	1996 年 6 月
苟秀清	平昌县计生委	全国计生工作先进个人	国家计生委	1996 年 6 月
孙治会	平昌县云台小学	省乡村优秀教师	四川省委、省政府	1996 年 7 月
刘　奎	通江县卫生防疫站	全国结核病防治先进工作者	卫生部	1996 年 8 月
孙大红	巴中市梁永供电站	全国水利系统模范工人	水利部	1996 年 10 月
肖润芳	平昌县计生委	省计划生育先进工作者	四川省政府	1996 年 10 月
张柏朝	通江县妇幼保健院	全国妇幼卫生工作先进个人	卫生部	1996 年 12 月
郭启珍	平昌妇幼保健院	全国妇幼卫生先进工作者	卫生部	1996 年 12 月
李泽位	平昌县涵水乡	省优秀乡村干部	四川省委、省政府	1996 年 12 月
徐天明	平昌县高升乡	全国业余训练先进工作者	国家体委	1996 年 12 月
刘新荣	巴中市体委	全国业余训练先进工作者	国家体委	1996 年 12 月
李　江	通江实验小学	推行《国家体育锻炼标准施行办法》先进工作者	国家体委、教委	1996 年 12 月
周家贵	平昌第二中学	推行《国家体育锻炼标准施行办法》先进工作者	国家体委、教委	1996 年 12 月
谢先林	水电局	部防洪抗旱模范	国家防洪抗旱总指挥部	1996 年
赵德确	南江县供销合作社联合社	省财贸先进个人	四川省政府	1996 年
白中眉	平昌县经贸系统	省优秀企业家	四川省政府	1996 年

续表

获奖姓名	所在单位	获奖名称	颁奖单位	授奖时间
刘　峰	平昌县江口醇酒厂	工业普查工作先进个人	全国第三次工业普查办	1996 年
苟浩平	平昌县林业局	省长防林工程建设先进个人	四川省政府	1996 年
谢光祥	平昌县公安局	省社会治安综合治理先进个人	四川省委、省政府	1996 年
孙淮映	平昌县公安局	省严打先进个人	四川省委、省政府	1996 年
王元福	平昌县农业局	省基本农田保护先进个人	中共四川省委	1996 年
岳池和		全国水利系统模范工人	水利部	1996 年
白中眉	平昌县经贸系统	星火计划实施先进工作者	国家科委	1996 年
李光平	平昌县江口醇酒厂	全国五一劳动奖章获得者	全国总工会	1996 年
税新民	平昌县统计局	工业普查先进个人	国家“三普”办	1996 年
彭　吉	平昌县统计局	全国统计系统先进个人	国家统计局	1996 年
母维富	巴中市司法部	省“严打”先进个人	四川省委、省政府	1996 年
唐登国	巴中市南阳乡玖柏树村小学	部优秀教师	人事部	1996 年
张高祥	巴中市农机局	部农机科技推广先进工作者	农业部	1996 年
冉瑞尧	巴中地区交通局	“八五”期间交通战备先进工作者	四川省政府等	1996 年
刘宗寿	巴中地区行署	省执行安全生产目标先进个人	四川省政府	1996 年
王元福	平昌县农业局	省农田保护先进个人	四川省委、省政府	1996 年
邓荣富	南江县魏家坝林场	全国五一劳动奖章获得者	全国总工会	1996 年
魏传文	平昌县计生委	全国计划生育工作先进个人	国家计生委	1997 年 1 月
苟中柏	平昌县计生委	全国计划生育工作先进个人	国家计生委	1997 年 1 月
张瑞祥	平昌县计生委	全国计划生育工作先进个人	国家计生委	1997 年 1 月
罗跃敏	平昌县计生委	全国计划生育工作先进个人	国家计生委	1997 年 1 月
李冬秀	平昌县计生委	全国计划生育工作先进个人	国家计生委	1997 年 1 月
何洪林	平昌县计生委	全国计划生育工作先进个人	国家计生委	1997 年 1 月
苟兴豪	平昌县计生委	全国计划生育工作先进个人	国家计生委	1997 年 1 月
张柏朝	通江县妇幼保健院	全国妇幼卫生工作先进个人	卫生部	1997 年 5 月
程仕苏	巴中市曾口粮站	全国粮食收购先进个人	国家粮食储备局	1997 年 7 月
林仕怀	巴中地区卫生局	第一次全国基本单位普查先进个人	全国基本单位普查办公室	1997 年 9 月
魏从星	平昌县凤凰小学	省乡村优秀教师	四川省政府	1997 年 9 月
汪定远	地区文体局	全国群众体育先进个人	国家体委	1997 年 10 月
刘新荣	巴中市体委	全国群众体育先进个人	国家体委	1997 年 10 月
李心中	通江县沙溪中学	全国群众体育先进个人	国家体委	1997 年 10 月
雷映发	通江县农业局	省先进科技工作者	四川省政府	1997 年 12 月
何远海	通江县农业局	省先进科技工作者	四川省政府	1997 年 12 月
陈以民	巴中市齿轮有限公司	省劳动模范	四川省政府	1997 年
吴尚鹏	巴中市水电局	全国抗洪抗灾模范	国家防洪抗旱总指挥部	1997 年
何兴富	平昌县水电局	全国水利系统模范工人	水利部	1997 年

续表

获奖姓名	所在单位	获奖名称	颁奖单位	授奖时间
杨秀全	地区人大工委	民族团结进步模范	四川省政府	1997 年
王　瑛	南江县委	民族团结进步模范	四川省政府	1997 年
张　明	巴中市气象局	地面气象测报业务优秀测报员	国家气象局	1997 年
白中眉	平昌县经贸系统	全国星火计划实施先进工作者	四川省政府	1997 年
白中眉	平昌县人大	省优秀企业家	四川省政府	1997 年
李伯盛	平昌县人大	省助残先进个人	四川省政府	1997 年
王恩义	平昌县国土局	省耕地保护先进工作者	四川省政府	1997 年
董大培	平昌县农业局	全国农业基点调查先进调查员	农业部	1997 年
夏时开	平昌县统计局	全国基本单位普查先进个人	国家“基普”办	1997 年
蒲文芳	平昌县统计局	全国农业普查先进个人	国家“农普”办	1997 年
何兴富	平昌县水电局	全国水利系统模范工人	水利部	1997 年
冉隆东	平昌县统计局	全国基本单位普查先进个人	国家“基普”办	1997 年
王正席	巴中市工会法律顾问室	全国工会系统争议处理先进工作者	全国总工会	1997 年
饶佳琼	巴中市棉纺织厂	全国先进女职工	全国总工会	1997 年
张家文	巴中市恩阳司法所	全国优秀司法所长	司法部	1997 年
王天绿	巴中市天官乡计生办	全国计划生育先进个人	国家计生委	1997 年
杨明才	巴中市国土局	省先进党员	中共四川省委	1997 年
陈显文		全国优秀美术教师	国家教委	1997 年
李光平	平昌江口醇酒厂	全国五一劳动奖章获得者	全国总工会	1997 年
梁大碧	南江县高塔乡青春村	全国“三八”红旗手	全国妇联	1998 年 2 月
朱莉华	巴中市上八庙小学	全国先进女职工	全国总工会	1998 年 3 月
屈全飘	通江县科协	全国先进科技工作者	商业部・中国科协	1998 年 3 月
张述烈	通江县卫生局	全国卫生文明先进工作者	卫生部	1998 年 12 月
谢际统	通江中学	全国体育卫生工作先进个人	国家体委、教育部	1998 年
刘道俊	通江县火天岗茶厂	全国“五一”劳动奖章获得者	全国总工会	1998 年
李文才	巴中市	全国畜牧工作先进个人	农业部	1998 年
余嗣中	巴中市水利局	全国优秀新闻文化工作者	中华全国农民报协会	1998 年
闫翼明		全国模范教师	人事部、教育部	1998 年
向　健		全国农村基层组织建设工作先进个人	中央组织部	1998 年
蒲　华		省优秀教师	四川省政府	1998 年
景曙光		省优秀教师	四川省政府	1998 年
刘让清		省优秀教师	四川省政府	1998 年
陈先弟	平昌县丝绸厂	省优秀乡镇企业家	四川省政府	1998 年
叶明生	平昌县委	全国农村科技推广先进个人	科技部、农业部	1998 年
苟孝川	平昌县统计局	全国农调系统先进个人	国家统计局、农调队	1998 年

续表

获奖姓名	所在单位	获奖名称	颁奖单位	授奖时间
陈临祎	巴中市教育工会	部劳动模范	国家教委、人事部	1998 年
陈绍崇	平昌县经贸委	全国投入产出先进个人	全国投入产出办	1998 年
赵盛玉	巴中地区交通稽查征费处	全国交通系统先进工作者	人事部、交通部	1998 年
鲜光宗	巴中地区汽车运输总公司	省第十一届优秀企业家	四川省政府	1998 年
刘兆金	巴中市二中	全国体育传统项目学校先进工作者	教育部、体育总局	1998 年
卢民英	巴中市乐中乡小学	部优秀教师	人事部、教育部	1998 年
陈临祎	巴中市教育局	部优秀教师	人事部、教育部	1998 年
张晓同	巴中市计生委	省农村基层组织建设先进工作者	中共四川省委	1998 年
李　茜	巴中市计生委	全国人口与生育健康优秀调查员	国家计生委	1998 年
程绍泽	巴中市公安分局	全省政法系统先进个人	四川省委、省政府	1998 年
阳思富	巴中市气象局	地面气象测报业务优秀测报员	国家气象局	1998 年
张莲英	巴中市气象局	地面气象测报业务优秀测报员	国家气象局	1998 年
马思春	巴中市气象局	地面气象测报业务优秀测报员	国家气象局	1998 年
蹇太中	南江县煤矿	全国群众体育先进个人	国家体委	1999 年 1 月
尹建国	地区教委	推选《国家体育锻炼标准实施办法》先进工作者	国家体委	1999 年 1 月
李　莽	巴中市第二中学	推行《国家体育锻炼标准实施办法》先进工作者	国家体育总局、教育部	1999 年 1 月
辜天慧	巴中市人民医院	全国“五一”劳动奖章获得者	全国总工会	1999 年 4 月
陈文玉	巴中市上八庙镇成人学校	省扫除文盲先进个人	四川省政府	1999 年 11 月
李茂群	巴中地区文体局	全国文化系统先进工作者	人事部、文化部	1999 年 12 月
谭永孝	巴中市	全国项目工作先进个人	农业部	1999 年
张超先	平昌县经贸系统	省第七届杰出青年厂长（经理）	四川省委、省政府	1999 年
岳新民	通江县畜牧局	省防控牲畜口蹄疫先进工作者	四川省政府	1999 年
辜天慧	巴中市人民医院	全国优秀卫生工作者	全国总工会	1999 年
谯怀强	巴中市水电局	省水土监察执法先进个人	四川省政府	1999 年
李　莽	巴中市二中	执行《国家体育锻炼标准实施办法》先进个人	教育部、国家体育总会	1999 年
张荣朝	巴中市公路养护果敢道班	全国五一劳动勋章、省劳动模范	全国总工会	1999 年
张荣朝	巴中市公路养护果敢道班	全国百日优秀养路工	交通部等	1999 年
李明元	巴中地区交通局	省先进思想政治工作者	中共四川省委	1999 年
苟铁龙	巴中地区气象台	优秀值班预报员	国家气象局	1999 年
樊明孝	巴中地区气象台	优秀值班预报员	国家气象局	1999 年
何鸣章	通江县气象局	质量优秀测报员	国家气象局	1999 年
何发远	通江县医院	四川省先进工作者	四川省政府	2000 年 4 月
龚明礼	巴中市巴州十小	全国优秀少先队辅导员	教育部、全国少工委	2000 年 6 月
刘兆嘉	巴中市巴中中学	部模范教师	教育部	2000 年 9 月

续表

获奖姓名	所在单位	获奖名称	颁奖单位	授奖时间
张　斌	巴中市上八庙镇计生办	全国乡镇优秀计划生育工作者	国家计生委	2000 年 9 月
邬宗奇	巴中市华兴建筑有限公司	部优秀乡镇企业家	农业部	2000 年 10 月
罗传俊	平昌县广播局	省广电村通工程先进个人	四川省政府	2000 年
王友强	通江县实验中学	省特级优秀教师	四川省政府	2000 年
郭明舟		省特级优秀教师	四川省政府	2000 年
闫翼明	通江县实验中学	省级优秀教师	四川省政府	2000 年
崔　建	巴中市农机局	全国农业“节本增效”工程技术推广项目先进个人	农业部	2000 年
余　明	巴中市公安分局	全国查禁取缔“法轮功”先进个人	四川省委、省政府	2000 年
李善君	巴中市农业局	全国农村集体资产管理先进个人	农业部、财政部	2000 年
张玖源	巴中市农经站	全国农村集体资产管理先进个人	农业部、财政部	2000 年
文茂森	巴中市中医院	省先进工作者	四川省政府	2000 年
熊　彬	巴中市教育局	全国“两基”工作先进个人	教育部、财政部等	2000 年
杨右丁	通江县人民银行	全国省先进工作者	四川省政府	2000 年
张家成	通江中学	省先进工作者	四川省政府	2000 年
何发远	通江县医院	省先进工作者	四川省政府	2000 年
李善永	巴中市农业局	全国统计工作先进个人	财政部、农业部	2000 年
蒋述琼	巴中市农业局	全国集体资产清理先进个人	农业部	2000 年
何鸣章	通江县气象局	地面气象测报业务优秀测报员	国家气象局	2000 年
鲜光宗	巴中地区汽车运输总公司	省劳动模范	四川省政府	2000 年
张超先	平昌江口醇酒厂	省劳动模范	四川省政府	2000 年
陈以明	巴中市齿轮有限公司	省劳动模范	四川省政府	2000 年
石开源	平昌小角楼酒厂	省劳动模范	四川省政府	2000 年
何正明	巴中市三江镇民主村	省劳动模范	四川省政府	2000 年
刘长青	巴中市青江镇柏林村	省劳动模范	四川省政府	2000 年
杨先安	平昌县江口镇土桥村	省劳动模范	四川省政府	2000 年
余华容	通江县涪阳农技站	省劳动模范	四川省政府	2000 年
刘太仲	南江县杨坝乡尖山村	省劳动模范	四川省政府	2000 年
方维林	南江县水泥集团公司	省劳动模范	四川省政府	2000 年
李玉俊	通江县林业局陈河经营所	省劳动模范	四川省政府	2000 年

附录

一、集体荣誉

1956—2000 年辖区获国家、省级表彰的先进单位

获奖单位	荣誉称号	授奖单位	获奖时间
巴中县渔溪区供销社	全省先进集体	中共四川省委	1956 年
巴中县花丛区供销社	全省财贸先进单位	四川省人委	1957 年
巴中县渔溪区供销社	全国经营管理先进集体	全国供销总社	1958 年
巴中县玉山区午凤分销店	全省先进集体	四川省人委	1958 年
通江县	全国社会主义建设先进县	国务院	1958 年
平昌县笔山供销社	全省先进供销社	四川省人委	1958 年
巴中县政府	全省文化工作先进县	四川省人委	1959 年 10 月
巴中县电影放映队	全国电影放映先进集体	广电部	1960 年 6 月
巴中县渔溪区供销社	全省先进单位	中共四川省委	1963 年
平昌驷马公社	全国农业学大寨先进单位	中共中央、国务院	1964 年 9 月
巴中县花丛区供销社	全省财贸先进单位	四川省委、省革委	1973 年
巴中县化成区供销社	全省图书发行先进单位	四川省委、省革委	1975 年
平昌县新华气象哨	全省气象工作先进集体	四川省政府	1977 年
平昌县农业生产资料公司	全省财贸“双学”先进单位	四川省委、省革委	1977 年
平昌县兰草供销社	全省财贸“双学”先进单位	四川省委、省革委	1977 年
平昌县新华书店	全省发行工作先进单位	四川省委、四川省毛主席著作出版领导小组	1977 年
通江县瓦室区供销社	全省财贸“双学”先进单位	四川省委、省革委	1977 年
南江县正直区供销社	全省财贸“双学”先进单位	四川省委、省革委	1977 年
南江县兴马供销分社	全省财贸“双学”先进单位	四川省委、省革委	1977 年
巴中县花丛区供销社	全省支农先进单位	四川省委、省革委	1977 年
巴中县供销合作社	全省财贸“双学”先进单位	四川省委、省革委	1977 年
巴中县茶坝区供销社	全省财贸“双学”先进单位	四川省委、省革委	1977 年
平昌县新华气象哨	全国气象工作先进集体	国家气象局	1978 年 10 月
巴中县城关轧花厂	全省推广双法先进单位	四川省革委	1978 年
巴中县供销合作社	全省财贸红旗单位	四川省委、省革委	1978 年
巴中县供销合作社	全省图书发行先进单位	中共四川省委	1978 年
巴中县花丛区供销社	全国先进集体	中共中央、国务院	1978 年
平昌县农机厂	全国工业学大庆先进单位	国务院	1978 年
南江沙河区卫生院	全省先进单位	四川省革委	1978 年

续表

获奖单位	荣誉称号	授奖单位	获奖时间
南江县	全省计划生育先进单位	四川省人委	1978 年
巴中县政府	全国 1979 年全国商品牛生产基地建设先进县	农业部	1979 年
巴中县供销合作社	全省财贸先进单位	四川省政府	1979 年
南江县政府	全省速生产林基地建设工作先进县	四川省政府	1980 年
平昌县气象局	全省抗洪救灾先进集体	四川省政府	1981 年
南江县气象局	全省抗洪救灾先进集体	四川省政府	1981 年
巴中县气象局	全省抗洪救灾先进集体	四川省政府	1981 年
平昌县公路养护段	全省安全优质百日赛活动先进单位	四川省政府	1981 年
巴中县政府	1980 年全国商品牛生产基地建设先进单位	农业部	1981 年
通江县农资公司	全省抗洪救灾先进集体	四川省委、省政府	1981 年
平昌县公路养护段	全省交通百日安全优质立功竞赛先进单位	四川省政府	1982 年
平昌县电影公司	全省计划生育先进单位	四川省政府	1982 年
巴中县政府	1981 年全国商品牛生产基地建设先进单位	农业部	1982 年
平昌县云台供销社	全省拥军优属工作先进单位	四川省政府、成都军区	1982 年
巴中县文化馆	省级精神文明单位	四川省政府	1983 年 4 月
巴中县花丛女子川剧团	全国“三八”红旗集体	全国妇联	1983 年 9 月
巴中县渔溪区供销社	全省先进单位	中共四川省委	1983 年
南江县上两道班	全省先进集体	四川省政府	1983 年
南江县长赤中学	全国少先队工作先进集体	教育部、团中央	1984 年 6 月
南江县实验小学	省级文明单位	四川省委、省政府	1984 年 8 月
南江县人武部	通报表彰	总政治部、民政部、林业部	1984 年 9 月
南江县公路养护段上两道班	全省先进集体	四川省政府	1984 年
巴中县石油库	全国安全生产管理先进单位	商业部	1984 年
巴中县石油库	全省安全生产先进集体	四川省政府	1984 年
巴中县粮食局	全国粮食运输安全先进单位	商业部、铁道部	1984 年
南江县	全国计划生育先进单位	国家计划生育委员会	1985 年 11 月
通江县畜牧局	全国商品牛基地建设先进县	农业部	1985 年
巴中县卫生科	全国农业社会主义建设先进单位	国务院	1985 年
巴中县卫生防疫站	全国社会主义建设中成绩显著单位	国务院	1985 年
巴中县平梁区卫生院	全省计划生育工作先进集体	四川省政府	1985 年
通江县医院	全国计划生育先进集体	国家计划生育委员会	1986 年 3 月
南江县医院	全国计划生育先进工作者	国家计划生育委员会	1986 年 3 月

续表

获奖单位	荣誉称号	授奖单位	获奖时间
南江县医院	全国计划生育先进集体	国务院	1986 年 3 月
南江县人武部	全省先进人武部	四川省委、成都军区	1988 年 6 月
巴中县妇联	全省五好家庭活动先进集体	四川省政府	1986 年
巴中县女子妇联	全省五好家庭活动先进集体	四川省政府	1986 年
南江县统计局	全国儿童抽样调查先进单位	国家抽调查领导小组	1987 年
平昌县灵山乡电影队	全国农村科技片汇映先进单位	国家科委、全国科协、文化部、广电部、林业部	1987 年
平昌县长垭乡电影队	全国农村科技片汇映先进单位	国家科委、全国科协、文化部、广电部、林业部	1987 年
平昌县粉壁乡电影队	全国农村科技片汇映先进单位	国家科委、全国科协、文化部、广电部、林业部	1987 年
南江小河职中	全国实践教育活动先进单位	团中央、国家教委	1988 年 12 月
平昌县药检所	全国卫生执法先进单位	卫生部	1988 年
平昌县畜牧局	全国饲料青贮工作先进县	农业部	1988 年
通江县畜牧局	全国青贮饲料先单位	农业部	1988 年
通江县畜牧局	全国全国商品牛生产先进县	农业部	1988 年
通江县	全省财政管理先进县	四川省政府	1988 年
平昌县卫生材料厂	全国出口创汇先进企业	轻工部	1988 年
平昌县丝绸厂	省级先进企业	四川省政府	1989 年 9 月
巴中县丝绸厂	省级先进企业	四川省政府	1989 年 9 月
南江县下两小学	四川扫盲工作先进单位	四川省政府	1989 年 11 月
平昌县丝绸厂	省级先进企业	四川省政府	1989 年
通江诺江镇二完小	全国助残活动先进单位	国务院	1989 年
平昌县电力公司	省级先进企业	四川省政府	1989 年
平昌县风滩电站	省级先进企业	四川省政府	1989 年
平昌县工艺品印刷厂	省级先进企业	四川省政府	1989 年
平昌县云台区粮站	省级先进企业	四川省政府	1989 年
南江县沙河区企办	全省先进集体	四川省政府	1990 年 3 月
平昌县农经站	全国农情信息工作先进单位	农业部	1990 年 5 月
平昌县政府	全国九〇夏粮生产先进单位	国务院	1990 年 8 月
南江县科技电影协会	全国科教片汇映先进单位	中国科协等 12 个部委	1990 年 9 月
南江县植物油厂	全省先进企业	四川省政府	1990 年
南江中学	全国体育先进单位	国家体委	1990 年
通江县农业局	全国先进单位	国务院	1990 年
通江县	全省财政管理先进县	四川省政府	1990 年
南江县竹坝铁矿	全省一控双达标先进企业	四川省政府	1990 年
巴中县乡镇企业局	全国企业管理活动先进单位	农业部	1991 年 1 月

续表

获奖单位	荣誉称号	授奖单位	获奖时间
平昌县农经站	全国农民信息工作先进集体	农业部	1991 年 5 月
平昌县农民中等专业学校	全国农村成人教育先进学校	国家教委	1991 年 11 月
通江县	全国粮食生产先进单位	国务院	1991 年
通江县统计局	全国农村统计网络建设先进单位	国家统计局	1991 年
通江县诺江镇	全国农村统计网络先进镇统计站	国家统计局	1991 年
通江广纳中学	全国科技兴农先进学校	国家教委	1991 年
巴中县川剧团	全国文化工作先进单位	文化部、人事部	1991 年
平昌县	全国农田水利建设先进县	水利部	1992 年 2 月
平昌县	全国农田水利建设先进县	水利部	1992 年 2 月
南江县人武部	全省民兵工作“四个一”达标单位	四川省委、省政府	1992 年 3 月
南江县农广校	全国科技兴农先进单位	国家科委	1992 年 5 月
平昌县农村经济管理站	全国农村合作经济管理先进集体	农业部	1992 年 12 月
平昌县农经站	全国农民工作先进集体	农业部	1992 年 12 月
通江县畜牧局	全国农区养牛大县先进单位	农业部	1992 年
南江县畜牧局	全国羊品种改良先进单位	农业部	1992 年
南江北极牧场	全国先进畜场	农业部	1992 年
南江县植物油厂	全省先进企业	四川省政府	1992 年
平昌县文教局	全省卫生先进单位	四川省政府	1993 年 3 月
南江县乐坝水泥有限责任公司	全国质量管理达标、全国乡镇企业管理达标	农业部	1993 年 3 月
巴中县粮食局	全省 1991—1992 年度最佳文明单位	四川省委、省政府	1993 年 3 月
平昌县农经站	全国农业基点调查先进单位	农业部	1993 年 3 月
平昌县	全省拥军优属模范县	四川省委、省政府	1993 年 4 月
平昌县农经站	全国信息工作先进单位	农业部	1993 年 5 月
平昌县志办	全省地方志工作先进集体	四川省政府	1993 年 5 月
巴中县粮食局	全省第三产业先进单位	四川省政府	1993 年 7 月
平昌县	全国三十年无森林火灾先进单位	林业部	1993 年 12 月
平昌县云台区粮站	全省百家先进企业	四川省政府	1993 年 12 月
通江县农机技术推广站	全国科技推广先进单位	农业部	1993 年
通江县农机局	全国农机化科技生产先进单位	农业部	1993 年
巴中市粮食局	1993 年度全省财贸系统先进单位	四川省政府	1994 年 1 月
平昌县农经站	全国农业基点调查先进单位	农业部	1994 年 2 月
巴中市恩阳镇	全省发展乡镇企业先进乡镇	四川省委、省政府	1994 年 3 月
南江县小河镇	全省发展乡镇企业先进乡镇	四川省委、省政府	1994 年 3 月
平昌县丝绸厂	全省先进企业	四川省委、省政府	1994 年 3 月
巴中华兴建筑公司	全省先进企业	四川省委、省政府	1994 年 3 月

续表

获奖单位	荣誉称号	授奖单位	获奖时间
巴中市粮食局	全国粮食收购工作先进单位	商业部	1994 年 4 月
平昌县人武部	全省民兵十年参建致富先进单位	四川省委、省政府、省军区	1994 年 5 月
南江县人武部	全省征兵工作先进单位	四川省政府、省军区	1994 年 9 月
通江县农业局	全省以工代赈先进集体	四川省政府	1994 年 11 月
通江县委	全省开展“四好活动”先进班子	中共四川省委	1994 年
通江县建委	全省建设劳务输出先进单位	四川省政府	1994 年
巴中地区公路局通江公路养护管理段	全国交通系统先进集体	交通部	1994 年
通江县交通局	全省 1984—1994 年以工代赈先进集体	四川省政府	1994 年
南江县人武部	省级文明单位、卫生单位	四川省政府	1994 年
南江县水电局	全省 1993 年地方电力管理先进集体	四川省政府	1994 年
巴中市工商局	省级文明单位	四川省委、省政府	1994 年
巴中市地税局	省级文明单位	四川省委、省政府	1994 年
巴中市县工会职工学校	全国工会办学先进单位	全国总工会	1994 年
巴中市渔溪镇农机站	全国先进乡镇农机站	农业部	1994 年
巴中地区行政公园	全省安全工作先进单位	四川省政府	1994 年
巴中市齿轮有限公司	全省先进单位	四川省政府	1995 年 4 月
巴中齿轮厂	1994 年度全省先进单位	四川省政府	1995 年 4 月
平昌县	特殊教育先进县	国家教委、民政部、中国残联	1995 年 5 月
巴中市曲艺团	全国文化系统先进集体	文化部、人事部	1995 年 5 月
南江县	“八五”乡镇企业发展先进县	四川省委、省政府	1995 年 5 月
南江县碾盘乡企办	全国乡系统财会先进集体	农业部	1995 年 6 月
巴中市粮油食品集团公司	全省 1994 年度劳动安全工作先进单位	四川省政府	1995 年 6 月
巴中市粮食局	1994 年度粮油调运工作及两批百万吨玉米南下调动工作先进集体	内贸部	1995 年 6 月
平昌元山乡	土地管理“三无活动”模范乡	国家土地管理局	1995 年 10 月
平昌县	拥军优属模范县	四川省委、省政府、省军区	1995 年 10 月
通江县农机技术推广站	全国农机科技推广进步单位	农业部	1995 年 11 月
巴中市渔溪镇农机站	全国先进乡镇农机管理服务站	农业部	1995 年
通江县	全省水利建设先进县	四川省政府	1995 年
南江县委	全省农村基层组织建设工作先进县	四川省委、省政府	1995 年
南江县生委	全国计划生育先进集体	国家计划生育委员会	1995 年
巴中市米面厂米面车间工会小组	全国模范职工小组	全国总工会	1995 年
通江县妇联	全国妇联系统先进集体	全国妇联、人事部	1995 年

续表

获奖单位	荣誉称号	授奖单位	获奖时间
巴中市地税局车管所	税务系统文明税务所	国家税务总局	1995 年
巴中市农行	省级文明单位	四川省委、省政府	1995 年
通江县新华书店	全省“十佳书店”	四川省政府	1995 年
通江县农技站	实施国家“温饱工程”先进集体	农业部	1995 年
南江县监察局	全国亿检系统先进集体	人事部	1996 年 1 月
通江县医院	全国计划生育先进集体	国家计划生育委员会	1996 年 3 月
巴中救灾行署救灾办	全省 1995 年度抗灾救灾工作先进集体	四川省政府	1996 年 3 月
南江县长赤镇	四川耕地保护先进单位	四川省政府	1996 年 4 月
南江县大河镇	省级文化先进单位	四川省政府	1996 年 4 月
平昌县	抗旱服务队建设示范县	国家防汛抗旱总指挥部	1996 年 7 月
南江县乐坝镇政府	全国 1% 人口抽样调查先进单位	全国人口普查办公室	1996 年 8 月
通江县	加强中国基层妇幼卫生、计划生育服务项目先进县	国家级项目领导小组	1996 年 9 月
南江县医院	省级文明单位	四川省委、省政府	1996 年 11 月
平昌县	全国“长治”工程先进县	国务院	1996 年 11 月
巴师附小实验小学	执行《国家体育锻炼标准施行办法》先进单位	国家体育总局、教育部	1996 年 12 月
巴中市	全国推行《国家体育锻炼标准施行办法》先进单位	国家体育总局、教育部	1996 年 12 月
巴中市地税局车辆税收管理所	全国税务系统文明税务所	国家税务总局	1996 年
通江县水电局	全省水利建设先进县	四川省政府	1996 年
巴中市国土资源局	全省耕地保护先进单位	四川省政府	1996 年
巴中市茶坝粮站	省级文明单位	四川省委、省政府	1996 年
巴中市公安分局	全国优秀公安局	人事部、公安部	1996 年
巴中市交通稽查征费所	省级文明单位	四川省委、省政府	1996 年
巴中地区汽车运输总公司	省级文明单位	四川省委、省政府	1996 年
巴中丝绸厂	省级先进企业	四川省政府	1996 年
平昌县政府	全国县级抗旱服务队建设示范县	国家防总、财政部	1996 年
巴中市粮食局	1993—1996 年度全国社会治安综合治理先进单位	全国综治委、人事部	1997 年 2 月
巴中地区妇联	全国妇联系统先进集体	全国妇联	1997 年 3 月
巴中地区妇联	全国三八红旗集体	全国妇联	1997 年 3 月
平昌县民政局	拥军优属先进单位	民政部、总政治部	1997 年 7 月
巴中地区	1996 年度农业抗灾夺丰收先进单位	四川省委、省政府	1997 年 8 月
巴中地区	全国体育先进集体	国家体委	1997 年 10 月
巴中地区	乡镇企业发展先进地区	四川省政府	1997 年 10 月

续表

获奖单位	荣誉称号	授奖单位	获奖时间
平昌县粮食局	全国体育先进集体	国家体委	1997 年 10 月
南江中学	全国体育先进集体	国家体委	1997 年 10 月
通江中学	全国体育先进集体	国家体委	1997 年 10 月
南江县南江中学	全省中学德育工作先进单位	四川省委、省政府	1997 年 12 月
巴州区民族办	民族团结进步模范单位	四川省政府	1997 年
南江县商业局	全省科技工作先进单位	四川省政府	1997 年
巴中市地税局车辆税收管理所	全国税务系统先进集体	人事部、国家税务总局	1997 年
南江县农行银行	省级文明单位	四川省政府	1997 年
巴中市地税局车管所	税务系统先进集体	人事部、税务总局	1997 年
巴中市双凤乡计生服务站	优秀计生服务站	国家计生委	1997 年
巴中市交警大队	省级文明单位	四川省委、省政府	1997 年
南江县人民医院	省级文明单位	四川省政府	1997 年
通江县	实现中国农村 2000 年人人享有卫生保健规划目标先进县	四川省政府	1997 年
平昌县江口醇酒厂	全省优秀企业	四川省政府	1997 年
平昌县江阳丝绸厂	“学邯钢”先进单位	四川省政府	1997 年
平昌县水保办	全国水土保持先进单位	水利部、人事部	1997 年
平昌县	先进文化县	四川省政府	1998 年 2 月
平昌县	四川省文化先进县	四川省政府	1998 年 2 月
巴中地区民政局	全国民政系统发行宣传工作先进集体	民政部	1998 年 2 月
平昌县农经站	农业基点调查先进单位	农业部	1998 年 3 月
南江县赤溪乡党委	省优秀乡党委	中共四川省委	1998 年 3 月
巴中市茶坝粮站工会	全国模范职工之家	全国总工会	1998 年 8 月
巴中市茶坝粮站	全国模范职工之家	全国总工会	1998 年 8 月
巴中市龙头面业企业公司米面车间工会	全国模范职工之家	全国总工会	1998 年 8 月
巴中地区	1997 年农业抗灾夺丰收先进单位	四川省委、省政府	1998 年 8 月
巴中市工商局	粮食市场管理先进单位	国家工商总局	1998 年
巴中市花丛镇政府	全省计划生育工作先进单位	四川省政府	1998 年
巴中市公安分局	全国优秀公安局	人事部、公安部	1998 年
巴中市国税局	省级最佳文明单位	四川省委、省政府	1998 年
巴中市农行	省级最佳文明单位	四川省委、省政府	1998 年
巴中市财政局	省级最佳文明单位	四川省委、省政府	1998 年
巴中市粮食局	省级最佳文明单位	四川省委、省政府	1998 年
南江县南江镇四完小	省级文明单位	四川省委、省政府	1998 年
巴中地区交通局	全国交通系统先进单位	人事部、交通部	1998 年

续表

获奖单位	荣誉称号	授奖单位	获奖时间
巴中地区公路运输管理处	文明单位	交通部	1998—1999 年
巴中地区汽车运输总公司巴中江北客运站	一级文明单位	交通部	1998—1999 年
巴中地区就业局	秦巴地区劳务输出项目先进单位	国务院扶贫开发办、西部人力资源开发中心	1998 年
巴中市公安分局	省级文明单位	四川省委、省政府	1998 年
通江县人武部	全省拥军优属先进单位	四川省委、省政府	1998 年
通江县铁佛镇政府	四川省先进乡镇党委	中共四川省委	1998 年
巴中市信用联社	省级文明单位	四川省委、省政府	1999 年
就业局	全省劳务开发工作先进单位	四川省政府	1999 年
巴中市巴师附小	省级文明单位	四川省委、省政府	1999 年
巴中市恩阳镇元窝村	省级文明单位	四川省委、省政府	1999 年
南江县人民银行	全省社会治安综合治理模范单位	四川省政府	1999 年
南江县	省科技工作先进县	四川省政府	1999 年
平昌县	全国双拥模范县	民政部、总政治部	1999 年
南江县乐坝镇政府	社会治安综合治理模范镇	四川省委、省政府	2000 年 1 月
通江县农机技术推广站	全国“农业节本增效工程”技术推广项目先进单位	农业部	2000 年 8 月
南江县检察院	全国文明接待室	最高人民检察院	2000 年 10 月
巴中地区气象局	全国 2000 年度重大气象服务先进集体	国家气象局	2000 年 12 月
巴中市甘泉乡园艺村	全国先进文明单位	中央文明委员会	2000 年
巴中市恩阳镇	全国先进文明单位	中央文明委员会	2000 年
巴中市农业局	全国农村集体资产清查核资工作先进单位	农业部、财政部	2000 年
巴中市土肥站	全国秸秆烧毁和综合利用先进单位	农业部、环保局	2000 年
巴中市同乐乡	1998—1999 年度全国造林绿化百佳乡	全国绿化委员会	2000 年
巴中市电力公司	省级文明单位	四川省委、省政府	2000 年
巴中公安分局	全国优秀公安局	人事部、公安部	2000 年
巴中市计生委	全国婚育新风进万家先进集体	国家计划生育委员会	2000 年
巴中市计生委	全国计划生育协会先进集体	国家计划生育委员会	2000 年
中共南江县委	全省党管武装先进单位	四川省委、省军区	2000 年
南江县公安局	省级文明单位、省级卫生单位	四川省政府	2000 年
南江县农业银行	省级最佳文明单位	四川省委、省政府	2000 年
南江县广电局	全省“村村通”广播电视工程先进集体	四川省政府	2000 年
南江县人武部	全省先进人武部	四川省军区	2000 年
南江县	全国科技工作先进县	科技部	2000 年

续表

获奖单位	荣誉称号	授奖单位	获奖时间
南江县纪委	全国纪检系统先进集体	中纪委、监察部	2000 年
巴中地区交通局	2000 年度省级文明单位	四川省委、省政府	2000 年
巴中地区交通稽查征费处	四川省十佳青年文明号单位	四川省委、省政府	2000 年
巴中地区交通局	全国交通系统先进单位	交通部、人事部	2000 年
巴中地区汽车运输总公司	省级先进企业	四川省政府	2000 年
通江县卫生防疫站	省级文明单位	四川省委、省政府	2000 年

二、艺文选录

（一）诗词赋

江亭夜月送别（二首）

唐·王勃

江送巴南水，山横塞北云。
津亭秋夜月，谁见泣离群。

乱烟笼碧砌，飞月向南端。
寂寂离亭掩，江山此夜寒。

送郄昂谪巴中

唐·李白

瑶草寒不死，移植沧江滨。
东风洒雨露，会入天地春。
予若洞庭叶，随波送逐臣。
思归未可得，书此谢情人。

奉寄别马巴州

唐·杜甫

勋业终归马伏波，功曹非复汉萧何。
扁舟系缆沙边久，南国浮云水上多。
独把鱼竿终远去，难随鸟翼一相过。
知君未爱春湖色，兴在骊驹白玉珂。

巴江柳

唐·李商隐（二首）

巴江可惜柳，柳色绿侵江。
好向金銮殿，移阴入绮窗。

柳映春潭底有情，望中频遣客心惊。
巴雷隐隐千山外，更作章台走马声。

过奇章僧刹

宋·陆游

转尽穷山入翠微，松阴拂拂冷浸衣。
长天秋水自一色，断岫孤云空四飞。
客路何年闲马足，蟠溪平昔负渔矶。
僧窗不得吟清昼，又拥篮舆到夕辉。

巴女词

明·谢遴

巴川积水极岷峨，巴女明妆艳绮罗。
为语秋江风浪急，断肠休唱木兰歌。

注：1958 年 4 月 20 日，毛泽东主席在成都会议期间，圈阅唐宋明朝诗人咏四川的一些诗词，共 65 首。此词为其中的

一首。

集州怀古（二首）

清·王径芳

公 山

公山山上偏秋风，荒草凄其落照红。
闻说仙家骑白鹿，至今石岸伴飞鸿。

几 水

隐几闲卧五经秋，官迹飘蓬似浪游。
此日深坐流水上，几回垂钓看沉浮。

诺水歌

清·李蕃

壁山之高高千尺，山下江水清且碧。
山高水清足鲤鱼，好买渔舟度朝夕。
我爱江水宿江头，江声入枕正清悠。
江头得鱼城里卖，渔翁偏多欠酒债。
赊得香醪上轻舟，击榜摇楫至中流。
非吕非律歌一曲，江声宛转凑歌喉。
疑指此地是武陵，朝朝城上晒鱼罾。
十里长江咿喔起，江声橹声日暄腾。
烟雾连洲看不远，渔舟皆去不复返。
唯有江流无早晚。

南江古柏

清·孙清士

寒烟散空香霏屑，千树万树江头列。
繁枝芽叶青簇天，夏不畏日冬无雪。
头角摧裂蹲黑熊，枝干偃蹇森铁铜。
联肩踏背纷攫拏，群精啸聚来怪风。
初疑展卷昌黎读，光怪陆离惊心目。
又疑画敞寒林图，林淡瘦劲医尘俗。
变态过眼无定形，但觉衣袂皆流馨。
我欲醉倒梦茯苓，惜此树下无茅亭。
忆昨骑驴剑门路，古柏亭前香满树。
又曾鼓楫过夔门，树已摧折名犹存。
一经品题身价好，一缘得地能自保。
惜哉此树影婆娑，无人扶持等荒草。
剪伐轻弃栋梁姿，物色不到材空老。
可怜憔悴向江潭，恨不移根托蓬岛。

题龙凤关

清·冯蔚藻

西来金气欲横秋，烽火光寒古戍楼。
万里凉云开野色，十载战垒固边州。
天梯旧险苔花绿，平壤新阡黍稷稠。
我向巴山寻旧雨，太平时节稳骑牛。

鹰龙山保卫战

李先念

夜色犹未退，军号声声急。
男女似飞箭，各连集合齐。
山头控在手，妇女左右翼。
游击伏一线，专等打援敌。
众人齐怒吼，杀声如霹雳。
个个猛如虎，敌军四分离。
日出到日落，鹰龙鏖战激。
军民配合好，一仗扭战局。

重访南江

马识途

朝阳杲杲照山川，不见南江三十年。
汩汩清溪穿古峡，森森黄柏接云天。
披荆斩棘思先烈，除旧布新望后贤。
把酒临风为祷祝，勇挑重担永向前。

红色走廊

梁上泉

1. 望红台

巴山乌云遮盖，
茅屋失去光彩。
夜夜穿风冒雪，
登上望红台。

只听杜鹃啼叫，
不见杜鹃花开。
红军的人马哟，
你哪年回乡？
你几时转来？

重重高山，
挡住目光，
全把它一手推开；
条条溪河，隔断道路，
取弯月搭起桥来。

川北能瞄到陕北，
红土总连在一块；
纵远离千里万里，
心中都有个苏维埃。

盼着满天的大红星，
把小白星撞落尘埃；
我们就蘸着露水，
将刀矛磨得更快……

2. **通江谣**

不到通江想通江，
到了通江爱通江；
通江人好水也好，
通江城高花最香

花是不谢花，
城是红色城，
水是长流水，
人是革命人。

革命人，撒全国，
多少将军多少兵！
长流水，奔大海，
掀起洪涛滚雷声。

红色城，有多高？
隔着巴山看得到。
不谢花，有多红？
见了红花忆英雄……

告别通江念通江，
小住三日成故乡；
再来通江看通江，
江波闪闪舞电光。

3. **致南江**

明月照着南江，
南江流着月光。
环城的千山万岭，
是你真正的城墙。

我要打开窗子，
看群山涌出朝阳；
我要走到江边，
听水声直到天亮；

我要像不断地水声，
彻夜为你吟唱；
我要像屹立的山岭，
长守在你的身旁！

因为你宽大的摇篮，
养育了英雄的儿女；
因为你的山山水水，
是红军的故乡。

4. **将军夜过巴州**

兵车喇叭欢奏，
将军夜过巴州，
巴州城越来越近，
灯火垒起重楼。
他女儿睁开大眼，
向父亲的故乡问候。

“爸爸！你说的大城墙呢，
现在怎么没有？”
“也许城圈太狭小，
新街已把它挤走！”

“爸爸！你说的插旗山呢？”
“就是那最高的山头，
张飞插旗的地方，
我曾指挥过战斗”。

“爸爸！你说的小红场呢？”
“看那儿有座魁星楼，
楼上魁星点北斗，
红军却点兵杀白狗！”

“爸爸！你教个红军歌吧，
我还要再学几首！”
“孩子！你静静地听，
是什么在不断奋吼？”

“啥声音都没听见啦，
莫不是你跳动的胸口？”
“你学歌就快学吧！
奔腾的巴河高唱不休……”

奔腾不休唱不休，
长征的脚步永不收；
兵车喇叭欢奏，
将军夜过巴州。

5. 红色走廊

从南江，到通江
石板路几百里长。
长长的大路穿山谷，
好一条红色走廊！

红色的走廊红色的字，
錾下了一行又一行；
劳动法令，十大政纲，
闪耀着苏维埃的红光。

“打倒帝国主义！”
刻在城边的外国教堂；
“铲除封建势力！”
刻在古老的节孝牌坊。

“实行土地革命！”
刻在豪绅高大的院墙；
“猛烈扩大红军！”
刻在穷人住过的岩腔。

标语就是指路牌，
引人走向幸福的远方；
口号就是冲锋号，

叫人奔赴决死的战场。
路呵，越走越宽广，
字呵，越看越明亮，
风云雷雨三十年，
迎来遍地太阳光！

6. 闪光的字丁

一箱铅铸的字丁，
埋在地下几多年辰！
深耕时才重见天日，
还带油墨的芳馨。

也许印过《战场日报》？
也许印过《川北穷人》？
也许印过《红旗》《血花》？
也许印过《少年先锋》？

这些字丁组成的语言，
好似铁锤打钢砧，
喷出战斗的烈火，
发出震地的雷声。

川陕边的英雄儿女，
今天又排出头条新闻：
“三年旱灾，三年苦战，
汗雨换来盖地的黄金”。

借问报社同志，
将再印多少喜讯？
都望着那铅字微笑，
像数着满天的星星……

咏光雾山

彭柏林

天堂何处有，
光雾在鳌头。
胜似张家界，
孪生九寨沟。
南飞雁回眸，
宛若橘子洲。
更有米仓道，
一线贯春秋。

清平乐·层林尽染

罗鸣钟

巴山回望
红透千峰宕
谁解秋风频送爽
沈醉霜林涌浪

何年虎踞平岗
纵横无限风光
把酒问天长啸
星空浩瀚茫茫

巴中枣林鱼记

杨廷奇

巴山蜿蜒走千里，巴水缠绵紧相偎。光雾山云遮雾绕，情思靡靡；诺水河鬼斧神工，想入非非。阴灵山笔意纵横，直抒胸臆；望王山望断长安，情不能已。

奇山生奇景，好水蕴佳味。山深天蓝澄碧沙，水活洞府驻龙鱼。锦鳞潜跃，青波青鳙黄角浪；斜逸成趣，野鲢水疯刺茄包。阴灵山下，章怀太子荷锄，手掘之泉甘洌；枣林河边，下里巴人撒网，煮鱼之技天成。

巴山李老汉，专煮枣林鱼。干烧船老板，水煮小鲜汤。味兼红白，溶煮世间滋味；道济阴阳，调和天下脏腑。首推白味，汤色银白如凝脂；必食岩鲤，天然珍馐可防癌。

李老汉本名李本质，枣林鱼纯得自然美。大巴山珍如云，各式调料荟萃入锅；泉水烹鱼称妙，千年密传此家独有。巴中老字号，满街皆识李老汉；蓉城新当垆，为君正烹枣林鱼。

巴中赋

李旭升（据刘瑞、刘天阁作品摘改）

汉昌故邑，巴中新市。古巴国土，川陕省治。陕（西）达（州）南（充）利（广元）相接，通（江）南（江）巴（州）平（昌）今隶。巴山两歧向南蜿蜒而布全境，巴江二源自北奔流而汇平昌。南分营（山）仪（陇），北出米仓。东连铁山，西邻剑门。崇山峡谷峙于四周，平坝浅丘散于中央。亚热带气候，中低山景象。

百姓勤俭，万家和乐。民俗淳古，乡风朴厚。历来农耕为基，农牧为业；而今工商新兴，经济活跃。破千年封闭，信息通达四海；开万里坦途，路网联结五洲。

资源富足，特产繁多。煤铁金玉蕴于南（江）通（江），稻麦豆薯饶于巴乡。蔬果千计，首推耳菇桃栗；禽兽百类，珍属熊鹿麂獐。林木漫山而楠檀松柏蔽日，药材遍地而参（沙参）麻（天麻）芝（灵芝）杜（杜仲）生香。水青冈植物活化石，皇柏林绿色称大王。天然气储量丰富，霞石矿价值高昂。

古人类聚居地，古生物活动场。阳八台石龙，云台山剑象，古珍屡出斯土；月亮湾石器、擂鼓寨陶具，先民苦战洪荒。远古遗址犹在，史前文化辉煌。

百代贤哲，千秋风流。隋于城西而立州学，唐于江北而奉文宣。五子登科，高塔凌云而谢氏子闻名四方；十二值神，擒纵运汞而张思训浑象万年。进士岳贞（一门三进士）乔梓巍科，翰林钟峨侍读乾坤。吴镇为东乡血案上疏，焕文为川陕民安谋策。德潚为戊戌变法奔走，修武为辛亥革命捐躯。平民教育横贯东西半球，世纪伟人晏阳初；"带镣行"篇震惊南北两极，革命先驱刘伯坚。成会明纳米材料研究成果誉满神州，宋永华英国皇家科学院士名扬全球。

字水巴江，文章锦绣。严武奏赐光福，镌字南龛石壁；杜甫题诗菊岩，涤笔洗墨小池。王勃咏津亭，商隐吟柳诗。才女杨古雪，诗文名冠巾帼；神医严会筵，妙手回春皇城。辛大明著《烟战演义》，揭清室腐败而显忠义；陈其通写《万水千山》，表红军长征而战熊罴。

文物丰盛，胜迹颇多。桓侯张飞，忠将严颜，威镇汉昌有史；太子李贤，殇帝重茂，流放巴州留迹。南龛摩崖造像百多龛，展现隋唐风采；阴灵书法刻石千余雕，尽显名流精神。将帅碑林留英名十万，烈士陵园埋忠骨三千。川陕博物馆存红军史事，奇章老学堂育地下革命。

自然生态良好，水光山色长新。光雾山春披绿衫，秋满红叶，一派仙境风貌；诺水河夏可漂游，冬能暖居，百洞奇观秀景。蜜酿"江口醇"，窖池百年 ，甘爽香金花列七；泉煮"小角楼"，窖泥特技，醇清甜美味合一。通江银耳承野生原质，南江黄羊属山草养成。绿色食品出自天然，有机农牧没有污染。绿树满山，空气清新多负氧离子；植被盖地，环境优美少尘垢病菌。走进巴中，地满绿林，幽香芳芬，令人心旷神怡，如游自然公园；步入巴城，街依江水，净美亮丽，倍感神清气爽，犹在天上人间。

巴州古城赋

阳　云

一

于茫茫林涛之下，于苍苍山峰之中，被千里巴山护卫、簇拥，被背二哥坚实的背驮起，被火塘熊熊的柴火烘烤，被梨园曲和粗犷的民歌喂养。

如古典淑女斜卧草地，如幼稚孩童酣睡摇篮，笼于云雾轻纱中，掩饰在一川烟雨里，随意挑开一角，古城巴州便从巴河涌动的潮喧里，古色古香地醒来，风姿绰约地走出。

古城很古，这禹贡梁州之域，天文井鬼分野之地，汉昌置县，魏周得名巴州，自汉迄清，世纪茫茫，朝人翻转，州县郡邑更迭，古城静默一方，固守一方，在一团温馨的梦里，在一种努力的坚持下，将数千年历史孵化在一方城池里，紧锁朱红色的城门。

那镇守东山之巅的凌云白塔，如跃上波峰的桅杆，直插霄汉；那南山上始建于西魏、兴于盛唐的摩崖石刻，以鬼斧神工之艺，绝妙超伦之术，将巴人的智慧镌刻雕琢于石崖之上，掩映于森森古柏之下，融进五千年文明之河，辉煌巴蜀文化的瑰奇。

古城墙的走向依旧历历可视，九井十八街的格局依旧清晰可辨。那奎星阁、望江楼、三元宫等等楼阁庙堂宫院旧貌犹存，塔楼临风，曲廊回绕、雕梁画栋，飞檐翘翅，只是没了布衣长衫，小脚长髯。

但乡音不变，习俗不泯，正月登高、三月庙会、清明踏青、川剧座唱、吟山绘水……绵延古城一方纯朴、一方闲散清淡的日子。

二

漫步古城，脚步在幽巷踏响，那土星、文星、鼓楼、文庙个个街巷名称扑来的都是古朴的气息，总有些神秘的遐想，总有些悠远的回音，自岁月的深处夜雾般涌来，覆盖你，浸润你，使古城的氛围更加浓厚。

那白马出入井中的传说，那严颜墓封存的汉将军的风采，牵引你，让你不得不睹物怀远，抚今追昔，思接千载了。

想章怀太子李贤被亲母武则天废为庶人贬到巴州，长望京阙，幽怨的目光被如水月色浸濕，长夜难遣，忧思难排，一曲黄台瓜辞，道不尽“生身悔向帝王家”。

想那曾为监察御史的唐朝诗人羊士谔流放古城，南池晨望，莲塘独行，衣沾竹露，看“荷露水精圆”，听“群蛙试一鸣”，长髯飘拂，吟哦风景，藏不住一颗郁郁之心。

悠悠数千载历史，宦迹处处，或贬或任或封，吏史长令频更，深深浅浅都有辙痕，穿越时光隧道，哪一处不有一段故事，不有一节传说，回肠荡气，九曲十八拐呢？那王爷府里的醉歌，大老爷升堂敲响的惊堂木，商贾伙计，巴河岸边的捣衣声，飘动的酒幌，依稀可闻可见。

历史沉淀下来了一些忧郁，一些悲凉，但更有高昂的旋律，当西方还在中世纪的黑暗中沉沉昏睡时，一代天文学家张思训便在东汉天文学家张衡发明的浑天仪的基础上，在宋太平年间将浑天仪以汞代水运行，发展成为世界上最早的天文钟，规天矩地，定昼夜长短，寒暑进退，机隐玄妙。而现代人晏阳初一生致力于平民教育，则将古城人的名字名扬海内外。

当然，人们更不能忘记大刀与戈矛挑开的烽火岁月，纪念碑、川陕革命根据地博物馆，使古城更加厚重辉煌。

三

巴州，是古老的巴州，也是现代的巴州，只在回首之间，古城便从封闭走出，应时而兴，感时而变。座座工厂高耸的烟囱，向蓝天挥笔演绎深奥的命题；那丝丝锦缎，五彩斑斓地织出古城的骄傲，漂洋过海；罐头食品集团军般南征北战，将爱心奉献；盆角齿轮则滚动出一腔赤诚。

条条大道沿古代驿路拓宽而去，连接远方，古城人上汉中、去成都、下渝州，已如村人赶集。楚越商贾来古城开店设市，乐不思归，于是古城揽四方八面的色彩，招摇都市风情。

酒吧、激光影院、舞厅、卡拉 OK 将古城的夜晚旋进梦幻的色彩。夜市更将一条街缤纷进花花绿绿的世界。那酒家、小食摊、清真牛肉、锅盔饼子喷香了街街巷巷。

古城被人涌动，被车挤着，车声、人声搅动古城，古城在不安中躁动，在躁动中谋求发展与超越，于是拓宽桥面，拆迁街道。再造桥梁，越河而把新城推向江北，开发区构想的蓝图模拟成型，六十米的通衢大道以全新的气派贯通。

当血红的太阳从东山上再次冉冉升起，处子般神秘、青春般蓬勃的古城，正捧出赤裸的坦诚、豪放的野性，从巴山深处，从数千年历史的积淀中隆重托举而起，迎接壮观的日出，拥抱巴州古城美好的未来！

章怀与巴州

彭从凯

唐高宗开耀元年（681 年）十一月，唐高宗第六子李贤被贬巴州，唐睿宗文明元年（684 年）3

月“逼令自杀”。李贤在巴州生活了不到三年时间，却令巴州人民思念不忘。清朱锡谷纂修的《巴州志》在卷十杂纪志中记载：“人第知章怀太子（李贤）徙巴州，而不知尚有纪王、悼王，亦徙巴州。盖章怀太子有德于巴，而以冤死，故民思念之不忘，……”。

《新唐书》卷八十一列传第六中记载“高宗八子：……武后生弘、贤、中宗皇帝、睿宗皇帝。”贤，就是李贤，谥号章怀，史称“章怀太子”。关于章怀太子其人其事，以及其处事明审、贬徙巴州、被逼自杀、遣柩乾陵等，后晋刘昫等撰著的《旧唐书》、宋欧阳修、宋祁撰著的《新唐书》都进行详细的记叙：“章怀太子贤字明允。容止端重，少为帝爱。甫数岁，读书一览辄不忘，至《论语》‘贤贤易色’，一再诵之。帝问故，对曰：‘性实爱此。’帝语李世勣，称其夙敏。始王潞，历幽州都督、雍州牧。徙王沛，累进扬州大都督、右卫大将军。更名德。徙王雍，仍领雍州牧、凉州大都督，实封千户。上元年，复名贤。是时，皇太子薨，其六月，立贤为皇太子。俄诏监国，贤于处决尤明审，朝廷称焉，帝手敕褒赐。贤又招集诸儒……共注范晔《后汉书》。书奏，帝优赐段物数万。”（《新唐书》卷八十一·列传第六·三宗诸子）

唐史记载章怀太子“容止端重，少为帝爱”。上元二年“六月，戊寅，立雍王贤为皇太子，赦天下。”（《资治通鉴》卷二百二·唐纪十八高宗上元二年）

“时正谏大夫明崇俨以左道为武后所信，崇俨言英王类太宗，而相王贵，贤闻，恶之。……调露中，天子在东都，崇俨为盗所杀，后疑出贤谋，遣人发太子阴事，诏薛元超、裴炎、高智周杂治之，获甲数百首于东宫。帝素爱贤，薄其罪，后曰：‘贤怀逆，大义灭亲，不可赦。’乃废为庶人，……唐高宗开耀元年（681 年），徙贤巴州。”（《新唐书》卷八十一·列传第六·三宗诸子·章怀太子贤）

章怀之死，据《资治通鉴》卷二百三唐纪十九·则天顺圣皇后上之上·光宅元年（684 年）三月丁亥条记载：“丘神勣至巴州，幽故太子贤于别室，逼令自杀。”

《旧唐书》也记载说：“文明元年（684 年），则天临朝，令左金吾将军丘神勣往巴州检校贤宅，以备外虞。神勣遂闭于别室，逼令自杀……”（《旧唐书》卷八十六·列传第三十六·高宗中宗诸子·章怀太子贤）武后临朝后，派左金吾将军丘神勣以“检校”为名，前往巴州，将章怀太子“闭于别室”而“逼令自杀”的，而被杀的直接原因是“太子尝作《黄台瓜辞》”。

据《旧唐书》卷五本纪第五高宗条目中记载：“时帝风疹不能听朝，政事皆决于天后。自诛上官仪后，上每视朝，天后垂帘于御座后，政事大小皆与闻之，内外称为二圣。帝欲下诏令天后摄国政，中书侍郎郝处俊谏止之。”于是，“帝幸东都，诏（弘）监国。”（《新唐书》卷八十一·列传第六）实际上，高宗把江山传给了李弘，武则天为了实际控制皇权，“（上元二年）四月己亥，天后（鸩）杀皇太子……六月戊寅，立雍王贤为皇太子，大赦。”（《新唐书》卷三·本纪第三·高宗）

唐高宗死后，武则天第三子唐中宗李显继位，不到两个月，就被废为庐陵王。“弘道元年（683 年）十二月丁巳，大帝崩，皇太子显即位……（嗣圣元年）二月戊午，废皇帝为庐陵王，幽于别所，仍改赐名哲。己未，立豫王轮为皇帝，令居于别殿。”（《旧唐书》卷六·本纪第六·则天皇后）。武则天先后用“毒”“贬”“废”“囚”等计除掉亲生的四个皇子，垂帘听政，并于“载初元年（690 年）春正月，神皇亲享明堂，大赦天下。”（《旧唐书》卷六·本纪第六·则天皇后）在洛阳当上“圣神皇帝”，改国号周。从小受正统儒家思想影响的李贤，眼见大唐江山行将崩溃，悲痛万分，“……作《黄台瓜辞》云：种瓜黄台下，瓜熟子离离，一摘使瓜好，再摘令瓜稀，三摘尚云可，摘绝抱蔓归。”以抒心中悲愤之情。“太子因此瓜辞，为武后所忌，既徙巴州，命金吾将军邱神勣，逼令自杀，葬于此，墓在南龛山麓。”（清·朱锡谷纂修《巴州志》卷三建置志下·冢墓）

李贤徙巴州，给偏僻的巴州留下了一段史话，留下了不少遗迹，供后人凭吊吟咏。如：太子墓、章怀寺、太子读书台、章怀太子故宫、太子望京山等。

太子墓 据明代曹学佺在《蜀中名胜记》卷二十五川北道保宁府二巴州条目中记载："有唐太子贤墓。……在治南二里，高如一小阜。……当时有铭其墓者云：断一指得天下，凡人不为，杀爱子窃帝位，武后行之。噫嘻！贤之遗隧，万世之元龟。"

清代常明、杨芳灿等纂修的嘉庆《四川通志》卷四十五舆地陵墓保宁府巴州条目中也记载："章怀太子墓在州城南二里。"

又据道光《巴州志》记载："墓在南龛山麓。相传：旧修有寝庙，兵燹后，荡然无存。道光八年知州陆成本，特为勘定茔界，立碑以禁樵牧、侵占。"（《巴州志》卷三建置志下·冢墓）

明清的典籍资料中都记载太子墓在城南二里的南龛山麓。据《巴中县志》记载："1978 年修 35 千伏变电站时，将部分墓地压于场基。1984 年，县委、政府决定，由县文管所勘定茔界，用条石砌成圆形冢，高 1.75 米，直径 15.5 米，勒石为碑。"

清顺治十四年丁酉举人通江李蕃的《与周希尧牧伯书》中记载："贵治之南，有章怀太子墓。某少时赴试阆城，曾过其地，见神道精严，翁仲成列，而墓地开阔，樵苏禁厉，所以松楸无恙，灵爽斯存，以故载之《州志》，为陵墓之一，传之游人，为凭吊之光者也。"

其实，太子墓应是太子衣冠冢。据《新唐书》卷八十一列传第六记载：李贤"逼令自杀"后，"后举哀显福门，贬神勣叠州刺史，追复旧王。""神龙初，追赠司徒，仍遣使迎其丧柩，陪葬于乾陵。睿宗践祚，又追赠皇太子，谥曰章怀。"（《旧唐书》卷八十六·列传第三十六·高宗中宗诸子）。清道光《巴州志》也说："则此亦空墓矣。"

章怀寺 "章怀寺在州南一百里，盖亦章怀太子遗迹也。有莲花洞、太子岩诸胜。土人于岩下掘得太子像，背刻：秋溪沟李明造。或云明嘉靖中凿。"（《巴州志》卷三建置志下·寺观）

章怀山古称天平山，章怀寺位于山之北端，始建于东汉，为道教道场，扩建于唐代，为佛教圣地。《巴中县志》记载：在"县南茶坝乡章怀村有章怀寺，因唐章怀太子游住于此而得名。"

据寺中碑载：早在汉代已有古刹，其殿宇佛像几经焚毁和重修。《复固重修碑》记："康熙年间，南岳来僧先创修大殿、左右禅宇；复修前殿、围墙、山门、海面天井，殿宇巍峨……"乾隆戊申年（1788 年）孟冬月所立《界碑》也记载：古刹占地广阔，寺界南至莲花洞右边大垭石包咀，直下二岩界；北至石佛岩横进水沟，直至罐窑岭界；西至白垭子岭梁、牛项颈沿岸，交仪邑大界；东至大石梯沿岸为界，方圆数里。嘉庆十三年（1808 年），由主持僧率徒化募培修，寺内中雕大佛，两侧有阿难、迦叶、韦驮、诸天、伽篮……左塑普陀观音、十八罗汉；右塑真武福圣真容，至"文化大革命"中毁坏，仅遗古碑 3 块，字迹尚清晰可辨。

太子读书台 其旧址在巴中市巴州区城东 15 公里，巴江西岸，与曾口场相对，属巴中市巴州区曾口镇书台村。"太子读书台在州东南三十里，相传章怀太子读书处。"（嘉庆《四川通志》卷五十一·舆地·古迹·保宁府）

清朱正蕃在游览书台山时曾作《书台山》一诗，该诗写作者游览古迹而怀念古人，为章怀太子因赋《黄台瓜辞》而招致杀身之祸的事情鸣不平。其诗曰：山径频闻唐代开，章怀曾此建书台。三巴西蜀埋荒冢，六载东宫著异才。未见狄张能补浴，空传瓜蔓寄悲哀。风流千古河山永，仿佛弦歌岭上来。

章怀太子故宫 "相传，即今吏目署门前。上马石犹存。见《志略》。"（《巴州志卷三建置志·古迹》）吏目就是掌管缉捕、守狱及文书的吏员，其办公的地址叫吏目署。其旧址在巴中市巴州区区委招待所。

望京山 "望京山在州东二百二十里板庙场，相传为章怀太子望京师处。山下有观音洞。"（《巴州志》卷一地理志·山川）属平昌县板庙乡望山村。

（二）楹 联

川陕苏区联：

斧头劈开新世界；
镰刀割断旧乾坤。

注：此联由红四方面军钻子队在川陕苏区作为宣传标语镌刻在各地石壁或石柱上面。

为工农而牺牲；
是革命的先驱。

注：红四方面军政治部主任张琴秋（女）为川陕革命根据地红军烈士陵园撰联。

通江县李善济为青城山写的长联：

溯禹迹奠岷阜以还，南接衡湘，北连秦陇，西通藏卫，东峙夔巫，葱葱郁郁，纵横八百里舆图。试蹑屐登上清绝顶，看雪岭光腾，红吞沧海，锦江春涨，绿到瀛洲。历井扪参，须臾踏蜗牛两角。争奈路隔蚕丛，何处寻神仙帑库，丈人峰直墙堵耳！回思峨眉秋月，玉垒浮云，剑门细雨，尚依稀绕襟袖间。况乃夜朝群岳，圣灯先列宿柴天，泉喷六时，灵液颖真君唾地。读书台犹存芳躅，飞赴寺安敢跳梁。且逍遥陟詹崗岗，渡芙蓉岛，都露出庐山面目，难遽追攀楼观互玲珑。今幸青崖径达，问当初华渚姚墟，铜铸明皇应宛在？

自轩坛拜宁封而后，汉标李意，晋著范贤，唐隐薛昌，宋徵张愈，烈烈轰轰。上下四千年文物。漫借稽考前代遗徽，记官临内品，墨敕亲颁，曲和甘州，霓裳同咏。鸾章翠辇，不过留鸿爪一痕。可怜林深杜宇，几番唤望帝归魂，高士传岂欺予哉？莫道赵昱斩蛟，佐卿化鹤，平仲驰骡，悉缥缈若遐荒事。兼之花蕊宫词，巾帼共谯岩竞秀；貂蝉画像，侍中与太古齐名。携孤琴御史曾游，吹长笛放翁再往。休提说王柯丹鼎，谭峭靸鞋，那堪他沫水洪波，无端淘尽英雄多寄寓。我亦碧落暂栖，待异日龙吟虎啸，铁船贾郁定重来！

蒲秀儒以通江县名胜典籍步前联和李善济：

溯县城置壁诺以还，西延扶特，东峙包台，南表铜峰，北崇银矿，绵绵翼翼，纵横数百里舆图。常考古征始宁旧郡，慨龙背呈奇，邑乘弗载，凤垭钟瑞，野老空谈。邻巴接陕，于内占蜗牛一区。犹幸诗题嘉祐，吟辞留黄帝遗迹，金童山真侍卫耳！外如鹦歌斜日，鸡顶凌霄，狮岗摩汉，悉优游归杖履间。若乃滩记三潮，俗流淌钦其有信，坡呼九子，穷壤奚取乎多男。将军墓碣在堪稽，侍郎碑铭究何语。至到头洞入穿云，岩瞻挂榜，顿悟得地生胜迹，阅尽古今灵境出良材。欣听鹿鸣捷报，且倚籍翰家文溪，秀夺眉山连及第；

自崧岳诞甫生而降，前著向翀，后标朱昱，远夸伯贵，近仰雪原，炳炳麟麟，上下四五代人物。复殷怀数故里缙绅，忆祖孙获隽，仙李齐荣，兄弟同科，继苏播美。扬眉吐气，各不愧鹏程万里。最羡职奉玉堂，正卿兼史臣清任，国土品岂寻常哉！追思颂献汤泉，才抡闽省，德颂天朝，群脍炙说英豪事。又况麓岚作令，懒菴公毛济慰情，夔卣赋篇，玉轩氏瓦全抱恨。宰相园徒深慕想，阁老府可指丘墟。迨迩时制停贡举，庠废廪增，更难望天产大儒，担当宇宙教员凭课本。殊渐马帐经传，差强意选民研制，院开咨议普登贤！

巴州区周集云撰南龛长联：

光福为佛窟胜地，览其今：而云屏朝霞，红岩晚照，平梁故墟，北岭蒙泉，既各簇簇然焕彩。望其远：而梅阁晴雪，莲山青松，阴灵秋色，始宁艺刻，又皆欣欣然向荣。发高歌，促猛进，对嘉景能勿咏乎？最可喜：大桥成焉，南龛新焉，龙洞利焉，电站烂焉，趁此百废俱兴，总宜挥椽泼墨。况值金榜天开，黎明雍变，猗欤休哉！恰好风吹来一江字水；

巴州是历史名城，瞻予前：则魏唐雕饰，严武奏章，状元辞赋，宗泽记碑，犹堪铮铮兮作响。察于近：则董家仪范，伯坚精神，鳌溪怒笔，苏区博物，更觉烨烨兮腾辉。溯往事，念昔勋，幸文献有足征者。何须问：张飞过否，杜篇真否，放翁游否，鹏举到否，只缘遗业未泯，自当启后承先。试看中华崛起，赤县长明，美矣善也！毕竟浪淘尽千古英雄。

三、文献辑存

四川省人民政府
关于撤销巴中地区设立地级巴中市的批复

巴中地区行政公署：

你们《关于撤销巴中地区设立省辖地级巴中市的请求》（巴署［1999］125号）悉。经省政府审核并报国务院批准，同意撤销巴中地区，设立地级巴中市。现就有关事项批复如下：

一、撤销巴中地区和县级巴中市，设立地级巴中市。市人民政府驻新设立的巴州区。

二、巴中市设立巴州区，以原县级巴中市的行政区域为巴州区的行政区域。区人民政府驻巴州镇。

三、巴中市辖原巴中地区的通江县、南江县、平昌县和新设立的巴州区。

巴中市的各类机构要按照“精简、效能”的原则设置，所需人员编制和经费由原巴中地区自行调剂解决。

2000年7月6日

中共巴中地委关于加强自身建设的决定

（1993 年 9 月 28 日中共巴中地委第一次委员会议通过）

巴中地区的建立，是全区人民政治生活中的一件大事。开发建设巴中是省委、省政府赋予巴中地委、行署光荣而艰巨的任务，是全区人民的迫切要求和殷切期望。我们一定要继承革命老区的光荣传统，发扬大巴山红军“智勇坚定，排难创新，团结奋斗，不胜不休”的崇高精神，以团结战斗的形象为全区人民树立风范，以艰苦扎实的工作为全区人民建功立业。为此，地委决定，首先抓好领导班子自身建设。重点搞好领导班子思想作风建设，把地委班子建设成为“解放思想，实事求是；改革开放。开拓进取；廉洁奉公，勤政为民；通力合作，团结战斗”的领导集体，带领、影响、鼓舞全区人民开发巴中、建设巴中。

一、深入学习领会建设有中国特色社会主义理论，增强贯彻执行党的基本路线的自觉性。用小平同志建设有中国特色的社会主义理论武装全党，是党的十四大向全党提出的战略任务，是坚定不移地坚持党的基本路线的根本保证。地委领导成员，要认真学习小平同志关于建设有中国特色社会主义的理论，认真学习社会主义市场经济条件下加强党的建设的理论，认真学习社会主义市场经济知识。同时，要努力学习科学文化知识和本职业务知识。在学习中，一定要紧紧抓住“解放思想，实事求是”这个精髓。自觉坚持学习制度，做到每季度集中学习两天，一年集中学习 10 天（吸收县、市委书记参加）。发扬理论联系实际的学习，把学习理论同调查研究，提高认识，更新观念，转变作风结合起来，同解决巴中地区改革开放和经济建设中的实际问题结合起来，不断提高运用建设有中国特色社会主义理论的立场，观点、方法，研究解决实际问题的能力；牢固树立以经济建设为中心的意识，提高领导市场经济的水平和驾驭全局工作的能力，加快改革开放和经济发展步伐；自觉坚持“两手抓，两手硬”的方针，推进全区两个文明建设健康协调地发展；切实做到解放思想和实事求是的统一，坚持一切从实际出发，坚持“三个有利于”的标准，立足区情，脚踏实地，锐意进取，开拓创新。

二、认真坚持民主集中制原因，维护和增强领导班子团结。团结出战斗力、出凝聚力、出新的生产力。坚持民主集中制原则是增强团结，实行正确决策，提高班子战斗力的根本保证。地委领导成员要模范的贯彻执行党的民主集中制原则，讲团结、讲统一、讲大局。领导成员之间要搞五湖四海，互相学习，互相尊重，互相支持，做到不利于团结的话不说，不利于团结的事不做。坚持集体领导和分工负责相结合制度，凡是涉及党的路线、方针、政策的大事，重大工作部署，重要干部的任免、调运和处理，涉及人民群众和社会普遍关心的热点问题，以及规定应由集体讨论决定的其他重大问题，都必须坚持集体讨论决定的原则，不搞“一言堂”，个人说了算，也不搞少数人说了算。班子每个成员都要积极参与集体领导，维护集体领导的权威。坚持党的“四个展从”的组织原则，自觉摆正个人与组织的关系，严格执行集体决定，各司其职，各尽其责，通气商量，合作共事。自觉遵守地委的议事规则、表决制度、办事程序和保密纪律，做到重大决策和领导活动制度化、程序化。坚持一年过好两次民主生活会制度，开展批评与自我批评，沟通思想，统一认识，化解矛盾，形成敢于讲话，善于听取不同意见的良好风气，在班子内造就一个既有集中又有民主，既有纪律又有自由，既有统一意志又有个人心情舒畅的生动活泼的政治局面。

三、继承发扬艰苦奋斗的优良传统作风，勤政务实，真抓实干。艰苦奋斗是党的光荣传统，是战胜一切艰难困苦的巨大精神动力。面对万事俱兴的艰巨任务，我们一定要牢记党的全心全意为人民服务的根本宗旨，牢固树立群众观点，坚持党的密切联系群众的各项制度，充分调运广大党员、干部和群众的生产、工作积极性，总结和推广干部、群众在实践中创造的经验，深入群众，体察民情，了解民意，关心群众疾苦，切实解决群众面临的困难，为群众多办实事，敢信于民；发扬艰苦奋斗的优良传统作风，勤俭办一切事业，与广大干部、群众同甘共苦，艰苦创业；坚持实事求是的作风，结合本区实际，创造性地贯彻落实党的方针政策，力争取得最好的经济效益和社会效益，集中力量抓经济建设，地委领导成员都要分别联系经济建设项目，做到抓一件成一件。面向基层，改进作风，地委领导成员每年要用三个月以上的时间，深入基层，调查研究，总结经验，指导工作，每年要动手完成一至两篇有指导意义的调研文章。在改革和建设中，真抓实干，讲求效率，多出成效，力戒华而不实和形式主义。

四、强化公仆意识，保持清正廉洁。认真贯彻落实中纪委二次全会精神，努力学习邓小平、江泽民同志善于端正党风，加强廉政建设，反对腐败的论述，正确认识和处理发展经济，改革开放同反腐败斗争的关系，坚持一手抓改革建设，一手抓惩治腐败，从严治党。带头执行党中央、国务院，省委、省政府廉洁自律的各项规定，坚决做到不经商办企业，不从事有偿的中介活动，不利用职权为配偶、子女和亲友经商办企业提供任何优惠条件，不到下属单位和其他企事业单位报销应由个人支付的一切费用，不买卖股票，不在公务活动中接受礼金和有价证券，不用公款旅游和参与高消费的娱乐活动；在干部提拔任用上坚持德才标准，严格按程序办事，不搞任人唯亲；在子女亲属工作安排上不授意、不插手；不从工程承包中插手牟利；不讲排场，不奢侈浪费；下基层轻车简从，不加重基层负担。坚持双重民主生活会制度，建立保证清正廉洁的规章制度和监督制约机制，自觉接受并欢迎广大党员、干部和群众的监督。

一九九三年九月二十九日

中共巴中地委　巴中地区行署
关于放手发展个体私营经济的意见

改革开放以来，我区个体私营经营发展较快，对于活跃市场，扩大就业，方便群众生活，增加财政收入，发展社会生产力，起到了重要作用。为了充分发挥民间巨大的经济潜能，努力实现我区经济发展战略，现就放手发展个体私营经济提出如下意见。

一、解放思想，转变观念，把放手发展个体私营经济作为建立社会主义市场经济体制，加快我区经济发展的重要任务来抓。我区个体私营经济的发展趋势是好的。现有个体工商户 25590 户，占总户数的 3%，注册资金 1875 万元，从业人员 29030 人，占总人口 0.9%；上交税金 2180 万元，占工商税收 28%，占财政收入 19%。但发展速度比较缓慢，行业结构不尽合理。目前，我区生产力水平低下，经济尚不发达，在较长时期内，应当以非公有经济为主构造整个经济结构，通过放手发展个体私营经济，大力培育新的经济增长点，发展社会生产力。各级党政领导、各行各业，必须以邓小平同志建设有中国特色社会主义理论为指导，认真贯彻落实党的十四届三中全会精神，进一步解放思想，认真贯彻落实党的十四届三中全会精神，进一步解放思想，冲破“左”的影响和传统观念，切实纠正对个体私营经济的偏见和歧视，坚持发展才是硬道理的观点，采取超常规措施，真抓实干，像当年发展农村生产互助组、合作社那样，放胆、放手、放开展个体私营经济，把发展包括个体私营经济在内的各种非公有制经济，把发展包括个体私营经济在内的各种非公有制经济，作为振兴巴中地区经济，加快脱贫致富奔小康的重要任务来抓。

二、搞好规划，努力实施，使我区个体私营经济高速度、跳跃式向前发展。1. 发展重点。根据我区实际，要积极引导个体私营经济由单纯的数量增长向数质并兴方向发展，由传统的行业向新兴的第三产业方面发展。在城镇，要积极扶持服务、修理、加工和科技开发、咨询、信息、技术服务业的发展。在农村、要结合调整产业结构，重点发展转化粮食和其他农副产品的加工业、批量吞吐地方农副产品和资源转换产品的贩运业，为农业产前、产中、产后服务。积极鼓励和大力支持家庭工业的发展。同时，要创造条件发展科技型、外向型和中外合资、合作的私营企业，试办个体营经济小区，培育私营企事业集团和具有一定规模的有限责任公司。2. 发展目标。1994 年全区个体工商户以 20%的发展速度增长，达到 3.5 万户，3.7 万人，占全地区总户数的 4%，占总人口的 1.15%；注册资金达到 6000 万元，纳税额达到 2400 万元；1995 年达到 3.8 万户，4.2 万人，注册资金达到 6500 万元，纳税额达到 2700 万元。“九·五”期间每年以 15%左右的速度递增，到 2000 年力争全地区个体工商户达到 7 万户，10 万人，纳税额占财政收入的三分之一以上。私营企业 1994 由 1993 的 45 户发展到 60 户，1995 年达到 100 户，“九·五”期末达到 200 户。

三、放宽政策，大力扶持，为加快个体私营经的发展创造宽松环境。要发市场为导向，放宽政策，做到发展比例、发展速度、从业人员和经营规模、经营范围、经营方式“五个不限制”。凡是市场需要的行业和品种，除国家明令禁止的外，均允许人体工商户和私营企业从事生产和经营。

1. 放宽主体范围，简体登记手续。城乡居民、离休、退休及退职人员、党政机关和事业单位转变职能精简的人员、企业转换经营机制，优化劳动组合分离出来的富余人员、均可凭身份证、离休、退休、退职证或本单位证明，直接向工商行政管理机关申请从事个体经营或开办私营企业，或到个体、私营企业就业。有关部门要按照“手续一律从简、收费一律从低”的原则办事，以达到启动经营、加快发展的目的。

2. 放宽经营范围，灵活经营方式。在核定个体工商户和私营企业经营范围和方式时，允许综合经营、跨行业经营和批发零售、长途贩运，允许代购、代销、联购联销、代储、代运、代加工、来料加工，允许农工贸一体化经营，也允许从事第一、二、三产业。确需超范围经营的。经登记主管机关批准。可实行一次性经营，或出具临时经营证明。鼓励个人开办幼儿园、文化站、学校等社会公益事业。鼓励个体私营企业主投资建设道路、桥梁等基础性设施。

3. 放宽开办条件，增多开办形式。个体工商户和私营企业在申请登记注册时，不限制注册资金和雇工人数。在登记前置条件中，除特业许可证可分别实行先办证后办照，或边办证边办照的办法外，其他许可证均不作为核准登记的必备条件；确有明文规定的，可实行先办照后办证的办法。一经登记发照，任何部门不得以未取办得本部门许可证而按非法经营查处。个体工商户和私营企业可以承包、租赁、兼并、购买小型国有企业和集体企业，鼓励“国有民营”“公有私营”或相互渗透，共同发展，资金雄厚、技术力量强、生产经营规模大的私营企业，可推行股份制。鼓励个体工商户和私营企业向国有、集体企业投资入股，发展多种形式的联营、合作或组建企业集团。

4. 放宽经营场地，扩大经营规模。要打破地域界限，欢迎外地个体工商户和私营企业来巴中地区经营或投资兴办企业。有关部门要尽量简化手续，给予方便，首先给予注册，优先安排生产经营场所。经批准，可开辟以吸引私营企业投资办企业为主和私营企业开发小区，给予类似外商投资的优惠政策。鼓励我区个体工商户和私营企业向沿海、沿边和海外开拓市场，与外商和港、奥、台商合资、合作办大企业，以展大集团，在近两年内，各县、市要发展一批固定资产在 30 至 50 万元以上的私营企业，“九．五”期间，要有固定资产300万元以上的私营企业大户。达到一定生产规模的私营企业，经地、县、市工商行政管理机关分级核准，可分别冠地、县、市行政区划名称。

5. 取消限制条件，促进商品流通。除国家规定必须办理的专项审批手续外，其余手续一律取消。取消个体工商户和私营企业定价证，商品价格随行就市。取消各种关卡和封锁，对国家放开经营的商品，鼓励个体工商户和私营企业长途贩运，任何部门不得以任何借口限制和封锁，不得随意查扣，更不得乱收费和重复征税，否则，造成损失，应由责任人赔偿。

6. 公平税赋，依法征收。采用定额计征税款时，由税务、工商、个协（或私协）等单位联合评估，做到公平合理，张榜公开。禁止未营业先扣税。对符合安置待业青年、残废人员有关政策规定的私营企业，在税收上应予照顾，对个体、私营企业的规费及社会性支出，包括县以上各级政府布置，委托有关部门组织的捐款、救灾、修桥、修路等费用，经核实后允许部门组织的捐款、救灾、修桥、修路等费用，经核实后允许在税前列支。

7. 支持发展第三产业，落实有关优惠政策。个体、私营企业在发展第三产业中，应享受国务院有关政策规定的待遇。对个体、私营企业应与国有、集体企业同等对待，与城乡集体所有制同样享受各项优惠政策。对从事高新技术产品开发和产品获得省以上优质称号，或被评为驰名商标的私营企业，生产出口创汇产品或有出口潜力的私营企业，应给予扶持和奖励。

8. 放宽信贷政策，试办信用机构。允许个体工商户和私营企业在银行、城乡信用社开立账户，存取自主，并申请贷款。金融部门每年应安排一定数量的贷款规模，对符合条件的个体工商户和私营企业的贷款申请尽力予以支持大“开绿灯”。为多渠道解决个体私营经济的发展基金，个体劳动者协会、私营企业协会经人民银行批准，可试办资金服务社一类的信用机构，允许试建个体、私营企业互助储金（基金）会。

9. 对守法经营、服从管理，对国家贡献大的个体户，私营企业主给予表彰奖励，贡献特别突出者给予“农转非”指标。

四、改善管理，搞好协调，做好对个体工商户和私营企业的监督、服务和引导工作。

1. 各级工商行政管理机关和工商业联合会要把抓个体私营经济的发展和管理作为自己的首要工作来抓。认真贯彻“团结、帮助、引导、教育”的方针，加强对个协、私协的指导，使其充分发挥自我服务、自我管理、自我教育的作用。党、团组织部门要在具备条件的个协私协中帮助建立党、团组织。工商业联合会应配合政府做好私营企业主和个体工商户的代表人士的思想政治工作，引导他们爱国敬业、遵纪守法、依法经营、文明经营、照章纳税。地方工会组织要帮助私营企业建立健全企业工会，并加强指导和管理。

2. 个体、私营企业在生产经营活动中，需主管部门签批的文书，由各级工商行政管理机关或个协、私协签批。要认真清理和纠正“假集体”，原使用集体名言的个体工商户和私营企业，其产权界定由工商行政管理部门和税务部门受理。为稳定现有投资经营规模，确需继续坚持“挂靠”的，可以保留，但必须按个体或私营企业对待。

3. 搞好组织协调，切实排忧解难。对个体、私营企业生产经营所需要的土地、电力等，建委、国土及电力等有关部门要按照统筹兼顾的原则，认真给予解决。力等有关部门要按照统筹兼顾的原则，认真给予解决。在所需原、燃材料和物资供应以及运输上遇到困难时，在所需原、燃材料和物资供应以及运输上遇到困难时，计划、物资和交通等有关部门要提供信息，帮助解决，做好服务工作。公安、教育、人事劳动等部门要按照政策，认真解决好个体、私营企业主（尤其是外来客商）的户籍，子女入托、入学、参军、就业等实际困难，促其安心从事生产经营活动。要建立有效而完整的投资信息咨询系统和科技引进系统，帮助提高个体私营企业的投资效益。要为个体、私营企业主及职工建立专门的培训渠道，帮助他们提高思想、扩大经营场所。要始终始终坚持“政府牵头，统一规划，各方自建，工商管理”的建市场的方针，坚持走多渠道、多形式、多成分建市场的路子。支持企业自办市场，鼓励村、社、街道或个人办市场，积极推行服从制建市场的新举措。坚持量力而行，改扩建适合当地特点的专业市场和批发市场。认真执行省政府和县、市政府关于市场建设的一系列规定，尽最大努力把优惠政策落到实处。机关、企业、事业单位可在依法办理手续后将闲置的房屋、场地改建市场，租给个体、私营企业设置门市网点。有条件的城镇要开办夜市，纳入工商管理。坚持谁投资、谁所有、谁经营、谁受益的原则，促进市场建设。场镇除主要干道外，其余街道在不影响交通、治安秩序的前提下，允许个体、私营企业摆摊设点，也可以搞个体、私营企业一条街。

4. 有关职能部门要依法做好对个体私营企业的监督管理，对违法违章行为应坚决制止，依法处理。要对制售假冒伪劣商品、走私贩私、骗买骗卖和印售非出版物等不正当竞争行为。开展“无假冒伪劣商品商店”和“文明个体户”竞赛活动。相关部门要将个体、私营企业的质检、产品质量评比、职称评定和行业发展规划等，纳入自己的服务和管理范围。个体、私营企业中具备条件的经济管理、工程技术、工艺设计、烹饪、家电和钟表修理人员应纳入国家职称评聘序列；个体、私营企业生产的产品，应纳入名、优、特、新产品的评选范围。

五、健全法制、依法管理，切实保护个体工商户和私营企业的合法权益。

1. 坚决制止对个体、私营企业的乱收费、乱摊派、乱罚款，任何部门和个人都不准利用职权对个体、私营企业敲诈勒索、吃拿卡要、推销或搭售商品。违者，由各级党政责成有关部门查处，并对责任人给予相应的党纪和政纪处分。向个体、私营企业收取费用，必须持《收费许可证》，使用财政部门制定的统一收据，并公开收费依据和标准，接受群众监督。否则，个体、私营企业有权拒交。确需向个体、私营企业集资的项目和额度，必须经过批准，由当地政府统一核实，做到公平合理，必须经过批准，由当地政府统一核实，做到公平合理，数额适度，并制发《个体私营企业负担卡》，填卡到户，全年不变。

2. 个体、私营企业依法占用的经营场地、生产或营业用房受到保护，不得随意收回、拆除或侵占。需要拆迁的，应按国家有关规定办理。非法侵占或拆除的，要限期退还或赔偿。

3. 个体、私营企业的营业执照是合法经营的凭证，除工商行政管理机关依法收缴、吊销外，其他任何单位和个人都无权纠缴、扣压。对由于乱收执照而给个体、私营企业造成损失的，必须承担经济赔偿责任。

4. 个体、私营企业向党政及有关部门反映的问题，应及时答复或解决，一时不能解决的应认真负责地作出解释。要保护个体私营企业主的合法权益，保障他们的生命财产安全。在政治上、社会上生活上平等对待，不能以企业“成分”分贵贱。对侵犯个体、私营企业合法权益的案件，有关机关应在法定时限内及时审结，否则，要承担所造成的损失和相应的法律责任。

六、加强领导，强化目标，建立激励机制。各级党委、政府要把个体私营经济的发展作为经济工作的重要内容，切实抓好。地委、行署决定分别由一名领导挂帅，成立由工商、财政、税务、工商联等地级有关部门负责人参加的个体私营经济领导小组，全面负责指导和做发协调工作。各县、市亦应按些办理。从 1994 年起，要实行领导干部联系个体私营企业大户，各部门联系一个行业或一个乡镇、一条街道、一个市场的个体私营企业，或一户有一定生产经营规模的私营企业，主要帮助解决生产经营场地、资金、引进技术、推销产品、扩大生产经营规模和制止乱摊派、吃拿卡要等不正之风，切实解决好发展中的实际问题。各级党政领导要实行目标管理，纳入政绩考核，逗硬奖惩。对抓此项工作成绩显著的领导和工作人员应予以适当奖励。各级各部门要通过扎扎实实的工作，在个体私营经济的发展速度和规模上抓出具有巴中特点，实现“发展一户个体户，减少一户贫困户，增加一户富裕户，带动全区都致富”的目标。

一九九四年二月二十二日

中共巴中地委 巴中地区行署
关于加快发展旅游业的意见

为进一步扩大对外开放，促进地区间经济文化交流繁荣和振兴地方经济，地委、行署把“开发旅游”作为经济发展战略的重点，当做一项综合性的经济产业来抓，具有深远的意义。旅游业是对外开放的重要窗口，是衡量一个地方对外开放程度的重要标志。发展旅游业具有投资少、见效快、效益高的特点，是“一业举、百业兴”的优势产业。随着地区的建立，开发利用区内丰富的风景胜资源，发展旅游事业有着广阔的前景。

一、资源优势和开发现状。风景名胜是发展旅游业的基础。风景名胜资源包括自然景物和人文景物，是大自然和前人留给我们的宝贵财富，是国家资源的重要组成部分。1. 人文景物。巴中置县有一千九百多年的历史。悠久的历史孕育了灿烂的文化、众多的名胜古迹。区内有邓小平同志亲笔题写馆名、占地2万平方米、珍藏革命历史文物1.65万件的“川陕革命根据地博物馆”；有江泽民同志题名的“红四方面军总指挥部旧址纪念馆”；有无产阶级革命家刘伯坚烈士纪念碑；有世界平民教育家晏阳初博士史迹陈列馆；有全国重点文物保护单位巴中南龛、西龛、北龛、水宁寺、平昌佛爷洞、通江千佛岩唐代摩崖造像；有三国遗址、唐代章怀太子墓；有荟萃全国现代名家书法的“川北胜秀”阴灵山碑林；尤其是第二次国内革命战争时期红军留下的革命文物遍及城乡。2. 自然景观。省级诺水河风景名胜区（已申报国家级），总面积457平方公里，地下溶洞200多个，洞洞奇景，雄壮绝妙；地上动植物中，属国家保护的珍奇稀少动物14种，观赏动物93种，珍贵树木14种；古米仓栈道穿越其境，险滩深潭300余处，泉眼暗流100多个，黑白温泉时涌时停，妙不可言。省级光雾山风景名胜区。面积250平方公里，被专家赞誉为一大国宝，既有峨眉山的清秀、黄山的娇美，又有武陵园的灵怪，桂林的险奇。有诗云：九寨看山，山水不全看，不算到四川。据统计，区内有博物馆、陈列馆14个，重点文物保护单位961个〈其中国家级2个，省级12个〉，自然景致25处。丰富的人文景物和自然景致交相辉映，形成了川东北蔚为壮观的风景名胜，为我区发展旅游业提供了得天独厚的优势。改革开放以来，随着经济的发展和人民生活水平的提高，旅游业得到了发展。各县、市对风景名胜加强了管理，旅游业得到了发展。各县、市对风景名胜加强了管理，成立了旅游机构，配备干部20人，管理服务人员179人，1992年接待游客4.5成人次，总收入96万元。1993年5月，通江县旅游办接待了台湾回乡观光团，一行40多人游览了诺水河风景区，对溶洞奇观赞叹不已。这标志着我区旅游业开始起步。但是，开发利用差，基础设施落后，服务设施跟不上，制约了旅游业的发展。

二、指导思想和奋斗目标。适应市场经济体制的要求，以提高经济效益为中心，坚持“保护与开发并举，建设与利用并重，引资与筹资结合，基础建设和服务设施配套，整体规划，分期开发，突出重点，超前发展”的方针，尽快使我区的旅游资源形成具有独特风格、富有吸引力的旅游带，积极争取与省内联网，同省外接轨，跟国际挂钩，使旅游业在我区成为一个比较发达的综合产业体系。根据“三年打基础，五年上台阶，十年迈大步”的要注，旅游业近期即1994年的目标是：（一）全国调查和综合评价风景名胜资源。风景名胜资源涉及地质地貌、林业植被、水文气象、文物古迹等，是多种资源的整合。因此，要在进行多学科综合调查评价的基础上，进行审定。对个别损坏严重的景点，要采取保护措施。在摸清资源现奖的基础上，制定出旅游业中长期规划。

（二）加大开发旅游宣传力度。必须组织专门力量，搞好风景名胜、风土人情的宣传：一是拍成图片和专题片，到省上各厅局、成都、重庆等毗邻的大中城市巡回展览、展播；二是撰写材料，送报社、电台刊播；三是力争把我区的自然风光、人文景观纳入省旅游局出版发行的《四川旅游》录像片和《四川旅游指南》一书；四是力争参加94中国文物古迹游四川“三国遗迹线”活动。千方百计把我区的旅游资源宣传出去，让外界认识巴中，把省内外、国内外的游客吸引来。

（三）开通一条环形游线。巴中地区文化旅游实业开发公司和巴中地区旅行社要尽快运转。购置2—2台旅游车，开通巴中—阴灵山—皇柏林—南江—光雾山—大坝森林公园—汉中南湖公园—诺水河—通江—平昌—水宁寺—巴中的环形旅游线。逐步打通北上本安。南下重庆，西连成都，东出三峡四条旅游干线，争取与大中城市旅行社合作，吸引一至两个海外同胞观光团来巴中。（四）争取诺水河升为国家级风景名胜区；准备材料，申报光雾山为国家级风景名胜区。（五）争取和省内旅游热线联网。旅游业中期目标是：1995年接待游客15万人次，总收讫1100万元；到本世纪末，接待游客50万人次，总收入达到5000万元，使旅游业成为全区第三产业的支柱。

三、主要任务和措施。1. 开发景点。争取二年打基础，四处有个大发展。巴中是全国历史文化名城，要特别重视历史文物、名胜古迹的保护和园林建设，争取在1997年开发完成阴灵山景点区、望王山植物园、南阳森林公园、化城水库水上乐园，建成一个有一定规模的文化旅游娱乐中心。通江争取诺水河升为国家级风景区，重点开发溶洞群。争取至1997年新开发溶洞10个，可游面积增加18万平方米，开放新景点200个，扩大景区开发面积30平方公里。南江以光雾山风景名胜区为重点，争取尽快升为国家级风景名胜区。到1997年，开发新景点200个，并加快小巫峡、皇柏林、县城断渠山水公园等景点区的建设步伐。平昌在建设佛头寨景点区的同时，争取在1997年建成县城水上乐园、滨河公园，并开发巴灵寨、北山寺等景点。2. 基础建设。交通，争取1995年前铺平光雾山—小巫峡—诺水河以及通江—元山—平昌公路的泥石路面；1997年前改造南江至光雾山、通江至诺水河两条公路，使之达标上等，提高通过能力。通讯，争取在1995年前开通光雾山、诺水河两大景区的程控电话。能源，争取在1997年前在诺水河建两座微型水电站，在可能的情况下，架设诺水河、光雾山风景区的输电线路，基本保证能源供应。3. 服务设施。争取近几年内在巴中市建一座四星级宾馆，集吃、住、购、娱为一体；争取1995年内在光雾山、诺水河新建能容纳300—500人的宾馆，分设高、中、低档。同时，建设相应的停车场、游乐场、舞厅。4. 发展旅游产品。通过旅游业的发展，带动旅游服务业和产品加工业的发展。发挥山区优势，开发盆景、花卉、根雕、竹编、草编、花岗石、大理石等多种多样的工艺品、纪念品，开展农副土特产品深度加工，搞好旅游产品的生产、销售。

要加快旅游业的发展，必须采取相应措施。1. 提高对旅游产业地位的认识。旅游业在我区是一个新兴的产业。因此，旅游业应纳入国民经济和社会发展计划，在制定国民经济发展规划和产业政策及配套政策措施时，对旅游业的发展要有相应的安排。各级政府和各部门要牢固树立旅游产业意识，树立“大旅游”观念，以旅游促开放，以开放保开发，以开发提发展。要从战略高度重视旅游业的发展，统一认识，解放思想，开拓进取，努力将我区的自然风景优势转化为旅游经济优势。2. 尽快完成风景区的总体设计及详细规划。规划起点要高，开发要突出地方特色，布局要有利于风景区的发展和保护。同时，要建立法规，把保护风景区的自然生态、山水、动植物等资源纳入法制轨道，创造一个良好的生态环境。3. 广辟资金来源。我区旅游资源的开发建设实行全方位开放开发，按照“国家、集体、地方、部门个人一起上”的方针，坚持“谁投资谁受益”的原则，制定优惠政策，吸引社会各界或股份开发，或招商开发，或独资开发，拓宽引资和集资渠道，建立旅游发展基金，把贯彻省政府《关于加快发展我省旅游业若干问题的通知》精神落到实处，加快旅游建设步伐。4. 加强旅游队伍自身建设。选配懂旅游、会管理、有事业心的干部从事旅游工作；选调有一定综合素质的人员先进行培训，再从事旅游服务工作，努力提高服务质量。5. 理顺旅游管理体制。鉴于旅游业既是经济性很强的文化事业，又是文化性很强的经济事业，根据我区的特点和旅游业发展需要，设置地区旅游局，作为行署的职能部门，与地区文化体育局实行两块牌子，一套班子，行使旅游行业管理职能，负责做好全区旅游业的统筹规划、设计，防止不合理的重复布点，重复建设，并注重保护旅游资源；各县、市应建立相应的旅游行政管理机构，已经成立机构的，要充实力量，理顺关系，加快运转，搞好服务。交通部门要做好旅游线路的交通建设和管理；公安部门要加强旅游线路和旅游区的治安管理；各有关部门对旅游资源开发、基础设施建设以及改善交通、通信条件等方面的计划、立项、评估、审批及资金筹措应优先安排。

旅游业是一项庞大的社会系统工程，涉及面宽量大，有关部门要通力合作，协调配合，按照各自的工作职能，共同做好旅游工作，为全区文化旅游业的发展做出贡献。

一九九四年二月二十二日

中共巴中地委　巴中地区行署
关于加速发展农业和农村经济经济的意见

为加快大巴山革命老区发展，在发展社会主义市场经济新形势下，重视和加强农业、农村工作，切实强化农业基础地位，不断增加农民收入，实现脱贫致富奔小康目标，推动全区经济持续快速发展和社会事业进步，是各级党政的历史重任。

一、充分认识农业基础地位。农业是国民经济的基础，也是其他社会事业发展的基础。党中央国务院对农业和农村工作一直非常重视，始终把加强农业、发展粮食生产作为稳定人民安危的重大战略措施来抓。在市场经济条件下，农业还是不是国民经济的基础，快速发展国民经济还要不要依靠农业来支撑，党中央专门召开了农村工作会议，制订了《关于当前农业来支撑，党中央专门召开了农村工作会议》，制订了《关于当前农业和农村经济发展的若干政策措施》，肯定地回答了在全面建立社会主义市场经济体制的今天，农业的基础地位丝毫不能动摇，要坚定不移地贯彻以农业为基础的方针，坚定不移地把农业放在经济工作的首位，越是改革开放，越要重视农业，保护农业，加强农业。农业是我区经济发展的主体，也是经济工作的重点。因为农民占总人口92%以上，农业总产值占工农业总产值71.3%，以农副产品为原料的加工业产值占工业产值65%以上，全区地方财政收入65%来源于农业。没有农村经济的全面发展，刚刚越过温饱的119万群众就很难稳定脱贫；没有农业提供充足的原料，工业发展将会受到制约；没有乡镇企业的快速发展，要改变目前财政困难的现状也是不可能的。各级党委、政府要比过去任何时候更加重视农业、农民和农村问题。观察形势、研究问题、制订规划、作出决策，一定要首先考虑到农业、农村和农民，坚定不移地把促进农村经济全面发展放在各项经济工作的首位。

二、发展农业的基本思想和奋斗目标。今后一个时期，我区农业和农村经济发展的基本思路是：适应市场经济体制要求，继续贯彻“三句话”方针，以稳粮增收奔小康为目标，以确保农民增收为核心来开展整个农村工作。其具体奋斗目标是：一九九四年粮食产量人平保证400公斤以上，总产达到145万吨，农业在上年遭受重灾减产减收的基础上总产值增长6%；乡镇企业总产值按新口长达到15.7亿元，增长40%；农民人均纯收入增加80元；人口自然增长率控制在11.66‰以内。农业总产值以1992年26.76亿元为基数，年均速度4%，“八五”末达到30.10亿元以上，本世纪末达到36.62亿元以上。乡镇企业产值以1992年8.4亿元为基数，年均速度27.8%，“八五”末达到20亿元，计划在本世纪末达到60亿元。油菜子产量以1992年4.95万吨为基数，年均速度5%，“八五”末达到5.7万吨，本世纪末达到7.3万吨；烟叶产量以1992年30万担为基数，年均速度6.6%，“八五”末达到35万担，本世纪末达到50万担（其中：巴中、平昌各12万担，通江、南江各13万担）；蚕茧产量以1992年11.5万担为基数，年均速度12.7%，“八五”末达到15万担，本世纪末达到30万担（其中：巴中、平昌各12万担，通江、南江各3万担）；肉类产量以1992年13.3万吨为基数，年均速度5.0%，“八五”末达到15.4万吨，本世纪末达到20万吨。

农业内部农、林、牧、副、渔产值结构由1992年的54∶7.2∶29.2∶8.5∶1.1调整为本世纪末的42∶10∶35∶11∶2，使种植业与其他各业产值比为42∶58。围绕省委、省府“三五一化”目标，本世纪末全区人均建成5分稳产高产田土；新增有效灌面36万亩（新增水方1.2亿方），解决75万人、68万头牲畜饮用水困难；森林覆盖率达到36%以上。

三、发展重点。依据奋斗目标，全区农业经济发展重点应以稳粮为基础，增收为核心，把多种经营、乡镇企业和劳务输出放在突出地位。1. 种植业。稳定粮食生产，巴中建设好“商品粮基地县”，平昌力争跨入“产粮大县”；粮食猛攻单产，不断扩大复种指数，突出发挥旱作优势，人均生产玉米100斤以上。经济作物要面向市场需要，重点发展油料、蚕桑、烟味。油料产量由九二年人平35斤提高到40斤；中低山区户均建成小桑园0.5—1亩，计划1997年建成5000担基地乡10个，3000担基地乡40个，二000年建成5000担基地乡30个，3000担基地乡50个；大力推广烟味栽培新技术，猛攻单产，提高上等烟味比重。种植结构由传统的“粮经”二元结构逐步转变为“粮经饲”三元结构。2. 养殖业。中高山区以发展草食牲畜为主，重点发展小羊群和普及推广秸秆氨化养牛；低山区以大力发展牲畜和鸡、鸭、兔等小家畜、小家禽为主。九四年户平出栏肥猪力争增加1头，小家畜、小家禽人平增收20元；计划“八五”末新增草食牲畜20万头，有计划地建成养牛、养羊、瘦肉型猪基地乡30个、20个、60个，发展畜牧业大户1000户。同时，积极发展水产。3. 林果业。建立工业用林及林化工原料基地以富县，建立中药材、干鲜果等基地以富民。积极调整林种、树种结构，大力发展经济林木。海拔800米以上山区以干果、中药材等为主；海拔800米以下地区以鲜果、罐头原料等为主。因地制宜，大搞片区开发，实行“一乡一业、一地一品”，规模经营。计划“八五”末全区改造荒山50万亩，新建经济林园100万亩，其中建成中药材20万亩、“两耳一菇”10万亩、油桐10万亩、五倍子10万亩、茶叶5万亩，优质水果5万亩，其他经济作物40万亩。并把兴办集体“绿色工厂”与发展农户“庭园经济”结合起来，力争本世纪末每户建成2～3项稳定收入在3000元左右的绿色支柱产业。4. 乡镇企业。以市场为导向，效益为中心，股份合作制为突破口，发展矿业、建材、小水电和旅游等资源型产业，鼓励户办、联户办、能人办，与小集镇建设结合起来，突出重点，加快发展。5. 劳务输出。每年劳务输出30—40万人。积极做好组织、协调、培训服务，逐步从目前“散兵游勇”式的劳务输出向稳定、有序、组建制方向发展。

四、发展措施。为加速农业和农村经济发展，加快全区脱贫致富奔小康步伐，必须打破旧的定势，树立新的观念，采取新的选择，保证目标实现。

（一）稳定农村基本政策，深化农村改革。继续稳定完善以家庭联产承包为主的责任制和统分结合的双层经营体制，耕地承包期再延长30年不变，从事农业开发性生产的承包期可以更长。提倡在承包期内实行“增人不增地，减人不减地”的办法。深化粮食购销体制改革，定购粮食实行“保量放价”，继续执行价外加价办法，将“三挂钩”的好处兑现给农民；推进农村金融体制改革，农业银行要确保农业生产和农副产品收购资金供应，农村信用社要拓宽资金投资放领域，农村合作基金会要办成社区性资金互助组织。

（二）大力开展科教兴农。种植业要以良种、良法、良制、良壤为中心，继续实施“粮油丰收计划”，“玉米温饱工程”等农业科技项目，深入开展农业科技承包，大力推广农作物模式化栽培技术，提高规范化程度；养殖业要以发展商品猪、牛为重点，大力推广生猪“双推五改”和肉牛“秸秆氨化育肥”等先进科学技术。林果业要因地制宜、选准项目、建立基地、规模经营，突出经济林木，争创优质高效产品。科教兴区，把发展职业技术教育作为改革中等教育的突破口来抓；农村教育要在普及农村基础教育的同时，加强农民职业教育、成人教育和《绿色证书》培训，重点培训村社干部、“科技家长”，为争在本世纪末80%的劳动力获得必要的实用技术培训。继续落实好农业科技人员的“一保两挂”政策，抓紧落实乡镇农技推广机构定编定员，稳定农业科技队伍。

（三）千方百计增加农业投入。要逐步建立国家、集体和农民个人相结合的农业投入体系。各级财政对农业投入的增长幅度应高于经常性收入增长幅度，财政凡过去已进入支农盘子的均不得取消，有的可根据情况变化调整支农用途。要调整财政和信贷增量结构与存量结构，真正向农业倾斜。农业贷款的增长应高于各项贷款平均增长率2个百分点以上。从九四年起银行新增贷款规模中贷款的比重要达到10%以上。对非农建设征地，要征收农业发展基金，把土地交易增值的相当一部分用于耕地改造和农业发展。要引导农村经济组织和农民个人，不断增加对农业的资金投入和劳动积累。

（四）努力改善生产条件，加强农田水利基本建设。土是基础，水是命脉，林是屏障，路是纽带，要围绕“三五一化”目标，抓好固定耕地，培肥地力，坡改梯，薄改厚，建设稳产高产田土；抓好现有水利工程除险治病、挖潜配套、争取国家计划新上骨干水利、供水工程和水保治理、长防项目，加快发展微型水利，推广先进的节水、灌溉技术；加快培育森林资源，加快绿化步伐，提高森林覆盖率。要以“川东中低产田改造”、“长江上游水土保持重点防治”、“长江中上游防护林体系建设”和以工代赈等工程项目为龙头，启动整个农田水利基本建设持久全面开展。

（五）强化农业综合服务。要以建立健全社会化服务体系为重点，把强化农业综合服务贯穿到农业生产全过程。流通服务，各部门要由产中服务向产前产后延伸，产前提供信息，产后寻找销路；拆除关卡，使农副产品货畅其流；及时做好种子、农药、化肥等农用物资的调运、储存、供应。项目服务，抓住正在实施的“三大工程”和以工（以粮）代赈等项目，积极做好项目的论证申报储备，实施好项目管理，积极争取国家、省对我区更多的投入。

（六）加大扶贫开发力度。目前我区的有一百多万人没有稳定解决温饱，根据国家“八七攻坚”，脱贫致富奔小康任务异常艰巨。要提高扶贫工作长期性、艰巨性的认识，打好扶贫开发“攻坚战”。争取省级部门的帮助，争取以工代赈、政策性扶贫资金、科技扶贫、兴办扶贫经济实体、建设基本农田等摘好扶贫工作，争取本世纪末使用贫困人口稳定地解决温饱、摆脱贫困。

（七）切实加强对农业和农村工作的领导。各级党委、政府工作重心和主要精力要放在农业和农村工作上，党委要有一名副书记分管农业，抓好农村各项工作。各级领导要经常深入乡村和农户调查研究，倾听农民意见，解决农民关注的问题，保护农民利益，减轻农民负担，积极引导农民步入市场经济轨道。要关心、爱护广大基层干部，注意保护调运他们的积极性。

一九九四年，地区对各县、市的考核，除农民人均纯收入、粮食产量、乡镇企业产值、农业总产值和人口自然增长率外，还要把工商税金、蚕茧、烟叶、肉类、油料的实际产量作为考核内容，进行奖惩。各级领导务必真抓实干，力戒浮夸虚报和形式主义，团结和带领广大人民群众加速全区农业和农村经济发展，促进农村各项事业全面进步，为新建的巴中地区增辉添彩。

一九九四年二月二十三日

中共巴中地委　巴中地区行署
关于加快全区工业发展步伐的意见

工业处于国民经济的主导地位，快上工业是全区经济发展战略的重要内容。近年来，我区工业发展取得了一定成就，但速度低、效益差、规模小、骨干少、市场覆盖力和竞争力弱，一九九三年工业产值仅占工农总产值的28.7%。工业基础薄弱，致使农民投入缺源，第三产业发展受制，各级财政困难，剩余劳动力转移渠道狭窄，宏观经济结构失衡。因此，必须把快上工业作为全区经济上台阶的“希望工程”。

一、明确指导思想和奋斗目标

加快我区工业发展的指导思想是：适应市场经济体制，坚持改革开放方针，抓住机遇，发挥优势，突出重点，抓技改、上水平，抓投入、上规模，抓管理、上效益，强力推进全区工业持续、快速、健康发展。

加快我区工业发展的奋斗目标是：一九九四年总产值达到15.4亿元，比上年增长25%，资金利税率达到4.8%；2000年总产值达到47.3亿元，年递增速度为18.2%，资金利税率达到15%。加快建立现代企业制度，使企业走在成为自主经济、自负盈亏、自我发展、自我约束的法人实体和市场竞争主体。

二、突出发展重点区域、主导行业和骨干企业

重点区域：南江、通江重点发展重工业，集中抓好沙（河）乐（坝）“工业新区”；巴中、平昌重点发展轻工业，集中抓好环城“卫星小区”；在交通主骨架沿线的主要集镇建设“工业小区”。

主导行业：突出发展食品、丝绸纺织、建材、冶金、机电等五大主导行业，注重发展森工、化工、医药等重要行业和其他新兴产业。在本世纪末争取建立一批产值上5亿元、利税过5000万元的支柱行业。

骨干企业：围绕主导行业，抓好骨干企业，组建企业集团，形成龙头效应。争取本世纪末，分别建成一批产值上8000万元、利税过500万元，产值上3000万元，产值上1000万、元、利税过100万元的企业。

根据指导思想、奋斗目标和发展重点，一九九四年的主要任务是：（1）加强重点调度。地区重点抓好巴中齿轮厂、巴中罐头厂、南江水泥二厂、平昌造纸厂、通江林化厂、地区汽车运输总公司等18家企业的重点调度，进行政策优惠、资金倾斜、综合服务、技改扩能，从而增产增效，使现有骨干企业尽快显示牵动力。各县、市也要抓好10个以上重点调度企业。金融部门要千方百计组织资金，用于重点调度企业，并与地区经贸委商议调度好重点企业的资金。（2）抓好项目储备。除对在建重点项目必须保证资金按期到位，加快建设进度外，必须大力抓好项目的认证、储备和前期准备工作。

地区集中抓好20万吨水泥厂、5万吨轧钢厂、50万平方米木地板生产线、10万吨霞石生产线、300—500万米丝绸炼染厂、天然气开发和干线公路建设的测设等具有支撑效能的重点项目储备。(3)抓好新产品开发。地区重点抓好巴中罐头厂果蔬罐头食品系列、35千伏电流电压互感器等12个新产品开发。(4)抓好企业改革试点。对有限责任公司、国有独资公司、股份有限公司，地区和各县、市争取分别抓1—2家；大力推行股份合作制和国有小型企业的“改、转、租、包、卖”改革。(5)大力引进资金。力争引资项目达到10个，地区2个，各县市1—2个，争取引资3000—5000万美元。(6)扩大外贸出口创汇。(7)抓好龙头工业原料基地建设。

三、加快发展的政策措施

加快全区工业发展的任务十分艰巨，必须采取超常规、跨越式的发展对策，解放思想，实事求是，抓住机遇，动真实干。

(一)理清发展思路，切实调整规划。地区工业主管部门要按照地委、行署快上工业的指导思想、奋斗目标和发展重点，编制实施方案，做好基础准备，搞好全区指导。各县、市要按照地区的新要求、新部署，结合本地实际，理清发展工业的基本思路，调整和完善原有规划。在具体工作中，一定要坚持“四高”思想，即要坚持高速度，既切合实际，又发挥优势，千方百计谋求尽快振兴工业的有效途径；要坚持高标准，力避低水平的盲目发展和重复建设；要坚持高效益，加强对现有企业的管理，搞好项目选择、认证和实施，力求建一个，成一个，见效一个；坚持高要求，把工业和发展与城镇建设和第三产业结合起来，与农副产品加工增值结合起来，以工促农，以工促市。为了有效地制定和实施规划，由地、县、市计委(计经委)牵头建立总的项目库，地区经贸委、科委、开发办和各县、市经委(计经委)、科委、开发办也要建立相应的项目库，分别抓好项目的储备、论证、争取和管理。

(二)坚持开放引进，努力增加投入。加快全区工业发展，核心是资金，关键是人才。今后几年，地区每年力争新增工业投入2亿元以上，各县、市每年新增工业投入0.5—1亿元。为此，在大力争取国家对新建地区、贫困地区、革命老区的政策性支持的同时，必须全面开放引进，多渠道增加物质和智力投资入。一是要开放。真正落实引进资金的政策，出台引进人才的办法，大力改善交通、通讯、能源等投资硬环境和观念、服务等投资软环境。今后几年，地区和各县、市争取每年引资3000—5000万美元。二是要放开。在努力引进区外、国外资金人才的同时，要注重依靠力量，对骨干企业之外的集体、个体、私营企业放开发展，对各行各业兴办工业企业放开发展。特别是要放手发展乡镇工业，争取在三五年内各县、市有一批工业产值上1000万元的乡镇工业，争取在三五年内各县、市有一批工业产值上1000万元的乡镇。三是要放活。要更新观念，鼓励机关干部脱钩领办、独办、创办工业企业；鼓励在职科技人员承包科技项目，兼任企业技岗、从事有偿服务；允许区乡干部在企业兼职、投股。可以技入股、以地入股，参与工业发展。

(三)加快改革步伐，增强企业活力。围绕建立现代企业制度，一是深入贯彻《企业法》和《转机条例》，加快企业内部劳动、人事、分配三项制度改革，把企业各项自主不折不扣地落到实处。二是逐步扩大公司制度改革范围。在今年试点的基础上，今后每年以10户以上的速度扩展公司制改革企业。三是不断拓展“股份合作制”和“改、转、租、包、卖”改革的广度。新办企业、集体企业、乡镇企业、乡镇企业和小型国有企业原则上都要实行股份合作制。把加快改革与强化管理结合起来，引导企业面向市场，苦练内功，从严治厂，挖掘潜力，特别要加强基础管理，完善内部责任制，促进生产力发展。

(四)推进科技兴企，优化企业素质。对企业改建、扩建和新上项目，必须坚持高起来、新技术、严要求，注重新技术开发、引进和推广应用，建立技术进步专项基金，地区和各县、市每年都要选择1—2个关键技术攻关项目并有所作为。要不断开发新产品，建立新产品展评制度，每个县、市每年必须开发50个以上的新产品。要大力推进职业教育、成人教育，加强技术培训、人才引进和人才开发。

（五）建立激励机制，强化目标管理。除对引进资金、人才实行奖励制度外，还必须建立项目建设、新产品开发、质量管理和企业管理、优秀厂长（经理）和科技、购销人员重奖制度。一手抓激励，一手抓管理。对项目选择、论证、争取、建设和生产经营，坚持“一条龙”负责制，一般不变更法人负责人、技术负责人。将工业发展具体目标分解到部门、市县和骨干企业，加强督促检查和逗硬奖惩。将工业投入、产值、效益指标纳入全区经济工作目标责任的总体内容，作为综合衡量有关部门和各县、市工作的重要标准之一。

（六）加强领导，抓好组织保证。切实加强思想领导，对工业发展达成共识，聚焦合力，充分发挥各方面的积极性、主动性和创造性。切实加强组织领导，各县、市都要确定分管工业的党政领导；地委、地区人大工委、行署、政协工委的领导，地级各部门的领导，各县、市的县级领导干部和县级有关部门的主要负责人，都要联系重点企业和重点项目；地区经贸委和各县、市经委（计经委）要对全社会的工业发展进行总体协调、监控和指导；对企业改革和扭亏增盈，要组织专门的领导小组。转变政府职能，减轻企业负责，帮助企业有一个宽松和谐的发展环境。要切实加强作风领导，实干兴企，坚决克服形式主义，对作风漂浮，摆花架子的，要批评教育，情节严重者要给予纪律处分和采取必要的组织措施。

地委、行署号召并要求全区上下立即行动起来，扎实狠抓下去，为加快全区工业发展，促进全区经济振兴，努力拼搏，贡献力量。

一九九四年三月三日

中共巴中地委　巴中地区行署
关于加快发展乡镇企业的意见

加快乡镇企业发展，已经成为我区振兴农村经济，尽快实现稳粮增收奔小康奋斗目标刻不容缓的重要任务。

一、把加快乡镇企业发展作为全区经济工作的战略重点

近年来，我区乡镇企业有了较大发展。一九九三年总产值达到12亿元，实现利税6700万元，转移农村农村剩余劳动力15万人，对繁荣农村经济起到了较大促进作用。但由于历史原因和客观条件的制约，全区乡镇企业发展水平与全国和省内先进地区相比差距很大。为迅速改变这种状况，各级党委、政府要进一步解放思想，理清思路，充分认识乡镇企业在县域经济中的主体地位，坚定不移地把发展乡镇企业作为经济工作的战略重点，抓好这项最大的扶贫和致富工程。各地要因地制宜，发挥优势，突出重点，走“大力发展促速度，加强管理增效益，发展与提高并重”之路，确保全区乡镇企业总产值一九九四年达到15.7亿元，明年实现20亿元，到本世纪末争取超过60亿元。

二、发挥优势，突出重点，加快发展步伐

各地要依据县情乡情，适应市场需求，确定自己的主攻方向、主导产业和骨干产品，以乡镇工业为重点，带动其他行业全面发展。充分利用我区丰富的农副土特产品的矿产以及充足的劳动力三大资源优势，加快发展劳动密集和资源开发型企业，逐步发展技术密集型企业。主要抓好“四大骨干行业”；一是以建筑建材业为骨干带动劳务输出；二是以丝绸工业为骨干带动千家万户种桑养蚕致富；三是以采矿业为骨干带动当地农民增收；四是以农副产品加工工业为骨干带动农业内部结构调整。坚持科学规划，合理布局，找准经济发展的生长点和辐射点，以点连线，点线结合，相对集中，连片发展。总的要求是，把县城和交通干线上的重点集镇作为中心点，建立乡镇企业小区，把乡镇企业的发展同小城镇建设有机会结合起来，逐步向四周辐射。在发展形式上，坚持“多轮驱动，多轨运动”，放手发展户办、个体和私营企业，大力发展股份合作制企业，积极发展乡、村集体企业和“三资”企业，重点发展骨干企业。因地制宜，突出重点。巴中、平昌重点搞了丝绸、皮革、食品等农副产品加工的多层次增值，发展劳动密集型的建筑建材及商贸旅游业；南江、通江要以林、牧、矿等资源开发利用为重点，尤其是加快发展采矿业和木材、药材加工业及建筑建材和商贸旅游业。争取在“八五”末，巴中市产值过8亿元，三县的产值均过4亿元，过亿元的区（镇）4个（巴中3个，平昌1个）。建成一批骨干企业，产值过2000万元的企业5个（巴中2个、平昌2个、南江1个），过千万元的企业10个（巴中4个、平是4个、通江2个、南江2个）。

三、用足用好政策，为乡镇企业发展创造更加宽松的环境

过去中央及省、地出台的一系列扶持乡镇企业发展的政策和措施，凡没有明文更改的，都要继续贯彻执行。根据我区实际，还要采取以下扶持政策：

1. 中央和省安排和我区的扶贫借款，扶持村、社集体经济组织的资金，农村合作基金的资金，其相当部分用于发展乡镇企业。“星火计划”资金，扶持老边穷、丘陵大县、财政困难县的资金和开发农业资金，要优先安排乡镇企业项目。地、县（市）农行要用好现有乡镇企业专项贷款，同时要积极向上级银行争取新增乡镇企业贷款规模，其他专业银行和金融机构也要把乡镇企业作为资金投入的重点。农村信用社实行多存多贷，支付乡镇企业发展。

2. 地、县（市）建立乡镇企业发展基金。今年地区财政为扶持乡镇企业发展拨给周转金30万元，以后逐年增加，各县（市）财政都应适当安排周转金用于发展乡镇企业。同时，从乡镇企业每年新增税收中提取20%用于发展乡镇企业。

3. 积极鼓励单位和个人为乡镇企业引进资金。谁受益谁给奖，奖励引资者。大力推行城乡居民和企事业单位借资分红、入股分红、带资进厂、承包人带资承包。

4. 鼓励党政机关、企事业单位人员领办、创办、承包乡镇企业，承包科技攻关、新产品开发项目，报酬及奖励由双方商定。除中央、国务院明文规定的部分外，其他党政群及社会团体举办的经济实体，执行乡镇企业财务制度，享受乡镇企业优惠政策，产值纳入乡镇企业统计。

5. 每年要分配一定数量的专业对口的大、中专毕业生到乡镇企业工作。户口在县（市）乡镇企业管理局（不占编制），干部身份不变，工资上浮一级，三年再上浮一级，调离后取消浮动工资。对不包分配的“五大”毕业生到乡镇企业工作的，招干优先照顾。区外科技、管理人才到我区乡镇企业工作，除高薪聘请外，对有突出贡献者可给予重奖，愿意长期留在我区乡镇企业工作的，可优先解决家属、子女的户口和就业等问题。

6. 对乡镇企业技术等级、产品质量的评定以及生产许可证、会计证、岗位培训证、审计证等，要严格按照国家规定和行业主管部门制定的统一标准，由县以上乡镇企业主管部门会同行业主管部门共同办理。乡镇建筑企业的资质和技术等级的评定，由企业提出申请，乡镇企业主管部门会同建委审批。

7. 鼓励农村集体和农民进入城镇办企业；支持乡、村异地办厂，由办厂的乡、村统计产值，优先安排劳动力，协商分配返还税利。

四、深化改革，大力推行股份合同制

要进一步深化改革，增强企业活力。一是要完善现有企业的承包责任制，主要实行风险抵押承包，承包人还资承包。按企业资产的发展要求确定利润目标和技改目标，把承包人和职工的利益与企业命运紧密联系起来。健全和完善企业内部各项管理制度。二是要通过参股、转让、拍卖等方式将企业产权推向市场。各地根据企业的不同情况，实行兼并、租赁、拍卖、部分产权转让等办法，改革现有企业的产权关系和经营方式。允许国营和城镇集体企业兼并乡镇企业，也允许乡镇企业兼并国营和城镇集体企业。三是把现有企业逐步改造甩股份合作制。五是促进企业的横向联合与协作，组建企业集团。既要组织区内企业联合形成集团，又要引进区外企业与区内企业联合，组建跨地区的企业集团。

五、强化管理，提高经济效益

要以市场为导向，以经济效益为中心，强化企业管理，提高整体素质。一是加强项目管理，建立和落实项目开发管理责任制，积极开展项目的开发、管理、实施工作，逐级建立项目库。在实施技改项目的同时，新上一批短、平、快项目。二是搞好科技进步，对现有企业有计划地实行技术改造。新办企业力争有较高的起点，尽可能采用新技术、新设备和新工艺，形成一大批技术先进、管理水平较高的骨干企业。加强科技和管理人才的培养，提高企业的科技管理水平。三是加强企业管理基础工作，重点帮助现有乡、村集体企业健全管理基础工作。

六、切实加强对乡镇企业的领导

各级党委、政府要把乡镇企业工作纳入重要议事日程。地、县（市）要充实加强乡镇企业领导小组，建立例会制度，及时研究解决乡镇企业发展中的重大问题。区、乡党政一把手要把主要精力用于抓乡镇企业，分管副职要专门抓乡镇企业。地、县（市）四大班子的领导成员带头挂包一个乡（镇）、一个企业或项目。有关部门也应把发展乡镇企业作为已任，制定落实好扶持措施，有挂包一个乡（镇）、企业或项目。主管部门要充分发挥职能作用，做好指导、管理、协调和服务工作，重点抓好乡、村集体骨干企业的发展和管理。要加强乡镇企业管理队伍的建设，配备得力干部，干部不齐的要选配调齐，不适应工作的要进行调整。财政要把乡镇企业事业费列入预算，以保证各项工作正常开展。区、乡（镇）企办是同级政府的行政职能机构，正、副主任由县（市）主管部门和组织人事部门考核后，按干部管理权限选配年富力强的脱产干部担任，也可招聘具备条件的能人担任，企办人员的待遇要与区乡（镇）政府其他工作人员一视同仁。继续实行双向目标责任制。各级政府和各级主管部门要层层建立严格的目标管理责任制，把投入、产值、利税的转移剩余劳动力等指标作为重要考核内容，年初签订目标责任书，年终按年度计划进行考核，兑现奖惩，并作为考核各级党政领导政绩的重要内容。

一九九四三月三日

中共巴中地委　巴中地区行署
关于狠抓基础推动全区经济发展的意见

按照全区经济发展战略，现就狠抓基础提出如下意见。

一、提高认识，把狠抓基础放在近期经济工作的首位

中华人民共和国成立以来，全区一市三县基础设施和基础产业建设取得了明显成绩。但是，农业基础薄弱，抗御自然灾害能力差，稳产增收难度大；交通单一，尚未形成网络，公路技术等级低，通过能力差；通讯手段落后，电话装机容易小，长途出口线路少；电力严重不足，全区人均年用电量不足60千瓦时，仅为全省人均水平的六分之一；城镇基础设施差，综合服务功能弱，市场吸引力小、辐射面窄。基础设施和基础产业的脆弱，加剧了全区城乡分离的二元经济结构矛盾，成为严重制约经济发展和社会进步的“瓶颈”为改善投资环境，加快市场体系的培育，带动相关产业的启动，必须超前发展基础设施和基础产业。为此，各级党政和各部门务必高度重视，把狠抓基础放在近期经济工作的首位，下真功夫，花大力气，尽快改变全区基础条件严重落后的面貌。

二、指导思想和发展目标

（一）指导思想 以邓小平同志建设有中国特色社会主义理论和党的十四届三中全会精神为指导，解放思想，讲求实效，动员全区人民，艰苦奋斗，大上快上，突出重点，分级负责，争取每年都有较大进步。农业瞄准小康目标，稳粮增收调结构；交通以改造干道公路为主，努力提高公路技术等级和运载能力；能源以发展电力为主，引建结合，水火并举，同时开发利用煤炭和天然气，鼓励、支持发展农村微水发电和沼气；通信以增加出口线路和全区实现交换程控化为主，建立比较先进的通信网络；城镇建设突出发展重点集镇，通过一市三县城和重点集镇建设，带动建制镇，推动小集镇和村的建设，大力培育市场。

（二）总目标 按照“三年打基础，五年上台阶，十年迈大步”的战略步骤，全区基础建设分三步走：

交通：(1)“八五”期间，基本完成达（川）广（元）、成（都）南（郑）两条出境干道巴中——乐坝、巴中——平昌、巴中——仪陇、沙河——南江段的改造任务，完成城（口）广（元）公路通江——苗南——水宁寺段的改造任务，完成普（济）乐（坝）段铁路通车任务，并主动开展乐（坝）——南（江）——巴（中）段铁路的前期工作。(2）一九九六至一九九八年，完善公路出境干道区内大环线通道，即巴（中）乐（坝）、巴（中）仪（陇）、沙（河）南（江）路改造成山重二级标美路，修建巴中市江北中心汽车站。至一九九八年，全区省、县道公路的好路率不低于80%和70%。力争乐（坝）——南（江）——巴（中）段铁路纳入省“九五”计划。(3）一九九九年至二○○○年，争取乐（坝）一九九九年至二○○○年，逐步实现国家和地方电网电源并重，适应全区经济建设发展需要的电力新格局。

同时，大力加强煤炭骨干企业技术改造，新上一批乡镇煤炭企业，使煤炭年产量实现“八五”期末60万吨，一九九八年80万吨，二○○○年100万吨的目标。争取国家和省对通南巴构造带天然气项目投资，尽快探明储量，逐步实现规模开采和利用。鼓励边远乡村兴建微水发电和农村应用沼气。

农田水利基本建设（农业经济另文下达）：(1)“八五”期间，根据省委、省政府“三五一化”

战略（即至二〇〇〇年，全省农民人均建成稳产高产田土5分，新增有效灌面500万亩，解决500万人饮水困难，绿化全川）调整计划，每年改造中低产田土2.5万亩，新增灌面3.55万亩，解决9万人饮水困难，完成水土保持190平方公里。（2）一九九六年至一九九八年，每年改造中低产田土8万亩，新增灌面6万亩，解决10万人饮水困难，每年改造中低产田土8万亩，新增灌面6万亩，解决10万人饮水困难，完成水土保护270平方公里。至一九九八年，全区农田水利基础设施得到较大改善。（3）至二〇〇〇年，实现省“三五一化”战略所分解给我区的任务，即全区农民人均建成5分稳产高产田土，新增蓄水1.2亿立方米，新增有效灌面36万亩，解决75万人饮水困难，通江、南江两县绿化覆盖率为50%，巴中市、平昌县绿水覆盖率为40%。

城镇建设：（1）“八五”期间，开发、改造和保护组相结合，抓好一市三县城镇基础建设，巴中市通过江北新区的开发，扩大城市规模，增强城市功能，为形成全区商贸、文化中心奠定基础。修订全区集镇规划，分类指导，突出重点，乐坝、沙河形成“工业走廊”，长赤成为“乡镇企业镇”，恩阳、清江成为巴中市的“卫星”集镇，涪阳成为“银耳之乡”，白衣、驷马、水宁寺、铁佛成为公路干部上的集贸大镇。要下工夫抓好恩阳、乐坝两个省级重点集镇的试点工作，使之成为我区的带头镇。（2）一九九六年至一九九八年，一市三县城镇和重点集镇基础设施大为改善，市场凝聚力和辐射力进一步强化，小集镇和村的建议由此加快速度，农村经济的市场化程度提高。（3）一九九九至二〇〇〇年，市场充分配置资源，生产力布局趋向集中，沙乐（即沙河、乐坝）江北两大南北互补的市场培育区基本形成，在市场体系中外引内联，对城乡一体化市场的形成发挥重要任用。

三、一九九四年具体任务（略）

四、主要措施

（一）加强领导，落实目标责任制。地工和各县（区）都要有一位领导同志分管基础建设，相关部门领导要具体抓落实，搞好建设规划，多渠道筹资，加强资金管理和统一调度，加强项目进度督促和检查。坚持联系制度，各级党政和各部门勤跑一段路、一条街、一个电话、一项通信建设，帮助解决建设中的实际问题。各级各部门要打破本位主义，识大体，顾大局，通力合作。各级宣传和新闻机构要广泛深入地宣传地委、行署的战略决策，项目的进展和效果，建设中涌现的新人新事，以振奋人心，鼓舞士气。地委、行署对各县（市）和各部门狠抓基础实行严格的目标责任考核。

（二）调运各方积极性，多渠道筹集资金。各级政府、各部门要积极跑省跑部，争取挤进国家和省的投资计划。要充分动用国家规定的优惠政策，采取灵活的融资方式引进资金。要积极争取基础建设贷款。对引资有功者，严格按地委办［1993］24号文件兑现奖励。要压缩财政支出其他部分，挤出财力投入基础建设。要搞好群众集资，公路交通建设集资按《巴中地区行署一九九三年第二次专员办公会议纪要》实施，通信按国务院有关规定执行，能源采取有偿筹资，农田水利基本建设集资坚持“谁受益，谁负担”的原则，城镇建设筹资借鉴外地成功经验，“就低倾斜，尽快入场”，吸引众多经商办企业者入城入镇。要变卖闲置固定资产，所得资金用于基础建设。部分基础设施，经批准后实行商品性收费，所得资金用于基础设施建设，滚动发展。

（三）注重规划，科学设计，严格施工，确保质量。基础建设是功在当代，利泽千秋的大事，因此一定要做到规划长远，布局合理，狠抓当前，快速发展，设计科学，公开招标，严格施工，质量第一。

（四）广纳人才，充分发挥科技人员的作用。眼睛既向外又向内，培育适合区情的人才市场。引进人才，搞好大中专毕业生分配，引导他们面向基础建设，同时着力用好现有人才，千方百计解决好他们的后顾之忧，使之人尽其才，在基础建设中大展才华。

（五）分清轻重缓急，实现重点突破。本着资金落实的项目先上，见效快的项目先上，对经济和社会发展制约性大的项目先上的原则，抓住重点，大上快上，重点突破，带动全局。

狠抓基础是全区经济发展的当务之急。各级领导、广大干部群众要紧急行动起来，同心协力，奋发进取，为全区经济的振兴，社会的进步作出贡献。

一九九四年四月八日

中共巴中地委 巴中地区行署 关于活跃商贸促进商品流通的意见

为全面实施我区社会经济发展战略，加快经济发展，现就活跃我区商贸，促进商品流通提出如下意见：

一、认清形势，明确指导思想

商品流通是社会再生产的重要环节，是连接生产与消费的桥梁，在发展社会主义市场经济中起头重要的作用。改革开放以来，我区流通体制改革已取得明显成效，有力地推动了全区国民经济的发展。但是，流通领域也还存在制约我区国民经济发展的诸多不利因素，国合流通企业的经营思想和方式与市场经济发展需要不相适应，运行机制尚未完善，基础设施较差，经营困难，效益不佳等。因此，活跃商贸，搞活流通，已是我区经济工作中急待解决的重要问题之一。

我区商贸工作的指导思想是：按照社会主义市场经济体制的总体目标，围绕建设大市场，发展大贸易，搞活大流通这个主题，进一步深化商贸流通体制改革，加快流通产业结构调整，培育多层次的市场体系，形成多种形式的现代流通企业制度，促进全区经济的持续、快速、健康发展。

二、战略目标和发展重点

根据巴中地区社会经济发展的要求，全区商贸经济发展的战略目标是：

国有商业购进总额 1994 年计划完成 11 亿元，1995 年达到 13 亿元，2000 年达到 24 亿元。“八五”期间，年均递增 14%，“九五”期间年均递增 16.5%。其中农副产品购进 1994 年计划 4.5 亿元，“八五”末达到 5.6 亿元，年增多递增 19.5%。全区粮食收购总量年均稳定在 35 吨左右，力争多购。棉花、生猪、蚕茧、烟味等骨干农副产品购进年均递增 15—20%。

商品销售总额 1994 年计划完成 13 亿元，1995 年达到 15 亿元，年均递增 11.8%，“九五”期间达到 25 亿元，年均递增 13.3%，城乡集市贸易成交额年均达到 1.8 亿元，“九五”末达到 3.5 亿元。

社会商品零售总额 1994 年计划完成 12 亿元，比 1993 年增长 18%1995 年达到 14.4 亿元，比上年增长 20%；2000 年达到 35.7 亿元，年均递增 20%。

全区商贸工商会、事业实现利润年均 2500 万元，年均上缴国家税利 1500 万元。

外贸出口 1994 年计划 300 万美元，1995 年计划 500 万元，增长 67%，2000 年计划 1500 万元，年均递增 29.6%。

全区个体经济 1994 年发展到 3.1 万户 3.5 万人，创税 2400 万元；1995 年发展到 3.5 万户 4 万人，创税 2700 万元；2000 年发展到 4 万户 4.5 万人，创税 3000 万元。

国有商办工业总产值 1994 年计划 2.5 亿元，1995 年达到 3.5 亿元，到“九五”末达到 7 亿元。“八五”期间，年均递增 18%，“九五”期间年均递增 20%。

商贸系统地级企业1994年达到8家，提供税利83万元；1995年达到12家，提供税利153万元；分别比上年增长50%、85%；2000年达到44家，提供税利271万元，分别年均递增30%、10%。

为实现上述目标，全区商贸系统要充分发挥主渠道经营优势，多渠道搞活经营，内外销并举拓展市场，突出以下发展重点：

市场建设重点：以巴中市为中心，通江、南江、平昌县县城为重点，以巴中、巴乐“两翼”流通走廊的主要集镇市场为骨架，用3—5年时间，总投资2.4亿元，重点建成通江、巴中的中药材批发市场；南江的山货土特产品购销市场、煤炭批发市场；巴中的粮油、钢材、水泥、蔬菜批发市场和江北高级宾馆建设；平昌的工业品商场和以药品批发为主的综合市场，配套建成乐坝的粮油及石油、物资、农资、百货日杂转动站、货场及仓储设施铁路转运线等项目。各县、市商、供、粮部门要抓好以集镇为主的综合商场建设，有计划地分批组织实施，逐步形成城乡统一开放有序的社会主义市场经济的大流通市场。

商办工业重点：根据我区现有商办工业基础和资源条件，四县、市的粮油食品、肉类食品、酒类加工企业要作为地区内重点商办工的“半壁江山”。通江的食用菌种繁殖加工厂，南江的魔芋精粉加工厂、刺梨食品加工厂，巴中的制药厂、制革厂、塑料厂、联办水泥厂，平昌的糖果厂、酒厂、炸药厂，要作为各主管部门现有的商办工业重点，并逐步发展成一批产值上千万，利税达百万的大中型骨干商办工业群体。

重点技改项目：商办工业要围绕资源深加工，广泛采用高新科技开发一批骨干项目。主要有：通江的信用菌开发，南江的魔芋、刺梨繁殖产品加工开发，巴中的中成药专利技术应用、皮革制品加工、页岩砖自生产线，平昌的蛋白饮料开发等。

通过重点企业、重点技改项目的开发性生产，争取到本世纪末，全区商贸企业固定资产增长上亿元，年新增产值2亿元，年创利税4000万元，并建成一批跨县、市，跨地区的企业集团，从而增强国有商业竞争实力。

三、深化商贸体制改革，加快经济发展

当前各级商贸部门的主要任务是全面贯彻党的十四届三中全会精神，进一步解放思想，深化商贸流通体制改革，促进社会主义市场经济体制建立，加快巴中地区经济发展。

各级商贸企业要进一步抓好企业经营机制转换，加快改革进程。国有大中型企业主要改成有限责任公司或股份有限公司，理顺产权关系，落实企业自主权，使企业真正成为自主经营、自我发展、独立享有民事权力和承担民事责任的企业法人。国有小型商业企业要加快“改、转、租、包、卖”改革的实施步伐，积极探索小型商业企业实行“一店两制”、“国家（集体）所有、个人经营”的改革新途径，进一步完善各种形式的风险抵押承包经营和租赁经营。在一批规模大、基础好、效益高的大中型零售、批发企业和商办企业中进行股份制改革试点。进一步健全和发展农村购销双代店，真正解决农民“卖难”、“买难”问题，积极推进基层供销社股份合作制改革进程。

国有商贸企业要立足大市场、大流通、大贸易的全方位开拓经营。经营结构要向高档、名优、专业、新潮发展；经营重点要向农村和大中城市延伸；经营方向要向组建企业集团、连锁式经营迈进。国合零售商业要冲破“庭院式商业”小圈子，走向大市场，努力创造条件，搞好边贸和开发区的“窗口”，积极发展厂协作，开展总代理、总经销。大力组织“名、优、特、新”商品上市，靠品种全、质量好、高档、多样化促进经营。特别要大力支持地方工业生产的发展，对地方工业品要积极扶持，扩大销售。外贸改革要完善自负盈新体制，要发展成为集团化、实业化、国际经济化的经济实体。

商贸企业要坚持为农村经济服务的宗旨，搞好农业生产资料销售供应，促进高产、优质、高效农业发展。要疏通农副产品流通渠道，建立各类农副产品附加值，增加农民收入，围绕搞活农村市场，抓好基层供销社和县以下商业企业改革，积极组织适销对路的消费“生长点”。引导农民扩大消费领域，扭转农村市场疲软状况。要大力发展个体私营经济，大力鼓励农民进城经商办企业，使流通领域形成多种类型的资产经营形式，多种经济成分的流通体制，多种利益分配的经济实体的新格局。

各级商贸行业要按照确定的市场建设规划，组织市场建设实施工作，落实市场建设任务。分级抓好辐射力强，面向城乡、面向全国的市场和区域性市场的建设，抓好农村集贸市场和专业批发市场建设，积极发展资金、科技、劳务、信息等要素市场。企业可以自办或联办与本部门生产、经营有关的商品交易市场，逐步形成横向配套、纵向成体系、功能完善的市场网络。要抓好商业网点设施建设，建设一批行业配套、门类齐全、名优特产品荟萃的商业网点，以满足人民群众不同消费水准的需求。

商办工业既是商贸经济发展的支柱产业，又是全方位开发商贸流通的重要补充。当前要把主要精力放在现有企业的管理和已确定的重点企业、重点技改项目的建设上。突出抓好“八五”期间力求实现的项目，加快建设速度，建成一批技术含量高，有市场竞争能力的骨干企业、骨干产品。同时，以区内丰富的资源的资源优势，一方面吸引外资，兴办一批以农副产品深加工为主的“三资”企业；另一方面放手发展高附加值、高商品率、高创汇率的骨干产品，不断占领省、内外市场，打入国际市场，争取在三五年内，全区商办工业发展10个以上拳头产品企业。

四、放宽政策 促进商品流通

认真落实各项流通政策，创造一个良好的市场经营环境，是活跃流通的重要保证。为使巴中地区商品流通更加活跃，对凡是来巴中地区投资经商办企业的集体和个人，在税收、资金存贷结算、网点门市安排、入城转户、子女入学、就业等方面，有关部门要给予照顾和优惠。除政策规定专营或统一经营的品种外一律放开经营。企业可根据价值规律和市场供求关系对所经营的品种自行定价。采购、推销地方工业品，可按购进额3—5‰计入采购成本用于奖励。推销到外地的议价粮油、农副产品，可按销售收入的1—3%提取奖励基金。经批准组织回短缺物资和重要商品的购销人员，可按购进额的1‰予奖励。鼓励企业补充自有流动资金，企业可按当年留利10—20%补充流动资金。商办企业可从销售收入中提取3%技术开发费，专项用于新产品开发和技术改造。凡经省以上批准开发的新产品，可享受相应的税收优惠政策。商办工厂固定资产旧率可提高1—2个百分点。国合企业参加跨地区的工商、商商联营，年单方分利在30万元以下的，可直接进入企业留利，促进企业联营。同时，企业可按商品销售额的0.3—1%，在费用中提取商业网点建设基金。

今后无论以何种方式建城市居民住宅，都要拿出7%左右的建筑、土地面积，或拨出相应资金，拿出相应的材料交由政府商业网点主管部门统一安排，以建设商业网点。

五、切实加强对商贸工作的领导

在建立社会主义市场经济体制、深化流通体制改革和发展商品经济中，各级党委、政府要坚持一手抓生产，一手抓流通，要把商贸流通工作列入重要议事日程，树立开拓大市场，搞活大流通，发展大商业的观念；通过经济信息、经济政策、经济杠杆等加强对主要农副产品的生产、销售、储备、出口等方面的指导，工商、物价等部门要配合流通领域打击伪劣产品，整顿流通秩序，保护消费者的利益。要健全和规范搞活流通的各项政策，各地、各部门凡是出台与《企业法》、《全民所有制商业企业转换经营机制实施办法》和中央、国务院、省、地有关搞活国合商业的规定相抵触的所有文件，都应予纠正和坚决废止。

商贸经济涉及面宽，政府各职能各部门，特别是国合商业主管部门，要围绕建立社会主义市场经济体制和相应的企业机制，转变政府职能，加强宏观调控和行业管理，依法进行规划、协调、监督和服务。深入实际调查研究，及时研究流通领域出现的新情况，解决流通领域出现的新问题。

各县、市财办（委）是政府统筹协调商贸经济工作的综合部门，要认真履行政府赋予的职责，切实做好商贸行业的统筹协调指导工作，加强对商贸企业执行国家法律法规和目标任务完成情况进行检查督促。

地区贸易局要经常注意研究全区经济运行中出现的重大问题，及时制定对策、措施，搞好市场供求的分析的和预测，努力使全区商贸经济保持持续、快速、健康的发展势头，不断开创我区商贸工作的新局面。

一九九四年四月十一日

中共巴中地委关于加强农村基层党组织建设的意见

根据党的十四届四中全会关于加强和改进基层党组织建设的部署和省委关于加强农村基层党组织建设的意见，地委要求各级党委花大功夫，下大力气抓好农村基层党组织建设，进一步深入扎实地开导整顿农村软弱无力党支部的工作，切实把全区2300多个农村党支部建设好，推动以党支部为核心的村级组织配套建设，提高整个农村基层党组织的战斗力，为农村奔小康提供坚强有力的组织保证。现就有关工作提出如下意见：

一、指导思想

加强农村基层党组织建设，要坚持以邓小平同志建设有中国特色社会主义理论为指导，按照党的基本路线的要求的《党章》的有关规定，着力解决影响农村党支部战斗力和农村两个文明建设的突出问题，切实加强以党支部为核心的村级组织建设，着眼于提高农村党支部贯彻执行党的路线、方针、政策的能力，提高组织带领群众致富奔小康的能力，提高解决农村各种社会矛盾的能力，进一步密切党群、干群关系，促进农村经济的发展和农村社会的全面进步，为农村的改革、发展和稳定，为“稳粮增收奔小康”提供有力的组织保证。

二、工作目标

1. 建立一个团结战斗、坚强有力、公正廉洁、能组织和带领群众建设社会主义新农村的党支部领导班子。

2. 选好一个执行党的路线、方针、政策坚决，有理想和事业心，有开拓创新和无私奉献精神，有带领群众勤劳致富真本事的党支部书记。

3. 找准一条切合本地实际的经济发展路子，制定切实可行的规划和措施，兴办有效益的经济实体，使农民人均纯收入和集体经济实力每年有较大幅度的提高。

4. 建设一支政治思想素质高，发展市场经济本领强，积极履行《党章》规定的党员义务和权利，能在农村两个文明建设中发挥先锋模范作用的党员队伍。

5. 搞好村级组织配套建设，同民主法制建设和社会治安综合治理结合起来，建立健全一套切实可行的民主监督，村规民约等规章制度，做到村里的工作有人抓，群众反映的问题有人管，上级上达的各项任务能按期完成，村风正民风好。

三、步骤作法和时间安排

各地按照上述五条标准，根据本地实际情况部署抓好面上农村党支部建设，促进党支部整体水平有较大提高的同时，要集中力量领导，加强在今明两年内对软弱涣散的党支部进行整顿和建设，解决存在的突出问题，力争使这些党支部及其所在村的面貌，有一个根本的转变。软弱涣散支部的整顿工作，按以下步骤进行：

第一步，调查摸底，制订方案。各县（市）委、区委和乡镇党委要组织力量深入农村，逐村调查分析，在找准软弱涣散党支部存在的主要问题及症结的基础上，制定整顿工作方案。县（市）委要选择有典型性的后进村进行重点调查，深入剖析，以指导乡镇党委的制定出切实可行的整顿方案。这步工作，要达到“三清楚”的要求，即农村党支部的全面状况清楚，软弱涣散党支部存在的主要问题和原因清楚，整顿和建设工作的入手点、着力点清楚。

第二步，学习文件，安排部署。要集中时间组织党员认真学习《党章》、《邓小平文选》第三卷有关文章、党的十四届四中全会《决定》，中央和省、地委的有关文件，教育党员进一步认清当前农村的形势和把党支部整顿好、建设好的重要性和紧迫性，认真总结经验教训，分析现状，找准问题。同时，各县（市）委要组建工作组，召开专门会议，精心组织，周密安排，认真部署。这步工作，要达到明确意义，澄清模糊认识，消除思想顾虑，增强整顿工作自觉性、主动性、有序性的目的。

第三步，抓住关键，整顿班子，这是组织整顿的中心环节。各级党委要针对软弱涣散党支部的具体情况，抓住主要矛盾，选准突破口，对症下药，标本兼治。①对那些思想观念陈旧，组织领导能力不强，工作作风不够深入扎实，但领导班子成员尤其是党支部书记基本素质较好，有发展潜力的班子，实行“能换思想就不换人”，采取召开民主生活会、个别谈心、培训提高、限期改正等措施进行整顿。②对那些村主要干部素质低，事业心、工作责任感不强，组织领导能力弱，几经整顿面貌依旧的班子，实行“换不了思想就换人”，坚决果断地进行组织调整。调整中，若本村一时选不出党支部书记、村委会主任的，可从县（市）或乡（镇）机关选派得力的党员干部接任。③对那些党支部、村委会班子长期不团结的或一时找不到村主任合适人选的村，可采取党支部书记、村委会主任“一肩挑”的办法进行组织调整。④对那些村党支部书记政治素质好，工作经验较丰富，在群众中威信较高，但已年老体弱，一时又无合适接替人选的村，可增配一名年轻的党支部副书记，让其有实践中锻炼提高，逐步成熟。⑤对那些因村社财务管理混乱，造成党群、干群关系紧张而处于后进状态的村，应组织力量对群众反映强烈的经济问题进行清理，并公布结果，澄清是非。对违法、违纪的人和事，要依照有关法律和规定处理。⑥对那些社会治安混乱，民事纠纷较多，党支部又无力解决的村，乡镇党委要采取坚决措施，打击各种违法犯罪活动，协助解决矛盾和纠纷，搞好“依法治村”工作，为这些村发展经济创造安定的社会环境。⑦对那些自然条件差，长期贫穷落后的村，有关部门要在财力、物力、科技等方面给予帮助，增强“造血功能”。⑧对那些因宗族纷争和其他各种历史遗留问题缠绕而落后的村，要区别不同情况，按照有关法律和政策，切实帮助解决，组织和带领群众集中精力发展经济。⑨在整顿软弱涣散党支部的同时要整顿好村级其他组织，加强村级组织配套建设，增强村级组织的整体功能。通过这步工作，要达到“三解决”的目的，即党支部班子不齐不力的问题、村社干部精神不振的问题和群众反映强烈的突出问题得到解决，党员和群众、村社干部、上级组织满意。

第四步，制定措施，巩固成果。对经过整顿的党支部，要采取配套措施，抓好五个方面的工作，巩固整顿成果。一是乡镇党委要同经过整顿的党支部及时签订限期改变后进村面貌的目标责任书。二是县（市）委或区、乡（镇）党委要对新任村主任干部系统地进行一次党的方针政策、法律法规、党的知识、工作方法、岗位技能、实用技术、市场经济知识等方面的培训，同时党支部要及时挑选入党积极分子和村级后备干部，并落实培养措施。三是加强村党支部、党员活动室等阵地建设，更新教育手段和设备，落实党员教育规划、措施。四是建立健全民主集中制、民主生活会、交心谈心、财务审批、两公开一监督、勤政廉洁、社会治安综合治理等项规章制度。五是要制定调动和保护村干部积极性的激励和措施，尽力帮助他们解决实际问题，解除后顾之忧，并对打击、报复、刁难村干部的人和事进行严肃处理，稳定村干部队伍，激发他们的工作主动性和创造性。通过这些工作，要达到“四个落实”，即：村党支部目标责任制落实，村干部培训和培养入党积极分子、村级后备干部落实，党员教育、活动阵地落实，民主集中制、民主生活会等规章制度落实。

农村党支部的整顿和建设工作，必须紧紧围绕党的基本路线来进行。把发展农村经济、建设社会主义精神文明，带领农民群众“稳粮增收奔小康”作为整顿和建设的出发点和落脚点，做到“三个健全”、“两个结合”，即健全组织、健全班子、健全政治生活制度；与建设小康示范村相结合，与调整产业结构发展壮大集体经济相结合。在整个整顿和建设期间，要注意什么问题突出，就要首先解决什么问题；各步骤的具体实施，要结合各地实际去部署。要自始至终帮助后进村做好三件事：一是帮助他们进一步解放思想，转换观念，振奋精神，增强加快发展的信心和决心，建设一个好的班子，选准一个好书记；二是帮助他们确立一条发展经济的路子，建立完善致富奔小康的规划和措施。把着力点转移到发展壮大集体经济，特别发展村级经济上来；三是帮助他们尽快启动一批发展经济的项目。

在对软弱涣散的党支部进行整顿的后期，县（市）委要组织力量按照标准，进行检查验收。1995年秋，地委将对各县（市）农村党支部的整顿和建设工作进行全面的检查验收。检查验收除以上述工作目标为主要标准，同时注意把握以下四点：①各级党委对农村党支部整顿和建设工作的认识是否统一，是否把这项工作摆上了重要工作日程，是否制定了周密详细的工作方案，是否从县（市）党政机关选派得力干部组成工作组，依托乡镇党发，深入开展了工作。②是否找准了软弱涣散党支部的主要问题和原因，是否解决了存在的突出问题，是否调动了各方面的积极性。③是否采取了巩固整顿成果的措施。④农村经济、农业基础设施、骨干基地建设、乡镇企业、精神文明建设是否有了新的起色。

地委对农村党支部整顿和建设工作在时间上的总体要求是：今年至明年4月底前着力抓组织整顿，解决突出问题；明年继续抓思想作风整顿，巩固整顿成果，整个工作在1995年内完成。

四、组织领导及要求

1. 各级党委要从战略高度来认识加强农村基层党组织建设工作的重要性、必要性和紧迫性，把这一工作摆上党委的重要议事日程，作为农村工作的一项重要任务来抓。县（市）委和区、乡（镇）党委对这项工作负有更直接、更重要的责任，县（市）委和区、乡（镇）党委书记是第一责任人，要拿出足够精力抓这项工作。要把整顿和建设工作的成效作为县（市）委和区、乡（镇）党委班子和党委书记政绩考核的重要内容之一。

2. 要建立工作责任制，一级抓一级，层层抓落实。对软弱涣散党支部的整顿和建设工作由地、县（市）委组织部具体牵头，农委（农业局）、民政局、公安局、交通局、司法局、武装部、乡镇企业局、教委、计生委、共青团、妇联等有关部门参与并建立领导小组和办公室，形成齐抓共管的工作格局。县（市）级领导和县级部门要建立定点联系软弱涣散党支部和定期回访已转化党支部的制度，区、乡（镇）党委成员都要负责联系一个村。领导干部要经常去联系点调查研究，掌握真实情况，进行具体指导，帮助解决问题。

3. 要从地、县（市）机关抽派干部，在县（市）委的统一领导下，依托乡镇党委，与乡镇干部一道组成工作组，下到后进村开展整顿工作。每个工作组由3—5名干部组成，其中至少要有1—2名县（市）级机关的党员干部，省级部门定点帮县联络组要协助县（市）委抓好这项工作，并具体抓1—2个软弱涣散党支部的整顿和建设，作为联络组年终考核的重要内容之一。

4. 各县（市）委对这项工作要加强调查研究和检查督促，进行分类指导，及时总结交流经验，通报工作情况，向地委报送简报。每阶段工作结束后，要进行阶段小结，注意解决存在的问题，部署下阶段工作。整个工作结束后，要全面检查验收，向地委写出总结报告。

各地抓农村党支部建设工作，在重点抓好整顿软弱涣散后进村党支部的同时，要认真抓好面上的基层组织建设。对小康示范村、先进村党支部要加大力度进行指导和引导，发挥他们在各项工作中的带头任用和示范任用，帮助这些村党支部加强思想作风建设，坚持“两手抓”，更好地发挥他们克服故步自封、不求进取的思想，激励他们奋发努力、追赶先进。对此，地委决定地直机关和各县（市）机关都要抓一个各具特色的支农、扶农示范村；从县（市）、地直机关选派300名干部到全区需攻坚脱贫的50个乡（镇）、500个村任职两年、完成“带好一个班子，修好一条公路，办好一所学校，发展一两项主导产业”，年人均纯收入600元以上的任务；在全地区开展“建小康、奔小康”评选“建小康模范干部”和“小康带头人”活动。对被评选为“建小康模范干部”的，在地区内上浮一级工资，并优先提拔使用；初评选为“小康带头人”的，可将符合条件的本人或子女优先录用招聘为乡镇干部。

在加强农村基层党组织建设中，要加强农村机关、街道、学校的党组织建设，注意乡镇企业、个体私营经济等新经济组织中党组织的设置问题，促使农村新的经济增长点更有活力。要适应变化了的农村形势，强化流动党员，外出务工经商党员的教育、管理。要做好入党积极分子的培训培养工作，切实做到哪里有人哪里就有共产党员，凡是有党员的地方就要建立党的组织，有党的组织就要开展党的活动。开展党的活动还必须有阵地、有设备。要努力把我区已经开展起来的“学党章，强党性，正党风，创业绩，比奉献”活动持久地引向深入。

各级党委在对农村后进村党支部集中精力进地行整顿后，还要注意克服一劳永逸的松劲的情绪，树立常抓不懈的思想，通过经常性的扎实工作，巩固整顿和建设成果。对新出现的软弱涣散党支部，要发现一个整顿一个，及时解决存在问题，以不断提高农村基层党组织的凝聚力和战斗力。

一九九四年十月二十七日

中共巴中地委　巴中地区行署
关于进一步加快县级经济发展的意见

为了进一步加快我区县级经济的发展步伐，并以此促进和带动全区整个经济持续、快速、健康发展，根据省委、省政府川委发（1994）11号文件精神，结合巴中地区实际，特就加快县级经济发展的问题提出如下意见：

一、进一步提高对发展县级经济的认识

我区是一个新成立的地区，县级经济在全区经济中占有极其重要的战略地位。目前，全区的国内生产总值和财政收入主要由级经济提供。地级企业白手起家，地级经济发展处于初创时期。县级经济是城乡经济的结合部，是建立社会主义市场经济的基础。全区自然资源、劳动力资源都集中在县市域内，重要的工商企业、原料基地主要分布在县市。所以，无论当前还是今后一个相当长的时期内，县级经济都是我区经济发展的主要力量。全区各级党委和政府务必对此引起足够的重视，下决心作为工作重点来抓。

党的十一届三中全会以来，在邓小平同志建设有中国特色的社会主义理论指导下，各县市从本地实际出发，不断深化改革，扩大对外开放，经济建设取得了长足的发展，为县级经济的进一步发展打下了坚实的茬。但从总体上来说，我区县级经济发展依然十分缓慢，与省内和沿海发达地区的差距较大。主要表现为经济结构不合理；支柱产业未形成；企业装备和管理水平差，改革力度不大，效益低下；基础设施“瓶颈”性制约强；市场发育程度低，农村劳动力转移慢；财政收支平衡难。这种状况阻碍了县级经济的快速发展。

当前我们已进入改革与发展的新时期，面临经济大发展的难得机遇，按照建立社会主义市场经济体制的要求，改革已进入整体推进、重点突破、综合配套的阶段，大改革、大开放、大发展已成为当今社会的主流。加快县级经济发展是实现我区经济超常规、跳跃式发展的关键，是广大人民群众的迫切希望和全区加快发展的迫切要求。

二、发展县级经济的指导思想和目标任务

加快县级经济发展的总体指导思想是：根据党的十四届三中全会《决定》精神，以邓小平同志的“三个有利于”为标准，全面、放手地推进县级经济体制的各项改革，按照地委、行署提出的“狠抓基础，快上工业，活跃商贸，开发旅游”的战略构想，立足县情，发挥优势，瞄准市场，调整结构，突出重点，培育支柱，建立县级经济新的生长点，逐步形成切合本地实际、富有特色的经济发展格局，加快农村工业化进程，努力拓宽国际国内市场，实现县级经济超常规，跳跃式发展，进而推动全区经济的全面发展。

根据地委、行署提出的“三年打基础，五年上台阶，十年迈大步”的战略步骤，从现在起三至五年，各县、市要根据不同的基础和实施相应的改革与发展目标。能源、交通、通信等“瓶颈”制约基本缓解；经济结构逐步优化；农村经济有大的发展；企业股份制改造有大的突破，经济效益较大提高，主导产业和骨干企业得到培育和加强；市场体系逐步发育完善；城镇建设有较大发展；经济实力明显增强，财政经济保证收支平衡，农民收入大大增加。到2000年末，全区国内生产总值、工农业总产值、地方南下收入等主要经济指标年均递增速度必须保持在10%以上，工农业产值比达到四六开，力争实现对半开；农产品商品率达到50%以上，力争全区基本实现小康目标。

按照以上指导思想和发展目标，全区县级经济要初步形成巴中市以食品、纺织、机构、皮革、商贸为主的加工贸易型体系；南江以冶金、建材、煤炭、森工为主的工业体系；通江以林牧特产品和天然气为主的资源开发体系；平昌以茧丝绸、酒类、电力为主的系列开发的发展格局。基础条件较

好的巴中市，作为全区的政治、经济、文化中心，要在大力培育支柱产业的同时，狠抓以商贸为主的第三产业，把巴中市建设成为辐射全区乃至整个川东北的新型商贸、工业中心城市，并力争三年内实现财政自给，取消补贴。

三、发展县级经济应遵循的原则

1. 效益原则。优化资源配置，提高资源开发效益和综合经济实力是发展县级经济的最终目标。按照这一原则必须面向市场，组织生产和流通，调整经济结构，优化生产力布局，提高要素生产率和资源配置率，促进经济全面发展。

2. 区域分工原则。发展县级经济，必须在认清县、市情，分析优劣势基础上，根据市场导向，结合自然条件、资源状况、经济基础条件确定其发展方向，发挥优势，扬长避短，突出重点，发展有特色的支柱产业和拳头产品，培植龙头企业，形成集团优势，充分获取区域分工的规模效益，争取三五年内初见成效。

3. 富县裕民原则。发展县级经济的最终落脚点在富县裕民奔小康，最大限度地提高人民的生活水平，增加财政收入，缓解财政收支矛盾，增强县级经济实力。要大力培植财源，减少非生产性支出，走内涵和外延扩大再生产并重的道路，为财政增收和农民收入增加提供可靠的来源和保障。

4. 科技兴县原则。牢固树立“科学技术是第一生产力”的思想，重视发展科技教育事业，把发

展经济的重点转移到依靠科技进步和提高劳动者素质上来。加速科技成果的转化应用，促进科技与经济紧密结合，依靠科学技术，改造传统产业，增大科技含量，提高竞争能力。通过“科技兴县”战略的实施，使科学进步对经济发展的贡献，九七年达到本县市新增工农业总产值的40%以上，本世纪末达到50%以上。同时要加快普及九年制义务教育，大力发展职业技术教育和成人教育，努力提高劳动者的素质。

四、发展县级经济的主要措施

1. 以产权制度改革为突破口，加大城镇经济改革的力度。要注意把改革产权制度和企业股份制改造结合起来，采取“改、转、租、包、卖、并”等多种形式，转换机制，调整结构，盘活存量，提高效益。按照规范的操作程序和政策措施搞好清产核资，资产评估，产权界定和转让，打破地域、行业、所有制限制，将一部分国有产权出售给自然人和法人，形成多元化的产权主体。在此基础上，按照建立现代企业制度要求，进一步加快股份制试点，发展多种形式的股份制企业，有计划地将一批国有企业改组为股份制或股份合作制企业。继续贯彻落实转机《条例》，落实企业的各项经营自主权，深化企业内部劳动、人事、分配三大制度改革，加强内部管理，练好企业内功，为建立现代企业制度做好各项基础性工作。进一步加快企业组织结构调整，积极引导和支持企业间的经济联合，围绕培育支柱产业、龙头企业、拳头产品，鼓励不同性质的企业以兼并、联合、股份制改组等形式，组建企业集团，实现资产重组，形成集团优势和主导产业。今后新办企业，要按照新体制要求，组建股份和股份合作制企业。现有国有企业要下工夫通过改制、改组、改造等多种途径，完善体制，加强管理，提高企业档次、水平和效益。大力创造条件，发展个体私营经济，鼓励和引导农民将劳务输出以及其他收入用于创办各类中小型私营企业或股份合作制企业。使城乡居民将各种收入直接转化为积累创办或参与创办经济实体。

2. 按照“稳粮调结构，增收奔小康”的思想，大力发展农村经济。发展县级经济必须坚持农业的基础地位不动摇，稳定、完善以家庭联产承包为主的双层经营体制，通过股份合作制方式，进行土地适度集约化经营试点，积极探索土地有偿转让。在确保人均占有粮食430公斤的基础上，大力调整农业内部结构，发展高产、优质、高效农业。特别要抓好具有区域特色的骨干支柱产业的培育和原料基地建设，努力实现种养结构调整规模化、区域化，为工业发展提供优质充裕的原料。除始终抓好粮食生产不放外，重点抓好油料、蚕桑、畜牧、罐料、水果、食用菌、茶叶、林产品、中药材等骨干项目的开发。其布局重点，巴中市突出抓好生猪、蚕茧、柑橘、罐料等支柱产业基地建设；南江县重点抓好林产品，南江黄羊、茶叶等优势项目开发；通江县着力抓好畜牧、林特产、中药材、食用菌等骨干基地建设；平昌县注重抓好服务体系建设，建立健全服务网络，促进“公司（工厂）加农户”的农工商、种养加、产供销一体化的发展。把乡镇企业镇和干线公路为依托，“五个轮子”一起驱动，实行带状开发，连片发展。立足资源开发，抓好龙头企业和重点企业的培育，实行系列化深度开发，形成产业优势，以推动农村的工业化进程。全区乡镇企业的发展速度要保证不低于40%。

3. 活跃商贸流通，培育和发展市场体系。一是结合本地资源特点和经济发展实际，以县城为中心依托，以干线公路和重要商品产销地，集散地为重点，按照商品物资流向，集中建立一批具有一定规模和功能，有较强辐射能力，具有本地特色的各种形式的生产资料市场和农副产品专业市场、批发市场、工业品市场，围绕小城镇建设，相对集中地发展集贸市场，形成城市与农村相互配套的市场网络。进一步鼓励购销专业户发展，组织引导更多的农民直接进入市场参与流通。二是大力培育劳务、技术、信息、土地、金融等要素市场。进一步深化劳动就业制度、社会保险保障制度改革，逐步实现劳动力资源的管理以市场配置为主。加快职业介绍机构建设，引导城乡剩余劳动力合理、有序流动。积极建立技术、信息市场，促进科技成果的转化和动用。培育和发展规范化的房地产市场，县市政府要高度垄断土地一级市场，“放开、搞活、管好”二、三级市场。鼓励金融部门为地方经济引资融资，允许在县市级银行和乡镇信用社的指导和统一的金融秩序下发展小额融资性质的城镇大力发展市场中介组织，加强市场监管。在建立行业协会、同业工会、商会等中介组织的同时，大力发展和加强会计师、审计师、律师事务所、公证、仲裁以及资产资信评估和计量质量检验等机构。完善有关市场管理规则和法规，加强市场执法和监督，保证市场的统一、开放、公正、有序。同时，要搞好市场价格的监控和管理，维护市场的正常秩序。

4. 加强招商引资，扩大对外开放。抓住开放正从沿海向内陆推进、外商投资向内陆延伸、大中城市劳动密集型产业向欠发达地区梯度转移的机遇，进一步扩大对国外和国内的开放，依靠县、市自然资源和劳动力的优势，积极招商引资，发展拳头产品，改造传统产业，引进先进设备，增强科技含量。要积极创造条件，发展科技含量高的外向型企业。特别注意抓好市场优势、资源优势吸取发展资金的工作，打破地区封锁、城乡分割，广泛开展多种形式的联合与协作，尽可能地使各种资源在更大范围内合理开发利用。积极主动地与大中城市结盟，与大中型企业联姻，与科研院所和大专院校挂钩，取得资金、技术、智力上的帮助。同时，依托现有的名特优新产品大力发展出口创汇产品，努力开拓国外市场。进一步制定和采取更加优惠、更加开放、更加灵活的政策，创造更加宽松的环境，尽快形成大开放、大引进、大发展的局面。

5. 多渠道筹集资金，努力增加投入。要搞好建设项目的筛选论证和储备，选择一批对本县、市经济发展关系重大的基础设施项目和骨干支柱项目，向上争取，占位子、挤盘子、上本子、要票子，尽量争取国家和省的支持。扩大开放，加大招商引资力度。充分挖掘企业内部潜力，盘活资金存量，提高资金使用效益。积极发展银行储蓄，盘活信贷存量，大力推行建设项目股份制和国有企业股份制改造，聚焦区内外社会闲散资金。大搞劳动积累。组织本地大量的富余劳动力搞基础设施建设，积极引导农民将部分劳务收入转化为生产建设资金。

6. 注重人才培养，充分发挥人才作用。佬是事业成功之本。各级党委和政府要采取各种有效措施培养和使用，待遇不公的状况，把那些懂经济、有技术、会管理的人才推到经济建设的第一线。同时，建立相应的激励机制，使各类人才有用武之地，工作有想头，有劲头。注意人才的培养，关心人才的成长进步。积极引进人才，对外地愿来我区各县市工作的专业技术人才和管理人才，要给予优惠的待遇，在工作和生活上要给予更多的关心。

7. 用好、用够、用活政策。中央、省、地对发展贫困山区制定了一系列优惠政策，各县、市要切实用好、用够、用活。进一步解放思想，放开手脚，切实按照小平同志的“三个有利于”标准，结合本地实际，创造性地制定更加优惠、更加开放、更加灵活的政策。只要对发展县级经济有利，就要大胆地试，大胆地闯，勇于实践，努力探索，不断完善。

8. 转变政府职能，加强组织领导。按照社会主义市场经济的需要，政府要遵循政企职责分开，“小机构、大服务”和“宏观要管好，微观要放开”的原则，把企业推向市场。逐步建立健全宏观调控体系、服务体系和社会保障体系，为企业走入市场创造良好的外部环境。

各级党委、政府都要站在全局工作的高度，重视县级经济的发展。为了进一步加强对发展县级经济的领导力度，从九五年起，地委、行署对县市委，县市政府领导和地级各经济主管部门主要负责人实行目标管理，对县市经济发展进行综合评价，设立国内生产总值、工农业总产值、一二三产业结构比例、固定资产投资、财政收入、农民人均纯收入、重点建设项目的争取和建设等几大综合指标，年初制定发展目标，年终进行考核，并将考评结果记入本人档案，作为任用提拔的依据。

一九九四年十一月十九日

中共巴中地委　巴中地区行署
关于迅速解决农村贫困人口温饱的决定

（1997年1月4日）

到本世纪末，基本解决全区农村贫困人口的温饱问题，是我们根据党中央、国务院和省委、省政府的部署制定的战略目标，也是全区“五年上台阶”的主攻目标之一。各级党委和政府要从讲政治的高度，充分认识实现这一目标的重要性、紧迫性和艰巨性，统一思想，下定决心，采取强有力的措施，确保按期完成这一历史性的重大使命。

一、坚决如期完成扶贫攻坚任务

1986年以来，全区大的狠抓扶贫开发，农村贫困问题有所缓解，到地区建立时，八年时间使28.74万建卡贫困人口解决了温饱。《巴中地区七年扶贫攻坚计划》实施后，扶贫攻坚力度进一步加大，成效更加明显，全区尚未解决的贫困人口，由建区时的90.86万减少到目前的55万人，三年解决温饱数相当于八年的1.25倍；贫困乡村的生产生活条件和基础设施有了很大改善，群众精神面貌焕然一新，各项社会事业长足进步，有力地促进了国民经济的发展和社会的全面进步。

尽管我区扶贫开发工作成效显著，但必须清醒地认识到扶贫攻坚已进入艰难的全面决战阶段，任务异常艰巨，工作难度特别大。第一、现有剩下的贫困人口，年人均纯收入都在温饱线（1995年现价530元）以下，其中38%的特困人口年均纯收入不足300元，贫困程度非常深。第二、目前尚未解决温饱的贫困人口，主要分布在深山区、高寒山区、石山区、多灾地区和地方病高发区，地域偏远，交通、通讯不方便，生态环境很差，经济发展缓慢，文化教育落后，社会发育程度低，生产生活条件十分恶劣，成为扶贫攻坚的“硬骨头”。第三、按照省委、省政府要求，巴中市41个贫困乡的377个贫困村要于1997年、平昌县30个贫困乡的223个贫困村于1998年、通江县30个贫困乡的237个贫困村和南江县31个贫困乡的242个贫困村于1999年接受解决温饱的检查验收。从现在起，每年解决温饱的人数必须比前几年增加一倍多，否则，全区七年扶贫攻坚计划确定的目标就会落空，“五年上台阶”也将成为空话，扶贫攻坚的时间非常紧迫。

党中央、国务院决定：今后几年扶贫任务不管多么艰巨，时间多么紧迫，也要下决心打赢这场攻坚战，啃下这块硬骨头，在本世纪内基本解决贫困人口温饱问题的目标绝不动摇。这不仅是一个经济问题，而且是关系国家长治久安的政治问题，是治国安邦的一件大事。我区是全省两个连片贫困地区之一，尚未解决温饱贫困人口占全省贫困人口总数的十分之一，扶贫攻坚的任务完成好坏，将直接影响全省能否如期实现消除农村绝对贫困目标。因此，各级领导同志务必从政治的、战略的、全局的高度来认识这个问题，都要有一种强烈的政治责任感和历史使命感，下最大决心，花最大的功夫，采取最得力的措施，不胜不休地打好扶贫攻坚战。

如期实现扶贫攻坚目标，虽然难度很大，但也有许多有利条件。一是党中央、国务院和省委、省政府高度重视扶贫攻坚工作，近几年连续出台一系列特殊优惠政策，将更加有利于贫困地区的发展。二是全省行政区域调整后，省上将加大对我区的扶持力度，从而提供了前所未有的发展机遇。三是国家和省将大幅度增加扶贫投入，秦巴山区扶贫世界银行贷款项目先导工程启动实施，将为全区扶贫攻坚奠定一定的物质基础。四是通过十年的扶贫开发，我区经济和社会条件有所改善，具备了一定的自我发展能力，并在实践中创造和积累了许多成功经验，探索出了一些行之有效的路子，将成为今后扶贫攻坚的强大动力。五是全社会扶贫济困的热情日益高涨，将为扶贫攻坚提供多方面的有力支持。只要我们充分利用这些条件，竭尽全力，扶贫攻坚目标就一定能够实现。

二、实现扶贫攻坚计划的基本方针、任务和要求

扶贫开发工作要以党的基本路线为指导，按照党中央、国务院和省委、省政府的部署，进一步发扬自力更生、艰苦奋斗的精神，坚持开发式扶贫，突出重点，集中力量解决农村贫困人口的温饱问题。

1. 始终把解决好贫困人口的吃饭问题作为首要任务。民以食为天。要改变贫困落后面貌，稳定地解决温饱，当务之急必须下苦功解决好贫困农民的吃饭问题。

2. 继续坚持开发式扶贫。要把自身努力与国家的扶持有机地结合起来，改善生产条件，开发当地资源，发展商品生产，增强自我积累、自我发展的能力，千方百计从根本上摆脱贫困。

3. 因地制宜，分类指导，选准脱贫路子。各地要从实际出发，扬长避短，立足本地资源，结合市场需求，选择有效的、各具特色的发展路子。要充分利用耕地和非耕地资源，大力发展农林牧渔业生产；劳动力富余的地方，要有计划地组织劳务输出；对缺乏基本生产生活条件的少数贫困村，要按照农民自愿的原则逐步实行开发式移民。

4. 把有助于直接解决群众温饱的种植业、养殖业和林果业，作为扶贫开发的重点。多年的实践证明，种植业、养殖业、林果业和以当地农副产品为原料的加工业是最有效的扶贫产业。扶贫攻坚必须把发展这些产业作为重点，优先安排。扶贫贷款要集中用于这些产业，以工代赈和财政扶贫资金要最大限度地与这些产业配套使用。要进一步实施农业"四大工程"，下决心帮助贫困户均建设半亩到一亩稳产高产基本农田；每户发展一个种植业、养殖业的多种经营项目；每户有一亩找钱地或一亩经济林园；每户从农田作业中转移一个劳动力从事二、三产业；每户培训出一个懂一门以上农业实用技术的明白人。要切把这"五个一"建设作为扶贫攻坚的硬仗来打，持之以恒，常抓不懈，抓出成效。

5. 扶贫攻坚要坚持到村到户。要始终把1079个贫困村作为攻坚主战场，把尚未解决温饱的12万贫困户作为扶持对象，一村一村、一户一户地帮。要切实做好"五到村五到户"工作，即：工作深入到村，部门帮扶对口到村，目标计划分解到村，资金安排到村，责任落实到村；扶贫对象到户，帮扶措施到户，项目覆盖到户，扶贫贷款到户，领导联系到户。

6. 进一步抓好科技扶贫。要把依靠科技进步和提高劳动者素质作为扶贫开发的根本来抓，组织有关部门和科技人员深入贫困村、社和贫困户传授实用技术，以"星火计划"、"丰收计划"为龙头，开发科技承包和科技服务活动，进一步实施好"科技兴巴三十亿"工程。要稳定贫困乡村的教师队伍，集中力量普及初等教育，不再出现新文盲。大力发展职业教育，通过各级扶贫培训中心、农校、党校等阵地培训干部和贫困户，推广农业实用技术。同时进一步建立和完善农业服务体系，做好贫困村社良种统供、水电统售、病虫统防（治）、技术统训、农资统配等服务活动。

7. 继续做好计划生育工作。计划生育是扶贫攻坚工作的重要组成部分，也是一项长期的基本国策。各级党委、政府必须把计划生育与发展经济、普及教育、提高人口素质和脱贫致富有机结合起来，将计划生育纳入扶贫攻坚的议事日程。要牢固树立人均观念，坚持"两种生产"一起抓，努力摆脱"越穷越生，越生越穷"的恶性循环。继续推行扶贫与计划生育"双包"责任制，扩大"三结合"推广面。积极发展农村合作医疗，逐步建立农村的基本医疗保障制度，减轻贫困户的医药负担，减少因贫致病、因病返贫的现象。

8. 发扬自力更生、艰苦奋斗精神，动员全社会力量参与扶贫攻坚。贫困乡村干部群众的自身努力，是尽快解决温饱的决定因素，是完成扶贫攻坚任务的基本保障。广大贫困农民，要自强不息，苦干实干，努力拼搏，不等不靠，改变消极畏难和无所作为的精神状态，最大限度地发挥出扶贫攻坚的积极性和创造性。同时，扶贫济困是全社会义不容辞的共同责任，是社会主义精神文明建设的内在体现。各级党政机关、人民团体、驻巴部队、工商企业和其他非贫困乡（镇），都要各尽所能，为贫困村社和贫困户献爱心、送温暖，为扶贫攻坚作贡献。

三、打好扶贫攻坚战的主要措施

1. 努力增加扶贫投入。从今年开始，中央和省上大幅度地增加扶贫资金，我们一定要抓住机遇，争取更多的投入。各县（市）财政要按照中央和省委“单项考核”的要求，足额匹配地方扶贫投入，年初就必须把占中央投入10%的地方扶贫资金拿入当年预算，这个硬指标必须落到实处，否则，省上将扣减其扶贫投入。通江、南江从今年1月开始，全力启动秦巴山区扶贫世界银行贷款项目先导工程，要严格按要求落实好垫付资金，加快项目实施进程，争取按期足额报账；巴中、平昌要抓住联合国开发计划署拟提供我省200万美元小额信贷的有利时机，积极做好项目争取工作，以获得更大范围的援助与支持。

2. 切实做好扶贫项目准备。扶贫攻坚采取有项目方式投入资金，扶贫项目选得准确与否，关系到攻坚任务能否按期完成。因此，扶贫项目必须围绕全区132个贫困乡、1079个贫困村的12万建卡贫困户、55万贫困人口解决温饱而展开。从今年起，要确保各项扶贫资金的85%集中投入贫困户发展种植业、养殖业和林果业。凡是未覆盖这些贫困乡村、贫困户的项目，凡是与解决贫困人口温饱无关的项目，各级扶贫开发领导小组一律不得立项。在管理程序上，扶贫项目由各县（市）扶贫开发办公室组织有关部门共同开发领导小组审查并报送地区扶贫开发领导小组，经地区扶贫开发科技顾问团论证，论证合格的项目，交地区扶贫开发领导小组审查立项，任何部门和个人不得在此之外擅自立项。

3. 严格管理各项扶贫资金。扶贫资金是实施扶贫项目的保证，管好用活各项扶贫资金至关重要。今后，凡分配到我区的扶贫专项贷款、以工代赈资金和财政扶贫资金，集中由地区扶贫开发小组统筹安排，做到相互匹配、综合投入，不得分散使用；扶贫资金要紧随扶贫项目走，未经地区扶贫开发领导小组立项的项目，各级财政、银行部门一律不得投放扶贫资金。回收再贷资金的安排，仍严格按此管理办法执行，继续用于扶贫。

在投入程序上，资金管理部门要对已立项的扶贫项目认真进行评估，以确保各项扶贫资金的安全。要强化扶贫专项贷款的还贷意识，提高资金使用效益。要加强对各项扶贫资金的审计监察，保证扶贫资金及时足额到位，严禁贪污、挪用和挤占，违者必究。

4. 认真实行特殊优惠政策。第一，对所有尚未解决温饱的贫困户，免除粮食定购任务；第二，对所有尚未解决温饱的贫困户，按照农业税条例的有关规定，减免农业税和农林特产税；第三，对贫困县新办扶贫企业和发达地区到贫困县兴办的企业，三年内免征所得税；第四、贫困户承贷种养业、林果业扶贫贷款不受自有资金比例的限制，免去经济担保和抵押，不允许以新贷款冲抵原有贷款；第五，取消贫困户年纯收入5%统筹上交以外的各项摊派；第六、取消贫困县乡村与实现脱贫目标无关的各类检查、评比、达标活动；第七、贫困乡村到其他地方兴办扶贫企业即异地开发项目，税利全部返还；第八、《巴中地区七年扶贫攻坚计划》中所确定的各项优惠政策，在2000年以前继续执行。

5. 扎实搞好扶贫攻坚培训。地区组织人事部门和扶贫开发办公室要重点培训贫困乡村干部和部门帮扶人员，每年培训1000人以上。县、市、区（镇）要围绕贫困村、贫困户的扶贫开发项目，采取灵活多样的形式，加快对农民进行实用技术培训，每年力争完成培训贫困农民20万人次，尽快使每户贫困户掌握一至二门农业生产实用技术。进一步用好扶贫贷款项目培训配套资金，依靠扶贫培训中心做好实用技术的推广传播。要组织地、县（市）农业、林业、畜牧、水产、农机、科技等部门，充分发挥其职能作用，为每个贫困村培训贫困农民技术员。要进一步做好扶贫大专班、中专班在我区的定向招生和录用安排工作，搞好智力扶贫。

6. 广泛动员全社力量参与扶贫攻坚。进一步组织好国家机关和省级部门在我区的对口扶贫工作，争取更多支持。地级各部门要严格按照巴地办发【1996】42 号文件要求，认真做好挂扶特困村的扶贫工作，派出精干力量驻点帮扶，不脱贫不脱钩。县、市各部门也要确定贫困村、社为挂扶对象，下派干部驻村驻社扶贫，工作做到贫困户，这项工作要长期坚持下去，并逐步制度化、规范化。要进一步组织好“希望工程”、“文化扶贫”、“新闻扶贫”、“救助贫困母亲的幸福工程”等社会扶贫济困活动，每年在地、县（市）机关组织 1—2 次为贫困户捐款捐衣“献爱心、送温暖”活动。

7. 继续扶持初步解决温饱的贫困乡村。为了巩固温饱成果，在“九五”期间，对提前基本解决温饱的贫困乡村继续实行扶持对象不变、扶持政策不变、帮扶单位不变、资金数量不变的政策。国家股入到这些地方的扶贫资金，仍然要用贫困村、社、户，以稳定解决温饱问题。

四、进一步加强对扶贫工作的领导

1. 落实党政一把手扶贫攻坚责任制。根据我区实际情况，实行地级领导挂扶贫困县（市）（名单附后）、县级领导联系贫困乡村、党员干部包括贫困户的办法。各县（市）委书记和县（市）长是扶贫攻坚的第一责任人，要亲自抓扶贫攻坚，抓解决温饱，经常深入贫困乡、村、社、户调查研究，落实攻坚措施，解决实际问题；要将扶贫攻坚计划层层分解到贫困乡（镇）党委书记、乡镇（镇）乡和村的主要领导身上，逐级签订目标责任书，限期解决，定期考核，奖惩逗硬。各县（市）委和政府，每年都要就解决贫困人口温饱问题的进度向地委、行署作出专题报告。

2. 稳定扶贫攻坚干部队伍。为了保持扶贫攻坚的有效性和连续性，今冬明春要认真做好各级领导班子考核和配备，落实好领导责任。132 个贫困乡（镇）的党委书记和乡（镇）长，在未解决温饱前不得调离，不得提拔。组织部门和扶贫开发要定期考核，不称职者就地免职，不能易地为官，政绩突出的要提拔、重用，给予奖励。

3. 强化贫困村基层组织建设。各地要把扶贫和党建工作紧密结合起来，按照中央和省委要求，切实加强以村党支部为核心的村级组织建设。要建立一个好班子，选准一条好路子，确立一套好机制。要运用扶贫的优惠政策和资金，帮助贫困村发展集体经济，增强集体经济组织的服务功能，减轻农民负担。要注意解决好贫困村主要干部的误工补贴，充分调运积极性。要加强农村社会主义精神文明建设和民主法制建设，搞好农村社会治安综合治理，为扶贫攻坚创造良好的社会环境。

4. 加强各级干部的思想作风建设。按照中央和省委要求，在未解决群众温饱之前，不准买高级小汽车，不准建宾馆和高级招待所，不准盖高标准办公室，不准领导干部配手提无线电话。要奋发图强，苦干实干，与群众同甘共苦，在扶贫攻坚中建功立业。

5. 组织干部到贫困村开展帮扶工作。从地、县（市）和区（镇）、乡（镇）选派 2158 名脱产干部，进驻 1079 个贫困村，实施千村帮扶活动，挂职开展扶贫攻坚工作。下派锻炼的干部要密切联系群众，宣传党的扶贫方针政策，搞好调查研究，制定攻坚计划，帮助开辟致富门路。

6. 加强和充实扶贫开发工作机构。为确保扶贫攻坚任务的完成，要抽调有事业心、能吃苦、热心于扶贫开发的干部，进一步加强和充实地、县（市）扶贫开发工作机构，认真解决好办公条件、人员编制、工作经费等问题。

实现国家、省、地七年扶贫攻坚计划，解决农村贫困人口的温饱问题，是一项光荣而艰巨的任务。各级党委、政府要认真贯彻党中央、国务院、省委、省政府关于扶贫开发的各项政策措施，精心组织、狠抓落实，为如期完成扶贫攻坚这一伟大的历史任务而奋斗。

中共巴中地委　巴中地区行署
关于大力发展庭院经济的决定

发展庭院经济是调整农村经济结构，振兴我区农村经济，实现脱贫致富奔小康的有效途径和重要经济增长点。为了组织和动员我区广大农户，充分利用房前屋后这一特殊生态环境和劳力、资金、技术条件优势，大力发展庭院经济，把我区庭院经济发展推向一个新的水平，为富民裕区奠定坚实基础。特作如下决定：

一、提高认识，统一思想，把发展庭院经济作为调整农村产业结构，振兴农村经济的战略措施来抓。

以农民庭院为基地，以分散经营为特征，以商品生产为目的，以家庭劳动力为主体的庭院经济是指承包集体耕地、山林、水面和集体企业之外的农民家庭自营经济。建区三年来，我区各级党政在发展庭院经济中做了大量工作，涌现出了一批庭院经济大户，培植了一批先进典型，使庭院经济成为农村经济发展的重要组成部分，农民增收和财政增收的重要途径，成为精神文明建设和向小康迈进的形象工程，对推动农村经济发挥了重要作用，是促进农村经济两个根本转变的重大举措，是把小生产与大市场连接起来，走公司加农户、基地带农户、大户带农户的路子，向产业化发展的途径，是我区农村经济发展的必然选择，具有广阔发展前景。因此，地委、行署决定把大力发展庭院经济作为现实富民裕区的战略措施来抓。

发展庭院经济的指导思想是以农户庭院为中心，以种、养、加、建、运、服为重点，家庭自营，面向市场，依靠科技，大户带动，增加效益，富民裕区。各级党政必须进一步解放思想，转变观念，放手放胆，用市场经济原则来认识和指导庭院经济的发展，用抓个体经济的气魄和胆略开拓庭院经济的发展，用抓扶贫攻坚的办法去落实庭院经济发展的措施，下大决心，花大力气，真抓实干，切实把这项工作抓出成效。

二、明确目标，做好规划，使庭院经济有一个突破性发展

全区庭院经济发展目标是：1998 年实现庭院经济收入 8000 元以上的大户占总农户 10%，农民年人均纯收入达到 1300 元，其中在庭院经济中人平达到 800 元，人平实现特产税 30 元；到 2000 年实现庭院经济收入 8000 元以上的大户占总农户的 30%，农民年人均纯收入达到 1800 元，其中在庭院经济收入中人平达到 1100 元，人平实现特产税 60 元；各级党政要围绕地委、行署总体目标，组织专门力量，上下结合，帮助农户制定好发展规划，把任务落实到户。

庭院经济发展重点：一是以桑、果、茶、林、蔬菜、烟叶、药材、食用菌为重点的种植业；二是以猪、牛、羊、禽、鱼等为重点的养殖业，尤其是草食牲畜和特种水产养殖；三是以农副产品、林特产品、畜产品为主的庭院加工业；四是以理发、修理、缝纫、餐饮、商贸、运输为重点庭院服务业。

发展庭院经济坚持以下原则：一是坚持因地制宜，效益优先。鼓励农民围绕市场需要，自主选择市场占有率，商品率、创利率高的品种项目，自择经营方式，把庭院经济经济当地个体企业来办。二是科学规划、分类指导。根据农户现有基础、自然与地理条件作出科学规划，并适当集中、成片发展，突出区域特色，进行分类指导。总是坚持发展大户，产业带动。在资金、物质、技术上每个乡镇每年扶持一批年收入 10000 元以上，创税 1000 元以上的庭院经济大户。以辐射和带动区域内庭院经济的发展，逐步形成贸、工、农一体化格局，以此推动农业产业化的发展。四是坚持发展与改造相结合。既要注意发展新的项目和品种，又要对苗木老化、品种低劣的场园和经济效益低得多经项目抓好改造，加强管理。五是坚持以短养老，长短结合。在抓好市场前景好、效益明显的经济项目和服务产业的同时，要着眼长远，注意抓一批见效快，周期长的经济项目和品种，以增强发展后劲。

三、大胆改革，放宽政策，鼓励和促进庭院经济发展

为了鼓励和调运农民发展庭院经济的积极性，各地必须落实以下政策措施。

1. 坚持家庭联产承包责任不变，农民经营自留地、自留山和房前屋后的非耕地长期不变。

2. 鼓励能人和大户租赁、承包、购买集体的场、园、水面，进行户营。

3. 依法保护农户庭院经济的合法权益。农民在庭院经济活动中生产的产品的所有权、支配权和财产继承权，不允许任何人侵犯。

4. 对庭院经济的各类产品除国家有明文规定之外，发展庭院经济是一项系统工程，涉及各个方面，必须全党员，全民动手，打好总体战。

（一）加强领导，抓点示范。各级领导要把庭院经济为干部任期内目标，一届一届地要长期抓下去，不能因班子换届，主要领导变动，而改变庭院经济发展规划。各级党政领导都要抓点示范，地县市领导都要把自己扶贫联系点作为庭院经济联系点，副县级以上领导干部都要联系一户庭院经济大户，并建档造册，作为年度考核依据。

（二）明确责任，优化服务。各职能部门要以发展庭院经济为己任，落实责任，在技术、良种、肥料、农药、饲料和加工设备上设备上搞好优化服务。科委、科协、农业、林业、畜牧、水产、乡企等部门要加强技术指导，搞好技术服务，使 90％的农户一人掌握一门以上先进适用技术；商业、供销、粮食、工商部门要为庭院经济发展提供良好的生产和销售条件；财政、税务等部门都要庭院经济发展作为财源建设基地；金融、信贷机构要为庭院经济发展生产、经营、销售提供资金服务；政法部门要为庭院经济发展保驾护航；各级共青团、妇联、人武部要组织团员、青年、妇女、民兵开展“开发庭院经济，脱贫奔小康”的竞争活动；各级宣传部门和新闻机构要大力宣传庭院经济大户典型事迹，形成强大声势，创造良好发展环境。

（三）搞好考核，逗硬奖励。地委、行署每年召开一次庭院经济表彰会，对庭院经济发展情况纳入党政干部年度目标考核内容进行考核和奖励（具体考核奖惩办法另订）。各地必须按照总体目标、层层分解、制定好规划，落实责任，做到年初有计划，季度有检查，半年有考核，年终有评比。各级党政要加强督促检查，总结典型经验，发现问题及时解决，严格目标考核和奖惩。

1997 年 9 月 4 日

中共巴中地委　巴中地区行署
关于进一步完善“六统一、一监督”的意见

我区对个体私营企业收费实行“六统一、一监督”改革措施，时间虽短，但效果明显，加快非公有制经济发展步伐起到了十分重要的作用，必须坚定不移地抓紧抓好。为了进一步规范完善“六统一、一监督”办法，现就实施中的有关问题提出如下意见：

一、关于进一步完善“六统一、一监督”的内容。为了使关于进一步完善“六统一、一监督”办法更规范，更科学，现对部分内容作适当调整，即：统一办公场地，统一收费范围，统一收费标

准，统一收费渠道，统一票款分离，统一监督检查。

二、关于服务大厅与执法主体的关系问题。办证收费服务大厅的职能主要是进行集中的“一站式”的办证收费服务工作，各级行政执法部门是行政执法的主体，其职能继续由有关执法部门执行。因此，实行关于进一步完善“六统一、一监督”办法后，行政执法部门的职能职责不变。对违法违规行为的处罚只能由执法主体部门作出处罚决定，不能由办证收费服务大厅作出处罚决定。属于行政执法部门无偿服务性的业务工作，如咨询、教育、培训、监督管理等，仍由行政主管部门履行职能。

三、关于统一执法检查问题。统一定期公开检查，规范了行政部门的行政行为，促进了行政执法人员依法行政、增强了个体、私营业主自觉接受监督管理、依法缴纳税费的意识。但实施中也存在一些问题，个别个体工商户不自觉到大厅办证缴费，无证经营现象仍然存在，违法行为时有发生；在集中统一检查中有的部门配合不力。根据执法监督工作具有阶段性、常规性、突发性等特点，因此，统一执法检查应进一步规范完善。1. 必须坚持统一的定期公开检查。统一检查仍由工商部门牵头，有关职能部门派人参加（参加执法检查人员，由行政执法部门抽派业务科室人员或服务大厅人员，由各地根据实际情况自定），每月组织一次抽查，主要抽查重点行业、违法违章经营及不办证缴费的典型个案。每季度进行一次全面综合检查，对无证照经营或不按期缴纳规费者，第一次发通知单，限时办证缴费；第二次发催办催缴通知；第三次按有关法规予以处罚。对制售假冒伪劣产品等不正当竞争行为及拒不办证、缴费者，应视其情节和态度，由有关职能部门按法定程序实行当场处罚或立案查处。对违法违规情节严重，且态度恶劣、拒不缴费者可依法请求人民法院强制执行。对个别典型案件可公开曝光。2. 部门组织统一的单项检查。对涉及阶段性和上级业务主管部门布置的重大的、全局性的部门单项检查，要坚持事前上报当地政府批准，并报纪委、监督部门备案，由部门统一组织领导和实施，不准个人随意检查。3. 对群众举报问题的检查。部门收到群众举报后，由执法部门的主要领导决定，报同级纪委、监察部门备案（特殊情况事前来不及报告的事后必须报告），执法主体部门必须组织三人以上的检查组，执证着装统一到现场检查和处理。不允许由一般工作人员任意决定检查。4. 不管组织什么形式的检查，都应以教育规范为主。对个别屡教不改或情节严重的违法违章行为者由执法主体部门依法处理。所处的罚款和收费必须到指定银行或大厅缴纳，做到票款分离。5. 强化行政监督。各级纪检、监察等部门要加强对行政执法部门的监督，主要监督各执法部门是否执行关于进一步完善“六统一、一监督”规定，有无厅外办证收费，有无搭售商品，有无乱收费、乱罚款等违纪行为，对违反规定的必须严肃查处。

四、认真做好办理证照的厅外服务工作。必须坚持在大厅内统一办理证照，个别特殊情况需要事前审核和现场查看的由各行政执法部门按法定程序及时办理，在五日内审核结束，签具意见，然后由申请者到大厅正式办理证照，随到随办，当即办完。

五、关于办证服务大厅收费办法及资金使用。办证收费服务大厅收费，由各部门开具缴款通知单，由财政部门设立窗口收款，再由各部门开具形式发票。资金随收随即存入财政专门，分部门建立专账。用途按有关规定不变，坚持专款专用，不搞平调，不搞摊派。支出由部门提出用款计划和用途，财政随收入进度及时审核拨付。办证收费大厅的设施建设费用和日常业务开支费用，按所收费用的5%—10%由财政划拨给办证收费大厅，实行专款专用，保证大厅工作正常开展。

六、关于实施关于进一步完善“六统一、一监督”的区域范围问题。根据工作实践，以下情况可暂不纳入大厅收费管理：一是进入集市交易的；二是边远乡村个体户到大厅办证缴费不方便的；三是有偿服务性收费。除上述项目外，个体私营业办理一切证照、缴纳一切行政事业性收费，都必须到各级办证收费服务大厅办理，坚决杜绝厅外办照收费。

1998年7月23日

中共巴中地委 巴中地区行署
关于采取有力措施减轻农民负担的决定

1999 年 10 月 26 日

一、必须坚决落实中央关于农民负担提留统筹以 1997 年的预算额为基数，一定三年不变的政策。1999 年预算额超过 1997 年预算额至今还未调减的地方，必须严肃查处。

二、必须依法据实征收农林特产税、屠宰税，不准按人头、田地平摊，不准借以农林特产税的名义收取其他任何费用，不准层层加码。

三、必须严格农民“两工”管理。农民负担“两工”，必须坚持以投劳为主，不得强行以劳折资，不得突破使用范围和标准。

四、取消乡镇“几大员”工资、补贴中的农民负担部分，取消用行政手段向农民收取各种生产性、服务性收费，今后，按照“谁受益、谁负担、谁服务、谁收取”的原则，一律实行与农民签订合同的方式收取费用。

五、实行乡、村、社公费订阅党报党刊宏观控制，乡镇每年不超过 550 元，村不超过 350 元，社不超过 250 元，超过的按违纪违规查处。地县市不准用行政命令强迫征订，不准把征订任务纳入各项工作的目标考核。

六、严格控制乡镇招待费，来客接待一律在机关食堂就餐，每人每餐标准（含酒水）不得超过 20 元。

七、严格控制非生产性支出。凡负债的乡镇一律不准新建办公楼，不准内购小车，不准公款租车、购买手机和报销通讯费用。

八、严格基本建设项目控制和管理。适度放慢建设速度，取消农民出工出钱的基本建设考核，停止一切要农民出钱出工的达标升级活动。村 1 万元以上的工程项目，必须通过村民代表大会讨论决定，报乡镇政府备案；乡镇 3 万元以上的工程项目，报县市人民政府审批。所有工程项目都必须按程序实行公开招标。

九、严格控制地县级部门在区乡开会、检查评比等活动。必须严格实行审批制度，坚持“谁承办、谁出钱”的原则，不准 将费用转嫁到基层。

十、严格村级财务管理。做到一社一册、一户一页，建好健全财务。村级财务审查监督组，必须在每季度的上旬审查上一季度的财务并公开，参加审查的村民代表每个社不得少于 2 人。

十一、严格查处加重农民负担的违纪违法行为。严禁抵粮抵物抵畜牧收取提留，严禁打人、抓人、动用政法干警组织小分队收取提留，严禁提前征收、重复征收、借税收名义收取其他费用。凡出现类似问题的，年度工作考核实行一票否决，情节严重的依法严肃处理，追究有关责任人的责任。

十二、为了保证以上各条实施，地区将加大督查力度，每季度对各县进行一次抽查，年终进行全面检查，并设立减轻农民负担举报电话，电话设在地区监察局和地区农业局。

中共巴中地委　巴中地区行署
关于进一步加强经济工作的意见

一、坚持市场经济法则，推动两个根本“转变”，调整经济结构，进一步提高经济效益

（一）解放思想，按照市场经济的客观规律办事。要自觉转变政府职能，转变计划经济条件下思维方式和领导方法，用市场经济的理论和价值规律研究指导经济工作。突出抓好经济结构调整，推动两个根本转变。一切经济工作必须以适应市场、提高效益为准则，千方百计促进山区经济发展。

（二）坚持以市场为导向，调整农业经济结构，发展适销对路的优质农副产品。在发展节水旱作农业、稳定粮食生产的同时，切实搞好以“以池园经济”为特色的文明新村建设，放手发展专业大户，带动一般户，帮扶贫困户。要突出抓好科技和流通，大力发展非公有制经济，培植专业运销大户，健全专业市场，搞活农产品流通。充分发挥“现江黄羊”、“通江银耳”两个国家级名牌的优势。扩大批量、提高质量和市场占有率，努力培育成支柱产业。

（三）加快以旅游业为重点的第三产业的发展。要坚持对外开庭，开发丰富的旅游资源，以国家和省级风景名胜为重点，将人文景观和自然景观融为一体，努力把旅游业培育成支柱产业，带动相关产业发展。同时，坚持科教兴区，大力发展教育、卫生、文化产业。

（四）以资产重组为重点，推进工业企业结构调整和机制转换。要认真贯彻党的十五届四中全会精神，完善适应高层需求的经营管理机制，提高工业经济效益。要继续推进“学竹坝”活动，成本倒推，挤占市场，力争在明年实现工业企业从整体上扭亏为盈。抓好国有企业，带动集体企业，放手发展非公有制企业。通过引资、嫁接、资产重组，千方百计搞活重点工业企业，要以企业为主体大力招商引资，引进先进技术和管理人才。搞好资产重组，盘活资产存量，加强技术改造，实现产品升级换代。要放手发展私营企业和混合制企业，积极支持鼓励开办农副产品深加工企业。要抓住中央实施中西部大开发战略的契机，积极争取国家支持发展的项目。尤其是发展市场好、有资源的高新技术产业。

（五）树立流通增收、科技增效的观念，加强城镇市场体系建设。进一步扩大内需，增强农民的购买力水平，要搞好国合商业的改革，发挥在搞活流通中的重要作用。放手发动千家万户进入流通领域，重点支持专业运销大户、加工大户、专业运销公司的发展。要面向市场，面向社会多渠道、多形式等筹集资金搞好市场建设，培育若干专业市场，逐步形成综合市场。

（六）努力扩大对外开庭，这是加快经济发展的战略措施。要进一步解放思想，实行开明的政策，树立“诚实信用，互利互惠，外商发财我发展”的思想，认真克服“肥水不流外人田”的封闭保守的小农意识。要高度重视金融工作，支持金融改革，充分发挥经济杠杆作用，促进地方经济发展。要主动出击，以企业为主体，以对内开放为主，不贪大不嫌小，坚持从小抓起，滚动发展，力争在对内对外开放上有突破性进展，取得明显成效。

通过抓以上重点，发展“池园经济”大户10万户、个体私营经济大户10万户，达到培育支柱产业，建设重点财源，减轻农民负担，增加财政收入，逐步实现富民裕区的目标。

二、严格依法行政，保障经济工作健康有序发展

市场经济就是法制经济，要抓好经济工作，要取得领导经济工作的主动权，必须学法、懂法，依法行政，依法管理经济工作。

（一）加强法制教育，增强法制观念。要认真克服用传统的行政手段、主观意识管理经济工作的思想观念及其工作方法，要用法律的规定和法宝程序管理经济工作，不断提高依法行政、依法管理的水平。

（二）从严治政，强化执法监督。重点是抓好行政执法责任落实，坚决制止违法行政，当前要突出抓好依法减轻农民负担工作，认真贯彻执行地委、行署关于减轻农民负担12条意见，确保今明年大见成效。

（三）严肃查处，确保依法行政落到实处。依法行政，要有制度和纪律作保证。对滥用职权、徇私枉法，给经济发展制造障碍的案件要严肃查处，决不姑息迁就。

三、营造良好环境，加快经济发展步伐

在市场经济条件下，促进经济发展，政府必须转变职能，把重点放在制定优惠政策，创造优良环境，搞好服务上来。

（一）要继续抓好基础建设。今后几年，权调整公路建设为重点，搞好交通建设。积极做好巴（中）广（元）高速公路的勘测设计、立项开工工作。继续抓好县乡标美路建设，进一步搞好现有公路养护、管理和绿化。大力抓好城乡电网改造，提高供电质量，降低电价。加强城镇建设，制定更优惠的政策，吸引、鼓励外商和农民到城镇建户经商办企业。

（二）继续落实完善“六统一、一监督”和依法公开评税的制度，扩大覆盖面，努力提高服务质量。加大监督力度，严肃查处违纪案件。

（三）加强政治队伍建议，进一步搞好社会治安的综合治理，严厉打击各种刑事犯罪，维护社会稳定，为经济发展创造良好的社会环境。

（四）廉洁行政，切实转变工作作风。廉洁行政是全心全意为人民服务的本质要求，经济要发展，各级干部必须清正廉洁，作风正派。这是创造良好经济发展环境的关键问题。要经常深入群众，了解实情，关心群众疾苦；要正确行使人民赋予的权力，不以权谋私，要大力改进文风、会风，不搞花架子，提倡求真务实，努力塑造人民公仆改革开放的良好形象。

1999年11月20日

中共巴中地委　巴中地区行署
关于抓住西部大开发机遇实现由温饱到小康跨越的意见

各县、市委，县、市人民政府，地级有关部门：

为抓住西部大开发的机遇，实现省委提出的追赶型、跨越式发展的要求，结合巴中实际，地委、行署特对我区实施西部大开，实现由温饱到小康跨越的和发展目标提出如下意见：

一、发展目标

实施西部大开发战略的目标是：“建特色产业基地，创山区致富典型”

经济发展目标是：2005年，全区GDP达到136亿元，“十·五”期间年均增长10%；2001年GDP达到230亿元，“十五”期间年均增长11%，实现小康。

产业结构调整的目标是：由1999年的一（52.2）、一（28.2）、二（19.6）。（见附表一）

二、工作重点

实施西部大开发战略总的要求是：基础建设上水平，结构调整出特色，生态环境更良好，科教兴区增实力，改革开放促发展，扶贫攻坚创典型，实现由温饱到小康的跨越。

重点实施："五、三、五、三"工程，即：五大特色建支柱，三个重点增效益，五项基础优环境，三件大事作保障。

（一）五大特色建支柱

1. 大力发展以南汇黄羊为特色的畜牧业。突出发展黄羊，改造提高生猪，加速改良传统肉牛，积极发展家禽，加快发展以畜产品为原料的加工业。

2. 大力发展以中药材为特色的林果业。重点发展杜仲、金银花、川明参等优势产品。抓好深度开发，形成一批有较强市场竞争能力的中成药成品。突出干果、蚕桑、水果等林果专业支柱，加强现有130万亩经济林的管理，发挥效益，在110万亩退耕还林还草中，按照适地适树的原则，积极发展经济林。

3. 大力发展以通江银耳、巴中芦笋、优质稻田等特色农产品为依托的食品饮料业。一方面按农业产业化的要求，抓好农产品基地建设；一方面以江口醇酒厂和巴中罐头食品有限公司等加工企业为龙头，提高农产品的附加值和市场竞争能力。

4. 大力发展以霞石、蒙脱石和花岗石为特色有建材业。抓好南江霞石矿的5万吨技改扩能，争取30万吨旋窑水泥项目和通东蒙石的开发尽快上马。

5. 大力发展以红军文化为特色的旅游业。要以红军文化为特色和试水河、光雾山等自然景观旅游为重点，集自然风光、历史古迹、革命遗址、民俗风情为一体，把生态旅游、观光旅游、假日旅游、农家旅游、健身旅游、休闲旅游结合起来，发展"吃、住、行、游、购、娱"相配套的大旅游，使旅游业逐步成为新兴产业和朝阳产业。

（二）三个重点增效益。即"文明新村"、"民营经济大户"和"劳务开发"这三个重点，使农民致富，财政增收。

1. 加速文明新村建设。加速以池园经济为特色，五改三建为基础，基层组织建设为保障的文明新村建设，坚持走脱贫致富的特色之路。

2. 加速民营经济大户的发展。大力发展城镇个体私营户和农村的专业大户，以此带动所有制结构和城乡经济结构的调整，促进非公有经济的快速发展。

3. 加速劳务开发。从劳务输出和就地转化两个方面入手，切实抓好劳动力资源的开发和利用。

（三）五项基础优环境。在实施西部大开发战略中，下大决心抓好"公路、水利、城镇、生态、四网"五项基础。

1. 公路：一是抓好"通达"工程：即，"（十·五"）期内建成广巴高速公路在巴中段；完成出川通道咽喉——陈家山隧道的立项和巴中——汉中高速公路的申报。二是完成县、乡标美路的改造，实现乡乡通标美路。三是实现村村通公路，大部分农户通文明路。同时，争取做好巴中到南充、巴中到达川高速公路的前期工作及地区到通江、平昌的边接通道的专项争取工作。

2. 水利：一是抓好两个中型水利工程，即2003年完成化成水库新增效益工程，争取平昌牛角坑水库的立项和开工。二是抓好13座小（一）型和48型和48座小（二）型水库以及山坪塘、微水池、囤水田的新建，完成1000公里的防渗配套渠系建设，力争有效灌面达到50%。

3. 加速小城镇建设。加快人口城市化进程，调整城乡结构，带动农村经济，今年争取全区城市化水平达到18%，2005年达到25%，2010年达到30%。

4. 生态：一是抓了395万亩"天保工程"的"停、造、转、保"，二是抓好110万亩退耕还林工程，三是抓好80万亩荒山绿化工程，四是抓好治理水土流失面积1500平方公里。建设秀美山川和优良生态。

5. “四网”工程：即，一是抓好电网建设，两年内力争完成25个35千伏变电站工程建设，4个110千伏输变电工程建设及受电用户的低压输电设施改造。二是抓好气网建设，2001年内建成平昌、南江、通江县城供气系统。三是抓好水网建设，2003年解决161个缺水集镇、24.7万人的饮水问题，解决35万人口非建卡缺水户的人畜饮水困难，抓好四个县城的自来水扩建工程。四是抓好信息网建设，“十·五”期内，100%的乡镇实现程控、无线双通，100%的村开通程控电话，全区电话普及率达到12%；完成地区到县城、县城到区乡（镇）的光纤电视网络和党政通讯网铺设工程，100%的乡镇接收加密电视，100%的村通有线电视或能收看到电视。

（四）三件大事作保障

实施西部大开发战略，必须以改革开庭、发展科教和维护稳定三件大事作为根本保障。

三、主要措施

在西部大开发中，必须坚持全面规划、分步实施、突出重点、兼顾一般的原则；必须坚持以非公有制经济为主构建区域经济结构的原则；必须坚持市场经济的原则；必须坚持速度与效益相统一、效益优先的原则。继续发扬“自力更生、艰苦奋斗”的精神。在措施上，除认真落实我区实施西部大开发已出台的文件规定要求外，还要切实抓好以下几点：

1. 继续解放思想。实施西部大开发，必须以江泽民同志提出的“三个代表”的要求为指导，进一步解放思想，更新观念，从封建的、传统的落后的思想观念和计划经济的条条框框的束缚中解放出来，牢固树立竞争、市场、开放、法制等新观念，始终保持也算闯敢试、开拓进取、知难而进、创新争先的精神状态。

2. 落实领导责任。建立领导联系项目责任制，实行阶段性目标管理。

3. 狠抓机制创新。一是建立市场经济机制。坚持按市场经济原则，加快农业结构调整；加快国有集体企业的制度创新，机制转换；实施科技创新，提高经济质量。二是建立激励机制。对经济发展有突出贡献的领导班子和个人实行质奖制度；用优惠政策吸引外资，对已经承诺的合同要坚决兑现；千方百计创造良好的环境，进一步坚持“六统一、一监督”的实施，努力以外商搞好服务、提高办事效率，对涉及外商案件的要从速查处。三是建立好的用人机制，吸引优秀人才进入经济发展的各个领域；四是建立新的投入机制，进一步扩大对外开放，积极争取国家项目和外商外资投入，鼓励民间投资；开发劳务投入；加强科技和教育的投入。

4. 坚持苦干实干。一是在干中争、在争中干，在苦干中争取项目。看准了的项目，要舍得财力、物力、人力做好前期准备，千方百计争取立项。二是苦干和快干中实施项目。发扬苦干兴巴精神，加快经济和社会事业的发展。三是靠苦干提高效益。加强项目管理，推广适用科学技术、严把工程质量，提高经济社会效益。四是苦干中树立形象。进一步加强党风廉政建设，不断改进工作作风和工作方法，在实施西部大开发中树好勤政廉洁、开拓进取、真抓实干和艰苦奋斗的形象。

2000年5月23日

中共巴中地委　巴中地区行署
关于实施生物工程发展绿色食品推进农业产业化的意见

一、实施生物工程的主要目标

围绕我区西部大开发“建特色产业基地，创山区致富典型”的总体目标和“实施生物工程，发展绿色食品，推进农业产业化”的发展路子，生态建设目标是：2010年森林覆盖率达到45%；空气质量标准达到国家一级；水质量标准达到国家Ⅱ类，力争达到Ⅰ类；城市绿化覆盖率达到40%。绿色食品发展目标：大力发展无公害食品，争创通江银耳、巴中芦笋、茶叶、中药材等成为国家级绿色食品。“三无”地区的目标：力争经过3—5年的努力，在全区逐步实现无公害、无污染、无国家明文规定禁止流行的传染性疫病和虫害的“三无”地区。

二、实施生物工程的工作重点

要把重点放在传统优势产品和适用型生物技术的推广动用上，在主攻绿色食品上求突破，在围绕“餐桌”和“保健”上做文章。

1. 在创立绿色食品国家级品牌上突破。要在发展绿色食品和保健食品上狠下工夫。在肉食上突出“一猪二禽三牛、羊（南江黄羊）”；在农副产品上突破“一菜二花三粮油”；在药物、保健上突出“一耳（通江银耳）二笋（巴中芦笋）三花（金银花）”。同时，要抓紧特色产品专利和绿色食品品牌的申报工作，依靠法律手段保护名特品牌。

2. 在重点产业、重点产品的基地建设上突破。大力抓好以南江黄羊为特色的畜牧业，以中药材为特色的林果业，以通江银耳、巴中芦笋、优质稻油等为依托的食品饲料三大特色产业基地建设。畜牧业要以地江黄羊为特色，生猪为骨干、家禽为重点、肉牛为后劲。林果药业要杜仲、金银花、川明参、红花、桔梗和水果、干果为重点。食品饮料业以银耳、芦笋、优质稻油、特色蔬菜、江口醇酒为重点。在基地建设中，要坚持以市场为导向，以尊重农民自主权为保障，切忌用计划经济、行政命令的办法；切忌单纯追求发展规模和速度。

3. 在专业大户的建设上突破。要大力发展农村专业户，充分发挥他们先进生产力的代表作用，带动绿争食品的特色产业基地建设。

4. 在抓龙头企业的带动上突破。要认真抓好龙头企业的发展，推进产品的转化增值，以带动生物工程的实施。当前，要着力抓好巴中罐头食品有限责任公司，带动绿色食品的发展；抓好巴中普瑞药业公司，带动保健食品和中药材的开发；抓好平昌江口醇酒厂，带动食品饮料业的发展；抓好南江元特蔬菜开发公司，带动绿色果蔬业的发展。

5. 在科技联姻和流通队伍的扩大上突破。在充分信任放手使用全区广大科技人员的同时，必须注重与大专院校、科研院所的联姻，引进智力、引进人才，特别要值得资金，聘请高科技人员解决关键性技术难题，加快生物工程的建设步伐。积极发展订单农业，发展流通专业大户，发展多种形式的“贸工农”联合体，积极培育专业市场，依靠市场和流通带动绿色食品的发展。

6. 在宣传力度上突破。在区内要搞好层层宣传发动，统一思想认识，组织动员全区广大干部群众参与实施生物工程。对外要充分利用电视、报刊、会议等多种形式大力宣传我区资源、政策、环境等一系列的优势条件，吸引外商外资来巴参与生物工程的实施。

三、创造实施生物工程的优美环境

1. 下决心保护好现有的生态环境。认真抓好“天保”、“长防”、“水保”、退耕还林还草还药、城市及单位绿化等工作。严格控制水资源的保护，不搞有污染的水上旅游开发，让巴中青山绿水永驻。

2. 切实搞好环境污染源的治理，严禁出现新的污染。要对影响生态环境的污染源进行一次普遍清理，该关停的企业要关停，该治理的要治理，该整改的要限期整改。对水上娱乐、“农家乐”、学校、厂矿以及公共场所等都要搞好环卫管理，特别是对垃圾的管理要高度重视，从根本上控制污染源。要加强通电、气工程的实施，尽可能地减少污染，净化环境。今后凡新办企业、发展旅游等都要科学论证，从保护生态环境的高度严格审批，宁肯经济上的暂时困难，也要保护好自然生态。

3. 力争用3—5年的时间，基本实现农业生产不使用化肥、农药等有毒有害物资，实现无公害的绿色食品生产目标。对化肥农药的使用要下决心以每年20%～30%的比例减少，禁止生产的食品含有抗生素、重金属元素、残留农药等物资。有关部门要尽快就化肥、农药的使用比例、数量、范围等作出专门规定，教育引导农民从传统的生产方式中走出来。

四、加强领导，打好实施生物工程的总体战

各级党委、政府一定要以高度的政治敏锐性和责任感、使命感、紧迫感，坚定不移的实施生物工程，把整个农业起点抬高，提高认识。各级领导干部一定要进一步解放思想，更新观念，以敢为人先的胆略和气魄，深刻认识生物工程的重大意义，以统一实施生物工程的思想认识。二是加强组织领导。地委、行署决定，由地委副书记熊光林，行署副专员五治寿、陈延荣负责，牵头实施生物工程的总体工作。其具体项目仍按原有分工抓落实。三是做好规划，制定政策、抓好试点。要分阶段制定具体的发展目标，按照规划目标组织实施；要尽快研究制定一系列有利于实施生物工程的政策措施，冲破过去条条框框的束缚，在实践中边干边完善；要抓好以点带面工作，各级各部门都要像抓文明新村那样，抓好实施生物工程的高标准试点，充分发挥榜样的示范引导作用。

2000年7月16日

索　引

使用说明

一、本索引采用内容分析索引法，按索引条目汉语拼音字母顺序排列。
二、索引标目后的数字表示内容所在的页码。

C

D

E

F

G

H

J

K

L

M

N

T

W

X

Y

Z

编后记

古往今来，盛世修志。历代地方志书传承中华优秀文化，记载地方经济社会发展成就。历朝历代保存下来的各类志书，成为我们今天认识国情省情、掌握市情地情、了解地方历史、推动建设发展的“百科全书”。

境内修志，始于宋代。至民国末年，“巴州志”“巴中县志”“通江县志”“南江县志”保存完好。20世纪80年代初，巴中、通江、南江、平昌四县启动社会主义新方志编纂工作。1990年至1998年，四县区志相继出版发行。境内历史上曾州郡县更迭，隶属不定，尚无地级志书问世。

1999年10月8日，地委、行署批准《巴中地区地方志工作2010年目标规划纲要》，确定编纂委员会，设立巴中地区志总编辑机构。由巴中市地方志办公室主任兼任总编辑。2000年8月，地区志办拟订《巴中市志》篇目。

2001年1月4日，中共巴中市委办公室、巴中市人民政府办公室印发《巴中市志》编纂方案。《巴中市志》编纂工作分步进行，即组织市级部门编修事业志，撰写分志稿，总纂统稿，评议志稿，审稿定稿。是年组建《巴中市志》编纂部。其后，市方志办组织人员深入各单位和县（区）指导修志，并举办以会代训培训班10多次。市级各部门相继成立部门志编修领导小组及办公室。2005年11月，王闵任市地方志办公室主任后，负责组织实施市志编纂工作。

2010年4月，形成市志总纂评议稿，分送省志编委、《巴中市志》评议委员会及评议组。是年5月召开《巴中市志》评议会。编纂部进行认真修改形成一审稿，分送市委、市人大、市政府、市政协、省志编委、市志编委会成员单位和在巴工作过的老领导。

2012年2月，饶松柏任市地方志办公室主任后，负责《巴中市志》编纂组织协调和统筹推进工作。是年8月，《巴中市志》经省市州志审查验收小组同意通过终审验收。根据验收小组意见，市志办召集市地方志总编辑、市志正副主编和周立邦、郭安林、邓尚贵等巴中方志专家，集中讨论研究修改方案，将原中篇结构的总纂稿32篇调整为小篇结构42篇。市志编纂部将调整后的42篇进行分工，负责校核志稿史实、补充完善志稿内容、编辑分纂、校对志稿。其中，主编聂步兴负责概述、专题记述、大事记、第一篇、第二篇、第三十六篇至第四十二篇、附录；副主编岳俊峰负责政治类第二十篇至三十四篇；副主编蹇黎明负责经济类第五篇至十九篇；编辑王胜负责第三篇、第四篇、第三十五篇，并形成市志二审稿。2013年3月，市志二审稿由市政府上报省政府审定。是年5月，四川省人民政府批复，同意《巴中市志》出版发行。是年底《巴中市志》通过了公开招投标。2014年2月，

《巴中市志》稿送方志出版社审定。按出版社“三审”意见，市志编纂部主编、副主编和编辑再次按各自负责的篇目，对志稿集中修改完善。是年10月，为加快市志编纂出版进度，提高志稿质量，主编聂步兴，副主编岳俊峰、蹇黎明在成都标点制版印务公司与编排人员一道，对市志稿进行再次修改完善，时间长达月余，四易其稿，直至完成清样稿。全志设42篇、209章、758节，共318万字；前置彩图59幅，随文配图104幅。

从2001年市委、市政府批准《巴中市志》编纂方案至2014年《巴中市志》成书，历时14年。《巴中市志》是巴中市（地）几届党委、政府，市方志办全体干部职工，全市方志系统和社会同仁共同努力而形成的。既有各级党政领导的关心重视，又有修志工作者的无私奉献；既有市方志办领导的统筹协调，又有各位编辑辛勤笔耕。真可谓扶志在手，来之不易。该志从组稿到总纂再到“三审”定稿，甘苦自知，矢志不移。在此书面世之时，我们谨向为《巴中市志》编写出版付出辛劳的领导、专家和同志表示诚挚的谢意。由于我们的水平有限，加之时间跨度长，资料收集难度大，错讹之处在所难免，恳请读者匡正。

《巴中市志》编纂部
2014年10月30日